O LIVRO DE URÂNTIA

URANTIA®

O LIVRO DE URÂNTIA

URANTIA®

URANTIA FOUNDATION
533 WEST DIVERSEY PARKWAY
CHICAGO, ILLINOIS 60614
U.S.A.

O LIVRO DE URÂNTIA
2022

URANTIA FOUNDATION
533 W. Diversey Parkway / Chicago / Illinois / 60614 / USA
1-773-525-3319
Para mais informações sobre *O Livro de Urântia* visite o site
urantia.org/pt / urantia@urantia.org

TRADUÇÕES DISPONÍVEIS

Alemão—*Das Urantia Buch*
Árabe — كتاب اوراني شيا
Búlgaro—*Книгата Урантия*
Coreano—유란시아 서
Dinamarquês—*Urantia Bogen*
Espanhol—*El libro de Urantia*
Estoniano—*Urantia raamat*
Finlandês—*Urantia-kirja*
Francês—*Le Livre d'Urantia*
Grego—*ΤΟ ΒΙΒΛΙΟ ΤΗΣ ΟΥΡΑΝΤΙΑ*
Hebraico—הספר של אורנטיה
Holandês—*Het Urantia Boek*

Húngaro—*Az Urantia könyv*
Indonésio—*Buku Urantia*
Inglês—*The Urantia Book*
Italiano—*Il Libro di Urantia*
Japonês—ウランティア・ブック
Lituano—*Urantijos Knyga*
Polonês—*Księga Urantii*
Romano—*Cartea Urantia*
Russo—*Книга Урантии*
Sueco—*Urantiaboken*
Tcheco—*Kniha Urantia*
Turco—*Urantia'nın Kitabı*

EDIÇÕES DIGITAIS DO LIVRO

Leitores: MS Reader, Amazon Kindle, Apple iBook, B&N Nook, Sony Reader

Tablets e Smartphones: Baixando grátis *O Livro de Urântia* e traduções para iPad e iPhone em:
appstore.com/theurantiabook

SERVICIOS
Cursos online grátis em português: **ubis.urantia.org**

Você pode encontrar grupos de estudo de *O Livro de Urântia* no site:
urantiastudygroup.org

O Livro de Urântia é uma tradução do *The Urantia Book*, uma obra que a Fundação Urântia publicou em inglês em 1955. Esta é a sétima impressão desta tradução. A Fundação Urântia acredita que *O Livro de Urântia* é uma cuidadosa tradução do conteúdo do texto em inglês, o qual deve ser consultado em caso de qualquer dúvida.

A Fundação Urântia não oferece nenhuma interpretação oficial dos ensinamentos de *O Livro de Urântia*. A interpretação do texto é deixada para o leitor individual.

O Brasil, apesar de participar do Sistema Internacional de Unidades (SI), não segue a nomenclatura de grandes números chamada de Regra dos 6N ou escala longa, adotada a partir de 1949, e sim sua própria Nomenclatura Tradicional Brasileira (NTB), a escala curta, com palavras que terminam em "-lhão"; nos demais países de língua portuguesa é usada a escala longa, com palavras que terminam em "-lião" e que estipula que a partir do milhão as mudanças de nome se dêem apenas de 6 em 6 zeros. Na tradução do *Livro de Urântia* foi usada a escala curta.

O Livro de Urântia é uma tradução do The Urantia Book, uma obra que a Fundação Urântia publicou em inglês em 1955. Esta é a primeira impressão desta tradução. A Fundação Urântia acredita que O Livro de Urântia é basicamente uma cuidadosa interpretação do conteúdo do texto em inglês, o qual deve ser consultado em caso de qualquer dúvida. Esta tradução, como qualquer outra do The Urantia Book, é produto do esforço humano evolucionário e é, portanto, imperfeita. O processo de aperfeiçoamento contínuo leva a revisões e correções; voluntários estão buscando meios de tornar o texto mais claro e ainda mais exato. A Fundação Urântia levará em conta as recomendações deles quando publicar uma edição subsequente de O Livro de Urântia.

O Brasil, apesar de participar do Sistema Internacional de Unidades (SI), não segue a nomenclatura de grandes números chamada de Regra dos 6N ou escala longa, adotada a partir de 1949, e sim sua própria Nomenclatura Tradicional Brasileira (NTB), a escala curta, com palavras que terminam em "-lhão"; nos demais países de língua portuguesa é usada a escala longa, com palavras que terminam em "-lião" e que estipula que a partir do milhão as mudanças de nome se dêem apenas de 6 em 6 zeros. Na tradução do Livro de Urântia foi usada a escala curta, conforme se segue:

Número	Escala Curta	Escala Longa
1.000.000	milhão	milhão
1.000.000.000	bilhão	mil milhões
1.000.000.000.000	trilhão	bilião
1.000.000.000.000.000	quatrilhão	mil biliões

As Partes do Livro

Parte I
O UNIVERSO CENTRAL E OS SUPERUNIVERSOS

Auspiciada por um corpo de personalidades de Uversa, atuando por autorização dos Anciãos dos Dias de Orvonton.

Parte II
O UNIVERSO LOCAL

Auspiciada por um Corpo de Personalidades do Universo Local de Nebadon, atuando por autorização de Gabriel de Salvington.

Parte III
A HISTÓRIA DE URÂNTIA

Esses documentos foram auspiciados por um Corpo de Personalidades do Universo Local, atuando por autorização de Gabriel de Salvington.

Parte IV
A VIDA E OS ENSINAMENTOS DE JESUS

Esse grupo de documentos foi auspiciado por uma comissão de doze Seres Intermediários de Urântia atuando sob a supervisão de um diretor Melquisedeque de revelação.

A base dessa narrativa foi fornecida por um ser intermediário secundário que tinha sido designado anteriormente para a custódia suprahumana do Apóstolo André.

Títulos dos documentos

PARTE II.   O UNIVERSO LOCAL

PARTE III. A HISTÓRIA DE URÂNTIA

PARTE IV. A VIDA E OS ENSINAMENTOS DE JESUS

Índice Detalhado do Livro

20.   OS FILHOS DE DEUS, DO PARAÍSO   223

      1. Os Filhos Descendentes de Deus.   223
      2. Os Filhos Magisteriais   224
      3. As Ações Judiciais   226
      4. As Missões Magisteriais.   226
      5. A Auto-outorga dos Filhos de Deus do Paraíso   227
      6. As Carreiras de Auto-outorga Mortal   228
      7. Os Filhos Instrutores da Trindade   230
      8. A Ministração dos Diainais ao Universo Local.   231
      9. O Serviço Planetário dos Diainais   231
      10. A Ministração Unificada dos Filhos do Paraíso   232

21.   OS FILHOS CRIADORES DO PARAÍSO   234
            O Michael Original
      1. Origem e Natureza dos Filhos Criadores   234
      2. Os Criadores dos Universos Locais   235
      3. A Soberania no Universo Local   237
      4. As Auto-outorgas dos Michaéis.   239
      5. A Relação dos Filhos Mestres com o Universo.   240
      6. O destino dos Michaéis Mestres.   242

22.   OS FILHOS TRINITARIZADOS DE DEUS   243

      1. Os Filhos Abraçados pela Trindade   243
            Os Filhos Trinitarizados pela Realização
            Os Filhos Trinitarizados pela Seleção
            Os Filhos Trinitarizados pela Perfeição
      2. Os Mensageiros Poderosos.   244
      3. Aqueles Elevados em Autoridade.   246
      4. Aqueles Sem Nome nem Número.   246
      5. Os Custódios Trinitarizados.   247
      6. Os Embaixadores Trinitarizados   248
      7. A Técnica da Trinitarização   249
            Os Filhos Triniarizados pelos Ascendentes
            Os Filhos Trinitarizados no Paraíso-Havona
            Os Filhos Trinitarizados do Destino
      8. Os Filhos Trinitarizados por Criaturas.   251
      9. Os Guardiães Celestes   252
      10. Os Assistentes dos Filhos Elevados.   253

23.   OS MENSAGEIROS SOLITÁRIOS   256

      1. A Natureza e Origem dos Mensageiros Solitários.   256
      2. As Tarefas dos Mensageiros Solitários   258
      3. Os Serviços dos Mensageiros Solitários no Tempo e no Espaço   260
            A velocidade seráfica e outras velocidades
      4. A Ministração Especial dos Mensageiros Solitários   262
            Os Filhos Trinitarizados do Destino

PARTE IV   A VIDA E OS ENSINAMENTOS DE JESUS

INTRODUÇÃO

NAS MENTES dos mortais de Urântia – este sendo o nome do vosso mundo – existe grande confusão a respeito do significado de termos como Deus, divindade e deidade. Os seres humanos encontram-se ainda mais confusos e inseguros a respeito das relações entre as personalidades divinas designadas por esses diversos nomes. Em vista dessa pobreza conceitual, somada à imensa confusão de idéias, fui orientado a formular esta exposição introdutória, com o fito de explicar os significados que correspondem a certos símbolos verbais, como deverão ser utilizados a seguir nestes documentos, os quais o corpo de reveladores da verdade, de Orvônton, foi autorizado a traduzir para o idioma inglês de Urântia.

O nosso intuito é expandir a consciência cósmica e elevar a percepção espiritual; torna-se extremamente difícil, porém, apresentar conceitos ampliados e a verdade avançada, limitados que ficamos ao uso de apenas um idioma do vosso reino. Este nosso mandado, no entanto, exorta-nos a empreender todos os esforços para transmitir os nossos conceitos usando as palavras existentes na língua inglesa. Foi-nos recomendado que introduzíssemos termos novos apenas quando o conceito a ser transmitido não encontrasse em inglês nenhuma terminologia que pudesse ser empregada para retratar um conceito inteiramente novo, ainda que parcialmente ou mesmo com alguma distorção de significado.

Na esperança de facilitar a compreensão e de impedir confusões da parte de todos os mortais que possam ler estes documentos, consideramos sábio apresentar, nesta declaração inicial, um esboço dos significados que estarão ligados a numerosas palavras em inglês a serem empregadas para designar a Deidade, bem como certos conceitos associados às coisas, significados e valores da realidade universal.

Contudo, ao formular esta introdução, já com definições e limitações de terminologia, faz-se necessário antecipar o uso desses termos na apresentação subseqüente. Esta introdução não é, pois, uma exposição final e acabada em si, passando, assim, a ser apenas um guia orientador e definidor, destinado a ajudar os leitores dos documentos apresentados a seguir, que discorrem sobre a Deidade e o universo dos universos, e que foram formulados por uma comissão de Orvônton enviada a Urântia com esse propósito.

O vosso mundo, Urântia, é apenas um entre muitos planetas similares habitados, que compreendem o universo local de *Nébadon*. Este universo, juntamente com criações semelhantes, constitui o superuniverso de *Orvônton*, de cuja capital, Uversa, provém a nossa comissão. Orvônton é um dos sete superuniversos evolucionários do tempo e do espaço, que circundam a criação de perfeição divina, sem princípio nem fim – o universo central de *Havona*. No coração desse universo central e eterno está a Ilha do Paraíso, centro geográfico estacionário da infinitude e morada do Deus eterno.

Por *grande universo* designamos, em geral, os sete superuniversos em evolução, em conjunto com o universo central e divino; e estas são as criações organizadas e habitadas até o presente. Elas são, todas, uma parte do *universo-mestre*, que abrange também os universos do espaço exterior, não habitados, mas em mobilização.

1. DEIDADE E DIVINDADE

O universo dos universos apresenta fenômenos de atividades de deidade nos diversos níveis de realidades cósmicas, de significados da mente e de valores do espírito; e todas essas ministrações – pessoais ou de outras naturezas – são divinamente coordenadas.

A DEIDADE é personalizável como Deus, é pré-pessoal e suprapessoal, de modos não totalmente compreensíveis pelo homem. A deidade caracteriza-se pela qualidade da unidade – factual ou potencial – em todos os níveis supramateriais da realidade; e essa qualidade unificadora é mais bem compreendida pelas criaturas como divindade.

A Deidade funciona em níveis pessoais, pré-pessoais e suprapessoais. A Deidade Total é funcional nos sete níveis seguintes:

1. *Estático* – A Deidade contida em si própria e existente em si.
2. *Potencial* – A Deidade volitiva em si própria e com propósito em si.
3. *Associativo* – A Deidade personalizada em si própria e divinamente fraternal.
4. *Criativo* – A Deidade distributiva de si própria e divinamente revelada.
5. *Evolucionário* – A Deidade expansiva por si própria e identificada com a criatura.
6. *Supremo* – A Deidade que experiencia a si própria e que é unificadora de criatura e Criador. Esta Deidade funciona no primeiro nível de identificação com a criatura, como supracontroladora no tempo-espaço do grande universo; às vezes é designada como a Supremacia da Deidade.
7. *Último* – A Deidade que se projeta a si própria e que transcende o tempo e o espaço. Deidade onipotente, onisciente e onipresente. Esta Deidade funciona no segundo nível da expressão da divindade unificadora, como supracontroladora eficaz e sustentadora absonita do universo-mestre. Comparada ao ministério das Deidades no grande universo, essa função absonita no universo-mestre equivale ao supercontrole e à super-sustentação universal, algumas vezes denominada Ultimidade da Deidade.

O *nível finito* de realidade caracteriza-se pela vida da criatura nas limitações do tempo e do espaço. As realidades finitas podem não ter fim, mas têm sempre um começo – elas são criadas. O nível da Supremacia da Deidade pode ser concebido como uma função relacionada com as existências finitas.

O *nível absonito* de realidade é caracterizado por coisas e seres sem começo nem fim; e pela transcendência do tempo e do espaço. Os seres absonitos não são criados; são derivados – simplesmente são. O nível de Ultimidade da Deidade conota uma função relacionada às realidades absonitas. Sempre que o tempo e o espaço são transcendidos, não importando em que parte do universo-mestre, esse fenômeno do absonito é um ato da Ultimidade da Deidade.

O *nível absoluto* não tem começo nem fim, é fora do tempo e do espaço. Por exemplo: no Paraíso, o tempo e o espaço não existem; assim, o status tempo-espacial do Paraíso é absoluto. As Deidades do Paraíso alcançam esse nível, existencialmente, por meio da Trindade; mas esse terceiro nível de expressão unificadora da Deidade não está plenamente unificado experiencialmente. Quaisquer que sejam o momento, o local e o modo como funcione o nível absoluto da Deidade, os valores e significados Paraíso-absolutos são manifestados.

A Deidade pode ser existencial, como no Filho Eterno; experiencial, como no Ser Supremo; associativa, como em Deus, o Sétuplo; indivisa, como na Trindade do Paraíso.

A Deidade é a fonte de tudo aquilo que é divino. A Deidade é invariável e caracteristicamente divina, mas nem tudo o que é divino é Deidade necessariamente, ainda que esteja coordenado com a Deidade e tenha a tendência de estar, em alguma fase, em unidade com a Deidade – espiritual, mental ou pessoalmente.

DIVINDADE é a qualidade característica, unificadora e coordenadora da Deidade.

A Divindade é inteligível, pela criatura, como verdade, beleza e bondade. Ela encontra sua correspondência na personalidade como amor, misericórdia e ministração. E ela é revelada, nos níveis impessoais, como justiça, poder e soberania.

A Divindade pode ser perfeita – completa – como nos níveis existenciais e criadores da perfeição do Paraíso; pode ser imperfeita, como nos níveis experienciais e da criatura em evolução no tempo e no espaço; ou pode ser relativa, nem perfeita ou imperfeita, como em certos níveis de relações existenciais-experienciais de Havona.

Quando tentamos conceber a perfeição em todas as suas fases e formas de relatividade, encontramos sete tipos concebíveis.

1. A perfeição absoluta em todos os aspectos.

2. A perfeição absoluta em algumas fases e a perfeição relativa em todos os outros aspectos.

3. Os aspectos absolutos, relativos e imperfeitos, em combinações variadas.

4. A perfeição absoluta em alguns aspectos e a imperfeição em todos os outros.

5. A perfeição absoluta em nenhuma direção e a perfeição relativa em todas as manifestações.

6. A perfeição absoluta em nenhuma fase, uma perfeição relativa em algumas fases e a imperfeição em outras.

7. A perfeição absoluta em nenhum atributo e a imperfeição em todos eles.

II. DEUS

As criaturas mortais em evolução possuem uma necessidade irresistível de simbolizar os seus conceitos finitos de Deus. A consciência que o homem possui do dever moral e o seu idealismo espiritual representam um nível de valores – uma realidade experiencial – difícil de simbolizar.

A consciência cósmica implica o reconhecimento de uma Causa Primeira, a realidade una e única não-causada. Deus, o Pai Universal, funciona em três níveis de personalidade-Deidade, de valor subinfinito e de expressão relativa de divindade.

1. *Pré-pessoal* – como na ministração dos fragmentos do Pai, tais como os Ajustadores do Pensamento.

2. *Pessoal* – como na experiência evolucionária dos seres criados e procriados.

3. *Suprapessoal* – como nas existências manifestadas de certos seres absonitos e semelhantes.

DEUS é uma palavra-símbolo que designa todas as personalizações da Deidade. O termo requer uma definição diferente para cada nível pessoal de função da Deidade e deve, ainda, futuramente, ser redefinido dentro de cada um desses níveis, pois esse termo pode ser usado para designar as personalizações diversas, coordenadas e subordinadas, da Deidade, como por exemplo: os Filhos Criadores do Paraíso – os pais dos universos locais.

O termo Deus, do modo como o usamos, pode ser compreendido:

Por designação – como Deus, o Pai.

Pelo contexto – como quando é usado na argumentação a respeito de uma associação de deidades ou um nível da deidade. Quando houver dúvida sobre a interpretação exata da palavra Deus, seria aconselhável referirmo-nos à pessoa do Pai Universal.

O termo Deus sempre denota *personalidade*. Deidade pode referir-se, ou não, às personalidades da divindade.

A palavra DEUS é usada, nestes documentos, com os significados que se seguem.

1. *Deus, o Pai* – Criador, Controlador e Sustentador. O Pai Universal, a Primeira Pessoa da Deidade.

2. *Deus, o Filho* – Criador Coordenado, Controlador do Espírito e Administrador Espiritual. O Filho Eterno, a Segunda Pessoa da Deidade.

3. *Deus, o Espírito* – Agente Conjunto, Integrador Universal e Outorgador da Mente. O Espírito Infinito, a Terceira Pessoa da Deidade.

4. *Deus, o Supremo* – o Deus do tempo e do espaço, em factualização e em evolução. A Deidade Pessoal que associativamente alcança a realização experiencial da identidade criatura-Criador no tempo-espaço. O Ser Supremo está pessoalmente experienciando a realização da unidade da Deidade, como o Deus evolutivo e experiencial das criaturas evolucionárias do tempo e do espaço.

5. *Deus, o Sétuplo* – é a personalidade da Deidade, funcionando de modo factual em todos os lugares, no tempo e no espaço. São as Deidades pessoais do Paraíso e os seus coligados criadores, funcionando dentro e além das fronteiras do universo central e que estão personalizando o poder como Ser Supremo, no primeiro nível da criatura, para a revelação unificadora da Deidade, no tempo e no espaço. Esse nível, o grande universo, é a esfera na qual as personalidades do Paraíso fazem a sua descensão, no tempo-espaço, em associação recíproca com a ascensão, no espaço e no tempo, das criaturas evolucionárias.

6. *Deus, o Último* – o Deus em processamento corrente, do supratempo e do espaço transcendido. O segundo nível experiencial de manifestação da Deidade unificadora. Deus, o Último, implica a realização adquirida dos valores sintetizados absonitos-suprapessoais, dos valores de espaço e tempo transcendidos e dos valores experienciais em processamento (factualizados), coordenados nos níveis criadores finais da realidade da Deidade.

7. *Deus, o Absoluto* – o Deus que se experiencializa, dos valores suprapessoais transcendidos e dos significados da divindade, tornando-se agora existencial como o *Absoluto da Deidade*. Este é o terceiro nível da expressão e da expansão da Deidade unificadora. Neste nível supracriador, a Deidade experiencia a exaustão do potencial personalizável, encontra Sua completude de divindade, passando pelo esvaziamento da capacidade da revelação de Si nos níveis sucessivos e progressivos de personalização-no-outro. A Deidade agora alcança o *Absoluto Inqualificável*, impinge-se nele, encontra-se nele e com ele experiencia a identidade.

III. A PRIMEIRA FONTE E CENTRO

A realidade infinita e total é existencial em sete fases e como sete Absolutos coordenados:

1. A Primeira Fonte e Centro.

2. A Segunda Fonte e Centro.

3. A Terceira Fonte e Centro.

4. A Ilha do Paraíso.

5. O Absoluto da Deidade.

6. O Absoluto Universal.

7. O Absoluto Inqualificável.

Deus, sendo a Primeira Fonte e Centro, é primordial em relação à realidade total – inqualificavelmente. A Primeira Fonte e Centro é infinita, bem como eterna e, portanto, é limitada ou condicionada apenas pela volição.

Deus – o Pai Universal – é a personalidade da Primeira Fonte e Centro e, como tal, mantém relações pessoais de controle infinito sobre todas as fontes e centros coordenados e subordinados. Tal controle é pessoal e infinito, em *potencial*, ainda que possa nunca funcionar, de fato, devido à perfeição da função de tais fontes, centros e personalidades coordenadas e subordinadas.

A Primeira Fonte e Centro é, portanto, primordial em todos os domínios: deificados ou não-deificados, pessoais ou impessoais, factuais ou potenciais, finitos ou infinitos. Nenhum ser ou coisa, nenhuma relatividade ou finalidade existe, exceto em relação direta ou indireta com a primazia da Primeira Fonte e Centro ou em dependência dela.

A Primeira Fonte e Centro está relacionada ao universo do modo como se segue:

1. As forças da gravidade dos universos materiais convergem para o centro de gravidade do Paraíso inferior. Este é exatamente o motivo pelo qual a locação geográfica da Sua pessoa é fixa eternamente, em relação absoluta com o centro de força-energia do plano inferior ou material do Paraíso. Todavia, a personalidade absoluta da Deidade existe no plano superior ou espiritual do Paraíso.

2. As forças da mente convergem para o Espírito Infinito; a mente cósmica diferencial e divergente converge para os Sete Espíritos Mestres; a mente do Supremo, no seu processo de factualização como experiência no espaço-tempo, converge para Majeston.

3. As forças espirituais do universo convergem para o Filho Eterno.

4. A capacidade ilimitada para a ação da deidade reside no Absoluto da Deidade.

5. A capacidade ilimitada de resposta de infinitude existe no Absoluto Inqualificável.

6. Os dois Absolutos – o Qualificado e o Inqualificável – são coordenados e unificados no Absoluto Universal e por ele.

7. A personalidade potencial de um ser moral evolucionário, ou de qualquer outro ser moral, está centrada na personalidade do Pai Universal.

REALIDADE, tal como compreendida pelos seres finitos, é parcial, relativa e vaga. O máximo de realidade da Deidade, plenamente compreensível pelas criaturas evolucionárias finitas, está abrangido no Ser Supremo. Entretanto, há realidades antecedentes e eternas, realidades suprafinitas, que são ancestrais dessa Suprema Deidade das criaturas evolucionárias do tempo e do espaço. Na tentativa de retratar a origem e a natureza da realidade universal, somos forçados a empregar a técnica do raciocínio tempo-espacial, de modo a atingir o nível da mente finita. Portanto, muitos eventos simultâneos na eternidade devem ser apresentados como operações seqüenciais.

Tendo em conta o modo como uma criatura tempo-espacial perceberia a origem e a diferenciação da realidade, o eterno e infinito EU SOU realizou a liberação da Deidade dos entraves que a prendiam à infinitude inqualificável, por intermédio do exercício do livre-arbítrio, inerente e eterno; e essa separação da infinitude inqualificável produziu a primeira *tensão-divindade absoluta*. Tal tensão do diferencial de infinitude é resolvida pelo Absoluto Universal, que funciona unificando e coordenando a infinitude dinâmica da Deidade Total e a infinitude estática do Absoluto Inqualificável.

Nessa transação original, o teórico EU SOU alcançou a realização da personalidade, ao converter-se no Pai Eterno do Filho Original, tornando-se, simultaneamente, a Fonte Eterna da Ilha do Paraíso. Em coexistência com a diferenciação entre o Filho e o Pai, e na presença do Paraíso, deu-se o surgimento da pessoa do Espírito Infinito e do universo central de Havona. Com o surgimento das Deidades pessoais coexistentes, do Filho Eterno e do Espírito Infinito, o Pai escapou, enquanto personalidade, da Sua difusão, que, de outro modo, seria inevitável, no potencial da Deidade Total. Daí em diante, apenas na Trindade, ou seja, apenas na associação com as suas duas Deidades iguais, é que o Pai preenche todo o potencial da Deidade, enquanto a Deidade crescentemente experiencial está se realizando nos níveis de divindade em Supremacia, Ultimidade e Absolutez.

O conceito do EU SOU é uma concessão filosófica que fazemos à mente finita do homem, presa que é do tempo e acorrentada que é ao espaço, dada a impossibilidade de a criatura compreender as existências eternas – as realidades e as relações sem começo nem fim. Para a criatura do espaço e do tempo, todas as coisas devem ter um começo, exceto apenas AQUELE INCAUSADO – a causa primeira das causas. Conceituamos, então, esse valor-nível filosófico como o EU SOU, instruindo, ao mesmo tempo, a todas as criaturas, que o Filho Eterno e o Espírito Infinito são co--eternos com o EU SOU; em outras palavras, que nunca existiu um tempo em que o EU SOU não tivesse sido o *Pai* do Filho e, junto com Este, Pai do Espírito.

O Infinito é usado para denotar a plenitude – a finalidade –, conseqüência da primazia da Primeira Fonte e Centro. O *teórico* EU SOU é uma extensão, à maneira filosófica da criatura, da "infinitude da vontade", mas o Infinito é um valor-nível *factual*, representando a intenção, na eternidade, da verdadeira infinitude do livre--arbítrio absoluto e sem entraves do Pai Universal. Esse conceito, algumas vezes, é designativo do Pai-Infinito.

Grande parte da confusão que todas as ordens de seres enfrentam, das mais elevadas às inferiores, nos seus esforços para descobrir o Pai-Infinito, é inerente às suas próprias limitações de compreensão. A primazia absoluta do Pai Universal não é aparente para os níveis subinfinitos; sendo, portanto, provável que apenas o Filho Eterno e o Espírito Infinito conheçam verdadeiramente o Pai como uma infinitude; para todas as outras personalidades, tal conceito representa o exercício da fé.

IV. REALIDADE DO UNIVERSO

A realidade factualiza-se diferencialmente em diversos níveis do universo; a realidade origina-se na volição infinita do Pai Universal e por meio dela; e é realizável, em três fases primordiais, nos muitos níveis diferentes de factualização no universo.

1. *Realidade não-deificada*, que vai desde os domínios da energia do não pessoal até os reinos da realidade dos valores não personalizáveis da existência universal, chegando mesmo à presença do Absoluto Inqualificável.

2. *Realidade deificada* abrange todos os potenciais infinitos da Deidade, indo de baixo para cima, por todos os domínios da personalidade, do finito menos elevado ao mais alto infinito, abrangendo, assim, o domínio de tudo o que é personalizável, e mais, indo até mesmo à presença do Absoluto da Deidade.

3. *Realidade interassociada*. A realidade do Universo é supostamente deificada ou não-deificada; mas, para os seres subdeificados, existe um vasto domínio de realidade interassociada, em potencial ou em factualização, que é de identificação difícil. Grande parte dessa realidade coordenada está englobada nos domínios do Absoluto Universal.

Este é o conceito primordial de realidade original: o Pai inicia e mantém a Realidade. Os *diferenciais* primordiais de realidade são os deificados e os não-deificados – o Absoluto da Deidade e o Absoluto Inqualificável. O *relacionamento* primordial é uma tensão entre eles. Essa tensão-divindade, iniciada no Pai, resolve-se e eterniza-se perfeitamente no Absoluto Universal.

Do ponto de vista do tempo e do espaço, a realidade é também divisível como se segue:

1. *Factual e Potencial*. São as realidades que existem na plenitude de expressão, em contraste com aquelas que têm uma capacidade desconhecida de crescimento. O Filho Eterno é uma realidade espiritual absoluta; o homem mortal é, em grande parte, uma potencialidade espiritual não realizada.

2. *Absoluta e Subabsoluta*. As realidades absolutas são existências na eternidade. As realidades subabsolutas são projetadas em dois níveis: Absonitas – realidades que são relativas com respeito ao tempo e à eternidade. Finitas – realidades que são projetadas no espaço e factualizadas no tempo.

3. *Existencial e Experiencial*. A Deidade do Paraíso é existencial, mas o Supremo e o Último, que estão emergindo, são experienciais.

4. *Pessoal e Impessoal*. A expansão da Deidade, a expressão da personalidade e a evolução do universo estão, para sempre, condicionadas pelo ato de livre-arbítrio do Pai, que separou, para sempre, de um lado, os significados e os valores mente-espírito-pessoais da realidade factual e da potencialidade, centrados no Filho Eterno e, de outro lado, aquelas coisas que estão centradas na eterna Ilha do Paraíso e que a ela são inerentes.

PARAÍSO é um termo que inclui os Absolutos focalizados pessoais e não pessoais de todas as fases da realidade do universo. Apropriadamente qualificado, Paraíso pode designar todas e quaisquer formas da realidade: Deidade, divindade, personalidade e energia – espiritual, mental ou material. Todas compartilham o Paraíso como o seu lugar de origem, função e destino, com respeito aos valores, aos significados e à existência factual.

A *Ilha do Paraíso* – Paraíso, sem outras conotações – é o Absoluto do controle da gravidade-material exercido pela Primeira Fonte e Centro. O Paraíso não tem movimento, sendo a única coisa estacionária, no universo dos universos. A Ilha do Paraíso tem uma localização no universo, mas nenhuma posição no espaço. Essa Ilha Eterna é a fonte factual dos universos físicos – passados, presentes e futuros. A Ilha da Luz central é um derivativo da Deidade, mas não chega a ser uma Deidade; nem as criações materiais são uma parte da Deidade; elas são uma conseqüência.

O Paraíso não é um criador, é um controlador único de inúmeras atividades no universo; controla muito mais do que reage. Em todos os universos materiais, o Paraíso exerce influência sobre as reações e a conduta de todos os seres que têm algo a ver com a força, a energia e o poder; mas o Paraíso em si mesmo é único, exclusivo e isolado nos universos. O Paraíso não representa nada e nada representa o Paraíso. Não é uma força nem uma presença, é tão somente o *Paraíso*.

v. REALIDADES DA PERSONALIDADE

A personalidade é um nível de realidade deificada e varia, partindo do nível mortal e intermediário de atividade mental mais elevada, de adoração e de sabedoria, passando pelos níveis moronciais e espirituais e indo até a realização do status de finalidade da personalidade. E essa é a ascensão evolucionária da personalidade da criatura mortal – e das criaturas semelhantes aos mortais –, no entanto há numerosas outras ordens de personalidades no universo.

A realidade está sujeita à expansão universal; a personalidade, à diversificação infinita; e ambas são capazes de uma coordenação quase ilimitada com a Deidade e uma estabilização eterna. Se bem que o campo metamórfico da realidade não pessoal seja definitivamente limitado, não conhecemos limitações para a evolução progressiva das realidades da personalidade.

Nos níveis experienciais alcançados, todas as ordens ou valores de personalidades são associáveis e mesmo co-criacionais. Até mesmo Deus e o homem podem coexistir em uma personalidade unificada, como tão admiravelmente é demonstrado no status presente do Cristo Michael – Filho do Homem e Filho de Deus.

Todas as ordens e fases subinfinitas da personalidade são realizáveis por associatividade e são potencialmente co-criadoras. O pré-pessoal, o pessoal e o suprapessoal estão todos ligados entre si, pelo potencial mútuo de empreender coordenadamente, na realização progressiva e na capacidade co-criadora. Mas nunca o impessoal transmuta-se diretamente em pessoal. A personalidade nunca é espontânea, é uma dádiva do Pai do Paraíso. A personalidade é supra-imposta à energia, e é associada apenas a sistemas vivos de energia; a identidade pode estar associada a formas não viventes de energia.

O Pai Universal é o segredo, tanto da realidade da personalidade quanto da outorga e destino da personalidade. O Filho Eterno é a personalidade absoluta, é o segredo da energia espiritual, dos espíritos moronciais e dos espíritos perfeccionados. O Agente Conjunto é a personalidade mente-espírito, a fonte da inteligência, da razão e da mente universal. A Ilha do Paraíso, porém, é não-pessoal e extra-espiritual, sendo a essência do corpo universal, fonte e centro da matéria física e arquétipo mestre absoluto da realidade material universal.

Essas qualidades da realidade universal estão manifestadas na experiência humana, em Urântia, nos níveis que se seguem:

1. *Corpo.* O organismo material ou físico do homem. O mecanismo eletroquímico vivo de natureza e origem animal.

2. *Mente*. O mecanismo de pensar, perceber e sentir do organismo humano. A experiência total, consciente e inconsciente. A inteligência associada à vida emocional, buscando, por meio da adoração e da sabedoria, alcançar o nível acima, do espírito.

3. *Espírito*. O espírito divino que reside na mente do homem – o Ajustador do Pensamento. Este espírito imortal é pré-pessoal – não é uma personalidade, se bem que esteja destinado a transformar-se em uma parte da personalidade da criatura mortal, quando da sua sobrevivência.

4. *Alma*. A alma do homem é uma aquisição experiencial. À medida que uma criatura mortal escolhe "cumprir a vontade do Pai dos céus", assim o espírito que reside no homem torna-se o pai de uma *nova realidade* na experiência humana. A mente mortal e material é a mãe dessa mesma realidade emergente. A substância dessa nova realidade não é nem material, nem espiritual – é *moroncial*. Essa é a alma emergente e imortal que está destinada a sobreviver à morte física e iniciar a ascensão ao Paraíso.

Personalidade. A personalidade do homem mortal não é corpo, nem mente, nem espírito; e também não é a alma. A personalidade é a única realidade invariável em meio a uma experiência constantemente mutável da criatura; e ela unifica todos os outros fatores associados da individualidade. A personalidade é o único dom que o Pai Universal confere às energias vivas e associadas de matéria, mente e espírito, e que sobrevive junto com a sobrevivência da alma moroncial.

Morôncia é um termo que designa um vasto nível que se interpola entre o material e o espiritual. Pode designar realidades pessoais ou impessoais, energias vivas ou não viventes. Os elos do tecido moroncial são espirituais, a sua trama é física.

vi. ENERGIA E MODELO ORIGINAL

A toda e qualquer coisa que é sensível ao circuito da personalidade do Pai, chamamos pessoal. A toda e qualquer coisa que é sensível ao circuito espiritual do Filho, chamamos espírito. A toda e qualquer coisa que é sensível ao circuito da mente do Agente Conjunto, chamamos mente; mente, como um atributo do Espírito Infinito – e mente, em todas as suas fases. A toda e qualquer coisa que é sensível ao circuito material da gravidade, centrado no Paraíso inferior, chamamos matéria – matéria-energia, em todos os seus estados metamórficos.

ENERGIA é um termo que usamos em um sentido inclusivo amplo, aplicado aos reinos espiritual, mental e material. *Força* é também usada assim amplamente. *Poder* tem o seu uso geralmente limitado à designação do nível eletrônico da matéria, no grande universo, que é sensível à gravidade linear ou material. Poder é também empregado para designar soberania. Não podemos ater-nos às vossas definições, geralmente aceitas, de força, energia e poder. Há uma tal pobreza de linguagem, que devemos atribuir significados múltiplos a esses termos.

A energia física é um termo que denota todas as formas e fases fenomênicas do movimento, seja de ação ou seja de potencial.

Ao abordarmos as manifestações da energia-física, geralmente usamos os termos força cósmica, energia emergente e poder do universo. Essas expressões são empregadas freqüentemente como se segue:

1. *A força cósmica* abrange todas as energias que derivam do Absoluto Inqualificável, mas que até o momento não reagem à gravidade do Paraíso.

2. *A energia emergente* abrange as energias que reagem à gravidade do Paraíso, mas que ainda não são sensíveis à gravidade local ou linear. Esse é o nível pré-eletrônico da matéria-energia.

3. *O poder do universo* inclui todas as formas de energia que, conquanto permaneçam ainda sensíveis à gravidade do Paraíso, são sensíveis diretamente à gravidade linear. Esse é o nível eletrônico da matéria-energia e de todas as evoluções subseqüentes.

Mente é um fenômeno que denota a presença-atividade do *ministério vivo* e também de sistemas variados de energia; e isso é verdadeiro para todos os níveis de inteligência. Na personalidade, a mente intervém continuamente, entre o espírito e a matéria; e desse modo, o universo é iluminado por três espécies de luz: a luz material, a luz do discernimento intuitivo-intelectual e a luminosidade do espírito.

Luz – a luminosidade do espírito – é um símbolo verbal, uma figura de discurso que conota a manifestação da personalidade característica dos seres espirituais de várias ordens. Essa emanação luminosa não está relacionada, sob nenhum ponto de vista, à luz do discernimento intuitivo-intelectual nem às manifestações da luz física.

MODELO ORIGINAL pode ser projetado como energia material, espiritual ou mental, ou como qualquer combinação dessas energias. Pode estar presente nas personalidades, identidades, entidades ou na matéria não vivente. Mas o modelo é arquétipo e permanece como tal; apenas as *cópias* são múltiplas.

O modelo original, ou arquétipo, pode configurar a energia, mas não a controla. A gravidade é o único controle da matéria-energia. Nem o espaço nem o arquétipo são sensíveis à gravidade, mas não há nenhuma relação entre o espaço e o arquétipo; o espaço não é nem modelo, nem modelo potencial. O modelo é uma configuração da realidade que já pagou todo o seu débito à gravidade; a *realidade* de qualquer arquétipo consiste nas suas energias, nos seus componentes de mente, de espírito ou de matéria.

Em contraste com o aspecto do *total*, o modelo original revela o aspecto *individual* da energia e da personalidade. As formas da personalidade, ou da identidade, são modelos resultantes da energia (física, espiritual ou mental), mas não são inerentes a ela. Essa qualidade da energia ou da personalidade, em virtude da qual o arquétipo é levado a surgir, pode ser atribuída a Deus – à Deidade – ao dom de força do Paraíso e à coexistência da personalidade e do poder.

O modelo arquetípico é o desenho-mestre do qual as cópias são criadas. O Paraíso Eterno é o absoluto dos modelos; o Filho Eterno é a personalidade-modelo; o Pai Universal é a fonte-ancestral direta de ambos. E, assim, pois, o Paraíso não outorga arquétipos, e o Filho não pode outorgar a personalidade.

VII. O SER SUPREMO

O funcionamento da Deidade no universo-mestre é dual no que diz respeito às relações de eternidade: Deus, o Pai; Deus, o Filho; e Deus, o Espírito, são eternos – são seres existenciais – enquanto Deus, o Supremo; Deus, o Último; e Deus, o Absoluto, são Personalidades em *factualização* da Deidade, das épocas pós-Havona no tempo-espaço e nas esferas tempo-espacialmente transcendidas da expansão evolucionária do universo-mestre. Essas personalidades em factualização, da Deidade, são eternas no futuro, desde o tempo em que, quando e como, nos universos em crescimento, se personalizam em poder, por meio da técnica de factualização experiencial dos potenciais criativos associativos das Deidades eternas do Paraíso.

A Deidade é, portanto, dual na sua presença:

1. *Existencial* – seres de existência eterna; passada, presente e futura.

2. *Experiencial* – seres em factualização, no presente pós-Havona; mas de existência sem fim, ao longo de toda a eternidade futura.

O Pai, o Filho e o Espírito são existenciais – existenciais, em factualidade (embora todos os potenciais sejam supostamente experienciais). O Supremo e o Último são totalmente experienciais. O Absoluto da Deidade é experiencial na factualização, mas existencial na potencialidade. A essência da Deidade é eterna, mas apenas as três pessoas originais da Deidade são eternas inqualificavelmente. Todas as outras personalidades da Deidade têm uma origem, mas são eternas no seu destino.

Tendo alcançado a expressão existencial da Deidade de Si próprio, no Filho e no Espírito, o Pai está agora alcançando a expressão experiencial nos níveis até então impessoais e irrevelados da deidade, que são Deus, o Supremo, Deus, o Último, e Deus, o Absoluto; essas Deidades experienciais, todavia, não são, plenamente existentes agora, pois estão em processo de factualização.

Deus, o Supremo, em Havona, é o reflexo do espírito pessoal da Deidade trina do Paraíso. E esse relacionamento associativo da Deidade está agora se expandindo criativamente, para o exterior, no sentido de Deus, o Sétuplo; e está sintetizando-se no poder experiencial do Supremo Todo-Poderoso no grande universo. A Deidade do Paraíso, existencial em três pessoas, está, assim, evoluindo experiencialmente em duas fases da Supremacia, ao passo que essas fases duais se estão unificando em poder de personalidade como um Senhor único, o Ser Supremo.

O Pai Universal, por livre escolha, alcança a liberação dos vínculos da infinitude e das correntes da eternidade por meio da técnica da trinitarização, a tríplice personalização da Deidade. O Ser Supremo está, ainda agora, evoluindo como uma unificação sub-eterna da personalidade, da manifestação sétupla da Deidade, nos segmentos tempo-espaciais do grande universo.

O *Ser Supremo* não é um criador direto, exceto como pai de Majeston, mas é um coordenador sintético de todas as atividades entre Criador e criatura no universo. O Ser Supremo, agora se factualizando nos universos evolucionários, é a Deidade correlacionadora e sintetizadora da divindade tempo-espacial, da Deidade trina do Paraíso, em associação experiencial com os Supremos Criadores do tempo e do espaço. Quando finalmente factualizada, essa Deidade evolucionária constituirá a fusão eterna do finito e do infinito – na união perpétua e indissolúvel entre o poder experiencial e a personalidade espiritual.

Toda a realidade finita no tempo-espaço, sob o impulso diretivo do Ser Supremo em evolução, está empenhada em uma mobilização sempre-ascendente e em uma unificação perfeccionante (na síntese de poder-personalidade) entre todas as fases e valores da realidade finita, em associação com fases variadas da realidade do Paraíso, com a finalidade e propósito de embarcar subseqüentemente na tentativa de alcançar os níveis absonitos de realização da supracriatura.

VIII. DEUS, O SÉTUPLO

Para compensar a criatura pela sua finitude de status e pelas suas limitações de conceito, o Pai Universal estabeleceu para a criatura evolucionária uma forma sétupla de entendimento da Deidade, e de aproximação dela:

1. Os Filhos Criadores do Paraíso.
2. Os Anciães dos Dias.
3. Os Sete Espíritos Mestres.

4. O Ser Supremo.

5. Deus, o Espírito.

6. Deus, o Filho.

7. Deus, o Pai.

Essa personalização sétupla da Deidade, no tempo e no espaço, e dentro dos sete superuniversos, capacita o homem mortal a alcançar a presença de Deus, que é espírito. Essa Deidade sétupla que, para as criaturas finitas do tempo-espaço, algumas vezes personaliza-se em poder no Ser Supremo, é a Deidade funcional das criaturas mortais evolucionárias, de carreira ascensional ao Paraíso. Tal carreira, de descobertas experienciais na compreensão de Deus, começa com o reconhecimento da divindade do Filho Criador do universo local, e ascende, passando pelos Anciães dos Dias do superuniverso e por meio da pessoa de um dos Sete Espíritos Mestres, até atingir a descoberta e o reconhecimento da divina personalidade do Pai Universal do Paraíso.

O grande universo é o domínio tríplice: da Deidade da Trindade da Supremacia; de Deus, o Sétuplo e do Ser Supremo. Deus, o Supremo, é potencial na Trindade do Paraíso, de quem deriva a Sua personalidade e os seus atributos espirituais; mas está agora factualizando-se nos Filhos Criadores, nos Anciães dos Dias e nos Espíritos Mestres, de quem deriva o Seu poder de Todo-Poderoso para os superuniversos do tempo e do espaço. Essa manifestação de poder, do Deus imediato das criaturas evolucionárias, evolui factualmente, no tempo e no espaço, concomitantemente com elas. O Supremo Todo-Poderoso, que evolui no nível de valor das atividades não pessoais, e a pessoa espiritual de Deus, o Supremo, são *uma única realidade* – o Ser Supremo.

Os Filhos Criadores, na associação de Deidade, que é Deus, o Sétuplo, proporcionam o mecanismo pelo qual o mortal se torna imortal e pelo qual o finito encontra o amplexo da infinitude. O Ser Supremo provê a técnica para a mobilização da personalidade em poder, a síntese divina, de *todas* essas transações múltiplas, capacitando, assim, o finito para alcançar o absonito e, por meio de outras possíveis factualizações futuras, intentar alcançar o Último. Os Filhos Criadores e as suas consortes, as Ministras Divinas, são participantes dessa mobilização suprema, mas os Anciães dos Dias e os Sete Espíritos Mestres estão provavelmente fixados de forma eterna como administradores permanentes no grande universo.

A função de Deus, o Sétuplo, data da organização dos sete superuniversos e, provavelmente, ampliar-se-á junto com a evolução futura das criações do espaço exterior. A organização desses universos futuros, de primeiro, segundo, terceiro e quarto níveis espaciais de evolução progressiva, irá, sem dúvida, testemunhar a inauguração da forma transcendente e absonita de abordagem e aproximação da Deidade.

IX. DEUS, O ÚLTIMO

Assim como o Ser Supremo evolui progressivamente, a partir do dom antecedente da divindade, de potencial de energia e personalidade, contido no grande universo, do mesmo modo, Deus, o Último, emerge dos potenciais da divindade que residem nos domínios transcendidos tempo-espacialmente do universo-mestre. A factualização da Deidade Última assinala a unificação absonita da primeira Trindade experiencial e significa uma expansão unificante da Deidade, no segundo nível da auto-realização criativa. Isso constitui o equivalente, em poder-personalidade, da factualização da Deidade experiencial no universo, das realidades absonitas do Paraíso, nos níveis de manifestação de valores tempo-espacialmente transcendidos. A complementação de tal desdobramento experiencial tem por fim permitir um destino último, de serviço, para todas as criaturas do tempo-espaço que tiverem atingido níveis absonitos, por meio de uma realização completa do Ser Supremo, por intermédio do ministério de Deus, o Sétuplo.

Deus, o Último, é um designativo da Deidade pessoal, funcionando nos níveis absonitos da divindade e nas esferas do supratempo e do espaço transcendido do universo. O Último é uma manifestação supra-suprema de factualização da Deidade. O Supremo é a unificação da Trindade, segundo é compreendida pelos seres finitos; o Último é a unificação da Trindade do Paraíso, segundo é compreendida pelos seres absonitos.

O Pai Universal, por meio do funcionamento da Deidade evolucionária, está factualmente empenhado no *ato*, estupendo e surpreendente, de focalização da personalidade e de mobilização do poder, nos seus respectivos níveis de significados para o universo, dos valores da realidade divina nos âmbitos do finito, do absonito e mesmo do absoluto.

As três primeiras Deidades do Paraíso, eternas no passado – o Pai Universal, o Filho Eterno e o Espírito Infinito –, estão, no futuro eterno, para complementar-se em personalidade, pela factualização experiencial das Deidades evolucionárias coligadas – Deus, o Supremo; Deus, o Último, e, possivelmente, Deus, o Absoluto.

Deus, o Supremo, e Deus, o Último, agora evoluindo nos universos experienciais, não são existenciais – não são passado-eternos, são apenas futuro-eternos, e eternos tempo-espacialmente condicionados e eternos transcendentalmente condicionados. Eles são Deidades de dons supremos, últimos e, possivelmente, supremo-últimos; mas experimentaram origens históricas no universo. Nunca terão um fim, mas tiveram, sim, um começo para as suas personalidades. São, na verdade, factualizações dos potenciais eternos e infinitos da Deidade, mas não são, por si próprios, nem eternos, nem infinitos incondicionalmente.

x. DEUS, O ABSOLUTO

A realidade eterna do *Absoluto da Deidade* tem muitas características que não podem ser explicadas inteiramente à mente tempo-espacialmente finita; mas a factualização de *Deus, o Absoluto*, existiria em conseqüência da unificação da segunda Trindade experiencial, a Trindade Absoluta. Isso constituiria a realização experiencial da divindade absoluta, na unificação de significados absolutos, em níveis absolutos; mas não estamos seguros no que diz respeito à abrangência de todos os valores absolutos, pois não fomos, em tempo algum, informados de que o Absoluto Qualificado seja equivalente ao Infinito. Destinos supra-últimos estão envolvidos nos significados absolutos e em uma espiritualidade infinita e, sem que essas duas realidades sejam alcançadas, não podemos estabelecer valores absolutos.

Deus, o Absoluto, é a meta de alcance e de realização de todos os seres super- absonitos, mas o potencial de poder e personalidade do Absoluto da Deidade transcende o nosso conceito; e hesitamos em discorrer sobre essas realidades, tão distantes que estão da factualização experiencial.

xi. OS TRÊS ABSOLUTOS

Quando o pensamento combinado do Pai Universal e do Filho Eterno, funcionando no Deus da Ação, constituiu a criação do universo divino e central, o Pai seguiu a expressão do Seu pensamento, na palavra do Seu Filho e na atuação do Executivo Conjunto Deles, diferenciando, assim, a Sua Presença Havonal dos potenciais de infinitude. E esses potenciais não desvelados de infinitude permanecem espacialmente oclusos no Absoluto Inqualificável, e divinamente envoltos no Absoluto da Deidade, enquanto estes dois últimos transformam-se em um único, no funcionamento do Absoluto Universal, que é a unidade-infinitude não revelada do Pai do Paraíso.

Tanto a potência da força cósmica quanto a potência da força espiritual estão em processo de revelação-realização progressiva, assim como o enriquecimento de toda a realidade é efetuado, por meio de um crescimento experiencial e de uma correlação do experiencial com o existencial, feita pelo Absoluto Universal. Em virtude da presença eqüipolente do Absoluto Universal, a Primeira Fonte e Centro realiza uma extensão do poder experiencial, desfruta da identificação com as Suas criaturas evolucionárias e realiza a expansão da Deidade experiencial, nos níveis da Supremacia, Ultimidade e Absolutez.

Quando não é possível distinguir plenamente entre o Absoluto da Deidade e o Absoluto Inqualificável, a função supostamente combinada deles ou a sua presença coordenada é designada como a ação do Absoluto Universal.

1. *O Absoluto da Deidade* parece ser o ativador onipotente, enquanto o Absoluto Inqualificável parece ser o mecanizador todo-eficiente do universo dos universos, supremamente unificado e coordenado em ultimidade, e mesmo dos universos após universos, já feitos, em feitura ou ainda por fazer.

O Absoluto da Deidade não pode reagir a qualquer situação, no universo, de um modo subabsoluto, ou, pelo menos, não o faz. Todas as respostas desse Absoluto, a qualquer situação que surja, parecem dar-se em termos do bem-estar de toda a criação de seres e coisas, não apenas no seu estado presente de existência, mas também com vistas às possibilidades infinitas, em toda a eternidade futura.

O Absoluto da Deidade é aquele potencial que foi segregado da realidade total e infinita, por escolha livre do arbítrio do Pai Universal, e no interior do qual todas as atividades da divindade – existenciais e experienciais – ocorrem. Este é o Absoluto *Qualificado*, que se contradistingue do Absoluto *Inqualificável*; mas o Absoluto Universal é a supersomatória de ambos, pois inclui todo o potencial absoluto.

2. *O Absoluto Inqualificável* é não pessoal, extradivino e não-deificado. O Absoluto Inqualificável, portanto, é desprovido de personalidade, de divindade e de todas as prerrogativas de criador. Nem fatos, nem a verdade; nem a experiência, nem a revelação; nem a filosofia, nem a absonitude são capazes de penetrar a natureza e o caráter desse Absoluto sem qualificação no universo.

Que fique claro que o Absoluto Inqualificável é uma *realidade positiva*, que impregna o grande universo e que se estende, aparentemente, com igual presença espacial, para dentro e para fora das atividades de força e de evoluções pré-materiais, das assombrosas extensões das regiões espaciais, para além dos sete superuniversos. O Absoluto Inqualificável não é um mero negativismo de conceito filosófico, baseado em suposições metafísicas sofismáticas a respeito da universalidade, do predomínio e da primazia do incondicionado e do Inqualificável. O Absoluto Inqualificável é um supercontrole positivo do universo em infinitude; esse supercontrole é ilimitado em força e no espaço, mas é definitivamente condicionado à presença de vida, mente, espírito e personalidade; e, além disso, está condicionado às reações da vontade e mandados, plenos de propósito, da Trindade do Paraíso.

Estamos convencidos de que o Absoluto Inqualificável não é uma influência indiferenciada que a tudo impregna e não é, pois, comparável, seja aos conceitos panteístas da metafísica, seja às hipóteses ocasionais do éter feitas pela ciência. O

Absoluto Inqualificável é ilimitado quanto à força, e é condicionado à Deidade; mas não percebemos plenamente a relação deste Absoluto com as realidades espirituais dos universos.

3. *O Absoluto Universal*, deduzimos logicamente, era inevitável ao Pai Universal, em seu ato de livre-arbítrio absoluto, para diferenciar as realidades do universo em valores deificados e não-deificados – personalizáveis e não personalizáveis. O Absoluto Universal é o fenômeno que indica, na Deidade, a resolução da tensão criada pela ação livre da vontade ao diferenciar, assim, as realidades do universo, e funciona como o coordenador associativo dessas somas totais de potencialidades existenciais.

A presença-tensão do Absoluto Universal significa o ajustamento dos diferenciais entre a realidade da deidade e a realidade não-deificada, inerentes à separação feita entre a dinâmica da divindade, em pleno livre-arbítrio, e a estática incondicionada ou inqualificável.

Lembrai-vos sempre: a infinitude potencial é absoluta e inseparável da eternidade. A infinitude factual, no tempo, não pode nunca ser senão parcial, e deve, portanto, ser não absoluta; tampouco pode a infinitude da personalidade factual ser absoluta, exceto na Deidade inqualificável. E é o diferencial do potencial de infinitude, no Absoluto Inqualificável e no Absoluto da Deidade, que eterniza o Absoluto Universal, tornando cosmicamente possível que haja universos materiais no espaço e espiritualmente possível que haja personalidades finitas no tempo.

O finito pode coexistir no cosmo junto com o Infinito, tão somente porque a presença associativa do Absoluto Universal equaliza muito perfeitamente as tensões entre o tempo e a eternidade, entre o finito e o infinito, entre o potencial de realidade e a factualidade da realidade, entre o Paraíso e o espaço, entre o homem e Deus. Associativamente, o Absoluto Universal constitui a identificação da zona de realidade evolutiva progressiva que existe nos universos do tempo e do espaço e nos universos tempo-espacialmente transcendidos, e que são universos de manifestação sub-infinita da Deidade.

O Absoluto Universal é o potencial da Deidade estático-dinâmica, funcionalmente realizável nos níveis do tempo-eternidade, como valores finito-absolutos e de possível acesso experiencial-existencial. Esse aspecto incompreensível da Deidade pode ser estático, potencial e associativo, mas não é experiencialmente criativo nem evolutivo, no que concerne às personalidades inteligentes, ora funcionando no universo-mestre.

O Absoluto. Os dois Absolutos – o qualificado e o inqualificável –, se bem que aparentemente tão divergentes em função, quando observados pelas criaturas que possuem uma mente, estão, perfeita e divinamente, unificados no e pelo Absoluto Universal. Em última análise, e em uma compreensão final, todos os três são apenas um Absoluto. Nos níveis subinfinitos, eles estão funcionalmente diferenciados, mas, na infinitude, eles são UM.

Não utilizamos jamais o termo Absoluto como uma negação de alguma coisa, nem como rejeição de coisa alguma. Tampouco consideramos o Absoluto Universal como autodeterminativo, como uma espécie de Deidade panteísta e impessoal. O Absoluto, em tudo que diz respeito à personalidade no universo, é estritamente limitado pela Trindade e dominado pela Deidade.

xii. AS TRINDADES

A Trindade do Paraíso, original e eterna, é existencial; e foi inevitável. Esta Trindade, sem começo, era inerente ao fato da diferenciação entre o pessoal e o impessoal, pelo livre-arbítrio do Pai, e factualizou-se quando a Sua vontade pessoal coordenou essas realidades duais, por meio da mente. As Trindades do pós-Havona são experienciais – são inerentes à criação de dois níveis subabsolutos e evolutivos, de manifestação da personalidade em poder, no universo-mestre.

A *Trindade do Paraíso* – a união eterna na Deidade, do Pai Universal, ao Filho Eterno e ao Espírito Infinito – é existencial em factualidade, mas todos os potenciais são experienciais. Logo, essa Trindade constitui a única realidade da Deidade que abraça a infinitude; e, portanto, é nela que ocorrem os fenômenos, no universo, de factualização de Deus, o Supremo, de Deus, o Último, e de Deus, o Absoluto.

A primeira e a segunda Trindades experienciais, as Trindades pós-Havona, não podem ser infinitas, porque abrangem *Deidades derivadas*, Deidades que evoluíram por meio da factualização experiencial de realidades criadas ou manifestadas pela Trindade existencial do Paraíso. A infinitude da divindade está sendo constantemente enriquecida, quando não ampliada, pela finitude e pela absonitude da experiência entre criatura e Criador.

As Trindades são verdades do relacionamento e fatos da manifestação coordenada da Deidade. As funções da Trindade englobam as realidades da Deidade, e as realidades da Deidade sempre buscam a realização e a manifestação na personalização. Deus, o Supremo, Deus, o Último e, mesmo, Deus, o Absoluto, são, portanto, inevitabilidades divinas. Essas três Deidades experienciais eram potenciais, na Trindade existencial, a Trindade do Paraíso, mas os seus surgimentos no universo, como personalidades de poder, dependem, em parte, dos seus próprios funcionamentos experienciais, nos universos do poder e da personalidade, e, em parte, das realizações experienciais dos Criadores e das Trindades pós-Havona.

As duas Trindades pós-Havona, a Trindade Última e a Trindade Absoluta, ambas experienciais, não estão agora plenamente manifestadas; estão em processo de realização no universo. Essas associações de Deidades podem ser descritas como se segue:

1. A *Trindade Última*, atualmente em evolução, consistirá, finalmente, no Ser Supremo, nas Personalidades Criadoras Supremas e nos Arquitetos absonitos do universo-mestre, planejadores únicos do universo que não são criadores nem criaturas. Deus, o Último, final e inevitavelmente, adquirirá poder e personalizar-se-á como a Deidade-conseqüência da unificação desta Trindade Última experiencial, na arena em expansão do universo-mestre quase ilimitado.

2. A *Trindade Absoluta* – a segunda Trindade experiencial – agora em processo de factualização, consistirá em Deus, o Supremo, Deus, o Último, e o não revelado Consumador do Destino do Universo. Essa Trindade funciona tanto nos níveis pessoais quanto nos suprapessoais, e mesmo nas fronteiras do não pessoal; e a sua unificação na universalidade experienciaria a Deidade Absoluta.

A Trindade Última está unificando-se experiencialmente até completar-se, mas duvidamos verdadeiramente da possibilidade dessa unificação plena da Trindade Absoluta. O nosso conceito, contudo, da eterna Trindade do Paraíso, é mantido como uma lembrança, sempre presente, de que a trinitarização da Deidade pode realizar aquilo que, de outro modo, seria inatingível; e por isso é que postulamos o surgimento, em algum momento, do *Supremo-Último* e uma possível trinitarização e factualização de Deus, o Absoluto.

Os filósofos dos universos postulam uma *Trindade das Trindades*, uma Trindade Infinita existencial-experiencial, mas não são capazes de visualizar a personalização dela; possivelmente equivaleria à pessoa do Pai Universal, no nível conceitual do EU

SOU. Todavia, independentemente de tudo isso, a Trindade original do Paraíso é potencialmente infinita, posto que o Pai Universal é factualmente infinito.

CONSIDERAÇÕES

As apresentações seguintes incluem a descrição do caráter do Pai Universal e a natureza dos seus coligados do Paraíso. Ao fazê-las, junto com a tentativa de descrever o universo central perfeito e os sete superuniversos que o rodeiam, guiamo-nos pelo mandado dos governantes superuniversais, o qual nos ordena, em todos os nossos esforços, para revelar a verdade e para coordenar o conhecimento essencial, que seja dada preferência aos conceitos humanos mais elevados já existentes, relativos aos temas a serem apresentados. Apenas podemos recorrer à revelação pura quando o conceito em apresentação não houver tido expressão prévia adequada, na mente humana.

As sucessivas revelações planetárias da verdade divina, invariavelmente, têm abrangido os conceitos mais elevados existentes de valores espirituais, como parte de uma nova e intensificada coordenação do conhecimento no planeta. De acordo com isso, ao fazermos essas apresentações sobre Deus e os Seus coligados do universo, nós selecionamos, como base destes documentos, mais de mil conceitos humanos que representam o mais alto e o mais avançado conhecimento planetário de valores espirituais e significados universais. À medida que esses conceitos humanos, reunidos dentre os dos mortais sabedores de Deus, do passado e do presente, tornarem-se inadequados para retratar a verdade, como fomos instruídos a revelá-la, nós iremos, sem hesitação, suplementá-los, recorrendo, para esse propósito, ao nosso conhecimento superior da realidade e da divindade das Deidades do Paraíso e do universo transcendente em que residem.

Estamos plenamente cientes das dificuldades dessa nossa missão; reconhecemos a impossibilidade que é transcrever plenamente a linguagem dos conceitos da divindade e da eternidade, por meio dos símbolos de uma língua, e com os conceitos finitos da mente mortal. Sabemos, porém, que, na mente humana, reside um fragmento de Deus e que, com a alma humana, permanece o Espírito da Verdade; e sabemos também que todas essas forças espirituais conspiram no sentido de tornar o homem material apto para captar a realidade dos valores espirituais e compreender a filosofia dos significados do universo. E, com certeza ainda maior, sabemos que esses espíritos da Divina Presença são capazes de prestar assistência ao homem, na tarefa de apropriação espiritual de toda a verdade que contribui para a elevação da realidade, em contínuo progresso, da experiência religiosa pessoal – a consciência de Deus.

[Ditado por um Conselheiro Divino de Orvônton, Dirigente do Corpo das Personalidades deste Superuniverso, designado para retratar, em Urântia, a verdade sobre as Deidades do Paraíso e o universo dos universos.]

PARTE I

O UNIVERSO CENTRAL E OS SUPERUNIVERSOS

Promovido por um Corpo de Personalidades do Superuniverso, de Uversa,
atuando com a autoridade dos Anciães
dos Dias de Orvônton.

PARTE I
O Universo Central e os Superuniversos

DOCUMENTO 1

O PAI UNIVERSAL

O PAI Universal é o Deus de toda a criação, é a Primeira Fonte e Centro de todas as coisas e todos os seres. Pensai em Deus primeiro como um criador, depois como um controlador e finalmente como um sustentador infinito. A verdade sobre o Pai Universal teve o seu alvorecer, para a humanidade, quando o profeta disse: "Apenas Vós sois Deus, não há ninguém além de Vós. Criastes os céus e o céu dos céus com todas as suas hostes; e Vós os preservais e os controlais. Pelos Filhos de Deus, os universos foram feitos. O Criador cobre-Se da luz como se fosse uma veste e estende os céus como uma cortina". Somente o conceito do Pai Universal – um Deus único, no lugar de muitos deuses – capacitou o homem mortal a compreender o Pai como um criador divino e um controlador infinito.

As miríades de sistemas planetários foram todas criadas para serem afinal habitadas por vários tipos diferentes de criaturas inteligentes, seres que poderiam conhecer a Deus, receber a afeição divina e amá-Lo em retribuição. O universo dos universos é obra de Deus e morada das Suas diversas criaturas. "Deus criou os céus e formou a Terra; e não foi em vão que Ele estabeleceu o universo e criou este mundo; Ele o formou, para que fosse habitado".

Todos os mundos esclarecidos reconhecem e adoram o Pai Universal, o elaborador eterno e sustentador infinito de toda a criação. As criaturas de vontade, de universo em universo, embarcaram na jornada imensamente longa até o Paraíso, a luta fascinante da aventura eterna de alcançar Deus, o Pai. A meta transcendente dos filhos do tempo é ir ao encontro do Deus eterno, é compreender a Sua natureza divina e reconhecer o Pai Universal. As criaturas sabedoras de Deus têm uma única ambição suprema, um só desejo ardente, que é o de tornar-se, nas suas próprias esferas, perfeitos como Ele é Perfeito na Sua perfeição de personalidade no Paraíso e na Sua esfera universal de supremacia na retidão. Do Pai Universal que habita a eternidade, emanou o supremo mandado: "Sede perfeitos, assim como Eu sou perfeito". Em amor e misericórdia, os mensageiros do Paraíso levaram essa exortação divina, através dos tempos e em todos os universos, até mesmo às criaturas inferiores de origem animal, tais como as raças humanas de Urântia.

Esse mandado, magnífico e universal, de esforçar-se para atingir a perfeição da divindade, é o primeiro dever e deveria ser a mais alta ambição de todas as criaturas que batalham nessa criação do Deus da perfeição. A possibilidade de atingir a perfeição divina é o destino certo e final de todos os homens, no eterno progresso espiritual.

Os mortais de Urântia dificilmente podem esperar ser perfeitos, no sentido infinito, mas, para os seres humanos, partindo como o fazem, deste planeta, é inteiramente possível alcançar a meta superna e divina que o Deus infinito estabeleceu para o homem mortal; e, quando atingirem esse destino, em tudo o que diz respeito à auto-realização e ao alcance da mente, eles estarão tão repletos, na sua esfera de perfeição divina, quanto o próprio Deus o é, no seu âmbito de infinitude e eternidade. Tal perfeição pode não ser universal, no sentido material, nem ilimitada, em alcance intelectual, nem final, enquanto experiência espiritual, mas ela é final e completa, sob todos os aspectos finitos, em divindade, vontade, perfeição de motivação da personalidade e consciência de Deus.

O verdadeiro significado do mandamento divino é este: "Sede perfeitos, assim como Eu sou perfeito"; é o que impulsiona constantemente o homem mortal a ir adiante e o atrai para o interior de si próprio, na sua labuta longa e fascinante para alcançar níveis cada vez mais elevados de valores espirituais e de significados verdadeiros do universo. Essa busca sublime, pelo Deus dos universos, é a aventura suprema dos habitantes de todos os mundos do tempo e do espaço.

1. O NOME DO PAI

De todos os nomes pelos quais Deus, o Pai, é conhecido nos universos, aqueles que O designam como a Primeira Fonte e Centro do Universo são os mais freqüentemente encontrados. O Pai Primeiro é conhecido por vários nomes, em universos diferentes e nos diversos setores de um mesmo universo. Os nomes por meio dos quais a criatura designa o Criador dependem, em grande parte, do conceito que a criatura tem do Criador. A Primeira Fonte e Centro do Universo nunca revelou a Si própria por um nome, apenas pela Sua natureza. Se acreditamos que somos filhos deste Criador, afinal, torna-se natural que o chamemos de Pai. Mas essa denominação vem da nossa própria escolha, e advém do reconhecimento da nossa relação pessoal com a Primeira Fonte e Centro.

O Pai Universal nunca impõe qualquer forma de reconhecimento arbitrário, de adoração formal, ou de serviço escravizador às criaturas inteligentes e dotadas de vontade dos universos. Os habitantes evolucionários dos mundos do tempo e do espaço, por si mesmos, devem – nos seus corações – reconhecer, amar e voluntariamente adorá-Lo. O Criador recusa-Se a exercer coação de submissão sobre os livres-arbítrios espirituais das suas criaturas materiais. A dedicação afetuosa da vontade humana, de fazer a vontade do Pai, é a dádiva mais bem escolhida que o homem pode oferecer a Deus; de fato, uma consagração assim da sua vontade de criatura constitui a única dádiva possível de valor verdadeiro, do homem, ao Pai do Paraíso. Em Deus, o homem vive, move-se e tem o seu ser; não há nada que o homem possa dar a Deus, a não ser a escolha de ater-se à vontade do Pai; e uma decisão como essa, efetivada pelas criaturas volitivas inteligentes dos universos, na realidade, constitui a verdadeira adoração, que satisfaz muito plenamente ao Pai Criador, em cuja natureza o amor é preponderante.

Quando realmente vos houverdes tornado conscientes de Deus, após descobrirdes verdadeiramente a majestade do Criador e houverdes experimentado e compreendido a presença do controlador divino, que em vós reside, então, segundo o vosso esclarecimento e de acordo com a maneira e o método pelo qual os Filhos divinos revelam Deus, vós encontrareis um nome para o Pai Universal que expresse adequadamente o vosso conceito da Primeira Grande Fonte e Centro. E assim, em mundos diferentes e em vários universos, o Criador torna-se conhecido por inúmeros nomes; e todos significam a mesma coisa, pelo sentido do relacionamento dos filhos com Ele; em palavras e símbolos, todavia, cada nome representa um grau, uma profundidade da Sua entronização nos corações das Suas criaturas de um determinado reino.

Perto do centro do universo dos universos, o Pai Universal é em geral conhecido por nomes que podem ser considerados como significando Primeira Fonte. Mais além, nos universos do espaço, os termos empregados para designar o Pai Universal significam, com mais freqüência, o Centro Universal. E, mais além ainda, nesta criação estelar, como na sede-central do vosso universo local, Ele é conhecido como a Primeira Fonte Criadora e Centro Divino. Numa constelação próxima, Deus é chamado de Pai dos Universos. Em outra, de Sustentador Infinito e, mais para leste, de Controlador Divino. Ele tem sido designado também por Pai das Luzes, Dom da Vida e Todo-Poderoso Único.

Nos mundos em que um Filho do Paraíso viveu uma vida de auto-outorga ou de doação de si próprio, Deus geralmente é conhecido por algum nome que indica um relacionamento pessoal, de alguma afeição terna ou devoção paternal. Na sede da vossa constelação, todos se referem a Deus como o Pai Universal; e, nos diversos planetas do vosso sistema local de mundos habitados, Ele é alternadamente conhecido como Pai dos Pais, Pai do Paraíso, Pai de Havona e Pai Espírito. Aqueles que conhecem Deus, por meio das revelações feitas pelos Filhos do Paraíso, durante as outorgas de si próprios aos mundos, sempre cedem ao apelo sentimental da relação tocante que advém da associação entre a Criatura e o Criador, e se referem a Deus como o "Nosso Pai".

Num planeta de criaturas sexuadas, em um mundo em que os impulsos da emoção parental são inerentes aos corações dos seus seres inteligentes, o termo Pai torna-se um nome muito expressivo e apropriado para o Deus Eterno. Ele é mais bem conhecido, mais universalmente reconhecido no vosso planeta, Urântia, pelo nome de *Deus*. O nome que Lhe é dado é de pouca importância; o que é significativo é conhecê-Lo e aspirar a ser como Ele. Os vossos profetas de outrora verdadeiramente chamavam-No de "Deus eterno" e referiam-se a Ele como "Aquele que habita a eternidade".

2. A REALIDADE DE DEUS

Deus é a realidade primordial no mundo do espírito; Deus é a fonte da verdade nas esferas da mente; Deus abriga, com a sua sombra, todas as partes dos reinos materiais. Para todas as inteligências criadas, Deus é uma personalidade e, para o universo dos universos, Ele é a Primeira Fonte e Centro da realidade eterna. Deus não se assemelha ao homem, nem à máquina. O Primeiro Pai é espírito universal, eterna verdade, realidade infinita e personalidade paterna.

O Deus eterno é infinitamente mais do que a realidade idealizada ou o universo personalizado. Deus não é simplesmente o supremo desejo do homem, a busca mortal transformada em realidade objetiva. Tampouco Deus é um mero conceito, o poder-potencial da retidão. O Pai Universal não é um sinônimo para a natureza, nem é a lei natural personificada. Deus é uma realidade transcendente, não é meramente um conceito tradicional que o homem tenha dos valores supremos. Deus não é uma focalização psicológica de significados espirituais, nem é a "criação mais nobre do homem". Na mente dos homens, Deus pode ser qualquer desses conceitos e todos eles; no entanto, Ele é mais. É uma pessoa salvadora e um Pai cheio de amor, para todos aqueles que desfrutam da paz espiritual na Terra, e que anseiam por experimentar a sobrevivência da personalidade após a morte.

A realidade da existência de Deus é demonstrada, na experiência humana, pela presença divina que reside dentro do homem, o Monitor espiritual, enviado do Paraíso para viver na mente mortal do homem e para assisti-lo na evolução da sua alma imortal e na sobrevivência eterna. A presença desse Ajustador divino, na mente humana, faz-se conhecer por três fenômenos experienciais:

1. A capacidade intelectual para conhecer a Deus – a consciência de Deus.

2. O impulso espiritual de encontrar Deus – a busca de Deus.

3. O anseio da personalidade de ser como Deus – o desejo, de todo o coração, de fazer a vontade do Pai.

A existência de Deus não pode jamais ser comprovada pela experiência científica, nem pela razão pura em uma dedução lógica. Deus só pode ser compreendido no âmbito da experiência humana; contudo, o verdadeiro conceito da realidade de Deus é razoável para a lógica, plausível para a filosofia, essencial para a religião e indispensável a qualquer esperança de sobrevivência da personalidade.

Aqueles que são sabedores de Deus experimentaram o fato da Sua presença; tais mortais sabedores de Deus têm, na própria experiência pessoal, a única prova positiva da existência do Deus vivo que um ser humano pode oferecer a outro. A existência de Deus encontra-se muito além de qualquer possibilidade de demonstração, a não ser pelo contato entre a consciência que a mente humana tem de Deus e a presença de Deus, no Ajustador do Pensamento, que reside no intelecto mortal e que é outorgada ao homem, como dádiva graciosa do Pai Universal.

Em teoria, vós podeis pensar em Deus como o Criador, pois Ele é o criador pessoal do Paraíso e do universo central da perfeição; mas os universos do tempo e do espaço foram todos criados e organizados pelo corpo do Paraíso de Filhos Criadores. O Pai Universal não é o criador pessoal do universo local de Nébadon; o universo, no qual vós viveis, é criação do Seu Filho Michael. Ainda que o Pai não haja pessoalmente criado os universos evolucionários, Ele os controla, por meio de muitas das suas relações universais e por meio de algumas das suas manifestações de energias físicas, mentais e espirituais. Deus, o Pai, é o Criador pessoal do universo do Paraíso e, em associação com o Filho Eterno, é o Criador de todos os outros criadores pessoais de universos.

Como controladora física, no universo dos universos materiais, a Primeira Fonte e Centro funciona nos moldes originais da Ilha Eterna do Paraíso e, por meio desse centro absoluto de gravidade, o Deus eterno exerce o supercontrole cósmico do nível físico, igualmente no universo central e em todo o universo dos universos. Enquanto mente, Deus atua por meio da Deidade do Espírito Infinito; como espírito, Deus manifesta-se na pessoa do Filho Eterno e nas pessoas dos filhos divinos do Filho Eterno. Essa inter-relação da Primeira Fonte e Centro, com as Pessoas e com os Absolutos coordenados do Paraíso, em nada exclui a ação pessoal *direta* do Pai Universal, em toda a criação e em todos os seus níveis. Por meio da presença do Seu espírito fragmentado, o Pai Criador mantém um contato direto com os Seus filhos criaturas e com os Seus universos criados.

3. DEUS É UM ESPÍRITO UNIVERSAL

"Deus é espírito". Ele é uma presença espiritual universal. O Pai Universal é uma realidade espiritual infinita; Ele é "o soberano eterno, imortal, invisível; e o único Deus verdadeiro". Ainda que sejais a "progênie de Deus", não deveis pensar que o Pai seja como vós, na forma e no aspecto físico, porque foi dito que fostes criados "à sua imagem" – no entanto, sois resididos pelos Monitores Misteriosos vindos da morada central, da Sua eterna Presença. Os seres espirituais são reais, apesar de invisíveis aos olhos humanos; mesmo não sendo de carne e osso.

Disse o vidente de outrora: "Ei-Lo aqui, Ele passa a meu lado e não O vejo; Ele me ultrapassa, mas não O percebo". Podemos observar constantemente as obras de Deus, podemos ser extremamente conscientes das evidências materiais da Sua conduta majestosa, mas raramente podemos contemplar a manifestação visível da Sua divindade, nem mesmo ver a presença do espírito que Ele delegou para residir no homem.

O Pai Universal não é invisível porque esteja escondendo-Se das criaturas inferiores, que têm apenas capacidades materiais reduzidas e dons espirituais limitados. A situação antes é: "Vós não podeis ver a Minha face, porque nenhum mortal pode ver-Me e viver". Nenhum homem material pode contemplar o Deus espírito e preservar a sua existência mortal. É impossível aos grupos mais baixos de seres espirituais, e a qualquer ordem de personalidades materiais, aproximarem-se da glória e do brilho espiritual da presença da personalidade divina. A luminosidade espiritual da presença pessoal do Pai é uma "luz da qual nenhum homem mortal pode aproximar-se; que nenhuma criatura mortal tenha visto ou possa ver". Mas não é necessário ver Deus, com os olhos da carne, para discerni-Lo pela visão da fé da mente espiritualizada.

A natureza espiritual do Pai Universal é compartilhada plenamente com o Seu eu coexistente, o Filho Eterno do Paraíso. Ambos, o Pai e o Filho, da mesma maneira, compartilham o espírito eterno e universal, plena e irrestritamente, com a Sua personalidade conjunta coordenada, o Espírito Infinito. O espírito de Deus é, em Si e por Si próprio, absoluto; no Filho, é inqualificável; no Espírito, é universal; e, em todos e por meio de todos Eles, é infinito.

Deus é um espírito universal; Deus é a pessoa universal. A realidade pessoal suprema da criação finita é espírito; a realidade última do cosmo pessoal é espírito absonito. Apenas os níveis da infinitude são absolutos; e apenas em tais níveis existe unicidade de finalidade entre matéria, mente e espírito.

Nos universos, Deus, o Pai, é, em potencial, o supracontrolador da matéria, da mente e do espírito. Somente por meio do imenso circuito da Sua personalidade é que Deus lida diretamente com as personalidades da Sua vasta criação de criaturas volitivas; no entanto, (fora do Paraíso) Ele é contatável apenas nas presenças das Suas entidades fragmentadas: a vontade de Deus na vastidão dos universos. Esse espírito do Paraíso, que reside na mente dos mortais do tempo e que impulsiona a evolução, na criatura sobrevivente, de uma alma imortal, é da mesma natureza e divindade que o Pai Universal. No entanto, como as mentes dessas criaturas evolucionárias originam-se nos universos locais, elas devem alcançar a perfeição divina, realizando as transformações experienciais, de alcance e de realização espiritual, que são um resultado inevitável da escolha da criatura de fazer a vontade do Pai nos Céus.

Na experiência interior do homem, a mente encontra-se vinculada à matéria. E as mentes, vinculadas assim à matéria, não podem sobreviver ao perecimento mortal. Abraçar a técnica de sobrevivência é fazer as transformações na mente mortal e os ajustamentos da vontade humana, por meio dos quais tal intelecto, consciente de Deus, deixa-se gradualmente ensinar pelo espírito e, finalmente, deixa-se guiar por ele. Essa evolução da mente humana, a partir da associação material, até a união com o espírito, resulta na transmutação das fases, potencialmente espirituais, da mente mortal, nas realidades moronciais da alma imortal. A mente mortal se for subserviente à matéria, está destinada a tornar-se cada vez mais material e, conseqüentemente, a sofrer uma extinção final da personalidade; a mente entregue ao espírito está destinada a tornar-se cada vez mais espiritual e, finalmente, a realizar a unificação com o espírito divino, que é sobrevivente e que é o guia para, desse modo, conseguir-se a sobrevivência e a eternidade de existência da personalidade.

Eu procedo do Eterno e tenho, repetidamente, retornado à presença do Pai Universal. Sei da realidade e da personalidade da Primeira Fonte e Centro, o Pai Eterno e Universal. Conquanto o grande Deus seja absoluto, eterno e infinito, eu sei que Ele também é bom, divino e pleno de graças. Sei da verdade das grandes declarações: "Deus é espírito" e "Deus é amor"; e esses dois atributos foram revelados e estão revelados ao universo, da forma mais completa, pelo Filho Eterno.

4. O MISTÉRIO DE DEUS

A infinitude da perfeição de Deus é tal que faz Dele um mistério eterno. O maior de todos os mistérios insondáveis de Deus é o fenômeno da residência divina nas mentes mortais. A maneira pela qual o Pai Universal convive com as criaturas do tempo é o mais profundo de todos os mistérios do universo; a presença divina na mente do homem é o mistério dos mistérios.

Os corpos físicos dos mortais são "templos de Deus". Não obstante os Filhos Criadores Soberanos aproximarem-se das criaturas dos seus mundos habitados e "atraírem a si todos os homens", e embora "estejam junto à porta" da consciência "e batam" e alegrem-se de entrar em todos aqueles que "abrirem as portas dos seus corações"; conquanto exista uma comunhão íntima entre os Filhos Criadores e as suas criaturas mortais, no entanto, os homens mortais têm algo do próprio Deus a residir, de fato, dentro deles e assim, pois, os seus corpos são templos Dele.

Quando houverdes terminado neste mundo, e a vossa carreira na sua forma temporária terrena estiver concluída; quando a vossa viagem de provações na carne estiver finda, e o pó que compõe o tabernáculo mortal "retornar à terra de onde veio"; então, e isso está revelado, o residente "Espírito retornará a Deus, que o outorgou". Dentro de cada ser mortal deste planeta reside um fragmento de Deus, uma parte do todo da divindade. Esse fragmento ainda não é vosso por direito de posse, mas o desígnio intencional dele é unificar-se convosco, se sobreviverdes após a vossa existência mortal.

Confrontamo-nos constantemente com esse mistério de Deus; e ficamos perplexos com o desenvolvimento crescente do panorama infindável da verdade da Sua infinita bondade, da Sua inesgotável misericórdia, da Sua incomparável sabedoria e do Seu caráter supremo.

O mistério divino consiste na inerente diferença que existe entre o finito e o infinito, o temporal e o eterno, a criatura tempo-espacial e o Criador Universal, o material e o espiritual, a imperfeição do homem e a perfeição da Deidade do Paraíso. Infalivelmente, o Deus do amor universal manifesta-Se a cada uma das Suas criaturas, até a plenitude da capacidade da criatura de apreender espiritualmente as qualidades da verdade, da beleza e da bondade divinas.

Para todo ser espiritual e para todas as criaturas mortais, em todas as esferas e em todos os mundos, no universo dos universos, o Pai Universal revela tudo do Seu ser divino e pleno de graças, tudo o que pode ser discernido ou compreendido por aqueles seres espirituais e pelas criaturas mortais. Deus não tem preferência por pessoas, espirituais ou materiais. A divina presença, da qual qualquer filho do universo desfruta, em qualquer momento, é limitada apenas pela capacidade que tal criatura tem de receber e discernir as realidades espirituais do mundo supramaterial.

Como uma realidade na experiência espiritual humana, Deus não é um mistério. Quando, porém, para as mentes físicas da ordem material, é feita uma tentativa de tornar claras as realidades do mundo espiritual, surgem mistérios: mistérios tão sutis e tão profundos que apenas o entendimento pela fé, nos mortais sabedores de Deus, pode realizar o milagre filosófico do reconhecimento do Infinito pelo finito, o discernimento do Deus eterno, por parte dos mortais em evolução, nos mundos materiais do tempo e espaço.

5. A PERSONALIDADE DO PAI UNIVERSAL

Não permitais que a magnitude e a infinitude de Deus obscureçam ou eclipsem a vossa visão da personalidade Dele. "Ele, que planejou o ouvido, não escutará? Ele, que formou o olho, não verá?" O Pai Universal é o auge da personalidade divina; Ele é a origem e o destino da personalidade, em toda a criação. Deus é tanto infinito, quanto pessoal; Ele é uma personalidade infinita. O Pai é verdadeiramente uma personalidade; se bem que a infinitude da Sua pessoa coloque-O sempre para além da compreensão plena dos seres materiais e finitos.

Deus é muito mais do que uma personalidade, do modo como a personalidade é entendida pela mente humana; Ele é mais ainda do que qualquer conceito possível de uma superpersonalidade. Contudo, é totalmente inútil discutir um conceito tão incompreensível como o da personalidade divina com as mentes das criaturas materiais, para quem o máximo, em matéria de entendimento da realidade do ser, consiste na idéia e no ideal de personalidade. O mais elevado conceito que a criatura material possui do Criador Universal está englobado nos ideais espirituais de uma idéia elevada, que ela pode ter da personalidade divina. Portanto, se bem que possais saber que a personalidade de Deus deve ser mais do que pode alcançar uma concepção humana de personalidade, igualmente, bem sabeis que o Pai Universal não pode, certamente, ser nada menos do que uma personalidade eterna, infinita, verdadeira, boa e bela.

Deus não se está escondendo de nenhuma das suas criaturas. Ele é inabordável, para tantas ordens de seres, apenas porque ele "reside em uma luz da qual nenhuma criatura material pode aproximar-se". A imensidão e a grandeza da personalidade divina estão muito além do entendimento da mente imperfeita dos mortais evolucionários. Ele "mede as águas no oco das suas mãos, avalia um universo com a palma da sua mão. É Ele quem se assenta no círculo da Terra, que estende os céus como uma cortina e que a abre, como um universo, para morar". "Levantai alto os vossos olhos e contemplai Aquele que criou todas as coisas, que traz os Seus mundos contados e os chama a todos pelos seus nomes"; e também é verdade que "as coisas invisíveis de Deus apenas parcialmente são compreendidas pelas coisas que foram criadas". Hoje em dia, e no estágio em que estais, deveis discernir o Criador invisível por meio das Suas diversas e múltiplas criações, bem como por intermédio da revelação e da ministração dos Seus Filhos e dos inúmeros subordinados destes.

Ainda que os mortais materiais não possam ver a pessoa de Deus, eles deveriam regozijar-se com a certeza de que Ele é uma pessoa; pela fé deveriam aceitar a verdade

que afirma que o Pai Universal amou tanto o mundo, que proporcionou o crescimento espiritual eterno dos seus mais humildes habitantes; que Ele "Se regozija
com os Seus filhos". Deus não carece de nenhum dos atributos supra-humanos e
divinos que constituem uma personalidade Criadora perfeita, eterna, plena de amor
e infinita.

Nas criações locais (com exceção do pessoal dos superuniversos) Deus não tem
manifestações pessoais ou residenciais, além dos Filhos Criadores do Paraíso, que são
os pais dos mundos habitados e os soberanos dos universos locais. Se a fé da criatura fosse perfeita, ela saberia com segurança que, quando houvesse visto um Filho
Criador, ela teria visto o Pai Universal; ao procurar pelo Pai, ela não deveria pedir
nem esperar ver nada além do Filho. O homem mortal simplesmente não pode ver
Deus; não antes de atingir a completa transformação espiritual e, de fato, não antes
de alcançar o Paraíso.

As naturezas dos Filhos Criadores do Paraíso não abrangem todos os potenciais
irrestritos, ou inqualificáveis, da absolutez universal da natureza infinita da Primeira
Fonte e Centro; mas o Pai Universal está, sob todos os pontos de vista, *divinamente*
presente nos Filhos Criadores. O Pai e os seus Filhos são Um. Esses Filhos do Paraíso,
da ordem de Michael, são personalidades perfeitas, modelos originais, mesmo, de
todas as personalidades do universo, desde a do Brilhante Estrela Matutino até a das
criaturas humanas mais primárias, provenientes da evolução animal progressiva.

Sem Deus, e não fora pela Sua excelsa pessoa central, não haveria nenhuma personalidade em todo o vasto universo dos universos. *Deus é personalidade.*

Não obstante Deus ser um poder eterno, uma presença majestosa, um ideal transcendente, um espírito glorioso; embora Ele seja tudo isso e infinitamente mais, ainda
assim, Ele é, verdadeiramente e para sempre, uma personalidade perfeita de Criador,
uma pessoa que pode "conhecer e ser conhecida", que pode "amar e ser amada", e
que pode demonstrar amizade por nós; e assim vós podeis ser reconhecidos, como
outros seres humanos o foram, como amigos de Deus. Ele é um espírito real e uma
realidade espiritual.

Por vermos o Pai Universal revelando-Se em todo o Seu universo; por discerni-Lo
residindo no interior das Suas miríades de criaturas; por contemplá-Lo nas pessoas
dos Seus Filhos Soberanos; por continuarmos a sentir a Sua divina presença aqui e
ali, mais perto ou longe, não duvidemos nem questionemos a primazia da Sua personalidade. Não obstante todas as vastas distribuições de Si próprio, Ele permanece
sendo uma pessoa verdadeira e mantém eternamente uma conexão pessoal com as
hostes incontáveis das Suas criaturas espalhadas nos universos dos universos.

A idéia da personalidade aplicada ao Pai Universal é o conceito ampliado e o mais
verdadeiro de Deus que chegou à humanidade, sobretudo por meio da revelação. A
razão, a sabedoria e a experiência religiosa, todas inferem e indicam a personalidade
de Deus; no entanto, não a tornam atestada. Até mesmo o Ajustador do Pensamento
residente é pré-pessoal. A verdade, e a maturidade, de qualquer religião é diretamente
proporcional ao conceito que faz da personalidade infinita de Deus e à compreensão
que tem da unidade absoluta de Deus. A idéia de uma Deidade pessoal transforma-se,
portanto, na medida da maturidade religiosa, desde que a religião tenha antes formulado o conceito da unidade de Deus.

A religião primitiva possuía muitos deuses pessoais, e eles eram moldados à imagem
do homem. A revelação afirma e confirma a validade do conceito da personalidade
de Deus; a qual não passa de uma mera possibilidade, segundo o postulado científico,
de uma Causa Primeira, e, apenas provisoriamente, é sugerida na idéia filosófica da
Unidade Universal. Apenas por meio da idéia da personalidade qualquer pessoa pode

começar a compreender a unidade de Deus. Negar a personalidade da Primeira Fonte e Centro deixa-nos diante de uma escolha limitada a dois dilemas filosóficos: o materialismo e o panteísmo.

Para a contemplação da Deidade, o conceito da personalidade deve ser desprovido da idéia de corporalidade. Um corpo material não é indispensável à personalidade, seja no homem, seja em Deus. Esse engano, o da corporeidade, é mostrado nos dois extremos da filosofia humana. No materialismo, quando perde o seu corpo com a morte, o homem cessa de existir como personalidade; no panteísmo, desde que não tenha nenhum corpo, Deus não pode ser, portanto, uma pessoa. O tipo de personalidade progressiva supra-humana funciona em uma união de mente e espírito.

A personalidade não é simplesmente um atributo de Deus; antes representa a totalidade da natureza infinita coordenada e da vontade divina unificada, as quais são exibidas na eternidade e universalidade da sua expressão perfeita. A personalidade, em seu sentido supremo, é a revelação de Deus ao universo dos universos.

Deus, sendo eterno, universal, absoluto e infinito, não pode ter o Seu conhecimento nem a Sua sabedoria aumentados. Deus não adquire experiência, como o homem finito poderia conjecturar ou entender; no entanto, Ele desfruta, dentro do âmbito da Sua própria personalidade eterna, de contínuas expansões de auto-realização, as quais, de um certo modo, podem ser comparáveis e análogas à aquisição de novas experiências conforme são feitas pelas criaturas finitas dos mundos evolucionários.

A perfeição absoluta do Deus infinito levá-Lo-ia a sofrer limitações terríveis, pelo irrestrito da sua finalidade de perfeição, não fosse pelo fato de que o Pai Universal participe diretamente da luta da personalidade de cada alma imperfeita, no universo amplo, que está buscando com a ajuda divina ascender aos mundos celestes espiritualmente perfeitos. Essa experiência progressiva de cada ser espiritual e de cada criatura mortal, em todo o universo dos universos, é uma parcela da consciência-da-Deidade, sempre em expansão, do Pai, no divino círculo sem fim da auto-realização incessante.

É literalmente verdade que: "Com todas as vossas aflições Ele aflige-Se". "Em todos os vossos triunfos, Ele triunfa em vós e convosco". O Seu espírito divino pré-pessoal é uma parte real de vós. A Ilha do Paraíso responde a todas as metamorfoses físicas do universo dos universos; o Filho Eterno inclui todos os impulsos espirituais de toda a criação; o Agente Conjunto abrange toda a expressão mental do cosmo em expansão. O Pai Universal tem, em plena consciência divina, toda a experiência individual das lutas progressivas das mentes em expansão e dos espíritos em ascensão, de cada entidade, ser e personalidade em toda a criação evolucionária do tempo e do espaço. E tudo isso é absolutamente verdadeiro, pois "Nele todos nós vivemos, nos movemos e temos nosso ser".

6. A PERSONALIDADE NO UNIVERSO

A personalidade humana é uma imagem, uma sombra tempo-espacial projetada pela personalidade Criadora divina. E nenhum fato pode jamais ser adequadamente compreendido por um exame da sua sombra. As sombras devem ser interpretadas em termos da substância verdadeira.

Deus é uma causa para a ciência; uma idéia para a filosofia; e para a religião é uma pessoa ou mesmo o Pai celeste, cheio de amor. Para o cientista, Deus é uma força primordial; para o filósofo, uma hipótese de unidade; para o religioso, uma experiência espiritual viva. O conceito inadequado que o homem tem, da personalidade do Pai Universal, pode ser aperfeiçoado apenas pelo próprio progresso espiritual do homem no universo; e tornar-se-á verdadeiramente adequado apenas quando os peregrinos do tempo e do espaço finalmente alcançarem o abraço divino do Deus vivo no Paraíso.

Nunca percais de vista os aspectos antípodas da personalidade: como concebida por Deus e como vista pelo homem. O homem vê e compreende a personalidade, olhando do finito para o infinito; Deus olha do infinito para o finito. O homem possui o tipo mais baixo de personalidade; Deus, o mais elevado, supremo mesmo, último e absoluto. Portanto, os melhores conceitos da personalidade divina tiveram de esperar pacientemente o surgimento de idéias mais evoluídas da personalidade humana; especialmente por meio de uma revelação mais acentuada tanto da personalidade humana, como da personalidade divina, feita na vida de doação que Michael levou em Urântia, uma vida de auto-outorga de si próprio, como Filho Criador.

O espírito divino pré-pessoal, que reside na mente mortal, traz, com a sua simples presença, uma prova válida da sua existência factual; mas o conceito da personalidade divina pode ser alcançado apenas pelo discernimento interno espiritual, na experiência religiosa genuína. Qualquer pessoa, humana ou divina, pode ser conhecida e compreendida independentemente das reações exteriores ou da presença material dessa pessoa.

Uma certa afinidade moral e harmonia espiritual são essenciais à amizade entre duas pessoas; uma personalidade amorosa dificilmente pode revelar-se a uma pessoa incapaz de amar. Da mesma forma, para aprimorar o conhecimento de uma personalidade divina, todos os dons da personalidade do homem devem consagrar-se inteiramente a tal esforço; a devoção parcial, com a metade do coração, não será de nenhuma valia.

Quanto mais completamente o homem compreender a si próprio e apreciar os valores da personalidade nos seus semelhantes, tanto mais ansiará para conhecer a Personalidade Original e, mais honestamente, tal ser humano sabedor de Deus lutará para ser como a Personalidade Original. Baseados em opiniões, vós podeis discutir sobre Deus; a experiência com Ele e Nele, contudo, está acima e além de qualquer controvérsia humana e da mera lógica intelectual. O homem sabedor de Deus descreve as suas experiências espirituais, não para convencer os descrentes, mas para a edificação e a satisfação mútua dos que acreditam.

Assumir que o universo possa ser conhecido, que é inteligível, significa assumir que o universo foi feito pela mente e que é administrado pela personalidade. Apenas a mente do homem pode perceber o fenômeno mental de outras mentes, sejam humanas ou supra-humanas. Se a personalidade do homem pode experienciar o universo, então há uma mente divina e uma personalidade real ocultas em algum lugar neste universo.

Deus é espírito – personalidade espiritual –; o homem também é um espírito – uma personalidade espiritual potencial. Jesus de Nazaré atingiu a realização plena do potencial da personalidade espiritual, na experiência humana; conseqüentemente a sua realização, em vida, da vontade do Pai, torna-se a revelação mais real e ideal da personalidade de Deus. Ainda que a personalidade do Pai Universal possa ser apreendida apenas por meio de uma experiência religiosa factual, na vida terrena de Jesus, somos inspirados pela demonstração perfeita dessa realização e da revelação da personalidade de Deus, em uma experiência verdadeiramente humana.

DOCUMENTO I: SEÇÃO 6

7. O VALOR ESPIRITUAL DO CONCEITO DE PERSONALIDADE

Quando Jesus falou do "Deus vivo", ele referiu-se a uma Deidade pessoal – o Pai do Céu. O conceito da personalidade da Deidade facilita a amizade; favorece a adoração inteligente; promove uma confiança arejada. As interações podem dar-se entre coisas não pessoais, mas não a amizade. A relação de amizade entre o pai e o filho, tanto quanto entre Deus e o homem, não pode ser desfrutada, a menos que ambos sejam pessoas. Somente as personalidades podem comungar uma com a outra, embora essa comunhão pessoal possa ser imensamente facilitada pela presença de uma entidade tão impessoal quanto o Ajustador do Pensamento.

O homem consegue a união com Deus, mas não como uma gota de água poderia encontrar a unidade com o oceano. O homem consegue a união divina por meio de uma comunhão recíproca espiritual progressiva, pelo relacionamento da personalidade com o Deus pessoal, ao atingir, de um modo crescente, a natureza divina, por meio de uma conformidade inteligente, buscada com todo o seu coração, à vontade divina. Uma relação tão sublime só pode existir entre personalidades.

O conceito da verdade poderia ser, certamente, mantido à parte da personalidade; o conceito da beleza pode existir sem a personalidade; mas o conceito da bondade divina só é compreensível em relação à personalidade. Somente uma *pessoa* pode amar e ser amada. E até mesmo a beleza e a verdade não teriam esperança de sobrevivência se não fossem atributos de um Deus pessoal, de um Pai repleto de amor.

Não podemos entender inteiramente como Deus pode ser primordial, imutável, Todo-Poderoso e perfeito e, ao mesmo tempo, estar cercado por um universo sempre em mutação e aparentemente limitado por leis, um universo em evolução, de imperfeições relativas. Contudo, podemos *conhecer* tal verdade, na nossa própria experiência pessoal, posto que mantenhamos, todos, a identidade da personalidade e a unidade da vontade, a despeito das mudanças constantes, não apenas em nós próprios, mas também no nosso ambiente.

A realidade última do universo não pode ser captada pela matemática, nem pela lógica, nem pela filosofia; apenas a experiência pessoal pode captá-la em conformidade progressiva com a vontade divina de um Deus pessoal. Nem a ciência, nem a filosofia, nem a teologia podem atestar a personalidade de Deus. Apenas a experiência pessoal dos filhos pela fé do Pai Celeste pode tornar efetiva a compreensão espiritual da personalidade de Deus.

Os conceitos mais elevados de personalidade, no universo, implicam: identidade, autoconsciência, vontade própria e possibilidade de auto-revelação. E essas características implicam, ainda, uma comunhão de amizade com personalidades outras, iguais e diferentes, tal como existe nas associações das personalidades das Deidades do Paraíso. E a unidade absoluta dessas associações é tão perfeita que a divindade torna-se conhecida pela indivisibilidade e pela unidade. "O Senhor Deus é *Um*". A indivisibilidade da personalidade não interfere na dádiva, feita por Deus, do Seu espírito, para que viva nos corações dos homens mortais. A indivisibilidade da personalidade de um pai humano não impede que ele reproduza filhos e filhas mortais.

Esse conceito de indivisibilidade, associado ao conceito de unidade, resulta na transcendência, tanto do tempo quanto do espaço, feita pela Ultimidade da Deidade; portanto, nem o espaço nem o tempo podem ser absolutos, nem infinitos. A Primeira Fonte e Centro é a infinitude, que transcende, de modo inqualificável, a toda mente, a toda matéria e a todo espírito.

A existência da Trindade do Paraíso é um fato que não viola, de forma alguma, a verdade da unidade divina. As três personalidades da Deidade do Paraíso são unas, em todas as suas reações à realidade do universo e em todas relações com as criaturas. E a existência dessas três pessoas eternas tampouco viola a verdade da indivisibilidade da Deidade. Eu estou plenamente cônscio de que não disponho de nenhum idioma adequado para deixar claro, para a mente mortal, como essas questões do universo mostram-se para nós. Mas vós não deveis desencorajar-vos; nem todas essas coisas estão totalmente claras, mesmo para as altas personalidades pertencentes ao meu grupo de seres do Paraíso. Tende sempre em mente que as verdades profundas, a respeito da Deidade, irão clareando-se cada vez mais à medida que as vossas mentes, progressivamente, tornarem-se mais espiritualizadas, durante as sucessivas épocas da longa ascensão mortal, até o Paraíso.

[Apresentado por um Conselheiro Divino, membro de um grupo de personalidades celestes, designado pelos Anciãos dos Dias, em Uversa, sede do governo do sétimo superuniverso, para supervisionar os trechos seguintes, desta revelação vindoura, que têm a ver com os assuntos de além das fronteiras do universo local de Nébadon. Eu fui incumbido de responder pelos documentos que descrevem a natureza e os atributos de Deus, porque eu represento a mais alta fonte de informação disponível para tal propósito, em qualquer mundo habitado. Tenho servido como Conselheiro Divino, em todos os sete superuniversos, e por muito tempo residi no centro de todas as coisas, no Paraíso. Muitas vezes tenho eu desfrutado do prazer supremo de uma estada na presença direta do Pai Universal. Eu retrato a realidade e a verdade da natureza e dos atributos do Pai, com autoridade indiscutível; eu conheço aquilo de que falo.]

DOCUMENTO 2

A NATUREZA DE DEUS

CONSIDERANDO que o conceito mais elevado possível que o homem pode fazer de Deus está abrangido na idéia e no ideal humano de uma personalidade primordial e infinita, torna-se admissível e mesmo útil, estudar certas características da natureza divina que constituem o caráter da Deidade. O melhor modo de compreender a natureza de Deus é pela revelação do Pai, tal como desenvolvida por Michael de Nébadon nos seus múltiplos ensinamentos e na magnífica qualidade da sua vida mortal na carne. O homem pode compreender melhor ainda a natureza divina, também, se ele considerar a si próprio como um filho de Deus e admirar o Criador do Paraíso como um verdadeiro Pai Espiritual.

A natureza de Deus pode ser estudada por meio de uma revelação de idéias supremas; o caráter divino pode ser considerado uma representação de ideais supernos; no entanto, a revelação mais esclarecedora e espiritualmente edificante da natureza divina é encontrada na compreensão da vida religiosa de Jesus de Nazaré, tanto antes quanto depois de haver atingido a plena consciência da sua divindade. Se tomarmos a vida encarnada de Michael como a própria base da revelação de Deus ao homem, podemos tentar expressar por meio de símbolos verbais humanos certas idéias e ideais a respeito da natureza divina, os quais irão contribuir certamente para uma futura iluminação e unificação do conceito humano da natureza e do caráter da personalidade do Pai Universal.

Todos os nossos esforços para ampliar e espiritualizar o conceito que os humanos têm de Deus se deparam com o imenso obstáculo da capacidade limitada da mente mortal. No cumprimento do nosso desígnio, da mesma forma, as limitações de linguagem e a pobreza do material que pode ser utilizado, no propósito de ilustrar ou de comparar, também prejudicam seriamente os nossos esforços de retratar os valores divinos e apresentar os significados espirituais à mente finita e mortal do homem. Os nossos esforços para ampliar o conceito humano de Deus seriam quase todos improfícuos, não fosse o fato de a mente mortal ser residida pelo Ajustador outorgado pelo Pai Universal e de estar impregnada pelo Espírito da Verdade, do Filho Criador. Dependendo, portanto, da presença desses espíritos divinos, dentro do coração do homem, para que o assistam na ampliação do conceito de Deus, eu empreendo, com alegria, a execução do meu mandado, que é tentar fazer uma descrição mais ampla da natureza de Deus para a mente do homem.

1. A INFINITUDE DE DEUS

"Ainda que no limiar do infinito, não podemos encontrá-Lo. Os passos divinos não são conhecidos." "A Sua compreensão é infinita e a Sua grandeza é insondável." A luz ofuscante da presença do Pai é tamanha, para as Suas criaturas mais baixas, que Ele aparentemente "habita na escuridão espessa". Não apenas os Seus pensamentos e planos são inescrutáveis, mas "Ele faz um sem número de coisas grandes e maravilhosas." "Deus é grande; não O compreendemos; nem pode o número dos Seus anos ser contado." "Deus habitará de fato a Terra? Observai, o céu (o universo) e o céu dos céus (o universo dos universos) não podem contê-Lo." "Quão insondáveis são os Seus julgamentos e quão indecifráveis os seus caminhos!"

"Não há senão um Deus, o Pai Infinito, que também é o Criador fiel.""O Criador Divino é também o Ordenador Universal, é a fonte e o destino das almas. Ele é a Alma Suprema, a Mente Primordial e o Espírito Ilimitado de toda criação.""O grande Controlador não comete erros. Ele é resplandecente em majestade e glória." "O Deus Criador é totalmente desprovido de medo e de inimizade. Ele é imortal, eterno, auto-existente, divino e magnânimo." "Quão puro e belo, quão profundo e insondável é o superno Ancestral de todas as coisas!" "O Infinito é ainda mais excelente, pois reparte a Si próprio com os homens. Ele é o começo e o fim, o Pai de todo propósito bom e perfeito." "Com Deus todas as coisas são possíveis; o Criador eterno é a Causa das causas."

Não obstante a infinitude das manifestações estupendas, da personalidade eterna e universal do Pai, Ele é irrestritamente consciente tanto da Sua eternidade quanto da Sua infinitude; do mesmo modo, Ele conhece totalmente a Própria perfeição e poder. Ele é o único ser no universo, além dos Seus coordenados divinos, a experimentar uma avaliação apropriada, perfeita e completa de Si próprio.

O Pai satisfaz, constante e infalivelmente, às diferentes necessidades de demanda de Si próprio, à medida que essa necessidade vai se alterando, de tempos em tempos, nas várias partes do Seu universo-mestre. O grande Deus conhece e entende a Si próprio; Ele é infinitamente consciente de todos os Seus atributos primordiais de perfeição. Deus não é um acidente cósmico; nem é um experimentador do universo. Os Soberanos do Universo podem empreender aventuras, os Pais da Constelação podem fazer experimentos; os líderes dos sistemas podem exercitar-se; mas o Pai Universal pode ver o fim, a partir do princípio; e o Seu plano divino e propósito eterno, de fato, abrangem e compreendem todos os experimentos e todas as aventuras, de todos os Seus subordinados, em cada mundo, sistema e constelação de todos os universos dos Seus imensos domínios.

Nada é novo para Deus e nenhum evento cósmico jamais surge como uma surpresa; Ele habita o círculo da eternidade. Os Seus dias não têm princípio nem fim. Para Deus não há passado, presente ou futuro; todo tempo é presente, em qualquer instante. É Ele o grande e único EU SOU.

O Pai Universal é infinito, absolutamente e sem quaisquer reservas, em todos os Seus atributos; e esse fato, em si e por si mesmo, isola-O, automaticamente, de toda comunicação pessoal direta com os seres materiais finitos e outras inteligências inferiores criadas.

E sendo assim, pois, tudo isso necessita de arranjos tais para os Seus contatos e a comunicação com as Suas múltiplas criaturas; e por isso ficou estabelecido, em primeiro lugar, o papel das personalidades dos Filhos de Deus no Paraíso, as quais, ainda que perfeitas em divindade, também participam, muitas vezes, da própria natureza do sangue e da carne das raças planetárias, tornando-se um de vós e um convosco; e desse modo Deus se faz homem, como ocorreu na outorga de Michael, que foi chamado intermitentemente de Filho de Deus e Filho do Homem. Em segundo lugar está a existência das personalidades do Espírito Infinito, as várias ordens de hostes seráficas e de outras inteligências celestes, que se aproximam dos seres materiais de origem inferior para ministrar-lhes ensinamentos e servir a eles, de tantas maneiras. E, em terceiro lugar, contamos com a existência dos Monitores Misteriosos impessoais, os Ajustadores do Pensamento, autênticas dádivas do grande Deus, Ele próprio, enviadas sem anunciação nem explicação, para residir em seres como os humanos de

Urântia. Em profusão sem fim, eles descem das alturas da glória para conferir graças e residir nas mentes humildes daqueles mortais que apresentam capacidade de conhecer a Deus ou que têm potencialidade para realizar isso.

Dessas maneiras e de muitas outras, desconhecidas para vós e muito além da vossa compreensão finita, o Pai do Paraíso, voluntária e amorosamente condescende e, de várias formas, modifica, dilui e atenua a Sua infinitude, de modo a poder chegar mais perto das mentes finitas das Suas criaturas, os Seus filhos. E assim, por meio de uma série de distribuições de personalidade, em um grau cada vez menos absoluto, o Pai infinito capacita-Se para desfrutar de um contato estreito com as diversas inteligências dos muitos reinos do Seu vasto universo.

Tudo isso Ele fez, faz agora e continuará a fazer para sempre, sem a mínima redução, de fato e de realidade, na Sua infinitude, eternidade e primazia. E essas coisas são absolutamente verdadeiras, não obstante a dificuldade de compreendê-las; e apesar do mistério em que estão envolvidas, e ainda, apesar da impossibilidade de serem inteiramente compreendidas pelas criaturas, como as que residem em Urântia.

Posto que o Primeiro Pai é infinito, nos Seus planos, e eterno, nos Seus propósitos torna-se inerentemente impossível para qualquer ser finito, alcançar ou compreender algum dia esses planos e propósitos divinos na sua plenitude. Apenas de quando em quando, o homem mortal pode vislumbrar os propósitos do Pai, da forma como são revelados, aqui e acolá, em relação ao desenvolvimento do plano de ascensão da criatura, em níveis sucessivos na sua progressão no universo. Embora o homem não possa compreender, na sua totalidade, o que significa a infinitude, o Pai infinito por certo compreende plenamente, e abraça amorosamente a natureza finita de todos os Seus filhos, em todos os universos.

A divindade e a eternidade, o Pai as compartilha com um grande número de seres superiores do Paraíso; questionamos, todavia, se a infinitude e a conseqüente primazia universal seriam plenamente compartilhadas com qualquer deles além dos Seus coligados coordenados dentro da Trindade do Paraíso. A infinitude da personalidade deve, forçosamente, abranger toda a finitude da personalidade; e daí provém a verdade – a verdade literal – do ensinamento que afirma "Nele vivemos e movemos-nos e temos o nosso ser". E o fragmento de pura Deidade, do Pai Universal, que reside no homem mortal, é uma parte da infinitude da Primeira Grande Fonte e Centro, o Pai dos Pais.

2. A PERFEIÇÃO ETERNA DO PAI

Mesmo os vossos antigos profetas compreenderam a natureza circular eterna, sem princípio nem fim, do Pai Universal. Verdadeira e eternamente, Deus está presente no Seu universo dos universos. Ele habita o momento presente, com toda a Sua majestade absoluta e eterna grandeza. "O Pai tem vida em Si próprio, e essa vida é a vida eterna." Através das idades eternas, tem sido o Pai que "a todos dá a vida". Há perfeição infinita na integridade divina. "Eu sou o Senhor; Eu não mudo." O nosso conhecimento do universo dos universos desvela que Ele não é apenas o Pai das luzes, mas também que na Sua condução dos assuntos interplanetários "não há variabilidade, sequer uma sombra de mudança". "Do princípio, Ele prediz o fim". Ele diz: "O Meu conselho perdurará; Eu farei tudo o que Me aprouver", "de acordo com o propósito eterno que Me propus no Meu Filho". Assim são os planos e os propósitos da Primeira Fonte e Centro, como é Ela própria: eterna, perfeita e, para sempre, imutável.

Nos mandados do Pai há a integridade final e a perfeição da plenitude. "Tudo o que Deus faz, será para sempre; nada pode ser acrescentado e nada pode ser retirado." O Pai Universal não Se arrepende dos Seus propósitos originais de sabedoria e de perfeição. Os Seus planos são firmes, o Seu parecer imutável, enquanto os Seus atos são divinos e infalíveis. "Mil anos diante dos Seus olhos são apenas como o passar do dia de ontem ou como a vigília de uma noite." A perfeição da divindade e a magnitude da eternidade estão, para sempre, além de uma apreensão completa da mente limitada do homem mortal.

As reações de um Deus imutável, no cumprimento do Seu propósito eterno, podem parecer variar de acordo com a atitude mutável e as mentes cambiantes das suas inteligências criadas, quer dizer, elas podem variar, aparente e superficialmente; sob a superfície e no fundo de todas as manifestações aparentes, contudo, permanece ainda presente o propósito imutável, o plano perpétuo do Deus eterno.

Nos universos afora, a perfeição deve necessariamente ser um termo relativo, mas, no universo central e, especialmente no Paraíso, a perfeição não é diluída; em certos domínios até mesmo é absoluta. As manifestações da Trindade fazem variar a exibição da perfeição divina, mas não a atenuam.

A perfeição primordial de Deus não consiste em uma retidão presumida, mas sim na perfeição inerente à bondade da Sua natureza divina. Ele é final, completo e perfeito. Nada há que falte à beleza e à perfeição do Seu caráter reto. E todo esquema de existências vivas, nos mundos do espaço, é centrado no propósito divino de elevação das criaturas de vontade, até o alto destino da experiência de compartilhar da perfeição do Pai no Paraíso. Deus não é autocentrado nem autocontido; Ele nunca cessa de conferir-Se a todas as criaturas conscientes do vastíssimo universo dos universos.

Deus é eterna e infinitamente perfeito, Ele não pode conhecer a imperfeição como uma experiência Sua, propriamente, no entanto, Ele compartilha da consciência de toda a experiência de imperfeição, de todas as criaturas em luta, em todos universos evolucionários, dos Filhos Criadores do Paraíso. O toque pessoal e libertador do Deus da perfeição paira sobre os corações e, no Seu circuito, abrange as naturezas de todas as criaturas mortais que ascenderam no universo até o nível do discernimento moral. Desse modo, tanto quanto por meio dos contatos da divina presença, o Pai Universal participa efetivamente da experiência *com* a imaturidade e com a imperfeição, na carreira evolutiva de todos os seres mortais no universo inteiro.

As limitações humanas e o mal em potencial não fazem parte da natureza divina, mas a experiência mortal e todas as relações do homem *com* o mal, certamente, são uma parte da auto-realização sempre expansiva de Deus, nos filhos do tempo – criaturas de responsabilidade moral que têm sido criadas ou que evoluíram por intermédio de todos os Filhos Criadores que vêm do Paraíso.

3. A JUSTIÇA E A RETIDÃO

Deus é reto, portanto, é justo. "O Senhor é reto, em todos os Seus caminhos." "'De tudo o que fiz, nada foi sem uma causa', diz o Senhor". "Os juízos do Senhor são totalmente verdadeiros e corretos." A justiça do Pai Universal não pode ser influenciada por atos nem realizações das Suas criaturas, "pois não há iniqüidade no Senhor, nosso Deus; não há favorecimento de pessoas, nem aceitação de oferendas".

Quão fútil é fazer apelos pueris a este Deus, para que modifique os Seus decretos imutáveis, de modo a evitar as justas conseqüências da ação das Suas leis naturais e mandados espirituais retos! "Não vos enganeis; não se pode zombar de Deus; pois, do que semeardes, daquilo também colhereis." Mas é verdade que, mesmo na justiça que vem da colheita plantada pelo erro, a justiça divina ainda tem a misericórdia a temperá-la. A sabedoria infinita é o árbitro eterno que determina as proporções da justiça e da misericórdia, a serem dispensadas em qualquer circunstância. A maior punição (na realidade, uma conseqüência inevitável) para o erro e a rebelião deliberados, contra o governo de Deus, é a perda da existência, como súdito individual do Seu governo. O resultado final do pecado pleno e deliberado é o aniquilamento. Em última análise, os indivíduos identificados com o pecado já destruíram a si próprios, ao tornarem-se inteiramente irreais por meio da adoção da iniqüidade. O desaparecimento factual de uma tal criatura, no entanto, é sempre retardado, até que a ordem comandada pela justiça corrente, naquele universo, haja sido inteiramente cumprida.

A cessação da existência geralmente é decretada no juízo dispensacional, ou no juízo epocal do reino ou dos reinos. Num mundo como o de Urântia, ela chega ao fim de uma dispensação planetária. A cessação da existência pode ser decretada, em tais épocas, pela ação coordenada de todos os tribunais da jurisdição, que vão desde o conselho planetário, passando pelas cortes dos Filhos Criadores, até os tribunais de julgamento dos Anciães dos Dias. O mandado de dissolução tem origem nas cortes mais altas do superuniverso, seguindo uma confirmação ininterrupta da sentença original, na esfera de residência do ser que adotou o mal; e então, quando a sentença de extinção houver sido confirmada do alto, a execução é feita por um ato direto dos juízes que residem e atuam nos centros do governo do superuniverso.

Quando uma sentença como essa é finalmente confirmada, é como se, instantaneamente, o ser, identificado com o pecado, não tivesse existido. Não há ressurreição desse destino; ele é perdurável e eterno. Os fatores da identidade da energia vivente são resolvidos nas transformações no tempo e pela metamorfose no espaço, nos potenciais cósmicos, dos quais emergiram certa vez. Quanto à personalidade do ser iníquo, é ela despojada do seu veículo de continuidade vital, em vista do fracasso de tal criatura ao efetivar as escolhas e as decisões finais que lhe teriam assegurado a vida eterna. Quando o abraçar contínuo do pecado, pela mente, culmina em completa identificação com a iniqüidade, então, ao cessar da vida, pela dissolução cósmica, essa personalidade isolada é absorvida na supra-alma da criação, tornando-se uma parte da experiência de evolução do Ser Supremo. Nunca mais aparece como uma personalidade. A sua identidade é transformada, como se nunca tivesse existido. No caso de uma personalidade residida por um Ajustador, os valores espirituais experimentados sobrevivem na realidade da continuidade do Ajustador.

Em qualquer contenda no universo, entre níveis factuais da realidade, a personalidade de nível mais elevado terminará por triunfar sobre a personalidade de nível inferior. Essa conseqüência inevitável, de uma controvérsia no universo, é inerente ao fato de que a divindade da qualidade é igual ao grau de realidade, ou de factualidade, de qualquer criatura de vontade própria. O mal não diluído, o erro completo, o pecado voluntário e a iniqüidade não mitigada são, inerente e automaticamente, suicidas. Tais atitudes de irrealidade cósmica podem sobreviver no universo apenas em razão da tolerância misericordiosa transitória que depende e aguarda a ação determinante nos mecanismos da justiça e da equanimidade da parte dos tribunais que buscam encontrar o juízo da retidão no universo.

O papel dos Filhos Criadores, nos universos locais, é o da criação e da espiritualização. Esses Filhos devotam-se à execução efetiva do plano do Paraíso, de ascensão mortal progressiva, de reabilitação dos rebeldes e dos pensadores em erro, mas, quando todos os seus esforços, repletos de amor, forem finalmente e para sempre rejeitados, o decreto final de dissolução é executado pelas forças que agem sob a jurisdição dos Anciães dos Dias.

4. A MISERICÓRDIA DIVINA

A misericórdia é simplesmente a justiça temperada por aquela sabedoria que surge da perfeição do conhecimento e que advém do reconhecimento pleno da fraqueza natural e das limitações ambientais, das criaturas finitas. "O nosso Deus é cheio de compaixão, de graça, de paciência e abundante em misericórdia". Portanto "todo aquele que invocar o Senhor será salvo", "pois Ele perdoará abundantemente". "A misericórdia do Senhor vai de eternidade a eternidade", sim, "a Sua misericórdia perdura para sempre". "Eu sou o Senhor que faz prevalecer a benevolência amorosa, o juízo e a retidão na Terra, pois com essas coisas Me deleito". "Eu não aflijo voluntariamente, nem encho de pesar, aos filhos dos homens", pois Eu sou "o Pai da misericórdia e o Deus de toda consolação".

Deus é inerentemente bom, naturalmente compassivo e eternamente misericordioso. E jamais é necessário que se exerça qualquer influência sobre o Pai para suscitar o Seu amor e benevolência. A necessidade da criatura é totalmente suficiente para assegurar a fluência total da misericórdia terna do Pai e Sua graça salvadora. E porque Deus sabe de tudo sobre os Seus filhos, torna-se fácil para Ele perdoar. Quanto melhor o homem entender o seu vizinho, mais fácil será perdoá-lo e, mesmo, amá-lo.

Somente o discernimento da sabedoria infinita capacita um Deus reto a ministrar a justiça e a misericórdia, ao mesmo tempo e em qualquer situação no universo. O Pai celeste nunca Se conturba com atitudes conflitantes, em relação aos Seus filhos do universo; Deus nunca é vítima de antagonismos de atitudes. A onisciência de Deus dirige infalivelmente o Seu livre-arbítrio, na escolha daquela conduta no universo que satisfaz, perfeita, simultânea e igualmente, às demandas de todos os Seus atributos divinos e qualidades infinitas da Sua natureza eterna.

A misericórdia é fruto natural e inevitável da bondade e do amor. A boa natureza de um Pai amantíssimo não poderia, certamente, recusar o ministério sábio da misericórdia, a cada membro de todos os grupos dos Seus filhos no universo. A eqüidade da justiça eterna e a misericórdia divina constituem, juntas, aquilo a que a experiência humana chama de *justiça*.

A misericórdia divina representa uma técnica equânime de ajustamento entre os níveis de perfeição e imperfeição do universo. A misericórdia é a justiça da Supremacia, adaptada às situações do finito em evolução; é a retidão da eternidade, modificada para satisfazer aos mais altos interesses e ao bem-estar dos filhos do tempo no universo. A misericórdia não é uma contravenção da justiça, é antes uma interpretação compreensiva das demandas da justiça suprema, aplicada com equanimidade aos seres espirituais subordinados e às criaturas materiais dos universos em evolução. A misericórdia é a justiça da Trindade do Paraíso, sábia e amorosamente enviada às inteligências múltiplas, das criações do tempo e do espaço, tal como foi formulada pela sabedoria divina e determinada pela mente onisciente e pela vontade soberana do Pai Universal, e de todos os Seus Criadores coligados.

5. O AMOR DE DEUS

"Deus é amor" e, conseqüentemente, a Sua única atitude pessoal para com os assuntos do universo é sempre uma reação de afeto divino. O Pai ama-nos o suficiente para outorgar-nos a Sua vida. "Ele faz o Seu sol se levantar para os maus e para os bons, e Ele envia a chuva aos justos e aos injustos".

É errado pensar que Deus possa ser persuadido a amar os Seus filhos, por meio de sacrifícios feitos pelos Seus Filhos, ou pela intercessão das Suas criaturas subordinadas, "pois o Pai, Ele próprio, vos ama". É em resposta a essa afeição paternal que o Pai envia os maravilhosos Ajustadores para residir nas mentes dos homens. O amor de Deus é universal; "todos aqueles que quiserem podem vir". Ele gostaria "que todos os homens se salvassem pelo conhecimento da verdade". "Ele não deseja que nenhum homem pereça."

Os Criadores são os primeiros a tentar salvar o homem dos resultados desastrosos das suas tolas transgressões às leis divinas. O amor de Deus é, por natureza, uma afeição paterna; em conseqüência, algumas vezes, Ele "nos disciplina, para o nosso próprio bem, para que possamos ser partícipes da Sua santidade". Mesmo durante as mais duras dentre as vossas provações lembrai-vos de que "em todas as nossas aflições, Ele aflige-se conosco".

Deus é divinamente bondoso com os pecadores. Quando os rebeldes retornam à retidão, eles são recebidos com misericórdia, "pois o nosso Deus perdoará abundantemente". "Eu sou Aquele que apaga as vossas transgressões, para o Meu próprio bem, e Eu não me lembrarei dos vossos pecados." "Atentai para a forma de amor que o Pai nos dedica, a nós, para que fôssemos chamados de filhos de Deus."

Afinal, a maior evidência da bondade de Deus e a suprema razão para amá-Lo é a dádiva do Pai, que reside em cada um de vós – o Ajustador, que tão pacientemente aguarda a hora em que ireis, ambos, transformar-vos em um, eternamente. Embora não possais encontrar Deus procurando-O, se vos submeterdes ao guiamento do espírito residente, sereis guiados, passo a passo e vida por vida, sem erros, de universo em universo, de idade em idade, até que estejais finalmente em presença da personalidade do Pai Universal no Paraíso.

Quão pouco razoável é que não adoreis a Deus, porque as limitações da natureza humana e os impedimentos da vossa constituição material fazem com que, para vós, seja impossível vê-Lo. Entre vós e Deus há uma distância imensa (de espaço físico) a ser percorrida. Da mesma forma, existe um grande abismo de diferenças espirituais a ser atravessado; mas, apesar de tudo o que vos separa, física e espiritualmente, da presença pessoal de Deus no Paraíso, parai e ponderai sobre o fato solene de que Deus vive dentro de vós, e de que, a Seu modo, Ele já venceu a separação. Ele enviou a Si próprio, o Seu espírito, para viver dentro de vós e para lutar arduamente, do vosso lado, na busca dos objetivos da vossa carreira eterna.

Eu acho fácil e agradável adorar a alguém que é tão grande e, ao mesmo tempo, tão afeiçoadamente devotado ao ministério sagrado da elevação das Suas criaturas humildes. Naturalmente eu amo a quem é tão poderoso, para com a criação e o seu controle, e que, além do mais, é tão perfeito na bondade e tão fiel e gentil no Seu amor, que constantemente nos abriga na sua sombra. Eu penso que amaria a Deus da mesma forma, não fosse Ele nem tão grande nem poderoso, desde que fosse tão bom e misericordioso. Todos nós amamos ao Pai, mais por causa da Sua natureza do que pelo reconhecimento dos Seus atributos assombrosos.

Quando eu observo os Filhos Criadores e os seus administradores subordinados lutando tão valentemente com as múltiplas dificuldades do tempo, inerentes à evolução dos universos do espaço, descubro que tenho uma grande e profunda afeição por esses dirigentes menores dos universos. Afinal, penso que todos nós, incluindo os mortais dos reinos, amamos o Pai Universal e todos os outros seres, divinos ou humanos, porque discernimos que essas personalidades nos amam verdadeiramente. A experiência de amar, em muito, é uma resposta direta à experiência de ser amado. Por saber que Deus me ama, eu deveria continuar a amá-Lo supremamente, ainda que Ele fosse despojado de todos os Seus atributos de supremacia, ultimidade e absolutez.

O amor do Pai acompanha-nos, agora e em todo o círculo interminável das idades eternas. Ao ponderardes sobre a natureza amorosa de Deus, apenas uma reação razoável e natural surge na personalidade: amareis cada vez mais o vosso Criador; ireis dedicar a Deus uma afeição análoga àquela dedicada por uma criança a um pai terreno; pois, como um pai, um pai real e verdadeiro ama aos seus filhos, do mesmo modo o Pai Universal ama e para sempre busca o bem-estar dos Seus filhos e filhas criadas.

Mas o amor de Deus é uma afeição paterna inteligente e que sabe prever. O amor divino funciona em associação unificada com a sabedoria divina e todas as outras características infinitas da natureza perfeita do Pai Universal. Deus é amor, mas o amor não é Deus. A maior manifestação do amor divino pelos seres mortais é constatada por meio da dádiva dos Ajustadores do Pensamento, mas a vossa maior revelação do amor do Pai vem da vida de doação do Seu Filho Michael, que viveu auto-outorgado na Terra a vida espiritual ideal. É o Ajustador residente que individualiza o amor de Deus em cada alma humana.

Algumas vezes, chego quase a ficar atormentado ao ser compelido a descrever a afeição divina do Pai celeste pelos Seus filhos do universo, empregando um símbolo verbal humano: *amor*. Esse termo, ainda que tenha a conotação do mais alto conceito humano das relações mortais de respeito e devoção, com tamanha freqüência, é designativo de relações humanas tão totalmente ignóbeis, que não são merecedoras de serem conhecidas por qualquer palavra que seja também usada para indicar a afeição, sem par, do Deus vivo, pelas criaturas do Seu universo! É uma infelicidade eu não poder fazer uso de algum termo superno e exclusivo que transmita à mente do homem a verdadeira natureza, e a delicada beleza do significado da afeição divina, do Pai do Paraíso.

Quando o homem perde de vista o amor de um Deus pessoal, o Reino de Deus passa a ser meramente o reino do bem. Não obstante a unidade infinita da natureza divina, o amor é a característica dominante de todas as relações pessoais de Deus com as Suas criaturas.

6. A BONDADE DE DEUS

No universo físico podemos ver a beleza divina, no mundo intelectual é-nos possível discernir a verdade eterna, mas a bondade de Deus é encontrada somente no mundo espiritual da experiência religiosa pessoal. Na sua verdadeira essência, a religião é a fé feita de confiança na bondade de Deus. Para a Filosofia, Deus poderia ser grande e absoluto e, de algum modo, até inteligente e pessoal; mas, para a Religião, é necessário também que Deus seja moral; Ele deve ser bom. O homem poderia temer a um Deus grande, mas ama e confia apenas em um Deus de bondade. Essa bondade é parte da personalidade de Deus, e a Sua plena revelação surge apenas na experiência religiosa pessoal dos filhos que crêem em Deus.

A religião requer que o supramundo da natureza do espírito seja conhecedor das necessidades fundamentais do mundo humano e que seja sensível a elas. A religião evolucionária pode tornar-se ética, mas apenas a religião revelada é moral e espiritual de um modo verdadeiro. O conceito antigo de que Deus é uma Deidade dominada por uma moralidade majestática foi elevado por Jesus até aquele nível afetuoso e tocante da moralidade familiar íntima, própria da relação pai-filho. E, na experiência mortal, não há nenhuma relação mais terna e bela.

A "riqueza da bondade de Deus leva o homem que errou ao arrependimento". "Toda a boa dádiva e toda a dádiva perfeita vêm do Pai das luzes." "Deus é bom; Ele é o refúgio eterno das almas dos homens." "O Senhor Deus é misericordioso e pleno de graças. Ele é paciente e abundante, em bondade e em verdade." "Provai e vede como o Senhor é bom! Abençoado seja o homem que confia Nele." "O Senhor é cheio de graça e de compaixão. Ele é o Deus da salvação." "Ele alivia o coração dos infelizes e cura as feridas da alma. Ele é o Benfeitor Todo-Poderoso do homem".

O conceito de um Deus rei-juiz, ainda que haja colaborado para desenvolver um padrão elevado de moralidade e criado um povo respeitador das leis enquanto grupo, deixava o indivíduo crente em uma posição triste, de insegurança com relação ao próprio status no tempo e na eternidade. Os profetas hebreus, mais recentes, proclamaram Deus como um Pai para Israel; Jesus revelou Deus como o Pai de cada ser humano. Todo conceito que os mortais fazem de Deus foi transcendentalmente iluminado pela vida de Jesus. O altruísmo é inerente ao amor paternal. Deus ama, não *à maneira* de um pai, mas *como* Pai. Ele é o Pai, no Paraíso, de todas as personalidades do universo.

A retidão indica que Deus é a fonte da lei moral do universo. A verdade exibe Deus como um Revelador, como um Mestre. Mas o amor dá afeto e anseia por afeto, procura a comunhão compreensiva, tal como existe entre pai e filho. A retidão pode ser própria do pensamento divino, mas o amor é a atitude de um pai. A suposição errônea de que a retidão de Deus fosse irreconciliável com o amor altruísta do Pai celeste, pressupôs a ausência de unidade na natureza de Deus e levou diretamente à elaboração da doutrina da expiação, que é uma violentação filosófica tanto da unidade, quanto do livre-arbítrio de Deus.

O Pai celeste afetuoso, cujo Espírito reside nos Seus filhos da Terra, não é uma personalidade dividida – uma, a da justiça, e outra, a da misericórdia. E também Ele não requer um mediador para assegurar o seu favorecimento ou o perdão de Pai. A retidão divina não é dominada pela estrita justiça de retribuição; Deus, enquanto um Pai, transcende Deus, enquanto juiz.

Deus nunca é irado, vingativo ou enraivecido. É verdade que a sabedoria, muitas vezes, restringe o Seu amor, assim como a justiça condiciona a Sua misericórdia rejeitada. O Seu amor pela retidão não pode evitar que, com a mesma intensidade, seja manifestado como ódio ao pecado. O Pai não é uma personalidade incoerente; a unidade divina é perfeita. Na Trindade do Paraíso há uma unidade absoluta, a despeito das identidades eternas dos coordenados de Deus.

Deus ama o pecador e *odeia* o pecado: tal afirmação é verdadeira filosoficamente; contudo, Deus é uma personalidade transcendental, e as pessoas apenas amam e odeiam às outras pessoas. O pecado não é uma pessoa. Deus ama o pecador porque ele é uma realidade de personalidade (potencialmente eterna), enquanto, em relação ao pecado, Deus não assume nenhuma atitude pessoal; pois o pecado não é uma realidade espiritual, não é pessoal; portanto, apenas a justiça de Deus toma conhecimento da existência dele. O amor de Deus salva o pecador; a lei de Deus destrói o pecado. Essa atitude da natureza divina mudaria, aparentemente, se o pecador afinal se identificasse completamente com o pecado, da mesma forma que a mente mortal pode também se identificar totalmente com o espírito Ajustador residente. Um mortal, assim identificado com o pecado, tornar-se-ia então inteiramente não-espiritual, na sua natureza (e, portanto, pessoalmente irreal), e por fim experimentaria a extinção do seu ser. A irrealidade, e mesmo a incompletude da natureza da criatura, não pode existir para sempre, em um universo progressivamente mais real e crescentemente mais espiritual.

Perante o mundo da personalidade, Deus é descoberto como uma pessoa de amor; perante o mundo espiritual, Ele é o amor pessoal; na experiência religiosa, Ele é ambos. O amor identifica o arbítrio volitivo de Deus. A bondade de Deus permanece no cerne do livre-arbítrio divino – a tendência universal para amar manifesta misericórdia, demonstra paciência e ministra o perdão.

7. A VERDADE E A BELEZA DIVINAS

Todo conhecimento finito e todo entendimento da criatura são *relativos*. A informação e os ensinamentos, ainda que colhidos de fontes elevadas, são apenas relativamente completos: precisos apenas em relação ao local e verdadeiros para a pessoa.

Os fatos físicos são suficientemente uniformes, mas a verdade é um fator vivo e flexível na filosofia do universo. As personalidades em evolução são apenas parcialmente sábias e relativamente verazes, nas suas comunicações. Podem estar certas apenas dentro dos limites da sua experiência pessoal. Aquilo que, pela aparência, pode ser totalmente verdadeiro em um lugar, pode ser apenas relativamente verdadeiro em outro segmento da criação.

A verdade divina, a verdade final, é uniforme e universal, mas a história das coisas espirituais, contada por inúmeros indivíduos, procedentes de várias esferas, pode, algumas vezes, variar quanto aos detalhes, devido a essa relatividade na totalização do conhecimento e na abrangência da experiência pessoal, bem como na duração e no alcance dessa experiência. Conquanto as leis e os decretos, os pensamentos e as atitudes da Primeira Fonte e Centro sejam eterna, infinita e universalmente verdadeiros, ao mesmo tempo, a sua aplicação e os ajustamentos que recebem, em cada universo, sistema, mundo, e inteligência criada, estão de acordo com os planos e a técnica dos Filhos Criadores, quando estes atuam e funcionam nos seus universos respectivos, tanto quanto em harmonia com os planos locais e os procedimentos do Espírito Infinito e de todas as outras personalidades celestes coligadas.

A falsa ciência do materialismo sentenciaria o homem mortal a reduzir-se a um marginal no universo. Tal conhecimento parcial é potencialmente um mal; é conhecimento que se compõe, tanto do bem, quanto do mal. A verdade é bela, porque é tanto completa quanto simétrica. Quando o homem busca a verdade, ele está buscando o divinamente real.

Os filósofos cometem o seu mais grave erro quando são levados à falácia da abstração e à prática de focalizar a sua atenção em um aspecto da realidade e de proclamar, então, tal aspecto isolado como sendo a verdade inteira. O filósofo sábio irá sempre recorrer ao projeto da criação que está por trás e que é preexistente a todos os fenômenos universais. O pensamento criador, invariavelmente, precede à ação criadora.

A autoconsciência intelectual pode descobrir a beleza da verdade e a sua qualidade espiritual, não apenas pela consistência filosófica dos seus conceitos, mas, ainda mais certa e seguramente, pela resposta inequívoca do sempre presente Espírito da Verdade. A felicidade vem como conseqüência do reconhecimento da verdade, porque esta pode ser *factual*, pode ser vivenciada. O desapontamento e a tristeza advêm após o erro, porque, não sendo este uma realidade, não pode ser factualizado pela experiência. A verdade divina é mais conhecida pelo seu *aroma espiritual*.

A busca eterna é de unificação, de coerência divina. O vasto universo físico faz-se coerente na Ilha do Paraíso; o universo intelectual faz-se coerente no Deus da mente, o Agente Conjunto; o universo espiritual faz-se coerente na personalidade do Filho Eterno. Mas o mortal isolado, do tempo e do espaço, faz-se coerente em Deus, o

Pai, mediante a ligação direta entre o Ajustador do Pensamento residente e o Pai Universal. O Ajustador do homem é um fragmento de Deus e, para sempre, procura a unificação divina e se faz coerente com a Deidade do Paraíso da Primeira Fonte e Centro, e Nesta.

O discernimento da beleza suprema é a descoberta e a integração da realidade: o discernimento da bondade divina, na eterna verdade, é a beleza última. O encanto mesmo da arte humana consiste na harmonia da sua unidade.

O grande erro da religião hebraica foi não ter associado a bondade de Deus às verdades factuais da ciência e da beleza atraente da arte. À medida que a civilização progrediu, e enquanto a religião continuou a seguir o mesmo caminho pouco sábio, de enfatizar exageradamente a bondade de Deus, a ponto de negligenciar a beleza e de excluir relativamente a verdade, foi sendo desenvolvida, em certos tipos de homens, uma tendência crescente para desviar-se no conceito abstrato e dissociado da bondade isolada. A moralidade proclamada ao exagero e isolada da religião moderna, que fracassa em manter a devoção e a lealdade de muitos dos homens deste século, poderia reabilitar-se se, além dos seus mandados morais, tivesse a mesma consideração pelas verdades da ciência, da filosofia e da experiência espiritual, e pelas belezas da criação física, bem como pelo encanto da arte intelectual e pela grandeza de uma realização genuína de caráter.

O desafio religioso desta época é dirigido àqueles homens e àquelas mulheres que, pela sua visão ampla e voltada para o futuro, e, pelo discernimento da sua luz interna, ousarão construir uma nova e atraente filosofia de vida, partindo dos conceitos modernos, sutilmente integrados, da verdade cósmica, da beleza universal e da bondade divina. Uma tal visão, nova e reta, da moralidade, atrairá tudo o que existir de bom na mente do homem e convocará o que houver de melhor na alma humana. A verdade, a beleza e a bondade são realidades divinas, e à medida que o homem ascende na escala da vida espiritual, essas qualidades supremas do Eterno tornam-se cada vez mais coordenadas e unificadas em Deus, que é amor.

Toda a verdade – material, filosófica ou espiritual – é tanto bela, quanto boa. Toda a beleza real – a arte material ou a simetria espiritual – é tanto verdadeira, quanto boa. Toda a bondade genuína – seja a moralidade pessoal, a eqüidade social ou o ministério divino – é igualmente verdadeira e bela. A saúde, a sanidade e a felicidade são integrações da verdade, da beleza e da bondade, ao misturarem-se na experiência humana. Esses níveis de uma vida eficaz advêm da unificação de sistemas de energia, de sistemas de idéias e de sistemas espirituais.

A verdade é coerente, a beleza é atraente e a bondade estabilizadora. E quando esses valores, naquilo que é real, são coordenados na experiência da personalidade, o resultado é uma ordem elevada de amor, condicionado pela sabedoria e qualificado pela lealdade. O propósito real de toda a educação, no universo, é tornar efetiva a melhor coordenação do filho isolado dos mundos com as realidades mais amplas da sua experiência em expansão. A realidade é finita no nível humano: e é infinita e eterna nos níveis mais elevados e divinos.

[Apresentado por um Conselheiro Divino, atuando com a autoridade dos Anciães dos Dias em Uversa.]

DOCUMENTO 3

OS ATRIBUTOS DE DEUS

DEUS está presente em todos os lugares; o Pai Universal rege o círculo da eternidade. Todavia, nos universos locais Ele governa por intermédio das pessoas dos Seus Filhos-Criadores do Paraíso, e também concede a vida por intermédio desses Filhos. "Deus nos deu a vida eterna e essa vida está nos seus Filhos". Esses Filhos-Criadores de Deus são a expressão pessoal Dele próprio, nos setores do tempo e para os filhos dos planetas que giram, nos universos em evolução do espaço.

As ordens inferiores de inteligências criadas podem discernir com clareza os Filhos de Deus altamente personalizados e, desse modo, estes compensam a invisibilidade do Pai que é infinito e, portanto, menos discernível. Os Filhos do Pai Universal, que são os Filhos-Criadores do Paraíso, são uma revelação de um Ser que, de outro modo, não seria visível; seria invisível devido à absolutez e à infinitude inerentes ao círculo da eternidade e às personalidades das Deidades do Paraíso.

A faculdade de criar dificilmente é um atributo de Deus; é mais algo que vem em conseqüência da Sua natureza atuante. E essa função universal criadora manifesta-se, eternamente condicionada e controlada que é, por todos os atributos coordenados da realidade infinita e divina da Primeira Fonte e Centro. Duvidamos sinceramente que possamos considerar uma, dentre as características da natureza divina, como sendo antecedente a qualquer outra; mas se fosse esse o caso, então, a natureza criadora da Deidade teria precedência sobre todas as outras naturezas, atividades e atributos. E a faculdade criadora da Deidade culmina na verdade universal: a Paternidade de Deus.

1. A ONIPRESENÇA DE DEUS

A capacidade do Pai Universal de estar presente em todas as partes, e ao mesmo tempo, constitui a Sua onipresença. Apenas Deus pode estar em dois, em inúmeros lugares, ao mesmo tempo. Deus está simultaneamente presente "nas alturas do céu e na Terra abaixo"; como exclamou o salmista: "Onde me esconderei do Teu espírito? Ou onde escaparei da Tua presença?"

"'Sou um Deus próximo e distante', diz o Senhor. 'Por acaso não preencho o céu e a Terra?'" O Pai Universal está constantemente presente em todas as partes, e em todos os corações da Sua vasta criação. Ele é "a plenitude Daquele que preenche a todos de tudo", e "Quem tudo opera em todos" e, além disso, o conceito da Sua personalidade é tal que "o céu (o universo) e o céu dos céus (o universo dos universos) não podem cabê-Lo". É literalmente verdadeiro que Deus é tudo e está em tudo. Mesmo isso, contudo, ainda não é a *totalidade* de Deus. O Infinito só pode ser plenamente revelado na infinitude; a causa nunca pode ser compreendida por meio de uma análise dos efeitos; o Deus vivo é incomensuravelmente maior do que a soma total da criação, que veio a existir como um resultado dos atos criadores do Seu livre-arbítrio ilimitado. Deus revela-se em todo o cosmo, mas o cosmo não pode jamais conter ou abranger a totalidade da infinitude de Deus.

A presença do Pai ronda incessantemente o universo-mestre. "Ele se conduz, desde o fundo do céu, e o Seu circuito vai até os confins do céu; e nada há que se oculte da Sua luz".

A criatura não apenas existe em Deus, mas também Deus vive na criatura. "Sabemos que Nele habitamos, porque Ele vive em nós; Ele nos deu o Seu espírito. Essa dádiva do Pai do Paraíso é companheira inseparável do homem." "Ele é o Deus sempre presente e Aquele que a tudo preenche." "O espírito do Pai eterno guarda-se na mente de cada filho mortal." "O homem sai à procura de um amigo, enquanto o verdadeiro amigo vive dentro do seu próprio coração." "O verdadeiro Deus não está longe, é parte de nós; o Seu espírito fala de dentro de nós." "O Pai vive no filho. Deus está sempre conosco. Ele é o espírito guia do destino eterno."

Em verdade foi dito das raças humanas: "Sois de Deus", porque "Aquele que habita no amor, habita em Deus, e Deus nele". E assim, pois, estando em erro, vós atormentais o Ajustador do Pensamento, pois esse dom de Deus, que reside em vós, deve necessariamente sofrer todas as conseqüências dos maus pensamentos, junto com a mente humana, na qual encontra-se encarcerado.

A onipresença de Deus, na realidade, é uma parte da Sua natureza infinita; o espaço não constitui obstáculo para a Deidade. De modo discernível, sem limitações e na perfeição, Deus encontra-se presente apenas no Paraíso e no universo central. Por isso a Sua presença não pode ser observada nas criações que circundam Havona, pois, em reconhecimento à soberania e às prerrogativas divinas dos criadores e dos dirigentes coordenados dos universos, do tempo e do espaço, Deus limitou a Sua presença direta e efetiva ao universo central. Desse modo, o conceito da divina presença deve ser estendido a uma gama ampla, tanto de modos como de canais de manifestação abrangendo os circuitos da presença do Filho Eterno, do Espírito Infinito e da Ilha do Paraíso. Nem sempre é possível distinguir entre a presença do Pai Universal e as ações dos Seus coordenados, agentes e agências eternas, tão perfeitamente todos estes preenchem os quesitos infinitos do Seu propósito imutável. Mas não é assim com o circuito da personalidade e com os Ajustadores; nesses casos Deus atua de um modo único, direta e exclusivamente.

O Controlador Universal está presente potencialmente nos circuitos de gravidade da Ilha do Paraíso, em todas as partes do Universo, a todo o tempo e no mesmo grau, em conformidade com a massa, em resposta às demandas físicas da Sua presença e por causa da natureza inerente a toda criação, a qual leva todas as coisas a aderirem a Ele e a consistirem Nele. Do mesmo modo a Primeira Fonte e Centro está potencialmente presente no Absoluto Inqualificável, depositário que é dos universos não criados do eterno futuro. Deus, assim, potencialmente, impregna os universos físicos do passado, do presente e do futuro. Ele é a base primordial da coerência da criação chamada material. Esse potencial não-espiritual da Deidade torna-se factual aqui e acolá, no nível das existências físicas, por meio da interação inexplicável de alguns dos Seus intermediários exclusivos, no campo da ação universal.

A presença da mente de Deus está correlacionada à mente absoluta do Agente Conjunto, o Espírito Infinito. Contudo, nas criações finitas, essa presença é mais bem discernida na mente cósmica dos Espíritos Mestres do Paraíso, que funciona de modo onipresente. Do mesmo modo que a Primeira Fonte e Centro está potencialmente presente nos circuitos da mente do Agente Conjunto, também está potencialmente presente nas tensões do Absoluto Universal. A mente da ordem humana, contudo, é uma dádiva das Filhas do Agente Conjunto, as Ministras Divinas dos universos locais em evolução.

O espírito onipresente do Pai Universal está coordenado à função da presença do espírito universal do Filho Eterno e ao potencial divino perpétuo do Absoluto da Deidade. Contudo, nem a atividade espiritual do Filho Eterno e dos seus Filhos do Paraíso, nem as outorgas da mente, feitas pelo Espírito Infinito, parecem excluir a ação direta dos Ajustadores do Pensamento, os fragmentos de Deus que residem nos corações dos Seus filhos criaturas.

No que diz respeito à presença de Deus em um planeta, sistema, constelação ou universo, o grau dessa presença em qualquer unidade da criação é uma medida do grau da presença evolutiva do Ser Supremo: é determinada pelo reconhecimento, em massa, de Deus, e pela lealdade que a Ele dedica a vasta organização universal, que se estende até mesmo aos próprios sistemas e planetas. Por isso, às vezes, na esperança de salvaguardar e conservar essas fases da presença preciosa de Deus é que, quando alguns planetas (ou mesmo sistemas) mergulham profundamente nas trevas espirituais, de algum modo, são colocados em quarentena, ou em isolamento parcial, permanecendo sem intercâmbio com as unidades maiores da criação. E tudo isso, tal como sucede em Urântia, se dá como uma reação para a defesa espiritual da maioria dos mundos, para abrigarem-se a si próprios, tanto quanto possível, de sofrerem com o isolamento que viria por conseqüência das ações separadoras e alienantes de uma minoria obstinada, perversa e rebelde.

Embora o Pai inclua, paternalmente, nos Seus circuitos, a todos os Seus filhos – todas as personalidades –, a Sua influência sobre eles é limitada pelo afastamento que a origem deles tem em relação à Segunda e à Terceira Pessoas da Deidade, e aumenta à medida que a realização do destino deles aproxima-se daqueles níveis. O *fato* da presença de Deus, nas mentes das criaturas, é determinado por elas serem ou não resididas pelos fragmentos do Pai, os Monitores Misteriosos; mas a Sua presença *efetiva* é determinada pelo grau da cooperação concedida aos Ajustadores internos pela mente residida por eles.

As flutuações da presença do Pai não são devidas à inconstância de Deus. O Pai não se retira em reclusão, por haver sido insultado; o Seu afeto não se aliena, por causa de ações erradas da criatura. Tendo sido dotados com o poder de escolha (no que diz respeito a Ele), são os Seus filhos, no exercício dessa escolha, que determinam diretamente a intensidade e as limitações da influência divina do Pai, nos seus corações e almas. O Pai entregou-Se livremente a nós, sem limitações e sem favorecimento. Ele não tem preferência por pessoas, planetas, sistemas, nem universos. Nos setores do tempo, Ele confere honras diferenciadas apenas às personalidades do Paraíso, constituintes de Deus, o Sétuplo: os Criadores Coordenados dos universos finitos.

2. O PODER INFINITO DE DEUS

Todos os universos sabem que "o Senhor Deus onipotente reina". Os assuntos deste e de outros mundos são divinamente supervisionados. "Ele atua segundo a Sua vontade, no exército dos céus e entre os habitantes da Terra." É eternamente verdadeiro que "não há poder que não provenha de Deus".

Dentro dos limites daquilo que é consistente com a natureza divina, é literalmente verdadeiro que "com Deus, todas as coisas são possíveis". Os processos, lentos e prolongados, da evolução dos povos, dos planetas e dos universos estão sob o perfeito controle dos criadores e administradores do universo e desenvolvem-se de acordo com o propósito eterno do Pai Universal; sucedendo-se em harmonia, ordem e conformidade com o plano plenamente sábio de Deus. Há apenas um único legislador. Ele sustenta os mundos no espaço e faz girar os universos, no círculo infinito do circuito eterno.

De todos os atributos divinos, a Sua onipotência é a mais bem compreendida, especialmente do modo como ela prevalece no universo material. Se encarado como um fenômeno não-espiritual, Deus é energia. Essa declaração de um fato físico é baseada na verdade incompreensível de que a Primeira Fonte e Centro é a causa primeira dos fenômenos universais físicos em todo o espaço. Da atividade divina deriva toda a energia física, bem como outras manifestações materiais. A luz, ou seja, a luz sem calor, é outra, dentre as manifestações não-espirituais das Deidades. E há ainda uma outra forma de energia não-espiritual, que é virtualmente desconhecida em Urântia, pois não foi ainda reconhecida.

Deus controla todo o poder; Ele faz "um caminho para o relâmpago"; Ele ordenou os circuitos de toda a energia. Ele decretou a hora e o modo de manifestação de todas as formas de energia-matéria. E todas essas coisas são mantidas, para sempre, sob o Seu eterno comando – sob o controle gravitacional centrado no Paraíso inferior. A luz e a energia do Deus eterno, assim, giram, para sempre, em torno do Seu circuito majestoso, em uma procissão sem fim, mas ordenada, das hostes estelares que compõem o universo dos universos. Toda a criação circunvoluciona eternamente ao redor do centro da Personalidade-Paraíso de todas as coisas e seres.

A onipotência do Pai refere-se ao domínio onipresente, no nível absoluto, no qual as três energias, a material, a mental e a espiritual, estão em proximidade indistinta Dele – a Fonte de todas as coisas. A mente da criatura, não sendo nem monota do Paraíso, nem espírito do Paraíso, não é diretamente sensível ao Pai Universal. Deus *ajusta-Se* com a mente da imperfeição – e, com os mortais de Urântia, Ele o faz por meio dos Ajustadores do Pensamento.

O Pai Universal não é uma força transitória, nem um poder que muda, nem uma energia que flutua. O poder e a sabedoria do Pai são totalmente adequados para arcar com toda e qualquer exigência do universo. À medida que surgem, as emergências da experiência humana foram todas previstas por Ele e, desse modo, Ele não reage aos assuntos do universo de uma forma isolada, mas sim de acordo com os ditames da sabedoria eterna e em consonância com os mandados do juízo infinito. A despeito das aparências, o poder de Deus não funciona no universo como uma força cega.

Situações surgem nas quais parece que medidas de emergência foram tomadas, que leis naturais foram suspensas, que desajustes se fizeram reconhecer e que um esforço está sendo feito para endireitar a situação; mas não é esse o caso. Tais conceitos de Deus têm a sua origem no alcance limitado do vosso ponto de vista, na finitude da vossa compreensão e na abrangência limitada do vosso exame; essa má compreensão de Deus se deve à ignorância profunda que tendes, em relação a tudo que concerne à existência de leis mais elevadas nos reinos, à magnitude do caráter do Pai, à infinitude dos Seus atributos e ao exercício da Sua livre vontade.

As criaturas planetárias, que são resididas pelo espírito de Deus, amplamente espalhadas por vários locais nos universos do espaço são quase infinitas em número e ordem; os seus intelectos são tão diversos, as suas mentes tão limitadas e por vezes tão grosseiras, a sua visão é tão reduzida e localizada que é quase impossível formular generalizações de leis que exprimam de um modo adequado os atributos infinitos do Pai e que, ao mesmo tempo, sejam compreensíveis, em qualquer grau, por tais inteligências criadas. Por conseguinte, muitos dos atos do Criador Todo-Poderoso parecem ser arbitrários, isolados e, não raro, até desalmados e cruéis, para vós, criaturas. Todavia, novamente eu vos asseguro que isso não é uma verdade. Todos os feitos de Deus são plenos de propósito, inteligentes, sábios, bondosos e eternamente atentos ao bem maior, nem sempre apenas de um ser individual, uma raça específica, um planeta determinado ou mesmo de um determinado universo; mas sim, atentos ao bem-estar e ao maior proveito de todos os seres envolvidos, desde os mais baixos aos mais elevados. Nas idades do tempo, algumas vezes, o bem-estar de uma parte pode parecer diferente do bem-estar do todo; no círculo da eternidade essas diferenças aparentes inexistem.

Somos todos parte da família de Deus e devemos, portanto, algumas vezes, compartilhar da disciplina da família. Muitos dos atos de Deus, que tanto nos perturbam e confundem, são resultado das decisões e ditames finais da onisciência, que autorizam o Agente Conjunto a executar, segundo a escolha da vontade infalível da mente infinita, de modo a fortalecer as decisões da personalidade da perfeição, cujo exame, visão e solicitude abrangem o bem-estar mais elevado e eterno de toda a Sua vasta e ampla criação.

Assim é que o vosso ponto de vista, isolado, parcial, finito, grosseiro e altamente materialista, junto às limitações inerentes à natureza do vosso ser constituem um impedimento tal que vos tornam incapazes de ver, compreender, ou conhecer a sabedoria e a bondade de muitos dos atos divinos, os quais vos parecem carregados de uma crueldade esmagadora, de uma indiferença extrema, tanto ao conforto e ao bem-estar, quanto à felicidade planetária e à prosperidade pessoal das criaturas, companheiras vossas. É em conseqüência das limitações da visão humana, do vosso entendimento restrito e da vossa compreensão finita, que vos equivocais sobre os motivos e deturpais os propósitos de Deus. Contudo, muitas coisas ocorrem nos mundos evolucionários, que não são feitos pessoais do Pai Universal.

A onipotência divina está perfeitamente coordenada aos outros atributos da personalidade de Deus. Em geral, o poder de Deus, nas Suas manifestações espirituais no universo é limitado apenas por três condições ou situações:

1. Pela natureza de Deus; especialmente pelo Seu amor infinito; pela verdade, a beleza e a bondade.

2. Pela vontade de Deus; pelo Seu ministério de misericórdia e pelo relacionamento de paternidade com as personalidades do universo.

3. Pela lei de Deus; pela retidão e justiça da Trindade eterna do Paraíso.

Deus é ilimitado em poder, divino em natureza, final em vontade, infinito em atributos, eterno em sabedoria e absoluto em realidade. Mas todas essas características do Pai Universal estão unificadas na Deidade e universalmente expressas na Trindade do Paraíso e nos Filhos divinos da Trindade. Por outro lado, fora do Paraíso e do universo central de Havona, tudo o que pertence a Deus é limitado pela presença evolucionária do Supremo, condicionado pela presença eventiva do Último e coordenado pelos três Absolutos existenciais: o Absoluto da Deidade, o Absoluto Universal e o Absoluto Inqualificável. E a presença de Deus está limitada desse modo porque essa é a vontade de Deus.

3. O CONHECIMENTO UNIVERSAL DE DEUS

"Deus conhece todas as coisas". A mente divina é consciente do pensamento de toda criação e dialoga com ele. O Seu conhecimento dos acontecimentos é universal e perfeito. As entidades divinas que procedem Dele são uma parte Dele; Ele, que "equilibra as nuvens", é também "perfeito em conhecimento". "Os olhos do Senhor estão em todos os lugares." Disse o vosso grande Mestre, referindo-se a um insignificante pardal: "Nenhum deles cairá na terra sem o conhecimento do meu Pai", e também, "até os cabelos das vossas cabeças são contados". "Ele sabe o número das estrelas; e chama a todas pelos seus nomes."

O Pai Universal é a única personalidade, em todo o universo, que de fato sabe o número de estrelas e planetas existentes do espaço. Todos os mundos de cada universo estão, constantemente, dentro da consciência de Deus. Ele também diz: "Tenho certamente visto a aflição do meu povo, tenho ouvido o seu pranto e conheço os seus pesares". Pois "o Senhor olha do céu; Ele observa todos os filhos dos homens; do local da Sua morada, Ele olha por todos os habitantes da Terra". Cada filho criado pode, em verdade, dizer: "Ele conhece o caminho que tomo e, depois que Ele me houver posto à prova, ressurgirei como ouro". "Deus sabe quando nos sentamos e quando nos levantamos; Ele compreende os nossos pensamentos de longe e é conhecedor de todos os nossos caminhos." "Todas as coisas estão a descoberto e abertas aos olhos Daquele com quem temos a ver". E deveria ser um verdadeiro conforto para todos os seres humanos compreender que "Ele conhece a vossa estrutura; Ele lembra-se de que sois pó". Jesus, falando do Deus vivo, disse: "O vosso Pai sabe das vossas necessidades, antes mesmo de irdes pedir a Ele".

Deus possui o poder ilimitado de conhecer todas as coisas; a Sua consciência é universal. O Seu circuito pessoal inclui todas as personalidades e o Seu conhecimento, mesmo o das criaturas mais ínfimas, é suplementado indiretamente pela série descendente de Filhos divinos e, diretamente, por intermédio dos Ajustadores do Pensamento residentes. Além do mais, o Espírito Infinito está presente, todo o tempo e em todos os lugares.

Não estamos plenamente certos se Deus escolhe, ou não, prever de antemão o evento do pecado. Mas, ainda que Deus previsse os atos do livre-arbítrio dos Seus filhos, tal conhecimento prévio não revogaria em nada a liberdade deles. Uma coisa é certa: Deus nunca está sujeito a surpreender-Se.

A onipotência não significa poder de fazer o infactível, a ação que não é divina. Nem a onisciência implica saber aquilo que é incognoscível. Todavia, tais afirmações dificilmente se fazem compreensíveis para a mente finita. A criatura dificilmente pode compreender o alcance e as limitações da vontade do Criador.

4. ILIMITABILIDADE DE DEUS

As sucessivas doações de Si próprio, aos universos, como vieram a ser efetuadas, não reduzem, de nenhum modo, o potencial de poder ou a reserva de sabedoria; e estes continuam residindo e repousando na personalidade central da Deidade. Em potencial de força, sabedoria e amor, o Pai nunca teve reduzida a Sua medida, nem Se tornou desprovido de qualquer atributo da Sua personalidade gloriosa, em resultado da doação ilimitada de Si próprio, aos Filhos do Paraíso, às Suas criações subordinadas e às múltiplas criaturas dessas criações.

A criação de cada novo universo exige um novo ajuste de gravidade; mas, ainda que a criação continuasse, indefinida e eternamente, até à infinitude mesma, de um tal modo que finalmente a criação material fosse existir sem limitações, ainda assim o poder de controle e coordenação, que reside na Ilha do Paraíso, estaria à altura e seria adequado ao domínio, ao controle e à coordenação de um universo assim infinito. E, posteriormente a essa concessão de força ilimitada e poder, a um universo sem limites, o Infinito ainda estaria plenamente carregado, no mesmo grau, de força e energia; o Absoluto Inqualificável subsistiria ainda, sem diminuição; Deus ainda possuiria o mesmo potencial infinito, como se nada da Sua força, energia e poder tivesse sido vertido para dotar universos após universos.

Da mesma forma acontece com a sabedoria: o fato de que a mente seja tão livremente distribuída para o pensar dos reinos, de nenhum modo empobrece a fonte central da sabedoria divina. À medida que os universos se multiplicam e os seres dos reinos crescem em número, até às fronteiras da compreensão, ainda que a mente continuasse incessantemente sendo concedida aos seres de elevada ou de baixa condição, a personalidade central de Deus continuaria a abranger a mesma mente eterna, infinita e onisciente.

O fato de que Ele envie mensageiros espirituais, saídos Dele próprio, para que residam nos homens e mulheres do vosso mundo e de outros mundos, de nenhum modo reduz a Sua capacidade de funcionar como uma personalidade espiritual divina e onipotente; e não existe absolutamente nenhum limite à extensão ou ao número desses Monitores espirituais, que Ele pode e consegue enviar. Essa dádiva de Si mesmo, às Suas criaturas, gera uma possibilidade futura sem limites e quase inconcebível, de existências progressivas e sucessivas para esses mortais, assim, divinamente dotados. E essa distribuição pródiga de Si próprio, na forma dessas entidades espirituais ministradoras, de nenhuma maneira diminui a sabedoria e a perfeição da verdade e do conhecimento, que repousam na pessoa do Pai onisciente, pleno de sabedoria e Todo-Poderoso.

Para os mortais do tempo há um futuro; Deus, contudo, habita a eternidade. Embora eu tenha vindo de muito perto da própria morada da Deidade, não posso presumir falar, com perfeição de entendimento, a respeito da infinitude dos muitos atributos divinos. Apenas a infinitude de mente pode compreender plenamente a infinitude na existência e a eternidade da ação.

O homem mortal não pode, certamente, conhecer a infinitude do Pai celeste. A mente finita não pode pensar sobre uma verdade ou um fato de tal modo absoluto. Todavia, esse mesmo ser humano finito pode de fato *sentir* – literalmente experimentar – o impacto pleno e não amortecido de um AMOR tão infinito quanto o do Pai. Esse amor pode ser verdadeiramente experimentado, mas, ainda que a qualidade da experiência seja ilimitada, a quantidade em uma tal experiência é limitada, estritamente, pela capacidade humana de receptividade espiritual e pela capacidade empenhada em retribuir ao Pai, em amor.

A apreciação finita, de qualidades infinitas, transcende, em muito, às capacidades logicamente limitadas da criatura, em vista do fato de o homem mortal ser feito à imagem de Deus – pois vive dentro dele um fragmento da infinitude. Por conseguinte, o acesso mais querido e de maior aproximação a Deus, que o homem tem, é o amor, e por intermédio do amor, pois Deus é amor. E tudo, em uma relação assim tão única, é um experimento factual da sociologia cósmica: a relação entre o Criador e a criatura – o afeto entre Pai e filho.

5. A LEI SUPREMA DO PAI

No Seu contato com as criações pós-Havona, o Pai Universal não exerce o Seu poder infinito, nem a Sua autoridade final, por transmissão direta, mas por intermédio dos Seus Filhos e das personalidades subordinadas a eles. E Deus faz tudo isso por Sua livre vontade. Todos e quaisquer dos poderes delegados, caso surgisse a ocasião e se fosse da escolha da mente divina, poderiam ser exercidos diretamente; mas, via de regra, essa ação acontece apenas em consequência do fracasso da personalidade delegada, ao tentar corresponder à confiança divina. Em ocasiões assim, diante de um descumprimento e nos limites da reserva de poder e de potencial divinos, o Pai atua independentemente e de acordo com os mandados da Sua própria escolha; e tal escolha é sempre a da perfeição infalível e sabedoria infinita.

O Pai governa por intermédio dos Seus Filhos. Descendo, na organização do universo, existe uma corrente ininterrupta de dirigentes que termina com os Príncipes Planetários, os quais dirigem os destinos das esferas evolucionárias, dos vastos domínios do Pai. Não é uma expressão meramente poética a que exclama: "Do Senhor é a Terra e a sua plenitude". "Ele faz e destrona reis." "Os Altíssimos governam nos reinos dos homens."

Nos assuntos dos corações dos homens, nem sempre o Pai Universal pode ter caminho aberto; mas, na conduta e destino de um planeta, o plano divino prevalece; o propósito eterno de sabedoria e amor triunfa.

Disse Jesus: "Meu Pai, que os outorgou a mim, é maior do que todos; e ninguém poderá arrebatá-los da mão do meu Pai". Ao vislumbrar as obras múltiplas e ao contemplar a imensidão assombrosa da criação quase ilimitada de Deus, podeis vacilar quanto ao vosso conceito da Sua primazia; contudo, não deveis vacilar em aceitá-Lo como sendo firme e eternamente entronizado no centro do Paraíso de todas as coisas, e como o Pai beneficente de todos os seres inteligentes. Não há senão "um único Deus e Pai de todos, acima de tudo e em tudo", e que "é anterior a todas as coisas e em Quem consistem todas as coisas".

As incertezas da vida e as vicissitudes da existência de nenhuma maneira contradizem o conceito da soberania universal de Deus. Toda a vida da criatura evolucionária é assediada por certas *inevitabilidades*. Considerai o seguinte:

1. A *coragem* – a força de caráter – é desejável? Então, o homem deve ser criado em um ambiente que requeira um enfrentamento das dificuldades e uma reação às decepções.

2. O *altruísmo* – o serviço aos semelhantes – é desejável? Então, a experiência de vida deverá propiciar-lhe o deparar-se com situações de desigualdade social.

3. A *esperança* – a grandeza da confiança – é desejável? Então a existência humana deverá confrontar-se constantemente com inseguranças e incertezas renovadas.

4. A *fé* – a suprema afirmação do pensamento humano – é desejável? Então, a mente humana deverá ser colocada frente a grandes dificuldades, nas quais sempre sabe menos do que pode crer.

5. O *amor à verdade* e a disposição de ir até onde quer que esse amor conduza são desejáveis? Então, é bom que o homem cresça em um mundo no qual o erro esteja presente e a falsidade seja sempre possível.

6. O *idealismo* – um conceito muito próximo do divino – é desejável? Então, o homem deve labutar em um ambiente de relativa bondade e beleza, em cercanias que estimulem a busca incontida de coisas melhores.

7. A *lealdade* – a devoção ao dever mais elevado – é desejável? Então, o homem deverá continuar sempre em frente, apesar de rodeado de possibilidades de traição e deserção. O valor da devoção ao dever advém do perigo implícito de fracasso.

8. O *desapego* – o espírito do auto-esquecimento – é desejável? Então, o ideal é o homem mortal viver frente a frente com o incessante clamor de um ego inescapável, que exige reconhecimento e honras. O homem não poderia escolher a vida divina, de um modo dinâmico, se não existisse uma vida do ego à qual renunciar. O homem não poderia nunca se aferrar à salvação, na retidão, se não houvesse nenhum mal em potencial exaltando e diferenciando o bem, por contraste.

9. O *prazer* – a satisfação da felicidade – é desejável? Então, o homem deverá viver em um mundo no qual a alternativa da dor e a probabilidade do sofrimento sejam possibilidades experimentáveis sempre presentes.

Em todo o universo, cada unidade é considerada como uma parte do todo. A sobrevivência da parte depende da cooperação com o plano e o propósito do todo: o desejo, de todo o coração, e uma perfeita disposição para fazer a vontade divina do Pai. O único mundo evolucionário sem erro (sem a possibilidade de um juízo pouco sábio) seria um mundo sem inteligência *livre*. No universo de Havona, há um bilhão de mundos perfeitos, com os seus habitantes perfeitos; mas o homem em evolução deve ser falível, se houver de ser livre. A inteligência livre e inexperiente não pode ser, certamente, de início, uniformemente sábia. A possibilidade do juízo errôneo (o mal) transforma-se em pecado apenas quando a vontade humana endossa, conscientemente, e adota, de propósito, um juízo deliberadamente imoral.

A apreciação plena da verdade, da beleza e da bondade é inerente à perfeição do universo divino. Os habitantes dos mundos de Havona não necessitam do potencial de níveis relativos de valores, como um estímulo à escolha; esses seres perfeitos são capazes de identificar e de escolher o bem, ainda que na ausência de situações morais contrastantes e que os obriguem a pensar. Todos esses seres perfeitos são o que são, contudo, pela sua natureza moral e status espiritual, em virtude do fato de simplesmente existirem. Eles conquistam experiencialmente um avanço, mas apenas dentro do seu estado inerente; ao passo que o homem mortal ganha, inclusive, o seu status de candidato à ascensão, por meio da sua própria fé e esperança. Tudo que a mente humana alcança de divino, e tudo que a alma humana adquire, é uma conquista da experiência; é uma *realidade* da experiência pessoal e, portanto, uma posse única, em contraste com a inerente bondade e retidão das personalidades de Havona não sujeitas ao erro.

As criaturas de Havona são naturalmente valentes, mas não são corajosas, no sentido humano. Elas são inatamente gentis e deferentes, mas dificilmente são altruístas à maneira humana. Têm a expectativa de um futuro agradável, mas não são esperançosas de um modo especial, como o mortal confiante das esferas evolucionárias incertas. Elas têm fé na estabilidade do universo, mas estão longe de conhecer aquela fé salvadora, por meio da qual o mortal ascende desde o seu status de animal até os portais do Paraíso. Elas amam a verdade, mas não conhecem as qualidades redentoras dela. São idealistas, mas nasceram assim; elas ignoram inteiramente o êxtase de chegar a sê-lo por um ato de escolha vivificante. São leais, mas nunca experimentaram a emoção da devoção inteligente e sincera ao dever cumprido, enfrentando a tentação de descumpri-lo. Não têm egoísmo, mas nunca chegaram a esse nível de experiência por meio da conquista magnífica de um ego exigente. Elas desfrutam do prazer, mas desconhecem a doçura do prazer de escapar do potencial da dor.

6. A PRIMAZIA DO PAI

Com o altruísmo divino e uma consumada generosidade, o Pai Universal despoja-se da autoridade e delega o poder, mas ainda assim permanece primordial; a Sua mão repousa sobre a poderosa alavanca das circunstâncias, nos domínios universais. Ele reservou a Si todas as decisões finais e, de forma infalível, maneja o cetro Todo-Poderoso do veto do Seu propósito eterno, com uma autoridade indiscutível sobre o bem-estar e o destino da imensa criação, que sempre gira em um círculo ascendente.

A soberania de Deus é ilimitada; é o fato fundamental em toda a criação. O universo não era inevitável. O universo não é um acidente, nem existe por si próprio.

O universo é uma obra de criação e, portanto, está totalmente sujeito à vontade do Criador. A vontade de Deus é a verdade divina e o amor vivo; por conseguinte as criações dos universos evolucionários em perfeiçoamento são caracterizadas pela bondade – a proximidade da divindade –; e pela maldade potencial – o distanciamento da divindade.

Toda filosofia religiosa, mais cedo ou mais tarde, chega ao conceito de uma lei unificada a reger o universo, de um único Deus. As causas do universo não podem ser inferiores aos efeitos do universo. A fonte do caudal da vida no universo e da mente cósmica deve estar acima dos seus níveis de manifestação. A mente humana não pode ser explicada, de um modo consistente, nos termos das ordens inferiores de existência. A mente do homem só pode ser verdadeiramente compreendida quando se reconhece a realidade das ordens mais elevadas de pensamento e de vontade proposidada. O homem torna-se inexplicável, enquanto ser moral, a menos que a realidade do Pai Universal seja reconhecida.

O filósofo mecanicista professa rejeitar a idéia de uma vontade universal e soberana, essa mesma vontade soberana, cuja atividade de elaboração das leis universais ele reverencia tão profundamente. Que homenagem não é prestada, de um modo não intencional, ao Criador das leis, quando o mecanicista concebe que tais leis são atuantes e explicativas por si mesmas!

É um erro grosseiro humanizar a Deus, exceto no conceito do Ajustador do Pensamento residente, mas mesmo isso ainda não é um erro tão crasso quanto *mecanizar* completamente a idéia da Primeira Grande Fonte e Centro.

Será que o Pai do Paraíso sofre? Eu não sei. Os Filhos Criadores podem e certamente sofrem, algumas vezes, da mesma forma que os mortais. O Filho Eterno e o Espírito Infinito sofrem, em um sentido modificado. Penso que o Pai Universal possa sofrer, mas não posso entender *como*; talvez por meio do circuito da personalidade, ou através da individualidade dos Ajustadores do Pensamento e das outras outorgas da Sua natureza eterna. Ele disse às raças mortais: "Com todas as vossas aflições, aflijo-Me". Sem dúvida Ele experimenta um sentimento de paternidade e simpatia compreensiva; Ele pode sofrer verdadeiramente, mas não compreendo a natureza desse sofrer.

O Soberano eterno e infinito, do universo dos universos, é poder, forma, energia, processo, modelo, princípio, presença e realidade idealizada. No entanto Ele é mais; Ele é pessoal; Ele exerce uma vontade soberana e experiencia a autoconsciência da divindade, Ele executa os mandados de uma mente criadora, busca a satisfação da realização de um propósito eterno e manifesta o amor e o afeto de Pai pelos Seus filhos do universo. E todos esses traços mais pessoais do Pai podem ser mais bem entendidos, quando são observados do modo pelo qual foram revelados na vida auto-outorgada de Michael, o vosso Filho Criador, enquanto encarnado em Urântia.

Deus, o Pai, ama os homens; Deus, o Filho, serve aos homens; Deus, o Espírito, inspira os filhos do universo, na sua aventura sempre ascendente ao encontro de Deus, o Pai, pelos meios ordenados por Deus, os Filhos, por meio do ministério da graça de Deus, o Espírito.

[Sendo o Conselheiro Divino designado para a apresentação da revelação do Pai Universal, eu dei continuidade à realização destas declarações sobre os atributos da Deidade.]

DOCUMENTO 4

A RELAÇÃO DE DEUS COM O UNIVERSO

O PAI Universal tem um propósito eterno em relação aos fenômenos materiais, intelectuais e espirituais do universo dos universos; propósito este que Ele está cumprindo ao longo de todo o tempo. Deus criou os universos pela Sua própria vontade, livre e soberana, e criou-os de acordo com o Seu propósito onisciente e eterno. É questionável que alguém, exceto as Deidades do Paraíso e os Seus coligados mais elevados, realmente saiba muita coisa sobre o propósito eterno de Deus. Até mesmo os cidadãos excelsos do Paraíso têm opiniões bastante diversas sobre a natureza do propósito eterno das Deidades.

É fácil deduzir que o propósito de criar o universo central perfeito de Havona haja sido puramente uma satisfação de natureza divina. Havona pode servir como modelo original de criação para todos os outros universos e como aprendizado final para os peregrinos do tempo, no seu caminho para o Paraíso; contudo, essa criação tão superna deve existir fundamentalmente para o prazer e a satisfação dos Criadores perfeitos e infinitos.

O plano assombroso de aperfeiçoamento dos mortais evolucionários bem como os Corpos de Finalidade, uma vez que hajam alcançado o Paraíso, a fim prover-lhes o preparo posterior para alguma tarefa futura não revelada, com efeito, parece ser, no presente, uma das principais preocupações dos sete superuniversos e das suas numerosas subdivisões; entretanto, esse esquema de ascensão para espiritualizar e aperfeiçoar os mortais do tempo e do espaço não é, de forma alguma, a ocupação exclusiva das inteligências do universo. Há, de fato, muitas outras metas fascinantes que ocupam o tempo e canalizam as energias das hostes celestes.

1. A ATITUDE DO PAI PARA COM O UNIVERSO

Durante muitas épocas, os habitantes de Urântia vêm interpretando erroneamente a providência de Deus. Há uma providência divina operando no vosso mundo, no entanto ela não é o ministério material, pueril e arbitrário que muitos mortais conceberam que fosse. A providência de Deus consiste nas atividades entrelaçadas dos seres celestes e dos espíritos divinos, os quais, de acordo com leis cósmicas, trabalham incessantemente para a honra de Deus e para o avanço espiritual dos Seus filhos no universo.

Acaso não podeis avançar nas vossas concepções sobre o trato de Deus com o homem, até aquele nível no qual reconhecereis que a palavra de ordem do universo deve ser *progresso*? Durante longas idades, a raça humana tem lutado para chegar ao seu estado atual. Ao longo de todos esses milênios, a Providência tem colocado em prática o plano de evolução progressiva. Esses dois pensamentos não são opostos na prática, apenas na concepção equivocada dos homens. A Providência divina não se alinha em oposição ao verdadeiro progresso humano, seja ele temporal, seja espiritual. A Providência é sempre coerente com a natureza imutável e perfeita do Legislador supremo.

"Deus é fiel" e "todos os Seus mandamentos são justos". "A Sua constância está estabelecida nos próprios céus." "Para sempre, ó Senhor, a Tua palavra estabeleceu-se nos céus. A Tua fidelidade é para todas as gerações; Tu estabeleceste a Terra e ela permanece." "Ele é um Criador merecedor de fé."

Não há limites para as forças e personalidades que o Pai pode usar para manter o Seu propósito e sustentar as Suas criaturas. "O Deus eterno é O nosso refúgio e, por debaixo, Ele mantém os Seus braços perpétuos." "Ele, que mora no lugar secreto do Altíssimo, habitará sob a sombra do Todo-Poderoso." "Olhai, Aquele que nos guarda não cochilará nem adormecerá." "Sabemos que todas as coisas trabalham juntas para o bem daqueles que amam a Deus", "pois os olhos do Senhor estão sobre os justos e os Seus ouvidos abertos às preces deles".

Deus sustenta "todas as coisas pela palavra do Seu poder". E mundos novos nascem, quando Ele "envia espaço afora os Seus Filhos, e os mundos são criados". Deus não apenas os cria, mas "preserva-os todos". Deus sustenta constantemente todas as coisas materiais e todos os seres espirituais. Os universos são eternamente estáveis. A estabilidade se mantém em meio à instabilidade aparente. Existem uma ordem e uma segurança subjacentes, em meio às perturbações da energia e aos cataclismos físicos nos domínios estelares.

O Pai Universal não Se retirou da administração dos universos; Ele não é uma Deidade inativa. Se Deus deixasse de ser o sustentador sempre presente de toda a criação, um colapso universal ocorreria imediatamente. Fora de Deus, não haveria uma coisa tal como a *realidade*. Neste momento mesmo, bem como durante eras remotas no passado e no futuro eterno, Deus continua como o sustentador. O alcance divino estende-se ao redor do círculo da eternidade. Não se dá corda ao universo como a um relógio, para que funcione por um tempo até cessar de funcionar; todas as coisas estão sendo constantemente renovadas. O Pai distribui incessantemente a energia, a luz e a vida. O trabalho de Deus é tão real e prático quanto espiritual. "Ele estende o norte sobre o espaço vazio e suspende a Terra sobre o nada."

Um ser da minha ordem pode descobrir a harmonia última e detectar uma coordenação profunda e ampla nos assuntos rotineiros da administração do universo. Muito do que parece ser desconectado e fortuito, para a mente mortal, mostra-se ordenado e construtivo à minha compreensão. No universo, entretanto, ocorrem muitas coisas que eu não compreendo plenamente. Por muito tempo tenho estudado as forças, energias, mentes, morôncias, espíritos e personalidades reconhecidas dos universos locais e dos superuniversos, e por isso tenho uma certa familiaridade com eles. Firmei-me em uma compreensão geral de como essas agências e personalidades operam; e estou intimamente familiarizado com os trabalhos das inteligências espirituais dignas de crédito no grande universo. Apesar do conhecimento que tenho dos fenômenos dos universos, vejo-me constantemente confrontado por reações cósmicas que não posso penetrar inteiramente. Deparo continuamente com conspirações aparentemente fortuitas, tecidas por uma interação de forças, energias, intelectos e espíritos, que não consigo explicar de maneira satisfatória.

Considero-me inteiramente competente para descrever e analisar como operam todos os fenômenos resultantes diretamente das ações do Pai Universal, do Filho Eterno, do Espírito Infinito e, em grande parte, da Ilha do Paraíso. O que causa a minha perplexidade é deparar com o que parece ser o desempenho dos Seus coordenados misteriosos, os três Absolutos de potencialidade. Esses Absolutos parecem suplantar a matéria, transcender a mente e sobrepujar-se ao espírito. Fico constantemente confuso, e muitas vezes perplexo, com a minha incapacidade de compreender essas transações complexas que atribuo às presenças e à atuação do Absoluto Inqualificável, do Absoluto da Deidade e do Absoluto Universal.

Esses Absolutos devem ser as presenças não totalmente reveladas no amplo universo as quais, nos fenômenos da potência do espaço e na função de outros super-últimos, tornam impossível aos físicos, filósofos ou mesmo aos religiosos predizer, com certeza, como as fontes primordiais de força, conceito e espírito responderão às exigências feitas em uma situação complexa de realidade, envolvendo ajustes supremos e valores últimos.

Há também uma unidade orgânica, nos universos do tempo e do espaço, que parece respaldar toda a tessitura dos eventos cósmicos. Essa presença viva do Ser Supremo em evolução, essa Imanência do Incompleto Projetado, é inexplicavelmente manifestada, de quando em quando, por meio daquilo que parece ser uma coordenação assombrosamente fortuita de acontecimentos cósmicos aparentemente desconectados. Essa deve ser a função da Providência – o âmbito do Ser Supremo e do Agente Conjunto.

Estou inclinado a acreditar que é esse controle vasto e geralmente irreconhecível, de coordenação e interassociação, de todas as fases e formas da atividade universal, que causa uma mescla tão variada, tão aparente e incorrigivelmente confusa, de fenômenos físicos, mentais, morais e espirituais que, de um modo tão inequívoco, trabalham para a glória de Deus e para o bem de homens e anjos.

Mas, em um sentido mais amplo, os "acidentes" aparentes do cosmo são indubitavelmente uma parte do drama finito da aventura tempo-espacial do Infinito, na sua eterna manipulação dos Absolutos.

2. DEUS E A NATUREZA

A natureza é, em um sentido limitado, a vestimenta física de Deus. A conduta, ou ação de Deus, é, qualificada e provisionalmente, modificada pelos planos experimentais, pelos modelos evolucionários de um universo local, constelação, sistema ou planeta. Deus atua de acordo com uma lei bem definida, invariável e imutável, em todo o amplo e cada vez mais vasto universo-mestre; mas Ele modifica os modelos da Sua ação, de modo a contribuir para a conduta coordenada e equilibrada de cada universo, constelação, sistema, planeta e personalidade, de acordo com os objetivos, metas e planos locais dos projetos finitos para o desdobramento evolucionário.

Por conseguinte, a natureza, como o homem mortal a compreende, representa o fundamento de respaldo e o suporte fundamental para uma Deidade imutável e para as suas leis invariáveis, que se modificam, que flutuam e que passam por transtornos devido ao funcionamento local dos planos, propósitos, modelos e condições inauguradas e levadas adiante pelas forças e personalidades do universo local, da constelação, do sistema e dos planetas. Por exemplo: as leis de Deus, tais como ordenadas em Nébadon, foram modificadas pelos planos estabelecidos pelo Filho Criador e pelo Espírito Criativo desse universo local; e, além de tudo isso, a operação dessas leis foi ainda ulteriormente influenciada pelos erros, falhas e insurreições de alguns seres residentes no vosso planeta e pertencentes diretamente ao vosso sistema planetário de Satânia.

A natureza é uma resultante, no tempo-espaço, de dois fatores cósmicos: primeiro, a imutabilidade, a perfeição e a retidão da Deidade do Paraíso; e, segundo, os planos experimentais, os tropeços nas execuções, os erros de insurreições, a incompletude no desenvolvimento e a imperfeição de sabedoria das criaturas exteriores ao Paraíso, das mais altas às mais baixas. A natureza, portanto, traz um vínculo de perfeição, uniforme, imutável, majestoso e maravilhoso, que vem do círculo da eternidade; mas, em cada universo, planeta e vida individual, essa natureza é modificada, qualificada e desfigurada casualmente pelos atos, erros e deslealdades das criaturas dos sistemas e dos universos evolucionários; e é por isso que a natureza tem sempre o ânimo mutável e caprichoso, se bem que estável, no fundo, mas que varia de acordo com os procedimentos vigentes em cada universo local.

A natureza é a perfeição do Paraíso dividida pela incompletude, pelo mal e o pecado dos universos inacabados. Esse quociente expressa, assim, tanto do perfeito quanto do parcial, tanto do eterno quanto do temporal. A evolução contínua modifica a natureza fazendo aumentar o seu conteúdo de perfeição do Paraíso e reduzindo o conteúdo de mal, de erro e de desarmonia na realidade relativa.

Deus não está pessoalmente presente na natureza, nem em nenhuma das forças da natureza, pois o fenômeno da natureza é uma superimposição das imperfeições da evolução progressiva e, algumas vezes, das conseqüências da rebelião insurrecionária, sobre os fundamentos da lei universal de Deus, provenientes do Paraíso. Do modo como se apresenta em um mundo, tal como o de Urântia, a natureza jamais pode ser a expressão adequada, a verdadeira representação, o retrato fiel de um Deus infinito e onisciente.

A natureza, no vosso mundo, é uma requalificação estipulada das leis da perfeição, feita pelos planos evolucionários do universo local. Que farsa é adorar a natureza porque esteja penetrada por Deus, pois ela o está de um modo limitado e restritivo, porque é apenas uma fase do poder universal e, portanto, do poder divino! A natureza também é uma manifestação do inacabado, do incompleto, das elaborações imperfeitas do desenvolvimento, do crescimento e do progresso de um universo experimental em evolução cósmica.

Os defeitos aparentes do mundo natural não indicam quaisquer defeitos correspondentes no caráter de Deus. As imperfeições observadas são meramente as interrupções momentâneas inevitáveis na projeção de um filme sempre em movimento, que é a infinitude. E são essas mesmas interrupções defeituosas, da perfeição em continuidade, que possibilitam à mente finita do homem material captar uma visão fugaz da realidade divina no tempo e no espaço. As manifestações materiais da divindade parecem defeituosas à mente evolucionária do homem, apenas porque o homem mortal insiste em uma visão dos fenômenos da natureza por meio dos seus olhos naturais, pela visão humana não ajudada pela mota moroncial, nem por meio da revelação, que é a substituta compensatória da mota nos mundos do tempo.

E a natureza está desfigurada: a sua face de beleza tem cicatrizes, as suas feições ficaram murchas com a rebelião, pela conduta errônea, pelo pensamento desviado das miríades de criaturas que são uma parte da natureza, mas que têm contribuído para a sua desfiguração no tempo. Não, a natureza não é Deus. A natureza não é um objeto de adoração.

3. O CARÁTER IMUTÁVEL DE DEUS

Por um tempo grande demais o homem pensou em Deus como um ser semelhante a si próprio. Deus não tem, nunca teve e nunca terá rivalidade ou ciúme do homem, nem de qualquer outro ser no universo dos universos. Sabendo que o Filho Criador pretendia que o homem fosse a obra-prima da criação planetária, que fosse o soberano da Terra inteira, quando Deus teve a visão do homem sendo dominado pelas suas próprias paixões mais baixas, e viu o espetáculo da Sua criatura prostrada diante de ídolos de madeira, de pedra, de ouro, e diante da própria ambição egoísta – essas cenas sórdidas levaram Deus e os Seus Filhos a tomar-Se de zelo e de cuidado *pelo* homem, mas nunca por rivalidade nem por ciúme do homem.

O Deus eterno é incapaz de ira ou de raiva, no sentido que essas emoções humanas têm e como o homem entende tais reações. Esses sentimentos são mesquinhos e desprezíveis; são indignos de serem chamados até de humanos e mais ainda de divinos; e tais atitudes são totalmente alheias à natureza perfeita e ao caráter pleno de graça do Pai Universal.

Uma parte muito grande da dificuldade que os mortais de Urântia têm de compreender Deus deve-se às conseqüências, de longo alcance, da rebelião de Lúcifer e da traição de Caligástia. Em mundos não segregados pelo pecado, as raças evolucionárias são capazes de formular idéias muito melhores do Pai Universal, pois os seus conceitos sofrem menos distorções, confusões e deturpações.

Deus não se arrepende de nada que haja feito, que agora faça ou que venha um dia a fazer. Ele é onisciente, bem como onipotente. A sabedoria do homem vem das provações e dos erros da experiência humana; a sabedoria de Deus consiste na perfeição inqualificável, ilimitada, do Seu discernimento universal infinito e irrestrito; e esse pré-conhecimento divino efetivamente dirige o Seu livre-arbítrio criador.

O Pai Universal nunca faz nada que cause dor ou arrependimento subseqüentes. Mas as criaturas volitivas, planejadas e feitas pelas Suas personalidades Criadoras, nos universos remotos, pela própria escolha desafortunada dessas criaturas, algumas vezes, causam emoções de pesar divino nas personalidades dos seus pais Criadores. Todavia, embora o Pai não cometa erros, nem abrigue arrependimentos, ou experimente o pesar, Ele é um Ser que tem uma afeição de Pai, e o Seu coração fica pesaroso, sem dúvida, quando os Seus filhos falham em atingir os níveis espirituais que seriam capazes de alcançar, com a assistência que foi tão livremente provida pelos planos da realização espiritual e pelas políticas de ascensão dos mortais nos universos.

A infinita bondade do Pai está além da compreensão da mente finita do tempo; por isso é que deve haver sempre uma forma de contraste com o mal comparativo (não o pecado) para a exibição efetiva de todas as fases da bondade relativa. A perfeição da bondade divina pode ser discernida pela intuição mortal imperfeita apenas porque ela se destaca, por contraste, da imperfeição relativa das relações entre o tempo e a matéria, nos movimentos do espaço.

O caráter de Deus é infinitamente supra-humano; e é por isso que essa natureza da divindade deve ser personalizada, como o é, nos Filhos divinos, antes que possa ser captada com a fé, pela mente finita do homem.

4. COMO COMPREENDER DEUS

Deus é o único ser estacionário, autocontido e imutável em todo o universo dos universos e para quem não há um lado exterior além, nem passado, nem futuro. Deus é energia com um propósito (o espírito criador) e vontade absoluta; atributos que são auto-existentes e universais.

Posto que Deus existe por si próprio, Ele é absolutamente independente. A própria identidade de Deus é inimiga da mudança. "Eu, o Senhor, não mudo." Deus é imutável; mas, até que vós tenhais alcançado o status do Paraíso, não podeis nem mesmo começar a entender como Deus pode passar da simplicidade à complexidade, da identidade à variação, da quiescência ao movimento, da infinitude à finitude, do divino ao humano e da unidade à dualidade, e, desta, à trindade. Mas Deus pode, assim, modificar as manifestações da sua absolutez, pois a imutabilidade divina não implica a imobilidade; Deus tem vontade – Ele *é* a vontade.

Deus é o Ser da autodeterminação absoluta, não há limites para as Suas reações no universo, exceto aqueles que são auto-impostos, e os Seus atos de livre-arbítrio são condicionados apenas pelas qualidades divinas e atributos perfeitos que caracterizam inerentemente a Sua natureza eterna. Portanto, Deus está relacionado ao universo como o Ser de bondade final e, ainda, de vontade livre de infinitude criadora.

O Pai-absoluto é o criador do universo central e perfeito e o Pai de todos os outros Criadores. Deus compartilha a personalidade, a bondade e inúmeras outras características com o homem e outros seres; a infinitude da vontade, entretanto, é apenas Dele. Deus é limitado, nos Seus atos criadores, apenas pelos sentimentos da Sua natureza eterna e pelos ditames da Sua sabedoria infinita. Deus pessoalmente escolhe apenas aquilo que é infinitamente perfeito, daí a perfeição superna do universo central; e, embora os Filhos Criadores compartilhem plenamente a Sua divindade e até mesmo algumas fases da Sua absolutez, eles não estão completamente orientados por aquela finalidade de sabedoria que é a diretriz da infinitude da vontade do Pai. E, por isso, na ordem de filiação dos Michaéis, o livre-arbítrio criador torna-se mais ativo, mais plenamente divino, e quase último, se não absoluto mesmo. O Pai é infinito e eterno, mas negar a possibilidade da Sua autolimitação volitiva equivaleria a negar o próprio conceito de absolutez da Sua vontade.

A absolutez de Deus permeia todos os sete níveis da realidade universal. E a totalidade da Sua natureza absoluta está sujeita à relação do Criador com a Sua família de criaturas no universo. A precisão pode caracterizar a justiça trinitária no universo dos universos, mas em todo o Seu vasto relacionamento familiar com as criaturas do tempo, o Deus dos universos Se pauta pelo *sentimento divino*. Em primeiro e último lugares – eternamente –, o Deus infinito é um *Pai*. Entre todos os títulos possíveis pelos quais Ele poderia ser conhecido apropriadamente, fui instruído a retratar o Deus de toda criação como o Pai Universal.

Em Deus, o Pai, os atos do livre-arbítrio não são regidos pelo poder, nem guiados apenas pelo intelecto; a personalidade divina é definida como consistindo no espírito e manifestando a Si próprio aos universos como amor. Portanto, em todas as Suas relações pessoais, com as personalidades criaturas dos universos, a Primeira Fonte e Centro é sempre e de forma coerente um Pai amoroso. Deus é um Pai no sentido mais elevado do termo. Ele está eternamente motivado pelo idealismo perfeito do amor divino; e essa natureza terna encontra a Sua mais forte expressão e a maior satisfação em amar e ser amada.

Para a ciência, Deus é a Primeira Causa; para a religião, o Pai universal pleno de amor; para a filosofia, o único Ser que existe por Si próprio, não dependendo de nenhum outro ser para existir; no entanto, magnanimamente, Ele confere realidade de existência a todas as coisas e a todos os outros seres. Contudo, torna-se necessária a revelação, para mostrar que a Primeira Causa da ciência e a Unidade auto-existente da filosofia são o mesmo Deus da religião, pleno de misericórdia e bondade, e comprometido em efetivar a sobrevivência eterna dos Seus filhos da Terra.

Nós almejamos o conceito do infinito, mas adoramos a idéia-experiência de Deus, a nossa capacidade de captar, em qualquer tempo e qualquer lugar, os fatores da personalidade e da divindade dentro do nosso mais elevado conceito de Deidade.

A consciência de uma vida humana vitoriosa, na Terra, nasce daquela fé do ser criado a qual se atreve a desafiar cada episódio recorrente da existência, quando se defronta com o espetáculo pavoroso das limitações humanas, por meio da afirmação infalível: ainda que eu não possa fazer isso, em mim vive alguém que pode e que irá fazê-lo, uma parte do Pai-Absoluto do universo dos universos. E essa é "a vitória que conquista o mundo, é a vossa própria fé".

5. IDÉIAS ERRÔNEAS SOBRE DEUS

A tradição religiosa é o registro, imperfeitamente preservado, das experiências dos homens sabedores de Deus das eras passadas; contudo, tais registros não são confiáveis como guias para a vida religiosa, nem como fonte de informação verdadeira sobre o Pai Universal. Tais crenças antigas têm sido invariavelmente alteradas pelo fato de o homem primitivo haver sido um elaborador de mitos.

Em Urântia, uma das fontes principais de confusão a respeito da natureza de Deus provém do fato de que os vossos livros sagrados não foram capazes de distinguir claramente as personalidades da Trindade do Paraíso, entre elas próprias; nem entre a Deidade do Paraíso e os criadores e administradores do universo local. Durante as dispensações passadas, de entendimento parcial, os vossos sacerdotes e profetas não conseguiram estabelecer com clareza as diferenças entre os Príncipes Planetários, os Soberanos dos Sistemas, os Pais da Constelação, os Filhos Criadores, os Governantes dos Superuniversos, o Ser Supremo e o Pai Universal. Muitas das mensagens de personalidades subordinadas, tais como os Portadores da Vida e várias ordens de anjos, têm sido apresentadas, nos vossos registros, como sendo provenientes do próprio Deus. O pensamento religioso de Urântia ainda confunde as personalidades coligadas da Deidade, da Trindade, com o próprio Pai Universal, de maneira a dar a todos um mesmo nome.

Os povos de Urântia continuam sofrendo a influência de conceitos primitivos de Deus. Os deuses desencadeados na tormenta, que sacodem a Terra na sua cólera e que derrubam os homens com a sua ira, aqueles que infligem o seu julgamento descontente na forma de penúria e de enchentes – estes são os deuses da religião primitiva, não são os Deuses que vivem nos universos e que os governam. Tais conceitos são uma relíquia dos tempos em que os homens supunham que o universo estivesse sob o domínio e o controle dos caprichos de tais deuses imaginários. O homem mortal, entretanto, está começando a dar-se conta de que vive em um reino de relativa lei e ordem, no que diz respeito às políticas administrativas e à conduta dos Criadores Supremos e dos Controladores Supremos.

A idéia bárbara de apaziguar a um Deus irado, fazendo propiciações para um Senhor ofendido, tentando ganhar os favores da Deidade; e tudo isso por meio de sacrifícios e de penitências, ou mesmo pelo derramamento de sangue, é sinal de uma religião totalmente pueril e primitiva, de uma filosofia indigna de uma era esclarecida pela ciência e pela verdade. Tais crenças são extremamente repulsivas aos seres celestes e aos governantes divinos que servem e reinam nos universos. É uma afronta a Deus acreditar, sustentar ou ensinar que o sangue inocente deva ser derramado com a finalidade de conquistar Seus favores ou de conjurar uma ira divina fictícia.

Os hebreus acreditavam que "sem derramamento de sangue não haveria remissão do pecado". Eles não se haviam libertado da velha idéia pagã de que os Deuses não poderiam ser apaziguados a não ser pela visão do sangue, embora Moisés haja trazido um claro avanço ao proibir os sacrifícios humanos e substituí-los, na mente primitiva dos beduínos infantis que o seguiam, pelo sacrifício cerimonial de animais.

A outorga de si próprio, feita por um Filho do Paraíso, no vosso mundo, foi inerente à situação de fechamento de uma era planetária. Não que haja sido necessária ao propósito de ganhar os favores de Deus, mas sim porque era inevitável. Essa doação de si próprio também aconteceu como ato pessoal final de um Filho Criador, na longa aventura de alcançar a soberania experiencial do seu universo. Que distorção do caráter infinito de Deus não é o ensinamento de que o Seu coração paternal, em Sua suposta frieza e dureza austeras, não era tocado pelos sofrimentos e infortúnios das Suas criaturas, de que a Sua misericórdia terna não seria distribuída senão quando Ele visse o Seu Filho inocente sangrando e morrendo na cruz no Calvário!

Mas os habitantes de Urântia hão de libertar-se dos erros antigos e das superstições pagãs, a respeito da natureza do Pai Universal. A revelação da verdade sobre Deus está surgindo, e a raça humana está destinada a conhecer o Pai Universal, em toda a sua beleza de caráter e graça de atributos que o Filho Criador tão magnificamente descreveu, ao residir em Urântia, como o Filho do Homem e Filho de Deus.

[Apresentado por um Conselheiro Divino de Uversa.]

DOCUMENTO 5

A RELAÇÃO DE DEUS COM O INDIVÍDUO

SE A mente finita do homem é incapaz de compreender de que modo um Deus tão grande e majestoso, como o Pai Universal, pode descer da Sua morada eterna na perfeição infinita para confraternizar com a criatura individual humana, então esse intelecto finito deve depositar a sua segurança, de comunhão divina, na verdade do fato de que um fragmento real do Deus vivo reside no intelecto de cada mortal urantiano de mente normal e com uma consciência moral. Os Ajustadores do Pensamento residentes são uma parte da Deidade eterna do Pai do Paraíso. O homem não tem de ir além da própria experiência interior de contemplação, da presença da realidade espiritual na sua própria alma, para encontrar Deus e alcançar a comunhão com Ele.

Deus distribuiu a infinitude da Sua natureza eterna entre as realidades existenciais dos Seus seis absolutos coordenados; contudo, Ele pode, em qualquer momento, fazer contato pessoal direto com qualquer parte, fase, ou espécie de criação, por meio da atuação dos Seus fragmentos pré-pessoais. E o Deus eterno reservou também, a Si próprio, a prerrogativa de outorgar personalidade aos Criadores Divinos e às criaturas vivas dos universos dos universos; e Ele Se reservou, além disso, a prerrogativa de manter um contato direto e parental com todos esses seres pessoais, por meio do circuito da personalidade.

1. O CAMINHO ATÉ DEUS

A incapacidade da criatura finita de chegar até o Pai infinito é inerente, não ao retraimento do Pai, mas à finitude e às limitações materiais dos seres criados. A magnitude da diferença espiritual entre a mais alta personalidade em existência do universo e o mais baixo grupo de inteligências criadas é inconcebível. Ainda que fosse possível às ordens mais baixas de inteligências serem transportadas instantaneamente até a própria presença do Pai, elas não saberiam que estariam junto Dele. Seriam tão insensíveis à presença do Pai Universal, quanto o são agora.

O homem mortal tem diante de si um caminho longo, muito longo mesmo, a ser percorrido, antes de poder, de uma forma consistente e dentro dos domínios do possível, pedir o seu salvo-conduto para estar na presença do Pai Universal, no Paraíso. Espiritualmente, o homem deve ser transladado muitas vezes, antes que possa atingir um plano que lhe permita ter um descortino espiritual tal que o capacite a ver ao menos um dos Sete Espíritos Mestres.

O nosso Pai não se esconde; Ele não se encontra em reclusão proposital. Ele mobilizou os recursos da sabedoria divina, em um esforço sem fim, para revelar a Si próprio aos filhos, nos Seus domínios dos universos. Uma grandeza infinita e uma generosidade inexprimível estão ligadas à majestade do Seu amor, que O leva a almejar a associação com todos os seres criadoscapazes de compreendê-Lo, amá-Lo, ou aproximar-se Dele; e, portanto, são as limitações inerentes a vós, e inseparáveis da vossa personalidade finita e da vossa existência material, que determinam o tempo, o lugar e as circunstâncias pelas quais podeis realizar a meta da jornada da ascensão mortal, para chegar à presença do Pai no centro de todas as coisas.

Embora a ida até a presença do Pai no Paraíso deva aguardar até que tenhais alcançado os níveis finitos mais elevados de progressão do espírito, vós deveríeis rejubilar-vos com o reconhecimento da possibilidade, sempre presente, de comunhão imediata com o espírito outorgado do Pai, que está associado tão intimamente à vossa alma interior e ao vosso eu em constante espiritualização.

Os mortais dos reinos do tempo e do espaço podem diferir muito pelas capacidades inatas e dons intelectuais, podem desfrutar de ambientes excepcionalmente favoráveis ao avanço social e ao progresso moral, ou podem padecer da falta de qualquer ajuda humana à cultura e aos supostos avanços, nas artes da civilização; no entanto, as possibilidades de progresso espiritual, na carreira ascensional, são iguais para todos. Graus crescentes de discernimento espiritual, e dos significados cósmicos, são conquistados de um modo inteiramente independente de todas as diferenças sociomorais entre os ambientes materiais diversificados dos mundos evolucionários.

Conquanto os mortais de Urântia possam diferir, pelos seus dons e oportunidades intelectuais, sociais, econômicas e até mesmo morais, não vos esqueçais de que a dotação espiritual deles é uniforme e única. Todos desfrutam da mesma presença divina da dádiva do Pai; e todos são igualmente privilegiados em poder buscar a comunhão pessoal íntima com esse espírito residente de origem divina; e, da mesma forma, todos eles podem igualmente optar por aceitar a liderança espiritual uniforme desses Monitores Misteriosos.

Se o homem mortal é motivado espiritualmente, de todo o seu coração, consagrando-se sem reservas a fazer a vontade do Pai, então, posto que ele é, de um modo tão seguro e tão efetivo, dotado espiritualmente com o Ajustador divino residente, não podem deixar de materializar-se, na experiência desse indivíduo, a sublime consciência de conhecer a Deus e a superna certeza da sobrevivência, com o propósito de encontrar Deus por meio da experiência progressiva de se tornar mais e mais como Ele.

O homem é espiritualmente residido por um Ajustador do Pensamento, de sobrevivência eterna. Se tal mente humana for sincera e espiritualmente motivada, se tal alma humana deseja conhecer a Deus e tornar-se semelhante a Ele, se quiser honestamente fazer a vontade do Pai, não existe influência negativa alguma, de privação mortal, nem poder ativo positivo que possa impedir que essa alma, divinamente motivada, ascenda com segurança aos portais do Paraíso.

O Pai deseja que todas as Suas criaturas estejam em comunhão pessoal com Ele. Ele tem, no Paraíso, um lugar para receber todos aqueles cujo status de sobrevivência e cuja natureza espiritual tornem possível tal realização. Portanto, estabelecei na vossa filosofia, agora e para sempre, que, para cada um de vós e para todos nós, Deus é acessível; o Pai é alcançável, o caminho está aberto; as forças do amor divino, os modos e os meios da administração divina estão todos interligados no esforço de facilitar o avanço de cada inteligência merecedora, de todos os universos, até a presença do Pai Universal no Paraíso.

O fato de que se leva muito tempo para chegar a Deus não faz com que a presença e a personalidade do Infinito sejam menos reais. A vossa ascensão é uma parte do circuito dos sete superuniversos e, embora, por inúmeras vezes, gireis ao redor dele, vós podereis esperar, em espírito e em status, estar sempre girando para dentro. Vós podeis confiar que sereis transladados de esfera em esfera, dos circuitos exteriores cada vez mais para o centro interior, e não duvideis, algum dia vós estareis diante da presença divina e central e O vereis, figurativamente falando, face a face. É uma questão de atingir níveis espirituais reais e verdadeiros; e esses níveis espirituais são alcançáveis por qualquer ser que tenha sido residido por um Monitor Misterioso e que se tenha, subseqüentemente, fusionado eternamente com esse Ajustador do Pensamento.

O Pai não se oculta espiritualmente, mas tantas das Suas criaturas têm escondido a si próprias, nas brumas das suas próprias decisões obstinadas, que num dado momento se encontram separadas da comunhão com o Seu espírito e com o espírito do Seu Filho, por uma escolha dos seus próprios caminhos desviados e pela indulgência na auto-afirmação das suas mentes intolerantes e das suas naturezas não-espirituais.

O homem mortal pode acercar-se de Deus e, repetidamente, pode abandonar a vontade divina, desde que conserve o seu poder de escolha. O destino final do homem não está selado, enquanto ele não houver perdido o poder de escolher a vontade do Pai. Nunca há um fechamento do coração do Pai à necessidade e ao pedido dos Seus filhos. São os filhos que fecham os seus corações para sempre ao poder de atração do Pai, até, finalmente e para sempre, perderem o desejo de fazer a Sua divina vontade – de conhecê-Lo e de ser como Ele. Do mesmo modo, o destino eterno do homem fica assegurado quando a fusão com o Ajustador proclama ao universo que tal ser ascendente efetuou a escolha final e irrevogável de viver a vontade do Pai.

O grande Deus faz contato direto com o homem mortal e cede uma parte do Seu ser infinito, eterno e incompreensível, para que viva e resida nele. Deus embarcou, junto com o homem, na aventura eterna. Se vós vos renderdes aos guiamentos das forças espirituais, dentro e em torno de vós, não podereis falhar em alcançar o destino elevado, que foi estabelecido pelo Deus pleno de amor, como meta universal para as Suas criaturas ascendentes, dos mundos evolucionários do espaço.

2. A PRESENÇA DE DEUS

A presença física do Infinito é uma realidade do universo material. A presença da mente da Deidade deve ser determinada, forçosamente, pela profundidade da experiência intelectual individual e pelo nível evolucionário da personalidade. A presença espiritual da Divindade deve, por necessidade, ser diferenciada no universo. É determinada pela capacidade espiritual de receptividade e pelo grau com o qual a criatura consagra a sua vontade de cumprir a vontade divina.

Deus vive em cada um dos Seus filhos nascidos do espírito. Os Filhos do Paraíso sempre têm acesso à presença de Deus, "à mão direita do Pai", e todas as Suas criaturas com personalidade têm acesso ao "seio do Pai". Isso se refere ao circuito da personalidade, quando, onde e como for contatado ou, de um outro modo, pode referir-se ao contato e à comunhão pessoal e autoconsciente com o Pai Universal, seja na morada central ou em qualquer outro local designado, tal como em uma das sete esferas sagradas do Paraíso.

A presença divina, entretanto, não pode ser descoberta em um lugar qualquer da natureza, ou mesmo nas vidas dos mortais conhecedores de Deus, tão plena e certamente quanto o é na vossa busca de comunhão com o Monitor Misterioso residente, o Ajustador do Pensamento, do Paraíso. Que erro é sonhar com Deus, distante nos céus, quando o espírito do Pai Universal vive dentro da vossa própria mente!

É por causa desse fragmento de Deus, que reside em vós, que podeis ter a esperança, à medida que progredis na vossa harmonização com os guiamentos espirituais desse Ajustador, de discernir mais completamente a presença e o poder transformador das outras influências espirituais que vos cercam e que se impingem sobre vós, mas que não atuam como uma parte integrante de vós. O fato de que não estejais conscientes intelectualmente do contato estreito e íntimo com o Ajustador residente, não contradiz, no que quer que seja, essa experiência tão elevada. A prova da fraternidade com o Ajustador divino consiste integralmente na natureza e extensão dos frutos do espírito os quais são colhidos na experiência vital do indivíduo que crê. "Pelos seus frutos, vós os conhecereis."

É extremamente difícil, para a mente material ainda insuficientemente espiritualizada como a do homem mortal, experienciar uma consciência marcante das atividades espirituais das entidades divinas, como os Ajustadores do Paraíso. À medida que a existência da alma, fruto da criação conjunta da mente e do Ajustador, vai tornando-se cada vez mais firme, surge também uma nova fase da consciência, que a alma tem, de ser capaz de experienciar a presença e de reconhecer os guiamentos e outras atividades supramateriais dos Monitores Misteriosos.

Toda a experiência de comunhão com o Ajustador é tal que envolve um status moral, uma motivação mental e uma experiência espiritual. A auto-realização desse feito é limitada principalmente, ainda que não exclusivamente, aos domínios de consciência da alma, mas as provas se produzem e abundam, na manifestação dos frutos do espírito, nas vidas daqueles que contatam esse espírito interior.

3. A VERDADEIRA ADORAÇÃO

Embora as Deidades do Paraíso sejam como uma, do ponto de vista do universo, nas suas relações espirituais com os seres como os que habitam Urântia, elas são também três pessoas distintas e separadas. Há uma diferença entre as Pessoas de Deus, na questão dos apelos pessoais de comunhão e de outras relações íntimas. No sentido mais elevado, adoramos o Pai Universal e apenas Ele. É verdade que podemos adorar e adoramos o Pai, tal como Ele está manifestado nos seus Filhos Criadores, mas é o Pai, direta ou indiretamente, quem é cultuado e adorado.

As súplicas de todas espécies pertencem ao reino do Filho Eterno e à organização espiritual do Filho. As preces e todas as comunicações formais, tudo, exceto a adoração e o culto ao Pai Universal, são questões que concernem a um universo local; comumente, não saem fora do domínio da jurisdição de um Filho Criador. Mas a adoração, sem dúvida, entra em circuito e é despachada para a pessoa do Criador, pela função do circuito da personalidade do Pai. Nós cremos, ainda, que esse registro da homenagem de uma criatura residida por um Ajustador, seja facilitado pela presença do espírito do Pai. Existe uma quantidade enorme de evidências que consubstanciam tal crença e eu sei que todas as ordens de fragmentos do Pai têm o poder para registrar, de um modo aceitável, a adoração feita de boa-fé, das personalidades resididas, levando-a à presença do Pai Universal. Os Ajustadores, sem dúvida, também utilizam canais pré-pessoais, diretos, de comunicação com Deus, e da mesma forma estão capacitados para utilizar os circuitos da gravitação espiritual do Filho Eterno.

A adoração existe para a sua própria causa; a prece incorpora um elemento de interesse próprio ou da criatura; e essa é a grande diferença entre a adoração e a prece. Não existe absolutamente nenhuma demanda, ou outro elemento de interesse pessoal, na verdadeira adoração; nós simplesmente adoramos a Deus, pelo que compreendemos que Ele seja. A adoração nada pede e nada espera, para o adorador. Nós não adoramos o Pai por causa de alguma coisa que possamos extrair de tal veneração; prestamos tal devoção e nos dedicamos à adoração como uma reação natural e espontânea ao reconhecimento da personalidade incomparável do Pai; e por causa da Sua natureza plena de amor e dos Seus atributos adoráveis.

No momento em que o elemento do interesse próprio é introduzido na adoração, nesse instante, a devoção passa da adoração para a prece e, mais apropriadamente, deveria ser dirigida à pessoa do Filho Eterno ou do Filho Criador. Mas, na experiência religiosa prática, não existe nenhuma razão para que a prece não deva ser endereçada a Deus, o Pai, como parte da verdadeira adoração.

Quando vós lidais com os afazeres práticos do cotidiano, estais nas mãos de personalidades espirituais originárias da Terceira Fonte e Centro; estais cooperando com as agências do Agente Conjunto. E assim é: vós adorais a Deus; fazeis as vossas preces para o Filho e comungais com ele; e trabalhais os detalhes da vossa estada terrena em conexão com as inteligências do Espírito Infinito, as quais operam no vosso mundo e em todo o vosso universo.

Os Filhos Criadores ou Soberanos que presidem aos destinos dos universos locais estão no lugar tanto do Pai Universal, quanto do Filho Eterno do Paraíso. Esses Filhos do Universo recebem, em nome do Pai, o culto da adoração e dão ouvidos às preces dos seus súditos peticionários, de todas as suas respectivas criações. Para os filhos de um universo local, um Filho Michael é Deus, para todos os fins e propósitos práticos. Ele é a personificação, no universo local, do Pai Universal e do Filho Eterno. O Espírito Infinito mantém um contato pessoal com os filhos desses reinos, por meio dos Espíritos Maternos do Universo, que são as coligadas criativas e administrativas dos Filhos Criadores do Paraíso.

A adoração sincera denota a mobilização de todos os poderes da personalidade humana, sob o domínio da alma em evolução e sujeita à orientação divina do Ajustador do Pensamento solidário. A mente, por suas limitações materiais, nunca pode vir a ser altamente cônscia do significado real da verdadeira adoração. A compreensão que o homem tem, da realidade da experiência da adoração, é determinada principalmente pelo estado de desenvolvimento da sua alma imortal em evolução. O crescimento espiritual da alma acontece de um modo inteiramente independente da autoconsciência intelectual.

A experiência da adoração consiste no esforço sublime, do Ajustador solidário, de comunicar ao Pai divino os anseios inexprimíveis e as inefáveis aspirações da alma humana – criação conjunta que é, da mente mortal, a qual busca a Deus, e do Ajustador imortal, que revela Deus. A adoração é, portanto, um ato de consentimento da mente material à intenção do seu ser espiritualizante, sob o guiamento do espírito solidário, de comunicar-se com Deus, como um filho de fé, do Pai Universal. A mente mortal consente em adorar; a alma imortal anseia pela adoração e inicia esse ato; a presença do Ajustador divino conduz essa adoração, em nome da mente mortal e da alma imortal em evolução. A verdadeira adoração, em última análise, converte-se em uma experiência realizada em quatro níveis cósmicos: intelectual, moroncial, espiritual e pessoal – a consciência da mente, da alma, do espírito, e a unificação de todas elas, na personalidade.

4. DEUS NA RELIGIÃO

A moralidade das religiões evolucionárias *impulsiona* os homens na busca de Deus, por meio do poder da motivação do medo. As religiões de revelação *atraem* os homens para a busca de um Deus de amor, porque eles anseiam por ser como Ele. Mas o ato religioso não é meramente um sentimento passivo, de "dependência absoluta" e de "certeza de sobrevivência"; é uma experiência viva e dinâmica, de alcançar a divindade, baseada no serviço à humanidade.

O serviço grande e imediato, da verdadeira religião, é o estabelecimento de uma unidade duradoura, na experiência humana, de uma paz perdurável e de uma segurança profunda. Com o homem primitivo, até mesmo o politeísmo é uma unificação relativa do conceito evolutivo da Deidade; o politeísmo é o monoteísmo em processo de formação. Mais cedo ou mais tarde, Deus está destinado a ser compreendido como sendo a realidade dos valores, a essência dos significados e a vida da verdade.

Deus não é apenas o determinador do destino; Ele *é* o destino eterno do homem. Todas as atividades humanas, não religiosas, buscam vergar o universo no serviço distorcido do eu; o indivíduo verdadeiramente religioso busca identificar o eu com o universo e então dedica as atividades desse eu unificado ao serviço da família universal de seres companheiros, humanos e supra-humanos.

Os domínios da filosofia e da arte interpõem-se entre as atividades não religiosas e religiosas do eu humano. Por meio da arte e da filosofia, o homem, cuja mente é material, é induzido a contemplar as realidades espirituais e os valores universais dos significados eternos.

Todas as religiões ensinam a adoração da Deidade e alguma doutrina de salvação humana. A religião budista promete salvar do sofrimento e estabelecer uma paz infindável; a religião judaica promete a salvação das dificuldades e a prosperidade baseada na retidão; a religião grega prometia a salvação da desarmonia, da fealdade, pela realização da beleza; o cristianismo promete uma salvação do pecado e a santidade; o maometismo promete a libertação dos padrões morais rigorosos do judaísmo e do cristianismo. A religião de Jesus *é* a salvação do eu, a libertação dos males do isolamento da criatura, no tempo e na eternidade.

Os hebreus baseavam a sua religião na bondade; os gregos, na beleza; e ambas as religiões buscavam a verdade. Jesus revelou um Deus de Amor; e o amor abrange tudo, a verdade, a beleza e a bondade.

Os zoroastristas tinham uma religião de moral; os hindus, uma religião de metafísica; os confucionistas, uma religião de ética. Jesus viveu uma religião de *serviço*. Todas essas religiões têm valor, pelo que apresentam de aproximações válidas à religião de Jesus. A religião está destinada a converter-se numa realidade de unificação espiritual, de tudo o que é bom, belo e verdadeiro na experiência humana.

A religião grega tinha uma máxima: "Conhece-te a ti mesmo"; os hebreus centraram os seus ensinamentos em "Conhece a teu Deus"; os cristãos pregam um evangelho que tem como meta "o conhecimento do Senhor Jesus Cristo"; Jesus proclamou as boas-novas que são: "Conhece a Deus e conhece a ti próprio, como um filho de Deus". Esses diferentes conceitos do propósito da religião determinam a atitude do indivíduo, nas várias situações da vida, e prefiguram a profundidade da adoração e a natureza dos seus hábitos pessoais de prece. O status espiritual de qualquer religião pode ser determinado pela natureza das suas preces.

O conceito de um Deus semi-humano e ciumento é uma transição inevitável entre o politeísmo e um monoteísmo sublime. Um antropomorfismo elevado é o nível mais alto alcançado pela religião puramente evolucionária. A cristandade elevou o conceito de antropomorfismo, partindo de um ideal do humano, até o conceito transcendente e divino da pessoa do Cristo glorificado. E esse é o mais elevado antropomorfismo que o homem pode conceber.

O conceito cristão de Deus é uma tentativa de combinar três ensinamentos separados:

1. *O conceito hebreu* – Deus, como um reivindicador de valores morais, um Deus de retidão.

2. *O conceito grego* – Deus como um unificador, um Deus de sabedoria.

3. *O conceito de Jesus* – Deus como um amigo vivo, um Pai amoroso, a divina presença.

Portanto, deve ficar evidente que a teologia cristã, de composição híbrida, encontra grande dificuldade em ter coerência. Essa dificuldade agrava-se ainda mais pelo fato de que as doutrinas do cristianismo primitivo foram, geralmente, baseadas na experiência religiosa pessoal de três pessoas diferentes: Filo de Alexandria, Jesus de Nazaré e Paulo de Tarso.

No estudo da vida religiosa de Jesus, olhai-o positivamente. Pensai, não tanto na sua falta de pecado, mas na sua retidão, no seu serviço de amor. Jesus elevou o amor passivo, como é compreendido no conceito hebreu, do Pai celeste, à afeição amorosa pela criatura, mais altamente *ativa*, de um Deus que é o Pai de cada indivíduo, até mesmo dos que persistem no erro.

5. A CONSCIÊNCIA QUE SE TEM DE DEUS

A moralidade tem a sua origem na razão, voltada para a autoconsciência; é supra-animal, mas é puramente evolucionária. A evolução humana abrange, no seu desenvolvimento, todos os dons que antecederam à outorga dos Ajustadores e à efusão do Espírito da Verdade. Mas a obtenção de um certo nível de moralidade não livra o homem das lutas reais da vida mortal. O ambiente físico do homem acarreta a batalha pela existência; o ambiente social necessita de ajustes éticos; as situações morais requerem que se façam escolhas, nos domínios mais elevados da razão; a experiência espiritual (havendo a compreensão de Deus) exige que o homem O encontre e que se esforce sinceramente para assemelhar-se a Ele.

A religião não se fundamenta nos fatos da ciência, nem nas obrigações da sociedade, nem nas premissas da filosofia, nem nos deveres implícitos da moralidade. A religião é um domínio independente, da resposta humana, às situações da vida e aparece infalivelmente em todos os estágios pós-morais do desenvolvimento humano. O ato religioso pode permear todos os quatro níveis na concretização dos valores e do gozar da fraternidade universal: o nível físico ou material da autopreservação; o nível social ou o nível emocional da fraternidade; o nível moral ou do dever da razão; o nível espiritual da consciência de fraternidade no universo, por meio da adoração divina.

O cientista, investigador dos fatos, concebe Deus como a Primeira Causa, um Deus de força. O artista, emocional, vê Deus como um ideal de beleza, um Deus de estética. O filósofo dado ao raciocínio, algumas vezes, fica inclinado a propor um Deus de unidade universal, uma Deidade até panteística. O religioso de fé acredita em um Deus que estimula a sobrevivência, o Pai que está nos céus, o Deus de amor.

A conduta moral é sempre um antecedente da religião evoluída e uma parte da própria religião revelada, mas nunca é a totalidade da experiência religiosa. O serviço social é o resultado do pensamento moral e da vivência religiosa. A moralidade não conduz biologicamente aos níveis espirituais mais elevados da experiência religiosa. A adoração da beleza abstrata não é a adoração de Deus; e a exaltação da natureza tampouco é adoração a Deus, como não o é a reverência à unidade.

A religião evolucionária é a mãe da ciência, da arte e da filosofia, que elevaram o homem ao nível de ser capaz de receber a religião revelada, incluindo a outorga dos Ajustadores e a vinda do Espírito da Verdade. O quadro evolutivo da existência humana começa e termina com o ato religioso, muito embora as qualidades sejam muito diferentes nas religiões, uma sendo evolucionária e biológica, a outra revelacional e periódica. E assim, enquanto a religião é normal e natural, para o homem, é também opcional. O homem não tem de ser religioso contra a sua vontade.

A experiência do ato religioso, sendo essencialmente espiritual, não pode nunca ser entendida completamente pela mente material; daí a função da teologia, a psicologia da religião. A doutrina essencial da compreensão humana, de Deus, cria um paradoxo no entendimento finito. É quase impossível, para a lógica humana e a razão finita, harmonizar o conceito da imanência divina, um Deus no interior e como uma parte de cada indivíduo, com a idéia da transcendência de Deus, a dominação divina do universo dos universos. Esses dois conceitos essenciais de Deidade devem ser unificados, no entendimento-fé do conceito da transcendência de um Deus pessoal e na compreensão da presença residente do fragmento desse Deus, para justificar a adoração inteligente e para validar a esperança de sobrevivência da personalidade. As dificuldades e os paradoxos da religião são inerentes ao fato de as realidades da religião estarem extremamente além da capacidade da compreensão intelectual dos mortais.

O homem mortal assegura três grandes satisfações, com a experiência religiosa, mesmo ainda nos dias da sua estada temporal na Terra:

1. *Intelectualmente*, ele tem a satisfação de adquirir uma consciência humana mais unificada.

2. *Filosoficamente*, ele desfruta da consubstanciação dos seus ideais de valores morais.

3. *Espiritualmente*, ele prospera na experiência da companhia divina, na satisfação espiritual da verdadeira adoração.

A consciência de Deus, da forma como é experienciada nos reinos por um mortal em evolução, deve consistir em três fatores variáveis, em três níveis diferenciados de compreensão da realidade. Primeiro há a consciência da mente – a realização-compreensão da *idéia* de Deus. Então se segue a consciência da alma – a compreensão do *ideal* de Deus. Por último, nasce a consciência do espírito – a compreensão da *realidade espiritual* de Deus. Por meio da unificação desses fatores na compreensão de Deus, não importando quão incompletos sejam, a personalidade mortal, todo o tempo, expande-se em todos os níveis de consciência, com uma compreensão da *personalidade* de Deus. Para aqueles mortais que alcançaram o Corpo de Finalidade, tudo isso, com o tempo, irá levar à compreensão da *supremacia* de Deus e pode, subseqüentemente, causar a realização-compreensão da *ultimidade* de Deus, uma fase da supraconsciência absonita do Pai do Paraíso.

A experiência da consciência de Deus permanece a mesma, de geração em geração, mas em cada época de avanço do conhecimento humano, o conceito filosófico e as definições teológicas de Deus *devem* mudar. A experiência do conhecimento de Deus, a consciência religiosa, é uma realidade universal, mas não importa quão válida (real) seja a experiência religiosa, ela deve estar disposta a submeter-se à crítica inteligente e a uma interpretação filosófica razoável; não deve buscar ser algo à parte, na totalidade da experiência humana.

A sobrevivência eterna da personalidade depende inteiramente da escolha da mente mortal, cujas decisões determinam o potencial de sobrevivência da alma imortal. Quando a mente acredita em Deus e a alma conhece a Deus e quando, com o suporte do Ajustador, ambas *desejam* a Deus, a sobrevivência fica assegurada. As limitações de intelecto, as restrições na educação, a carência de cultura, o empobrecimento no status social, até mesmo a inferioridade nos padrões humanos de moralidade, resultante da falta desafortunada de vantagens educacionais, culturais ou sociais, nada disso pode invalidar a presença do espírito divino, em indivíduos que crêem, mas que são, de alguma maneira, desafortunados ou humanamente desfavorecidos. A residência do Monitor Misterioso constitui a raiz e assegura a possibilidade do potencial de crescimento e sobrevivência da alma imortal.

A capacidade dos pais mortais de procriar não está baseada no seu status educacional, cultural, social ou econômico. A união dos atributos dos progenitores, sob condições naturais, é plenamente suficiente para iniciar a procriação. Uma mente humana que discerne o certo do errado e que tem a capacidade de adorar a Deus, em união com um Ajustador divino, é tudo o que se requer de um mortal, para iniciar e fomentar a criação da sua alma imortal, com qualidades de sobrevivência, se esse indivíduo dotado de espírito busca a Deus e deseja sinceramente tornar-se como Ele, escolhendo honestamente fazer a vontade do Pai dos céus.

6. O DEUS DA PERSONALIDADE

O Pai Universal é o Deus das personalidades. O domínio da personalidade no universo, desde a da criatura mortal e material mais baixa, em status de personalidade, até a dos seres mais elevados, com dignidade de criador e com status divino, tem o seu centro e a sua circunferência no Pai Universal. Deus, o Pai, é o outorgador e o conservador de todas as personalidades. E o Pai do Paraíso é, do mesmo modo, o destino de todas as personalidades finitas que, em plenitude de coração, escolhem fazer a vontade divina; aquelas personalidades que amam a Deus e que almejam ser como Ele.

A personalidade é um dos mistérios não-resolvidos dos universos. Somos capazes de formular conceitos adequados acerca dos fatores que entram na composição de várias ordens e níveis de personalidade, mas não compreendemos totalmente a natureza real da personalidade em si mesma. Percebemos claramente os inúmeros fatores que, colocados juntos, constituem o veículo para a personalidade humana, mas não compreendemos inteiramente a natureza e o significado da personalidade finita.

A personalidade é potencial, em todas as criaturas que possuem o dom da mente, variando desde um mínimo de autoconsciência até o máximo de consciência de Deus. Mas o dom da mente por si só não é personalidade, nem o é o espírito ou a energia física. A personalidade é aquela qualidade ou valor, dentro da realidade cósmica, que é exclusivamente outorgada por Deus, o Pai, aos sistemas vivos de energias congregadas e coordenadas, de matéria, mente e espírito. E a personalidade não é, também, uma conquista progressiva. A personalidade pode ser material ou espiritual, mas, ou há personalidade ou não há personalidade. O que não é pessoal nunca atinge o nível do pessoal, exceto por um ato direto do Pai do Paraíso.

A outorga da personalidade é função exclusiva do Pai Universal, é a personalização dos sistemas vivos de energia, aos quais Ele dota com os atributos de relativa consciência criadora e com o correspondente controle de livre-arbítrio. Não há personalidade fora de Deus, o Pai, e nenhuma personalidade existe senão para Deus, o Pai. Os atributos fundamentais do eu humano, bem como o núcleo absoluto do Ajustador da personalidade humana, são outorgas feitas pelo Pai Universal, atuando em Seu domínio exclusivamente pessoal de ministração cósmica.

Os Ajustadores, de status pré-pessoal, residem em inúmeros tipos de criaturas mortais, assegurando assim que tais seres possam sobreviver à morte física e personalizarem-se como criaturas moronciais, com o potencial da realização espiritual última. Pois quando a mente da criatura, com o dom da personalidade, é residida por um fragmento do espírito do Deus eterno, outorga pré-pessoal do Pai pessoal, então, essa personalidade finita possui o potencial do divino e do eterno e aspira a um destino semelhante ao do Último, tentando mesmo alcançar a compreensão do Absoluto.

A capacidade para a personalidade divina é inerente ao Ajustador pré-pessoal; a capacidade para a personalidade humana é potencial no dom de mente-cósmica do ser humano. Mas a personalidade experiencial, do homem mortal, não é observável, como uma realidade ativa e funcional, enquanto o veículo da vida material da criatura mortal não houver sido tocado pela divindade liberadora do Pai Universal, sendo assim lançado aos mares da experiência como uma personalidade autoconsciente e (relativamente) autodeterminante e autocriadora. O eu material é verdadeiramente pessoal e *irrestritamente pessoal*.

O eu material tem personalidade e identidade, identidade temporal; o espírito Ajustador pré-pessoal também tem identidade, identidade eterna. Essa personalidade material e essa pré-personalidade espiritual são capazes, assim, de unir os seus atributos criativos, para trazer à existência a identidade sobrevivente da alma imortal.

Tendo assim provido o crescimento da alma imortal e tendo liberado o eu interno do homem, das algemas de uma dependência absoluta da causação anterior, o Pai permanece de lado. Ora, tendo o homem sido liberado desse modo das algemas da resposta à causação, ao menos no que diz respeito ao destino eterno, e tendo sido proporcionados a ele os meios para o crescimento do eu imortal, ou alma, cabe ao homem ele próprio, e está sob o controle da sua vontade, a escolha de criar ou de inibir a criação desse eu sobrevivente e eterno. Nenhum outro ser, força, criador, ou agência, em toda a amplidão do universo dos universos, pode interferir, em qualquer grau, na soberania absoluta do livre-arbítrio do mortal, enquanto ele opera nos domínios da escolha, no que concerne ao destino eterno da personalidade do mortal que escolhe. No que se refere à sobrevivência eterna, Deus decretou a soberania da vontade material e mortal; e esse decreto é absoluto.

A outorga da personalidade à criatura confere relativa liberação da reação escravizada à causação anterior; e as personalidades de todos esses seres morais, evolucionários ou não, estão centradas na personalidade do Pai Universal. Elas são sempre atraídas para a Sua presença no Paraíso por aquela afinidade de ser que constitui o círculo da família vasta e universal e o circuito fraternal do Deus eterno. Há uma afinidade de espontaneidade divina entre todas as personalidades.

O circuito da personalidade, no universo dos universos, é centrado na pessoa do Pai Universal, e o Pai do Paraíso é pessoalmente cônscio, e está em contato pessoal com todas as personalidades, de todos os níveis de existência autoconsciente. E essa consciência de personalidade, em toda a criação, existe independentemente da missão dos Ajustadores do Pensamento.

Como toda gravidade está ligada em circuito à Ilha do Paraíso, toda mente está ligada em circuito ao Agente Conjunto e todo espírito ao Filho Eterno; e assim também toda personalidade está ligada em circuito à presença pessoal do Pai Universal; e este circuito transmite infalivelmente a adoração de todas as personalidades à Personalidade Original e Eterna.

No que diz respeito às personalidades que não são resididas pelo Ajustador: o atributo da escolha-liberdade é também outorgado pelo Pai Universal, e, da mesma forma, tais pessoas estão abrangidas pelo grande circuito do amor divino, o circuito da personalidade do Pai Universal. Deus dá a escolha soberana a todas as personalidades verdadeiras. Nenhuma criatura pessoal pode ser forçada à aventura eterna; o portal da eternidade abre-se apenas em resposta à escolha, feita em livre-arbítrio, pelos filhos, com livre-arbítrio do Deus do arbítrio livre.

E isso, pois, representou os meus esforços para apresentar a relação do Deus vivo com os filhos do tempo. E uma vez, havendo já dito e feito tudo, nada mais posso fazer de útil, além de reiterar que Deus é o vosso Pai Universal e que vós sois todos os Seus filhos planetários.

[Este é o quinto e último documento de uma série que apresenta a descrição do Pai Universal, feita por um Conselheiro Divino de Uversa.]

DOCUMENTO 6

O FILHO ETERNO

O FILHO Eterno é a expressão perfeita e final da "primeira" idéia pessoal e absoluta do Pai Universal. Conseqüentemente, em qualquer tempo e circunstância que o Pai se expresse a Si próprio, pessoal e absolutamente, Ele o faz por meio do seu Filho Eterno, que sempre foi, é agora e sempre será a Palavra viva e divina. E esse Filho Eterno reside no centro de todas as coisas, em ligação com o Pai Eterno e Universal, cuja presença pessoal o Filho envelopa diretamente.

Falamos do "primeiro" pensamento de Deus e referimo-nos a uma origem impossível, no tempo, do Filho Eterno com o propósito de prover acesso aos canais de pensamento do intelecto humano. Tais distorções de linguagem representam os nossos melhores esforços em um compromisso de contato com as mentes limitadas no tempo das criaturas mortais. O Pai Universal nunca poderia ter tido um primeiro pensamento, em um sentido seqüencial, nem poderia o Filho Eterno jamais ter tido um princípio. Mas fui instruído a retratar as realidades da eternidade, para as mentes dos mortais, limitadas pelo tempo, por meio de tais simbologias de pensamento, e a designar as relações de eternidade, por meio de conceitos tais, que todos estejam em uma seqüência temporal.

O Filho Eterno é a personalização espiritual do conceito universal e infinito, da realidade divina do Pai do Paraíso, do Seu espírito inqualificável e da Sua personalidade absoluta. E, por isso, o Filho constitui a revelação divina da identidade de criador do Pai Universal. A personalidade perfeita do Filho revela que o Pai, de fato, é a fonte universal e eterna de todos os significados e valores espirituais, volicionais, pessoais e de tudo o que é pleno de propósito.

Num esforço para capacitar a mente temporal finita a formar algum conceito seqüencial das relações dos seres eternos e infinitos, da Trindade do Paraíso, utilizamos tais licenças de concepção, como a de referirmo-nos à "primeira idéia pessoal, universal e infinita do Pai". É impossível, para mim, transmitir à mente humana qualquer idéia adequada das relações eternas entre as Deidades; assim, pois, emprego termos tais que proporcionem à mente finita algo como uma idéia da relação desses seres eternos, nas eras subseqüentes do tempo. Acreditamos que o Filho tenha surgido do Pai; fomos ensinados que ambos são eternos, sem quaisquer restrições, ou seja, de modo inqualificável. Claro fica, portanto, que nenhuma criatura do tempo pode jamais compreender totalmente esse mistério que é um Filho, derivado do Pai e que, ainda assim, seja coordenadamente eterno com o próprio Pai.

1. A IDENTIDADE DO FILHO ETERNO

O Filho Eterno é o Filho original e unigênito de Deus. Ele é Deus, o Filho, a Segunda Pessoa da Deidade e o criador coligado de todas as coisas. Como o Pai é a Primeira Grande Fonte e Centro, assim, o Filho Eterno é a Segunda Grande Fonte e Centro.

O Filho Eterno é o centro espiritual e o administrador divino do governo espiritual do universo dos universos. O Pai Universal é, primeiro, um criador e, então, um controlador; o Filho Eterno é, primeiro, um co-criador, e então, um *administrador espiritual*. "Deus é espírito", e o Filho é uma revelação pessoal deste espírito. A Primeira Fonte e Centro é o Absoluto Volicional; a Segunda Fonte e Centro é o Absoluto da Personalidade.

O Pai Universal nunca funciona pessoalmente como um criador, ele o faz sempre em conjunção com o Filho ou em ação coordenada com o Filho. Tivesse aquele que escreveu o Novo Testamento se referido ao Filho Eterno, e teria sido verdade o que ele proclamou, ao escrever: "No princípio era o Verbo e o Verbo estava com Deus e o Verbo era Deus. Todas as coisas foram feitas por Ele, e sem Ele nada do que se fez teria sido feito".

Quando um Filho, do Filho Eterno, surgiu em Urântia, aqueles que confraternizaram com esse ser divino, em forma humana, aludiram a ele como "Ele que foi, desde o princípio, de quem ouvimos, a quem vimos com os nossos olhos, a quem contemplamos, em quem as nossas mãos tocaram, o Verbo mesmo da vida". E esse Filho auto-outorgado veio do Pai, exatamente como veio o Filho original, segundo é sugerido em uma das suas orações terrenas: "E agora, meu Pai, glorifica-me com o Teu próprio Ser, com a glória que tive Contigo antes que este mundo houvesse sido".

O Filho Eterno é conhecido por nomes diferentes, nos vários universos. No universo central Ele é conhecido como a Fonte Coordenada, o Co-Criador e o Absoluto Associado. Em Uversa, sede-central do superuniverso, nós designamos o Filho como o Centro Coordenado do Espírito e como o Administrador Espiritual Eterno. Em Sálvington, sede-central do vosso universo local, esse Filho está registrado como a Segunda Fonte Eterna e Centro. Os Melquisedeques falam Dele como o Filho dos Filhos. No vosso mundo, mas não no vosso sistema de esferas habitadas, este Filho original tem sido confundido com um Filho Criador coordenado, Michael de Nébadon, que se auto-outorgou às raças mortais de Urântia.

Embora qualquer dos Filhos do Paraíso possa ser adequadamente chamado de Filho de Deus, temos o hábito de reservar a designação de "o Filho Eterno" a esse Filho Original, a Segunda Fonte e Centro e o co-criador com o Pai Universal do universo central de poder e perfeição e co-criador de todos os outros Filhos divinos que nascem das Deidades infinitas.

2. A NATUREZA DO FILHO ETERNO

O Filho Eterno é tão imutável e infinitamente confiável quanto o Pai Universal. Ele também é tão espiritual quanto o Pai e é um espírito tão verdadeiramente ilimitado quanto o Pai. Para vós, de baixa origem, o Filho deve parecer mais pessoal, já que Ele está um passo mais próximo de vós, em termos de acessibilidade, do que o Pai Universal.

O Filho Eterno é a Palavra eterna de Deus. Ele é inteiramente como o Pai; de fato, o Filho Eterno *é* Deus, o Pai, pessoalmente manifestado no universo dos universos. E assim foi, é e será para sempre verdadeiro, sobre o Filho Eterno e todos os Filhos Criadores coordenados: "Aquele que vir o Filho, terá visto o Pai".

Na sua natureza, o Filho é totalmente como o Pai do espírito. Quando adoramos o Pai Universal, na verdade, ao mesmo tempo cultuamos Deus, o Filho, e Deus, o Espírito. Deus, o Filho, é tão divinamente real e eterno, na sua natureza, quanto Deus, o Pai.

O Filho possui não apenas toda a retidão infinita e transcendente do Pai, como reflete também toda a santidade de caráter do Pai. O Filho compartilha da perfeição do Pai e, em conjunto, compartilha da responsabilidade de ajudar a todas as criaturas da imperfeição, em seus esforços espirituais, para alcançarem a perfeição divina.

O Filho Eterno possui todo o caráter de divindade e os atributos de espiritualidade do Pai. O Filho é a plenitude da absolutez de Deus, em personalidade e em espírito; e o Filho revela essas qualidades no seu manejo pessoal do governo espiritual do universo dos universos.

Deus, em realidade, é um espírito universal; Deus é espírito; e essa natureza, em espírito, do Pai, está focalizada e personalizada na Deidade do Filho Eterno. No Filho todas as características espirituais parecem grandemente acentuadas, por diferenciação, da universalidade da Primeira Fonte e Centro. E, como o Pai compartilha a natureza do Seu espírito com o Filho, da mesma forma, juntos, Eles compartilham assim, plena e irrestritamente, o espírito divino com o Agente Conjunto, o Espírito Infinito.

No amor pela verdade e na criação da beleza, o Pai e o Filho são iguais, exceto pelo fato de que o Filho *parece* devotar-se mais à realização da beleza exclusivamente espiritual de valores universais.

Quanto à bondade divina, eu não posso discernir nenhuma diferença entre o Pai e o Filho. O Pai ama aos filhos do Seu universo como um pai; o Filho Eterno vê todas as criaturas tanto como um pai, quanto como um irmão.

3. O MINISTÉRIO DE AMOR DO PAI

O Filho compartilha a justiça e a retidão da Trindade, contudo, pela infinita personalização de amor e misericórdia do Pai, esses traços da divindade ficam atenuados; o Filho é a revelação do amor divino aos universos. Como Deus é amor, o Filho é misericórdia. O Filho não pode amar mais do que o Pai, mas pode mostrar misericórdia às criaturas, de um modo suplementar, pois não apenas Ele é um criador primordial como o Pai, mas é também o Filho Eterno desse mesmo Pai, compartilhando por isso a experiência de filiação de todos os outros filhos do Pai Universal.

O Filho Eterno é o grande ministrador da misericórdia a toda a criação. A misericórdia é a essência do caráter espiritual do Filho. Os mandados do Filho Eterno, quando se espalham pelos circuitos espirituais da Segunda Fonte e Centro, estão afinados nas notas da misericórdia.

Para compreender o amor do Filho Eterno, vós deveis antes perceber a Sua fonte divina, o Pai, que é amor; e, então, contemplar o desdobramento dessa afeição infinita, no amplo ministério do Espírito Infinito e das Suas hostes quase ilimitadas de personalidades ministradoras.

O ministério do Filho Eterno está devotado à revelação do Deus do Amor ao universo dos universos. Este Filho divino não está engajado na tarefa ignóbil de tentar persuadir o Seu benévolo Pai, nem a amar as suas criaturas inferiores nem a mostrar misericórdia aos malfeitores do tempo. Quão errado seria visualizar o Filho Eterno pedindo ao Pai Universal que mostrasse misericórdia às Suas criaturas inferiores, dos mundos materiais do espaço! Tais conceitos de Deus são rudimentares e grotescos. Antes, devíeis compreender que todas as ministrações misericordiosas dos Filhos de Deus são a revelação direta do coração do Pai de amor universal e compaixão infinita. O amor do Pai é a fonte real e eterna da misericórdia do Filho.

Deus é amor, o Filho é misericórdia. A misericórdia é o amor aplicado, é o amor do Pai em ação, na pessoa do Seu Filho Eterno. O amor deste Filho universal é, do mesmo modo, universal. Tal como o amor é compreendido em um planeta sexuado, ser a outras entidades ou pessoas, como o fazem o Pai Universal e o Espírito Infinito. Mas o Filho pode outorgar a Si próprio como um espírito ilimitado, para banhar toda a criação, e Ele o faz, atraindo, incessantemente, para Si próprio todas as personalidades e realidades espirituais.

Lembrai-vos sempre de que o Filho Eterno é a representação pessoal do Pai espiritual, para toda a criação. O Filho é pessoal, e nada mais que pessoal, no sentido de Sua Deidade; e tal personalidade divina e absoluta não pode ser desintegrada ou fragmentada. Deus, o Pai, e Deus, o Espírito, são verdadeiramente pessoais, mas Eles são também tudo o mais, além de serem tais personalidades da Deidade.

Embora o Filho Eterno não possa participar pessoalmente da outorga dos Ajustadores do Pensamento, em concílio com o Pai Universal, no eterno passado, Ele aprovou esse plano e prometeu cooperação interminável, quando o Pai, ao projetar a outorga dos Ajustadores do Pensamento, propôs ao Filho: "Façamos o homem mortal à Nossa própria imagem". E, da mesma forma que o fragmento do espírito do Pai reside dentro de vós, a presença espiritual do Filho vos envolve, pois estes dois trabalham como um para o vosso avanço espiritual.

6. A MENTE ESPIRITUAL

O Filho Eterno é espírito e tem mente, mas não uma mente ou um espírito que a mente mortal possa entender. O homem mortal percebe a mente nos níveis do finito, do cósmico, do material e do pessoal. O homem observa também os fenômenos da mente em organismos vivos funcionando no nível subpessoal (animal), mas é difícil para o homem captar a natureza da mente quando associada a seres supramateriais e como uma parte das personalidades exclusivamente espirituais. A palavra mente, contudo, deve ser definida de um modo diverso, quando se refere ao nível espiritual de existência e quando é usada para denotar funções da inteligência do espírito. Essa espécie de mente, que é diretamente aliada ao espírito, não é comparável, nem à mente que coordena o espírito e a matéria, nem àquela mente que está aliada apenas à matéria.

O espírito é sempre consciente, dotado de mente, e possui várias fases de identidade. Sem mente, em alguma fase, não haveria a consciência espiritual, na fraternidade dos seres espirituais. O equivalente da mente, a capacidade de conhecer e de ser conhecido, é inerente à Deidade. A Deidade pode ser pessoal, pré-pessoal, suprapessoal ou impessoal, mas a Deidade nunca é desprovida de mente, ou seja, nunca deixa de ter a capacidade de, pelo menos, comunicar-se com entidades, seres ou personalidades semelhantes.

A mente do Filho Eterno é como a do Pai, mas não Se assemelha a nenhuma outra mente dos universos e, junto com a mente do Pai, é a ancestral das diversas e vastas mentes do Criador Conjunto. A mente do Pai e do Filho, aquele intelecto que é o ancestral da mente absoluta da Terceira Fonte e Centro, é ilustrada talvez de um modo melhor pela pré-mente do Ajustador do Pensamento, pois, embora esses fragmentos do Pai estejam inteiramente fora dos circuitos da mente do Agente Conjunto, eles têm alguma forma de pré-mente; eles conhecem, são conhecidos e desfrutam de um equivalente do pensamento humano.

O Filho Eterno é completamente espiritual; o homem é quase inteiramente material; conseqüentemente, o entendimento de muito daquilo que diz respeito à personalidade do Filho Eterno, daquilo que diz respeito às esferas espirituais que circundam o Paraíso e à natureza das criações impessoais do Filho do Paraíso, terá de aguardar até que vós alcanceis o status de espírito, que vem em seguida à completa ascensão moroncial no universo local de Nébadon. E, então, à medida que passardes pelo superuniverso seguindo até Havona, e começardes a ser dotados com a "mente do espírito" – o discernimento espiritual interior – muitos desses mistérios ocultos do espírito serão esclarecidos.

7. A PERSONALIDADE DO FILHO ETERNO

O Filho Eterno é aquela personalidade infinita de cujos elos inqualificáveis de personalidade o Pai Universal escapou pela técnica da trinitarização e, em virtude da qual, Ele sempre continuou a auto-outorgar a Si próprio, em uma profusão infindável, ao Seu universo sempre em expansão de Criadores e criaturas. O Filho é *personalidade absoluta*; Deus é *personalidade-pai* – a fonte da personalidade, o outorgador da personalidade e a causa da personalidade. Todo ser pessoal deriva a sua personalidade do Pai Universal, exatamente como o Filho Original eternamente deriva a Sua personalidade do Pai do Paraíso.

A personalidade do Filho do Paraíso é absoluta e puramente espiritual; e essa personalidade absoluta é também o modelo divino e eterno, primeiro, da outorga de personalidade do Pai ao Agente Conjunto e, subseqüentemente, da Sua outorga de personalidade às Suas miríades de criaturas em todo um imenso universo.

O Filho Eterno é verdadeiramente o ministrador misericordioso, um espírito divino, um poder espiritual e uma personalidade real. O Filho é a natureza espiritual e pessoal de Deus, manifestada assim aos universos – a soma e a essência da Primeira Fonte e Centro, despojada de tudo aquilo que é impessoal, extradivino, não-espiritual e puramente potencial. Mas é impossível transmitir à mente humana um quadro, em palavras, da beleza e grandeza da personalidade superna do Filho Eterno. Tudo aquilo que tende a obscurecer a presença do Pai Universal, opera com a mesma influência para impedir o reconhecimento conceitual do Filho Eterno. Vós deveis aguardar até alcançardes o Paraíso e, então, compreendereis por que eu fui incapaz de retratar o caráter dessa personalidade absoluta, para o entendimento da mente finita.

8. A COMPREENSÃO DO FILHO ETERNO

Quanto à identidade, à natureza e a outros atributos da personalidade, o Filho Eterno é plenamente equivalente ao Pai Universal, é o complemento perfeito e a eterna contraparte do Pai Universal. Do mesmo modo que Deus é o Pai Universal, o Filho é a Mãe Universal. E todos nós, elevados ou inferiores, constituímos a Sua família universal.

Para apreciar o caráter do Filho, deveríeis estudar a revelação do caráter divino do Pai; Eles são, para sempre e inseparavelmente, Um. Como personalidades divinas, Eles são virtualmente indistinguíveis pelas ordens mais baixas de inteligências. Para aqueles cuja origem está nos atos criadores das próprias Deidades, não é tão difícil fazer o reconhecimento Deles, em separado. Os seres que tiveram o seu nascimento no universo central e no Paraíso discernem o Pai e o Filho, não apenas como unidades pessoais de controle universal, mas também como duas personalidades separadas, funcionando em domínios definidos da administração dos universos.

Enquanto Pessoas, vós podeis conceber o Pai Universal e o Filho Eterno como indivíduos separados, pois, na verdade, o são; mas, na administração dos universos, Eles ficam tão entrelaçados e inter-relacionados, que nem sempre é possível distinguir entre Eles. Quando, nos assuntos dos universos, o Pai e o Filho forem encontrados em interassociações intrincadas, nem sempre advém algum benefício quando se tenta separar as Suas atuações; meramente relembrai-vos de que Deus é o pensamento inicial e o Filho é a palavra plena de expressão. Em cada universo local essa inseparabilidade está personalizada na divindade do Filho Criador, que representa tanto o Pai quanto o Filho, para as criaturas de dez milhões de mundos habitados.

O Filho Eterno é infinito, mas Ele é acessível por intermédio das pessoas dos Seus Filhos do Paraíso e pelo ministério paciente do Espírito Infinito. Sem o serviço da auto-outorga, dos Filhos do Paraíso, e sem a ministração de amor das criaturas do Espírito Infinito, os seres de origem material dificilmente poderiam esperar alcançar o Filho Eterno. E é igualmente verdade: com a ajuda e o guiamento dessas agências celestes, o mortal consciente de Deus certamente irá alcançar o Paraíso e, algum dia, chegará à presença pessoal deste grandioso Filho entre os Filhos.

Ainda que o Filho Eterno seja o modelo para o alcance de realização da personalidade mortal, vós achais mais fácil entender a realidade, tanto do Pai quanto do Espírito, porque o Pai é o outorgador de fato da vossa personalidade humana e o Espírito Infinito é a fonte absoluta da vossa mente mortal. Mas, à medida que ascenderdes, no caminho de progressão espiritual, até o Paraíso, a personalidade do Filho Eterno passará a ser crescentemente real para vós, e a realidade da sua mente infinitamente espiritual tornar-se-á mais discernível, para a vossa mente progressivamente mais espiritualizada.

Nunca o conceito do Filho Eterno irá resplandecer na vossa mente material, nem na mente moroncial subseqüente; não, antes de vos espiritualizar e começar a vossa ascensão de espírito; só então a compreensão da personalidade do Filho Eterno começará a ter uma vividez igual à do vosso conceito da personalidade do Filho Criador originário do Paraíso, o qual, em pessoa e como uma pessoa, encarnou e viveu, uma vez, em Urântia, como um homem entre os homens.

Mediante a vossa experiência no universo local, o Filho Criador, cuja personalidade é compreensível pelo homem, deve compensar-vos pela vossa incapacidade de apreender a total significação Daquele que é mais exclusivamente espiritual, e não menos pessoal, o Filho Eterno do Paraíso. À medida que progredirdes passando por Orvônton e Havona, e deixardes para trás o quadro vívido e as memórias profundas do Filho Criador do vosso universo local, a superação dessa experiência material e moroncial será compensada por conceitos cada vez mais amplificados e pela compreensão sempre intensificada, do Filho Eterno do Paraíso, cuja realidade e proximidade sempre aumentarão conforme progredirdes na direção do Paraíso.

O Filho Eterno é uma personalidade grande e gloriosa. Embora esteja além dos poderes da mente mortal e material captar de fato a personalidade deste Ser infinito, não duvideis, Ele é uma pessoa. Conheço aquilo de que falo. Por um número incontável de vezes, permaneci na presença divina deste Filho Eterno e então me coloquei jornada adiante, no universo, para executar o Seu mandado pleno de graças.

[Escrito por um Conselheiro Divino, designado para formular esta declaração que descreve o Filho Eterno do Paraíso.]

DOCUMENTO 7

A RELAÇÃO DO FILHO ETERNO COM O UNIVERSO

O FILHO Original está sempre interessado na execução dos aspectos espirituais do propósito eterno do Pai, tal como se dá em seu desenvolvimento progressivo nos fenômenos dos universos em evolução, e com os múltiplos grupos de seres vivos. Nós não compreendemos totalmente esse plano eterno, mas o Filho do Paraíso sem dúvida o entende.

O Filho é como o Pai, no sentido de que busca outorgar tudo que é possível de Si próprio aos Seus Filhos coordenados e aos Seus Filhos subordinados. E o Filho compartilha da natureza autodistributiva do Pai; na doação irrestrita de Si próprio ao Espírito Infinito, o executivo conjunto Deles.

Como sustentadora das realidades espirituais, a Segunda Fonte e Centro é o contrapeso eterno da Ilha do Paraíso, que tão magnificamente sustenta todas as coisas materiais. Assim, a Primeira Fonte e Centro é revelada, para sempre, na beleza material dos admiráveis modelos da Ilha Central, e nos valores espirituais da personalidade superna do Filho Eterno.

O Filho Eterno é, de fato, o sustentador da vasta criação de realidades espirituais e de seres espirituais. O mundo espiritual é o hábito e a conduta pessoal do Filho; e as realidades impessoais de natureza espiritual são sempre sensíveis à vontade e ao propósito da personalidade perfeita do Filho Absoluto.

O Filho, todavia, não é pessoalmente responsável pela conduta de todas as personalidades espirituais. A vontade da criatura pessoal é relativamente livre e por isso determina as ações desses seres volitivos. O mundo do livre-arbítrio do espírito nem sempre é verdadeiramente representativo do caráter do Filho Eterno, como a própria natureza em Urântia não é reveladora, verdadeiramente, da perfeição e da imutabilidade do Paraíso, nem da Deidade. Contudo, não importando o que possa caracterizar a ação do livre-arbítrio do homem ou do anjo, o domínio eterno do Filho, no controle gravitacional universal de todas as realidades do espírito, continua absoluto.

1. O CIRCUITO DA GRAVIDADE DO ESPÍRITO

Tudo o que foi ensinado a respeito da imanência de Deus, da Sua onipresença, onipotência e onisciência, é igualmente verdadeiro para o Filho, nos domínios espirituais. A pura e universal gravidade do espírito de toda a criação, esse circuito puramente espiritual, reconduz diretamente à pessoa da Segunda Fonte e Centro, no Paraíso. Ela comanda o controle e a operação desse domínio sempre presente e infalível de todos os valores verdadeiramente espirituais. Assim, o Filho Eterno exerce uma soberania espiritual absoluta. Ele sustenta, literalmente, todas as realidades espirituais e todos os valores espiritualizados, por assim dizer, na palma da sua mão. O controle da gravidade espiritual universal é uma soberania espiritual universal.

Esse controle da gravidade das coisas espirituais atua independentemente do tempo e do espaço; por isso a energia espiritual não sofre diminuição na transmissão. A gravidade do espírito nunca está sujeita a demoras no tempo, nem passa por reduções espaciais. Não decresce de acordo com o quadrado da distância da sua transmissão; os circuitos do poder do espírito puro não são retardados pela massa da criação material. E essa transcendência, do tempo e do espaço, das energias puramente espirituais, é inerente à absolutez do Filho; não se deve à interposição das forças antigravitacionais da Terceira Fonte e Centro.

As realidades espirituais são sensíveis, sim, ao poder de atração do centro de gravidade espiritual, de acordo com o seu valor qualitativo e com o grau real da sua natureza espiritual. A substância espiritual (a qualidade) é tão sensível à gravidade espiritual, quanto a energia organizada da matéria física (a quantidade) é sensível à gravidade física. Os valores espirituais e as forças do espírito são *reais*. Do ponto de vista da personalidade, o espírito é a alma da criação; a matéria é o corpo físico nebuloso.

As reações e flutuações da gravidade do espírito são sempre fiéis ao conteúdo dos valores espirituais, ao status espiritual qualitativo de um indivíduo ou de um mundo. Esse poder de atração responde instantaneamente aos valores inter e intra-espirituais, em qualquer situação no universo ou em qualquer condição planetária. Todas as vezes que uma realidade espiritual se realiza nos universos, essa alteração necessita de um reajustamento imediato e instantâneo na gravidade espiritual. Esse espírito novo é, de fato, uma parte da Segunda Fonte e Centro; e, com a mesma certeza que o homem mortal se torna um ser espiritualizado, ele alcançará o Filho espiritual, o Centro e a Fonte da gravidade espiritual.

O poder de atração espiritual do Filho é inerente, em um grau menos elevado, a muitas ordens de filiação do Paraíso. Pois existem dentro do circuito absoluto de gravidade do espírito, aqueles sistemas locais de atração espiritual que funcionam nas unidades menores da criação. Essas focalizações subabsolutas da gravidade do espírito são uma parte da divindade das personalidades Criadoras do tempo e do espaço, e estão correlacionadas ao supercontrole emergente experiencial do Ser Supremo.

A força de atração da gravidade do espírito e a sensibilidade a ela, não apenas atuam no universo como um todo, mas também e até mesmo entre indivíduos e grupos de indivíduos. Há uma coesão espiritual entre as personalidades espirituais e espiritualizadas de qualquer mundo, raça, nação ou grupo de indivíduos de uma mesma crença. Há uma atração direta de natureza espiritual entre pessoas de mente espiritualizada, de gostos e aspirações semelhantes. O termo *espíritos afins* não é mera figura de discurso.

Tal como a gravidade material do Paraíso, a gravidade espiritual do Filho Eterno é absoluta. O pecado e a rebelião podem interferir no funcionamento dos circuitos do universo local, mas nada pode suspender a gravidade espiritual do Filho Eterno. A rebelião de Lúcifer produziu muitas mudanças no vosso sistema de mundos habitados, e em Urântia, mas nós não constatamos que a quarentena espiritual resultante, do vosso planeta, tenha afetado, no mínimo que seja, a presença e a função tanto do espírito onipresente do Filho Eterno, quanto do circuito, ligado a Ele, da gravidade espiritual.

Todas as reações no circuito de gravidade do espírito do grande universo são previsíveis. Reconhecemos todas as ações e reações do espírito onipresente do Filho Eterno e consideramos que sejam confiáveis. De acordo com leis bem conhecidas, podemos medir e efetivamente medimos a gravidade do espírito, do mesmo modo que o homem tenta computar a ação da gravidade física finita. Há uma resposta invariável, do espírito do Filho, a todas as coisas, seres e pessoas espirituais, e essa resposta está sempre de acordo com o grau de factualidade (o grau qualitativo de realidade) de todos esses valores espirituais.

Todavia, junto com essa função bem confiável e previsível de presença espiritual do Filho Eterno, são encontrados fenômenos que não são tão previsíveis, pelas suas reações. Tais fenômenos indicam, provavelmente, a ação coordenada do Absoluto da Deidade nos domínios dos potenciais espirituais emergentes. Sabemos que a presença espiritual do Filho Eterno é a influência de uma personalidade majestosa e infinita, mas dificilmente consideramos as reações, associadas às supostas atuações do Absoluto da Deidade, como sendo pessoais.

Vistos por pessoas e do ponto de vista da personalidade, o Filho Eterno e o Absoluto da Deidade parecem estar relacionados do seguinte modo: O Filho Eterno domina o reino dos valores espirituais factuais, enquanto o Absoluto da Deidade parece abranger o vasto domínio dos valores espirituais potenciais. Todo valor factual de natureza espiritual encontra acolhimento no domínio da gravidade do Filho Eterno, mas se for potencial, então, aparentemente, aloja-se na presença do Absoluto da Deidade.

O espírito parece emergir dos potenciais do Absoluto da Deidade; o espírito em evolução encontra correlação nos domínios experienciais e incompletos do Supremo e do Último; o espírito acaba por encontrar o seu destino final na atração absoluta da gravidade espiritual do Filho Eterno. Isso parece ser o ciclo experiencial do espírito, mas o espírito existencial é inerente à infinitude da Segunda Fonte e Centro.

2. A ADMINISTRAÇÃO DO FILHO ETERNO

No Paraíso, a presença e a atividade pessoal do Filho Original são profundas; absolutas no sentido espiritual. Quando vamos de dentro para fora no Paraíso nós passamos por Havona e seguimos em direção ao reino dos sete superuniversos, detectamos cada vez menos a atividade pessoal do Filho Eterno. Nos universos pós-Havona a presença do Filho Eterno é personalizada nos Filhos do Paraíso, condicionada pelas realidades experienciais do Supremo e do Último, e coordenada ao espírito potencial ilimitado do Absoluto da Deidade.

No universo central, a atividade pessoal do Filho Original é discernível na delicada harmonia espiritual da criação eterna. Havona é tão maravilhosamente perfeita que o status espiritual e os estados da energia desse universo arquetípico estão em equilíbrio perfeito e perpétuo.

Nos superuniversos, o Filho não está pessoalmente presente nem é residente; nessas criações, Ele mantém apenas uma representação suprapessoal. Essas manifestações espirituais do Filho não são pessoais; não estão no circuito de personalidade do Pai Universal. Nós não conhecemos um termo melhor para indicá-las do que a designação de *suprapersonalidades*; e elas são seres finitos; não são nem absonitas nem absolutas.

A administração do Filho Eterno nos superuniversos, sendo exclusivamente espiritual e suprapessoal, não é discernível pelas criaturas-personalidades. Entretanto o impulso espiritual, onipresente, da influência pessoal do Filho é encontrado em todos os tipos de atividades de todos os setores dos domínios dos Anciães dos Dias. Nos universos locais, contudo, observamos o Filho Eterno pessoalmente presente nas pessoas dos Filhos do Paraíso. Nesses universos locais, o Filho Eterno atua, espiritual e criativamente, nas pessoas do corpo grandioso dos Filhos Criadores coordenados.

3. A RELAÇÃO DO FILHO ETERNO COM O INDIVÍDUO

Durante a ascensão no universo local, os mortais do tempo consideram o Filho Criador como o representante pessoal do Filho Eterno. Quando começa o regime do aprendizado da ascensão no superuniverso, porém, os peregrinos do tempo detectam cada vez mais a presença superna do espírito inspirador do Filho Eterno, e tornam-se capazes de beneficiar-se, por absorção, desse ministério de energização espiritual. Em Havona, os ascendentes tornam-se ainda mais conscientes do abraço do amor do espírito onipresente do Filho Original. Em nenhum estágio, em toda a ascensão mortal, o espírito do Filho Eterno reside na mente ou na alma do peregrino do tempo; mas a Sua ação benéfica está sempre próxima e sempre atenta ao bem-estar e à segurança espiritual dos filhos do tempo no seu avanço.

A atração da gravidade espiritual do Filho Eterno constitui o segredo inerente da ascensão das almas humanas sobreviventes até o Paraíso. Todos os valores espirituais genuínos e todos os indivíduos espiritualizados com boa-fé são mantidos dentro da atração infalível da gravidade espiritual do Filho Eterno. A mente mortal, por exemplo, inicia a sua carreira como um mecanismo material e, finalmente, ingressa no Corpo de Finalidade como uma existência espiritual quase perfeita, tornando-se progressivamente menos sujeita à gravidade material e, de forma correspondente, mais sensível à atração interna da gravidade do espírito durante toda essa experiência. O circuito da gravidade do espírito atrai a alma do homem literalmente em direção ao Paraíso.

O circuito da gravidade do espírito é o canal básico de transmissão das preces genuínas do coração crente do homem, do nível da consciência humana até a consciência real da Deidade. Tudo aquilo que representa um valor espiritual verdadeiro, nos vossos pedidos, será captado pelo circuito universal da gravidade espiritual e passará imediata e simultaneamente a todas as personalidades divinas envolvidas. Cada uma ocupar-se-á com o que for pertinente ao Seu âmbito pessoal. Portanto, na vossa experiência religiosa prática, é indiferente se, ao dirigir a vossa súplica, visualizardes o Filho Criador do vosso universo local ou o Filho Eterno no centro de todas as coisas.

A operação discriminadora, do circuito da gravidade do espírito, poderia talvez ser comparada às funções dos circuitos nervosos no corpo humano material: as sensações viajam pelas trajetórias nervosas internas; algumas são captadas pelos centros automáticos inferiores da coluna vertebral, os quais respondem a elas; outras passam aos centros menos automáticos, mas educados pelo hábito, do cérebro inferior; enquanto as mensagens mais importantes e vitais atravessam com rapidez esses centros subordinados e são imediatamente registradas nos níveis mais elevados da consciência humana.

No entanto, quão mais perfeita é a magnífica técnica do mundo espiritual! Se qualquer coisa, plena de um valor espiritual supremo, surgir na vossa consciência, quando vós lhe derdes expressão, nenhum poder no universo pode impedir que ela se encaminhe direta e velozmente à Personalidade do Espírito Absoluto de toda a criação.

Inversamente, se as vossas súplicas forem puramente materiais e totalmente egocêntricas, não existe plano por meio do qual tais preces sem maior dignidade possam encontrar lugar no circuito espiritual do Filho Eterno. O conteúdo de qualquer petição que não seja "ditada pelo espírito" não pode encontrar lugar no circuito universal do espírito; tais pedidos, puramente egoístas e materiais, perecem; eles não ascendem aos circuitos dos valores espirituais verdadeiros. Tais palavras são como "o bronze que soa e o címbalo que ressoa".

É o pensamento motivador do conteúdo espiritual que valida a súplica do mortal. As palavras não têm valor.

4. OS PLANOS DA PERFEIÇÃO DIVINA

O Filho Eterno está em ligação eterna com o Pai no prosseguimento, com êxito, do *plano divino de progresso*: o plano universal para a criação, evolução, ascensão e aperfeiçoamento das criaturas dotadas de vontade. E, na plenitude divina da fé, o Filho é o eterno igual ao Pai.

O Pai e o Seu Filho são como Um na formulação e no prosseguimento desse plano gigantesco de realização, para o avanço dos seres materiais do tempo até a perfeição da eternidade. Esse projeto de elevação espiritual das almas ascendentes do espaço é uma criação conjunta do Pai e do Filho; e Eles estão, com a cooperação do Espírito Infinito, empenhados na execução conjunta do Seu divino propósito.

Esse plano divino para atingir a meta da perfeição abrange três empreendimentos que, ainda que maravilhosamente correlacionados, são únicos na aventura do universo:

1. *O Plano de Realização Progressiva*. Este é o plano do Pai Universal, para a ascensão evolucionária; um programa aceito sem reservas pelo Filho Eterno, quando ele participou da proposta do Pai: "Façamos as criaturas mortais à Nossa própria imagem". Esse aprovisionamento para elevar as criaturas do tempo envolve a outorga, feita pelo Pai, dos Ajustadores do Pensamento e a dotação da prerrogativa da personalidade às criaturas materiais.

2. *O Plano de Auto-outorga*. O plano universal seguinte é o grande empreendimento da revelação do Pai, feita pelo Filho Eterno e pelos seus Filhos coordenados. Esse é o propósito do Filho Eterno e consiste na Sua autodoação, por meio dos Filhos de Deus, às criações evolucionárias, personalizando-se e factualizando-se ali, para encarnar e tornar real o amor do Pai e a misericórdia do Filho às criaturas de todos os universos. Inerentemente ao plano de auto-outorga e como um aspecto do aprovisionamento da ministração do amor, os Filhos do Paraíso atuam como reabilitadores daquilo que a vontade desviada da criatura colocou sob ameaça espiritual. Quando e onde ocorrer uma demora, no funcionamento do plano de realização dessa meta, se a rebelião, por acaso, afetar ou complicar tal realização, então, o aprovisionamento de emergência do plano de auto-outorga torna-se imediatamente ativo. Os Filhos do Paraíso ficam comprometidos e prontos para atuar como resgatadores, indo até os reinos mesmos da rebelião, para ali restaurar o status espiritual das esferas. E foi esse serviço heróico que um Filho Criador coordenado prestou em Urântia, concomitantemente à sua carreira experiencial de auto-outorga para aquisição da soberania.

3. *O Plano de Ministração da Misericórdia*. Uma vez formulados e proclamados o plano de realização da meta e o plano da auto-outorga, o Espírito Infinito, por Si próprio e de Si próprio, projetou e colocou em operação o empreendimento grandioso e universal da ministração da misericórdia. Esse serviço é verdadeiramente essencial à operação prática e efetiva, tanto da realização da meta, quanto da auto-outorga; e as personalidades espirituais da Terceira Fonte e Centro compartilham todas do espírito de ministração da misericórdia, que, tão claramente, é uma parte da natureza da Terceira Pessoa da Deidade. O Espírito Infinito atua verdadeira e literalmente como o executivo conjunto do Pai e do Filho, não apenas para a criação como também para a administração.

O Filho Eterno é o custódio pessoal, o comissário divino, do plano universal do Pai para a ascensão da criatura. Tendo promulgado o mandado universal: "Sede perfeitos, como Eu sou perfeito", o Pai encarregou o Filho Eterno da execução dessa realização formidável; e o Filho Eterno compartilha a realização dessa missão superna com o Seu coordenado divino, o Espírito Infinito. Assim, as Deidades cooperam efetivamente no trabalho de criação, controle, evolução, revelação e ministração – e, se necessário for, de restauração e de reabilitação.

5. O ESPÍRITO DA AUTO-OUTORGA

O Filho Eterno, sem reservas, uniu-se ao Pai Universal para fazer a difusão, para toda a criação, da injunção formidável que é: "Sede perfeitos, assim como o vosso Pai em Havona é perfeito". E, desde então, essa conclamação tem motivado todos os planos de sobrevivência e todos os projetos de auto-outorga do Filho Eterno e da sua vasta família de Filhos coordenados e agregados. E, nessas muitas auto-outorgas, os Filhos de Deus têm-se tornado, para todas as criaturas evolucionárias, o "caminho, a verdade e a vida".

O Filho Eterno não pode contatar diretamente os seres humanos como o Pai pode, por meio da dádiva dos Ajustadores do Pensamento, pré-pessoais; no entanto, o Filho Eterno aproxima-se das personalidades criadas por meio de uma série de gradações decrescentes de filiações divinas, até que Lhe seja possível estar em presença do homem e, por vezes, como homem Ele próprio.

A natureza puramente pessoal do Filho Eterno é incapaz de fragmentação. O Filho Eterno faz a sua ministração como uma influência espiritual ou como uma pessoa, nunca de outro modo. Para o Filho, é impossível tornar-se uma parte da experiência da criatura, no mesmo sentido em que o Ajustador-Pai participa dela; mas o Filho Eterno compensa essa limitação pela técnica da outorga de Si próprio. Aquilo que a experiência das entidades fragmentadas significa para o Pai Universal, as experiências de encarnação dos Filhos do Paraíso significam para o Filho Eterno.

O Filho Eterno não vem até o homem mortal como vontade divina, como o Ajustador do Pensamento que reside na mente humana; mas o Filho Eterno efetivamente veio até o homem mortal em Urântia quando a *personalidade* divina do Seu Filho, Michael de Nébadon, encarnou na natureza humana de Jesus de Nazaré. Para compartilhar da experiência das personalidades criadas, os Filhos de Deus do Paraíso devem assumir as naturezas verdadeiras de tais criaturas e encarnar as suas personalidades divinas, eles próprios, factualmente como criaturas. A encarnação, o segredo de Sonárington, é a técnica do Filho para escapar das correntes do absolutismo da personalidade, que, de outro modo, seria todo-abrangente.

Há muitíssimo tempo atrás, o Filho Eterno auto-outorgou-se em cada um dos circuitos da criação central, para esclarecimento e avanço de todos os habitantes e peregrinos de Havona, incluindo os peregrinos ascendentes do tempo. Em nenhuma dessas sete auto-outorgas Ele funcionou, seja como um ascendente, seja como um ser de Havona. Ele existiu como Ele próprio. A sua experiência foi única; não foi nem *com* nem *como* um humano ou outro peregrino, mas foi associativa, de algum modo, no sentido suprapessoal.

Nem, também, passou Ele pelo sono que se interpola entre o circuito interno de Havona e as margens do Paraíso. Não é possível para Ele, um ser absoluto, suspender a consciência da personalidade, pois Nele todas as linhas da gravidade espiritual estão centradas. E, durante o tempo dessas auto-outorgas, nunca foi diminuída a luminosidade espiritual no Seu alojamento próprio no Paraíso central; como nunca foi reduzido o controle da gravidade espiritual deste Filho.

As outorgas do Filho Eterno, em Havona, não estão dentro do escopo da imaginação humana; elas foram transcendentais. Ele acrescentou muito à experiência de toda a Havona, nessa época, e subseqüentemente também; mas não sabemos se Ele acrescentou algo à suposta capacidade experiencial da Sua natureza existencial. Isso estaria incluído no mistério da auto-outorga dos Filhos do Paraíso. Nós acreditamos, contudo, qualquer que tenha sido a aquisição do Filho Eterno, que nessas missões de auto-outorga, desde sempre e para sempre, Ele a reteve consigo; mas não sabemos o que possa ser.

Não importando a nossa dificuldade para compreender as auto-outorgas da Segunda Pessoa da Deidade, nós compreendemos a auto-outorga de Havona, de um Filho do Filho Eterno, que literalmente passou pelos circuitos do universo central e que factualmente compartilhou aquelas experiências que constituem a preparação de um ser ascendente para alcançar a Deidade. Este foi o Michael original, o Filho Criador primogênito; e ele passou pelas experiências de vida dos peregrinos ascendentes pessoalmente, de circuito em circuito, permanecendo por um estágio em cada círculo, junto com eles, nos dias de Grandfanda, o primeiro de todos os mortais a alcançar Havona.

Além de todas as coisas que esse Michael original revelou, ele transformou a auto-outorga transcendente do Filho Materno Original em uma realidade para as criaturas de Havona. E tão real que, para todo o sempre, cada peregrino do tempo que trabalha na aventura de percorrer os circuitos de Havona é alentado e fortalecido pelo conhecimento certo de que o Filho Eterno de Deus, por sete vezes, abdicou do poder e da glória do Paraíso, para participar das experiências dos peregrinos do tempo-espaço nos sete circuitos do alcançar progressivo da meta que é Havona.

O Filho Eterno é a inspiração exemplar para todos os Filhos de Deus, nas suas ministrações de auto-outorga, em todos os universos do tempo e do espaço. Os Filhos Criadores coordenados e os Filhos Magisteriais associados, junto com outras ordens não reveladas de filiação, participam todos dessa maravilhosa vontade de outorgar a si próprios às variadas ordens de vidas de criaturas e como as próprias criaturas. Portanto, em espírito e em vista da semelhança com a natureza, bem como pela origem de fato, torna-se verdadeiro que, nas auto-outorgas de todo Filho de Deus, nos mundos do espaço, e por meio dessas auto-outorgas, nelas e por elas, o Filho Eterno tem outorgado a si próprio às criaturas de vontade inteligente dos universos.

Em espírito e em natureza, senão em todos os atributos, cada Filho do Paraíso é um retrato divinamente perfeito do Filho Original. É literalmente verdade que quem tiver visto um Filho do Paraíso, haverá visto o Filho Eterno de Deus.

6. OS FILHOS DE DEUS, DO PARAÍSO

A falta de um conhecimento claro sobre os múltiplos Filhos de Deus é uma fonte de grande confusão em Urântia. E essa ignorância perdura, apesar de afirmações como o registro de um conclave dessas personalidades divinas: "quando os Filhos de Deus proclamaram o regozijo, e todos os Estrelas Matutinos cantaram juntos". A cada milênio do tempo padrão do Setor, as várias ordens de Filhos divinos reúnem-se para os seus conclaves periódicos.

O Filho Eterno é a fonte pessoal dos atributos adoráveis de misericórdia e de serviço, que tão abundantemente caracterizam todas as ordens de Filhos descendentes de Deus quando eles atuam em toda a criação. O Filho Eterno transmite infalivelmente toda a natureza divina, se não toda a infinitude de atributos, aos Filhos do Paraíso que saem da Ilha Eterna afora para revelar o caráter divino do Filho Eterno ao universo dos universos.

O Filho Original e Eterno é o primeiro Descendente-pessoa do "primeiro" pensamento infinito e completo do Pai Universal. Cada vez que o Pai Universal e o Filho Eterno, em conjunto, projetam um pensamento pessoal novo, original, idêntico, único e absoluto, nesse mesmo instante, essa idéia criativa é, perfeita e finalmente, personalizada no ser e na personalidade de um *Filho Criador* novo e original. Pela sua natureza espiritual, sabedoria divina e poder criativo coordenado, esses Filhos Criadores são potencialmente iguais a Deus, o Pai, e a Deus, o Filho.

Os Filhos Criadores saem do Paraíso para os universos do tempo e, com a cooperação das agências controladoras e criadoras da Terceira Fonte e Centro, completam a organização dos universos locais de evolução progressiva. Esses Filhos não estão ligados aos controles universais centrais da matéria, da mente e do espírito, nem se ocupam deles. Eles ficam, pois, limitados, nos seus atos criativos, pela preexistência, prioridade e primazia da Primeira Fonte e Centro e Seus Absolutos coordenados. Esses Filhos são capazes de administrar apenas aquilo que trazem à existência. A administração absoluta é inerente à prioridade de existência e é inseparável da eternidade de presença. O Pai permanece primaz nos universos.

Do mesmo modo que os Filhos Criadores são personalizados pelo Pai e pelo Filho, os *Filhos Magisteriais* são personalizados pelo Filho e pelo Espírito. Os Filhos Magisteriais são os Filhos que, nas experiências de encarnação como criaturas, ganham o direito de servir como juízes da sobrevivência nas criações do tempo e do espaço.

O Pai, o Filho e o Espírito também se unem para personalizar os versáteis *Filhos Instrutores da Trindade*, que percorrem o grande universo como mestres supernos de todas as personalidades, humanas e divinas. E há inúmeras outras ordens de filiação do Paraíso, que não foram apresentadas ao conhecimento dos mortais de Urântia.

Entre o Filho-Mãe Original e essas hostes de Filhos do Paraíso, espalhadas por toda a criação, há um canal direto e exclusivo de comunicação, um canal cuja função é inerente à qualidade do parentesco espiritual que os une, nos laços de uma associação espiritual quase absoluta. Esse circuito interfilial é inteiramente diferente do circuito universal da gravidade espiritual, que se centra também na pessoa da Segunda Fonte e Centro. Todos os Filhos de Deus originários das pessoas das Deidades do Paraíso estão em comunicação direta e constante com o Filho-Mãe Eterno. E essa comunicação é instantânea; independe do tempo, embora algumas vezes seja condicionada pelo espaço.

O Filho Eterno não apenas tem, o tempo todo, o conhecimento perfeito a respeito do status, dos pensamentos e das múltiplas atividades de todas as ordens de filiação do Paraíso, como também tem o conhecimento perfeito em todos os momentos a respeito de tudo aquilo, de valor espiritual, que existe nos corações de todas as criaturas na criação central primária da eternidade e nas criações secundárias do tempo, dos Filhos Criadores coordenados.

7. A REVELAÇÃO SUPREMA DO PAI

O Filho Eterno é uma revelação completa, exclusiva, universal e final do espírito e da personalidade do Pai Universal. Todo conhecimento e informação a respeito do Pai devem vir do Filho Eterno e dos seus Filhos do Paraíso. O Filho Eterno provém da eternidade, e é Uno espiritualmente com o Pai, de um modo total, sem reservas nem limites de qualificações espirituais. Na personalidade divina, Eles estão coordenados; em natureza espiritual, Eles são iguais; em divindade, Eles são idênticos.

O caráter de Deus certamente não poderia ser aprimorado de um modo intrínseco, na pessoa do Filho, pois o Pai divino é infinitamente perfeito; mas esse caráter e personalidade são ampliados, pelo despojamento do não-pessoal e do não-espiritual, para a revelação aos seres criaturas. A Primeira Fonte e Centro é muito mais do que uma personalidade, mas todas as qualidades de espírito da personalidade paterna da

Primeira Fonte e Centro estão espiritualmente presentes na personalidade absoluta do Filho Eterno.

O Filho primordial e os seus Filhos estão empenhados em fazer uma revelação universal da natureza espiritual e pessoal do Pai a toda a criação. No universo central, nos superuniversos, nos universos locais ou nos planetas habitados, é um Filho do Paraíso quem revela o Pai Universal para homens e anjos. O Filho Eterno e os seus Filhos revelam o caminho pelo qual a criatura aproxima-se do Pai Universal. E, mesmo nós, de origem elevada, entendemos o Pai muito mais completamente ao estudarmos a revelação do Seu caráter e da Sua personalidade no Filho Eterno e nos Filhos do Filho Eterno.

O Pai desce até vós, como personalidade, apenas por meio dos Filhos divinos do Filho Eterno. E vós alcançais o Pai por esse mesmo caminho vivo; vós ascendeis ao Pai pelo guiamento desse grupo de Filhos divinos. E isso permanece verdadeiro, não obstante a vossa própria personalidade ser uma outorga dada diretamente pelo Pai Universal.

Em todas essas atividades amplas da vasta administração espiritual do Filho Eterno, não esqueçais de que o Filho é uma pessoa, tão autêntica e factualmente, quanto o Pai é uma pessoa. De fato, para os seres das ordens provenientes de origem humana, será mais fácil aproximar-se do Filho Eterno do que do Pai Universal. Na vossa progressão de peregrinos do tempo, pelos circuitos de Havona, sereis competentes para chegar ao Filho muito antes de estardes preparados para discernir o Pai.

Vós podereis compreender mais, sobre o caráter e a natureza misericordiosa do Filho Eterno de misericórdia, à medida que meditardes sobre a revelação desses atributos divinos, que foi feita pelo serviço pleno de amor do vosso próprio Filho Criador, que uma vez se fez Filho do Homem na Terra, e que agora é o soberano augusto do vosso universo local – o Filho do Homem e o Filho de Deus.

[Ditado por um Conselheiro Divino, designado para formular esta declaração descritiva sobre o Filho Eterno do Paraíso.]

DOCUMENTO 8

O ESPÍRITO INFINITO

RETROCEDENDO na eternidade, quando o "primeiro" pensamento absoluto e infinito do Pai Universal encontra, no Filho Eterno, o verbo perfeito e adequado à sua expressão divina, então, passa a manifestar-Se o desejo supremo, tanto do Deus-Pensamento como do Deus-Palavra, de um agente universal e infinito de expressão mútua e de ação combinada.

No alvorecer da eternidade, ambos, o Pai e o Filho, tornam-Se infinitamente conhecedores da Sua mútua interdependência, da Sua eterna e absoluta unidade; e, portanto, entram Eles em um acordo infinito e eterno de associação divina. Esse pacto perpétuo é celebrado para a execução dos Seus conceitos unificados, por todo o círculo da eternidade; e, desde o momento desse evento na eternidade, o Pai e o Filho continuam na Sua união divina.

Estamos agora face a face com a origem, na eternidade, do Espírito Infinito, a Terceira Pessoa da Deidade. No instante mesmo em que Deus, o Pai, e Deus, o Filho, concebem conjuntamente uma ação idêntica e infinita – a execução de um plano de pensamento absoluto –, nesse exato momento, o Espírito Infinito começa a existir na sua plenitude.

Ao citar, nessa ordem, a origem das Deidades, eu o faço meramente para capacitar-vos a pensar sobre o relacionamento Delas. Na realidade Elas são, todas as três, existentes desde a eternidade; Elas são existenciais. Elas não têm começo nem fim de dias; Elas são coordenadas, supremas, últimas, absolutas e infinitas. Elas são, sempre foram e sempre serão. E Elas são Três Pessoas, distintamente individualizadas, mas eternamente associadas: Deus, o Pai, Deus, o Filho, e Deus, o Espírito.

1. O DEUS DA AÇÃO

Na eternidade do passado, com a personalização do Espírito Infinito, o ciclo da personalidade divina torna-se perfeito e completo. O Deus da Ação é existente, e o imenso cenário do espaço está pronto para a atividade estupenda da criação – a aventura universal –, o panorama divino dos tempos eternos.

O primeiro ato do Espírito Infinito é o reconhecimento e o exame dos Seus Pais divinos, o Pai-Pai e o Filho-Mãe. Ele, o Espírito, identifica ambos de um modo inqualificável. Ele é inteiramente conhecedor das personalidades separadas e dos atributos infinitos Delas, bem como das Suas naturezas combinadas e da Sua função unificada. Em seguida, voluntariamente, com uma disposição transcendente e espontaneidade inspirada, a Terceira Pessoa da Deidade, não obstante a Sua igualdade com a Primeira e a Segunda Pessoas, promete lealdade eterna a Deus, o Pai, e reconhece dependência eterna de Deus, o Filho.

Inerentemente à natureza dessa transação e em reconhecimento mútuo da independência da personalidade de cada Uma e da união executiva de todas as Três, fica estabelecido o ciclo da eternidade. A Trindade do Paraíso é existente. Fica estabelecido o cenário, no espaço universal, para o panorama múltiplo e infinito do desenvolvimento criativo do propósito do Pai Universal, por meio da personalidade do Filho Eterno e da execução do Deus da Ação, o qual é a agência executiva para os atos de realização da parceria criadora Pai-Filho.

O Deus da Ação atua e as abóbadas inertes do espaço põem-se em movimento. Um bilhão de esferas perfeitas, em um relance, passa a existir. Antes desse momento hipotético na eternidade, as energias do espaço, inerentes ao Paraíso, já existiam e eram potencialmente operativas, mas não tinham nenhuma factualidade na sua forma de ser; nem a gravidade física podia ser medida a não ser pela reação das realidades materiais à sua atração incessante. Não havia nenhum universo material, nesse (presumido) momento eternamente distante; mas, no instante exato, em que um bilhão de mundos se materializa, há, em evidência, uma gravidade suficiente e adequada para mantê-los todos sob o controle eterno do Paraíso.

Agora relampeja na criação dos Deuses a segunda forma de energia, e esse espírito em eflúvio é instantaneamente abrangido pela gravidade espiritual do Filho Eterno. Assim, pois, esse universo, abrangido duplamente pela gravidade, é tocado pela energia de infinitude e imerso no espírito da divindade. E, desse modo, o solo da vida é preparado para a consciência da mente, tornada manifesta nos circuitos inteligentes associados, do Espírito Infinito.

Sobre essas sementes de existência potencial, difundidas pela criação central dos Deuses, o Pai atua e a personalidade-criatura surge. E, então, a presença das Deidades do Paraíso preenche todo o espaço organizado e começa efetivamente a atrair todas as coisas e seres na direção do Paraíso.

O Espírito Infinito eterniza-se, concomitantemente com o nascimento dos mundos de Havona, havendo este universo central sido criado por Ele e com Ele e Nele, em obediência aos conceitos combinados e vontades unificadas do Pai e do Filho. A Terceira Pessoa deifica-Se por esse mesmo ato de criação conjunta, e assim, para sempre, passa a ser o Criador Conjunto.

Esses são os tempos magnos e assombrosos da expansão criativa do Pai e do Filho, pela ação e na ação da representante conjunta e executiva exclusiva Deles, a Terceira Fonte e Centro. Não existe nenhum registro desses tempos agitados. Contamos apenas com essas escassas revelações do Espírito Infinito, para consubstanciar essas transações poderosas, e Ele meramente confirma o fato de que o universo central e tudo o que a ele pertence, eternizou-se simultaneamente com a realização da Sua personalidade e existência consciente.

Em suma, o Espírito Infinito atesta que, sendo Ele eterno, assim também o universo central é eterno. E esse é o ponto de partida tradicional da história do universo dos universos. Absolutamente nada é conhecido e não existe nenhum registro, a respeito de qualquer evento ou transação, antes dessa erupção estupenda de energia criativa e de sabedoria administrativa, que cristalizou o vasto universo, o qual existe e funciona tão sutilmente, no centro de todas as coisas. Para além desse evento, repousam as inescrutáveis transações da eternidade e as profundezas da infinitude – o mistério absoluto.

E assim, pois, retratamos a origem da Terceira Fonte e Centro, de modo seqüencial, em uma condescendência interpretativa às mentes das criaturas mortais atadas ao tempo e condicionadas pelo espaço. A mente do homem deve ter um ponto de partida para visualizar a história do universo, e eu fui instruído a proporcionar, nessa técnica de abordagem, o conceito histórico da eternidade. Na mente material, a coerência exige uma Causa Primeira; por isso é que postulamos o Pai Universal como a

ministração do Espírito é que os seres ascendentes do tempo tornam-se aptos a descobrir o Filho.

No centro de todas as coisas, o Espírito Infinito é a primeira das Deidades do Paraíso a ser alcançada pelos peregrinos ascendentes. A Terceira Pessoa abrange e envelopa a Segunda e a Primeira e, portanto, deve ser sempre reconhecida antes por todos aqueles que são candidatos a serem apresentados ao Filho e ao Seu Pai.

E, de muitos outros modos, o Espírito igualmente representa e serve de maneira similar ao Pai e ao Filho.

4. O ESPÍRITO DA MINISTRAÇÃO DIVINA

Paralelamente ao universo físico, dentro do qual a gravidade do Paraíso mantém todas as coisas juntas, está o universo espiritual, no qual a palavra do Filho interpreta o pensamento de Deus e, quando "se faz carne", demonstra a misericórdia amorosa da natureza combinada dos Criadores associados. Em toda essa criação material e espiritual, e por meio dela, existe, contudo, um vasto estágio no qual o Espírito Infinito e a sua progênie espiritual manifestam a sua paciência, combinada com a misericórdia e a afeição perenes de pais divinos, para com as crianças inteligentes da Sua concepção e criação cooperativa. A ministração eterna à mente é a essência do caráter divino do Espírito. E toda a descendência espiritual do Agente Conjunto participa desse desejo de ministrar, desse impulso divino de servir.

Deus é amor, o Filho é misericórdia, o Espírito é o ministério – a ministração do amor divino e da misericórdia sem fim, para toda a criação inteligente. O Espírito é a personificação do amor do Pai e da misericórdia do Filho; nele, Eles estão eternamente unidos para o serviço universal. O Espírito é o *amor aplicado* à criação da criatura, o amor combinado do Pai e do Filho.

Em Urântia, o Espírito Infinito é conhecido como uma influência onipresente, uma presença universal, mas em Havona vós O conhecereis como uma presença pessoal de ministração factual. Ali, o ministério do Espírito do Paraíso é o modelo exemplar e inspirador para cada um dos seus Espíritos Coordenados e personalidades subordinadas que ministram aos seres criados, nos mundos do tempo e do espaço. Nesse universo divino, o Espírito Infinito participou plenamente das sete aparições transcendentais do Filho Eterno; do mesmo modo Ele participou, junto com o Filho Michael original, das sete auto-outorgas nos circuitos de Havona, desse modo tornando-se o ministro de espírito compassivo e compreensivo para todo peregrino do tempo que atravessa esses círculos perfeitos das alturas.

Quando um Filho Criador de Deus aceita a carga de responsabilidade da criação de um universo local projetado, as personalidades do Espírito Infinito comprometem-se a ser as ministras incansáveis desse Filho Michael, quando ele for adiante na sua missão de aventura criadora. Especialmente nas pessoas das Filhas Criadoras, ou Espíritos Maternos do universo local, encontramos o Espírito Infinito devotado à tarefa de incentivar a ascensão das criaturas materiais até níveis sempre mais altos de realização espiritual. E todo esse trabalho de ministração às criaturas é feito em harmonia perfeita com os propósitos, e em estreita associação com as personalidades dos Filhos Criadores desses universos locais.

Assim como os Filhos de Deus engajam-se na tarefa gigantesca de revelar a personalidade de amor do Pai, a um universo, o Espírito Infinito dedica-se à ministração infindável de revelar o amor combinado do Pai e do Filho às mentes individuais de todos os filhos de cada universo. Nessas criações locais, o Espírito não desce até as raças materiais à semelhança da carne mortal, como fazem alguns dos Filhos de

Deus; o Espírito Infinito e os seus Espíritos coordenados descem, sim, e submetem-se alegremente a uma série surpreendente de atenuações da divindade, chegando mesmo a surgir como anjos para estar ao vosso lado e guiar-vos ao longo dos caminhos rasteiros da existência terrena.

Por meio dessa série suficientemente decrescente, o Espírito Infinito, de fato, como uma Pessoa, aproxima-se até muito perto de cada ser das esferas de origem animal. E tudo isso o Espírito faz, sem invalidar em nada a Sua existência como Terceira Pessoa da Deidade, no centro de todas as coisas.

O Criador Conjunto é, verdadeira e eternamente, a grande personalidade ministradora, o ministro universal da misericórdia. Para compreender a ministração do Espírito, ponderai sobre a verdade de que Ele é o retrato combinado do amor sem fim do Pai e da misericórdia eterna do Filho. O ministério do Espírito não é, entretanto, restrito somente à representação do Filho Eterno e do Pai Universal. O Espírito Infinito também possui o poder de ministrar às criaturas do Reino, em Seu próprio nome e por direito; a Terceira Pessoa tem dignidade divina e também outorga a ministração universal da misericórdia em Seu próprio nome.

À medida que o homem aprender mais sobre a ministração incansável e amorosa das ordens menos elevadas da família de criaturas desse Espírito Infinito, mais irá admirar e adorar a natureza transcendente e o caráter ímpar dessa Ação combinada do Pai Universal e do Filho Eterno. De fato, esse Espírito é "os olhos do Senhor, que estão sempre abertos para o justo" e "os ouvidos divinos, que estão sempre abertos às preces deles".

5. A PRESENÇA DE DEUS

O atributo mais notável do Espírito Infinito é a onipresença. Em todo o universo dos universos este Espírito está presente, em todos os lugares, penetrando em tudo; pois Ele é muito semelhante à mente universal e divina. Tanto a Segunda Pessoa quanto a Terceira Pessoa da Deidade são representadas em todos os mundos pelos Seus espíritos sempre presentes.

O Pai é *infinito* e, conseqüentemente, limitado apenas pela volição. Na outorga dos Ajustadores e no circuito da personalidade, o Pai atua só; mas, no contato das forças do espírito com os seres inteligentes, Ele utiliza-se dos espíritos e das personalidades do Filho Eterno e do Espírito Infinito. Pela Sua vontade, espiritualmente, Ele está presente seja com o Filho seja com o Agente Conjunto; igualmente Ele está presente *com* o Filho e *no* Espírito. Indubitavelmente, o Pai é onipresente e nós discernimos a Sua presença por meio de qualquer uma e de todas essas forças, influências e presenças diversas mas associadas.

Nas vossas escrituras sagradas, o termo *Espírito de Deus* parece ter sido usado indistintamente para designar tanto o Espírito Infinito do Paraíso quanto o Espírito Criativo Materno do vosso universo local. O Espírito Santo é o circuito espiritual dessa Filha Criativa do Espírito Infinito do Paraíso. O Espírito Santo é um circuito inerente a cada universo local e é confinado ao Reino espiritual dessa criação; mas o Espírito Infinito é onipresente.

Há muitas influências espirituais, e todas são como *uma*. Mesmo o trabalho dos Ajustadores do Pensamento, ainda que independente de todas as outras influências, invariavelmente coincide com o ministério do espírito nas influências combinadas do Espírito Infinito e do Espírito Materno, de um universo local. À medida que Essas presenças espirituais atuem nas vidas dos urantianos, Elas não podem ser desmembradas. Nas vossas mentes e nas vossas almas, Elas funcionam como um único espírito, apesar das suas origens diversas. E, à medida que essa ministração espiritual unificada é experimentada, ela torna-se, para vós, a influência do Supremo, "que é sempre capaz de eximir-vos de falhar e de isentar-vos de culpa perante o vosso Pai nas alturas".

Lembrai-vos sempre de que o Espírito Infinito é o Agente *Conjunto*; tanto o Pai como o Filho agem Nele e por meio Dele; Ele está presente, não apenas como Ele próprio, mas também como o Pai e como o Filho e como o Pai-Filho. Em reconhecimento a isso e por muitas razões adicionais, a presença espiritual do Espírito Infinito é muitas vezes chamada de "o Espírito de Deus".

Também coerente seria referir-se à ligação de todas as ministrações espirituais como o Espírito de Deus, pois tal ligação é realmente a união dos espíritos de Deus, o Pai, de Deus, o Filho, de Deus, o Espírito, e de Deus, o Sétuplo – e até mesmo do Espírito de Deus, o Supremo.

6. A PERSONALIDADE DO ESPÍRITO INFINITO

Não permitais que a outorga vastamente disseminada e que a ampla distribuição da Terceira Fonte e Centro vos obscureçam a visão ou vos distraiam do fato da existência da Sua personalidade. O Espírito Infinito é uma presença universal, uma ação eterna, um poder cósmico, uma influência santa e uma mente universal; Ele é tudo isso e infinitamente mais, mas Ele é também uma personalidade verdadeira e divina.

O Espírito Infinito é uma personalidade completa e perfeita; é o igual e coordenado divino do Pai Universal e do Filho Eterno. O Criador Conjunto é tão real e visível, para as inteligências mais elevadas dos universos, quanto o são o Pai e o Filho; e na verdade Ele o é ainda mais, pois é o Espírito que deve ser alcançado por todos os seres ascendentes, antes que eles possam aproximar-se do Pai, por meio do Filho.

O Espírito Infinito, a Terceira Pessoa da Deidade, é possuidor de todos os atributos que vós associais à personalidade. O Espírito é dotado com a mente absoluta: "O Espírito sonda todas as coisas, mesmo as coisas profundas de Deus". O Espírito é dotado, não apenas com a mente, mas também com a vontade. Na outorga desses dons ficou registrado: "E todos esses trabalhos, o próprio e uno Espírito os faz, repartindo-os com cada homem, tantas vezes quantas forem da Sua vontade".

"O amor do espírito" é real, como também o são os Seus pesares; portanto "não aflijais o Espírito de Deus". Se observarmos o Espírito Infinito como uma Deidade do Paraíso ou como um Espírito Criativo Materno de um universo local, logo saberemos que o Criador Conjunto é, não apenas a Terceira Fonte e Centro, mas também uma Pessoa divina. Essa personalidade divina também reage ao universo como uma Pessoa. O Espírito fala a vós: "Ao que tem um ouvido, deixai-o ouvir o que o Espírito diz". "O próprio Espírito intercede por vós". O Espírito exerce uma influência direta e pessoal sobre os seres criados, "pois todos aqueles que são guiados pelo Espírito de Deus, são filhos de Deus".

Ainda que contemplemos o fenômeno da ministração do Espírito Infinito aos mundos remotos do universo dos universos, ainda que concebamos essa mesma Deidade coordenadora atuando sobre as indescritíveis legiões de seres múltiplos que têm origem na Terceira Fonte e Centro, e por meio delas, ainda que reconheçamos a onipresença do Espírito, não obstante, nós ainda afirmamos que essa mesma Terceira Fonte e Centro é uma pessoa, o Criador Conjunto de todas as coisas, todos os seres e todos os universos.

Na administração dos universos, o Pai, o Filho e o Espírito estão, perfeita e eternamente, interligados. Embora cada Um esteja engajado em um ministério pessoal a toda a criação, todos os Três estão divina e absolutamente entrelaçados em um serviço de criação e controle, que para sempre faz Deles *Um*.

Na pessoa do Espírito Infinito, o Pai e o Filho estão reciprocamente presentes sempre e em perfeição incondicional, pois o Espírito é como o Pai e como o Filho; e também é como o Pai e o Filho, pois Eles dois são Um para sempre.

[Apresentado, em Urântia, por um Conselheiro Divino de Uversa, incumbido pelos Anciães dos Dias de descrever a natureza e o trabalho do Espírito Infinito.]

a toda a criação. Justiça. Nessa razão divina é absolutamente retratados em uma
serviço de criação e controle que pra sempre faz Deus...

Na pessoa do Espírito Infinito, o Pai e o Filho estão reconhecidos... é... sempre
sempre é entre criação incondicional pelo Espírito à santo criar como o Filho e
também é como o Pai... e o Filho, pois Eles são... seu Deus e sempre...

Apesar de... culterna, posto Conselheiro Divino de eleição eternal de pai e
Maias do...

DOCUMENTO 9

A RELAÇÃO DO ESPÍRITO INFINITO
COM O UNIVERSO

QUANDO, o Pai Universal e o Filho Eterno uniram-Se, na presença do Paraíso, para personalizar a Si próprios, uma coisa estranha aconteceu. Nada, nessa situação na eternidade, antecipava que o Agente Conjunto personalizar-se-ia como uma espiritualidade ilimitada coordenada, de mente absoluta e dotada de prerrogativas únicas de manipulação da energia. A Sua vinda à existência perfaz a liberação do Pai dos vínculos da perfeição centralizada e das cadeias do absolutismo da personalidade. E essa liberação revela-se no poder, surpreendente, do Criador Conjunto, de criar seres bem adaptados para servir como espíritos ministradores, até mesmo às criaturas materiais dos universos que evoluiriam posteriormente.

O Pai é infinito em amor e vontade, em pensamento espiritual e propósito; Ele é o sustentador universal. O Filho é infinito em sabedoria e verdade, em expressão espiritual e interpretação; Ele é o revelador universal. O Paraíso é infinito em potencial para o dom de força e em capacidade para o controle da energia; é o estabilizador universal. O Agente Conjunto possui prerrogativas únicas de síntese e uma capacidade infinita, para coordenar todas as energias existentes no universo, todos os espíritos factuais do universo e todos os intelectos reais do universo; a Terceira Fonte e Centro é a unificadora universal das energias múltiplas e das diversas criações que têm surgido como conseqüência do plano divino e do propósito eterno do Pai Universal.

O Espírito Infinito, o Criador Conjunto, é um ministro universal e divino. O Espírito ministra incessantemente a misericórdia do Filho e o amor do Pai, em harmonia até mesmo com a justiça estável, invariável e reta da Trindade do Paraíso. A Sua influência e as Suas personalidades estão sempre perto de vós; elas realmente conhecem-vos e compreendem-vos verdadeiramente.

Em todos os universos, os representantes, agentes e agências, do Agente Conjunto manipulam, sem cessar, as forças e as energias de todo o espaço. Como a Primeira Fonte e Centro, a Terceira Fonte responde tanto ao material quanto ao espiritual. O Agente Conjunto é a revelação da unidade de Deus, em Quem consistem todas as coisas – coisas, significados e valores; energias, mentes e espíritos.

O Espírito Infinito penetra todo o espaço; Ele habita o círculo da eternidade; e o Espírito, como o Pai e o Filho, é perfeito e imutável – absoluto.

1. OS ATRIBUTOS DA TERCEIRA FONTE E CENTRO

A Terceira Fonte e Centro é conhecida por vários nomes, todos designativos de uma relação e em reconhecimento à Sua função: como Deus, o Espírito, Ele é o coordenado da personalidade e o igual divino a Deus, o Filho, e a Deus, o Pai. Como Espírito Infinito, Ele é uma influência espiritual onipresente. Como Manipulador Universal, Ele é o ancestral das criaturas que controlam o poder e o ativador das forças cósmicas do espaço. Como Agente Conjunto, Ele é a representação conjunta e a parte executiva da coligação Pai-Filho. Como Mente Absoluta, Ele é a fonte do dom do intelecto, em todos os universos. Como Deus da Ação, Ele é o ancestral aparente do movimento, da mudança e do relacionamento.

Alguns dos atributos da Terceira Fonte e Centro são derivados do Pai, alguns do Filho, enquanto ainda outros não são observados como ativa e pessoalmente presentes nem no Pai nem no Filho – atributos que dificilmente podem ser explicados a não ser presumindo que a relação Pai-Filho, a qual eterniza a Terceira Fonte e Centro, consistentemente funcione em consonância com o fato eterno da absolutez do Paraíso, e em reconhecimento a ele. O Criador Conjunto corporifica a plenitude dos conceitos combinados e infinitos da Primeira e da Segunda Pessoa da Deidade.

Sempre que visualizardes o Pai como um criador original, e o Filho como um administrador espiritual, devereis pensar na Terceira Fonte e Centro como uma coordenadora universal, uma ministra de cooperação ilimitada. É o Agente Conjunto que correlaciona toda a realidade factual; Ele é o depositário da Deidade do pensamento do Pai e da palavra do Filho e, na ação, Ele é eternamente ligado à absolutez material da Ilha Central. A Trindade do Paraíso prescreveu a ordem universal de *progresso*, e a providência de Deus é o domínio do Criador Conjunto e do Ser Supremo, em evolução. Nenhuma realidade factual, ou em factualização, pode escapar de uma relação final com a Terceira Fonte e Centro.

O Pai Universal preside aos domínios da pré-energia, do pré-espírito e da personalidade; o Filho Eterno domina as esferas das atividades espirituais; a presença da Ilha do Paraíso unifica os domínios da energia física e do poder materializador; o Agente Conjunto opera não apenas como um espírito infinito representando o Filho, mas também como um manipulador universal das forças e energias do Paraíso, trazendo assim à existência a mente universal e absoluta. O Agente Conjunto atua, em todo o grande universo, como uma personalidade positiva e distinta, especialmente nas esferas mais elevadas dos valores espirituais, das relações físico-energéticas e dos significados reais da mente. Ele funciona sempre, quando e onde, especificamente, a energia e o espírito se associarem e interagirem; Ele domina todas as reações com a mente, exerce um grande poder no mundo espiritual, e tem uma influência muitíssimo poderosa sobre a energia e a matéria. Em todos os momentos, a Terceira Fonte exprime a natureza da Primeira Fonte e Centro.

A Terceira Fonte e Centro compartilha, perfeita e incondicionalmente, da onipresença da Primeira Fonte e Centro, algumas vezes sendo chamada de Espírito Onipresente. De uma maneira peculiar e muito pessoal, o Deus da mente compartilha da onisciência do Pai Universal e do Seu Filho Eterno. O conhecimento do Espírito é profundo e completo. O Criador Conjunto manifesta certas fases da onipotência do Pai Universal, mas, de fato, é onipotente apenas no domínio da mente. A Terceira Pessoa da Deidade é o centro intelectual e o administrador universal dos domínios da mente; e nisto Ele é absoluto – a Sua soberania é inqualificável.

O Agente Conjunto parece ser motivado pela coligação Pai-Filho, mas todas as Suas ações parecem reconhecer a relação Pai-Paraíso. Às vezes, e em certas funções, Ele parece compensar a incompletude das Deidades experienciais – Deus, o Supremo, e Deus, o Último.

E um grande mistério repousa nisto: que o Infinito simultaneamente haja revelado a Sua infinitude no Filho e como Paraíso, e que então tenha surgido para a existência um Ser igual a Deus, em divindade, que reflete a natureza espiritual do Filho e que é capaz de ativar o modelo do Paraíso; um Ser provisoriamente subordinado em soberania, mas de muitos modos aparentemente o mais versátil em *ação*. E tal superioridade aparente para a ação é revelada em um atributo da Terceira Fonte e Centro, que é superior mesmo à gravidade física – a manifestação universal da Ilha do Paraíso.

Além desse supercontrole da energia e das coisas físicas, o Espírito Infinito é magnificamente dotado dos atributos da paciência, misericórdia e amor, que são tão sutilmente revelados na Sua ministração espiritual. O Espírito é supremamente competente para ministrar amor e toldar a justiça com a misericórdia. Deus, o Espírito, possui toda a bondade superna e a afeição misericordiosa do Filho Original e Eterno. O universo da vossa origem foi forjado entre a bigorna da justiça e o martelo do sofrimento; e aqueles que brandem o martelo são filhos da misericórdia: a progênie espiritual do Espírito Infinito.

2. O ESPÍRITO ONIPRESENTE

Deus é espírito em um sentido triplo: Ele, por Si mesmo, é espírito; no seu Filho, Ele aparece como um espírito inqualificável; no Agente Conjunto, como um espírito aliado à mente. E, além dessas realidades espirituais, nós acreditamos discernir níveis de fenômenos espirituais experienciais – os espíritos do Ser Supremo, da Deidade Última e do Absoluto da Deidade.

O Espírito Infinito é tanto um complemento do Filho Eterno quanto o Filho Eterno é um complemento do Pai Universal. O Filho Eterno é uma personalização espiritualizada do Pai; o Espírito Infinito é uma espiritualização personalizada do Filho Eterno e do Pai Universal.

Há abertas muitas linhas de forças espirituais, e fontes de poder supramaterial, ligando o povo de Urântia diretamente às Deidades do Paraíso. Existe a conexão dos Ajustadores do Pensamento, direta com o Pai Universal, há a influência disseminada do impulso da gravidade espiritual do Filho Eterno e a presença espiritual do Criador Conjunto. Há uma diferença de função entre o espírito do Filho e o espírito do Espírito. A Terceira Pessoa, no Seu ministério espiritual, pode funcionar como mente, acrescida de espírito, ou como espírito apenas.

Além dessas presenças do Paraíso, os urantianos beneficiam-se das influências espirituais e das atividades no universo local e no superuniverso, das Suas séries quase intermináveis de personalidades de amor, que sempre conduzem a verdade do propósito e a honestidade de coração, elevando-os na direção dos ideais de divindade e da meta da perfeição suprema.

Sabemos que é possível reconhecer sem erro a presença do espírito universal do Filho Eterno. A presença do Espírito Infinito, da Terceira Pessoa da Deidade, mesmo ao homem mortal é possível conhecê-la, pois as criaturas materiais podem de fato experimentar os benefícios da sua influência divina, que funciona como a outorga do Espírito Santo do universo local, sobre as raças da humanidade. Os seres humanos podem também, em algum grau, tornar-se conscientes do Ajustador, a presença impessoal do Pai Universal. Todos esses espíritos divinos, que trabalham pela elevação do homem e pela sua espiritualização, agem em uníssono e em perfeita cooperação. Eles são como Um, na operação espiritual dos planos da ascensão dos mortais e na obtenção da perfeição.

3. O MANIPULADOR UNIVERSAL

A Ilha do Paraíso é a fonte e a essência da gravidade física; e isso deveria ser suficiente para informar-vos de que a gravidade é uma das coisas mais *reais* e eternamente confiáveis, em todo o universo físico dos universos. A gravidade não pode ser modificada ou anulada, exceto pelas forças e energias conjuntamente promovidas pelo Pai e o Filho, confiadas à pessoa da Terceira Fonte e Centro e funcionalmente associadas a Esta.

O Espírito Infinito possui um poder único e assombroso – o da *antigravidade*. Esse poder não está funcionalmente (de modo observável) presente, nem no Pai, nem no Filho. Essa capacidade inerente à Terceira Fonte, de resistir ao impulso da gravidade material, é revelada nas reações pessoais do Agente Conjunto a certas fases das relações universais. E esse atributo único é transmissível a algumas das personalidades mais elevadas do Espírito Infinito.

A antigravidade pode anular a gravidade, em uma moldura local; ela age assim pelo exercício de uma força de presença equivalente. Ela opera apenas com referência à gravidade material, e não é uma ação da mente. O fenômeno da aparente resistência à gravidade em um giroscópio é uma boa ilustração do *efeito* da antigravidade, mas de nenhum valor para ilustrar a *causa* da antigravidade.

E ainda mais, o Agente Conjunto manifesta poderes que podem transcender à força e neutralizar a energia. Tais poderes operam por meio da desaceleração da energia até o ponto da materialização e por outras técnicas desconhecidas por vós.

O Criador Conjunto não é energia, não é a fonte da energia, nem o destino da energia; Ele é o *manipulador* da energia. O Criador Conjunto é ação – movimento, mudança, modificação, coordenação, estabilização e equilíbrio. As energias sujeitas ao controle direto ou indireto do Paraíso são, por natureza, sensíveis aos atos da Terceira Fonte e Centro e das suas múltiplas agências.

O universo dos universos é permeado pelas criaturas da Terceira Fonte e Centro, encarregadas do controle e do poder: os controladores físicos, os diretores de potência, os centros de potência e os outros representantes do Deus da Ação, os quais têm a ver com a regulagem e a estabilização das energias físicas. Essas criaturas únicas, de função física, todas, possuem atributos variáveis de controle de força, tais como o da antigravidade, que utilizam nos seus esforços para estabelecer o equilíbrio físico da matéria e das energias do grande universo.

Todas essas atividades materiais do Deus da Ação parecem relacionar a Sua função à Ilha do Paraíso e, de fato, todas as agências de poder levam em conta a absolutez da Ilha Eterna, ou mesmo dela são dependentes. Mas o Agente Conjunto não atua pelo Paraíso, nem em resposta ao Paraíso. Ele atua, pessoalmente, pelo Pai e pelo Filho. O Paraíso não é uma pessoa. Os feitos não pessoais, impessoais e outros que não os pessoais, da Terceira Fonte e Centro, são todos atos volicionais do próprio Agente Conjunto; não são reflexões, derivações ou repercussões de nada, nem de pessoa alguma.

O Paraíso é o modelo da infinitude; o Deus da Ação é o ativador desse arquétipo. O Paraíso é o ponto de apoio material da infinitude; as agências da Terceira Fonte e Centro são as alavancas da inteligência que motivam o nível material e conferem espontaneidade ao mecanismo da criação física.

4. A MENTE ABSOLUTA

Há uma natureza intelectual na Terceira Fonte e Centro que é distinta dos Seus atributos físicos e espirituais. Essa natureza dificilmente é contactável, mas é associável – se bem que intelectualmente e não pessoalmente. Ela distingue-se dos atributos físicos e do caráter espiritual da Terceira Pessoa, nos níveis da função mental, mas, para o discernimento das personalidades, essa natureza nunca funciona independentemente de manifestações físicas ou espirituais.

A mente absoluta é a mente da Terceira Pessoa; ela é inseparável da personalidade de Deus, o Espírito. A mente, nos seres em atividade, não está separada da energia nem do espírito, nem de ambos. A mente não é inerente à energia; a energia é receptiva e sensível à mente; a mente pode ser superposta à energia, mas a consciência não é inerente ao nível puramente material. Não é necessário que a mente seja acrescentada ao espírito puro, pois o espírito é inatamente consciente e capaz de identificação. O espírito é sempre inteligente, de algum modo é *dotado de mente*. Pode ser esta ou aquela mente, pode ser a pré-mente ou a supramente, ou mesmo a mente espiritual, mas o fato é que ela executa o equivalente a pensar, e saber. O discernimento do espírito transcende, sobrepõe-se e teoricamente precede à consciência da mente.

O Criador Conjunto é absoluto apenas no domínio da mente, no reino da inteligência universal. A mente da Terceira Fonte e Centro é infinita; transcende amplamente aos circuitos ativos e atuantes da mente, no universo dos universos. O dom da mente dos sete superuniversos advém dos Sete Espíritos Mestres, as personalidades primárias do Criador Conjunto. Esses Espíritos Mestres distribuem a mente ao grande universo, como a mente cósmica, e o vosso universo local está infiltrado pela variante Nebadônica do tipo Orvontônico de mente cósmica.

A mente que é infinita ignora o tempo, a mente última transcende ao tempo, a mente cósmica é condicionada pelo tempo. E é, assim também, com o espaço: a Mente Infinita é independente do espaço, mas à medida que desce do nível do infinito até os níveis ajudantes da mente, o intelecto deve ter em conta, crescentemente, a existência e as limitações do espaço.

A força cósmica reage à mente, assim como a mente cósmica reage ao espírito. O espírito é propósito divino, e a mente espiritual é propósito divino em ação. A energia é coisa; a mente é significado; o espírito é valor. Mesmo no tempo e no espaço, a mente estabelece aquelas relações relativas, entre a energia e o espírito, que são indicativas de semelhança mútua na eternidade.

A mente transmuta os valores do espírito em significados do intelecto; a volição tem poder para frutificar os significados da mente, tanto no domínio material quanto no espiritual. A ascensão ao Paraíso envolve um crescimento relativo e diferencial em espírito, mente e energia. A personalidade é a unificadora desses componentes da individualidade experiencial.

5. A MINISTRAÇÃO DA MENTE

A Terceira Fonte e Centro é infinita em mente. Se o universo crescesse até a infinitude, ainda assim, a Sua mente potencial seria adequada para dotar números ilimitados de criaturas com mentes apropriadas e outros pré-requisitos de intelecto.

No domínio da *mente criada*, a Terceira Pessoa, com os Seus coligados coordenados e subordinados, governa em supremacia. Os domínios da mente da criatura têm a sua origem exclusiva na Terceira Fonte e Centro; Ela é a outorgadora da mente. Mesmo os fragmentos do Pai acham impossível residir nas mentes dos homens, antes que o caminho tenha sido apropriadamente preparado para eles pela ação da mente e pela função espiritual do Espírito Infinito.

A característica singular da mente é que ela pode ser conferida a uma vasta diversidade de vidas. Por intermédio dos Seus colaboradores, criaturas e criadores, a Terceira Fonte e Centro ministra a todas as mentes, em todas as esferas. Ela ministra ao intelecto humano e subumano, por meio dos ajudantes dos universos locais e por intermédio da agência dos controladores físicos, e ministra até mesmo às entidades mais baixas, não experienciais, dos tipos mais primitivos de coisas vivas. E a direção da mente é sempre um ministério das personalidades de mente-espírito ou de mente-energia.

Posto que a Terceira Pessoa da Deidade é a fonte da mente, torna-se completamente natural que as criaturas evolucionárias de vontade achem mais fácil formar conceitos compreensíveis do Espírito Infinito, do que do Filho Eterno ou do Pai Universal. A realidade do Criador Conjunto revela-se, ainda que imperfeitamente, na própria existência da mente humana. O Criador Conjunto é o ancestral da mente cósmica; e a mente do homem é um circuito individualizado, uma porção impessoal daquela mente cósmica, do modo como é conferida a um universo local por uma Filha Criativa da Terceira Fonte e Centro.

Pelo fato de a Terceira Pessoa ser a fonte da mente, não presumais considerar que todos os fenômenos da mente sejam divinos. O intelecto humano tem a sua raiz na origem material das raças animais. A inteligência do universo não é uma verdadeira revelação de Deus, que é mente; não mais do que a natureza física é uma verdadeira revelação da beleza e harmonia do Paraíso. A perfeição está na natureza, mas a natureza não é perfeita. O Criador Conjunto é a fonte da mente, mas a mente não é o Criador Conjunto.

A mente, em Urântia, é um compromisso entre a essência da perfeição do pensamento e a mentalidade, em evolução, da vossa natureza humana imatura. O plano para a vossa evolução intelectual é, de fato, de sublime perfeição, mas vós permanecereis ainda muito distantes dessa meta divina enquanto estiverdes ainda atuando por meio dos tabernáculos da carne. A mente é verdadeiramente de origem divina e tem um destino divino, mas as vossas mentes mortais não têm ainda a dignidade divina.

Vós, muito freqüentemente, talvez até em demasia, frustrais as vossas mentes pela insinceridade, e as deformais pelas intenções incorretas; vós as sujeitais ao medo animal e as distorceis pela ansiedade inútil. Portanto, embora a fonte da mente seja divina, a mente, tal como a conheceis no vosso mundo de ascensão, dificilmente pode tornar-se o objeto de uma grande admiração, e muito menos de adoração ou culto. A contemplação do intelecto humano imaturo e impotente deveria conduzir apenas a reações de humildade.

6. O CIRCUITO DE GRAVIDADE DA MENTE

A Terceira Fonte e Centro, a inteligência universal, é pessoalmente consciente de cada *mente*, de cada intelecto, em toda a criação; e Ela mantém um contato pessoal e perfeito com todas as criaturas físicas, moronciais e espirituais que possuam o dom da mente, na vastidão dos universos. Todas essas atividades da mente são abrangidas pelo circuito absoluto de gravidade da mente, focalizado na Terceira Fonte e Centro, o qual é uma parte da consciência pessoal do Espírito Infinito.

Do mesmo modo que o Pai atrai a Si todas as personalidades, e o Filho atrai toda a realidade espiritual, também, o Agente Conjunto exerce uma força de atração sobre todas as mentes; Ele domina e controla irrestritamente o circuito da mente universal. Todos os valores intelectuais verdadeiros e genuínos, todos os pensamentos divinos e todas as idéias perfeitas são infalivelmente atraídas para esse circuito absoluto da mente.

A força da gravidade da mente pode operar independentemente da gravidade material e da gravitação espiritual, mas, em qualquer tempo e lugar nos quais estas duas tenham ação, a gravidade da mente sempre funciona. Quando as três estiverem associadas, a gravidade da personalidade pode abranger a criatura material, seja ela física ou moroncial, finita ou absonita. Independentemente disso, o dom da mente, entretanto, mesmo nos seres impessoais, qualifica-os a pensarem e dota-os de consciência, a despeito até da total ausência de personalidade.

A individualidade, com dignidade de personalidade, humana ou divina, imortal ou potencialmente imortal, entretanto, não se origina nem no espírito, nem na mente, nem na matéria; é uma dádiva do Pai Universal. Tampouco a interação entre espírito, mente e gravidade material é um pré-requisito para o surgimento da gravidade da personalidade. O circuito do Pai pode abranger um ser material, e de mente, que seja insensível à gravidade espiritual, ou pode incluir um ser espiritual e de mente que não seja sensível à gravidade material. O funcionamento da gravidade da personalidade é sempre um ato volicional do Pai Universal.

Enquanto a mente é associada à energia, em seres puramente materiais, e associada ao espírito, em personalidades puramente espirituais, inúmeras ordens de personalidades, incluindo a humana, possuem mentes que são associadas tanto à energia quanto ao espírito. Os aspectos espirituais da mente da criatura são, infalivelmente, sensíveis à atração da gravidade espiritual do Filho Eterno; os aspectos materiais respondem à atração da gravidade do universo material.

A mente cósmica, quando não associada nem à energia nem ao espírito, não fica sujeita às demandas da gravidade de circuitos, sejam estas materiais ou espirituais. A mente pura está sujeita apenas à atração gravitacional universal do Agente Conjunto. A mente pura é bastante semelhante à mente infinita, e, a mente infinita (coordenada teórica dos absolutos do espírito e da energia), aparentemente, é uma lei em si.

Quanto maior a divergência entre espírito e energia, maior será a função observável da mente; quanto menor a diversidade entre energia e espírito, tanto menor será a função observável da mente. Aparentemente, a função máxima da mente cósmica dá-se nos universos temporais do espaço. Neles a mente parece funcionar em uma zona intermediária entre a energia e o espírito, mas isso não é verdadeiro para os níveis mais elevados da mente; no Paraíso, a energia e o espírito são essencialmente um.

O circuito de gravidade da mente é confiável; ele emana da Terceira Pessoa da Deidade do Paraíso, mas nem todas as funções observáveis da mente são previsíveis. Em toda a criação conhecida, há uma presença paralela a esse circuito da mente, ainda pouco compreendida, cuja função não é previsível. Acreditamos que essa imprevisibilidade possa ser parcialmente atribuída à função do Absoluto Universal. O que é essa função, não sabemos; o que a ativa, podemos apenas conjecturar; mas, no que diz respeito à sua relação com as criaturas, podemos apenas teorizar.

Certas fases da imprevisibilidade da mente finita podem ser devidas ao fato de o Ser Supremo estar incompleto; há uma vasta zona de atividades em que o Agente Conjunto e o Absoluto Universal podem possivelmente atuar tangenciando-se. Há muita coisa, com relação à mente, que é desconhecida, mas estamos seguros de que o Espírito Infinito é a expressão perfeita da mente do Criador, para todas as criaturas; e o Ser Supremo é a expressão, em evolução, das mentes de todas as criaturas para o seu Criador.

7. A REFLETIVIDADE NO UNIVERSO

O Agente Conjunto é capaz de coordenar todos os níveis de factualidade do universo, de uma maneira tal que seja possível o reconhecimento simultâneo do mental, do material e do espiritual. Este é o fenômeno da *refletividade no universo*, aquele poder único e inexplicável de ver, ouvir, sentir e saber de todas as coisas, à medida que acontecem em um superuniverso, e de focalizar, por refletividade, toda essa informação e conhecimento em qualquer ponto desejado. A ação da refletividade é mostrada, em perfeição, em cada um dos mundos-sede dos sete superuniversos. Ela opera também em todos os setores dos superuniversos e dentro das fronteiras dos universos locais. A refletividade, finalmente, focaliza-se no Paraíso.

O fenômeno da refletividade, tal como é observado nos mundos-sede dos superuniversos, por meio dos feitos assombrosos das personalidades refletivas estacionadas ali, representa a mais complexa interassociação de todas as fases da existência, encontradas em toda a criação. As linhas do espírito podem ser traçadas remontando até o Filho, as da energia física, ao Paraíso, e as da mente, até a Terceira Fonte; mas, para o extraordinário fenômeno da refletividade no universo, há uma unificação, que é única e excepcional, de todas essas três linhas, assim associadas como que para capacitar os governantes do universo a saberem sobre as condições mais remotas, instantânea e simultaneamente com a sua ocorrência.

Nós compreendemos muito acerca da técnica da refletividade, mas há vários aspectos dela que realmente nos desconcertam. Sabemos que o Agente Conjunto é o centro universal do circuito da mente, que Ele é o ancestral da mente cósmica e que a mente cósmica opera sob o controle da gravidade absoluta da mente da Terceira Fonte e Centro. Sabemos, ainda, que os circuitos da mente cósmica influenciam os níveis intelectuais de todas as existências conhecidas; que eles contêm os informes espaciais universais e também, com toda a certeza, que eles se focalizam nos Sete Espíritos Mestres e convergem para a Terceira Fonte e Centro.

A relação entre a mente cósmica finita e a mente divina absoluta parece estar evoluindo na mente experiencial do Supremo. Foi-nos ensinado que, no alvorecer dos tempos, essa mente experiencial foi outorgada ao Supremo, pelo Espírito Infinito, e nós conjecturamos que certos traços característicos do fenômeno da refletividade possam ser explicados apenas quando se postula a atividade da Mente Suprema. Se o Supremo não estiver envolvido na refletividade, ficamos sem poder explicar as transações intrincadas e as operações infalíveis dessa consciência do cosmo.

A refletividade parece ser a onisciência dentro dos limites do experiencial finito, e pode representar a emergência da presença de consciência do Ser Supremo. Se essa suposição for verdadeira, a utilização da refletividade, em qualquer das suas fases, será equivalente a um contato parcial com a consciência do Supremo.

8. AS PERSONALIDADES DO ESPÍRITO INFINITO

O Espírito Infinito possui o poder pleno de transmitir muitos dos Seus poderes e prerrogativas às Suas personalidades e agências coordenadas e subordinadas.

O primeiro ato, como Deidade criadora, do Espírito Infinito, funcionando à parte da Trindade, mas por meio de alguma coligação não revelada com o Pai e com o Filho, personalizou-se na existência dos Sete Espíritos Mestres do Paraíso, os distribuidores do Espírito Infinito aos universos.

Não há nenhum representante direto da Terceira Fonte e Centro nas sedescentrais de um superuniverso. Cada uma dessas sete criações depende de um dos Espíritos Mestres do Paraíso, que atua por intermédio dos sete Espíritos Refletivos situados na capital do superuniverso.

O ato criador seguinte e contínuo do Espírito Infinito é revelado, de tempos em tempos, na geração dos Espíritos Criativos Maternos. Cada vez que o Pai Universal e o Filho Eterno tornam-se os pais de um Filho Criador, o Espírito Infinito torna-se o ancestral de um Espírito Criativo Materno de um universo local, a qual se torna a coligada íntima daquele Filho Criador, em toda a experiência subseqüente no universo.

Na mesma medida em que é necessário distinguir entre o Filho Eterno e os Filhos Criadores, é necessário distinguir entre o Espírito Infinito e os Espíritos Criativos Maternos, coordenadas que estão aos Filhos Criadores nos universos locais. O que o Espírito Infinito é para a criação total, um Espírito Criativo é para um universo local.

A Terceira Fonte e Centro é representada, no grande universo, por um vasto conjunto de espíritos ministradores, mensageiros, mestres, juízes, ajudantes e conselheiros, juntamente com os supervisores de certos circuitos de natureza física, moroncial e espiritual. Nem todos esses seres são personalidades, no sentido estrito do termo. A personalidade do tipo das criaturas finitas é caracterizada por:

1. Uma consciência subjetiva de si própria.

2. Uma reação objetiva ao circuito da personalidade do Pai.

Há personalidades de criador e personalidades de criatura e, além desses dois tipos fundamentais, há *personalidades da Terceira Fonte e Centro*, seres que são pessoais para o Espírito Infinito, mas que não são incondicionalmente criaturas pessoais para os seres-criaturas. Essas personalidades da Terceira Fonte não são uma parte do circuito da personalidade do Pai. As personalidades da Primeira Fonte e as personalidades da Terceira Fonte são mutuamente contatáveis; todas as personalidades são contatáveis.

O Pai outorga personalidade pelo Seu livre-arbítrio pessoal. Por que Ele o faz, podemos apenas conjecturar; como Ele o faz, nós não sabemos. Tampouco sabemos por que a Terceira Fonte outorga personalidade de um tipo que não vem do Pai, mas isso o Espírito Infinito faz por Si próprio, em conjunção criadora com o Filho Eterno e de inúmeros modos desconhecidos para vós. O Espírito Infinito pode também atuar, pelo Pai, na outorga da personalidade da Primeira Fonte.

Há inúmeros tipos de personalidade da Terceira Fonte. O Espírito Infinito outorga a personalidade da Terceira Fonte a inúmeros grupos que não estão incluídos no circuito da personalidade do Pai, tais como alguns dos diretores de potência. Do mesmo modo, o Espírito Infinito trata como personalidades a numerosos grupos de seres, tais como os Espíritos Criativos Maternos, que por si próprios são uma classe específica nas suas relações com as criaturas do circuito do Pai.

Tanto as personalidades da Primeira Fonte quanto as da Terceira Fonte são dotadas com tudo aquilo que o homem associa ao conceito de personalidade e muito mais, mesmo; elas têm mentes que abrangem memória, razão, julgamento, imaginação criativa, associação de idéias, decisão, escolha e inúmeros outros poderes de intelecto, inteiramente desconhecidos para os mortais. Com poucas exceções, todas as ordens reveladas a vós possuem forma e individualidade distintas; elas são seres reais. A maioria delas é visível para todas as ordens de existência espiritual.

Até mesmo vós sereis capazes de ver os vossos coligados espirituais das ordens menos elevadas, tão logo vos libereis da visão limitada dos vossos olhos materiais atuais e tão logo fordes dotados com uma forma moroncial, a qual tem a sensibilidade ampliada para a realidade das coisas espirituais.

A família funcional da Terceira Fonte e Centro, tal como é revelada nestas narrativas, enquadra-se em três grandes grupos:

I.   *Os Espíritos Supremos*. Um grupo de origem composta que abrange, entre outras, as ordens seguintes:

1. Os Sete Espíritos Mestres do Paraíso.
2. Os Espíritos Refletivos dos Superuniversos.
3. Os Espíritos Criativos Maternos dos Universos Locais.

II.   *Os Diretores de Potência*. Um grupo de criaturas e agentes e agências de controle, que opera em todo o espaço organizado.

III.   *As Personalidades do Espírito Infinito*. Essa designação não implica necessariamente que esses seres sejam personalidades da Terceira Fonte, embora algumas delas sejam tão únicas quanto as criaturas de vontade. Comumente elas estão agrupadas em três classificações principais:

1. As Personalidades Mais Elevadas do Espírito Infinito.
2. As Hostes de Mensageiros do Espaço.
3. Os Espíritos Ministradores do Tempo.

Esses grupos servem no Paraíso, no universo central ou residencial, e nos superuniversos; e abrangem ordens que funcionam nos universos locais, e mesmo nas constelações, sistemas e planetas.

As personalidades espirituais, da vasta família do Espírito Divino e Infinito, estão dedicadas, para sempre, ao serviço de ministração do amor de Deus e da misericórdia do Filho a todas as criaturas inteligentes dos mundos evolucionários do tempo e do espaço. Esses seres espirituais constituem a escada viva pela qual o homem mortal ascende do caos à glória.

[Revelado, em Urântia, por um Conselheiro Divino de Uversa, incumbido pelos Anciães dos Dias de descrever a natureza e o trabalho do Espírito Infinito.]

DOCUMENTO 10

A TRINDADE DO PARAÍSO

A TRINDADE das Deidades eternas do Paraíso facilita ao Pai escapar de um absolutismo de personalidade. A Trindade associa perfeitamente a expressão ilimitada da vontade pessoal infinita de Deus com a absolutez da Deidade. O Filho Eterno e os vários Filhos de origem divina, juntamente com o Agente Conjunto e os seus filhos do universo, efetivamente proporcionam ao Pai a liberação das limitações inerentes, por outro lado, à primazia, perfeição, imutabilidade, eternidade, universalidade, absolutez e infinitude.

A Trindade do Paraíso assegura, de um modo eficaz, a expressão plena e a revelação perfeita da natureza eterna da Deidade. Os Filhos Estacionários da Trindade, do mesmo modo, proporcionam uma revelação plena e perfeita da justiça divina. A Trindade é a unidade na Deidade, e essa unidade repousa eternamente sobre as fundações absolutas da unicidade divina das três personalidades originais, coordenadas e coexistentes: Deus, o Pai; Deus, o Filho; e Deus, o Espírito.

A partir da situação presente, no círculo da eternidade, olhando para trás, para o passado sem fim, podemos descobrir apenas uma inevitabilidade inescapável nos assuntos do universo, e esta é a Trindade do Paraíso. Considero que a Trindade tenha sido inevitável. Do modo como vejo o passado, o presente e o futuro dos tempos, eu considero que nada mais, em todo o universo dos universos, tenha sido assim inevitável. O universo-mestre atual, quando visto em retrospectiva, ou em prospectiva, torna-se inconcebível sem a Trindade. Com a Trindade do Paraíso, nós podemos postular caminhos alternativos, ou mesmo múltiplos, de fazer todas as coisas, ao passo que sem a Trindade de Pai, Filho e Espírito, tornamo-nos incapazes de conceber como o Infinito poderia realizar uma personalização tríplice e coordenada, mantendo a unidade absoluta da Deidade. Nenhum outro conceito de criação alcança padrões de completitude e de absolutez como os da Trindade, inerentes à unidade da Deidade e aliados à plenitude de liberação volitiva inerente à personalização tríplice da Deidade.

1. A AUTODISTRIBUIÇÃO DA PRIMEIRA FONTE E CENTRO

Retrocedendo na eternidade, pareceria que o Pai inaugurou uma política aprofundada de autodistribuição. Há, inerentemente à natureza amorosa, amável e sem egoísmo do Pai Universal algo que O tenha levado a reservar-Se a exercer apenas os poderes e autoridade que aparentemente Ele tenha achado impossível delegar ou outorgar.

O Pai Universal despojou-Se sempre de toda a parte de Si próprio que seria outorgável a qualquer outro Criador ou criatura. Ele delegou aos Seus Filhos divinos, e às inteligências a eles associadas, todo poder e toda autoridade que poderiam ser delegados. Ele transferiu, de fato, aos Seus Filhos Soberanos, nos seus respectivos universos, toda prerrogativa de autoridade administrativa que era transferível. Nos assuntos de um universo local, Ele fez cada Filho Criador Soberano tão perfeito, competente, e com tanta autoridade quanto o Filho Eterno possui, no universo central e original. Ele entregou, na verdade, outorgou, com dignidade e santidade de posse de personalidade, tudo de Si, e todos os Seus atributos, tudo de que Ele possivelmente poderia despojar-Se, de todas as formas, em todas as idades, em todos os lugares e para todas as pessoas e em todos os universos, exceto aquele da Sua morada central.

A personalidade divina não é autocentrada; a autodistribuição e o compartilhamento da personalidade caracterizam o livre-arbítrio da individualidade divina. As criaturas anseiam por ligar-se a outras criaturas pessoais; os Criadores são movidos a compartilhar a divindade com os seus filhos do universo; a personalidade do Infinito revela-Se como o Pai Universal, que compartilha a realidade do Seu ser e a igualdade deste Ser com as duas personalidades coordenadas: o Filho Eterno e o Agente Conjunto.

Para o conhecimento da personalidade do Pai e dos Seus atributos divinos, nós seremos eternamente dependentes das revelações do Filho Eterno, pois, quando o ato conjunto de criação foi efetuado, quando a Terceira Pessoa da Deidade surgiu para a existência, em personalidade, e executou os conceitos combinados dos Seus pais divinos, o Pai cessou de existir como personalidade inqualificável. Com a vinda do Agente Conjunto à existência e com a materialização do núcleo central da criação, certas modificações eternas aconteceram. Deus doou-se a Si próprio, como uma personalidade absoluta, ao Seu Filho Eterno. Assim o Pai outorga a "personalidade da infinitude" ao Seu Filho unigênito, enquanto Ambos outorgam a "personalidade conjunta", da Sua união eterna, ao Espírito Infinito.

Por essas e por outras razões, que estão além dos conceitos da mente finita, torna-se extremamente difícil para a criatura humana compreender a personalidade paterna infinita de Deus, exceto do modo como ela é revelada no Filho Eterno e, com o Filho, como é universalmente ativa no Espírito Infinito.

Posto que os Filhos de Deus do Paraíso visitam os mundos evolucionários, algumas vezes até mesmo habitando neles, à semelhança da carne mortal, e, posto que essas auto-outorgas tornam possível ao homem mortal factualmente conhecer algo sobre a natureza e o caráter da personalidade divina, as criaturas das esferas planetárias devem, por essas razões, dar toda atenção às auto-outorgas, feitas por esses Filhos do Paraíso, para extrair delas as informações confiáveis e dignas de fé, a respeito do Pai, do Filho e do Espírito.

2. A PERSONALIZAÇÃO DA DEIDADE

Pela técnica da trinitarização, o Pai despoja-se daquela personalidade espiritual inqualificável, que é o Filho, mas, fazendo assim, Ele constitui-se como o Pai deste mesmo Filho e, conseqüentemente, reinveste-Se da capacidade ilimitada de tornar--se o Pai divino de todos os tipos personalizados de criatura volitiva inteligente, subseqüentemente criados, gerados ou manifestados de outros modos. Como *personalidade absoluta e inqualificável*, o Pai pode funcionar apenas como o Filho e com o Filho, mas como *Pai pessoal* Ele continua a outorgar personalidade às diversas hostes de níveis diferentes de criaturas volitivas inteligentes e, para sempre, mantém relações pessoais de união de amor com a vasta família dos Seus filhos do universo.

Após haver o Pai outorgado, à personalidade do Seu Filho, a plenitude de Si próprio, e, quando esse ato de doação de Si próprio torna-se completo e perfeito, os co-partícipes eternos outorgam conjuntamente aquelas qualidades e atributos, de poder e natureza infinitos, que assim existem na união Pai-Filho, constituindo ainda um outro ser como Eles próprios; e essa personalidade conjunta, o Espírito Infinito, completa a personalização existencial da Deidade.

O Filho é indispensável à paternidade de Deus. O Espírito é indispensável à fraternidade da Segunda e da Terceira Pessoas. Três pessoas são um grupo social mínimo; mas, entre as várias razões para acreditar-se na inevitabilidade do Agente Conjunto, esta seria a menos importante

A Primeira Fonte e Centro é a *personalidade-pai* infinita, a personalidade fonte ilimitada. O Filho Eterno é o *absoluto-da-personalidade* inqualificável: aquele Ser divino que permanece por todo o tempo e eternidade como a perfeita revelação da natureza pessoal de Deus. O Espírito Infinito é a *personalidade-conjunta*: a conseqüência pessoal única da união eterna entre o Pai e o Filho.

A personalidade da Primeira Fonte e Centro é a personalidade da infinitude, menos a personalidade absoluta do Filho Eterno. A personalidade da Terceira Fonte e Centro é a conseqüência supra-somatória da união da personalidade liberada do Pai e da personalidade absoluta do Filho.

O Pai Universal, o Filho Eterno e o Espírito Infinito são pessoas únicas; nenhuma é duplicata da outra; cada uma é original; e todas são unidas.

Apenas o Filho Eterno experiencia a plenitude do relacionamento entre as personalidades divinas: a consciência tanto da filiação ao Pai quanto da paternidade para com o Espírito, e da igualdade divina tanto com o Pai-ancestral quanto com o Espírito-associado. O Pai conhece a experiência de ter um Filho, que é o seu igual, mas o Pai não conhece nenhum antecedente ancestral. O Filho Eterno tem a experiência da filiação, o reconhecimento de um ancestral para a sua personalidade e, ao mesmo tempo, o Filho é consciente de ser o Pai conjunto do Espírito Infinito. O Espírito Infinito é consciente da duplicidade da personalidade ancestral, mas não é progenitor de nenhuma personalidade coordenada da Deidade. Com o Espírito, completa-se o ciclo existencial da personalização da Deidade; as personalidades primárias da Terceira Fonte e Centro são experienciais e são em número de sete.

Eu tenho origem na Trindade do Paraíso. Conheço a Trindade como Deidade unificada; eu também sei que o Pai, o Filho e o Espírito existem e atuam dentro dos Seus âmbitos pessoais definidos. Sei, efetivamente, que Eles não apenas atuam, pessoal e coletivamente, mas que Eles também coordenam as suas funções em várias formações, de modo tal que, finalmente, Eles atuem em sete funções diferentes, singulares e plurais. E, posto que estas sete associações esgotam as possibilidades de combinações de divindade, torna-se inevitável que as realidades do universo manifestem-se em sete variações de valores, significados e personalidades.

3. AS TRÊS PESSOAS DA DEIDADE

Não obstante exista apenas uma Deidade, há três personalizações positivas e divinas da Deidade. A respeito da doação de Ajustadores divinos ao homem, o Pai disse: "Façamos o homem mortal à Nossa própria imagem". Reiteradamente, nas escrituras de Urântia, ocorre essa referência aos atos e feitos da Deidade plural, evidenciando claramente o reconhecimento à existência e ao trabalho de Três Fontes e Centros.

Foi-nos ensinado que o Filho e o Espírito mantêm relações idênticas com o Pai, na coligação da Trindade. Na eternidade, e enquanto Deidades, Eles indubitavelmente sustentam-nas, mas, no tempo, e como personalidades, Eles certamente revelam relações de naturezas muito diversas. Olhando do Paraíso para os diversos universos, essas relações parecem ser muito similares, mas, se vistas dos domínios do espaço, elas parecem ser bem diferentes.

Os Filhos divinos são realmente a "Palavra de Deus"; mas os filhos do Espírito são verdadeiramente o "Ato de Deus". Deus fala por intermédio do Filho e, com o Filho, atua por intermédio do Espírito Infinito; ao mesmo tempo em que, em todas as atividades no universo, o Filho e o Espírito são sutilmente fraternais, trabalhando como dois irmãos iguais, com admiração e amor pelo Pai comum, honrado e divinamente respeitado.

O Pai, o Filho e o Espírito certamente são iguais em natureza, e coordenados no Ser; todavia, há diferenças inequívocas nas Suas atuações no universo; e, quando atuando a sós, cada Pessoa da Deidade é aparentemente limitada em absolutez.

O Pai Universal, antes do seu despojamento voluntário de personalidade, poderes e atributos, que constituiu o Filho e o Espírito, parece ter sido (considerando-se filosoficamente) uma Deidade inqualificável, absoluta e infinita. Mas, uma Primeira Fonte e Centro de tal modo teórica, sem um Filho, não poderia em nenhum sentido da palavra ser considerada o *Pai Universal*: a paternidade não é real sem filiação. Além disso, para ter sido absoluto em um sentido pleno, o Pai deve ter existido sozinho, em algum momento eternamente distante. Entretanto Ele nunca teve tal existência solitária; o Filho e o Espírito são ambos co-eternos com o Pai. A Primeira Fonte e Centro tem sempre sido, e para sempre será, o Pai eterno do Filho Original e, com o Filho, o eterno progenitor do Espírito Infinito.

Observamos que o Pai se despojou de todas as manifestações diretas de absolutez, exceto a paternidade absoluta e a absoluta volição. Nós não sabemos se a volição é um atributo inalienável do Pai, podemos observar apenas que Ele *não* se despojou da volição. Tal infinitude de vontade deve ter sido eternamente inerente à Primeira Fonte e Centro.

Ao outorgar absolutez de personalidade ao Filho Eterno, o Pai Universal escapa da algema do absolutismo da personalidade, mas, ao fazê-lo, dá um passo que torna para sempre impossível para Ele atuar a sós, como um absoluto da personalidade. E, com a personalização final da Deidade co-existente – o Agente Conjunto –, advém a interdependência trinitária crítica das Três personalidades divinas, no que diz respeito à totalidade de funcionamento da Deidade, no absoluto.

Deus é o Pai Absoluto de todas as personalidades no universo dos universos. O Pai é pessoalmente absoluto para a liberdade de ação, mas, nos universos do tempo e do espaço, já criados, em criação e ainda por serem criados, o Pai não é discernivelmente absoluto, como Deidade total, exceto na Trindade do Paraíso.

A Primeira Fonte e Centro atua, fora de Havona, nos universos fenomênicos, como a seguir:

1. Como criador, por intermédio dos Filhos Criadores, seus netos.

2. Como controlador, por meio do centro de gravidade do Paraíso.

3. Como espírito, por meio do Filho Eterno.

4. Como mente, por intermédio do Criador Conjunto.

5. Como Pai, Ele mantém o contato paterno com todas as criaturas por meio de Seu circuito de personalidade.

6. Como pessoa, Ele atua *diretamente* sobre toda a criação por meio dos seus exclusivos fragmentos – no homem mortal, por meio dos Ajustadores do Pensamento.

7. Como Deidade total, Ele funciona apenas na Trindade do Paraíso.

Toda essa renúncia e as delegações de jurisdição, feitas pelo Pai Universal, são inteiramente voluntárias e auto-impostas. O Pai Todo-Poderoso propositadamente assume essas limitações de autoridade no universo.

Parece que o Filho Eterno funciona como Um com o Pai em todos os aspectos espirituais, exceto na outorga dos fragmentos de Deus e em outras atividades pré-pessoais. E o Filho não está estreitamente identificado com as atividades intelectuais das criaturas materiais, nem com as atividades da energia nos universos materiais. Enquanto absoluto, o Filho atua como uma pessoa e apenas no domínio do universo espiritual.

O Espírito Infinito é surpreendentemente universal e incrivelmente versátil em todas as suas atuações. Ele opera nas esferas da mente, da matéria e do espírito. O Agente Conjunto representa a coligação Pai-Filho, mas também funciona como ele próprio. Ele não se ocupa diretamente com a gravidade física, nem com a gravidade espiritual, nem com o circuito da personalidade; mas Ele participa mais intensamente, ou menos, de todas as outras atividades no universo. Embora dependa, aparentemente, de três controles da gravidade, existenciais e absolutos, quer parecer que o Espírito Infinito exerça três supercontroles. Esse dom tríplice, Ele o emprega de muitos modos para transcender e aparentemente para neutralizar mesmo as manifestações de forças e energias primárias, até às fronteiras superúltimas da absolutez. Em certas situações, tais supercontroles transcendem absolutamente até mesmo às manifestações primais da realidade cósmica.

4. A UNIÃO TRINITÁRIA DA DEIDADE

Entre todas as coligações absolutas, a Trindade do Paraíso (a primeira triunidade) é única enquanto associação exclusiva das Deidades pessoais. Deus funciona como Deus apenas em relação a Deus e àqueles que podem conhecer Deus, mas como Deidade absoluta apenas atua por intermédio da e na Trindade do Paraíso, e em relação à totalidade do universo.

A Deidade eterna é perfeitamente unificada; há, contudo, três pessoas perfeitamente individualizadas na Deidade. A Trindade do Paraíso torna possível a expressão simultânea de toda a diversidade de traços de caráter e poderes infinitos da Primeira Fonte e Centro e das Suas coordenadas eternas e de toda a unidade divina das funções no universo da Deidade indivisa.

A Trindade é uma associação de pessoas infinitas funcionando impessoalmente, mas sem contradizer a personalidade. A ilustração é tosca, mas um pai, um filho e um neto poderiam formar uma entidade corporativa, que seria não pessoal, estando, contudo, sujeita às suas vontades pessoais.

A Trindade do Paraíso é *real*. Ela existe como a união, na Deidade, do Pai, do Filho e do Espírito; e, do mesmo modo, ainda, o Pai, o Filho ou o Espírito, ou quaisquer dois Deles podem funcionar em relação a essa mesma Trindade do Paraíso. Pai, Filho e Espírito podem colaborar de um modo não trinitário, mas não como três Deidades. Enquanto pessoas, Eles podem colaborar conforme escolherem, mas então não estariam atuando como uma Trindade.

Lembrai-vos sempre de que o Espírito Infinito realiza a função de um Agente Conjunto. Ambos, o Pai e o Filho funcionam Nele, por meio Dele e como Ele. Mas seria fútil tentar elucidar o mistério da Trindade: Três como Um e em Um, e Um como Dois e atuando por Dois.

A Trindade está tão relacionada aos assuntos do universo total, que isso deve ser sempre levado em conta nas nossas tentativas de explicar a totalidade de qualquer evento cósmico isoladamente ou nas relações de personalidade. A Trindade funciona em todos os níveis do cosmo; e o homem mortal está limitado ao nível finito; por isso o homem deve contentar-se com um conceito finito da Trindade, como Trindade.

Enquanto mortais na carne, vós deveríeis ver a Trindade de acordo com o vosso esclarecimento individual e em harmonia com as reações da vossa mente e da vossa alma. Pouquíssimo podeis saber da absolutez da Trindade; mas, à medida em que vós ascenderdes na direção do Paraíso, ireis experimentar espanto, muitas vezes, com as revelações sucessivas e descobertas inesperadas sobre a supremacia da Trindade e sobre a Sua ultimidade, senão sobre a Sua absolutez.

5. AS FUNÇÕES DA TRINDADE

As Deidades pessoais têm atributos, mas é difícil haver coerência em falar da Trindade como tendo atributos. Essa coligação de seres divinos deve, mais apropriadamente, ser encarada como tendo *funções*, tais como a administração da justiça, as atitudes da totalidade, a ação coordenada e o supercontrole cósmico. Essas funções são ativamente supremas, últimas e (dentro dos limites da Deidade) absolutas, no que concerne a todas as realidades vivas de valores da personalidade.

As funções da Trindade do Paraíso não são simplesmente uma soma dos dons aparentes da divindade do Pai, mais aqueles atributos especializados, que são únicos na existência pessoal do Filho e do Espírito. A conjunção das três Deidades do Paraíso na Trindade resulta na evolução, exteriorização, geração e deificação de novos significados, valores, poderes e capacidades para a revelação, ação e administração universais. As coligações vivas, as famílias humanas, os grupos sociais ou a Trindade do Paraíso não se conjugam crescendo segundo adições meramente aritméticas. O potencial de um grupo excede sempre, e amplamente, a simples soma dos atributos dos indivíduos componentes.

A Trindade mantém uma atitude única, enquanto Trindade, para com todo o universo passado, presente e futuro. E as funções da Trindade podem ser mais bem consideradas por meio das atitudes da Trindade para com o universo. Tais atitudes são simultâneas e podem ser múltiplas quando ligadas a qualquer situação ou evento isolado:

1. *A Atitude para com o Finito*. O máximo de autolimitação da Trindade é a Sua atitude para com o finito. A Trindade não é uma pessoa, nem o Ser Supremo é uma personalização exclusiva da Trindade; o Supremo, entretanto, é o que mais se aproxima de uma focalização do poder de personalidade, da Trindade e, de um modo tal, que Ela seja compreendida pelas criaturas finitas. Daí o fato de a relação da Trindade com o finito ser chamada, algumas vezes, de Trindade da Supremacia.

2. *A Atitude para com o Absonito*. A Trindade do Paraíso tem uma relação com aqueles níveis de existência que são mais do que finitos, mas menos do que absolutos; e essa relação algumas vezes é denominada Trindade da Ultimidade. Nem o Último, nem o Supremo são inteiramente representativos da Trindade do Paraíso, mas, em um sentido determinado e para os seus respectivos níveis, cada um parece representar a Trindade durante as eras pré-pessoais do desenvolvimento do poder experiencial.

3. *A Atitude Absoluta* da Trindade do Paraíso tem relação com as existências absolutas e culmina com a ação da Deidade total.

A Trindade Infinita envolve a ação coordenada de todas as relações de triunidade da Primeira Fonte e Centro – tanto as não-deificadas, quanto as deificadas – e, conseqüentemente, torna-se bastante difícil para as personalidades captá-las. Na contemplação da Trindade, enquanto infinita, não ignoreis as sete triunidades; assim, pois, certas dificuldades de entendimento poderão ser evitadas e, alguns paradoxos, parcialmente resolvidos.

Todavia, eu não domino a linguagem que me capacitaria a transmitir, à limitada mente humana, a verdade plena e o significado eterno da Trindade do Paraíso, bem como a natureza da interassociação interminável dos três Seres de perfeição infinita.

6. OS FILHOS ESTACIONÁRIOS DA TRINDADE

Toda lei tem origem na Primeira Fonte e Centro; *Ele é lei*. A administração da lei espiritual é inerente à Segunda Fonte e Centro. A revelação da lei, a promulgação e a interpretação dos estatutos divinos são funções da Terceira Fonte e Centro. A aplicação da lei, a justiça, cai no domínio da Trindade do Paraíso, e é levada avante por certos Filhos da Trindade.

A Justiça é inerente à soberania universal da Trindade do Paraíso, mas a bondade, a misericórdia e a verdade são ministrações universais das personalidades divinas, cuja união na Deidade constitui a Trindade. A Justiça não é a atitude do Pai, do Filho ou do Espírito. A Justiça é a atitude da Trindade composta dessas personalidades de amor, de misericórdia e de ministração. Nenhuma das Deidades do Paraíso fomenta a administração da Justiça. A Justiça nunca é uma atitude pessoal; é sempre uma função plural.

A Evidência, a base da eqüidade (a justiça em harmonia com a misericórdia), é suprida pelas personalidades da Terceira Fonte e Centro, que representam conjuntamente o Pai e o Filho para todos os reinos e para as mentes dos seres inteligentes de toda a criação.

O Julgamento, a aplicação final da justiça, de acordo com a evidência apresentada pelas personalidades do Espírito Infinito, é uma função dada aos Filhos Estacionários da Trindade, seres que partilham da natureza trinitária do Pai, do Filho e do Espírito, unidos.

Esse grupo de Filhos da Trindade abrange as personalidades seguintes:

1. Os Segredos Trinitarizados da Supremacia.
2. Os Eternos dos Dias.
3. Os Anciães dos Dias.
4. Os Perfeições dos Dias.
5. Os Recentes dos Dias.
6. Os Uniões dos Dias.
7. Os Fiéis dos Dias.
8. Os Perfeccionadores da Sabedoria.
9. Os Conselheiros Divinos.
10. Os Censores Universais.

Nós somos os filhos das três Deidades do Paraíso, funcionando como a Trindade, pois me acontece pertencer à décima ordem desse grupo, a dos Censores Universais. Tais ordens não são representativas da atitude da Trindade, em um sentido universal; elas representam essa atitude coletiva da Deidade, apenas nos domínios do julgamento executivo – da justiça. Foram especificamente concebidas pela Trindade, para o trabalho preciso com o qual estão comprometidas; e representam a Trindade apenas naquelas funções para as quais foram personalizadas.

Os Anciãos dos Dias e os seus colaboradores, de origem trinitária, distribuem o julgamento exato, com uma eqüidade suprema, aos sete superuniversos. No universo central, tais funções existem em teoria apenas; ali a eqüidade é auto-evidente em perfeição, e a perfeição de Havona torna inviável qualquer possibilidade de desarmonia.

A justiça é o pensamento coletivo da retidão; a misericórdia é a sua expressão pessoal. A misericórdia é a atitude de amor; a precisão caracteriza a aplicação da lei; o julgamento divino é a alma da eqüidade, sempre se conformando à justiça da Trindade, sempre correspondendo ao amor divino de Deus. Quando totalmente percebida e completamente compreendida, a reta justiça da Trindade e o amor misericordioso do Pai Universal são coincidentes. O homem, entretanto, não tem o pleno entendimento da justiça divina. Assim, da perspectiva do homem, na Trindade, as personalidades do Pai, do Filho e do Espírito estão ajustadas entre si para coordenar o ministério do amor e da lei nos universos experienciais do tempo.

7. O SUPERCONTROLE DA SUPREMACIA

A Primeira, a Segunda e a Terceira Pessoas da Deidade são iguais entre Si, e Elas são Uma. "O Senhor nosso Deus é um Deus". Existe perfeição de propósito e unidade de execução na Trindade divina das Deidades eternas. O Pai, o Filho e o Agente Conjunto são, verdadeira e divinamente, Um. Em verdade está escrito: "Eu sou o primeiro, e sou o último, e fora de Mim não há Deus".

Do modo como as coisas se mostram ao mortal no nível finito, tanto a Trindade do Paraíso quanto o Ser Supremo parecem ocupar-Se apenas do total – o planeta total, o universo total, o superuniverso total, o grande universo total. Essa atitude de totalidade existe porque a Trindade é o total da Deidade, e por muitas outras razões.

O Ser Supremo é algo diferente da Trindade, e algo a menos, atuando nos universos finitos; mas, dentro de certos limites e durante a era presente, de personalização incompleta do poder, essa Deidade evolucionária efetivamente parece refletir a atitude da Trindade da Supremacia. O Pai, o Filho e o Espírito não atuam pessoalmente no Ser Supremo; contudo, durante a idade presente do universo, Eles colaboram com ele, enquanto Trindade. Nós entendemos que Eles sustentam uma relação semelhante com o Último. E nós conjecturamos, muitas vezes, sobre qual poderá ser a relação pessoal entre as Deidades do Paraíso e Deus, o Supremo, quando ele houver evoluído finalmente; mas de fato não sabemos.

Não achamos que o supercontrole da Supremacia seja totalmente previsível. Além disso, essa imprevisibilidade parece ser caracterizada por uma certa incompletude de desenvolvimento, sem dúvida um sinal da incompletude do Supremo e da incompletude de uma reação finita à Trindade do Paraíso.

A mente mortal pode, por isso, pensar logo em mil e uma coisas – eventos físicos catastróficos, acidentes espantosos, desastres horríveis, doenças dolorosas e calamidades mundiais – e perguntar se tais visitações estão correlacionadas a manobras desconhecidas desse funcionamento provável do Ser Supremo. Francamente, não sabemos; não estamos realmente certos. Todavia, observamos que, à medida que o tempo passa, todas essas situações difíceis, e mais ou menos misteriosas, trabalham *sempre* para o bem-estar e o progresso dos universos. Pode acontecer que as circunstâncias da existência e as inexplicáveis vicissitudes da vida estejam todas entrelaçadas em um significativo modelo de alto valor, por causa da função do Supremo e do supercontrole da Trindade.

Enquanto filhos de Deus vós podereis discernir, em todos os atos de Deus, o Pai, a Sua atitude pessoal de amor. Mas não sereis sempre capazes de entender, quantos, entre os atos universais da Trindade do Paraíso, resultam no bem do indivíduo mortal nos mundos evolucionários do espaço. No progresso da eternidade, os atos da Trindade revelar-se-ão como significativos e plenos de consideração pelo todo, mas nem sempre aparentarão ser assim para a criatura do tempo.

8. A TRINDADE ALÉM DO FINITO

Muitas verdades e fatos pertinentes à Trindade do Paraíso só podem ser compreendidos, e apenas parcialmente, pelo reconhecimento de uma função que transcende ao finito.

Não seria aconselhável discorrer sobre as funções da Trindade da Ultimidade, mas pode ser revelado que Deus, o Último, é a manifestação da Trindade tal como é compreendida pelos Transcendentores. Nós estamos inclinados a acreditar que a unificação do universo-mestre seja o ato da culminância do Último, e que seja, provavelmente, o reflexo de certas fases, mas não de todas, do supercontrole absonito da Trindade do Paraíso. O Último é uma manifestação específica da Trindade, em relação ao absonito, apenas no sentido em que o Supremo represente, assim parcialmente, a Trindade em relação com o finito.

O Pai Universal, o Filho Eterno e o Espírito Infinito são, em um sentido evidente, as personalidades constituintes da Deidade Total. A união Deles, na Trindade do Paraíso, e a função absoluta da Trindade equivalem à função da Deidade Total. E o completar assim, da Deidade, transcende tanto ao finito quanto ao absonito.

Ainda que nenhuma pessoa das Deidades do Paraíso preencha, sozinha, todo potencial da Deidade, coletivamente as Três o fazem. Três pessoas infinitas parecem ser o número mínimo de seres requeridos para ativar o potencial pré-pessoal e existencial da Deidade Total – o Absoluto da Deidade.

Conhecemos o Pai Universal, o Filho Eterno e o Espírito Infinito, como *Pessoas*, mas eu não conheço pessoalmente o Absoluto da Deidade. Eu amo e adoro a Deus, o Pai; mas respeito e honro o Absoluto da Deidade.

Certa vez estive em um universo no qual um certo grupo de seres ensinava que os finalitores, na eternidade, tornar-se-iam finalmente os filhos do Absoluto da Deidade. Mas não me sinto disposto a aceitar tal solução para o mistério oculto do futuro dos finalitores.

O Corpo de Finalidade abrange, entre outros, aqueles mortais do tempo e do espaço que hajam atingido a perfeição, em tudo que é pertinente à vontade de Deus. Como criaturas, e dentro dos limites da capacidade da criatura, eles conhecem a Deus, completa e verdadeiramente. Havendo assim encontrado Deus, como o Pai de todas as criaturas, esses finalitores devem, em algum momento, começar a procura do Pai suprafinito. Mas essa busca envolve uma compreensão da natureza absonita do caráter e dos atributos últimos do Pai do Paraíso. A eternidade desvelará se tal realização é possível, mas estamos convencidos de que, ainda que os finalitores compreendam essa ultimidade da divindade, eles serão provavelmente incapazes de atingir os níveis supra-últimos da Deidade absoluta.

Pode ser possível que os finalitores alcancem parcialmente o Absoluto da Deidade, mas ainda que eles o consigam, mesmo assim, na eternidade das eternidades, o dilema do Absoluto Universal continuará intrigando, mistificando, confundindo e desafiando os finalitores ascendentes e em progresso, pois percebemos que a insondabilidade das relações cósmicas do Absoluto Universal tenderá a crescer, na proporção em que os universos materiais e a sua administração espiritual continuarem a expandir-se.

Apenas a infinitude pode revelar o Pai-Infinito.

[Auspiciado por um Censor Universal, atuando com a autoridade dos Anciães dos Dias, residentes em Uversa.]

DOCUMENTO 11

A ILHA ETERNA DO PARAÍSO

O PARAÍSO é o centro eterno do universo dos universos, e o local de morada do Pai Universal, do Filho Eterno, do Espírito Infinito e dos Seus coligados e coordenados divinos. Esta Ilha Central é o corpo organizado mais gigantesco de realidade cósmica em todo o universo-mestre. O Paraíso é uma esfera material, bem como uma morada espiritual. Toda a criação inteligente do Pai Universal é domiciliada em moradas materiais; portanto, o centro de controle absoluto deve também ser material, físico. E, novamente, deve ser reiterado que as coisas do espírito e os seres espirituais são *reais*.

A beleza material do Paraíso consiste na magnificência da sua perfeição física; a grandiosidade da Ilha de Deus é demonstrada nas realizações intelectuais esplêndidas e no desenvolvimento da mente dos seus habitantes; a glória da Ilha Central é manifestada no dom infinito da personalidade espiritual divina – a luz da vida. A profundidade da beleza espiritual e as maravilhas desse magnífico conjunto estão além da compreensão da mente finita das criaturas materiais. A glória e o esplendor espiritual da morada divina são inacessíveis à compreensão dos mortais. O Paraíso existe desde a eternidade; não há registros, nem tradições a respeito da origem dessa Ilha, núcleo de Luz e Vida.

1. A RESIDÊNCIA DIVINA

O Paraíso serve a muitos propósitos na administração dos reinos universais; para os seres criaturas, contudo, ele existe primordialmente, como o local de morada da Deidade. A presença pessoal do Pai Universal é residente no centro exato da superfície superior dessa morada quase circular, mas não esférica, das Deidades. Essa presença do Pai Universal no Paraíso é envolvida, total e diretamente, pela presença pessoal do Filho Eterno, ao mesmo tempo em que são ambos revestidos pela glória indescritível do Espírito Infinito.

Deus habita, tem habitado e para sempre irá habitar nessa mesma morada central e eterna. Nós O temos sempre encontrado e sempre O encontraremos lá. O Pai Universal é cosmicamente focalizado, espiritualmente personalizado e geograficamente residente nesse centro do universo dos universos.

Todos sabemos qual é o caminho direto a percorrer para encontrar o Pai Universal. Vós não sois capazes de compreender muito sobre a residência divina, por sua distância de vós e pela imensidão do espaço que vos separa dela; no entanto, aqueles que são capazes de compreender o significado dessas distâncias enormes conhecem a localização e a residência de Deus, tal como vós, certa e literalmente, sabeis a localização de Nova Iorque, Londres, Roma ou Cingapura, cidades definidas e geograficamente localizadas em Urântia. Se fôsseis navegadores inteligentes, equipados com uma nave, mapas e bússolas, vós iríeis achar essas cidades prontamente. Do mesmo modo, se tivésseis o tempo e os meios de viajar, se fôsseis espiritualmente qualificados e se tivésseis o norteamento necessário, vós poderíeis ser pilotados de universo a universo e de circuito a circuito, em uma jornada sempre para o interior, através dos reinos estelares, até que, por fim, estaríeis diante do resplendor central da glória espiritual do Pai Universal. Providos com tudo o que for necessário para a viagem, é tão possível encontrar a presença pessoal de Deus, no centro de todas as coisas, quanto encontrar cidades distantes no vosso próprio planeta. Que vós não haveis ainda visitado esses locais, de nenhum modo contesta a realidade deles; nem a sua existência factual. Pois, se poucas são as criaturas do universo que se hajam encontrado com Deus no Paraíso, de nenhum modo isso invalida, seja a realidade da existência Dele, seja a factualidade da Sua pessoa espiritual no centro de todas as coisas.

O Pai sempre pode ser encontrado nessa localização central. Se Ele se movesse, um pandemônio universal precipitar-se-ia, pois Nele, nesse centro residencial, convergem as linhas universais da gravidade, vindas desde os confins da criação. Se remontarmos ao circuito da personalidade através dos universos, ou se seguirmos as personalidades em ascensão, na sua jornada interior até o Pai; se traçarmos as linhas da gravidade material até o Paraíso Inferior, ou se seguirmos os ciclos emergentes de força cósmica; se traçarmos as linhas da gravidade espiritual até o Filho Eterno, ou se seguirmos a procissão na direção interna dos Filhos de Deus do Paraíso; se traçarmos os circuitos da mente ou se seguirmos os trilhões de trilhões de seres celestes que nascem do Espírito Infinito – por meio de qualquer dessas observações, ou de todas elas, seremos conduzidos diretamente de volta à presença do Pai, na Sua morada central. Ali, Deus está presente, pessoal, literal e efetivamente. E deste Ser infinito fluem os caudais das correntes da vida, da energia e da personalidade, para todos os universos.

2. NATUREZA DA ILHA ETERNA

Posto que estais começando a vislumbrar a enormidade do universo material discernível até mesmo da vossa localização astronômica, da vossa posição espacial nos sistemas estelares, deveria tornar-se evidente, para vós, que um universo material assim tão extraordinário há de ter uma capital adequada e digna, uma sede de governo à altura da dignidade e infinitude do Soberano universal de toda essa vasta e múltipla criação de reinos materiais e seres vivos.

Na forma, o Paraíso difere de corpos espaciais habitados: não é esférico. É definitivamente elipsóide; o diâmetro norte-sul sendo um sexto mais longo do que o diâmetro leste-oeste. A Ilha Central é essencialmente achatada, e a distância da superfície superior para a superfície inferior é um décimo do tamanho do diâmetro leste-oeste.

Consideradas em conjunto no seu estado estacionário, e considerando a maior pressão exterior de força-energia na extremidade norte da Ilha, essas diferenças em dimensões, tornam possível o estabelecimento de uma direção absoluta, no universo-mestre.

A Ilha Central está geograficamente dividida em três domínios de atividade:

1. O Paraíso Superior
2. O Paraíso Periférico
3. O Paraíso Inferior

Referimo-nos à superfície do Paraíso, a qual está ocupada com as atividades da personalidade, como sendo o lado superior; e à superfície oposta, como o lado inferior. A periferia do Paraíso proporciona atividades que não são estritamente pessoais, nem não-pessoais. A Trindade parece dominar o plano pessoal ou superior; o

Absoluto Inqualificável, o plano inferior ou impessoal. Dificilmente nós concebemos o Absoluto Inqualificável como uma pessoa, mas pensamos na presença espaço-funcional desse Absoluto como focalizada no Paraíso Inferior.

A Ilha Eterna é composta de uma única forma de materialização – sistemas estacionários de realidade. Essa substância real do Paraíso é uma organização homogênea da potência espacial, que não será encontrada em outro lugar em todo o amplo universo dos universos. Tem recebido muitos nomes, em universos diferentes; e os Melquisedeques, de Nébadon, há muito denominaram-na de *absolutum*. Essa fonte material do Paraíso não é nem morta nem viva; é a expressão não-espiritual original da Primeira Fonte e Centro; é o *Paraíso*, e o Paraíso não tem duplicata.

Parece-nos que a Primeira Fonte e Centro concentrou todo o potencial absoluto de realidade cósmica no Paraíso, como uma parte da Sua técnica de auto-liberação das limitações da infinitude, como um meio de tornar possível a criação subinfinita, e mesmo a criação no espaço-tempo. No entanto, não implica que o Paraíso seja limitado no espaço-tempo, apenas porque o universo dos universos demonstra ter essas qualidades. O Paraíso existe fora do tempo e não tem localização no espaço.

Grosso modo: o espaço origina-se, aparentemente, logo abaixo do Paraíso inferior; o tempo origina-se logo acima do Paraíso superior. O tempo, como vós o compreendeis, não é um aspecto da existência do Paraíso, embora os cidadãos da Ilha Central sejam plenamente conscientes de uma seqüência não temporal de eventos. O movimento não é inerente ao Paraíso; é volicional. Mas o conceito de distância, mesmo o da distância absoluta, tem muito significado, pois pode ser aplicado a localizações relativas no Paraíso. O Paraíso é não espacial; conseqüentemente, as suas áreas são absolutas e, portanto, se prestam ao serviço de muitos modos, além dos que concebe a mente mortal.

3. O PARAÍSO SUPERIOR

No Paraíso superior, há três esferas grandiosas de atividades, a da *Presença da Deidade*, a da *Esfera Santíssima*, e a *Área Santa*. A vasta região adjacente que rodeia a presença das Deidades é separada como a Esfera Santíssima e reservada às funções da adoração, trinitização e realizações espirituais elevadas. Não há estruturas materiais, nem criações puramente intelectuais nessa zona, pois estas não poderiam existir ali. É inútil que eu assuma fazer a descrição, para a mente humana, da natureza divina e da magnitude esplendorosa da Esfera Santíssima do Paraíso. Esse domínio é completamente espiritual e vós sois materiais, quase completamente. Uma realidade puramente espiritual é, para um ser puramente material, aparentemente não existente.

Se bem que não haja materializações físicas, na área do Santíssimo, há abundantes recordações dos vossos dias materiais nos setores da Área Santa e mais ainda nas áreas de reminiscências históricas do Paraíso periférico.

A Área Santa, a região exterior ou residencial, é dividida em sete zonas concêntricas. O Paraíso, algumas vezes, é chamado "a Casa do Pai", posto que é a residência eterna Dele; e essas sete zonas são muitas vezes designadas como as "mansões do Pai do Paraíso". A primeira zona, ou a zona interna, é ocupada por cidadãos do Paraíso e por nativos de Havona, que podem estar morando no Paraíso. A próxima, a segunda zona, é a área residencial dos nativos dos sete superuniversos do tempo e do espaço. Essa segunda zona é subdividida, parcialmente, em sete imensas divisões, que são os lares no Paraíso dos seres espirituais e das criaturas ascendentes que provêm dos universos de progressão evolucionária. Cada um desses setores é dedicado exclusivamente ao bem-estar e ao avanço das personalidades de um único superuniverso, mas essas instalações são quase infinitamente maiores do que o necessário, atualmente, aos sete superuniversos.

Cada um dos sete setores do Paraíso é subdividido em unidades residenciais apropriadas ao alojamento-sede de um bilhão de grupos de trabalho separados de indivíduos glorificados. Dessas unidades, mil constituem uma divisão. Cem mil divisões são uma congregação. Dez milhões de congregações constituem uma assembléia. Um bilhão de assembléias constitui uma grande unidade. E essa série ascendente continua até uma segunda grande unidade, e até a terceira, e assim por diante, até a sétima grande unidade. E sete das grandes unidades perfazem uma unidade-mestra, e sete dessas unidades-mestras constituem uma unidade superior; e assim, em agrupamentos de sete, as séries ascendentes expandem-se de uma unidade superior a uma unidade supra-superior, à celeste, à supra-celeste, indo até as unidades supremas. Mas, ainda assim, isso não ocupa todo o espaço disponível. Esse número assombroso de designações residenciais no Paraíso, um número para além dos vossos conceitos, ocupa consideravelmente menos do que um por cento da área designada para a Terra Santa. Há ainda muito espaço para aqueles que estão no caminho até o seu interior, mesmo para aqueles que só iniciarão a escalada ao Paraíso em tempos no futuro eterno.

4. O PARAÍSO PERIFÉRICO

A Ilha Central termina abruptamente na periferia, mas o seu tamanho é tão enorme que esse ângulo terminal é relativamente indiscernível de dentro de qualquer área circunscrita. A superfície periférica do Paraíso é ocupada, em parte, pelos campos de embarque e desembarque de vários grupos de personalidades espirituais. Posto que as zonas espaciais não ocupadas quase alcançam a periferia, todo o transporte das personalidades destinadas ao Paraíso aterrissa nessas regiões. Nem o Paraíso superior, nem o inferior são acessíveis aos supernafins de transporte ou a outros tipos de cruzadores do espaço.

Os Sete Espíritos Mestres têm os seus assentos pessoais de poder e autoridade nas sete esferas do Espírito, que giram ao redor do Paraíso, no espaço entre os orbes resplandecentes do Filho e o circuito interno dos mundos de Havona; e eles mantêm sedes-centrais de focalização de força na periferia do Paraíso. Ali, as presenças dos Sete Diretores Supremos de Potência, circulando lentamente, indicam o local das sete estações de onde algumas energias saem como clarões, na direção dos sete superuniversos.

Ali, no Paraíso periférico, estão as áreas enormes de exposição histórica e profética, destinadas aos Filhos Criadores, dedicadas aos universos locais do tempo e do espaço. Existem sete trilhões dessas reservas históricas, já estabelecidas ou reservadas, mas todos esses dispositivos ocupam apenas cerca de quatro por cento da porção da área periférica destinada a esse fim. Inferimos que essas vastas reservas pertencem a criações a serem situadas, em algum momento, para além dos limites dos sete superuniversos presentemente conhecidos e habitados.

A porção do Paraíso que foi designada para o uso dos universos existentes está ocupada apenas na proporção de um a quatro por cento, enquanto toda a área destinada a essas atividades é pelo menos um milhão de vezes aquela que atualmente se faz necessária para tais propósitos. O Paraíso é grande o suficiente para acomodar as atividades de uma criação quase infinita.

Mas qualquer outra tentativa de visualizar, para vós, as glórias do Paraíso seria inútil. Deveis esperar, e ascender enquanto esperais, pois, verdadeiramente: "O olho não viu, nem o ouvido escutou, nem entraram ainda na mente do homem mortal as coisas que o Pai Universal preparou para aqueles que sobreviverem à vida na carne, nos mundos do tempo e do espaço".

5. O PARAÍSO INFERIOR

A respeito do Paraíso inferior, conhecemos apenas aquilo que foi revelado; as personalidades não habitam ali. Não tem nada a ver com os assuntos das inteligências espirituais, nem ali atua o Absoluto da Deidade. Fomos informados de que todos os circuitos de energia física e de força cósmica têm a sua origem no Paraíso inferior, o qual é constituído como se descreve a seguir:

1. Diretamente abaixo da localização da Trindade, na parte central do Paraíso inferior, está a desconhecida e não revelada Zona da Infinitude.

2. Essa zona é imediatamente cercada por uma área sem denominação.

3. Ocupando as margens exteriores da superfície inferior, está uma região que tem a ver principalmente com a potência espacial e a força-energia. As atividades desse vasto centro elíptico de força não são identificáveis com as funções conhecidas de qualquer triunidade, mas a força-carga primordial do espaço parece estar focalizada nessa área. Esse centro consiste em três zonas elípticas concêntricas: a mais interior é o ponto focal das atividades de energia-força do próprio Paraíso; a mais exterior possivelmente pode ser identificada com as funções do Absoluto Inqualificável, mas não estamos certos a respeito das funções espaciais da zona intermediária.

A *zona interior* desse centro de força parece agir como um coração gigantesco, cujas pulsações dirigem correntes até os limites mais exteriores do espaço físico. Ela dirige e modifica as energias-forças, mas não as impulsiona. A presença-pressão da realidade dessa força primal é definitivamente maior na extremidade norte do centro do Paraíso do que nas regiões do sul; essa é uma diferença uniformemente registrada. A força-mãe do espaço parece fluir para dentro no lado sul e para fora no lado norte, por meio da operação de algum sistema circulatório desconhecido, que está ligado à difusão dessa forma básica de energia-força. De tempos em tempos, foram também percebidas diferenças entre as pressões de leste para oeste. As forças que emanam dessa zona não reagem à gravidade física observável, mas são sempre obedientes à gravidade do Paraíso.

A *zona intermediária* do centro de força circunda diretamente essa área. Essa zona intermediária parece ser estática, exceto por expandir-se e contrair-se, através de três ciclos de atividade. A menor dessas pulsações está em uma direção leste-oeste, a próxima está em uma direção norte-sul, enquanto a maior flutuação está em todas as direções, em expansão e em contração generalizadas. A função dessa área intermediária nunca foi realmente identificada, mas deve ter algo a ver com o ajustamento recíproco entre as zonas interior e exterior do centro de força. Muitos acreditam que a zona intermediária é o mecanismo de controle do espaço intermediário, ou zonas quietas, que separam os sucessivos níveis espaciais do universo-mestre, mas nenhuma evidência ou revelação confirma isso. Essa inferência é derivada do conhecimento de que essa área intermediária está, de alguma maneira, relacionada ao funcionamento do mecanismo dos espaços não ocupados do universo-mestre.

A *zona exterior* é a maior e a mais ativa dos três cinturões concêntricos e elípticos de potencial espacial não identificado. Essa área é o local das atividades não imaginadas, o ponto central do circuito das emanações que se espalham em todas as direções no espaço, até os limites mais externos dos sete superuniversos e mesmo além daí, para estender-se aos enormes e incompreensíveis domínios de todo o espaço exterior. Essa presença espacial é inteiramente impessoal, não obstante, de alguma maneira não revelada, pareça ser indiretamente sensível à vontade e aos mandados das Deidades infinitas, quando atuam enquanto Trindade. Acredita-se que isso seja a focalização central, no centro do Paraíso, da presença espacial do Absoluto Inqualificável.

Todas as formas de força e todas as fases de energia parecem estar em circuito, elas circulam através dos universos e retornam por trajetos definidos. Mas, com as emanações da zona ativada do Absoluto Inqualificável, parece que há sempre uma saindo e uma chegando – nunca ambas, simultaneamente. Essa zona exterior pulsa, em ciclos que duram idades de proporções gigantescas. Por um pouco mais de um bilhão dos anos de Urântia, a força espacial desse centro move-se para fora; e então, por um período similar de tempo, ela estará movendo-se para dentro. E as manifestações de força espacial desse centro são universais; elas estendem-se através de todo o espaço ocupável.

Toda a força física, a energia e a matéria são uma. Toda a energia-força originalmente procede do Paraíso inferior, e irá finalmente retornar para lá, na seqüência de complementação do seu circuito espacial. Mas, as energias e as organizações materiais do universo dos universos não provieram todas do Paraíso inferior, nos seus estados fenomênicos atuais; o espaço é o útero de várias formas de matéria e pré-matéria. Embora a zona exterior do centro de força do Paraíso seja a fonte das energias espaciais, o espaço não se origina ali. O espaço não é força, nem energia, nem potência. Nem as pulsações dessa zona são responsáveis pela respiração do espaço, mas as fases de inspiração e de expiração dessa zona são sincronizadas com os ciclos de dois bilhões de anos de expansão-contração do espaço.

6. A RESPIRAÇÃO DO ESPAÇO

Não conhecemos o mecanismo factual da respiração do espaço; observamos, meramente, que todo o espaço contrai-se e expande-se alternadamente. Essa respiração afeta tanto a extensão horizontal do espaço preenchido quanto as extensões verticais de espaço não-preenchido, que existem nos vastos reservatórios de espaço, acima e abaixo do Paraíso. Ao tentar imaginar os contornos do volume desses reservatórios de espaço, vós poderíeis pensar em uma ampulheta.

À medida que os universos da extensão horizontal do espaço preenchido se expandem, os reservatórios de extensão vertical do espaço não-preenchido contraem-se, e vice-versa. Há uma confluência entre o espaço preenchido e o espaço não-preenchido, exatamente abaixo do Paraíso inferior. Ambos os tipos de espaço confluem ali, através dos canais de regulagem da transmutação, onde se operam as mudanças que fazem com que o espaço preenchível torne-se não preenchível e vice-versa, nos ciclos de contração e expansão do cosmo.

Espaço "não-preenchido" quer dizer: não-preenchido por aquelas forças, energias, potências e presenças conhecidas como existentes em espaços ocupados. Não sabemos se o espaço vertical (de reservatório) é destinado sempre a funcionar como contrapeso do espaço horizontal (o universo); não sabemos se há um intento criador, que seja pertinente ao espaço não-preenchido; sabemos realmente pouquíssimo acerca dos reservatórios de espaço, sabemos quase meramente que existem e que parecem contrabalançar os ciclos de contração-expansão do espaço do universo dos universos.

Os ciclos da respiração do espaço, em cada fase, duram um pouco mais do que um bilhão dos anos de Urântia. Durante uma fase, os universos expandem-se; durante a seguinte, eles contraem-se. O espaço preenchido atualmente aproxima-se do ponto médio da fase de expansão, enquanto o espaço não-preenchido aproxima-se do ponto médio da fase de contração; e estamos informados de que os limites externos extremos de ambas as extensões do espaço, atualmente e em teoria, estão mais ou menos eqüidistantes do Paraíso. Os reservatórios de espaço não-preenchido, agora, estendem-se verticalmente acima do Paraíso superior e, para baixo do Paraíso inferior, estendem-se exatamente até o ponto em que o espaço ocupado, do universo, estende-se horizontalmente, para fora do Paraíso periférico até e mesmo para além do quarto nível do espaço exterior.

Por um bilhão de anos do tempo de Urântia, os reservatórios do espaço contraem-se, enquanto o universo-mestre e as atividades de força, de todo o espaço horizontal, expandem-se. Assim, um pouco mais do que dois bilhões de anos de Urântia são necessários para que se complete, por inteiro, o ciclo de expansão-contração.

7. AS FUNÇÕES ESPACIAIS DO PARAÍSO

O espaço não existe, em nenhuma das superfícies do Paraíso. Se "olhássemos" diretamente para cima, da superfície superior do Paraíso, não "veríamos" nada, a não ser espaço não-preenchido, saindo ou entrando; no momento presente, está entrando. O espaço não toca o Paraíso; apenas as *zonas de espaço-intermediário* quiescentes entram em contato com a Ilha Central.

O Paraíso é o núcleo efetivamente imóvel das zonas relativamente serenas ou quietas que existem entre o espaço preenchido e o espaço não ocupado. Geograficamente, essas zonas parecem ser uma extensão relativa do Paraíso, mas, provavelmente, há algum movimento nelas. Sabemos pouco a respeito delas, mas observamos que essas zonas de movimento espacial mais reduzido estão separando o espaço preenchido do não-preenchido. Zonas similares já existiram, certa vez, entre os níveis do espaço preenchido, mas essas zonas agora estão menos quiescentes.

A secção de um corte vertical, no espaço total, assemelhar-se-ia ligeiramente a uma cruz-de-malta, com os braços horizontais representando o espaço preenchido (o universo) e os braços verticais representando o espaço não-preenchido (os reservatórios). As áreas entre os quatro braços separá-los-iam de modo semelhante àquele pelo qual as zonas intermediárias separam o espaço preenchido do não-preenchido. Essas zonas quiescentes intermediárias de espaço ficam maiores e maiores, quanto mais longas forem as suas distâncias do Paraíso; e, finalmente, abrangem as fronteiras de todo o espaço e encasulam, completamente, tanto os reservatórios de espaço quanto a extensão horizontal inteira do espaço preenchido.

O espaço não é nem uma condição subabsoluta, dentro do Absoluto Inqualificável, nem a presença desse Absoluto; assim como não é uma função do Último. É uma dádiva do Paraíso; e o espaço do grande universo e o de todas as regiões exteriores, acredita-se estarem, na verdade, preenchidos pela potência do espaço ancestral do Absoluto Inqualificável. Até próximo ao Paraíso periférico, esse espaço preenchido estende-se horizontalmente para o exterior, através do quarto nível espacial e para além da periferia do universo-mestre, mas não sabemos o quanto mais para o exterior.

Se imaginardes um plano finito, mas inconcebivelmente grande, em forma de V, formando ângulos retos tanto com a superfície superior do Paraíso, quanto com a superfície inferior, tendo o seu vértice quase tangente ao Paraíso periférico, e se então visualizardes esse plano em revolução elíptica, em torno do Paraíso, a sua rotação iria grosseiramente delinear o volume do espaço preenchido.

Há um limite superior e um limite inferior para o espaço horizontal, com referência a qualquer locação dada nos universos. Caso se pudesse ir longe o suficiente, em ângulos retos com o plano de Orvônton, tanto para cima quanto para baixo, poder-se-ia encontrar, afinal, o limite superior ou o inferior do espaço preenchido. Dentro das dimensões conhecidas do universo-mestre, esses limites afastam-se um do outro mais e mais, à medida que se distanciam do Paraíso; o espaço torna-se espesso, e torna-se espesso um pouco mais rapidamente do que o faz o plano da criação, os universos.

As zonas relativamente quietas entre os níveis espaciais, tal como a que separa os sete superuniversos do primeiro nível do espaço exterior, são regiões elípticas enormes, de atividades espaciais quiescentes. Essas zonas separam as vastas galáxias, que giram em volta do Paraíso, em uma procissão ordenada. Vós podeis visualizar o primeiro nível do espaço exterior, onde universos irrevelados estão agora em processo de formação, como uma vasta procissão de galáxias, girando em volta do Paraíso, limitadas, por cima e por baixo, pelas zonas do interespaço em quiescência, e limitadas, nas suas margens interna e externa, por zonas relativamente tranqüilas de espaço.

Um nível de espaço funciona, assim, como uma região elíptica de movimento, cercada, de todos os lados, por uma relativa ausência de movimento. Tais relações, entre movimento e quiescência, constituem uma trajetória de espaço curvo, de menor resistência ao movimento, que é universalmente seguida por uma força cósmica e uma energia emergente, à medida que giram, para sempre, em torno da Ilha do Paraíso.

Esse zoneamento alternativo do universo-mestre, em associação com o fluir no sentido horário e no anti-horário, alternadamente, das galáxias, é um fator de estabilização da gravidade física, projetado para impedir que a acentuação da pressão da gravidade chegue até o ponto de atividades perturbadoras e dispersivas. Tal arranjo exerce uma influência antigravitacional e atua como um freio sobre velocidades que, de outro modo, seriam perigosas.

8. A GRAVIDADE DO PARAÍSO

A atração inescapável da gravidade sustenta, efetivamente, todos os mundos de todos os universos de todo o espaço. A gravidade é a garra da atração todo-poderosa da presença física do Paraíso. A gravidade é como um colar onipotente, ao qual encontram-se atrelados as estrelas brilhantes, os sóis abrasadores, e as esferas rotativas que constituem o adorno físico universal do Deus eterno; O qual é todas as coisas, que preenche todas as coisas e em Quem todas as coisas consistem.

O centro e o ponto focal da gravidade material absoluta é a Ilha do Paraíso, complementada pelos corpos escuros de gravidade que rodeiam Havona, e equilibrada pelos reservatórios superiores e inferiores de espaço. Todas as emanações conhecidas do Paraíso inferior respondem, infalível e invariavelmente, à atração da gravidade central, que opera nos circuitos intermináveis dos níveis elípticos do espaço do universo-mestre. Todas as formas conhecidas de realidade cósmica têm a curvatura das idades, a trajetória do círculo e o arco de oscilação da grande elipse.

O espaço não reage à gravidade, mas age como um equilibrador da gravidade. Sem o amortecedor, que é o espaço, uma ação explosiva sacudiria os corpos espaciais circundantes. O espaço preenchido também exerce uma influência antigravitacional sobre a gravidade física ou linear; o espaço pode, praticamente, neutralizar tal ação da gravidade, ainda que não possa retardá-la. A gravidade absoluta é a gravidade do Paraíso. A gravidade local ou linear pertence ao estágio elétrico da energia ou da matéria, e opera no universo central, nos superuniversos e nos universos exteriores, ou onde quer que tenha havido alguma materialização adequada.

As inúmeras formas de força cósmica, de energia física, de potência no universo e de várias materializações revelam três etapas gerais, se bem que não perfeitamente delineadas, de reações à gravidade do Paraíso:

1. *Estágios de Pré-Gravidade (Força)*. Este é o primeiro passo na individualização da potência espacial, nas formas de pré-energia da força cósmica. Este estado é análogo ao conceito da carga-força primordial de espaço, algumas vezes chamada de *energia pura* ou *segregata*.

2. *Estágios Gravitacionais (Energia)*. Esta modificação na carga-força de espaço é produzida pela ação dos organizadores da força do Paraíso. Ela assinala o aparecimento de sistemas de energia sensíveis ao impulso da gravidade do Paraíso. Esta energia emergente é originalmente neutra, mas, em conseqüência de uma metamorfose posterior, mostrará ter as qualidades chamadas negativas e positivas. Designaremos esta etapa por *ultimata*.

3. *Estágios Pós-Gravitacionais (Potência no Universo)*. Nesta etapa, a matéria-energia revela uma resposta ao controle da gravidade linear. No universo central, esses sistemas físicos são organizações tríplices, conhecidas como *triata*. Elas são os sistemas-mãe de superpotência das criações do tempo e do espaço. Os sistemas físicos dos superuniversos são mobilizados pelos Diretores de Potência do Universo e pelos seus colaboradores. Essas organizações materiais são duais, em constituição, e são conhecidas como *gravita*. Os corpos escuros de gravidade, que rodeiam Havona, não são nem triata nem gravita, e o seu poder de atração revela tanto formas de gravidade física, linear, como de gravidade absoluta.

A potência do espaço não está sujeita a interações de qualquer forma de gravitação. Esse dom primal do Paraíso não é um nível factual de realidade, mas é o ancestral de todas as realidades não-espirituais funcionais relativas – todas as manifestações de força-energia bem como a organização da potência e da matéria. A potência espacial é um termo difícil de definir. Não significa o que é ancestral do espaço; o seu significado deveria transmitir a idéia das potências e dos potenciais existentes no espaço. Pode ser concebida em linhas gerais para incluir todas as influências absolutas e potenciais que emanam do Paraíso e que constituem a presença, no espaço, do Absoluto Inqualificável.

O Paraíso é a fonte absoluta e o ponto focal eterno de toda a matéria-energia no universo dos universos. O Absoluto Inqualificável é um revelador, um regulador, e um depositário de tudo aquilo que tem o Paraíso como a sua fonte e origem. A presença universal do Absoluto Inqualificável parece ser equivalente ao conceito de uma infinitude potencial, de extensão gravitacional, de uma tensão elástica da presença do Paraíso. Esse conceito ajuda-nos a compreender o fato de que tudo é internamente atraído na direção do Paraíso. A imagem é crua, no entanto, ajuda. Ela explica também por que a gravidade sempre age preferencialmente no plano perpendicular à massa, um fenômeno indicativo das dimensões diferenciais do Paraíso e das criações que o rodeiam.

9. A UNICIDADE DO PARAÍSO

O Paraíso é único, no sentido de que é o domínio da origem primeira e a meta final do destino de todas as personalidades com espírito. Embora seja verdade que nem todos os seres espirituais inferiores dos universos locais tenham como destino imediato o Paraíso, ainda assim o Paraíso permanece sendo a meta de desejo, para todas as personalidades supramateriais.

O Paraíso é o centro geográfico da infinitude; não é uma parte da criação universal, nem mesmo uma parte real do universo eterno de Havona. Comumente referimos-nos à Ilha Central como pertencendo ao universo divino, mas, de fato, não é assim. O Paraíso é uma existência exclusiva e eterna.

Na eternidade do passado, quando o Pai Universal deu expressão à personalidade infinita do seu Eu espiritual, no Ser do Filho Eterno, simultaneamente, Ele revelou o potencial de infinitude do seu Eu não pessoal, como Paraíso. O Paraíso não pessoal e não-espiritual parece ter sido a repercussão inevitável da vontade e da ação do Pai ao eternizar o Filho Original. Assim, o Pai projetou a realidade, em duas fases factuais – a pessoal e a não pessoal, a espiritual e a não-espiritual. A tensão entre elas, em face da vontade do Pai e do Filho, para a ação, deu existência ao Agente Conjunto e ao universo central de mundos materiais e de seres espirituais.

Quando a realidade é diferenciada, em pessoal e não pessoal (o Filho Eterno; e o Paraíso), dificilmente é adequado chamar aquilo que é não pessoal de Deidade, a menos que de alguma forma seja qualificado assim. As repercussões materiais e de energia dos atos da Deidade dificilmente podem ser chamadas de Deidade. A Deidade pode causar muito daquilo que não é Deidade, e o Paraíso não é uma Deidade; nem é consciente do modo como um homem mortal poderia chegar a entender esse termo.

O Paraíso não é o ancestral de nenhum ser ou entidade vivente, não é um cria-dor. A personalidade e as relações mente-espírito são *transmissíveis*, mas o modelo arquetípico não é. Os modelos nunca são reflexos; são duplicações – reproduções. O Paraíso é o absoluto dos arquétipos ou modelos; Havona é uma exposição factual desses potenciais.

A residência de Deus é central e eterna, gloriosa e ideal. A Sua casa é o modelo for-moso para todas as sedes de mundos do universo; e o universo central da Sua morada direta é o arquétipo de todos os universos nos seus ideais, organização e destinação última.

O Paraíso é a sede universal de todas as atividades da personalidade e o centro-fonte de todas as manifestações de espaço-força e de energia. Tudo aquilo que foi, que agora é, ou que ainda será, veio, está vindo, ou virá desse lugar central de mo-rada dos Deuses eternos. O Paraíso é o centro de toda a criação, a fonte de todas as energias e o local da origem primeira de todas as personalidades.

Afinal, para os mortais, a coisa mais importante sobre o Paraíso eterno é o fato de que esta morada perfeita do Pai Universal é o destino real e remoto das almas imortais dos filhos mortais e materiais de Deus, as criaturas ascendentes dos mundos evolucionários do tempo e do espaço. Cada mortal sabedor de Deus, que abraçou a carreira de cumprir a vontade do Pai, já embarcou na trilha longa que vai até o Paraíso, da busca da divindade e do alcançar da perfeição. E, quando tal ser de origem animal chega diante dos Deuses no Paraíso, exatamente como um número incontável deles o faz agora, tendo ascendido das esferas mais baixas do espaço, tal realização representa a realidade de uma transformação espiritual, que chega a tocar os limites da supremacia.

[Apresentado por um Perfeccionador de Sabedoria, incumbido desta função pelos Anciães dos Dias em Uversa.]

DOCUMENTO 12

O UNIVERSO DOS UNIVERSOS

A VASTIDÃO da criação imensa do Pai Universal está totalmente fora do alcance da imaginação finita; a enormidade do universo-mestre assombra até mesmo as noções da minha ordem de seres. À mente mortal, contudo, muito pode ser ensinado sobre o plano e os arranjos dos universos; vós podeis conhecer algo da organização física deles e da sua maravilhosa administração; podeis aprender muito acerca dos vários grupos de seres inteligentes que habitam os sete superuniversos do tempo e o universo central da eternidade.

Em princípio, quer dizer, em potencial de eternidade, nós concebemos a criação material como sendo infinita, porque o Pai Universal na realidade é infinito; mas, à medida que estudamos e observamos a criação material total, sabemos que em qualquer dado momento no tempo ela é limitada, embora para as vossas mentes finitas ela seja relativamente sem limites, virtualmente sem fronteiras.

Pelo estudo das leis físicas e pela observação dos reinos estelares, estamos convencidos de que o Criador infinito ainda não está manifestado em finalidade de expressão cósmica e que muito do potencial cósmico do Infinito encontra-se autocontido e não revelado ainda. Para os seres criados, o universo-mestre poderia parecer quase infinito, mas está longe de terminado; há ainda limites físicos à criação material, e a revelação experiencial do propósito eterno ainda está em progresso.

1. NÍVEIS ESPACIAIS DO UNIVERSO-MESTRE

O universo dos universos não é um plano infinito, ou um cubo sem limites, nem um círculo ilimitado; certamente, tem dimensões. As leis da organização e da administração física provam conclusivamente que toda a vastíssima agregação de energia-força e de potência-matéria funciona, em última instância, como uma unidade de espaço, como um todo organizado e coordenado. O comportamento observável da criação material constitui evidência de um universo físico de limites definidos. A prova final de que o universo tanto é circular, quanto delimitado, é-nos proporcionada pelo fato bem conhecido nosso de que todas as formas de energia básica sempre giram em torno da trajetória curva dos níveis espaciais do universo-mestre, em obediência à atração incessante e absoluta da gravidade do Paraíso.

Os níveis sucessivos do espaço do universo-mestre constituem as maiores divisões do espaço preenchido – a criação total, organizada e parcialmente habitada, ou ainda a ser organizada e habitada. Se o universo-mestre não fosse uma série de níveis de espaços elípticos, de menor resistência ao movimento, que se alternam com zonas de quiescência relativa, nós conceberíamos que uma parte das energias cósmicas seria disparada, de modo observável, para um alcance infinito, em linha reta no espaço, sem rotas; mas nunca observamos a força, a energia ou a matéria comportando-se assim; elas sempre rodam, girando sempre para frente nas trilhas das grandes órbitas espaciais.

Partindo do Paraíso para fora, na extensão horizontal do espaço preenchido, o universo-mestre consiste em seis elipses concêntricas; e os níveis de espaço que rodeiam a Ilha Central são:

1. O universo central – Havona.
2. Os Sete Superuniversos.
3. O Primeiro Nível do Espaço Exterior.
4. O Segundo Nível do Espaço Exterior.
5. O Terceiro Nível do Espaço Exterior.
6. O Quarto Nível ou o Nível Mais Exterior do Espaço.

Havona, o universo central, não é uma criação no tempo; tem uma existência eterna. Este universo, sem começo e sem fim no tempo, consiste em um bilhão de esferas de perfeição sublime e é rodeado de enormes corpos escuros de gravidade. No centro de Havona está a Ilha do Paraíso, estacionária e absolutamente estabilizada, rodeada dos seus vinte e um satélites. Devido às enormes massas dos corpos escuros de gravidade que a rodeiam, no limite do universo central, a quantidade de massa dessa criação central é muito maior do que a massa conhecida de todos os sete setores do grande universo.

O *Sistema Paraíso-Havona*, o universo eterno ao redor da Ilha Eterna, constitui o núcleo eterno e perfeito do universo-mestre; todos os sete superuniversos e todas as regiões do espaço exterior giram em órbitas estabelecidas em torno da agregação gigantesca central dos satélites do Paraíso e das esferas de Havona.

Os Sete Superuniversos não são organizações físicas primárias; em nenhum local as suas fronteiras dividem uma família nebular, e também não cruzam nenhum universo local, a unidade principal de criação. Cada superuniverso é simplesmente um agrupamento de espaço geográfico, de cerca de um sétimo da criação pós-Havona organizada e parcialmente habitada, e cada um deles é mais ou menos igual aos outros, pelo número de universos locais que abrangem e pelo espaço que lhes correspondem. *Nébadon*, o vosso universo local, é uma das mais recentes criações, dentro de *Orvônton*, o sétimo superuniverso.

O *Grande Universo* é a criação atual, já organizada e habitada. Consiste em sete superuniversos, com um potencial evolucionário agregado de cerca de sete trilhões de planetas habitados, sem mencionar as esferas eternas da criação central. Mas essa estimativa experimental não leva em conta as esferas arquitetônicas administrativas, nem inclui os grupos exteriores e remotos de universos não organizados. A fronteira atual irregular do grande universo, a sua periferia desigual e inacabada, juntamente com a condição tremendamente incerta de todo o plano astronômico, sugere aos nossos astrônomos que mesmo os sete superuniversos estejam incompletos ainda. À medida que nos movemos de dentro para fora do centro divino, em qualquer direção, chegamos finalmente aos limites externos da criação organizada e habitada; chegamos aos limites exteriores do grande universo. E é próximo dessa fronteira externa, em um canto afastado dessa criação magnífica, que o vosso universo local tem a sua movimentada existência.

Os Níveis do Espaço Exterior. Bem afastados no espaço, a uma distância enorme dos sete superuniversos habitados, estão-se acumulando órbitas de vastas e inacreditavelmente estupendas de força e de energias, que se materializam. Entre os circuitos de energia dos sete superuniversos e esse gigantesco cinturão exterior de atividade de força, há uma zona espacial de relativa quietude, cuja largura varia dentro de uma média de quatrocentos mil anos-luz. Essas zonas do espaço são isentas de poeira estelar – a neblina cósmica. Os nossos estudiosos desses fenômenos estão em dúvida quanto à condição exata das forças-espaço existentes nessa zona de relativa quietude, que rodeia os sete superuniversos. Mas, acerca de meio milhão de anos-luz, para além da periferia do presente grande universo, observamos o começo de uma zona de inacreditável ação de energia, que cresce em volume e intensidade, por mais de vinte e cinco milhões de anos-luz. Essas enormes rodas de forças energizantes estão situadas no primeiro nível do espaço exterior, que é um cinturão contínuo de atividade cósmica rodeando toda a criação conhecida, organizada e habitada.

Atividades ainda maiores têm lugar para além dessas regiões, pois os físicos de Uversa detectaram evidências iniciais de manifestações de força a mais de cinqüenta milhões de anos-luz para além da parte mais exterior dos fenômenos, no primeiro nível do espaço exterior. Essas atividades pressagiam, indubitavelmente, a organização das criações materiais do segundo nível do espaço exterior do universo-mestre.

O universo central é a criação da eternidade; os sete superuniversos são as criações do tempo; os quatro níveis do espaço exterior estão indubitavelmente destinados a efetivar factualmente a evolução da ultimidade da criação. E há aqueles que sustentam que o Infinito não pode nunca atingir a sua expressão plena a não ser na infinitude; e por isso cogitam de uma criação adicional e não revelada, que está além do quarto nível, o mais exterior do espaço, um universo possivelmente sempre em expansão, e sem fim, de infinitude. Em teoria, não sabemos como delimitar seja a infinitude do Criador, seja a infinitude potencial da criação, mas, do modo como ela existe e é administrada, encaramos o universo-mestre como tendo limitações e sendo definitivamente delimitado e contido, nas suas margens externas, pelo espaço aberto.

2. OS DOMÍNIOS DO ABSOLUTO INQUALIFICÁVEL

Quando os astrônomos de Urântia esquadrinham as profundezas misteriosas do espaço exterior, com os seus telescópios cada vez mais poderosos, e contemplam a incrível evolução de universos físicos quase incontáveis, eles deveriam compreender que estão contemplando a obra poderosa dos planos inescrutáveis dos Arquitetos do Universo-Mestre. É bem verdade que possuímos evidências tais que sugerem a presença de influências de certas personalidades do Paraíso, aqui e ali, por meio devastas manifestações de energia, agora características das regiões exteriores. Contudo, de um ponto de vista mais amplo, as regiões do espaço que se estendem para além das fronteiras externas dos sete superuniversos são, geralmente, reconhecidas como constituindo os domínios do Absoluto Inqualificável.

Embora o olho humano, sem ajuda, possa ver apenas duas ou três nebulosas para além das fronteiras do superuniverso de Orvônton, os vossos telescópios literalmente revelam milhões e milhões desses universos físicos, em processo de formação. A maior parte dos domínios estelares, visualmente ao alcance dos vossos telescópios atuais, está em Orvônton, mas, com a técnica fotográfica, os telescópios mais potentes penetram além das fronteiras do grande universo, nos domínios do espaço exterior, onde universos inenarráveis estão em processo de organização. E há ainda outros milhões de universos além do alcance dos vossos instrumentos atuais.

Num futuro não muito distante, novos telescópios revelarão aos olhos surpresos dos astrônomos urantianos nada menos do que 375 milhões de novas galáxias nas extensões remotas do espaço exterior. Ao mesmo tempo, esses telescópios mais poderosos revelarão que muitos dos universos ilhados, que anteriormente acreditava-se estarem no espaço exterior, são realmente uma parte do sistema galático de

Orvônton. Os sete superuniversos estão ainda em crescimento; a periferia de cada um está-se expandindo gradativamente; novas nebulosas estão constantemente sendo estabilizadas e organizadas; e algumas das nebulosas que os astrônomos urantianos consideram como extragaláticas estão, na verdade, na extremidade de Orvônton e viajam junto conosco.

Os estudiosos das estrelas em Uversa observam que o grande universo está circundado pelos ancestrais de uma série de conjuntos estelares e planetários, que rodeiam completamente a atual criação habitada, em forma de anéis concêntricos, de universos e mais universos exteriores. Os físicos de Uversa calculam que a energia e a matéria dessas regiões exteriores ainda não mapeadas já superam, em muitas vezes, a massa material total e a carga energética abrangida por todos os sete superuniversos. Estamos informados de que a metamorfose da força cósmica, nesses níveis do espaço exterior, é uma função dos organizadores da força do Paraíso. Sabemos também que essas forças são as ancestrais das energias físicas que, no presente, ativam o grande universo. Os diretores de potência de Orvônton, contudo, nada têm a ver com esses domínios muito distantes; tampouco os movimentos de energia discerníveis ali estão conectados aos circuitos de potência das criações organizadas e habitadas.

Sabemos pouco sobre o significado desses extraordinários fenômenos do espaço exterior. Uma criação maior, para o futuro, está em processo de formação. Podemos observar a sua imensidão, podemos discernir a sua extensão e percebemos as suas dimensões grandiosas, mas, por outro lado, sabemos pouco mais sobre esses domínios do que sabem os astrônomos de Urântia. Pelo que conhecemos, nenhum ser material da ordem dos humanos, nenhum anjo, nem outras criaturas espirituais habitam esse anel externo de nebulosas, sóis e planetas. Esse domínio distante está para além da jurisdição e da administração dos governos dos superuniversos.

Em todo Orvônton, acredita-se que um novo tipo de criação esteja em processo, uma ordem de universos destinada a tornar-se o cenário de futuras atividades dos Corpos de Finalidade, agora em formação; e, se as nossas conjecturas estiverem corretas, o futuro sem fim pode estar reservando para todos vós os mesmos espetáculos maravilhosos que o passado sem fim havia reservado aos vossos veteranos e predecessores.

3. A GRAVIDADE UNIVERSAL

Todas as formas de energia-força – material, mental e espiritual – estão, do mesmo modo, sujeitas a essas atrações, a essas presenças universais as quais chamamos gravidade. A personalidade é também sensível à gravidade – ao circuito exclusivo do Pai. Mas ainda que esse circuito seja exclusivo do Pai, Ele não Se exclui de outros circuitos; o Pai Universal é infinito e atua sobre *todos* os quatro circuitos de gravidade absoluta no universo-mestre:

1. O da Gravidade da Personalidade do Pai Universal.
2. O da Gravidade do Espírito do Filho Eterno.
3. O da Gravidade da Mente do Agente Conjunto.
4. O da Gravidade Cósmica da Ilha do Paraíso.

Esses quatro circuitos não estão relacionados ao centro de força do Paraíso inferior; eles não são circuitos de força, nem de energia, nem de potência. Eles são circuitos de *presença* absoluta e, como Deus, são independentes do tempo e do espaço.

A esse respeito é interessante registrar certas observações feitas em Uversa, durante os milênios recentes, pelo corpo de pesquisadores da gravidade. Esse grupo de pesquisadores especializados chegou às conclusões seguintes, a respeito dos diferentes sistemas de gravidade do universo-mestre:

1. *A Gravidade Física*. Tendo formulado uma estimativa da somatória de toda a capacidade de gravidade física do grande universo, eles efetuaram laboriosamente uma comparação dessa estimativa com o total estimado da presença de gravidade absoluta ora em ação. Esses cálculos indicam que a ação total de gravidade no grande universo é uma parte muito pequena da atração de gravidade total estimada do Paraíso, computada com base na resposta gravitacional de unidades físicas básicas de matéria do universo. Esses pesquisadores chegam à conclusão espantosa de que o universo central e os sete superuniversos que o cercam estão, no presente, fazendo uso apenas de cerca de cinco por cento do funcionamento ativo da atração da gravidade absoluta do Paraíso. Em outras palavras: no presente momento, cerca de noventa e cinco por cento da ação de gravidade cósmica ativa da Ilha do Paraíso, computados nessa teoria da totalidade, estão empenhados em controlar os sistemas materiais que se situam além das fronteiras dos universos organizados atualmente. Todos esses cálculos referem-se à gravidade absoluta; a gravidade linear é um fenômeno interativo, que pode ser computado apenas quando se conhece a gravidade verdadeira do Paraíso.

2. *A Gravidade do Espírito*. Pela mesma técnica de estimativa e de cálculo comparativo, os pesquisadores exploraram a capacidade de reação atual da gravidade espiritual e, com a cooperação dos Mensageiros Solitários e outras personalidades do espírito, chegaram a um valor para a soma da gravidade espiritual ativa, da Segunda Fonte e Centro. E é bastante instrutivo notar que encontraram, para a presença real e funcional da gravidade espiritual, no grande universo, por volta do mesmo valor que eles postulam para o total presente da gravidade espiritual ativa. Em outras palavras: no momento presente, observa-se que praticamente toda a gravidade espiritual do Filho Eterno, computada nessa teoria com base nos totais, funciona no grande universo. Se os valores encontrados forem confiáveis, podemos concluir que os universos, ora em evolução, no espaço exterior, no momento presente, são totalmente não-espirituais. E, sendo verdade, isso poderia explicar, satisfatoriamente, por que os seres dotados de espírito possuem pouca ou nenhuma informação sobre essas vastas manifestações de energia, além do fato de saberem da sua existência física.

3. *A Gravidade da Mente*. Pelos mesmos princípios de computação comparativa, os pesquisadores abordaram o problema da presença e da resposta à gravidade mental. A estimativa da unidade de mente foi conseguida pela média de três tipos de mentalidade material e de três tipos de mentalidade espiritual, se bem que o tipo de mente encontrada nos diretores de potência e nos seus colaboradores tenha comprovado ser um fator perturbador do esforço de chegar a uma unidade básica, para o cálculo da gravidade mental. Pouco havia que impedisse a estimativa da capacidade atual, da Terceira Fonte e Centro, para a função da gravidade da mente, de acordo com essa teoria da totalidade. Embora, nesse caso, o que ficou constatado não seja tão conclusivo quanto o foram as estimativas para a gravidade física e a espiritual, considerando-se comparativamente, até que é tudo bastante instrutivo e intrigante mesmo. Os pesquisadores deduziram que cerca de oitenta e cinco por cento da reação de resposta de gravidade mental à atração intelectual do Agente Conjunto, têm a sua origem no grande universo existente. Isso sugeriria a possibilidade de que haja atividades mentais que estejam envolvidas com as atividades físicas observáveis ora em andamento nos domínios do espaço exterior. Embora essa estimativa esteja provavelmente muito longe de ser precisa, ela concorda, em princípio, com a nossa crença de que organizadores inteligentes de força, no presente, estejam dirigindo a evolução do universo nos níveis do espaço para além dos limites exteriores atuais do grande

universo. Qualquer que seja a natureza dessa suposta inteligência, ela aparentemente não apresenta resposta de sensibilidade à gravidade do espírito.

Todavia, todos esses cômputos são, no melhor dos casos, estimativas baseadas em leis pressupostas. Julgamos que sejam razoavelmente confiáveis. Ainda que apenas uns poucos seres espirituais estivessem localizados no espaço exterior, a sua presença coletiva não iria influenciar de modo marcante os cálculos que envolvem medidas tão enormes.

A *Gravidade da Personalidade* não é calculável. Reconhecemos o seu circuito, mas não podemos medir realidades qualitativas ou quantitativas que sejam sensíveis a ela.

4. O ESPAÇO E O MOVIMENTO

Todas as unidades de energia cósmica estão em rotação primária e, enquanto giram nas suas órbitas universais, estão empenhadas na execução da sua missão. Os universos do espaço e os seus sistemas e mundos componentes são, todos, esferas que giram, movendo-se ao longo das intermináveis órbitas dos níveis espaciais do universo-mestre. Absolutamente nada é estacionário em todo o universo-mestre, exceto o centro mesmo de Havona, a eterna Ilha do Paraíso, o centro da gravidade.

O Absoluto Inqualificável é funcionalmente limitado ao espaço, mas não estamos tão certos quanto à relação desse Absoluto com o movimento. Seria o movimento inerente a ele? Não sabemos. Sabemos que o movimento não é inerente ao espaço; mesmo os movimentos *do* espaço não são inatos. Mas não estamos tão seguros sobre a relação do Inqualificável com o movimento. Quem, ou o que, é realmente responsável pelas imensas atividades das transmutações de energia-força, agora em progresso, para além das fronteiras dos sete superuniversos atuais? No que concerne à origem do movimento, nós temos as seguintes opiniões:

1. Julgamos que o Agente Conjunto dê início ao movimento *no* espaço.

2. Se o Agente Conjunto produz os movimentos *do* espaço, nós não podemos provar.

3. O Absoluto Universal não origina o movimento inicial, mas equaliza e controla todas as tensões originadas pelo movimento.

No espaço exterior, os organizadores da força, aparentemente, são responsáveis pela produção das gigantescas rodas do universo, que estão agora em processo de evolução estelar, mas a sua capacidade de funcionar assim deve ter sido viabilizada por alguma modificação da presença espacial do Absoluto Inqualificável.

O espaço, do ponto de vista humano, é nada – negativo – ; existe apenas enquanto relacionado a alguma coisa positiva e não espacial. Contudo, o espaço é real. Ele contém e condiciona o movimento. E até se move. Os movimentos do espaço podem ser, grosso modo, classificados como se segue:

1. O movimento primário – a respiração do espaço, o movimento do próprio espaço.

2. O movimento secundário – as oscilações alternadas de direção dos níveis espaciais sucessivos.

3. Os movimentos relativos – relativos no sentido de que eles não são avaliados tomando o Paraíso como base. Os movimentos primários e os secundários são absolutos, são movimentos em relação ao Paraíso imóvel.

4. O movimento compensatório ou correlato, destinado a coordenar todos os outros movimentos.

A relação atual do vosso sol e dos planetas ligados a ele, ainda que revelando muitos movimentos relativos e absolutos no espaço, tende a dar a impressão, aos observadores astronômicos, de que vós estais relativamente estacionários no espaço, e de que os conjuntos e sucessões estelares circundantes voam para fora com velocidades sempre crescentes, à medida que os vossos cálculos continuam espaço afora. Mas esse não é o caso. Vós deixais de reconhecer a expansão uniforme atual, para fora, das criações físicas de todo o espaço preenchido. A vossa própria criação local (Nébadon) participa desse movimento de expansão universal para fora. Todos os sete superuniversos participam do ciclo de dois bilhões de anos de respiração do espaço, junto com as regiões exteriores do universo-mestre.

Quando os universos se expandem e se contraem, as massas materiais no espaço preenchido movem-se alternadamente contra e a favor da atração da gravidade do Paraíso. O trabalho que é feito para mover as massas de energias materiais da criação é trabalho de *espaço* e não trabalho de *energia-potência*.

Ainda que as vossas estimativas espectroscópicas para as velocidades astronômicas sejam razoavelmente confiáveis, quando aplicadas aos domínios estelares pertinentes ao vosso superuniverso e aos superuniversos a ele adjacentes, tais estimativas, com referência aos domínios do espaço exterior, não são totalmente confiáveis. As linhas espectrais são deslocadas do normal para o violeta por uma estrela que se aproxima; do mesmo modo, essas linhas são deslocadas para o vermelho por uma estrela que se distancia. Muitas influências interpõem-se, para fazer parecer que a velocidade de distanciamento dos universos exteriores aumenta em uma proporção de mais de cento e sessenta quilômetros por segundo para cada milhão de anos-luz de aumento na sua distância. Por esse método de cálculo, e quando houver telescópios mais poderosos, parecerá que esses sistemas muito distantes estejam-se afastando mais dessa parte do universo, à inacreditável proporção de mais de cinqüenta mil quilômetros por segundo. Mas essa velocidade aparente de afastamento não é real; resulta de inúmeros fatores de erro, abrangendo ângulos de observação e outras distorções de espaço-tempo.

A maior de todas as distorções, contudo, surge porque os vastos universos do espaço exterior, nos domínios próximos aos dos sete superuniversos, parecem estar girando em uma direção oposta àquela do grande universo. Isto é, essas miríades de nebulosas, sóis e esferas que as acompanham, estão, no momento, girando no sentido horário, em volta da criação central. Os sete superuniversos giram em torno do Paraíso em uma direção anti-horária. Parece que o segundo universo exterior de galáxias e, também, os sete superuniversos giram no sentido anti-horário em torno do Paraíso. E os observadores astronômicos de Uversa pensam detectar, em um terceiro cinturão exterior no espaço longínquo, a evidência de movimentos giratórios que estão começando a exibir tendências direcionais de natureza horária.

É provável que essas direções alternadas de procissões sucessivas, no espaço dos universos, tenham algo a ver com a técnica de gravidade empregada pelo Absoluto Universal, no interior do universo-mestre, a qual consiste em uma coordenação de forças e uma equalização de tensões espaciais. O movimento, bem como o espaço, são complementos ou equilibradores da gravidade.

5. O ESPAÇO E O TEMPO

Como o espaço, o tempo é um dom do Paraíso, mas não no mesmo sentido, apenas indiretamente. O tempo surge em virtude do movimento e porque a mente é inerentemente cônscia da seqüencialidade. De um ponto de vista prático, o movimento é essencial ao tempo, mas não há nenhuma unidade de tempo universal baseada no movimento, a menos que o dia-padrão do Paraíso-Havona seja arbitrariamente reconhecido como tal. A totalidade da respiração do espaço destrói o seu valor local como uma fonte de tempo.

O espaço não é infinito, ainda que tenha a sua origem no Paraíso; nem absoluto, pois é preenchido pelo Absoluto Inqualificável. Nós não conhecemos os limites absolutos do espaço, mas sabemos que o absoluto do tempo é a eternidade.

O tempo e o espaço são inseparáveis, apenas nas criações tempo-espaciais: os sete superuniversos. O espaço não-temporal (espaço sem tempo) existe teoricamente, mas o único lugar não temporal verdadeiramente é a *área* do Paraíso. O tempo não espacial (tempo sem espaço) existe na mente cujo nível funcional é o do Paraíso.

As zonas intermediárias do espaço, relativamente sem movimento, zonas que chegam aos confins do Paraíso e que separam os espaços preenchidos dos não-preenchidos, são as zonas de transição do tempo para a eternidade, daí a necessidade de os peregrinos do Paraíso permanecerem inconscientes durante esse trânsito, quando estão para culminar na cidadania do Paraíso. Os *visitantes* conscientes do tempo podem ir ao Paraíso sem ter de adormecer para essa travessia, mas continuam sendo criaturas do tempo.

As relações com o tempo não existem sem movimento no espaço, mas a consciência do tempo sim. A seqüencialidade pode levar à consciência do tempo, mesmo na ausência de movimento. A mente do homem é menos sujeita ao tempo do que ao espaço, por causa da natureza inerente da mente. Mesmo durante os dias da vida na carne na Terra, se bem que a mente do homem seja rigidamente sujeita ao espaço, a imaginação criativa do homem é relativamente liberta do tempo. Mas o tempo, em si mesmo, não é geneticamente uma qualidade da mente.

Há três níveis diferentes de conhecimento do tempo:

1. O tempo percebido pela mente: a consciência da seqüência do movimento e a noção de duração.

2. O tempo percebido pelo espírito: o discernimento interior do movimento na direção de Deus e a consciência do movimento de ascensão a níveis crescentes de divindade.

3. A personalidade *cria* um senso único de tempo, a partir do discernimento no sentido da realidade, mais uma consciência de presença e uma noção interior de duração.

Sendo não-espirituais, os animais conhecem apenas o passado e vivem no presente. O homem, residido pelo espírito, tem poderes de previsão (o discernimento interior); ele pode visualizar o futuro. Apenas as atitudes que consideram o futuro e que sejam progressivas, são pessoalmente reais. A ética estática e a moralidade tradicional estão apenas ligeiramente acima do nível animal. Nem o estoicismo é uma alta ordem de auto-realização. A ética e a moral tornam-se verdadeiramente humanas quando são dinâmicas e progressivas, vivas com a realidade do universo.

A personalidade humana não é meramente uma concomitância de eventos, no tempo e no espaço; a personalidade humana pode também atuar como causa cósmica de tais eventos.

6. O SUPERCONTROLE UNIVERSAL

O universo é não estático. A estabilidade não é o resultado da inércia, mas antes o produto de energias equilibradas, de mentes cooperativas, de morôncias coordenadas, de supercontrole espiritual e de unificação da personalidade. A estabilidade sempre é integralmente proporcional à divindade.

No controle físico do universo-mestre, o Pai Universal exerce a prioridade e a primazia por meio da Ilha do Paraíso; Deus é absoluto, na administração espiritual do cosmo, na pessoa do Filho Eterno. No que concerne aos domínios da mente, o Pai e o Filho funcionam coordenadamente por meio do Agente Conjunto.

A Terceira Fonte e Centro presta assistência na manutenção do equilíbrio e na coordenação das energias físicas e espirituais combinadas, e nas suas organizações, mediante a absolutez do seu controle da mente cósmica e pelo exercício dos seus complementos inerentes e universais de gravidade física e espiritual. Sempre e em qualquer lugar onde ocorrer uma ligação entre o material e o espiritual, esse fenômeno mental é um ato do Espírito Infinito. Apenas a mente pode interassociar as forças e as energias físicas do nível material aos poderes espirituais e aos seres no nível do espírito.

Em toda a vossa contemplação dos fenômenos universais, assegurai-vos de estardes levando em consideração a inter-relação das energias físicas, intelectuais e espirituais, e de terdes na devida conta os fenômenos inesperados correspondentes à unificação delas, pela personalidade; assegurai-vos também de considerar os fenômenos imprevisíveis que resultam das ações e reações da Deidade experiencial e dos Absolutos.

O universo é altamente previsível, apenas no sentido quantitativo ou da medida da gravidade; mesmo as forças físicas primais não reagem à gravidade linear, nem o fazem os significados mais elevados da mente, nem os verdadeiros valores espirituais das realidades universais últimas do universo. Qualitativamente, o universo não é altamente previsível, no que diz respeito a novas associações de forças, sejam elas físicas, mentais ou espirituais; embora muitas dessas combinações de energias ou de forças tornem-se parcialmente previsíveis, quando sujeitas à observação crítica. Quando a matéria, a mente e o espírito estão unificados pela personalidade da criatura, ficamos totalmente incapazes de predizer as decisões do livre-arbítrio de tal ser.

Todas as fases da força primordial, o espírito nascente, ou outras ultimidades não pessoais, parecem reagir de acordo com certas leis relativamente estáveis, mas desconhecidas, e são caracterizadas por uma latitude de atuação e uma elasticidade de resposta freqüentemente desconcertantes, quando encontradas nos fenômenos de uma situação circunscrita e isolada. Qual é a explicação dessa liberdade imprevisível de reação, revelada por essas factualidades emergentes do universo? Esses dados imprevistos, desconhecidos e insondáveis – se pertinentes ao comportamento de uma unidade de força primordial, à reação de um nível não identificado da mente, ou ao fenômeno de um vasto pré-universo em vias de ser feito, nos domínios do espaço exterior – provavelmente revelam as atividades do Último e as atuações-presenças dos Absolutos, que precedem à função de todos os Criadores dos universos.

Nós não sabemos realmente, mas supomos que uma versatilidade assim surpreendente e uma coordenação tão profunda signifiquem a presença e a atuação dos Absolutos, e que tal diversidade de resposta, em face de causações aparentemente uniformes, revele a reação dos Absolutos, não apenas à causação imediata e situacional, mas também a todas as outras causações relacionadas a todo o universo-mestre.

Os indivíduos têm os seus guardiães de destino; os planetas, os sistemas, as constelações, os universos e os superuniversos, cada um tem os seus respectivos governantes que trabalham para o bem-estar nos seus domínios. Havona e mesmo o grande universo são supervisionados por aqueles que foram investidos dessas altas responsabilidades. Mas quem fomenta e atende às necessidades fundamentais do universo-mestre, como um todo, do Paraíso até o quarto nível, o mais externo do espaço? Existencialmente esta supraproteção é atribuível, provavelmente, à Trindade do Paraíso, mas, de um ponto de vista experiencial, o surgimento dos universos pós-Havona depende:

1. Dos Absolutos, quanto ao potencial.

2. Do Último, quanto à direção.

3. Do Supremo, para a coordenação evolucionária.

4. Dos Arquitetos do Universo-Mestre, para a administração antes do aparecimento de governantes específicos.

O Absoluto Inqualificável penetra todo o espaço. Não estamos inteiramente esclarecidos quanto ao status exato da Deidade e dos Absolutos Universais, mas sabemos que estes últimos funcionam onde funcionam a Deidade e o Absoluto Inqualificável. O Absoluto da Deidade pode estar universalmente presente, mas dificilmente está presente espacialmente. O Último está, ou estará em algum tempo, presente espacialmente até junto às margens do quarto nível espacial. Duvidamos que o Último terá jamais uma presença espacial, para além da periferia do universo-mestre, mas, dentro deste limite, o Último está integrando progressivamente a organização criadora dos potenciais dos três Absolutos.

7. A PARTE E O TODO

Há uma lei inexorável e impessoal, a qual é equivalente à função de uma providência cósmica, que está atuando durante a totalidade do tempo e do espaço e abrange toda a realidade, qualquer que seja a sua natureza. A misericórdia caracteriza a atitude do amor de Deus pelo indivíduo; a imparcialidade motiva a atitude de Deus para com a totalidade. A vontade de Deus não prevalece necessariamente na parte – no coração de uma personalidade qualquer –, mas a Sua vontade, na verdade, governa o todo: o universo dos universos.

Em todas as Suas relações com todos os Seus seres, é verdade que as leis de Deus não são inerentemente arbitrárias. Para vós, com a vossa visão limitada e o vosso ponto de vista finito, os atos de Deus muitas vezes podem parecer ditatoriais e arbitrários. As leis de Deus são apenas os hábitos de Deus, o Seu modo repetido de fazer as coisas; e Ele sempre faz todas as coisas bem. Vós observais que Deus faz a mesma coisa do mesmo modo, repetida e simplesmente, porque aquele é o melhor modo de se fazer aquela coisa em particular, em uma dada circunstância; e o melhor modo é o modo certo e, dessa forma, a sabedoria infinita sempre ordena que seja feito daquela maneira, precisa e perfeita. Vós deveríeis lembrar-vos também de que a natureza não é um ato exclusivo da Deidade; outras influências estão presentes nesses fenômenos aos quais o homem chama de natureza.

É repugnante à natureza divina sofrer qualquer tipo de deterioração ou jamais permitir a execução de qualquer ato puramente pessoal, de um modo inferior. Todavia, deveria ficar bem claro que, *se*, na divindade de qualquer situação, no ponto extremo de qualquer circunstância, em qualquer caso em que o curso da sabedoria suprema possa indicar a busca de uma conduta diferente – caso as buscas da perfeição pudessem, por qualquer razão, ditar outro método de reação, um método melhor, então e ali o Deus pleno de sabedoria iria funcionar daquele modo melhor e mais adequado. Essa seria, sim, a expressão de uma lei mais elevada, não a revogação de uma lei menor.

Deus não é um escravo, por meio do hábito, à repetição crônica dos seus próprios atos voluntários. Não há conflito entre as leis do Infinito; elas são todas perfeições de natureza infalível; todas são atos inquestionáveis expressando decisões sem defeitos.

A lei é a reação imutável de uma mente infinita, perfeita e divina. Os atos de Deus são todos volicionais, apesar da sua aparente semelhança. Em Deus "não há variabilidade, nem sequer a sombra de mudança". Mas tudo isso que pode ser dito verdadeiramente do Pai Universal, não pode ser dito com igual certeza de todas as Suas inteligências subordinadas, nem das Suas criaturas evolucionárias.

Porque Deus é imutável, vós podeis confiar, em todas as circunstâncias ordinárias, que Ele faça sempre a mesma coisa, do mesmo modo, idêntico e usual. Deus é a garantia da estabilidade, para todas as coisas e seres criados. Ele é Deus; portanto, Ele não muda.

E toda essa firmeza de conduta e essa uniformidade de ação são pessoal, consciente e altamente volitivas, pois o grande Deus não é um escravo indefeso da Sua própria perfeição e infinitude. Deus não é uma força automática auto-atuante; Ele não é um poder servil limitado por leis. Deus não é também uma equação matemática, nem uma fórmula química. Ele é uma personalidade primordial e de livre-arbítrio. Ele é o Pai Universal, um Ser superdotado de personalidade e a Fonte universal da personalidade para todas as criaturas.

A vontade de Deus não prevalece uniformemente no coração do mortal material que busca a Deus, mas, se a moldura do tempo for ampliada para além do momento, até abranger a totalidade da primeira vida, a vontade de Deus tornar-se-á cada vez mais discernível, nos frutos espirituais que nascem nas vidas dos filhos de Deus, conduzidos pelo espírito. E então, se a vida humana for ampliada ainda mais, a ponto de incluir a experiência moroncial, observar-se-á a vontade divina resplandecendo com um brilho cada vez maior nos atos espiritualizantes daquelas criaturas do tempo, que começaram a saborear as delícias divinas de experienciar a relação da personalidade do homem com a personalidade do Pai Universal.

A Paternidade de Deus e a fraternidade do homem apresentam o paradoxo da parte e do todo, no nível da personalidade. Deus ama *cada* indivíduo como um filho individual da família celeste. Entretanto, Deus ama ainda assim a *cada* indivíduo; não faz acepção de pessoas, e a universalidade do seu amor traz à vida uma relação com o todo, a irmandade universal.

O amor do Pai individualiza absolutamente cada personalidade, como um filho único do Pai Universal, um filho sem duplicatas na infinitude, uma criatura de vontade insubstituível, em toda a eternidade. O amor do Pai glorifica cada filho de Deus, iluminando cada membro da família celeste, destacando nitidamente a natureza única de cada ser pessoal, em contraste com os níveis impessoais que estão fora do circuito fraternal do Pai de todos. O amor de Deus retrata vivamente o valor transcendente de cada criatura de vontade e, inequivocamente, revela o alto valor que o Pai Universal dá a cada um dos seus filhos, desde a personalidade mais elevada de criador, com status de Paraíso, à mais baixa personalidade com dignidade de vontade entre as tribos de homens selvagens, durante o despertar das espécies humanas, em algum mundo evolucionário do tempo e do espaço.

Esse mesmo amor de Deus pelo indivíduo traz à existência a família divina de todos os indivíduos, a fraternidade universal dos filhos de livre-arbítrio do Pai do Paraíso. E essa irmandade, sendo universal, é um relacionamento do todo. A fraternidade, quando universal, revela, não a relação de *cada* um, mas a relação do *todo*. A fraternidade é uma realidade total e, portanto, apresenta qualidades do todo em contrapartida com as qualidades da parte.

A fraternidade constitui um fato de relacionamento entre cada personalidade, na existência universal. Nenhuma pessoa pode escapar dos benefícios ou das penalidades que podem advir como resultado do relacionamento com outras pessoas. A parte beneficia-se, ou padece, na mesma medida do todo. O bom esforço, de cada homem, beneficia a todos os homens; o mal ou o erro, de cada homem, aumenta a atribulação de todos os homens. Na medida que a parte se move, assim move-se o todo. À medida que o todo progride, assim progride a parte. As velocidades relativas da parte e do todo determinam se a parte está sendo retardada pela inércia do todo, ou se está sendo levada à frente pelo impulso da força viva da fraternidade cósmica.

É um mistério que Deus seja um Ser autoconsciente altamente pessoal, com um centro de governo residencial, e que, ao mesmo tempo, Ele esteja pessoalmente presente em um universo tão vasto e esteja pessoalmente em contato com um número quase infinito de seres. Esse fenômeno, pois, sendo um mistério além da compreensão humana, não deveria em nada diminuir a vossa fé. Não permitais que a grandeza da infinitude, que a imensidão da eternidade e que a grandiosidade e a glória do incomparável caráter de Deus, vos façam vacilar, que vos desencorajem ou vos desalentem; pois o Pai não está longe de cada um de vós; Ele reside dentro de vós e, Nele, todos nós literalmente movemo-nos, vivemos de fato e, verdadeiramente, temos o nosso ser.

Ainda que o Pai do Paraíso funcione por intermédio dos Seus criadores divinos e dos Seus filhos criaturas, Ele também Se compraz com o contato interior mais íntimo convosco, tão sublime, tão altamente pessoal, que está mesmo além da minha compreensão – aquela comunhão misteriosa, do fragmento do Pai, com a alma humana e com a mente mortal de sua real morada. Sabendo o que fazeis com essas dádivas de Deus, conseqüentemente, sabereis que o Pai está em contato íntimo, não apenas com os Seus coligados divinos, mas também com os Seus filhos evolucionários mortais do tempo. O Pai de fato habita no Paraíso, mas a Sua presença divina também reside nas mentes dos homens.

Ainda que o espírito de um Filho tenha sido vertido sobre toda a carne, embora um Filho haja morado convosco, certa vez, à semelhança da carne mortal, embora um serafim pessoalmente vos guarde e vos guie, como podem quaisquer desses seres divinos, do Segundo e do Terceiro Centro, jamais esperar chegar tão perto de vós ou vos compreender tão completamente quanto o Pai, que deu uma parte de Si próprio para ficar em vós, para ser o vosso eu real e divino, e eterno mesmo?

8. A MATÉRIA, A MENTE E O ESPÍRITO

"Deus é espírito", mas o Paraíso não o é. O universo material é sempre a arena onde todas as atividades espirituais têm lugar; os seres espirituais e os espíritos ascendentes vivem e trabalham em esferas físicas de realidade material.

A outorga da força cósmica, o domínio da gravidade cósmica é a função da Ilha do Paraíso. Toda a energia-força original provém do Paraíso, e a matéria, com a qual se fazem os universos incontáveis, circula agora por todo o universo-mestre, na forma de uma presença de supragravidade, que constitui a carga-potência do espaço preenchido.

Qualquer que sejam as transformações da potência, no delineamento dos universos, tendo saído do Paraíso, ela viaja sujeita ao impulso infindável, sempre presente e infalível da Ilha Eterna, obediente e inerentemente girando, para sempre, nas trajetórias, no eterno espaço dos universos. A energia física é a única realidade verdadeira e fiel, na sua obediência à lei universal. Apenas nos domínios da volição da criatura tem havido desvio da trajetória divina e dos planos originais. A potência e a energia são as evidências universais da estabilidade, constância e eternidade da Ilha Central do Paraíso.

A outorga do espírito e a espiritualização das personalidades, reinos da gravitação espiritual, são do domínio do Filho Eterno. E essa gravidade espiritual do Filho, sempre atraindo todas as realidades espirituais para Si próprio, é tão real e absoluta quanto a todo-poderosa atração material da Ilha do Paraíso. Mas o homem, de mente material, está naturalmente mais familiarizado com as manifestações materiais de natureza física do que com as operações de natureza espiritual, igualmente reais e poderosas, discernidas apenas pela clarividência espiritual interna da alma.

À medida que a mente de qualquer personalidade no universo torna-se mais espiritual – mais semelhante a Deus – ela passa a ser menos sensível à gravidade material. A realidade, medida pela sua sensibilidade de resposta à gravidade física, é a antítese da realidade, enquanto determinada pela qualidade do conteúdo espiritual. A ação da gravidade física é um determinante quantitativo da energia não-espiritual; a ação da gravidade espiritual é a medida qualitativa da energia viva da divindade.

Aquilo que o Paraíso é para a criação física, e aquilo que o Filho Eterno é para o universo espiritual, o Agente Conjunto é para os domínios da mente – o universo inteligente dos seres e personalidades materiais, moronciais e espirituais.

O Agente Conjunto reage tanto às realidades materiais quanto às realidades espirituais e, por isso, inerentemente, torna-se o ministrador universal de todos os seres inteligentes, que podem representar uma união para ambas fases da criação, a material e a espiritual. O dom da inteligência, a ministração ao material e ao espiritual, no fenômeno da mente, é domínio exclusivo do Agente Conjunto, que se torna, assim, o parceiro da mente espiritual, a essência da mente moroncial e a substância da mente material das criaturas evolucionárias do tempo.

A mente é a técnica por meio da qual as realidades espirituais tornam-se experienciais, para as personalidades criaturas. E as possibilidades unificadoras da própria mente humana, a aptidão para coordenar as coisas, idéias e valores, em última análise, é supramaterial.

Embora dificilmente seja possível para a mente mortal compreender os sete níveis da realidade cósmica relativa, o intelecto humano deveria ser capaz de compreender muito do significado dos três níveis de funcionamento da realidade finita:

1. *A Matéria.* A energia organizada, que está sujeita à gravidade linear, a não ser quando ela é modificada pelo movimento e condicionada pela mente.

2. *A Mente.* A consciência organizada, que não está inteiramente sujeita à gravidade material e que se torna verdadeiramente liberada quando modificada pelo espírito.

3. *O Espírito.* A realidade pessoal mais elevada. O verdadeiro espírito não está sujeito à gravidade física, mas acaba tornando-se a influência motivadora de todos os sistemas de energia em evolução, com dignidade de personalidade.

A meta da existência de todas as personalidades é o espírito; as manifestações materiais são relativas, e a mente cósmica atua entre esses opostos universais. A outorga da mente e a ministração do espírito são o trabalho das pessoas associadas da Deidade, o Espírito Infinito e o Filho Eterno. A realidade da Deidade total não é a mente, mas a mente-espírito – a mente-espírito unificada pela personalidade. Contudo, os absolutos, tanto do espírito quanto do objeto (coisa), convergem na pessoa do Pai Universal.

No Paraíso, as três energias, a física, a mental e a espiritual, são coordenadas. No cosmo evolucionário a matéria-energia é predominante em tudo, menos na personalidade; e nesta, e para a mestria desta, o espírito luta, com a mediação da mente. O espírito é a realidade fundamental da experiência da personalidade de todas as criaturas, pelo fato de que Deus é espírito. O espírito é imutável e, portanto, em todas as relações de personalidade, ele transcende tanto à matéria quanto à mente, que são variáveis experienciais de realização progressiva.

Na evolução cósmica, a matéria torna-se uma sombra filosófica lançada pela mente, em presença da luminosidade espiritual do esclarecimento divino, entretanto isso não invalida a realidade da energia-matéria. A mente, a matéria e o espírito são igualmente reais, todavis, para a personalidade, possuem valores diferentes na sua busca de alçançar a divindade. A consciência que se pode ter da divindade é uma experiência espiritual progressiva.

Quanto mais brilhante o resplendor da personalidade espiritualizada (o Pai, no universo; o fragmento de personalidade espiritual potencial, na criatura individual), maior a sombra lançada pela mente que atua sobre a investidura material. No tempo, o corpo do homem é tão real quanto a mente ou o espírito, mas, na morte, tanto a mente (a identidade) quanto o espírito sobrevivem, enquanto o corpo não. Uma realidade cósmica pode ser não existente na experiência da personalidade. E assim a vossa figura grega de retórica – o material, como sombra da substância espiritual, mais real – tem, sim, um significado filosófico.

9. AS REALIDADES PESSOAIS

O espírito é a realidade pessoal básica nos universos; e a personalidade é básica para toda a experiência de progresso com a realidade espiritual. Cada fase da experiência da personalidade, em cada nível sucessivo da progressão no universo, está cheia de pistas para a descoberta de realidades pessoais fascinantes. O verdadeiro destino do homem consiste na criação de novas metas espirituais e, então, em responder aos atrativos cósmicos dessas metas supernas, de valor não-material.

O amor é o segredo da associação benéfica entre as personalidades. Vós não podeis realmente conhecer uma pessoa em resultado de um único contato. Vós não podeis conhecer a música de modo apreciativo, por meio da dedução matemática, mesmo sendo a música uma forma matemática de ritmo. O número designado para um assinante subscritor de um telefone não identifica a personalidade desse assinante, de nenhum modo, nem significa qualquer coisa a respeito do seu caráter.

A matemática, uma ciência material, é indispensável à conversa inteligente sobre os aspectos materiais do universo, mas tal conhecimento não é necessariamente uma parte da realização mais elevada da verdade, nem da apreciação pessoal de realidades espirituais. Não apenas nos domínios da vida, mas até mesmo no mundo da energia física, a soma de duas ou mais coisas é, muitas vezes, algo *mais* do que, ou algo *diferente*, das previsíveis conseqüências aditivas simples de tais uniões. Toda a ciência da matemática, todo o domínio da filosofia, da física ou da química mais elevadas, não poderiam jamais predizer, ou saber, que a união de dois átomos de hidrogênio gasoso com um átomo gasoso de oxigênio resultaria em uma substância nova e qualitativamente superaditiva – a água líquida. O completo entendimento desse único fenômeno físico-químico deveria ser o suficiente para impedir o desenvolvimento da filosofia materialista e da cosmologia mecanicista.

A análise técnica não revela o que uma pessoa, ou coisa pode fazer. Por exemplo: a água é usada efetivamente para extinguir o fogo. Que a água irá apagar o fogo é um fato da experiência cotidiana, mas, nenhuma análise jamais feita da água poderia revelar tal propriedade. A análise determina que a água é composta de hidrogênio e oxigênio; um estudo posterior desses elementos apenas revela que o oxigênio é o real sustentador da combustão e que o hidrogênio irá por si mesmo queimar livremente.

A vossa religião está-se tornando real porque está emergindo da escravidão do medo e da prisão da superstição. A vossa filosofia luta pela emancipação do dogma e da tradição. A vossa ciência está empenhada em uma disputa antiga entre a verdade e o erro, enquanto luta para libertar-se da limitação da abstração, da escravidão da matemática e da relativa cegueira do materialismo mecanicista.

O homem mortal tem um núcleo espiritual. A mente é um sistema de energia pessoal, que existe em torno de um núcleo espiritual divino e que funciona em um ambiente material. Essa relação viva entre a mente pessoal e o espírito, constitui, pois, o potencial da personalidade eterna no universo. O problema verdadeiro, o desapontamento duradouro, a derrota séria, ou a morte inescapável só podem advir depois que os conceitos egocêntricos tiverem tido a arrogância de deslocar totalmente o poder dominante do núcleo espiritual central, destruindo assim o esquema cósmico de identidade da personalidade.

[Apresentado por um Perfeccionador da Sabedoria, atuando por mandado dos Anciães dos Dias.]

DOCUMENTO 13

AS ESFERAS SAGRADAS DO PARAÍSO

N O ESPAÇO entre a Ilha Central do Paraíso e os circuitos planetários de Havona mais centrais, estão intercalados três circuitos menores de esferas especiais. A órbita mais interna consiste nas sete esferas secretas do Pai Universal; a segunda órbita é composta dos sete mundos luminosos do Filho Eterno; na mais externa órbita, estão as sete esferas imensas do Espírito Infinito, mundos-sede executivos dos Sete Espíritos Mestres.

Esses três circuitos, com sete mundos do Pai, sete do Filho e sete do Espírito, são esferas de grandiosidade insuperável e glória inimaginável. Mesmo a sua construção material ou física é de uma ordem não revelada a vós. Cada circuito é de material diferente, e cada mundo de cada circuito é diferente, exceto os sete mundos do Filho, que são iguais em constituição física. Todos os vinte e um mundos são esferas enormes, e cada grupo de sete é diferentemente eternizado. Pelo que sabemos, eles sempre existiram; como o Paraíso, são eternos. Não há registro nem tradição sobre a sua origem.

As sete esferas secretas do Pai Universal, girando em torno do Paraíso, em proximidade estreita da Ilha Eterna, são altamente refletivas da luminosidade espiritual do brilho central das Deidades eternas, lançando essa luz de glória divina por todo o Paraíso e mesmo sobre os sete circuitos de Havona.

Nos sete mundos sagrados do Filho Eterno, parecem ter origem as energias impessoais da luminosidade do espírito. Nenhum ser pessoal pode permanecer em qualquer desses sete reinos fulgurantes. Com a sua glória espiritual, eles iluminam todo o Paraíso e Havona; e direcionam a pura luminosidade do espírito para os sete superuniversos. Essas esferas brilhantes do segundo circuito, da mesma forma, emitem sua luz (sem calor) para o Paraíso, e para o bilhão de mundos dos sete circuitos do universo central.

Os sete mundos do Espírito Infinito estão ocupados pelos Sete Espíritos Mestres, que presidem aos destinos dos sete superuniversos, enviando a iluminação espiritual da Terceira Pessoa da Deidade para essas criações do tempo e do espaço. E toda a Havona, mas não a Ilha do Paraíso, é banhada por essas influências espiritualizantes.

Embora os mundos do Pai sejam esferas de status último para todos os seres dotados pelo Pai com uma personalidade, essa não é a função exclusiva deles. Muitos seres e entidades outras, além das pessoais, passam temporadas nesses mundos. Cada mundo, no circuito do Pai, e no circuito do Espírito, tem um tipo distinto de cidadania permanente, mas pensamos que os mundos do Filho são habitados por tipos uniformes de seres não pessoais. Os fragmentos do Pai estão entre os nativos de Divínington; as outras ordens de cidadania permanente não são reveladas a vós.

Os vinte e um satélites do Paraíso servem, tanto no universo central como nos superuniversos, a muitos propósitos não revelados nestas narrativas. Vós sois capazes de entender tão pouco da vida nessas esferas, que não podeis esperar chegar a ter uma visão coerente delas, nem quanto à sua natureza nem quanto à sua função; milhares de atividades acontecem ali, que não são reveladas a vós. Essas vinte e uma esferas abrangem os *potenciais* da função do universo-mestre. Estes documentos permitem apenas uma visão superficial de certas atividades circunscritas pertinentes ao âmbito da época atual do grande universo – ou melhor, de um dos sete setores do grande universo.

1. OS SETE MUNDOS SAGRADOS DO PAI

O circuito das esferas sagradas de vida do Pai contém os únicos segredos inerentes à personalidade, no universo dos universos. Estes satélites do Paraíso, no mais interno dos três circuitos, são os únicos domínios proibidos, concernentes à personalidade, no universo central. O Paraíso inferior e os mundos do Filho são, do mesmo modo, fechados às personalidades; porém nenhum desses domínios, de qualquer modo, concerne diretamente à personalidade.

Os mundos do Pai, no Paraíso, são dirigidos pela ordem mais elevada dos Filhos Estacionários da Trindade, os Segredos Trinitarizados da Supremacia. Desses mundos, pouco posso eu dizer; das suas múltiplas atividades, posso dizer menos ainda. Tais informações dizem respeito apenas àqueles seres que ali funcionam e que dali vão mais adiante. E, ainda que eu esteja familiarizado de um certo modo, com seis desses mundos especiais, eu jamais aterrissei em Divíningtonn; tal mundo é inteiramente proibido para mim.

Uma das razões pelas quais esses mundos são secretos é que cada uma dessas esferas sagradas desfruta de uma representação especializada, ou manifestação das Deidades que compõem a Trindade do Paraíso; não de uma personalidade, mas de uma presença única da Divindade, que pode ser apreciada e compreendida apenas por aqueles grupos especiais de inteligência, residentes naquela esfera particular, ou que podem ser ali admitidos. Os Segredos Trinitarizados da Supremacia são os agentes pessoais dessas presenças especializadas e impessoais da Divindade. E os Segredos da Supremacia são seres altamente pessoais, esplendidamente dotados e maravilhosamente adaptados ao seu trabalho excelso e exigente.

1. DIVÍNINGTON. Este mundo é, em um sentido único, o "seio do Pai", a esfera de comunhão pessoal do Pai Universal, e nele existe uma manifestação especial da Sua divindade. Divíningtonn é o ponto de reunião dos Ajustadores do Pensamento no Paraíso, mas é também o lar de inúmeras outras entidades, personalidades e outros seres que têm origem no Pai Universal. Muitas personalidades, além do Filho Eterno, têm origem direta em atos solitários do Pai Universal. E tão somente os fragmentos do Pai, as personalidades e outros seres de origem direta e exclusiva no Pai Universal confraternizam-se e funcionam nesta morada.

Os segredos de Divíningtonn incluem o segredo da outorga e da missão dos Ajustadores do Pensamento. A sua natureza, origem e a técnica do seu contato com as criaturas mais baixas dos mundos evolucionários é um segredo dessa esfera do Paraíso. Essas assombrosas transações não concernem pessoalmente ao resto de nós e, portanto, as Deidades consideram apropriado ocultar da nossa compreensão plena certas características dessa ministração grandiosa e divina. Até o ponto em que temos contato com essa fase da atividade divina, é-nos permitido ter o conhecimento completo dessas transações, mas, no que diz respeito aos detalhes íntimos dessa grande outorga, não estamos plenamente informados.

Essa esfera também conserva os segredos da natureza, propósito e atividades de todas as outras formas de fragmentos do Pai, dos Mensageiros por Gravidade e das hostes de outros seres não revelados a vós. É bastante provável que essas verdades pertinentes a Divínington, que se mantêm ocultas para mim, se reveladas, venham meramente confundir e dificultar o meu trabalho atual, e pode ser ainda que estejam além da capacidade conceptual da minha ordem de seres.

2. SONÁRINGTON. Esta esfera é o "seio do Filho", o mundo de acolhimento pessoal do Filho Eterno. É a sede-central do Paraíso para os Filhos de Deus, descendentes e ascendentes, após estarem, quando estiverem, inteiramente acreditados e finalmente aprovados. Esse mundo é o lar, no Paraíso, de todos os Filhos do Filho Eterno e dos seus Filhos coordenados e coligados. Há numerosas ordens de filiação divina, ligadas a essa morada superna, que não têm sido reveladas aos mortais, já que elas não estão ligadas aos planos do esquema da ascensão, da progressão espiritual humana através dos universos e até o Paraíso.

Os segredos de Sonárington incluem o segredo da encarnação dos Filhos divinos. Quando um Filho de Deus torna-se um Filho do Homem, nascendo literalmente de uma mulher, como ocorreu no vosso mundo, há mais de dezenove séculos atrás, trata-se de um mistério universal. Isso está ocorrendo em todas as partes, nos universos, e o segredo dessa filiação divina é um segredo de Sonárington. Os Ajustadores são um mistério de Deus, o Pai. A encarnação dos Filhos divinos é um mistério de Deus, o Filho; é um segredo encerrado no sétimo setor de Sonárington, um domínio não penetrável por ninguém, exceto por aqueles que pessoalmente passaram por essa experiência única. Apenas aquelas fases da encarnação que têm a ver com a vossa carreira de ascensão, foram trazidas ao vosso conhecimento. Há muitas outras fases do mistério da encarnação dos Filhos do Paraíso, que são tipos não revelados de missões de serviço no universo, não abertos ao vosso conhecimento. E há ainda outros mistérios em Sonárington.

3. ESPIRITÍNGTON. Este mundo é o "seio do Espírito", o lar no Paraíso dos altos seres que representam exclusivamente o Espírito Infinito. Aqui, congregam-se os Sete Espíritos Mestres e algumas das suas filiações, de todos os universos. Nessa morada celeste, podem ser encontradas também inúmeras ordens não reveladas de personalidades espirituais, seres destinados às múltiplas atividades do universo, não ligadas aos planos de elevação das criaturas mortais do tempo até os níveis de eternidade do Paraíso.

Os segredos de Espiritíngton envolvem os mistérios impenetráveis da refletividade. Nós vos falamos sobre o fenômeno amplo e universal da refletividade, mais particularmente de como ela opera nos mundos-sede dos sete superuniversos, mas nunca explicamos inteiramente esse fenômeno, pois não o entendemos completamente. Compreendemos bastante, muito mesmo, sobre ele, mas diversos detalhes fundamentais ainda são misteriosos para nós. A refletividade é um segredo de Deus, o Espírito. Vós fostes instruídos a respeito das funções da refletividade em relação ao esquema de ascensão no caso da sobrevivência dos mortais, e assim é que opera, mas a refletividade é também um aspecto indispensável ao trabalho normal de inúmeras outras fases de ocupação no universo. Esse dom do Espírito Infinito é também utilizado em canais outros, diversos daqueles que fazem a reunião das informações e a disseminação dos dados. E há ainda outros segredos de Espiritíngton.

4. VICEGÉRINGTON. Este planeta é o "seio do Pai e do Filho" e é a esfera secreta de certos seres não revelados, que têm origem nos atos do Pai e do Filho. Este é também o lar, no Paraíso, de muitos seres glorificados, de ancestralidade complexa, aqueles cuja origem é complicada por causa das técnicas, muito diversificadas, que

operam nos sete superuniversos. Muitos grupos de seres, dos que se reúnem nesse mundo, não têm a sua identidade revelada aos mortais de Urântia.

Os segredos de Vicegérington incluem os segredos da trinitarização, e a trinitarização constitui o segredo da autoridade de representar a Trindade, de como atuar sendo vice-regentes dos Deuses. A autoridade de representar a Trindade é passada apenas àqueles seres, revelados e não revelados, que são trinitarizados, criados, gerados por factualidades ou eternizados por quaisquer duas ou por todas as três Pessoas da Trindade do Paraíso. As personalidades trazidas à existência pelos atos trinitarizantes de certos tipos de criaturas glorificadas representam não mais do que o potencial conceptual mobilizado naquela trinitarização, embora tais criaturas possam ascender por meio do caminho do abraço da Deidade aberto a todos os seus semelhantes.

Os seres não trinitarizados não compreendem plenamente a técnica da trinitarização, seja por dois, seja por três dos Criadores, seja por certas criaturas. Vós não iríeis compreender inteiramente tal fenômeno, a menos que, em um futuro longínquo, na vossa carreira glorificada, vós intenteis essa aventura e sejais bem-sucedidos nela, pois, de outro modo, esses segredos de Vicegérington serão sempre proibidos a vós. Mas para mim, que sou um ser de origem elevada na Trindade, todos os setores de Vicegérington estão abertos. Eu entendo completamente, e também protejo total e sagradamente, o segredo da minha origem e destino.

Há ainda outras formas e fases de trinitarização que não foram levadas ao conhecimento dos povos de Urântia, e essas experiências, nos seus aspectos pessoais, estão devidamente protegidas no setor secreto de Vicegérington.

5. SOLITARINGTON. Este mundo é o "seio do Pai e do Espírito" e é o centro de encontro de uma hoste magnífica de seres não revelados, com origem nos atos conjuntos do Pai Universal e do Espírito Infinito; seres que partilham de aspectos do Pai, além da sua herança do Espírito.

Essa é também o lar dos Mensageiros Solitários e outras personalidades de ordens supra-angélicas. Vós conheceis pouquíssimos dentre esses seres; há um vasto número de ordens não reveladas em Urântia. O fato de terem o seu domicílio no quinto mundo não significa, necessariamente, que o Pai tenha a ver com a criação dos Mensageiros Solitários ou dos seus coligados superangélicos, mas, nesta idade do universo, Ele tem a ver com a função deles. Durante a presente idade do universo, essa é também a esfera de status dos Diretores de Potência do Universo.

Há inúmeras ordens adicionais de personalidades espirituais, seres desconhecidos do homem mortal, que consideram Solitarington como sendo o seu lar, na esfera no Paraíso. Deveria ser lembrado que todas as divisões e níveis de atividades, no universo, são plenamente providas de ministros espirituais, como o é o domínio que se ocupa de ajudar o homem mortal a ascender ao seu destino divino, no Paraíso.

Os segredos de Solitarington. Além de certos segredos da trinitarização, este mundo mantém os segredos da relação pessoal do Espírito Infinito com algumas filiações mais elevadas da Terceira Fonte e Centro. Em Solitarington, são mantidos os mistérios da associação íntima de inúmeras ordens, não reveladas, com os espíritos do Pai, do Filho e do Espírito, com o tríplice espírito da Trindade, e com os espíritos do Supremo, do Último e do Supremo-Último.

6. SERÁFINGTON. Esta esfera é o "seio do Filho e do Espírito" e é o mundo-lar das imensas hostes de seres não revelados, criados pelo Filho e pelo Espírito. É também a esfera de destino de todas as ordens ministradoras de hostes angélicas, incluindo supernafins, seconafins e serafins. No universo central e nos universos mais afastados, também servem inúmeras ordens de magníficos espíritos que não são "espíritos ministradores para aqueles que serão herdeiros da salvação". Todos esses

seridores espírituais, em todos os níveis e domínios de atividades no universo, consideram Seráfington como o seu lar no Paraíso.

Os segredos de Seráfington envolvem um mistério tríplice, dos quais eu posso mencionar apenas um: o mistério do transporte seráfico. A capacidade de várias ordens de serafins, e de seres espirituais aliados, de envolver, nas suas formas espirituais, todas as ordens de personalidades não-materiais, e de carregá-las, em longas jornadas interplanetárias, é um segredo fechado nos setores sagrados de Seráfington. Os serafins de transporte compreendem esse mistério, mas eles não o comunicam ao resto de nós, ou talvez não possam fazê-lo. Os outros mistérios de Seráfington são pertinentes às experiências pessoais de tipos de servidores espirituais, até agora, não revelados aos mortais. E nós nos coibimos de falar sobre os segredos de tais seres, tão proximamente relacionados, pois vós quase poderíeis compreender tais ordens próximas de existência, mas equivaleria a uma quebra de confiança apresentarmos até mesmo o nosso conhecimento parcial de tais fenômenos.

7. ASCÊNDINGTON. Este mundo único é o "seio do Pai, do Filho e do Espírito", local de encontro das criaturas ascendentes do espaço, a esfera de recepção dos peregrinos do tempo que estão de passagem pelo universo de Havona, no seu caminho até o Paraíso. Ascêndington é o lar verdadeiro, no Paraíso, das almas ascendentes do tempo e do espaço, até que elas alcancem o status de seres do Paraíso. Vós, mortais, passareis a maioria das vossas férias de Havona em Ascêndington. Durante a vossa vida em Havona, Ascêndington será para vós o mesmo que foram os diretores de reversão durante a ascensão local e no superuniverso. Aqui, vós vos engajareis em milhares de atividades, que estão além da compreensão e da imaginação mortal. E, como em todos os avanços anteriores, na ascensão em direção a Deus, o vosso eu humano entrará, aqui, em novas relações com o vosso eu divino.

Os segredos de Ascêndington incluem os mistérios da construção gradual e certa, na mente material e mortal, de uma contraparte espiritual e potencialmente imortal do caráter e da identidade. Esse fenômeno constitui um dos mistérios de maior perplexidade dos universos – a evolução de uma alma imortal, dentro da mente de uma criatura mortal e material.

Vós não ireis jamais compreender essa transação misteriosa, antes de alcançardes Ascêndington. E é por isso que toda Ascêndington estará aberta aos vossos olhares maravilhados. Um sétimo de Ascêndington é proibido para mim – aquele setor ao qual concerne esse mesmo segredo que é (ou será) da experiência e posse exclusiva do vosso tipo de ser. Essa experiência pertence à vossa ordem humana de existência. A minha ordem de personalidade não está diretamente ligada a tais transações. Desse modo, são proibidas a mim, mas serão finalmente reveladas a vós. Todavia, mesmo depois que forem reveladas a vós, por alguma razão, permanecerão para sempre como um segredo vosso. Vós não os revelareis a nós, nem a qualquer outra ordem de seres. Sabemos sobre a fusão eterna de um Ajustador divino com uma alma imortal, de origem humana; mas os finalitores ascendentes conhecem essa experiência, em si, como uma realidade absoluta.

2. AS RELAÇÕES NOS MUNDOS DO PAI

Esses mundos-lar, das diversas ordens de seres espirituais, são esferas portentosas e maravilhosas e, na sua incomparável beleza e glória esplendorosa, são semelhantes ao Paraíso. São mundos de congregação, esferas de reunião, que servem como endereços cósmicos permanentes. Como finalitores, vós estareis domiciliados no Paraíso, mas Ascêndington será o vosso endereço domiciliar em todos os tempos, mesmo quando entrardes no serviço do espaço exterior. Por toda a eternidade, vós ireis considerar Ascêndington como o vosso lar de recordações sentimentais e de memórias evocativas. Quando vos tornardes seres espirituais do sétimo estágio, possivelmente renunciareis ao vosso status de residência no Paraíso.

Se os universos exteriores estão em processo de criação, se eles devem ser habitados por criaturas do tempo com potencial ascensional, então inferimos que esses filhos do futuro estão destinados também a considerar Ascêndington o seu mundo-lar no Paraíso.

Ascêndington é a única esfera sagrada que estará aberta, sem reservas, ao vosso exame, quando chegardes ao Paraíso. Vicegéringthen é a única esfera sagrada que é aberta ao meu escrutínio inteiramente sem reservas. Embora os segredos desta digam respeito à minha origem, nesta idade do universo, eu não encaro Vicegerinton como o meu lar. Os seres de origem na Trindade e os seres trinitarizados não são a mesma coisa.

Os seres de origem na Trindade não compartilham totalmente os mundos do Pai; eles têm o seu lar exclusivo na Ilha do Paraíso, em estreita proximidade com a Esfera Santíssima. Freqüentemente eles estão em Ascêndington, o "seio do Pai-Filho-Espírito", onde se confraternizam com os seus irmãos que vieram dos mundos baixos do espaço.

Vós poderíeis assumir que os Filhos Criadores, sendo originários do Pai-Filho, assumiriam Vicegéringten como o seu lar, mas não é esse o caso nessa idade da função de Deus, o Sétuplo, no universo. E há muitos problemas semelhantes que irão deixar-vos perplexos, pois podeis estar certos de encontrar muitas dificuldades ao tentardes entender essas coisas que estão tão próximas do Paraíso. Também não podeis usar o raciocínio com êxito para essas questões, pois delas sabeis pouquíssimo. E, caso soubésseis mais, acerca dos mundos do Pai, vós simplesmente iríeis encontrar mais dificuldades ainda, até saberdes *tudo* sobre eles. O status em qualquer desses mundos secretos é adquirido pelo serviço, bem como por meio da natureza da origem, e as sucessivas idades do universo podem redistribuir alguns desses agrupamentos de personalidades, e fazem-no.

Os mundos do circuito interior são realmente mundos fraternais, ou de status passageiro, mais do que esferas reais de residência. Os mortais atingirão um certo status, em cada um dos mundos do Pai, exceto em um deles. Por exemplo: quando vós, mortais, chegardes a Havona, ser-vos-á concedida permissão para visitar Ascêndington, onde vós sereis muito bem-vindos, mas não vos será permitido visitar os outros seis mundos sagrados. Subseqüentemente à vossa passagem pelo regime do Paraíso, e após a vossa admissão no Corpo de Finalidade, ser-vos-á concedida permissão para ir a Sonárington, já que sois filhos ascendentes de Deus – de fato sereis muito mais. Contudo sempre restará um sétimo de Sonárington, o setor dos segredos da encarnação dos Filhos Divinos, que não estará aberto ao vosso escrutínio. Esses segredos nunca serão revelados aos filhos ascendentes de Deus.

Finalmente, tereis acesso pleno a Ascêndington e um acesso relativo a outras esferas do Pai, exceto Divínington, mas, mesmo quando vos for dada a permissão para aterrissar nas cinco outras esferas secretas, após vos haverdes transformado em finalitores, não vos será permitido visitar todos os setores de tais mundos. Nem vos será permitido aterrissar nas margens de Divínington, o "seio do Pai", se bem que vós ireis, com certeza, estar repetidamente à "mão direita do Pai". Nunca, por toda a eternidade, surgirá nenhuma necessidade da vossa presença no mundo dos Ajustadores do Pensamento.

Esses mundos de reunião da vida espiritual são um terreno proibido, e ao extremo, tanto que nos é pedido que não tentemos penetrar nas fases daquelas esferas que estão totalmente fora do âmbito da nossa experiência. Vós podeis tornar-vos criaturas perfeitas, como o Pai Universal mesmo é perfeito na Sua Deidade, mas não podereis saber sobre todos os segredos experienciais de todas as outras ordens de personalidades do universo. Quando o Criador tem um segredo de personalidade experiencial com a sua criatura, o Criador preserva esse segredo em confiança eterna.

Todos esses segredos são supostamente conhecidos do corpo coletivo dos Segredos Trinitarizados da Supremacia. Esses seres são inteiramente conhecidos apenas pelos agrupamentos especiais do seu mundo; eles são pouco compreendidos pelas outras ordens. Após haverdes alcançado o Paraíso, conhecereis e amareis ardentemente os dez Segredos da Supremacia que dirigem Ascêndington. À exceção de Divínington, vós também chegareis a um conhecimento parcial dos Segredos da Supremacia, em outros mundos do Pai, se bem que não tão perfeitamente quanto em Ascêndington.

Os Segredos Trinitarizados da Supremacia, como o seu nome poderia sugerir, estão relacionados ao Supremo; eles são, do mesmo modo, relacionados ao Último e ao futuro Supremo-Último. Esses Segredos da Supremacia são os segredos do Supremo e, também, os segredos do Último e, mesmo, os segredos do Supremo-Último.

3. OS MUNDOS SAGRADOS DO FILHO ETERNO

As sete esferas luminosas do Filho Eterno são os mundos das sete fases de existência no espírito-puro. Esses orbes resplandecentes são a fonte da luz tríplice do Paraíso e de Havona; e a sua influência é amplamente, se bem que não totalmente, confinada ao universo central.

A personalidade não está presente nesses satélites do Paraíso; portanto, sobre as moradas desses espíritos-puros, pouco há que possa ser apresentado à personalidade mortal e material. Foi-nos ensinado que esses mundos são prolíficos da vida não-pessoal dos seres do Filho Eterno. Inferimos que essas entidades estejam sendo constituídas para a ministração aos novos universos projetados do espaço exterior. Os filósofos do Paraíso sustentam que cada ciclo do Paraíso, de cerca de dois bilhões de anos do tempo de Urântia, testemunha a criação de reservas adicionais dessas ordens, nos mundos secretos do Filho Eterno.

Até onde fui informado, personalidade alguma jamais esteve em qualquer uma dessas esferas do Filho Eterno. Eu nunca fui designado sequer para visitar um desses mundos, em toda a minha longa experiência, dentro e fora do Paraíso. Mesmo as personalidades co-criadas pelo Filho Eterno não vão a esses mundos. Inferimos que todos os tipos de espíritos impessoais, independentemente da sua origem, sejam admitidos nesses lares espirituais. Como sou uma pessoa e tenho uma forma espiritual, não há dúvida de que esse mundo pareceria vazio e deserto, ainda que me fosse permitido fazer uma visita a ele. As personalidades espirituais elevadas não são dadas à satisfação da curiosidade sem um propósito, à aventura inútil puramente. A todo momento há, em demasia, aventuras plenas de propósito e fascínio, para permitir o desenvolvimento de qualquer interesse maior em projetos inúteis ou irreais.

4. OS MUNDOS DO ESPÍRITO INFINITO

Entre o circuito interno de Havona e as esferas resplandecentes do Filho Eterno, giram os sete orbes do Espírito Infinito, mundos habitados pela progênie do Espírito Infinito, pelos filhos trinitarizados de personalidades criadas já glorificadas e por outros tipos de seres não revelados, empenhados na administração efetiva das muitas realizações dos vários domínios de atividades no universo.

Os Sete Espíritos Mestres são os representantes supremos e últimos do Espírito Infinito. Eles mantêm as suas estações pessoais e os seus focos de poder na periferia do Paraíso, mas todas as operações ligadas à sua administração e direção, no grande universo, são conduzidas a partir dessas sete esferas executivas especiais do Espírito Infinito. Os Sete Espíritos Mestres são, na realidade, a roda de equilíbrio do espírito-mente no universo dos universos, um poder de localização central que tudo abrange, compreende e coordena.

Dessas sete esferas especiais, os Espíritos Mestres operam, para equalizar e estabilizar os circuitos da mente cósmica do grande universo. Eles também têm a ver com a atitude espiritual diferencial e com a presença das Deidades, em todo o grande universo. As reações físicas são uniformes, e não variam, sendo sempre instantâneas e automáticas. Contudo, a presença experiencial do espírito realiza-se de acordo com as condições subjacentes ou com os estados de receptividade espiritual inerentes às mentes individuais nos reinos.

A autoridade, a presença e a função física não variam ao longo dos universos, grandes ou menores. O fator que diferencia a presença ou a reação espiritual é o diferencial flutuante, no seu reconhecimento e recepção, da parte das criaturas de vontade. Ainda que a presença espiritual da Deidade absoluta ou existencial, de nenhum modo seja influenciada pelas atitudes de lealdade ou deslealdade, da parte dos seres criados, ao mesmo tempo, é certo que a presença em funcionamento da Deidade subabsoluta e experiencial seja, definitiva e diretamente, influenciada pelas decisões, escolhas e atitudes da vontade de tais seres, criaturas finitas – pela lealdade e devoção do ser, planeta, sistema, constelação ou universo, individualmente. Essa presença espiritual da divindade não é, porém, caprichosa ou arbitrária; a sua variação experiencial é inerente ao dom de livre-arbítrio das criaturas pessoais.

O fator determinante do diferencial da presença espiritual existe nos vossos próprios corações e mentes, e consiste na maneira como atua a vossa própria escolha, nas decisões das vossas mentes e na determinação das vossas próprias vontades. Esse diferencial é inerente às reações do livre-arbítrio de seres pessoais inteligentes, seres a quem o Pai Universal ordenou que exercessem a liberdade de escolha. E as Deidades são sempre fiéis às oscilações e ao fluxo dos seus espíritos, ao atenderem e satisfazerem às condições e demandas, dessas escolhas diferenciais das criaturas, ora concedendo mais da presença Delas, em resposta ao anseio sincero dessa presença, ora retirando-Se de cena à medida que as suas criaturas fazem as opções adversas, no exercício da sua liberdade de escolha, dom divinamente concedido. E, assim, o espírito da divindade torna-se humildemente obediente à escolha das criaturas dos reinos.

As moradas executivas dos Sete Espíritos Mestres são, na realidade, as sedes-centrais no Paraíso, dos sete superuniversos e seus segmentos correlatos no espaço exterior. Cada Espírito Mestre preside a um superuniverso, e cada um desses sete mundos é exclusivamente designado a um dos Espíritos Mestres. Não há literalmente nenhuma fase da administração subparadisíaca, dos sete superuniversos, que não seja abrangida por esses mundos executivos. Eles não são tão exclusivos quanto as esferas do Pai, ou as do Filho, e, embora o status residencial seja limitado aos seres nativos, e aos que ali trabalham, esses sete planetas administrativos estão sempre abertos a todos os seres que os desejarem visitar, e que tenham o comando dos meios necessários de trânsito.

Para mim, esses mundos executivos são os pontos mais interessantes e fascinantes fora do Paraíso. Em nenhum outro lugar, no vasto universo, pode alguém observar atividades tão variadas, envolvendo ordens tão diferentes de seres vivos, as quais têm a ver com operações em níveis tão diversos, e com ocupações ao mesmo tempo materiais, intelectuais e espirituais. Quando me é concedido um período de descanso das minhas atividades, se acontece de eu estar no Paraíso, ou em Havona, comumente vou para um desses mundos ativos dos Sete Espíritos Mestres, para ali inspirar a minha mente com aqueles espetáculos de empreendimento, devoção, lealdade, sabedoria e eficiência. Em nenhum outro lugar posso eu observar uma interassociação tão assombrosa de atuações da personalidade, em todos os sete níveis da realidade do universo. E me sinto sempre estimulado pelas atividades daqueles que sabem muito bem como fazer o seu trabalho e que têm um prazer tão completo no ato de realizá-lo.

[Apresentado por um Perfeccionador de Sabedoria, com a missão de funcionar como tal, dada pelos Anciães dos Dias em Uversa.]

A procissão interna dos corpos escuros de gravidade tem uma disposição tubular, consistindo em três agrupamentos circulares. Um seccionamento transversal na órbita desse circuito mostraria três círculos concêntricos de densidade aproximadamente igual. O circuito externo dos corpos escuros de gravidade está disposto perpendicularmente, sendo dez mil vezes mais alto que o circuito orbital interno. O diâmetro vertical do circuito externo é igual a cinqüenta mil vezes o diâmetro transversal.

O espaço intermediário que existe entre esses dois circuitos de corpos de gravidade é *único*, pois nada como ele é encontrado em outro lugar em todo o amplo universo. Essa zona é caracterizada por enormes movimentos de ondas de vaivém vertical, e é permeada por tremendas atividades de energias de uma ordem desconhecida.

Na nossa opinião, nada igual aos corpos escuros de gravidade do universo central irá caracterizar a evolução futura dos níveis do espaço exterior; encaramos essas procissões alternadas de corpos estupendos de equilíbrio da gravidade como únicas no universo-mestre.

2. A CONSTITUIÇÃO DE HAVONA

Os seres espirituais não residem em espaços nebulosos; eles não habitam mundos etéreos; eles são domiciliados em esferas factuais de uma natureza material, mundos tão reais como esses em que vivem os mortais. Os mundos de Havona são factuais e reais, se bem que a sua substância de fato difira da organização material dos planetas dos sete superuniversos.

As realidades físicas de Havona representam uma ordem de organização da energia radicalmente diferente de quaisquer daquelas que prevalecem nos universos evolucionários do espaço. As energias de Havona são tríplices; as unidades de energia-matéria do superuniverso contêm uma carga de energia dupla, se bem que uma forma de energia exista nas fases negativa e positiva. A criação do universo central é tríplice (a Trindade); a criação de um universo local (diretamente) é dupla, feita por um Filho Criador e um Espírito Criativo Materno.

O material de Havona consiste na organização exata de mil elementos químicos básicos e na função equilibrada das sete formas da energia de Havona. Cada uma dessas energias básicas manifesta sete fases de excitação, de modo que os nativos de Havona respondem a quarenta e nove estímulos sensoriais diferentes. Em outras palavras, de um ponto de vista puramente físico, os nativos do universo central possuem quarenta e nove formas especializadas de sensações. Os sentidos moronciais são setenta, e as ordens espirituais mais elevadas de resposta, como reação, variam em diferentes tipos de seres, indo de setenta até duzentos e dez.

Nenhum dos seres físicos do universo central seria visível aos urantianos. E nenhum dos estímulos físicos desses mundos distantes provocaria alguma reação nos vossos grosseiros órgãos sensoriais. Se um mortal de Urântia pudesse ser transportado até Havona, lá ele seria surdo, cego e totalmente carente de quaisquer outras reações sensoriais; ele apenas funcionaria como um ser autoconsciente, mas limitado, privado de todos os estímulos ambientais e de todas as reações ao meio ambiente.

Há inúmeros fenômenos físicos e reações espirituais que ocorrem na criação central e que são desconhecidos em mundos como Urântia. A organização básica de uma criação tríplice é totalmente diferente daquela da constituição dupla dos universos criados do tempo e do espaço.

Toda lei natural é coordenada em uma base totalmente diferente daquela do sistema dual de energia das criações evolutivas. O universo central é todo organizado de acordo com um sistema tríplice de controle simétrico e perfeito. No sistema Paraíso-Havona inteiro, é mantido um equilíbrio perfeito entre todas as realidades cósmicas e todas as forças espirituais. Com um controle absoluto da criação material, o Paraíso regula e mantém perfeitamente as energias físicas desse universo central; o Filho Eterno, como uma parte do seu controle espiritual, que a tudo abraça, sustenta, da maneira mais perfeita, o nível espiritual de todos aqueles que habitam em Havona. No Paraíso, nada é experimental, e o sistema Paraíso-Havona é uma unidade de perfeição criadora.

A gravidade espiritual universal do Filho Eterno é surpreendentemente ativa em todo o universo central. Todos os valores do espírito e todas as personalidades espirituais são incessantemente atraídos para o interior no sentido da morada dos Deuses. Esse impulso para Deus é intenso e inescapável. A aspiração de atingir a Deus é mais forte no universo central, não porque a gravidade espiritual seja mais forte do que nos universos mais externos, mas porque os seres que alcançaram Havona estão mais plenamente espiritualizados e, pois, respondem mais intensamente à ação sempre presente da atração da gravidade espiritual universal do Filho Eterno.

Da mesma forma, o Espírito Infinito atrai todos os valores intelectuais na direção do Paraíso. Em todo o universo central, a gravidade mental do Espírito Infinito funciona em ligação com a gravidade espiritual do Filho Eterno e, ambas, juntas, constituem um impulso combinado, sobre as almas ascendentes, para encontrar Deus, alcançar a Deidade, atingir o Paraíso e conhecer o Pai.

Havona é um universo espiritualmente perfeito e fisicamente estável. O controle e a estabilidade equilibrada do universo central parecem ser perfeitos. Tudo, física ou espiritualmente, é perfeitamente previsível, mas o fenômeno da mente e a volição da personalidade não o são. Nós inferimos que o pecado pode ser considerado algo impossível de ocorrer, mas o fazemos baseados na realidade de que as criaturas de livre-arbítrio, nascidas em Havona, jamais foram culpadas por transgredir a vontade da Deidade. Em toda a eternidade, esses seres supernos têm sido consistentemente leais aos Eternos dos Dias. Em nenhuma criatura que tenha entrado em Havona, como peregrina, o pecado jamais surgiu. Não há sequer um exemplo de desvio de conduta, da parte de qualquer criatura, de qualquer grupo de personalidades, um dia criados ou admitidos ali, no universo central de Havona. Tão perfeitos e tão divinos são os métodos e os meios de seleção nos universos do tempo, que nunca, nos registros de Havona, ocorreu um erro; nenhum equívoco jamais foi cometido; nenhuma alma ascendente jamais foi admitida prematuramente no universo central.

3. OS MUNDOS DE HAVONA

Quanto ao governo, no universo central, não há nenhum. Havona é tão sutilmente perfeita que nenhum sistema intelectual de governo se faz necessário. Não há tribunais regularmente constituídos, nem existem assembléias para legislar; Havona requer apenas direção administrativa. Ali, podem ser observados, no seu apogeu, os ideais do verdadeiro *auto*-governo.

Não há necessidade de governo entre inteligências tão perfeitas e quase perfeitas. Elas não têm necessidade de regulamentações, pois são seres de perfeição inata, entremeados por criaturas evolucionárias que há muito passaram pelo escrutínio dos tribunais supremos dos superuniversos.

A administração de Havona não é automática, mas sim maravilhosamente perfeita e divinamente eficiente. É principalmente planetária e está confiada ao Eterno dos Dias residente; cada esfera de Havona sendo dirigida por uma dessas personalidades originárias da Trindade. Os Eternos dos Dias não são criadores, mas são administradores perfeitos. Eles ensinam com habilidade suprema e dirigem os seus filhos planetários com uma perfeição de sabedoria que beira o absoluto.

As esferas do universo central, em um total exato de um bilhão, constituem os mundos de instrução das altas personalidades nativas do Paraíso e de Havona, e servem ainda como campo final de provas para as criaturas ascendentes dos mundos evolucionários do tempo. Na execução do grande plano do Pai Universal para a ascensão da criatura, os peregrinos do tempo aterrissam nos mundos receptores da órbita do circuito externo, ou sétimo circuito e, depois de uma aprimorada instrução e de aumentarem a sua experiência, eles vão avançando progressivamente para dentro, planeta por planeta e círculo por círculo, até que, finalmente, alcancem as Deidades e consigam o status de residentes no Paraíso.

No presente, embora as esferas dos sete circuitos sejam mantidas em toda a sua superna glória, apenas um por cento de toda a capacidade planetária está sendo utilizado no trabalho de levar adiante o plano universal do Pai para a ascensão mortal. Cerca de um décimo de um por cento da área desses enormes mundos está sendo dedicado à vida e às atividades dos Corpos de Finalidade, seres eternamente estabelecidos em luz e vida, que freqüentemente permanecem e ministram nos mundos de Havona. Esses seres elevados têm a sua residência pessoal no Paraíso.

A construção planetária das esferas de Havona é inteiramente diferente daquelas dos mundos e sistemas evolucionários do espaço. Em nenhum outro lugar, em todo o grande universo, é conveniente utilizar-se esferas tão enormes como mundos habitados. É a sua constituição física triata, combinada com o efeito equilibrante dos imensos corpos escuros de gravidade, o que torna possível equalizar, muito perfeitamente, as forças físicas e equilibrar tão refinadamente as várias atrações nessa formidável criação. A antigravidade é também empregada na organização das funções materiais e nas atividades espirituais desses mundos enormes.

A arquitetura, a iluminação e a calefação, bem como os embelezamentos biológicos e artísticos das esferas de Havona, estão muito além do que pode alcançar o maior esforço da imaginação humana. A vós não pode ser contado muito sobre Havona; para entender a sua beleza e grandeza, vós deveis vê-la. No entanto há rios reais e lagos nesses mundos perfeitos.

Espiritualmente, esses mundos estão idealmente instalados; estão adaptados, perfeitamente, aos seus propósitos de alojar inúmeras ordens de seres diferentes que se encontram no universo central. Atividades múltiplas têm lugar nesses mundos maravilhosos que estão bastante além da compreensão humana.

4. AS CRIATURAS DO UNIVERSO CENTRAL

Há sete formas básicas de coisas vivas e de seres vivos nos mundos de Havona, e cada uma dessas formas básicas existe em três fases distintas. Cada uma dessas três fases é dividida em setenta divisões maiores, e cada divisão maior é composta de mil divisões menores, que têm ainda outras subdivisões, e assim sucessivamente. Essas formas básicas de vida poderiam ser classificadas como se segue:

1. Material.

2. Moroncial.

3. Espiritual.

4. Absonita.

5. Última.

6. Co-absoluta.

7. Absoluta.

A decadência e a morte não são parte do ciclo de vida nos mundos de Havona. No universo central, as coisas viventes mais baixas submetem-se à transmutação da materialização. Elas mudam a forma e a manifestação, mas não se dissolvem pelo processo do declínio, nem da morte celular.

Os nativos de Havona são todos uma progênie da Trindade do Paraíso. Eles não têm progenitores criaturas e são seres que não se reproduzem. Nós não podemos retratar a criação desses cidadãos do universo central, seres que nunca foram criados. Toda a composição da história da criação de Havona é um intento para tempo-espacializar um fato da eternidade que não tem nenhuma relação com o tempo, nem com o espaço, do modo como um mortal os compreende. Todavia, devemos atribuir à filosofia humana um ponto de origem; mesmo as personalidades muito acima do nível humano precisam de um conceito de "começo". Entretanto, o sistema do Paraíso-Havona é eterno.

Os nativos de Havona vivem espalhados pelo bilhão de esferas do universo central, no mesmo sentido que outras ordens de cidadania permanente habitam as suas respectivas esferas de nascimento. Exatamente como a ordem material de filiação vive na economia material, intelectual e espiritual de um bilhão de sistemas locais, em um superuniverso, também, em um sentido mais amplo, os nativos de Havona vivem e funcionam naquele bilhão de mundos do universo central. Vós poderíeis considerar certamente esses havonianos como criaturas materiais, em um sentido tal que a palavra "material" pudesse ser expandida para descrever as realidades físicas do universo divino.

Há uma vida que é nativa de Havona e que possui significado em si e por si própria. Os havonianos servem, de muitos modos, aos seres que descem vindos do Paraíso e aos que ascendem dos superuniversos, mas eles também vivem vidas que são singulares no universo central e que têm um sentido relativo totalmente independente, seja do Paraíso, seja dos superuniversos.

Assim como a adoração dos filhos de fé dos mundos evolucionários é ministrada para a satisfação do amor do Pai Universal, também a elevada adoração das criaturas de Havona sacia-se nos ideais perfeitos da beleza e da verdade divinas. Tal como o homem mortal cuida de fazer a vontade de Deus, esses seres do universo central vivem para gratificar os ideais da Trindade do Paraíso. Na sua natureza mesma, eles *são* a vontade de Deus. O homem rejubila-se com a bondade de Deus, os havonianos exultam com a beleza divina, e, tanto vós quanto eles, desfrutam da ministração da liberdade e da verdade viva.

Os havonianos têm destinos opcionais não revelados, tanto presentes quanto futuros. E há, para as criaturas nativas, uma progressão peculiar ao universo central, uma progressão que não inclui ascender ao Paraíso, nem penetrar nos superuniversos. Essa progressão, até a posição do status mais elevado em Havona, pode ser sugerida pelos seguintes passos:

1. Progresso experiencial para fora, do primeiro ao sétimo circuito.

2. Progresso para dentro, do sétimo ao primeiro circuito.

3. Progresso intracircuito – progressão no âmbito dos mundos de um dado circuito ou órbita.

Além dos nativos de Havona, os habitantes do universo central abrangem inúmeras classes de seres que são modelos para vários grupos do universo – conselheiros, diretores e mestres das suas espécies, e para essas espécies, em toda a criação. Todos os seres, em todos os universos, modelam-se pelas linhas de alguma ordem de criatura arquetípica que vive em um dentre aquele bilhão de mundos de Havona. Mesmo os mortais do tempo têm como meta e ideais de existência, enquanto criatura, nesses circuitos externos dessas esferas-modelo das alturas.

E também existem aqueles seres que alcançaram o Pai Universal e que têm o direito de ir e vir, que são designados para aqui e para acolá, nos universos, em missões de serviço especial. E, em cada mundo de Havona, serão encontrados os candidatos à meta, aqueles que fisicamente chegaram ao universo central, mas que ainda não alcançaram o desenvolvimento espiritual que os capacitaria a solicitar residência no Paraíso.

O Espírito Infinito é representado, nos mundos de Havona, por uma hoste de personalidades, seres de graça e glória, que administram, em detalhe, os intrincados assuntos intelectuais e espirituais do universo central. Nesses mundos de perfeição divina, eles fazem o trabalho inato à condução normal dessa imensa criação e, além disso, dão continuidade às múltiplas tarefas de ensinar, treinar e ministrar aos enormes números de criaturas ascendentes que escalaram até a glória, vindos dos mundos escuros do espaço.

Há numerosos grupos de seres nativos do sistema Paraíso-Havona que não estão, de modo algum, diretamente ligados ao esquema de ascensão e aperfeiçoamento da criatura; e que, portanto, são omitidos nessa classificação de personalidades apresentada às raças mortais. Apenas os grupos maiores de seres supra-humanos e as ordens diretamente ligadas à vossa experiência de sobrevivência são apresentados aqui.

Em Havona, a vida de todas as fases de seres inteligentes é abundante; seres que ali procuram avançar, dos circuitos mais baixos aos mais elevados, por meio dos seus esforços para atingir níveis mais elevados de alcance e compreensão da divindade e uma avaliação mais ampla dos significados supremos, dos valores últimos e da realidade absoluta.

5. A VIDA EM HAVONA

Em Urântia, vós passais por uma prova curta, mas intensa, da vossa vida inicial de existência material. Nos mundos das mansões, e ascendendo no vosso sistema, na constelação e no universo local, vós atravessareis as fases moronciais de ascensão. Nos mundos de aprendizado do superuniverso, vós passareis pelos estágios da verdadeira progressão do espírito e sereis preparados para o trânsito final até Havona. Nos sete circuitos de Havona, a vossa realização é intelectual, espiritual e experiencial. E há uma tarefa definida a ser cumprida, em cada um dos mundos de cada um desses circuitos.

Nos mundos divinos do universo central, a vida é tão rica, plena, completa e repleta, que transcende totalmente à concepção humana de qualquer coisa que um ser criado pudesse talvez experimentar. As atividades sociais e econômicas dessa criação eterna são inteiramente distintas das ocupações das criaturas materiais que vivem nos mundos evolucionários, tais como Urântia. Até mesmo a técnica de pensamento em Havona é diferente do modo do pensar em Urântia.

As regulamentações do universo central são adequadas e inerentemente naturais; as regras de conduta não são arbitrárias. Para cada requisito, em Havona, revela-se o motivo da sua exigência de retidão e a regra da justiça. E esses dois fatores, combinados, igualam-se àquilo que em Urântia seria denominado *eqüidade*. Quando chegardes em Havona, naturalmente ireis ter o prazer de fazer as coisas da maneira como elas deveriam ser feitas.

Quando, pela primeira vez, os seres inteligentes chegam ao universo central, eles são recebidos e domiciliados no mundo piloto do sétimo circuito de Havona. À medida que os recém-chegados progridem espiritualmente, e adquirem a compreensão da identidade do Espírito Mestre do seu superuniverso, eles são transferidos para o sexto círculo. (Foi segundo essa disposição, no universo central, que os círculos de progresso na mente humana receberam a sua denominação.) Depois que os seres ascendentes houverem alcançado a compreensão da Supremacia, e houverem sido preparados, pois, para a aventura da Deidade, eles são levados ao quinto circuito; e, depois de alcançarem o Espírito Infinito, eles são transferidos para o quarto circuito. Em seguida ao alcance do Filho Eterno, eles são transferidos para o terceiro; e, quando tiverem reconhecido o Pai Universal, eles permanecerão no segundo circuito de mundos, onde se tornarão mais familiarizados com as hostes do Paraíso. A chegada ao primeiro circuito de Havona significa a aceitação, dos candidatos do tempo, para o serviço no Paraíso. Indefinidamente, de acordo com a natureza e a extensão da ascensão da criatura, eles permanecerão no circuito mais interno de alcance e crescimento espiritual. Desse circuito interior, os peregrinos ascendentes prosseguem para o interior, para residirem no Paraíso e serem admitidos no Corpo de Finalidade.

Durante a vossa permanência em Havona, como peregrinos em ascensão, ser-vos-á permitido visitar livremente os mundos do circuito a vós designado. E vos será também permitido voltar aos planetas nesses circuitos que houverdes anteriormente atravessado. E tudo isso é possível àqueles que permanecem nos círculos de Havona, sem que haja a necessidade de que eles sejam ensupernafinados. Os peregrinos do tempo são capazes de equipar-se para atravessar o espaço "alcançado", mas devem depender da técnica estabelecida para franquearem-se até o espaço "não-alcançado"; um peregrino não pode deixar Havona, nem ir adiante, além do circuito que lhe foi designado, sem a ajuda de um supernafim de transporte.

Há uma originalidade revigorante nessa imensa criação central. À parte a organização física da matéria e a sua constituição fundamental de ordens básicas de seres inteligentes e de outras coisas viventes, não há nada em comum entre os mundos de Havona. Cada um desses planetas é uma criação original, única e exclusiva; cada planeta é uma produção incomparável, esplêndida e perfeita. E essa diversificação na individualidade abrange todos os detalhes do aspecto físico, intelectual e espiritual da existência planetária. Cada esfera, desse bilhão de esferas de perfeição, foi desenvolvida e ornada de acordo com os planos do Eterno dos Dias residente. E é exatamente por isso que não há duas delas que sejam iguais.

A tônica da aventura e o estímulo da curiosidade não desaparecerão da vossa carreira, enquanto não houverdes atravessado o último dos circuitos de Havona e visitado o último dos mundos de Havona. E, então, o ímpeto, o impulso de ir em frente na eternidade substituirá o impulso anterior, exercido pela atração da aventura do tempo.

A monotonia é indicativa de imaturidade da imaginação criadora e de inatividade da coordenação intelectual com o dom espiritual. No momento em que um ascendente mortal começa a exploração desses mundos celestes, ele terá atingido a maturidade emocional, intelectual e social, senão a espiritual.

Não apenas vós ireis encontrar mudanças não sonhadas, que se apresentam a vós à medida que avançais, de circuito em circuito, em Havona, mas o vosso assombro será inexprimível, quando progredirdes de planeta para planeta, no âmbito de cada circuito. Cada mundo, desse bilhão de mundos de estudo, é uma verdadeira universidade de surpresas. O assombro contínuo, o deslumbramento interminável, é a experiência daqueles que atravessam tais circuitos e visitam essas esferas gigantescas. A monotonia não faz parte da carreira em Havona.

O amor pela aventura, a curiosidade e o pavor à monotonia – traços esses inerentes à natureza humana em evolução – não foram colocados em vós apenas para perturbar-vos e incomodar-vos durante a vossa curta permanência na Terra, mas, antes, para sugerir-vos que a morte é apenas o começo de uma interminável carreira de aventuras, uma vida sempiterna de antecipação, uma viagem eterna de descobertas.

A curiosidade – espírito de investigação, ímpeto da descoberta, instinto de exploração – é uma parte do dom inato e divino das criaturas evolucionárias do espaço. Esses impulsos naturais não foram dados a vós meramente para serem frustrados e reprimidos. É bem verdade que esses impulsos ambiciosos devem freqüentemente ser restringidos, durante a vossa curta vida na Terra, e o desapontamento deve ser muitas vezes experienciado, mas eles estão para ser plenamente realizados e gloriosamente gratificados durante as longas eras que virão.

6. O PROPÓSITO DO UNIVERSO CENTRAL

As espécies de atividades na Havona dos sete circuitos é enorme. E, em geral, elas podem ser descritas como a seguir:

1. Havonais.
2. Paradisíacas.
3. Ascendente-finitas – Supremo-Últimas, evolucionárias.

Muitas das atividades suprafinitas têm lugar na Havona da idade presente do universo, envolvendo diversidades inenarráveis de fases absonitas e outras fases da mente e das funções do espírito. É possível que o universo central sirva a muitos propósitos não revelados a mim, pois ele funciona de inúmeros modos além da compreensão da mente criada. No entanto, tentarei descrever como essa criação perfeita serve às necessidades e contribui para a satisfação de sete ordens de inteligência do universo.

1. *O Pai Universal* – Primeira Fonte e Centro. Deus, o Pai, tem uma satisfação paterna superna, com a perfeição da criação central. Ele desfruta da experiência de saciar o amor em níveis de quase igualdade. O Criador Perfeito se compraz divinamente com a adoração da criatura perfeita.

Havona proporciona ao Pai conseguir a suprema gratificação. A realização da perfeição, em Havona, compensa o impulso eterno de expansão infinita, pela demora tempo-espacial.

O Pai desfruta, por reciprocidade, da beleza divina de Havona. E satisfaz à mente divina proporcionar um modelo perfeito de harmonia depurada para todos os universos em evolução.

O nosso Pai contempla o universo central com um prazer perfeito, porque é uma revelação digna da realidade espiritual para todas as personalidades do universo dos universos.

O Deus dos universos tem uma consideração favorável por Havona e pelo Paraíso, como núcleo de potencial eterno para toda a expansão subseqüente do universo, no tempo e no espaço.

O Pai eterno vê, com uma satisfação infindável, a criação de Havona, como o objetivo digno e atraente para os candidatos do tempo à ascensão, os Seus netos mortais, do espaço, alcançando o lar eterno do seu Pai-Criador. E Deus tem prazer com o universo do Paraíso-Havona, por ser o lar eterno da Deidade e da família divina.

2. *O Filho Eterno* – Segunda Fonte e Centro. Para o Filho Eterno, a formidável criação central proporciona a prova eterna da efetividade da co-participação na

família divina – Pai, Filho e Espírito. É a base espiritual e material para a confiança absoluta no Pai Universal.

Havona proporciona ao Filho Eterno uma base quase ilimitada para a realização, sempre em expansão, do poder espiritual. O universo central proporcionou ao Filho Eterno o campo de ação onde Ele pôde demonstrar, com segurança e certeza, o espírito e a técnica do ministério da auto-outorga, para instruir os Seus Filhos coligados do Paraíso.

Havona é a fundação da realidade para o controle, no universo dos universos, da gravidade espiritual do Filho Eterno. Esse universo proporciona ao Filho a gratificação do anseio paternal, na reprodução espiritual.

Os mundos de Havona e os seus habitantes perfeitos são a primeira demonstração, bem como a demonstração eternamente final, de que o Filho é o Verbo do Pai. E, desse modo, a consciência do Filho fica perfeitamente gratificada, enquanto complemento infinito do Pai.

E esse universo oferece a oportunidade para a realização da reciprocidade da fraternidade igualitária entre o Pai Universal e o Filho Eterno, e isso constitui a prova eterna da personalidade infinita de cada um Deles.

3. *O Espírito Infinito* – Terceira Fonte e Centro. O universo de Havona oferece ao Espírito Infinito a evidência de que ele é o Agente Conjunto, o representante infinito de Pai-e-Filho unificados. De Havona, o Espírito Infinito deriva uma satisfação combinada de funcionar em uma atividade criadora, ao mesmo tempo em que desfruta da satisfação da coexistência absoluta com a Sua realização divina.

Em Havona, o Espírito Infinito encontrou o campo de ação no qual Ele pôde demonstrar a capacidade e a vontade de servir como um ministro potencial de misericórdia. Nessa criação perfeita, o Espírito ensaiou a aventura do ministério aos universos evolucionários.

Essa criação perfeita deu ao Espírito Infinito a oportunidade de participar da administração do universo junto com ambos os progenitores divinos – administrar um universo como a progênie e como o Co-criador, preparando-se, assim, para a administração conjunta dos universos locais, nas pessoas dos Espíritos Criativos Maternos coligados aos Filhos Criadores.

Os mundos de Havona são o laboratório mental dos criadores da mente cósmica e dos ministradores a todas as mentes das criaturas em existência. A mente é diferente em cada mundo de Havona e serve como modelo para todos os intelectos das criaturas materiais e espirituais.

Esses mundos perfeitos são as escolas de graduação da mente para todos os seres destinados à sociedade do Paraíso. Eles proporcionaram oportunidades abundantes para o Espírito testar a técnica da ministração da mente em personalidades assessoras confiáveis.

Havona é uma compensação para o Espírito Infinito, pelo Seu trabalho amplo e altruísta nos universos do espaço. Havona é o lar e o retiro perfeito para o incansável Ministro da Mente do tempo e do espaço.

4. *O Ser Supremo* – Unificação evolucionária da Deidade experiencial. A criação de Havona é a prova eterna e perfeita da realidade espiritual do Ser Supremo. Essa criação perfeita é uma revelação da natureza espiritual perfeita e simétrica, de Deus, o Supremo, antes dos começos da síntese em poder-personalidade das reflexões finitas das Deidades do Paraíso, nos universos experienciais do tempo e do espaço.

Em Havona, os potenciais de poder do Todo-Poderoso estão unificados com a natureza espiritual do Supremo. Essa criação central é um exemplo da unidade futuro-eterna do Supremo.

Havona é um arquétipo perfeito do potencial de universalidade do Supremo. Esse universo é um retrato acabado da perfeição futura do Supremo e sugere o potencial do Último.

Havona exibe a finalidade dos valores existentes do espírito, nas criaturas viventes de vontade e de autocontrole supremo e perfeito; a mente existindo como equivalente última do espírito, realidade e unidade da inteligência com um potencial ilimitado.

5. *Os Filhos Criadores Coordenados*. Havona é o campo educacional de treinamento, onde os Michaéis do Paraíso são preparados para as suas subseqüentes aventuras de criação dos universos. Essa criação divina e perfeita é o arquétipo para todo Filho Criador. Ele esforça-se por fazer com que o seu próprio universo atinja finalmente os níveis de perfeição do Paraíso-Havona.

Um Filho Criador usa as criaturas de Havona como possibilidades arquetípicas de personalidade, para criar os seus próprios filhos mortais e seres espirituais. Os Michaéis e outros Filhos do Paraíso consideram o Paraíso e Havona como o destino divino dos filhos do tempo.

Os Filhos Criadores sabem que a criação central é a fonte real do supercontrole indispensável a um universo, e que estabiliza e unifica os seus universos locais. Eles sabem que a presença pessoal da influência sempre presente do Supremo e do Último está em Havona.

Havona e o Paraíso são a fonte do poder criador de um Filho Michael. Ali habitam os seres que cooperam com ele na criação do universo. Do Paraíso, vêm os Espíritos Maternos do Universo, co-criadoras dos universos locais.

Os Filhos do Paraíso consideram a criação central como o lar dos seus progenitores divinos – o seu lar. É o lugar ao qual eles gostam de voltar de tempos em tempos.

6. *As Filhas Ministradoras Coordenadas*. Os Espíritos Maternos do Universo, co-criadoras dos universos locais, asseguram o seu aprendizado pré-pessoal nos mundos de Havona, em associação estreita com os Espíritos dos Circuitos. No universo central, as Filhas-Espíritos dos universos locais foram devidamente treinadas nos métodos de cooperação com os Filhos do Paraíso, todo o tempo sujeitos à vontade do Pai.

Nos mundos de Havona, o Espírito e as Filhas do Espírito encontram os arquétipos de mente para todos os seus grupos de inteligências espirituais e materiais, e esse universo central será, em algum momento, o destino dessas criaturas, que um Espírito Materno do Universo origina, em conjunto com um Filho Criador coligado seu.

A Criadora Materna do Universo lembra-se do Paraíso e de Havona como o lugar da sua origem e o lar do Espírito Materno Infinito, a morada de presença da personalidade da Mente Infinita.

Desse universo central, também veio a outorga das prerrogativas pessoais de criação que uma Ministra Divina do Universo emprega, como complementares às de um Filho Criador, no trabalho de criar as criaturas volitivas vivas.

E, afinal, já que essas Filhas-Espírito do Espírito Materno Infinito provavelmente não retornarão ao seu lar no Paraíso, elas extraem uma grande satisfação, por intermédio do fenômeno de refletividade universal, associado ao Ser Supremo, em Havona, e personalizado em Majeston, no Paraíso.

7. *Os Mortais Evolucionários de Carreira Ascendente*. Havona é o lar do modelo de personalidade de todo tipo de mortal e o lar de todas as personalidades supra-humanas, de associação mortal, que não são nativas das criações do tempo.

Esses mundos proporcionam o estímulo a todos os impulsos humanos na direção da realização dos valores espirituais verdadeiros, nos níveis de realidade os mais elevados concebíveis. Havona é a meta do aprendizado pré-paradisíaco de todos os mortais ascendentes. Ali, os mortais alcançam a Deidade do pré-Paraíso – o Ser Supremo. Havona representa, para toda criatura de vontade, o portal para alcançar o Paraíso e chegar a Deus.

O Paraíso é o lar, e Havona é a oficina, o local de estudos e lazer e a área de operações dos finalitores. E todo mortal, ciente de Deus, almeja ser um finalitor.

O universo central não é apenas o destino estabelecido do homem, mas é também o ponto de partida da carreira eterna dos finalitores, pois eles serão, em algum momento, mandados para fora, na aventura não revelada e universal da experiência de explorar a infinitude do Pai Universal.

Havona continuará a funcionar com significação absonita, inquestionavelmente, mesmo nas futuras idades do universo, que poderão testemunhar os peregrinos do espaço intentando alcançar a Deus em níveis suprafinitos. Havona tem a capacidade de servir como um universo de instrução para os seres absonitos. Será provavelmente a escola superior, quando os sete superuniversos estiverem funcionando como escola intermediária para os graduados das escolas primárias do espaço exterior. E nós nos inclinamos à opinião de que os potenciais da eterna Havona são realmente ilimitados, de que o universo central tem capacidade eterna para servir como um universo experimental de aperfeiçoamento para todos os tipos de seres criados: passados, presentes e futuros.

[Apresentado por um Perfeccionador de Sabedoria, incumbido de funcionar como tal, pelos Anciães dos Dias em Uversa.]

DOCUMENTO 15

OS SETE SUPERUNIVERSOS

N O QUE concerne ao Pai Universal – enquanto Pai –, os universos são virtualmente não existentes; Ele trata com as personalidades; Ele é o Pai das personalidades. Naquilo que concerne ao Filho Eterno e ao Espírito Infinito – como parceiros criadores –, os universos têm localização e são individuais, estando sob o governo conjunto dos Filhos Criadores e Espíritos Criativos Maternos. No que diz respeito à Trindade do Paraíso, fora de Havona, há apenas sete universos habitados, os sete superuniversos os quais têm a sua jurisdição no círculo do primeiro nível espacial pós-Havona. Os Sete Espíritos Mestres irradiam a sua influência para fora, a partir da Ilha Central; e a vasta criação constituindo, assim, uma roda gigantesca, cujo núcleo é formado pela eterna Ilha do Paraíso e os sete raios, as irradiações dos Sete Espíritos Mestres, formando o perímetro, as regiões exteriores do grande universo.

No começo da materialização da criação universal foi formulado o esquema sétuplo de organização e o governo dos superuniversos. A primeira criação pós-Havona foi dividida em sete segmentos colossais, e os mundos-sede dos governos desses superuniversos foram projetados e construídos. O esquema atual de administração tem existido praticamente por toda a eternidade, e os governantes desses sete superuniversos são apropriadamente chamados Anciães dos Dias.

Do vasto conjunto dos conhecimentos, a respeito dos superuniversos, pouco posso esperar descrever-vos, mas há, em atuação nesses domínios, uma técnica de controle inteligente tanto para as forças físicas quanto para as espirituais; e as presenças da gravidade universal neles funcionam em poder majestoso e harmonia perfeita. É importante, primeiro, que formeis uma idéia adequada sobre a constituição física e a organização material dos domínios dos superuniversos, para que, depois, estejais mais bem preparados para alcançar o significado da maravilhosa organização de governo espiritual e avanço intelectual proporcionada às criaturas volitivas que residem nas miríades de planetas habitados e espalhados por todos os sete superuniversos.

1. O NÍVEL ESPACIAL DO SUPERUNIVERSO

Dentro da gama limitada dos registros, das observações e das memórias das gerações de um milhão ou de um bilhão, dos vossos curtos anos, e, para todos os intentos e propósitos práticos, Urântia, e o universo ao qual pertence, estão experimentando a aventura de um mergulho prolongado e desconhecido em um espaço novo; mas, de acordo com os registros de Uversa e segundo observações mais antigas, em harmonia com a experiência e os cálculos mais amplos da nossa ordem, e pelo resultado de conclusões baseadas nesse e em outros achados, sabemos que os universos estão engajados em uma procissão ordenada, bem compreendida e perfeitamente controlada, a qual, em grandiosidade majestosa, gira em torno da Primeira Grande Fonte e Centro e do Seu universo de residência.

Há muito tempo, descobrimos que os sete superuniversos percorrem uma grande elipse, um círculo gigantesco e alongado. O vosso sistema solar e os outros mundos do tempo não estão adentrando, sem mapas nem bússolas, um espaço desconhecido. O universo local, ao qual pertence o vosso sistema, está seguindo um curso definido e bem compreendido, no sentido anti-horário, na rota de um giro imenso, e que circunda o universo central. Essa trajetória cósmica está bem registrada e é cuidadosamente conhecida dos observadores das estrelas do superuniverso, do mesmo modo que as órbitas dos planetas que constituem o vosso sistema solar são conhecidas pelos astrônomos de Urântia.

Urântia está situada em um universo local e em um superuniverso ainda não completamente organizados, e o vosso universo local está na proximidade imediata de inúmeras criações físicas parcialmente completas. Vós pertenceis a um dos universos relativamente recentes. Mas não estais hoje vos lançando descontroladamente em um espaço não traçado, nem estais oscilando cegamente rumo a regiões desconhecidas. Estais seguindo a trajetória ordenada e predeterminada do nível espacial do superuniverso. Vós estais agora passando pelo mesmo espaço que o vosso sistema planetário – ou os predecessores dele – atravessou em idades anteriores; e, em algum dia no futuro remoto, o vosso sistema – ou os sucessores dele – irá novamente atravessar o mesmo espaço dentro do qual estais agora mergulhando tão rapidamente.

Nessa idade, e do modo como a direção é encarada em Urântia, o superuniverso de número um gira quase na direção norte, e encontra-se indo em uma direção a leste, oposta à da residência no Paraíso das Grandes Fontes e Centros, no universo central de Havona. Essa posição, junto com a correspondente a oeste, representa a maior aproximação física da Ilha Eterna alcançada pelas esferas do tempo. O superuniverso de número dois está ao norte, preparando-se para o giro no sentido oeste; enquanto o de número três, agora, mantém-se no segmento mais ao norte da trajetória do grande espaço, tendo já dobrado a tomada da curva que conduz ao mergulho para o sul. O superuniverso de número quatro encontra-se no vôo relativamente reto para a direção sul, com as suas regiões avançadas aproximando-se, agora, da oposição aos Grandes Centros. O quinto superuniverso há pouco abandonou a sua posição oposta ao Centro dos Centros e continua diretamente no curso sul, antes de girar para o leste; e o sexto ocupa a maior parte da curva sul, o segmento que o vosso superuniverso acaba de ultrapassar.

O vosso universo local de Nébadon pertence a Orvônton, o sétimo superuniverso, que gira entre o primeiro e o sexto superuniversos, tendo dobrado há pouco (segundo calculamos o tempo) a curva sudeste do nível espacial superuniversal. Hoje, o sistema solar ao qual Urântia pertence já passou, há uns poucos bilhões de anos, pela curva em torno da curvatura sul, de modo que estais agora avançando para além da curvatura de sudeste, e estais-vos deslocando rapidamente através do longo trecho, relativamente retilíneo, da trajetória norte. Durante idades incontáveis, Orvônton irá seguir nesse curso setentrional, quase em linha reta.

Urântia pertence a um sistema que se situa bem do lado externo, no sentido da fronteira do vosso universo local; e o vosso universo local, no presente, está atravessando a periferia de Orvônton. Há ainda outros sistemas, mais afastados do que o vosso, mas vós estais muito longe, no espaço, dos sistemas físicos que giram em torno do grande círculo, em relativa proximidade da Grande Fonte e Centro.

2. A ORGANIZAÇÃO DOS SUPERUNIVERSOS

Apenas o Pai Universal sabe a localização e o número atual dos mundos habitados no espaço; Ele os chama pelo nome e pelo número. Eu posso informar somente o número aproximado dos planetas habitados ou habitáveis, pois alguns dos superuniversos têm mais mundos adequados à vida inteligente do que outros. Nem todos os universos locais projetados, tampouco, foram já organizados. Portanto, a estimativa que ofereço serve apenas ao propósito de proporcionar uma idéia da imensidão da criação material.

Há sete superuniversos no grande universo; e eles estão constituídos, aproximadamente, do modo como a seguir se expõe:

1. *O Sistema.* A unidade básica do supergoverno consiste em cerca de mil mundos habitados ou habitáveis: sóis abrasadores, mundos frios, planetas muito próximos de sóis quentes e outras esferas não adequadas, para serem habitadas pelas criaturas, não estão incluídos nesse grupo. Esses mil mundos adaptados para suportar a vida são considerados um sistema, mas nos sistemas mais recentes apenas um número relativamente menor desses mundos pode ser habitado. Cada planeta habitado é presidido por um Príncipe Planetário; e cada sistema local tem uma esfera arquitetônica como sua sede-central, sendo governado por um Soberano do Sistema.

2. *A Constelação.* Uma centena de sistemas (cerca de 100 000 planetas habitáveis) forma uma constelação. Cada constelação possui uma esfera arquitetônica como sede-central e é presidida por três Filhos Vorondadeques, os Altíssimos. Cada constelação também possui um Fiel dos Dias, como observador e embaixador da Trindade do Paraíso.

3. *O Universo Local.* Uma centena de constelações (cerca de 10 000 000 de planetas habitáveis) constitui um universo local. Cada universo local tem um mundo sede-central arquitetônico magnífico, e é governado por um dos Filhos Criadores coordenados de Deus, da ordem dos Michaéis. Cada universo é abençoado pela presença de um União dos Dias, representante da Trindade do Paraíso.

4. *O Setor Menor.* Uma centena de universos locais (cerca de 1 000 000 000 de planetas habitáveis) constitui um setor menor do governo de um superuniverso; tem um mundo sede-central maravilhoso, de onde os seus governantes, os Recentes dos Dias, administram os assuntos desse setor menor. Há três Recentes dos Dias, Personalidades Supremas da Trindade em cada sede-central de um setor menor.

5. *O Setor Maior.* Uma centena de setores menores (cerca de 100 000 000 000 de mundos habitáveis) perfaz um setor maior. Cada setor maior é provido de uma sede-central extraordinária presidida por três Perfeições dos Dias, Personalidades Supremas da Trindade.

6. *O Superuniverso.* Dez setores maiores (1 000 000 000 000 de planetas habitáveis) constituem um superuniverso. Cada superuniverso é provido de um mundo sede-central enorme e glorioso, e é governado por três Anciães dos Dias.

7. *O Grande Universo.* Sete superuniversos formam o grande universo, como está organizado atualmente, consistindo em aproximadamente sete trilhões de mundos habitáveis, mais as esferas arquitetônicas e ainda um bilhão das esferas habitadas de Havona. Os superuniversos são governados e administrados indireta e refletivamente, do Paraíso, pelos Sete Espíritos Mestres. O bilhão de mundos de Havona é diretamente administrado pelos Eternos dos Dias, cada uma dessas Personalidades Supremas da Trindade presidindo a uma dessas esferas perfeitas.

Excluindo as esferas do Paraíso-Havona, o plano da organização do universo provê as seguintes unidades:

Superuniversos. 7

Setores Maiores 70

Setores Menores. 7 000

Universos Locais 700 000

Constelações 70 000 000

Sistemas Locais 7 000 000 000

Planetas Habitáveis 7 000 000 000 000

Cada um dos sete superuniversos é constituído, aproximadamente, como se segue:

Um sistema abrange aproximadamente . . . . 1 000 mundos

Uma constelação (100 sistemas) . . . . 100 000 mundos

Um universo (100 constelações) . . . . 10 000 000 de mundos

Um setor menor (100 universos). . . . . 1 000 000 000 de mundos

Um setor maior (100 setores menores) . . . . 100 000 000 000 de mundos

Um superuniverso (10 setores maiores) . . 1 000 000 000 000 de mundos

Em síntese, todas essas estimativas são aproximadas; pois novos sistemas estão constantemente evoluindo; e ao mesmo tempo outras organizações, temporariamente, estão deixando de ter existência material.

3. O SUPERUNIVERSO DE ORVÔNTON

Praticamente todos os reinos estelares, visíveis a olho nu de Urântia, pertencem à sétima parte do grande universo, o superuniverso de Orvônton. O vasto sistema estelar da Via Láctea representa o núcleo central de Orvônton, indo até muito adiante das fronteiras do vosso universo local. Essa grande agregação de sóis, ilhas escuras de espaço, estrelas duplas, grupos globulares, nuvens estelares, nebulosas espirais e outras, juntamente com as miríades de planetas individuais, formam um grupo com o formato de um relógio alongado, aproximadamente circular, que tem cerca de um sétimo dos universos habitados evolucionários.

Da posição astronômica de Urântia, à medida que olhardes através de uma seção transversal de sistemas próximos à grande Via Láctea, vós podereis observar que as esferas de Orvônton estão viajando sobre um grande plano alongado, sendo a sua largura muito maior do que a sua espessura e o seu comprimento bem maior ainda do que a sua largura.

A observação da chamada Via Láctea revela um crescimento relativo da densidade estelar de Orvônton, quando os céus são vistos em uma só direção, enquanto, para cada um dos outros lados, a densidade diminui; o número de estrelas e de outras esferas decresce, à medida que nos afastamos do plano principal do nosso superuniverso material. Quando o ângulo de observação é propício, olhando através do corpo principal desse domínio de densidade máxima, vós estareis olhando para o universo residencial, o centro de todas as coisas.

Das dez divisões maiores, de Orvônton, oito foram identificadas, grosso modo, pelos astrônomos de Urântia. As outras duas são difíceis de ser reconhecidas separadamente, porque sois obrigados a ver esses fenômenos do lado de dentro. Se pudésseis olhar para o universo de Orvônton, de uma posição muito distante no espaço, vós poderíeis reconhecer imediatamente os dez setores maiores da sétima galáxia.

O centro de rotação do vosso setor menor situa-se em uma posição bem distante dentro da nuvem estelar enorme e densa de Sagitário, em torno da qual o vosso universo local e todas as suas criações movem-se e, de lados opostos do vasto sistema subgalático de Sagitário, vós podeis observar duas grandes correntes de nuvens de estrelas emergindo em estupendas espirais estelares.

O núcleo do sistema físico, ao qual pertencem o vosso sol e os planetas a ele ligados, é o centro da outrora nebulosa de Andronover. Inicialmente essa nebulosa espiral era ligeiramente distorcida pelas interrupções de gravidade ligadas aos eventos decorrentes do nascimento do vosso sistema solar, e que foram ocasionadas pela aproximação, até muito perto, de uma grande nebulosa vizinha. Essa quase colisão transformou Andronover em algo semelhante a uma agregação globular, mas não destruiu totalmente a procissão bi-direcional de sóis e dos grupos físicos ligados a eles. O vosso sistema solar, agora, ocupa uma posição bastante central em um dos braços dessa espiral distorcida, situada a meio caminho, indo do centro, na direção da borda da corrente estelar.

O setor de Sagitário e todos os outros setores e divisões de Orvônton estão em rotação em torno de Uversa, e algumas das confusões feitas pelos astrônomos de Urântia vêm das ilusões e distorções relativas produzidas pelos seguintes movimentos múltiplos de revolução:

1. A translação de Urântia em torno do seu sol.

2. A órbita do vosso sistema solar em torno do núcleo da ex-nebulosa de Andronover.

3. A rotação da família estelar de Andronover e dos seus grupos ligados, em torno do centro composto de rotação-gravidade da nuvem estelar de Nébadon.

4. A oscilação da nuvem estelar local de Nébadon e das suas criações, em torno do centro sagitariano do seu setor menor.

5. A rotação de uma centena de setores menores, incluindo o de Sagitário, em torno do seu setor maior.

6. O giro dos dez setores maiores, os chamados fluxos estelares, em torno de Uversa, a sede-central de Orvônton.

7. O movimento de Orvônton e dos seis outros superuniversos em torno do Paraíso e de Havona, a procissão em sentido anti-horário do nível espacial superuniversal.

Esses movimentos múltiplos são de diversas ordens: as trajetórias espaciais do vosso planeta e do vosso sistema solar são genéticas, inerentes à sua origem. O movimento absoluto anti-horário de Orvônton também é genético, inerente aos planos arquitônicos do universo-mestre. Todavia, os movimentos intermediários são de origem composta, sendo, em parte, derivados da segmentação constituinte da energia-matéria nos superuniversos e, em parte, produzidos pela ação inteligente e proposital dos organizadores da força do Paraíso.

Os universos locais ficam mais próximos uns dos outros, à medida que se aproximam de Havona; as órbitas são maiores em número, e há uma superposição crescente, camada por camada. Em pontos mais distanciados do centro eterno, todavia, há cada vez menos sistemas, camadas, órbitas e universos.

DOCUMENTO 15: SEÇÃO 3

4. AS NEBULOSAS — AS ANCESTRAIS DOS UNIVERSOS

Embora a criação e a organização do universo permaneçam sempre sob o controle dos Criadores infinitos e dos seus coligados, todo o fenômeno desenrola-se segundo uma técnica ordenada e em conformidade com as leis gravitacionais da força, da energia e da matéria. Contudo, há algo de mistério associado à potência-carga universal do espaço; nós entendemos plenamente a organização das criações materiais do estágio ultimatômico em diante, mas não compreendemos plenamente os ancestrais cósmicos dos ultímatons. Confiamos que essas forças ancestrais tenham a sua origem no Paraíso, porque elas oscilam sempre, dentro do espaço ocupado, exatamente nos contornos periféricos gigantescos do Paraíso. Se bem que não seja sensível à gravidade do Paraíso, essa potência-carga do espaço, ancestral de toda a materialização, responde sempre à presença do Paraíso inferior, estando, aparentemente, conectada ao circuito de entrada e de saída do centro do Paraíso inferior.

Os organizadores da força do Paraíso transmutam a potência espacial em força primordial e fazem esse potencial pré-material evoluir no sentido das manifestações de energia primária e secundária da realidade física. Quando essa energia atinge os níveis nos quais respondem à gravidade, os diretores de potência e os seus colaboradores, no regime do superuniverso, surgem em cena e começam as suas manipulações sem fim, destinadas a estabelecer os múltiplos circuitos de força e os canais de energia dos universos do tempo e do espaço. Assim, a matéria física surge no espaço e, desse modo, a cena fica pronta para a inauguração da organização do universo.

Essa segmentação da energia é um fenômeno que nunca foi decifrado pelos físicos de Nébadon. A dificuldade principal deles repousa na relativa inacessibilidade que têm os organizadores da força do Paraíso, já que os diretores de potência viva, ainda que competentes para lidar com a energia-espaço, não têm a menor noção sobre a origem das energias que eles manipulam com tanta habilidade e inteligência.

Os organizadores da força do Paraíso são os originadores das nebulosas; eles são capazes de iniciar, no espaço, em torno da sua presença, os imensos ciclones de força que, quando iniciados, nunca podem ser interrompidos, ou limitados, até que as forças, as quais a tudo invadem, sejam mobilizadas para o surgimento final das unidades ultimatômicas de matéria do universo. Assim, a nebulosa espiral e as outras nebulosas, as rodas matrizes dos sóis de origem direta e os seus sistemas variados são trazidos à existência. No espaço exterior, podem ser vistas dez diferentes formas de nebulosas, fases da evolução primária do universo; e essas imensas rodas de energia tiveram a mesma origem que os sete superuniversos.

As nebulosas variam muito, tanto pelo tamanho quanto pelo número de planetas e estrelas em que se transformam, e pela massa agregada dessas estrelas e planetas. Uma nebulosa formadora de sóis, bem ao norte das fronteiras de Orvônton, mas dentro do nível espacial do superuniverso, já deu origem a quarenta mil sóis aproximadamente, e a roda matriz está ainda arrojando sóis, a maioria dos quais excede, em muitas vezes, o tamanho do vosso. Algumas das maiores nebulosas do espaço exterior estão dando origem a cerca de cem milhões de sóis.

As nebulosas não estão diretamente relacionadas a qualquer uma das unidades administrativas, tais como os setores menores ou os universos locais, se bem que alguns universos locais tenham sido organizados a partir dos produtos de uma única nebulosa. Cada universo local abrange exatamente uma centésima milionésima parte da carga total de energia de um superuniverso, seja qual for a sua relação com as nebulosas, pois a energia não está organizada por nebulosa – é universalmente distribuída.

Nem todas as nebulosas espirais estão envolvidas na criação de sóis. Algumas retiveram o controle de muitas das estrelas separadas, que geram, e a sua aparência espiral é ocasionada pelo fato de que os seus sóis saem do braço nebular, ordenadamente, um após outro, mas retornam por trajetos diferentes, tornando-se, assim, fácil observá-los, em um ponto, porém mais difícil vê-los quando estão muito espalhados nas suas diferentes trajetórias de retorno, muito mais afastadas do braço da nebulosa. Não há, atualmente, muitas nebulosas ativas, formadoras de sóis, em Orvônton, embora Andrômeda, que está fora do superuniverso habitado, seja muito ativa. Essa nebulosa, muito afastada, é visível a olho nu e, quando vós a virdes, deveis parar e considerar que a luz que dela contemplais, deixou aqueles sóis distantes há quase um milhão de anos.

A galáxia chamada Via Láctea é composta de grandes números de nebulosas, anteriormente de forma espiral e de outras formas, e muitas ainda mantêm a sua conformação original. Contudo, em conseqüência de catástrofes internas e atrações externas, muitas sofreram distorções e rearranjos tais que levam essas agregações enormes a parecerem massas luminosas gigantescas de sóis abrasadores, como a Nuvem de Magalhães. O tipo globular de grupos de estrelas predomina nas proximidades das margens externas de Orvônton.

As imensas nuvens de estrelas de Orvônton deveriam ser consideradas agregações individualizadas de matéria, comparáveis às nebulosas isoladas observáveis nas regiões do espaço externas à galáxia da Via Láctea. Muitas das chamadas nuvens de estrelas do espaço, contudo, consistem apenas em material gasoso. O potencial de energia dessas nuvens gasosas estelares é inacreditavelmente enorme, e parte dele é absorvida por sóis próximos e enviada de volta para o espaço como emanações solares.

5. A ORIGEM DOS CORPOS ESPACIAIS

A maior parte da massa contida nos sóis e planetas de um superuniverso origina-se nas rodas nebulosas; uma parte muito pequena da massa de um superuniverso é organizada pela ação direta dos diretores de potência (como na construção das esferas arquitetônicas), embora uma quantidade constantemente variável de matéria origine-se no espaço aberto.

Quanto à origem, a maioria dos sóis, planetas e outras esferas, pode ser classificada em um dos dez grupos seguintes:

1. *Os Anéis Concêntricos de Contração*. Nem todas as nebulosas são espirais. Muitas dentre as imensas nebulosas, em vez de dividirem-se em sistemas duplos de estrelas ou evoluírem como uma espiral, passam por uma condensação, com a formação de anéis múltiplos. Por períodos longos, uma nebulosa assim mostra-se como um enorme sol central, com inúmeras nuvens gigantescas de formações anulares de matéria que giram ao seu redor.

2. *As Estrelas Redemoinhadas* abrangem aqueles sóis que são lançados das grandes rodas matrizes de gases altamente aquecidos. Elas não são atiradas como anéis, mas em procissões, em sentidos opostos. As estrelas redemoinhadas também são originadas em outras nebulosas, que não as espirais.

3. *Os Planetas de Explosões de Gravidade*. Quando um sol nasce de uma nebulosa na forma de espiral ou de barra, não raro ele é atirado a uma distância considerável. Um sol como esse é altamente gasoso e, subseqüentemente, depois que se tenha resfriado e condensado um pouco, poderá chegar a girar próximo de uma massa imensa de matéria, de um sol gigantesco ou de uma ilha escura de espaço. Essa

aproximação pode não ser suficiente para resultar em colisão, mas pode ser suficiente para permitir que o empuxo da gravidade do corpo maior comece a provocar convulsões, do tipo maré, no corpo menor, iniciando, assim, uma série de solevantamentos, semelhantes a maremotos, que ocorrem, simultaneamente, nos dois lados opostos do sol em convulsão. No seu auge, essas erupções explosivas produzem uma série de agregações de tamanhos variados de matéria, as quais podem ser projetadas além das zonas de domínio da gravidade do sol em erupção, tornando-se estabilizadas, assim, em órbitas próprias, em torno de um dos dois corpos envolvidos nesse episódio. Mais tarde, os conglomerados maiores de matéria unem-se e, gradualmente, atraem para si os corpos menores. É desse modo que muitos dos planetas sólidos dos sistemas menores são trazidos à existência. O vosso próprio sistema solar teve exatamente essa origem.

4. *As Filhas Planetárias Centrífugas*. Os sóis enormes, quando em certos estágios de desenvolvimento, e caso a sua velocidade de giro se acelere muito, começam a desprender grandes quantidades de matéria, que podem ser reunidas subseqüentemente até formarem pequenos mundos, os quais continuam a girar em torno do sol progenitor.

5. *As Esferas com Deficiência de Gravidade*. Há um limite crítico para o tamanho das estrelas individuais. Quando um sol alcança esse limite, a menos que a sua velocidade de revolução decresça, está condenado a se partir; a fissão do sol acontece, e uma nova estrela dupla da mesma variedade nasce. Inúmeros planetas pequenos podem formar-se, subseqüentemente, como subproduto de tal quebra gigantesca.

6. *As Estrelas de Contração*. Nos sistemas menores, o planeta exterior de maior tamanho algumas vezes atrai para si os seus mundos vizinhos, enquanto os planetas próximos do sol começam o seu mergulho terminal. Com o vosso sistema solar, esse fim significaria que os quatro planetas internos seriam atraídos para o sol, enquanto o maior planeta, Júpiter, seria aumentado grandemente pela absorção dos mundos remanescentes. Um fim como esse, de um sistema solar, resultaria na produção de dois sóis adjacentes, mas desiguais: um tipo de formação estelar dupla. Tais catástrofes são pouco freqüentes, exceto nos limites das agregações estelares do superuniverso.

7. *As Esferas Cumulativas*. Pequenos planetas podem surgir lentamente das acumulações de vastas quantidades de matéria que circulam no espaço. Eles crescem por agregação de meteoros e colisões menores. Em certos setores do espaço, as condições favorecem tais formas de nascimento planetário. Muitos mundos habitados tiveram essa origem.

Algumas das densas ilhas escuras são o resultado direto de acumulações da energia em transmutação no espaço. Outro grupo dessas ilhas escuras veio a existir pelo acúmulo de quantidades enormes de matéria fria, meros fragmentos e meteoros que circulam no espaço. Tais agregações de matéria nunca foram quentes e, exceto pela densidade, são de composição muito similar à de Urântia.

8. *Os Sóis Extintos*. Algumas das ilhas escuras do espaço são sóis isolados, extintos, cuja energia-espaço disponível já foi totalmente emitida. As unidades organizadas de matéria aproximam-se da condensação plena, da consolidação virtualmente completa; e são necessárias eras e mais eras para que massas tão enormes de matéria altamente condensada sejam recarregadas nos circuitos do espaço, sendo, assim, preparadas para os novos ciclos de função no universo, depois de uma colisão ou de algum outro acontecimento cósmico igualmente revivificador.

9. *As Esferas de Colisão*. Nas regiões de agrupamentos mais densos, as colisões não são raras. Esse reajustamento astronômico é acompanhado por imensas modificações de energia e transmutações de matéria. As colisões que envolvem sóis mortos

influem peculiarmente nas criações de amplas flutuações de energia. Os despojos de colisões freqüentemente constituem os núcleos materiais para a formação posterior de corpos planetários adequados à habitação dos mortais.

10. *Os Mundos Arquitetônicos*. Estes são os mundos construídos de acordo com os planos e as especificações, para algum propósito especial; tais como Sálvington, a sede-central do vosso universo local, e Uversa, a sede do governo do vosso superuniverso.

Há inúmeras outras técnicas para gerar sóis e isolar os planetas, contudo os procedimentos descritos anteriormente sugerem os métodos pelos quais a grande maioria dos sistemas estelares e famílias planetárias é trazida à existência. Se quiséssemos descrever todas as diversas técnicas envolvidas na metamorfose estelar e na evolução planetária, isso requereria a narrativa de quase uma centena de modos diferentes de formação de sóis e origem de planetas. À medida que os vossos astrônomos escrutinarem os céus, observarão fenômenos indicativos de todos esses modos de evolução estelar, mas raramente detectarão a evidência da formação de conglomerados pequenos, e não luminosos, de matéria, que servem como planetas habitados, a mais importante das vastas criações materiais.

6. AS ESFERAS DO ESPAÇO

Seja qual for a sua origem, as várias esferas do espaço podem ser classificadas nas seguintes divisões maiores:

1. Os sóis – as estrelas do espaço.
2. As ilhas escuras de espaço.
3. Os corpos espaciais menores – cometas, meteoros e planetesimais.
4. Os planetas – incluindo os mundos habitados.
5. As esferas arquitetônicas – os mundos feitos sob encomenda.

À exceção das esferas arquitetônicas, todos os corpos espaciais tiveram uma origem evolucionária, evolucionária no sentido de que não foram trazidos à existência por um "fiat" da Deidade, e evolucionária no sentido em que os atos criativos de Deus foram desdobrados por uma técnica tempo-espacial e por intermédio das operações de muitas das inteligências criadas e geradas por eventos da Deidade.

Os Sóis. São as estrelas do espaço, em todos os seus vários estágios de existência. Alguns são sistemas espaciais solitários em evolução; outros são estrelas duplas, sistemas planetários em contração ou em extinção. As estrelas do espaço existem em nada menos do que mil estados e estágios diferentes. Vós estais familiarizados com os sóis que emitem luz acompanhada de calor, mas há também sóis que brilham sem calor.

Os trilhões de trilhões de anos, nos quais um sol comum continuará a dar calor e luz, ilustram bem a imensa reserva de energia que cada unidade de matéria contém. A energia de fato estocada nessas partículas invisíveis de matéria física é quase inimaginável. E tal energia torna-se quase integralmente disponível, na forma de luz, quando submetida à enorme pressão da temperatura e às atividades associadas de energia, que prevalecem no interior dos sóis abrasadores. Outras condições também tornam esses sóis capazes de transformar e emitir grande parte da energia do espaço que vem na sua direção, ao longo das órbitas e circuitos espaciais estabelecidos. Muitas fases da energia física e todas as formas de matéria são atraídas por esses dínamos solares e subseqüentemente redistribuídas por eles. Desse modo, os sóis servem como aceleradores locais na circulação da energia, atuando como estações automáticas de controle de força.

O superuniverso de Orvônton é iluminado e aquecido por mais de dez trilhões de sóis abrasadores. Esses sóis são as estrelas do vosso sistema astronômico observável. Mais de dois trilhões estão distantes demais ou são pequenos demais para serem observáveis de Urântia, mas, no universo-mestre, há tantos sóis quantos copos de água há nos oceanos do vosso mundo.

As Ilhas Escuras do Espaço. São os sóis mortos e outras agregações imensas de matéria desprovida de luz e calor. As ilhas escuras, algumas vezes, têm massas enormes e exercem uma poderosa influência sobre o equilíbrio do universo e a manipulação da energia. A densidade de algumas dessas grandes massas é quase inacreditável. E essa grande concentração de massa capacita essas ilhas escuras a funcionarem como grandes volantes de balanceamento, mantendo imensos sistemas vizinhos sob um controle efetivo. Elas mantêm o equilíbrio de força em muitas constelações; muitos sistemas físicos que, de outro modo, precipitar-se-iam em rápida destruição, caindo em sóis próximos, são mantidos em segurança sob a atração da gravidade dessas ilhas escuras guardiãs. E é por causa dessa função que as podemos localizar com precisão. Medimos o empuxo da gravidade dos corpos luminosos, e podemos, assim, calcular o tamanho exato e a localização das ilhas escuras no espaço, que funcionam tão eficazmente para manter alguns sistemas firmes nos seus cursos.

Os Corpos Espaciais Menores. Os meteoros e as outras partículas pequenas de matéria, que circulam e evoluem no espaço, constituem um agregado enorme de energia e substância material.

Muitos cometas são fragmentos pouco estáveis, de rodas solares mães, que estão sendo trazidos, gradualmente, sob o controle do sol governante central. Os cometas também têm numerosas outras origens. A cauda de um cometa orienta-se no sentido oposto ao do corpo ou do sol que o atrai, por causa da reação elétrica dos seus gases altamente expandidos e por causa da pressão real da luz e de outras energias que emanam do sol. Esse fenômeno constitui uma das provas positivas da realidade da luz e das energias a ela associadas: demonstra que a luz tem peso. A luz é uma substância real, não é simplesmente formada de ondas em um éter hipotético.

Os Planetas. São os maiores agregados de matéria a seguirem uma órbita em torno de um sol ou de algum outro corpo espacial. Variam de tamanho, desde os planetesimais até as enormes esferas gasosas, líquidas ou sólidas. Os mundos frios, que se formaram pela reunião de material flutuante no espaço, quando acontece de estarem em uma relação adequada com os sóis próximos, são os planetas ideais para abrigarem habitantes inteligentes. Os sóis mortos, via de regra, não são adequados à vida; eles estão comumente a uma distância muito grande de um sol vivo e flamejante, além do que são também muito maciços, e a gravidade é imensa na sua superfície.

No vosso superuniverso, menos de um planeta frio em quarenta é habitável pelos seres da vossa ordem. E, é claro, os sóis superaquecidos e os mundos exteriores gelados são inadequados para abrigar a vida superior. No vosso sistema solar, apenas três planetas, no presente, são adequados para abrigar a vida. Urântia, sob muitos pontos de vista, é ideal para o habitat humano, pelo seu tamanho, densidade e localização.

As leis do comportamento da energia física são basicamente universais, mas, as influências locais têm muito a ver com as condições físicas que prevalecem nos planetas individuais e nos sistemas locais. Uma variedade quase sem fim de vida, sob a forma de criaturas e outras manifestações viventes, caracteriza os mundos incontáveis do espaço. Há, todavia, certos pontos de semelhança entre mundos de um grupo ligados a um dado sistema; e ao mesmo tempo também existe um modelo de vida inteligente para cada universo. Há relações físicas entre esses sistemas planetários que perfazem órbitas semelhantes, e que seguem de perto, uns aos outros, nas circunvoluções infinitas em torno do círculo de universos.

7. AS ESFERAS ARQUITETÔNICAS

Conquanto o governo de cada superuniverso presida a ele de um ponto próximo do centro do segmento no espaço dos universos evolucionários, ele ocupa um mundo feito sob medida, e que é povoado por personalidades confiáveis. Esses mundos-sede são esferas arquitetônicas, corpos espaciais construídos especificamente para os seus propósitos especiais. Ainda que compartilhando da luz dos sóis próximos, essas esferas são iluminadas e aquecidas independentemente. Cada uma tem um sol que lhe envia luz sem calor, como os satélites do Paraíso, e ao mesmo tempo cada uma é suprida de calor pela circulação de certas correntes de energia próximas da superfície da esfera. Tais mundos-sede pertencem a um dos maiores sistemas situados perto do centro astronômico dos seus respectivos superuniversos.

O tempo é padronizado nas sedes-centrais dos superuniversos. O dia-padrão do superuniverso de Orvônton é igual a quase trinta dias do tempo de Urântia; e o ano de Orvônton equivale a cem dias-padrão. Esse ano de Uversa é padrão no sétimo superuniverso, e corresponde a três mil dias menos vinte e dois minutos do tempo de Urântia, aproximadamente oito e um quinto dos vossos anos.

Os mundos-sede dos sete superuniversos participam da natureza e grandeza do Paraíso, modelo central de perfeição para eles. Na realidade, todos os mundos-sede são paradisíacos. São realmente moradas celestes cujo tamanho material, beleza moroncial e glória espiritual vão crescendo, de Jerusém até a Ilha Central. E todos os satélites desses mundos-sede são também esferas arquitetônicas.

Os vários mundos-sede são providos de todos os tipos de criação material e espiritual. Todas as espécies de seres materiais, moronciais e espirituais estão como que em casa, nesses mundos, pontos de encontro dos universos. Na medida em que as criaturas mortais ascendem no universo, passando dos reinos materiais aos espirituais, elas nunca perdem o desfrute, nem o apreço pelos seus níveis anteriores de existência.

Jerusém, a sede-central do vosso sistema local de Satânia, tem os seus sete mundos de cultura de transição, cada um dos quais é envolvido por sete satélites, e entre eles estão os sete mundos das mansões de detenção moroncial, a primeira residência pós-mortal do homem. A palavra céu, como vem sendo usada em Urântia, algumas vezes tem designado os sete mundos das mansões, o primeiro mundo das mansões sendo denominado primeiro céu, e assim por diante, até o sétimo.

Edêntia, a sede-central da vossa constelação de Norlatiadeque, tem os seus setenta satélites de cultura socializante e de aprendizado, nos quais os seres ascendentes permanecem, depois de completarem, em Jerusém, o regime de mobilização, de unificação e de realização da personalidade.

Sálvington, a capital de Nébadon, o vosso universo local, é rodeada por dez grupos de universidades de quarenta e nove esferas cada. Ali o homem é espiritualizado depois da sua socialização na constelação.

U menor, a terceira, a sede-central de Ensa, o vosso setor menor, é cercada pelas sete esferas dos estudos físicos superiores da vida ascendente.

U maior, a quinta, sede do vosso setor maior, Esplândon, é cercada pelas setenta esferas de instrução intelectual avançada do superuniverso.

Uversa, a sede-central de Orvônton, o vosso superuniverso, é cercada, diretamente, pelas sete universidades mais elevadas do aprendizado espiritual avançado para as criaturas volitivas ascendentes. Cada um desses sete grupos de esferas maravilhosas consiste em setenta mundos especializados, contendo milhares e milhares de instituições e organizações completas, devotadas à instrução universal e à cultura espiritual, nas quais os peregrinos do tempo são reeducados e reexaminados no preparo para o seu longo vôo até Havona. Os peregrinos do tempo, ao chegarem, são sempre recebidos nesses mundos interligados; os graduados que partem, no entanto, são despachados para Havona, sempre, diretamente das margens de Uversa.

Uversa é a sede-central espiritual e administrativa de aproximadamente um trilhão de mundos habitados e habitáveis. A glória, grandeza e perfeição da capital de Orvônton ultrapassam qualquer uma dentre as maravilhas das criações do tempo e do espaço.

Se todos os universos locais projetados e as suas partes componentes estivessem estabelecidas, pouco menos de quinhentos bilhões seria o número de mundos arquitetônicos nos sete superuniversos.

8. O CONTROLE E A REGULAGEM DA ENERGIA

As esferas-sede dos superuniversos são construídas de modo a serem capazes de funcionar como reguladoras eficientes da energia-potência para os seus vários setores, servindo como pontos focais para o direcionamento da energia até os seus universos locais componentes. Elas exercem uma influência poderosa no equilíbrio e no controle das energias físicas que circulam no espaço organizado.

Outras funções reguladoras são exercidas pelos centros de potência e pelos controladores físicos dos superuniversos, que são entidades inteligentes viventes e semiviventes, constituídas para esse propósito expresso. Esses centros e controladores de potência são difíceis de serem entendidos; as suas ordens inferiores não são volitivas, não possuem vontade, não escolhem; as suas funções são muito inteligentes, mas, aparentemente, funcionam de modo automático e inerente à sua organização altamente especializada. Os centros de potência e os controladores físicos dos superuniversos assumem a direção e o controle parcial dos trinta sistemas de energia que compreendem o domínio da gravita. Os circuitos de energia física, administrados pelos centros de potência de Uversa, requerem um pouco mais do que 968 milhões de anos para completar uma volta no superuniverso.

A energia em evolução tem substância; tem peso, se bem que o peso seja sempre relativo, dependendo da velocidade da revolução, da massa e da antigravidade. A massa, na matéria, tende a retardar a velocidade na energia; e a velocidade da energia, presente em todos os lugares, representa a dotação inicial de velocidade, menos o retardamento causado pela massa que se encontra em trânsito, mais a função reguladora dos controladores da energia viva do superuniverso, e a influência física dos corpos vizinhos, altamente aquecidos ou mais pesadamente carregados.

O plano universal para a manutenção do equilíbrio entre a matéria e a energia necessita que as unidades inferiores de matéria estejam sendo perpetuamente feitas e desfeitas. Os Diretores de Potência do Universo têm a capacidade de condensar e deter, ou de expandir e liberar quantidades variáveis de energia.

Dada uma duração suficiente de influência retardadora, a gravidade terminaria convertendo toda a energia em matéria, não fosse por dois fatores: primeiro, as influências da antigravidade dos controladores de energia, e, segundo, a matéria organizada que tende a desintegrar-se, sob certas condições encontradas em estrelas superaquecidas e sob certas condições peculiares registradas no espaço próximo de corpos frios, altamente energizados de matéria condensada.

Quando a massa se torna superagregada e ameaça desequilibrar a energia, exaurindo os circuitos de potência física, os controladores físicos intervêm, a menos que a própria tendência posterior da gravidade, no sentido de supermaterializar a energia, seja vencida pela ocorrência de uma colisão entre os gigantes mortos do espaço, dissipando completamente assim, em um instante, os pontos em que haja acumulações de gravidade. Nesses episódios de colisões, enormes massas de matéria são subitamente convertidas na forma mais rara de energia, e a luta pelo equilíbrio universal é iniciada de novo. Finalmente, os sistemas físicos maiores tornam-se estabilizados, tornam-se fisicamente estáveis; sendo lançados nas órbitas equilibradas e estabelecidas dos superuniversos. Depois desse acontecimento, nenhuma colisão mais, nem outras catástrofes devastadoras ocorrerão nesses sistemas estabelecidos.

Durante os tempos de energia em excesso, há perturbações de potência e flutuações de calor, acompanhadas de manifestações elétricas. Durante os tempos de carência de energia, crescem as tendências que a matéria tem de agregar-se, condensar-se e sair do controle, nas órbitas mais delicadamente equilibradas, resultando em ajustamentos sob a forma de marés ou colisões, que rapidamente restauram o equilíbrio entre a energia circulante e a matéria mais literalmente estabilizada. Prever e entender, de outras maneiras, tais comportamentos dos sóis abrasadores e das ilhas escuras do espaço, estão entre as tarefas dos observadores celestes das estrelas.

Somos capazes de reconhecer a maioria das leis que regem o equilíbrio do universo e de predizer muito sobre a estabilidade do universo. As nossas previsões são praticamente confiáveis, mas deparamo-nos constantemente com certas forças que não seguem integralmente as leis do controle da energia e do comportamento da matéria, como conhecidas por nós. A previsibilidade de todos os fenômenos físicos torna-se cada vez mais difícil, à medida que nos afastamos do Paraíso, na direção dos universos. À medida que ultrapassamos as fronteiras da administração pessoal dos Dirigentes do Paraíso, deparamo-nos com uma incapacidade cada vez maior de calcular, de acordo com os padrões estabelecidos e a experiência adquirida de observações que têm a ver exclusivamente com os fenômenos físicos de sistemas astronômicos vizinhos. Mesmo nos reinos dos sete superuniversos, estamos vivendo em meio a ações de forças e reações de energia que penetram todo o nosso domínio e que se estendem, em equilíbrio unificado, por todas as regiões do espaço exterior.

Quanto mais longe estivermos, no exterior, mais certamente encontraremos esses fenômenos imprevistos de variações, que caracterizam, tão infalivelmente, as atuações-presenças insondáveis dos Absolutos e das Deidades experienciais. E esses fenômenos devem ser indicativos de algum supercontrole universal de todas as coisas.

O superuniverso de Orvônton, aparentemente, está descarregando-se agora; os universos exteriores parecem estar estocando energia para atividades futuras sem precedentes; o universo central de Havona está eternamente estabilizado. A gravidade e a ausência de calor (o frio) organizam e mantêm a matéria aglutinada; o calor e a antigravidade desagregam a matéria e dissipam a energia. Os diretores vivos de potência e os organizadores da força são o segredo do controle especial e da direção inteligente nas metamorfoses sem fim da construção, destruição e reconstrução do universo. As nebulosas podem dispersar-se, os sóis, consumir-se, os sistemas, desaparecer e os planetas, perecer, mas os universos não se esvaem.

9. OS CIRCUITOS DOS SUPERUNIVERSOS

Os circuitos universais do Paraíso de fato penetram os reinos dos sete super-universos. Esses circuitos de presença são: a gravidade da personalidade do Pai Universal, a gravidade espiritual do Filho Eterno, a gravidade mental do Agente Conjunto e a gravidade material da Ilha Eterna.

Além dos circuitos universais do Paraíso e das atuações-presenças dos Absolutos e das Deidades experienciais, apenas duas divisões de circuitos de energia ou divisões do poder, funcionam no nível espacial do superuniverso: os circuitos dos superuniversos e os circuitos dos universos locais.

Os Circuitos do Superuniverso:

1. O circuito da inteligência unificadora de um dos Sete Espíritos Mestres do Paraíso. Este circuito de mente cósmica é limitado a um único superuniverso.

2. O circuito do serviço refletivo dos sete Espíritos Refletivos, em cada superuniverso.

3. Os circuitos secretos dos Monitores Misteriosos; de algum modo interligados em Divínington e daí dirigidos ao Pai Universal no Paraíso.

4. O circuito da intercomunhão do Filho Eterno com os seus Filhos do Paraíso.

5. A presença instantânea do Espírito Infinito.

6. As teledifusões do Paraíso; os comunicados espaciais de Havona.

7. Os circuitos de energia dos centros de potência e dos controladores físicos.

Os Circuitos do Universo Local:

1. O do espírito outorgado dos Filhos do Paraíso, ou Confortador dos mundos de auto-outorga. O Espírito da Verdade, ou o espírito de Michael em Urântia.

2. O circuito das Ministras Divinas, Espíritos Maternos do universo local: o Espírito Santo do vosso mundo.

3. O circuito de ministração da inteligência a um universo local, incluindo a presença diversamente atuante dos espíritos ajudantes da mente.

Quando a harmonia espiritual desenvolve-se em um universo local, de modo que os seus circuitos individuais e combinados se tornem indistinguíveis dos do supe-runiverso, quando tal identidade de função e unidade de ministração factualmente prevalecem, então, o universo local, de imediato, liga-se aos circuitos estabelecidos de luz e vida, tornando-se instantaneamente qualificado para a admissão à confederação espiritual da união perfeccionada da supercriação. Os requisitos para a admissão aos conselhos dos Anciães dos Dias, para o ingresso na confederação dos superuniversos, são os que se seguem:

1. *Estabilidade Física.* As estrelas e os planetas de um universo local devem estar em equilíbrio; os períodos de metamorfose estelar imediata devem haver chegado ao fim. O universo deve estar seguindo uma trajetória clara; a sua órbita deve estar fixada em segurança e definitivamente estabelecida.

2. *Lealdade Espiritual.* Deve existir um estado de reconhecimento universal e de lealdade ao Filho de Deus Soberano, que preside aos assuntos de tal universo local. É necessário que se haja alcançado um estado de cooperação harmoniosa entre os planetas individuais, sistemas e constelações de todo o universo local.

O vosso universo local ainda não é reconhecido nem como pertencente à ordem fisicamente estabelecida do superuniverso, muito menos como membro da reconhecida família espiritual do supergoverno. Embora Nébadon não tenha ainda representação em Uversa, nós do governo do superuniverso, somos, de tempos em tempos, despachados para os mundos de Nébadon, em missões especiais, do mesmo modo que eu vim até Urântia, diretamente, de Uversa. Damos toda a assistência possível aos vossos diretores e governantes, na solução dos difíceis problemas deles; estamos desejosos de ver o vosso universo qualificado para a admissão plena às criações interrelacionadas da família do superuniverso.

10. OS GOVERNANTES DOS SUPERUNIVERSOS

O alto governo espiritual dos domínios do espaço-tempo está instalado nas sedes-centrais dos superuniversos. O ramo executivo do supergoverno, que tem origem nos Conselhos da Trindade, é dirigido diretamente por um dos Sete Espíritos Mestres da supervisão suprema, seres que se assentam nas cátedras de autoridade do Paraíso e que administram os superuniversos por intermédio dos Sete Executivos Supremos, estacionados nos sete mundos especiais do Espírito Infinito, os satélites mais externos do Paraíso.

As sedes-centrais dos superuniversos são os locais de morada dos Espíritos Refletivos e dos Ajudantes Refletivos de Imagem. Dessa posição intermediária, esses seres maravilhosos conduzem as suas imensas operações de refletividade, ministrando assim ao universo central acima e ao universo local abaixo.

Cada superuniverso é presidido por três Anciães dos Dias, os principais executivos conjuntos do supergoverno. No seu ramo executivo, o pessoal do governo do superuniverso consiste em sete grupos diferentes:

1. Os Anciães dos Dias.
2. Os Perfeccionadores da Sabedoria.
3. Os Conselheiros Divinos.
4. Os Censores Universais.
5. Os Mensageiros Poderosos.
6. Aqueles Elevados Em Autoridade.
7. Aqueles Sem Nome Nem Número.

Os três Anciães dos Dias têm a assistência direta de um corpo de um bilhão de Perfeccionadores da Sabedoria, aos quais estão associados três bilhões de Conselheiros Divinos. Um bilhão de Censores Universais estão designados para a administração de cada superuniverso. Esses três grupos são Personalidades Coordenadas da Trindade, tendo direta e divinamente a sua origem na Trindade do Paraíso.

As três ordens restantes – Mensageiros Poderosos, Aqueles Elevados Em Autoridade e Aqueles Sem Nome Nem Número – são de mortais ascendentes glorificados. A primeira dessas três ordens elevou-se por meio do regime ascendente e passou por Havona nos dias de Grandfanda. Havendo alcançado o Paraíso, foram admitidos no Corpo de Finalidade, abraçados pela Trindade do Paraíso e, em seguida, designados para o serviço superno dos Anciães dos Dias. Enquanto uma classe, essas três ordens são conhecidas como a dos Filhos Trinitarizados de Realização, sendo de origem dual, mas estão agora a serviço da Trindade. Assim, o ramo executivo do governo do superuniverso foi ampliado, para incluir os filhos glorificados e perfeccionados dos mundos evolucionários.

O conselho coordenado do superuniverso é composto de sete grupos executivos, previamente nomeados, e dos seguintes governantes de setores e de outros supervisores regionais:

1. Os Perfeições dos Dias – os governantes dos setores maiores do superuniverso.

2. Os Recentes dos Dias – os dirigentes dos setores menores do superuniverso.

3. Os Uniões dos Dias – os conselheiros do Paraíso para os governantes dos universos locais.

4. Os Fiéis dos Dias – os conselheiros do Paraíso para os governantes Altíssimos dos governos das constelações.

5. Os Filhos Instrutores da Trindade, que podem encontrar-se a serviço nas sedes-centrais dos superuniversos.

6. Os Eternos dos Dias, que podem estar presentes nas sedes-centrais dos superuniversos.

7. Os sete Ajudantes Refletivos de Imagem – porta-vozes dos sete Espíritos Refletivos, e, por intermédio deles, representantes dos Sete Espíritos Mestres do Paraíso.

Os Ajudantes Refletivos de Imagem também funcionam como representantes de inúmeros grupos de seres que são influentes nos governos dos superuniversos, mas que, no presente, por várias razões, não estão plenamente ativos nas suas capacitações individuais. Abrangidos nesse grupo estão: a manifestação da personalidade superuniversal em evolução do Ser Supremo, os Supervisores Inqualificáveis do Supremo, os Vice-Regentes Qualificáveis do Último, os agentes de ligação inominados refletivos de Majeston e os espíritos suprapessoais representantes do Filho Eterno.

Em quase todo momento, é possível encontrar representantes de todos os grupos de seres criados, nos mundos-sede dos superuniversos. O trabalho rotineiro de ministério aos superuniversos é efetuado pelos poderosos seconafins e por outros membros da vasta família do Espírito Infinito. No trabalho desses maravilhosos centros de administração, controle, ministério e julgamento executivo nos superuniversos, as inteligências de cada esfera de vida universal encontram-se misturadas no serviço efetivo, na administração sábia, no ministério amoroso e no julgamento equânime.

Os superuniversos não mantêm, entre si, qualquer espécie de representação por embaixada; eles estão completamente isolados uns dos outros. Eles sabem dos assuntos mútuos apenas por intermédio da agência de distribuição do Paraíso, mantida pelos Sete Espíritos Mestres. Os seus governantes trabalham nos conselhos da divina sabedoria, para o bem-estar dos seus próprios superuniversos, independentemente do que possa estar acontecendo em outras seções da criação universal. Esse isolamento entre os superuniversos perdurará até o momento em que a sua coordenação for alcançada pela mais completa realização da soberania de personalidade do Ser Supremo experiencial, em evolução.

11. A ASSEMBLÉIA DELIBERATIVA

É em mundos como Uversa que os seres que são representantes da autocracia da perfeição e da democracia da evolução encontram-se frente a frente. O ramo executivo do supergoverno origina-se nos reinos da perfeição; o ramo legislativo provém do florescimento dos universos evolucionários.

A assembléia deliberativa do superuniverso está confinada ao mundo sede-central. Esse conselho legislativo, ou de aconselhamento, consiste em sete casas e cada universo local admitido aos conselhos dos superuniversos elege um representante nativo para cada uma delas. Os altos conselhos de tais universos locais elegem esses representantes entre os peregrinos ascendentes graduados de Orvônton, que se encontram em Uversa e que estão credenciados para o transporte até Havona. A duração média do serviço é de cerca de cem anos do tempo-padrão do superuniverso.

Eu jamais soube de qualquer desacordo entre os executivos de Orvônton e a assembléia de Uversa. E também, na história do nosso superuniverso, o corpo deliberativo nunca passou uma recomendação que a divisão executiva do supergoverno tenha sequer hesitado em pôr em prática. Tem sempre prevalecido a mais perfeita harmonia e acordo de trabalho, o que atesta o fato de que os seres evolucionários podem realmente alcançar as alturas da sabedoria perfeccionada, que os qualifica a consorciar-se com as personalidades de origem perfeita e natureza divina. A presença das assembléias deliberativas, nas sedes-centrais dos superuniversos, revela a sabedoria e antecipa o triunfo último do conceito evolucionário grandioso do Pai Universal e do seu Filho Eterno.

12. OS TRIBUNAIS SUPREMOS

Quando falamos dos ramos executivo e deliberativo do governo de Uversa, vós poderíeis pensar, por analogia a certas formas do governo civil de Urântia, que temos um terceiro ramo, o judicial, e realmente temos; mas este não tem uma equipe própria em separado. As nossas cortes são constituídas da seguinte forma: de acordo com a natureza e gravidade do caso, um Ancião dos Dias preside a ela, ou um Perfeccionador da Sabedoria, ou um Conselheiro Divino. A evidência a favor ou contra um indivíduo, planeta, sistema, constelação ou universo é apresentada e interpretada pelos Censores. A defesa dos filhos do tempo e dos planetas evolucionários é oferecida pelos Mensageiros Poderosos, os observadores oficiais do governo do superuniverso, para os sistemas e universos locais. A atitude do governo mais elevado é retratada por Aqueles Elevados Em Autoridade. E o veredicto é formulado, ordinariamente, por uma comissão de porte variável, e constituída, igualitariamente, por Aqueles Sem Nome Nem Número e um grupo de personalidades de compreensão elevada, escolhidas da assembléia deliberativa.

As cortes dos Anciães dos Dias são os altos tribunais de revisão para os julgamentos espirituais de todos os universos componentes. Os Filhos Soberanos dos universos locais são supremos nos seus próprios domínios; estão submetidos ao supergoverno apenas para aquilo que submeterem voluntariamente ao conselho, para o julgamento dos Anciães dos Dias; excetuando-se as questões que envolvam a extinção de criaturas de vontade. Os mandados de julgamento originam-se nos universos locais, mas as sentenças que envolvem a extinção de criaturas de vontade são formuladas sempre pelas sedes-centrais do superuniverso e executadas a partir das mesmas. Os Filhos soberanos dos universos locais podem decretar a sobrevivência do homem mortal, mas apenas os Anciães dos Dias podem reunir-se para o julgamento executivo nas questões de vida e morte eternas.

Para todas as questões que não requerem julgamento com a apresentação de evidências, os Anciães dos Dias ou os seus colaboradores tomam as decisões; e esses ditames são sempre unânimes. Estamos lidando aqui com conselhos de perfeição. Não há desacordos, nem opiniões minoritárias nos decretos desses tribunais supremos e superlativos.

Com poucas e raras exceções, os supergovernos exercem jurisdição sobre todas as coisas e sobre todos os seres, nos seus domínios respectivos. Não há apelação para os decretos, sentenças e decisões das autoridades do superuniverso, pois elas representam as opiniões convergentes dos Anciães dos Dias e daquele Espírito Mestre que, do Paraíso, preside aos destinos do referido superuniverso.

13. OS GOVERNOS DOS SETORES

Um *setor maior* compreende cerca de um décimo de um superuniverso e consiste em uma centena de setores menores, dez mil universos locais e cerca de cem bilhões de mundos habitados. Esses setores maiores são administrados por três Perfeições dos Dias, Personalidades Supremas da Trindade.

As cortes dos Perfeições dos Dias são constituídas de modo muito semelhante às dos Anciães dos Dias, exceto por eles não fazerem o julgamento espiritual dos reinos. O trabalho desses governos de setores maiores tem a ver, principalmente, com o status intelectual de uma ampla criação. Os setores maiores detêm todas as questões de importância para o superuniverso, na rotina da natureza administrativa, julgando-as, dispensando-as e tabulando-as, para reportá-las aos Anciães dos Dias; desde que não se relacionem, diretamente, com a administração espiritual dos reinos nem com a execução dos planos de ascensão dos mortais, feitos pelos Governantes do Paraíso. O pessoal do governo de um setor maior não é diferente daquele do superuniverso.

Do mesmo modo que os magníficos satélites de Uversa ocupam-se da vossa preparação final para Havona, também os setenta satélites de U maior, a quinta, estão devotados ao aperfeiçoamento e desenvolvimento intelectual do vosso superuniverso. Vindos de todo Orvônton, ali se reúnem os seres sábios que trabalham incansavelmente para preparar os mortais do tempo para o seu progresso ulterior, até a carreira da eternidade. A maior parte desse aperfeiçoamento dos mortais ascendentes é administrada nos setenta mundos de estudo.

Os governos do *setor menor* são presididos por três Recentes dos Dias. A administração deles ocupa-se, precipuamente, com o controle físico, a unificação, a estabilização e a coordenação rotineira da administração dos seus universos locais componentes. Cada setor menor abrange até cem universos locais, dez mil constelações, um milhão de sistemas; ou seja, cerca de um bilhão de mundos habitáveis.

Os mundos-sede de um setor menor são o grande local de encontro dos Mestres Controladores Físicos. Esses mundos-sede estão cercados por sete esferas de instrução que constituem as escolas de admissão ao superuniverso e são os centros de aperfeiçoamento, visando aos conhecimentos físicos e administrativos a respeito do universo dos universos.

Os administradores dos governos de um setor menor estão sob a jurisdição direta dos governantes dos setores maiores. Os Recentes dos Dias recebem todos os informes das observações e coordenam todas as recomendações que chegam até um superuniverso, vindas dos Uniões dos Dias, os quais estão estacionados nas esferas-sede dos universos locais como observadores e conselheiros da Trindade, e dos Fiéis dos Dias, os quais estão, de modo semelhante, ligados aos conselhos dos Altíssimos nas sedes-centrais das constelações. Todos esses informes são transmitidos aos Perfeições dos Dias, nos setores maiores, para serem passados, subseqüentemente, às cortes dos Anciães dos Dias. Assim, o regime da Trindade estende-se das constelações dos universos locais, e destas até as sedes-centrais do superuniverso. A sede-central do sistema local não tem representantes da Trindade.

14. OS PROPÓSITOS DOS SETE SUPERUNIVERSOS

Existem sete propósitos maiores que se desenvolvem na evolução dos sete super-universos. Cada um desses propósitos maiores, na evolução de um superuniverso, encontrará a sua expressão mais plena em apenas um dos sete superuniversos e, desse modo, cada superuniverso tem uma função especial e uma natureza única.

Orvônton, o sétimo superuniverso, aquele ao qual o vosso universo local pertence, é conhecido, principalmente, pela sua imensa e pródiga outorga do ministério de misericórdia aos mortais dos reinos. É renomado pela maneira segundo a qual prevalece a justiça, temperada pela misericórdia; e pela qual o poder governa, condicionado pela paciência; enquanto os sacrifícios no tempo são feitos livremente para assegurar a estabilização na eternidade. Orvônton é um universo que é uma demonstração de amor e de misericórdia.

É muito difícil, contudo, descrever a nossa concepção da verdadeira natureza do propósito evolucionário que se desenvolve em Orvônton, mas pode ser sugerida, quando dizemos que nessa supercriação nós sentimos que os seis propósitos singulares da evolução cósmica, do modo como estão manifestados nas outras seis supercriações semelhantes, estão aqui interassociados, em uma significação que abrange o todo; e é por essa razão que, algumas vezes, conjecturamos que a personalização evoluída e acabada de Deus, o Supremo, irá, em um futuro remoto, governar os sete superuniversos perfeccionados, a partir de Uversa; na sua majestade experiencial plena e seu poder soberano Todo-Poderoso, então já alcançado.

Do mesmo modo que Orvônton é único, pela sua natureza, e individual, pelo seu destino, também cada um dos outros seis superuniversos do conjunto o é. Uma grande parte de tudo aquilo que está acontecendo em Orvônton não é, entretanto, revelado a vós; e, dentre esses aspectos não revelados da vida de Orvônton, muitos encontrarão a expressão mais plena em algum outro superuniverso. Os sete propósitos da evolução do superuniverso estão ativos em todos os sete superuniversos, mas cada supercriação dará expressão mais plena a apenas um desses propósitos. Para se compreender mais sobre esses propósitos dos superuniversos, grande parte de tudo aquilo que não entendeis teria de ser revelada, e ainda assim vós não iríeis compreender senão pouquíssimo. Toda esta narrativa apresenta apenas uma visão rápida da imensa criação da qual o vosso mundo e o vosso sistema local são uma parte.

O vosso mundo é chamado de Urântia, e o seu número é 606, no grupo planetário, ou sistema, que é o de Satânia. Esse sistema tem, presentemente, 619 mundos habitados e mais de duzentos outros planetas que estão evoluindo favoravelmente no sentido de tornarem-se mundos habitados em algum tempo futuro.

Satânia tem um mundo sede-central chamado Jerusém, e é o sistema de número vinte e quatro da constelação de Norlatiadeque. A vossa constelação, Norlatiadeque, consiste em cem sistemas locais e tem um mundo sede-central chamado Edêntia. Norlatiadeque tem o número 70, no universo de Nébadon. O universo local de Nébadon consiste em cem constelações e tem uma capital conhecida como Sálvington. O universo de Nébadon é o de número oitenta e quatro, no setor menor de Ensa.

O setor menor de Ensa consiste em cem universos locais e tem a capital chamada U Menor, a terceira. Esse setor menor é o de número três no setor maior de Esplândon. Esplândon consiste em cem setores menores e tem um mundo sede-central chamado U Maior, a quinta. É o quinto setor maior do superuniverso de Orvônton, o sétimo segmento do grande universo. Assim, vós podeis localizar o vosso planeta, no esquema da organização e da administração do universo dos universos.

O número do vosso mundo, Urântia, no grande universo é 5 342 482 337 666. Esse é o número do registro em Uversa e no Paraíso, é o vosso número no catálogo dos mundos habitados. Eu conheço o seu número de registro na esfera física, mas é de um tamanho tão extraordinário que seria de pouco significado prático para a mente mortal.

O vosso planeta é membro de um enorme cosmos; vós pertenceis a uma família quase infinita de mundos, mas a vossa esfera é tão precisamente administrada e fomentada, com tanto e tal amor, que é como se ela fosse o único mundo habitado em toda a existência.

[Apresentado por um Censor Universal proveniente de Uversa.]

DOCUMENTO 16

OS SETE ESPÍRITOS MESTRES

OS SETE Espíritos Mestres do Paraíso são as personalidades primeiras do Espírito Infinito. No ato criativo sétuplo de autoduplicação, o Espírito Infinito esgotou as possibilidades matemáticas de combinação, inerentes à existência real das três pessoas da Deidade. Tivesse sido possível produzir um número maior de Espíritos Mestres, e eles teriam sido criados, mas há justamente sete possibilidades de associações inerentes às três Deidades, e apenas sete. E isso explica por que o universo funciona em sete grandes divisões; e por que o número sete é básico e fundamental na organização e na administração do universo.

Os Sete Espíritos Mestres têm, assim, a sua origem à semelhança das sete combinações seguintes, derivando delas as suas características individuais:

1. O Pai Universal.

2. O Filho Eterno.

3. O Espírito Infinito.

4. O Pai e o Filho.

5. O Pai e o Espírito.

6. O Filho e o Espírito.

7. O Pai, o Filho e o Espírito.

Sabemos pouco sobre a ação do Pai e do Filho, na criação dos Espíritos Mestres. Aparentemente, eles foram trazidos à existência pelos atos pessoais do Espírito Infinito, mas definitivamente foi-nos instruído que o Pai assim como o Filho participaram da origem deles.

Pelo seu caráter e sua natureza espiritual, esses Sete Espíritos do Paraíso são como um, mas, em todos os outros aspectos da identidade, eles são muito diferentes; e os resultados das suas atuações nos superuniversos são tais que essas diferenças individuais tornam-se discerníveis de modo inequívoco. Todos os planos futuros para os sete segmentos do grande universo – e mesmo para os segmentos correlatos do espaço exterior – têm sido condicionados por outras diversidades, além da espiritual, desses Sete Espíritos Mestres da supervisão suprema e última.

Os Espíritos Mestres têm muitas funções; no momento presente, contudo, o seu âmbito específico é a supervisão central dos sete superuniversos. Cada Espírito Mestre mantém uma enorme sede-central focalizadora de força-potência, que circula, vagarosamente, em torno da periferia do Paraíso; e eles mantêm sempre uma posição de frente para o superuniverso da sua supervisão imediata e no ponto focal, no Paraíso, do seu controle de poder especializado e de distribuição segmentar da energia. As linhas radiais da fronteira de qualquer um dos superuniversos convergem, com efeito, para a sede-central, no Paraíso, do Espírito Mestre que o supervisiona.

1. RELAÇÃO COM A DEIDADE TRINA

O Criador Conjunto, o Espírito Infinito, é necessário para completar a personalização trina da Deidade indivisa. Essa personalização tríplice da Deidade é sétupla, inerentemente, pelas suas possibilidades de expressão individual e associativa; e, devido a isso, para o subseqüente plano de criar universos habitados por seres inteligentes e potencialmente espirituais, devidamente expressivos do Pai, do Filho e do Espírito, tais personalizações dos Sete Espíritos Mestres tornaram-se inevitáveis. Já chegamos a referir-nos à personalização tríplice da Deidade como sendo a *inevitabilidade absoluta* e, ao mesmo tempo, encaramos o surgimento dos Sete Espíritos Mestres como sendo a *inevitabilidade subabsoluta*.

Conquanto os Sete Espíritos Mestres não sejam a expressão total da Deidade *tríplice*, eles são o retrato eterno da Deidade *sétupla*, das funções ativas e associativas das três pessoas sempre existentes da Deidade. Por intermédio desses Sete Espíritos, neles e deles, o Pai Universal, o Filho Eterno ou o Espírito Infinito, ou qualquer associação dual deles, é capaz de funcionar como tal. Quando o Pai, o Filho e o Espírito atuam em conjunto, Eles podem funcionar, e funcionam, por intermédio do Espírito Mestre Número Sete, mas não como Trindade. Os Espíritos Mestres representam, cada um de per si, ou coletivamente, todas e quaisquer das funções possíveis da Deidade, únicas e várias, mas não a coletiva, não aquelas da Trindade. O Espírito Mestre Número Sete não funciona pessoalmente no que diz respeito à Trindade do Paraíso, e é por isso que ele pode funcionar de um *modo pessoal* para o Ser Supremo.

Quando, porém, os Sete Espíritos Mestres deixam os seus postos individuais de poder pessoal e autoridade no superuniverso e congregam-se em torno do Agente Conjunto, na presença trina da Deidade do Paraíso, ali e naquele momento, eles representam coletivamente o poder funcional, a sabedoria e a autoridade da Deidade indivisa – a Trindade – perante os universos e nos universos em evolução. Tal união, no Paraíso, da expressão sétupla da Deidade, de fato, abrange e literalmente compreende todos e cada um dos atributos e atitudes das Três Deidades eternas, em Supremacia e Ultimidade. Para todos os propósitos e intentos práticos, os Sete Espíritos Mestres compreendem, ali e naquele momento, o domínio funcional do Supremo-Último para o universo-mestre, e nele.

Até onde podemos discernir, esses Sete Espíritos estão associados à atividade divina das três Pessoas eternas da Deidade; não detectamos nenhuma evidência de associação direta com as presenças em funcionamento das três fases eternas do Absoluto. Quando associados, os Espíritos Mestres representam as Deidades do Paraíso naquilo que pode, grosso modo, ser concebido como o domínio finito da ação. Pode abranger muito daquilo que é último, mas *não* do absoluto.

2. A RELAÇÃO COM O ESPÍRITO INFINITO

Exatamente como o Filho Eterno e Original se revela por intermédio das pessoas dos Filhos divinos, cujo número cresce constantemente, também o Espírito Divino Infinito é revelado pelos canais dos Sete Espíritos Mestres e dos grupos dos espíritos a eles associados. No centro dos centros, o Espírito Infinito é alcançável, mas nem todos aqueles que chegam ao Paraíso são capazes de discernir imediatamente a sua personalidade e a sua presença, em separado; porém todos aqueles que atingem o universo central podem, imediatamente, comungar, e comungam, com um dos Sete Espíritos Mestres, aquele que estiver presidindo ao superuniverso, do qual provém o peregrino do espaço recém-chegado.

O Pai, do Paraíso, fala ao universo dos universos apenas por intermédio do Seu Filho, se bem que Ele e o Filho atuem, conjuntamente, apenas por intermédio do Espírito Infinito. Fora do Paraíso e de Havona, o Espírito Infinito *fala* apenas pelas vozes dos Sete Espíritos Mestres.

O Espírito Infinito exerce uma influência de *presença pessoal*, dentro dos confins do sistema Paraíso-Havona; em outros lugares, a sua presença espiritual pessoal é exercida por intermédio de um dos Sete Espíritos Mestres. Portanto, a presença espiritual, no superuniverso, da Terceira Fonte e Centro, em qualquer mundo, ou em qualquer indivíduo, é condicionada pela natureza única supervisora do Espírito Mestre daquele segmento da criação. E, inversamente, as linhas combinadas de força e informação espiritual passam para dentro, rumo à Terceira Pessoa da Deidade, por intermédio dos Sete Espíritos Mestres.

Os Sete Espíritos Mestres são coletivamente dotados com os atributos supremo-últimos da Terceira Fonte e Centro. Ainda que cada um compartilhe individualmente desse dom, apenas coletivamente eles dispõem dos atributos de onipotência, de onisciência e de onipresença. Assim, nenhum deles pode funcionar, universalmente, como indivíduo e, no exercício desses poderes de supremacia e ultimidade, cada um deles fica pessoalmente limitado ao superuniverso da sua supervisão direta.

Tudo, de tudo o que vos foi dito, a respeito da divindade e da personalidade do Agente Conjunto, aplica-se, igual e completamente, aos Sete Espíritos Mestres, que tão efetivamente distribuem o Espírito Infinito aos sete segmentos do grande universo, de acordo com os seus dons divinos e segundo a maneira das suas naturezas diferentes e individualmente únicas. Seria apropriado, portanto, usar, para o grupo conjunto de todos os sete, todo e qualquer um dos nomes que se dá ao Espírito Infinito. Coletivamente, eles são um com o Criador Conjunto, em todos os níveis subabsolutos.

3. A IDENTIDADE E A DIVERSIDADE DOS ESPÍRITOS MESTRES

Os Sete Espíritos Mestres são seres indescritíveis, mas são distinta e definitivamente pessoais. Eles têm nomes, mas escolhemos apresentá-los por números. Enquanto personalizações primeiras do Espírito Infinito, eles são semelhantes, mas, como expressões primárias das sete combinações possíveis da Deidade trina, eles são essencialmente diferentes, pelas suas naturezas, e essa diversidade de natureza determina o diferencial na sua conduta no superuniverso. Esses Sete Espíritos Mestres podem ser descritos como se segue:

O *Espírito Mestre Número Um*. De uma maneira especial, este Espírito é a representação direta do Pai do Paraíso. Ele é uma manifestação peculiar e eficaz do poder, do amor e da sabedoria do Pai Universal. Ele é o coligado próximo e o conselheiro superno do comandante dos Monitores Misteriosos, aquele ser que preside ao Colegiado dos Ajustadores Personalizados, em Divínington. Em todas as interconexões entre os Sete Espíritos Mestres, é sempre o Espírito Mestre Número Um que fala pelo Pai Universal.

Esse Espírito preside ao primeiro superuniverso e, se bem que exponha infalivelmente a natureza divina de uma personalização primeira do Espírito Infinito, parece assemelhar-se mais especialmente ao Pai Universal, pelo seu caráter. Ele está sempre em ligação pessoal com os sete Espíritos Refletivos na sede-central do primeiro superuniverso.

O *Espírito Mestre Número Dois*. Este Espírito retrata adequadamente a natureza incomparável e o caráter encantador do Filho Eterno, o primogênito de toda a criação. Ele está sempre em ligação estreita com todas as ordens de Filhos de Deus, sempre que acontece de estarem eles no universo de residência, como indivíduos, ou em conclaves jubilosos. Em todas as reuniões dos Sete Espíritos Mestres, ele sempre fala pelo Filho Eterno e em nome Dele.

Esse Espírito dirige os destinos do superuniverso número dois, e rege esse vasto domínio, tal como o faria o Filho Eterno. Ele está sempre em ligação com os sete Espíritos Refletivos, situados na capital do segundo superuniverso.

O *Espírito Mestre Número Três*. A personalidade deste Espírito assemelha-se especialmente à do Espírito Infinito, e ele dirige os movimentos e o trabalho de muitas dentre as altas personalidades do Espírito Infinito. Ele preside às suas reuniões e está ligado estreitamente a todas as personalidades que têm origem exclusiva na Terceira Fonte e Centro. Quando os Sete Espíritos Mestres estão em conselho, é o Espírito Mestre Número Três que sempre fala pelo Espírito Infinito.

Esse Espírito está encarregado do superuniverso de número três, e administra os assuntos desse segmento, tal como o faria o Espírito Infinito. Ele está sempre em ligação com os Espíritos Refletivos na sede-central do terceiro super-universo.

O *Espírito Mestre Número Quatro*. Ao compartilhar das naturezas combinadas do Pai e do Filho, este Espírito Mestre é a influência determinante no que se relaciona às políticas e aos procedimentos Pai-Filho, nos conselhos dos Sete Espíritos Mestres. Este Espírito é o diretor supremo e conselheiro daqueles seres ascendentes que alcançaram o Espírito Infinito, havendo-se tornado, assim, candidatos a ver o Filho e o Pai. Ele incentiva àquele grupo enorme de personalidades que têm origem no Pai-e-Filho. Quando se torna necessário representar Pai-e-Filho na associação dos Sete Espíritos Mestres, é sempre o Espírito Mestre Número Quatro quem fala.

Esse Espírito estimula o quarto segmento do grande universo, de acordo com o conjunto peculiar dos seus atributos do Pai Universal e do Filho Eterno. Ele está sempre em ligação pessoal com os Espíritos Refletivos da sede-central do quarto superuniverso.

O *Espírito Mestre Número Cinco*. Esta personalidade divina, que combina com tanto refinamento o caráter do Pai Universal e do Espírito Infinito, é o conselheiro daquele enorme grupo de seres conhecidos como os diretores de potência, os centros de potência e os controladores físicos. Este Espírito também dá fomento e incentiva todas as personalidades que têm origem no Pai e no Agente Conjunto. Nos conselhos dos Sete Espíritos Mestres, quando a atitude de Pai-e-Espírito está em questão, é sempre o Espírito Mestre Número Cinco que tem a palavra.

Esse Espírito dirige o bem-estar do quinto superuniverso, de um modo tal que sugere a ação combinada do Pai Universal e do Espírito Infinito. Ele está sempre em ligação com os Espíritos Refletivos na sede-central do quinto super- universo.

O *Espírito Mestre Número Seis*. Este ser divino parece retratar o caráter combinado do Filho Eterno e do Espírito Infinito. Quando as criaturas criadas conjuntamente pelo Filho e pelo Espírito congregam-se no universo central, este Espírito Mestre é o seu conselheiro; e quando, nos conselhos dos Sete Espíritos Mestres, se torna necessário falar conjuntamente pelo Filho Eterno-e-Espírito Infinito, é o Espírito Mestre Número Seis que responde.

Esse espírito dirige os assuntos do sexto superuniverso, tal como o fariam o Filho Eterno e o Espírito Infinito. Ele está sempre em ligação com os Espíritos Refletivos na sede-central do sexto superuniverso.

O *Espírito Mestre Número Sete*. O Espírito que preside ao sétimo superuniverso é um retrato único, sem igual, do Pai Universal, do Filho Eterno e do Espírito Infinito. O Sétimo Espírito, o conselheiro que incentiva e ampara todos os seres de origem trina, é também o assessor e diretor de todos os peregrinos ascendentes de Havona, esses seres inferiores que alcançaram as cortes da glória mediante o ministério combinado do Pai, do Filho e do Espírito.

O Sétimo Espírito Mestre não é organicamente representante da Trindade do Paraíso; mas é fato conhecido que a sua natureza pessoal e espiritual *seja* o retrato do Agente Conjunto, nas mesmas proporções das três pessoas infinitas, cuja união de Deidade *é* a Trindade do Paraíso, e cuja função, como tal, *é* a fonte da natureza pessoal e espiritual de Deus, o Supremo. Por isso, o Sétimo Espírito Mestre revela uma relação pessoal e orgânica com a pessoa espiritual do Supremo em evolução. Portanto, nos conselhos dos Espíritos Mestres no alto, quando se torna necessário votar em nome da atitude pessoal combinada de Pai-Filho-e-Espírito, ou descrever a atitude espiritual do Ser Supremo, é o Espírito Mestre Número Sete quem atua. Assim, ele torna-se inerentemente aquele que preside ao conselho, no Paraíso, dos Sete Espíritos Mestres.

Nenhum dos Sete Espíritos Mestres é organicamente representativo da Trindade do Paraíso, mas, quando eles se unem como uma Deidade sétupla, essa união, no sentido da Deidade – não num sentido pessoal –, equivale a um nível funcional comparável às funções da Trindade. Nesse sentido, o "Espírito Sétuplo", funcionalmente, é comparável à Trindade do Paraíso. É também nesse sentido que o Espírito Mestre Número Sete, algumas vezes, fala em confirmação das atitudes da Trindade ou, antes, atua como porta-voz da atitude de união dos Sete Espíritos, no que diz respeito à atitude da união-tríplice-da-Deidade, ou seja, à atitude da Trindade do Paraíso.

As funções múltiplas do Sétimo Espírito Mestre variam, assim, desde um retrato combinado das *naturezas pessoais* do Pai, do Filho e do Espírito, passando pela representação da *atitude pessoal* de Deus, o Supremo, até uma exposição da *atitude de deidade* da Trindade do Paraíso. E, sob alguns aspectos, esse Espírito que preside, semelhantemente, exprime as *atitudes* do Último e do Supremo-Último.

É o Espírito Mestre Número Sete quem promove, pessoalmente, por meio das suas múltiplas capacitações, o progresso dos candidatos à ascensão, dos mundos do tempo, nas suas tentativas de alcançar a compreensão da Deidade indivisa da Supremacia. Tal compreensão envolve o entendimento da soberania existencial da Trindade da Supremacia, coordenada, assim, com um conceito da soberania experiencial crescente do Ser Supremo, para constituir o entendimento que a criatura tem da unidade da Supremacia. A compreensão desses três fatores, da parte da criatura, equivale à compreensão que se tem, em Havona, da realidade da Trindade; além de dotar os peregrinos do tempo com a capacidade final de penetrar a Trindade, de descobrir as três pessoas infinitas da Deidade.

A incapacidade que os peregrinos de Havona têm de encontrar plenamente a Deus, o Supremo, é compensada pelo Sétimo Espírito Mestre, cuja natureza trina é, de um modo peculiar, reveladora da pessoa espiritual do Supremo. Durante a presente idade do universo, de não-contatabilidade da pessoa do Supremo, o Espírito Mestre Número Sete funciona no lugar do Deus das criaturas ascendentes, para as questões de relacionamentos pessoais. Ele é o elevado ser espiritual a quem todos os ascendentes estão certos de reconhecer e, de um certo modo, compreender, quando alcançarem os centros da glória.

Esse Espírito Mestre está sempre em ligação com os Espíritos Refletivos de Uversa, a sede-central do sétimo superuniverso, o nosso próprio segmento da criação. A sua administração de Orvônton evidencia a simetria maravilhosa da combinação coordenada das naturezas divinas do Pai, do Filho e do Espírito.

4. OS ATRIBUTOS E AS FUNÇÕES DOS ESPÍRITOS MESTRES

Os Sete Espíritos Mestres são a plena representação do Espírito Infinito, para os universos evolucionários. Eles representam a Terceira Fonte e Centro, nas relações de energia, mente e espírito. Se bem que funcionem como dirigentes coordenadores do controle administrativo universal do Agente Conjunto, não vos esqueçais de que eles têm a sua origem nos atos criadores das Deidades do Paraíso. É literalmente verdade que esses Sete Espíritos sejam o poder físico personalizado, a mente cósmica e a presença espiritual da Deidade trina, "os Sete Espíritos de Deus enviados a todo o universo".

Os Espíritos Mestres são únicos naquilo em que atuam e funcionam em todos os níveis de realidade do universo, excetuando-se o absoluto. Eles são, portanto, supervisores eficientes e perfeitos de todas as fases de assuntos administrativos, em todos os níveis de atividades nos superuniversos. É difícil, para a mente mortal, compreender bem, tudo, sobre os Espíritos Mestres, porque o trabalho deles é tão altamente especializado e ainda tão abrangente de tudo, tão excepcionalmente material e, ao mesmo tempo, tão depuradamente espiritual. Esses criadores versáteis da mente cósmica são os ancestrais dos Diretores do Poder no Universo e são, eles próprios, os diretores supremos da vasta e variada criação de criaturas espirituais.

Os Sete Espíritos Mestres são os criadores dos Diretores do Poder no Universo e dos seus colaboradores, entidades indispensáveis para a organização, o controle e a regulagem das energias físicas do grande universo. E esses mesmos Espíritos Mestres, de um modo muito material, assistem os Filhos Criadores no trabalho de dar a forma e organização aos universos locais.

Nós não somos capazes de estabelecer nenhuma conexão pessoal entre o trabalho dos Espíritos Mestres com a energia cósmica e as funções de força-potência do Absoluto Inqualificável. As manifestações de energia, sob a jurisdição dos Espíritos Mestres, são todas dirigidas a partir da periferia do Paraíso; elas não parecem, de nenhum modo direto, estar associadas aos fenômenos de força identificados com a superfície inferior do Paraíso.

Inquestionavelmente, quando encontramos as atividades funcionais dos vários Supervisores do Poder Moroncial, estamos face a face com alguma das atividades não reveladas dos Espíritos Mestres. Quem, a não ser esses ancestrais, tanto dos controladores físicos, quanto dos ministros espirituais, poderia haver conseguido combinar e associar as energias materiais e espirituais de modo a produzir uma fase, até este momento inexistente, da realidade do universo – a substância moroncial e a mente moroncial?

Grande parte da realidade dos mundos espirituais é da ordem moroncial, sendo esta uma fase da realidade do universo inteiramente desconhecida em Urântia. A meta da existência da personalidade é espiritual, mas as criações moronciais sempre se interpõem, perfazendo a ponte sobre o vazio existente entre os reinos materiais de origem mortal e as esferas do superuniverso de status espiritual avançado. É nesse âmbito que os Espíritos Mestres dão a sua grande contribuição ao plano da ascensão do homem ao Paraíso.

Os Sete Espíritos Mestres têm representantes pessoais que funcionam por todo o grande universo; mas, como uma grande maioria desses seres subordinados não está diretamente ligada ao esquema ascendente de progressão mortal, na trajetória do perfeiçoamento até o Paraíso, pouco ou nada foi revelado sobre eles. Uma parte bastante grande da atividade dos Sete Espíritos Mestres, permanece oculta ao entendimento humano, porque não pertence, de modo algum, diretamente à vossa questão de ascensão ao Paraíso.

É altamente provável, embora não possamos apresentar prova definida disso, que o Espírito Mestre de Orvônton exerça uma influência decisiva nas esferas de atividades relacionadas a seguir.

1. Os procedimentos dos Portadores da Vida do universo local para a iniciação da vida.

2. As ativações da vida dos espíritos ajudantes da mente, que o Espírito Criativo Materno de um universo local outorga aos mundos.

3. As flutuações nas manifestações de energia, encontradas nas unidades de matéria organizada, sensíveis à gravidade linear.

4. O comportamento da energia emergente, quando plenamente liberada da atração do Absoluto Inqualificável, tornando-se, assim, sensível à influência direta da gravidade linear e às manipulações dos Diretores de Potência do Universo e seus colaboradores.

5. A dotação do espírito ministrador de um Espírito Criativo feminino de um universo local, conhecido em Urântia como o Espírito Santo.

6. A dotação subseqüente do espírito dos Filhos auto-outorgados, conhecido em Urântia como o Confortador ou o Espírito da Verdade.

7. O mecanismo da refletividade dos universos locais e do superuniverso. Muitas das características ligadas a esse fenômeno extraordinário dificilmente podem ser explicadas, de modo razoável, ou racionalmente compreendidas, sem que se postule a atividade dos Espíritos Mestres, em colaboração com o Agente Conjunto e o Ser Supremo.

Não obstante a nossa incapacidade de compreender adequadamente a atuação múltipla dos Sete Espíritos Mestres, estamos certos de haver dois domínios, na vasta gama de atividades no universo, dos quais eles em nada participam: a outorga e ministério dos Ajustadores do Pensamento e as inescrutáveis funções do Absoluto Inqualificável.

5. A RELAÇÃO COM AS CRIATURAS

Cada segmento do grande universo, cada universo individual e cada mundo, embora goze dos benefícios do conselho unido e da sabedoria de todos os Sete Espíritos Mestres, recebe a nuance e o toque pessoal de apenas um deles. E a natureza pessoal de cada Espírito Mestre permeia plenamente e condiciona singularmente o seu superuniverso.

Por meio dessa influência pessoal dos Sete Espíritos Mestres, todas as criaturas, de todas as ordens de seres inteligentes, fora do Paraíso e de Havona, devem trazer a estampa característica da individualidade indicativa da natureza ancestral de um desses Sete Espíritos do Paraíso. No que concerne aos sete superuniversos, cada criatura nativa, homem ou anjo, para sempre, irá trazer essa marca de identificação natal.

Os Sete Espíritos Mestres não invadem diretamente as mentes materiais das criaturas individuais, nos mundos evolucionários do espaço. Os mortais de Urântia não experimentam a presença pessoal da influência mental-espiritual do Espírito Mestre de Orvônton. Se esse Espírito Mestre efetivamente realizar qualquer espécie de contato com a mente individual mortal, durante as idades evolucionárias iniciais, de um mundo habitado, esse contato deve ocorrer por intermédio da ministração do Espírito Criativo Materno do universo local, a colaboradora e consorte do Filho

Criador de Deus, que preside aos destinos de cada criação local. Mas esse mesmo Espírito Criativo Materno é, por natureza e por caráter, exatamente como o Espírito Mestre de Orvônton.

O padrão físico de um Espírito Mestre é parte da origem material do homem. Toda a carreira moroncial é vivida sob a contínua influência desse mesmo Espírito Mestre. Não chega a ser estranho que a carreira espiritual subseqüente, de um mortal ascendente, nunca erradique inteiramente a marca característica desse mesmo espírito supervisor. A aura impressa por um Espírito Mestre é básica para a existência própria de cada estágio pré-havonal da ascensão dos mortais.

As tendências que distinguem a personalidade, exibidas na experiência de vida dos mortais evolucionários, as quais são características de cada superuniverso e exprimem diretamente a natureza do Espírito Mestre dominante, nunca são totalmente apagadas, nem mesmo após tais seres ascendentes sujeitarem-se aos longos estudos, aperfeiçoamentos e disciplinas unificadoras encontradas no bilhão de esferas educacionais de Havona. Mesmo a cultura intensa subseqüente, do Paraíso, não é suficiente para erradicar as marcas da origem superuniversal. Por toda a eternidade, um mortal ascendente trará as características indicativas do Espírito que preside ao seu superuniverso de nascimento. Mesmo no Corpo de Finalidade, quando é desejável chegar a uma relação *completa* com a Trindade, ou retratá-la para a criação evolucionária, sempre é reunido um grupo de sete finalitores, um de cada superuniverso.

6. A MENTE CÓSMICA

Os Espíritos Mestres são a fonte sétupla da mente cósmica, o potencial intelectual do grande universo. Essa mente cósmica é uma manifestação subabsoluta da mente da Terceira Fonte e Centro e, de certo modo, está relacionada funcionalmente à mente do Ser Supremo em evolução.

Num mundo como Urântia, nós não encontramos a influência direta dos Sete Espíritos Mestres nos assuntos das raças humanas. Vós viveis sob a influência imediata do Espírito Criativo de Nébadon. No entanto, esses mesmos Espíritos Mestres dominam as reações básicas de todas as mentes das criaturas, porque eles são as fontes reais dos potenciais intelectuais e espirituais que se especializaram, nos universos locais, para funcionar na vida daqueles indivíduos que habitam os mundos evolucionários do tempo e do espaço.

O fato da existência da mente cósmica explica a afinidade entre vários tipos de mentes humanas e supra-humanas. Não apenas os espíritos afins atraem-se entre si, mas as mentes semelhantes também são muito fraternais, e inclinadas à cooperação umas com as outras. As mentes humanas, algumas vezes, são observadas funcionando em canais de similaridade surpreendente e em uma sintonia inexplicável.

Existe, em todas as associações de personalidades da mente cósmica, uma qualidade que poderia ser denominada de "resposta à realidade". É essa dotação cósmica universal das criaturas dotadas de vontade que as salva de se tornarem vítimas passivas das suposições a priori implícitas da ciência, da filosofia e da religião. Essa sensibilidade, à realidade da mente cósmica, responde a certas fases da realidade, exatamente como a matéria-energia responde à gravidade. Seria mais correto dizer que essas realidades supramateriais respondem desse modo à mente do cosmo.

A mente cósmica infalivelmente responde (reconhece a resposta) em três níveis de realidade do universo. Essas respostas são auto-evidentes para as mentes de raciocínio claro e pensamento profundo. Esses níveis de realidade são:

1. *A Causação* – o domínio da realidade dos sentidos físicos; o âmbito científico da uniformidade lógica; a diferenciação do factual e do não-factual; as conclusões refletivas baseadas na resposta cósmica. Esta é a forma matemática da discriminação cósmica.

2. *O Dever* – o domínio da realidade da moral, no âmbito filosófico; a arena da razão, o reconhecimento do bem e do mal relativos. Esta é a forma judicial da discriminação cósmica.

3. *A Adoração* – o domínio espiritual da realidade da experiência religiosa; a realização pessoal da fraternidade divina; o reconhecimento dos valores espirituais; a certeza da sobrevivência eterna; a ascensão desde o status de servos de Deus até o júbilo e a liberdade do status de filhos de Deus. Este é o discernimento interior mais elevado da mente cósmica, a forma de reverência e adoração da discriminação cósmica.

Esses discernimentos científicos, morais e espirituais, essas respostas cósmicas são inatas à mente cósmica que dota todas as criaturas volitivas. A experiência de viver nunca falha em desenvolver essas três intuições cósmicas; elas constituem a base da autoconsciência no pensamento reflexivo. Mas é triste registrar que tão poucas pessoas em Urântia têm prazer em cultivar as qualidades de um pensamento cósmico corajoso e independente.

Nas outorgas da mente ao universo local, esses três discernimentos da mente cósmica constituem as hipóteses a priori que tornam possível ao homem funcionar como uma personalidade racional e autoconsciente, nos domínios da ciência, da filosofia e da religião. Colocado de outro modo: o reconhecimento da *realidade* dessas três manifestações do Infinito dá-se por uma técnica cósmica de auto-revelação. A energia-matéria é reconhecida pela lógica matemática dos sentidos; a razão-mente intuitivamente sabe o seu dever moral; a fé-espírito (a adoração) é a religião da realidade da experiência espiritual. Esses três fatores básicos do pensamento reflexivo podem ser unificados e coordenados no desenvolvimento da personalidade, ou podem tornar-se desproporcionais e virtualmente não relacionados nas suas respectivas funções. Todavia, quando se tornam unificados, eles produzem um caráter forte, que consiste na correlação com uma ciência factual, uma filosofia moral e uma experiência religiosa genuínas. E são essas três intuições cósmicas que conferem validade objetiva e realidade à experiência humana, nas coisas, nos significados e nos valores, e, com as coisas, com os significados e com os valores.

O propósito da educação é desenvolver e tornar mais aguçados esses dons inatos da mente humana; o da civilização é expressá-los; o da experiência da vida é compreendê-los; o da religião é enobrecê-los; e o da personalidade é unificá-los.

7. A MORAL, A VIRTUDE E A PERSONALIDADE

A inteligência, por si só, não pode explicar a natureza moral. A moralidade, ou virtude, é inerente à personalidade humana. A intuição moral e a compreensão do dever são componentes dos dons da mente humana, e estão associadas aos outros elementos inalienáveis da natureza humana: a curiosidade científica e o discernimento espiritual. A mentalidade do homem transcende, em muito, a dos seus primos animais, todavia são as suas naturezas moral e religiosa que especialmente o distinguem do mundo animal.

A resposta seletiva de um animal é limitada ao nível motor de comportamento. O discernimento suposto dos animais mais elevados está em um nível motor e, comumente, surge apenas depois da passagem por experiências e erros motores. O homem é capaz de exercer o discernimento científico, moral e espiritual, antes de qualquer exploração ou experimentação.

Apenas uma personalidade pode saber o que está fazendo, antes de fazê-lo; apenas as personalidades possuem o discernimento, antes da experiência. Uma personalidade pode observar antes de efetuar um salto e, portanto, pode aprender tanto olhando quanto saltando. O animal não-pessoal em geral aprende, apenas, saltando.

Como resultado da experiência, um animal torna-se capaz de examinar os modos diferentes de atingir um objetivo e de selecionar um enfoque baseado na experiência acumulada. Mas uma personalidade pode também examinar o objetivo, em si mesmo, e julgar se vale a pena avaliar o seu valor. Apenas a inteligência pode discernir quanto aos melhores meios para atingir fins indiscriminados, mas um ser moral possui um discernimento interior que o capacita a discriminar entre os fins, assim como entre os meios. E um ser moral, ao optar pela virtude, está sendo não menos inteligente. Ele sabe o que está fazendo, por que o está fazendo, para onde está indo e como irá chegar lá.

Quando o homem deixa de discernir os fins das suas lutas mortais, ele se vê atuando apenas no nível animal da existência. Ele terá falhado na sua avaliação de si próprio, sobre as vantagens superiores dessa capacidade material de agudeza, de discernimento moral e visão espiritual, que são parte integrante da dotação de mente-cósmica que recebeu como ser pessoal.

A virtude é retidão – conformidade com o cosmo. Dar nomes às virtudes não é defini-las; vivê-las, no entanto, é conhecê-las. A virtude não é mero conhecimento, nem mesmo sabedoria, mas antes, é realidade de experiência progressiva, durante o alcançar dos níveis ascendentes da realização cósmica. No dia-a-dia da vida do homem mortal, a virtude é realizada pela preferência consistente do bem ao mal, e tal capacidade de escolha é a evidência da posse de uma natureza moral.

A escolha feita pelo homem, entre o bem e o mal, é influenciada não apenas pela acuidade da sua natureza moral, mas também por forças, tais como a ignorância, imaturidade e ilusão. Um certo senso de proporção também está envolvido no exercício da virtude, porque o mal pode ser perpetrado quando o menor é preferido ao maior, em conseqüência de distorção ou engano. A arte de estimar relativamente, ou de medida comparativa, entra na prática das virtudes do âmbito moral.

A natureza moral do homem seria impotente sem a arte da medida, da discriminação incorporada à sua capacidade de escrutinar os significados. Do mesmo modo, a escolha moral seria mera futilidade, sem aquela clarividência cósmica que produz a consciência dos valores espirituais. Do ponto de vista da inteligência, o homem ascende ao nível de ente moral por ser dotado de personalidade.

A moralidade nunca pode ser promovida pela lei nem pela força. É uma questão da personalidade e do livre-arbítrio, e deve ser disseminada pelo contágio, a partir do contato das pessoas moralmente atraentes com aquelas que são menos responsáveis moralmente, mas que, em alguma medida, também estão desejosas de cumprir a vontade do Pai.

Os atos morais são as atuações humanas caracterizadas pela mais elevada inteligência, dirigidas pela discriminação seletiva na escolha dos fins superiores e na seleção dos meios morais para atingir esses fins. Tal conduta é virtuosa. A suprema virtude, então, será escolher, de todo o coração, cumprir a vontade do Pai nos céus.

8. A PERSONALIDADE EM URÂNTIA

O Pai Universal doa a personalidade a inúmeras ordens de seres, os quais atuam em diversos níveis da realidade no universo. Os seres humanos de Urântia são dotados com a personalidade do tipo mortal-finito, funcionando no nível de filhos ascendentes de Deus.

Embora dificilmente possamos conseguir definir personalidade, podemos tentar descrever a nossa compreensão dos fatores conhecidos que irão constituir o conjunto das energias materiais, mentais e espirituais, cuja interassociação constitui o mecanismo com o qual, no qual e por meio do qual, o Pai Universal leva a sua outorga da personalidade a funcionar.

A personalidade é um dom único, de natureza original, cuja existência antecede a outorga do Ajustador do Pensamento e independe desta. No entanto, a presença do Ajustador, sem dúvida, acentua a manifestação qualitativa da personalidade. Os Ajustadores do Pensamento são idênticos em natureza, ao advirem do Pai; mas suas personalidades são diversificadas, originais e exclusivas. E, além disso, a manifestação da personalidade é especificada, condicionada e qualificada pela natureza e qualidades das energias de natureza material, mental e espiritual, associadas a ela, que constituem o veículo do organismo para a manifestação da personalidade.

As personalidades podem ser semelhantes, mas nunca são iguais. Pessoas de um dado arquétipo, série, tipo ou ordem podem parecer-se umas às outras, e de fato se parecem, mas nunca são idênticas. A personalidade é aquele aspecto que nós *conhecemos* de um indivíduo, e que nos capacita a identificar esse ser, em qualquer tempo futuro, a despeito da natureza e da extensão das mudanças na sua forma, na sua mente, ou no seu status espiritual. A personalidade é aquela parte, em qualquer indivíduo, que nos capacita a reconhecer e identificar, com segurança, aquela pessoa, como sendo a que era por nós conhecida anteriormente, não importa o quanto ela haja mudado, por causa das modificações do veículo de expressão e manifestação da sua personalidade.

A personalidade, na criatura, é caracterizada por dois fenômenos automanifestados e característicos, de comportamento reativo dos seres mortais: a autoconsciência e, interassociado a esta, um relativo livre-arbítrio.

A autoconsciência consiste no discernimento intelectual da realidade da personalidade e inclui a capacidade para reconhecer a realidade de outras personalidades. Indica uma capacidade individualizada, para a experiência, dentro das realidades cósmicas e com elas, equivalendo à realização do status de identidade nos relacionamentos das personalidades no universo. A autoconsciência denota o reconhecimento da realidade da ministração da mente e a compreensão da independência relativa do livre-arbítrio criativo e determinativo.

O livre-arbítrio relativo, que caracteriza a autoconsciência da personalidade humana, está envolvido:

1. Na decisão moral; a sabedoria mais elevada.

2. Na escolha espiritual; o discernimento da verdade.

3. No amor altruísta; o serviço fraterno.

4. Na cooperação voluntária; a lealdade grupal.

5. No discernimento cósmico; a apreensão dos significados no universo.

6. Na dedicação da personalidade; a devoção a fazer a vontade do Pai, com todo o coração.

7. Na adoração; a busca sincera dos valores divinos e o amor irrestrito ao divino Doador dos Valores.

DOCUMENTO 16: SEÇÃO 8

O tipo de personalidade humana de Urântia pode ser considerado como funcionando em um mecanismo físico que consiste na modificação planetária do tipo nebadônico de organismo; o qual pertence à ordem eletroquímica de ativação de vida dotada com a ordem nebadônica, da série orvontônica de mente cósmica, de modelo reprodutivo parental. A outorga da dádiva divina da personalidade a esse mecanismo mortal dotado de mente confere-lhe a dignidade de cidadania cósmica e capacita essa criatura mortal, daí por diante, a tornar-se sensível ao reconhecimento do que constituem as três realidades básicas da mente do cosmo:

1. O reconhecimento matemático ou lógico da uniformidade da causação física.

2. O reconhecimento, pela razão, da obrigação de ter uma conduta moral.

3. O entendimento-fé da adoração fraterna da Deidade, aliado ao serviço amoroso à humanidade.

A plena função de um dom de personalidade como esse é o início da compreensão do parentesco com a Deidade. Um eu como esse, residido por um fragmento pré-pessoal de Deus, o Pai, em verdade e de fato, é um filho espiritual de Deus. Uma criatura como essa, não apenas revela a capacidade de recepção do dom da divina presença, como também demonstra resposta reativa ao circuito de gravidade da personalidade do Pai, no Paraíso, de todas as personalidades.

9. A REALIDADE DA CONSCIÊNCIA HUMANA

A criatura pessoal, dotada de mente-cósmica e residida por um Ajustador, possui um reconhecimento e uma compreensão inatos da realidade da energia, da realidade da mente e da realidade do espírito. A criatura volitiva está, assim, equipada para discernir o fato da presença de Deus, a Sua lei e o Seu amor. À parte essas três prerrogativas inalienáveis da consciência humana, toda experiência humana é subjetiva na realidade, exceto a compreensão intuitiva da validade ligada à *unificação* dessas três respostas das realidades do universo, em reconhecimento cósmico.

O mortal que discerne a Deus é capaz de perceber o valor da unificação dessas três qualidades cósmicas para a evolução da alma que sobreviverá, e essa evolução é a façanha suprema do homem enquanto permanece no tabernáculo físico: o feito de que a mente moral colabora com o espírito divino residente nela, para a dualização da alma imortal. Desde a sua incipiência mais inicial, a alma é *real*, e traz em si as qualidades cósmicas da sobrevivência.

Se o homem mortal não tiver o êxito de sobreviver à morte natural, os valores espirituais reais da sua experiência humana sobrevivem como parte da experiência do Ajustador do Pensamento, o qual continua. Os valores da personalidade desse não-sobrevivente subsistem como um fator na personalidade do Ser Supremo que está em factualização. Essas qualidades da personalidade, que sobrevivem, ficam despojadas de identidade, mas não dos valores experienciais acumulados durante tal vida mortal na carne. A sobrevivência da identidade depende da sobrevivência da alma imortal, de status moroncial, cujo valor divino é crescente. A identidade da personalidade sobrevive por meio da sobrevivência da alma e na própria alma.

A autoconsciência humana implica o reconhecimento da realidade de outros eus, que não o eu consciente, e implica, ulteriormente, que tal consciência seja mútua: que o eu seja conhecido, tanto quanto conhece. Isto é mostrado de uma maneira puramente humana na vida social do homem. Contudo, vós não podeis estar tão absolutamente certos da realidade do ser de um semelhante, tanto quanto da realidade da presença de Deus, que vive dentro de vós. A consciência social não é inalienável, como o é a consciência de Deus; é um desenvolvimento cultural e depende do conhecimento, símbolos e contribuições dos dons que constituem o homem – ciência, moralidade e religião. E essas dádivas cósmicas, quando socializadas, formam a civilização.

As civilizações são instáveis, porque não são cósmicas; não são inatas aos indivíduos das raças. Elas devem ser nutridas pelas contribuições combinadas dos fatores constituintes do homem – ciência, moralidade e religiosidade. As civilizações vêm e vão, mas a ciência, a moralidade e a religião sempre sobrevivem à destruição.

Jesus não apenas revelou Deus ao homem, mas também fez uma nova revelação do homem a si mesmo e aos outros homens. Na vida de Jesus, podeis ver o homem no seu melhor e mais elevado. O homem torna-se, assim, maravilhosamente real, pois Jesus teve tanto de Deus, na sua vida, e a compreensão (o reconhecimento) de Deus é inalienável e é parte constituinte de todos os homens.

O altruísmo, exceto no instinto paternal, não é de todo natural; ao próximo não se ama naturalmente, nem se serve socialmente. São necessários o esclarecimento da razão, a moralidade e o estímulo da religião e a consciência de Deus para gerar uma ordem social não-egotista e altruísta. A própria consciência da personalidade no homem, a autoconsciência, depende também diretamente desse mesmo fato da inata consciência do outro, essa capacidade inata de reconhecer e de apreender a realidade de uma outra personalidade, desde a humana até a divina.

A consciência social não egotista deve ser, na sua base, uma consciência religiosa; isto é, se quiser ser objetiva; se assim não for, será uma abstração filosófica puramente subjetiva e, conseqüentemente, desprovida de amor. Apenas um indivíduo consciente de Deus pode amar uma outra pessoa, como ama a si próprio.

A consciência de si, em essência, é uma consciência comum a todos: Deus e o homem, o Pai e o filho, o Criador e a criatura. Na autoconsciência humana, quatro compreensões da factualidade do universo se fazem inerentes e latentes:

1. A busca do conhecimento; a lógica da ciência.

2. A busca dos valores morais; o senso do dever.

3. A busca dos valores espirituais; a experiência religiosa.

4. A busca dos valores da personalidade; a capacidade de reconhecer a realidade de Deus como uma personalidade, e a compreensão simultânea da nossa relação fraternal com as personalidades dos seres irmanados.

Vós vos tornais conscientes do homem, como o vosso irmão-criatura, porque sois já conscientes de Deus, como o vosso Pai Criador. A paternidade é a relação a partir da qual nós induzimos o reconhecimento da irmandade. E a paternidade torna-se, ou pode tornar-se, uma realidade universal para todas as criaturas morais, porque o próprio Pai concedeu personalidade a todos esses seres, e os conectou por meio da atração exercida pelo circuito universal da personalidade. Nós adoramos a Deus, primeiro porque *Ele é*; e, então, porque *Ele é em nós* e, finalmente, porque *nós somos e estamos Nele*.

Como poderia ser estranho, então, que a mente cósmica fosse autoconscientemente sabedora da sua própria fonte, a mente infinita do Espírito Infinito, e, ao mesmo tempo consciente da realidade física dos múltiplos universos, da realidade espiritual do Filho Eterno, e da realidade da personalidade do Pai Universal?

[Auspiciado por um Censor Universal de Uversa.]

DOCUMENTO 17

OS SETE GRUPOS DE ESPÍRITOS SUPREMOS

OS SETE grupos de Espíritos Supremos são os diretores coordenadores universais da administração dos sete segmentos do grande universo. Embora todos se agrupem como sendo da família funcional do Espírito Infinito, os três grupos seguintes são usualmente classificados como filhos da Trindade do Paraíso:

1. Os Sete Espíritos Mestres.
2. Os Sete Executivos Supremos.
3. Os Espíritos Refletivos.

Os quatro grupos remanescentes são trazidos à existência por atos criadores do Espírito Infinito ou dos seus coligados de status criativo:

4. Os Auxiliares Refletivos de Imagens.
5. Os Sete Espíritos dos Circuitos.
6. Os Espíritos Criativos dos Universos Locais.
7. Os Espíritos Ajudantes da Mente.

Essas sete ordens são conhecidas, em Uversa, como os sete grupos de Espíritos Supremos. O seu domínio funcional estende-se desde a presença pessoal dos Sete Espíritos Mestres, na periferia da Ilha Eterna, passando pelos sete satélites do Espírito, no Paraíso, pelos circuitos de Havona, pelos governos dos superuniversos e pela administração e a supervisão dos universos locais, e abrangem, até mesmo, os serviços menos elevados dos ajudantes concedidos aos reinos da mente evolucionária, nos mundos do tempo e do espaço.

Os Sete Espíritos Mestres são os diretores coordenadores desse vasto domínio administrativo. Em algumas questões pertinentes à regulamentação administrativa do poder físico organizado, da energia mental e do ministério impessoal do espírito, eles atuam pessoal e diretamente; e em outras, eles atuam por meio dos seus colaboradores multivariados. Para todas as questões de natureza executiva – os ditames, regulamentações, ajustamentos e decisões administrativas – os Espíritos Mestres atuam por intermédio das pessoas dos Sete Executivos Supremos. No universo central, os Espíritos Mestres podem atuar por meio dos Sete Espíritos dos Circuitos de Havona; nas sedes-centrais dos sete superuniversos, eles revelam-se pelo canal dos Espíritos Refletivos e atuam por intermédio das pessoas dos Anciães dos Dias, com quem se mantêm em comunicação pessoal, por meio dos Auxiliares Refletivos de Imagens.

Os Sete Espíritos Mestres não têm contato, pessoal e diretamente, com a administração dos universos, nos níveis abaixo dos tribunais dos Anciães dos Dias. O vosso universo local é administrado, como uma parte do nosso superuniverso, pelo Espírito Mestre de Orvônton; mas a função dele, em relação aos seres nativos de Nébadon, passa a ser imediatamente desempenhada e pessoalmente dirigida pelo Espírito Criativo Materno residente em Sálvington, sede-central do vosso universo local.

1. OS SETE EXECUTIVOS SUPREMOS

A sede-central executiva dos Espíritos Mestres ocupa os sete satélites do Espírito Infinito no Paraíso, os quais giram em torno da Ilha Central, entre as esferas resplandecentes do Filho Eterno e as órbitas do circuito mais interno de Havona. Essas esferas executivas estão sob a direção dos Executivos Supremos: um grupo de sete que foi trinitarizado pelo Pai, pelo Filho e pelo Espírito, segundo as especificações dos Sete Espíritos Mestres, para seres do tipo que possa funcionar como os seus representantes universais.

Os Espíritos Mestres mantêm contato com as várias divisões dos governos do superuniverso, por intermédio desses Executivos Supremos. São sobretudo eles que determinam, em ampla medida, as tendências constituintes básicas dos sete superuniversos. Eles são uniforme e divinamente perfeitos, mas também possuem diversidades de personalidade. Eles não têm um superior permanente; cada vez que se reúnem escolhem um, dentre eles, para presidir ao conselho conjunto. Eles viajam ao Paraíso, periodicamente, para reunir-se em conselho com os Sete Espíritos Mestres.

Os Sete Executivos Supremos atuam como coordenadores administrativos do grande universo; eles poderiam ser chamados de junta de diretores executivos da criação pós-Havona. Eles não se ocupam dos assuntos internos do Paraíso; e dirigem as suas limitadas esferas de atividade em Havona por intermédio dos Sete Espíritos dos Circuitos. Fora disso, há poucos limites para o âmbito da sua supervisão; eles engajam-se, física, intelectual e espiritualmente na direção das coisas; a tudo vêem, escutam tudo, sentem tudo e até sabem de tudo o que acontece nos sete universos e em Havona.

Esses Executivos Supremos não dão origem a diretrizes, nem alteram os procedimentos nos universos; eles ocupam-se da execução dos planos da divindade, tais como promulgados pelos Sete Espíritos Mestres. E eles também não interferem no governo dos Anciães dos Dias, nos superuniversos, nem na soberania dos Filhos Criadores, nos universos locais. Eles são os executivos coordenadores cuja função é dar continuidade aos atos diretivos combinados de todos os soberanos devidamente constituídos no grande universo.

Cada um dos executivos, bem como os recursos da sua esfera, são consagrados à administração eficiente de um único superuniverso. O Executivo Supremo Número Um, funcionando na esfera executiva de número um, ocupa-se totalmente com os assuntos do superuniverso número um; e assim por diante, até o Executivo Supremo Número Sete, que trabalha no sétimo satélite do Espírito, no Paraíso, devotando as suas energias à administração do sétimo superuniverso. O nome dessa sétima esfera é Orvônton, pois os satélites do Espírito, no Paraíso, têm o mesmo nome dos superuniversos aos quais se relacionam; na verdade, os superuniversos receberam os seus nomes de acordo com elas.

Na esfera executiva do sétimo superuniverso, o pessoal encarregado de manter em ordem os assuntos de Orvônton atinge um número além da compreensão humana, abrangendo praticamente todas as ordens de inteligências celestes. Todos os serviços, no superuniverso, de embarque das personalidades (exceto o dos Espíritos Inspirados da Trindade e dos Ajustadores do Pensamento) passam por um desses sete mundos executivos, nas suas viagens pelos universos, de ida e vinda ao Paraíso, e neles são mantidos os registros centrais de todas as personalidades criadas pela Terceira Fonte e Centro, os quais funcionam nos superuniversos. O sistema dos arquivos materiais, moronciais e espirituais, em um desses mundos executivos do Espírito, assombra até os seres da minha ordem.

Os subordinados imediatos dos Executivos Supremos consistem, principalmente, nos filhos trinitarizados das personalidades do Paraíso-Havona e da progênie trinitarizada dos mortais glorificados que se tenham graduado nos estudos e aperfeiçoamentos de longa duração, no esquema ascendente do tempo e do espaço. Esses filhos trinitarizados são designados para o serviço, com os Executivos Supremos, pelo dirigente do Conselho Supremo do Corpo de Finalidade do Paraíso.

Cada Executivo Supremo tem dois gabinetes de conselheiros: os filhos do Espírito Infinito, na sede-central de cada superuniverso, escolhem os representantes das suas fileiras para servirem, por um milênio, no gabinete consultivo primário do seu Executivo Supremo. Para todas as questões que afetam os mortais ascendentes do tempo, há um gabinete secundário, consistindo em mortais que alcançaram o Paraíso e filhos trinitarizados de mortais glorificados; este corpo é escolhido pelos seres em perfeccionamento e em ascensão, que, transitoriamente, habitam as sedes-centrais dos sete superuniversos. Todos os outros dirigentes de assuntos são apontados pelos Executivos Supremos.

De tempos em tempos, são realizados grandes conclaves nesses satélites do Espírito, no Paraíso. Os filhos trinitarizados designados para esses mundos, junto com os seres ascendentes que atingiram o Paraíso, congregam-se com as personalidades espirituais da Terceira Fonte e Centro, nas reuniões sobre as lutas e os triunfos da carreira ascendente. Os Executivos Supremos sempre presidem a essas reuniões fraternais.

Uma vez, em cada milênio do Paraíso, os Sete Executivos Supremos deixam vagos os seus assentos de autoridade e vão ao Paraíso, onde têm o seu conclave milenar de saudação universal e de bons augúrios às hostes inteligentes da criação. Essa ocasião memorável tem lugar na presença direta de Majeston, o dirigente de todos os grupos refletivos do espírito. E assim, pois, eles tornam-se capazes de comunicar-se simultaneamente com todos os seus colaboradores associados, no grande universo, por meio da função singular da refletividade universal.

2. MAJESTON — O DIRIGENTE DA REFLETIVIDADE

Os Espíritos Refletivos têm origem divina na Trindade. Existem cinqüenta desses seres únicos e, de certo modo, misteriosos. Sete dessas personalidades extraordinárias foram criadas em um mesmo momento, e cada um dos episódios criadores delas foi efetivado por meio de um enlace da Trindade do Paraíso com um dos Sete Espíritos Mestres.

Essas operações memoráveis, que ocorreram na aurora dos tempos, demonstram o esforço inicial das Personalidades Criadoras Supremas, representadas pelos Espíritos Mestres, para atuarem como co-criadoras com a Trindade do Paraíso. Essa união do poder criador dos Criadores Supremos com os potenciais criadores da Trindade é a fonte mesma da realidade do Ser Supremo. É por isso que, após o ciclo da criação refletiva haver percorrido todo o seu curso, quando cada um dos Sete Espíritos Mestres já havia encontrado a sincronia perfeita de criação com a Trindade do Paraíso, e quando o quadragésimo nono Espírito Refletivo estava já personalizado, só então ocorreu uma nova e abrangente reação, no âmbito do Absoluto da Deidade, que conferiu novas prerrogativas de personalidade ao Ser Supremo, e isso culminou na personalização de Majeston, o dirigente da refletividade e o centralizador, no Paraíso, de todo o trabalho dos quarenta e nove Espíritos Refletivos e dos seus colaboradores em todo o universo dos universos.

Majeston é uma pessoa verdadeira, é o centro pessoal e infalível dos fenômenos da refletividade, em todos os sete superuniversos do tempo e do espaço. Ele mantém a sua sede-central permanente no Paraíso, perto do centro de todas as coisas, no ponto de confluência dos Sete Espíritos Mestres. Ele encarrega-se apenas da coordenação e da manutenção do serviço de refletividade, em toda a vasta criação; ele não se envolve, de outro modo, na administração dos assuntos do universo.

Majeston não está incluído na nossa catalogação das personalidades do Paraíso, porque ele é a única personalidade existente da divindade, criada pelo Ser Supremo em enlace funcional com o Absoluto da Deidade. Ele é uma pessoa, mas está exclusiva e automaticamente encarregado, aparentemente apenas dessa única fase da economia do universo; ele não emprega nenhuma habilidade pessoal em função de outras ordens (não-refletivas) de personalidades do universo.

A criação de Majeston assinalou o primeiro ato supremo criativo do Ser Supremo. Tal vontade para a ação foi voluntária, da parte do Ser Supremo, mas a estupenda reação do Absoluto da Deidade não era conhecida de antemão. Desde o surgimento-em-eternidade de Havona, o universo não havia testemunhado uma factualização tão extraordinária de um alinhamento tão gigantesco e vasto de poder e coordenação de atividades espirituais funcionais. A resposta da Deidade à vontade criadora do Ser Supremo, e seus interassociados, esteve muito além do intento proposital deles e excedeu, grandemente, os seus prognósticos conceituais.

Tudo aquilo que o Supremo e o Último podem alcançar em termos de novos níveis de divindade, ascendendo a novos domínios de função da personalidade, causa em nós um espanto reverente pelas possibilidades daquilo que as idades futuras poderão testemunhar nos domínios da deificação de outros seres inesperados e não-sonhados ainda, possuidores de poderes inimagináveis para uma coordenação ainda mais elevada do universo. Pareceria não haver limites ao potencial de resposta do Absoluto da Deidade a tal unificação de relações entre a Deidade experiencial e a Trindade existencial do Paraíso.

3. OS ESPÍRITOS REFLETIVOS

Os quarenta e nove Espíritos Refletivos são originários da Trindade, mas cada um dos sete episódios criadores que determinaram o surgimento deles produziu um tipo de ser de natureza semelhante às características do Espírito Mestre que foi o seu coancestral. Assim, eles refletem variadamente as naturezas e os caracteres das sete combinações possíveis de associação entre as características divinas do Pai Universal, do Filho Eterno e do Espírito Infinito. Por essa razão, é necessário que haja sete desses Espíritos Refletivos nas sedes-centrais de cada superuniverso. Faz-se necessário um, de cada um dos sete tipos, para realizar a perfeita reflexão de todas as fases, de cada manifestação possível das três Deidades do Paraíso; pois tais fenômenos poderiam ocorrer em qualquer parte dos sete superuniversos. E, sendo assim, um de cada tipo foi designado para o serviço em cada superuniverso. Esses grupos, de sete Espíritos Refletivos diferentes, mantêm sedes-centrais nas capitais dos superuniversos, no foco refletivo de cada reino; e esse foco, por sua vez, não coincide com o ponto de polaridade espiritual.

Os Espíritos Refletivos têm nomes, mas essas designações não são reveladas aos mundos do espaço. Esses nomes pertencem à natureza e ao caráter desses seres e são uma parte dos sete mistérios universais das esferas secretas do Paraíso.

O atributo da refletividade, o fenômeno dos níveis mentais do Agente Conjunto, do Ser Supremo e dos Espíritos Mestres, é transmissível a todos os seres encarregados do funcionamento desse vasto esquema de informação universal. E nisso repousa um grande mistério: nem os Espíritos Mestres, nem as Deidades do Paraíso, singular ou coletivamente, demonstram ter esses poderes da refletividade universal coordenada, do modo como são manifestados nessas quarenta e nove personalidades ligadas a Majeston, não obstante serem eles os criadores de todos esses seres maravilhosamente dotados. A hereditariedade divina, algumas vezes, revela na criatura certos atributos não discerníveis no Criador.

O pessoal do serviço de refletividade, à exceção de Majeston e dos Espíritos Refletivos, é composto todo de criaturas do Espírito Infinito bem como de colaboradores e subordinados diretos seus. Os Espíritos Refletivos de cada superuniverso são os criadores dos seus Auxiliares Refletivos da Imagem, que são as suas vozes pessoais para as cortes dos Anciães dos Dias.

Os Espíritos Refletivos não são meramente agentes de transmissão; eles são também personalidades retentoras. A sua progênie, de seconafins, também é de retentores ou personalidades de registro. Tudo aquilo que tiver valor espiritual verdadeiro é registrado em duplicata; e uma impressão é preservada, no equipamento pessoal de algum membro de uma das inúmeras ordens de personalidades secoráficas pertencentes à vasta equipe dos Espíritos Refletivos.

Os registros formais dos universos são transmitidos pelos registradores angélicos e por meio deles; mas os verdadeiros registros espirituais estão reunidos, por refletividade, e preservados nas mentes das personalidades adequadas e apropriadas, pertencentes à família do Espírito Infinito. Estes são os registros *vivos*, em contraste com os registros formais e *mortos* do universo; e são perfeitamente preservados nas mentes vivas das personalidades de registro do Espírito Infinito.

A organização da refletividade é, também, o mecanismo de reunião das notícias e disseminação dos decretos de toda a criação. E mantém-se em constante operação, ao contrário do funcionamento periódico de vários serviços de transmissão.

Tudo de importância que acontece na sede-central de um universo local é, inerentemente, refletido para a capital do seu superuniverso. E, inversamente, tudo o que tenha significado para o universo local é refletido para fora das sedes-centrais do seu superuniverso, indo até as capitais dos universos locais. O serviço de refletividade, dos universos do tempo até os superuniversos, parece ser automático ou auto-operante, mas não é. Tudo é muito pessoal e inteligente; tal precisão resulta da perfeição da cooperação entre as personalidades e, portanto, dificilmente pode ser atribuído às presenças-atuações impessoais dos Absolutos.

Embora os Ajustadores do Pensamento não participem da operação do sistema de refletividade universal, nós temos todos os motivos para acreditar que todos os fragmentos do Pai sejam plenamente conhecedores dessas transações e sejam, por si próprios, capazes de colocar-se a par dos seus conteúdos.

Durante a era atual do universo, o alcance espacial do serviço de refletividade extra-Paraíso parece estar limitado pela periferia dos sete superuniversos. Por outro lado, a função desse serviço parece ser independente do tempo e do espaço; parece ser independente de todos os circuitos subabsolutos conhecidos do universo.

Nas sedes-centrais de cada superuniverso, a organização da refletividade funciona como uma unidade em separado; mas, em certas ocasiões especiais, sob a direção de Majeston, todas as sete sedes podem agir, e o fazem, em uníssono universal, tal como no evento do jubileu ocasionado pelo estabelecimento de um universo local inteiro, em luz e vida, e nas épocas das saudações milenares dos Sete Executivos Supremos.

4. OS AUXILIARES REFLETIVOS DAS IMAGENS

Os quarenta e nove Auxiliares Refletivos da Imagem foram criados pelos Espíritos Refletivos; e há apenas sete Auxiliares nas sedes-centrais de cada superuniverso. Os primeiros atos criadores dos Sete Espíritos Refletivos de Uversa foram a produção dos seus sete Auxiliares das Imagens, cada Espírito Refletivo criando o seu próprio Auxiliar. Os Auxiliares das Imagens são, considerando certos atributos e características, reproduções perfeitas dos seus Espíritos Refletivos Maternos; são duplicações virtuais, excetuando-se o atributo da refletividade. Eles são verdadeiras imagens e funcionam, constantemente, como canal de comunicação entre os Espíritos Refletivos e as autoridades dos superuniversos. Os Auxiliares das Imagens não são meramente assistentes; eles são as representações reais dos seus respectivos Espíritos ancestrais; eles são *imagens*, e são fiéis ao seu nome.

Os Espíritos Refletivos, eles próprios, são verdadeiras personalidades, mas de uma ordem incompreensível para os seres materiais. Mesmo na esfera da sede-central de um superuniverso, eles requerem a assistência dos seus Auxiliares das Imagens, para todo o intercâmbio pessoal com os Anciães dos Dias e os seus colaboradores. Nos contatos entre os Auxiliares das Imagens e os Anciães dos Dias, algumas vezes, um único Auxiliar funciona aceitavelmente, enquanto, em outras ocasiões, dois, três, quatro e mesmo até todos os sete se fazem necessários, para a apresentação, própria e total, da comunicação confiada à sua transmissão. Do mesmo modo, as mensagens dos Auxiliares das Imagens são, variavelmente, recebidas por um, dois ou todos os três Anciães dos Dias, conforme o conteúdo da comunicação possa requerer.

Os Auxiliares das Imagens servem, para sempre, junto aos seus Espíritos ancestrais e têm, à sua disposição, uma hoste inacreditável de seconafins ajudantes. Os Auxiliares das Imagens não funcionam diretamente em conexão com os mundos de educação dos mortais ascendentes. Eles estão estreitamente interligados ao serviço de informação do esquema universal da progressão mortal; mas vós não entrareis em contato pessoal com eles, quando estiverdes nas escolas de Uversa, porque esses seres, aparentemente pessoais, são desprovidos de vontade; eles não exercem o poder de escolha. Eles são verdadeiras imagens, totalmente refletivas, da personalidade e da mente do seu Espírito ancestral individual. Como classe, os mortais ascendentes não entram em contato, estreitamente, com a refletividade. Sempre algum ser de natureza refletiva interpor-se-á entre vós e a operação real desse serviço.

5. OS SETE ESPÍRITOS DOS CIRCUITOS

Os Sete Espíritos dos Circuitos de Havona são a representação impessoal conjunta do Espírito Infinito e dos Sete Espíritos Mestres perante os sete circuitos do universo central. Eles são os servidores dos Espíritos Mestres, de quem são progênie coletiva. Os Espíritos Mestres suprem os sete superuniversos com uma individualidade administrativa distinta e diversificada. Por intermédio desses Espíritos uniformes dos Circuitos de Havona, os Espíritos Mestres tornam-se capazes de prover o universo central de uma supervisão espiritual unificada, uniforme e coordenada.

Os Sete Espíritos dos Circuitos estão limitados, cada um deles, a permear apenas um circuito de Havona. Eles não estão diretamente envolvidos com os regimes dos Eternos dos Dias, governantes dos mundos individuais de Havona. Contudo, estão em ligação com os Sete Executivos Supremos e sincronizam-se com a presença do Ser Supremo no universo central. O seu trabalho é totalmente confinado a Havona.

Esses Espíritos dos Circuitos fazem contato com aqueles que permanecem em Havona por meio da sua progênie pessoal, os supernafins terciários. Embora os Espíritos dos Circuitos sejam coexistentes com os Sete Espíritos Mestres, a função dos Espíritos dos Circuitos na criação dos supernafins terciários só atingiu maior importância quando os primeiros peregrinos do tempo chegaram ao circuito externo de Havona, nos dias de Grandfanda.

À medida que avançardes, de circuito a circuito, em Havona, vós aprendereis sobre os Espíritos dos Circuitos, contudo não sereis capazes de manter comunhão pessoal com eles, ainda que possais, pessoalmente, gozar da sua presença impessoal e até reconhecer a sua influência espiritual.

Os Espíritos dos Circuitos estão relacionados aos habitantes nativos de Havona, tanto quanto os Ajustadores do Pensamento estão relacionados às criaturas mortais que habitam os mundos dos universos evolucionários. Como os Ajustadores do Pensamento, os Espíritos dos Circuitos são impessoais; e eles consorciam-se às mentes perfeitas dos seres de Havona, de um modo muito semelhante àquele pelo qual os espíritos impessoais do Pai Universal residem nas mentes finitas dos homens mortais. Entretanto, os Espíritos dos Circuitos nunca se tornam uma parte permanente das personalidades de Havona.

6. OS ESPÍRITOS CRIATIVOS DO UNIVERSO LOCAL

Grande parte daquilo que diz respeito à natureza e função dos Espíritos Criativos Maternos do universo local pertence mais propriamente à narrativa da sua associação com os Filhos Criadores, na organização e na gestão das criações locais; mas há muitos aspectos, anteriores às experiências no universo local, desses seres maravilhosos, que podem ser narrados aqui como uma parte desta dissertação sobre os sete grupos de Espíritos Supremos.

Estamos familiarizados com seis fases da carreira de um Espírito Materno de um universo local e temos muitas cogitações a fazer sobre a probabilidade de um sétimo estágio de atividade. Esses diferentes estágios de existência são:

1. *A Diferenciação Inicial no Paraíso.* Quando um Filho Criador é personalizado, pela ação conjunta do Pai Universal e do Filho Eterno, simultaneamente ocorre, na pessoa do Espírito Infinito, aquilo que é conhecido como uma "reação suprema de complemento". Nós não entendemos a natureza dessa reação, mas compreendemos que ela designa uma modificação inerente das possibilidades personalizáveis abrangidas pelo potencial criativo do Criador Conjunto. Assim, o nascimento de um Filho Criador coordenado assinala o nascimento, dentro da pessoa do Espírito Infinito, do potencial de uma futura consorte, no universo local, para esse Filho do Paraíso. Não somos conhecedores da nova identificação pré-pessoal dessa entidade, mas sabemos que esse fato se encontra nos registros do Paraíso, referentes à carreira de cada Filho Criador.

2. *O Aperfeiçoamento Preliminar das Faculdades de Criador.* Durante o longo período preliminar da educação de um Filho Michael, sobre a organização e a administração dos universos, a sua futura consorte é submetida a um desenvolvimento posterior de entidade, e torna-se consciente do grupo do destino. Não sabemos, mas suspeitamos que tal entidade, com consciência de grupo, torne-se conhecedora do espaço e comece aquela educação preliminar que é requisito para que ela adquira a perícia espiritual, no seu futuro trabalho, de colaboração com o seu Michael complementar, na criação e administração de um universo.

3. *A Etapa da Criação Física.* No momento em que o Filho Eterno encarrega o Filho Michael da tarefa de criação, o Espírito Mestre que dirige o superuniverso ao qual esse novo Filho Criador está destinado, dá expressão à "oração de identificação", na presença do Espírito Infinito; e, pela primeira vez, a entidade do subseqüente Espírito Criativo Materno aparece de modo diferenciado da pessoa do Espírito Infinito. E, indo diretamente até a pessoa do Espírito Mestre solicitante, essa entidade desaparece

imediatamente do nosso campo de reconhecimento, tornando-se aparentemente uma parte da pessoa desse Espírito Mestre. O Espírito Criativo recém-identificado permanece com o Espírito Mestre até o momento da partida do Filho Criador para a aventura do espaço; a partir deste momento, o Espírito Mestre entrega a nova consorte-Espírito aos cuidados do Filho Criador, ao mesmo tempo administrando à consorte-Espírito o encargo de eterna fidelidade e infindável lealdade. E então se dá um dos episódios mais profundamente tocantes entre todos os que acontecem no Paraíso. O Pai Universal fala em reconhecimento à eterna união do Filho Criador e do Espírito Criativo Materno, e em confirmação de alguns poderes conjuntos de administração, outorgados pelo Espírito Mestre da jurisdição do superuniverso.

O Filho Criador e o Espírito Materno, unidos pelo Pai, então, seguem adiante para a sua aventura da criação de um universo. E eles trabalham juntos, nessa forma de enlace, durante todo o longo e árduo período de organização material do seu universo.

4. *A Era de Criação da Vida*. Quando o Filho Criador declara a sua intenção de criar a vida, começam no Paraíso as "cerimônias de personalização", das quais participam os Sete Espíritos Mestres, e que são pessoalmente experienciadas pelo Espírito Mestre supervisor. Essa é uma contribuição da Deidade do Paraíso para a individualidade da consorte-Espírito, do Filho Criador, que se torna manifesta, ao universo, no fenômeno da "erupção primária" na pessoa do Espírito Infinito. Simultaneamente a esse fenômeno, no Paraíso, a consorte-Espírito do Filho Criador, até aqui, impessoal torna-se, para todos os propósitos e intentos práticos, uma pessoa autêntica. Daí em diante, e para sempre, esse mesmo Espírito Materno de um universo local será considerado uma pessoa, e irá manter relações pessoais com todas as hostes de personalidades subseqüentes à criação da vida.

5. *As Idades Posteriores às Auto-outorgas*. Outra grande mudança ocorre na carreira sem fim de um Espírito Criativo, quando o Filho Criador retorna à sede-central do universo, após cumprir a sua sétima auto-outorga e, pois, subseqüentemente à sua aquisição da plena soberania sobre o universo. Nessa ocasião, perante os administradores do universo reunidos, o Filho Criador triunfante eleva o Espírito Materno do Universo à co-soberania e reconhece essa consorte-Espírito como a sua igual.

6. *As Idades de Luz e Vida*. Após o estabelecimento da era de luz e vida, a co-soberana do universo local ingressa na sexta fase da carreira de um Espírito Criativo. Todavia não podemos descrever a natureza dessa grande experiência. Tais coisas pertencem a um estágio futuro de evolução em Nébadon.

7. *A Carreira Não Revelada*. Sabemos dessas seis fases da carreira de um Espírito Materno de um universo local. E é inevitável que devêssemos perguntar: existe uma sétima carreira? Somos sabedores, e há o registro, de que, quando os finalitores alcançam o que parece ser o seu destino final de ascensão mortal, eles entram na carreira dos espíritos de sexta etapa. Conjecturamos que uma outra carreira não revelada, de compromisso no universo, espera pelos finalitores. É de se esperar que consideremos, do mesmo modo, que os Espíritos Maternos do Universo tenham, diante de si, uma carreira não revelada que constituirá a sua sétima fase da experiência pessoal, no serviço universal e de leal cooperação com a ordem dos Criadores Michaéis.

7. OS ESPÍRITOS AJUDANTES DA MENTE

Esses Espíritos ajudantes são uma outorga mental sétupla do Espírito Criativo Materno de um universo local, às criaturas vivas da criação conjunta do Filho Criador e desse Espírito Criativo. Essa outorga torna-se possível no momento da elevação do Espírito Criativo às prerrogativas do status de personalidade. A narrativa da natureza e funcionamento dos sete espíritos ajudantes da mente pertence mais propriamente à história do vosso universo local de Nébadon.

8. AS FUNÇÕES DOS ESPÍRITOS SUPREMOS

Os sete grupos de Espíritos Supremos constituem o núcleo da família funcional da Terceira Fonte e Centro, tomada, ao mesmo tempo, tanto enquanto Espírito Infinito quanto como Agente Conjunto. O domínio dos Espíritos Supremos estende-se desde a presença da Trindade no Paraíso, até o funcionamento da mente, na ordem dos mortais evolucionários dos planetas do espaço. Dessa maneira, eles unificam os níveis administrativos descendentes e coordenam as funções múltiplas do pessoal envolvido. A atividade dos Espíritos Supremos é encontrada em todos os lugares, no universo central, no superuniverso e nos universos locais; seja junto a um grupo de Espíritos Refletivos, em ligação com os Anciães dos Dias; junto a um Espírito Criativo, atuando em uníssono com um Filho Michael ou, ainda, junto aos Sete Espíritos Mestres, em circuito com a Trindade do Paraíso. Eles funcionam do mesmo modo, tanto com as personalidades da Trindade da ordem dos "Dias", quanto com as personalidades do Paraíso da ordem dos "Filhos".

Junto com os seus Espíritos Maternos Infinitos, os grupos dos Espíritos Supremos são os criadores diretos da vasta família das criaturas da Terceira Fonte e Centro. Todas as ordens de espíritos ministradores surgem dessa ligação. Os supernafins primários originam-se no Espírito Infinito; os seres secundários dessa ordem são criados pelos Espíritos Mestres; os supernafins terciários, pelos Sete Espíritos dos Circuitos. Os Espíritos Refletivos, coletivamente, são as mães criadoras de uma ordem maravilhosa de hostes angélicas, a dos poderosos seconafins do serviço do superuniverso. Um Espírito Criativo Materno é a mãe das ordens angélicas de uma criação local; tais ministros seráficos são originários de cada universo local, embora eles sejam modelados a partir dos arquétipos do universo central. Todos esses criadores de espíritos ministradores são assistidos, apenas indiretamente, pelo foco central do Espírito Infinito, mãe original e eterna de todos os ministros angélicos.

Os sete grupos de Espíritos Supremos são os coordenadores da criação habitada. A interassociação dos seus chefes diretos, os Sete Espíritos Mestres, parece coordenar as extensas atividades de Deus, o Sétuplo:

1. Coletivamente, os Espíritos Mestres quase equivalem ao nível de divindade das Deidades da Trindade do Paraíso.

2. Individualmente, eles abrangem todas as possibilidades primárias de combinação da Deidade Trina.

3. Como representantes diversificados do Agente Conjunto, eles são depositários daquela soberania de poder-mente-espírito do Ser Supremo, a qual, pessoalmente, ele ainda não exerce.

4. Por intermédio dos Espíritos Refletivos, eles sincronizam os governos dos Anciães dos Dias, no superuniverso, com Majeston, o centralizador, no Paraíso, da refletividade universal.

5. Com a sua participação na individualização das Ministras Divinas, dos universos locais, os Espíritos Mestres contribuem para o último nível de Deus, o Sétuplo, na união do Filho Criador e do Espírito Criativo Materno dos universos locais.

A unidade funcional inerente ao Agente Conjunto revela-se aos universos em evolução por meio dos Sete Espíritos Mestres, as suas personalidades primárias. Contudo, nos superuniversos perfeccionados do futuro, essa unidade, sem dúvida, será inseparável da soberania experiencial do Supremo.

[Apresentado por um Conselheiro Divino de Uversa.]

DOCUMENTO 18

AS PERSONALIDADES SUPREMAS DA TRINDADE

TODAS AS Personalidades Supremas da Trindade são criadas para um serviço específico. São concebidas pela Trindade divina para cumprirem alguns deveres específicos; e são qualificadas para servir com perfeição de técnica e finalidade de devoção. Há sete ordens de Personalidades Supremas da Trindade:

1. Os Segredos Trinitarizados da Supremacia.
2. Os Eternos dos Dias.
3. Os Anciães dos Dias.
4. Os Perfeições dos Dias.
5. Os Recentes dos Dias.
6. Os Uniões dos Dias.
7. Os Fiéis dos Dias.

Esses seres de perfeição administrativa existem em número definido e final. A sua criação é um evento passado; mais nenhum deles é personalizado.

Em todo o grande universo, essas Personalidades Supremas da Trindade representam as diretrizes administrativas da Trindade do Paraíso, representam a justiça e *são* o julgamento executivo da Trindade do Paraíso. Elas formam uma corrente de inter-relacionamento na perfeição administrativa que se estende desde as esferas do Pai, no Paraíso, aos mundos-sede dos universos locais, indo mesmo até as capitais das constelações que os compõem.

Todos os seres com origem na Trindade são criados na perfeição do Paraíso, em todos os seus atributos divinos. Apenas no domínio da experiência, o passar do tempo terá acrescentado algo ao seu preparo para o serviço cósmico. Não há nunca qualquer perigo de não-cumprimento, ou de risco de rebelião, entre os seres originários da Trindade. Eles são de essência divina e nunca se teve notícia de que se hajam desviado do caminho divino e perfeito de conduta da personalidade.

1. OS SEGREDOS TRINITARIZADOS DA SUPREMACIA

Existem sete mundos, no circuito mais interno dos satélites do Paraíso, e um corpo de dez Segredos Trinitarizados da Supremacia preside a cada um desses mundos excelsos. Eles não são criadores, mas são administradores supremos e últimos. A condução dos assuntos dessas sete esferas fraternais é totalmente entregue a esse corpo de setenta diretores supremos. Embora a progênie da Trindade supervisione essas sete esferas sagradas mais próximas do Paraíso, esse grupo de mundos é universalmente conhecido como o circuito pessoal do Pai Universal.

Os Segredos Trinitarizados da Supremacia funcionam em grupos de dez, como diretores coordenados e conjuntos das suas respectivas esferas, mas também funcionam individualmente, em campos de responsabilidades específicas. O trabalho de cada um desses mundos especiais é dividido em sete departamentos principais, e, desses governantes coordenados, um preside a cada uma dessas divisões de atividades especializadas. Os três restantes atuam como representantes pessoais da Deidade trina em relação aos outros sete; um representando o Pai; outro, o Filho; e o terceiro, o Espírito.

Embora haja uma semelhança definida de classe que tipifica os Segredos Trinitarizados da Supremacia, eles também apresentam sete características distintas de grupo. Os dez diretores supremos dos assuntos de Divínington são um reflexo do caráter pessoal e natureza do Pai Universal; e assim é com cada uma dessas sete esferas: cada grupo de dez assemelha-se àquela Deidade, ou associação de Deidades, que é característica do seu domínio. Os dez diretores que governam Ascêndington são um reflexo da natureza combinada do Pai, Filho e Espírito.

Pouquíssimo é o que eu posso revelar sobre o trabalho dessas altas personalidades nos sete mundos sagrados do Pai, pois elas são verdadeiramente *Segredos* da Supremacia. Não há segredos arbitrários relacionados com o acesso ao Pai Universal, ao Filho Eterno ou ao Espírito Infinito. As Deidades são um livro aberto a todos aqueles que alcançam a perfeição divina, mas nunca se pode alcançar plenamente todos os Segredos da Supremacia. Seremos sempre incapazes de penetrar plenamente os domínios que contêm os segredos da personalidade da associação da Deidade com os agrupamentos sétuplos de seres criados.

Já que o trabalho desses diretores supremos tem a ver com o contato estreito e pessoal das Deidades com esses sete agrupamentos básicos de seres do universo, quando domiciliados nesses sete mundos especiais, ou funcionando em todo o grande universo, torna-se adequado que tais relações, bastantes pessoais, e tais contatos extraordinários devam ser sagradamente mantidos em segredo. Os Criadores do Paraíso respeitam a privacidade e a santidade da personalidade, mesmo a das suas criaturas mais inferiores. E isso é verdadeiro, tanto para os indivíduos quanto para as várias ordens independentes de personalidades.

Mesmo para os seres que já alcançaram uma realização elevada no universo, esses mundos secretos permanecem sempre como um teste de lealdade. É-nos dado, inteira e pessoalmente, conhecer os Deuses eternos, conhecer livremente os seus caracteres de divindade e perfeição; todavia não nos é concedido penetrar totalmente em todas as relações pessoais dos Governantes do Paraíso com todos os seus seres criados.

2. OS ETERNOS DOS DIAS

Cada um dentre os mundos de Havona, cujo total é de um bilhão, é dirigido por uma Personalidade Suprema da Trindade. Esses governantes são conhecidos como os Eternos dos Dias; e o número deles é, exatamente, de um bilhão, um para cada uma das esferas de Havona. Eles são uma progênie da Trindade do Paraíso, mas, como sucede com os Segredos da Supremacia, não há nenhum registro da sua origem. Desde sempre esses dois grupos de pais oniscientes governaram os seus maravilhosos mundos do sistema Paraíso-Havona; e funcionam sem revezamento e sem mudanças de posto.

Os Eternos dos Dias são visíveis para todas as criaturas volitivas que habitam os seus domínios. Eles presidem aos conclaves planetários regulares. Periodicamente, e por revezamento, eles visitam as esferas-sede dos sete superuniversos. Sendo muito semelhantes aos Anciães dos Dias, são os iguais divinos deles, que presidem aos destinos dos sete supergovernos. Quando um Eterno dos Dias está ausente da sua esfera, o seu mundo é dirigido por um Filho Instrutor da Trindade.

Excluindo a questão estabelecida das ordens de vida, e tal como se dá com os nativos de Havona e outras criaturas viventes do universo central, os Eternos dos Dias residentes desenvolveram as suas respectivas esferas inteiramente de acordo com as suas próprias idéias e ideais. Eles visitam os planetas uns dos outros, mas não copiam ou imitam; são sempre e totalmente originais.

A arquitetura, a ornamentação natural, as estruturas moronciais e as criações espirituais são exclusivas e únicas, em cada esfera. Cada um dos mundos é um local de beleza sempiterna, sendo completamente diferente de qualquer outro no universo central. E vós ireis permanecer um tempo mais longo, ou mais curto, em cada uma dessas esferas únicas e estimulantes, no vosso caminho interior, através de Havona, até o Paraíso. É natural, no vosso mundo, mencionar o Paraíso como estando *em cima*; mas seria mais correto, quando vos referirdes à meta divina de ascensão, dizer ir *para dentro*.

3. OS ANCIÃES DOS DIAS

Quando os mortais do tempo graduam-se, nos mundos de educação e aperfeiçoamento, existentes em torno de um universo local, e avançam até as esferas educacionais dos seus superuniversos, significa que progrediram, no seu desenvolvimento espiritual, até aquele ponto em que se tornam capazes de reconhecer e comunicar-se com os altos governantes espirituais e diretores dos reinos avançados, incluindo os Anciães dos Dias.

Basicamente, os Anciães dos Dias são idênticos entre si; eles revelam o caráter e a natureza unificada da Trindade. Possuem individualidade e têm personalidade diferenciada, mas não diferem entre si como os Sete Espíritos Mestres. Eles proporcionam uma direção uniforme aos sete superuniversos, os quais, afora esse aspecto, são diferentes entre si, cada um sendo uma criação distinta, separada e única. Os Sete Espíritos Mestres são diferentes em natureza e atributos; os Anciães dos Dias, os governantes pessoais dos superuniversos, porém, são todos uma progênie uniforme e superperfeita da Trindade do Paraíso.

Os Sete Espíritos Mestres, nas alturas, determinam a *natureza* dos seus respectivos superuniversos; ao passo que os Anciães dos Dias ditam a *administração* desses mesmos superuniversos. Eles sobrepõem a uniformidade administrativa à diversidade criadora e asseguram a harmonia do todo, em face das diferenças criativas subjacentes aos sete segmentos agrupados do grande universo.

Os Anciães dos Dias foram todos trinitarizados ao mesmo tempo. Eles representam o início dos registros para as personalidades do universo dos universos, daí o seu nome – *Anciães* dos Dias. Quando vós alcançardes o Paraíso e procurardes registros escritos do começo das coisas, vereis que a primeira entrada que aparece, na seção das personalidades, é o relato da trinitarização desses vinte e um Anciães dos Dias.

Esses seres elevados governam sempre em grupos de três. Há muitas fases de atividades nas quais eles operam individualmente, e em outras, ainda, quaisquer dois podem funcionar; todavia, para as esferas mais elevadas da sua administração, os três devem atuar em conjunto. Eles nunca deixam pessoalmente os seus mundos de residência, e também não têm de fazê-lo, pois esses mundos são os pontos focais, no superuniverso, do amplo sistema de refletividade.

As moradas pessoais de cada trio de Anciães dos Dias estão localizadas no ponto de polaridade espiritual da esfera da sua sede-central de governo. Essa esfera está dividida em setenta setores administrativos e tem setenta capitais divisionais nas quais os Anciães dos Dias residem de tempos em tempos.

Em termos de poder, âmbito de autoridade e extensão de jurisdição, os Anciães dos Dias são os mais potentes e poderosos entre os governantes diretos das criações do espaço-tempo. Em todo o vasto universo dos universos, apenas eles estão investidos dos altos poderes do julgamento executivo final, no que concerne à extinção eterna das criaturas mortais volitivas. E todos os três Anciães dos Dias devem participar de uma decretação final do tribunal supremo de um superuniverso.

À parte as Deidades e os Seus associados do Paraíso, os Anciães dos Dias são os governantes mais perfeitos, mais versáteis e mais divinamente dotados de toda a existência no espaço-tempo. Aparentemente, são os governantes supremos dos superuniversos; mas não ganharam experiencialmente esse direito de governar e, portanto, estão destinados, em algum tempo, a serem sobrepujados pelo Ser Supremo, um soberano experiencial, de quem eles se tornarão, sem a menor dúvida, os vice-regentes.

O Ser Supremo está alcançando a soberania dos sete superuniversos por meio do serviço experiencial, do mesmo modo que um Filho Criador experiencialmente conquista a soberania do seu universo local. Todavia, durante a idade atual de evolução incompleta do Supremo, os Anciães dos Dias proporcionam um supercontrole administrativo coordenado e perfeito dos universos em evolução do tempo e do espaço. E a sabedoria da originalidade e a iniciativa da individualidade caracterizam todos os decretos e ditames dos Anciães dos Dias.

4. OS PERFEIÇÕES DOS DIAS

Há exatamente duzentos e dez Perfeições dos Dias; e eles presidem aos governos dos dez setores maiores de cada superuniverso. Eles foram trinitarizados para o trabalho especial de dar assistência aos diretores dos superuniversos, e governam como vice-regentes pessoais imediatos dos Anciães dos Dias.

Três Perfeições dos Dias estão designados para cada capital de um setor maior, mas, diferentemente dos Anciães dos Dias, não se faz necessário que todos os três estejam presentes o tempo inteiro. De tempos em tempos, um dos três pode ausentar-se para conferências pessoais com os Anciães dos Dias, a respeito do bem-estar do seu reino.

Esses seres, governantes trinos dos setores maiores, são peculiarmente perfeitos na mestria sobre detalhes administrativos, daí o seu nome – Perfeições dos Dias. Ao efetuarmos, nestes documentos, o registro dos nomes desses seres do mundo espiritual, nós deparamos com o problema de traduzi-los para a vossa língua e, freqüentemente, torna-se excessivamente difícil encontrar uma tradução satisfatória. Não apreciamos usar designações arbitrárias, que poderiam não ter nenhum significado para vós; por isso, freqüentemente achamos difícil escolher um nome adequado, que seja claro para vós, e, ao mesmo tempo, representativo, de um certo modo, do original.

Os Perfeições dos Dias têm um corpo de Conselheiros Divinos, de Perfeccionadores da Sabedoria e de Censores Universais, de porte moderado, ligado ao seu governo. E, em número um pouco maior, eles têm: Mensageiros Poderosos, Aqueles Elevados Em Autoridade e Aqueles Sem Nome Nem Número. Todavia, grande parte do trabalho de rotina dos assuntos do setor maior é tratada pelos Guardiães Celestes e pelos Assistentes do Filho Elevado. Esses últimos dois grupos provêm do corpo da descendência trinitarizada, seja de alguma das personalidades de Havona-Paraíso, seja dos finalitores mortais glorificados. Algumas dentre essas duas ordens de seres trinitarizados-por-criaturas, são re-trinitarizadas pelas Deidades do Paraíso e, então, são enviadas para prestar assistência na administração dos governos dos superuniversos.

A maior parte dos Guardiães Celestes e dos Assistentes do Filho Elevado está destinada ao serviço dos setores maior e menor, mas os Custódios Trinitarizados (serafins e seres intermediários abraçados pela Trindade) são funcionários das cortes de todas as três divisões, atuando nos tribunais dos Anciães dos Dias, dos Perfeições dos Dias e dos Recentes dos Dias. Os Embaixadores Trinitarizados (mortais ascendentes, abraçados pela Trindade, da natureza de fusionamento com o Filho, ou com o Espírito) podem ser encontrados em qualquer local, em um superuniverso, mas a maioria está a serviço dos setores menores.

Antes dos tempos do pleno desdobramento do esquema de governo dos sete superuniversos, praticamente todos os administradores das várias divisões desses governos, à exceção dos Anciães dos Dias, serviram como aprendizes, por períodos de durações variadas, junto aos Eternos dos Dias, nos vários mundos do universo perfeito de Havona. Os seres trinitarizados posteriormente, do mesmo modo, passaram por um período de instrução com os Eternos dos Dias, antes que se engajassem no serviço dos Anciães dos Dias, dos Perfeições dos Dias e dos Recentes dos Dias. Todos eles são administradores maduros, provados e experientes.

Quando avançardes até a sede-central de Esplândon, depois da vossa estada nos mundos do vosso setor menor, logo vereis os Perfeições dos Dias, pois esses excelsos governantes, estão estreitamente ligados aos setenta mundos dos setores maiores no aprendizado mais elevado dado às criaturas ascendentes do tempo. Os Perfeições dos Dias administram, pessoalmente, os juramentos grupais dos graduados ascendentes das escolas dos setores maiores.

O trabalho dos peregrinos do tempo, nos mundos que rodeiam a sede-central de um setor maior, é principalmente de natureza intelectual, ao contrário do cunho mais físico e material do aprendizado nas sete esferas educacionais de um setor menor e, também, ao contrário dos exercícios espirituais nos quatrocentos e noventa mundos universitários da sede-central de um superuniverso.

Ainda que vós sejais registrados apenas no setor maior de Esplândon, que abrange o universo local da vossa origem, tereis de passar por todas as dez divisões maiores do nosso superuniverso. E vós vereis todos os trinta Perfeições dos Dias de Orvônton, antes de chegardes a Uversa.

5. OS RECENTES DOS DIAS

Os Recentes dos Dias são os mais jovens dos diretores supremos dos superuniversos; em grupos de três, eles presidem aos assuntos dos setores menores. Pela sua natureza, eles estão coordenados com os Perfeições dos Dias, mas, em autoridade administrativa, ficam subordinados a eles. Há apenas vinte e uma mil dessas personalidades individualmente gloriosas e divinamente eficientes da Trindade. Elas foram criadas simultaneamente e, junto com os Eternos dos Dias, realizaram o seu aprendizado em Havona.

Os Recentes dos Dias têm um corpo de colaboradores e assistentes semelhante ao dos Perfeições dos Dias. E, designados para si, ainda, eles têm um número enorme de seres celestes de várias ordens subordinadas. Na administração dos setores menores, eles utilizam grandes números de mortais ascendentes residentes, o pessoal das várias colônias de cortesia e vários grupos que se originam do Espírito Infinito.

Os governos dos setores menores estão ocupados, em boa medida, embora não exclusivamente, com os grandes problemas físicos dos superuniversos. As esferas dos setores menores são as sedes-centrais dos Mestres Controladores Físicos. Nesses mundos, os mortais ascendentes fazem os seus estudos e as suas experiências concernentes a uma análise das atividades da terceira ordem dos Centros Supremos de Potência e de todas as sete ordens de Mestres Controladores Físicos.

Já que o regime de um setor menor está tão extensamente ocupado com problemas físicos, os seus três Recentes dos Dias só muito raramente ficam juntos na esfera da capital. A maior parte do tempo um deles está afastado, para alguma conferência com os Perfeições dos Dias, do setor maior de supervisão, ou ausente para representar os Anciães dos Dias, nos conclaves dos altos seres originários da Trindade, no Paraíso. Eles alternam-se, com os Perfeições dos Dias, na representação dos Anciães dos Dias, nos conselhos supremos do Paraíso. Nesse meio tempo, um outro Recente dos Dias pode estar afastado, em uma viagem de inspeção, pelos mundos-sede de universos locais pertencentes à sua jurisdição. Mas pelo menos um desses governantes permanece sempre na sua função nas sedes-centrais de um setor menor.

Em algum momento todos vós ireis, conhecer os três Recentes dos Dias encarregados de Ensa, o vosso setor menor, pois deveis passar pelas suas mãos, no vosso caminho para dentro, até os mundos de aprendizado dos setores maiores. Ao ascender até Uversa, vós ireis passar apenas por um grupo de esferas de instrução do setor menor.

6. OS UNIÕES DOS DIAS

As personalidades da Trindade da ordem dos "Dias" não desempenham funções administrativas em um nível abaixo dos governos dos superuniversos. Nos universos locais em evolução, eles atuam apenas como conselheiros e assessores. Os Uniões dos Dias são um grupo de personalidades de ligação, credenciadas pela Trindade do Paraíso, perante os governantes duais dos universos locais. Cada universo local, organizado e habitado tem, designado para o seu âmbito, um desses conselheiros do Paraíso, que atua como o representante da Trindade e, apenas para alguns fins, do Pai Universal, na criação local.

Há setecentos mil desses seres em existência, embora ainda nem todos tenham recebido missões. O corpo de reserva dos Uniões dos Dias funciona no Paraíso como o Conselho Supremo de Ajustamentos no Universo.

De uma maneira especial, esses observadores da Trindade coordenam as atividades administrativas de todas as ramificações do governo universal, desde as do universo local e as dos governos dos setores, até as do superuniverso, daí o seu nome – Uniões dos Dias. Eles apresentam um informe tríplice aos seus superiores: relatam os dados pertinentes de natureza física e semi-intelectual aos Recentes dos Dias do seu setor menor; reportam os acontecimentos intelectuais e quase espirituais aos Perfeições dos Dias dos seus setores maiores; e mostram sobre as questões espirituais e semiparadisíacas aos Anciães dos Dias, na capital do seu superuniverso.

Como são seres originários da Trindade, eles contam com a disponibilidade de todos os circuitos do Paraíso, para intercomunicações, e assim estão sempre em contato uns com os outros e com todas as outras personalidades que se fizerem necessárias, até com os conselhos supremos do Paraíso.

Um União dos Dias não se encontra organicamente conectado ao governo do universo local para o qual está designado. À parte os seus deveres como observador, ele atua junto às autoridades locais apenas a pedido. Ele é um membro ex officio de todos os conselhos primários e de todos os conclaves importantes da criação local, mas não participa da consideração técnica dos problemas administrativos.

Quando um universo local é estabelecido em luz e em vida, os seus seres glorifica-dos associam-se livremente ao União dos Dias, que então atua em uma função mais amplificada em tal reino de perfeição evolucionária. Todavia, primordialmente, ele é um embaixador da Trindade e um conselheiro do Paraíso.

Um universo local é governado diretamente por um Filho divino, que tem origem dual na Deidade; entretanto esse Filho tem, constantemente, a seu lado, um irmão do Paraíso, uma personalidade originária da Trindade. No caso da ausência temporária de um Filho Criador da sede-central do seu universo local, os governantes em exercí-cio, nas suas decisões principais, são guiados, em grande parte, pelo aconselhamento do seu União dos Dias.

7. OS FIÉIS DOS DIAS

Essas altas personalidades, originárias da Trindade, são os conselheiros do Paraíso para os governantes de uma centena de constelações, em cada universo local. Há se-tenta milhões de Fiéis dos Dias e, como os Uniões dos Dias, nem todos permanecem a serviço. O corpo de reserva dos Fiéis dos Dias, no Paraíso, forma a Comissão de Aconselhamento de Ética Interuniversal e Autogoverno. Os Fiéis dos Dias revezam-se no serviço, conforme as decisões dos governos dos conselhos supremos do seu corpo de reserva.

Tudo o que um União dos Dias é para um Filho Criador de um universo local, os Fiéis dos Dias são para os Filhos Vorondadeques que governam as constelações de uma criação local. Eles são supremamente devotados e divinamente fiéis ao bem-es-tar das constelações da sua designação, daí o seu nome – *Fiéis* dos Dias. Eles atuam apenas como conselheiros; nunca participam das atividades administrativas, exceto a convite das autoridades da constelação. E também não ficam diretamente ocupados em ministrações educacionais aos peregrinos em ascensão, nas esferas arquitetônicas de estudos que rodeiam as sedes-centrais de uma constelação. Todos esses empreendi-mentos estão sob a supervisão dos Filhos Vorondadeques.

Todos os Fiéis dos Dias que funcionam nas constelações de um universo local estão sob a jurisdição dos Uniões dos Dias, aos quais se reportam diretamente. Eles não têm um sistema amplo de intercomunicação, sendo ordinariamente autolimitados a interassociações dentro dos limites de um universo local. Qualquer Fiel dos Dias, a serviço em Nébadon, pode comunicar-se, e de fato comunica-se, com todos os outros membros da sua ordem a serviço neste universo local.

Como os Uniões dos Dias, em uma sede-central de um universo, os Fiéis dos Dias mantêm as suas residências pessoais nas capitais da constelação, separadas das dos diretores administrativos desses reinos. As suas moradias são de fato modestas, se comparadas com as dos governantes Vorondadeques das constelações.

Os Fiéis dos Dias são o último vínculo, na longa corrente administrativa-concilar, que se estende desde as esferas sagradas do Pai Universal, próximas do centro de todas as coisas, até as divisões primárias dos universos locais. O regime originário da Trindade tem o seu fim nas constelações; nenhum desses conselheiros do Paraíso fica permanentemente fixado nos sistemas componentes de uma constelação, nem nos seus mundos habitados. Essas últimas unidades administrativas estão completamente sob a jurisdição dos seres nativos dos universos locais.

[Apresentado por um Conselheiro divino de Uversa.]

DOCUMENTO 19

OS SERES COORDENADOS ORIGINÁRIOS DA TRINDADE

Esse grupo do Paraíso, chamado de Seres Coordenados Originários da Trindade, abrange: os Filhos Instrutores da Trindade, também classificados entre os Filhos de Deus do Paraíso; três grupos de altos administradores dos superuniversos; e a categoria, de um certo modo impessoal, dos Espíritos Inspirados da Trindade. Até mesmo os nativos de Havona podem ser incluídos, apropriadamente, nessa classificação de personalidades da Trindade, junto com inúmeros grupos de seres residentes no Paraíso. Nesta exposição, os seres originários da Trindade, a serem incluídos, são:

1. Os Filhos Instrutores da Trindade.
2. Os Perfeccionadores da Sabedoria.
3. Os Conselheiros Divinos.
4. Os Censores Universais.
5. Os Espíritos Inspirados da Trindade.
6. Os Nativos de Havona.
7. Os Cidadãos do Paraíso.

À exceção dos Filhos Instrutores da Trindade e possivelmente dos Espíritos Inspirados da Trindade, esses grupos têm um número definido de seres; a sua criação é um evento concluído e passado.

1. OS FILHOS INSTRUTORES DA TRINDADE

Dentre todas as ordens elevadas de personalidades celestes reveladas a vós, apenas a dos Filhos Instrutores da Trindade atua em uma capacidade dual. Tendo na Trindade a origem da sua natureza, eles são quase que totalmente devotados, na sua função, aos serviços da filiação divina. São seres de ligação e, no abismo universal, são uma ponte entre as personalidades originárias da Trindade e as personalidades de origem dual.

Enquanto o número dos Filhos Estacionários da Trindade está completo, o número dos Filhos Instrutores está constantemente crescendo. Qual será o número final de Filhos Instrutores, eu não sei. Posso, contudo, afirmar que, no último relato periódico para Uversa, os registros do Paraíso indicavam 21 001 624 821 desses Filhos em serviço.

Esses seres formam o único grupo revelado a vós, de Filhos de Deus, cuja origem é a Trindade do Paraíso. Eles distribuem-se pelo universo central e pelos superuniversos, e um corpo enorme deles encontra-se designado para cada universo local. Também servem aos planetas individuais, tal como o fazem os outros Filhos de Deus do Paraíso. O sistema do grande universo não estando ainda plenamente desenvolvido, um grande número de Filhos Instrutores tem de ser mantido nas reservas do Paraíso; e eles fazem-se voluntários para os encargos de emergência e serviços incomuns, em todas as divisões do grande universo, nos mundos solitários do espaço, nos universos locais, nos superuniversos e mundos de Havona. E funcionam também no Paraíso, mas será mais útil postergar uma consideração mais detalhada, até chegarmos à exposição sobre os Filhos de Deus do Paraíso.

A esse respeito pode ser notado, todavia, que os Filhos Instrutores são as personalidades supremas de coordenação de origem na Trindade. Num universo dos universos tão vasto há sempre um grande perigo de sucumbir-se ao erro de limitar o ponto de vista, incorrendo no mal que advém de uma concepção segmentada da realidade e da divindade.

Por exemplo: a mente humana normalmente anseia por abordar a filosofia cósmica, retratada nestas revelações, por meio de um procedimento que parte do simples e do finito, indo ao complexo e infinito, das origens humanas aos destinos divinos. Mas esse caminho não leva à *sabedoria espiritual*. Esse procedimento é o caminho mais fácil, para certas formas de *conhecimento genético*, mas, na melhor das hipóteses, pode apenas revelar as origens do homem; e pouco ou nada revela sobre o destino divino deste.

Mesmo no estudo da evolução biológica do homem, em Urântia, há graves objeções a uma abordagem exclusivamente histórica, do seu status atual e problemas presentes. A verdadeira perspectiva de qualquer questão da realidade — humana ou divina, terrestre ou cósmica — apenas pode ser obtida por intermédio de um estudo completo, sem preconceitos, e por meio de uma correlação entre as três fases da realidade do universo: a sua origem, história e destino. Um entendimento apropriado dessas três realidades experienciais proporciona a base para uma estimativa sábia do que é o status atual.

Quando a mente humana se propõe a seguir a técnica filosófica, de partir do mais baixo para atingir o mais elevado, seja em biologia, seja em teologia, fica sempre exposta ao risco de cometer quatro erros de raciocínio:

1. Pode deixar totalmente de perceber a meta evolucionária final e completa; seja de alcance pessoal, ou de destino cósmico.

2. Pode cometer o supremo erro filosófico de supersimplificar a realidade cósmica evolucionária (experiencial), levando assim à distorção de fatos, à deturpação da verdade e uma interpretação errônea dos destinos.

3. O estudo da causação é uma leitura da história, mas o conhecimento de *como* um ser se transforma, não proporciona, necessariamente, uma compreensão inteligente do status atual e do verdadeiro caráter desse ser.

4. A história, isoladamente, falha em revelar adequadamente o desenvolvimento futuro – o destino. As origens finitas são de ajuda; no entanto só as causas divinas revelam os efeitos finais. Os fins eternos não são mostrados pelos começos no tempo. O presente pode ser interpretado de fato à luz do passado e do futuro, apenas de um modo correlacionado.

Portanto, por esse motivo e ainda por outras razões, é que empregamos a técnica de abordar o homem e seus problemas planetários, embarcando em uma jornada no espaço-tempo, partindo da Fonte e Centro do Paraíso, infinita, eterna e divina de toda a realidade da personalidade e toda a existência cósmica.

2. OS PERFECCIONADORES DA SABEDORIA

Os Perfeccionadores da Sabedoria constituem uma criação especializada da Trindade do Paraíso, destinada a personificar a sabedoria da divindade, nos superuniversos. Há exatamente sete bilhões de tais seres em existência; sendo um bilhão deles designado a cada um dos sete superuniversos.

Os Perfeccionadores da Sabedoria, juntamente com os seus coordenados, os Conselheiros Divinos e os Censores Universais, passaram pela sabedoria do Paraíso, de Havona e, exceto Divínington, pelas esferas do Pai, no Paraíso. Após tais experiências, os Perfeccionadores da Sabedoria foram designados permanentemente para o serviço dos Anciães dos Dias. E não servem nem no Paraíso, nem nos mundos dos circuitos do Paraíso-Havona; ocupam-se inteiramente da administração dos governos dos superuniversos.

Onde quer que funcione um Perfeccionador da Sabedoria, e sempre que ele funcionar, lá estará conseqüentemente em atuação a sabedoria divina. Há realidade de presença e perfeição de manifestação no conhecimento e sabedoria representados pelos feitos dessas personalidades poderosas e majestosas. Eles não *refletem* a sabedoria da Trindade do Paraíso; eles *são* essa sabedoria. E são as fontes da sabedoria, para todos os mestres, na aplicação do conhecimento universal; são as fontes da discriminação prudente e os mananciais do discernimento em todas as instituições de ensino e esclarecimento, em todos os universos.

A sabedoria tem origem dupla; é derivada da perfeição do discernimento divino inerente aos seres perfeitos e da experiência pessoal adquirida pelas criaturas evolucionárias. Os Perfeccionadores da Sabedoria *são* a sabedoria divina da perfeição do Paraíso e do discernimento interno da Deidade. Os seus colaboradores administrativos em Uversa, tais como os Mensageiros Poderosos, Aqueles Sem Nome Nem Número e Aqueles Elevados Em Autoridade, quando atuam em conjunto, *são* a sabedoria da experiência do universo. Um ser divino pode ter a perfeição do conhecimento divino e um mortal evolucionário pode, em algum momento, alcançar a perfeição do conhecimento ascendente; no entanto, nenhum desses dois tipos de seres isoladamente exaure os potenciais de toda a sabedoria possível. Por conseguinte, quando se deseja atingir o máximo de sabedoria administrativa, na condução do superuniverso, os Perfeccionadores da Sabedoria, com o seu discernimento divino, sempre se associam às personalidades ascendentes que atingiram altas responsabilidades de autoridade superuniversal por meio de atribulações experienciais na progressão evolucionária.

Os Perfeccionadores da Sabedoria sempre necessitarão desse complemento, o da sabedoria experiencial, para aditar a sua sagacidade administrativa. Mas tem sido postulado que os finalitores do Paraíso certamente poderão alcançar um nível elevado e até então não atingido de sabedoria, *depois* que forem induzidos, em um determinado momento, a penetrar o sétimo estágio da experiência espiritual. Se essa inferência estiver correta, então esses seres perfeccionados de ascensão evolucionária, sem dúvida, irão transformar-se nos administradores do universo, os mais eficientes a serem jamais conhecidos em toda a criação. Acredito ser esse o alto destino dos finalitores.

A versatilidade dos Perfeccionadores da Sabedoria capacita-os a participar praticamente de todos os serviços celestes, ligados às criaturas ascendentes. Os Perfeccionadores da Sabedoria e a minha ordem de personalidades, a dos Conselheiros Divinos junto com a dos Censores Universais, constituem as mais altas ordens de seres que podem assumir, e assumem, os trabalhos de revelação da verdade, de forma individualizada, aos planetas e sistemas, seja nas suas épocas primitivas, seja quando estiverem estabelecidos em luz e vida. De tempos em tempos, todos nós entramos em contato com o serviço aos mortais ascendentes, seja na vida inicial de um planeta, seja em um universo local ou em um superuniverso, e particularmente neste último.

3. OS CONSELHEIROS DIVINOS

Esses seres originários da Trindade formam o conselho da Deidade para os reinos dos sete superuniversos. Eles não são um *reflexo* do conselho divino da Trindade; eles *são* esse conselho. Existem vinte e um bilhões de Conselheiros em serviço, e três bilhões estão designados a cada superuniverso.

Os Conselheiros Divinos são os colaboradores dos Censores Universais e Perfeccionadores da Sabedoria, sendo iguais a eles; e, de um a sete Conselheiros, ficam ligados a cada uma daquelas personalidades. Todas essas três ordens participam do governo dos Anciães dos Dias, incluindo o dos setores maiores e menores, dos universos locais e constelações; bem como os concílios dos soberanos dos sistemas locais.

Atuamos como indivíduos, como eu o faço agora, ao ditar este documento; mas também funcionamos como um trio, quando a ocasião o exigir. Quando atuamos em uma função executiva, sempre atuamos associados a um Perfeccionador da Sabedoria, a um Censor Universal e a até sete Conselheiros Divinos.

Um Perfeccionador da Sabedoria, sete Conselheiros Divinos e um Censor Universal constituem um tribunal com a divindade da Trindade, o mais alto corpo assessor móvel nos universos do tempo e espaço. Esse grupo de nove entes é conhecido como um tribunal, que coleta informações, ou faz a revelação da verdade e, quando se reúne para o julgamento de uma questão e toma uma decisão, é exatamente como se um Ancião dos Dias houvesse julgado a questão, pois, em todos os anais dos superuniversos, sequer um veredicto como tal foi jamais revertido mesmo por um Ancião dos Dias.

Quando os três Anciães dos Dias atuam, a Trindade do Paraíso atua. Quando o tribunal dos nove chega a uma decisão, seguindo suas deliberações unificadas, para todos intentos e propósitos, é como se os Anciães dos Dias houvessem falado. E é dessa maneira que os Governantes do Paraíso fazem contato pessoal, para as questões administrativas e regulamentações governamentais, com os mundos individuais, sistemas e universos.

Os Conselheiros Divinos são a perfeição do conselho divino da Trindade do Paraíso. Nós representamos, e de fato *somos*, o conselho da perfeição. Quando somos suplementados pelo conselho experiencial dos nossos associados, seres perfeccionados, de ascensão evolucionária e abraçados pela Trindade, as nossas conclusões combinadas são, não apenas completas, mas repletas. Uma vez que o nosso conselho unificado haja sido julgado, confirmado, promulgado e associado a um Censor Universal, é muito provável que atinja mesmo os umbrais da totalidade universal. Tais veredictos representam a abordagem mais próxima possível da atitude absoluta da Deidade, dentro dos limites do espaço-tempo da situação envolvida para o respectivo problema.

Sete Conselheiros Divinos, em conexão com um trio evolucionário trinitarizado – um Mensageiro Poderoso, Um Elevado em Autoridade e Um Sem Nome nem Número – representam a maior aproximação superuniversal da unificação entre o ponto de vista humano e a atitude divina, em níveis quase paradisíacos de significações espirituais e valores de realidade. Uma aproximação tão nítida entre as atitudes cósmicas da criatura e do Criador apenas pode ser sobrepujada por um Filho do Paraíso, que se auto-outorga e que é, em todas as fases da experiência da personalidade, Deus e homem.

4. OS CENSORES UNIVERSAIS

Há exatamente oito bilhões de Censores Universais em existência. Esses seres únicos *são* o julgamento da Deidade. Eles não são meramente um reflexo das decisões da perfeição; eles *são* o julgamento da Trindade do Paraíso. Mesmo os Anciães dos Dias não se reúnem para julgamento, a não ser em associação com os Censores Universais.

Um Censor é indicado para cada um daquele total de um bilhão de mundos do universo central, tornando-se um adjunto da administração planetária do Eterno dos Dias residente. Nem os Perfeccionadores da Sabedoria, nem os Conselheiros Divinos tornam-se, assim, adjuntos, de um modo tão permanente das administrações de Havona; e não entendemos inteiramente por que os Censores Universais estão sediados no universo central. As suas atividades atuais dificilmente justificam a essa designação para Havona, e por isso suspeitamos que eles estejam ali por antecipação das necessidades de alguma idade futura do universo, na qual a população de Havona poderá ser alterada parcialmente.

Um bilhão de Censores é designado para cada um dos sete superuniversos. Tanto na sua capacidade individual, quanto na associação com os Perfeccionadores da Sabedoria e os Conselheiros Divinos, eles operam em todas as divisões dos sete superuniversos. Assim, os Censores atuam em todos os níveis do grande universo, desde os mundos perfeitos de Havona até os conselhos dos Soberanos de Sistemas; e são uma parte orgânica de todos os julgamentos dispensacionais dos mundos evolucionários.

Onde um Censor Universal estiver presente, e quando estiver presente, aí e então estará o julgamento da Deidade. E, já que os Censores sempre pronunciam os seus veredictos em conjunto com os Perfeccionadores da Sabedoria e os Conselheiros Divinos, essas decisões abrangem a sabedoria unificada, o conselho e o julgamento da Trindade do Paraíso. Nesse trio em jurisdição, o Perfeccionador da Sabedoria representaria o "Eu fui", o Conselheiro Divino, o "Eu serei"; mas o Censor Universal é sempre o "Eu sou".

Os Censores são personalidades totalizadoras do universo. Quando mil testemunhas – ou um milhão – houverem prestado testemunho, quando a voz da sabedoria houver falado e o conselho da divindade houver sido registrado; quando o testemunho da perfeição ascendente houver sido acrescentado, então o Censor funciona; e imediatamente é revelada uma totalização, sem erro e divina, de tudo o que houver acontecido; e essa aclaração representa a conclusão divina, a soma e a essência de uma decisão final e perfeita. Quando um Censor, portanto, houver falado, ninguém mais pode falar, pois o Censor haverá apresentado o total, o verdadeiro e o inequívoco sobre tudo aquilo que sucedeu antes. Depois que ele fala, não há mais apelação.

Eu compreendo plenamente a operação da mente de um Perfeccionador da Sabedoria, mas, com certeza, eu não entendo integralmente o trabalho da mente jurisprudente de um Censor Universal. Parece-me que os Censores formulam novas significações e originam valores novos de associação entre os fatos, verdades e evidências encontrados, apresentados a eles no curso de uma investigação dos assuntos do universo. Parece provável que os Censores Universais sejam capazes de formular interpretações originais, partindo das combinações entre o discernimento do Criador perfeito e a experiência da criatura perfeccionada. Tal associação entre a perfeição do Paraíso e a experiência do universo, sem dúvida, traz à existência, por conseqüência, um novo valor em ultimidade.

Mas isso não é o fim das nossas dificuldades, no que concerne ao funcionamento das mentes dos Censores Universais. Mesmo havendo efetuado todas as concessões devidas, por tudo o que conhecemos ou conjecturamos sobre o modo de atuação de um Censor, em qualquer situação no universo, verificamos não sermos ainda capazes de predizer suas decisões, nem prognosticar seus veredictos. Nós determinamos, muito cuidadosamente, o resultado provável da associação da atitude do Criador e da experiência da criatura, mas tais conclusões nem sempre são os prognósticos acurados das revelações do Censor. Quer-nos parecer que os Censores, de alguma maneira, estejam em ligação com o Absoluto da Deidade; pois, de outro modo, não poderíamos explicar muitas das suas decisões e ditames.

Os Perfeccionadores da Sabedoria, os Conselheiros Divinos e os Censores Universais, junto com as sete ordens das Personalidades Supremas da Trindade, constituem aqueles dez grupos que algumas vezes têm sido denominados *Filhos Estacionários da Trindade*. Juntos, eles compõem o grande corpo de administradores, governantes, executivos, assessores, conselheiros e juízes da Trindade. O seu número ultrapassa ligeiramente os trinta e sete bilhões. Dois bilhões e setenta milhões permanecem estacionados no universo central; e cerca de pouco mais de cinco bilhões em cada superuniverso.

É muito difícil descrever os limites funcionais dos Filhos Estacionários da Trindade. Seria incorreto dizer que as suas atuações se limitam ao finito, pois há transações registradas nos arquivos dos superuniversos a indicar o contrário. Eles atuam em qualquer nível da administração ou jurisdição do universo para o qual possam ser requisitados pelas condições tempo-espaciais, e que se referem à evolução do universo-mestre no passado, presente e futuro.

5. OS ESPÍRITOS INSPIRADOS DA TRINDADE

Serei capaz de dizer pouquíssimo sobre os Espíritos Inspirados da Trindade, pois eles são uma das poucas ordens totalmente secretas de seres em existência; secreta, sem dúvida, por lhes ser impossível revelar inteiramente a si próprios, até mesmo àqueles em nosso meio cuja origem é muito próxima da fonte de criação deles. Eles vêm à existência por um ato da Trindade do Paraíso e podem ser utilizados por Uma ou Duas, quaisquer, das Deidades, bem como pelo conjunto das Três. Não sabemos se esses Espíritos têm o seu número limitado e completo, ou se esse número está crescendo constantemente, mas inclinamo-nos a acreditar que o seu número não seja fixo.

Não compreendemos totalmente a natureza nem a conduta dos Espíritos Inspirados. Podem, provavelmente, pertencer à categoria de espíritos suprapessoais. Parecem operar em todos os circuitos conhecidos e parecem atuar quase independentemente do tempo e do espaço. Mas é pouquíssimo o que sabemos sobre eles, exceto pelo que deduzimos do seu caráter, a partir da natureza das suas atividades, cujos resultados certamente observamos aqui e ali, nos universos.

Sob certas condições, esses Espíritos Inspirados podem individualizar-se o suficiente para chegarem a ser reconhecidos por seres originários da Trindade. Eu já os vi; mas nunca seria possível, às ordens mais baixas de seres celestes, reconhecer um deles. Certas circunstâncias surgem, de tempos em tempos, quando da condução dos universos em evolução, nas quais qualquer ser originário da Trindade pode empregar diretamente os serviços desses Espíritos para melhor cumprir as próprias tarefas. Sabemos, portanto, que eles existem e que, sob certas condições, podemos solicitar e receber a assistência deles; e, algumas vezes, até reconhecer a sua presença. Contudo, eles não são uma parte da organização manifesta e definidamente revelada, encarregada da condução dos universos do espaço-tempo, antes que essas criações materiais se estabeleçam em luz e vida. Eles não têm um lugar claramente discernível na economia atual, nem na administração dos sete superuniversos em evolução. Eles constituem um segredo da Trindade do Paraíso.

Os Melquisedeques de Nébadon ensinam que os Espíritos Inspirados da Trindade estão destinados, em algum tempo no futuro eterno, a funcionar no lugar dos Mensageiros Solitários, cujas fileiras estão, vagarosa, mas certamente, desfalcando-se, por causa das suas designações como associados de alguns tipos de filhos trinitarizados.

Os Espíritos Inspirados são os Espíritos solitários do universo dos universos. Enquanto Espíritos, são muito semelhantes aos Mensageiros Solitários, exceto por estes últimos serem personalidades distintas. Muito do nosso conhecimento sobre os Espíritos Inspirados vem dos Mensageiros Solitários, os quais detectam a proximidade deles, em virtude de possuírem uma inerente sensibilidade à presença dos Espíritos Inspirados, que funciona tão infalivelmente quanto a agulha magnetizada indica o norte magnético. Quando um Mensageiro Solitário está perto de um Espírito Inspirado da Trindade, ele se torna consciente de uma indicação qualitativa daquela presença divina e também de um registro quantitativo muito definido, que o capacita factualmente a conhecer a classificação ou o número da presença ou presenças dos Espíritos.

Posso ainda relatar um fato interessante: quando um Mensageiro Solitário está em um planeta cujos habitantes são resididos por Ajustadores do Pensamento, como em Urântia, ele torna-se consciente de uma excitação qualitativa na sua captação-sensibilidade à presença de espíritos. Em tais circunstâncias não há excitação quantitativa, apenas uma agitação qualitativa. Quando está em um planeta no qual os Ajustadores do Pensamento não vão, o contato com os nativos não produz nenhuma reação similar. Isso sugere que os Ajustadores do Pensamento estejam relacionados, de alguma maneira, aos Espíritos Inspirados da Trindade do Paraíso, ou conectados a eles. De algum modo, podem estar associados, em certas fases de trabalho; mas realmente de nada sabemos. Todos eles se originam perto do Centro e Fonte de todas as coisas, mas não são a mesma ordem de seres. Os Ajustadores do Pensamento brotam apenas do Pai; os Espíritos Inspirados são uma progênie da Trindade do Paraíso.

Os Espíritos Inspirados não pertencem, aparentemente, ao esquema evolucionário dos planetas individuais, nem dos universos; mas, ainda assim, parecem estar em quase todo lugar. Agora mesmo, enquanto me empenho em formular esta declaração, a sensibilidade pessoal à presença dessa ordem de Espíritos, do Mensageiro Solitário associado a mim, indica que está conosco, neste momento mesmo, a uma distância não maior que oito metros, um Espírito da ordem Inspirada e do terceiro volume de presença de poder. O terceiro volume de presença de poder sugere-nos a possibilidade de três Espíritos Inspirados funcionando em coligação.

Das mais de doze ordens de seres associados a mim, neste momento, o Mensageiro Solitário é o único a estar consciente da presença dessas entidades misteriosas da Trindade. E mais: mesmo estando assim prevenidos sobre a proximidade desses Espíritos divinos, permanecemos, todos, na ignorância quanto à sua missão. Realmente não sabemos se são observadores meramente interessados nas nossas ações, ou se estão, de alguma maneira desconhecida para nós, contribuindo de fato para o sucesso da nossa tarefa.

Sabemos que os Filhos Instrutores da Trindade devotam-se ao esclarecimento, ou iluminação, *consciente* das criaturas do universo. Cheguei à conclusão firme de que os Espíritos Inspirados da Trindade, por meio de técnicas *supraconscientes*, estão também funcionando como instrutores dos reinos. Estou convencido de que há uma vasta parte do conhecimento espiritual essencial, da verdade indispensável à conquista de um elevado nível espiritual, que não pode ser recebida de modo consciente; a auto-consciência iria efetivamente colocar em risco a segurança da recepção. Se estivermos certos sobre esse conceito, e toda a minha ordem de seres compartilha dele, a missão desses Espíritos Inspirados pode ser a de vencer essa dificuldade, de criar a ponte ligando o abismo existente no esquema universal entre o esclarecimento moral e o avanço espiritual. Achamos que esses dois tipos de instrutores, originários da Trindade, têm alguma espécie de ligação nas suas atividades, mas na realidade de nada sabemos.

Nos mundos de aprendizado dos superuniversos e nos circuitos eternos de Havona, tenho confraternizado com mortais em perfeiçoamento – almas espiritualizadas e ascendentes, dos reinos evolucionários – mas estes nunca estiveram conscientes dos Espíritos Inspirados que os poderes detectores dos Mensageiros Solitários indicavam, de quando em quando, estar bem próximos de nós. Tenho conversado livremente com todas as ordens de Filhos de Deus, mais elevadas e menos elevadas, e eles, do mesmo modo, não se tornam conscientes das advertências dos Espíritos Inspirados da Trindade. Eles podem examinar e examinam, retrospectivamente, as suas experiências passadas e encontram acontecimentos que seriam difíceis de explicar sem levar em conta alguma atuação de tais Espíritos. Contudo, à exceção dos Mensageiros Solitários e, algumas vezes, de seres originários da Trindade, nenhum membro das famílias celestes jamais esteve consciente da proximidade dos Espíritos Inspirados.

Não acredito que os Espíritos Inspirados da Trindade estejam brincando de esconde-esconde comigo. Eles estão tentando, muito provavelmente, revelar-se a mim, tanto quanto eu estou tentando comunicar-me com eles; as nossas dificuldades e limitações devem ser mútuas e inerentes. Sinto-me contente de não haver segredos arbitrários no universo e, por isso, nunca cessarei os meus esforços para resolver o mistério do isolamento desses Espíritos que pertencem à minha ordem de criação.

E, de tudo isso, vós, mortais, que estais dando os primeiros passos na jornada eterna, podeis concluir que deveis avançar ainda por um longo caminho antes de conseguirdes progredir pela "vista" e pela certeza "material". Por um longo tempo, ainda, usareis da fé e dependereis da revelação, se esperardes progredir rápida e seguramente.

6. OS NATIVOS DE HAVONA

Os nativos de Havona são uma criação direta da Trindade do Paraíso, e o seu número é maior do que as vossas mentes circunscritas podem conceber. Tampouco é possível, aos urantianos, conceber os dons inerentes a criaturas tão divinamente perfeitas quanto essas raças do universo eterno originárias da Trindade. Não podeis ainda visualizar verdadeiramente essas criaturas gloriosas; antes, deveis esperar a vossa chegada a Havona, quando então podereis saudá-las como espíritos companheiros.

Durante a vossa longa permanência naquele bilhão de mundos da cultura de Havona, ireis desenvolver uma eterna amizade por esses seres magníficos. E quão profunda, e crescente, é tal amizade entre a mais baixa das criaturas pessoais do mundo do espaço e esses elevados seres pessoais, nativos das esferas perfeitas do universo central! Os mortais ascendentes, na sua ligação longa e amorosa com os nativos de Havona, realizam muito para compensar o empobrecimento espiritual dos estágios iniciais da sua progressão mortal. Ao mesmo tempo, por meio dos seus contatos com os peregrinos ascendentes, os havonianos adquirem uma experiência que compensa, de um modo considerável, as limitações experienciais de terem sempre vivido uma vida de perfeição divina. Os benefícios, tanto para o mortal ascendente quanto para o nativo de Havona, são grandes e mútuos.

Os nativos de Havona, como todas as outras personalidades originárias da Trindade, são concebidos na perfeição divina e podem ter as suas reservas de dons experienciais ampliadas com o passar do tempo, tal como acontece às outras personalidades originárias da Trindade. Contudo, diferentemente dos Filhos Estacionários da Trindade, os havonianos podem evoluir em status, podem ter um futuro não-revelado de eternidade-destino. E isso é ilustrado por aqueles havonianos que, por meio do serviço, factualizam a sua capacidade de fusão com um fragmento (não-Ajustador) do Pai, qualificando-se, assim, para serem membros do Corpo Mortal de Finalidade. E há outros corpos de finalitores abertos para recepcionar esses nativos do universo central.

A evolução, em status, dos nativos de Havona tem ocasionado muita especulação em Uversa. Posto que eles estejam constantemente infiltrando-se nos vários Corpos de

Finalidade do Paraíso, e já que eles não mais têm sido criados, torna-se evidente que o número de nativos que permanece em Havona esteja constantemente diminuindo. As conseqüências últimas dessas transações nunca foram reveladas a nós, mas jamais acreditamos que Havona chegue a ser despojada inteiramente dos seus nativos. Temos alimentado a teoria de que os havonianos cessarão, em algum tempo, possivelmente, de integrar os corpos de finalitores, durante as idades das criações sucessivas nos níveis do espaço exterior. Também alimentamos o pensamento de que, nessas idades subseqüentes do universo, o universo central poderá ser povoado por um grupo misto de seres residentes, a cidadania consistindo, apenas em parte, de nativos originais de Havona. Não sabemos qual ordem ou tipo de criatura pode assim estar destinada ao status residencial, na Havona do futuro, mas pensamos:

1. Nos univitátias, que são presentemente os cidadãos permanentes das constelações dos universos locais.

2. Nos tipos futuros de mortais, que podem nascer nas esferas habitadas dos superuniversos, na florescência das idades de luz e vida.

3. Na aristocracia espiritual vindoura, dos espaços exteriores sucessivos.

Sabemos que a Havona da idade anterior do universo era, de certo modo, diferente da Havona da idade presente. Consideramos que seja não mais do que razoável supor que estamos agora presenciando, no universo central, aquelas mudanças lentas que antecipam as idades que virão. Uma coisa é certa: o universo é não estático; apenas Deus é imutável.

7. OS CIDADÃOS DO PARAÍSO

Há numerosos grupos de seres magníficos residindo no Paraíso: os Cidadãos do Paraíso. Eles não estão diretamente ligados ao esquema de perfeccionamento das criaturas volitivas ascendentes; e, por isso, não são plenamente revelados aos mortais de Urântia. Há mais de três mil ordens dessas inteligências supernas; o último desses grupos foi personalizado simultaneamente com o mandado da Trindade, o qual promulgou o plano criador dos sete superuniversos no tempo e no espaço.

Os Cidadãos do Paraíso e os nativos de Havona, algumas vezes, são designados coletivamente como as *personalidades do Paraíso-Havona*.

Com isso, torna-se completa a história dos seres que foram trazidos à existência pela Trindade do Paraíso. Nenhum deles jamais se desviou. E, todavia, no sentido mais elevado, todos são dotados de livre-arbítrio.

Os seres originários da Trindade possuem prerrogativas de trânsito, o que os torna independentes das personalidades de transporte, tais como os serafins. Todos possuímos o poder de movimentar-nos livre e rapidamente, no universo dos universos. Excetuando-se os Espíritos Inspirados da Trindade, não podemos atingir a quase inacreditável velocidade dos Mensageiros Solitários, mas somos capazes de utilizar a soma total dos meios de transporte disponíveis no espaço para chegar a qualquer ponto, dentro de um superuniverso, partindo da sua sede-central, em menos de um ano do tempo de Urântia. Foram necessários 109 dias do vosso tempo para que eu viajasse de Uversa a Urântia.

Por meio das mesmas vias, somos capazes de intercomunicar-nos instantaneamente. Toda a nossa ordem de criação acha-se em contato com cada um dos indivíduos compreendidos por todas as divisões de filhos da Trindade do Paraíso, salvo apenas os Espíritos Inspirados.

[Apresentado por um Conselheiro Divino de Uversa.]

DOCUMENTO 20

OS FILHOS DE DEUS, DO PARAÍSO

OS FILHOS de Deus, pelo modo como funcionam no superuniverso de Orvônton, são classificados sob as seguintes três linhagens principais:

1. Os Filhos Descendentes de Deus
2. Os Filhos Ascendentes de Deus
3. Os Filhos Trinitarizados de Deus

As ordens descendentes de filiação incluem personalidades que são de criação divina e direta. Os filhos ascendentes, tais como as criaturas mortais, alcançam o status de ascendentes por participarem experiencialmente da técnica criativa conhecida como evolução. Os filhos trinitarizados formam um grupo de origem composta, que inclui todos os seres abraçados pela Trindade do Paraíso, ainda que não se originem diretamente da Trindade.

1. OS FILHOS DESCENDENTES DE DEUS

Todos os Filhos descendentes de Deus têm origem elevada e divina. Eles dedicam-se à ministração descendente de serviço aos mundos e sistemas do tempo e do espaço, facilitando o progresso de escalada até o Paraíso para as criaturas mais baixas, de origem evolucionária – os filhos ascendentes de Deus. Sete das inúmeras ordens de Filhos descendentes serão descritas nestas narrativas. Os Filhos que provêm das Deidades, da Ilha Central de Luz e Vida, são chamados de *Filhos de Deus do Paraíso*, e abrangem as três ordens seguintes:

1. Filhos Criadores – os Michaéis.
2. Filhos Magisteriais – os Avonais.
3. Filhos Instrutores da Trindade – os Dainais.

As quatro ordens remanescentes de filiação descendente são conhecidas como os *Filhos de Deus dos Universos Locais*:

4. Filhos Melquisedeques.
5. Filhos Vorondadeques.
6. Filhos Lanonandeques.
7. Portadores da Vida.

Os Melquisedeques são uma progênie conjunta do Filho Criador de um universo local, do Espírito Criativo Materno e do Pai Melquisedeque. Tanto os Vorondadeques quanto os Lanonandeques são trazidos à vida por um Filho Criador e pelo seu Espírito Criativo Materno coligado. Os Vorondadeques são mais conhecidos como os Altíssimos, os Pais da Constelação; os Lanonandeques, como Soberanos dos Sistemas e como Príncipes Planetários. A ordem tríplice dos Portadores da Vida é trazida à existência pela associação do Filho Criador e do Espírito Criativo Materno, junto com um dos três Anciãos dos Dias da jurisdição do superuniverso. Mas as naturezas e as atividades desses Filhos de Deus do Universo Local são descritas com mais propriedade nos documentos que estão ligados aos assuntos da criação dos universos locais.

Os Filhos de Deus do Paraíso têm três origens: os primários, ou os Filhos Criadores, que são trazidos à existência pelo Pai Universal e pelo Filho Eterno; os secundários, ou Filhos Magisteriais, que são filhos do Filho Eterno e do Espírito Infinito; os Filhos Instrutores da Trindade, que são uma progênie do Pai, do Filho e do Espírito. Do ponto de vista do serviço, da adoração e da suplicação, os Filhos do Paraíso são como um; o seu espírito é um e o seu trabalho é idêntico em qualidade e em integralidade.

Do mesmo modo que as ordens dos Dias demonstraram ser de administradores divinos, as ordens de Filhos do Paraíso revelaram-se como ministros divinos – criadores, servidores, outorgadores, juízes, instrutores e reveladores da verdade. Eles percorrem o universo dos universos, desde as margens da Ilha Eterna até os mundos habitados do tempo e do espaço, realizando, no universo central e nos superuniversos, serviços múltiplos, nem todos desvelados nestas narrativas. Eles organizam-se de um modo variado, dependendo da natureza e cercanias onde prestam os seus serviços; mas, em um universo local, tanto os Filhos Magisteriais quanto os Filhos Instrutores servem sob a direção do Filho Criador, que preside àquele domínio.

Os Filhos Criadores parecem possuir um dom espiritual centrado nas suas pessoas, o qual é por eles controlado e que eles podem outorgar; como o fez o vosso próprio Filho Criador quando efundiu o seu espírito por sobre toda a carne mortal em Urântia. Cada Filho Criador é dotado com esse poder de atração espiritual, no seu próprio reino; ele é pessoalmente consciente de cada ato e cada emoção de todos os Filhos descendentes de Deus que servem no seu domínio. Nisso está um reflexo divino, uma duplicação, em um universo local, do poder absoluto de atração espiritual do Filho Eterno, que O capacita a alcançar os seus Filhos do Paraíso para fazer e manter contato com eles, não importando onde possam estar, em todos os universos dos universos.

Os Filhos Criadores do Paraíso servem, não apenas como Filhos, na sua ministração descendente de serviço e auto-outorga, mas também, depois de haverem completado as suas carreiras de auto-outorga, cada um funciona como um Pai do universo, no âmbito da sua própria criação; enquanto os outros Filhos de Deus continuam os serviços de auto-outorga e elevação espiritual, destinados a conquistar para os planetas, um a um, o reconhecimento voluntário da lei do amor do Pai Universal, culminando na consagração da criatura à vontade do Pai do Paraíso e na lealdade planetária à soberania do seu Filho Criador sobre aquele universo.

Em um Filho Criador sétuplo, Criador e criatura estão, para sempre, fundidos em uma associação plena de entendimento, misericórdia e compaixão. A ordem dos Michaéis, dos Filhos Criadores, é toda tão única que as considerações sobre as suas naturezas e atividades ficarão reservadas ao próximo documento desta série. Na narrativa presente, ocupar-nos-emos principalmente das duas ordens remanescentes de filiação do Paraíso: os Filhos Magisteriais e os Filhos Instrutores da Trindade.

2. OS FILHOS MAGISTERIAIS

Toda vez que um conceito original e absoluto de ser, formulado pelo Filho Eterno, une-se a um ideal novo e divino de serviço-amor, concebido pelo Espírito Infinito, é produzido um Filho de Deus novo e original, um Filho Instrutor do Paraíso. Esses Filhos constituem a ordem dos Avonais, que se diferenciam bem da ordem dos Michaéis, os Filhos Criadores. Embora não sejam criadores, no sentido pessoal, eles estão estreitamente ligados aos Michaéis, em todo o seu trabalho. Os Avonais são ministros e juízes planetários, os magistrados dos reinos do espaço-tempo – de todas as raças, para todos os mundos e em todos os universos.

Temos motivos para acreditar que o número total de Filhos Magisteriais, em todo o grande universo, seja de cerca de um bilhão. Eles são uma ordem que se autogoverna, sendo dirigida pelo seu conselho supremo no Paraíso, que é constituído de Avonais experientes, escolhidos entre os serviços de todos os universos. Todavia, quando designados para um universo local e ali funcionando, eles servem sob a direção do Filho Criador daquele domínio.

Os Avonais são os Filhos do Paraíso para o serviço e para a auto-outorga, em particular, nos planetas dos universos locais. E, posto que cada Filho Avonal possua uma personalidade exclusiva e como não há dois iguais, o seu trabalho é individualmente único, nos reinos da sua permanência, aonde com freqüência eles se encarnam à semelhança da carne mortal, algumas vezes nascendo de mães terrestres nos mundos evolucionários.

Por acréscimo aos seus serviços, em níveis administrativos mais elevados, os Avonais têm funções tríplices nos mundos habitados:

1. *As Ações Judiciais*. Eles atuam nos encerramentos das dispensações planetárias. No tempo, tais missões podem ser executadas – às dezenas ou às centenas – em cada mundo individual; e os Avonais podem ir para o mesmo mundo ou para outros mundos por inúmeras vezes, como terminadores das dispensações e liberadores dos sobreviventes adormecidos.

2. *As Missões Magisteriais*. Uma visitação planetária desse tipo ocorre, usualmente, antes da chegada de um Filho auto-outorgado. Em tal missão, um Avonal surge como um adulto do reino, por uma técnica de encarnação que não envolve o nascimento mortal. Posteriormente a essa primeira visita magisterial usual, os Avonais podem repetidamente servir na função magisterial, no mesmo planeta, tanto antes quanto depois do surgimento do Filho auto-outorgado. Nessas missões magisteriais adicionais, um Avonal pode ou não surgir, em uma forma material e visível, mas em nenhuma delas virá ao mundo como um recém-nascido desamparado.

3. *As Missões de Auto-outorga*. Todos os Filhos Avonais, ao menos por uma vez, outorgam a si próprios, em alguma raça mortal, em algum mundo evolucionário. As visitas judiciais são inúmeras, as missões magisteriais podem ser plurais, mas em cada planeta não surge senão um Filho auto-outorgado. Os Avonais auto-outorgados nascem de mulher, como Michael de Nébadon encarnou-se em Urântia.

Não há limite para o número de vezes que os Filhos Avonais podem servir em missões magisteriais e de auto-outorga, mas usualmente, quando a experiência houver acontecido por sete vezes, há uma suspensão em favor daqueles que houverem tido menos desse serviço. Esses Filhos, de experiência auto-outorgante múltipla, são designados, então, para o alto conselho pessoal de um Filho Criador, tornando-se assim participantes da administração dos assuntos do universo.

Em todos os seus trabalhos para os mundos, e nos mundos habitados, os Filhos Magisteriais são assistidos por duas ordens de criaturas do universo local: os Melquisedeques e os arcanjos. E, quando estão em missões de auto-outorga, eles são acompanhados também pelos Brilhantes Estrelas Vespertinas, que são também originários do universo local. Em todo o seu esforço planetário, os Filhos secundários do Paraíso, os Avonais, têm o apoio do poder pleno e da autoridade de um Filho primário do Paraíso, o Filho Criador do universo do serviço deles. Para todos os intentos e propósitos, o trabalho deles, nas esferas habitadas, é tão eficiente e aceitável como teria sido o serviço de um Filho Criador, em tais mundos de residência dos mortais.

3. AS AÇÕES JUDICIAIS

Os Avonais são conhecidos como Filhos Magisteriais porque são os altos magistrados dos reinos, os julgadores das sucessivas dispensações dos mundos do tempo. Eles presidem ao despertar dos sobreviventes adormecidos e encarregam-se dos julgamentos dos reinos; põem fim a uma dispensação de adiamento de sentenças e executam os mandados de uma idade de misericórdia probatória; redesignam as criaturas espaciais da ministração planetária para as tarefas da nova dispensação e retornam à sede-central do seu universo local, após completarem a sua missão.

Quando julgam os destinos de uma idade, os Avonais decretam o que acontecerá às raças evolucionárias, mas, ainda que possam efetuar julgamentos, de extinção da identidade de criaturas pessoais, eles não executam tais sentenças. Os veredictos dessa natureza são executados apenas pelas autoridades do superuniverso.

A chegada de um Avonal do Paraíso, em um mundo evolucionário, com o propósito de terminar uma dispensação e inaugurar uma nova era de progresso planetário, não é necessariamente uma missão magisterial nem uma missão de auto-outorga. As missões magisteriais, algumas vezes, e as missões de auto-outorga, sempre, são encarnações; isto é, em tais compromissos, os Avonais servem em um planeta sob a forma material – literalmente. As suas outras visitas são "técnicas" e, nessa função, um Avonal não é encarnado para o serviço planetário. Se um Filho Magisterial vem puramente como um julgador dispensacional, ele chega a um planeta como um ser espiritual, invisível para as criaturas materiais do reino. Tais visitas técnicas ocorrem repetidamente, na longa história de um mundo habitado.

Os Filhos Avonais podem atuar, como juízes planetários, tanto antes da experiência magisterial, quanto da experiência de auto-outorga. Em qualquer dessas missões, contudo, o Filho encarnado julgará a idade planetária que finda, do mesmo modo que o faz um Filho Criador, quando encarnado em uma missão de auto-outorga, à semelhança da carne mortal. Quando um Filho do Paraíso visita um mundo evolucionário e torna-se como que um dos seus habitantes, a sua presença dá por terminada uma dispensação e constitui um julgamento daquele reino.

4. AS MISSÕES MAGISTERIAIS

Antes do surgimento planetário de um Filho em auto-outorga, um mundo habitado é usualmente visitado por um Avonal do Paraíso, em uma missão magisterial. Se essa for uma visitação magisterial inicial, o Avonal é sempre encarnado como um ser material. Ele surge, no planeta em que se auto-outorgará, como um varão maduro das raças mortais, um ser plenamente visível e em contato com as criaturas mortais daqueles dias e geração. Durante uma encarnação magisterial, a conexão do Filho Avonal com as forças espirituais locais e universais é completa e ininterrupta.

Um planeta pode experimentar muitas visitações magisteriais, tanto antes quanto depois do aparecimento de um Filho auto-outorgado. Pode ser visitado muitas vezes por um mesmo ou por outros Avonais, atuando como julgadores dispensacionais; mas tais missões técnicas de julgamento não são nem de outorga de si próprios, nem magisteriais; e os Avonais nunca se encarnam em tais ocasiões. Mesmo sendo um planeta abençoado por repetidas missões magisteriais, os Avonais nem sempre se submetem a encarnações mortais e, quando servem à semelhança da carne mortal, eles sempre surgem como seres adultos do reino; não nascem de mulher.

Quando encarnados em missões de auto-outorga, tanto como nas missões magisteriais, os Filhos do Paraíso têm experimentado a residência dos Ajustadores, e esses Ajustadores são diferentes em cada encarnação. Os Ajustadores que ocupam as mentes dos Filhos de Deus encarnados não podem nunca esperar adquirir personalidade por meio da fusão com os seres humanos-divinos resididos por eles, mas são, sim, freqüentemente personalizados por um ato do Pai Universal. Tais Ajustadores formam o conselho supremo diretor de Divínington, para administração, identificação e despacho dos Monitores Misteriosos aos reinos habitados. Eles também recebem e credenciam os Ajustadores, nos seus retornos ao "seio do Pai", quando da dissolução mortal dos seus tabernáculos terrenos. Desse modo, pois, os fiéis Ajustadores dos julgadores dos mundos tornam-se os dirigentes enaltecidos da sua espécie.

Urântia nunca recebeu um Filho Avonal, em uma missão magisterial. Tivesse Urântia seguido o plano geral para os mundos habitados, e teria sido abençoada com uma missão magisterial, em alguma época, entre os dias de Adão e a auto-outorga de Cristo Michael. Mas a seqüência regular de Filhos do Paraíso, no vosso planeta, foi totalmente desfeita pelo aparecimento do vosso Filho Criador, na sua auto-outorga terminal, há cerca de dezenove séculos.

Urântia pode ainda ser visitada por um Avonal, incumbido de encarnar em uma missão magisterial, mas, no que concerne ao futuro aparecimento de Filhos do Paraíso, nem mesmo "os anjos nos céus sabem o tempo ou o modo de tais visitações", porque um mundo no qual Michael se auto-outorgou tornou-se o domínio individual e pessoal desse Filho Mestre e, como tal, fica totalmente sujeito aos próprios planos e regulamentações dele. E, no vosso mundo, tudo isso fica ainda mais complicado em vista da promessa de Michael de retornar. Independentemente das interpretações errôneas sobre os acontecimentos durante a estada de Michael de Nébadon em Urântia, uma coisa certamente é autêntica: a promessa, feita por ele, de voltar ao vosso mundo. Em vista dessa perspectiva, apenas o tempo poderá revelar a futura ordem das visitações, em Urântia, dos Filhos de Deus do Paraíso.

5. A AUTO-OUTORGA DOS FILHOS DE DEUS DO PARAÍSO

O Filho Eterno é a eterna Palavra de Deus. O Filho Eterno é a expressão perfeita do "primeiro" pensamento absoluto e infinito do seu Pai eterno. Quando uma duplicação pessoal, ou uma extensão divina desse Filho Original, parte em uma missão de outorga de si próprio, em uma encarnação mortal, torna-se literalmente verdade que o divino "Verbo se fez carne" e que o Verbo, assim, reside entre os seres mais baixos de origem animal.

Em Urântia está disseminada a crença de que o propósito da auto-outorga de um Filho, de uma certa forma, acontece para influenciar a atitude do Pai Universal. Mas o vosso discernimento deveria indicar-vos que isso não é verdadeiro. As auto-outorgas dos Filhos Avonais e Michaéis são uma parte necessária ao processo experiencial destinado a fazer, desses Filhos, magistrados e governantes seguros e compassivos para com os povos e os planetas do tempo e do espaço. A carreira de auto-outorgas sétuplas é a meta suprema de todos os Filhos Criadores do Paraíso. E todos os Filhos Magisteriais motivam-se por esse mesmo espírito de serviço, que tão abundantemente caracteriza os Filhos Criadores primários e o Filho Eterno do Paraíso.

Alguma ordem de Filhos do Paraíso deve ser auto-outorgada, em cada mundo mortal habitado, com a finalidade de tornar possível aos Ajustadores do Pensamento residirem nas mentes de todos os seres humanos normais naquela esfera, pois os Ajustadores não vêm para *todos* os seres humanos de boa-fé antes que o Espírito da Verdade haja sido efundido em toda a carne; e o envio do Espírito da Verdade depende do retorno, à sede-central do universo, do Filho do Paraíso, que haja cumprido com êxito uma missão de auto-outorga mortal em um mundo em evolução.

Durante o curso da longa história de um planeta habitado, vários julgamentos dispensacionais serão realizados e mais do que uma missão magisterial pode ocorrer; mas, geralmente, apenas por uma vez um Filho auto-outorgador servirá em uma mesma esfera. A cada mundo individual habitado, é necessário que, por uma vez apenas, um Filho auto--outorgado haja vivido totalmente ali uma vida mortal, do nascimento à morte. Mais cedo ou mais tarde, a despeito do seu status espiritual, cada mundo habitado por mortais está destinado a hospedar um Filho Magisterial, em uma missão de auto-outorga, excetuando-se um único planeta, em cada universo local, no qual o Filho Criador haja escolhido efetuar a sua auto-outorga mortal.

Entendendo mais sobre os Filhos auto-outorgadores, sabereis por que tanto interesse recai sobre Urântia, na história de Nébadon. O vosso pequeno e insignificante planeta é de interesse para o universo local, simplesmente porque é o lar mortal de Jesus de Nazaré. Ele foi o cenário da auto-outorga final, e triunfante, do vosso Filho Criador; foi a arena na qual Michael ganhou a soberania pessoal suprema do universo de Nébadon.

Na sede-central do seu universo local, especialmente depois de completar a sua própria auto-outorga mortal, um Filho Criador passa grande parte do seu tempo aconselhando e instruindo o colégio dos Filhos associados, os Filhos Magisteriais e outros. Em amor e devoção, com terna misericórdia e consideração afetuosa, esses Filhos Magisteriais auto-outorgam-se, doando a si próprios aos mundos do espaço. E de nenhum modo esses serviços planetários são inferiores às auto-outorgas mortais dos Michaéis. É verdade que o vosso Filho Criador selecionou, como o reino da sua aventura final de experiência como criatura, um planeta que tivesse tido infelicidades incomuns. Mas nenhum planeta poderia estar em uma condição tal que requisitasse a auto-outorga de um Filho Criador, para efetivar a sua reabilitação espiritual. Qualquer Filho, do grupo auto-outorgador, teria sido igualmente suficiente, pois em todo o seu trabalho, nos mundos de um universo local, os Filhos Magisteriais são tão divinamente eficientes e todo-sábios quanto o foi o seu irmão do Paraíso, o Filho Criador.

Embora uma possibilidade de desastre paire sempre sobre esses Filhos do Paraíso, durante as suas encarnações de auto-outorga, eu estou ainda para ver o registro de um fracasso ou não-cumprimento, seja de um Filho Magisterial, seja de um Filho Criador, em uma missão de auto-outorga. Ambos têm uma origem próxima demais da perfeição absoluta para chegarem a falhar. E de fato assumem riscos, realmente tornam-se como as criaturas mortais de carne e sangue e, por isso, conquistam a experiência única da criatura; mas, dentro do âmbito da minha observação, eles sempre têm tido êxito. Nunca fracassam na realização da meta da sua missão de auto-outorga. A história das suas auto-outorgas e dos serviços planetários, em todo o Nébadon, constitui o capítulo mais nobre e fascinante da história do vosso universo local.

6. AS CARREIRAS DE AUTO-OUTORGA MORTAL

O método pelo qual um Filho do Paraíso torna-se pronto para a encarnação mortal, como um Filho auto-outorgado, chegando até a nascer de uma mãe, no planeta da sua outorga, é um mistério universal; e qualquer esforço para desvendar o trabalho dessa técnica de Sonárington, seguramente estará destinado a fracassar. Deixai que o conhecimento sublime da vida mortal de Jesus de Nazaré mergulhe nas vossas almas, mas não desperdiceis pensamentos em cogitações inúteis, sobre como se efetuou essa misteriosa encarnação de Michael de Nébadon. Que nos regozijemos pelo conhecimento e certeza de que tais realizações sejam possíveis à natureza divina, mas não desperdicemos tempo em conjecturas fúteis sobre a técnica empregada pela sabedoria divina ao efetuar tal fenômeno.

Numa missão de auto-outorga mortal, um Filho do Paraíso sempre nasce de mulher e cresce como uma criança masculina do reino, como o fez Jesus, em Urântia. Esses filhos do serviço supremo passam pela infância e pela juventude, até a maturidade, exatamente como o faz um ser humano. Sob todos os aspectos, tornam-se como os mortais, da raça na qual nasceram. Fazem pedidos ao Pai, como o fazem os filhos do reino em que servem. Do ponto de vista material, esses Filhos humano-divinos vivem vidas comuns, com uma única exceção: não geram nenhuma progênie nos mundos da sua permanência; essa é uma restrição universal, imposta a todas as ordens de Filhos do Paraíso que fazem essa autodoação de outorga.

Assim como Jesus trabalhou no vosso mundo, como um filho de carpinteiro, também os outros Filhos do Paraíso trabalham em vários afazeres, nos seus planetas de outorga. Vós, dificilmente, conseguiríeis localizar alguma vocação que não haja sido seguida por algum Filho do Paraíso, no curso da sua auto-outorga, em algum dos planetas evolucionários do tempo.

Quando um Filho auto-outorgado tem, sob a sua mestria, a experiência da vida, como um mortal; quando ele houver alcançado a perfeição na sintonia com o seu Ajustador residente, então, ele dá início àquela parte da sua missão planetária destinada a iluminar as mentes e inspirar as almas dos seus irmãos na carne. Como mestres, esses Filhos devotam-se exclusivamente à iluminação espiritual das raças mortais, nos mundos da sua permanência.

As carreiras de auto-outorga mortal dos Michaéis e Avonais, ainda que equiparáveis, não são idênticas em todos os aspectos: um Filho Magisterial nunca proclama "Quem tiver visto o Filho, terá visto o Pai", como o fez o vosso Filho Criador, quando em Urântia vivendo na carne. Um Avonal auto-outorgado, entretanto, declara: "Quem tiver visto a mim, terá visto o Filho Eterno de Deus". Os Filhos Magisteriais não são de descendência imediata do Pai Universal, nem encarnam para sujeitar-se à vontade do Pai; eles sempre se auto-outorgam, como *Filhos* do Paraíso, sujeitando-se à vontade do Filho Eterno do Paraíso.

Quando os Filhos auto-outorgados, Criadores ou Magisteriais, passam pelos portais da morte, eles ressurgem, ao terceiro dia. Mas vós não deveríeis nutrir a idéia de que eles sempre têm o trágico fim que teve o vosso Filho Criador, que visitou o vosso mundo, há cerca de dezenove séculos. A experiência extraordinária e estranhamente cruel, pela qual Jesus de Nazaré passou, levou Urântia a ser conhecida no universo local como o "mundo da cruz". Não se faz necessário que um tratamento tão desumano seja dispensado a um Filho de Deus; e a grande maioria de planetas tem dispensado a eles uma recepção de muito maior consideração, permitindo-lhes terminar as suas carreiras mortais, encerrar a época, julgar os sobreviventes adormecidos e inaugurar uma nova dispensação, sem impor-lhes nenhuma morte violenta. Um Filho auto-outogado deve encontrar a morte, deve passar por toda a experiência real dos mortais dos reinos, mas, que essa morte seja violenta ou incomum, não é um quesito do plano divino.

Quando não são levados à morte pela violência, os Filhos auto-outorgados abandonam voluntariamente as suas vidas e passam pelos portais da morte, não para satisfazer às exigências da "severa justiça" ou da "ira divina", mas antes para completar a outorga, "para beber do cálice" da carreira da encarnação e da experiência pessoal, de tudo o que constitui a vida de uma criatura, do modo como é vivida nos planetas de existência mortal. A outorga, a doação de si próprio, é uma necessidade planetária e do universo; e a morte física nada mais é do que uma parte necessária, em uma missão de auto-outorga.

Quando a encarnação mortal termina, o Avonal em serviço encaminha-se ao Paraíso, é aceito pelo Pai Universal, retorna ao universo local da sua missão, e é reconhecido pelo Filho Criador. A partir daí, o Avonal auto-outorgado e o Filho Criador enviam o seu Espírito da Verdade, conjunto, para funcionar nos corações das raças mortais que habitam o mundo da outorga. Nas idades de pré-soberania, de um universo local, esse espírito conjunto de ambos os Filhos é implementado pelo Espírito Criativo Materno. E ele difere ligeiramente do Espírito da Verdade, o qual caracteriza as idades dos universos locais que vêm depois da sétima auto-outorga de um Filho Michael.

Quando se completa a auto-outorga final de um Filho Criador, o Espírito da Verdade, previamente enviado a todos os mundos de outorgas Avonais daquele universo local, transforma-se na sua natureza, tornando-se mais literalmente o espírito do Michael soberano. Esse fenômeno ocorre simultaneamente com a liberação do Espírito da Verdade, para serviço no planeta em que ocorreu a auto-outorga mortal do Filho Michael. Daí em diante, cada mundo honrado com uma auto-outorga Magisterial receberá o mesmo espírito Confortador do Filho Criador sétuplo, em coligação com o do Filho Magisterial, o mesmo que o mundo teria recebido, caso o Soberano daquele universo local houvesse encarnado pessoalmente como o seu Filho auto-outorgado.

7. OS FILHOS INSTRUTORES DA TRINDADE

Esses Filhos do Paraíso, altamente pessoais e altamente espirituais, são trazidos à existência pela Trindade do Paraíso. São conhecidos em Havona como a ordem dos Dainais. Em Orvônton, estão registrados como Filhos Instrutores da Trindade, assim denominados por causa da sua ascendência. Em Sálvington, algumas vezes, são denominados Filhos Espirituais do Paraíso.

O número dos Filhos Instrutores está constantemente crescendo. A última transmissão do censo universal forneceu um número um pouco maior do que vinte e um bilhões desses Filhos atuando no universo central e nos superuniversos; e isso exclui as reservas do Paraíso, que são de mais de um terço de todos os Filhos Instrutores da Trindade em existência.

A ordem Dainal de filiação não é uma parte orgânica das administrações dos universos locais e superuniversos. Os seus membros não são criadores ou resgatadores, nem juízes ou governantes. Estão menos ocupados com a administração do universo do que com o esclarecimento moral e o desenvolvimento espiritual. Eles são os educadores universais, permanecendo dedicados ao despertar espiritual e à orientação moral de todos os reinos. A sua ministração está intimamente inter-relacionada com a das personalidades do Espírito Infinito e intimamente associada à ascensão dos seres-criaturas ao Paraíso.

Esses Filhos da Trindade compartilham das naturezas combinadas das três Deidades do Paraíso, mas, em Havona, parece que refletem mais a natureza do Pai Universal. Nos superuniversos parecem retratar a natureza do Filho Eterno, enquanto, nas criações locais, parecem demonstrar o caráter do Espírito Infinito. Em todos os universos, eles são a incorporação do serviço e a prudência da sabedoria.

Diferentemente dos Michaéis e dos Avonais, seus irmãos do Paraíso, os Filhos Instrutores da Trindade não recebem nenhum aperfeiçoamento preliminar no universo central. São despachados diretamente para as sedes-centrais dos superuniversos e, dali, designados para servir em algum universo local. Na sua ministração, nos reinos evolucionários, eles utilizam a influência espiritual combinada de um Filho

Criador e dos Filhos Magisteriais associados a ele, pois os Dainais não possuem um poder de atração espiritual em si e por si próprios.

8. A MINISTRAÇÃO DOS DAINAIS AO UNIVERSO LOCAL

Os Filhos Espirituais do Paraíso são seres singulares, originários da Trindade; e são as únicas criaturas da Trindade a ligar-se assim tão inteiramente à condução dos universos de origem dual. Devotam-se afetuosamente ao ministério educacional, às criaturas mortais e ordens mais baixas de seres espirituais. Começam seus trabalhos nos sistemas locais e, de acordo com suas experiências e realizações, avançam para dentro, por meio do serviço, nas constelações, aos mais elevados trabalhos da criação local. Após haverem sido certificados, podem transformar-se em embaixadores espirituais, representando o universo local do seu serviço.

Não sei qual é o número exato de Filhos Instrutores em Nébadon; há muitos milhares deles. Muitos dos dirigentes de departamentos, nas escolas dos Melquisedeques, pertencem à sua ordem, enquanto o conjunto do pessoal da Universidade de Sálvington, regularmente constituída, abrange mais de cem mil seres, inclusive desses Filhos. Um grande número deles encontra-se estacionado nos vários mundos de aprendizado moroncial; todavia, não estão ocupados apenas com o avanço espiritual e intelectual das criaturas mortais, estão igualmente ocupados com a instrução dos seres seráficos e outros nativos das criações locais. Muitos dos seus assistentes são provenientes das fileiras de seres trinitarizados-por-criaturas.

Os Filhos Instrutores compõem as faculdades que administram todos os exames e conduzem todos os testes para a qualificação e certificação, em todas as fases subordinadas de serviço no universo; desde os deveres das sentinelas em postos avançados, até os de estudantes das estrelas. Eles conduzem um tipo de curso de educação que dura toda uma era, variando desde os cursos planetários até as altas Faculdades do Saber localizadas em Sálvington. O reconhecimento indicativo do esforço e realização é concedido a todos, sejam mortais ascendentes ou querubins arrojados, que completam essas aventuras no saber e na verdade.

Em todos os universos, todos os Filhos de Deus admiram esses Filhos Instrutores da Trindade, sempre fiéis e universalmente eficientes. São os professores excelsos de todas as personalidades espirituais, sendo até mesmo os instrutores experimentados, aprovados e verdadeiros, dos próprios Filhos de Deus. Todavia, sobre os detalhes sem fim dos deveres e funções dos Filhos Instrutores, pouco posso dizer-vos. Os vastos domínios das atividades da filiação dos Dainais serão mais bem compreendidos, em Urântia, tão logo estiverdes mais avançados em inteligência, e depois que haja terminado o isolamento espiritual do vosso planeta.

9. O SERVIÇO PLANETÁRIO DOS DAINAIS

Quando o progresso dos acontecimentos, em um mundo evolucionário, indicar que o tempo está maduro para iniciar uma idade espiritual, os Filhos Instrutores da Trindade sempre são voluntários para esse serviço. Não estais familiarizados com essa ordem de filiação, porque Urântia nunca experienciou uma idade espiritual, um milênio de esclarecimento cósmico. Contudo, os Filhos Instrutores, ainda agora, visitam o vosso mundo com o propósito de formular planos visando as temporadas que projetam passar na vossa esfera. Eles aparecerão devidamente, em Urântia, após os seus habitantes haverem conquistado uma relativa libertação das correntes da animalidade e das cadeias do materialismo.

Os Filhos Instrutores da Trindade não têm nada a ver com a terminação das dispensações planetárias. Eles não julgam os mortos, nem transladam os vivos; entretanto, em cada missão planetária, eles são acompanhados por um Filho Magisterial que executa esses serviços. Os Filhos Instrutores ocupam-se integralmente com a iniciação de uma idade espiritual, com a aurora de uma era de realidades espirituais, em um planeta evolucionário. Eles tornam reais as contrapartes espirituais do conhecimento material e da sabedoria temporal.

Os Filhos Instrutores, em geral, permanecem nos seus planetas de visitação, por mil anos do tempo planetário. Um Filho Instrutor preside ao reino do planeta de uma forma milenar e é assistido por setenta associados da sua ordem. Os Dainais não se encarnam nem se materializam, de qualquer outro modo, para se fazerem visíveis aos seres mortais; e, por isso, o contato com o mundo da sua visitação é mantido por meio das atividades dos Brilhantes Estrelas Vespertinas, personalidades do universo local que se associam aos Filhos Instrutores da Trindade.

Os Dainais podem retornar, muitas vezes, a um mundo habitado e, após a sua missão final, o planeta entrará no status de esfera estabelecida em luz e vida, meta evolucionária visada por todos os mundos habitados por mortais, na presente idade do universo. Os Corpos Mortais de Finalidade muito têm a ver com as esferas estabelecidas em luz e vida; e as suas atividades planetárias têm relações com os Filhos Instrutores. De fato, toda a ordem de filiação dos Dainais está intimamente ligada a todas as fases das atividades dos finalitores, nas criações evolucionárias do tempo e do espaço.

Os Filhos Instrutores da Trindade parecem identificar-se tão completamente com o regime da progressão mortal, desde as primeiras etapas da ascensão evolucionária, que, muitas vezes, somos levados a refletir a respeito da sua possível associação com os finalitores, na carreira, ainda não revelada, dos universos futuros. Observamos que os administradores dos superuniversos são, em parte, personalidades originárias da Trindade e, em parte, criaturas ascendentes evolucionárias abraçadas pela Trindade. E acreditamos, firmemente, que os Filhos Instrutores e os finalitores estejam empenhados, presentemente, em adquirir a experiência da associação temporal entre eles, o que pode constituir uma educação preliminar a prepará-los para uma associação estreita em algum destino ainda não revelado, no futuro. Em Uversa, cremos que tais Filhos Instrutores da Trindade sejam, provavelmente, transferidos de modo a terem ligação eterna com o Corpo de Finalidade do Paraíso, quando os superuniversos estiverem finalmente estabelecidos em luz e vida; pois eles se tornaram profundamente familiarizados com os problemas dos mundos evolucionários, mantendo-se associados, por muito tempo, à carreira dos mortais evolucionários.

10. A MINISTRAÇÃO UNIFICADA DOS FILHOS DO PARAÍSO

Todos os Filhos de Deus do Paraíso são divinos por origem e natureza. O trabalho de cada um dos Filhos do Paraíso, para o bem de um determinado mundo, é como se esse Filho a serviço fosse o primeiro e único Filho de Deus.

Os Filhos do Paraíso são a apresentação divina das naturezas atuantes das três pessoas da Deidade aos domínios do tempo e do espaço. Os Filhos Criadores Magisteriais e Instrutores são as dádivas das Deidades eternas, para os filhos dos homens e para todas as outras criaturas do universo, as quais têm potencial de ascensão. Esses Filhos de Deus são os ministros divinos devotados, incessantemente, ao trabalho de ajudar as criaturas do tempo a atingir a elevada meta espiritual da eternidade.

Nos Filhos Criadores, o amor do Pai Universal está aliado à misericórdia do Filho Eterno e é revelado, aos universos locais, por meio do poder criativo do ministério de amor e da soberania compreensiva dos Michaéis. Nos Filhos Magisteriais, a misericórdia do Filho Eterno, unida ao ministério do Espírito Infinito, é revelada aos domínios evolucionários, nas carreiras de julgamento, serviço e auto-outorga desses Avonais. Nos Filhos Instrutores da Trindade, o amor, a misericórdia e o ministério das três Deidades do Paraíso estão coordenados nos níveis de valores mais elevados do espaço-tempo e são apresentados, aos universos, como a verdade viva, a divina bondade e a verdadeira beleza espiritual.

Nos universos locais, essas ordens de filiação colaboram para efetivar a revelação das Deidades do Paraíso às criaturas do espaço. Como Pai de um universo local, um Filho Criador retrata o caráter infinito do Pai Universal. Enquanto Filhos auto-outorgados da misericórdia, os Avonais revelam a natureza incomparável, de infinita compaixão, do Filho Eterno. Como mestres verdadeiros das personalidades ascendentes, os Filhos Dainais da Trindade revelam a personalidade de Mestre do Espírito Infinito. Dentro da sua colaboração divinamente perfeita, Michaéis, Avonais e Dainais estão contribuindo para a realização e a revelação da personalidade para a soberania de Deus, o Supremo, nos e para os universos do tempo-espaço. Na harmonia das suas atividades trinas, esses Filhos de Deus do Paraíso sempre funcionam na vanguarda das personalidades da Deidade, ao darem continuidade à expansão sem fim da divindade da Primeira Grande Fonte e Centro, desde a eterna Ilha do Paraíso até as profundezas desconhecidas do espaço.

[Apresentado por um Perfeccionador da Sabedoria de Uversa.]

DOCUMENTO 21

OS FILHOS CRIADORES DO PARAÍSO

O S FILHOS Criadores são aqueles que geram os universos locais do tempo e do espaço; e que os governam. Esses criadores e soberanos do universo são de origem dual, incorporando as características de Deus, o Pai, e de Deus, o Filho. Cada Filho Criador, todavia, é diferente de todos os outros; cada um deles é único em natureza, bem como em personalidade; cada um é o "Filho unigênito" do ideal perfeito da deidade de sua origem.

No imenso trabalho de formar, organizar, fazer evoluir e perfeccionar um universo local, esses Filhos elevados sempre desfrutam da aprovação sustentadora do Pai Universal. A relação dos Filhos Criadores com o seu Pai do Paraíso é tocante e superlativa. Dúvida alguma há de que a profunda afeição da Deidade pela sua progênie divina seja a fonte do amor, cheio de beleza e quase divino, que os pais mortais também nutrem pelos seus filhos.

Esses Filhos primeiros do Paraíso são personalizados como Michaéis. Quando saem do Paraíso para fundar os seus universos, são conhecidos como Michaéis Criadores. Quando estabelecidos em autoridade suprema, eles são chamados de Michaéis Mestres. Algumas vezes, referimo-nos ao soberano do vosso universo de Nébadon como Cristo Michael. Para sempre, eternamente, reinam eles, segundo a "ordem de Michael"; sendo essa a designação do primeiro Filho da sua ordem e natureza.

O Michael original, ou primogênito, nunca experienciou a encarnação como um ser material, mas por sete vezes ele passou pela experiência de ascensão da criatura espiritual, nos sete circuitos de Havona, tendo avançado, desde as esferas externas, até o circuito mais interno da criação central. A ordem de Michael conhece o grande universo de uma extremidade a outra; não há nenhuma experiência essencial, de qualquer dos filhos do tempo e do espaço, da qual os Michaéis não hajam pessoalmente participado; eles são de fato partícipes, não apenas da natureza divina, mas também da vossa natureza, de todas as naturezas, da mais alta à mais baixa.

O Michael original é o alto presidente dos Filhos primários do Paraíso, quando eles se reúnem para conferências, no centro de todas as coisas. Não faz muito tempo, em Uversa, registramos uma transmissão universal de um conclave extraordinário, na Ilha Eterna, de cento e cinqüenta mil Filhos Criadores, reunidos na presença dos seus Pais e empenhados nas deliberações que têm a ver com o progresso da unificação e estabilização do universo dos universos. Esse era um grupo seleto de Michaéis Soberanos, Filhos já com as sete auto-outorgas cumpridas.

1. ORIGEM E NATUREZA DOS FILHOS CRIADORES

Quando a plenitude da ideação espiritual absoluta, no Filho Eterno, alcança a plenitude do conceito da personalidade absoluta, no Pai Universal; quando tal unificação criadora é final e plenamente atingida; quando essa identidade absoluta de espírito e essa unificação infinita de conceito de personalidade ocorrem, então, imediatamente, sem que nenhuma das Deidades infinitas perca nada em personalidade ou em prerrogativa, surge nesse momento exato, em existência plena e completa, um Filho Criador novo e original; um Filho unigênito do ideal perfeito e da idéia poderosa, cuja unificação produz essa nova personalidade criadora, em poder e perfeição.

Cada Filho Criador é uma progênie unigênita e unicamente-gerável, da união perfeita entre os conceitos originais das duas mentes infinitas, eternas e perfeitas dos Criadores, para sempre eternos e existentes, do universo dos universos. Nunca poderá existir um outro Filho como este ou aquele; porque cada Filho Criador é a expressão inqualificável, acabada e final, e é a incorporação de toda e qualquer fase, de cada característica, de cada possibilidade e de cada realidade divina que jamais poderia, por toda a eternidade, ser encontrada ou expressa, ou ainda evoluir a partir daqueles potenciais criativos divinos que se uniram para trazer esse Filho Michael à existência. Cada Filho Criador é o absoluto dos conceitos unificados da deidade, que constituem a sua origem divina.

As naturezas divinas desses Filhos Criadores são, em princípio, derivadas igualmente dos atributos de ambos os Pais, do Paraíso. Todos compartilham da plenitude da natureza divina do Pai Universal e das prerrogativas criadoras do Filho Eterno; mas, à medida que observamos as realizações práticas das atribuições dos Michaéis nos universos, discernimos diferenças aparentes. Alguns Filhos Criadores parecem ser mais como Deus, o Pai; outros, mais como Deus, o Filho. Por exemplo: a tendência da administração, no universo de Nébadon, sugere que o seu Filho Criador e governante seja um daqueles cuja natureza e cujo caráter assemelham-se mais aos do Filho Materno Eterno. Deveria ainda ser dito, pois, que alguns Michaéis do Paraíso, que presidem aos universos, se assemelham igualmente a Deus, o Pai, ou a Deus, o Filho. E tal observação, em nenhum sentido, implica crítica nenhuma, é apenas o registro de um fato.

Não sei o número exato de Filhos Criadores que existem, mas tenho boas razões para acreditar que há mais de setecentos mil. Ora, sabemos que há exatamente setecentos mil Uniões dos Dias; e nenhum mais está sendo criado. Também observamos que os planos de ordenação da idade atual do universo parecem indicar que um União dos Dias deve estar sediado, em cada universo local, como embaixador conselheiro da Trindade. Notamos, ademais, que o número constantemente crescente de Filhos Criadores excede já o número estacionário de Uniões dos Dias. Contudo, no que concerne à quantidade dos Michaéis, além dos setecentos mil, nunca fomos informados de nada.

2. OS CRIADORES DOS UNIVERSOS LOCAIS

Os Filhos do Paraíso da ordem primária são projetistas, criadores, construtores e administradores dos seus respectivos domínios, os universos locais do tempo e do espaço, unidades criativas básicas dos sete superuniversos evolucionários. A um Filho Criador é permitido escolher a localização espacial da sua futura atividade cósmica, mas antes mesmo de que possa começar a organização física do seu universo, deve passar por um longo período de observação, devotado ao estudo dos esforços dos seus irmãos mais velhos, em várias criações localizadas no superuniverso em que a sua ação foi projetada. Mas, antes mesmo de tudo isso, o Filho Michael haverá completado a sua longa e única experiência de observação no Paraíso e de aperfeiçoamento em Havona.

Quando um Filho Criador parte do Paraíso para embarcar na aventura de criar um universo, de tornar-se o dirigente – e, virtualmente, o Deus – do universo local da sua própria organização, então, pela primeira vez, ele encontra-se em contato íntimo com a Terceira Fonte e Centro e, sob muitos aspectos, torna-se dependente dela. O Espírito

Infinito, ainda que habitando com o Pai e com o Filho, no centro de todas as coisas, está destinado a funcionar como o ajudante factual e efetivo de cada Filho Criador. Portanto, cada Filho Criador é acompanhado por uma Filha Criadora do Espírito Infinito; a qual é aquele ser que está destinado a tornar-se a Ministra Divina, o Espírito-Mãe ou o Espírito Materno do novo universo local.

A partida de um Filho Michael, nessa ocasião, libera para sempre as suas prerrogativas de criador, das Fontes e Centros do Paraíso, ficando sujeito apenas a certas limitações inerentes à preexistência dessas Fontes e Centros e a certos outros poderes e presenças antecedentes. Entre essas limitações às prerrogativas todo-poderosas, por outro lado, como criador, do Pai de um universo local, estão as seguintes:

1. *A matéria-energia* é dominada pelo Espírito Infinito. Antes que possam ser criadas quaisquer novas formas de coisas, grandes ou pequenas, antes que quaisquer transformações da matéria-energia sejam intentadas, um Filho Criador deve assegurar o consentimento e a cooperação do trabalho do Espírito Infinito.

2. *Os projetos e tipos de criaturas* são controlados pelo Filho Eterno. Antes que um Filho Criador possa engajar-se na criação de qualquer novo tipo de ser, de qualquer novo projeto de criatura, ele deve assegurar o consentimento do Filho Materno Original e Eterno.

3. *A personalidade* é projetada e outorgada pelo Pai Universal.

Os tipos e modelos de *mente* são determinados pelos fatores do ser da pré-criatura. Depois que esses fatores houverem sido associados para constituir uma criatura (pessoal ou não) a sua mente é um dom da Terceira Fonte e Centro, fonte universal do ministério da mente a todos os seres abaixo do nível dos Criadores do Paraíso.

O controle dos projetos e tipos de *espírito* depende do nível da sua manifestação. Em última análise, o projeto espiritual é controlado pela Trindade, ou pelos dons de espírito, no nível de pré-Trindade, das personalidades da Trindade – Pai, Filho e Espírito.

Assim que um Filho tão perfeito e divino haja tomado posse da locação espacial do seu universo escolhido; assim que os problemas iniciais da materialização do universo e do equilíbrio bruto tenham sido resolvidos; assim que ele tenha formado uma união eficaz e cooperativa de trabalho com a Filha, complemento seu, do Espírito Infinito – então este Filho Universal e este Espírito Universal iniciam aquele enlace que se destina a dar origem às inúmeras hostes de filhos seus naquele universo local. Em conexão com esse evento, a focalização do Espírito Infinito do Paraíso, no Espírito Criativo, é transformada na sua natureza, assumindo as qualidades pessoais do Espírito Materno de um universo local.

Não obstante todos os Filhos Criadores serem, divinamente, como os seus progenitores do Paraíso, um não se parece exatamente com outro; cada um deles é único, diverso, exclusivo e original, tanto em *natureza* quanto personalidade. E posto que eles são os arquitetos e elaboradores dos planos da vida, nos seus respectivos reinos, essa diversidade mesma assegura que os seus domínios sejam também diversos em cada forma e fase da existência vivente nascida de um Michael, que pode ser criada ou subseqüentemente evoluir dele. Daí as ordens de criaturas nativas dos universos locais serem tão variadas. Não há dois universos que sejam administrados ou habitados por seres nativos de origem dual que sejam idênticos sob todos os aspectos. Dentro de qualquer superuniverso, cerca da metade dos seus atributos inerentes é muito semelhante, sendo derivada dos Espíritos Criativos uniformes; a outra metade varia, sendo derivada dos Filhos Criadores diversificados. Essa diversidade, no entanto, não caracteriza as criaturas apenas com origem no Espírito Criativo, nem os seres importados que são nativos do universo central ou dos superuniversos.

Quando um Filho Michael está ausente do seu universo, o governo deste é assumido pelo seu filho, o primogênito deste universo, o Brilhante Estrela Matutino, o executivo principal do universo local. O conselho e assessoramento do União dos Dias é muito valioso, em tais ocasiões. Durante tais ausências, um Filho Criador torna-se capaz de conferir ao Espírito Materno coligado o supercontrole da sua presença espiritual, nos mundos habitados e nos corações dos seus filhos mortais. E o Espírito Materno de um universo local permanece constantemente na sua sede-central, estendendo os seus cuidados protetores e ministério espiritual às partes mais afastadas do seu domínio evolucionário.

A presença pessoal de um Filho Criador, no seu universo local, não é imprescindível ao bom funcionamento de uma criação material estabelecida. Esses Filhos podem viajar ao Paraíso e, ainda assim, os seus universos seguirão os seus cursos, no espaço. Eles podem sacrificar as suas linhas de poder, para encarnarem-se como filhos do tempo; e, ainda assim, seus reinos girarão à volta dos seus respectivos centros. No entanto, nenhuma organização material é independente da atração da gravidade-absoluta do Paraíso, nem do supercontrole cósmico inerente à presença espacial do Absoluto Inqualificável.

3. A SOBERANIA NO UNIVERSO LOCAL

A abrangência de um universo é dada a um Filho Criador por consentimento da Trindade do Paraíso, e com a confirmação do Espírito Mestre supervisor do superuniverso considerado. Essa ação constitui como que um título de posse física, um contrato cósmico de concessão; no entanto, a elevação de um Filho Michael, do seu estágio inicial e autolimitado de governo à supremacia experiencial de soberania autoconquistada, vem como resultado das suas próprias experiências pessoais, no trabalho da criação do universo e das auto-outorgas em encarnações. Até a realização da soberania conquistada por meio das auto-outorgas, ele governa como um vice-regente do Pai Universal.

Um Filho Criador poderia pleitear a sua ampla soberania sobre a sua criação pessoal a qualquer momento, mas, sabiamente, ele escolhe não o fazer. Se, antes de passar como criatura pelas auto-outorgas, ele assumisse uma soberania suprema, não conquistada, as personalidades do Paraíso que residem no seu universo local, retirar-se-iam. Todavia, isso nunca aconteceu nas criações do tempo e do espaço.

O fato da autoria criadora implica a plena soberania, mas os Michaéis escolhem *conquistá-la* experiencialmente; e, com isso, mantêm a colaboração total de todas as personalidades do Paraíso ligadas à administração do seu universo local. Não temos conhecimento de nenhum Michael que haja procedido de outro modo; mas todos eles poderiam fazê-lo, pois são Filhos verdadeiramente dotados de livre-arbítrio.

A soberania de um Filho Criador em um universo local passa por seis, talvez por sete, estágios de manifestação experiencial. Estes surgem na ordem seguinte:

1. A soberania inicial como vice-regente – a autoridade solitariamente provisória, exercida por um Filho Criador, antes que o Espírito Criativo Materno coligado adquira as qualidades da personalidade.

2. A soberania conjunta, como vice-regente – o governo conjunto do par do Paraíso, subseqüente à conquista da personalidade feita pelo Espírito Materno do Universo.

3. A crescente soberania de vice-regente – a autoridade em avanço de um Filho Criador, durante o período das suas sete auto-outorgas como criatura.

4. A soberania suprema – a autoridade estabelecida, que se segue à conquista feita após a sétima auto-outorga. Em Nébadon, a soberania suprema data do término da auto-outorga de Michael em Urântia. Tem existido por pouco mais de dezenove séculos, no vosso tempo planetário.

5. A crescente soberania suprema – o relacionamento avançado, que surge depois do estabelecimento em luz e vida de uma maioria dos domínios das criaturas. Este estágio pertence a um futuro, ainda não realizado, do vosso universo local.

6. A soberania trinitária – aquela que é exercida subseqüentemente ao estabelecimento do universo local inteiro, em luz e vida.

7. A soberania não revelada – as relações desconhecidas, de uma idade futura do universo.

Ao aceitar a soberania inicial, como vice-regente de um universo local projetado, um Criador Michael faz um juramento à Trindade, de não assumir a soberania suprema até que as suas sete auto-outorgas, como criatura, hajam sido completadas e certificadas pelos governantes do superuniverso. No entanto, se um Filho Michael não pudesse, segundo a sua vontade, pleitear tal soberania não conquistada, não teria sentido prestar o juramento de não o fazer.

Mesmo nas eras de pré-outorgas, um Filho Criador governa o seu domínio quase supremamente, quando não há nenhum desacordo entre quaisquer das suas partes. A limitação do governo dificilmente manifestar-se-á, se a soberania não for jamais desafiada. A soberania exercida por um Filho Criador antes das auto-outorgas, em um universo sem rebelião, não é maior do que em um universo com rebelião; mas, no primeiro caso, as limitações à soberania não são aparentes; no segundo, elas o são.

Se a autoridade ou administração de um Filho Criador chegar a ser contestada, atacada ou posta em perigo, ele está eternamente comprometido a manter, proteger, defender e, se necessário, recobrar a sua criação pessoal. Esses Filhos podem ser perturbados ou molestados apenas por criaturas da sua própria criação ou por seres mais elevados da sua própria escolha. Poderia ser inferido que os "seres mais elevados", aqueles originários de níveis acima de um universo local, muito provavelmente não causariam problemas a um Filho Criador, e isso é verdade. Mas eles poderiam fazê-lo, se escolhessem assim fazer. A virtude é volitiva, na personalidade; a retidão não é automática, nas criaturas com livre-arbítrio.

Antes de completar a sua carreira de auto-outorgas, um Filho Criador governa sob certas limitações auto-impostas à própria soberania; mas, após terminar o seu serviço de auto-outorgas, ele governa pela virtude da sua experiência factual, recebida e feita na forma e à semelhança das suas múltiplas criaturas. Quando um Criador houver vivido, por sete vezes, entre as suas criaturas; quando a carreira de auto-outorgas se der por terminada, então ele estará supremamente estabelecido na autoridade do universo; e ter-se-á transformado em um Filho Mestre, um governante soberano e supremo.

A técnica de obter a soberania suprema sobre um universo local envolve os sete passos experimentais seguintes:

1. Penetrar, experiencialmente, em sete níveis de existência da criatura, mediante a técnica da auto-outorga de encarnação à semelhança das criaturas do nível em questão.

2. Fazer uma consagração experiencial, a cada fase da vontade sétupla da Deidade do Paraíso, tal como é personificada nos Sete Espíritos Mestres.

3. Atravessar cada uma das sete experiências, nos níveis da criatura, simultaneamente com o cumprimento de uma das sete consagrações à vontade da Deidade do Paraíso.

4. Em cada nível da criatura, retratar experiencialmente o auge da vida da criatura para a Deidade do Paraíso e para todas as inteligências do universo.

5. Em todos os níveis da criatura, revelar experiencialmente uma fase da vontade sétupla da Deidade, para o nível da auto-outorga e para todo o universo.

6. Unificar experiencialmente a experiência sétupla, como criatura, com a experiência sétupla de consagração à revelação da natureza e da vontade da Deidade.

7. Alcançar relações novas e mais elevadas com o Ser Supremo. A repercussão da totalidade dessa experiência de Criador-criatura implementa a realidade, no superuniverso, de Deus, o Supremo, bem como a soberania no espaço-tempo do Supremo Todo-Poderoso, e factualiza a soberania suprema, no universo local, de um Michael do Paraíso.

Ao estabelecer sobre a questão da soberania em um universo local, o Filho Criador não apenas está demonstrando a sua própria idoneidade para governar, mas está também revelando a natureza e retratando a atitude sétupla das Deidades do Paraíso. O entendimento finito e a apreciação da primazia do Pai, por parte da criatura, são concernentes à aventura de um Filho Criador, quando ele condescende em ter, por si mesmo, a forma e as experiências das suas criaturas. Esses Filhos primazes do Paraíso são os reveladores reais da natureza amorosíssima do Pai e da Sua autoridade benévola; o mesmo Pai que, em coligação com o Filho e o Espírito, é o centro universal de todo o poder, personalidade e governo em todos os reinos universais.

4. AS AUTO-OUTORGAS DOS MICHAÉIS

Há sete grupos de Filhos Criadores auto-outorgadores, e eles são classificados assim, de acordo com o número de vezes que já se hajam outorgado a si próprios às criaturas dos seus reinos. Tais grupos abrangem desde a experiência inicial, passando pelas outras cinco esferas das auto-outorgas progressivas até atingir o sétimo episódio final da experiência criatura-Criador.

As auto-outorgas Avonais são sempre feitas à semelhança da carne mortal, mas as sete auto-outorgas de um Filho Criador envolvem o seu aparecimento em sete níveis de existência das criaturas e pertencem à revelação das sete expressões primárias da vontade e da natureza da Deidade. Sem exceção, todos os Filhos Criadores passam por essas sete doações de si próprios, aos seus filhos criados, antes de assumir a jurisdição estabelecida e suprema sobre os universos da sua própria criação.

Embora essas sete auto-outorgas variem, nos diferentes setores e universos, elas abrangem sempre a aventura da auto-outorga mortal. Nesta auto-outorga, a final, um Filho Criador aparece como um membro de uma das raças mortais mais elevadas, em algum mundo habitado, geralmente como um membro daquele grupo racial que contém o maior legado hereditário da cepa Adâmica, a qual anteriormente havia sido importada para elevar o status físico dos povos de origem animal. Apenas uma vez, na sua carreira sétupla de Filho auto-outorgado, um Michael do Paraíso nasce de mulher; tal como ficou para vós feito o registro do menino de Belém. Por apenas uma vez, ele vive e morre como um membro da mais baixa ordem de criaturas volitivas evolucionárias.

Após cada uma das suas auto-outorgas, um Filho Criador prossegue até "a mão direita do Pai" para então ganhar a aceitação do Pai às suas auto-outorgas e receber a instrução preparatória para o próximo episódio de serviço ao universo. Em seguida à sétima auto-outorga, a final, o Filho Criador recebe do Pai Universal a suprema autoridade e a jurisdição sobre o seu universo.

Segundo consta nos registros, o Filho divino que por último apareceu no vosso planeta foi um Filho Criador do Paraíso que havia já completado seis fases da sua carreira de auto-outorgas; conseqüentemente, quando ele se liberou da sua prisão na consciência da vida encarnada em Urântia, ele pôde dizer, e realmente disse: "Está consumado" – e estava literalmente terminado. A sua morte em Urântia completou a sua carreira de auto-outorgas; era o último passo para cumprir o juramento sagrado de um Filho Criador do Paraíso. E uma vez realizada essa experiência, tais Filhos tornam-se os soberanos supremos do universo; não mais governam como vice-regentes do Pai, mas sim pelo seu próprio direito, e em seu próprio nome, como "Rei dos Reis, e Senhor dos Senhores". Com algumas exceções declaradas, esses Filhos de auto-outorgas sétuplas são supremos, irrestrita e inqualificavelmente, nos universos da sua morada. No que concerne ao seu universo local, "todo o poder nos céus e na Terra" foi delegado a esse Filho Mestre, triunfante e entronizado.

Os Filhos Criadores, após completarem as suas carreiras de auto-outorgas, são considerados uma ordem separada, a dos Filhos Mestres sétuplos. Pessoalmente, os Filhos Mestres são idênticos aos Filhos Criadores; mas já passaram por uma experiência tão singular de auto-outorgas, que são comumente encarados como uma ordem diferente. Quando um Filho Criador se digna a efetivar uma auto-outorga; uma mudança real e permanente está destinada a acontecer. É bem verdade que o Filho auto-outorgado continua sendo ainda nada menos do que um Criador, mas terá acrescentado à sua natureza a experiência de uma criatura; e isso o demove, para sempre, do seu nível divino de Filho Criador, elevando-o até o plano experiencial de Filho Mestre, aquele que conquistou plenamente o direito de governar um universo e administrar os seus mundos. Esses seres incorporam tudo o que pode ser assegurado a eles da paternidade divina, e abraçam tudo o que pode ser derivado da experiência da criatura perfeccionada. Por que deveria o homem lamentar-se da sua baixa origem e da sua carreira evolutiva forçada, quando os próprios Deuses devem passar por experiências equivalentes, antes de serem considerados experiencialmente condignos e, final e completamente, competentes para governar os seus domínios no universo?

5. A RELAÇÃO DOS FILHOS MESTRES COM O UNIVERSO

O poder de um Michael Mestre é ilimitado, porque é derivado da coligação experienciada com a Trindade do Paraíso; é inquestionável, porque é derivado da experiência factual de como as criaturas sujeitam-se à própria autoridade daquele Filho. A natureza da soberania de um Filho Criador sétuplo é suprema, pois ela:

1. Abrange o ponto de vista sétuplo da Deidade do Paraíso;

2. Incorpora uma atitude sétupla das criaturas do espaço-tempo;

3. Sintetiza perfeitamente a atitude do Paraíso e o ponto de vista da criatura.

Essa soberania experiencial, assim sendo, é todo-inclusiva da divindade de Deus, o Sétuplo; e culmina no Ser Supremo. E a soberania pessoal de um Filho sétuplo é como a soberania futura do Ser Supremo, a ser completada em algum tempo, abrangendo, como o faz, o conteúdo mais pleno possível e manifestável do poder e autoridade da Trindade do Paraíso, dentro dos limites tempo-espaciais envolvidos.

Com a realização da soberania suprema, no universo local, o poder e a oportunidade de criar tipos inteiramente novos de criaturas e de seres deixa de ser do Filho Michael, durante a era presente do universo. Todavia, a perda do poder de um Filho Mestre, de originar ordens inteiramente novas de seres, de nenhum modo interfere com o trabalho estabelecido já e em processo do desdobramento da elaboração da vida; esse vasto programa de evolução do universo continua, sem interrupção ou saltos de encurtamento. A aquisição da soberania suprema feita por um Filho Mestre implica a responsabilidade, por meio da devoção pessoal, de fomentar e administrar aquilo que já foi projetado e criado, e aquilo que irá ser produzido subseqüentemente por aqueles que tiverem sido, para isso, designados e criados. Com o tempo, poder-se-á desenvolver uma evolução quase infindável de diversos seres, mas nenhum modelo ou tipo novo de criatura inteligente originar-se-á diretamente de um Filho Mestre, a partir de então. Esse é o primeiro passo, o começo de uma administração estável ou estabelecida em qualquer universo local.

A elevação de um Filho auto-outorgador à soberania inquestionável do seu universo significa o começo do fim da incerteza e da relativa confusão de toda uma idade. Posteriormente a esse evento, aquilo que não puder, em nenhum momento, ser espiritualizado, certamente irá desorganizar-se; aquilo que não puder ser, em algum momento, coordenado à realidade cósmica, irá finalmente ser destruído. Quando as reservas de misericórdia sem fim e de paciência inominável se houverem exaurido, em um esforço de ganhar a lealdade e a devoção das criaturas volitivas dos reinos, a justiça e a retidão prevalecerão. Aquilo que a misericórdia não puder reabilitar, a justiça finalmente irá aniquilar.

Os Michaéis Mestres são supremos nos seus próprios universos locais, uma vez que se hajam instalado como governantes soberanos. As poucas limitações ao seu governo são aquelas inerentes à preexistência cósmica de certas forças e personalidades. Para tudo mais, esses Filhos Mestres são supremos em autoridade, responsabilidade e poder administrativo, nos seus respectivos universos; são como Criadores e Deuses virtualmente supremos em todos os sentidos. Nada ultrapassa ou escapa à sua sabedoria, no que diz respeito ao funcionamento do seu universo.

Após a sua elevação à soberania estável de um universo local, um Michael do Paraíso tem o controle pleno de todos os outros Filhos de Deus que funcionam no seu domínio; e ele pode governar livremente, de acordo com o seu conceito das necessidades dos seus reinos. Segundo a sua vontade, um Filho Mestre pode variar a ordem de julgamento espiritual e ajustamento evolucionário dos planetas habitados. E esses Filhos fazem e executam os planos da sua própria escolha, em todas as questões envolvendo as necessidades planetárias especiais, e, em particular, no que diz respeito aos mundos nos quais tiveram permanência e, mais ainda, sobretudo no que concerne ao reino da auto-outorga terminal, o planeta da sua encarnação à semelhança da carne mortal.

Os Filhos Mestres parecem estar em comunicação perfeita com os mundos que receberam as suas auto-outorgas, não apenas com os mundos da sua permanência pessoal, mas com todos os mundos onde um Filho Magisterial haja auto-outorgado a si próprio. Esse contato é mantido pela sua própria presença espiritual, o Espírito da Verdade, que eles são capazes de "verter sobre toda a carne". Esses Filhos Mestres também mantêm uma conexão ininterrupta com o Filho Materno Eterno, no centro de todas as coisas. Eles possuem um alcance compassivo advém de todos níveis, desde o Pai Universal, no alto, até as raças menos elevadas da vida planetária nos reinos do tempo.

DOCUMENTO 21: SEÇÃO 5

6. O DESTINO DOS MICHAÉIS MESTRES

Ninguém poderia, com autoridade final, ter a presunção de discutir as naturezas, nem os destinos dos Soberanos Mestres sétuplos dos universos locais; contudo todos nós refletimos muito sobre essas questões. Foi-nos ensinado, e acreditamos, que cada Michael do Paraíso é o *absoluto* dos conceitos da deidade dual da sua origem; assim, ele incorpora as fases factuais da infinitude do Pai Universal e do Filho Eterno. Os Michaéis devem ser parciais em relação à infinitude total, mas são, provavelmente, absolutos em relação àquela parte da infinitude envolvida na sua origem. Contudo, à medida que observamos os seus trabalhos na era presente do universo, não detectamos nenhuma ação que seja mais que finita; qualquer capacidade suprafinita em conjectura estaria, pois, autocontida, bem como ainda não revelada.

O cumprimento das carreiras de auto-outorga como criaturas e a elevação à soberania suprema, em um universo e para um Michael, devem significar a liberação completa das suas capacidades para ações-finitas, acompanhada do surgimento da capacidade para o serviço mais que finito. Pois, a esse respeito, notamos que esses Filhos Mestres são, então, limitados, na produção de novos tipos de seres-criaturas, restrição esta que se faz necessária, sem dúvida, em vista da liberação das suas potencialidades suprafinitas.

É altamente provável que esses poderes criadores, não desvelados, permaneçam autocontidos em toda a idade presente do universo. Contudo, em algum momento do futuro distante, nos universos do espaço exterior, ora em mobilização, acreditamos que o enlace entre um Filho Mestre e a Ministra Divina, o Espírito Criativo Materno do sétimo estágio, possa atingir níveis absonitos de serviço, acompanhados do surgimento de coisas, significados e valores novos nos níveis transcendentais de significação última universal.

Do mesmo modo que a Deidade do Supremo está-se factualizando, em virtude do serviço experiencial, os Filhos Criadores também estão atingindo a realização pessoal dos potenciais das divindades do Paraíso, contidos nas suas naturezas inescrutáveis. Quando estava em Urântia, o Cristo Michael disse, certa vez: "Eu sou o caminho, a verdade e a vida". E acreditamos que, na eternidade, o destino dos Michaéis seja literalmente constituírem-se "no caminho, na verdade e na vida" de todos; iluminando sempre a senda estreita que leva todas as personalidades do universo à suprema divindade, pela absonitude última, até a finalidade eterna da deidade.

[Apresentado por um Perfeccionador da Sabedoria de Uversa.]

DOCUMENTO 22

OS FILHOS TRINITARIZADOS DE DEUS

HÁ TRÊS grupos de seres que são chamados de Filhos de Deus. Além das ordens descendentes e ascendentes de filiação há um terceiro grupo conhecido como os Filhos Trinitarizados de Deus. A ordem trinitarizada de filiação é subdividida em três divisões principais, de acordo com as origens dos seus muitos tipos de personalidades, reveladas e não reveladas. Essas divisões principais são:

1. Os Filhos Trinitarizados pela Deidade.

2. Os Filhos Abraçados pela Trindade.

3. Os Filhos Trinitarizados por Criaturas.

Não importando a origem, todos os Filhos Trinitarizados de Deus têm em comum a experiência da trinitarização, seja como parte de sua origem, seja como uma experiência do abraço da Trindade, alcançada posteriormente. Os Filhos Trinitarizados pela Deidade não são revelados nestas narrativas; portanto, esta apresentação restringir-se-á a retratar os dois grupos restantes; e, mais particularmente, os Filhos de Deus abraçados pela Trindade.

1. OS FILHOS ABRAÇADOS PELA TRINDADE

Todos os filhos abraçados pela Trindade são de origem dual ou única, contudo, depois do abraço da Trindade, eles tornam-se eternamente devotados ao compromisso de serviço à Trindade. Esse corpo, tal como revelado e organizado para o serviço dos superuniversos, abrange sete ordens de personalidades:

1. Os Mensageiros Poderosos.

2. Aqueles Elevados Em Autoridade.

3. Aqueles Sem Nome Nem Número.

4. Os Custódios Trinitarizados.

5. Os Embaixadores Trinitarizados.

6. Os Guardiães Celestes.

7. Os Assistentes dos Filhos Elevados.

Esses sete grupos de personalidades são ainda classificados, de acordo com a origem, a natureza e a função, em três divisões principais: os Filhos Trinitarizados de Realização, os Filhos Trinitarizados de Seleção e os Filhos Trinitarizados de Perfeição.

Os Filhos Trinitarizados de Realização – os Mensageiros Poderosos, Aqueles Elevados Em Autoridade e Aqueles Sem Nome Nem Número – são, todos, mortais ascendentes, fusionados ao Ajustador, que alcançaram o Paraíso e o Corpo de Finalidade. No entanto, deixaram de ser finalitores; e os seus nomes são retirados da lista de chamada dos finalitores, depois de abraçados pela Trindade. Os novos filhos dessa ordem passam por cursos específicos de aperfeiçoamento, por períodos relativamente curtos, nos circuitos dos planetas-sede dos circuitos de Havona, sob a direção dos Eternos dos Dias. Daí em diante, são designados para os serviços dos Anciães dos Dias nos sete superuniversos.

Os Filhos Trinitarizados de Seleção abrangem os Custódios Trinitarizados e os Embaixadores Trinitarizados. São recrutados entre certos serafins evolucionários e entre as criaturas intermediárias transladadas que hajam atravessado Havona e alcançado o Paraíso, bem como entre alguns dos mortais fusionados ao Espírito e fusionados ao Filho, que, da mesma forma, hajam ascendido até a Ilha Central de Luz e Vida. Depois de haverem sido abraçados pela Trindade do Paraíso e de um breve aperfeiçoamento em Havona, os Filhos Trinitarizados de Seleção são designados para as cortes dos Anciães dos Dias.

Os Filhos Trinitarizados de Perfeição. Os Guardiães Celestes e os seus coordenados, os Assistentes dos Filhos Elevados, compreendem um grupo único de personalidades duplamente trinitarizadas. Eles são os filhos, trinitarizados-por-criaturas, de personalidades do Paraíso-Havona, ou de mortais ascendentes perfeccionados, que há muito tempo se distinguiram nos Corpos da Finalidade. Alguns desses filhos trinitarizados-por-criaturas, depois de servirem junto aos Executivos Supremos dos Sete Espíritos Mestres, e depois de servirem aos Filhos Instrutores da Trindade, são retrinitarizados (abraçados) pela Trindade do Paraíso e, então, designados para as cortes dos Anciães dos Dias, como Guardiães Celestes e Assistentes dos Filhos Elevados. Os Filhos Trinitarizados de Perfeição são diretamente designados para o serviço do superuniverso, sem outros aperfeiçoamentos.

Os nossos colaboradores originários da Trindade – os Perfeccionadores da Sabedoria, Conselheiros Divinos e Censores Universais – existem em números estacionários. Mas o número dos filhos abraçados pela Trindade está crescendo constantemente. Todas as sete ordens de filhos abraçados pela Trindade são designadas membros de um dos governos dos sete superuniversos, e o número deles em serviço junto a cada superuniverso permanece exatamente o mesmo; nem um sequer foi jamais perdido. Os seres abraçados pela Trindade jamais se desviaram; podem tropeçar temporariamente, mas nenhum deles jamais foi considerado culpado por desacato aos governos dos superuniversos. Os Filhos de Realização e os Filhos de Seleção nunca falharam no serviço de Orvônton, mas os Filhos Trinitarizados de Perfeição algumas vezes erraram, no seu julgamento, tendo assim causado confusões passageiras.

Sob a direção dos Anciães dos Dias, todas as sete ordens funcionam em larga medida como grupos que se autogovernam. O seu escopo de serviço é múltiplo; os Filhos Trinitarizados de Perfeição não deixam o superuniverso para o qual foram designados, mas os seus colaboradores trinitarizados abrangem o grande universo, viajando desde os mundos evolucionários do tempo e do espaço até a Ilha Eterna do Paraíso. Eles podem funcionar em qualquer dos superuniversos, mas fazem-no sempre como membros dos supergovernos da sua designação original.

Ao que parece, os filhos abraçados pela Trindade foram designados permanentemente para o serviço dos sete superuniversos; essa designação certamente é para durar por toda a idade presente do universo, mas nunca fomos informados de que deverá ser eterna.

2. OS MENSAGEIROS PODEROSOS

Os Mensageiros Poderosos pertencem ao grupo ascendente dos Filhos Trinitarizados. Eles são uma classe de mortais perfeccionados que foram provados em rebeliões, e, de outros tantos modos, foram igualmente testados quanto à sua lealdade pessoal. Todos passaram por algum teste definitivo de lealdade universal. Na sua ascensão ao Paraíso, eles permaneceram firmes e leais em face da deslealdade dos seus superiores, em algum momento; e alguns funcionaram, ativa e lealmente, no lugar desses líderes infiéis.

Com tais antecedentes pessoais de fidelidade e devoção, tais mortais ascendentes passam por Havona junto com a corrente de peregrinos do tempo, atingem o Paraíso, graduam-se ali e são incorporados ao Corpo de Finalidade. Depois, são trinitarizados, pelo abraço secreto da Trindade do Paraíso e designados, subseqüentemente, para tornar-se colaboradores dos Anciães dos Dias, na administração dos governos dos sete superuniversos.

Todos os mortais ascendentes, com experiência em insurreições, que funcionaram lealmente durante alguma rebelião, estão finalmente destinados a tornar-se Mensageiros Poderosos a serviço do superuniverso. E, do mesmo modo, também o está qualquer criatura ascendente que previna, com eficácia, as rebeliões do erro, do mal ou do pecado; pois a ação destinada a impedir a rebelião ou efetivar tipos elevados de lealdade, durante uma crise no universo, é considerada como tendo um valor ainda maior do que a lealdade diante da rebelião de fato.

Os Mensageiros Poderosos mais categorizados foram escolhidos dentre os mortais ascendentes do tempo e do espaço que estiveram entre os primeiros a chegar ao Paraíso, muitos deles havendo atravessado Havona nos tempos de Grandfanda. Mas a primeira trinitarização de Mensageiros Poderosos não aconteceu senão quando o corpo de candidatos passou a ter representantes de todos os sete superuniversos. E o último grupo dessa ordem a se qualificar, no Paraíso, abrangia peregrinos ascendentes do universo local de Nébadon.

Os Mensageiros Poderosos são abraçados pela Trindade do Paraíso em classes de setecentos mil; e, destes, cem mil são designados para cada um dos superuniversos. Quase um trilhão de Mensageiros Poderosos estão a serviço em Uversa, e há todos os motivos para acreditar-se que o número que serve em cada um dos sete superuniversos seja exatamente o mesmo.

Eu sou um Mensageiro Poderoso, e, pode ser do interesse dos urantianos saber que a companheira e parceira da minha experiência mortal, saiu também triunfante no grande teste; e que, ainda que tenhamos sido separados, por muitas vezes e por períodos longos, durante a ascensão interior a Havona, que durou uma longa idade, fomos abraçados no mesmo grupo de setecentos mil; e passamos o nosso período de travessia de Vicegérington em ligação estreita e amorosa. Finalmente fomos incumbidos com uma missão, e juntos designados para Uversa, em Orvônton; e, muitas vezes, somos despachados juntos para a execução de compromissos que requerem dois Mensageiros para o serviço.

Os Mensageiros Poderosos, em conjunto com todos os filhos abraçados pela Trindade, são designados para todas as fases de atividades dos superuniversos. Eles mantêm conexão constante com a sua sede-central, por meio do serviço de refletividade superuniversal. Os Mensageiros Poderosos servem em todos os setores de um superuniverso e, freqüentemente, executam missões para os universos locais e mesmo para os mundos individuais, como eu o faço nesta ocasião.

Nas cortes dos superuniversos, os Mensageiros Poderosos atuam como defensores, tanto para os indivíduos, quanto dos planetas, quando estes se apresentam para julgamento; eles também assistem os Perfeições dos Dias na direção de assuntos dos setores maiores. Como grupo, o seu compromisso principal é de observadores dos superuniversos. Ficam estacionados nos vários mundos sede-centrais e planetas individuais de importância, como observadores oficiais dos Anciães dos Dias. Quando designados para tal, eles também servem como conselheiros para as autoridades que dirigem os assuntos das esferas da sua permanência. Os Mensageiros tomam parte ativa em todas as fases do esquema ascendente de progressão mortal. Com os seus colaboradores de origem mortal, eles mantêm os supergovernos em contato estreito e pessoal com o status e o progresso dos planos dos Filhos descendentes de Deus.

Os Mensageiros Poderosos são plenamente conscientes de toda a sua carreira ascendente; e é por isso que são ministros tão úteis e compassivos, mensageiros compreensivos, para servir em qualquer mundo do espaço e a qualquer criatura do tempo. Tão logo vos liberteis da carne, ireis comunicar-vos livre e de modo compreensível conosco, pois viemos de todas as raças, de todos os mundos evolucionários do espaço, isto é, daquelas raças mortais que são resididas pelos Ajustadores do Pensamento e que se fusionam, subseqüentemente, com eles.

3. AQUELES ELEVADOS EM AUTORIDADE

Aqueles Elevados Em Autoridade, o segundo grupo de Filhos Trinitarizados de Realização, são todos seres de origem mortal e já fusionados aos Ajustadores. São os mortais perfeccionados que demonstraram capacidade superior de administração e que têm demonstrado um gênio executivo extraordinário, durante as suas longas carreiras ascendentes. Eles são a nata da capacidade de governar, derivada dos mortais sobreviventes do espaço.

Um número de setenta mil de Aqueles Elevados Em Autoridade é trinitarizado em cada ligação com a Trindade. Embora o universo local de Nébadon seja uma criação relativamente jovem, tem representantes em uma classe recentemente trinitarizada dessa ordem. Existem agora, a serviço em Orvônton, mais de dez bilhões desses administradores hábeis. Como todas as ordens separadas de seres celestes, eles mantêm a sua própria sede-central em Uversa e, como os outros filhos abraçados pela Trindade, as suas reservas em Uversa atuam como um corpo central dirigente da sua ordem em Orvônton.

Aqueles Elevados Em Autoridade são administradores sem limitações. Eles são os executivos presentes em todos os lugares e sempre eficientes dos Anciães dos Dias. Servem em qualquer esfera, em qualquer mundo habitado e em qualquer fase das atividades de qualquer um dos sete superuniversos.

Possuindo sabedoria administrativa extraordinária e habilidade executiva inusitada, esses seres brilhantes assumem apresentar a causa da justiça, da parte dos tribunais dos superuniversos; eles fomentam a execução da justiça e a retificação de adaptações malfeitas, nos universos evolucionários. Portanto, se alguma vez fordes citados por erros de julgamento, enquanto estiverdes ascendendo pelas esferas e pelos mundos ordenados, na vossa progressão cósmica, pouco provável é que sofrais injustiças, pois os vossos promotores serão criaturas que, em outros tempos, foram seres ascendentes e que estão familiarizados pessoalmente com todo passo da carreira pela qual tendes já passado e que estais atravessando.

4. AQUELES SEM NOME NEM NÚMERO

Aqueles Sem Nome Nem Número constituem o terceiro e último grupo de Filhos Trinitarizados de Realização; eles são as almas ascendentes que desenvolveram um potencial de adoração muito superior àquela capacidade de todos os filhos e filhas das raças evolucionárias dos mundos do tempo e do espaço. Eles adquiriram um conceito espiritual do propósito eterno do Pai Universal que, de um certo modo, transcende à compreensão das criaturas evolucionárias com nome ou número; por isso, são denominados Aqueles

Sem Nome Nem Número. Se traduzido com um sentido mais preciso, o seu nome seria "Aqueles *Acima de* Nome e de Número".

Essa ordem de filhos é abraçada pela Trindade do Paraíso, em grupos de sete mil. Existem, registrados em Uversa, mais de cem milhões desses filhos a serviço em Orvônton.

Posto que Aqueles Sem Nome Nem Número são as mentes espirituais superiores das raças sobreviventes, estão especialmente qualificados para julgar e dar opiniões em conjunto, quando um ponto de vista espiritual for desejável e quando a experiência na carreira ascendente for essencial para uma compreensão adequada das questões envolvidas com o que está sendo julgado. Eles são os jurados supremos de Orvônton. Um sistema mal administrado de júri pode chegar a ser, em maior ou menor grau, uma paródia da justiça, em alguns mundos; mas, em Uversa e nos seus tribunais de extensão, empregamos o mais alto tipo de mentalidade espiritual evoluída como jurados-juízes. O julgamento é a função mais elevada de qualquer governo e, aqueles a quem se confiam as definições dos veredictos, devem ser escolhidos entre os tipos mais elevados e nobres dentre os indivíduos mais experientes e compreensivos.

A seleção dos candidatos para as classes trinitarizadas de Mensageiros Poderosos, Aqueles Elevados Em Autoridade e Aqueles Sem Nome Nem Número, é inerente e automática. As técnicas seletivas do Paraíso não são arbitrárias em nenhum sentido. A experiência pessoal e os valores espirituais determinam a escolha do pessoal do grupo dos Filhos Trinitarizados de Realização. Tais seres são iguais em autoridade e uniformes em status administrativo, mas todos possuem uma individualidade e um caráter diferente; não são seres padronizados. São todos caracteristicamente diferentes, dependendo das diferenças das suas carreiras ascendentes.

Além dessas qualificações experienciais, os Filhos Trinitarizados de Realização foram trinitarizados no abraço divino das Deidades do Paraíso. Conseqüentemente, atuam como colaboradores coordenados dos Filhos Estacionários da Trindade, pois o abraço da Trindade parece fazer precipitar, da corrente do tempo futuro, muitos dos potenciais irrealizados dos seres-criaturas. Todavia isso é verdadeiro apenas no que concerne àquilo que é pertinente à idade presente do universo.

Esse grupo de filhos dedica-se, principalmente, mas não unicamente, ao serviço da carreira ascendente dos mortais do tempo e do espaço. Se o ponto de vista de uma criatura mortal estiver em dúvida, a questão é decidida por apelação a uma comissão ascendente, consistindo esta de um Mensageiro Poderoso, um Aquele Elevado em Autoridade e um Aquele sem Nome nem Número.

Vós, mortais, que ora tendes contato com essa mensagem, podeis, vós próprios, ascender ao Paraíso, alcançar o abraço da Trindade e, em idades remotas do futuro, ser designados para o serviço dos Anciães dos Dias, em um dos sete superuniversos; e, em algum outro momento, ser designados para ampliar a revelação da verdade, em algum planeta habitado em evolução, do mesmo modo que eu agora sirvo em Urântia.

5. OS CUSTÓDIOS TRINITARIZADOS

Os Custódios Trinitarizados são Filhos Trinitarizados de Seleção. Não apenas as vossas raças, mas outros mortais com valor de sobrevivência, atravessam Havona, alcançam o Paraíso e, algumas vezes, se vêem sendo designados para o serviço do superuniverso, com os Filhos Estacionários da Trindade; entretanto, também os vossos fiéis guardiães seráficos e os vossos igualmente fiéis seres intermediários interassociados podem tornar-se candidatos ao mesmo reconhecimento da Trindade e ao mesmo magnífico destino da personalidade.

Os Custódios Trinitarizados são serafins ascendentes e criaturas intermediárias transladadas que passaram por Havona e que atingiram o Paraíso e o Corpo de Finalidade. Subseqüentemente, havendo sido abraçados pela Trindade do Paraíso, foram designados para o serviço dos Anciães dos Dias.

Os candidatos ao abraço da Trindade, entre os serafins ascendentes, recebem esse reconhecimento por causa da sua cooperação valente com algum mortal ascendente que haja atingido o Corpo de Finalidade e que, posteriormente, haja sido trinitarizado. O próprio guardião seráfico da minha carreira mortal veio comigo e, mais tarde, foi trinitarizado estando, agora, ligado ao governo de Uversa como um Custódio Trinitarizado.

Do mesmo modo acontece com as criaturas intermediárias: muitas foram transladadas e alcançaram o Paraíso junto com os serafins e, pelas mesmas razões, foram abraçadas pela Trindade e indicadas para atuar como Custódios, nos superuniversos.

Os Custódios Trinitarizados são abraçados pela Trindade do Paraíso, em grupos de setenta mil, e um sétimo de cada grupo é designado para cada superuniverso. Existem, agora, a serviço de Orvônton, um pouco mais do que dez milhões desses confiáveis e elevados Custódios. Servem em Uversa e nas esferas das sedes-centrais maior e menor. Nos seus trabalhos eles são assistidos por um corpo de vários bilhões de seconafins e outras personalidades capacitadas do superuniverso.

Os Custódios Trinitarizados iniciam as suas carreiras como custódios e continuam como tais, nos assuntos dos supergovernos. De um certo modo, eles são funcionários dos governos dos seus superuniversos, mas não lidam com os indivíduos, como o fazem os Guardiães Celestes. Os Custódios Trinitarizados administram os assuntos grupais e fomentam os projetos coletivos. São os Custódios dos registros, planos e instituições; atuam como encarregados fiéis para os empreendimentos, grupos de personalidades, projetos ascendentes, planos moronciais, projeções universais e inúmeros outros empreendimentos.

6. OS EMBAIXADORES TRINITARIZADOS

Os Embaixadores Trinitarizados são a segunda ordem de Filhos Trinitarizados de Seleção e, como os seus semelhantes, os Custódios, são recrutados a partir de dois tipos de criaturas ascendentes. Nem todos os mortais ascendentes são fusionados aos Ajustadores ou ao Pai; alguns são de fusionamento com o Espírito; e alguns com o Filho. Alguns desses mortais fusionados com o Espírito e com o Filho alcançam Havona e atingem o Paraíso. Entre esses ascendentes ao Paraíso, são selecionados os candidatos para o abraço da Trindade e, de tempos em tempos, são trinitarizados, em classes de sete mil. Eles ficam, então, incumbidos com missões nos superuniversos, como Embaixadores Trinitarizados dos Anciães dos Dias. Quase meio bilhão deles encontra-se registrado em Uversa.

Os Embaixadores Trinitarizados são selecionados para o abraço da Trindade por indicação dos seus mestres em Havona. Representam as mentes superiores dos seus respectivos grupos e são, portanto, mais bem qualificados para assistir os governantes dos superuniversos no entendimento e administração dos interesses dos mundos dos quais provêm os mortais fusionados com o Espírito. Os Embaixadores fusionados com o Filho são de grande ajuda no nosso encaminhamento das questões que envolvem a ordem de personalidade dos fusionados com o Filho.

Os Embaixadores Trinitarizados são emissários dos Anciães dos Dias para todo e qualquer propósito, para todos e quaisquer mundos ou universos, dentro do seu superuniverso de designação. Executam serviços especiais e importantes, nas sedes-centrais dos setores menores, e cumprem as designações para missões inúmeras e diversas em um superuniverso. Formam os corpos de emergência ou reserva dos Filhos Trinitarizados dos supergovernos e ficam, portanto, disponíveis para uma gama ampla de deveres. Engajam-se em milhares de empreendimentos ligados aos assuntos dos superuniversos; todos impossíveis de descrever às mentes humanas, pois nada há acontecendo em Urântia que seja análogo a tais atividades.

7. A TÉCNICA DA TRINITARIZAÇÃO

Não posso desvelar completamente para a mente material a experiência da atuação criadora suprema dos seres espirituais perfeitos e perfeccionados no ato da trinitarização. As técnicas da trinitarização estão entre os segredos de Vicegérington e Solárington e não são reveláveis a ninguém, nem compreensíveis por ninguém, a não ser por aqueles que hajam passado por essas experiências únicas. E, pois, além da possibilidade de qualquer ser, está retratar, com êxito, para a mente humana, a natureza e o propósito dessa extraordinária operação.

Excetuando-se as Deidades, apenas as personalidades do Paraíso-Havona e certos membros dos corpos de finalidade engajam-se na trinitarização. Sob as condições especializadas da perfeição do Paraíso, esses seres magníficos podem embarcar na aventura única da identidade-conceito e, muitas vezes, eles têm tido êxito na produção de um ser novo, um filho trinitarizado por criaturas.

As criaturas glorificadas que se engajam em tais aventuras de trinitarização podem participar de apenas uma experiência desta, enquanto, com as Deidades do Paraíso, parece não haver nenhum limite quanto à execução repetida dos episódios de trinitarização. A Deidade parece estar limitada apenas sob um aspecto: só pode haver um Espírito Infinito e Original, apenas um executivo infinito da vontade unificada de Pai-Filho.

Os finalitores, mortais ascendentes fusionados ao Ajustador, que atingiram certos níveis da cultura do Paraíso e do desenvolvimento espiritual, estão entre aqueles que podem intentar trinitarizar um ser-criatura. Quando estacionadas no Paraíso, às companhias de finalitores mortais é concedido um recesso a cada milênio do tempo de Havona. Há sete modos diferentes pelos quais esses finalitores podem escolher passar esse período livre de deveres, e um destes é tentar, em associação com algum finalitor companheiro ou alguma personalidade do Paraíso-Havona, realizar o ato da trinitarização de uma criatura.

Caso dois finalitores mortais, ao apresentar-se diante dos Arquitetos do Universo-Mestre, demonstrem que escolheram, independentemente um do outro, um conceito idêntico para a trinitarização, os Arquitetos têm o poder, segundo a sua própria determinação, de promulgar mandados permitindo que esses mortais ascendentes glorificados prolonguem os seus recessos e que, por um tempo, se retirem para o setor de trinitarização dos Cidadãos do Paraíso. Ao final desse retiro a eles concedido, se informarem que escolheram, a sós e em conjunto, fazer o esforço paradisíaco de espiritualizar, idealizar e factualizar um conceito seleto e original, que até aquele momento não haja sido trinitarizado, então o Espírito Mestre Número Sete emite ordens autorizando um empreendimento assim tão extraordinário.

Períodos de tempos inacreditavelmente longos, algumas vezes, são consumidos nessas aventuras; uma era parece passar, antes que esses seres determinados e cheios de fé, que já foram mortais – junto a outros que, algumas vezes, são personalidades do Paraíso-Havona –, finalmente atinjam a sua meta, tendo realmente êxito em trazer o seu conceito escolhido de verdade universal à existência factual. E nem sempre esses pares devotados têm êxito; muitas vezes, por algum erro, que não se consegue descobrir, eles falham. Os candidatos à trinitarização que falham, assim, são admitidos em um grupo especial de finalitores, designados como seres que fizeram o esforço supremo e que suportaram o desapontamento supremo. Quando as Deidades do Paraíso se unem para trinitarizar, sempre têm êxito; mas o mesmo pode não ocorrer com um par homogêneo de criaturas, na tentativa de união de dois membros da mesma ordem de seres.

Quando um ser novo e original é trinitarizado pelos Deuses, os Pais divinos permanecem inalterados no seu potencial de deidade; mas, quando seres-criaturas elevados intentam realizar tal episódio criador, uma das partes individuais participantes sofre uma modificação única de personalidade. Os dois antepassados de um filho trinitarizado por uma criatura transformam-se espiritualmente, e em um certo sentido, em um só. Acreditamos que esse status de bi-unificação, de certas fases espirituais da personalidade, provavelmente prevalecerá até o momento em que o Ser Supremo haja alcançado a sua manifestação plena e completa de personalidade, no grande universo.

Simultaneamente com o aparecimento de um novo filho trinitarizado por criaturas, ocorre essa união funcional espiritual dos dois ancestrais; os dois progenitores trinitarizados tornam-se um, no nível funcional último. Nenhum ser criado no universo pode explicar plenamente esse fenômeno surpreendente; é uma experiência próxima do divino. Quando o Pai e o Filho uniram-se para eternizar o Espírito Infinito, após a realização do Seu propósito, imediatamente, Eles tornaram-se como Um e, desde então, têm sido Um. E, ainda que a união entre duas criaturas, para a trinitarização, seja da ordem do escopo infinito da união perfeita da Deidade do Pai Universal mais Filho Eterno, as repercussões da trinitarização feita pela criatura não são eternas em natureza; elas terminarão quando da completa factualização das Deidades experienciais.

Ainda que esses progenitores de filhos trinitarizados por criaturas se transformem em um, para os seus compromissos no universo, eles continuam a ser reconhecidos como duas personalidades, na formação das fileiras e nas listas de chamada do Corpo de Finalidade e dos Arquitetos do Universo-Mestre. Durante a idade corrente do universo, todos os progenitores unidos pela trinitarização são inseparáveis para compromissos e função; aonde vai um, o outro vai, o que faz um, o outro faz. Se a bi-unificação dos progenitores envolve um finalitor mortal (ou de outra ordem) e uma personalidade do Paraíso-Havona, os seres progenitores unidos não funcionam nem com seres do Paraíso, nem com havonianos, nem com finalitores. Essas uniões mistas reúnem-se em corpos especiais, constituídos de seres similares. E, em todas as uniões de trinitarização, mistas ou de outra forma, os seres progenitores permanecem conscientes um do outro; podem comunicar-se um com o outro, e tornam-se capazes de executar deveres dos quais nenhum deles poderia, anteriormente, desincumbir-se.

Os Sete Espíritos Mestres têm autoridade para sancionar a união trinitarizante de finalitores e personalidades do Paraíso-Havona, e tais ligações mistas sempre são bem-sucedidas. Os magníficos filhos trinitarizados-por-criaturas resultantes são representativos de conceitos inadequados à compreensão, tanto da parte das criaturas eternas do Paraíso, quanto da parte das criaturas temporais do espaço; por isso, eles tornam-se os pupilos protegidos dos Arquitetos do Universo-Mestre. Esses filhos trinitarizados do destino incorporam idéias, ideais e uma *experiência*, as quais aparentemente pertencem a uma idade futura do universo, e, por esse motivo, não são de nenhum valor prático, imediato, para a administração do universo central, nem para a dos superuniversos. Esses filhos singulares das criaturas do tempo e dos cidadãos da eternidade são todos mantidos em uma reserva em Vicegérington, onde se engajam no estudo dos conceitos do tempo e das realidades da eternidade, em um setor especial da esfera ocupada pelas faculdades secretas dos corpos dos Filhos Criadores.

DOCUMENTO 22: SEÇÃO 7

O Ser Supremo é a unificação das três fases de realidade da Deidade: Deus, o Supremo, unificação espiritual de certos aspectos finitos da Trindade do Paraíso; o Supremo Todo-Poderoso, unificação do poder dos Criadores do grande universo; e a Mente Suprema, ou a contribuição individual da Terceira Fonte e Centro, e seus coordenados, para a realidade do Ser Supremo. Nas suas aventuras de trinitarização, as excelsas criaturas do universo central e do Paraíso envolvem-se em uma exploração tríplice da Deidade do Supremo, que resulta na produção de três ordens de filhos trinitarizados por criaturas:

1. *Os Filhos trinitarizados por ascendentes.* Nos seus esforços criadores os finalitores estão tentando trinitarizar algumas realidades conceituais do Supremo Todo-Poderoso, as quais eles adquiriram experiencialmente na sua ascensão pelo tempo e pelo espaço, até o Paraíso.

2. *Os Filhos trinitarizados por criaturas do Paraíso-Havona.* Os esforços criadores dos Cidadãos do Paraíso e dos havonianos resultam na trinitarização de certos aspectos espirituais elevados do Ser Supremo, os quais eles adquiriram experiencialmente de antecedentes super-supremos que são limítrofes do Último e do Eterno.

3. *Os Filhos trinitarizados do Destino.* Quando, no entanto, um finalitor e uma criatura do Paraíso-Havona trinitarizam juntos uma nova criatura, esse esforço conjunto repercute em certas fases da Mente Suprema Última. Os filhos resultantes, trinitarizados por criaturas, são supracriacionais; eles representam factualidades da Deidade Suprema Última que não foram atingidas experiencialmente de outro modo e que, por isso mesmo, caem automaticamente no domínio dos Arquitetos do Universo-Mestre, custódios que são de as todas coisas transcendentes aos limites criacionais da idade presente do universo. Os filhos trinitarizados do destino incorporam certos aspectos da função do Supremo Último não revelada no universo-Mestre. Não sabemos muita coisa sobre esses filhos conjuntos do tempo e da eternidade, mas sabemos bem mais do que aquilo que nos foi permitido revelar.

8. OS FILHOS TRINITARIZADOS POR CRIATURAS

Além dos filhos trinitarizados-por-criaturas considerados nesta narrativa, há inúmeras ordens não reveladas de seres trinitarizados-por-criaturas – a progênie diversificada das ligações múltiplas das personalidades dos sete corpos de finalitores e das personalidades do Paraíso-Havona. Todavia, todos esses seres trinitarizados-por-criaturas, revelados e não revelados, são dotados de personalidade pelo Pai Universal.

Quando os novos filhos, trinitarizados-por-ascendentes e trinitarizados-por-seres-do-Paraíso-Havona, ainda estão jovens e destreinados, geralmente são despachados para longos períodos de serviço nas sete esferas do Espírito Infinito, no Paraíso, nas quais servem sob a tutela dos Sete Executivos Supremos. Subseqüentemente, podem ser adotados pelos Filhos Instrutores da Trindade para futuros aperfeiçoamentos nos universos locais.

Esses filhos adotados, com origem em criaturas elevadas e glorificadas, são aprendizes, assistentes estudiosos dos Filhos Instrutores e, no que diz respeito à classificação, freqüentemente, são numerados de forma temporária, segundo tais Filhos. Eles podem cumprir, e cumprem, muitas tarefas nobres que implicam o desprendimento em favor dos reinos aos quais escolheram servir.

Os Filhos Instrutores, nos universos locais, podem propor que os seus tutelados, trinitarizados por criaturas, sejam abraçados pela Trindade do Paraíso. Emergindo desse abraço, como Filhos Trinitarizados de Perfeição, eles integram o serviço dos

Anciães dos Dias nos sete superuniversos, sendo esse o destino atualmente conhecido desse grupo singular de seres trinitarizados duplamente.

Nem todos os filhos trinitarizados por criaturas são abraçados pela Trindade; muitos se tornam colaboradores e embaixadores dos Sete Espíritos Mestres do Paraíso, dos Espíritos Refletivos dos superuniversos e dos Espíritos Maternos das criações locais. Outros podem aceitar designações especiais na Ilha Eterna. E outros, ainda, podem integrar os serviços especiais nos mundos secretos do Pai e nas esferas do Espírito, no Paraíso. Finalmente, muitos encontram seu caminho aderindo aos corpos conjuntos dos Filhos Trinitarizados nos circuitos internos de Havona.

Excetuando-se os Filhos Trinitarizados de Perfeição e aqueles que se estão reunindo em Vicegérington, o destino supremo de todos os filhos trinitarizados por criaturas parece ser o de entrar no corpo de Finalitores Trinitarizados, um dos sete Corpos da Finalidade do Paraíso.

9. OS GUARDIÃES CELESTES

Os filhos trinitarizados por criaturas são abraçados pela Trindade do Paraíso em classes de sete mil. Essa progênie trinitarizada de humanos perfeccionados e personalidades do Paraíso-Havona são todos igualmente abraçados pelas Deidades; todavia, são designados para os superuniversos, de acordo com a recomendação dos seus antigos instrutores, os Filhos Instrutores da Trindade. Aqueles que prestaram os melhores serviços são indicados como Assistentes dos Filhos Elevados; aqueles que tiveram atuações menos distinguidas são designados Guardiães Celestes.

Esses seres singulares, quando houverem sido abraçados pela Trindade, tornar-se-ão adjuntos valiosos dos governos dos superuniversos. Eles são versados nos assuntos da carreira ascendente, não por ascensão pessoal, mas em conseqüência do seu serviço junto aos Filhos Instrutores da Trindade nos mundos do espaço.

Quase um bilhão desses Guardiães Celestes está em missões em Orvônton. Eles são designados, principalmente, às administrações dos Perfeições dos Dias, nas sedes-centrais dos setores maiores, e são competentemente assistidos por um corpo de mortais ascendentes fusionados ao Filho.

Os Guardiães Celestes são os oficiais das cortes dos Anciães dos Dias, funcionando como mensageiros das cortes e portadores das citações e decisões dos vários tribunais dos governos dos superuniversos. São agentes de apreensão dos Anciães dos Dias; eles partem de Uversa, em busca de seres cuja presença esteja sendo requisitada perante os juízes dos superuniversos; executam os mandados para a detenção de qualquer personalidade no superuniverso. Eles também acompanham os mortais dos universos locais, fusionados ao Espírito, quando, por qualquer razão, a sua presença é requisitada em Uversa.

Os Guardiães Celestes e seus colaboradores, os Assistentes dos Filhos Elevados, nunca foram resididos por Ajustadores. E também não são fusionados nem ao Espírito nem ao Filho. O abraço da Trindade do Paraíso compensa, todavia, por tudo no status de não-fusão desses Filhos Trinitarizados de Perfeição. O abraço da Trindade pode atuar apenas sobre a idéia que é personificada em um filho trinitarizado-por-criatura, deixando inalterado, sob os demais aspectos, o próprio filho abraçado; tal limitação, todavia, ocorre apenas quando assim planejada.

Tais filhos, trinitarizados duplamente, são seres maravilhosos, mas não são nem tão versáteis ou tão confiáveis quanto os seus elaboradores ascendentes; falta-lhes a grande e profunda experiência pessoal que o restante dos filhos pertencentes a esse grupo adquiriu, escalando, factualmente, desde os domínios escuros do espaço até alcançarem glorificação. Nós, da carreira ascendente, os amamos e fazemos tudo, dentro da nossa capacidade, para compensar as suas deficiências; e eles fazem-nos ficar mais gratos ainda por causa da nossa origem inferior e da nossa capacidade de experienciar. A sua disposição para reconhecer e demonstrar as próprias deficiências quanto às realidades experienciáveis da ascensão no universo é transcendentalmente bela e, algumas vezes, mesmo, comovedoramente patética.

Os Filhos Trinitarizados de Perfeição são limitados, se comparados a outros filhos abraçados pela Trindade, porque a sua capacidade experiencial é inibida tempo-espacialmente. Eles se ressentem da deficiência de experiência, a despeito do longo aperfeiçoamento com os Executivos Supremos e com os Filhos Instrutores, e, se não fosse isso, a saturação experiencial poderia impedir que esses seres ficassem deixados em reserva até adquirirem experiência em uma futura era do universo. Não há simplesmente nada, em toda a existência universal, que possa tomar o lugar da experiência pessoal de fato, e esses filhos trinitarizados por criaturas são mantidos na reserva para exercerem funções experienciais em alguma época futura do universo.

Nos mundos das mansões, não raro, tenho visto esses funcionários dignificados das altas cortes do superuniverso contemplarem, desejosa e apelativamente, até mesmo os recém-chegados dos mundos evolucionários do espaço. E não se poderia deixar de perceber como esses possuidores de uma trinitarização não experiencial invejam realmente os seus irmãos, supostamente menos afortunados, que ascenderam no caminho universal, por meio de passos dados, com boa-fé, na experiência e na vivência factual. Apesar das suas dificuldades e limitações, formam um corpo de trabalhadores maravilhosamente útil e sempre disposto, quando se trata da execução dos planos administrativos complexos dos governos dos superuniversos.

10. OS ASSISTENTES DOS FILHOS ELEVADOS

Os Assistentes dos Filhos Elevados são o grupo superior de filhos trinitarizados e re-trinitarizados dos seres ascendentes glorificados do Corpo Mortal da Finalidade, e dos seus eternos companheiros, as personalidades do Paraíso-Havona. Eles são designados para o serviço dos superuniversos e funcionam como ajudantes pessoais dos filhos elevados dos governos dos Anciães dos Dias; e poderiam ser adequadamente denominados secretários particulares. Eles atuam, de tempos em tempos, como funcionários para comissões especiais e outras coligações grupais dos filhos elevados. Servem aos Perfeccionadores da Sabedoria, Conselheiros Divinos, Censores Universais, Mensageiros Poderosos, Aqueles Elevados em Autoridade e Aqueles sem Nome nem Número.

Se, ao dissertar sobre os Guardiães Celestes, pareceu que chamei a atenção para as limitações e dificuldades desses filhos duplamente trinitarizados, deixai-me, agora, com toda a justiça, chamar a atenção para o seu grande ponto forte, o atributo que os torna quase inestimáveis para nós. Esses seres devem a sua própria existência ao fato de serem as personificações de um conceito único e supremo. Eles são a incorporação, em personalidade, de algum ideal universal, de alguma idéia divina, como nunca antes havia sido concebida, expressa ou trinitarizada. E eles foram subseqüentemente abraçados pela Trindade; assim, demonstram e, de fato, corporificam a própria sabedoria da Trindade divina, no que concerne à idéia-ideal da existência da sua personalidade. Na medida em que tal conceito particular for revelável aos universos, essas personalidades incorporam, em tudo e por tudo, o que qualquer inteligência de criatura ou Criador poderia possivelmente conceber, expressar ou exemplificar. *Eles são aquela idéia personificada.*

Será que podeis perceber que essas concentrações vivas, de um único conceito supremo de realidade no universo, poderiam prestar um serviço inenarrável àqueles a quem é confiada a administração dos superuniversos?

Não faz muito tempo, fui encarregado de dirigir uma comissão de seis – um de cada, entre os assistentes dos filhos elevados –, designada para o estudo de três problemas pertinentes a um grupo de novos universos na parte sul de Orvônton. Tornei-me intensamente consciente do valor dos Assistentes dos Filhos Elevados quando requisitei, ao dirigente da ordem deles, em Uversa, a designação temporária desses secretários para a minha comissão. A primeira das nossas idéias foi represen-tada por um Assistente dos Filhos Elevados em Uversa, o qual, a partir daí, passou a ser designado para o nosso grupo. O nosso segundo problema foi incorporado por um Assistente dos Filhos Elevados, designado ao superuniverso número três. Obtivemos muita ajuda dessa fonte, por intermédio da agência de distribuição do universo central, para a coordenação e disseminação do conhecimento essencial; mas nada comparável à assistência prestada pela presença factual de uma persona-lidade que *é* um conceito trinitarizado por criaturas, em supremacia, e trinitarizado pela Deidade, em finalidade. Quanto ao terceiro problema que tivemos, os registros do Paraíso indicaram que tal idéia não havia nunca sido trinitarizada por criatura alguma.

Os Assistentes dos Filhos Elevados são personalizações únicas e originais de conceitos extraordinários e de ideais estupendos. E, enquanto tal, eles tornam-se capazes de conferir, às nossas deliberações, de tempos em tempos, uma iluminação inexprimível. Quando eu estiver atuando em alguma missão remota nos universos do espaço, pensai no que signi-fica, em termos de assistência, se eu for tão afortunado a ponto de ter, na minha missão, um Assistente dos Filhos Elevados que seja a plenitude do conceito divino, em tudo que diga respeito ao problema para a resolução do qual eu houver sido enviado; e eu tenho tido, repetidamente, essa mesma experiência. A única dificuldade com esse plano é que nenhum superuniverso pode ter uma edição completa dessas idéias trinitarizadas; apenas conseguimos um sétimo desses seres; e assim, apenas uma vez em sete, podemos desfrutar da associação pessoal com esses seres, mesmo quando os registros indicarem que a idéia haja sido trinitarizada.

Poderíamos usar, com grandes vantagens, um número muito maior desses seres em Uversa. Em vista do seu valor para as administrações dos superuniversos; desse modo, de todos os modos possíveis, encorajamos os peregrinos do espaço e também os residentes do Paraíso, a intentar a trinitarização, pois, após haverem contribuído e interagido uns com os outros, essas realidades vivenciadas são essenciais à realiza-ção da aventura criativa da trinitarização.

Temos agora, no nosso superuniverso, cerca de um milhão e um quarto de Assistentes dos Filhos Elevados, e eles servem tanto no setor maior quanto no menor, funcionando até mesmo em Uversa. Muito freqüentemente eles acompanham-nos em nossos compromissos nos universos remotos. Os Assistentes dos Filhos Elevados não são designados permanentemente junto a Filho algum ou comissão alguma. Eles ficam em circulação constante, servindo onde a idéia, ou o ideal, que na verdade eles *são*, possa melhor colaborar com os propósitos eternos da Trindade do Paraíso, de quem eles se tornaram filhos.

Eles são afetivos de um modo tocante, são extraordinariamente leais, refinada-mente inteligentes, supremamente sábios – no que concerne a uma única idéia – e transcendentalmente humildes. Ao mesmo tempo em que eles podem passar-vos a totalidade do conhecimento do universo, no que se refere à sua idéia única ou ideal, torna-se quase patético observá-los buscando conhecimento e informação sobre muitos outros temas, consultando mesmo até os mortais ascendentes.

E esta é a narrativa da origem, natureza e funcionamento de alguns daqueles que são chamados de Filhos Trinitarizados de Deus; mais particularmente daqueles que passaram pelo divino abraço da Trindade do Paraíso, e que depois foram designados para os serviços dos superuniversos, para ali prestarem uma cooperação sábia e compreensiva aos administradores dos Anciães dos Dias, nos seus esforços incansáveis de facilitar o progresso interior dos mortais ascendentes do tempo, na direção do seu destino imediato em Havona e da sua meta final no Paraíso.

[Narrado por um Mensageiro Poderoso do corpo revelador de Orvônton.]

DOCUMENTO 23

OS MENSAGEIROS SOLITÁRIOS

OS MENSAGEIROS Solitários são o corpo pessoal e universal do Criador Conjunto; são a primeira e mais experiente ordem das Personalidades mais Altas do Espírito Infinito. Representam a ação criadora inicial do Espírito Infinito atuando solitariamente com o propósito de trazer à existência espíritos personalizados solitários. Nem o Pai, nem o Filho participaram diretamente dessa prodigiosa espiritualização.

Esses espíritos-mensageiros foram personalizados em um único episódio criador, e o seu número é estacionário. Embora eu tenha um desses extraordinários seres ligados a mim, nesta presente missão, não sei quantas dessas personalidades existem no universo dos universos. Apenas, de quando em quando, fico sabendo quantos estão inscritos nos nossos registros como funcionando em um certo momento na jurisdição do nosso superuniverso. Segundo o último informe de Uversa, observei que havia quase 7 690 trilhões de Mensageiros Solitários operando, então, dentro das fronteiras de Orvônton; e faço a conjectura de que isso seja consideravelmente menos do que um sétimo do seu número total.

1. A NATUREZA E ORIGEM DOS MENSAGEIROS SOLITÁRIOS

Imediatamente após a criação dos Sete Espíritos dos Circuitos de Havona, o Espírito Infinito trouxe à existência o vasto corpo dos Mensageiros Solitários. Não há nenhuma parte da criação universal que seja preexistente aos Mensageiros Solitários, exceto o Paraíso e os circuitos de Havona. Eles têm funcionado por todo o grande universo durante quase toda a eternidade. São fundamentais à técnica divina do Espírito Infinito, para a sua auto-revelação às criações imensas do tempo e do espaço e para o seu contato pessoal com as mesmas.

Embora esses Mensageiros existam desde os tempos remotos da eternidade, todos eles são cônscios de um começo da sua individualidade. São conscientes do tempo e são as primeiras criações do Espírito Infinito a possuírem essa consciência do tempo. São as criaturas primogênitas do Espírito Infinito, as primeiras a haverem sido personalizadas no tempo e espiritualizadas no espaço.

Esses espíritos solitários surgiram, no alvorecer dos tempos, como seres espirituais plenamente desenvolvidos e perfeitamente dotados. São todos iguais; e, assim, não há classes nem divisões baseadas em variantes pessoais. A classificação deles é fundada inteiramente no tipo de trabalho para o qual são designados, de tempos em tempos.

Os mortais começam como seres quase completamente materiais nos mundos do espaço; e ascendem, interiormente, na direção dos Grandes Centros; ao passo que esses espíritos solitários começam a partir do centro de todas as coisas e aspiram a ser designados para as criações longínquas, os mundos individuais dos universos locais mais externos e até mesmo mais além.

Embora denominados Mensageiros Solitários, eles não são espíritos solitários, apenas gostam verdadeiramente de trabalhar sozinhos. E são os únicos seres, em toda a criação, que podem apreciar, e apreciam muito, uma existência solitária, embora gostem igualmente de relacionar-se com as poucas ordens de inteligência do universo com as quais eles podem confraternizar.

Os Mensageiros Solitários não estão isolados no seu serviço; estão constantemente em contato com as riquezas do intelecto de toda a criação, pois são capazes de "fazer escuta" em todas as transmissões dos reinos da sua permanência. Podem também se intercomunicar com os membros do seu próprio grupo imediato, aqueles seres que estão fazendo o mesmo gênero de trabalho, no mesmo superuniverso. Eles poderiam comunicar-se com os outros da sua numeração, mas receberam ordens, do conselho dos Sete Espíritos Mestres, de não o fazer e, como são um grupo leal, não desobedecem nem falham. Não há registro de que um Mensageiro Solitário haja, sequer uma vez, tropeçado e caído na escuridão.

Os Mensageiros Solitários, como os Diretores do Poder do Universo, estão entre os poucos tipos de seres que operam em todos os reinos e que estão isentos de apreensão e de detenção pelos tribunais do espaço e do tempo. Eles não poderiam ser chamados para comparecer diante de ninguém, a não ser dos Sete Espíritos Mestres; mas, em todos os anais do universo-mestre, não consta que esse conselho do Paraíso jamais tenha sido convocado para julgar sequer um caso de um Mensageiro Solitário.

Esses mensageiros de missões solitárias são um grupo de seres criados, derivados da Terceira Fonte e Centro; e cada um deles é confiável, autônomo, versátil, profundamente espiritual e amplamente compassivo. Eles atuam com a autoridade do Espírito Infinito, residente na Ilha Central do Paraíso, e das suas personalizações nas esferas-sede dos universos locais. Eles compartilham constantemente o circuito direto que emana do Espírito Infinito, até mesmo quando funcionam nas criações locais, sob a influência imediata dos Espíritos Maternos dos universos locais.

Há uma razão técnica pela qual os Mensageiros Solitários devem viajar e trabalhar sozinhos. Por períodos curtos, e quando em postos fixos, eles podem colaborar incorporados em um grupo, mas, quando assim reunidos, eles são totalmente cortados da sustentação e da direção do seu circuito no Paraíso, e ficam inteiramente isolados. Quando se encontram em trânsito, ou quando operam nos circuitos do espaço e nas correntes do tempo, se dois ou mais dos dessa ordem estiverem em estreito contato, ambos, ou todos, são lançados fora da ligação de contato com as forças mais elevadas que circulam. Eles estão como que em "curto-circuito", para usar a vossa linguagem de símbolos ilustrativos. Por isso eles possuem, inerentemente, em seu interior, um poder automático de alarme, um sinal de advertência que opera infalivelmente, para preveni-los de conflitos que possam advir, poder esse que atua sempre e sem falta mantendo-os separados o suficiente, para que nada interfira no funcionamento próprio e eficaz de cada um. Eles também possuem poderes, inerentes e automáticos, de detectar e indicar a proximidade tanto dos Espíritos Inspirados da Trindade, quanto dos Ajustadores do Pensamento divinos.

Esses mensageiros não possuem nenhum poder de extensão de personalidade, nem de reprodução; contudo, não há praticamente nenhum trabalho, nos universos, no qual eles não se possam engajar, e para o qual eles não possam contribuir com algo de essencial e de ajuda. Em especial, fazem grandes economias de tempo para os administradores dos assuntos do universo; e nos assistem a todos nós, do mais elevado ao mais baixo.

DOCUMENTO 23: SEÇÃO 1

2. AS TAREFAS DOS MENSAGEIROS SOLITÁRIOS

Os Mensageiros Solitários não são designados para servir permanentemente a quaisquer personalidades celestes individuais ou a grupos de personalidades celestes. Sempre atuam em missões definidas; e, durante o seu serviço, trabalham sob a supervisão imediata daqueles que dirigem os reinos das suas missões. Entre eles próprios, não há organização, nem governo de qualquer espécie; eles são Mensageiros *Solitários*.

Os Mensageiros Solitários são designados pelo Espírito Infinito para as sete especificações de serviços que se seguem:

1. Mensageiros da Trindade do Paraíso.

2. Mensageiros dos Circuitos de Havona.

3. Mensageiros dos Superuniversos.

4. Mensageiros dos Universos Locais.

5. Exploradores em Missões Não Dirigidas.

6. Embaixadores e Emissários de Missões Especiais.

7. Reveladores da Verdade.

Esses mensageiros espirituais, em todos os sentidos, podem ser trocados de um tipo de serviço para outro; e tais transferências acontecem constantemente. Não existem ordens separadas de Mensageiros Solitários; eles são semelhantes espiritualmente e iguais em todos os sentidos. Ainda que sejam designados, geralmente, pela sua numeração, são conhecidos do Espírito Infinito por seus nomes pessoais. Eles são conhecidos de todos nós pelo nome ou número designativo da sua missão atual.

1. *Mensageiros da Trindade do Paraíso*. Não me é permitido revelar muito sobre o trabalho do grupo de mensageiros designado para a Trindade. São os servidores secretos e de confiança das Deidades; e, quando lhes foram confiadas mensagens especiais, envolvendo as diretrizes não reveladas e a conduta futura dos Deuses, nunca se soube que eles houvessem divulgado um segredo ou traído a confiança depositada na sua ordem. E tudo isso é mencionado aqui, não para vangloriar-nos da sua perfeição, mas antes para que destaquemos que as Deidades podem criar, e criam, *seres perfeitos*.

A confusão e os distúrbios em Urântia não significam que os Governantes do Paraíso não tenham interesse ou capacidade para encaminhar as coisas de um modo diferente. Os Criadores têm plenas condições de fazer de Urântia um verdadeiro Paraíso; um Éden assim, entretanto, não contribuiria para o desenvolvimento dos caracteres firmes, nobres e experimentados, que os Deuses, muito certamente, estão forjando no vosso mundo, entre as bigornas da necessidade e os martelos da angústia. As vossas ansiedades e penas, provações e desapontamentos são tanto uma parte do plano divino para a vossa esfera quanto o são a perfeição aprimorada e a adaptação infinita de todas coisas para o seu supremo propósito nos mundos do universo central e perfeito.

2. *Mensageiros dos Circuitos de Havona*. Em toda a carreira ascendente, vós sereis capazes de detectar, vaga mas crescentemente, a presença dos Mensageiros Solitários; entretanto, até alcançardes Havona, vós não os reconhecereis sem alguns equívocos. Os primeiros desses mensageiros com os quais estareis face a face serão aqueles dos circuitos de Havona.

Os Mensageiros Solitários gozam de relações especiais com os nativos dos mundos de Havona. Esses mensageiros, que têm a sua operacionalidade dificultada quando associados uns aos outros, podem ter, e têm, uma comunhão muito estreita e pessoal com os nativos de Havona. Mas é totalmente impossível comunicar às mentes humanas a satisfação suprema que advém do contato das mentes desses seres divinamente perfeitos com os espíritos daquelas personalidades quase transcendentes.

3. *Mensageiros dos Superuniversos.* Os Anciães dos Dias, personalidades com origem na Trindade, que presidem aos destinos dos sete superuniversos, naqueles trios de poder divino e sabedoria administrativa, são supridos abundantemente de Mensageiros Solitários. Apenas por intermédio dessa ordem de mensageiros é que esses governantes trinos de um superuniverso podem comunicar-se, direta e pessoalmente, com os governantes de outro superuniverso. Os Mensageiros Solitários são o único tipo disponível, de inteligência espiritual – exceto, possivelmente, os Espíritos Inspirados da Trindade –, que pode ser despachado da sede-central de um superuniverso diretamente para a sede-central de outro. Todas as outras personalidades devem fazer tais excursões passando por Havona e pelos mundos executivos dos Espíritos Mestres.

Algumas espécies de informação há, que não podem ser obtidas pelos Mensageiros por Gravidade, nem por refletividade, nem por transmissão. E, quando os Anciães dos Dias querem saber dessas coisas com segurança, eles devem despachar um Mensageiro Solitário à fonte do seu conhecimento. Muito antes da presença da vida em Urântia o mensageiro, agora ligado a mim, esteve designado para uma missão fora de Uversa, no universo central. E esteve ausente das listas de chamada de Orvônton por quase um milhão de anos, mas retornou no devido tempo com a informação desejada.

Não há limitação ao serviço dos Mensageiros Solitários nos superuniversos; eles podem funcionar como executores dos altos tribunais ou como coletores de informações para o bem do reino. De todas as supercriações eles preferem servir em Orvônton, porque aqui a necessidade é maior e as oportunidades para o esforço heróico, muitas vezes, são múltiplas. Nos reinos de maior necessidade, todos nós temos a satisfação de exercer mais plenamente qualquer função.

4. *Mensageiros dos Universos Locais.* Nos serviços de um universo local, não há limite à atuação dos Mensageiros Solitários. Eles são os reveladores fiéis dos motivos e intentos do Espírito Materno do universo local, embora atuem sob a plena jurisdição do Filho Mestre reinante. E isso é verdade em relação a todos os mensageiros que operam em um universo local; quer estejam trabalhando diretamente vindos das sedes-centrais dos superuniversos, quer estejam atuando temporariamente em ligação com os Pais da Constelação, Soberanos dos Sistemas ou Príncipes Planetários. Antes da concentração de todo o poder nas mãos de um Filho Criador, quando da sua elevação como governante soberano do seu universo, esses mensageiros dos universos locais funcionam sob a direção geral dos Anciães dos Dias e respondem imediatamente ao representante residente deles, o União dos Dias.

5. *Exploradores em Missões Não Dirigidas.* Quando o corpo de reserva dos Mensageiros Solitários está com excesso de pessoal, um dos Sete Diretores Supremos do Poder emite um chamado de voluntários para exploração; e nunca há falta de voluntários, pois eles sentem prazer em ser despachados, como exploradores livres e desimpedidos, a fim de experienciar a emoção de encontrar núcleos de organização de mundos e universos novos.

Eles lançam-se à investigação dos indícios fornecidos pelos contempladores espaciais dos reinos. Indubitavelmente, as Deidades do Paraíso sabem da existência desses sistemas, ainda não descobertos, de energia do espaço, mas Elas nunca divulgam tal informação. Se os Mensageiros Solitários não explorassem e cartografassem esses centros novos de energia ainda em organização, tais fenômenos permaneceriam por longo tempo sem serem notados, até mesmo pelos serviços de informação dos reinos adjacentes. Toda classe dos Mensageiros Solitários é altamente sensível à gravidade; e, desse modo, algumas vezes eles podem detectar a presença provável de pequeníssimos planetas escuros, aqueles mundos que são mesmo os mais adaptados aos experimentos de vida.

Esses mensageiros-exploradores, de missões não dirigidas, rondam o universo-mestre. Eles estão constantemente em expedições exploradoras, nas regiões não cartografadas de todo o espaço exterior. Grande parte das informações que possuímos sobre as transações nos reinos do espaço exterior deve-se às explorações dos Mensageiros Solitários, pois eles trabalham e estudam, freqüentemente, com os astrônomos celestes.

6. *Embaixadores e Emissários de Missões Especiais*. Os universos locais, situados dentro de um mesmo superuniverso, costumeiramente, fazem os embaixadores selecionados alternarem-se no serviço das suas ordens nativas de filiação. Mas, para evitar demoras, os Mensageiros Solitários são solicitados, freqüentemente, a ir como embaixadores de uma criação local até outra, a fim de representar e interpretar um reino para um outro. Por exemplo: quando um reino recém-habitado é descoberto, pode resultar que esteja em um ponto tão longínquo, no espaço, que demore um tempo muito longo para um embaixador transportado por um serafim alcançar esse universo excessivamente distante. Um ser levado por um serafim não pode exceder a velocidade de 899 370, dos quilômetros de Urântia, por um segundo, também do vosso tempo. As estrelas maciças, as contracorrentes e os desvios, bem como as atrações tangenciais, todos tenderão a retardar essa velocidade, e de um modo tal que, em uma viagem prolongada, a velocidade média ficará em torno de 885 000 quilômetros por segundo.

Quando acontece de se fazerem necessárias centenas de anos para que um embaixador nativo chegue a um universo local excessivamente distante, solicita-se sempre que um Mensageiro Solitário parta para lá, imediatamente, a fim de atuar como embaixador interino. Os Mensageiros Solitários podem ir muito rapidamente, não totalmente de modo independente do tempo e do espaço, como o fazem os Mensageiros por Gravidade, mas quase do mesmo modo. Eles também servem, em outras circunstâncias, como emissários de missões especiais.

7. *Reveladores da Verdade*. Os Mensageiros Solitários consideram a missão de revelar a verdade como sendo a mais elevada manifestação de confiança à sua ordem. E executam essa função, quase sempre, tanto para os superuniversos quanto para os planetas do espaço em particular. Eles fazem parte, freqüentemente, das comissões que são enviadas aos mundos e sistemas, para ampliar a revelação da verdade.

3. OS SERVIÇOS DOS MENSAGEIROS SOLITÁRIOS NO TEMPO E ESPAÇO

Os Mensageiros Solitários são o mais elevado tipo de personalidade, perfeita e confidencial, disponível em todos os reinos, para a transmissão rápida de mensagens urgentes e importantes, quando não é indicado, nem conveniente, utilizar um serviço de transmissão ou o mecanismo da refletividade. Eles servem em missões de uma variedade infinda, ajudando aos seres espirituais e materiais dos reinos, particularmente quando o elemento tempo está envolvido. De todas as ordens designadas para os serviços, nos domínios dos superuniversos, eles são os seres personalizados mais elevados e mais versáteis que mais podem vir a desafiar o tempo e o espaço.

O universo está bem suprido de espíritos que utilizam a gravidade para os propósitos de trânsito; eles podem ir a qualquer lugar em qualquer tempo – instantaneamente – mas eles não são pessoas. Alguns outros cruzadores por gravidade são seres pessoais, como os Mensageiros por Gravidade e os Registradores Transcendentais, mas não estão disponíveis para os administradores dos superuniversos e universos locais. Os mundos parecem estar cheios de anjos, de homens e de outros seres altamente pessoais, mas todos estes têm dificuldades no tempo e no espaço: a velocidade limite, para a maioria dos seres que não são transportados por serafins, é de 299 790 quilômetros do vosso mundo, por segundo, no vosso tempo; as criaturas intermediárias e algumas outras podem atingir, e freqüentemente atingem, o dobro dessa velocidade, ou seja, a de 599 580 quilômetros por segundo, enquanto os serafins e outros seres podem cruzar o espaço à velocidade de 899 370 quilômetros por segundo, ou seja, três vezes mais. Contudo, não há personalidades de transporte, nem mensageiros, que funcionem entre as velocidades instantâneas dos cruzadores de gravidade e as velocidades relativamente vagarosas dos serafins, excetuando-se os Mensageiros Solitários.

Os Mensageiros Solitários são, pois, geralmente usados para serem despachados em serviço naquelas situações em que a personalidade é essencial ao cumprimento da missão e se deseja evitar a perda de tempo, ocasionada pelo envio de qualquer outro tipo, prontamente disponível, de mensageiro pessoal. Eles são os únicos seres definitivamente personalizados que podem sincronizar-se com as correntes universais combinadas do grande universo. A sua velocidade para atravessar o espaço é variável, dependendo de uma grande variedade de influências que podem interferir, mas os registros mostram que, na jornada para completar esta missão, o mensageiro interligado a mim perfez uma velocidade de 1 346 169 220 000 dos vossos quilômetros, por segundo, no vosso tempo.

Está totalmente além da minha capacidade poder explicar ao tipo de mente material como um espírito pode ser uma pessoa real e, ao mesmo tempo, atravessar o espaço em velocidades tão altas. Todavia, esses mesmos Mensageiros Solitários, de fato, vêm até Urântia e vão nestas velocidades imperscrutáveis; e toda a economia da administração universal estaria despojada, realmente em muito, do seu elemento pessoal, caso isso não fosse um fato.

Os Mensageiros Solitários são capazes de funcionar como linhas de emergência de comunicação, em todas as regiões e reinos remotos do espaço não abrangidos dentro dos circuitos estabelecidos do grande universo. Acontece que um mensageiro, quando funcionando assim, pode transmitir uma mensagem ou enviar um impulso, pelo espaço, a um outro mensageiro, a uma distância de cerca de cem anos-luz, como os astrônomos de Urântia estimam as distâncias estelares.

Das miríades de seres que cooperam conosco, na condução dos assuntos dos superuniversos, nenhum é mais importante em assistência prática e na economia de tempo. Nos universos do espaço, devemos reconhecer as dificuldades do tempo; daí a magnitude do serviço dos Mensageiros Solitários, que, por meio das suas prerrogativas pessoais de comunicação, são quase independentes do espaço e ainda, em virtude da sua imensa velocidade de trânsito, quase independentes do tempo.

Não consigo explicar aos mortais de Urântia como os Mensageiros Solitários podem existir sem uma forma e, ainda assim, possuir personalidades reais e definidas. Embora existam sem aquela forma que seria associada naturalmente à personalidade, eles possuem uma presença espiritual que é discernível por todos os tipos mais elevados de seres espirituais. Os Mensageiros Solitários são a única classe de seres que parece estar de posse de quase todas as vantagens de um espírito sem forma, acompanhadas de todas as prerrogativas de uma personalidade plena. Sendo verdadeiras pessoas, ainda assim, são dotados de quase todos os atributos de manifestação dos espíritos impessoais.

Nos sete superuniversos, geralmente – mas não sempre –, tudo o que tende a aumentar a liberação de qualquer criatura das dificuldades do tempo e do espaço reduz proporcionalmente as prerrogativas da personalidade. Os Mensageiros Solitários são uma exceção a essa lei geral. Nas suas atividades, praticamente são irrestritos na utilização de todo e qualquer entre os caminhos ilimitados da expressão espiritual, do serviço divino, do ministério pessoal e da comunicação cósmica. Se pudésseis ver esses extraordinários seres, à luz da minha experiência na administração do universo, vós compreenderíeis quão difícil seria coordenar os assuntos dos superuniversos, não fosse a cooperação versátil deles.

Não importa quanto o universo possa expandir-se, provavelmente não se criarão mais Mensageiros Solitários. À medida que os universos crescem, um trabalho cada vez mais extenso de administração deve ser crescentemente assumido por outros tipos de ministros espirituais e por aqueles seres que tiveram origem nessas novas criações, tais como as criaturas geradas pelos Filhos Soberanos e Espíritos Maternos dos universos locais.

4. O MINISTÉRIO ESPECIAL DOS MENSAGEIROS SOLITÁRIOS

Os Mensageiros Solitários parecem ser coordenadores das personalidades de todos os tipos de seres espirituais. A ministração deles ajuda a fazer com que todas as personalidades do vasto mundo espiritual sejam afins. E contribuem muito para o desenvolvimento, em todos os seres espirituais, de uma consciência de identidade de grupo. Todo tipo de ser espiritual é servido por grupos especiais de Mensageiros Solitários que fomentam a capacidade desses seres de compreender todos os outros tipos e ordens, não importando quão dessemelhantes sejam, e de confraternizar com os mesmos.

Os Mensageiros Solitários demonstram uma capacidade espantosa de coordenação ente todos os tipos e ordens de personalidades finitas – e mesmo de fazer contato com o regime absonito dos supercontroladores do Universo-Mestre –, tanto que alguns de nós postulam que a criação desses mensageiros, pelo Espírito Infinito, de alguma maneira, esteja relacionada à dotação que o Agente Conjunto faz à mente Supremo-Última.

Quando um finalitor e um Cidadão do Paraíso cooperam na trinitarização de um "filho do tempo e da eternidade" – uma transação envolvendo os potenciais não revelados da mente do Supremo-Último –, e, quando essa personalidade não classificada é despachada para Vicegérington, então um Mensageiro Solitário (uma suposta repercussão na personalidade, da outorga dessa mente-deidade) é sempre designado como companheiro-guardião desse filho trinitarizado por criaturas. Esse mensageiro acompanha o novo filho do destino ao mundo do seu desígnio e nunca mais deixa Vicegérington. Quando ligado, assim, aos destinos de um filho do tempo e da eternidade, um Mensageiro Solitário é, para sempre, transferido para a supervisão única dos Arquitetos do Universo-Mestre. Qual possa ser o futuro de uma associação tão extraordinária, não sabemos. Durante idades, essas associações de personalidades tão singulares vêm, continuamente, reunindo-se em Vicegérington, mas nem mesmo um par sequer foi alguma vez adiante dali.

Os Mensageiros Solitários existem em números estacionários, mas a trinitarização dos filhos do destino é uma técnica ilimitada, aparentemente. Já que todo filho trinitarizado do destino tem um Mensageiro Solitário, designado para si, quer-nos parecer que, em algum momento no futuro remoto, a reserva de mensageiros possa vir a esgotar-se. Quem assumirá o seu trabalho no grande universo? O serviço deles será assumido por algum novo desenvolvimento entre os Espíritos Inspirados da Trindade? Será que o grande universo, em algum período remoto, irá ser administrado, mais de perto, pelos seres originários da Trindade, enquanto as criaturas de origem única, ou dual, se locomovem para os reinos do espaço exterior? Se os mensageiros retornarem ao seu serviço inicial, será que esses filhos do destino irão acompanhá-los? Será que as trinitarizações feitas pelos finalitores e pelos Havonianos do Paraíso cessarão, quando a reserva de Mensageiros Solitários estiver absorvida, inteiramente, na função de companheiros-guardiães desses filhos do destino? Será que todos os nossos eficientes Mensageiros Solitários concentrar-se-ão em Vicegérington? Será que essas extraordinárias personalidades espirituais permanecerão eternamente ligadas a esses filhos trinitarizados de destino não revelado? Que significação deve ser atribuída ao fato de que esses pares, que se reúnem em Vicegérington, estejam sob a exclusiva direção desses poderosos seres misteriosos, os Arquitetos do Universo-Mestre? Fazemos essas e muitas perguntas similares a nós mesmos e a muitas outras ordens de seres celestes, mas não sabemos as respostas.

Essa transação indica, inequivocamente, junto com muitas ocorrências similares na administração do universo, que o pessoal do grande universo, e mesmo de Havona e do Paraíso, está passando por uma reorganização certa e determinada, em coordenação com as grandes evoluções na energia, que agora estão acontecendo em todos os reinos do espaço exterior, e em referência a elas.

Temos a tendência de acreditar que o futuro eterno testemunhará fenômenos de evolução do universo os quais irão transcender, em muito, a tudo o que o eterno passado experienciou. E antecipamos tais aventuras grandiosas, como vós próprios deveis antecipar, com uma agradável ansiedade e uma expectativa cada vez mais elevada.

[Apresentado por um Conselheiro Divino de Uversa.]

DOCUMENTO 24

AS PERSONALIDADES MAIS ELEVADAS DO ESPÍRITO INFINITO

EM UVERSA, todas as personalidades e entidades do Criador Conjunto estão repartidas em três grandes divisões: as Personalidades Mais Elevadas do Espírito Infinito, as Hostes de Mensageiros do Espaço e os Espíritos Ministradores do Tempo, aqueles seres espirituais que se ocupam do ensino e da ministração às criaturas de vontade do esquema ascendente de progressão mortal.

Essas Personalidades Mais Elevadas do Espírito Infinito, mencionadas nestas narrativas, operam em todo o grande universo em sete divisões:

1. Mensageiros Solitários.

2. Supervisores dos Circuitos do Universo.

3. Diretores do Censo.

4. Auxiliares Pessoais do Espírito Infinito.

5. Inspetores Associados.

6. Sentinelas Designadas.

7. Guias dos Graduados.

Os Mensageiros Solitários, os Supervisores dos Circuitos, os Diretores do Censo e Auxiliares Pessoais são caracterizados por possuírem dons imensos de antigravidade. Os Mensageiros Solitários não têm uma sede-central conhecida; eles circulam pelo universo dos universos. Os Supervisores dos Circuitos do Universo e os Diretores do Censo mantêm uma sede-central nas capitais dos superuniversos. Os Auxiliares Pessoais do Espírito Infinito ficam estacionados na Ilha Central de Luz. Os Inspetores Associados e as Sentinelas Designadas permanecem fixos, respectivamente, nas capitais dos universos locais e capitais dos seus sistemas componentes. Os Guias dos Graduados residem e funcionam no bilhão de mundos do universo de Havona. A maior parte dessas personalidades mais elevadas tem postos nos universos locais, mas não se encontram organicamente vinculadas às administrações dos reinos evolucionários.

Das sete classes que compõem esse grupo, apenas os Mensageiros Solitários e talvez os Auxiliares Pessoais percorrem o universo dos universos. Os Mensageiros Solitários são encontrados no Paraíso e afora: desde os circuitos de Havona, nas capitais dos superuniversos, e, daí para fora, nos diversos setores e universos locais e suas subdivisões, e até mesmo nos mundos habitados. Embora os Mensageiros Solitários pertençam às Personalidades Mais Elevadas do Espírito Infinito, a sua origem, natureza e serviço foram abordados no documento precedente.

1. OS SUPERVISORES DOS CIRCUITOS DO UNIVERSO

Pode parecer que as imensas correntes de poder do espaço e os circuitos da energia do espírito operem automaticamente; pode parecer que funcionem sem controles nem entraves, mas não é realmente assim. Todos esses sistemas estupendos de energia estão sob controle; estão sujeitos a uma supervisão inteligente. Os Supervisores dos Circuitos do Universo ocupam-se, não dos reinos da energia puramente física ou material – domínio dos Diretores do Poder no Universo –, mas dos circuitos da energia espiritual relativa e daqueles circuitos modificados que são essenciais à manutenção dos seres altamente desenvolvidos espiritualmente, tanto quanto dos tipos moronciais ou de transição de criaturas inteligentes. Os supervisores não dão origem a circuitos de energia e de superessência de divindade, mas, em geral, eles têm a ver com os circuitos espirituais mais elevados do tempo e da eternidade e com todos os circuitos espirituais relativos, envolvidos na administração das partes componentes do grande universo. Eles dirigem e manipulam todos esses circuitos de energia-espírito fora da Ilha do Paraíso.

Os Supervisores dos Circuitos do Universo são uma criação exclusiva do Espírito Infinito e funcionam somente como agentes do Agente Conjunto. Eles são personalizados para o serviço nas quatro ordens seguintes:

1. Supervisores Supremos dos Circuitos.

2. Supervisores Associados dos Circuitos.

3. Supervisores Secundários dos Circuitos.

4. Supervisores Terciários dos Circuitos.

Os supervisores supremos de Havona e também os supervisores associados dos sete superuniversos têm o seu número já completo; dessas ordens, nenhum mais está sendo criado. Os supervisores supremos são sete, em número, e estão estacionados nos mundos-pilotos dos sete circuitos de Havona. Os circuitos dos sete superuniversos ficam entregues ao encargo de um grupo maravilhoso de sete supervisores associados, que mantêm sua sede-central nas sete esferas do Espírito Infinito, no Paraíso, os mundos dos Sete Executivos Supremos. De lá eles supervisionam e dirigem os circuitos dos superuniversos do espaço.

Nessas esferas do Espírito, no Paraíso, os sete supervisores integrados dos circuitos e a primeira ordem dos Centros Supremos de Potência efetuam uma ligação que, sob a direção dos Executivos Supremos, resulta na coordenação subparadisíaca de todos os circuitos materiais e espirituais que vão até os sete superuniversos.

Os supervisores secundários dos universos locais do tempo e do espaço estão estacionados nos mundos-sede de cada superuniverso. Os setores maior e menor são divisões administrativas dos supergovernos, mas não se ocupam com as questões da supervisão da energia-espírito. Não sei quantos supervisores secundários de circuitos existem no grande universo, mas em Uversa há 84 691 desses seres. Os supervisores secundários estão sendo continuamente criados; de tempos em tempos, eles surgem, em grupos de setenta, nos mundos dos Executivos Supremos. Nós podemos obtê-los por requisição quando vamos fazer o estabelecimento de circuitos separados de energia espiritual, e de poder de ligação, para os novos universos em evolução que se encontram sob a nossa jurisdição.

Um supervisor terciário de circuito funciona nos mundos-sede de cada universo local. Essa ordem, bem como a dos supervisores secundários, está em contínua criação, sendo criada em grupos de setecentos. Eles são designados para os universos locais pelos Anciães dos Dias.

Os supervisores dos circuitos são criados para as suas tarefas específicas; e servem eternamente nos grupos do seu compromisso original. Eles não fazem rotações no serviço e por isso efetuam um estudo, durante toda uma idade, dos problemas existentes nos reinos do seu compromisso original. Por exemplo: o supervisor terciário de circuitos de número 572 842 tem funcionado em Sálvington desde a concepção inicial do vosso universo local, e é um membro da assessoria pessoal de Michael de Nébadon.

Atuando, seja no universo local, seja em um universo mais elevado, os supervisores dos circuitos dirigem todos os envolvidos nos circuitos adequados a serem empregados na transmissão de todas as mensagens espirituais e relativas ao trânsito de todas as personalidades. No seu trabalho de supervisão dos circuitos, esses eficientes seres utilizam todas as forças intermediárias, personalidades e agências no universo dos universos. Eles empregam as "altas personalidades espirituais de controle dos circuitos" não reveladas; e são competentemente assistidos por inúmeras equipes compostas de personalidades do Espírito Infinito. Eles é que isolariam um mundo evolucionário, caso o seu Príncipe Planetário se rebelasse contra o Pai Universal e seu Filho vice-regente. São capazes de retirar qualquer mundo de certos circuitos da ordem espiritual mais elevada do universo, mas não podem anular as correntes materiais dos diretores de potência.

Os Supervisores dos Circuitos do Universo têm, com os circuitos espirituais, algo como a relação que os Diretores do Poder no Universo têm com os circuitos materiais. As duas ordens são complementares, exercendo, juntas, toda a supervisão de todos os circuitos materiais e espirituais que são controláveis e manipuláveis pelas criaturas.

Os Supervisores dos Circuitos exercem certa supervisão sobre aqueles circuitos da mente que são associados ao espírito, assim como os diretores de potência têm uma certa jurisdição sobre aquelas fases da mente associadas à energia-física – a mente mecânica. Em geral, as funções de uma ordem expandem-se por ligação com a outra, mas os circuitos da mente pura não estão sujeitos à supervisão de nenhum deles. As duas ordens não são coordenadas. Em todos os seus múltiplos trabalhos, os Supervisores dos Circuitos do Universo ficam sujeitos aos Sete Diretores do Poder Supremo e aos seus subordinados.

Se bem que os supervisores dos circuitos sejam inteiramente iguais dentro das suas ordens respectivas, todos são também indivíduos distintos. São verdadeiramente seres pessoais, mas possuem um tipo de personalidade outra que-não-a-dotada-pelo-Pai, não encontrada em qualquer outro tipo de criatura em toda a existência universal.

Embora ireis reconhecê-los e saber deles à medida que evoluirdes no caminho interno do Paraíso, vós não tereis nenhuma relação pessoal com eles. São os supervisores dos circuitos e ocupam-se estrita e eficientemente do seu assunto. Lidam somente com aquelas personalidades e entidades que têm a supervisão dessas atividades que envolvem os circuitos sujeitos à sua supervisão.

2. OS DIRETORES DO CENSO

Se bem que a mente cósmica da Inteligência da Informação Universal seja conhecedora da presença e do paradeiro de todas as criaturas *pensantes*, há, em operação no universo dos universos, um método independente para se manter a contagem de todas as criaturas *volitivas*.

Os Diretores do Censo são uma criação especial já completa do Espírito Infinito, e existem em números desconhecidos para nós. Foram criados de modo a serem capazes de manter uma sincronia perfeita com a técnica de refletividade dos superuniversos, enquanto, ao mesmo tempo, são pessoalmente sensíveis e responsivos à *vontade* inteligente. Esses diretores, por uma técnica não completamente entendida, tornam-se imediatamente sabedores do nascimento de um ser de vontade, em qualquer parte do grande universo. Sempre têm, pois, competência para nos fornecer o número, a natureza e o paradeiro de todas as criaturas de vontade, em qualquer parte da criação central e dos sete superuniversos. Mas não funcionam no Paraíso; não há necessidade deles ali. No Paraíso o conhecimento é inerente; as Deidades sabem de todas as coisas.

Sete Diretores do Censo operam em Havona, sendo que cada um fica estacionado em um mundo-piloto de cada circuito de Havona. Com exceção desses sete e das reservas da ordem nos mundos do Espírito no Paraíso, todos os Diretores do Censo funcionam sob a jurisdição dos Anciães dos Dias.

Um Diretor do Censo preside às sedes-centrais de cada superuniverso e, sob o comando desse diretor-chefe, na capital de cada universo local, estão milhares e milhares de seres. Todas as personalidades dessa ordem são iguais, excetuando-se aquelas dos mundos-piloto de Havona e os dirigentes dos sete superuniversos.

No sétimo superuniverso há cem mil Diretores do Censo. Esse número consiste inteiramente naqueles que são designáveis para os universos locais; e não inclui o corpo de assessoria de Usátia, comandante dos diretores de todo o superuniverso de Orvônton. Usátia, como os outros comandantes no superuniverso, não está preparado diretamente para sintonizar o registro da vontade inteligente. Encontra-se sintonizado unicamente com os seus subordinados estacionados nos universos de Orvônton; assim, ele atua como uma magnífica personalidade totalizadora de todos os informes, que vêm das capitais das criações locais.

De tempos em tempos os registradores de Uversa fazem o registro do status do superuniverso, tal como está indicado nos anais e na personalidade de Usátia. Esses dados do recenseamento são próprios dos superuniversos; esses informes não são transmitidos a Havona, nem ao Paraíso.

Os Diretores do Censo ocupam-se com os seres humanos – bem como outras criaturas volitivas – apenas para registrar o fato da função da vontade. Não se preocupam com os registros da vossa vida, nem com os atos dela; e não estão de modo algum fazendo os registros das personalidades. O Diretor do Censo de Nébadon, de número 81 412 de Orvônton, agora estacionado em Sálvington, é, neste momento mesmo, pessoalmente sabedor da vossa presença aqui em Urântia; e ele permitirá a confirmação dos registros da vossa morte no momento em que cessardes de funcionar como criaturas volitivas.

Os Diretores do Censo registram a existência de uma nova criatura de vontade sempre que acontece o primeiro ato de vontade; indicam a morte de uma criatura de vontade quando acontece o seu último ato de vontade. O surgimento parcial da vontade, observado nas reações de alguns dos animais mais elevados, não pertence ao domínio dos Diretores do Censo. Eles não mantêm a conta de nada que não sejam as autênticas criaturas de vontade, e não são sensíveis a nada, a não ser à *função da vontade*. Mas não sabemos exatamente como eles registram a função da vontade.

Esses seres têm sido sempre, e sempre serão, os Diretores do Censo. E seriam relativamente inúteis em qualquer outra divisão de trabalho do universo. Mas são infalíveis na própria função; nunca cometem erros nem falsificam nada. E, apesar dos seus poderes maravilhosos e prerrogativas inacreditáveis, são pessoas; têm presença espiritual e forma reconhecível.

3. OS AJUDANTES PESSOAIS DO ESPÍRITO INFINITO

Não temos conhecimento autêntico a respeito da época e do modo da criação dos Ajudantes Pessoais. O seu número deve ser o de uma legião, mas não se encontra registrado em Uversa. Por uma dedução conservadora, baseada no nosso conhecimento do trabalho deles, aventuro-me a estimar que o seu número alcance os trilhões. Sustentamos a opinião de que o Espírito Infinito não esteja limitado, quanto à quantidade numérica, para a criação desses Ajudantes Pessoais.

Os Ajudantes Pessoais do Espírito Infinito existem para assistir exclusivamente a presença paradisíaca da Terceira Pessoa da Deidade. Embora ligados diretamente ao Espírito Infinito e localizados no Paraíso, eles circulam por todos os lugares, até às extremidades da criação. Para onde quer que os circuitos do Criador Conjunto se estendam, ali, esses Ajudantes Pessoais podem aparecer com o propósito de executar as ordens do Espírito Infinito. Atravessam o espaço de um modo semelhante ao dos Mensageiros Solitários, mas não são pessoas no sentido que os mensageiros o são.

Os Ajudantes Pessoais são todos iguais e idênticos; não apresentam nenhuma diferenciação de individualidade. Embora o Agente Conjunto considere-os como verdadeiras personalidades, torna-se difícil para os outros considerá-los pessoas reais; eles não manifestam uma presença espiritual para os outros seres espirituais. Os seres cuja origem é o Paraíso têm sempre consciência da proximidade desses Ajudantes; mas nós não reconhecemos a presença de personalidade neles. A falta dessa forma-presença, sem dúvida, torna-os a todos mais úteis à Terceira Pessoa da Deidade.

De todas as ordens reveladas de seres espirituais que têm origem no Espírito Infinito, os Ajudantes Pessoais são quase os únicos que não ireis encontrar durante a vossa ascensão interior ao Paraíso.

4. OS INSPETORES ASSOCIADOS

Os Sete Executivos Supremos, nas sete esferas do Espírito Infinito no Paraíso, funcionam coletivamente como a junta administrativa de superdirigentes dos sete superuniversos. Os Inspetores Associados são a corporificação pessoal da autoridade dos Executivos Supremos para os universos locais do tempo e do espaço. Esses altos observadores dos assuntos das criações locais são progênie conjunta do Espírito Infinito e dos Sete Espíritos Mestres do Paraíso. Nos tempos próximos à eternidade, setecentos mil deles foram personalizados, e seus corpos de reservas habitam o Paraíso.

Os Inspetores Associados trabalham sob a supervisão direta dos Sete Executivos Supremos; são representantes pessoais deles e têm os devidos poderes nos universos locais do tempo e do espaço. Um inspetor permanece designado para a esfera sede-central de cada criação local e está estreitamente associado ao União dos Dias residente.

Os Inspetores Associados recebem informes e recomendações somente das suas subordinadas, as Sentinelas Designadas, estacionadas nas capitais dos sistemas locais de mundos habitados, as quais fazem relatórios apenas ao seu superior imediato, o Executivo Supremo do superuniverso envolvido.

5. AS SENTINELAS DESIGNADAS

As Sentinelas Designadas são personalidades coordenadoras e representantes de ligação dos Sete Executivos Supremos. Foram personalizadas no Paraíso pelo Espírito Infinito e criadas com os propósitos específicos das suas designações. Têm um número estacionário: existem exatamente sete bilhões delas.

Do mesmo modo que um Inspetor Associado representa os Sete Executivos Supremos para todo um universo local, há em cada um dos dez mil sistemas dessa criação local, também, uma Sentinela Designada, que atua como a representante direta da bem distante e suprema junta de supercontrole dos assuntos de todos os sete superuniversos. As sentinelas em serviço nos governos do sistema local de Orvônton estão atuando sob a autoridade direta do Executivo Supremo Número Sete, o coordenador do sétimo superuniverso. Mas, na sua organização administrativa, todas as sentinelas a serviço em um universo local estão subordinadas ao Inspetor Associado, estacionado na sede-central do universo.

Dentro de uma criação local as Sentinelas Designadas servem em rodízio, sendo transferidas de sistema para sistema. Elas são mudadas, em geral, a cada milênio do tempo do universo local. Estão entre as mais elevadas classes de personalidades estacionadas em uma capital de sistema, mas nunca participam das deliberações que concernem aos assuntos dos sistemas. Nos sistemas locais servem como dirigentes ex officio dos vinte e quatro administradores que provêm dos mundos evolucionários; mas fora disso os mortais ascendentes têm pouco contato com elas. As sentinelas ocupam-se quase que exclusivamente em manter o Inspetor Associado do seu universo plenamente informado sobre tudo o que importa em relação ao bem-estar e ao estado geral dos sistemas da sua designação.

As Sentinelas Designadas e os Inspetores Associados não se reportam aos Executivos Supremos por meio da sede-central de um superuniverso. São responsáveis apenas perante o Executivo Supremo do superuniverso envolvido; as suas atividades são distintas da administração dos Anciães dos Dias.

Os Executivos Supremos, os Inspetores Associados e as Sentinelas Designadas, junto com os omniafins e uma hoste de personalidades não reveladas, constituem um sistema eficaz, direto, centralizado e muito vasto, de coordenação consultiva e administrativa de todo o grande universo de coisas e de seres.

6. OS GUIAS DOS GRADUADOS

Os Guias dos Graduados, como grupo, patrocinam e conduzem a universidade de altos estudos de instrução técnica e de educação espiritual, tão essencial para que os mortais alcancem a meta das idades: Deus, o repouso e, em seguida, a eternidade do serviço perfeiçoado. Esses seres altamente pessoais têm o seu nome segundo a natureza e propósito do serviço que prestam. Eles devotam-se exclusivamente às tarefas de guiar os mortais graduados, vindos dos superuniversos do tempo, durante o seu percurso de educação e aperfeiçoamento, em Havona, que serve no preparo dos peregrinos ascendentes para serem admitidos no Paraíso e no Corpo de Finalidade.

Não me é proibido arcar com a responsabilidade de contar-vos sobre o trabalho desses Guias dos Graduados, mas é uma tarefa tão ultra-espiritual que perco a esperança de ser capaz de retratar adequadamente à mente material um conceito que abranja as atividades múltiplas deles. Nos mundos das mansões, depois que o alcance da vossa visão estiver ampliado e depois que estiverdes livres das correntes das comparações materiais, vós podereis começar a compreender o significado das realidades que o "olho não pode ver, nem o ouvido escutar, e que nunca fizeram parte dos conceitos das mentes humanas", até mesmo aquelas coisas que "Deus preparou para aqueles que amam tais verdades eternas". Vós não tereis para sempre um alcance tão limitado de visão, nem de compreensão espiritual.

Os Guias dos Graduados ocupam-se em pilotar os peregrinos do tempo pelos sete circuitos dos mundos de Havona. O guia que te saudar, na tua chegada ao mundo de recepção do circuito externo de Havona, permanecerá contigo durante toda a tua carreira nos circuitos celestes. Embora vás associar-te com um número incontável de outras personalidades durante a tua permanência neste bilhão de mundos, o teu Guia dos Graduados seguirá contigo até o fim da tua progressão em Havona e testemunhará a tua entrada no sono terminal do tempo, o sono do trânsito da eternidade para a meta no Paraíso, onde, ao acordares, serás saudado pelo Companheiro do Paraíso designado para dar-te as boas-vindas e, talvez, para permanecer contigo até que tu sejas iniciado como membro do Corpo Mortal de Finalidade.

O número de Guias dos Graduados está acima do poder que a mente humana tem de captar, e continuam a aparecer. A sua origem é algo misteriosa. Não têm existido desde a eternidade; misteriosamente, eles apareceram à medida que se fizeram necessários. Não há registro de um Guia dos Graduados em todos os reinos do universo central, até aquele dia bem longínquo em que o primeiro peregrino mortal de todos os tempos percorreu o seu caminho até o cinturão externo da criação central. No instante em que chegou ao mundo-piloto do circuito externo, ele deparou com a recepção amigável de Malvórian, o primeiro dos Guias dos Graduados e que agora é o dirigente do conselho supremo e o diretor da vasta organização educacional mantida por eles.

Nos registros do Paraíso, sobre Havona, na seção denominada "Guias dos Graduados", aparece este registro inicial:

"E Malvórian, o primeiro desta ordem, acolheu e instruiu o peregrino descobridor de Havona e conduziu-o dos circuitos exteriores de experiência inicial, passo a passo e circuito por circuito, até que ele chegasse à presença mesma da Fonte e Destino de todas personalidades, atravessando depois o umbral da eternidade até o Paraíso."

Naquela época longínqua, eu estava ligado ao serviço dos Anciães dos Dias em Uversa, e todos nós nos rejubilamos, na certeza de que, finalmente, os peregrinos do nosso superuniverso iriam alcançar Havona. Durante idades, nos havia sido ensinado que as criaturas evolucionárias do espaço alcançariam o Paraíso, e a emoção de todos os tempos percorreu as cortes celestes quando o primeiro peregrino, de fato, chegou.

Grandfanda é o nome desse peregrino descobridor de Havona, e ele veio do planeta 341 do sistema 84 da constelação 62 do universo local 1 131 situado no superuniverso de número um. A sua chegada foi o sinal do estabelecimento do serviço de teletransmissão do universo dos universos. Até então, apenas as transmissões dos superuniversos e dos universos locais haviam estado em operação, mas o anúncio da chegada de Grandfanda, nos portais de Havona, assinalou a inauguração dos "informes espaciais da glória", assim denominados porque a transmissão inicial universal informava a chegada a Havona do primeiro ser evolucionário a conseguir a entrada na meta da existência ascendente.

Os Guias dos Graduados nunca deixam os mundos de Havona; eles dedicam-se ao serviço dos peregrinos graduados do tempo e do espaço. E ireis, em algum tempo, encontrar esses seres nobres face a face, se não rejeitardes o plano certo e todo-perfeccionado destinado a efetivar a vossa sobrevivência e ascensão.

7. A ORIGEM DOS GUIAS DOS GRADUADOS

Embora a evolução não seja a norma do universo central, acreditamos que os Guias dos Graduados sejam os membros perfeccionados ou mais experientes de uma outra ordem de criaturas do universo central, a dos Servidores de Havona. Os Guias dos Graduados dão prova de uma simpatia tão ampla e uma capacidade tal para compreender as criaturas ascendentes, que estamos convencidos de que eles adquiriram essa cultura servindo efetivamente nos reinos dos superuniversos, como os

Servidores de Havona de ministração universal. Se esse ponto de vista não estivesse correto, como então poderíamos explicar o desaparecimento contínuo dos servidores mais antigos ou mais experientes?

Um servidor que fique ausente longamente de Havona, em um compromisso no superuniverso, tendo estado anteriormente em muitas dessas missões, ao retornar à sua casa, ser-lhe-á concedido o privilégio de "contato pessoal" com o Brilho Central do Paraíso, será abraçado pelas Pessoas Luminosas, e desaparecerá do reconhecimento dos seus companheiros espirituais, para nunca mais reaparecer entre os da sua espécie.

Ao retornar do serviço no superuniverso, um Servidor de Havona pode desfrutar de inúmeros abraços divinos e deles emergir simplesmente como um servidor enaltecido. Experienciar o abraço luminoso não significa necessariamente que o servidor deva transformar-se em um Guia dos Graduados, mas quase um quarto daqueles que alcançam o abraço divino nunca retorna para o serviço dos reinos.

Nos arquivos superiores, aparece uma sucessão de registros como este:
"E o servidor de número 842 842 682 846 782 de Havona, de nome Sudna, veio do serviço do superuniverso, foi recebido no Paraíso, conheceu o Pai, entrou no abraço divino, e não mais existe."

Quando uma anotação como essa aparece nos registros, a carreira desse servidor está encerrada. Mas, depois de apenas três momentos (um pouco menos do que três dias do vosso tempo), um Guia de Graduados recém-nascido "espontaneamente" aparece no circuito exterior do universo de Havona. E o número de Guias de Graduados, com pouquíssima diferença, sem dúvida, devido àqueles em transição, iguala-se exatamente ao número dos servidores desaparecidos.

Há ainda uma outra razão para supor que os Guias dos Graduados sejam os Servidores de Havona evoluídos, e essa é a tendência infalível que esses guias e seus colaboradores servidores têm para formar relacionamentos tão extraordinários. A maneira pela qual os seres dessas ordens, supostamente separadas, de seres compreendem e simpatizam uns com os outros é totalmente inexplicável. É reconfortante e inspirador presenciar a sua devoção mútua.

Os Sete Espíritos Mestres e os Sete Diretores Supremos do Poder coligados são, respectivamente, os depositários pessoais do potencial da mente e do potencial de poder do Ser Supremo, pois este ainda não os opera pessoalmente. E quando esses coligados do Paraíso colaboram para criar os Servidores de Havona, estes últimos ficam inerentemente envolvidos em certas fases da Supremacia. Os Servidores de Havona são, pois, assim, um reflexo, no universo central perfeito, de certas potencialidades evolucionárias dos domínios do espaço-tempo; e tudo isso é revelado quando um servidor passa pela transformação da sua recriação. Acreditamos que tal transformação aconteça em resposta à vontade do Espírito Infinito, sem dúvida agindo em nome do Supremo. Os Guias dos Graduados não são criados pelo Ser Supremo, mas todos nós conjecturamos que a Deidade experiencial, de algum modo, está relacionada às transações que trazem esses seres à existência.

A Havona que agora é atravessada pelos mortais ascendentes difere, sob muitos aspectos, do universo central tal como era antes dos tempos de Grandfanda. A chegada dos ascendentes mortais, aos circuitos de Havona, inaugurou modificações radicais na organização da criação divina central, modificações sem dúvida iniciadas pelo Ser Supremo – o Deus das criaturas evolucionárias –, em resposta à chegada dos seus primeiros filhos experienciais dos sete superuniversos. O aparecimento dos Guias dos

Graduados, junto com a criação dos supernafins terciários, é indicativo dessas atuações de Deus, o Supremo.

[Apresentado por um Conselheiro Divino de Uversa.]

DOCUMENTO 25

AS HOSTES DE MENSAGEIROS DO ESPAÇO

AS HOSTES de Mensageiros do Espaço estão em um nível intermediário da família do Espírito Infinito. Estes seres versáteis funcionam como elos de ligação entre as personalidades mais elevadas e os espíritos ministradores. As hostes de mensageiros incluem as seguintes ordens de seres celestes:

1. Servidores de Havona.
2. Conciliadores Universais.
3. Conselheiros Técnicos.
4. Custódios dos Registros do Paraíso.
5. Registradores Celestes.
6. Companheiros Moronciais.
7. Companheiros do Paraíso.

Dos sete grupos enumerados, apenas três – o dos Servidores, Conciliadores e Companheiros Moronciais – são criados como tais; os quatro restantes representam níveis a serem alcançados pelas ordens angélicas. De acordo com a natureza inerente e o status alcançado, as hostes dos mensageiros servem de modos variados no universo dos universos, mas sempre submetidas à direção daqueles que governam os reinos dos seus compromissos.

1. OS SERVIDORES DE HAVONA

Embora recebam o nome de Servidores, estas "criaturas intermediárias" do universo central não são servas no sentido mais comum da palavra. No mundo espiritual, não existe algo como o trabalho servil; todo o serviço é sagrado e apaixonante; e os seres das ordens mais elevadas tampouco desdenham as ordens inferiores de existência.

Os Servidores de Havona são o resultado de um trabalho criativo conjunto dos Sete Espíritos Mestres e seus colaboradores, os Sete Diretores Supremos de Potência. Essa colaboração criativa é a que mais se aproxima do modelo para a longa lista de reproduções de ordem dual nos universos evolucionários, estendendo-se desde a criação de um Brilhante Estrela Matutino, pelo enlace de um Filho Criador com um Espírito Criativo Materno, até a procriação sexuada em mundos como Urântia.

O número de Servidores é prodigioso, e mais deles estão sendo criados todo o tempo. Surgem em grupos de mil, no terceiro momento que se segue à reunião dos Espíritos Mestres e dos Diretores Supremos do Poder, na sua área conjunta no distante setor norte do Paraíso. Cada quarto servidor criado tem um tipo mais físico do que os outros; isto é, em cada mil deles, setecentos e cinqüenta são aparentemente fiéis ao tipo espiritual, mas duzentos e cinqüenta são de natureza semifísica. Essas *quartas criaturas*, de algum modo, são da ordem dos seres materiais (materiais no sentido que isso tem em Havona), sendo mais semelhantes aos diretores físicos do poder do que aos Espíritos Mestres.

Nas relações de personalidade, o espiritual é dominante sobre o material, ainda que não pareça ser assim agora em Urântia; e, na produção dos Servidores de Havona, a lei do predomínio do espírito prevalece; a proporção estabelecida é de três seres espirituais para um semifísico.

Todos os Servidores recém-criados, junto com os Guias dos Graduados recém-surgidos, passam pelos cursos de aprendizado que os Guias seniores continuamente dirigem em cada um dos sete circuitos de Havona. Os servidores são designados, então, para as atividades às quais estão mais bem adaptados e, já que são de dois tipos – o espiritual e o semifísico –, há poucos limites ao tipo de trabalho que esses seres versáteis podem fazer. Os grupos mais elevados, ou espirituais, são seletivamente designados para os serviços do Pai, do Filho e do Espírito, e para o trabalho dos Sete Espíritos Mestres. São despachados em grande número, de tempos em tempos, para servirem nos mundos de estudo que circundam as esferas-sede centrais dos sete superuniversos, os mundos devotados ao aperfeiçoamento final e à cultura espiritual das almas ascendentes do tempo, as quais se estão preparando para avançar até os circuitos de Havona. Tanto os Servidores espirituais quanto os seus semelhantes mais físicos são designados como assistentes e associados dos Guias dos Graduados, na ajuda e na instrução das várias ordens de criaturas ascendentes que alcançaram Havona e que buscam alcançar o Paraíso.

Os Servidores de Havona e os Guias dos Graduados manifestam uma transcendente emoção no seu trabalho e uma afeição comovente uns pelos outros, afeição que, ainda que espiritual, vós só poderíeis compreender por meio de uma comparação com o fenômeno do amor humano. Quando os Servidores são despachados em missões além dos limites do universo central, como freqüentemente ocorre, a sua separação dos Guias tem um aspecto divino comovente; mas eles partem com alegria, e não com tristeza. O júbilo de satisfação por prestarem deveres elevados é a emoção preponderante dos seres espirituais. A tristeza não pode existir em face da consciência do dever divino fielmente cumprido. E, quando a alma ascendente do homem se coloca perante o Juiz Supremo, a decisão de importância eterna não será determinada por êxitos materiais, nem por sucessos quantitativos; o veredicto que reverbera nas altas cortes declara: "Muito bem, servidor bom e *fiel*; tu tens sido fiel em alguns pontos essenciais; tu passarás a ter predomínio sobre as realidades universais".

No serviço do superuniverso, os Servidores de Havona são sempre designados ao domínio presidido pelo Espírito Mestre ao qual eles mais se assemelham pelas suas prerrogativas de espírito em geral e em especial. Eles servem apenas nos mundos educacionais circunvizinhos das capitais dos sete superuniversos, e o último relatório de Uversa indica que quase 138 bilhões de Servidores estavam servindo nos seus 490 satélites. Eles abraçam uma variedade sem fim de atividades ligadas ao trabalho desses mundos educacionais, que compreendem as superuniversidades do superuniverso de Orvônton. Ali, permanecem como companheiros vossos; eles desceram do domínio da vossa próxima carreira para estudar-vos e inspirar-vos com a realidade e a certeza da vossa graduação final de saída dos universos do tempo, para os domínios da eternidade. E, nesses contatos, os Servidores ganham aquela experiência preliminar de ministração às criaturas ascendentes do tempo, que é de tanta ajuda no seu trabalho subseqüente, nos circuitos de Havona, como colaboradores dos Guias dos Graduados ou – Servidores transferidos – como os próprios Guias dos Graduados.

2. OS CONCILIADORES UNIVERSAIS

Para cada Servidor de Havona criado, sete Conciliadores Universais são trazidos à existência, um em cada superuniverso. Tal ato criativo envolve uma técnica superuniversal definida de resposta refletiva às transações que têm lugar no Paraíso.

Nos mundos-sede dos sete superuniversos, funcionam as sete refletividades dos Sete Espíritos Mestres. É difícil tentar retratar, para a mente material, as naturezas desses Espíritos Refletivos. Eles são personalidades verdadeiras; e, ainda assim, cada membro do grupo de um superuniverso é o reflexo perfeito de apenas um dos Sete Espíritos Mestres. E, toda vez que os Espíritos Mestres se associam aos diretores de potência, com o propósito de criar um grupo de Servidores de Havona, acontece uma focalização simultânea em um dos Espíritos Refletivos de cada um dos grupos, nos superuniversos, e, surge, imediata e plenamente, um número igual de Conciliadores Universais nos mundos-sede das supercriações. Se, para a criação dos Servidores, é o Espírito Mestre de Número Sete que deve tomar a iniciativa, ninguém senão os Espíritos Refletivos da sétima ordem é que se engravidam de Conciliadores; e, concomitantemente com a criação de mil Servidores orvontonianos, mil Conciliadores da sétima ordem devem aparecer em cada capital dos superuniversos. Desses episódios, que refletem a natureza sétupla dos Espíritos Mestres, nascem as sete ordens criadas de Conciliadores que servem em cada superuniverso.

Os Conciliadores de status pré-paradisíaco não servem fazendo trocas entre os superuniversos, eles ficam restritos ao segmento nativo da criação. Cada corpo superuniversal, abrangendo um sétimo de cada ordem criada, passa, portanto, um tempo muito longo sob a influência de um e apenas de um dos Espíritos Mestres, pois, enquanto todos os sete são *refletidos* para as capitais dos superuniversos, apenas um é o *dominante* em cada supercriação.

Cada uma das sete supercriações está efetivamente impregnada pelo Espírito Mestre que preside aos seus destinos. Cada superuniverso, assim, torna-se um espelho gigantesco, refletindo a natureza e o caráter do Espírito Mestre que o supervisiona; e tudo isso tem ainda continuação em cada universo local subsidiário, pela presença e função dos Espíritos Maternos Criativos. O efeito desse ambiente sobre o crescimento evolucionário é tão profundo que, nas suas carreiras pós-superuniversais, os Conciliadores manifestam coletivamente quarenta e nove pontos de vista experienciais, ou discernimentos interiores, cada um de um ângulo – incompleto, portanto –, mas todos se compensam mutuamente e, juntos, tendem a abranger o círculo da Supremacia.

Em cada superuniverso, os Conciliadores Universais encontram-se segregados, inata e estranhamente, em grupos de quatro, e, interassociados assim, continuam a servir. Em cada grupo, três são personalidades espirituais e uma, como a quarta das criaturas dos servidores, é um ser semimaterial. Esse quarteto constitui uma comissão conciliadora e é formado como se descreve a seguir:

1. *O Juiz-Árbitro*. Aquele que é designado, por unanimidade, pelos outros três como o mais competente e mais bem qualificado para atuar como o dirigente judiciário do grupo.

2. *O Advogado Espiritual*. Aquele que é apontado pelo juiz-árbitro para apresentar as evidências e salvaguardar os direitos de todas as personalidades envolvidas em qualquer questão designada para o julgamento a ser feito pela comissão de conciliação.

3. *O Executor Divino*. O conciliador qualificado, pela sua natureza inerente, para fazer contato com os seres materiais dos reinos e executar as decisões da comissão. Os Executores divinos, sendo quartas criaturas – seres quase materiais –, são quase, mas não completamente, visíveis para a vista de curto alcance das raças mortais.

4. *O Registrador*. O membro restante da comissão, automaticamente, torna-se o registrador, o escrevente do tribunal. Ele assegura que todos os registros sejam adequadamente preparados para os arquivos do superuniverso e para os registros do universo local. Se a comissão está servindo em um mundo evolucionário, um terceiro relato, com a assistência do Executor, é preparado para os registros físicos do governo do sistema da jurisdição.

Quando em sessão, uma comissão funciona como um grupo de três, pois o advogado é destacado durante o julgamento e participa da formulação do veredicto apenas na conclusão da audiência. E é por isso que essas comissões são algumas vezes chamadas de trios de arbitragem.

Os Conciliadores são de muito valor para manter o universo dos universos funcionando em harmonia. Atravessando o espaço com a velocidade seráfica tríplice, eles servem como cortes itinerantes nos mundos, como comissões devotadas ao julgamento rápido das dificuldades menores. Não fosse por essas comissões móveis e eminentemente equânimes, os tribunais das esferas estariam irremediavelmente sobrecarregados com os desentendimentos menores dos reinos.

Esses trios de árbitros não julgam as questões de importância eterna; a alma, a perspectiva eterna de uma criatura do tempo, nunca é colocada em perigo pelos atos deles. Os Conciliadores não lidam com questões que ultrapassam a existência temporal e o bem-estar cósmico das criaturas do tempo. Contudo, uma vez que uma comissão haja aceitado a jurisdição de um problema, as suas determinações são finais e sempre unânimes; não há apelo quanto à decisão do juiz-árbitro.

3. O SERVIÇO DE LONGO ALCANCE DOS CONCILIADORES

Os Conciliadores mantêm sedes grupais na capital do seu superuniverso, onde a sua corporação principal de reserva é mantida. As suas reservas secundárias ficam estacionadas nas capitais dos universos locais. Os comissários mais jovens e menos experientes começam o seu serviço nos mundos inferiores, mundos como Urântia, e avançam para o julgamento de problemas maiores, depois de haverem amadurecido em experiência.

A ordem dos Conciliadores é totalmente digna de confiança, nenhum deles jamais se desviou. Embora não sejam infalíveis em sabedoria e em julgamento, a sua confiabilidade é inquestionável e a sua fidelidade infalível. Eles têm origem na sede de um superuniverso e, finalmente, voltam para lá, avançando pelos níveis seguintes de serviço no universo:

1. *Os Conciliadores dos Mundos*. Sempre que as personalidades supervisoras dos mundos individuais ficam altamente perplexas, ou em um impasse genuíno, quanto ao procedimento adequado sob as circunstâncias existentes, e, se a questão não é de importância suficiente para ser apresentada aos tribunais regularmente constituídos do reino, então, após receber uma petição de duas personalidades, uma de cada uma das partes em contenda, uma comissão conciliadora começará imediatamente a funcionar.

Depois que essas dificuldades administrativas e jurídicas hajam sido colocadas nas mãos dos Conciliadores, para estudo e julgamento, eles tornam-se supremos em autoridade. Mas não formularão uma decisão até que todas as evidências hajam sido examinadas, e não há absolutamente nenhum limite para a sua autoridade de convocar testemunhas de todo e qualquer lugar. E, conquanto não possa haver apelação das suas decisões, algumas vezes, as questões desenvolvem-se de um modo tal que a comissão fecha os seus registros, em um determinado ponto, conclui as suas opiniões e transfere toda a questão para um tribunal mais elevado do reino.

As decisões dos comissários são colocadas nos registros do planeta e, se necessário, são levadas a efeito pelo Executor divino. O seu poder é muito grande, e o alcance das suas atividades em um mundo habitado é bastante amplo. Os Executores divinos são manipuladores exímios de tudo o que seria de interesse para o que deveria ser. O seu trabalho, por vezes, é executado para o bem-estar aparente do reino e, por vezes, os seus atos, nos mundos do tempo e do espaço, são de difícil explicação. Embora os seus decretos não sejam executados em desafio à lei natural, nem à ordem usual do reino, freqüentemente realizam os seus estranhos feitos e impõem os mandados dos Conciliadores de acordo com as leis mais altas da administração do sistema.

2. *Os Conciliadores das Sedes dos Sistemas*. Depois de servir nos mundos evolucionários, essas comissões de quatro integrantes são promovidas para o serviço em uma sede de sistema. Ali, há muito trabalho a ser executado, e elas demonstram ser amigas compreensivas dos homens, dos anjos e de outros seres espirituais. Os trios de arbitragem não se interessam tanto pelas diferenças pessoais quanto pelas contendas grupais e pelos desentendimentos que surgem entre ordens diferentes de criaturas; pois, na sede de um sistema, vivem tanto seres espirituais quanto materiais, e também os tipos combinados, tais como os Filhos Materiais.

No momento em que os Criadores trazem à existência indivíduos em evolução com o poder de escolha, nesse momento, o trabalho suave da perfeição divina fica de lado; é certo que desentendimentos surgirão, e medidas devem ser tomadas para o acerto equânime dessas diferenças sinceras de pontos de vista. Deveríamos todos lembrarnos de que os Criadores todo-sábios e Todo-Poderosos poderiam ter feito os universos locais tão perfeitos quanto Havona, onde as comissões de conciliação não necessitam funcionar no universo central. Mas os Criadores não escolheram, com a sua sabedoria total, fazer assim. E, conquanto hajam produzido universos nos quais as diferenças abundam e as dificuldades fervilham, do mesmo modo, muniram os universos de mecanismos e meios para que todas essas diferenças sejam acomodadas, harmonizando toda essa confusão aparente.

3. *Os Conciliadores das Constelações*. Depois de prestar serviço nos sistemas, os Conciliadores são promovidos para o julgamento dos problemas de uma constelação, encarregando-se das dificuldades menores que surgem entre os seus cem sistemas de mundos habitados. Não são muitos os problemas, desenvolvendo-se na sede da constelação, que caem sob a sua jurisdição; mas eles se mantêm ocupados, indo de sistema em sistema, coletando evidências e preparando as declarações preliminares. Se a contenda é sincera, se as dificuldades surgem de diferenças francas de opinião e de uma diversidade honesta de pontos de vista, não importa que sejam poucas as pessoas envolvidas, não importa quão aparentemente trivial seja o mal-entendido, uma comissão de conciliação pode sempre julgar os méritos dentro da controvérsia.

4. *Os Conciliadores dos Universos Locais*. No trabalho mais abrangente de um universo, os comissários são de grande ajuda, tanto para os Melquisedeques quanto para os Filhos Magisteriais e os governantes das constelações e as hostes de personalidades envolvidas na coordenação e na administração das cem constelações. As diferentes

ordens de serafins e outros residentes das esferas-sede de um universo local também utilizam a ajuda e as decisões dos trios de arbitragem.

É quase impossível explicar a natureza dessas diferenças, que podem surgir nos assuntos detalhados de um sistema, constelação ou universo. As dificuldades surgem, mas são muito diferentes da pequenez dos pleitos e provações da existência material, do modo como são vividos nos mundos evolucionários.

5. *Os Conciliadores dos Setores Menores do Superuniverso*. Depois dos problemas dos universos locais, os comissários avançam, passando ao estudo das questões que surgem nos setores menores do seu superuniverso. Quanto mais se eleva interiormente, afastando-se dos planetas individuais, menos o Executor divino tem questões materiais sob o seu dever; gradualmente ele assume um novo papel de intérprete da justiça-misericórdia, ao mesmo tempo – sendo quase material – mantendo a comissão, como um todo, em compassivo contato com os aspectos materiais das suas investigações.

6. *Os Conciliadores dos Setores Maiores do Superuniverso*. O caráter do trabalho dos comissários continua a mudar, à medida que eles avançam. Há cada vez menos desentendimentos para julgar e cada vez mais fenômenos misteriosos a explicar e interpretar. De estágio em estágio, eles evoluem, passando de árbitros de divergências a *explicadores de mistérios* – são juízes que evoluem até o estado de educadores interpretativos. Árbitros eles foram, uma vez, daqueles que, por causa de sua ignorância, permitiram que dificuldades e desentendimentos surgissem; mas agora eles estão se transformando em instrutores daqueles que são inteligentes e tolerantes o suficiente para evitar choques entre as mentes e guerras de opiniões. Quanto mais elevada é a educação de uma criatura, mais respeito ela terá pelo conhecimento, pela experiência e opiniões dos outros.

7. *Os Conciliadores do Superuniverso*. Aqui, os Conciliadores tornam-se coordenados – quatro árbitros-educadores mutuamente em compreensão e funcionando perfeitamente. O Executor divino é despojado do seu poder distributivo e torna-se a voz física do trio espiritual. Nesse momento, esses conselheiros e educadores ter-se-ão tornado profundamente familiarizados com a maioria dos problemas e dificuldades reais encontrados na conduta dos assuntos do superuniverso. Assim, transformam-se em Conselheiros maravilhosos e educadores sábios dos peregrinos ascendentes que têm residência nas esferas educacionais circunvizinhas dos mundos-sede dos superuniversos.

Todos os Conciliadores servem sob a supervisão geral dos Anciães dos Dias e a direção imediata dos Auxiliares de Imagens, até o momento em que avançam rumo ao Paraíso. Durante a permanência no Paraíso, eles reportam-se ao Espírito Mestre que preside ao superuniverso da sua origem.

Os registros dos superuniversos não enumeram os Conciliadores que passaram adiante da sua jurisdição, e essas comissões estão amplamente espalhadas no grande universo. O último relatório de registro de Uversa dá o número dos que operam em Orvônton como sendo de quase dezoito trilhões de comissões – mais de setenta trilhões de indivíduos. Mas esses são somente uma pequena fração da multidão dos Conciliadores que têm sido criados em Orvônton; esse número acaba sendo de uma magnitude ainda mais elevada e é equivalente ao número total de Servidores de Havona, com uma margem para a transmutação em Guias dos Graduados.

De tempos em tempos, à medida que cresce o número de Conciliadores dos superuniversos, eles são transladados para o conselho de perfeição no Paraíso, do qual depois emergem como corporificações de coordenadores evolucionados por meio do Espírito Infinito, para o universo dos universos: um grupo maravilhoso de seres que está crescendo constantemente em número e em eficiência. Por meio da ascensão experiencial e pelo aperfeiçoamento no Paraíso, eles adquirem uma compreensão única da realidade emergente do Ser Supremo, e viajam pelo universo dos universos em missões especiais.

Os membros de uma comissão de conciliação nunca se separam. Um grupo de quatro seres juntos serve para sempre, exatamente como foram ligados originalmente. Mesmo no seu serviço glorificado, eles continuam a funcionar como quartetos de experiência cósmica acumulada e sabedoria experiencial perfeccionada. Eles ficam eternamente associados como uma corporificação da justiça suprema do tempo e do espaço.

4. OS CONSELHEIROS TÉCNICOS

Estas mentes jurídicas e técnicas do mundo espiritual não foram criadas como tais. O Espírito Infinito selecionou, dentre os primeiros supernafins e omniafins, um milhão de mentes, das mais ordenadas, como núcleo desse grupo vasto e versátil. E, desde esse tempo longínquo, uma experiência real, na aplicação das leis da perfeição aos planos da criação evolucionária, tem sido requisitada de todos os que aspiram a tornar-se Conselheiros Técnicos.

Os Conselheiros Técnicos são recrutados das fileiras das ordens das seguintes personalidades:

1. Os Supernafins.
2. Os Seconafins.
3. Os Tertiafins.
4. Os Omniafins.
5. Os Serafins.
6. Certos Tipos de Mortais Ascendentes.
7. Certos Tipos de Criaturas Intermediárias Ascendentes.

No momento presente, não contando os mortais e criaturas intermediárias, que são de designação transitória, o número de Conselheiros Técnicos registrado em Uversa e operando em Orvônton excede ligeiramente aos sessenta e um trilhões.

Os Conselheiros Técnicos freqüentemente funcionam como indivíduos, mas organizados para o serviço, em grupos de sete, mantêm sedes-centrais comuns nas esferas da sua designação. Em cada grupo, ao menos cinco devem ser de status permanente, enquanto dois podem ser de vínculo temporário. Os mortais ascendentes e as criaturas intermediárias ascendentes servem nessas comissões de conselho enquanto estão buscando a sua ascensão ao Paraíso, mas não entram nos cursos regulares de aperfeiçoamento para Conselheiros Técnicos, e jamais se tornam membros permanentes da ordem.

Os mortais e as criaturas intermediárias que servem transitoriamente junto aos Conselheiros são escolhidos para esse trabalho conforme a sua perícia no conceito da lei universal e da justiça suprema. À medida que vós fordes caminhando em direção à meta do Paraíso, constantemente adquirindo mais conhecimento e maior habilidade, ser-vos-ão dadas oportunidades contínuas de passardes a outros a sabedoria e a experiência que já houverdes acumulado; e, em todo o caminho até Havona, estareis fazendo o papel de um aluno-mestre. Ireis elaborar o vosso caminho, nos níveis ascendentes dessa vasta universidade experiencial, repartindo com aqueles abaixo de vós os conhecimentos recém-adquiridos no avançar da vossa carreira. No regime universal, só sereis considerados como possuidores, vós próprios, do conhecimento e da verdade, quando houverdes demonstrado a vossa capacidade e vontade de passar esse conhecimento e essa verdade aos outros.

Depois de um longo aperfeiçoamento e de uma experiência factual, a qualquer dos espíritos ministradores, acima do status de querubim, é permitido receber uma indicação permanente como Conselheiro Técnico. Todos os candidatos entram voluntariamente nessa ordem de serviço; todavia, uma vez que hajam assumido tais responsabilidades, não podem abandoná-las. Apenas os Anciães dos Dias podem transferir esses Conselheiros para outras atividades.

O aperfeiçoamento dos Conselheiros Técnicos, iniciado nas Faculdades Melquisedeques dos universos locais, continua até as cortes dos Anciães dos Dias. Desse aperfeiçoamento, no superuniverso, eles vão para as "escolas dos sete círculos", localizadas nos mundos-pilotos dos circuitos de Havona. E, depois dos mundos-pilotos, são recebidos nas "Faculdades de ética da lei e técnica da Supremacia", a escola de aperfeiçoamento do Paraíso que aperfeiçoa os Conselheiros Técnicos.

Esses Conselheiros são mais do que peritos jurídicos; são estudantes e professores da lei *aplicada*, leis do universo aplicadas às vidas e destinos de todos os que habitam os vastos domínios da imensa criação. À medida que passa o tempo, eles transformam-se nas bibliotecas vivas sobre a lei do tempo e do espaço, solucionando problemas sem fim e impedindo demoras desnecessárias, instruindo as personalidades do tempo a respeito das formas e modos de procedimento mais aceitáveis para os governantes da eternidade. Desse modo, ficam aptos a aconselhar os trabalhadores do espaço, de modo a torná-los capazes de funcionar em harmonia com os pré-requisitos do Paraíso; eles são os professores de todas as criaturas no que diz respeito às técnicas dos Criadores.

Uma tal biblioteca viva, da lei aplicada, não poderia ser criada; esses seres devem evoluir por meio da experiência real. As Deidades infinitas são existenciais e, portanto, têm compensada a sua falta de experiência, elas sabem de tudo, antes mesmo de experienciar todas e quaisquer coisas; contudo não passam esse conhecimento não-experiencial às suas criaturas subordinadas.

Os Conselheiros Técnicos dedicam-se ao trabalho de impedir os atrasos, facilitando o progresso e aconselhando realizações. Há sempre um modo *melhor* e *mais certo* de se fazer as coisas; há sempre a técnica da perfeição, um método divino, e esses conselheiros sabem como encaminhar-nos para que encontremos esse modo melhor.

Esses seres extremamente sábios e práticos estão estreitamente ligados, sempre, ao serviço e trabalho dos Censores Universais. Os Melquisedeques têm à sua disposição um desses corpos de peritos. Os governantes dos sistemas, constelações, universos e setores dos superuniversos estão todos amplamente supridos dessas mentes referenciais técnicas e jurídicas do mundo espiritual. Um grupo especial atua como conselheiro legal para os Portadores da Vida, aconselhando esses Filhos a respeito do quanto lhes deve ser permitido afastarem-se da ordem estabelecida da propagação da vida e instruindo-os, também, a respeito das suas prerrogativas e amplitude da sua função. São conselheiros para todas as classes de seres, sobre os usos adequados e técnicas de todas as transações do mundo do espírito. Todavia, não lidam direta nem pessoalmente com as criaturas materiais dos reinos.

Além de aconselhar sobre os usos legais, os Conselheiros Técnicos devotam-se igualmente à interpretação eficiente de todas as leis que concernem às criaturas – físicas, mentais e espirituais. Estão disponíveis para os Conciliadores Universais e todos aqueles que desejarem saber a verdade da lei; em outras palavras, saber como se pode confiar, na Supremacia da Deidade, para reagir diante de uma dada situação que comporta fatores de uma ordem física, mental ou espiritual estabelecida. Eles tentam, mesmo, elucidar a técnica do Último.

DOCUMENTO 25: SEÇÃO 4

Os Conselheiros Técnicos são seres selecionados e testados; nunca soube que um deles se houvesse desviado. Não temos registros, em Uversa, de que sequer uma vez hajam sido julgados por desacato às leis divinas; leis que, de um modo tão eficaz e eloqüente, eles próprios expõem e interpretam. Não há limite conhecido para o domínio do serviço deles, e tampouco do seu progresso. Eles continuam como conselheiros até mesmo diante dos portais do Paraíso; o universo todo, da lei e da experiência, está aberto para eles.

5. OS CUSTÓDIOS DOS REGISTROS NO PARAÍSO

Dentre os supernafins terciários de Havona são escolhidos alguns dos registradores comandantes mais experientes, para serem os Custódios dos Registros, os mantenedores dos arquivos formais da Ilha da Luz, aqueles arquivos que, como contraste, destacam-se dos arquivos de registros vivos nas mentes dos Custódios do conhecimento, algumas vezes designados como a "biblioteca viva do Paraíso".

Os anjos registradores dos planetas habitados são a fonte de todos os registros individuais. Em todos os universos, outros registradores funcionam, tanto como registros formais quanto como registros vivos. De Urântia até o Paraíso, ambos os registros são encontrados: em um universo local, um pouco mais dos registros escritos e menos dos registros vivos; no Paraíso, mais dos registros vivos e menos dos formais; em Uversa, ambos estão igualmente disponíveis.

Na criação organizada e habitada, todo acontecimento de significação é motivo de registro. Enquanto os eventos cuja importância não é maior do que a local, tão somente é feito um registro local; aqueles de significação mais ampla são tratados de acordo. Dos planetas, sistemas e constelações de Nébadon, tudo o que é de importância para o universo fica assentado em Sálvington; e, desta capital do universo, os episódios são passados aos registros mais elevados, que pertencem aos assuntos dos setores e supergovernos. O Paraíso também tem um sumário relevante dos dados dos superuniversos e de Havona; e esse relato histórico e cumulativo, do universo dos universos, está sob a custódia desses excelsos supernafins terciários.

Conquanto alguns desses seres hajam sido despachados para os superuniversos, a fim de servirem como Comandantes dos Registros, dirigindo as atividades dos Registradores Celestes, nenhum jamais foi removido da lista permanente da sua ordem.

6. OS REGISTRADORES CELESTES

Estes são os registradores que elaboram todos os arquivos em duplicata, efetuando um registro espiritual original e uma contrapartida semimaterial – aquilo que poderia ser chamado de cópia feita com papel carbono. E eles podem fazer isso, por causa da sua capacidade peculiar de manipular simultaneamente tanto a energia espiritual quanto a material. Os Registradores Celestes não são criados como tais; eles são serafins ascendentes dos universos locais. São recebidos, classificados e designados para as suas esferas de trabalho, pelos conselhos dos Comandantes dos Registros nas sedes-centrais dos sete superuniversos. Também lá estão localizadas as escolas de aperfeiçoamento dos Registradores Celestes. A escola em Uversa é dirigida pelos Perfeiçoadores da Sabedoria e Conselheiros Divinos.

À medida que os registradores, em um universo, avançam no serviço, eles continuam o seu sistema de registro dual, tornando assim os seus registros sempre acessíveis a todas as classes de seres, desde os da ordem material até os elevados espíritos de luz. Na vossa experiência de transição, à medida que ascenderdes desse mundo material, vós sereis sempre capazes de consultar os arquivos e, por outro lado, de relacionar-vos com os registros da história e das tradições da vossa esfera de status.

Os registradores são um corpo testado e provado. Eu nunca soube da deserção de um Registrador Celeste, e nunca foi descoberta uma falsificação nos seus registros. Eles estão sujeitos a uma inspeção dual, os seus registros são minuciosamente examinados pelos seus elevados companheiros de Uversa e pelos Mensageiros Poderosos, que certificam sobre a exatidão das duplicatas quase físicas dos registros espirituais originais.

Embora seja de trilhões sobre trilhões o número dos registradores progressivos estacionados nas esferas de registro subordinadas dos universos de Orvônton, o número daqueles que alcançaram esse status em Uversa não é senão de menos de oito milhões. Esses registradores seniores, ou graduados, são os Custódios do superuniverso e os transmissores dos arquivos do tempo e do espaço sob a sua responsabilidade. A sua sede-central permanente fica nas moradas circulares que circundam a área dos registros em Uversa. Eles nunca entregam a custódia desses registros a outros; como indivíduos, eles podem ausentar-se, mas nunca em grande número.

Como esses supernafins que se tornaram os Custódios dos Registros, o corpo dos Registradores Celestes é de compromisso permanente. Uma vez que os serafins e os supernafins passam a pertencer a esses serviços, eles irão respectivamente permanecer como Registradores Celestes e Custódios dos Arquivos até o dia de uma administração nova e modificada na personalização plena de Deus, o Supremo.

Em Uversa, esses Registradores Celestes seniores podem mostrar os registros de tudo o que contiver importância cósmica em todo o Orvônton, desde os longínquos dias da chegada dos Anciães dos Dias; enquanto, na Ilha Eterna, os Custódios dos Registros guardam os arquivos daquele reino os quais atestam as transações do Paraíso desde os tempos da personificação do Espírito Infinito.

7. OS COMPANHEIROS MORONCIAIS

Estes filhos do Espírito Materno do universo local são os amigos e colaboradores de todos aqueles que passam pela vida moroncial ascendente. Eles não são indispensáveis ao verdadeiro trabalho de progressão de uma criatura, na sua ascensão, nem substituem, em nenhum sentido, o trabalho dos guardiães seráficos que freqüentemente acompanham os seus companheiros mortais nas jornadas ao Paraíso. Os Companheiros Moronciais são simplesmente anfitriões graciosos para aqueles que estão começando a sua longa ascensão interior. São também hábeis patrocinadores do lazer, sendo assistidos de modo competente, nesse trabalho, pelos diretores de retrospecção.

Embora tenhais tarefas cada vez mais difíceis e sérias a executar, nos mundos de aperfeiçoamento moroncial de Nébadon, ser-vos-ão sempre proporcionadas temporadas regulares de descanso e diversão. Durante a jornada ao Paraíso, haverá sempre tempo para o descanso e para o lazer espiritual; e, na carreira de luz e vida, há sempre tempo para a adoração e para as novas realizações.

Esses Companheiros Moronciais associam-se de uma forma tão amigável que, quando finalmente deixardes a última fase da experiência moroncial e estiverdes preparando-vos para embarcar na aventura espiritual do superuniverso, vós ireis realmente lamentar que essas criaturas companheiras não possam acompanhar-vos, pois elas servem exclusivamente nos universos locais. Em todos os estágios da carreira ascendente, todas as personalidades contatáveis serão tanto amigas quanto companheiras, mas, até encontrardes os Companheiros do Paraíso, nenhum outro grupo será tão devotado à amizade e ao companheirismo.

O trabalho dos Companheiros Moronciais é descrito de um modo mais completo nas narrativas que lidam com os assuntos do vosso universo local.

8. OS COMPANHEIROS DO PARAÍSO

Os Companheiros do Paraíso são um grupo composto, recrutado das fileiras dos serafins, seconafins, supernafins e omniafins. Embora servindo por um período de tempo que vós considераríeis extremamente longo, eles não ficam nesse status permanentemente. Quando esse ministério houver sido completado, geralmente (mas não invariavelmente), eles retornam aos deveres que tinham quando convocados para o serviço no Paraíso.

Os membros das hostes angélicas recebem convocações para esse serviço dos Espíritos Maternos dos universos locais, dos Espíritos Refletivos dos superuniversos e de Majeston do Paraíso. Eles são convocados para a Ilha Central ficando incumbidos da função de Companheiros do Paraíso por um dos Sete Espíritos Mestres. À parte o status permanente no Paraíso, esse serviço temporário de companheirismo, no Paraíso, é a mais alta honra já conferida aos espíritos ministradores.

Esses anjos seletos dedicam-se ao serviço de companheirismo e são designados como colaboradores de todas as classes de seres que, circunstancialmente, estejam sozinhos no Paraíso, principalmente os ascendentes mortais, mas também todos os outros que estiverem a sós na Ilha Central. Os Companheiros do Paraíso nada têm de especial a realizar por aqueles com quem se confraternizam; eles são companheiros simplesmente. Quase todos os outros seres que vós mortais ireis encontrar, durante a vossa permanência no Paraíso – à parte os vossos semelhantes peregrinos –, terão algo definido a fazer convosco ou para vós; mas esses companheiros são designados apenas para estarem convosco e para comungarem convosco, como companheiros para a vossa personalidade. Eles freqüentemente são assistidos, na sua ministração, pelos graciosos e brilhantes Cidadãos do Paraíso.

Os mortais vêm de raças que são muito sociáveis. Os Criadores sabem muito bem que "não é bom para o homem estar só" e então lhe é providenciada uma companhia, mesmo estando no Paraíso.

Se vós, ascendentes mortais, alcançardes o Paraíso na companhia de um companheiro ou de um coligado próximo da vossa carreira na Terra, ou se o vosso guardião seráfico de destino tiver a chance de chegar convosco ou se estiver aguardando por vós, então nenhum companheiro permanente será designado para vós. Mas se chegardes sozinhos, um companheiro certamente irá receber-vos quando acordardes na Ilha da Luz, saindo do último sono do tempo. Ainda que seja sabido que vós sereis acompanhados por algum ser de ligação ascendente, companheiros temporários serão designados para dar-vos as boas-vindas às margens eternas e acompanhar-vos até a instalação preparada para receber-vos e aos vossos colaboradores. Vós podeis estar certos de que sereis calorosamente acolhidos, nas margens perenes do Paraíso, ao experienciardes a ressurreição para a eternidade.

Os companheiros dessa acolhida são designados durante os últimos dias da vossa permanência como ascendentes, no último circuito de Havona; e eles examinam cuidadosamente os registros da vossa origem mortal e da vossa movimentada ascensão pelos mundos do espaço e pelos círculos de Havona. Quando saúdam os mortais do tempo, eles já estão bastante versados sobre as carreiras desses peregrinos que chegam, e, sendo assim imediatamente demonstram ser companheiros surpreendentes e compassivos.

Durante a vossa permanência como pré-finalitores no Paraíso, se, por qualquer razão, fordes separados temporariamente dos vossos companheiros na carreira ascendente – seres mortais ou seráficos –, um Companheiro do Paraíso será imediatamente designado para aconselhar-vos e acompanhar-vos. Uma vez designado para um mortal ascendente de residência solitária no Paraíso, o Companheiro permanece com essa pessoa até que ela se reúna de novo aos seus amigos ascendentes ou seja devidamente integrada ao Corpo de Finalidade.

Os Companheiros do Paraíso são designados pela seqüência da espera, mas um ser ascendente nunca é entregue ao encargo de um companheiro cuja natureza seja diferente do seu tipo superuniversal. Se um mortal de Urântia estiver chegando ao Paraíso hoje, será designado para ele o primeiro companheiro, na espera, que seja originário de Orvônton ou cuja natureza seja a do Sétimo Espírito Mestre. Por isso é que o omniafim não serve junto às criaturas ascendentes dos sete superuniversos.

Muitos serviços adicionais são prestados pelos Companheiros do Paraíso: se um mortal ascendente chegasse ao universo central sozinho e, enquanto atravessasse Havona, falhasse em alguma fase da aventura da Deidade, ele seria reenviado, no tempo devido, aos universos do tempo e logo seria feita uma chamada às reservas dos Companheiros do Paraíso. Dos dessa ordem seria designado um para seguir com o peregrino reprovado, com o fito de estar com ele, confortando-o e alegrando-o; permanecendo com ele até que retorne ao universo central para retomar a sua ascensão ao Paraíso.

Se um peregrino ascendente deparar-se com a derrota, na aventura da Deidade, enquanto estiver atravessando Havona na companhia de um serafim ascendente, o anjo guardião da carreira mortal, este escolherá acompanhar o seu companheiro mortal. Esses serafins sempre se fazem voluntários e lhes é permitido acompanhar os seus antigos camaradas mortais de volta aos serviços do tempo e do espaço.

Mas isso não acontece com dois mortais ascendentes estreitamente ligados: se um alcança Deus, enquanto o outro falha temporariamente, aquele que teve êxito individual, invariavelmente, escolhe ir de volta para as criações evolucionárias, junto com a personalidade que se decepcionou; mas isso não lhe é permitido. Em lugar disso, é feita uma chamada às reservas dos Companheiros do Paraíso, e um dos voluntários é escolhido para acompanhar o peregrino decepcionado. Um Cidadão do Paraíso voluntário, então, torna-se colaborador do mortal que teve êxito; e este permanece na Ilha Central à espera de que o camarada derrotado venha de Havona; e, nesse meio tempo, leciona em algumas escolas do Paraíso, apresentando a história da sua ascensão evolucionária repleta de aventuras.

[Promovido por Um Elevado em Autoridade de Uversa.]

DOCUMENTO 26

OS ESPÍRITOS MINISTRADORES DO UNIVERSO CENTRAL

OS SUPERNAFINS são espíritos ministradores do Paraíso e do universo central; eles são a mais alta ordem do grupo menos elevado de filhos do Espírito Infinito – as hostes angélicas. Esses espíritos ministradores são encontrados desde a Ilha do Paraíso até os mundos do tempo e do espaço. Nenhuma das partes maiores da criação organizada e habitada fica desprovida dos serviços deles.

1. OS ESPÍRITOS MINISTRADORES

Os anjos são os espíritos ministradores que colaboram com as criaturas volitivas evolucionárias e ascendentes de todo o espaço; são também os companheiros e colaboradores de trabalho das mais elevadas hostes de personalidades divinas das esferas. Os anjos, de todas as ordens, são personalidades definidas e altamente individualizadas. Todos eles têm uma grande capacidade de valorar as ministrações dos diretores de retrospecção (ou lazer). Junto com as Hostes dos Mensageiros do Espaço, os espíritos ministradores desfrutam de temporadas de descanso e de transformação; eles possuem naturezas bastante sociáveis e têm uma capacidade de colaboração que em muito transcende a dos seres humanos.

Os espíritos ministradores do grande universo são classificados do seguinte modo:

1. Supernafins.
2. Seconafins.
3. Tertiafins.
4. Omniafins.
5. Serafins.
6. Querubins e Sanobins.
7. Criaturas Intermediárias.

Os membros individuais das ordens angélicas não são de todo estacionários quanto ao seu status pessoal no universo. Os anjos de certas ordens podem tornar-se Companheiros do Paraíso, por uma temporada; alguns se tornam Registradores Celestes; outros ascendem às fileiras dos Conselheiros Técnicos. Certos querubins podem aspirar ao status e ao destino seráfico, ao passo que os serafins evolucionários podem alcançar os níveis espirituais dos Filhos ascendentes de Deus.

As sete ordens de espíritos ministradores, tais como reveladas, são agrupadas, para apresentação, de acordo com as suas funções de maior importância para as criaturas ascendentes:

1. *Os Espíritos Ministradores do Universo Central*. Três ordens de *supernafins* servem no sistema Paraíso-Havona. Os supernafins primários, ou do Paraíso, que são

criados pelo Espírito Infinito. As ordens secundárias e terciárias, servindo em Havona, são as progênies dos Espíritos Mestres e dos Espíritos dos Circuitos, respectivamente.

2. *Os Espíritos Ministradores dos Superuniversos* – os seconafins, tertiafins e omniafins. Os *seconafins*, filhos dos Espíritos Refletivos, servem diversificadamente nos sete superuniversos. Os *tertiafins*, originários do Espírito Infinito, acabam ficando dedicados ao serviço de ligação entre os Filhos Criadores e os Anciães dos Dias. Os *omniafins* são criados em conjunto pelo Espírito Infinito e os Sete Executivos Supremos; e são Servidores exclusivos destes últimos. A análise dessas três ordens forma o tema de uma das narrativas seguintes desta série.

3. *Os Espíritos Ministradores dos Universos Locais* abrangem os *serafins* e os seus assistentes, os *querubins*. Com essa descendência do Espírito Materno do Universo é que os mortais ascendentes têm o contato inicial. As *criaturas intermediárias*, que nascem nos mundos habitados, não são realmente das ordens angélicas propriamente ditas, embora funcionalmente sejam muitas vezes agrupadas junto com os espíritos ministradores. A sua história, junto com uma exposição sobre os serafins e os querubins, é apresentada nos documentos que tratam dos assuntos do vosso universo local.

Todas as ordens de hostes angélicas devotam-se aos serviços vários do universo e servem, de um ou de outro modo, às ordens mais elevadas de seres celestes; mas são os supernafins, seconafins e serafins que, em números elevados, são empregados na execução do esquema ascendente de perfeiçoamento progressivo dos filhos do tempo. Funcionando no universo central, nos superuniversos e nos universos locais, eles formam aquela corrente inquebrantável de espíritos ministradores, a qual tem sido provida pelo Espírito Infinito, para ajudar e guiar todos aqueles que procuram alcançar o Pai Universal por intermédio do Filho Eterno.

Os supernafins estão limitados à "polaridade do espírito" no que concerne a uma única fase da ação, aquela junto ao Pai Universal. Eles podem trabalhar isoladamente, exceto quando estiverem utilizando diretamente os circuitos exclusivos do Pai. Quando estiverem ligados, no seu poder de recepção, sob a ministração direta do Pai, os supernafins devem ligar-se, voluntariamente, aos pares, para que sejam capazes de operar. Os seconafins são limitados da mesma forma e, além disso, devem trabalhar aos pares quando forem sincronizar-se com os circuitos do Filho Eterno. Os serafins podem trabalhar isoladamente, como personalidades discretas, definidas e localizadas; mas são capazes de entrar em circuito apenas quando polarizados e ligados aos pares. Um desses seres espirituais é chamado de complemento do outro, quando estão associados aos pares. As relações de complementaridade podem ser passageiras; elas não são necessariamente de natureza permanente.

Essas criaturas brilhantes de luz são sustentadas diretamente pela absorção da energia espiritual dos circuitos primários do universo. Os mortais de Urântia precisam obter luz-energia por meio da absorção de vegetais, mas as hostes angélicas estão ligadas aos circuitos; elas "têm alimentos que vós não conheceis". E também participam dos ensinamentos circulantes dos maravilhosos Filhos Instrutores da Trindade; e fazem recepção do conhecimento e uma forma de absorção da sabedoria muito semelhantes à técnica pela qual assimilam as energias vitais.

2. OS PODEROSOS SUPERNAFINS

Os supernafins são ministros hábeis para ministrar a todos os tipos de seres que estejam no Paraíso e no universo central. Estes anjos elevados são criados em três ordens maiores: primária, secundária e terciária.

Os supernafins primários. São progênies vindas exclusivamente do Criador Conjunto. Eles dividem o seu ministério de um modo quase igualitário entre alguns corpos de Cidadãos do Paraíso e os grupos, sempre crescentes, de peregrinos ascendentes. Esses anjos da Ilha Eterna são altamente eficientes para fomentar o aperfeiçoamento essencial de ambos os grupos de residentes do Paraíso. Contribuem muito para tudo o que é de ajuda à compreensão mútua entre essas duas ordens únicas de criaturas do universo – uma sendo o tipo mais elevado de criaturas volitivas, divinas e perfeitas; e a outra, a evolução perfeccionada do tipo mais baixo de criaturas volitivas em todo o universo dos universos.

O trabalho dos supernafins primários é tão único e notável que será abordado em separado no documento seguinte.

Os supernafins secundários são os diretores dos assuntos dos seres ascendentes, nos sete circuitos de Havona. Eles estão igualmente empenhados na ministração de aperfeiçoamentos educacionais a inúmeras ordens de Cidadãos do Paraíso, os quais permanecem por longos períodos nos circuitos dos mundos da criação central; mas nós não podemos discorrer sobre essa fase do seu serviço.

Há sete tipos desses anjos elevados, cada um tendo origem em um dos Sete Espíritos Mestres; e a sua natureza é conformada segundo o modelo original. Coletivamente, os Sete Espíritos Mestres criam vários diferentes grupos únicos de seres e de entidades, e os membros individuais de cada ordem são relativamente uniformes na sua natureza. Contudo, quando esses mesmos Sete Espíritos criam individualmente, as ordens resultantes são sempre sétuplas, pela sua natureza; os filhos de cada Espírito Mestre compartilham da natureza do seu criador, sendo, portanto, diferentes dos outros. Essa é a origem dos supernafins secundários; e esses anjos, de todos os sete tipos criados, funcionam bem em todos os ramos de atividades abertos para a sua ordem, sobretudo nos sete circuitos do universo central e divino.

Cada um dos sete circuitos planetários de Havona está sob a supervisão direta de um dos Sete Espíritos dos Circuitos, eles próprios sendo uma criação coletiva – e, portanto, uniforme – dos Sete Espíritos Mestres. Mesmo participando da natureza da Terceira Fonte e Centro, esses sete Espíritos subsidiários de Havona não fizeram parte do universo arquetípico original. Eles estiveram em função depois da criação original (eterna), mas muito antes dos tempos de Grandfanda. Eles apareceram, indubitavelmente, como uma resposta criativa dos Espíritos Mestres ao propósito emergente do Ser Supremo; e já estavam em função, quando da organização do grande universo. O Espírito Infinito e todos os seus colaboradores criativos, como coordenadores universais, parecem dotados abundantemente da capacidade de dar respostas criativas adequadas aos desenvolvimentos simultâneos das Deidades experienciais, e nos universos em evolução.

Os supernafins terciários têm origem nos Sete Espíritos dos Circuitos. A cada um destes, nos círculos separados de Havona, o Espírito Infinito dá o poder de criar um número suficiente de altos ministros superáficos, da ordem terciária, para satisfazer às necessidades do universo central. Embora os Espíritos dos Circuitos hajam produzido relativamente poucos desses ministros angélicos, antes da chegada dos peregrinos do tempo em Havona, os Sete Espíritos Mestres nem mesmo haviam começado a criação dos supernafins secundários, até a chegada de Grandfanda. A mais antiga das duas ordens, a dos supernafins terciários, será, pois, examinada em primeiro lugar.

3. OS SUPERNAFINS TERCIÁRIOS

Esses servidores dos Sete Espíritos Mestres são os especialistas angélicos dos vários circuitos de Havona; e a sua ministração estende-se tanto aos peregrinos ascendentes do tempo quanto aos peregrinos descendentes vindos da eternidade. Naquele bilhão de mundos de estudo, da criação central perfeita, os vossos companheiros superáficos, de todas as ordens, serão plenamente visíveis para vós. Ali, no sentido mais elevado, todos vós sereis fraternais e compreensivos, em compaixão e contato mútuos. E também reconhecereis totalmente, e vos confraternizareis, de um modo agradável, com os peregrinos descendentes, os Cidadãos do Paraíso, que atravessam esses circuitos vindos de dentro para fora, entrando em Havona através do mundo-piloto do primeiro circuito e, continuando para fora, indo até o sétimo.

Os peregrinos ascendentes dos sete superuniversos passam por Havona, na direção oposta, entrando pela via do mundo-piloto, do sétimo circuito, e continuando para dentro. Não há limite de tempo estabelecido para o progresso das criaturas ascendentes, de mundo a mundo e de circuito a circuito; do mesmo modo que nenhum tempo fixo para residência, nos mundos moronciais, está arbitrariamente determinado para eles. Todavia, ainda que os indivíduos, adequadamente desenvolvidos, possam ser eximidos de permanecer em um ou mais dos mundos de educação dos universos locais, nenhum peregrino pode evitar passar por todos os sete circuitos da espiritualização progressiva de Havona.

Aquele corpo de supernafins terciários, designado principalmente para o serviço dos peregrinos do tempo, é classificado como se segue:

1. *Os Supervisores da Harmonia.* Torna-se evidente que alguma espécie de influência coordenadora seria necessária, mesmo na perfeita Havona, para manter o sistema e assegurar a harmonia em todo o trabalho de preparação dos peregrinos do tempo para as suas realizações subseqüentes no Paraíso. Esta é a verdadeira missão dos supervisores da harmonia – conservar tudo dentro de um movimento suave e expedito. Originados no primeiro circuito, eles servem em toda Havona; e a sua presença nos circuitos significa que nada, certamente, poderá dar errado. Os supernafins têm uma grande capacidade para coordenar atividades bastante diversas, envolvendo personalidades de ordens diferentes – e, até mesmo, em níveis múltiplos –, o que lhes permite prestarem assistência onde e quando forem requisitados. Eles contribuem enormemente para a compreensão mútua entre os peregrinos do tempo e os peregrinos da eternidade.

2. *Os Registradores Principais.* Esses anjos são criados no segundo circuito, mas operam em qualquer lugar no universo central. Eles registram em triplicata, efetuando registros para os arquivos literais de Havona, para o arquivo espiritual da sua ordem e para os registros formais do Paraíso. Além disso, eles transmitem automaticamente as transações de importância para o conhecimento verdadeiro às bibliotecas vivas do Paraíso, que são os Custódios do conhecimento, da ordem primária de supernafins.

3. *Os Difusores.* Os filhos do terceiro Espírito do Circuito funcionam em toda Havona, se bem que a sua estação oficial esteja localizada no planeta de número setenta, do circuito mais externo. Estes mestres da técnica são transmissores e receptores da criação central, e diretores dos informes espaciais de todos os fenômenos da Deidade no Paraíso. Eles podem operar todos os circuitos básicos do espaço.

4. *Os Mensageiros* têm a sua origem no circuito de número quatro. Eles percorrem o sistema Paraíso-Havona como portadores de todas as mensagens que requerem

transmissão pessoal. Servem aos seus companheiros, às personalidades celestes, aos peregrinos do Paraíso e até mesmo às almas ascendentes do tempo.

5. *Os Coordenadores da Informação.* Esses supernafins terciários, filhos do quinto Espírito do Circuito, são sempre os promotores sábios e compassivos da associação fraternal entre peregrinos ascendentes e descendentes. Eles ministram a todos os habitantes de Havona, e especialmente aos ascendentes, mantendo-os sempre informados sobre os assuntos do universo dos universos. Em virtude de contatos pessoais com transmissores e refletores, esses "jornais vivos" de Havona ficam instantaneamente atualizados sobre todas as informações que passam pelos amplos circuitos de notícias do universo central. Eles asseguram a informação pelo método gráfico de Havona, que os capacita automaticamente a assimilar uma quantidade de informação tal, no período de uma hora do tempo de Urântia, que, pela maioria das vossas técnicas mais rápidas de transmissão, requereria mil anos.

6. *As Personalidades de Transporte.* Estes seres, com origem no circuito número seis, operam normalmente a partir do planeta de número quarenta, no circuito mais externo. São eles que levam de volta os candidatos desapontados, aqueles que temporariamente falham na aventura da Deidade. E permanecem prontos para servir a todos que devem ir e vir, no serviço de Havona, e que não se autotransportam no espaço.

7. *O Corpo de Reserva.* As flutuações, no trabalho com os seres ascendentes, os peregrinos do Paraíso e outras ordens de seres estabelecidos em Havona, tornam necessário manter as reservas de supernafins, no mundo-piloto do sétimo círculo, onde têm a sua origem. Criados sem designações especiais eles são competentes para assumir o serviço nas fases menos exigentes de quaisquer deveres dos seus companheiros superáficos da ordem terciária.

4. OS SUPERNAFINS SECUNDÁRIOS

Os supernafins secundários são ministros dos sete circuitos planetários do universo central. Parte deles está devotada ao serviço dos peregrinos do tempo, e a metade de toda a ordem está designada para o aperfeiçoamento dos peregrinos da eternidade, no Paraíso. Estes Cidadãos do Paraíso, na sua peregrinação pelos circuitos de Havona, são também assistidos pelos voluntários do Corpo Mortal de Finalidade, e esse arranjo tem prevalecido desde que o primeiro grupo de finalitores se formou.

De acordo com os seus compromissos periódicos, na ministração aos peregrinos ascendentes, os supernafins secundários trabalham nos sete grupos seguintes:

1. Ajudantes dos Peregrinos.

2. Guias da Supremacia.

3. Guias da Trindade.

4. Descobridores do Filho.

5. Guias do Pai.

6. Assessores e Conselheiros.

7. Complementos do Repouso.

Cada um desses grupos de trabalho tem anjos de todos os sete tipos criados; e um peregrino do espaço é sempre tutorado por um supernafim secundário, com origem no Espírito Mestre que preside ao superuniverso de nascimento do peregrino. Quando vós, mortais de Urântia, alcançardes Havona, certamente sereis pilotados por supernafins cujas naturezas de criação – como as vossas próprias naturezas evoluídas – derivaram do Espírito Mestre de Orvônton. E, posto que os vossos tutores advêm do Espírito Mestre do vosso próprio superuniverso, eles estão especialmente qualificados para entender-vos, confortar-vos e assistir-vos em todos os vossos esforços para alcançar a perfeição do Paraíso.

Os peregrinos do tempo são transportados, através dos corpos escuros de gravidade de Havona, até os seus circuitos planetários exteriores, pelas personalidades de transporte da ordem primária de seconafins que operam a partir das sedes-centrais dos sete superuniversos. Na sua maioria, mas não todos, os serafins do serviço planetário e do universo local, que foram credenciados para a ascensão ao Paraíso, partirão com seus companheiros mortais, antes do longo vôo para Havona; e começarão imediatamente um longo e intenso aperfeiçoamento, para o compromisso superno, na expectativa, enquanto serafins, de alcançarem a perfeição da existência e a supremacia do serviço. E eles fazem isso com a esperança de juntar-se aos peregrinos do tempo e serem reconhecidos entre aqueles que, para sempre, seguem o curso dos mortais, os quais alcançaram o Pai Universal e receberam a designação para o serviço indiscriminado nos Corpos da Finalidade.

O peregrino aterrissa no planeta de recepção de Havona, o mundo-piloto do sétimo circuito, com um único dom de perfeição: a perfeição de propósito. O Pai Universal decretou: "Sede perfeitos, como sou Eu próprio perfeito". Este é o convite-mandado assombroso difundido aos filhos finitos dos mundos do espaço. A promulgação dessa injunção impulsionou toda a criação a fazer um esforço cooperativo entre os seres celestes, para que todos ajudem a realizar, em toda a plenitude, esse comando prodigioso da Primeira Grande Fonte e Centro.

Quando fordes, por intermédio e graça da ministração de todas as hostes de ajudantes do esquema universal de sobrevivência, finalmente colocados no mundo de recepção de Havona, vós chegareis lá com uma única espécie de perfeição – *a perfeição no propósito*. O vosso propósito tem sido profundamente provado; a vossa fé tem sido testada. Sois conhecidos como sendo à prova de desapontamento. Nem mesmo o fracasso em discernir o Pai Universal pode abalar a fé ou perturbar seriamente a confiança de um mortal ascendente que houver tido a experiência, pela qual todos devem passar, no seu propósito de alcançar as esferas perfeitas de Havona. Ao alcançardes Havona, a vossa sinceridade ter-se-á tornado sublime. A perfeição no propósito e a divindade no desejo, com firmeza de fé, terão assegurado as vossas entradas nas moradas firmes da eternidade; a vossa libertação das incertezas do tempo será inteira e completa; e deveis estar face a face, agora, com os problemas de Havona e as imensidões do Paraíso; pois vós tendes sido muito longamente preparados para essa chegada ao Paraíso, nas épocas experienciais do tempo e nas escolas do mundo do espaço.

A fé conquistou, para o peregrino ascendente, uma perfeição de propósito que abre, para esse filho do tempo, os portais da eternidade. Agora, os ajudantes dos peregrinos devem começar o seu trabalho de desenvolver aquela perfeição de entendimento e a técnica da compreensão, tão indispensáveis à personalidade para alcançar do nível de perfeição do Paraíso.

A *aptidão para compreender é o passaporte dos mortais para o Paraíso*. A vontade de acreditar é a chave de Havona. A aceitação da filiação e a cooperação com o Ajustador residente são o preço da sobrevivência evolucionária.

DOCUMENTO 26: SEÇÃO 4

5. OS AJUDANTES DOS PEREGRINOS

O primeiro dos sete grupos de supernafins secundários que será encontrado é o de ajudantes dos peregrinos, aqueles seres de entendimento rápido e compaixão ampla que acolhem os ascendentes muito viajados do espaço nos mundos estabilizados e de economia estabelecida do universo central. Simultaneamente, esses altos ministros começaram o seu trabalho com os peregrinos da eternidade do Paraíso: os primeiros a chegar ao mundo-piloto do circuito interno de Havona, e que o fizeram concomitantemente com a aterrissagem de Grandfanda, no mundo-piloto do circuito mais externo. Naqueles dias longínquos, os peregrinos do Paraíso e os peregrinos do tempo encontraram-se, pela primeira vez, nos mundos de recepção do circuito de número quatro.

Esses ajudantes dos peregrinos, atuando no sétimo círculo dos mundos de Havona, conduzem seu trabalho para com os mortais ascendentes em três divisões maiores: a primeira, a compreensão suprema da Trindade do Paraíso; a segunda, a compreensão espiritual da interassociação Pai-Filho; e a terceira, o reconhecimento intelectual do Espírito Infinito. Cada uma dessas fases de instrução é dividida em sete ramificações, com doze divisões menores, de setenta grupos subsidiários; e cada um desses setenta agrupamentos subsidiários de instrução é apresentado em mil classificações. Uma instrução com mais detalhes é proporcionada nos círculos subseqüentes; mas uma visão geral de todos os requisitos do Paraíso é ensinada pelos ajudantes dos peregrinos.

Este, então, é o curso primário ou elementar à espera dos peregrinos testados na sua fé e muito viajados do espaço. Todavia, bem antes de alcançar Havona, esses filhos ascendentes do tempo já terão aprendido a regozijar-se com a incerteza, a alimentar-se com o desapontamento, a entusiasmar-se com a derrota aparente, a revigorar-se em presença das dificuldades, a exibir coragem indômita em face da imensidão, e a exercitar uma fé inquebrantável quando confrontados com o desafio do inexplicável. Há muito, o grito de batalha desses peregrinos passou a ser: "Junto com Deus, nada – absolutamente nada – é impossível".

Há um requisito definido, para os peregrinos do tempo, em cada um dos círculos de Havona; e ainda que cada peregrino continue sob a tutela dos supernafins, adaptados por natureza a ajudar esse tipo especial de criatura ascendente, o curso do qual se deve obter a mestria é bastante uniforme para todos os seres ascendentes que alcançam o universo central. O curso dessa realização é quantitativo, qualitativo e experiencial – intelectual, espiritual e supremo.

O tempo é de pouca importância nos círculos de Havona. E, só de uma forma limitada, o tempo entra nas possibilidades de avanço, pois a conclusão com êxito é o teste supremo e final. No momento mesmo em que o teu companheiro superáfico te considerar competente para adentrar o próximo círculo, tu serás levado perante os doze ajudantes do sétimo Espírito do Circuito. Ali, será requisitado de ti que passes nas provas do círculo, determinadas no superuniverso da tua origem e no sistema do teu nascimento. O grau de realização na divindade, nesse círculo, tem lugar no mundo-piloto e consiste no reconhecimento espiritual e na compreensão espiritual do Espírito Mestre do superuniverso do peregrino ascendente.

Quando terminar o trabalho do círculo mais externo de Havona e o método apresentado estiver sob mestria, os ajudantes dos peregrinos levam os seus tutelados para o mundo-piloto do próximo círculo e os entregam aos cuidados dos Guias da Supremacia. Os ajudantes dos peregrinos sempre permanecem por uma temporada para cuidar que a transferência seja tão agradável quanto proveitosa.

6. OS GUIAS DA SUPREMACIA

Quando transladados do sétimo para o sexto círculo e colocados sob a supervisão imediata dos Guias da Supremacia os seres ascendentes do espaço são chamados de "graduados espirituais". Estes guias não devem ser confundidos com os Guias dos Graduados – pertencentes às Personalidades Mais Elevadas do Espírito Infinito – que, junto com seus parceiros de serviço, ministram, em todos os circuitos de Havona, tanto aos peregrinos ascendentes quanto aos descendentes. Os Guias da Supremacia funcionam apenas no sexto círculo do universo central.

É nesse círculo que os seres ascendentes conseguem uma nova compreensão da Divindade Suprema. Nas suas longas carreiras, nos universos evolucionários, os peregrinos do tempo têm experimentado uma consciência crescente da realidade do supercontole Todo-Poderoso das criações do tempo-espaço. Aqui, neste circuito de Havona, eles estão próximos de encontrar a fonte da unidade do tempo-espaço no universo central – a realidade espiritual de Deus, o Supremo.

Encontro certa dificuldade ao explicar o que acontece nesse círculo. Nenhuma presença personalizada da Supremacia é perceptível aos seres ascendentes. Sob certos pontos de vista, novas relações com o Sétimo Espírito Mestre compensam essa não-contatabilidade do Ser Supremo. Porém, a despeito da nossa incapacidade de compreender a técnica, cada criatura ascendente parece estar submetida a um crescimento transformador, uma nova integração de consciência, uma nova espiritualização de propósito, uma nova sensibilidade para a divindade, as quais dificilmente podem ser explicadas satisfatoriamente, sem presumir-se uma atividade não revelada do Ser Supremo. Para aqueles de nós que observaram essas transações misteriosas, é como se Deus, o Supremo, estivesse dotando afetuosamente os seus filhos experienciais, até os limites mesmos das suas capacidades experienciais, com aqueles acréscimos de compreensão intelectual, discernimento espiritual interior e alcance de personalidade, dos quais irão necessitar tanto, em todos os seus esforços para penetrar o nível de divindade da Trindade da Supremacia e alcançar as Deidades Eternas e existenciais do Paraíso.

Quando os Guias da Supremacia consideram que os seus discípulos estejam maduros para prosseguir no seu avanço, levam-nos diante da comissão dos setenta, um grupo misto que serve de banca examinadora no mundo-piloto do circuito número seis. Após satisfazerem a essa comissão, quanto à sua compreensão do Ser Supremo e da Trindade da Supremacia, os peregrinos são confirmados como prontos para o traslado ao quinto circuito.

7. OS GUIAS DA TRINDADE

Os Guias da Trindade são os ministros incansáveis do quinto círculo de aperfeiçoamento de Havona, para os peregrinos em avanço do tempo e do espaço. Os graduados espirituais, aqui, são designados "candidatos à aventura da Deidade", pois é nesse círculo, sob a direção dos Guias da Trindade, que os peregrinos recebem a instrução avançada a respeito da Trindade divina, nos seus preparativos com o intento de realizar o reconhecimento da personalidade do Espírito Infinito. E, aqui, os peregrinos ascendentes descobrem o que significam o verdadeiro estudo e o esforço mental real, assim como começam a discernir a natureza mais desgastante e a prática espiritual muito mais árdua que será requerida, para satisfazer às demandas da elevada meta estabelecida, para a realização deles, nos mundos desse circuito.

Os Guias da Trindade são extremamente fiéis e eficientes; e cada peregrino recebe a atenção, não dividida, de um supernafim secundário pertencente a essa ordem, e desfruta de todo o seu afeto. Um peregrino do tempo nunca iria encontrar a primeira pessoa alcançável da Trindade do Paraíso, não fossem a ajuda e a assistência desses guias e da hoste de outros seres espirituais empenhados na instrução aos seres ascendentes sobre a natureza e a técnica para a aventura, na Deidade, que se aproxima.

Após completarem o curso de aperfeiçoamento nesse circuito, os Guias da Trindade levam os seus discípulos ao seu mundo-piloto e apresentam-nos diante de uma das muitas comissões trinas que funcionam como examinadoras e certificadoras dos candidatos à aventura da Deidade. Essas comissões consistem em um companheiro dentre os finalitores, um dos diretores de conduta da ordem dos supernafins primários, e um Mensageiro Solitário do espaço ou um Filho Trinitarizado do Paraíso.

Quando uma alma ascendente parte, de fato, para o Paraíso, ela é acompanhada apenas pelo trio de trânsito: o Companheiro superáfico do círculo, o Guia dos Graduados e o parceiro de serviço sempre-presente deste último. Essas excursões, dos círculos de Havona até o Paraíso, são viagens probatórias; os seres ascendentes ainda não têm status para o Paraíso. E eles não alcançam o status de residentes do Paraíso antes de haverem passado pelo repouso final do tempo, que vem depois de alcançarem o Pai Universal, e da liberação definitiva dos circuitos de Havona. Eles só participam da "essência da divindade" e do "espírito da supremacia" depois do repouso divino; quando, desse modo, realmente começam a funcionar no círculo da eternidade e na presença da Trindade.

Os Companheiros que formam o trio de trânsito do ser ascendente não têm a obrigação de torná-lo capaz de localizar a presença geográfica da luminosidade espiritual da Trindade, mas, sim, de fornecer toda a assistência possível a um peregrino, na sua tarefa difícil de reconhecer, discernir e compreender o suficiente do Espírito Infinito, para que isso constitua um reconhecimento de personalidade. Qualquer peregrino ascendente, no Paraíso, pode discernir a presença geográfica ou de localização da Trindade; a grande maioria é capaz de contatar a realidade intelectual das Deidades, especialmente a Terceira Pessoa, mas nem todos podem reconhecer, nem mesmo parcialmente compreender, a realidade da presença espiritual do Pai e do Filho. E ainda mais difícil é a compreensão espiritual até mesmo mínima do Pai Universal.

Raramente a busca do Espírito Infinito deixa de ser consumada e, quando os seus tutelados tiverem tido êxito nessa fase da aventura da Deidade, os Guias da Trindade preparar-se-ão para transferi-los ao ministério dos Descobridores do Filho, no quarto círculo de Havona.

8. OS DESCOBRIDORES DO FILHO

O quarto circuito de Havona é chamado, algumas vezes, de "circuito dos Filhos". Dos mundos desse circuito, os peregrinos ascendentes vão ao Paraíso para conseguir um contato de compreensão com o Filho Eterno; ao passo que, nos mundos desse circuito, os peregrinos descendentes alcançam uma nova compreensão da natureza e da missão dos Filhos Criadores, no tempo e no espaço. Nesse circuito há sete mundos nos quais o corpo reserva dos Michaéis do Paraíso mantém escolas de serviço especial de ministério mútuo, tanto para os peregrinos ascendentes, quanto para os descendentes; e é nesses mundos dos Filhos Michaéis que os peregrinos do tempo e os peregrinos da eternidade alcançam o seu primeiro verdadeiro entendimento uns com os outros. Sob muitos aspectos, as experiências desse circuito são as mais intrigantes de toda a estada em Havona.

Os Descobridores do Filho são os ministros superáficos dos mortais ascendentes no quarto circuito. Além do trabalho geral de preparativos dos seus candidatos para uma compreensão das relações do Filho Eterno com a Trindade, esses Descobridores do Filho devem instruir tão plenamente os seus pupilos para que eles obtenham êxito: primeiro, na compreensão espiritual adequada do Filho; segundo, no reconhecimento satisfatório da personalidade do Filho; e terceiro, na diferenciação, de modo adequado, entre o Filho e a personalidade do Espírito Infinito.

Depois de alcançar o Espírito Infinito, eles não são mais submetidos a exames. Os testes dos círculos internos são as próprias atuações dos candidatos peregrinos, quando são abraçados pelo manto das Deidades. O avanço é determinado puramente pela espiritualidade do indivíduo, e ninguém, senão os Deuses, pode presumir fazer essa qualificação. Em caso de fracasso, nenhum motivo é jamais assinalado; nem os próprios candidatos, nem os seus vários tutores e guias recebem reprimendas ou críticas. No Paraíso, jamais o desapontamento é encarado como derrota; o adiamento nunca é visto como uma desgraça; os fracassos aparentes do tempo nunca são confundidos com os atrasos significativos na eternidade.

Não são muitos os peregrinos que experimentam o atraso de um fracasso aparente na aventura da Deidade. Quase todos alcançam o Espírito Infinito, ainda que ocasionalmente algum peregrino do superuniverso de número um não tenha tido êxito na primeira tentativa. Os peregrinos que alcançam o Espírito raramente falham em encontrar o Filho; e entre aqueles que falham na primeira aventura, quase todos vêm dos superuniversos três e cinco. A grande maioria daqueles que falham em alcançar o Pai, na primeira aventura, após haverem encontrado tanto o Espírito quanto o Filho, provém do superuniverso de número seis, ainda que uns poucos dos universos de número dois e três, do mesmo modo, não tenham tido êxito. E tudo isso parece indicar claramente que haja alguma razão boa e suficiente para esses aparentes fracassos; na realidade são atrasos simplesmente inevitáveis.

Os candidatos derrotados na aventura da Deidade são colocados sob a jurisdição dos comandantes das designações, um grupo de supernafins primários, e são remanejados para o trabalho nos reinos do espaço, por um período não menor do que um milênio. Eles nunca retornam aos superuniversos do seu nascimento, sempre vão para as supercriações mais propícias ao seu reaperfeiçoamento no preparo da segunda aventura da Deidade. Em seguida a esse serviço, e por sua própria vontade, eles retornam ao círculo externo de Havona, são imediatamente acompanhados até o círculo onde a sua carreira foi interrompida e logo retomam os preparativos para a aventura da Deidade. Os supernafins secundários jamais falham em pilotar com êxito os seus tutelados na segunda tentativa, e os mesmos ministros superáficos e outros guias sempre prestam assistência a tais candidatos durante essa segunda aventura.

9. OS GUIAS DO PAI

Quando a alma do peregrino alcança o terceiro círculo de Havona, ela fica sob a tutela dos Guias do Pai, os mais antigos, altamente hábeis e mais experientes de todos os ministros superáficos. Nos mundos desse circuito, os Guias do Pai mantêm escolas de sabedoria e colégios de técnica, onde todos os seres que residem no universo central servem como instrutores. Nada que pudesse ser útil a uma criatura do tempo, nessa aventura transcendente de alcance da eternidade, é negligenciado.

O alcançar do Pai Universal é o passaporte para a eternidade, não obstante haver circuitos restantes a serem atravessados. E, portanto, é uma ocasião memorável, no mundo-piloto do círculo de número três, quando o trio de trânsito anuncia que a última aventura do tempo está para começar; que uma nova criatura do espaço busca a sua entrada no Paraíso, pelos portais da eternidade.

O teste do tempo está quase chegando ao fim; a escalada para a eternidade já foi quase inteiramente percorrida. Os dias de incerteza estão por terminar; a tentação de duvidar está desaparecendo; a injunção de ser *perfeito* foi obedecida. Da parte mais baixa da existência inteligente, a criatura do tempo e de personalidade material ascendeu até as esferas evolucionárias do espaço, provando, assim, a viabilidade do plano de ascensão, e demonstrando, para sempre, a justiça e a retidão do comando do Pai Universal às Suas criaturas inferiores dos mundos: "Sede perfeitos, como Eu próprio sou perfeito".

Passo a passo, vida a vida, mundo a mundo, a carreira ascendente foi conquistada e, com mestria, a meta da Deidade foi alcançada. A sobrevivência foi completada, na perfeição, e a perfeição está repleta, na supremacia da divindade. O tempo perdeu-se na eternidade, o espaço foi engolfado na identidade, na adoração e harmonia com o Pai Universal. As transmissões de Havona emitem os informes espaciais da glória, as boas-novas de que, em verdade, as criaturas com a consciência de natureza animal e de origem material, por meio da ascensão evolucionária, tornaram-se, em realidade e em eternidade, filhos perfeccionados de Deus.

10. OS ASSESSORES E OS CONSELHEIROS

Os Assessores e os Conselheiros superáficos do segundo círculo são os instrutores dos filhos do tempo a respeito da carreira da eternidade. Alcançar o Paraíso subentende uma responsabilidade de uma ordem nova mais elevada; e a permanência no segundo círculo proporciona oportunidade ampla de receber o conselho colaborador desses devotados supernafins.

Aqueles que não têm êxito no primeiro esforço de alcançar a Deidade avançam, do círculo do seu fracasso, diretamente para o segundo círculo, antes de serem reenviados ao serviço no superuniverso. Assim, também os Assessores e Conselheiros servem como conselheiros e confortadores para esses peregrinos desapontados. Eles acabaram de ter o seu maior desapontamento, o qual de nenhum modo difere, a não ser pela magnitude, de outros da longa lista dessas experiências, nas quais eles escalaram, como em uma escada, do caos à glória. Esses são aqueles seres que esvaziaram a taça experiencial à sua última gota; e eu tenho observado que eles retornam, temporariamente, aos serviços dos superuniversos como o mais elevado tipo de ministradores de amor para os filhos do tempo que tiveram desilusões temporais.

Após uma longa estada no circuito de número dois, aqueles que passaram por tais desilusões são examinados pelos conselhos da perfeição, que se reúnem no mundo-piloto desse círculo e que certificam que eles passaram no teste de Havona; e isso, quanto ao status não-espiritual, confere a eles uma posição nos universos do tempo, a mesma que teriam caso houvessem conseguido êxito, factualmente, na aventura da Deidade. O espírito desses candidatos foi plenamente aceitável; o fracasso deles foi inerente a alguma fase da técnica de abordagem ou alguma parte dos seus antecedentes experienciais.

Eles são levados, então, pelos conselheiros do círculo, perante os comandantes das designações no Paraíso e são remanejados para os serviços do tempo nos mundos do espaço; e, com alegria e contentamento, encaminham-se às tarefas de dias e idades anteriores. Em outro dia, eles retornarão ao círculo do seu maior desapontamento e novamente tentarão a aventura da Deidade.

Para os peregrinos que obtiveram êxito no segundo circuito, o estímulo da incerteza evolucionária chegou ao fim, mas a aventura do compromisso eterno ainda não começou e, ainda que a permanência nesse círculo seja totalmente agradável e altamente proveitosa, falta-lhes um pouco do entusiasmo antecipador vivido nos círculos anteriores. Muitos são os peregrinos que, nessas ocasiões, olham para trás, para a longa, a imensamente longa luta, com uma saudade jubilosa, realmente desejando pudessem voltar aos mundos do tempo e começar tudo de novo, exatamente como vós mortais, quando, ao chegardes a uma idade avançada, algumas vezes olhais para trás, para as lutas da juventude e dos primeiros anos de vida, e verdadeiramente desejáveis poder viver vossas vidas uma vez mais.

A travessia do círculo mais interno, porém, está bem à frente e, um pouco mais adiante, o último sono de trânsito terminará; e a nova aventura da carreira eterna começará. Os assessores e os conselheiros do segundo círculo começam os preparativos dos seus tutelados para esse grande descanso final, o sono inevitável que se interpõe sempre entre os estágios epocais marcantes das carreiras ascendentes.

Quando esses peregrinos ascendentes, que alcançaram o Pai Universal, completam a experiência do segundo círculo, os seus Guias dos Graduados sempre prestativos emitem a ordem admitindo-os ao círculo final. Esses guias conduzem pessoalmente os seus tutelados ao círculo interno e, ali, colocam-nos sob a custódia dos Complementos do Repouso, a última ordem de serafins secundários designados ao ministério aos peregrinos do tempo, nos circuitos dos mundos de Havona.

11. OS COMPLEMENTOS DO REPOUSO

Grande parte do tempo de um ser ascendente no último circuito é devotada a uma continuação dos estudos dos problemas iminentes para a residência no Paraíso. Uma hoste grande e diversificada de seres, na sua maioria não revelados, é residente, permanente ou transitoriamente, desse anel interno dos mundos de Havona. E a combinação dos tipos, assim múltiplos, proporciona aos Complementos superáficos do repouso um ambiente rico de situações, as quais eles utilizam efetivamente no aprimoramento da educação dos peregrinos ascendentes, especialmente com respeito aos problemas de adaptação que muitos grupos de seres têm ao se encontrarem no Paraíso.

Entre os habitantes desse circuito interno, estão os filhos trinitarizados pelas criaturas. Os supernafins primários e secundários são os Custódios gerais do corpo conjunto desses filhos, incluindo as progênies trinitarizadas dos finalitores mortais e as progênies semelhantes dos Cidadãos do Paraíso. Alguns desses filhos são abraçados pela Trindade e empregados nos supergovernos, outros são designados de vários modos, mas a grande maioria está sendo reunida nos corpos conjuntos nos mundos perfeitos do circuito interno de Havona. Ali, sob a supervisão dos supernafins, estão sendo preparados para algum futuro trabalho, por um corpo especial, e sem denominação, de altos Cidadãos do Paraíso, os quais foram, antes dos tempos de Grandfanda, os primeiros assistentes executivos dos Eternos dos Dias. Há muitas razões para conjecturar-se que esses dois grupos singulares de seres trinitarizados irão trabalhar juntos em um futuro remoto, e, dentre essas razões, o seu destino comum, nas reservas dos Corpos de Finalitores Trinitarizados do Paraíso, não é a menos importante delas.

Nesse circuito mais interno, tanto os peregrinos ascendentes quanto os descendentes confraternizam-se uns com os outros, e com os filhos trinitarizados pelas criaturas. Tal como os seus pais, esses filhos tiram grande proveito dessa interassociação; e é missão especial dos supernafins facilitar e assegurar a confraternização entre os filhos trinitarizados dos finalitores mortais e os filhos trinitarizados dos Cidadãos do Paraíso. Os Complementos superáficos do repouso não estão empenhados na educação deles, tanto quanto estão em promover uma relação de entendimento entre os diversos grupos.

Do Paraíso, os mortais receberam o comando: "Sede perfeitos, como o vosso Pai no Paraíso é perfeito". Para esses filhos trinitarizados do corpo conjunto, os supernafins supervisores nunca cessam de proclamar: "Sede compreensivos para com os vossos irmãos ascendentes, do modo que os Filhos Criadores do Paraíso os conhecem e os amam".

A criatura mortal deve encontrar Deus. O Filho Criador nunca pára até encontrar o homem – a sua mais humilde criatura volitiva. Fora de dúvida, os Filhos Criadores, e os seus filhos mortais, estão-se preparando para algum serviço futuro e desconhecido no universo. Uns e outros estão passando por todas as gamas de universos experienciais e, assim, estão sendo educados e preparados para a sua missão eterna. Em todos os universos está ocorrendo essa fusão única do humano e do divino, a comunhão da criatura e do Criador. Os irrefletidos mortais têm-se referido à manifestação da misericórdia e ternura divinas, especialmente para com os fracos e na defesa dos necessitados, como sendo indicativa de um Deus antropomórfico. Quão errôneo! Essas manifestações de misericórdia e de paciência, antes, deveriam ser consideradas, pelos seres humanos, como evidência de que o homem mortal é residido pelo espírito do Deus vivo; de que a criatura é, afinal, motivada pela divindade.

Próximo ao fim da estada no primeiro círculo, os peregrinos ascendentes encontram primeiro os estimuladores do repouso, da ordem primária dos supernafins. Estes são os anjos do Paraíso que saem para acolher aqueles que se encontram nos umbrais da eternidade e estão para completar os seus preparativos para o sono de transição da última ressurreição. E realmente não sereis filhos do Paraíso antes de atravessardes o círculo mais interno e antes de haverdes experimentado a ressurreição da eternidade, depois do sono terminal do tempo. Os peregrinos perfeccionados começam por esse repouso e vão dormir no primeiro círculo de Havona; mas acordam às margens do Paraíso. Entre todos os que ascendem à Ilha Eterna, apenas aqueles que chegam lá desse modo são filhos da eternidade; os outros vão como visitantes, como convidados sem status de residência.

E agora, culminando a carreira de Havona, ao adormecerdes no mundo-piloto do círculo mais interno, vós, mortais, não ireis sós para o repouso, como o fizestes nos mundos da vossa origem, quando fechastes os vossos olhos no sono natural do falecimento mortal, nem como fizestes quando entrastes no longo transe, no trânsito preparatório para a vossa jornada até Havona. Agora, ao preparar-vos para o repouso de realização, ao vosso lado caminha o vosso Companheiro de longo tempo, desde o primeiro círculo, o majestoso Complemento do repouso, que se prepara, uno convosco, para entrar no sono, como uma garantia dada por Havona de que a vossa transição está completa e de que vós esperais apenas os toques finais da perfeição.

A vossa primeira transição foi de fato a morte; a segunda, um sono ideal; e agora, a terceira metamorfose, é o verdadeiro repouso, o descanso das idades.

[Apresentado por um Perfeccionador da Sabedoria de Uversa.]

DOCUMENTO 27

A MINISTRAÇÃO DOS SUPERNAFINS PRIMÁRIOS

OS SUPERNAFINS primários são os Servidores supernos das Deidades na Ilha Eterna do Paraíso. Nunca se soube que eles tenham saído dos caminhos da luz e da retidão. As listas de chamada estão completas; desde a eternidade sequer um membro das suas magníficas hostes foi perdido. Esses elevados supernafins são seres perfeitos, supremos na perfeição; todavia, não são absonitos nem absolutos. Sendo da essência da perfeição, esses filhos do Espírito Infinito trabalham voluntariamente, de modo intercambiável, em todas as fases dos seus múltiplos deveres. Eles não funcionam, em uma escala considerável, fora do Paraíso, se bem que participem dos vários encontros milenares e reuniões de grupo no universo central. Eles também saem como mensageiros especiais das Deidades e, em grande número, ascendem e tornam-se Conselheiros Técnicos.

Os supernafins primários são também colocados no comando das hostes seráficas que ministram nos mundos isolados em vista de rebeliões. Quando um Filho do Paraíso se auto-outorga em um mundo assim, ele completa a sua missão, ascende até o Pai Universal, é aceito e retorna como o libertador acreditado desse mundo isolado; um supernafim primário é sempre indicado pelos comandantes das designações para assumir o comando dos espíritos ministradores em serviço na esfera recém-recuperada. Os supernafins, nesse serviço especial, são permutados periodicamente. Em Urântia, o "comandante dos serafins" atual é o segundo dessa ordem a ocupar o posto desde os tempos da auto-outorga de Cristo Michael.

Desde a eternidade, os supernafins primários vêm servindo na Ilha da Luz e têm saído em missões de liderança para os mundos do espaço, mas, como classificados agora, eles têm funcionado apenas desde a chegada, ao Paraíso, dos peregrinos do tempo, vindos de Havona. Atualmente, esses anjos elevados ministram, sobretudo, nas sete ordens seguintes de serviço:

1. Condutores da Adoração.
2. Mestres da Filosofia.
3. Custódios do Conhecimento.
4. Diretores da Conduta.
5. Intérpretes da Ética.
6. Comandantes das Designações.
7. Incentivadores do Repouso.

Os peregrinos ascendentes só ficam sob a influência direta desses supernafins quando conquistam a residência no Paraíso, de fato; e, então, eles passam por uma experiência de aperfeiçoamento, sob a direção desses anjos, na seqüência inversa da enumeração anterior. Isto é, entrareis, na vossa carreira no Paraíso, sob a tutela dos incentivadores do repouso e, após sucessivas temporadas com as ordens intermediárias, vós terminareis esse período de aperfeiçoamento junto aos condutores da adoração. A partir daí, vós estareis prontos para dar início à interminável carreira de finalitor.

1. OS INCENTIVADORES DO REPOUSO

Os incentivadores do repouso são inspetores do Paraíso que, saindo da Ilha Central vão para os circuitos mais internos de Havona, e, ali, colaboram com os seus colegas, os complementos do repouso, da ordem secundária dos supernafins. O que é essencial para se desfrutar do Paraíso é o repouso, o repouso divino; e esses incentivadores do repouso são os instrutores finais que aprontam os peregrinos do tempo para serem apresentados à eternidade. Começam seu trabalho quando o peregrino está no círculo final de realização no universo central, e dão continuidade, à sua obra, quando o peregrino desperta do último sono de transição, o adormecimento que credencia uma criatura do espaço ao Reino do eterno.

O repouso é de natureza sétupla. Há o repouso do sono e o repouso do recreio, para as ordens inferiores de vida; há o da descoberta, para os seres elevados; e o da adoração para o mais elevado tipo de personalidade do espírito. Há também o repouso normal de absorção de energia, para que os seres se recarreguem com a energia física ou espiritual. E, então, há o sono de trânsito, o adormecimento em inconsciência, quando o ser está enserafinado, durante a passagem de uma esfera para outra. Inteiramente diferente de todos esses é o sono profundo da metamorfose, o descanso da transição entre um estágio e outro do ser, de uma vida para outra, de um estágio para outro da existência; aquele sono que sempre acompanha a transição entre duas *fases* factuais no universo, diferentemente da evolução feita em vários *estágios*, de um status qualquer.

Mas o último sono metamórfico é algo mais do que esses adormecimentos anteriores de transição que marcaram os status sucessivos de realização na carreira ascendente; é durante esse sono que as criaturas do tempo e do espaço atravessam as margens mais internas do temporal e do espacial, para alcançarem o status residencial nas moradas, fora do tempo e do espaço, do Paraíso. Os Incentivadores e os Complementos do repouso são tão essenciais a essa metamorfose de transcendência quanto os serafins, e os seres coligados a eles, o são para a sobrevivência à morte da criatura mortal.

Vós entrareis no repouso, no circuito final de Havona, e sereis ressuscitados, para a vida eterna, no Paraíso. E, quando fordes repersonalizados espiritualmente ali, vós ireis reconhecer, imediatamente, o incentivador do repouso que vos dará as boas-vindas às margens eternas; o mesmo supernafim primário que produziu o sono final no circuito mais interno de Havona; e vos relembrareis do último grande esforço de fé que de novo fizestes, enquanto vos preparáveis para encomendar a guarda da vossa identidade nas mãos do Pai Universal.

O último repouso do tempo foi desfrutado; o último sono de transição foi experienciado; agora despertais para a vida perpétua, às margens da morada eterna. "E não haverá mais sono. As presenças de Deus e do Seu Filho estão diante de vós, e sois eternamente os Seus Servidores; vistes a Sua face, e o nome Dele é o vosso espírito. Não haverá noite ali, e não mais necessitareis da luz de nenhum sol, pois a Grande Fonte e Centro vos dá luz; e vivereis para sempre e sempre. E Deus limpará todas as lágrimas dos vossos olhos; não haverá mais morte, nem tristeza, nem lágrimas, nem haverá mais nenhuma dor, pois as coisas anteriores já passaram."

DOCUMENTO 27: SEÇÃO I

2. OS COMANDANTES DAS DESIGNAÇÕES

Este é o grupo dos designados, de tempos em tempos, pelo supernafim dirigente, "o modelo original de anjo", para presidir à organização de todas as três ordens de tais anjos – a primária, a secundária e a terciária. Os supernafins, como corpo, são integralmente autogovernados e auto-regulamentados, exceto pelas funções do seu comandante comum, o primeiro anjo do Paraíso, que sempre preside a todas essas personalidades do espírito.

Antes de serem admitidos no Corpo de Finalidade, os anjos das designações têm muito a ver com os mortais glorificados residentes no Paraíso. O estudo e a instrução não são ocupações exclusivas dos recém-chegados ao Paraíso; o serviço também tem o seu papel essencial nas experiências da educação dos pré-finalitores do Paraíso. E eu tenho observado que, em seus períodos de lazer, os mortais ascendentes demonstram predileção por confraternizar com o corpo de reserva dos comandantes superáficos das designações.

Quando vós, mortais ascendentes, alcançardes o Paraíso, as vossas relações societárias envolverão muito mais do que o contato com uma hoste de seres divinos elevados e com uma multidão familiar de companheiros mortais glorificados. Vós devereis também confraternizar com mais de três mil ordens diferentes de Cidadãos do Paraíso, os vários grupos dos Transcendentores, e inúmeros outros tipos de habitantes do Paraíso, permanentes e transitórios, que não foram revelados em Urântia. Depois de manter contato com esses intelectos poderosos do Paraíso, é muito repousante estar com os tipos angélicos de mentes; eles fazem os mortais do tempo lembrarem-se dos serafins com quem eles tiveram um contato tão prolongado e uma ligação tão refrescante e restauradora.

3. OS INTÉRPRETES DA ÉTICA

Quanto mais alto ascenderdes na escala da vida, mais atenção deveis dar à ética no universo. A consciência ética é simplesmente o reconhecimento, por parte de qualquer indivíduo, dos direitos inerentes à existência de todo e qualquer outro indivíduo. A ética espiritual, entretanto, transcende em muito à ética mortal e mesmo aos conceitos moronciais das relações pessoais e grupais.

A ética tem sido devidamente ensinada e adequadamente aprendida pelos peregrinos do tempo, na sua longa ascensão às glórias do Paraíso. À medida que essa carreira de ascensão interior tem-se desdobrado, desde os mundos do nascimento no espaço, os seres ascendentes têm continuado a acrescentar grupos e mais grupos aos círculos, sempre em ampliação, dos seus companheiros no universo. Cada novo grupo de colegas encontrado acrescenta mais um nível de ética a ser reconhecido e observado, até que, à época na qual os mortais ascendentes alcançarem o Paraíso, eles necessitarão realmente de alguém que lhes forneça conselhos úteis e amigáveis a respeito das interpretações éticas. Eles não necessitam de que se lhes ensine a ética; mas necessitam de que, tudo aquilo que aprenderam tão laboriosamente, seja *interpretado* apropriadamente para eles, na medida que forem colocados diante da tarefa extraordinária de entrar em contato com tanta coisa nova.

Os intérpretes da ética são de ajuda inestimável aos que chegam ao Paraíso, no seu ajustamento a inúmeros grupos de seres majestáticos durante aquele período, cheio de acontecimentos, que se estende desde o momento em que se alcança o status de residente até o da admissão formal no Corpo de Finalitores Mortais. A muitos dos inúmeros tipos de Cidadãos do Paraíso, os peregrinos ascendentes já os conheceram nos sete circuitos de Havona. Os mortais glorificados também já gozaram do contato íntimo com os filhos trinitarizados por criaturas do corpo conjunto no circuito mais interno de Havona, onde esses seres estão recebendo grande parte da sua educação. E, nos outros circuitos, os peregrinos ascendentes já conheceram inúmeros residentes, ainda não revelados do sistema Paraíso-Havona, que estão buscando ali o aperfeiçoamento grupal preparatório para os compromissos não descobertos do futuro.

Todas essas convivências celestes são recíprocas, invariavelmente. Como mortais ascendentes, vós não apenas vos beneficiais desses contatos sucessivos com os companheiros do universo e com as ordens tão numerosas de colaboradores, crescentemente divinos; mas compartilhais com cada um desses seres fraternais algo da vossa própria personalidade e experiência, que torna para sempre cada um deles diferente e melhor por haver estado em ligação com um mortal ascendente vindo dos mundos evolucionários do tempo e do espaço.

4. OS DIRETORES DA CONDUTA

Tendo sido já plenamente instruídos sobre a ética das relações no Paraíso – nem formalidades sem sentido, nem ditames de castas artificiais, mas, antes, o que é inerentemente próprio –, os mortais ascendentes acham útil receber o conselho dos Diretores superáficos da conduta, que esclarecem, aos novos membros da sociedade do Paraíso sobre os usos da conduta perfeita dos seres elevados que estão na Ilha Central de Luz e Vida.

A harmonia é o tom básico do universo central, e uma ordenação detectável de coisas predomina no Paraíso. A conduta adequada é essencial ao progresso, pela via do conhecimento e por meio da filosofia, até as alturas espirituais da adoração espontânea. Há uma técnica divina de abordagem da Divindade; e os peregrinos devem aguardar a chegada ao Paraíso para adquirirem essa técnica. A essência dessa técnica foi administrada nos círculos de Havona, mas os toques finais de aperfeiçoamento dos peregrinos do tempo só podem ser aplicados depois que de fato alcançarem a Ilha da Luz.

Toda conduta no Paraíso é plenamente espontânea, natural e livre, em todos os sentidos. Mas há, ainda assim, um modo perfeito e adequado de se fazer as coisas na Ilha Eterna, e os diretores da conduta estão sempre ao lado dos "estranhos dentro dos portões", para instruí-los e, assim, guiar os seus passos, de modo a deixá-los perfeitamente à vontade e, ao mesmo tempo, tornando os peregrinos capazes de evitar a confusão e a incerteza que, de outro modo, seriam inevitáveis. Apenas com esse arranjo, é possível evitar uma confusão interminável; e a confusão nunca surge no Paraíso.

Esses Diretores da conduta realmente se prestam a servir como mestres e guias glorificados. Estão empenhados principalmente em instruir os novos residentes mortais a respeito da nova série quase interminável de situações e de costumes pouco conhecidos. Não obstante toda a longa preparação para tudo isso e a longa jornada até ali, o Paraíso é ainda inexprimivelmente estranho e inesperadamente novo para aqueles que afinal alcançam o status de residentes.

5. OS CUSTÓDIOS DO CONHECIMENTO

Os Custódios superáficos do conhecimento são as "epístolas vivas" mais elevadas, conhecidas e lidas por todos os que residem no Paraíso. Eles são os registros divinos da verdade, os livros vivos do conhecimento verdadeiro. Vós tendes ouvido falar sobre os arquivos nos "livros da vida". Os Custódios do conhecimento são exatamente esses livros vivos, arquivos da perfeição, impressos nas placas eternas da vida divina e certeza suprema. Eles são, na realidade, bibliotecas vivas, automáticas. Os fatos dos universos são inerentes a esses supernafins primários, pois estão efetivamente registrados nesses anjos; e é inerentemente impossível também que uma inverdade ganhe espaço nas mentes desses depositários perfeitos e completos da verdade na eternidade e da inteligência do tempo.

Esses Custódios dão cursos informais para instrução dos residentes da Ilha Eterna, mas a sua função principal é a da referência e verificação. Qualquer hóspede no Paraíso pode, segundo a sua vontade, ter a seu lado o depositário vivo do fato particular ou da verdade que possa desejar conhecer. Na extremidade norte da Ilha encontram-se disponíveis os localizadores vivos do conhecimento, os quais designarão o diretor do grupo que tem a informação buscada; e, em seguida, aparecerão os seres brilhantes que *são* a própria coisa que gostaríeis de conhecer. Não mais deveis buscar o esclarecimento em páginas supersaturadas; agora vós comungais com a informação viva, face a face. O conhecimento supremo, vós o obtendes, assim, dos seres vivos que são os custódios finais dele.

Quando localizardes o supernafim que é exatamente o que desejais verificar, vós encontrareis, disponíveis, *todos* os fatos conhecidos de todos os universos; pois esses Custódios do conhecimento são os sumários finais vivos da vasta rede de comunicação dos anjos de arquivamento, e esta se estende dos serafins e seconafins, nos universos locais e nos superuniversos, aos dirigentes arquivadores dos supernafins terciários em Havona. E tal acumulação viva de conhecimento é distinta dos registros formais do Paraíso, do sumário cumulativo da História Universal.

A sabedoria da verdade tem origem na divindade do universo central, mas o conhecimento, o conhecimento experiencial, tem os seus começos, em grande parte, nos domínios do tempo e do espaço – daí a necessidade de serem mantidos, nos superuniversos, as vastas organizações dos serafins e supernafins de registro, sob a responsabilidade dos Arquivistas Celestes.

Esses supernafins primários, os quais inerentemente estão de posse do conhecimento do universo, são, também, responsáveis pela sua organização e classificação. Constituindo eles próprios a biblioteca viva de referência do universo dos universos, eles classificaram o conhecimento em sete grandes ordens, cada uma possuindo cerca de um milhão de subdivisões. A facilidade, com a qual os residentes do Paraíso podem consultar esse vasto estoque de conhecimento, é devida somente aos esforços voluntários e sábios dos Custódios do conhecimento. Os Custódios são também os mestres elevados do universo central, que distribuem livremente seus tesouros vivos a todos os seres de todo e qualquer circuito de Havona; e eles são, extensivamente, ainda que indiretamente, utilizados pelas cortes dos Anciães dos Dias. Mas essa biblioteca viva, sempre disponível ao universo central e aos superuniversos, não é acessível às criações locais. Apenas indiretamente, e por refletividade, os benefícios do conhecimento do Paraíso ficam assegurados aos universos locais.

6. OS MESTRES DA FILOSOFIA

Próximo da satisfação suprema da adoração está o regozijo da filosofia. Nunca chegareis a subir tão alto, ou a avançar até tão à frente, a ponto de não restarem mil mistérios que demandem o emprego da filosofia para uma tentativa de solução.

Os Mestres filósofos do Paraíso deliciam-se em guiar a mente dos seus habitantes, tanto a dos nativos como a dos que ascenderam, na busca jubilosa de tentar solucionar os problemas do universo. Esses mestres superáficos da filosofia são "homens sábios do céu", seres do saber que fazem uso da verdade do conhecimento e fatos da experiência nos seus esforços para ter a mestria do desconhecido. Com eles, o conhecimento atinge a verdade, e a experiência ascende à sabedoria. No Paraíso, as personalidades ascendentes do espaço experimentam o ponto mais elevado do ser: têm conhecimento; conhecem a verdade; e podem filosofar – pensar a verdade –; eles podem até mesmo procurar abranger os conceitos do Último e intentar compreender as técnicas dos Absolutos.

Na extremidade sul dos vastos domínios do Paraíso, os Mestres da filosofia conduzem cursos aprofundados sobre as setenta divisões funcionais da sabedoria. Ali, discorrem sobre os planos e propósitos da Infinitude e procuram coordenar as experiências e compor o conhecimento de todos aqueles que têm acesso à sua sabedoria. Eles desenvolveram uma atitude altamente especializada para com os vários problemas do universo, mas as suas conclusões finais são sempre obtidas na uniformidade do consenso.

Esses filósofos do Paraíso ensinam por meio de todos os métodos possíveis de instrução, incluindo a mais alta técnica gráfica de Havona e certos métodos do Paraíso de comunicar a informação. Todas as mais elevadas técnicas de compartilhar o conhecimento e transmissão de idéias estão muito além da capacidade de compreensão da mente humana, até mesmo das mais altamente desenvolvidas. Uma hora de instrução no Paraíso seria equivalente a dez mil anos dos métodos urantianos de palavra-memória. Vós não podeis apreender tais técnicas de comunicação, e não há simplesmente nada, na experiência mortal, a que elas possam ser comparadas, nada a que possam assemelhar-se.

Os mestres da filosofia têm um prazer supremo de compartilhar a sua interpretação do universo dos universos com os seres que ascenderam dos mundos do espaço. E, conquanto a filosofia possa nunca estar firme, nas suas conclusões, tanto quanto os fatos do conhecimento e verdades da experiência, ainda assim, quando houverdes escutado esses supernafins primários discorrendo sobre os problemas não resolvidos da eternidade e sobre as atuações dos Absolutos, vós sentireis uma satisfação certa e duradoura a respeito das questões ainda em aberto.

Tais buscas intelectuais do Paraíso não são teledifundidas; a filosofia da perfeição está disponível apenas para aqueles que se encontram pessoalmente presentes. As criações que giram à volta do Paraíso ficam sabendo desses ensinamentos apenas por intermédio dos que passaram por essa experiência e que, subseqüentemente, levaram tal sabedoria até os universos do espaço.

7. OS CONDUTORES DA ADORAÇÃO

A adoração é o privilégio mais elevado e o dever primordial de todas as inteligências criadas. A adoração é o ato, em consciência e regozijo, do reconhecimento e admissão, na verdade e no fato, das relações íntimas e pessoais dos Criadores com as suas criaturas. A qualidade da adoração é determinada pela profundidade da percepção da criatura; e à medida que o conhecimento do caráter infinito dos Deuses progride, o ato da adoração torna-se crescentemente todo-abrangente, até que, finalmente, atinge a glória do encantamento experiencial mais elevado e o prazer mais delicado que os seres criados conhecem.

Ainda que a Ilha do Paraíso possua locais definidos para a adoração, toda ela é, nitidamente, um vasto santuário de serviço divino. A adoração é a paixão principal e dominante de todos que escalam as suas margens abençoadas – a ebulição espontânea dos seres que aprenderam sobre Deus o suficiente para alcançar a Sua presença. Círculo a círculo, durante a jornada adentro, através de Havona, a adoração é uma paixão crescente, até que, no Paraíso, torna-se necessário dirigir e controlar a sua expressão de outros modos.

Os impulsos periódicos e outras explosões especiais de adoração suprema ou de louvor espiritual espontâneos, grupais, desfrutados no Paraíso, são conduzidos sob a liderança de um corpo especial de supernafins primários. Sob a direção desses

Condutores da adoração, essa homenagem alcança a meta do supremo prazer da criatura e atinge o auge da perfeição de auto-expressão sublime e de regozijo pessoal. Todos os supernafins primários almejam ser condutores da adoração; e todos os seres ascendentes rejubilar-se-iam de permanecer para sempre em atitude de adoração, caso os comandantes das designações não dispersassem essas reuniões periodicamente. Todavia, nenhum ser ascendente jamais será requisitado para entrar nos compromissos do serviço eterno antes de haver alcançado a plena satisfação na adoração.

A tarefa dos Condutores da adoração é ensinar às criaturas ascendentes como adorar, e de um modo tal que consigam alcançar essa satisfação de auto-expressão sendo, ao mesmo tempo, capazes de dar atenção às atividades essenciais do regime do Paraíso. Sem aperfeiçoamentos na técnica da adoração, seriam necessárias centenas de anos para que o mortal mediano, que alcança o Paraíso, pudesse dar expressão plena e satisfatória às emoções, de apreciação inteligente e gratidão, do ascendente. Os Condutores da adoração abrem novas e até então desconhecidas vias de expressão, de modo que esses maravilhosos filhos do ventre do espaço e do trabalho do tempo consigam alcançar a satisfação plena da adoração dentro do menor tempo.

Todas as artes, de todos os seres do universo inteiro, que são capazes de intensificar e exaltar a capacidade de auto-expressão, na transmissão do seu apreço, são empregadas, na sua mais elevada capacidade, na adoração das Deidades do Paraíso. *A adoração é o júbilo mais elevado da existência no Paraíso*; é o recreio refrescante do Paraíso. O que a recreação faz pelas vossas mentes sobrecarregadas, da Terra, a adoração irá fazer pelas vossas almas perfeccionadas do Paraíso. O modo de adoração no Paraíso está muito além da compreensão mortal, mas, a essência de tal adoração, vós podeis começar a apreciá-la ainda aqui, em Urântia; pois os espíritos dos Deuses agora mesmo residem em vós, envolvendo-vos e inspirando-vos para a verdadeira adoração.

No Paraíso as horas e os locais para a adoração são indicados, mas estes não são adequados para dar vazão ao fluxo sempre crescente das emoções espirituais da inteligência, que se amplia, e do reconhecimento, em expansão, à divindade, da parte dos seres brilhantes que ascenderam experiencialmente à Ilha Central. Nunca, desde os tempos de Grandfanda, os supernafins conseguiram acomodar satisfatoriamente o espírito de adoração no Paraíso. Se julgarmos pelos preparativos, há sempre ali uma adoratividade em excesso. E isso acontece porque as personalidades da perfeição inerente nunca podem avaliar plenamente as reações prodigiosas das emoções espirituais dos seres que, vagarosa e laboriosamente, caminharam para a glória do Paraíso, vindos das profundezas da escuridão espiritual dos mundos mais baixos do tempo e do espaço. Quando esses anjos e seres mortais do tempo alcançam a presença dos Poderes do Paraíso, acontece a expressão das emoções acumuladas das idades; um espetáculo que surpreende os anjos do Paraíso e que produz o regozijo supremo da satisfação divina, nas Deidades do Paraíso.

Algumas vezes, todo o Paraíso permanece engolfado por uma maré dominante de expressão espiritual e adoração. Muitas vezes, os Condutores da adoração não podem controlar esses fenômenos, até o aparecimento da flutuação tríplice da luz da morada Divina, significando que o coração divino dos Deuses ficou plena e completamente satisfeito com a adoração sincera dos residentes do Paraíso: cidadãos perfeitos da glória e criaturas ascendentes do tempo. Que triunfo do aperfeiçoamento da técnica! Que frutificação do plano eterno e do propósito dos Deuses é o amor inteligente dos filhos criaturas que dá plena satisfação ao amor infinito do Pai Criador!

Após a realização da satisfação suprema da plenitude da adoração, estareis qualificados para a admissão ao Corpo de Finalidade. A carreira ascendente está quase terminada, e o sétimo jubileu prepara-se para ser celebrado. O primeiro jubileu marcou o acordo mortal com o Ajustador do Pensamento, quando o propósito de sobreviver foi selado; o segundo foi o despertar na vida moroncial; o terceiro foi a fusão com o Ajustador do Pensamento; o quarto foi o do despertar em Havona; o quinto celebrou o encontro do Pai Universal; e o sexto jubileu foi a ocasião do despertar no Paraíso, depois do adormecimento final do tempo. O sétimo jubileu marca a entrada no corpo mortal de finalitores e o começo do serviço na eternidade. O cumprimento, da parte de um finalitor, do sétimo estágio da realização do espírito, provavelmente assinalará a celebração do primeiro dos jubileus da eternidade.

E assim termina a história dos supernafins do Paraíso, a mais elevada ordem entre todas as ordens dos espíritos ministradores; aqueles seres que, como uma classe universal, sempre vos prestam assistência, desde o mundo da vossa origem, até receberdes finalmente o adeus dos Condutores da adoração, quando fizerdes o juramento eterno da Trindade e fordes incorporados ao Corpo Mortal de Finalidade.

O serviço interminável à Trindade do Paraíso está para começar; e agora o finalitor está face a face com o desafio de Deus, o Último.

[Apresentado por um Perfeccionador da Sabedoria de Uversa.]

DOCUMENTO 28

OS ESPÍRITOS MINISTRADORES DOS SUPERUNIVERSOS

ASSIM COMO os supernafins formam as hostes angélicas do universo central, e os serafins as dos universos locais, os seconafins são os espíritos ministradores dos superuniversos. Em grau de divindade e em potencial de supremacia, entretanto, esses filhos dos Espíritos Refletivos são muito mais como os supernafins do que como os serafins. Eles não servem sozinhos nas supercriações e, tão intrigantes quanto numerosas, são as transações promovidas pelos seus colaboradores não revelados.

Tais como são apresentados nestas narrativas, os espíritos ministradores dos superuniversos abrangem as três ordens seguintes:

1. Os Seconafins.
2. Os Tertiafins.
3. Os Omniafins.

Posto que as duas últimas ordens não estão empenhadas tão diretamente no esquema ascendente de progressão mortal, serão tratadas resumidamente aqui, antes de considerarmos os seconafins de um modo mais abrangente. Tecnicamente, nem os tertiafins, nem os omniafins são espíritos ministradores *dos* superuniversos, se bem que ambos sirvam como instrutores espirituais *nesses* domínios.

1. OS TERTIAFINS

Esses anjos elevados estão registrados nas sedes-centrais dos superuniversos e, a despeito de servirem nas criações locais, tecnicamente, eles residem nas capitais dos superuniversos, visto que não são nativos dos universos locais. Os tertiafins são filhos do Espírito Infinito, sendo personalizados, no Paraíso, em grupos de mil. Esses seres supernos, de originalidade divina e versatilidade quase suprema, são dádivas do Espírito Infinito para os Filhos Criadores de Deus.

Quando um Filho Michael se separa do regime paternal do Paraíso e está pronto para partir na aventura do espaço no universo, um grupo de mil desses espíritos companheiros nasce do Espírito Infinito. E tais majestosos tertiafins acompanham esse Filho Criador, quando ele embarca na aventura da organização do universo.

Nos tempos iniciais, de construção do universo, esses mil tertiafins formam a única assessoria pessoal de um Filho Criador. E adquirem uma poderosa experiência, como assistentes do Filho, durante essas idades movimentadas de montagem do universo e de outras manipulações astronômicas. Servem ao lado do Filho Criador até o dia da personalização do Brilhante Estrela Matutino, o primogênito a nascer em um universo local. A partir daí, as renúncias formais dos tertiafins são apresentadas e aceitas. E, com o aparecimento das ordens iniciais da vida angélica nativa, eles retiram-se do serviço ativo no universo local, para o qual haviam sido designados,

306

tornando-se os ministros de ligação entre o Filho Criador e os Anciães dos Dias do superuniverso correspondente.

2. OS OMNIAFINS

Os omniafins, criados pelo Espírito Infinito em enlace com os Sete Executivos Supremos, são os servidores e mensageiros exclusivos desses mesmos Executivos Supremos. Os omniafins são designados para o grande universo e, em Orvônton, o seu corpo mantém a sua sede-central na parte norte de Uversa, onde residem em uma colônia especial de cortesia. Não têm registro em Uversa, nem são designados para a nossa administração. Também não têm participação direta no esquema ascendente de progressão dos mortais.

Os omniafins estão inteiramente ocupados com a vigilância dos superuniversos, no interesse da coordenação administrativa, do ponto de vista dos Sete Executivos Supremos. A nossa colônia de omniafins, em Uversa, recebe instruções apenas do Executivo Supremo de Orvônton e a ele reporta-se, situado que fica na esfera executiva conjunta de número sete, no anel externo dos satélites do Paraíso.

3. OS SECONAFINS

As hostes secoráficas são criadas pelos sete Espíritos Refletivos designados para a sede-central de cada superuniverso. Há uma técnica definida, que responde ao Paraíso, associada à criação desses anjos, em grupos de sete. De cada sete seconafins, há sempre um primário, três secundários e três terciários; e são personalizados sempre nessas proporções exatas. Quando sete desses seconafins são criados, um deles, o primário, é designado para o serviço dos Anciães dos Dias. Os três anjos secundários associam-se aos três grupos de administradores originários do Paraíso, nos supergovernos: o de Conselheiros Divinos, de Perfeccionadores da Sabedoria e de Censores Universais. Os três anjos terciários ficam ligados aos colaboradores trinitarizados ascendentes dos governantes dos superuniversos: os Mensageiros Poderosos, Aqueles Elevados Em Autoridade e Aqueles Sem Nome Nem Número.

Esses seconafins dos superuniversos são uma progênie dos Espíritos Refletivos e, portanto, a refletividade é inerente à sua natureza. Eles são sensíveis refletivamente a cada uma das fases de toda criatura originária da Terceira Fonte e Centro e dos Filhos Criadores do Paraíso; no entanto, eles não são diretamente refletivos dos seres e entidades, pessoais ou não, originários apenas da Primeira Fonte e Centro. Possuímos muitas evidências da factualidade dos circuitos universais de informação do Espírito Infinito, mas, ainda que não tivéssemos nenhuma outra prova, as atuações refletivas dos seconafins teriam sido suficientes para demonstrar a realidade da presença universal da mente infinita do Agente Conjunto.

4. OS SECONAFINS PRIMÁRIOS

Os seconafins primários, designados para os Anciães dos Dias, são espelhos vivos a serviço desses governantes trinos. Pensai sobre o que significa, para a economia de um superuniverso, poder olhar dentro de um espelho vivo, por assim dizer, e conseguir ver nele e dele escutar as respostas indubitáveis de um outro ser, a uma distância de mil ou de cem mil anos-luz, e tudo isso feito instantânea e infalivelmente. Os registros são essenciais à condução dos universos, as transmissões prestam um serviço enorme, o trabalho dos Mensageiros

Solitários e de outros é de muita ajuda, mas os Anciães dos Dias, da posição deles, a meio caminho entre os mundos habitados e o Paraíso – entre o homem e Deus –, podem instantaneamente olhar nos dois sentidos, escutar de ambos os lados, e *conhecer* ambos os lados.

Tal capacidade – de escutar e ver, por assim dizer, todas as coisas – pode ser perfeitamente realizada, nos superuniversos, apenas pelos Anciães dos Dias e apenas nos seus respectivos mundos-sede. E, mesmo ali, há limitações: de Uversa, essa comunicação é limitada aos mundos e universos de Orvônton; e, ainda que seja inoperante para os superuniversos entre si, essa mesma técnica de refletividade mantém cada um deles em contato estreito com o universo central e com o Paraíso. Os sete supergovernos, ainda que separados individualmente, desse modo, são perfeitamente refletivos da autoridade superior e integralmente solidários, assim como perfeitamente sabedores das necessidades vindas de baixo, podendo assim prestar colaboração e demonstrar compreensão.

Os seconafins primários têm a tendência de inclinar-se, por sua natureza inerente, para sete tipos de serviços; e é próprio que a primeira série dessa ordem seja dotada de modo tal que saiba interpretar inerentemente a mente do Espírito para os Anciães dos Dias:

1. *A Voz do Agente Conjunto.* Em cada superuniverso, o primeiro seconafim primário e todos os sétimos dessa ordem, criados subseqüentemente, demonstram um grau elevado de adaptabilidade para entender e interpretar a mente do Espírito Infinito, para os Anciães dos Dias e para os seus colaboradores nos supergovernos. Isso é de grande valor nas sedes-centrais dos superuniversos, pois, ao contrário das criações locais, com as suas Ministras Divinas, a sede de um supergoverno não dispõe de uma personalização especializada do Espírito Infinito. Portanto, essas vozes secoráficas chegam o mais próximo possível de serem as representantes pessoais da Terceira Fonte e Centro, em uma esfera de importância tão capital. É bem verdade que os sete Espíritos Refletivos estão lá, mas essas mães das hostes secoráficas refletem o Agente Conjunto de modo menos verdadeiro e automático do que refletem os Sete Espíritos Mestres.

2. *A Voz dos Sete Espíritos Mestres.* O segundo seconafim primário e cada um dos sétimos, criados em seguida, inclinam-se a retratar as naturezas e as reações coletivas dos Sete Espíritos Mestres. Embora cada Espírito Mestre já esteja representado, na capital de um superuniverso, por um dos sete Espíritos Refletivos designados, essa representação é individual, não coletiva. Coletivamente, eles estão presentes apenas por refletividade; por isso, os Espíritos Mestres acolhem, com prazer, os serviços desses anjos altamente pessoais, a segunda série dos seconafins primários, tão competentes para representá-los perante os Anciães dos Dias.

3. *A Voz dos Filhos Criadores.* O Espírito Infinito deve ter tido algo a ver com a criação ou com o aperfeiçoamento dos Filhos do Paraíso, da ordem de Michael, pois o terceiro seconafim primário e todos os sétimos, da série posterior, possuem o dom notável de serem refletivos das mentes desses Filhos Criadores. Se os Anciães dos Dias quiserem saber – realmente conhecer – a atitude de Michael de Nébadon sobre qualquer questão que esteja sendo considerada, eles não têm de chamá-lo nas linhas do espaço; apenas precisam chamar o Chefe das Vozes de Nébadon, que, a seu pedido, apresentará o seconafim de registro de Michael; e então, ali, naquele exato momento, os Anciães dos Dias captarão a voz do Filho Mestre de Nébadon.

Nenhuma outra ordem de filiação é "refletível" desse modo, e nenhuma outra ordem de anjo pode funcionar assim. Não compreendemos plenamente o modo exato como isso é realizado; e duvido muito que até mesmo os próprios Filhos Criadores o compreendam plenamente. Todavia, com toda certeza, sabemos que funciona, e que funciona infalivelmente, e de um modo adequado, também o sabemos, pois, em toda a história de Uversa, as vozes secoráficas nunca erraram nas suas apresentações.

Vós estais, agora, começando a ver algo da maneira pela qual a divindade engloba o espaço no tempo e domina o tempo no espaço. Vós estais, aqui, tendo uma das vossas primeiras percepções rápidas sobre a técnica do ciclo da eternidade, que diverge momentaneamente para ajudar os filhos do tempo nas suas tarefas de dominar as árduas dificuldades do espaço. E esses fenômenos acrescem-se à técnica estabelecida, no universo, pelos Espíritos Refletivos.

Ainda que aparentemente privados da presença pessoal dos Espíritos Mestres acima, e dos Filhos Criadores abaixo, os Anciães dos Dias têm, sob o seu comando, seres vivos sincronizados com os mecanismos cósmicos de perfeição refletiva e precisão última, por meio dos quais podem desfrutar da presença refletiva de todos os seres elevados cuja presença pessoal lhes seja negada. Por intermédio desses meios e, ainda, por outros desconhecidos de vós, Deus está potencialmente presente nas sedes-centrais dos superuniversos.

Os Anciães dos Dias deduzem perfeitamente qual é a vontade do Pai, equalizando a transmissão da voz do Espírito, vinda de cima, e a transmissão da voz de Michael, vinda de baixo. Assim, podem estar seguros e certos ao identificarem a vontade do Pai a respeito dos assuntos administrativos dos universos locais. Contudo, para deduzirem a vontade de um dos Deuses, a partir do conhecimento da dos outros dois, os três Anciães dos Dias devem atuar juntos; dois deles apenas não seriam capazes de alcançar a resposta. E, por essa mesma razão, ainda que não houvesse outras, os superuniversos têm sempre a presidi-los os três Anciães dos Dias e não apenas um ou mesmo dois deles.

4. *A Voz das Hostes Angélicas*. O quarto seconafim primário e todos os sétimos, na seqüência, demonstram ser anjos especialmente sensíveis aos sentimentos de todas as ordens de anjos, inclusive os supernafins de cima e os serafins de baixo. Assim, a atitude de qualquer anjo, no comando ou na supervisão, torna-se imediatamente disponível para ser examinada em qualquer conselho dos Anciães dos Dias. Nunca se passa um dia, no vosso mundo, sem que o chefe dos serafins de Urântia se torne consciente de que algum fenômeno de transferência refletiva, de Uversa, esteja recorrendo a ele por algum propósito; mas, a menos que seja prevenido por um Mensageiro Solitário, ele permanece inteiramente ignorante sobre o que está sendo buscado e sobre o que deve ser feito. Enquanto espíritos ministradores do tempo, eles estão constantemente fornecendo essa espécie de testemunho inconsciente e, por isso mesmo, certamente, livre de preconceitos, a respeito da série sem fim de assuntos que requerem a atenção e o conselho dos Anciães dos Dias e seus colaboradores.

5. *Os Receptores das Transmissões*. Há uma classe especial de mensagens transmitidas, as quais são recebidas apenas por esses seconafins primários. Embora não sejam eles os emissores regulares de Uversa, eles trabalham em ligação com os anjos das vozes refletivas, no propósito de sincronização da visão refletiva dos Anciães dos Dias para certas mensagens factuais que provêm dos circuitos estabelecidos da comunicação no universo. Os receptores das transmissões são da quinta série, o quinto seconafim primário a ser criado e cada sétimo depois dele.

6. *As Personalidades de Transporte*. Esses são os seconafins que carregam os peregrinos do tempo, dos mundos-sede dos superuniversos, para os círculos externos de Havona. Eles formam os corpos de transporte dos superuniversos, operando para dentro, rumo ao Paraíso e, para fora, até os mundos dos seus respectivos setores. Esse corpo é composto do sexto seconafim primário e de todos os sétimos subseqüentemente criados.

7. *O Corpo de Reserva*. Um grupo muito grande de seconafins, a série dos sétimos primários, é mantido em reserva, para os deveres não classificados e compromissos de emergência dos reinos. Não sendo altamente especializados, podem funcionar bastante bem em qualquer das funções dos seus diversos companheiros; no entanto, um trabalho especializado é feito apenas em emergências. As suas tarefas usuais consistem na realização dos deveres generalizados, em um superuniverso, que não são parte do serviço dos anjos de compromissos específicos.

5. OS SECONAFINS SECUNDÁRIOS

Os seconafins da ordem secundária não são menos refletivos do que os seus companheiros primários. Ser classificado como primário, secundário ou terciário não indica qualquer diferença de status ou função, no caso dos seconafins; denota meramente as ordens de procedimento. Qualidades idênticas são demonstradas por todos os três grupos nas suas atividades.

Os sete tipos refletivos de seconafins secundários são designados para os serviços dos colaboradores coordenados, originários da Trindade, dos Anciães dos Dias, como segue:

Para os Perfeccionadores da Sabedoria: as Vozes da Sabedoria, Almas da Filosofia e Uniões das Almas.

Para os Conselheiros Divinos: os Corações de Conselho, Regozijos da Existência e Satisfações de Serviço.

Para os Censores Universais: os Discernidores dos Espíritos.

Como ordem primária, esse grupo é criado em série; isto é, o primeiro a nascer foi uma Voz da Sabedoria; e o sétimo depois dele foi um semelhante, e assim é com os seis outros tipos desses anjos refletivos.

1. *A Voz da Sabedoria*. Alguns destes seconafins estão em ligação perpétua com as bibliotecas vivas do Paraíso, os custódios do conhecimento pertencentes à ordem dos supernafins primários. Para os serviços refletivos especializados, as Vozes da Sabedoria são concentrações e enfoques vivos, correntes, repletos e profundamente confiáveis da sabedoria coordenada do universo dos universos. Em relação ao volume quase infinito de informação que circula nos circuitos mestres dos superuniversos, esses seres extraordinários são tão refletivos e seletivos, tão sensíveis, que se tornam capazes de separar e receber a essência da sabedoria e transmitir, sem erro, essas jóias da mentalização aos seus superiores, os Perfeccionadores da Sabedoria. E funcionam tão bem que os Perfeccionadores da Sabedoria não apenas escutam as expressões factuais originais dessa sabedoria, como também, refletivamente, vêem os próprios seres, de alta ou de baixa origem, que deram voz a ela.

Está escrito: "Se a algum homem faltar sabedoria, que ele pergunte". Em Uversa, quando se torna necessário chegar a decisões de sabedoria, nas situações embaraçosas dos assuntos complexos do governo do superuniverso; quando a sabedoria da perfeição, bem como a da prática, devem ser postas em ação, então os Perfeccionadores da Sabedoria convocam um batalhão das Vozes da Sabedoria e, por meio da habilidade consumada dessa ordem, sintonizam e direcionam esses receptores vivos para a sabedoria da mente, que circula no universo dos universos; e de tal modo que, muito rapidamente, dessas vozes secoráficas é emitida uma corrente da sabedoria da divindade, vinda do universo acima; bem como um fluxo da sabedoria da prática, que vem das mais altas mentes dos universos abaixo.

Se alguma confusão surge, na harmonização dessas duas versões da sabedoria, um apelo imediato é feito aos Conselheiros Divinos, que decidem, em seguida, quanto à combinação adequada de procedimentos. Se existir alguma dúvida quanto à autenticidade de algo que venha de reinos onde a rebelião se haja instalado, um apelo é feito aos Censores, que, com os seus Discernidores de Espíritos, são capazes de decidir imediatamente quanto a "que tipo de espírito" teria atuado sobre tal conselheiro. Assim, a sabedoria das idades e o intelecto do momento estão sempre presentes junto aos Anciães dos Dias, como um livro aberto diante do seu olhar benevolente.

Apenas vagamente podeis compreender o que tudo isso significa para aqueles que são responsáveis pela condução dos governos do superuniverso. A imensidão e abrangência dessas transações estão muito além da concepção finita. Quando vos colocardes, como eu tenho repetidamente feito, nas câmaras especiais de recepção do templo da sabedoria, em Uversa, e presenciardes tudo isso de fato em operação, sereis levados à adoração, pela perfeição da complexidade e pela segurança do funcionamento das comunicações interplanetárias dos universos. Ireis prestar uma homenagem à sabedoria divina e à bondade dos Deuses que planejam e executam com uma técnica tão extraordinária. E tais coisas de fato se dão exatamente como eu as descrevi.

2. *A Alma da Filosofia*. Estas mestras maravilhosas estão também ligadas aos Perfeccionadores da Sabedoria e, quando não direcionadas de outro modo, permanecem focalizadas em sincronia com os Mestres da filosofia no Paraíso. Pensais estar diante de um imenso espelho vivo, por assim dizer, mas, em vez de estardes diante da imagem do vosso eu material e finito, ireis aperceber-vos do reflexo da sabedoria da divindade e da filosofia do Paraíso. E caso se torne desejável "encarnar" essa filosofia da perfeição, de modo a diluí-la e torná-la prática, para a aplicação e assimilação dos seres mais baixos dos mundos inferiores, esses espelhos vivos têm apenas que voltar as suas faces para baixo e refletir os modelos e necessidades de um outro mundo ou universo.

Por meio dessas mesmas técnicas, os Perfeccionadores da Sabedoria adaptam as decisões e recomendações às necessidades reais e ao estado factual dos povos e mundos em consideração; e atuam, sempre, em consenso com os Conselheiros Divinos e os Censores Universais. Todavia, a complexidade sublime dessas transações está além mesmo da minha capacidade de compreensão.

3. *A União das Almas*. Completando o quadro trino da assessoria dos Perfeccionadores da Sabedoria estão estas refletoras dos ideais e do status das relações éticas. Entre todos os problemas no universo a requererem um exercício de consumada sabedoria da experiência e da adaptabilidade, nenhum é mais importante do que aqueles que brotam dos relacionamentos e das interligações de seres inteligentes. Seja nas ligações humanas de comércio e negócios, amizade e casamento, seja nas ligações das hostes angélicas, sempre irão continuar a surgir pequenos atritos, desentendimentos menores, demasiado triviais para ocupar a atenção de Conciliadores, mas irritantes e perturbadores o suficiente para estorvar o decorrer tranqüilo das coisas, no universo, caso se permita que se multipliquem e continuem. Por isso, os Perfeccionadores da Sabedoria colocam a experiência sábia da sua ordem à disposição, como o "bálsamo da reconciliação", de um superuniverso inteiro. Em todo esse trabalho, os sábios dos superuniversos encontram-se competentemente secundados pelas suas colaboradoras refletivas, as Uniões das Almas, que tornam disponíveis as informações atuais a respeito do status do universo e, ao mesmo tempo, retratam o ideal, do ponto de vista do Paraíso, do melhor ajuste nessas questões cheias de perplexidades. Quando não direcionados especificamente para um outro local, esses seconafins permanecem em ligação refletiva com os intérpretes da ética no Paraíso.

São estes os anjos que facilitam e promovem o trabalho de equipe em todo o Orvônton. Uma das lições mais importantes a serem aprendidas, durante a vossa carreira mortal, é o *trabalho em equipe*. As esferas da perfeição são povoadas por aqueles que já têm a mestria dessa arte de trabalhar com outros seres. Poucos são os deveres no universo para os Servidores isolados. Quanto mais para o alto ascenderdes, mais isolados vos tornareis quando temporariamente privados do relacionamento com os vossos semelhantes.

4. *O Coração de Conselho*. Este é o primeiro grupo desses gênios refletivos a ser colocado sob a supervisão dos Conselheiros Divinos. Os seconafins desse tipo estão de posse dos fatos do espaço, sendo seletivos em relação a tais dados, nos circuitos do tempo. E são especialmente refletivos dos coordenadores superáficos da informação, mas são também refletivos seletivamente do conselho de todos os seres, sejam de alto ou baixo nível. Sempre que os Conselheiros Divinos são convocados para dar aconselhamentos ou para tomadas importantes de decisão, eles imediatamente requisitam um conjunto de Corações de Conselho; e, em seguida, é-lhes passado um comando que, de fato, incorpora em si a sabedoria coordenada e o aconselhamento das mentes mais competentes do superuniverso inteiro, todos os quais havendo já sido censurados e revistos à luz do conselho das mentes elevadas de Havona e mesmo do Paraíso.

5. *O Júbilo da Existência*. Por natureza, estes seres estão refletivamente sintonizados com os supervisores superáficos da harmonia acima e com alguns dos serafins abaixo, mas torna-se difícil explicar, exatamente, o que os membros desse interessante grupo realmente fazem. As suas atividades principais são dirigidas para promover reações de regozijo entre as várias ordens de hostes angélicas e criaturas inferiores dotadas de vontade. Os Conselheiros Divinos, a quem estão agregados, raramente usam-nos para detectar especificamente a alegria. De um modo mais geral e em colaboração com os diretores de retrospecção, funcionam como centros de distribuição das alegrias, procurando realçar as reações de prazer nos reinos, tentando melhorar o gosto pelo humor, para desenvolver o super-humor entre os mortais e os anjos. Eles tentam demonstrar que há alegria inerente, na existência com livre-arbítrio, independentemente de todas as influências externas; e eles estão certos, ainda que encontrem grandes dificuldades em inculcar essa verdade nas mentes dos homens primitivos. As personalidades dos espíritos mais elevados, bem como os anjos, respondem mais rapidamente a esses esforços educacionais.

6. *A Satisfação do Serviço*. Estes são anjos altamente refletivos da atitude dos diretores da conduta no Paraíso e, funcionando muito como os Regozijos da Existência, eles tentam enaltecer o valor do serviço e aumentar as satisfações que se derivam deste. Muito fizeram para iluminar as recompensas desprezadas, inerentes ao serviço não-egoísta, o serviço que visa à expansão do reino da verdade.

Os Conselheiros Divinos, aos quais essa ordem está agregada, utilizam-na para refletir, de um mundo para outro, os benefícios que são obtidos do serviço espiritual. E, aproveitando as atuações dos melhores, para inspirar e encorajar os medíocres, esses seconafins contribuem imensamente para a qualidade do serviço devotado nos superuniversos. Um uso eficiente do espírito de competitividade fraternal é feito mediante a circulação, em qualquer mundo, da informação sobre o que os outros estiverem fazendo, particularmente os melhores. Uma rivalidade restauradora e benéfica é promovida, até mesmo entre as hostes seráficas.

7. *O Discernidor dos Espíritos*. Uma ligação especial existe entre os assessores e os conselheiros do segundo círculo de Havona e estes anjos refletivos. Eles são os únicos seconafins agregados aos Censores Universais; mas, provavelmente, são os mais

exclusivamente especializados de todos os seus companheiros. Seja qual for a fonte ou o canal de informação; não importando quão pequena possa ser a evidência à mão, quando submetida ao escrutínio refletivo deles, esses discernidores irão informar-nos, em seguida, quanto ao verdadeiro motivo, o propósito factual e a natureza verdadeira da sua origem. Maravilho-me com a excelência operacional desses anjos, que tão inequivocamente refletem de fato o caráter moral e espiritual de qualquer indivíduo, posto sob a sua observação focalizada.

Os Discernidores dos Espíritos executam tais serviços complexos pela virtude de um "discernimento espiritual" inerente, se é que eu posso usar tais palavras com a intenção de transmitir à mente humana o pensamento de que esses anjos refletivos funcionam, assim, intuitivamente, de modo inerente e sem cometerem equívocos. Quando os Censores Universais se vêem diante dessas apresentações, ficam face a face com a alma nua do indivíduo refletido; e essa certeza e perfeição mesmas do reflexo explicam, em parte, por que os Censores podem sempre funcionar de um modo tão justo, na sua retidão de juízes. Os discernidores sempre acompanham os Censores, em qualquer missão longe de Uversa; e são tão eficientes nos universos afora, quanto nas suas sedes-centrais em Uversa.

Asseguro-vos de que todas essas transações do mundo do espírito são reais; de que elas acontecem de acordo com os usos estabelecidos e em harmonia com as leis imutáveis dos domínios universais. Os seres de toda ordem recém-criada, imediatamente, ao receberem o sopro da vida, de modo instantâneo, são refletidos para o alto; um retrato vivo da natureza da criatura, e do seu potencial, é transmitido à sede-central do superuniverso. Assim, por meio dos Discernidores, os Censores tornam-se conhecedores plenos de "qual tipo de espírito", exatamente, acabou de nascer nos mundos do espaço.

E assim é com o homem mortal: o Espírito Materno de Sálvington vos conhece plenamente, pois o Espírito Santo no vosso mundo "investiga todas as coisas", e qualquer dado que o Espírito divino obtenha sobre vós, torna-se imediatamente disponível toda vez que os Discernidores secoráficos refletem, com o Espírito, sobre o conhecimento que o Espírito possa ter sobre vós. Deveria, contudo, ser mencionado que o conhecimento e os planos dos fragmentos do Pai não são refletíveis. Os Discernidores podem refletir, e refletem, a presença dos Ajustadores (e os Censores os declaram divinos), mas não podem decifrar o conteúdo da mente dos Monitores Misteriosos.

6. OS SECONAFINS TERCIÁRIOS

Da mesma maneira que os seus companheiros, estes anjos são criados em série e em sete tipos refletivos; todavia, esses tipos não são designados individualmente aos serviços separados dos administradores do superuniverso. Todos os seconafins terciários são coletivamente designados para os Filhos Trinitarizados de Realização, e esses filhos ascendentes usam-nos de uma maneira intercambiável; isto é, os Mensageiros Poderosos podem utilizar qualquer dos tipos terciários, e o fazem, como também os seus coordenados: Aqueles Elevados em Autoridade e Aqueles Sem Nome Nem Número. Esses sete tipos de seconafins terciários são:

1. *O Significado das Origens*. Os Filhos ascendentes Trinitarizados do governo de um superuniverso estão encarregados da responsabilidade de lidar com todas as questões que advêm da origem de qualquer indivíduo, raça, ou mundo; e o significado da origem é a questão mais importante, em todos os nossos planos de avanço cósmico, para as criaturas vivas dos reinos. Todos os relacionamentos e aplicações da ética surgem dos fatos fundamentais da origem. A origem é a base da reação ao

relacionamento com os Deuses. Sempre, o Agente Conjunto "toma nota sobre o homem, e do modo que ele nasceu".

No caso dos seres descendentes mais elevados, a origem é simplesmente um fato a ser admitido; todavia, com os seres ascendentes, incluindo as ordens inferiores de anjos, a natureza e as circunstâncias de origem não são sempre assim tão claras, ainda que sejam de importância igualmente vital a quase todo momento nos assuntos universais – daí o valor de termos à nossa disposição uma série de seconafins refletivos que possam instantaneamente retratar qualquer coisa que seja pedida, a respeito da gênese de qualquer ser, seja do universo central, seja de qualquer parte do reino de um superuniverso.

Os Significados das Origens são as genealogias vivas para a referência imediata das vastas hostes de seres – homens, anjos e outros – que habitam os sete superuniversos. Eles estão sempre prontos para fornecer aos seus superiores uma estimativa atualizada, completa e confiável, dos fatores ancestrais e do estado factual presente de qualquer indivíduo em qualquer mundo dos seus respectivos superuniversos; e a computação dos fatos em seu poder é sempre detalhada até o nível dos minutos.

2. *A Memória da Misericórdia.* Estes são os registros reais, plenos, repletos e vivos da misericórdia que tem sido estendida aos indivíduos e raças, por meio das ministrações ternas dos recursos do Espírito Infinito, na missão de adaptar a justiça da retidão ao status dos reinos; tal como está revelado nas descrições dos Significados das Origens. A Memória da Misericórdia revela o débito moral dos filhos da misericórdia: as suas dívidas espirituais a serem contrabalançadas pelos aos seus quadros de créditos provisionais estabelecidos pelos Filhos de Deus. Ao revelar a misericórdia preexistente do Pai, os Filhos de Deus estabelecem o crédito necessário para assegurar a sobrevivência de cada um. E então, de acordo com o que é achado pelos Significados das Origens, um crédito de misericórdia é estabelecido para a sobrevivência de cada criatura racional, um crédito de proporções generosas e de graça, suficientes para assegurar a sobrevivência de toda alma que realmente almeje a cidadania divina.

A Memória da Misericórdia é uma balança de julgamento vivo, um extrato atualizado da vossa conta com as forças sobrenaturais dos reinos. São esses os registros vivos da ministração da misericórdia, para serem lidos no testemunho das cortes de Uversa, quando o direito de cada indivíduo à vida interminável vem a julgamento; quando "os tronos são elevados e os Anciães dos Dias sentam-se. As transmissões de Uversa são emitidas e surgem diante deles; milhares e milhares ministram a eles, e dez mil vezes dez mil postam-se diante deles. O julgamento fica preparado, e os livros são abertos". E os livros que são abertos em tais ocasiões importantes, são os registros vivos dos seconafins terciários dos superuniversos. Os registros formais estão nos arquivos para corroborar o testemunho das Memórias da Misericórdia, caso isso seja necessário.

A Memória da Misericórdia deve mostrar que o crédito da poupança salvadora, estabelecido pelos Filhos de Deus, foi pago, integral e fielmente, pela ministração amorosa das personalidades pacientes da Terceira Fonte e Centro. Porém, quando a misericórdia é exaurida, quando a "memória" dela atesta o seu esgotamento, então deve a justiça prevalecer e a retidão deve passar a decretar. Pois a misericórdia não é para ser impingida àqueles que a desprezam; a misericórdia não é um dom a ser pisoteado pelos rebeldes persistentes no tempo. Entretanto, ainda que a misericórdia seja assim preciosa e tão caramente outorgada, os vossos créditos de saque individual ficam sempre muito além da vossa capacidade de exaurir a reserva, se fordes sinceros de propósito e honestos de coração.

Os refletores da misericórdia, com os seus companheiros terciários, estão empenhados em inúmeras ministrações no superuniverso, incluindo o ensino às criaturas ascendentes. Entre outras tantas coisas, os Significados das Origens ensinam àqueles seres ascendentes como aplicar a ética espiritual e, seguindo esse aperfeiçoamento, as Memórias da Misericórdia ensinam a eles como ser verdadeiramente misericordiosos. Ainda que as técnicas espirituais de ministração da misericórdia estejam fora do alcance da vossa conceituação, vós deveríeis, ainda agora, entender que a misericórdia é uma qualidade de crescimento. Vós deveríeis compreender que há uma grande recompensa de satisfação pessoal em ser justo, em primeiro lugar; em seguida, equânime e, depois, paciente; e, então, gentilmente bondoso. E, posteriormente, sobre essa fundação, se vós a escolherdes e a tiverdes no vosso coração, podereis dar o próximo passo e realmente demonstrar misericórdia; mas vós não podeis demonstrar a misericórdia em si mesma. Esses passos devem ser dados um a um; de outro modo, não pode haver misericórdia genuína. Pode haver paternalização, condescendência ou caridade – a piedade, até mesmo –, mas não a misericórdia. A verdadeira misericórdia vem apenas como um belo ápice para esses adjuntos precedentes da compreensão grupal, apreciação mútua, companheirismo fraternal, comunhão espiritual e harmonia divina.

3. *A Importância do Tempo*. O tempo é o único dom universal de todas as criaturas volitivas; é o "único talento" confiado a todos os seres inteligentes. Todos vós tendes tempo para assegurar a vossa sobrevivência; e o tempo só é fatalmente desperdiçado e enterrado na negligência quando falhardes em utilizá-lo de modo a assegurar a sobrevivência da vossa alma. O fracasso em aproveitar o vosso tempo, do modo mais extenso possível, não impõe penalidades fatais; apenas atrasa o peregrino do tempo, na sua jornada de ascensão. Se a sobrevivência é conquistada, todas as outras perdas podem ser resgatadas.

Nas designações de responsabilidades, o aconselhamento das Importâncias do Tempo não tem preço. O tempo é um fator vital em tudo, deste lado de Havona e do Paraíso. No julgamento final, perante os Anciãos dos Dias, o tempo é um elemento de evidência. As Importâncias do Tempo devem sempre proporcionar um testemunho que demonstre que cada indivíduo teve suficiente amplidão de tempo para tomar as suas decisões e realizar a escolha.

Essas avaliadoras do tempo são também o segredo da profecia; retratam o elemento do tempo que será necessário para completar qualquer empreendimento e, como indicadoras, são tão confiáveis quanto os frandalanques e cronoldeques de outras ordens viventes. Os Deuses prevêem e, portanto, conhecem com antecipação; mas as autoridades ascendentes, dos universos do tempo, devem consultar as Importâncias do Tempo, para fazerem-se capazes de prever os acontecimentos do futuro.

Vós primeiro ireis encontrar esses seres nos mundos das mansões, e ali eles irão instruir-vos no uso vantajoso daquilo a que vós chamais de "tempo"; tanto em seu uso positivo, o trabalho, quanto em seu emprego negativo, o descanso. Ambos os usos do tempo são importantes.

4. *A Solenidade da Confiança*. A confiança é o teste crucial para as criaturas volitivas. A confiabilidade é a verdadeira medida da automestria sobre o próprio caráter. Esses seconafins realizam um propósito duplo, na economia dos superuniversos: retratam, para todas as criaturas de vontade, o sentido da obrigação, do sagrado e da solenidade da confiança. Ao mesmo tempo, eles refletem, sem equívocos, para as autoridades governantes, a exata medida da confiabilidade de qualquer candidato à confiança ou à responsabilidade.

Em Urântia, grotescamente, vós ensaiais como ler o caráter e estimar as capacidades específicas, em Uversa, todavia, nós fazemos tais coisas factualmente com perfeição. Esses seconafins pesam a confiabilidade nas balanças vivas de uma avaliação sem erro do caráter e, após haverem olhado para dentro de vós, temos apenas que olhar para eles, a fim de conhecermos as limitações da vossa capacidade de absorver a responsabilidade, de executar e cumprir as missões confiavelmente. O vosso ativo de confiabilidade está claramente estabelecido, ao lado dos vossos débitos por possíveis falhas ou traições.

É plano dos vossos superiores fazer-vos avançar, aumentando as vossas responsabilidades, tão rapidamente quanto se desenvolve o vosso caráter; de modo que esteja desenvolvido o suficiente para que possais suportar, airosamente, as responsabilidades crescentes; no entanto, sobrecarregar o indivíduo apenas causa o desastre e assegura a decepção. E o erro de dar responsabilidade, prematuramente, seja ao homem, seja ao anjo, pode ser evitado com a utilização da ministração desses avaliadores infalíveis da capacidade de confiabilidade dos indivíduos do tempo e do espaço. Esses seconafins acompanham sempre Aqueles Elevados Em Autoridade; e esses executivos nunca fazem designações antes de os seus candidatos haverem sido pesados nas balanças secoráficas e até que seja pronunciado o "nada a desejar".

5. *A Santidade do Serviço*. O privilégio do serviço segue imediatamente à descoberta da confiabilidade. Nada pode estar interposto entre vós e a oportunidade crescente de serviço, exceto a vossa própria inconfiabilidade, a vossa falta de capacidade de apreciação da solenidade da confiança.

O serviço – o serviço voluntário, não a escravatura – produz a mais alta satisfação e expressa a dignidade mais divina. O serviço – e mais serviço, serviço acrescido, serviço difícil, serviço arriscado e, enfim, serviço divino e perfeito – é a meta do tempo e o destino do espaço. Contudo, sempre os ciclos de recreação do tempo alternar-se-ão com os ciclos do serviço para o progresso. E, após o serviço do tempo, segue-se o supra-serviço da eternidade. Durante o jogo no tempo, deveríeis visualizar o trabalho da eternidade; do mesmo modo que, durante o serviço na eternidade, tereis reminiscências do recreio do tempo.

A economia universal é baseada no consumir e no produzir; na carreira eterna, vós jamais encontrareis a monotonia da inação ou estagnação da personalidade. O progresso torna-se possível pelo movimento inerente; o avanço advém da capacidade divina para a ação; e a realização é filha da aventura imaginativa. Inerente, porém, a essa capacidade de realização, é a responsabilidade da ética, a necessidade de reconhecer que o mundo e o universo estão repletos de uma multidão de tipos diferentes de seres. Essa criação magnífica, que *vos inclui*, foi toda feita não apenas para vós. Esse não é um universo egocêntrico. Os Deuses decretaram: "Mais abençoado é dar do que receber". E disse o vosso Filho Mestre: "Aquele que quiser ser o maior entre vós, que seja um servidor de todos".

A natureza real de qualquer serviço, seja ele prestado pelo homem ou pelo anjo, é plenamente revelada nas faces dessas indicadoras secoráficas de serviço, as Santidades do Serviço. A análise plena do verdadeiro motivo, e dos motivos ocultos, é claramente mostrada. Esses anjos são, de fato, leitores da mente, investigadores do coração e reveladores da alma, em todo o universo. Os mortais podem usar as palavras para ocultar os seus pensamentos, mas esses altos seconafins deixam a nu os motivos profundos do coração humano e da mente angélica.

6 e 7. *O Segredo da Grandeza e a Alma da Bondade*. Havendo despertado para a importância do tempo, os peregrinos ascendentes têm seu caminho preparado para a compreensão da solenidade da confiança e a apreciação da santidade do serviço. Embora sejam esses os elementos morais da grandeza, há também os segredos da grandeza. Quando os testes espirituais de grandeza são aplicados, os elementos morais não são desconsiderados; mas a qualidade do altruísmo, revelada no trabalho desinteressado, para o bem-estar dos próprios companheiros terrenos e, particularmente, para os seres merecedores, pela sua necessidade e pelo seu sofrimento, essa é a *medida* real da grandeza planetária. E a *manifestação* da grandeza, em um mundo como Urântia, é a demonstração do autocontrole. O grande homem não é aquele que "conquista uma cidade" ou que "domina uma nação", mas antes "aquele que subjuga a própria língua".

Grandeza é sinônimo de divindade. Deus é supremamente grande e bom. *A grandeza e a bondade simplesmente não podem estar divorciadas uma da outra.* Elas foram, para sempre, tornadas unas em Deus. Essa verdade é ilustrada, literal e definitivamente, pela interdependência refletiva, entre o Segredo da Grandeza e a Alma da Bondade, pois um não pode funcionar sem o outro. Ao refletir as outras qualidades da divindade, os seconafins do superuniverso podem atuar isoladamente, e fazem-no; mas os avaliadores refletivos, da grandeza e da bondade, parecem ser inseparáveis. Conseqüentemente, em qualquer mundo e universo, esses refletores da grandeza e bondade devem trabalhar juntos; dando sempre uma mostra, dual e mutuamente interdependente, de cada ser sobre quem eles se focalizarem. A grandeza não pode ser avaliada sem que se saiba o seu conteúdo de bondade e, ao mesmo tempo, a bondade não pode ser retratada sem demonstrar a sua grandeza inerente e divina.

A estimativa da grandeza varia de esfera para esfera. Ser grande é ser como Deus. E, uma vez que a qualidade da grandeza seja integralmente determinada pelo seu conteúdo de bondade, segue-se que, mesmo no vosso estado atual de humanos, se por meio da graça vós puderdes tornar-vos bons, estareis conseqüentemente tornando-vos grandes. Quanto mais firme e constantemente contemplardes os conceitos da divina bondade e quanto mais persistentemente os perseguirdes, mais seguramente crescereis em grandeza e na verdadeira magnitude do caráter genuíno da sobrevivência.

7. A MINISTRAÇÃO DOS SECONAFINS

Os seconafins têm a sua origem e suas sedes-centrais nas capitais dos superuniversos; mas, com os seus companheiros de ligação, eles cuidam de todos os lugares, das margens do Paraíso aos mundos evolucionários do espaço. Servem como valiosos assistentes para os membros das assembléias deliberativas dos supergovernos e são de grande ajuda para as colônias de cortesia de Uversa: estudantes de astronomia, turistas milenares, observadores celestes e toda uma hoste de outros seres, inclusive seres ascendentes à espera de transporte para Havona. Os Anciãos dos Dias têm prazer em designar alguns dos seconafins primários para auxiliar as criaturas ascendentes, domiciliadas nos quatrocentos e noventa mundos de estudo que rodeiam Uversa; e, também ali, muitos daqueles das ordens secundárias e terciárias servem como instrutores. Esses satélites de Uversa são as escolas finais dos universos do tempo, que apresentam o curso preparatório para a universidade de Havona e seus sete-circuitos.

Das três ordens de seconafins, é o grupo dos terciários, agregado às autoridades ascendentes, que ministra em escala mais ampla às criaturas ascendentes do tempo. Vós tereis a ocasião de conhecê-los, logo depois da vossa partida de Urântia; se bem que não ireis livremente fazer uso dos serviços deles, antes de alcançardes os mundos de estada de Orvônton. Ireis desfrutar da companhia deles, depois que vos tornardes inteiramente ambientados com eles durante a vossa permanência nos mundos-escola de Uversa.

Esses seconafins terciários são os poupadores de tempo, abreviadores de espaço, detectores de erros, instrutores fiéis e marcos-guia sempiternos – sinais vivos da certeza divina – colocados, por misericórdia, nas encruzilhadas do tempo, para ali guiar os passos dos peregrinos ansiosos, nos momentos de grande perplexidade e incerteza espiritual. Muito antes de alcançardes os portais da perfeição, começareis a ganhar acesso aos instrumentos da divindade e ter contato com as técnicas da Deidade. Da época em que chegardes ao mundo inicial das mansões, crescentemente, até fechardes os vossos olhos, no sono preparatório de Havona, para o vosso trânsito ao Paraíso, ireis desfrutar da ajuda de emergência desses seres maravilhosos, que tão plena e livremente são refletivos do conhecimento seguro e da sabedoria certa desses peregrinos idôneos e confiáveis que vos precederam na longa jornada até os portais da perfeição.

É-nos negado o privilégio completo que seria utilizar desses anjos da ordem refletiva, em Urântia. Eles são visitantes freqüentes do vosso mundo; vêm acompanhando as personalidades designadas para cá; mas aqui eles não podem funcionar livremente. Esta esfera ainda está sob quarentena espiritual parcial, e, alguns dos circuitos essenciais ao seu serviço, não passam por aqui atualmente. Quando este vosso mundo novamente estiver restabelecido nos circuitos refletivos a que nos referimos, muito do trabalho e comunicação interplanetária e interuniversos serão grandemente simplificadas e aceleradas. Os trabalhadores celestes, em Urântia, encontram muitas dificuldades por causa dessa redução funcional dos seus colaboradores refletivos. Nós, porém, continuamos conduzindo, com alegria, os nossos assuntos, com as instrumentalidades disponíveis, apesar de estarmos, atual e localmente, privados de muitos dos serviços desses seres maravilhosos, espelhos vivos do espaço e projetores da presença do tempo.

[Auspiciado por um Mensageiro Poderoso de Uversa.]

DOCUMENTO 29

OS DIRETORES DE POTÊNCIA DO UNIVERSO

DE TODAS as personalidades do universo empenhadas na regulagem dos assuntos interplanetários e interuniversais, os diretores de potência e os seus colaboradores têm sido os menos compreendidos em Urântia. Ainda que as vossas raças há muito tenham tomado conhecimento da existência de anjos e de outras ordens semelhantes de seres celestes, quase nenhuma informação foi prestada a vós a respeito dos controladores e reguladores do domínio físico. Mesmo agora tenho a permissão para revelar-vos apenas o último dos três grupos seguintes de seres vivos, ligados ao controle da força e à regulagem da energia no universo-mestre:

1. Os Mestres Derivados Primários Organizadores da Força.

2. Os Mestres Associados Organizadores de Força Transcendentais.

3. Os Diretores do Poder do Universo.

Embora eu considere impossível descrever a individualidade dos vários grupos de diretores, centros e controladores do poder no universo, espero ser capaz de explicar algo sobre o domínio das atividades deles. São um grupo singular de seres vivos, os quais têm a ver com a regulagem inteligente da energia em todo o grande universo. Incluindo os diretores supremos, eles abrangem as seguintes divisões maiores:

1. Os Sete Diretores Supremos de Potência.

2. Os Centros Supremos de Potência.

3. Os Mestres Controladores Físicos.

4. Os Supervisores do Poder Moroncial.

Os Diretores e Centros Supremos de Potência têm existido quase que desde os tempos da eternidade e, até onde sabemos, não foram criados mais seres dessas ordens. Os Sete Diretores Supremos tendo sido personalizados pelos Sete Espíritos Mestres, então colaboraram com os seus pais na produção de mais de dez bilhões de colaboradores. Antes da época dos diretores de potência, os circuitos de energia do espaço, fora do universo central, ficavam sob a supervisão inteligente dos Mestres Organizadores da Força do Paraíso.

Com o vosso conhecimento de criaturas materiais, vós tendes, ao menos por contraste, uma concepção dos seres espirituais; mas é muito difícil para a mente mortal visualizar os diretores de potência. No esquema da progressão ascendente até os níveis mais elevados de existência, nada tendes a ver, diretamente, seja com os diretores supremos, seja com os centros de potência. Em algumas ocasiões raras, vós ireis lidar com os controladores físicos e ireis trabalhar livremente com os supervisores do poder moroncial, ao chegardes aos mundos das mansões. Esses Supervisores do Poder Moroncial funcionam tão exclusivamente no regime moroncial das criações locais que é considerado mais apropriado descrever as suas atividades nas seções que tratam do universo local.

1. OS SETE DIRETORES SUPREMOS DE POTÊNCIA

Os Sete Diretores Supremos de Potência são os reguladores da energia-física do grande universo. A sua criação, feita pelos Sete Espíritos Mestres, é o primeiro exemplo registrado da derivação de progênie semimaterial, com antepassados verdadeiramente espirituais. Quando os Sete Espíritos Mestres criam individualmente, eles dão origem a personalidades altamente espirituais da ordem angélica; todavia, quando eles criam coletivamente, algumas vezes, eles geram esses seres semimateriais de tipos elevados. Mesmo esses seres quase-físicos, porém, seriam invisíveis para a visão de pouco alcance dos mortais de Urântia.

Os Diretores Supremos de Potência são sete em número, sendo idênticos na sua aparência e na sua função. Um não pode ser distinguido do outro, exceto por aquele Espírito Mestre com quem cada um deles está em ligação direta, ou em completa subserviência funcional. Cada um dos Espíritos Mestres, assim, está em união eterna com um dos da sua progênie coletiva. O mesmo diretor está sempre em ligação com o mesmo Espírito, e essa sua parceria de trabalho resulta em uma associação singular de energias físicas e espirituais, de um ser semifísico e uma personalidade espiritual.

Os Sete Diretores Supremos de Potência estão estacionados no Paraíso periférico, onde as suas presenças, circulando lentamente, indicam os paradeiros das sedes-centrais dos focos de força dos Espíritos Mestres. Esses diretores de potência funcionam individualmente na regulagem da potência da energia dos superuniversos; mas funcionam coletivamente na administração da criação central. Operam do Paraíso, mas mantêm-se como centros efetivos de potência em todas as divisões do grande universo.

Esses seres poderosos são os ancestrais físicos da vasta hoste de centros de potência e, por meio destes últimos, também o são dos controladores físicos, espalhados pelos sete superuniversos. Esses organismos subordinados, de controle físico, são basicamente uniformes, idênticos, exceto pelo matiz distinto de cada um dos diferentes corpos dos superuniversos. A fim de modificar o superuniverso de seu serviço, bastaria que retornassem ao Paraíso para um acerto na sua tonalidade. A administração da criação física é fundamentalmente uniforme.

2. OS CENTROS SUPREMOS DE POTÊNCIA

Os Sete Diretores Supremos de Potência não são capazes, individualmente, de reproduzir-se; mas, coletivamente, e em associação com os Sete Espíritos Mestres, eles podem reproduzir-se – criarem – outros seres como eles próprios. Essa é a origem dos Centros Supremos de Potência do grande universo, os quais funcionam nos sete seguintes grupos:

1. Centros Supervisores Supremos.
2. Centros de Havona.
3. Centros dos Superuniversos.
4. Centros dos Universos Locais.
5. Centros das Constelações.
6. Centros dos Sistemas.
7. Centros Não Classificados.

Esses centros de potência, junto com os Diretores Supremos de Potência, são seres de alta vontade para a liberdade e a ação. Todos eles são dotados com a personalidade da Terceira Fonte e demonstram a capacidade volitiva inquestionável de uma ordem elevada. Esses centros diretores do sistema de força do universo são possuidores de dons raros de inteligência; eles são o intelecto do sistema potencial de força do grande universo e o segredo da técnica de controle da mente de toda a vasta rede das múltiplas funções dos Mestres Controladores Físicos e dos Supervisores do Poder Moroncial.

1. *Os Centros Supervisores Supremos.* Estes sete coordenados e coligados dos Diretores Supremos de Potência são os reguladores dos circuitos mestres de energia do grande universo. Cada supervisor de centro tem a sua sede-central em um dos mundos especiais dos Sete Executivos Supremos, e trabalham em associação estreita com esses coordenadores dos assuntos gerais do universo.

Os Diretores Supremos de Potência e os Centros Supervisores Supremos funcionam, tanto conjuntamente quanto como indivíduos, em todos os fenômenos cósmicos abaixo dos níveis da "energia de gravidade". Quando atuam em coligação esses quatorze seres são, para o poder da força no universo, o que os Sete Executivos Supremos são para os assuntos gerais no universo e o que os Sete Espíritos Mestres são para a mente cósmica.

2. *Os Centros de Havona.* Antes da criação dos universos do tempo e do espaço, os centros de potência não eram necessários em Havona, mas, desde esses tempos já muito longínquos, um milhão deles vem funcionando na criação central; cada centro sendo encarregado da supervisão de mil mundos de Havona. Ali, no universo divino, existe a perfeição no controle da energia, uma condição que não existe em nenhum outro local. A perfeição da regulagem da energia é a meta última de todos os centros de potência e dos controladores físicos do espaço.

3. *Os Centros dos Superuniversos.* Ocupando uma enorme área na esfera capital de cada um dos sete superuniversos, há mil centros de potência de terceira ordem. Três correntes de energia primária, cada uma com dez segregações, entram nesses centros de potência, e sete circuitos de potência especializados e bem direcionados, ainda que imperfeitamente controlados, saem das suas sedes de ação unida. Essa é a organização eletrônica da potência no universo.

Toda a energia está ligada ao circuito do ciclo do Paraíso, mas os Diretores de Potência no Universo *dirigem* as energias-força do Paraíso inferior do modo como as encontram, modificadas, nas funções espaciais do universo central e dos superuniversos, convertendo e direcionando essas energias para os canais de aplicação útil e construtiva. Há uma diferença entre a energia de Havona e as energias dos superuniversos. A carga de potência de um superuniverso consiste em três fases de energia, cada uma com dez segregações diferentes. Essa carga tríplice de energia espalha-se pelo espaço do grande universo; é como um imenso oceano de energia em movimento, que envolve e banha inteiramente cada uma das sete supercriações.

A organização eletrônica da potência no universo funciona em sete fases, e tem respostas variáveis à gravidade local ou linear. Esse circuito sétuplo provém dos centros de potência dos superuniversos e penetra cada supercriação. Essas correntes especializadas, do tempo e do espaço, são movimentos definidos e localizados de energia, iniciados e direcionados para propósitos específicos, de modo muito semelhante ao da Corrente do Golfo, que funciona como um fenômeno circunscrito no meio do oceano Atlântico.

4. *Os Centros dos Universos Locais.* Nas sedes-centrais de cada universo local, estão estacionados cem centros de potência da quarta ordem. Eles funcionam para rebaixar e também para modificar, de outros modos, os sete circuitos de potência

que emanam das sedes-centrais dos superuniversos, tornando-os, assim, apropriados aos serviços das constelações e dos sistemas. As catástrofes astronômicas locais do espaço são uma preocupação passageira para esses centros de potência; eles estão empenhados no envio ordenado efetivo de energia às constelações e aos sistemas subsidiários. Eles são de grande ajuda para os Filhos Criadores, durante a fase final de organização do universo e de mobilização da energia. Esses centros são capazes de prover canais intensificados de energia, úteis à comunicação interplanetária entre pontos habitados importantes. Uma *linha* ou *canal* de energia como esse, algumas vezes também chamado de trajeto de energia, é um circuito direto de energia que vem de um centro de potência para outro centro de potência, ou de um controlador físico para outro controlador. É uma corrente individualizada de potência e contrasta com os movimentos, no espaço livre, das energias indiferenciadas.

5. *Os Centros das Constelações*. Dez desses centros vivos de potência estão estacionados em cada constelação, funcionando como projetores de energia para os cem sistemas tributários locais. Desses seres saem as linhas de potência para a comunicação e transporte, bem como para a energização daquelas criaturas vivas que dependem de certas formas de energia física para a manutenção da vida. Todavia, nem os centros de potência, nem os controladores físicos subordinados, de modo algum, estão ocupados com a vida como uma organização funcional.

6. *Os Centros dos Sistemas*. Um Centro Supremo de Potência é permanentemente designado para cada sistema local. Esses centros de sistemas despacham os circuitos de potência para os mundos habitados do tempo e do espaço. Eles coordenam as atividades dos controladores físicos subordinados e funcionam também para assegurar uma distribuição satisfatória da potência nos sistemas locais. O relé de ligação do circuito entre os planetas depende da coordenação perfeita de certas energias materiais e das regulagens eficientes da potência física.

7. *Os Centros Não Classificados*. Estes centros são os que funcionam em situações locais especiais, mas não nos planetas habitados. Os mundos individuais estão a cargo dos Mestres Controladores Físicos e recebem as linhas de força em circuitos despachados pelos centros de potência dos seus sistemas. Apenas aquelas esferas de relações energéticas mais extraordinárias têm centros de potência, da sétima ordem, atuando como volantes equilibradores universais ou dirigentes da energia. Em cada fase da atividade, esses centros de potência são completamente iguais àqueles que funcionam nas unidades mais altas de controle, mas nem um corpo espacial, entre um milhão, abriga tal organização de poder vivente.

3.   O DOMÍNIO DOS CENTROS DE POTÊNCIA

Os Centros Supremos de Potência distribuídos pelos superuniversos, com os seus colaboradores e subordinados, ultrapassam o número de dez bilhões. E eles todos estão em sincronia perfeita e ligação completa com os seus progenitores do Paraíso, os Sete Diretores Supremos de Potência. O controle da potência do grande universo, assim, está confiado à guarda e direção dos Sete Espíritos Mestres criadores dos Sete Diretores Supremos de Potência.

Os Diretores Supremos de Potência e todos os seus colaboradores, assistentes e subordinados estão para sempre eximidos de apreensões ou de interferências, da parte dos tribunais de todo o espaço; e também não estão sujeitos, seja à direção administrativa do governo dos Anciães dos Dias no superuniverso, seja à administração dos Filhos Criadores no universo local.

Tais centros e diretores de potência são trazidos à existência pelos filhos do Espírito Infinito. Eles não pertencem à administração dos Filhos de Deus, embora se afiliem aos Filhos Criadores, durante as épocas finais da organização material do universo. Contudo, de algum modo, os centros de potência estão estreitamente associados ao supercontole cósmico do Ser Supremo.

Os centros de potência e os controladores físicos não se submetem a nenhum aperfeiçoamento; são todos criados na perfeição e são inerentemente perfeitos na ação. Nunca passam de uma função para outra; servem sempre no compromisso originalmente determinado. Não há evolução nas suas fileiras; e isto é verdadeiro para todas as sete divisões de ambas as ordens.

Sem nenhum passado ascendente para recordar-se, na sua memória, os centros de potência e os controladores físicos nunca têm recreios; eles são caprichosamente sérios em todas as suas ações. Eles estão sempre em função; não há dispositivos no esquema universal para interrupções das linhas físicas de energia; nunca, sequer por uma fração de segundo, podem esses seres abandonar a sua supervisão direta dos circuitos de energia do tempo e do espaço.

Os diretores, os centros e os controladores de potência não têm nada a ver com coisa alguma em toda a criação, exceto com a energia da potência, material ou da energia semifísica; eles não originam, mas modificam, manipulam e direcionam essa energia. Também não têm nada a ver com a gravidade física, exceto para resistir à sua força de atração. A sua relação com a gravidade é inteiramente negativa.

Os centros de potência utilizam-se de imensos mecanismos e coordenações, de ordem material, em ligação com os mecanismos vivos das várias concentrações da energia segregada. Cada centro de potência individual é constituído exatamente de um milhão de unidades de controle funcional, e essas unidades modificadoras da energia não são estacionárias como os órgãos vitais do corpo físico do homem; esses "órgãos vitais" de regulagem da potência são móveis e verdadeiramente caleidoscópicos, pelas suas possibilidades associativas.

Está muito além da minha capacidade, explicar a maneira pela qual esses seres vivos englobam a manipulação e a regulagem dos circuitos mestres da energia do universo. Assumir informar-vos ainda mais sobre o tamanho e a função desses centros gigantescos, e quase perfeitamente eficientes, de potência, apenas iria causar-vos mais confusão e constrangimento. Eles não apenas são vivos e "pessoais", como estão além da vossa compreensão.

Fora de Havona, os Centros Supremos de Potência funcionam apenas em esferas especialmente construídas (arquitetônicas) ou em corpos espaciais adequadamente constituídos. Os mundos arquitetônicos são construídos de um modo tal que os centros vivos de potência podem atuar como interruptores seletivos, que direcionam, modificam e concentram as energias do espaço, à medida que elas são vertidas sobre tais esferas. Eles não poderiam funcionar, assim, em um sol ou um planeta evolucionário comum. Alguns grupos atendem também às necessidades de aquecimento e a outras necessidades materiais desses mundos sede-centrais especiais. E, embora esteja fora do escopo do conhecimento em Urântia, posso dizer que essas ordens de personalidades vivas de potência muito têm a ver com a distribuição da luz que brilha sem calor. Elas não produzem tal fenômeno, mas ocupam-se da sua disseminação e direcionamento.

Os centros de potência e os seus controladores subordinados são designados para os trabalhos com todas as energias físicas do espaço organizado. Eles trabalham com três correntes básicas de dez energias cada. Essa é a carga de energia do espaço organizado; e o espaço organizado é o domínio deles. Os Diretores de Potência no Universo nada têm a ver com essas ações imensamente grandes de força que agora estão acontecendo fora das fronteiras atuais dos sete superuniversos.

Os centros de potência e os controladores exercem um controle perfeito apenas sobre sete das dez formas de energia contidas em cada corrente básica do universo; e as formas que estão parcial ou totalmente fora do seu controle devem representar os reinos imprevisíveis de manifestação de energia dominados pelo Absoluto Inqualificável. Se exercem uma influência sobre as forças primordiais desse Absoluto, não somos conhecedores de tais funções; embora haja uma ligeira evidência a garantir a opinião de que alguns dos controladores físicos sejam, algumas vezes, automaticamente sensíveis a certos impulsos do Absoluto Universal.

Esses mecanismos vivos de potência não estão relacionados conscientemente ao supercontole do Absoluto Inqualificável da energia no universo-mestre; mas supomos que todo o seu esquema, quase perfeito, de direção de potência seja, de uma maneira desconhecida, subordinado a tal presença da supergravidade. Sobre qualquer situação da energia local, os centros e os controladores exercem uma quase-supremacia, mas eles estão sempre conscientes da presença da supra-energia e atuação não identificável do Absoluto Inqualificável.

4. OS MESTRES CONTROLADORES FÍSICOS

Estes seres são os subordinados móveis dos Centros Supremos de Potência. Os controladores físicos são dotados com uma tal capacidade de metamorfosear-se, na sua individualidade, que podem engajar-se em uma diversidade notável de autotransportes, sendo capazes de atravessar o espaço local a velocidades que se aproximam das do vôo dos Mensageiros Solitários. Todavia, como todos os outros cruzadores do espaço, eles necessitam da assistência, tanto dos seus companheiros como de alguns outros tipos de seres, para vencer a ação da gravidade e a resistência da inércia, ao partirem de uma esfera material.

Os Mestres Controladores Físicos servem em todo o grande universo. Eles são governados diretamente do Paraíso, pelos Sete Diretores Supremos de Potência, até as sedes-centrais dos superuniversos, de onde eles são direcionados e distribuídos pelo Conselho do Equilíbrio, os altos comissionados da potência despachados pelos Sete Espíritos Mestres a partir do pessoal dos Mestres Organizadores Associados da Força. Esses altos comissionados têm o poder de interpretar as leituras e os registros dos mestres frandalanques, os quais são os instrumentos vivos a indicar a pressão da força e a carga de energia de um superuniverso inteiro.

Embora a presença das Deidades do Paraíso englobe o grande universo e abranja o círculo da eternidade, a influência de qualquer um dos Sete Espíritos Mestres limita-se a um único superuniverso. Há uma distinção clara na seleção da energia e uma separação nos circuitos de potência entre cada uma das sete supercriações; e vem disso a necessidade de prevalecerem, como efetivamente prevalecem, os métodos de controles individualizados.

Os Mestres Controladores Físicos são uma progênie direta dos Centros Supremos de Potência, e as suas fileiras incluem:

1. Diretores Adjuntos de Potência.

2. Controladores Mecânicos.

3. Transformadores de Energia.

4. Transmissores de Energia.

5. Associadores Primários.

6. Dissociadores Secundários.

7. Frandalanques e Cronoldeques.

Nem todas essas ordens são pessoas, no sentido de possuírem o poder individual da escolha; e especialmente os quatro últimos, os quais parecem ser seres totalmente automáticos e mecânicos nas respostas aos impulsos dos seus superiores, e nas reações a condições existentes de energia. Contudo, ainda que tal resposta pareça ser totalmente maquinal, não o é; eles podem parecer autômatos, mas todos eles demonstram ter a função diferencial da inteligência.

A personalidade não é necessariamente uma concomitância da mente. A mente pode pensar mesmo quando desprovida de todo poder de escolha, como acontece com numerosos tipos menos elevados de animais e alguns desses controladores físicos subordinados. Muitos desses reguladores mais automáticos da potência física não são pessoas, em quaisquer sentidos dessa palavra. Eles não são dotados de vontade e independência de decisão, sendo totalmente subservientes à perfeição mecânica do projeto, nas tarefas a eles designadas. Entretanto, todos são seres altamente inteligentes.

Os controladores físicos ocupam-se principalmente com o ajustamento de energias básicas, ainda não descobertas em Urântia. Essas energias desconhecidas são essenciais ao sistema interplanetário de transporte e a algumas técnicas de comunicação. Quando estabelecemos as linhas de energia com o propósito de transportar os equivalentes do som ou de ampliar a visão, essas formas não descobertas de energia são utilizadas pelos controladores físicos vivos e pelos seus agregados. Essas mesmas energias, conforme a ocasião, também são utilizadas pelas criaturas intermediárias nos seus trabalhos rotineiros.

1. *Diretores Adjuntos de Potência*. Estes seres maravilhosamente eficientes ficam incumbidos da designação e despacho de todas as ordens dos Mestres Controladores Físicos, de acordo com as sempre mutáveis necessidades do status energético nos reinos. Nos mundos sedes-centrais dos setores menores são mantidas imensas reservas de controladores físicos e, desses pontos de concentração, são periodicamente despachados, pelos diretores adjuntos de potência, para as sedes-centrais dos universos, constelações, sistemas e planetas individuais. Sendo designados assim, os controladores físicos ficam provisoriamente sujeitos às ordens dos executores divinos das comissões de conciliação; mas, não sendo assim, ficam submetidos apenas aos seus diretores adjuntos e Centros Supremos de Potência.

Três milhões de diretores adjuntos de potência são designados para cada um dos setores menores de Orvônton, perfazendo uma cota total, para o superuniverso, de três bilhões desses seres surpreendentemente versáteis. As próprias reservas deles são mantidas nesses mesmos mundos do setor menor, onde servem também como instrutores para todos aqueles que estudam as ciências das técnicas de controle e transmutação inteligente da energia.

Esses diretores alternam períodos de serviço executivo, nos setores menores, com períodos iguais de serviço de inspeção, nos reinos do espaço. Ao menos um inspetor atuante está sempre presente em cada sistema local, mantendo a sua sede-central na própria esfera capital. Eles conservam toda a vasta agregação de energia viva em sincronia harmoniosa.

2. *Controladores Mecânicos*. Estes são os assistentes extremamente versáteis e móveis dos diretores adjuntos de potência. Trilhões e trilhões deles encarregam-se de missões em Ensa, o vosso setor menor. Esses seres são chamados de controladores mecânicos, porque eles são completamente dominados pelos seus superiores, porque são plenamente subservientes à vontade dos diretores adjuntos de potência. Eles próprios, contudo, são muito inteligentes, e o seu trabalho, ainda que mecânico e preso ao factual, pela sua natureza, é habilmente efetuado.

De todos os Mestres Controladores Físicos designados para os mundos habitados, os controladores mecânicos são, de longe, os mais poderosos. Possuindo o dom vivo da antigravidade, que excede em muito ao de todos os outros seres, cada controlador tem uma resistência à gravidade apenas igualada por esferas enormes que giram a altas velocidades. Dez desses controladores estão agora estacionados em Urântia, e uma das suas atividades planetárias mais importantes é a de facilitar a partida dos transportes seráficos. Funcionando assim, todos os dez controladores mecânicos atuam em uníssono enquanto uma bateria de mil transmissores de energia fornece o momento-de-força inicial para a partida seráfica.

Os controladores mecânicos são competentes para direcionar o fluxo de energia e facilitar a sua concentração nas correntes especializadas, ou circuitos. Esses seres poderosos muito têm a ver com a seleção, o direcionamento e a intensificação das energias físicas e com a equalização das pressões entre os circuitos interplanetários. São especialistas na manipulação de vinte e uma das trinta energias físicas do espaço, que constituem a carga de potência de um superuniverso. São também capazes de realizar muito para a gestão e controle de seis dentre as nove formas mais sutis de energia física. Colocando esses controladores em uma relação técnica adequada uns com os outros, e com alguns dos centros de potência, os diretores adjuntos de potência tornam-se capacitados para efetuar mudanças inacreditáveis no ajustamento da potência e no controle da energia.

Os Mestres Controladores Físicos funcionam, muitas vezes, em baterias de cem, de mil e até mesmo de milhões e, fazendo variar as suas posições e formações, tornam-se hábeis para efetuar o controle da energia, em uma capacidade coletiva, assim como individual. Segundo variam as necessidades, eles podem aumentar e acelerar o volume e o movimento da energia e, mesmo, deter, condensar e retardar as correntes de energia. Têm influência nas transformações da energia e da potência, de um modo semelhante ao dos chamados agentes catalisadores que implementam as reações químicas. Eles funcionam por uma capacidade inerente e em cooperação com os Centros Supremos de Potência.

3. *Transformadores de Energia*. O número destes seres em um superuniverso é inacreditável. Há quase um milhão deles apenas em Satânia, e a cota costumeira é de cem por mundo habitado.

Os transformadores de energia são uma criação conjunta dos Sete Diretores Supremos de Potência e dos Sete Supervisores Centrais. Eles estão entre as ordens mais pessoais de controladores físicos e, exceto quando um diretor adjunto de potência está presente em um mundo habitado, os transformadores ficam no comando. Eles são os inspetores planetários de todos os transportes seráficos que partem. Todas as classes de vida celeste podem utilizar-se das ordens menos pessoais de controladores físicos, apenas por meio de uma ligação com as ordens mais pessoais dos diretores adjuntos e dos transformadores de energia.

Esses transformadores são interruptores vivos, poderosos e efetivos, sendo capazes de colocar a si próprios a favor de uma dada disposição ou direcionamento de potência ou contra estes. Eles também são hábeis nos seus esforços para isolar os planetas contra as poderosas correntes de energia que passam entre gigantescos vizinhos planetários e estelares. Os seus atributos transmutadores de energia tornam-nos muito úteis na importante tarefa de manter o equilíbrio energético universal, ou o equilíbrio de potência. Num momento eles parecem consumir ou armazenar energia; em outros momentos, eles parecem exsudar ou liberar a energia. Os transformadores são capazes de aumentar ou reduzir o potencial das "baterias de estoque", das energias vivas e mortas, dos seus respectivos reinos. Mas lidam apenas com as energias físicas e semimateriais, não atuam diretamente no domínio da vida, nem alteram as formas dos seres vivos.

Sob alguns aspectos, os transformadores de energia são as mais notáveis e mais misteriosas entre todas as criaturas vivas semimateriais. Eles são fisicamente diferenciados, de um modo desconhecido, e, fazendo variar as suas formas de ligação, são capazes de exercer uma profunda influência sobre a energia que corre através das suas presenças associadas. O status dos reinos físicos parece passar por uma transformação sob a sua hábil manipulação. *Não apenas podem transformar, como transformam, a forma física das energias do espaço.* Com a ajuda dos seus companheiros controladores, são de fato capazes de mudar a forma e o potencial de vinte e sete das trinta energias físicas da carga de potência (força) do superuniverso. Que três dessas energias estejam além do seu controle comprova que eles não são instrumentalidades do Absoluto Inqualificável.

Os quatro grupos remanescentes de Mestres Controladores Físicos dificilmente podem ser considerados pessoas, dentro de qualquer definição aceitável dessa palavra. Esses transmissores, associadores, dissociadores e frandalanques são integralmente automáticos nas suas reações, não obstante sejam, em todos os sentidos, inteligentes. Somos muito limitados no nosso conhecimento dessas entidades maravilhosas, porque não podemos comunicar-nos com elas. Parecem entender a linguagem do reino, mas não podem comunicar-se conosco. Parecem plenamente capazes de receber as nossas comunicações, mas são inteiramente incapazes de dar respostas.

4. *Transmissores de Energia*. Estes seres funcionam, principalmente, se bem que não totalmente, na sua aptidão intraplanetária. Eles são despachadores maravilhosos da energia, tal como esta se manifesta nos mundos individuais.

Quando a energia tem de ser enviada a um novo circuito, os transmissores dispõem a si próprios em uma linha, ao longo do caminho desejado para a energia, e, em virtude dos seus atributos singulares de atração da energia, eles podem, de fato, induzir um crescimento no fluxo da energia numa direção desejada. E fazem isso tão literalmente quanto certos circuitos metálicos que direcionam o fluxo de certas formas de energia elétrica; e são supercondutores vivos para mais da metade das trinta formas de energia física.

Os transmissores formam ligações eficientes, que são hábeis na reabilitação de correntes enfraquecidas da energia especializada que passa de planeta para planeta; e de estação para estação, em um mesmo planeta. Eles podem detectar correntes que são fracas demais para serem reconhecidas por qualquer outro tipo de ser vivo, e, assim, podem aumentar tais energias, de modo tal que a mensagem que as acompanha torne-se perfeitamente inteligível. Os seus serviços são inestimáveis para os receptores de difusões.

Os transmissores de energia podem funcionar com todas as formas de percepção comunicável; podem tornar "visível" uma cena afastada, e "audível" um som distante. Eles fornecem as linhas de emergência de comunicação nos sistemas locais e planetas individuais. Esses serviços devem ser usados praticamente por todas as criaturas, com o propósito de efetuar comunicações fora dos circuitos regularmente estabelecidos.

Junto com os transformadores de energia, esses seres são indispensáveis à manutenção da existência mortal nos mundos que têm uma atmosfera empobrecida, e são uma parte integrante da técnica de vida nos planetas em que os seres não respiram.

5. *Associadores Primários*. Estas entidades interessantes e inapreciáveis são conservadoras e custódias magistrais da energia. Do mesmo modo que uma planta

armazena a luz solar, também esses organismos vivos estocam a energia durante os tempos em que as suas manifestações são abundantes. Eles trabalham em uma escala gigantesca, convertendo as energias do espaço em um estado físico não conhecido em Urântia. E são capazes também de levar adiante essas transformações, a ponto de produzir algumas das unidades primitivas de existência material. Esses seres agem pela sua simples presença. De nenhum modo se exaurem, nem decaem nessa função; eles atuam como agentes catalíticos vivos.

Durante as estações de manifestações deficitárias, eles têm o poder de liberar as energias acumuladas. Mas o vosso conhecimento da energia e da matéria não é avançado suficientemente para que seja possível explicar a técnica dessa fase do trabalho deles. Eles sempre operam, no cumprimento da lei universal, manejando e manipulando átomos, elétrons e ultimatons, de um modo semelhante ao que vós manobrais os tipos ajustáveis para fazer com que os mesmos símbolos alfabéticos contem histórias muito diferentes.

Os associadores são o primeiro grupo de vida a surgir em uma esfera em organização material, e podem funcionar sob temperaturas físicas que vós considararíeis como absolutamente incompatíveis com a existência de seres vivos. Eles representam uma ordem de vida que está simplesmente além do alcance da imaginação humana. Junto com os seus colaboradores, os dissociadores, eles são as mais servis de todas as criaturas inteligentes.

6. *Dissociadores Secundários*. Comparados com os associadores primários, esses seres de imensas faculdades antigravitacionais são trabalhadores de funções inversas. Nunca há perigo algum de que as formas especiais ou modificadas de energia física, nos mundos ou nos sistemas locais, se esgotem, pois essas organizações vivas são dotadas com o poder único de desenvolver suprimentos ilimitados de energia. Eles ocupam-se principalmente com a evolução de uma forma de energia que dificilmente é conhecida em Urântia, a partir de uma forma de matéria que é ainda menos conhecida. Eles são verdadeiramente os alquimistas do espaço e elaboradores de maravilhas do tempo. Mas em todas as maravilhas que operam, eles jamais transgridem os mandados da Supremacia Cósmica.

7. *Frandalanques*. Estes seres são uma criação conjunta de todas as três ordens de seres controladores de energia: os organizadores primários e secundários da força e os diretores de potência. Os frandalanques são os mais numerosos de todos os Mestres Controladores Físicos; só em Satânia, o número deles está além dos vossos conceitos numéricos. Eles estão estacionados em todos os mundos habitados e encontram-se sempre agregados às mais elevadas ordens de controladores físicos. Eles funcionam de modo intercambiável no universo central, nos superuniversos e nos domínios do espaço exterior.

Os frandalanques são criados em trinta divisões, uma para cada forma de força básica do universo; e funcionam exclusivamente como indicadores vivos e automáticos de pressões e de velocidades. Esses barômetros vivos estão empenhados unicamente em registros automáticos e infalíveis do status de todas as formas de energia-força. Eles são para o universo físico o que o amplo mecanismo de refletividade é para o universo da mente. Os frandalanques que registram o tempo, além da presença quantitativa e qualitativa da energia, são chamados de *cronoldeques*.

Reconheço que os frandalanques são inteligentes, mas não posso classificá-los senão como máquinas vivas. O único modo pelo qual eu posso ajudar-vos a compreender esses mecanismos vivos é comparando-os aos vossos próprios dispositivos mecânicos que operam com uma precisão e uma exatidão quase inteligentes. E então, caso queirais conceber esses seres, fazei um apelo à vossa imaginação, indo a ponto de reconhecer que, no grande universo, de fato nós temos mecanismos *vivos* e inteligentes (entidades) capazes de efetuar as tarefas mais intrincadas possíveis envolvendo computações também prodigiosas e com uma delicadeza de precisão tão grande que chega mesmo à ultimidade da precisão.

5. OS MESTRES ORGANIZADORES DA FORÇA

Os organizadores da força residem no Paraíso, mas funcionam em todo o universo-mestre, mais particularmente nos domínios do espaço não organizado. Estes seres extraordinários não são nem criadores nem criaturas, e compreendem duas grandes divisões de serviço:

1. Mestres Derivados Primários Organizadores da Força.
2. Mestres Associados Transcendentais Organizadores da Força.

Estas duas poderosas ordens de manipuladores da força-primordial operam, exclusivamente, sob a supervisão dos Arquitetos do Universo-Mestre e, na época presente, não funcionam em grande escala dentro das fronteiras do grande universo.

Os Mestres Organizadores Primários da Força são os manipuladores das forças primordiais ou básicas do Absoluto Inqualificável no espaço; eles são criadores de nebulosas. Eles são os instigadores vivos dos ciclones de energia do espaço e os primeiros organizadores e direcionadores dessas manifestações gigantescas. Esses organizadores da força transmutam a *força primordial* (a pré-energia, não responsiva à gravidade direta do Paraíso) em energia primária ou *energia potencial*, a energia que se transmuta saindo da atração exclusiva do Absoluto Inqualificável, para a atração da gravidade da Ilha do Paraíso. Eles são, a partir daí, sucedidos pelos organizadores associados da força, que continuam o processo de transmutação da energia, desde as primárias até as secundárias, ou o estágio *gravidade-energia*.

Quando os planos da criação de um universo local se completam, coisa que é assinalada pela chegada de um Filho Criador, os Mestres Organizadores Associados da Força dão lugar às ordens dos diretores de potência que atuam no superuniverso da jurisdição astronômica. Todavia, na ausência desses planos, os organizadores associados da força continuam, indefinidamente, encarregados dessas criações materiais, do mesmo modo como elas operam agora no espaço exterior.

Os Mestres Organizadores da Força suportam temperaturas e funcionam sob condições físicas que seriam intoleráveis até mesmo para os versáteis centros de potência e para os controladores físicos de Orvônton. Os únicos outros tipos de seres revelados capazes de operar nesses reinos do espaço exterior são os Mensageiros Solitários e os Espíritos Inspirados da Trindade.

[Auspiciado por um Censor Universal, atuando com a autorização dos Anciães dos Dias de Uversa.]

DOCUMENTO 30

AS PERSONALIDADES DO GRANDE UNIVERSO

AS personalidades e outras entidades, além das pessoais, atualmente em função no Paraíso e no grande universo, constituem um número quase ilimitado de seres vivos. Até mesmo o número de ordens e tipos principais deixaria atônita a imaginação humana, sem falar dos incontáveis subtipos e variações. É desejável, contudo, apresentar algo de duas das classificações básicas de seres vivos – uma sugestão sobre a classificação do Paraíso e um resumo do Registro das Personalidades de Uversa.

Não é possível formular classificações abrangentes e inteiramente consistentes das personalidades do grande universo, porque nem *todos* os grupos foram revelados. Seriam necessários inúmeros documentos a mais para abranger uma continuidade, na revelação, suficiente para classificar todos os grupos de forma sistemática. Muito dificilmente tal expansão de conceitos seria desejável, pois iria privar os mortais pensantes, durante os próximos mil anos, daquele estímulo à reflexão criativa que é proporcionado pelos conceitos revelados assim parcialmente. É melhor que o homem não tenha uma dose excessiva de revelação; já que isso oblitera a imaginação.

1. A CLASSIFICAÇÃO, DO PARAÍSO, PARA OS SERES VIVOS

Os seres vivos, no Paraíso, são classificados segundo a relação inerente e a relação alcançada por eles com as Deidades do Paraíso. Durante as grandes reuniões no universo central e nos superuniversos, aqueles que estão presentes são agrupados, freqüentemente, de acordo com a origem: os de origem trina, ou que alcançaram a Trindade; os de origem dual; e aqueles de uma origem única. Difícil torna-se interpretar, para a mente mortal, a classificação feita no Paraíso dos seres vivos, mas estamos autorizados a apresentar o seguinte:

I. *OS SERES DE ORIGEM TRINA*. Seres criados por todas as três Deidades do Paraíso, como pessoas, ou como Trindade, junto com o Corpo Trinitarizado; designação esta que se refere a todos os grupos de seres trinitarizados, revelados e não revelados.

    A. *Os Espíritos Supremos.*

        1. Os Sete Espíritos Mestres.

        2. Os Sete Executivos Supremos.

        3. As Sete Ordens de Espíritos Refletivos.

    B. *Os Filhos Estacionários da Trindade.*

        1. Os Segredos Trinitarizados da Supremacia.

        2. Os Eternos dos Dias.

        3. Os Anciães dos Dias.

        4. Os Perfeições dos Dias.

        5. Os Recentes dos Dias.

6. Os Uniões dos Dias.
7. Os Fiéis dos Dias.
8. Os Perfeccionadores da Sabedoria.
9. Os Conselheiros Divinos.
10. Os Censores Universais.

C. *Os Seres de Origem Trinitária e os Seres Trinitarizados.*

1. Os Filhos Instrutores da Trindade.
2. Os Espíritos Inspirados da Trindade.
3. Os Nativos de Havona.
4. Os Cidadãos do Paraíso.
5. Os Seres Não Revelados de Origem Trinitária.
6. Os Seres Não Revelados Trinitarizados pelas Deidades.
7. Os Filhos Trinitarizados de Realização.
8. Os Filhos Trinitarizados de Seleção.
9. Os Filhos Trinitarizados de Perfeição.
10. Os Filhos Trinitarizados pelas Criaturas.

II. *OS SERES DE ORIGEM DUAL.* Aqueles seres originários de duas quaisquer das Deidades do Paraíso, ou criados de outro modo por quaisquer outros dois seres de descendência direta ou indireta das Deidades do Paraíso.

A. *As Ordens Descendentes.*

1. Os Filhos Criadores.
2. Os Filhos Magisteriais.
3. Os Brilhantes Estrelas Matutinas.
4. Os Pais Melquisedeques.
5. Os Melquisedeques.
6. Os Vorondadeques.
7. Os Lanonandeques.
8. Os Brilhantes Estrelas Vespertinas.
9. Os Arcanjos.
10. Os Portadores da Vida.
11. Os Ajudantes Não Revelados do Universo.
12. Os Filhos Não Revelados de Deus.

B. *As Ordens Estacionárias.*

1. Os Abandonteiros.
2. Os Susátias.
3. Os Univitátias.
4. Os Espirongas.
5. Os Seres Não Revelados de Origem Dual.

C. *As Ordens Ascendentes.*

1. Os Mortais Fusionados ao Ajustador.
2. Os Mortais Fusionados ao Filho.
3. Os Mortais Fusionados ao Espírito.
4. Os Intermediários Transladados.
5. Os Ascendentes não Revelados.

III. *OS SERES DE UMA ORIGEM ÚNICA.* Aqueles que têm a sua origem em uma única das Deidades do Paraíso; ou que foram criados, de outro modo, por qualquer ser de descendência direta ou indireta das Deidades do Paraíso.

A. *Os Espíritos Supremos.*

1. Os Mensageiros por Gravidade.
2. Os Sete Espíritos dos Circuitos de Havona.
3. Os Auxiliares Duodecátuplos dos Circuitos de Havona.
4. Os Ajudantes Refletivos de Imagens.
5. Os Espíritos Maternos do Universo.
6. Os Espíritos Sétuplos Ajudantes da Mente.
7. Os Seres Não Revelados Originários da Deidade.

B. *As Ordens Ascendentes.*

1. Os Ajustadores Personalizados.
2. Os Filhos Materiais Ascendentes.
3. Os Serafins Evolucionários.
4. Os Querubins Evolucionários.
5. Os Ascendentes Não Revelados.

C. *A Família do Espírito Infinito.*

1. Os Mensageiros Solitários.
2. Os Supervisores dos Circuitos do Universo.
3. Os Diretores do Censo.
4. Os Ajudantes Pessoais do Espírito Infinito.
5. Os Inspetores Associados.
6. As Sentinelas Designadas.
7. Os Guias dos Graduados.
8. Os Servidores de Havona.
9. Os Conciliadores Universais.
10. Os Companheiros Moronciais.
11. Os Supernafins.
12. Os Seconafins.
13. Os Tertiafins.
14. Os Omniafins.
15. Os Serafins.
16. Os Querubins e os Sanobins.
17. Os Seres Não Revelados Originários do Espírito.
18. Os Sete Diretores Supremos de Potência.
19. Os Centros Supremos de Potência.
20. Os Mestres Controladores Físicos.
21. Os Supervisores do Poder Moroncial.

IV. *OS SERES TRANSCENDENTAIS DERIVADOS.* No Paraíso é encontrada uma vasta hoste de seres transcendentais, cuja origem não é ordinariamente desvelada aos universos do tempo e do espaço, antes que eles estejam estabelecidos em luz e vida. Esses Transcendentores não são nem criadores nem criaturas; eles são a progênie dos *derivados* da divindade, da ultimidade e da eternidade. Esses "derivados" não são finitos nem infinitos – eles são *absonitos*; e a absonitude não é nem a infinitude nem a absolutez.

Estes não criadores, não-criados, sempre são leais à Trindade do Paraíso e obedientes ao Último. Eles existem em quatro níveis últimos de atividade da personalidade e funcionam, nos sete níveis do absonito, em doze grandes divisões que consistem em mil grupos maiores de operação, cada um contendo sete classes. Esses seres derivados incluem as ordens seguintes:

1. Os Arquitetos do Universo-Mestre.
2. Os Registradores Transcendentais.
3. Os Outros Transcendentores.
4. Os Mestres Derivados Primários Organizadores da Força.
5. Os Mestres Trancendentais Associados Organizadores da Força.

Deus, enquanto suprapessoa, manifesta; Deus, enquanto pessoa, cria; Deus, enquanto pré-pessoa, fragmenta-se; e esse fragmento Ajustador, Dele próprio, faz a alma espiritual evoluir na mente material e mortal, de acordo com a escolha feita em livre-arbítrio pela personalidade que foi outorgada à criatura mortal, pelo ato paterno de Deus, como Pai.

V. *AS ENTIDADES FRAGMENTADAS DA DEIDADE*. Essa ordem de existência vivente, originando-se do Pai Universal, tem o seu melhor tipo representativo nos Ajustadores do Pensamento, embora essas entidades não sejam de modo algum as únicas fragmentações da realidade pré-pessoal da Primeira Fonte e Centro. As funções dos outros fragmentos, além dos Ajustadores, são múltiplas, mas pouco conhecidas. A fusão com um Ajustador, ou com um outro desses fragmentos, faz da criatura um *ser fusionado ao Pai*.

As fragmentações do espírito da pré-mente da Terceira Fonte e Centro, ainda que dificilmente comparáveis aos fragmentos do Pai, devem ser aqui registradas. Essas entidades diferem bastante dos Ajustadores; elas não residem, como aquelas, em Espiritíngton, nem, como estas, atravessam os circuitos da gravidade da mente; nem residem nas criaturas mortais durante a sua vida na carne. Elas não são pré--pessoais, no sentido em que os Ajustadores o são, mas tais fragmentos do espírito da pré-mente são outorgados a alguns dos mortais sobreviventes e essa fusão faz deles os *mortais fusionados ao Espírito*, que são distintos dos mortais fusionados ao Ajustador.

Ainda mais difícil de descrever é o espírito individualizado de um Filho Criador; e a união com ele faz da criatura um *mortal fusionado ao Filho*. E há ainda outras fragmentações da Deidade.

VI. *OS SERES SUPRAPESSOAIS*. Há uma vasta hoste de seres outros, além dos pessoais, de origem divina, e que prestam múltiplos serviços ao universo dos universos. Alguns desses seres residem nos mundos do Filho, no Paraíso; outros, como os representantes suprapessoais do Filho Eterno, são encontrados em locais diferentes. A maior parte deles não é mencionada nestas narrativas e seria inteiramente irrelevante tentar descrevê-los para as criaturas pessoais.

VII. *AS ORDENS NÃO CLASSIFICADAS NEM REVELADAS*. Durante a atual idade do universo, não seria possível colocar todos os seres, os pessoais e os outros, em classificações pertinentes à presente idade do universo; nem foram reveladas todas as categorias nestas narrativas; assim, inúmeras ordens foram omitidas nestas listas. Considerai as seguintes:

O Consumador do Destino do Universo.

Os Vice-Regentes Qualificados do Último.

Os Supervisores Inqualificáveis do Supremo.

As Agências Criativas Não Reveladas dos Anciães dos Dias.

Majeston do Paraíso.

As Ligações Refletivadoras Inominadas de Majeston.

As Ordens Midsonitas dos Universos Locais.

Nenhum significado especial deve ser atribuído a essa lista de ordens agrupadas anteriormente, exceto pelo fato de que nenhuma delas aparece na classificação do Paraíso, do modo como é revelado nestes documentos. Estas são as poucas não classificadas; vós tendes ainda de aprender sobre as muitas não reveladas.

Há os espíritos: entidades espirituais, presenças espirituais, espíritos pessoais, espíritos pré-pessoais, espíritos suprapessoais, existências espirituais, personalidades espirituais – mas nem a linguagem mortal, nem o intelecto mortal são adequados para descrevê-los. No entanto, podemos afirmar que não há personalidades constituídas de "mente pura"; nenhuma entidade tem personalidade, a menos que haja sido dotada com ela por Deus, que é espírito. Qualquer entidade mental que não esteja associada a uma energia espiritual ou física não é uma personalidade. Porém, do mesmo modo, existem personalidades espirituais que têm mente, há personalidades mentais que têm espírito. Majeston e os seus colaboradores são uma ilustração bastante boa de seres dominados pela mente, mas há ilustrações melhores desse tipo de personalidade, desconhecidas para vós. Há, mesmo, ordens inteiras não reveladas de tais *personalidades mentais*, mas elas estão sempre ligadas ao espírito. Algumas outras criaturas não reveladas são o que poderíamos chamar de *personalidades-de--energia-mental-e-física*. Os seres desse tipo não são sensíveis à gravidade espiritual, no entanto, são personalidades verdadeiras – estão no circuito do Pai.

Estes documentos nem sequer tentam – nem poderiam – esgotar a história das criaturas vivas, dos criadores, dos derivados, e ainda, dos seres que existem por outros modos, que vivem, adoram e servem aos universos pululantes do tempo e ao universo central da eternidade. Vós, mortais, sois pessoas; e por isso é que podemos descrever para vós os seres que são *personalizados*, mas como poderia um ser *absonitizado* ser jamais explanado para vós?

2. O REGISTRO DAS PERSONALIDADES, EM UVERSA

A família divina dos seres vivos está registrada, em Uversa, sob sete grandes divisões:

1. As Deidades do Paraíso.

2. Os Espíritos Supremos.

3. Os Seres Originários da Trindade.

4. Os Filhos de Deus.

5. As Personalidades do Espírito Infinito.

6. Os Diretores de Potência do Universo.

7. O Corpo de Cidadania Permanente.

Esses grupos de Deidades e criaturas volitivas estão divididos em numerosas classes e subdivisões menores. A apresentação dessa classificação das personalidades do grande universo está, contudo, empenhada principalmente em enunciar aquelas ordens de seres inteligentes reveladas nestas narrativas; a maioria das quais será encontrada na experiência ascendente dos mortais do tempo, na sua escalada progressiva ao Paraíso. As listas seguintes não fazem nenhuma menção às vastas ordens de seres do universo que prosseguem com o seu trabalho totalmente à parte do esquema de ascensão dos mortais.

I. *AS DEIDADES DO PARAÍSO.*

1. O Pai Universal.
2. O Filho Eterno.
3. O Espírito Infinito.

II. *OS ESPÍRITOS SUPREMOS.*

1. Os Sete Espíritos Mestres.
2. Os Sete Executivos Supremos.
3. Os Sete Grupos de Espíritos Refletivos.
4. Os Ajudantes Refletivos de Imagens.
5. Os Sete Espíritos dos Circuitos.
6. Os Espíritos Criativos do Universo Local.
7. Os Espíritos Ajudantes da Mente.

III. *OS SERES ORIGINÁRIOS DA TRINDADE.*

1. Os Segredos Trinitarizados da Supremacia.
2. Os Eternos dos Dias.
3. Os Anciães dos Dias.
4. Os Perfeições dos Dias.
5. Os Recentes dos Dias.
6. Os Uniões dos Dias.
7. Os Fiéis dos Dias.
8. Os Filhos Instrutores da Trindade.
9. Os Perfeccionadores da Sabedoria.
10. Os Conselheiros Divinos.
11. Os Censores Universais.
12. Os Espíritos Inspirados da Trindade.
13. Os Nativos de Havona.
14. Os Cidadãos do Paraíso.

IV. *OS FILHOS DE DEUS.*

A. *Os Filhos Descendentes.*

1. Os Filhos Criadores – Os Michaéis.
2. Os Filhos Magisteriais – Os Avonais.
3. Os Filhos Instrutores da Trindade – Os Dainais.
4. Os Filhos Melquisedeques.
5. Os Filhos Vorondadeques.
6. Os Filhos Lanonandeques.
7. Os Portadores da Vida.

B. *Os Filhos Ascendentes.*

1. Os Mortais Fusionados ao Pai.
2. Os Mortais Fusionados ao Filho.
3. Os Mortais Fusionados ao Espírito.

    4. Os Serafins Evolucionários.
    5. Os Filhos Materiais Ascendentes.
    6. Os Intermediários Transladados.
    7. Os Ajustadores Personalizados.

C. Os *Filhos Trinitarizados*.
    1. Os Mensageiros Poderosos.
    2. Aqueles Elevados Em Autoridade.
    3. Aqueles Sem Nome Nem Número.
    4. Os Custódios Trinitarizados.
    5. Os Embaixadores Trinitarizados.
    6. Os Guardiães Celestes.
    7. Os Assistentes dos Filhos Elevados.
    8. Os Filhos Trinitarizados pelos Ascendentes.
    9. Os Filhos Trinitarizados do Paraíso-Havona.
   10. Os Filhos Trinitarizados do Destino.

V. *AS PERSONALIDADES DO ESPÍRITO INFINITO.*

A. *As Personalidades Mais Elevadas do Espírito Infinito.*
    1. Os Mensageiros Solitários.
    2. Os Supervisores dos Circuitos do Universo.
    3. Os Diretores do Censo.
    4. Os Ajudantes Pessoais do Espírito Infinito.
    5. Os Inspetores Associados.
    6. As Sentinelas Designadas.
    7. Os Guias dos Graduados.

B. *As Hostes de Mensageiros do Espaço.*
    1. Os Servidores de Havona.
    2. Os Conciliadores Universais.
    3. Os Conselheiros Técnicos.
    4. Os Custódios dos Arquivos no Paraíso.
    5. Os Registradores Celestes.
    6. Os Companheiros Moronciais.
    7. Os Companheiros do Paraíso.

C. *Os Espíritos Ministradores.*
    1. Os Supernafins.
    2. Os Seconafins.
    3. Os Tertiafins.
    4. Os Omniafins.
    5. Os Serafins.
    6. Os Querubins e os Sanobins.
    7. Os Intermediários.

VI. *OS DIRETORES DE POTÊNCIA DO UNIVERSO.*

A. *Os Sete Diretores Supremos de Potência.*
B. *Os Centros Supremos de Potência.*
    1. Os Centros Supervisores Supremos.
    2. Os Centros de Havona.

3. Os Centros dos Superuniversos.
4. Os Centros dos Universos Locais.
5. Os Centros das Constelações.
6. Os Centros dos Sistemas.
7. Os Centros Não Classificados.

C. *Os Mestres Controladores Físicos*.

1. Os Diretores Associados de Potência.
2. Os Controladores Mecânicos.
3. Os Transformadores de Energia.
4. Os Transmissores de Energia.
5. Os Associadores Primários.
6. Os Dissociadores Secundários.
7. Os Frandalanques e os Cronoldeques.

D. *Os Supervisores do Poder Moroncial*.

1. Os Reguladores dos Circuitos.
2. Os Coordenadores dos Sistemas.
3. Os Custódios Planetários.
4. Os Controladores Combinados.
5. Os Estabilizadores das Ligações.
6. Os Classificadores Seletivos.
7. Os Registradores Associados.

VII. *O CORPO DE CIDADANIA PERMANENTE*.

1. Os Intermediários Planetários.
2. Os Filhos Adâmicos dos Sistemas.
3. Os Univitátias das Constelações.
4. Os Susátias do Universo Local.
5. Os Mortais Fusionados ao Espírito dos Universos Locais.
6. Os Abandonteiros dos Superuniversos.
7. Os Mortais Fusionados ao Filho dos Superuniversos.
8. Os Nativos de Havona.
9. Os Nativos das Esferas do Espírito do Paraíso.
10. Os Nativos das Esferas do Pai no Paraíso.
11. Os Cidadãos Criados do Paraíso.
12. Os Cidadãos Mortais do Paraíso Fusionados aos Ajustadores.

Essa é a classificação segundo a função das personalidades dos universos, tais como estão registradas no mundo-sede de Uversa.

OS GRUPOS DE PERSONALIDADES COMPOSTAS. Há, em Uversa, registros de inúmeros outros grupos, de seres inteligentes, seres que estão também intimamente relacionados à organização e à administração do grande universo. Entre tais ordens, estão os três seguintes grupos de personalidades compostas:

A. *O Corpo de Finalidade do Paraíso*.

1. O Corpo de Finalitores Mortais.
2. O Corpo de Finalitores do Paraíso.
3. O Corpo de Finalitores Trinitarizados.

4. O Corpo de Finalitores Trinitarizados Conjuntos.
5. O Corpo de Finalitores de Havona.
6. O Corpo de Finalitores Transcendentais.
7. O Corpo dos Filhos Não Revelados do Destino.

O Corpo de Finalidade dos Mortais é tratado no próximo documento, que é o final desta série.

B. *Os Ajudantes do Universo.*
1. Os Brilhantes Estrelas Matutinas.
2. Os Brilhantes Estrelas Vespertinas.
3. Os Arcanjos.
4. Os Assistentes Mais Elevados.
5. Os Altos Comissários.
6. Os Supervisores Celestes.
7. Os Educadores dos Mundos das Mansões.

Em todos os mundos sedes-centrais, tanto dos universos locais quanto dos superuniversos, são tomadas as providências em favor desses seres que estão engajados em missões específicas para os Filhos Criadores, os governantes do universo local. Nós damos as boas-vindas a esses *Ajudantes do Universo* em Uversa, mas não temos nenhuma jurisdição sobre eles. Esses emissários prosseguem no seu trabalho e fazem as suas observações sob a autoridade dos Filhos Criadores. As suas atividades são descritas de um modo mais completo nas narrativas referentes ao vosso universo local.

C. *As Sete Colônias de Cortesia.*
1. Os Estudantes das Estrelas.
2. Os Artesãos Celestes.
3. Os Diretores de Retrospecção.
4. Os Instrutores das Escolas de Extensão.
5. Os Vários Corpos de Reserva.
6. Os Estudantes Visitantes.
7. Os Peregrinos Ascendentes.

Esses sete grupos de seres serão encontrados, assim organizados e governados, em todos os mundos sedes-centrais, desde os sistemas locais até as capitais dos superuniversos, particularmente nessas últimas. As capitais dos sete superuniversos são os locais de reunião para quase todas as classes e ordens de seres inteligentes. Nessas capitais locais, as criaturas de vontade, de todas as fases da existência, podem ser observadas e estudadas, à exceção de numerosos grupos de havonianos do Paraíso.

3. AS COLÔNIAS DE CORTESIA

As sete colônias de cortesia permanecem por um tempo maior ou menor nas esferas arquitetônicas, enquanto se ocupam em completar as suas missões e em cumprir as funções das suas designações especiais. O seu trabalho pode ser descrito como se segue:

1. *Os Estudantes de Astronomia,* os astrônomos celestes, escolhem trabalhar em esferas como Uversa, porque tais mundos especialmente construídos são favoráveis de um modo inusitado às suas observações e cálculos. Uversa está favoravelmente situada para o trabalho dessa colônia, não apenas por causa da sua localização central, mas também porque não há sóis gigantes, vivos ou mortos, próximos a ponto de perturbar as correntes de energia. Esses estudantes não estão de modo algum conectados, organicamente, aos assuntos do superuniverso; eles são meramente hóspedes.

A colônia astronômica de Uversa tem indivíduos de muitos reinos próximos, do universo central, e até mesmo de Norlatiadeque. Qualquer ser em qualquer mundo, de qualquer sistema e de qualquer universo, pode tornar-se um estudante das estrelas, pode aspirar a juntar-se a algum corpo de astrônomos celestes. Os únicos pré-requisitos são: continuar a viver e ter um conhecimento suficiente dos mundos do espaço, especialmente das suas leis físicas de evolução e de controle. Aos estudantes das estrelas não se faz necessário que sirvam eternamente nesse corpo, mas ninguém que seja admitido nesse grupo pode retirar-se antes de um milênio do tempo de Uversa.

A colônia de observadores das estrelas, de Uversa, conta atualmente com mais de um milhão de seres. Esses astrônomos vêm e vão, embora alguns permaneçam por períodos relativamente longos. Eles prosseguem no seu trabalho com a ajuda de uma profusão de instrumentos mecânicos e de aparelhos físicos; eles são também assistidos, de um modo amplo, pelos Mensageiros Solitários e outros exploradores espirituais. Esses astrônomos celestes fazem uso constante dos transformadores e transmissores vivos de energia, bem como das personalidades refletivas, no seu trabalho de estudo das estrelas e de pesquisa do espaço. Eles estudam todas as formas e fases do material do espaço e as manifestações da energia, estando interessados na função da força tanto quanto nos fenômenos estelares; nada em todo o espaço escapa do seu escrutínio.

Colônias semelhantes de astrônomos podem ser encontradas nos mundos-sede dos setores do superuniverso, bem como nas capitais arquitetônicas dos universos locais e suas subdivisões administrativas. Exceto no Paraíso, o conhecimento não é inerente; a compreensão do universo físico depende, em larga medida, da observação e da pesquisa.

2. *Os Artesãos Celestes* servem em todos os sete superuniversos. Os mortais ascendentes têm seu contato inicial com esses grupos durante a carreira moroncial do universo local, e ao estudarmos esta última é que os artesãos serão analisados de um modo mais abrangente.

3. *Os Diretores de Retrospecção* são os promotores do relaxamento e do humor – a retrospecção das memórias do passado. Eles prestam um grande serviço na operação prática do esquema ascendente da progressão dos mortais, especialmente durante as fases iniciais da transição moroncial e da experiência espiritual. A história deles pertence à narrativa da carreira mortal, no universo local.

4. *Os Instrutores das Escolas de Extensão*. O mundo residencial seguinte, mais elevado, na carreira ascendente, sempre mantém um forte corpo de instrutores no mundo imediatamente abaixo, uma espécie de escola preparatória para os residentes em progressão daquela esfera; essa é uma fase, do esquema ascendente, para o avanço dos peregrinos do tempo. Essas escolas e os seus métodos de instrução e exames são totalmente diferentes de qualquer coisa que vós tentais fazer em Urântia.

Todo o plano ascendente de progressão dos mortais é caracterizado pela prática de comunicar a outros seres novas verdades e experiências, tão logo adquiridas. Vós fazeis vosso caminho pela longa escola da realização, no Paraíso, servindo como mestres aos alunos que estão imediatamente atrás de vós na escala da progressão.

5. *Os Vários Corpos de Reserva*. Vastas reservas de seres estão mobilizadas em Uversa, não sob a nossa supervisão imediata, como a colônia dos corpos de reservas. Há setenta divisões primárias dessa colônia em Uversa, e faz parte de uma educação liberal ampliadora de horizontes permitir que se passe uma temporada com essas personalidades extraordinárias. Reservas gerais semelhantes são mantidas em

Sálvington e outras capitais do universo; elas são despachadas para o serviço ativo, sob a requisição dos seus respectivos diretores de grupo.

6. *Os Estudantes Visitantes*. Vindos de todo o universo, em uma corrente contínua, os visitantes celestes fluem para todos os vários mundos-sede. Como indivíduos e como classe, esses vários tipos de seres acorrem a nós como observadores e alunos de intercâmbio e estudantes ajudantes. Em Uversa, no presente, há mais de um bilhão de personalidades nessa colônia de cortesia. Alguns desses visitantes podem demorar um dia, outros podem permanecer um ano, tudo dependendo da natureza das suas missões. Essa colônia contém quase todas as classes de seres do universo, exceto as personalidades Criadoras e os mortais moronciais.

Os mortais moronciais são estudantes visitantes apenas dentro dos confins do universo local da sua origem. Eles só podem fazer visitas, em função superuniversal, depois de haverem alcançado o status de seres espirituais. Mais da metade da nossa colônia de visitantes consiste em "passagens provisórias" de seres a caminho de algum outro local, os quais param para visitar a capital de Orvônton. Essas personalidades podem estar cumprindo um compromisso no universo, ou podem estar desfrutando de um período de lazer – de liberdade de compromissos. O privilégio da viagem intra-universo e da observação é uma parte da carreira de todos os seres em ascensão. O desejo humano de viajar e de observar novos povos e mundos será plenamente gratificado durante a longa e movimentada escalada ao Paraíso, passando pelo universo local, pelo superuniverso e pelo universo central.

7. *Os Peregrinos Ascendentes*. À medida que os peregrinos ascendentes são designados para os vários serviços ligados à sua progressão até o Paraíso, eles ficam domiciliados, como colônia de cortesia, nas várias esferas-sede centrais. Enquanto funcionam aqui e ali, em um superuniverso, tais grupos são amplamente autogovernados. Eles são uma colônia sempre em mudança, que abrange todas as ordens de mortais evolucionários e os seus aliados ascendentes.

4. OS MORTAIS ASCENDENTES

Os sobreviventes mortais do tempo e do espaço são denominados *peregrinos ascendentes*, quando se tornam acreditados para a ascensão progressiva ao Paraíso. E essas criaturas evolucionárias ocupam, nas nossas narrativas, um lugar tão importante que aqui desejamos apresentar uma sinopse dos sete estágios seguintes da carreira ascendente no universo:

1. Mortais Planetários.

2. Sobreviventes Adormecidos.

3. Estudantes dos Mundos das Mansões.

4. Progressores Moronciais.

5. Pupilos do Superuniverso.

6. Peregrinos de Havona.

7. Os que Chegam ao Paraíso.

A narrativa seguinte apresenta a carreira de um mortal residido por um Ajustador no universo. Os mortais fusionados ao Filho e ao Espírito compartilham de partes dessa carreira; mas escolhemos contar a história que é a do mortal fusionado ao Ajustador, pois é este destino o que se antecipa para todas as raças humanas de Urântia.

1. *Mortais Planetários*. Os mortais são todos seres evolucionários, de origem animal, com potencial ascendente. Pela sua origem, natureza e destino, esses vários grupos e tipos de seres humanos não são totalmente diferentes dos povos de Urântia. As raças humanas, de todos os mundos, recebem a mesma ministração dos Filhos de Deus e gozam da presença dos espíritos ministradores do tempo. Depois da morte natural, todos os tipos de ascendentes confraternizam-se como uma única família moroncial nos mundos das mansões.

2. *Sobreviventes Adormecidos*. Todos os mortais com status de sobreviventes, sob a custódia dos guardiães pessoais do destino, passam pelos portais da morte natural e, no terceiro período, personalizam-se nos mundos das mansões. Os seres acreditados que, por qualquer razão, não foram capazes de alcançar o nível de mestria sobre a inteligência e o dom da espiritualidade, que lhes daria o direito a ter guardiães pessoais, não podem, assim, imediata e diretamente, tomar o rumo dos mundos das mansões. Essas almas sobreviventes devem descansar, em sono inconsciente, até o dia do julgamento de uma nova época, de uma nova dispensação, esperando pela vinda do Filho de Deus, que chame as listas da idade e que julgue o reino, e essa é a prática geral em todo o Nébadon. Foi dito de Cristo Michael que, quando ele ascendeu às alturas, depois da conclusão do seu trabalho na Terra: "Ele retirou uma grande multidão do cativeiro". E esses cativos eram os sobreviventes adormecidos, desde os dias de Adão até os dias da ressurreição do Mestre em Urântia.

O passar do tempo não tem a menor importância para os mortais adormecidos; eles são totalmente inconscientes e estão esquecidos da duração do seu repouso. Quando têm a sua personalidade reconstituída, no fim de uma idade, aqueles que houverem dormido cinco mil anos não reagem de um modo diferente do daqueles que descansaram cinco dias. À parte o atraso do tempo, esses sobreviventes passam ao regime de ascensão de um modo idêntico ao daqueles que evitam o sono, mais longo ou menos longo, da morte.

Essas classes dispensacionais, de peregrinos do mundo, são utilizadas para atividades moronciais grupais no trabalho dos universos locais. Há uma grande vantagem na mobilização de grupos tão enormes; e assim, pois, eles são mantidos juntos por longos períodos de serviço efetivo.

3. *Estudantes dos Mundos das Mansões*. Todos os mortais sobreviventes que despertam nos mundos das mansões pertencem a essa classe.

O corpo físico, de carne mortal, não é uma parte da reconstituição dos sobreviventes adormecidos; o corpo físico voltou ao pó. O serafim designado auspicia o novo corpo, a forma moroncial, que é o novo veículo de vida para a alma imortal e para a residência do Ajustador que retorna. O Ajustador é o custódio da transcrição espiritual da mente do sobrevivente adormecido. O serafim designado é o guardião da identidade sobrevivente – a alma imortal – até o ponto em que ela evoluiu. E quando estes dois, o Ajustador e o serafim, reúnem as partes da personalidade confiadas a eles, o novo indivíduo é a ressurreição da antiga personalidade, a sobrevivência da identidade moroncial, em evolução, da alma. Essa reassociação da alma e do Ajustador, muito apropriadamente chamada de ressurreição, é uma reconstituição dos fatores da personalidade; mas mesmo isso não explica inteiramente o reaparecimento da *personalidade* sobrevivente. Embora provavelmente nunca ireis entender o fato dessa transação tão inexplicável, em algum momento, vós ireis conhecer experiencialmente a verdade dela, se vós não rejeitardes o plano de sobrevivência para os mortais.

O plano de retenção inicial dos mortais nos sete mundos de aperfeiçoamento progressivo é quase universal em Orvônton. Em cada sistema local, de aproximadamente mil planetas habitados, existem os sete mundos das mansões, em geral satélites ou subsatélites da capital do sistema. São os mundos que recebem a maioria dos mortais ascendentes.

Algumas vezes, todos os mundos de ensino, de residência dos mortais, são chamados de "mansões" do universo, e foi a essas esferas que Jesus aludiu quando disse: "Na casa do meu Pai há muitas moradas". A partir daí, dentro de um dado grupo de esferas semelhantes aos mundos das mansões, os ascendentes progredirão individualmente, de uma esfera a outra, e de uma fase da vida a outra, mas sempre eles avançarão, de um estágio de estudo, no universo, ao próximo, em agrupamentos ou classes.

4. *Progressores Moronciais*. Durante a sua elevação, desde os mundos das mansões até as esferas do sistema, da constelação e do universo, os mortais são classificados como progressores moronciais; eles estão passando pelas esferas de transição, da ascensão dos mortais. À medida que os mortais ascendentes progridem dos mundos moronciais inferiores aos mais elevados, eles servem em compromissos incontáveis, em conjunto com os seus instrutores e em companhia dos seus irmãos mais experientes e mais avançados.

A progressão moroncial constitui parte do avanço contínuo da forma do intelecto, do espírito e da personalidade. Os sobreviventes são ainda seres com essa natureza tríplice. Durante toda a experiência moroncial, eles permanecem como pupilos do universo local. O regime do superuniverso não funciona antes que se inicie a carreira do espírito.

Os mortais adquirem uma identidade espiritual real um pouco antes de deixarem a sede-central do universo local e irem para os mundos de recepção dos setores menores do superuniverso. Passar do estado moroncial final para o primeiro, ou o mais baixo, status do espírito, não é senão uma transição ligeira. A mente, a personalidade e o caráter permanecem imutáveis durante esse avanço; apenas a forma passa por uma modificação. Mas a forma do espírito é tão real quanto o corpo moroncial, e é igualmente discernível.

Antes de partirem dos seus universos locais de nascimento, para os mundos de recepção do superuniverso, os mortais do tempo recebem uma confirmação espiritual do Filho Criador e do Espírito Materno do universo local. Desse ponto em diante, o status de mortal ascendente está para sempre estabelecido. Não se conhece nenhum caso de desvio dos pupilos do superuniverso. Os serafins ascendentes também avançam, no seu status angélico, no momento em que partem dos universos locais.

5. *Pupilos do Superuniverso*. Todos os ascendentes que chegam aos mundos de aperfeiçoamento dos superuniversos tornam-se pupilos dos Anciães dos Dias; eles passaram pela vida moroncial do universo local e agora são acreditados como espíritos. Como espíritos jovens, eles começam a ascensão dentro do sistema de educação e de cultura do superuniverso, que se estende das esferas de recepção dos seus setores menores, passando pelos mundos de estudo dos dez setores maiores e daí para as esferas culturais mais elevadas, nas sedes-centrais dos superuniversos.

Há três ordens de espíritos estudantes, segundo a sua permanência nos mundos de progressão espiritual: aqueles dos setores menores, os dos setores maiores e os das sedes-centrais dos superuniversos. Do mesmo modo que os ascendentes moronciais estudaram e trabalharam nos mundos do universo local, os espíritos ascendentes continuam obtendo a mestria de novos mundos, enquanto praticam, distribuindo a outros, tudo aquilo que absorveram nas fontes experienciais da sabedoria. Todavia, ir à escola como um ser espiritual, na carreira do superuniverso, é muito diferente de qualquer coisa que jamais haja ocorrido, até mesmo nos domínios da imaginação da mente material do homem.

Antes de deixar o superuniverso para seguir até Havona, esses espíritos ascendentes recebem a mesma instrução completa, sobre a administração do superuniverso, que lhes foi dada durante a sua experiência moroncial, sobre a supervisão do universo local. Antes que esses mortais, já espiritualizados, alcancem Havona, o seu principal estudo, mas não a sua ocupação exclusiva, é o da mestria da administração do universo local e do superuniverso. A razão para toda essa experiência não se mostra ainda totalmente; porém, tal aperfeiçoamento é sábio e necessário, sem dúvida, tendo em vista o seu possível destino futuro, como membros do Corpo de Finalidade.

O regime do superuniverso não é o mesmo para todos os mortais ascendentes. Eles recebem a mesma educação geral, mas grupos e classes especiais passam por cursos especiais de instrução e são submetidos a cursos de aperfeiçoamento específico.

6. *Peregrinos de Havona*. Quando o desenvolvimento do espírito está completo, ainda que não esteja repleto, o mortal sobrevivente prepara-se para o longo vôo até Havona, o ancoradouro dos espíritos evolucionários. Na Terra vós fostes criaturas de carne e sangue; ao passardes pelo universo local, fostes seres moronciais; ao cruzardes o superuniverso, fostes espíritos em evolução; com a vossa chegada aos mundos de recepção de Havona, a vossa educação espiritual na realidade começa a sério; e o vosso surgimento final no Paraíso será como espíritos perfeccionados.

A vossa jornada, da sede-central do superuniverso para as esferas de recepção de Havona, vós sempre a fazeis a sós. De agora em diante, não mais vos serão ministradas instruções em classes ou grupos. Vós terminastes o vosso aperfeiçoamento técnico e administrativo dos mundos evolucionários do tempo e do espaço. Agora começa a vossa *educação pessoal*, a vossa educação espiritual individual. Do princípio ao fim, através de toda Havona, a instrução é pessoal e tem uma natureza tríplice: intelectual, espiritual e experiencial.

O primeiro ato da vossa carreira em Havona será reconhecer e agradecer, ao vosso seconafim de transporte, pela viagem longa e segura. Em seguida, sereis apresentados àqueles seres que irão promover as vossas primeiras atividades em Havona. Depois vós ireis registrar a vossa chegada e preparar a vossa mensagem de agradecimento e de adoração, que será despachada para o Filho Criador do vosso universo local, o Pai do universo que tornou possível a vossa carreira de filiação. Com isso, ficam concluídas as formalidades da chegada a Havona; e vos será concedido um longo período de lazer para a observação livre, e isso vos dá uma oportunidade para que procureis os vossos amigos, companheiros e colaboradores da vossa longa experiência de ascensão. Vós podeis também consultar as transmissões, para vos certificardes sobre quais, dentre os vossos companheiros peregrinos, já partiram para Havona, desde a época em que deixastes Uversa.

A ocasião da vossa chegada aos mundos de recepção de Havona será devidamente transmitida à sede-central do vosso universo local e pessoalmente comunicada ao vosso guardião seráfico, onde quer que esse serafim possa estar.

Os mortais ascendentes foram minuciosamente instruídos sobre os assuntos dos mundos evolucionários do espaço; agora, eles começam o seu longo e proveitoso contato com as esferas criadas na perfeição. Que preparação para um trabalho futuro é proporcionada por essa experiência combinada, única e extraordinária! Mas nada posso eu dizer-vos sobre Havona; vós tereis de ver esses mundos para apreciar a sua glória e compreender tal grandeza.

7. *Os que Chegam ao Paraíso*. Ao chegardes ao Paraíso com status residencial, vós começais o curso progressivo sobre a divindade e a absonitude. A vossa

residência no Paraíso significa que vós encontrastes Deus, e que devereis ser incorporados ao Corpo Mortal de Finalidade. De todas as criaturas do grande universo, apenas aquelas que se fusionaram ao Pai são incorporadas ao Corpo Mortal de Finalidade. Apenas tais indivíduos fazem o juramento dos finalitores. Outros seres de Perfeição do Paraíso, ou que hajam alcançado o Paraíso, podem estar temporariamente ligados a esse corpo de finalidade, mas não são de designação eterna para a missão desconhecida e irrevelada dessa hoste acumuladora de veteranos evolucionários e perfeccionados do tempo e do espaço.

É concedido um período de liberdade, para os que chegam ao Paraíso, depois do qual eles começam as suas associações com os sete grupos de supernafins primários. Eles são designados como graduados do Paraíso ao concluírem o seu curso com os condutores da adoração, e então, como finalitores, passam a ser designados para o serviço de observação e cooperação, nos confins da vasta criação. Contudo, parece ainda não haver um emprego específico ou estabelecido para o Corpo Mortal de Finalitores, embora eles sirvam, em muitas funções, nos mundos estabelecidos em luz e vida.

Ainda que não houvesse nenhum destino futuro não revelado, para o Corpo Mortal de Finalidade, a designação presente desses seres ascendentes já seria adequada e gloriosa. O destino atual deles justifica plenamente o plano universal de ascensão evolucionária. Mas as idades futuras da evolução das esferas do espaço exterior, sem dúvida, passarão a elaborar ainda mais, e, mais completa e divinamente, iluminarão a sabedoria e o amor-bondade dos Deuses, para a execução do seu plano divino de sobrevivência humana e ascensão dos mortais.

Esta narrativa, juntamente com o que vos tem sido revelado e com o que podeis aprender com as instruções do vosso próprio mundo, representa, em linhas gerais, a carreira de um mortal ascendente. A história varia consideravelmente nos diferentes superuniversos, mas esta exposição proporciona uma visão do plano comum de progressão dos mortais, do modo como se tornou operativo no universo local de Nébadon e no sétimo segmento do grande universo, o superuniverso de Orvônton.

[Auspiciado por um Mensageiro Poderoso de Uversa.]

DOCUMENTO 31

O CORPO DE FINALIDADE

O CORPO de Finalitores Mortais representa o destino, conhecido até o presente momento, dos mortais ascendentes do tempo, e que já se fusionaram ao Ajustador. Há, no entanto, outros grupos de seres que são também designados para esse corpo. O corpo primário de finalitores é composto do modo seguinte:

1. Os Nativos de Havona.
2. Os Mensageiros por Gravidade.
3. Os Mortais Glorificados.
4. Os Serafins Adotados.
5. Os Filhos Materiais Glorificados.
6. As Criaturas Intermediárias Glorificadas.

Os seis grupos acima, de seres glorificados, compõem esse corpo singular de destino eterno. Supomos conhecer o seu trabalho futuro, mas não temos certeza disso. Embora o Corpo dos Finalitores Mortais esteja sendo mobilizado no Paraíso, e, se bem que ministrem presentemente em ampla escala aos universos do espaço e administrem os mundos estabelecidos em luz e vida, o seu destino futuro deverá ser os universos do espaço exterior ora em organização. Ou, pelo menos, é essa a conjectura que se faz em Uversa.

Esse corpo é organizado de acordo com as agregações para o serviço aos mundos do espaço e em concordância com a experiência associativa adquirida na longa e movimentada carreira ascendente. Todas as criaturas ascendentes admitidas nesse corpo são recebidas com igualdade, mas essa excelsa igualdade, não anula de modo nenhum a individualidade nem destrói a identidade pessoal. Podemos discernir imediatamente, ao comunicar-nos com um finalitor, se ele é um ascendente mortal, um nativo de Havona, um serafim adotado, uma criatura intermediária ou um Filho Material.

Durante a idade atual do universo, os finalitores retornam para servir nos universos do tempo. E são designados para trabalhar sucessivamente nos diferentes superuniversos e jamais nos seus superuniversos de nascimento, até que hajam servido em todas as outras seis supercriações. Desse modo, eles podem alcançar o conceito sétuplo do Ser Supremo.

Uma ou mais companhias de finalitores mortais estão constantemente a serviço em Urântia. Não há domínio de serviço no universo para o qual não sejam designados; funcionam universalmente e em períodos iguais, mas alternados, ora sob uma tarefa designada, ora em serviço livre.

Não temos idéia da natureza da organização futura desse grupo extraordinário, mas os finalitores são agora um corpo integralmente autogovernado. Eles escolhem os seus próprios líderes e diretores, permanentes ou periódicos, bem como os líderes nas suas missões. Nenhuma influência externa pode jamais ser levada a exercer pressão sobre suas políticas; e o seu juramento de lealdade é prestado apenas à Trindade do Paraíso.

Os finalitores mantêm uma sede-central própria no Paraíso, nos superuniversos, nos universos locais e em todas as capitais divisionais. Eles são uma ordem separada da criação evolucionária. Nós não os dirigimos, nem os controlamos diretamente, e, ainda assim, são absolutamente leais e sempre cooperativos em relação a todos os nossos planos. De fato são as almas cumulativamente comprovadas e verdadeiras do tempo e do espaço – o sal evolucionário do universo – e são, para sempre, à prova do mal e a salvo do pecado.

1. OS NATIVOS DE HAVONA

Muitos dentre os nativos de Havona que servem como mestres nas escolas de capacitação, para os peregrinos do universo central, desenvolvem uma relação íntima com os mortais ascendentes e, com isso, sentem-se ainda mais curiosos quanto ao trabalho futuro e o destino do Corpo dos Finalitores Mortais. No Paraíso, na sede mais central e administrativa desse corpo, é mantido um registro dos voluntários de Havona, o qual é comandado pelo colaborador de Grandfanda. E, hoje, nessa lista de espera, encontrais milhões e milhões de nativos de Havona. Esses seres perfeitos de criação direta e divina são de muita ajuda ao Corpo de Finalidade Mortal e prestarão indubitavelmente um serviço ainda maior em um futuro mais distante. Eles proporcionam o ponto de vista daqueles que nasceram na perfeição e na plenitude divinas. Os grupos de finalitores, assim, abrangem ambas as fases da existência experiencial – a perfeita e a perfeccionada.

Os nativos de Havona devem alcançar certos desenvolvimentos experienciais, nas ligações com os seres evolucionários, para criar a capacidade de recepção do outorgamento de um fragmento do espírito do Pai Universal. O Corpo dos Finalitores Mortais tem como membros permanentes apenas aqueles seres que já se hajam fusionado com o espírito da Primeira Fonte e Centro ou aqueles que, como os Mensageiros por Gravidade, inatamente incorporam esse espírito de Deus, o Pai.

Os habitantes do universo central são recebidos no corpo à razão de um para mil – ou uma companhia de finalitores. O corpo é organizado para o serviço temporário em companhias de mil seres, sendo 997 criaturas ascendentes, com um nativo de Havona e um Mensageiro por Gravidade. Os finalitores são, assim, mobilizados em companhias, mas o juramento de finalidade é administrado individualmente. É um juramento de implicações enormes e de importância eterna. Os nativos de Havona fazem o mesmo juramento e tornam-se para sempre ligados ao corpo.

Os recrutas de Havona seguem a companhia do seu compromisso; onde quer que o grupo vá, eles vão. E vós deveríeis ver o entusiasmo deles com o novo trabalho como finalitores. A possibilidade de chegar ao Corpo de Finalidade é uma das emoções mais esplêndidas de Havona; a possibilidade de tornar-se um finalitor é uma das aventuras supremas para essas raças perfeitas.

Os nativos de Havona também são recebidos, na mesma proporção, no Corpo de Finalitores Conjuntos Trinitarizados em Vicegérington e no Corpo de Finalitores Transcendentais no Paraíso. Os cidadãos de Havona consideram esses três destinos como constituindo as metas supremas nas suas carreiras supernas, junto com a sua possível admissão no Corpo de Finalitores de Havona.

2. OS MENSAGEIROS POR GRAVIDADE

Onde e quando os Mensageiros por Gravidade encontrarem-se em operação, os finalitores sempre estarão no comando. Todos os Mensageiros por Gravidade ficam sob a jurisdição exclusiva de Grandfanda, e são designados apenas para o Corpo primário de Finalidade. Eles são de muita valia para os finalitores, ainda agora; e serão bastante úteis no futuro eterno. Nenhum outro grupo de criaturas inteligentes possui um corpo semelhante de mensageiros personalizados capaz de transcender ao tempo e ao espaço. Tipos semelhantes de mensageiros-registradores, agregados a outros corpos de finalitores, não são personalizados e sim absonitizados.

Os Mensageiros por Gravidade provêm de Divínington; eles são Ajustadores modificados e personalizados, mas ninguém dentro do nosso grupo de Uversa se empenhará em explicar a natureza de um desses mensageiros. Sabemos que são seres altamente personalizados, divinos, inteligentes e comovedoramente compreensivos, mas não conseguimos entender a sua técnica de atravessar o espaço sem limitações temporais. Parecem ser competentes para utilizar toda e qualquer energia, circuito e, até mesmo, a gravidade. Os finalitores do corpo mortal não podem desafiar o tempo e o espaço, mas têm, associadas a eles e sujeitas ao seu comando, personalidades espirituais praticamente infinitas que podem fazê-lo. Presumimos chamar os Mensageiros por Gravidade de personalidades, mas na realidade são seres supra-espirituais, personalidades ilimitadas e sem fronteiras. São de uma ordem inteiramente diferente de personalidade, se comparados aos Mensageiros Solitários.

Os Mensageiros por Gravidade podem estar agregados a uma companhia de finalitores em números ilimitados, mas apenas um deles, o dirigente dos seus companheiros, é incorporado ao Corpo de Finalidade Mortal. Esse dirigente, contudo, tem designada para si uma assessoria permanente de 999 companheiros mensageiros e, conforme exija a ocasião, ele pode convocar assistentes, nas reservas da ordem, em números ilimitados.

Os Mensageiros por Gravidade e os finalitores mortais glorificados atingem uma afcição mútua tocante e profunda; eles têm muito em comum: Um é a personalização direta de um fragmento do Pai Universal; o outro, uma personalidade criatura existente na alma imortal sobrevivente, fusionada a um fragmento do mesmo Pai Universal, o espírito Ajustador do Pensamento.

3. OS MORTAIS GLORIFICADOS

Os mortais ascendentes fusionados ao Ajustador compõem a maior parte do Corpo primário de Finalidade. Junto com os serafins adotados e glorificados, eles normalmente constituem 990 membros de cada companhia de finalitores. A proporção de mortais e anjos em qualquer grupo varia, se bem que o número de mortais ultrapasse em muito o de serafins. O número de nativos de Havona, Filhos Materiais glorificados, criaturas intermediárias glorificadas, Mensageiros por Gravidade, membros desconhecidos e ausentes, perfaz apenas um por cento do total do corpo; cada companhia de mil finalitores tem lugar apenas para dez dessas personalidades não mortais e não seráficas.

Nós, de Uversa, não sabemos o "destino da finalidade" dos mortais ascendentes do tempo. No presente, residem no Paraíso e temporariamente servem ao Corpo de Luz e Vida, mas um curso tão extraordinário de aperfeiçoamento ascendente e uma disciplina universal tão prolongada devem ter sido programados visando qualificá-los para provas de confiança ainda maiores e serviços com responsabilidades ainda mais sublimes.

Embora tais mortais ascendentes hajam alcançado o Paraíso, hajam sido admitidos no Corpo de Finalidade e hajam sido enviados de volta em grandes números para participar na condução de universos locais e dar assistência na administração dos assuntos do superuniverso – em relação, mesmo, a esse destino *aparente*–, persiste o fato significativo de que eles estão registrados apenas como espíritos do sexto estágio. Sem dúvida, resta mais um passo na carreira dos Mortais do Corpo de Finalidade. Não conhecemos a natureza desse passo, mas temos o conhecimento de três fatos para os quais chamamos a atenção:

1. Por meio dos registros, sabemos que os mortais são espíritos da primeira ordem durante a sua permanência nos setores menores; sabemos que avançam para a segunda ordem quando transladados para os setores maiores; e, para a terceira, quando vão adiante até os mundos centrais de aperfeiçoamento do superuniverso. Os mortais tornam-se espíritos quaternários, ou graduados, depois que atingem o sexto círculo de Havona, e tornam-se espíritos da quinta ordem quando encontram o Pai Universal. Depois disso, atingem o sexto estágio de existência do espírito, ao fazerem o juramento que os admite para sempre no compromisso eterno do Corpo de Finalidade Mortal.

Observamos que a classificação do espírito, ou a sua designação, tem sido determinada pelo avanço factual de um reino de serviço no universo para outro reino de serviço no universo, ou de um universo para outro universo; e supomos que o outorgamento da graduação, dado aos mortais do Corpo de Finalidade, enquanto sétimo espírito, será simultâneo ao seu avanço no compromisso eterno de serviço, em esferas até então não registradas nem reveladas, e concomitantemente com o seu alcance de Deus, o Supremo. Mas à parte essa conjectura ousada, realmente não sabemos muito mais do que vós sobre isso; o nosso conhecimento sobre a carreira mortal não vai adiante do seu destino atual no Paraíso.

2. Os finalitores mortais cumpriram plenamente as exigências dos tempos: "Sede perfeitos". Ascenderam pelo caminho universal da realização mortal; encontraram Deus, e foram devidamente aceitos no Corpo de Finalidade. Esses seres alcançaram o limite atual da progressão espiritual, mas não a *finalidade do último status do espírito*. Eles alcançaram o limite atual da perfeição da criatura, mas não a *finalidade do serviço da criatura*. Eles experienciaram a plenitude da adoração da Deidade, mas não a *finalidade da realização da Deidade experiencial*.

3. Os mortais glorificados do Corpo de Finalidade do Paraíso são seres ascendentes que têm posse do conhecimento experiencial de cada passo na factualização e na filosofia de vida mais plena possível da existência inteligente, pois durante as idades dessa ascensão, desde os mundos materiais mais baixos até as alturas espirituais do Paraíso, essas criaturas sobreviventes foram treinadas até o limite das suas capacidades, no que diz respeito a cada detalhe de todos os princípios divinos da administração justa e eficiente, bem como misericordiosa e paciente, de toda a criação universal do tempo e do espaço.

Consideramos que os seres humanos tenham direito de compartilhar das nossas opiniões; e que sois livres para conjecturar junto conosco a respeito do mistério do destino último do Corpo de Finalidade do Paraíso. Parece-nos evidente que as designações atuais das criaturas evolucionárias perfeccionadas sejam parte da natureza dos cursos de pós-graduação, na compreensão do universo e administração do superuniverso; e todos nós perguntamos: "Por que estariam os Deuses assim empenhados em treinar, de modo tão aprofundado, os mortais sobreviventes nas técnicas de governo do universo?"

4. OS SERAFINS ADOTADOS

A muitos dos fiéis guardiães seráficos dos mortais é permitido continuar as suas carreiras ascendentes junto com os seus pupilos humanos, e muitos desses anjos guardiães, depois de tornarem-se fusionados ao Pai, reúnem-se aos seus pupilos, fazendo com eles o juramento de finalitor da eternidade e aceitando, para sempre, o mesmo destino dos seus companheiros mortais. Os anjos que passam pela experiência ascendente dos seres mortais podem compartilhar do destino da natureza humana; podem, igual e eternamente, integrar-se a esse Corpo de Finalidade. Grandes números de serafins adotados e glorificados são designados para os vários corpos não mortais de finalitores.

5. OS FILHOS MATERIAIS GLORIFICADOS

Há disposições, nos universos do tempo e do espaço, por meio das quais os cidadãos adâmicos dos sistemas locais, quando há uma longa demora em receber as designações planetárias, podem iniciar uma petição para liberar-se do seu status de cidadania permanente. E se isso lhes for concedido, eles juntam-se aos peregrinos ascendentes nas capitais do universo e, de lá, prosseguem até o Paraíso e o Corpo de Finalidade.

Quando um mundo evolucionário avançado atinge as eras mais maduras da idade de luz e vida, os Filhos Materiais, o Adão e a Eva Planetários, podem escolher humanizar-se, receber Ajustadores e embarcar no curso evolucionário de ascensão no universo, que leva ao Corpo Mortal de Finalitores. Alguns desses Filhos Materiais têm fracassado parcialmente, ou falhado tecnicamente, na sua missão de aceleradores biológicos, como sucedeu com Adão em Urântia; e nesse caso são obrigados a retomar o curso natural dos povos do reino, receber Ajustadores, passar pela morte e progredir pela fé, no regime ascendente, alcançando posteriormente o Paraíso e o Corpo de Finalidade.

Esses Filhos Materiais não são encontrados em muitas companhias de finalitores. A sua presença empresta a esse grupo um grande potencial de possibilidades de serviço elevado, e são escolhidos invariavelmente como seus líderes. Se ambos os integrantes do par Edênico forem agregados ao mesmo grupo, a eles usualmente ser-lhes-á permitido funcionar em conjunto, como uma única personalidade. Esses pares ascendentes têm muito mais êxito na aventura da trinitarização do que os mortais ascendentes.

6. AS CRIATURAS INTERMEDIÁRIAS GLORIFICADAS

Em muitos planetas, as criaturas intermediárias são produzidas em grande número, contudo raramente permanecem no seu mundo nativo depois do seu estabelecimento em luz e vida. Assim, logo, ou um pouco depois, são liberadas do seu status de cidadania permanente e iniciam a ascensão ao Paraíso, passando pelos mundos moronciais, pelo superuniverso e por Havona, em companhia dos mortais do tempo e do espaço.

As criaturas intermediárias de vários universos diferem muito entre si, pela origem e natureza; mas todas se destinam a um ou a outro dos corpos de finalidade do Paraíso. As criaturas intermediárias secundárias, todas, fusionam-se com o Ajustador e finalmente se integram ao corpo mortal. Muitas companhias de finalitores têm um desses seres glorificados nos seus grupos.

7. OS EVANGELHOS DE LUZ

Na época atual, cada companhia de finalitores enumera 999 personalidades em status de juramento, como membros permanentes. O lugar vago é ocupado pelo dirigente agregado dos Evangelhos de Luz, designado para alguma missão singular. Mas estes seres são apenas membros transitórios do corpo.

Qualquer personalidade celeste designada para o serviço de algum corpo de finalitores é denominada Evangelho de Luz. Esses seres não fazem o juramento dos finalitores e, ainda que sujeitos à organização do corpo, não são de designação permanente. Tal grupo de seres pode abranger Mensageiros Solitários, supernafins, seconafins, Cidadãos do Paraíso, ou a sua progênie trinitarizada – qualquer ser necessário ao cumprimento de um compromisso finalitor transitório. Se o corpo deve, ou não, ter esses seres agregados para as missões eternas, não sabemos. Quando da conclusão desse compromisso, esses Evangelhos de Luz retomam o seu status anterior.

Do modo como o Corpo de Finalidade Mortal está constituído atualmente, existem apenas seis classes de membros permanentes. Os finalitores, como era de se esperar, fazem muitas suposições sobre a identidade dos seus futuros camaradas, mas há pouco consenso entre eles.

Nós, de Uversa, conjecturamos freqüentemente sobre a identidade do sétimo grupo de finalitores. Temos muitas idéias que abrangem os compromissos possíveis de alguns dos corpos cumulativos dos inúmeros grupos trinitizados no Paraíso, em Vicegérington e no circuito mais interno de Havona. Também se conjectura que ao Corpo de Finalidade pode ser permitido trinitizar muitos dos seus assistentes no trabalho da administração do universo, no caso em que eles se destinem ao serviço dos universos atualmente em formação.

Um de nós tem a opinião de que esse lugar vago no Corpo de Finalidade será ocupado por algum tipo de ser originado no novo universo do seu futuro serviço; os outros inclinam-se a crer que esse lugar será ocupado por algum tipo de personalidade do Paraíso, ainda não criada, manifestada ou trinitizada. Mas, muito provavelmente, teremos que esperar pelo ingresso dos finalitores no seu sétimo estágio de realização espiritual, antes de sabermos realmente.

8. OS TRANSCENDENTORES

Parte da experiência dos mortais perfeccionados no Paraíso, como finalitores, consiste no esforço para alcançar a compreensão da natureza e da função de mais de mil grupos de supracidadãos transcendentais do Paraíso, seres derivados, e de atributos absonitos. Na sua associação com essas suprapersonalidades, os finalitores ascendentes recebem uma grande ajuda, de guiamento útil, das inúmeras ordens de ministradores transcendentais que são designados para a tarefa de apresentar os finalitores evoluídos aos seus novos irmãos do Paraíso. E essa ordem, a dos Transcendentores, toda ela vive na região ocidental do Paraíso, em uma área imensa que ocupa com exclusividade.

Na exposição sobre os Transcendentores estamos restringidos, não apenas pelas limitações da compreensão humana, mas também pelos termos do mandado que governa as revelações sobre as personalidades do Paraíso. Esses seres não estão, de nenhum modo, ligados à ascensão dos mortais até Havona. A imensa hoste dos Transcendentores do Paraíso nada tem a ver com os assuntos de Havona nem com os dos sete superuniversos, estando eles empenhados apenas na supra-administração dos assuntos do universo-mestre.

Sendo criaturas, vós podeis conceber um Criador, mas dificilmente podeis compreender que exista uma agregação enorme e diversificada de seres inteligentes que não sejam nem Criadores nem criaturas. Esses Transcendentores não criam nenhum ser, e também nunca foram criados. Ao falar da sua origem, com o intuito de evitarmos usar um novo termo – uma designação arbitrária e sem sentido –, parece-nos melhor dizer que os Transcendentores simplesmente *derivam-se*, ou acontecem ou manifestam-se. O Absoluto da Deidade pode muito bem se haver ocupado da origem deles e pode estar implicado no seu destino, mas esses seres únicos não se encontram agora sob o domínio do Absoluto da Deidade. Estão sujeitos a Deus, o Último, e a sua atual permanência no Paraíso é, sob todos os aspectos, supervisionada e dirigida pela Trindade.

Embora todos os mortais que alcançam o Paraíso confraternizem-se freqüentemente com os Transcendentores, como o fazem com os Cidadãos do Paraíso, o primeiro contato sério de um humano com um Transcendentor ocorre naquela ocasião memorável em que, como membro de um novo grupo de finalitores, o mortal ascendente está no círculo de recepção dos finalitores, enquanto o juramento de eternidade à Trindade é administrado pelo dirigente dos Transcendentores, aquele que preside em nome dos Arquitetos do Universo-Mestre.

9. OS ARQUITETOS DO UNIVERSO-MESTRE

Os Arquitetos do Universo-Mestre são o corpo governante dos Transcendentores do Paraíso. Esse corpo governante tem 28 011 personalidades, seres absonitos supernos dotados de mentes mestras e magníficos espíritos. O presidente desse corpo magnífico, o Arquiteto Mestre sênior, é o dirigente coordenador de todas as inteligências do Paraíso, abaixo do nível da Deidade.

A décima sexta prescrição do mandado que autoriza estas narrativas diz: "Caso seja considerado prudente, a existência dos Arquitetos do Universo-Mestre e seres interassociados a eles poderá ser revelada, a sua origem, contudo, a sua natureza e destino não poderão ser plenamente revelados". Todavia, nós podemos informar-vos de que esses Arquitetos Mestres existem em sete níveis absonitos. Esses sete grupos são classificados do modo seguinte:

1. *O Nível do Paraíso*. Apenas o Arquiteto sênior ou o primeiro que foi manifestado funciona nesse nível absonito mais elevado. Essa personalidade última – nem Criador, nem criatura – foi um evento do alvorecer da eternidade e funciona agora como um coordenador raro do Paraíso e dos seus vinte e um mundos de atividades interligadas.

2. *O Nível de Havona*. A segunda manifestação dos Arquitetos produziu três mestres planejadores e administradores absonitos, que sempre se consagraram à coordenação das esferas perfeitas, em número de um bilhão, do universo central. A tradição do Paraíso afirma que esses três Arquitetos, sob o conselho do Arquiteto sênior, manifestado em um evento anterior, contribuíram para o planejamento de Havona, mas na realidade de nada sabemos.

3. *O Nível dos Superuniversos*. O terceiro nível absonito abrange os sete Arquitetos Mestres dos sete superuniversos, que agora, como um grupo, passam um tempo igual em companhia dos Sete Espíritos Mestres no Paraíso e com os Sete Executivos Supremos nos sete mundos especiais do Espírito Infinito. Eles são os supercoordenadores do grande universo.

4. *O Nível Espacial Primário*. Este grupo tem setenta Arquitetos, e nós supomos que se ocupem com os planos últimos do primeiro universo do espaço exterior, que está sendo agora mobilizado, além das fronteiras dos sete superuniversos existentes atualmente.

5. *O Nível Espacial Secundário*. Este quinto corpo de Arquitetos tem 490 membros e, novamente, supomos que eles devam ocupar-se com o segundo universo do espaço exterior, onde os nossos físicos já detectaram mobilizações definidas de energia.

6. *O Nível Espacial Terciário*. Este sexto grupo de Arquitetos Mestres tem 3 430 membros, e nós inferimos que, do mesmo modo, possam estar se ocupando com os planos gigantescos para o terceiro universo do espaço exterior.

7. *O Nível Espacial Quaternário*. Este, o último e maior dos corpos, consiste em 24 010 Arquitetos Mestres e, se as nossas suposições anteriores estiverem certas, deve relacionar-se ao quarto e último dos universos, sempre crescentes em tamanho, do espaço exterior.

Esses sete grupos de Arquitetos Mestres totalizam 28 011 planejadores do universo. No Paraíso há uma tradição de que, muito remotamente, na eternidade, houve uma tentativa de derivação do Arquiteto Mestre de número 28 012, mas tal ser fracassou em absonitizar-se, experienciando o seqüestro da sua personalidade pelo Absoluto Universal. É possível que a série ascendente dos Arquitetos Mestres haja alcançado o limite de absonitude no Arquiteto de número 28 011 e que a tentativa de número 28 012 haja encontrado o nível matemático da presença do Absoluto. Em outras palavras, no nível de derivação de número 28 012, a qualidade da absonitude já equivalia ao nível do Universal, tendo, pois, atingido a equivalência no nível Absoluto.

Na sua organização funcional, os três Arquitetos supervisores de Havona atuam como assistentes associados do Arquiteto solitário do Paraíso. Os sete Arquitetos dos superuniversos atuam como coordenados dos três supervisores de Havona. Os setenta planejadores dos universos, do nível primário do espaço exterior, atualmente se encontram no serviço de assistentes associados dos sete Arquitetos dos sete superuniversos.

Os Arquitetos do Universo-Mestre têm à sua disposição inúmeros grupos de assistentes e ajudantes, incluindo duas ordens, com imensos números, de organizadores da força: a dos derivados primários e a dos associados transcendentais. Esses Organizadores Mestres de Força não devem ser confundidos com os diretores de potência, que são próprios do grande universo.

Todos os seres criados pela união dos filhos do tempo e da eternidade, como a progênie trinitarizada dos finalitores e dos Cidadãos do Paraíso, tornam-se pupilos dos Arquitetos Mestres. Todavia, de todas as outras criaturas ou entidades reveladas, funcionando nos universos atualmente organizados, apenas os Mensageiros Solitários e os Espíritos Inspirados da Trindade mantêm alguma associação orgânica com os Transcendentores e com os Arquitetos do Universo-Mestre.

Os Arquitetos Mestres contribuem com a sua aprovação técnica nas designações dos Filhos Criadores para as suas obras, no espaço, de organização dos universos locais. Há uma estreita ligação entre os Arquitetos Mestres e os Filhos Criadores do Paraíso; e, ainda que essa relação não seja revelada, vós fostes informados sobre a associação dos Arquitetos com os Criadores Supremos do grande universo, na relação com a primeira Trindade experiencial. Esses dois grupos, junto com o Ser Supremo experiencial e em evolução, constituem a Última Trindade dos valores e dos significados transcendentais do universo-mestre.

10. A AVENTURA DO ÚLTIMO

O Arquiteto Mestre sênior tem a supervisão dos sete Corpos de Finalidade, que são:

1. O Corpo dos Finalitores Mortais.
2. O Corpo dos Finalitores do Paraíso.
3. O Corpo dos Finalitores Trinitarizados.
4. O Corpo dos Finalitores Conjuntamente Trinitarizados.
5. O Corpo dos Finalitores de Havona.

6. O Corpo dos Finalitores Transcendentais.

7. O Corpo dos Filhos Não Revelados do Destino.

Cada um desses corpos de destino tem um dirigente presidindo-o; e esses sete chefes constituem o Supremo Conselho de Destino no Paraíso; e, durante a idade atual do universo, Grandfanda é quem dirige esse corpo supremo, de designações, para os filhos do destino último, no universo.

A reunião desses sete corpos de finalitores significa uma mobilização da realidade dos potenciais, personalidades, mentes, espíritos, absonitos e factualidades experienciais as quais provavelmente transcendem até mesmo às funções do Ser Supremo no universo-mestre futuro. Esses sete corpos de finalitores significam provavelmente a atividade atual da Trindade Última, engajada na incorporação de forças do finito e do absonito na preparação de desenvolvimentos inimagináveis nos universos do espaço exterior. Nada que se assemelhe a essa mobilização ocorreu desde tempos próximos à eternidade, quando, então, a Trindade do Paraíso, de modo semelhante, mobilizou as personalidades existentes do Paraíso e Havona, incumbindo-as da função de administradoras e governantes dos sete superuniversos projetados, do tempo e do espaço. Os sete corpos de finalitores representam a resposta da divindade, no grande universo, às necessidades futuras dos potenciais não desenvolvidos nos universos exteriores de atividades futuro-eternas.

Aventuramo-nos a prognosticar futuros universos exteriores ainda maiores, de mundos habitados; novas esferas povoadas por novas ordens de seres raros e únicos, um universo material sublime na sua ultimidade, uma vasta criação carente apenas de um único detalhe de importância – a presença da *experiência finita* factual na vida universal da existência ascendente. Esse universo virá à existência sob uma limitação experiencial formidável: será privado da participação na evolução do Supremo Todo-Poderoso. Esses universos exteriores irão todos desfrutar do ministério incomparável e do supercontrole superno do Ser Supremo; no entanto, o próprio fato dessa presença ativa do Supremo exclui a participação deles na atualização da Deidade Suprema.

Durante a idade presente do universo, as personalidades em evolução do grande universo padecem de muitas dificuldades, devido à factualização incompleta da soberania de Deus, o Supremo; mas nós estamos todos compartilhando da experiência única da evolução dele. Nós evoluímos nele e ele evolui em nós. Em algum momento do futuro eterno, a evolução da Deidade Suprema tornar-se-á um fato completo na história do universo; e a oportunidade de participar dessa experiência maravilhosa terá ultrapassado o seu momento na atividade cósmica.

Contudo dentre nós aqueles que houverem adquirido tal experiência única, durante a juventude do universo, poderão guardá-la como um tesouro por toda a eternidade futura. E, muitos dentre nós, supomos que administrar esses universos exteriores, por meio de um esforço que compense as deficiências experienciais para aqueles que não houverem participado da evolução, no espaço-tempo, do Ser Supremo, pode ser a missão das reservas gradualmente acumuladas de mortais ascendentes e perfeiçoados do Corpo de Finalidade, em associação com os outros seis corpos, os quais, de um modo semelhante, recrutam seres.

Essas deficiências são inevitáveis em todos os níveis da existência no universo. Durante a idade presente do universo, nós, dos níveis mais elevados de existências espirituais, agora descemos para administrar os universos evolucionários e ministrar aos mortais ascendentes, tratando, assim, de compensar as suas deficiências nas realidades da experiência espiritual mais elevada.

Ainda que realmente nada saibamos sobre os planos dos Arquitetos do Universo-Mestre, quanto a essas criações exteriores, estamos certos sobre três coisas:

1. Há, de fato, um sistema vasto e novo, de universos, em organização gradual, nos domínios do espaço exterior. Novas ordens de criações físicas, de círculos enormes ou gigantescos, de universos e mais universos, acumulando-se para além das fronteiras atuais das criações povoadas e organizadas; e que são visíveis já, por meio dos vossos telescópios. Atualmente, essas criações exteriores são totalmente físicas; aparentemente estão desabitadas e parecem estar desprovidas da administração de criaturas.

2. Durante idades e idades, a mobilização, inexplicável e completamente misteriosa, em direção ao Paraíso, por parte dos seres perfeccionados e ascendentes do tempo e do espaço, interassociados a seis outros corpos de finalitores, tem tido continuidade.

3. Concomitantemente com essas transações, a Pessoa Suprema da Deidade está aumentando o seu poder enquanto soberana todo-poderosa das supercriações.

Do modo como encaramos esse desenvolvimento trino, abrangendo criaturas, universos e a Deidade, será que poderíamos ser criticados por anteciparmos que algo novo e não revelado esteja alcançando a sua culminância no universo-mestre? Não é natural que devêssemos associar essa mobilização, de toda uma idade, bem como essa organização de universos físicos, em uma escala até então desconhecida, e também o surgimento da personalidade do Ser Supremo, com esse esquema estupendo, que visa a elevar os mortais do tempo até a perfeição divina, e com a sua mobilização posterior, dentro do Paraíso, até os Corpos de Finalidade – designação e destino estes envolvidos em mistério universal? É uma crença crescente, em toda a Uversa, que os Corpos de Finalidade, ora sendo reunidos, se destinem a um serviço futuro nos universos do espaço exterior; onde já estamos sendo capazes de identificar agrupamentos de, pelo menos, setenta mil agregações de matéria, cada uma delas maior do que qualquer um dos superuniversos atuais.

Os mortais evolucionários nascem nos planetas do espaço, passam pelos mundos moronciais, ascendem aos universos do espírito, atravessam as esferas de Havona, encontram Deus, alcançam o Paraíso e são integrados ao Corpo primário de Finalidade; e ali aguardam pelo próximo compromisso de serviço no universo. Há seis outros corpos de finalidade em formação; e Grandfanda, o primeiro mortal ascendente, como dirigente, no Paraíso, preside a todas as ordens de finalitores. Ao contemplarmos esse espetáculo sublime, todos nós exclamamos: Que destino glorioso, para os filhos do tempo, de origem animal, os filhos materiais do espaço!

[Auspiciado conjuntamente por um Conselheiro Divino e por Um Sem Nome nem Número, autorizados a funcionarem assim pelos Anciães dos Dias de Uversa.]

* * * * *

Estes trinta e um documentos, descrevendo a natureza da Deidade, a realidade do Paraíso, a organização e o funcionamento do universo central e dos superuniversos, as personalidades do grande universo e o destino elevado dos mortais evolucionários, foram formulados e colocados em inglês sob os auspícios de uma alta comissão constituída de vinte e quatro administradores de Orvônton; atuando todos de acordo com um mandado emitido pelos Anciães dos Dias de Uversa, especificando que deveríamos fazer isso em Urântia, 606 de Satânia, em Norlatiadeque de Nébadon, no ano de 1934 d.C.

PARTE II

O UNIVERSO LOCAL

Promovido por um Corpo de Personalidades do Universo Local
de Nébadon, atuando com a autorização de
Gabriel de Sálvington.

PARTE II
O Universo Local

DOCUMENTO 32

A EVOLUÇÃO DOS UNIVERSOS LOCAIS

U M UNIVERSO local é obra pessoal de um Filho Criador do Paraíso, da ordem dos Michaéis. Consta de cem constelações, das quais cada uma abrange cem sistemas de mundos habitados. Cada sistema conterá, afinal, aproximadamente mil esferas habitadas.

Esses universos do tempo e do espaço são todos evolucionários. O plano criador dos Michaéis do Paraíso segue sempre o caminho da evolução gradual e do desenvolvimento progressivo das naturezas e capacidades físicas, intelectuais e espirituais das múltiplas criaturas que habitam as variadas ordens de esferas compreendidas em um universo local.

Urântia pertence a um universo local cujo soberano é o Deus-homem de Nébadon, Jesus de Nazaré e Michael de Sálvington. E todos os planos de Michael para esse universo local foram integralmente aprovados pela Trindade do Paraíso, antes que ele embarcasse na suprema aventura do espaço.

Os Filhos de Deus podem escolher os domínios das suas atividades de criador; essas criações materiais, contudo, foram originalmente projetadas e planejadas pelos Arquitetos do Universo-Mestre do Paraíso.

1. O SURGIMENTO FÍSICO DOS UNIVERSOS

As manipulações pré-universais da força-espaço e das energias primordiais são um trabalho dos Mestres Organizadores da Força do Paraíso; mas, nos domínios do superuniverso, quando as energias emergentes tornam-se sensíveis à gravidade linear ou local, os Organizadores da Força retiram-se, deixando a obra nas mãos dos diretores de potência do superuniverso envolvido.

Esses diretores de potência funcionam, isoladamente, nas fases pré-materiais e nas fases pós-força da criação de um universo local. Um Filho Criador não tem a possibilidade de iniciar a organização do universo antes que os diretores de potência hajam efetuado a mobilização de energias-do-espaço suficientes para proporcionar uma base material – sóis reais e esferas materiais – ao universo que emerge.

Os universos locais têm, todos, aproximadamente, o mesmo potencial de energia, embora as suas dimensões físicas possam diferir grandemente e de haver, de tempos em tempos, variado o seu conteúdo de matéria visível. A carga de potência e a dotação de matéria em potencial, de um universo local, são determinadas pelas manipulações dos diretores de potência e seus predecessores, bem como pelas atividades do Filho Criador e pela dotação de controle físico inerente que os seus colaboradores criativos possuam.

A carga de energia de um universo local é de aproximadamente uma centésima milésima parte da dotação de força do seu superuniverso. No caso de Nébadon, o vosso universo local, a materialização da massa é ligeiramente menor do que isso. Em termos físicos, Nébadon possui todas as dotações físicas de energia e matéria que podem ser encontradas em qualquer das criações locais de Orvônton. A única limitação física à expansão do desenvolvimento do universo de Nébadon consiste na carga quantitativa de energia-de-espaço mantida cativa pelo controle da gravidade dos poderes conjugados e personalidades do mecanismo combinado do universo.

Quando a matéria-energia houver atingido um certo estágio de materialização de massa, um Filho Criador do Paraíso surge em cena, acompanhado por uma Filha Criativa do Espírito Infinito. Simultaneamente com a chegada do Filho Criador, começa o trabalho na esfera arquitetônica que está para transformar-se no mundo sede-central desse universo local projetado. Por longas idades, essa criação local evolui; sóis tornam-se estabilizados, planetas formam-se e entram em órbitas próprias, enquanto continua o trabalho de criar os mundos arquitetônicos que irão servir como sedes-centrais das constelações e capitais de sistema.

2. A ORGANIZAÇÃO DO UNIVERSO

Os Filhos Criadores são precedidos, na organização do universo, pelos diretores de potência e outros seres originários da Terceira Fonte e Centro. Das energias do espaço, assim previamente organizadas, Michael, o vosso Filho Criador, estabeleceu os reinos habitados do universo de Nébadon e, desde então, tem estado diligentemente devotado à administração desses reinos. Da energia preexistente, esse Filho divino materializa a matéria visível, projeta as criaturas vivas e, com a cooperação da presença do Espírito Infinito no universo, cria um corpo diversificado de personalidades espirituais.

Esses diretores de potência e controladores de energia, que em muito antecederam ao Filho Criador, nos trabalhos físicos preliminares de organização do universo, servem, mais tarde, em uma ligação magnífica com esse Filho do Universo, permanecendo, para sempre, no controle conjunto das energias que originalmente organizaram e colocaram em circuito. Em Sálvington, funcionam agora os mesmos cem centros de potência que cooperaram com o vosso Filho Criador na formação original deste universo local.

O primeiro ato completo de criação física em Nébadon consistiu na organização do mundo sede-central, a esfera arquitetônica de Sálvington, com os seus satélites. Desde a época dos passos iniciais dos centros de potência e dos controladores físicos, até a chegada nas esferas terminadas e completas de Sálvington, do corpo vivente de assessoramento, houve um intervalo de um pouco mais de um bilhão de anos do vosso tempo atual planetário. A construção de Sálvington foi imediatamente seguida da criação dos cem mundos sedes-centrais das constelações projetadas e das dez mil esferas-sede dos sistemas locais projetados, de controle e administração planetários, junto com os seus satélites arquitetônicos. Esses mundos arquitetônicos são destinados a acomodar tanto as personalidades físicas quanto as personalidades espirituais, bem como os seres em estados moronciais intermediários ou em estágios de transição da existência.

Sálvington, a sede-central de Nébadon, está situada no centro exato da massa-energia do universo local. O vosso universo local, contudo, não é um sistema astronômico simples e, no seu centro físico, existe ainda um sistema imenso.

Sálvington é a sede-central pessoal de Michael de Nébadon, mas ele não será sempre encontrado ali. Embora o funcionamento harmonioso do vosso universo local não requisite mais a presença fixa do Filho Criador na sua esfera-capital, não foi assim nas épocas anteriores de organização física. Um Filho Criador não pode deixar o seu mundo sede-central até o momento em que a estabilização gravitacional do reino haja sido efetivada, por intermédio da materialização de energia suficiente para capacitar os vários circuitos e sistemas a se contrabalançarem entre si, por atração material mútua.

O plano físico de um universo logo ficará completo, e o Filho Criador, em associação com o Espírito Criativo Materno, projeta o seu plano de criação da vida; e, conseqüentemente, essa representante do Espírito Infinito começa a sua função no universo, como uma personalidade criativa distinta. Quando o primeiro ato criativo é formulado e executado, vem à existência o Brilhante Estrela Matutino, a personificação do conceito inicial criativo de identidade e ideal de divindade. Este é o comandante executivo do universo, o colaborador pessoal do Filho Criador; e ele é uno com este Filho em todos os aspectos do caráter, ainda que nitidamente limitado quanto aos atributos de divindade.

E agora que está providenciado o braço direito, o dirigente executivo do Filho Criador, em seguida se dá a vinda à existência de um vasto e maravilhoso conjunto de criaturas diversas. Os filhos e filhas do universo local vão surgindo e, logo em seguida, é provido o governo para essa criação, que se estende desde os conselhos supremos do universo aos pais das constelações e aos soberanos dos sistemas locais – que são agregações daqueles mundos destinados a se transformar em seguida nas moradas das várias raças mortais, das criaturas de vontade; e cada um desses mundos será presidido por um Príncipe Planetário.

E então, quando esse universo houver sido assim tão completamente organizado e plenamente povoado, o Filho Criador inicia a proposta do Pai de criar o homem mortal à sua imagem e semelhança divinas.

A organização das moradas planetárias está ainda em andamento em Nébadon, pois este universo é, de fato, um agrupamento jovem nos reinos estelares e planetários de Orvônton. No último registro, em Nébadon havia 3 840 101 planetas habitados, e Satânia, o sistema local do vosso mundo, é claramente típico entre todos os outros sistemas.

Satânia não é um sistema fisicamente uniforme, nem uma unidade ou organização astronômica simples. Os seus 619 mundos habitados estão localizados em mais de quinhentos sistemas físicos diferentes. Apenas cinco têm mais do que dois mundos habitados e, destes, apenas um tem quatro planetas habitados; enquanto há quarenta e seis que têm dois mundos habitados.

O sistema de Satânia, de mundos habitados, está muito afastado de Uversa e daquele grande agrupamento de sóis que funciona como o centro físico ou astronômico do sétimo superuniverso. De Jerusém, sede-central de Satânia, até o centro físico do superuniverso de Orvônton, que fica bastante longe, no diâmetro denso da Via Láctea, são mais de duzentos mil anos-luz. Satânia está na periferia do universo local; e Nébadon, no momento, está bem para fora, na direção da extremidade de Orvônton.

Do sistema mais exterior de mundos habitados até o centro do superuniverso há um pouco menos do que duzentos e cinqüenta mil anos luz.

O universo de Nébadon se move atualmente para o extremo sul e leste, no circuito do superuniverso de Orvônton. Os universos vizinhos mais próximos são: Ávalon, Hênselon, Sânselon, Pórtalon, Wolvering, Fánoving e Álvoring.

Todavia a evolução de um universo local é uma longa narrativa. Documentos tratando do superuniverso apresentam o assunto, como os desta seção, tratando das criações locais, e prosseguem; enquanto os que se seguem, abordando a história e o destino de Urântia, completam a narrativa. Porém, vós só podereis compreender adequadamente o destino dos mortais de tal criação local se fizerdes uma leitura profunda das narrativas da vida e dos ensinamentos do vosso Filho Criador, de quando ele certa vez viveu a vida como um homem, à semelhança da carne mortal, no vosso próprio mundo evolucionário.

3. A IDÉIA EVOLUCIONÁRIA

A única criação que se encontra perfeitamente estabelecida é Havona, o universo central, que foi feito diretamente pelo pensamento do Pai Universal e pelo verbo do Filho Eterno. Havona é um universo existencial perfeito e completo, que fica em torno da morada das Deidades eternas: o centro de todas as coisas. As criações dos sete superuniversos são finitas, evolucionárias e coerentemente progressivas.

Os sistemas físicos do tempo e do espaço são todos de origem evolucionária. Eles não estão estabilizados nem mesmo fisicamente, não antes de entrarem em circuitos estabelecidos nos seus superuniversos. E um universo local também só se estabelece em luz e vida depois que as suas possibilidades físicas de expansão e desenvolvimento se hajam esgotado, e quando o status espiritual de todos os seus mundos habitados haja sido, para sempre, estabelecido e estabilizado.

Exceto no universo central, a perfeição é alcançada progressivamente. Na criação central, temos um modelo de perfeição; todos os outros reinos, todavia, devem alcançar a perfeição pelos métodos estabelecidos, em particular, para o avanço dos mundos ou universos. E uma variedade quase infinita caracteriza os planos dos Filhos Criadores para organizar, fazer evoluir, disciplinar e estabelecer os seus respectivos universos locais.

À exceção da presença da deidade do Pai, cada universo local é, em um certo sentido, uma duplicação da organização administrativa da criação central ou modelo. Embora o Pai Universal esteja pessoalmente presente no Seu universo de residência, Ele não reside nas mentes dos seres que se originam naquele universo Dele, do modo como literalmente Ele reside nas almas dos mortais do tempo e do espaço. Parece haver uma compensação infinitamente sábia no ajuste e na regulamentação dos assuntos espirituais da imensa criação. No universo central, o Pai está pessoalmente presente, como tal, mas está ausente nas mentes dos filhos daquela criação perfeita. Nos universos do espaço, a pessoa do Pai está ausente, sendo representada pelos seus Filhos Soberanos; todavia, Ele está intimamente presente nas mentes dos Seus filhos mortais, sendo representado, espiritualmente, pela presença pré-pessoal dos Monitores Misteriosos, os quais residem nas mentes das criaturas de vontade.

Nas sedes-centrais de um universo local, residem todas as personalidades criadoras e criativas que representam a autoridade administrativa independente e autônoma, excetuando-se a presença pessoal do Pai Universal. No universo local pode-se encontrar algo de cada uma e alguém de quase todas as classes de seres inteligentes que existem no universo central, excetuando-se o Pai Universal. Ainda que o Pai Universal não esteja pessoalmente presente em um universo local, Ele está representado pessoalmente pelo Seu Filho Criador, que é, por algum tempo, o vice-regente de Deus e, em seguida, o governante soberano e supremo por direito próprio.

Quanto mais a fundo descermos, na escala da vida, mais difícil torna-se localizar o Pai invisível, com o olho da fé. As criaturas inferiores – e algumas vezes até mesmo as personalidades mais elevadas – acham sempre difícil visualizar o Pai Universal nos seus Filhos Criadores. E assim, até chegar o momento da sua elevação espiritual, quando então a perfeição do desenvolvimento irá capacitá-las a ver Deus em pessoa, elas ficam cansadas, na progressão, alimentam dúvidas espirituais, caem em confusão, isolando-se assim das metas espirituais progressivas do seu tempo e universo. Dessa maneira, elas perdem a capacidade de ver o Pai, quando contemplam o Filho Criador. A salvaguarda mais segura, para a criatura, na longa luta a fim de alcançar o Pai, durante a época em que as condições inerentes tornam esse alcance de realização impossível, é agarrar-se, com tenacidade, ao fato de a verdade da presença do Pai estar nos seus Filhos. Literal e figurativamente, espiritual e pessoalmente, o Pai e os Filhos são Um. É um fato: aquele que houver visto um Filho Criador terá visto o Pai.

As personalidades de um dado universo são estabelecidas e confiáveis, no princípio, apenas de acordo com o seu grau de afinidade com a Deidade. Quando a origem da criatura está bastante distante das Fontes divinas e originais, seja dos Filhos de Deus, seja das criaturas de ministração que pertencem ao Espírito Infinito, mais possibilidade há de desarmonia, de confusão e, algumas vezes, de rebelião – ou pecado.

Excetuando-se os seres perfeitos, originários da Deidade, todas as criaturas de vontade, nos superuniversos, são de natureza evolucionária; começam pelo estado inferior e escalam sempre para cima, na realidade, para dentro. Mesmo as personalidades altamente espirituais continuam a ascender na escala da vida, por meio de translações progressivas, de vida a vida, e de esfera a esfera. E, no caso daqueles que acolhem os Monitores Misteriosos, não há de fato limites às alturas possíveis para a sua ascensão espiritual e para a sua realização no universo.

A perfeição das criaturas do tempo, quando finalmente alcançada, é integralmente uma conquista e uma posse de boa-fé da personalidade. Se bem que os elementos da graça estejam sendo ministrados livremente, ainda assim as realizações das criaturas são resultado dos seus esforços individuais, das suas vivências reais e da reação da personalidade ao ambiente existente.

O fato de a origem do ser evolucionário ser animal não constitui estigma para qualquer personalidade, aos olhos do universo, pois é esse o método exclusivo de produzir-se um dos dois tipos básicos de criaturas volitivas de inteligência finita. Quando as alturas da perfeição e da eternidade são alcançadas, mais honras haverá, então, para aqueles que começaram mais por baixo e escalaram, com alegria, os degraus da vida, de luta em luta; e tais seres, ao alcançar as alturas da glória, haverão adquirido uma experiência pessoal que incorpora um conhecimento factual de cada fase da vida, desde o ponto mais baixo até o mais alto.

Em tudo isso, a sabedoria dos Criadores é mostrada. Seria igualmente fácil para o Pai Universal gerar todos os mortais como seres perfeitos; concedendo-lhes a perfeição pela sua palavra divina. Mas isso os privaria da experiência maravilhosa, da aventura da educação e aperfeiçoamento, associados à longa e gradual ascensão para o interior; experiência esta a ser provada apenas por aqueles afortunados que começam do ponto mais baixo possível na existência vivente.

Os universos que giram em torno de Havona foram providos com um número de criaturas suficientemente perfeitas apenas para fazer face à necessidade de guias instrutores, modelos para aqueles que estão ascendendo na escala evolucionária da vida.

A natureza experimental do tipo evolucionário de personalidade é o complemento cósmico natural para as naturezas sempre perfeitas das criaturas do Paraíso-Havona. Na realidade, tanto as criaturas perfeitas quanto as perfeccionadas são incompletas no que diz respeito à amplidão da totalidade finita. Contudo, na associação complementar das criaturas existencialmente perfeitas, do sistema Paraíso-Havona, com os finalitores experiencialmente perfeccionados, os quais ascenderam vindos dos universos evolucionários, ambos os tipos encontram liberação das suas limitações inerentes, podendo assim intentar conjuntamente alcançar as alturas sublimes do status último da criatura.

Essas transações entre as criaturas são repercussões, no universo, de ações e de reações, dentro da Deidade Sétupla, na qual a eterna divindade da Trindade do Paraíso apresenta-se conjugada à divindade em evolução dos Criadores Supremos dos universos do espaço-tempo, por meio do poder de realização da Deidade do Ser Supremo, realizável nela e por meio dela.

As criaturas divinamente perfeitas e as criaturas evolucionariamente perfeccionadas são equivalentes, em grau de potencialidade de divindade, mas diferem em espécie. Cada uma deve depender da outra para alcançar a supremacia no serviço. Os superuniversos evolucionários dependem do universo perfeito de Havona, para proverem o aperfeiçoamento final aos seus cidadãos ascendentes; e, por sua vez, também o universo central perfeito necessita da existência dos superuniversos que se perfeccionam, para prover o desenvolvimento integral aos seus habitantes descendentes.

As duas manifestações primordiais da realidade finita, a perfeição inata e a perfeição vinda da evolução, sejam elas de personalidades ou de universos, são coordenadas, interdependentes e integradas. Cada uma necessita da outra para completar-se, na função, no serviço e no destino.

4. A RELAÇÃO DE DEUS COM UM UNIVERSO LOCAL

Pelo fato de o Pai Universal haver delegado tanto de Si próprio e do Seu poder a outros, não deveis alimentar a idéia de que Ele seja um membro silencioso ou inativo na conjunção das Deidades. À parte os domínios da personalidade e o outorgamento do Ajustador, aparentemente, Ele é a menos ativa das Deidades do Paraíso, pois Ele permite aos seus coordenados na Deidade, aos seus Filhos e inúmeras inteligências criadas atuarem tão amplamente na execução do Seu propósito eterno. Ele é o membro silencioso do Trio criador, mas apenas no sentido de que Ele jamais faz nada daquilo que qualquer dos colaboradores coordenados ou subordinados possa fazer.

Deus possui pleno entendimento da necessidade que cada criatura inteligente tem, de funcionar e experimentar e, em todas as situações, sejam elas ligadas ao destino de um universo ou ao bem-estar da mais humilde das Suas criaturas, portanto, Deus abstém-se da atividade, para que a galáxia das personalidades criadas e Criadoras possa atuar, e elas, inerentemente, intervêm entre Ele próprio e qualquer situação ou evento criativo no universo. Todavia, apesar dessa abstenção, dessa exibição de coordenação infinita, há, da parte de Deus, uma participação factual, real e pessoal, nesses eventos, por meio de tantas agências e personalidades ordenadas, e nelas. O Pai está trabalhando em todos esses canais, e por meio deles, para o bem-estar de toda a Sua vastíssima criação.

No que concerne às políticas, à condução e administração de um universo local, o Pai Universal atua na pessoa do seu Filho Criador. O Pai não interfere jamais, seja na inter-relação entre os Filhos de Deus, seja nas associações grupais das personalidades com origem na Terceira Fonte e Centro, ou ainda, na relação entre quaisquer outras criaturas, tais como os seres humanos. A lei do Filho Criador, o governo dos

Pais da Constelação, dos Soberanos dos Sistemas e dos Príncipes Planetários – as políticas e os procedimentos ordenados para tal universo – sempre prevalecem. Não há divisão na autoridade; jamais há algum conflito entre o poder e o propósito divino. As Deidades estão em unanimidade perfeita e eterna.

O governo do Filho Criador é supremo em todas as questões ligadas a associações éticas, nas relações entre dois grupos quaisquer de criaturas ou dois ou mais indivíduos, de qualquer grupo particular; mas um plano como esse não significa que o Pai Universal não possa intervir, à sua maneira própria, e fazer a qualquer *criatura individual* aquilo que satisfizer à mente divina, em toda a criação, de acordo com o status atual de um tal indivíduo ou as suas perspectivas futuras, e conforme o plano eterno do Pai e Seu propósito infinito.

Nas criaturas mortais volitivas, o Pai está efetivamente presente por meio do Ajustador residente, um fragmento do Seu espírito pré-pessoal; e o Pai é também a fonte da personalidade de cada criatura volitiva mortal.

Esses Ajustadores do Pensamento, dádivas do Pai Universal, estão relativamente isolados; eles residem nas mentes humanas, mas não têm nenhuma relação discernível com os assuntos éticos de uma criação local. Eles não estão diretamente coordenados ao serviço seráfico, nem à administração dos sistemas, constelações ou universo local, nem mesmo ao governo de um Filho Criador, cuja vontade é a lei suprema do seu universo.

Os Ajustadores residentes são uma das formas isoladas, mas unificadas, do contato de Deus com as criaturas da sua criação quase infinita. Assim, Ele, que é invisível aos mortais, manifesta a Sua presença e, caso pudesse, Ele mostrar-Se-ia a nós de outros modos ainda, mas essa outra revelação deixa de ser divinamente possível.

Nós podemos perceber e entender o mecanismo pelo qual os Filhos desfrutam de um conhecimento íntimo e completo sobre os universos da sua jurisdição; mas não podemos compreender plenamente os métodos por meio dos quais Deus se mantém tão plena e pessoalmente familiarizado com os detalhes do universo dos universos, se bem que, pelo menos, podemos reconhecer a via por meio da qual o Pai Universal pode receber informações a respeito dos seres da Sua imensa criação e manifestar-lhes a Sua presença. Por intermédio do circuito da personalidade, o Pai torna-se sabedor – tem conhecimento pessoal – de todos os pensamentos e atos de todos os seres, em todos os sistemas, de todos os universos, em toda a criação. Embora não possamos compreender totalmente essa técnica de comunhão de Deus com os Seus filhos, a nossa certeza de que o "Senhor conhece os Seus filhos" acaba sempre fortalecida, como também a de que, sobre cada um de nós, "Ele toma nota sobre onde nascemos".

No vosso universo e no vosso coração, o Pai Universal está presente, espiritualmente falando, por meio de um dos Sete Espíritos Mestres da morada central e, especificamente, por meio do Ajustador divino que vive, opera e aguarda nas profundezas da mente mortal.

Deus não é uma personalidade autocentrada; o Pai distribui-Se livremente a Si próprio, à Sua criação e às Suas criaturas. Ele vive e atua, não apenas nas Deidades, mas também nos Seus Filhos, a quem Ele confia que tudo façam que lhes seja divinamente possível fazer. O Pai Universal verdadeiramente despojou-se de todas funções que possam ser executadas por um outro ser. E isso é tão verdadeiro para o homem mortal quanto o é para o Filho Criador que governa no lugar de Deus, nas sedes-centrais de um universo local. E assim presenciamos os efeitos do amor ideal e infinito do Pai Universal.

Por essa outorga universal de Si próprio, temos provas abundantes, tanto da magnitude, quanto da magnanimidade da natureza divina do Pai. Se Deus se houver abstido de dar algo de Si mesmo à criação universal, então, desse resíduo, Ele está generosamente concedendo os Ajustadores do Pensamento aos mortais dos reinos, esses Monitores Misteriosos do tempo, que tão pacientemente residem nos candidatos mortais à vida eterna.

Pai Universal disseminou a Si próprio, por assim dizer, para enriquecer toda a criação, com a posse da personalidade e com o potencial de alcance espiritual. Deus deu-Se a Si próprio a nós, para que possamos ser como Ele; e o que Ele reservou a Si próprio, de poder e de glória, foi apenas aquilo que é necessário para a manutenção daquelas coisas por cujo amor, assim, Ele despojou-Se de tudo o mais.

5. O PROPÓSITO ETERNO E DIVINO

Há um propósito grande e glorioso na marcha dos universos pelo espaço. Toda a vossa luta mortal não é em vão. Somos todos parte de um plano colossal, de uma obra gigantesca; e é a vastidão desse empreendimento que torna impossível ver grande parte dele de uma só vez e durante qualquer das vidas. Somos todos uma parte de um projeto eterno que os Deuses estão supervisionando e executando. Todo o mecanismo maravilhoso e universal move-se majestosamente no espaço, ao compasso da música do pensamento infinito e do propósito eterno da Primeira Grande Fonte e Centro.

O propósito eterno do Deus eterno é um ideal espiritual muito elevado. Os acontecimentos do tempo e as lutas da existência material não são senão um andaime transitório, a fazer uma ponte para o outro lado, para a terra prometida da realidade espiritual e da existência superna. Evidentemente, vós, mortais, achais difícil compreender a idéia de um propósito eterno; sois virtualmente incapazes de compreender o pensamento da eternidade, algo que jamais começa nem acaba. Pois tudo o que vos é familiar tem um final.

Quanto a uma vida individual, à duração de um reino, ou à cronologia de qualquer série de eventos relacionados, pareceria que estamos lidando com um trecho isolado do tempo; tudo parece ter um começo e um fim. E pareceria que tal série de experiências, vidas, idades ou épocas, quando arranjadas sucessivamente, constituiriam um caminho direto, um evento isolado no tempo que passa momentaneamente, como um relâmpago diante da face infinita da eternidade. Mas, quando olhamos para tudo isso por detrás dos bastidores, uma visão mais abrangente e uma compreensão mais completa sugerem que essa explicação seja inadequada, disparatada e completamente inapropriada para explicar, com propriedade, e também para correlacionar as transações do tempo aos propósitos fundamentais e às reações básicas da eternidade.

A mim me parece mais adequado, aos propósitos de uma explicação à mente mortal, conceber a eternidade como um ciclo, e o propósito eterno, como um círculo sem fim; o ciclo da eternidade, de algum modo sincronizado com os ciclos materiais transitórios do tempo. No que diz respeito aos setores do tempo ligados ao ciclo da eternidade e formando uma parte dela, somos forçados a reconhecer que essas épocas temporárias nascem, vivem e passam exatamente como os seres temporários do tempo nascem, vivem e morrem. A maior parte dos seres humanos morre porque, não havendo conseguido alcançar o nível espiritual para a fusão com o Ajustador, a metamorfose da morte passa a ser o único procedimento possível por meio do qual podem escapar das correntes do tempo e das amarras da criação material, tornando-se, assim, capacitados a dar o passo espiritual junto com a procissão progressiva da eternidade. Tendo sobrevivido à vida de provas do tempo e da existência material, torna-se possível, para vós, continuardes em contato com a eternidade e, mesmo, como parte dela, girando para sempre com os mundos do espaço em torno do ciclo das idades eternas.

Os setores do tempo são como lampejos da personalidade, na forma temporal; aparecem por uma estação e então se perdem da vista humana, para apenas ressurgirem como agentes e fatores novos da continuidade na vida mais elevada, no giro sem fim em volta do círculo eterno. A eternidade dificilmente pode ser concebida como um percurso em linha reta, por causa da nossa crença em um universo delimitado que se move em um círculo imenso e alongado em torno do local central, a morada do Pai Universal.

Francamente, a eternidade é incompreensível à mente finita do tempo. Vós simplesmente não a podeis captar; vós não a podeis compreender. Eu não a visualizo completamente e, ainda que o fizesse, a mim me seria impossível transmitir minha idéia à mente humana. Contudo, fiz o melhor que podia para retratar alguma coisa do nosso ponto de vista, para contar-vos algo do nosso entendimento das coisas eternas. Estou tentando ajudar-vos na cristalização dos vossos pensamentos sobre tais valores de natureza infinita e de importância eterna.

Há, na mente de Deus, um plano que abraça cada criatura de todos os seus imensos domínios; e esse plano é um propósito eterno de oportunidades sem fronteiras, de progresso ilimitado e vida eterna. E os tesouros infinitos dessa carreira sem par lá estão, para recompensar a vossa luta!

A meta da eternidade está adiante! A aventura de alcançar a divindade está diante de vós! A corrida da perfeição está em curso! Todo ser desejoso de participar poderá fazê-lo, e uma vitória certa irá coroar os esforços de qualquer ser humano, nessa corrida de fé e confiança, dependente em cada passo, do caminho, da orientação do Ajustador residente e do guiamento do espírito bom do Filho do Universo, que tão generosamente foi vertido sobre toda a carne.

[Apresentado por um Mensageiro Poderoso, temporariamente agregado ao Conselho Supremo de Nébadon e designado para esta missão por Gabriel de Sálvington.]

DOCUMENTO 33

A ADMINISTRAÇÃO DO UNIVERSO LOCAL

EMBORA, com toda a certeza, o Pai Universal governe a Sua vasta criação, Ele funciona, na administração de um universo local, por intermédio da pessoa do Filho Criador. Nem o Pai atua, pessoalmente, de outro modo, nos assuntos administrativos de um universo local. Esses assuntos são confiados ao Filho Criador e ao Espírito Materno do universo local e aos múltiplos filhos deles. Os planos, as políticas e os atos administrativos no universo local são formados e executados por esse Filho, que, conjuntamente com o seu Espírito Materno coligado, delega o poder executivo a Gabriel e a autoridade da jurisdição aos Pais da Constelação, aos Soberanos dos Sistemas e aos Príncipes Planetários.

1. MICHAEL DE NÉBADON

O nosso Filho Criador é a personificação do conceito original de número 611.121, de identidade infinita, com origem simultânea no Pai Universal e no Filho Eterno. Michael de Nébadon é "Filho único", é aquele que personaliza o 611.121° conceito universal de divindade e infinitude. A sua sede-central está na mansão tríplice de luz, em Sálvington. E tal morada encontra-se assim determinada e ordenada porque Michael experienciou a vida em todas as três fases de existência da criatura inteligente: espiritual, moroncial e material. Em vista do nome associado à sua auto-outorga sétima e final, em Urântia, algumas vezes é chamado de Cristo Michael.

O nosso Filho Criador não é o Filho Eterno, o coligado existencial no Paraíso, do Pai Universal e do Espírito Infinito. Michael de Nébadon não é um membro da Trindade do Paraíso. Entretanto, o nosso Filho Mestre possui, no seu reino, todos os atributos e poderes divinos que o próprio Filho Eterno manifestaria, estivesse Ele efetivamente presente em Sálvington e atuando em Nébadon. Michael possui, ainda, um poder e uma autoridade adicionais, pois não apenas personifica o Filho Eterno, como também representa plenamente o Pai Universal; e, efetivamente, incorpora a presença da personalidade do Pai em todo, e para todo, este universo local. Além disso, representa Pai-e-Filho. Esses relacionamentos fazem de um Filho Criador o mais poderoso, versátil e influente de todos os seres divinos capazes de exercer administração direta sobre os universos evolucionários e realizar um contato de personalidade com os seres imaturos criados.

O nosso Filho Criador exerce o mesmo poder de atração espiritual, a mesma gravidade espiritual, a partir da sede-central do universo local, que o Filho Eterno do Paraíso exerceria caso Ele estivesse pessoalmente presente em Sálvington; e *mais*, esse Filho do Universo é também a personificação do Pai Universal para o universo de Nébadon. Os Filhos Criadores são centros de personalidade para as forças espirituais de Pai-e-Filho do Paraíso. Os Filhos Criadores são as focalizações finais do poder de personalidade, dos poderosos atributos, no espaço-tempo, de Deus, o Sétuplo.

O Filho Criador é a personalização de vice-regente do Pai Universal, o coordenado divino do Filho Eterno e o coligado criativo do Espírito Infinito. Para o nosso universo, e para todos os seus mundos habitados, tal Filho Soberano, em todos os intentos e para todos os propósitos práticos, é Deus. Ele personifica todas as Deidades do Paraíso que os mortais em evolução podem compreender por meio do próprio discernimento. Este Filho e o seu Espírito Materno coligado *são* os vossos pais criadores. Para vós, Michael, o Filho Criador, é a personalidade suprema; para vós, o Filho Eterno é super-supremo – uma personalidade de Deidade infinita.

Na pessoa do Filho Criador, nós temos um governante e um pai divino, que é tão poderoso, eficaz e beneficente, quanto o seriam o Pai Universal e o Filho Eterno, caso ambos estivessem presentes em Sálvington, e engajados na administração dos assuntos do universo de Nébadon.

2. O SOBERANO DE NÉBADON

A observação dos Filhos Criadores revela que alguns se parecem mais com o Pai, alguns com o Filho, enquanto outros são como a mistura de ambos os seus Pais infinitos. O nosso Filho Criador manifesta, muito claramente, traços e atributos que se assemelham mais ao Filho Eterno.

Michael escolheu organizar este universo local; e agora ele é o seu soberano em supremacia. O seu poder pessoal é limitado pelos circuitos de gravidade preexistentes, centrados no Paraíso; e pela reserva feita pelos Anciães dos Dias, no governo do superuniverso, de efetuar todos os julgamentos executivos finais referentes à extinção de personalidades. A personalidade é uma dádiva do Pai, unicamente, mas os Filhos Criadores, com a aprovação do Filho Eterno, iniciam novos projetos de criaturas e, com a cooperação do trabalho dos seus Espíritos Maternos coligados, eles podem intentar novas transformações de matéria-energia.

Michael é a personificação de Pai-Filho do Paraíso para o universo local de Nébadon; portanto, quando o Espírito Criativo Materno, a representação do Espírito Infinito no universo local, subordinou-se a Cristo Michael, quando do retorno da sua auto-outorga final em Urântia, o Filho Mestre, conseqüentemente, conquistou a soberania sobre a sua jurisdição com "todo o poder no céu e na Terra".

Essa subordinação das Ministras Divinas aos Filhos Criadores dos universos locais faz de tais Filhos Mestres os depositários pessoais da divindade finitamente manifestável de Pai-Filho-e-Espírito; e as experiências dos Michaéis em auto-outorgas, enquanto criaturas, qualificam-nos para representar a divindade experiencial do Ser Supremo. Não há outros seres, nos universos, que hajam exaurido assim, pessoalmente, o potencial da experiência presente finita; e não há outros seres, nos universos, que possuam tais qualificações para a soberania solitária.

Embora a sede-central de Michael esteja oficialmente localizada em Sálvington, capital de Nébadon, ele passa muito do seu tempo visitando as sedes-centrais das constelações, sistemas e, até mesmo, planetas, individualmente. Periodicamente ele viaja ao Paraíso e freqüentemente a Uversa, onde entra em conselho com os Anciães dos Dias. Quando se encontra fora de Sálvington, o seu posto é assumido por Gabriel, que, então, funciona como regente do universo de Nébadon.

3. O FILHO E O ESPÍRITO DO UNIVERSO

Embora penetre todos os universos do tempo e do espaço, o Espírito Infinito funciona a partir da sede-central de cada universo local, na forma de uma focalização especializada, adquirindo qualidades de plena personalidade, por meio da técnica da cooperação criativa com o Filho Criador. No que concerne a um universo local, a autoridade administrativa de um Filho Criador é suprema; o Espírito Infinito, representado pela Ministra Divina, é integralmente cooperativo, embora perfeitamente coordenado.

O Espírito Materno do Universo de Sálvington, coligado a Michael no controle e na administração de Nébadon, pertence ao sexto grupo de Espíritos Supremos, sendo o de número 611 121 dessa ordem. Ela fez-se voluntária para acompanhar Michael na ocasião em que este se liberou das suas obrigações no Paraíso e, desde então, tem funcionado junto com Michael na criação e no governo do universo dele.

O Filho Mestre Criador é o soberano pessoal do seu universo, contudo, em todos os detalhes dessa administração, o Espírito Materno do Universo é co-diretora com o Filho. Ao mesmo tempo em que o Espírito Materno sempre reconhece o Filho como soberano e governante, o Filho sempre concede a essa representante do Espírito uma posição co-ordenada de igualdade na autoridade sobre todos os assuntos do reino. Em todo o seu trabalho, de amor e de outorgamento da vida, o Filho Criador está sempre perfeitamente respaldado, tanto quanto contínua e habilmente assistido, de modo capaz, pela todo-sábia e sempre fiel, Espírito Materno do Universo, e também por todo o corpo diversificado de assessores de personalidades angélicas da Ministra. Essa Ministra Divina, na realidade, é a mãe dos espíritos e personalidades espirituais; é a conselheira sempre presente e todo-sábia do Filho Criador, manifestação fiel e verdadeira que é do Espírito Infinito do Paraíso.

O Filho funciona como um pai, no seu universo local. O Espírito, do modo como as criaturas mortais entenderiam, faz o papel de uma mãe, assistindo sempre o Filho e permanecendo perpetuamente indispensável à administração do universo. Na circunstância de uma insurreição, apenas o Filho e os seus Filhos coligados podem funcionar como libertadores. O Espírito não pode nunca contestar a rebelião, nem defender a autoridade; mas o Espírito deve sempre apoiar o Filho em tudo, de tudo o que possa ser necessário a ele experimentar, e nos seus esforços para estabilizar o governo e manter a autoridade nos mundos contaminados pelo mal ou dominados pelo pecado. Apenas um Filho pode restabelecer o trabalho da sua criação conjunta, contudo, nenhum Filho poderia esperar o êxito final sem a cooperação contínua da Ministra Divina e seu vasto conjunto de colaboradoras espirituais, as filhas de Deus, que tão fiel e valentemente lutam pelo bem-estar dos homens mortais e pela glória dos seus pais divinos.

Quando o Filho Criador completa a sua sétima e última auto-outorga como criatura, as incertezas do isolamento periódico terminam para a Ministra Divina e, então, a ajudante do Filho no universo torna-se, para sempre, estabelecida em segurança e controle. É no momento da entronização do Filho Criador, como um Filho Mestre, no jubileu dos jubileus, que o Espírito Materno do Universo, perante as hostes reunidas, faz pública e universalmente pela primeira vez o seu reconhecimento de subordinação ao Filho, prometendo fidelidade e obediência. Esse acontecimento ocorreu em Nébadon, na época do retorno de Michael a Sálvington, depois da auto-outorga em Urântia. Nunca, antes dessa memorável ocasião, havia o Espírito Materno do Universo reconhecido sua subordinação ao Filho do Universo; e, só depois desse abandono voluntário de poder e autoridade, da parte do Espírito, é que verdadeiramente poderia ser proclamado sobre o Filho que "todo o poder no céu e na Terra foi entregue nas suas mãos".

Após esse voto de subordinação da parte do Espírito Criativo Materno, Michael de Nébadon nobremente reconheceu a sua eterna dependência da sua companheira, Espírito Materno, constituindo-a como Espírito co-governante dos domínios do seu universo e requisitando de todas as suas criaturas que prometessem ao Espírito a mesma lealdade prometida ao Filho; e a "Proclamação da Igualdade" final foi emitida e tornada pública. Embora seja o soberano deste universo local, o Filho tornou público, para os mundos, o fato da igualdade entre ele e o Espírito, em todos os dons de personalidade e atributos de caráter divino. E isso se transforma no modelo transcendental da organização da família, e do governo mesmo, para as criaturas inferiores dos mundos do espaço. Isso é, de fato e de verdade, o alto ideal da família e da instituição humana do casamento voluntário.

O Filho e o Espírito-Mãe agora presidem ao universo de uma forma muito semelhante àquela pela qual um pai e uma mãe velam pela sua família de filhos e filhas, e suprem-na. Não é inteiramente fora de propósito referir-se ao Espírito Materno do Universo, a Ministra Divina, como a companheira criativa do Filho Criador, e considerar as criaturas dos reinos como os seus filhos e filhas – uma grande e gloriosa família, cujas responsabilidades todavia são incalculáveis e cuja vigilância é infindável.

O Filho inicia a criação de alguns dos filhos do universo, enquanto o Espírito Materno somente é responsável por trazer à existência as inúmeras ordens de personalidades ministradoras do espírito, as quais servem sob a direção e guia desse mesmo Espírito Materno. Na criação de outros tipos de personalidade do universo, ambos, o Filho e o Espírito, funcionam juntos e, para qualquer ato criativo, um deles nada faz sem o conselho e a aprovação do outro.

4. GABRIEL – O COMANDANTE EXECUTIVO

O Brilhante Estrela Matutino é a personalização do primeiro conceito de identidade e ideal de personalidade concebido pelo Filho Criador; e é a manifestação, no universo local, do Espírito Infinito. Retrocedendo aos dias iniciais do universo local, antes da união entre o Filho Criador e o Espírito Materno nos laços da associação criativa, de volta aos tempos de antes do começo da criação da versátil família de filhos e filhas deles, o primeiro ato conjunto da associação livre, nos seus primórdios, dessas duas pessoas divinas, resulta na criação do Brilhante Estrela Matutino, a personalidade espiritual mais elevada desse Filho e da sua Ministra.

Apenas um desses seres de sabedoria e majestade é trazido à existência em cada universo local. O Pai Universal e o Filho Eterno podem, de fato, criar um número ilimitado de Filhos Criadores, iguais a eles próprios em divindade, e eles o fazem; mas esses Filhos, em união com as Filhas do Espírito Infinito, podem criar apenas um Brilhante Estrela Matutino em cada universo, um ser como eles próprios, que compartilha livremente das naturezas combinadas deles, mas não das suas prerrogativas criativas. Gabriel de Sálvington é como o Filho do Universo, em divindade de natureza, embora consideravelmente limitado em atributos de Deidade.

Esse primogênito dos pais de um universo novo é uma personalidade única que possui muitas características maravilhosas, não presentes visivelmente em nenhum dos seus ancestrais, um ser de versatilidade sem precedentes e brilho inimaginável. Essa personalidade superna reúne a vontade divina do Filho, combinada à imaginação criativa do Espírito Materno. Os pensamentos e atos do Brilhante Estrela Matutino serão sempre plenamente representativos de ambos, Filho Criador e Espírito Criativo Materno. Esse ser é também capaz de uma ampla compreensão das hostes seráficas espirituais, bem como das criaturas materiais evolucionárias, a ponto de ter um contato compassivo com ambas.

O Brilhante Estrela Matutino não é um criador, mas é um administrador maravilhoso, sendo o representante administrativo pessoal do Filho Criador. Afora a criação e a transmissão da vida, o Filho e o Espírito Materno nunca deliberam sobre procedimentos importantes no universo sem a presença de Gabriel.

Gabriel de Sálvington é o comandante executivo do universo de Nébadon e o árbitro de todos os apelos executivos que dizem respeito à sua administração. Esse executivo do universo foi criado com dons plenos e apropriados ao seu trabalho, e adquiriu experiência também com o crescimento e a evolução da nossa criação local.

Gabriel é o principal executivo no cumprimento de mandados do superuniverso, relacionados a assuntos não pessoais no universo local. A maioria dos assuntos pertinentes ao julgamento em massa e às ressurreições dispensacionais, já decididos pelos Anciães dos Dias, é também delegada a Gabriel, e à sua assessoria, para execução. Gabriel, desse modo, é o comandante executivo combinado, tanto dos governantes do universo local, quanto do superuniverso. Ele tem sob o seu comando um corpo capacitado de assistentes administrativos, criados para esses trabalhos especiais, que não são revelados aos mortais evolucionários. Além desses assistentes, Gabriel pode empregar toda e qualquer das ordens de seres celestes que funcionam em Nébadon; e é também o comandante principal dos "exércitos dos céus" – as hostes celestes.

Gabriel e a sua equipe não são instrutores, são administradores. Nunca se soube que houvessem deixado os seus trabalhos regulares, excetuando-se quando Michael esteve encarnado em uma auto-outorga, como criatura. Durante essas auto-outorgas, Gabriel esteve sempre atento à vontade do Filho encarnado e, com a colaboração do União dos Dias, tornou-se o diretor de fato dos assuntos do universo, nessas últimas auto-outorgas. Gabriel tem sido identificado intimamente com a história e o desenvolvimento de Urântia, desde a auto-outorga mortal de Michael.

À parte o contato que têm com Gabriel, nos mundos de auto-outorga, e nas épocas de chamadas para as ressurreições gerais e especiais, os mortais raramente irão encontrá-lo ao ascenderem no universo local, antes de serem admitidos no trabalho administrativo da criação local. Como administradores, de qualquer ordem ou grau, vós ireis estar sob a direção de Gabriel.

5. OS EMBAIXADORES DA TRINDADE

A administração das personalidades originárias da Trindade termina no governo dos superuniversos. Os universos locais são caracterizados pela supervisão dual; aquilo que é fonte e origem do conceito pai-mãe. O pai do universo é o Filho Criador; a mãe do universo é a Ministra Divina, o Espírito Criativo do universo local. Cada universo local é, contudo, abençoado com a presença de certas personalidades do universo central e do Paraíso. À frente desse grupo do Paraíso, em Nébadon, está o embaixador da Trindade do Paraíso – Emanuel de Sálvington –, o União dos Dias designado para o universo local de Nébadon. Num certo sentido, este elevado Filho da Trindade é também o representante pessoal do Pai Universal para a corte do Filho Criador; e daí o seu nome ser Emanuel.

Emanuel de Sálvington, cujo número é 611 121 da sexta ordem de Personalidades Supremas da Trindade, é um ser de dignidade sublime e de uma condescendência tão magnífica a ponto de fazê-lo dispensar o culto e a adoração de todas as criaturas vivas. Ele traz a distinção de ser a única personalidade, em todo o Nébadon, que nunca se reconheceu como subordinada ao seu irmão Michael. Ele atua como conselheiro do Filho Soberano, mas apenas o aconselha a pedido. Na ausência do Filho Criador, ele pode presidir a qualquer alto conselho do universo, mas não participaria de outro modo nos assuntos executivos do universo, exceto se solicitado.

Esse embaixador do Paraíso, em Nébadon, não está sujeito à jurisdição do governo do universo local. E também não exerce jurisdição de autoridade nos assuntos executivos de um universo local em evolução, exceto para supervisionar os seus irmãos de ligação, os Fiéis dos Dias, que servem na sede-central das constelações.

Os Fiéis dos Dias, tanto quanto os Uniões dos Dias, nunca dão os seus conselhos, nem oferecem a sua assistência aos governantes das constelações, a menos que isso lhes seja solicitado. Esses embaixadores do Paraíso nas constelações representam a presença pessoal final dos Filhos Estacionários da Trindade, funcionando no papel de conselheiros no universo local. As constelações estão mais estreitamente relacionadas à administração do superuniverso do que os sistemas locais, os quais são administrados exclusivamente por personalidades nativas do universo local.

6. A ADMINISTRAÇÃO GERAL

Gabriel é o executivo principal e o verdadeiro administrador de Nébadon. A ausência de Michael, de Sálvington, de nenhum modo interfere na condução ordenada dos assuntos do universo. Durante a ausência de Michael, como ocorreu recentemente na missão de reunião dos Filhos Mestres de Orvônton, no Paraíso, Gabriel passa a ser o regente do universo. Em tais ocasiões, Gabriel sempre procura o conselho de Emanuel de Sálvington para todos os problemas maiores.

O Pai Melquisedeque é o primeiro assistente de Gabriel. Quando o Brilhante Estrela Matutino está ausente de Sálvington, as suas responsabilidades são assumidas por este que é o Filho Melquisedeque original.

As várias subadministrações do universo têm, atribuídos a elas, alguns domínios especiais de responsabilidade. Embora em geral o governo de um sistema procure o bem-estar dos seus planetas, ele mantém-se mais particularmente ocupado com o status físico dos seres vivos, com os problemas biológicos. Por sua vez, os governantes de uma constelação dedicam atenção especial às condições sociais e governamentais que prevalecem nos diferentes sistemas e planetas. O governo de uma constelação atua principalmente na unificação e estabilização. E, mais acima ainda, os governantes do universo estão mais ocupados com o status espiritual dos reinos.

Os Embaixadores são destacados por decreto judicial e representam os universos junto a outros universos. Os Cônsules são representantes das constelações, umas para as outras, e para a sede-central do universo; são apontados por decreto do legislativo e funcionam apenas dentro dos confins do universo local. Por decreto executivo de um Soberano de Sistema, os Observadores são incumbidos de representar tal sistema junto a outros sistemas e junto à capital da constelação, e também funcionam apenas dentro dos confins do universo local.

De Sálvington, as transmissões são simultaneamente dirigidas para as sedes-centrais das constelações, as sedes-centrais dos sistemas e para os planetas, individualmente. Todas as ordens mais elevadas de seres celestes são capazes de utilizar esse serviço para a comunicação com os seus companheiros espalhados por todo o universo. A teledifusão do universo estende-se a todos os mundos habitados, independentemente do seu status espiritual. A intercomunicação planetária é negada apenas aos mundos sob quarentena espiritual.

As teledifusões das constelações são periodicamente enviadas, da sede-central da constelação, pelo dirigente dos Pais da Constelação.

A cronologia é reconhecida, computada e retificada por um grupo especial de seres, em Sálvington. O dia-padrão de Nébadon é igual a dezoito dias e seis horas do tempo de Urântia, mais dois minutos e meio. O ano de Nébadon consiste em um segmento do tempo da rotação do universo em relação ao circuito de Uversa, e é igual a cem dias do tempo padrão do universo, cerca de cinco anos do tempo de Urântia.

A hora de Nébadon, teledifundida de Sálvington, é padrão para todas as constelações e sistemas neste universo local. Cada constelação conduz os seus assuntos segundo a hora de Nébadon, mas os sistemas mantêm a sua própria cronologia, como o fazem individualmente os planetas.

O dia em Satânia, como é reconhecido em Jerusém, é um póuco menor (1 hora, 4 minutos e 15 segundos) do que três dias do tempo de Urântia. Esses tempos geralmente são conhecidos como o tempo de Sálvington ou o tempo do universo, e o tempo de Satânia ou o tempo do sistema. O tempo-padrão é o tempo do universo.

7. OS TRIBUNAIS DE NÉBADON

O Filho Mestre, Michael, não está supremamente ocupado senão com três coisas: a criação, a sustentação e a ministração. Ele não participa pessoalmente do trabalho judicial do universo. Os Criadores nunca se assentam para o julgamento das suas criaturas; isso é função exclusiva de criaturas com um alto aperfeiçoamento e de experiência real com criaturas.

Todo o mecanismo judicial de Nébadon está sob a supervisão de Gabriel. Os altos tribunais, localizados em Sálvington, estão ocupados com os problemas de importância geral para o universo e os casos de apelação que vêm dos tribunais dos sistemas. Há setenta ramificações dessas cortes no universo; e elas funcionam em sete divisões de dez seções cada. Uma magistratura dual, consistindo em um juiz com antecedência de perfeição e um magistrado de experiência ascendente, preside a todas as questões de julgamento.

Com respeito à jurisdição, os tribunais do universo local são limitados nas questões seguintes:

1. A administração do universo local ocupa-se com a criação, evolução, manutenção e ministração. Aos tribunais do universo é, por isso, negado o direito de julgar os casos envolvendo a questão da vida e morte eternas. Isso nada tem a ver com a morte natural, do modo como prevalece em Urântia; se a questão do direito de existência continuada, da vida eterna, todavia, vier a julgamento, deve ser remetida aos tribunais de Orvônton e, caso a decisão seja adversa ao indivíduo, são executadas todas as sentenças de extinção sob as ordens dos dirigentes do supergoverno e por intermédio das suas agências.

2. Uma falta ou deserção de qualquer dos Filhos de Deus do Universo Local, que ponha em risco o status e a autoridade deles como Filhos, nunca é julgada nos tribunais de um Filho; tal mal-entendido seria imediatamente levado aos tribunais do superuniverso.

3. A questão da readmissão de qualquer parte constituinte de um universo local – como, por exemplo, um sistema local – na irmandade da criação local, com o status espiritual pleno, depois do isolamento espiritual, deve ser efetuada em conformidade com a alta assembléia do superuniverso.

Para todas as outras questões, os tribunais de Sálvington são definitivos e supremos. Não há apelação, nem escapatória, das suas decisões e decretos.

Embora possa parecer que algumas contendas humanas, às vezes, sejam julgadas de modo injusto em Urântia, de fato, a justiça e a eqüidade divinas prevalecem no universo. Vós estais vivendo em um universo bem ordenado e, mais cedo ou mais tarde, podeis confiar que sereis tratados com a justiça devida e até mesmo com misericórdia.

8. AS FUNÇÕES DO LEGISLATIVO E DO EXECUTIVO

Em Sálvington, sede-central de Nébadon, não há verdadeiramente corpos legislativos. Os mundos-sede do universo ocupam-se mais amplamente com julgamentos. As assembléias legislativas do universo local estão localizadas nas sedes-centrais das cem constelações. Os sistemas ocupam-se principalmente com o trabalho executivo e administrativo nas criações locais. Os Soberanos dos Sistemas e seus colaboradores fazem cumprir os mandados legislativos dos governantes da constelação e executam os decretos judiciais das altas cortes do universo.

Ainda que a verdadeira legislação não seja interpretada na sede-central do universo, em Sálvington funciona uma variedade de assembléias, de pesquisa e de consulta, constituídas de diversos modos e conduzidas segundo o seu âmbito e o seu propósito. Algumas são permanentes; outras se dispersam depois de realizarem o seu objetivo.

O conselho supremo do universo local é composto de três membros de cada sistema e sete representantes de cada constelação. Os Sistemas em isolamento não têm representação nessa assembléia, mas é-lhes permitido enviar observadores que presenciam todas as suas deliberações e as estudam.

Os cem conselhos de sanção suprema situam-se também em Sálvington. Os presidentes desses conselhos constituem o gabinete de trabalho imediato de Gabriel.

Todas as constatações feitas pelos altos conselhos de assessoria do universo são comunicadas aos corpos judiciais de Sálvington ou às assembléias legislativas das constelações. Esses altos conselhos não têm autoridade nem poder para colocar em vigor as próprias recomendações. Se o seu conselho for baseado nas leis fundamentais do universo, os tribunais de Nébadon emitem as ordens de execução; todavia, se as suas recomendações tiverem a ver com as condições locais ou emergenciais, devem passar pelas assembléias legislativas das constelações, para serem promulgadas deliberativamente, e então, pelas autoridades do sistema, a fim de cumprirem a sua execução. Esses altos conselhos, na realidade, são as superlegislaturas do universo, mas funcionam sem autoridade de promulgação e sem poder de execução.

Quando falamos da administração do universo em termos de "tribunais" e de "assembléias", deve ficar entendido que essas transações espirituais são muito diferentes das atividades em Urântia, mais primitivas e materiais, que levam os nomes correspondentes.

[Apresentado pelo Comandante dos Arcanjos de Nébadon.]

DOCUMENTO 34

O ESPÍRITO MATERNO DO UNIVERSO LOCAL

Q UANDO um Filho Criador é personalizado pelo Pai Universal e o Filho Eterno, o Espírito Infinito individualiza uma nova e única represen tação dele próprio para acompanhar esse Filho Criador aos reinos do espaço, e ali ser a sua companheira, inicialmente na organização física e, mais tarde, na criação e no ministério às criaturas do universo recém-projetado.

Um Espírito Criativo reage tanto às realidades físicas quanto às espirituais; como o faz também um Filho Criador; e, assim, pois, eles se associam e coordenam-se para a administração de um universo local do tempo e do espaço.

Essas Filhas do Espírito têm a essência do Espírito Infinito, mas não podem atuar, simultaneamente, no trabalho de criação física e de ministração espiritual. Na criação física, o Filho do Universo provê o modelo original, enquanto o Espírito Materno do Universo inicia a materialização das realidades físicas. O Filho opera nos projetos da força e poder, enquanto o Espírito transforma essas criações de energias em substâncias físicas. Embora seja um pouco difícil descrever essa presença inicial do Espírito Infinito no universo, como uma pessoa, ainda assim, para o Filho Criador, a sua coligada do Espírito é pessoal e tem funcionado sempre como uma individualidade separada.

1. A PERSONALIZAÇÃO DO ESPÍRITO CRIATIVO

Após o completar da organização física de um conjunto de estrelas e planetas, e após o estabelecimento dos circuitos de energia efetuado pelos centros de potência do superuniverso, após esse trabalho preliminar de criação, feito por intermédio das agências do Espírito Infinito operando sob a direção da sua focalização criativa, no universo local, segue-se a proclamação do Filho Michael, de que a vida está próxima de ser projetada no universo recém-organizado. Quando o Paraíso reconhece essa declaração de intenção, ocorre uma reação de aprovação da parte da Trindade do Paraíso, que é seguida do desaparecimento, no brilho das Deidades, do Espírito Mestre em cujo superuniverso essa nova criação está sendo organizada. Nesse meio tempo, os outros Espíritos Mestres se aproximam desse espaço central das Deidades do Paraíso e, em seguida, quando o Espírito Mestre, abraçado pela Deidade, emerge para fazer o reconhecimento dos seus iguais, ocorre aquilo que é conhecido como a "erupção primária". Esta se dá como um clarão espiritual extraordinário, um fenô-meno claramente discernível até tão longinquamente quanto estiver a sede-central do superuniverso em questão; e, simultaneamente a essa manifestação, que pouco pode ser compreendida, da Trindade, ocorre uma mudança marcante na natureza da presença e no poder do espírito criativo do Espírito Infinito residente no universo local em questão. Em resposta a esses fenômenos do Paraíso, é personalizada ime-diatamente, na própria presença do Filho Criador, uma nova representação pessoal do Espírito Infinito. E esta é a Ministra Divina, ou Espírito Criativo, a ajudante individualizada do Filho Criador, que se torna a sua coligada criativa pessoal, o Espírito Materno do universo local.

Dessa nova emanação pessoal do Criador Conjunto, e por meio dela, procedem as correntes estabelecidas e os circuitos ordenados do poder do espírito e da influência espiritual, destinados a impregnar todos os mundos e seres daquele universo local. Na realidade, essa presença nova e pessoal, é apenas uma transformação da coligada preexistente, até então menos pessoal, do Filho, no seu trabalho anterior de organização física do universo.

Este é o relato, em poucas palavras, de uma ação estupenda; que, entretanto, representa quase tudo o que pode ser contado a respeito dessas relevantes transações. Elas são instantâneas, inescrutáveis e incompreensíveis; o segredo da sua técnica e procedimento reside no seio da Trindade do Paraíso. De uma coisa apenas estamos certos: a presença do Espírito, no universo local, durante o tempo da sua criação puramente física ou da sua organização, estava diferenciada de um modo ainda incompleto do espírito do Espírito Infinito do Paraíso; ao passo que, após o ressurgimento do Espírito Mestre supervisor, vindo do abraço secreto dos Deuses e após o clarão da energia espiritual, a manifestação, no universo local, do Espírito Infinito, súbita e completamente, modifica-se, passando à semelhança pessoal daquele Espírito Mestre que permanecia em ligação de transmutação com o Espírito Infinito. O Espírito Materno do universo local adquire, assim, uma natureza pessoal matizada pela natureza do Espírito Mestre do superuniverso da sua jurisdição astronômica.

Essa presença personalizada do Espírito Infinito, o Espírito Criativo Materno do universo local, é conhecida em Satânia como a Ministra Divina. Para todos os efeitos práticos e propósitos espirituais, essa manifestação da Deidade é um indivíduo divino, uma pessoa espiritual. E ela é reconhecida e considerada assim pelo Filho Criador. É por intermédio dessa localização e personalização da Terceira Fonte e Centro, no nosso universo local, que o Espírito pode depois se tornar tão plenamente sujeito ao Filho Criador, de uma forma tal que, em verdade, desse Filho pode ser dito: "Todo o poder nos céus e na Terra foi confiado a ele".

2. A NATUREZA DA MINISTRA DIVINA

Havendo-se submetido a metamorfoses marcantes de personalidade no tempo da criação da vida, a Ministra Divina, depois disso, funciona como uma pessoa e coopera de um modo muito pessoal com o Filho Criador, no planejamento e direção dos assuntos extensos da criação local de ambos. Para muitos tipos de seres do universo, essa representação mesma do Espírito Infinito pode parecer não ser plenamente pessoal durante as idades que precedem à auto-outorga final de Michael; mas, depois da elevação do Filho Criador à autoridade soberana de Filho Mestre, o Espírito Criativo Materno tem as suas qualidades pessoais ampliadas de um modo tal que se torna pessoalmente reconhecido por todos os indivíduos com os quais entra em contato.

Desde a sua mais antiga ligação com o Filho Criador, o Espírito do Universo possui todos os atributos de controles físicos do Espírito Infinito, incluindo o dom pleno da antigravidade. Ao atingir o status pessoal, o Espírito do Universo exerce um controle tão pleno e completo da gravidade da mente, no universo local, quanto exerceria o Espírito Infinito, se estivesse pessoalmente presente.

Em cada universo local, a Ministra Divina funciona de acordo com a natureza e características inerentes do Espírito Infinito, como corporificado em um dos Sete Espíritos Mestres do Paraíso. Embora haja uma uniformidade básica de caráter em todos os Espíritos do Universo, há também uma diversidade de função, sendo esta determinada pela sua origem em apenas um dos Sete Espíritos Mestres. Essa diferença de origem é a causa de técnicas diversificadas na atuação dos Espíritos Maternos Criativos dos universos locais, em superuniversos distintos. Em todos os atributos espirituais essenciais, contudo, tais Espíritos são idênticos, igualmente espirituais e totalmente divinos, não importando a diferenciação entre os superuniversos.

O Espírito Criativo é co-responsável, junto com o Filho Criador, pela produção das criaturas dos mundos, e corresponde sempre a todos os esforços do Filho para manter e conservar essas criações. A vida é ministrada e mantida por intermédio da agência do Espírito Criativo. "Vós enviais o Vosso Espírito, e eles são criados. Vós renovais a face da Terra."

Na criação de um universo de criaturas inteligentes, o Espírito Criativo Materno atua, primeiro, no âmbito da perfeição do universo, colaborando com o Filho na geração do Brilhante Estrela Matutino. Em seguida, a progênie do Espírito aproxima-se cada vez mais da ordem dos seres criados nos planetas, assim como os Filhos vão descendo, desde os Melquisedeques até os Filhos Materiais, os quais efetivamente entram em contato com os mortais dos reinos. Na evolução posterior das criaturas mortais, os Filhos Portadores da Vida dotam o corpo físico, fabricado com o material organizado existente no reino, enquanto o Espírito Materno do Universo contribui com o "sopro da vida".

Ainda que, sob muitos pontos de vista, o sétimo segmento do grande universo possa estar atrasado no seu desenvolvimento, os estudantes que se aprofundam nos nossos problemas antecipam a evolução de uma criação extraordinariamente bem equilibrada, nas idades que estão por vir. Podemos antever esse alto grau de simetria em Orvônton, porque o Espírito que preside a este superuniverso é quem dirige os Espíritos Mestres, nas alturas, sendo uma inteligência espiritual que incorpora a união equilibrada e a perfeita coordenação de traços e caráter de todas as Três Deidades eternas. Estamos atrasados e tardios, em relação a outros setores; no entanto, sem dúvida aguardam-nos, em alguma época, um desenvolvimento transcendente e uma realização sem precedentes nas idades eternas do futuro.

3. O FILHO E O ESPÍRITO NO TEMPO E NO ESPAÇO

Nem o Filho Eterno, nem o Espírito Infinito são limitados ou condicionados, seja pelo tempo, seja pelo espaço, no entanto a maior parte da sua descendência o é.

O Espírito Infinito impregna todo o espaço e habita o círculo da eternidade. Contudo, no seu contato pessoal com os filhos do tempo, as personalidades do Espírito Infinito devem lidar freqüentemente com os elementos temporais, embora nem tanto com o espaço. Muitas das ministrações da mente ignoram o espaço, mas sofrem um retardamento, no tempo, ao efetuar a coordenação dos diversos níveis de realidade do universo. Um Mensageiro Solitário é virtualmente independente do espaço, exceto pelo tempo que é realmente necessário para ele transportar-se de uma localização até outra; e há entidades similares desconhecidas para vós.

Nas suas prerrogativas pessoais, um Espírito Criativo é, total e completamente, independente do espaço, mas não do tempo. Não há nenhuma presença pessoal especializada desse Espírito do Universo, nas sedes-centrais das constelações nem dos sistemas. Ela está presente, igual e difusamente, em todo o seu universo local e, portanto, está tão literal e pessoalmente presente em um mundo como em outro qualquer.

Apenas no que diz respeito ao elemento tempo é que um Espírito Criativo é limitado nas suas ministrações ao universo. Um Filho Criador atua instantaneamente em todo o seu universo; o Espírito Criativo, no entanto, deve depender do tempo para a ministração da mente universal, exceto quando se prevalece, de modo consciente e definido, das prerrogativas pessoais do Filho do Universo. Na função do puro espírito, o Espírito Criativo também atua independentemente do tempo, bem como na sua colaboração com a função misteriosa da refletividade do universo.

Embora o circuito da gravidade do espírito do Filho Eterno opere independentemente do tempo tanto quanto do espaço, as funções dos Filhos Criadores não estão todas eximidas de limitações espaciais. Afora as transações dos mundos evolucionários, esses Filhos Michaéis parecem ser capazes de operar com relativa independência do tempo. Um Filho Criador não é limitado pelo tempo, mas é condicionado pelo espaço; ele não pode pessoalmente estar em dois lugares em um mesmo momento. Michael de Nébadon atua fora do tempo, dentro do seu próprio universo, e por refletividade, praticamente, também no superuniverso. Ele comunica-se, fora do tempo, diretamente com o Filho Eterno.

A Ministra Divina é uma compreensiva ajudante do Filho Criador, capacitando-o a vencer e compensar as suas limitações inerentes com relação ao espaço, pois, quando ambos funcionam em união administrativa, ficam praticamente independentes do tempo *e* do espaço, dentro dos confins da sua criação local. Portanto, como é observado na prática, em todo um universo local, o Filho Criador e o Espírito Criativo em geral atuam independentemente tanto do tempo quanto do espaço; posto que há sempre, à disposição de um, a liberação do tempo ou do espaço, para o outro.

Apenas os seres absolutos são independentes do tempo e do espaço, no sentido absoluto. A maioria das pessoas subordinadas ao Filho Eterno, ou ao Espírito Infinito, estão sujeitas tanto ao tempo quanto ao espaço.

Quando um Espírito Criativo Materno torna-se "consciente do espaço", ela está-se preparando para reconhecer como seu um "domínio espacial" circunscrito, um reino no qual será livre de espaço, em contraposição a todo o restante do espaço ao qual ele estaria condicionado. Apenas se é livre para escolher, e atuar, dentro do reino da própria consciência.

4. OS CIRCUITOS DO UNIVERSO LOCAL

Há três circuitos distintos espirituais no universo local de Nébadon:

1. O circuito do espírito efundido do Filho Criador, o Confortador, o Espírito da Verdade.

2. O circuito do espírito da Ministra Divina, o Espírito Santo.

3. O circuito da ministração da inteligência, que inclui as atividades mais ou menos unificadas, porém com funções diferentes, dos sete espíritos ajudantes da mente.

Os Filhos Criadores são dotados com um espírito de presença no universo, que, de muitos modos, é análogo ao dos Sete Espíritos Mestres do Paraíso. E este é o Espírito da Verdade, efundido em um mundo por um Filho de auto-outorga depois que ele recebe o título espiritual nessa esfera. Esse Confortador outorgado é a força espiritual que sempre atrai todos os buscadores da verdade para Ele, que é a personificação da verdade no universo local. Esse espírito é um dom inerente ao Filho Criador, que emerge da sua natureza divina do mesmo modo que os circuitos mestres do grande universo derivam-se das presenças das personalidades das Deidades do Paraíso.

O Filho Criador pode ir e vir; a sua presença pessoal pode estar no universo local ou em outro lugar; ainda assim, contudo, o Espírito da Verdade funciona sem perturbações, pois esta presença divina, ainda que sendo derivada da personalidade do Filho Criador, é centrada operacionalmente na pessoa da Ministra Divina.

O Espírito Materno do Universo por sua vez, entretanto, nunca deixa o mundo-sede do universo local. O espírito do Filho Criador pode atuar independentemente da presença pessoal do Filho, mas isso não se dá com o espírito pessoal da Ministra. O Espírito Santo, da Ministra Divina, deixaria de funcionar se a presença pessoal dela fosse removida de Sálvington. A presença do espírito dela parece estar fixada no mundo-sede do universo, e é esse fato mesmo que capacita o espírito do Filho Criador a funcionar independentemente do paradeiro do Filho. O Espírito Materno do Universo atua como o foco e o centro, no universo, do Espírito da Verdade, bem como o centro da sua própria influência pessoal, o Espírito Santo.

O Filho-Pai Criador e o Espírito Criativo Materno, ambos, contribuem de modo variado para a dotação de mente aos filhos do seu universo local. Contudo, o Espírito Criativo não outorga a mente antes de receber, ela própria, o dom das prerrogativas pessoais.

As ordens superevolucionárias de personalidades, em um universo local, são dotadas com o tipo de mente desse mesmo universo, cujo modelo é a mente do superuniverso. As ordens humanas e subhumanas de vida evolucionária são dotadas com os tipos de ministração de mente dos espíritos ajudantes.

Os sete espíritos ajudantes da mente são uma criação da Ministra Divina de um universo local. Esses espíritos-mente são semelhantes em caráter, mas diferentes em poder, e todos compartilham do mesmo modo da natureza do Espírito Materno do Universo; embora dificilmente possam ser encarados como personalidades à parte da sua Mãe Criadora. Aos sete ajudantes têm sido dados os nomes seguintes: espírito da *sabedoria*, espírito da *adoração*, espírito do *conselho*, espírito do *conhecimento*, espírito da *coragem*, espírito da *compreensão*, espírito da *intuição* – da percepção rápida.

Esses são os "sete espíritos de Deus" que, "como lâmpadas queimando diante do trono", o profeta enxergou nos símbolos de uma visão. Mas ele não viu os assentos dos quatro e mais vinte sentinelas em volta desses sete espíritos ajudantes da mente. Tal registro representa a confusão de duas apresentações; uma pertinente à sede-central do universo, e a outra, à capital do sistema. Os assentos dos quatro e mais vinte Anciães estão em Jerusém, sede-central do vosso sistema local de mundos habitados.

Mas foi sobre Sálvington que João escreveu: "E do trono saíram relâmpagos, trovões e vozes" – as teledifusões do universo para os sistemas locais. Ele também visualizou as criaturas de controle direcional do universo local, as bússolas vivas do mundo-sede. Esse controle direcional, em Nébadon, é mantido pelas quatro criaturas de controle em Sálvington, as quais operam sobre as correntes do universo e são competentemente assistidas pelo espírito ajudante da mente, o ajudante da intuição, aquele que primeiro atua e funciona, o espírito da "compreensão rápida". Mas a descrição dessas quatro criaturas – chamadas de bestas – tem sido tristemente mal interpretada, pois são de beleza sem paralelo e de forma pura.

Os quatro pontos da bússola são universais e inerentes à vida de Nébadon. Todas as criaturas vivas possuem unidades corpóreas que são sensíveis e reagem a essas correntes direcionais. Essas criações de criaturas são duplicadas no sentido descendente no universo até os planetas individuais e, em conjunção com as forças magnéticas dos mundos, elas ativam as hostes de corpos microscópicos no organismo animal, de modo que as células de direção sempre apontam para o norte e para o sul. Assim, para sempre, fica o sentido da orientação fixado nos seres vivos no universo. A humanidade não está totalmente desprovida da posse consciente desse sentido. Esses corpúsculos foram observados inicialmente, em Urântia, por volta da época desta narrativa.

5. A MINISTRAÇÃO DO ESPÍRITO

A Ministra Divina coopera com o Filho Criador na formulação da vida e na criação de novas ordens de seres, até a época da sua sétima auto-outorga e, depois da elevação dele à soberania plena do universo, ela continua a colaborar com o Filho e com o espírito outorgado pelo Filho, no trabalho posterior de ministração ao mundo e progressão planetária.

Nos mundos habitados, o Espírito inicia o trabalho da progressão evolucionária, começando com o material sem vida do reino, dotando-o primeiro com a vida vegetal, em seguida, com os organismos animais e, depois, com as primeiras ordens da existência humana; e cada concessão sucessiva contribui para o desdobramento posterior do potencial evolucionário da vida planetária, desde os estágios iniciais e primitivos até o surgimento das criaturas de vontade. Esse trabalho do Espírito Materno é efetuado grandemente por meio dos sete ajudantes, os espíritos da promessa, as mentes-espírito unificadoras e coordenadoras dos planetas em evolução, em união contínua, levando sempre as raças dos homens para idéias mais elevadas e ideais espirituais.

O homem mortal inicialmente tem a experiência da ministração do Espírito, em conjunção com a mente, quando a mente puramente animal da criatura evolucionária desenvolve a capacidade de recepção dos ajudantes da adoração e da sabedoria. Essa ministração do sexto e do sétimo ajudantes indica que a evolução da mente atravessa o umbral da ministração espiritual. E essas mentes, já com as funções da adoração – e da sabedoria –, imediatamente são incorporadas aos circuitos espirituais da Ministra Divina.

Quando a mente é dotada, desse modo, pela ministração do Espírito Santo, ela possui a capacidade para escolher (consciente ou inconscientemente) a presença espiritual do Pai Universal – o Ajustador do Pensamento. Mas apenas quando um Filho de auto-outorga houver liberado o Espírito da Verdade, para a ministração planetária a todos os mortais, é que todas as mentes normais ficarão automaticamente preparadas para receber os Ajustadores do Pensamento. O Espírito da Verdade trabalha em uníssono com a presença do espírito da Ministra Divina. Essa ligação espiritual dual paira sobre os mundos, procurando ensinar a verdade e iluminar espiritualmente as mentes dos homens, inspirando as almas das criaturas das raças ascendentes, e conduzindo os povos que habitam os planetas evolucionários sempre na direção da sua meta de destino divino no Paraíso.

Embora o Espírito da Verdade haja sido vertido sobre toda a carne, esse espírito do Filho é quase totalmente limitado, em função e em poder, pela recepção pessoal que o homem faz daquilo que constitui a soma e a essência da missão do Filho que se auto-outorga. O Espírito Santo é parcialmente independente da atitude humana e parcialmente condicionado pelas decisões e cooperação da vontade do homem. A ministração do Espírito Santo, entretanto, torna-se crescentemente eficaz na santificação e na espiritualização da vida interior daqueles mortais que, mais plenamente, *obedecem* aos guiamentos divinos.

Como indivíduos, não possuís pessoalmente uma porção separada ou entidade do espírito do Filho-Pai Criador, nem do Espírito Criativo Materno; essas ministrações não contatam, nem habitam, os centros de pensamento da mente do indivíduo, como o fazem os Monitores Misteriosos. Os Ajustadores do Pensamento são individualizações definidas da realidade pré-pessoal do Pai Universal, as quais residem realmente na mente mortal, como uma parte mesma dessa mente, e sempre trabalham em harmonia perfeita com os espíritos combinados do Filho Criador e do Espírito Criativo.

A presença do Espírito Santo, vindo da Filha do Universo do Espírito Infinito, a presença do Espírito da Verdade, do Filho do Filho Eterno, no Universo, e a presença do espírito-Ajustador do Pai do Paraíso, em um mortal evolucionário ou com ele, denotam a simetria de dom espiritual e de ministração, e qualificam esse mortal a compreender, e conscientemente transformar em realidade, o fato-fé da filiação a Deus.

6. O ESPÍRITO NO HOMEM

Com o avanço da evolução de um planeta habitado e a posterior espiritualização dos seus habitantes, outras influências espirituais podem ser recebidas por tais personalidades amadurecidas. À medida que os mortais progridem no controle da mente e na percepção do espírito, essas ministrações espirituais múltiplas têm uma atuação cada vez mais coordenada; e tornam-se crescentemente harmonizadas com a superministração da Trindade do Paraíso.

Embora a Divindade possa ser plural em manifestação, na experiência humana, a Deidade é singular, e sempre é *uma*. E, também, o ministério espiritual não é plural na experiência humana. Independentemente da pluralidade da sua origem, todas as influências espirituais são unas, na sua atuação. De fato, elas são uma, constituindo a ministração do espírito de Deus, o Sétuplo, às criaturas do grande universo, nelas e para elas; e, à medida que as criaturas crescem na apreciação e na receptividade dessa ministração unificadora do espírito, ela torna-se, na experiência delas, a ministração de Deus, o Supremo.

Das alturas da glória eterna, o Espírito divino desce, em uma longa série de passos, para encontrar-vos como estais e onde quer que estejais e, então, no compartilhamento da fé, abraça amorosamente a alma de origem mortal, para que ela embarque no caminho da re-ascensão certa e segura, retomando aqueles passos de condescendência, e nunca parando até que a alma evolucionária esteja a salvo, e elevada, até as alturas mesmas da bênção da qual o Espírito divino originalmente saíra nessa missão de ministração e misericórdia.

As forças espirituais infalivelmente procuram e alcançam os seus próprios níveis originais. Havendo saído do Eterno, é certo que elas retornem para lá, levando consigo todos aqueles filhos do tempo e do espaço que esposaram a orientação e ensinamentos do Ajustador residente; aqueles que são verdadeiramente "nascidos do Espírito", os filhos de Deus pela fé.

O Espírito Divino é uma fonte contínua de ministério e de encorajamento para os filhos dos homens. O vosso poder e o vosso êxito estão "de acordo com a misericórdia Dele, mediante a renovação do Espírito". A vida espiritual, tanto quanto a energia física, consome-se. O esforço espiritual resulta em relativo esgotamento espiritual. Toda a experiência ascendente tanto é real quanto é espiritual; e por isso, está em verdade escrito: "É o Espírito que vivifica", "O Espírito dá a vida".

A teoria morta, mesmo a das mais elevadas doutrinas religiosas, é impotente para transformar o caráter humano ou para controlar o comportamento dos mortais. O que o mundo de hoje necessita é da verdade que o vosso mestre de outrora declarou:

"Não apenas em palavras, mas também em poder e no Espírito Santo". A semente da verdade teórica torna-se morta, os mais elevados conceitos morais tornam-se sem efeito, a menos que, e até que, o Espírito divino sopre sobre as formas da verdade e vivifique as fórmulas da retidão.

Aqueles que houverem recebido e reconhecido a presença de Deus, residente neles, são nascidos do Espírito. "Vós sois o templo de Deus, e o espírito de Deus reside em vós." Não é suficiente que este espírito seja vertido sobre vós; tal Espírito divino deve dominar e controlar cada etapa da experiência humana.

É a presença do Espírito divino, a água da vida, que põe fim à sede devoradora do descontentamento mortal e àquela indescritível fome da mente humana não espiritualizada. Os seres motivados pelo Espírito "nunca têm sede, pois essa água espiritual será neles um manancial de satisfação, brotando permanentemente para a vida eterna". As almas regadas pela água divina são todas como que independentes do ambiente material, quanto às alegrias do viver e às satisfações da existência terrena. Elas estão espiritualmente iluminadas e refrescadas, moralmente fortalecidas e dotadas.

Em cada mortal existe uma natureza dual: a herança das tendências animais e o elevado impulso do dom do espírito. Durante o curto período em que viverdes em Urântia, esses dois impulsos diversos e opostos raramente poderão ser conciliados por completo, dificilmente poderão ser harmonizados e unificados; contudo, durante o vosso tempo de vida, o Espírito solidário e combinado está sempre ministrando, no sentido de ajudar-vos a submeter, mais e mais, a carne ao guiamento deste Espírito. Ainda que devais viver a vossa vida material até o fim, ainda que não possais escapar do corpo nem das necessidades dele, não obstante, estareis, em propósito e ideais, cada vez mais fortalecidos em poder para submeter a natureza animal ao domínio do Espírito. Existe, realmente, dentro de vós uma conspiração de forças espirituais, uma confederação de poderes divinos, cujo propósito exclusivo é efetivar a vossa libertação final da escravidão material e das limitações finitas.

O propósito de toda essa ministração é: "Que possais estar fortalecidos em poder, por meio do espírito Dele, que vive dentro, no lado interno do homem". E tudo isso não representa senão passos preliminares para a realização final na perfeição da fé e do serviço, a experiência na qual vós estareis "preenchidos da plenitude de Deus", "pois todos aqueles que são guiados pelo espírito de Deus são filhos de Deus".

O Espírito nunca *constrange*, apenas guia. Se fores um aprendiz de vontade forte, se quiseres atingir o nível do espiritual e alcançar as alturas divinas, se desejares sinceramente alcançar a meta eterna, então o Espírito divino guiar-te-á, suave e amorosamente, na trajetória da filiação e do progresso espiritual. Todo passo que deres deve ser o da tua boa vontade, de cooperação inteligente e alegre. O predomínio do Espírito jamais é matizado pela coação, nem comprometido pela compulsão.

E, quando essa vida de guiamento do espírito é livre e inteligentemente aceita, desenvolve-se gradativamente, dentro da mente humana, uma consciência positiva de contato divino e segurança na comunhão com o espírito; mais cedo ou mais tarde, "o Espírito dá o testemunho, por meio do vosso espírito (o Ajustador), de que vós sois um filho de Deus". E o vosso próprio Ajustador do Pensamento já indicou o vosso parentesco com Deus, e as escrituras confirmam que o Espírito testemunha *com* vosso espírito"; e não *para* o vosso espírito.

A consciência da predominância do espírito em uma vida humana, atualmente, é alcançada por uma demonstração sempre maior das características do Espírito, nas reações vitais de um mortal guiado assim pelo espírito, "pois os frutos do espírito são o amor, alegria, paz, resignação, doçura, bondade, fé, mansidão e temperança". Tais mortais, guiados pelo espírito e divinamente iluminados, embora ainda trilhando os caminhos baixos do sofrimento e cumprindo, na fidelidade humana, os deveres dos compromissos terrenos, já começaram a discernir as luzes da vida eterna as quais centelham nas margens longínquas de um outro mundo; já começaram a compreender a realidade daquela verdade inspiradora e confortante: "O Reino de Deus não é comida e bebida, mas é a retidão, a paz e a alegria, no Espírito Santo". E, durante cada provação, e na presença de cada dificuldade, as almas nascidas do espírito são sustentadas pela esperança que transcende a todo o medo, pois o amor de Deus está amplamente disseminado em todos os corações, na presença do Espírito divino.

7. O ESPÍRITO E A CARNE

A carne, a natureza inerente derivada das raças de origem animal, não traz naturalmente em si os frutos do Espírito divino. Quando a natureza mortal houver sido elevada pela adição da natureza dos Filhos Materiais de Deus, como as raças de Urântia avançaram, em uma certa medida, pela outorga de Adão; então, o caminho fica mais bem preparado para que o Espírito da Verdade coopere com o Ajustador residente, no sentido de fazer surgir a maravilhosa colheita dos frutos do caráter do espírito. Se vós não rejeitardes esse espírito, ainda que uma eternidade possa tornar-se necessária para que cumprais a vossa missão, "ele vos guiará até toda a verdade".

Os mortais evolucionários que habitam os mundos de progresso espiritual normal não têm a experiência de conflitos tão agudos, entre o espírito e a carne, como os que caracterizam as raças atuais de Urântia. Mesmo nos planetas mais ideais, contudo, o homem pré-Adâmico deve fazer esforços positivos para ascender, do plano de existência da manifestação puramente animal, até os sucessivos níveis de significados cada vez mais intelectuais e valores espirituais mais elevados.

Os mortais de um mundo normal não experimentam a constante luta entre sua natureza física e sua natureza espiritual. Eles confrontam-se com a necessidade de escalar, desde os níveis animais de existência até os planos mais elevados da vida espiritual, sim, mas essa ascensão é mais como se se submetessem a um aperfeiçoamento educacional, se comparada aos conflitos intensos que os mortais de Urântia enfrentam, nesse reino de tantas divergências entre a natureza material e a espiritual.

Na sua tarefa de realização planetária espiritual progressiva, os povos de Urântia sofrem as conseqüências de estarem duplamente privados de ajuda. A insurreição de Caligástia precipitou uma confusão de amplitude mundial e roubou de todas as gerações subseqüentes a assistência moral que uma sociedade bem ordenada lhes haveria proporcionado. E, ainda mais desastrosa foi a falta Adâmica, pois impediu às raças que alcançassem um tipo superior de natureza física o qual teria sido mais adequado às suas aspirações espirituais.

Os mortais de Urântia estão obrigados a passar por tais lutas pronunciadas entre o espírito e a carne, pelo fato de os seus ancestrais remotos não haverem sido mais completamente adamizados pela outorga Edênica. De acordo com o plano divino as raças mortais de Urântia deveriam ter tido naturezas físicas mais naturalmente sensíveis ao espírito.

Apesar desse duplo desastre, para a natureza do homem e para o seu ambiente, os mortais dos dias presentes, poderiam experimentar menos dessas lutas aparentes entre a carne e o espírito caso eles quisessem entrar no Reino do espírito, no qual os filhos de Deus, pela fé, desfrutam de uma relativa libertação da servidão da carne, por meio da iluminação do serviço sincero liberador e por meio da devoção, de todo o coração, ao cumprimento da vontade do Pai nos céus. Jesus mostrou à humanidade o novo caminho da vida mortal, por meio do qual os seres humanos podem escapar, quase totalmente, das espantosas conseqüências da rebelião de Caligástia e compensarem-se mais efetivamente das privações resultantes da falta Adâmica. "O espírito da vida de Cristo Jesus tornou-nos livres da lei do viver animal e das tentações do mal e do pecado." "Essa é a vitória sobre a carne; e é uma vitória da vossa própria fé."

Aqueles homens e mulheres que são conscientes de Deus e que nasceram da experiência do Espírito não entram em conflito com as suas naturezas mortais mais do que o fazem os habitantes dos mais normais dos mundos, planetas que nunca foram maculados pelo pecado nem atingidos pela rebelião. Os filhos da fé trabalham em níveis intelectuais e vivem em planos espirituais muito acima dos conflitos produzidos pelos desejos físicos desenfreados ou pouco naturais. As necessidades normais dos seres animais, os apetites e os impulsos naturais de ordem física não estão em conflito, nem mesmo com as realizações espirituais mais elevadas, exceto nas mentes de pessoas ignorantes, mal instruídas ou infelizmente tomadas por escrúpulos extremados.

Havendo começado o caminho da vida eterna, aceitado tal compromisso e recebido as vossas ordens de avançar, não temais os perigos do esquecimento humano e da inconstância mortal, não vos perturbeis pela dúvida e o temor ao fracasso, nem pela confusão da perplexidade; não hesiteis, nem questioneis sobre a vossa situação e posição, pois em todas as horas escuras, em todas as encruzilhadas da luta para ir à frente, o Espírito da Verdade falará sempre, declarando: "Este é o caminho".

[Apresentado por um Mensageiro Poderoso temporariamente designado para o serviço em Urântia.]

DOCUMENTO 35

OS FILHOS DE DEUS DO UNIVERSO LOCAL

OS FILHOS de Deus, apresentados anteriormente, têm origem no Paraíso. São descendentes das Deidades dos domínios universais. Da primeira ordem de filiação do Paraíso, a dos Filhos Criadores, há apenas um em Nébadon, Michael, o pai e soberano do vosso universo. Da segunda ordem de filiação do Paraíso, a dos Filhos Avonais ou Magisteriais, Nébadon tem a sua cota completa – 1062 Filhos. E esses "Cristos menores" são tão eficientes e Todo-Poderosos, nas suas auto-outorgas planetárias, quanto foi o Filho Criador e Filho Mestre, em Urântia. A terceira ordem, tendo a sua origem na Trindade, não é registrada em um universo local, mas eu estimo que, em Nébadon, haja entre quinze e vinte mil Filhos Instrutores da Trindade, não incluindo os 9 642 assistentes registrados, trinitarizados por criaturas. Esses Dainais do Paraíso não são nem magistrados nem administradores, eles são superinstrutores.

Os tipos de Filhos a serem considerados neste documento têm a sua origem no universo local; são uma progênie do Filho Criador do Paraíso, em enlaces variados com o seu complemento, a Ministra Divina, ou Espírito Materno do Universo. As ordens de filiação do universo local que encontram menção nestas narrativas são:

1. Os Filhos Melquisedeques.

2. Os Filhos Vorondadeques.

3. Os Filhos Lanonandeques.

4. Os Filhos Portadores da Vida.

A Deidade Trina do Paraíso funciona para a criação de três ordens de filiação: os Michaéis, os Avonais e os Dainais. No universo local, a Deidade dual, de Filho e Espírito, funciona do mesmo modo, na criação de três ordens elevadas de Filhos: os Melquisedeques, os Vorondadeques e os Lanonandeques; e, havendo realizado essa expressão tripla, ela colabora com o próximo nível de Deus, o Sétuplo, na produção da ordem versátil dos Portadores da Vida. Estes últimos seres estão classificados junto com os Filhos descendentes de Deus; são, contudo, uma forma única e original de vida no universo. O estudo deles ocupará, por inteiro, o próximo documento.

1. O PAI MELQUISEDEQUE

Após trazer à existência os seres de ajuda pessoal, tais como o Brilhante Estrela Matutino e as outras personalidades administrativas, de acordo com o propósito divino e os planos criativos para um universo, ocorre uma nova forma de união criativa entre o Filho Criador e o Espírito Criativo, a Filha do Espírito Infinito no universo local. A progênie a surgir, como resultado dessa associação criadora, é a personalidade do Melquisedeque original – o Pai Melquisedeque –, aquele ser único que posteriormente colabora com o Filho Criador e o Espírito Criativo, para trazer à existência todo o grupo com esse nome.

No universo de Nébadon, o Pai Melquisedeque atua como o primeiro aliado executivo do Brilhante Estrela Matutino. Gabriel ocupa-se mais com as políticas do universo, e Melquisedeque com os procedimentos práticos. Gabriel preside aos tribunais e conselhos regularmente constituídos de Nébadon, e Melquisedeque preside às comissões e corpos de aconselhamento especiais, extraordinários e de emergência. Gabriel e o Pai Melquisedeque nunca se afastam de Sálvington ao mesmo tempo, pois, na ausência de Gabriel, o Pai Melquisedeque atua como o comandante executivo de Nébadon.

Os Melquisedeques do nosso universo foram todos criados, durante o período de um milênio do tempo-padrão, pelo Filho Criador e o Espírito Criativo, em enlace com o Pai Melquisedeque. Sendo uma ordem de filiação na qual um dos seus próprios membros funcionou como um criador coordenado, os Melquisedeques são, pois, de constituição parcialmente auto-originária, sendo, portanto, candidatos à realização de um tipo superno de autogoverno. Eles elegem periodicamente o seu próprio dirigente administrativo para um mandado de sete anos do tempo padrão e, em outras circunstâncias, funcionam como uma ordem auto-regida, embora o Melquisedeque original possua certas prerrogativas inerentes à co-paternidade. De tempos em tempos, esse Pai Melquisedeque designa certos indivíduos da sua ordem para funcionar como Portadores da Vida especiais nos mundos midsonitas, um tipo de planeta habitado que até agora ainda não foi revelado para Urântia.

Os Melquisedeques não atuam extensivamente fora do universo local, exceto quando são convocados como testemunhas, em questões pendentes, perante os tribunais do superuniverso; e, também, quando são designados como embaixadores especiais, como o são algumas vezes, representando o seu universo junto a algum outro, dentro do mesmo superuniverso. O Melquisedeque original ou o primogênito de cada universo tem sempre a liberdade de viajar aos universos da vizinhança, ou ao Paraíso, em missões que têm a ver com os interesses e deveres da sua ordem.

2.   OS FILHOS MELQUISEDEQUES

Os Melquisedeques são a primeira ordem de Filhos divinos a aproximar-se perto o bastante da vida da criatura inferior, a ponto de serem capazes de funcionar diretamente no ministério da elevação dos mortais e servir às raças evolucionárias sem a necessidade de encarnar-se. Esses Filhos, naturalmente, colocam-se no ponto médio da grande escala descendente das personalidades, encontrando-se, por origem, a meio caminho entre a mais alta Divindade e a mais baixa criatura viva, dotada de vontade. Assim, tornam-se os intermediários naturais entre os níveis divinos mais elevados de existência vivente e as mais baixas formas de vida, materiais mesmo, nos mundos evolucionários. As ordens seráficas, os anjos, deliciam-se em trabalhar com os Melquisedeques; de fato, todas as formas de vida inteligente têm, nesses Filhos, amigos compreensivos, mestres compassivos e conselheiros sábios.

Os Melquisedeques são uma ordem autogovernada. Nesse grupo singular encontramos a primeira tentativa de autodeterminação da parte dos seres do universo local e observamos o mais elevado tipo de autogoverno verdadeiro. Esses Filhos organizam o seu próprio mecanismo de administração para o seu próprio grupo e o seu planeta-lar, bem como para as seis esferas interligadas e seus mundos tributários. E deve ficar registrado que jamais abusaram das suas prerrogativas; nem por uma vez, em todo o superuniverso de Orvônton, esses Filhos Melquisedeques traíram a confiança neles depositada. São a esperança de todos os grupos do universo que aspiram ao autogoverno; são o modelo e os professores do autogovernar para todas as esferas de Nébadon. Todas as ordens de seres inteligentes, os superiores acima e os subordinados abaixo, são sinceras nas suas louvações ao governo dos Melquisedeques.

A ordem Melquisedeque de filiação ocupa a posição e assume a responsabilidade do filho mais velho em uma grande família. A maior parte do seu trabalho é regular e rotineira, de certa forma, mas, em grande parte, é voluntária e inteiramente auto-imposta. A maioria das assembléias especiais que se reúne em Sálvington, de tempos em tempos, é convocada por moção dos Melquisedeques. Pela sua própria iniciativa, esses Filhos vigiam o seu universo nativo. Eles mantêm uma organização autônoma, devotada à informação sobre o universo, fazendo relatos periódicos ao Filho Criador, independentemente de todas as informações que possam vir até a sede-central do universo por meio das agências regulares que tratam de cuidar da administração de rotina do reino. Eles são, por natureza, observadores sem preconceitos; têm a confiança total de todas as classes de seres inteligentes.

Os Melquisedeques funcionam como cortes itinerantes para a revisão e a assessoria aos reinos; esses Filhos do universo vão até os mundos, em pequenos grupos, para servir em comissões de aconselhamento, tomar depoimentos, receber sugestões e atuar como conselheiros, ajudando, assim, a vencer as maiores dificuldades e resolver as divergências mais sérias que surgem, de tempos em tempos, nos assuntos dos domínios evolucionários.

Esses Filhos mais velhos de um universo são os principais assistentes do Brilhante Estrela Matutino, no cumprimento dos mandados do Filho Criador. Quando um Melquisedeque vai a um mundo remoto, em nome de Gabriel, ele pode, para os propósitos dessa missão em particular, ter poderes delegados a si, em nome daquele que o envia, e surgir, no planeta da sua missão, com a autoridade plena do Brilhante Estrela Matutino. E isso é verdadeiro, especialmente para aquelas esferas em que um Filho mais elevado ainda não haja aparecido, à semelhança das criaturas daquele reino.

Quando um Filho Criador ingressa na carreira de auto-outorga, em um mundo evolucionário, ele vai sozinho; mas, quando um dos seus irmãos do Paraíso, um Filho Avonal, entra em uma auto-outorga, ele é acompanhado pelos Melquisedeques de apoio, em número de doze, que contribuem com imensa eficiência para o êxito da missão de auto-outorga. Eles também dão apoio aos Avonais do Paraíso nas missões magisteriais nos mundos habitados, e, nesses compromissos, os Melquisedeques são visíveis aos olhos dos mortais se o Filho Avonal estiver também manifestado assim.

Não há nenhuma fase da necessidade espiritual planetária à qual eles não ministrem. São os mestres que conquistam, muito freqüentemente, mundos inteiros de vida avançada, levando-os ao pleno reconhecimento do Filho Criador e do seu Pai no Paraíso.

Os Melquisedeques são quase perfeitos em sabedoria, mas eles não são infalíveis no julgamento. Quando destacados e sozinhos, em missões planetárias, algumas vezes, têm errado em questões menores, quer dizer, eles têm decidido fazer determinadas coisas que os seus supervisores não aprovaram posteriormente. Um erro assim de julgamento desqualifica temporariamente um Melquisedeque, até que ele vá a Sálvington e, em audiência com o Filho Criador, receba aquela instrução que efetivamente o purga da desarmonia que causou o desacordo com os seus congêneres; e então, depois do repouso correcional, é reincorporado ao serviço, ao terceiro dia. Essas pequenas inadequações, na função de um Melquisedeque, todavia, apenas muito raramente ocorreram em Nébadon.

Esses Filhos não formam uma ordem que cresça; o seu número é estacionário, embora varie em cada universo local. O número de Melquisedeques em registro no planeta sede-central deles, em Nébadon, ultrapassa dez milhões.

DOCUMENTO 35: SEÇÃO 2

3. OS MUNDOS MELQUISEDEQUES

Os Melquisedeques ocupam um mundo que lhes é próprio, perto de Sálvington, a sede-central do universo. Esta esfera, que traz o nome de Melquisedeque, é o mundo-piloto do circuito de Sálvington, de setenta esferas primárias, cada uma das quais tendo à sua volta seis esferas tributárias devotadas a atividades especializadas. Essas esferas maravilhosas – setenta primárias e 420 tributárias – são muito freqüentemente chamadas de Universidades Melquisedeques. Os mortais ascendentes de todas as constelações de Nébadon passam por aperfeiçoamentos, em todos os 490 mundos, para adquirirem o status de residência em Sálvington. Mas a educação dos seres ascendentes é apenas uma fase das múltiplas atividades que têm lugar no conjunto das esferas arquitetônicas de Sálvington.

As 490 esferas, do circuito de Sálvington, são divididas em dez grupos, cada um contendo sete esferas primárias e quarenta e duas tributárias. Cada um desses grupos está sob a supervisão geral de uma dentre as ordens maiores de vida do universo. O primeiro grupo, abrangendo o mundo-piloto e as próximas seis esferas primárias, na procissão planetária circundante, está sob a supervisão dos Melquisedeques. Esses mundos Melquisedeques são:

1. O mundo-piloto – o mundo-lar dos Filhos Melquisedeques.

2. O mundo das escolas de vida-física e dos laboratórios de energias vivas.

3. O mundo da vida moroncial.

4. A esfera da vida espiritual inicial.

5. O mundo da vida espiritual intermediária.

6. A esfera da vida espiritual já avançada.

7. O mundo-domínio da auto-realização coordenada e suprema.

Os seis mundos tributários de cada uma dessas esferas Melquisedeques são devotados a atividades próprias do trabalho da esfera primária interligada.

O mundo-piloto, a esfera *Melquisedeque*, é o ponto comum de reunião de todos os seres envolvidos na educação e na espiritualização dos mortais ascendentes do tempo e do espaço. Para um ascendente, este é, provavelmente, o mundo mais interessante de todo o Nébadon. Todos os mortais evolucionários que se graduam em aperfeiçoamentos, nas suas constelações, estão destinados a aterrissar no mundo Melquisedeque; e, nele, são iniciados no regime das disciplinas e progressão espiritual do sistema educacional de Sálvington. E nunca vos esquecereis das vossas reações do primeiro dia de vida nesse mundo único, nem mesmo depois que houverdes alcançado o vosso destino no Paraíso.

Os mortais ascendentes mantêm residência no mundo Melquisedeque, enquanto estão seguindo o seu aperfeiçoamento nos seis planetas circunvizinhos de educação especializada. E esse mesmo método é adotado em toda a sua estada nos setenta mundos culturais, as primeiras esferas do circuito de Sálvington.

Muitas atividades diversificadas ocupam o tempo dos inúmeros seres que residem nos seis mundos tributários da esfera Melquisedeque; mas, no que concerne aos mortais ascendentes, tais satélites estão devotados às seguintes fases especiais de estudo:

1. A esfera de número um ocupa-se da revisão da vida planetária inicial dos mortais ascendentes. Esse trabalho é feito em classes, compostas daqueles que provêm de um determinado mundo de origem mortal. Aqueles que são provenientes de Urântia juntos fazem essa revisão de experiências.

2. O trabalho especial da esfera de número dois consiste em uma revisão semelhante à das experiências pelas quais se passou nos mundos das mansões circunvizinhas do primeiro satélite da sede-central do sistema local.

3. As revisões nessa esfera são pertinentes à permanência na capital do sistema local; e abrangem as atividades nos mundos arquitetônicos restantes do conjunto do sistema da sede-central.

4. A quarta esfera ocupa-se de uma revisão das experiências vividas nos setenta mundos tributários da constelação e nas esferas a eles interligadas.

5. Na quinta esfera, é feita a revisão das estadas dos ascendentes no mundo sede-central da constelação.

6. O tempo na esfera de número seis é devotado ao intento de correlacionar essas cinco épocas; e de efetuar a coordenação preparatória da experiência, para se entrar nas principais escolas Melquisedeques de instrução sobre o universo.

As escolas de administração do universo e de sabedoria espiritual estão localizadas no mundo-lar Melquisedeque, onde também podem ser encontradas as escolas dedicadas a uma única linha de pesquisa, como a da energia, matéria, organização, comunicação, arquivos, ética e estudos comparativos das existências das criaturas.

Na Faculdade Melquisedeque de Dotação Espiritual, todas as ordens de Filhos de Deus – mesmo as ordens do Paraíso – cooperam com os Melquisedeques e os educadores seráficos no aperfeiçoamento das hostes enviadas como evangelizadoras do destino, as quais proclamam a liberdade espiritual e a filiação divina até mesmo aos mundos remotos do universo. Essa escola especial da Universidade Melquisedeque é uma instituição exclusiva no universo, e nela estudantes visitantes de outros reinos não são aceitos.

O mais elevado curso de ensino de administração do universo é ministrado pelos Melquisedeques no seu mundo-lar. A essa Faculdade de Ética Superior preside o Pai Melquisedeque original. É para essas escolas que os vários universos enviam estudantes de intercâmbio. Embora o jovem universo de Nébadon esteja abaixo na escala dos universos, no que diz respeito ao alcance da realização espiritual e desenvolvimento ético elevado, os nossos problemas administrativos fizeram de todo o nosso universo algo como uma imensa clínica, da qual as criações vizinhas fazem uso; e de um modo tal que as Faculdades Melquisedeques ficam repletas de estudantes visitantes e observadores de outros reinos. Além do grupo imenso de matrículas para os seres locais, há sempre mais de cem mil estudantes de fora aguardando para entrar nas Faculdades Melquisedeques; pois a ordem Melquisedeque de Nébadon é renomada em todo o Esplândon.

4. O TRABALHO ESPECIAL DOS MELQUISEDEQUES

Um ramo altamente especializado de atividades dos Melquisedeques tem a ver com a supervisão da carreira moroncial progressiva dos mortais ascendentes. Grande parte desse aperfeiçoamento é conduzida pelos sábios e pacientes ministros seráficos, assistidos pelos mortais que ascenderam até níveis relativamente mais elevados da sua realização no universo; mas todo esse trabalho educacional fica sob a supervisão geral dos Melquisedeques, em conjunto com os Filhos Instrutores da Trindade.

Embora as ordens Melquisedeques estejam principalmente dedicadas ao vastíssimo sistema educacional e ao regime de educação experiencial do universo local, elas atuam também nos compromissos singulares e sob circunstâncias inusitadas. Num universo em evolução que acabará abrangendo aproximadamente dez milhões de mundos habitados, muitas coisas fora do comum estão destinadas a acontecer; e é em tais emergências que os Melquisedeques atuam. Em Edêntia, a sede-central da vossa constelação, eles são conhecidos como os Filhos emergenciais. Estão sempre prontos para servir sob quaisquer exigências – físicas, intelectuais ou espirituais –, seja em um planeta, sistema, constelação ou universo. Sempre, e em quaisquer circunstâncias em que uma ajuda especial se fizer necessária, encontrareis ali um ou mais Filhos Melquisedeques.

Quando um aspecto do plano do Filho Criador é ameaçado de falhar, imediatamente, um Melquisedeque estará pronto para prestar a sua assistência. Raramente, todavia, são chamados a atuar diante de uma rebelião pecaminosa como a que ocorreu em Satânia.

Os Melquisedeques são os primeiros a atuar em todas as emergências de qualquer natureza, em todos os mundos onde habitarem criaturas volitivas. Algumas vezes, atuam como custódios temporários, em planetas agitados, servindo como depositários de um governo planetário desviado. Numa crise planetária, os Filhos Melquisedeques servem em muitas funções singulares. É facilmente possível a esses Filhos fazerem-se visíveis para os seres mortais, e algumas vezes os seres dessa ordem encarnaram-se mesmo à semelhança da carne mortal. Por sete vezes, em Nébadon, um Melquisedeque serviu em um mundo evolucionário, na similaridade da carne mortal; e, em numerosas ocasiões, esses Filhos surgiram à semelhança de outras ordens de criaturas do universo. São, de fato, ministros versáteis e voluntários das emergências, para todas as ordens de inteligências do universo e para todos os mundos e sistemas de mundos.

O Melquisedeque que viveu em Urântia durante a época de Abraão ficou conhecido localmente como o Príncipe de Salém, porque presidiu a uma pequena colônia de buscadores da verdade residindo em um local chamado Salém. Ele fez-se voluntário para encarnar à semelhança da carne mortal; e assim o fez, com a aprovação dos administradores provisórios Melquisedeques do planeta, pois eles temiam que a luz da vida se extinguisse durante aquele período de escuridão espiritual crescente. Ele incentivou a verdade naqueles dias, transmitindo-a em segurança a Abraão e aos que estavam ligados a ele.

5. OS FILHOS VORONDADEQUES

Após a criação dos ajudantes pessoais e do primeiro grupo de versáteis Melquisedeques, o Filho Criador e o Espírito Criativo do universo local planejaram e trouxeram à existência a segunda grande e diversa ordem de filiação do universo, a dos Vorondadeques. Mais geralmente, eles são conhecidos como os Pais da Constelação, porque um Filho dessa ordem é, invariavelmente, encontrado à frente do governo de cada constelação em todo o universo local.

O número dos Vorondadeques varia com o universo local, sendo exatamente de um milhão o número registrado em Nébadon. Esses Filhos, como os seus pares, os Melquisedeques, não possuem o poder da reprodução. Não existe nenhum método conhecido por meio do qual eles próprios possam aumentar o seu número.

Sob muitos aspectos, esses Filhos formam um corpo que se autogoverna; enquanto indivíduos e como grupo, como um todo mesmo, eles são amplamente autodeterminados, do mesmo modo que os Melquisedeques o são; mas os Vorondadeques não funcionam em atividades tão variadas. Não se igualam aos seus irmãos Melquisedeques quanto ao brilho da versatilidade, no entanto eles são ainda mais confiáveis e eficientes como governantes, sendo administradores de grande visão. E não são também, exatamente, os pares administrativos dos seus subordinados, os Lanonandeques, Soberanos dos Sistemas; eles superam, sim, todas as ordens de filiação do universo, em estabilidade de propósito e divindade de julgamento.

Ainda que as decisões e os comandos dessa ordem de Filhos estejam sempre de acordo com o espírito da filiação divina e em harmonia com a política do Filho Criador, têm sido citados por erros para com o Filho Criador e, quanto aos detalhes técnicos, as suas decisões foram, algumas vezes, revogadas por meio de apelos aos tribunais superiores do universo. Mas esses Filhos raramente incorrem no erro e nunca se envolvem em rebeliões. Em toda a história de Nébadon, jamais se presenciou um Vorondadeque em desacato ao governo do universo.

O serviço dos Vorondadeques nos universos locais é amplo e variado. Servem como embaixadores, para outros universos, e como cônsules, representando as constelações dentro do seu universo nativo. De todas as ordens de filiação do universo local, é aos dessa ordem que mais freqüentemente se confia a delegação plena dos poderes de soberano, para serem exercidos em situações críticas do universo.

Um observador Vorondadeque mantém-se presente, via de regra, nos mundos segregados e em escuridão espiritual, naquelas esferas submetidas ao isolamento planetário, por causa da rebelião e do erro; até a restauração do estado normal desse mundo. Em certas emergências, esse observador Altíssimo poderia exercer a autoridade absoluta e arbitrária sobre cada ser celeste designado para aquele planeta. Consta, nos anais de Sálvington, que os Vorondadeques algumas vezes exerceram esse tipo de autoridade, como regentes Altíssimos de planetas. E isso tem sido verdade, também, mesmo para os mundos habitados que não foram atingidos por nenhuma rebelião.

Geralmente, um corpo de doze ou mais Filhos Vorondadeques constitui uma alta corte de revisão e apelo, para os casos especiais envolvendo o status de um planeta ou sistema. Contudo, o trabalho deles é mais amplamente pertinente às funções legislativas inerentes aos governos das constelações. Como resultado de todos esses serviços, os Filhos Vorondadeques tornaram-se os historiadores dos universos locais; são pessoalmente conhecedores de todas as lutas políticas e turbulências sociais dos mundos habitados.

6. OS PAIS DA CONSTELAÇÃO

Pelo menos três Vorondadeques são designados para o governo de cada uma das cem constelações de um universo local. Esses Filhos são selecionados pelo Filho Criador e indicados por Gabriel como *Altíssimos* das constelações, para servirem durante um decamilênio; isso representa 10 000 anos padrão ou cerca de 50 000 anos do tempo de Urântia. O Altíssimo que reina, o Pai da Constelação, tem dois colaboradores: um sênior e um júnior. A cada mudança na administração, o integrante sênior torna-se o líder do governo e o auxiliar júnior assume os deveres do sênior, enquanto os Vorondadeques residentes não compromissados nos mundos de Sálvington indicam um, dentre eles, como candidato à seleção e para assumir as responsabilidades do colaborador júnior. Assim, de acordo com essa política, cada um dos governantes Altíssimos tem um período de serviço, nas sedes-centrais de uma constelação, de três decamilênios, cerca de 150 000 dos anos de Urântia.

Os cem Pais da Constelação, os dirigentes reais dos governos das constelações, constituem o gabinete supremo de conselho do Filho Criador. Esse conselho reúne-se freqüentemente na sede-central do universo e é ilimitado pelo escopo e alcance das suas deliberações, mas volta-se principalmente para o bem-estar das constelações e a unificação da administração de todo o universo local.

Quando um Pai da Constelação estiver cumprindo deveres junto à sede-central do universo, como freqüentemente acontece, o colaborador sênior assume a direção dos assuntos da constelação. A função normal desse colaborador sênior é a supervisão dos assuntos espirituais, enquanto o colaborador júnior ocupa-se pessoalmente do bem-estar físico da constelação. Nenhuma política maior, contudo, jamais é levada adiante em uma constelação, a menos que todos os três Altíssimos estejam de acordo em todos os detalhes da sua execução.

Todo o mecanismo da informação espiritual e dos canais de comunicação está à disposição dos Altíssimos das constelações. Eles mantêm-se em perfeito contato com os seus superiores em Sálvington e os seus subordinados diretos, os soberanos dos sistemas locais. E freqüentemente se reúnem em conselho com os Soberanos dos Sistemas, para deliberar sobre o estado da constelação.

Os Altíssimos cercam-se de um corpo de conselheiros, cujo contingente varia em número e pessoal, de tempos em tempos, de acordo com a presença de vários grupos na sede-central da constelação, e também à medida que variam as necessidades locais. Durante um período de tensão extrema, podem solicitar Filhos adicionais da ordem Vorondadeque, para ajudá-los no trabalho de administração, e prontamente os receberão. No momento, Norlatiadeque, a vossa própria constelação, está sendo administrada por doze Filhos Vorondadeques.

7. OS MUNDOS VORONDADEQUES

O segundo grupo de sete mundos no circuito das setenta esferas primárias em volta de Sálvington, compreende os planetas Vorondadeques. Cada uma dessas esferas, com os seus seis satélites circundantes, dedica-se a uma fase especial das atividades dos Vorondadeques. Nesses quarenta e nove reinos, os mortais ascendentes atingem o apogeu da sua educação sobre a legislação do universo.

Os mortais ascendentes têm observado como funcionam as assembléias legislativas nos mundos sedes-centrais das constelações; mas aqui, nesses mundos Vorondadeques, eles participam do estabelecimento promulgado, da legislação efetiva geral do universo local, sob a tutela dos Vorondadeques mais experientes. Esses estabelecimentos estão destinados a coordenar os vários pronunciamentos das assembléias legislativas autônomas das cem constelações. A instrução que se recebe nas escolas Vorondadeques não é ultrapassada nem mesmo em Uversa. Tal aperfeiçoamento é progressivo, estendendo-se desde a primeira esfera, com trabalhos suplementares nos seus seis satélites, até as seis esferas primárias remanescentes e seus grupos de satélites filiados.

Os peregrinos ascendentes entrarão em contato com inúmeras atividades novas nesses mundos de estudo e trabalhos práticos. Não somos proibidos de incumbir-nos da revelação dessas novas e inimagináveis buscas, mas não temos a esperança de sermos capazes de descrever tais empreendimentos para a mente material dos seres mortais. Não temos palavras para comunicar os significados dessas atividades supernas; e não há atividades humanas análogas para serem usadas como ilustrações dessas novas ocupações dos mortais ascendentes que fazem os seus estudos nesses quarenta e nove mundos. E muitas outras atividades, não integrantes do regime ascendente, estão centralizadas nesses mundos Vorondadeques do circuito de Sálvington.

8. OS FILHOS LANONANDEQUES

Após a criação dos Vorondadeques, o Filho Criador e o Espírito Materno do Universo unem-se no propósito de trazer à existência a terceira ordem de filiação do universo, a dos Lanonandeques. Ainda que ocupados com várias das tarefas ligadas às administrações dos sistemas, esses Filhos são mais conhecidos como Soberanos dos Sistemas, governantes dos sistemas locais; e como Príncipes planetários, governantes da administração dos mundos habitados.

Como a última e mais baixa ordem de filiação na criação – no que concerne ao seu nível divino –, foi exigido desses seres que passassem, nos mundos Melquisedeques, fazendo certos cursos de aperfeiçoamento de preparo para o serviço subseqüente. Sendo os primeiros estudantes na Universidade Melquisedeque, foram classificados e confirmados pelos seus mestres e examinadores Melquisedeques de acordo com a sua aptidão, personalidade e alcance das suas realizações.

O universo de Nébadon começou a sua existência exatamente com doze milhões de Lanonandeques e, quando eles passaram pela esfera Melquisedeque, foram divididos, após os testes finais, em três classes:

1. *A dos Lanonandeques Primários.* Na categoria mais alta, ficaram 709 841 Filhos. Estes são os Filhos designados como Soberanos dos Sistemas e assistentes dos conselhos supremos das constelações, ou como conselheiros no trabalho administrativo mais elevado do universo.

2. *A dos Lanonandeques Secundários.* Desta ordem, saíram 10 234 601 da escola Melquisedeque. Foram designados como Príncipes Planetários e como reservas dessa ordem.

3. *A dos Lanonandeques Terciários.* Deste grupo, constaram 1 055 558 Filhos. Estes Filhos funcionam como assistentes subordinados, mensageiros, custódios, encarregados, observadores; e cumprem os deveres variados de um sistema e seus mundos componentes.

Não é possível a esses Filhos, como o é para os seres evolucionários, progredir de um grupo para outro. Após haverem sido submetidos aos aperfeiçoamentos dos Melquisedeques e depois de testados e classificados, os Lanonandeques servem continuamente na categoria designada. E esses Filhos também não podem reproduzir-se; o seu número no universo é estacionário.

Em números redondos, a ordem dos Filhos Lanonandeques é classificada em Sálvington da seguinte maneira:

Coordenadores do Universo e Conselheiros da Constelação. . .100 000

Soberanos de Sistemas e Assistentes .600 000

Príncipes Planetários e Reservas 10 000 000

Corpo de Mensageiros 400 000

Custódios e Registradores 100 000

Corpo de Reserva. 800 000

Como a ordem Lanonandeque é uma ordem de filiação um pouco mais baixa do que a Melquisedeque e a Vorondadeque, os Filhos Lanonandeques prestam um serviço maior nas unidades subordinadas do universo, pois são capazes de aproximar-se mais da criação inferior de raças inteligentes. Eles também correm grandes riscos de desviar-se, de sair da técnica aceitável de governo do universo. Todavia os Lanonandeques, especialmente os da ordem primária, são os mais capazes e versáteis de todos os administradores do universo local. Em habilidade executiva, eles podem ser superados apenas por Gabriel e seus colaboradores não revelados.

DOCUMENTO 35: SEÇÃO 8

9. OS GOVERNANTES LANONANDEQUES

Os Lanonandeques são os governantes permanentes dos planetas e soberanos rotativos dos sistemas. Um destes Filhos governa agora em Jerusém, a sede-central do vosso sistema local de mundos habitados.

Os Soberanos dos Sistemas governam em comissões de dois ou três, na sede-central de cada sistema de mundos habitados. O Pai da Constelação nomeia um desses Lanonandeques como dirigente, a cada decamilênio. Algumas vezes, não é feita nenhuma mudança no comando do trio; sendo a questão inteiramente opcional para os governantes das constelações. Os governos dos sistemas não têm o seu pessoal substituído subitamente, a menos que ocorra alguma espécie de tragédia.

Quando os Soberanos dos Sistemas ou os seus assistentes são revogados, os seus lugares são ocupados por uma seleção feita pelo conselho supremo, localizado na sede-central da constelação, dentre os da reserva daquela ordem; e, em Edêntia, esse grupo de reserva é maior do que a média indicada.

Os conselhos supremos dos Lanonandeques estão estacionados nas várias esferas-sede das constelações. A esse corpo preside o Altíssimo colaborador sênior do Pai da Constelação, enquanto o colaborador júnior supervisiona as reservas da ordem secundária.

Os Soberanos dos Sistemas fazem jus ao seu nome; eles são quase como soberanos nos assuntos locais dos mundos habitados. E agem de forma quase paternal ao dirigir os Príncipes Planetários, os Filhos Materiais e os espíritos ministradores. O domínio pessoal do soberano é praticamente completo. Esses governantes não são supervisionados pelos observadores da Trindade, provenientes do universo central. Constituem a divisão executiva do universo local e, enquanto custódios encarregados da promulgação dos mandados legislativos ou executivos que aplicam os veredictos judiciais, eles representam o único escalão, em toda a administração do universo, no qual a deslealdade pessoal para com a vontade do Filho Michael poderia, fácil e prontamente, instalar-se e afirmar-se.

O nosso universo local tem sido desafortunado, pois mais de setecentos Filhos da ordem Lanonandeque rebelaram-se contra a direção do universo, precipitando, assim, a confusão em vários sistemas e em numerosos planetas. De todo esse número de fracassos, apenas três eram Soberanos de Sistemas; e praticamente todos esses Filhos pertenciam à segunda e terceira ordens, a dos Príncipes Planetários e Lanonandeques terciários.

Desses filhos, o elevado número que caiu do alto da sua integridade não indica nenhuma falha na sua criação. Eles poderiam ter sido criados divinamente perfeitos, mas foram gerados de um modo tal que pudessem entender melhor as criaturas evolucionárias, de como vivem nos mundos do tempo e do espaço e, assim, aproximar-se mais delas.

De todos os universos locais de Orvônton, exceção feita a Hênselon, foi o nosso universo o que perdeu o maior número dessa ordem de Filhos. Em Uversa, é do consenso geral pensar que tivemos tanta complicação administrativa assim, em Nébadon, porque os nossos Filhos da ordem Lanonandeque foram criados com um grau muito elevado na liberdade pessoal de escolher e planejar. E não faço essa observação como uma forma de crítica. O Criador do nosso universo tem plena autoridade e poder para fazer isso. A idéia sustentada pelos nossos altos governantes é a de que, ainda que os Filhos com um tal livre-arbítrio possam causar problemas excessivos em idades iniciais do universo, quando as coisas afinal estiverem completamente sob controle e finalmente estabelecidas, os ganhos vindos de uma lealdade mais elevada e um serviço mais voluntário, da parte desses Filhos profundamente testados, farão mais do que compensar a confusão e atribulações dos primeiros tempos.

Em caso de rebelião na sede-central de um sistema, um novo soberano é colocado, geralmente, em um espaço de tempo relativamente curto, mas não é assim nos planetas individuais. Eles são as unidades componentes da criação material, e o livre-arbítrio da criatura é um fator para o julgamento final de todos esses problemas. Os Príncipes Planetários sucessores são designados para os mundos isolados, os planetas cujos príncipes possam haver-se desviado em autoridade; mas eles não assumem o governo ativo de tais mundos até que os resultados da insurreição sejam parcialmente superados e removidos, pelas medidas reparadoras adotadas pelos Melquisedeques e outras personalidades ministrantes. A rebelião, da parte de um Príncipe Planetário, instantaneamente isola o seu planeta; os circuitos espirituais locais são imediatamente cortados. Apenas um Filho de auto-outorga pode restabelecer as linhas interplanetárias de comunicação com um mundo assim espiritualmente isolado.

Existe um plano para salvar esses Filhos Lanonandeques indóceis e pouco sábios; e muitos já se valeram desse aprovisionamento de misericórdia; todavia, nunca mais poderão de novo funcionar nas posições em que falharam. Após a reabilitação, são designados para tarefas de custódia e os departamentos da administração física.

10. OS MUNDOS LANONANDEQUES

O terceiro grupo de sete mundos do circuito dos setenta planetas de Sálvington, com os seus respectivos quarenta e dois satélites, constitui o grupo Lanonandeque de esferas administrativas. Nesses reinos, os Lanonandeques experientes, do corpo de ex-Soberanos de Sistemas, oficiam como mestres administradores dos peregrinos ascendentes e das hostes seráficas. Os mortais evolucionários observam os administradores dos sistemas, trabalhando nas capitais dos sistemas, mas ali eles participam da coordenação factual dos pronunciamentos administrativos dos dez mil sistemas locais.

Essas escolas administrativas do universo local são supervisionadas por um corpo de Filhos Lanonandeques, formado pelos que têm longa experiência como Soberanos de sistemas e conselheiros de constelações. Esses colégios executivos são superados apenas pelas escolas administrativas de Ensa.

Ao mesmo tempo em que servem de esferas de aperfeiçoamento para os mortais ascendentes, os mundos Lanonandeques são os centros de empreendimentos extensivos que têm a ver com operações normais de rotina do universo. No caminho interno até o Paraíso, os peregrinos ascendentes prosseguem nos seus estudos, nas escolas práticas de conhecimento aplicado – o treino factual de realmente fazer as coisas que lhes estão sendo ensinadas. O sistema educacional do universo promovido pelos Melquisedeques é prático, progressivo, significativo e experimental. E abrange aperfeiçoamento com as coisas materiais, intelectuais, moronciais e espirituais.

Vinculados a essas esferas administrativas dos Lanonandeques é que os Filhos redimidos dessa ordem, na sua maioria, servem como custódios e diretores de assuntos planetários. E esses Príncipes Planetários faltosos e os que se associaram a eles, em rebelião, e que escolheram aceitar a reabilitação proposta, continuarão a servir nessas funções de rotina, pelo menos até que o universo de Nébadon esteja estabelecido em luz e vida.

Muitos dos Filhos Lanonandeques, nos sistemas mais antigos, contudo, têm estabelecido registros magníficos de serviço, administração e realização espiritual. Eles são um grupo nobre, fiel e leal; não obstante a sua tendência de cair no erro dos sofismas da liberdade pessoal e ficções de autodeterminação.

[Auspiciado por um Comandante de Arcanjos, atuando por autoridade de Gabriel de Sálvington.]

DOCUMENTO 36

OS PORTADORES DA VIDA

A VIDA não se origina espontaneamente. A vida é gerada de acordo com os planos formulados pelos Arquitetos do Ser (não revelados) e surge nos planetas habitados, por importação direta, ou em conseqüência das operações dos Portadores da Vida dos universos locais. Esses seres que portam a vida estão entre as mais interessantes e versáteis das diversas famílias de Filhos do universo. Estão encarregados de elaborar a vida para as criaturas e levá-la às esferas planetárias. E depois de implantar a vida nesses novos mundos, permanecem neles, por períodos longos, para fomentar o seu desenvolvimento.

1. A ORIGEM E NATUREZA DOS PORTADORES DA VIDA

Embora os Portadores da Vida pertençam à família de filiação divina, eles são um tipo peculiar e diferente de Filhos do universo, sendo o único grupo de vida inteligente, em um universo local, na criação dos quais participam os governantes do superuniverso. Os Portadores da Vida são a progênie de três personalidades preexistentes: o Filho Criador, o Espírito Materno do Universo e, por designação, um dos três Anciães dos Dias que presidem aos destinos do superuniverso envolvido. Esses Anciães dos Dias são os únicos que podem decretar a extinção da vida inteligente; e participam da criação dos Portadores da Vida, aos quais é confiado o estabelecimento da vida física nos mundos em evolução.

No universo de Nébadon, há o registro da criação de uma centena de milhões de Portadores da Vida. Esse eficiente corpo de disseminadores da vida não é um grupo que de fato se autogoverna. Eles são dirigidos pelo trio determinador da vida, que consiste em Gabriel, o Pai Melquisedeque e Nâmbia, o Portador da Vida original e primogênito de Nébadon. Em todas as fases da sua administração divisional, contudo, eles se autogovernam.

Os Portadores da Vida estão classificados segundo a sua graduação em três grandes divisões. A primeira divisão sendo a dos Portadores da Vida mais experientes; a segunda, a dos assistentes; e a terceira, a dos custódios. A primeira divisão é subdividida em doze grupos de especialistas nas várias formas de manifestação da vida. Essa separação em três divisões foi efetivada pelos Melquisedeques, que conduziram os testes, com esses propósitos, nas esferas-sede dos Portadores da Vida. Os Melquisedeques, desde então, têm estado intimamente associados aos Portadores da Vida e sempre os acompanham quando estes saem para estabelecer a vida em um planeta novo.

Quando um planeta evolucionário é finalmente estabelecido em luz e vida, os Portadores da Vida são organizados em corpos deliberativos mais elevados, com a função de aconselhamento, para ajudar na futura administração e desenvolvimento do mundo e dos seus seres glorificados. Nas idades posteriores e estabelecidas de um universo em evolução, muitos deveres novos são confiados a esses Portadores da Vida.

2. OS MUNDOS DOS PORTADORES DA VIDA

Os Melquisedeques mantêm a supervisão geral do quarto grupo das sete esferas primárias do circuito de Sálvington. Esses mundos dos Portadores da Vida são designados do modo seguinte:

1. A sede-central dos Portadores da Vida.
2. A esfera do planejamento da vida.
3. A esfera da conservação da vida.
4. A esfera da evolução da vida.
5. A esfera da vida ligada à mente.
6. A esfera da mente e do espírito nos seres vivos.
7. A esfera da vida não revelada.

Cada uma dessas esferas primárias é cercada por seis satélites, nos quais estão centradas as fases especiais de todas as atividades dos Portadores da Vida no universo.

O Mundo Número Um é a esfera-sede que, junto com os seus seis satélites tributários, é devotada ao estudo da vida universal, a vida em todas as fases conhecidas de manifestação. Ali está localizado o colégio do planejamento da vida, onde funcionam os mestres e conselheiros de Uversa e Havona, e mesmo do Paraíso. É-me permitido revelar que os sete posicionamentos centrais dos espíritos ajudantes da mente situam-se nesse mundo dos Portadores da Vida.

O número dez – o sistema decimal – é inerente ao universo físico, mas não ao espiritual. O domínio da vida é caracterizado pelo três, o sete e o doze, ou pelos múltiplos e combinações desses números básicos. Há três planos primordiais de vida, essencialmente diferentes, segundo a ordem das três Fontes e Centros do Paraíso, e, no universo de Nébadon, essas três formas básicas de vida estão separadas em três tipos diferentes de planetas. Havia, originalmente, doze conceitos distintos e divinos de vida transmissível. Esse número doze, com as suas subdivisões e múltiplos, perfaz todos os modelos básicos de vida, em todos os sete superuniversos. Há também sete tipos arquitetônicos de projetos de vida, arranjos fundamentais das configurações de reprodução da matéria viva. Os modelos de vida de Orvônton são configurados por doze portadores de hereditariedade. As ordens diferentes de criaturas de vontade estão configuradas segundo os números 12, 24, 48, 96, 192, 384, e 768. Em Urântia, há quarenta e oito unidades de controle de modelos – determinadores das características – nas células sexuais da reprodução humana.

O Mundo Número Dois é a esfera de projetos da vida; nele todos os novos modos de organização da vida são elaborados. Se bem que os projetos originais de vida sejam providos pelo Filho Criador, o desenvolvimento efetivo desses planos é confiado aos Portadores da Vida e seus colaboradores. Após serem formulados os planos gerais da vida, para um novo mundo, são transmitidos às esferas-sede, onde são minuciosamente estudados pelo conselho supremo dos Portadores da Vida mais experientes, em colaboração com um corpo de Melquisedeques consultores. Ainda que os planos partam de fórmulas previamente aceitas, é necessário que sejam passados ao Filho Criador e sejam endossados por ele. O dirigente dos Melquisedeques, freqüentemente, representa o Filho Criador nessas deliberações.

As vidas planetárias, portanto, ainda que semelhantes, sob alguns pontos de vista, são diferentes de várias maneiras em cada mundo evolucionário. Mesmo em uma série uniforme de vida, em uma única família de mundos, a vida não é exatamente a mesma em dois planetas quaisquer; há sempre um tipo planetário, pois os Portadores da Vida trabalham constantemente em um esforço de aperfeiçoar as fórmulas vitais que são confiadas à sua guarda.

Há mais de um milhão de fórmulas químicas fundamentais, ou cósmicas, que constituem os modelos parentais e as inúmeras variações funcionais básicas das manifestações de vida. O satélite de número um da esfera de planejamento da vida é o reino dos físicos e eletroquímicos do universo, que servem como assistentes técnicos dos Portadores da Vida, no trabalho de captar, organizar e manipular as unidades essenciais de energia empregadas na elaboração dos veículos materiais para a transmissão da vida, o chamado plasma germinador.

Os laboratórios planetários de planejamento da vida estão situados no segundo satélite desse mundo, o de número dois. Nesses laboratórios, os Portadores da Vida, e todos os seus parceiros, colaboram com os Melquisedeques no esforço de modificar e possivelmente aperfeiçoar a vida projetada, para a implantação nos *planetas decimais* de Nébadon. A vida, que agora evolui em Urântia, foi planejada e parcialmente elaborada nesse mesmo mundo, pois Urântia é um planeta decimal, um mundo experimental de vida. Num mundo, em cada dez, é permitida uma variação maior, em relação ao projeto modelo de vida, do que nos outros mundos (os não experimentais).

O Mundo Número Três é devotado à conservação da vida. Nele, vários modos de proteção e preservação da vida são estudados e desenvolvidos pelos assistentes e custódios do corpo dos Portadores da Vida. Os planos de vida, para cada mundo novo, sempre providenciam o estabelecimento, logo de início, da comissão de conservação da vida, que consiste em custódios especialistas na manipulação especializada dos modelos básicos da vida. Em Urântia, vinte e quatro desses custódios ficaram encarregados de missões, dois para cada modelo fundamental ou parental da organização arquitetônica do material da vida. Em planetas como o vosso, a forma de vida mais elevada é reproduzida por um feixe portador de vida que possui vinte e quatro unidades modelo. (E posto que a vida intelectual se desenvolve a partir dos fundamentos da vida física, e neles baseia-se, assim, vêm à existência as vinte e quatro ordens básicas de organização psíquica.)

A Esfera Número Quatro e os seus satélites tributários devotam-se ao estudo da evolução da vida da criatura, em geral, e aos antecedentes evolucionários de qualquer nível de vida em particular. O plasma original da vida de um mundo evolucionário deve conter o potencial pleno para todas as variações futuras de desenvolvimento e para todas as modificações e mudanças evolucionárias subseqüentes. O aprovisionamento para esses projetos de metamorfose da vida, em longo alcance, pode requerer o surgimento de muitas formas, aparentemente inúteis, de vida animal e vegetal. Esses subprodutos da evolução planetária, previstos ou imprevistos, surgem em um estágio de ação para apenas desaparecer; pois, no decorrer e ao longo de todo esse extenso processo, tem continuidade a trama da formulação sábia e inteligente dos elaboradores originais do plano da vida planetária e do esquema das espécies. Os múltiplos subprodutos da evolução biológica são todos essenciais à função plena e final das formas de vida de inteligência mais elevada, não obstante possa prevalecer, temporariamente, uma grande desarmonia exterior na longa luta de ascensão das criaturas mais elevadas para adquirir o predomínio de mestria sobre as formas inferiores de vida; e muitas destas são, algumas vezes, opostas à paz e ao conforto das criaturas em evolução dotadas de vontade.

O Mundo Número Cinco ocupa-se totalmente com a vida associada à mente. Cada um dos seus satélites é devotado ao estudo de uma única fase da mente da criatura, correlacionada com a vida da criatura. A mente, tal como a compreende o homem, é uma dotação dos sete espíritos ajudantes da mente, sobreposta aos níveis não-ensináveis ou mecânicos da mente, feita pelas agências do Espírito Infinito. Os modelos de vida reagem de formas variáveis a esses ajudantes e às diferentes ministrações espirituais que operam em todos os universos do tempo e do espaço. A capacidade das criaturas materiais de reagir espiritualmente depende por completo da dotação associada de mente, a qual, por sua vez, orientou o curso da evolução biológica dessas mesmas criaturas mortais.

O *Mundo de Número Seis* dedica-se à correlação da mente com o espírito, do modo como eles encontram-se associados às formas vivas e aos organismos. Esse mundo e os seus seis satélites tributários abrangem as escolas de coordenação das criaturas, nas quais os mestres, tanto do universo central quanto do superuniverso, colaboram com os instrutores de Nébadon para que fiquem manifestos na criatura, no tempo e no espaço, os níveis mais elevados de alcance.

A *Sétima Esfera* dos Portadores da Vida dedica-se aos domínios não revelados da vida da criatura evolucionária, no que ela se relaciona à filosofia cósmica de factualização expansiva do Ser Supremo.

3. O TRANSPLANTE DA VIDA

A vida não aparece espontaneamente nos universos; os Portadores da Vida devem iniciá-la nos planetas até então estéreis. Eles são portadores, disseminadores e guardiães da vida tal como ela surge nos mundos evolucionários do espaço. Toda a vida das ordens e formas conhecidas em Urântia surge com esses Filhos, se bem que nem todas as formas de vida planetária existam em Urântia.

O corpo de Portadores da Vida, designado para implantar a vida em um novo mundo, consiste, usualmente, em uma centena de portadores mais experientes, com cem assistentes e mil custódios. Os Portadores da Vida freqüentemente levam o plasma real da vida para um novo mundo, mas nem sempre. Algumas vezes, organizam os modelos de vida apenas depois de chegarem ao planeta de designação, de acordo com fórmulas previamente aprovadas para uma nova aventura de estabelecimento da vida. A origem da vida planetária de Urântia foi essa e aconteceu desse modo.

Uma vez providos os modelos físicos, de acordo com as fórmulas aprovadas, então, os Portadores da Vida catalisam esse material sem vida, comunicando-lhe, por meio das suas pessoas, a centelha da vida do espírito; e daí em diante o modelo inerte torna-se matéria viva.

A centelha vital – o mistério da vida – é conferida por intermédio dos Portadores da Vida, não por eles. Na verdade, eles supervisionam essas operações, formulando o próprio plasma da vida; mas é o Espírito Materno do Universo que provê o fator essencial do plasma da vida. Da Filha Criativa do Espírito Infinito vem aquela centelha de energia que anima o corpo e que é o presságio da mente.

Na outorga da vida, os seus Portadores não transmitem nada das suas naturezas pessoais, nem mesmo nas esferas em que novas ordens de vida são projetadas. Nessas ocasiões, eles simplesmente iniciam e transmitem a centelha da vida, dão início às revoluções necessárias à matéria, de acordo com as especificações físicas, químicas e elétricas dos planos e modelos determinados. Os Portadores da Vida são presenças vivas catalíticas que agitam, organizam e vitalizam os elementos até então inertes da ordem material de existência.

Aos Portadores da Vida de um corpo planetário é dado um certo período, para estabelecerem a vida em um mundo novo, de aproximadamente meio milhão de anos do tempo daquele planeta. Ao final desse período, indicado por um certo alcance no desenvolvimento da vida planetária, eles cessam os esforços de implantação e nada podem acrescentar de novo ou suplementar, subseqüentemente, à vida daquele planeta.

Durante as idades que se interpõem entre o estabelecimento da vida e o surgimento das criaturas humanas de status moral, aos Portadores da Vida é permitido manipular o ambiente da vida e, de outras maneiras, direcionar favoravelmente o curso da evolução biológica. E eles fazem isso durante longos períodos de tempo.

Uma vez que os Portadores da Vida, que operam em um mundo novo, hajam obtido êxito na produção de um ser com vontade, dotado dos poderes de decisão moral e escolha espiritual, então, nesse ponto, a sua tarefa termina – eles completaram a sua obra e não podem mais manipular a evolução da vida. Desse ponto em diante, a evolução das coisas vivas deve continuar de acordo com o dom da natureza inerente e tendências que hajam sido já conferidas a elas e estabelecidas nas fórmulas e modelos da vida planetária. Aos Portadores da Vida não é permitido experimentar ou interferir na vontade; a eles não é possível nem permitido dominar ou arbitrariamente influenciar as criaturas morais.

Com a chegada de um Príncipe Planetário, eles preparam-se para partir, embora dois dos portadores mais experientes e doze custódios possam apresentar-se como voluntários, fazendo votos de renúncia temporária, a fim de permanecerem indefinidamente no planeta como conselheiros para as questões do desenvolvimento posterior e a conservação do plasma da vida. Dois desses Filhos e seus doze colaboradores estão agora servindo em Urântia.

4. OS PORTADORES MELQUISEDEQUES DA VIDA

Em cada sistema local de mundos habitados em Nébadon, há uma única esfera na qual os Melquisedeques têm funcionado como portadores da vida. Essas moradas são conhecidas como os mundos *midsonitas* do sistema, e, em cada um desses mundos, um Filho Melquisedeque, materialmente modificado, acasalou-se com uma Filha escolhida da ordem material de filiação. As Mães-Evas desses mundos midsonitas são enviadas do centro-sede do sistema da jurisdição, tendo sido escolhidas pelo portador da vida Melquisedeque designado, dentre as inúmeras voluntárias que responderam ao chamado do Soberano do Sistema dirigido às Filhas Materiais da sua esfera.

A progênie de um portador Melquisedeque da vida e de uma Filha Material é conhecida como *midsonita*. O Pai Melquisedeque dessa raça de criaturas supernas finalmente deixa o planeta da sua função única de vida, e a Mãe-Eva dessa ordem especial de seres do universo também parte, quando do aparecimento da sétima geração da sua progênie planetária. A direção desse mundo então é passada ao seu filho mais velho.

As criaturas midsonitas vivem e funcionam como seres reprodutores nos seus magníficos mundos até que cheguem aos mil anos-padrão; quando então são transladadas por transporte seráfico. Os midsonitas são seres que não se reproduzem mais, daí em diante, porque a técnica de desmaterialização, pela qual eles passam na sua preparação para enserafinar-se, priva-os para sempre das prerrogativas de reprodução.

O status atual desses seres dificilmente pode ser qualificado seja como mortal ou imortal; e também não podem ser definitivamente classificados como humanos, nem como divinos. Essas criaturas não são resididas por Ajustadores e, portanto, dificilmente seriam imortais. Mas elas também não parecem ser mortais; nenhum midsonita alguma vez experienciou a morte. Todos os midsonitas nascidos em Nébadon até hoje estão vivos, funcionando nos seus mundos de nascimento, em alguma esfera intermediária ou na esfera midsonita de Sálvington, nos grupos de mundos dos finalitores.

Os Mundos dos Finalitores de Sálvington. Os portadores Melquisedeques da vida, bem como as Mães-Evas agregadas a eles, partem das esferas midsonitas do sistema em direção aos mundos dos finalitores do circuito de Sálvington, onde a sua progênie também está destinada a se reunir.

Com relação a isso, deve ser explicado que o quinto grupo dos sete mundos primários, nos circuitos de Sálvington, são os mundos dos finalitores de Nébadon. Os filhos dos portadores Melquisedeques da vida e das Filhas Materiais estão domiciliados no sétimo mundo dos finalitores, a esfera midsonita de Sálvington.

Os satélites dos sete mundos primários dos finalitores são o ponto de encontro das personalidades do superuniverso e do universo central, e podem estar cumprindo missões em Nébadon. Embora os mortais ascendentes transitem livremente em todos os mundos culturais e esferas de aperfeiçoamento dos 490 mundos que compreendem a Universidade Melquisedeque, há certas escolas especiais e inúmeras zonas de restrição nas quais não têm permissão de entrar. Isto é verdadeiro especialmente com relação às quarenta e nove esferas sob a jurisdição dos finalitores.

O propósito das criaturas midsonitas não é ainda conhecido até este momento; aparentemente, todavia, essas personalidades estão-se reunindo no sétimo mundo dos finalitores em preparação para alguma eventualidade futura na evolução do universo. As nossas indagações a respeito das raças midsonitas são sempre dirigidas aos finalitores; estes porém, continuadamente, recusam-se a discutir o destino dos seus pupilos. Independentemente da nossa incerteza quanto ao futuro dos midsonitas, sabemos que todos os universos locais de Orvônton abrigam um corpo, em acumulação crescente, desses seres misteriosos. É crença dos portadores Melquisedeques da vida que os seus filhos midsonitas algum dia serão dotados, por Deus, o Último, com o espírito transcendental e eterno da absonitude.

5. OS SETE ESPÍRITOS AJUDANTES DA MENTE

A presença dos sete espíritos ajudantes da mente, nos mundos primitivos, é o que condiciona o curso da evolução orgânica; isso explica por que a evolução é proposital e não acidental. Estes ajudantes representam a função de ministração da mente, feita pelo Espírito Infinito, que se estende às ordens mais baixas de vida inteligente por meio da função operante do Espírito Materno de um Universo local. Estes ajudantes são progênie do Espírito Materno do Universo e constituem a sua ministração pessoal às mentes materiais dos reinos. Quaisquer sejam o local e o tempo em que tais mentes se manifestem, ali, esses espíritos estarão funcionando de modos diversos.

Os sete espíritos ajudantes da mente são chamados por nomes equivalentes às designações seguintes: intuição, compreensão, coragem, conhecimento, conselho, adoração e sabedoria. Esses espíritos-mente fazem sentir a sua influência em todos os mundos habitados na forma de impulsos diferenciais, cada um buscando a capacidade de receptividade para a sua manifestação em graus distintos e independentemente daquilo que os outros seis espíritos possam encontrar em termos de receptividade e oportunidade de atuação.

As posições centrais dos espíritos ajudantes, nos mundos-sede dos Portadores da Vida, indicam aos seus supervisores a extensão, o alcance e a qualidade da função da mente a ser adotada por tais ajudantes, em qualquer mundo e em qualquer organismo

vivo de status intelectual. Essas colocações de mente-vida são indicadoras perfeitas da
função da mente viva, para os primeiros cinco ajudantes. Todavia, com respeito ao
sexto e ao sétimo espíritos ajudantes – o da adoração e o da sabedoria –, essas posições centrais registram apenas uma função qualitativa. As atividades quantitativas
dos ajudantes da adoração e da sabedoria ficam registradas na presença imediata da
Ministra Divina em Sálvington, sendo uma experiência pessoal do Espírito Materno do
Universo.

Os sete espíritos ajudantes da mente sempre acompanham os Portadores da Vida
a um novo planeta, mas não devem ser encarados como entidades; eles são mais semelhantes a circuitos. Os espíritos desses sete ajudantes do universo não funcionam
como personalidades separadas da presença da Ministra Divina no universo; são, de
fato, um nível de consciência da Ministra Divina; permanecendo sempre subordinados à ação e à presença da sua mãe criativa.

Faltam-nos as palavras adequadas para melhor definir esses sete espíritos ajudantes da mente. Eles ministram aos níveis mais baixos da mente experiencial e podem
ser descritos, na seqüência das realizações evolucionárias, do modo seguinte:

1. *O espírito da intuição* – a percepção rápida, os instintos físicos primitivos e reflexos inerentes; o dom da direção e outros dons autopreservadores ativos
de todas as criações possuidoras de mente; o único dos ajudantes a funcionar tão
amplamente nas ordens mais baixas da vida animal e o único a fazer um contato
funcional amplo com os níveis não-ensináveis da mente mecânica.

2. *O espírito da compreensão* – o impulso da coordenação, a associação de
idéias espontânea e aparentemente automática. Essa é a dádiva da coordenação do
conhecimento adquirido, o fenômeno do raciocínio rápido, do julgamento rápido e
decisão pronta.

3. *O espírito da coragem* – o dom da fidelidade – nos seres pessoais, a base
da aquisição do caráter e raiz intelectual da fibra moral e da bravura espiritual.
Quando iluminado pelos fatos e inspirado pela verdade, torna-se o segredo do impulso de ascensão evolucionária pelos canais do autodirecionamento inteligente e
consciente.

4. *O espírito do conhecimento* – a curiosidade – a mãe da aventura e da descoberta, o espírito científico; o guia e colaborador fiel dos espíritos da coragem e
do conselho; o impulso de direcionar os dons da coragem para os caminhos úteis e
progressivos de crescimento.

5. *O espírito do conselho* – o impulso social, o dom da cooperação com a
espécie; a capacidade das criaturas volitivas de se harmonizar com os seus companheiros; a origem do instinto gregário entre as criaturas inferiores.

6. *O espírito da adoração* – o impulso religioso, o primeiro anseio diferencial a
separar as criaturas dotadas de mente em duas classes básicas de existência mortal.
O espírito da adoração distingue para sempre o animal, ao qual está associado, das
criaturas sem alma, no entanto com dotação mental. A adoração é a insígnia da
candidatura à ascensão espiritual.

7. *O espírito da sabedoria* – a tendência inerente de todas as criaturas morais para o avanço evolucionário ordenado e progressivo. Este é o mais elevado
dos ajudantes, o espírito coordenador e articulador do trabalho de todos os

outros. Este espírito é o segredo daquele impulso inato das criaturas de mente, o qual inicia e mantém o programa prático efetivo da escala ascendente da existência; aquela dádiva das coisas vivas que responde pela sua capacidade inexplicável de sobreviver e, na sobrevivência, de utilizar-se da coordenação em toda a sua experiência passada e oportunidades presentes para a conquista da totalidade, em tudo o que todos os outros seis ministros mentais possam mobilizar na mente do organismo em questão. A sabedoria é o apogeu da atuação intelectual. A sabedoria é a meta de uma existência puramente mental e moral.

Os espíritos ajudantes da mente crescem por meio da experiência, no entanto nunca se tornam pessoais. Eles evoluem em função; e as funções dos cinco primeiros, atuando nas ordens animais, em uma certa medida, se fazem essenciais para que todos sete funcionem no intelecto humano. Essa relação com os animais faz com que os ajudantes passem a ser mais eficazes na sua prática junto à mente humana; assim é que os animais tornam-se, de uma certa forma, indispensáveis à evolução intelectual do homem, bem como à sua evolução física.

Esses ajudantes da mente de um Espírito Materno do universo local estão relacionados à vida da criatura com status de inteligência, de uma maneira análoga à ligação que os centros de potência e os controladores físicos têm com as forças não viventes do universo. Prestam um serviço inestimável aos circuitos da mente nos mundos habitados e são colaboradores eficazes dos Mestres Controladores Físicos, os quais também servem como controladores e diretores dos níveis pré-ajudantes da mente, níveis mentais estes que são não-ensináveis ou mecânicos.

A mente viva, antes do aparecimento da capacidade de aprender pela experiência, é domínio da ministração dos Mestres Controladores Físicos. A mente da criatura, antes de adquirir a capacidade de reconhecer a divindade e de adorar a Deidade, é domínio exclusivo dos espíritos ajudantes. Com o surgimento da sensibilidade espiritual, no intelecto da criatura, tais mentes criadas tornam-se imediatamente supramentais, sendo incorporadas instantaneamente ao circuito dos ciclos espirituais do Espírito Materno do universo local.

Os espíritos ajudantes da mente não estão relacionados, de nenhum modo, diretamente à função diversificada, e altamente espiritual, do espírito da presença pessoal da Ministra Divina, o Espírito Santo, nos mundos habitados; contudo, são eles os antecedentes funcionais e preparatórios para o surgimento e a atuação do Espírito Santo, sobre o homem evolucionário. Os ajudantes proporcionam ao Espírito Materno do Universo um contato variado com as criaturas materiais viventes de um universo local e um controle sobre elas; contudo, quando atuam nos níveis da pré-personalidade, atuam sem repercussão no Ser Supremo.

A mente não-espiritual ou é uma manifestação da energia do espírito ou um fenômeno de energia física. Mesmo a mente humana, a mente pessoal, não tem qualidades de sobrevivência fora da identificação com o espírito. A mente é uma outorga da divindade, mas não é imortal quando funciona sem o discernimento espiritual interno e quando é desprovida da capacidade de adorar e aspirar à sobrevivência.

6. AS FORÇAS VIVAS

A vida é tanto mecânica quanto vital – material e espiritualmente. Os físicos e os químicos de Urântia progredirão constantemente no seu entendimento das formas protoplasmáticas da vida vegetal e animal, sem no entanto jamais se tornarem capazes de produzir organismos vivos. A vida é algo diferente de todas as manifestações de energia; mesmo a vida material das criaturas físicas não é inerente à matéria.

As coisas materiais podem desfrutar de uma existência independente, mas a vida brota apenas da vida. A mente só pode ser derivada da mente preexistente. O espírito tem origem apenas em ancestrais espirituais. A criatura pode produzir as formas da vida, mas só uma personalidade criadora ou uma força criativa podem proporcionar a centelha ativadora da vida.

Os Portadores da Vida podem organizar as formas materiais, ou os modelos arquetípicos físicos para os seres vivos, mas o Espírito provê a centelha inicial da vida e outorga o dom da mente. Mesmo as formas vivas da vida experimental, que os Portadores da Vida organizam, nos seus mundos em Sálvington, são sempre desprovidas de poderes de reprodução. Quando as fórmulas da vida e os modelos vitais estão corretamente reunidos e organizados adequadamente a presença de um Portador da Vida é suficiente para iniciar a vida; no entanto todos esses organismos vivos carecem de dois atributos essenciais – dom da mente e poderes da reprodução. A mente animal e a mente humana são dádivas do Espírito Materno do universo local, funcionando por meio dos sete espíritos ajudantes da mente; ao passo que a capacidade que a criatura tem de reproduzir é uma dádiva, pessoal e específica, do Espírito do Universo, ao plasma ancestral da vida inaugurado pelos Portadores da Vida.

Uma vez que os Portadores da Vida hajam elaborado os modelos da vida, após haverem organizado os sistemas de energia, deve ocorrer um fenômeno complementar: o "sopro da vida", que deve ser passado a essas formas sem vida. Os Filhos de Deus podem construir as formas da vida, mas é o Espírito de Deus que realmente contribui com a centelha vital. E quando a vida assim transmitida é consumida, então de novo o corpo material remanescente torna-se matéria morta. Quando a vida outorgada se exaure, o corpo retorna para o seio do universo material, do qual foi tomado emprestado pelos Portadores da Vida, para servir como um veículo transitório àquela dotação de vida a qual haviam transmitido a tal associação visível de matéria-energia.

A vida conferida às plantas e animais, pelos Portadores da Vida, não retorna para os Portadores da Vida, quando da morte da planta ou animal. A vida que abandona uma coisa viva não possui nem identidade, nem personalidade; ela não sobrevive individualmente à morte. Durante a sua existência, e no tempo da sua permanência no corpo de matéria, ela passou por uma mudança; ela passou por uma evolução de energia e sobrevive apenas como uma parte das forças cósmicas do universo; não sobrevive como vida individual. A sobrevivência das criaturas mortais é totalmente baseada na evolução de uma alma imortal dentro da mente mortal.

Falamos da vida como "energia" e como "força", mas realmente ela não é nem uma nem a outra. A energia-força é sensível de modo variável à gravidade; a vida não o é. O modelo original também não é sensível à gravidade, sendo uma configuração de energias que já perfez ou cumpriu todas suas obrigações de resposta à gravidade. A vida, como tal, constitui a animação de um sistema de energias – material, mental ou espiritual – segundo algum modelo arquetípico configurado ou selecionado.

Algumas coisas há, ligadas à elaboração da vida nos planetas evolucionários, que não estão de todo claras para nós. Compreendemos plenamente a organização física das fórmulas eletroquímicas dos Portadores da Vida, mas não compreendemos totalmente a natureza e a fonte da centelha de ativação da vida. Sabemos que a vida flui do Pai, através do Filho e pelo Espírito. É mais do que possível que os Espíritos Mestres sejam o canal sétuplo do rio da vida vertido sobre toda a criação. Porém, não compreendemos a técnica pela qual o Espírito Mestre supervisor participa do episódio inicial de outorga da vida em um planeta novo. Acreditamos que os Anciães dos Dias também possuam algum papel na inauguração da vida em um novo mundo, mas somos totalmente ignorantes sobre a natureza desse papel. Sabemos que o Espírito

Materno do Universo, de fato, vitaliza os modelos sem vida e concede a esses plasmas ativados as prerrogativas da reprodução dos organismos. Observamos que três são os níveis de Deus, o Sétuplo, algumas vezes designados como os Criadores Supremos do tempo e do espaço; mas, afora isso, sabemos pouco mais do que os mortais de Urântia – simplesmente que a concepção é inerente ao Pai; a expressão, ao Filho; e a realização da vida, ao Espírito.

[Ditado por um Filho Vorondadeque estacionado em Urântia, como observador; e funcionando como tal a pedido do Dirigente Melquisedeque do Corpo de Supervisão da Revelação.]

DOCUMENTO 37

AS PERSONALIDADES DO UNIVERSO LOCAL

À FRENTE de todas as personalidades de Nébadon, está o Filho Criador e Mestre, Michael, pai e soberano do universo. Coordenada em divin dade, e complementar pelos seus atributos criativos, está a Ministra Divina de Sálvington, o Espírito Materno do universo local. E esses criadores são, em um sentido muito literal, o Pai-Filho e a Mãe-Espírito de todas as criaturas nativas de Nébadon.

Os documentos precedentes trataram das ordens criadas de filiação; as narrativas seguintes retratarão os espíritos ministrantes e as ordens ascendentes de filiação. O presente documento ocupa-se, principalmente, de um grupo intermediário, o dos Ajudantes do Universo, mas também faz uma breve consideração sobre alguns dentre os espíritos mais elevados que permanecem em Nébadon e algumas das ordens de cidadania permanente no universo local.

1. OS AJUDANTES DO UNIVERSO

Muitas, dentre as ordens singulares, geralmente agrupadas nessa categoria, não são reveladas, mas, os Ajudantes do Universo, como são apresentados nestes documentos, incluem as sete ordens seguintes:

1. Os Brilhantes Estrelas Matutinas.
2. Os Brilhantes Estrelas Vespertinas.
3. Os Arcanjos.
4. Os Assistentes Mais Elevados.
5. Os Altos Comissários.
6. Os Supervisores Celestes.
7. Os Educadores dos Mundos das Mansões.

Da primeira ordem de Ajudantes do Universo, a dos Brilhantes Estrelas Matutinas, só há um ser em cada universo; e é o primogênito entre todas as criaturas nativas de um universo local. O Brilhante Estrela Matutino do nosso universo é conhecido como Gabriel de Sálvington. É o comandante executivo de todo o Nébadon, atuando como representante pessoal do Filho Soberano e porta-voz da sua consorte criativa.

Durante os primeiros tempos de Nébadon, Gabriel trabalhou completamente sozinho com Michael e o Espírito Criativo. À medida que o universo cresceu e os problemas administrativos multiplicaram-se, ele foi provido com um quadro pessoal de assistentes, não revelados aqui e, finalmente, esse grupo cresceu com a criação do corpo dos Estrelas Vespertinos de Nébadon.

2. OS BRILHANTES ESTRELAS VESPERTINOS

Estas brilhantes criaturas foram projetadas pelos Melquisedeques, tendo sido, então, trazidas à existência pelo Filho Criador e o Espírito Criativo. Eles servem em muitas funções; mas, principalmente, como oficiais de ligação de Gabriel, o comandante executivo do universo local. Um ou mais desses seres funcionam como os representantes de Gabriel na capital de cada constelação e sistema em Nébadon.

Como comandante executivo de Nébadon, Gabriel é o presidente ex officio, ou o observador, da maior parte dos conclaves de Sálvington, e acontece que até mil desses conclaves estão, muitas vezes, em sessão simultaneamente. Os Brilhantes Estrelas Vespertinas representam Gabriel em tais ocasiões; ele não pode estar em dois lugares ao mesmo tempo, e esses superanjos compensam essa limitação. Um serviço análogo é prestado por eles ao corpo dos Filhos Instrutores da Trindade.

Ainda que pessoalmente ocupado com seus deveres administrativos, Gabriel mantém contato com todas as outras fases da vida e assuntos do universo por intermédio dos Brilhantes Estrelas Vespertinas. Eles sempre o acompanham nas suas viagens planetárias e, freqüentemente, partem em missões especiais a planetas individuais como representantes pessoais dele. Nesses compromissos, algumas vezes têm sido conhecidos como "o anjo do Senhor". Eles vão a Uversa com freqüência, para representar o Brilhante Estrela Matutino perante as cortes e assembléias dos Anciães dos Dias, mas raramente viajam além dos confins de Orvônton.

Os Brilhantes Estrelas Vespertinas são uma ordem dual excepcional, da qual alguns fazem parte por dignidade de criação e outros por serviços prestados. O corpo de Nébadon atualmente conta com 13 641 desses superanjos. Há 4 832 com a dignidade de criação, enquanto 8 809 são espíritos ascendentes que alcançaram essa meta por serviços elevados. Muitos desses Estrelas Vespertinos ascendentes começaram suas carreiras no universo como serafins; outros ascenderam de níveis de vida irrevelados da criatura. Como meta a ser alcançada, esse alto corpo nunca está fechado para os candidatos à ascensão, desde que um universo não esteja estabelecido em luz e vida.

Ambos os tipos de Brilhantes Estrelas Vespertinas são facilmente visíveis para as personalidades moronciais e para certos tipos de seres materiais supramortais. Os seres criados dessa ordem interessante e versátil possuem uma força de espírito que se pode manifestar independentemente da sua presença pessoal.

O comandante desses superanjos é Gavália, o primogênito dessa ordem em Nébadon. Desde que Cristo Michael retornou da sua auto-outorga triunfante em Urântia, Gavália tem sido designado para ministrar aos mortais ascendentes e, nos últimos mil e novecentos anos de Urântia, o seu colaborador, Galântia, tem mantido a sede-central em Jerusém, onde passa cerca da metade do seu tempo. Galântia é o primeiro dos superanjos ascendentes a alcançar esse alto status.

Nenhuma organização grupal ou companhia de Brilhantes Estrelas Vespertinas existe, além da sua associação costumeira, aos pares, para muitas missões. Eles não são extensivamente designados para missões ligadas à carreira ascendente dos mortais mas, quando em compromissos desse tipo, nunca funcionam a sós. Sempre trabalham aos pares – um, o ser criado como tal, e o outro, um Estrela Vespertino ascendente.

Um dos altos deveres dos Estrelas Vespertinos é acompanhar os Filhos Avonais de auto-outorga nas suas missões planetárias, do mesmo modo que Gabriel acompanhou Michael na sua auto-outorga em Urântia. Os dois superanjos acompanhantes são as personalidades superiores nessas missões, servindo como comandantes adjuntos dos arcanjos e de todos os outros designados para tais tarefas. É o mais experiente desses superanjos, no comando, que, no tempo e na idade oportunos, diz ao Filho Avonal auto-outorgado: "Cuida dos assuntos do teu irmão".

Pares semelhantes desses superanjos são designados para o corpo planetário de Filhos Instrutores da Trindade, na obra de estabelecer a idade de pós-outorga ou do amanhecer espiritual em um mundo habitado. Nesses compromissos os Estrelas Vespertinos servem como ligação entre os mortais do reino e os corpos invisíveis de Filhos Instrutores.

Os Mundos dos Estrelas Vespertinos. O sexto grupo dos sete mundos de Sálvington e os seus quarenta e dois satélites tributários estão entregues à administração dos Brilhantes Estrelas Vespertinas. Os sete mundos primários são presididos pelas ordens criadas desses superanjos, enquanto os satélites tributários são administrados pelos Estrelas Vespertinos ascendentes.

Os satélites dos primeiros três mundos são devotados às escolas dos Filhos Instrutores e Estrelas Vespertinos, dedicadas a personalidades espirituais do universo local. Os próximos três grupos são ocupados por escolas conjuntas similares, devotadas ao aperfeiçoamento dos mortais ascendentes. Os satélites do sétimo mundo são reservados às deliberações trinas dos Filhos Instrutores, Estrelas Vespertinos e finalitores. Em tempos recentes, esses superanjos identificaram-se intimamente com o trabalho, no universo local, do Corpo de Finalidade e, há muito, têm-se associado aos Filhos Instrutores. Existe uma ligação de enorme poder e importância entre os Estrelas Vespertinos e os Mensageiros por Gravidade, ligados aos grupos de trabalho dos finalitores. O sétimo mundo primário está reservado às questões não reveladas e pertinentes às futuras relações que se estabelecerão entre os Filhos Instrutores, os finalitores e os Estrelas Vespertinos, em conseqüência da emergência completa da manifestação, no superuniverso, da personalidade de Deus, o Supremo.

3. OS ARCANJOS

Os Arcanjos são uma progênie do Filho Criador e do Espírito Materno do Universo. São o tipo mais elevado entre os altos seres espirituais, produzidos em grandes números, em um universo local; sendo que na época do último registro havia quase oitocentos mil em Nébadon.

Os Arcanjos são um dos poucos grupos de personalidades do universo local que não se encontram normalmente sob a jurisdição de Gabriel. Não estão de modo algum ligados à administração rotineira do universo, permanecendo dedicados ao trabalho de sobrevivência da criatura e à continuidade da carreira ascendente dos mortais do tempo e do espaço. Embora não estejam ordinariamente sujeitos à direção do Brilhante Estrela Matutino, algumas vezes, os arcanjos atuam sob a autoridade dele. Também colaboram com outros Ajudantes do Universo, como os Estrelas Vespertinos, conforme ilustrado em certas transações descritas na narrativa do transplante da vida para o vosso mundo.

O corpo de arcanjos de Nébadon é dirigido pelo primogênito dessa ordem. Em tempos mais recentes, uma sede divisional de arcanjos tem sido mantida em Urântia. É esse fato inusitado que logo chama a atenção dos estudantes visitantes vindos de fora de Nébadon e, entre as suas observações iniciais de transações no intra-universo, está a descoberta de que muitas das atividades ascendentes dos Brilhantes Estrelas Vespertinas são dirigidas a partir da capital de um sistema local, o de Satânia. Num exame posterior, eles descobrem que certas atividades dos arcanjos são dirigidas de um pequeno mundo habitado, aparentemente insignificante, chamado Urântia. E, então, segue-se a revelação da auto-outorga de Michael em Urântia e, imediatamente, surge um interesse súbito e crescente por vós e pela vossa humilde esfera.

Podeis compreendeis o significado do fato de que o vosso humilde e confuso planeta haja passado a ser uma sede divisional para a administração do universo e para a direção de certas atividades dos arcanjos, que têm a ver com o esquema de ascensão ao Paraíso? Isso, sem dúvida, prognostica uma concentração futura de outras atividades ascendentes no mundo de auto-outorga de Michael e empresta uma importância imensa e solene à promessa pessoal do Mestre: "Eu virei novamente".

Em geral, os arcanjos são designados para o serviço e ministração da ordem Avonal de filiação, mas não até que tenham passado por um aperfeiçoamento preliminar extensivo em todas as fases do trabalho dos vários espíritos ministradores. Um corpo de cem deles acompanha cada Filho do Paraíso na sua auto-outorga em um mundo habitado, sendo designados temporariamente para servir com ele no decorrer da sua auto-outorga. Caso o Filho Magisterial deva tornar-se o governante temporário de um planeta, esses arcanjos atuariam como cabeças a dirigirem toda a vida celeste naquela esfera.

Dois arcanjos mais experientes são sempre designados como ajudantes pessoais de um Avonal do Paraíso em todas as missões planetárias envolvendo ações judiciais, missões magisteriais ou encarnações de auto-outorga. Quando um Filho do Paraíso dessa ordem houver completado o julgamento de um reino, e quando os mortos forem convocados para o registro (a assim chamada ressurreição), torna-se literalmente verdade que os guardiães seráficos das personalidades adormecidas responderão à "voz do arcanjo". A lista de chamada do término de uma dispensação é promulgada por um arcanjo assistente. Esse é o arcanjo da ressurreição, algumas vezes chamado o "arcanjo de Michael".

Os Mundos dos Arcanjos. O sétimo grupo de mundos, em torno de Sálvington, com os seus satélites interligados, é afeto aos arcanjos. A esfera número um e todos os seus seis satélites tributários são ocupados pelos custódios dos registros da personalidade. Esse enorme corpo de registradores ocupa-se em manter em dia os registros de cada mortal do tempo, desde o momento do nascimento, passando pela sua carreira no universo, até que tal indivíduo ou deixe Sálvington, indo ao regime do superuniverso, ou é "apagado dos registros da existência", por um mandado dos Anciães dos Dias.

É nesses mundos que os registros da personalidade e as garantias da identificação são classificados, arquivados e preservados durante o tempo que transcorre entre a morte física e a hora da repersonalização, a ressurreição depois da morte.

4. OS ASSISTENTES MAIS ELEVADOS

Os Assistentes Mais Elevados são um grupo de seres voluntários, com origem fora do universo local, os quais estão temporariamente designados como representantes do universo central e superuniversos, ou como observadores das criações locais. O número deles varia constantemente mas permanece sempre acima dos milhões.

De tempos em tempos, nós nos beneficiamos da ministração e da assistência de seres cuja origem é o Paraíso, e que são os Perfeccionadores da Sabedoria, Conselheiros Divinos, Censores Universais, Espíritos Inspirados da Trindade, Filhos Trinitarizados, Mensageiros Solitários, supernafins, seconafins, tertiafins e outros ministros graciosos que permanecem conosco, com o propósito de ajudar as nossas personalidades nativas no esforço de manter todo o Nébadon dentro de uma harmonia mais plena com as idéias de Orvônton e ideais do Paraíso.

Qualquer desses seres pode estar servindo voluntariamente em Nébadon e assim se encontrar tecnicamente fora da nossa jurisdição, mas, quando funcionam por designação, essas personalidades dos superuniversos e universo central não estão totalmente isentas dos regulamentos do universo local onde permanecem, ainda que continuem a funcionar como representantes dos universos mais elevados e trabalhar de acordo com as instruções que constituem a sua missão no nosso reino. O mundo sede-central deles está situado no setor do União dos Dias de Sálvington, e eles operam em Nébadon sob a supervisão desse embaixador da Trindade do Paraíso. Quando servindo em grupos independentes, essas personalidades dos reinos mais elevados usualmente são autodirigidas; mas quando servindo a pedido freqüentemente colocam-se voluntariamente e de modo total sob a jurisdição dos diretores supervisores dos reinos para onde foram designadas.

Os Assistentes Mais Elevados servem ao universo local e constelação, mas não são diretamente designados para os governos do sistema ou de planetas. Podem, contudo, funcionar em qualquer lugar no universo local e serem designados para qualquer fase das atividades de Nébadon – administrativa, executiva, educacional e outras.

A maior parte desse corpo participa da assistência às personalidades do Paraíso, em Nébadon – União dos Dias, Filho Criador, Fiéis dos Dias, Filhos Magisteriais e Filhos Instrutores da Trindade. De quando em quando, para as operações ligadas aos assuntos de uma criação local, torna-se sábio manter certos detalhes temporariamente ocultos do conhecimento de quase todas as personalidades nativas do universo local. Alguns planos avançados e ordens complexas também são mais bem captados e inteiramente compreendidos pelo corpo dos Assistentes Mais Elevados, mais amadurecidos e previdentes; e, nessas situações, e em muitas outras, é que o seu préstimo torna-se tão altamente útil aos governantes e administradores do universo.

5. OS ALTOS COMISSIONADOS

Os Altos Comissionados são mortais ascendentes fusionados ao Espírito; não se fusionaram aos Ajustadores. Vós podeis compreender bem a carreira de ascensão, no universo, de um candidato mortal à fusão com o Ajustador, pois este é o alto destino em prospecto para todos os mortais de Urântia, desde a auto-outorga de Cristo Michael. Mas tal não é o destino exclusivo de todos os mortais, nas idades anteriores à auto-outorga, em mundos como o vosso; e há um outro tipo de mundo cujos habitantes nunca são resididos permanentemente pelos Ajustadores do Pensamento. Esses mortais nunca são permanentemente ligados, em união eterna, com um Monitor Misterioso outorgado do Paraíso; entretanto, os Ajustadores residem transitoriamente neles, servindo de guias e modelos, durante a sua vida na carne. No decorrer dessa permanência temporária, impulsionam a evolução da sua alma imortal, exatamente como o fazem dentro daqueles seres com os quais eles esperam fundir-se, no entanto, quando termina a carreira de tais mortais, eles deixam, para toda a eternidade, as criaturas da sua associação temporária.

As almas sobreviventes, dessa ordem, alcançam a imortalidade pela fusão eterna com um fragmento individualizado do espírito, do Espírito Materno do universo local. Não formam um grupo numeroso, pelo menos em Nébadon. Nos mundos das mansões, ireis encontrar-vos e confraternizar com esses mortais fusionados ao Espírito, pois eles ascendem convosco, no caminho do Paraíso, até Sálvington, onde param. Alguns deles podem, subseqüentemente, ascender a níveis mais elevados no universo, mas a maioria permanecerá para sempre a serviço do universo local; como classe, eles não têm o destino de alcançar o Paraíso.

Não sendo fusionados ao Ajustador, eles nunca se tornam finalitores, mas finalmente se integram ao Corpo de Perfeição do universo local. Assim, em espírito, terão obedecido ao comando do Pai: "Sede perfeitos".

Depois de atingirem o Corpo de Perfeição de Nébadon, os mortais ascendentes fusionados ao Espírito podem aceitar compromissos como o de Ajudante do Universo, sendo essa uma das vias de continuidade para o crescimento experiencial, aberta para eles. Assim, tornam-se candidatos a missões, no alto serviço de interpretar os pontos de vista das criaturas em evolução dos mundos materiais, para as autoridades celestes do universo local.

Os Altos Comissionados começam o seu serviço nos planetas como representantes das raças. Nessa função, interpretam os pontos de vista e retratam as necessidades das várias raças humanas. São supremamente devotados ao bem-estar das raças mortais, de quem são os porta-vozes, procurando sempre obter para elas a misericórdia, a justiça e um tratamento equânime, em todas as relações com outros povos. Os representantes das raças funcionam em uma série sem fim de crises planetárias e servem como expressão articulada de grupos inteiros de mortais em luta.

Após uma longa experiência na solução de problemas dos mundos habitados, esses representantes das raças avançam até níveis de função mais elevados, alcançando finalmente o status de Altos Comissionados nos universos locais e desses universos. O último recenseamento registrou um pouco mais de um bilhão e meio desses Altos Comissionados em Nébadon. Esses seres não são finalitores, todavia são seres ascendentes de longa experiência e grande serventia para os seus reinos de nascimento.

Encontramos invariavelmente esses comissionados em todos os tribunais de justiça, dos mais baixos aos mais altos. Não que eles participem dos procedimentos da justiça, mas atuam como amigos da corte, aconselhando os magistrados que a elas presidem, a respeito dos antecedentes, meio ambiente e natureza inerentes àqueles envolvidos nos julgamentos.

Os Altos Comissionados estão ligados às várias hostes de mensageiros do espaço e sempre aos espíritos ministradores do tempo. São encontrados nos programas de várias assembléias no universo e tais comissionados, de origem mortal, são sempre agregados às missões dos Filhos de Deus nos mundos do espaço.

Sempre que a eqüidade e a justiça dependem de um entendimento de como uma política ou procedimento proposto afetaria as raças evolucionárias do tempo, esses comissários ficam disponíveis para apresentar suas recomendações; permanecem sempre presentes para falar por aqueles que não podem estar presentes nem falar por si próprios.

Os Mundos dos Mortais Fusionados ao Espírito. O oitavo grupo de sete mundos primários e satélites tributários, no circuito de Sálvington, é da posse exclusiva dos mortais fusionados ao Espírito, de Nébadon. Aos mortais ascendentes fusionados aos Ajustadores, esses mundos não dizem respeito, a não ser para desfrutar de estadas agradáveis e cheias de benefícios como convidados dos residentes fusionados ao Espírito.

Exceto para aqueles poucos que alcançam Uversa e o Paraíso, esses mundos são a residência permanente dos sobreviventes fusionados ao Espírito. Essa limitação prevista, à ascensão dos mortais, resulta no bem dos universos locais, pois assegura a permanência de uma população evoluída estável, cuja experiência crescente continuará a reforçar a estabilização futura e a diversificação da administração de um universo local. Esses seres podem não alcançar o Paraíso, mas atingem uma sabedoria experiencial, na mestria dos problemas de Nébadon, que em muito supera qualquer coisa alcançada pelos ascendentes transitórios. E essas almas sobreviventes continuam como combinações exclusivas, no seu gênero, do humano e do divino, tornando-se cada vez mais capazes de unir os pontos de vista desses dois níveis bastante distantes e de apresentar um ponto de vista, também dual, com uma sabedoria que sempre se eleva.

6. OS SUPERVISORES CELESTES

O sistema educacional de Nébadon é administrado em conjunto pelos Filhos Instrutores da Trindade e pelo corpo Melquisedeque de ensino; no entanto, muito do trabalho destinado a efetuar a sua manutenção e ampliação é feito pelos Supervisores Celestes. Estes seres formam um corpo recrutado, abrangendo todos os tipos de indivíduos relacionados ao esquema de educação e aperfeiçoamento dos mortais ascendentes. Existem mais de três milhões deles em Nébadon, todos sendo voluntários qualificados pela experiência para servirem como conselheiros educacionais de todo o reino. Da sua sede-central, nos mundos dos Melquisedeques, em Sálvington, esses supervisores cobrem o universo local como inspetores da técnica escolar de Nébadon, destinada a efetuar o aperfeiçoamento da mente e a educação do espírito das criaturas ascendentes.

Esse aperfeiçoamento mental e essa educação do espírito são efetuados desde os mundos de origem humana, até os mundos das mansões do sistema e outras esferas de progresso relacionadas a Jerusém, nos setenta reinos socializantes, ligados a Edêntia, e nas quatrocentas e noventa esferas de progresso do espírito, as quais circundam Sálvington. Na sede-central mesma do universo, estão inúmeras escolas Melquisedeques, os colégios dos Filhos do Universo, as universidades seráficas e as escolas dos Filhos Instrutores e Uniões dos Dias. Todas as medidas possíveis são tomadas no sentido de qualificar as várias personalidades do universo para prestar um serviço avançado e aperfeiçoarem-se nas suas funções. O universo inteiro é uma vasta escola.

Os métodos empregados em muitas das escolas superiores estão além dos conceitos humanos da arte de ensinar a verdade, mas tal é a tônica de todo o sistema de educação: o caráter adquirido pela experiência esclarecida. Os professores dão o esclarecimento; o posto ocupado no universo e o status do ser ascendente proporcionam a oportunidade para a experiência; a aplicação sábia nesses dois pontos aumenta o caráter.

Fundamentalmente, o sistema educacional de Nébadon vos proporciona certo empenho em uma tarefa e então vos dá a oportunidade de receber a instrução quanto ao método ideal e divino para melhor cumprir tal tarefa. É-vos dada uma tarefa definida a cumprir, e, ao mesmo tempo, é-vos proporcionado o acesso aos mestres qualificados para instruir-vos pelo melhor método de executar a tarefa, proposta no vosso compromisso. O plano divino de educação proporciona a associação íntima do trabalho e da instrução. Nós vos ensinamos como melhor executar as coisas que vos mandamos fazer.

O propósito de todo esse aperfeiçoamento e experiência é preparar-vos para serdes admitidos em esferas mais altas e mais espirituais do superuniverso. O progresso, dentro de qualquer domínio, é individual, mas a transição de uma fase para a outra é feita geralmente em classes grupais.

O progresso na eternidade não consiste apenas no desenvolvimento espiritual. As assimilações de ordem intelectual também são uma parte da educação universal. A experiência da mente é ampliada, de modo equilibrado, junto com a expansão do horizonte espiritual. Oportunidades equivalentes de aperfeiçoamento e avanço são dadas à mente e ao espírito. Mas em toda essa educação magnífica, para a mente e o espírito, vós estareis, para sempre, livres das limitações da carne mortal. Não mais tereis que estar constantemente arbitrando, em meio a tanta divergência, entre a vossa natureza espiritual e a material. Finalmente estareis qualificados para gozar do impulso unificado de uma mente glorificada, já há muito despojada das tendências primitivas animalizadas para as coisas materiais.

Antes de deixar o universo de Nébadon, será dada, à maioria dos mortais de Urântia, a oportunidade de servir, por um período mais longo ou mais breve, como membros do corpo de Supervisores Celestes de Nébadon.

7. OS MESTRES DOS MUNDOS DAS MANSÕES

Os Mestres dos Mundos das Mansões são querubins glorificados recrutados. Como a maioria dos outros instrutores nas suas missões em Nébadon, eles são designados pelos Melquisedeques. Funcionam na maior parte dos empreendimentos educacionais da vida moroncial; e o número deles vai muito além da compreensão da mente mortal.

Como um nível a ser alcançado pelos querubins e sanobins, o de Mestres dos Mundos das Mansões receberá consideração posterior no próximo documento, pois, professores com um importante papel na vida moroncial, eles serão dignos de uma abordagem mais completa no documento com o seu nome.

8. AS ORDENS ESPIRITUAIS DE COMPROMISSOS MAIS ELEVADOS

Além dos centros de potência e dos controladores físicos, são designados, de modo permanente, para o universo local alguns seres espirituais de origem elevada da família do Espírito Infinito. Das ordens mais elevadas de espíritos, da família do Espírito Infinito, as abaixo assinaladas são designadas do modo seguinte:

Os *Mensageiros Solitários*, quando funcionalmente vinculados à administração do universo local, prestam um serviço valioso a nós, nos nossos esforços de superar os obstáculos das limitações do tempo e do espaço. Quando não designados desse modo, nós, do universo local, não temos absolutamente qualquer autoridade sobre eles, mas, ainda então, esses seres singulares estão sempre prontos para ajudar-nos na solução dos nossos problemas e no cumprimento dos nossos mandados.

Andovôntia é o nome do terciário *Supervisor de Circuito do Universo*, estacionado no nosso universo local. Ele ocupa-se apenas dos circuitos espirituais e moronciais, não com aqueles sob a jurisdição dos diretores de potência. Foi ele quem isolou Urântia, no tempo da traição de Caligástia ao planeta, durante os períodos de provações da rebelião de Lúcifer. Ao enviar cumprimentos aos mortais de Urântia, ele expressa o prazer da antecipação da restauração, em alguma época, da ligação do vosso planeta aos circuitos do universo da sua supervisão.

O *Diretor do Censo* de Nébadon, Salsátia, mantém o seu núcleo central no setor de Gabriel em Sálvington. Torna-se automaticamente sabedor do nascimento e da morte da vontade; e registra o número exato de criaturas de vontade que, a cada momento, funciona no universo local. E trabalha em estreita associação com os registradores da personalidade, domiciliados nos mundos dos registros dos arcanjos.

Um *Inspetor Associado* é residente em Sálvington. É o representante pessoal do Executivo Supremo de Orvônton. Colaboradoras suas, as *Sentinelas Designadas* para os sistemas locais, são também representantes do Supremo Executivo de Orvônton.

Os *Conciliadores Universais* são as cortes itinerantes dos universos do tempo e do espaço; funcionando desde os mundos evolucionários, até cada uma das seções do universo local e ainda além. Esses árbitros são registrados em Uversa; o número exato deles, operando em Nébadon, não está registrado, mas estimo que haja aproximadamente cem milhões de comissões conciliadoras no nosso universo local.

De *Conselheiros Técnicos*, as mentes jurídicas do reino, temos a nossa cota, de cerca de meio bilhão. Esses seres são as bibliotecas vivas e circulantes de leis experienciais para todo o espaço.

De *Registradores Celestes*, serafins ascendentes, temos setenta e cinco tipos em Nébadon. Esses são os registradores ou supervisores mais experientes. Os estudantes adiantados dessa ordem em aperfeiçoamento chegam ao número aproximado de quatro bilhões.

A ministração feita pelos setenta bilhões de *Companheiros Moronciais* em Nébadon está descrita nas narrativas que tratam dos planetas de transição dos peregrinos do tempo.

Cada universo tem o seu próprio corpo angélico nativo; contudo, há ocasiões nas quais é muito útil ter a assistência desses altos espíritos, cuja origem é externa à criação local. Os supernafins executam certos serviços raros e exclusivos; o atual dirigente dos serafins de Urântia é um supernafim primário do Paraíso. Os seconafins refletivos encontram-se onde quer que o pessoal do superuniverso esteja funcionando, e uma grande quantidade de tertiafins está prestando um serviço temporário como Assistentes Mais Elevados.

9. OS CIDADÃOS PERMANENTES DO UNIVERSO LOCAL

Como no caso do universo central e do superuniverso, o universo local tem as suas ordens de cidadania permanentes. Estas incluem os seguintes tipos criados:

1. Susátias.

2. Univitátias.

3. Filhos Materiais.

4. Criaturas ou Seres Intermediários.

Esses nativos da criação local, junto com os mortais ascendentes fusionados ao Espírito e os espironga (que são classificados de outro modo), constituem uma cidadania relativamente permanente. Essas ordens de seres, de um modo geral, não são nem ascendentes nem descendentes. Todos eles são criaturas experienciais; a sua experiência crescente, contudo, permanece disponível para o universo, no seu nível de origem. Se bem que não seja inteiramente verdadeiro no caso dos Filhos Adâmicos e dos seres ou criaturas intermediárias, isso é relativamente verdadeiro para essas outras ordens.

Os Susátias. Estes seres maravilhosos residem e funcionam como cidadãos permanentes em Sálvington, sede-central deste universo local. Eles são uma progênie brilhante do Filho Criador e do Espírito Criativo e estão intimamente relacionados aos cidadãos ascendentes do universo local, os mortais fusionados ao Espírito, do Corpo de Perfeição de Nébadon.

Os Univitátias. Cada um dos agrupamentos de cem constelações, de sedes-centrais de esferas arquitetônicas, desfruta da ministração contínua de uma ordem de seres residentes conhecidos como os univitátias. Estes filhos do Filho Criador e do Espírito Criativo constituem a população permanente dos mundos sedes-centrais da constelação. Eles são seres que não se reproduzem, que existem em um plano de vida a meio caminho entre o estado semimaterial dos Filhos Materiais, domiciliados na sede-central do sistema, e o plano espiritual mais definido dos mortais fusionados ao Espírito e dos susátias de Sálvington; mas os univitátias não são seres moronciais. Eles exercem, junto aos mortais ascendentes, durante a travessia das esferas da constelação, o equivalente à contribuição que os nativos de Havona dão aos espíritos peregrinos de passagem pela criação central.

Os Filhos Materiais de Deus. Quando uma relação criativa entre o Filho Criador e o Espírito Materno do Universo, representante que é do Espírito Infinito no universo local, houver completado o seu ciclo; quando não vier mais nenhuma progênie de natureza combinada, então o Filho Criador personaliza, na forma dual, o seu último conceito do ser, confirmando assim, finalmente, a sua origem dual, original e própria. De si mesmo, então, ele cria os belos e magníficos Filhos e Filhas da ordem material de filiação do universo. Essa é a origem dos Adãos e Evas originais de cada sistema local de Nébadon. Eles são uma ordem reprodutora de filiação, sendo criados masculinos e femininos. Os da sua progênie funcionam como cidadãos relativamente permanentes da capital de um sistema, embora alguns deles recebam a missão de servir como Adãos Planetários.

Numa missão planetária, o Filho e a Filha Materiais ficam incumbidos com a missão de fundar a raça Adâmica de tal mundo, uma raça destinada finalmente a se miscigenar com os habitantes mortais da esfera. Os Adãos Planetários são Filhos descendentes tanto quanto ascendentes, mas ordinariamente nós os classificamos como ascendentes.

As Criaturas Intermediárias. Durante os dias iniciais, na maioria dos mundos habitados, alguns seres supra-humanos, todavia materializados, estão presentes; porém, em geral, retiram-se, quando da chegada dos Adãos Planetários. As transações entre esses seres, acrescentadas aos esforços dos Filhos Materiais de aprimorar as raças evolucionárias, freqüentemente, resultam no surgimento de um número limitado de criaturas que são de classificação difícil. Esses seres exclusivos, freqüentemente, são intermediários entre os Filhos Materiais e as criaturas evolucionárias; daí a sua designação de seres intermediários, ou intermediários. De um ponto de vista comparativo, esses intermediários são cidadãos permanentes dos mundos evolucionários. Desde os primeiros dias da chegada de um Príncipe Planetário, até um tempo bem longinquamente posterior, do estabelecimento de tal planeta, em luz e vida, eles formam o único grupo de seres inteligentes a permanecer continuamente na esfera. Em Urântia, os ministros intermediários são, na realidade, os custódios factuais do planeta; praticamente falando, eles são os cidadãos de Urântia. Os mortais são os habitantes físicos e materiais, de fato, de um mundo evolucionário; todavia, todos vós tendes uma vida muito curta; permaneceis no vosso planeta de nascimento por um tempo curto demais. Nasceis, viveis, morreis e passais para outros mundos de progressão evolucionária. Mesmo os seres supra-humanos, que servem nos planetas como ministros celestes, são de permanência transitória; poucos deles ficam vinculados por um tempo maior a uma mesma esfera. As criaturas intermediárias, contudo, proporcionam continuidade à administração planetária, em face das sempre mutantes ministrações celestes e da constante mobilidade dos habitantes mortais. Durante toda essa incessante mutação e mobilidade, as criaturas intermediárias permanecem ininterruptamente no planeta, dando continuação ao seu trabalho.

De maneira semelhante, todas as divisões da organização administrativa dos universos locais e superuniversos têm as suas populações, mais ou menos permanentes, de habitantes com status de cidadania. Assim como Urântia tem os seus intermediários, Jerusém, a vossa capital do sistema, tem os Filhos e Filhas Materiais; Edêntia, a sede-central da vossa constelação, tem os univitátias, enquanto em Sálvington há duas ordens de cidadãos: os susátias, criados, e os mortais evoluídos fusionados ao Espírito. Os mundos administrativos dos setores menor e maior dos superuniversos não têm cidadãos permanentes. Mas as esferas-sede centrais de Uversa estão continuamente sustentadas por um grupo surpreendente de seres conhecidos como os *abandonteiros*, que são uma criação dos agentes irrevelados dos Anciães dos Dias e dos sete Espíritos Refletivos residentes na capital de Orvônton. Esses cidadãos residentes em Uversa estão atualmente administrando os assuntos de rotina do seu mundo, sob a supervisão imediata do corpo de mortais fusionados ao Filho, de Uversa. Até mesmo Havona tem seus seres nativos, e a Ilha Central da Luz e Vida é o lar de vários grupos de cidadãos do Paraíso.

10. OUTROS GRUPOS DO UNIVERSO LOCAL

Além da ordem seráfica e da ordem mortal, as quais serão consideradas em documentos posteriores, há ainda inúmeros seres ligados à manutenção e ao perfeccionamento de uma organização tão gigantesca como é o universo de Nébadon, que, ainda agora, tem mais de três milhões de mundos habitados, e um prognóstico de ter dez milhões mais. Os vários tipos de vida em Nébadon são numerosos demais para serem catalogados neste documento, mas há duas ordens incomuns que funcionam amplamente nas 647 591 esferas arquitetônicas do universo local e que podem ser mencionadas.

Os *Espirongas* são uma progênie espiritual do Brilhante Estrela Matutino e do Pai Melquisedeque. A personalidade deles não está sujeita ao término, mas eles não são seres evolucionários, nem ascendentes. E também não se ocupam funcionalmente com o regime da ascensão evolucionária. Eles são ajudantes espirituais do universo local; executam as tarefas espirituais de rotina em Nébadon.

Os *Espornágias*. Os mundos sedes-centrais arquitetônicos do universo local são mundos reais – criações físicas efetivas. Há muito trabalho envolvido com a sua manutenção física, e ali nós temos a ajuda de um grupo de criaturas físicas chamadas espornágias. Elas dedicam-se a cuidar e cultivar as fases materiais desses mundos sedes-centrais, de Jerusém a Sálvington. Os espornágias não são espíritos nem pessoas; eles são uma ordem animal de existência, e, se pudésseis vê-los, iríeis concordar que eles parecem ser, perfeitamente, animais.

As várias *colônias de cortesia* estão domiciliadas em Sálvington e em outros locais. Nós nos beneficiamos especialmente da ministração dos artesãos celestes nas constelações e aproveitamos das atividades dos diretores de retrospecção, que operam principalmente nas capitais dos sistemas locais.

Existe sempre, agregado ao serviço do universo, um corpo de mortais ascendentes, que inclui as criaturas intermediárias glorificadas. Esses ascendentes, depois de alcançarem Sálvington, são utilizados para uma variedade quase sem fim de atividades, na condução dos assuntos do universo. De cada nível de realização, esses mortais em avanço estendem uma mão de ajuda, para trás e para baixo, aos seus companheiros que os seguem na escalada para cima. Esses mortais, de permanência temporária em Sálvington, são designados, sob requisição, praticamente para quase todos os corpos de personalidades celestes, como ajudantes, estudantes, observadores e mestres.

Há, ainda, outros tipos de vidas inteligentes ocupados com a administração de um universo local, mas o plano desta narrativa não é proporcionar uma revelação maior de tais ordens de criação. Sobre a vida e a administração deste universo, estamos aqui retratando o suficiente para proporcionar à mente mortal uma compreensão da realidade e grandeza da existência, após a sobrevivência. Uma experiência maior, nas vossas carreiras em avanço, irá revelar, cada vez mais, esses seres interessantes e encantadores. Esta narrativa não pode ser mais do que um breve esboço da natureza e do trabalho das múltiplas personalidades que se aglomeram nos universos do espaço, administrando as criações como grandes escolas de aperfeiçoamento; escolas nas quais os peregrinos do tempo avançam, de vida para vida, e, de mundo para mundo, até serem amorosamente despachados para fora das fronteiras do universo de sua origem, indo para regimes educacionais mais elevados do superuniverso e dali para os mundos de aperfeiçoamento do espírito, em Havona, e finalmente, até o Paraíso, e, tendo, a partir daí, o destino elevado dos finalitores – o compromisso eterno de servir em missões que ainda não foram reveladas aos universos do tempo e do espaço.

[Ditado por um Brilhante Estrela Vespertino de Nébadon, Número 1 146 do Corpo Criado.]

DOCUMENTO 38

OS ESPÍRITOS MINISTRADORES DO UNIVERSO LOCAL

EXISTEM três ordens distintas de personalidades do Espírito Infinito. O impetuoso apóstolo tanto compreendeu isso que escreveu a respeito de Jesus: "aquele que foi para o céu e que está à mão direita de Deus; os anjos, autoridades e poderosos foram feitos súditos dele". Os anjos são espíritos ministradores do tempo; as autoridades, as hostes mensageiras do espaço; e as poderosas, as altas personalidades do Espírito Infinito.

Como os supernafins, no universo central; e os seconafins, no superuniverso; os serafins, junto com os seus colaboradores, os querubins e os sanobins, constituem o corpo angélico de um universo local.

Todos os serafins são criados segundo um modelo bastante uniforme. De universo para universo, em todos sete superuniversos, eles apresentam um mínimo de variações; de todos os tipos de seres pessoais espirituais, são eles os mais próximos do modelo arquetípico. As suas várias ordens constituem o corpo dos ministros hábeis e comuns das criações locais.

1. A ORIGEM DOS SERAFINS

Os serafins são criados pelo Espírito Materno do Universo e têm sido projetados em unidades de formações – 41 472 de uma só vez – desde a criação dos "anjos modelos" e de certos arquétipos angélicos nos primeiros tempos de Nébadon. O Filho Criador e a representação do Espírito Infinito no universo colaboram na criação de um número elevado de Filhos e outras personalidades do universo. Seguindo a complementação desse esforço unificado, o Filho engaja-se na criação dos Filhos Materiais, as primeiras criaturas sexuadas, enquanto o Espírito Materno do Universo, simultaneamente, engaja-se no seu esforço inicial solitário de reprodução do espírito. Assim tem começo a criação das hostes seráficas de um universo local.

Essas ordens angélicas são projetadas na época em que se planeja a evolução das criaturas mortais volitivas. A criação dos serafins data do momento em que o Espírito Materno do Universo alcança uma relativa personalidade, a qual não é ainda aquela da Ministra coordenada mais recente do Filho Criador Mestre, mas, sim, a da ajudante inicial de criação do Filho Criador. Antes desse acontecimento, os serafins a serviço de Nébadon, temporariamente, eram emprestados de um universo vizinho.

Os serafins, periodicamente, estão ainda sendo criados; o universo de Nébadon ainda continua em elaboração. O Espírito Materno do Universo nunca cessa as suas atividades criativas em um universo em vias de crescimento e perfeiçoamento.

2. A NATUREZA ANGÉLICA

Os anjos não têm corpos materiais, mas são seres definidos, contínuos e discretos; são de natureza e origem espirituais. Embora invisíveis para os mortais, eles percebem-vos enquanto ainda na carne sem a ajuda de transformadores ou de conversores; eles compreendem intelectualmente o modo de vida mortal e compartilham, com os homens, de todas as emoções e sentimentos não sensuais. Apreciam os vossos esforços na música, na arte e no humorismo verdadeiro, e têm grande prazer com isso. Conhecem plenamente as vossas lutas morais e dificuldades espirituais. Amam os seres humanos e apenas o bem pode resultar dos vossos esforços para compreendê-los e amá-los.

Embora os serafins sejam seres muito afetuosos e compassivos, não são criaturas com emoções sexuadas. São muito como vós sereis nos mundos das mansões, aonde não ireis "nem casar, nem ser dados em casamento, mas sereis como os anjos nos céus". Todos aqueles que "forem considerados dignos de alcançar os mundos das mansões não mais casarão, nem serão dados em casamento; nem morrerão mais, pois serão iguais a anjos". Contudo, ao referirmo-nos às criaturas sexuadas, é do nosso costume falar desses seres de descendência mais direta do Pai e do Filho como filhos de Deus, ao passo que nos referimos à progênie do Espírito como filhas, as filhas de Deus. Nos planetas sexuados, os anjos são, desse modo, mais comumente designados por pronomes femininos.

Os serafins são criados, pois, para funcionar tanto no nível espiritual quanto no nível material. Há poucas fases da atividade moroncial ou espiritual que não estejam abertas às suas ministrações. Embora os anjos estejam, quanto ao status pessoal, muito distantes dos seres humanos, em certas atuações funcionais, os serafins ultrapassam de longe os mortais. Eles possuem vários poderes que vão muito além da compreensão humana. Por exemplo, a vós vos foi dito que "os cabelos mesmos da vossa cabeça estão contados", e isso é verdade, pois que estão; mas um serafim não passa o seu tempo contando-os nem mantendo o número atualizado. Os anjos têm poderes inerentes de percepção para essas coisas (automáticos, segundo a vossa forma de perceber); vós iríeis verdadeiramente considerar um serafim como um prodígio matemático. Assim é que inúmeros deveres, que seriam tarefas enormes para os mortais, são realizados com extrema facilidade pelos serafins.

Os anjos são superiores a vós em status espiritual, mas não são os vossos juízes, nem acusadores. Não importando quais sejam as vossas faltas, "os anjos, ainda que maiores em poder e força, não fazem nenhuma acusação contra vós". Os anjos não fazem o julgamento da humanidade, assim como os indivíduos mortais não deveriam prejulgar os seus semelhantes.

Vós fazeis bem em amá-los, mas não deveis adorá-los; os anjos não são objeto de culto. O grande serafim, Loyalátia, quando o vosso profeta "caiu no chão em adoração diante dos pés desse anjo", disse: "Cuidado, não faças isso; sou um companheiro, um servo junto contigo e as tuas raças, e estamos todos juntos na adoração a Deus".

Pelos dons de natureza e personalidade, os serafins estão apenas um pouco adiante das raças mortais, na escala de existência das criaturas. De fato, quando fordes libertados da carne, vos tornareis muito semelhantes a eles. Nos mundos das mansões, começareis a apreciar os serafins; nas esferas das constelações, a gostar deles e, em Sálvington, eles irão compartilhar convosco os lugares de descanso e adoração. Em toda a ascensão moroncial, e na subseqüente ascensão espiritual, a vossa fraternidade com os serafins será ideal; o vosso companheirismo será esplêndido.

3. OS ANJOS NÃO REVELADOS

Numerosas ordens há de seres espirituais funcionando nos domínios do universo local, e não serão reveladas aos mortais porque não estão de nenhum modo relacionadas ao plano evolucionário de ascensão ao Paraíso. Neste documento, a palavra "anjo" fica limitada propositalmente à designação das progênies seráficas e afins do Espírito Materno do Universo, que tão amplamente se ocupam com a operação dos planos da sobrevivência dos mortais. No universo local, outras seis ordens de seres relacionados estão servindo, são os anjos não revelados; e estes não estão de nenhum modo específico ligados, no universo, às atividades pertinentes à ascensão ao Paraíso dos mortais evolucionários. Esses seis grupos de colaboradores angélicos nunca são chamados de serafins, nem nos referimos a eles como sendo espíritos ministradores. Essas personalidades estão inteiramente ocupadas com os assuntos administrativos e outros assuntos de Nébadon, funções que não são de nenhum modo relacionadas à carreira da progressão humana de perfeiçoamento e ascensão espirituais.

4. OS MUNDOS SERÁFICOS

O nono grupo das sete esferas primárias, no circuito de Sálvington, é o de mundos dos serafins. Cada um desses mundos tem seis satélites tributários, onde estão as escolas especiais que se dedicam a todas as fases de aperfeiçoamento seráfico. Embora os serafins tenham acesso a todos os quarenta e nove mundos desse grupo de esferas de Sálvington, eles ocupam exclusivamente os mundos do primeiro agrupamento dessas sete esferas. Os seis agrupamentos restantes são ocupados pelas seis ordens de seus parceiros angélicos não revelados em Urântia; cada um desses grupos mantém a sua sede-central em um desses seis mundos primários e realiza atividades especializadas nos seis satélites tributários. Cada ordem angélica tem livre acesso a todos os mundos desses sete grupos diferentes.

Esses mundos sedes-centrais estão entre os reinos magníficos de Nébadon; os domínios seráficos são caracterizados tanto pela beleza como pela amplidão. Neles, cada serafim tem um verdadeiro lar, e "lar" significa o domicílio de dois serafins, pois eles vivem aos pares.

Conquanto não sejam masculinos nem femininos, como são os Filhos Materiais e as raças mortais, os serafins são negativos e positivos. A maioria dos compromissos requer os dois anjos para realizar a tarefa. Quando não estiverem ligados em circuito, eles podem trabalhar a sós; quando permanecem estacionários, nenhum dos dois requer o complemento do ser. Em geral, eles mantêm o mesmo complemento original do ser, mas não obrigatoriamente. Essas associações são necessárias primordialmente pela função; eles não se caracterizam pela emoção sexual, ainda que eles sejam extremamente pessoais e verdadeiramente afetuosos.

Além dos lares de designação, os serafins têm também sedes-centrais de grupo, companhia, batalhão e unidade. E, a cada milênio, reúnem-se, quando todos se fazem presentes, de acordo com a época da sua criação. Se um serafim assume responsabilidades que proíbam que ele se ausente do dever, ele alterna o atendimento com o seu complemento, sendo substituído por um serafim com outra data de nascimento. Cada parceiro seráfico, desse modo, faz-se presente ao menos de duas em duas reuniões.

5. O APERFEIÇOAMENTO SERÁFICO

Os serafins passam o seu primeiro milênio, como observadores não designados, em Sálvington e nos mundos-escola interassociados. O segundo milênio é passado nos mundos seráficos do circuito de Sálvington. A sua escola central de aperfeiçoamento atualmente é presidida pelos primeiros cem mil serafins de Nébadon e, à frente destes, está o anjo original, ou o primogênito deste universo local. O primeiro grupo de serafins criado em Nébadon foi treinado por um corpo de mil serafins de Ávalon; subseqüentemente, os nossos anjos aprenderam com os seus próprios companheiros mais experientes. Os Melquisedeques também têm uma grande participação na educação e aperfeiçoamento de todos os anjos do nosso universo local – serafins, querubins e sanobins.

Ao término desse período de aperfeiçoamento, nos mundos seráficos de Sálvington, os serafins são mobilizados em grupos e unidades convencionais de organização angélica, sendo designados para uma das constelações. Eles não são designados ainda como espíritos ministradores, embora, em termos de aperfeiçoamento angélico, estejam já bem dentro da fase de pré-designação.

Os serafins são iniciados para serem espíritos de ministração, servindo como observadores nos mundos evolucionários mais baixos. Após essa experiência, retornam aos mundos interassociados da sede-central da constelação designada, para começarem os estudos avançados e prepararem-se mais definitivamente para o serviço em algum sistema local em particular. Após essa educação geral eles avançam, para servir em algum dentre os sistemas locais. Nos mundos arquitetônicos interligados à capital de algum sistema de Nébadon, os nossos serafins completam o seu aperfeiçoamento e são designados para as missões como espíritos ministradores do tempo.

Uma vez que os serafins sejam assim designados, eles podem percorrer todo o Nébadon, até mesmo Orvônton, por designação. O seu trabalho no universo não tem fronteiras, nem limitações; encontram-se intimamente associados às criaturas materiais dos mundos e estão sempre a serviço das ordens menos elevadas de personalidades espirituais, fazendo contato entre tais seres do mundo espiritual e os mortais dos reinos materiais.

6. A ORGANIZAÇÃO SERÁFICA

Após o segundo milênio de permanência nas sedes-centrais seráficas, os serafins são organizados, sob o comando de chefes, em grupos de doze (12 pares, 24 serafins), e doze desses grupos constituem uma companhia (144 pares, 288 serafins), a qual é comandada por um líder. Doze companhias, sob um comandante, constituem um batalhão (1 728 pares ou 3 456 serafins), e, doze batalhões com um diretor, formam uma unidade seráfica (20 736 pares ou 41 472 indivíduos), enquanto doze unidades, sujeitas ao comando de um supervisor, constituem uma legião, com 248 832 pares ou 497 664 indivíduos. Jesus aludiu a esse agrupamento de anjos naquela noite no jardim do Getsêmane quando disse: "Eu posso agora mesmo pedir a meu Pai e ele me dará imediatamente mais de doze legiões de anjos".

Doze legiões de anjos compreendem uma hoste, que tem 2 985 984 pares ou 5 971 968 indivíduos, e doze dessas hostes (35 831 808 pares ou 71 663 616 indivíduos) perfazem a maior organização operacional de serafins, ou seja, um exército angélico. Uma hoste seráfica é comandada por um arcanjo ou por alguma outra personalidade de status coordenador, enquanto os exércitos angélicos são dirigidos pelos Brilhantes Estrelas Vespertinas ou por outros tenentes imediatos de Gabriel. E

Gabriel é o "comandante supremo dos exércitos dos céus", o dirigente executivo do Soberano de Nébadon, "o senhor Deus das hostes".

Embora servindo sob a supervisão direta do Espírito Infinito, personalizado em Sálvington, desde a auto-outorga de Michael, em Urântia, os serafins e todas as outras ordens no universo local tornaram-se sujeitas à soberania do Filho Mestre. Mesmo quando Michael nasceu na carne, em Urântia, foi transmitida a teledifusão do superuniverso a todo Nébadon, a qual proclamou: "E que os anjos o adorem". Todas as espécies de anjos estão sujeitas à soberania dele; são uma parte do grupo que foi denominado "os seus anjos poderosos".

7. QUERUBINS E SANOBINS

Em todos os dons essenciais os querubins e sanobins são semelhantes aos serafins. Eles têm a mesma origem, mas nem sempre o mesmo destino. São espantosamente inteligentes, maravilhosamente eficientes, afetuosos de modo tocante e quase humano. Formam a mais baixa ordem de anjos; daí estarem mais próximos dos tipos de seres humanos que mais progrediram nos mundos evolucionários.

O querubim e o sanobim são inerentemente ligados e funcionalmente unidos. Um é uma personalidade de energia positiva; o outro, de energia negativa. O anjo deflector destro, ou positivamente carregado, é o querubim – o sênior, ou a personalidade controladora. O anjo deflector canhoto, ou negativamente carregado, é o sanobim – o complemento do ser. Cada tipo de anjo é muito limitado, quando funciona a sós; daí servirem costumeiramente aos pares. Quando servem independentemente dos seus diretores seráficos, ficam mais do que nunca dependentes do contato mútuo e sempre funcionam juntos.

Os querubins e sanobins são ajudantes fiéis e eficientes dos ministros seráficos; e todas as sete ordens de serafins são providas desses ajudantes subordinados. Os querubins e sanobins servem durante idades nessa função, mas não acompanham os serafins em compromissos além dos confins do universo local.

Os querubins e os sanobins são trabalhadores espirituais na rotina nos mundos individuais dos sistemas. Num compromisso não pessoal e em uma emergência podem servir no lugar de um par seráfico, mas nunca atuam, nem temporariamente, como anjos da guarda dos seres humanos; esse é um privilégio exclusivamente seráfico.

Quando designados para um planeta, os querubins entram nos cursos locais de aperfeiçoamento, incluindo o estudo dos usos e línguas planetários. Os espíritos ministradores do tempo são todos bilíngües, falam a língua do universo local de origem e a do superuniverso de nascimento. Pelo estudo, nas escolas dos reinos, eles aprendem outras línguas. Os querubins e os sanobins, como os serafins e todas as outras ordens de seres espirituais, estão continuamente empenhados no esforço do auto-aperfeiçoamento. Apenas os seres subordinados encarregados do controle da força e direção da energia são incapazes de progredir; todas as criaturas que têm volição de personalidade, factual ou potencialmente, procuram novas realizações.

Os querubins e os sanobins estão, por natureza, muito próximos dos níveis moronciais de existência; e demonstram ser ainda mais eficientes nos trabalhos entre as fronteiras dos domínios físico, moroncial e espiritual. Esses filhos do Espírito Materno do Universo local são caracterizados como "quartas criaturas", exatamente como os Servidores de Havona e as comissões de conciliação. Cada quarto querubim e cada quarto sanobim são quase materiais, muito definitivamente semelhantes ao nível moroncial de existência.

Essas quartas criaturas angélicas são de grande ajuda para os serafins, nas fases mais materiais de suas atividades no universo e nos planetas. Esses querubins moronciais também executam muitas tarefas indispensáveis na referida linha fronteiriça, nos mundos de aperfeiçoamentos moronciais; e são designados em grande número para servirem aos Companheiros Moronciais. Estão para as esferas moronciais assim como as criaturas intermediárias estão para os planetas evolucionários. Nos mundos habitados, tais querubins moronciais freqüentemente trabalham em conexão com os seres intermediários. Os querubins e os seres intermediários são ordens de seres distintamente separadas; têm origens diferentes, mas apresentam muita semelhança pela sua natureza e função.

8. A EVOLUÇÃO DOS QUERUBINS E SANOBINS

Inúmeras e amplas vias de serviço e avanço estão abertas aos querubins e sanobins, levando-os a um engrandecimento de status que pode ser ainda mais ampliado pelo abraço da Ministra Divina. Existem três grandes classes de querubins e sanobins, no que diz respeito ao potencial evolucionário:

1. *Os Candidatos à Ascensão*. Estes seres são, por natureza, candidatos ao status seráfico. Os querubins e os sanobins dessa ordem são brilhantes, ainda que não sejam iguais aos serafins, por dom inerente; mas, por aplicação e experiência, é-lhes possível alcançar a condição seráfica plena.

2. *Os Querubins de Fase Intermediária*. Os querubins e os sanobins não são todos iguais em potencial de ascensão, e são os seres inerentemente limitados das criações angélicas. A maior parte deles permanecerá como querubins e sanobins, embora os indivíduos mais dotados possam alcançar a realização de serviços seráficos limitados.

3. *Os Querubins Moronciais*. Essas "quartas criaturas" das ordens angélicas sempre retêm as suas características quase materiais. Eles continuarão como querubins e sanobins, junto com uma maioria dos seus irmãos da fase intermediária, dependendo da factualização completa do Ser Supremo.

Enquanto o segundo e o terceiro grupos são de algum modo limitados em potencial de crescimento, os candidatos à ascensão podem alcançar as alturas do serviço seráfico universal. Muitos dentre os mais experientes desses querubins são agregados aos guardiães seráficos do destino; e, assim, são colocados na linha direta de avanço até o status de Educadores nos Mundos das Mansões, quando abandonados pelos seus seniores seráficos. Os guardiães do destino, quando os seus protegidos mortais atingem a vida moroncial, não mantêm os querubins e sanobins como ajudantes. E, quando o caminho até Seráfington e o Paraíso é aberto a outros tipos de serafins evolucionários, eles devem abandonar os seus antigos subordinados, ao ultrapassarem os confins de Nébadon. Tais querubins e sanobins deixados para trás são usualmente abraçados pelo Espírito Materno do Universo, chegando, então, a um nível equivalente ao de Educador do Mundo das Mansões, na realização dentro do status seráfico.

Quando, enquanto Educadores dos Mundos das Mansões, os querubins e os sanobins já abraçados houverem servido por muito tempo nas esferas moronciais, do ponto mais baixo até o mais alto, e, quando o seu corpo, em Sálvington, estiver com excesso de pessoal recrutado, o Brilhante Estrela Matutino convoca esses servidores fiéis das criaturas do tempo para aparecerem diante da sua presença. O juramento da transformação da personalidade é ministrado; e, logo após, em grupos de sete mil, esses querubins e sanobins avançados e veteranos são reabraçados pelo Espírito Materno do Universo. Desse segundo abraço, eles emergem como serafins completos. Daí em diante, a carreira plena e completa de um serafim, com todas as suas possibilidades de alcançar o Paraíso, é aberta para esses querubins e sanobins renascidos. Tais anjos podem ser designados como guardiães do destino de algum ser mortal e, se o pupilo mortal alcançar a sobrevivência, eles tornam-se elegíveis para avançar até Seráfington e os sete círculos de realização seráfica; e mesmo até o Paraíso e o Corpo de Finalidade.

9. AS CRIATURAS INTERMEDIÁRIAS

As criaturas intermediárias, seres intermediários ou simplesmente intermediários, têm uma classificação tríplice: são colocadas apropriadamente ao lado dos Filhos ascendentes de Deus; encontram-se factualmente agrupadas com as ordens de cidadania permanente e, ao mesmo tempo, estão funcionalmente consideradas junto com os espíritos ministradores do tempo, por causa da sua ligação íntima e efetiva com as hostes angélicas no trabalho de servir ao homem mortal, nos mundos individuais do espaço.

Essas criaturas singulares aparecem na maioria dos mundos habitados e são sempre encontradas nos planetas decimais ou de vida experimental, como Urântia. Tais criaturas intermediárias podem ser de dois tipos – a primária e a secundária – e surgem pelas seguintes técnicas:

1. *As Intermediárias Primárias*, o grupo mais espiritual, constitui uma ordem de seres de um certo modo padronizada, que deriva uniformemente dos mortais ascendentes modificados do grupo de assessores dos Príncipes Planetários. O número de criaturas intermediárias primárias é sempre de cinqüenta mil; e nenhum planeta que desfruta da ministração delas tem um grupo maior.

2. *As Intermediárias Secundárias*, o grupo mais material dessas criaturas, varia grandemente em número nos diferentes mundos, embora a média seja de cerca de cinqüenta mil. Derivam, de variadas maneiras, dos elevadores biológicos planetários, os Adãos e Evas, ou da sua progênie imediata. Há nada menos do que vinte e quatro técnicas diferentes envolvidas na produção dessas criaturas intermediárias secundárias, nos mundos evolucionários do espaço. O modo de origem desse grupo, em Urântia, foi inusitado e extraordinário.

Nenhum desses dois grupos é um acidente evolucionário; ambos constituem-se em elementos essenciais aos planos predeterminados dos arquitetos do universo e o seu aparecimento, nos mundos em evolução, e na conjuntura oportuna, é feito de acordo com os projetos originais e planos de desenvolvimento dos Portadores da Vida supervisores.

As intermediárias primárias são energizadas intelectual e espiritualmente pela técnica angélica e são uniformes em status intelectual. Os sete espíritos ajudantes da mente não fazem nenhum contato com elas. E tão somente o sexto e o sétimo, o espírito da adoração e o espírito da sabedoria, estão capacitados a ministrar ao grupo secundário.

As intermediárias secundárias são fisicamente energizadas pela técnica Adâmica, estão ligadas ao circuito espiritual pela técnica seráfica; e intelectualmente são dotadas com o tipo de mente moroncial de transição. Estão divididas em quatro tipos físicos, em sete ordens espirituais e doze níveis de sensibilidade intelectual à ministração conjunta dos dois últimos espíritos ajudantes, e da mente moroncial. Essas diversificações determinam atividades e compromissos planetários diferentes.

As intermediárias primárias assemelham-se a anjos, mais do que a mortais; as ordens secundárias são muito mais como seres humanos. Cada uma presta ajuda inestimável à outra na execução dos seus múltiplos compromissos planetários. As ministras primárias podem realizar a ligação de cooperação tanto com os controladores de energias moronciais e espirituais, como com os agentes que colocam a mente em circuito. O grupo das secundárias pode estabelecer conexões de trabalho apenas com os controladores físicos e os manipuladores do circuito material. Contudo, já que cada ordem de intermediárias pode estabelecer sincronia perfeita de contato com a outra, cada grupo é, por isso mesmo, capaz de fazer uso prático de toda a gama de energias, que se estende desde o poder físico grosseiro dos mundos materiais, passando pelas fases de transição das energias do universo e indo até as mais elevadas forças da realidade espiritual dos Reinos celestes.

O abismo entre os mundos material e espiritual fica perfeitamente preenchido pela ligação consecutiva feita em série, entre o homem mortal e a intermediária secundária, a intermediária primária, o querubim moroncial, o querubim de fase intermediária e os serafins. Na experiência pessoal de um indivíduo mortal, esses vários níveis estão, sem dúvida, mais ou menos unificados e tornam-se pessoalmente significativos por meio das operações misteriosas, que passam desapercebidas, do Ajustador do Pensamento.

Em mundos normais, as intermediárias primárias mantêm o seu serviço como um corpo de inteligência e como provedoras do entretenimento celeste da parte do Príncipe Planetário, ao passo que as ministras secundárias continuam a sua cooperação com o regime Adâmico, levando adiante a causa da civilização progressiva do planeta. No caso de traição do Príncipe Planetário ou falta do Filho Material, como ocorreu em Urântia, as criaturas intermediárias tornam-se as protegidas do Soberano do Sistema e servem sob a direção e guia do custódio em atuação no planeta. Todavia, apenas em três outros mundos, de Satânia, esses seres funcionam como um grupo único, sob uma liderança unificada, como o fazem as ministras intermediárias unidas de Urântia.

O trabalho planetário, tanto o das intermediárias primárias quanto o das secundárias, é variado e diversificado nos inúmeros mundos individuais de um universo; contudo, nos planetas normais e médios, as atividades delas são muito diferentes dos deveres que ocupam o seu tempo nas esferas isoladas, tais como Urântia.

As intermediárias primárias são as historiadoras do planeta; são elas, desde os tempos da chegada do príncipe Planetário, até a idade do estabelecimento em luz e vida, que formulam os aparatos e preparam as descrições, na história do planeta, para as mostras e exibições de tais planetas nos mundos sedes-centrais do sistema.

As intermediárias permanecem, por longos períodos, em um mundo habitado; porém conservando-se fiéis à sua missão, elas serão finalmente, e com toda certeza, reconhecidas pelo seu serviço, durante toda uma idade, de manter a soberania do Filho Criador; e serão devidamente recompensadas pela ministração paciente aos mortais materiais dos mundos do tempo e do espaço. Mais cedo ou mais tarde, todas as intermediárias de mérito serão admitidas nas fileiras dos Filhos ascendentes de Deus e devidamente iniciadas na longa aventura de ascensão ao Paraíso, em companhia daqueles mesmos mortais, de origem animal, os seus irmãos da Terra, a quem elas guardaram com tanto zelo e a quem tão efetivamente serviram durante a sua longa permanência planetária.

[Apresentado por um Melquisedeque, atuando a pedido do Comandante das Hostes Seráficas de Nébadon.]

DOCUMENTO 39

AS HOSTES SERÁFICAS

A TÉ ONDE sabemos, o Espírito Infinito, enquanto personalizado na sede-central do universo local, propõe-se produzir uniformemente serafins perfeitos, todavia, por alguma razão desconhecida, essa progênie seráfica é muito diversificada. Tal diversidade pode ser o resultado da interposição desconhecida da Deidade experiencial em evolução; se for assim, nós não podemos comprová-lo. Porém, observamos que, após se haverem sujeitado aos testes educacionais e à disciplina do aperfeiçoamento, clara e infalivelmente, eles passam a ser classificados nos sete grupos seguintes:

1. Serafins Supremos.
2. Serafins Superiores.
3. Serafins Supervisores.
4. Serafins Administradores.
5. Ajudantes Planetários.
6. Ministros de Transição.
7. Serafins do Futuro.

Dizer que algum serafim é inferior a um anjo de qualquer outro grupo não seria verdadeiro. Contudo, cada anjo, em princípio no seu serviço, fica limitado ao grupo da sua classificação original e inerente. Manótia, o meu agregado seráfico no preparo dessa declaração, é um serafim supremo que havia funcionado apenas como serafim supremo, no passado. Por diligência e serviço devotado, ele realizou, um por um, todos os sete serviços seráficos, tendo funcionado em quase todos os caminhos de atividades abertos a um serafim; e agora se encontra designado como comandante conjunto dos serafins de Urântia.

Os seres humanos algumas vezes acham difícil compreender que uma habilidade gerada para um nível mais elevado de ministração não implique necessariamente na capacidade para funcionar em níveis relativamente mais baixos de serviço. O homem começa a sua vida como uma criança indefesa; cada realização mortal deve, pois, abranger todos os pré-requisitos experienciais; os serafins não têm essa vida pré-adulta – a infância. Eles são, contudo, criaturas experienciais e, por meio da experiência e educação complementar, podem aumentar seus dons divinos e inerentes de aptidão, pela aquisição experiencial de habilidade funcional em um ou mais serviços seráficos.

Após haverem sido comissionados, os serafins ficam designados para as reservas dos seus grupos inerentes. Aqueles que têm o status planetário, e de administradores, freqüentemente, servem durante longos períodos como indica a sua classificação original; no entanto, quanto mais alto é o nível da sua função inerente, mais persistentemente os ministros angélicos procuram designações para as ordens mais baixas de serviço no universo. Eles desejam especialmente designações

426

para as reservas dos ajudantes planetários e, se forem bem-sucedidos, entram nas escolas celestes da sede central do Príncipe Planetário de algum mundo evolucionário. E nelas começam os estudos das línguas, história e hábitos locais das raças da humanidade. Os serafins devem adquirir conhecimento e ganhar experiência, tanto quanto os seres humanos. Eles não estão muito distantes de vós, em certos atributos de personalidade. E todos eles anseiam por começar de baixo, no nível mais baixo possível da ministração; assim, podem almejar chegar ao nível mais elevado possível do destino experiencial.

1. OS SERAFINS SUPREMOS

Estes são, entre as sete ordens reveladas de anjos do universo local, os mais elevados serafins. Eles funcionam nos sete grupos seguintes, cada um deles estreitamente ligado aos ministros angélicos do Corpo Seráfico dos Completos:

1. *Ministros do Filho-Espírito*. O primeiro grupo dos serafins supremos é designado para o serviço dos Filhos elevados e dos seres originais do Espírito, residentes e funcionando no universo local. Esse grupo de ministros angélicos também serve ao Filho e ao Espírito do Universo, e permanece intimamente afiliado ao corpo de informação do Brilhante Estrela Matutino, o principal executivo no universo das vontades unidas do Filho Criador e do Espírito Criativo Materno.

Sendo designados para os Filhos e para os Espíritos elevados, esses serafins estão naturalmente associados aos serviços múltiplos dos Avonais do Paraíso, da progênie divina do Filho Eterno e do Espírito Infinito. Os Avonais do Paraíso são sempre assistidos, em todas as missões magisteriais e de auto-outorga, por essa ordem elevada e experiente de serafins a qual se devota, nessa missão, a organizar e administrar o trabalho especial ligado ao término de uma dispensação planetária e à inauguração de uma nova idade. Mas a eles não concerne o trabalho do julgamento, que poderia estar ligado a tais mudança de dispensações.

Os Ajudantes das Auto-Outorgas. Os Avonais do Paraíso, mas não os Filhos Criadores, quando em uma missão de auto-outorga, são sempre acompanhados por um corpo de 144 ajudantes das auto-outorgas. Esses 144 anjos são os chefes de todos os outros ministros do Filho-Espírito que possam estar ligados a tal missão de outorga. Poderia haver, talvez, legiões sujeitas ao comando de um Filho de Deus, encarnado para uma auto-outorga planetária, mas todos esses serafins seriam organizados e dirigidos pelos 144 ajudantes das auto-outorgas. Ordens mais elevadas de anjos, supernafins e seconafins poderiam também formar uma parte da hoste de ajudantes e, ainda que as suas missões fossem diferentes das dos serafins, todas essas atividades seriam coordenadas pelos ajudantes das auto-outorgas.

Tais ajudantes das auto-outorgas são serafins consumados; todos eles já havendo atravessado os círculos de Seráfington e alcançado o Corpo Seráfico dos Completos. E, ainda mais especialmente, foram treinados para fazer frente às dificuldades e arcar com as emergências ligadas às auto-outorgas dos Filhos de Deus, visando o avanço dos filhos do tempo. Todos esses serafins alcançaram o Paraíso e o abraço pessoal do Filho Eterno, a Segunda Fonte e Centro.

Os serafins igualmente anseiam por serem designados para as missões dos Filhos encarnados e estarem agregados, como guardiães do destino, aos mortais dos reinos; sendo este último o mais seguro passaporte seráfico para o Paraíso; ao passo que os ajudantes das auto-outorgas realizam o mais elevado serviço, no universo local, entre os serafins Completos que hajam alcançado o Paraíso.

2. *Conselheiros dos Tribunais*. Estes são os conselheiros seráficos e ajudantes agregados de todas as espécies de tribunais para julgamentos, desde os conciliadores

até os tribunais mais altos dos reinos. Não é propósito desses tribunais determinar as sentenças punitivas, mas, sim, julgar divergências sinceras de opinião e decretar a sobrevivência eterna dos mortais ascendentes. E nisto está o dever dos conselheiros da corte: providenciar para que todas as acusações contra as criaturas mortais sejam expostas com justiça e julgadas com misericórdia. Nesse trabalho, encontram-se intimamente associados aos Altos Comissários, mortais ascendentes fusionados ao Espírito, servindo no universo local.

Os conselheiros seráficos da corte servem extensivamente como defensores dos mortais. Não que haja jamais existido alguma disposição de ser injusto para com as criaturas inferiores dos reinos, todavia, enquanto a justiça demanda o julgamento de todas as faltas durante a escalada até a divina perfeição, a misericórdia requer que todo passo errado seja avaliado com equanimidade, de acordo com a natureza da criatura e o propósito divino. Esses anjos são expoentes exemplares do elemento da misericórdia inerente à justiça divina – a eqüidade baseada no conhecimento dos fatos subjacentes aos motivos pessoais e às tendências raciais.

Essa ordem de anjos serve, desde aos conselhos dos Príncipes Planetários, até os mais altos tribunais do universo local, enquanto os seus parceiros, do Corpo Seráfico dos Completos, atuam nos reinos mais altos de Orvônton e mesmo nas cortes dos Anciãos dos Dias em Uversa.

3. *Orientadores do Universo*. Estes são os verdadeiros amigos e conselheiros pós-graduados de todas as criaturas ascendentes que estejam fazendo uma última estada em Sálvington, no universo de origem delas, e que se encontram no umbral da aventura espiritual apresentada diante delas, no vasto superuniverso de Orvônton. E, nesse momento, muitos seres ascendentes têm um sentimento tal que os mortais só poderiam entender fazendo uma comparação com a emoção humana da saudade. Para trás ficam os reinos das realizações, reinos que se tornaram familiares pelo longo serviço e realizações moronciais; à frente está o mistério desafiante de um universo maior e mais vasto.

É tarefa dos orientadores do universo facilitar aos peregrinos ascendentes a passagem dos níveis alcançados aos níveis não alcançados de serviço, no universo; bem como ajudar tais peregrinos a fazer os ajustamentos caleidoscópicos para a compreensão dos significados e valores inerentes à compreensão da posição de um ser espiritual do primeiro estágio; posição esta que não se encontra no final, nem no clímax da ascensão moroncial no universo local, mas, que está ainda no ponto mais baixo da longa escada de ascensão espiritual até o Pai Universal no Paraíso.

Muitos dos graduados de Seráfington, membros do Corpo Seráfico dos Completos, associados a esses serafins, engajam-se no ensino extensivo em certas escolas de Sálvington, ligadas ao preparo das criaturas de Nébadon para as relações da próxima idade do universo.

4. *Conselheiros do Ensino*. Estes anjos assistentes são de uma ajuda inestimável para o corpo espiritual de ensino do universo local. Os conselheiros do ensino constituem-se nos secretários de todas as ordens de mestres, desde os Melquisedeques e Filhos Instrutores da Trindade, até os mortais moronciais designados como ajudantes daqueles da sua espécie que estão imediatamente atrás deles na escala da vida ascendente. Vós *vereis*, pela primeira vez, tais serafins associados ensinando em algum dos sete mundos das mansões que giram em torno de Jerusém.

Tais serafins tornam-se os colaboradores dos chefes de divisão das inúmeras instituições educacionais e de aperfeiçoamento dos universos locais, e encontram-se agregados, em grande número, das faculdades dos sete mundos de aperfeiçoamento dos sistemas locais e das setenta esferas educacionais das constelações. E essas ministrações estendem-se até os mundos individuais. Mesmo os mestres verdadeiros e consagrados do tempo são assistidos, e muitas vezes acompanhados, por esses serafins supremos conselheiros.

A quarta auto-outorga enquanto criatura, do nosso Filho Criador, foi à semelhança de um conselheiro de ensino dos serafins supremos de Nébadon.

5. *Diretores das Designações.* Um corpo de 144 serafins supremos é eleito, de tempos em tempos, pelos anjos que servem nas esferas evolucionárias e arquitetônicas habitadas por criaturas. E, sendo esse o mais elevado conselho angélico de qualquer esfera, ele coordena as fases autodirigidas do serviço e designações seráficas. Tais anjos presidem a todas as assembléias seráficas pertencentes à linha do dever ou ao chamado à adoração.

6. *Registradores.* Estes são os registradores oficiais dos serafins supremos. Muitos desses anjos elevados nasceram com os seus dons completamente desenvolvidos; outros se qualificaram para as suas posições de confiança e responsabilidade, pela sua aplicação diligente no estudo e por uma atuação fiel em deveres semelhantes, quando estiveram agregados a ordens mais baixas ou de menos responsabilidade.

7. *Ministros sem Vínculo.* Um grande número de serafins não vinculados da ordem suprema é de servidores autodirigidos nas esferas arquitetônicas e planetas habitados. Tais ministros voluntariamente atendem ao aumento da demanda do serviço dos serafins supremos, constituindo, assim, a reserva geral dessa ordem.

2. OS SERAFINS SUPERIORES

Os serafins superiores recebem o seu nome, não porque sejam qualitativamente superiores a outras ordens de anjos, mas porque estão encarregados de atividades as mais altas, em um universo local. Muitos, dentre os dois primeiros grupos desse corpo de serafins, são serafins de designação, anjos que serviram em todas as fases do aperfeiçoamento e retornaram para um compromisso glorificado como diretores da sua espécie, nas esferas das suas atividades anteriores. Sendo um universo jovem, Nébadon não possui muitos dessa ordem.

Os serafins superiores atuam nos sete grupos seguintes:

1. *O Corpo de Informação.* Estes serafins pertencem ao corpo de assistentes pessoais de Gabriel, o Brilhante Estrela Matutino. Eles cobrem o universo local, recolhendo informações dos reinos para a orientação de Gabriel nos conselhos de Nébadon. São o corpo de informação das hostes poderosas presididas por Gabriel, vice-regente do Filho Mestre. Esses serafins não ficam diretamente afiliados aos sistemas, nem às constelações, e as suas informações chegam diretamente a Sálvington por meio de um circuito contínuo, direto e independente.

Os corpos de informação dos vários universos locais podem intercomunicar-se, todavia fazem-no apenas dentro de um mesmo superuniverso. Há um diferencial de energia que efetivamente separa os assuntos e as transações dos vários supergovernos. Um superuniverso em geral pode comunicar-se com outro superuniverso apenas por meio de passar pelas provisões e instalações do centro distribuidor do Paraíso.

2. *A Voz da Misericórdia.* A misericórdia é a tônica do serviço seráfico e da ministração angélica. E, pois, para satisfazer a isso é que deve haver um corpo de anjos que, de um modo especial, retrate a misericórdia. Esses serafins são os verdadeiros ministros da misericórdia aos universos locais. Eles são os líderes inspirados que fomentam os impulsos mais elevados e as emoções mais sagradas de homens e anjos. Os diretores dessas legiões passam a ser agora, e sempre, serafins completos

que são também guardiães graduados do destino mortal; isto é, cada par angélico já guiou ao menos uma alma, de origem animal, durante a vida na carne e atravessou subseqüentemente os círculos de Seráfington, havendo sido incorporado ao Corpo Seráfico dos Completos.

3. *Os Coordenadores do Espírito.* O terceiro grupo de serafins superiores tem a sua base em Sálvington, mas funciona no universo local e em qualquer lugar onde possa prestar serviços fecundos. Ainda que as suas tarefas sejam essencialmente espirituais e, portanto, ainda que estejam além do entendimento verdadeiro das mentes humanas, vós podereis captar talvez algo da sua ministração aos mortais, se vos for explicado que a esses anjos é confiada a tarefa de preparar os seres ascendentes na sua jornada a Sálvington, para o seu último trânsito dentro do universo local – desde o mais alto nível moroncial até o status de seres espirituais recém-nascidos. Do mesmo modo que os planejadores da mente, nos mundos das mansões, ajudam as criaturas sobreviventes a ajustarem-se à mente moroncial e fazerem um uso eficaz dos potenciais da mesma, esses serafins instruem os graduados moronciais de Sálvington no que diz respeito às capacidades recém-alcançadas pela mente espiritual. Além de servirem aos mortais ascendentes de muitos outros modos.

4. *Os Mestres Assistentes.* Os mestres assistentes são ajudantes e colaboradores dos seus companheiros serafins, os conselheiros do ensino. Estão também individualmente relacionados aos empreendimentos educacionais extensivos do universo local, especialmente aos do esquema sétuplo de aperfeiçoamento, operante nos mundos das mansões dos sistemas locais. Um maravilhoso corpo dessa ordem de serafins funciona em Urântia com o propósito de fomentar e levar adiante a causa da verdade e da retidão.

5. *Os Transportadores.* Todos os grupos de espíritos ministradores têm o seu corpo de transporte; ordens angélicas dedicadas ao provimento do transporte às personalidades incapazes de viajar, por si próprias, de uma esfera a outra. O quinto grupo de serafins superiores tem a sua sede-central em Sálvington, e os seus membros servem como transportadores do espaço, para a ida e a volta à sede-central do universo local. Como em outras subdivisões dos serafins superiores, alguns foram criados como tais, ao passo que outros ascenderam de grupos mais baixos ou menos dotados.

O "alcance energético" dos serafins é completamente adequado ao universo local, preenchendo mesmo as exigências para transitar no superuniverso, no entanto não poderiam suportar a demanda de energia requerida em uma viagem tão longa quanto a de Uversa até Havona. Essa viagem tão exaustiva requer os poderes especiais de um seconafim primário com dons de transporte. Os transportadores carregam-se com a energia para o vôo durante o próprio trânsito e recuperam a potência pessoal após o final da viagem.

Mesmo em Sálvington, os mortais ascendentes não possuem modos pessoais de transitar. Os seres ascendentes devem depender do transporte seráfico para avançar de mundo a mundo, até depois do último descanso do sono no círculo mais interno de Havona e do despertar eterno no Paraíso. Depois disso, não mais sereis dependentes de anjos para o vosso transporte de universo para universo.

O processo de ser enserafinado não é diferente da experiência da morte ou do sono, exceto pelo fato de haver um elemento automático de tempo, no sono do trânsito. Vós permaneceis conscientemente inconscientes durante o descanso seráfico. Mas o Ajustador do Pensamento permanece plena e totalmente consciente; e, de fato, este torna-se excepcionalmente eficiente já que vós ficareis incapazes de opor, resistir, ou, de qualquer outro modo, impedir o trabalho de criação e transformação desse Ajustador solidário.

Enquanto estiverdes enserafinados, ireis dormir por um tempo específico, e ireis acordar no momento designado. A duração de uma jornada, quando em sono de trânsito, é irrelevante. Vós não ficareis diretamente conscientes do passar do tempo. É como se vós fôsseis dormir em um veículo de transporte em uma cidade e, após descansar em um sono pacífico durante toda a noite, acordásseis em uma outra metrópole distante. Vós viajastes enquanto dormíeis. E, assim, voais através do espaço, enserafinados, enquanto descansais – adormecidos. O sono de trânsito é induzido por uma conexão entre os Ajustadores e os transportadores seráficos.

Os anjos não podem transportar corpos combustíveis – de carne e osso – como os que tendes agora, mas podem transportar todos os outros, da mais baixa constituição moroncial às mais elevadas formas espirituais. Eles não atuam no evento da morte natural, pois quando vós terminais a vossa carreira terrena, o vosso corpo permanece neste planeta. O vosso Ajustador do Pensamento prossegue para o seio do Pai, e os anjos transportadores não se encontram ligados diretamente à subseqüente reconstituição da vossa personalidade, no mundo de identificação nas mansões. Ali o vosso novo corpo é uma forma moroncial, daquelas que podem enserafinar-se. Vós "semeais um corpo mortal" na sepultura; e "colheis uma forma moroncial" no mundo das mansões.

6. *Os Registradores*. Tais personalidades ocupam-se especialmente com a recepção, o preenchimento e o reenvio dos registros de Sálvington e seus mundos interassociados. Eles também servem como registradores especiais para os grupos residentes do superuniverso e para as personalidades mais elevadas, tais como os oficiais das cortes de Sálvington e os secretários dos seus governantes.

Os Difusores – os receptores e os emissores – constituem uma subdivisão especializada dos registradores seráficos, ocupando-se com o envio dos registros e com a disseminação da informação essencial. O seu trabalho é de uma ordem elevada, estando ligados a tantos circuitos múltiplos que 144 000 mensagens podem atravessar simultaneamente as mesmas linhas de energia. Eles adaptam as técnicas ideográficas mais apuradas dos chefes superáficos registradores e, com esses símbolos comuns, mantêm contato recíproco, tanto com os coordenadores da informação dos supernafins terciários, quanto com os coordenadores glorificados da informação do Corpo Seráfico dos Completos.

Os registradores seráficos da ordem superior efetivam, assim, uma ligação íntima com o corpo de informação da sua própria ordem e com todos os registradores subordinados, enquanto as emissões capacitam-nos a manter comunicação constante com os registradores mais elevados do superuniverso e, por intermédio desse canal, com os registradores de Havona e os custódios do conhecimento no Paraíso. Muitos, da ordem superior dos registradores, são serafins ascendentes vindos de deveres semelhantes, em seções mais baixas do universo.

7. *As Reservas*. Amplas reservas de todos os tipos de serafins superiores são mantidas em Sálvington, disponíveis instantaneamente para serem despachadas aos mundos mais longínquos de Nébadon, tão logo sejam requisitadas pelos diretores da designação ou solicitadas a pedido dos administradores do universo. As reservas de serafins superiores também fornecem ajudantes mensageiros quando estes são requisitados pelo comandante dos Brilhantes Estrelas Vespertinas, aos quais estão confiadas a custódia e despacho de todas as comunicações pessoais. Um universo local é plenamente provido de meios adequados de intercomunicação, mas há sempre um resíduo de mensagens requerendo que o seu envio seja feito por meio de mensageiros pessoais.

As reservas básicas para todo o universo local são mantidas nos mundos seráficos de Sálvington. Esse corpo inclui todos os tipos de anjos.

3. OS SERAFINS SUPERVISORES

Esta versátil ordem de anjos do universo é designada para o serviço exclusivo das constelações. Esses hábeis ministros têm sua sede-central nas capitais das constelações, mas atuam em todo o Nébadon, na defesa do interesse dos reinos das suas designações.

1. *Os Assistentes da Supervisão*. A primeira ordem dos serafins supervisores é designada para o trabalho coletivo dos Pais da Constelação, e são os ajudantes sempre eficientes dos Altíssimos. Esses serafins ocupam-se primariamente com a unificação e estabilização de toda uma constelação.

2. *Os Prognosticadores da Lei*. A fundação intelectual da justiça é a lei e, em um universo local, a lei origina-se nas assembléias legislativas das constelações. Esses corpos deliberativos codificam e promulgam formalmente as leis básicas de Nébadon, leis destinadas a proporcionar a maior coordenação possível de toda uma constelação de acordo com a política fixada de não-transgressão do livre-arbítrio moral das criaturas pessoais. É dever da segunda ordem de serafins supervisores colocar, diante dos legisladores da constelação, um prognóstico de como qualquer comando proposto afetaria as vidas das criaturas de livre-arbítrio. Eles estão bem qualificados para executar esse serviço, em virtude de possuírem longa experiência com os sistemas locais e mundos habitados. Tais serafins não procuram nenhum favor especial para um grupo, nem para outro; eles surgem, diante dos elaboradores celestes das leis, para falar por aqueles que não podem estar presentes nem falar por si próprios. Até o homem mortal pode contribuir para a evolução da lei do universo, pois esses mesmos serafins, plena e fielmente, retratam não necessariamente os desejos transitórios e conscientes do homem, mas, sim, as verdadeiras aspirações do homem interior, da alma moroncial em evolução dos mortais materiais nos mundos do espaço.

3. *Os Arquitetos Sociais*. Dos planetas individuais até os mundos moronciais de aperfeiçoamento, esses serafins trabalham para engrandecer todos os contatos sociais sinceros e levar adiante a evolução social das criaturas do universo. São esses anjos que procuram despojar de toda artificialidade os grupos de seres inteligentes, empenhando-se, ao mesmo tempo, em facilitar a interassociação das criaturas de vontade com base em um verdadeiro auto-entendimento e valoração mútua genuína.

Os arquitetos sociais tudo fazem dentro do seu domínio e poder para reunir indivíduos de modo a constituir grupos de trabalho eficientes e agradáveis nos planetas; e, algumas vezes, tais grupos têm se encontrado novamente reassociados nos mundos das mansões, para um serviço frutífero e continuado. Não é sempre, porém, que tais serafins alcançam as suas metas; também, nem sempre são capazes de reunir aqueles que formariam o grupo mais ideal para realizar um dado propósito, ou executar uma certa tarefa; sob essas condições, eles devem utilizar da melhor maneira o que está disponível.

Esses anjos continuam a sua ministração nos mundos das mansões e nos mundos moronciais mais elevados. Ocupam-se de qualquer empreendimento que tenha a ver com o progresso nos mundos moronciais e envolva três ou mais pessoas. Dois seres são considerados como operando em uma forma de casal, complementarmente, ou em sociedade; mas, quando três ou mais se agrupam para o serviço, eles constituem uma questão social e, portanto, caem na jurisdição dos arquitetos sociais. Esses eficientes serafins estão organizados em setenta divisões em Edêntia; e tais divisões ministram aos setenta mundos moronciais de progressão que circundam as esferas da sede-central.

4. *Os Sensibilizadores Éticos*. A missão desses serafins é fomentar e promover o crescimento do valor que a criatura dá à moralidade, nas relações interpessoais, pois esta é a semente e segredo para o crescimento contínuo e pleno de propósito da sociedade e governo humano ou supra-humano. Esses estimuladores da valoração ética funcionam em todo e qualquer lugar onde possam ser de utilidade, como conselheiros voluntários dos governantes planetários e mestres de intercâmbio nos mundos de aperfeiçoamento dos sistemas. Contudo, não chegareis a estar plenamente sob o seu cuidado, não antes de chegardes às escolas de irmandade em Edêntia, onde eles irão estimular a vossa apreciação daquelas verdades da fraternidade que vós ireis então explorar seriamente, por meio da experiência efetiva de conviver com os univitátias nos laboratórios sociais de Edêntia, nos setenta satélites da capital de Norlatiadeque.

5. *Os Transportadores*. O quinto grupo de serafins supervisores opera como transportadores de personalidades, carregando seres em um circuito de ida e volta às sedes-centrais das constelações. Esses serafins de transporte, durante o vôo de uma esfera para outra, mantêm-se plenamente conscientes da sua velocidade, direção e posição astronômica; não atravessam o espaço como um projétil inanimado. Podem passar perto um do outro, durante o vôo no espaço, sem o menor risco de colisão. E são plenamente capazes de variar a velocidade de progressão e alterar a direção do vôo e, mesmo, modificar os destinos caso os seus diretores os instruírem a fazê-lo em qualquer entroncamento espacial, nos circuitos da inteligência do universo.

Essas personalidades de transporte são organizadas de um modo tal que possam utilizar simultaneamente todas as três linhas de energia universalmente distribuídas; cada uma com a velocidade desimpedida de 299 725 quilômetros por segundo no espaço. Desse modo, esses transportadores são capazes de superpor velocidades da energia à velocidade da potência até atingirem uma velocidade média, nas suas longas jornadas, que varia entre 893 000 e 899 400 quilômetros por segundo do vosso tempo. A velocidade é alterada pela massa, a proximidade de corpos materiais e pela força e direção dos circuitos próximos principais de força do universo. Há inúmeros tipos de seres, semelhantes aos serafins, os quais são capazes de atravessar o espaço e capazes também de transportar outros seres preparados adequadamente.

6. *Os Registradores*. A sexta ordem de serafins supervisores atua como registradora especial dos assuntos da constelação. Um corpo grande e eficiente funciona em Edêntia, a sede-central da constelação de Norlatiadeque, à qual pertencem o vosso sistema e planeta.

7. *As Reservas*. Reservas gerais de serafins supervisores são mantidas nas sedes-centrais das constelações. Estes reservistas angélicos não ficam inativos em nenhum sentido; muitos servem como mensageiros ajudantes para os governantes das constelações; outros ficam agregados às reservas dos Vorondadeques não designados, em Sálvington; outros ainda podem continuar agregados aos Filhos Vorondadeques nos compromissos especiais: de observadores Vorondadeques, e, algumas vezes, de Regentes Altíssimos de Urântia.

4. OS SERAFINS ADMINISTRADORES

A quarta ordem de serafins está designada para os deveres administrativos dos sistemas locais. São naturais das capitais dos sistemas, porém permanecem estacionados, em grande número, nas esferas moronciais e das mansões, e nos mundos habitados. Os serafins de quarta-ordem, por natureza, são dotados de habilidades administrativas incomuns. São os assistentes habilitados dos diretores das divisões mais baixas do governo do Filho Criador do universo e ocupam-se principalmente dos assuntos dos sistemas locais e mundos componentes. Para o serviço, organizam-se do modo seguinte:

1. *Os Assistentes Administrativos*. Estes serafins capacitados são os assistentes imediatos de um Soberano de Sistema, um Filho Lanonandeque primário. São ajudantes de valor inestimável na execução dos detalhes intrincados do trabalho executivo, nas sedes-centrais do sistema. Também servem como agentes pessoais dos governantes do sistema, viajando, em grande número, indo e voltando aos vários mundos de transição e planetas habitados, executando muitos mandados para o bem-estar do sistema e no interesse físico e biológico dos seus mundos habitados.

Esses mesmos administradores seráficos ficam também vinculados aos governantes dos mundos, os Príncipes Planetários. A maioria dos planetas, em um mesmo universo, está, cada um, sob a jurisdição de um Filho Lanonandeque secundário, mas, em certos mundos, como Urântia, tem havido um desvio do plano divino. No caso da traição de um Príncipe Planetário, esses serafins passam a ser vinculados aos Melquisedeques, que recebem o mandado, e seus sucessores na autoridade planetária. O governante atual de Urântia é assistido por um corpo de mil serafins dessa versátil ordem.

2. *Os Guias da Justiça*. Estes são os anjos que apresentam o sumário das evidências úteis ao bem-estar eterno de homens e anjos, quando essas questões surgem para julgamento nos tribunais de um sistema ou planeta. Eles preparam as declarações para todas as audiências preliminares, envolvendo a sobrevivência mortal; declarações que são subseqüentemente levadas, junto com os registros desses casos, aos tribunais mais altos do universo e superuniverso. A defesa de todos os casos em dúvida, quanto à sobrevivência, é preparada por esses serafins, que têm uma compreensão perfeita de todos os detalhes de cada aspecto de tudo que pesará nas acusações lançadas pelos administradores da justiça do universo.

A missão de tais anjos não é derrotar ou retardar a justiça, mas, sim, assegurar que uma justiça sem erros seja estendida, com misericórdia generosa e com eqüidade, a todas as criaturas. Esses serafins freqüentemente funcionam nos mundos locais, comumente aparecendo diante dos trios de árbitros das comissões de conciliação – as cortes para desentendimentos menores. Muitos daqueles que já serviram como Guias da Justiça, nos reinos mais baixos, mais tarde aparecem como Vozes da Misericórdia nas esferas mais altas e em Sálvington.

Na rebelião de Lúcifer, em Satânia, poucos guias da justiça foram perdidos, porém mais de um quarto dos outros serafins administradores e das ordens mais baixas de ministros seráficos foi desguiada havendo sido iludida pelos sofismas da liberdade pessoal desenfreada.

3. *Os Intérpretes da Cidadania Cósmica*. Quando os mortais ascendentes houverem completado o aperfeiçoamento nos mundos das mansões, o primeiro aprendizado de estudantes na carreira do universo, passará a ser-lhes permitido

desfrutar das satisfações transitórias de uma maturidade relativa – a cidadania na capital do sistema. Conquanto o alcance de cada meta ascendente seja uma realização real, no sentido mais amplo, essas metas são simplesmente marcos no longo trajeto ascendente até o Paraíso. No entanto, por mais relativos que esses êxitos possam ser, a nenhuma criatura evolucionária jamais deixa de ser assegurada, ainda que passageira, toda a satisfação de haver alcançado um objetivo. De quando em quando, há uma pausa na ascensão ao Paraíso, uma curta parada para respirar, durante a qual os horizontes no universo permanecem quietos, o status da criatura fica estacionário e a personalidade sente o gosto da doçura de haver atingido o seu objetivo.

O primeiro desses períodos na carreira de um ascendente mortal ocorre na capital de um sistema local. Durante essa pausa, como cidadãos de Jerusém, vós intentareis expressar, na vida de criatura, aquelas coisas que adquiristes durante as oito experiências precedentes de vida – que abrangem a passagem por Urântia e aquelas nos sete mundos das mansões.

Os intérpretes seráficos da cidadania cósmica guiam os novos cidadãos das capitais do sistema, e estimulam a sua apreciação das responsabilidades do governo do universo. Esses serafins estão também intimamente associados aos Filhos Materiais na administração do sistema; e retratam a responsabilidade e a moralidade da cidadania cósmica aos mortais materiais nos mundos habitados.

4. *Os Estimuladores da Moralidade*. Nos mundos das mansões, começais a aprender o autogoverno, que beneficia a todos os envolvidos. A vossa mente aprende a cooperar, como planejar junto a outros seres mais sábios. Nas sedes-centrais dos sistemas, os instrutores seráficos irão estimular ainda mais a vossa apreciação da moralidade cósmica – as interações entre a liberdade e a lealdade.

O que é lealdade? É o fruto de uma valoração inteligente da irmandade no universo: não se deveria tomar muito e não dar nada. Ao ascenderdes na escala da personalidade, inicialmente aprendereis a ser leais, depois a amar, depois a ser filiais e, então, podereis ser livres; mas não podereis alcançar a finalidade da liberdade antes de vos tornardes finalitores, antes de haverdes alcançado a perfeição da lealdade.

Esses serafins ensinam a fecundidade advinda da paciência: que a estagnação é a morte certa, e o crescimento rápido em excesso é igualmente suicida; que, como uma gota de água cai do nível mais alto para o mais baixo e continua a fluir, indo sempre para baixo, em uma sucessão de pequenas quedas, também assim, só que para cima, é o progresso nos mundos moronciais e do espírito – igualmente devagar e por meio de estágios igualmente gradativos.

Para os mundos habitados, os estimuladores da moralidade retratam a vida mortal como uma corrente contínua de muitos elos. A vossa curta permanência em Urântia, esta esfera da infância mortal, é apenas um elo, o primeiríssimo da longa cadeia que irá estender-se através dos universos e através das idades eternas. Não é tanto o que aprendeis nesta primeira vida; é a experiência de viver essa vida que é importante. Mesmo o *trabalho* deste mundo, por mais importante que seja, não tem tanta importância, não tanto quanto a *maneira* com a qual vós fazeis esse trabalho. Não há nenhuma recompensa material para a vida na retidão, mas há a satisfação profunda – a consciência da realização – e isso transcende qualquer recompensa material concebível.

As chaves do Reino dos céus são: sinceridade, e mais sinceridade; e mais sinceridade ainda. Todos os homens têm o alcance dessas chaves. Os homens usam-nas – avançando em status espiritual – por meio de decisões, de mais decisões e outras decisões mais, ainda. A escolha moral mais elevada é a escolha do valor mais elevado possível e – em toda e qualquer esfera –, isso sempre significa escolher fazer a vontade de Deus. Se o homem escolhe assim, ele *é* grande, ainda que seja o mais humilde cidadão de Jerusém ou mesmo o menor dos mortais de Urântia.

5. *Os Transportadores*. Estes são os serafins de transporte que funcionam nos sistemas locais. Em Satânia, o vosso sistema, eles levam os passageiros a Jerusém e os trazem de volta; e também servem como transportadores interplanetários. Raramente passa um dia sem que um serafim de transporte de Satânia traga algum visitante, estudante, ou algum outro viajante, de natureza espiritual ou semi-espiritual, até as margens de Urântia. Esses mesmos cruzadores do espaço irão, algum dia, levar-vos, em um circuito de ida e volta, aos vários mundos do grupo da sede-central do sistema e, quando houverdes concluído os vossos compromissos em Jerusém, eles vos levarão adiante, até Edêntia. Contudo, sob nenhuma circunstância, eles vos carregarão de volta ao mundo de origem humana. Um mortal nunca retorna ao seu planeta de nascimento, durante a dispensação da sua existência temporal, e, caso devesse ele retornar durante uma dispensação subseqüente, seria acompanhado por um serafim de transporte do grupo da sede-central do universo.

6. *Os Registradores*. Estes serafins são os guardiães dos registros tríplices dos sistemas locais. O templo dos registros, na capital de um sistema, é uma estrutura singular da qual uma terça parte é material, construída de metais luminosos e cristais; outra terça parte é moroncial, fabricada usando a ligação da energia espiritual com a material, para além do alcance da visão mortal; e uma terça parte é espiritual. Os registradores dessa ordem mantêm esse sistema tríplice de registros e presidem a ele. Os mortais ascendentes irão primeiramente consultar os arquivos materiais; os Filhos Materiais e os seres de transição, mais elevados, consultam os arquivos das salas moronciais; enquanto os serafins e as personalidades espirituais mais elevadas do reino pesquisam nos registros das seções do espírito.

7. *As Reservas*. O corpo reserva dos serafins administradores em Jerusém passa grande parte do tempo de espera servindo como companheiros espirituais, junto aos mortais ascendentes recém-chegados de vários mundos do sistema – graduados acreditados dos mundos das mansões. Uma das delícias da vossa permanência em Jerusém será conversar e, durante os períodos de férias, estar com esses serafins bastante viajados; e mais outras tantas experiências que vos aguardam no corpo de reserva.

São exatamente os relacionamentos amigáveis desse tipo que tornam uma capital de sistema tão querida para os mortais ascendentes. Em Jerusém, ireis encontrar o primeiro congraçamento entre Filhos Materiais, anjos e peregrinos ascendentes. Ali se confraternizam os seres que são totalmente espirituais com os semi-espirituais e os indivíduos que acabam de emergir da existência material. As formas mortais ali já estão tão modificadas e as gamas das reações humanas à luz encontram-se tão ampliadas, que todos poderão desfrutar do reconhecimento mútuo e compreensão simpática entre personalidades.

5. OS AJUDANTES PLANETÁRIOS

Estes serafins mantêm as suas sedes-centrais nas capitais dos sistemas e, sendo intimamente ligados aos cidadãos Adâmicos residentes, são primariamente designados para o serviço dos Adãos planetários, os elevadores biológicos ou físicos das raças materiais nos mundos evolucionários. O trabalho da ministração dos anjos torna-se de interesse crescente à medida que se avizinha dos mundos habitados, à medida que abrange os problemas reais enfrentados pelos homens e mulheres do tempo, os quais se preparam para o esforço de alcançar a meta da eternidade.

A maioria dos ajudantes planetários foi retirada de Urântia quando do colapso do regime Adâmico; e a supervisão seráfica do vosso mundo recaiu, em maior grau, sobre os administradores, os ministros de transição e os guardiães do destino. Todavia, os ajudantes seráficos dos vossos Filhos Materiais faltosos servem ainda, em Urântia, nos grupos seguintes:

1. *As Vozes do Jardim*. Quando o curso planetário da evolução humana está atingindo o seu mais alto nível biológico, sempre surgem os Filhos e Filhas Materiais, os Adãos e Evas, para dar incremento à evolução ulterior das raças com a contribuição factual do seu plasma vital superior. A sede-central planetária desse Adão e dessa Eva é denominada usualmente de Jardim do Éden, e os seus serafins pessoais freqüentemente são conhecidos como as "Vozes do Jardim". Tais serafins prestam um serviço inestimável aos Adãos Planetários em todos os seus projetos de elevação física e intelectual das raças evolucionárias. Depois da falta Adâmica, em Urântia, alguns desses serafins foram deixados no planeta e designados para os sucessores em autoridade de Adão.

2. *Os Espíritos da Fraternidade*. Quando um Adão e uma Eva chegam a um mundo evolucionário, deveria ficar claro que a tarefa de efetivar a harmonia racial e a cooperação social entre as diversas raças devesse assumir proporções consideráveis. Raramente as raças de cores diferentes e naturezas variadas aceitam, com simpatia, o plano de irmandade humana. Esses homens primitivos somente chegam a compreender a sabedoria da interassociação pacífica por meio de uma experiência humana amadurecida e com a ministração fiel dos espíritos seráficos da fraternidade. Sem o trabalho desses serafins, os esforços dos Filhos Materiais de harmonizar e fazer as raças avançarem, em um mundo em evolução, teriam os seus resultados grandemente retardados. E, caso o vosso Adão houvesse aderido ao plano original do avanço de Urântia, a essa altura esses espíritos da irmandade já haveriam realizado transformações inacreditáveis na raça humana. Considerando a falta Adâmica, de fato é notável que essas ordens seráficas tenham sido capazes de fomentar e trazer à realização até mesmo o nível atual de irmandade existente em Urântia.

3. *As Almas da Paz*. Os primeiros milênios de esforços para a ascensão evolucionária dos homens foram marcados por muitas lutas. A paz não é o estado natural dos reinos materiais. Os mundos compreendem a "paz na terra e boa vontade entre os homens", inicialmente, por meio da ministração das almas seráficas da paz. Ainda que esses anjos tenham sido obstados amplamente nos seus primeiros esforços em Urântia, Vevona, o comandante das almas da paz nos dias de Adão, foi deixado em Urântia e agora está agregado à assessoria do governador-geral residente. E foi esse mesmo Vevona que, quando Michael nasceu, anunciou aos mundos, como líder das hostes angélicas: "Glória a Deus em Havona e, na Terra, paz e boa vontade entre os homens".

Nas épocas mais avançadas da evolução planetária esses serafins constituem-se em instrumentos para suplantar a idéia da expiação, substituindo-a pelo conceito da harmonização divina como uma filosofia para a sobrevivência dos mortais.

4. *Os Espíritos da Confiança*. A suspeita é a reação inerente dos homens primitivos; as lutas pela sobrevivência nas primeiras idades não geram naturalmente a confiança. A confiança é uma aquisição humana nova, trazida que tem sido pela ministração desses serafins planetários do regime Adâmico. A missão deles é inculcar a confiança nas mentes dos homens em evolução. Os Deuses são muito confiantes; o Pai Universal quis confiar a Si próprio, livremente – por meio do Ajustador –, na Sua ligação com o homem.

Todo esse grupo de serafins foi transferido para o novo regime, depois do malogro Adâmico e, desde então, têm continuado os seus trabalhos em Urântia. E não fracassaram inteiramente, pois uma civilização está agora evoluindo, na qual estão incorporados muitos dos seus ideais de confiança e credibilidade.

Nas idades planetárias mais avançadas esses serafins dão ênfase à valoração que o homem atribui à verdade de que a incerteza é o segredo para uma continuidade satisfatória. Eles ajudam os filósofos mortais a compreenderem que, para a criatura, seria um erro colossal conhecer o futuro; a ignorância, pois, passando a ser essencial ao êxito. Eles aumentam o gosto do homem pela doçura da incerteza, pelo romanticismo e o encanto de um futuro indefinido e desconhecido.

5. *Os Transportadores*. Os transportadores planetários servem aos mundos individuais. A maioria dos seres enserafinados trazida a este planeta está em trânsito, parando aqui meramente de passagem; eles são custodiados pelos seus próprios transportadores seráficos especiais; e um grande número desses serafins está estacionado em Urântia. Essas são as personalidades de transporte que operam desde os planetas locais, como Urântia, até Jerusém.

A idéia convencional que vós possuís dos anjos surgiu do seguinte modo: durante os momentos imediatamente anteriores à morte física, um fenômeno refletivo ocorre, algumas vezes, na mente humana, e essa consciência que se apaga parece visualizar algo da forma do anjo da guarda, e isso é imediatamente traduzido nos termos do conceito habitual de anjo, já existente na mente daquele indivíduo.

A idéia errônea de que os anjos possuem asas não é de todo em decorrência das noções antigas de que eles deviam ter asas para voar pelo ar. Aos seres humanos algumas vezes foi permitido observar os serafins sendo preparados para o serviço de transporte, e as tradições dessas experiências determinaram amplamente o conceito urantiano de anjos. Ao observar um serafim de transporte aprontar-se a fim de receber um passageiro para o trânsito interplanetário, pode ter sido avistado o que aparentemente é um duplo conjunto de asas que se estende da cabeça aos pés do anjo. Na realidade, essas asas são os isoladores de energia – os escudos de fricção.

Quando os seres celestes estão para ser enserafinados, para a transferência de um mundo a outro, eles são trazidos até a sede-central da esfera e, depois do devido registro, induzidos ao sono de trânsito. Nesse meio tempo, o serafim de transporte move-se até uma posição horizontal diretamente sobre um pólo da energia universal no planeta. Enquanto os escudos de energia estão completamente abertos, a personalidade adormecida é habilmente depositada, pelos assistentes seráficos que operam diretamente em cima do anjo de transporte. Então, ambos os pares de escudos, os superiores e os inferiores, são cuidadosamente fechados e ajustados.

E, agora, sob a influência dos transformadores e transmissores, tem início uma estranha metamorfose, à medida que o serafim se apronta para flutuar na direção das correntes de energia dos circuitos do universo. Visto de fora, o serafim torna-se pontiagudo nas extremidades e fica envolvido em uma estranha luz de tonalidade âmbar, de tal forma que, logo se torna impossível distinguir a personalidade enserafinada. Quando tudo está pronto para a partida, o diretor dos transportes faz a inspeção própria do veículo da vida, procede aos testes de rotina, para certificar-se de que o anjo esteja adequadamente dentro do circuito e, então, anuncia que o viajante está enserafinado da maneira adequada, que as energias estão ajustadas, que o anjo está isolado e tudo se acha preparado para o clarão da partida. Os controladores mecânicos, dois deles, em seguida, ocupam as suas posições. Nesse momento, o serafim de transporte torna-se quase transparente, vibrante, de uma silhueta luminosa com o formato de torpedo. Agora o despachador do transporte do reino reúne as baterias auxiliares dos transmissores das energias vivas, usualmente em número de mil; e, quando anuncia o destino do transporte, ele toca no ponto próximo do veículo seráfico, o qual o dispara para frente à velocidade de um relâmpago, deixando uma trilha de luminosidade celeste até onde se estende a vestimenta atmosférica planetária. Em menos de dez minutos, o espetáculo maravilhoso terá desaparecido, mesmo para a reforçada visão seráfica.

Enquanto os informes espaciais planetários são recebidos ao meio-dia, no meridiano da sede-central espiritual designada, os transportadores são despachados desse mesmo lugar à meia-noite. Essa é a hora mais favorável para a partida e é a hora-padrão, quando não é especificado de outro modo.

6. *Os Registradores*. Estes são os custódios dos assuntos maiores do planeta, para tudo aquilo que funciona como uma parte do sistema, e no que se relaciona ao governo do universo e dele se ocupa. Eles trabalham no registro de assuntos planetários, mas não se ocupam das questões ligadas à vida e existência individual.

7. *As Reservas*. O corpo de reservas dos serafins planetários de Satânia é mantido, em Jerusém, em íntima associação com as reservas dos Filhos Materiais. Essas abundantes reservas são completamente suficientes para todas as fases das atividades múltiplas dessa ordem seráfica. Esses anjos são também os portadores das mensagens pessoais dos sistemas locais. Eles servem aos mortais de transição, anjos e Filhos Materiais, bem como a outros domiciliados nas sedes-centrais do sistema. Embora Urântia, no presente, esteja fora dos circuitos espirituais de Satânia e Norlatiadeque, vós estais, por outro lado, em contato íntimo com os assuntos interplanetários, pois esses mensageiros de Jerusém freqüentemente vêm a este mundo como vão a todas as outras esferas do sistema.

6. OS MINISTROS DE TRANSIÇÃO

Como o seu nome poderia sugerir, os serafins, cuja ministração é de transição, servem onde quer que possam contribuir para a transição da criatura entre o estado material e o espiritual. Esses anjos servem desde os mundos habitados até às capitais dos sistemas, mas os de Satânia, no presente, dirigem os seus maiores esforços para a educação dos mortais sobreviventes nos sete mundos das mansões. Esse ministério é diversificado, de acordo com as sete ordens seguintes de designação:

1. Evangelhos Seráficos.

2. Intérpretes Raciais.

3. Planejadores da Mente.

4. Conselheiros Moronciais.

5. Técnicos.

6. Instrutores-Registradores.

7. Reservas Ministradoras.

Vós aprendereis um pouco sobre esses ministros seráficos dos ascendentes de transição nas narrativas ligadas aos mundos das mansões e à vida moroncial.

7. OS SERAFINS DO FUTURO

Estes anjos não ministram extensivamente, exceto nos reinos mais antigos e planetas mais avançados de Nébadon. Grande número deles é mantido na reserva, nos mundos seráficos próximos de Sálvington, onde se encontram empenhados em pesquisas de importância para a idade de luz e vida, cuja aurora surgirá dentro de algum tempo em Nébadon. Esses serafins funcionam em ligação com a carreira mortal ascendente, mas ministram quase que exclusivamente, aos mortais que sobrevivem, por meio de uma das ordens modificadas de ascensão.

Esses anjos não se ocupam agora diretamente seja com Urântia, seja com os urantianos e, por esse fato, considerou-se que talvez fosse melhor não descrever as suas fascinantes atividades.

8. O DESTINO SERÁFICO

Os serafins são originários dos universos locais e, nesses reinos mesmos da sua natividade, alguns alcançam o destino de serviço. Com a ajuda e conselho dos arcanjos seniores, alguns serafins podem ser elevados aos dignos deveres dos Brilhantes Estrelas Vespertinas, enquanto outros atingem o status e o serviço de coordenados não revelados dos Estrelas Vespertinos. E outras aventuras de destino, no universo local, podem ainda ser intentadas, mas Seráfington sempre permanece como a meta eterna de todos os anjos. Seráfington é o umbral angélico para o alcance do Paraíso e da Deidade, a esfera de transição entre o ministério do tempo e o elevado serviço da eternidade.

Os serafins podem alcançar o Paraíso por dezenas ou centenas de maneiras; as mais importantes, como estas narrativas expõem, são as seguintes:

1. Ganhar a admissão à morada seráfica no Paraíso, no âmbito pessoal, por realizar a perfeição do serviço especializado como artesão celeste, Conselheiro Técnico ou Registrador Celeste. Tornar-se um Companheiro do Paraíso e, tendo assim alcançado o centro de todas as coisas, talvez, então, passar a ser um ministro e conselheiro eterno da ordem seráfica e outras ordens.

2. Ser convocado para Seráfington. Sob certas condições, os serafins são convocados para as alturas; nessas outras circunstâncias, os anjos algumas vezes alcançam o Paraíso em um tempo muito mais curto do que os mortais. Mas não importa quão adequado seja um par seráfico, eles não podem iniciar a partida para Seráfington nem para outro lugar. Só os guardiães do destino que alcançam êxito podem estar seguros de continuar até o Paraíso numa trajetória progressiva de ascensão evolucionária. Todos os outros devem esperar pacientemente pela chegada dos mensageiros da ordem dos supernafins terciários, vindos do Paraíso e acompanhados das convocações que os comandam a comparecer no alto.

3. Alcançar o Paraíso pela técnica mortal evolucionária. Na carreira do tempo, a suprema escolha dos serafins é o posto de anjo guardião no fito de poderem atingir a carreira de finalidade e serem qualificados para compromissos nas esferas eternas do serviço seráfico. Esses guias pessoais dos filhos do tempo são chamados de guardiães do destino, significando que guardam as criaturas mortais no caminho do destino divino e que, fazendo assim, estão determinando o seu próprio destino.

Os guardiães do destino são provenientes das fileiras das personalidades angélicas mais experientes de todas as ordens de serafins que se hajam qualificado para esse serviço. Todos mortais sobreviventes, cujo destino é o da fusão com os

Ajustadores, têm guardiães temporários designados para si, e tais aliados podem tornar-se agregados permanentemente, quando os sobreviventes mortais alcançarem o desenvolvimento intelectual e espiritual requerido. Antes de deixarem os mundos das mansões, todos os ascendentes mortais têm colaboradores seráficos permanentes. Esse grupo de espíritos ministradores é descrito nas narrativas sobre Urântia.

Não é possível aos anjos alcançarem Deus começando pelo nível humano de origem, pois são criados um "pouco mais elevados do que vós"; mas foi sabiamente arranjado que, conquanto não tenham a possibilidade de começar do ponto mais baixo mesmo, das terras mais baixas da existência espiritual, eles podem ir para baixo, até aqueles que começam do ponto mais baixo, e pilotar essas criaturas, passo a passo, mundo a mundo, até os portais de Havona. Quando os ascendentes mortais deixam Uversa para começar nos círculos de Havona, os guardiães agregados subseqüentemente à vida na carne darão, aos peregrinos ascendentes coligados seus, um adeus temporário, enquanto viajam até Seráfington, a destinação angélica do grande universo. Ali, esses guardiães irão intentar e, sem dúvida, conseguir realizar os sete círculos da luz seráfica.

Muitos, mas não a totalidade dos serafins designados como guardiães do destino, durante a vida material, acompanham os seus companheiros mortais através dos círculos de Havona; e outros serafins passam pelos circuitos do universo central de um modo inteiramente diferente da ascensão mortal. Porém, a despeito do caminho de ascensão, todos os serafins evolucionários atravessam Seráfington, e a maioria passa por essa experiência em vez daquela dos circuitos de Havona.

Seráfington é a esfera de destino para os anjos, e o modo de alcançar esse mundo é muito diferente das experiências dos peregrinos mortais até Ascêndington. Os anjos não estão absolutamente seguros do seu futuro eterno, antes que eles hajam alcançado Seráfington. Ao que se sabe, anjo algum que tenha chegado a Seráfington jamais se desviou; o pecado jamais irá encontrar resposta no coração de um serafim completo.

Os graduados de Seráfington são designados de modos variados: os Guardiães de destino, com experiência nos círculos de Havona, usualmente entram para o Corpo de Finalitores Mortais. Outros guardiães, havendo passado nos seus testes de segregação em Havona, freqüentemente se reúnem de novo aos seus companheiros mortais no Paraíso; e alguns se tornam eternos coligados aos finalitores mortais; enquanto outros entram nos vários corpos de finalitores não mortais; e muitos são incorporados ao Corpo Seráfico dos Completos.

9. O CORPO SERÁFICO DOS COMPLETOS

Após alcançar o Pai dos espíritos e após a admissão ao serviço seráfico dos completos, algumas vezes, os anjos são designados para o ministério aos mundos estabelecidos em luz e vida. É-lhes concedida a vinculação aos altos seres trinitarizados dos universos e aos serviços elevados do Paraíso e Havona. Esses serafins dos universos locais compensaram experiencialmente o diferencial de potencial de divindade que anteriormente os isolava dos espíritos de ministração nos superuniversos e universo central. Os anjos do Corpo Seráfico dos Completos servem como colaboradores dos seconafins dos superuniversos e como assistentes das altas ordens de supernafins do Paraíso-Havona. Para esses anjos, a carreira do tempo acabou; doravante, e para sempre, eles são servidores de Deus, são os consortes das personalidades divinas e os companheiros dos finalitores do Paraíso.

Um grande número de serafins completos retorna aos seus universos de nascimento, para ali complementar o ministério do dom divino por meio da ministração de perfeição experiencial. Nébadon é, relativamente falando, um dos universos mais jovens e, desse modo, não tem tantos desses graduados de Seráfington reintegrados, como seria de se encontrar em um reino mais antigo; no entanto o nosso universo local é adequadamente suprido de serafins completos, pois é significativo que os reinos evolucionários demonstrem uma necessidade crescente pelos serviços deles à medida que se aproximam do status de luz e vida. Os serafins completos agora servem, mais extensivamente, junto às ordens supremas de serafins; entretanto, alguns servem junto a cada uma das outras ordens angélicas. Mesmo o vosso mundo goza da ministração extensiva de doze grupos especializados dos Corpos Seráficos dos Completos; esses serafins mestres da supervisão planetária acompanham cada Príncipe Planetário, recém-indicado, aos mundos habitados.

Muitas vias fascinantes de ministração estão abertas aos serafins completos; todavia, assim como todos eles ansiavam pelos compromissos de guardiães do destino, nos seus dias pré-Paraíso, na sua experiência pós-Paraíso, eles desejam servir mais como atendentes de auto-outorgas dos Filhos do Paraíso encarnados. E permanecem, ainda, supremamente devotados ao plano universal de iniciar as criaturas mortais dos mundos evolucionários nas viagens longas e atraentes, em direção à meta do Paraíso, da divindade e da eternidade. Durante toda a aventura mortal de encontrar Deus e alcançar a perfeição divina, esses ministros espirituais seráficos completos, juntamente com os fiéis espíritos ministradores do tempo, são os vossos amigos e colaboradores sempre infalíveis e para sempre.

[Apresentado por um Melquisedeque, atuando a pedido do Comandante das Hostes Seráficas de Nébadon.]

DOCUMENTO 40

OS FILHOS ASCENDENTES DE DEUS

DO MESMO modo que se dá com muitos dos grupos principais de seres do universo, foram reveladas sete classes gerais de Filhos Ascendentes de Deus:

1. Mortais fusionados ao Pai.
2. Mortais fusionados ao Filho.
3. Mortais fusionados ao Espírito.
4. Serafins Evolucionários.
5. Filhos Materiais Ascendentes.
6. Intermediários Transladados.
7. Ajustadores Personalizados.

A história desses seres, desde os mortais inferiores de origem animal dos mundos evolucionários até os Ajustadores Personalizados do Pai Universal, apresenta uma narrativa gloriosa da dádiva irrestrita do amor divino e da condescendência da graça, em todos os tempos e em todos os universos da vasta criação das Deidades do Paraíso.

Essas apresentações começaram com uma descrição das Deidades, e, grupo a grupo, a narrativa desceu a escala universal dos seres vivos até alcançar a ordem mais baixa de vida dotada com o potencial de imortalidade; e agora eu, outrora um mortal originário de um mundo evolucionário do espaço, fui despachado de Sálvington para dar continuidade à elaboração da narrativa do propósito eterno dos Deuses, no que concerne às ordens ascendentes de filiação; mais particularmente no que se refere às criaturas mortais do tempo e do espaço.

E, posto que a maior parte destas narrativas será dedicada à análise das três ordens básicas de mortais ascendentes, primeiramente serão feitas algumas considerações sobre as ordens ascendentes não mortais de filiação: a seráfica, a Adâmica, a dos intermediários e a dos Ajustadores.

1. OS SERAFINS EVOLUCIONÁRIOS

As criaturas mortais de origem animal não são os únicos seres privilegiados a gozar da filiação; as hostes angélicas também compartilham da oportunidade superna de alcançar o Paraíso. Os serafins guardiães, por meio da experiência e serviço aos mortais ascendentes do tempo, também alcançam o status de filiação ascendente. Esses anjos alcançam o Paraíso passando por Seráfington e muitos deles são mesmo incorporados ao Corpo de Finalidade Mortal.

Escalar as alturas supernas da filiação a Deus, como finalitor, é, para um anjo, uma realização de grande mestria, uma realização que, de longe, transcende a realização humana de alcançar a sobrevivência eterna por meio do plano do Filho

443

Eterno, com a sempre presente ajuda do Ajustador residente; contudo, o serafim guardião e outros, ocasionalmente, chegam a efetuar de fato tais ascensões.

2. OS FILHOS MATERIAIS ASCENDENTES

Os Filhos Materiais de Deus são criados nos universos locais junto com os Melquisedeques e os seus pares, que são todos classificados como Filhos descendentes. E, de fato, os Adãos Planetários – os Filhos e Filhas Materiais dos mundos evolucionários – são Filhos descendentes, pois descem aos mundos habitados vindos das suas altas esferas de origem, as capitais dos sistemas locais.

Quando têm êxito completo na sua missão planetária conjunta, de elevadores biológicos, o Adão e a Eva compartilham o destino dos habitantes do seu mundo. Quando tal mundo é estabelecido nos estágios avançados de luz e vida, a esses Filho e Filha Materiais fiéis é permitido renunciar a todos os deveres administrativos planetários e, depois de serem assim liberados da aventura descendente, é-lhes permitido referir-se a si próprios como Filhos Materiais perfeccionados nos registros do universo local. Do mesmo modo, quando o compromisso planetário é muito prolongado, os Filhos Materiais, de status estacionário – os cidadãos dos sistemas locais –, podem retirar-se das atividades da sua esfera de status e, de modo semelhante, registrar-se como Filhos Materiais perfeccionados. Após tais formalidades, esses Adãos e Evas liberados entram na categoria de Filhos ascendentes de Deus e podem imediatamente iniciar a longa jornada a Havona e ao Paraíso, começando do ponto exato da sua realização espiritual de então. E eles fazem essa jornada em companhia dos mortais e de outros Filhos ascendentes, continuando até que hajam encontrado Deus e atingido o Corpo de Finalidade Mortal, para o serviço eterno das Deidades do Paraíso.

3. OS SERES INTERMEDIÁRIOS TRANSLADADOS

Ainda que privados dos benefícios imediatos das auto-outorgas planetárias dos Filhos descendentes de Deus, ainda que a ascensão ao Paraíso seja bastante adiada e não obstante isso, logo depois que um planeta evolucionário haja atingido as épocas intermediárias de luz e vida (se não antes), ambos grupos de criaturas intermediárias são liberados do dever planetário. Algumas vezes, a maioria delas é transladada, juntamente com seus primos humanos, no dia da descida do templo de luz e vida e elevação do Príncipe Planetário à dignidade de Soberano Planetário. Ao serem liberadas do serviço planetário, ambas ordens são registradas no universo local como Filhos ascendentes de Deus e, imediatamente, dão início às longas ascensões até o Paraíso pelos mesmos caminhos ordenados para a progressão das raças mortais dos mundos materiais. O grupo primário é destinado aos vários corpos de finalitores, ao passo que os intermediários secundários ou Adâmicos são todos encaminhados para alistamento no Corpo Mortal de Finalidade.

4. OS AJUSTADORES PERSONALIZADOS

Quando os mortais do tempo falham em conquistar a sobrevivência eterna para as suas almas, ainda que em ligação planetária com os dons espirituais do Pai Universal, tal fracasso nunca é, de nenhum modo, devido à negligência no dever, ministração, serviço ou devoção da parte do Ajustador. Quando do passamento mortal, esses Monitores desertados retornam para Divínington e, subseqüentemente, após o julgamento do não-sobrevivente, eles podem ser redesignados para os mundos do tempo e do espaço. Algumas vezes, depois de repetidos serviços dessa espécie ou após alguma experiência inusitada, como a de funcionar como Ajustador residente de um Filho de auto-outorga encarnado, esses eficientes Ajustadores são personalizados pelo Pai Universal.

Os Ajustadores Personalizados são seres de uma ordem singular e insondável. Originalmente de status existencial pré-pessoal, eles ganharam experiência por meio da participação nas vidas e carreiras dos mortais inferiores dos mundos materiais. E, posto que a personalidade outorgada a esses experientes Ajustadores do Pensamento tem a sua origem e sua fonte na ministração, pessoal e contínua, do Pai Universal dessas dádivas da personalidade experiencial às suas criaturas, esses Ajustadores Personalizados são classificados como Filhos ascendentes de Deus, a mais elevada de todas essas ordens de filiação.

5. OS MORTAIS DO TEMPO E DO ESPAÇO

Os mortais representam o último elo na corrente dos seres que são chamados de filhos de Deus. O toque pessoal do Filho Original e Eterno passa por uma série de personalizações decrescentemente divinas e crescentemente humanas, até chegar a um ser exatamente como vós, a quem podeis ver, ouvir e tocar. E, então, vos tornais espiritualmente sabedores da grande verdade que a vossa fé pode captar – a da vossa filiação ao Deus eterno!

Do mesmo modo, o Espírito Original e Infinito, por uma longa série de ordens decrescentemente divinas e crescentemente humanas, aproxima-se cada vez mais das criaturas que lutam nos reinos, alcançando o limite de expressão nos anjos – um pouco abaixo dos quais vós fostes criados – que pessoalmente vos guardam e guiam na jornada da vida da carreira mortal do tempo.

Deus, o Pai, não desce, nem pode, Ele próprio, descer assim, a ponto de fazer um contato tão pessoal com o número quase ilimitado de criaturas ascendentes em todo o universo dos universos. Mas o Pai não está privado do contato pessoal com as suas criaturas mais humildes; vós não vos encontrais desprovidos da divina presença. Ainda que Deus, o Pai, não possa estar convosco por meio de uma manifestação direta de personalidade, Ele está em vós, sendo parte de vós, na identidade dos Ajustadores do Pensamento residentes, os Monitores divinos. Assim, pois, o Pai, que é o mais afastado de vós, em personalidade e em espírito, aproxima-Se o mais perto de vós, por meio do circuito da personalidade e no toque espiritual de comunhão interior com as vossas próprias almas de filhos e filhas mortais Dele.

A identificação com o espírito constitui o segredo da sobrevivência pessoal e determina o destino da ascensão espiritual. E, posto que os Ajustadores do Pensamento são os únicos espíritos com potencial de fusão a serem identificados com o homem durante a vida na carne, os mortais do tempo e do espaço são primeiramente classificados conforme a sua relação com essas dádivas divinas, os Monitores Misteriosos residentes. Essa classificação é a seguinte:

1. Os mortais nos quais o Ajustador reside de modo transitório ou experiencial.

2. Os mortais dos tipos que não se fusionam com o Ajustador.

3. Os mortais que têm o potencial de se fusionar com os seus Ajustadores.

Série um – a dos mortais nos quais o Ajustador reside de modo transitório ou experiencial. A designação desta série é temporária para qualquer planeta em evolução, sendo usada durante os estágios primitivos de todos os mundos habitados, exceto aqueles da segunda série.

Tais mortais, da primeira série, habitam os mundos do espaço durante as épocas iniciais de evolução da humanidade e abrangem os tipos mais primitivos de mentes humanas. Em muitos mundos, como o da Urântia pré-Adâmica, um grande número dos tipos mais elevados e avançados de homens primitivos adquire a capacidade de sobrevivência, mas não consegue alcançar a fusão com o Ajustador. Eras após eras, antes da ascensão do homem ao nível mais elevado de volição espiritual, os Ajustadores ocupam as mentes dessas criaturas em luta e, durante as suas curtas vidas na carne e no momento em que tais criaturas de vontade são resididas por Ajustadores, os anjos guardiães grupais também começam a atuar. Ainda que esses mortais da primeira série possam não ter guardiães pessoais, possuem custódios grupais.

Um Ajustador experiencial permanece com um ser humano primitivo durante todo o seu tempo de vida na carne. Os Ajustadores contribuem muito para o avanço dos homens primitivos, mas são incapazes de formar uniões eternas com tais mortais. Essa ministração transitória dos Ajustadores realiza duas coisas: Primeira, eles ganham experiência valiosa e real sobre a natureza e modo de funcionamento do intelecto evolucionário, uma experiência que será de valor inestimável na sua conexão a contatos futuros, em outros mundos, com seres de desenvolvimento mais elevado. Segundo, a permanência transitória dos Ajustadores contribui muito no sentido de preparar os seus sujeitos mortais para um possível fusionamento subseqüente com o Espírito. Todas as almas desse tipo, que buscam a Deus, conseguem a vida eterna por meio do abraço espiritual do Espírito Materno do universo local, tornando-se, desse modo, mortais ascendentes do regime do universo local. Muitas pessoas da Urântia pré-Adâmica avançaram assim até os mundos das mansões de Satânia.

Os Deuses que ordenaram ao homem mortal que ele devesse escalar a níveis mais elevados de inteligência espiritual, através de longas idades de provações e atribulações evolucionárias, fizeram anotações sobre o seu status e necessidades em cada estágio da ascensão; e, são sempre, divinamente equânimes e justos, e mesmo encantadoramente misericordiosos, nos julgamentos finais desses mortais batalhadores dos primeiros tempos das raças evolucionárias.

Série dois – a dos mortais dos tipos que não se fusionam aos Ajustadores. Estes são tipos especializados de seres humanos que não se tornam capazes de efetivar uma união eterna com os seus Ajustadores residentes. O fato de estarem classificados segundo os tipos raciais de um, dois ou três cérebros não é um fator que exerça influência sobre o tipo de fusionamento com o Ajustador; pois tais mortais são todos semelhantes, e os tipos que não se fusionam com o Ajustador constituem uma ordem totalmente diferente e marcadamente modificada de criaturas de vontade. Dos que não respiram muitos pertencem a essa série e há inúmeros outros grupos que não se fusionam ordinariamente com os Ajustadores.

Como na série de número um, cada membro desse grupo beneficia-se da ministração de apenas um Ajustador durante o seu período de vida na carne. Durante a vida temporal os Ajustadores realizam pelos seus sujeitos de residência temporária, tudo o que é feito nos outros mundos onde os mortais têm potencial de fusionamento. Os mortais dessa segunda série são freqüentemente resididos por Ajustadores virgens; contudo, os tipos humanos mais elevados quase sempre estão em ligação com Monitores de maior experiência e maestria.

Segundo o plano ascendente, de elevar as criaturas de origem animal, esses seres gozam do mesmo serviço devotado que os Filhos de Deus dedicam ao tipo mortal de Urântia. A cooperação seráfica com os Ajustadores nos planetas em que os mortais não se fusionam é-lhes assegurada tão plenamente quanto nos mundos em que há o potencial de fusão; os guardiães do destino ministram, nessas esferas, exatamente como o fazem em Urântia, funcionando similarmente à época da sobrevivência depois da morte, em que a alma sobrevivente se torna fusionada ao Espírito.

Quando vos depararardes com esses tipos de mortais modificados, nos mundos das mansões, não encontrareis nenhuma dificuldade de comunicação com eles. Ali, eles falam a mesma linguagem sistêmica, mas por meio de uma técnica modificada. Esses seres são idênticos à vossa ordem de vida, enquanto criaturas, tendo as mesmas manifestações de espírito e personalidade, diferindo apenas por certas características físicas e pelo fato de que eles não são fusionáveis com os Ajustadores do Pensamento.

Quanto à razão pela qual esse tipo de criatura nunca é capaz de fusionar-se com os Ajustadores do Pai Universal, estou incapacitado para esclarecer. Alguns de nós estão inclinados a acreditar que os Portadores da Vida, em seus esforços para formular tipos de seres capazes de manter a existência em um ambiente planetário inusitado, deparam-se com a necessidade de fazer modificações de tal modo radicais no plano universal das criaturas inteligentes de vontade, até um ponto que se torna inerentemente impossível para elas chegarem à união permanente com os Ajustadores. Muitas vezes já nos perguntamos: seria, essa, uma parte intencional ou não do plano de ascensão? Mas não encontramos a resposta.

Série três – a dos mortais com potencial de fusionamento com o Ajustador. Todos os mortais que se fusionam ao Pai são de origem animal, exatamente como as raças de Urântia. Abrangem os tipos de mortais de um cérebro, dois cérebros e três cérebros, com potencial de fusionamento com o Ajustador. Os urantianos são do tipo intermediário, ou de dois cérebros, sendo, sob muitos aspectos, humanamente superiores aos grupos de um cérebro, mas definitivamente limitados se comparados aos das ordens de três cérebros. Os três tipos de dotação de cérebro físico não são fatores a determinar algo sobre a outorga do Ajustador, nem o serviço seráfico nem outras fases da ministração espiritual. Os diferenciais intelectuais e espirituais entre os três tipos de cérebro caracterizam indivíduos que são, por outro lado, bem semelhantes quanto aos dons mentais e quanto ao potencial espiritual; tais diferenças, tão maiores durante a vida temporal, têm a tendência de diminuir à medida que os mundos das mansões são atravessados um a um. Da sede-central dos sistemas em diante, a progressão desses três tipos torna-se igualada, o seu destino final no Paraíso sendo idêntico.

As séries não numeradas. Estas narrativas não podem certamente abranger todas as variedades fascinantes existentes nos mundos evolucionários. Sabeis que todo décimo mundo é um planeta decimal ou experimental, mas nada sabeis das outras variáveis que podem ser apontadas na procissão das esferas evolucionárias. Há diferenças numerosas demais para serem narradas, tanto entre as ordens reveladas de criaturas vivas quanto entre os planetas do mesmo grupo; esta apresentação, todavia, deixa claras as diferenças essenciais em relação à carreira ascensional. E a carreira ascensional é o fator mais importante em qualquer consideração sobre os mortais do tempo e do espaço.

Quanto às possibilidades de sobrevivência mortal, fique bem esclarecido para sempre: Todas as almas, de todas as fases possíveis da existência mortal, sobreviverão, desde que manifestem a vontade de cooperar com os seus Ajustadores residentes e posto que demonstrem um desejo de encontrar Deus e de alcançar a perfeição divina, ainda que esses desejos não sejam senão as primeiras e pálidas centelhas da compreensão primitiva da "verdadeira luz que ilumina todo homem que vem ao mundo".

6. OS FILHOS DE DEUS PELA FÉ

As raças mortais permanecem sendo representantes da ordem mais baixa da criação inteligente e pessoal. Vós, mortais, sois divinamente amados e todos podereis escolher aceitar o destino certo de uma experiência gloriosa; mas não sois ainda, por natureza, da ordem divina; sois ainda totalmente mortais. E sereis considerados como filhos ascendentes a partir do instante em que a fusão acontecer; todavia, o status presente dos mortais do tempo e do espaço é de filhos pela fé, antes do evento da fusão final da alma mortal sobrevivente com algum tipo de espírito eterno e imortal.

É um fato solene e superno que as criaturas inferiores e materiais, como os seres humanos de Urântia, sejam filhos de Deus, filhos pela fé, do Altíssimo. "Observai o tipo de amor que o Pai nos dá, para sermos chamados de filhos de Deus." "A quantos O receberam, a todos Ele deu o poder de reconhecer que são filhos de Deus." Enquanto "vós não sabeis ainda o que sereis", ainda agora, "sois os filhos de Deus pela fé", "pois não recebestes o espírito do cativeiro para de novo temerdes, mas recebestes o espírito da filiação, que vos leva a gritar: 'Nosso Pai'". Disse o profeta de outrora, falando em nome do Deus eterno: "Até mesmo a eles, Eu darei um lugar na minha casa, e um nome melhor que o de filhos; Eu darei a eles um nome eterno, que não perecerá". "E por que sois filhos, Deus enviou aos vossos corações o espírito do Seu Filho."

Todos os mundos evolucionários habitados por mortais abrigam esses filhos de Deus pela fé, filhos da graça e da misericórdia, seres mortais que pertencem à família divina e que apropriadamente são chamados de filhos de Deus. Os mortais de Urântia encontram-se capacitados para considerar-se filhos de Deus, pois:

1. Sois filhos da promessa espiritual, filhos da fé; aceitastes o status de filiação. Vós acreditais na realidade da vossa filiação e, assim, a vossa filiação a Deus torna-se eternamente real.

2. Um Filho Criador de Deus tornou-se um de vós; ele é, de fato, o vosso irmão mais velho; e se vos tornardes, em espírito, verdadeiramente irmãos aparentados de Cristo, o Michael vitorioso, então, em espírito, também sereis filhos daquele Pai que tendes em comum – o mesmo Pai Universal de todos.

3. Sois filhos porque foi vertido sobre vós o espírito de um Filho, concedido livre e certamente a todas as raças de Urântia. Esse espírito vos atrai sempre para o Filho divino, que é a sua fonte, e para o Pai do Paraíso, que é fonte desse Filho divino.

4. Com o Seu livre-arbítrio divino, o Pai Universal deu-vos as vossas personalidades de criaturas. Fostes dotados com uma medida daquela espontaneidade divina de ação, de livre-arbítrio, que Deus compartilha com todos os que podem tornar-se os Seus filhos.

5. Um fragmento do Pai Universal reside dentro de vós e por isso estais diretamente relacionados ao Pai divino de todos os Filhos de Deus.

7. OS MORTAIS FUSIONADOS AO PAI

O envio dos Ajustadores e o modo como eles residem nos mortais, de fato, são mistérios insondáveis de Deus, o Pai. Esses fragmentos da natureza divina do Pai Universal trazem em si o potencial de imortalidade da criatura. Os Ajustadores são espíritos imortais; e a união com eles confere vida eterna à alma do mortal fusionado.

As vossas próprias raças de mortais sobreviventes pertencem a esse grupo de Filhos ascendentes de Deus. Vós sois agora filhos planetários, criaturas evolucionárias derivadas de implantações dos Portadores da Vida e modificadas pela infusão da vida Adâmica; ainda não sois filhos ascendentes; mas sois, de fato, filhos com o potencial de ascensão – até mesmo às alturas mais elevadas da glória e da realização na divindade – e esse status espiritual de filiação ascendente, podeis atingi-lo pela fé e cooperação voluntária com as atividades espiritualizantes do Ajustador residente. Quando vós e o vosso Ajustador estiverdes finalmente e para sempre fundidos; quando fordes um, exatamente como, no Cristo Michael, o Filho de Deus e o Filho do Homem são um; então, verdadeiramente, vos havereis transformado nos filhos ascendentes de Deus.

Os detalhes da carreira do Ajustador, na sua ministração residente, em um planeta probacionário e evolucionário, não são uma parte desta minha missão; a elaboração dessa grande verdade abrange a vossa carreira por inteiro. Eu incluo a menção a certas funções do Ajustador, com o fito de prestar um esclarecimento completo a respeito dos mortais de fusionamento com o Ajustador. Esses fragmentos residentes de Deus estão com a vossa ordem de seres desde os primeiros dias da existência física, ao longo de toda a carreira ascendente em Nébadon e Orvônton; e, em seguida, por toda Havona e o Paraíso propriamente. Posteriormente, na aventura eterna, esse mesmo Ajustador estará unido a vós; e estará sendo parte de vós.

Esses são os mortais aos quais foi comandado pelo Pai Universal: "Sede perfeitos, exatamente como Eu sou perfeito". O Pai outorgou-Se a Si próprio em vós; colocou o Seu próprio espírito dentro de vós; e, *portanto*, Ele demanda a perfeição última, a vós. A narrativa da ascensão humana, das esferas mortais do tempo, até os Reinos divinos da eternidade, constitui um relato intrigante, não incluído nesta minha missão; mas tal aventura superna deveria decerto ser o estudo supremo do homem mortal.

A fusão com um fragmento do Pai Universal equivale à garantia divina do alcançar final do Paraíso, e esses mortais em fusão com os seus Ajustadores são a única classe de seres humanos da qual todos atravessam os circuitos de Havona e encontram Deus no Paraíso. Para o mortal fusionado ao Ajustador, a carreira do serviço universal está amplamente aberta. Que dignidade de destino e que glória de realização aguardam a cada um de vós! Sabeis dar o devido valor ao que foi feito por vós? Compreendeis a grandeza nas alturas da realização eterna que se abre diante de vós – de vós próprios, que agora caminhais penosamente neste trajeto humilde de vida, atravessando o que vós mesmos chamais um "vale de lágrimas"?

8.   OS MORTAIS FUSIONADOS AO FILHO

Ainda que praticamente todos os mortais sobreviventes sejam fusionados aos seus Ajustadores, em um dos mundos das mansões, ou imediatamente após a sua chegada nas esferas moronciais mais elevadas, há certos casos de fusão retardada; alguns só passam por essa certeza final de sobrevivência ao alcançarem os últimos mundos educacionais da sede-central do universo; e uns poucos, dentre esses candidatos mortais à vida sem fim, fracassam completamente em alcançar a identidade de fusão com os seus fiéis Ajustadores.

Esses mortais foram considerados dignos de sobreviver pelas autoridades de julgamento e até mesmo pelos seus Ajustadores, que retornaram de Divínington, e concorreram para a sua ascensão aos mundos das mansões. E tais seres ascenderam através de um sistema, de uma constelação e dos mundos educacionais do circuito de Sálvington; embora hajam desfrutado das "setenta vezes sete" oportunidades para a fusão, ainda assim, foram incapazes de atingir a unicidade com os seus Ajustadores.

Quando se torna visível que alguma dificuldade sincronizada está inibindo a fusão com o Pai, os árbitros do Filho Criador, para a sobrevivência, reúnem-se. E, quando essa corte de investigação, sancionada por um representante pessoal dos Anciães dos Dias, finalmente determina que o mortal ascendente não é culpado de nenhum modo detectável, pelo fracasso ao tentar a fusão, eles certificam isso no registro do universo local e transmitem devidamente essa conclusão aos Anciães dos Dias. Então, o Ajustador residente retorna imediatamente a Divínington para a confirmação dos Monitores Personalizados e, uma vez feita essa despedida, o mortal moroncial é imediatamente fusionado a uma dádiva individualizada do espírito do Filho Criador.

Do mesmo modo que as esferas moronciais de Nébadon são compartilhadas entre os mortais fusionados ao Espírito, essas criaturas fusionadas ao Filho compartilham dos serviços de Orvônton com os seus irmãos fusionados aos Ajustadores, que estão viajando internamente até a longínqua Ilha do Paraíso. Eles são verdadeiramente irmãos vossos; e ireis apreciar sobremodo essa ligação com eles quando passardes pelos mundos de aperfeiçoamento do superuniverso.

Os mortais fusionados ao Filho não formam um grupo numeroso, havendo menos de um milhão deles no superuniverso de Orvônton. Exceto pelo destino residencial no Paraíso, eles são, sob todos os pontos de vista, iguais aos seus companheiros, fusionados ao Ajustador. Com freqüência, eles viajam ao Paraíso em missões superuniversais, mas raramente residem de modo permanente ali, ficando, enquanto classe, confinados aos superuniversos do seu nascimento.

9. OS MORTAIS FUSIONADOS AO ESPÍRITO

Os mortais ascendentes fusionados ao Espírito não são personalidades da Terceira Fonte; eles estão incluídos nas personalidades do circuito do Pai, mas se fundiram com individualizações do espírito da pré-mente da Terceira Fonte e Centro. Essa fusão ao Espírito nunca acontece durante o curto período da vida natural; ocorre apenas na época do redespertar do mortal, na existência moroncial, nos mundos das mansões. Na experiência da fusão, não há nenhuma superposição; ou a criatura de vontade fusiona-se ao Espírito, ou fusiona-se ao Filho ou ao Pai. Aqueles que são fusionados ao Ajustador, ou ao Pai, nunca se fusionam ao Espírito, nem ao Filho.

O fato de esses tipos de criaturas mortais não serem candidatos ao fusionamento com o Ajustador não impede que os Ajustadores residam neles durante a vida na carne. Os Ajustadores trabalham nas mentes desses seres durante a curta duração da sua vida material, mas nunca se tornam eternamente unidos à alma dos seus alunos. Durante essa permanência temporária, os Ajustadores constroem efetivamente a mesma contraparte espiritual da natureza mortal – a alma – que eles desenvolvem nos candidatos à fusão com o Ajustador. Até o momento da morte física, o trabalho dos Ajustadores é totalmente semelhante ao seu funcionamento nas vossas próprias raças, mas, depois da dissolução mortal, os Ajustadores despedem-se eternamente desses candidatos à fusão com o Espírito e, prosseguindo diretamente até Divínington, sede-central de todos os Monitores divinos, esperam lá pelos novos compromissos da sua ordem.

Quando esses sobreviventes adormecidos são repersonalizados nos mundos das mansões, o lugar do Ajustador que partiu é preenchido por uma individualização do espírito da Divina Ministra, representante do Espírito Infinito no universo local envolvido. Essa infusão do espírito transforma essas criaturas sobreviventes em mortais fusionados ao Espírito. Tais seres são, de todos os modos, iguais a vós em mente e em espírito; e eles são, de fato, os vossos contemporâneos, partilhando das esferas das mansões, e tendo as esferas moronciais em comum, com os candidatos da vossa ordem de fusão e com aqueles que estão para ser fusionados ao Filho.

Há, contudo, um particular, pelo qual os mortais fusionados ao Espírito diferem dos seus irmãos ascendentes: a memória mortal, da experiência humana nos mundos materiais de origem, sobrevive após a morte na carne, porque o Ajustador residente adquiriu uma contraparte espiritual, ou transcrição, daqueles eventos da vida humana que tiveram significado espiritual. Todavia, com os mortais fusionados ao Espírito, não existe um mecanismo como esse, pelo qual a memória humana possa perdurar. As transcrições de memória que o Ajustador faz são completas e intactas, mas essas aquisições são posses experienciais do Ajustador que partiu e não estão disponíveis para as criaturas da sua residência anterior, as quais, portanto, despertam nas salas de ressurreição das esferas moronciais de Nébadon como se fossem seres recém-criados, criaturas sem a consciência de uma existência anterior.

Esses filhos do universo local ficam capacitados a possuir de novo, por si próprios, grande parte das suas memórias humanas anteriores, ao tê-las recontadas pelos serafins e querubins solidários e por meio das consultas aos registros, da própria carreira mortal, preenchidos pelos anjos dos registros. Isso eles podem fazer com certeza assegurada, porque a alma sobrevivente, de origem experiencial na vida material e mortal, conquanto não possua memória alguma de eventos mortais, apresenta uma sensibilidade de reconhecimento experiencial residual para esses eventos não lembrados da experiência passada.

Quando, a um mortal fusionado ao Espírito, é dito algo sobre os eventos não lembrados da existência passada, há uma imediata resposta de reconhecimento experiencial dentro da alma (identidade) desse sobrevivente, que, instantaneamente, investe o evento narrado com a cor emocional da realidade e a qualidade intelectual do fato; e essa resposta dual constitui a reconstrução, o reconhecimento e a validação de uma faceta não lembrada da experiência mortal.

Mesmo para os candidatos à fusão com o Ajustador, apenas aquelas experiências humanas que foram de valor espiritual são da posse comum do mortal sobrevivente e do Ajustador que retorna e, portanto, são lembradas logo, subseqüentemente à sobrevivência mortal. A respeito daqueles acontecimentos que não foram de significação espiritual, até mesmo os mortais fusionados aos Ajustadores devem depender da característica de reação de reconhecimento da alma sobrevivente. E, já que um evento qualquer pode ter uma conotação espiritual para um mortal, mas não para outro, torna-se possível a um grupo de ascendentes contemporâneos do mesmo planeta colocar à disposição, uns aos outros, o estoque de eventos lembrados pelos Ajustadores e, assim, reconstruir qualquer experiência que tiverem tido em comum e que tenha sido de valor espiritual na vida de qualquer um deles.

Ao mesmo tempo em que entendemos bastante bem essas técnicas de reconstrução da memória, nós não compreendemos a técnica de reconhecimento da personalidade. As personalidades que certa vez estiveram ligadas respondem mutuamente de um modo totalmente independente da operação da memória, se bem que a memória, ela própria, bem como as técnicas da sua reconstrução, sejam necessárias para revestir essas respostas mútuas de personalidade com a plenitude de reconhecimento.

Um sobrevivente fusionado ao Espírito é capaz também de aprender muito sobre a vida que viveu na carne, revisitando o seu mundo de nascimento, depois da dispensação planetária na qual ele viveu. Esses filhos de fusão com o Espírito são capazes de desfrutar dessas oportunidades para investigar as suas carreiras humanas, desde que estejam em geral confinados ao serviço do universo local. Eles não compartilham do vosso destino elevado e exaltado no Corpo de Finalidade do Paraíso; apenas os mortais fusionados aos Ajustadores, ou outros seres ascendentes, especialmente abraçados, integram as fileiras daqueles que aguardam a aventura da Deidade eterna. Os mortais fusionados ao Espírito são os cidadãos permanentes dos universos locais; eles podem aspirar ao destino do Paraíso, mas não lhes é possível estarem certos dele. O seu lar no universo de Nébadon é o oitavo grupo de mundos que envolvem Sálvington, e é um céu, como destino, de natureza e situação muito semelhantes àquele visualizado pelas tradições planetárias de Urântia.

10. O DESTINO DOS ASCENDENTES

Os mortais fusionados ao Espírito, de um modo generalizado, ficam confinados a um universo local; os sobreviventes fusionados ao Filho estão restritos a um superuniverso; os mortais fusionados ao Ajustador estão destinados a penetrar o universo dos universos. Os espíritos de fusão mortal sempre ascendem ao nível de origem; essas entidades espirituais retornam infalivelmente à esfera da sua fonte primeira.

Os mortais fusionados ao Espírito são do universo local; não ascendem, comumente, além dos confins dos seus reinos de nascimento, além das fronteiras do alcance, no espaço, do espírito que os impregna. Os ascendentes fusionados ao Filho, do mesmo modo, ascendem à fonte do dom do espírito e, pois, tal como o Espírito da Verdade de um Filho Criador se focaliza na Divina Ministra coligada, do mesmo modo, o seu "espírito de fusão" é fomentado pelos Espíritos Refletivos dos universos mais elevados. Essa relação espiritual entre os níveis locais e o dos superuniversos de Deus, o Sétuplo, pode ser difícil de se explicar, mas não de se discernir, sendo inequivocamente revelado nos filhos dos Espíritos Refletivos – as Vozes secoráficas dos Filhos Criadores. O Ajustador do Pensamento, provindo do Pai no Paraíso, nunca pára até que o filho mortal esteja face a face com o Deus eterno.

A variável misteriosa na técnica associativa, por meio da qual um ser mortal não se torna ou não pode tornar-se eternamente fusionado com o Ajustador do Pensamento residente, pode parecer expor alguma imperfeição no esquema de ascensão; a fusão com o Filho e o Espírito, superficialmente, parecem assemelhar-se a compensações para inexplicáveis fracassos em algum detalhe do plano de alcançar o Paraíso; mas tais conclusões incorrem todas em erros; nos foi ensinado que todos esses acontecimentos desenvolvem-se em obediência a leis estabelecidas pelos Governantes Supremos do Universo.

Analisamos essa questão e chegamos à conclusão indubitável de que reservar a todos os mortais um destino último no Paraíso seria injusto para com os universos do tempo e do espaço, já que as cortes dos Filhos Criadores e dos Anciães dos Dias estariam, então, inteiramente na dependência dos serviços daqueles que se encontrassem em trânsito até reinos mais elevados. E parece ser perfeitamente adequado que os governos dos universos locais e superuniversos devessem ser providos, cada qual, com um grupo permanente de cidadania ascendente; que as funções dessas administrações devessem ser enriquecidas pelos esforços de certos grupos de mortais glorificados que são de status permanente, complementos evolucionários dos abandonteiros e dos susátias. Ora, é completamente óbvio que o esquema presente de ascensão proveja efetivamente as administrações, no tempo e no espaço, apenas com esses grupos de criaturas ascendentes; e nós, muitas vezes, temos perguntado: Será que tudo isso representa uma parte intencional nos planos todo-sábios que os Arquitetos do Universo-Mestre projetaram para prover os Filhos Criadores e os Anciães dos Dias com uma população ascendente permanente? E com ordens evolucionadas de cidadania que se tornarão crescentemente competentes para levar avante os assuntos desses reinos nas idades vindouras do universo?

Que os destinos mortais variem, dessa forma, de nenhum modo prova que um seja necessariamente mais nem menos do que o outro; significa, meramente, que eles diferem entre si. Os ascendentes fusionados ao Ajustador têm, de fato, uma carreira grandiosa e de glória, como finalitores; e essa carreira se estende diante deles no futuro eterno, mas isso não significa que eles sejam preferidos aos seus irmãos ascendentes. Não há favoritismo, nada é arbitrário na operação seletiva do plano divino para a sobrevivência mortal.

Ainda que os finalitores fusionados aos Ajustadores, obviamente, gozem da mais ampla oportunidade de serviço, a realização dessa meta, automaticamente, tira deles a chance de participar da luta durante toda uma idade de um universo ou superuniverso, desde as épocas mais primitivas e menos estabelecidas até as eras posteriores e mais estabelecidas de relativa realização na perfeição. Os finalitores adquirem uma experiência vasta e maravilhosa de serviço transitório, em todos os sete segmentos do grande universo, mas não obtêm normalmente o conhecimento íntimo de um universo específico, coisa que, ainda agora, caracteriza os veteranos fusionados ao Espírito, do Corpo dos Completos de Nébadon. Esses indivíduos desfrutam da oportunidade de testemunhar a procissão ascendente das idades planetárias à medida que se desdobram, uma a uma, em dez milhões de mundos habitados. E, no serviço fiel desses cidadãos do universo local, uma experiência sobrepõe-se a outra experiência até que a plenitude do tempo faça amadurecer aquela alta qualidade da sabedoria engendrada pela experiência focalizada – a sabedoria com *autoridade* – e isso, em si, é um fator vital no estabelecimento de qualquer universo local.

Tal como ocorre com os mortais fusionados ao Espírito, o mesmo se dá com os mortais fusionados ao Filho que alcançaram o status residencial em Uversa. Alguns desses seres provêm das épocas mais antigas de Orvônton e representam um corpo de sabedoria, com aprofundado discernimento, que cresce lentamente e que está dando contribuições de serviços cada vez maiores para o bem-estar e o estabelecimento final do sétimo superuniverso.

Qual será o destino último dessas ordens estacionárias de cidadania local do superuniverso, nós não sabemos; mas é muito possível que, quando os finalitores do Paraíso estiverem no pioneirismo da expansão das fronteiras da divindade, nos sistemas planetários do primeiro nível do espaço exterior, os seus irmãos, fusionados ao Filho e ao Espírito, na luta ascendente evolucionária, estejam contribuindo de modo satisfatório para a manutenção do equilíbrio experiencial dos superuniversos perfeccionados, mantendo-se prontos para dar as boas-vindas à corrente de peregrinos que chega indo ao Paraíso e que pode, nesse dia distante, passar por Orvônton e suas criações irmãs, como uma vasta torrente de busca espiritual, proveniente dessas galáxias ainda não exploradas nem habitadas do espaço exterior.

Ainda que a maioria dos fusionados ao Espírito sirva permanentemente como cidadãos dos universos locais, não são todos os que o fazem. Se alguma fase da sua ministração universal demandasse a sua presença pessoal no superuniverso, então transformações do ser produzir-se-iam nesses cidadãos para capacitá-los a ascender ao universo mais alto; e, quando da chegada dos Guardiães Celestes, com ordens de apresentar esses mortais fusionados ao Espírito às cortes dos Anciães dos Dias, eles ascenderiam desse modo, para jamais retrocederem. Eles tornam-se os pupilos do superuniverso, servindo permanentemente como assistentes dos Guardiães Celestes, salvo aqueles poucos que, por sua vez, são chamados ao serviço do Paraíso e de Havona.

Como os seus irmãos fusionados ao Espírito, os fusionados ao Filho nem atravessam Havona, nem alcançam o Paraíso, a menos que hajam passado por certas transformações modificadoras. Por razões boas e suficientes, essas mudanças têm sido efetuadas em alguns sobreviventes fusionados ao Filho e estes seres são encontrados, de quando em quando, nos sete circuitos do universo central. Assim é que um certo número de mortais, tanto entre os fusionados ao Filho, como entre os fusionados ao Espírito, de fato ascende ao Paraíso e atinge uma meta igual, em muitos sentidos, à que aguarda os mortais fusionados ao Pai.

Os mortais fusionados ao Pai são finalitores em potencial; o seu destino é o Pai Universal, e eles O alcançam; todavia, dentro da perspectiva da presente idade do universo, os finalitores, enquanto tais, não alcançam o ponto último do seu destino. Eles permanecem como criaturas inacabadas – espíritos do sexto estágio – e, pois, sem atividades nos domínios evolucionários dos estados anteriores aos de luz e vida.

Quando um finalitor mortal é abraçado pela Trindade – torna-se um Filho Trinitarizado, tal como um Mensageiro Poderoso – então, tal finalitor terá atingido o destino, pelo menos na idade presente do universo. Os Mensageiros Poderosos e os seus companheiros podem não ser, no exato sentido, espíritos do sétimo estágio, no entanto, além de outras coisas, o abraço da Trindade dota-os de tudo que um finalitor irá realizar em alguma época como um espírito do sétimo estágio. Depois que os mortais fusionados ao Espírito ou ao Filho são trinitarizados, eles passam pela experiência do Paraíso junto com os ascendentes fusionados aos Ajustadores, aos quais eles são idênticos, então, em todos os aspectos pertinentes à administração do superuniverso. Esses Filhos Trinitarizados da Seleção ou Realização, ao menos por agora, são criaturas completas, ao contrário dos finalitores, que, no momento, permanecem sendo criaturas inacabadas.

Assim, numa análise final, dificilmente seria apropriado usar as palavras "maior" ou "menor" ao comparar os destinos das ordens ascendentes de filiação. Cada um desses filhos de Deus compartilha da paternidade de Deus, e Deus ama a cada um dos Seus filhos criaturas de modo igual; Ele não dá preferência a nenhum destino ascendente, nem às criaturas que possam alcançar tais destinos. O Pai ama a *cada* um dos Seus filhos, e essa afeição nada menos é do que verdadeira, sagrada, divina, ilimitada, eterna e única – um amor que é outorgado tanto a *esse* filho como *àquele* filho, individual, pessoal e exclusivo. E esse amor eclipsa totalmente todos os outros fatos. A suprema relação da criatura com o Criador é a filiação.

Enquanto mortais, podeis agora reconhecer o vosso lugar na família da filiação divina e começar a sentir a vossa obrigação de avaliar a vós próprios, quanto às vantagens tão livremente providas dentro do plano feito pelo Paraíso para a sobrevivência mortal; plano este que tem sido imensamente engrandecido e iluminado pela experiência da vida de auto-outorga de um Filho. Todas as facilidades e todo o poder foram providos para assegurar a vossa realização última na meta da divina perfeição no Paraíso.

[Apresentado por um Mensageiro Poderoso temporariamente agregado à assessoria pessoal de Gabriel de Sálvington.]

DOCUMENTO 41

ASPECTOS FÍSICOS DO UNIVERSO LOCAL

O FENÔMENO espacial característico que distingue cada criação local de todas as outras é a presença do Espírito Criativo. Todo o Nébadon, certamente, está impregnado da presença espacial da Divina Ministra de Sálvington, e essa presença também se confina, certamente, às fronteiras externas do nosso universo local. Tudo o que é permeado pelo nosso Espírito Materno do universo local *é* Nébadon; e aquilo que se estende para além da presença espacial dela está fora de Nébadon: são as regiões do espaço fora de Nébadon, no superuniverso de Orvônton; são os outros universos locais.

A organização administrativa do grande universo apresenta uma divisão clara entre os governos do universo central, do superuniverso e dos universos locais, e, conquanto essas divisões sejam astronomicamente paralelas às da separação espacial entre Havona e os sete superuniversos, nenhuma linha suficientemente clara de demarcação física separa as criações locais. Mesmo os setores maiores e menores de Orvônton são (para nós) claramente distinguíveis, mas não é tão fácil identificar as fronteiras físicas dos universos locais. E isso é assim porque essas criações locais são administrativamente organizadas de acordo com alguns princípios *criativos* que governam a segmentação da carga total de energia de um superuniverso, ao passo que os seus componentes físicos, as esferas do espaço – sóis, ilhas negras, planetas, etc. – têm origem primariamente nas nebulosas, e estas têm o seu aparecimento astronômico de acordo com alguns planos *pré-criativos* (transcendentais) dos Arquitetos do Universo-Mestre.

Uma ou mais – até mesmo várias – dessas nebulosas podem estar compreendidas no domínio de um único universo local, do mesmo modo que Nébadon foi fisicamente formado por uma progênie estelar e planetária da nebulosa de Andronover e de outras. As esferas de Nébadon têm origem em nebulosas diversas, mas todas elas apresentavam uma certa movimentação mínima comum no espaço ajustada assim pelos esforços inteligentes dos diretores de potência, para produzirem a nossa agregação atual de corpos do espaço que viajam juntos como uma unidade contínua nas órbitas do superuniverso.

Tal é a constituição da nuvem local de estrelas em Nébadon, que hoje gira em uma órbita cada vez mais estabilizada em torno do centro de Sagitário, naquele setor menor de Orvônton ao qual a nossa criação local pertence.

1. OS CENTROS DE POTÊNCIA DE NÉBADON

As nebulosas espirais, as rodas-mãe das esferas do espaço e outras, são iniciadas pelos organizadores da força do Paraíso; e após a evolução da nebulosa sob a força da gravidade, estas são substituídas, na sua função no superuniverso, pelos centros de potência e pelos controladores físicos, que, daí em diante, assumem a responsabilidade plena de dirigir a evolução física das gerações futuras de estrelas e planetas assim originados. Essa supervisão física do pré-universo de Nébadon, com a chegada do nosso Filho Criador, foi imediatamente coordenada pelo seu plano de organização do universo. Dentro do domínio desse Filho de Deus do Paraíso, os Centros Supremos de Potência e os Mestres Controladores Físicos colaboraram com os Supervisores do Poder Moroncial, que surgiram depois, com outros, para produzirem o vasto complexo de linhas de comunicação, de circuitos de energia e canais de poder e força que vinculam firmemente os múltiplos corpos espaciais de Nébadon a uma unidade administrativa integrada única.

Cem Centros Supremos de Potência da quarta ordem estão designados permanentemente para o nosso universo local. Esses seres recebem as linhas de força, que chegam dos centros da terceira ordem de Uversa, e transmitem os circuitos, depois de reduzidos e modificados, aos centros de potência das nossas constelações e sistemas. Esses centros de potência, em associação, operam no sentido de produzir os sistemas vivos de controle e a equalização, os quais atuam mantendo o equilíbrio e a distribuição das energias que, não fora isso, seriam flutuantes e variáveis. Os centros de potência, contudo, não se ocupam das alterações transitórias e locais de energias, tais como manchas solares e perturbações elétricas nos sistemas; a luz e a eletricidade não são as energias básicas do espaço; são manifestações secundárias e subsidiárias.

Os cem centros dos universos locais estão estacionados em Sálvington, onde funcionam no centro exato de energia daquela esfera. As esferas arquitetônicas, tais como Sálvington, Edêntia e Jeruném, são iluminadas, aquecidas e energizadas por métodos que as tornam totalmente independentes dos sóis do espaço. Tais esferas – feitas sob medida – foram construídas pelos centros de potência e pelos controladores físicos e projetadas para exercer uma influência poderosa sobre a distribuição de energia. Baseando as suas atividades em tais pontos focais de controle da energia, os centros de potência, por intermédio das suas presenças vivas, direcionam e canalizam as energias físicas do espaço. E esses circuitos de energia são básicos para todos os fenômenos físico-materiais e moroncial-espirituais.

Dez Centros Supremos de Potência da quinta ordem estão designados para cada uma das subdivisões primárias de Nébadon, as cem constelações. Em Norlatiadeque, a vossa constelação, eles não estão estacionados nas esferas da sede-central, mas situam-se no centro do enorme sistema estelar que constitui o núcleo físico da constelação. Em Edêntia há dez controladores mecânicos associados e dez frandalanques em ligação perfeita e constante com os centros de potência vizinhos.

Um Centro Supremo de Potência da sexta ordem está estacionado exatamente no foco de gravidade de cada sistema local. O centro de potência designado para o sistema de Satânia ocupa uma ilha escura de espaço, localizada no centro astronômico do sistema. Muitas dessas ilhas escuras são imensos dínamos que mobilizam e direcionam certas energias de espaço, e tais circunstâncias naturais são efetivamente utilizadas pelo Centro de Potência de Satânia, cuja massa viva funciona como uma ligação com os centros mais altos, direcionando as correntes de força e poder mais materializado aos Mestres Controladores Físicos nos planetas evolucionários do espaço.

2. OS CONTROLADORES FÍSICOS DE SATÂNIA

Conquanto os Mestres Controladores Físicos sirvam junto com os centros de potência, em todo o grande universo, as suas funções em um sistema local, como o de Satânia, são de compreensão mais fácil. Satânia é um dos cem sistemas locais que constituem a organização administrativa da constelação de Norlatiadeque, tendo como vizinhos diretos os sistemas de Sandmátia, Assúntia, Porógia, Sortória,

Rantúlia e Glantônia. Os sistemas de Norlatiadeque diferem, entre si, sob muitos pontos de vista, mas todos são evolucionários e progressivos de modo muito semelhante a Satânia.

O próprio sistema de Satânia é composto de mais de sete mil grupos astronômicos, ou sistemas físicos, dos quais poucos tiveram uma origem similar à do vosso sistema solar. O centro astronômico de Satânia é uma enorme ilha escura de espaço que, com as suas esferas adjacentes, está situada não muito longe da sede-central do governo do sistema.

Exceto pela presença do centro de potência designado, a supervisão de todo o sistema de energia física de Satânia está centrada em Jerusém. Um Mestre Controlador Físico, estacionado nessa esfera sede-central, trabalha em coordenação com o centro de potência do sistema, servindo como ligação principal dos inspetores de potência sediados em Jerusém e funcionando em todo o sistema local.

A colocação da energia em circuito e a sua canalização são supervisionadas pelos quinhentos mil manipuladores de energia, vivos e inteligentes, espalhados em todo o sistema de Satânia. Por meio da ação desses controladores físicos, os centros de potência, da supervisão, estão no controle completo e perfeito da maioria das energias básicas do espaço, incluindo as emanações dos globos altamente aquecidos e esferas escuras carregadas de energia. Esse grupo de entidades vivas pode mobilizar, transformar, transmutar, manipular e transmitir quase todas as energias físicas do espaço organizado.

A vida tem capacidade inerente para a mobilização e transmutação da energia universal. Vós estais familiarizados com a ação da vida vegetal para a transformação da energia material da luz nas manifestações variadas do reino vegetal. Também sabeis algo do método pelo qual essa energia vegetativa pode ser convertida nos fenômenos das atividades animais, mas não sabeis praticamente nada da técnica dos diretores de potência e dos controladores físicos, os quais são dotados com a capacidade de mobilizar, transformar, direcionar e concentrar as energias múltiplas do espaço.

Esses seres dos reinos da energia não se ocupam diretamente com a energia como um fator componente das criaturas vivas, nem mesmo com o domínio da química fisiológica. Algumas vezes, eles ocupam-se com os preliminares físicos da vida, com a elaboração daqueles sistemas de energia que podem servir como veículos físicos para as energias vivas dos organismos elementares materiais. De um certo modo, os controladores físicos estão relacionados às manifestações pré-viventes da energia material, tal como os espíritos ajudantes da mente se ocupam com as funções pré-espirituais da mente material.

Essas criaturas inteligentes no controle do potencial e orientação da energia devem ajustar a sua técnica, em cada planeta, de acordo com a constituição física e a arquitetura daquela esfera. Utilizam, infalivelmente, os cálculos e as deduções das suas respectivas assessorias de físicos e outros conselheiros técnicos, no que diz respeito à influência local de sóis altamente aquecidos e outros tipos de estrelas supercarregadas. Mesmo os enormes gigantes frios e escuros do espaço e os enxames de nuvens de pó estelar devem ser considerados; todas essas coisas materiais estão envolvidas nos problemas práticos da manipulação da energia.

A supervisão da energia de potência e de força nos mundos evolucionários habitados é da responsabilidade dos Mestres Controladores Físicos, mas esses seres não são responsáveis por todos os transtornos energéticos em Urântia. Há inúmeras razões para essas perturbações, algumas das quais estão além do domínio e do controle dos custódios físicos. Urântia encontra-se no trajeto de energias formidáveis, é um planeta pequeno dentro de um circuito de massas enormes, e os controladores locais algumas vezes empregam um número enorme das suas ordens, no esforço de equalizar essas linhas de energia. Eles conseguem isso bastante bem, no que diz respeito aos circuitos físicos de Satânia, mas têm problemas para isolar o planeta das correntes poderosas de Norlatiadeque.

3. CONGÊNERES ESTELARES DO NOSSO SOL

Há mais de dois mil sóis brilhantes lançando luz e energia em Satânia, e o vosso próprio sol é um globo ardente de porte médio. Dos trinta sóis mais próximos ao vosso, apenas três são mais brilhantes. Os Diretores do Poder do Universo iniciam as correntes especializadas de energia que se jogam entre as estrelas individuais e os seus respectivos sistemas. Esses fornos solares, junto com os gigantes escuros do espaço, servem aos centros de potência e aos controladores físicos como estações de passagem para a concentração efetiva e para o direcionamento dos circuitos de energia das criações materiais.

Os sóis de Nébadon não são diferentes dos de outros universos. A composição material de todos os sóis, ilhas escuras, planetas, satélites e, mesmo, a dos meteoros é totalmente idêntica. Esses sóis têm um diâmetro médio de cerca de 1 600 000 quilômetros; o do vosso globo solar é um pouco menor. A maior estrela no universo, a nuvem estelar de Antares, tem quatrocentas e cinqüenta vezes o diâmetro do vosso sol, e sessenta milhões de vezes o seu volume. Mas há espaço abundante para acomodar todos esses enormes sóis. Relativamente, eles têm, para movimentar-se, um espaço relativamente igual ao que doze laranjas teriam se estivessem circulando no interior de Urântia e se este planeta fosse um globo oco.

Quando sóis muito grandes são lançados fora de uma roda-mãe nebulosa, eles logo se quebram ou formam estrelas duplas. Todos os sóis são, por origem, verdadeiramente gasosos, embora possam mais tarde existir, transitoriamente, em um estado semilíquido. Quando o vosso sol atingiu esse estado quase líquido, de pressão supergasosa, ele não era grande o suficiente para se partir equatorialmente, sendo este um tipo de formação de estrelas duplas.

Quando atingem menos do que um décimo do tamanho do vosso sol, tais esferas ígneas rapidamente contraem-se, condensam-se e resfriam-se. Quando os sóis atingem o tamanho de trinta vezes o do vosso sol – ou melhor, tendo trinta vezes o seu conteúdo global de matéria real –, os sóis prontamente cindem-se em dois corpos separados, seja tornando-se centros de novos sistemas, seja permanecendo cada um na gravidade do outro e girando em torno de um centro comum como um tipo de estrela dupla.

A mais recente das erupções cósmicas maiores em Orvônton foi a extraordinária explosão de uma estrela dupla, cuja luz alcançou Urântia no ano 1572 d.C. Essa conflagração tão intensa provocou uma explosão claramente visível em plena luz do dia.

Muitas entre as estrelas mais velhas são sólidas, mas nem todas o são. Algumas das estrelas avermelhadas, de luzes de brilho esmaecido, adquiriram uma densidade tal, no centro das suas enormes massas, que poderiam ser expressas dizendo-se que um centímetro cúbico da estrela, se colocado em Urântia, pesaria 166 quilos. A pressão colossal, acompanhada de perda de calor e energia circulante, resultou em trazer as órbitas das unidades materiais básicas cada vez mais próximas entre si, até que, agora, se aproximaram muito do status de condensação eletrônica. Esse processo de resfriamento e de contração pode continuar até o ponto, limitante e crítico, de explosão por condensação ultimatômica.

A maior parte dos sóis gigantes é relativamente jovem; a maior parte das estrelas anãs é velha, mas nem todas. As anãs, resultantes de colisões, podem ser muito jovens e podem brilhar com uma luz branca intensa, nunca havendo conhecido um estágio inicial vermelho do brilho jovem. Contudo, tanto os sóis muito jovens quanto os muito velhos comumente brilham com uma luz avermelhada. A tonalidade amarelada indica juventude moderada, ou, então, a aproximação da velhice; a luz branca brilhante, todavia, significa vida adulta robusta e longa.

Conquanto nem todos os sóis adolescentes passem pelo estágio de pulsação, pelo menos não visivelmente, vós podeis, ao olhar para o espaço, observar muitas dessas estrelas mais jovens cujas ondas respiratórias gigantescas demoram de dois a sete dias para completar um ciclo. O vosso próprio sol ainda traz vestígios decrescentes das poderosas expansões dos seus dias mais jovens, mas o período primitivo de pulsação, de três dias e meio, alongou-se até o ciclo atual de onze anos e meio de manchas solares.

As variáveis estelares têm numerosas origens. Em algumas estrelas duplas, as marés causadas pelas rápidas alterações nas distâncias, à medida que os dois corpos giram em torno das suas órbitas, ocasionam, também, flutuações periódicas de luz. Essas variações na gravidade produzem fulgores regulares e repetidos, exatamente como as captações de meteoros, pelo aumento da matéria energética na superfície, as quais resultariam em um clarão relativamente súbito de luz que iria rapidamente devolver o brilho normal daquele sol. Algumas vezes um sol irá capturar uma corrente de meteoros em uma linha de menor oposição à gravidade e, ocasionalmente, as colisões poderão causar fulgurações estelares, mas a maioria desses fenômenos é causada inteiramente por flutuações internas.

Num grupo de estrelas variáveis, o período de flutuação da luz depende diretamente da luminosidade; e o conhecimento desse fato capacita os astrônomos a utilizar esses sóis como faróis do universo, ou como pontos precisos de medição para a futura exploração de grupos distantes de estrelas. Por meio dessa técnica, é possível medir distâncias estelares de até mais de um milhão de anos-luz, mais precisamente. Métodos melhores de medição do espaço e uma técnica telescópica aperfeiçoada irão revelar-vos mais totalmente, dentro de algum tempo, as dez grandes divisões do superuniverso de Orvônton; vós ireis reconhecer ao menos oito desses imensos setores como sendo grupos enormes e bastante simétricos de estrelas.

4. A DENSIDADE DO SOL

A massa do vosso sol é ligeiramente maior do que o estimado pelos vossos físicos, que a consideram como sendo de dois octilhões (2×10^{27}) de toneladas. Está atualmente em um ponto intermediário entre as estrelas mais densas e as mais difusas, tendo cerca de uma vez e meia a densidade da água. Mas o vosso sol não é nem líquido, nem sólido – é gasoso –, e isso é verdadeiro, não obstante seja difícil explicar como a matéria gasosa pode alcançar tal densidade e até densidades mais elevadas.

Os estados gasoso, líquido e sólido são uma função das relações atômico-moleculares, mas a densidade é uma relação entre o espaço e a massa. A densidade varia diretamente com a quantidade de massa no espaço e inversamente com a quantidade de espaço na massa; tanto o espaço entre os núcleos centrais da matéria e das partículas que giram em torno desses centros, quanto o espaço dentro dessas partículas materiais.

As estrelas que se resfriam podem ser fisicamente gasosas e, ao mesmo tempo, tremendamente densas. Vós não estais familiarizados com os *supergases* solares, mas essas e outras formas inusitadas de matéria explicam, até mesmo, como os sóis não sólidos podem alcançar uma densidade igual à do ferro – aproximadamente a mesma de Urântia – e ainda estar em um estado gasoso altamente aquecido e continuar a funcionar como sóis. Os átomos nesses densos supergases são excepcionalmente pequenos; eles contêm poucos elétrons. Esses sóis também perderam, em uma grande medida, as suas reservas ultimatômicas livres de energia.

Um dos vossos sóis vizinhos, que iniciou a vida com aproximadamente a mesma massa do vosso sol, agora diminuiu, até quase alcançar o tamanho de Urântia, e se tornou quarenta mil vezes mais denso do que o vosso sol. O peso desse sólido-gasoso quente-frio é de sessenta quilos por centímetro cúbico, aproximadamente. E esse sol ainda brilha com uma luz avermelhada esmaecida, a luz senil de um monarca agonizante de luz.

Na sua maioria, contudo, os sóis não são tão densos. Um dos vossos vizinhos mais próximos tem uma densidade exatamente igual à da vossa atmosfera no nível do mar. Se estivésseis no interior desse sol, não seríeis capazes de discernir nada. E, se a temperatura permitisse, vós poderíeis penetrar na maioria dos sóis que cintilam no céu à noite e não perceber mais matéria do que vós percebeis no ar das vossas salas de estar na Terra.

O sol maciço de Velúntia, um dos maiores de Orvônton, tem a densidade correspondente a uma milésima parte da atmosfera de Urântia. Fosse ele de composição semelhante à da vossa atmosfera e não fosse superaquecido, seria tão vazio que os seres humanos rapidamente sufocar-se-iam, caso estivessem lá.

Outro dos gigantes de Orvônton agora tem uma temperatura de superfície um pouco abaixo de 1 600 graus (C). O seu diâmetro ultrapassa os 480 milhões de quilômetros – espaço amplo o suficiente para acomodar o vosso sol e a órbita atual da Terra. Contudo, para todo esse enorme tamanho, de mais de quarenta milhões de vezes o do vosso sol, a sua massa é apenas cerca de trinta vezes maior. Esses sóis enormes têm franjas tão extensas que quase alcançam uns aos outros.

5. A IRRADIAÇÃO SOLAR

Que os sóis do espaço não sejam muito densos é provado pelas firmes correntes de energia-luz que emanam deles. Uma densidade muito grande reteria a luz por opacidade, até que a pressão de energia-luz alcançasse o ponto de explosão. Há uma imensa pressão de luz ou de gás dentro de um sol, a ponto de levá-lo a emitir uma corrente tão poderosa de energia que penetre o espaço por milhões e milhões de quilômetros, para energizar, iluminar e aquecer os planetas distantes. Cinco metros de superfície, com a densidade de Urântia, impediriam efetivamente que todos os raios X e a energia-luz escapassem de um sol até que a crescente pressão interna das energias que se acumulam, e resultante do desmembramento atômico, com uma imensa explosão para fora, superasse essa gravidade.

A luz, em presença de gases propulsores, é altamente explosiva se confinada a altas temperaturas por paredes opacas retentoras. A luz é física, real. Do modo como dais valor à energia e à força no vosso mundo, a luz do sol seria econômica, ainda que custasse dois milhões de dólares o quilograma.

O interior do vosso sol é um imenso gerador de raios X. Os sóis são sustentados de dentro pelo bombardeamento incessante dessas emanações poderosas.

São necessários mais de meio milhão de anos para que um elétron, estimulado por raios X, faça o caminho desde o centro de um sol mediano até a superfície solar, de onde começa a sua aventura no espaço, talvez para aquecer um planeta habitado, para ser captado por um meteoro, para participar do nascimento de um átomo, para ser atraído por uma ilha escura de espaço altamente carregada, ou para ter o seu vôo espacial terminado em uma imersão final sobre a superfície de um sol semelhante àquele da sua origem.

Os raios X do interior de um sol carregam os elétrons altamente aquecidos e agitados, com a energia suficiente para levá-los para fora, através do espaço, passando pelas influências aprisionadoras da matéria que se interpõe e, a despeito de atrações divergentes da gravidade, até chegar às esferas distantes de sistemas remotos. A grande energia da velocidade que se faz necessária para escapar da atração da gravidade de um sol é suficiente para assegurar que o raio de sol continue viajando sem perda de velocidade, até que encontre massas consideráveis de matéria; depois do que, será rapidamente transformado em calor, com a liberação de outras energias.

A energia em forma de luz, ou sob outras formas, move-se em linha reta no seu vôo através do espaço. Essas partículas reais de existência material atravessam o espaço como um projétil, indo em linha reta e ininterrupta ou em procissão, exceto quando sobre elas atuam forças superiores, e exceto quando têm de obedecer à atração da gravidade linear inerente à massa material e à presença da gravidade circular da Ilha do Paraíso.

A energia solar pode parecer propagar-se em ondas, mas isso é devido à ação de influências coexistentes diversas. Uma dada forma de energia organizada não se propaga em ondas, mas, sim, em linha reta. A presença de uma segunda ou terceira forma de energia-força pode levar a corrente observada a *parecer* viajar sob a forma de ondas, exatamente como em uma forte tempestade, acompanhada de um forte vento, a água algumas vezes parece cair em forma de cortina ou descer em ondas. As gotas de água descem em uma linha reta de seqüência contínua, mas a ação do vento é tal que dá a aparência visível de cortinas de água e de ondas de pingos de chuva.

A ação de certas energias secundárias, e outras não descobertas, presentes nas regiões do espaço do vosso universo local, é tal que as emanações da luz solar parecem executar certos fenômenos ondulatórios, bem como ser fragmentadas em partes infinitesimais de comprimento e peso definidos. E, de um ponto de vista prático, isso é exatamente o que acontece. Dificilmente podeis esperar chegar a uma compreensão melhor do comportamento da luz antes de adquirirdes um conceito mais claro da interação e da inter-relação das várias forças no espaço e energias solares que atuam nas regiões do espaço em Nébadon. A vossa confusão atual é devida também à vossa percepção incompleta dessa questão, pelo que ela envolve de atividades interassociadas de controle pessoal e impessoal do universo-mestre – as presenças, as atuações e a coordenação do Agente Conjunto e do Absoluto Inqualificável.

6. O CÁLCIO – O VIANDANTE DO ESPAÇO

Ao decifrar os fenômenos espectrais, deveria ser lembrado que o espaço não é vazio; que a luz, ao atravessar o espaço, algumas vezes é ligeiramente modificada pelas várias formas de energia e matéria que circulam em todo o espaço organizado. Algumas das linhas a indicar matéria desconhecida, as quais aparecem nos espectros do vosso sol, são decorrentes das modificações em elementos bem conhecidos flutuando no espaço sob formas desintegradas, perdas atômicas que são dos choques violentos entre os elementos solares. O espaço está cheio desses dejetos ambulantes, especialmente de sódio e cálcio.

O cálcio é, de fato, o elemento principal que permeia a matéria do espaço em todo o Orvônton. Todo o nosso superuniverso está cheio de pedra altamente pulverizada. E essa pedra é literalmente a matéria básica de construção para os planetas e esferas do espaço. A nuvem cósmica, o grande manto espacial, consiste, na sua maior parte, de átomos modificados de cálcio. O átomo dessa pedra é um dos elementos que mais prevalecem e de maior persistência. Não apenas resiste à ionização solar – de fragmentação –, mas perdura em uma identidade associativa, mesmo depois de haver sido bombardeado pelos destrutivos raios X e abalado pelas altas temperaturas solares. O cálcio possui uma individualidade e uma longevidade que superam todas as formas mais comuns de matéria.

Como os vossos físicos suspeitavam, esses restos mutilados de cálcio solar literalmente cavalgam os raios de luz por distâncias variadas, facilitando, assim, tremendamente a sua ampla disseminação pelo espaço. O átomo de sódio, sob certas modificações, é também capaz de locomover-se por meio da luz e da energia. No entanto, mais notável é o feito do cálcio, pois esse elemento tem quase duas vezes a massa do sódio. A permeação do espaço local pelo cálcio se deve ao fato de que ele escapa da fotosfera solar sob uma forma modificada, literalmente cavalgando os raios de sol em expansão. De todos os elementos solares, o cálcio, não obstante possuir uma massa relativamente alta – posto que contém vinte elétrons em órbita –, é o que maior êxito consegue ao escapar do interior solar para os reinos do espaço. Isso explica por que há uma camada de cálcio no sol, uma superfície de pedra gasosa, de quase dez mil quilômetros de espessura; e isso a despeito do fato de haver dezenove elementos mais leves, e numerosos mais pesados, debaixo dessa camada.

O cálcio é um elemento ativo e versátil sob as temperaturas solares. O átomo dessa pedra tem dois elétrons ágeis e soltamente agregados nos dois circuitos eletrônicos externos, que estão muito próximos um do outro. Na luta atômica, muito cedo perde o seu elétron mais externo; a partir daí, executa um ato de mestria em malabarismo, fazendo o décimo nono elétron ir e voltar do décimo nono circuito de órbita eletrônica para o vigésimo. Projetando esse décimo nono elétron entre a sua própria órbita e a do companheiro perdido, por mais de vinte e cinco mil vezes a cada segundo, um átomo de pedra mutilada torna-se parcialmente capaz de desafiar a gravidade e de, desse modo, cavalgar com sucesso as correntes emergentes de luz e energia, nos raios de sol, até à liberdade e a aventura. Esse átomo de cálcio move-se para fora em saltos alternados de propulsão para frente, agarrando-se e soltando-se dos raios de sol cerca de vinte e cinco mil vezes a cada segundo. E essa é a razão pela qual essa pedra é a componente principal dos mundos do espaço. O cálcio é o fugitivo mais habilidoso na escapada da prisão solar.

A agilidade desse elétron acrobático de cálcio é indicada pelo fato de que, quando ele é arrojado, pela força da temperatura dos raios X solares, para o círculo da órbita mais elevada, ele apenas permanece naquela órbita por cerca de um milionésimo de segundo; mas, antes que a força da gravidade elétrica do núcleo atômico o puxe de volta para a sua velha órbita, ele é capaz de completar um milhão de revoluções em torno do centro atômico.

O vosso sol perdeu já uma enorme quantidade do seu cálcio, havendo perdido quantidades imensas durante os tempos das suas erupções convulsivas quando da formação do sistema solar. Grande parte do cálcio solar está agora na crosta exterior do sol.

Deveria ser lembrado que a análise espectral mostra apenas as composições à superfície do sol. Por exemplo: os espectros solares mostram muitas linhas de ferro, mas o ferro não é o elemento principal no sol. Esse fenômeno é quase totalmente devido à temperatura atual da superfície do sol, pouco menor do que 3 300 graus (C), sendo essa temperatura muito favorável ao registro do espectro do ferro.

7. AS FONTES DE ENERGIA SOLAR

A temperatura interna de muitos dos sóis, e mesmo a do vosso sol, é bem mais elevada do que se crê normalmente. No interior de um sol praticamente não existem átomos intactos; estão todos mais ou menos fragmentados pelo bombardeamento intenso de raios X, o que é característico das altas temperaturas. Independentemente de quais elementos materiais apareçam nas camadas externas de um sol, aqueles que estão no seu interior tornam-se muito similares, por causa da ação dissociativa dos raios X destruidores. Os raios X em geral são os grandes niveladores da existência atômica.

A temperatura de superfície no vosso sol é de quase 3 300 graus(C), mas cresce rapidamente à medida que se penetra no seu interior, até atingir a inacreditável marca de cerca de 19 400 000 graus, nas regiões centrais (todas essas temperaturas sendo expressas na vossa escala Celsius).

Todos esses fenômenos indicam um enorme gasto de energia, e as fontes da energia solar, nomeadas pela ordem da sua importância, são:

1. A aniquilação de átomos e, finalmente, dos elétrons.

2. A transmutação de elementos, a qual inclui o grupo de energias radioativas assim liberadas.

3. A acumulação e a transmissão de certas energias universais de espaço.

4. A matéria espacial e os meteoros que, sem cessar, estão mergulhando nos sóis abrasadores.

5. A contração solar: o resfriamento e a conseqüente contração de um sol produzem uma energia e um calor algumas vezes maior do que os supridos pela matéria do espaço.

6. A ação da gravidade, a altas temperaturas, transforma certos potenciais circuitados em energias irradiantes.

7. A luz recaptada e outras matérias que são atraídas, de volta ao sol, após haverem-no deixado juntamente com outras energias de origem extra-solar.

Existe uma camada reguladora de gases quentes (algumas vezes à temperatura de milhões de graus) que envolve os sóis, e que atua para estabilizar as perdas de calor e também para prevenir as flutuações perigosas de dissipação de calor. Durante a vida ativa de um sol, a temperatura interna de 19 400 000 graus (C) permanece quase a mesma, a despeito da queda progressiva da temperatura externa.

Vós poderíeis tentar visualizar a temperatura de 19 400 000 graus (C), associando-a a algumas pressões de gravidade, como o ponto de ebulição eletrônico. Sob essa pressão, e em tais temperaturas, todos os átomos são degradados e fragmentam-se nos seus componentes eletrônicos e em outros componentes ancestrais; até mesmo os elétrons e outras associações de ultímatons podem ser fragmentadas, mas os sóis não são capazes de degradar os ultímatons.

Essas temperaturas solares aceleram enormemente os ultímatons e os elétrons, ou, ao menos aqueles elétrons que continuam a manter sua existência sob tais condições. Vós compreendereis o que essa alta temperatura significa na aceleração das atividades dos ultímatons e dos elétrons, ao considerardes que uma gota de água comum contém mais de um bilhão de trilhões de átomos. Essa seria a energia de mais de cem cavalos-vapor exercida continuamente por dois anos. A quantidade total de calor irradiada agora pelo sol desse sistema solar, a cada segundo, é suficiente para ferver toda a água em todos os oceanos de Urântia no tempo de apenas um segundo.

Somente os sóis que funcionam nos canais diretos das correntes principais da energia do universo podem brilhar para sempre. Esses fornos solares ardem indefinidamente, sendo capazes de repor as suas perdas materiais com a absorção da energia de força do espaço e energias circulantes análogas. Todavia, estrelas muito distantes desses canais principais de recarga estão destinadas a passar pelo esgotamento da energia – gradualmente resfriam-se e, finalmente, apagam-se.

Tais sóis, mesmo mortos ou moribundos, podem ser rejuvenescidos por um impacto de colisão ou podem ser recarregados por certas ilhas de energias não luminosas do espaço, ou ainda mediante a tomada, por gravidade, de sóis vizinhos menores, ou sistemas. A maioria dos sóis mortos irá experienciar uma revivificação por meio dessas técnicas evolucionárias ou outras. Aqueles que não forem recarregados finalmente desse modo estão destinados a passar pela desintegração, com a explosão da massa, quando a condensação da gravidade atingir o nível crítico de condensação ultimatômica da pressão da energia. Esses sóis em desaparecimento convertem-se, assim, em energia da forma mais rara, admiravelmente adaptável para energizar outros sóis mais favoravelmente situados.

8. REAÇÕES DA ENERGIA SOLAR

Naqueles sóis que se encontram encircuitados aos canais de energia-espacial, a energia solar é liberada por meio de várias correntes de reações nucleares complexas; a mais comum destas sendo a reação hidrogênio-carbono-hélio. Nessa metamorfose, o carbono age como um catalisador para a energia, já que não é de nenhum modo modificado, de fato, nesse processo de conversão do hidrogênio em hélio. Sob certas condições de temperatura elevada, o hidrogênio penetra nos núcleos do carbono. Já que o carbono não pode segurar mais do que quatro desses prótons, quando tal estado de saturação é atingido, ele começa a emitir prótons tão depressa quanto os novos chegam. As partículas de hidrogênio que entram nessa reação saem como átomos de hélio.

A redução da quantidade de hidrogênio aumenta a luminosidade de um sol. Nos sóis destinados a apagar-se, o máximo de luminosidade se dá no ponto em que o hidrogênio se esgota. Depois desse ponto, o brilho é mantido por meio do processo resultante de contração da gravidade. Finalmente, essa estrela tornar-se-á uma esfera altamente condensada, a chamada anã branca.

Nos grandes sóis – pequenas nebulosas circulares –, quando o hidrogênio se esgota e a contração da gravidade sobrevém, se esse corpo não for suficientemente opaco para reter a pressão interna de suporte para as regiões externas dos gases, então, um súbito colapso ocorre. As mudanças da gravidade elétrica dão origem a grandes quantidades de partículas mínimas desprovidas de potencial elétrico, e essas partículas prontamente escapam do interior solar causando assim, em poucos dias, o colapso de um sol gigantesco. Foi a emigração dessas "partículas fugitivas" que provocou o colapso do gigante Nova, da nebulosa de Andrômeda, há cerca de cinqüenta anos atrás. Esse imenso corpo estelar entrou em colapso em quarenta minutos do tempo de Urântia.

Regra geral, continua uma farta expulsão de matéria em torno do sol residual, em resfriamento, na forma de nuvens extensas de gases de nebulosas. E tudo isso explica a origem de vários tipos de nebulosas irregulares, como a nebulosa de Câncer, que teve a sua origem há cerca de novecentos anos, e que ainda exibe a esfera-mãe como uma estrela solitária próxima do centro dessa massa nebulosa irregular.

9. A ESTABILIDADE DOS SÓIS

Um controle de gravidade, sobre os seus elétrons, é mantido de tal modo pelos sóis maiores, que a luz escapa apenas com a ajuda dos poderosos raios X. Esses raios colaboradores penetram em todo o espaço e servem para a manutenção das associações ultimatômicas fundamentais de energia. As grandes perdas de energia nos dias iniciais de um sol, depois de haver atingido a sua temperatura máxima – de mais de 19 400 000 graus (C) –, são devidas, não tanto ao escape da luz, quanto aos vazamentos ultimatômicos. Essas energias dos ultímatons se projetam na direção do espaço exterior, para participar da aventura da associação eletrônica e da materialização da energia, como uma verdadeira explosão de energia durante os tempos da adolescência solar.

Os átomos e os elétrons estão sujeitos à gravidade. Os ultímatons *não* estão sujeitos à gravidade local, à interação da atração material, mas eles são totalmente obedientes à gravidade absoluta ou do Paraíso, à tendência, ao impulso, do círculo universal e eterno do universo dos universos. A energia ultimatômica não obedece à atração da gravidade linear, ou direta, das massas materiais próximas ou distantes, mas ela sempre gira de acordo com o circuito da grande elipse da enorme criação.

O vosso próprio centro solar irradia quase cem bilhões de toneladas de matéria real, anualmente, enquanto os sóis gigantes perdem matéria em uma taxa prodigiosa durante o seu crescimento inicial, os primeiros bilhões de anos. A vida de um sol torna-se estável depois que a temperatura interna máxima é atingida, e depois que as energias subatômicas começam a ser liberadas. É nesse ponto crítico que os sóis maiores são dados a ter pulsações convulsivas.

A estabilidade do sol é totalmente dependente do equilíbrio da disputa entre o aquecimento e a gravidade – pressões tremendas contrabalançadas por temperaturas inimagináveis. A elasticidade interior do gás dos sóis mantém as camadas sobrepostas de materiais variados e, quando a gravidade e o calor estão em equilíbrio, o peso dos materiais externos iguala-se exatamente à pressão da temperatura dos gases subjacentes e interiores. Em muitas estrelas mais jovens, a condensação contínua da gravidade produz temperaturas internas sempre crescentes e, à medida que o calor interno cresce, a pressão interna dos raios X, nos ventos dos supergases, torna-se tão grande que, ajudada pelos movimentos centrífugos, leva um sol a começar a atirar ao espaço a sua camada exterior, compensando, assim, o desequilíbrio entre a gravidade e o calor.

O vosso próprio sol há muito atingiu um relativo equilíbrio entre os ciclos de sua expansão e sua contração, aquelas perturbações que produzem as pulsações gigantescas de muitas das estrelas mais jovens. O vosso sol tem atualmente cerca de seis bilhões de anos de idade. No momento presente, ele está passando pelo seu período de maior economia. Ele brilhará com a eficiência da fase presente por mais de vinte e cinco bilhões de anos. E, provavelmente, experimentará um período de declínio, parcialmente eficiente, tão longo quanto os períodos somados da sua juventude e do seu funcionamento estável.

10. A ORIGEM DOS MUNDOS HABITADOS

Algumas das estrelas variáveis, no estado de pulsação máximo ou próximo dele, estão em processo de originar sistemas subsidiários, muitos dos quais finalmente serão bastante semelhantes ao vosso próprio sol, com os planetas girando ao seu redor. O vosso sol estava justamente em um estado igual, de pulsação vigorosa, quando o maciço sistema de Angona aproximou-se muito dele, e a superfície externa do sol começou a expelir verdadeiras correntes – camadas contínuas – de matéria. Isso prosseguiu com uma violência sempre crescente, até quase a justaposição, quando os limites da coesão solar foram atingidos e uma grande quantidade de matéria, ancestral do sistema solar, foi expelida. Em circunstâncias similares, a maior aproximação do corpo atraído faz, algumas vezes, expelir planetas inteiros, e até mesmo uma quarta ou uma terça parte de um sol. Essas expulsões maiores formam certos tipos peculiares de mundos envolvidos por nuvens, esferas semelhantes a Júpiter e Saturno.

A maioria dos sistemas solares, contudo, teve uma origem inteiramente diferente da do vosso, e isso é verdadeiro até quanto àqueles que foram criados pela técnica de gravidade do tipo maré-motriz. Todavia, não importando o que será obtido por meio da técnica de criação de um mundo, a gravidade sempre produz o tipo de sistema solar de criação, isto é, um sol central ou uma ilha escura com planetas, satélites, subsatélites e meteoros.

Os aspectos físicos dos mundos individuais são amplamente determinados pelo modo da sua origem, pela situação astronômica e pelo ambiente físico. A idade, o tamanho, a velocidade de rotação e a velocidade no espaço são também fatores determinantes. Tanto os mundos gerados pela contração do gás, quanto os de sedimentação sólida, são caracterizados por montanhas e, durante a sua vida inicial, quando já não são tão pequenos, pela água e pelo ar. O tipo de mundo gerado pela divisão por derretimento e os mundos gerados por colisões algumas vezes não têm áreas montanhosas tão extensas.

Durante as primeiras idades de todos esses mundos novos, os terremotos são freqüentes; e todos são caracterizados por grandes perturbações físicas; e isso é especialmente verdadeiro a respeito das esferas geradas pela contração de gases, mundos nascidos de imensos anéis de nebulosas que são deixados para trás no alvorecer das primeiras condensações e contrações de certos sóis individuais. Os planetas que têm uma origem dupla, como Urântia, passam por uma carreira de juventude menos violenta e tempestuosa. Mesmo assim, o vosso mundo experimentou uma fase inicial de cataclismos fortíssimos, caracterizados por vulcões, terremotos, enchentes e tempestades terríveis.

Urântia está relativamente isolada, na periferia do vosso sistema de Satânia, e, com uma exceção apenas, é a esfera mais distante de Jerusém, ao passo que o próprio sistema de Satânia está próximo do sistema mais externo de Norlatiadeque; e essa constelação agora atravessa a orla externa de Nébadon. Vós estivestes realmente entre as mais humildes de todas as criações, até que a auto-outorga de Michael houvesse elevado o vosso planeta a uma posição de honra e de grande interesse universal. Algumas vezes, os últimos serão os primeiros, assim como verdadeiramente o menor pode torna-se o maior.

[Apresentado por um Arcanjo, em colaboração com o comandante dos Centros de Potência de Nébadon.]

DOCUMENTO 42

A ENERGIA — A MENTE E A MATÉRIA

A FUNDAÇÃO do universo é material, no sentido em que a energia é a base de toda a existência; e a energia pura é controlada pelo Pai Universal. A força, a energia, é a coisa que permanece como um monumento perpétuo, demonstrando e provando a existência e a presença do Absoluto Universal. A imensa corrente de energia, que provém das Presenças do Paraíso, nunca faltou, nunca falhou; nunca houve nenhuma interrupção na sustentação infinita.

A manipulação da energia do universo dá-se sempre de acordo com a vontade pessoal e com os mandados plenamente sábios do Pai Universal. Tal controle pessoal do poder manifestado, e da energia circulante, é modificado pelos atos coordenados e pelas decisões do Filho Eterno, bem como pelos propósitos unidos de Filho e Pai, executados pelo Agente Conjunto. Esses seres divinos atuam pessoalmente, e como indivíduos; e, funcionam, também, na pessoa e poderes de um número quase ilimitado de subordinados, cada um diferentemente expressivo do propósito eterno e divino no universo dos universos. Mas essas modificações, ou transmutações funcionais e provisionais do poder divino, de nenhum modo reduzem a verdade da afirmação de que toda a energia-força está sob o controle último de um Deus pessoal, residente no centro de todas as coisas.

1. ENERGIAS E FORÇAS DO PARAÍSO

A base do universo é material, mas a essência da vida é espírito. O Pai dos espíritos é também o ancestral dos universos. O Pai eterno do Filho Original é também a fonte-eternidade do modelo original, a Ilha do Paraíso.

A matéria – ou a energia, pois ambas não são senão manifestações diversas da mesma realidade cósmica, como fenômenos no universo – é inerente ao Pai Universal. "Nele consistem todas as coisas." A matéria pode surgir para manifestar a energia inerente e demonstrar os poderes autocontidos, mas as linhas de gravidade envolvidas nas energias ligadas a todos esses fenômenos físicos derivam-se e dependem do Paraíso. O ultímatom, a primeira forma mensurável de energia, tem o Paraíso como o seu núcleo.

Há, inata na matéria e presente no espaço universal, uma forma de energia não conhecida em Urântia. Quando for finalmente feita a descoberta dessa energia, então, os físicos irão sentir que terão solucionado, ou pelo menos quase, os mistérios da matéria. E assim terão dado mais um passo no sentido de se aproximar do Criador; e terão dominado mais uma fase da técnica divina; mas de modo nenhum terão encontrado Deus, nem terão desvendado o conhecimento da existência da matéria, nem a operação das leis naturais, separadamente da técnica cósmica do Paraíso, nem o propósito motivador do Pai Universal.

Depois de um progresso ainda maior com novas descobertas, depois que Urântia houver avançado incomensuravelmente em relação aos conhecimentos atuais e, ainda que vós pudésseis alcançar o controle das rotações energéticas das unidades elétricas da matéria, a ponto de conseguir modificar as suas manifestações físicas – mesmo depois de todo esse progresso possível, os cientistas permanecerão, indefinidamente, impotentes ainda para criar sequer um átomo de matéria, ou gerar um raio de energia e, menos ainda, para outorgar à matéria aquilo que chamamos de vida.

A criação da energia e a dádiva da vida são prerrogativas do Pai Universal e das personalidades Criadoras, coligadas a Ele. O rio da energia e da vida é uma efusão contínua vinda das Deidades, a corrente universal e harmônica de força do Paraíso, irradiando-se por todo o espaço. Essa energia divina penetra toda a criação. Os organizadores da força iniciam as mudanças e instituem as modificações da força-espaço, que se manifestam no surgimento da energia; e os diretores de potência transmutam energia em matéria; assim nascem os mundos materiais. Os Portadores da Vida iniciam, na matéria morta, aqueles processos aos quais chamamos vida, vida material. Os Supervisores do Poder Moroncial atuam do mesmo modo nos reinos da transição entre o mundo material e o espiritual. Os Criadores espirituais superiores inauguram processos semelhantes nas formas divinas de energia, que resultam em formas mais elevadas de espíritos de vida inteligente.

A energia provém do Paraíso, formada segundo a ordem divina. A energia – a energia pura – compartilha da natureza da organização divina; é formada à semelhança dos três Deuses abraçados em um só, como eles funcionam na sede-central do universo dos universos. E toda a força é circuitada ao Paraíso; vem das Presenças do Paraíso e para lá retorna e, em essência, é uma manifestação da Causa não causada – o Pai Universal – ; e, sem o Pai, nada do que existe existiria.

A força derivada da Deidade, existente em Si, é, em si mesma, eternamente existente. A energia-força é imperecível, indestrutível; essas manifestações do Infinito podem estar sujeitas à transmutação ilimitada, à transformação sem fim e à metamorfose eterna; mas em nenhum sentido ou grau, nem mesmo na menor proporção imaginável, poderiam ou deveriam elas sofrer extinção. Mas a energia, ainda que emergindo do Infinito, não se manifesta de forma infinita; há limites externos para o universo-mestre, como ele é atualmente concebido.

A energia é eterna, mas não infinita; e responde sempre à gravidade todo-abrangente da Infinitude. A força e a energia continuam eternamente; uma vez que tenham saído do Paraíso, devem retornar para lá, ainda que idades e mais idades sejam necessárias para completar o circuito ordenado. Aquilo que tem a sua origem na Deidade do Paraíso só pode ter como destino o Paraíso, ou alguma Deidade.

E tudo isso confirma a nossa crença em um universo dos universos circular, um pouco limitado, mas ordenado e imenso. Não fora isso verdade, então a evidência do esgotamento da energia em algum ponto, mais cedo ou mais tarde, iria aparecer. Todas as leis, organizações, administração e testemunho dos exploradores do universo – tudo aponta para a existência de um Deus infinito e, ainda assim, para um universo finito, de uma circularidade de existência sem fim, quase sem limites, todavia finito, se comparado com a infinitude.

2. SISTEMAS UNIVERSAIS DE ENERGIA NÃO-ESPIRITUAL
(ENERGIAS FÍSICAS)

De fato, é difícil encontrar as palavras adequadas, em qualquer língua de Urântia, por meio das quais designar e, portanto, descrever os vários níveis de força e de energia – física, mental ou espiritual. Essas narrativas não podem, de todo, ater-se às vossas definições de força, de energia, de poder e de potência. Há tanta pobreza, na vossa linguagem, que devemos usar tais termos com múltiplos significados. Neste documento, por exemplo, a palavra *energia* é usada para denotar todas as fases e formas de fenômenos de movimento, de ação e de potencial, enquanto *força* é usada para indicar os estágios da energia na pré-gravidade; e *poder* e potência, para os estágios da energia na pós-gravidade.

Contudo, tentarei minimizar a confusão conceptual, sugerindo a prudência recomendável de adotar a seguinte classificação para a força cósmica, para a energia emergente e para a potência-física da energia do universo – a energia física:

1. *Potência de espaço*. Essa é a presença inquestionável, no espaço livre, do Absoluto Inqualificável. A extensão desse conceito denota o potencial de espaço-força do universo, inerente à totalidade funcional do Absoluto Inqualificável, enquanto a intenção desse conceito implica a totalidade da realidade cósmica – os universos – que emanou de modo eterno da Ilha do Paraíso, que é sem começo, sem fim, que nunca se move e que nunca muda.

Os fenômenos específicos da parte inferior do Paraíso provavelmente abrangem três zonas de presença e de atuação da força absoluta: a zona de ponto de apoio fulcral do Absoluto Inqualificável, a zona da própria Ilha do Paraíso e a zona intermediária de algumas agências ou funções não identificadas, que se equalizam e se compensam. Essas zonas triconcêntricas são o centro do ciclo da realidade cósmica do Paraíso.

A potência do espaço é uma pré-realidade; é o domínio do Absoluto Inqualificável e é sensível apenas à atração pessoal do Pai Universal, não obstante o fato de ela ser aparentemente modificável pela presença dos Mestres Organizadores Primários da Força.

Em Uversa, faz-se referência à potência do espaço como absoluta.

2. *Força primordial*. Esta representa a primeira mudança básica na potência do espaço e pode ser uma das funções, no baixo Paraíso, do Absoluto Inqualificável. Sabemos que a presença do espaço que sai do baixo Paraíso é modificada, de alguma maneira, em relação àquela que está entrando. Independentemente, porém, de qualquer dessas possíveis relações, a transmutação, abertamente reconhecida, da potência do espaço em força primordial é uma função diferencial primária da presença-tensão dos organizadores da força viva do Paraíso.

A força passiva, potencial, torna-se ativa e primordial em resposta à resistência oferecida pela presença, no espaço, dos Mestres Organizadores da Força Primariamente Derivados. A força está emergindo agora, do domínio exclusivo do Absoluto Inqualificável para os domínios de sensibilidade múltipla – em resposta a alguns movimentos primordiais iniciados pelo Deus da Ação e em seguida a certos movimentos de compensação que emanam do Absoluto Universal. A força primordial parece reagir à causação transcendental em uma medida proporcional ao absoluto.

A força primordial, algumas vezes, é denominada *energia pura*; em Uversa referimo-nos a ela como segregata.

3. *Energias emergentes*. A presença passiva dos organizadores da força primária é suficiente para transformar a potência do espaço em força primordial e é nesse campo espacial, assim ativado, que esses mesmos organizadores da força começam suas operações iniciais ativas. A força primordial está destinada a passar por duas fases distintas de transmutação, nos reinos da manifestação da energia, antes de surgir como uma força no universo. Esses dois níveis de energia emergente são:

A. *Energia de potência*. Essa é a energia poderosa-direcional, movimentadora de massa, poderosamente tensionada e de reações violentas – com sistemas gigantescos de energia, colocados em movimento pelas atividades dos organizadores da força primária. Essa energia primária, ou poderosa, não é sensível, inicialmente, de modo definido, à atração da gravidade do Paraíso; se bem que provavelmente produza uma massa agregada, ou uma sensibilidade espaço-direcional ao grupo coletivo de influências absolutas que operam a partir do lado baixo do Paraíso. Quando a energia emerge até o nível inicial de sensibilidade à atração circular e absoluta da gravidade do Paraíso, os organizadores da força primária cedem o seu lugar ao funcionamento dos seus colaboradores secundários.

B. *Energia de gravidade*. A energia que agora surge é sensível à gravidade, carrega o potencial do poder do universo e transforma-se no ancestral ativo de toda a matéria do universo. Essa energia secundária ou gravitacional é o produto da elaboração da energia, resultante da presença-pressão e das tendências-tensões, estabelecidas pelos Mestres Organizadores Associados Transcendentais da Força. Em resposta ao trabalho desses manipuladores da força, a energia-espaço passa rapidamente do estágio potencial ao estado gravitacional, tornando-se assim sensível, diretamente, à atração da gravidade (absoluta) circular do Paraíso que, ao mesmo tempo revela um certo potencial de sensibilidade à atração da gravidade linear, inerente à massa material, que logo surge dos estágios eletrônicos e pós-eletrônicos da energia e da matéria. Com o aparecimento da sensibilidade à gravidade, os Mestres Organizadores Associados da Força podem retirar-se da energia dos ciclones de espaço, contanto que os Diretores do Poder do Universo fiquem designados para esse campo de ação.

Estamos totalmente incertos a respeito das causas exatas dos estágios primordiais da evolução da força, mas reconhecemos a ação inteligente do Último, em ambos os níveis de manifestação emergente da energia. As energias potenciais e gravitacionais, quando observadas coletivamente, em Uversa, são denominadas ultimata.

4. *Poder universal*. A força-espaço foi transformada em energia de espaço e, em seguida, na energia de controle da gravidade. Assim, a energia física amadureceu até aquele ponto em que pode ser dirigida em canais de poder e servir aos propósitos múltiplos dos Criadores do universo. Esse trabalho é feito pelos versáteis diretores, centros e controladores da energia física no grande universo – as criações habitadas e organizadas. Esses Diretores do Poder, no Universo, assumem o controle mais ou menos completo de vinte e uma das trinta fases da energia que constituem o presente sistema de energia dos sete superuniversos. Esse domínio da energia-poder da matéria é o âmbito das atividades inteligentes do Sétuplo, funcionando sob o controle tempo-espacial do Supremo.

Em Uversa, referimo-nos ao reino do poder no universo como gravita.

5. *Energia de Havona*. Os conceitos, nesta narrativa, deslocaram-se no sentido do Paraíso, à medida que a força-espaço transmutante foi seguida, nível a nível, até o nível de trabalhabilidade do poder-energia dos universos do tempo e do espaço. Continuando, no sentido do Paraíso, encontra-se em seguida uma fase preexistente de energia que é característica do universo central. Aqui o ciclo evolucionário parece voltar-se sobre si mesmo; a potência-energia agora parece começar a reverter-se na direção da força, mas uma força de natureza muito diferente daquela da potência do espaço e da força primordial. Os sistemas de energia de Havona não são duais; eles são trinos. É esse o domínio da energia existencial do Agente Conjunto, funcionando em nome da Trindade do Paraíso.

Essas energias de Havona são conhecidas em Uversa como triata.

6. *Energia transcendental*. Este sistema de energia opera no nível superior e vem de um nível superior do Paraíso, existindo apenas em relação aos povos absonitos. Em Uversa é denominada tranosta.

7. *Monota*. Quando a energia vem do Paraíso, ela está próxima da divindade. Inclinamo-nos a acreditar que a monota é a energia viva, não-espiritual, do Paraíso – uma contraparte, na eternidade, da energia viva e espiritual do Filho Original –, sendo, portanto, o sistema de energia não-espiritual do Pai Universal.

Não conseguimos diferençar a *natureza* do espírito do Paraíso e a da monota do Paraíso; são aparentemente semelhantes. Têm nomes diferentes, mas dificilmente vos poderá ser dito muito a respeito de uma realidade cujas manifestações espirituais e não-espirituais sejam diferenciáveis apenas por um *nome*.

Sabemos que as criaturas finitas podem alcançar a experiência da adoração do Pai Universal, por intermédio da ministração de Deus, o Sétuplo, e dos Ajustadores do Pensamento, mas duvidamos de que qualquer personalidade subabsoluta ou, até mesmo, os diretores de potência possam compreender a infinitude da energia da Primeira Grande Fonte e Centro. Uma coisa é certa: os diretores de potência podem ser conhecedores da técnica da metamorfose da força-espaço, mas eles não revelam o segredo para o resto de nós. A minha opinião é de que eles não compreendem plenamente a função dos organizadores da força.

Esses diretores de potência são, eles próprios, catalisadores da energia; isto é, a presença deles é a causa pela qual a energia segmenta-se, organiza-se ou reúne-se em formação por unidades. E tudo isso implica que deve haver algo inerente à energia, na presença dessas entidades do poder, que a leva a funcionar assim. Os Melquisedeques de Nébadon há muito denominaram o fenômeno da transmutação da força cósmica em poder, no universo, como uma das sete "infinidades da divindade". E é até esse ponto que vós ireis avançar nessa questão a vossa ascensão no universo local.

Não obstante sermos incapazes de compreender plenamente a origem, natureza e transmutações da força cósmica, estamos inteiramente atualizados sobre todas as fases do comportamento da energia emergente, desde os tempos da sua sensibilidade direta e inequívoca à ação da gravidade do Paraíso – por volta do tempo do início da função dos diretores de potência do superuniverso.

3. A CLASSIFICAÇÃO DA MATÉRIA

Em todos os universos a matéria é idêntica, com exceção do universo central. A matéria, para ter as suas propriedades físicas, depende da velocidade de rotação dos membros que a compõem, depende do número e do tamanho desses componentes que giram, depende da distância deles ao corpo do núcleo ou do conteúdo de espaço da matéria, bem como da presença de certas forças ainda não descobertas em Urântia.

Há dez grandes divisões da matéria, nos diferentes sóis, planetas e corpos espaciais:

1. A matéria ultimatômica – as unidades físicas primordiais da existência material, as partículas de energia que compõem os elétrons.

2. A matéria subeletrônica – o estágio explosivo e repelente dos supergases solares.

3. A matéria eletrônica – o estágio elétrico da diferenciação material – elétrons, prótons e várias outras unidades que entram na constituição variada dos grupos eletrônicos.

4. A matéria subatômica – a matéria que existe amplamente no interior dos sóis abrasantes.

5. Os átomos fragmentados – encontrados nos sóis em fase de resfriamento e em todo o espaço.

6. A matéria ionizada – os átomos individuais, desprovidos dos seus elétrons externos (quimicamente ativos) por meio de atividades elétricas, térmicas ou dos raios X, e por meio de solventes.

7. A matéria atômica – o estágio químico da organização dos elementos, as unidades componentes da matéria molecular ou visível.

8. O estágio molecular da matéria – a matéria, como ela existe em Urântia, em um estado de materialização relativamente estável, sob condições comuns.

9. A matéria radioativa – a tendência desorganizadora e a atividade dos elementos mais pesados, sob condições de aquecimento moderado e de pressão gravitacional menor.

10. A matéria em colapso – a matéria relativamente estável, encontrada no interior de sóis frios ou mortos. Essa forma de matéria não é de fato estacionária; há ainda alguma atividade ultimatômica e mesmo eletrônica, mas ali as unidades estão em grande proximidade, e as suas velocidades de rotação encontram-se grandemente diminuídas.

Tal classificação da matéria diz respeito mais à sua organização do que às formas sob as quais se mostram aos seres criados. E também não leva em conta os estágios pré-emergentes da energia, nem as eternas materializações no Paraíso e no universo central.

4. A ENERGIA E AS TRANSMUTAÇÕES DA MATÉRIA

A luz, o calor, a eletricidade, o magnetismo, a química, a energia e a matéria são – em origem, natureza e destino – uma única e mesma coisa, junto com outras realidades materiais ainda não descobertas em Urântia.

Nós não compreendemos plenamente as mudanças quase infindáveis, às quais a energia física possa estar sujeita. Num universo, ela aparece como luz, em um outro, como luz mais calor, noutro, como formas de energia desconhecidas em Urântia; em incalculáveis milhões de anos, pode reaparecer como alguma forma de energia elétrica irrequieta, alguma energia elétrica ou poder magnético incontido; e, ainda mais tarde, pode aparecer novamente, em um outro universo, como alguma forma de matéria variável, passando por uma série de metamorfoses, e, em seguida, ter o seu desaparecimento exterior físico nalgum grande cataclismo dos reinos. E então, após idades incontáveis e após vagar quase interminavelmente por inúmeros universos, de novo, essa mesma energia pode reemergir e, muitas vezes, ter a sua forma e potencial alterados; e, assim, tais transformações continuam por idades sucessivas e por incontáveis reinos. Assim a matéria continua o seu fluxo, passando por transmutações no tempo, mas alinhando-se sempre, verdadeiramente, ao círculo da eternidade; e, ainda que há muito impedida de retornar à sua fonte original, é sempre sensível a essa fonte e prossegue interminavelmente no caminho ordenado pela Personalidade Infinita que a emitiu.

Os centros de potência e seus colaboradores estão ocupados com o trabalho de transmutar o ultímatom nos circuitos e nas revoluções dos elétrons. Esses seres únicos controlam e compõem o poder, com a sua hábil manipulação da unidade básica da energia materializada, o ultímatom. Eles são os mestres da energia que circula nesse estado primitivo. Em conexão com os controladores físicos, eles são capazes de controlar efetivamente e dirigir a energia, mesmo depois que ela haja sido transmutada, até o nível elétrico, o assim chamado estágio eletrônico. Mas o alcance da ação deles fica enormemente abreviado, quando, organizada eletronicamente, a energia passa a girar dentro de sistemas atômicos. Após tal materialização, as energias ficam sob o controle completo do poder de atração da gravidade linear.

A gravidade atua positivamente nas linhas de poder e canais de energia dos centros de potência e dos controladores físicos, mas esses seres têm apenas uma relação negativa com a gravidade – o exercício dos seus dons antigravitacionais.

Em todo o espaço, o frio e outras influências físicas trabalham criativamente organizando os ultímatons em elétrons. O calor é a medida da atividade eletrônica, enquanto o frio significa meramente a ausência de calor – o repouso relativo da energia –, o status da carga-força universal do espaço, desde que nem a energia emergente nem a matéria organizada estejam presentes, e desde que não sejam sensíveis à gravidade.

A presença da gravidade, bem como a sua ação, é o que impede o surgimento do zero absoluto teórico, pois o espaço interestelar não permite a temperatura do zero absoluto. Em todo o espaço organizado há correntes de energias que são sensíveis à gravidade, circuitos de poder e de atividades ultimatômicas, bem como de energias eletrônicas em organização. Praticamente falando, o espaço não é vazio. E mesmo a atmosfera de Urântia vai tornando-se crescentemente menos densa, até que à altitude de cinco mil quilômetros ela começa a esmaecer-se nessa parte do universo, e se transformar na matéria do espaço comum. O espaço conhecido, mais próximo do vazio, em Nébadon, conteria cerca de cem ultímatons – o equivalente a um elétron – em cada dezesseis centímetros cúbicos. Essa escassez de matéria é considerada como sendo praticamente o espaço vazio.

A temperatura – o calor e o frio – é secundária, apenas para a gravidade nos reinos da evolução da energia e da matéria. Os ultímatons são humildemente obedientes às temperaturas extremas. As temperaturas baixas favorecem certas formas de construção eletrônica e de formação de conjuntos atômicos, ao passo que as temperaturas altas facilitam toda a sorte de quebras atômicas e desintegração material.

Quando submetidas ao calor e à pressão, em certos estados solares internos, todas as associações de matéria podem ser rompidas, excetuando-se as mais primitivas. O calor pode assim vencer grandemente a estabilidade da gravidade. Mas nenhum calor, ou pressão solar, conhecido pode converter os ultímatons de volta à energia de potência.

Os sóis abrasantes podem transformar a matéria em várias formas de energia, ao passo que os mundos escuros e todo o espaço exterior podem desacelerar a atividade eletrônica e ultimatômica, a ponto de converter essas energias na matéria dos reinos. Certas associações eletrônicas de natureza próxima, bem como muitas das associações básicas de matéria nuclear, são formadas sob as temperaturas excessivamente baixas do espaço aberto, sendo mais tarde aumentadas pela associação com adições maiores de energia materializante.

Em toda essa metamorfose, que nunca acaba, entre energia e matéria, devemos contar com a influência da pressão da gravidade e com o comportamento antigravitacional das energias ultimatômicas, sob certas condições de temperatura, velocidade e revolução. A temperatura, as correntes de energia, a distância e a presença dos organizadores da força viva e diretores de potência também exercem o seu papel em todo o fenômeno de transmutação da energia e da matéria.

O acréscimo de massa à matéria é igual ao acréscimo de energia, dividido pelo quadrado da velocidade da luz. Num sentido dinâmico, o trabalho que a matéria em repouso pode realizar é igual à energia despendida para manter unidas as suas partes, desde o Paraíso, menos a resistência das forças a serem vencidas no trânsito e a atração exercida pelas partes da matéria, umas sobre as outras.

A existência das formas pré-eletrônicas da matéria está indicada pelos dois pesos atômicos do chumbo. O chumbo de formação original pesa ligeiramente mais do que aquele produzido por meio da desintegração do urânio, por emanações do rádio; e essa diferença no peso atômico representa a verdadeira perda de energia na quebra atômica.

A integridade relativa da matéria é assegurada pelo fato de que a energia pode apenas ser absorvida e liberada naquelas quantidades exatas a que os cientistas de Urântia denominaram de quanta. Essa providência sábia, nos reinos materiais, serve para manter os universos em funcionamento contínuo.

A quantidade de energia absorvida ou liberada, quando as posições eletrônicas ou outras se alternam, é sempre um "quantum" ou algum múltiplo do mesmo, mas o comportamento vibratório, ou ondulatório, dessas unidades de energia é determinado, integralmente, pelas dimensões das estruturas materiais envolvidas. Essas manifestações da energia, sob a forma de ondas, têm 860 vezes os diâmetros dos ultímatons, elétrons, átomos ou outras das unidades que lhes dão origem. A confusão interminável que acompanha a observação da mecânica, das ondas de comportamento quântico, é devida à superposição de ondas de energia: duas cristas podem combinar-se, para formar uma crista de altura dupla, enquanto uma crista e um vão podem combinar-se, ocasionando assim um cancelamento mútuo.

5. MANIFESTAÇÕES DE ENERGIA ONDULATÓRIA

No superuniverso de Orvônton há uma centena de oitavas de energias de ondas. Dessa centena de grupos de manifestações de energia, sessenta e quatro, total ou parcialmente, são reconhecidas em Urântia. Os raios do sol constituem-se de quatro oitavas na escala do superuniverso, sendo que os raios visíveis abrangem uma única oitava, a de número quarenta e seis nessa série. O grupo ultravioleta vem em seguida, ao passo que a dez oitavas acima se encontram os raios X, seguidos pelos raios gama do rádio. Os raios da energia do espaço exterior estão a trinta e duas oitavas acima da luz visível do sol, tão freqüentemente misturados que estão às partículas minúsculas de matéria altamente energizada associadas a eles. Imediatamente abaixo da luz visível do sol surgem os raios infravermelhos, e trinta oitavas abaixo está o grupo de radiotransmissão.

As manifestações da energia ondulatória – do ponto de vista do esclarecimento científico do século vinte em Urântia – podem ser classificadas nos dez grupos seguintes:

1. *Raios infra-ultimatômicos* – as rotações limítrofes dos ultímatons quando os mesmos começam a assumir uma forma definida. Esse é o primeiro estágio da energia emergente, em que os fenômenos ondulatórios podem ser detectados e medidos.

2. *Raios ultimatômicos*. A reunião da energia na esfera diminuta dos ultímatons, ocasiona vibrações no conteúdo do espaço, as quais são discerníveis e mensuráveis. E, muito antes que os físicos descubram o ultímaton, sem dúvida irão detectar os fenômenos causados pelos raios lançados sobre Urântia. Esses raios curtos e poderosos representam a atividade inicial dos ultímatons à medida que se desaceleram até aquele ponto em que se voltam para organizarem eletronicamente a matéria. À medida que os ultímatons se aglomeram, formando elétrons, uma condensação ocorre com a conseqüente estocagem de energia.

3. *Raios espaciais curtos*. Estas são as mais curtas de todas as vibrações puramente eletrônicas e representam o estágio pré-atômico dessa forma de matéria. Esses raios requerem temperaturas extraordinariamente altas ou extraordinariamente

baixas para a sua produção. Há duas espécies desses raios espaciais: uma que se dá com o nascimento dos átomos e a outra que indica a desagregação atômica. A maior quantidade deles emana dos planos de maior densidade do superuniverso, a Via Láctea, que é também o plano mais denso dos universos exteriores.

4. *Estágio eletrônico*. Este estágio de energia é a base de toda a materialização, nos sete superuniversos. Quando os elétrons passam de níveis de energia mais elevados para os mais baixos, de velocidade orbital, é desprendido sempre um quantum determinado. As mudanças de órbitas dos elétrons resultam na ejeção, ou na absorção, de partículas da energia-luz, bastante definidas e uniformemente mensuráveis, enquanto o elétron individualmente sempre desprende uma partícula de energia-luz quando submetido à colisão. As manifestações da energia ondulatória também são geradas a partir de atividades dos corpos positivos e outros representantes do estágio eletrônico.

5. *Raios gama* – são as emanações que caracterizam a dissociação espontânea da matéria atômica. A melhor ilustração dessa forma de atividade eletrônica está nos fenômenos associados à desintegração do rádio.

6. *Grupo dos raios X*. O próximo passo na desaceleração dos elétrons gera as várias formas de raios X solares junto com os raios X artificialmente gerados. A carga eletrônica forma um campo elétrico; o movimento faz surgir uma corrente elétrica; a corrente elétrica produz um campo magnético. Quando um elétron é paralisado subitamente, o distúrbio eletromagnético resultante produz os raios X; os raios X são *essa* perturbação. Os raios X solares são idênticos àqueles gerados mecanicamente para explorar o interior do corpo humano, excetuando-se o fato de que são ligeiramente mais longos.

7. *Raios ultravioleta* ou os raios químicos da luz do sol e as suas várias produções mecânicas.

8. *Luz branca* – toda a luz visível dos sóis.

9. *Raios infravermelhos* – a desaceleração da atividade eletrônica, ainda mais próxima de um estágio considerável de aquecimento.

10. *Ondas hertzianas* – aquelas energias utilizadas, em Urântia, para as teledifusões.

A todas essas dez fases da atividade ondulatória da energia, o olho humano apenas pode reagir a uma oitava: àquela da luz solar global de um sol comum.

O chamado éter é meramente um nome coletivo, usado para designar um grupo de atividades de força e energia que ocorrem no espaço. Os ultímatons, os elétrons e outras agregações da energia em forma de massa são partículas uniformes de matéria e, no seu trânsito no espaço, elas realmente se propagam em linha reta. A luz e todas as outras formas de manifestação de energia reconhecíveis consistem de uma sucessão de partículas definidas de energia que se propagam em linha reta, excetuando-se nos pontos em que a sua trajetória é modificada pela gravidade e outras forças que intervêm. Que essas procissões de partículas de energia surjam como fenômenos ondulatórios, quando sujeitas a certas observações, é devido à resistência das camadas de força, não diferenciadas, em todo o espaço: o éter hipotético, e à tensão da intergravidade das agregações associadas de matéria. O espaçamento dos intervalos entre as partículas de matéria, junto com a velocidade inicial dos feixes de energia, estabelece a aparência ondulatória de muitas formas de matéria-energia.

A excitação do conteúdo de espaço produz uma reação ondulatória à passagem das partículas de matéria que se movem rapidamente, do mesmo modo que a passagem de uma embarcação, pelas águas, inicia ondas de várias amplitudes e intervalos.

O comportamento da força primordial dá surgimento a fenômenos que são, de muitos modos, análogos ao éter por vós postulado. O espaço não é vazio; as esferas de todo o espaço giram e mergulham em um vasto oceano disseminado de energia-força; e nem mesmo o interior de um átomo, no espaço, é vazio. Não há nenhum éter, contudo; e a ausência mesma desse éter hipotético capacita os planetas habitados a escaparem de cair no sol e os elétrons, nas suas órbitas, a resistirem a cair para dentro do núcleo.

6. ULTÍMATONS, ELÉTRONS E ÁTOMOS

Conquanto a carga de espaço da força universal seja homogênea e indiferenciada, a organização da energia, evoluída em matéria, requer a concentração da energia em massas discretas, de dimensões definidas e peso estabelecido – uma reação precisa à gravidade.

A gravidade local ou linear torna-se plenamente operativa com o surgimento da organização atômica da matéria. A matéria pré-atômica torna-se ligeiramente sensível à gravidade quando ativada por raios X e outras energias similares, mas nenhum empuxo de atração da gravidade linear mensurável é exercido sobre as partículas livres, desagregadas e sem carga de energia-eletrônica, ou sobre os ultímatons não agrupados.

Os ultímatons funcionam por atração mútua, respondendo apenas à atração circular da gravidade do Paraíso. Sem a reação à gravidade linear, eles mantêm-se vagando assim em um espaço universal. Os ultímatons são capazes de acelerar a sua velocidade de revolução, a ponto de atingir o comportamento de uma antigravidade parcial, mas não podem, independentemente dos diretores organizadores da força ou poder, atingir a velocidade crítica, na qual escapam para a desindividualização, e retornam ao estado de energia potencial. Na natureza, os ultímatons escapam do status de existência física apenas quando participam da ruptura terminal de um sol resfriado que se extingue.

Os ultímatons, ainda desconhecidos em Urântia, desaceleram-se passando por muitas atividades físicas antes de atingirem os pré-requisitos da energia de revolução para a organização eletrônica. Os ultímatons têm três variedades de movimentos: a resistência mútua à força cósmica, as rotações individuais de potencial antigravitacional e, no interior do elétron, as posições intraeletônicas daquela centena de ultímatons mutuamente interassociados.

A atração mútua mantém cem ultímatons juntos na constituição do elétron; e nunca há mais nem menos do que cem ultímatons em um elétron típico. A perda de um ou mais ultímatons destrói a identidade eletrônica típica, trazendo à existência, desse modo, uma das dez formas modificadas do elétron.

Os ultímatons não descrevem órbitas ou giros em torno dos circuitos dentro dos elétrons, mas espalham-se ou agrupam-se, de acordo com as suas velocidades de rotação axial, determinando assim as dimensões diferenciais eletrônicas. Essa mesma velocidade ultimatômica, de rotação axial, também determina as reações negativas ou positivas dos vários tipos de unidades eletrônicas. A segregação total e o agrupamento de matéria eletrônica, junto com a diferenciação elétrica, entre os corpos negativos e positivos de matéria-energia, resultam dessas funções várias das interassociações dos ultímatons componentes.

Cada átomo tem um diâmetro ligeiramente maior do que um quarto de milionésimo de milímetro enquanto um elétron pesa um pouco mais do que uma duodécima-milésima parte do menor átomo, o do hidrogênio. O próton positivo, característico do núcleo atômico, ainda que possa não ser maior do que um elétron negativo, pesa quase duas mil vezes mais.

Se a massa da matéria fosse ampliada, a ponto de um elétron pesar 2,83 gramas, então o tamanho teria de ser aumentado proporcionalmente, e o volume desse elétron tornar-se-ia tão grande quanto o da Terra. Se o volume de um próton – mil e oitocentas vezes mais pesado do que um elétron – fosse ampliado até o tamanho da cabeça de um alfinete, então, nessa mesma proporção a cabeça do alfinete atingiria um diâmetro igual ao da órbita da Terra ao redor do sol.

7. A MATÉRIA ATÔMICA

Toda a matéria desenvolve-se em uma ordem semelhante à da formação de um sistema solar. No centro de cada universo diminuto de energia existe uma porção nuclear de existência material, relativamente estável e estacionária. Essa unidade central é dotada de uma possibilidade tríplice de manifestação. Em torno desse centro de energia giram, em uma profusão sem fim, mas em circuitos flutuantes, as unidades de energia que são vagamente comparáveis aos planetas que giram em torno do sol, em algum grupo estelar como o vosso próprio sistema solar.

Dentro do átomo, os elétrons giram em torno do próton central, relativamente com o mesmo espaço que os planetas possuem para girar em torno do sol no espaço do sistema solar. Há uma distância relativa, em relação ao tamanho real, entre os núcleos atômicos e os circuitos eletrônicos internos, a qual corresponde à que existe entre o planeta mais interno, Mercúrio, e o vosso sol.

As rotações axiais e suas velocidades orbitais, em torno do núcleo, estão ambas além da imaginação humana, para não mencionar as velocidades dos seus ultímatons componentes. As partículas positivas do rádio voam para o espaço a velocidades de dezesseis mil quilômetros por segundo, enquanto as partículas negativas atingem uma velocidade que se aproxima daquela da luz.

Os universos locais são de construção decimal. Há apenas uma centena de materializações atômicas distinguíveis da energia-espaço em um universo dual; e essa é a organização máxima possível da matéria em Nébadon. Essa centena de formas de matéria consiste de uma série regular na qual giram, de um a cem elétrons, em torno de um núcleo central relativamente compacto. É essa associação ordenada e confiável, de várias energias, que constitui a matéria.

Nem todos os mundos exibirão uma centena de elementos reconhecíveis na sua superfície, mas em algum lugar esses elementos estarão ou terão estado presentes, ou se encontram em processo de evolução. As condições que envolvem a origem e evolução futura de um planeta determinam quantos dos cem tipos atômicos poderão ser encontrados. Os átomos mais pesados não são encontráveis na superfície de muitos mundos. Mesmo em Urântia os elementos mais pesados conhecidos manifestam uma tendência de estilhaçarem-se no ar, como é ilustrado pelo comportamento do rádio.

A estabilidade do átomo depende do número de nêutrons eletricamente inativos no corpo central. O comportamento químico depende completamente da atividade dos elétrons livres em órbita.

Em Orvônton nunca foi possível reunir naturalmente acima de cem elétrons orbitais em um sistema atômico. Sempre que se introduziu artificialmente cento e um destes no campo orbital, o resultado tem sempre sido um deslocamento quase instantâneo do próton central com a dispersão enlouquecida dos elétrons e outras energias liberadas.

Ainda que os átomos possam conter de um a cem elétrons em órbita, apenas os dez elétrons exteriores, dos átomos maiores, giram em torno do núcleo central como corpos distintos e separados, intacta e compactamente girando em órbitas precisas e definidas. Os trinta elétrons mais próximos do centro são de difícil observação e detecção, como corpos separados e organizados. Essa mesma proporção relativa de comportamento eletrônico, em relação à proximidade nuclear, prevalece em todos os átomos, a despeito do número de elétrons abrangido. Quanto mais próximo se está do núcleo, menos a individualização dos elétrons acontece. A extensão da energia ondulatória de um elétron pode assim espalhar-se para ocupar todas as órbitas atômicas menores; e isso é especialmente verdade sobre os elétrons mais próximos do núcleo atômico.

Os trinta elétrons das órbitas mais internas têm individualidade, mas os seus sistemas de energia tendem a se intermesclar, estendendo-se de elétron a elétron, e quase de órbita a órbita. Os próximos trinta elétrons constituem a segunda família, ou a zona de energia, e são de uma individualidade mais pronunciada, os seus corpos de matéria exercem um controle mais completo sobre os sistemas de energia que os acompanham. Os próximos trinta elétrons, a terceira zona de energia, são ainda mais individualizados e circulam em órbitas mais distintas e definidas. Os dez últimos elétrons, presentes apenas nos dez elementos mais pesados, possuem a dignidade da independência e são, portanto, capazes de escapar mais ou menos livremente do controle do núcleo-mãe. Com um mínimo de variação de temperatura e pressão, os membros desse quarto grupo mais externo de elétrons escaparão da atração do núcleo central, como fica ilustrado na dispersão espontânea do urânio e dos elementos semelhantes.

Os primeiros vinte e sete átomos, aqueles que contêm de um a vinte e sete elétrons em órbita, são mais fáceis de serem distinguidos do que os restantes. Do vigésimo-oitavo, em diante, encontramos cada vez mais a imprevisibilidade da presença suposta do Absoluto Inqualificável. Um pouco dessa imprevisibilidade eletrônica, todavia, é causada pelas velocidades axiais das rotações ultimatômicas diferenciais e pela propensão inexplicada dos ultímatons de "amontoarem-se". Outras influências – físicas, elétricas, magnéticas e gravitacionais – também colaboram para produzir comportamentos eletrônicos variáveis. Os átomos são, pois, semelhantes a pessoas quanto à previsibilidade. Os estatísticos podem anunciar leis que governam um grande número, seja de átomos, seja de pessoas; mas não individualmente para um único átomo, nem para uma única pessoa.

8. A COESÃO ATÔMICA

Ainda que a gravidade seja um dos vários fatores a contribuir para manter coeso um minúsculo sistema atômico, há, também presente, em meio a essas unidades físicas básicas, uma energia poderosa e desconhecida, e o segredo da sua constituição básica e do seu comportamento último é uma força que ainda não foi descoberta em Urântia. Tal influência universal permeia todo o espaço interior abrangido por essa mínima organização da energia.

O espaço entre os elétrons de um átomo não é vazio. Dentro de um átomo, esse espaço entre os elétrons é ativado por manifestações ondulatórias perfeitamente sincronizadas às velocidades de rotação dos elétrons e ultímatons. Essa força não é inteiramente dominada pelas leis reconhecidas por vós, de atração positiva e negativa; o seu comportamento, portanto, algumas vezes é imprevisível. Essa influência sem nome parece ser uma reação da força do espaço, da parte do Absoluto Inqualificável.

Os prótons carregados e os nêutrons não carregados, do núcleo do átomo, são mantidos coesos pela função de reciprocidade do mésotron, uma partícula de matéria 180 vezes mais pesada do que o elétron. Sem esse arranjo, a carga elétrica contida nos prótons seria desagregadora do núcleo atômico.

Do modo como os átomos são constituídos, nem as forças elétricas nem as gravitacionais poderiam manter o núcleo coeso. A integridade do núcleo é sustentada pela função coesiva recíproca do mésotron, que é capaz de conservar partículas carregadas e não carregadas em coesão, por causa do poder superior da massa-força e da função suplementar de levar os prótons e os nêutrons a mudarem constantemente de lugar. O mésotron faz com que a carga elétrica das partículas do núcleo seja trocada sem cessar, em um sentido e no outro, entre os prótons e os nêutrons. Num infinitésimo de segundo, uma dada partícula do núcleo é um próton carregado e, no próximo, é um nêutron não carregado. E essas alternâncias, no status da energia, são tão inacreditavelmente rápidas que a carga elétrica fica impedida de ter qualquer oportunidade de funcionar como uma influência desagregadora. Assim, o mésotron funciona como uma partícula "portadora de energia" que poderosamente contribui para a estabilidade nuclear do átomo.

A presença e a função do mésotron explicam também outro enigma atômico. Quando os átomos atuam radioativamente, eles emitem muito mais energia do que seria esperado. Esse excesso de radiação deriva-se da quebra do mésotron "portador de energia", que, por isso, transforma-se em um mero elétron. A desintegração do mésotron é também acompanhada pela emissão de certas partículas pequenas não carregadas.

O mésotron explica certas propriedades coesivas do núcleo atômico, mas não é ele que gera a coesão entre próton e próton, nem a adesão de nêutron e nêutron. A força paradoxal e poderosa da integridade coesiva, no átomo, é uma forma de energia ainda não descoberta em Urântia.

Esses mésotrons são abundantemente encontrados nos raios do espaço que incidem, tão incessantemente, sobre o vosso planeta.

9. A FILOSOFIA NATURAL

A religião não é a única a ser dogmática; a filosofia natural tende igualmente a dogmatizar. Um renomado educador religioso chegou à conclusão de que o número sete era fundamental à natureza, porque há sete aberturas na cabeça humana; mas se ele tivesse sabido mais sobre a química, ele poderia ter advogado tal crença fundamentado em um fenômeno verdadeiro do mundo físico. Em todos os universos físicos do tempo e do espaço, apesar da manifestação universal da constituição decimal da energia, há uma reminiscência, sempre presente, da realidade da organização eletrônica sétupla da pré-matéria.

O número sete é básico para o universo central e para o sistema espiritual de transmissões inerentes de caráter; mas o número dez, o sistema decimal, é inerente à energia, à matéria e à criação material. O mundo atômico, contudo, apresenta uma certa caracterização periódica que é recorrente em grupos de sete – uma marca de nascença que o mundo material carrega e que indica a sua longínqua origem espiritual.

Essa persistência sétupla da constituição criativa é exibida nos domínios químicos, como uma recorrência de propriedades químicas e físicas semelhantes, em grupos separados e periódicos de sete, quando os elementos básicos são arranjados segundo a ordem seqüencial dos seus pesos atômicos. Quando os elementos quími-cos de Urântia são ordenados, assim, em uma fila qualquer, uma certa qualidade ou propriedade tem a tendência de repetir-se a cada sete elementos. Essa mudança peri-ódica a cada sete ocorre decrescentemente e com variações em toda a tábua química, sendo mais intensamente observável nos primeiros grupos ou de pesos atômicos mais baixos. A começar por qualquer elemento, após notar-se uma propriedade, essa qualidade irá mudar por seis elementos consecutivos, mas ao alcançar o oitavo, ela tende a reaparecer, isto é, o oitavo elemento, quimicamente ativo, assemelha-se ao primeiro, o nono ao segundo, e assim por diante. Esse fato, do mundo físico, aponta inequivocamente a constituição sétupla da energia ancestral e indica a re-alidade fundamental da diversidade sétupla das criações do tempo e do espaço. O homem deveria também notar que há sete cores no espectro natural.

Mas nem todas as suposições da filosofia natural são válidas; um exemplo é o éter hipotético, que representa uma tentativa engenhosa do homem de dar unidade à própria ignorância sobre o fenômeno do espaço. A filosofia do universo não pode ser elaborada com base nas observações da chamada ciência. Se a metamorfose de uma borboleta não fosse perceptível, um cientista estaria inclinado a negar a possi-bilidade da mesma desenvolver-se a partir de uma lagarta.

A estabilidade física, associada à elasticidade biológica, está presente na natureza apenas por causa da quase infinita sabedoria possuída pelos Arquitetos Mestres da criação. Nada, a não ser a sabedoria transcendental, poderia jamais projetar unida-des de matéria que são ao mesmo tempo tão estáveis e tão eficazmente flexíveis.

10. SISTEMAS NÃO-ESPIRITUAIS DE ENERGIAS UNIVERSAIS
(SISTEMAS DE MENTE MATERIAL)

O movimento sem fim da realidade cósmica relativa, fluindo desde a absolutez da monota do Paraíso, até a absolutez da potência do espaço, sugere certas evoluções de relacionamento entre as realidades não-espirituais da Primeira Fonte e Centro – aquelas realidades que estão ocultas na potência do espaço, reveladas na monota, e provisoriamente divulgadas em níveis cósmicos intermediários. Esse ciclo eterno de energia, estando ligado ao circuito do Pai dos Universos, é absoluto e, em sendo absoluto, não é expansível de nenhuma forma, nem em valor; o Pai Primordial, entretanto – agora e sempre –, realiza em Si uma arena de significados, sempre em expansão, de espaço-tempo, que transcende o espaço-tempo; uma arena de relações mutáveis, nas quais a matéria-energia está sendo progressivamente objeto do super-contole do espírito vivo divino por intermédio de um esforço experiencial da mente viva e pessoal.

As energias universais não-espirituais são reassociadas nos sistemas vivos de men-tes não Criadoras, em vários níveis, alguns dos quais podem ser descritos como a seguir:

1. *Espíritos pré-ajudantes da mente*. Este nível de mente é não-experiencial e, nos mundos habitados, é ministrado pelos Mestres Controladores Físicos. Essa é a mente mecânica, o intelecto não-ensinável, da forma mais primitiva de vida mate-rial; mas a mente não-ensinável funciona em muitos níveis, além daquele da vida planetária primitiva.

2. *Espíritos ajudantes da mente*. Esta é uma ministração do Espírito Materno do universo local, funcionando através dos seus sete espíritos ajudantes da mente, no nível ensinável (não-mecânico) da mente material. Nesse nível, a mente material está experienciando: como intelecto subhumano (animal) por meio dos primeiros cinco ajudantes; como intelecto humano (moral) por intermédio dos sete ajudantes;

como intelecto supra-humano (nos seres intermediários) por meio dos dois últimos ajudantes.

3. *Mentes moronciais em evolução* – a consciência, em expansão, das personalidades em evolução, nas suas carreiras ascendentes no universo local. Esta é uma outorga do Espírito Materno do universo local, em conexão com o Filho Criador. Esse nível de mente indica a organização do tipo moroncial de veículo de vida, uma síntese do material e do espiritual que é efetuada pelos Supervisores do Poder Moroncial de um universo local. A mente moroncial funciona diferencialmente, em resposta aos 570 níveis de vida moroncial, demonstrando uma capacidade associativa crescente com a mente cósmica, nos níveis mais elevados de realização. Esse é o curso evolucionário das criaturas mortais, mas a mente de uma ordem não-moroncial é também outorgada por um Filho do Universo e por um Espírito do Universo, aos filhos não-moronciais das criações locais.

A mente cósmica. Essa é a mente setuplamente diversificada do tempo e do espaço, cada fase da mesma sendo ministrada por um dos Sete Espíritos Mestres, a um dos sete superuniversos. A mente cósmica engloba todos os níveis da mente finita e coordena-se experiencialmente com os níveis da deidade evolucionária da Mente Suprema, e transcendentalmente com o nível existencial da mente absoluta – os circuitos diretos do Agente Conjunto.

No Paraíso, a mente é absoluta; em Havona, absonita; em Orvônton, finita. A mente indica sempre a presença-atividade da ministração viva, acrescida de sistemas de energia variada; e isso é verdade em todos os níveis e para todas as espécies de mentes. Mas, para além da mente cósmica, torna-se cada vez mais difícil descrever as relações da mente com a energia não-espiritual. A mente de Havona é subabsoluta, mas é supra-evolucionária; sendo experiencial-existencial está mais próxima do absonito do que de qualquer outro conceito revelado a vós. A mente do Paraíso está adiante da compreensão humana; ela é existencial, não-espacial e não-temporal. Entretanto, todos esses níveis de mente são sobrepujados pela presença universal do Agente Conjunto – pela atração da gravidade mental do Deus da mente no Paraíso.

11. OS MECANISMOS DO UNIVERSO

Na avaliação e reconhecimento da mente, deveria ser lembrado que o universo não é nem meramente mecânico, nem mágico; ele é uma criação da mente e um mecanismo com leis. Na aplicação prática, contudo, se as leis da natureza operam naquilo que parecem ser os reinos duais do físico e do espiritual, na realidade, eles são apenas um. A Primeira Fonte e Centro é a causa primordial de toda a materialização e, ao mesmo tempo, é o Pai primeiro, e o Pai final de todos os espíritos. O Pai do Paraíso aparece pessoalmente nos universos, fora de Havona, apenas como energia pura e espírito puro – como o Ajustador do Pensamento e outros fragmentos semelhantes.

Os mecanismos não dominam, absolutamente, toda a criação; o universo dos universos é *totalmente* planejado pela mente, feito pela mente e administrado pela mente. Mas o mecanismo divino do universo dos universos é por demais perfeito, no todo, para que os métodos científicos da mente finita do homem nele possam discernir, por um mínimo que seja, o domínio da mente infinita. Pois a mente que cria, controla e mantém não é nem a mente material, nem a mente da criatura; é a mente do espírito, funcionando nos níveis criadores da realidade divina e a partir deles.

A capacidade de discernir e descobrir a mente, com base nos mecanismos do universo, depende inteiramente da habilidade, escopo e capacidade da mente investigadora empenhada na tarefa de observação. As mentes do espaço-tempo, organizadas a partir das energias do tempo e do espaço, ficam sujeitas aos mecanismos do tempo e do espaço.

O movimento e a gravitação no universo são facetas gêmeas do mecanismo impessoal do espaço-tempo, no universo dos universos. Os níveis, para o espírito, a mente e a matéria, de sensibilidade à gravidade, são totalmente independentes do tempo, mas apenas os níveis verdadeiros da realidade do espírito são independentes do espaço (são não-espaciais). Os níveis mais elevados da mente do universo – os níveis da mente espiritual – podem também ser não-espaciais, mas os níveis da mente material, tais como os da mente humana, são sensíveis às interações da gravitação do universo, apenas quando perdem essa sensibilidade à proporção que se identificam com o espírito. Os níveis da realidade do espírito são reconhecidos pelo seu conteúdo de espírito; e a espiritualidade no tempo e no espaço é medida na proporção inversa da sensibilidade à gravidade linear.

A sensibilidade à gravidade linear é uma medida quantitativa da energia não-espiritual. Toda a massa – ou energia organizada – está sujeita a essa atração, a menos que o movimento e a mente atuem sobre ela. A gravidade linear é a força de coesão, de curto alcance, do macrocosmo, do mesmo modo que as forças da coesão interna do átomo são as forças de curto alcance do microcosmo. A energia física materializada, organizada naquilo que se chama de matéria, não pode atravessar o espaço sem ter a sua sensibilidade à gravidade linear alterada. Se bem que essa sensibilidade à gravidade seja diretamente proporcional à massa, ela é modificada pelo espaço intermediário, de um modo tal que o resultado final, quando expresso pelo inverso do quadrado da distância, nada mais é que grosseiramente aproximado. O espaço finalmente predomina sobre a gravitação linear por causa da presença, nele, das influências antigravitacionais de numerosas forças supramateriais que operam neutralizando a ação da gravidade e todas as respostas a ela.

Os mecanismos cósmicos extremamente complexos, e que aparentam surgir de um modo altamente automático, tendem sempre a esconder a presença da mente intrínseca que os originou ou criou, para toda e qualquer inteligência, no universo, que esteja em um nível muito abaixo daquele da natureza e capacidade do mecanismo em si mesmo. E, por isso, torna-se inevitável que os mecanismos mais elevados do universo pareçam, para as ordens mais baixas de criaturas, não ter mente. A única exceção possível dessa conclusão seria a de atribuir uma mente ao incrível fenômeno de *um universo, que aparentemente se automantém* – mas essa é uma questão para a filosofia, mais do que de experiência real.

Como a mente coordena o universo, a rigidez dos mecanismos não existe. O fenômeno da evolução progressiva, associado à automanutenção cósmica, é universal. A capacidade de evolução do universo é inexaurível à infinitude da espontaneidade. O progresso, no sentido da unidade harmoniosa, a síntese experiencial crescente superposta a uma complexidade sempre crescente de relações, só poderia ser alcançado por uma mente que tenha propósito e que seja dominante.

Quanto mais elevada for a mente do universo, associada a um fenômeno universal qualquer, tanto mais difícil torna-se descobri-la para os tipos mais baixos de mente. E, já que a mente do mecanismo do universo é a mente-espírito criativa (a própria mente do Infinito), ela nunca pode ser descoberta ou percebida pelas mentes de nível baixo do universo; e muito menos pela mente *mais baixa* de todas, a humana. A mente animal em evolução, conquanto seja naturalmente buscadora de Deus, não é por si mesma, nem em si mesma, inerentemente conhecedora de Deus.

12. MODELO E FORMA – O PREDOMÍNIO DA MENTE

A evolução dos mecanismos implica e indica a presença oculta e a predominância da mente criativa. A capacidade do intelecto mortal de conceber, projetar e criar mecanismos automáticos demonstra que as qualidades superiores, criativas e plenas de propósito, da mente do homem, são a influência dominante no planeta. A mente tende sempre para a:

1. Criação de mecanismos materiais.

2. Descoberta de mistérios ocultos.

3. Exploração de situações remotas.

4. Formulação de sistemas mentais.

5. Alcance dos objetivos da sabedoria.

6. Realização de níveis do espírito.

7. Cumprimento dos destinos divinos – supremos, últimos e absolutos.

A mente é sempre criativa. O dom da mente de um indivíduo animal, mortal, moroncial, ascendente espiritual ou que tenha alcançado a finalidade, é sempre competente para produzir um corpo adequado e útil para a identidade da criatura vivente. Todavia, o fenômeno da presença de uma personalidade, ou do modelo de uma identidade, como tal, não é uma manifestação de energia, seja física, mental ou espiritual. A forma da personalidade é o aspecto *modelar* de um ser vivo; denota uma *ordenação* das energias, e isso, acrescentado à vida e ao movimento, é o *mecanismo* da existência da criatura.

Mesmo os seres espirituais têm forma, e essas formas espirituais (os modelos) são reais. Até o tipo mais elevado de personalidades espirituais tem formas – presenças de personalidades análogas, em todos os sentidos, aos corpos mortais de Urântia. Quase todos os seres encontrados nos sete superuniversos possuem formas. Todavia, há umas poucas exceções a essa regra geral: os Ajustadores do Pensamento parecem existir sem uma forma, antes de fundirem-se com as almas sobreviventes dos seus colaboradores mortais. Os Mensageiros Solitários, os Espíritos Inspirados da Trindade, os Ajudantes Pessoais do Espírito Infinito, os Mensageiros por Gravidade, os Registradores Transcendentais e alguns outros seres também não possuem formas descobertas. Contudo, essas são as raras exceções típicas; a grande maioria tem formas autênticas de personalidade, formas que são individualmente características e que são reconhecíveis e pessoalmente distinguíveis.

A conexão da mente cósmica com a ministração dos espíritos ajudantes da mente desenvolve um tabernáculo físico adequado para o ser humano em evolução. De um modo semelhante, a mente moroncial individualiza a forma moroncial para todos os sobreviventes mortais. Do mesmo modo que um corpo mortal é pessoal e característico para cada ser humano, assim, a forma moroncial será altamente individual e adequadamente característica da mente criativa que o domina. Não há duas formas moronciais sequer parecidas, como não há dois corpos humanos idênticos. Os Supervisores do Poder Moroncial patrocinam, e o serafim assistente providencia os materiais moronciais não diferenciados a partir dos quais a vida moroncial pode começar a trabalhar. E, após a vida moroncial, será constatado que as formas do espírito são igualmente diferentes, pessoais e características das respectivas mentes-espíritos que residem nelas.

Vós, num mundo material, pensais em um corpo como tendo um espírito; mas nós consideramos o espírito como tendo um corpo. Os olhos materiais são verdadeiramente as janelas da alma que nasce do espírito. O espírito é o arquiteto, a mente é o construtor, o corpo é a edificação material.

As energias físicas, espirituais e mentais, como tais e nos seus estados puros, não interagem integralmente como factualizações no universo dos fenômenos. No Paraíso, as três energias estão coordenadas, em Havona têm de ser e são coordenadas; ao passo que, nos níveis de atividades finitas do universo, todas as gamas de predominâncias devem ser encontradas, a material, a mental e a espiritual. Em situações não pessoais do tempo e do espaço, a energia física parece predominar; mas também parece que quanto mais a função da mente-espírito aproxima-se da divindade, em propósito, e da supremacia, em ação, tanto mais nitidamente a fase do espírito torna-se predominante; parece também que, no nível último, o espírito-mente pode tornar-se quase completamente dominante. No nível absoluto, o espírito certamente é predominante. E daí em diante, no reino do tempo e espaço, sempre que uma realidade do espírito divino esteja presente, sempre que uma mente-espírito real estiver funcionando, haverá sempre uma tendência a produzir uma contraparte material ou física daquela realidade do espírito.

O espírito é a realidade criativa; a contraparte física é o reflexo, no tempo-espaço, da realidade do espírito, a repercussão física da ação criativa da mente-espírito.

A mente domina universalmente a matéria, exatamente como esta, por sua vez, é sensível e responde ao controle último do espírito. E, no homem mortal, apenas aquela mente que livremente se submete ao direcionamento do espírito pode almejar sobreviver à existência mortal do espaço-tempo, tal uma criança imortal do mundo eterno do espírito do Supremo, do Último e do Absoluto: o Infinito.

[Apresentado por um Mensageiro Poderoso a serviço em Nébadon, e a pedido de Gabriel.]

DOCUMENTO 43

AS CONSTELAÇÕES

EM GERAL referimo-nos a Urântia como sendo o 606 de Satânia, em Norlatiadeque de Nébadon, significando o seiscentésimo sexto mundo habitado do sistema local de Satânia, situado na constelação de Norlatiadeque, uma das cem constelações do universo local de Nébadon. As constelações são a primeira divisão de um universo local; os seus governantes fazem a ligação dos sistemas locais de mundos habitados com a administração central do universo local em Sálvington, e, por refletividade, com a superadministração dos Anciães dos Dias em Uversa.

O governo da vossa constelação está situado em um agrupamento de 771 esferas arquitetônicas, das quais Edêntia é a mais central e maior de todas, sendo a sede da administração dos Pais da Constelação, os Altíssimos de Norlatiadeque. A própria Edêntia é aproximadamente cem vezes maior do que o vosso mundo. As setenta maiores esferas que rodeiam Edêntia têm cerca de dez vezes o tamanho de Urântia, enquanto os dez satélites girando ao redor de cada um desses setenta mundos são aproximadamente do tamanho de Urântia. Essas 771 esferas arquitetônicas são equiparáveis em tamanho às de outras constelações.

As unidades de tempo e medida da distância, em Edêntia, são as mesmas de Sálvington e, pelo fato de serem esferas das capitais do universo, os mundos sedescentrais da constelação estão plenamente supridos de todas as ordens de inteligências celestes. Em geral, essas personalidades não são muito diferentes das descritas em conexão com a administração do universo.

Os serafins supervisores, a terceira ordem de anjos do universo local, são designados para o serviço das constelações. Eles têm sua sede-central nas esferas capitais, e ministram extensivamente aos mundos de aperfeiçoamento moroncial que os rodeiam. Em Norlatiadeque, as setenta esferas maiores, junto com os setecentos satélites menores, são habitadas pelos univitátias, cidadãos permanentes da constelação. Todos esses mundos arquitetônicos são totalmente administrados pelos vários grupos de vida nativa, em sua maioria não revelados, mas que incluem os eficientes espirongas e os formosos espornágias. Sendo o ponto médio do regime de aperfeiçoamento moroncial, como vós poderíeis supor, a vida moroncial das constelações é tanto típica, quanto ideal.

1. AS SEDES CENTRAIS DAS CONSTELAÇÕES

Os fascinantes platôs elevados, nas montanhas, são abundantes em Edêntia, com extensas elevações de matéria física coroada pela vida moroncial e coberta de glória espiritual, mas não há cadeias de montanhas escarpadas como as que existem em Urântia. Há dezenas de milhares de lagos resplandecentes e milhares e milhares de arroios que se intercomunicam, mas não há grandes oceanos, nem rios torrenciais. Apenas os planaltos são desprovidos dessas correntes superficiais.

A água em Edêntia, e em esferas arquitetônicas semelhantes, não é diferente da água dos planetas evolucionários. Os sistemas de água, nessas esferas, são tanto superficiais quanto subterrâneos, e a umidade está em constante circulação. Edêntia pode ser circunavegada por meio de várias rotas fluviais, embora o sistema principal de transporte seja atmosférico. Os seres espirituais viajam naturalmente sobre a superfície da esfera, enquanto os seres moronciais e materiais fazem uso de meios materiais e semimateriais para atravessarem a atmosfera.

Edêntia e os seus mundos agregados têm uma atmosfera verdadeira, uma mistura usual de três gases que é característica dessas criações arquitetônicas, e que incorpora os dois elementos da atmosfera urantiana, mais aquele gás moroncial adequado à respiração das criaturas moronciais. Todavia, ao mesmo tempo. essa atmosfera é tanto material quanto moroncial, e nela não há tempestades nem furacões, não há verão nem inverno. Essa ausência de perturbações atmosféricas e de variações nas estações torna possível embelezar todos os ambientes externos nesses mundos especialmente criados.

Os planaltos de Edêntia têm características físicas magníficas, e a sua beleza é realçada pela profusão sem fim da vida que abunda em toda a sua extensão e largura. Exceto por umas poucas estruturas bastante isoladas, esses planaltos não contêm nenhuma obra feita pelas mãos de criaturas. A ornamentação material e moroncial limita-se às áreas habitadas. As elevações menos altas são os locais das residências especiais e são maravilhosamente ornadas com obras de arte biológicas e moronciais.

Situadas nos cumes da sétima cadeia de planaltos, estão as salas de ressurreição de Edêntia, onde acordam os mortais ascendentes da ordem secundária modificada de ascensão. Essas câmaras de reconstituição de criaturas encontram-se sob a supervisão dos Melquisedeques. A primeira das esferas de recepção de Edêntia (como o planeta Melquisedeque, próximo de Sálvington) também tem salas especiais de ressurreição, onde os mortais das ordens modificadas de ascensão são reconstituídos.

Os Melquisedeques também mantêm duas Faculdades especiais em Edêntia. Uma, a escola de emergência, devota-se ao estudo dos problemas surgidos com a rebelião de Satânia. A outra, a escola de auto-outorga, é dedicada ao conhecimento dos novos problemas advindos do fato de Michael ter realizado a sua auto-outorga final em um dos mundos de Norlatiadeque. Essa última faculdade estabeleceu-se há quase quarenta mil anos, imediatamente depois do anúncio feito por Michael de que Urântia havia sido escolhida como o mundo da sua auto-outorga final.

O mar de cristal, a área de recepção de Edêntia, está próximo do centro administrativo e é circundado pelo anfiteatro da sede-central. Em torno dessa área estão os centros de governo das setenta divisões dos assuntos da constelação. A metade de Edêntia está dividida em setenta seções triangulares, cujos limites convergem para os edifícios da sede-central dos seus respectivos setores. O restante dessa esfera é um grande parque natural, os jardins de Deus.

Durante as vossas visitas periódicas a Edêntia, embora todo o planeta esteja aberto à vossa observação, a maior parte do vosso tempo será gasta naquele triângulo administrativo cujo número corresponde ao do vosso mundo residencial atual. Como observadores, vós sereis sempre bem-vindos às assembléias legislativas.

A área moroncial designada aos mortais ascendentes residentes em Edêntia está localizada na zona média do trigésimo quinto triângulo adjacente à sede-central dos finalitores, que se situa no trigésimo sexto triângulo. A sede-central geral dos univitátias ocupa uma área enorme na região central do trigésimo quarto triângulo, imediatamente adjacente à reserva residencial dos cidadãos moronciais. Desses arranjos, pode-se perceber que foi preparada a acomodação de, pelo menos, setenta divisões maiores de vida celeste e que, também, cada uma dessas setenta áreas triangulares está correlacionada a uma das setenta esferas maiores de aperfeiçoamento moroncial.

O mar de cristal de Edêntia é um enorme cristal circular, de cerca de cento e sessenta quilômetros de circunferência e com cerca de cinqüenta quilômetros de profundidade. Esse cristal magnífico serve como campo de recepção para todos os serafins de transporte e para os outros seres que chegam de pontos de fora da esfera; esse mar de cristal facilita grandemente a aterrissagem dos serafins de transporte.

Um campo de cristal dessa ordem pode ser encontrado em quase todos os mundos arquitetônicos; e serve a muitos propósitos, afora o seu valor decorativo, sendo utilizado para ilustrar a refletividade do superuniverso aos grupos reunidos ali, bem como um fator na técnica da transformação de energia, para modificar as correntes do espaço e adaptar as outras correntes de energias físicas que chegam.

2. O GOVERNO DA CONSTELAÇÃO

As constelações são as unidades autônomas de um universo local; cada constelação é administrada de acordo com os seus próprios atos legislativos. Quando as cortes de Nébadon se reúnem para o julgamento dos assuntos do universo, todas as questões internas são julgadas de acordo com as leis que prevalecem na constelação envolvida. Esses atos judiciais de Sálvington, junto com os atos legislativos das constelações, são executados pelos administradores dos sistemas locais.

As constelações, desse modo, funcionam como unidades legislativas ou elaboradoras de leis, enquanto os sistemas locais servem como unidades de execução ou de imposição dessas leis. O governo de Sálvington é a autoridade judicial suprema e coordenadora.

Embora a função judicial suprema recaia sobre a administração central de um universo local, há dois tribunais, subsidiários, porém maiores, nas sedes-centrais de cada constelação, o conselho Melquisedeque e a corte dos Altíssimos.

Todos os problemas judiciais são primeiramente revistos pelo conselho Melquisedeque. Doze dos dessa ordem de seres, que têm passado por certas experiências de pré-requisito nos planetas evolucionários e mundos sedes-centrais dos sistemas, possuem o poder de rever as evidências, de assimilar a defesa e de formular veredictos provisórios, os quais são passados à corte do Altíssimo, o Pai reinante da Constelação. A divisão mortal deste último tribunal consiste de sete juízes, todos os quais são mortais ascendentes. Quanto mais alto vós ascendeis no universo, tanto mais certo será que ireis ser julgados por aqueles da vossa própria espécie.

O corpo legislativo da constelação está dividido em três grupos. O programa legislativo de uma constelação origina-se na casa mais baixa dos seres ascendentes, um grupo presidido por um finalitor e consistindo de mil representantes mortais. Cada sistema indica dez membros para essa assembléia deliberativa. Em Edêntia, atualmente, esse corpo não está totalmente preenchido.

A câmara média de legisladores é composta das hostes seráficas e seus colaboradores, outros filhos do Espírito Materno do universo local. Esse grupo consta de cem membros e é indicado pelas personalidades supervisoras, as quais presidem às várias atividades desses seres na medida em que eles funcionam dentro da constelação.

O corpo consultivo, ou o mais elevado corpo de legisladores da constelação, consiste da câmara dos pares – a casa dos Filhos divinos. Esse corpo é escolhido pelos Pais Altíssimos, em número de dez. Apenas os Filhos de experiência especial podem servir nessa elevada câmara. Esse grupo ocupa-se em determinar os fatos e poupar tempo e, muito eficazmente, serve a ambas as divisões menos elevadas da assembléia legislativa.

O conselho combinado dos legisladores consiste de três membros de cada um desses ramos separados, da assembléia deliberativa da constelação; e a ele preside o Altíssimo júnior reinante. Esse grupo sanciona a forma final de todas as leis e autoriza a sua promulgação por intermédio dos difusores. A aprovação dessa comissão suprema faz dos atos legislativos a lei do reino; os seus atos são finais. Os pronunciamentos legislativos de Edêntia constituem a lei fundamental de Norlatiadeque.

3. OS ALTÍSSIMOS DE NORLATIADEQUE

Os governantes das constelações são da ordem Vorondadeque de filiação do universo local. Quando encarregados, no dever ativo do universo, como governantes das constelações, ou de qualquer outro modo, esses Filhos são conhecidos como os *Altíssimos*, pois incorporam a sabedoria administrativa mais elevada, acompanhada de uma lealdade de grande clarividência e da maior inteligência, de todas as ordens dos Filhos de Deus, do Universo Local. A integridade pessoal deles e a lealdade do seu grupo nunca foram questionadas; nenhuma deslealdade dos Filhos Vorondadeques jamais ocorreu em Nébadon.

Pelo menos três Filhos Vorondadeques encontram-se incumbidos, por Gabriel, de funcionarem como os Altíssimos de cada uma das constelações de Nébadon. O membro que preside a esse trio é conhecido como o *Pai da Constelação*, e os seus dois colaboradores são o *Altíssimo sênior* e o *Altíssimo júnior*. Um Pai da Constelação reina por dez mil anos-padrão (cerca de 50 000 dos anos de Urântia), havendo servido previamente como colaborador júnior e colaborador sênior por períodos iguais.

O salmista sabia que Edêntia era governada por três Pais da Constelação e deste modo falou da sua morada, no plural: "Há um rio cujas correntes alegrarão a cidade de Deus, o lugar mais sagrado entre os tabernáculos dos Altíssimos".

Através das idades, tem havido grande confusão, em Urântia, a respeito dos vários governantes do universo. Muitos dos educadores recentes confundiram as suas deidades tribais vagas e indefinidas com os Pais Altíssimos. E, ainda mais tarde, os hebreus fundiram todos esses governantes celestes em uma Deidade composta. Um educador compreendeu que os Altíssimos não eram os Governantes Supremos, pois disse: "Ele, que mora no lugar secreto do Altíssimo, viverá à sombra do Todo-Poderoso". Nos registros de Urântia é muito difícil, às vezes, saber exatamente a quem se refere o termo "Altíssimo". Daniel, porém, compreendeu plenamente essa questão. Disse ele: "O Altíssimo governa no reino dos homens e entrega-o a quem ele deseja".

Os Pais da Constelação ocupam-se pouco com os indivíduos de um planeta habitado, mas estão intimamente associados às funções do fazer as leis e legislar nas constelações; o que, de um modo tão amplo, concerne a cada *raça* e *grupo* mortal nacional dos mundos habitados.

Ainda que o regime da constelação se interponha entre vós e a administração do universo, como indivíduos, vós estaríeis ordinariamente pouco ocupados com o governo da constelação. O vosso grande interesse, normalmente, estaria centrado no sistema local, Satânia; mas, temporariamente, Urântia está ligada de modo estreito aos governantes da constelação, por causa de certas condições do sistema e do planeta, em conseqüência da rebelião de Lúcifer.

Os Altíssimos de Edêntia tomaram posse de certas fases da autoridade dos mundos rebeldes, na época da secessão de Lúcifer. Eles continuaram a exercer esse poder, e os Anciães dos Dias, há muito, confirmaram que eles podiam assumir o controle sobre esses mundos desviados. Eles irão, sem dúvida, continuar a exercer essa jurisdição assumida, enquanto Lúcifer viver. Geralmente, em um sistema leal, muito dessa autoridade seria investida no Soberano do Sistema.

Mas há ainda um outro aspecto que fez Urântia tornar-se peculiarmente relacionada aos Altíssimos. Quando Michael, o Filho Criador, se encontrava na sua missão final de auto-outorga, já que o sucessor de Lúcifer não estava em plena autoridade no sistema local, todos os assuntos de Urântia que diziam respeito à auto-outorga de Michael foram imediatamente supervisionados pelos Altíssimos de Norlatiadeque.

4. O MONTE DA ASSEMBLÉIA — OS FIÉIS DOS DIAS

O mais sagrado monte de reuniões de Edêntia é o local de morada do representante da Trindade do Paraíso, o Fiel dos Dias que atua ali.

Esse Fiel dos Dias é um Filho da Trindade do Paraíso e tem estado presente em Edêntia, como o representante pessoal de Emanuel, desde a criação do mundo sede-central. Sempre o Fiel dos Dias permanece à mão direita dos Pais da Constelação, para aconselhá-los, mas nunca se manifesta, a menos que isso lhe seja solicitado. Os altos Filhos do Paraíso nunca participam da condução dos assuntos de um universo local, exceto a pedido dos governantes que atuam nesses domínios. Mas tudo o que um União dos Dias é para um Filho Criador, um Fiel dos Dias é, para os Altíssimos de uma constelação.

A residência do Fiel dos Dias de Edêntia é o centro, na constelação, do sistema de comunicação e informação extra-universal do Paraíso. Esses Filhos da Trindade, com a sua assessoria de personalidades de Havona e do Paraíso, em conexão com o União dos Dias na supervisão, estão em comunicação direta e constante com as suas ordens, em todos os universos e mesmo em Havona e no Paraíso.

O monte mais sagrado é refinadamente belo e maravilhosamente instalado; e a residência, de fato, do Filho do Paraíso é modesta, se comparada com a morada central dos Altíssimos e as setenta estruturas que a rodeiam, e que compreendem as unidades residenciais dos Filhos Vorondadeques. Essas instalações são exclusivamente residenciais; são inteiramente separadas dos imensos edifícios das sedes-centrais administrativas, onde os assuntos da constelação são tratados.

Em Edêntia, a residência do Fiel dos Dias está localizada ao norte dessas residências dos Altíssimos; e é conhecida como o "monte da Assembléia do Paraíso". Nesse planalto consagrado, os mortais ascendentes reúnem-se periodicamente para escutar esse Filho do Paraíso contar a longa e fascinante viagem dos mortais em progresso, através do bilhão de mundos perfeitos de Havona e mesmo as indescritíveis delícias do Paraíso. E é nesses encontros especiais, no monte da Assembléia, que os mortais moronciais conhecem mais plenamente os vários grupos de personalidades que têm origem no universo central.

O traidor Lúcifer, certa vez soberano de Satânia, ao anunciar as suas exigências, de ter uma jurisdição maior, buscava deslocar todas as ordens superiores de filiação no plano de governo do universo local. No fundo do seu coração, ele mantinha lá os seus propósitos ao dizer: "Eu elevarei o meu trono acima dos Filhos de Deus; assentar-me-ei no monte da Assembléia no norte; eu serei como o Altíssimo".

Os cem soberanos de Sistemas vêm, periodicamente, aos conclaves de Edêntia, que deliberam sobre o bem-estar da constelação. Após a rebelião de Satânia, os arqui-rebeldes de Jerusém pretendiam comparecer a tais conselhos em Edêntia, exatamente como haviam feito em ocasiões anteriores. E não houve nenhum modo de parar com essa afronta arrogante, a não ser depois da auto-outorga de Michael, em Urântia, e depois de haver ele assumido, posteriormente, a soberania ilimitada em todo o Nébadon. Nunca mais, desde esse dia, foi permitido a esses instigadores do pecado sentarem-se nos conselhos leais dos Soberanos de Sistemas em Edêntia.

Que os educadores dos tempos antigos sabiam dessas coisas, é evidenciado pelos seus registros: "E houve um dia em que os Filhos de Deus vieram apresentar-se diante dos Altíssimos, e Satã veio também e apresentou-se entre deles". E essa é uma declaração de fato, independentemente do contexto ao qual possa parecer estar ligada.

Desde o triunfo de Cristo, toda a Norlatiadeque está sendo purificada do pecado e de rebeldes. Pouco antes da morte de Michael na carne, Satã, o parceiro caído de Lúcifer, tentou estar presente a esse conclave de Edêntia, mas a solidificação dos sentimentos contra os arqui-rebeldes havia atingido um ponto em que as portas da compaixão estavam quase tão universalmente fechadas, tanto que não deram nenhum chão a esses inimigos de Satânia. Quando não há nenhuma porta aberta para a recepção do mal, não existe oportunidade para se nutrir o pecado. As portas dos corações de toda a Edêntia fecharam-se para Satã; ele foi rejeitado, por unanimidade, pelos Soberanos de Sistemas reunidos, e nessa época o Filho do Homem "contemplou Satã cair, como um relâmpago, dos céus".

Desde a rebelião de Lúcifer, uma nova estrutura é mantida próxima à residência do Fiel dos Dias. Esse edifício temporário é a sede-central da ligação com o Altíssimo, o qual funciona em contato íntimo com o Filho do Paraíso, como conselheiro do governo da constelação, para todas as questões que dizem respeito à política e atitude da ordem dos Dias para com o pecado e a rebelião.

5. OS PAIS DE EDÊNTIA, DESDE A REBELIÃO DE LÚCIFER

A rotação dos Altíssimos, em Edêntia, ficou suspensa na época da rebelião de Lúcifer. Temos, atualmente, os mesmos governantes que estavam nesse posto, naquele tempo. Inferimos que nenhuma mudança desses governantes será feita, até que se decida finalmente sobre Lúcifer e os seus parceiros.

O governo atual da constelação, contudo, expandiu-se incluindo doze Filhos da ordem dos Vorondadeques. Esses doze são os seguintes:

1. O Pai da Constelação. O atual governante Altíssimo de Norlatiadeque tem o número 617 318 da série Vorondadeque de Nébadon. Ele prestou serviço em muitas constelações, em todo o nosso universo local, antes de encarregar-se das suas responsabilidades atuais em Edêntia.

2. O Altíssimo colaborador sênior.

3. O Altíssimo colaborador júnior.

4. O conselheiro Altíssimo, representante pessoal de Michael, desde que ele atingiu o status de Filho Mestre.

5. O executivo Altíssimo, representante pessoal de Gabriel, posto em Edêntia, desde a rebelião de Lúcifer.

6. O Altíssimo dirigente dos observadores planetários, diretor dos observadores Vorondadeques postos nos mundos isolados de Satânia.

7. O árbitro Altíssimo, o Filho Vorondadeque a quem foi confiado o dever de ajustar todas as dificuldades conseqüentes da rebelião dentro da constelação.

8. O Altíssimo administrador emergencial, o Filho Vorondadeque encarregado da tarefa de adaptar os atos emergenciais da legislação de Norlatiadeque para os mundos de Satânia, isolados pela rebelião.

9. O mediador Altíssimo, o Filho Vorondadeque designado para harmonizar os ajustes especiais da auto-outorga de Urântia, com a administração de rotina da constelação. A presença de certas atividades de arcanjos e inúmeras outras ministrações, não regulares, em Urântia, junto com as atividades especiais dos Brilhantes Estrelas Vespertinas em Jerusém, torna a função desse Filho necessária.

10. O juiz-advogado Altíssimo, dirigente do tribunal de emergência, devotado ao ajustamento dos problemas especiais de Norlatiadeque, advindos da confusão conseqüente da rebelião de Satânia.

11. O agente de ligação Altíssimo, o Filho Vorondadeque agregado aos governantes de Edêntia, mas servindo como um conselheiro especial, junto aos Fiéis dos Dias, no que diz respeito ao melhor curso a ser seguido no desenvolvimento das questões pertinentes à rebelião e à deslealdade da criatura.

12. O diretor Altíssimo, presidente do conselho de emergência de Edêntia. Todas as personalidades designadas para Norlatiadeque, em conseqüência da sublevação de Satânia, constituem o conselho de emergência, e o seu oficial-presidente é um Filho Vorondadeque de extraordinária experiência.

E aqui não estamos levando em conta os inúmeros Vorondadeques, enviados das constelações de Nébadon, e os outros que são também residentes em Edêntia.

Desde a rebelião de Lúcifer, os Pais de Edêntia têm dedicado um cuidado especial a Urântia e aos outros mundos isolados de Satânia. Há muito, o profeta reconheceu a mão controladora dos Pais da Constelação nos assuntos das nações. "Quando o Altíssimo dividiu entre as nações a sua herança, quando separou os filhos de Adão, ele estabeleceu os limites dos povos."

Cada mundo isolado, ou em quarentena, tem um Filho Vorondadeque atuando como observador. Ele não participa da administração planetária, excetuando-se quando o Pai da Constelação ordena que ele intervenha nos assuntos das nações. Na realidade, é esse observador Altíssimo que "governa nos reinos dos homens". Urântia é um dos mundos isolados de Norlatiadeque, e um observador Vorondadeque tem permanecido estacionado neste planeta, desde a traição de Caligástia. Quando Maquiventa Melquisedeque ministrou, sob uma forma semimaterial, em Urântia, ele prestou honra respeitosa ao observador Altíssimo, então em missão, como está escrito: "E Melquisedeque, rei de Salém, foi o sacerdote do Altíssimo". Melquisedeque revelou as relações de Abraão com esse observador Altíssimo, quando ele disse: "E abençoado seja o Altíssimo, que entregou os vossos inimigos nas vossas mãos".

6. OS JARDINS DE DEUS

As capitais dos sistemas são particularmente embelezadas por edificações materiais e minerais, ao passo que a sede-central do universo reflete mais a glória espiritual; mas as capitais das constelações são o ponto alto das atividades moronciais e dos embelezamentos vivos. Nos mundos-sede das constelações, a beleza viva é utilizada de um modo mais geral, e é essa preponderância da vida – a arte botânica – que leva tais mundos a serem chamados de "os jardins de Deus".

Cerca da metade de Edêntia dedica-se aos refinados jardins dos Altíssimos, e tais jardins estão entre as mais encantadoras criações moronciais do universo local. Isso explica por que os locais extraordinariamente belos, nos mundos habitados de Norlatiadeque, são tão freqüentemente chamados de "o jardim do Éden".

Centralmente localizado, nesse magnífico jardim, está o templo de adoração dos Altíssimos. O salmista deve ter sabido de algo, sobre essas coisas, pois escreveu: "Quem irá ascender às colinas dos Altíssimos? Quem se manterá nesse lugar sagrado? Ele, que tem as mãos limpas e o coração puro, que não levou a sua alma à vaidade, nem jurou enganosamente". Nesse templo, os Altíssimos, a cada décimo dia de relaxamento, conduzem toda a Edêntia à contemplação adoradora de Deus, o Supremo.

Os mundos arquitetônicos desfrutam de dez formas de vida, da ordem material. Em Urântia, há a vida vegetal e há a vida animal, mas, em um mundo como Edêntia, há dez divisões de ordens materiais de vida. Pudésseis ver essas dez divisões da vida em Edêntia, e iríeis rapidamente classificar as primeiras três como vegetais e as últimas três como animais, mas seríeis totalmente incapazes de compreender a natureza dos quatro grupos intermediários de formas de vida, de tão prolíficas e fascinantes.

Mesmo a vida distinguivelmente animal é muito diferente da dos mundos evolucionários; e tão diferente que é completamente impossível retratar, para as mentes mortais, o caráter singular e a natureza afetuosa dessas criaturas que não falam. Há milhares e milhares de criaturas vivas, que a vossa imaginação certamente não poderia conceber. Toda a criação animal é de uma ordem inteiramente diferente das espécies animais grosseiras dos planetas evolucionários. Contudo, toda essa vida animal é bastante inteligente e deliciosamente prestativa, e todas as várias espécies são surpreendentemente gentis e de um companheirismo tocante. Não há criaturas carnívoras nesses mundos arquitetônicos; nada há, em toda a Edêntia, que faça qualquer ser vivo sentir medo.

A vida vegetal é também muito diferente da de Urântia, pois consiste tanto nas variedades materiais como das moronciais. As de desenvolvimento material têm uma coloração verde característica, mas os equivalentes moronciais da vida vegetal têm um matiz violáceo ou de orquídea, de nuances e reflexos variáveis. Essa vegetação moroncial é um desenvolvimento integralmente energético; quando ingerida, não há nenhuma porção residual.

Sendo dotados com dez divisões de vida física, para não mencionar as variações moronciais, esses mundos arquitetônicos fornecem possibilidades imensas para a decoração biológica da paisagem e para as estruturas materiais e moronciais. Os artesãos celestes dirigem os espornágias nativos nesse amplo trabalho de decoração botânica e ornamentação biológica. Os vossos artistas têm de recorrer à pintura inerte e ao mármore sem vida para retratar os seus conceitos; os artesãos celestes e os univitátias, porém, mais freqüentemente utilizam os materiais vivos para representar suas idéias e captar seus ideais.

Se apreciardes as flores, os arbustos e as árvores de Urântia, então tereis uma festa para os vossos olhos, com a beleza botânica e a grandeza floral dos jardins supernos de Edêntia. Mas está além dos meus poderes de descrição tentar transmitir à mente mortal uma idéia adequada de tais belezas dos mundos celestes. Verdadeiramente, a vossa vista não viu essas glórias que aguardam a vossa chegada nesses mundos da aventura de ascensão mortal.

7. OS UNIVITÁTIAS

Os univitátias são os cidadãos permanentes de Edêntia e seus mundos interligados; todos os setecentos e setenta mundos que giram em torno da sede-central da constelação estão sob a supervisão deles. Esses filhos do Filho Criador e do Espírito Criativo Materno são projetados em um plano de existência entre o material e o espiritual, mas eles não são criaturas moronciais. Os nativos de cada uma das setenta esferas maiores de Edêntia possuem diferentes formas visíveis, e os mortais moronciais têm as suas formas moronciais sincronizadas de modo a corresponder à escala ascendente dos univitátias, cada vez que mudam de residência, de uma esfera de Edêntia para outra, à medida que passam gradativamente do mundo de número um para o mundo de número setenta.

Espiritualmente, os univitátias são iguais; intelectualmente, eles variam como os mortais; na forma, parecem-se muito com o estado moroncial de existência, e são criados para funcionarem em setenta ordens diversas de personalidade. Cada uma dessas ordens de univitátias tem dez variações maiores de atividade intelectual, e cada um desses tipos intelectuais variantes preside ao aperfeiçoamento especial e às escolas culturais de socialização progressiva, ocupacional ou prática, de um dentre dez dos satélites que giram em volta de cada um dos mundos maiores de Edêntia.

Esses setecentos mundos menores são esferas técnicas de instrução prática sobre a operação de todo o universo local, e estão abertos a todas as classes de seres inteligentes. Essas escolas de aperfeiçoamento para as habilidades específicas e conhecimentos técnicos não são conduzidas exclusivamente para os mortais ascendentes, apesar de os estudantes moronciais constituírem, de longe, o maior grupo de todos os que freqüentam esses cursos de aperfeiçoamento. Quando fordes recebidos em qualquer desses setenta mundos maiores de cultura social, ser-vos-á imediatamente dada a permissão para irdes a cada um dos dez satélites que os cercam.

Nas várias colônias de cortesia, os mortais moronciais ascendentes predominam junto aos diretores de retrospecção, mas os univitátias representam o grupo maior ligado ao corpo de artesãos celestes, de Nébadon. Em todo o Orvônton, excetuando-se os abandonteiros de Uversa, nenhum ser de fora de Havona pode igualar-se aos univitátias em habilidade artística, adaptabilidade social e inteligência coordenadora.

Esses cidadãos da constelação não são de fato membros do corpo de artesãos, mas trabalham livremente com todos os grupos e contribuem muito para transformar os mundos da constelação nas esferas principais, para a realização das magníficas possibilidades artísticas da cultura de transição. Eles não funcionam além dos confins dos mundos-sede da constelação.

8. OS MUNDOS DE APERFEIÇOAMENTO DE EDÊNTIA

Edêntia e as esferas que giram em torno dela receberam uma dotação física quase perfeita; elas não poderiam igualar-se à grandeza espiritual das esferas de Sálvington, mas ultrapassam, em muito, as glórias dos mundos educacionais de Jerusém. Todas essas esferas de Edêntia são energizadas, diretamente, pelas correntes universais do espaço: com os seus enormes sistemas de poder, não apenas material, mas também moroncial, elas são competentemente supervisionadas e distribuídas pelos centros das constelações, assistidos por um corpo competente de Mestres Controladores Físicos e Supervisores Moronciais do Poder.

O tempo passado nos setenta mundos educacionais de cultura moroncial de transição, somado ao tempo de ascensão mortal, em Edêntia, forma o período mais estabilizado na carreira de um mortal ascendente, até o status de finalitor; essa é, pois, realmente a vida moroncial típica. Do mesmo modo que passareis por uma ressintonização, todas as vezes que tiverdes de passar de um mundo cultural maior até outro, ireis manter o mesmo corpo moroncial; e não há períodos de inconsciência da personalidade.

A vossa permanência, em Edêntia e nas suas esferas interligadas, será ocupada principalmente com a mestria da ética grupal, o segredo do inter-relacionamento agradável e profícuo entre as várias ordens de personalidades inteligentes do universo e superuniverso.

Nos mundos das mansões, vós ireis completar a unificação da personalidade mortal em evolução; na capital do sistema, havereis alcançado a cidadania de Jerusém e tereis atingido a boa vontade de submeter o ego às disciplinas das atividades em grupo e empreendimentos coordenados; mas aqui, nos mundos de educação da constelação, vós ireis alcançar a socialização real da vossa personalidade moroncial em evolução. Essa superna aquisição cultural consiste em aprender:

1. Como viver com felicidade e trabalhar eficazmente com dez companheiros moronciais diversos, dez desses grupos estando agrupados em uma companhia de cem indivíduos e, depois, federados em corpos de mil.

2. Como coabitar alegremente e cooperar sinceramente com dez univitátias, os quais, ainda que sejam semelhantes intelectualmente aos seres moronciais, são muito diferentes, em todos os outros sentidos. E então vós deveis funcionar com esse grupo de dez, enquanto ele se coordena com outras dez famílias, que, por sua vez, são confederadas em um corpo de mil univitátias.

3. Como conseguir ajustar-se simultaneamente tanto aos companheiros moronciais quanto a esses univitátias anfitriões. Adquirir a capacidade de cooperar voluntária e eficazmente com a vossa própria ordem de seres, em associação íntima de trabalho com um grupo de criaturas inteligentes e de algum modo dessemelhantes.

4. Como, funcionando assim socialmente, junto com seres semelhantes e não semelhantes a vós próprios, conseguir entrar em harmonia intelectual com eles, e efetuar os ajustes vocacionais com ambos os grupos de colaboradores.

5. Como, ao mesmo tempo, conseguir uma socialização satisfatória da personalidade, nos níveis intelectual e vocacional; como aperfeiçoar mais ainda a capacidade de viver em contato íntimo com seres semelhantes e ligeiramente diferentes, com irritabilidade gradativamente decrescente e ressentimentos cada vez menores. Os diretores de retrospecção contribuem muito para essa última realização, mediante suas atividades grupais com jogos.

6. Como ajustar todas essas técnicas variadas de socialização, para fazer prosseguir a coordenação progressiva da carreira de ascensão ao Paraíso; ampliando a própria visão do universo, e aumentando a capacidade de compreender os significados das metas eternas intrínsecas a essas atividades, aparentemente insignificantes, do tempo e do espaço.

7. E, de que forma, então, elevar ao extremo, como em um clímax, todos esses procedimentos de multissocialização, com a concomitância de um engrandecimento do discernimento espiritual, no que lhe são pertinentes as ampliações de todas as fases do dom pessoal, por meio de uma associação grupal espiritual e uma coordenação moroncial. Intelectual, social e espiritualmente, duas criaturas morais não duplicam, meramente, os seus potenciais pessoais de realização no universo, pela técnica da associação; elas estão muito mais próximas de quadruplicar as suas possibilidades de êxito e de realização.

Nós retratamos a socialização de Edêntia como uma associação entre um mortal moroncial e um grupo familiar de univitátias, consistindo de dez indivíduos diferentes intelectualmente, em concomitância com uma associação semelhante com dez companheiros moronciais. Todavia, nos primeiros sete mundos maiores, apenas um mortal ascendente vive com dez univitátias. No segundo grupo, de sete mundos maiores, dois mortais habitam com cada grupo nativo de dez; e assim por diante, até que, no último grupo de sete esferas maiores, dez seres moronciais estão domiciliados com dez univitátias. À medida que aprenderdes como melhor socializar-vos com os univitátias, ireis praticar essa ética desenvolvida nas vossas relações com os vossos companheiros moronciais que progridem convosco.

Como mortais ascendentes, desfrutareis da vossa permanência nos mundos de progresso de Edêntia, mas não ireis experienciar aquela emoção pessoal de satisfação que caracteriza o vosso contato inicial com os assuntos do universo, nas sedes-centrais dos sistemas, ou o vosso contato de despedida com essas realidades, nos mundos finais da capital do universo.

9. A CIDADANIA EM EDÊNTIA

Depois da graduação no mundo de número setenta, os mortais ascendentes fixam a sua residência em Edêntia. Pela primeira vez, agora, os ascendentes, comparecem às "assembléias do Paraíso" e ouvem a história da sua longa carreira como é retratada pelos Fiéis dos Dias, os primeiros seres da ordem de Personalidades com origem na Trindade Suprema que eles já conheceram.

Toda essa permanência nos mundos educacionais da constelação, culminando na cidadania em Edêntia, é um período de bênção verdadeira e celeste para os progressores moronciais. Por meio da vossa permanência nos mundos do sistema, vós estivestes evoluindo, de um estado próximo ao do animal até o de uma criatura moroncial; vós éreis mais materiais do que espirituais. Nas esferas de Sálvington, vós estareis evoluindo a partir de um ser moroncial até o status de um verdadeiro espírito; vós sereis mais espirituais do que materiais. Mas, em Edêntia, os ascendentes estão a meio caminho entre o seu estado anterior e os futuros, a meio caminho entre a sua condição de animal e a sua passagem evolucionária, até transformarem-se em espíritos ascendentes. Durante toda a vossa permanência em Edêntia e nos seus mundos, sois "como os anjos"; estais constantemente progredindo, mas mantendo, durante todo o tempo, o vosso status moroncial geral e típico.

O período de permanência de um mortal ascendente nessa constelação é a época mais estável e uniforme de toda a sua carreira de progresso moroncial. Essa experiência constitui a educação pré-espiritual para a socialização dos ascendentes. É análoga à experiência espiritual de pré-finalitor em Havona e ao aperfeiçoamento pré-absonito no Paraíso.

Os mortais ascendentes, em Edêntia, estão principalmente ocupados com os compromissos nos setenta mundos de progresso dos univitátias. Eles também servem, em várias funções, na própria Edêntia, principalmente em conjunção com o programa da constelação, que diz respeito ao bem-estar grupal, racial, nacional e planetário. Os Altíssimos não estão tão engajados em fomentar o avanço individual nos mundos habitados; eles governam nos reinos dos homens, mais do que nos corações dos indivíduos.

E, naquele dia em que estiverdes preparados para deixar Edêntia, com o intuito de dar início à carreira até Sálvington, vós ireis parar e olhar para trás, e vereis uma das mais belas e mais repousantes de todas as vossas épocas de aprimoramento, neste lado de cá do Paraíso. Mas a glória dela aumentará quando ascenderdes no sentido interno; e quando conseguirdes alcançar uma capacidade maior de valoração dos significados divinos e dos valores espirituais.

[Promovido por Malavatia Melquisedeque.]

DOCUMENTO 44

OS ARTESÃOS CELESTES

ENTRE as colônias de cortesia dos vários mundos-sede divisionais e universais, pode ser encontrada uma ordem única de personalidades compostas: a dos artesãos celestes. Estes seres são os artistas e artesãos mestres dos reinos moronciais e dos reinos de espíritos inferiores. São os espíritos e semi-espíritos empenhados na decoração moroncial e no embelezamento espiritual. Esses artesãos acham-se distribuídos em todo o grande universo – nos mundos-sede dos superuniversos, universos locais, constelações e sistemas, bem como em todas as esferas estabelecidas em luz e vida; mas o seu principal domínio de atividade é o das constelações e, em especial, o dos setecentos e setenta mundos que circundam cada uma das esferas-sede.

Ainda que o seu trabalho possa ser quase incompreensível para a mente material, deveria ser entendido que os mundos moronciais e espirituais não são desprovidos da arte elevada e da cultura superna.

Os artesãos celestes não são criados como tais; eles são um corpo de seres selecionados e recrutados, compostos de certas personalidades de ensino, nativas do universo central, e dos seus alunos voluntários, selecionados dentre os mortais ascendentes e outros seres dos numerosos grupos celestes. O corpo original de mestres desses artesãos foi, em uma certa época, designado pelo Espírito Infinito, em colaboração com os Sete Espíritos Mestres, e era constituído de sete mil instrutores de Havona, mil para cada uma das sete divisões de artesãos. Com tal núcleo para iniciar, e através das idades, esse corpo brilhante de trabalhadores hábeis desenvolveu-se nos afazeres moronciais e espirituais.

Qualquer personalidade moroncial ou entidade espiritual é elegível para ser admitida no corpo dos artesãos celestes; isto é, qualquer ser abaixo da categoria de filiação divina inerente. Os filhos ascendentes de Deus, provenientes das esferas evolucionárias, podem, após a sua chegada aos mundos moronciais, inscrever-se para a admissão no corpo de artesãos e, se suficientemente dotados, podem escolher essa carreira por um período mais longo ou mais curto. Mas ninguém pode inscrever-se como artesão celeste por menos de um milênio, ou mil anos do tempo no superuniverso.

Todos os artesãos celestes são registrados nas sedes-centrais dos superuniversos, mas são dirigidos por supervisores moronciais nas capitais do universo local. São comissionados nas seguintes sete maiores divisões de atividades, pelo corpo central de supervisores moronciais, funcionando nos mundos-sede de cada universo local:

1. Músicos Celestes.

2. Reprodutores Celestes.

3. Construtores Divinos.

4. Registradores de Pensamentos.

5. Manipuladores da Energia.

6. Desenhistas e Ornamentadores.

7. Trabalhadores da Harmonia.

Todos os mestres originais desses sete grupos vieram dos mundos perfeitos de Havona; e Havona tem os modelos, e os estudos dos modelos, para todas as fases e formas de atividades artísticas do espírito. Ainda que seja uma tarefa gigantesca, a de trazer tais artes de Havona para os mundos do espaço, os artesãos celestes aperfeiçoaram-se, idade após idade, nessas técnicas e sua execução. Como em todas as outras fases da carreira ascendente, aqueles que estão mais avançados, em qualquer linha de atuação, são requisitados constantemente para compartilhar o seu conhecimento superior e sua habilidade com os seus companheiros menos favorecidos.

Primeiro, começareis por vislumbrar essas artes, transplantadas de Havona para os mundos das mansões, e a beleza delas, assim a vossa apreciação dessa beleza aumentará e tornar-se-á mais abrilhantada, até passardes pelas salas dos espíritos de Sálvington e contemplardes as obras-primas inspiradoras dos artistas supernos dos Reinos espirituais.

Todas essas atividades dos mundos moronciais e espirituais são reais. Para os seres do espírito, o mundo espiritual é uma realidade. Para nós, o mundo material é mais irreal. As formas mais elevadas de espíritos passam livremente através da matéria ordinária. Os espíritos elevados não reagem a nada material, à exceção de algumas das energias básicas. Para os seres da matéria, o mundo do espírito é mais ou menos irreal; para os seres do espírito, o mundo da matéria é quase inteiramente irreal, sendo meramente uma sombra da essência das realidades do espírito.

Eu não posso, com a visão exclusiva do espírito, perceber o edifício dentro do qual esta narrativa está sendo transladada e gravada. Um Conselheiro Divino de Uversa, que se encontra por acaso ao meu lado, discerne menos ainda essas criações puramente materiais. Nós discernimos como essas estruturas materiais vos parecem, vendo uma contraparte do espírito ser apresentada às nossas mentes por um de nossos transformadores de energia que nos presta ajuda. Essa construção material não é exatamente real para mim, um ser espiritual; mas é, evidentemente, muito real e muito útil aos mortais materiais.

Há certos tipos de seres que são capazes de discernir a realidade das criaturas, tanto dos mundos do espírito, quanto dos mundos materiais. Pertencendo a essa classe, estão as chamadas quartas criaturas dos Servidores de Havona e as quartas criaturas dos conciliadores. Os anjos do tempo e do espaço são dotados com a capacidade de discernir tanto os seres do espírito quanto os seres materiais; como também o são os mortais ascendentes, depois da sua liberação da vida na carne. Após atingir os níveis espirituais mais elevados, os ascendentes são capazes de reconhecer e distinguir a realidade material, a moroncial e a espiritual.

Está também aqui comigo um Mensageiro Poderoso de Uversa, um ascendente fusionado ao Ajustador, um ser que certa vez foi um mortal, e ele vos percebe, exatamente como sois, e ao mesmo tempo ele pode visualizar o Mensageiro Solitário, o supernafim e os outros seres celestes presentes. Nunca, na vossa longa ascensão, perdereis o poder de reconhecer os vossos companheiros de existências passadas. Sempre, enquanto ascenderdes interiormente na escala da vida, mantereis a capacidade de reconhecer e confraternizar-vos com os seres companheiros das vossas experiências anteriores, em níveis menos elevados. Cada translação nova, ou ressurreição, irá acrescentar um grupo a mais de seres espirituais ao alcance da vossa visão, sem privar-vos, no mínimo que seja, da vossa capacidade de reconhecer os vossos amigos e companheiros de estados anteriores.

Tudo isso é tornado possível, na experiência dos mortais ascendentes, por meio da atuação dos Ajustadores do Pensamento residentes. Em conseqüência da propriedade que eles têm de reter as duplicações das experiências de toda a vossa vida, fica assegurado a vós jamais perder qualquer atributo verdadeiro, que tenhais tido no passado; e esses Ajustadores irão sempre convosco, como uma parte de vós; na realidade, como *vós*.

Mas quase perco a esperança de me fazer capaz de transmitir à mente material a natureza do trabalho dos artesãos celestes. Tenho a necessidade de deturpar constantemente o pensamento e distorcer a linguagem, no esforço de abrir, à mente dos mortais, a realidade dessas transações moronciais e fenômenos quase espirituais. A vossa compreensão é incapaz de captar, e a vossa língua é inadequada para transmitir o significado, valor e relação entre essas atividades semi-espirituais. E eu, todavia, continuo no esforço de esclarecer à mente humana a respeito dessas realidades, convencido, por outro lado, da grande impossibilidade de triunfar plenamente nessa tentativa.

Não posso fazer mais do que esboçar um paralelismo grosseiro entre as atividades materiais mortais e as funções múltiplas dos artesãos celestes. Se as raças de Urântia fossem mais evoluídas, na arte e em outras realizações culturais, então eu poderia ir muito mais adiante no meu esforço de projetar dentro da mente humana, levando-a das coisas da matéria até as coisas da morôncia. Tudo o que eu posso esperar realizar é tornar enfático o fato de que essas transações nos mundos moronciais e espirituais são bastante reais.

1. OS MÚSICOS CELESTES

O alcance limitado da audição humana dificilmente vos permite conceber as melodias moronciais. Até mesmo uma gama material de sons maravilhosos há, que não são reconhecidos pelo sentido humano da audição, sem mencionar o escopo inconcebível da harmonia moroncial e espiritual. As melodias do espírito não são de ondas materiais de som, mas de pulsações espirituais recebidas pelos espíritos das personalidades celestes. Há uma vastidão de alcance e uma alma de expressão, bem como uma grandeza de execução, associadas à melodia das esferas, que escapam totalmente à compreensão humana. Tenho visto milhões de seres mantidos em êxtase sublime, arrebatados, enquanto a melodia do reino se desenrola na energia espiritual dos circuitos celestes. Tais melodias maravilhosas podem ser teledifundidas para as partes mais distantes de um universo.

Os músicos celestes ocupam-se com a produção da harmonia celestial, por meio da manipulação das seguintes forças do espírito:

1. *O som espiritual* – as interrupções da corrente do espírito.

2. *A luz espiritual* – o controle e a intensificação da luz dos Reinos moroncial e espiritual.

3. *As imposições de energia* – a melodia produzida por hábeis manipulações da energia moroncial e espiritual.

4. *As sinfonias de cor* – a melodia das nuances das cores da morôncia; esta inclui-se entre as realizações mais elevadas dos músicos celestes.

5. *A harmonia de espíritos interligados* – o arranjo e a associação das diferentes ordens de seres moronciais e espirituais produzem melodias magníficas.

6. *A melodia do pensamento* – o pensar, de pensamentos espirituais, pode ser aperfeiçoado de um modo tal a fazer com que as melodias de Havona cheguem a fulgurar.

7. *A música do espaço* – por meio de acordes apropriados, as melodias de outras esferas podem ser captadas nos circuitos das teletransmissões do universo.

Há mais de cem mil modos diferentes de manipulação do som, cor e energia, técnicas análogas às que os humanos conseguem utilizando os instrumentos musicais. Os vossos conjuntos de coreografias, sem dúvida, representam a rude e grotesca tentativa, das criaturas materiais, de aproximar-se da harmonia celestial pela colocação do ser e pelo arranjo das personalidades. As outras cinco formas de melodia moroncial são irreconhecíveis pelos mecanismos sensoriais dos corpos materiais.

A harmonia, a música dos sete níveis de associações melodiosas, é o código universal da comunicação do espírito. A música, tal como os mortais de Urântia a entendem, atinge a sua mais alta expressão nas escolas de Jerusém, a sede-central do sistema, onde as harmonias do som são ensinadas aos seres semimateriais. Os mortais não reagem a outras formas de melodia moroncial e harmonia celestial.

A apreciação da música, em Urântia, é tanto física quanto espiritual; e os vossos músicos humanos têm feito muito para elevar o gosto musical, da monotonia bárbara dos vossos ancestrais primitivos, até os níveis mais altos de apreciação do som. A maioria dos mortais de Urântia reage à música mais amplamente com os músculos materiais e menos com a mente e o espírito; mas tem havido melhoras substanciais na apreciação musical nesses últimos trinta e cinco mil anos.

O sincopado melodioso representa uma transição da monotonia musical do homem primitivo para a harmonia plena de expressão e para as melodias cheias de significados dos vossos músicos mais recentes. Os tipos mais primitivos de ritmos estimulam a reação dos sentidos amantes da música, sem causar o esforço de poderes intelectuais mais altos na apreciação da harmonia, tendo assim um apelo mais geral para os indivíduos imaturos ou espiritualmente indolentes.

A melhor música de Urântia é apenas um eco fugaz dos acordes magníficos ouvidos pelos aliados celestes dos vossos músicos, que não deixaram registrados, senão pequenos trechos das harmonias das forças moronciais como sendo as melodias musicais das harmonizações de som. A música espírito-moroncial emprega freqüentemente todos os sete modos de expressão e reprodução, de modo que a mente humana fica limitada, tremendamente, em qualquer tentativa de reduzir essas melodias das esferas mais elevadas para as meras notas do som musical. Esse esforço seria algo como tentar reproduzir os efeitos de uma grande orquestra por meio de um único instrumento musical.

Ainda que tenhais construído algumas belas melodias em Urântia, vós não tendes progredido musicalmente tanto quanto muitos dos vossos planetas vizinhos em Satânia. Se Adão e Eva houvessem sobrevivido, então vós teríeis a música verdadeira; mas o dom da harmonia, potente nas naturezas deles, ficou tão diluído pelas correntes de tendências não-musicais, que apenas uma vez, em mil vidas mortais, há uma grande apreciação da harmonia. Mas não deveis ficar desencorajados; algum dia, um músico de verdade pode surgir em Urântia, e povos inteiros serão atraídos pelos caudais magníficos das suas melodias. Um ser humano como esse poderia mudar, para sempre, o curso de toda uma nação, ou mesmo de todo o mundo civilizado. É verdade, literalmente, que "a melodia tem o poder de transformar o mundo inteiro". Para sempre, a música irá permanecer como a linguagem universal de homens, anjos e espíritos. A harmonia é a linguagem de Havona.

DOCUMENTO 44: SEÇÃO I

2. OS REPRODUTORES CELESTES

O homem mortal dificilmente pode esperar ter mais do que um conceito exíguo e distorcido das funções dos reprodutores celestes, as quais devo tentar ilustrar por meio do simbolismo grosseiro e limitado da vossa linguagem material. O mundo espiritual-moroncial tem mil e uma coisas de valor supremo, coisas dignas de serem reproduzidas, mas desconhecidas em Urântia; experiências que pertencem à categoria de atividades que dificilmente teriam "entrado na mente do homem", as realidades que Deus possui, à espera daqueles que sobrevivem à vida na carne.

Há sete grupos de reprodutores celestes, e o meu intento é ilustrar o seu trabalho por meio da classificação seguinte:

1. *Os cantores* – harmonizadores que reiteram as harmonias específicas do passado e interpretam as melodias do presente. Tudo isso, porém, é efetuado no nível moroncial.

2. *Os trabalhadores da cor* – a esses artistas da luz e sombra, poderíeis chamar de desenhistas e pintores; artistas que preservam as cenas passageiras e os episódios transitórios para o prazer moroncial futuro.

3. *Os cineastas da luz* – os realizadores das preservações de fenômenos semi-espirituais reais para os quais a cinematografia seria uma ilustração muito grosseira.

4. *Os encenadores históricos* – aqueles que reproduzem com dramaticidade os eventos cruciais dos registros e história do universo.

5. *Os artistas proféticos* – aqueles que projetam os significados da história ao futuro.

6. *Os contadores da história da vida* – aqueles que perpetuam o sentido e significados da experiência da vida. A projeção de experiências pessoais presentes, em valores de realização futura.

7. *Os intérpretes administrativos* – aqueles que descrevem o significado da filosofia governamental e a técnica administrativa, os dramaturgos celestes da soberania.

Muito freqüente e efetivamente, os reprodutores celestes colaboram com os diretores de retrospecção, combinando a recapitulação da memória com certas formas de descanso para a mente e recreio para a personalidade. Antes dos conclaves moronciais e assembléias do espírito, esses reprodutores, algumas vezes, agrupam-se para realizar espetáculos dramáticos extraordinários, representativos dos propósitos de tais encontros. Recentemente, testemunhei uma apresentação bastante assombrosa, na qual mais de um milhão de atores produziram uma sucessão de mil cenas.

Os mestres intelectuais superiores e os ministros transitórios utilizam esses vários grupos de reprodutores, livre e efetivamente, nas suas atividades educacionais moronciais. Mas nem todos os esforços deles se dedicam a ilustrações transitórias; uma grande parte, bastante grande mesmo, do seu trabalho é de natureza permanente e irá permanecer para sempre como um legado para todos os tempos futuros. Tão versáteis são esses artesãos, quando funcionam em massa, que se tornam capazes de reencenar uma idade e, em colaboração com os ministros seráficos, de fato, podem retratar os valores eternos do mundo espiritual para os espectadores mortais do tempo.

3. OS CONSTRUTORES DIVINOS

Há cidades "cujo construtor e autor é Deus". Na contraparte espiritual, temos tudo aquilo que aos mortais é familiar e, inexprimivelmente, muito mais. Temos casas, confortos para o espírito e as necessidades moronciais. Para cada satisfação material que os humanos são capazes de desfrutar, nós temos milhares de realidades espirituais que servem para enriquecer e ampliar a nossa existência. Os construtores divinos funcionam em sete grupos:

1. *Os projetistas e construtores de casas* – aqueles que constroem e remodelam as moradas destinadas aos indivíduos e aos grupos de trabalho. Esses domicílios moronciais, e do espírito, são reais. Seriam invisíveis para a vossa visão de pouco alcance, mas são muito reais e belos para nós. Até um certo ponto, todos os seres do espírito podem compartilhar, com os construtores, da escolha de certos detalhes do planejamento e criação das suas moradas moronciais ou espirituais. Tais lares são adaptados e ornamentados de acordo com as necessidades das criaturas moronciais ou espirituais que irão habitá-los. Há uma variedade abundante e uma ampla oportunidade para a expressão individual em todas essas construções.

2. *Os construtores das instalações ocupacionais* – aqueles que funcionam no projeto e montagem das moradas dos trabalhadores regulares e rotineiros dos reinos da morôncia e do espírito. Esses construtores são comparáveis aos que constroem as oficinas e outras instalações industriais em Urântia. Os mundos de transição têm uma economia necessária de ministração mútua e uma divisão especializada do trabalho. Não é que todos façam de tudo; há uma diversidade de funções entre os seres moronciais e os espíritos em evolução, e esses construtores de instalações ocupacionais não apenas constroem oficinas melhores como também contribuem para o engrandecimento vocacional do trabalhador.

3. *Os construtores de edificações recreativas*. Edifícios enormes são utilizados durante as estações de descanso, a que os mortais chamariam de recreação e, em um certo sentido, de jogo. Instalações adequadas são providenciadas para os diretores de retrospecção, os humoristas dos mundos moronciais, aquelas esferas de transição onde acontece o aperfeiçoamento dos seres ascendentes trazidos muito recentemente dos planetas evolucionários. Mesmo os espíritos mais elevados engajam-se, de uma certa forma, no humor da reminiscência durante os seus períodos de recarga espiritual.

4. *Os construtores para a adoração* – os arquitetos experientes dos templos do espírito e da morôncia. Todos os mundos de ascensão mortal têm templos de adoração, e estes são as criações mais especiais dos Reinos moronciais e das esferas do espírito.

5. *Os construtores para a educação* – aqueles que constroem as sedes do aperfeiçoamento moroncial e estudo espiritual avançado. O caminho está sempre aberto para que se adquira mais conhecimento, para se ganhar informação adicional a respeito do trabalho presente e futuro de cada um, bem como de um conhecimento cultural universal, com informações que se destinem a fazer, dos mortais ascendentes, cidadãos mais inteligentes e eficientes nos mundos moronciais e espirituais.

6. *Os planejadores moronciais* – aqueles que constroem para as associações coordenadas de todas as personalidades de todos os reinos, pois eles estão presentes, a todo tempo, em qualquer das esferas. Esses planejadores colaboram com os Supervisores do Poder Moroncial para enriquecer a coordenação da vida moroncial progressiva.

7. *Os construtores públicos* – os artesãos que planejam e constroem os locais destinados às assembléias e que não são destinados à adoração. Os locais para as assembléias comuns são grandes e magníficos.

Ainda que nem essas estruturas, nem a sua ornamentação sejam exatamente reais, para a compreensão sensorial dos mortais materiais, elas são bastante reais para nós. Seríeis incapazes de ver esses templos, caso pudésseis estar lá, ao vivo, na carne; entretanto, todas essas criações supramateriais estão ali de fato, e nós as discernimos claramente e desfrutamos plenamente delas.

4. OS REGISTRADORES DE PENSAMENTOS

Esses artesãos devotam-se à preservação e reprodução do pensamento superior dos reinos, e funcionam em sete grupos:

1. *Os preservadores do pensamento*. São os artesãos que se dedicam à preservação do pensamento mais elevado dos reinos. Nos mundos moronciais, eles verdadeiramente entesouram as preciosidades da elaboração mental. Antes de vir para Urântia, vi registros e ouvi teletransmissões da ideação de algumas das grandes mentes deste planeta. Os registradôres de pensamentos preservam essas idéias nobres na língua de Uversa.

Cada superuniverso tem a sua própria linguagem, uma língua falada pelas suas personalidades e que prevalece em todos os seus setores. Essa é conhecida como a língua de Uversa, no nosso superuniverso. Cada universo local também tem a sua própria linguagem. As ordens mais elevadas de seres de Nébadon, todas, são bilíngües, falando tanto a língua de Nébadon, quanto a língua de Uversa. Quando dois indivíduos de diferentes universos locais encontram-se, eles comunicam-se na língua de Uversa; contudo, se um deles vem de um outro superuniverso, devem ter o recurso de um tradutor. No universo central há pouca necessidade de uma língua; há um entendimento perfeito e quase completo; ali, apenas os Deuses não são completamente compreendidos. Foi-nos ensinado que um encontro casual no Paraíso revela mais, em termos de compreensão mútua, do que poderia ser comunicado por uma língua mortal em mil anos. Mesmo em Sálvington, nós "conhecemos e somos conhecidos tal como somos".

A capacidade de traduzir o pensamento em linguagem, nas esferas da morôncia e do espírito, está além da compreensão mortal. A nossa velocidade de reduzir o pensamento a um registro permanente pode ser tão aumentada pelos gravadores especializados, que o equivalente a mais de meio milhão de palavras, ou símbolos de pensamentos, pode ser registrado em um minuto do tempo de Urântia. Essas línguas do universo são muito mais ricas do que a fala dos mundos em evolução. Os símbolos dos conceitos em Uversa abrangem mais de um bilhão de caracteres, se bem que o alfabeto básico contenha apenas setenta símbolos. A língua de Nébadon não é assim tão elaborada, pois todos os símbolos básicos do alfabeto são em número de quarenta e oito.

2. *Os registradores de conceitos*. Este segundo grupo de gravadores ocupa-se da preservação das imagens dos conceitos, dos modelos das idéias. Essa é uma forma de registro permanente, desconhecida nos reinos materiais, e por esse método eu poderia ganhar mais conhecimento em uma hora do vosso tempo do que vós poderíeis ganhar em cem anos de pesquisa com a linguagem escrita ordinária.

3. *Os registradores ideográficos*. Temos o equivalente tanto da palavra escrita quanto da falada, mas, ao preservar o pensamento, normalmente empregamos a imagem do conceito e as técnicas ideográficas. Aqueles que preservam os ideógrafos são capazes de melhorar mil vezes o trabalho dos registradores de conceitos.

4. *Os promotores da oratória*. Este grupo de registradores está ocupado com a tarefa de preservar o pensamento, para a reprodução pela oratória. Contudo, na língua de Nébadon, nós poderíamos, em um discurso de meia hora, cobrir o tema de toda a vida de um mortal de Urântia. A vossa única esperança de compreender essas transações consiste em dar uma pausa e considerar a técnica da vossa vida

desordenada e deturpada de sonhos – e ver como vós podeis, em poucos segundos, passar por anos de experiências nessas fantasias do período noturno.

A oratória do mundo do espírito é um dos presentes raros que esperam por vós, que ouvis tão somente os discursos grosseiros e falseados de Urântia. Há uma harmonia musical e uma eufonia de expressão, nas orações de Sálvington e Edêntia, que são inspiradoras para além de qualquer descrição. Os seus conceitos ardentes são como gemas de beleza nos diademas da glória. Mas não posso reproduzir isso! Não posso transmitir à mente humana o alcance e a profundidade dessas realidades de um outro mundo!

5. *Os diretores de teledifusão.* As transmissões do Paraíso, superuniversos e universos locais estão sob a supervisão geral desse grupo de conservadores do pensamento. Eles servem como censores e editores, bem como coordenadores das transmissões materiais, fazendo uma adaptação, para o superuniverso, de todas as transmissões do Paraíso, adaptando e traduzindo as transmissões dos Anciães dos Dias para as línguas individuais dos universos locais.

As transmissões do universo local também devem ser modificadas, para que os sistemas e planetas individuais as recebam. A transmissão desses informes espaciais é supervisionada cuidadosamente e há sempre um registro de retorno, que assegura a recepção adequada de cada informe e em cada mundo, em um dado circuito. Esses diretores de transmissões são tecnicamente especializados na utilização das correntes do espaço para todos os propósitos de comunicação da informação.

6. *Os registradores do ritmo.* Os urantianos, sem dúvida, chamariam de poetas a esses artesãos, se bem que o trabalho deles seja muito diferente e quase transcenda infinitamente às vossas produções poéticas. O ritmo é menos exaustivo, tanto para os seres moronciais, quanto para os espirituais, e assim um esforço é feito freqüentemente para aumentar a eficiência, bem como para aumentar o prazer pela execução de inúmeras funções na forma rítmica. Eu gostaria apenas que pudésseis ter o privilégio de escutar algumas das transmissões poéticas das assembléias de Edêntia e que desfrutásseis das riquezas, em cor e matizes, dos gênios das constelações, que são mestres nessa forma refinada de auto-expressão e harmonização social.

7. *Os registradores da morôncia.* Não sei como descrever, para a mente material, a função deste grupo importante de registradores de pensamentos, designado ao trabalho de preservar as imagens conjuntas dos vários agrupamentos de assuntos moronciais e transações do espírito. Em uma ilustração tosca, seriam os fotógrafos grupais dos mundos de transição. Eles preservam, para o futuro, as cenas vitais e as associações dessas épocas progressistas, conservando-as nos arquivos das salas dos registros da morôncia.

5. OS MANIPULADORES DA ENERGIA

Estes artesãos eficientes e interessantes trabalham com todas as espécies de energias: físicas, mentais e espirituais.

1. *Os manipuladores da energia física.* Os manipuladores da energia física servem, por períodos longos, com os diretores de potência e são os especialistas da manipulação e controle de muitas fases da energia física. São conhecedores das três correntes básicas e trinta segregações subsidiárias da energia nos superuniversos. Esses seres prestam uma ajuda inestimável aos Supervisores do Poder Moroncial dos mundos de transição. Eles são os estudantes persistentes das projeções cósmicas do Paraíso.

2. *Os manipuladores da energia mental*. Estes são os peritos da intercomunicação entre os seres moronciais e os outros tipos de seres inteligentes. Essa forma de comunicação entre os mortais praticamente inexiste em Urântia. Eles são especialistas que proporcionam a capacidade aos seres moronciais ascendentes de comunicar-se uns com os outros, e o seu trabalho abrange inúmeras aventuras singulares com as ligações de intelectos, as quais ficam muito além da minha capacidade de retratá-las para a mente material. Tais artesãos são os estudantes aplicados dos circuitos da mente do Espírito Infinito.

3. *Os manipuladores da energia espiritual*. Os manipuladores da energia espiritual são um grupo fascinante. A energia espiritual atua de acordo com leis estabelecidas, exatamente como o faz a energia física. Isto é, a força do espírito, quando estudada, permite deduções confiáveis e, pois, pode ser tratada com precisão, do mesmo modo como o podem as energias físicas. Há leis tão certas e confiáveis no mundo do espírito quanto no reino material. Durante os últimos milhões de anos, muitas técnicas foram aperfeiçoadas, para a absorção da energia espiritual, por esses estudiosos das leis fundamentais da energia do espírito governante do Filho Eterno, aplicadas aos seres moronciais e outras ordens de seres celestes em todos os universos.

4. *Os manipuladores compostos*. Este é o ousado grupo de seres bem treinados que se dedicam à associação funcional das três fases originais da energia divina, manifestada nos universos como energias físicas, mentais e espirituais. São as personalidades perspicazes que, na realidade, estão buscando descobrir a presença de Deus, o Supremo, no universo; pois, nessa personalidade da Deidade, deve ocorrer a unificação experiencial de todas as grandes divindades do universo. E, até um certo ponto, esses artesãos têm tido algum êxito nos tempos recentes.

5. *Os conselheiros de transporte*. Este corpo de conselheiros técnicos para os serafins de transporte é muito hábil em colaborar com os estudantes das estrelas no estabelecimento de trajetos, e em outras formas de assistência aos chefes de transporte, nos mundos do espaço. São os supervisores do tráfego das esferas e estão presentes em todos os planetas habitados. Urântia é servida por um corpo de setenta conselheiros de transporte.

6. *Os peritos em comunicação*. Urântia, do mesmo modo, está servida por doze técnicos de comunicação interplanetária e interuniversal. Esses seres, de longa experiência, são peritos no conhecimento das leis de transmissão e interferência, quando aplicadas às comunicações entre os reinos. Esse corpo ocupa-se de todas as formas de mensagens do espaço, exceto as dos Mensageiros por Gravidade e Mensageiros Solitários. Em Urântia, boa parte do seu trabalho deve ser realizada no circuito dos arcanjos.

7. *Os mestres do repouso*. O descanso divino está ligado à técnica de absorção da energia do espírito. A energia moroncial e a energia do espírito devem ser repostas exatamente como a energia física o é, mas não pelas mesmas razões. Sou, forçosamente, compelido a empregar ilustrações grosseiras nas minhas tentativas de esclarecer-vos; entretanto, nós, do mundo do espírito, devemos periodicamente parar com as nossas atividades regulares e ir para locais adequados, de encontro, onde entramos em repouso divino para, desse modo, recuperarmos as nossas energias exauridas.

Vós ireis receber as vossas primeiras lições sobre essas questões quando chegardes aos mundos das mansões, após vos tornardes seres moronciais e haverdes começado a experienciar a técnica dos assuntos do espírito. Conhecereis o círculo mais interno de Havona, e sabereis que, depois que os peregrinos do espaço houverem atravessado os círculos precedentes, eles devem ser induzidos ao longo e revivificante sono do Paraíso. Esse é, não apenas um quesito técnico do trânsito da carreira do tempo, até o serviço da eternidade, mas é também uma necessidade, uma forma de repouso imprescindível ao reabastecimento das perdas de energia inerentes aos passos finais da experiência ascendente, e para estocar as reservas de poder espiritual para o próximo estágio da carreira infindável.

Esses manipuladores da energia atuam também de centenas de outros modos, numerosos demais para serem catalogados, tais como o aconselhamento aos serafins, querubins e sanobins, no que diz respeito às práticas mais eficazes de ingestão de energia, e como fazer uma manutenção mais eficaz do equilíbrio das forças divergentes, entre os querubins ativos e os sanobins passivos. De muitas outras maneiras esses peritos prestam assistência às criaturas moronciais e espirituais nos seus esforços para compreender o repouso divino, que é tão essencial à utilização eficaz das energias básicas do espaço.

6. OS DESENHISTAS E ORNAMENTADORES

Realmente eu gostaria de conseguir retratar o trabalho raro desses artesãos singulares! Toda tentativa da minha parte para explicar o trabalho de embelezamento do espírito apenas iria relembrar às mentes materiais os vossos próprios esforços, lamentáveis, ainda que valiosos, de fazer essas coisas no vosso mundo de mente e matéria.

Tais conjuntos de artesãos, abrangendo mais de mil subdivisões de atividades são agrupados nas sete categorias maiores a seguir:

1. *Os artesãos da cor*. São eles que fazem os dez mil matizes das cores para os reflexos da reverberação do espírito, com as suas mensagens extraordinárias de beleza harmoniosa. Afora a percepção da cor, nada há, na experiência humana, a que possam ser comparadas tais atividades.

2. *Os programadores do som*. As ondas dos espíritos, de identidades diversas e apreciação moroncial, são ilustradas por estes programadores daquilo que chamaríeis de som. Esses impulsos, na realidade, são os reflexos soberbos das almas-espíritos nuas e gloriosas das hostes celestes.

3. *Os modeladores da emoção*. Estes aprimoradores e conservadores do sentimento são os que preservam os sentimentos moronciais e as emoções da divindade, para o estudo e edificação dos filhos do tempo e para a inspiração e o embelezamento dos seres moronciais em progresso e espíritos em avanço.

4. *Os artistas do aroma*. A equiparação das atividades supernas do espírito, ao reconhecimento físico dos aromas químicos, é, na realidade, uma comparação infeliz, mas os mortais de Urântia dificilmente reconheceriam esse ministério por meio de qualquer outro nome. Esses artesãos criam as suas sinfonias variadas para a edificação e deleite dos filhos da luz, no seu avanço. Nada tendes, na Terra, a que esse tipo de grandeza espiritual possa, ainda que remotamente, ser comparado.

5. *Os embelezadores da presença*. Estes artesãos não se ocupam com as artes do auto-adornamento nem com a técnica do embelezamento da criatura. Eles devotam-se à produção de reações múltiplas e regozijantes, nas criaturas moronciais individuais e criaturas do espírito, pela dramatização dos significados das relações, por meio de valores posicionais atribuídos a diferentes ordens moronciais e espirituais nos conjuntos compostos desses seres diversos. Esses artistas fazem arranjos com os seres supramateriais, como vós fazeis com as notas musicais, com os aromas e panoramas vivos, combinando-os em hinos de glória.

6. *Os modeladores do gosto*. E como lhes falar sobre esses artistas?! Palidamente, eu poderia sugerir que são aqueles que aperfeiçoam o gosto moroncial; e também que eles se empenham em estimular a apreciação da beleza, aguçando os sentidos do espírito em evolução.

7. *Os sintetizadores moronciais*. Estes são os artífices-mestres que, quando todos os outros houverem dado as suas respectivas contribuições, então, eles acrescentarão os toques finais e culminantes ao conjunto moroncial, realizando, assim, um retrato inspirado, divinamente belo, de inspiração duradoura, para os seres espirituais e para os seus aliados moronciais. Deveis, todavia, aguardar a vossa libertação do corpo animal, para que possais começar a conceber as glórias artísticas e as belezas estéticas dos mundos moronciais e espirituais.

7. OS TRABALHADORES DA HARMONIA

Estes artistas não se ocupam da música, nem da pintura, nem de nada semelhante, como vós seríeis levados a supor. Ocupam-se da manipulação e da organização de forças especializadas e energias que estão presentes no mundo do espírito, mas que não são reconhecíveis pelos mortais. Se eu tivesse a menor base possível para comparar, eu tentaria retratar esse campo único de realização do espírito. Mas me desanimo – não há nenhuma esperança de poder transmitir às mentes mortais esse âmbito da arte celeste. Contudo, aquilo que não pode ser descrito, pode ser sugerido:

A beleza, o ritmo e a harmonia estão intelectualmente associados e são espiritualmente afins. A verdade, o fato e as relações são intelectualmente inseparáveis e estão associados aos conceitos filosóficos da beleza. A bondade, a retidão e a justiça estão filosoficamente inter-relacionadas e espiritualmente unidas à verdade viva e à beleza divina.

Os conceitos cósmicos da verdadeira filosofia, o retrato da arte celestial, ou a tentativa mortal de recriar o reconhecimento humano da beleza divina, não podem jamais ser satisfatórios verdadeiramente, se tal progressão intentada pela criatura não houver sido unificada. Essas expressões do impulso divino, dentro da criatura em evolução, podem ser intelectualmente verdadeiras, emocionalmente belas e espiritualmente boas; mas a verdadeira alma da expressão permanece ausente, a menos que as realidades da verdade, os significados da beleza e os valores da bondade estejam unificados na experiência de vida do artesão, cientista ou filósofo.

Essas qualidades divinas estão unificadas, perfeita e absolutamente, em Deus. E todo homem, ou anjo, conhecedor de Deus possui o potencial ilimitado da auto-expressão, em níveis sempre progressivos de auto-realização, unificada pela técnica da busca sem fim pela semelhança com Deus – a combinação experiencial, na experiência evolucionária, da verdade eterna à beleza universal e à bondade divina.

8. AS ASPIRAÇÕES MORTAIS E AS REALIZAÇÕES MORONCIAIS

Embora os artesãos celestes não trabalhem pessoalmente nos planetas materiais, tais como Urântia, eles vêm, de tempos em tempos, das sedes-centrais do sistema para prestar ajuda aos indivíduos naturalmente dotados das raças mortais. Quando assim designados esses artesãos trabalham temporariamente sob a supervisão dos anjos planetários do progresso. As hostes seráficas cooperam com esses artesãos na tentativa de ajudar àqueles artistas mortais que possuem dons inatos, e que também possuem Ajustadores de experiência especial e prévia.

Há três fontes possíveis de habilidade especial humana. Na base, existe sempre a aptidão inerente ou natural. A habilidade especial nunca é um dom arbitrário

dos Deuses; há sempre uma fundação ancestral para todo o talento que se sobres-
sai. Além dessa habilidade natural, ou antes, em suplemento a ela, pode haver a
contribuição dos guiamentos do Ajustador do Pensamento, naqueles indivíduos
cujos Ajustadores residentes tenham passado por experiências reais e autênticas, no
mesmo domínio, em outros mundos e com outras criaturas mortais. Nesses casos,
em que tanto a mente humana quanto o Ajustador residente são excepcionalmente
hábeis, os artesãos do espírito podem ser delegados para atuar como harmonizadores desses talentos e também para dar assistência a tais mortais e inspirá-los na
procura de ideais cada vez mais perfeccionados e intentar criar ilustrações elevadas
para a edificação do reino.

Não há castas nas fileiras dos artesãos do espírito. Não importa quão pouco elevada seja a vossa origem; se tiverdes a habilidade e o dom da expressão, ganhareis o
reconhecimento adequado e recebereis a devida apreciação quando ascenderdes na
escala da experiência moroncial e da realização espiritual. Não pode haver limitação
de hereditariedade humana, nem privação causada pelo ambiente mortal, que a carreira moroncial não vá compensar plenamente nem remover inteiramente. E todas
essas satisfações de realização artística e auto-realização da expressividade serão
confirmadas pelos vossos próprios esforços pessoais no avanço progressivo. Assim,
afinal, as aspirações, durante a mediocridade evolucionária, podem ser realizadas.
Ainda que os Deuses não confiram arbitrariamente talentos e habilidades aos filhos
do tempo, eles proporcionam a realização da satisfação de todas as suas aspirações
nobres e a gratificação para toda a fome humana de auto-expressão superna.

Mas todo ser humano deveria lembrar: Muitas das ambições de sobressair,
que exasperam os mortais na carne, não perdurarão, nesses mesmos mortais, nas
suas carreiras moronciais e espirituais. Os seres moronciais ascendentes aprendem
a socializar as suas antigas aspirações e ambições puramente pessoais e egoístas.
Entretanto, as coisas que houverdes desejado muito honestamente fazer na Terra,
e que as circunstâncias tão persistentemente vos negaram, depois de adquirirdes o
verdadeiro discernimento interior da mota, na carreira moroncial, se ainda as desejardes fazer, então, com toda certeza, ser-vos-á concedida toda oportunidade para
satisfazerdes, totalmente, os vossos desejos, alimentados durante tanto tempo.

Antes que os mortais ascendentes deixem o universo local para embarcar nas suas
carreiras espirituais, eles irão saciar-se de todas as aspirações, ou de verdadeira ambição intelectual, artística e social, que tenham sempre caracterizado os seus planos
mortais ou moronciais de existência. Essa realização de igualdade entre a satisfação da
auto-expressão e auto-realização, então, ocorre, mas não é a realização de um estado
experiencial que seja idêntico ao ideal, não chegando também à completa obliteração
da individualidade, em matéria de habilidade técnica e de expressão. O novo diferencial
entre a realização pessoal e a realização experiencial do espírito, contudo, não irá tornar-se assim nivelado e equalizado, enquanto vós não houverdes acabado de percorrer
o último círculo da carreira de Havona. E, então, residentes do Paraíso, deparar-vos-eis
com a necessidade de ajustar-vos, acertando aquela diferença absonita, na experiência
pessoal, que só pode ser completada com a realização grupal do último dos estados da
criatura – o sétimo estágio no destino do espírito dos finalitores mortais.

E é essa a história dos artesãos celestes, aquele corpo cosmopolita de trabalhadores raros que realizam tanto para glorificar as esferas arquitetônicas com as
representações artísticas da beleza divina dos Criadores do Paraíso.

[Ditado por um Arcanjo de Nébadon.]

DOCUMENTO 45

A ADMINISTRAÇÃO DO SISTEMA LOCAL

O CENTRO administrativo de Satânia consiste em um agrupamento de esferas arquitetônicas, em um total de cinqüenta e sete: a própria Jerusém, sete satélites maiores e quarenta e nove subsatélites. Embora Jerusém, a capital do sistema, tenha quase cem vezes o tamanho de Urântia, mesmo nessa proporção, a sua gravidade é ligeiramente menor. Os satélites principais de Jerusém são os sete mundos de transição, cada um deles sendo cerca de dez vezes maior que Urântia; enquanto os sete subsatélites dessas esferas de transição têm aproximadamente o tamanho de Urântia.

Os sete mundos das mansões são os sete subsatélites do mundo de transição número um.

Todo esse sistema de cinqüenta e sete mundos arquitetônicos é independentemente iluminado, aquecido, abastecido de água e energizado pela coordenação do Centro de Potência de Satânia e os Mestres Controladores Físicos, de acordo com a técnica estabelecida pela organização física e os dispositivos dessas esferas especialmente criadas. Elas também são fisicamente cuidadas e mantidas, sob outros aspectos, pelos espornágias nativos.

1. MUNDOS DE CULTURA DE TRANSIÇÃO

Os sete mundos principais que giram em torno de Jerusém geralmente são conhecidos como as esferas de cultura de transição. Os seus governantes são designados, de tempos em tempos, pelo conselho executivo supremo de Jerusém. Essas esferas são numeradas e nomeadas do seguinte modo:

Número 1. O Mundo Finalitor. Esta é a sede-central do corpo de finalitores do sistema local, ela encontra-se rodeada dos mundos de recepção, os sete mundos das mansões, devotados integralmente ao esquema de ascensão mortal. O mundo dos finalitores é acessível aos habitantes de todos os sete mundos das mansões. Os serafins de transporte levam e trazem as personalidades ascendentes nas peregrinações destinadas ao cultivo da sua fé para o destino último dos mortais em transição. Embora os finalitores e as suas estruturas não sejam, em geral, perceptíveis para a visão moroncial, vós ficareis mais do que emocionados quando, de tempos em tempos, os transformadores de energia e os Supervisores do Poder Moroncial vos capacitarem, momentaneamente, para que possais enxergar essas personalidades elevadas do espírito, que, na verdade, já completaram a ascensão ao Paraíso e retornaram, a esses mesmos mundos onde vós estais começando a vossa longa jornada, para garantir que possais e que ireis mesmo completar também a vossa estupenda tarefa. Todos aqueles que permanecem nos mundos das mansões vão à esfera finalitora, pelo menos uma vez por ano, para tais assembléias de visualização dos finalitores.

Número 2. O Mundo Moroncial. Este planeta é a sede-central dos supervisores da vida moroncial e está rodeado das sete esferas nas quais os chefes moronciais educam os seus companheiros e ajudantes, todos eles seres moronciais e mortais ascendentes.

Passando pelos sete mundos das mansões, vós ireis também avançar, seguindo por essas esferas culturais e sociais de contato moroncial crescente. Quando avançardes do primeiro para o segundo mundo das mansões, adquirireis o direito de permissão para visita à sede-central de transição número dois, o mundo moroncial, e assim por diante. E, quando estiverdes presentes em qualquer dessas seis esferas culturais, podereis, a convite, visitar e observar qualquer um dentre os sete mundos dos grupos de atividades interligadas que as rodeiam.

Número 3. O Mundo Angélico. Esta é a sede-central de todas as hostes seráficas empenhadas nas atividades do sistema, e é rodeada pelos sete mundos de educação e de instrução Angélica, os quais são as esferas sociais seráficas.

Número 4. O Mundo Superangélico. Esta esfera é o lar, em Satânia, dos Brilhantes Estrelas Vespertinas e de uma vasta congregação de seres coordenados e quase--coordenados. Os sete satélites desse mundo são destinados aos sete grupos maiores desses seres celestes desprovidos de uma denominação.

Número 5. O Mundo dos Filhos. Este planeta é a sede-central dos Filhos divinos de todas as ordens, incluindo os filhos trinitarizados por criaturas. Os sete mundos que o rodeiam são devotados a certos agrupamentos individuais desses filhos de conexão divina.

Número 6. O Mundo do Espírito. Esta esfera serve de local de encontro para as altas personalidades do Espírito Infinito, no sistema. Os sete satélites que a rodeiam são destinados aos grupos individuais dessas diversas ordens. Mas, no mundo de transição de número seis, não há representação local alguma do Espírito, nem a presença dele é para ser observada nas capitais dos sistemas; a Ministra Divina de Sálvington está em todos os lugares de Nébadon.

Número 7. O Mundo do Pai. Esta é a esfera silenciosa do sistema. Nenhum grupo de seres fica domiciliado ali. O grande templo da luz ocupa um lugar central, mas lá dentro não se pode discernir ninguém. Todos os seres, de todos os mundos do sistema, são bem-vindos como adoradores.

Os sete satélites em torno do mundo do Pai são utilizados de modos variados nos diferentes sistemas. Em Satânia, estão agora sendo usados como esferas de detenção para os grupos aprisionados da rebelião de Lúcifer. A capital da constelação, Edêntia, não tem mundos de prisão análogos; os poucos serafins e querubins que se uniram aos rebeldes, na rebelião de Satânia, foram há muito confinados nesses mundos de isolamento de Jerusém.

Como hóspedes do sétimo mundo das mansões, tereis acesso ao sétimo mundo de transição, a esfera do Pai Universal, e também vos é permitido visitar os mundos--prisão de Satânia em torno desse planeta, onde agora estão confinados Lúcifer e a maioria das personalidades que o seguiram na rebelião contra Michael. E esse triste espetáculo tem sido observado durante as idades recentes e continuará a servir como um aviso solene a todo o Nébadon, até que os Anciães dos Dias julguem os pecados de Lúcifer e dos seus parceiros caídos, que rejeitaram a salvação oferecida por Michael, o Pai deles, no universo.

DOCUMENTO 45: SEÇÃO I

2. O SOBERANO DO SISTEMA

O dirigente executivo de um sistema local de mundos habitados é um Filho Lanonandeque primário, o Soberano do Sistema. No nosso universo local, a esses soberanos são confiadas as grandes responsabilidades executivas; são dadas a eles prerrogativas pessoais incomuns. Nem todos universos, no entanto, nem mesmo Orvônton, encontram-se tão organizados a ponto de permitir que os Soberanos dos Sistemas exerçam poderes decisórios tão inusitadamente amplos de arbítrio pessoal, ao dirigirem os assuntos do sistema. Todavia, ainda assim, em toda a história de Nébadon, apenas por três vezes esses executivos sem limitações demonstraram deslealdade. A rebelião de Lúcifer, no sistema de Satânia, foi a mais recente e de âmbito mais amplo.

Em Satânia, mesmo depois desse levante desastroso, absolutamente nenhuma mudança foi implementada na técnica da administração do sistema. O atual Soberano do Sistema possui todo o poder e exerce toda a autoridade com a qual foi investido o seu predecessor indigno, exceto por algumas questões, agora sob a supervisão dos Pais da Constelação, questões estas que os Anciães dos Dias ainda não restituíram plenamente a Lanaforge, o sucessor de Lúcifer.

O atual dirigente de Satânia é um governante amável e brilhante; sendo um soberano testado contra rebeliões. Quando serviu como Soberano assistente de Sistema, Lanaforge foi fiel a Michael, em um levante anterior no universo de Nébadon. Esse poderoso e brilhante Senhor de Satânia é um administrador testado e aprovado. Na época da segunda rebelião, em um sistema em Nébadon, quando o Soberano do Sistema tropeçou e caiu na escuridão, Lanaforge, o primeiro assistente desse dirigente em erro, tomou as rédeas do governo para, então, conduzir os assuntos do sistema de um modo tal que relativamente poucas personalidades se perdessem, seja nos mundos sedes-centrais, seja nos planetas habitados daquele sistema desafortunado. Lanaforge traz a distinção de ser o único Filho Lanonandeque primário, em todo o Nébadon, que, nesse caso, funcionou lealmente a serviço de Michael, e mesmo diante da falta do seu irmão de autoridade superior e classe precedente. Lanaforge provavelmente não será removido de Jerusém, até que todos os resultados da loucura anterior hajam sido superados e os produtos da rebelião sejam expurgados de Satânia.

Se bem que nem todos os assuntos dos mundos isolados de Satânia hajam sido remetidos à sua jurisdição, Lanaforge demonstra grande interesse pelo bem-estar deles e é um visitante freqüente de Urântia. Como em outros sistemas normais, o Soberano preside ao conselho dos governantes dos mundos, dos Príncipes Planetários e governadores gerais residentes dos mundos isolados. Esse conselho planetário reúne-se, de tempos em tempos, na sede-central do sistema – "Quando os Filhos de Deus congregam-se".

Uma vez por semana, a cada dez dias, em Jerusém, o Soberano realiza um conclave com algum dos grupos das várias ordens de personalidades domiciliadas no mundo sede-central. Estas são horas encantadoramente informais em Jerusém; e são ocasiões para jamais serem esquecidas. Em Jerusém, existe um clima maximizado de fraternidade entre todas as várias ordens de seres e entre cada um desses grupos e os Soberanos de Sistemas.

Essas reuniões singulares ocorrem no mar de cristal, o grande campo de reuniões da capital do sistema. São ocasiões puramente sociais e espirituais; nada que diga respeito à administração planetária, nem mesmo ao plano ascendente, é jamais discutido. Os mortais ascendentes congregam-se, nesses momentos, meramente para desfrutar e estar com os seus companheiros jerusemitas. Os grupos que não estão sendo recebidos pelo Soberano, nessas reuniões semanais de descanso, reúnem-se nas suas próprias sedes.

3. O GOVERNO DO SISTEMA

O dirigente executivo de um sistema local, o Soberano do Sistema, é sempre apoiado por dois ou três Filhos Lanonandeques, que atuam como primeiro e segundo assistentes. Entretanto, no momento presente, o sistema de Satânia está sendo administrado por uma junta de sete Lanonandeques:

1. *O Soberano do Sistema* – Lanaforge, número 2 709 da ordem primária e sucessor do apóstata Lúcifer.

2. *O primeiro assistente do Soberano* – Mansurótia, número 17 841 dos Lanonandeques terciários. Ele foi despachado para Satânia junto com Lanaforge.

3. *O segundo assistente do Soberano* – Sadib, número 271 402 da ordem terciária. Sadib também veio para Satânia junto com Lanaforge.

4. *O custódio do sistema* – Holdant, número 19 do corpo terciário, encarregado do controle de todos os espíritos acima da ordem da existência mortal, que se encontram confinados. Holdant também veio para Satânia com Lanaforge.

5. *O registrador do sistema* – Vílton, o secretário do ministério Lanonandeque do sistema de Satânia, número 374 da terceira ordem. Vílton era um membro do grupo original de Lanaforge.

6. *O diretor das auto-outorgas* – Fortant, número 319 847 das reservas dos Lanonandeques secundários, e temporariamente diretor de todas as atividades do universo transplantadas para Jerusém, desde a auto-outorga de Michael, em Urântia. Fortant esteve ligado à assessoria de Lanaforge por mil e novecentos anos do tempo de Urântia.

7. *O conselheiro elevado* – Hanavard, número 67 dos Filhos Lanonandeques primários, e membro do elevado corpo de conselheiros e coordenadores do universo. Ele atua como presidente em exercício do conselho executivo de Satânia. Hanavard é o décimo-segundo dessa ordem a servir em Jerusém, desde a rebelião de Lúcifer.

Esse grupo executivo de sete Lanonandeques constitui a administração de emergência, ampliada, tornada necessária por exigência da rebelião de Lúcifer. Apenas as cortes menores são realizadas em Jerusém, já que o sistema é a unidade de administração, não de julgamento, mas a administração Lanonandeque é apoiada pelo conselho executivo de Jerusém, o corpo supremo do conselho de Satânia. Esse conselho consiste de doze membros:

1. Hanavard, o presidente Lanonandeque.
2. Lanaforge, o Soberano do Sistema.
3. Mansurótia, o primeiro assistente do Soberano.
4. O dirigente dos Melquisedeques de Satânia.
5. O diretor em exercício dos Portadores da Vida de Satânia.
6. O dirigente dos finalitores de Satânia.
7. O Adão original de Satânia, o chefe supervisor dos Filhos Materiais.
8. O diretor das hostes seráficas de Satânia.

9. O chefe dos controladores físicos de Satânia.

10. O diretor dos Supervisores do Poder Moroncial do sistema.

11. O diretor em exercício das criaturas intermediárias do sistema, em exercício.

12. O comandante em exercício do corpo dos mortais ascendentes.

Esse conselho elege, periodicamente, três membros para representar o sistema local no conselho supremo da sede-central do universo, mas tal representação está suspensa por causa da rebelião. Satânia agora tem um observador na sede-central do universo local, porém, desde a auto-outorga de Michael, o sistema retomou a eleição de dez membros para a legislatura de Edêntia.

4. OS QUATRO-E-VINTE CONSELHEIROS

No centro dos sete círculos residenciais angélicos, em Jerusém, está localizada a sede-central do conselho consultor de Urântia, com os quatro-e-mais-vinte conselheiros. João, o Revelador, chamou-os de os vinte e quatro Anciães: "E, ao redor do trono, havia vinte e quatro assentos e, nos assentos, eu vi vinte e quatro Anciães assentados, vestidos de togas brancas". O trono, ao centro desse grupo, é o assento do juízo do arcanjo que preside ao trono da lista de chamada da ressurreição, em misericórdia e em justiça, para todo o Satânia. Esse juízo tem acontecido sempre em Jerusém, mas os vinte e quatro assentos à sua volta foram colocados em posição, há não mais do que mil e novecentos anos, logo depois que Cristo Michael foi elevado à soberania plena de Nébadon. Esses quatro-e-vinte conselheiros são os seus agentes pessoais em Jerusém, e têm autoridade para representar o Filho Mestre em todas as questões que concernem às listas de chamadas de Satânia e em muitas outras fases do esquema da ascensão mortal nos mundos isolados do sistema. São os agentes designados para executar as solicitações especiais de Gabriel e os mandados pouco habituais de Michael.

Esses vinte e quatro conselheiros foram recrutados das oito raças de Urântia, e os últimos desse grupo foram congregados na época da lista de chamada da ressurreição feita por Michael, mil e novecentos anos atrás. Esse conselho consultor de Urântia é constituído pelos seguintes membros:

1. *Onagar*, a mente-mestra da idade anterior ao Príncipe Planetário, que dirigiu os seus companheiros na adoração do "Doador do Alento".

2. *Mansant*, o grande educador da idade pós-Príncipe Planetário, em Urântia, que orientou os seus companheiros para a veneração da "Grande Luz".

3. *Onamonalonton*, um líder muito antigo dos homens vermelhos e aquele que afastou essa raça da adoração de deuses múltiplos conduzindo-a à veneração do "Grande Espírito".

4. *Orlandof*, um príncipe dos homens azuis e líder deles no reconhecimento da divindade do "Chefe Supremo".

5. *Porshunta*, o oráculo da extinta raça alaranjada e o líder desse povo na adoração do "Grande Mestre".

6. Singlangton, o primeiro dos homens amarelos a ensinar e a liderar o seu povo na adoração da "Verdade Única", em lugar de muitas. Há milhares de anos, o homem amarelo já sabia da existência do único Deus.

7. *Fantad*, aquele que livrou os homens verdes das trevas e que foi o seu líder na adoração da "Única Fonte da Vida".

8. *Orvonon*, aquele que trouxe a luz às raças índigo-negras e o líder delas, de então, no serviço ao "Deus dos Deuses".

9. *Adão*, o desacreditado, mas reabilitado pai planetário de Urântia, um Filho Material de Deus que foi relegado à semelhança da carne mortal, mas que sobreviveu e, posteriormente, foi elevado a essa posição por decreto de Michael.

10. *Eva*, a mãe da raça violeta de Urântia, que sofreu a punição pelo erro, junto com o seu companheiro; e que também foi reabilitada com ele e designada para servir neste grupo de sobreviventes mortais.

11. *Enoch*, o primeiro dos mortais de Urântia a fusionar-se com o Ajustador do Pensamento durante a vida mortal na carne.

12. *Moisés*, o emancipador de uma parte remanescente da raça violeta submergida e incentivador da restauração da adoração do Pai Universal sob o nome de "O Deus de Israel".

13. *Elias*, uma alma de brilhante êxito espiritual, transladada durante a idade pós-Filho Material.

14. *Maquiventa Melquisedeque*, o único Filho dessa ordem a auto-outorgar a si próprio às raças de Urântia. Se bem que ainda continue sendo numerado como um Melquisedeque, ele transformou-se "para sempre em um ministro dos Altíssimos", assumindo eternamente o compromisso do serviço como mortal ascendente, tendo estado em Urântia à semelhança da carne mortal, em Salém, nos dias de Abraão. Esse Melquisedeque foi recentemente proclamado Príncipe Planetário vice-regente de Urântia, com sede-central em Jerusém e com autoridade para atuar em nome de Michael, que atualmente é o Príncipe Planetário do mundo onde experienciou, na forma humana, a sua auto-outorga final. Apesar disso, Urântia é supervisionada ainda por governadores gerais residentes sucessivos, membros dos quatro-e-vinte conselheiros.

15. *João Batista*, o predecessor da missão de Michael em Urântia e, na carne, primo distante do Filho do Homem.

16. *1-2-3 o Primeiro*, líder das criaturas intermediárias leais a serviço de Gabriel, na época da traição de Caligástia; elevado a esta posição por Michael logo depois de entrar em soberania incondicional.

Essas personalidades selecionadas estão, atualmente, eximidas do regime ascensional, por solicitação de Gabriel; e não temos nenhuma idéia de quanto tempo eles podem servir nessas funções.

Os assentos de números 17, 18, 19 e 20 não são ocupados de modo permanente. Estão temporariamente ocupados, por consentimento unânime dos dezesseis membros permanentes, mas são mantidos abertos para a designação futura de mortais ascendentes da idade atual de pós-outorga de um Filho em Urântia.

Os assentos 21, 22, 23 e 24 estão do mesmo modo preenchidos temporariamente; e são mantidos reservados para os grandes mestres de idades posteriores, que se seguirão, indubitavelmente, à idade presente. As eras dos Filhos Magisteriais e dos Filhos Instrutores, bem como as idades de luz e vida estão sendo antecipadas para Urântia, sejam quais forem as visitações inesperadas de Filhos divinos que possam ou não ocorrer.

DOCUMENTO 45: SEÇÃO 4

5. OS FILHOS MATERIAIS

As grandes divisões da vida celeste têm as suas sedes-centrais, e as suas imensas reservas, em Jerusém, incluindo as várias ordens de Filhos divinos, de espíritos elevados, de superanjos, de anjos e de criaturas intermediárias. A morada central desse setor maravilhoso é o templo principal dos Filhos Materiais.

O domínio dos Adãos é o centro de atração, para todos os recém-chegados em Jerusém. É uma área enorme que consiste de mil centros, se bem que cada família, de Filhos e Filhas Materiais, viva em um domínio próprio, até a época da partida dos seus membros para o serviço nos mundos evolucionários do espaço, ou até o seu embarque na carreira de ascensão ao Paraíso.

Esses Filhos Materiais são o tipo mais elevado de seres que se reproduzem por meio do sexo, os quais podem ser encontrados nas esferas de educação dos universos em evolução. E são realmente materiais; mesmo os Adãos e as Evas Planetários são totalmente visíveis para as raças mortais dos mundos habitados. Esses Filhos Materiais são o último vínculo físico, na cadeia das personalidades, que se estende desde a divindade e a perfeição acima, até a humanidade e a existência material abaixo. Esses Filhos proporcionam aos mundos habitados uma intermediação de contato mútuo entre o Príncipe Planetário invisível e as criaturas materiais dos reinos.

No último recenseamento milenar, em Sálvington, havia o registro, em Nébadon, de 161 432 840 Filhos e Filhas Materiais, com status de cidadania, nas capitais dos sistemas locais. O número de Filhos Materiais varia nos diferentes sistemas; e o seu número está aumentando constantemente pela reprodução natural. No exercício das suas funções de reprodução, eles não são guiados inteiramente apenas pelos desejos pessoais das personalidades envolvidas, mas, também, pelos conselhos consultivos e pelo corpo mais elevado de governantes.

Esses Filhos e Filhas Materiais são os habitantes permanentes de Jerusém e seus mundos interligados. Eles ocupam vastas áreas em Jerusém e participam liberalmente da direção local da esfera da capital, administrando praticamente todos os assuntos de rotina, com a assistência de criaturas intermediárias e seres ascendentes.

Em Jerusém, esses Filhos reprodutores têm a permissão para fazer experimentos com os ideais de autogoverno, segundo a maneira dos Melquisedeques; e estão concretizando um tipo muito elevado de sociedade. Às ordens mais elevadas de filiação reservam-se as funções do veto no reino; no entanto, para quase todos os aspectos, os adamitas de Jerusém governam a si próprios por meio do sufrágio universal em governo representativo. Dentro de algum tempo, eles esperam que lhes seja concedida uma autonomia virtualmente completa.

O caráter do serviço dos Filhos Materiais é grandemente determinado pelas idades deles. Conquanto não sejam ainda elegíveis para serem admitidos na Universidade Melquisedeque de Sálvington – sendo materiais e comumente limitados a certos planetas –, entretanto, os Melquisedeques mantêm fortes corpos docentes nas faculdades das sedes-centrais de cada sistema, para a instrução das gerações mais jovens desses Filhos Materiais. Os sistemas de aperfeiçoamento educacional e espiritual, providos para o desenvolvimento dos Filhos e Filhas Materiais mais jovens, são o máximo da perfeição em termos de metas nas técnicas e nas aplicações práticas.

6. A EDUCAÇÃO ADÂMICA DOS ASCENDENTES

Os Filhos e Filhas Materiais, junto com os seus filhos, são um espetáculo atraente que nunca deixa de despertar a curiosidade e atrair a atenção de todos os mortais ascendentes. Tão semelhantes eles são às vossas próprias raças materiais sexuadas, que encontrareis de parte a parte um grande interesse comum, nos pensamentos e nas ocupações, quando da vossa época de contato fraterno.

Os sobreviventes mortais passam grande parte do seu lazer na capital do sistema, observando e estudando os hábitos de vida e conduta dessas criaturas sexuadas superiores semifísicas, pois esses cidadãos de Jerusém são os padrinhos e mentores imediatos dos sobreviventes mortais desde o momento no qual atingem a cidadania no mundo-sede até o da partida para Edêntia.

Nos sete mundos das mansões, os mortais ascendentes têm amplas oportunidades de compensar todas e quaisquer privações experienciais sofridas nos seus mundos de origem, seja devido à herança, ao ambiente ou a um término prematuro infeliz da carreira na carne. Isso é verdadeiro em todos os sentidos, salvo para a vida sexual mortal e para os ajustamentos que a acompanham. Milhares de mortais alcançam os mundos das mansões sem se haverem beneficiado particularmente da disciplina derivada das relações sexuais usuais nas suas esferas de nascimento. A experiência nos mundos das mansões pouca oportunidade pode dar para compensar essas privações bastante pessoais. A experiência sexual, em um sentido físico, faz parte do passado para os seres ascendentes; entretanto, na associação estreita com os Filhos e Filhas Materiais, tanto individualmente quanto como membros das suas famílias, esses mortais sexualmente carentes serão capazes de compensar os aspectos sociais, intelectuais, emocionais e espirituais em tudo o que houverem sido deficientes. Assim, a todos aqueles humanos, a quem as circunstâncias ou o juízo errôneo houverem privado dos benefícios de ligações sexuais vantajosas nos mundos evolucionários, aqui, na capital do sistema, são oferecidas oportunidades plenas de adquirir essas experiências mortais essenciais, em associação íntima e amorosa com as supernas criaturas sexuadas Adâmicas de residência permanente nas capitais dos sistemas.

Nenhum mortal sobrevivente, nenhum ser intermediário, ou serafim, pode ascender ao Paraíso, alcançar o Pai, nem ser incorporado ao Corpo de Finalidade, sem haver passado pela experiência sublime de estabelecer uma relação de paternidade com as crianças em evolução, dos mundos, ou sem ter alguma outra experiência análoga e equivalente. A relação entre a criança e os seus pais é fundamental para o conceito essencial que devemos ter do Pai Universal e suas crianças no universo. Portanto, essa experiência torna-se indispensável à educação experiencial de todos os ascendentes.

As criaturas intermediárias ascendentes e os serafins evolucionários devem passar por essa experiência de paternidade, em associação com os Filhos e Filhas Materiais da sede-central do sistema. Assim, esses ascendentes não-reprodutores ganham uma experiência de paternidade, ajudando aos Adãos e Evas, em Jerusém, na criação e na educação da sua progênie.

Todos os mortais sobreviventes que não experimentaram a paternidade, nos mundos evolucionários, devem também adquirir esse aperfeiçoamento necessário enquanto permanecem nos lares dos Filhos Materiais de Jerusém, e como pais colaboradores desses esplêndidos pais e mães. Isso é verdade, exceto no caso em que esses mortais tenham sido capazes de compensar as suas deficiências nos berçários do sistema, localizados no primeiro mundo de cultura transicional de Jerusém.

Esse berçário probatório de Satânia é mantido por algumas personalidades moronciais no mundo dos finalitores, onde a metade do planeta se dedica a esse trabalho de educar as crianças. Aqui, algumas crianças, filhas dos mortais sobreviventes, são recebidas e recompostas, tais como aquelas que pereceram nos mundos evolucionários antes de adquirirem o status espiritual como indivíduos. A ascensão de qualquer dos seus progenitores naturais garante que a essa criança mortal dos reinos seja outorgada a repersonalização, no planeta dos finalitores do sistema; e que ali lhe seja permitido demonstrar, pelo próprio livre-arbítrio subseqüente, se fará ou não a escolha de seguir o caminho da ascensão mortal dos progenitores. As crianças, aqui, apresentam-se como no mundo do seu nascimento, exceto pela ausência da diferenciação sexual. Não há reprodução à maneira mortal, após a experiência da vida nos mundos habitados.

Os estudantes dos mundos das mansões que têm uma ou mais crianças no berçário probatório do mundo dos finalitores, e que apresentam deficiências quanto à experiência essencial da paternidade, podem solicitar a permissão de um Melquisedeque para efetivar a sua transferência temporária, dos deveres da ascensão, nos mundos das mansões, para o mundo dos finalitores, onde lhes é dada a oportunidade de funcionar como progenitores solidários dos seus próprios filhos e outras crianças. Esse serviço de incumbência da paternidade pode ser, mais tarde, creditado em Jerusém como equivalente à metade da educação a que esses seres ascendentes devem submeter-se nas famílias dos Filhos e Filhas Materiais.

O berçário probatório é supervisionado por mil casais de Filhos e Filhas Materiais, voluntários das colônias da sua ordem em Jerusém. Eles são diretamente assistidos por cerca de um número igual de grupos de pais midsonitas voluntários, os quais se detêm aqui para prestar esse serviço, no seu caminho do mundo midsonita de Satânia, a um destino não revelado, nos mundos especiais que lhes são reservados entre as esferas dos finalitores de Sálvington.

7. AS ESCOLAS MELQUISEDEQUES

Os Melquisedeques são os diretores do grande corpo de instrutores – de criaturas volitivas parcialmente espiritualizadas e outras – os quais funcionam de modo tão satisfatório em Jerusém e seus mundos interligados, mas especialmente nos sete mundos das mansões. Estes são os planetas de detenção, onde os mortais que não conseguiram a realização da fusão com os seus Ajustadores residentes, durante a vida na carne, são reabilitados na forma transitória, para receber mais ajuda e desfrutar de uma oportunidade ampla de continuar seus esforços de realização espiritual, os mesmos esforços que foram prematuramente interrompidos pela morte. Ou se, por qualquer outra razão, por alguma dificuldade hereditária, de ambiente desfavorável, ou por conspiração das circunstâncias, a realização dessa alma não houver sido completada, não importa o motivo, todos aqueles que têm um propósito verdadeiro e são dignos, em espírito, encontram-se a si próprios, tais como eles próprios são, presentes nos planetas de continuação, onde devem aprender a ter a mestria daquilo que é essencial à carreira eterna, e possuir, eles próprios, os traços que não adquiriram, ou que não puderam adquirir, durante o tempo de vida na carne.

Os Brilhantes Estrelas Vespertinas (e os seus coordenados, não denominados) freqüentemente servem como educadores nas várias missões educacionais do universo, incluindo as promovidas pelos Melquisedeques. Os Filhos Instrutores da Trindade também colaboram, conferindo os toques da perfeição do Paraíso a essas escolas de educação e aperfeiçoamento progressivo. Mas nem todas essas atividades são exclusivamente dedicadas ao avanço dos mortais ascendentes; muitas estão igualmente ligadas à educação progressiva das personalidades espirituais nativas de Nébadon.

Os Filhos Melquisedeques conduzem mais de trinta centros educacionais diferentes, em Jerusém. Essas escolas de aperfeiçoamento começam com o colégio de auto-avaliação e terminam com as escolas de cidadania de Jerusém, onde os Filhos e Filhas Materiais juntam-se aos Melquisedeques e a outros, no seu esforço supremo de qualificar os sobreviventes mortais para assumir as altas responsabilidades do governo representativo. Todo o universo encontra-se organizado e administrado segundo um plano *representativo*. O governo representativo é o ideal divino do autogoverno entre os seres que não são perfeitos.

A cada cem anos do tempo do universo, um sistema seleciona os seus dez representantes para sentarem-se na legislatura da constelação. Eles são escolhidos pelo conselho de mil votantes de Jerusém, um corpo eletivo incumbido do dever de representar os grupos do sistema quanto a todas as questões delegadas ou designadas. Todos representantes ou outros delegados são selecionados pelo conselho dos mil eleitores; e devem ter sido graduados pela escola mais elevada da Universidade Melquisedeque de Administração, como também o são todos aqueles que constituem esse grupo de mil eleitores. Essa escola é mantida pelos Melquisedeques, assistidos mais recentemente pelos finalitores.

Existem muitos corpos eletivos em Jerusém e, de tempos em tempos, estes são escolhidos como autoridades, por três ordens de cidadania – a dos Filhos e Filhas Materiais, a dos serafins e dos seus companheiros, inclusive as criaturas intermediárias, e a dos mortais ascendentes. Para receber a indicação, como representante de honra, um candidato deve ter obtido o reconhecimento exigido pelas escolas Melquisedeques de administração.

O sufrágio é universal em Jerusém, entre esses três grupos de cidadania, mas os votos têm valores diferenciados, de acordo com o status de posse pessoal, reconhecido e devidamente registrado, da mota – a sabedoria moroncial. O voto emitido por qualquer personalidade, em uma eleição em Jerusém, tem um valor que varia de um a mil. Os cidadãos de Jerusém são assim classificados, de acordo com a sua conquista em termos de mota.

De tempos em tempos, os cidadãos de Jerusém apresentam-se aos examinadores Melquisedeques, que certificam sobre o seu alcance em sabedoria moroncial. Então, eles apresentam-se perante o corpo de examinadores dos Brilhantes Estrelas Vespertinas ou seus designados, que verificam o grau do seu discernimento espiritual. Em seguida, eles comparecem à presença dos quatro-e-vinte conselheiros e colaboradores seus, que avaliam o seu status de realização experiencial de socialização. Esses três fatores são então levados aos arquivistas da cidadania do governo representativo, que rapidamente registram o seu status de mota e, de acordo com isso, demarcam as qualificações do sufrágio.

Sob a supervisão dos Melquisedeques, os mortais ascendentes, especialmente aqueles que estão em atraso com a sua unificação de personalidade nos novos níveis moronciais, são levados pela mão, pelos Filhos Materiais, e recebem um aperfeiçoamento intensivo, destinado a retificar as suas deficiências. Nenhum mortal ascendente deixa a sede-central do sistema, para a carreira de socialização mais extensiva e variada da constelação, antes que esses Filhos Materiais atestem o alcance da sua realização na mota da personalidade – uma individualidade que combina a existência mortal completada, em associação experiencial com a carreira moroncial que está brotando; ambas sendo devidamente amalgamadas pelo supercontrole espiritual do Ajustador do Pensamento.

[Apresentado por um Melquisedeque, designado temporariamente para Urântia.]

DOCUMENTO 46

A SEDE CENTRAL DO SISTEMA LOCAL

JERUSÉM, a sede-central de Satânia, é um tipo comum de capital de sistema e, à parte as inúmeras irregularidades ocasionadas pela rebelião de Lúcifer e pela auto-outorga de Michael em Urântia, é uma esfera típica entre as congêneres. O vosso sistema local tem passado por algumas experiências tempestuosas mas, no momento atual, está sendo administrado eficientemente e, à medida que as idades passam, os resultados da desarmonia vão sendo erradicados vagarosa mas eficazmente. A ordem e a boa vontade estão sendo restauradas e as condições em Jerusém aproximam-se cada vez mais do status celeste das vossas tradições, pois a sede-central do sistema é verdadeiramente o céu visualizado pela maioria dos crentes religiosos do século vinte.

1. ASPECTOS FÍSICOS DE JERUSÉM

Jerusém é dividida em mil setores latitudinais, e em dez mil zonas longitudinais. Esta esfera tem sete capitais maiores e setenta centros administrativos menores. As sete capitais seccionais dedicam-se a diversas atividades, e o Soberano do Sistema está presente uma vez por ano, ao menos, em cada uma delas.

O quilômetro-padrão de Jerusém é equivalente a cerca de onze quilômetros de Urântia. O peso-padrão, o "gradante", é estabelecido por meio do sistema decimal a partir do ultímatom maduro e representa quase exatamente 280 gramas do vosso peso. O dia de Satânia iguala-se a três dias do tempo de Urântia, menos uma hora, quatro minutos e quinze segundos, este sendo o tempo da rotação de Jerusém em torno do próprio eixo. O ano do sistema consiste de cem dias de Jerusém. O tempo do sistema é teledifundido pelos mestres cronoldeques.

A energia de Jerusém é controlada de um modo magnífico e circula em torno da esfera em canais, por zonas que são diretamente alimentadas pelas cargas de energia do espaço e administradas habilmente pelos Mestres Controladores Físicos. A resistência natural à passagem dessas energias, pelos canais físicos de condução, fornece o calor necessário à manutenção de uma temperatura uniforme adequada em Jerusém. A temperatura, à luz plena, é mantida em torno de 21 graus Celsius, enquanto, durante o período de recesso de luz, ela cai até um pouco abaixo dos 10 graus.

O sistema de iluminação de Jerusém não deveria ser muito difícil de compreender para vós. Não há dias e noites, não há estações de calor e frio. Os transformadores de poder mantêm cem mil centros dos quais as energias rarefeitas são projetadas para o alto, através da atmosfera planetária, passando por algumas modificações, até que alcancem o teto elétrico de ar da esfera; e então essas energias são refletidas de volta para baixo, na forma de uma luz suave, filtrada e uniforme, com a mesma intensidade, aproximadamente, da luz do sol em Urântia, quando o sol está brilhando, às dez horas da manhã.

Sob essas condições de iluminação, os raios de luz não parecem vir de um único ponto; eles filtram-se no céu, emanando igualmente de todas as direções do espaço. Essa luz é muito semelhante à luz natural do sol, exceto pelo fato de que contém muito menos calor. Por isso é que se sabe que esses mundos sedes-centrais não são luminosos no espaço; ainda que Jerusém estivesse muito próxima de Urântia, não seria visível.

Os gases que refletem essas energias de luz, da ionosfera superior de Jerusém, de volta para o chão, são muito similares àqueles das camadas superiores de ar em Urântia, que são responsáveis pelos fenômenos da aurora boreal das vossas chamadas luzes setentrionais, embora estas sejam produzidas por causas diferentes. Em Urântia é esse mesmo escudo de gás que impede a ultrapassagem das ondas das transmissões terrestres, refletindo-as de volta para a Terra, quando elas tocam esse cinturão de gás, na sua trajetória direta para fora. Desse modo as teletransmissões ficam retidas perto da superfície, à medida que percorrem o ar em volta do vosso mundo.

Essa iluminação da esfera é mantida uniforme durante setenta e cinco por cento do dia de Jerusém e, então, há um recesso gradual, até que, no momento de iluminação mínima, a luz torna-se semelhante à da vossa lua cheia, em uma noite clara. Essa é a hora do silêncio para toda a Jerusém. Apenas as estações de recepção das comunicações ficam em operação durante esse período de repouso e recuperação.

Jerusém recebe uma pálida luz de vários sóis próximos – uma espécie de luz brilhante das estrelas – mas não depende dela; os mundos como Jerusém não estão sujeitos às vicissitudes das perturbações solares, nem se defrontam com o problema de um sol que se resfria ou morre.

Os sete mundos transicionais de estudo e os seus quarenta e nove satélites são aquecidos, iluminados, energizados e irrigados pelas técnicas de Jerusém.

2. CARACTERÍSTICAS FÍSICAS DE JERUSÉM

Em Jerusém, vós ireis sentir falta das cadeias escarpadas das montanhas de Urântia, e de outros mundos evoluídos; não há nem terremotos nem chuvas, mas ireis desfrutar dos magníficos planaltos e de outras variações singulares na sua topografia e paisagem. Áreas enormes de Jerusém são preservadas em "estado natural", e a grandeza desses setores ultrapassa, em muito, os poderes da imaginação humana.

Há milhares e milhares de pequenos lagos, mas não há rios turbulentos nem oceanos imensos. Não há chuvas, nem tempestades, nem furacões em nenhum dos mundos arquitetônicos, mas há a precipitação diária em decorrência da condensação de umidade durante as horas de temperatura mais baixa que acompanha a diminuição da luz. (O ponto de orvalho é mais alto em um mundo com atmosfera de três gases, do que em um planeta de dois gases como Urântia.) A vida física das plantas e o mundo moroncial de coisas vivas, precisam, ambos, da umidade; todavia esta é amplamente suprida pelo sistema de circulação no subsolo, o qual se espalha por toda a esfera, indo até mesmo aos cumes dos planaltos. Esse sistema de irrigação não se faz inteiramente pelo subsolo, pois há muitos canais superficiais interconectando os resplandecentes lagos de Jerusém.

A atmosfera de Jerusém é uma mistura de três gases. Esse ar é muito semelhante ao de Urântia, com o acréscimo de um gás adaptado à respiração das ordens moronciais de vida. Esse terceiro gás, de nenhum modo, torna o ar inadequado à respiração dos animais, nem das plantas das ordens materiais.

O sistema de transporte é conjugado com as correntes circulatórias do movimento da energia, estando essas principais correntes de energia localizadas em intervalos de dezesseis quilômetros. Por meio de ajustes dos mecanismos físicos, os seres materiais do planeta podem deslocar-se a uma velocidade que varia de trezentos a oitocentos quilômetros por hora. Os pássaros de transporte voam a uma velocidade de cerca de cento e sessenta quilômetros por hora. Os mecanismos aéreos dos Filhos Materiais viajam a uma velocidade de oitocentos quilômetros por hora. Os seres materiais e os seres na sua primeira fase moroncial devem utilizar esses meios mecânicos de transporte, mas as personalidades espirituais deslocam-se por ligação com as forças superiores e as fontes espirituais de energia.

Jerusém e os seus mundos interligados são dotados com as dez divisões padronizadas de vida física, características das esferas arquitetônicas de Nébadon. E, como não há evolução orgânica em Jerusém, não há formas conflitantes de vida, nenhuma luta pela existência, nenhuma sobrevivência dos mais aptos. Há, antes, uma adaptação criativa que deixa antever a beleza, a harmonia e a perfeição dos mundos eternos do universo central e divino. E, em toda essa perfeição criativa, está o entrelaçamento mais surpreendente das vidas físicas e moronciais, artisticamente realçadas pelos artesãos celestes e pelos seus afins.

Jerusém, de fato, é como um antegozo da glória e grandeza paradisíacas. Mas vós não podeis jamais esperar ter uma idéia adequada desses gloriosos mundos arquitetônicos por meio de qualquer tentativa de descrição. Tão pouco há que possa ser comparado com qualquer coisa do vosso mundo e, também, as coisas de Jerusém transcendem tanto as coisas de Urântia que uma comparação ficaria quase grotesca. Antes de chegardes de fato em Jerusém, dificilmente podereis ter uma concepção verdadeira dos mundos celestes, mas isto não está tão longe no tempo futuro, quando a vossa próxima experiência na capital do sistema será comparada à vossa chegada futura em esferas ainda mais remotas de aperfeiçoamento do universo, do superuniverso e de Havona.

O setor industrial e os laboratórios de Jerusém são um domínio amplo que os urantianos dificilmente iriam reconhecer, pois não têm nenhuma chaminé expelindo fumaça; contudo, há uma intrincada economia material, associada a esses mundos especiais, e há uma perfeição de técnica mecânica e realização física que iria assombrar e maravilhar até mesmo os vossos químicos e inventores mais experientes. Parai para considerar que esse primeiro mundo de retenção, na jornada até o Paraíso, é muito mais material do que espiritual. Na vossa estada em Jerusém e nos seus mundos de transição, vós estais muito mais próximos da vossa vida terrestre de coisas materiais do que na vossa vida futura de avanço na existência espiritual.

O monte Seraf é o ponto mais elevado em Jerusém, com quase quatro mil e quinhentos metros de altitude; e é o ponto de partida de todos os serafins de transporte. Inúmeros desenvolvimentos mecânicos são utilizados com o fito de prover a energia inicial para escapar da gravidade do planeta e vencer a resistência do ar. Um transporte seráfico parte a cada três segundos do tempo de Urântia, durante o período iluminado; algumas vezes invadindo as horas de pouca iluminação. Os transportadores levantam vôo a uma velocidade de quarenta quilômetros por segundo, do tempo de Urântia, e não atingem a velocidade-padrão até que estejam a uma distância de três mil e duzentos quilômetros de Jerusém.

Os transportes chegam ao campo de cristal, o chamado mar de vidro. Em torno dessa área estão as estações de recepção para as várias ordens de seres que atravessam o espaço por meio do transporte seráfico. Perto da estação de recepção polar de cristal, para os estudantes visitantes, vós podeis subir ao observatório aperolado e avistar um mapa imenso, em relevo, de todo o planeta-sede-central.

3. AS TRANSMISSÕES DE JERUSÉM

As teletransmissões do superuniverso e do Paraíso-Havona são recebidas em Jerusém, na ligação com Sálvington, por uma técnica que envolve o cristal polar, o mar de vidro. Além dos dispositivos de recepção das comunicações vindas de fora de Nébadon, há três grupos distintos de estações receptoras. Esses grupos separados e tricirculares de estações estão ajustados para receber as transmissões dos mundos locais, das sedes-centrais das constelações e da capital do universo local. Todas essas mensagens são expostas automaticamente, de um modo tal que sejam discerníveis por todos os tipos de seres presentes ao anfiteatro central das difusões; entre todas as ocupações de um mortal ascendente em Jerusém, nenhuma é mais atraente e absorvente do que escutar a corrente sem fim de informes espaciais do universo.

Essa estação de recepção e de transmissões em Jerusém está circundada por um enorme anfiteatro, construído de materiais cintilantes totalmente desconhecidos em Urântia, e onde se sentam mais de cinco bilhões de seres – materiais e moronciais –, além de acomodar inúmeras personalidades espirituais. A diversão favorita de toda a Jerusém é passar o tempo de lazer na estação difusora, para ficar sabendo sobre as condições de bem-estar e o estado geral das coisas no universo. E essa é a única atividade planetária que não fica reduzida, durante o recesso de luz.

Nesse anfiteatro de recepção das teledifusões, as mensagens de Sálvington chegam continuamente. A palavra dos Pais Altíssimos das Constelações, vinda de Edêntia, a qual está próxima dali, é recebida pelo menos uma vez por dia. Periodicamente as transmissões regulares e especiais de Uversa são feitas através de Sálvington e, quando as mensagens do Paraíso estão sendo recebidas, toda a população congrega-se ao redor do mar de vidro, e os amigos de Uversa aliam o fenômeno da refletividade à técnica da transmissão do Paraíso; assim tudo o que é ouvido torna-se visível. E é dessa maneira que a antecipação contínua, da beleza avançada e da grandeza, é proporcionada aos mortais sobreviventes à medida que fazem a sua jornada adentro na aventura eterna.

A estação emissora de Jerusém está localizada no pólo oposto da esfera. Todas as transmissões para os mundos individuais são retransmissões das capitais dos sistemas, exceto as mensagens de Michael que, algumas vezes, vão diretamente aos seus destinos pelos circuitos dos arcanjos.

4. AS ÁREAS RESIDENCIAL E ADMINISTRATIVA

Porções consideráveis de Jerusém estão destinadas a áreas residenciais, enquanto outras porções da capital do sistema são destinadas às funções administrativas necessárias, envolvendo a supervisão dos assuntos das 619 esferas habitadas, dos 56 mundos de cultura de transição e da própria capital do sistema. Em Jerusém e em Nébadon esses arranjos são designados como a seguir:

1. *Os círculos* – as áreas residenciais dos não-nativos.

2. *Os quadrados* – as áreas do sistema executivo-administrativo.

3. *Os retângulos* – o ponto de encontro dos seres de vida nativa mais baixa.

4. *Os triângulos* – as áreas locais ou administrativas de Jerusém.

Esses arranjos das atividades do sistema em círculos, quadrados, retângulos e triângulos são comuns a todas as capitais dos sistemas de Nébadon. Num outro universo, um arranjo inteiramente diferente poderia prevalecer. Essas questões são determinadas pelos diferentes planos dos Filhos Criadores.

A nossa narrativa sobre essas áreas residenciais e administrativas não leva em conta as vastas e belas moradas dos Filhos Materiais de Deus, os cidadãos permanentes de Jerusém; e também não mencionamos as outras numerosas e fascinantes ordens de espíritos e criaturas quase espirituais. Por exemplo: Jerusém desfruta dos serviços eficientes dos espirongas designados a funcionar no sistema. Esses seres devotam-se à ministração espiritual em favor dos residentes e visitantes supramateriais. Eles são um grupo maravilhoso de seres inteligentes e formosos, e são mesmo os servidores de transição das criaturas moronciais mais elevadas, dos ajudantes moronciais que trabalham para a manutenção e o embelezamento de todas as criações moronciais. Eles são, em Jerusém, o que as criaturas intermediárias são em Urântia: ajudantes intermediários, funcionando entre o material e o espiritual.

As capitais dos sistemas são singulares, como únicos mundos que exibem quase perfeitamente todas as três fases da existência no universo: a material, a moroncial e a espiritual. Quer sejais uma personalidade material, moroncial ou espiritual, vos sentireis em casa, em Jerusém; e é assim que se sentem também os seres combinados, entre os quais as criaturas intermediárias e os Filhos Materiais.

Jerusém tem grandes edifícios, tanto do tipo material quanto moroncial, e a ornamentação das zonas puramente espirituais é não menos refinada e abundante. Tivesse eu palavras para dizer-vos das contrapartes moronciais do maravilhoso equipamento físico de Jerusém! Se apenas pudesse eu dar prosseguimento à descrição da grandeza sublime e da sutileza de perfeição dos dispositivos espirituais desse mundo sede-central! O vosso conceito mais imaginativo da perfeição, beleza e plenitude, em matéria de instalações, dificilmente aproximar-se-ia dessa grandeza. E Jerusém é apenas o primeiro patamar no caminho até a superna perfeição da beleza do Paraíso.

5. OS CÍRCULOS DE JERUSÉM

As reservas residenciais destinadas aos grupos maiores de vida do universo são chamadas círculos de Jerusém. Esses agrupamentos de círculos, mencionados nessas narrativas, são os seguintes:

1. Os círculos dos Filhos de Deus.

2. Os círculos dos anjos e espíritos mais elevados.

3. Os círculos dos Auxiliares Universais, incluindo os dos filhos trinitarizados pelas criaturas, não designados aos Filhos Instrutores da Trindade.

4. Os círculos dos Mestres Controladores Físicos.

5. Os círculos dos mortais ascendentes designados para ali, incluindo as criaturas intermediárias.

6. Os círculos das colônias de cortesia.

7. Os círculos dos Corpos da Finalidade.

Cada um desses agrupamentos de residentes consiste de sete círculos concêntricos e sucessivamente elevados. Todos são construídos ao longo das mesmas linhas, mas em tamanhos diferentes e modelados em materiais diferentes. São todos contornados por cercas de grande extensão, que se elevam formando imensos passeios que rodeiam internamente cada grupo de sete círculos concêntricos.

1. *Os círculos dos Filhos de Deus*. Ainda que possuam um planeta social próprio, um dos mundos de cultura de transição, os Filhos de Deus ocupam também esses extensos domínios em Jerusém. No seu mundo de cultura transicional, os mortais ascendentes misturam-se livremente a todas as ordens de filiação divina. Ali,

ireis pessoalmente conhecer e amar esses Filhos; mas a vida social deles é grandemente confinada a esse mundo especial e seus satélites. Nos círculos de Jerusém, todavia, esses vários grupos de filiação podem ser observados no seu trabalho. E, como a visão moroncial é de um alcance enorme, vós podereis caminhar nos passeios dos Filhos e contemplar as atividades intrigantes das suas numerosas ordens.

Esses sete círculos dos Filhos são concêntricos e sucessivamente elevados, de modo que cada um dos círculos mais externos e maiores oferece uma vista para os mais internos e menores, cada um sendo cercado por um muro que constitui um passeio público. Esses muros, construídos de gemas de cristal de brilho cintilante, são suficientemente altos, para que todos possam contemplar todos os seus círculos residenciais respectivos. Os muitos portões – de cinqüenta a cento e cinqüenta mil –, que dão entrada a cada um desses muros, são de uma só peça de cristal aperolado.

O primeiro círculo do domínio dos Filhos está ocupado pelos Filhos Magisteriais e suas assessorias pessoais. Nele estão centrados todos os planos e atividades imediatas dos serviços de auto-outorga e de juízo de tais Filhos jurídicos. Também é por meio desse centro que os Avonais do sistema mantêm contato com o universo.

O segundo círculo é ocupado pelos Filhos Instrutores da Trindade. Nesse domínio sagrado, os Diainais e os seus colaboradores dão prosseguimento ao aperfeiçoamento dos Filhos Instrutores primários recém-chegados. E, em todo esse trabalho, eles são assistidos de modo competente por uma divisão de alguns coordenados dos Brilhantes Estrelas Vespertinas. Os filhos trinitarizados por criaturas ocupam um setor do círculo dos Diainais. Os Filhos Instrutores da Trindade estão muito próximos de serem os representantes pessoais do Pai Universal, em um sistema local, visto que são seres originários da Trindade. Esse segundo círculo é um domínio de extraordinário interesse para todos os povos de Jerusém.

O terceiro círculo é dedicado aos Melquisedeques. Nele, os chefes do sistema residem e supervisionam as atividades quase infindáveis desses Filhos versáteis. Do primeiro dos mundos das mansões em diante, durante toda a carreira dos mortais ascendentes em Jerusém, os Melquisedeques são pais adotivos e conselheiros sempre presentes. Não seria impróprio dizer que são a influência predominante em Jerusém, à parte as atividades sempre presentes dos Filhos e Filhas Materiais.

O quarto círculo é o lar dos Vorondadeques e de todas as outras ordens dos Filhos visitantes e observadores que não têm moradia prevista em outro lugar. Os Pais Altíssimos das Constelações têm a sua morada nesse círculo, quando em visitas de inspeção ao sistema local. Os Perfeccionadores da Sabedoria, os Conselheiros Divinos e os Censores Universais residem todos nesse círculo, quando em missão no sistema.

O quinto círculo é a morada dos Lanonandeques, a ordem de filiação dos Soberanos de Sistemas e Príncipes Planetários. Os três grupos tornam-se um único, quando estão em casa, nesse domínio. Os Filhos das reservas do sistema são mantidos nesse círculo, enquanto o Soberano do Sistema tem um templo situado no centro do grupo das estruturas de governo, na colina da administração.

O sexto círculo é o local de permanência dos Portadores da Vida do sistema. As ordens desses Filhos reúnem-se ali, e dali partem para os seus compromissos nos mundos.

O sétimo círculo é o ponto de encontro dos filhos ascendentes, os mortais designados que podem estar temporariamente funcionando nas sedes-centrais dos sistemas junto com os seus consortes seráficos. Os ex-mortais de status mais elevado que o de cidadãos de Jerusém, e abaixo dos finalitores, são considerados como pertencentes ao grupo, tendo a sua sede-central nesse círculo.

Essas reservas circulares dos Filhos ocupam uma enorme área, e até mil e novecentos anos atrás existia um grande espaço aberto no seu centro. Essa região central agora é ocupada pelo memorial de Michael, terminado há cerca de quinhentos anos. Há quatrocentos e noventa e cinco anos, quando esse templo lhe foi dedicado, Michael esteve presente pessoalmente ali, e toda a Jerusém ouviu a história comovente da auto-outorga do Filho Mestre em Urântia, o mais insignificante dos planetas de Satânia. O memorial de Michael agora é o centro de todas as atividades abrangidas pela direção modificada do sistema, ocasionadas pela auto-outorga de Michael, incluindo a maior parte das atividades mais recentemente transferidas de Sálvington. A assessoria do memorial consiste de mais de um milhão de personalidades.

2. *Os círculos dos anjos.* Como a área residencial dos Filhos, estes círculos dos anjos consistem em sete círculos concêntricos e sucessivamente elevados, cada um dominando as áreas internas.

O primeiro círculo dos anjos é ocupado pelas Mais Altas Personalidades do Espírito Infinito, que podem estar estacionadas no mundo sede-central – os Mensageiros Solitários e os seus colaboradores. O segundo círculo é dedicado às hostes de Mensageiros, Conselheiros Técnicos, Companheiros, Inspetores e Registradores, quando estes, porventura, de tempos em tempos, estiverem atuando em Jerusém. O terceiro círculo é ocupado pelos espíritos ministradores das ordens e agrupamentos mais elevados.

O quarto círculo é ocupado pelos serafins administradores; e os serafins que servem em um sistema local, como o de Satânia, são uma "inumerável hoste de anjos". O quinto círculo é ocupado pelos serafins planetários, enquanto o sexto é a casa dos ministros de transição. O sétimo círculo é a esfera de permanência de algumas ordens não reveladas de serafins. Os registradores de todos esses grupos de anjos não permanecem com os seus companheiros, tendo os seus domicílios no templo dos registros de Jerusém. Todos os registros são preservados em triplicata, nessa sala tríplice de arquivos. Na sede-central de um sistema, os arquivos são sempre preservados nas formas material, moroncial e espiritual.

Esses sete círculos estão rodeados pelo panorama de exibição de Jerusém, que tem 8 000 quilômetros de circunferência, onde se apresenta o status do avanço dos mundos povoados de Satânia, e é constantemente revisto de modo a representar com exatidão as condições atualizadas de cada planeta, individualmente. Não duvido que esse imenso passeio, dominando os círculos dos anjos, seja a primeira vista de Jerusém a chamar a vossa atenção, quando vos for permitido um lazer mais prolongado nas vossas visitas iniciais.

Essas exibições ficam a cargo dos nativos de Jerusém, mas eles são ajudados pelos seres ascendentes dos vários mundos de Satânia, que estão de permanência em Jerusém, a caminho de Edêntia. A descrição das condições planetárias e do progresso nos mundos é efetuada por muitos métodos, alguns conhecidos por vós, mas a maioria o é por meio de técnicas desconhecidas em Urântia. Essas exposições ocupam a borda exterior dessa vasta muralha. O restante do passeio é quase inteiramente aberto, sendo alta e magnificamente decorado.

3. *Os círculos dos Ajudantes do Universo* contêm a sede-central dos Estrelas Vespertinos situada no enorme espaço central. Aqui está localizada a sede-central de Galântia, o comandante adjunto desse grupo poderoso de superanjos, e que foi o primeiro, de todos os Estrelas Vespertinos ascendentes, a receber uma missão. Esse é um dos mais magníficos de todos os setores administrativos de Jerusém, ainda que esteja entre as construções mais recentes. Esse centro tem oitenta quilômetros de diâmetro. A sede-central de Galântia é um cristal monoliticamente fundido, totalmente transparente. Esses cristais material-moronciais são grandemente apreciados tanto pelos seres moronciais quanto pelos materiais. Os Estrelas Vespertinos criados como tais exercem

a sua influência em toda a Jerusém, sendo possuidores de grandes atributos extra-pessoais. Todo esse mundo adquiriu um aroma espiritual desde que muitas das suas atividades foram transferidas de Sálvington para cá.

4. *Os círculos dos Mestres Controladores Físicos*. As várias ordens de Mestres Controladores Físicos estão concentricamente arranjadas em torno do grande templo do poder, onde o dirigente máximo do poder preside o sistema, em associação com o dirigente dos Supervisores do Poder Moroncial. Esse templo do poder é um dos dois setores em Jerusém ao qual os mortais ascendentes e as criaturas intermediárias não têm acesso permitido. O outro é o setor desmaterializante, na área dos Filhos Materiais, uma série de laboratórios onde os serafins de transporte transformam os seres materiais em um estado muito próximo daquele da ordem moroncial de existência.

5. *Os círculos dos mortais ascendentes*. A área central dos círculos dos mortais ascendentes é ocupada por um grupo de 619 memoriais planetários, representantes dos mundos habitados do sistema; e essas estruturas são submetidas periodicamente a grandes mudanças. É privilégio dos mortais de cada mundo concordar, de tempos em tempos, com algumas das alterações ou acréscimos nos seus memoriais planetários. Muitas mudanças estão ainda agora sendo efetuadas nas estruturas de Urântia. O centro desses 619 templos é ocupado por uma maquete ativa de Edêntia e dos seus muitos mundos de cultura ascendente. Esse modelo tem sessenta e quatro quilômetros de diâmetro e é uma reprodução real do sistema de Edêntia, fiel ao original em cada detalhe.

Os ascendentes desfrutam de servir em Jerusém e sentem prazer em observar as técnicas de outros grupos. Tudo o que é feito nesses vários círculos é aberto à plena observação de toda a Jerusém.

As atividades desse mundo são de três variedades distintas: trabalho, progressão e divertimento. Colocado de outro modo, são: serviço, estudo e relaxamento. As atividades compostas consistem de relações sociais, entretenimento grupal e adoração divina. Há um grande valor educacional no congraçamento entre os diversos grupos de personalidades, ordens muito diferentes daquela dos vossos próprios companheiros.

6. *Os círculos das colônias de cortesia*. Os sete círculos das colônias de cortesia são ornados por três estruturas enormes: o imenso observatório astronômico de Jerusém, a gigantesca galeria de arte de Satânia e a imensa sala de reunião dos diretores de retrospecção, o teatro das atividades moronciais dedicadas ao descanso e à recreação.

Os artesãos celestes dirigem os espornágias e provêem a hoste para decorações criativas e memoriais monumentais, que abundam em todos os lugares de reuniões públicas. Os estúdios desses artesãos estão entre as maiores e mais belas dentre as estruturas sem par desse mundo maravilhoso. As outras colônias de cortesia mantêm sedes-centrais imensas e de grande beleza. Muitos desses prédios são construídos inteiramente de gemas de cristal. Todos os mundos arquitetônicos têm em profusão tanto cristais, bem como os chamados metais preciosos.

7. *Os círculos dos finalitores* apresentam uma estrutura singular no centro. E esse mesmo templo vazio é encontrado em todos os mundos sedes-centrais dos sistemas de Nébadon. Esse edifício em Jerusém está selado com a insígnia de Michael e traz esta inscrição: "Ainda não consagrado ao sétimo estágio do espírito – ao compromisso eterno". Gabriel colocou o selo nesse templo de mistério, e ninguém, a não ser Michael, pode ou deve romper o selo da soberania, afixado pelo Brilhante

Estrela Matutino. Algum dia vós contemplareis esse templo silencioso, ainda que não possais penetrar o seu mistério.

Outros círculos de Jerusém: Além desses círculos residenciais, em Jerusém há inúmeras outras moradas designadas de modo especial.

6. OS QUADRADOS EXECUTIVO-ADMINISTRATIVOS

As divisões executivo-administrativas do sistema estão localizadas nos imensos quadrados departamentais, em número de mil. Cada unidade administrativa está dividida em cem subdivisões de dez subgrupos cada. Esses mil quadrados estão agrupados segundo dez grandes divisões, constituindo assim os dez departamentos administrativos seguintes:

1. De manutenção física e melhoramentos materiais, nos domínios do poder e da energia física.

2. De arbitragens, de ética e de julgamento administrativo.

3. De assuntos planetários e locais.

4. De assuntos da constelação e do universo.

5. De educação e outras atividades dos Melquisedeques.

6. De progresso físico planetário e do sistema, nos domínios científicos das atividades de Satânia.

7. De assuntos moronciais.

8. Das atividades e da ética puramente espirituais.

9. Da ministração ascendente.

10. Da filosofia do grande universo.

Essas estruturas são transparentes; de modo que todas as atividades do sistema podem ser observadas até mesmo pelos estudantes em visita.

7. OS RETÂNGULOS — OS ESPORNÁGIAS

Os mil *retângulos* de Jerusém são habitados pela vida nativa inferior do planeta sede-central e, no seu centro, está situada a imensa sede-central circular dos espornágias.

Em Jerusém ficareis assombrados com as realizações na agricultura feitas pelos maravilhosos espornágias. Ali, a terra é amplamente cultivada para efeitos estéticos e ornamentais. Os espornágias são os jardineiros das paisagens dos mundos sedescentrais, e são originais e artísticos no tratamento que dão aos espaços abertos de Jerusém. Utilizam tanto animais, quanto numerosas invenções mecânicas na cultura do solo. São habilmente inteligentes no emprego das agências de poder dos seus reinos tanto quanto na utilização das numerosas ordens dos seus irmãos inferiores, das criações animais menos evoluídas, muitas das quais são entregues a eles nesses mundos especiais. Essa ordem de vida animal é agora quase totalmente dirigida pelas criaturas intermediárias ascendentes das esferas evolucionárias.

Os espornágias não são resididos por Ajustadores. Eles não possuem almas de sobrevivência, mas desfrutam de vidas longas, algumas vezes até de quarenta a cinqüenta mil anos-padrão. O seu número é o de uma legião, e eles podem fazer ministrações físicas a todas as ordens de personalidades, no universo, que estejam necessitando de serviços materiais.

Embora os espornágias não possuam uma alma de sobrevivência, e não a desenvolvam, ainda que não tenham personalidade, eles desenvolvem uma individualidade que pode experienciar a reencarnação. Quando, com o passar do tempo, os corpos físicos dessas criaturas singulares deterioram com o uso e a idade, os seus criadores, em colaboração com os Portadores da Vida, produzem novos corpos nos quais os velhos espornágias restabelecem as suas residências.

Os espornágias são as únicas criaturas em todo o universo de Nébadon que experienciam essa ou qualquer outra espécie de reencarnação. São sensíveis apenas aos cinco primeiros espíritos ajudantes da mente; não respondem, portanto, aos impulsos dos espíritos da adoração e da sabedoria. Esses cinco ajudantes da mente equivalem, contudo, a um nível total de realidade ou ao sexto nível de realidade, e é esse fator que perdura como uma identidade experiencial.

Para descrever essas criaturas úteis e inusitadas, não disponho de nenhuma base de comparação, pois não há animais nos mundos evolucionários comparáveis a eles. Eles não são seres evolucionários, tendo sido projetados pelos Portadores da Vida na sua forma e status atuais. São bissexuais e procriam-se à medida que são requisitados, para fazer face às necessidades de uma população crescente.

Talvez, para as mentes de Urântia, eu fizesse melhor sugerindo algo da natureza dessas criaturas belas e úteis, dizendo que elas têm as características do cavalo fiel, combinadas às do cão afetuoso, manifestando uma inteligência que é maior que a do tipo mais elevado de chimpanzé. E são muito belas, se julgadas segundo os padrões físicos de Urântia. Apreciam bastante as atenções a elas demonstradas pelos seres materiais e semimateriais que permanecem nesses mundos arquitetônicos. Elas têm uma vista que lhes permite reconhecer – além dos seres materiais – as criações moronciais, as ordens angélicas mais baixas, as criaturas intermediárias e algumas das ordens menos elevadas de personalidades espirituais. Não compreendem a adoração do Infinito, nem captam a importância do Eterno, mas, por intermédio do afeto que têm pelos seus mestres, elas compartilham das devoções espirituais externas dos seus reinos.

Existem aqueles que acreditam que, em uma idade futura do universo, esses espornágias fiéis escaparão do seu nível animal de existência e atingirão um destino evolucionário condigno de crescimento intelectual progressivo e mesmo de realização espiritual.

8. OS TRIÂNGULOS DE JERUSÉM

Os assuntos puramente rotineiros e locais de Jerusém são dirigidos a partir dos cem *triângulos*. Estas unidades estão agrupadas em torno das dez estruturas maravilhosas que domiciliam a administração local de Jerusém. Os triângulos estão rodeados pela ilustração panorâmica da história da sede-central do sistema. Atualmente, há um trecho apagado, de cerca de três quilômetros-padrão nessa história circular. Esse setor será restaurado quando Satânia for readmitida na família da constelação. Todos os preparativos para esse acontecimento foram feitos pelos decretos de Michael, mas o tribunal dos Anciães dos Dias ainda não concluiu o julgamento dos assuntos da rebelião de Lúcifer. Satânia não pode voltar à comunidade plena de Norlatiadeque enquanto abrigar arqui-rebeldes, seres de elevada criação que da luz caíram para as trevas.

Quando Satânia puder novamente estar vinculada à constelação, então será considerada a readmissão dos mundos isolados à família dos planetas habitados do sistema, acompanhada da sua restauração à comunhão espiritual dos reinos. Contudo, mesmo se Urântia fosse reincorporada aos circuitos do sistema, vós ainda estaríeis embaraçados pelo fato de que o vosso sistema inteiro permanece sob a quarentena imposta por Norlatiadeque, que o isola parcialmente de todos os outros sistemas.

Mas, dentro em breve, o julgamento final de Lúcifer e dos seus parceiros proporcionará a reintegração do sistema de Satânia à constelação de Norlatiadeque, e subseqüentemente Urântia e as outras esferas isoladas serão reintegradas aos circuitos de Satânia; e esses mundos desfrutarão, novamente, dos privilégios da comunicação interplanetária e da comunhão entre os sistemas.

Haverá um fim para os rebeldes e para a rebelião. Os Governantes Supremos são misericordiosos e pacientes, entretanto a lei que versa sobre o mal deliberadamente alimentado é executada de modo universal e infalível. "A recompensa do pecado é a morte" – a obliteração eterna.

[Apresentado por um Arcanjo de Nébadon.]

DOCUMENTO 47

OS SETE MUNDOS DAS MANSÕES

O FILHO Criador, quando em Urântia, falou das "muitas moradas no universo do Pai". Num certo sentido, todos os cinqüenta e seis mundos que rodeiam Jerusém são devotados à cultura de transição dos mortais ascendentes; os sete satélites do mundo de número um, todavia, são mais especificamente conhecidos como os mundos das mansões.

O mundo de transição de número um é dedicado inteira e exclusivamente às atividades ascendentes; e é a sede-central do corpo de finalitores designado para Satânia. Esse mundo agora serve de sede-central para mais de cem mil companhias de finalitores, e em cada uma dessas companhias há mil seres glorificados.

Quando um sistema é estabelecido em luz e vida, e, na medida que os mundos das mansões cessam, um a um, de servir como estações de aperfeiçoamento para os mortais, eles passam a ser ocupados pela população crescente de finalitores que se acumula nesses sistemas mais antigos e mais altamente perfeiçoados.

Os sete mundos das mansões estão a cargo dos supervisores moronciais e dos Melquisedeques. Há um governador atuante em cada mundo, que é o responsável direto perante os governantes de Jerusém. Os conciliadores de Uversa mantêm uma sede-central em cada um dos mundos das mansões, enquanto, na vizinhança, está o local de encontro dos Conselheiros Técnicos. Os Diretores de retrospecção e os Artesãos celestes mantêm a sede dos seus grupos em cada um desses mundos. Os espirongas funcionam no mundo das mansões de número dois em diante, enquanto todos os sete mundos, a exemplo de outros planetas de cultura de transição e do mundo sede-central, encontram-se abundantemente providos de espornágias do tipo padrão de criação.

1. O MUNDO DOS FINALITORES

Ainda que apenas os finalitores e alguns grupos de filhos já salvos e os seus preceptores sejam os residentes do mundo de transição de número um, todas as providências são tomadas para o entretenimento de todas as classes de seres espirituais, mortais de transição e estudantes visitantes. Os espornágias, que funcionam em todos esses mundos, são anfitriões hospitaleiros para todos os seres que possam reconhecer. Eles têm um sentimento vago a respeito dos finalitores, mas não conseguem vê-los; contudo, devem encará-los do mesmo modo como, no vosso estado físico atual, vós encarais os anjos.

Embora o mundo dos finalitores seja uma esfera de rara beleza física e de extraordinária ornamentação moroncial, a grande morada espiritual localizada no centro das atividades, o templo dos finalitores, não é visível sem ajuda para a vista material nem para a visão moroncial inicial. Contudo, os transformadores de energia são capazes de tornar visíveis muitas dessas realidades para os mortais ascendentes e, de tempos em tempos, eles o fazem, como nas ocasiões das assembléias de classe dos estudantes dos mundos das mansões dessa esfera cultural.

Durante toda vossa experiência nos mundos das mansões estareis, de um certo modo, espiritualmente conscientes da presença dos vossos irmãos glorificados que alcançaram o Paraíso; e é muito repousante, de quando em quando, percebê-los, realmente, em ação na sua própria sede de residência. Não ireis visualizar os finalitores espontaneamente, antes de adquirirdes a verdadeira visão espiritual.

No primeiro mundo das mansões, todos os sobreviventes devem satisfazer aos requisitos da comissão de progenitores dos seus planetas nativos. A comissão atual de Urântia consiste de doze casais de progenitores, recentemente chegados, que tiveram experiências mortais de criar três ou mais crianças até a idade da puberdade. O serviço, nessa comissão, é rotativo e é de apenas dez anos, como regra. Todos aqueles que fracassam em satisfazer às exigências dessa comissão, quanto à sua experiência de progenitores, devem qualificar-se posteriormente, prestando serviço, nos lares dos Filhos Materiais, em Jerusém ou, em parte, no berçário probatório no mundo dos finalitores.

Todavia, aos pais do mundo das mansões que tiverem filhos crescendo no berçário probatório, independentemente da sua experiência de progenitores, são dadas todas as oportunidades de colaborar com os custódios moronciais desses filhos, no que diz respeito à instrução e aperfeiçoamento deles. É permitido a esses pais viajar até eles, para visitas, com a freqüência de até quatro vezes por ano. E é uma das cenas de beleza mais tocante, de toda a carreira ascendente, ver os pais dos mundos das mansões abraçando a sua progênie material por ocasião das suas peregrinações periódicas aos mundos dos finalitores. Ainda que um ou ambos os pais possam deixar o mundo das mansões antes do filho, freqüentemente são contemporâneos durante um período.

Nenhum mortal ascendente pode escapar da experiência de criar filhos – os seus próprios, ou os dos outros –, seja nos mundos materiais ou, subseqüentemente, no mundo dos finalitores, ou em Jerusém. Os pais devem passar por essa experiência essencial, tão certamente como as mães. É uma noção infeliz e equivocada, a dos povos modernos de Urântia, de que a educação das crianças seja, em grande parte, uma tarefa das mães. As crianças necessitam do pai tanto quanto da mãe, e os pais necessitam dessa experiência de progenitor, tanto quanto as mães.

2. O BERÇÁRIO PROBATÓRIO

As escolas que recebem as crianças de Satânia estão situadas no mundo dos finalitores, a primeira das esferas de cultura de transição de Jerusém. Tais escolas, que recebem os infantes, são empreendimentos dedicados à criação e aperfeiçoamento das crianças do tempo, incluindo as que morreram nos mundos evolucionários do espaço antes da aquisição do status individual nos registros do universo. No caso da sobrevivência de um ou de ambos os pais dessa criança, o guardião do destino designa o seu querubim aliado como custódio da identidade potencial da criança, encarregando esse querubim com a responsabilidade de entregar essa alma ainda não desenvolvida nas mãos dos Mestres dos Mundos das Mansões, nos berçários probatórios dos mundos moronciais.

São esses mesmos querubins deixados para trás que, como Mestres dos Mundos das Mansões, sob a supervisão dos Melquisedeques, mantêm essas instalações educacionais extensivas, para o aperfeiçoamento dos pupilos probatórios dos finalitores. Esses pupilos dos finalitores, filhos de mortais ascendentes, são sempre repersonalizados exatamente como no seu status físico à época da sua morte, exceto pelo potencial de reprodução. Esse despertar ocorre na hora exata da chegada do progenitor ao primeiro mundo das mansões. E, então, a essas crianças são dadas todas as oportunidades que existem de escolher o seu caminho celeste, exatamente como elas teriam escolhido nos mundos onde a morte tão prematuramente pôs fim às suas carreiras.

No mundo-berçário, as criaturas probatórias são agrupadas segundo tenham ou não Ajustadores, pois os Ajustadores vêm residir nessas crianças materiais exatamente como nos mundos do tempo. As crianças, em idades pré-Ajustador, são cuidadas em famílias de cinco filhos, com as suas idades variando de um ano e mesmo menos, até aproximadamente cinco anos, ou até aquela idade em que o Ajustador chega.

Nos mundos em evolução, todas as crianças que têm Ajustadores do Pensamento e que, antes da morte, não haviam feito uma escolha quanto à carreira do Paraíso, são também repersonalizadas no mundo dos finalitores do sistema, onde, do mesmo modo, crescem nas famílias dos Filhos Materiais e seus associados, como o fazem aqueles pequenos que chegaram sem Ajustadores, mas que, subseqüentemente, irão receber os Monitores Misteriosos após alcançarem a idade requerida para a escolha moral.

As crianças resididas pelos Ajustadores e os jovens, no mundo dos finalitores, também são criados em famílias de cinco filhos, cujas idades variam aproximadamente de seis a quatorze anos; essas famílias consistem em crianças cujas idades são de seis, oito, dez, doze e quatorze anos. A qualquer momento, depois dos dezesseis anos, se a escolha final houver sido feita, elas transladam-se para o primeiro mundo das mansões e começam as suas ascensões ao Paraíso. Algumas fazem sua escolha antes dessa idade e vão para as esferas de ascensão; mas, antes dos dezesseis anos, calculados segundo os padrões de Urântia, pouquíssimas crianças serão encontradas nos mundos das mansões.

Os serafins guardiães dão assistência a esses jovens nos berçários probatórios, no mundo dos finalitores, exatamente do modo como ministram espiritualmente aos mortais, nos planetas evolucionários; ao passo que os fiéis espornágias ministram às suas necessidades físicas. E, assim, essas crianças crescem no mundo de transição, até que chegue o tempo de fazerem sua escolha final.

Quando a vida material houver findado o seu decurso, se não houver sido dada a preferência à vida ascendente, ou se essas crianças do tempo definitivamente decidirem contra a aventura de Havona, a morte termina, automaticamente, com as suas carreiras probatórias. Não há julgamento em tais casos; não há ressurreição depois dessa segunda morte. As crianças simplesmente voltam a ser como se nunca houvessem existido.

Mas se escolherem o caminho da perfeição do Paraíso, elas serão imediatamente preparadas para o translado até o primeiro mundo das mansões, no qual muitas chegam a tempo de juntar-se aos seus pais, na ascensão a Havona. Após passarem por Havona e alcançarem as Deidades, essas almas já salvas, de origem mortal, constituem a cidadania ascendente permanente do Paraíso. Essas crianças que foram privadas da valiosa e essencial experiência evolucionária, nos mundos do seu nascimento mortal, não se incorporam aos Corpos da Finalidade.

3. O PRIMEIRO MUNDO DAS MANSÕES

Nos mundos das mansões, os mortais sobreviventes ressuscitados reassumem as suas vidas exatamente no ponto em que as deixaram quando colhidos pela morte. Quando partirdes de Urântia para o primeiro mundo das mansões, ireis notar uma considerável mudança; no entanto, se viésseis de uma esfera do tempo mais normal e progressiva, dificilmente notaríeis alguma diferença, a não ser pelo fato de que estaríeis de posse de um corpo diferente, pois o tabernáculo de carne e osso foi deixado para trás no mundo de nascimento.

O centro mesmo de todas as atividades, no primeiro mundo das mansões, é a sala de ressurreição, o enorme templo de reconstituição da personalidade. Essa estrutura gigantesca é o ponto central de reunião dos guardiães seráficos do destino, dos Ajustadores do Pensamento e dos arcanjos da ressurreição. Os Portadores da Vida atuam também junto com esses seres celestes na ressurreição dos mortos.

As transcrições da mente mortal e os padrões da memória ativa da criatura, tais como são transpostos, dos níveis materiais para os espirituais, são da posse individual dos Ajustadores do Pensamento que deixaram a residência mortal; esses fatores da espiritualização da mente, da memória e da personalidade da criatura, são, para sempre, uma posse desses Ajustadores. A matriz mental da criatura e os potenciais passivos da identidade estão presentes na alma moroncial, confiada aos cuidados dos guardiães seráficos do destino. E é a reunião da alma moroncial, confiada ao serafim, e da mente-espírito, confiada ao Ajustador, o que reconstitui a personalidade da criatura e estabelece a ressurreição de um sobrevivente adormecido.

Se uma personalidade transitória, de origem mortal, nunca devesse ser reconstituída dessa forma, os elementos do espírito da criatura mortal não-sobrevivente iriam, para sempre, continuar como uma parte integral do dom individual de experiência do Ajustador que outrora foi residente nessa criatura.

Do Templo da Nova Vida, estendem-se sete alas radiais, as salas de ressurreição das raças mortais. Cada uma dessas estruturas é devotada à reconstituição de uma das sete raças do tempo. Há cem mil câmaras de ressurreição pessoal em cada uma dessas sete alas, terminando em salas circulares de reconstituição, por classes, que servem como câmaras do despertar, para até um milhão de indivíduos. Essas salas estão rodeadas pelas câmaras de reconstituição da personalidade das raças bem miscigenadas dos mundos normais pós-Adâmicos. Independentemente da técnica empregada, nos mundos individuais do tempo, em relação às ressurreições especiais ou dispensacionais, a reconstituição real e consciente, da personalidade factual e completa, tem lugar nas salas de ressurreição da mansônia número um. Por toda a eternidade, vós ireis relembrar-vos das impressões profundas das memórias do vosso primeiro testemunhar dessas manhãs de ressurreição.

Das salas de ressurreição, continuareis até o setor Melquisedeque, onde vos será designada uma residência permanente. Então, durante dez dias, ficareis em liberdade pessoal. Sereis livres para explorar a vizinhança imediata do vosso novo lar e para familiarizar-vos com o programa que virá imediatamente a seguir. E também tereis tempo para gratificar o vosso desejo de consultar o registro e visitar os vossos seres amados e outros amigos da Terra, que vos hajam precedido nesses mundos. Ao fim do período de lazer, de dez dias, dareis o segundo passo na jornada ao Paraíso; pois os mundos das mansões são, de fato, esferas de aperfeiçoamento, e não meramente planetas de detenção.

No mundo das mansões de número um (ou em qualquer outro, no caso de status mais avançado), ireis reassumir o vosso aperfeiçoamento intelectual e o vosso desenvolvimento espiritual, no nível exato em que estes foram interrompidos pela morte. Entre o momento da morte planetária, ou do translado, e a ressurreição no mundo das mansões, o homem mortal não ganha absolutamente nada, além de experienciar o ato da sobrevivência. Vós começareis ali, exatamente no ponto em que vós houverdes deixado a vida aqui embaixo.

Quase toda a experiência no mundo das mansões de número um pertence à ministração corretora de deficiências. Os sobreviventes que chegam nessa primeira das esferas de detenção apresentam tantos e tão variados defeitos de caráter de criatura, e deficiências de experiência mortal, que as principais atividades nesse reino ocupam-se da correção e da cura desses múltiplos legados da vida na carne, nos mundos evolucionários materiais do tempo e do espaço.

A permanência no mundo das mansões número um destina-se a desenvolver os mortais sobreviventes pelo menos até o status da dispensação pós-Adâmica nos mundos evolucionários normais. Espiritualmente, bem entendido, os estudantes dos mundos das mansões estão muito mais adiantados do que tal estado de desenvolvimento meramente humano.

Caso não fordes retidos no mundo das mansões de número um, ao fim de dez dias, ireis entrar em sono de translado e seguir para o mundo de número dois e, a cada dez dias, ireis avançar assim até chegardes ao mundo da vossa designação.

O centro dos sete círculos maiores da administração do primeiro mundo das mansões é ocupado pelo templo dos Companheiros Moronciais, os guias pessoais designados aos mortais ascendentes. Esses companheiros são progênie do Espírito Materno do universo local, e existem vários milhões deles nos mundos moronciais de Satânia. Além daqueles que são designados como companheiros grupais, tereis muito a ver com os intérpretes e tradutores, com os custódios dos edifícios e os supervisores das excursões. E todos esses companheiros em muito cooperam com aqueles que têm a ver com o desenvolvimento dos vossos fatores mentais e espirituais de personalidade, dentro do corpo moroncial.

Assim que começardes, no primeiro mundo das mansões, um Companheiro Moroncial é designado a cada companhia de mil mortais ascendentes, mas vós encontrareis muitos mais deles à medida que progredirdes nas sete esferas das mansões. Esses seres formosos e versáteis são companheiros sociáveis e guias encantadores. Eles estão liberados para acompanhar os indivíduos ou grupos selecionados até qualquer das esferas de cultura de transição, incluindo os seus mundos-satélites. São guias das excursões e companheiros de lazer de todos os mortais ascendentes. Freqüentemente, acompanham os grupos de sobreviventes em visitas periódicas a Jerusém e, a qualquer dia em que estiverdes ali, vós podereis ir até o setor de registro da capital do sistema e encontrar-vos com os mortais ascendentes de todos os sete mundos das mansões, pois eles viajam livremente, indo e vindo, das suas moradas residenciais para a sede-central do sistema.

4. O SEGUNDO MUNDO DAS MANSÕES

Nessa esfera é que sereis iniciados, mais completamente, na vida em mansônia. Os agrupamentos da vida moroncial começam a tomar forma; os grupos de trabalho e as organizações sociais começam a funcionar, as comunidades adquirem proporções formais e os mortais em avanço inauguram novas ordens sociais e arranjos novos de governo.

Os sobreviventes de fusão com o Espírito ocupam os mundos das mansões juntamente com os mortais ascendentes de fusão com o Ajustador. Ao mesmo tempo em que as várias ordens de vida celeste são diferentes, elas são todas amigáveis e fraternais. Em todos os mundos de ascensão, vós não ireis encontrar nada que se compare à intolerância humana e às discriminações e à falta de consideração peculiar aos sistemas de castas.

À medida que fordes ascendendo nos mundos das mansões, um a um, eles tornam-se mais repletos de atividades moronciais para os sobreviventes que avançam. À medida que avançardes, reconhecereis cada vez mais as características de Jerusém trazidas para os mundos das mansões. O mar de cristal começa a aparecer na segunda mansônia.

Ganhareis um novo corpo moroncial, recém-desenvolvido e adequadamente ajustado, no momento de cada avanço de um mundo das mansões para o seguinte. Ireis adormecer, com o transporte seráfico, e acordareis com o novo corpo, ainda não desenvolvido, nas salas de ressurreição, de um modo muito parecido com aquele pelo qual chegastes inicialmente ao mundo das mansões de número um, exceto pelo fato de que o Ajustador do Pensamento não vos abandona, durante esses sonos de trânsito, entre os mundos das mansões. A vossa personalidade permanece intacta, depois que houverdes passado dos mundos evolucionários para o mundo inicial das mansões.

A memória do vosso Ajustador permanece integralmente intacta à medida que ascenderdes na vida moroncial. Aquelas associações mentais que eram puramente animalescas e totalmente materiais pereceram naturalmente com o cérebro físico, mas, na vossa vida mental, tudo o que valeu a pena, que tinha valor de sobrevivência, recebeu uma contraparte provida pelo Ajustador e fica guardado como uma parte da memória pessoal, durante todo o caminho da carreira ascendente. Estareis conscientes de todas as vossas experiências dignas e valiosas, na medida em que avançardes de um mundo das mansões para outro e de uma seção do universo para outra – até o Paraíso.

Ainda que tenhais corpos moronciais, vós continuareis, em todos esses sete mundos, a comer, a beber e a descansar. Vós partilhareis da ordem moroncial de alimentos, um reino de energia viva desconhecido dos mundos materiais. Tanto a comida quanto a água são plenamente utilizadas no corpo moroncial; mas não há dejetos residuais. Uma pausa seja feita para se considerar: a mansônia número um é uma esfera bastante material, apresentando os princípios incipientes do regime moroncial. Vós ainda sois quase que humanos e não estais muito afastados dos pontos de vista limitados da vida mortal, mas cada mundo descortina um progresso definido. De esfera em esfera, vos tornareis menos materiais, mais intelectuais, e ligeiramente mais espirituais. O progresso espiritual é maior nos três últimos desses sete mundos progressivos.

As deficiências biológicas foram já amplamente compensadas, no primeiro mundo das mansões. Ali, os defeitos, adquiridos na experiência planetária, pertinentes à vida sexual, à associação familiar e funções paternais, ou foram corrigidos ou foram projetados para uma retificação futura entre as famílias dos Filhos Materiais em Jerusém.

O mundo das mansões de número dois promove, mais especificamente, a remoção de todas as fases de conflito intelectual e a cura de todas as espécies de desarmonia mental. O esforço, iniciado no primeiro mundo das mansões, para aprofundar-vos no significado da mota moroncial, é continuado aqui de um modo mais sério. O desenvolvimento alcançado na mansônia de número dois é comparável ao status intelectual da cultura que vem a seguir, depois da vinda do Filho Magisterial aos mundos evolucionários ideais.

5. O TERCEIRO MUNDO DAS MANSÕES

A terceira mansônia é a sede-central dos Instrutores dos Mundos das Mansões. Embora funcionem em todas as sete esferas das mansões, eles mantêm a sede do seu grupo no centro dos círculos das escolas do mundo de número três. Há milhões desses instrutores nos mundos das mansões e nos mundos moronciais mais elevados. Esses querubins avançados e glorificados servem como instrutores moronciais em todo o caminho ascendente, desde os mundos das mansões até a última esfera do aperfeiçoamento ascendente no universo local. Eles estarão entre os últimos a dar-vos um adeus afetuoso, quando chegar o tempo das despedidas, a época em que dareis adeus – ao menos por algumas idades – ao universo da vossa origem, quando vos enserafinareis para o trânsito até os mundos de recepção do setor menor do superuniverso.

Enquanto em permanência no primeiro mundo das mansões, vós tereis permissão para visitar o primeiro dos mundos de transição, a sede-central dos finalitores e o berçário probatório do sistema para a criação das crianças evolucionárias não desenvolvidas. Quando chegardes ao mundo das mansões de número dois, ireis receber, periodicamente, permissão para visitar o mundo de transição de número dois, onde está localizada a sede-central dos supervisores moronciais de todo o Satânia e as escolas de educação para as várias ordens moronciais. Quando alcançardes os mundos das mansões de número três, ser-vos-á imediatamente concedida a permissão para visitar a terceira esfera de transição, a sede-central das ordens angélicas e a base das suas várias escolas de aperfeiçoamento no sistema. Desse mundo, as visitas a Jerusém são cada vez mais proveitosas e de interesse sempre crescente para os mortais em avanço.

Mansônia, a terceira, é um mundo de grandes realizações pessoais e sociais para todos aqueles que não alcançaram o equivalente a esses círculos de cultura antes de libertar-se da carne, nos mundos de nascimento mortal. Nessa esfera, um trabalho educacional mais positivo tem início. A educação, nos dois primeiros mundos das mansões, é, sobretudo, voltada para a natureza – negativa – das deficiências, pois tem a ver com a suplementação da experiência da vida na carne. Nesse terceiro mundo das mansões, os sobreviventes realmente dão início à sua cultura moroncial progressiva. O propósito principal desse aperfeiçoamento é ampliar a compreensão da correlação entre a mota moroncial e a lógica mortal, aumentando a coordenação da mota moroncial com a filosofia humana. Os mortais sobreviventes adquirem, agora, a visão interna prática da verdadeira metafísica. Essa é a introdução real à compreensão inteligente dos significados cósmicos e das inter-relações universais. A cultura do terceiro mundo das mansões compartilha da natureza da idade posterior à outorga do Filho em um planeta normal habitado.

6. O QUARTO MUNDO DAS MANSÕES

Quando chegardes ao quarto mundo das mansões, tereis entrado realmente na carreira moroncial, tereis progredido em um longo caminho desde a existência material inicial. Agora vos é dada a permissão para fazer visitas ao mundo de transição de número quatro, para vos tornardes familiarizados, ali, com a sede-central e as escolas de educação dos superanjos, incluindo as dos Brilhantes Estrelas Vespertinas. Por meio dos bons serviços desses superanjos do quarto mundo de transição, os visitantes moronciais tornam-se capacitados a chegar muito perto das várias ordens de Filhos de Deus, durante as visitas periódicas a Jerusém; pois novos setores da capital do sistema abrem-se gradativamente para os mortais em avanço, à medida que eles fazem essas visitas repetidas ao mundo sede-central. Novos esplendores revelam-se progressivamente às mentes em expansão desses ascendentes.

Na quarta mansônia, o ascendente individual encontra, de um modo mais adequado, o seu lugar nos grupos de trabalho e nas funções em classes da vida moroncial. Os ascendentes, aqui, desenvolvem uma apreciação crescente das teledifusões e das outras fases da cultura e do progresso do universo local.

É durante o período de aperfeiçoamento no mundo de número quatro que, pela primeira vez, realmente são apresentadas aos mortais ascendentes as exigências e delícias da verdadeira vida social das criaturas moronciais. E é, de fato, uma nova experiência para as criaturas evolucionárias a de participar de atividades sociais que não impliquem nem o engrandecimento pessoal, nem a busca de conquistas pessoais. Uma nova ordem social está sendo introduzida, baseada na compaixão compreensiva de apreciação mútua, no amor não-egoísta do serviço mútuo e na motivação superadora da realização de um destino comum e supremo – a meta do Paraíso, de perfeição adoradora e divina. Os ascendentes tornam-se todos, por si próprios, conscientes de que conhecem a Deus, de que revelam a Deus, de que buscam a Deus e de que encontram Deus.

A cultura intelectual e social desse quarto mundo das mansões é comparável à vida mental e social da idade que se segue à vinda do Filho Instrutor aos planetas de evolução normal. O status espiritual, entretanto, está muito mais avançado do que aquele da dispensação mortal.

7. O QUINTO MUNDO DAS MANSÕES

O transporte para o quinto mundo das mansões representa um imenso passo à frente na vida de um ser em progresso moroncial. A experiência neste mundo é uma verdadeira antecipação da vida em Jerusém. Ali começareis a visualizar quão elevado é o destino dos mundos evolucionários leais, desde que possam progredir normalmente até esse estágio, durante o seu desenvolvimento planetário natural. A cultura desse mundo das mansões corresponde, em geral, àquela da idade inicial de luz e vida, nos planetas de progresso evolucionário normal. E, podereis depreender que tudo é organizado de um tal modo para que os tipos de seres de cultura e progresso altamente avançados, que às vezes habitam os mundos evolucionários avançados, fiquem eximidos de passar por uma ou mais, ou mesmo por todas as esferas das mansões.

Havendo dominado a língua do universo local, antes de deixardes o quarto mundo das mansões, agora ireis devotar mais tempo ao aperfeiçoamento da língua de Uversa, com o fito de bem dominar ambas as línguas antes de alcançardes Jerusém com status residencial. Todos os mortais ascendentes da sede-central do sistema até Havona são bilíngües. E então, torna-se necessário apenas ampliar o vocabulário do superuniverso; e uma ampliação maior ainda é requerida para se ter residência no Paraíso.

Quando da sua chegada à mansônia de número cinco, o peregrino recebe permissão para visitar o mundo de transição de número correspondente, a sede-central dos Filhos. Nessa, o mortal ascendente torna-se pessoalmente familiarizado com os vários grupos de filiação divina. Ele já ouviu falar desses seres extraordinários e já os encontrou em Jerusém, mas agora vai conhecê-los realmente.

Na quinta mansônia, vós começareis a aprender sobre os mundos de estudo da constelação. Ali, encontrareis os primeiros instrutores que principiam o vosso preparo para a próxima estada, a da constelação. Muito dessa preparação continuará nos mundos seis e sete, enquanto os toques finais serão recebidos no setor dos mortais ascendentes em Jerusém.

Um nascimento real, de conscientização cósmica, acontece na mansônia de número cinco. A vossa mente está transformando-se na mente universal. Esse é verdadeiramente um tempo de expansão de horizontes. Para as mentes ampliadas dos mortais ascendentes, tem início o alvorecer magnífico e estupendo daquele destino superno e divino, que aguarda a todos que completam a ascensão progressiva ao Paraíso; ascensão esta que foi iniciada de um modo tão laborioso, mas tão jubiloso e auspicioso. É mais ou menos nesse ponto que o mortal ascendente comum começa a manifestar um entusiasmo experiencial autêntico pela ascensão a Havona. O estudo torna-se voluntário; o serviço altruísta passa a ser natural e a adoração espontânea. Um caráter verdadeiramente moroncial está florescendo; e uma criatura moroncial real está evoluindo.

8. O SEXTO MUNDO DAS MANSÕES

Aqueles que permanecem nesta esfera têm permissão para visitar o mundo de transição de número seis, onde aprendem mais sobre os espíritos elevados do superuniverso, embora não estejam capacitados para enxergar muitos desses seres celestes. Aqui também recebem as suas primeiras lições sobre a carreira espiritual em perspectiva, que acontecerá imediatamente após a graduação no aperfeiçoamento moroncial do universo local.

O Soberano assistente do Sistema faz visitas freqüentes a esse mundo, e a instrução inicial sobre a técnica da administração do universo começa a ser dada aqui. As primeiras lições abrangendo os assuntos de todo um universo são agora ministradas.

Essa é uma idade brilhante, para os mortais ascendentes, os quais habitualmente testemunham a fusão perfeita da mente humana e do Ajustador divino. Em potencial, essa fusão pode já haver ocorrido anteriormente, mas a identidade de funcionamento real muitas vezes só é alcançada depois do tempo de permanência no quinto mundo das mansões, ou mesmo no sexto.

A união da alma imortal em evolução com o Ajustador eterno e divino fica assinalada por uma convocação seráfica, feita pelo superanjo supervisor dos sobreviventes ressuscitados e pelo arcanjo que registra aqueles que vão a julgamento no terceiro dia; e, então, em presença dos companheiros moronciais do sobrevivente, esses mensageiros da confirmação dizem: "Este é um filho amado, em quem eu muito me comprazo". Essa cerimônia simples marca a entrada de um mortal ascendente na carreira eterna de serviço até o Paraíso.

Imediatamente depois da confirmação da fusão com o Ajustador, o novo ser moroncial é apresentado pela primeira vez aos seus companheiros com o seu novo nome. E lhe são concedidos os quarenta dias de retiro espiritual, de todas as atividades rotineiras, durante os quais ele irá comungar consigo mesmo e escolher um, dentre os caminhos opcionais para Havona e dentre as técnicas diferentes de alcançar o Paraíso.

Todavia tais seres brilhantes são ainda mais ou menos materiais; e, pois, estão longe de ser espíritos verdadeiros; são mais algo como supermortais, espiritualmente falando, ainda um pouco abaixo dos anjos. Mas estão de fato transformando-se em criaturas maravilhosas.

Durante a permanência no mundo de número seis, os estudantes dos mundos das mansões alcançam um status que é comparável ao desenvolvimento elevado característico dos mundos evolucionários que, normalmente, progrediram além do estágio inicial de luz e vida. Nessa mansônia a organização da sociedade é de uma ordem elevada. A sombra da natureza mortal torna-se menor e menor, à medida que se ascende até esses mundos, um a um. Vós vos tornais mais e mais adoráveis à medida que fordes deixando para trás os vestígios grosseiros da origem planetária de vida animal. Haverem "passado por grandes atribulações", serve para fazer os mortais glorificados ficarem muito amáveis e compreensivos, muito compassivos e tolerantes.

9. O SÉTIMO MUNDO DAS MANSÕES

A experiência nesta esfera realiza o coroamento da imediata carreira pós-mortal. Durante a vossa permanência ali, recebereis instruções de muitos educadores, todos os quais irão cooperar na tarefa de preparar-vos para residir em Jerusém. Quaisquer diferenças discerníveis entre os mortais provenientes de mundos isolados e retardatários e os sobreviventes de esferas mais avançadas e esclarecidas são virtualmente minimizadas durante a permanência no sétimo mundo das mansões. Ali, sereis purgados de todos os remanescentes de uma hereditariedade desafortunada, de um meio ambiente pouco sadio e das tendências planetárias não-espirituais. Aqui, são erradicados os últimos remanescentes da "marca da besta".

Enquanto permanecerdes na mansônia de número sete, é-vos concedida a permissão para visitardes o mundo de transição de número sete, o mundo do Pai Universal. E, ali, iniciareis, então, uma adoração nova e mais espiritual do Pai invisível, um hábito que ireis buscar, de um modo sempre crescente, em todo o caminho de escalada, na vossa longa carreira ascendente. Encontrareis o templo do Pai, nesse mundo de cultura de transição, mas não vereis o Pai.

Agora, tem início a formação das classes de graduação para Jerusém. Vós passastes de mundo a mundo, como indivíduos, mas agora vos preparais para passar a Jerusém, em grupos; embora, dentro de certos limites, um ser ascendente possa escolher permanecer no sétimo mundo das mansões, com o propósito de permitir que um membro retardatário do seu grupo de trabalho terreno, ou de mansônia, o alcance.

O pessoal da sétima mansônia reúne-se no mar de cristal, com o fito de presenciar a vossa partida para Jerusém, com status residencial. Centenas ou milhares de vezes vós podeis haver visitado Jerusém, mas sempre como um hóspede; nunca antes seguistes para a capital do sistema na companhia de um grupo de companheiros vossos que estivesse dando um adeus eterno a toda a carreira, em mansônia, de mortais ascendentes. Logo recebereis as boas-vindas, nos campos de recepção do mundo sede-central, como cidadãos de Jerusém.

Vós ireis desfrutar grandemente do vosso progresso, através dos sete mundos desmaterializantes; eles são realmente esferas de desmortalização. No primeiro mundo das mansões, vós éreis humanos, sobretudo, apenas seres mortais sem um corpo material, mentes humanas alojadas em formas moronciais – corpos materiais do mundo moroncial, mas não abrigos mortais de carne e osso. Vós passareis realmente do estado mortal ao status imortal no momento da fusão com o Ajustador e, à época em que houverdes terminado a carreira de Jerusém, sereis completamente moronciais.

10. A CIDADANIA DE JERUSÉM

A recepção de uma nova classe de graduados, nos mundos das mansões, é motivo para que toda a Jerusém se reúna em um comitê de boas-vindas. Até mesmo os espornágias rejubilam-se com a chegada desses ascendentes triunfantes, de origem evolucionária, os quais fizeram a corrida planetária e completaram a progressão nos mundos das mansões. Apenas os controladores físicos e os Supervisores do Poder Moroncial ficam ausentes nessas ocasiões de júbilo.

João, o Evangelista Revelador, teve uma visão da chegada de uma classe de mortais em avanço, vinda do sétimo mundo das mansões para o seu primeiro céu, às glórias de Jerusém. Ele registrou: "E eu vi, como se fora um mar de vidro misturado ao fogo; e, de pé, aqueles que haviam alcançado a vitória sobre a besta que originalmente estava neles e, sobre a imagem que perdurava até os mundos das mansões e, finalmente, sobre os últimos traços e marcas, no mar de vidro, com as Harpas de Deus, e cantando a canção da libertação do medo mortal e da morte". (A comunicação espacial perfeita deve estar em todos esses mundos; e, estando em qualquer lugar, a vossa recepção dessas comunicações é tornada possível se portais convosco a "Harpa de Deus", um dispositivo moroncial que compensa a incapacidade de ajustar diretamente o mecanismo sensorial imaturo da morôncia para a recepção de comunicações espaciais.)

Paulo também teve uma visão do corpo de cidadãos ascendentes, de mortais em perfeccionamento em Jerusém, pois escreveu: "Vós viestes, todavia, ao monte Sião e para a cidade do Deus vivo, a Jerusalém celestial, e na companhia de anjos inumeráveis, para a grande assembléia de Michael, e dos espíritos de homens justos tornados perfeitos".

Depois que os mortais tiverem alcançado a residência na sede-central do sistema, as ressurreições propriamente ditas não mais serão experimentadas. A forma moroncial que vos foi concedida, quando partistes da carreira do mundo das mansões, é tal que vos irá permitir ir até o fim da experiência no universo local. Mudanças serão feitas, de tempos em tempos, mas conservareis essa mesma forma, até vos despedirdes dela, quando emergirdes como espíritos do primeiro estágio, que é preparatório para o trânsito aos mundos de cultura ascendente e de aperfeiçoamento espiritual do superuniverso.

Por sete vezes, os mortais que passaram por toda a carreira de mansônia experienciam o sono de ajustamento e o despertar da ressurreição. Mas a última sala de ressurreição, a câmara do despertar final, foi deixada para trás no sétimo mundo das mansões. Mudança alguma na forma não irá mais necessitar do lapso da consciência ou de uma interrupção na continuidade da memória pessoal.

A personalidade mortal, iniciada nos mundos evolucionários, e possuindo a carne como tabernáculo, – residida pelos Monitores Misteriosos e envolvida pelo Espírito da Verdade –, só estará plenamente mobilizada, realizada e unificada a partir do dia em que a esse cidadão de Jerusém for dada a permissão para partir para Edência; e em que ele for proclamado um verdadeiro membro do corpo moroncial de Nébadon – um sobrevivente imortal, em ligação contínua com o seu Ajustador; um ser que ascende ao Paraíso; uma personalidade de status moroncial e um verdadeiro filho dos Altíssimos.

A morte física é uma técnica para escapar da vida material na carne; e a experiência da vida progressiva em mansônia, nos sete mundos de aperfeiçoamento corretivo e de educação cultural, representa a introdução dos mortais sobreviventes à carreira moroncial: é a vida de transição que se interpõe entre a existência evolucionária material e a realização espiritual mais elevada dos ascendentes do tempo, daqueles que estão destinados a alcançar os portais da eternidade.

[Promovido por um Brilhante Estrela Vespertino.]

DOCUMENTO 48

A VIDA MORONCIAL

O S DEUSES não podem transformar uma criatura grosseira, de natureza animal, em um espírito perfeccionado. por algum ato misterioso de mágica criativa – ou, pelo menos, não o fazem. Quando os Criadores desejam gerar seres perfeitos, eles o fazem por criação direta e original; mas nunca se propõem a converter criaturas materiais, e de origem animal, em seres de perfeição, em um único passo.

A vida moroncial, estendendo-se, tal como o faz, aos vários estágios da carreira do universo local, é o único caminho possível por meio do qual os mortais materiais podem alcançar o umbral do mundo espiritual. Que magia poderia ter a morte, a dissolução natural do corpo material, para que um passo tão elementar pudesse, instantaneamente, transformar a mente mortal e material em um espírito imortal e perfeito? A crença disso não é senão uma superstição ignorante envolta por uma fábula agradável.

Essa transição moroncial interpõe-se sempre entre o estado mortal e o status espiritual subseqüente dos seres humanos sobreviventes. Esse estado intermediário de progresso no universo é marcadamente diferente em cada uma das várias criações locais, mas, em intento e propósito, são todos bastante similares. A estruturação dos mundos das mansões e mundos moronciais mais elevados em Nébadon é bastante típica dos regimes de transição moroncial nessa parte de Orvônton.

1. OS MATERIAIS MORONCIAIS

Os reinos moronciais são as esferas de ligação, no universo local, entre os níveis materiais e espirituais da existência da criatura. A vida moroncial tem sido conhecida, em Urântia, desde os dias iniciais do Príncipe Planetário. De tempos em tempos, esse estado de transição tem sido ensinado aos mortais, e o conceito, de um modo distorcido, tem encontrado lugar nas religiões atuais.

As esferas moronciais são as fases de transição da ascensão mortal pelos mundos de progressão do universo local. Apenas os sete mundos que rodeiam a esfera dos finalitores dos sistemas locais são chamados de mundos das mansões, mas todas as cinqüenta e seis moradas de transição do sistema, em comum com as esferas mais elevadas em volta das constelações e da sede-central do universo, são chamadas de mundos moronciais. Essas criações compartilham a beleza física e a grandeza moroncial das esferas da sede-central do universo local.

Todos esses mundos são esferas arquitetônicas, e possuem exatamente o dobro do número de elementos dos planetas evoluídos. Esses mundos feitos sob medida têm não apenas metais pesados e cristais em abundância, com cem elementos físicos, mas apresentam também exatamente cem formas de uma organização única da energia denominada *matéria moroncial*. Os Mestres Controladores Físicos e os Supervisores do Poder Moroncial são, assim, capazes de modificar a rotação das unidades primárias da matéria para, ao mesmo tempo, transformar as associações de energia de modo a criar essa nova substância.

A vida moroncial primitiva nos sistemas locais é muito semelhante àquela do vosso mundo material atual, tornando-se menos física e mais verdadeiramente moroncial nos mundos de estudo da constelação. E, à medida que atingirdes as esferas de Sálvington, alcançareis níveis cada vez mais espirituais.

Os Supervisores do Poder Moroncial são capazes de efetuar uma união das energias materiais e espirituais e, desse modo, organizar uma forma moroncial de materialização que seja receptiva à sobreposição do controle de um espírito. Na medida que fordes passando pela vida moroncial de Nébadon, esses mesmos Supervisores do Poder Moroncial, com a sua paciência e habilidade, irão prover-vos, sucessivamente, com 570 corpos moronciais, cada um constituindo-se numa fase da vossa transformação progressiva. Desde o momento em que houverdes deixado os mundos materiais, até vos tornardes um espírito do primeiro estágio, em Sálvington, vós ireis passar exatamente por 570 mudanças moronciais diferentes e ascendentes. Oito dessas mudanças ocorrem no sistema; setenta e uma na constelação; e 491 durante a vossa permanência nas esferas de Sálvington.

Nos dias da carne mortal, o espírito divino reside em vós, quase como uma coisa à parte – na realidade, como uma invasão é que o espírito outorgado do Pai Universal habita no homem. Na vida moroncial, entretanto, o espírito tornar-se-á uma parte real da vossa personalidade, e à medida que fordes passando sucessivamente pelas 570 transformações progressivas, vós ascendereis, do estado material de vida da criatura, ao espiritual.

Paulo teve conhecimento da existência dos mundos moronciais e da realidade dos materiais moronciais, pois escreveu: "Nos céus existe uma substância melhor e mais durável". E esses materiais moronciais são reais, ao pé da letra, exatamente como na "cidade que tem fundações, e cujo arquiteto e construtor é Deus". E cada uma dessas maravilhosas esferas é "um país melhor, isto é, um país celeste".

2. OS SUPERVISORES DO PODER MORONCIAL

Esses seres únicos e singulares ocupam-se exclusivamente da supervisão das atividades que representam uma combinação do trabalho de energias espirituais e físicas, ou energias semimateriais. Eles devotam-se exclusivamente à ministração da progressão moroncial. Não é que eles tão-somente ministrem aos mortais durante a experiência de transição, porém, mais propriamente, eles tornam possível a existência de ambientes de transição para as criaturas moronciais em progressão. Eles são os canais para o poder moroncial, o qual sustenta e energiza as fases moronciais dos mundos de transição.

Os Supervisores do Poder Moroncial são uma progênie do Espírito Materno do universo local. São bastante padronizados nas suas formas, embora difiram ligeiramente, em natureza, de uma criação local para outra. São criados para a sua função específica e não necessitam de nenhum aperfeiçoamento antes de assumirem as suas responsabilidades.

A criação dos primeiros Supervisores do Poder Moroncial é simultânea com a chegada do primeiro sobrevivente mortal às margens de um dos primeiros mundos das mansões, em um universo local. Criados em grupos de mil, são eles classificados como se segue:

   1. Reguladores dos Circuitos   400

   2. Coordenadores de Sistemas   200

3. Custódios Planetários   100
4. Controladores Combinados   100
5. Estabilizadores das Ligações   100
6. Classificadores Seletivos   50
7. Registradores Associados   50

Os supervisores do poder sempre servem nos seus universos de nascimento. São dirigidos exclusivamente pela atividade espiritual conjunta do Filho do Universo e do Espírito do Universo; por outro lado, entretanto, formam um grupo totalmente autogovernado. Eles mantêm uma sede-central em cada um dos primeiros mundos das mansões dos sistemas locais, onde trabalham em estreita associação, tanto com os controladores físicos quanto com os serafins, funcionando, todavia, em um mundo deles próprios, no que afeta a manifestação da energia e a aplicação do espírito.

Eles também trabalham algumas vezes ligados a fenômenos supramateriais, nos mundos evolucionários, como ministros designados temporariamente. Raramente servem nos planetas habitados; nem trabalham nos mundos mais elevados de educação do superuniverso, mas devotam-se principalmente ao regime de transição da progressão moroncial em um universo local.

1. *Os Reguladores dos Circuitos*. Estes são seres únicos que coordenam a energia física e a energia espiritual, e que regulam o seu fluxo nos canais separados das esferas moronciais; e esses circuitos são exclusivamente planetários, limitados a um único mundo. Os circuitos moronciais são distintos tanto dos circuitos físicos quanto dos espirituais, nos mundos de transição, sendo suplementares a ambos; e são necessários, mesmo, milhões desses reguladores para energizar um sistema de mundos das mansões, como o de Satânia.

Os reguladores dos circuitos iniciam aquelas mudanças, nas energias materiais, que as tornam sujeitas ao controle e à regulagem dos colaboradores deles. Esses seres são geradores do poder moroncial, assim como reguladores dos circuitos. De modo semelhante àquele pelo qual um dínamo aparentemente gera a eletricidade, retirando-a da atmosfera, esses dínamos moronciais vivos parecem transformar as energias, de todos os lugares do espaço, nos materiais que os supervisores moronciais entrelaçam nos corpos e nas atividades vitais dos mortais ascendentes.

2. *Os Coordenadores dos Sistemas*. Posto que cada mundo moroncial tem uma ordem distinta de energia moroncial, é extremamente difícil para os humanos visualizarem essas esferas. Todavia, em cada esfera sucessiva de transição, os mortais encontrarão a vida vegetal e tudo o mais que faz parte da existência moroncial, progressivamente modificada, de modo a corresponder à espiritualização, em avanço, do sobrevivente ascendente. E já que o sistema de energia de cada mundo é individualizado desse modo, esses coordenadores operam para harmonizar e dosar esses sistemas diferentes de poder até formarem uma unidade operativa, para as esferas associadas de qualquer grupo particular.

Os mortais ascendentes progridem gradualmente do físico até o espiritual, enquanto vão avançando de um mundo moroncial para outro; e disso surge a necessidade de proporcionar uma escala ascendente de esferas moronciais e uma escala ascendente de formas moronciais.

Quando os seres ascendentes dos mundos das mansões passam de uma esfera a outra, os serafins de transporte entregam-nos aos receptores dos coordenadores do sistema, no mundo mais avançado. E ali, naqueles templos singulares, no centro das setenta alas radiais, onde estão as salas de transição, semelhantes às salas de ressurreição no mundo inicial de recepção, para os mortais originários da Terra, as mudanças necessárias são habilmente efetuadas, pelos coordenadores do sistema, na forma da criatura. Para que se realizem essas mudanças iniciais na forma moroncial, são necessários cerca de sete dias do tempo-padrão.

3. *Os Custódios Planetários*. Cada mundo moroncial está sob a custódia de setenta guardiães – no que concerne aos assuntos moronciais – , desde as esferas das mansões até as sedes-centrais do universo. Eles constituem o conselho planetá-rio local de suprema autoridade moroncial. Esse conselho concede o material das formas moronciais para todas as criaturas ascendentes que aterrissam nas esferas, e autoriza as mudanças, na forma da criatura, que tornam possível a um ascendente continuar até a esfera seguinte. Depois que os mundos das mansões são atraves-sados, vós sereis transladados de uma fase da vida moroncial para outra, sem ter de perder a consciência. A inconsciência acontece apenas durante as metamorfoses iniciais e nas últimas transições de um universo para outro, e de Havona ao Paraíso.

4. *Os Controladores Combinados*. Um desses seres, altamente mecânicos, está sempre posicionado no centro de cada unidade administrativa de um mundo moroncial. Um controlador combinado é sensível às energias físicas, espirituais e moronciais; e é funcional, atuando segundo as mesmas; e, associados a este ser, estão sempre dois coordenadores de sistema, quatro reguladores dos circuitos, um custódio planetário, um estabilizador das ligações e um registrador associado ou um classificador seletivo.

5. *Os Estabilizadores das Ligações*. São os reguladores da energia moroncial, em associação com as forças físicas e espirituais do reino. Eles tornam possível a conversão da energia moroncial em matéria moroncial. Toda a organização da exis-tência moroncial depende dos estabilizadores. Eles reduzem a rotação da energia até aquele ponto em que esta pode tornar-se física. Contudo, não possuo termos de comparação, nem como ilustrar a ministração desses seres. Está muito além da ima-ginação humana.

6. *Os Classificadores Seletivos*. À medida que progredis de uma classe ou fase, de um mundo moroncial, para outro, deveis ser reprogramados ou sintonizados segundo um diapasão mais elevado, e esta é a tarefa dos classificadores seletivos: manter-vos em sincronia progressiva dentro da vida moroncial.

Enquanto as formas moronciais básicas de vida e matéria são idênticas; há, desde o primeiro mundo das mansões até a última esfera de transição do universo, uma progressão funcional que se estende gradativamente do material ao espiritual. A vossa adaptação a uma tal criação, basicamente uniforme, mas que tem um avanço sucessivamente espiritualizante, é efetivada por essa reprogramação seletiva. Esse ajustamento no mecanismo da personalidade é equivalente a uma nova criação, não obstante o fato de manterdes a mesma forma moroncial.

Podeis sujeitar-vos repetidamente ao teste desses examinadores e, tão logo regis-trardes o adiantamento espiritual adequado, eles irão atestar, com prazer, que estais qualificados para um ponto mais avançado. Essas mudanças progressivas resultam em modificações nas reações ao meio ambiente moroncial, tais como modificações nos quesitos alimentares e numerosas outras práticas pessoais.

Os classificadores seletivos prestam também o grande serviço de agrupar as per-sonalidades moronciais, para fins de estudo, ensino e outros projetos. Eles indicam, naturalmente, aqueles que melhor funcionarão numa associação temporária.

7. *Os Registradores Associados*. O mundo moroncial tem os seus próprios regis-tros e arquivistas, os quais servem em associação com os registradores do espírito, na

supervisão e custódia de arquivos e outros dados implícitos às criações moronciais. Os arquivos moronciais estão disponíveis para todas as ordens de personalidades.

Todos os reinos moronciais de transição são acessíveis, do mesmo modo, aos seres materiais e espirituais. Na condição de seres moronciais em progresso permanecereis em pleno contato com o mundo material e, ao mesmo tempo, com personalidades materiais; e ireis discernir os seres do espírito, de um modo crescente, e confraternizar-vos com eles; e, à época da partida do regime moroncial, vós havereis visto todas as ordens de espíritos, com exceção de uns poucos dos tipos mais elevados, tais como os Mensageiros Solitários.

3. OS COMPANHEIROS MORONCIAIS

Tais hostes dos mundos das mansões e moronciais são progênie do Espírito Materno de um universo local. São criados, de idade em idade, em grupos de cem mil, e, em Nébadon atualmente, existem mais de setenta bilhões desses seres singulares.

Os Companheiros Moronciais são treinados, para o serviço, pelos Melquisedeques, em um planeta especial perto de Sálvington; mas não passam pelas escolas centrais dos Melquisedeques. O seu serviço é prestado desde o primeiro mundo das mansões, dos sistemas, até as mais altas esferas de estudo de Sálvington; no entanto, raramente são encontráveis nos mundos habitados. Eles servem sob a supervisão geral dos Filhos de Deus e sob a direção imediata dos Melquisedeques.

Os Companheiros Moronciais mantêm dez mil sedes-centrais em um universo local – em cada um dos primeiros mundos das mansões dos sistemas locais. São uma ordem quase integralmente autogovernada e, em geral, formam grupos inteligentes e leais de seres; mas é sabido, de quando em quando, que, ligando-se a certos levantes celestes infelizes, se desviaram. Milhares dessas criaturas úteis foram perdidas durante os tempos da rebelião de Lúcifer em Satânia. Hoje, o vosso sistema local tem a sua cota completa desses seres; a perda na rebelião de Lúcifer havendo sido recomposta apenas recentemente.

Há dois tipos distintos de Companheiros Moronciais: um tipo é dinâmico, o outro é reservado; mas, de resto, eles equivalem-se em status. Não são criaturas sexuadas, mas demonstram um afeto tocante e belo uns pelos outros. E, ainda que sejam dificilmente agregáveis no sentido material (humano), eles têm uma ordem de existência, enquanto criaturas, muito próxima da das raças humanas. As criaturas intermediárias dos mundos são os vossos semelhantes mais próximos; em seguida, vêm os querubins moronciais e, depois destes, os Companheiros Moronciais.

Esses companheiros, de um modo comovente, são seres afetuosos e encantadoramente sociáveis. Possuem personalidades distintas e, quando vós os conhecerdes nos mundos das mansões, depois de aprenderdes a reconhecê-los como uma classe, logo discernireis a sua individualidade. Todos os mortais parecem-se uns com os outros; ao mesmo tempo, cada um de vós possui uma personalidade distinta e reconhecível.

Uma idéia sobre a natureza do trabalho desses Companheiros Moronciais pode ser dada pela seguinte classificação das suas atividades, em um sistema local:

1. *Guardiães dos Peregrinos*, estes não são designados para deveres específicos na sua associação com os progressores moronciais. São companheiros responsáveis por toda a carreira moroncial e, portanto, são os coordenadores do trabalho de todos os outros ministros moronciais e transicionais.

2. *Receptores dos Peregrinos e Associadores Livres*. Estes são os companheiros sociais dos recém-chegados aos mundos das mansões. Um deles certamente estará disponível para dar-vos as boas-vindas, ao acordardes no mundo inicial das mansões,

vindos do vosso primeiro sono de trânsito do tempo, quando experienciareis a ressurreição da morte na carne para a vida moroncial. E, desde o momento em que vós receberdes as boas-vindas, formalmente, ao acordardes, até aquele dia em que deixareis o universo local como um espírito do primeiro estágio, esses Companheiros Moronciais estarão sempre convosco.

Os Companheiros não são designados permanentemente para os indivíduos. Um mortal ascendente, em um mundo das mansões ou em outro mais elevado, poderia ter um companheiro diferente em cada uma das várias ocasiões sucessivas e, de novo, poderia ficar, por longos períodos, sem nenhum deles. Tudo dependeria das necessidades e também da disponibilidade de companheiros.

3. *Anfitriões dos Visitantes Celestes*. Estas criaturas gentis dedicam-se ao entretenimento dos grupos supra-humanos de estudantes visitantes e outros seres celestes que acaso possam estar em permanência nos mundos de transição. Vós tereis amplas oportunidades de visitar qualquer reino pelo qual já tenhais passado experiencialmente. Aos estudantes visitantes é permitido ir a todos os planetas habitados, mesmo àqueles em isolamento.

4. *Coordenadores e Diretores das Ligações Sociais*. Estes companheiros dedicam-se a facilitar o inter-relacionamento moroncial e a prevenção das confusões. São os instrutores da conduta social e do progresso moroncial, promovendo classes e outras atividades grupais entre os mortais ascendentes. Mantêm áreas extensas onde reúnem os seus alunos e, de tempos em tempos, fazem uma requisição de artesãos celestes e diretores de retrospecção para ilustrações dos seus programas. À medida que progredirdes, ireis entrar em contato íntimo com esses companheiros e sentireis uma afeição bastante grande por ambos os grupos. Se ireis estar associados a um tipo mais dinâmico ou a um tipo mais retraído de companheiro, isso é uma questão de oportunidade.

5. *Intérpretes e Tradutores*. Durante o princípio da carreira em mansônia, vós ireis recorrer, freqüentemente, aos intérpretes e tradutores. Eles conhecem e falam todas as línguas de um universo local; são os lingüistas dos reinos.

Vós não ireis adquirir o conhecimento de novas línguas automaticamente; ireis aprender uma língua, ali, do mesmo modo que o fizestes aqui, e esses seres brilhantes serão os vossos professores de línguas. O primeiro estudo nos mundos das mansões será o da língua de Satânia e, depois, o da língua de Nébadon. E, enquanto estiverdes adquirindo o domínio completo dessas novas línguas, os Companheiros Moronciais serão os vossos intérpretes eficientes e tradutores pacientes. Nunca encontrareis um visitante, em qualquer desses mundos, para quem algum dentre os Companheiros Moronciais não seja capaz de atuar como intérprete.

6. *Supervisores de Excursões e Retrospecção*. Estes companheiros vos acompanharão nas viagens mais longas à esfera sede-central e mundos circundantes de cultura de transição. Planejam, conduzem e supervisionam todas as viagens individuais e grupais aos mundos de aperfeiçoamento e cultura do sistema.

7. *Custódios das Áreas e Edifícios*. Até mesmo as estruturas materiais e moronciais têm a sua perfeição e grandeza aumentada à medida que avançais na carreira em mansônia. Enquanto indivíduos e como grupos, é-vos permitido fazer certas mudanças nas moradas destinadas a vós, como sede da vossa permanência nos diferentes mundos das mansões. Muitas das atividades dessas esferas acontecem nos recintos abertos dos círculos, quadrados e triângulos diversificadamente designados. A maioria das estruturas dos mundos das mansões não tem telhados, sendo recintos de construção magnífica e

ornamentação requintada. As condições climáticas e outras condições físicas que prevalecem nos mundos arquitetônicos tornam os telhados completamente desnecessários.

Esses custódios das fases de transição da vida ascendente são supremos na gestão dos assuntos moronciais. Eles foram criados para esse trabalho e, enquanto aguardam a factualização do Ser Supremo, continuarão sendo sempre os Companheiros Moronciais; nunca realizando outras tarefas.

Na medida que os sistemas e os universos forem sendo estabelecidos em luz e vida, os mundos das mansões deixarão, progressivamente, de funcionar como esferas para a transição de educação moroncial. Cada vez mais os finalitores instituirão o seu regime de educação, que parece destinar-se a transferir a conscientização cósmica do nível atual do grande universo para os universos exteriores futuros. Os Companheiros Moronciais estão destinados a funcionar cada vez mais em associação com os finalitores e em inúmeros outros reinos não-revelados em Urântia até o momento presente.

Vós podeis prever que esses seres irão provavelmente contribuir muito para que desfruteis melhor dos mundos das mansões, sendo longa ou curta a vossa permanência neles. E continuareis a gozar da companhia deles durante toda a vossa ascensão a Sálvington. Eles não são, tecnicamente, essenciais a qualquer parte da vossa experiência de sobrevivência. Vós poderíeis alcançar Sálvington sem eles, mas eles vos fariam muita falta. Constituem-se em um luxo para a personalidade, na vossa carreira ascendente no universo local.

4. OS DIRETORES DE RETROSPECÇÃO

A alegria jubilosa e o equivalente ao sorriso são tão universais quanto a música. Há um equivalente moroncial e um equivalente espiritual para a alegria e para o riso. A vida ascendente é como que dividida igualmente entre o trabalho e a diversão – a ausência do compromisso.

O relaxamento celeste e o humor supra-humano são muito diferentes dos seus análogos humanos, mas todos nós nos permitimos realmente uma variação de cada um deles; e eles fazem por nós, de fato, no estado em que estamos, quase exatamente o que o humor ideal é capaz de fazer por vós, em Urântia. Os Companheiros Moronciais são promotores hábeis da recreação, sendo muito competentemente apoiados pelos diretores de retrospecção.

Vós iríeis, provavelmente, entender melhor o trabalho dos diretores de retrospecção se eles fossem comparados aos tipos mais elevados de humoristas de Urântia, embora esta seja uma maneira por demais grosseira e um tanto infeliz de tentar dar-vos uma idéia da função desses diretores da variedade e da recreação, desses ministros do elevado humor dos reinos moronciais e espirituais.

Ao analisar o humor espiritual, devo primeiro dizer-vos o que ele *não* é. Aquilo que é engraçado para um ser espírital nunca vem da ridicularização dos infortúnios dos fracos e dos fracassados. E jamais blasfema contra a retidão e glória da divindade. O nosso humor abrange três níveis gerais de apreciação:

1. *As anedotas sobre as reminiscências*. Os gracejos nascem da memória de episódios passados da própria experiência de combate, de lutas e algumas vezes do temor e não raro das ansiedades tolas e infantis. Para nós, essa fase do humor deriva de uma capacidade profunda e enraizada de retirar, das memórias do passado, um material com o qual temperamos agradavelmente as pesadas cargas do presente, deixando-as também mais leves.

2. *O humorismo corriqueiro*. A falta de sentido de grande parte das coisas que tão freqüentemente nos levam a preocupações sérias, o júbilo de descobrir a pouca

importância de grande parte das nossas ansiedades pessoais sérias. Apreciamos muito esse tipo de humor, quando nos tornamos mais capazes de dar um desconto nas ansiedades do presente em favor das certezas do futuro.

3. *O júbilo profético.* Talvez seja difícil para os mortais visualizarem essa espécie de humor, mas temos uma satisfação especial com a segurança "de que todas as coisas trabalham juntas para o bem" – para os seres espirituais e moronciais, tanto quanto para os mortais. Esse aspecto do humor celeste nasce da nossa fé na proteção amorosa dos nossos superiores e da estabilidade divina dos nossos Diretores Supremos.

Todavia, os diretores de retrospecção dos reinos não estão preocupados exclusivamente em descrever o alto humor das várias ordens de seres inteligentes; ocupam-se também em dirigir a diversão, a recreação espiritual e os divertimentos moronciais. E, para tanto, contam com a sincera cooperação dos artesãos celestes.

Os próprios diretores de retrospecção não são um grupo criado; formam um corpo recrutado que abrange seres indo desde os nativos de Havona, passando pelas hostes de mensageiros do espaço e pelos espíritos ministradores do tempo, até os progressores moronciais dos mundos evolucionários. Todos são voluntários, doando a si próprios ao trabalho de ajudar os companheiros na realização da mudança do pensamento e descanso da mente, pois essas atitudes muito ajudam na recuperação das energias exauridas.

Quando parcialmente esgotados pelos esforços da realização e, enquanto aguardamos receber novas cargas de energia, encontramos um prazer agradável em reviver as nossas atuações de outros dias e idades. *É repousante lembrar-nos das primeiras experiências da raça ou da ordem.* E é exatamente por isso que esses artistas são chamados de diretores de retrospecção – eles ajudam na retrospecção, feita pela memória, na busca de um estado primário do desenvolvimento ou de um momento anterior de menos experiência do ser.

Todos os seres têm prazer com essa espécie de retrospecção, exceto aqueles que são Criadores inerentes e, portanto, auto-rejuvenescedores automáticos, e certos tipos altamente especializados de criaturas, tais como os centros de potência e os controladores físicos, que são eterna e meticulosamente pragmáticos em todas as suas reações. As liberações periódicas das tensões do dever funcional são uma parte regular da vida em todos os mundos no universo dos universos, mas não na Ilha do Paraíso. Os seres naturais da morada central são incapazes de se esgotarem e não estão, portanto, sujeitos à reenergização. Além do que, para esses seres de perfeição eterna do Paraíso não pode haver nenhuma retrospecção de experiências evolucionárias.

A maioria de nós ascendeu de estágios mais baixos de existência, ou por meio de níveis progressivos, dentro das nossas ordens; e, em certa medida, é repousante e até divertido recordar certos episódios das nossas primeiras experiências. Há um repouso na contemplação do que é antigo, para a nossa própria ordem, e que fica na mente como uma posse da memória. O futuro significa luta e avanço; representa trabalho, esforço e realização; mas o passado tem o sabor das coisas já conquistadas e dominadas; a contemplação do passado permite o descanso e uma revisão tão livre de preocupações que provoca a alegria espiritual e um estado moroncial de mente que beira à exultação.

Até mesmo o humor mortal fica mais afável, quando ilustra episódios envolvendo seres cujo estado de desenvolvimento está um pouco abaixo do próprio estado atual, ou quando envolve supostos superiores como vítimas das experiências comumente associadas aos seres supostamente inferiores. Vós, de Urântia, permitis, por demais, que muito do que é ao mesmo tempo vulgar e cruel seja misturado ao vosso humor, mas, no todo, deveis ser parabenizados por possuir um senso de humor relativamente apurado. Algumas das vossas raças têm uma rica veia de humorismo que as ajuda grandemente nas carreiras terrenas. Aparentemente, vós recebestes muito, do sentido do humor, da vossa herança Adâmica, muito mais do que vos foi assegurado na música tanto quanto nas artes.

Durante as épocas de recreação, naquelas horas em que os seus habitantes fazem ressurgir, de um modo arrefecido, as memórias de um estágio anterior mais baixo de existência, todo o Satânia é edificado pelo agradável humor do corpo de diretores de retrospecção de Urântia. O senso de humor celeste, nós o conservamos sempre conosco, mesmo quando engajados no mais difícil dos compromissos. Ele nos ajuda a evitar que a noção da nossa própria importância se desenvolva fora das medidas. Entretanto, não damos asas a ele, de modo livre, como se diz comumente "divirta-se"; exceto quando estamos em recesso, fora dos compromissos sérios das nossas respectivas ordens.

Quando somos tentados a maximizar a nossa própria importância, se pararmos para contemplar a infinitude da grandeza e da magnitude Daqueles que nos fizeram, a nossa própria autoglorificação torna-se sublimemente ridícula, beirando mesmo ao cômico. Uma das funções do humor é ajudar cada um a levar-se menos a sério. *O humor é o antídoto divino para a exaltação do ego.*

A necessidade da descontração e da diversão trazidas pelo humor é maior nas ordens de seres ascendentes que, em sua luta para se elevar, estão submetidas a uma tensão contínua. Os dois extremos da vida pouca necessidade têm da recreação do humorismo. Os homens primitivos não têm capacidade para tal; e os seres com a perfeição do Paraíso não têm tal necessidade. As hostes de Havona são, naturalmente, um conjunto de personalidades supremamente felizes, extremamente cheias de júbilo e hilariantes. No Paraíso, a qualidade da adoração elimina a necessidade das atividades da retrospecção, mas, em meio àqueles que iniciam as suas carreiras muito abaixo da meta da perfeição do Paraíso, há bastante lugar para a ministração dos diretores de retrospecção.

Quanto mais elevada a espécie mortal, maior a tensão e capacidade de humor, como também maior será a necessidade dele. No mundo do espírito, o oposto é verdadeiro: quanto mais alto nós ascendermos, menor será a necessidade das diversões com a experiência da retrospecção. Continuando, porém, escala abaixo na vida do espírito, do Paraíso até as hostes seráficas, há uma crescente necessidade da missão da alegria e da ministração da hilariedade. Aqueles seres que mais necessitam do revigoramento de uma retrospecção periódica, até o estado intelectual de experiências prévias, são os tipos mais elevados de espécies humanas, os seres moronciais, os anjos e os Filhos Materiais, juntamente com todos os tipos semelhantes de personalidades.

O humor deveria funcionar como uma válvula automática de segurança para prevenir o acúmulo de pressões excessivas, causadas pela monotonia de uma autocontemplação séria e contínua, em ligação com a intensa luta pelo progresso evolutivo e pelas realizações nobres. O humor também funciona para reduzir o choque do impacto inesperado de um fato ou da verdade; do fato rígido e inflexível e da verdade flexível e eternamente viva. A personalidade mortal nunca se sente segura diante daquilo com que se deparará em seguida; no entanto, por meio do humor, rapidamente vê do que se trata e encontra o discernimento interior e capta a natureza inesperada da situação, seja do fato, seja da verdade.

Conquanto o humor de Urântia seja grosseiro demais e quase sem arte, ele tem valor pelo seu propósito, é tanto uma segurança para a saúde como um liberador da pressão emocional, impedindo, assim, as tensões nervosas nocivas e uma autocontemplação séria em demasia. O humor e a recreação – a descontração – nunca são reações de esforços progressivos; são sempre ecos de uma olhada para trás, de uma reminiscência do passado. Mesmo em Urântia, e do modo como sois agora, vós sempre achais rejuvenescedor quando, por um curto período, podeis suspender a tensão dos esforços intelectuais novos e mais elevados e voltar às ocupações mais simples dos vossos ancestrais.

Os princípios da vida recreativa de Urântia são filosoficamente sadios e continuam a ser aplicáveis durante a vossa vida ascendente, desde os circuitos de Havona até as margens eternas do Paraíso. Como seres ascendentes, estais de posse das memórias pessoais de todas as existências anteriores e menos elevadas, e, sem essas lembranças da identidade do passado, não haveria nenhuma base para o humor do presente, seja o riso dos mortais, seja a alegria moroncial. É a recordação das experiências passadas que fornece a base para a diversão e o recreio do presente. E assim ireis desfrutar dos equivalentes celestes do vosso humor terreno durante todo o caminho ascendente das vossas longas carreiras moronciais, que ficam cada vez mais espirituais. E, a parte de Deus (o Ajustador) que se torna uma parte eterna da personalidade de um mortal ascendente, contribui com os supratons da divindade para as expressões jubilosas, e também para o riso espiritual das criaturas ascendentes do tempo e do espaço.

5. OS EDUCADORES DOS MUNDOS DAS MANSÕES

Os Mestres do Mundo das Mansões são um corpo de querubins e sanobins desmembrados, mas glorificados. Quando um peregrino do tempo avança, de um mundo de provas do espaço até os mundos das mansões e os mundos interligados de aperfeiçoamento moroncial, ele é acompanhado pelo seu serafim pessoal ou grupal, o guardião do destino. Nos mundos de existência mortal, o serafim é ajudado, com muita competência, pelos querubins e sanobins; mas, quando o pupilo mortal deles é liberado dos laços da carne e inicia a sua carreira ascendente, quando a vida pós-material ou moroncial começa, o serafim acompanhante não tem mais necessidade das ministrações dos seus antigos lugar-tenentes, o querubim e o sanobim.

Esses assistentes do serafim ministrante são abandonados então, e, freqüentemente, convocados até a sede-central do universo, onde passam pelo abraço estreito do Espírito Materno do Universo, seguindo depois para as esferas de aperfeiçoamento do sistema, como Mestres dos Mundos das Mansões. Esses instrutores visitam, freqüentemente, os mundos materiais, desde o mundo mais baixo das mansões até as esferas educacionais mais altas ligadas à sede-central do universo, e trabalham nelas. Por sua própria iniciativa, podem retornar ao seu trabalho associativo anterior, com os serafins ministrantes.

Há bilhões e bilhões desses instrutores em Satânia, e o número deles está constantemente crescendo, porque, na maioria dos casos, quando um serafim acompanha um mortal fusionado com o Ajustador, no seu caminho para o interior, um querubim e um sanobim são deixados para trás.

Os Mestres dos Mundos das Mansões, como a maioria dos outros instrutores, são designados pelos Melquisedeques. Geralmente, são supervisionados pelos Companheiros Moronciais, mas, enquanto indivíduos e como professores, eles são supervisionados pelos chefes em exercício das escolas ou esferas nas quais possam estar funcionando como instrutores.

Esses querubins avançados comumente trabalham aos pares, como faziam quando estavam agregados aos serafins. Por natureza, eles estão muito próximos do tipo moroncial de existência e são instrutores inerentemente compassivos para com os mortais ascendentes. E, de um modo muito eficiente, conduzem o programa preparatório do mundo das mansões e do sistema de educação moroncial.

Nas escolas de vida moroncial, esses educadores engajam-se no ensino individual e grupal, de classes e de massa. Nos mundos das mansões, essas escolas são organizadas em três grupos gerais de cem divisões cada: as escolas do pensamento, as escolas do sentimento e as escolas da ação. Quando alcançardes a constelação, as escolas de ética, administração e ajustamento social, serão acrescentadas. Nos mundos sedes-centrais do universo, entrareis nas escolas de filosofia, de divindade e de espiritualidade pura.

Aquelas coisas que poderíeis ter aprendido na Terra, mas cujo conhecimento não obtivestes, devem, então, ser aprendidas sob a tutela desses instrutores fiéis e pacientes. Não existem caminhos mais nobres, nem atalhos especiais, ou sendeiros fáceis para o Paraíso. Independentemente das variações individuais de itinerário, deveis conquistar a mestria das lições de uma esfera, antes de prosseguirdes para outras; isso é verdadeiro, ao menos depois que houverdes deixado o mundo em que nascestes.

Um dos propósitos da carreira moroncial é extirpar, permanentemente, dos sobreviventes mortais os vestígios de características animais, tais como a procrastinação, os equívocos, a insinceridade, o escapismo aos problemas, a injustiça e a opção pelo mais fácil. A vida em mansônia muito cedo ensina aos jovens alunos moronciais que não se evita uma coisa adiando-a. Após a vida na carne, o tempo não mais está disponível como uma técnica para esquivar-vos das situações, nem para evitar as obrigações desagradáveis.

Começando por servir nas mais baixas das esferas de permanência, os Mestres dos Mundos das Mansões avançam, havendo adquirido experiência, nas esferas educacionais do sistema e constelação, até os mundos de aperfeiçoamento de Sálvington. Eles não se submetem a nenhuma disciplina especial, nem antes nem depois do abraço do Espírito Materno do Universo. Já foram treinados para o seu trabalho, enquanto serviam como colaboradores seráficos, nos mundos de nascimento dos seus pupilos permanentes nos mundos das mansões. Tiveram uma experiência efetiva com esses mortais em avanço, nos mundos habitados. São professores práticos e compassivos, instrutores sábios e compreensivos, guias capazes e eficientes. Eles estão inteiramente familiarizados com os planos ascendentes e são profundamente experientes nas fases iniciais da carreira de progressão.

Muitos dos mais antigos desses mestres, aqueles que têm servido há longa data nos mundos do circuito de Sálvington, são reabraçados pelo Espírito Materno do Universo e, deste segundo abraço, esses querubins e sanobins emergem com o status de serafins.

6. OS SERAFINS DOS MUNDOS MORONCIAIS – OS MINISTROS DE TRANSIÇÃO

Embora todas as ordens de anjos, desde os ajudantes planetários até os serafins supremos, ministrem nos mundos moronciais, os ministros de transição são mais exclusivamente designados para essas atividades. Esses anjos são da sexta ordem de servidores seráficos, e a sua ministração é devotada a facilitar o trânsito, para as criaturas materiais e mortais, da vida temporal na carne até os primeiros estágios da existência moroncial nos sete mundos das mansões.

Devíeis compreender que a vida moroncial de um mortal ascendente realmente tem o seu início nos mundos habitados, quando se dá a concepção da alma, naquele momento em que a mente da criatura de status moral é residida pelo espírito Ajustador. Desse momento em diante, a alma mortal tem capacidade potencial para uma função supramortal, e até mesmo para ser reconhecida nos níveis mais elevados das esferas moronciais do universo local.

Não sereis, contudo, conscientes da ministração dos serafins de transição, antes de atingirdes os mundos das mansões, onde eles trabalham incansavelmente, para o avanço dos seus pupilos mortais, sendo designados ao serviço segundo as sete divisões seguintes:

1. *Os Evangelhos Seráficos*. No momento em que retomais a consciência, nos mundos das mansões, sereis classificados como espíritos em evolução nos registros do sistema. É bem verdade, na realidade, que então ainda não sereis espíritos, mas já não sereis mais seres mortais nem materiais, já tereis embarcado na carreira de pré-espíritos e já fostes devidamente admitidos à vida moroncial.

Nos mundos das mansões, os evangelhos seráficos vos ajudarão a escolher, sabiamente, entre os caminhos opcionais para Edêntia, Sálvington, Uversa e Havona. Se houver um certo número de caminhos igualmente aconselháveis, estes serão colocados diante de vós; e ser-vos-á permitido escolher aquele que mais vos atrair. Esses serafins, então, fazem recomendações aos vinte e quatro conselheiros em Jerusém a respeito daquele curso que deve ser o mais favorável para cada alma ascendente.

Não vos é dado escolher, irrestritamente, o vosso futuro percurso; todavia, podereis optar, dentro dos limites daquilo que determinam os ministros de transição e os superiores deles, sabiamente, como a via mais adequada para realizardes vossa meta espiritual futura. O mundo espiritual é governado pelo princípio do respeito à escolha feita pelo vosso livre-arbítrio, desde que o percurso que possais escolher não esteja em detrimento de vós próprios e desde que não vá causar danos aos vossos companheiros.

Esses evangelhos seráficos estão dedicados à proclamação da palavra de Deus para a progressão eterna, para o triunfo ao atingir a perfeição. Nos mundos das mansões, eles proclamam a grande lei da conservação e do predomínio da bondade: nenhum ato de bondade jamais se perde totalmente; pode permanecer frustrado por muito tempo, mas nunca é totalmente anulado, e é eternamente potente na proporção da divindade da sua motivação.

Mesmo em Urântia, eles aconselham os mestres humanos da verdade e retidão a aderir à pregação "da bondade de Deus, que leva ao arrependimento" e a proclamar "o amor de Deus, que elimina todo o temor". E, desse modo, as verdades têm sido declaradas no vosso mundo:

Os Deuses são os meus guardiães; eu não me perderei;

Lado a lado, conduzem-me pelos belos caminhos e na glória revigorante da vida eterna.

E, nessa divina presença, não terei fome de alimento nem sede de água. Ainda que eu desça ao vale da incerteza ou ascenda aos mundos da dúvida,

Ainda que caminhe na solidão ou com os meus semelhantes,

Mesmo que eu triunfe nos coros da luz ou titubeie nos locais solitários das esferas,

O Vosso bom espírito ministrará a mim, e o Vosso anjo glorioso confortar-me-á.

Ainda que desça às profundezas da escuridão e da própria morte,

Não duvidarei de Vós, nem Vos temerei,

Pois sei que, na plenitude dos tempos e na glória do Vosso nome,

Vós me elevareis, para que eu me assente Convosco nas fortificações das alturas.

Essa foi a história sussurrada ao menino pastor durante a noite. Ele não conseguiu guardar palavra por palavra, mas, com o melhor da sua memória, nos deu o que ainda hoje é relembrado do modo acima.

Esses serafins são também os evangelhos, a palavra de Deus, para que todo o sistema atinja a perfeição, tanto quanto o ascendente individual. E, mesmo agora, no jovem sistema de Satânia, os seus ensinamentos e planos abrangem provisões para as idades futuras, quando os mundos das mansões não mais servirem aos ascendentes mortais como patamares para as esferas do alto.

2. *Os Intérpretes Raciais.* As raças dos seres mortais não são todas iguais. É bem verdade que há um modelo planetário a reger a natureza e tendências físicas, mentais e espirituais das várias raças de um dado mundo; mas também há tipos raciais distintos e tendências sociais bastante definidas que caracterizam as progênies desses tipos básicos, mas diferentes, de seres humanos. Nos mundos do tempo, os intérpretes raciais seráficos suplementam os esforços dos comissários da raça, no sentido de harmonizar os pontos de vista variados das raças; e eles continuam a funcionar nos mundos das mansões, onde essas mesmas diferenças tendem a persistir em certa medida. Num planeta confuso, tal como Urântia, esses seres brilhantes mal tiveram uma oportunidade condigna de funcionar à altura, no entanto, são hábeis sociólogos e sábios conselheiros étnicos do primeiro céu.

Deveríeis considerar a declaração sobre o "céu" e sobre o "céu dos céus". O céu concebido pela maioria dos vossos profetas é o primeiro mundo das mansões do sistema local. Quando o apóstolo falou sobre ter sido "levado ao terceiro céu", referia-se ele à experiência na qual o seu Ajustador destacava-se dele durante o sono e, nesse estado inusitado, fazia uma projeção ao terceiro dos sete mundos das mansões. Alguns dos vossos sábios tiveram a visão do céu maior, "o céu dos céus", do qual a experiência sétupla no mundo das mansões não é senão o primeiro céu; o segundo, sendo Jerusém; o terceiro, Edêntia e seus satélites; o quarto, Sálvington e as esferas educacionais que a circundam; o quinto, Uversa; o sexto, Havona; e o sétimo, o Paraíso.

3. *Os Planejadores da Mente.* Estes serafins devotam-se a agrupar efetivamente os seres moronciais e organizar o seu trabalho em equipes, nos mundos das mansões. Eles são os psicólogos do primeiro céu. A maioria dessa divisão especial de ministros seráficos teve uma experiência anterior como anjos guardiães de filhos do tempo, mas os seus pupilos, por alguma razão, fracassaram na sua personalização nos mundos das mansões, ou, então, sobreviveram por meio da técnica de fusão com o Espírito.

É tarefa dos planejadores da mente estudar a natureza, experiência e status das almas que têm Ajustadores, e que estão em trânsito nos mundos das mansões, facilitando os agrupamentos delas para os serviços e o avanço. Esses planejadores da mente, porém, não tramam, não manipulam, nem tiram vantagem de nenhum modo em vista da ignorância e outras limitações dos estudantes do mundo das mansões. São integralmente equânimes e eminentemente justos. Eles respeitam a vossa recém-nascida vontade moroncial; vos consideram como seres volitivos independentes e procuram encorajar o vosso rápido desenvolvimento e avanço. Aqui, estareis face a face com amigos verdadeiros e com conselheiros compreensivos, anjos que são realmente capazes de ajudar-vos a "verdes a vós próprios como os outros vos vêem" e de "conhecer-vos como os anjos vos conhecem".

Mesmo em Urântia, esses serafins ensinam a eterna verdade: Se a vossa própria mente não vos presta um bom serviço, podeis substituí-la pela mente de Jesus de Nazaré, que vos irá sempre servir bem.

4. *Os Conselheiros Moronciais*. Estes ministros recebem tal nome porque são designados para ensinar, direcionar e aconselhar os mortais sobreviventes dos mundos de origem humana, almas em trânsito para as escolas mais altas da sede-central do sistema. Eles são educadores daqueles que buscam discernir interiormente, pela unidade experiencial dos níveis divergentes de vida, aqueles que estão tentando a integração dos significados e a unificação dos valores. Essa função, na vida mortal, é da filosofia e, nas esferas moronciais, é função da mota.

A mota é mais que uma filosofia superior; ela está para a filosofia assim como dois olhos estão para um olho só; ela gera um efeito estereoscópico sobre os significados e valores. O homem material vê o universo como ele é, mas apenas com um olho – no plano. Os estudantes dos mundos das mansões alcançam a perspectiva cósmica – a profundidade – pela superposição das percepções da vida moroncial, por sobre as percepções da vida física. E tornam-se capazes de colocar esses pontos de vista materiais e moronciais sob um enfoque verdadeiro, em grande parte graças à ministração incansável dos conselheiros seráficos, que tão pacientemente ensinam aos estudantes dos mundos das mansões e progressores moronciais. Muitos dos conselheiros mestres, da ordem dos serafins supremos, começaram as suas carreiras como conselheiros das almas recém-liberadas dos mortais do tempo.

5. *Os Técnicos*. Estes são os serafins que ajudam os novos ascendentes a ajustarem-se ao novo e relativamente estranho meio ambiente das esferas moronciais. A vida, nos mundos de transição, acarreta um contato real com as energias e materiais, tanto do nível físico quanto dos níveis moronciais e, em uma certa medida, com as realidades espirituais. Os ascendentes devem aclimatar-se a cada novo nível moroncial e, para tudo isso, são grandemente ajudados pelos técnicos seráficos. Esses serafins atuam como ligações, com os Supervisores do Poder Moroncial e com os Mestres Controladores Físicos, e funcionam abrangentemente como instrutores para os peregrinos ascendentes, no que diz respeito à natureza das energias que são utilizadas nas esferas de transição. Eles servem como cruzadores espaciais de emergência, e executam numerosos outros deveres regulares e especiais.

6. *Os Mestres Registradores*. Estes serafins são os registradores das transações fronteiriças entre o espiritual e o físico, das relações entre homens e anjos, das transações moronciais nos mais baixos dos reinos do universo. Também servem como instrutores das técnicas eficientes e definitivas de registro dos fatos. Há uma arte na reunião e na coordenação inteligente de dados correlatos; essa arte é aprimorada em colaboração com os artesãos celestes, e mesmo os mortais ascendentes podem afiliar-se assim a esse aprendizado junto aos serafins registradores.

Os registradores de todas as ordens seráficas devotam um certo período de tempo à educação e aperfeiçoamento dos progressores moronciais. Esses custódios angélicos dos fatos do tempo são instrutores ideais para todos aqueles que buscam os fatos. Antes de deixar Jerusém, vos tornareis bastante familiarizados com a história de Satânia e seus 619 mundos habitados, sendo que muito dessa história vos será passada pelos registradores seráficos.

Todos esses anjos fazem parte da corrente de registradores que se estende desde os mais baixos aos mais altos custódios dos fatos do tempo e verdades da eternidade. Algum dia, eles irão ensinar-vos a buscar a verdade, tanto quanto os fatos, para que possais expandir a vossa alma, bem como a vossa mente. E, mesmo agora, devíeis aprender a regar o jardim do vosso coração, bem como buscar as areias secas do conhecimento. As formas passam a não ter valor quando as lições são aprendidas. Nenhum pintainho pode existir sem o ovo, e nenhuma casca de ovo tem valor depois de o pintinho haver saído. Algumas vezes, porém, o erro é tão grande que a sua retificação, por meio da revelação, seria fatal para aquelas verdades que emergem vagarosamente, mas que são essenciais para superar experiencialmente o erro. Quando as crianças têm os seus ideais, não os destruamos; deixemo-los crescer. E enquanto estais aprendendo a pensar como homens, deveríeis também estar aprendendo a orar como crianças.

A lei é a vida em si mesma e não as regras para conduzi-la. O mal é uma transgressão da lei; não uma violação das regras de conduta pertinentes à vida, que é a lei. A falsidade não é uma questão de técnica de narração, mas algo premeditado como uma perversão da verdade. A criação de novos quadros tirados de velhos fatos, um restabelecimento da vida dos pais nas vidas da sua prole – esses são os triunfos artísticos da verdade. A sombra de um cacho de cabelo, premeditada para um propósito inverdadeiro; o mais leve torcer ou perverter daquilo que é um princípio – isso constitui a falsidade. Contudo, o fetiche da verdade factualizada, a verdade fossilizada, a braçadeira de ferro da assim chamada verdade imutável, encerra-nos cegamente dentro do círculo fechado do fato frio. Podemos estar tecnicamente certos quanto ao fato e eternamente errados quanto à verdade.

7. *As Reservas Ministrantes*. Um imenso corpo de todas as ordens de serafins de transição é mantido no primeiro mundo das mansões. De todas as ordens de serafins, esses ministros de transição, depois dos guardiães do destino, são os que mais se aproximam dos humanos, e muitos dos vossos momentos de lazer serão passados junto a eles. Os anjos têm no serviço um prazer e, quando descompromissados, muitas vezes ministram como voluntários. A alma de muitos mortais ascendentes foi, pela primeira vez, tocada pela chama divina da vontade de servir por meio de amizade pessoal com os servidores voluntários das reservas seráficas.

Deles, ireis aprender a fazer com que as pressões se transformem em estabilidade e certeza; a serdes fiéis, sérios e alegres, em tudo e por tudo; a aceitar os desafios sem queixas; e enfrentar dificuldades e incertezas sem medo. Eles perguntarão: se fracassardes, levantar-vos-eis indômitos para tentar de novo? Se bem-sucedidos, vós mantereis uma atitude bem equilibrada – uma atitude estável e espiritualizada – em cada esforço, na longa luta para quebrar as correntes da inércia material, para alcançar a liberdade da existência espiritual?

Como os próprios mortais, esses anjos têm enfrentado muitas decepções, e eles vos mostrarão como, algumas vezes, os vossos desapontamentos mais decepcionantes puderam transformar-se nas vossas maiores bênçãos. Algumas vezes, o plantio de uma semente necessita da sua morte, a morte das vossas esperanças mais queridas, antes que renasça para dar os frutos da nova vida e da nova oportunidade. Deles ireis aprender a sofrer menos, pelas tristezas e desapontamentos, primeiro, fazendo menos planos pessoais envolvendo outras personalidades, e depois, aceitando a vossa parte quando houverdes fielmente cumprido o vosso dever.

Ireis aprender que as vossas cargas aumentam e as possibilidades de sucesso diminuem quando vos levais excessivamente a sério. Nada pode ter precedência sobre o trabalho na esfera em que possuís o vosso status – esse mundo ou o próximo. Muito importante é o trabalho de preparação para a próxima e mais elevada esfera; no entanto, em importância, nada se iguala ao trabalho feito no mundo em que estais de fato vivendo. E assim, embora o *trabalho* seja importante, o *ego* não o é. Quando vos sentis importantes, perdeis energia por meio do desgaste da dignidade do ego, de modo que pouca energia sobra para fazer o trabalho. Dar-se muita auto-importância e pouca importância ao trabalho exaure as criaturas imaturas; é o elemento do ego que exaure, não o esforço para realizar. Podeis fazer um trabalho importante, se não vos atribuirdes auto-importância excessiva; podeis fazer várias coisas tão facilmente quanto fazeis uma só, se deixardes a vós próprios de fora. A variedade descansa; a monotonia é o que desgasta e exaure. O dia após dia é igual – apenas a vida ou a alternativa da morte.

7. A MOTA MORONCIAL

Os planos mais baixos da mota moroncial confluem, tangenciando, imediatamente abaixo, os mais altos níveis da filosofia humana. No primeiro mundo das mansões a prática é ensinar aos estudantes menos avançados pela técnica das paralelas; isto é, em uma coluna são apresentados os mais simples conceitos dos significados da mota, e numa coluna ao lado são colocadas as citações de afirmações análogas da filosofia mortal.

Há pouco tempo, enquanto cumpria um compromisso no primeiro mundo das mansões de Satânia, eu tive a ocasião de observar esse método de ensino; e, embora não possa eu apresentar a parte da lição que corresponde à mota, é-me permitido recordar as vinte e oito afirmações da filosofia humana que aquele instrutor moroncial estava utilizando como material ilustrativo, destinado a ajudar esses recém-chegados ao mundo das mansões nos seus primeiros esforços para compreender o significado e o sentido da mota. Essas ilustrações da filosofia humana eram:

1. Uma demonstração de habilidade especializada não significa a posse de capacidade espiritual. A engenhosidade não substitui o caráter verdadeiro.

2. Poucas pessoas vivem à altura da fé que na verdade possuem. O medo irracional é uma fraude intelectual madrasta, praticada contra a alma mortal em evolução.

3. As capacidades inerentes não podem ser superadas; em um copo jamais pode caber um litro. O conceito espiritual não pode ser mecanicamente imposto aos moldes da memória material.

4. Poucos mortais ousam atribuir a soma dos créditos da sua personalidade aos ministérios combinados da natureza e da graça. A maioria das almas empobrecidas é verdadeiramente rica, mas se recusa a acreditar nisso.

5. As dificuldades podem desafiar a mediocridade e derrotar os temerosos, mas apenas estimulam os verdadeiros filhos dos Altíssimos.

6. Desfrutar do privilégio sem abuso, ter liberdade sem licença, possuir o poder e firmemente se recusar a usá-lo para o auto-engrandecimento – essas marcas indicam uma alta civilidade, numa alta civilização.

7. Acidentes cegos e imprevistos não ocorrem no cosmo. Nem os seres celestes ajudam um ser mais baixo que se recusa a agir sob a luz da sua verdade.

8. O esforço nem sempre produz alegria, mas não existe felicidade sem esforço inteligente.

9. A ação gera a força; a moderação resulta em encanto.

10. A retidão toca as cordas da harmonia da verdade; e a melodia vibra em todo o cosmo, para reconhecer até mesmo o Infinito.

11. Os fracos condescendem em tomar resoluções, mas os fortes agem. A vida não é senão um dia de trabalho – faça-o bem. O ato é nosso; as conseqüências são de Deus.

12. A maior aflição em todo o cosmo é nunca ter sido afligido. Os mortais apenas aprendem a sabedoria pela experiência da tribulação.

13. É do isolamento solitário das profundezas experienciais que as estrelas são mais bem discernidas, não dos cumes iluminados e deslumbrantes das montanhas.

14. Estimulai o apetite dos vossos companheiros pela verdade; e, conselhos, vós o dareis apenas quando vos for pedido.

15. A afetação é o esforço ridículo do ignorante para parecer sábio, a tentativa da alma estéril de parecer rica.

16. Vós não podeis perceber a verdade espiritual até que a vossa experiência a tenha provado, contudo muitas verdades não são realmente sentidas senão na adversidade.

17. A ambição é perigosa até que ela seja integralmente socializada. Vós não adquirireis, verdadeiramente, uma virtude sequer, antes que os vossos atos vos façam dignos dela.

18. A impaciência é um veneno para o espírito; a raiva é como uma pedra atirada em um ninho de vespas.

19. A ansiedade deve ser abandonada. As decepções mais difíceis de serem toleradas são as que nunca chegam.

20. Apenas um poeta pode ver poesia na prosa lugar-comum da existência rotineira.

21. A missão elevada de qualquer arte é, por meio das suas ilusões, prenunciar uma realidade universal superior, é cristalizar as emoções do tempo no pensamento da eternidade.

22. A alma em evolução não se torna divina pelo que faz, mas por aquilo que se esforça por fazer.

23. A morte nada acrescenta à posse intelectual nem à dotação espiritual, mas ao cabedal experiencial acrescenta a consciência da *sobrevivência*.

24. O destino da eternidade é determinado, momento a momento, por aquilo que é realizado na vida do dia-a-dia. Os atos de hoje são o destino de amanhã.

25. A grandeza não repousa tanto em possuir força, quanto em fazer um uso sábio e divino dessa força.

26. O conhecimento é adquirido apenas pelo compartilhamento; ele é salvaguardado pela sabedoria e socializado pelo amor.

27. O progresso requer o desenvolvimento da individualidade; a mediocridade busca a perpetuação na padronização.

28. A necessidade de defender uma proposição por meio da argumentação é inversamente proporcional ao teor da sua verdade implícita.

Esse é um trabalho para os iniciantes no primeiro mundo das mansões, enquanto os alunos mais avançados, nos mundos seguintes, estão já cuidando da própria mestria sobre níveis mais elevados do discernimento cósmico e da mota moroncial.

8. OS PROGRESSORES MORONCIAIS

Desde a época da graduação, nos mundos das mansões, até alcançarem o status espiritual na carreira do superuniverso, os mortais ascendentes são denominados progressores moronciais. A vossa passagem por essa maravilhosa vida fronteiriça será uma experiência inesquecível, de memória encantadora. É o portal evolucionário para a vida do espírito, e é o atingir final da perfeição da criatura, por meio do qual os seres ascendentes realizam a meta do tempo – encontrar Deus no Paraíso.

Um propósito divino e definido existe em todo esse esquema moroncial, e posteriormente espiritual, de progressão mortal, nessa escola universal de minuciosa educação para as criaturas ascendentes. É desígnio dos Criadores proporcionar às criaturas do tempo uma oportunidade gradual de aprendizado, para que adquiram a mestria sobre os detalhes da operação e da administração do grande universo; e esse curso longo de aperfeiçoamento será mais bem aproveitado se os mortais sobreviventes efetuarem a escalada gradativamente, e por meio de uma participação efetiva em cada passo da ascensão.

O plano de sobrevivência para os mortais tem um objetivo prático e útil; vós não sois os receptáculos, de todo esse trabalho divino e desse aperfeiçoamento cuidadoso, apenas para poderdes sobreviver e gozar de uma bênção infindável e uma tranqüilidade eterna. Há uma meta de serviço transcendente, oculta além do horizonte da presente idade do universo. Se os Deuses tivessem como desígnio meramente levar-vos em uma longa e eterna excursão de júbilo, por certo eles não haveriam transformado tão amplamente todo o universo em uma vasta e intrincada escola prática de aperfeiçoamento, a qual requer uma parte substancial da criação celeste, como professores e instrutores, para, então, despender idades e mais idades pilotando-vos, um por um, por meio dessa gigantesca escola do universo para a educação experiencial. A implementação do esquema de progressão mortal parece ser um dos principais serviços do universo presentemente organizado; e a maioria das inumeráveis ordens de inteligências criadas, está, direta ou indiretamente, engajada em fazer, em alguma fase, com que esse plano progressivo de perfeccionamento progrida.

Percorrendo a escala ascendente da existência viva, do homem mortal ao abraço da Deidade, de fato vós viveis a vida mesma de todas as fases e estágios possíveis da existência da criatura perfeccionada, dentro dos limites da idade presente do universo. Na trajetória de homem mortal a finalitor do Paraíso, fica abrangido tudo o que agora pode ser – engloba tudo o que atualmente se faz possível às ordens viventes de seres-criaturas finitos, inteligentes e perfeccionados. Se o futuro destino dos finalitores do Paraíso for o de servir, nos novos universos, ora em formação, fica assegurado que nessa nova e futura criação não haverá ordens criadas, de seres experienciais, cujas vidas possam vir a ser inteiramente diferentes das que os finalitores mortais viveram, em algum mundo, como parte do seu aperfeiçoamento ascendente, como um dos estágios do seu progresso de idade em idade, do animal ao anjo, do anjo ao espírito e do espírito a Deus.

[Apresentado por um Arcanjo de Nébadon.]

DOCUMENTO 49

OS MUNDOS HABITADOS

OS MUNDOS habitados pelos mortais são todos evolucionários por origem e natureza. Essas esferas são o berço evolucionário, o local de geração das raças mortais do tempo e do espaço. Cada unidade de vida ascendente é uma verdadeira escola de aperfeiçoamento para o estágio seguinte da existência, e isso é verdadeiro sobre todos os estágios da ascensão progressiva do homem ao Paraíso; verdadeiro para a experiência mortal inicial em um planeta evolucionário, como é verdadeiro para a escola final dos Melquisedeques, na sede-central do universo; uma escola que é freqüentada pelos mortais ascendentes apenas um pouco antes do seu translado para o regime do superuniverso, quando alcançam o primeiro estágio da existência espiritual.

Todos os mundos habitados são agrupados basicamente, para a administração celeste, em sistemas locais; e cada um desses sistemas locais é limitado a cerca de mil mundos evolucionários. Essa limitação é feita por um decreto dos Anciães dos Dias, e diz respeito aos verdadeiros planetas evolucionários, onde estejam vivendo mortais com status de sobrevivência. Nem os mundos estabelecidos finalmente em luz e vida, nem os planetas nos estágios pré-humanos do desenvolvimento da vida pertencem a esse grupo.

Satânia, em si mesmo, é um sistema inacabado, que contém apenas 619 mundos habitados ainda. Tais planetas são enumerados seqüencialmente, de acordo com o seu registro como mundos habitados pelas criaturas de vontade. Assim, foi dado a Urântia o número 606, *de Satânia*, significando que é o 6060 mundo do sistema local, no qual o longo processo da vida evolucionária culminou com o aparecimento de seres humanos. Existem trinta e seis planetas não habitados aproximando-se do estágio em que poderão ser dotados de vida, e vários outros estão agora ficando prontos para os Portadores da Vida. Há aproximadamente duzentas esferas evoluindo de modo a ficarem prontas para a implantação da vida dentro dos próximos milhões de anos.

Nem todos os planetas são adequados para abrigar a vida mortal. Os pequenos, que têm uma velocidade de rotação elevada, em torno do próprio eixo, são totalmente inadequados como habitat para a vida. Em vários sistemas físicos de Satânia, os planetas que giram em volta do sol central são grandes demais para serem habitados; a sua grande massa ocasiona uma gravidade opressiva. Muitas dessas esferas enormes têm satélites, algumas vezes uma meia dúzia ou até mais, e essas luas, freqüentemente, têm um tamanho muito próximo ao de Urântia, de um modo tal que são quase ideais para serem habitadas.

O mundo habitado mais antigo de Satânia, o mundo de número um, Anova, é um dos quarenta e quatro satélites que giram em torno de um planeta escuro enorme, mas exposto à luz diferencial de três sóis vizinhos. Anova está em um estágio avançado de civilização progressiva.

1. A VIDA PLANETÁRIA

Os universos do tempo e do espaço têm um desenvolvimento gradual; a progressão da vida – terrestre ou celeste – não é nem arbitrária, nem mágica. A evolução cósmica pode nem sempre ser compreensível (previsível), mas é estritamente não acidental.

A unidade biológica da vida material é a célula protoplásmica, associação coletiva que é de energias químicas, elétricas e outras energias básicas. As fórmulas químicas diferem em cada sistema, e a técnica de reprodução da célula viva é ligeiramente diferente em cada universo local, mas os Portadores da Vida são sempre os catalisadores vivos que iniciam as reações primordiais da vida material; eles são os estimuladores dos circuitos das energias da matéria viva.

Todos os mundos de um sistema local apresentam um parentesco físico inequívoco; contudo, cada planeta tem a sua própria escala de vida, não havendo dois mundos exatamente iguais nas suas dotações de vida vegetal e animal. Tais variações planetárias, nos tipos de vida do sistema, resultam das decisões dos Portadores da Vida. Todavia, esses seres não agem nem por capricho, nem por excentricidade; os universos são conduzidos de acordo com a lei e a ordem. As leis de Nébadon são os mandados divinos de Sálvington, e a ordem evolucionária da vida em Satânia está em consonância com o modelo evolucionário de Nébadon.

A evolução é a regra do desenvolvimento humano, mas o processo, em si mesmo, varia muito nos diferentes mundos. Algumas vezes, a vida é iniciada em um centro, e algumas vezes em três, como o foi em Urântia. Nos mundos atmosféricos, ela usualmente tem uma origem marinha, mas nem sempre; depende muito do status físico de um planeta. Os Portadores da Vida desfrutam de grande abertura de ação na função de iniciar a vida.

No desenvolvimento da vida planetária, a forma vegetal sempre antecede à animal, e é desenvolvida quase completamente antes de os modelos animais se diferenciarem. Todos os tipos de animais são desenvolvidos a partir dos modelos básicos do reino vegetal precedente de coisas vivas; não são organizados separadamente.

Os estágios iniciais de evolução da vida não estão inteiramente em conformidade com as vossas visões atuais. *O homem mortal não é um acidente evolucionário.* Há um sistema preciso, uma lei universal a qual determina o desdobramento do plano da vida planetária nas esferas do espaço. O tempo e a produção de grandes números de uma espécie não são as influências controladoras. Os camundongos reproduzem-se muito mais rapidamente do que os elefantes, mas os elefantes evoluem mais rapidamente do que os camundongos.

O processo de evolução planetária é ordenado e controlado. O desenvolvimento de organismos mais elevados a partir de grupos menos desenvolvidos de vida não é acidental. Algumas vezes, o progresso evolucionário é temporariamente retardado pela destruição de certas linhas favoráveis do plasma da vida existente em uma espécie seleta. Em geral, idades e idades se fazem necessárias para reparar os danos ocasionados pela perda de uma única linhagem superior de hereditariedade humana. Essas linhagens selecionadas e superiores do protoplasma vivo deveriam ser zelosa e inteligentemente guardadas, depois de haverem surgido. E, na maioria dos mundos habitados, esses potenciais superiores de vida são muito mais altamente valorizados do que em Urântia.

2. OS TIPOS FÍSICOS PLANETÁRIOS

Há um modelo básico e padronizado de vida vegetal e vida animal em cada sistema. Todavia, os Portadores da Vida deparam-se, muitas vezes, com a necessidade de modificar esses modelos básicos, para conformá-los às condições físicas variáveis encontradas em inúmeros mundos do espaço. Eles fomentam um tipo generalizado de criatura mortal em um sistema, mas há sete tipos físicos distintos, bem como milhares e milhares de variantes menores dessas sete diferenciações principais:

1. Os tipos segundo a atmosfera.

2. Os tipos segundo os elementos.

3. Os tipos segundo a gravidade.

4. Os tipos segundo a temperatura.

5. Os tipos segundo a eletricidade.

6. Os tipos segundo a energia.

7. Os tipos não denominados.

O sistema de Satânia contém todos esses tipos, bem como inúmeros grupos intermediários, embora alguns só estejam representados de modo muito raro.

1. *Os tipos segundo a atmosfera.* As diferenças físicas entre os mundos habitados pelos mortais são determinadas principalmente pela natureza da atmosfera; outras influências que contribuem para a diferenciação planetária da vida são relativamente menores.

O status atual da atmosfera de Urântia é quase ideal para a manutenção do tipo de homem que respira, mas é possível o tipo humano ser tão modificado que possa viver tanto no tipo superatmosférico de planetas, quanto no subatmosférico. Tais modificações também se estendem à vida animal, que difere grandemente nas várias esferas habitadas. Há uma modificação muito grande nas ordens animais, dos mundos subatmosféricos para os mundos superatmosféricos.

Dos tipos atmosféricos, em Satânia, cerca de dois e meio por cento são sub-respiradores, cerca de cinco por cento são super-respiradores e cerca de mais de noventa e um por cento são de respiradores intermediários, totalizando assim noventa e oito e meio por cento dos mundos de Satânia.

Os seres como os das raças de Urântia são classificados como respiradores intermediários; vós representais a média, ou a ordem de existência mortal tipicamente respiratória. Se criaturas inteligentes devessem existir em um planeta com uma atmosfera semelhante à do vosso grande vizinho, Vênus, elas pertenceriam ao grupo super-respirador, enquanto as que habitassem um planeta com uma atmosfera tão rarefeita como a do vosso vizinho externo, Marte, seriam denominadas sub-respiradoras.

Se os mortais habitassem um planeta desprovido de ar, como a vossa Lua, eles pertenceriam à ordem separada dos não-respiradores. Esse tipo representa um ajuste radical ou extremo ao meio ambiente planetário e é considerado separadamente. Os não-respiradores completam aquele um e meio por cento restante dos mundos de Satânia.

2. *Os tipos segundo os elementos.* Essas diferenciações têm a ver com a relação dos mortais com a água, o ar e a terra; e há quatro espécies distintas de vida inteligente no que diz respeito a esses habitat. As raças de Urântia são da ordem terrena.

É totalmente impossível, para vós, imaginar o meio ambiente que prevalece durante as idades iniciais de alguns mundos. Tais condições inusitadas requerem que a vida animal em evolução permaneça no seu berço de habitat marinho por períodos mais longos do que naqueles planetas que proporcionam muito cedo um meio ambiente hospitaleiro de terra e atmosfera. Por outro lado, em alguns mundos do tipo super-respiradores, quando o planeta não é muito grande, algumas vezes é oportuno prover um tipo de mortal que possa prontamente negociar a travessia da atmosfera. Esses navegadores aéreos algumas vezes surgem entre os grupos da água e os da terra, e sempre vivem, em uma certa medida, no solo, finalmente transformando-se em terrestres. Em alguns mundos, contudo, durante idades, eles continuam a voar, até mesmo depois de haverem-se transformado no tipo terrestre de seres.

Ao mesmo tempo é divertido e surpreendente observar a civilização primeva de raças primitivas de seres humanos tomando forma, em um caso, no ar e nas partes mais altas das árvores, e, em outro, em meio às águas rasas de bacias tropicais protegidas, bem como no fundo, nas bordas e nas praias nos jardins marinhos das raças do alvorecer dessas esferas extraordinárias. Mesmo em Urântia houve uma longa idade durante a qual o homem primitivo preservou-se e desenvolveu a sua civilização primeva, vivendo a maior parte do tempo nos topos das árvores, como o faziam seus longínquos ancestrais arborícolas. E, em Urântia, vós ainda tendes um grupo de pequenos mamíferos (a família dos morcegos) que são navegadores do ar; e as vossas focas e as baleias, de habitat marinho, são também da ordem dos mamíferos.

Em Satânia, dos tipos segundo os elementos, sete por cento são da água, dez por cento do ar, setenta por cento da terra e treze por cento combinam os tipos da terra e do ar. Mas tais modificações das criaturas primitivas inteligentes não se constituem nem em peixes humanos nem pássaros humanos. São do tipo humano e do tipo pré-humano, nem superpeixes, nem pássaros glorificados, mas nitidamente mortais.

3. *Os tipos segundo a gravidade*. Pela modificação do projeto criativo, os seres inteligentes são criados de um modo tal que possam funcionar livremente, tanto em esferas menores, quanto nas maiores do que Urântia, ficando de certo modo acomodados assim à gravidade dos planetas que não têm o tamanho e a densidade ideais.

Os vários tipos planetários de mortais variam em altura, a média em Nébadon sendo um pouco abaixo de dois metros e dez. Alguns dos mundos maiores são povoados com seres que têm apenas setenta centímetros de altura. A estatura dos mortais varia desse mínimo, passando pelas médias de altura nos planetas de tamanho mediano e chegando a três metros nas esferas habitadas menores. Em Satânia, existe apenas uma raça com menos de um metro e vinte de altura. Vinte por cento dos mundos habitados de Satânia são povoados por mortais do tipo modificado de gravidade, os quais ocupam os planetas maiores e menores.

4. *Os tipos segundo a temperatura*. É possível criar seres vivos que possam suportar temperaturas tanto mais altas, quanto mais baixas do que os limites suportados pelas raças de Urântia. Há cinco ordens distintas de seres, classificados pelo que se refere aos mecanismos de regulagem da temperatura. Nessa escala, as raças de Urântia são as de número três. Trinta por cento dos mundos de Satânia são povoados por raças do tipo de temperatura modificada. Doze por cento pertencem às faixas de temperaturas mais altas, dezoito por cento às mais baixas, se comparadas com as raças urantianas que funcionam no grupo das temperaturas intermediárias.

5. *Os tipos segundo a eletricidade*. O comportamento elétrico, magnético e eletrônico dos mundos varia grandemente. Há dez modelos de vida mortal variavelmente moldados para suportar a energia diferencial das esferas. Essas dez variedades

também reagem de forma ligeiramente diferente aos raios de poder químico da luz comum dos sóis. Mas essas ligeiras variações físicas de nenhum modo afetam a vida intelectual ou espiritual.

Dos agrupamentos elétricos de vida mortal, quase vinte e três por cento pertencem à classe de número quatro, o tipo de existência de Urântia. Esses tipos são distribuídos do modo seguinte: número 1, um por cento; número 2, dois por cento; número 3, cinco por cento; número 4, vinte e três por cento; número 5, vinte e sete por cento; número 6, vinte e quatro por cento; número 7, oito por cento; número 8, cinco por cento; número 9, três por cento; número 10, dois por cento – em percentagens inteiras.

6. *Os tipos segundo a energização*. Nem todos os mundos são iguais na maneira de absorver a energia. Nem todos os mundos habitados têm um oceano atmosférico adequado à troca respiratória de gases, tal como ocorre em Urântia. Durante os estágios iniciais e finais de muitos planetas, os seres da vossa ordem, como sois hoje, não poderiam existir; e, quando a facilidade de respiração em um planeta é muito elevada ou reduzida, mas, quando todos os outros pré-requisitos da vida inteligente estão adequados, os Portadores da Vida freqüentemente estabelecem nesses mundos uma forma modificada de existência mortal: seres que são aptos para efetuar as trocas no seu processo de vida, diretamente por meio da energia da luz e da transmutação, em primeira mão, do poder dos Mestres Controladores Físicos.

Há seis tipos diferentes de nutrição para os animais e os mortais: os sub-respiradores empregam o primeiro tipo de nutrição; as espécies marinhas, o segundo; os respiradores intermediários, o terceiro tipo de nutrição, como em Urântia. Os super-respiradores empregam o quarto tipo de absorção de energia, enquanto os não-respiradores utilizam a quinta ordem de nutrição e energia. A sexta técnica de energização serve apenas às criaturas intermediárias.

7. *Os tipos sem denominação*. Há inúmeras variações físicas adicionais na vida planetária, mas todas essas diferenças são apenas uma questão de modificação anatômica, de diferenciação fisiológica e ajustamento eletroquímico. Tais distinções não dizem respeito à vida intelectual, nem à vida espiritual.

3. OS MUNDOS DOS NÃO-RESPIRADORES

A maioria dos planetas habitados é povoada pelo tipo respirador de seres inteligentes. Mas há também ordens de mortais que são capazes de viver em mundos com pouco ou nenhum ar. Dos mundos habitados de Orvônton, esse tipo totaliza menos de sete por cento. Em Nébadon essa porcentagem é inferior a três. Em todo o Satânia há apenas nove de tais mundos.

Em Satânia pouquíssimos são os mundos habitados do tipo não-respirador porque, nessa seção mais recentemente organizada de Norlatiadeque, os corpos meteóricos do espaço são abundantes; e os mundos sem uma atmosfera de fricção protetora estão sujeitos ao bombardeamento incessante desses corpos erráticos. Mesmo alguns dos cometas consistem de enxames de meteoros, mas, via de regra, são corpos desagregados menores de matéria.

Milhões e milhões de meteoritos penetram na atmosfera de Urântia diariamente, entrando a uma velocidade da ordem de quase trezentos e vinte quilômetros por segundo. Nos mundos dos não-respiradores, as raças avançadas têm de fazer muito para proteger a si próprias dos danos que os meteoros causariam; e constroem instalações elétricas que operam pulverizando ou desviando os meteoros. Um grande perigo é enfrentado por eles quando se aventuram além dessas zonas protegidas. Tais mundos estão também sujeitos a tempestades elétricas desastrosas de uma natureza desconhecida em Urântia. Durante esses momentos, de intensa flutuação de energia, os habitantes devem refugiar-se nas suas estruturas especiais de isolamento e proteção.

A vida nos mundos do tipo não-respirador é radicalmente diferente da de Urântia. Os não-respiradores não ingerem comidas nem bebem água como o fazem as raças de Urântia. As reações do sistema nervoso, os mecanismos de regulagem do aquecimento e o metabolismo desses povos especiais são radicalmente diferentes das funções correspondentes nos mortais de Urântia. Quase todo o ato da vida, afora a reprodução, difere; e mesmo os métodos da procriação são de certo modo também diferentes.

Nos mundos dos não-respiradores as espécies animais são radicalmente distintas daquelas encontráveis nos planetas atmosféricos. O plano de vida dos não-respiradores difere da técnica de existência em um mundo atmosférico; mesmo na sobrevivência, esses povos são diferentes, sendo candidatos à fusão com o Espírito. Esses seres, contudo, desfrutam da vida e levam adiante as atividades do reino relativamente com as mesmas provações e alegrias que são experimentadas pelos mortais que vivem nos mundos atmosféricos. Em mente e caráter os não-respiradores não diferem de outros tipos de mortais.

Vós deveríeis estar mais do que interessados na conduta planetária desse tipo de mortal, pois uma dessas raças de seres habita uma esfera muito próxima de Urântia.

4. AS CRIATURAS VOLITIVAS EVOLUCIONÁRIAS

Há grandes diferenças entre os mortais dos diversos mundos, inclusive entre os que pertencem aos mesmos tipos intelectuais e físicos, mas todos os mortais que possuem a dignidade da vontade são animais eretos, bípedes.

Há seis raças evolucionárias básicas: três primárias – a vermelha, a amarela e a azul; e três secundárias – a laranja, a verde e a índigo. A maioria dos mundos habitados tem todas essas raças; todavia, muitos dos planetas de raças de três cérebros abrigam apenas os três tipos primários. Alguns sistemas locais também têm apenas essas três raças.

Os seres humanos são dotados, em média, com doze sentidos físicos especiais, embora os sentidos especiais dos mortais de três cérebros sejam estendidos até ligeiramente além daqueles dos tipos de um e dois cérebros; eles podem ver e ouvir consideravelmente muito mais do que as raças de Urântia.

Os nascimentos em geral são de apenas um ser, os nascimentos de múltiplos são uma exceção e a vida familiar é razoavelmente uniforme em todos os tipos de planetas. A igualdade entre os sexos prevalece em todos os mundos avançados; o masculino e o feminino têm dons iguais de mente e status espiritual. Consideramos que um planeta não haja emergido ainda do barbarismo, quando um dos sexos ainda procura tiranizar o oposto. Esse aspecto da experiência da criatura sempre se torna bastante aperfeiçoado depois da vinda de um Filho e de uma Filha Materiais.

As variações de estações e temperaturas ocorrem em todos os planetas iluminados e aquecidos pela luz dos sóis. A agricultura é universal em todos os mundos atmosféricos; cultivar o solo é uma atividade comum às raças em avanço de todos esses planetas.

Em etapas primitivas, todos os mortais têm as mesmas lutas com os inimigos microscópicos, semelhantes às que vós vivenciais agora em Urântia, embora talvez em uma escala menor. A duração da vida varia nos diferentes planetas entre vinte e cinco anos, nos mundos primitivos, até perto de quinhentos anos, nas esferas mais avançadas e antigas.

Os seres humanos são todos gregários, tanto no sentido tribal, quanto no sentido racial. As segregações grupais são inerentes à sua origem e constituição. Tais tendências podem ser modificadas apenas pelo avanço da civilização e a espiritualização gradativa. Os problemas sociais, econômicos e governamentais dos mundos habitados variam de acordo com a idade dos planetas e o grau segundo o qual foram influenciados pelas estadas sucessivas dos Filhos divinos.

A mente é uma dotação do Espírito Infinito e funciona quase da mesma maneira nos meios ambientes mais diversos. As mentes dos mortais são afins, independentemente de certas diferenças estruturais e químicas que caracterizam as naturezas físicas das criaturas volitivas dos sistemas locais. A despeito das diferenças planetárias, pessoais ou físicas, a vida mental de todas as várias ordens de mortais é muito parecida, e as suas carreiras imediatas após a morte são bastante semelhantes.

Mas a mente mortal sem o espírito imortal não pode sobreviver. A mente do homem é mortal; apenas o espírito outorgado é imortal. A sobrevivência depende da espiritualização por intermédio da ministração do Ajustador – para o nascimento e a evolução da alma imortal –; ou seja, no mínimo é necessário que não haja sido desenvolvida nenhuma espécie de antagonismo para com a missão do Ajustador, que é a de efetuar a transformação espiritual da mente material.

5. AS SÉRIES PLANETÁRIAS DE MORTAIS

Será bastante difícil fazer uma descrição adequada das categorias planetárias de mortais, porque vós conheceis pouco sobre elas e porque há muitas variações. As criaturas mortais podem, contudo, ser estudadas segundo inúmeros pontos de vista, entre os quais estão os seguintes:

1. O ajustamento ao meio ambiente planetário.
2. Os tipos de cérebro.
3. A recepção do Espírito.
4. As épocas mortais do planeta.
5. Os parentescos entre as criaturas.
6. O fusionamento com o Ajustador.
7. As técnicas de escape terrestre.

As esferas habitadas dos sete superuniversos são povoadas por mortais que podem, simultaneamente, classificar-se em uma ou em mais categorias de cada uma dessas sete classes generalizadas de vida das criaturas evolucionárias. Todavia, mesmo essas classificações gerais não levam em conta seres como os midsonitas, nem algumas outras formas de vida inteligente. Os mundos habitados, do modo como foram apresentados nestas narrativas, são povoados por criaturas mortais evolucionárias, mas há outras formas de vida.

1. A *categoria segundo o ajustamento ao meio ambiente planetário*. Há três grupos gerais de mundos habitados, sob o ponto de vista da adaptação da vida das criaturas ao meio ambiente planetário: o grupo de ajustamento normal, o grupo de ajustamento radical e o grupo experimental.

Os ajustamentos normais às condições planetárias seguem os modelos físicos gerais, considerados anteriormente. Os mundos dos não-respiradores tipificam o ajustamento radical ou extremo, mas outros tipos estão também incluídos nesse grupo. Os mundos experimentais são usualmente adaptados de modo ideal às formas típicas de vida e, nesses planetas decimais, os Portadores da Vida intentam produzir variações benéficas no projeto de vida padrão. Posto que o vosso mundo é um planeta experimental, ele difere acentuadamente das esferas irmãs de Satânia; muitas formas de vida surgiram em Urântia que não são encontradas em nenhum outro lugar; do mesmo modo muitas espécies comuns não estão presentes no vosso planeta.

No universo de Nébadon, todos os mundos de modificação da vida estão ligados uns aos outros, em uma série, e constituem um domínio especial de assuntos do universo, que recebe a atenção de administradores designados para isso; e todos esses mundos experienciais são periodicamente inspecionados por um corpo de diretores do universo, cujo dirigente é o finalitor veterano conhecido em Satânia como Tabamântia.

2. *As categorias segundo os tipos de cérebro.* A uniformidade física básica entre os tipos de mortais está em ter um cérebro e um sistema nervoso; entretanto, há três organizações básicas do mecanismo cerebral: o tipo de um cérebro, o de dois cérebros e o tipo de três cérebros. Os urantianos são do tipo de dois cérebros; um pouco mais imaginativos, aventureiros e filosóficos do que os mortais de um cérebro. No entanto são um tanto menos espirituais, éticos e menos adoradores do que as ordens de três cérebros. Essas diferenças quanto aos cérebros caracterizam até mesmo as existências animais pré-humanas.

Partindo do córtex cerebral de dois hemisférios do tipo urantiano, vós podeis, por analogia, captar algo do tipo de um cérebro. O terceiro cérebro das ordens de três cérebros pode ser mais bem concebido como uma evolução da vossa forma de cerebelo, que é mais primitiva e rudimentar, desenvolvida a ponto de funcionar principalmente no controle das atividades físicas, deixando os dois cérebros superiores livres para as funções mais elevadas: um, para as funções intelectuais, e o outro, para as atividades de gerar a contraparte espiritual do Ajustador do Pensamento.

Conquanto o alcance na realização terrestre das raças de um cérebro possa parecer ligeiramente limitado, se comparado ao das ordens de dois cérebros, os planetas mais antigos, dos grupos de três cérebros exibem civilizações que além de deixar perplexos os urantianos, de algum modo, envergonhariam a vossa, em uma comparação. Quanto ao desenvolvimento mecânico e à civilização material e mesmo quanto ao progresso intelectual, os mundos dos mortais de dois cérebros são capazes de igualar-se às esferas dos mortais de três cérebros. Quanto ao alto controle da mente e ao desenvolvimento de uma reciprocidade entre a vida intelectual e a espiritual, contudo, vós sois um pouco inferiores.

Todas essas estimativas comparativas que dizem respeito ao progresso intelectual ou ao alcance da realização espiritual, em qualquer mundo ou grupo de mundos, deveriam, por justiça, considerar a idade planetária; e em muito dependem da idade, do nível da realização na ajuda dos elevadores biológicos e das missões subseqüentes das várias ordens dos Filhos divinos.

Enquanto os povos de três cérebros são capazes de uma evolução planetária ligeiramente mais elevada do que as ordens de um e de dois cérebros, todas as ordens têm o mesmo tipo de plasma vital e exercem as atividades planetárias de um modo muito parecido, semelhante mesmo, ao realizado pelos seres humanos em Urântia. Esses três tipos de mortais estão distribuídos nos mundos dos sistemas locais. Na maioria dos casos, as condições planetárias pouco tiveram a ver com as decisões dos Portadores da Vida ao projetarem essas ordens variadas de mortais em mundos diferentes; é uma prerrogativa dos Portadores da Vida planejar e executar desse modo.

Essas três ordens estão em uma mesma posição, quanto à trajetória de ascensão. Cada uma delas deve passar pela mesma escala intelectual de desenvolvimento, e deve triunfar, na questão da mestria, passando pelas mesmas provas espirituais de progresso. A administração do sistema e o supercontrole da constelação desses mundos diferentes estão uniformemente isentos de discriminações; até mesmo os regimes dos Príncipes Planetários são idênticos.

3. *A categoria segundo a recepção do Espírito*. Há três grupos de modelos de mentes, no que diz respeito ao contato no que se refere à questão espiritual. Essa classificação nada tem a ver com a categoria dos mortais, quanto a terem um, dois ou três cérebros; refere-se essencialmente à química de glândulas, mais particularmente à organização de certas glândulas comparáveis aos corpos pituitários. As raças, em alguns mundos, têm uma glândula; em outros têm duas, como em Urântia; enquanto em outras esferas ainda, as raças têm três desses corpos extraordinários. A imaginação e a receptividade espiritual inerente são definitivamente influenciadas por essa dotação química diferencial.

Entre os tipos de recepção do espírito, sessenta e cinco por cento são do segundo grupo, como as raças de Urântia. Doze por cento são do primeiro tipo, naturalmente menos receptivos, enquanto vinte e três por cento têm uma inclinação espiritual maior durante a vida terrestre. Tais distinções, contudo, não continuam depois da morte natural; todas essas diferenças raciais prevalecem tão só durante a vida na carne.

4. *A categoria segundo as épocas mortais planetárias*. Essa classificação leva em conta a sucessão de dispensações temporais, no que elas afetam o status terrestre do homem e o seu recebimento da ministração celeste.

A vida é iniciada nos planetas pelos Portadores da Vida, que cuidam do seu desenvolvimento até algum tempo após o aparecimento evolucionário do homem mortal. Antes de deixarem um planeta, os Portadores da Vida instalam devidamente um Príncipe Planetário como governante do reino. Com esse governante, chega uma cota completa de auxiliares subordinados e ajudantes ministradores, e o primeiro julgamento dos vivos e dos mortos acontece simultaneamente com a sua chegada.

Com a aparição de agrupamentos humanos, esse Príncipe Planetário chega para inaugurar a civilização humana e dar mais enfoque à sociedade humana. O vosso mundo confuso não pode ser tomado como padrão das épocas primitivas do reinado do Príncipe Planetário, pois foi muito próximo do início da sua administração de Urântia que o vosso Príncipe Planetário, Caligástia, ligou-se à rebelião de Lúcifer, o Soberano do Sistema. O vosso planeta, desde então, tem seguido um curso tormentoso.

Num mundo evolucionário normal, o progresso racial atinge o seu auge biológico natural durante o regime do Príncipe Planetário e, pouco depois, o Soberano do Sistema despacha um Filho e uma Filha Materiais para aquele planeta. Esses seres importados prestam o seu serviço como elevadores biológicos; a falta que eles cometeram em Urântia complicou, ainda mais, a vossa história planetária.

Quando os progressos intelectual e ético de uma raça humana alcançam os limites do desenvolvimento evolucionário, chega um Filho Avonal do Paraíso, em uma missão magisterial; e, mais tarde, quando o status espiritual desse mundo se aproxima do seu limite de realização natural, o planeta é visitado por um Filho do Paraíso, em auto-outorga. A missão principal de um Filho auto-outorgante é estabelecer o status planetário, liberar o Espírito da Verdade para a sua função planetária e, assim, efetivar a vinda universal dos Ajustadores do Pensamento.

Com relação a isso, novamente, Urântia desviou-se: nunca houve uma missão magisterial no vosso mundo, nem o vosso Filho auto-outorgado foi da ordem Avonal; o vosso planeta desfrutou da honra insigne de tornar-se o planeta lar mortal do Filho Soberano, Michael de Nébadon.

Como resultado da ministração de todas as ordens sucessivas de filiação divina, os mundos habitados e suas raças em avanço começam a aproximar-se do ápice da evolução planetária. Tais mundos, então, tornam-se maduros para a missão culminante: a chegada dos Filhos Instrutores da Trindade. Essa época dos Filhos Instrutores é o vestibular para a idade planetária final – a utopia evolucionária –, a idade de luz e vida.

Tal classificação dos seres humanos receberá atenção especial, em um documento posterior a este.

5. *A categoria segundo o parentesco das criaturas.* Os planetas não são organizados apenas verticalmente, em sistemas, constelações e assim por diante; a administração do universo também provê os agrupamentos horizontais, de acordo com o tipo, a série e outras correlações. Essa administração horizontal do universo ocupa-se, mais particularmente, da coordenação das atividades da mesma natureza, que foram independentemente fomentadas em esferas diferentes. Essas classes relacionadas de criaturas do universo são periodicamente inspecionadas por alguns corpos compostos de altas personalidades, presididas por finalitores de longa experiência.

Esses fatores de parentesco manifestam-se em todos os níveis, pois as séries de parentesco existem tanto entre as personalidades não humanas, quanto entre as criaturas mortais – e até mesmo entre as ordens humanas e supra-humanas. Os seres inteligentes estão verticalmente relacionados em doze grandes grupos, de sete divisões maiores cada. A coordenação desses grupos de seres vivos, relacionados de um modo único, é efetuada provavelmente por alguma técnica não integralmente compreendida, do Ser Supremo.

6. *A categoria segundo o fusionamento com o Ajustador.* A classificação ou agrupamento espiritual de todos os mortais durante a sua experiência anterior ao fusionamento é totalmente determinada pela relação da personalidade, em seu status, com o Monitor Misterioso residente. Quase noventa por cento dos mundos habitados de Nébadon são povoados por mortais de fusionamento com o Ajustador; um universo próximo, contudo, possui só pouco mais do que a metade dos seus mundos, albergando seres resididos por Ajustadores e candidatos à fusão eterna.

7. *A categoria segundo as técnicas de escape terrestre.* Há fundamentalmente um único modo pelo qual a vida individual humana pode ser iniciada nos mundos habitados, que é por meio da procriação da criatura e pelo nascimento natural; mas há numerosas técnicas por meio das quais o homem escapa do seu status terrestre e ganha acesso ao caudal do movimento, no sentido interior, de seres que ascendem ao Paraíso.

6. O ESCAPE TERRESTRE

Todos os diferentes tipos físicos e séries planetárias de mortais semelhantes beneficiam-se das ministrações dos Ajustadores do Pensamento, dos anjos guardiães e das várias ordens de hostes de mensageiros do Espírito Infinito. Da mesma forma, todos eles são liberados dos liames da carne pela emancipação causada pela morte natural e, todos do mesmo modo, deste ponto, vão para os mundos moronciais de evolução espiritual e progresso da mente.

De tempos em tempos, por uma moção das autoridades planetárias, ou dos governantes do sistema, são feitas ressurreições especiais dos sobreviventes adormecidos. Tais ressurreições acontecem ao menos a cada milênio do tempo planetário, quando nem todos, mas, "muitos daqueles que dormem no pó, despertam". Essas ressurreições especiais são uma ocasião para a mobilização de grupos especiais de seres ascendentes, para o serviço específico no plano de ascensão mortal do universo local. Há tanto razões práticas quanto de associações sentimentais ligadas a tais ressurreições especiais.

Durante as idades iniciais de um mundo habitado, muitos são chamados para as esferas das mansões, nas ressurreições especiais e milenares, mas a maioria dos sobreviventes é repersonalizada durante a inauguração de uma nova dispensação, ligada à vinda de um Filho divino para o serviço planetário.

1. *Mortais da ordem dispensacional ou grupal de sobrevivência*. Com a chegada do primeiro Ajustador em um mundo habitado, os serafins guardiães também aparecem; eles são indispensáveis ao escape terrestre. Durante o período do lapso de vida, que os sobreviventes têm, enquanto adormecidos, os valores espirituais e as realidades eternas das suas almas recém-evoluídas e imortais, são guardados com sagrada confiabilidade pelos serafins guardiães pessoais ou grupais.

Os guardiães dos grupos, designados para os sobreviventes adormecidos, sempre funcionam com os Filhos dos julgamentos, quando das suas vindas ao mundo. "Ele enviará os Seus anjos, e eles reunirão, dos quatro ventos, os Seus eleitos." Junto com cada serafim que é designado para a repersonalização de um mortal adormecido, funciona o Ajustador que retornou, e este é aquele mesmo fragmento imortal do Pai que viveu nele durante os dias na carne e, assim, a identidade é restaurada e a personalidade ressuscitada. Durante o sono dos seus tutelados, esses Ajustadores que aguardavam, servem em Divínington; e nunca residem em outra mente mortal nesse ínterim.

Enquanto os mundos mais antigos de existências mortais abrigam os tipos de seres humanos mais altamente desenvolvidos e sutilmente espirituais, que são virtualmente dispensados da vida moroncial, as idades mais primevas das raças de origem animal caracterizam-se por abrigarem mortais primitivos tão imaturos que se torna impossível a fusão com os seus Ajustadores. O redespertar desses mortais é realizado pelo serafim guardião, em conjunção com uma porção individualizada do espírito imortal da Terceira Fonte e Centro.

Assim, os sobreviventes adormecidos de uma idade planetária são repersonalizados em listas de chamadas dispensacionais. Com respeito às personalidades não-salváveis de um reino, nenhum espírito imortal estará presente para operar junto com os guardiães grupais do destino; e isto constitui a cessação da existência da criatura. Ainda que alguns dos vossos registros descrevam esse acontecimento como tendo lugar nos planetas da morte na carne, isso realmente ocorre nos mundos das mansões.

2. *Mortais das ordens individuais de ascensão*. O progresso individual dos seres humanos é medido pelos sucessivos cumprimentos de etapas e travessia (ou mestria) de cada um dos sete círculos cósmicos. Esses círculos de progressão mortal são níveis aos quais estão associados valores intelectuais, sociais, espirituais e de discernimento cósmico. Começando pelo sétimo círculo, os mortais esforçam-se para alcançar o primeiro, e todos aqueles que houverem alcançado o terceiro passam imediatamente a ter anjos guardiães pessoais do destino designados para si. Esses mortais podem ser repersonalizados na vida moroncial, independentemente do juízo dispensacional ou outros juízos.

Durante as idades primitivas de um mundo evolucionário, poucos mortais vão a julgamento no terceiro dia. À medida que passam as idades, contudo, cada vez mais os guardiães pessoais do destino são designados para os mortais em avanço e, assim, em números crescentes tais criaturas em evolução são repersonalizadas no primeiro mundo das mansões, ao terceiro dia depois da morte natural. Em tais ocasiões, o retorno do Ajustador assinala o despertar da alma humana e isto é a repersonalização dos mortos, e o é tão literalmente como quando é feita a chamada em massa, no fim de uma dispensação, nos mundos evolucionários.

Há três grupos de seres ascendentes individuais: os menos avançados aterrissam no mundo inicial das mansões, ou seja, no primeiro. O grupo dos mais avançados pode iniciar a carreira moroncial em qualquer dos mundos intermediários das mansões, segundo a progressão planetária prévia. E os mais avançados ainda, dessas ordens, realmente começam a sua experiência moroncial no sétimo mundo das mansões.

3. *Mortais das ordens cuja ascensão depende de um período probatório*. A chegada de um Ajustador constitui a identidade, aos olhos do universo, e todos os seres resididos estão nas listas de chamadas da justiça. A vida temporal nos mundos evolucionários, contudo, é incerta, e muitos morrem na juventude bem antes de haverem escolhido a carreira do Paraíso. Tais crianças e jovens, resididos por Ajustadores, seguem aquele dentre os seus pais que tiver o status de carreira espiritual mais avançado, indo assim para o mundo dos finalitores do sistema (o berçário probatório) ao terceiro dia, em uma ressurreição especial, ou quando ocorrer a chamada regular do milênio ou, ainda, a da lista dispensacional.

As crianças que morrem novas demais para terem Ajustadores do Pensamento são repersonalizadas no mundo dos finalitores do sistema local concomitantemente com a chegada de um dos seus progenitores nos mundos das mansões. Uma criança adquire entidade física com o nascimento mortal, mas, em matéria de sobrevivência, todas as crianças sem Ajustadores são consideradas como ainda ligadas aos seus pais.

No devido tempo, os Ajustadores do Pensamento vêm para residir nesses pequenos, enquanto a ministração seráfica, para ambos os grupos probatórios de ordens de dependentes sobreviventes é, em geral, semelhante àquela do progenitor mais avançado, ou é equivalente àquela do único dos progenitores, caso apenas um deles sobreviva. Para aqueles que alcançaram o terceiro círculo, independentemente do status dos seus progenitores, são concedidos guardiães pessoais.

Berçários probatórios semelhantes são mantidos nas esferas dos finalitores, na constelação e na sede-central do universo, para as crianças sem Ajustadores das ordens primárias e secundárias modificadas de ascendentes.

4. *Mortais das ordens secundárias modificadas de ascensão*. Estes são os seres humanos progressivos dos mundos evolucionários intermediários. Via de regra, não são imunes à morte natural mas ficam isentos de passar pelos sete mundos das mansões.

O grupo menos perfeccionado redesperta nas sedes-centrais dos seus sistemas locais, passando ao largo apenas dos mundos das mansões. O grupo intermediário vai para os mundos de aperfeiçoamento da constelação; eles passam ao largo de todo o regime moroncial do sistema local. Mais adiante, ainda, nas idades planetárias de esforço espiritual, muitos sobreviventes despertam nas sedes-centrais das constelações e, dali, começam a sua ascensão ao Paraíso.

Antes, porém, de que qualquer ser desses grupos possa prosseguir, os seus integrantes devem regressar como instrutores aos mundos pelos quais não passaram, adquirindo assim muitas experiências como instrutores nos reinos pelos quais passarão como estudantes. Subseqüentemente, todos continuam até o Paraíso, pelos caminhos ordenados de progressão mortal.

5. *Mortais da ordem primária modificada de ascensão*. Esses mortais pertencem ao tipo de vida evolucionária que se fusiona ao Ajustador, mas são representativos,

mais freqüentemente, das fases finais do desenvolvimento humano em um mundo em evolução. Esses seres glorificados ficam isentos de passar pelos portais da morte; são submetidos à custódia do Filho; e são transladados de entre os vivos, aparecendo imediatamente na presença do Filho Soberano, na sede-central do universo local.

Esses são os mortais que se fusionam aos seus Ajustadores durante a vida mortal, e essas personalidades fusionadas aos Ajustadores atravessam o espaço livremente, antes de serem vestidos com as formas moronciais. Tais almas fusionadas, em um trânsito direto com o Ajustador, vão até as salas de ressurreição das elevadas esferas moronciais, onde recebem a sua investidura moroncial inicial, exatamente como todos os outros mortais que chegam dos mundos evolucionários.

Essa ordem primária modificada de ascensão mortal pode abranger indivíduos em qualquer das categorias planetárias, desde os estágios mais baixos aos mais elevados dos mundos de fusão com os Ajustadores, mas funciona mais freqüentemente nas esferas mais antigas, depois que estas hajam recebido os benefícios das numerosas permanências dos Filhos divinos.

Com o estabelecimento da era planetária de luz e vida, muitos vão para os mundos moronciais do universo por meio da ordem primária modificada de translado. Mais tarde, ao longo dos estágios mais avançados da existência estabelecida, quando a maioria dos mortais que deixam um reino é abrangida nessa classe, o planeta é considerado como pertencendo a essa série. A morte natural torna-se cada vez menos freqüente nessas esferas há muito estabelecidas em luz e vida.

[Apresentado por um Melquisedeque da Escola de Administração Planetária de Jerusém.]

DOCUMENTO 50

OS PRÍNCIPES PLANETÁRIOS

EMBORA pertençam à ordem dos Filhos Lanonandeques, os Príncipes Planetários prestam um serviço tão especializado que são considerados comumente como um grupo distinto. Depois de haverem sido confirmados pelos Melquisedeques como Lanonandeques secundários, esses Filhos do universo local são designados para as reservas da ordem nas sedes-centrais da constelação. Daí são designados para vários deveres pelo Soberano do Sistema, finalmente sendo comissionados como Príncipes Planetários e enviados para governar os mundos habitados em evolução.

O sinal para que o Soberano do Sistema proceda na questão da designação de um governante, a um determinado planeta, é a recepção de um pedido dos Portadores da Vida para que despache um dirigente administrativo com o fito de funcionar naquele planeta onde eles estabeleceram a vida e desenvolveram seres inteligentes evolucionários. Todos os planetas habitados por criaturas mortais evolucionárias têm um governante planetário, dessa ordem de filiação, designado para eles.

1. A MISSÃO DOS PRÍNCIPES

O Príncipe Planetário e os seus irmãos assistentes representam a forma personalizada por meio da qual o Filho Eterno do Paraíso pode aproximar-se, o mais perto possível (encarnação à parte), das criaturas inferiores do tempo e do espaço. É bem verdade que o Filho Criador alcança as criaturas dos reinos por intermédio do seu espírito, todavia, o Príncipe Planetário é a última das ordens de Filhos pessoais, que se estende desde o Paraíso até os filhos dos homens. O Espírito Infinito chega até bem próximo dos filhos dos homens, nas pessoas dos guardiães do destino e outros seres angélicos; o Pai Universal vive no homem por meio da presença pré-pessoal dos Monitores Misteriosos; mas o Príncipe Planetário representa o último esforço do Filho Eterno, e dos seus Filhos, para aproximar-se de vós. Num mundo recém-habitado, o Príncipe Planetário é o único representante da divindade completa, originário do Filho Criador (que é uma progênie direta do Pai Universal e do Filho Eterno) e da Ministra Divina (a Filha, no universo, do Espírito Infinito).

O príncipe de um mundo recém-habitado é cercado de um corpo de ajudantes leais e de assistentes, bem como de um número grande de espíritos ministradores. Contudo, o corpo diretor desses novos mundos deve ser composto das ordens mais baixas dos administradores de um sistema, a fim de que seja inatamente compassivo e compreensivo para com os problemas e as dificuldades do planeta. E todo esse esforço de prover um governo compassivo para os mundos evolucionários envolve um risco crescente de que essas personalidades quase humanas possam ser desviadas da vontade dos Governantes Supremos, quando em uma exaltação das suas próprias mentes,.

Pelo fato de estarem completamente sós, como representantes da divindade, nos planetas individuais, esses Filhos são severamente testados; mas Nébadon tem sofrido os infortúnios de várias rebeliões. Na criação dos Soberanos dos Sistemas e

Príncipes Planetários, ocorre a personalização de um conceito que já se afastou em muito do Pai Universal e do Filho Eterno; e, assim, há o perigo crescente da perda do sentido de proporção, quanto à auto-importância; e isso gera uma possibilidade maior de fracasso ao manter um controle adequado dos valores e relações entre as inúmeras ordens de seres divinos e as suas gradações de autoridade. O fato de que o Pai não esteja pessoalmente presente nos universos locais também impõe, a todos esses Filhos, uma certa provação de fé e de lealdade.

Não é freqüente, todavia, que tais príncipes dos mundos falhem nas suas missões de organizar e administrar as esferas habitadas; e o êxito deles facilita em muito as missões subseqüentes, dos Filhos Materiais, que vêm para imprimir, nos homens primitivos dos mundos, as formas mais elevadas de vida da criatura. O governo deles também realiza muito para preparar os planetas para os Filhos de Deus do Paraíso, os quais, subseqüentemente, vêm com o fito de julgar os mundos e inaugurar as dispensações sucessivas.

2. ADMINISTRAÇÃO PLANETÁRIA

Todos os Príncipes Planetários estão sob a jurisdição administrativa universal de Gabriel, o comandante executivo de Michael, ao passo que, quanto à autoridade imediata, ficam submetidos aos mandados executivos dos Soberanos dos Sistemas.

A qualquer momento, os Príncipes Planetários podem buscar o conselho dos Melquisedeques, antigos instrutores e padrinhos seus, mas eles não são arbitrariamente levados a solicitar essa assistência e, se essa ajuda não é voluntariamente requisitada, os Melquisedeques não interferem na administração planetária. Esses governantes dos mundos também podem se valer dos conselhos dos quatro-e-vinte conselheiros, reunidos de mundos de auto-outorga no sistema. Em Satânia, todos esses conselheiros são, no momento, nativos de Urântia. E há um conselho análogo, dos setenta, na sede-central da constelação, também selecionado entre os seres evolucionários dos reinos.

O governo dos planetas evolucionários, nas suas carreiras iniciais ainda não estabelecidas, é amplamente autocrático. Os Príncipes Planetários organizam os seus grupos especializados de assistentes, escolhendo-os entre os corpos de ajudantes planetários. E cercam-se geralmente de um conselho supremo de doze membros, selecionado de modos variados e diversamente constituído nos diferentes mundos. Um Príncipe Planetário pode também ter, como assistentes, um ou mais da terceira ordem do seu próprio grupo de filiação e, algumas vezes em certos mundos, pode ter um da sua própria ordem, um Lanonandeque secundário, como adjunto.

Todo o corpo de assessores do governante de um mundo consiste em personalidades do Espírito Infinito, em certos tipos de seres evoluídos mais elevados e mortais ascendentes de outros mundos. Esse corpo de assessores tem, em média, cerca de mil personalidades, mas, à medida que o planeta progride, esse corpo de colaboradores pode ser aumentado, chegando até a cem mil e mesmo mais. A qualquer momento que seja sentida a necessidade de mais colaboradores, os Príncipes Planetários têm apenas de requisitar aos seus irmãos, os Soberanos dos Sistemas, e a petição é atendida imediatamente.

Os planetas variam muito quanto à natureza, organização e administração, mas todos são providos de tribunais de justiça. O sistema judicial do universo local tem os seus começos nos tribunais de um Príncipe Planetário, presidido por um membro da sua assessoria pessoal; os decretos dessas cortes refletem uma atitude altamente paternal e prudente. Todos os problemas que envolvem algo além do regulamentado, para os habitantes do planeta, ficam sujeitos à apelação aos tribunais mais altos, mas os assuntos do domínio do seu mundo são amplamente ajustados em consonância com a discriminação pessoal do príncipe.

As comissões itinerantes de conciliadores servem aos tribunais planetários e suplementam-nos, e tanto os controladores espirituais quanto os físicos estão sujeitos aos ditames desses conciliadores, mas nenhuma execução arbitrária é feita, jamais, sem o consentimento do Pai da Constelação, pois os "Altíssimos governam nos reinos dos homens".

Os controladores e os transformadores designados para os planetas estão também capacitados para colaborar com os anjos e as outras ordens de seres celestes, tornando essas personalidades visíveis para as criaturas mortais. Em ocasiões especiais, os ajudantes seráficos e até mesmo os Melquisedeques podem tornar a si próprios visíveis para os habitantes dos mundos evolucionários. A razão principal para trazer seres ascendentes mortais da capital do sistema, como parte do corpo de assessores do Príncipe Planetário, é facilitar a comunicação com os habitantes do reino.

3. OS ASSESSORES CORPÓREOS DO PRÍNCIPE

Em geral, quando vai para um mundo jovem, um Príncipe Planetário leva consigo, da sede-central do sistema, um grupo de seres ascendentes voluntários. Esses seres ascendentes acompanham o príncipe, como conselheiros e colaboradores, no trabalho inicial de melhoramento da raça. Esse corpo de ajudantes materiais constitui o elo de ligação entre o príncipe e as raças do mundo. Caligástia, o Príncipe de Urântia, dispunha de um corpo de cem desses colaboradores.

Esses assistentes voluntários são cidadãos da capital de um sistema, sendo que nenhum deles fusionou-se ainda ao seu Ajustador residente. Os Ajustadores desses servidores voluntários permanecem no seu status de residentes na sede-central do sistema, enquanto os progressores moronciais regressam temporariamente a um estado material anterior.

Os Portadores da Vida, arquitetos da forma, dotam esses voluntários de novos corpos físicos, os quais eles ocupam pelo período da sua permanência planetária. Essas formas de personalidade, ainda que isentas das doenças comuns dos reinos, são como os corpos moronciais iniciais, ainda sujeitos a alguns acidentes de natureza mecânica.

A assessoria corporificada do príncipe, via de regra, é retirada do planeta quando do julgamento seguinte, na época da chegada do segundo Filho à esfera. Antes de partir, costumeiramente, eles designam, para as suas várias tarefas, as suas progênies mútuas e alguns voluntários nativos superiores. Nos mundos em que a esses colaboradores do príncipe é permitido acasalarem-se com os grupos superiores das raças nativas, as suas progênies usualmente sucedem a eles.

Esses assistentes do Príncipe Planetário raramente acasalam-se com as raças do mundo, sempre se acasalam entre si. Duas classes de seres resultam dessas uniões: o tipo primário de criaturas intermediárias e alguns tipos elevados de seres materiais, que permanecem agregados ao corpo de assessores do príncipe depois que os seus progenitores são retirados do planeta, na época da chegada de Adão e Eva. Esses filhos não se acasalam com as raças mortais, à exceção dos casos de certas emergências e apenas por um mandado do Príncipe Planetário. Num caso assim, os seus filhos – os netos da assessoria corpórea – têm o mesmo status das raças superiores da sua época e geração. Toda a progênie desses assistentes semimateriais do Príncipe Planetário é de seres resididos por Ajustadores.

Ao fim da dispensação do príncipe, quando chega o momento em que essa "assessoria de reversão" deve retornar à sede-central do sistema, para reassumir sua carreira ao Paraíso, esses seres ascendentes apresentam-se aos Portadores da Vida com o propósito de entregar os seus corpos materiais. Eles entram no sono de transição e despertam livres das suas vestimentas mortais e envoltos nas suas formas moronciais, prontos para o transporte seráfico que os devolverá à capital do sistema, onde os seus Ajustadores, separados deles, os aguardam. Eles ficam atrasados, uma dispensação inteira, em relação à sua classe de Jerusém, mas ganham uma experiência única e extraordinária, um capítulo raro na carreira de um mortal ascendente.

4. AS SEDES CENTRAIS E AS ESCOLAS PLANETÁRIAS

A assessoria corpórea do príncipe organiza, muito cedo, as escolas planetárias de aperfeiçoamento e cultura, onde o melhor das raças evolucionárias é instruído e, então, enviado para ensinar ao seu povo o que de melhor aprenderam. Essas escolas do príncipe estão localizadas na sede-central material do planeta.

Grande parte do trabalho no mundo físico, ligada ao estabelecimento dessa cidade sede-central é realizada pela assessoria corpórea. Essas cidades sedes-centrais, ou colônias, dos primeiros tempos do Príncipe Planetário, são muito diferentes daquilo que um mortal de Urântia poderia imaginar. São simples, em comparação às das idades posteriores, sendo caracterizadas por ornamentações minerais e por construções materiais relativamente avançadas. E tudo isso contrasta com o regime Adâmico, centrado em volta de um jardim sede-central, onde é realizado o trabalho Adâmico, para o bem das raças durante a segunda dispensação dos Filhos do universo.

Na colônia sede-central, no vosso mundo, cada habitação humana era abundantemente provida de terras. Embora as tribos mais primitivas continuassem caçando e saqueando, em busca de alimentos, os estudantes e os instrutores, nas escolas do Príncipe, eram todos agricultores e horticultores. O tempo era dividido igualmente entre as seguintes tarefas:

1. *O trabalho físico*. O cultivo do solo, associado à construção de casas e ornamentações.

2. *As atividades sociais*. As representações teatrais e as reuniões socioculturais.

3. *As aplicações educativas*. A instrução individual ligada ao ensino grupal familiar, suplementado por classes de aperfeiçoamento especializado.

4. *O aperfeiçoamento vocacional*. As escolas de casamento e tarefas do lar, escolas de arte e aperfeiçoamento artesanal; e as classes para o aperfeiçoamento de instrutores – seculares, culturais e religiosos.

5. *A cultura espiritual*. A irmandade dos instrutores, o esclarecimento da infância e de grupos de jovens, e o aperfeiçoamento de crianças nativas adotadas como missionárias para o seu povo.

Um Príncipe Planetário não é visível para os seres mortais; é um teste de fé acreditar que ele possa estar representado pelos seres semimateriais do seu corpo de assessores. Entretanto, essas escolas de cultura e aperfeiçoamento são bem adaptadas às necessidades de cada planeta; e logo se desenvolve uma rivalidade aguda, mas louvável, entre as raças dos homens nos esforços de conquistar a admissão nessas várias instituições de aprendizado.

Desses centros mundiais de cultura e realizações, gradualmente, é irradiada uma influência elevadora e civilizadora a todos os povos, que, gradativa, mas seguramente, transforma as raças evolucionárias. Nesse meio tempo os filhos educados e espiritualizados dos povos das proximidades, que foram adotados e treinados pelas escolas do príncipe, retornam aos seus grupos nativos e dentro do melhor das suas capacidades estabelecem ali novos centros poderosos de ensino e cultura, que são levados adiante de acordo com o plano das escolas do príncipe.

Em Urântia, esses planos para o progresso planetário e avanço cultural estavam encaminhando-se bem, e avançando muito satisfatoriamente, até que Caligástia aderisse à rebelião de Lúcifer; e tudo que estava sendo empreendido teve um fim precipitado e inglório.

Um dos episódios mais profundamente chocantes dessa rebelião, para mim, foi tomar conhecimento da dura perfídia de um ser da minha própria ordem de filiação, Caligástia, que deliberadamente e com uma malícia calculada, desvirtuou sistematicamente as instruções e envenenou os ensinamentos dados em todas as escolas planetárias de Urântia em funcionamento naquela época. O naufrágio dessas escolas foi rápido e completo.

Muitos, da progênie dos seres ascendentes do corpo materializado de assessores do Príncipe, permanecendo leais, desertaram das fileiras de Caligástia. Esses seres leais foram encorajados pelos administradores Melquisedeques provisórios de Urântia e, em tempos posteriores, os seus descendentes fizeram muito para sustentar os conceitos planetários da verdade e retidão. O trabalho desses evangelistas leais ajudou a impedir a obliteração total da verdade espiritual em Urântia. Essas almas corajosas e seus descendentes mantiveram vivo um pouco do conhecimento da lei do Pai e preservaram, para as raças do mundo, o conceito das dispensações planetárias sucessivas das várias ordens de Filhos divinos.

5. A CIVILIZAÇÃO PROGRESSIVA

Os príncipes leais dos mundos habitados ficam permanentemente agregados aos planetas para os quais foram designados originalmente. Os Filhos do Paraíso e as suas dispensações podem ir e vir, mas um Príncipe Planetário que tenha tido êxito continua sempre como governante do seu reino. O seu trabalho é inteiramente independente das missões dos Filhos mais elevados, pois é destinado a fomentar o desenvolvimento da civilização planetária.

O progresso da civilização nunca é semelhante em dois planetas distintos. Os detalhes do desenrolar da evolução mortal são muito diferentes nos inúmeros mundos dessemelhantes. Apesar das muitas diferenças dos desenvolvimentos planetários, nos domínios físico, intelectual e social, todas as esferas evolucionárias progridem em certas direções bem definidas.

Sob o governo benigno de um Príncipe Planetário, intensificado pela presença dos Filhos Materiais e marcado pelas missões periódicas dos Filhos do Paraíso, as raças mortais, em um mundo do tempo e do espaço dentro da carreira normal, passarão sucessivamente pelas sete épocas seguintes de desenvolvimento:

1. *A época da nutrição*. As criaturas pré-humanas e as raças iniciais do homem primitivo ocupam-se principalmente com os problemas da nutrição. Esses seres em evolução passam o tempo em que estão despertos à procura de alimento ou em combates, ofensiva ou defensivamente. A busca da comida é fundamental nas mentes desses ancestrais primitivos da civilização subseqüente.

2. *A idade da segurança*. Tão logo possa ter algum tempo de sobra, entre os períodos de procura de alimento, o caçador primitivo usa desse lazer para aumentar a sua segurança. E uma atenção cada vez maior é dedicada à técnica da guerra. Os lares são fortificados e os clãs solidificam-se em conseqüência do medo

mútuo e com a inculcação de ódio aos grupos estranhos. A autopreservação é uma meta que vem sempre em seguida à da automanutenção.

3. *A era do conforto material.* Depois que os problemas da alimentação hajam sido parcialmente resolvidos e algum nível de segurança houver sido alcançado, o tempo de lazer adicional é utilizado para promover o conforto pessoal. O luxo, ocupando o centro do palco das atividades humanas, passa a rivalizar-se com a simples necessidade. Essa idade é muito freqüentemente caracterizada pela tirania, intolerância, glutonaria e bebedeira. Os elementos mais fracos das raças têm uma inclinação para os excessos e a brutalidade. Gradativamente tais seres debilitam-se na busca do prazer e são subjugados pelos elementos mais fortes e amantes da verdade na civilização em avanço.

4. *A busca de conhecimento e sabedoria.* O alimento, a segurança, o prazer e o lazer fornecem a base para o desenvolvimento da cultura e a disseminação do conhecimento. O esforço para colocar em prática o conhecimento resulta em sabedoria e, quando houver aprendido como tirar proveito da experiência e assim aprimorar-se, uma cultura terá realmente atingido a época de civilização. O alimento, a segurança e o conforto material ainda dominam a sociedade; mas muitos indivíduos de visão mais ampla têm fome de conhecimento e sede de sabedoria. Cada criança terá a oportunidade de aprender praticando; a educação é a palavra de ordem dessas idades.

5. *A época da filosofia e da fraternidade.* Quando os mortais aprendem a pensar e começam a tirar proveito da experiência, tornam-se filosóficos – e começam a raciocinar por si próprios e exercer o juízo do discernimento. A sociedade, nessa idade, torna-se ética; e os mortais dessa época estão realmente transformando-se em seres morais. E seres morais sábios são capazes de estabelecer uma irmandade entre os homens, em um mundo que progride desse modo. Os seres morais e éticos podem aprender a viver segundo a regra de ouro.

6. *A idade das batalhas espirituais.* Quando os mortais em evolução houverem passado pelos estágios do desenvolvimento físico, intelectual e social, atingem, mais cedo ou mais tarde, aquele nível de visão interior pessoal que os impele a buscar a satisfação espiritual e o entendimento cósmico. A religião faz por completar a elevação, desde os domínios emocionais do medo e da superstição, aos níveis elevados de sabedoria cósmica e experiência espiritual pessoal. A educação leva à aspiração de alcançar os significados, e a cultura apreende as relações cósmicas e os valores verdadeiros. Tais mortais em evolução são genuinamente cultos, verdadeiramente educados e primorosamente conhecedores de Deus.

7. *A era de luz e vida.* Este é o florescimento das eras sucessivas, de segurança física, expansão intelectual, cultura social e realização espiritual. Essas realizações humanas são agora combinadas, associadas e coordenadas em unidade cósmica e para o serviço não-egoísta. Dentro das limitações da natureza finita e dos dons materiais, não há fronteiras estabelecidas para o alcance das possibilidades da realização evolucionária das gerações em avanço, que vivem sucessivamente nesses mundos supernos e estabelecidos do tempo e do espaço.

Depois de servirem às suas esferas, nas sucessivas dispensações da história do mundo e das épocas progressivas de avanço planetário, os Príncipes Planetários são elevados à posição de Soberanos Planetários, quando da inauguração da era de luz e vida.

6. A CULTURA PLANETÁRIA

O isolamento de Urântia torna impossível fazer uma apresentação dos muitos detalhes da vida e ambiente dos vossos vizinhos de Satânia. Nestas apresentações estamos limitados pela quarentena planetária e pelo isolamento do sistema. Devemos ser guiados por essas restrições, nos nossos esforços para esclarecer os mortais de Urântia. Dentro do que foi permitido, porém, vós fostes instruídos sobre a seqüência do progresso de um mundo evolucionário comum, e estais capacitados a estabelecer comparações entre a carreira de um mundo assim e a condição atual de Urântia.

O desenvolvimento da civilização de Urântia não diferiu tanto do de outros mundos que suportaram o infortúnio do isolamento espiritual. Contudo, quando comparado aos mundos leais do universo, o vosso planeta parece muito confuso e grandemente retardado em todas as fases do progresso intelectual e das realizações de alcance espiritual.

Como conseqüência das infelicitações planetárias, os urantianos ficaram impedidos de compreender mais sobre a cultura dos mundos normais. Mas não deveríeis considerar os mundos evolucionários, mesmo os mais ideais, como esferas em que a vida seja um mar de rosas e de facilidades. A vida inicial das raças mortais é sempre acompanhada de lutas. O esforço e a determinação são parte essencial na conquista dos valores da sobrevivência.

A cultura pressupõe qualidade de mente; a cultura não pode ser enfatizada, a menos que a mente seja elevada. O intelecto superior buscará uma cultura nobre e encontrará algum modo de alcançar essa meta. As mentes inferiores irão desprezar a cultura mais elevada, mesmo que esta lhes seja apresentada já pronta. Muito, também, depende das missões sucessivas dos Filhos divinos e da medida pela qual o esclarecimento é recebido nessas idades das suas respectivas dispensações.

Não deveríeis esquecer-vos de que, por duzentos mil anos, todos os mundos de Satânia têm permanecido banidos espiritualmente de Norlatiadeque, em conseqüência da rebelião de Lúcifer. E serão necessárias idades e mais idades, para que haja uma correção nas limitações resultantes do pecado e da secessão. O vosso mundo ainda continua seguindo uma carreira irregular e cheia de vicissitudes por causa de uma dupla tragédia: a rebelião de um Príncipe Planetário, e a falta dos seus Filhos Materiais. Mesmo a auto-outorga de Cristo Michael em Urântia, de imediato, não eliminou as conseqüências temporais dos erros tão sérios cometidos pela administração anterior deste mundo.

7. AS RECOMPENSAS DO ISOLAMENTO

À primeira vista, poderia parecer que Urântia e os mundos isolados semelhantes sejam por demais desafortunados por haverem sido privados da influência e presença benéficas de personalidades supra-humanas, tais como um Príncipe Planetário, um Filho e uma Filha Materiais. Entretanto, o isolamento dessas esferas proporciona às suas raças uma oportunidade única para o exercício da fé e o desenvolvimento de uma qualidade especial de confiabilidade cósmica: uma convicção que não depende da vista nem de qualquer outro aspecto material. Pode ser que isso, finalmente, acarrete o resultado de que as criaturas mortais provenientes dos mundos em quarentena, em conseqüência da rebelião, sejam extremamente afortunadas. Descobrimos que a tais seres ascendentes, muito cedo, são confiadas inúmeras missões especiais de empreendimentos cósmicos, para a realização das quais uma fé inquestionável e uma confiança sublime sejam essenciais.

Em Jerusém, os seres ascendentes desses mundos isolados ocupam um setor residencial deles próprios e são conhecidos como *agondonteiros*; esta palavra significando criaturas evolucionárias de vontade que podem acreditar sem ver, que perseveram quando isoladas e que triunfam sobre dificuldades insuperáveis, até mesmo quando isoladas em solidão. Esse agrupamento funcional de agondonteiros perdura em toda a ascensão do universo local e na travessia do superuniverso; desaparece durante a permanência em Havona, mas reaparece prontamente quando do alcançar do Paraíso e perdura, em definitivo, com os Corpos Mortais de Finalidade. Tabamântia é um *agondonteiro* com status de finalitor, havendo sobrevivido de uma das esferas em quarentena envolvidas na primeira rebelião que aconteceu nos universos do tempo e do espaço.

Durante toda a carreira até o Paraíso, um esforço é seguido da recompensa, exatamente como o resultado se segue às causas. Tais recompensas distinguem o indivíduo da média, estabelecem um diferencial entre as experiências das criaturas e contribuem para a versatilidade da sua atuação última no corpo coletivo dos finalitores.

[Apresentado por um Filho Lanonandeque Secundário do Corpo de Reserva.]

DOCUMENTO 51

OS ADÃOS PLANETÁRIOS

DURANTE a dispensação de um Príncipe Planetário, o homem primitivo alcança o limite do desenvolvimento evolucionário natural; e tal realização biológica é o sinal para que o Soberano do Sistema despache, para o mundo em questão, a segunda ordem de filiação, a dos elevadores biológicos. Esses Filhos, pois há dois deles – o Filho e a Filha Materiais –, são geralmente conhecidos em um planeta como Adão e Eva. O Filho Material original de Satânia é Adão, e aqueles que vão para os mundos dos sistemas como elevadores biológicos sempre levam o nome desse Filho original, o primeiro da sua ordem única.

Esses Filhos são uma dádiva material do Filho Criador aos mundos habitados. Junto com o Príncipe Planetário, eles permanecem no seu planeta de atribuição durante todo o curso evolucionário de tais esferas. A aventura, em um mundo que tem um Príncipe Planetário, não é muito arriscada, mas em um planeta apóstata, que é um reino sem um governante espiritual e privado de comunicação interplanetária, tal missão torna-se cheia de perigos graves.

Embora não possais esperar conhecer tudo sobre o trabalho desses Filhos, em todos os mundos de Satânia e de outros sistemas, outros documentos retratam mais totalmente a vida e as experiências desse interessante par, Adão e Eva, que veio do corpo dos elevadores biológicos de Jerusém para elevar as raças de Urântia. Embora tenha havido uma falha nos planos ideais de melhorar as vossas raças nativas, ainda assim, a missão de Adão não foi em vão; Urântia beneficiou-se imensamente da dádiva de Adão e Eva e, perante os companheiros deles e para os conselhos do alto, o trabalho deles não é considerado uma perda total.

1. A ORIGEM E A NATUREZA DOS FILHOS MATERIAIS DE DEUS

Os Filhos e as Filhas materiais, ou sexuados, são uma progênie do Filho Criador; o Espírito Materno do Universo não participa da produção desses seres que estão destinados a funcionar como elevadores físicos nos mundos evolucionários.

As ordens materiais de filiação não são uniformes no universo local. O Filho Criador produz apenas um par desses seres, em cada sistema local; esses pares originais são diferentes pela sua natureza, pois estão sintonizados com o modelo da vida dos seus respectivos sistemas. Essa é uma medida necessária, pois, de outro modo, o potencial reprodutivo dos Adãos não seria funcional junto com aquele dos seres mortais em evolução dos mundos de qualquer sistema particular. O Adão e a Eva que vieram para Urântia descendiam do par original de Filhos Materiais de Satânia.

Os Filhos Materiais têm uma altura que varia de dois metros e meio a três metros, e os seus corpos brilham com um halo de luz radiante de tonalidade violeta. Embora o sangue material circule nos seus corpos materiais, eles estão também sobrecarregados de energia divina e luz celeste. Esses Filhos Materiais (os Adãos) e as Filhas Materiais (as Evas) são iguais, um ao outro, diferindo apenas na sua natureza reprodutiva e por alguns dons químicos. Eles são iguais, ainda que diferenciados pelo masculino e o feminino – sendo, portanto, complementares –, e são projetados para servir aos pares, em quase todos os seus compromissos.

Os Filhos Materiais desfrutam de uma nutrição dual; são realmente duais por natureza e constituição, compartilhando da energia materializada, de modo seme-lhante ao dos seres físicos do reino, enquanto a sua existência imortal é totalmente mantida pela ingestão direta e automática de certas energias cósmicas de sustento. Caso falhe em alguma missão para a qual esteja designada, ou, mesmo, caso se rebele consciente e deliberadamente, essa ordem de Filhos fica isolada, cortada da conexão com a fonte de luz e vida do universo. E a partir daí tornam-se seres prati-camente materiais, destinados a levar a vida no seu curso material, no mundo da sua designação; passando a ser obrigados a apresentar-se aos magistrados do universo, para o juízo. A morte material encerrará, finalmente, a carreira planetária de tal infortunado e pouco sábio Filho ou Filha Material.

O Adão e a Eva, do par original diretamente criado, são imortais por dom ine-rente, exatamente como o são todas as outras ordens de filiação do universo local, mas uma diminuição do potencial de imortalidade caracteriza os filhos e filhas deles. Esse casal original não pode transmitir a imortalidade incondicional aos seus filhos e filhas de procriação. A sua progênie é dependente, para a continuação da vida, de uma sincronia intelectual ininterrupta com o circuito gravitacional da mente do Espírito. Desde o início, no sistema de Satânia, treze Adãos Planetários perderam-se em rebeliões e no erro; e 681 204 deles, em posições subordinadas de confiança. A maioria dessas faltas ocorreu na época da rebelião de Lúcifer.

Enquanto vivem como cidadãos permanentes nas capitais dos sistemas e mesmo funcionando em missões descendentes nos planetas evolucionários, os Filhos Materiais não possuem Ajustadores do Pensamento; mas é por meio desses mes-mos serviços que eles adquirem a capacidade experiencial para a residência do Ajustador e para a carreira de ascensão ao Paraíso. Esses seres únicos e maravilho-samente úteis são elos de conexão entre o mundo espiritual e o mundo físico. Eles concentram-se nas sedes-centrais dos sistemas, onde se reproduzem e conduzem a vida como cidadãos materiais do reino, e de onde são despachados para os mundos evolucionários.

Diferentemente de outras ordens de Filhos criadas para o serviço planetário, a ordem material de filiação não é, por natureza, invisível para as criaturas materiais como os habitantes de Urântia. Esses Filhos de Deus podem ser vistos, compre-endidos e, por sua vez, podem se intermesclar de fato com as criaturas do tempo; poderiam até mesmo procriar junto com eles, embora esse papel de elevação bioló-gica fique em geral entregue à progênie de tais Adãos Planetários.

Em Jerusém, os filhos leais de qualquer Adão e Eva são imortais, mas a progênie de um Filho e uma Filha Material, procriada depois da sua chegada em um planeta evolucionário, não é assim imune à morte natural. Ocorre uma mudança no me-canismo de transmissão da vida, quando esses Filhos são rematerializados para as funções reprodutivas em um mundo evolucionário. Os Portadores da Vida privam, propositadamente, os Adãos e as Evas Planetários do poder de conceber filhos e filhas imortais. Se não caírem em falta, um Adão e uma Eva, em uma missão pla-netária, podem viver indefinidamente; mas, dentro de certos limites, os filhos deles experienciam uma longevidade que decresce, de geração para geração.

2. O TRÂNSITO DOS ADÃOS PLANETÁRIOS

Ao receber a notícia de que mais um mundo habitado haja alcançado o momento certo para a evolução física, o Soberano do Sistema reúne o corpo de Filhos e Filhas Materiais na capital do sistema; e, depois da discussão sobre as necessidades deste mundo evolucionário, dois, do grupo de voluntários – um Adão e uma Eva do corpo sênior de Filhos Materiais – são escolhidos para empreender a aventura, submetendo-se ao profundo sono preparatório com o fito de serem enserafinados e transportados, desde o seu lar de serviço solidário até o novo reino de novas oportunidades e perigos novos.

Os Adãos e as Evas são criaturas semimateriais e, como tais, não são transportáveis pelos serafins. Antes, eles devem submeter-se à desmaterialização na capital do sistema com o fito de poderem ser enserafinados no transporte até o mundo da sua designação. Os serafins de transporte são capazes de efetuar tais alterações nos Filhos Materiais e em outros seres semimateriais, para capacitá-los a ser enserafinados e, assim, transportados no espaço, de um mundo ou sistema para outro. Cerca de três dias do tempo-padrão são consumidos nesse preparo para o transporte, e é necessária a cooperação de um Portador da Vida para devolver tal criatura desmaterializada à existência normal, quando o transporte seráfico chega ao destino.

Ainda que exista essa técnica de desmaterialização, de preparo dos Adãos para o trânsito de Jerusém até os mundos evolucionários, não há nenhum método equivalente para tirá-los desses mundos, a menos que todo o planeta esteja para ser esvaziado, evento para o qual é efetuada uma instalação de emergência, provido da técnica da desmaterialização, a qual pode abranger toda a população salvável. Caso alguma catástrofe física tornasse condenada a residência em um planeta de uma raça em evolução, os Melquisedeques e os Portadores da Vida instalariam a técnica da desmaterialização para todos os sobreviventes e, por meio do transporte seráfico, esses seres seriam levados para o novo mundo preparado para a continuação da sua existência. A evolução de uma raça humana, uma vez iniciada em um mundo do espaço, deve prosseguir de modo totalmente independente da sobrevivência física daquele planeta; mas, durante as idades evolucionárias, não é de se considerar que um Adão e uma Eva Planetários deixem o mundo da sua escolha.

Quando da sua chegada ao destino planetário, o Filho e a Filha Materiais são rematerializados sob a direção dos Portadores da Vida. Todo esse processo leva de dez a vinte e oito dias, do tempo de Urântia. A inconsciência do sono seráfico continua durante todo esse período de reconstrução. Quando a reconstituição do organismo físico se completa, esses Filhos e Filhas Materiais encontram-se prontos, nos seus novos lares e seus novos mundos, para todos os intentos e propósitos, exatamente como estavam antes de submeter-se ao processo de desmaterialização em Jerusém.

3. AS MISSÕES ADÂMICAS

Nos mundos habitados, os Filhos e Filhas Materiais constroem as suas próprias habitações-jardim, sendo logo ajudados pelos seus próprios filhos. Usualmente, o local do jardim já teria sido escolhido pelo Príncipe Planetário; e a sua assessoria corpórea faz boa parte do trabalho preliminar da preparação, com a ajuda de muitos dos tipos mais elevados das raças nativas.

Esses são os Jardins do Éden, assim chamados em homenagem a Edêntia, a capital da Constelação, e porque são feitos segundo o modelo de grandeza botânica dos mundos-sede dos Pais Altíssimos. Tais moradas-jardim são localizadas usualmente em um local recluso e em uma região próxima dos trópicos. São criações belíssimas, para qualquer mundo normal. Vós nada podeis concluir sobre esses centros de beleza e cultura, se vos baseardes nas narrativas fragmentadas sobre o desenvolvimento frustrado que um empreendimento de tal ordem teve em Urântia.

Um Adão e uma Eva Planetários são, em potencial, a dádiva plena da graça física às raças mortais. A principal ocupação desse casal importado é multiplicar-se e elevar os filhos do tempo. Mas não deve haver mesclagem direta entre o povo do jardim e os do mundo; por muitas gerações, Adão e Eva permanecem biologicamente segregados dos mortais evolucionários, enquanto constroem uma raça forte da sua ordem. Assim é a origem da raça violeta nos mundos habitados.

Os planos para a elevação da raça são preparados pelo Príncipe Planetário e pelos seus assessores, e são executados por Adão e Eva. E desse modo foi, então, que o vosso Filho Material e a sua companheira foram colocados em uma grande desvantagem, logo que chegaram a Urântia. Caligástia fez uma hábil e efetiva oposição à missão Adâmica. E, não obstante os administradores Melquisedeques de Urântia haverem prevenido devidamente a ambos, tanto ao Adão quanto à Eva, a respeito dos perigos planetários inerentes à presença de um Príncipe Planetário rebelde, esse supremo arqui-rebelde, por meio de um estratagema astuto, fez tais manipulações com o casal Edênico que, colocando os dois em uma cilada, levou-os a violar o que estava estipulado para a missão de confiança deles, como governantes visíveis do vosso mundo. O traiçoeiro Príncipe Planetário teve êxito em comprometer o vosso Adão e a vossa Eva, mas falhou no seu esforço de envolvê-los na rebelião de Lúcifer.

A quinta ordem de anjos, a dos ajudantes planetários, está vinculada à missão Adâmica, acompanhando sempre os Adãos Planetários nas suas aventuras nos mundos. Em geral o corpo designado, inicialmente, conta com cerca de cem mil anjos. Quando o trabalho de Adão e Eva em Urântia foi prematuramente deslanchado, após estes se haverem desviado do plano ordenado, foi uma das Vozes seráficas do Jardim que os admoestou a respeito da sua conduta repreensível. E a vossa narrativa dessa ocorrência ilustra bem a maneira pela qual as tradições, no vosso planeta, tenderam sempre a atribuir tudo o que é sobrenatural ao Senhor Deus. Por causa disso, muitas vezes, os urantianos têm ficado confusos a respeito da natureza do Pai Universal, pois as palavras e atos de todos os Seus coligados e subordinados, em geral, têm sido atribuídos a Ele. No caso de Adão e Eva, o anjo do Jardim não era outro senão o diretor dos ajudantes planetários, então no posto. Esse serafim, Solônia, proclamou a falta para com o plano divino e requisitou a volta dos administradores Melquisedeques a Urântia.

As criaturas intermediárias secundárias são inerentes às missões Adâmicas. Do mesmo modo que se dá com a assessoria corpórea do Príncipe Planetário, os descendentes dos Filhos e Filhas Materiais são de duas ordens: a dos seus filhos físicos e a ordem secundária, de criaturas intermediárias. Esta última, que é de ministradores planetários materiais, geralmente invisíveis, contribui em muito para o avanço da civilização e mesmo para subjugar as minorias insubordinadas que possam tentar subverter o desenvolvimento social e o progresso espiritual.

As criaturas intermediárias secundárias não devem ser confundidas com as da ordem primária, que remonta a tempos muito próximos da chegada do Príncipe Planetário. Em Urântia, a maioria dessas criaturas intermediárias anteriores entrou na rebelião junto com Caligástia e, desde Pentecostes, encontra-se enclausurada.

Muitas das criaturas do grupo Adâmico, que não permaneceram leais à administração planetária, do mesmo modo estão reclusas.

No Dia de Pentecostes, as criaturas primárias e secundárias leais fizeram uma união voluntária e têm funcionado como uma unidade, em relação aos assuntos deste mundo, desde então. Servem sob a liderança de criaturas intermediárias leais, alternadamente escolhidas dos dois grupos.

O vosso mundo foi visitado já por quatro ordens de filiação: Caligástia, o Príncipe Planetário; Adão e Eva, os Filhos Materiais de Deus; Maquiventa Melquisedeque, o "sábio de Salém" nos dias de Abraão; e Cristo Michael, que veio como o Filho do Paraíso em auto-outorga. Quanto mais efetivo e belo não teria sido se Michael, o governante supremo do universo de Nébadon, tivesse recebido, no vosso mundo, as boas-vindas de um Príncipe Planetário leal e eficiente junto a um Filho Material devotado e cheio de êxito, pois ambos poderiam haver realizado muito para elevar o trabalho da vida e missão do Filho auto-outorgado! Contudo, nem todos os mundos têm sido tão desafortunados como Urântia; nem assim tão difícil tem sido a missão dos Adãos Planetários nem tão arriscada. Quando têm êxito, eles contribuem para o desenvolvimento de um grande povo, e continuam como chefes visíveis dos assuntos do planeta, ainda por bastante tempo, na idade em que esse mundo se torna estabelecido em luz e vida.

4. AS SEIS RAÇAS EVOLUCIONÁRIAS

A raça predominante, durante as idades iniciais dos mundos habitados, é a do homem vermelho, que geralmente é a primeira a atingir níveis humanos de desenvolvimento. Todavia, conquanto o homem vermelho seja a primeira raça a se desenvolver nos planetas, também os povos subseqüentes, de outras cores, começam a surgir muito cedo, nas idades da emergência mortal.

As raças, as mais iniciais, são ligeiramente superiores às posteriores; o homem vermelho está muito acima da raça índigo-negra. Os Portadores da Vida transmitem o dom pleno das energias vivas à raça inicial ou vermelha, e cada manifestação evolucionária que se sucede, de grupos distintos de mortais, representa uma variação às custas do dom original. Até a estatura dos mortais tende a decrescer, do homem vermelho em diante, até a raça índigo, se bem que, em Urântia, hajam surgido traços inesperados de gigantismo nos povos verdes e alaranjados.

Nos mundos que possuem todas as seis raças evolucionárias, os povos superiores são os da primeira, da terceira e da quinta raças – a vermelha, a amarela e a azul. As raças evolucionárias, assim, alternam-se em capacidade de crescimento intelectual e desenvolvimento espiritual; a segunda, a quarta e a sexta raças sendo ligeiramente menos dotadas. Essas raças secundárias são as dos povos que acabam ausentes em certos mundos; são as raças que foram exterminadas em muitos outros. É um infortúnio que, em Urântia, tenhais perdido, em grande escala, os homens azuis superiores, excetuando no que eles perduram na vossa miscigenada "raça branca". A perda das vossas linhagens alaranjadas e verdes não é tão preocupante.

A evolução de seis – ou de três – raças coloridas, ainda que possa parecer uma deterioração dos dons originais do homem vermelho, proporciona algumas variações bastante desejáveis nos tipos mortais, e dá expressão a diversos potenciais humanos que, de outro modo, seriam inalcançáveis. Essas modificações se fazem benéficas ao progresso da humanidade, como um todo, desde que sejam posteriormente elevadas pela importação da raça Adâmica ou violeta. Em Urântia, esse plano usual de miscigenação não foi levado até onde devia; e tal fracasso em executar o plano de evolução da raça torna impossível para vós compreenderdes, apenas observando os remanescentes dessas raças primitivas no vosso mundo, o suficiente sobre o status alcançado por esses povos em um planeta habitado normal.

Na primeira fase do desenvolvimento racial, há uma ligeira tendência de os homens vermelhos, amarelos e azuis se mesclarem entre si; e uma tendência semelhante de que as raças alaranjadas, verdes e as de cor índigo também se mesclem entre si.

Os humanos mais atrasados são, geralmente, empregados como trabalhadores, pelas raças de mais progresso. Isso explica a origem da escravatura nos planetas, durante as idades iniciais. Os homens alaranjados, geralmente, são dominados pelos vermelhos e reduzidos ao status de servos – sendo algumas vezes exterminados. Os homens amarelos e os vermelhos freqüentemente confraternizam entre si, mas não sempre. A raça amarela geralmente escraviza a verde, enquanto os homens azuis dominam os índigos. Essas raças de homens primitivos, ao utilizarem os serviços dos seus companheiros mais atrasados, em tarefas obrigatórias, não pensam neles mais do que os urantianos o fazem ao comprarem e venderem cavalos e gado.

Na maioria dos mundos normais a servidão involuntária não sobrevive à dispensação do Príncipe Planetário, ainda que os deficientes mentais e delinqüentes sociais sejam, muitas vezes, compelidos ao trabalho involuntário; mas, em todas as esferas normais, essa espécie de escravidão primitiva é abolida logo depois da chegada da raça Adâmica, ou violeta, importada.

Essas seis raças evolucionárias estão destinadas a se misturarem e se elevarem pela miscigenação com a progênie dos elevadores Adâmicos. Todavia, antes da amalgamação desses povos, os povos inferiores e os inaptos são amplamente eliminados. O Príncipe Planetário e o Filho Material, junto com as outras autoridades planetárias indicadas, decidem sobre a aptidão das linhas de reprodução. A dificuldade de executar um programa radical como esse em Urântia consiste na ausência de juízes competentes para decidir sobre a aptidão biológica, ou inaptidão, dos indivíduos das raças do vosso mundo. Apesar desse obstáculo, quer parecer que deveríeis tornar-vos capazes de concordar com o fim da confraternização biológica com as vossas cepas mais acentuadamente ineptas, defeituosas, degeneradas e anti-sociais.

5. A MISCIGENAÇÃO RACIAL – A DÁDIVA DO SANGUE ADÂMICO

Quando um Adão e uma Eva Planetários chegam a um mundo habitado, já foram plenamente instruídos pelos seus superiores quanto ao melhor modo de efetuar o aperfeiçoamento das raças ali existentes de seres inteligentes. O plano para os procedimentos não é uniforme; muito é deixado para a decisão do casal que faz a ministração, e os erros são freqüentes, especialmente em mundos desordenados e insurrectos como Urântia.

Em geral os povos violetas não começam a misturar-se com os nativos do planeta antes que o seu próprio grupo haja alcançado mais de um milhão de representantes. Nesse meio tempo, porém, a assessoria do Príncipe Planetário proclama que os filhos dos Deuses desceram, por assim dizer, para unir-se às raças dos homens; e o povo aguarda ansiosamente o dia em que irá ser feito o anúncio de que aqueles que forem qualificados como pertencentes a uma cepa racial superior poderão seguir para o Jardim do Éden, a fim de ser, ali, escolhidos pelos filhos e filhas de Adão como pais e mães evolucionários da nova ordem de combinação racial da humanidade.

Nos mundos normais, os Adãos e as Evas Planetários nunca se acasalam diretamente com as raças evolucionárias. Esse trabalho de aperfeiçoamento biológico é uma função da progênie Adâmica. E esses adamitas não se espalham entre as raças; a assessoria do príncipe é que traz os homens e as mulheres superiores até o Jardim do Éden, para o acasalamento voluntário deles com os descendentes Adâmicos. Assim, na maioria dos mundos, é considerada a mais alta honra ser selecionado como candidato ao acasalamento com os filhos e filhas do Jardim.

Pela primeira vez as guerras raciais e outras lutas tribais diminuem, enquanto as raças do mundo, cada vez mais intensamente, esforçam-se para qualificar-se, e serem reconhecidas e admitidas no Jardim. Vós não podeis ter senão uma vaga idéia de como essas lutas competitivas chegam a ocupar o centro de todas as atividades, em um planeta normal. Todo esse esquema de aperfeiçoamento da raça foi prematuramente rompido em Urântia.

A raça violeta é um povo monogâmico, e todos os homens e mulheres evolucionários que se unem aos filhos e filhas Adâmicos prometem não tomar outros parceiros e instruir os seus próprios filhos ou filhas a serem monogâmicos da mesma maneira. As crianças de cada uma dessas uniões são educadas e treinadas nas escolas do Príncipe Planetário, e então se lhes permite ir de volta à própria raça dos seus progenitores evolucionários, para se casarem ali em meio a grupos selecionados de mortais superiores.

Quando a linhagem, vinda dos Filhos Materiais, estiver acrescentada às raças mortais em evolução dos mundos, uma era nova de maior progresso evolutivo é iniciada. Em seguida a essa fusão procriadora, das aptidões importadas e traços supra-evolucionários, é produzida uma sucessão de avanços rápidos na civilização e um grande desenvolvimento racial; em cem mil anos, mais progresso é feito do que em um milhão de anos da luta anterior. No vosso mundo, mesmo em face do malogro dos planos ordenados, um grande progresso aconteceu, desde que a dádiva do plasma da vida de Adão veio para os vossos povos.

Embora toda uma linhagem pura de filhos de um Jardim do Éden, no planeta, possa outorgar-se aos membros superiores das raças evolucionárias e, por meio disso, elevar o nível biológico da humanidade, não seria benéfico, todavia, para as cepas mais elevadas dos mortais de Urântia acasalarem-se com as raças inferiores; esse procedimento pouco sábio poderia colocar em risco toda a civilização no vosso mundo. Havendo fracassado na realização da harmonia entre as raças pela técnica Adâmica, deveis agora resolver o problema do aperfeiçoamento racial no planeta por outros métodos, basicamente humanos, de adaptação e controle.

6. O REGIME EDÊNICO

Na maioria dos mundos habitados os Jardins do Éden persistem como magníficos centros culturais e continuam a funcionar como modelos sociais para os usos e a conduta planetária, idade após idade. Mesmo nos tempos iniciais, quando os povos violetas ficam relativamente segregados, suas escolas recebem os candidatos apropriados, provenientes das raças do mundo, enquanto os desenvolvimentos industriais do Jardim abrem novos canais de intercâmbio comercial. Assim, os Adãos, as Evas e sua progênie, contribuem para uma súbita expansão cultural e para o rápido aperfeiçoamento das raças evolucionárias dos seus mundos. E todas essas relações são implementadas e seladas pela miscigenação das raças evolucionárias com os filhos de Adão, resultando em uma imediata elevação do status biológico, advindo uma estimulação do potencial intelectual e um aumento da receptividade espiritual.

Nos mundos normais, o Jardim, sede da raça violeta, transforma-se no segundo centro de cultura do mundo e, juntamente com a cidade sede-central do Príncipe Planetário, dita o ritmo do desenvolvimento da civilização. Por séculos, as escolas da cidade sede-central do Príncipe Planetário e as escolas do Jardim de Adão e Eva permanecem contemporâneas. Em geral, não ficam muito distantes e trabalham juntas em cooperação harmoniosa.

Pensai sobre o que significaria, para o vosso mundo, se em algum lugar no Levante houvesse um centro mundial de civilização, uma grande universidade planetária de cultura, que teria funcionado, ininterruptamente, por 37 000 anos. E, de novo, parai para considerar como a autoridade moral de um centro tão antigo não seria reforçada se estivesse situada não muito distante de uma outra sede-central, mais antiga ainda e de ministração celeste, cuja tradição teria exercido uma força acumulativa de 500 000 anos de influência evolucionária integrada. São os hábitos que acabam por disseminar os ideais do Éden a todo um mundo.

As escolas do Príncipe Planetário ocupam-se principalmente da filosofia, religião, moral, realizações intelectuais e artísticas. As escolas do Jardim de Adão e Eva devotam-se, geralmente, às artes aplicadas, educação intelectual fundamental, cultura social, desenvolvimento econômico, relações de comércio, aptidão física e governo civil. Finalmente, esses centros mundiais fundem-se, mas tal afiliação de verdade algumas vezes não acontece, até os tempos do primeiro Filho Magisterial.

A existência continuada do Adão e Eva Planetários, aliada ao núcleo da filiação pura da raça violeta, confere uma estabilidade de crescimento à cultura Edênica, pois essa cultura passa a atuar sobre a civilização de um mundo com a força convincente da tradição. Nesses Filhos e Filhas Materiais imortais, encontramos o último e indispensável elo que conecta Deus ao homem, elo este que reduz o abismo quase infinito entre o Criador eterno e as personalidades finitas inferiores do tempo. Eis, pois, um ser de alta origem que é físico, material e, mesmo, uma criatura sexuada, como os mortais de Urântia, que pode ver e compreender o Príncipe Planetário invisível e interpretá-lo para as criaturas mortais do reino; pois os Filhos e Filhas Materiais são capazes assim de ver todas as ordens menos elevadas de seres espirituais; eles enxergam o Príncipe Planetário e toda a sua assessoria, visível e invisível.

Com o passar dos séculos, por meio da amalgamação da sua progênie com as raças dos homens, esses mesmos Filho e Filha Materiais passam a ser aceitos como ancestrais da humanidade, como pais comuns dos agora misturados descendentes das raças evolucionárias. O propósito é que os mortais, que começam em um mundo habitado, tenham a experiência de reconhecer sete pais:

1. O pai biológico – o pai na carne.

2. O pai do reino – o Adão Planetário.

3. O pai das esferas – o Soberano do Sistema.

4. O Pai Altíssimo – o Pai da Constelação.

5. O Pai do Universo – o Filho Criador e governante supremo das criações locais.

6. Os Super-Pais – os Anciães dos Dias, que governam o superuniverso.

7. O Pai do espírito ou o Pai de Havona – o Pai Universal, que se encontra no Paraíso e que outorga o Seu espírito para viver e trabalhar nas mentes das criaturas inferiores que habitam o universo dos universos.

7. A ADMINISTRAÇÃO UNIFICADA

De tempos em tempos, os Filhos Avonais do Paraíso vêm aos mundos habitados para cumprir funções judiciais; o primeiro Avonal a chegar em uma missão magisterial, porém, inaugura a quarta dispensação de um mundo evolucionário do tempo e do espaço. Em alguns planetas nos quais esse Filho Magisterial é universalmente aceito, ele permanece durante uma idade; e assim o planeta prospera, sob o governo conjunto de três Filhos: o Príncipe Planetário, o Filho Material e o Filho Magisterial; os dois últimos sendo visíveis para todos os habitantes do reino.

Antes que o primeiro Filho Magisterial conclua a sua missão em um mundo normal evolucionário, terá sido efetuada a unificação dos trabalhos educacionais e administrativos do Príncipe Planetário e do Filho Material. Essa amalgamação da supervisão dual em um planeta traz à existência uma ordem nova e efetiva de administração para o mundo. Com a partida do Filho Magisterial, o Adão Planetário assume a direção exterior da esfera. O Filho e a Filha Materiais, assim, atuam conjuntamente como administradores planetários, até o estabelecimento do mundo na era de luz e vida, quando então, o Príncipe Planetário é elevado à posição de Soberano Planetário. Durante essa idade de evolução avançada, Adão e Eva transformam-se naquilo que poderia ser chamado de os primeiros-ministros conjuntos do Reino glorificado.

Tão logo a nova e consolidada capital, do mundo em evolução, estiver bem estabelecida, e tão rapidamente quanto puderem ser bem treinados os administradores subordinados competentes, as subcapitais serão fundadas em territórios distantes e em meio a diferentes povos. Antes da chegada de um outro Filho dispensacional, entre cinqüenta e cem desses subcentros haverão sido organizados.

O Príncipe Planetário e sua assessoria ainda fomentam os domínios das atividades espirituais e filosóficas. Adão e Eva dedicam atenção especial ao status físico, científico e econômico do reino. Ambos os grupos dedicam igualmente suas energias à promoção da arte, às relações sociais e às realizações intelectuais.

À época da inauguração da quinta dispensação dos assuntos do mundo, uma administração magnífica das atividades planetárias terá sido realizada. A existência mortal em uma esfera tão bem governada é, de fato, estimulante e produtiva. E se os urantianos pudessem apenas observar a vida em um planeta assim, iriam imediatamente dar o devido valor àquelas coisas que o seu mundo perdeu ao abraçar o mal e participar da rebelião.

[Apresentado por um Filho Lanonandeque secundário do Corpo de Reserva.]

DOCUMENTO 52

AS ÉPOCAS PLANETÁRIAS DOS MORTAIS

DESDE o início da vida, em um planeta evolucionário, até a época do seu florescimento final na era de luz e vida surgem, no cenário da ação do mundo, ao menos sete épocas de vida humana. Essas sucessivas épocas são determinadas pelas missões planetárias dos Filhos divinos e, em um mundo habitado comum, tais eras aparecem na seguinte seqüência:

1. Homem antes do Príncipe Planetário.
2. Homem pós-Príncipe Planetário.
3. Homem pós-Adâmico.
4. Homem pós-Filho Magisterial.
5. Homem pós-Filho Auto-outorgado.
6. Homem pós-Filho Instrutor.
7. A Era de Luz e Vida.

Tão logo se tornam fisicamente adequados para a vida, os mundos do espaço são colocados no registro dos Portadores da Vida e, no tempo devido, tais Filhos são despachados para tais planetas com o propósito de iniciar a vida. Todo o período, desde a iniciação da vida até o aparecimento do homem, é denominado como era pré-humana e precede as épocas mortais sucessivas consideradas nesta narrativa.

1. O HOMEM PRIMITIVO

Desde a época do surgimento do homem, vindo do nível animal – quando ele pode já escolher adorar o Criador – até a chegada do Príncipe Planetário, as criaturas mortais de vontade são chamadas de *homens primitivos*. Há seis tipos básicos, ou raças, de homens primitivos, e esses povos iniciais aparecem sucessivamente na ordem das cores do espectro, começando pelo vermelho. A duração desse período de evolução da vida primitiva varia muito nos diversos mundos, indo desde cento e cinqüenta mil anos até mais de um milhão de anos do tempo de Urântia.

As raças evolucionárias de cor – vermelha, alaranjada, amarela, verde, azul e índigo – começam a aparecer por volta da época em que o homem primitivo está desenvolvendo uma linguagem simples e começando a exercitar a imaginação criativa. Nessa época, o homem já se acha bem acostumado a permanecer ereto.

Os homens primitivos são caçadores poderosos e lutadores ferrenhos. A lei dessa idade é a da sobrevivência física do mais apto; o governo dessas épocas é inteiramente tribal. Durante as lutas raciais iniciais, em muitos mundos, algumas das raças evolucionárias são eliminadas, como ocorreu em Urântia. Aquelas que sobrevivem, geralmente, misturam-se com a raça violeta dos povos Adâmicos, importada posteriormente.

À luz da civilização subseqüente, essa era do homem primitivo é um capítulo longo, escuro e sangrento. A ética da selva e a moral das florestas primitivas não se encontram em harmonia com os padrões das dispensações posteriores, de religião revelada, que trazem um desenvolvimento espiritual mais elevado. Em mundos normais e não-experimentais essa época é bastante diferente das lutas prolongadas e extraordinariamente brutais que caracterizaram tal idade em Urântia. Quando houverdes emergido após a vossa primeira experiência em um mundo, começareis a perceber por que essa longa e dolorosa luta ocorre nos mundos evolucionários e, na medida em que prosseguirdes no caminho ao Paraíso, compreendereis cada vez mais a sabedoria desses feitos aparentemente estranhos. Entretanto, apesar de todas as vicissitudes das idades primitivas de surgimento do homem, as atuações do homem primitivo representam um capítulo esplêndido, e heróico mesmo, nos anais de um mundo evolucionário do tempo e do espaço.

O homem evolucionário, nos seus primórdios, não é uma criatura pitoresca. Em geral, os mortais primitivos habitam em cavernas ou falésias. E também constroem cabanas rudes, em árvores amplas. Antes de adquirirem uma ordem elevada de inteligência, algumas vezes, os planetas são invadidos por tipos maiores de animais. Mas, muito cedo nessa era, os mortais aprendem a acender e manter o fogo e, com imaginação inventiva crescente e o aperfeiçoamento dos utensílios, o homem em evolução logo vence os animais maiores e menos ágeis. As raças primitivas também fazem um uso extenso dos animais voadores maiores. Esses pássaros enormes são capazes de carregar um ou dois homens, de tamanho médio, em um vôo ininterrupto de mais de oitocentos quilômetros. Em alguns planetas, esses pássaros são de grande valia, pois possuem uma ordem de inteligência suficientemente elevada, sendo freqüentemente capazes de falar várias palavras das línguas do reino. Esses pássaros são muito inteligentes, obedientes e incrivelmente afetuosos. E tais pássaros de transporte estão extintos, há muito, em Urântia, mas os vossos ancestrais primitivos desfrutaram dos serviços deles.

O momento em que o homem adquire o juízo ético, a vontade moral, coincide normalmente com o surgimento da linguagem primitiva. Alcançando o nível humano, depois dessa emergência da vontade do mortal, esses seres tornam-se receptivos à residência temporária dos Ajustadores divinos e, quando da morte, vários deles são devidamente escolhidos como sobreviventes e marcados com um selo, pelos arcanjos, para a subseqüente ressurreição e fusão com o Espírito. Os arcanjos sempre acompanham os Príncipes Planetários e, simultaneamente com a chegada do Príncipe, um juízo dispensacional do reino acontece,.

Todos os mortais resididos por Ajustadores do Pensamento são adoradores em potencial; foram "iluminados pela luz verdadeira" e possuem a capacidade de buscar o contato recíproco com a divindade. Contudo, a religião primeva ou biológica do homem primitivo é mais como uma persistência do medo animal combinado ao espanto ignorante e à superstição tribal. A sobrevivência da superstição, nas raças de Urântia, não é complementar ao vosso desenvolvimento evolucionário, nem compatível com as vossas realizações esplêndidas, por tantos outros motivos, de progresso material. Mas essa religião primitiva do medo serve ao propósito bastante útil de dominar os temperamentos ferozes das criaturas primitivas. É a precursora da civilização e constitui solo para o subseqüente plantio das sementes da religião revelada pelo Príncipe Planetário e seus ministros.

Cem mil anos depois que o homem adquire a postura ereta, o Príncipe Planetário normalmente chega, despachado que foi pelo Soberano do Sistema, depois de um informe dos Portadores da Vida de que a vontade está atuando, ainda que relativamente poucos indivíduos hajam-se desenvolvido nesse sentido. Os mortais primitivos normalmente acolhem bem o Príncipe Planetário e a sua assessoria visível; de fato os homens os vêem com admiração e reverência, quase com adoração, se não forem refreados.

2. O HOMEM PÓS-PRÍNCIPE PLANETÁRIO

Com a chegada do Príncipe Planetário uma nova dispensação começa. O governo aparece na Terra e uma época tribal avançada advém. Durante uns poucos milênios, sob esse regime, um grande progresso social é alcançado. Em condições normais, os mortais atingem um alto estado de civilização durante essa idade. Não lutam por tanto tempo na barbárie, como o fizeram as raças de Urântia. Mas a vida em um mundo habitado é tão modificada pela rebelião, que vós não podeis ter senão uma pálida idéia de um regime como esse em um planeta normal.

A duração média dessa dispensação é de cerca de quinhentos mil anos, algumas sendo mais longas e outras, mais curtas. Durante essa era, o planeta estabelece-se nos circuitos do sistema e uma quota plena de ajudantes seráficos e outros assistentes celestes é designada para a sua administração. Em números cada vez maiores os Ajustadores do Pensamento vêm, e os guardiães seráficos amplificam o seu regime de supervisão dada aos mortais.

Quando da chegada do Príncipe Planetário em um mundo primitivo, prevalecia uma religião evolucionária, de medo e ignorância. O Príncipe e o seu corpo de assessores fazem as primeiras revelações sobre a verdade mais elevada e a organização do universo. Essas apresentações iniciais da religião revelada são muito simples e, normalmente, pertinentes aos assuntos do sistema local. A religião é integralmente um processo da evolução, antes da chegada do Príncipe Planetário. Subseqüentemente, a religião progride por meio da revelação gradativa, bem como pelo crescimento evolucionário. Cada dispensação, cada época mortal, recebe uma apresentação ampliada da verdade espiritual e da ética religiosa. A evolução da capacidade religiosa de receptividade, entre os habitantes de um mundo determina em grande parte o grau do seu avanço espiritual e o alcance da revelação religiosa.

Essa dispensação testemunha um alvorecer espiritual e as diferentes raças e suas várias tribos tendem a desenvolver sistemas especializados de pensamento religioso e filosófico. Uniformemente, duas forças fazem-se presentes em todas essas religiões das raças: os primeiros temores do homem primitivo e as primeiras revelações do Príncipe Planetário. Sob alguns pontos de vista os urantianos parecem não haver saído ainda inteiramente desse estágio na sua evolução planetária. À medida que prosseguirdes neste estudo, mais claramente ireis discernir o quanto o vosso mundo encontra-se desviado do curso do progresso evolucionário e do seu desenvolvimento.

O Príncipe Planetário, contudo, não é "o Príncipe da Paz". As lutas raciais, as guerras tribais, continuam nessa dispensação; mas com uma freqüência e severidade decrescentes. Essa é a grande idade da dispersão racial e culmina em um período de nacionalismo intenso. A cor é a base dos agrupamentos tribais e nacionais e, muitas vezes, as diferentes raças desenvolvem idiomas distintos. Cada grupo em expansão, de mortais, tende a buscar o isolamento. Essa segregação é favorecida pela existência de muitas línguas. Antes da unificação das várias raças, algumas vezes, as suas guerras incansáveis resultam na eliminação de povos inteiros; as raças de homens alaranjados e homens verdes ficam especialmente sujeitas a tal extinção.

Em mundos dentro da normalidade, durante uma parte adiantada do governo do Príncipe, a vida nacional começa a substituir a organização tribal ou, melhor, a sobrepor-se à dos grupos tribais existentes. Mas a grande realização da época do Príncipe é o surgimento da vida da família. Até então, as relações humanas haviam sido sobretudo tribais; a partir de agora o lar começa a se materializar.

Essa é a dispensação da realização da igualdade dos sexos. Em alguns planetas, o masculino pode governar o feminino; em outros, prevalece o inverso. Durante essa idade nos mundos normais, é estabelecida uma igualdade plena entre os sexos, e isso ocorre como uma preliminar para a realização mais plena dos ideais da vida doméstica do lar. E esse é o alvorecer da idade dourada do lar. A idéia do governo tribal, gradualmente, dá lugar ao conceito dual da vida nacional e da vida familiar.

Durante essa idade surge a agricultura. O desenvolvimento da idéia da família é incompatível com a vida errante e instável do caçador. Gradualmente, se estabelece o hábito de ficarem mais fixas as habitações e o cultivo do solo torna-se um hábito definitivo. A domesticação dos animais e o desenvolvimento de artesanatos do lar têm um rápido crescimento. Ao atingir o ápice da evolução biológica, um alto nível de civilização terá sido alcançado, mas há pouco desenvolvimento de ordem mecânica; a invenção é característica da idade seguinte.

As raças são purificadas e elevadas a um alto estado de perfeição física e vigor intelectual, antes do fim dessa era. O desenvolvimento inicial de um mundo normal é muito ajudado pelo plano de promover um aumento do número de tipos mais elevados de mortais, com um decréscimo proporcional dos inferiores. E o fracasso dos vossos povos iniciais em discernir entre esses tipos foi o que acarretou a presença de tantos indivíduos defeituosos e degenerados entre as raças atuais de Urântia.

Uma das grandes realizações da idade do Príncipe é a restrição da multiplicação dos indivíduos mentalmente deficientes e socialmente mal adaptados. Muito antes dos tempos da chegada dos Adãos, os segundos Filhos, a maior parte dos mundos dedica-se seriamente à tarefa de purificação da raça, algo que os povos de Urântia ainda nem sequer tentaram fazer a sério.

Essa questão do aperfeiçoamento racial não é uma tarefa tão prolongada, se enfrentada nessa época inicial da evolução humana. O período precedente, de lutas tribais e severa competição para a sobrevivência racial, eliminou a maior parte das linhagens anormais e deficientes. Um idiota não tem muita chance de sobrevivência em uma organização social tribal primitiva e em guerra. É um sentimentalismo falso das vossas civilizações, parcialmente perfeiçoadas, o de fomentar, proteger e perpetuar as linhagens irremediavelmente defeituosas dentre as raças evolucionárias humanas.

Não é ternura nem altruísmo oferecer uma compaixão fútil, a seres humanos degenerados e inferiores, a mortais anormais e sem salvação. Mesmo nos mais normais dos mundos evolucionários, existem diferenças suficientes entre os indivíduos e os inúmeros grupos sociais; diferenças que permitem o pleno exercício de todos esses traços nobres de sentimento altruísta e não-egoísta de ministração mortal, mas sem perpetuar as linhagens desajustadas sociais e moralmente degeneradas da humanidade evolucionária. Há oportunidades abundantes para o exercício e a função da tolerância e do altruísmo, em defesa dos indivíduos desafortunados e necessitados que não hajam perdido, irremediavelmente, sua herança moral, nem destruído para sempre o seu patrimônio espiritual trazido do berço.

3. O HOMEM PÓS-ADÂMICO

Quando o ímpeto original da vida evolucionária houver percorrido todo o seu curso biológico, e quando o homem houver alcançado o ápice do desenvolvimento animal, a segunda ordem de filiação chegará e uma segunda dispensação de graça e ministrações será inaugurada. Isso é verdadeiro para todos os mundos evolucionários. Quando o nível mais alto possível de vida evolucionária houver sido atingido, e quando o homem primitivo houver ascendido tão alto quanto possível na escala biológica, um Filho e uma Filha Materiais sempre surgem no planeta, havendo sido despachados pelo Soberano do Sistema.

Os Ajustadores do Pensamento são outorgados de modo crescente aos homens pós-Adâmicos e, em números cada vez maiores, tais mortais alcançam capacidade para uma posterior fusão com o Ajustador. Enquanto funcionam como Filhos descendentes, os Adãos não possuem Ajustadores; mas a sua progênie planetária – tanto a direta, quanto a miscigenada – é de candidatos legítimos à recepção, na época devida, de tais Monitores Misteriosos. Quando termina a idade pós-Adâmica, o planeta está de posse da sua quota plena de ministradores celestes; entretanto a outorga dos Ajustadores de fusão não se tornou ainda universal.

O propósito principal do regime Adâmico é influenciar o homem em evolução, levando-o a completar a transição de um estágio da civilização, de caçadores e pastores, para o de agricultores e horticultores, com o fito de, mais tarde, ser suplementado pelo advento dos acessórios urbanos e industriais da civilização. Dez mil anos na dispensação dos elevadores biológicos são o suficiente para concretizar uma transformação maravilhosa. Vinte e cinco mil anos dessa administração da sabedoria do Príncipe Planetário, em conjunto com a dos Filhos Materiais, em geral, amadurecem a esfera para o advento de um Filho Magisterial.

Essa idade, via de regra, testemunha uma eliminação completa dos mal adaptados e uma purificação ainda maior das linhagens raciais; nos mundos normais, as tendências bestiais defeituosas são quase totalmente eliminadas das linhagens reprodutoras do reino.

Os Filhos Adâmicos nunca se miscigenam com as linhagens inferiores das raças evolucionárias. Nem é do plano divino, para os Adãos e Evas Planetários, que eles se reproduzam, pessoalmente, com os povos evolucionários. Esse projeto de aperfeiçoamento da raça é uma tarefa para a progênie deles. Mas a descendência do Filho e Filha Materiais mobiliza-se isoladamente por gerações, antes de ser inaugurado o ministério da miscigenação racial.

O resultado da dádiva do plasma da vida Adâmica às raças mortais é uma elevação imediata da capacidade intelectual e uma aceleração do progresso espiritual. Em geral, há um aperfeiçoamento físico também. Num mundo normal, a dispensação pós-Adâmica é uma idade de grande inventividade, de controle da energia e desenvolvimento mecânico. Essa é a era de surgimento da manufatura multiforme e do controle das forças naturais; é a idade dourada de exploração e subjugação final do planeta. Grande parte do progresso material de um mundo ocorre durante esse período de inauguração do desenvolvimento das ciências físicas, exatamente uma época como a que Urântia está agora experimentando. Considerando o curso normal para os planetas, o vosso mundo está atrasado uma dispensação inteira, e mesmo mais.

Ao final da dispensação Adâmica, em um planeta normal, as raças estão já praticamente mescladas, e de um modo tal que pode ser verdadeiramente proclamado que "Deus fez todas as nações de um só sangue", e o seu Filho "fez todos os povos de uma só cor". A cor dessa raça miscigenada resulta em algo como um matiz oliva, com uma nuança do violeta, sendo assim o "branco" racial das esferas.

O homem primitivo é carnívoro, na sua grande maioria; os Filhos e as Filhas Materiais, no entanto, não comem carne; mas a sua descendência, dentro de poucas gerações, em geral, precipita-se para o nível onívoro, se bem que grupos inteiros de descendentes deles, algumas vezes, continuam não comendo carne. A origem dupla das raças pós-Adâmicas explica como essas linhagens humanas miscigenadas trazem vestígios anatômicos tanto dos grupos animais carnívoros quanto dos herbívoros.

Após dez mil anos de miscigenação racial, as linhagens resultantes apresentam graus variados de mistura anatômica, algumas das linhagens trazendo mais das características dos ancestrais não-carnívoros, outras apresentando mais os traços específicos e características físicas dos seus progenitores evolucionários carnívoros. A maioria dessas raças dos mundos logo se torna onívora, e subsiste alimentando-se de uma ampla gama de alimentos, tanto do reino animal quanto do reino vegetal.

A época pós-Adâmica é a da dispensação do internacionalismo. Estando próximo de completar a tarefa de miscigenação das raças, o nacionalismo desaparece e a irmandade entre os homens realmente começa a se materializar. O governo representativo começa a tomar o lugar da monarquia e outras formas paternalistas de governo. O sistema educacional torna-se mundial e, gradualmente, as línguas das raças dão lugar à língua do povo violeta. A paz universal e a cooperação raramente são alcançadas antes que as raças estejam bem miscigenadas, e antes de falarem uma mesma língua.

Durante os séculos finais da era pós-Adâmica é despertado um novo interesse pela arte, pela música e a literatura; e esse despertar mundial é o sinal para o aparecimento de um Filho Magisterial. O desenvolvimento coroador dessa era é o interesse universal pelas realidades intelectuais, a verdadeira filosofia. A religião torna-se menos nacionalista, mais e mais sendo um assunto planetário. Novas revelações da verdade caracterizam essas idades, e os Altíssimos das constelações começam a governar nos assuntos dos homens. A verdade é revelada ao nível da administração das constelações.

Um grande avanço ético caracteriza essa era; a irmandade dos homens passando a ser a meta na sociedade deles. A paz, de âmbito mundial – a cessação de conflitos entre as raças e da animosidade nacional –, é indicadora da maturidade planetária para o advento da terceira ordem de filiação, a do Filho Magisterial.

4. O HOMEM PÓS-FILHO MAGISTERIAL

Nos planetas normais e leais, essa idade inaugura-se com as raças mortais já miscigenadas e biologicamente adaptadas. Não há problemas de raça ou de cor; todas as nações e raças, literalmente, têm um só sangue. A irmandade dos homens floresce, e as nações estão aprendendo a viver em paz e tranqüilidade na Terra. Tal mundo está às vésperas de um desenvolvimento intelectual grande e culminante.

Quando um mundo evolucionário torna-se assim maduro para a idade magisterial, um dos Filhos da ordem elevada dos Avonais faz a sua aparição em missão magisterial. O Príncipe Planetário e os Filhos Materiais têm a sua origem no universo local; o Filho Magisterial provém do Paraíso.

Quando vêm às esferas mortais, para atos judiciais apenas como julgadores dispensacionais, os Avonais do Paraíso nunca se encarnam. Contudo, quando vêm em missões magisteriais, pelo menos na missão inicial, eles sempre se encarnam, embora não experimentem o nascimento, nem passem pela morte do reino. Eles podem viver durante gerações, nos casos de permanecerem como governantes em certos planetas. Quando as suas missões são concluídas, abandonam as suas vidas planetárias e retornam ao seu status anterior de filiação divina.

Cada nova dispensação amplia o horizonte da religião revelada, e os Filhos Magisteriais estendem a revelação da verdade para retratar os assuntos do universo local e todos os seus tributários.

Depois da visitação inicial de um Filho Magisterial, as raças logo efetivam a sua liberação econômica. O trabalho diário exigido para sustentar a independência de cada indivíduo seria representado por duas horas e meia do vosso tempo. E torna-se perfeitamente seguro liberar tais mortais éticos e inteligentes. Esses povos refinados sabem, muito bem, como utilizar o lazer para o auto-aperfeiçoamento e para o progresso planetário. Essa idade testemunha outra purificação das linhagens raciais, por meio da restrição da reprodução entre os indivíduos menos aptos e dotados.

O governo político e a administração social das raças continuam a aperfeiçoar-se, estando o autogoverno bastante bem estabelecido ao final dessa idade. Quando dizemos autogoverno, referimo-nos ao tipo mais elevado de governo representativo. Tais mundos avançam e honram, entre os líderes e governantes, apenas aqueles que estão mais bem qualificados para assumir as responsabilidades sociais e políticas.

Durante essa época, a maioria dos mortais do mundo é residida por Ajustadores. Mas ainda então, a outorga do Monitor divino não é sempre universal. Os Ajustadores com destino de fusão por enquanto não são concedidos a todos os mortais do planeta; ainda é necessário que as criaturas de vontade escolham receber os Monitores Misteriosos.

Durante as eras de fechamento dessa dispensação, a sociedade começa a retornar às formas mais simplificadas de vida. A natureza complexa de uma civilização em avanço segue o seu curso, com os mortais aprendendo a viver mais natural e efetivamente. E tal tendência cresce a cada época sucessiva. Essa é a idade do florescimento da arte, da música e do aprendizado mais elevado. As ciências físicas já alcançaram o ápice do seu desenvolvimento. O término dessa idade, em um mundo ideal, testemunha a plenitude de um despertar religioso amplo e um esclarecimento espiritual de âmbito mundial. E esse despertar irrestrito, da natureza espiritual das raças, é o sinal da chegada do Filho de auto-outorga e inauguração da quinta época mortal.

Em muitos mundos, acontece que, depois de uma única missão magisterial, o planeta não se torna capacitado para receber um Filho auto-outorgado; nesse caso haverá um segundo ou, até mesmo, uma sucessão de Filhos Magisteriais; e cada um deles irá avançar as raças, de uma dispensação para a outra, até que o planeta fique pronto para a dádiva do Filho auto-outorgado. Na segunda missão, e nas subseqüentes, os Filhos Magisteriais podem ou não se encarnar. Todavia, não importa quantos Filhos Magisteriais possam vir – e eles podem aparecer também depois do Filho de auto-outorga – o advento de cada um deles demarca o fim de uma dispensação e o começo da seguinte.

Essas dispensações dos Filhos Magisteriais abrangem entre vinte e cinco a cinqüenta mil anos do tempo de Urântia. Algumas vezes uma tal época é muito mais curta, ou bem mais longa em casos mais raros. No devido tempo, entretanto, um desses mesmos Filhos Magisteriais nascerá como um Filho auto-outorgado do Paraíso.

5. O HOMEM PÓS-FILHO AUTO-OUTORGADO

Quando um certo padrão de desenvolvimento intelectual e espiritual é alcançado em um mundo habitado, sempre um Filho de auto-outorga do Paraíso advém. Nos mundos normais ele não aparece na carne até que as raças hajam ascendido a níveis mais elevados de desenvolvimento intelectual e qualidade ética. Em Urântia, contudo, o Filho de auto-outorga, o próprio Filho Criador vosso, apareceu ao final da dispensação Adâmica, mas não é essa a seqüência normal e comum dos acontecimentos nos mundos do espaço.

Quando os mundos houverem amadurecido para a espiritualização, o Filho auto-outorgado vem. Esses Filhos sempre pertencem à ordem Magisterial ou à Avonal, excetuando-se aquele caso em que, uma vez em cada universo local, o Filho Criador prepara-se para a sua auto-outorga terminal, em algum mundo evolucionário, como ocorreu quando Michael de Nébadon apareceu em Urântia para se auto-outorgar junto às vossas raças mortais. Apenas um mundo, dentre quase dez milhões, pode gozar de uma tal dádiva; todos os outros mundos avançam espiritualmente com a auto-outorga de um Filho do Paraíso, da ordem Avonal.

O Filho auto-outorgado ao chegar em um mundo de alta cultura educacional, encontra uma raça espiritualmente educada e preparada para assimilar os ensinamentos avançados e dar o devido valor à missão de auto-outorga. Essa é uma idade caracterizada pela busca mundial da cultura moral e da verdade espiritual. A paixão dos mortais nessa dispensação é penetrar na realidade cósmica e comungar da realidade espiritual. As revelações da verdade são ampliadas, passando a incluir o superuniverso. Surgem sistemas inteiramente novos, de educação e governo, para suplantar os regimes imaturos das épocas anteriores. A alegria de viver ganha novas cores, e as reações da vida são exaltadas, em tom e timbre, até as alturas celestes.

O Filho auto-outorgado vive e morre pela elevação espiritual das raças mortais em um mundo. Ele estabelece o "caminho novo e vivo"; a sua vida é a encarnação da verdade do Paraíso na carne mortal, é aquela mesma verdade – o próprio Espírito da Verdade – dentro de cujo conhecimento os homens tornar-se-ão livres.

Em Urântia, o estabelecimento deste "caminho vivo e novo" foi uma questão de fato, bem como de verdade. O isolamento de Urântia, na rebelião de Lúcifer, havia suspendido o procedimento pelo qual os mortais podem passar, com a morte, diretamente às margens dos mundos das mansões. Antes dos dias de Cristo Michael, em Urântia, todas as almas dormiam até as ressurreições dispensacionais ou até as ressurreições milenares especiais. Mesmo a Moisés não foi permitido ir para o outro lado, até a ocasião da ressurreição especial; e foi Caligástia, o Príncipe Planetário caído, que se opôs a essa liberação. Mas desde o dia de Pentecostes, de novo os mortais de Urântia podem prosseguir diretamente para as esferas moronciais.

Quando da sua ressurreição, ao terceiro dia, depois de terminar a sua vida encarnada, um Filho auto-outorgado ascende à mão direita do Pai Universal, recebe a confirmação da aceitação da missão de auto-outorga e retorna para o Filho Criador na sede-central do universo local. Após isso, o Filho Avonal auto-outorgado e o Criador Michael enviam o espírito conjunto deles, o Espírito da Verdade, ao mundo da auto-outorga. Essa é a ocasião em que o "espírito do Filho triunfante é efundido sobre toda a carne". O Espírito Materno do Universo também participa dessa efusão do Espírito da Verdade e, concomitantemente, há a proclamação da ordem para a outorga dos Ajustadores do Pensamento. A partir de então toda criatura volitiva de mente normal, daquele mundo, receberá o Ajustador tão logo atinja a idade da responsabilidade moral e de escolha espiritual.

Se esse Avonal auto-outorgado devesse retornar a um mundo, depois da missão de auto-outorga, ele não se encarnaria, mas viria "na glória, com as hostes seráficas".

A idade pós-Filho auto-outorgado pode estender-se de dez mil a cem mil anos. Não há um limite de tempo arbitrado para qualquer dessas eras dispensacionais. Estas são épocas de grande progresso ético e espiritual. Sob a influência espiritual dessas idades, o caráter humano passa por transformações tremendas e experimenta um desenvolvimento fenomenal. Torna-se possível aplicar a regra dourada na prática. Os ensinamentos de Jesus são realmente aplicáveis a um mundo mortal que teve o aperfeiçoamento preliminar dos Filhos de pré-outorga, com as suas dispensações de enobrecimento de caráter e ampliação da cultura.

Durante essa era, os problemas das doenças e delinqüência são virtualmente resolvidos. A degenerescência já foi amplamente eliminada pela reprodução seletiva. A doença já foi praticamente dominada por meio das altas qualidades de resistência das linhagens Adâmicas e a aplicação inteligente e em âmbito mundial das descobertas das ciências físicas, nas idades precedentes. A longevidade média, durante esse período, sobe até bem acima do equivalente a trezentos anos do tempo de Urântia.

Durante essa época, há uma redução gradual da supervisão governamental. O verdadeiro autogoverno está começando a funcionar; as leis restritivas fazem-se cada vez menos necessárias. As ramificações militares de resistência nacional estão findando; a era da harmonia internacional está realmente chegando. Há muitas nações, a maioria determinada pela distribuição de terras; mas há apenas uma raça, uma língua e uma religião. Os assuntos dos mortais alcançaram um ponto quase utópico, mas não completamente ainda. Essa é verdadeiramente uma idade grande e gloriosa!

6. A ERA DEPOIS DA AUTO-OUTORGA EM URÂNTIA

O Filho auto-outorgado é o Príncipe da Paz. Ele chega com a mensagem de "Paz na Terra e boa vontade entre os homens". Nos mundos normais, essa é uma dispensação de paz mundial; as nações não mais se dedicam à guerra. Essas influências salutares, contudo, não acompanharam a vinda do vosso Filho auto-outorgado, Cristo Michael. Urântia não está avançando na seqüência normal. O vosso mundo está fora de passo, na procissão planetária. O vosso Mestre, quando na Terra, preveniu aos seus discípulos: o advento dele não traria o reino normal de paz, em Urântia; e disse-lhes claramente que haveria "guerras e rumores de guerras", e que nação se levantaria contra nação. Numa outra ocasião, ele disse: "Não pensai que eu vim para trazer paz à Terra".

Mesmo em mundos evolucionários normais, a realização da irmandade mundial dos homens não é fácil. Num planeta confuso e desordenado, como Urântia, uma realização como essa necessita de um tempo muito mais longo e requer um esforço maior. Uma evolução social sem ajuda exterior dificilmente pode alcançar resultados felizes, em uma esfera espiritualmente isolada. A revelação religiosa é essencial à realização da irmandade em Urântia. Ainda que Jesus haja mostrado o caminho para a edificação imediata da irmandade espiritual, a efetivação da irmandade social no vosso mundo em muito depende da realização das transformações pessoais e de ajustamentos planetários, como a seguir:

1. *A fraternidade social.* A multiplicação dos contatos sociais e associações fraternais internacionais e inter-raciais por meio de viagens, comércio e jogos competitivos. O desenvolvimento de uma linguagem comum e a multiplicação de indivíduos multilíngües. O intercâmbio racial e nacional de estudantes, professores, industriais e filósofos religiosos.

2. *A fertilização intelectual cruzada.* A irmandade torna-se impossível em um mundo cujos habitantes são tão primitivos que não conseguem reconhecer a loucura do egoísmo não mitigado. Deve ocorrer uma troca entre as literaturas nacionais e raciais. Cada raça deve tornar-se conhecedora do pensamento das outras raças; cada nação deve conhecer os sentimentos de todas as nações. A ignorância gera a suspeita, e a suspeita é incompatível com a atitude essencial de compaixão e amor.

3. *O despertar ético.* Apenas a consciência ética pode desmascarar a imoralidade da intolerância humana e o pecado das lutas fratricidas. Apenas uma consciência moral pode condenar os males da inveja nacional e do ciúme racial. Apenas seres morais buscarão o discernimento espiritual que é essencial à vivência da regra de ouro.

4. *A sabedoria política.* A maturidade emocional é essencial ao autocontrole. Apenas a maturidade emocional assegurará a substituição da arbitrariedade bárbara que é a guerra, pelas técnicas internacionais do julgamento civilizado. Estadistas sábios, algum dia, trabalharão para o bem-estar da humanidade, mesmo enquanto ainda lutam para promover o interesse dos seus grupos nacionais ou raciais. A

sagacidade política egoísta, em última análise, é suicida – destruidora de todas aquelas qualidades duradouras que asseguram a sobrevivência grupal no planeta.

5. *O discernimento espiritual.* A irmandade dos homens é, afinal, baseada no reconhecimento da paternidade de Deus. O modo mais rápido de se alcançar a irmandade dos homens em Urântia é efetuar a transformação espiritual da humanidade nos dias presentes. A única técnica para acelerar a tendência natural de evolução social seria aplicar a pressão espiritual vinda de cima, elevando, assim, o discernimento moral e, ao mesmo tempo, aumentando a capacidade da alma de cada mortal de compreender e amar a todos os outros mortais. O entendimento mútuo e o amor fraterno são fatores civilizadores transcendentes e poderosos na realização mundial da irmandade dos homens.

Caso pudésseis ser transplantados, do vosso mundo atrasado e confuso, até algum planeta normal que estivesse em uma idade posterior à vinda de um Filho auto-outorgado, pensaríeis haverdes sido transladados até os céus das vossas tradições. Dificilmente acreditaríeis que estaríeis observando os trabalhos evolucionários normais de uma esfera mortal de morada humana. Esses mundos estão ligados aos circuitos espirituais do seu reino e desfrutam de todas as vantagens das transmissões do universo e serviços da refletividade do superuniverso.

7. O HOMEM PÓS-FILHO INSTRUTOR

Os Filhos que em seguida visitarão um mundo evolucionário normal são da ordem dos Filhos Instrutores da Trindade, Filhos divinos da Trindade do Paraíso. E, novamente, encontramos Urântia fora de passo em relação às suas esferas irmãs, se considerarmos que o vosso Jesus prometeu voltar. E essa promessa ele certamente irá cumprir, mas ninguém sabe se a sua segunda vinda precederá ou virá depois dos aparecimentos dos Filhos Magisteriais ou dos Filhos Instrutores em Urântia.

Os Filhos Instrutores vêm, em grupos, aos mundos em espiritualização. Um Filho Instrutor planetário é ajudado e apoiado por setenta Filhos primários, doze Filhos secundários, e três da mais elevada e mais experimentada ordem suprema dos Diainais. Esse conjunto permanecerá por algum tempo no mundo, o período suficiente para efetivar a transição das idades evolucionárias para a era de luz e vida – não menos do que mil anos do tempo do planeta e, muito freqüentemente, um tempo consideravelmente maior. Essa missão é uma contribuição da Trindade para com os esforços anteriores de todas as personalidades divinas que ministraram a um mundo habitado.

A revelação da verdade agora passa a incluir o universo central e o Paraíso. As raças estão tornando-se altamente espiritualizadas. Um grande povo evoluiu e uma grande era aproxima-se. Os sistemas educacionais, econômicos e administrativos do planeta estão passando por transformações radicais. Relações e valores novos estão sendo estabelecidos. O Reino dos céus está emergindo no planeta; e a glória de Deus está sendo vertida sobre o mundo.

Esta é uma dispensação durante a qual muitos mortais são transladados de entre os vivos. Enquanto a era dos Filhos Instrutores da Trindade progride, a lealdade espiritual dos mortais do tempo torna-se mais e mais universal. A morte natural torna-se menos freqüente, à medida que os Ajustadores crescentemente se fundem com os seus resididos durante o tempo da vida na carne. O planeta finalmente classifica-se como sendo da ordem primária modificada de ascensão mortal.

A vida durante essa era é agradável e proveitosa. A degenerescência e outras conseqüências finais anti-sociais da longa luta evolucionária foram virtualmente abolidas. A duração da vida aproxima-se de quinhentos dos anos de Urântia; a taxa de reprodução e o crescimento da raça ficam inteligentemente sob controle. Uma ordem inteiramente nova de sociedade surgiu. Há ainda grandes diferenças entre os mortais, mas o estado da sociedade aproxima-se com mais nitidez dos ideais da irmandade social e igualdade espiritual. O governo representativo vai desaparecendo e o mundo está passando pela regra do autocontrole individual. A função do governo é voltada principalmente para as tarefas coletivas de administração social e coordenação econômica. A idade de ouro avança rapidamente; a meta temporal da longa e intensa luta evolucionária do planeta está sob mira visível. A recompensa das idades está para ser alcançada logo; a sabedoria dos Deuses está para ser manifestada.

A administração física de um mundo durante essa idade requer uma hora, a cada dia, da parte de cada indivíduo adulto; isto é, o equivalente a uma hora de Urântia. O planeta está em contato estreito com os assuntos do universo; e o seu povo quer ver as últimas transmissões, possuído do mesmo interesse aguçado que agora manifestais pelas últimas edições dos vossos jornais diários. Essas raças estão preocupadas com mil coisas interessantes, desconhecidas para o vosso mundo.

Cada vez mais, aumenta a lealdade planetária verdadeira ao Ser Supremo. Geração após geração, mais e mais, a raça alinha-se com aqueles que praticam a justiça e tornam viva a misericórdia. Vagarosamente, mas com segurança, o mundo está sendo conquistado para o serviço jubiloso dos Filhos de Deus. As dificuldades físicas e os problemas materiais foram amplamente resolvidos; o planeta está amadurecendo para a vida avançada e para uma existência mais estável.

De tempos em tempos, durante a sua dispensação, os Filhos Instrutores continuam a vir a esses mundos pacíficos. E não abandonam um mundo, até observarem que o plano evolucionário, no que concerne àquele planeta, esteja operando com tranqüilidade. Um Filho Magisterial de julgamento usualmente acompanha os Filhos Instrutores nas suas sucessivas missões, enquanto um outro Filho como ele funciona ao tempo da partida deles e tais ações judiciais continuam, de idade em idade, ao longo da duração do regime mortal do tempo e do espaço.

Cada missão repetida dos Filhos Instrutores da Trindade exalta, sucessivamente, um mundo de tal modo superno até alturas sempre ascendentes de sabedoria, espiritualidade e iluminação cósmica. Contudo, os nobres nativos dessa esfera são ainda finitos e mortais. Nada ainda é perfeito; no entanto, uma qualidade próxima da perfeição está evoluindo na operação de um mundo imperfeito e nas vidas dos seus habitantes humanos.

Os Filhos Instrutores da Trindade podem retornar muitas vezes ao mesmo mundo. Porém, mais cedo ou mais tarde, ao terminar uma das suas missões, o Príncipe Planetário é elevado à posição de Soberano Planetário, e o Soberano do Sistema surge para proclamar a entrada daquele mundo na era de luz e vida.

Foi sobre a conclusão da missão terminal dos Filhos Instrutores (ao menos esta seria a cronologia, em um mundo normal) que João escreveu: "Eu vi um novo céu e uma nova Terra, e a nova Jerusalém, vinda de Deus, saída dos céus, preparada como uma princesa adornada para o príncipe".

E a mesma Terra renovada, o estágio planetário avançado, é o que o velho profeta visualizou quando escreveu: "'Pois, como os novos céus e a nova Terra, que eu criarei, permanecerão diante de mim, assim também sobrevivereis vós e os vossos filhos; e acontecerá que, de uma nova lua para a outra, e de um sabat a outro sabat, toda a carne virá a adorar-me', disse o Senhor".

Os mortais dessa idade são descritos como "uma geração escolhida, um sacerdócio real, uma nação sagrada, um povo excelso; e vós louvareis Aquele que vos chamou, das trevas, para essa luz maravilhosa".

Não importa qual possa ser a história natural especial de um planeta específico, nenhuma diferença faz se um reino tenha sido realmente leal, se foi manchado pelo mal, ou amaldiçoado pelo pecado – não importa os antecedentes que possa ter tido –, mais cedo ou mais tarde, a graça de Deus e a ministração dos anjos farão chegar o dia do advento dos Filhos Instrutores da Trindade; e a sua partida, que se segue à sua missão final, irá inaugurar essa era magnífica de luz e vida.

Todos os mundos de Satânia podem juntos manter-se com a esperança daquele que escreveu: "Nós, contudo, de acordo com a Sua promessa, almejamos um novo céu e uma nova Terra, onde resida a retidão. Assim, pois, bem-amados, vendo que ansiais por tais coisas, sede diligentes para que possais ser encontrados por Ele em paz, sem máculas ou culpas".

A partida do corpo de Filhos Instrutores, ao fim do seu primeiro reinado ou de algum reinado subseqüente, anuncia a aurora da era de luz e vida – que é o umbral da transição no tempo para o vestíbulo da eternidade. A realização planetária dessa era de luz e vida ultrapassa, de longe, as esperanças mais preciosas dos mortais de Urântia; ultrapassa todos os conceitos, mesmo os mais visionários, da vida futura, abraçados nas crenças religiosas que descrevem os céus como o destino imediato e final de morada dos mortais sobreviventes.

[Auspiciado por um Mensageiro Poderoso ligado temporariamente à assessoria de Gabriel.]

DOCUMENTO 53

A REBELIÃO DE LÚCIFER

LÚCIFER era um brilhante Filho Lanonandeque primário de Nébadon. Possuía experiência de serviço em muitos sistemas, havia sido um alto conselheiro do seu grupo e distinguira-se pela sabedoria, sagacidade e eficiência. Era o número 37 da sua ordem e, quando indicado pelos Melquisedeques, fora distinguido como uma das cem personalidades mais capazes e brilhantes entre mais de setecentos mil da sua espécie. Vindo de um começo tão magnífico, por meio do mal e do erro, abraçou o pecado, e agora está numerado como um dos três Soberanos de Sistemas em Nébadon que sucumbiram ao impulso do ego e renderam-se aos sofismas de uma liberdade pessoal espúria – a rejeição da lealdade universal, a desconsideração pelas obrigações fraternais e a cegueira para as relações cósmicas.

No universo de Nébadon, domínio de Cristo Michael, há dez mil sistemas de mundos habitados. Em toda a história dos Filhos Lanonandeques, durante o seu trabalho em todos esses milhares de sistemas e na sede-central do universo, apenas três Soberanos de Sistemas desrespeitaram o governo do Filho Criador.

1. OS LÍDERES DA REBELIÃO

Lúcifer não era um ser ascendente; sendo um Filho criado no universo local, dele foi dito: "Eras perfeito em todos os teus caminhos, desde o dia em que foste criado; até que a falta de retidão fosse encontrada em ti". Muitas vezes, esteve em conselho com os Altíssimos de Edêntia. E Lúcifer reinou "sobre a montanha sagrada de Deus", a montanha administrativa de Jerusém, pois era o dirigente executivo de um grande sistema de 607 mundos habitados.

Havendo sido um ser magnífico, uma personalidade brilhante, Lúcifer estava ao lado dos Pais Altíssimos das constelações, na linha direta da autoridade no universo. Não obstante a sua transgressão, as inteligências subordinadas abstiveram-se de demonstrar-lhe desrespeito e desdém, antes da auto-outorga de Michael em Urântia. Mesmo o arcanjo de Michael, na época da ressurreição de Moisés, "não fez contra ele um juízo de acusação, mas simplesmente disse: 'que o Juiz te repreenda'". O julgamento dessas questões pertence aos Anciãos dos Dias, governantes deste superuniverso.

Lúcifer atualmente é um Soberano caído e deposto de Satânia. A auto-admiração é sumamente desastrosa, até mesmo para as elevadas personalidades do mundo celeste. De Lúcifer foi dito: "O teu coração enalteceu-se por causa da tua beleza; tu corrompeste a tua sabedoria em vista do teu esplendor". O vosso profeta de outrora percebeu esse triste estado, quando escreveu: "De que modo tu caíste dos céus, ó Lúcifer, filho da manhã! Tu que ousaste confundir os mundos, como foste abatido!"

Quase nada foi ouvido sobre Lúcifer em Urântia, devido ao fato de haver designado o seu primeiro assistente, Satã, para advogar a sua causa no vosso planeta. Satã, um membro do mesmo grupo de Lanonandeques primários, jamais funcionou como um

Soberano de Sistema; mas participou totalmente da insurreição de Lúcifer. E o "diabo" não é nenhum outro senão Caligástia, o Príncipe Planetário deposto de Urântia, um Filho Lanonandeque da ordem secundária. Na época em que Michael esteve na carne em Urântia, Lúcifer, Satã e Caligástia aliaram-se para, juntos, tentar causar o insucesso da sua missão de auto-outorga. Todavia, tiveram um fracasso notável.

Abaddon era o dirigente do corpo de assistentes de Caligástia. Ele seguiu o seu chefe na rebelião e, desde então, atuou como dirigente executivo dos rebeldes de Urântia. Belzebu foi o líder das criaturas intermediárias desleais que se aliaram às forças do traidor Caligástia.

O dragão afinal tornou-se uma representação simbólica de tais personagens do mal. Com o triunfo de Michael, "Gabriel veio de Sálvington e acorrentou o dragão (todos os líderes rebeldes) por uma idade". Dos rebeldes seráficos de Jerusém, está escrito: "E aos anjos que não mantiveram o seu estado original e que deixaram a sua própria morada, ele os prendeu nas correntes seguras da obscuridade para o grande dia do julgamento".

2. AS CAUSAS DA REBELIÃO

Lúcifer e o seu primeiro assistente, Satã, haviam reinado já em Jerusém por mais de quinhentos mil anos, quando, nos seus corações, começaram a alinhar-se contra o Pai Universal e o Seu Filho, o então vice-regente Michael.

Não houve qualquer condição peculiar ou especial, no sistema de Satânia, que sugerisse ou favorecesse a rebelião. Acreditamos que a idéia tomou origem e forma na mente de Lúcifer; e ele haveria de instigar tal rebelião, não importando onde estivesse servindo. Inicialmente Lúcifer anunciou os seus planos a Satã, todavia foram necessários vários meses para que a mente deste parceiro capaz e brilhante fosse corrompida. Contudo, uma vez convertido às teorias rebeldes, Satã tornou-se um defensor ousado e sincero da "afirmação de si e da liberdade".

Ninguém jamais sugeriu a Lúcifer uma rebelião. A idéia da auto-afirmação, em oposição à vontade de Michael e aos planos do Pai Universal, tais como representados por Michael, teve a sua origem na própria mente de Lúcifer. As relações dele com o Filho Criador haviam sido sempre estreitas e cordiais. Em nenhum momento, antes da exaltação da sua própria mente, Lúcifer chegara a exprimir abertamente qualquer insatisfação com a administração do universo. Não obstante o seu silêncio, por mais de cem anos do tempo-padrão, os Uniões dos Dias em Sálvington haviam informado, por refletividade, para Uversa, que nem tudo estava em paz na mente de Lúcifer. Essa informação foi também encaminhada ao Filho Criador e aos Pais da Constelação de Norlatiadeque.

Ao longo desse período, Lúcifer tornou-se cada vez mais crítico de todo o plano de administração do universo; sempre, no entanto, professando lealdade sincera aos Governantes Supremos. A sua primeira deslealdade, manifestada abertamente, aconteceu por ocasião de uma visita de Gabriel a Jerusém, poucos dias antes da proclamação aberta da Declaração de Lúcifer pela Liberdade. Gabriel ficou tão profundamente impressionado que teve a certeza da iminência de uma ruptura; e foi a Edêntia, diretamente, para conferenciar com os Pais da Constelação sobre as medidas a serem tomadas no caso de uma rebelião declarada.

Muito difícil torna-se apontar uma causa, ou causas exatas que finalmente culminaram na rebelião de Lúcifer. Estamos certos quanto a uma única coisa, e esta é: quaisquer que tenham sido as causas iniciais, elas tiveram a sua origem inteiramente na mente de Lúcifer. Deve ter havido um orgulho do ego, nutrido por ele próprio, a ponto de levar Lúcifer a iludir a si mesmo de um modo tal que, durante um certo tempo, realmente se haja persuadido de que a idéia rebelde, de fato, era para o bem do sistema, se não do universo. Quando os seus planos haviam já sido desenvolvidos, a ponto de levá-lo à desilusão, sem dúvida ele havia ido longe demais e o seu orgulho original, gerador da desordem, não lhe permitiria parar. Em algum ponto nessa experiência, ele tornou-se insincero; e o mal evoluiu em pecado deliberado e voluntário. A prova de que isso aconteceu está na conduta subseqüente desse brilhante executivo. A ele foi oferecida, desde longa data, a oportunidade clara de arrependimento; no entanto, apenas alguns dos seus subordinados aceitaram a misericórdia oferecida. Os Fiéis dos Dias de Edêntia, a pedido dos Pais da Constelação, apresentaram pessoalmente o plano de Michael para a salvação desses rebeldes flagrantes; no entanto, a misericórdia do Filho Criador foi sempre rejeitada, e rejeitada com um desprezo e desdém sempre maiores.

3. O MANIFESTO DE LÚCIFER

Quaisquer hajam sido as origens primeiras do desacerto nos corações de Lúcifer e de Satã, a explosão final tomou forma na Declaração de Liberdade de Lúcifer. A causa dos rebeldes foi declarada sob três pontos principais:

1. *A realidade do Pai Universal*. Lúcifer alegou que o Pai Universal não existe realmente, que a gravidade física e a energia do espaço são inerentes ao universo e que o Pai seria um mito, inventado pelos Filhos do Paraíso, no fito de capacitá-los a manter o governo dos universos em nome Dele. Negou que a personalidade fosse uma dádiva do Pai Universal. E chegou a sugerir, até mesmo, que os finalitores estivessem juntos, em conspiração, com os Filhos do Paraíso, para impor tal fraude a toda a criação, posto que nunca chegavam trazendo uma idéia suficientemente clara da personalidade autêntica do Pai, tal como se pode discerni-la no Paraíso. Lúcifer lidava com a reverência como se esta fora uma ignorância. A acusação foi radical, terrível e blasfema. E esse ataque velado contra os finalitores, sem dúvida, foi o que influenciou os cidadãos ascendentes, então em Jerusém, levando-os a permanecerem firmes e manterem-se constantes, resistindo a todas as propostas rebeldes.

2. *O governo universal do Filho Criador – Michael*. Lúcifer sustentava que os sistemas locais deveriam ser autônomos. Protestava contra o direito do Filho Criador, Michael, de assumir a soberania de Nébadon, em nome de um Pai do Paraíso hipotético, bem como de exigir de todas as personalidades que reconhecessem lealdade a esse Pai nunca visível. Afirmava que todo o plano de adoração seria um esquema sagaz para o engrandecimento dos Filhos do Paraíso. Estava disposto a reconhecer Michael como o seu Pai-Criador, mas não como o seu Deus, nem como o seu governante de direito.

Lúcifer atacou, com profunda amargura, o direito dos Anciães dos Dias – "potentados estrangeiros" – de interferir nos assuntos dos sistemas e universos locais. A esses governantes, ele os denunciou como tiranos e usurpadores. E exortou seus seguidores a acreditarem que nenhum desses governantes poderia fazer algo que interferisse na operação de conquista de um governo autônomo, desde que homens e anjos tivessem tão só a coragem para afirmar-se a si próprios bem como, de modo ousado, reclamar os seus direitos.

Argumentou que os executores dos Anciães dos Dias poderiam ser impedidos de funcionar nos sistemas locais; para tanto bastava que os seres nativos afirmassem a sua independência. Sustentava que a imortalidade era inerente às personalidades do sistema, que sendo natural e automática, a ressurreição, todos os seres viveriam eternamente, não fossem os atos arbitrários e injustos dos executores a mando dos Anciães dos Dias.

3. *O ataque ao plano universal de aperfeiçoamento dos ascendentes mortais*. Lúcifer sustentava que um tempo longo demais e uma energia excessiva estavam sendo despendidos no esquema de instruir e preparar tão cuidadosamente os mortais ascendentes, nos princípios da administração do universo, princípios estes que, ele alegava, seriam sem ética e malsãos. Protestava contra o programa, com a duração de idades, de preparo dos mortais do espaço para um destino desconhecido; e apontou a presença do corpo de finalitores em Jerusém como prova de que tais mortais haviam despendido tempo excessivo na preparação para algum destino que era pura ficção. Indicava, ridicularizando, que os finalitores haviam encontrado um destino não mais glorioso do que o de serem reenviados a esferas humildes, semelhantes às da sua origem. Sugeria que os finalitores haviam sido corrompidos por excesso de disciplina e aperfeiçoamentos prolongados e que, na realidade, eram uns traidores dos seus companheiros mortais, pois que estavam agora cooperando com o esquema de escravização de toda a criação às ficções de um destino eterno mítico para os mortais ascendentes. Advogava que os seres ascendentes deveriam desfrutar da liberdade da autodeterminação individual. E, condenando-o, desafiava todo o plano de ascensão mortal, tal como estava sendo fomentado pelos Filhos de Deus do Paraíso e mantido pelo Espírito Infinito.

E foi com uma Declaração de Liberdade como essa que Lúcifer desencadeou a sua orgia de trevas e de morte.

4. A ECLOSÃO DA REBELIÃO

O manifesto de Lúcifer foi emitido no conclave anual de Satânia, realizado no mar de cristal, em presença das hostes reunidas de Jerusém, no último dia do ano, cerca de duzentos mil anos atrás, no tempo de Urântia. Satã proclamou que a adoração podia ser dedicada às forças universais – físicas, intelectuais e espirituais – mas que a lealdade poderia apenas ser dedicada ao governante atual e de fato, Lúcifer, o "amigo de homens e anjos" e o "Deus da liberdade".

A auto-afirmação foi o grito de batalha da rebelião de Lúcifer. Um dos seus argumentos principais foi o de que, se o autogoverno era bom e justo para os Melquisedeques e outros grupos, seria igualmente bom para todas as ordens de inteligência. Atrevido e persistente, advogava a "igualdade da mente" e "a irmandade da inteligência". Sustentava que todo governo deveria ser limitado aos planetas locais e que a confederação desses sistemas locais deveria ser voluntária. Rejeitava qualquer outra supervisão. E prometeu aos Príncipes Planetários governarem os mundos como executivos supremos. Condenava a concentração das atividades legislativas na sede-central da constelação e a condução dos assuntos judiciais na capital do universo. Argumentando que todas essas funções do governo deveriam ser centradas nas capitais dos sistemas, começou a estabelecer a sua própria assembléia legislativa e organizou seus próprios tribunais, sob a jurisdição de Satã. Depois mandou que os príncipes apóstatas dos mundos fizessem o mesmo.

Todo o gabinete administrativo de Lúcifer seguiu-o em um só bloco e prestou um juramento público na qualidade de oficiais da administração da nova direção dos "mundos e sistemas liberados".

Ainda que tenha havido anteriormente duas rebeliões em Nébadon, elas aconteceram em constelações distantes. Lúcifer afirmava que essas insurreições não tiveram êxito porque a maioria das inteligências não seguiu os seus líderes. Argumentou que a "maioria governa", que "a mente é infalível". A liberdade, dada a ele pelos governantes do universo, sustentou aparentemente muitas das suas opiniões nefandas. Desafiou todos os seus superiores; e, ainda assim, aparentemente, eles não deram atenção ao que ele fazia; e, assim, ele continuou livre para prosseguir no seu plano sedutor, sem empecilhos ou entraves.

Lúcifer apontou todos os atrasos misericordiosos da justiça como evidência de incapacidade, da parte do governo dos Filhos do Paraíso, para conter a rebelião. Desafiava abertamente e, com arrogância, provocava Michael, Emanuel e os Anciãos dos Dias; e então assinalava o fato de nenhuma medida estar sendo tomada como uma evidência verdadeira da impotência dos governos do universo e do superuniverso.

Gabriel esteve pessoalmente presente durante o suceder de todos esses procedimentos desleais e apenas anunciou que iria, no devido tempo, falar por Michael; e que todos os seres seriam deixados livres e não seriam forçados nas suas decisões; que o "governo dos Filhos, em nome do Pai, desejava apenas a lealdade e a devoção voluntárias, de coração e à prova de sofismas".

A Lúcifer foi permitido estabelecer totalmente e organizar cuidadosamente o seu governo rebelde, antes que Gabriel fizesse qualquer esforço para contestar o direito de secessão ou de contradizer a propaganda rebelde. Mas os Pais da Constelação, imediatamente, confinaram a ação dessas personalidades desleais ao sistema de Satânia. Esse período de demora, contudo, foi uma época de grande provação e testes para os seres leais de todo o Satânia. Durante alguns anos, tudo ficou caótico e houve uma grande confusão nos mundos das mansões.

5. A NATUREZA DO CONFLITO

Quando a rebelião de Satânia estourou, Michael aconselhou-se com Emanuel, o seu irmão do Paraíso. Em seguida a essa significativa conferência, Michael anunciou que seguiria a mesma política que havia caracterizado o tratamento dado a levantes semelhantes no passado: uma atitude de não-interferência.

Na época dessa rebelião e das duas que a precederam, não havia nenhuma autoridade soberana absoluta e pessoal no universo de Nébadon. Michael governava por direito divino, como vice-regente do Pai Universal, mas não ainda pelo seu próprio direito pessoal. Não havendo completado a sua carreira de auto-outorgas, Michael ainda não havia sido investido com "todo o poder nos céus e na Terra".

Desde o momento da eclosão da rebelião até o dia da sua entronização como governante soberano de Nébadon, Michael nunca interferiu nas forças rebeldes de Lúcifer; a elas foi permitido que agissem livremente por quase duzentos mil anos do tempo de Urântia. Cristo Michael agora tem amplo poder e autoridade para lidar prontamente, e até mesmo sumariamente, com esses rompantes de deslealdade; mas duvidamos que a autoridade soberana o levasse a agir diferentemente se outro desses levantes ocorresse.

Posto que Michael escolheu permanecer à margem da atividade da guerra, na rebelião de Lúcifer, Gabriel reuniu o seu corpo pessoal de assistentes em Edêntia e, em conselho com os Altíssimos, optou por assumir o comando das hostes leais de Satânia. Michael permaneceu em Sálvington, enquanto Gabriel rumou para Jerusém e, estabelecendo-se na esfera dedicada ao Pai – o mesmo Pai Universal cuja personalidade Lúcifer e Satã punham em dúvida –, na presença das hostes reunidas das personalidades leais, Gabriel içou a bandeira de Michael, o emblema material do governo da Trindade para toda a criação: três círculos concêntricos na cor azul-celeste sobre um fundo branco.

O emblema de Lúcifer era uma bandeira branca com um círculo vermelho ao centro, e dentro do qual se inseria um círculo todo em negro.

"Houve guerra nos céus; o comandante de Michael e os seus anjos lutaram contra o dragão (Lúcifer, Satã e os príncipes apóstatas); e o dragão e os seus anjos rebeldes lutaram, mas não prevaleceram." Essa 'guerra nos céus" não foi uma batalha física, como um conflito dessa ordem poderia ser concebido em Urântia. Nos primeiros dias da luta, Lúcifer permaneceu continuamente no anfiteatro planetário. Gabriel conduziu uma interminável exposição dos sofismas rebeldes, da sua sede-central estabelecida nas cercanias. As várias personalidades presentes à esfera, e que estavam em dúvida quanto à própria atitude, iam e voltavam em meio a essas discussões, até que chegaram a uma decisão final.

Mas essa guerra nos céus foi muito terrível e muito real. Ainda que não haja havido uma demonstração das barbáries tão características da guerra física dos mundos imaturos, esse conflito foi ainda mais mortal; a vida material fica em perigo no combate material, mas a guerra nos céus foi travada pondo em risco a vida eterna.

6. UM COMANDANTE SERÁFICO LEAL

Muitos atos nobres e inspiradores de devoção e lealdade, realizados por inúmeras personalidades, aconteceram no período entre a explosão das hostilidades e a chegada do novo governante do sistema e seu corpo de assistentes; mas o mais emocionante de todos os feitos audaciosos de devoção foi a conduta corajosa de Manótia, o segundo no comando da sede-central dos serafins de Satânia.

No eclodir da rebelião em Jerusém, o chefe das hostes seráficas uniu-se à causa de Lúcifer. Isso, sem dúvida, explica por que se transviou um número tão grande da quarta ordem, a dos serafins administradores do sistema. Este líder seráfico ficou espiritualmente cego pela personalidade brilhante de Lúcifer e seus modos encantadores fascinaram as ordens inferiores de seres celestes. Simplesmente não podiam compreender como era possível que uma personalidade tão deslumbrante pudesse errar.

Manótia disse, não há muito tempo, ao descrever as experiências ligadas ao começo da rebelião de Lúcifer,: "Mas o meu momento mais embriagante foi a aventura emocionante ligada à rebelião de Lúcifer, quando, como segundo comandante seráfico, me recusei a participar do projeto de insultar Michael; e os poderosos rebeldes procuraram destruir-me por intermédio das forças de ligação que se haviam formado. Houve um tremendo levante em Jerusém, mas nenhum serafim leal sofreu danos.

"Quando aconteceu que o meu superior imediato entrou em falta, a responsabilidade de assumir o comando das hostes angélicas de Jerusém recaiu sobre mim, na qualidade de diretor titular dos confusos assuntos seráficos do sistema. Apoiado moralmente pelos Melquisedeques, assistido habilmente por uma maioria de Filhos Materiais, fui desertado por um enorme grupo da minha própria ordem; no entanto, estive sendo magnificamente apoiado pelos mortais ascendentes em Jerusém.

"Tendo sido automaticamente excluídos dos circuitos da constelação, por causa da secessão de Lúcifer, ficamos dependentes da lealdade do nosso corpo de informação, o qual, a partir do sistema vizinho de Rantúlia, transmitia os chamados de ajuda para Edêntia; e verificamos que o reino da ordem, o intelecto da lealdade e o espírito da verdade foram inerentemente triunfantes sobre a rebelião, a afirmação do ego e a assim chamada liberdade pessoal; pudemos então prosseguir até a chegada do novo Soberano do Sistema, o digno sucessor de Lúcifer. Imediatamente depois, fui designado para o corpo de administradores provisórios Melquisedeques de Urântia. E assumi a jurisdição sobre as ordens seráficas leais, no mundo do traidor Caligástia, o qual havia proclamado a sua esfera como um membro do recém-projetado sistema de 'mundos liberados e personalidades emancipadas', proposto na infame Declaração de Liberdade, emitida por Lúcifer no seu apelo às 'inteligências amantes da liberdade, do livre-pensamento e orientadas para o porvir dos mal administrados e governados mundos de Satânia'".

Esse anjo, Manótia, está ainda a serviço em Urântia, na função de comandante associado dos serafins.

7. A HISTÓRIA DA REBELIÃO

A rebelião de Lúcifer teve o âmbito de todo o sistema. Trinta e sete Príncipes Planetários em secessão conduziram as administrações dos seus mundos para o lado dos líderes rebeldes. Apenas em Panóptia, o Príncipe Planetário fracassou ao tentar levar o seu povo consigo. Nesse mundo, sob a liderança dos Melquisedeques, o povo congregou-se em apoio a Michael. Elanora, uma jovem mulher daquele reino mortal, tomou a liderança das raças humanas nas próprias mãos e sequer uma única alma daquele mundo transtornado alistou-se sob a bandeira de Lúcifer. E, desde então, os Panoptianos leais têm servido no sétimo mundo de transição de Jerusém, como construtores e cuidadores da esfera do Pai e os sete mundos de detenção que o circundam. Os Panoptianos além de atuar como custódios literais desses mundos, também executam as ordens pessoais de Michael ligadas à ornamentação dessas esferas para algum uso futuro desconhecido. Fazem esse trabalho enquanto permanecem ali, a caminho de Edêntia.

Ao longo desse período, Caligástia advogou a causa de Lúcifer, em Urântia. Os Melquisedeques opuseram-se habilmente ao Príncipe Planetário apóstata, todavia os sofismas de uma liberdade sem limites e as ilusões de auto-afirmação tiveram todas as oportunidades para enganar os povos primitivos de um mundo jovem e sem desenvolvimento.

Toda a propaganda da secessão teve de ser feita por meio do esforço pessoal, porque o serviço de transmissão e todas as outras vias de comunicação interplanetária haviam sido suspensas pela ação dos supervisores dos circuitos do sistema. No momento da eclosão da insurreição, todo o sistema de Satânia foi isolado, tanto dos circuitos da constelação, quanto dos circuitos do universo. Durante esse tempo, todas as mensagens que chegavam e saíam eram despachadas por agentes seráficos e Mensageiros Solitários. Os circuitos para os mundos caídos também foram cortados, de modo que Lúcifer não utilizasse tais meios para fomentar o seu esquema nefando. E tais circuitos não serão restaurados enquanto o rebelde supremo viver dentro dos confins de Satânia.

Essa foi uma rebelião Lanonandeque. As ordens mais elevadas de filiação do universo local não se ligaram à secessão de Lúcifer, embora uns poucos Portadores da Vida estacionados nos planetas rebeldes hajam sido um pouco influenciados pela rebelião dos príncipes desleais. Nenhum dos Filhos Trinitarizados transviou-se. Todos os Melquisedeques, os arcanjos e os Brilhantes Estrelas Vespertinas permaneceram leais a Michael e, ao lado de Gabriel, valentemente combateram pela vontade do Pai e o governo do Filho.

Nenhum ser originário do Paraíso esteve envolvido em deslealdades. Junto com os Mensageiros Solitários, eles tomaram as sedes-centrais do mundo do Espírito, as quais permaneceram sob a liderança dos Fiéis dos Dias de Edêntia. Nenhum dos conciliadores cometeu apostasia, nem se transviou sequer um dos Registradores

Celestes. Contudo houve grandes perdas entre os Companheiros Moronciais e os Educadores dos Mundos das Mansões.

Da ordem suprema de serafins, nem um anjo foi perdido, mas um grupo considerável da ordem seguinte, a superior, deixou-se enganar e caiu na armadilha. Do mesmo modo, desviaram-se uns poucos da terceira ordem de anjos, a dos supervisores. O colapso mais terrível, contudo, produziu-se no quarto grupo, o dos anjos administradores, ou seja, os serafins que são designados normalmente para os deveres das capitais dos sistemas. Manótia salvou quase dois terços deles, mas um pouco mais que um terço seguiu os chefes, indo para as fileiras rebeldes. De todos os querubins de Jerusém, um terço, ligado aos anjos administradores, foi perdido junto com os seus serafins desleais.

Dos ajudantes planetários angélicos, designados para os Filhos Materiais, cerca de um terço foi iludido, e quase dez por cento dos ministros de transição caíram na armadilha. João viu isso simbolicamente quando escreveu sobre o grande dragão vermelho, dizendo: "E a sua cauda atraiu uma terça parte das estrelas do céu e jogou-as na obscuridade".

A maior perda ocorreu nas fileiras angélicas, e a maior parte das ordens inferiores de inteligência envolveu-se na deslealdade. Dos 681 217 Filhos Materiais perdidos em Satânia, noventa e cinco por cento foram vítimas da rebelião de Lúcifer. Um grande número de criaturas intermediárias perdeu-se nos planetas cujos Príncipes Planetários uniram-se à causa de Lúcifer.

Sob muitos aspectos, essa rebelião foi a de maior magnitude e a mais desastrosa de todas as ocorrências semelhantes, em Nébadon. Mais personalidades estiveram envolvidas nessa insurreição do que em ambas as outras. E foi para a sua eterna desonra que os emissários de Lúcifer e Satã não pouparam as escolas de educação infantil no planeta cultural finalitor, procurando corromper logo essas mentes em evolução, até então misericordiosamente mantidas a salvo, vindas dos mundos evolucionários.

Os mortais ascendentes, mesmo sendo vulneráveis, resistiram aos sofismas da rebelião, com mais facilidade do que os seres espirituais menos elevados. Conquanto hajam caído, nos mundos mais baixos das mansões, muitos dos mortais que ainda não haviam alcançado a fusão final com os seus Ajustadores, ficou registrado, para a glória da sabedoria do esquema de ascensão, que nem um membro sequer, com cidadania ascendente em Satânia e residente em Jerusém, participou da rebelião de Lúcifer.

Hora após hora e dia após dia, as estações de transmissão de todo o Nébadon mantinham-se repletas de observadores ansiosos, de todas as classes imagináveis de inteligências celestes, as quais examinavam avidamente os boletins da rebelião de Satânia e rejubilavam-se quando os relatos narravam continuamente sobre a lealdade inflexível dos mortais ascendentes, que, sob a liderança dos Melquisedeques, resistiram com êxito aos esforços combinados e prolongados de todas as forças sutis do mal, as quais tão rapidamente se haviam congregado em torno das bandeiras da secessão e do pecado.

Decorreram mais de dois anos, do tempo do sistema, desde o começo da "guerra nos céus" até a instalação do sucessor de Lúcifer. E afinal chegou Lanaforge; este novo soberano aterrissou no mar de cristal com seus assistentes. Eu estava entre as reservas mobilizadas, em Edêntia, por Gabriel; e bem me lembro da primeira mensagem de Lanaforge ao Pai da Constelação de Norlatiadeque, dizendo: "Não se perdeu um único cidadão de Jerusém. Todos os mortais ascendentes sobreviveram à dura prova e emergiram triunfantes e vitoriosos do teste crucial". E uma mensagem chegou em Sálvington, em Uversa e no Paraíso, transmitindo a certeza de que a experiência de sobreviver, na ascensão mortal, é a maior proteção contra a rebelião e a salvaguarda mais segura contra o pecado. Esse nobre grupo somava exatamente 187 432 811 mortais fiéis.

Com a chegada de Lanaforge, os líderes rebeldes foram destronados e afastados de todos os poderes governantes, embora se lhes haja sido permitido transitar livremente em Jerusém, nas esferas moronciais e mesmo nos mundos individuais habitados. Eles continuaram com os seus esforços sedutores e enganadores, confundindo e desorientando as mentes de homens e anjos. Mas, no que concerniu ao seu trabalho no monte administrativo de Jerusém, "não houve mais lugar para eles".

Embora Lúcifer haja sido despojado de toda autoridade administrativa em Satânia, não existia então, no universo local, nenhum poder, nem tribunal que pudesse deter ou destruir esse rebelde perverso; naquela época, Michael não era ainda um governante soberano. Os Anciães dos Dias apoiaram os Pais da Constelação, na sua tomada do governo do sistema, mas nunca baixaram nenhuma medida subseqüente, nas muitas apelações, ainda pendentes, com respeito ao status atual e à sorte futura de Lúcifer, Satã e seus parceiros.

Assim, pois, foi permitido a esses rebeldes supremos perambular pelo sistema inteiro, a fim de buscar maior penetração para as suas doutrinas de descontentamento e auto-afirmação. Todavia, durante quase duzentos mil anos do tempo de Urântia, eles não foram capazes de enganar nenhum outro mundo mais. Nenhum outro dos mundos de Satânia foi perdido, desde a queda dos trinta e sete; sequer mesmo os mundos mais jovens povoados desde os dias da rebelião.

8. O FILHO DO HOMEM EM URÂNTIA

Lúcifer e Satã perambularam livremente pelo sistema de Satânia, até que se completou a missão de auto-outorga de Michael em Urântia. Estiveram no vosso mundo juntos e pela última vez durante a época da investida combinada que praticaram contra o Filho do Homem.

Antes, quando os Príncipes Planetários, os "Filhos de Deus", reuniam-se periodicamente, "Satã também se juntava a eles", reivindicando ser quem representava todos os mundos isolados dos Príncipes Planetários caídos. Contudo não lhe foi mais permitida essa liberdade em Jerusém, desde a auto-outorga terminal de Michael. Depois do esforço que fizeram para corromper Michael quando encarnado em auto-outorga, toda a compaixão por Lúcifer e Satã, fora dos mundos isolados em pecado, esvaiu-se em todo o Satânia.

A auto-outorga de Michael pôs fim à rebelião de Lúcifer, em todo o Satânia, com exceção dos planetas dos Príncipes Planetários apóstatas. E este foi o significado, na experiência pessoal de Jesus, pouco antes da sua morte na carne, quando um dia ele exclamou para os seus discípulos: "E eu contemplo Satã caindo do céu como um raio". Ele havia vindo, com Lúcifer, a Urântia para a última luta crucial.

O Filho do Homem permaneceu confiante no êxito e sabedor de que o seu triunfo, no vosso mundo, estabeleceria para sempre o status desses inimigos de toda uma era, não apenas em Satânia, mas também nos outros dois sistemas, onde o pecado havia penetrado. A sobrevivência, para os mortais, e a segurança, para os anjos, foram afirmadas quando o vosso Mestre, em resposta às propostas de Lúcifer, calmamente e com certeza divina, respondeu: "Vai retro, Satã". Esse foi, em princípio, o fim real da rebelião de Lúcifer. É bem verdade que os tribunais de Uversa ainda não emitiram a sentença executiva a respeito do apelo de Gabriel, rogando pela destruição dos rebeldes; contudo, tal decreto irá, sem dúvida, ser emitido no completar do tempo, pois o primeiro passo na audiência desse caso já foi dado.

Caligástia foi reconhecido, pelo Filho do Homem, como sendo tecnicamente o Príncipe de Urântia, até perto da época da morte de Jesus. Disse Jesus: "Agora é o juízo deste mundo; agora o príncipe deste mundo será deposto". E então, ainda mais perto de completar o trabalho da sua vida, ele anunciou: "O Príncipe deste mundo está julgado". E é este mesmo Príncipe destronado e desacreditado que certa vez foi chamado de "Deus de Urântia".

O último ato de Michael antes de deixar Urântia foi o de oferecer misericórdia a Caligástia e Daligástia, mas estes desdenharam a afetuosa oferta. Caligástia, o vosso Príncipe Planetário apóstata, ainda está em Urântia, livre para continuar os seus desígnios nefandos, mas não tem absolutamente nenhum poder para entrar nas mentes dos homens, nem pode aproximar-se das suas almas para tentá-las ou corrompê-las, a menos que realmente desejem ser amaldiçoadas pela sua presença perversa.

Antes da auto-outorga de Michael, esses governantes das trevas procuraram manter a sua autoridade em Urântia e obstinadamente resistiram às personalidades celestes menores e subordinadas. Todavia, desde o dia de Pentecostes, esses traidores, Caligástia e o seu igualmente desprezível parceiro, Daligástia, passaram a ser servis perante a majestade divina dos Ajustadores do Pensamento do Paraíso e o Espírito da Verdade, o espírito de Michael que foi efusionado em toda a carne, como protetor.

Mesmo assim, porém, jamais nenhum espírito caído teve o poder de invadir as mentes ou acossar as almas dos filhos de Deus. Nem Satã, nem Caligástia não poderiam jamais tocar, nem sequer se aproximar dos filhos de Deus pela fé; a fé é uma armadura eficaz contra o pecado e a iniquidade. É verdade que: "Aquele que nasceu de Deus, guarda-se, e o maligno não toca nele".

Em geral, quando se supõe que mortais fracos e dissolutos estejam sob a influência de diabos e demônios, na verdade estão meramente sendo dominados pelas suas próprias tendências vis inerentes, sendo transviados pelas próprias propensões naturais. Ao diabo tem sido dada uma grande quantidade de crédito, por um mal que não advém dele. Caligástia tem sido relativamente impotente, desde a cruz de Cristo.

9. O STATUS ATUAL DA REBELIÃO

Nos primeiros dias da rebelião de Lúcifer, a salvação foi oferecida a todos os rebeldes, por Michael. A todos aqueles que dessem prova de arrependimento sincero, ele ofereceu, quando chegasse a alcançar a sua soberania completa no universo, o perdão e o restabelecimento em alguma forma de serviço no universo. Nenhum dos líderes aceitou essa oferta misericordiosa. Mas milhares de anjos e ordens inferiores de seres celestes, incluindo centenas de Filhos e Filhas Materiais, aceitaram a misericórdia proclamada pelos Panoptianos e lhes foi dada a reabilitação na época da ressurreição de Jesus, há cerca de mil e novecentos anos. Esses seres, desde então, foram transferidos para o mundo do Pai, em Jerusém, onde devem ser mantidos, tecnicamente presos, até que as cortes de Uversa baixem alguma decisão sobre o caso de Gabriel *versus* Lúcifer. Contudo, ninguém duvida de que, quando o veredicto da aniquilação for emitido, essas personalidades arrependidas e salvas ficarão eximidas do decreto de extinção. Tais almas, em provação, trabalham agora com os Panoptianos na tarefa de cuidar do mundo do Pai.

O arquifarsante nunca mais esteve em Urântia, depois dos dias em que tentou desviar Michael do propósito de completar a auto-outorga e estabelecer a si próprio, final e seguramente, como o governante irrestrito de Nébadon. Quando Michael tornou-se o soberano estabelecido do universo de Nébadon, Lúcifer foi levado em custódia pelos agentes dos Anciães dos Dias de Uversa e, desde então, tem estado prisioneiro, no satélite de número um, do grupo do Pai, nas esferas de transição de Jerusém. E, ali, os governantes de outros mundos e sistemas podem contemplar o fim do infiel Soberano de Satânia. Paulo sabia do status desses líderes rebeldes, depois da auto-outorga de Michael, pois escreveu sobre os chefes de Caligástia como as "hostes espirituais da maldade, nas regiões celestes".

Michael, ao assumir a soberania suprema de Nébadon, solicitou aos Anciães dos Dias a autorização para internar todas as personalidades que participaram da rebelião de Lúcifer, até serem emitidas as sentenças dos tribunais do superuniverso para o caso Gabriel *versus* Lúcifer, assinalado nos registros da suprema corte de Uversa há quase duzentos mil anos, na medida de tempo adotada por vós. A respeito do grupo da capital do sistema, os Anciães dos Dias concederam o pedido de Michael, mas com uma única exceção: a Satã foi permitido fazer visitas periódicas aos príncipes apóstatas nos mundos caídos, até um outro Filho de Deus ser aceito por esses mundos apóstatas, ou até o momento em que as cortes de Uversa comecem o julgamento do caso de Gabriel *versus* Lúcifer.

Satã podia vir a Urântia, porque vós não tínheis nenhum Filho de categoria com residência aqui – nem Príncipe Planetário, nem Filho Material. Machiventa Melquisedeque, desde então, foi proclamado Príncipe Planetário vice-regente de Urântia; e a abertura do caso Gabriel *versus* Lúcifer assinalou a inauguração de regimes planetários temporários, em todos os mundos isolados. É verdade que Satã visitou periodicamente Caligástia e outros príncipes caídos, exatamente até o momento da apresentação dessas revelações, quando aconteceu a primeira das audiências solicitadas por Gabriel para o aniquilamento dos líderes rebeldes. Satã, no entanto, está agora incondicionalmente detido nos mundos de prisão de Jerusém.

Desde a auto-outorga final de Michael, ninguém, em todo o Satânia, desejou ir aos mundos de prisão para ministrar aos rebeldes internados. E nenhum outro ser foi conquistado pela causa dos enganadores. Por mil e novecentos anos, tal status não sofreu alteração.

Nós não antecipamos uma eliminação das restrições atuais feitas a Satânia, antes que os Anciães dos Dias hajam tomado uma decisão final sobre os líderes rebeldes. Os circuitos do sistema não serão reinstalados enquanto Lúcifer estiver vivo. Nesse meio tempo, ele está totalmente inativo.

A rebelião terminou em Jerusém. Ela cessa, nos mundos caídos, tão logo os Filhos divinos cheguem até eles. Acreditamos que os rebeldes que algum dia iriam aceitar a misericórdia já o fizeram, todos. Aguardamos pela teletransmissão que, em um clarão de relâmpago, irá privar tais traidores da existência da sua personalidade. Antecipamos que o veredicto de Uversa, a ser anunciado nessa transmissão, indicará a ordem de execução que irá efetivar a aniquilação desses rebeldes aprisionados. E então vós ireis procurá-los nos lugares deles, mas eles não serão encontrados. "E aqueles que vos conhecem, entre os mundos, espantar-se-ão convosco; pois fostes um terror, mas nunca mais o sereis novamente". E assim todos esses traidores indignos "serão como se nunca houvessem existido". Todos aguardam o decreto de Uversa.

Contudo, durante idades, os sete mundos de prisão, de escuridão espiritual em Satânia, constituíram um solene aviso para todo o Nébadon, proclamando eloqüente e efetivamente a grande verdade "de que o caminho do transgressor é duro"; "pois dentro de cada pecado está oculta a semente da sua própria destruição"; e que "a recompensa do pecado é a morte".

[Apresentado por Manovandet Melquisedeque, anteriormente vinculado à administração provisória de Urântia.]

DOCUMENTO 54

OS PROBLEMAS DA REBELIÃO DE LÚCIFER

O HOMEM evolucionário acha difícil compreender plenamente o significado do mal e captar o sentido desse mal, do erro, do pecado e da iniqüidade. O homem é lento para perceber que o contraste entre a perfeição e a imperfeição gera o mal potencial; que o conflito entre a verdade e a falsidade produz a confusão do erro; que o dom divino da escolha, do livre-arbítrio, pode levar aos domínios divergentes de pecado e retidão; que a busca persistente da divindade conduz ao Reino de Deus e que a contínua rejeição desse Reino, ao contrário, conduz aos domínios da iniqüidade.

Os Deuses não criam o mal, nem permitem o pecado e a rebelião. O mal potencial existe no tempo, em um universo que abrange níveis distintos de significados e valores de perfeição. O pecado será potencial em todos os reinos nos quais os seres imperfeitos sejam dotados com a capacidade da escolha entre o bem e o mal. Conflitante em si mesma, a presença da verdade e a da inverdade, a do verdadeiro factual e a do falso, constituem uma potencialidade para o erro. A rejeição voluntária da verdade é o erro; a escolha deliberada do mal constitui o pecado e a adoção persistente do pecado e do erro constitui a iniqüidade.

1. A LIBERDADE VERDADEIRA E A FALSA LIBERDADE

Entre os problemas de grande perplexidade, advindos da rebelião de Lúcifer, nenhum tem causado mais dificuldades do que a incapacidade com a qual os mortais evolucionários imaturos se defrontam ao tentar distinguir entre a verdadeira e a falsa liberdade.

A liberdade verdadeira é uma busca de idades e a recompensa do progresso evolucionário. A falsa liberdade é o engano sutil do erro, no tempo, e do mal, no espaço. A liberdade que perdura, funda-se na realidade da justiça – inteligência, maturidade, fraternidade e eqüidade.

A liberdade transforma-se em um instrumento de autodestruição na existência cósmica quando a sua motivação é pouco inteligente, incondicionada e descontrolada. A verdadeira liberdade, progressivamente, encontra-se relacionada à realidade e considera sempre a eqüidade social, a justiça cósmica, a fraternidade universal e as obrigações divinas.

A liberdade torna-se suicida quando divorciada da justiça material, da honestidade intelectual, da paciência social, do dever moral e de valores espirituais. A liberdade não existe fora da realidade cósmica; e toda a realidade da personalidade é proporcional às suas relações com a divindade.

A vontade própria incontida e a auto-expressão não regradas igualam-se ao egoísmo não mitigado: o ponto mais distante da divindade. A liberdade que não está associada à conquista e automestria do ego, que sempre devem estar em crescimento, é uma invenção da imaginação mortal egoísta. A liberdade motivada apenas no ego é uma ilusão conceitual, um engano cruel. E a licenciosidade mascarada com a veste da liberdade é precursora de uma escravidão abjeta.

A verdadeira liberdade é derivada do auto-respeito genuíno; a falsa liberdade é companheira da auto-admiração. A verdadeira liberdade é fruto do controle de si próprio; a liberdade falsa é fruto da pretensão da afirmação do ego. O autocontrole conduz ao serviço altruísta. A admiração de si próprio tende a conduzir à exploração dos outros, visando um engrandecimento individual egoísta e no erro. Tal indivíduo, por egoísmo, dispõe-se a sacrificar a realização, na retidão, pela posse de um poder injusto sobre os seus semelhantes.

Mesmo a sabedoria, é divina e segura apenas quando é cósmica, no seu alcance; e espiritual, pela sua motivação.

Não há erro maior do que a prática de enganar a si próprio, o que leva os seres inteligentes a aspirarem ao exercício do poder sobre outros seres, resultando no propósito de privá-los das suas liberdades naturais. A regra de ouro da justiça humana põe-se contra todas essas fraudes, injustiças, egoísmos e falta de retidão. Só a liberdade genuína e verdadeira é compatível com o Reino do amor e o ministério da misericórdia.

Como se atreve, a criatura movida pela vontade do ego, a intrometer-se nos direitos dos semelhantes, em nome de uma liberdade pessoal, quando mesmo os Governantes Supremos do universo abstêm-se, em respeito misericordioso, diante das prerrogativas e potenciais da vontade da personalidade! Nenhum ser, no exercício de uma suposta liberdade pessoal, tem o direito de privar qualquer outro ser dos privilégios da existência, conferidos pelos Criadores e devidamente respeitados por todos os seus leais companheiros, subordinados e súditos.

O homem evolucionário pode ter de lutar pelas suas liberdades materiais contra tiranos e opressores, num mundo de pecado e iniqüidade; ou durante os tempos iniciais de uma esfera primitiva, em evolução; mas não é assim nos mundos moronciais, nem nas esferas do espírito. A guerra faz parte da herança do homem evolucionário primitivo, mas, nos mundos em que a civilização tem um avanço normal, o combate físico, como uma técnica de ajustamento para os mal-entendidos raciais, há muito tempo caiu em descrédito.

2. O ROUBO DA LIBERDADE

Com o Filho e no Espírito, Deus projetou a eterna Havona e, desde então, ali prevaleceu o arquétipo eterno da participação coordenada na criação – o compartilhamento. Esse modelo de compartir é o projeto mestre para cada um dos Filhos e Filhas de Deus, os quais saem para o espaço com o fito de engajar-se na tentativa de duplicar, no tempo, o Universo Central de perfeição eterna.

Todas as criaturas que aspiram a cumprir a vontade do Pai, em todos os universos em evolução, estão destinadas a tornar-se parceiras dos Criadores tempo-espaciais, nessa magnífica aventura de tentar alcançar a perfeição experiencial. Se isso não fosse uma verdade, o Pai não haveria dotado tais criaturas de um livre-arbítrio criativo nem residiria nelas, formando junto com elas, na verdade, uma sociedade na qual Ele se faz presente por intermédio do Seu próprio espírito.

A loucura de Lúcifer foi tentar fazer o não-factível: abreviar o tempo, por um atalho, em um universo experiencial. O crime de Lúcifer foi a tentativa de privar todas as personalidades de Satânia da própria liberdade criativa, de reduzir indevidamente a participação pessoal da criatura – o livre-arbítrio de poder participar – na longa luta evolucionária para alcançar o status de luz e vida, tanto individual quanto coletivamente. Ao fazer isso, aquele que certa vez foi o Soberano do vosso sistema colocou o propósito temporal da sua própria vontade em oposição direta ao propósito eterno da vontade de Deus, tal como é revelada na outorga do livre-arbítrio a todas as criaturas pessoais. A rebelião de Lúcifer, assim, ameaçou infringir, ao máximo possível, a faculdade da escolha livre dos ascendentes e servidores do sistema de Satânia – uma ameaça de privar para sempre cada um desses seres da experiência apaixonante de contribuir com algo de pessoal e único para o soerguimento vagaroso do monumento da sabedoria experiencial, que existirá, algum dia, como sendo o sistema de Satânia perfeccionado. Assim pois, o manifesto de Lúcifer, mascarado e revestido pelos trajes de uma liberdade, destaca-se, à luz clara da razão, como ameaça monumental a consumar o roubo da liberdade pessoal e a fazê-lo numa escala só alcançada, em toda a história de Nébadon, por duas vezes.

Em resumo, o que Deus dera aos homens e anjos, Lúcifer lhes queria tirar; isto é, o privilégio divino de participar na criação dos seus próprios destinos e do destino deste sistema local de mundos habitados.

Nenhum ser, em todo o universo, possui liberdade, por direito, de privar qualquer outro ser da verdadeira liberdade, do direito de amar e ser amado, do privilégio de adorar a Deus e servir aos seus semelhantes.

3. A DEMORA TEMPORAL DA JUSTIÇA

As criaturas de vontade moral dos mundos evolucionários entregam-se sempre à inquietação de formular a pergunta impensada: por que os Criadores oniscientes permitem o mal e o pecado? Não compreendem que, se a criatura deve ser verdadeiramente livre, ambos tornam-se inevitáveis. O livre-arbítrio do homem que evolui, e o do anjo extraordinário, não são mero conceito filosófico, ideais simbólicos. A capacidade do homem de escolher entre o bem e o mal é uma realidade do universo. Essa liberdade, de escolher por si próprio, é um dom dado pelos Governantes Supremos; e eles não permitirão a qualquer ser, ou grupo de seres, privar sequer uma personalidade, em todo o amplo universo, dessa liberdade divinamente outorgada – e, menos ainda, para satisfazer os seres transviados e ignorantes no desfrute de algo erroneamente considerado como liberdade pessoal.

Embora a identificação consciente e deliberada com o mal (o pecado) seja o equivalente à não-existência (o aniquilamento), deve haver sempre um intervalo de tempo entre o momento dessa identificação pessoal com o pecado e a execução da pena – o resultado automático do abraçar voluntário do mal –; um intervalo de tempo que seja suficiente para permitir que o juízo feito do status do indivíduo, no universo, demonstre ser inteiramente satisfatório a todas as personalidades a ele relacionadas, no universo; e que seja tão equânime e justo a ponto de chegar a receber a aprovação do próprio pecador.

Mas, caso esse ser do universo, que se rebelou contra a realidade da verdade e da bondade, recusar-se a aprovar o veredicto e, se tal culpado conhecer, no seu coração, a justiça da sua condenação, mas se recusar a confessar esse fato, então a execução da sentença deverá ser retardada de acordo com a decisão conveniente dos Anciães dos Dias. E os Anciães dos Dias negam-se a aniquilar qualquer ser antes que todos os valores morais e todas as realidades espirituais sejam extintas, tanto no pecador, quanto em todos aqueles que o apóiam e ou possíveis simpatizantes.

4. A DEMORA TEMPORAL DA MISERICÓRDIA

Outro problema na constelação de Norlatiadeque, um tanto difícil de se explicar, diz respeito às razões de se ter permitido que Lúcifer, Satã e os príncipes caídos houvessem chegado a semear a discórdia, durante tanto tempo, antes que fossem apreendidos, confinados e julgados.

Os pais, aqueles que geram e criam filhos, estão mais aptos para compreender por que Michael, um Criador-pai, possa ser lento em condenar e destruir seus próprios Filhos. A história do filho pródigo, que Jesus narrava, ilustra bem o quanto um pai amoroso pode esperar, por um longo tempo, pelo arrependimento de um filho que haja errado.

O fato em si de que uma criatura que pratica o mal possa verdadeiramente escolher o erro – cometer o pecado – estabelece a realidade do livre-arbítrio e justifica plenamente os atrasos, de qualquer duração, na execução da justiça, posto que a extensão da misericórdia pode conduzir ao arrependimento e à reabilitação.

A maior parte das liberdades buscadas por Lúcifer, ele já as tinha; e outras, ele estava para recebê-las no futuro. Todos esses dons preciosos foram perdidos quando ele cedeu à impaciência; e quando se rendeu ao desejo de possuir, imediatamente, o que desejava possuir; e possuir desafiando todas as obrigações de respeitar os direitos e liberdades de todos os outros seres que compõem o universo dos universos. As obrigações éticas são inatas, divinas e universais.

Muitas razões, conhecidas por nós, há, pelas quais os Governantes Supremos não destruíram nem confinaram imediatamente os líderes da rebelião de Lúcifer. E, sem dúvida, ainda outras razões, possivelmente mais fortes, desconhecidas por nós, também existem. As características da misericórdia, contidas nessa demora na execução da justiça foram oferecidas pessoalmente por Michael de Nébadon. Não fora o afeto desse Criador-pai pelos seus filhos em erro, a justiça suprema do superuniverso teria agido imediatamente. Houvesse um episódio, como a rebelião de Lúcifer, ocorrido em Nébadon, enquanto Michael estava encarnado em Urântia e os instigadores do mal poderiam ter sido instantânea e absolutamente aniquilados.

A justiça suprema pode agir instantaneamente quando não restringida pela misericórdia divina. Mas a ministração da misericórdia aos filhos do tempo e do espaço vem sempre provida desse retardamento temporal, desse intervalo salvador, entre época de semear e hora de colher. Se a semente plantada é boa, esse intervalo provê a prova e a edificação do caráter; se o plantio é mau, esse retardamento misericordioso provê tempo para arrependimento e retificação. A demora no julgamento e execução dos que cometeram o mal é inerente à ministração da misericórdia aos sete superuniversos. O refreamento da justiça, pela misericórdia, prova que Deus é amor, que este Deus do amor domina os universos e que Ele, com misericórdia, controla o destino e o julgamento de todas as Suas criaturas.

As demoras temporais da misericórdia existem por mandado do livre-arbítrio dos Criadores. No universo há um bem que se deriva dessa técnica de paciência para lidar com rebeldes pecadores. Ainda que seja mais que verdadeiro que o bem não possa vir do mal; para aquele que admira e comete o mal, é igualmente verdadeiro que todas as coisas (inclusive o mal potencial e o mal manifesto) trabalhem juntas para o bem de todos os seres que conhecem Deus, que amam fazer a Sua vontade e estão ascendendo na direção do Paraíso, de acordo com o Seu plano eterno e Seu propósito divino.

Mas essas demoras, por misericórdia, não são intermináveis. Não obstante a longa demora (como o tempo é considerado em Urântia) para julgar a rebelião de Lúcifer, podemos registrar que durante o tempo de efetuar essa revelação, a primeira audiência do caso pendente de Gabriel *versus* Lúcifer, aconteceu em Uversa; e que logo depois foi emitido o mandado dos Anciães dos Dias instruindo que Satã fosse então confinado ao mundo-prisão, com Lúcifer. Isso põe fim à capacidade de Satã de fazer novas visitas a quaisquer dos mundos caídos de Satânia. A justiça, num universo dominado pela misericórdia, pode ser lenta, mas é certa.

5. SABEDORIA NO ADIAMENTO

Das muitas razões conhecidas por mim, pelas quais Lúcifer e seus confederados não foram confinados nem julgados mais cedo, me é permitido mencionar as seguintes:

1. A misericórdia requer que todos os malfeitores tenham tempo suficiente para formular uma atitude deliberada e plenamente determinada a partir dos seus maus pensamentos e atos transgressores.

2. A justiça suprema é dominada pelo amor do Pai; portanto a justiça jamais destruirá aquilo que a misericórdia pode salvar. Um período de tempo para aceitar a salvação é garantido a todo malfeitor.

3. Nenhum pai afeiçoado precipita-se em aplicar uma punição a um membro da sua família que cometeu um erro. A paciência não pode funcionar independentemente do tempo.

4. Embora o erro seja sempre deletério para uma família, a sabedoria e o amor exortam os filhos justos a agirem com paciência para com um irmão que erra, durante o tempo concedido pelo pai afeiçoado, necessário para que o pecador possa enxergar o erro no seu caminho e abraçar a salvação.

5. Independentemente da atitude de Michael para com Lúcifer, não obstante ser ele o Criador-pai de Lúcifer, não seria da alçada desse Filho Criador exercer a jurisdição sumária, sobre o Soberano apóstata do Sistema, pois Michael não havia, até então, completado a sua carreira de auto-outorgas, por intermédio da qual alcançaria a soberania incondicional de Nébadon.

6. Os Anciães dos Dias poderiam ter aniquilado imediatamente com esses rebeldes, mas raramente executam os malfeitores sem haverem ouvido tudo sobre o seu caso. Nessa instância recusaram-se a passar por cima das decisões de Michael.

7. É evidente que Emanuel aconselhou Michael a permanecer distante dos rebeldes permitindo que a rebelião chegasse, por seu curso natural, à auto-obliteração. A sabedoria dos Uniões dos Dias é reflexo, no tempo, da sabedoria unificada da Trindade do Paraíso.

8. Os Fiéis dos Dias, em Edêntia, aconselharam os Pais da Constelação a permitirem o livre trânsito aos rebeldes, com o fito de que toda a compaixão por esses malfeitores acabasse sendo extirpada o mais cedo possível dos corações de cada cidadão presente e futuro de Norlatiadeque – de todas as criaturas mortais, moronciais ou espirituais.

9. O representante pessoal do Executivo Supremo de Orvônton em Jerusém aconselhou Gabriel a prover todas as oportunidades para que cada criatura viva fizesse uma escolha, deliberadamente amadurecida, sobre todas as questões envolvendo a Declaração de Liberdade de Lúcifer. Havendo sido levantadas as questões da rebelião, o conselheiro de Gabriel, vindo do Paraíso em tais emergências, declarou que se uma oportunidade plena e livre como aquela não fosse dada a todas as criaturas de Norlatiadeque, então, a quarentena do Paraíso efetuada contra todas essas criaturas, possivelmente indecisas ou tomadas pela dúvida, seria estendida, em nome da autoproteção, a toda a constelação. Para manter as portas do Paraíso abertas para a ascensão, aos seres de Norlatiadeque, seria necessário dar chances de pleno desenvolvimento à rebelião e assegurar a completa determinação de atitude da parte de todos os seres relacionados, de algum modo, a ela.

10. A Ministra Divina de Sálvington emitiu, como a sua terceira proclamação independente, um mandado ordenando que nada fosse feito para curar pela metade, para suprimir covardemente ou, de qualquer outro modo, ocultar o rosto horrível dos rebeldes e da rebelião. Foi instruído às hostes angélicas que trabalhassem por uma plena divulgação e fosse dada oportunidade ilimitada à expressão do pecado, afirmando ser essa a técnica mais rápida para realizar a cura perfeita, e final, da praga do mal e do pecado.

11. Foi organizado em Jerusém um conselho de emergência de ex-mortais constituído de Mensageiros Poderosos, mortais glorificados com experiência pessoal em situações semelhantes, juntamente com seus colegas. Eles advertiram Gabriel de que seria, pelo menos, três vezes maior o número de seres a se perderem, caso fossem tentados métodos arbitrários ou sumários de supressão. Todo o corpo de conselheiros de Uversa se pôs de acordo para aconselhar Gabriel a permitir que a rebelião tomasse o seu curso pleno e natural, ainda que fosse necessário um milhão de anos para eliminar as conseqüências.

12. O tempo é relativo, até mesmo num universo temporal: se um mortal de Urântia, com um período mediano de vida, cometesse um crime que precipitasse um pandemônio mundial e, caso ele fosse apreendido, julgado e executado, dois ou três dias após haver cometido o crime, pareceria muito tempo para vós? E tal seria uma comparação aproximadamente válida, considerando a duração da vida de Lúcifer; ainda que o seu julgamento, agora iniciado, não terminasse nem dentro de cem mil anos do tempo de Urântia. O lapso relativo de tempo, do ponto de vista de Uversa, onde o litígio está pendente, poderia ser indicado, se disséssemos que o crime de Lúcifer foi levado a julgamento dois segundos e meio depois de cometido. Do ponto de vista do Paraíso, no entanto, o julgamento é simultâneo ao ato.

Existe um número igual de motivos para que não se tivesse terminado arbitrariamente a rebelião de Lúcifer, os quais seriam parcialmente compreensíveis para vós; todavia não me é permitido descrevê-los. Posso informar-vos que, em Uversa, ensinamos sobre quarenta e oito motivos para possibilitar que o mal tome o curso pleno da sua própria bancarrota moral e da sua extinção espiritual. Não duvido que haja pelo menos um número igual de razões, além dessas, que eu não conheça.

6. O TRIUNFO DO AMOR

Quaisquer sejam as dificuldades que os mortais evolucionários possam encontrar, nos seus esforços de compreender a rebelião de Lúcifer, deveria parecer claro, a todos os pensadores que meditam, que a técnica de lidar com os rebeldes constitui uma demonstração do amor divino. A misericórdia amorosa estendida aos rebeldes parece ter envolvido muitos seres inocentes em provações e atribulações; mas todas essas personalidades afligidas podem, com segurança, confiar nos Juízes, infinitamente sábios, para julgar também os seus próprios destinos, tanto em misericórdia, quanto em justiça.

Sempre que lidam com seres inteligentes, tanto o Filho Criador, quanto o seu Pai do Paraíso, são conduzidos pelo amor. É impossível compreender muitas fases da atitude dos governantes do universo para com os rebeldes e a rebelião – o pecado e os pecadores –, a menos que seja lembrado que Deus, como Pai, tem precedência sobre todas as outras fases de manifestação da sua Deidade, em qualquer tratativa que a divindade tenha com a humanidade. Deveria também ser lembrado que todos os Filhos Criadores do Paraíso são motivados pela misericórdia.

Se um pai afeiçoado de uma grande família, escolhe demonstrar misericórdia a um dos seus filhos, culpado por graves erros, pode muito bem acontecer que essa extensão da misericórdia, ao filho mal-comportado, resulte em provações temporárias para todos os outros filhos bem-comportados. Essas eventualidades são inevitáveis; e tal risco se faz inseparável da situação da realidade de se ter um pai cheio de amor e ser um membro de um grupo familiar. Cada membro de uma família beneficia-se da conduta justa de todos os outros membros; do mesmo modo, cada membro deve sofrer a conseqüência imediata, no tempo, da má conduta de todos os outros membros. Famílias, grupos, nações, raças, mundos, sistemas, constelações e universos são relacionamentos de associação que possuem individualidade; portanto, cada membro de todo o grupo, grande ou pequeno, colhe os benefícios e sofre as conseqüências das boas ações e dos erros de todos os outros membros do grupo envolvido.

Entretanto, uma coisa deve ficar clara: caso sejais levados a sofrer as conseqüências más, por causa do pecado de algum membro da vossa família, de um compatriota ou companheiro mortal, ou mesmo por causa da rebelião no sistema, ou em outra parte – não importa o que vós possais ter de suportar, por causa do erro de conduta dos vossos parceiros, companheiros ou superiores –, podeis ficar seguros na certeza eterna de que tais atribulações serão aflições passageiras. Nenhuma dessas conseqüências do erro dos seres fraternos, do mau comportamento grupal, pode jamais colocar em perigo as vossas perspectivas eternas, nem vos privar, no mínimo grau que seja, do vosso direito divino de ascensão ao Paraíso e de alcançar a Deus.

E há uma compensação para tais provações, para esses adiamentos e desapontamentos, que invariavelmente acompanham o pecado da rebelião. Entre as muitas repercussões consideráveis da rebelião de Lúcifer que podem ser nomeadas, apenas chamarei a atenção para as carreiras enaltecidas dos mortais ascendentes, os cidadãos de Jerusém que, por resistirem aos sofismas do pecado, se colocaram na posição de tornarem-se futuros Mensageiros Poderosos, companheiros da minha própria ordem. Cada ser que haja resistido ao teste daquele episódio do mal, por esse mesmo motivo avançou imediatamente no seu status administrativo e elevou o seu valor espiritual.

A princípio, o levante de Lúcifer pareceu constituir uma calamidade sem atenuantes para o sistema e mesmo para o universo. Gradualmente os benefícios começaram a acumular-se. Com o decorrer de vinte e cinco mil anos do tempo do sistema (vinte mil anos do tempo de Urântia), os Melquisedeques começaram a ensinar que o bem resultante da loucura de Lúcifer chegava a igualar o mal incorrido. A soma do mal, àquela altura, havia-se tornado quase estacionária, continuando a crescer apenas em alguns mundos isolados, enquanto as repercussões benéficas multiplicavam-se e estendiam-se pelo universo e o superuniverso, chegando mesmo até Havona. Os Melquisedeques ensinam agora que o bem que resulta da rebelião de Satânia é mais do que mil vezes a soma de todo o mal.

Mas uma colheita tão extraordinária e benéfica, extraída de erros e malfeitos, apenas poderia advir por intermédio da atitude sábia, divina e misericordiosa de todos os superiores de Lúcifer, desde os Pais das Constelações, em Edêntia, até o Pai Universal, no Paraíso. O passar do tempo elevou o bem conseqüente derivado da loucura de Lúcifer; e, desde que o mal a ser penalizado desenvolveu-se totalmente, num período de tempo relativamente curto, torna-se evidente que os governantes do universo, infinitamente sábios e de ampla visão, prolongariam com certeza o tempo no qual iriam colher resultados cada vez mais benéficos. A despeito das muitas outras razões para retardar a detenção e o julgamento dos rebeldes de Satânia, esse ganho seria já suficiente, em si, para justificar o porquê de tais pecadores não terem sido confinados há mais tempo; e o porquê de não haverem sido julgados nem destruídos.

As mentes mortais de pouca visão e tolhidas pelo tempo deveriam ser menos apressadas ao criticar as demoras no tempo geradas na amplidão de visão e sabedoria dos administradores dos assuntos do universo.

Um erro no pensamento humano, a respeito desses problemas, consiste na idéia de que todos os mortais evolucionários, num planeta em evolução, escolheriam aderir à carreira do Paraíso, caso o pecado não houvesse amaldiçoado o seu mundo. A aptidão para recusar a sobrevivência não data dos tempos da rebelião de Lúcifer. O homem mortal sempre possuiu o dom da escolha de livre-arbítrio, com respeito à carreira do Paraíso.

Na medida que ascenderdes na experiência da sobrevivência, vós ireis ampliar os vossos conceitos do universo e estender os vossos horizontes de significados e valores; e, desse modo, tornar-vos mais capazes de entender melhor por que é permitido a seres tais como Lúcifer e Satã continuarem em rebelião. Ireis também compreender melhor como o bem último (se não o bem imediato) pode derivar-se do mal, limitado pelo tempo. Após alcançardes o Paraíso, sereis realmente esclarecidos e confortados ao escutardes os filósofos superseráficos dissecando e explicando esses profundos problemas de ajustamentos no universo. Mas, mesmo então, duvido de que estejais plenamente satisfeitos, nas vossas próprias mentes. Ao menos eu não fiquei, nem mesmo quando havia alcançado a cúspide da filosofia do universo. Não atingi uma compreensão plena dessas complexidades, senão após haver sido designado para os deveres administrativos no superuniverso, onde, por meio da experiência real e prática, adquiri a capacidade conceitual adequada à compreensão desses problemas multifacetados, da eqüidade cósmica e da filosofia espiritual. À medida que ascenderdes na direção do Paraíso, ireis aprender, mais e mais, que muitos dos aspectos problemáticos da administração do universo só poderão ser compreendidos depois da aquisição de uma capacidade experiencial maior e um discernimento espiritual mais elevado. A sabedoria cósmica é essencial ao entendimento das situações cósmicas.

[Apresentado por um Mensageiro Poderoso que sobreviveu experiencialmente à primeira rebelião sistêmica nos universos do tempo; esse Mensageiro Poderoso está vinculado, atualmente, ao governo do superuniverso de Orvônton e atuou nesta tarefa a pedido de Gabriel de Sálvington.]

DOCUMENTO 55

AS ESFERAS DE LUZ E VIDA

PARA um mundo do tempo e do espaço a idade de luz e vida é a realização evolucionária final. Desde os tempos iniciais do homem primitivo, um mundo habitado haverá passado pelas idades planetárias sucessivas – as idades anteriores e posteriores à época do Príncipe Planetário, a idade pós-Adâmica, a idade pós-Filho Magisterial e a idade pós-Filho auto-outorgado. E, então, um tal mundo torna-se pronto para alcançar o ponto evolucionário culminante, como um mundo estabelecido em luz e vida, por meio do ministério das sucessivas missões planetárias dos Filhos Instrutores da Trindade, com as suas revelações, sempre em avanço, sobre a verdade divina e a sabedoria cósmica. Nos seus esforços para estabelecer a idade planetária final, os Filhos Instrutores beneficiam-se sempre da assistência dos Brilhantes Estrelas Vespertinas e, algumas vezes, dos Melquisedeques.

Essa era de luz e vida, inaugurada pelos Filhos Instrutores, na conclusão da sua missão planetária final, continua indefinidamente nos mundos habitados. Cada estágio de avanço, dentro desse status estabelecido, pode ser delimitado pelas ações judiciais dos Filhos Magisteriais, em uma sucessão de dispensações; tais ações judiciais são todas, contudo, puramente técnicas e de nenhum modo modificam o curso dos acontecimentos planetários.

Apenas àqueles planetas que alcançam existência nos circuitos principais do superuniverso é assegurada a sobrevivência contínua; entretanto, até onde sabemos, esses mundos estabelecidos em luz e vida estão destinados a prosseguir nas idades eternas em todo o tempo futuro.

Há sete estágios no desenvolvimento da era de luz e vida, para um mundo evolucionário; e sobre isso deveria ser notado que os mundos dos mortais que se fusionam ao Espírito evoluem em linhas idênticas às daqueles mundos da série de fusionamento com os Ajustadores. Os sete estágios de luz e vida são:

1. O primeiro, ou o estágio do planeta.
2. O segundo, ou o estágio do sistema.
3. O terceiro, ou o estágio da constelação.
4. O quarto, ou o estágio do universo local.
5. O quinto, ou o estágio do setor menor.
6. O sexto, ou o estágio do setor maior.
7. O sétimo, ou o estágio do superuniverso.

Ao final desta narrativa, esses estágios de avanço do desenvolvimento estão descritos da maneira como se relacionam com a organização do universo. Os valores planetários de qualquer etapa, todavia, podem ser alcançados por qualquer mundo, de forma totalmente independente de outros mundos ou níveis supra-planetários da administração do universo.

1. O TEMPLO MORONCIAL

A presença de um templo moroncial na capital de um mundo habitado é o certificado da admissão, dessa esfera, nas idades estabelecidas em luz e vida. Antes de deixarem um mundo, quando da conclusão das suas missões terminais, os Filhos Instrutores inauguram essa época de alcance evolucionário final; e o presidem naquele dia, quando "o templo sagrado desce à terra". Tal evento assinala o alvorecer da era de luz e vida e é sempre honrado pela presença pessoal do Filho do Paraíso de auto-outorga daquele planeta: ele se encontrará ali testemunhando esse grande dia. Nesse templo de beleza sem paralelo, o Filho do Paraíso em auto-outorga proclama aquele que há muito tempo tem sido o Príncipe Planetário; como o novo Soberano Planetário, e investe esse Filho Lanonandeque fiel de novos poderes e na autoridade ampliada sobre os assuntos planetários. O Soberano do Sistema também estará presente e falará para confirmar esses pronunciamentos.

Um templo moroncial possui três partes: a mais central é o santuário do Filho de auto-outorga do Paraíso; à direita está o assento daquele que, até então, tem sido o Príncipe Planetário, agora o Soberano Planetário, quando presente ao templo, este Filho Lanonandeque torna-se visível para os indivíduos mais espirituais do reino; à esquerda ficando o assento do dirigente atual dos finalitores agregados ao planeta.

Embora haja sido mencionado que os templos planetários "descem dos céus", na realidade nada de material é de fato trazido da sede-central do sistema. A arquitetura de cada templo é trabalhada, em miniatura, na capital do sistema e os Supervisores do Poder Moroncial em seguida trazem esses planos já aprovados ao planeta. E, então, em associação com os Mestres Controladores Físicos, passam a construir o templo moroncial de acordo com aquilo que o projeto especifica.

Um templo moroncial comum abriga cerca de trezentos mil espectadores assentados. Esses edifícios não são usados para a adoração nem para a diversão, nem para receber transmissões. São consagrados às cerimônias especiais do planeta, tais como as comunicações com o Soberano do Sistema, ou com os Altíssimos; e às cerimônias de visualização especial, destinadas a revelar a presença da personalidade de seres espirituais e à contemplação cósmica silenciosa. Nesses templos, as escolas de filosofia cósmica conduzem os exercícios de graduação e os mortais do reino recebem, também ali, o reconhecimento planetário por feitos de alto serviço social e outras realizações de destaque.

Esse templo moroncial também serve como local de reunião para todos presenciarem o translado de mortais vivos à existência moroncial. E, pelo fato de o templo de translado ser composto de material moroncial, é que não se faz destruído pela glória flamejante do fogo consumidor que remove completamente os corpos físicos desses mortais que ali experimentam a fusão final com os seus Ajustadores divinos. Num mundo de grande porte, tais chamas dos translados são quase contínuas e, à medida que cresce o número desses translados, são providenciados santuários subsidiários de vida moroncial em áreas diferentes do planeta. Não faz muito tempo, eu estive de passagem em um mundo, no longínquo norte, onde vinte e cinco santuários moronciais estavam em funcionamento.

Nos mundos na etapa de preestabelecimento, nos planetas ainda sem templos moronciais, esses clarões das chamas de fusão muitas vezes ocorrem na atmosfera planetária, para onde o corpo material de um candidato ao translado é elevado pelas criaturas intermediárias e controladores físicos.

2. A MORTE E O TRANSLADO

A morte natural, física, não é uma inevitabilidade para os mortais. A maioria dos seres evolucionários avançados, cidadãos dos mundos que já se encontram na era final de luz e vida, não morre; eles são transladados diretamente da vida na carne para a existência moroncial.

Essa experiência de translado da vida material ao estado moroncial – a fusão da alma imortal com o Ajustador residente –, cresce em uma freqüência proporcional ao progresso evolucionário do planeta. Inicialmente, apenas uns poucos mortais em cada idade alcançam os níveis de progresso espiritual necessário a esse translado mas, com o início das idades sucessivas dos Filhos Instrutores, ocorrem mais e mais fusões com os Ajustadores, antes do final da vida, cada vez mais longa, desses mortais em progresso; e, à época da missão terminal dos Filhos Instrutores, aproximadamente um quarto desses magníficos mortais estará eximido da morte natural.

Num momento mais avançado, na era de luz e vida, as criaturas intermediárias ou os seus aliados sentem a aproximação de uma provável união entre a alma e o Ajustador, e apontam isso aos guardiães do destino, que, por sua vez, comunicam tal questão ao grupo de finalitores sob cuja jurisdição esse mortal pode estar funcionando; e então é emitida uma convocação, pelo Soberano Planetário, para que esse mortal renuncie a todos os seus deveres planetários, dê adeus ao mundo da sua origem e se dirija ao templo interno do Soberano Planetário, para, ali, aguardar pelo trânsito moroncial, pelo clarão do translado, do domínio material de evolução, ao nível moroncial pré-espiritual de progressão.

Quando a família, os amigos e o grupo de trabalho desse candidato à fusão estiverem reunidos, no templo moroncial, eles se distribuirão em volta da cena central onde descansam os candidatos à fusão os quais, durante esse meio tempo, permanecem ainda conversando livremente com os amigos reunidos. Um círculo de personalidades celestes intermediárias é formado para proteger os mortais materiais da ação das energias que se manifestam no instante do "clarão de vida"; e este libera o candidato à ascensão das cadeias materiais da carne fazendo, assim, por esse mortal evolucionário tudo aquilo que a morte natural faz pelos que por meio dela são libertados da carne.

Vários candidatos à fusão podem ser reunidos ao mesmo tempo no templo espaçoso. E, que bela ocasião, quando os mortais reúnem-se assim para testemunhar a ascensão dos seus entes queridos em meio às chamas espirituais. Que contraste com aquelas idades anteriores, nas quais os mortais haveriam de submeter os seus mortos ao abraço dos elementos terrestres! As cenas, de lágrimas e lamentos característicos de épocas anteriores, na evolução humana, são agora substituídas pela alegria jubilosa e o entusiasmo os mais sublimes, no momento em que, sabedores de Deus, esses mortais dão aos seus entes amados um adeus transitório, antes de serem extraídos das suas ligações materiais pelo fogo espiritual, em grandeza consumidora, da glória da ascensão. Nos mundos estabelecidos em luz e vida, tais "funerais" são ocasiões de alegria suprema, de profunda satisfação e esperança inexprimível.

As almas desses mortais em progresso são cada vez mais preenchidas de fé, esperança e convicção. O ânimo que impregna a todos aqueles que se reúnem em torno do santuário de translado assemelha-se ao de um grupo de amigos e parentes que, cheios de alegria, estivesse reunido para uma cerimônia de graduação de um dos seus integrantes, ou presenciando uma grande honra sendo conferida a um dos seus. E decididamente seria de muita ajuda se os mortais menos avançados ao menos pudessem aprender a ver a morte natural com um pouco dessa mesma alegria corajosa e leveza de coração.

Os observadores mortais nada podem ver dos seus companheiros transladados depois do clarão da fusão. Tais almas transladadas seguem, por meio do transporte do Ajustador, diretamente para a sala de ressurreição do mundo de aperfeiçoamento moroncial adequado. Essas transações, envolvendo o translado de seres humanos vivos ao mundo moroncial, são supervisionadas por um arcanjo designado para um tal mundo no mesmo dia em que este houver sido estabelecido em luz e vida.

Quando um mundo atinge o quarto estágio de luz e vida, mais da metade dos mortais passam a deixar o planeta por meio do translado de entre os vivos. O fenômeno da morte vai diminuindo cada vez mais; mas não conheço nenhum sistema cujos mundos habitados, ainda que há muito estabelecidos em luz e vida, estejam inteiramente isentos da morte natural como técnica para escapar dos laços da carne. E, até que um tal estágio de elevação, na evolução planetária, seja uniformemente atingido, os mundos de aperfeiçoamento moroncial do universo local devem continuar em serviço, como esferas educacionais e culturais para os progressores moronciais em evolução. A eliminação da morte é possível, teoricamente, mas ainda não ocorreu, segundo a minha observação. Talvez esse status possa ser atingido durante as etapas longínquas das sucessivas épocas já no sétimo estágio da vida planetária estabelecida.

As almas transladadas de idades florescentes das esferas estabelecidas não passam pelos mundos das mansões. E também não permanecem como estudantes nos mundos moronciais do sistema ou da constelação. Elas não passam por nenhuma das fases anteriores da vida moroncial. São os únicos mortais ascendentes que quase escapam da transição moroncial entre a existência material e o estado de semi-espírito. A experiência inicial desses mortais *arrebanhados pelo Filho*, na carreira ascensional, é feita nos serviços dos mundos de progressão da sede-central do universo. E desses mundos de estudo de Sálvington eles retornam como instrutores, para os mesmos mundos pelos quais passaram, dirigindo-se depois no sentido interior, ao Paraíso, pelo caminho estabelecido para a ascensão dos mortais.

Caso pudésseis visitar um planeta em um estágio avançado de desenvolvimento, iríeis captar rapidamente as razões pelas quais é dada uma recepção diferenciada aos mortais ascendentes, nas mansões e nos mundos moronciais mais elevados. Iríeis compreender prontamente como os seres procedentes dessas esferas altamente evoluídas estão preparados para reassumir as suas ascensões até o Paraíso muito antes do que os mortais comuns, provenientes de um mundo desordenado e retrógrado como o de Urântia.

Seja qual for o nível de realização do planeta de onde provêm os seres humanos que ascendem aos mundos moronciais, as sete esferas das mansões proporcionam a eles uma oportunidade ampla de adquirir a experiência de estudantes-instrutores, em tudo e por tudo que não tenham ainda experienciado, devido ao baixo nível de avanço do seu planeta nativo.

O universo é infalível quanto à aplicação dessas técnicas de equalização destinadas a assegurar que nenhum ser ascendente seja privado de nada essencial à sua experiência de ascensão.

3. AS IDADES DE OURO

Durante essa idade de luz e vida, o mundo prospera crescentemente sob o governo paternal do Soberano Planetário. Durante esse tempo os mundos progridem sob a impulsão viva de uma única língua, religião única e, nas esferas normais, uma única raça. Mas essa idade não é perfeita. Esses mundos têm, ainda, hospitais bem equipados que, como lares, cuidam dos enfermos. Os problemas de tratamentos de ferimentos acidentais e enfermidades inevitáveis ainda persistem, bem como o atendimento à decrepitude causada pela idade e desordens da senilidade. A doença não foi vencida inteiramente, e os animais terrestres tampouco foram perfeitamente dominados; mas esses mundos são como um Paraíso, se comparados aos tempos iniciais do homem primitivo, durante a idade anterior ao Príncipe Planetário. Vós iríeis instintivamente descrever um reino assim – caso pudésseis ser transportados, subitamente, a um planeta nesse estágio de desenvolvimento – como o céu na Terra.

O governo humano, para a condução dos assuntos materiais, continua a funcionar nessa idade de progresso e perfeição relativos. As atividades públicas de um mundo no primeiro estágio de luz e vida visitado recentemente por mim eram financiadas pela técnica do dízimo. Todos os cidadãos capacitados fisicamente trabalhavam em alguma coisa; e cada trabalhador adulto pagava dez por cento da sua renda ou lucro ao tesouro público. Esses dez por cento eram despendidos da seguinte maneira:

1. Três por cento, na promoção da verdade-ciência, na educação e filosofia.

2. Três por cento, devotados à beleza – aos jogos, lazer social e arte.

3. Três por cento, dedicados à bondade – serviço social, altruísmo e religião.

4. Um por cento, destinado às reservas de seguro, contra o risco de incapacidade para o trabalho, resultante de acidentes, doença, velhice ou desastres inevitáveis.

Os recursos naturais desse planeta eram administrados como uma posse social e como propriedade da comunidade.

Nesse mundo a mais alta honra conferida a um cidadão era a ordem do "serviço supremo", o único grau de reconhecimento concedido dentro do templo moroncial. Tal reconhecimento era atribuído àqueles que se distinguiram, há muito, em alguma fase da descoberta supramaterial ou serviço social planetário.

A maioria dos postos sociais e administrativos era mantida conjuntamente por um homem e uma mulher. A maior parte do ensino também era dada em conjunto; e do mesmo modo todas as responsabilidades judiciais também desempenhadas por casais, ou duplas de seres relacionados de modo semelhante.

Nesses mundos magníficos, o período destinado à formação da família não é muito prolongado. É mais conveniente que não haja uma diferença considerável de idade entre as crianças de uma mesma família. Quando têm idades mais próximas, as crianças são capazes de contribuir muito mais para a educação mútua. E, nesses mundos, elas são magnificamente preparadas pelos sistemas competitivos de esforços intensos, nos domínios e divisões avançadas, das realizações diversas, para o aprendizado e a mestria da verdade, beleza e bondade. Podeis estar seguros, entretanto, de que mesmo essas esferas glorificadas apresentam o mal real e potencial em uma certa quantidade, suficiente para servir de estímulo à escolha entre a verdade e o erro, o bem e o mal, o pecado e a retidão.

Entretanto, há penalidades certas e inevitáveis, ligadas à existência mortal, em tais planetas evolucionários avançados. Quando um mundo estabelecido progride depois do terceiro estágio de luz e vida, todos os seres ascendentes estão destinados, antes de atingirem o setor menor, a cumprir alguma espécie de missão transitória, em um planeta que esteja passando por estágios anteriores de evolução.

Cada uma dessas idades sucessivas representa realizações de avanço em todas as fases do progresso planetário. Na idade inicial de luz, a revelação da verdade foi ampliada e abrange os trabalhos do universo dos universos; enquanto o estudo da Deidade, durante a segunda dessas idades, tende a aprofundar o conceito versátil da natureza, missão, ministério, associações, origem e destino dos Filhos Criadores, o primeiro nível de Deus, o Sétuplo.

Um planeta do porte de Urântia, quando suficientemente bem estabelecido, teria cerca de cem centros subadministrativos. Esses centros subordinados seriam presididos por um dos seguintes grupos de administradores qualificados:

1. Os Filhos e as Filhas Materiais jovens, trazidos da sede-central do sistema para atuar como assessores do governo de Adão e Eva.

2. A progênie do corpo de assistentes semimortal do Príncipe Planetário, que foi procriada em alguns mundos para essa e outras responsabilidades similares.

3. A progênie planetária direta de Adão e Eva.

4. As criaturas intermediárias materializadas e humanizadas.

5. Os mortais que chegaram ao status de fusionamento com o Ajustador, mas que, a seu próprio pedido, permanecem temporariamente isentos de translado, pela ordem do Ajustador Personalizado no comando universal, para que possam continuar no planeta ocupando alguns postos administrativos importantes.

6. Os mortais especialmente treinados, nas escolas planetárias de administração, que também receberam a ordem do supremo serviço do templo moroncial.

7. Algumas comissões eletivas de três cidadãos, adequadamente qualificados, que algumas vezes são escolhidos pela comunidade, sob a direção do Soberano Planetário, de acordo com a sua capacitação especial para realizar alguma tarefa definida de necessidade naquele setor planetário em particular.

A grande dificuldade que Urântia encontra, para alcançar o alto destino planetário de luz e vida, provém dos problemas da doença, degenerescência, guerra, existência das raças multicoloridas e multilingüismo.

Nenhum mundo evolucionário pode esperar progredir além do primeiro estágio do estabelecimento em luz, antes de alcançar a unidade de língua, antes de ter uma única religião e uma só filosofia. Ter uma única raça facilita grandemente a um planeta nessa realização. Todavia, em Urântia, a existência de muitos povos não a impede de alcançar estágios mais elevados.

4. OS REAJUSTAMENTOS ADMINISTRATIVOS

Nos sucessivos estágios da existência estabelecida, os mundos habitados fazem progressos maravilhosos sob a administração sábia e compassiva do Corpo voluntário de Finalidade, seres que ascenderam ao Paraíso e voltaram para ministrar aos seus irmãos na carne. Tais finalitores cooperam ativamente com os Filhos Instrutores da Trindade, mas só iniciam sua participação real nos assuntos do mundo quando o templo moroncial surge na Terra.

Quando a ministração planetária feita pelo Corpo de Finalidade tem a sua instalação formal, a maioria das hostes celestes retira-se. Mas os serafins guardiães do destino continuam com a sua ministração pessoal aos mortais que progridem na luz; na verdade esses anjos vêm em número cada vez maior, durante as idades estabelecidas, pois grupos crescentes de seres humanos alcançam o terceiro círculo cósmico, de realização mortal coordenada, durante o seu ciclo de vida no planeta.

Esse é apenas o primeiro dos ajustes administrativos sucessivos que acompanham o desdobrar progressivo das idades de realizações cada vez mais brilhantes nos mundos habitados, à medida que eles vão passando do primeiro ao sétimo estágio na sua existência estabelecida.

1. *O primeiro estágio de luz e vida*. Neste estágio de estabelecimento inicial um mundo é administrado por três governantes:

A. O Soberano Planetário; sendo este aconselhado por um Filho Instrutor da Trindade, muito provavelmente o dirigente do último corpo desses Filhos a funcionar no planeta.

B. O dirigente do corpo planetário de finalitores.

C. Adão e Eva, funcionando conjuntamente como unificadores de liderança dual do Príncipe Soberano e do dirigente dos finalitores.

Atuando como intérpretes para os guardiães seráficos e para os finalitores, encontram-se as criaturas intermediárias, já elevadas e liberadas. Um dos últimos atos dos Filhos Instrutores da Trindade, na sua missão terminal, é o de liberar as criaturas intermediárias do reino e promovê-las (ou restabelecê-las) no status avançado do planeta; designando-as para postos de responsabilidade na nova administração da esfera estabelecida. E então já teriam sido efetuadas as modificações no campo de alcance da visão dos humanos, mudanças estas necessárias para capacitar os mortais a reconhecer os primos, do regime Adâmico inicial, até então invisíveis. Isso se torna possível por meio das descobertas finais da ciência física, em um esforço conjunto com as funções ampliadas dos Mestres Controladores Físicos no planeta.

O Soberano do Sistema tem autoridade para liberar as criaturas intermediárias, a qualquer tempo, depois do primeiro estágio de estabelecimento, de modo tal que elas possam humanizar-se em níveis moronciais, com a ajuda dos Portadores da Vida e controladores físicos, para que possam iniciar, após receberem os Ajustadores do Pensamento, sua ascensão ao Paraíso.

No terceiro estágio e nos seguintes, algumas dentre as criaturas intermediárias ainda estão trabalhando, sobretudo como personalidades de contato com os finalitores, mas, à medida que cada novo estágio de luz e vida é atingido, novas ordens de tais ministros de ligação substituem a maior parte das criaturas intermediárias; poucas delas permanecem depois do quarto estágio de luz. O sétimo estágio testemunhará a chegada dos primeiros ministros absonitos, vindos do Paraíso para servir no lugar de certas criaturas do universo.

2. *O segundo estágio de luz e vida*. Esta época nos mundos é assinalada pela chegada de um Portador da Vida, que se torna o consultor voluntário dos governantes planetários, no que diz respeito aos novos esforços para purificar e estabilizar a raça mortal. Desse modo os Portadores da Vida participam ativamente da próxima evolução da raça humana – física, social e economicamente. E assim estendem a sua supervisão para purificar ainda mais a linhagem dos mortais, com a eliminação drástica dos remanescentes retardatários e persistentes cuja natureza traga potencialidades inferiores, intelectual, filosófica, cósmica ou espiritualmente. Aqueles que projetam e implantam a vida em um mundo habitado são plenamente competentes para aconselhar aos Filhos e Filhas Materiais, os quais têm autoridade plena e inquestionável para purgar a raça, em evolução, de todas as influências nocivas.

Do segundo estágio em diante, e em toda a carreira de um planeta estabelecido, os Filhos Instrutores servem como conselheiros dos finalitores. Durante essas missões, eles servem voluntariamente e não por designação; e servem, exclusivamente, junto ao corpo de finalitores com o consentimento do Soberano do Sistema; todavia, podem servir de conselheiros ao Adão e à Eva Planetários.

3. *O terceiro estágio de luz e vida*. Durante essa época, os mundos habitados conquistam um novo entendimento e apreciação dos Anciães dos Dias, a segunda fase de Deus, o Sétuplo; e, assim, os representantes desses governantes dos superuniversos iniciam novas relações com a administração planetária.

Em cada uma das sucessivas idades da existência estabelecida, os finalitores atuam em funções cada vez mais ampliadas. E passa a existir uma estreita conexão de trabalho entre os finalitores, os Estrelas Vespertinos (os superanjos) e os Filhos Instrutores da Trindade.

Durante essa idade, ou ainda na seguinte, um Filho Instrutor assistido por um quarteto de espíritos ministradores torna-se agregado ao dirigente mortal executivo eleito, que agora se torna colaborador do Soberano Planetário como administrador adjunto para os assuntos daquele mundo. Esses dirigentes executivos mortais servem durante vinte e cinco anos do tempo planetário e é esse novo desenvolvimento que torna para, o Adão e a Eva Planetários, fácil liberarem-se, com segurança, nas próximas idades do mundo onde permaneceram em um compromisso tão prolongado.

O quarteto dos espíritos ministradores consiste de um comandante seráfico da esfera, do conselheiro secoráfico do superuniverso, de um arcanjo dos translados e um omniafim, que funciona como representante pessoal da Sentinela Designada estacionada na sede-central do sistema. Mas tais consultores não proferem nenhum aconselhamento, a menos que lhes seja solicitado.

4. *O quarto estágio de luz e vida.* Nos mundos neste estágio surgem os Filhos Instrutores da Trindade, assumindo novas funções. Assistidos pelos filhos trinitarizados por criaturas, há tanto tempo associados à sua ordem, vêm aos mundos agora como conselheiros e consultores voluntários do Soberano Planetário e seus colaboradores. Esses pares – de filhos trinitarizados do Paraíso-Havona e filhos trinitarizados por seres ascendentes – representam pontos de vista universais diferentes e experiências pessoais diversas altamente úteis aos governantes planetários.

A qualquer hora, depois dessa idade, o Adão e a Eva Planetários podem solicitar, ao Filho Soberano Criador, que os libere dos deveres planetários para que possam iniciar sua ascensão ao Paraíso; ou podem mesmo permanecer no planeta como diretores da nova ordem surgida em uma sociedade crescentemente espiritual. Essa ordem nova é composta de mortais avançados que se esforçam para compreender os ensinamentos filosóficos dos finalitores, expostos pelos Brilhantes Estrelas Vespertinas, agora designados para esses mundos com o fito de colaborar, aos pares, com os seconafins vindos da sede-central do superuniverso.

Os finalitores estão empenhados, sobretudo, em iniciar as atividades novas e supramateriais da sociedade – atividades sociais, culturais, filosóficas, cósmicas e espirituais. Até onde podemos discernir, eles irão continuar essa ministração, ainda, durante a sétima época de estabilidade evolucionária quando, possivelmente, poderão passar a ministrar no espaço exterior. E disso vem a nossa conjectura de que os seus lugares possam ser ocupados por seres absonitos do Paraíso.

5. *O quinto estágio de luz e vida.* Os reajustes neste estágio de existência estabelecida envolvem quase inteiramente apenas os domínios físicos; e são do interesse primário dos Mestres Controladores Físicos.

6. *O sexto estágio de luz e vida* testemunha o desenvolvimento de novas funções nos circuitos da mente no reino. A sabedoria cósmica parece tornar-se constituinte do ministério universal da mente.

7. *O sétimo estágio de luz e vida.* No alvorecer da sétima época, o Instrutor da Trindade, conselheiro do Soberano Planetário, passa a ser ajudado por um conselheiro voluntário enviado pelos Anciães dos Dias e, mais tarde, a eles somar-se-á um terceiro conselheiro enviado pelo Executivo Supremo do superuniverso.

O Adão e a Eva, durante essa época, se não antes, sempre são liberados dos seus deveres planetários. Se houver um Filho Material no corpo de finalitores ele pode associar-se ao dirigente executivo mortal e, algumas vezes, é um Melquisedeque que se faz voluntário para atuar nessa função. Entre os finalitores, se houver ainda alguma criatura intermediária, todos os remanescentes dessa ordem no planeta são liberados imediatamente.

Ao obterem a liberação dos seus compromissos, que duraram idades, um Adão e uma Eva Planetários podem escolher as seguintes carreiras:

1. Podem assegurar a sua liberação planetária e partir, da sede-central do universo imediatamente para a carreira ao Paraíso, recebendo Ajustadores do Pensamento, ao completarem sua experiência moroncial.

2. Muito freqüentemente os Adãos e Evas Planetários receberão, enquanto ainda estão servindo em um mundo estabelecido em luz, os seus Ajustadores; e, ao mesmo tempo, estes são recebidos por alguns dos seus filhos importados, de linhagem pura, os quais se apresentaram como voluntários para um período de serviço planetário. Posteriormente, todos eles podem ir à sede-central do universo, para ali começar sua carreira ao Paraíso.

3. Um Adão e Eva Planetários – como o fazem os Filhos e as Filhas Materiais da capital do sistema – podem preferir ir diretamente para o mundo midsonita, durante uma breve permanência e receberem ali os seus Ajustadores.

4. Podem decidir retornar à sede-central do sistema e ali ocupar, por um período, assentos na corte suprema; e então, após este serviço, receber Ajustadores e começarem a ascensão ao Paraíso.

5. Eles podem escolher deixarem os seus deveres administrativos e ir de volta até seu mundo nativo para servirem como instrutores por um período e tornarem-se resididos por Ajustadores na época da sua transferência à sede-central do universo.

Em todas essas épocas, os Filhos e Filhas Materiais ajudantes, importados, exercem uma tremenda influência sobre as ordens social e econômica em progresso. Eles são potencialmente imortais, pelo menos até aquela época em que escolhem humanizar-se, receber os Ajustadores e partir para o Paraíso.

Nos mundos evolucionários, um ser deve antes se humanizar para receber um Ajustador do Pensamento. Todos os membros ascendentes, do Corpo Mortal de Finalitores, foram resididos por Ajustadores e fusionaram-se com eles, exceto os serafins; estes eram já resididos por um outro tipo de espírito do Pai, na época em que foram admitidos naquele corpo.

5. O ÁPICE DO DESENVOLVIMENTO MATERIAL

As criaturas mortais que vivem em um mundo abalado pelo pecado e dominado pelo mal e que ainda é egoísta e isolado, tal como Urântia, dificilmente podem conceber a perfeição física, o alcance intelectual e o desenvolvimento espiritual que caracterizam tais épocas avançadas de evolução em uma esfera desprovida de pecado.

Os estágios avançados de um mundo estabelecido em luz e vida representam o ápice do desenvolvimento evolucionário material. Nesses mundos cultivados a preguiça e os atritos das idades iniciais primitivas já pertencem ao passado. A pobreza e a desigualdade social praticamente se extinguiram, a degenerescência já desapareceu e a delinqüência raramente é encontrada. A insanidade deixou praticamente de existir; e a debilidade mental tornou-se uma raridade.

Os status econômico, social e administrativo desses mundos é de uma ordem elevada e perfeccionada. A ciência, a arte e a indústria florescem; e a sociedade é um mecanismo que funciona suavemente dentro de uma perspectiva de alta realização material, intelectual e cultural. A indústria já foi amplamente redirecionada para servir às metas mais elevadas de uma civilização tão magnífica. A vida econômica tornou-se ética em um mundo como este.

A guerra transformou-se em uma questão histórica e não há mais exércitos armados nem forças policiais. E gradativamente o governo vai desaparecendo. O autocontrole lentamente torna obsoletas as leis da ordem humana. A extensão do governo civil e das regulamentações compulsórias, em um estado intermediário de avanço da civilização, é inversamente proporcional à moralidade e à espiritualidade da cidadania.

As escolas foram amplamente aperfeiçoadas, dedicando-se à educação aperfeiçoada da mente e à expansão da alma. Os centros de arte são refinados e as organizações musicais esplêndidas. Os templos de adoração, com as suas escolas anexas, de filosofia e religião experiencial, são criações de beleza e grandeza. As arenas ao ar livre para as reuniões de adoração são igualmente sublimes pela simplicidade do seu compromisso artístico.

Os dispositivos para os desportos competitivos, o humor e outras atividades de realização pessoal e grupal são amplos e apropriados. Um aspecto especial das atividades competitivas, em um mundo tão altamente culto, envolve os esforços dos indivíduos e grupos, para a autosuperação nas ciências e filosofias da cosmologia. A literatura e a oratória florescem; e a língua está aperfeiçoada a ponto de poder simbolizar expressivamente os conceitos e ser clara quanto às idéias. A vida é simples de modo repousante; o homem, afinal, coordenou um estado elevado de desenvolvimento mecânico a uma realização intelectual inspiradora envolvendo a ambos, e dominando-os, em uma realização espiritual sutil. A busca da felicidade é uma experiência de júbilo e de satisfação.

6. O MORTAL INDIVIDUAL

À medida que os mundos avançam no seu status de estabelecimento em luz e vida a sociedade torna-se mais pacífica. O indivíduo, ainda que mais independente e devotado à sua família, tornou-se mais altruísta e fraternal.

Em Urântia, e do modo como sois, nada podeis antever e avaliar do avanço e natureza progressiva das raças esclarecidas nesses mundos perfeiçoados. E esses povos são o florescimento das raças evolucionárias. Mas tais seres sendo ainda mortais continuam respirando, comendo, dormindo e bebendo. Essa grande evolução não é o céu; mas é um prognóstico sublime a antever os mundos divinos, na ascensão ao Paraíso.

Num mundo normal a boa forma biológica da raça mortal há muito tem sido conduzida a um alto nível durante as épocas pós-Adâmicas; e agora, de idade em idade, a evolução física do homem continua durante as eras estabelecidas. Tanto a visão quanto a audição são amplificadas. Nessa altura, a população tem um número estacionário. A reprodução é regulada de acordo com os quesitos planetários e as dotações hereditárias inatas: os mortais, em um planeta nessa idade, são divididos em cinco ou dez grupos; e, aos grupos inferiores, é autorizado ter apenas a metade do número de filhos permitido aos grupos mais elevados. Os aperfeiçoamentos continuados de uma raça tão magnífica, durante a era de luz e vida, são quase totalmente uma questão de reprodução seletiva daquelas linhagens raciais que apresentam as qualidades superiores de natureza social, filosófica, cósmica e espiritual.

Os Ajustadores continuam a vir, como nas eras evolucionárias anteriores e, à medida que as épocas passam, esses mortais ficam cada vez mais aptos para comungar com o fragmento residente do Pai. Durante os estágios embrionários e pré-espirituais de desenvolvimento os espíritos ajudantes da mente ainda estão funcionando. O Espírito Santo e o ministério dos anjos tornam-se mais efetivos ainda, à proporção que as épocas sucessivas de estabelecimento em luz e vida são experimentadas. No quarto estágio de luz e vida os mortais avançados parecem experimentar um contato consciente significativo com a presença espiritual do Espírito Mestre da jurisdição do superuniverso; enquanto a filosofia desse mundo se concentra nos esforços de compreender as novas revelações de Deus, o Supremo. Mais da metade dos habitantes humanos, nos planetas nesse status avançado, experiencia o translado de entre os vivos, diretamente, para o estado moroncial. E, assim, "as coisas velhas estão passando; e, observai, todas as coisas estão ficando novas".

Concebemos que a evolução física terá alcançado o seu desenvolvimento pleno por volta do final da quinta época da era de luz e vida. Observamos que os limites superiores do desenvolvimento espiritual, ligados que estão à evolução da mente humana, são determinados, ao máximo, pelo nível de fusionamento ao Ajustador, na caminhada para a conquista de valores moronciais conjugados aos significados cósmicos. Mas, no que diz respeito à sabedoria, ainda que não saibamos realmente, conjecturamos que não poderá haver, nunca, um limite à evolução intelectual e aquisição de sabedoria. Num mundo, no sétimo estágio, a sabedoria pode exaurir seus potenciais materiais, chegar ao discernimento da mota e, finalmente, provar mesmo o gosto da grandeza do absonito.

Observamos que, nesses mundos já altamente evoluídos e há muito tempo já no sétimo estágio, os seres humanos aprendem completamente a língua do universo local, antes de serem transladados. E eu visitei alguns planetas, bastante antigos, onde os abandonteiros estavam ensinando aos mortais mais velhos a língua do superuniverso. E nesses mundos tenho observado a técnica por meio da qual as personalidades absonitas revelam a presença dos finalitores nos templos moronciais.

Essa é a história da meta magnífica dos esforços mortais nos mundos evolucionários; e tudo isso acontece antes mesmo de os seres humanos iniciarem suas carreiras moronciais. Todo esse desenvolvimento esplêndido é alcançável pelos mortais materiais, nos mundos habitados, ainda nesse primeiro estágio da carreira, infindável e incompreensível, de ascensão ao Paraíso e alcance da divindade.

Todavia, será que podeis talvez imaginar a espécie de mortais evolucionários que está surgindo então nos mundos que há muito tempo têm a sua existência na sétima época do estabelecimento em luz e vida? Eles são como os que vão da capital do universo local para os mundos moronciais, a fim de começarem suas carreiras de ascensão.

Se os mortais dessa desequilibrada Urântia pudessem apenas visualizar um desses mundos mais avançados há muito estabelecidos em luz e vida nunca mais iriam eles questionar a sabedoria do esquema evolucionário da criação. Não houvesse nenhum futuro de progresso eterno para a criatura, ainda assim as realizações evolucionárias magníficas das raças mortais, nesses mundos estabelecidos de realizações perfeccionadas, justificariam amplamente a criação do homem nos mundos do tempo e do espaço.

E ponderamos freqüentemente que se o grande universo estivesse estabelecido em luz e vida, ainda assim, estariam os encantadores mortais ascendentes sendo destinados ao Corpo de Finalidade? Todavia, não sabemos.

7. O PRIMEIRO ESTÁGIO OU ESTÁGIO DO PLANETA

Essa época abrange desde o surgimento do templo moroncial, na nova sede planetária, até o tempo do estabelecimento de todo o sistema, em luz e vida. Essa idade é inaugurada pelos Filhos Instrutores da Trindade no encerramento das suas missões sucessivas no mundo, quando o Príncipe Planetário é elevado ao status de Soberano Planetário, pelo mandado e a presença pessoal do Filho de auto-outorga, do Paraíso, naquela esfera. Os finalitores concomitantemente inauguram suas participações ativas nos assuntos planetários.

Para fins de aparências exteriores e visíveis os governantes de fato, ou diretores, desse mundo estabelecido em luz e vida, são o Filho e a Filha Materiais, o Adão e Eva Planetários. Os finalitores são invisíveis, como também o é o Príncipe Soberano, exceto quando está no templo moroncial. Os chefes verdadeiros e literais do regime planetário são, portanto, o Filho e a Filha Materiais. Foi o conhecimento dessas disposições que deu prestígio à idéia de haver reis e rainhas nos domínios do universo. E os reis e rainhas têm um grande êxito sob circunstâncias ideais, quando um mundo pode dispor de altas personalidades para atuar em nome de governantes ainda mais elevados mas invisíveis.

Quando tal era for atingida pelo vosso mundo, não há dúvida de que Maquiventa Melquisedeque, agora Príncipe Planetário, vice-regente de Urântia, irá ocupar o assento do Soberano Planetário; e há muito tem sido conjecturado em Jerusém que estará ele acompanhado por um filho e uma filha do Adão e Eva, de Urântia, que agora estão sendo mantidos em Edêntia como pupilos dos Altíssimos de Norlatiadeque. Esses filhos de Adão poderiam servir, desse modo, em Urântia em associação com o Soberano Melquisedeque, pois eles foram privados dos seus poderes de procriação há quase 37 000 anos, época em que abandonaram os seus corpos materiais em Urântia, ao prepararem-se para o trânsito até Edêntia.

Essa idade estabelecida continua indefinidamente até que todos os planetas habitados do sistema atinjam a mesma era de estabilização; e, então, quando o mundo mais jovem – o último a alcançar luz e vida – houver experienciado tal estabilização, por um milênio no tempo do sistema, todo o sistema passará ao status de estabilizado; e os mundos individuais serão conduzidos à época de luz e vida do sistema.

8.   O SEGUNDO ESTÁGIO OU ESTÁGIO DO SISTEMA

Quando um sistema inteiro torna-se estabelecido em luz e vida, uma nova ordem de governo é inaugurada. Os Soberanos Planetários tornam-se membros do conclave do sistema; e esse novo corpo administrativo, sujeito apenas ao veto dos Pais da Constelação, passa a ser supremo em autoridade. Tal sistema de mundos habitados torna-se virtualmente autogovernado. A assembléia legislativa do sistema passa a ser constituída no mundo sede-central, e cada planeta envia lá os seus dez representantes. Os tribunais estão agora estabelecidos nas capitais dos sistemas e somente as apelações são levadas à sede-central do universo.

Com o estabelecimento do sistema a Sentinela Designada, representante do Executivo Supremo do superuniverso torna-se o consultor voluntário da corte suprema do sistema; sendo ela quem, de fato, preside à nova assembléia legislativa.

Após o estabelecimento de um sistema inteiro em luz e vida os Soberanos dos Sistemas não mais irão e virão. O soberano permanece perpetuamente à frente do seu sistema. Os soberanos assistentes continuam sendo mudados como nas idades anteriores.

Durante essa época de estabilização, pela primeira vez, os midsonitas vêm dos mundos sedes-centrais do seu universo para atuar como conselheiros nas assembléias legislativas e consultores dos tribunais judiciários. Tais midsonitas também fazem certos esforços para inculcar significados novos e de valor supremo da mota, na forma do ensino que eles implementam juntamente com os finalitores. O que os Filhos Materiais fizeram biologicamente pelas raças mortais, as criaturas midsonitas então fazem por esses humanos unificados e glorificados, nos domínios sempre em avanço da filosofia e do pensamento espiritualizado.

Nos mundos habitados, os Filhos Instrutores tornam-se os colaboradores voluntários dos finalitores e estes mesmos Filhos Instrutores acompanham também os finalitores aos mundos das mansões, quando essas esferas não mais forem utilizadas como mundos diferenciais de acolhimento, depois que um sistema inteiro é estabelecido em luz e vida; e isso é verdade pelo menos na época em que toda a constelação, assim, estiver evoluída. Mas não há grupos tão avançados em Nébadon.

Não nos é permitido revelar a natureza do trabalho dos finalitores que supervisionarão tais mundos das mansões assim reconsagrados. Vós tendes sido informados, todavia, de que nos universos há vários tipos de criaturas inteligentes que não foram descritas nestas narrativas.

E, agora, na medida que os sistemas tornam-se estabelecidos em luz, um a um, em virtude do progresso dos mundos que os compõem, chega o momento de o último sistema de uma determinada constelação atingir a estabilização; e os administradores do universo – o Filho Mestre, o União dos Dias e o Brilhante Estrela Matutino – aproximam-se da capital da constelação para proclamar os Altíssimos como os governantes irrestritos da recém-perfeccionada família de uma centena de sistemas estabelecidos de mundos habitados.

9. O TERCEIRO ESTÁGIO OU ESTÁGIO DA CONSTELAÇÃO

A unificação de uma constelação inteira de sistemas estabelecidos é acompanhada por novas distribuições da autoridade executiva e reajustes adicionais na administração do universo. Essa época testemunha o alcance de estados avançados, em cada mundo habitado, mas é caracterizada, em particular, pelos reajustes feitos na sede da constelação com modificações acentuadas nos relacionamentos, tanto com a supervisão do sistema, quanto com o governo do universo local. Durante essa idade, muitas das atividades nas constelações e no universo são transferidas para as capitais dos sistemas; e os representantes do superuniverso assumem relações novas e mais estreitas com os governantes do planeta, sistema e universo. Concomitantemente com essas novas associações, alguns dos administradores do superuniverso estabelecem-se nas capitais das constelações como consultores voluntários dos Pais Altíssimos.

Quando uma constelação é, desse modo, estabelecida em luz, as funções legislativas acabam e a casa dos Soberanos dos Sistemas, presidida pelos Altíssimos, funciona no seu lugar. Agora pela primeira vez esses grupos administrativos lidam diretamente com o governo do superuniverso nas questões pertinentes às relações com Havona e o Paraíso. Fora disso, a constelação permanece relacionada ao universo local, tal como antes. De estágio em estágio, na vida estabelecida, os univitátias continuam administrando os mundos moronciais da constelação.

Na medida que passam as idades, os Pais da Constelação assumem cada vez mais as funções administrativas detalhadas ou de supervisão, que anteriormente eram centradas nas sedes do universo. Ao alcançarem o sexto estágio de estabilização essas constelações unificadas terão alcançado uma posição de autonomia quase completa. A entrada no sétimo estágio de estabelecimento sem dúvida testemunhará a elevação dos seus governantes à verdadeira dignidade que os seus nomes lhes conferem: a de Altíssimos. Para todos os fins e propósitos, as constelações lidarão, então, diretamente com os governantes do superuniverso, enquanto o governo do universo local expandir-se-á abrangendo as responsabilidades das obrigações do novo grande universo.

10. O QUARTO ESTÁGIO OU ESTÁGIO DO UNIVERSO LOCAL

Quando se torna estabelecido em luz e vida um universo insere-se logo nos circuitos estabelecidos do superuniverso; e os Anciães dos Dias proclamam o estabelecimento do *conselho supremo de autoridade ilimitada*. Esse novo corpo de governo consiste nos cem Fiéis dos Dias, presididos pelo União dos Dias. E o primeiro ato desse conselho supremo é reconhecer a soberania continuada do Filho Mestre Criador.

A administração do universo, no que concerne a Gabriel e o Pai Melquisedeque, permanece sem alterações. Esse conselho de autoridade ilimitada sobretudo está empenhado nas questões novas e nas novas condições que advêm do status avançado de luz e vida.

O Inspetor Associado mobiliza agora todas as Sentinelas Designadas para que constituam o *corpo de estabilização do universo local* e pede ao Pai Melquisedeque para compartilhar, com ele, da supervisão do universo. E, agora, pela primeira vez, um corpo de Espíritos Inspirados da Trindade é designado para o serviço do União dos Dias.

O estabelecimento de um universo local inteiro, em luz e vida, inaugura reajustes profundos em todo o esquema de administração; desde os mundos habitados individuais até a sede-central do universo. Novas relações estendem-se até as constelações e sistemas. O Espírito Materno do universo local experiencia novas relações de ligação com o Espírito Mestre do superuniverso. E Gabriel estabelece um contato direto com os Anciães dos Dias, que se tornará efetivo sempre que o Filho Mestre estiver ausente do mundo sede-central.

Durante essa idade, e nas subseqüentes, os Filhos Magisteriais continuam a funcionar como juízes dispensacionais, enquanto uma centena desses Filhos Avonais do Paraíso constitui o novo alto conselho do Brilhante Estrela Matutino, na capital do universo. Mais tarde, e conforme solicitado pelos soberanos dos Sistemas, um desses Filhos Magisteriais tornar-se-á o consultor supremo permanente no mundo sede-central de cada sistema local, até que seja alcançado o sétimo estágio de unidade.

Durante essa época, os Filhos Instrutores da Trindade são consultores voluntários, não apenas para os Soberanos Planetários mas servem em grupos de três, de modo semelhante aos Pais da Constelação. E finalmente esses Filhos encontram o seu lugar no universo local; pois nessa época eles são remanejados da jurisdição da criação local e são designados para servir ao conselho supremo, de autoridade ilimitada.

O corpo de finalitores pela primeira vez, agora, toma conhecimento da jurisdição de uma autoridade extra-Paraíso, o conselho supremo. Até então os finalitores não haviam reconhecido nenhuma supervisão, deste lado de cá, do Paraíso.

Os Filhos Criadores desses universos estabelecidos passam grande parte do seu tempo no Paraíso e mundos interligados, bem como em aconselhamentos com os inúmeros grupos de finalitores servindo em toda a criação local. Nesse sentido é que Michael, como homem, encontrará uma fraternidade mais plena na sua associação com os mortais finalitores glorificados.

Especulações a respeito da função desses Filhos Criadores, no que diz respeito aos universos exteriores, agora em processo preliminar de construção, são totalmente inúteis. No entanto, todos nós colocamos tais hipóteses em pauta de tempos em tempos. Ao atingir esse quarto estágio de desenvolvimento o Filho Criador torna-se administrativamente livre; a Ministra Divina, progressivamente, combina a sua ministração à do Espírito Mestre, do superuniverso, e à do Espírito Infinito. Parece que está em evolução um relacionamento novo e sublime entre o Filho Criador, o Espírito Criativo Materno, os Estrelas Vespertinos, os Filhos Instrutores e o corpo, sempre em crescimento, dos finalitores.

Se Michael tivesse de abandonar Nébadon, Gabriel tornar-se-ia, sem a menor dúvida, o administrador dirigente, tendo o Pai Melquisedeque como aliado seu. Ao mesmo tempo, um novo status seria conferido a todas as ordens de cidadadanias permanentes, tais como os Filhos Materiais, univitátias, midsonitas, susátias e mortais de fusionamento com o Espírito. Mas enquanto a evolução continuar serafins e arcanjos serão requisitados para a administração do universo.

Todavia, dois aspectos das nossas especulações nos deixam satisfeitos: se os Filhos Criadores estão destinados aos universos exteriores, as Ministras Divinas indubitavelmente irão acompanhá-los. E estamos igualmente certos de que os Melquisedeques permanecerão nos universos da sua origem. Sustentamos que os Melquisedeques estejam destinados a exercer papéis de responsabilidades cada vez maiores no governo e administração do universo local.

11. O ESTÁGIO DO SETOR MENOR E DO SETOR MAIOR

Os setores menor e maior do superuniverso, diretamente, não figuram no plano do estabelecimento em luz e vida. Essa progressão evolucionária acontece, primariamente, no universo local, como uma unidade; e diz respeito apenas aos componentes de um universo local. Um superuniverso torna-se estabelecido em luz e vida quando todos os seus universos locais componentes estiverem, assim, perfeccionados. Mas nenhum dos sete superuniversos atingiu ainda um nível de progresso que, ao menos, se aproxime disso.

A idade do setor menor. Até onde as observações podem penetrar, o quinto estágio, ou o estágio de estabilização do setor menor, tem a ver exclusivamente com o status físico e com o estabelecimento coordenado da centena de universos locais, associados aos circuitos estabelecidos do superuniverso. Ninguém, aparentemente, exceto os centros de potência e os seus colaboradores, está empenhado nesses realinhamentos da criação material.

A idade do setor maior. A respeito do sexto estágio, ou de estabilização do setor maior, o que podemos fazer são conjecturas, apenas; pois nenhum de nós haveria já testemunhado um acontecimento como esse. Todavia, podemos postular o bastante a respeito dos reajustes administrativos, e outros, que iriam provavelmente acompanhar esse status avançado dos mundos habitados e seus agrupamentos no universo.

Como o status do setor menor tem a ver com o equilíbrio físico coordenado, inferimos que a unificação do setor maior esteja ligada a alguns níveis intelectuais novos, de alcance de realização, possivelmente alcances avançados na realização suprema da sabedoria cósmica.

Chegamos a conclusões, a respeito dos reajustes, os quais provavelmente acompanhariam a realização de níveis até então não atingidos de progresso evolucionário, ao observar os resultados de concretizações evolutivas tais nos mundos individuais e nas experiências dos mortais individuais que vivem nessas esferas mais antigas e altamente desenvolvidas.

Que seja deixado claro que os mecanismos administrativos e as técnicas governamentais de um universo, ou de um superuniverso, não podem de modo algum limitar ou retardar o desenvolvimento evolucionário ou o progresso espiritual de um planeta individual habitado ou de qualquer indivíduo mortal em uma determinada esfera.

Em alguns universos mais antigos encontramos mundos estabelecidos no quinto e no sexto estágios de luz e vida – e até mesmo mais avançados, na sétima época – cujos sistemas locais ainda não estão estabelecidos em luz. Os planetas mais recentes podem retardar a unificação do sistema, mas isso não traz o mínimo obstáculo ao progresso de um mundo mais antigo e avançado. Nem as limitações ambientais, mesmo em um mundo isolado, podem dificultar o êxito pessoal que o indivíduo mortal possa alcançar. Jesus de Nazaré, como homem entre os homens, pessoalmente alcançou o status de luz e vida há mais de dezenove séculos, no passado, em Urântia.

É observando os acontecimentos nos mundos há muito estabelecidos que chegamos a conclusões suficientemente confiáveis quanto ao que irá ocorrer quando todo um superuniverso estabelecer-se em luz, conquanto não possamos postular com segurança o advento da estabilização dos sete superuniversos.

12. O SÉTIMO ESTÁGIO OU ESTÁGIO DO SUPERUNIVERSO

Não podemos prognosticar, de um modo seguro, o que ocorreria quando um superuniverso se tornar estabelecido em luz, pois um tal evento nunca se tornou um fato. Dos ensinamentos dos Melquisedeques, os quais nunca foram contestados, inferimos que mudanças radicais aconteceriam em toda a organização e administração de cada unidade das criações do tempo e do espaço, abrangendo, desde os mundos habitados, até a sede-central do superuniverso.

Acredita-se, geralmente, que um grande número de filhos trinitarizados por criaturas, ainda não compromissados com designações outras, estejam para ser reunidos nas sedes-centrais e capitais divisionais dos superuniversos estabelecidos. Isso pode acontecer em antecipação à chegada, em alguma época, de seres do espaço exterior no seu trajeto até Havona e o Paraíso; mas realmente não sabemos.

Se, e quando, um superuniverso se estabelecer em luz e vida, acreditamos que os Supervisores Inqualificáveis, atualmente consultores do Supremo, formariam um alto corpo administrativo nos mundos sede-centrais de tal superuniverso. Estas são as personalidades capacitadas para contatar diretamente os administradores absonitos, os quais, daí para frente, tornar-se-ão ativos no superuniverso estabelecido. Embora esses Supervisores Inqualificáveis hajam há muito funcionado como conselheiros e consultores nas unidades avançadas da criação que evolui, eles não assumirão responsabilidades administrativas antes que a autoridade do Ser Supremo se faça soberana.

Os Supervisores Inqualificáveis do Supremo que funcionam de modo mais abrangente, durante essa época, não são finitos nem absonitos, últimos ou infinitos; *são* a supremacia e representam apenas Deus, o Supremo. São a personalização da supremacia no espaço-tempo e, portanto, não funcionam em Havona. Funcionam apenas como unificadores supremos. Podem estar envolvidos, talvez, com a técnica da refletividade do universo, mas não estamos seguros a esse respeito.

Nenhum de nós formou uma idéia satisfatória sobre o que irá acontecer quando o grande universo (os sete superuniversos, enquanto dependentes de Havona) tornar-se inteiramente estabelecido em luz e vida. Esse, sem dúvida, será o acontecimento mais profundo nos anais da eternidade, desde o surgimento do universo central. Há aqueles que sustentam que o Ser Supremo, ele próprio, emergirá do mistério de Havona, que envolve a sua pessoa espiritual; e que irá tornar-se, ele próprio, um residente da sede-central do sétimo superuniverso, como o soberano Todo-Poderoso e experiencial das criações perfeccionadas, do tempo e do espaço. Mas, na verdade, não sabemos.

[Apresentado por um Mensageiro Poderoso, temporariamente designado para o Conselho dos Arcanjos, em Urântia.]

DOCUMENTO 56

A UNIDADE UNIVERSAL

DEUS é unidade. A Deidade é universalmente coordenada. O universo dos universos é um imenso mecanismo integrado; e absolutamente contro lado por uma mente infinita. Os domínios físico, intelectual e espiritual da criação universal são divinamente correlacionados. O perfeito e o imperfeito estão verdadeiramente inter-relacionados; e é por isso que a criatura evolucionária finita pode ascender ao Paraíso em obediência ao mandado do Pai Universal: "Sede vós perfeitos, assim como Eu sou perfeito".

Todos os diversos níveis da criação estão unificados nos planos e na administração dos Arquitetos do Universo-Mestre. Para as mentes circunscritas dos mortais do tempo e do espaço o universo pode apresentar muitos problemas e situações que, aparentemente, retratem desarmonia e indiquem falta de coordenação efetiva; todavia, dentre nós, aqueles que são capazes de observar as tramas mais amplas dos fenômenos universais e que são mais experientes, nessa arte de detectar a unidade básica subjacente à diversidade criativa, bem como na arte de descobrir a unicidade divina que se dissemina em todo esse funcionamento de pluralidade, percebem melhor o propósito divino e único evidenciado em todas essas manifestações múltiplas da energia universal criadora.

1. A COORDENAÇÃO FÍSICA

A criação física ou material não é infinita, mas é perfeitamente coordenada. Há a força, a energia e o poder-e-potência, mas são todos unos em origem. Os sete superuniversos aparentemente são duais; o universo central é trino; mas o Paraíso é uno na sua constituição. E o Paraíso é a fonte factual de todos os universos materiais – passados, presentes e futuros. Essa derivação cósmica, contudo, é um evento de *eternidade*; em nenhum *momento* – passado, presente ou futuro – nem o espaço, nem o cosmo material saíram da nuclear Ilha de Luz. Como fonte cósmica, o Paraíso funciona precedentemente ao espaço e antes do tempo; as suas derivações, pois, poderiam parecer órfãs no tempo e no espaço, se não houvessem emergido através do Absoluto Inqualificável, seu depositário último no espaço e seu revelador e regulador no tempo.

O Absoluto Inqualificável sustenta o universo físico, enquanto o Absoluto da Deidade proporciona um raro supercontrole de toda a realidade material; e ambos os Absolutos funcionalmente estão unificados pelo Absoluto Universal. Essa correlação coesiva do universo material é mais bem entendida por todas as personalidades – materiais, moronciais, absonitas ou espirituais – pela observação da resposta de toda a realidade material autêntica à gravidade centrada no Paraíso inferior.

A unificação gravitacional é universal e invariável; a resposta da energia pura do mesmo modo é universal e inescapável. A energia pura (a força primordial) e o puro espírito pré-respondem totalmente à gravidade. Essas forças primordiais inerentes aos Absolutos são pessoalmente controladas pelo Pai Universal; daí o porquê de toda a gravidade centralizar-se na presença pessoal, de pura energia e puro espírito, do Pai do Paraíso e na sua morada supramaterial.

A energia pura é o ancestral de toda a realidade relativa funcional não-espiritual, enquanto o espírito puro é o potencial de supercontrole divino e diretivo de todos os sistemas básicos de energia. E tais realidades, tão diversas quando manifestadas pelo espaço e quando observadas nos movimentos do tempo, estão ambas centradas na pessoa do Pai do Paraíso. E são unas Nele– devem estar unificadas – porque Deus é uno. A personalidade do Pai é absolutamente unificada.

Na natureza infinita de Deus, o Pai, não poderia, de nenhuma forma, existir uma dualidade de realidade, física e espiritual; mas, no instante em que desviamos nosso olhar dos níveis infinitos e da realidade absoluta dos valores pessoais do Pai do Paraíso, observamos a existência dessas duas realidades e reconhecemos que as mesmas respondem absolutamente à Sua presença pessoal; Nele todas as coisas consistem.

No momento em que deixardes para trás o conceito inqualificável da personalidade infinita do Pai do Paraíso, devereis postular a MENTE como a técnica inevitável de unificação das divergências, cada vez mais amplificadas, entre essas manifestações duais da personalidade monotéica original do Criador, a Primeira Fonte e Centro – o EU SOU.

2. A UNIDADE INTELECTUAL

O Pai-Pensamento realiza a expressão espiritual no Filho-Verbo e, por meio do Paraíso, alcança a expansão da realidade nos enormes universos materiais. As expressões espirituais do Filho Eterno estão correlacionadas aos níveis materiais da criação, pelas funções do Espírito Infinito: por meio de cuja ministração espírito-responsiva de mente e por meio de cujos atos físico-diretivos de mente as realidades espirituais da Deidade e as repercussões materiais da Deidade permanecem correlacionadas umas às outras.

A mente é o dom funcional do Espírito Infinito e é, portanto, infinita em potencial e universal em outorga. O pensamento primordial do Pai Universal eterniza-se em uma expressão dual: a Ilha do Paraíso e a sua Deidade igual, o Filho Eterno espiritual. Tal dualidade da realidade eterna torna o Deus da mente, o Espírito Infinito, inevitável. A mente é o canal indispensável de comunicação entre as realidades espirituais e materiais. A criatura material evolucionária só pode conceber e compreender o espírito que reside nela por meio da ministração da mente.

Essa mente infinita e universal é ministrada, nos universos do tempo e do espaço, como mente cósmica; e, embora se estenda, desde a ministração primitiva dos espíritos ajudantes até a mente magnífica do dirigente executivo de um universo, essa mente cósmica, ainda assim, fica adequadamente unificada na supervisão dos Sete Espíritos Mestres que, por sua vez, estão coordenados à Mente Suprema do tempo e do espaço e perfeitamente correlacionados à mente do Espírito Infinito, a qual abrange tudo.

3. A UNIFICAÇÃO ESPIRITUAL

A gravidade da mente universal é centrada na presença pessoal do Espírito Infinito, no Paraíso; a gravidade espiritual universal, do mesmo modo, centra-se na presença pessoal do Filho Eterno, no Paraíso. O Pai Universal é um, mas, para o tempo-espaço, Ele é revelado no fenômeno dual, da energia pura e do puro espírito.

As realidades do espírito, no Paraíso, do mesmo modo são unas, entretanto, em todas as situações e relações tempo-espaciais, este espírito único é revelado nos fenômenos duais, das personalidades e emanações espirituais do Filho Eterno e personalidades e influências espirituais do Espírito Infinito e Suas criações conjuntas; e há ainda um terceiro fenômeno – as fragmentações do puro espírito – dádivas, feitas pelo Pai, dos Ajustadores do Pensamento e de outras entidades espirituais, que são pré-pessoais.

Não importando o nível das atividades no universo em que seja possível encontrar fenômenos espirituais ou contatar seres espirituais, podeis saber que todos eles são derivados de Deus, que é espírito, por meio do ministério do Filho Espírito e do Espírito-Mente Infinito. E tal espírito, vasto e abrangente, funciona como um fenômeno nos mundos evolucionários do tempo, sendo dirigido das sedes-centrais dos universos locais. Dessas capitais, dos Filhos Criadores, provêm o Espírito Santo e o Espírito da Verdade, juntamente com a ministração dos espíritos ajudantes da mente, para os níveis mais baixos e evolutivos das mentes materiais.

Conquanto a mente seja mais unificada no nível dos Espíritos Mestres na sua associação com o Ser Supremo, e conquanto a mente cósmica esteja em subordinação à Mente Absoluta, a ministração do espírito para os mundos em evolução é mais diretamente unificada nas personalidades residentes, nas sedes-centrais dos universos locais, e nas pessoas das Ministras Divinas, que os presidem e que são por sua vez perfeitamente bem correlacionadas com o circuito de gravidade do Filho Eterno no Paraíso, dentro do qual ocorre a unificação final de todas as manifestações espirituais no tempo-espaço.

A existência perfeccionada da criatura pode ser alcançada, sustentada e eternizada, pela fusão da mente autoconsciente com um fragmento do dom do espírito pré-Trinitário de uma das pessoas da Trindade do Paraíso. A mente mortal é uma criação dos Filhos e Filhas do Filho Eterno e do Espírito Infinito e, quando ela se funde ao Ajustador do Pensamento, vindo do Pai, passa a compartilhar o dom espiritual triplo dos reinos evolucionários. Mas essas três expressões espirituais tornam-se perfeitamente unificadas nos finalitores, da mesma forma que estavam, na eternidade, unificadas no Universal EU SOU, antes mesmo que Ele se tornasse o Pai Universal do Filho Eterno e do Espírito Infinito.

O espírito deve tornar-se, sempre e em última análise, tríplice em expressão; e, em realização final, unificado na Trindade. O espírito origina-se de uma fonte, mas por meio de uma expressão tríplice; e, em finalidade, deve alcançar a sua inteira realização, e de fato a alcança, naquela unificação divina que é experienciada quando encontra Deus – em unicidade com a divindade – na eternidade, e por meio do ministério da mente cósmica o qual tem infinita expressão na palavra eterna do pensamento universal do Pai.

4. A UNIFICAÇÃO DA PERSONALIDADE

O Pai Universal é uma personalidade divinamente unificada; e por isso todos os seus filhos ascendentes, que são levados até o Paraíso pelo impulso de retorno dos Ajustadores do Pensamento, os quais saem do Paraíso para residir nos mortais materiais em obediência ao mando do Pai, da mesma forma serão personalidades plenamente unificadas antes de chegarem a Havona.

A personalidade esforça-se inerentemente para unificar todas as realidades que a constituem. A personalidade infinita, da Primeira Fonte e Centro, o Pai Universal, unifica os sete constituintes Absolutos da Infinitude; e a personalidade do homem mortal sendo uma outorga direta e exclusiva do Pai Universal da mesma forma possui o potencial para a unificação dos fatores constituintes da criatura mortal. Tal criatividade de unificação da personalidade de toda criatura é uma marca de nascença da sua alta e exclusiva fonte, além de ser uma evidência do seu contato ininterrupto com essa mesma fonte, por meio do circuito da personalidade. E é por meio desse circuito que a personalidade da criatura mantém um contato direto e sustentador com o Pai, no Paraíso, de todas as personalidades.

Não obstante Deus estar manifestado desde os domínios do Sétuplo, em supremacia e em ultimidade, até Deus, o Absoluto, o circuito da personalidade centrado no Paraíso e na pessoa de Deus, o Pai, proporciona a completa e perfeita unificação de todas essas diversas expressões da personalidade divina em tudo o que concerne a todas as personalidades das criaturas, em todos os níveis da existência inteligente e em todos os reinos dos universos perfeitos, dos que se tornaram perfeitos e daqueles em perfeiçoamento.

Conquanto Deus seja, nos universos e para os universos, tudo aquilo que descrevemos, no entanto, para vós e para todas as outras criaturas sabedoras de Deus, Ele é um: o vosso Pai e Pai delas. Para a personalidade, Deus não pode ser plural. Deus é Pai para cada uma das suas criaturas e é realmente impossível, para qualquer filho, ter mais do que um Pai.

Seja filosófica, seja cosmicamente ou seja com relação aos níveis e locações diferenciais de manifestação, vós podeis, e por força deveis, conceber a função de Deidades plurais e postular a existência de trindades plurais; entretanto, na experiência da adoração, no contato pessoal adorador de toda personalidade, em todo o universo-mestre, Deus é Um; e essa Deidade unificada e pessoal é o nosso progenitor do Paraíso, Deus, o Pai, o outorgador, conservador e Pai de todas as personalidades, desde o homem mortal, nos mundos habitados, até o Filho Eterno na Ilha Central de Luz.

5. A UNIDADE DA DEIDADE

A unidade, a indivisibilidade da Deidade do Paraíso é existencial e absoluta. Há três personalizações eternas da Deidade – o Pai Universal, o Filho Eterno e o Espírito Infinito –, contudo, na Trindade do Paraíso, elas são *de fato* uma Deidade, indivisa e indivisível.

Do nível Havona-Paraíso original, de realidade existencial, dois níveis subabsolutos diferenciaram-se; e, a partir daí o Pai, o Filho e o Espírito empenharam-se na criação de inúmeros seres congêneres aliados e subordinados pessoais. E ainda que inapropriado, nesse contexto, seja levar em consideração a unificação absonita da deidade, em níveis transcendentais de ultimidade, é factível considerar alguns aspectos da função unificadora das várias personalizações da Deidade, nas quais a divindade é funcionalmente manifesta para os diversos setores da criação e diferentes ordens de seres inteligentes.

O funcionamento presente da divindade, nos superuniversos, é ativamente manifesto nas operações dos Criadores Supremos – dos Filhos e dos Espíritos Criadores do universo local, dos Anciães dos Dias do superuniverso e dos Sete Espíritos Mestres do Paraíso. Tais seres constituem os três primeiros níveis de Deus, o Sétuplo, os que conduzem internamente ao Pai Universal; e todo esse domínio de Deus, o Sétuplo, está coordenando-se no primeiro nível da deidade experiencial, o Ser Supremo em evolução.

No Paraíso e no universo central, a unidade da Deidade é uma existência de fato. Nos universos em evolução, do tempo e do espaço, a unidade da Deidade é uma realização em processamento.

6. A UNIFICAÇÃO DA DEIDADE EVOLUCIONÁRIA

Quando as três pessoas eternas da Deidade funcionam como uma Deidade indivisa, na Trindade do Paraíso, elas alcançam a unidade perfeita; e, do mesmo modo, quando elas criam, associada ou separadamente uma progênie do Paraíso, esta apresenta a unidade característica da divindade. E tal divindade de propósito, manifestada pelos Criadores e Governantes Supremos, nos domínios do tempo-espaço, factualiza-se no evento potencial do poder unificador da soberania de supremacia experiencial, que, na presença unitária da energia impessoal do universo, constitui uma tensão de realidade que apenas pode ser resolvida por meio da unificação adequada com as realidades experienciais da personalidade da Deidade experiencial.

As realidades da personalidade do Ser Supremo surgem das Deidades do Paraíso e, no mundo-piloto do circuito exterior de Havona, elas unificam-se com as prerrogativas de poder do Supremo Todo-Poderoso, que advêm das divindades Criadoras do grande universo. Deus, o Supremo, enquanto pessoa, existia em Havona antes da criação dos sete superuniversos, mas funcionava apenas em níveis espirituais. A evolução do poder da Supremacia do Todo-Poderoso, por meio de diversas sínteses de divindade, nos universos em evolução, factualizou-se em uma nova presença de poder da Deidade, que se coordenou com a pessoa espiritual do Supremo em Havona, por intermédio da Mente Suprema, a qual concomitantemente se transladou do potencial residente na mente infinita do Espírito Infinito para a mente ativa funcional do Ser Supremo.

As criaturas de mente-material dos mundos evolucionários dos sete superuniversos só podem compreender a unidade da Deidade se ela estiver evoluindo até a síntese, em poder-personalidade, do Ser Supremo. Em qualquer nível de existência, Deus não pode exceder a capacidade conceitual dos seres que vivem em tal nível. O homem mortal, pelo reconhecimento da verdade, apreciação da beleza e adoração da bondade, deve evoluir até o reconhecimento de um Deus de amor e então progredir, por intermédio dos níveis ascendentes de deidade, até a compreensão do Supremo. A Deidade, havendo sido compreendida desse modo, enquanto unificada em poder, pode então ser personalizada em espírito, para a compreensão e a realização da criatura.

Ainda que os mortais ascendentes alcancem a compreensão do poder do Todo-Poderoso, nas capitais dos superuniversos, e a compreensão da personalidade do Supremo, nos circuitos exteriores de Havona, na verdade não encontrarão o Ser Supremo como estão destinados a encontrar as Deidades do Paraíso. Mesmo os finalitores, espíritos da sexta etapa, não encontraram o Ser Supremo nem provavelmente conseguirão fazê-lo , antes de atingir o status de espíritos da sétima etapa, e até que o Supremo se tenha tornado factualmente funcional nas atividades dos futuros universos exteriores.

Mas quando os seres ascendentes encontrarem o Pai Universal, no sétimo nível de Deus, o Sétuplo, eles terão logrado alcançar a personalidade da Primeira Pessoa, em *todos* os níveis da deidade nas relações pessoais com as criaturas do universo.

7. AS REPERCUSSÕES EVOLUCIONÁRIAS UNIVERSAIS

O avanço firme da evolução, nos universos do tempo-espaço, é acompanhado de revelações sempre crescentes da Deidade, para todas as criaturas inteligentes. O alcançar de um avanço evolucionário elevado em um mundo, sistema, constelação, universo, superuniverso ou no grande universo, assinala ampliações correspondentes da função da deidade nessas e para essas unidades progressivas da criação. E tal enaltecimento local das realizações da divindade é todo acompanhado por certas repercussões bem definidas de engrandecimento, na manifestação da deidade, para todos os outros setores da criação. Estendendo-se do Paraíso para o exterior, cada novo domínio de evolução atingido e realizado constitui uma nova e ampliada revelação da Deidade experiencial, para o universo dos universos.

À medida que os componentes de um universo local são progressivamente estabelecidos em luz e vida, Deus, o Sétuplo, apresenta-se cada vez mais manifesto. A evolução no tempo-espaço começa, em um planeta, com a primeira expressão de Deus, o Sétuplo – a associação entre o Filho Criador e o Espírito Criativo – no controle. Com o estabelecimento de um sistema em luz, essa ligação Filho-Espírito atinge o auge da sua função; e, quando uma constelação inteira assim se estabelece, a segunda fase de Deus, o Sétuplo, torna-se mais ativa em todo esse reino. A completa evolução administrativa de um universo local é atingida por meio de ministrações novas e mais diretas dos Espíritos Mestres do superuniverso; e, nesse ponto, começa também aquela revelação e realização sempre em expansão de Deus, o Supremo, que culmina com a compreensão, por parte do ser em ascensão, do Ser Supremo, enquanto passa pelos mundos do sexto circuito de Havona.

O Pai Universal, o Filho Eterno e o Espírito Infinito são manifestações existenciais da deidade para as criaturas inteligentes; e, portanto, não estão similarmente expandidas nas relações de personalidade com as criaturas de mente e de espírito de toda a criação.

Deve ficar assinalado que os mortais ascendentes podem experienciar a presença impessoal, de níveis sucessivos da Deidade, muito antes de haverem-se tornado suficientemente espirituais e adequadamente preparados para atingir o reconhecimento experiencial pessoal dessas Deidades e, enquanto seres pessoais, entrar em contato com elas.

Cada novo alcance evolucionário, dentro de um setor da criação, tanto quanto cada nova invasão do espaço, por manifestações da divindade, é acompanhada por expansões simultâneas da revelação funcional da Deidade, dentro das unidades então existentes e anteriormente organizadas de toda a criação. Essa nova invasão do trabalho administrativo dos universos e das suas unidades componentes, nem sempre pode parecer executada exatamente de acordo com a técnica aqui esboçada, porque a prática é enviar grupos avançados de administradores com o fito de preparar o caminho para eras subseqüentes e sucessivas do novo supercontrole administrativo. Mesmo Deus, o Último, antecipa o seu supercontrole transcendental dos universos, durante as etapas ulteriores de um universo local estabelecido em luz e vida.

É fato que, na mesma medida que as criações do tempo e do espaço ficam progressivamente estabelecidas em status evolucionário, observa-se um novo e mais pleno funcionamento de Deus, o Supremo, concomitantemente com uma correspondente retirada das primeiras três manifestações de Deus, o Sétuplo. Se, e quando, o grande universo tornar-se estabelecido em luz e vida, qual então será a função futura das manifestações Criadoras-Criativas de Deus, o Sétuplo, se Deus, o Supremo, assumir o controle direto dessas criações do tempo e do espaço? Serão, tais organizadores e pioneiros dos universos do tempo e do espaço, liberados para atividades similares no espaço exterior? Não sabemos, mas fazemos muitas especulações sobre essas e outras tantas questões relacionadas.

Na medida que as fronteiras experienciais da Deidade vão sendo estendidas aos limites exteriores dos domínios do Absoluto Inqualificável, visualizamos a atividade de Deus, o Sétuplo, durante as épocas evolucionárias anteriores a tais criações do futuro. Não estamos todos de acordo a respeito do status futuro dos Anciães dos Dias e Espíritos Mestres do superuniverso. Tampouco sabemos se o Ser Supremo irá funcionar e atuar ali, como o faz nos sete superuniversos. Mas todos nós conjecturamos que os Michaéis, Filhos Criadores, estão destinados a funcionar nesses universos exteriores. Alguns sustentam que as idades do futuro testemunharão alguma forma mais próxima de união entre os Filhos Criadores e as Ministras Divinas coligadas suas; é mesmo possível que uma tal união criadora possa manifestar alguma expressão nova de identidade de criador-associado de uma natureza última. Mas realmente nada sabemos sobre essas possibilidades de um futuro irrevelado.

Contudo, sabemos que nos universos do tempo e do espaço, Deus, o Sétuplo, provê uma aproximação progressiva ao Pai Universal e que essa aproximação evolucionária é experiencialmente unificada em Deus, o Supremo. Poderíamos conjecturar que tal plano devesse prevalecer nos universos exteriores; por outro lado novas ordens de seres, que algum dia possam habitar esses universos, poderão ser capazes de se aproximar da Deidade em níveis últimos e por meio de técnicas absonitas. Em resumo, não temos a menor idéia sobre qual técnica de aproximação à deidade pode tornar-se operativa nos universos futuros do espaço exterior.

Entretanto, estimamos que os superuniversos perfeccionados tornar-se-ão, de algum modo, uma parte das carreiras de ascensão ao Paraíso, para os seres que poderão habitar essas criações exteriores. É perfeitamente possível que em tal época futura nós possamos testemunhar seres do espaço exterior aproximando-se de Havona pelos sete superuniversos, administrados por Deus, o Supremo, com a colaboração dos Sete Espíritos Mestres ou sem ela.

8.   O UNIFICADOR SUPREMO

O Ser Supremo tem uma tríplice função na experiência do homem mortal: na primeira, é o unificador da divindade tempo-espacial, Deus, o Sétuplo; na segunda, é o máximo da Deidade, que as criaturas finitas podem de fato compreender; na terceira, é o único caminho, que o homem mortal tem, de aproximação à experiência transcendental, de consorciar-se à mente absonita, ao espírito eterno e à personalidade do Paraíso.

Os finalitores ascendentes, havendo nascido nos universos locais, tendo sido nutridos nos superuniversos e aperfeiçoados no universo central, abrangem, com as suas experiências pessoais, o potencial pleno de compreensão da divindade tempo--espacial de Deus, o Sétuplo, que se unifica no Supremo. Os finalitores servem sucessivamente nos superuniversos, que não o do seu nascimento, sobrepondo, desse modo, experiência após experiência, até que a plenitude da diversidade sétupla de experiências possíveis da criatura haja sido abrangida. Por meio da ministração dos Ajustadores residentes, os finalitores capacitam-se a *encontrar* o Pai Universal, mas é por intermédio dessas técnicas de experiência que tais finalitores chegam realmente a *conhecer* o Ser Supremo; e eles estão destinados ao serviço e à *revelação* dessa Suprema Deidade nos universos futuros do espaço exterior, e para os mesmos.

Tende em mente que tudo o que Deus, o Pai, e os seus Filhos do Paraíso fazem por nós, temos a oportunidade, em retorno e em espírito, de fazer pelo Ser Supremo emergente e dentro dele. A experiência do amor, da alegria e do serviço no universo é mútua. Deus, o Pai, não necessita de que os seus filhos Lhe retribuam tudo o que Ele lhes confere; mas os filhos, por sua vez, outorgam (ou podem outorgar) tudo em retorno aos seus semelhantes e ao Ser Supremo em evolução.

Todos os fenômenos de criação refletem atividades espírito-criadoras anteriores. Disse Jesus, e é literalmente verdade, que "O Filho faz apenas aquelas coisas que vê o Pai fazer". No tempo, vós mortais podeis começar a revelação do Supremo para os vossos semelhantes e podeis, cada vez mais, ampliar essa revelação, à medida que ascenderdes em direção ao Paraíso. Na eternidade, poder-vos-á ser permitido fazer revelações crescentes desse Deus das criaturas evolucionárias, em níveis supremos – até à ultimidade –, como finalitores da sétima etapa.

9. A UNIDADE DO ABSOLUTO UNIVERSAL

O Absoluto Inqualificável e o Absoluto da Deidade estão unificados no Absoluto Universal. Os Absolutos são coordenados no Último, condicionados no Supremo, e modificados, no tempo-espaço, em Deus, o Sétuplo. Em níveis subinfinitos, existem *três* Absolutos, mas na infinitude eles surgem como *um*. No Paraíso há três personalizações da Deidade, mas na Trindade elas *são* Uma.

A maior proposta filosófica do universo-mestre é esta: O Absoluto (os três Absolutos feitos um, na infinitude) existe antes da Trindade? E o Absoluto é ancestral da Trindade? Ou é a Trindade antecedente ao Absoluto?

O Absoluto Inqualificável é uma presença de força independente da Trindade? A presença do Absoluto da Deidade conota a função ilimitada da Trindade? E o Absoluto Universal é a função final da Trindade ou, ainda, de uma Trindade das Trindades?

Num primeiro pensamento, um conceito do Absoluto como sendo ancestral de todas as coisas – mesmo da Trindade – parece oferecer satisfação transitória, de gratificação consistente e de unificação filosófica, mas uma tal conclusão é invalidada pela factualidade da eternidade da Trindade do Paraíso. Aprendemos e acreditamos que o Pai Universal e os Seus Coligados da Trindade sejam eternos por natureza e existência. Há, então, uma única conclusão filosófica consistente, que é: o Absoluto é, para todas as inteligências do universo, a reação impessoal e coordenada da Trindade (das Trindades) a todas situações espaciais básicas e primárias, intra-universais ou extra-universais. Para todas as personalidades inteligentes do grande universo, a Trindade do Paraíso, continuamente, surge como absoluta em finalidade, eternidade, supremacia e ultimidade; e também como absoluta, para todos os fins e propósitos práticos de compreensão pessoal e de realização da criatura.

Da forma como as mentes das criaturas podem ver essa questão, elas são levadas ao postulado final do EU SOU Universal como a causa primordial e fonte inqualificável, tanto da Trindade, quanto do Absoluto. Quando, entretanto, aspiramos manter um conceito pessoal do Absoluto, nos remetemos às nossas idéias e ideais do Pai do Paraíso. Quando desejamos facilitar a compreensão ou ampliar a consciência desse Absoluto, que, de outra forma é impessoal, nos remetemos ao fato de que o Pai Universal é o Pai existencial da personalidade absoluta; o Filho Eterno é a Pessoa Absoluta, embora não seja, no sentido experiencial, a personalização do Absoluto. E então continuamos a visualizar as Trindades experienciais como culminando na personalização experiencial do Absoluto da Deidade, enquanto concebemos o Absoluto Universal como constituindo os fenômenos, no universo e no extra-universo, da presença manifesta das atividades impessoais das associações da Deidade, unificadas e coordenadas, de supremacia, ultimidade e infinitude – a Trindade das Trindades.

Deus, o Pai, é discernível em todos os níveis, do finito ao infinito, e, ainda que as suas criaturas, desde o Paraíso até os mundos evolucionários, hajam-No percebido de formas variadas, apenas o Filho Eterno e o Espírito Infinito conhecem-No como uma infinitude.

A personalidade espiritual é absoluta somente no Paraíso e o conceito do Absoluto é inqualificável apenas na infinitude. A presença da Deidade é absoluta apenas no Paraíso; e a revelação de Deus deve sempre ser parcial, relativa e progressiva, até que o Seu poder se torne experiencialmente infinito, na potência espacial do Absoluto Inqualificável, enquanto a manifestação da sua personalidade torna-se experiencialmente infinita na presença manifesta do Absoluto da Deidade, e enquanto esses dois potenciais de infinitude tornam-se uma realidade unificada no Absoluto Universal.

Mas, para além dos níveis subinfinitos, os três Absolutos *são* um e, sendo assim, a infinitude é realizada por parte da Deidade, independentemente de que qualquer outra ordem de existência, a qualquer momento, se auto-realize em consciência de infinitude.

O status existencial na eternidade implica autoconsciência existencial de infinitude, ainda que se possa fazer necessária outra eternidade para experienciar a auto-realização das potencialidades experienciais inerentes a uma eternidade em infinitude – uma infinitude eterna.

E Deus, o Pai, é a fonte pessoal de todas as manifestações da Deidade e da realidade, para todas as criaturas inteligentes e seres dotados de espírito, em todo o universo dos universos. Enquanto personalidades, agora, ou nas sucessivas experiências no universo do futuro eterno, não importa que alcanceis a aproximação de Deus, o Sétuplo, que compreendais a Deus, o Supremo, que encontreis Deus, o Último; nem que tenteis alcançar o conceito de Deus, o Absoluto; vós descobrireis, para a vossa satisfação eterna, que, na consumação de cada aventura, em novos níveis experienciais, tereis redescoberto o Deus eterno – o Pai do Paraíso de todas as personalidades do universo.

O Pai Universal é a explicação da unidade universal como esta deve ser, supremamente, e, em ultimidade mesmo, realizada na unidade pós-ultimizada dos valores e dos significados absolutos – a Realidade inqualificável.

Os Mestres Organizadores da Força saem para o espaço e mobilizam as suas energias, com o fito de fazerem que elas se tornem responsivas gravitacionalmente à atração do Paraíso, do Pai Universal; e subseqüentemente vêm os Filhos Criadores, que organizam essas forças, de resposta à gravidade, segundo universos habitados nos quais evoluem as criaturas inteligentes, as quais recebem em si mesmas o espírito do Pai do Paraíso e que, subseqüentemente, ascendem ao Pai, para se tornarem como Ele em todos os atributos possíveis de divindade.

A marcha incessante e expansiva das forças criativas do Paraíso, no espaço, parece ser um presságio do domínio todo-extensivo da atração da gravidade, exercida pelo Pai Universal, e da multiplicação sem fim dos tipos variados de criaturas inteligentes, que são capazes de amar a Deus e serem por Ele amadas e que, ao tornarem-se conhecedoras assim de Deus, podem escolher ser como Ele, podem eleger alcançar o Paraíso e encontrar Deus.

O universo dos universos é completamente unificado. Deus é Um, em poder e personalidade. Há coordenação em todos os níveis de energia e em todas as fases da personalidade. Filosófica e experiencialmente, em conceito e em realidade, todas as coisas e seres são centrados no Pai do Paraíso. Deus é tudo e está em tudo e nada ou nenhum ser existe fora Dele.

10. A VERDADE, A BELEZA E A BONDADE

À medida que os mundos estabelecidos em luz e vida progridem do estágio inicial até a sétima época, sucessivamente, eles esforçam-se para apreender, para compreender a realidade de Deus, o Sétuplo, indo da adoração do Filho Criador à adoração do seu Pai do Paraíso. Por meio da sétima etapa contínua da história de tal mundo, os mortais, sempre em progressão, crescem no conhecimento de Deus, o Supremo, enquanto vão discernindo vagamente a realidade do ministério sobrepujante de Deus, o Último.

Por toda essa idade gloriosa, a luta principal dos mortais, sempre em avanço, é a busca da percepção mais plena e do entendimento mais amplo dos elementos compreensíveis da Deidade – verdade, beleza e bondade. Isso representa um esforço do homem para discernir Deus, na mente, na matéria e no espírito. E na medida que o ser mortal prossegue nessa busca, ele vê a si próprio crescentemente absorvido pelo estudo experiencial da filosofia, da cosmologia e da divindade.

De alguma forma vós entendeis a filosofia; a divindade, vós a compreendeis na adoração, no serviço social e na experiência espiritual pessoal, mas a busca da beleza – a cosmologia – muito freqüentemente vós a limitais ao estudo das tentativas rudes da arte dos homens. A beleza e a arte são, em grande parte, uma questão de unificação de contrastes. A variedade é essencial ao conceito de beleza. A suprema beleza, o ponto culminante da arte finita, é o drama de unificação na vastidão dos extremos cósmicos: Criador e criatura. O homem encontrando Deus e Deus encontrando o homem – a criatura tornando-se perfeita como o Criador o é –, essa é a conquista superna do supremamente belo, o atingir do ápice da arte cósmica.

Daí, materialismo e ateísmo serem a maximização da fealdade, o clímax da antítese finita do belo. A mais elevada beleza consiste no panorama da unificação das variações que surgiram da realidade harmoniosa preexistente.

O alcance de níveis cosmológicos do pensamento inclui:

1. *A curiosidade.* A fome de harmonia e a sede de beleza. Aa tentativas persistentes para descobrir novos níveis de relações cósmicas harmoniosas.

2. *A apreciação estética.* O amor do belo e a apreciação, que avança sempre, do valor do toque artístico de todas as manifestações criativas, em todos os níveis de realidade.

3. *A sensibilidade ética.* Por intermédio da compreensão da verdade, a apreciação da beleza leva ao senso de adequação eterna daquelas coisas, nas relações da Deidade, que conduzem ao reconhecimento da bondade divina para com todos os seres; e assim a própria cosmologia encaminha a busca dos valores da realidade divina – a consciência de Deus.

Os mundos estabelecidos em luz e vida, por isso, estão inteiramente preocupados com a compreensão da verdade, da beleza e da bondade, pois tais valores de qualidade abrangem a revelação da Deidade para os domínios do tempo e do espaço. Os significados da verdade eterna têm um apelo combinado à natureza intelectual e espiritual do homem mortal. A beleza universal abrange as relações harmoniosas e os ritmos da criação cósmica; e isso é mais claramente o apelo intelectual que leva a uma compreensão unificada e sincronizada do universo material. A bondade divina representa, para a mente finita, a revelação dos valores infinitos, os quais, daí, são percebidos e elevados até o próprio umbral do nível espiritual de compreensão humana.

A verdade é a base da ciência e da filosofia e apresenta-se como o fundamento intelectual da religião. A beleza é madrinha da arte, da música e dos ritmos significativos de toda experiência humana. A bondade abrange o senso de ética, a moralidade e a religiosidade – a fome de perfeição experiencial.

A existência da beleza implica a presença de uma mente apreciativa na criatura, tão certamente quanto o fato da evolução progressiva indica a predominância da Mente Suprema. A beleza é o reconhecimento intelectual da síntese harmoniosa, no tempo-espaço, da enorme diversificação da realidade fenomênica, a qual se origina, toda ela, da unidade preexistente e eterna.

A bondade é o reconhecimento mental dos valores relativos dos diversos níveis da perfeição divina. O reconhecimento da bondade implica uma mente de status moral, uma mente pessoal com habilidade de discriminar entre o bem e o mal. Mas a posse da bondade, da grandeza, é medida indicadora de que realmente a divindade foi alcançada.

O reconhecimento de *relações verdadeiras* implica uma mente competente que discrimine a verdade do erro. O Espírito da Verdade outorgado, dádiva que é investida em, e sobre, as mentes humanas de Urântia, é inequivocamente responsivo à verdade – a relação do espírito vivo entre todas as coisas e todos os seres, à medida que são coordenados na eterna ascensão em direção a Deus.

Cada impulso, em cada elétron, pensamento ou espírito, é uma unidade atuando no universo inteiro. Apenas o pecado é isolado e apenas o mal resiste à gravidade nos níveis mentais e espirituais. O universo é um todo; nenhuma coisa ou ser existe, ou vive, em isolamento. A auto-realização torna-se potencialmente um mal, se é anti-social. É literalmente verdade: "Nenhum homem vive por si mesmo". A socialização cósmica constitui a mais alta forma de unificação da personalidade. Disse Jesus: "Aquele entre vós que quiser ser o maior, que se torne o servidor de todos".

Mesmo a verdade, a beleza e a bondade – a abordagem intelectual feita pelo homem ao universo da mente, da matéria e do espírito – devem ser combinadas, no conceito unificado de um *ideal* divino e supremo. Assim como a personalidade mortal unifica a sua experiência humana com a matéria, a mente e o espírito, também esse ideal divino e supremo torna-se unificado no poder da Supremacia, e então é personalizado como um Deus de amor paterno.

Todo entendimento interior das relações, entre as partes de qualquer todo, requer um esforço de compreensão da relação de todas as partes com aquele todo; e, no universo, isso significa a relação das partes criadas com o Todo Criador. Assim, a Deidade torna-se a meta transcendental e mesmo infinita da realização universal e eterna.

A beleza universal é o reconhecimento do reflexo da Ilha do Paraíso na criação material, enquanto a verdade eterna é uma ministração especial dos Filhos do Paraíso, que não apenas outorgam a si próprios às raças mortais, mas também vertem o seu Espírito da Verdade sobre todos os povos. A bondade divina é mais totalmente demonstrada na ministração plena de amor das personalidades múltiplas do Espírito Infinito. Mas o amor, a soma total dessas três qualidades, é a percepção que o homem tem de Deus enquanto seu Pai espiritual.

A matéria física é a sombra, no tempo-espaço, da resplandecente energia paradisíaca das Deidades Absolutas. Os significados da verdade são as repercussões, no intelecto mortal, da palavra eterna da Deidade – a compreensão no tempo-espaço dos conceitos supremos. Os valores de bondade da divindade são as ministrações misericordiosas das personalidades espirituais do Universal, do Eterno e do Infinito, para as criaturas finitas do tempo-espaço das esferas evolucionárias.

Esses valores significativos da realidade da divindade estão combinados na relação que o Pai mantém com cada criatura pessoal, na forma do amor divino. Eles são coordenados no Filho, e nos seus Filhos, como misericórdia divina. Eles manifestam as suas qualidades por meio do Espírito e dos filhos espirituais como ministração ou ministério divino, o retrato do amor-misericórdia para os filhos do tempo. Essas Três Divindades são primordialmente manifestadas pelo Ser Supremo, como sínteses do poder-personalidade. Elas são mostradas de formas variadas por Deus, o Sétuplo, em sete associações diferentes de significados e valores divinos, em sete níveis ascendentes.

A verdade, a beleza e a bondade abrangem, para o homem finito, toda a revelação da realidade divina. À medida que esse amor-compreensão da Deidade encontra expressão espiritual, nas vidas dos mortais cientes de Deus, os frutos da divindade são alcançados: paz intelectual, progresso social, satisfação moral, alegria espiritual e sabedoria cósmica. Os mortais avançados, em um mundo na sétima etapa de luz e vida, aprenderam que o amor é a maior de todas as coisas do universo – e sabem que Deus é amor.

O amor é o desejo de fazer o bem aos outros.

[Apresentado por um Mensageiro Poderoso em visita a Urântia, por solicitação do Corpo Revelador de Nébadon e em colaboração com um certo Melquisedeque, o Príncipe Planetário vice-regente de Urântia.]

* * * * * *

Este documento sobre a Unidade Universal é o vigésimo quinto de uma série de apresentações feitas por vários autores, em um grupo, as quais foram auspiciadas, por uma comissão de personalidades de Nébadon, em número de doze, e atuando sob a direção de Mantútia Melquisedeque. Ditamos estas narrativas e as colocamos na língua inglesa, por uma técnica autorizada pelos nossos superiores, no ano de 1934 do tempo de Urântia.

PARTE III

A HISTÓRIA DE URÂNTIA

Estes documentos foram auspiciados por um Corpo de
Personalidades do Universo Local atuando com
a autoridade de Gabriel de Sálvington.

PARTE III

A História de Urântia

DOCUMENTO 57

A ORIGEM DE URÂNTIA

AO OFERECER, aos anais de Urântia, estes excertos dos arquivos de Jerusém a respeito dos antecedentes e da história inicial deste planeta, fomos orientados a considerar o tempo em termos de uso corrente – segundo o calendário bissexto em uso, com 365¼ dias por ano. Via de regra, não será feita nenhuma tentativa de fornecer os anos com exatidão, embora isso esteja nos registros. Usaremos os números inteiros mais próximos como o melhor método de apresentar os fatos históricos.

Quando nos referirmos a um evento como tendo acontecido um ou dois milhões de anos atrás, temos a intenção de datar tal ocorrência com um número de anos a contar das primeiras décadas do século vinte da Era Cristã. Iremos, assim, descrever esses acontecimentos, distantes no tempo, como havendo ocorrido em períodos exatos, ou seja, em milhares, milhões e bilhões de anos.

1. A NEBULOSA DE ANDRONOVER

Urântia tem a sua origem no vosso sol, e o vosso sol é uma das múltiplas conseqüências da nebulosa de Andronover, que foi outrora organizada para ser uma parte componente da potência física e da substância material do universo local de Nébadon. E essa grande nebulosa, por sua vez, teve a sua procedência na carga-força universal do espaço, no superuniverso de Orvônton, em uma época bastante remota.

Esta narrativa inicia-se em um momento no qual os Mestres Primários Organizadores da Força do Paraíso já estavam, havia muito, com o pleno controle das energias-espaço, que mais tarde seriam organizadas para gerar a nebulosa de Andronover.

Há *987 bilhões* de anos, o organizador da força associado, o inspetor de número 811 307 da série de Orvônton, então em exercício e vindo de Uversa, reportou aos Anciães dos Dias que as condições do espaço eram favoráveis ao começo dos fenômenos de materialização em um certo setor do então segmento oriental de Orvônton.

Há *900 bilhões* de anos, atestam os arquivos de Uversa, o Conselho de Equilíbrio de Uversa, emitiu uma permissão para o governo do superuniverso, autorizando-o a despachar um organizador de força com a sua assessoria para a região previamente designada pelo inspetor de número 811 307. As autoridades de Orvônton encarregaram o descobridor original desse universo potencial de executar o mandado dos Anciães dos Dias, que convocava a organização de uma nova criação material.

O registro dessa autorização significa que o organizador da força e os seus assessores já haviam partido de Uversa na longa jornada até aquele setor espacial, no lado leste, onde eles, subseqüentemente, dedicar-se-iam às atividades prolongadas que culminariam na emergência de uma nova criação física em Orvônton.

Há *875 bilhões* de anos, a enorme nebulosa de Andronover, de número 876 926, foi devidamente iniciada. Apenas a presença do organizador da força, e do seu pessoal de ligação. foi requisitada para desencadear o turbilhão de energia que finalmente se transformou nesse vasto ciclone espacial. Subseqüentemente ao início dessas circunvoluções nebulares, os organizadores da força viva simplesmente se retiraram, saindo perpendicularmente ao plano do disco em circunvolução e, desse momento em diante, as qualidades inerentes da energia passaram a assegurar a evolução progressiva e ordenada desse novo sistema físico.

Nessa época, aproximadamente, a narrativa volta-se para a atuação das personalidades do superuniverso. Na realidade, a história tem o seu começo verdadeiramente nesse ponto, justamente quando os organizadores da força do Paraíso preparam-se para a retirada, havendo deixado prontas as condições da energia-espaço para a ação dos diretores de potência e dos controladores físicos do superuniverso de Orvônton.

2. O ESTÁGIO PRIMÁRIO DA NEBULOSA

Todas as criações materiais evolucionárias nascem de nebulosas circulares e gasosas, e todas essas nebulosas primárias são circulares durante a primeira parte da sua existência gasosa. À medida que vão envelhecendo, geralmente adquirem a forma espiral e quando a sua função de formação solar chega ao fim, freqüentemente, terminam como acumulações de estrelas ou como enormes sóis cercados de um número variável de planetas, satélites e grupos menores de matéria, os quais se assemelham de muitos modos ao vosso diminuto sistema solar.

Há *800 bilhões* de anos, a criação de Andronover estava bem estabelecida como uma das magníficas nebulosas primárias de Orvônton. Quando os astrônomos de universos próximos observaram esse fenômeno do espaço, pouco puderam notar que lhes chamasse a atenção. Os cálculos estimativos da gravidade, feitos em criações adjacentes, indicaram que materializações de espaço estavam ocorrendo nas regiões de Andronover, mas isso era tudo.

Há *700 bilhões* de anos, o sistema de Andronover estava assumindo proporções gigantescas; e outros controladores físicos foram despachados para nove criações materiais circunvizinhas, a fim de propiciarem apoio e cooperação aos centros de potência desse novo sistema material, que tão rapidamente evoluía. Nessa época longínqua, todo o material legado às criações subseqüentes estava sendo mantido dentro dos confins dessa gigantesca roda espacial, que continuava sempre a girar e que, após alcançar o máximo do seu diâmetro, movia-se cada vez mais rapidamente enquanto continuava a condensar-se e a contrair-se.

Há *600 bilhões* de anos, o apogeu da mobilização de energia em Andronover foi alcançado; a nebulosa havia adquirido a sua massa máxima. Nessa época, era uma nuvem circular gigantesca de gás, com um formato como o de um esferóide achatado. Esse foi o período inicial de formação da massa diferencial e velocidade variável de circunvolução. A gravidade e outras influências estavam para iniciar o seu trabalho de conversão dos gases espaciais em matéria organizada.

3. O ESTÁGIO SECUNDÁRIO DA NEBULOSA

A enorme nebulosa agora começa gradualmente a assumir a forma de uma espiral e torna-se claramente visível, mesmo para os astrônomos de universos distantes. E a história natural da maioria das nebulosas é a mesma; antes de começarem a arrojar sóis e empreender o trabalho de construção de um universo, tais nebulosas espaciais secundárias em geral são vistas como *fenômenos espirais*.

Quando os estudantes de astronomia, de sistemas vizinhos, naquela era longínqua, observaram essa metamorfose da nebulosa de Andronover, divisaram exatamente o mesmo que os astrônomos do século vinte divisam, quando apontam os seus telescópios para o espaço, e vêem as nebulosas espirais da idade presente no espaço exterior adjacente.

Por volta da época do alcance da sua massa máxima, o controle da gravidade do conteúdo gasoso começou a enfraquecer e sobreveio o estágio da fuga do gás; o gás escapava em forma de dois braços gigantescos e distintos, tendo origem em lados opostos da massa-mãe. As rápidas revoluções desse enorme núcleo central logo conferiram uma aparência espiral a essas duas correntes de gás projetadas para fora. O resfriamento e condensação subseqüente de partes desses braços protuberantes finalmente conferiram a eles a sua aparência nodosa. Essas partes mais densas constituíram vastos sistemas e subsistemas de matéria física girando no espaço em meio à nuvem gasosa da nebulosa, enquanto esta se mantinha seguramente dentro da atração da gravidade da roda-mãe.

Contudo, a nebulosa havendo começado a contrair-se, o acréscimo da sua velocidade de rotação reduzia ainda mais o controle da gravidade. Pouco tempo depois, as regiões gasosas exteriores começaram finalmente a escapar do abraço imediato do núcleo da nebulosa, passando ao espaço em circuitos de contornos irregulares, retornando às regiões nucleares para completar os seus circuitos, e assim sucessivamente. Mas isso foi apenas um estágio temporário de progressão nebular. A velocidade de giro, sempre crescente, logo fez com que enormes sóis fossem atirados ao espaço, em órbitas independentes.

E foi isso o que aconteceu com Andronover, em idades extremamente longínquas. A roda de energia cresceu ainda mais, até atingir a sua expansão máxima e, então, quando sobreveio a contração, girou cada vez mais rápidamente até que, finalmente, o estágio centrífugo crítico foi alcançado e teve início a grande desagregação.

Há 500 *bilhões* de anos nasceu o primeiro sol de Andronover. Este, como um raio flamejante, desprendeu-se da atração da gravidade materna e precipitou-se no espaço, em uma aventura independente no cosmo da criação. A sua órbita ficou determinada pela sua trajetória de escape. Esses jovens sóis rapidamente tornam-se esféricos e iniciam suas carreiras longas e cheias de acontecimentos como estrelas do espaço. Excetuando-se aqueles vindos de núcleos nebulares terminais, a grande maioria dos sóis de Orvônton teve um nascimento análogo. Esses sóis, que escapam desse modo, passam por períodos variados de evolução e serviço posterior no universo.

Há 400 *bilhões* de anos, a nebulosa de Andronover iniciou o seu período de recaptação. Muitos dos sóis vizinhos e menores foram recaptados, em conseqüência do crescimento gradual e condensação posterior do núcleo materno. Logo foi inaugurada a fase terminal da condensação nebular, período que sempre precede à desagregação final de tais acumulações espaciais imensas de energia e de matéria.

Foi cerca de um milhão de anos depois dessa época que Michael de Nébadon, Filho Criador do Paraíso, escolheu essa nebulosa em desintegração como local para a sua aventura de construção de um universo. Quase imediatamente, teve início a construção dos mundos arquitetônicos de Sálvington e os cem grupos de planetas-sede das constelações. Quase um milhão de anos foram necessários para completar esses agrupamentos de mundos especialmente criados. Os planetas-sede dos sistemas locais foram construídos durante um período que perdurou desde aquela época até cerca de cinco bilhões de anos atrás.

Há *300 bilhões* de anos, os circuitos solares de Andronover achavam-se bem estabelecidos; e o sistema nebular estava passando por um período transitório de relativa estabilidade física. Nessa época, o corpo de assessores de Michael chegou a Sálvington e o governo de Orvônton, em Uversa, deu reconhecimento à existência física do universo local de Nébadon.

Há *200 bilhões* de anos, presenciou-se a progressão na sua contração e condensação com enorme geração de calor no agrupamento central de Andronover, ou na massa do seu núcleo. Um espaço relativo surgiu até mesmo nas regiões próximas da roda do sol materno central. As regiões exteriores tornavam-se mais estabilizadas e bem organizadas; alguns planetas, girando em torno dos sóis recém-formados; e haviam resfriado-se suficientemente para tornarem-se adequados à implantação da vida. Os mais antigos planetas habitados de Nébadon datam dessas épocas.

Então, o mecanismo completo do universo de Nébadon começa a funcionar pela primeira vez, e a criação de Michael é registrada em Uversa, como um universo para ser habitado e para a ascensão mortal progressiva.

Há *100 bilhões* de anos, o ápice nebular na tensão de condensação foi atingido; e o ponto de tensão máxima de aquecimento, alcançado. Esse estágio crítico de contenção do aquecimento-gravidade perdura por idades, algumas vezes, porém, mais cedo ou mais tarde, o calor vence a luta com a gravidade e o período espetacular de dispersão do sol tem início. E isso marca o fim da carreira secundária de uma nebulosa do espaço.

4. OS ESTÁGIOS TERCIÁRIO E QUATERNÁRIO

O estágio primário de uma nebulosa é circular; o secundário é espiral; o estágio terciário é o da primeira dispersão solar; enquanto o quaternário abrange o segundo e último ciclo da dispersão solar, com o núcleo-mãe terminando como um agrupamento globular ou um sol solitário a funcionar tal qual o centro de um sistema solar terminal.

Há *75 bilhões* de anos, essa nebulosa havia alcançado o apogeu do seu estágio de família solar. Foi então o ponto culminante do primeiro período de perdas solares. A maioria desses sóis, desde então, apoderou-se de vastos sistemas de planetas, satélites, ilhas escuras, cometas, meteoros e nuvens de pó cósmico.

Há *50 bilhões* de anos, completava-se esse primeiro período de dispersão solar; a nebulosa terminava rapidamente o seu ciclo terciário de existência, durante o qual deu origem a 876 926 sistemas solares.

Há *25 bilhões* de anos, presenciou-se o completar do ciclo terciário da vida da nebulosa; o que acarretou a organização e uma relativa estabilização dos vastos sistemas estelares derivados dessa nebulosa matriz. Todavia, o processo de contração física e produção crescente de calor, continuou na massa central da nebulosa remanescente.

Há *dez bilhões* de anos, teve começo o ciclo quaternário de Andronover. A temperatura máxima da massa nuclear havia sido atingida; o ponto crítico de condensação aproximava-se. O núcleo materno original encontrava-se em convulsões, sob a pressão combinada da sua própria tensão de condensação de calor interno e atração crescente da maré gravitacional do enxame adjacente de sistemas de sóis liberados. As erupções nucleares que estavam para inaugurar o segundo ciclo solar da nebulosa eram iminentes. O ciclo quaternário da existência nebular estava para começar.

Há *oito bilhões* de anos, uma imensa erupção terminal teve início. Apenas os sistemas exteriores ficaram a salvo no momento de um cataclismo cósmico como esse. E assim foi o início do fim da nebulosa. Por um período de quase dois bilhões de anos estendeu-se a fase final de emissão de sóis.

Há *sete bilhões* de anos, presenciou-se o ponto máximo da desagregação terminal de Andronover. Esse foi o período do nascimento de sóis terminais maiores e do ápice das perturbações físicas locais.

Há *seis bilhões* de anos, ficaram assinalados o fim da desagregação terminal e o nascimento do vosso sol, o qüinquagésimo sexto antes do último sol da segunda família solar de Andronover. Essa erupção final do núcleo nebular deu nascimento a 136 702 sóis, a maioria dos quais é de globos solitários. O número total de sóis e sistemas solares a se originarem da nebulosa de Andronover foi de 1 013 628. O número do sol do vosso sistema solar é 1 013 572.

Na época atual, a grande nebulosa de Andronover já não existe mais, mas está presente nos muitos sóis e suas famílias planetárias que se originaram daquela nuvem-mãe do espaço. O remanescente nuclear final dessa nebulosa magnífica ainda arde com um brilho avermelhado e continua a emitir luz e calor moderados para suas famílias planetárias remanescentes de cento e sessenta e cinco mundos, os quais agora giram em torno dessa mãe venerável de duas gerações poderosas de monarcas de luz.

5. ORIGEM DE MONMÁTIA — O SISTEMA SOLAR DE URÂNTIA

Há *cinco bilhões* de anos, o vosso sol era um globo em chamas, relativamente isolado, tendo atraído para si a maior parte da matéria que circulava na sua proximidade no espaço, resíduos do cataclismo recente que lhe havia dado origem.

Hoje, o vosso sol alcançou uma estabilidade relativa, mas os seus ciclos de onze anos e meio de manchas solares comprovam que foi uma estrela variável na sua juventude. Durante os tempos primitivos do vosso sol, as contrações continuadas e o aumento gradual, conseqüente da temperatura, deram início a convulsões tremendas na sua superfície. Tais alterações, de proporções titânicas, necessitaram de três dias e meio para completar um ciclo de brilho variável. Esse estado variável, de pulsação periódica, tornou o vosso sol altamente sensível a certas influências exteriores, as quais iria em breve enfrentar.

Assim, ficou estabelecido o cenário do espaço local, para a origem singular de *Monmátia*, sendo este o nome da família planetária do vosso sol, o sistema solar ao qual pertence o vosso mundo. Menos de um por cento dos sistemas planetários de Orvônton teve uma origem similar.

Há *quatro bilhões e meio* de anos, o enorme sistema de Angona começou a apro-ximar-se da vizinhança do vosso sol, então solitário. O centro desse grande sistema era um gigante espacial escuro, sólido, altamente carregado e possuindo uma tre-menda força de atração gravitacional.

À medida que Angona se aproximava mais do vosso sol, em momentos de ex-pansão máxima, e durante as pulsações solares, correntes de material gasoso eram atiradas no espaço, como línguas solares gigantescas. Inicialmente, tais línguas fla-mejantes de gás invariavelmente caíam de volta no sol, mas, no momento em que Angona se aproximava mais e mais, a atração da gravidade do gigantesco visitante tornou-se tão intensa que essas línguas de gás quebravam-se em certos pontos, e as suas raízes caíam novamente no sol, enquanto as partes mais externas desta-cavam-se, formando corpos independentes de matéria, de meteoritos solares, que imediatamente começaram a girar em volta do sol, em órbitas elípticas próprias.

E à medida que o sistema de Angona se aproximava, as extrusões solares torna-vam-se cada vez maiores; mais e mais matéria era retirada do sol e transformava-se em corpos circulantes, independentes, no espaço circunvizinho. Esse estado desenvol-veu-se por cerca de quinhentos mil anos, até que Angona aproximou-se ao máximo do sol. Depois dessa aproximação, o sol, em conjunção com uma das suas periódicas convulsões internas, experimentou uma quebra parcial; e enormes volumes de maté-ria desprenderam-se simultaneamente de lados opostos dele. Do lado de Angona, foi sendo atraída uma vasta coluna de gases solares, pontiaguda em ambas as extremida-des e com um bulbo protuberante no centro, e que se destacou permanentemente do controle imediato da gravidade do sol.

Essa grande coluna de gases solares, que assim separou-se do sol, posteriormente converteu-se nos doze planetas do sistema solar. Os gases ejetados, por uma reper-cussão, do lado oposto do sol, causada pela maré, que correspondeu à extrusão desse ancestral gigantesco do sistema solar, condensaram-se desde então em mete-oros e poeira do espaço, no sistema solar, embora uma grande parte dessa matéria haja sido recapturada posteriormente por gravidade solar, à medida que o sistema de Angona foi afastando-se no espaço remoto.

Embora tenha conseguido êxito em extrair do sol o material ancestral dos plane-tas do sistema solar e um volume enorme de matéria, o qual agora circula em volta do sol como asteróides e meteoros, o sistema de Angona não assegurou para si nada dessa matéria solar. O sistema visitante não chegou perto o bastante para de fato roubar algo da substância do sol; no entanto aproximou-se o suficiente para atrair para o espaço intermediário todo o material que compreende o atual sistema solar.

Os cinco planetas internos e os cinco planetas mais externos logo se formaram, ainda com tamanho reduzido, da matéria resfriada e dos núcleos condensados nas extremidades de massa menor, e mais afiladas, do gigantesco bulbo provocado pela gravidade, o qual Angona conseguiu destacar do sol, enquanto Saturno e Júpiter formaram-se das partes centrais e de maior massa do bulbo. A poderosa atração da gravidade de Júpiter e Saturno logo captou a maior parte do material roubado de Angona, o que é testemunhado pelo movimento retrógrado de alguns dos seus satélites.

Júpiter e Saturno, que são derivados do centro mesmo da enorme coluna de gases solares superaquecidos, continham tanto material solar altamente aquecido que bri-lharam com uma luz reluzente e emitiram enormes volumes de calor; eles foram, em realidade, sóis secundários, durante um curto período posterior às suas formações, como corpos separados no espaço. Esses dois planetas maiores do sistema solar per-maneceram altamente gasosos até os dias atuais, não se havendo ainda resfriado até o ponto da completa condensação ou solidificação.

DOCUMENTO 57: SEÇÃO 5

Os núcleos de contração de gás dos outros dez planetas logo atingiram o estágio de solidificação e, assim, começaram a puxar para si quantidades cada vez maiores da matéria meteórica que circulava no espaço vizinho. Os mundos desse sistema solar, de tal modo, tiveram uma dupla origem: núcleos de condensação de gás, mais tarde aumentados pela captação de quantidades enormes de meteoros. De fato, ainda continuam a captar meteoros, mas em quantidade bem mais reduzida.

Os planetas não giram em torno do sol no plano equatorial da sua mãe solar, o que fariam se houvessem sido expelidos na rotação do sol. Na verdade, eles circulam no plano da extrusão solar de Angona, que formava um ângulo considerável com o plano equatorial do sol.

Embora Angona tivesse sido incapaz de captar qualquer coisa da massa solar, o vosso sol acrescentou à sua família planetária, em metamorfose, uma parte da matéria do sistema visitante que circulava no espaço. Devido ao intenso campo gravitacional de Angona, a sua família planetária tributária mantinha órbitas a distâncias consideráveis do gigante escuro; e pouco depois da extrusão da massa ancestral do sistema solar, enquanto Angona ainda se encontrava na vizinhança do sol, três dos planetas maiores do sistema de Angona giravam tão próximos do maciço ancestral do sistema solar que a sua atração gravitacional, aumentada pela do sol, foi suficiente para contrabalançar a atração da gravidade de Angona e destacar permanentemente esses três tributários do visitante celeste.

Todo o material do sistema solar derivado do sol estava originalmente dotado de uma direção homogênea de giro orbital e, não fora pela intrusão desses três corpos espaciais estrangeiros, todo esse material do sistema solar estaria ainda mantendo a mesma direção de movimento orbital. O que aconteceu foi que o impacto com os três tributários de Angona injetou novas forças direcionais exteriores ao sistema solar emergente, com o resultante aparecimento de um *movimento retrógrado*. Um movimento retrógrado, em qualquer sistema astronômico, é sempre acidental e surge sempre como resultado do impacto de colisão com corpos espaciais vindos de fora. Tais colisões podem nem sempre produzir o movimento retrógrado, mas nenhum movimento retrógrado jamais aparece, a não ser em um sistema que contenha massas de origens diversas.

6. O ESTÁGIO DO SISTEMA SOLAR — A ERA DE FORMAÇÃO DO PLANETA

Subseqüentemente ao nascimento do sistema solar, seguiu-se um período de diminuição do derrame solar. Durante outros quinhentos mil anos, o sol continuou, decrescentemente, a derramar volumes sempre mais reduzidos de matéria no espaço adjacente. Mas, durante tais etapas primordiais de órbitas erráticas, quando os corpos circundantes aproximaram-se ao máximo do sol, o sol-mãe foi capaz de recapturar uma grande porção desse material meteórico.

Os planetas mais próximos do sol foram os primeiros a ter as suas rotações desaceleradas pela fricção devida ao efeito da gravidade tipo maré. Essas influências gravitacionais contribuem também para a estabilização das órbitas planetárias, pois atuam como um freio sobre a velocidade de rotação em torno do eixo planetário, levando um planeta a girar sempre mais devagar, até que essa rotação axial cesse, deixando um hemisfério do planeta sempre voltado para o sol ou para o corpo maior, como é ilustrado pelo planeta Mercúrio e pela Lua, a qual gira sempre com a mesma face voltada para Urântia.

Quando as fricções do tipo maré tornarem-se uniformizadas na Terra e na Lua, a Terra irá sempre voltar o mesmo hemisfério para a Lua e o dia e o mês serão análogos – com uma duração em torno de 47 dias. Ao atingir essa estabilidade de órbitas, as fricções do tipo maré reverterão a sua ação, não mais tendendo a afastar a Lua da Terra, mas gradualmente atraindo o satélite na direção do planeta. E então, naquele futuro distante, quando a Lua chegar à distância de cerca de dezoito mil quilômetros da Terra, a ação da gravidade desta provocará um colapso da Lua, pois uma explosão causada pela gravidade do tipo maré levará a Lua a despedaçar-se em pequenas partículas, que poderão reunir-se em torno do mundo, como anéis de matéria, semelhantes aos de Saturno, ou então, talvez, caindo gradualmente na Terra, como meteoros.

Se os corpos espaciais possuírem tamanhos e densidades semelhantes, poderão ocorrer colisões. Contudo, se dois corpos espaciais de densidades semelhantes forem relativamente desiguais em tamanho, e o menor aproximar-se progressivamente do maior, a ruptura do corpo menor ocorrerá a partir do instante em que o raio da sua órbita tornar-se menor que duas vezes e meia o tamanho do raio do corpo maior. As colisões entre os gigantes do espaço, na verdade, são raras; contudo as explosões de corpos menores causadas pela gravidade do tipo maré são muito comuns.

As estrelas cadentes ocorrem em enxames, porque são fragmentos de corpos maiores de matéria deslocados pela gravidade do tipo maré exercida por corpos circunvizinhos ainda maiores. Os anéis de Saturno são fragmentos de um satélite pulverizado. Uma das luas de Júpiter, no presente, está aproximando-se perigosamente da zona crítica de fraturamento, por causa do efeito da maré; e, dentro de uns poucos milhões de anos, ou será absorvida pelo planeta, ou será submetida aos efeitos fragmentadores da gravidade tipo maré. O quinto planeta do sistema solar, em um tempo muito remoto, percorria uma órbita irregular, periodicamente aproximando-se mais e mais de Júpiter, até que entrou na zona crítica de fragmentação, por causa da gravidade tipo maré, havendo sido fragmentado, rapidamente, convertendo-se no atual cinturão de asteróides.

Há *quatro bilhões* de anos, presenciou-se a organização dos sistemas de Júpiter e Saturno, quase como são observados hoje, à exceção das suas luas, que continuaram a ter o seu tamanho aumentado durante vários bilhões de anos. De fato, todos os planetas e satélites deste sistema solar estão ainda crescendo, por causa de uma contínua captação de meteoros.

Há *três bilhões e meio* de anos, os núcleos de condensação dos outros dez planetas estavam bem formados; e os núcleos da maioria das luas estavam intactos, embora alguns dos satélites menores se hajam unido, mais tarde, para formar as luas atuais maiores. Tal idade pode ser considerada a era da formação planetária.

Há *três bilhões* de anos, o sistema solar estava funcionando quase como hoje o faz. Os seus membros continuavam a aumentar em tamanho, à medida que, em um ritmo prodigioso, os meteoros do espaço afluíam aos planetas e seus satélites.

Por volta dessa época, o vosso sistema solar estava colocado no registro físico de Nébadon e tinha já o seu nome, Monmátia.

Há *dois bilhões e meio* de anos, os planetas haviam aumentado imensamente o seu tamanho. Urântia era uma esfera bem desenvolvida, com cerca de um décimo da sua massa atual e estava ainda crescendo rapidamente por absorção de meteoros.

Toda essa tremenda atividade é uma parte normal da edificação de um mundo evolucionário da ordem de Urântia e constitui a parte preliminar astronômica para o estabelecimento do cenário que é o começo da evolução física dos mundos do espaço, na preparação para as aventuras da vida no tempo.

DOCUMENTO 57: SEÇÃO 6

7. A ERA METEÓRICA — A ERA VULCÂNICA
A ATMOSFERA PLANETÁRIA PRIMITIVA

Durante esses tempos primitivos, as regiões do espaço do sistema solar estavam repletas de corpos diminutos, de fragmentações e condensação, e, na ausência de uma atmosfera protetora de combustão, esses corpos espaciais colidiam diretamente com a superfície de Urântia. Tais impactos incessantes mantinham a superfície do planeta mais ou menos aquecida, e isso começou, junto com a ação crescente da gravidade, à medida que a esfera ficava maior, a colocar em operação aquelas influências que gradualmente levaram os elementos mais pesados, como o ferro, a acumularem-se mais e mais no centro do planeta.

Há *dois bilhões* de anos, a Terra, decididamente, começou a avantajar-se em relação à Lua. O planeta sempre havia sido maior do que o seu satélite, mas não havia tanta diferença entre os seus tamanhos até por volta dessa época, quando enormes corpos espaciais foram captados pela Terra. Urântia, então, tinha um quinto do seu tamanho atual e tornava-se grande o suficiente para manter a atmosfera primitiva que havia começado a surgir, como resultado do confronto elementar entre o interior aquecido e a crosta exterior que se resfriava.

A atividade vulcânica definida data desses tempos. O calor interno da Terra continuava a aumentar pelo mergulho cada vez mais fundo dos elementos radioativos, ou mais pesados, trazidos do espaço pelos meteoros. O estudo desses elementos radioativos revelará que Urântia, na sua superfície, tem mais de um bilhão de anos. O relógio radioativo é o vosso indicador temporal mais confiável para obter estimativas científicas da idade do planeta, mas todos esses cálculos resultam por demais superficiais, porque os materiais radioativos, disponíveis para a vossa pesquisa, derivam completamente da superfície terrestre e, portanto, representam aquisições relativamente recentes desses elementos por parte de Urântia.

Há *um bilhão e meio* de anos, a Terra possuía dois terços do seu tamanho atual, enquanto a Lua estava próxima da massa que hoje apresenta. Se comparado ao da Lua, o rápido aumento da Terra, em tamanho, capacitou-a a começar a roubar aos poucos a escassa atmosfera que o seu satélite possuía originalmente.

A ação vulcânica nesse período atinge o seu apogeu. Toda a Terra é um verdadeiro inferno de fogo, então; a superfície assemelha-se ao seu estado de fusão anterior, antes que os metais mais pesados tivessem ido para o centro por força da gravidade. *Essa é a idade vulcânica.* Contudo, uma crosta constituída principalmente de granito, relativamente mais leve, forma-se aos poucos. O cenário vai sendo estabelecido para que o planeta possa um dia vir a sustentar a vida.

A atmosfera primitiva do planeta evolui vagarosamente, agora contendo um pouco de vapor de água, monóxido de carbono, dióxido de carbono e cloreto de hidrogênio; mas com pouco ou nenhum nitrogênio e oxigênio livres. A atmosfera de um mundo na idade vulcânica apresenta um espetáculo estranho. Além dos gases acima mencionados, é pesadamente carregada pelos numerosos gases vulcânicos, e, à medida que o cinturão de ar amadurece, também é carregada pelos produtos da combustão das pesadas chuvas meteóricas que constantemente se abatem sobre a superfície do planeta. Essa combustão meteórica mantém o oxigênio atmosférico em um nível de quase exaustão e o bombardeamento meteórico ainda é tremendo.

Com o tempo, a atmosfera tornou-se mais estabilizada e resfriada o suficiente para dar início à precipitação de chuva sobre a superfície rochosa quente do planeta. Durante milhares de anos, Urântia permaneceu envolvida por uma imensa e contínua camada de vapor. E nessas idades, o sol nunca brilhou sobre a superfície da Terra.

Uma grande parte do carbono da atmosfera consistiu no substrato de formação dos carbonatos de vários metais que abundavam nas camadas superficiais do planeta. Mais tarde, quantidades ainda maiores desses gases carbônicos foram consumidas pela vida vegetal primitiva que proliferava.

Os fluxos contínuos de lava e meteoros que caíam, mesmo nos períodos ulteriores, esgotavam quase completamente o oxigênio do ar. E, inclusive, os primeiros depósitos dos oceanos primitivos, logo depois de surgidos não continham nenhuma pedra colorida, nem xistos. Durante um longo tempo após o surgimento do oceano não houve virtualmente nenhum oxigênio livre na atmosfera; e este não surgiu em quantidades significativas até ter sido mais tarde gerado pelas algas marinhas e outras formas de vida vegetal.

A atmosfera planetária primitiva da idade vulcânica oferece pouca proteção contra os impactos da colisão dos enxames meteóricos. Milhões e milhões de meteoros são capazes de penetrar nesse cinturão de ar, esmagando-se contra a crosta do planeta como corpos sólidos. À medida que passa o tempo, porém, um número cada vez menor de meteoros revela-se de tamanho suficiente para resistir ao escudo de fricção, cada vez mais forte, da atmosfera sempre mais rica em oxigênio nessas eras mais recentes.

8. A ESTABILIZAÇÃO DA CROSTA TERRESTRE
A IDADE DOS TERREMOTOS
O OCEANO MUNDIAL E O PRIMEIRO CONTINENTE

Há *um bilhão* de anos, deu-se o começo efetivo da história de Urântia. O planeta havia atingido aproximadamente o seu tamanho atual. E, por volta dessa época, foi colocado nos registros físicos de Nébadon e lhe foi dado o seu nome: *Urântia*.

A atmosfera, junto com uma contínua precipitação de umidade, facilitava o resfriamento da crosta terrestre. A ação vulcânica logo equalizou a pressão do calor interno e a contração da crosta; e, quando a atividade vulcânica decresceu, rapidamente, os terremotos surgiram e, enquanto isso, o período de resfriamento e ajustamento da crosta progredia.

A história geológica efetiva de Urântia começa quando a crosta terrestre se resfria suficientemente para permitir a formação do primeiro oceano. A condensação do vapor de água na superfície em resfriamento da Terra, uma vez iniciada, continuou virtualmente até completar-se. Ao fim desse período, o oceano recobria todo o planeta com uma profundidade média de quase dois quilômetros. As marés movimentavam-se então quase do mesmo modo observado atualmente, mas esse oceano primitivo não era salgado; praticamente consistia numa cobertura de água doce por todo o mundo. Naqueles dias, a maior parte do cloro estava combinada com vários metais, mas havia o suficiente, em combinação com o hidrogênio, para tornar essa água levemente ácida.

No princípio dessa era longínqua, Urântia deve ser vista como um planeta coberto de água. Mais tarde, fluxos mais profundos de lava e mais densos, portanto, afloraram do fundo do que é o oceano Pacífico atual; e essa parte da superfície coberta de água tornou-se uma depressão considerável. A primeira massa de terra continental emergiu do oceano mundial como um ajuste que restabelecia o equilíbrio da crosta terrestre, a qual se tornava gradativamente mais espessa.

Há *950 milhões* de anos, Urântia apresenta o quadro de um grande continente de terra, cercado por uma vasta extensão de água, o oceano Pacífico. Os vulcões ainda são numerosos; e os terremotos tão freqüentes quanto graves. Os meteoros continuam a bombardear a Terra, mas vão diminuindo, de freqüência e tamanho. A atmosfera se limpa, mas a quantidade de dióxido de carbono continua elevada. A crosta terrestre estabiliza-se gradativamente.

Por volta dessa época, Urântia foi designada para o sistema de Satânia, quanto à administração planetária, havendo sido colocada no registro de vida de Norlatiadeque. Então começou o reconhecimento administrativo da pequena e insignificante esfera, destinada a ser o planeta no qual, subseqüentemente, Michael engajar-se-ia no empreendimento estupendo da auto-outorga mortal, participando das experiências que levaram Urântia a tornar-se localmente conhecida desde então como o "mundo da cruz".

Há *900 milhões* de anos, Urântia presenciou a chegada do primeiro grupo de exploração de Satânia, enviado de Jerusém, a fim de examinar o planeta e elaborar um relatório sobre a sua adaptabilidade para transformar-se numa estação de vida experimental. Essa comissão, constituída de vinte e quatro membros, abrangia Portadores da Vida, Filhos Lanonandeques, Filhos Melquisedeques, serafins e outras ordens de vida celeste, vinculadas à organização e administração inicial dos planetas.

Após efetuar uma pesquisa cuidadosa no planeta, essa comissão retornou a Jerusém e apresentou um relatório favorável ao Soberano do Sistema, recomendando que Urântia fosse colocada no registro de vida experimental. O vosso mundo, desse modo, foi registrado em Jerusém como um planeta decimal; e os Portadores da Vida foram notificados de que lhes seria dada a permissão para instituir novos modelos de mobilização mecânica, química e elétrica, assim que, em um momento subseqüente, viessem com os mandados de transplantação e implantação da vida.

No tempo devido, foram tomadas medidas para a ocupação planetária pela comissão mista dos doze de Jerusém, aprovadas pela comissão planetária dos setenta de Edêntia. E os planos propostos pelos conselheiros assessores dos Portadores da Vida, finalmente, foram aceitos em Sálvington. Logo depois, as teledifusões de Nébadon divulgaram o anúncio de que Urântia tornar-se-ia um cenário onde os Portadores da Vida iriam executar o seu sexagésimo experimento em Satânia, destinado a ampliar e a melhorar o tipo Satânia de modelos de vida de Nébadon.

Pouco tempo depois de Urântia haver sido reconhecida pela primeira vez por intermédio das transmissões universais a todo Nébadon, foi-lhe conferido o status pleno de aceitação no universo. Logo depois, ela foi registrada nos arquivos dos planetas-sede do setor menor e do setor maior do superuniverso; e, antes que essa idade terminasse, Urântia havia entrado no registro da vida planetária em Uversa.

Toda essa idade ficou caracterizada por tempestades freqüentes e violentas. A crosta inicial da Terra estava em um estado de fluência contínua. O resfriamento superficial alternava-se com imensos fluxos de lava. Em nenhum lugar podia ser encontrado, superficialmente, nada que fosse da crosta original do planeta. Tudo estava sendo misturado, muitas vezes, às lavas de origens profundas em extrusão; e de novo tudo era juntado aos depósitos subseqüentes do oceano primitivo, que abrangia todo o mundo.

Em nenhum lugar, na superfície do mundo, serão encontradas mais das remanescentes modificadas dessas antigas rochas pré-oceânicas, do que no nordeste do Canadá, perto da baía de Hudson. Aquela extensa elevação granítica é composta de pedra que pertence às idades pré-oceânicas. As suas camadas de rocha foram aquecidas, dobradas, torcidas; e, de novo recurvadas e, uma vez mais, ainda, submetendo-se a todas essas experiências metamórficas de deformação.

Ao longo das idades oceânicas, depositaram-se enormes camadas de pedra estratificada, livre de fossilizações, sobre esse antiqüíssimo fundo de oceano (a pedra calcária pode formar-se como resultado de uma precipitação química; nem todo o calcário mais antigo foi produzido por depósito de vida marinha). Em nenhuma dessas formações rochosas antigas serão encontradas evidências de vida; elas não contêm fósseis, a não ser que, por acaso, depósitos mais recentes, da idade das águas, se hajam misturado a essas camadas mais antigas, anteriores à vida.

A crosta inicial da Terra era altamente instável, mas as montanhas não estavam em processo de formação. O planeta contraiu-se sob a pressão da gravidade, enquanto se formava. As montanhas não são resultado do colapso da crosta em resfriamento de uma esfera em contração; elas surgem mais tarde, sendo o resultado da ação da chuva, da gravidade e da erosão.

A massa continental terrestre dessa era foi aumentando, até que cobriu quase dez por cento da superfície da Terra. Os terremotos graves só tiveram início depois que a massa continental de terra emergiu até bem acima do nível da água. Uma vez iniciados, aumentaram em freqüência e severidade, por idades sucessivas. Durante milhões e milhões de anos, os terremotos foram diminuindo, mas Urântia ainda apresenta uma média de quinze tremores por dia.

Há *850 milhões* de anos, teve início a primeira época de estabilização real da crosta da Terra. A maior parte dos metais mais pesados se havia assentado na direção do centro do globo; a crosta em resfriamento havia deixado de sofrer recalques em uma escala tão extensa quanto nas idades anteriores. Ficou estabelecido um melhor equilíbrio entre a extrusão de terra e o leito mais pesado do oceano. O fluxo do leito de lava sob a camada da crosta tomou quase uma dimensão mundial, e isso compensou e estabilizou as flutuações devidas ao resfriamento, contração e deslizamentos superficiais.

A freqüência e a severidade das erupções vulcânicas e terremotos continuaram a diminuir. A atmosfera estava limpando-se dos gases vulcânicos e do vapor de água, mas a porcentagem de dióxido de carbono ainda era alta.

As perturbações elétricas no ar e na terra também diminuíam. Os fluxos de lava haviam trazido à superfície uma mistura de elementos que diversificavam a crosta, isolando melhor o planeta de algumas das energias do espaço. E tudo isso foi muito útil para facilitar o controle da energia terrestre e estabilizar o seu fluxo, o que é revelado pelo funcionamento dos pólos magnéticos.

Há *800 milhões* de anos, presenciou-se a inauguração da primeira grande época de solo firme, a idade da emergência crescente dos continentes.

Desde a condensação da hidrosfera terrestre, inicialmente em um oceano mundial e subseqüentemente no oceano Pacífico, deve-se ter em conta que este último corpo de água então cobria nove décimos da superfície da Terra. Os meteoros, caindo no mar, acumularam-se no fundo dos oceanos; pois, de um modo geral, os meteoros são compostos de materiais pesados. Aqueles que caíam em terra eram, em grande medida, oxidados e subseqüentemente desgastados pela erosão e, ainda, arrastados como aluviões até as bacias do oceano. Assim, o fundo do oceano tornou-se cada vez mais pesado e, acrescentado a isso havia o peso de um corpo de água de cerca de quinze quilômetros de profundidade, em alguns pontos.

O crescente peso do oceano Pacífico continuou a agir no sentido de levantar a massa continental de Terra. A Europa e a África começaram a emergir das profundezas do Pacífico e, concomitantemente, também emergiram aquelas massas atualmente chamadas de Austrália, América do Sul e do Norte, e o continente da Antártida; enquanto o leito do oceano Pacífico iniciou mais um afundamento compensatório. Ao fim desse período, quase um terço da superfície do planeta consistia em terras, todas em um único corpo continental.

Com esse aumento na elevação das terras, apareceram as primeiras diferenças climáticas no planeta. A elevação das terras, as nuvens cósmicas e as influências oceânicas constituíram-se nos fatores principais a causar as flutuações climáticas. A espinha dorsal da massa de terra asiática alcançou uma altitude de quase quinze mil metros, na época da emergência máxima das terras. Tivesse havido muita umidade no ar, flutuando sobre essas regiões sumamente elevadas, enormes capas de gelo ter-se-iam formado; e a idade do gelo teria chegado muito antes. Centenas de milhões de anos se passariam antes que tanta terra de novo surgisse acima da água.

Há 750 *milhões* de anos, surgiram as primeiras fendas na massa de terra continental, como a grande fenda separando o norte e o sul, a qual mais tarde foi preenchida pelas águas do oceano e preparou o caminho para o movimento no sentido oeste dos continentes da América do Norte e América do Sul, inclusive a Groenlândia. A longa falha leste-oeste separou a África da Europa, distanciando do continente asiático as massas de terra da Austrália, das ilhas do Pacífico, e da Antártida.

Há 700 *milhões* de anos, Urântia estava aproximando-se da maturidade em termos de condições necessárias à manutenção da vida. Os movimentos dos continentes continuavam; o oceano penetrava cada vez mais nas terras, formando longos dedos de mar e criando aquelas águas rasas e abrigadas, nas baías, que tão adequadas são como habitat da vida marinha.

Há 650 *milhões* de anos, presenciou-se mais uma separação das massas terrestres e, conseqüentemente, mais uma expansão dos mares continentais. E essas águas estavam rapidamente atingindo aquele grau de salinidade essencial à vida de Urântia.

Esses mares e os seus sucessores estabeleceram os registros de vida em Urântia, como foi subseqüentemente descoberto em páginas de pedra bem conservadas, volume sobre volume, à medida que uma era sucedeu à outra, e uma idade à outra. Na realidade esses mares internos das épocas remotas foram os berços da evolução.

[Apresentado por um Portador da Vida, membro do Corpo original de Urântia e, atualmente, observador residente.]

DOCUMENTO 58

O ESTABELECIMENTO DA VIDA EM URÂNTIA

EM TODO o Satânia, há apenas sessenta e um mundos semelhantes a Urântia, planetas de modificação da vida. Os mundos habitados, na sua maioria, são povoados de acordo com técnicas estabelecidas e, em tais esferas, os Portadores da Vida têm pouca liberdade para fazer variar os seus planos de implantação da vida. Todavia, um mundo, entre dez, é designado como *planeta decimal*, e destinado ao registro especial dos Portadores da Vida; e, nesses planetas, é-nos permitido efetuar certos experimentos de vida, num esforço para modificar ou possivelmente aperfeiçoar o padrão dos tipos de seres vivos no universo.

1. OS PRÉ-REQUISITOS PARA A VIDA FÍSICA

Há *600 milhões* de anos, a comissão de Portadores da Vida, enviada de Jerusém, chegou em Urântia e começou o estudo das condições físicas preparatórias, para dar início à vida no mundo de número 606, do sistema de Satânia. Essa seria a nossa sexcentésima sexta experiência de iniciação da vida nos padrões de Nébadon, em Satânia, e a nossa sexagésima oportunidade de efetuar alterações e instituir modificações no projeto básico padrão da vida do universo local.

Deve ficar claro que os Portadores da Vida não podem iniciar a vida antes de uma esfera estar amadurecida para a inauguração do ciclo evolucionário. E também não podemos promover um desenvolvimento mais rápido da vida do que aquele que pode ser suportado e acomodado pelo progresso físico do planeta.

Os Portadores da Vida de Satânia haviam projetado um padrão de vida baseado no cloreto de sódio; e, portanto, nenhum passo poderia ser dado, no sentido de plantar essa vida, antes que as águas dos oceanos se houvessem tornado suficientemente salgadas. O tipo urantiano de protoplasma pode funcionar apenas em uma solução salina adequada. Toda a vida ancestral – vegetal e animal – evoluiu em um habitat dentro de tal solução salina. E mesmo os animais terrestres mais altamente organizados não poderiam continuar a viver, se essa mesma solução salina essencial não circulasse nos seus corpos, na corrente sangüínea, que livremente banha e literalmente submerge cada pequena célula viva nessa "profundidade marinha salgada".

Os vossos ancestrais primitivos circulavam livremente no oceano salgado; hoje, essa mesma solução salina oceânica circula livremente nos vossos corpos, banhando cada célula individual com um líquido químico comparável, em essência, à água salgada que estimulou as primeiras reações protoplasmáticas das primeiras células que funcionaram com vida no planeta.

Contudo, quando essa idade tem início, Urântia encontra-se, em todos os sentidos, evoluindo para um estado favorável à sobrevivência das formas iniciais da vida marinha. De modo seguro e vagarosamente, os desenvolvimentos físicos na Terra e regiões espaciais adjacentes preparam o cenário para as futuras tentativas de implantar formas de vida tais que, conforme havíamos decidido, seriam as mais adaptáveis ao ambiente físico que despontava – tanto terrestre, quanto aéreo.

Subseqüentemente, a comissão de Portadores da Vida de Satânia retornou a Jerusém, preferindo aguardar a quebra posterior da massa continental de terra, o que proporcionaria um número ainda maior de mares avançando terra adentro, e de baías abrigadas, antes de iniciarem de fato a implantação da vida.

Num planeta em que a vida tem uma origem marinha, as condições ideais para a implantação da vida são providas por um grande número de braços de mares, em linhas extensas de praias de águas rasas, cheias de baías abrigadas; e essa distribuição das águas na Terra era, exatamente, a que se estava desenvolvendo com rapidez. Esses antigos mares interiores raramente excediam a profundidade de cento e cinqüenta a duzentos metros; e a luz do sol pode penetrar na água do oceano por mais de cento e oitenta metros.

E foi a partir dessas baías de climas amenos e regulares, de uma idade posterior, que a vida vegetal primitiva encontrou seu caminho para a terra. Ali, o alto grau de carbono da atmosfera proporcionou às novas variedades de vida terrestre uma oportunidade de crescimento rápido e luxuriante. Embora essa atmosfera fosse, então, a ideal para o crescimento das plantas, ela continha um grau tão alto de dióxido de carbono que nenhum animal, e o homem menos ainda, poderia então haver vivido na face da Terra.

2. A ATMOSFERA DE URÂNTIA

A atmosfera planetária filtra para a Terra cerca de dois bilionésimos da luz total emanada do sol. Se a luz que cai sobre a América do Norte fosse taxada, a uma tarifa de dois centavos por quilowatt-hora, a conta de luz anual subiria a 800 quatrilhões de dólares. A conta de Chicago, da luz do sol, atingiria a soma considerável de mais de 100 milhões de dólares por dia. E deveria ser lembrado que vós recebeis do sol outras formas de energia – a luz não é a única contribuição solar que alcança a vossa atmosfera. Muitas energias solares derramam-se sobre Urântia, abrangendo comprimentos de ondas tanto acima quanto abaixo do alcance de reconhecimento da visão humana.

A atmosfera da Terra é quase opaca para muitas das radiações solares no extremo ultravioleta do espectro. A maioria dessas ondas de comprimentos curtos é absorvida por uma camada de ozônio que existe até um nível de dezesseis quilômetros acima da superfície da Terra, e que se estende por mais outros dezesseis quilômetros no espaço. O ozônio que permeia essa região, nas condições que prevalecem na superfície da Terra, formaria uma camada de apenas dois milímetros e meio de espessura; essa quantidade relativamente pequena, e aparentemente insignificante, de ozônio, contudo, protege os habitantes de Urântia dos excessos das radiações ultravioleta, perigosas e destrutivas, presentes na luz do sol. Todavia, se essa camada de ozônio fosse ligeiramente mais espessa, vós estaríeis sendo privados dos raios ultravioleta, altamente importantes e provedores de saúde, que agora alcançam a superfície da Terra e que são os ancestrais de uma das vossas vitaminas mais essenciais.

E, ainda assim, alguns dos menos imaginativos entre os vossos mecanicistas mortais insistem em ver a criação material e a evolução humana como um acaso. Os seres intermediários de Urântia reuniram cerca de cinqüenta mil fatos da física e da química que eles julgam ser incompatíveis com as leis das probabilidades do acaso, os quais, segundo eles defendem, demonstram inequivocamente a presença de propósito inteligente na criação material. E tudo isso não leva em conta o seu catálogo das mais de cem mil descobertas, fora do domínio da física e da química, que eles sustentam serem uma prova da presença da mente no planejamento, criação e manutenção do cosmo material.

O vosso sol derrama um verdadeiro dilúvio de raios mortais, e a agradável vida que tendes em Urântia acontece devido à influência "fortuita" de mais de quarenta operações protetoras, aparentemente acidentais, semelhantes à ação dessa camada singular de ozônio.

Não fora o efeito "cobertor" da atmosfera, à noite o calor perder-se-ia por irradiação e tão rapidamente que seria impossível manter a vida, exceto por dispositivos artificiais.

A camada dos primeiros oito ou dez quilômetros inferiores da atmosfera da Terra é a troposfera; é a região dos ventos e correntes de ar que causam os fenômenos meteorológicos. Acima dessa região, está a ionosfera interna, e, mais acima, está a estratosfera. Subindo, da superfície da Terra, a temperatura vai caindo constantemente por dez ou doze quilômetros, altitude em que é registrada a temperatura de cerca de 56 graus Celsius abaixo de zero. Essa faixa de temperatura, entre 54 e 56 graus abaixo de zero, permanece sem alterações até uma altitude de mais de sessenta e cinco quilômetros; essa região de temperatura constante é a estratosfera. A uma altitude de setenta ou oitenta quilômetros, a temperatura começa a aumentar, e esse aumento continua até que, no nível das auroras boreais, uma temperatura de 650 graus Celsius é atingida, e é esse intenso calor que ioniza o oxigênio. No entanto, a temperatura nessa atmosfera rarefeita não pode ser comparável à sensação de calor na superfície da Terra. Lembrai-vos de que a metade de toda a vossa atmosfera está concentrada nos primeiros cinco mil metros. A altitude da atmosfera da Terra é indicada pelos arcos luminosos, os da mais elevada altitude, das auroras boreais – de cerca de seiscentos e cinqüenta quilômetros.

Os fenômenos das auroras boreais estão diretamente relacionados às manchas solares, aqueles ciclones solares que turbilhonam em direções opostas acima e abaixo do equador solar, tal como o fazem os furacões terrestres tropicais. Tais perturbações atmosféricas giram em sentidos opostos, quando ocorrem acima ou abaixo do equador.

O poder que as manchas solares têm de alterar as freqüências da luz mostra que esses centros de tempestades solares funcionam como enormes magnetos. Esses campos magnéticos são capazes de arrastar as partículas carregadas, das crateras das manchas solares, arrojando-as no espaço até a atmosfera externa da Terra, onde a sua influência ionizante produz os desdobramentos espetaculares da aurora boreal. Por isso, tendes os maiores fenômenos de auroras quando as manchas solares estão no seu apogeu – ou estarão, logo em seguida –, momento este em que as manchas estão em geral situadas perto do equador.

Mesmo a agulha de bússolas é sensível a essa influência solar, pois elas inclinam-se ligeiramente para o leste quando o sol se levanta, e ligeiramente para o oeste quando o sol está preste a se pôr. Isso acontece todos os dias, mas, durante o apogeu do ciclo das manchas solares, a variação da bússola é duas vezes maior. Esses desvios diurnos da bússola ocorrem por reação ao aumento da ionização da atmosfera superior, que é produzida pela luz solar.

É a presença de dois níveis diferentes, de regiões eletrificadas condutoras, na superestratosfera, que permite a transmissão, a longa distância, das vossas emissões radiofônicas de ondas curtas e longas. As vossas transmissões radiofônicas são, algumas vezes, perturbadas pelas terríveis tempestades que ocasionalmente assolam os domínios dessas ionosferas externas.

3. O MEIO AMBIENTE ESPACIAL

Durante os primeiros tempos da materialização do universo, as regiões do espaço estão intercaladas com vastas nuvens de hidrogênio, muito semelhantes às nuvens astronômicas de poeira que agora caracterizam muitas regiões no espaço remoto. Uma grande parte da matéria organizada, que os sóis abrasadores reduzem e dispersam como energia radiante, originalmente era composta dessas nuvens espaciais primitivas de hidrogênio. Sob certas condições inusitadas, a desintegração dos átomos também ocorre no núcleo das massas maiores de hidrogênio. E todos esses fenômenos de constituição e desintegração do átomo, como nas nebulosas altamente aquecidas, são seguidos pela emergência de fluxos de marés de raios de energia radiante de comprimento curto. Acompanhando essas radiações diversas, há uma forma de energia-espaço desconhecida em Urântia.

Essa carga de energia de raios curtos do espaço, no universo, é quatrocentas vezes maior do que todas as outras formas de energia radiante que existem nos domínios do espaço organizado. A emissão de raios espaciais curtos, originários seja das nebulosas abrasadoras ou de tensos campos elétricos, seja do espaço exterior ou das vastas nuvens de pó de hidrogênio, é modificada, qualitativa e quantitativamente, pelas flutuações e pelas súbitas mudanças nas tensões, na temperatura, na gravidade e nas pressões eletrônicas.

Essas eventualidades, nas origens dos raios do espaço, são determinadas por muitas ocorrências cósmicas, bem como pelas órbitas de matéria circulante, que podem variar, de círculos modificados a elipses extremas. As condições físicas podem também ser grandemente alteradas, porque os elétrons algumas vezes giram no sentido oposto ao do comportamento da matéria mais grosseira, ainda que na mesma zona física.

As imensas nuvens de hidrogênio são verdadeiros laboratórios cósmicos de química, abrigando todas as fases da energia em evolução e matéria em metamorfose. Atividades energéticas intensas também ocorrem nos gases marginais das grandes estrelas binárias, que com tanta freqüência se sobrepõem e, em conseqüência disso, se misturam profundamente. Contudo, nenhuma dessas atividades energéticas, tremendas e extensas, do espaço, exerce a menor influência sobre os fenômenos da vida organizada – o plasma germinador das coisas e seres vivos. Essas condições da energia espacial são inerentes ao meio ambiente essencial ao estabelecimento da vida, todavia não são efetivas nas modificações subseqüentes dos fatores de herança do plasma da germinação, como o são alguns dos raios mais longos de energia radiante. A vida implantada pelos Portadores da Vida resiste plenamente a toda essa torrente assombrosa de raios curtos de espaço da energia do universo.

Todas essas condições cósmicas essenciais tinham que evoluir até um estado favorável, antes que os Portadores da Vida pudessem, de fato, iniciar o estabelecimento da vida em Urântia.

4. A ERA DA AURORA DA VIDA

Não vos deixeis confundir pelo fato de sermos chamados de Portadores da Vida. Podemos transportar a vida, e nós a transportamos aos planetas, mas não transportamos nenhuma vida para Urântia. A vida de Urântia é única, e original com o planeta. Esta esfera é um mundo de modificação da vida; toda a vida que surgiu aqui foi formulada por nós, aqui mesmo, no planeta; e não há outro mundo em todo o Satânia, e mesmo em todo o Nébadon, que tenha uma existência de vida igual a essa de Urântia.

Há 550 *milhões* de anos, o corpo de Portadores da Vida retornou a Urântia. Em cooperação com os poderes espirituais e as forças suprafísicas, nós organizamos e iniciamos os modelos originais de vida desse mundo e os plantamos nas águas hospitaleiras desse reino. Toda a vida planetária (excluindo as personalidades extraplanetárias) até os dias de Caligástia, o Príncipe Planetário, teve a sua origem nas nossas três implantações originais, idênticas e simultâneas de vida marinha. Essas três implantações de vida foram designadas como sendo: a *central* ou eurasiana-africana, a *oriental* ou australásica, e a *ocidental*, que abrange a Groenlândia e as Américas.

Há 500 *milhões* de anos, a vida marinha vegetal primitiva estava bem estabelecida em Urântia. A Groenlândia e a massa de terra do Ártico, junto com as da América do Sul e América do Norte, estavam começando a sua longa e lenta derivação para oeste. A África moveu-se ligeiramente para o sul, criando uma depressão a leste e, a oeste, a bacia do Mediterrâneo, entre ela própria e o corpo-mãe. A Antártida, a Austrália e a terra marcada pelas ilhas do Pacífico desprenderam-se ao sul e a leste, e derivaram para mais longe desde aquela época.

Havíamos plantado a forma primitiva de vida marinha nas baías tropicais abrigadas dos mares centrais da segmentação leste-oeste da massa continental de terra que se desprendia. O nosso propósito, ao fazer três implantações de vida marinha, era assegurar que cada uma dessas grandes massas de terra tivesse vida nas suas águas marinhas quentes, quando a terra posteriormente se separasse. Previmos para a era seguinte, quando surgisse a vida terrestre, que grandes oceanos de água separariam tais massas continentais de terra à deriva.

5. A DERIVA CONTINENTAL

A deriva da terra continental continuou. O núcleo da Terra havia-se tornado tão denso e rígido quanto o aço, estando sujeito à pressão de quase 3 500 toneladas por centímetro quadrado, e, devido à enorme pressão da gravidade, foi e ainda é muito quente no seu interior profundo. A temperatura cresce, da superfície para dentro, até que, no centro, está ligeiramente acima da temperatura da superfície do sol.

Os mil e seiscentos quilômetros exteriores da massa da Terra consistem principalmente em espécies diferentes de rocha. Por baixo, ficam os elementos metálicos mais densos e pesados. Nas primeiras idades pré-atmosféricas, o mundo estava, no seu estado altamente aquecido e de fusão, tão perto do estado fluido, que os metais mais pesados afundavam pesadamente para o interior. Aqueles que hoje se encontram próximos da superfície representam as exsudações de vulcões antigos, fluxos de lava posteriores e extensos, e depósitos meteóricos mais recentes.

A crosta externa tinha cerca de sessenta e cinco quilômetros de espessura. Essa casca externa estava apoiada e repousava diretamente sobre um mar de basalto fundido, de espessura variável, uma camada móvel de lava fundida, mantida sob alta pressão, mas sempre tendendo a fluir, aqui e ali, para equalizar as flutuações das pressões planetárias, tendendo, desse modo, a estabilizar a crosta da Terra.

Mesmo hoje, os continentes continuam a flutuar sobre essa almofada não cristalizada que é o mar de basalto fundido. Não fosse essa condição protetora, os terremotos mais severos fariam literalmente o mundo em pedaços. Os terremotos são causados por deslizamentos e deslocamentos da crosta externa sólida, e não pelos vulcões.

As camadas de lava da crosta da Terra, quando esfriadas, formam granito. A densidade média de Urântia é um pouco maior do que cinco vezes e meia a da água; a densidade do granito é de menos do que três vezes a da água. O núcleo da Terra é doze vezes mais denso do que a água.

Os fundos dos mares são mais densos do que as massas de terra, e é isso que mantém os continentes acima da água. Quando o fundo dos mares é expelido até um nível acima do mar, verifica-se que consiste em uma parte maior de basalto, uma forma de lava consideravelmente mais pesada do que o granito das massas de terra. E, por outro lado, se os continentes não fossem mais leves do que os fundos dos oceanos, a gravidade arrastaria as bordas dos oceanos até acima das terras, mas tais fenômenos não acontecem.

O peso dos oceanos é também um fator que aumenta a pressão sobre os fundos dos oceanos. As camadas mais profundas e relativamente mais pesadas, dos fundos

dos oceanos, mais o peso exercido pela água que está por cima, aproximam-se do peso dos continentes mais elevados, mas bem menos pesados. Todos os continentes, porém, tendem a deslizar lentamente para os oceanos. A pressão continental no nível do fundo do oceano é de cerca de 1 300 quilogramas por centímetro quadrado. Quer dizer, esta seria a pressão de uma massa continental que se eleva a 5 000 metros acima do fundo do oceano. A pressão de água no fundo do oceano é de cerca de apenas 350 quilogramas por centímetro quadrado. Essas pressões diferenciais tendem a fazer os continentes deslizarem na direção dos leitos dos oceanos.

A depressão do fundo dos oceanos, durante as idades anteriores à vida, havia elevado uma massa continental solitária a uma altura tal que a sua pressão lateral tendia a fazer com que as bordas orientais, ocidentais e sulinas deslizassem para baixo, sobre os leitos subjacentes da lava semiviscosa, até as águas do oceano Pacífico, que rodeavam a massa continental. Isso compensava a pressão continental tão completamente, que não ocorreu nenhuma ruptura maior na margem oriental do continente asiático anterior, mas, desde então, essa linha costeira oriental tem estado suspensa sobre o precipício das profundezas oceânicas adjacentes, ameaçando deslizar para dentro de um túmulo marinho.

6. O PERÍODO DE TRANSIÇÃO

Há *450 milhões* de anos, aconteceu *a transição da vida vegetal para a vida animal*. Essa metamorfose teve lugar nas águas rasas das lagoas e das baías tropicais, abrigadas ao longo das linhas costeiras extensas dos continentes que se separavam. E esse desenvolvimento, todo ele inerente aos padrões originais da vida, deu-se gradativamente. Havia muitos estágios de transição entre as formas iniciais primitivas de vida vegetal e os organismos animais posteriores bem definidos. E, ainda hoje, persistem as formas de limos de transição, as quais não podem ser classificadas, seja como plantas, seja como animais.

Ainda que a evolução da vida vegetal em vida animal possa ser determinada, e embora hajam sido encontradas séries graduais de plantas e animais que progressivamente se desenvolveram dos mais simples aos mais complexos e avançados organismos, vós não sereis capazes de encontrar esses elos de ligação entre as grandes divisões do reino animal, nem entre o mais elevado dos tipos de animais pré-humanos e o alvorecer dos homens das raças humanas. Esses chamados "elos perdidos" permanecerão para sempre perdidos, pela simples razão de nunca haverem existido.

De era para era, aparecem espécies radicalmente novas de vida animal. Elas não evoluem como conseqüência da acumulação gradual de pequenas variações; surgem como novas ordens de vida, plenamente desenvolvidas, e aparecem *subitamente*.

O aparecimento *súbito* de novas espécies e de ordens diversificadas de organismos vivos é totalmente biológico, estritamente natural. Nada há de sobrenatural ligado a essas mutações genéticas.

No grau apropriado de salinidade nos oceanos, a vida animal evoluiu, e foi relativamente simples permitir que as águas salgadas circulassem nos corpos animais de vida marinha. Quando, porém, os oceanos se contraíram e a porcentagem de sal aumentou consideravelmente, esses mesmos animais desenvolveram a capacidade de reduzir a salinidade dos fluidos dos seus corpos, exatamente como aqueles organismos que aprenderam a viver na água doce adquiriram a capacidade de manter o grau adequado de cloreto de sódio nos fluidos dos seus corpos, por meio de técnicas engenhosas de conservação desse sal.

O estudo das fossilizações de vida marinha dentro de rochas revela as lutas iniciais dos ajustamentos desses organismos primitivos. As plantas e os animais nunca deixaram de efetuar tais experimentos de ajustes. O ambiente mantém-se em constante alteração e os organismos vivos estão sempre lutando para acomodar-se a essas flutuações sem fim.

O equipamento fisiológico e a estrutura anatômica de todas as ordens novas de vida respondem continuamente à ação das leis físicas, mas o dom subseqüente da mente é uma dádiva dos espíritos ajudantes da mente, de acordo com a capacidade inata do cérebro. A mente, ainda que não seja proveniente da evolução física, é integralmente dependente da capacidade do cérebro, proporcionada por desenvolvimentos puramente físicos e evolucionários.

Durante ciclos quase sem fim de ganhos e perdas, de ajustes e reajustes, todos os organismos vivos progridem e regridem de uma idade para outra. Aqueles que alcançam a unidade cósmica perduram, enquanto aqueles que perdem essa meta cessam de existir.

7. O LIVRO DA HISTÓRIA GEOLÓGICA

O vasto grupo de sistemas de rochas que constituiu a camada externa da crosta do mundo durante a era do alvorecer da vida, ou era Proterozóica, não aparece atualmente em muitos pontos na superfície da Terra. E, quando de fato emergem de baixo de todos os sedimentos das idades subseqüentes, serão encontrados apenas os remanescentes fósseis de vegetais e da vida animal muito primitiva. Algumas dessas rochas mais antigas, depositadas pela água, estão misturadas a camadas posteriores, e algumas vezes elas apresentam restos fósseis de algumas das formas anteriores de vida vegetal, enquanto, ocasionalmente, nas camadas mais superficiais podem ser encontradas algumas formas mais antigas de organismos marinhos animais primitivos. Em muitos locais, essas camadas mais antigas de rocha estratificada, que contêm os fósseis de vida marinha primitiva, tanto animal quanto vegetal, podem ser encontradas diretamente acima da pedra mais antiga e não diferenciada.

Os fósseis dessa era trazem algas, plantas semelhantes a corais, protozoários primitivos e organismos esponjosos de transição. Contudo, a ausência desses fósseis nas camadas mais antigas não prova necessariamente que coisas vivas não existissem em outros locais, na época do seu depósito. A vida era esparsa durante esses tempos iniciais, e apenas vagarosamente gerou o seu caminho pela superfície da Terra.

As rochas dessa idade mais antiga encontram-se agora na superfície da Terra, ou muito próximas da superfície, sobre mais de um oitavo da área atual de terras. A espessura média dessas pedras de transição, das mais antigas camadas de rocha estratificada, é de cerca de 2 500 metros. Em alguns pontos, esses antigos sistemas de rochas têm até 6 500 metros de espessura, mas, muitas das camadas, atribuídas a essa era, pertencem a períodos mais recentes.

Na América do Norte, essa camada antiga e primitiva de rocha contendo fósseis vem à superfície nas regiões oriental, central e setentrional do Canadá. Também existe uma cordilheira intermitente dessa rocha na direção leste-oeste, que vai do estado da Pensilvânia e das antigas montanhas do Adirondack, a oeste, e atravessa os estados de Michigan, Wisconsin e Minnesota. Outras cordilheiras estendem-se desde as Terras Novas até o estado do Alabama, e do Alasca ao México.

As rochas dessa era estão expostas aqui e ali em todo o mundo, mas nenhuma delas é de interpretação tão fácil como as vizinhas do lago Superior e do Grande Canyon no rio Colorado, onde essas rochas, que contêm fósseis primitivos, existentes em várias camadas, atestam as elevações e flutuações da superfície das terras naqueles tempos bastante remotos.

Essa camada de pedra, o mais antigo estrato com fossilizações na crosta da Terra, foi desmoronada, dobrada e caprichosamente torcida, pelos solavancos dos terremotos e vulcões primitivos. Os fluxos de lava nessa era traziam muito ferro, cobre e chumbo até bem próximo da superfície planetária.

Há poucos lugares na Terra onde essas atividades são mais graficamente visíveis do que no vale de Santa Croix, em Wisconsin. Nessa região, ocorreram cento e vinte e sete fluxos sucessivos de lava no solo, seguidos de submersões pela água, com o conseqüente depósito de rocha. Se bem que grande parte da sedimentação superior da rocha e dos fluxos intermitentes de lava esteja ausente, hoje em dia, e embora a base desse sistema esteja enterrada muito profundamente no solo, ainda assim, cerca de sessenta e cinco ou setenta desses registros estratificados de eras do passado atualmente encontram-se expostos à vista.

Nessas idades iniciais, quando grande parte das terras estava próxima do nível do mar, ocorreram muitas submersões sucessivas e vários levantamentos. A crosta da Terra estava apenas entrando no seu último período de relativa estabilização. As ondulações das massas, as elevações e os mergulhos provocados pelo início da deriva continental contribuíram para a freqüência das submersões periódicas das grandes massas de terra.

Durante esses tempos de vida marinha primitiva, grandes áreas das margens continentais afundaram nos mares a profundidades de um a oitocentos metros. Grande parte dos arenitos mais antigos e outros conglomerados representam as acumulações sedimentares dessas antigas margens. As rochas sedimentares, pertencentes a essa estratificação mais antiga, repousam diretamente sobre camadas que datam de muito antes da origem da vida, e remontam ao aparecimento inicial do oceano mundial.

Algumas das camadas mais superficiais desses depósitos de rocha de transição contêm pequenas quantidades de xistos e de ardósias de cores escuras, indicando a presença de carbono orgânico e atestando a existência dos ancestrais das formas de vida vegetal que invadiram a Terra durante a era Carbonífera subseqüente, ou era do carvão. Boa parte do cobre nessas camadas de rochas resulta de depósitos de água. Um pouco desse cobre é encontrado nas fissuras de rochas mais antigas e vem da concentração de águas pantanosas turfosas de alguma antiga linha de costa abrigada. As minas de ferro da América do Norte e da Europa estão localizadas em depósitos e extrusões que repousam, em parte, sobre rochas mais antigas não estratificadas e, em parte, sobre essas rochas estratificadas posteriormente, dos períodos de transição de formação da vida.

Essa era testemunha a disseminação da vida pelas águas do mundo; a vida marinha tornara-se já bem estabelecida em Urântia. O fundo dos mares rasos, mas longos, adentrando nas terras, está sendo gradualmente invadido por um crescimento profuso e luxuriante de vegetação, enquanto as águas da linha costeira encontram-se infestadas das formas simples de vida animal.

Toda essa história está graficamente contada, nas páginas fossilizadas do vasto "livro de pedra", o arquivo deste mundo. E as páginas desse gigantesco registro biogeológico dirão, infalivelmente, a verdade, tão logo vós adquirirdes a capacidade para fazer a interpretação delas. Muitos desses fundos marinhos antigos estão agora elevados bem acima do nível da superfície terrestre e os seus depósitos, de idade sobre idade, contam a história das lutas pela vida naqueles dias iniciais. Como disse o vosso poeta, é literalmente verdade que "o pó sobre o qual pisamos esteve vivo outrora".

[Apresentado por um membro do Corpo de Portadores da Vida de Urântia, atualmente residente neste planeta.]

DOCUMENTO 59

A ERA DA VIDA MARINHA EM URÂNTIA

CONSIDERAMOS a história de Urântia tendo o seu começo há cerca de um bilhão de anos, abrangendo cinco eras maiores:

1. *A era da pré-vida* que se estende pelos primeiros quatrocentos e cinqüenta milhões de anos; aproximadamente desde a época em que o planeta atingiu o seu tamanho atual até o tempo do estabelecimento da vida. Os vossos pesquisadores designaram este período como a era *Arqueozóica*.

2. *A era da aurora da vida* que abrange os cento e cinqüenta milhões de anos seguintes. Esta época interpõe-se entre a era precedente, de pré-vida, ou idade dos cataclismos, e o período seguinte, de uma vida marinha mais desenvolvida. Esta é conhecida dos vossos pesquisadores como a era *Proterozóica*.

3. *A era da vida marinha* cobre os duzentos e cinqüenta milhões de anos subse-qüentes. E é mais conhecida vossa como sendo a era *Paleozóica*.

4. *A era da vida terrestre* primitiva estende-se aos cem milhões de anos seguin-tes e vós a conheceis como a era *Mesozóica*.

5. *A era dos mamíferos* ocupa os últimos cinqüenta milhões de anos. Esta era, de tempos recentes, é a conhecida como era *Cenozóica*.

A era de vida marinha, assim, cobre cerca de um quarto da vossa história planetá-ria. Pode ser subdividida em seis longos períodos; cada um caracterizado por certos desenvolvimentos bem definidos, tanto nos domínios geológicos quanto nos reinos biológicos.

No início dessa era, o fundo dos mares, as extensas plataformas continentais e numerosas bacias litorâneas rasas estão cobertas de prolífera vegetação. As formas mais simples e primitivas de vida animal já se encontram desenvolvidas, a partir dos organismos vegetais precedentes, e os organismos animais mais simples já percorrem o seu caminho gradualmente ao longo das linhas costeiras das várias massas de terra e, enfim, os inúmeros mares interiores fervilham de vida marinha primitiva. Como tão poucos desses organismos iniciais tinham carapaças, pouquíssimos foram pre-servados como fósseis. Todavia, o cenário está pronto para os capítulos de abertura daquele grande "livro de pedra" de preservação dos registros da vida, tão metodica-mente depositado durante as idades que se sucederam.

O continente da América do Norte é maravilhosamente rico em depósitos con-tendo fósseis de todas as eras de vida marinha. As primeiríssimas e mais antigas camadas estão separadas dos últimos estratos do período precedente por grandes de-pósitos erosivos que nitidamente distinguem esses dois estágios do desenvolvimento planetário.

1. A VIDA MARINHA PRIMITIVA NOS MARES RASOS
A IDADE DOS TRILOBITAS

Por volta da aurora desse período de relativa quietude na superfície da Terra a vida está confinada aos vários mares interiores e à linha oceânica do litoral, pois não evoluiu ainda nenhuma forma de organismo terrestre. Os animais marinhos primitivos estão bem estabelecidos e preparados para o próximo desenvolvimento evolucionário. As amebas são os sobreviventes típicos desse estágio inicial de vida animal, tendo surgido mais para o final do período precedente de transição.

Há *400 milhões* de anos, a vida marinha, tanto a vegetal quanto a animal, está bastante bem distribuída por todo o mundo. O clima do planeta torna-se um pouco mais quente e mais regular. Há uma inundação geral dos litorais dos vários continentes, particularmente os da América do Sul e do Norte. Novos oceanos aparecem, e as massas mais antigas de água crescem amplamente.

A vegetação agora, pela primeira vez, avança terra acima e logo faz um progresso considerável de adaptação a um habitat não marinho.

Subitamente e sem gradação de ancestrais surgem os primeiros animais multicelulares. Os trilobitas evoluíram e, durante idades, eles dominam os mares. Do ponto de vista da vida marinha, esta é a idade dos trilobitas.

Na parte mais recente dessa época, grande parte da América do Norte e Europa emergiu dos mares. A crosta da Terra estava temporariamente estabilizada; montanhas ou, melhor, altas elevações de terra ergueram-se ao longo das costas do Atlântico e do Pacífico, nas Antilhas e sul da Europa. Toda a região do Caribe estava bastante elevada.

Há *390 milhões* de anos, as terras estavam ainda elevadas. Em partes ocidentais e orientais da América e na Europa ocidental, podem ser encontrados os estratos de rocha depositados durante essas épocas, e essas são as rochas mais antigas a conter fósseis de trilobitas. Havia muitos longos golfos, em forma de dedo, com a água projetando-se para dentro das massas de terra, nos quais foram depositadas essas rochas contendo fósseis.

Dentro de uns poucos milhões de anos, o oceano Pacífico estaria começando a invadir os continentes americanos. O afundamento da terra foi devido principalmente ao ajustamento da crosta, embora a movimentação lateral da terra, ou movimentação continental, fosse também um fator.

Há *380 milhões* de anos, a Ásia estava afundando, e todos os outros continentes experimentavam uma emersão de pouca duração. À medida, porém, que essa época avançou, o oceano Atlântico recém-surgido fazia grandes incursões em toda a costa adjacente. O Atlântico do norte ou os mares árticos estavam então ligados às águas meridionais do golfo. Quando esse mar do sul invadiu a depressão apalachiana, as suas ondas quebraram-se a leste contra montanhas tão altas quanto os Alpes; em geral, contudo, os continentes eram terras baixas e desinteressantes, bastante desprovidas de beleza cênica.

Os depósitos sedimentares dessas idades são de quatro espécies:

1. Os conglomerados – matéria depositada perto das linhas de costa.

2. Os arenitos – depósitos feitos em águas rasas, mas onde as ondas eram suficientes para impedir o depósito de lodo.

3. Os xistos – depósitos feitos em águas mais profundas e calmas.

4. O calcário – incluem-se aqui os depósitos de conchas de trilobitas em águas profundas.

Os fósseis de trilobitas dessa época apresentam certas uniformidades básicas, acompanhadas de variações bem assinaladas. Os desenvolvimentos animais iniciais das três implantações originais da vida eram característicos; aqueles que apareceram no hemisfério ocidental eram ligeiramente diferentes daqueles do grupo eurasiano e australásico, ou australiano-antártido.

Há *370 milhões* de anos, ocorreram submersões tremendas, quase totais, da América do Norte e América do Sul; seguidas dos afundamentos da África e Austrália. Apenas algumas partes da América do Norte permaneceram acima desses mares rasos do Cambriano. Cinco milhões de anos mais tarde, os mares estavam retraindo-se diante da elevação da terra. E todos esses fenômenos de afundamento e elevação de terras não eram drásticos, acontecendo vagarosamente durante milhões de anos.

Os estratos, contendo fósseis dos trilobitas dessa época, afloram aqui e ali em todos os continentes, exceto na Ásia Central. Em muitas regiões, tais rochas são horizontais, mas, nas montanhas, elas são inclinadas e distorcidas por causa da pressão e das dobras. E tais pressões modificaram, em muitos locais, o caráter original de tais depósitos. O arenito transformou-se em quartzo, o xisto transformou-se em ardósia, enquanto o calcário converteu-se em mármore.

Há *360 milhões* de anos, as terras ainda estavam emergindo. A América do Norte e a América do Sul encontravam-se bem acima do mar. A Europa ocidental e as Ilhas Britânicas estavam emergindo, exceto partes do País de Gales, que se achavam profundamente submersas. Não havia grandes lençóis de gelo durante essas idades. Os depósitos supostamente glaciais que surgiram por causa desses estratos, na Europa, na África, na China e na Austrália, são devidos a montanhas glaciais ou ao deslocamento de detritos glaciais de origem recente. O clima, no todo global, era oceânico, não continental. Os mares do sul então eram mais quentes que atualmente e estendiam-se desde a América do Norte até as regiões polares. A corrente do golfo corria pela parte central da América do Norte, sendo defletida na direção leste para banhar e aquecer as margens da Groenlândia, fazendo daquele continente, hoje coberto por um manto de gelo, um verdadeiro paraíso tropical.

A vida marinha era mais uniforme, em todo o planeta, sendo constituída de algas marinhas, organismos unicelulares, esponjas simples, trilobitas e outros crustáceos – camarões, caranguejos e lagostas. Três mil variedades de braquiópodes apareceram, no final desse período; e, dessas, apenas duzentas sobreviveram. Esses animais representam uma variedade de vida primitiva que chegou até o tempo presente praticamente sem se alterar.

Mas os trilobitas eram as criaturas vivas predominantes. Eram animais sexuados e existiram em muitas formas; sendo maus nadadores, flutuavam preguiçosamente na água ou se rastejavam ao longo do fundo do mar, encolhendo-se por autoproteção, quando atacados pelos seus inimigos, surgidos posteriormente. E cresceram em comprimento, de cinco até trinta centímetros, e desenvolveram-se em quatro grupos distintos: os carnívoros, os herbívoros, os onívoros e os "comedores de lodo". A capacidade de subsistir desse último grupo, em boa parte de matérias inorgânicas – sendo o último animal multicelular com essa capacidade –, explica a sua multiplicação e a sobrevivência prolongada.

Esse era o quadro biogeológico de Urântia no final daquele longo período da história do mundo, abrangendo cinqüenta milhões de anos, que os vossos geólogos designaram como o *Cambriano*.

DOCUMENTO 59: SEÇÃO 1

2. O PRIMEIRO ESTÁGIO DE INUNDAÇÃO CONTINENTAL A IDADE DOS ANIMAIS INVERTEBRADOS

Os fenômenos periódicos de elevação e afundamento das terras, característicos dessa época, foram bem graduais e não-espetaculares, sendo acompanhados de pouca ou nenhuma atividade vulcânica. Em todas essas sucessivas elevações e depressões de terras, o continente-mãe asiático não compartilhou totalmente da história das outras extensões de terra. Ele experimentou muitas inundações, mergulhando primeiro em uma direção, e depois em outra, mais particularmente na sua história primitiva, mas não apresenta os depósitos uniformes de rocha que podem ser descobertos nos outros continentes. Em épocas recentes, a Ásia tem sido a mais estável de todas as massas de terra.

Há *350 milhões* de anos, presenciou-se o começo da grande inundação de todos os continentes, exceto da Ásia Central. As massas de terra foram repetidamente cobertas de água; apenas as terras altas da costa permaneceram acima dessas oscilações de mares internos rasos, mas espalhados. Três inundações maiores caracterizaram esse período, mas, antes que ele terminasse, os continentes de novo emergiram; a emersão total de terra sendo em quinze por cento maior do que é atualmente. A região do Caribe estava bastante elevada. Esse período não é bem discernido na Europa, porque as flutuações de terra foram menores, enquanto a ação vulcânica foi mais persistente.

Há *340 milhões* de anos, ocorreu um outro extenso afundamento de terras, exceto na Ásia e na Austrália. As águas dos oceanos do mundo eram geralmente compartilhadas. Essa foi a grande idade dos depósitos calcários; grande parte das suas rochas foi depositada pelas algas que segregavam calcários.

Uns poucos milhões de anos mais tarde, grandes porções dos continentes americanos e europeu começaram a emergir da água. No hemisfério ocidental, apenas um braço do oceano Pacífico permaneceu sobre o México e sobre a região das atuais Montanhas Rochosas, mas, perto do fim dessa época, as costas do Atlântico e do Pacífico começaram novamente a afundar.

Há *330 milhões* de anos, o mundo assistiu ao início de uma época de relativa calma, com muita terra novamente acima da água. A única exceção desse regime de quietude terrestre foi a erupção do grande vulcão da América do Norte, a leste do Kentucky, em uma das maiores atividades solitárias de vulcões que o mundo jamais conheceu. As cinzas desse vulcão cobriram mil e trezentos quilômetros quadrados, a uma profundidade de cinco a seis metros.

Há *320 milhões* de anos, ocorreu a terceira maior inundação desse período. As águas dessa inundação cobriram as terras submergidas pelo dilúvio precedente e, ao mesmo tempo, se estenderam até mais longe, em muitas direções, em todas as Américas e Europa. A parte leste da América do Norte e o oeste da Europa ficaram entre 3 000 e 4 500 metros sob a água.

Há *310 milhões* de anos, as massas de terra do mundo estavam novamente bem elevadas, excetuando-se a parte sulina da América do Norte. O México emergiu, criando assim o mar do golfo; e, desde então, este manteve a sua identidade.

A vida, nesse período, continua a evoluir. O mundo, uma vez mais, está calmo e relativamente pacífico; o clima permanece suave e uniforme; as plantas das terras estão migrando para distâncias cada vez mais extensas e distantes das linhas litorâneas. Os modelos de vida acham-se bem desenvolvidos, embora poucos fósseis de plantas dessa época sejam encontrados.

Essa foi a grande idade da evoluço do organismo animal individual, embora muitas das mudanças básicas, tais como a transição de vegetal para animal, hajam ocorrido anteriormente. A fauna marinha desenvolveu-se até o ponto em que todo tipo de vida, abaixo da escala do vertebrado, estava representado nos fósseis daquelas rochas, que foram depositadas durante esses tempos. Mas todos esses animais eram organismos marinhos. Nenhum animal terrestre havia surgido ainda, excetuando-se uns poucos tipos de vermes que escavavam ao longo das linhas da costa; nem as plantas terrestres haviam ainda coberto os continentes; existia então muito dióxido de carbono no ar, para permitir a existência de respiradores de ar. Primariamente, todos os animais, excetuando-se alguns dos mais primitivos, dependiam direta ou indiretamente da vida vegetal para a sua existência.

Os trilobitas ainda eram predominantes. Esses pequenos animais existiam em dezenas de milhares de modelos e foram os predecessores dos modernos crustáceos. Alguns dos trilobitas tinham entre vinte e cinco e quatro mil olhos minúsculos; outros possuíam rudimentos de olhos. Com o término desse período, os trilobitas dividiram o domínio dos mares com várias outras formas de vida invertebrada. Contudo, desapareceram totalmente durante o começo do período seguinte.

As algas que segregavam o calcário estavam bastante espalhadas. Existiam milhares de espécies de ancestrais primitivos dos corais. Os vermes do mar eram abundantes, e havia muitas variedades de medusas que depois ficaram extintas. Os corais e os tipos posteriores de esponjas, então, evoluíram. Os cefalópodes estavam bem desenvolvidos, e sobreviveram como náutilos perolados, polvos, sibas e lulas dos tempos atuais.

Havia muitas variedades de animais portadores de conchas, mas estas, então, não se faziam tão necessárias para propósitos defensivos, como nas idades subseqüentes. Os gastrópodes estavam presentes nas águas dos antigos mares, e incluíam os caramujos marinhos univalves, os moluscos e caracóis. Os gastrópodes bivalves atravessaram os milhões de anos, que nos separam daquela época, quase do mesmo modo como existiam então, e abrangem outros moluscos, mexilhões, ostras e vieiras. Os organismos valvulares abrigados em conchas também evoluíram, e esses braquiópodes viviam naquelas águas antigas de um modo bastante semelhante ao de hoje; inclusive, possuíam uma articulação e outras espécies de arranjos de proteção nas suas conchas.

E assim termina a história evolucionária do segundo grande período da vida marinha, que é conhecido pelos vossos geólogos como o *Ordoviciano*.

3. O ESTÁGIO DA SEGUNDA GRANDE INUNDAÇÃO O PERÍODO DOS CORAIS — A IDADE DOS BRAQUIÓPODES

Há *300 milhões* de anos, um outro grande período de submersão de terras teve início. A invasão dos antigos mares silurianos para o norte e para o sul engolfou a maior parte da Europa e da América do Norte. As terras não estavam muito elevadas acima do mar e, assim, não se produziram muitos depósitos ao longo das margens. Os mares estavam repletos de animais de conchas calcárias, e a queda dessas conchas, para o fundo do mar, gradualmente formou camadas muito espessas de calcário. Este é o primeiro vasto depósito de calcário, e cobre praticamente toda a Europa e a América do Norte, mas só aparece na superfície da Terra em poucos locais. A espessura dessa antiga camada de rocha tem, em média, trezentos metros, mas muitos desses depósitos, desde então, foram grandemente deformados pelos mergulhos, pelas sublevações e falhas, e muitos se transformaram em quartzo, xisto e mármore.

Nas camadas de pedra desse período não são encontradas rochas ígneas nem lavas, exceto aquelas dos grandes vulcões do sul da Europa, da parte leste do Maine e dos fluxos de lava de Quebec. A ação vulcânica havia terminado em grande parte. Essa foi uma época de grande depósito de água; pouquíssima ou nenhuma montanha formou-se.

Há *290 milhões* de anos, o mar havia-se afastado consideravelmente dos continentes; e o fundo dos oceanos vizinhos estava afundando. As massas de terra achavam-se pouco alteradas, até que submergissem novamente. Os movimentos primitivos das montanhas de todos os continentes estavam começando, e a maior dessas elevações da crosta situava-se nos Himalaias, na Ásia e nas grandes Montanhas da Caledônia, estendendo-se da Irlanda à Escócia e indo até Spitzbergen.

É nos depósitos dessa idade que grande parte dos gases, do petróleo, do zinco e do chumbo são encontrados, o gás e o petróleo derivando-se das enormes acumulações de matérias vegetal e animal depositadas na época das submersões anteriores da terra, enquanto os depósitos minerais representam a sedimentação das massas de águas estagnadas. Muitos dos depósitos de sal em rocha pertencem a esse período.

Os trilobitas tiveram um rápido declínio, e o centro do cenário foi ocupado pelos moluscos maiores ou os cefalópodes. Esses animais cresceram até cinco metros de comprimento e cerca de trinta centímetros de diâmetro e tornaram-se os senhores dos mares. Essa espécie de animal apareceu *de súbito* e dominou a vida no mar.

A grande atividade vulcânica dessa idade deu-se no setor europeu. Durante milhões e milhões de anos, essas erupções vulcânicas extensas e violentas não haviam ocorrido, do modo como o fazem agora, em torno da calha do Mediterrâneo e especialmente na vizinhança das Ilhas Britânicas. Esse fluxo de lava sobre a região das Ilhas Britânicas aparece hoje sob a forma de camadas alternadas de lava e de rocha, em uma espessura de oito mil metros. Essas rochas foram depositadas em fluxos intermitentes de lava, que se espalharam sobre um leito raso de mar, intercalando-se, assim, com os depósitos de rocha, e tudo isso foi subseqüentemente elevado muito acima do nível do mar. Violentos tremores de terra aconteceram no norte da Europa, notadamente na Escócia.

O clima oceânico permaneceu suave e uniforme, e mares quentes banhavam as margens das terras polares. Fósseis de braquiópodes e outros animais marinhos podem ser encontrados nesses depósitos, até o Pólo Norte. Os gastrópodes, braquiópodes, esponjas e recifes de corais continuaram a crescer.

O fim dessa época testemunha o segundo avanço dos mares silurianos e uma nova mistura das águas dos oceanos do sul e do norte. Os cefalópodes dominam a vida marinha, enquanto formas associadas de vida desenvolveram-se, diferenciando-se progressivamente.

Há *280 milhões* de anos, os continentes já haviam emergido, em grande parte, da segunda inundação siluriana. Os depósitos de rocha desse período de submersão são conhecidos na América do Norte como os calcários do Niágara, porque esse é o estrato de rocha sobre o qual as cataratas do Niágara caem agora. Essa camada de rocha estende-se desde as montanhas do leste à região do vale do Mississippi, mas não avança mais para o oeste, exceto no lado sul. Várias camadas estendem-se ao Canadá, partes da América do Sul, da Austrália e de boa parte da Europa, sendo que a espessura média dessa série do Niágara é de cerca de duzentos metros. Imediatamente por sobre o depósito do Niágara, em muitas regiões, pode ser encontrado um acúmulo de conglomerados, de xistos e rochas de sal. Essa é uma acumulação de sedimentações secundárias. Esse sal precipitou-se em grandes lagoas que se abriram e se fecharam, alternadamente, para o mar, e então ocorreu a evaporação, seguida do depósito de sal junto com outras matérias carreadas na solução. Em algumas regiões, esses leitos de rochas de sal têm vinte metros de espessura.

O clima é regular e suave; os fósseis marinhos são depositados nas regiões árticas. Todavia, ao final dessa época, os mares estão tão excessivamente salgados que pouquíssimas vidas sobrevivem.

Mais perto do final da submersão siluriana, acontece um grande aumento dos equinodermos – os lírios de pedra –, como fica evidenciado pelos depósitos de calcários crinóides. Os trilobitas quase desapareceram e os moluscos continuam sendo os monarcas dos mares; a formação de recifes de coral aumenta consideravelmente. Durante essa idade, nos locais mais favoráveis, os escorpiões aquáticos primitivos têm a sua primeira evolução. Logo em seguida, e *subitamente*, os verdadeiros escorpiões – que de fato respiram ar – fazem o seu aparecimento.

Esses desenvolvimentos terminam o terceiro período de vida marinha, cobrindo vinte e cinco milhões de anos, e é conhecido dos vossos pesquisadores como o *Siluriano*.

4. O ESTÁGIO DA GRANDE EMERGÊNCIA DE TERRAS
O PERÍODO DA VIDA VEGETAL NA TERRA
A IDADE DOS PEIXES

Na luta de toda uma idade entre terra e água, durante longos períodos o mar tem sido relativamente vitorioso; as épocas da vitória da terra, porém, estão prestes a chegar. E as derivas continentais até então não aconteceram, mas, algumas vezes, praticamente todas as terras do mundo estiveram ligadas por istmos delgados e pontes estreitas de terra.

À medida que a terra emerge da última inundação siluriana, um período importante para o desenvolvimento do mundo e para a evolução da vida chega ao fim. É a aurora de uma nova idade da Terra. A paisagem nua e sem atrativos das épocas anteriores começa a se cobrir de uma vegetação luxuriante, e as primeiras florestas magníficas irão logo aparecer.

A vida marinha dessa idade estava bastante diversificada, devido à segregação primitiva das espécies; porém, mais tarde, houve uma mistura e uma associação mais livre entre todos esses tipos diferentes. Os braquiópodes logo alcançaram o seu ápice, sucedidos pelos artrópodes; e os crustáceos cirrípedes fizeram a sua primeira aparição. Contudo, o maior acontecimento, dentre todos, foi o surgimento súbito da família dos peixes. E essa se tornou a idade dos peixes, o período da história do mundo caracterizado pelo tipo *vertebrado* de animais.

Há *270 milhões* de anos, os continentes estavam todos acima da água. Durante milhões e milhões de anos, nunca tanta terra havia estado acima da água ao mesmo tempo; foi uma das épocas de maior emersão de terras, em toda a história do mundo.

Cinco milhões de anos mais tarde, as áreas de terras da América do Sul e América do Norte, da Europa, da África, do norte da Ásia e da Austrália estavam ligeiramente inundadas; na América do Norte, a submersão em uma época ou em outra havia sido quase completa; e as camadas resultantes de calcário iam de 150 a 1 500 metros de espessura. Esses vários mares devonianos inicialmente estenderam-se em uma direção e, então, em uma outra, de modo que o imenso mar ártico interior norte-americano encontrou uma saída para o oceano Pacífico pelo lado norte da Califórnia.

Há *260 milhões* de anos, ao final dessa época de depressões de terras, a América do Norte estava parcialmente repleta de mares, tendo conexões simultâneas com as águas do Pacífico, Atlântico, Ártico e do golfo. Os depósitos desses últimos estágios da primeira enchente devoniana têm, em média, trezentos metros de espessura. Os recifes de coral que caracterizaram tais épocas indicam que os mares interiores eram claros e rasos. Esses depósitos de coral estão expostos nos bancos do rio Ohio, próximos de Louisville, no Kentucky, e têm cerca de trinta metros de espessura, abrangendo mais de duzentas variedades. Essas formações de corais estendem-se ao Canadá e norte da Europa, indo até as regiões árticas.

Em seguida a essas submersões, muitas das linhas litorâneas foram consideravelmente elevadas, de modo que os primeiros depósitos ficaram cobertos por lodo ou xisto. Há também um estrato vermelho de arenito que caracteriza uma das sedimentações devonianas; e tal camada vermelha estende-se sobre grande parte da superfície da Terra, sendo encontrada na América do Sul, América do Norte, Europa, Rússia, China, África e Austrália. Tais depósitos vermelhos sugerem condições áridas ou semi-áridas, mas o clima dessa época ainda era suave e regular.

Durante todo esse período, a terra a sudoeste da ilha de Cincinnati permaneceu bem acima da água. Contudo, grande parte da Europa ocidental, incluindo as Ilhas Britânicas, submergiu. No País de Gales, Alemanha e outros locais na Europa, as rochas devonianas apresentam mais de 6 000 metros de espessura.

Há *250 milhões* de anos, testemunhou-se o aparecimento da família dos peixes, os vertebrados, um dos acontecimentos mais importantes de toda a pré-evolução humana.

Os artrópodes, ou crustáceos, foram os ancestrais dos primeiros vertebrados. Os pioneiros da família dos peixes consistiram em dois ancestrais artrópodes modificados; um tinha um corpo longo conectado à cabeça e à cauda, enquanto o outro era um pré-peixe, sem espinha e sem mandíbulas. Todavia, esses tipos preliminares foram rapidamente destruídos quando os peixes, os primeiros vertebrados do mundo animal, fizeram o seu *súbito* aparecimento, vindos do norte.

Muitos dos maiores peixes verdadeiros pertencem a essa idade; algumas das variedades com dentes alcançam oito a dez metros de comprimento; os tubarões dos dias atuais são os sobreviventes desses antigos peixes. Os peixes com pulmões e couraças alcançaram o seu ápice evolucionário e, antes que essa época terminasse, os peixes já se haviam adaptado tanto às águas salgadas, quanto à água doce.

Verdadeiros estratos ósseos, com dentes e esqueletos de peixes, podem ser encontrados nos depósitos formados mais para o final desse período; bem como ricas camadas de fósseis situadas ao longo da costa da Califórnia, pois muitas baías abrigadas do oceano Pacífico estendiam-se até as terras daquela região.

A Terra estava sendo rapidamente tomada pelas novas ordens de vegetação terrestre. Até então, poucas plantas havia que cresciam na terra seca; elas apenas cresciam nas proximidades da água. Agora, e *de súbito*, a prolífica *família dos fetos*, ou samambaias, apareceu e espalhou-se com rapidez sobre a superfície das terras, e rapidamente cresciam em todas as partes do mundo. Com troncos de sessenta centímetros de diâmetro e doze metros de altura, verdadeiros tipos de árvores logo se desenvolveram; mais tarde, as folhas evoluíram, mas essas variedades primitivas possuíam apenas folhagens rudimentares. Havia muitas plantas menores, mas os seus fósseis não são encontrados, pois elas foram destruídas, em geral, pelas bactérias que haviam surgido ainda mais cedo.

À medida que a terra subia, a América do Norte tornava-se ligada à Europa por pontes de terra que se estendiam à Groenlândia. Hoje, a Groenlândia mantém os remanescentes dessas plantas terrestres primitivas sob o seu manto de gelo.

Há *240 milhões* de anos, partes das terras, não só da Europa como da América do Norte e América do Sul começaram a afundar. Esse afundamento marcou o aparecimento da última e menos extensa das enchentes devonianas. Os mares do Ártico novamente moveram-se para o sul, sobre grande parte da América do Norte; o Atlântico inundou uma grande parte da Europa e da Ásia ocidental, enquanto o Pacífico sul cobriu a maior parte da Índia. Essa inundação foi lenta no seu surgimento e igualmente lenta na sua retirada. As montanhas Catskill, ao longo da margem oeste do rio Hudson, constituem um dos maiores monumentos geológicos dessa época e podem ser encontrados na superfície da América do Norte.

Há *230 milhões* de anos, os mares continuavam a sua retirada. Grande parte da América do Norte estava acima da água, e atividades vulcânicas intensas ocorreram na região de São Lourenço (Canadá). O monte Royal, em Montreal, é o relevo erodido de um desses vulcões. Os depósitos de toda essa época são bem mostrados nas montanhas apalachianas da América do Norte, nas quais o rio Susquehanna sulcou um vale, expondo tais camadas sucessivas que atingiram uma espessura de mais de 4 000 metros.

A elevação dos continentes continuou, e a atmosfera estava ficando rica em oxigênio. A Terra achava-se recoberta de vastas florestas de fetos com trinta metros de altura e árvores típicas daqueles dias; florestas silenciosas, nas quais nenhum som era ouvido, nem mesmo o farfalhar de uma folha, posto que essas árvores não tinham folhas.

E assim chegava ao final um dos períodos mais longos da evolução da vida marinha, a *idade dos peixes*. Esse período da história do mundo perdurou durante quase cinqüenta milhões de anos e tornou-se conhecido dos vossos pesquisadores como o *Devoniano*.

5. O ESTÁGIO DA MOVIMENTAÇÃO DA CROSTA O PERÍODO CARBONÍFERO DAS FLORESTAS DE FETOS A IDADE DAS RÃS

O surgimento dos peixes durante o período precedente marca o ápice da evolução da vida marinha. Desse ponto em diante, a evolução da vida terrestre torna-se cada vez mais importante. E esse período é aberto com o cenário quase que idealmente montado para o surgimento dos primeiros animais terrestres.

Há *220 milhões* de anos, uma grande parte das áreas das terras continentais, incluindo a maior parte da América do Norte, estava sobre as águas. A terra estava repleta de uma vegetação luxuriante; essa foi realmente a *idade dos fetos*. O dióxido de carbono ainda se fazia presente na atmosfera, mas em um grau decrescente.

Pouco depois, a parte central da América do Norte foi inundada, formando-se dois grandes mares interiores. Os planaltos, ao longo das costas do Atlântico e do Pacífico, situavam-se pouco além das linhas costeiras atuais. Esses dois mares em breve tiveram as suas águas unidas e as diferentes formas de vida ali existentes puderam mesclar-se entre si, e a união dessas faunas marinhas deu início ao rápido declínio mundial da vida marinha e à abertura do período subseqüente de vida terrestre.

Há *210 milhões* de anos, os mares árticos, de águas quentes, cobriram a maior parte da América do Norte e Europa. As águas polares do sul inundaram a América do Sul e Austrália, ao passo que a África tanto quanto a Ásia encontravam-se grandemente elevadas.

Quando os mares atingiram o seu nível mais alto, um novo desenvolvimento evolucionário *subitamente* aconteceu. Abruptamente, os primeiros animais terrestres surgiram. Numerosas espécies desses animais tornaram-se capazes de viver na terra e na água. Esses anfíbios respiravam o ar e desenvolveram-se dos artrópodes, cujas bexigas natatórias transformaram-se em pulmões.

Das águas salgadas dos mares, os caramujos, os escorpiões e as rãs arrastaram-se para a terra. Hoje, as rãs ainda põem os seus ovos na água, e a sua cria ainda tem, no início, a forma de pequenos peixes, os girinos. Esse período bem que poderia ser conhecido como a *idade das rãs*.

Logo depois, os insetos fizeram a sua primeira aparição e, juntamente com aranhas, escorpiões, baratas, grilos e gafanhotos, logo se espalharam pelos continentes do mundo. As libélulas mediam setenta e cinco centímetros de envergadura. Mil espécies de baratas desenvolveram-se, e algumas cresceram até o comprimento de dez centímetros.

Dois grupos de equinodermos tornaram-se especialmente bem desenvolvidos, e constituem na realidade os fósseis-guias dessa época. Os grandes tubarões comedores de conchas também atingiram um alto grau de evolução e, por mais de cinco milhões de anos, predominaram nos oceanos. O clima era ainda suave e regular; a vida marinha pouco mudou. Os peixes de água doce estavam desenvolvendo-se e os trilobitas encontravam-se muito perto da extinção. Os corais eram escassos e grande parte do calcário estava sendo elaborada pelos crinóides. Os melhores calcários para a construção foram depositados durante essa época.

As águas de muitos dos mares interiores eram tão pesadamente carregadas de cal e outros minerais, que interfeririam grandemente no progresso e no desenvolvimento de muitas espécies marinhas. Finalmente, os mares ficaram limpos por causa de um grande depósito de pedras minerais, contendo, em alguns locais, zinco e chumbo.

Os depósitos dessa primeira idade carbonífera têm uma espessura de 150 a 600 metros, consistindo em arenitos, xistos e calcário. Os estratos mais antigos trazem os fósseis de plantas e animais, tanto marinhos quanto terrestres, e junto, uma grande quantidade de sedimentos de cascalho. Pequenas quantidades de carvão explorável são encontradiças nesses estratos mais antigos. Tais depósitos, em toda a Europa, são bastante similares aos da América do Norte.

Mais para o final dessa época, as terras da América do Norte começaram a elevar-se. Houve uma curta interrupção e o mar voltou a cobrir cerca de metade dos seus leitos anteriores. Essa foi uma inundação curta, e a maior parte da terra logo veio para bem acima da água. A América do Sul ainda estava ligada à Europa por intermédio da África.

Essa época testemunhou o começo dos Vosges, da Floresta Negra e dos montes Urais. Cotos de outras montanhas mais antigas são encontrados em toda a Grã-Bretanha e na Europa.

Há *200 milhões* de anos, os estágios realmente ativos do período carbonífero iniciaram-se. Durante vinte milhões de anos, antes desse tempo, os primeiros depósitos de carvão estavam sendo precipitados, mas agora as atividades de formação de carvão em escala mais ampla estavam em processo. A duração real da época do depósito de carvão foi de um pouco mais de vinte e cinco milhões de anos.

As terras estavam periodicamente indo para cima e para baixo, devido à mudança do nível do mar, ocasionada pelas atividades no fundo dos oceanos. Essa instabilidade na crosta – o assentamento e a elevação da terra –, somada à proliferação da vegetação dos pântanos costeiros, contribuiu para a produção de extensos depósitos de carvão, que levaram esse período a ser conhecido como o *Carbonífero*. E o clima ainda era suave em todo o mundo.

As camadas de carvão alternaram-se com as de xisto, rocha e conglomerados. Essas camadas de carvão, na parte central e oriental dos Estados Unidos, variam entre doze e quinze metros de espessura. Muitos desses depósitos, porém, foram carreados durante as elevações subseqüentes da terra. Em algumas partes da América do Norte e Europa, o substrato que possui carvão tem 5 500 metros de espessura.

A presença das raízes das árvores, na medida em que elas cresciam na argila que limita as camadas atuais de carvão, demonstra que o carvão foi formado exatamente onde ele agora é encontrado. O carvão, preservado pela água e modificado pela pressão, é o remanescente constituído dos restos da vegetação exuberante que crescia nos lamaçais e margens dos pântanos dessa idade longínqua. As camadas de carvão, freqüentemente, contêm gás e petróleo. Camadas de turfa, remanescentes da vegetação do passado, teriam sido convertidas em um tipo de carvão, quando submetidas a uma pressão apropriada e ao calor. O antracito foi submetido a uma pressão e um calor maiores do que os outros carvões.

Na América do Norte, os estratos carboníferos apresentam-se em diversas camadas, o que indica o número de vezes que a terra afundou e de novo se elevou. Esse número é variável, desde dez, no Illinois, a vinte, na Pensilvânia, e desde trinta e cinco, no Alabama, a setenta e cinco, no Canadá. Tanto os fósseis de água doce quanto os de água salgada são encontráveis nas camadas de carvão.

Durante toda essa época, as montanhas da América do Norte e América do Sul estavam em movimento, tanto os Andes quanto as Montanhas Rochosas ancestrais do sul elevavam-se. As grandes regiões de costas elevadas do Atlântico e do Pacífico começaram a afundar, tornando-se, finalmente, tão erodidas e submersas que as linhas da costa de ambos os oceanos afastaram-se até quase alcançarem a posição atual. Os depósitos dessa inundação têm uma espessura média de trezentos metros.

Há *190 milhões* de anos, testemunhou-se um alongamento para oeste do mar carbonífero da América do Norte, sobre a região atual das Montanhas Rochosas, com uma saída para o oceano Pacífico, pelo norte da Califórnia. O carvão continuou a ser depositado em todas as Américas e Europa, camada sobre camada, à medida que as terras da costa elevavam-se e afundavam-se durante essas idades de oscilação da linha costeira dos mares.

Há *180 milhões* de anos, chegou-se perto do fim do período Carbonífero, durante o qual o carvão se havia formado em todo o mundo – na Europa, Índia, China, África do Norte e Américas. Ao final do período de formação do carvão, a parte da América do Norte situada a leste do vale do rio Mississippi, elevou-se; e a maior parte dessa região permaneceu, desde então, acima do mar. Esse período de elevação da terra marca o começo das montanhas atuais da América do Norte, tanto na região apalachiana, quanto no oeste. Os vulcões estavam ativos no Alasca e Califórnia, bem como nas regiões de formações montanhosas da Europa e Ásia. A parte leste da América e a parte oeste da Europa estavam ligadas pelo continente da Groenlândia.

A elevação das terras começou a modificar o clima marinho das eras precedentes e substituí-lo por um começo de clima continental menos ameno e mais variável.

As plantas desses tempos eram portadoras de esporos; e o vento era capaz de disseminá-los em todas as direções. Os troncos das árvores carboníferas tinham, em geral, dois metros de diâmetro e trinta e cinco metros de altura. Os fetos modernos são verdadeiras relíquias dessas idades passadas.

Em geral, essas foram épocas do desenvolvimento de organismos de água doce; pouca mudança ocorreu na vida marinha já existente. Mas o destaque fundamental desse período foi o surgimento *súbito* das rãs e seus muitos primos. Os traços característicos da vida da idade do carvão foram os *fetos* e pelas *rãs*.

DOCUMENTO 59: SEÇÃO 5

6. O ESTÁGIO DA TRANSIÇÃO CLIMÁTICA
O PERÍODO DAS PLANTAS DE SEMENTES
A IDADE DA ATRIBULAÇÃO BIOLÓGICA

Esse período marca o fim do desenvolvimento evolucionário essencial na vida marinha e a abertura do período de transição que levou às idades subseqüentes dos animais terrestres.

Essa foi uma idade de grande empobrecimento da vida. Milhares de espécies marinhas pereceram; e mal a vida se havia estabelecido na Terra. Foi uma época de atribulação biológica, a idade em que a vida quase desapareceu da face da Terra e da profundeza dos oceanos. Ao se aproximar o final da longa era de vida marinha, havia mais de cem mil espécies de coisas vivas na Terra. E ao fim desse período de transição, menos de quinhentas haviam sobrevivido.

As peculiaridades desse novo período não se deviam tanto ao resfriamento da crosta da Terra nem à longa ausência de atividade vulcânica, mas a uma combinação inusitada de influências corriqueiras e preexistentes – as diminuições dos mares e a crescente elevação de enormes massas de terras. O suave clima marinho das épocas anteriores estava desaparecendo, e o tipo mais rude de clima continental se desenvolvia rapidamente.

Há *170 milhões* de anos, grandes ajustamentos e mudanças evolucionárias estavam ocorrendo em toda a face da Terra. As terras estavam elevando-se em todo o mundo, enquanto os leitos dos oceanos afundavam. Espinhaços montanhosos isolados surgiram. A parte leste da América do Norte estava bem acima do mar; a parte oeste elevava-se lentamente. Os continentes estavam cobertos de lagos salgados, grandes e pequenos; e de numerosos mares interiores, ligados aos oceanos por estreitos. A espessura dos estratos desse período de transição varia entre 300 e 2 100 metros.

A crosta da Terra sofreu dobras consideráveis durante essas elevações das terras. Esse foi um tempo de emersão continental, excetuando-se o desaparecimento de algumas pontes de terra, que incluem aquelas entre os continentes que há tanto tempo tinham estado ligados, como a América do Sul e a África, bem como a América do Norte e a Europa.

Gradualmente, os lagos e mares internos estavam secando em todo o mundo. Montanhas isoladas e geleiras regionais começaram a surgir, especialmente no hemisfério sul; e, em muitas regiões, os depósitos glaciais dessas formações locais de geleiras podem ser encontrados, mesmo entre alguns dos depósitos mais superficiais e recentes de carvão. Dois fatores climáticos novos surgiram – a invasão glacial e a aridez. Muitas das regiões mais altas da Terra haviam-se transformado em regiões áridas e estéreis.

Durante esses tempos de mudanças climáticas, grandes variações também ocorreram na vida vegetal terrestre. As *plantas de sementes* tiveram a sua primeira aparição; e proporcionaram um suprimento melhor de alimento para a vida animal terrestre subseqüentemente em progresso. Os insetos passaram por uma mudança radical. Os *estágios de repouso* evoluíram, até satisfazer às exigências da suspensão da animação, durante o inverno e as secas.

Entre os animais terrestres, as rãs alcançaram o seu apogeu na idade precedente e rapidamente declinaram; mas sobreviveram, por poderem viver longamente, até mesmo nas poças e nos açudes a ponto de secar daqueles tempos longínquos e extremamente difíceis. Durante essa idade de declínio, na África, as rãs deram o seu primeiro passo para evoluir, até se transformarem em répteis. E, posto que as massas de terra permaneceram ainda ligadas entre si, essa criatura pré-réptil, respiradora de ar, espalhou-se por todo mundo.

Nessa época, a atmosfera estava tão modificada que servia admiravelmente para sustentar a respiração animal. Foi pouco depois da chegada dessas rãs pré-répteis, que a América do Norte ficou temporariamente isolada, de comunicação cortada com a Europa, Ásia e América do Sul.

O resfriamento gradual das águas dos oceanos contribuiu muito para a destruição da vida oceânica. Os animais marinhos daquelas idades refugiaram-se temporariamente em três abrigos favoráveis: a atual região do golfo do México, a baía do Ganges, na Índia, e a baía siciliana da bacia do Mediterrâneo. E foi dessas três regiões que as novas espécies marinhas, nascidas da adversidade, mais tarde partiram para repovoar os mares.

Há *160 milhões* de anos, as terras estavam amplamente cobertas pela vegetação adaptada para sustentar a vida animal terrestre; e a atmosfera havia atingido as condições ideais para a respiração animal. Assim termina o período de redução da vida marinha e os tempos de provação, de adversidade biológica, que eliminaram todas as formas de vida, exceto aquelas que possuíam valor de sobrevivência e que, portanto, estavam qualificadas para funcionar como ancestrais da vida de desenvolvimento mais rápido, e mais altamente diferenciada, das idades que se seguiriam, na evolução planetária.

O término desse período de atribulação biológica, conhecido dos vossos estudantes como o *Permiano*, marca também o fim da longa era *Paleozóica*, que abrange um quarto da história planetária, ou seja, duzentos e cinqüenta milhões de anos.

O vasto berçário oceânico de vida, em Urântia, havia servido ao seu propósito. Durante as longas idades em que as terras ainda eram inadequadas para sustentar a vida, antes que a atmosfera contivesse oxigênio bastante para sustentar os animais terrestres superiores, o mar foi maternal e nutriu a vida primitiva do reino. Agora a importância biológica do mar diminui progressivamente, enquanto o segundo estágio da evolução começa a desenvolver-se nas terras.

[Apresentado por um Portador de Vida de Nébadon, um daqueles que pertenceram ao corpo originalmente designado para Urântia.]

DOCUMENTO 60

URÂNTIA DURANTE A ERA DA VIDA
TERRESTRE PRIMITIVA

A ERA de vida exclusivamente marinha terminou. A elevação das terras, o resfriamento da crosta e dos oceanos, a limitação dos mares e o aprofundamento conseqüente, junto com um grande aumento das terras na latitude norte, tudo isso conspirou grandemente para alterar o clima do mundo em todas as regiões mais afastadas da zona equatorial.

A época do fechamento da era precedente, de fato, foi a idade das rãs; mas esses ancestrais dos vertebrados terrestres não predominavam mais, tendo sobrevivido em números bastante reduzidos. Pouquíssimos tipos sobreviveram às rigorosas provas do período precedente de tribulação biológica. Até mesmo as plantas portadoras de esporos estavam quase extintas.

1. A IDADE PRIMITIVA DOS RÉPTEIS

Os depósitos de erosão desse período foram, na sua maioria, de conglomerados, xisto e arenito. A gipsita e as camadas vermelhas, em todas essas sedimentações, tanto na América quanto na Europa, indicam que o clima desses continentes era árido. Esses distritos áridos estavam submetidos à grande erosão das violentas cargas de água periódicas, vindas dos planaltos da vizinhança.

Poucos fósseis são encontrados nessas camadas, mas numerosas pegadas de répteis terrestres podem ser observadas no arenito. Em muitas regiões, os trezentos metros de arenito vermelho depositado nesse período não contêm fósseis. A vida dos animais terrestres era contínua apenas em certas partes da África.

A espessura desses depósitos varia de 900 a 3 000 metros, chegando a 5 500 metros na costa do Pacífico. Posteriormente, a lava foi forçada, por entre muitas dessas camadas. As paliçadas do rio Hudson formaram-se pela extrusão da lava de basalto entre essas camadas de estratos triássicos. A ação vulcânica foi extensa em partes diferentes do mundo.

Na Europa, especialmente na Alemanha e na Rússia, podem ser encontrados depósitos desse período. Na Inglaterra, o novo arenito vermelho pertence a essa época. O calcário ficou depositado nos Alpes do sul, em resultado de uma invasão marítima e pode agora ser visto nas peculiares paredes de calcário dolomítico, nos picos e pilares daquelas regiões. Essa camada é encontrada em toda a África e Austrália. O mármore de Carrara vem desse calcário modificado. Nada desse período será encontrado nas regiões sulinas da América do Sul, pois essa parte do continente permaneceu imersa, apresentando por isso apenas um depósito marinho em continuidade com as épocas anteriores e posteriores.

Há *150 milhões* de anos, começaram os períodos primitivos da vida terrestre da história do mundo. Em geral, a vida não foi bem, mas foi melhor do que durante o fechamento extenuante e hostil da era de vida marinha.

Na abertura dessa era, as partes oriental e central da América do Norte, a metade norte da América do Sul, a maior parte da Europa, e toda a Ásia estão bem acima do nível do mar. A América do Norte, pela primeira vez, encontra-se isolada geograficamente, mas não por muito tempo, pois a ponte de terra do estreito de Behring emerge de novo, logo em seguida, ligando o continente com a Ásia.

Grandes depressões desenvolveram-se na América do Norte, paralelamente às costas do Atlântico e do Pacífico. A grande falha a leste de Connecticut apareceu, um lado afinal afundando três quilômetros. Muitas dessas depressões norte-americanas foram mais tarde preenchidas por depósitos de erosão, como o foram também muitas das bacias de lagos de água doce e salgada das regiões montanhosas. Mais tarde, essas depressões preenchidas de terra elevaram-se grandemente pelos fluxos de lava ocorridos subterraneamente. As florestas petrificadas de muitas regiões pertencem a essa época.

A costa do Pacífico, usualmente acima da água, durante as submersões continentais, ficou abaixo, excetuando-se a parte sulina da Califórnia e uma grande ilha, então existente, consistindo naquilo que é agora o oceano Pacífico. Esse antigo mar da Califórnia era rico em vida marinha e estendia-se para o leste até ligar-se à velha bacia do mar da região do meio-oeste.

Há *140 milhões* de anos, *subitamente*, e com apenas o indício dos dois ancestrais pré-répteis que se desenvolveram na África durante a época precedente, os répteis apareceram na sua forma plenamente evoluída. Eles desenvolveram-se rapidamente logo gerando crocodilos, répteis escamados e, finalmente, tanto as serpentes do mar como os répteis voadores. Os seus ancestrais de transição logo desapareceram.

Esses dinossauros répteis, que evoluíram rapidamente, logo se tornaram os monarcas da sua idade. Eles eram ovíparos e distinguiam-se de todos os animais por causa dos seus pequenos cérebros que, pesando menos de meio quilo, controlavam corpos que chegaram, mais tarde, a pesar quarenta toneladas. Contudo, os répteis anteriores eram menores, carnívoros e caminhavam como os cangurus, nas suas pernas traseiras. Tinham os ossos ocos das aves e subseqüentemente desenvolveram apenas três dedos nos pés traseiros, e muitas das suas pegadas fósseis foram confundidas com as dos pássaros gigantes. Mais tarde, os dinossauros herbívoros evoluíram. Eles andavam sobre todas as quatro pernas, e uma ramificação desse grupo desenvolveu uma couraça protetora.

Vários milhões de anos mais tarde, os primeiros mamíferos apareceram. Não eram placentários e demonstraram uma ligeira falha: nenhum sobreviveu. Esse foi um esforço experimental para melhorar os tipos de mamíferos, mas não teve êxito em Urântia.

A vida marinha desse período era escassa, mas melhorou rapidamente com a nova invasão do mar, que novamente fez surgir longas linhas costeiras de águas rasas. E por que havia mais águas rasas circundando a Europa e a Ásia, as camadas mais ricas de fósseis podem ser encontradas nesses continentes. Hoje, ao estudardes a vida dessa idade, deveis examinar as regiões do Himalaia, Sibéria e Mediterrâneo, bem como da Índia e ilhas da bacia do Pacífico sul. Um traço importante da vida marinha foi a presença de multidões de belas amonites, cujos remanescentes fósseis são encontrados por todo o mundo.

Há *130 milhões* de anos, os mares haviam mudado pouquíssimo. A Sibéria e América do Norte estavam conectadas pela ponte de terra do estreito de Bering. Uma vida marinha rica e única apareceu na costa californiana do Pacífico, onde mais de mil espécies de amonites desenvolveram-se dos tipos mais elevados de cefalópodes. As mudanças na vida durante esse período foram de fato revolucionárias, não obstante haverem sido transitórias e graduais.

DOCUMENTO 60: SEÇÃO I

Esse período se estendeu por mais de vinte e cinco milhões de anos e é conhecido como o *Triássico*.

2. A NOVA IDADE DOS RÉPTEIS

Há *120 milhões* de anos, começou uma nova fase na idade dos répteis. O grande acontecimento desse período foi a evolução e declínio dos dinossauros. A vida animal terrestre alcançou o seu maior desenvolvimento, em tamanho, e havia virtualmente perecido da face da Terra ao final dessa idade. Os dinossauros evoluíram, em todos os tamanhos, de uma espécie de menos de sessenta centímetros de comprimento, até os imensos dinossauros não carnívoros, de vinte e dois metros de comprimento, que, desde então, jamais foram igualados, em porte, por nenhuma outra criatura viva.

O maior dos dinossauros originou-se na parte oeste da América do Norte. Esses répteis monstruosos estão enterrados em toda a região das Montanhas Rochosas, ao longo de toda a costa do Atlântico na América do Norte, oeste da Europa, África do sul e Índia, mas não na Austrália.

Essas criaturas pesadas tornaram-se menos ativas e fortes quando cresceram demais; e exigiam uma quantidade enorme de alimento, e a terra estava tão infestada por eles que literalmente morreram de fome e tornaram-se extintos — faltava-lhes inteligência para enfrentar a situação.

Nessa época, a maior parte do leste da América do Norte, que desde muito se havia elevado, nivelou-se escoando para dentro do oceano Atlântico, de modo que a costa estendeu-se por várias centenas de quilômetros mais do que hoje. A parte oeste do continente ainda estava elevada, mas mesmo essas regiões foram mais tarde invadidas, tanto pelo mar do norte quanto pelo oceano Pacífico, que se estendeu para o leste até a região das Montanhas Negras de Dakota.

Essa foi uma idade de água doce, caracterizada por muitos lagos interiores, como é mostrado pelos abundantes fósseis de água doce dos leitos chamados de Morrison, no Colorado, Montana e Wyoming. A espessura desses depósitos combinados de água doce e salgada varia entre 600 e 1 500 metros; mas pouquíssimo calcário está presente nessas camadas.

O mesmo mar polar que se estendeu até tão distante na América do Norte, de igual modo, cobriu toda a América do Sul, excetuando-se as montanhas andinas que surgiram em seguida. A maior parte da China, bem como da Rússia foi inundada, mas a maior invasão de água entre todas se deu na Europa. Foi durante essa submersão que se depositou a admirável pedra litográfica da Alemanha do sul, aqueles extratos em que os fósseis, entre os quais as asas mais delicadas dos insetos de outrora, ficaram preservados como se fossem de ontem.

A flora dessa idade foi muito como a da era precedente. Os fetos perduraram, enquanto as coníferas e pinheiros tornaram-se mais e mais como as variedades dos dias atuais. Algum carvão ainda estava sendo formado nas margens do norte do Mediterrâneo.

O retorno dos mares melhorou o clima. Os corais espalharam-se pelas águas européias, atestando que o clima era ainda suave e regular, mas eles nunca mais apareceram nos mares polares, os quais lentamente se resfriavam. A vida marinha dessa época aperfeiçoou-se e desenvolveu-se bastante, especialmente nas águas européias. Tanto os corais quanto os crinóides, temporariamente, apareceram em maiores quantidades do que as até então existentes, enquanto os amonites dominaram a vida invertebrada dos oceanos, o seu tamanho médio era de sete a dez centímetros, embora uma espécie tenha atingido o diâmetro de dois metros. As esponjas estavam em toda parte; e não apenas as lulas, mas também as ostras continuaram a evoluir.

Há *110 milhões* de anos, os potenciais da vida marinha continuaram a despontar. O ouriço do mar foi uma das mutações destacadas dessa época. Caranguejos, lagostas, e os tipos modernos de crustáceos amadureciam. Mudanças notáveis ocorriam na família dos peixes, um tipo de esturjão surgiu pela primeira vez, mas as ferozes serpentes do mar, descendentes dos répteis terrestres, ainda infestavam os mares, todos, e ameaçavam destruir todas as famílias de peixes.

Essa continuou a ser, por excelência, a era dos dinossauros. Eles devastaram a terra de um modo tal que duas espécies se refugiaram na água para se sustentar durante o período precedente de invasão dos mares. Essas serpentes marinhas representam um retrocesso na evolução. Enquanto algumas espécies novas progrediam, algumas linhagens permaneciam estacionárias e outras pendiam para o retrocesso, revertendo-se a um estado anterior. E isso foi o que aconteceu quando essas duas espécies de répteis abandonaram a terra.

Com o passar do tempo, as serpentes marinhas cresceram, atingindo um tamanho tal que se tornaram muito morosas; e finalmente pereceram, por não possuírem cérebros suficientemente grandes que propiciassem a elas proteger os seus corpos imensos. Os seus cérebros pesavam menos do que sessenta gramas, não obstante o fato de que esses imensos ictiossauros algumas vezes crescessem até quinze metros de comprimento; a maioria sendo maior do que dez metros de comprimento. Os crocodilos marinhos foram também uma reversão do tipo terrestre de réptil; todavia, diferentemente das serpentes do mar, esses animais sempre retornavam à terra para porem os seus ovos.

Logo depois que duas espécies de dinossauros migraram para a água, em uma tentativa fútil de autopreservação, dois outros tipos se lançaram ao ar por causa da amarga competição pela vida na terra. Mas esses pterossauros voadores não foram os ancestrais dos verdadeiros pássaros das idades subseqüentes. Eles evoluíram de dinossauros saltadores de ossos ocos, e as suas asas, com um comprimento de seis a oito metros, tinham o formato das asas dos morcegos. Esses antigos répteis voadores cresceram até três metros de comprimento, e tinham mandíbulas separadas como as das cobras atuais. Durante um certo tempo, esses répteis voadores pareciam ter tido muito êxito, mas deixaram de evoluir em linhagens que os capacitassem a sobreviver como navegadores aéreos. Eles representam os grupos de não-sobreviventes dos ancestrais dos pássaros.

As tartarugas proliferaram durante esse período, aparecendo primeiro na América do Norte. Os seus ancestrais vieram da Ásia, passando pela ponte de terra do norte.

Há cem milhões de anos, a idade dos répteis estava chegando ao seu fim. Os dinossauros, apesar da sua massa enorme, não passavam de animais sem cérebro, carentes de uma inteligência que lhes possibilitasse prover alimento suficiente para nutrir corpos de massas tão enormes. E, assim, esses preguiçosos répteis terrestres pereceram em números cada vez maiores. Daí em diante, a evolução seguirá o crescimento dos cérebros, não o da massa física, e o desenvolvimento dos cérebros caracterizará cada uma das épocas seguintes de evolução animal e progresso planetário.

Esse período, abrangendo o apogeu e o começo do declínio dos répteis, estendeu-se por vinte e cinco milhões de anos, aproximadamente, e é conhecido como o *Jurássico*.

3. O ESTÁGIO CRETÁCEO
O PERÍODO DAS PLANTAS EM FLORESCIMENTO
A IDADE DOS PÁSSAROS

O grande período cretáceo tem o seu nome derivado da predominância, nos mares, dos prolíficos foraminíferos geradores de cal. Este período leva Urântia até quase o fim da longa predominância dos répteis e testemunha o aparecimento das plantas com flores e a presença dos pássaros terrestres. Esses também são os tempos do término da derivação dos continentes para o oeste e para o sul, acompanhados de deformações tremendas da crosta terrestre e do fluxo da lava que se espalha, concomitantemente, por todos os lados, bem como de grandes atividades vulcânicas.

Perto do final do período geológico precedente, grande parte das terras continentais estava acima da água, embora ainda não houvesse picos nas montanhas. Todavia, à medida que a movimentação da terra continental prosseguia, encontrou seu primeiro grande obstáculo no leito profundo do Pacífico. Essa contenção de forças geológicas deu ímpeto à formação de toda a vasta extensão de montanhas ao norte e ao sul, que vão desde o Alasca, descendo pelo México, até o cabo Horn.

Esse período, assim, transforma-se no *estágio de formação das montanhas modernas* da história geológica. Antes dessa época, havia poucos picos nas montanhas, havia meramente protuberâncias de terras de grande extensão. A costa do Pacífico, então, começava a elevar-se, mas estava localizada a 1 100 quilômetros a oeste da linha atual das costas. As Serras estavam começando a se formar, o seu estrato de quartzo aurífero sendo um produto dos fluxos de lava dessa época. Na parte leste da América do Norte, a pressão das águas do Atlântico estava trabalhando também para causar a elevação das terras.

Há *cem milhões* de anos, o continente norte-americano, bem como parte da Europa, estavam bem acima da água. O arqueamento dos continentes americanos continuava, resultando na metamorfose dos Andes na América do Sul e na gradual elevação das planícies a oeste na América do Norte. A maior parte do México afundou sob o mar, e o Atlântico sul invadiu a costa leste da América do Sul, finalmente atingindo a linha atual da costa. Os oceanos Atlântico e Índico, então, estavam aproximadamente como estão hoje.

Há *95 milhões* de anos, as massas de terra americanas e européias começaram a afundar novamente. Os mares do sul começaram a invadir a América do Norte e, gradualmente, estenderam-se para o norte, conectando-se ao oceano Ártico, gerando a segunda maior submersão do continente. Quando esse mar finalmente se retraiu, deixou o continente mais ou menos como está agora. Antes que essa grande submersão começasse, os planaltos apalachianos do leste haviam sido quase completamente desgastados, até o nível da água. As camadas multicoloridas de argila pura, utilizadas atualmente para manufaturar utensílios de cerâmica, foram depositadas nas regiões da costa do Atlântico, durante essa idade; a sua espessura média sendo de cerca de 600 metros.

Grandes atividades vulcânicas ocorreram no sul dos Alpes e ao longo da linha costeira atual de montanhas da Califórnia. A maior deformação da crosta, em milhões e milhões de anos, teve lugar no México. Grandes mudanças também ocorreram na Europa, Rússia, Japão e na parte sul da América do Sul. O clima tornou-se crescentemente diversificado.

Há *90 milhões* de anos, as angiospermas emergiram desses mares cretáceos primitivos e logo cobriram o continente. Essas plantas terrestres *subitamente* apareceram junto com árvores: figueiras, magnólias e árvores de tulipas. Logo depois dessa época, as figueiras, as árvores de fruta-pão e as palmeiras espalharam-se pela Europa e planícies do lado oeste da América do Norte. Nenhum animal terrestre novo apareceu.

Há *85 milhões* de anos, o estreito de Bering fechou-se, isolando as águas em resfriamento dos mares do norte. Até então, a vida marinha das águas do golfo do Atlântico e aquelas do oceano Pacífico diferiam grandemente, devido às variações de temperatura dessas duas massas de água, as quais agora se tornavam uniformes.

Os depósitos de calcário glauconito deram nome a esse período. As sedimentações dessas épocas são variegadas, consistindo de giz, xisto, arenito e pequenas porções de calcário, junto com carvão inferior ou lignita e, em muitas regiões, contêm petróleo. Essas camadas têm uma espessura que varia de 60 metros, em alguns locais, até 3 000 metros, na parte oeste da América do Norte e numerosas localidades européias. Esses depósitos podem ser observados nas inclinações deformadas das bases do lado leste das Montanhas Rochosas.

Em todo o mundo, esses estratos encontram-se permeados de giz, e tais camadas porosas semi-rochosas recolhem a água nos seus afloramentos sinuosos, enviando-a para baixo, fornecendo desse modo suprimento de água para muitas das regiões atualmente áridas da Terra.

Há 80 *milhões* de anos, grandes perturbações ocorreram na crosta da Terra. O avanço a oeste do movimento continental estava chegando a uma estabilização, e a energia enorme da força curva vagarosa exercida pela massa continental interior arremeteu-se sobre a linha da costa do Pacífico, tanto na América do Norte, quanto na América do Sul, e iniciou mudanças de repercussão profunda ao longo da costa do Pacífico, na Ásia. Essa elevação de terras, que circunda o Pacífico, culminou nas linhas atuais de montanhas tendo mais de quarenta mil quilômetros de comprimento. E os solevantamentos de terras que acompanharam o seu nascimento foram as maiores distorções de superfície ocorridas desde o aparecimento da vida em Urântia. Os fluxos de lava, tanto acima quanto abaixo da superfície das terras, eram muito extensos e espalhados.

Há 75 *milhões* de anos, ficou assinalado o fim das derivações continentais. Do Alasca ao cabo Horn, a longa cordilheira de montanhas que acompanha a costa do Pacífico estava completa, mas havia ainda poucos picos.

O contragolpe da paralisação da derivação continental continuou a elevar as planícies a oeste na América do Norte, enquanto, a leste, as desgastadas montanhas apalachianas, da região da costa do Atlântico, foram projetadas diretamente para o alto, com pouca ou nenhuma inclinação de mergulho.

Há 70 *milhões* de anos, aconteceram as distorções da crosta, ligadas à elevação máxima da região das Montanhas Rochosas. Um grande segmento de rocha foi empurrado, a vinte e cinco quilômetros, na superfície, até a Colômbia Britânica; e ali as rochas cambrianas foram arremessadas obliquamente para cima das camadas do Cretáceo. Na declividade leste das Montanhas Rochosas, perto da fronteira canadense, houve um outro empurrão espetacular; neste podem ser encontradas as camadas de pedra, da pré-vida, afastadas por sobre os depósitos cretáceos, então recentes.

Essa foi uma idade de atividades vulcânicas em todo o mundo, dando nascimento a numerosos pequenos cones vulcânicos isolados. Vulcões submarinos irromperam na região submersa do Himalaia. Grande parte do resto da Ásia, incluindo a Sibéria, estava ainda sob as águas.

Há 65 *milhões* de anos, ocorreu um dos maiores fluxos de lava de todos os tempos. As camadas de depósito desse fluxo e do anterior são encontradiças nas Américas, ao sul e ao norte da África, na Austrália e em partes da Europa.

Os animais terrestres sofreram pouquíssimas mudanças, mas, por causa da imensa emersão continental, especialmente na América do Norte, multiplicaram-se rapidamente. A América do Norte foi o grande campo para a evolução dos animais terrestres dessas épocas, a maior parte da Europa estando sob as águas.

O clima ainda era quente e uniforme. As regiões do ártico estavam desfrutando de um clima muito semelhante ao atual na parte central e sul da América do Norte.

Uma grande evolução da vida vegetal estava acontecendo. Entre as plantas terrestres as angiospermas predominavam, e muitas das árvores atuais tiveram o seu primeiro aparecimento, incluindo a faia, bétula, carvalho, nogueira, falso plátano, bordo e palmeiras modernas. As frutas, as gramíneas e os cereais eram abundantes, e essas gramas com sementes e árvores serviram, ao mundo das plantas, do modo que os ancestrais do homem foram para o mundo animal – os segundos em importância evolucionária apenas em relação ao aparecimento do próprio homem. *Subitamente*, e sem uma gradação preparatória, a grande família das plantas de flores sofreu mutação. E essa nova flora logo se espalhou pelo mundo inteiro.

Há 6o *milhões* de anos, embora os répteis terrestres estivessem em declínio, os dinossauros continuaram como os monarcas terrestres, a liderança agora sendo tomada pelos tipos menores, mais ágeis e ativos de dinossauros carnívoros da variedade dos cangurus saltadores. Contudo, algum tempo antes haviam aparecido novos tipos de dinossauros herbívoros, cujo crescimento rápido aconteceu devido ao aparecimento das famílias terrestres das gramíneas. Um desses novos dinossauros, que se alimentava de gramíneas, era um verdadeiro quadrúpede, tendo dois chifres e, nos ombros, uma capa em forma de manto. O tipo terrestre de tartaruga apareceu, com seis metros de diâmetro, como também o moderno crocodilo e as cobras verdadeiras, do tipo moderno. Grandes mudanças estavam também ocorrendo nos peixes e em outras formas de vida marinha.

As aves pernaltas e os pré-pássaros nadadores das idades primevas não haviam tido êxito no ar e, do mesmo modo, os dinossauros voadores também não o tiveram. Foram espécies de vida curta, logo se tornando extintas. E também ficaram submetidas à mesma condenação dos dinossauros, ou seja, à destruição, porque possuíam pouquíssima massa cerebral em relação ao tamanho do próprio corpo. Falhou essa segunda tentativa de gerar animais, que pudessem navegar pela atmosfera, como falhou também a tentativa abortada de produzir mamíferos durante essa idade e na precedente.

Há 55 *milhões* de anos, a marcha evolucionária foi marcada pelo aparecimento *súbito* dos primeiros *pássaros verdadeiros*; uma pequena criatura semelhante a um pombo foi o ancestral de toda a vida avícola. Esse foi o terceiro tipo de criatura voadora a aparecer na Terra, e originou-se diretamente do grupo dos répteis; não veio dos dinossauros voadores dessa época, nem dos tipos anteriores de pássaros terrestres com dentes. E, assim, essa se tornou conhecida como a *idade dos pássaros*, bem como a do declínio dos répteis.

4. O FIM DO PERÍODO CRETÁCEO

O grande período Cretáceo estava próximo do seu fechamento, e o seu encerramento assinala o fim das grandes invasões dos mares adentro dos continentes. Isto é verdadeiro particularmente para a América do Norte, onde houvera nada menos do que vinte e quatro grandes inundações. E, embora hajam ocorrido submersões subseqüentes menores, nenhuma dessas pode ser comparada às extensas e longas invasões marítimas dessa idade e das precedentes. Esses períodos alternados, de predomínio da terra e do mar, ocorreram em ciclos de milhões de anos. Essas elevações e afundamentos do fundo dos oceanos e níveis de terra dos continentes aconteceram segundo ritmos multimilenares. E esses mesmos movimentos rítmicos da crosta continuarão, dessa época em diante, na história da Terra, mas com freqüências e extensões decrescentes.

Esse período também testemunha o fim da deriva continental e da formação das modernas montanhas de Urântia. Todavia, a pressão das massas continentais e do momentum transversal das suas derivações seculares não é a influência exclusiva geradora das montanhas. O fator principal e básico, na determinação da localiza-ção de uma cadeia de montanhas, é a planície preexistente, ou a depressão, que se tornou preenchida pelos depósitos, relativamente menos pesados, gerados na erosão de terra e movimentos marinhos das idades precedentes. Essas áreas mais leves de terras, algumas vezes, têm de 4 500 a 6 000 metros de espessura; e, portanto, quando a crosta é submetida à pressão por uma causa qualquer, essas áreas mais leves são as primeiras a dobrar-se para cima, e a subir para permitir o ajustamento compen-satório das forças e pressões em conflito, as quais trabalham na crosta da Terra ou sob a mesma. Algumas vezes esses levantamentos de terras ocorrem sem dobras. No caso, porém, do levantamento das Montanhas Rochosas, ocorreram grandes dobras e mergulhos, combinados com enormes arrastamentos das várias camadas, tanto subterrâneas quanto superficiais.

As montanhas mais antigas do mundo estão localizadas na Ásia, na Groenlândia e ao norte da Europa, entre as do antigo sistema este-oeste. As montanhas de idade intermediária estão no grupo que circunda o oceano Pacífico e no segundo sistema europeu leste-oeste, as quais nasceram aproximadamente ao mesmo tempo. Essa gigantesca elevação tem quase dezesseis mil quilômetros de comprimento, esten-dendo-se desde a Europa até as elevações de terra nas Antilhas. As montanhas mais recentes estão no sistema das Montanhas Rochosas, onde, durante muito tempo, as elevações das terras ocorreram apenas para serem sucessivamente encobertas pelo mar, embora algumas dentre as terras mais elevadas hajam permanecido como ilhas. Depois da formação das montanhas de meia-idade, uma cordilheira montanhosa real elevou-se e estaria posteriormente destinada a ser encravada nas atuais Montanhas Rochosas, por toda uma arte combinada dos elementos da natureza.

A região atual das Montanhas Rochosas norte-americanas não é a elevação origi-nal daquelas terras; aquela elevação havia sido, tempos atrás, nivelada pela erosão, e depois fora re-elevada. A cadeia frontal atual de montanhas é o que restou dos remanescentes da cadeia original, que fora re-elevada. Os picos de Pikes e Longs são exemplos notáveis dessa atividade na montanha, estendendo-se a duas ou mais gerações de vidas das montanhas. Esses dois picos mantiveram os seus topos sobre as águas, durante várias das inundações precedentes.

Biologicamente, bem como geologicamente, essa foi uma idade ativa e cheia de acontecimentos na terra e sob as águas. Os ouriços do mar aumentaram em número, enquanto os corais e os crinóides diminuíram. Os amonites, de influência preponde-rante durante uma idade anterior, também declinaram rapidamente. Nas terras, as florestas de fetos foram amplamente substituídas pelas de pinheiros e outras árvores modernas, incluindo as gigantescas sequóias. Ao final desse período, enquanto os mamíferos placentários ainda não haviam surgido, o estágio biológico foi completa-mente estabelecido para o aparecimento, em uma idade subseqüente, dos primeiros ancestrais dos futuros tipos de mamíferos.

E assim termina uma longa era de evolução do mundo, estendendo-se desde o primeiro aparecimento da vida terrestre até os tempos mais recentes dos ancestrais imediatos da espécie humana e das suas ramificações colaterais. Este, o *período Cretáceo*, engloba cinqüenta milhões de anos e encerra a era pré-mamífera da vida terrestre, que se estende por um período de cem milhões de anos, e é conhecido como o *Mesozóico*.

[Apresentado por um Portador da Vida de Nébadon, designado para Satânia e agora atuando em Urântia.]

DOCUMENTO 61

A ERA DOS MAMÍFEROS EM URÂNTIA

A ERA dos mamíferos estende-se desde os tempos da origem dos mamíferos placentários até o fim da idade do gelo, abrangendo um pouco menos de cinqüenta milhões de anos.

Durante essa era cenozóica a paisagem do mundo apresentou uma aparência atraente – colinas onduladas, vales amplos, rios largos e grandes florestas. Por duas vezes, durante esse espaço de tempo, o istmo do Panamá subiu e desceu; por três vezes, o mesmo aconteceu à ponte de terra do estreito de Behring. As espécies animais não só eram numerosas como variadas. As árvores estavam repletas de pássaros, e todo o mundo era um paraíso animal, não obstante a luta incessante das espécies animais em evolução, pela supremacia.

Os depósitos acumulados de cinco períodos dessa era, que durou 50 milhões de anos, contêm os registros fósseis das dinastias sucessivas dos mamíferos e conduzem diretamente aos tempos do aparecimento factual do próprio homem.

1. O NOVO ESTÁGIO DAS TERRAS CONTINENTAIS A IDADE DOS MAMÍFEROS PRIMITIVOS

Há *50 milhões* de anos, as áreas de terra do mundo estavam, em geral, acima da água ou apenas ligeiramente submersas. As formações e os depósitos desse período são tanto terrestres quanto marinhos, mas principalmente terrestres. Durante um considerável período de tempo, a terra gradualmente elevou-se, mas, simultaneamente, foi carreada pelas águas até os níveis mais baixos, na direção do mar.

No início desse período, na América do Norte, os mamíferos do tipo placentário apareceram *subitamente*, e constituíram-se no mais importante desenvolvimento evolucionário até essa época. Ordens anteriores de mamíferos não placentários haviam existido, mas esse novo tipo surgiu direta e *subitamente* de um réptil ancestral preexistente, cujos descendentes haviam sobrevivido até o final dos tempos do declínio dos dinossauros. O pai dos mamíferos placentários foi um dinossauro pequeno, altamente ativo, carnívoro, do tipo saltador.

Os instintos mamíferos básicos começaram a manifestar-se nesses tipos primitivos de mamíferos. Os mamíferos possuem uma vantagem imensa de sobrevivência sobre todas as outras formas de vida animal, pois eles podem:

1. Gerar uma progênie relativamente madura e bem desenvolvida.

2. Nutrir educar e proteger a sua progênie e cuidar dela com uma atenção afetuosa.

3. Empregar a capacidade superior do seu cérebro para a autoperpetuação.

4. Utilizar maior agilidade para escapar dos inimigos.

5. Aplicar a sua inteligência superior ao ajustamento e à adaptação ambiental.

Há *45 milhões* de anos, os espigões continentais foram elevados, em conseqüência de um afundamento bastante generalizado da linha costeira. A vida mamífera estava evoluindo rapidamente. Um réptil pequeno, um mamífero do tipo ovíparo, floresceu, e os ancestrais dos futuros cangurus povoaram a Austrália. Logo surgiram pequenos cavalos, rinocerontes ágeis, tapires com trombas, porcos primitivos, esquilos, lêmures, gambás e várias tribos de animais do tipo dos símios. Eram todos pequenos, primitivos e mais bem adaptados para viver nas florestas das regiões montanhosas. Uma grande ave terrestre, semelhante à avestruz, desenvolveu-se, atingindo uma altura de três metros, e punha um ovo de vinte e três por trinta e três centímetros. Esses foram os ancestrais dos futuros pássaros gigantes de passageiros, que eram tão altamente inteligentes e que outrora transportaram os seres humanos por via aérea.

Os mamíferos da era Cenozóica primitiva viviam na terra, sob as águas, no ar e nos topos das árvores. Tinham de um a onze pares de glândulas mamárias, e todos eram cobertos por uma quantidade considerável de pêlos. Em comum com as ordens que surgiram posteriormente, eles desenvolveram duas dentições sucessivas e possuíam cérebros grandes, em relação ao tamanho dos seus corpos. Entre eles, contudo, não existia ainda nenhuma das espécies modernas.

Há *40 milhões* de anos, as áreas de terra do hemisfério norte começaram a elevar-se, e a isso se seguiram novos depósitos extensos de terras, bem como outras atividades terrestres, incluindo derramamentos de lava, arqueamentos com depósitos aluviais, formação de lagos e erosão.

Durante a última parte dessa época, quase toda a Europa submergiu. Em seguida a uma ligeira elevação da terra, o continente ficou coberto de lagos e baías. O oceano Ártico, passando pela depressão nos Urais, escorreu para o sul, ligando-se ao mar Mediterrâneo, que se havia expandido então para a direção norte; as terras mais altas dos Alpes, Cárpatos, Apeninos e Pirineus estavam acima das águas, como ilhas de um mar. O istmo do Panamá estava acima da água; os oceanos Atlântico e Pacífico estavam separados. A América do Norte estava ligada à Ásia por meio da ponte de terra do estreito de Behring, e à Europa por meio da Groenlândia e da Islândia. O circuito das terras, nas latitudes norte, interrompia-se apenas nos estreitos Urais, que ligavam os mares árticos ao Mediterrâneo, então ampliado.

Uma quantidade considerável de calcário foraminífero depositou-se nas águas européias. Hoje, essa mesma pedra foi elevada a uma altitude de 3 000 metros, nos Alpes, a 4 800 metros no Himalaia e a 6 000 metros no Tibete. Os depósitos de giz desse período são encontráveis ao longo das costas da África e Austrália, na costa oeste da América do Sul e nas Antilhas.

Durante toda essa época, chamada *Eocena*, a evolução dos mamíferos e outras espécies de vida relacionadas a eles continuou, com pouca ou nenhuma interrupção. A América do Norte, então, estava ligada por terra a todos os continentes, excetuando-se a Austrália; e o mundo foi gradualmente tomado por uma fauna mamífera primitiva de vários tipos.

2. O ESTÁGIO RECENTE DE INUNDAÇÕES A IDADE DOS MAMÍFEROS AVANÇADOS

Este período ficou caracterizado por uma evolução rápida e favorecida dos mamíferos placentários, a forma mais adiantada de vida mamífera desenvolvida durante essa época.

Embora os primeiros mamíferos placentários hajam-se originado de ancestrais carnívoros, ramificações herbívoras logo se desenvolveram e, em breve, as famílias dos mamíferos onívoros também surgiram. As angiospermas eram o alimento principal dos mamíferos os quais rapidamente cresciam em número; a flora terrestre moderna, incluindo a maioria das plantas e árvores atuais, aparecera durante épocas anteriores.

Há *35 milhões* de anos, fica assinalado o começo da idade da predominância dos mamíferos placentários no mundo. A ponte de terra do sul era abrangente, religando o então enorme continente da Antártida à América do Sul, à África do sul e à Austrália. A despeito da concentração de massas de terra nas latitudes altas, o clima do mundo permaneceu relativamente suave, por causa do aumento enorme no tamanho dos mares tropicais; e também porque as terras não foram elevadas suficientemente a ponto de produzirem geleiras. Grandes fluxos de lava ocorreram na Groenlândia e na Islândia, e uma certa quantidade de carvão foi depositada entre essas camadas.

Mudanças notáveis estavam ocorrendo na fauna do planeta. A vida marinha passava por uma grande modificação; a maior parte das ordens atuais de vida marinha existia, e os foraminíferos continuavam a exercer um importante papel. A vida dos insetos era muito semelhante à dos da era anterior. As camadas dos depósitos fósseis de Florissant, no Colorado, pertencem aos últimos anos dessa época longínqua. A maior parte das famílias dos insetos vivos remonta a esse período, porém muitos dos que então existiam estão extintos atualmente; os seus fósseis contudo ainda permaneçam.

Essa foi, sobretudo, a idade da renovação e da expansão para os mamíferos, em terra firme. Dentre os mamíferos anteriores e mais primitivos, mais de cem espécies estavam extintas antes do término dessa época. Mesmo os mamíferos de grande porte, e de cérebros pequenos, pereceram logo. Os cérebros e a agilidade haviam substituído a couraça e o tamanho, na linha de progresso da sobrevivência animal. E, com a família dos dinossauros em declínio, os mamíferos assumiam lentamente o domínio da terra, destruindo rápida e completamente o remanescente dos seus ancestrais répteis.

Com o desaparecimento dos dinossauros, outras grandes mudanças ocorreram nos vários ramos da família sauriana. Os membros sobreviventes das famílias primitivas de répteis são as tartarugas, as cobras e os crocodilos, junto com a venerável rã, o único grupo remanescente a representar os ancestrais iniciais do homem.

Vários grupos de mamíferos tiveram a sua origem em um único animal, agora extinto. Essa criatura carnívora era algo como um cruzamento de um gato e uma foca; podia viver na terra ou na água e era altamente inteligente e muito ativa. Na Europa, o ancestral da família canina evoluiu, dando logo origem a muitas espécies de pequenos cães. Nessa mesma época, apareceram os roedores, incluindo os castores, os esquilos, os geômis, os camundongos e os coelhos, e logo se transformaram em uma forma notável de vida, e pouca mudança ocorreu nessa família desde então. Os depósitos posteriores desse período contêm os remanescentes fósseis de cães, gatos, guaxinins e doninhas, nas suas formas ancestrais.

Há *30 milhões* de anos, os tipos modernos de mamíferos começaram a surgir. Até então, os mamíferos haviam vivido, em grande parte, nas colinas, sendo do tipo das montanhas; *subitamente* começou a evolução do tipo das planícies, ou o tipo que tem casco, de espécies herbívoras, diferenciadas das com garras, de comedores de carne. Esses herbívoros vieram de um ancestral não diferenciado, que tinha cinco dedos nas patas e quarenta e quatro dentes, e que pereceu antes do fim dessa idade. A evolução dos dedos não avançou para além do estágio de três dedos durante esse período.

O cavalo, um exemplo notável de evolução, viveu, durante essas épocas, tanto na América do Norte quanto na Europa, embora o seu desenvolvimento não se haja completado totalmente antes do fim da idade do gelo. Se bem que a família dos rinocerontes tenha aparecido no final desse período, apenas posteriormente ela conseguiu a sua maior expansão. Também se desenvolveu uma criatura pequena, semelhante a um porco, e que se tornou o ancestral de muitas espécies de suínos, queixadas e hipopótamos. Os camelos e as lhamas tiveram a sua origem na América do Norte, por volta da metade desse período, e povoaram as planícies do oeste. Mais tarde, as lhamas migraram para a América do Sul, os camelos para a Europa e logo ambos acabaram sendo extintos na América do Norte, embora uns poucos camelos hajam sobrevivido até a idade do gelo.

Por volta dessa época, uma coisa notável aconteceu no lado oeste da América do Norte: os primeiros ancestrais dos antigos lêmures fizeram a sua primeira aparição. Embora essa família não possa ser considerada como a dos verdadeiros lêmures, o seu surgimento marcou o estabelecimento da linha da qual se originaram, subseqüentemente, os lêmures verdadeiros.

Tal como as serpentes terrestres de uma idade anterior, que se fizeram aos mares, agora, uma tribo inteira de mamíferos placentários desertou a terra e fez dos oceanos a sua residência. E, desde então, permaneceu no mar, gerando as modernas e variadas baleias, golfinhos, masorpas, focas e leões-marinhos.

A vida avícola do planeta continuou a desenvolver-se, mas com poucas mudanças evolucionárias importantes. A maioria dos pássaros modernos existia, incluindo as gaivotas, garças, flamingos, abutres, falcões, águias, corujas, codornas e avestruzes.

Por volta do fechamento dessa época *Oligocena*, cobrindo dez milhões de anos, a vida vegetal, junto com a vida marinha e a dos animais terrestres, desenvolveu-se amplamente e tinha presença na Terra de um modo semelhante ao de hoje. Uma especialização considerável ocorreu subseqüentemente, mas as formas ancestrais da maioria das coisas vivas já existiam então.

3. O ESTÁGIO DAS MONTANHAS MODERNAS A IDADE DO ELEFANTE E DO CAVALO

A elevação das terras e a separação dos mares estavam vagarosamente mudando o clima do mundo, resfriando-o gradativamente, mas o clima ainda era suave. As sequóias e as magnólias cresciam na Groenlândia, mas as plantas subtropicais estavam começando a migrar para o sul. No final dessa época, essas plantas e árvores de climas quentes haviam desaparecido, em grande parte, das latitudes ao norte, sendo substituídas por plantas mais robustas e pelas árvores que mudam de folhagem anualmente.

Houve um grande acréscimo nas variedades das gramíneas, e os dentes de muitas espécies de mamíferos alteraram-se gradualmente, conformando-se aos tipos atuais que pastam.

Há 25 *milhões* de anos, aconteceu uma ligeira submersão de terras, que se seguiu à longa época de elevação das terras. A região das Montanhas Rochosas permaneceu altamente elevada, de modo que o depósito feito pelo material de erosão continuou por todas as terras baixas a leste. As Serras foram bem re-elevadas; e, de fato, elas têm subido desde então. A grande falha vertical, de seis quilômetros e meio, na região da Califórnia, data dessa época.

Há 20 *milhões* de anos, os mamíferos conheceram, de fato, a sua idade de ouro. A ponte de terra do estreito de Behring estava acima das águas, e muitos grupos de animais migraram para a América do Norte, vindos da Ásia, incluindo os mastodontes de quatro presas, os rinocerontes de pernas curtas e muitas variedades da família dos felinos.

O primeiro cervo apareceu, e a América do Norte logo estava povoada de ruminantes – veados, bois, camelos, bisões e várias espécies de rinocerontes –, mas os porcos gigantes, de mais de um metro e oitenta centímetros de altura, extinguiram-se.

Os imensos elefantes desse período, e dos subseqüentes, possuíam cérebros grandes, bem como corpos imensos e logo tomaram todo o mundo, exceto a Austrália. Dessa vez, o mundo estava dominado por um animal imenso, com um cérebro suficientemente grande para capacitá-lo a subsistir. Confrontado com a vida altamente inteligente dessas idades, nenhum animal do tamanho de um elefante poderia haver sobrevivido, a menos que possuísse um cérebro de grande porte e de qualidade superior. Pela sua inteligência e adaptabilidade, apenas o cavalo pode ser comparado ao elefante, que é ultrapassado apenas pelo próprio homem. E mesmo assim, das cinqüenta espécies de elefantes, em existência, quando da abertura desse período, apenas duas sobreviveram.

Há *15 milhões* de anos, as regiões montanhosas da Eurásia estavam-se elevando, e havia alguma atividade vulcânica em todas essas regiões, mas nada comparável aos fluxos de lava do hemisfério ocidental. Essas condições instáveis prevaleceram em todo o mundo.

O estreito de Gibraltar fechou-se, e a Espanha ficou ligada à África pela antiga ponte de terra, mas o Mediterrâneo fluiu para o Atlântico por meio de um canal estreito, que se estendia através da França; os picos das montanhas e os planaltos surgiam como ilhas por sobre esse antigo mar. Mais tarde, esses mares europeus começaram a retrair-se. Mais tarde ainda, o Mediterrâneo ficou ligado ao oceano Índico, e, ao final dessa época, a região de Suez de tal modo estava elevada que o Mediterrâneo se tornou, durante um certo tempo, um mar salgado interior.

A ponte de terra da Islândia submergiu, e as águas árticas misturaram-se às do oceano Atlântico. A costa atlântica da América do Norte rapidamente resfriou-se, mas a costa do Pacífico permaneceu mais quente do que é atualmente. As grandes correntes oceânicas estavam atuando e afetavam o clima do mesmo modo como o fazem hoje.

A vida dos mamíferos continuou a evoluir. Enormes manadas de cavalos juntaram-se às de camelos, nas planícies do oeste da América do Norte; essa foi verdadeiramente a idade dos cavalos, bem como a dos elefantes. O cérebro do cavalo é próximo, em qualidade animal, ao do elefante, mas, sob um ponto de vista, é decididamente inferior, pois o cavalo nunca venceu completamente a tão sedimentada propensão de fugir quando amedrontado. O cavalo não tem o controle emocional do elefante, enquanto o elefante é, em muito, prejudicado pelo tamanho e pela falta de agilidade. Durante essa época, um animal evoluiu que, de algum modo, era como ambos, o elefante e o cavalo, mas foi logo destruído pela família dos felinos, que crescia rapidamente.

No momento presente, em que Urântia entra em uma idade chamada "idade sem cavalos", vós devíeis parar para ponderar o que esse animal significou para os vossos ancestrais. Os homens primeiro usaram os cavalos como alimento, depois para viajar e, mais tarde, na agricultura e na guerra. O cavalo tem servido à humanidade há um longo tempo e tem tido um papel importante no desenvolvimento da civilização humana.

Os desenvolvimentos biológicos desse período contribuíram em muito para o estabelecimento do cenário que permitiu o aparecimento posterior do homem. Na Ásia Central, evoluíram os tipos verdadeiros tanto dos macacos primitivos quanto dos gorilas, tendo um ancestral em comum, agora extinto. Mas nenhuma dessas espécies está ligada à linha dos seres vivos que viriam a tornar-se, mais tarde, os ancestrais da raça humana.

A família canina estava representada por vários grupos, notadamente de lobos e raposas; a tribo dos felinos, pelas panteras e pelos grandes tigres dentes-de-sabre, estes últimos tendo evoluído inicialmente na América do Norte. As famílias modernas de felinos e de caninos cresceram em número, no mundo inteiro. As doninhas, martas, lontras e guaxinins medraram e desenvolveram-se em todas as latitudes norte.

Os pássaros continuaram a evoluir, embora poucas mudanças notáveis tenham ocorrido. Os répteis eram semelhantes aos dos tipos modernos – cobras, crocodilos e tartarugas.

Assim, chegou ao fim uma idade muito cheia de acontecimentos e muito interessante da história do mundo. Essa idade do elefante e do cavalo é conhecida como a época *Miocena*.

4. O ESTÁGIO RECENTE DAS ELEVAÇÕES CONTINENTAIS A ÚLTIMA GRANDE MIGRAÇÃO DOS MAMÍFEROS

Esta é a época da elevação pré-glacial das terras, na América do Norte, na Europa e na Ásia. A terra foi alterada amplamente na sua topografia. As cadeias de montanhas surgiram, as correntes mudaram os seus cursos e os vulcões isolados irromperam em todo o mundo.

Há *10 milhões* de anos, começou uma idade de vastos depósitos localizados de terra, disseminados nas planícies dos continentes; mas a maioria dessas sedimentações foi removida mais tarde. Grande parte da Europa, nessa época, ainda estava sob as águas, incluindo regiões da Inglaterra, Bélgica e França; e o mar Mediterrâneo cobria grandes áreas do norte da África. Na América do Norte, extensos depósitos se fizeram nas bases das montanhas, nos lagos e nas grandes bacias terrestres. Esses depósitos têm, em média, apenas 60 metros de espessura, são mais ou menos coloridos e, neles, os fósseis são raros. Dois grandes lagos de água doce existiram na parte oeste da América do Norte. As Serras estavam elevando-se; Shasta, Hood, e Rainier estavam iniciando as suas carreiras como montanhas. Mas só na idade subseqüente, das geleiras, é que a América do Norte começou o seu deslocamento na direção das profundezas do Atlântico.

Durante um curto espaço de tempo, toda a terra do mundo uniu-se novamente, excetuando-se a Austrália; e a última grande migração mundial de animais aconteceu. A América do Norte estava ligada tanto à América do Sul quanto à Ásia, e havia um intercâmbio livre da fauna animal. Preguiças, tatus, antílopes e ursos, vindos todos da Ásia, entraram na América do Norte, enquanto os camelos norte-americanos foram para a China. Os rinocerontes migraram para todo o mundo, exceto para a Austrália e para a América do Sul, mas se extinguiram no hemisfério ocidental, ao final desse período.

Em geral, a vida do período precedente continuou a evoluir, e a disseminar-se. A família felina dominou a vida animal, e a vida marinha estava quase em compasso de espera. Muitos dos cavalos ainda tinham três dedos, mas os tipos modernos estavam em vias de aparecer; as lhamas e os camelos parecidos com girafas misturavam-se com os cavalos nos pastos das planícies. A girafa apareceu na África, tendo então um pescoço tão comprido quanto agora. Na América do Sul, as preguiças, tatus, tamanduás e o tipo sul-americano de macacos primitivos evoluíram. Antes que os continentes estivessem finalmente isolados, os animais de maior porte, os mastodontes, migraram para todos os lugares, excetuando-se a Austrália.

Há *cinco milhões* de anos, o cavalo atingiu o seu estado atual de evolução e, da América do Norte, ele migrou para todo o mundo. O cavalo, no entanto, havia-se tornado extinto no continente da sua origem, muito antes da chegada do homem vermelho.

O clima estava gradativamente ficando mais frio, as plantas terrestres estavam lentamente migrando para o sul. A princípio foi o frio crescente, no norte, que parou com as migrações dos animais para os istmos do norte; subseqüentemente, essas pontes de terra, na América do Norte, desfizeram-se. Logo depois, a ligação de terra entre a África e a América do Sul finalmente submergiu, e o hemisfério ocidental ficou isolado, quase como o é hoje. Dessa época em diante, tipos distintos de vida começaram a desenvolver-se nos hemisférios oriental e ocidental.

E assim, esse intervalo de quase dez milhões de anos de duração chegou a um final, e não apareceu ainda o ancestral do homem. Essa, em geral, é designada como a época *Pliocena*.

5. A PRIMEIRA IDADE GLACIAL

Ao final da época precedente, as terras da parte nordeste da América do Norte e do norte da Europa se haviam elevado em uma escala extensa; na América do Norte vastas áreas subiam a 9 000 metros de altitude e até mais. Os climas suaves haviam prevalecido anteriormente nessas regiões do norte, e as águas do Ártico estavam todas sujeitas à evaporação e continuaram sem se congelar até quase o final do período glacial.

Simultaneamente a essas elevações das terras, as correntes dos oceanos mudaram de direção, e os ventos sazonais modificaram as suas direções. Essas condições finalmente geraram uma precipitação quase constante de umidade, vinda do movimento da atmosfera pesadamente saturada sobre os planaltos do norte. A neve começou a cair nessas regiões elevadas e, portanto, frias, e continuou caindo até atingir uma profundidade de 6 000 metros. As áreas de maior profundidade de neve, junto com a altitude, determinaram os pontos centrais do fluxo da pressão glacial subseqüente. E a idade glacial perdurou, enquanto essa precipitação excessiva continuou a cobrir esses planaltos do norte com um manto enorme de neve, que logo se metamorfoseou em um gelo sólido, mas movediço.

Os grandes lençóis de gelo desse período estavam todos localizados nos pontos de elevação dos planaltos, não nas regiões montanhosas onde são encontráveis hoje. A metade das formações glaciais situava-se na América do Norte, um quarto na Eurásia, e o outro quarto em locais variados, principalmente na Antártida. A África pouco foi afetada pelo gelo, mas a Austrália foi quase totalmente coberta pela camada antártica de gelo.

As regiões do norte, deste mundo, experimentaram seis invasões glaciais separadas e distintas e, por dezenas de vezes, ainda houve avanços e retrocessos ligados à atividade de cada camada individual de gelo. O gelo, na América do Norte, concentrou-se em duas regiões e, mais tarde, em três. A Groenlândia ficou coberta e a Islândia completamente enterrada sob o fluxo de gelo. Na Europa, em várias épocas, o gelo cobriu as Ilhas Britânicas, excetuando a costa ao sul da Inglaterra, e espalhou-se pela Europa oriental até a França.

Há *dois milhões* de anos, a primeira etapa glacial norte-americana iniciou seu avanço para o sul. A idade do gelo estava em formação nessa época, e essa invasão glacial consumou-se, durante quase um milhão de anos, desde o seu avanço, dos centros de pressão ao norte, até a sua retirada. O lençol central de gelo estendeu-se ao sul, até o Kansas; os centros glaciais orientais e ocidentais, então, não eram tão extensos.

Há *um milhão e meio* de anos, a primeira grande geleira estava em retirada, na direção norte. Nesse meio tempo, quantidades enormes de neve haviam caído na Groenlândia e na parte nordeste da América do Norte e, em breve, essa massa de gelo oriental começou a fluir para o sul. Essa foi a segunda invasão do gelo.

Essas duas primeiras invasões do gelo não abrangeram a Eurásia. Durante essas épocas iniciais da idade do gelo, a América do Norte estava repleta de mastodontes, mamutes peludos, cavalos, camelos, veados, bois almiscarados, bisões, preguiças da terra, castores gigantes, tigres-dente-de-sabre, bichos preguiças tão grandes quanto elefantes, e muitos grupos de famílias de felinos e caninos. Contudo, dessa idade em diante, tiveram todos a sua população reduzida rapidamente, pelo frio crescente do período glacial. Mais para o final da idade do gelo, a maioria dessas espécies animais ficaram extintas na América do Norte.

A vida na terra e na água, livre do gelo, mudou pouco em todo o mundo. Entre as invasões do gelo, o clima ficava quase tão suave quanto atualmente, talvez um pouco mais quente. As geleiras eram, afinal, fenômenos locais, embora se espalhassem, cobrindo áreas enormes. O clima costeiro variava consideravelmente entre as épocas de inatividade glacial e os tempos em que enormes icebergs, deslizando desde a costa do Maine, iam até o Atlântico ou, escapando pelo Puget Sound, chegavam ao Pacífico, ou, descendo ruidosamente pelos fiordes da Noruega, atingiam o mar do Norte.

6. O HOMEM PRIMITIVO NA IDADE DO GELO

O grande acontecimento desse período glacial foi a evolução do homem primitivo. Ligeiramente a oeste da Índia, em uma terra agora sob as águas e em meio à progênie de imigrantes asiáticos do tipo norte-americano de lêmures, os mamíferos precursores do homem *subitamente* apareceram. Esses pequenos animais andavam principalmente com as suas pernas traseiras, e possuíam cérebros grandes em relação ao seu tamanho e em comparação aos cérebros de outros animais. Na septuagésima geração dessa ordem de vida, um novo grupo, mais elevado, de animais, diferenciou-se *subitamente*. Esses novos mamíferos intermediários – que tinham quase duas vezes o tamanho e a altura dos seus ancestrais e possuíam uma capacidade cerebral proporcionalmente maior – haviam acabado de firmarem bem a si próprios, quando os primatas, da terceira mutação vital, *subitamente* apareceram. (Nessa mesma época, um desenvolvimento retrógrado, na linhagem mamífera intermediária, deu origem aos ancestrais simianos; e, daqueles dias para cá, a ramificação humana tem-se adiantado em evolução progressiva, enquanto as tribos simianas permaneceram estacionárias ou de fato até mesmo retrocederam.)

Há *um milhão* de anos, Urântia foi registrada como um *mundo habitado*. Uma mutação, na linhagem dos primatas em progressão, *subitamente* produziu dois seres humanos primitivos, os ancestrais verdadeiros da humanidade.

Esse acontecimento ocorreu por volta da época do começo do terceiro avanço glacial; assim, pode-se perceber que os vossos primeiros ancestrais nasceram e criaram-se em um meio ambiente estimulante, revigorante e difícil. E os únicos sobreviventes desses aborígines de Urântia, os esquimós, ainda hoje preferem residir nos climas frígidos do norte.

Os seres humanos não estavam presentes no hemisfério ocidental até perto do fim da idade do gelo. Todavia, durante as épocas interglaciais, eles passaram ao ocidente, contornando o Mediterrâneo, e logo tomaram o continente da Europa. Nas cavernas da Europa ocidental, podem ser encontrados ossos humanos misturados aos remanescentes de animais, tanto tropicais quanto árticos, atestando que o homem viveu nessas regiões durante as últimas épocas glaciais que avançavam e recuavam.

7. A CONTINUAÇÃO DA IDADE DO GELO

Durante o período glacial, outras atividades estavam em progresso, mas a ação do gelo sobrepujou todos os outros fenômenos nas latitudes norte. Nenhuma outra atividade terrestre deixa evidências tão características na topografia. Os seixos rolados e as clivagens ou rachaduras na superfície são características, bem como caldeirões, lagos, pedras deslocadas e rochas pulverizadas, que não estão ligados a nenhum outro fenômeno na natureza. O gelo é responsável também por essas suaves intumescências, ou ondulações superficiais, conhecidas como colinas de aluviões. E uma invasão glacial, à medida que avança, desloca os rios e muda toda a face da Terra. Apenas as invasões glaciais deixam atrás de si essas aluviões reveladoras – montes de terra, lateral e frontalmente depositados. Esses depósitos de aluviões, particularmente as morenas de terra, estendem-se ao norte e a oeste, partindo da costa oriental da América do Norte. E são também encontradas na Europa e na Sibéria.

Há 750 mil anos, a quarta camada de gelo, uma união dos campos centrais e orientais de gelo, na América do Norte, estava bem no seu caminho para o sul; no seu apogeu, alcançou o sul de Illinois, deslocando o rio Mississipi por oitenta quilômetros para o oeste e, a leste, estendendo-se para o sul, até o rio Ohio e a parte central da Pensilvânia.

Na Ásia, a camada siberiana de gelo fez a sua invasão até o ponto máximo para o sul, enquanto, na Europa, o gelo que avançava parou bem diante da barreira montanhosa dos Alpes.

Há 500 mil anos, durante o quinto avanço do gelo, um novo desenvolvimento acelerou o curso da evolução humana. *Subitamente*, e em uma geração, as seis raças de cores surgiram, por mutação da linhagem humana aborígine. Essa é uma data duplamente importante, já que assinala também a chegada do Príncipe Planetário.

Na América do Norte, o quinto avanço glacial consistiu em uma invasão combinada de três centros de gelo. O lóbulo do leste, contudo, estendeu-se apenas até uma pequena distância abaixo do vale do Saint Lawrence, e a camada de gelo vinda do oeste pouco avançou para o sul. Mas o lóbulo central alcançou o sul, cobrindo a maior parte do estado de Iowa. Na Europa, essa invasão do gelo não foi tão extensa quanto a precedente.

Há 250 mil anos, começou a sexta e última invasão glacial. E, a despeito do fato de que os planaltos do norte houvessem começado a afundar-se ligeiramente, esse foi o período de maior depósito de neve nos campos de gelo do norte.

Nessa invasão, as três grandes camadas de gelo aglutinaram-se em uma única vasta massa de gelo, e todas as montanhas do oeste participaram dessa atividade glacial. Essa foi a maior de todas as invasões de gelo na América do Norte; o gelo movimentou-se para o sul a uma distância de mais de dois mil e quinhentos quilômetros dos seus centros de pressão; e a América do Norte experimentou as suas temperaturas mais baixas.

Há 200 mil anos, durante o avanço da última invasão glacial, aconteceu um episódio que teve muito a ver com a marcha dos acontecimentos em Urântia – a rebelião de Lúcifer.

Há 150 mil anos, o sexto e último período de invasão glacial alcançou os seus pontos mais afastados na extensão sul, a camada de gelo do oeste cruzando a fronteira canadense e a camada central vindo até o Kansas, Missouri e Illinois; a camada do leste avançando para o sul e cobrindo grande parte da Pensilvânia e do Ohio.

Essa foi uma invasão glacial que gerou muitas línguas, ou lóbulos de gelo, e que moldou os lagos atuais, grandes e pequenos. Quando da sua retirada, o sistema norte-americano dos Grandes Lagos foi gerado. E os geólogos urantianos, com bastante precisão, deduziram os vários estágios desse desenvolvimento e supuseram, com muita correção, que esses corpos de água, em épocas diferentes, esvaziaram-se primeiro sobre o vale do Mississippi e depois, a leste, dentro do vale do rio Hudson e, finalmente, por uma passagem ao norte, na direção do Saint Lawrence. Agora faz trinta e sete mil anos desde que o sistema dos Grandes Lagos, ligados entre si, começou a descarregar suas águas na atual passagem do Niágara.

Há *100 mil* anos, durante o recuo da última invasão glacial, as vastas camadas do gelo polar começaram a se formar, e o centro da acumulação do gelo moveu-se consideravelmente para o norte. E, enquanto as regiões polares continuarem a ser cobertas de gelo, dificilmente será possível ocorrer outra idade glacial, independentemente de futuras elevações de terras, ou de modificações nas correntes dos oceanos.

Essa última invasão glacial ficou cem mil anos avançando, e foi necessário um período semelhante de tempo para completar o seu recuo para o norte. As regiões temperadas têm ficado isentas de gelo, durante pouco mais de cinqüenta mil anos.

O rigoroso período glacial destruiu muitas espécies e transformou inúmeras outras radicalmente. Muitas foram peneiradas sofridamente no vaivém das migrações, que se fizeram necessárias por causa do avanço e do recuo do gelo. Os animais que seguiram para frente e recuaram com as geleiras sobre a Terra, foram o urso, o bisão, a rena, o boi almiscarado, o mamute e o mastodonte.

O mamute buscou as pradarias abertas, enquanto o mastodonte preferiu as bordas abrigadas das regiões de florestas. O mamute, até uma época recente, vagava do México ao Canadá; a variedade siberiana tornou-se coberta de lã. O mastodonte perdurou na América do Norte, até que fosse exterminado pelo homem vermelho, do mesmo modo que o homem branco, mais tarde, eliminou o bisão.

Na América do Norte, durante a última geleira, o cavalo, o tapir, a lhama e o tigre-dentes-de-sabre ficaram extintos. Nos seus lugares, surgiram as preguiças, os tatus e os porcos aquáticos, vindos da América do Sul.

As migrações forçadas da vida, diante do avanço do gelo, obrigaram as plantas e os animais a cruzamentos extraordinários e, com o recuo da invasão final do gelo, muitas das espécies árticas de plantas, tanto quanto de animais, ficaram abandonadas no alto de alguns picos de montanhas, aonde tinham ido para escapar da destruição pela invasão glacial. E assim, hoje, essas plantas e animais deslocados podem ser encontrados nos altos dos Alpes da Europa e mesmo nas montanhas apalachianas da América do Norte.

A idade do gelo é o último período geológico completo, a chamada época *Plistocena*, cuja duração foi de mais de dois milhões de anos.

Há *35 mil* anos, fica demarcado o término da grande idade do gelo, exceto nas regiões polares do planeta. Essa data é também significativa, pois está bem próxima da chegada de um Filho Material e de uma Filha Material, marcando o começo da dispensação Adâmica, correspondendo, grosso modo, ao começo da época Holocena ou pós-glacial.

Esta narrativa, estendendo-se desde o surgimento da vida dos mamíferos até o recuo do gelo e às épocas históricas, cobre um ciclo de quase cinqüenta milhões de anos. Este é o último período geológico – o atual –, que é conhecido pelos vossos pesquisadores como o *Cenozóico*, ou a era dos tempos recentes.

[Auspiciado por um Portador da Vida Residente.]

DOCUMENTO 62

AS RAÇAS NA AURORA DO HOMEM PRIMITIVO

HÁ CERCA de um milhão de anos os ancestrais imediatos da humanidade fizeram o seu aparecimento por intermédio de três mutações sucessivas e súbitas, descendendo da raça primitiva do tipo lemuriano de mamíferos placentários. Os fatores dominantes desses lêmures primitivos derivavam do grupo ocidental, ou americano tardio, do plasma da vida evolutiva. Antes, porém, de estabelecer a linha direta de ancestralidade humana, essa descendência foi reforçada por contribuições da implantação central de vida evoluída na África. O grupo de vida oriental contribuiu pouco, ou de fato nada, para a verdadeira produção da espécie humana.

1. OS TIPOS PRIMITIVOS DE LÊMURES

Os lêmures primitivos vinculados à ancestralidade da espécie humana não eram diretamente relacionados às tribos preexistentes de gibãos e de macacos que então viviam na Eurásia e no norte da África, cuja progênie sobreviveu até a época presente. Nem eram uma progênie do tipo moderno de lêmures, embora vindos de um ancestral comum a ambos, mas há muito extinto.

Enquanto esses lêmures primitivos evoluíam no hemisfério ocidental, o estabelecimento da ancestralidade mamífera direta da humanidade teve lugar no sudoeste da Ásia, na área original da implantação central de vida, mas mais para o lado das fronteiras das regiões a leste. Vários milhões de anos antes dessa época, o tipo norte-americano de lêmures havia imigrado para o oeste, atravessando a ponte de terra sobre o estreito de Behring e havia tomado lentamente o caminho do sudoeste ao longo da costa asiática. Essas tribos migrantes finalmente alcançaram a região salubre que fica entre o então expandido Mediterrâneo e as regiões de montanhas elevadas da península da Índia. Nessas terras, a oeste da Índia, eles uniram-se a outras linhagens favoráveis, estabelecendo assim a ancestralidade da raça humana.

Com o passar do tempo, a costa marinha da Índia, a sudoeste das montanhas, gradualmente submergiu, isolando completamente a vida dessa região. Não havia nenhum caminho para se chegar nem para se escapar dessa península da Mesopotâmia ou da Pérsia, a não ser ao norte, e esse lado era repetidamente cortado pelas invasões das geleiras, vindas do sul. E foi, então, nessa área quase paradisíaca e, vindos dos descendentes superiores desse tipo lêmure de mamífero, que surgiram dois grandes grupos, formados pelas tribos dos símios dos tempos modernos e pela espécie humana dos dias atuais.

2. OS MAMÍFEROS PRECURSORES DO HOMEM

Há pouco mais de um milhão de anos, os mamíferos precursores da Mesopotâmia, os descendentes diretos dos tipos lemurianos de mamíferos placentários norte-americanos, *subitamente* apareceram. Eles eram pequenas criaturas bastante ativas, de quase um metro de altura; e, se bem que não andassem habitualmente com as suas duas pernas traseiras, eles podiam facilmente permanecer eretos. Eram peludos e ágeis, e chilreavam à moda dos macacos; mas, diferentemente dos símios, eram carnívoros. Tinham um polegar primitivo opositivo, bem como um grande dedo do pé altamente útil para agarrar. Desse ponto em diante, as espécies pré-humanas desenvolveram sucessivamente o polegar opositivo, na medida em que perderam progressivamente o poder de agarrar do grande dedo do pé. As tribos posteriores de macacos mantiveram a capacidade preênsil do dedo grande do pé, mas nunca desenvolveram o tipo humano de polegar.

Esses mamíferos precursores atingiam o crescimento pleno aos três ou quatro anos de idade, tendo uma longevidade potencial média de cerca de vinte anos. Em geral a sua progênie constituía-se de um único filho, embora gêmeos também nascessem ocasionalmente.

Os membros dessa nova espécie tinham os maiores cérebros, em relação ao seu tamanho, entre todos os animais que haviam até então existido na Terra. Eles experimentaram muitas emoções e compartilhavam numerosos instintos, que, mais tarde, caracterizaram os homens primitivos; sendo altamente curiosos e demonstrando uma alegria considerável quando tinham êxito em qualquer ação. O apetite pelos alimentos e o desejo sexual eram bem desenvolvidos, e uma seleção sexual bem definida era manifestada em uma forma tosca de cortejo e de escolha dos companheiros. Eles lutariam ferozmente em defesa dos seus companheiros e eram bastante ternos nas associações de família, possuindo um senso de abnegação e de humildade que beirava a vergonha e o remorso. Eles eram muito afetivos e leais em relação aos seus parceiros, e de um modo tocante; mas, caso as circunstâncias os separassem, eles escolheriam novos parceiros.

De estatura pequena e mentes aguçadas para avaliar os perigos do seu habitat na floresta, eles desenvolveram um medo extraordinário que os levou àquelas sábias medidas de precaução que contribuíram tão enormemente para a sua sobrevivência, tais como a construção de toscos abrigos que faziam nos topos altos das árvores, o que eliminava muitos dos perigos da vida no nível do solo. O começo das tendências para o medo, que a humanidade possui, data bem especificamente desses dias.

Esses mamíferos precursores desenvolveram um espírito tribal como nunca antes existira. Eles eram, de fato, altamente gregários, sendo, no entanto, excessivamente agressivos, quando de algum modo perturbados nas buscas comuns da sua vida rotineira, e demonstravam temperamentos furiosos se a sua raiva fosse totalmente despertada. As suas naturezas belicosas, contudo, serviram a um bom propósito; grupos superiores não hesitavam em fazer guerra aos seus vizinhos inferiores e, assim, por meio da sobrevivência seletiva, a espécie foi melhorada progressivamente. Muito cedo, esses lêmures dominaram a vida das criaturas menores dessa região, e pouquíssimas das tribos mais antigas de símios não carnívoros sobreviveram.

Esses agressivos pequenos animais multiplicaram-se e espalharam-se pela península da Mesopotâmia durante mais de mil anos, aperfeiçoando-se constantemente em tipo físico e inteligência em geral. Exatamente setenta gerações depois que essa nova tribo havia sido originada do mais elevado tipo de ancestral lemuriano, chegou a próxima época de desenvolvimento – a *súbita* diferenciação dos ancestrais nesse novo passo vital de evolução dos seres humanos de Urântia.

3. OS MAMÍFEROS INTERMEDIÁRIOS

Foi muito cedo, na carreira dos mamíferos precursores dos humanos, na habitação, no topo de uma árvore, de um casal superior dessas criaturas ágeis, que nasceram dois gêmeos, um masculino e um feminino. Comparados aos seus ancestrais, eles eram realmente duas belas pequenas criaturas. Tinham pouco pêlo nos seus corpos, mas isto não era uma desvantagem grande, pois eles viviam em um clima quente e uniforme.

Esses filhos cresceram até a altura de um pouco mais de um metro e vinte. E, sob todos os pontos de vista, eram maiores do que os seus pais, tendo pernas mais longas e braços mais curtos. Possuíam polegares quase perfeitamente opositivos, quase tão bem adaptados aos trabalhos diversificados quanto o polegar humano atual. Caminhavam eretos, tendo pés quase tão bem adaptados para andar quanto as raças humanas posteriores.

Os seus cérebros eram inferiores e menores do que os dos seres humanos, mas eram bastante superiores, e relativamente bem maiores do que os dos seus ancestrais. Os gêmeos, muito cedo, demonstraram ter uma inteligência superior e foram logo reconhecidos como os chefes de toda a tribo de mamíferos precursores do homem, realmente instituindo uma forma primitiva de organização social e uma divisão econômica, ainda que primária, do trabalho. Esses irmãos acasalaram-se e, em breve, desfrutaram da sociedade de vinte e um filhos, muito semelhantes a eles próprios, todos de mais de um metro e vinte de altura e, sob todos os pontos de vista, superiores à espécie ancestral deles. Esse novo grupo formou o núcleo dos mamíferos intermediários.

Quando a população nesse grupo novo e superior cresceu, a guerra, de um modo implacável, irrompeu; e então, quando a luta terrível estava terminada, nenhum único indivíduo da raça preexistente e ancestral dos mamíferos precursores havia permanecido vivo. A ramificação menos numerosa, porém mais poderosa e inteligente da espécie, sobrevivera às custas dos seus ancestrais.

E então, por quase quinze mil anos (seiscentas gerações), tal criatura tornou-se o terror dessa parte do mundo. Todos os animais grandes e ferozes, dos tempos anteriores, haviam perecido. Os grandes animais nativos dessas regiões não eram carnívoros, e as espécies maiores da família dos felinos, os leões e os tigres, ainda não haviam invadido esse lugar recôndito particularmente abrigado da superfície da Terra. E, por isso, esses mamíferos intermediários fizeram-se valentes e subjugaram tudo o que estava no seu setor da criação.

Comparados à sua espécie ancestral, os mamíferos intermediários eram mais aperfeiçoados, em todos os sentidos. Até mesmo a duração do seu potencial de vida tornou-se mais longa, sendo de aproximadamente vinte e cinco anos. Inúmeros traços humanos rudimentares surgiram nessa nova espécie. Além das propensões inatas demonstradas pelos seus ancestrais, esses mamíferos intermediários eram capazes de demonstrar o desgosto, em algumas situações repulsivas. Eles possuíam também um instinto bem definido para criar reservas; eles escondiam a comida para o uso posterior e eram muito dados a colecionar seixos redondos e lisos e certos tipos de pedras arredondadas, que se adequavam bem para servir de munições defensivas e ofensivas.

Esses mamíferos intermediários foram os primeiros a demonstrar uma propensão definida para a construção, como fica evidenciado pela rivalidade que tinham quanto a construir tanto as suas casas nos topos das árvores, quanto os abrigos subterrâneos de muitos túneis; eles foram a primeira espécie de mamíferos a buscar a segurança de abrigos nas árvores, e nos subterrâneos. Eles renunciaram à vida nas árvores, em grande parte, como locais únicos de abrigos, vivendo no chão durante o dia e dormindo no topo das árvores à noite.

Com o passar do tempo, o aumento natural do número deles finalmente resultou em uma competição séria pela comida e em uma rivalidade por causa do sexo, e tudo isso culminou em uma série de batalhas destrutivas, que quase aniquilou toda a espécie. Essas lutas continuaram até que apenas um grupo de menos de cem indivíduos permaneceu vivo. Uma vez mais, porém, a paz prevalecia, e essa única tribo sobrevivente construiu de novo os seus lugares de dormir nos topos das árvores e uma vez mais retomou uma existência normal e semipacífica.

DOCUMENTO 62: SEÇÃO 3

Dificilmente podeis imaginar a margem pequena pela qual os vossos ancestrais pré-humanos, de tempos em tempos, puderam escapar da extinção. Tivesse a rã, ancestral de toda a humanidade, pulado cinco centímetros a menos em certa ocasião, e todo o curso da evolução teria sido profundamente alterado. A mãe lemuriana imediata da espécie dos mamíferos precursores escapou da morte, por um fio, não menos do que cinco vezes antes de dar nascimento ao pai da nova e mais elevada ordem de mamíferos. Contudo o que aconteceu, de mais próximo do fim, foi quando um relâmpago atingiu a árvore na qual a futura mãe dos gêmeos primatas estava dormindo. Ambos os mamíferos intermediários progenitores ficaram severamente abalados e seriamente queimados; três dos seus sete filhos foram mortos por esse golpe vindo dos céus. Esses animais em evolução eram quase que supersticiosos. O casal, cujo lar no topo de uma árvore havia sido golpeado, era realmente de líderes do grupo mais adiantado da espécie de mamíferos intermediários; e, seguindo o exemplo deles, mais da metade da tribo, abrangendo as famílias mais inteligentes, mudou-se para um local afastado cerca de três quilômetros dessa localidade e começou a construção de novas moradas nos topos das árvores e de novos abrigos terrestres – os seus abrigos transitórios no caso de perigo súbito.

Logo depois de terminar a sua casa, essa dupla veterana, de tantas lutas, viu-se como progenitora orgulhosa de gêmeos, os mais interessantes e importantes animais que jamais nasceram no mundo até àquela época, pois foram eles os primeiros da nova espécie de *primatas* que constituiu o próximo passo vital da evolução pré-humana.

Ao mesmo tempo em que esses primatas gêmeos nasciam, uma outra dupla – um macho e uma fêmea, especialmente retardados, da tribo de mamíferos intermediários, uma dupla que era inferior tanto mental quanto fisicamente – também deu nascimento a gêmeos. Esses gêmeos, um macho e uma fêmea, eram indiferentes às conquistas; estavam eles preocupados apenas em obter comida e, já que não comiam carne, logo perderam todo o interesse em ir procurar presas. Esses gêmeos retardados tornaram-se os fundadores das tribos modernas de símios. Os seus descendentes buscaram as regiões sulinas mais quentes, com seus climas suaves e abundância de frutas tropicais, onde retomaram a sua vida e, de um modo muito semelhante ao daqueles dias, com exceção daquelas ramificações que se acasalaram com os tipos mais primitivos de gibões e macacos; e que se deterioraram bastante em conseqüência disso.

E, assim, pode ser prontamente percebido que o homem e o macaco estão vinculados apenas pelo fato de proviram dos mamíferos intermediários, de uma tribo na qual aconteceu o nascimento concomitante de dois pares de gêmeos com a sua subseqüente separação: o par inferior destinou-se a produzir os tipos modernos de macacos, babuínos, chipanzés e gorilas, enquanto o par superior ficou destinado a continuar a linha de ascensão, que evoluiu até o próprio homem.

O homem moderno e os símios vieram da mesma tribo e espécie, mas não dos mesmos pais. Os ancestrais do homem descenderam da linhagem superior dos remanescentes selecionados dessa tribo de mamíferos intermediários, enquanto os símios modernos (excetuando certos tipos preexistentes de lêmures, gibões, macacos e outras criaturas do mesmo gênero) são descendentes do casal inferior desse grupo de mamíferos intermediários; uma dupla que sobreviveu apenas porque se escondeu, em um abrigo subterrâneo com estoque de alimentos, por mais de duas semanas, durante o último combate ferrenho da sua tribo, saindo apenas depois que as hostilidades haviam chegado completamente ao fim.

4. OS PRIMATAS

Remontando agora ao nascimento dos gêmeos superiores, um macho e uma fêmea, aos dois membros líderes da tribo de mamíferos intermediários: esses dois bebês animais eram de uma ordem inusitada; tinham ainda menos pêlos nos seus corpos do que os seus pais e, ainda muito jovens, insistiram em andar eretos. Os seus ancestrais já haviam aprendido a andar com as pernas traseiras, mas esses primatas gêmeos permaneceram eretos desde o princípio. Eles atingiram uma altura de mais de um metro e meio e as suas cabeças resultaram maiores em comparação à de outros na mesma tribo. Se bem que houvessem aprendido desde muito cedo a se comunicar um com o outro, por meio de sinais e de sons, eles nunca foram capazes de fazer o seu povo compreender esses novos símbolos.

Quando tinham cerca de quatorze anos de idade, eles fugiram da tribo, indo para o oeste, para criar a sua própria família e estabelecer a nova espécie de primatas. E essas novas criaturas são, muito apropriadamente, denominadas *primatas*, já que elas foram os ancestrais animais diretos e imediatos da própria família humana.

Assim foi que os primatas vieram a ocupar uma região a oeste da costa da península da Mesopotâmia, quando então ela se projetava até o mar ao sul, enquanto as tribos menos inteligentes, mas intimamente relacionadas, viviam na ponta da península e até a linha das margens a leste.

Os primatas eram mais humanos e menos animais do que os seus predecessores mamíferos intermediários. As proporções do esqueleto dessa nova espécie eram muito semelhantes às das raças humanas primitivas. Os tipos de mão e de pé humanos haviam-se desenvolvido plenamente, e essas criaturas podiam andar e mesmo correr tão bem quanto qualquer dos seus descendentes humanos posteriores. Eles abandonaram quase completamente a vida nas árvores, embora continuassem a recorrer aos topos das árvores por medida de segurança à noite, pois, como os seus ancestrais primitivos, estavam bastante sujeitos ao medo. O uso crescente das suas mãos muito fez para desenvolver a capacidade cerebral inerente; no entanto, ainda não possuíam mentes que pudessem ser realmente chamadas de humanas.

Embora pela sua natureza emocional os primatas diferissem pouco dos seus antepassados, eles demonstravam possuir tendências como que mais humanas em todas as suas propensões. Eram, de fato, animais esplêndidos e superiores, alcançando a maturidade aos dez anos de idade aproximadamente e tendo uma expectativa de vida natural média de cerca de quarenta anos. Isto é, eles podiam ter essa longevidade se tivessem mortes naturais, mas, naqueles dias primitivos, poucos animais tinham uma morte natural; a luta pela existência era de todo muito intensa.

E então, depois de quase novecentas gerações de desenvolvimento, cobrindo cerca de vinte e um mil anos desde a origem dos mamíferos precursores, os primatas *subitamente* geraram duas criaturas notáveis, os primeiros seres humanos verdadeiros.

Assim foi que os mamíferos precursores, vindos do tipo norte-americano de lêmures, deram origem aos mamíferos intermediários, e esses mamíferos intermediários, por sua vez, produziram os primatas superiores, que se tornaram os ancestrais imediatos da raça humana primitiva. As tribos de primatas eram o último vínculo vital na evolução do homem, mas, em menos de cinco mil anos, nem um único indivíduo dessas tribos extraordinárias sobreviveu.

5. OS PRIMEIROS SERES HUMANOS

Do ano 1934 d.C. até o nascimento dos dois primeiros seres humanos, contam-se exatamente 993 419 anos.

Esses dois seres notáveis eram verdadeiros seres humanos. Possuíam polegares humanos perfeitos, como os tiveram muitos dos seus ancestrais, e tinham pés tão perfeitos quanto os das raças humanas atuais. Eles andavam e corriam na vertical, não eram trepadores; a função de agarrar com o dedo grande do pé havia desaparecido completamente. Quando o perigo os levava aos topos das árvores, eles subiam exatamente como os humanos de hoje o fariam. Eles escalariam um tronco de uma árvore como um urso, não como fariam o chipanzé ou o gorila, pendurando-se e pulando nos galhos.

Esses primeiros seres humanos (e os descendentes deles) alcançavam plena maturidade aos doze anos de idade e possuíam um potencial de longevidade de cerca de setenta e cinco anos.

Muitas emoções novas logo surgiram nesses humanos gêmeos. Eles experimentaram a admiração por objetos, tanto quanto por outros seres, e demonstraram ter uma vaidade considerável. Mas o avanço mais notável no desenvolvimento emocional foi o aparecimento súbito de um grupo novo de sentimentos realmente humanos, do grupo da adoração, abrangendo o respeito, a reverência, a humildade e até mesmo uma forma primitiva de gratidão. O medo, somado à ignorância quanto aos fenômenos naturais, estava para dar nascimento à religião primitiva.

Não apenas tais sentimentos humanos manifestaram-se nesses humanos primitivos, mas muitos sentimentos mais altamente evoluídos estiveram também presentes, nas suas formas rudimentares. Eles eram levemente conhecedores da piedade, da vergonha e da reprovação, bem como conscientes de um modo mais acentuado do amor, ódio e vingança, estando também acentuadamente susceptíveis ao sentimento do ciúme.

Esses primeiros seres humanos – os gêmeos – foram uma grande provação para os seus progenitores primatas. Eles eram tão curiosos e aventureiros que quase perderam as suas vidas, em várias ocasiões, antes dos seus oito anos de idade. E, como não podia deixar de ser, eles estavam já bastante marcados com cicatrizes, na época em que tinham doze anos.

Muito cedo aprenderam a comunicação verbal; na idade de dez anos já haviam criado e aperfeiçoado uma linguagem de sinais e de palavras de quase cinqüenta idéias e haviam aperfeiçoado, em muito, e expandido a técnica de comunicação primitiva dos seus ancestrais. Todavia, por mais que tentassem, eles não foram capazes de ensinar, aos seus progenitores, senão umas poucas palavras, sinais e símbolos novos.

Quando tinham cerca de nove anos de idade, e passeavam rio abaixo, em um dia luminoso, eles tiveram um relacionamento memorável. Todas as inteligências celestes estacionadas em Urântia, incluindo eu próprio, estavam presentes como observadoras das transações desse encontro amoroso ao meio-dia. Nesse dia memorável, eles chegaram ao entendimento de viverem juntos, um para o outro, e essa foi a primeira de uma série desses acordos, que finalmente culminou na decisão de partir, abandonando os seus semelhantes animais inferiores, indo na direção norte, mal sabendo que estavam assim fundando a raça humana.

Embora estivéssemos todos grandemente preocupados com o que aqueles dois pequenos selvagens estavam planejando, nós éramos impotentes para controlar o trabalho das suas mentes; nós não influenciamos – nem poderíamos influenciar – arbitrariamente as suas decisões; todavia, dentro dos limites permissíveis da função planetária, nós, os Portadores da Vida, junto com os nossos colaboradores, todos conspiramos para conduzir os gêmeos humanos para o norte e para muito distante do seu povo peludo e ainda parcialmente habitante das árvores. E assim, em razão da escolha da própria inteligência deles, os gêmeos *migraram* e, devido à nossa supervisão, eles migraram em *direção ao norte*, para uma região apartada, onde escaparam da possibilidade da degradação biológica, que viria, caso se miscigenassem com os seus parentes inferiores das tribos primatas.

Pouco antes da partida do seu lar na floresta, eles perderam a sua mãe em um ataque dos gibãos. Ainda que não possuísse a inteligência deles, ela tinha um afeto mamífero condigno e de uma ordem elevada pelos seus filhos e, destemidamente, deu a sua vida na tentativa de salvar o maravilhoso par. E o seu sacrifício não foi em vão, pois ela conteve os inimigos até que o pai chegasse com reforços para pôr os invasores a correr.

DOCUMENTO 62: SEÇÃO 5

Logo depois, esse jovem casal abandonou os seus companheiros para fundar a raça humana; o seu pai primata ficou desconsolado – e com o coração despedaçado. Recusava-se a comer, mesmo quando a comida era trazida a ele pelos seus outros filhos. Tendo perdido a sua brilhante progênie, a vida já não parecia digna de ser vivida entre os seus semelhantes comuns; assim, ele vagou pela floresta e foi atacado por gibões hostis, sendo golpeado até a morte.

6. A EVOLUÇÃO DA MENTE HUMANA

Nós, os Portadores da Vida em Urântia, passamos por uma longa vigília e uma espera cuidadosa desde o dia em que inicialmente plantamos o plasma da vida nas águas planetárias e assim, naturalmente, até que o aparecimento dos primeiros seres realmente inteligentes e volitivos trouxesse-nos uma grande alegria e uma satisfação suprema.

Acompanhamos o desenvolvimento mental dos gêmeos, por meio da observação do funcionamento dos sete espíritos ajudantes da mente, destinados a Urântia, na época da nossa chegada ao planeta. Durante o longo desenvolvimento evolucionário da vida planetária, esses incansáveis ministradores da mente têm sempre registrado as suas habilidades crescentes de contatar as capacidades dos cérebros, em expansão sucessiva, das criaturas animais progressivamente superiores.

A princípio, apenas o *espírito da intuição* podia funcionar no comportamento, de instintos e reflexos, da vida animal primordial. Com a diferenciação dos tipos mais elevados, o *espírito da compreensão* tornou-se capaz de dotar tais criaturas com a dádiva da associação espontânea de idéias. Mais tarde observamos o *espírito da coragem* entrar em ação; os animais em evolução realmente desenvolviam uma forma incipiente de autoconsciência de proteção. Depois do aparecimento dos grupos de mamíferos, nós observamos o *espírito do conhecimento* manifestando-se em medida crescente. E a evolução dos mamíferos mais elevados trouxe à função o *espírito do conselho*, com o crescimento resultante do instinto de grupo e com os começos do desenvolvimento social primitivo.

Progressivamente, com o desenvolvimento dos mamíferos precursores e, em seguida, com o dos mamíferos intermediários e dos primatas, tínhamos observado o serviço implementado dos primeiros cinco ajudantes. Mas nunca os dois espíritos ajudantes restantes, os mais elevados ministradores da mente, haviam sido capazes de entrar em função no tipo de mente evolucionária de Urântia.

Imaginai o nosso júbilo, um dia – os dois gêmeos estavam com cerca de dez anos de idade – quando o *espírito da adoração* fez o seu primeiro contato com a mente da gêmea fêmea e pouco depois com a do macho. Sabíamos que algo muito próximo da mente humana aproximava-se da culminância; e quando, cerca de um ano depois, eles finalmente resolveram, em conseqüência do pensamento meditativo e de decisão propositada, partir de casa e viajar para o norte, então o *espírito da sabedoria* começou a atuar em Urântia, nessas duas que são reconhecidas, agora, como mentes humanas.

Houve uma nova e imediata ordem de mobilização dos sete espíritos ajudantes da mente. Estávamos cheios de expectativa; compreendíamos que se aproximava a hora longamente aguardada; sabíamos que estávamos no umbral da realização do nosso esforço prolongado para desenvolver e fazer evoluir em Urântia as criaturas dotadas de vontade.

7. O RECONHECIMENTO DO MUNDO COMO SENDO HABITADO

Nós não tivemos que esperar muito. Ao meio-dia, no dia seguinte ao da fuga dos gêmeos, aconteceu o teste inicial da transmissão dos sinais do circuito do universo no foco da recepção planetária de Urântia. Estávamos todos, evidentemente, agitados com a compreensão da iminência de um grande acontecimento; mas, já que este mundo era uma estação de experimento de vida, não tínhamos a menor idéia de como exatamente seríamos informados sobre o reconhecimento de haver vida inteligente no planeta. Mas não permanecemos na expectativa por muito tempo. Ao terceiro dia, depois da fuga dos gêmeos, e antes que o corpo dos Portadores da Vida partisse, chegou o arcanjo de Nébadon para o estabelecimento inicial do circuito planetário.

Foi um dia memorável em Urântia, quando o nosso pequeno grupo reuniu-se perto do pólo planetário de comunicação espacial e recebeu a primeira mensagem de Sálvington, sobre o circuito de mente recentemente estabelecido no planeta. E essa primeira mensagem, ditada pelo comandante do corpo dos arcanjos, dizia:

"Aos Portadores da Vida em Urântia – Saudações! Transmitimos a certeza do grande júbilo em Sálvington, em Edêntia e em Jerusém, em honra ao registro, na sede-central de Nébadon, do sinal da existência, em Urântia, de mente com a dignidade da vontade. A decisão propositada dos gêmeos, de partir na direção norte e de isolar-se da sua progênie, dos seus ancestrais inferiores, ficou registrada. Essa é a primeira decisão da mente – do tipo humano de mente – em Urântia, e automaticamente se estabelece o circuito de comunicação por meio do qual essa mensagem inicial de reconhecimento está sendo transmitida".

Em seguida, por esse novo circuito, vieram os cumprimentos dos Altíssimos de Edêntia, contendo instruções para os Portadores da Vida residentes, proibindo-nos de interferir no modelo de vida que tínhamos estabelecido. Fomos instruídos a não intervir nos assuntos do progresso humano. Não deve ser inferido que os Portadores da Vida tenham alguma vez interferido arbitrária e mecanicamente na realização natural dos planos evolucionários planetários, pois nós não o fazemos. Contudo, até essa época nos havia sido permitido manipular o meio ambiente para proteger o plasma vital de um modo especial, e era essa supervisão extraordinária, mas totalmente natural, que devia sofrer descontinuidade.

E tão logo os Altíssimos tinham terminado de falar, a bela mensagem de Lúcifer, então soberano do sistema de Satânia, começou a entrar no planeta. Agora, os Portadores da Vida ouviam as palavras de boas-vindas do seu próprio chefe e recebiam a sua permissão para retornar a Jerusém. Essa mensagem de Lúcifer manifestava a aceitação oficial do trabalho dos Portadores da Vida em Urântia e absolvia-nos de qualquer crítica futura sobre qualquer dos nossos esforços para aperfeiçoar os modelos de vida de Nébadon, do modo como estavam estabelecidos no sistema de Satânia.

Essas mensagens de Sálvington, Edêntia e Jerusém, marcavam formalmente o término da supervisão dos Portadores da Vida no Planeta, que havia durado toda uma longa época. Durante idades estivemos trabalhando, assistidos apenas pelos sete espíritos ajudantes da mente e pelos Mestres Controladores Físicos. E agora, havendo surgido nas criaturas evolucionárias do planeta, a vontade, a capacidade de escolher o poder de adorar e ascender, compreendíamos que o nosso trabalho havia acabado e que o nosso grupo se preparava para partir. Sendo Urântia um mundo de modificação da vida, nos foi dada a permissão para deixarmos aqui dois Portadores da Vida seniores com doze assistentes, e fui eu um dos escolhidos desse grupo e, desde então, tenho sempre estado em Urântia.

Urântia foi formalmente reconhecida como um planeta de residência humana no universo de Nébadon, exatamente, 993 408 anos atrás (a contar do ano 1934 d.C.) A evolução biológica havia, uma vez mais, alcançado níveis humanos de dignidade de vontade; e, pois, o homem havia chegado ao planeta 606 de Satânia.

[Auspiciado por um Portador de Vida de Nébadon, residente em Urântia.]

DOCUMENTO 63

A PRIMEIRA FAMÍLIA HUMANA

URÂNTIA foi registrada como um mundo habitado quando os dois pri-meiros seres humanos – os gêmeos – tinham onze anos de idade, e antes que se houvessem transformado nos pais dos primogênitos da segunda geração de verdadeiros seres humanos. E, nessa ocasião de reconhecimento planetário formal, a mensagem do arcanjo de Sálvington terminava com estas palavras:

"A mente humana apareceu no 606 de Satânia, e esses pais da nova raça serão chamados de *Andon* e *Fonta*. E todos os arcanjos oram para que essas criaturas possam rapidamente ser dotadas com a dádiva do espírito do Pai Universal, residindo nas suas pessoas".

Andon é um nome que em Nébadon significa "a primeira criatura, semelhante ao Pai, a demonstrar ter sede humana de perfeição". Fonta significa "a primeira criatura, semelhante ao Filho, a demonstrar ter fome humana de perfeição." Andon e Fonta não conheciam esses nomes até que lhes foram conferidos, quando da época da fusão deles com os seus Ajustadores do Pensamento. Quando da permanência mortal deles em Urântia, chamavam um ao outro de Sonta-an e de Sonta-en; Sonta-an significando "amado pela mãe", e Sonta-en significando "amada pelo pai". Eles deram esses nomes a si próprios, e os seus significados exprimem afeição e consideração mútuas.

1. ANDON E FONTA

Sob muitos aspectos, Andon e Fonta foram o casal mais notável de seres humanos que jamais viveu na face da Terra. Esse par maravilhoso, os verdadeiros pais de toda a humanidade, sob todos os pontos de vista, foi superior a muitos dos seus descendentes imediatos; e ambos foram radicalmente diferentes de todos os seus ascendentes, tanto imediatos quanto remotos.

Os pais desse primeiro casal humano eram aparentemente pouco diferentes da média da sua tribo, embora estivessem entre os membros mais inteligentes daquele grupo que primeiro aprendeu a atirar pedras e usar a clava para lutar. Eles também faziam uso de lascas pontiagudas de pedras, sílex e ossos.

Enquanto ainda viviam com os seus pais, Andon havia amarrado uma lasca aguda de pedra na extremidade da clava, usando tendões animais com essa finalidade, e, em muitas oportunidades, fez uso dessa arma para salvar tanto a sua vida quanto a da sua igualmente aventureira e curiosa irmã, que infalivelmente o acompanhava em todas as suas caminhadas para explorações.

A decisão de Andon e Fonta de deixar a tribo de primatas implica uma qualidade de mente muito acima da inteligência grosseira que caracterizou tantos descendentes seus, que se rebaixaram cruzando com os seus primos atrasados das tribos simianas. Mas o vago sentimento que eles possuíam, de serem algo mais do que meros animais, era devido à outorga da personalidade e da amplificação desta pela presença dos Ajustadores do Pensamento que passaram a residir nas suas mentes.

2. A FUGA DOS GÊMEOS

Após decidirem fugir em direção ao norte, Andon e Fonta sucumbiram ao próprio medo durante um certo tempo, especialmente ao medo de desagradar ao pai e à família mais imediata. Eles imaginaram ser atacados por parentes hostis e, assim, reconheceram a possibilidade de encontrar a morte nas mãos dos seus já ciumentos companheiros de tribo. Quando jovens, os gêmeos tinham passado a maior parte do seu tempo em companhia um do outro e, por essa razão, nunca haviam sido muito populares entre os seus primos animais da tribo de primatas. E ainda pioraram a sua posição na tribo ao construírem uma morada isolada, e muito superior, em uma árvore.

E foi nesse novo lar, no meio do alto das árvores, em uma noite em que foram despertados por uma violenta tempestade, ao se abraçarem ternamente por causa do medo, que decidiram final e completamente fugir do habitat tribal e daquele lar no topo das árvores.

Eles haviam preparado já um refúgio tosco na copa de uma árvore, a meio dia de viagem para o norte. Esse foi o esconderijo secreto e seguro deles para o primeiro dia longe do lar na floresta. Não obstante os gêmeos compartilharem o medo mortal, comum aos primatas, de estarem no chão no meio da noite, eles aventuraram-se a partir, pouco antes do anoitecer, tomando a sua trilha para o norte. Se bem que fosse necessária da parte deles uma coragem inusitada para empreender essa viagem noturna, mesmo com a lua cheia, eles concluíram corretamente que era menos provável, desse modo, que sentissem a falta deles e que fossem perseguidos pelos companheiros da tribo e pelos parentes. E chegaram a salvo no local previamente preparado, um pouco antes da meia-noite.

Na sua viagem para o norte, descobriram um depósito exposto de sílex e, encontrando muitas pedras com a forma adequada para vários usos, eles juntaram um suprimento para o futuro. Ao tentar lascar essas pedras de modo a que melhor se adaptassem para as várias finalidades, Andon descobriu a sua qualidade de fazer chispas e concebeu a idéia de fazer fogo. Mas essa concepção não se firmou na sua mente naquele momento, pois o clima estava salubre e pouca necessidade havia de fogo.

Mas o sol do outono já estava indo baixo no céu e, ao rumarem para o norte, as noites ficaram cada vez mais frias. E eles já se viram forçados a fazer uso de peles de animais para se aquecer. Antes que se completasse uma lua desde que estavam ausentes de casa, Andon deu a entender à sua companheira que ele podia fazer fogo com as pedras duras. Eles tentaram por dois meses utilizar a faísca da pedra para acender um fogo, mas nada conseguiram. Cada dia, o casal bateria as pedras e tentaria fazer a ignição da madeira. Finalmente, numa certa tarde à hora do pôr do sol, o segredo da técnica foi descoberto quando ocorreu a Fonta subir em uma árvore próxima para apanhar o ninho abandonado de um pássaro. O ninho estava seco e era altamente inflamável e conseqüentemente produziu uma chama abundante quando a chispa lhe caiu em cima. Eles ficaram tão surpresos e assustados com o êxito, que quase perderam o fogo, mas salvaram-no adicionando o estímulo adequado e, então, começou a primeira busca de lenha pelos pais da humanidade.

Esse foi um dos momentos mais jubilosos das suas curtas, mas aventurosas vidas. Durante toda a noite, permaneceram vigiando o fogo queimar, compreendendo vagamente que tinham feito uma descoberta que lhes tornaria possível desafiar o clima e, assim, se tornarem para sempre independentes dos seus parentes animais das terras do sul. Depois de três dias de descanso e de desfrute do fogo, eles prosseguiram a sua viagem.

Os primatas ascendentes de Andon haviam sempre mantido vivo o fogo que tinha sido aceso pelos raios, mas nunca antes as criaturas da Terra haviam tido a posse de um método de começar o fogo quando quisessem. Todavia, demorou muito tempo para que os gêmeos ficassem sabendo que o musgo seco e outros materiais serviam para acender o fogo tão bem quanto os ninhos de pássaros.

3. A FAMÍLIA DE ANDON

Quase dois anos transcorreram, desde a noite em que os gêmeos partiram de casa, antes que o seu primeiro filho nascesse. Eles o chamaram de Sontad; e Sontad foi a primeira criatura que nasceu, em Urântia, a ser enrolada em uma coberta protetora no momento do nascimento. A raça humana tinha tido o seu início, e com essa nova evolução surgiu o instinto de cuidar devidamente das crianças, as quais nasciam cada vez mais fracas; isso iria caracterizar o desenvolvimento progressivo da mente da ordem intelectual, em contraste com os tipos mais puramente animais.

Andon e Fonta tiveram dezenove filhos ao todo, e viveram para desfrutar do convívio com quase meia centena de netos e meia dúzia de bisnetos. A família domiciliava-se em quatro abrigos contíguos na rocha, ou grutas, três das quais eram interligadas por passagens que tinham sido escavadas no calcário macio, com os instrumentos de pedra criados pelos filhos de Andon.

Esses primeiros andonitas evidenciaram um espírito marcante de grupo; caçavam em grupos e nunca se distanciavam muito do local da própria casa. Pareciam compreender que eram um grupo isolado e singular de seres vivos e que, por isso, deviam evitar separar-se. Esse sentimento de parentesco íntimo sem dúvida era devido à ministração mental intensificada dos espíritos ajudantes.

Andon e Fonta trabalharam incessantemente para nutrir e elevar o seu clã. Viveram até a idade de quarenta e dois anos, quando ambos foram mortos durante um abalo da terra, pela queda de uma rocha pendente. Cinco dos seus filhos e onze netos pereceram com eles, e quase vinte dos descendentes deles sofreram ferimentos sérios.

Com a morte dos seus pais, Sontad, a despeito de estar com um pé seriamente ferido, assumiu imediatamente a liderança do clã e foi habilmente ajudado pela sua mulher, a sua irmã mais velha. A primeira tarefa deles foi rolar as pedras para enterrar definitivamente os seus pais, irmãos, irmãs e filhos mortos. Um significado indevido não deveria estar ligado a esse ato de enterrar. Suas idéias de sobrevivência depois da morte eram muito vagas e indefinidas, derivando-se essencialmente da vida dos sonhos fantásticos e variados que tinham.

Essa família de Andon e Fonta manteve-se unida até a vigésima geração, quando um misto de competição pelos alimentos e de atrito social trouxe o começo da dispersão.

4. OS CLÃS ANDÔNICOS

Os homens primitivos – os andonitas – tinham olhos negros e uma tez bronzeada, algo como um cruzamento de amarelo com vermelho. A melanina é uma substância que dá a cor e que é encontrada nas peles de todos os seres humanos. É o pigmento original da pele andônica. Pela aparência geral e pela cor da pele, esses andonitas primitivos pareciam-se mais com os esquimós atuais do que com qualquer outro tipo vivo de seres humanos. Eles foram as primeiras criaturas a usarem peles de animais como proteção contra o frio; tinham um pouco mais de pêlos, nos seus corpos, do que os humanos dos dias atuais.

A vida tribal dos ancestrais animais desses homens primitivos deixa antever o começo de numerosas convenções sociais e, com as emoções em expansão e os poderes cerebrais desses seres aumentados, houve um desenvolvimento imediato na organização social e uma nova divisão do trabalho no clã. Eles eram excessivamente imitativos, mas o instinto de jogar estava apenas ligeiramente desenvolvido e o senso de humor estava ainda quase inteiramente ausente. O homem primitivo sorria ocasionalmente, mas nunca se permitia o riso sincero. O humor foi um legado da raça Adâmica posterior. Esses primeiros seres humanos não eram tão sensíveis à dor nem tão reativos a situações desagradáveis como o foram muitos dos mortais evolutivos que surgiram mais recentemente. O parto dos filhos não era uma prova tão dolorosa, nem tão angustiante, para Fonta ou para a sua progênie imediata.

Eles formavam uma tribo maravilhosa. Os homens lutariam heroicamente pela segurança das suas companheiras e da sua progênie; as mulheres eram afetuosamente devotadas aos seus filhos. Mas o seu patriotismo era inteiramente limitado ao clã imediato. Eles eram muito leais às suas famílias; morreriam sem questionar em defesa dos seus filhos, mas não eram capazes de captar a idéia de tentar fazer do mundo um lugar melhor para os seus netos. O altruísmo ainda não havia nascido no coração humano, se bem que todas as emoções essenciais, ao surgimento da religião, estivessem já presentes nesses aborígines de Urântia.

Esses primeiros homens possuíam uma afeição tocante pelos seus companheiros e certamente tinham uma idéia real, se bem que tosca, da amizade. Era uma coisa comum, um pouco mais tarde, durante as suas batalhas constantes e repetidas com as tribos inferiores, ver um desses homens primitivos lutando valentemente com uma das mãos, enquanto, com a outra, tentava proteger e salvar um guerreiro companheiro ferido. Muitos dos traços mais nobres e altamente humanos, típicos do desenvolvimento evolucionário subseqüente, estavam já esboçados de modo tocante nesses povos primitivos.

O clã andonita original manteve uma linha ininterrupta de liderança até a vigésima-sétima geração, quando, não surgindo nenhuma prole masculina entre os descendentes diretos de Sontad, dois possíveis governantes rivais do clã lançaram-se na luta pela supremacia.

Antes da ampla dispersão dos clãs andonitas, uma linguagem bem desenvolvida evoluíra dos seus esforços iniciais para intercomunicar-se. Essa linguagem continuou a progredir e, quase quotidianamente, eram feitos acréscimos a ela por causa das novas invenções e adaptações ao meio ambiente, desenvolvidas por esse povo ativo, incansável e curioso. E essa linguagem tornou-se a palavra de Urântia, a língua da família humana inicial, até o aparecimento posterior das raças coloridas.

À medida que o tempo passou, os clãs andonitas cresceram em número, e o contato das famílias em expansão gerou atritos e mal-entendidos. Apenas duas coisas ocupavam as mentes desses povos: a caça para obter a comida e a luta para vingar-se de alguma injustiça ou de algum insulto, reais ou supostos, da parte das tribos vizinhas.

As contendas familiares cresceram, as guerras tribais irromperam e perdas sérias aconteceram entre os melhores elementos dos grupos mais capazes e avançados. Algumas dessas perdas foram irreparáveis, pois algumas das linhagens de maior valor, em capacidade e inteligência, ficaram para sempre perdidas para o mundo. Essa raça inicial e a sua civilização primitiva foram ameaçadas de extinção por essa guerra sem fim entre os clãs.

É impossível a tais seres primitivos viverem muito tempo juntos em paz. O homem é descendente de animais lutadores e, quando estreitamente associados, tais povos sem cultura passam a irritar-se e ofendem uns aos outros. Os Portadores da Vida conhecem essa tendência entre as criaturas evolucionárias e, por isso, tomam as suas precauções de separações eventuais entre os seres humanos em desenvolvimento, em pelo menos três, e mais freqüentemente em seis raças distintas e separadas.

5. A DISPERSÃO DOS ANDONITAS

As primeiras raças andonitas não penetraram muito longe na Ásia e, a princípio, não entraram na África. A geografia daqueles tempos apontava-lhes o norte, e cada vez mais para o norte esses povos viajaram, até serem impedidos pelo gelo da terceira invasão glacial que avançava vagarosamente.

Antes que essa imensa camada de gelo alcançasse a França e as Ilhas Britânicas, os descendentes de Andon e Fonta haviam sido empurrados para o oeste na Europa e haviam-se estabelecido em mais de mil locais separadamente, ao longo dos grandes rios que iam até as águas, então quentes, do mar do norte.

Essas tribos andonitas foram as primeiras moradoras das margens dos rios na França; e viveram ao longo do rio Somme por dezenas de milhares de anos. O Somme é o único rio que não mudou durante as eras glaciais, correndo para o mar, naqueles dias, do mesmo modo como o faz hoje. E isso explica por que tantas evidências dos descendentes andonitas são encontradas ao longo do vale do curso desse rio.

Esses aborígines de Urântia não moravam em árvores, embora nas emergências eles ainda se refugiassem no topo delas. Eles habitavam regularmente no abrigo das falésias, ao longo dos rios e nas grotas das colinas, as quais lhes permitiam uma boa vista de quem se aproximasse e os abrigava contra os elementos do tempo. Assim, podiam desfrutar do conforto das suas fogueiras, sem serem muito incomodados pela fumaça. E tampouco eram realmente habitantes das cavernas, se bem que, em tempos posteriores, as camadas de gelo chegaram até o sul e empurraram os seus descendentes para dentro de cavernas. Eles preferiam acampar perto da borda de uma floresta e ao lado de uma correnteza.

Muito cedo se tornaram notavelmente espertos a ponto de camuflar as suas moradas, parcialmente abrigadas, e demonstraram grande habilidade para construir quartos de dormir, de pedra, cabanas em forma de domo, para dentro das quais eles rastejavam à noite. A entrada desse abrigo era fechada, rolando-se uma pedra para a frente dela, uma grande pedra que tinha sido colocada do lado de dentro com esse propósito, antes que as pedras do teto fossem postas nos seus lugares.

Os andonitas eram caçadores destemidos e bem-sucedidos e, à exceção de morangos selvagens e de certas frutas das árvores, viviam exclusivamente de carne. Do mesmo modo como Andon inventou o machado de pedra, também os seus descendentes logo descobriram e tornaram efetivo o uso da lança e do arpão. Afinal uma mente criadora de instrumentos funcionava em conjunção com uma mão destra no uso desse implemento, e esses humanos primitivos tornaram-se altamente hábeis na elaboração de ferramentas de pedra. Viajavam por toda parte, em busca da pedra mais dura, do mesmo modo que os humanos de hoje viajam aos confins da Terra em busca de ouro, platina e diamantes.

E, de vários outros modos, essas tribos andonitas manifestaram um grau de inteligência que os seus descendentes retrógrados não atingiram em meio milhão de anos, ainda que, muitas vezes, hajam redescoberto vários métodos de acender o fogo.

6. ONAGAR — O PRIMEIRO A ENSINAR A VERDADE

À medida que a dispersão andonita se estendeu, o status cultural e espiritual dos clãs retrocedeu por quase dez mil anos, até os dias de Onagar, que assumiu a liderança dessas tribos, trouxe a paz entre elas e, pela primeira vez, conduziu todas à adoração "d'Aquele que dá o alento aos homens e animais".

Andon havia se confundido muito em termos de filosofia; assim, havia escapado por pouco de tornar-se um adorador do fogo, em vista do grande conforto que se derivava da sua descoberta acidental. A razão, entretanto, desviou-o da sua própria descoberta, orientando-o para o sol como uma fonte superior de calor e de luz e mais inspiradora de temor e reverência; mas por ele estar muito longe também, não se tornou um adorador do sol.

Os andonitas logo desenvolveram um medo dos elementos: trovão, relâmpago, chuva, neve, granizo e gelo. Mas a fome permanecia como o impulso mais constantemente recorrente nesses dias primitivos e, já que subsistiam basicamente de comer animais, finalmente, eles desenvolveram uma forma de adoração aos animais. Para Andon, os maiores animais comestíveis eram símbolos da força criativa e do poder de sustentação. De quando em quando, tornou-se um costume designar vários desses animais maiores como objeto de adoração. Durante o tempo em que estava em voga um animal em particular, contornos toscos dele eram desenhados nas paredes das cavernas e, mais tarde, com o progresso contínuo que se fazia nas artes, esse deus-animal era gravado em vários ornamentos.

Os povos andonitas formaram, muito cedo, o hábito de renunciar a comer a carne do animal da veneração tribal. Brevemente, com a finalidade de impressionar mais fortemente as mentes dos seus jovens, eles estabeleceram uma cerimônia de reverência, que era feita em torno do corpo de um desses animais venerados; e, mais tarde ainda, essa celebração primitiva transformou-se, entre os seus descendentes, em cerimônias mais elaboradas e com sacrifícios. Essa é a origem dos sacrifícios como uma parte da adoração. Essa idéia foi elaborada por Moisés no ritual hebreu e conservada, no seu princípio, pelo apóstolo Paulo, como doutrina de expiação do pecado por meio do "derramamento de sangue".

Que o alimento tivesse sido uma coisa de importância tão suprema nas vidas desses seres humanos primitivos é mostrado pela prece ensinada a esses homens simples por Onagar, o seu grande educador. E essa prece era:

"Ó Alento da Vida, no dia de hoje, dai-nos a nossa comida diária, livrai-nos da maldição do gelo, salvai-nos dos nossos inimigos da floresta e, com misericórdia recebei-nos no Grande Além".

Onagar mantinha o seu centro de apoio às margens setentrionais do antigo mar Mediterrâneo, na região onde está o atual mar Cáspio, em uma colônia chamada Oban; esse local de permanência era situado no ponto onde a trilha que vinha do sul da Mesopotâmia, e levava ao norte, fazia uma curva para oeste. De Oban, ele enviou educadores às colônias mais longínquas para disseminar as suas novas doutrinas de uma Deidade única e o seu conceito da vida futura, que ele denominava de Grande Além. Esses emissários de Onagar foram os primeiros missionários do mundo; foram também os primeiros seres humanos a cozinhar a carne, os primeiros a usar regularmente o fogo para o preparo da comida. Eles cozinhavam a carne nas extremidades de espetos e também em pedras quentes; posteriormente, eles tostavam grandes pedaços no fogo, mas os seus descendentes voltaram a usar, quase que inteiramente, a carne crua.

Onagar nasceu há 983 323 anos (contados do ano 1934 d.C.) e viveu até os sessenta e nove anos de idade. O registro das realizações dessa mente mestra e desse líder espiritual dos dias anteriores ao Príncipe Planetário é uma récita emocionante sobre a organização desses povos primitivos em uma sociedade verdadeira. Ele instituiu um governo tribal eficaz, que continuou sem par durante as gerações seguintes por muitos milênios. Nunca mais, até a chegada do Príncipe Planetário, houve uma civilização tão altamente espiritual na Terra. Esse povo simples possuía uma religião real, ainda que primitiva, mas que foi subseqüentemente perdida com os seus descendentes em decadência.

Ainda que ambos, Andon e Fonta tenham recebido Ajustadores do Pensamento, exatamente como muitos dos seus descendentes, não foi senão nos dias de Onagar que os Ajustadores e os serafins guardiães vieram em grande número para Urântia. E essa foi, de fato, a idade dourada do homem primitivo.

7. A SOBREVIVÊNCIA DE ANDON E FONTA

Andon e Fonta, os fundadores esplêndidos da raça humana, receberam reconhecimento na época do julgamento de Urântia, quando da chegada do Príncipe Planetário, e, no tempo devido, eles emergiram, do regime dos mundos das mansões, com status de cidadania em Jerusém. Embora nunca lhes haja sido permitido voltar a Urântia, são conhecedores da história da raça que fundaram. Eles afligiram-se com a traição de Caligástia, lamentaram-se por causa da falta Adâmica, mas rejubilaram-se sobremaneira quando receberam o anúncio de que Michael havia selecionado o mundo deles como cenário para a sua auto-outorga final.

Em Jerusém, tanto Andon quanto Fonta fusionaram-se aos seus Ajustadores do Pensamento, como o fizeram também vários dos seus filhos, inclusive Sontad, mas a maioria dos seus descendentes, mesmo os imediatos, apenas logrou a fusão com o Espírito.

Andon e Fonta, pouco depois da sua chegada em Jerusém, receberam do Soberano do Sistema permissão para retornarem ao primeiro mundo das mansões e servirem junto às personalidades moronciais que dão as boas-vindas aos peregrinos do tempo, vindos de Urântia para as esferas celestes. E foram designados indefinidamente para esse serviço. Eles tentaram enviar saudações a Urântia por meio dessas revelações, mas esse pedido lhes foi sabiamente negado.

E é essa a narração do capítulo mais heróico e fascinante em toda a história de Urântia, a história da evolução, das lutas de vida, da morte e da sobrevivência eterna dos progenitores singulares de toda a humanidade.

[Apresentado por um Portador da Vida residente em Urântia.]

DOCUMENTO 64

AS RAÇAS EVOLUCIONÁRIAS DE COR

ESTA é a história das raças evolucionárias de Urântia desde os dias de Andon e Fonta, há quase um milhão de anos, passando pela época do Príncipe Planetário até o fim da idade glacial.

A raça humana tem quase um milhão de anos, e a primeira metade da sua história corresponde, grosso modo, aos dias anteriores à vinda do Príncipe Planetário para Urântia. A segunda metade da história da humanidade começa na época da chegada do Príncipe Planetário e do aparecimento das seis raças de cor e corresponde, grosso modo, ao período comumente considerado como a Idade da Pedra Lascada.

1. OS ABORÍGINES ANDÔNICOS

O homem primitivo fez o seu aparecimento evolucionário na Terra há pouco menos de um milhão de anos, e teve uma experiência rude. Ele tentou escapar instintivamente do perigo de reproduzir-se com as tribos de símios inferiores. Contudo, ele não podia migrar para o leste, por causa das elevações tibetanas áridas, a 9 000 metros de altitude acima do nível do mar; nem podia ir para o sul, nem para o oeste, por causa da grande extensão do mar Mediterrâneo, que então se estendia para o leste, até o oceano Índico; e, quando foi para o norte, ele encontrou o gelo que avançava. Porém, ainda que a migração posterior tivesse sido bloqueada pelo gelo e, embora as tribos em dispersão houvessem se tornado cada vez mais hostis, os grupos mais inteligentes nunca alimentaram a idéia de ir para o sul, viver entre os seus primos peludos de intelecto inferior que habitavam em árvores.

Muitas das primeiras emoções religiosas do homem brotaram do seu sentimento de impotência, quanto ao meio ambiente fechado de tal situação geográfica: montanhas à direita, água à esquerda e gelo pela frente. Esses andonitas progressivos, todavia, não queriam voltar para o sul; para junto dos seus parentes inferiores, habitantes de árvores.

Esses andonitas, ao contrário dos hábitos dos seus parentes não humanos, evitavam as florestas. Nas florestas, o homem sempre se deteriorara; a evolução humana fez progresso apenas em terras abertas e nas latitudes mais elevadas. O frio e a fome das terras abertas estimulam a ação, a invenção e o espírito empreendedor. Enquanto essas tribos andonitas produziam os pioneiros da raça humana atual, em meio às rudes provações e privações dos rigorosos climas nórdicos, os seus primos atrasados deleitavam-se nas florestas tropicais sulinas da terra de sua origem primitiva comum.

Esses acontecimentos ocorreram durante os tempos da terceira invasão glacial, que os vossos geólogos consideram como sendo a primeira. Os dois primeiros períodos glaciais não se estenderam à Europa setentrional.

Durante a maior parte da idade glacial, a Inglaterra estava ligada por terra à França, enquanto, ulteriormente, a África esteve ligada à Europa pelo istmo Siciliano. Na época das migrações andônicas, havia uma contínua rota de terras que, passando pela Europa e pela Ásia, ligava a Inglaterra, a oeste, até Java, no leste; mas a Austrália de novo estava isolada, o que acentuava ainda mais o desenvolvimento de uma fauna peculiar sua.

Há 950 mil anos, os descendentes de Andon e Fonta haviam migrado para bem longe, a leste e a oeste. Para irem até o oeste, eles passaram pela Europa, indo para a França e a Inglaterra. Posteriormente, penetraram em direção leste, até Java, onde os seus ossos foram recentemente encontrados – o chamado homem de Java –, e então prosseguiram no seu caminho para a Tasmânia.

Os grupos que se dirigiram para o oeste ficaram menos contaminados pelas linhagens retrógradas, de origem ancestral comum, do que os que foram para o leste, que se misciagenaram livremente com os primos, animais inferiores. Esses indivíduos não progressistas derivaram para o sul e logo se uniram com as tribos inferiores. Mais tarde, um número crescente de descendentes mestiços deles retornou ao norte, para se misciagenar com os povos andônicos, que se expandiam rapidamente; e essas uniões infelizes infalivelmente deterioraram a raça superior. Os grupos primitivos mantinham, cada vez menos, a adoração d'Aquele Que Dá o Alento. Essa civilização primitiva, na sua aurora, estava ameaçada de extinção.

E assim tem sido sempre em Urântia. As civilizações mais promissoras são as que se têm, sucessivamente, deteriorado e, finalmente, se extinguido, devido à loucura de permitir que os superiores procriem livremente com os inferiores.

2. OS POVOS DE FOXHALL

Há 900 mil anos, as artes de Andon e Fonta e a cultura de Onagar estavam em vias de desaparecimento da face da Terra; a cultura, a religião e mesmo a elaboração de trabalhos de pedra estavam na mais plena decadência.

Esses foram tempos em que um grande número de grupos de mestiços inferiores estava chegando à Inglaterra, vindos do sul da França. Essas tribos eram tão misturadas com as criaturas simianas da floresta, que mal podiam ser consideradas humanas. Não tinham nenhuma religião, mas faziam trabalhos toscos de pedra e possuíam inteligência suficiente para fazer o fogo.

Eles foram seguidos, na Europa, por um povo, de um certo modo superior e prolífico, cujos descendentes logo se espalharam por todo o continente, desde as geleiras, ao norte, até os Alpes e o Mediterrâneo, ao sul. Essas tribos são as chamadas *raças de Heidelberg.*

Durante esse longo período de decadência cultural, os povos de Foxhall, da Inglaterra, e as tribos de Badonan, do noroeste da Índia, continuaram a manter algumas das tradições de Andon e alguns remanescentes da cultura de Onagar.

Os povos de Foxhall estavam no extremo oeste e tiveram êxito em guardar o suficiente da cultura andônica; e também preservaram o seu conhecimento do trabalho na pedra; conhecimento esse que transmitiram aos seus descendentes, os antigos ancestrais dos esquimós.

Embora os remanescentes dos povos de Foxhall tivessem sido os últimos a serem descobertos na Inglaterra, esses andonitas foram realmente os primeiros seres humanos que viveram naquelas regiões. Naquela época, uma ponte de terra ainda ligava a França e a Inglaterra; e, como a maioria dos primeiros povoados dos descendentes de Andon estava assentada ao longo dos rios e nas costas dos mares daquela época primitiva, esses povoados encontram-se agora sob as águas do canal da Mancha e do mar do Norte, com exceção de uns três ou quatro que estão ainda acima do nível do mar, na costa inglesa.

Muitos dentre os povos de Foxhall, os mais inteligentes e espirituais, mantiveram a sua superioridade racial e perpetuaram os seus costumes religiosos primitivos. E esses povos, à medida que mais tarde se misturaram a linhagens subseqüentes, transladaram-se da Inglaterra para o oeste, depois de uma invasão glacial ulterior, e sobreviveram, constituindo os esquimós atuais.

3. AS TRIBOS BADONAN

Além dos povos de Foxhall, no oeste, outro centro ativo de cultura subsistiu no leste. Esse grupo vivia nos sopés dos planaltos, no noroeste da Índia, entre as tribos de Badonan, que era um tetraneto de Andon. Esses povos foram os únicos descendentes de Andon que nunca praticaram o sacrifício humano.

Esses badonitas das terras altas ocuparam um platô extenso, cercado de florestas, atravessado por correntezas e abundante em caça. Como alguns dos seus primos no Tibete, eles viviam em abrigos rudes de pedra, em grutas nas encostas e em galerias semi-subterrâneas.

Enquanto as tribos do norte temiam cada vez mais o gelo, os que viviam perto das suas terras de origem tornaram-se excessivamente temerosos da água. Eles presenciaram a península da Mesopotâmia afundando gradativamente no oceano e, embora ela emergisse várias vezes, as tradições dessas raças primitivas cresceram em função dos perigos do mar e do medo de inundações periódicas. E esse temor, junto com a sua experiência de enchentes de rios, explica por que buscavam os planaltos como um local seguro onde viver.

A leste do domínio dos povos de Badonan, nos montes Siwalik, da Índia do norte, podem ser encontrados fósseis que se aproximam dos tipos de transição entre o homem e os vários grupos pré-humanos, mais do que em quaisquer outros locais na Terra.

Há *850 mil* anos, as tribos superiores de Badonan começaram uma guerra de extermínio, dirigida contra os seus vizinhos inferiores e animalizados. Em menos de mil anos, a maior parte dos grupos animais dessas regiões fora destruída, ou recuara de volta para as florestas do sul. Essa campanha para a exterminação dos seres inferiores trouxe um ligeiro aperfeiçoamento nas tribos das montanhas daquela idade. E os descendentes miscigenados dessa raça badonita aprimorada apareceram nessa fase do desenvolvimento como um povo aparentemente novo – a *raça de Neandertal*.

4. AS RAÇAS DE NEANDERTAL

Os homens de Neandertal eram excelentes lutadores e faziam longas viagens. Espalharam-se gradativamente dos centros dos planaltos, no noroeste da Índia, para a França, a oeste, para a China, a leste, e mesmo descendo para o norte da África. Eles dominaram o mundo por quase meio milhão de anos, até o tempo da migração das raças evolucionárias de cor.

Há *800 mil* anos, a caça era abundante; muitas espécies de cervos, bem como de elefantes e de hipopótamos, perambulavam pela Europa. O gado era abundante; os cavalos e os lobos estavam em todos os lugares. Os homens de Neandertal foram grandes caçadores, e as tribos na França foram as primeiras a adotar a prática de dar aos caçadores de maior êxito o direito de escolha das esposas.

A rena foi extremamente útil a esses povos de Neandertal, servindo de alimento, de roupa e de instrumentos, pois eles faziam vários usos dos seus chifres e ossos. Tinham pouca cultura, mas melhoraram, em muito, o trabalho de entalhe nas pedras, até que este atingiu quase o nível dos dias de Andon. As pedras maiores, presas a cabos de madeira, voltaram a ser usadas e serviam como machados e picaretas.

Há *750 mil* anos, o quarto lençol de gelo avançara para o sul. Com os implementos aperfeiçoados, os homens de Neandertal fizeram buracos no gelo que cobriam os rios do norte e, assim, podiam fisgar o peixe que vinha até esses orifícios. Essas tribos sempre recuavam diante do gelo que avançava e, nessa época, houve a maior invasão glacial na Europa.

Nessa época, a glacial siberiana fazia a sua progressão máxima para o sul, compelindo o homem primitivo a deslocar-se mais para o sul, de volta às suas terras de origem. Mas a espécie humana, então, estava tão suficientemente diferenciada que o perigo de miscigenações futuras, com os seus parentes símios atrasados, diminuíra em muito.

Há *700 mil* anos, a quarta glacial, a maior de todas na Europa, estava começando a regredir; os homens e os animais estavam retornando para o norte. O clima era fresco e úmido, e o homem primitivo novamente prosperava na Europa e na Ásia ocidental. Gradualmente, as florestas espalharam-se para o norte, sobre a terra que havia sido tão recentemente coberta pelas geleiras.

A vida dos mamíferos pouco havia mudado, por causa das grandes glaciais. Esses animais subsistiram naquele cinturão estreito de terra entre o gelo e os Alpes e, com o retrocesso das geleiras, de novo espalharam-se rapidamente por toda a Europa. Vindos da África, passando pela ponte de terra da Sicília, chegaram elefantes de presas retas, rinocerontes de imensos focinhos, hienas e leões africanos; e esses novos animais virtualmente exterminaram os tigres dentes-de-sabre e os hipopótamos.

Há *650 mil* anos, presenciou-se a continuação do clima suave. No meio do período interglacial, o tempo havia-se tornado tão quente que os Alpes ficaram quase despidos de gelo e de neve.

Há *600 mil* anos, as geleiras haviam-se retraído, então, ao máximo, na direção do norte e, depois de uma pausa de alguns milhares de anos, novamente iam para o sul, na sua quinta incursão. Entretanto, por cinqüenta mil anos, houve pouca modificação de clima. O homem e os animais da Europa modificaram-se pouco. A ligeira aridez do período anterior diminuiu e as geleiras alpinas desceram até muito baixo, nos vales dos rios.

Há *550 mil* anos, a geleira que avançava novamente empurrou o homem e os animais para o sul. Dessa vez, entretanto, o homem tinha muito espaço no largo cinturão de terra que se estendia para o nordeste, penetrando a Ásia, e que ficava entre a faixa de gelo e o mar Negro, grandemente expandido, então, como um braço do Mediterrâneo.

Essas épocas, da quarta e da quinta glaciais, testemunharam ainda outra disseminação da cultura rude das raças do homem de Neandertal. Houve tão pouco progresso, contudo, que realmente parecia que a tentativa de produzir um tipo novo e modificado de vida inteligente em Urântia estava para fracassar. Por quase um quarto de milhão de anos, esses povos primitivos deixaram-se levar, caçando e lutando, por avanços esporádicos em algumas direções, mas, no todo, retrocedendo, certamente, se comparados aos seus ancestrais andônicos superiores.

Durante essas idades de trevas espirituais, a cultura supersticiosa da humanidade decaiu até o seu nível mais baixo. O homem de Neandertal realmente não tinha nenhuma religião além de uma superstição vergonhosa. Eles tinham um medo mortal das nuvens, mais especialmente de nevoeiros e neblinas. Uma religião primitiva de medo das forças naturais desenvolveu-se gradativamente, enquanto a adoração de animais declinava, à medida que o aperfeiçoamento das armas, com a abundância da caça, tornou esse povo capaz de viver com menos ansiedade a respeito da própria alimentação; e as recompensas do sexo, aos melhores caçadores, levaram a um melhoramento nas habilidades da arte da caça. Essa nova religião do medo levou às tentativas de aplacar as forças invisíveis por trás dos elementos naturais, e culminou, posteriormente, com os sacrifícios de seres humanos para apaziguar essas forças físicas invisíveis e desconhecidas. E essa prática terrível do sacrifício humano tem sido perpetuada pelos povos mais atrasados de Urântia, até o século vinte desta era.

Esses primitivos homens de Neandertal dificilmente poderiam ser chamados de adoradores do sol. Eles viviam mais o medo da escuridão; tinham um pavor mortal do cair da noite. Desde que a lua brilhasse um pouco, eles conseguiam manter o seu sangue-frio, mas, nas noites sem lua, eles chegavam ao pânico e começavam a sacrificar os seus melhores exemplares de homens e mulheres, em um esforço para induzir a lua a brilhar de novo. O sol, eles logo perceberam, voltaria regularmente, mas a lua, eles achavam que ela retornava por causa dos sacrifícios que faziam dos seus semelhantes. À medida que a raça avançou, o objeto e o propósito do sacrifício mudaram progressivamente, mas a oferta do sacrifício humano, como parte de um cerimonial religioso, perdurou ainda por um longo tempo.

5. A ORIGEM DAS RAÇAS COLORIDAS

Há 500 mil anos, as tribos Badonan dos planaltos ao noroeste da Índia viram-se envolvidas em uma outra grande luta racial. Por mais de cem anos, essa guerra impiedosa gerou a violência e, quando a longa luta chegou ao fim, restavam apenas cerca de cem famílias. Esses sobreviventes eram, porém, os mais inteligentes e os mais desejáveis de todos os descendentes de Andon e Fonta, que então permaneciam vivos.

E, entre esses badonitas dos planaltos, houve um acontecimento novo e estranho. Um homem e uma mulher que viviam na parte nordeste da região habitada dos planaltos, começaram *subitamente* a produzir uma família de crianças inusitadamente inteligentes. Essa foi a *família sangique*, os ancestrais de todas as seis raças coloridas de Urântia.

Essas crianças sangiques, em número de dezenove, não apenas eram mais inteligentes do que os seus semelhantes, mas as suas peles manifestavam uma tendência única de tomar várias cores com a exposição à luz do sol. Dessas dezenove crianças, cinco eram vermelhas, duas alaranjadas, quatro amarelas, duas verdes, quatro azuis e duas índigo-negras. Essas cores tornaram-se mais pronunciadas à medida que as crianças foram ficando mais adultas e, quando, mais tarde, esses jovens se mesclaram aos seus companheiros de tribo, toda a sua progênie tendia para a cor de pele do ascendente sangique.

E, agora, eu interrompo a narrativa cronológica, para chamar a vossa atenção à chegada do Príncipe Planetário, por volta dessa época, enquanto consideramos separadamente as seis raças sangiques de Urântia.

6. AS SEIS RAÇAS SANGIQUES DE URÂNTIA

Num planeta evolucionário normal, as seis raças evolutivas de cor aparecem uma a uma; o homem vermelho é o primeiro a evoluir e, durante idades, ele percorre o mundo, antes que as sucessivas raças coloridas apareçam. A emergência simultânea de todas as seis raças em Urântia, *e em uma mesma família*, foi bastante excepcional.

O aparecimento dos primeiros andonitas, em Urântia, foi também um fato novo em Satânia. Em nenhum outro mundo, no sistema local, essa raça de criaturas volitivas evoluiu antes das raças evolucionárias de cor.

1. *O homem vermelho*. Esses povos eram espécimes notáveis da raça humana e, sob muitos aspectos, superiores a Andon e Fonta. Eles formavam o grupo mais inteligente e foram os primeiros filhos dos sangiques a desenvolverem uma civilização e um governo tribal. Eles sempre foram monógamos; mesmo os seus descendentes mistos raramente praticavam a poligamia.

Em tempos posteriores, eles tiveram problemas sérios e prolongados com os seus irmãos amarelos na Ásia. Foram ajudados pela invenção prematura do arco e da flecha, mas, infelizmente, herdaram uma tendência forte dos seus antepassados, de lutar entre si próprios, e isso os enfraqueceu tanto que as tribos amarelas tornaram-se capazes de expulsá-los do continente asiático.

Há cerca de 85 mil anos, os remanescentes relativamente puros da raça vermelha foram em massa para a América do Norte e, pouco depois disso, o istmo de Behring afundou, isolando-os assim. Nenhum homem vermelho jamais retornou à Ásia. No entanto, em toda a Sibéria, na China, na Ásia central, na Índia e na Europa, eles deixaram para trás muito do seu sangue misturado a outras raças coloridas.

Quando o homem vermelho atravessou para a América, ele trouxe consigo grande parte dos ensinamentos e das tradições da sua origem primitiva. Os seus ancestrais imediatos tinham estado em contato com as últimas atividades da sede-central mundial do Príncipe Planetário. Contudo, pouco tempo depois de alcançar as Américas, o homem vermelho começou a perder de vista esses ensinamentos e ocorreu um grande declínio intelectual e espiritual na sua cultura. Logo, esses povos caíram de novo em lutas tão furiosas, entre eles próprios, que parecia que essas guerras tribais resultariam na rápida extinção desses remanescentes relativamente puros da raça vermelha.

Por causa desse grande retrocesso, os homens vermelhos pareciam condenados quando, há cerca de sessenta e cinco mil anos, Onamonalonton surgiu como o seu líder e libertador espiritual. Ele trouxe uma paz temporária entre os homens vermelhos americanos e reavivou a sua adoração do "Grande Espírito". Onamonalonton viveu até os noventa e seis anos de idade e manteve o seu núcleo central em meio às grandes sequóias da Califórnia. Muitos dos seus últimos descendentes chegaram até os tempos modernos, entre os Índios Pés Negros.

Com o passar dos tempos, os ensinamentos de Onamonalonton transformaram-se em tradições vagas. As guerras fratricidas recomeçaram, e nunca mais, depois dos dias desse grande instrutor, surgiu outro líder que trouxesse uma paz universal entre eles. As raças mais inteligentes pereciam cada vez mais nessas lutas tribais e, não fora isso, uma grande civilização teria sido construída no continente norte-americano por esses homens vermelhos inteligentes e hábeis.

Depois de haver passado para a América, vindo da China, o homem vermelho do norte nunca mais entrou em contato com outras influências do mundo (exceto o esquimó), até que, mais tarde, fosse descoberto pelo homem branco. E foi uma infelicidade que o homem vermelho tenha quase completamente perdido a sua oportunidade de ser elevado por uma mistura com o sangue Adâmico posterior. Como aconteceu, o homem vermelho não podia governar o homem branco, e não queria servir voluntariamente a ele. Nessas circunstâncias, se as duas raças não se misturam, uma ou a outra fica condenada.

2. *O homem alaranjado*. A característica que mais se destacava nessa raça era a sua necessidade peculiar de construir, de edificar toda e qualquer coisa, ainda que

fosse empilhar grandes montes de pedras para ver qual tribo faria a pilha maior. Embora não fosse um povo progressivo, eles beneficiaram-se muito das escolas do Príncipe, enviando representantes para instruir-se ali.

A raça laranja foi a primeira a seguir a linha da costa do Mediterrâneo na direção sul, até a África, quando esse mar afastava-se para o oeste. Entretanto, eles nunca firmaram favoravelmente pontos de apoio na África, e foram exterminados quando da chegada ulterior da raça verde.

Antes do seu fim, esse povo perdeu muito terreno, espiritual e culturalmente; mas houve um grande recrudescimento de um nível superior de vida, em resultado da liderança sábia de Porshunta, a mente mestra dessa desafortunada raça, que a ela trouxe a sua ministração quando o seu centro geral era em Armagedon, há cerca de trezentos mil anos.

A última grande luta, entre os homens alaranjados e os verdes, ocorreu na região do vale do baixo Nilo, no Egito. Essa guerra interminável durou quase cem anos e, no seu final, pouquíssimos representantes da raça alaranjada permaneciam vivos. Os restos dispersos desse povo foram absorvidos pelos homens verdes e, posteriormente, pelos índigo-negros, que chegaram mais tarde. Enquanto raça, contudo, o homem alaranjado deixou de existir há cerca de cem mil anos.

3. *O homem amarelo.* As tribos amarelas primitivas foram as primeiras a abandonar a caça, a estabelecer comunidades estáveis, e a desenvolver uma vida familiar baseada na agricultura. Intelectualmente, eles eram um pouco inferiores ao homem vermelho, mas, social e coletivamente, eles demonstraram ser superiores a todos os povos sangiques, no que se refere a fomentar a civilização de uma raça. Por haverem desenvolvido um espírito fraternal, com as várias tribos aprendendo a viver juntas em uma paz relativa, eles tornaram-se capazes de ir expulsando a raça vermelha à medida que iam gradualmente expandindo-se pela Ásia.

Eles viajaram para longe das influências da sede-central espiritual do mundo e entraram em grandes trevas espirituais, depois da apostasia de Caligástia; mas esse povo teve uma idade brilhante, quando Singlangton, há cerca de cem mil anos, assumiu a liderança dessas tribos e proclamou a adoração da "Verdade Única".

A sobrevivência de números relativamente grandes de homens da raça amarela é devida ao pacifismo entre as tribos. Desde os dias de Singlangton, aos tempos da China moderna, a raça amarela tem estado entre as nações mais pacíficas de Urântia. Essa raça recebeu um legado pequeno, mas potente, da posterior descendência Adâmica importada.

4. *O homem verde.* A raça verde foi um dos grupos menos capazes de homens primitivos, e eles foram muito enfraquecidos pelas extensas migrações em várias direções. Antes da sua dispersão, essas tribos conheceram um grande renascimento cultural, sob a liderança de Fantad, há uns trezentos e cinqüenta mil anos.

A raça verde separou-se em três grandes divisões. As tribos do norte foram vencidas, escravizadas e absorvidas pelas raças amarela e azul. O grupo do leste foi amalgamado aos povos da Índia daqueles dias, e alguns remanescentes ainda perduram em meio àqueles povos. A nação sulina entrou na África, onde destruiu a raça dos seus primos, quase igualmente inferiores, da raça alaranjada.

Sob muitos aspectos, ambos os grupos estavam equiparadamente dotados para essa luta, pois ambos traziam linhagens da ordem dos gigantes; muitos dos seus líderes tinham entre dois metros e quarenta, e dois metros e sessenta de altura. Essas linhagens de homens verdes gigantes ficaram, na sua maioria, confinadas a essa nação sulina ou egípcia.

DOCUMENTO 64: SEÇÃO 6

Os remanescentes dos homens verdes vitoriosos foram absorvidos, subseqüentemente, pela raça índigo, o último dos povos coloridos a desenvolver-se e a emigrar do centro sangüíneo original de dispersão das raças.

5. *O homem azul.* Os homens azuis formaram um grande povo. Muito cedo, eles inventaram a lança e, em seguida, elaboraram os rudimentos de muitas das artes da civilização moderna. O homem azul tinha o poder cerebral do homem vermelho, associado à alma e ao sentimento do homem amarelo. Os descendentes Adâmicos preferiam-nos a todas as raças coloridas posteriores que sobreviveram.

Os homens azuis primitivos foram sensíveis às persuasões dos educadores do corpo de assessores do Príncipe Caligástia e foram lançados em uma grande confusão pelos ensinamentos deturpados dos líderes traidores. Como outras raças primitivas, eles nunca se recuperaram plenamente do abalo produzido pela traição de Caligástia, e também nunca conseguiram superar inteiramente a tendência de lutar entre si.

Aproximadamente quinhentos anos depois da queda de Caligástia, ocorreu uma ampla renascença cultural e religiosa de um tipo primitivo – no entanto, real e benéfica. Orlandof tornou-se um grande instrutor da raça azul e conduziu muitas tribos de volta ao culto do Deus verdadeiro, sob o nome de "o Chefe Supremo". Esse foi o maior avanço do homem azul, até tempos posteriores, quando essa raça foi tão enormemente elevada pelo acréscimo do sangue Adâmico.

As pesquisas e explorações européias, sobre a antiga Idade da Pedra Lascada, têm muito a ver com a escavação dos instrumentos, ossos e objetos de artesanato desses antigos homens azuis, pois eles perduraram na Europa até tempos recentes. As chamadas *raças brancas*, de Urântia, são descendentes desses homens azuis, pois eles foram, primeiro, modificados por uma leve mistura com as raças amarela e vermelha e, mais tarde, foram elevados em muito pela assimilação de porções maiores da raça violeta.

6. *A raça índigo.* Do mesmo modo que os homens vermelhos foram os mais avançados de todos os povos sangüíneos, os homens negros foram os de menor progresso. Foram os últimos a migrar dos planaltos da sua origem. Eles foram para a África, tomaram posse do continente e, desde então, permaneceram sempre lá, salvo quando tirados dali à força, de épocas em épocas, como escravos.

Isolados na África, os povos índigos, como o homem vermelho, receberam pouca ou nenhuma elevação racial que se poderia haver derivado da infusão do sangue Adâmico. A sós, na África, a raça índigo fez poucos avanços, até os dias de Orvonon, quando experimentou um grande despertar espiritual. Se bem que, mais tarde, quase se esqueceu do "Deus dos Deuses", proclamado por Orvonon, não perdeu inteiramente o desejo de adorar o Desconhecido; pelo menos, manteve uma forma de adoração, até uns poucos milhares de anos.

Não obstante o seu atraso, esses povos índigos têm o mesmo status, perante os poderes celestes, de qualquer das outras raças terrenas.

Essas foram idades de lutas intensas entre as várias raças, contudo, próximo à sede-central do Príncipe Planetário, os grupos mais esclarecidos e de instrução mais recente viveram juntos em uma relativa harmonia, embora nenhuma grande conquista cultural das raças do mundo tenha sido realizada até o momento em que a eclosão da rebelião de Lúcifer causou uma séria interrupção nesse regime de harmonia.

De tempos em tempos, todos esses diferentes povos conheceram renascimentos culturais e espirituais. Mansant foi um grande educador dos dias pós-Príncipe Planetário. Contudo, estamos fazendo menção apenas aos líderes destacados e educadores que influenciaram e inspiraram de modo marcante uma raça inteira. Com o passar dos tempos, muitos mestres menores surgiram, em regiões diferentes; e, no conjunto, eles contribuíram muito para a soma total das influências salvadoras que impediram um colapso cabal da civilização cultural, especialmente durante as idades longas e obscuras entre a rebelião de Caligástia e a chegada de Adão.

Há razões boas, suficientes e em grande número que justificam o plano de fazer evoluir três ou seis raças coloridas, nos mundos do espaço. Embora os mortais de Urântia possam não estar em posição de saber apreciar todas essas razões, nós gostaríamos de chamar a atenção para as seguintes:

1. A variedade é indispensável, para dar oportunidade a um amplo funcionamento da seleção natural, levando à sobrevivência dos estratos superiores.

2. Raças mais fortes e melhores podem ser obtidas, em conseqüência de cruzamentos de povos diversos, quando essas raças diferentes são portadoras de fatores de uma herança superior. E as raças de Urântia ter-se-iam beneficiado de uma tal miscigenação antecipada, caso o povo resultante pudesse ter sido subseqüentemente elevado, de um modo efetivo, por uma miscigenação cuidadosa com a raça Adâmica superior. Uma tentativa de se efetuar um experimento assim, em Urântia, sob as condições raciais atuais, seria altamente desastrosa.

3. A competição é saudavelmente estimulada pela diversidade de raças.

4. As diferenças no status das raças e grupos, dentro de cada raça, são essenciais para o desenvolvimento da tolerância e do altruísmo humano.

5. A homogeneidade da raça humana não é desejável, antes que os povos de um mundo em evolução atinjam níveis relativamente altos de desenvolvimento espiritual.

7. A DISPERSÃO DAS RAÇAS DE COR

Quando os descendentes coloridos da família sangique começaram a multiplicar-se e a buscar oportunidades de expansão nos territórios adjacentes, a quinta glacial, ou segundo vossos cálculos geológicos, a terceira, já estava bem avançada, na sua arremetida para o sul, sobre a Europa e a Ásia. Essas primeiras raças coloridas haviam sido testadas, de um modo extraordinário, pelos rigores e privações da idade glacial da sua origem. Essa glacial foi tão extensa, na Ásia, que, por milhares de anos, a migração para o leste da Ásia ficou interrompida. E não foi possível alcançar a África, antes da última retração do mar Mediterrâneo, conseqüente da elevação da Arábia.

Assim foi que, durante quase cem mil anos, esses povos sangiques espalharam-se pelos sopés das montanhas e misturaram-se, mais ou menos intensamente, não obstante a antipatia peculiar, mas natural, que cedo se manifestou entre as diferentes raças.

Entre a época do Príncipe Planetário e a de Adão, a Índia tornou-se o lar das populações mais cosmopolitas jamais encontradas na face da Terra. Infelizmente, porém, essas misturas vieram a conter elementos excessivos das raças verde, alaranjada e índigo. Esses povos sangiques secundários tiveram uma existência mais facilitada e agradável nas terras do sul, e muitos deles posteriormente migraram para a África. Os povos sangiques primários, as raças superiores, evitaram os trópicos; a vermelha, indo para o nordeste até a Ásia, seguida de perto pelo homem amarelo, enquanto a raça azul mudou-se para o nordeste, ganhando a Europa.

Os homens vermelhos começaram a migrar muito cedo para o nordeste, acompanhando o recuo do gelo, contornando os planaltos da Índia e ocupando todo o nordeste da Ásia. E foram seguidos de perto pelas tribos amarelas, que os expulsaram, subseqüentemente, da Ásia para a América do Norte.

Quando os remanescentes de linhagem relativamente pura, da raça vermelha, abandonaram a Ásia, havia onze tribos, e o número deles era de pouco mais do que sete mil, entre homens, mulheres e crianças. Essas tribos estavam acompanhadas de três grupos pequenos, de ascendência mista, o maior dos quais sendo uma combinação das raças alaranjada e azul. Esses três grupos nunca confraternizaram plenamente com o homem vermelho e logo rumaram na direção sul, para o México e para a América Central, onde a eles se juntou, mais tarde, um pequeno grupo misturado de amarelos e vermelhos. Esses povos casaram-se todos entre si, fundando uma nova raça miscigenada, muito menos guerreira do que os homens vermelhos de linhagem pura. Em cinco mil anos, essa raça amalgamada dividiu-se em três grupos, estabelecendo respectivamente as civilizações do México, da América Central e da América do Sul. O ramo da América do Sul recebeu um leve toque do sangue de Adão.

Numa certa extensão, os homens vermelhos e amarelos primitivos misturaram-se na Ásia, e a progênie dessa união emigrou para o leste e ao longo do litoral sulino e, finalmente, a raça amarela, que crescia rapidamente, expulsou-os para as penínsulas e as ilhas próximas da costa marítima. São eles os homens morenos de hoje em dia.

A raça amarela continuou a ocupar as regiões centrais da Ásia oriental. De todas as seis raças coloridas, dela foram os que sobreviveram em maior número. Embora os homens amarelos, de quando em quando, entrassem em guerras raciais, eles não levavam adiante as guerras intermináveis e implacáveis de exterminação, como as que faziam os homens vermelhos, os verdes e os alaranjados. Essas três raças, virtualmente, destruíram-se antes que pudessem ser finalmente aniquiladas pelos seus inimigos das outras raças.

Posto que a quinta glacial não se estendeu tanto para o sul, na Europa, o caminho estava parcialmente aberto para que esses povos sangiques migrassem para o noroeste; e, com o recuo do gelo, os homens azuis, junto com outros poucos pequenos grupos raciais, migraram para o oeste, acompanhando as velhas trilhas das tribos andônicas. Eles invadiram a Europa, em ondas sucessivas, ocupando a maior parte do continente.

Na Europa, logo eles encontraram os descendentes de Andon, o homem de Neandertal, da sua ascendência primitiva comum. Esses antigos homens de Neandertal, europeus, haviam sido levados para o sul e para o leste pelas invasões glaciais, e assim estavam em posição de encontrar e de absorver rapidamente os seus primos invasores das tribos sangiques.

Em geral, e desde o princípio, as tribos sangiques foram, sob muitos aspectos, bastante superiores e mais inteligentes do que os deteriorados descendentes dos homens andônicos das planícies; e a mistura dessas tribos sangiques com os homens de Neandertal levou a uma melhora imediata da raça mais antiga. Foi essa infusão do sangue sangique, mais especialmente a dos homens azuis, que produziu aquele desenvolvimento marcante nos povos de Neandertal, demonstrada nas ondas sucessivas de tribos cada vez mais inteligentes que se espalharam pela Europa, vindas do leste.

Durante o período interglacial seguinte, essa nova raça de Neandertal disseminou-se desde a Inglaterra até a Índia. Os remanescentes da raça azul que haviam ficado na velha península Pérsica, posteriormente, miscigenaram-se com alguns outros elementos, sobretudo amarelos; e a mistura resultante, em uma certa medida, elevada subseqüentemente pela raça violeta de Adão, sobreviveu na forma das bronzeadas tribos nômades dos árabes modernos.

Todos os esforços para identificar os ancestrais sangiques, dos povos modernos, deve levar em conta o aprimoramento posterior das linhagens raciais, pelo subseqüente acréscimo do sangue Adâmico.

As raças superiores buscaram os climas do norte ou temperados, enquanto a raça alaranjada, a verde e a índigo, sucessivamente, penderam mais para a África, passando pela ponte recentemente elevada de terra que separava o mar Mediterrâneo, que recuava para o oeste, e o oceano Índico.

O último dos povos sangiques a migrar do seu centro de origem racial foi o homem índigo. Por volta da época em que o homem verde estava eliminando a raça alaranjada, no Egito, e enfraquecendo muito a si próprio ao fazê-lo, o grande êxodo dos negros começou para o sul, através da Palestina, ao longo da costa; e, mais tarde, quando esses povos índigos, fisicamente fortes, invadiram o Egito, eles extinguiram totalmente os homens verdes, pela simples força numérica. Essa raça índigo absorveu os remanescentes dos homens alaranjados e muito da linhagem do homem verde, e algumas das tribos de homens da cor índigo ficaram consideravelmente aperfeiçoadas com essa amalgamação étnica.

E assim parece que o Egito foi primeiramente dominado pelo homem alaranjado, depois pelo verde, seguido pelo homem índigo (negro) e, mais tarde ainda, por uma raça mestiça de índigo, azul e de homens verdes modificados. Todavia, muito antes da chegada de Adão, os homens azuis da Europa, e as raças mistas, da Arábia, haviam expulsado a raça índigo, do Egito, para pontos mais ao sul do continente africano.

Ao chegar o fim das migrações sangiques, as raças verde e alaranjada já não existiam, o homem vermelho ocupava a América do Norte, o amarelo, a Ásia oriental, o homem azul, a Europa, e a raça índigo pendia para a África. A Índia abrigava uma mistura de raças sangiques secundárias e o homem moreno, uma mistura do vermelho e do amarelo, mantinha-se nas ilhas da costa asiática. Uma raça miscigenada, com um potencial bastante superior, ocupou os planaltos da América do Sul. Os andonitas mais puros viveram nas regiões do extremo norte da Europa e da Islândia, da Groenlândia e da parte nordeste da América do Norte.

Durante os períodos de maior avanço da invasão glacial, as tribos andonitas do extremo oeste chegaram muito perto de serem empurradas, quase inteiramente, para o mar. Eles viveram durante anos em uma faixa estreita de terra, ao sul da ilha que atualmente é a Inglaterra. E era já uma tradição que essas invasões glaciais repetidas os empurrassem para o mar, quando a sexta e última glacial finalmente surgiu. Eles foram os primeiros aventureiros marítimos. Construíram barcos e começaram a procurar novas terras, que esperavam estar livres daquelas terríveis invasões de gelo. E alguns deles alcançaram a Islândia, outros, a Groenlândia, mas a grande maioria deles pereceu de fome e sede no mar aberto.

Há pouco mais do que oitenta mil anos, pouco depois de o homem vermelho haver entrado no noroeste da América do Norte, o congelamento dos mares do norte e o avanço dos campos locais de gelo sobre a Groenlândia levaram os esquimós, descendentes dos aborígines de Urântia, a buscar uma terra melhor, um novo lar; e eles tiveram êxito, cruzando a salvo os estreitos fechados, que então separavam a Groenlândia das massas de terra do nordeste da América do Norte. Eles alcançaram o continente aproximadamente dois mil e cem anos depois que o homem vermelho chegou ao Alasca. Subseqüentemente, algumas das linhagens mistas dos homens azuis rumaram para o oeste, miscigenaram-se com os esquimós, mais recentemente, e essa união resultou em poucos benefícios para as tribos esquimós.

Há cerca de cinco mil anos, um encontro casual aconteceu entre uma tribo indiana e um grupo esquimó solitário, nas praias do sudeste da baía de Hudson. Essas duas tribos acharam difícil comunicar-se uma com a outra, mas logo casaram entre si, e o resultado foi que esses esquimós foram finalmente absorvidos pelos homens vermelhos, mais numerosos. E isso representa o único contato do homem vermelho norte-americano, com qualquer outra linhagem humana, até aproximadamente mil anos atrás, quando pela primeira vez, o homem branco desembarcou por acaso nas terras da costa Atlântica.

As lutas dessas idades primitivas foram caracterizadas pela coragem, pela bravura, e mesmo, pelo heroísmo. E todos nós lamentamos que tantos desses traços de vigor e de legitimidade dos vossos primeiros ancestrais houvessem sido perdidos nas raças mais recentes. Ainda que apreciemos o valor de muitos refinamentos da civilização que avança, sentimos a falta da persistência magnífica e da devoção soberba dos vossos primeiros ancestrais, que muitas vezes beiravam a grandeza e a sublimidade.

[Apresentado por um Portador da Vida residente em Urântia.]

DOCUMENTO 65

O SUPERCONTROLE DA EVOLUÇÃO

A VIDA evolucionária material básica – a vida pré-mental – é formulada pelos Mestres Controladores Físicos e pela ministração da implantação da vida vinda dos Sete Espíritos Mestres, juntamente com a ministração ativa dos Portadores da Vida designados. Como resultado da função coordenada dessa criatividade tríplice, desenvolve-se uma capacidade física do organismo para possuir mente – mecanismos materiais de reação inteligente aos estímulos ambientais externos e, mais tarde, aos estímulos internos, ou influências que têm origem na própria mente do organismo.

Há, então, três níveis distintos de produção e de evolução da vida:

1. O domínio da energia física – produto da capacidade da mente.

2. A ministração da mente, feita pelos espíritos ajudantes – influenciando a capacidade espiritual.

3. A dotação espiritual da mente mortal – culminando no outorgamento dos Ajustadores do Pensamento.

Os níveis mecânicos, não ensináveis, de reação do organismo ao meio ambiente, são do domínio dos controladores físicos. Os espíritos ajudantes da mente ativam e regulam os tipos de mente adaptáveis ou ensináveis, não mecânicos – aqueles mecanismos de resposta dos organismos capazes de aprender a partir da experiência. E, à medida que os espíritos ajudantes manipulam, desse modo, os potenciais da mente, também os Portadores da Vida exercem um controle discriminador considerável sobre os aspectos ambientais do processo evolucionário, até o momento do aparecimento da vontade humana – a capacidade de conhecer Deus e o poder de optar por adorá-Lo.

É o funcionamento coordenado e integrado dos Portadores da Vida, dos controladores físicos e dos espíritos ajudantes que condiciona o curso da evolução orgânica nos mundos habitados. E é por isso que a evolução – em Urântia, ou em outro lugar – tem sempre um propósito, nunca sendo acidental.

1. AS FUNÇÕES DOS PORTADORES DA VIDA

Os Portadores da Vida são dotados com um potencial de metamorfose da personalidade que apenas poucas ordens de criaturas possuem. Esses Filhos do universo local são capazes de funcionar em três fases diversas do ser. Geralmente, eles cumprem os seus deveres como Filhos da fase intermediária, sendo esse o estado da sua origem. Todavia, um Portador da Vida, nesse estágio de existência, não poderia possivelmente funcionar sobre os domínios eletroquímicos como um fabricante de energias físicas e partículas materiais em unidades de existência vivente.

Os Portadores da Vida são capazes de funcionar, e funcionam, nos três seguintes níveis:

1. O nível físico da eletroquímica.

2. A fase intermediária usual de existência quase moroncial.

3. O nível semi-espiritual avançado.

Quando se preparam para empreender a implantação da vida, depois de haverem selecionado os locais para esse trabalho, os Portadores da Vida convocam a comissão de arcanjos de transmutação dos Portadores da Vida. Esse grupo consiste de dez ordens de personalidades diversas, incluindo os controladores físicos e seus colaboradores, e é presidido pelo comandante dos arcanjos, atuando nessa função por mandado de Gabriel e com a permissão dos Anciães dos Dias. Quando são circuitados adequadamente, tais seres podem efetuar modificações tais, nos Portadores da Vida, que os capacitam imediatamente para funcionar nos níveis físicos da eletroquímica.

Depois que os modelos da vida houverem sido formulados e as organizações materiais estiverem devidamente completas, as forças supramateriais envolvidas na propagação da vida tornam-se imediatamente ativas, e assim a vida passa a existir. A partir daí, os Portadores da Vida retornam imediatamente à sua meia-fase intermediária normal de existência da personalidade, estado no qual podem manipular as unidades vivas e manobrar os organismos em evolução, mesmo estando despojados de toda a capacidade de organizar – de criar – novos padrões de matéria viva.

Depois que a evolução orgânica houver seguido o seu curso, até um certo nível, e o livre-arbítrio do tipo humano houver aparecido nos organismos mais elevados em evolução, os Portadores da Vida devem abandonar o planeta ou então fazer votos de renúncia; quer dizer, devem comprometer-se a se abster de quaisquer tentativas de influir posteriormente no curso da evolução orgânica. E, quando esses votos são feitos voluntariamente, pelos Portadores da Vida que escolherem permanecer no planeta, como conselheiros futuros para aqueles a quem será confiada a tarefa de proteger as criaturas de vontade, recém-evoluídas, é convocada uma comissão de doze, presidida pelo comandante dos Estrelas Vespertinos, atuando com a autoridade do Soberano do Sistema e a permissão de Gabriel; e, então, esses Portadores da Vida são transmutados para a terceira fase da existência da personalidade – o nível semi-espiritual do ser. E, nessa terceira fase da existência, tenho eu funcionado em Urântia desde os tempos de Andon e Fonta.

Aguardamos ansiosos pela época em que o universo possa estabelecer-se em luz e vida, um possível quarto estágio do ser, no qual seremos integralmente espirituais, mas nunca nos foi revelada a técnica por meio da qual poderemos alcançar esse desejável estado avançado.

2. O PANORAMA EVOLUCIONÁRIO

A história da ascensão do homem, partindo das algas marinhas até que chegue a ser o senhor da criação terrestre, de fato é uma epopéia de lutas biológicas e sobrevivência da mente. Os ancestrais primordiais do homem foram, literalmente, o limo e o lodo do fundo do oceano, nas baías e nas lagunas de águas mornas e estagnadas da vasta linha do litoral dos antigos mares interiores; aquelas mesmas águas nas quais os Portadores da Vida estabeleceram as três implantações independentes de vida em Urântia.

Pouquíssimas espécies de tipos marinhos primitivos de vegetação que participaram daquelas mutações históricas, e que resultaram nos organismos na fronteira da vida animal, ainda hoje continuam existindo. As esponjas constituem os sobreviventes de um desses tipos primitivos intermediários, os organismos por meio dos quais se deu a transição *gradual* de vegetal até animal. Essas formas primitivas de transição, embora não sendo idênticas às esponjas modernas, foram muito semelhantes a elas; eram organismos verdadeiramente na fronteira – nem vegetais, nem animais – e que, finalmente, conduziram ao desenvolvimento das verdadeiras formas animais de vida.

As bactérias, organismos vegetais simples de uma natureza muito primitiva, mudaram pouco desde o alvorecer da vida, exibindo mesmo um grau de retroação no seu comportamento parasitário. Muitos dos fungos também representam um movimento retrógrado de evolução, sendo plantas que perderam a sua capacidade de produzir clorofila e havendo-se transformado mais ou menos em parasitas. A maioria das bactérias que causam doenças, e os seus corpos auxiliares de vírus, realmente pertencem a esse grupo de fungos parasitas desertores. Durante idades intermediárias, todo o vasto reino da vida vegetal evoluiu de ancestrais, dos quais as bactérias também descendem.

O tipo mais elevado de vida animal protozoária logo apareceu, e apareceu *de repente*. E, desses tempos longínquos, veio a ameba, o organismo animal típico, de uma célula, apenas um pouco modificada. Ela age, hoje, do mesmo modo como o fazia quando era ainda a mais recente das mais importantes realizações na evolução da vida. Essa diminuta criatura e seus primos protozoários são, para a criação animal, o que as bactérias são para o reino vegetal; representam a sobrevivência dos primeiros passos evolucionários primitivos na diferenciação da vida, ao lado do *fracasso dos desenvolvimentos subseqüentes*.

Logo os tipos primitivos de animais unicelulares associaram-se em comunidades, primeiro, em um nível volvoxídeo e, depois, ao longo da linha da hidra e da medusa. E mais tarde ainda evoluíram, resultando em estrelas-do-mar, crinóides, ouriços-do-mar, centopéias, pepinos-do-mar, insetos, aranhas, crustáceos e grupos correlatos de vermes da terra e sanguessugas, seguidos logo pelos moluscos – ostras, polvo e caracol. Centenas e centenas de espécies surgiram e pereceram; e seja feita menção apenas àquelas que sobreviveram às longuíssimas lutas. Tais espécimes não progressivos, junto com a família dos peixes a surgir depois, representam atualmente os tipos estacionários de animais primitivos inferiores, ramificações da árvore da vida que deixaram de progredir.

O cenário estava desse modo estabelecido para o aparecimento dos primeiros animais vertebrados, os peixes. Dessa família de peixes surgiram duas modificações únicas, a rã e a salamandra. E foi a rã que começou aquela série de diferenciações progressivas na vida animal as quais culminaram, finalmente, no próprio homem.

A rã é um dos mais antigos ancestrais sobreviventes da raça humana, mas também deixou de evoluir, sendo hoje muito semelhante à dos seus tempos remotos. A rã é a única espécie ancestral das raças iniciais que ainda vive sobre a face da Terra. A raça humana não tem nenhum ancestral sobrevivente entre a rã e o esquimó.

As rãs deram origem aos répteis, uma grande família animal que está virtualmente extinta, mas que, antes de deixar de existir, deu origem a toda a família de pássaros e às numerosas ordens de mamíferos.

Provavelmente o maior salto, em toda a evolução pré-humana, foi dado quando um dos répteis transformou-se em um pássaro. Os tipos de pássaros de hoje – águias, patos, pombos e avestruzes – todos descenderam de répteis enormes de muitas eras atrás.

O reino dos répteis, que descendeu da família da rã, é representado hoje por quatro divisões sobreviventes: duas não progressivas, as cobras e os lagartos, junto com os seus primos, os crocodilos e as tartarugas; uma parcialmente progressiva, a família dos pássaros e a quarta, a dos ancestrais dos mamíferos e a linha direta de descendentes da espécie humana. Contudo, ainda que há muito extinta, a enormidade passageira dos répteis encontrou eco nos elefantes e mastodontes, enquanto as suas formas peculiares ficaram perpetuadas nos cangurus saltadores.

Apenas quatorze filos apareceram em Urântia, os peixes sendo os últimos; e nenhuma classe nova desenvolveu-se desde os pássaros e os mamíferos.

Foi de um pequeno e ágil dinossauro réptil, de hábitos carnívoros, tendo um cérebro relativamente grande, que os mamíferos placentários surgiram *subitamente*. Esses mamíferos desenvolveram-se rapidamente e de muitos modos diferentes, não apenas dando surgimento às variedades modernas comuns, mas também evoluindo até os tipos marinhos, tais como as baleias e focas, e os navegadores do ar, como a família dos morcegos.

O homem, assim, evoluiu dos mamíferos mais elevados, derivados principalmente da *implantação ocidental* da vida nos antigos mares abrigados, que iam de leste para oeste. Os *grupos oriental* e *central* de organismos vivos, desde o princípio, progrediram favoravelmente até alcançarem os níveis pré-humanos de existência animal. À medida que as idades passaram, porém, o foco oriental de implantação de vida não alcançou um nível satisfatório de status pré-humano de inteligência, tendo sofrido perdas tão repetidas e irrecuperáveis dos seus tipos mais elevados do plasma da germinação, que ficou para sempre destituído do poder de reabilitar as suas potencialidades humanas.

Já que a qualidade da capacidade da mente para o desenvolvimento, nesse grupo oriental, foi definitivamente tão inferior àquela dos outros dois grupos, os Portadores da Vida, com o consentimento dos seus superiores, manipularam o ambiente de um modo tal a circunscreverem mais ainda essas linhagens inferiores pré-humanas de vida em evolução. Para aparências externas, a eliminação desses grupos inferiores de criaturas mostrou-se acidental, mas na realidade foi intencional.

Mais tarde, no desenvolvimento evolucionário da inteligência, os ancestrais lemurianos da espécie humana estavam muito mais avançados na América do Norte do que em outras regiões; e foram, por isso, levados a migrar, da arena de implantação ocidental de vida, para o estreito de Behring, e, costa abaixo, ao Sudoeste da Ásia, onde continuaram a evoluir e a beneficiar-se do acoplamento de algumas linhagens do grupo central de vida. O homem evoluiu assim, de algumas linhagens ocidentais e centrais de vida, apenas nas regiões centrais e do Oriente-Próximo.

Desse modo, a vida que foi plantada em Urântia evoluiu até a era glacial, quando, pela primeira vez, o próprio homem apareceu e começou a sua movimentada carreira planetária. E esse surgimento do homem primitivo na Terra, durante a era glacial, não foi puramente acidental; foi intencional. Os rigores e severidade climáticos da era glacial foram adequados, em todos os sentidos, aos propósitos de fomentar a produção de um tipo vigoroso de ser humano, com uma imensa capacidade de sobrevivência.

3. O ESTÍMULO À EVOLUÇÃO

Dificilmente será possível explicar à mente humana atual muitas das ocorrências estranhas e aparentemente grotescas do progresso evolucionário primitivo. Um plano com um propósito estava em andamento durante todas essas evoluções aparentemente estranhas das coisas vivas, mas não nos é permitido interferir arbitrariamente no desenvolvimento dos modelos de vida depois de colocados em operação.

Os Portadores da Vida podem empregar todos os recursos naturais possíveis e utilizar todas e quaisquer circunstâncias fortuitas que irão elevar o desenvolvimento do progresso da vida experimental; mas não nos é permitido intervir mecanicamente, nem manipular arbitrariamente a conduta e o curso da evolução, seja das plantas, seja dos animais.

Vós fostes informados de que os mortais de Urântia evoluíram por meio do desenvolvimento da rã primitiva, e que essa linhagem ascendente, levada em potencial dentro de uma única rã, escapou por pouco da extinção, em uma certa ocasião. Não se deve inferir disso, contudo, que a evolução da humanidade poderia ter sido impedida por um acidente nessa conjuntura. Naquele exato momento estávamos observando e estimulando nada mais do que mil linhagens de vida mutante, diferentes e muito distantes, que poderiam ter sido encaminhadas até vários modelos diferentes de desenvolvimento pré-humano. Essa rã ancestral, em particular, representava a nossa terceira seleção; as duas linhagens de vida anteriores haviam perecido, a despeito dos nossos esforços para sua conservação.

Mesmo a perda de Andon e Fonta, caso ocorresse antes que tivessem tido uma progênie, embora isso houvesse retardado a evolução humana, não a teria impedido. Depois do aparecimento de Andon e Fonta, e antes que os potenciais humanos mutantes de vida animal estivessem exauridos, nada menos do que sete mil linhagens favoráveis haviam evoluído e poderiam haver culminado em alguma espécie de tipo humano em desenvolvimento. E muitas dessas raças melhores foram, subseqüentemente, assimiladas pelas várias ramificações das espécies humanas em expansão.

Muito antes de o Filho e a Filha Material, elevadores biológicos, chegarem ao planeta os potenciais humanos das espécies animais em evolução haviam-se exaurido. Esse status biológico da vida animal é revelado aos Portadores da Vida por meio do fenômeno da terceira fase da mobilização do espírito ajudante, o que, de modo automático, ocorre concomitantemente com a exaustão da capacidade de toda vida animal de dar origem aos potenciais mutantes de indivíduos pré-humanos.

A humanidade em Urântia deve resolver os problemas que tem com o desenvolvimento mortal das raças humanas – nenhuma raça mais irá evoluir de fontes pré-humanas em todo o tempo futuro. Esse fato, todavia, não exclui a possibilidade de se atingir níveis de desenvolvimento humano amplamente mais elevados, por meio de uma estimulação inteligente dos potenciais evolucionários ainda residentes nas raças mortais. Tudo o que nós, os Portadores da Vida, fazemos para fomentar e conservar as linhagens de vida, antes do aparecimento da vontade humana, o homem deve fazer por si próprio, depois de tudo isso e depois que deixarmos de lado a nossa participação ativa na evolução. De modo geral, o destino evolucionário do homem está nas suas próprias mãos, e a inteligência científica deve, mais cedo ou mais tarde, substituir o funcionamento aleatório da seleção natural descontrolada e da casualidade na sobrevivência.

E, ao discutir o estímulo à evolução, não seria impróprio apontar que, em um futuro bem adiante, quando em algum momento estiverdes ligados a um corpo de Portadores da Vida, vós tereis oportunidades amplas e abundantes de fazer sugestões para se fazer quaisquer melhoramentos possíveis nos planos e na técnica de transplantar e de conduzir a vida. Sede pacientes! Se tiverdes boas idéias, se as vossas mentes forem férteis de métodos melhores de administração para qualquer parte dos domínios universais, ireis por certo ter uma oportunidade de apresentá-los aos vossos companheiros administradores nas idades que virão.

4. A AVENTURA DE URÂNTIA

Não negligencieis o fato de que Urântia foi designada para nós como um mundo de vida experimental. Fizemos, neste planeta, a nossa sexagésima tentativa de modificar e, se possível, de melhorar a adaptação, em Satânia, dos projetos de vida de Nébadon; e consta nos registros que realizamos numerosas modificações benéficas nos modelos médios da vida. Para ser específico, em Urântia, aprimoramos e demonstramos satisfatoriamente nada menos do que vinte e oito particularidades de modificação na vida, que serão de muita utilidade para todo o Nébadon durante todos os tempos futuros.

Todavia, o estabelecimento da vida em nenhum mundo jamais é experimental, no sentido de que algo ainda não experimentado e desconhecido seja intentado. A evolução da vida é uma técnica sempre progressiva, diferencial e variável, mas não é jamais fortuita, descontrolada, nem inteiramente experimental, no sentido acidental.

Muitas facetas da vida humana oferecem evidências abundantes de que o fenômeno da existência mortal foi inteligentemente planejado, de que a evolução orgânica não é um mero acidente cósmico. Quando uma célula viva é ferida, ela possui a capacidade de elaborar algumas substâncias químicas que têm o poder de estimular e ativar as células vizinhas normais, para que iniciem imediatamente a secreção de certas substâncias que facilitam os processos de cura na ferida; e, ao mesmo tempo, essas células normais e não feridas começam a proliferar – de fato começam a trabalhar, criando novas células para repor qualquer célula companheira que possa haver sido destruída por acidente.

Essa ação e essa reação químicas, ligadas à cura de feridas e à reprodução das células, representam a escolha dos Portadores da Vida de uma fórmula que abrange mais de cem mil fases e aspectos de reações químicas possíveis e repercussões biológicas. Mais de meio milhão de experimentos específicos foram efetuados pelos Portadores da Vida nos seus laboratórios, antes que finalmente estabelecessem essa fórmula para o experimento de vida em Urântia.

Quando os cientistas de Urântia souberem mais sobre essas substâncias que curam, tornar-se-ão mais eficazes no tratamento de lesões e, indiretamente, irão saber mais sobre como controlar certas doenças sérias.

Desde que a vida foi estabelecida em Urântia, os Portadores da Vida têm melhorado essa técnica de cura, a qual, introduzida em um outro mundo de Satânia, ofereceu mais alívio da dor e exerceu um controle melhor sobre a capacidade de proliferação que têm as células vizinhas normais.

Houve muitos aspectos singulares no experimento de vida de Urântia, mas os dois episódios que se destacaram foram o aparecimento das raças andônicas antes da evolução dos seis povos coloridos e, posteriormente, a aparição simultânea dos mutantes sangiques em uma única família. Urântia é o primeiro mundo em Satânia em que as seis raças coloridas surgiram da mesma família humana. Geralmente estas advêm de linhagens diversificadas de mutações independentes, dentro da raça animal pré-humana e, usualmente, aparecem no mundo uma de cada vez e sucessivamente, durante períodos longos de tempo, começando pelo homem vermelho, passando pelas diversas cores, e indo até o índigo.

Uma outra variação destacável de procedimento foi a chegada tardia do Príncipe Planetário. Via de regra, o príncipe aparece em um planeta por volta da época do desenvolvimento da vontade; e, se esse plano houvesse sido obedecido, Caligástia poderia ter vindo para Urântia até mesmo durante a vida de Andon e Fonta, em vez de quase quinhentos mil anos mais tarde, simultaneamente com o aparecimento das seis raças sangiques.

A um mundo habitado normal teria sido concedido logo um Príncipe Planetário, quando solicitado pelos Portadores da Vida, ou seja, quando apareceram Andon e Fonta, ou pouco tempo depois. Todavia, como Urântia havia sido designado como um planeta em que a vida é modificada, foi em conseqüência de um acordo antecipado que os observadores Melquisedeques, em número de doze, foram enviados como conselheiros dos

Portadores da Vida, atuando como supervisores do planeta até a chegada subseqüente do Príncipe Planetário. Esses Melquisedeques vieram na época em que Andon e Fonta tomaram as decisões que tornaram possível aos Ajustadores do Pensamento residirem nas suas mentes mortais.

Em Urântia, os esforços dos Portadores da Vida para melhorar os modelos da vida em Satânia necessariamente resultaram na produção de muitas formas aparentemente inúteis de vida transitória. Os ganhos já conquistados, no entanto, são suficientes para justificar as modificações dos modelos do projeto de vida feitas em Urântia.

A nossa intenção era produzir uma manifestação antecipada da vontade na vida evolucionária de Urântia, e tivemos êxito. Em geral, só depois que as raças coloridas têm já algum tempo de existência é que a vontade emerge, usualmente aparecendo primeiro entre os tipos superiores de homens vermelhos. O vosso mundo é o único planeta de Satânia em que o tipo humano de vontade surgiu em uma raça anterior às raças coloridas.

Contudo, em nossos esforços para chegar a essa combinação e associação de fatores de hereditariedade que finalmente conduziriam aos ancestrais mamíferos da raça humana, nos deparamos com a necessidade de permitir que acontecessem centenas ou mesmo milhares de outras combinações e associações relativamente inúteis de fatores de hereditariedade. É certo que muitos desses subprodutos aparentemente estranhos dos nossos esforços irão deparar com o vosso espanto quando escavardes para ir até o passado planetário, e posso muito bem compreender o quanto algumas dessas coisas podem tornar-se intrigantes sob o ponto de vista limitado da mente humana.

5. AS VICISSITUDES DA EVOLUÇÃO DA VIDA

Foi uma fonte de pesar para os Portadores da Vida que os nossos esforços especiais, para modificar a vida inteligente em Urântia, houvessem sido tão prejudicados por perversões trágicas que escaparam ao nosso controle: a traição de Caligástia e a falta Adâmica.

Durante toda essa aventura biológica, todavia, a nossa maior decepção veio da reversão, em uma escala muito extensa e inesperada, de certas vidas vegetais primitivas aos níveis pré-clorofílicos de bactérias parasitárias. Essa eventualidade, na evolução da vida vegetal, provocou muitas doenças desoladoras nos mamíferos mais elevados, particularmente nas espécies humanas mais vulneráveis. Quando deparamos com essa situação de perplexidade, de um certo modo, nós não demos grande importância às dificuldades envolvidas, porque sabíamos que a combinação que viria subseqüentemente, do plasma da vida Adâmica, reforçaria de tal modo os poderes de resistência da mistura resultante de raças, a ponto de torná-la praticamente imune a todas as doenças produzidas pelos tipos vegetais de organismos. As nossas esperanças, porém, estavam fadadas à decepção, devido à infelicidade da falta Adâmica.

O universo dos universos, incluindo esse pequeno mundo chamado Urântia, não está sendo administrado para adaptar-se apenas às nossas conveniências, nem apenas para receber a nossa aprovação e muito menos para gratificar os caprichos ou satisfazer à nossa curiosidade. Os seres sábios e Todo-Poderosos, responsáveis pela gestão do universo, sem dúvida sabem exatamente o que fazer; e assim é próprio aos Portadores da Vida e cabe às mentes mortais comportar-se, na espera, com a devida paciência e uma cooperação sincera com as regras da sabedoria, o reino do poder e a marcha do progresso.

Evidentemente, certas compensações advêm depois das atribulações, tais como a outorga de Michael em Urântia. Independentemente dessas considerações, porém, os supervisores celestes mais recentes deste planeta expressam a sua confiança completa no triunfo último da evolução da raça humana e que, afinal, vinguem os nossos planos e modelos originais de vida.

6. AS TÉCNICAS EVOLUCIONÁRIAS DE VIDA

É impossível determinar com precisão, simultaneamente, a localização exata e a velocidade de um objeto em movimento; qualquer tentativa de medir uma dessas grandezas acarreta uma alteração inevitável na outra. O homem mortal depara com o mesmo tipo de paradoxo quando efetua a análise química do protoplasma. O químico pode elucidar a composição química do protoplasma *morto*, mas não pode discernir a organização física nem o funcionamento dinâmico do protoplasma enquanto está *vivo*. O cientista chegará mais e mais próximo dos segredos da vida, mas nunca os localizará e por nenhuma outra razão senão a de ter de matar o protoplasma para analisá-lo. O protoplasma morto pesa tanto quanto o protoplasma vivo, mas já não é o mesmo.

Há um dom original de adaptação nas coisas e seres vivos. Em toda planta ou célula animal *viva*, em todo organismo *vivo* – material ou espiritual –, há um desejo insaciável de alcançar uma perfeição sempre crescente de ajuste ao ambiente, de adaptação do organismo para aumentar a realização da vida. Esses esforços intermináveis, de todas as coisas vivas, evidenciam a existência, dentro delas, de uma busca inata de perfeição.

O mais importante passo na evolução das plantas foi o desenvolvimento da capacidade de produzir a clorofila, e o segundo maior avanço foi o esporo haver evoluído até uma semente complexa. O esporo é mais eficiente como um agente reprodutor, mas faltam-lhe os potenciais da variedade e da versatilidade inerentes à semente.

Um dos mais úteis e complexos episódios na evolução dos mais elevados tipos de animais consistiu no desenvolvimento da capacidade do ferro, nas células do sangue circulante, de atuar com a dupla função de transportar o oxigênio e poder remover o dióxido de carbono. E essa atuação das células vermelhas do sangue ilustra como os organismos em evolução são capazes de adaptar suas funções ao ambiente variável e alterável. Os animais superiores, incluindo o homem, oxigenam os seus tecidos por meio da ação do ferro das células vermelhas do sangue, que levam o oxigênio até as células vivas e, de um modo também eficiente, retiram o dióxido de carbono. Outros metais, no entanto, podem servir ao mesmo propósito. A lula-choco emprega o cobre nessa função, e a seringa-do-mar utiliza o vanádio.

A continuação desses ajustes biológicos é ilustrada pela evolução dos dentes nos mamíferos superiores em Urântia; os ancestrais distantes do homem tinham trinta e seis, então começou um reajustamento de adaptação, tendo o homem primitivo, e os seus parentes próximos, passado a ter trinta e dois dentes. Agora, a espécie humana tende vagarosamente para vinte e oito dentes. Ativa, e adaptativamente, o processo de evolução ainda está em progresso neste planeta.

Todavia, muitos ajustes aparentemente misteriosos dos organismos vivos são puramente químicos, integralmente físicos. A qualquer momento, na corrente sangüínea de qualquer ser humano, há a possibilidade de acontecerem até 15 milhões de reações químicas entre os hormônios de uma dúzia de glândulas endócrinas.

As formas inferiores de vida vegetal são totalmente sensíveis ao meio ambiente físico, químico e elétrico. Entretanto, à medida que se ascende na escala da vida, as ministrações da mente dos sete espíritos ajudantes tornam-se, uma a uma, mais atuantes; e a mente propõe-se cada vez mais ajustar, criar, coordenar e dominar.

A capacidade dos animais de adaptar-se ao ar, à água e à terra não é um dom sobre-natural, mas um ajustamento suprafísico.

A física e a química sozinhas não conseguem explicar como um ser humano evo-luiu vindo do protoplasma primevo dos mares primitivos. A capacidade de aprender, a memória e a resposta diferenciada ao ambiente são dons da mente. As leis da fí-sica não reagem ao aperfeiçoamento; elas são invariáveis e imutáveis. As reações da química não são modificáveis pela educação; são uniformes, confiáveis. À parte a presença do Absoluto Inqualificável, as reações elétricas e químicas são previsíveis. Mas a mente pode tirar proveito da experiência, pode aprender de hábitos de rea-ções comportamentais que respondem à repetição de estímulos.

Os organismos pré-inteligentes reagem aos estímulos do ambiente, mas esses or-ganismos, reativos à ministração da mente, podem ajustar e manipular o próprio ambiente.

O cérebro físico, com o seu sistema nervoso associado, possui a capacidade inata de responder à ministração da mente; do mesmo modo que a mente, em desenvol-vimento, de uma personalidade possui uma certa capacidade inata de receptividade ao espírito e, portanto, traz em si os potenciais do progresso e realização espiritual. A evolução intelectual, social, moral e espiritual depende da ministração da mente, feita pelos sete espíritos ajudantes e seus colaboradores suprafísicos.

7. OS NÍVEIS EVOLUCIONÁRIOS DA MENTE

Os sete espíritos ajudantes da mente são versáteis ministradores da mente para as existências inferiores inteligentes do universo local. Essa ordem de mente é minis-trada das sedes-centrais do universo local ou de algum mundo conectado a elas; as capitais dos sistemas, porém, têm uma influência na direção da função das mentes inferiores.

Muitas coisas dependem do trabalho desses sete ajudantes, num mundo evolucio-nário. No entanto, são os ministros da mente; eles não se ocupam da evolução física, domínio este que é dos Portadores da Vida. A integração perfeita desses dons do espírito, contudo, com o procedimento ordenado e natural do desdobrar do regime inerente dos Portadores da Vida, é responsável pela incapacidade dos mortais de discernir, no fenômeno da mente, nada a não ser a mão da natureza e o trabalho de processos naturais; embora, ocasionalmente, chegais a ficar um tanto embaraçados para explicar a totalidade das reações ligadas às reações naturais da mente, naquilo em que é associada à matéria. E, caso Urântia estivesse evoluindo mais de acordo com os planos originais, iríeis observar menos fatos ainda a chamar a vossa atenção para o fenômeno da mente.

Os sete espíritos ajudantes são mais comparáveis a circuitos do que a entidades e, nos mundos normais, estão circuitados com outros funcionamentos ajudantes em todo o universo local. Nos planetas de experimentação de vida, contudo, estão rela-tivamente isolados. E, em Urântia, devido à natureza singular dos seus modelos de vida, os ajudantes menos elevados tiveram muito mais dificuldade para contatar os organismos evolucionários do que teriam tido no caso de um tipo mais padronizado de dotação de vida.

Além disso, em um mundo evolucionário mediano, os sete espíritos ajudantes estão muito mais bem sincronizados com os estágios avançados do desenvolvimento animal do que jamais estiveram em Urântia. Respeitada uma única exceção, a difi-culdade em contatar as mentes em evolução dos organismos de Urântia foi a maior que os ajudantes já tiveram em todas as suas operações no universo de Nébadon. Nesse mundo, desenvolveram-se muitas formas de fenômenos limítrofes – de combinações confusas dos tipos mecânicos não-ensináveis e ensináveis não-mecânicos de resposta do organismo.

Os sete espíritos ajudantes não fazem contato com as ordens puramente mecânicas de resposta do organismo ao ambiente. Essas respostas pré-inteligentes dos organismos vivos pertencem puramente aos domínios da energia dos centros de potência, dos controladores físicos e seus congêneres.

A aquisição do potencial de capacidade para *aprender* da experiência marca o início do funcionamento dos espíritos ajudantes, e eles funcionam nas mentes desde as mais inferiores das existências primitivas e invisíveis aos mais elevados tipos de mentes na escala evolucionária dos seres humanos. Eles são a fonte e o modelo para os comportamentos que, de outro modo, seriam mais ou menos misteriosos, e para as reações rápidas não completamente compreendidas da mente ao ambiente material. Essas influências, sempre fiéis e dignas de confiança, devem por muito tempo levar adiante as suas ministrações preliminares, antes que a mente animal atinja os níveis humanos de receptividade ao espírito.

Os ajudantes funcionam exclusivamente na evolução da mente experiencial até o nível da sexta fase, o espírito da adoração. Nesse nível, ocorre aquela inevitável sobreposição de ministrações – fenômeno pelo qual o mais elevado desce para se coordenar com o inferior, em antecipação da realização subseqüente de níveis avançados de desenvolvimento. E ainda uma ministração espiritual adicional acompanha a ação do sétimo e último ajudante, o espírito da sabedoria. Em todos os ministérios do mundo do espírito, os indivíduos nunca experimentam transições abruptas de cooperação espiritual; essas mudanças são sempre graduais e recíprocas.

Os domínios da reação física (eletroquímica), de resposta mental aos estímulos ambientais, deveriam sempre ser diferenciados e, por sua vez, devem todos ser reconhecidos como fenômenos à parte das atividades espirituais. Os domínios da gravidade física, mental e espiritual são reinos distintos de realidades cósmicas, não obstante as estreitas inter-relações.

8. EVOLUÇÃO NO TEMPO E NO ESPAÇO

O tempo e o espaço estão indissoluvelmente ligados; há uma interassociação inata. Os atrasos no tempo são inevitáveis, em presença de certas condições do espaço.

Se os atrasos prolongados, no tempo levado para efetuar as mudanças evolucionárias de desenvolvimento da vida vos deixam perplexos, eu diria que não podemos cronometrar os processos da vida, de modo a fazê-los desdobrarem-se mais rapidamente do que permite a metamorfose física de um planeta. Devemos esperar pelo desenvolvimento físico natural de um planeta; não temos absolutamente nenhum controle sobre a evolução geológica. Se as condições físicas permitissem, arranjaríamos para que acontecesse a completa evolução da vida em muito menos tempo do que um milhão de anos. Mas estamos todos sob a jurisdição dos Governantes Supremos do Paraíso, e o tempo não existe no Paraíso.

O critério individual de medir o tempo é a duração de cada vida. Todas as criaturas são condicionadas, assim, pelo tempo e, portanto, consideram a evolução como sendo um processo excessivamente longo. Para aqueles de nós cujo ciclo de vida não é limitado por uma existência temporal, a evolução não parece ser uma transação tão prolongada. No Paraíso, onde o tempo não existe, essas coisas estão todas *presentes* na mente da Infinitude e nos atos da Eternidade.

Do mesmo modo que a evolução da mente depende do lento desenvolvimento das condições físicas, ou é retardado por ele, também o progresso espiritual depende da expansão mental, e o retardo intelectual atrasa-o infalivelmente. Contudo, isso não quer dizer que a evolução espiritual seja dependente da educação, cultura ou sabedoria. A alma pode evoluir independentemente da cultura mental, mas não na ausência da capacidade mental e do desejo – a escolha da sobrevivência e a decisão de alcançar uma perfeição sempre crescente – de fazer a vontade do Pai no céu. Embora a sobrevivência possa não depender da posse de conhecimento e sabedoria, a progressão muito certamente depende.

Nos laboratórios evolucionários cósmicos, a mente é sempre dominante sobre a matéria, e o espírito está sempre correlacionado à mente. Se essas dotações diversas não se sincronizarem e se coordenarem, isso pode causar atrasos no tempo; mas se o indivíduo realmente é sabedor de Deus e deseja encontrá-Lo e tornar-se como Ele, então, a sobrevivência está assegurada, a despeito dos obstáculos do tempo. O status físico pode prejudicar a mente; e o desvirtuamento mental pode retardar a realização espiritual, mas nenhum desses obstáculos pode derrotar uma escolha feita pela alma com toda a sua vontade.

Quando as condições físicas estão amadurecidas, as evoluções mentais *súbitas* podem acontecer; quando o status da mente é propício, transformações espirituais *súbitas* podem ocorrer; quando os valores espirituais recebem o reconhecimento adequado, então os significados cósmicos tornam-se discerníveis; e a personalidade fica cada vez mais liberada dos obstáculos do tempo e redimida das limitações do espaço.

[Promovido por um Portador da Vida de Nébadon, residente em Urântia.]

O PRÍNCIPE PLANETÁRIO DE URÂNTIA

O ADVENTO de um filho Lanonandeque em um mundo normal significa que a vontade, e a capacidade de escolher o caminho da sobrevivência eterna já se desenvolveram na mente do homem primitivo. Contudo, em Urântia, o Príncipe Planetário chegou quase meio milhão de anos depois do surgimento da vontade humana.

Há cerca de quinhentos mil anos, concomitantemente com o aparecimento das seis raças coloridas ou sangiques, Caligástia, o Príncipe Planetário, chegou a Urântia. Havia quase meio bilhão de seres humanos primitivos na Terra, na época em que o Príncipe chegou, e eles estavam bem distribuídos pela Europa, Ásia e África. A sede-central do Príncipe, estabelecida na Mesopotâmia, localizava-se mais ou menos no centro da população do mundo.

1. O PRÍNCIPE CALIGÁSTIA

Caligástia era um Filho Lanonandeque, de número 9 344 da ordem secundária. Tinha experiência na administração dos assuntos do universo local em geral e, durante as últimas idades, com a gestão do sistema local de Satânia, em particular.

Antes do reinado de Lúcifer, em Satânia, Caligástia havia pertencido ao comitê dos Portadores da Vida conselheiros em Jerusém. Lúcifer promoveu Caligástia, elevando-o a um posto no seu corpo de assessores pessoais, e ele desempenhou-se satisfatoriamente em cinco compromissos sucessivos de honra e de confiança.

Há muito tempo, Caligástia vinha buscando ser designado como Príncipe Planetário, mas, repetidamente, quando o seu pedido era submetido à aprovação nos conselhos das constelações, ele deixava de receber o assentimento dos Pais da Constelação. Caligástia parecia especialmente desejoso de ser enviado como governador planetário a um mundo decimal ou de modificação da vida. A sua petição tinha já por várias vezes sido indeferida, antes que ele finalmente fosse designado para Urântia.

Caligástia partiu de Jerusém para a sua missão de dirigir um mundo, com uma folha invejável de lealdade e de devoção ao bem-estar do universo de sua origem e permanência, não obstante uma certa característica sua de instabilidade, somada a uma tendência para discordar da ordem estabelecida em certas questões menores.

Eu estava presente em Jerusém quando o brilhante Caligástia partiu da capital do sistema. Nenhum príncipe dos planetas jamais embarcou em uma carreira de governo de um mundo com uma experiência preparatória mais rica ou de melhores perspectivas do que Caligástia, naquele dia memorável, há meio milhão de anos. Uma coisa é certa: enquanto eu executava a minha missão de colocar a narrativa daquele evento nas transmissões do universo local, sequer por um momento, jamais eu alimentei sequer a mais leve idéia de que esse nobre Lanonandeque, dentro de tão pouco tempo, iria trair a sua missão sagrada, de custódia planetária, e mancharia tão horrivelmente o nome honrado da sua elevada ordem de filiação no universo. Eu realmente considerava Urântia como estando entre os cinco ou seis mais afortunados planetas em toda a Satânia, posto que teria uma mente tão experiente, brilhante e original no governo dos seus assuntos mundiais. E eu não compreendi, então, que Caligástia estava insidiosamente morrendo de amor por si próprio; e também, então, eu não compreendia, ainda plenamente, as sutilezas do orgulho da personalidade.

2. O CORPO DE ASSESSORES DO PRÍNCIPE

O Príncipe Planetário de Urântia não foi enviado sozinho na sua missão, mas, sim, acompanhado pelo corpo usual de assistentes e assessores administrativos.

À frente desse grupo estava Daligástia, o adjunto ligado ao Príncipe Planetário. Daligástia também era um Filho Lanonandeque secundário, sendo o número 319 407 daquela ordem. Ele possuía a graduação de assistente, na época da sua designação como adjunto de Caligástia.

O corpo de assessores planetários incluía um grande número de cooperadores angélicos e uma hoste de outros seres celestes designados para fazer progredir os interesses e promover o bem-estar das raças humanas. Do vosso ponto de vista, porém, o grupo mais interessante de todos era o dos membros corpóreos do corpo de assessores do Príncipe – chamado algumas vezes de *os cem de Caligástia*.

Esses cem membros rematerializados do corpo de assessores do Príncipe foram escolhidos por Caligástia entre mais de 785 000 cidadãos ascendentes de Jerusém os quais se fizeram voluntários para embarcar na aventura de Urântia. Cada um dos cem escolhidos vinha de um planeta diferente, e nenhum deles era proveniente de Urântia.

Esses voluntários jerusemitas foram trazidos por transporte seráfico diretamente da capital do sistema até Urântia e, ao chegarem, permaneceram enserafinados até que pudessem ser providos com as formas da personalidade da natureza dual de serviço especial planetário: corpos reais constituídos de carne e sangue, mas também em sintonia com os circuitos de vida do sistema.

Algum tempo antes da chegada desses cem cidadãos de Jerusém, os dois Portadores da Vida supervisores, residentes em Urântia, tendo previamente aperfeiçoado os seus planos, pediram a Jerusém e a Edêntia a permissão de transplantarem o plasma da vida de cem sobreviventes selecionados da raça de Andon e Fonta para os corpos materiais a serem projetados para os membros corpóreos do corpo de assessores do Príncipe. O pedido foi concedido por Jerusém e aprovado em Edêntia.

Conseqüentemente, cinqüenta seres masculinos e cinqüenta femininos, da posteridade de Andon e Fonta, representando os sobreviventes das melhores linhagens daquela raça única, foram escolhidos pelos Portadores da Vida. Com uma ou duas exceções, esses andonitas contribuidores para o avanço da raça eram estranhos uns aos outros. Eles foram reunidos, de locais bastante distantes, sob a direção coordenada de Ajustadores do Pensamento e com a orientação seráfica, nas fronteiras da sede-central planetária do Príncipe. Ali, os cem sujeitos humanos foram entregues nas mãos da comissão de voluntários de Ávalon, altamente habilitados, os quais dirigiram a extração material de uma porção do plasma de vida desses descendentes de Andon. Esse material vivo foi então transferido para os corpos materiais, construídos para uso dos cem jerusemitas, membros do corpo de assessores do Príncipe. Nesse meio tempo, esses cidadãos recém-chegados da capital do sistema estavam sendo mantidos adormecidos no transporte seráfico.

Essas transações, junto com a criação literal de corpos especiais para os cem de Caligástia, deu origem a numerosas lendas, muitas das quais subseqüentemente se fundiram com tradições posteriores a respeito da instalação planetária de Adão e Eva.

Toda a transação de repersonalização, desde o momento da chegada dos transportes seráficos, trazendo os cem voluntários de Jerusém, até voltarem eles à consciência, já como seres triplos do reino, consumiu exatamente dez dias.

3. DALAMÁTIA — A CIDADE DO PRÍNCIPE

A sede-central do Príncipe Planetário situava-se na região do golfo Pérsico daqueles dias, no distrito correspondente à futura Mesopotâmia.

O clima e a paisagem da Mesopotâmia daqueles tempos eram de todo favoráveis aos empreendimentos do corpo de assessores do Príncipe e dos seus assistentes, e muito diferentes das condições que algumas vezes prevaleceram desde então. Era necessário que houvesse esse clima favorável como parte do ambiente natural destinado a induzir os urantianos primitivos a realizar certos avanços iniciais na cultura e na civilização. A grande tarefa daquelas idades era transformar o homem, de um caçador que era, em um pastor, com a esperança de que, daí em diante, ele fosse evoluir, transformando-se em um agricultor sedentário e amante da paz.

A sede-central do Príncipe Planetário em Urântia era típica desse gênero de instalação em uma esfera jovem e em desenvolvimento. O núcleo do estabelecimento do Príncipe era uma cidade bastante simples, mas bela, envolvida por uma muralha de doze metros de altura. Esse centro de cultura do mundo era chamado de Dalamátia, em honra a Daligástia.

A cidade estava distribuída em dez subdivisões, com as mansões da sede-central dos dez conselhos do corpo de assessores corpóreo situadas nos centros dessas subdivisões. No centro mesmo da cidade, estava o templo do Pai não visível. Os centros administrativos do Príncipe e seus adjuntos estavam instalados em doze salas agrupadas na proximidade imediata do próprio templo.

Os edifícios da Dalamátia eram todos de um andar, com exceção da sede dos conselhos, que era de dois andares, e do templo central do Pai de todos, que era pequeno, mas com a altura de três andares.

A cidade apresentava o melhor de tudo o que era edificado naqueles dias primitivos, em termos de materiais de construção – tijolos. Pouca pedra ou madeira era utilizada. A construção das casas e a arquitetura das cidades dos povos da vizinhança foram muito aperfeiçoadas pelo exemplo dado pela Dalamátia.

Próximo à sede do Príncipe, moravam seres humanos de todas as cores e de todos os níveis. E, nessas tribos vizinhas, foram recrutados os primeiros estudantes das escolas do Príncipe. Embora essas primeiras escolas da Dalamátia fossem rudimentares, elas proporcionavam tudo o que podia ser feito pelos homens e mulheres daquela idade primitiva.

O corpo de assessores corpóreo do Príncipe congregava em torno de si, continuamente, os indivíduos superiores das tribos vizinhas e, depois de formar e de inspirar esses estudantes, enviava-os de volta como instrutores e líderes dos seus respectivos povos.

4. OS PRIMEIROS DIAS DOS CEM

A chegada do corpo de assessores do Príncipe gerou uma impressão profunda. Se bem que quase mil anos tivessem sido necessários para que as novidades se espalhassem até terras longínquas, essas tribos próximas da sede da Mesopotâmia foram tremendamente influenciadas pelos ensinamentos e pela conduta dos cem novos habitantes de Urântia. E muito da vossa mitologia posterior proveio de lendas alteradas desses primeiros dias, quando esses membros do corpo de assessores do Príncipe foram repersonalizados, em Urântia, como supra-homens.

O obstáculo sério à boa influência desses instrutores extraplanetários é a tendência dos mortais de considerá-los como deuses, mas, à parte a técnica pela qual apareceram na Terra, os cem de Caligástia – cinqüenta homens e cinqüenta mulheres – não recorreram a métodos supranaturais nem a manipulações supra-humanas.

Entretanto, o corpo de assessores corpóreo era efetivamente supra-humano. Eles começaram a sua missão em Urântia como seres triplos extraordinários:

1. Eles tinham corpos e eram relativamente humanos, pois corporificavam o plasma real da vida de uma das raças humanas, o plasma vital andônico de Urântia.

Esses cem membros do corpo de assessores do Príncipe eram divididos igualmente quanto ao sexo e segundo o seu status mortal anterior. Cada pessoa desse grupo era capaz de tornar-se co-progenitora de alguma nova ordem de seres físicos, mas eles haviam sido cuidadosamente instruídos a recorrerem à geração de progênie apenas sob certas condições. É costumeiro, para o corpo de assessores corpóreo de um Príncipe Planetário, gerar os seus sucessores algum tempo antes de retirar-se do serviço especial planetário. Usualmente, isso se dá na época da chegada do Adão e da Eva Planetários, ou pouco depois.

Esses seres especiais, portanto, tinham pouca ou nenhuma idéia do tipo de criaturas materiais que seriam geradas por meio da sua união sexual. E, de fato, eles nunca souberam, pois antes do momento de dar esse passo, na continuação da sua missão no mundo, todo o regime estava transtornado pela rebelião, e aqueles que mais tarde funcionaram no papel de pais haviam sido já isolados das correntes de vida do sistema.

Quanto à cor da pele e à língua, esses membros materializados do corpo de assessores de Caligástia pertenciam à raça andônica. Eles nutriam-se como faziam os mortais do reino, com uma diferença: os corpos recriados desse grupo ficavam plenamente satisfeitos com uma dieta sem carne. Isso foi uma das considerações que determinaram que eles residissem em uma região quente, com abundância de tipos de frutos e de nozes. A prática de subsistir de uma dieta sem carne data dos tempos dos cem de Caligástia, pois esse costume espalhou-se nas proximidades, e também até longe; e em muito afetou os hábitos de alimentação de muitas tribos vizinhas, grupos cuja origem vinha de raças evolucionárias que se alimentavam exclusivamente de carne.

2. Os cem eram seres materiais, mas supra-humanos, tendo sido reconstituídos em Urântia como homens e mulheres singulares de uma ordem elevada e especial.

Esse grupo, se bem que desfrutando da cidadania provisória de Jerusém, era ainda de seres não fusionados aos seus Ajustadores do Pensamento; e, quando eles se fizeram voluntários e foram aceitos para o serviço planetário, de ligação com as ordens descendentes de filiação, os seus Ajustadores foram separados deles. Esses jerusemitas, todavia, eram seres supra-humanos – possuíam almas de crescimento ascendente. Durante a vida mortal na carne, a alma está em estado embrionário; ela nasce (ressuscita) na vida moroncial e experimenta um crescimento, passando pelos sucessivos mundos moronciais. E as almas dos cem de Caligástia haviam-se expandido assim, por meio das experiências progressivas dos sete mundos das mansões, alcançando o status de cidadania de Jerusém.

Em conformidade com as suas instruções, o corpo de assessores não se engajou em reprodução sexuada. Contudo eles estudaram minuciosamente as suas constituições pessoais e exploraram cuidadosamente todas as fases imagináveis de enlaces intelectuais (da mente) e moronciais (da alma). E foi durante o trigésimo terceiro ano da sua permanência na Dalamátia, muito antes que a muralha estivesse terminada, que o número dois e o número sete, do grupo dos Danitas, acidentalmente descobriram um fenômeno que acompanhava o enlace dos seus eus moronciais (supostamente não-sexuais e não-materiais); e o resultado dessa aventura veio a ser a primeira das criaturas intermediárias primárias. Esse novo ser era totalmente visível para o corpo planetário de assessores e para os seus companheiros celestes, mas não era visível para os homens e mulheres das várias tribos humanas. Sob a autorização do Príncipe Planetário, todo o corpo de assessores corpóreo iniciou a produção de seres similares, e todos tiveram êxito, seguindo as instruções do par Danita pioneiro. Assim, finalmente, o corpo de assessores do Príncipe trouxe à vida o corpo original de 50 000 criaturas intermediárias primárias.

Essas criaturas do tipo intermediário foram muito úteis para cuidar dos assuntos da sede-central do mundo. Elas eram invisíveis para os seres humanos, mas aos habitantes primitivos da Dalamátia foi ensinado sobre esses semi-espíritos não visíveis e, durante idades, eles se constituíram em todo o mundo espiritual para os mortais em evolução.

3. Os cem de Caligástia eram pessoalmente imortais, ou imperecíveis. Nas suas formas materiais, circulavam os antídotos complementares das correntes vitais do sistema; e se não houvessem perdido o contato com os circuitos da vida por causa da rebelião, eles teriam vivido indefinidamente até a chegada de um próximo Filho de Deus, ou até a sua liberação posterior, para reassumirem a viagem ininterrupta até Havona e o Paraíso.

Esses complementos de antídotos das correntes de vida de Satânia eram derivados da fruta da árvore da vida, um arbusto de Edêntia enviado para Urântia pelos Altíssimos de Norlatiadeque, na época da chegada de Caligástia. Nos dias de Dalamátia, essa árvore crescia no jardim da parte central do templo do Pai invisível; e era a fruta da árvore da vida que permitia aos seres materiais do corpo de assessores do Príncipe viverem indefinidamente, enquanto tivessem acesso a ela, pois de outro modo seriam meros mortais.

Embora não fosse de nenhuma valia para as raças evolucionárias, essa supernutrição era completamente suficiente para conferir vida contínua aos cem de Caligástia e também aos cem andonitas modificados que se encontravam associados a eles.

Sobre isso deveria ser explicado que, na época em que os cem andonitas contribuíram com os membros do corpo de assessores do Príncipe, dando o seu plasma germinativo humano, os Portadores da Vida introduziram, nos seus corpos mortais, o complemento dos circuitos do sistema; e, assim, eles tornaram-se capacitados a viver concomitantemente com o corpo de assessores, século após século, desafiando a morte física.

Os cem andonitas foram finalmente informados sobre a contribuição que deram para as novas formas dos seus superiores. Esses mesmos cem filhos das tribos de Andon foram mantidos, nas sedes-centrais, como assistentes pessoais do corpo de assessores corpóreo do Príncipe.

5. A ORGANIZAÇÃO DOS CEM

Os cem organizaram-se para o serviço em dez conselhos autônomos de dez membros cada. Quando dois ou mais desses dez conselhos reuniam-se em uma sessão conjunta, essas assembléias de ligação eram presididas por Daligástia. Esses dez grupos eram constituídos do seguinte modo:

1. *O conselho de alimentação e do bem-estar material.* Este grupo era presidido por Ang. Esse hábil corpo tinha a especialidade de cuidar da comida, da água, das roupas e do avanço material das espécies humanas. Ensinava a escavação de poços, o controle das fontes e da irrigação. E ensinavam aos humanos provenientes de regiões mais altas e do norte os métodos mais aperfeiçoados de tratar as peles, para usá-las como vestes, e a tecelagem foi introduzida mais tarde, por instrutores de arte e ciência.

Grandes avanços foram feitos nos métodos de armazenamento de alimentos. Os alimentos eram conservados pelo cozimento, a secagem e a defumação; e, assim, tornaram-se a primeira forma de propriedade. O homem aprendeu a se precaver contra o acaso da escassez, que periodicamente dizimava o mundo.

2. *O conselho de domesticação e de utilização de animais.* Este conselho dedicava-se à tarefa de selecionar e de criar os animais que melhor se adaptavam a transportar os seres humanos, a carregarem as suas cargas, para o fornecimento dos alimentos e, mais tarde, no serviço de cultivar o solo. Esse corpo especialista era dirigido por Bon.

Vários tipos de animais úteis, agora extintos, foram domesticados, junto com alguns que continuaram como animais domesticados até os dias atuais. O homem há muito tinha convivência com o cão, e o homem azul já tinha tido êxito em domesticar o elefante. A vaca estava sendo melhorada, por uma criação cuidadosa, para tornar-se uma fonte utilíssima de alimento; a manteiga e o queijo tornaram-se artigos comuns na dieta humana. Os homens aprenderam a utilizar os bois para transportar cargas, mas o cavalo só foi domesticado algum tempo depois. Os membros desse corpo é que ensinaram inicialmente os homens a usar a roda para facilitar a tração.

Foi nesses dias que os pombos-correio foram usados pela primeira vez, sendo levados em longas viagens, com o propósito de enviar mensagens ou pedidos de ajuda. O grupo de Bon teve êxito em treinar os grandes fandores como aves de transporte. Esses fandores, entretanto, tornaram-se extintos há mais de trinta mil anos.

3. *Os consultores encarregados do controle de animais predadores.* Não era suficiente que os primeiros homens tentassem domesticar certos animais, e, pois, deviam também aprender a proteger a si próprios de serem destruídos pelo restante dos animais hostis do mundo. Esse grupo era capitaneado por Dan.

O propósito das muralhas das antigas cidades era a proteção contra animais ferozes, e também impedir ataques de surpresa de humanos hostis. Aqueles que moravam fora das muralhas e nas florestas dependiam de habitações nas árvores, de cabanas de pedras e da manutenção de fogueiras noturnas. Era muito natural, pois, que esses instrutores dedicassem muito tempo a instruir os seus alunos a melhorar as habitações humanas. Com o emprego de técnicas mais aprimoradas e o uso de armadilhas, um grande progresso foi feito na subjugação dos animais.

4. *O corpo docente encarregado da disseminação e conservação do conhecimento.* Esse grupo organizava e dirigia os esforços puramente educacionais daquelas idades primitivas. Era comandado por Fad. Os métodos educacionais de Fad consistiam na supervisão do sistema de empregos, acompanhada da instrução sobre métodos aperfeiçoados de trabalho. Fad formulou o primeiro alfabeto e introduziu um sistema de escrita. Esse alfabeto continha vinte e cinco caracteres. Como material de escrita, esses povos primitivos utilizavam cascas de árvores, tabuletas de argila, placas de pedra, uma forma de pergaminho feito de peles marteladas e uma forma rústica de um material como o papel, feito de ninhos de vespas. A biblioteca da Dalamátia, destruída logo depois da deslealdade de Caligástia, compreendia mais de dois milhões de registros separados, e era conhecida como a "casa de Fad".

O homem azul teve uma predileção por escrever com o alfabeto e fez o maior progresso nessa direção. O homem vermelho preferiu a escrita pictórica, enquanto as raças amarelas derivaram para o uso de símbolos, para palavras e idéias, de um modo semelhante aos que empregam atualmente. Contudo o alfabeto e muitas coisas mais ficaram posteriormente perdidas para o mundo, em meio à confusão que acompanhou a rebelião. A apostasia de Caligástia destruiu a esperança mundial de uma língua universal, pelo menos durante idades incontáveis.

5. *A comissão da indústria e do comércio*. Este conselho era empregado para fomentar a indústria, dentro das tribos, e para promover o comércio entre os vários grupos pacíficos. O seu líder era Nod. Todas as formas de manufaturados primitivos eram estimuladas por esse corpo. Eles contribuíram diretamente para a elevação dos padrões de vida, fornecendo muitas novas mercadorias, para atrair a imaginação dos homens primitivos. Eles expandiram grandemente o comércio do sal beneficiado, produzido pelo conselho de ciência e arte.

Entre esses grupos esclarecidos, educados nas escolas da Dalamátia, é que foi praticado o primeiro crédito comercial. Numa bolsa central de troca de créditos, eles forneciam fichas simbólicas, que eram aceitas em lugar dos objetos reais da troca. O mundo não melhorou esses métodos de negócios por centenas de milhares de anos.

6. *O colegiado da religião revelada*. Esse corpo tinha um funcionamento de efeito lento. A civilização de Urântia era literalmente forjada entre a bigorna da necessidade e os martelos do medo. Esse grupo, porém, tinha conseguido um progresso considerável nas suas tentativas de substituir o medo do Criador pelo medo da criatura (o culto dos fantasmas), quando os seus trabalhos foram interrompidos pelas desordens que vieram junto com a sublevação da secessão. O dirigente desse conselho era Hap.

Nenhum membro do corpo de assessores do Príncipe apresentaria revelações que complicassem a evolução; eles apresentavam a revelação apenas como uma culminância, depois de se haverem esgotado as forças da evolução. Hap, contudo, cedeu ao desejo dos habitantes da cidade, para o estabelecimento de uma forma de serviço religioso. O seu grupo proveu os dalamatianos com os sete cânticos do culto de adoração e também deu a eles a frase laudatória diária e finalmente ensinou a eles "a oração do Pai", que era:

"Pai de todos, cujo Filho honramos, olha por nós com favor. Livra-nos do medo de todos, exceto de Ti. Faze com que sejamos um prazer para os nossos mestres divinos e, para sempre, coloca a verdade nos nossos lábios. Livra-nos da violência e da raiva; dá-nos respeito pelos mais velhos e por tudo o que pertença aos nossos vizinhos. Dá-nos pastos verdes, nesta estação, e rebanhos frutíferos para alegrar os nossos corações. Oramos para a rápida chegada do prometido elevador das raças e, pois, queremos fazer a vossa vontade neste mundo, como os outros a fazem em mundos longínquos".

Embora o corpo de assessores do Príncipe se limitasse a meios naturais e métodos comuns de melhora da raça, ele manteve a promessa da dádiva Adâmica de uma nova raça como meta do crescimento evolucionário, depois que o desenvolvimento biológico houvesse chegado ao seu apogeu.

7. *Os guardiães da saúde e da vida*. Esse conselho ocupava-se com a introdução de um sistema sanitário e com a promoção de medidas primitivas de higiene, e era liderado por Lut.

Os seus membros ensinaram muitas coisas que foram perdidas durante a confusão das idades subseqüentes, e que nunca foram redescobertas até o século vinte.

Eles ensinaram à humanidade que cozinhar, ferver e tostar eram meios de evitar-se a doença; e também que cozinhar reduzia grandemente a mortalidade infantil e antecipava o desmamar.

Muitos dos primeiros ensinamentos dos guardiães de Lut sobre a saúde perduraram entre as tribos da Terra, até os dias de Moisés, embora se hajam tornado muito deturpados e grandemente alterados.

O principal obstáculo contra a promoção da higiene entre esses povos ignorantes consistia no fato de que as causas reais de muitas doenças eram pequenas demais para serem vistas a olho nu, e também porque eles todos encaravam o fogo de um modo supersticioso. Foram necessários milhares de anos para persuadi-los a queimar os detritos. Nesse meio tempo, era necessário obrigá-los quase a enterrar o seu lixo em putrefação. O grande avanço sanitário dessa época veio com a disseminação do conhecimento a respeito da luz do sol, das suas propriedades provedoras de saúde e destruidoras de doenças.

Antes da chegada do Príncipe, o banho havia sido uma cerimônia exclusivamente religiosa. De fato, era difícil persuadir os homens primitivos a lavar os seus corpos como uma prática saudável. Lut finalmente induziu os instrutores religiosos a incluir a limpeza com a água como parte das cerimônias de purificação a serem praticadas junto com as devoções do meio-dia, uma vez por semana, durante a adoração ao Pai de todos.

Esses guardiães da saúde também buscaram introduzir o aperto de mão em substituição à troca de saliva e o beber do sangue, para selar a amizade pessoal e como uma demonstração de lealdade grupal. Todavia, quando fora da pressão compulsiva dos ensinamentos dos seus líderes superiores, esses povos primitivos não hesitavam em voltar às suas antigas práticas ignorantes e supersticiosas, que abalavam a saúde e aumentavam as doenças.

8. *O conselho planetário de arte e ciência.* Esse corpo muito fez para aperfeiçoar as técnicas industriais do homem primitivo e para elevar os seus conceitos de beleza. O seu líder era Mek.

A arte e a ciência estavam em um nível muito baixo no mundo, mas os rudimentos da física e da química foram ensinados aos dalamatianos. A cerâmica estava avançada, as artes decorativas foram todas aperfeiçoadas, e os ideais da beleza humana foram grandemente elevados. A música, entretanto, pouco progrediu antes da vinda da raça violeta.

Esses homens primitivos não consentiriam em experimentar a força do vapor, a despeito das repetidas estimulações dos seus instrutores; eles nunca puderam vencer o seu grande medo do poder explosivo do vapor confinado. Contudo, eles foram finalmente persuadidos a trabalhar com os metais e o fogo, se bem que uma peça de metal rubro de calor fosse um objeto aterrorizante para o homem primitivo.

Mek fez muito para o avanço da cultura dos andonitas e para aprimorar a arte do homem azul. Uma combinação do homem azul com a linhagem de Andon produziu um tipo artisticamente dotado, e muitos deles tornaram-se escultores-mestres. Eles não trabalhavam na pedra nem no mármore, mas os seus trabalhos em argila, endurecidos no forno, adornavam os jardins da Dalamátia.

Um grande progresso foi feito nas artes caseiras, a maioria das quais se perderam nas longas idades de sombras da rebelião, para nunca serem redescobertas até os tempos modernos.

9. *Os governadores das relações tribais avançadas.* Este era o grupo encarregado do trabalho de levar a sociedade humana ao nível de um estado. O seu chefe era Tut.

Esses líderes contribuíram muito para provocar casamentos intertribais. Eles aconselharam os humanos a cortejar e a casar, após a devida liberação para isso, e da oportunidade plena de se conhecerem mutuamente. As danças puramente militares tornaram-se refinadas a ponto de servir a fins sociais preciosos. Muitos jogos competitivos foram introduzidos, mas esses povos antigos eram uma gente circunspeta; e o senso de humor não florescia nessas tribos primitivas. Poucas dessas práticas sobreviveram à desintegração posterior à insurreição planetária.

Tut e os seus adjuntos trabalharam para promover associações grupais de natureza pacífica, para regulamentar e humanizar os assuntos da guerra, para coordenar as relações intertribais e para aprimorar os governos tribais. Na vizinhança da Dalamátia, desenvolveu-se uma cultura mais avançada, e essas relações sociais desenvolvidas em muito colaboraram para influenciar as tribos mais distantes. Todavia, o modelo de civilização que prevalecia na sede-central do Príncipe era totalmente diferente da sociedade bárbara que se desenvolvia em outros locais, do mesmo modo que a sociedade da Cidade do Cabo, nesse século vinte, na África do sul, é totalmente diferente da cultura tosca dos bosquímanos diminutos ao norte.

10. *A corte suprema de coordenação tribal e de cooperação racial.* Este conselho supremo era dirigido por Van e era a corte de apelação para todas as outras nove comissões especiais encarregadas da supervisão dos assuntos humanos. Esse conselho tinha uma função ampla, sendo-lhe confiadas todas as questões terrenas que não eram especificamente designadas aos outros grupos. Esse corpo seleto foi aprovado pelos Pais da Constelação de Edêntia, antes de serem autorizados a assumir as funções da corte suprema de Urântia.

6. O REINADO DO PRÍNCIPE

O grau de cultura de um mundo é medido pela herança social dos seres nativos, e a rapidez da sua expansão cultural é integralmente determinada pela capacidade dos seus habitantes de compreenderem as idéias novas e avançadas.

A escravidão à tradição produz estabilidade e cooperação, pela ligação sentimental que faz do passado ao presente, entretanto, ao mesmo tempo, reprime a iniciativa e escraviza os poderes criativos da personalidade. Todo o mundo estava imobilizado pela rigidez do apego aos costumes tradicionais, quando os cem de Caligástia chegaram e começaram a proclamação do novo ensinamento da iniciativa individual, em meio aos grupos sociais daquela época. Contudo, essa regra benéfica foi interrompida de um modo tão rápido que as raças nunca se liberaram inteiramente da escravidão aos costumes; e os modismos continuam ainda dominando Urântia de um modo indevido.

Os cem de Caligástia – graduados dos mundos das mansões de Satânia – conheciam bem as artes e a cultura de Jerusém, mas esse conhecimento é quase sem valor em um planeta bárbaro povoado por seres humanos primitivos. Esses seres sábios estavam suficientemente prevenidos para não imprimirem transformações de modo *súbito*, nem a elevação, em massa, das raças primitivas daqueles dias. Eles compreendiam bem a evolução lenta das espécies humanas, e se abstiveram sabiamente de qualquer tentativa radical de modificar o modo de vida humano na Terra.

Cada uma das dez comissões planetárias pôs-se a fazer progredir *lenta* e naturalmente os objetivos confiados a eles. O seu plano consistia em atrair os seres com as melhores mentes das tribos vizinhas e, após educá-los, enviá-los de volta ao seu povo, como emissários da elevação social.

Jamais foram enviados emissários estrangeiros para uma raça, salvo a pedido específico daquele povo. Aqueles que trabalharam para a elevação e o avanço de uma certa tribo ou raça sempre eram nativos daquela tribo ou raça. Os cem nunca tentavam impor os hábitos e costumes de uma outra raça, ainda que superior. Eles trabalhavam sempre pacientemente, para elevar e avançar os costumes já submetidos à prova do tempo em cada raça. A gente simples de Urântia trouxe seus costumes sociais para a Dalamátia, não para trocá-los por práticas novas ou melhores, mas para tê-los elevados pelos contatos com uma cultura mais aprimorada e pela associação com mentes superiores. O processo era lento, mas muito eficiente.

Os educadores da Dalamátia procuravam acrescentar a seleção social consciente à seleção puramente natural da evolução biológica. Eles não desregraram a sociedade humana, mas aceleraram acentuadamente a sua evolução normal e natural. O seu motivo era o progresso por meio da evolução, e não a revolução por meio da revelação. A raça humana havia demorado idades para adquirir a pouca religião e a moral que tinha e esses supra-homens eram por demais conscientes para tirar da humanidade esses poucos avanços criando a confusão e a consternação que sempre resultam quando seres esclarecidos e superiores têm a intenção de elevar raças atrasadas, dando-lhes ensinamentos e esclarecimentos excessivos.

Quando vão ao coração da África, onde os filhos e filhas devem permanecer sob o controle e a direção dos pais durante toda a vida, os missionários cristãos levam apenas confusão e ruptura de toda autoridade, quando buscam, em uma única geração, suplantar aquela prática, ensinando aos filhos que eles deveriam ser livres de toda restrição dos pais, após atingirem a idade de vinte e um anos.

7. A VIDA NA DALAMÁTIA

A sede-central do Príncipe era inteiramente modesta, embora de uma rara beleza, e projetada de modo a inspirar o respeito dos homens primitivos daquela época. Os edifícios não eram especialmente grandes, pois o motivo desses educadores importados era encorajar o desenvolvimento ulterior da agricultura por meio da introdução da criação de animais. As reservas de terras, dentro das muralhas da cidade, eram suficientes para comportar os pastos e a horticultura, para abastecerem uma população de cerca de vinte mil habitantes.

O interior do templo central de adoração e das dez mansões dos conselhos dos grupos supervisores de supra-homens eram de fato belas obras de arte. E, ao mesmo tempo em que os prédios residenciais eram modelos de ordem e limpeza, tudo era muito simples e inteiramente primitivo, em comparação com os desenvolvimentos posteriores. Nessa sede-central de cultura, não eram empregados métodos que não pertencessem naturalmente a Urântia.

O grupo corpóreo de assessores do Príncipe dispunha de moradas que, sendo simples, mas exemplares, eram mantidas como lares destinados a inspirar e a impressionar favoravelmente os estudantes observadores que estagiavam no centro social e sede educacional do mundo.

A ordem definida da vida familiar, com toda a família vivendo reunida em uma residência, em um local relativamente estabelecido, data dessa época da Dalamátia e veio principalmente devido ao exemplo e aos ensinamentos dos cem e dos seus alunos. O lar como uma unidade social nunca se tornou um sucesso, antes que os supra-homens e as supramulheres da Dalamátia houvessem levado a humanidade a amar e planejar, para os seus netos e para os filhos dos seus netos. O homem selvagem ama os seus filhos, mas o homem civilizado ama também os seus netos.

Os assessores do Príncipe viviam juntos, como pais e mães. É verdade que eles não tinham filhos próprios, mas os cinqüenta lares-modelo da Dalamátia nunca abrigaram menos do que quinhentas crianças adotadas, selecionadas junto às famílias superiores das raças andônicas e sangiques; muitas dessas crianças eram órfãs.

E eram favorecidas pela disciplina e o aperfeiçoamento desses superpais; e então, após três anos nas escolas do Príncipe, onde entravam dos treze aos quinze anos, tornavam-se capazes para o casamento e prontas para receber as suas incumbências como emissários do Príncipe junto às tribos necessitadas das respectivas raças.

Fad patrocinou o plano de educação da Dalamátia, executado como uma escola industrial na qual os alunos aprendiam fazendo e, por intermédio da qual, se formavam realizando as tarefas diárias necessárias. Esse plano de educação não ignorava o pensar e o sentir para o desenvolvimento do caráter; mas colocava o aperfeiçoamento manual em primeiro lugar. A instrução era individual e coletiva. Os alunos recebiam ensinamentos tanto dos homens quanto das mulheres, e também de uns e outros, atuando em conjunto. A metade da instrução desse grupo era separada por sexo; a outra metade era de educação mista. Os estudantes ganhavam destreza manual individualmente e, em grupos ou classes, eles socializavam-se. Eram educados para confraternizar com grupos mais jovens, grupos de adultos e de mais velhos, bem como para fazer trabalhos em equipe com os da mesma idade. Também estavam familiarizados com associações tais como os grupos familiares e equipes para jogos e classes escolares.

Entre os últimos estudantes educados na Mesopotâmia para trabalhar com as suas raças respectivas, estavam os andonitas dos planaltos da Índia ocidental, junto com os representantes dos homens vermelhos e dos homens azuis; e, posteriormente, um pequeno número dos da raça amarela foi também recebido.

Hap presenteou as raças primitivas com uma lei moral. Esse código era conhecido como "O caminho do Pai" e consistia dos sete mandamentos seguintes:

1. Não temerás nem servirás a nenhum Deus, senão ao Pai de todos.

2. Não desobedecerás ao Filho do Pai, o governante do mundo, nem faltarás com o respeito aos seus assessores supra-humanos.

3. Não mentirás quando fores chamado perante os juízes do povo.

4. Não matarás nem homens, nem mulheres, nem crianças.

5. Não roubarás nem os bens, nem o gado do teu vizinho.

6. Não tocarás na mulher do teu amigo.

7. Não faltarás com o respeito aos teus pais nem aos mais velhos da tribo.

Essa foi a lei da Dalamátia por quase trezentos mil anos. E muitas das pedras sobre as quais essa lei estava gravada agora repousam sob as águas em locais distantes das margens da Mesopotâmia e da Pérsia. Tornou-se costume ter um desses mandamentos mentalizados a cada dia da semana, usando-o para saudações e ação de graças nas horas das refeições.

A medida de tempo daqueles dias era o mês lunar, sendo esse período considerado como tendo vinte e oito dias. Essa foi, com exceção do dia e da noite, a única medida de tempo que esses povos primitivos conheceram. A semana de sete dias foi introduzida pelos educadores da Dalamátia e surgiu do fato de que sete era um quarto de vinte e oito. O significado do número sete no superuniverso, sem dúvida, ofereceu-lhes a oportunidade de inserir um motivo espiritual no modo comum de considerar o tempo. Contudo, o período de uma semana não tem uma origem na natureza.

O campo em volta da cidade era bem colonizado, em um raio de cento e sessenta quilômetros. Na periferia imediata da cidade, centenas de alunos graduados das escolas do Príncipe empenhavam-se na criação de animais e, por outro lado, aplicavam as instruções que haviam recebido dos seus assessores e dos seus numerosos ajudantes humanos. Uns poucos cuidavam da agricultura e da horticultura.

A humanidade não se dedicou à árdua tarefa da agricultura como um castigo de um suposto pecado. "Comerás dos frutos dos campos criados com o suor da tua fronte" não foi uma sentença de punição pronunciada por causa da participação do homem nas loucuras da rebelião de Lúcifer, sob a liderança do traiçoeiro Caligástia. O cultivo do solo é inerente ao estabelecimento de uma civilização avançada nos mundos evolucionários, e essa injunção foi o centro de toda a educação do Príncipe Planetário e do seu corpo de assessores, durante os trezentos mil anos que se interpuseram entre a sua chegada em Urântia e os dias trágicos em que Caligástia tomou o partido do rebelde Lúcifer. O trabalho com o solo não é uma maldição; é, antes, a mais alta bênção para todos aqueles a quem é permitido assim desfrutar da mais humana de todas as atividades do homem.

No alvorecer da rebelião, a Dalamátia tinha uma população residente de quase seis mil habitantes. Esse número inclui os estudantes regulares, mas não abrange os visitantes e observadores, cujo número chegava sempre a mais de mil. Vós só podeis ter, contudo, pouca ou nenhuma idéia do progresso maravilhoso daqueles tempos distantes: praticamente todos os benefícios maravilhosos ganhos pela humanidade, naqueles dias, ficaram no esquecimento depois da horrível confusão e da escuridão espiritual abjeta que se seguiu à sedição e ao erro catastrófico de Caligástia.

8. OS INFORTÚNIOS DE CALIGÁSTIA

Ao recordar-nos da longa carreira de Caligástia, encontramos apenas uma característica que se destaca na sua conduta que poderia ser digna de atenção; ele era ultra-individualista. Tinha a tendência de tomar o partido de quase todos os protestos e, em geral, tinha simpatia por aqueles que davam expressão moderada a críticas implícitas. Detectamos o início do aparecimento dessa tendência de inquietude sob qualquer autoridade, de ressentir-se moderadamente de todas as formas de supervisão. Embora ligeiramente ofendido sob o aconselhamento dos mais experientes, e apesar de ficar impaciente de algum modo sob a autoridade superior, no entanto, quando teve de ser feito um teste, ele sempre demonstrou lealdade aos governantes do universo e obediência aos mandados dos Pais da Constelação. Nenhuma falta real foi jamais encontrada nele, até a época da sua vergonhosa traição a Urântia.

Deveria ficar destacado que tanto Lúcifer quanto Caligástia haviam sido pacientemente instruídos e prevenidos afetuosamente sobre as suas tendências para as críticas e sobre o desenvolvimento sutil do orgulho do ego e, conseqüentemente, sobre o sentimento exagerado de auto-importância. Todavia, todos esses esforços para ajudá-los foram interpretados por eles como críticas sem fundamento e como interferências injustificadas nas suas liberdades pessoais. Ambos, Caligástia e Lúcifer julgavam que os seus conselheiros amigáveis estavam animados pelos mesmos motivos repreensíveis que começavam a dominar os seus próprios pensamentos distorcidos e os seus planos desviados. Eles julgaram os seus conselheiros altruístas segundo os seus próprios conceitos, cada vez mais egoístas.

Desde a chegada do Príncipe Caligástia, a civilização planetária progrediu de um modo bastante normal por quase trezentos mil anos. Independentemente de ser uma esfera de modificação de vida e, portanto, sujeita a numerosas irregularidades e episódios inusitados de inconstância evolucionária, Urântia progrediu muito satisfatoriamente durante a sua carreira planetária até os tempos da rebelião de Lúcifer e da concomitante traição de Caligástia. Toda a história subseqüente foi definitivamente modificada por esse erro catastrófico, bem como pela posterior falta de Adão e Eva ao descumprirem a sua missão planetária.

O Príncipe de Urântia ingressou nas trevas na época da rebelião de Lúcifer, precipitando, assim, uma longa confusão no planeta. E ficou, subseqüentemente, privado da autoridade de soberano pela ação coordenada dos governantes da constelação e de outras autoridades do universo. Ele participou das vicissitudes inevitáveis da isolada Urântia até o tempo da permanência de Adão no planeta, e contribuiu, em parte, para o fracasso do plano de elevar as raças mortais por meio da infusão do sangue vital da nova raça, a violeta – composta de descendentes diretos de Adão e Eva.

O poder que o Príncipe caído tinha de perturbar os assuntos humanos foi enormemente restringido pela encarnação mortal de Maquiventa Melquisedeque, nos dias de Abraão; e, subseqüentemente, durante a vida de Michael na carne, esse Príncipe traidor foi finalmente despojado de toda a sua autoridade em Urântia.

A doutrina de um diabo pessoal em Urântia, se bem que tenha algum fundamento, por causa da presença planetária do traidor e iníquo Caligástia, é, contudo, totalmente fictícia, quando apregoa que um tal "diabo" poderia influenciar a mente normal humana contra a sua escolha livre e natural. Mesmo antes da auto-outorga de Michael em Urântia, nem Caligástia nem Daligástia jamais foram capazes de oprimir os mortais, nem de coagir nenhum indivíduo normal a fazer qualquer coisa contra a sua vontade humana. O livre-arbítrio do homem é supremo nos assuntos morais; até mesmo o Ajustador do Pensamento residente recusa-se a compelir o homem a adotar sequer um único pensamento ou cometer um único ato contra a própria escolha da vontade do ser humano.

E esse rebelde do reino, agora despojado de todo o poder de ser nocivo aos seus anteriores súditos, aguarda o julgamento final, a ser feito pelos Anciães dos Dias de Uversa; julgamento de todos aqueles que participaram da rebelião de Lúcifer.

[Apresentado por um Melquisedeque de Nébadon.]

DOCUMENTO 67

A REBELIÃO PLANETÁRIA

OS PROBLEMAS relacionados à existência humana em Urântia são impossíveis de ser compreendidos sem um conhecimento de certas grandes épocas do passado, sobretudo a ocorrência da rebelião planetária e suas conseqüências. Embora esse levante não haja interferido seriamente no progresso da evolução orgânica, ele modificou acentuadamente o curso da evolução social e do desenvolvimento espiritual. Toda a história suprafísica do planeta foi profundamente influenciada por essa devastadora calamidade.

1. A TRAIÇÃO DE CALIGÁSTIA

Por trezentos mil anos, Caligástia havia atuado como encarregado de Urântia, quando Satã, o assistente de Lúcifer, fez uma das suas visitas periódicas de inspeção. E, quando Satã chegou a este planeta, a sua aparência de nenhum modo assemelhava-se às vossas caricaturas de majestade nefasta. Ele era, e ainda é, um Filho Lanonandeque de grande brilho. "E não é de se espantar, pois o próprio Satã é uma brilhante criatura de luz."

No decurso dessa inspeção, Satã informou a Caligástia que Lúcifer então propunha uma "Declaração de Liberdade"; e, como sabemos agora, o Príncipe concordou em trair o planeta, quando do anúncio da rebelião. As personalidades leais do universo demonstram ter um desdém peculiar pelo Príncipe Caligástia, pelo motivo da sua traição premeditada da confiança. O Filho Criador falou desse desprezo, quando disse: "Tu és como Lúcifer, o teu líder, pois tu perpetraste a iniqüidade dele de um modo culpável. Ele foi um falsificador desde o princípio, quando se auto-exaltava, porque não estava com a verdade".

Em todo o trabalho administrativo de um universo local, nenhum cargo é de confiança mais sagrada do que a fidelidade esperada de um Príncipe Planetário, que assume a responsabilidade pelo bem-estar e pela orientação dos mortais em evolução, em um mundo recentemente habitado. E, de todas as formas do mal, nenhuma é mais destrutiva para a constituição da personalidade do que a traição da confiança e a deslealdade à confiança dos amigos. Ao cometer deliberadamente esse pecado, Caligástia distorceu tão completamente a sua personalidade que a sua mente nunca mais foi capaz de recuperar plenamente o equilíbrio.

Há muitas maneiras de ver o pecado, mas, do ponto de vista filosófico do universo, o pecado é a atitude de uma personalidade que está conscientemente resistindo a aceitar a realidade cósmica. O erro poderia ser considerado como uma concepção errônea ou uma distorção da realidade. O mal é uma compreensão parcial das realidades do universo, ou um ajustamento defeituoso a elas. O pecado, porém, é uma resistência proposital à realidade divina – uma escolha consciente de opor-se ao progresso espiritual –, ao passo que a iniqüidade consiste em um desafio aberto e persistente da realidade reconhecida, e significa um tal grau de desintegração da personalidade que beira a insanidade cósmica.

O erro sugere uma falta de agudez intelectual; o mal, uma deficiência de sabedoria; o pecado, uma pobreza espiritual abjeta; a iniqüidade, todavia, indica o desaparecimento do controle da personalidade.

E, quando o pecado, por tantas vezes, é escolhido e tão freqüentemente repetido, ele pode tornar-se habitual. Os pecadores habituais podem facilmente tornar-se iníquos, podem tornar-se rebeldes, com todo o seu ser, contra o universo e todas as suas realidades divinas. Ao mesmo tempo em que todas as formas de pecado podem ser perdoadas, duvidamos que o iníquo estabelecido possa jamais sentir um arrependimento sincero pelos seus erros ou aceitar o perdão pelos seus pecados.

2. O ECLODIR DA REBELIÃO

Pouco depois da inspeção de Satã, e quando a administração planetária estava às vésperas da realização de grandes coisas em Urântia, um dia, no meio do inverno dos continentes nórdicos, Caligástia teve uma conversa prolongada com o seu adjunto, Daligástia, depois da qual este último convocou os dez conselhos de Urântia para uma sessão extraordinária. Essa reunião foi aberta com a declaração de que o Príncipe Caligástia estava prestes a proclamar, a si próprio, o soberano absoluto de Urântia e exigia que todos os grupos administrativos abdicassem, colocando todas as suas funções e poderes nas mãos de Daligástia, designado como responsável, enquanto se fazia a reorganização do governo planetário e a redistribuição posterior desses cargos de autoridade administrativa.

A apresentação dessa exigência surpreendente foi seguida pelo apelo magistral de Van, presidente do conselho supremo de coordenação. Esse eminente administrador e jurista de talento qualificou o decorrer da proposta de Caligástia como um ato que beirava a rebelião planetária e exortou os presentes a abster-se de toda participação, até que um apelo pudesse ser levado a Lúcifer, o Soberano do Sistema de Satânia. E este ganhou o apoio de todo o corpo de assessores. Em conseqüência, o apelo foi levado a Jerusém, de onde vieram ordens que designavam Caligástia como o supremo soberano de Urântia e que demandavam obediência absoluta e inquestionável aos mandados dele. E foi em resposta a essa surpreendente mensagem que o nobre Van fez o seu memorável discurso de sete horas de duração, no qual ele formalmente fazia a acusação de que Daligástia, Caligástia, e Lúcifer estavam desacatando a soberania do universo de Nébadon; e ele apelava para o apoio e a confirmação dos Altíssimos de Edêntia.

Nesse ínterim, os circuitos do sistema foram cortados; Urântia estava isolada. Todos os grupos de vida celeste no planeta viram-se isolados subitamente e sem aviso, inteiramente privados, portanto, de todo conselho e aviso externo.

Daligástia formalmente proclamou Caligástia o "Deus de Urântia e supremo perante todos". Diante dessa proclamação, as questões ficavam claramente delineadas; e cada grupo separou-se de per si e deu início a deliberações, a discussões destinadas finalmente a determinar a sorte de cada personalidade supra-humana no planeta.

Serafins, querubins e outros seres celestes estavam envolvidos nas decisões dessa luta amarga, desse conflito longo e pecaminoso. Muitos grupos supra-humanos que estavam em Urântia por acaso, na ocasião desse isolamento, ficaram detidos aqui e, como os serafins e os seus colaboradores, se viram obrigados a escolher entre o pecado e a retidão – entre os caminhos de Lúcifer e a vontade do Pai não visível.

Por mais de sete anos, essa luta continuou. E as autoridades de Edêntia não quiseram interferir, nem intervir, enquanto todas as personalidades envolvidas não houvessem ainda tomado a sua decisão final. E Van, e os seus leais companheiros, só então receberam uma justificativa e foram liberados da sua prolongada ansiedade e expectativa intolerável.

3. OS SETE ANOS CRUCIAIS

O eclodir da rebelião em Jerusém, a capital de Satânia, foi difundido pelo conselho Melquisedeque. Os Melquisedeques emergenciais foram imediatamente despachados para Jerusém; e Gabriel fez-se voluntário para atuar como representante do Filho Criador, cuja autoridade tinha sido desafiada. Junto com a teletransmissão do fato da rebelião, em Satânia, o sistema ficou isolado dos sistemas irmãos, em quarentena. Havia "guerra nos céus", na sede-central de Satânia, e essa se espalhou até todos os planetas no sistema local.

Em Urântia, quarenta membros do corpo dos cem assessores corpóreos (incluindo Van) recusaram-se a se unir à insurreição. Muitos dos assistentes humanos do corpo de assessores (os modificados e outros) foram também defensores bravos e nobres de Michael e do seu governo no universo. Houve uma perda terrível de personalidades, entre os serafins e os querubins. Quase a metade dos serafins administradores e de transição, designados para o planeta, ficou com o seu líder e com Daligástia, em apoio à causa de Lúcifer. Quarenta mil e cento e dezenove das criaturas intermediárias primárias deram as suas mãos a Caligástia, mas o restante desses seres permaneceu fiel à missão a eles confiada.

O Príncipe traidor reuniu as criaturas intermediárias desleais e os outros grupos de personalidades rebeldes e organizou-os para executar as suas ordens, enquanto Van reunia as criaturas intermediárias leais e os outros grupos fiéis e começou a grande batalha para a salvação do corpo planetário de assessores e outras personalidades celestes ilhadas em Urântia.

Durante os tempos dessa luta, os grupos leais moraram em um acantonamento sem muros e mal-protegido, a uns poucos quilômetros a leste de Dalamátia, mas as suas habitações eram guardadas dia e noite pelas criaturas intermediárias leais, sempre vigilantes e alertas, e eles tinham consigo a posse da inestimável árvore da vida.

No eclodir da rebelião, os querubins e os serafins leais, com a ajuda de três criaturas intermediárias fiéis, assumiram a custódia da árvore da vida e permitiram apenas que os quarenta membros leais do corpo de assessores e os seus companheiros mortais modificados tivessem acesso à fruta e às folhas dessa planta energética. Era de cinqüenta e seis o número desses andonitas modificados associados ao corpo de assessores leais, pois dezesseis dos assistentes andonitas dos assessores desleais também recusaram-se a entrar na rebelião com os seus mestres.

Durante os sete anos cruciais da rebelião de Caligástia, Van permaneceu totalmente devotado ao trabalho de servir à sua armada leal de homens, criaturas intermediárias e anjos. A clarividência espiritual e a constância moral que capacitaram Van a manter uma atitude tão inabalável de lealdade ao governo do universo foram o produto de: pensamento claro, raciocínio sábio, julgamento lógico, motivação sincera, propósito não-egoísta, lealdade inteligente, memória experiencial, um caráter disciplinado e uma consagração inquestionável da sua personalidade a cumprir a vontade do Pai no Paraíso.

Essa espera de sete anos foi um tempo de exame de consciência e de disciplina de alma. Crises como essas, nos assuntos de um universo, demonstram a tremenda influência da mente como um fator na escolha espiritual. A educação, o aperfeiçoamento e a experiência são fatores preponderantes para a maioria das decisões vitais de todas as criaturas morais evolucionárias. É, porém, inteiramente possível ao espírito residente fazer contato direto com os poderes determinantes da decisão da personalidade humana, de modo a dotar a vontade totalmente consagrada da criatura com o poder de realizar atos extraordinários de leal devoção à vontade e ao caminho do Pai no Paraíso. E isso foi exatamente o que ocorreu na experiência de Amadon, o humano modificado ligado a Van.

Amadon é o herói humano que se destaca na rebelião de Lúcifer. Este descendente masculino de Andon e Fonta foi um dos cem que contribuíram com o plasma da vida para o corpo de assessores do Príncipe e, desde aquele acontecimento, esteve ele ligado a Van como companheiro e assistente humano. Amadon escolheu permanecer com o seu chefe durante a luta prolongada e penosa. E foi uma visão inspiradora contemplar esse filho das raças evolucionárias mantendo-se inarredável diante dos sofismas de Daligástia; pois, durante a luta de sete anos, Amadon e os seus leais colaboradores resistiram como uma fortaleza inquebrantável a todos os ensinamentos enganosos do brilhante Caligástia.

Caligástia, com um máximo de inteligência e uma vasta experiência nos assuntos do universo, desviou-se – abraçou o pecado. Amadon, com um mínimo de inteligência e totalmente desprovido de experiência do universo, permaneceu firme no serviço do universo e em lealdade ao seu companheiro. Van utilizou tanto a mente quanto o espírito, em uma combinação magnífica e eficiente de determinação intelectual e de clarividência espiritual, alcançando, com isso, um nível experimental de realização de personalidade da ordem mais elevada que se pode atingir. A mente e o espírito, quando totalmente unidos, têm o potencial para a criação de valores supra-humanos, e até mesmo de realidades moronciais.

Uma récita dos acontecimentos sensacionais, sobre esses dias trágicos, não teria um fim. Afinal, porém, a última personalidade envolvida tomou a decisão definitiva final e, então, mas apenas então, chegou um Altíssimo de Edêntia com os Melquisedeques emergenciais, para assumir a autoridade em Urântia. Os anais panorâmicos do reino de Caligástia em Jerusém foram apagados, e foi inaugurada a era probacionária da reabilitação planetária.

4. OS CEM DE CALIGÁSTIA DEPOIS DA REBELIÃO

Quando foi feita a chamada final, constatou-se que os membros corpóreos do corpo de assessores do Príncipe haviam-se alinhado do modo seguinte: Van e todos os membros da sua corte de coordenação haviam permanecido leais. Ang e três dos membros do conselho de alimentação haviam sobrevivido. A junta de domesticação de animais foi toda arrastada pela rebelião, como foram todos os consultores para as conquistas de animais. Fad e cinco membros da faculdade de educação ficaram a salvo. Nod e todos da comissão de indústria e comércio uniram-se a Caligástia. Hap e todo o colégio da religião revelada permaneceram leais junto com Van e o seu nobre grupo. Lut e todo o conselho de saúde foram perdidos. O conselho de arte e de ciência permaneceu leal na sua totalidade, mas Tut e a comissão de governo tribal desviaram-se. Assim, pois, quarenta dos cem foram salvos e, mais tarde, transferidos para Jerusém, onde retomaram a sua carreira de ida até o Paraíso.

Os sessenta membros do corpo planetário de assessores que se uniram à rebelião escolheram Nod como o seu líder. Trabalharam de todo o coração para o Príncipe rebelde, mas logo descobriram que estavam privados da sustentação dos circuitos de vida do sistema. E despertaram para o fato de que se haviam degradado até o status de seres mortais. Eles eram de fato supra-humanos, mas, ao mesmo tempo, materiais e mortais. No esforço para aumentar o número deles, Daligástia ordenou que recorressem imediatamente à reprodução sexual, sabendo muito bem que os sessenta originais e os seus quarenta e quatro colaboradores andonitas modificados estavam condenados a sofrer a extinção por morte, mais cedo ou mais tarde. Depois da queda da Dalamátia, a parte desleal do corpo de assessores migrou para o norte e para o leste. Os seus descendentes ficaram conhecidos por muito tempo como os noditas, e o seu local de morada como "a terra de Nod".

A presença desses extraordinários supra-homens e supramulheres, abandonados pela rebelião e unindo-se agora aos filhos e filhas da Terra, obviamente deu origem àquelas histórias tradicionais dos deuses descendo para reproduzir-se com os mortais. E assim originaram-se as mil e uma lendas de natureza mítica, baseadas apenas nos fatos dos dias pós-rebelião e que posteriormente encontraram um lugar nas lendas e tradições folclóricas dos vários povos cujos ancestrais tinham tido esse tipo de contato com os noditas e os seus descendentes.

O grupo dos assessores rebeldes, privado da subsistência espiritual, finalmente teve morte natural. E a idolatria subseqüente das raças humanas, em grande parte, teve a sua origem no desejo de perpetuar a memória desses seres altamente enaltecidos dos dias de Caligástia.

Quando o corpo dos cem assessores veio para Urântia, eles estavam temporariamente separados dos seus Ajustadores do Pensamento. Imediatamente depois da chegada dos administradores Melquisedeques, as personalidades leais (exceto Van) foram reenviadas a Jerusém e foram religadas aos seus Ajustadores, que estavam aguardando. Não conhecemos a sorte dos sessenta assessores rebeldes; os Ajustadores deles ainda permanecem em Jerusém. As questões, sem dúvida, ficarão como estão até que toda a rebelião de Lúcifer seja finalmente julgada e até que seja decretada a sorte de todos os seus participantes.

Foi muito difícil para os seres como os anjos e as criaturas intermediárias conceberem que governantes brilhantes e de confiança como Caligástia e Daligástia pudessem desviar-se – cometendo o pecado da traição. Aqueles seres que caíram em pecado – não entraram deliberada ou premeditadamente na rebelião – foram desencaminhados pelos seus superiores, enganados pelos líderes em quem confiavam. E do mesmo modo foi fácil ganhar o apoio dos mortais evolucionários de mentalidade primitiva.

A grande maioria dos seres humanos e supra-humanos que foram vítimas da rebelião de Lúcifer em Jerusém e nos vários planetas desviados, há muito já se arrependeram sinceramente da própria loucura; e acreditamos verdadeiramente que todos esses penitentes sinceros sejam reabilitados de alguma forma e reintegrados, em alguma fase do serviço no universo, quando os Anciães dos Dias finalmente completarem o recém-iniciado julgamento dos assuntos da rebelião de Satânia.

5. OS RESULTADOS IMEDIATOS DA REBELIÃO

Uma grande confusão reinou na Dalamátia e nas suas imediações, por quase cinqüenta anos depois da instigação da rebelião. Foi feita uma tentativa de reorganização completa e radical de todo o mundo; a revolução tomou o lugar da evolução, como política de avanço cultural e de aperfeiçoamento racial. Surgiu, entre os residentes superiores e parcialmente educados de Dalamátia e nas proximidades, um súbito avanço no status cultural, mas, quando esses métodos novos e radicais foram experimentados nos povos mais distantes, uma confusão indescritível e um pandemônio racial foi o resultado imediato. A liberdade foi rapidamente interpretada como licença pelos homens primitivos semi-evoluídos daqueles dias.

Logo depois da rebelião, todo o corpo rebelde de assessores engajou-se em uma defesa enérgica da cidade, contra as hordas de semi-selvagens que sitiaram as suas muralhas, em conseqüência das doutrinas de liberdade que lhes haviam sido prematuramente ensinadas. E, anos antes que a magnífica sede-central do governo submergisse sob as ondas vindas do sul, as tribos maldirigidas e mal-instruídas do interior da Dalamátia, em assalto selvagens, já haviam caído sobre a esplêndida cidade, expulsando para o norte o corpo de assessores da secessão e os seus colaboradores.

O esquema de Caligástia para a reconstrução imediata da sociedade humana, de acordo com as suas idéias de liberdade individual e grupal, demonstrou-se um fracasso e, de certo modo, rápida e totalmente. A sociedade depressa afundou de volta ao seu nível biológico antigo, e toda a luta pelo progresso começou novamente; sendo retomada não muito adiante de onde estava no começo do regime de Caligástia, pois esse levante havia deixado o mundo em uma confusão ainda pior.

Cento e sessenta e dois anos depois da rebelião, uma onda de maré varreu a Dalamátia, e a sede-central do governo planetário afundou sob as águas do mar, e essa terra não emergiu de novo até que houvessem sido apagados quase todos os vestígios da nobre cultura daquelas idades esplêndidas.

Quando a primeira capital do mundo foi assim tragada, ela abrigava apenas os tipos mais baixos das raças sangiques de Urântia; os renegados haviam já convertido o templo do Pai em um santuário dedicado a Nog, o falso deus da luz e do fogo.

6. VAN — O INQUEBRANTÁVEL

Os seguidores de Van logo se retiraram para os planaltos do oeste da Índia, onde estavam isentos dos ataques das confundidas raças das planícies. Desse local de retiro, eles planejaram a reabilitação do mundo como os seus antigos predecessores badonitas, inconscientemente, certa vez, haviam trabalhado para o bem-estar da humanidade, pouco antes dos dias do nascimento das tribos sangiques.

Antes da chegada dos administradores Melquisedeques, Van colocou a administração dos assuntos humanos nas mãos de dez comissões, cada uma com quatro elementos, grupos idênticos àqueles do regime do Príncipe. Os Portadores da Vida seniores residentes assumiram a liderança temporária desse conselho de quarenta, que funcionou durante os sete anos de espera. Grupos semelhantes de amadonitas assumiram essas responsabilidades, quando os trinta e nove membros leais do corpo de assessores retornaram a Jerusém.

Esses *amadonitas* descendiam do grupo dos 144 andonitas leais aos quais pertencia Amadon, o qual se tornou conhecido pelo seu nome. Esse grupo compreendia trinta e nove homens e cento e cinco mulheres. Cinqüenta e seis deles tinham o status de imortalidade, e todos (exceto Amadon) foram transladados junto com os membros leais do corpo de assessores. O restante desse nobre grupo continuou na Terra, até o fim dos seus dias mortais, sob a liderança de Van e Amadon. Eles foram o fermento biológico que se multiplicou e que continuou a fornecer lideranças ao mundo, durante as longas idades de trevas que se seguiram à rebelião.

Van foi deixado em Urântia até o tempo de Adão, permanecendo como chefe titular de todas as personalidades supra-humanas funcionando no planeta. Ele e Amadon foram sustentados, durante mais de cento e cinqüenta mil anos, pela técnica da árvore da vida, em conjunção com a ministração especializada de vida dos Melquisedeques.

Os assuntos de Urântia foram por um longo tempo administrados por um conselho de administradores planetários, composto de doze Melquisedeques, confirmado pelo mandado do regente sênior da constelação, o Pai Altíssimo de Norlatiadeque. Interassociado aos administradores Melquisedeques, havia um conselho assessor, formado por: um dos ajudantes leais do Príncipe caído, dois Portadores da Vida residentes, um Filho Trinitarizado, fazendo o seu aprendizado de aperfeiçoamento, um Filho Instrutor voluntário, um Brilhante Estrela Vespertino de Ávalon (periodicamente), os chefes dos serafins e dos querubins, os conselheiros de dois planetas vizinhos, o diretor geral da vida angélica subordinada, e Van, o comandante-chefe das criaturas intermediárias. E assim Urântia foi governada e administrada até a chegada de Adão. Não é de se estranhar que o corajoso e leal Van haja sido designado para um posto no conselho de administradores planetários o qual, por tão longo tempo, administrou os assuntos de Urântia.

Os doze administradores Melquisedeques de Urântia fizeram um trabalho heróico. Eles preservaram os remanescentes da civilização, e as suas políticas planetárias foram fielmente executadas por Van. Mil anos depois da rebelião, ele mantinha mais de trezentos e cinqüenta grupos avançados espalhados em todo o mundo. Esses postos avançados de civilização consistiam, sobretudo, de descendentes dos andonitas leais, ligeiramente misturados com as raças sangiques, particularmente, os homens azuis e os noditas.

Não obstante o terrível revés da rebelião existiam muitas linhagens boas e biologicamente promissoras na Terra. Sob a supervisão dos administradores Melquisedeques, Van e Amadon continuaram o trabalho de fomentar a evolução natural da raça humana, levando adiante a evolução física do homem até que se alcançasse o ponto culminante que justificasse o envio de um Filho e de uma Filha Material para Urântia.

Van e Amadon permaneceram na Terra até pouco depois da chegada de Adão e Eva. Alguns anos depois disso, eles foram transladados para Jerusém onde Van foi religado ao seu Ajustador, que aguardava. Van agora serve a Urântia, enquanto espera a ordem de retomar o seu caminho bastante longo de perfeição até o Paraíso e para o destino não revelado do Corpo de Finalidade Mortal, ora em formação.

Deveria ficar registrado que, quando Van apelou aos Altíssimos de Edêntia, depois de Lúcifer haver sustentado Caligástia em Urântia, os Pais da Constelação despacharam uma decisão imediata apoiando Van em todos os pontos da contenda. Esse veredicto não conseguiu chegar até Van, porque os circuitos planetários de comunicação foram cortados quando ele estava em trânsito. Só recentemente essa diretiva efetiva foi descoberta, alojada em um relé de transmissão de energia, onde ficara bloqueada desde o isolamento de Urântia. Sem essa descoberta, feita em conseqüência das investigações de criaturas intermediárias de Urântia, a liberação dessa decisão teria esperado o restabelecimento de Urântia nos circuitos da constelação. E esse acidente aparente, de comunicação interplanetária, pôde ocorrer porque os transmissores de energia podem receber e transmitir informações, mas não podem ter a iniciativa da comunicação.

O status de Van, tecnicamente, nos anais jurídicos de Satânia, não foi estabelecido de fato, finalmente, senão quando essa diretriz dos Pais de Edêntia foi registrada em Jerusém.

7. AS REPERCUSSÕES REMOTAS DO PECADO

As conseqüências pessoais (centrípetas) da rejeição voluntária e persistente, que uma criatura faz da luz, são tanto inevitáveis quanto individuais, e não são senão do interesse da Deidade e da própria criatura. Essa colheita de iniqüidade, destruidora da alma, é o fruto interno da criatura volitiva iníqua.

Entretanto, não acontece assim com as repercussões externas do pecado: as conseqüências impessoais (centrífugas) do abraçar do pecado são tão inevitáveis quanto coletivas, sendo do interesse de cada criatura que funciona dentro do raio de ação afetado por tais acontecimentos.

Cerca de cinqüenta mil anos depois do colapso da administração planetária, os assuntos terrenos estavam tão desorganizados e atrasados que a raça humana se havia adiantado pouquíssimo em relação ao status evolucionário geral existente no tempo da chegada de Caligástia, trezentos e cinqüenta mil anos antes. Sob certos aspectos, fora feito algum progresso; em outras direções, muito terreno fora perdido.

O pecado jamais tem efeitos puramente localizados. Os setores administrativos dos universos são como organismos; a condição de uma personalidade deve, em uma certa medida, ser compartilhada por todos. O pecado, sendo uma atitude da pessoa para com a realidade, está fadado a exibir a sua colheita negativa inerente sobre todo e qualquer nível relacionado de valores do universo. Contudo, as conseqüências plenas do pensamento errôneo, das ações más ou dos desígnios pecaminosos são experimentadas apenas no nível da realização propriamente dita. A transgressão de uma lei do universo pode ser fatal, no reino físico, sem envolver seriamente a mente, nem prejudicar a experiência espiritual. O pecado é carregado de conseqüências fatais para a sobrevivência da personalidade, apenas quando é uma atitude do ser por inteiro, quando representa a escolha da mente e a vontade da alma.

O mal e o pecado têm suas conseqüências nos reinos material e social, e podem, algumas vezes, mesmo retardar o progresso espiritual em alguns níveis da realidade no universo, mas o pecado de um ser qualquer nunca rouba de outro a realização do direito divino da sobrevivência da personalidade. A sobrevivência eterna só pode ser colocada em perigo por decisões da mente e da escolha da alma do próprio indivíduo.

O pecado em Urântia pouco fez que retardasse a evolução biológica, mas teve o efeito de privar as raças mortais do benefício pleno da herança Adâmica. O pecado retarda enormemente o desenvolvimento intelectual, o crescimento moral, o progresso social e a realização espiritual em massa. Não impede, todavia, a realização espiritual mais elevada de qualquer indivíduo que escolhe conhecer a Deus e cumprir sinceramente a Sua divina vontade.

Caligástia rebelou-se, Adão e Eva cometeram uma falta, mas nenhum mortal subseqüentemente, nascido em Urântia, jamais sofreu algo na sua experiência espiritual pessoal por causa desses erros. Todos os mortais nascidos em Urântia, desde a rebelião de Caligástia, têm sido de alguma maneira penalizados no tempo, mas o bem-estar futuro dessas almas jamais foi colocado em perigo, no que quer que seja, em relação à sua eternidade. Nenhuma pessoa jamais é levada a sofrer de privação espiritual vital por causa do pecado de uma outra. O pecado é totalmente pessoal, quanto à culpa moral ou às conseqüências espirituais, não obstante possa ter as suas amplas repercussões nos domínios administrativos, intelectuais e sociais.

Ainda que não possamos compreender por que a sabedoria permite essas catástrofes, podemos sempre discernir os efeitos benéficos dessas perturbações locais, quando elas são refletidas sobre o universo como um todo.

8. O HERÓI HUMANO DA REBELIÃO

Muitos seres corajosos resistiram à rebelião de Lúcifer nos vários mundos de Satânia; mas os registros de Sálvington retratam Amadon como o caráter mais destacado de todo o sistema, pela sua gloriosa rejeição das marés de sedição e pela sua devoção inquebrantável a Van – eles permaneceram juntos e determinados na sua lealdade à supremacia do Pai invisível e do seu Filho Michael.

No momento desses acontecimentos memoráveis, eu permaneci em um posto em Edêntia, e ainda estou consciente da profunda alegria que provei, ao tomar conhecimento das transmissões de Sálvington que contam, dia após dia, sobre toda a firmeza incrível, a devoção transcendente e a lealdade maravilhosa desse que fora anteriormente um semi-selvagem nascido da linhagem experimental e original da raça andônica.

De Edêntia a Sálvington, e mesmo até Uversa, por sete longos anos, a primeira pergunta, de toda vida celeste subordinada, a respeito da rebelião de Satânia, era ainda e sempre: "E Amadon, de Urântia, continua inarredável ainda?"

Se a rebelião de Lúcifer prejudicou o sistema local e os seus mundos caídos, se a perda desse Filho e dos seus parceiros desviados obstruiu temporariamente o progresso da constelação de Norlatiadeque, então considerai o efeito imenso da que é conseqüência da atuação inspiradora desse que é um filho da natureza, e do seu grupo determinado de 143 camaradas, inquebrantáveis na luta pelos conceitos mais elevados da gestão e da administração do universo, contra a pressão tão tremenda e adversa exercida pelos seus superiores desleais. E permiti-me assegurar-vos de que tudo isso já trouxe, ao universo de Nébadon e ao superuniverso de Orvônton, um bem tão grande que não poderá jamais ser contrabalançado pela soma total de todo o mal e pesar da rebelião de Lúcifer.

E é tudo uma iluminação de beleza tocante e de esplêndida magnificência da sabedoria do plano universal do Pai para mobilizar o Corpo de Finalidade Mortal do Paraíso; recrutando esse vasto grupo de servidores misteriosos do futuro, em sua maior parte provenientes da argila comum dos mortais de progressão ascendente – mortais como o invulnerável Amadon.

[Apresentado por um Melquisedeque de Nébadon.]

DOCUMENTO 68

A AURORA DA CIVILIZAÇÃO

E STE é o começo da narrativa da luta extensamente longa que a espécie humana tem travado para progredir, partindo de um status apenas ligeiramente melhor do que o de uma existência animal, passando pelas idades intermediárias e chegando aos tempos mais recentes, em que uma civilização real, ainda que imperfeita, foi desenvolvida entre as raças superiores da humanidade.

A civilização é uma aquisição da raça; não é uma inerência biológica; e por isso é que todas as crianças devem ser criadas em um ambiente de cultura, e cada geração de jovens que se sucede deve receber uma nova educação. As qualidades superiores da civilização – científicas, filosóficas e religiosas – não são transmitidas de uma geração a outra pela hereditariedade direta. Essas realizações culturais são preservadas apenas pela conservação do esclarecimento na herança social.

A evolução social de ordem cooperativa foi iniciada pelos instrutores da Dalamátia e, durante trezentos mil anos, a humanidade foi nutrida na idéia de atividades grupais. O homem azul, mais que todos, tirou proveito desses ensinamentos sociais, o homem vermelho, em uma certa medida, e o homem negro, menos do que todos. Em tempos mais recentes, a raça amarela, bem como a branca, têm apresentado o desenvolvimento social mais avançado de Urântia.

1. A SOCIALIZAÇÃO PROTETORA

Quando colocados em contato muito estreito, os homens freqüentemente aprendem a amar-se mutuamente, mas, no homem primitivo, o espírito do sentimento de irmandade e o desejo de contato com os seus semelhantes não fluíam naturalmente. As raças primitivas aprenderam, mais por meio de experiências tristes, que "na união, está a força"; e é essa falta de atração natural pela irmandade que agora constitui um obstáculo no caminho da realização imediata da irmandade dos homens em Urântia.

Muito cedo, a associatividade transformou-se no preço da sobrevivência. O homem solitário era impotente, a menos que trouxesse uma marca tribal que testificasse que pertencia a um grupo que certamente vingar-se-ia de qualquer assalto cometido contra ele. Mesmo nos dias de Caim era fatal ir até muito longe sozinho, sem alguma marca de associação grupal. A civilização tornou-se a segurança do homem contra a morte violenta, e um alto preço é pago na submissão às inúmeras demandas das leis da sociedade.

A sociedade primitiva era, então, baseada na reciprocidade das necessidades e na maior segurança das associações. E a sociedade humana evoluiu, em ciclos milenares, graças a esse medo do isolamento e por intermédio de uma cooperação relutante.

Os seres humanos primitivos aprenderam, muito cedo, que os grupos são incomensuravelmente maiores e mais fortes do que a mera soma das suas unidades individuais. Cem homens unidos e trabalhando em uníssono podem mover uma grande pedra; duas dúzias de guardiães da paz bem treinados podem conter uma multidão em fúria. E, assim, a sociedade nasceu, não de um mero ajuntamento numérico, antes, porém, como resultado da *organização* de cooperadores inteligentes. Contudo, a cooperação não é uma característica natural do homem; ele aprende a cooperar, primeiro, por causa do medo e, então, mais tarde, porque ele descobre que um benefício maior advém de enfrentar assim as dificuldades do tempo e de se proteger contra os perigos supostos da eternidade.

Os povos que se organizaram cedo desse modo, em uma sociedade primitiva, tiveram mais êxito nos seus avanços contra a natureza, bem como para defender-se dos seus semelhantes; eles tinham maiores possibilidades de sobrevivência; e, por isso, a civilização progrediu firmemente em Urântia, não obstante os seus inúmeros contratempos. E, apenas porque o valor da sobrevida ficou elevado, em conseqüência dos agrupamentos, é que os inúmeros erros do homem ainda não conseguiram parar nem destruir a civilização humana.

A sociedade cultural contemporânea é um fenômeno bastante recente, e isso é mostrado, bastante bem, pela sobrevivência, nos dias atuais, de condições sociais tão primitivas como as que caracterizam os nativos australianos, os bosquímanos e os pigmeus da África. Entre esses povos atrasados, pode ser observado algo da hostilidade tribal primitiva, de suspeita pessoal, bem como outras características altamente anti-sociais que foram tão típicas de todas as raças primitivas. Esses remanescentes miseráveis, de povos não sociais de tempos antigos, são uma testemunha eloqüente do fato de que a tendência individualista natural do homem não pode ter êxito ao competir com as organizações e associações mais potentes e poderosas de progresso social. Tais raças atrasadas, cheias de desconfianças anti-sociais, que usam de um dialeto diferente a cada setenta ou oitenta quilômetros, ilustram o mundo no qual vós poderíeis estar vivendo atualmente, não fossem os ensinamentos do corpo de assessores corpóreos do Príncipe Planetário, combinados aos trabalhos posteriores do grupo Adâmico de elevadores raciais.

A frase moderna "de volta à natureza" é um delírio de ignorância, uma crença na realidade de uma antiga "idade dourada" fictícia. A única base para a lenda da idade dourada são as existências históricas da Dalamátia e do Éden. Contudo, essas sociedades, ainda que aperfeiçoadas, estavam longe de ser a realização de sonhos utópicos.

2. FATORES DO PROGRESSO SOCIAL

A sociedade civilizada é resultado dos esforços iniciais do homem para vencer a sua aversão ao *isolamento*. Isso, porém, não significa necessariamente qualquer afeição mútua, e o estado de turbulência atual de certos grupos primitivos ilustra bem o que as tribos primitivas tiveram de enfrentar. Todavia, embora os indivíduos de uma civilização possam ter, entre si, atritos e lutar uns contra os outros, e embora a civilização em si mesma possa parecer uma massa inconsistente de tentativas e de lutas, de fato, essa civilização evidencia um esforço sincero e não uma monotonia mortal de estagnação.

Conquanto o nível da inteligência haja contribuído consideravelmente para o ritmo do progresso cultural, a sociedade tem, essencialmente, a finalidade de minimizar o elemento de risco no modo de vida individual, e tem progredido com a mesma rapidez com que tem tido êxito em reduzir a dor e aumentar o elemento de prazer na vida. Assim, todo o corpo social avança lentamente para uma meta de destino – a extinção ou a sobrevivência – dependendo de essa meta ser a da automanutenção ou autogratificação. A automanutenção origina a sociedade, ao passo que a autogratificação excessiva destrói a civilização.

A sociedade preocupa-se com a autoperpetuação, com a automanutenção e com a autogratificação, mas a auto-realização humana é digna de tornar-se a meta imediata para muitos grupos culturais.

O instinto gregário, no homem natural, dificilmente seria suficiente para explicar o desenvolvimento de organizações sociais tais como as que existem atualmente em Urântia. Embora essa propensão gregária inata seja a base da sociedade humana, grande parte da sociabilidade do homem é adquirida. Duas grandes influências que contribuíram para as primeiras associações de seres humanos foram a fome de alimentos e o amor sexual; o homem tem essas necessidades instintivas em comum com o mundo animal. Duas outras emoções que aproximaram os seres humanos e que os *mantiveram* unidos foram a vaidade e o medo, mais particularmente, o medo de fantasmas.

A história é apenas o registro da luta milenar do homem pelo alimento. *O homem primitivo pensava apenas quando estava faminto*; poupar a comida foi o seu primeiro desprendimento e autodisciplina. Com o crescimento da sociedade, a fome de alimento cessou de ser o único incentivo para a associação mútua. Outras inúmeras espécies de fomes, a realização de várias necessidades, todas elas conduziram a humanidade a uma associação mais estreita. Hoje, porém, a sociedade desequilibrou-se com o superacúmulo de necessidades humanas supostas. A civilização ocidental do século vinte geme de cansaço sob a tremenda sobrecarga do fausto e da multiplicação desordenada dos desejos e das aspirações humanas. A sociedade moderna está suportando a pressão de uma das suas mais perigosas fases de interassociação, em grande escala e em um nível de interdependência altamente complicado.

A fome, a vaidade e o medo dos fantasmas exerceram uma pressão social contínua, mas a gratificação do sexo foi transitória e espasmódica. Não foi o impulso do sexo por si só que compeliu os homens primitivos e as mulheres a assumirem os pesados encargos da manutenção de um lar. O lar primitivo era fundado na efervescência sexual masculina, privada da gratificação freqüente; e naquele amor materno devotado da fêmea humana, amor esse que, em uma certa medida, ela compartilha com as fêmeas de todos os animais superiores. A presença de uma criança indefesa determinou as primeiras diferenciações entre as atividades masculinas e as femininas; a mulher tinha de manter uma residência estabelecida, onde ela podia cultivar o solo. E, desde os tempos mais antigos, onde estava a mulher, ali, foi sempre considerado o lar.

A mulher, assim, muito cedo se tornou indispensável ao esquema social em evolução, nem tanto por causa da paixão sexual efêmera, como em conseqüência da *necessidade de alimento*, ela era uma sócia essencial à automanutenção. Era a provedora de alimento, um burro de carga e uma companheira que podia suportar grandes abusos sem ressentimentos violentos e, além de todas essas características desejáveis, ela era um meio sempre disponível de gratificação sexual.

Quase tudo de valor perdurável na civilização tem as suas raízes na família. A família foi o primeiro grupo pacífico de êxito, o homem e a mulher aprendendo a ajustar os seus antagonismos e, ao mesmo tempo, ensinando a busca da paz às suas crianças.

A função do casamento na evolução é assegurar a sobrevivência da raça e não assegurar meramente a realização da felicidade pessoal; a automanutenção e a autoperpetuação são os objetivos reais do lar. A autogratificação é incidental e não essencial, exceto enquanto funciona como um incentivo para assegurar a união sexual. A natureza demanda a sobrevivência, mas as artes da civilização continuam a incrementar os prazeres do casamento e as satisfações da vida familiar.

Se a vaidade for ampliada, abrangendo o orgulho, a ambição e a honra, então podemos discernir não apenas como essas propensões contribuem para a formação das associações humanas, mas também como elas mantêm os homens unidos, pois tais emoções tornam-se fúteis, se não têm uma audiência diante da qual se exibir. E a vaidade logo terá, somada a si, tantas outras emoções e impulsos, que pedem uma arena social na qual possam exibir-se e gratificar-se a si próprias. Esse conjunto de emoções deu origem aos primórdios de todas as artes, às cerimônias e a todas as formas de jogos esportivos e de competições.

A vaidade contribuiu poderosamente para o surgimento da sociedade; mas, à época destas revelações, os impulsos desviados de uma geração cheia de ostentação ameaçam enlodar e submergir toda a estrutura complexa de uma civilização altamente especializada. O desejo do prazer tem, desde muito tempo, suplantado o desejo dos alimentos; as metas sociais legítimas de automanutenção estão transladando-se rapidamente para as formas ordinárias e ameaçadoras da autogratificação. A automanutenção edifica a sociedade; a autogratificação desenfreada, infalivelmente, destrói a civilização.

3. A INFLUÊNCIA SOCIALIZANTE DO MEDO DOS FANTASMAS

Os desejos primitivos produziram a sociedade original, mas o temor dos fantasmas manteve-a unida e conferiu um aspecto extra-humano à sua existência. O medo comum era originalmente fisiológico: o medo da dor física, o medo de não satisfazer à fome, ou o medo de alguma calamidade terrestre; mas o medo dos fantasmas era uma nova e sublime espécie de terror.

Provavelmente, o maior fator isolado para a evolução da sociedade humana haja sido o de sonhar com fantasmas. Se bem que a maior parte dos sonhos haja perturbado profundamente a mente primitiva, os sonhos sobre os fantasmas de fato aterrorizaram os homens primitivos, levando esses sonhadores supersticiosos aos braços uns dos outros, em uma ligação voluntária e sincera de proteção mútua contra os perigos imaginários, vagos e invisíveis do mundo dos espíritos. O sonhar com fantasmas foi uma das primeiras diferenças aparentes entre o tipo animal e o tipo humano de mente. Os animais não visualizam a sobrevivência depois da morte.

Exceto por esse fator, o do fantasma, toda a sociedade alicerçava-se nas necessidades fundamentais e nas premências biológicas básicas. Contudo, o medo dos fantasmas introduziu um fator novo na civilização, um temor que transcende às necessidades elementares do indivíduo e que se eleva muito acima até mesmo das lutas para manter o grupo. O pavor dos espíritos dos mortos trazia à luz uma nova e surpreendente forma de temor, um terror apavorante e poderoso que contribuía para chicotear as ordens sociais então relaxadas, das idades primitivas, levando os grupos primários das tribos antigas a disciplinar-se de um modo mais sério e controlado. Essa superstição sem sentido, um pouco da qual ainda perdura, preparou as mentes dos homens, por intermédio do medo supersticioso do irreal e do supranatural, para a descoberta posterior do "temor do Senhor, que é o início da sabedoria". Os infundados medos da evolução estão destinados a ser suplantados pelo respeito temeroso da Deidade, inspirado pela revelação. O culto primitivo do medo dos fantasmas tornou-se um elo social poderoso e, desde aqueles dias longínquos, a humanidade tem esforçado-se, às vezes mais, às vezes menos intensamente, para alcançar a espiritualidade.

A fome e o amor aproximaram os homens uns dos outros; a vaidade e o medo dos fantasmas mantiveram-nos unidos. Todavia, essas emoções por si sós, sem a influência de revelações que promovem a paz, são incapazes de suportar as tensões das suspeitas e das irritações nas interassociações humanas. Sem a ajuda de fontes supra-humanas, a tensão da sociedade atinge a ruptura, ao atingir certos limites, e as próprias influências geradoras da mobilização social – fome, amor, vaidade e medo – conspiram para fazer a humanidade mergulhar na guerra e no derramamento de sangue.

A tendência da raça humana para a paz não é um dom natural; ela deriva dos ensinamentos da religião revelada, da experiência acumulada pelas raças progressivas, porém, mais especialmente, dos ensinamentos de Jesus, o Príncipe da Paz.

4.   A EVOLUÇÃO DOS COSTUMES

Todas as instituições sociais modernas provêm da evolução dos costumes primitivos dos vossos ancestrais selvagens; as convenções de hoje são os costumes de ontem, modificados e ampliados. O que o hábito é para o indivíduo, o costume é para o grupo; e os costumes grupais desenvolvem-se, formando os usos populares e as tradições tribais – o convencional massificado. Nesses começos primevos, todas as instituições da sociedade humana dos dias atuais tiveram uma origem humilde.

Deve ter-se em mente que os costumes originaram-se de um esforço para ajustar a vida grupal às condições da coexistência de massa; os costumes foram a primeira instituição social do homem. E todas essas reações tribais nasceram do esforço para evitar a dor e a humilhação, buscando, ao mesmo tempo, desfrutar do prazer e do poder. A origem dos usos populares, tanto quanto a origem das línguas, é sempre inconsciente e não intencional e, portanto, sempre envolvida em mistério.

O medo de fantasmas levou o homem primitivo a visualizar o sobrenatural e, assim, com segurança, foram assentadas as bases para aquelas influências sociais poderosas da ética e da religião, que, por sua vez, preservaram inviolados os costumes e as tradições da sociedade, de geração em geração. Uma coisa que logo estabeleceu e cristalizou os costumes foi a crença de que os mortos zelavam pelo modo segundo o qual eles tinham vivido e morrido; e, por isso, eles infligiriam punições severas aos mortais vivos que ousassem tratar com desdém e descuido as regras de vida que eles honraram, quando na carne. Tudo isso é mais bem ilustrado pela reverência atual que a raça amarela tem pelos seus ancestrais. As religiões primitivas, que surgiram mais recentemente, reforçaram muito o medo dos fantasmas, ao darem estabilidade às tradições, mas a civilização em avanço tem liberado cada vez mais a humanidade do cativeiro do medo e da escravidão da superstição.

Antes da libertação e da liberalização, trazidas pelos ensinamentos dos mestres da Dalamátia, o homem antigo foi mantido como uma vítima indefesa do ritual das tradições; o selvagem primitivo era prisioneiro de um sem fim de cerimoniais. Tudo o que ele fazia, desde o momento em que acordava de manhã até a hora em que adormecia, na sua caverna, à noite, devia ser feito de uma única maneira, ou seja, de acordo com os usos e costumes da tribo. Ele era um escravo da tirania dos costumes; a sua vida nada continha de livre, de espontâneo ou de original. Não havia nenhum progresso natural, no sentido de uma existência mental, moral ou social mais elevada.

O homem primitivo foi poderosamente dominado pelo costume; o selvagem era um verdadeiro escravo dos usos; mas, de tempos em tempos, surgiam aquelas personalidades diferentes que ousaram inaugurar modos novos de pensar e métodos aperfeiçoados de vida. A inércia do homem primitivo constitui, contudo, um freio de segurança biológica contra a precipitação demasiadamente súbita e os desajustes desastrosos que teria uma civilização de avanços excessivamente rápidos.

Todavia, esses costumes não são, de todo, um mal não mitigado; a sua evolução deveria continuar. Seria quase fatal à continuação da civilização, se tentássemos modificá-los globalmente por meio de uma revolução radical. Os costumes têm sido o fio da continuidade a manter a civilização unida. O trajeto da história humana está repleto de vestígios, de costumes descartados e de práticas sociais obsoletas; mas nenhuma civilização que haja abandonado as suas tradições sobreviveu, a não ser adotando costumes melhores e mais adequados.

A sobrevivência de uma sociedade depende principalmente da evolução progressiva dos seus costumes. O processo da evolução dos costumes surge do desejo da experimentação; novas idéias são levadas adiante – e a competição decorre daí. Uma civilização progressiva abraça as idéias avançadas e perdura; o tempo e as circunstâncias, afinal, determinam o grupo mais apto para sobreviver. Isso não significa, entretanto, que cada mudança, diferente e isolada, na composição da sociedade humana haja sido para melhor. Não! De fato, não! Pois tem havido muitos e vários retrocessos na longa luta da civilização de Urântia no sentido do progresso.

5. AS TÉCNICAS DA TERRA – AS ARTES PARA A MANUTENÇÃO

A terra é o palco da sociedade; os homens são os atores. E o homem deve sempre ajustar as suas atuações de modo a adequar-se à situação das terras. A evolução dos costumes depende sempre da relação homem-terra; e ainda que seja difícil estabelecer tal relação, isso é verdadeiro. A técnica do homem para lidar com a terra, ou as artes da manutenção, somada aos seus padrões de vida, iguala-se à soma total dos usos populares, dos costumes. E a soma da adaptabilidade do homem às exigências da vida iguala-se à sua civilização cultural.

As culturas humanas iniciais surgiram ao longo dos rios do hemisfério oriental, e houve quatro grandes passos na marcha progressiva da civilização. Eles foram:

1. *O estágio da colheita*. A coerção da alimentação, a fome, levou à primeira forma de organização industrial: as filas primitivas de colheita de alimentos. Algumas vezes, a marcha dessas filas de fome tinha quinze quilômetros de comprimento, quando passava pela terra, recolhendo o alimento. Esse foi o estágio nômade primitivo de cultura e é o modo de vida que os bosquímanos da África atualmente seguem.

2. *O estágio da caça*. A invenção das armas capacitou o homem a tornar-se um caçador e, assim, conseguir libertar-se consideravelmente da escravidão da nutrição. Um andonita, que refletia, havia ferido seriamente o pulso, em um combate violento, e redescobriu a idéia de usar um longo pedaço de ripa como braço e uma peça de pedra dura amarrada à sua extremidade com tendões, substituindo o pulso. Muitas tribos fizeram descobertas isoladas dessa espécie, e essas várias formas de martelos representavam um dos grandes passos para o progresso da civilização humana. Ainda hoje, alguns nativos australianos progrediram pouquíssimo além desse estágio.

Os homens azuis tornaram-se hábeis na caça e nas armadilhas; e, fazendo barragens nos rios, eles pegavam peixes em grande quantidade, secando o excedente para usar no inverno. Muitas formas de ciladas e de armadilhas engenhosas eram empregadas na captura da caça, mas as raças mais primitivas não caçavam os animais de maior porte.

3. *O estágio pastoral.* Essa fase da civilização tornou-se possível pela domesticação dos animais. Os árabes e os nativos da África estão entre os mais recentes povos de pastores.

A vida pastoral ofereceu um alívio maior para a escravidão da fome; o homem aprendeu a viver da renda do seu capital, do crescimento do seu rebanho; e isso proporcionou mais tempo livre para a cultura e para o progresso.

A sociedade pré-pastoral fora uma sociedade de cooperação sexual, mas a difusão da criação de animais rebaixou as mulheres ao nível mais baixo da escravidão social. Em tempos mais primitivos, o dever do homem era assegurar o alimento animal, o trabalho da mulher sendo o de prover o alimento vegetal. Portanto, quando o homem ingressou na era pastoral da sua existência, a dignidade da mulher caiu grandemente. Ela continuava tendo de trabalhar para produzir os alimentos vegetais necessários à vida, enquanto o homem apenas precisava ir aos seus rebanhos para prover alimento animal em abundância. O homem, assim, tornou-se relativamente independente da mulher; durante toda a idade pastoral, o status da mulher declinou ininterruptamente. Ao fim dessa era, ela se havia transformado em pouco mais do que um animal humano, reduzido a trabalhar e a prover a descendência humana, do mesmo modo que se esperava dos animais do rebanho, que trabalhassem e dessem crias. Os homens das idades pastorais tinham um grande amor pelo seu gado; e é bastante lamentável que eles não tenham desenvolvido uma afeição mais profunda pelas suas esposas.

4. *O estágio agrícola.* Essa era surgiu com a domesticação das plantas, e representa o tipo mais elevado de civilização material. Ambos, Caligástia e Adão, esforçaram-se para ensinar a horticultura e a agricultura. Adão e Eva eram horticultores, não pastores, e a horticultura era uma cultura avançada naqueles dias. O cultivo das plantas exerce uma influência enobrecedora sobre todas as raças da humanidade.

A agricultura fez mais do que quadruplicar a relação homem-solo no mundo. Ela pode ser combinada com as atividades pastorais do estágio cultural anterior. Quando se sobrepõem os três estágios, os homens caçam, e as mulheres cultivam o solo.

Tem sempre havido desentendimentos entre os pastores e os cultivadores do solo. O caçador e o pastor eram militantes do tipo belicoso; o agricultor é um tipo mais amante da paz. A ligação com os animais sugere a luta e a força; a ligação com as plantas instila a paciência, a quietude e a paz. A agricultura e a indústria são as atividades da paz. Mas o ponto fraco de ambas, como atividades sociais do mundo, é que elas carecem de excitação e de aventura.

A sociedade humana tem evoluído do estágio da caça, passando pelo pastoral, indo até o estágio territorial da agricultura. E cada estágio dessa civilização progressiva foi acompanhado por uma dose cada vez menor de nomadismo; cada vez mais, o homem passou a viver nos seus lares.

E, atualmente, a indústria está suplementando a agricultura, com uma urbanização conseqüentemente crescente e com a multiplicação de grupos não agrícolas de classes de cidadania. Entretanto, uma era industrial não pode ter a esperança da sobrevivência se os seus líderes não reconhecem que mesmo os mais elevados desenvolvimentos sociais devem sempre se fundamentar em uma base agrícola sólida.

6. A EVOLUÇÃO DA CULTURA

O homem é uma criatura da terra, um filho da natureza; não importa quão sinceramente ele tente escapar da terra, em última instância, é certo que ele falhará. "Vós sois pó e ao pó ireis retornar" é literalmente verdadeiro sobre toda a humanidade. A luta básica do homem foi, é, e sempre será, pela terra. As primeiras ligações sociais dos seres humanos primitivos aconteceram com o propósito de ganhar essas lutas pela terra. Na relação homem-terra repousa toda civilização social.

A inteligência do homem, por intermédio das artes e das ciências, elevou o rendimento da terra; ao mesmo tempo, o crescimento natural da prole foi, de um certo modo, colocado sob controle e, assim, ficou provido o sustento e o lazer para edificar uma civilização cultural.

A sociedade humana é controlada por uma lei que decreta que a população deve variar diretamente segundo as artes de lidar com o solo e, inversamente, com um determinado padrão de vida. Durante essas idades primevas, até mesmo mais do que no presente, a lei da oferta e da demanda, no que diz respeito aos homens e à terra, determinou o valor estimado de cada qual. Durante os tempos de fartura de terras – de territórios não ocupados – a necessidade de homens era grande e, conseqüentemente, o valor da vida humana ficou bastante enaltecido; e, então, as perdas de vidas eram mais aterrorizantes. Durante os períodos de escassez de terra e da superpopulação correspondente, a vida humana adquiriu um valor relativamente menor e de um modo tal que a guerra, a fome e as epidemias eram encaradas com menos preocupação.

Quando o rendimento da terra é reduzido, ou a população tem um aumento, a luta inevitável é retomada; os piores traços da natureza humana vêm à tona. A melhora no rendimento da terra, a ampliação das artes mecânicas e a redução da população tendem a realimentar o desenvolvimento do melhor aspecto da natureza humana.

A sociedade, durante as épocas limítrofes de pioneirismo, faz desenvolver o lado de pouca habilidade da humanidade; enquanto as belas-artes e o progresso verdadeiramente científico, junto com a cultura espiritual, têm prosperado mais nos centros maiores de vida, todos, quando sustentados por uma população agrícola e industrial ligeiramente abaixo da relação homem-solo. As cidades sempre multiplicam o poder que os seus habitantes têm, seja para o bem, seja para o mal.

O tamanho da família tem sido influenciado sempre pelos padrões de vida. Quanto mais elevado o padrão, tanto menor é a família, até o ponto em que há uma estabilização do crescimento, ou uma extinção gradual.

Através das idades, os padrões de vida têm determinado a qualidade de uma população sobrevivente, em oposição à mera quantidade. Os níveis locais de vida de uma determinada classe dão origem a novas castas sociais, a novos costumes. Quando os padrões de vida tornam-se complicados demais, ou muito altamente luxuosos, rapidamente eles tornam-se suicidas. A casta é o resultado direto da elevada pressão social da competição aguda, produzida por populações densas.

As raças iniciais muitas vezes recorreram a práticas destinadas a restringirem a população; todas as tribos primitivas matavam as crianças deformadas e adoentadas. Antes da época da compra das esposas, freqüentemente matavam-se as crianças femininas. As crianças, algumas vezes, eram estranguladas no nascimento, mas o método favorito era o do abandono. O pai de gêmeos geralmente insistia para que um fosse morto, pois os nascimentos múltiplos eram considerados como causados pela magia ou pela infidelidade. Como regra geral, contudo, os gêmeos do mesmo sexo eram poupados. Embora esses tabus sobre os gêmeos chegassem a ter sido quase universais, nunca foram parte dos costumes andonitas; esses povos sempre consideraram os gêmeos como bons presságios de sorte.

Muitas raças aprenderam a técnica do aborto, e essa prática tornou-se muito comum depois do estabelecimento do tabu do nascimento de crianças entre os não casados. Durante muito tempo, o costume era de que uma jovem solteira matasse as suas crianças e, entre os grupos mais civilizados, esses filhos ilegítimos tornavam-se pupilos da mãe da moça. Muitos clãs primitivos foram virtualmente exterminados por causa da prática tanto do aborto quanto do infanticídio. Todavia, a despeito da tirania dos costumes, pouquíssimas crianças eram destruídas depois de terem sido tomadas no seio – a afeição materna é muito forte.

Mesmo no século vinte, persistem alguns remanescentes dessas práticas primitivas de controle de população. Há uma tribo, na Austrália, cujas mães recusam-se a criar mais de duas ou três crianças. Não há muito tempo, uma tribo de canibais comia cada quinto filho que nascia. Em Madagáscar, algumas tribos ainda destroem todos os filhos nascidos em certos dias de má sorte, resultando na morte de cerca de vinte e cinco por cento de todas as crianças.

De um ponto de vista mundial, a superpopulação nunca foi um problema sério no passado, mas, se as guerras diminuírem e se a ciência controlar cada vez mais as doenças humanas, isso pode tornar-se um problema sério, em um futuro próximo. Em tal momento, então, a grande prova de sabedoria da liderança do mundo se fará presente. Terão os governantes de Urântia o discernimento e a coragem de favorecer a multiplicação do ser humano mediano ou estabilizado, em vez dos extremos do supranormal e dos grupos enormemente crescentes de subnormais? O homem normal deveria ser favorecido; ele é a espinha dorsal da civilização e a fonte dos gênios mutantes da raça. O homem subnormal deveria ser mantido sob o controle da sociedade; não deveriam ser gerados mais do que o necessário deles, para trabalharem nos níveis mais baixos das indústrias e para as tarefas que requerem uma inteligência pouco acima dos níveis animais; tarefas que fazem um nível tão exíguo de exigências, a ponto de representarem verdadeiras escravidões e subjugação para os tipos mais elevados de seres humanos.

[Apresentado por um Melquisedeque certa vez estabelecido em Urântia.]

DOCUMENTO 69

AS INSTITUIÇÕES HUMANAS PRIMITIVAS

EMOCIONALMENTE, o homem transcende aos seus ancestrais animais pela sua capacidade de apreciar o humor, a arte e a religião. Socialmente, o homem demonstra a sua superioridade fabricando aparatos, sendo um comunicador e um criador de instituições.

Quando os seres humanos mantêm grupos sociais durante muito tempo, tais agregações sempre resultam na criação de certas tendências de atividades que culminam em uma institucionalização. A maior parte das instituições humanas tem demonstrado fazer uma economia de trabalho, enquanto, ao mesmo tempo, contribuem com algo para melhorar a segurança grupal.

O homem civilizado tem muito orgulho do caráter, da estabilidade e da continuidade das suas instituições estabelecidas, mas todas as instituições humanas são meramente os costumes acumulados do passado como têm sido conservados pelos tabus e dignificados pela religião. Tais legados transformam-se em tradições, e as tradições metamorfoseiam-se, finalmente, em convenções.

1. AS INSTITUIÇÕES HUMANAS FUNDAMENTAIS

Todas as instituições humanas servem a alguma necessidade social, passada ou presente, não obstante o desenvolvimento excessivo, delas, diminuir infalivelmente os méritos do valor individual, ofuscando a personalidade e menoscabando a iniciativa. O homem deveria antes controlar as suas instituições mais do que permitir a si próprio ser dominado por essas criações da civilização que avança.

As instituições humanas são de três classes gerais:

1. *As instituições de automanutenção*. Estas instituições abrangem aquelas práticas que advêm da fome de alimentos e dos instintos ligados à autopreservação. Incluem a indústria, a propriedade, a guerra pelo ganho e todos os dispositivos reguladores da sociedade. Mais cedo ou mais tarde, o instinto do medo leva ao estabelecimento dessas instituições de sobrevivência, por meio de tabus, convenções e sanções religiosas. No entanto, o medo, a ignorância e a superstição têm exercido um papel proeminente na origem primitiva e no desenvolvimento subseqüente de todas as instituições humanas.

2. *As instituições de autoperpetuação*. Estes são os estabelecimentos da sociedade que resultaram do anseio sexual, do instinto maternal e das emoções ternas mais elevadas das raças. Elas abrangem a salvaguarda social do lar e da escola, da vida familiar, da educação, da ética e da religião. Incluem o costume do matrimônio, a guerra pela defesa e a construção dos lares.

3. *As instituições de autogratificação*. Estas são as práticas que nascem das propensões para a vaidade e das emoções do orgulho; e abrangem os costumes dos vestuários e adornos pessoais, os usos sociais, a guerra pela glória, as danças,

os divertimentos, os jogos e outras formas de gratificação sensual. A civilização, porém, nunca gerou instituições específicas de autogratificação.

Esses três grupos de práticas sociais estão intimamente inter-relacionados e são minuciosamente interdependentes um do outro. Em Urântia, eles representam uma organização complexa que funciona como um único mecanismo social.

2. O ALVORECER DA INDÚSTRIA

A indústria primitiva desenvolveu-se, vagarosamente, como uma forma de seguro contra os terrores da fome. Cedo, na sua existência, o homem começou a se pautar pelo exemplo de alguns dos animais que, durante uma colheita abundante, armazenam o alimento para os dias da escassez.

Antes do alvorecer da frugalidade inicial e da indústria primitiva, o destino comum da tribo comum era a miséria e o sofrimento real. O homem primitivo tinha de competir com todo o mundo animal pelo seu alimento. O peso da competição sempre puxou o homem para baixo, até o nível bestial; a pobreza é um estado natural seu que é tirânico. A riqueza não é uma dádiva natural; ela resulta do trabalho, do conhecimento e da organização.

O homem primitivo não demorou a reconhecer as vantagens da associação. A associação levou à organização; e o primeiro resultado da organização foi a divisão do trabalho, com a imediata economia de tempo e materiais. Essas especializações do trabalho surgiram como uma adaptação à premência – seguindo o trajeto da menor resistência. Os selvagens primitivos, na realidade, nunca fizeram nenhum trabalho com prazer, nem voluntariamente. Eles agiam conforme a coerção da necessidade.

O homem primitivo não apreciava o trabalho pesado; ele não se apressaria, a menos que fosse para enfrentar algum perigo grave. O elemento do tempo no trabalho, a idéia de se fazer uma determinada tarefa dentro de um certo limite de tempo, é uma noção inteiramente moderna. Os antigos nunca se apressavam. Foi a demanda dupla da luta intensa pela existência e da constante elevação dos padrões de vida que conduziram as raças naturalmente inativas dos homens primitivos ao caminho da industriosidade.

O trabalho, o esforço para a realização de projetos, é o que distingue o homem dos animais, cujos atos são totalmente instintivos. A necessidade do trabalho é a bênção suprema do homem. Todo o corpo de assessores do Príncipe trabalhava; eles fizeram muito para enobrecer o trabalho físico em Urântia. Adão foi um horticultor; o Deus dos hebreus trabalhava – ele era o criador e o sustentador de todas as coisas. Os hebreus foram a primeira tribo a dar um valor supremo à industriosidade; eles foram o primeiro povo a decretar que "aquele que não trabalhar não comerá". No entanto, muitas das religiões do mundo remeteram-se ao ideal primitivo de ociosidade. Júpiter era um folião, e Buda tornou-se um adepto da reflexão no ócio.

As tribos sangiques foram bastante industriosas quando residiam longe dos trópicos. Mas houve um longo combate entre os devotos preguiçosos da magia e os apóstolos do trabalho – aqueles que se faziam previdentes.

As primeiras precauções humanas tiveram por objetivo a preservação do fogo, da água e do alimento. O homem primitivo, porém, era um especulador inato; sempre queria algo em troca de nada e, muito freqüentemente, naqueles tempos antigos, o sucesso obtido do trabalho paciente era atribuído aos encantamentos. A magia demorou a ceder caminho à previsão, à abnegação e à indústria.

3. A ESPECIALIZAÇÃO DO TRABALHO

A divisão do trabalho na sociedade primitiva foi determinada antes pelas circunstâncias naturais e, depois, pelos fatores sociais. A seqüência primitiva da especialização no trabalho foi a seguinte:

1. *A especialização baseada nos sexos.* O trabalho da mulher derivou-se da presença seletiva dos filhos; as mulheres amam naturalmente os bebês mais do que os homens. E assim, a mulher tornou-se uma trabalhadora de rotina, enquanto o homem caçava e combatia, entrando em períodos acentuados de trabalho e outros de repouso.

Ao longo das idades, os tabus têm contribuído para manter a mulher estritamente no seu próprio âmbito. O homem, muito egoisticamente, escolheu o trabalho mais agradável, deixando a rotina pesada para a mulher. O homem sempre se envergonhou de fazer o trabalho da mulher, mas a mulher nunca demonstrou nenhuma relutância em fazer o trabalho do homem. No entanto é estranho registrar que tanto os homens quanto as mulheres têm sempre trabalhado juntos para construir e mobiliar o lar.

2. *As modificações devidas à idade e à doença.* Essas diferenças determinaram a divisão posterior do trabalho. Os velhos e os aleijados muito cedo foram postos para trabalhar fazendo ferramentas e armas. Posteriormente, foram designados para os trabalhos da irrigação.

3. *A diferenciação baseada na religião.* Os curandeiros foram os primeiros seres humanos a ficarem isentos do árduo trabalho físico; eram uma classe profissional pioneira. Os ferreiros, por serem considerados magos, eram um pequeno grupo que competia com os curandeiros. A sua habilidade em trabalhar com os metais fez com que o povo os temesse. Os "ferreiros brancos" e os "ferreiros negros" deram origem às crenças primitivas na magia branca e na magia negra. E essa crença, mais tarde, relacionou-se com a superstição de bons e maus fantasmas, de espíritos bons e maus.

Os ferreiros foram o primeiro grupo não religioso a desfrutar de privilégios especiais. Eram considerados neutros durante a guerra; e um ócio suplementar levou-os a tornarem-se, enquanto classe, os políticos da sociedade primitiva. Contudo, por causa de abusos crassos desses privilégios, os ferreiros tornaram-se universalmente detestados e, assim, os curandeiros não perderam tempo e fomentaram o ódio aos seus competidores. Nessa primeira disputa entre a ciência e a religião, a religião (a superstição) venceu. Depois de serem expulsos das aldeias, os ferreiros mantiveram os primeiros albergues, as casas de alojamento público, nos arredores dos povoados.

4. *Os senhores e os escravos.* A nova diferenciação no trabalho veio das relações do conquistador e do conquistado, e isso significou o começo da escravidão humana.

5. *A diferenciação baseada em dons físicos e mentais diversos.* Outras divisões do trabalho foram favorecidas pelas diferenças inerentes aos homens; os seres humanos não nascem iguais.

Os primeiros especialistas na indústria foram os trabalhadores do sílex e os pedreiros; em seguida, vieram os ferreiros. Subseqüentemente, desenvolveu-se a especialização grupal; famílias e clãs inteiros dedicaram-se a determinadas espécies de trabalho. A origem de uma das primeiras castas de sacerdotes, à parte a dos curandeiros tribais, deveu-se à supersticiosa glorificação de uma família de fabricantes de espadas.

O primeiro grupo de especialistas na indústria foi de exportadores de sal-gema e cerâmicas. As mulheres faziam a cerâmica simples, e os homens, a decorada. Entre algumas tribos, a tecelagem e a costura eram feitas pelas mulheres, em outras, pelos homens.

Os primeiros comerciantes foram mulheres; eram empregadas como espiãs, praticando o comércio como uma segunda atividade. Em breve, o comércio expandiu-se; as mulheres atuando como revendedoras intermediárias. Em seguida, adveio a classe dos mercadores, que cobrava uma comissão, um lucro, pelos seus serviços. O crescimento das trocas fez surgir o comércio; e, em seguida à troca de produtos básicos, veio a troca de mão-de-obra especializada.

4. O INÍCIO DO COMÉRCIO

Do mesmo modo que o casamento por contrato veio em seguida ao casamento pela captura, o comércio pela troca seguiu-se à posse pela força. Todavia, um período longo de pirataria interpôs-se entre as práticas iniciais da simples e silenciosa troca e o comércio posterior pelos métodos modernos de intercâmbio.

As primeiras trocas foram conduzidas por comerciantes armados, que deixavam as suas mercadorias em um local neutro. As mulheres tiveram os primeiros mercados; foram as primeiras comerciantes, e isso aconteceu porque eram elas que carregavam as cargas; os homens eram os guerreiros. Os balcões de venda surgiram muito cedo e eram muros suficientemente altos para impedir que os comerciantes alcançassem uns aos outros, com as suas armas.

Um fetiche passou a ser usado para manter a guarda nos depósitos de mercadorias para a troca pacífica. Os locais desses mercados eram seguros contra o roubo; nada seria removido, exceto por troca ou compra; com um fetiche guardando-as, as mercadorias estavam sempre a salvo. Os primeiros comerciantes eram escrupulosamente honestos no âmbito das suas próprias tribos, mas considerava-se como certo que trapaceassem com os estrangeiros distantes. Mesmo os hebreus primitivos reconheceram um código diferente de ética nos seus negócios com os gentios.

Durante idades, a troca sem alardes continuou, antes que os homens se encontrassem, desarmados, no local sagrado do mercado. Essas mesmas praças dos mercados transformaram-se nos primeiros locais de santuários e ficaram conhecidos, mais tarde e em alguns países, como as "cidades-refúgio". Qualquer fugitivo que chegasse ao local do mercado estava abrigado contra ataques.

Os primeiros pesos utilizados foram os grãos de trigo e outros cereais. A primeira moeda de troca foi um peixe ou uma cabra. Mais tarde, a vaca tornou-se a unidade de troca.

A escrita moderna originou-se nos primeiros registros comerciais; a primeira literatura do homem foi um documento de promoção comercial, uma publicidade de sal. Muitas das guerras primitivas foram feitas pela posse de depósitos naturais, tais como os da pedra, sal e metais. O primeiro tratado tribal formal dizia respeito à intertribalização de um depósito de sal. Nesses locais dos tratados, surgiram oportunidades de intercâmbios, amigáveis e pacíficos, de idéias e mesmo para que várias tribos se misturassem racialmente.

A escrita progrediu, passando pelos estágios do "bastão mensagem", de cordas com nós, dos desenhos figurativos, dos hieróglifos e dos colares de conchas, até os alfabetos primitivos, por meio de símbolos. O envio de mensagens evoluiu desde o sinal primitivo de fumaça até o correio por intermédio de corredores, cavaleiros, ferrovias, aviões, bem como telégrafo, telefone e comunicação sem fio.

Idéias novas e métodos melhores eram levados a todo o mundo habitado pelos comerciantes dos povos da antiguidade. O comércio, ligado à aventura, levou à exploração e às descobertas. E tudo isso deu origem aos meios de transporte. O comércio tem sido um grande civilizador, mediante a promoção do intercâmbio cultural.

5. OS PRIMÓRDIOS DO CAPITAL

O capital é o trabalho utilizado como uma renúncia do presente em favor do futuro. As economias representam uma forma de seguro de manutenção e de sobrevivência. O amealhar do alimento desenvolveu o autocontrole e criou os primeiros problemas entre o capital e o trabalho. O homem que tinha comida, desde que pudesse protegê-la dos ladrões, possuía uma vantagem clara sobre o homem sem nenhum alimento.

O banqueiro primitivo era o homem valente da tribo. Ele guardava os tesouros grupais em depósito; e o clã inteiro defenderia a sua tenda em caso de ataque. Assim, a acumulação de capital individual e de riqueza grupal, de um modo imediato, conduziu à organização militar. Inicialmente, tais precauções eram destinadas a defender a propriedade contra a pilhagem estrangeira, porém, mais tarde, tornou-se costume manter a organização militar treinada e em forma, lançando ataques sobre a propriedade e a riqueza de tribos vizinhas.

Os impulsos básicos que levaram à acumulação de capital foram:

1. *A fome – associada à previsão*. A economia e a preservação do alimento significavam poder e conforto para aqueles que possuíam previsão suficiente para prover às necessidades futuras. A estocagem dos alimentos era o seguro adequado contra a fome e as catástrofes. E todo o contexto dos costumes primitivos foi, na realidade, concebido para ajudar o homem a subordinar o presente ao futuro.

2. *O amor pela família* – o desejo de satisfazer às suas necessidades. O capital representa a poupança da propriedade, a despeito da pressão das necessidades do agora, a fim de assegurar para as exigências do futuro. Uma parte dessas necessidades futuras pode estar relacionada à posteridade do poupador.

3. *A vaidade* – o desejo de exibir as próprias acumulações de propriedade. A posse de muitas roupas era um dos primeiros sinais de distinção. A vaidade do colecionador logo apelou ao orgulho do homem.

4. *A posição* – o desejo intenso de comprar o prestígio social e político. Logo fez surgir a nobreza comercializada, e a admissão a ela dependia da prestação de certos serviços especiais à realeza, ou era concedida abertamente sob pagamento em dinheiro.

5. *O poder* – a aspiração de ser o senhor. O empréstimo de tesouros era empregado como um meio de escravização, pois, nesses tempos antigos, os juros dos empréstimos eram de cem por cento ao ano. Os emprestadores de dinheiro faziam-se de reis, criando um exército permanente de devedores. Os escravos estavam entre as primeiras formas de propriedade acumulada e, mais antigamente, a escravidão ao débito estendia-se até a posse do corpo após a morte.

6. *O medo dos fantasmas dos mortos* – um salário pago aos sacerdotes pela proteção. Os homens muito cedo começaram a dar presentes funerários aos sacerdotes, com vistas a terem as suas propriedades usadas para facilitar o seu progresso na próxima vida. O sacerdócio, assim, tornou-se muito rico; eram os magnatas entre os antigos capitalistas.

7. *O desejo sexual* – o desejo de comprar uma ou mais esposas. A primeira forma de comércio entre os homens foi a permuta de mulheres; e precedeu em muito ao comércio de cavalos. Todavia, a permuta de escravas do sexo nunca levou a sociedade a avançar; esse tráfico foi e é uma desonra racial, pois, ao mesmo tempo,

entorpeceu o desenvolvimento da vida familiar e poluiu as aptidões biológicas dos povos superiores.

8. *As inúmeras formas de autogratificação*. Alguns homens buscaram a riqueza porque esta lhes conferia poder; outros lutaram pelas propriedades, porque elas significavam facilidades na vida. O homem primitivo (e, posteriormente, outros) tinha a tendência de dilapidar os seus recursos com o luxo. As bebidas e as drogas despertavam a curiosidade das raças primitivas.

À medida que a civilização desenvolveu-se, os homens adquiriram novos incentivos para economizar; novas necessidades foram rapidamente acrescentadas à fome original. A pobreza tornou-se tão abominável que se supunha que apenas os ricos iam diretamente para o céu quando morriam. A propriedade tornou-se tão altamente valorizada que dar uma festa pretensiosa chegava a apagar a desonra de um nome.

A acumulação de riquezas tornou-se logo um símbolo de distinção social. Os indivíduos, de certas tribos, acumulariam propriedades durante anos, só para causar impressão, queimando-as durante alguma festa ou distribuindo-as gratuitamente aos seus companheiros de tribo. Isso fazia deles grandes homens. Os próprios povos modernos comprazem-se com uma pródiga distribuição de presentes de Natal, e os homens ricos fazem doações a grandes instituições de filantropia e de ensino. As técnicas do homem variam, mas a sua disposição permanece inalterada.

Todavia, também é bom assinalar que muitos ricaços de antigamente distribuíam parte da própria fortuna, em vista do medo de serem mortos por aqueles que cobiçavam os seus tesouros. Homens ricos, comumente, sacrificavam dezenas de escravos para exibir desdém pela riqueza.

Embora o capital haja contribuído para liberar o homem, tem, em grande parte, também complicado a sua organização social e industrial. O abuso do capital, da parte de alguns capitalistas injustos, não contradiz o fato de o capital ser a base da sociedade industrial moderna. Por meio do capital e das invenções, a geração atual desfruta de um nível mais elevado, de liberdade, do que qualquer outra que a haja precedido na Terra. Isto é registrado aqui como um fato; e não como justificativa para os muitos usos errôneos do capital por parte de pessoas inconseqüentemente egoístas.

6. O FOGO EM RELAÇÃO À CIVILIZAÇÃO

A sociedade primitiva, com as suas quatro divisões – industrial, reguladora, religiosa e militar –, cresceu empregando o fogo, animais, escravos e propriedade.

A capacidade de gerar o fogo separou, de um só golpe, e para sempre, o homem do animal; foi a descoberta humana básica. O fogo capacitou o homem a permanecer no solo durante a noite, pelo fato de os animais todos terem medo dele. O fogo encorajou os intercâmbios sociais noturnos; não apenas protegendo contra o frio e contra os animais selvagens, mas também sendo empregado como segurança contra os fantasmas. A princípio, foi usado mais para fornecer a luz do que o aquecimento; muitas tribos atrasadas recusavam-se a dormir, a menos que uma chama queimasse durante toda a noite.

O fogo constituiu-se em um grande civilizador, provendo o homem com os seus primeiros meios de ser altruísta sem perda, capacitando-o a dar brasas vivas ao seu vizinho, sem privar-se a si mesmo do fogo. O fogo familiar, mantido sempre pela mãe ou a filha mais velha, foi o primeiro educador, pois exigia vigilância e confiabilidade. O lar primitivo não era um edifício, no entanto a família reunia-se em torno do fogo na lareira familiar. Quando um filho fundava um novo lar, ele levava um tição da lareira da família.

Embora Andon, o descobridor de como fazer o fogo, evitasse considerá-lo um objeto de adoração, muitos dos seus descendentes viam a chama como um fetiche ou um espírito. Não souberam tirar os benefícios sanitários do fogo, pois não queimavam os detritos. O homem primitivo temia o fogo e sempre buscava mantê-lo para o bom humor, daí o uso dos incensos. Sob circunstância nenhuma, os antigos cuspiriam no fogo, nem caminhariam entre alguma pessoa e o fogo. Mesmo as piritas de ferro e as pedras de sílex, usadas para acender a chama, eram consideradas sagradas pela humanidade primitiva.

Era um pecado extinguir uma chama; se uma tenda pegasse fogo, permitia-se que queimasse. Os fogos dos templos e dos santuários eram sagrados e nunca se permitia que se apagassem, exceto em vista do costume de fazerem um fogo novo, anualmente, ou depois de alguma calamidade. As mulheres eram escolhidas como sacerdotisas por serem as custódias dos fogos familiares.

Os mitos primitivos sobre como o fogo veio dos deuses, nasceram da observação do fogo causado pelos relâmpagos. Essas idéias, de origem sobrenatural, conduziram diretamente à adoração do fogo; e o culto do fogo conduziu ao costume de "passar dentro do fogo", uma prática levada até os tempos de Moisés. E a idéia de ter de passar-se pelo fogo, depois da morte, ainda persiste. O mito do fogo representou uma grande limitação e cativeiro nos tempos primitivos e ainda perdura no simbolismo dos persas.

O fogo levou a cozinhar os alimentos, e "comer cru" tornou-se um termo de ridicularização. Cozinhar diminuiu o desperdício da energia vital necessária para a digestão dos alimentos e assim deixou ao homem primitivo alguma força para a cultura social; ao mesmo tempo, a criação de animais, reduzindo o esforço necessário para assegurar o alimento, proporcionava tempo para atividades sociais.

Deveria ser lembrado que o fogo abriu as portas para a metalurgia e levou à descoberta subseqüente da energia do vapor e dos usos atuais da eletricidade.

7. A UTILIZAÇÃO DOS ANIMAIS

Inicialmente, todo o mundo animal era inimigo do homem; os seres humanos tinham de aprender a proteger a si próprios das bestas. O homem começou por comer os animais, mas posteriormente aprendeu a domesticá-los e fazer com que eles o servissem.

A domesticação dos animais surgiu acidentalmente. Os selvagens caçavam os rebanhos quase como os índios americanos caçavam o bisão. Cercando o rebanho, podiam manter o controle dos animais, assim habilitando-se a matá-los à medida que necessitavam de alimento. Mais tarde, os currais foram construídos; e rebanhos inteiros seriam capturados.

Fácil era domar alguns animais, mas, como o elefante, muitos deles não se reproduziriam no cativeiro. Descobriu-se logo que algumas espécies de animais submeter-se-iam à presença do homem e se reproduziriam no cativeiro. A domesticação de animais, assim, foi instaurada por meio da criação seletiva, uma arte que fez muito progresso desde os tempos da Dalamátia.

O cão foi o primeiro animal a ser domesticado, e a experiência difícil de domesticá-lo começou quando um certo cão, depois de seguir um caçador durante todo o dia, finalmente foi para a casa com ele. Durante idades, os cães foram usados como alimento, para a caça, para o transporte e como companhia. No início, os cães apenas uivavam, posteriormente aprenderam a latir. O seu agudo sentido do olfato levou à impressão de que podia ver espíritos, e assim surgiu o culto do cão-fetiche. O uso do cão de guarda fez com que fosse possível a todo o clã dormir à noite. E, então, tornou-se costume empregar cães de guarda para proteger a casa contra os espíritos, tanto quanto contra os inimigos materiais. Quando o cão latia, era porque se aproximava algum homem ou animal; quando o cão uivava, no entanto, significava que os espíritos estavam próximos. E hoje, muitos ainda acreditam que o uivo de um cão, à noite, indica alguma morte.

Quando ainda caçador o homem era muito gentil para com a mulher, mas após a domesticação dos animais, combinada à confusão gerada por Caligástia, muitas tribos passaram a tratar as suas mulheres de um modo vergonhoso. Eles as tratavam do mesmo modo como tratavam os seus animais. O tratamento brutal do homem para com a mulher constitui um dos capítulos mais negros da história humana.

8. A ESCRAVIDÃO COMO UM FATOR DE CIVILIZAÇÃO

O homem primitivo nunca hesitou em escravizar os seus semelhantes. A mulher foi a primeira escrava, uma escrava da família. As populações pastorais escravizavam as mulheres, tomando-as como companheiras sexuais inferiores.Essa espécie de escravidão sexual surgiu diretamente da independência que o homem foi adquirindo em relação à mulher.

Não faz muito tempo, a escravidão era o que aguardava os presos militares que se recusavam a aceitar a religião do povo conquistador. Nos tempos mais primitivos, os presos eram comidos, torturados até a morte, colocados para se digladiarem uns contra os outros, sacrificados aos espíritos, ou escravizados. A escravização foi um grande avanço em relação aos massacres e ao canibalismo.

A escravidão foi um passo à frente, de um tratamento mais misericordioso aos prisioneiros de guerra. A emboscada de Ai, seguida do massacre total dos homens, mulheres e crianças, sendo que apenas o rei foi salvo para gratificar a vaidade do vencedor, é um quadro fiel da matança bárbara praticada mesmo por povos supostamente civilizados. O ataque contra Og, o rei de Bashan, foi igualmente brutal e radical. Os hebreus "destruíam completamente" os seus inimigos, tomando todas as suas propriedades como espólio. Eles impunham tributos a todas as cidades sob pena de "destruição de todos os varões". No entanto, muitas das tribos dessa mesma época, movidas por um egoísmo tribal menor, tinham há muito iniciado a prática da adoção dos prisioneiros superiores.

O caçador, tanto quanto o homem vermelho americano, não escravizava. Ou adotava ou matava os seus prisioneiros. A escravidão não prevaleceu em meio aos povos pastorais, porque necessitavam de poucos trabalhadores. Na guerra, os pastores tinham como prática matar todos os homens capturados e levar apenas as mulheres e as crianças como escravas. O código mosaico continha instruções específicas para transformar em esposas as mulheres prisioneiras. Caso não satisfizessem, elas seriam mandadas embora, mas aos hebreus não era permitido venderem, como escravas, essas consortes rejeitadas – o que foi, pelo menos, um avanço da civilização. Embora fossem ainda grosseiros, os padrões sociais dos hebreus, eles estavam bem mais adiantados que as tribos vizinhas.

Os pastores foram os primeiros capitalistas; os seus rebanhos representavam um capital, e eles viviam dos rendimentos – o crescimento natural. E não estavam inclinados a confiar essa riqueza nas mãos, fosse de escravos, fosse de mulheres. Posteriormente, contudo, eles capturaram homens, e os forçaram a cultivar o solo. Essa é a origem primitiva da servidão – o homem preso à terra. Os africanos aprendiam muito facilmente a cultivar o solo e, por isso, vieram a se tornar a grande raça escrava.

A escravidão foi um elo indispensável na corrente da civilização humana. Foi a ponte sobre a qual a sociedade passou do caos e da indolência à ordem e às atividades civilizadas; compeliu os povos atrasados e indolentes a trabalhar e, assim, a gerar bens e lazer para o avanço social dos seus superiores.

A instituição da escravidão obrigou o homem a inventar um mecanismo regulador na sociedade primitiva; dando origem aos primórdios do governo. A escravidão demanda uma forte regulamentação e, durante a Idade Média européia, ela desapareceu virtualmente, porque os senhores feudais não podiam controlar os escravos. As tribos atrasadas dos tempos antigos, como a dos australianos nativos de hoje, nunca tiveram escravos.

Bem verdade é que a escravidão era opressiva, mas foi nas escolas da opressão que o homem aprendeu a indústria. Os escravos afinal compartilharam das bênçãos de uma sociedade mais elevada, a qual tão involuntariamente haviam ajudado a criar. A escravidão gera uma organização de realização cultural e social, mas logo ataca insidiosamente a sociedade por dentro, revelando-se a mais grave de todas as doenças sociais destrutivas.

As invenções mecânicas modernas transformaram a escravatura em algo obsoleto. A escravidão, como a poligamia, ficou ultrapassada porque não compensa, mas sempre se tem revelado desastroso libertar subitamente um grande número de escravos; complicações menores adviriam se emancipados de um modo gradativo.

Hoje, os homens não são escravos sociais, mas milhares permitem que a ambição os faça escravos das dívidas. A escravidão involuntária abriu caminho para uma forma de servidão industrial nova, mais aperfeiçoada e modificada.

Embora o ideal da sociedade seja a liberdade universal, o ócio nunca deveria ser tolerado. Todas as pessoas possuidoras de corpos aptos deveriam ser forçadas a cumprir ao menos uma quantidade de trabalho suficiente para se auto-sustentar.

A sociedade moderna reverteu a sua marcha. A escravidão quase desapareceu; os animais domesticados ficaram ultrapassados. A civilização está buscando novamente o fogo – no mundo inorgânico – para conseguir energia. O homem saiu da selvageria por meio do fogo, dos animais e da escravidão; hoje, ele retroage, descartando a ajuda de escravos e de animais, buscando extrair do estoque elementar da natureza os novos segredos e fontes de riqueza e poder.

9. A PROPRIEDADE PRIVADA

Embora a sociedade primitiva tenha sido virtualmente comunitária, o homem primitivo não aderiu às doutrinas mais atuais de comunismo. O comunismo desses tempos primitivos não era uma mera teoria social, nem uma doutrina social; era um ajuste automático, simples e prático. Esse comunismo impediu a indigência e a miséria; a mendicância e a prostituição eram quase desconhecidas entre essas tribos antigas.

O comunismo primitivo não nivelou o homem especialmente por baixo, nem exaltou a mediocridade, todavia premiou a inatividade e a ociosidade, sufocou a indústria e destruiu a ambição. O comunismo foi um patamar indispensável ao crescimento da sociedade primitiva, no entanto cedeu lugar à evolução de uma ordem social mais elevada, porque foi contrário a quatro fortes tendências humanas:

1. *A família.* O homem não apenas almeja acumular bens; ele deseja legar o seu capital e bens à sua progênie. Na sociedade comunitária primitiva, porém, o capital de um homem, ou era imediatamente consumido, ou distribuído ao grupo, quando da sua morte. Não havia herança de propriedade – o imposto sobre a herança era de cem por cento. Os costumes posteriores, que regeram a acumulação de capital e a herança de propriedades, foram avanços sociais distintos. E isso é verdade, não obstante os abusos grosseiros subseqüentes que acompanharam o mau emprego do capital.

2. *As tendências religiosas.* O homem primitivo também queria constituir uma propriedade, como um núcleo, para começar a vida na próxima existência. Esse

motivo explica porque prevaleceu, durante tanto tempo, o costume de enterrar-se os pertences pessoais de um homem com ele. Os antigos acreditavam que apenas os ricos sobreviviam à morte com alguma dignidade e prazer imediatos. Aqueles que ensinaram a religião revelada, mais especialmente os instrutores cristãos, foram os primeiros a proclamar que os pobres poderiam ter a salvação nos mesmos termos que os ricos.

3. *O desejo da liberdade e do lazer*. Nos primeiros tempos da evolução social, a divisão dos ganhos individuais com o grupo era virtualmente uma forma de escravidão; o trabalhador tornava-se escravo do mais ocioso. Essa foi a fraqueza suicida do comunismo: os imprevidentes habitualmente vivendo dos que economizavam. Mesmo nos tempos modernos, os imprevidentes dependem do estado (os contribuintes que economizam) para cuidar deles. Aqueles que são desprovidos de capital ainda esperam que os que o têm os alimentem.

4. *A necessidade de segurança e de poder*. O comunismo foi finalmente destruído pelas fraudes dos indivíduos progressistas e prósperos, que recorreram a subterfúgios diversos no esforço de escapar da escravidão aos preguiçosos incapazes das próprias tribos. No princípio, porém, todo o amealhamento de bens era secreto; a insegurança primitiva impedia a acumulação visível de capital. E, mesmo em uma época posterior, ainda era muito perigoso acumular muita riqueza: o rei certamente forjaria alguma acusação para confiscar a propriedade de um homem de fortuna e, quando um homem rico morria, os funerais eram retardados até que a família doasse uma grande soma a uma instituição pública ou para o rei, como um imposto sobre a herança.

Nos primeiros tempos, as mulheres eram uma propriedade da comunidade, e a mãe dominava a família. Os chefes primitivos possuíam toda a terra e eram proprietários de todas as mulheres; o casamento não se realizava sem o consentimento do governante tribal. Com o desaparecimento do comunismo, as mulheres passaram a ser propriedades individuais, e o pai gradualmente assumiu o controle doméstico. Assim, o lar teve o seu início, e os costumes polígamos, que prevaleciam, foram gradualmente dando lugar à monogamia. (A poligamia é a sobrevivência do elemento de escravidão da mulher no casamento. A monogamia é o ideal, livre de escravidão, da associação incomparável entre um homem e uma mulher, no empreendimento admirável da edificação de um lar, da criação de uma progênie, do cultivo mútuo e do auto-aperfeiçoamento.)

Inicialmente, toda a propriedade, inclusive as ferramentas e as armas, eram uma posse comum da tribo. A propriedade privada inicialmente consistiu de todas as coisas que eram tocadas de um modo pessoal. Se um estranho bebia em uma xícara, essa xícara pertencia-lhe, a partir desse momento. Em seguida, qualquer lugar em que o sangue fosse derramado tornava-se propriedade da pessoa ou do grupo ferido.

A propriedade privada era originalmente respeitada porque se supunha que estivesse carregada, assim, com alguma parte da personalidade do proprietário. A honestidade em relação à propriedade permanecia a salvo sob esse tipo de superstição; nenhuma polícia se fazia necessária para guardar os pertences pessoais. Não havia furtos dentro do grupo, embora os homens não hesitassem em apropriar-se dos bens de outras tribos. As relações de propriedade não terminavam com a morte; inicialmente, os objetos pessoais eram queimados, depois, enterrados com os mortos e, posteriormente, herdados pela família sobrevivente, ou pela tribo.

Os objetos pessoais do tipo ornamental tiveram a sua origem no uso de amuletos. A vaidade e, ainda mais, o medo dos fantasmas, levaram o homem primitivo a resistir a todas as tentativas de despojamento dos seus amuletos favoritos, e tal propriedade era mais valorizada do que as necessidades reais.

O espaço onde se dormia foi uma das primeiras propriedades do homem. Ulteriormente, os locais dos lares eram designados pelos chefes tribais, que detinham consigo a custódia de todos os bens imóveis em nome do grupo. Em breve, a colocação de uma lareira conferia propriedade; e, mais tarde ainda, um poço constituía o título à terra adjacente a ele.

As nascentes e os poços estavam entre as primeiras propriedades privadas. Toda a prática do fetiche era utilizada para guardar os olhos-d'água, os poços, as árvores, a colheita e o mel. Com a perda da fé nos fetiches, as leis foram desenvolvidas para proteger os pertences privados; contudo, as leis da caça e o direito a caçar, em muito, precederam às leis da terra. O homem vermelho americano nunca compreendeu a propriedade privada de terras; ele não podia compreender a visão do homem branco.

A propriedade privada foi, muito cedo, marcada pelas insígnias da família: esta, a origem longínqua da heráldica familiar. O bem imóvel podia também ser colocado sob a guarda dos espíritos. Os sacerdotes "consagrariam" um pedaço de terra, e este ficaria a partir dai sob a proteção dos tabus mágicos erigidos nele. Os proprietários dessas terras eram conhecidos como possuidores de uma "escritura sacerdotal de propriedade". Os hebreus tinham um grande respeito por esses marcos de família: "Maldito seja aquele que retirar o marco da terra do seu vizinho". Esses marcos de pedra tinham as iniciais do sacerdote. Mesmo as árvores, quando marcadas com as iniciais, tornavam-se propriedade privada.

Primitivamente, apenas as colheitas eram propriedade particular; e as colheitas sucessivas conferiam títulos de propriedade; a agricultura assim foi a origem da propriedade privada de terras. Era dado, inicialmente, o direito de posse apenas vital aos indivíduos; com a morte, a propriedade da terra revertia para a tribo. Os primeiríssimos títulos de propriedade de terras concedidos pelas tribos a indivíduos foram os das sepulturas – a tumba familiar. Posteriormente, as terras pertenceram àqueles que as cercavam, mas as cidades sempre reservaram algumas terras para as pastagens públicas e para o uso em caso de sitiamento; essas "terras comuns" representam a sobrevivência da forma primitiva de propriedade coletiva.

Finalmente, o estado destinou propriedades ao indivíduo, reservando-se o direito de taxação. Havendo assegurado os seus títulos, os donos de terras poderiam receber aluguéis, e a terra tornou-se uma fonte de renda – de capital. Finalmente, a terra tornou-se verdadeiramente negociável: permitindo vendas, transferências, hipotecas e execuções de hipotecas.

A propriedade privada trouxe maior liberdade e mais estabilidade; contudo, somente depois que o controle e a direção da comunidade falharam, uma posse particular da terra passou a ter a sanção social: e isso foi imediatamente seguido por uma sucessão de escravos, de servos e classes de despossuídos de terra. Contudo a maquinaria aperfeiçoada gradualmente foi libertando o homem do trabalho escravo.

O direito à propriedade não é absoluto; é puramente social. Mas, todo governo, lei, ordem, direitos civis, liberdades sociais e convenções, do modo como têm sido desfrutados pelos povos modernos, têm feito crescer a paz e a felicidade em torno da certidão de propriedade privada.

A ordem social atual não é necessariamente certa – não sendo divina, nem sagrada –; contudo, a humanidade procederá bem, caso se mobilize lentamente para fazer modificações. Aquilo que tendes é bastante melhor do que qualquer sistema conhecido pelos vossos ancestrais. Assegurai-vos, quando fordes fazer alterações, da ordem social, de que elas sejam para melhor. Não vos deixeis persuadir a experimentar as fórmulas já descartadas pelos vossos antepassados. Ide, avançai, não retrocedais! Que a evolução prossiga! Que não seja dado um passo para trás.

[Apresentado por um Melquisedeque de Nébadon.]

DOCUMENTO 70

A EVOLUÇÃO DO GOVERNO HUMANO

TÃO LOGO resolveu parcialmente o problema da sua subsistência, o homem deparou-se com a tarefa de regulamentar as relações humanas. O desenvolvimento das atividades organizadas requeria leis, ordem e ajustamentos sociais; a propriedade privada requeria uma administração.

Num mundo evolucionário, os antagonismos são naturais; a paz é assegurada apenas por alguma espécie de sistema social regulador. Uma regulamentação social é inseparável de uma organização social; a associação implica alguma autoridade controladora. Um governo obriga uma coordenação dos antagonismos das tribos, dos clãs, das famílias e dos indivíduos.

O governo é um desenvolvimento inconsciente; ele evolui por meio de tentativas e de erros. De fato, tem um valor para a sobrevivência; e por isso ele torna-se tradicional. A anarquia aumentou a miséria; e, conseqüentemente, o governo, a lei relativa e a ordem gradualmente emergiram ou estão emergindo. As demandas coercitivas na luta pela existência conduziram literalmente a raça humana por um caminho progressivo até a civilização.

1. A GÊNESE DA GUERRA

A guerra é um estado natural e uma herança do homem em evolução; a paz é o padrão social que mede o avanço da civilização. Antes da socialização parcial das raças em avanço, o homem era excessivamente individualista, extremamente desconfiado, e inacreditavelmente briguento. A violência é a lei da natureza, a hostilidade, a reação automática dos filhos da natureza, enquanto a guerra não é senão essas mesmas atividades praticadas coletivamente. E, no momento em que o tecido da civilização receber a pressão das complicações do avanço da sociedade, e onde isso acontecer, haverá sempre um retrocesso imediato, nocivo àqueles métodos iniciais de ajuste violento das irritações provenientes das interassociações humanas.

A guerra é uma reação animalesca aos desentendimentos e às irritações; a paz acompanha a solução civilizada de todos esses problemas e dificuldades. As raças sangiques, junto com as adamitas, posteriormente deterioradas, e as noditas eram todas beligerantes. Aos andonitas muito cedo foi ensinada a regra de ouro e, ainda hoje, os seus descendentes esquimós vivem em boa medida segundo esse código; o costume é forte entre eles, e estão razoavelmente livres de antagonismos violentos.

Andon ensinou os seus filhos a decidir as disputas cada um batendo em uma árvore com um bastão, ao mesmo tempo maldizendo a árvore: aquele que quebrasse o seu bastão primeiro era o vitorioso. Os andonitas posteriores decidiam as suas disputas fazendo um espetáculo público, no qual os disputantes zombavam uns dos outros e ridicularizavam-se mutuamente, enquanto a audiência apontava o vencedor por aclamação.

Mas um fenômeno tal como a guerra não poderia existir antes que a sociedade houvesse evoluído o suficiente a ponto de experimentar, de fato, os períodos de paz e sancionar as práticas belicosas. O próprio conceito de guerra implica algum grau de organização.

Com a emergência dos agrupamentos sociais, as irritações individuais começaram a ficar submersas nos sentimentos grupais, e isso promoveu a tranqüilidade intertribal, às custas, contudo, da paz intertribal. A paz, assim, inicialmente, foi desfrutada dentro do grupo, ou da tribo, que sempre detestava, odiava mesmo, os de fora do grupo ou estrangeiros. O homem primitivo considerava uma virtude derramar o sangue estrangeiro.

Todavia, mesmo isso não funcionou a princípio. Quando os primeiros chefes tentaram resolver os desentendimentos, freqüentemente julgavam necessário, ao menos uma vez por ano, permitir as lutas de pedradas dentro da tribo. O clã dividia-se em dois grupos e tinha início uma batalha que durava todo um dia. E isso, por nenhuma outra razão, a não ser pelo divertimento proporcionado; eles realmente gostavam de lutar.

A guerra perdura, porque o homem evoluiu do animal, tornando-se humano, e todos os animais são belicosos. Entre as causas primitivas da guerra estão:

1. *A fome*, que leva a surtidas em busca de alimento. A escassez de terras tem sempre trazido a guerra e, durante essas lutas, as primeiras tribos pacíficas praticamente foram exterminadas.

2. *A escassez de mulheres* – uma tentativa de aliviar a falta de ajuda doméstica. O rapto de mulheres tem sempre sido uma causa de guerra.

3. *A vaidade* – o desejo de exibir a bravura tribal. Grupos superiores lutavam para impor o seu modo de vida aos povos inferiores.

4. *Os escravos* – a necessidade de recrutas para as fileiras de trabalho.

5. *A vingança* era motivo de guerra quando uma tribo acreditava que outra tribo vizinha houvesse causado a morte de um companheiro de tribo. O luto continuava até que uma cabeça era trazida para a tribo. A guerra pela vingança foi considerada justificada, até uma época relativamente moderna.

6. *A recreação* – a guerra era encarada como uma recreação pelos jovens dessas épocas primitivas. Se não havia nenhum pretexto bom e suficiente para que a guerra surgisse, quando a paz se tornava opressiva, tribos vizinhas costumavam entrar em combates semi-amistosos, em escaramuças, como folguedos, para desfrutarem de um simulacro de batalha.

7. *A religião* – o desejo de fazer conversões para o próprio culto. As religiões primitivas, todas, aprovavam a guerra. Apenas em tempos recentes a religião começou a reprovar a guerra. Infelizmente, os sacerdócios primitivos, em geral, eram aliados do poder militar. Com o passar do tempo, um grande passo na direção da paz foi o esforço para se separar a igreja do estado.

Essas antigas tribos faziam sempre a guerra sob a ordem dos seus deuses, sob o comando dos seus chefes ou dos seus xamãs. Os hebreus acreditavam num "Deus das batalhas"; e a narrativa do seu ataque aos midianitas é um recital das crueldades atrozes das antigas guerras tribais; esse ataque, com a matança de todos os homens e a posterior matança de todas as crianças do sexo masculino e de todas as mulheres que não eram virgens, teria estado à altura das tradições de um chefe tribal de duzentos mil anos atrás. E tudo isso foi executado em "nome do Senhor Deus de Israel".

E essa é uma narrativa da evolução da sociedade – a solução natural dos problemas das raças –, o homem elaborando o seu próprio destino na Terra. Tais atrocidades não são instigadas pela Deidade, não obstante haver uma tendência do homem de jogar a responsabilidade sobre os seus deuses.

A misericórdia militar tem sido lenta para alcançar a humanidade. Mesmo quando uma mulher, Débora, governou os hebreus, a mesma crueldade global persistiu. O seu general, na vitória sobre os gentios, fez "todas as tropas caírem sob a espada e não sobrou ninguém".

Muito cedo, na história dessa raça, as armas envenenadas eram usadas. Todas as espécies de mutilações eram praticadas. Saul não hesitou em exigir cem prepúcios de filisteus, como o dote que Davi devia pagar pela sua filha Mical.

As guerras primitivas eram lutadas entre as tribos como um todo, mas, em épocas posteriores, quando dois indivíduos de tribos diferentes tinham uma disputa, em vez de ambas as tribos lutarem, esses dois disputantes entravam em duelo. Tornou-se hábito também que dois exércitos decidissem tudo pelo resultado de uma disputa entre um representante escolhido de cada lado, como no exemplo de Davi e Golias.

O primeiro refinamento da guerra foi a captura de prisioneiros. Em seguida, as mulheres passaram a ser eximidas das hostilidades, e depois veio o reconhecimento dos não-combatentes. As castas militares e os exércitos permanentes logo se desenvolveram, para marcharem de acordo com a crescente complexidade do combate. Esses guerreiros eram proibidos de entrar em contato com as mulheres, e estas, havia muito, tinham já deixado de combater, embora houvessem sempre alimentado e cuidado dos soldados e exortassem-nos à batalha.

A prática de declarar guerra representou um grande progresso. Essas declarações de intenção de luta indicavam a consciência do senso de eqüidade, e a isso se seguiu o desenvolvimento gradual das regras do guerrear "civilizado". Muito cedo se tornou costume não lutar perto de locais religiosos e, um pouco mais tarde, não combater em certos dias santos. Em seguida, veio o reconhecimento geral do direito de asilo; os fugitivos políticos receberam proteção.

Assim, a guerra evoluiu gradualmente, da caçada primitiva ao homem, até o sistema, de um certo modo mais ordeiro, das nações "civilizadas" posteriores. Contudo, apenas lentamente a atitude social da amizade substituiu a inimizade.

2. O VALOR SOCIAL DA GUERRA

Nas idades passadas, uma guerra feroz instituiria mudanças sociais e facilitaria a adoção de idéias novas que, naturalmente, não teriam ocorrido em dez mil anos. O preço terrível, pago por algumas dessas vantagens vindas com as guerras foi a sociedade retroceder temporariamente à selvageria; tinha-se de abdicar da razão civilizada. A guerra é um remédio poderoso, de custo muito alto e muito perigoso; embora freqüentemente cure algumas desordens sociais, muitas vezes mata o paciente e destrói a sociedade.

A necessidade constante da defesa nacional cria vários ajustamentos sociais novos e avançados. A sociedade, hoje, desfruta do benefício de uma longa lista de inovações úteis que, a princípio, eram exclusivamente militares; e a sociedade deve à guerra, até mesmo a dança, uma das formas primitivas de exercício militar.

A guerra tem tido um valor social para as civilizações passadas, porque ela:

1. Impunha a disciplina e forçava a cooperação.
2. Premiava a firmeza e a coragem.
3. Fomentava e solidificava o nacionalismo.
4. Destruía os povos fracos e inaptos.

5. Dissolvia a ilusão da igualdade primitiva e estratificava seletivamente a sociedade.

A guerra teve um certo valor evolucionário e seletivo; contudo, como a escravidão, deverá, em algum momento, ser abandonada, à medida que a civilização avança lentamente. As guerras de antigamente promoviam as viagens e o intercâmbio cultural; essas metas estão agora sendo mais bem cumpridas pelos métodos modernos de transporte e de comunicação. As guerras de outrora fortaleciam as nações, mas as lutas modernas alquebram a cultura civilizada. As guerras antigas resultavam na dizimação dos povos inferiores; o resultado líquido do conflito moderno é a destruição seletiva das melhores cepas humanas. As guerras primitivas promoviam a organização e a eficiência, mas agora estas se tornaram mais uma das metas da indústria moderna. Durante as idades passadas, a guerra era um fermento social, que impulsionava a civilização para a frente; esse resultado agora é mais bem alcançado pela ambição e pela invenção. A arte da guerra antiga sustentava o conceito de um Deus das batalhas, no entanto, para o homem moderno, foi dito que Deus é amor. A guerra serviu a muitos propósitos valiosos no passado, tem sido um andaime indispensável na construção da civilização, mas está tornando-se, rapidamente, a bancarrota cultural – incapaz de produzir dividendos, de algum ganho social, comensurável, sob qualquer ponto de vista, em comparação com as perdas terríveis que vêm junto.

No passado, os médicos acreditaram na sangria como uma cura para muitas doenças; entretanto, depois, descobriram remédios melhores para a maioria das desordens. E, desse modo, deve a sangria internacional da guerra certamente dar lugar à descoberta de métodos melhores para curar os males das nações.

As nações de Urântia entraram já na luta titânica do militarismo nacionalista contra o industrialismo e, de muitos modos, esse conflito é análogo à luta das idades, entre os pastores-caçadores e os agricultores. Se, porém, o industrialismo quiser triunfar sobre o militarismo, então deve evitar os perigos que o envolvem. Os perigos da indústria florescente, em Urântia, são:

1. A forte tendência ao materialismo, a cegueira espiritual.

2. A adoração do poder da riqueza, a distorção dos valores.

3. Os vícios vindos do luxo, a imaturidade cultural.

4. Os perigos crescentes da indolência, a insensibilidade ao senso do servir.

5. O crescimento de uma frouxidão racial indesejável, a deterioração biológica.

6. A ameaça da escravidão industrial padronizada, a estagnação da personalidade; pois se o trabalho é enobrecedor, a lida enfadonha é entorpecedora.

O militarismo é autocrático e cruel – selvagem. Promove a organização social entre os conquistadores, mas desintegra os vencidos. O industrialismo é mais civilizado e deveria ser praticado de modo a promover a iniciativa e encorajar o individualismo. A sociedade deveria, de todos os modos possíveis, fomentar a originalidade.

Não cometais o erro de glorificar a guerra; deveis, antes, discernir o que ela fez à sociedade, de modo tal que possais visualizar, com mais precisão, o que os seus substitutos devem prover, no fito de continuar o avanço da civilização. E, se esses substitutos adequados não forem providos, então vós podeis estar certos de que a guerra irá continuar ainda por muito tempo.

O homem nunca aceitará a paz como um modo normal de vida, antes que tenha sido convencido, profunda e repetidamente, de que a paz é melhor para o seu bem-estar material; e o é até que a sociedade tenha provido, com sabedoria, os substitutos pacíficos, para a gratificação da tendência inerente de periodicamente soltar o impulso coletivo destinado a liberar as emoções e as energias que sempre se acumulam, próprias das reações de autopreservação da espécie humana.

Mesmo tendo fim, a guerra deveria, contudo, ser honrada como a escola da experiência que levou uma raça de individualistas arrogantes a submeter-se a uma autoridade altamente concentrada – o dirigente executivo. A guerra à antiga selecionava, para a liderança, os homens inatamente grandes, mas a guerra moderna não faz mais isso. Para descobrir líderes, a sociedade deve agora se voltar para as conquistas da paz: a indústria, a ciência e a realização social.

3. AS ASSOCIAÇÕES HUMANAS INICIAIS

Numa sociedade mais primitiva a *horda* é tudo; até mesmo as crianças são propriedade comum dessa horda. A família em evolução tomou o lugar da horda na educação das crianças, enquanto os clãs e as tribos emergentes substituíram a horda enquanto unidade social.

O instinto sexual e o amor materno instauraram a família. Mas o verdadeiro governo surge só quando os grupos das superfamílias começam a formar-se. Nos dias da pré-família, na horda, a liderança era provida por indivíduos informalmente escolhidos. Os bosquímanos da África nunca progrediram além desse estágio primitivo; eles não têm chefes na horda.

As famílias tornaram-se unidas pelos laços de sangue dentro dos clãs, são as agregações de parentes; e os clãs, subseqüentemente, evoluíram, resultando nas tribos, as comunidades territoriais. A guerra e a pressão externa forçaram os clãs de parentesco à organização tribal, mas foram o comércio e o intercâmbio que mantiveram esses grupos primitivos juntos e com algum grau de paz interna.

A paz em Urântia será promovida muito mais pelas organizações de comércio internacional do que pelos sofismas sentimentais de um planejamento visionário de paz. As relações de comércio têm sido facilitadas pelo desenvolvimento da língua e pelos melhores métodos de comunicação, bem como por melhores meios de transporte.

A ausência de uma linguagem comum tem sempre impedido o crescimento de grupos de paz, conquanto o dinheiro se haja tornado a língua universal do comércio moderno. A sociedade moderna é mantida coesa, em grande parte, pelo mercado internacional. A motivação do ganho é um fator civilizador poderoso, quando potencializado pelo desejo de servir.

Nas idades primitivas, cada tribo era cercada por círculos concêntricos de medo e suspeita crescentes; e, por esse motivo, em épocas passadas, era costume matar todos os desconhecidos e, mais tarde ainda, a tribo passou a escravizá-los. A velha idéia da amizade significava a adoção, pelo clã; e, ser membro do clã, significava a sobrevivência à morte – um dos conceitos mais antigos de vida eterna.

A cerimônia de adoção consistia em beber-se o sangue um do outro. Em alguns grupos, a saliva era trocada em lugar de se beber o sangue, sendo esta a origem antiga da prática social do beijo. E todas as cerimônias de associação, fossem casamento ou adoção, sempre terminavam em festins.

Ulteriormente, usava-se o sangue diluído em vinho tinto e, finalmente, apenas esse vinho era bebido, para selar a cerimônia de adoção, que ficava implícita no tilintar dos copos de vinho e consumada quando a bebida era engolida. Os hebreus tinham uma forma modificada dessa cerimônia de adoção. Os seus ancestrais árabes fizeram uso do juramento feito com a mão do candidato repousada sobre o órgão genital do nativo da tribo. Os hebreus tratavam os estrangeiros adotados com amabilidade e fraternidade. "O estranho que mora convosco será como aquele que nasceu entre vós, e vós o amareis como a vós próprios."

A "amizade ao hóspede" era uma relação de hospitalidade temporária. Quando os hóspedes convidados partiam, um prato seria quebrado pela metade, um pedaço era dado ao amigo que partia e, desse modo, podia servir de apresentação apropriada para um terceiro conviva que poderia vir em uma visita posterior. Era costume os hóspedes pagarem a sua estada contando histórias das suas viagens e aventuras. Os contadores de histórias dos tempos antigos tornaram-se tão populares que as tradições finalmente proibiram que exercessem os seus talentos, tanto nas estações da caça, quanto nas das colheitas.

Os primeiros tratados de paz foram os "laços de sangue". Os embaixadores da paz para duas tribos em guerra encontrar-se-iam, prestariam as suas homenagens de honra e, então, começariam a dar picadas na pele, até que sangrassem, depois do que eles engoliriam o sangue um do outro e assim declaravam a paz.

As mais antigas missões de paz consistiam em delegações de homens que traziam as suas mais seletas donzelas para a gratificação sexual dos seus ex-inimigos, o desejo sexual sendo usado para combater o impulso da guerra. A tribo, assim honrada, faria uma visita de volta, oferecendo as suas donzelas; depois do que, a paz estaria firmemente estabelecida. E logo os casamentos entre as famílias dos chefes eram aprovados.

4. OS CLÃS E AS TRIBOS

O primeiro grupo pacífico foi a família, depois o clã, a tribo e, com o tempo, a nação, a qual finalmente tornou-se o estado territorial moderno. O fato de que os grupos pacíficos atuais se hajam expandido, há muito, além dos laços de sangue, abrangendo nações, é bastante encorajador a despeito do fato de que as nações de Urântia estejam ainda despendendo vastas somas na preparação de guerras.

Os clãs eram grupos unidos pelo sangue, dentro da tribo, e deviam a sua existência a alguns interesses comuns, tais como:

1. A sua origem, podendo ser traçada até um ancestral em comum.
2. A fidelidade a um mesmo totem religioso.
3. O uso de um mesmo dialeto.
4. O compartilhar de um mesmo habitat.
5. O temor aos mesmos inimigos.
6. O fato de possuírem uma experiência militar em comum.

Os chefes dos clãs eram sempre subordinados ao chefe tribal, e os governos tribais primitivos eram uma vaga confederação de clãs. Os australianos nativos nunca desenvolveram uma forma tribal de governo.

Os chefes pacíficos dos clãs, em geral, governavam por meio da linhagem materna; os chefes tribais guerreiros estabeleciam a linha do pai. As cortes dos chefes tribais e dos primeiros reis consistiam nos chefes dos clãs, e era costume, várias vezes por ano, que eles fossem convidados à presença do rei. Isso o capacitava a vigiá-los e assegurar melhor a cooperação deles. Os clãs serviam a um propósito valioso, no autogoverno local, mas retardaram grandemente o crescimento de nações grandes e fortes.

5. O ALVORECER DO GOVERNO

Todas as instituições humanas tiveram um começo, e o governo civil é um produto da evolução progressiva, exatamente como o matrimônio o é, tanto quanto a indústria e a religião. Dos primeiros clãs e tribos primitivas desenvolveram-se gradualmente as ordens sucessivas de governos humanos que surgiram e desapareceram, até chegar-se àquelas formas de regulamentação da ordem civil e social, que caracterizam a segunda terça parte do século vinte.

Com a formação gradual das unidades familiares, as fundações do governo foram estabelecidas na organização do clã, o agrupamento de famílias consangüíneas. O primeiro corpo real de governo foi o *conselho dos mais velhos*. Esse grupo regulamentador era composto dos anciãos que se haviam distinguido de alguma maneira pela sua eficiência. Desde muito cedo, a sabedoria e a experiência foram apreciadas, até mesmo pelo homem bárbaro; e seguiu-se uma longa idade de dominação dos mais velhos. Esse reinado, da oligarquia da idade, gradualmente evoluiu para a idéia patriarcal.

Nos primeiros conselhos de anciãos residia o potencial de todas as funções governamentais: a executiva, a legislativa e a judiciária. Quando o conselho interpretava os costumes correntes, era uma corte judicial; quando estabelecia novos modos de uso social, era uma legislatura; à medida que fazia cumprir esses decretos e atos, era o executivo. O presidente do conselho era um dos antecessores, do chefe tribal, a surgir mais tarde.

Algumas tribos possuíam conselhos de mulheres e, de tempos em tempos, muitas tribos tinham mulheres governantes. Algumas tribos dos homens vermelhos preservaram os ensinamentos de Onamonalonton, seguindo a regra unânime do "conselho dos sete".

Foi difícil para a humanidade aprender que nem a paz, nem a guerra podem ser regidas por uma sociedade em debate. O "palavrório" primitivo raramente era útil. A raça aprendeu, muito cedo, que um exército comandado por um grupo de chefes de clãs não tinha a menor chance de vencer um exército forte, de um só comandante. A guerra tem sido sempre uma criadora de reis.

A princípio, os chefes guerreiros eram escolhidos apenas para o serviço militar, e eles renunciavam a uma parte da sua autoridade, durante os tempos de paz, quando os seus deveres eram de uma natureza mais social. Gradativamente, porém, eles começaram a transgredir os intervalos de paz, tendendo a continuar governando de uma guerra até a próxima. Muitas vezes, eles percebiam que uma guerra não demorava a seguir-se à outra. Esses primitivos senhores das guerras não eram amantes da paz.

Em tempos mais recentes, alguns chefes eram escolhidos por outros motivos, além dos serviços militares, sendo selecionados por causa de um físico excepcional ou por habilidades pessoais notáveis. Os homens vermelhos freqüentemente tinham dois grupos de chefes – os sachéns, ou os chefes na paz, e os chefes hereditários da guerra. Os governantes da paz eram também juízes e educadores.

Algumas comunidades primitivas eram governadas por xamãs, ou pajés, que freqüentemente atuavam como chefes. Um mesmo homem atuaria como sacerdote, médico e chefe executivo. Muito freqüentemente as insígnias reais haviam sido, originalmente, os símbolos ou emblemas das vestes sacerdotais.

E foi por meio desses passos que o setor executivo do governo gradualmente veio à existência. Os conselhos do clã e da tribo continuaram nas suas funções de consulta e como predecessores dos setores legislativo e judiciário, a surgirem mais tarde.

Na África, hoje, todas essas formas primitivas de governo existem de fato entre as várias tribos.

6. O GOVERNO MONÁRQUICO

O governo efetivo do estado somente se estabeleceu com a adoção de um chefe com autoridade executiva plena. O homem julgou que o governo efetivo só poderia existir se ele conferisse poder a uma personalidade, e não pela adoção de uma idéia.

O poder soberano surgiu do conceito da autoridade ou da riqueza familiar. Quando um pequeno monarca patriarcal tornava-se efetivamente um rei, algumas vezes era chamado de "pai do seu povo". Ulteriormente, pensava-se que os reis brotassem dos heróis. E mais tarde ainda, o poder tornou-se hereditário, devido à crença na origem divina dos reis.

A realeza hereditária evitou a anarquia, que anteriormente levara a uma grande devastação, entre a morte de um rei e a eleição do seu sucessor. A família tinha um chefe biológico; o clã, um líder escolhido naturalmente; a tribo e posteriormente o estado não tinham um líder natural, e isso foi mais uma razão para tornar hereditária a posição dos chefes-reis. A idéia das famílias reais e da aristocracia foi baseada também nas tradições da "posse de um nome" nos clãs.

A sucessão dos reis acabou por ser encarada como sobrenatural; julgava-se que o sangue real remontava aos tempos da assessoria materializada do Príncipe Caligástia. Assim, os reis tornaram-se personalidades-fetiches, sendo temidos de um modo incomum; uma forma especial de linguagem sendo adotada para uso na corte. Mesmo em épocas recentes, acreditava-se que o toque dos reis poderia curar doenças, e alguns povos de Urântia ainda consideram os seus governantes como tendo uma origem divina.

O rei-fetiche de outrora não raro era mantido em reclusão; ele era encarado como sendo sagrado demais para ser visto, a não ser nos dias de festa e dias santos. Um representante era ordinariamente escolhido para personificá-lo, e essa foi a origem dos primeiros-ministros. O primeiro oficial do gabinete era um administrador da alimentação; outros, em breve, vieram. Os governantes logo apontaram representantes para encarregar-se do comércio e da religião; e o desenvolvimento de um gabinete foi um passo direto para a despersonalização da autoridade executiva. Esses assistentes dos primeiros reis tornaram-se a nobreza aceita, e a esposa do rei elevou-se gradualmente à dignidade de rainha, à medida que as mulheres adquiriram maior estima.

Os governantes inescrupulosos ganharam um grande poder, com a descoberta do veneno. A magia da corte primitiva era diabólica; os inimigos do rei morriam logo. Mas até mesmo o mais despótico tirano estava sujeito a algumas restrições; era pelo menos limitado pelo medo sempre presente de assassinato. Os curandeiros, feiticeiros e sacerdotes têm sido sempre um poderoso freio para os reis. Mais tarde, os proprietários de terras, considerados a aristocracia, exerceram uma influência restritiva. E, de tempos em tempos, os clãs e as tribos simplesmente se rebelavam e derrubavam os seus déspotas e tiranos. Aos governantes depostos, quando sentenciados à morte, era freqüentemente dada a opção de cometerem suicídio, o que deu origem à antiga moda social do suicídio em certas circunstâncias.

7. CLUBES PRIMITIVOS E SOCIEDADES SECRETAS

A consangüinidade determinou os primeiros grupos sociais; os clãs de parentescos cresceram por associação. Os casamentos intertribais foram o próximo passo para a amplificação dos grupos, e a tribo complexa resultante foi o primeiro verdadeiro corpo político. O próximo avanço, no desenvolvimento social, foi a evolução dos cultos religiosos e dos clubes políticos. Estes, inicialmente, surgiram como sociedades secretas e, originalmente, eram integralmente religiosos; posteriormente, tornaram-se reguladores. A princípio, eram clubes de homens; mais tarde, grupos femininos apareceram. E em breve se dividiram em duas classes: a político-social e a místico-religiosa.

Havia muitas razões para que essas sociedades fossem secretas, tais como:

1. O medo de cair no desagrado dos governantes, por causa da violação de algum tabu.

2. A finalidade de praticarem ritos religiosos minoritários.

3. O propósito de preservar valiosos segredos do "espírito" ou do comércio.

4. O desfrute de algum talismã ou magia especial.

O fato em si, de serem secretas essas sociedades, conferia a todos os seus membros o poder do mistério sobre o resto da tribo. O que é secreto também tem o atrativo de alimentar a vaidade; os iniciados eram a aristocracia social da sua época. Depois da iniciação, os meninos caçavam com os homens; enquanto antes eles colhiam plantas com as mulheres. E era a humilhação suprema, uma desgraça tribal, fracassar nas provas da puberdade e, assim, ser obrigado a permanecer fora da morada dos homens, ficando com as mulheres e as crianças, e ser considerado afeminado. Além disso, aos não iniciados não era permitido casar.

Os povos primitivos ensinavam muito cedo aos seus adolescentes o controle sexual. Tornou-se costume levar os meninos para longe dos pais, desde a puberdade até o casamento; a educação e o aperfeiçoamento deles eram confiados às sociedades secretas dos homens. E uma das funções primordiais desses clubes era manter o controle dos jovens adolescentes, impedindo, assim, filhos ilegítimos.

A prostituição comercializada começou quando esses clubes de homens pagavam dinheiro pelo uso de mulheres de outras tribos. Contudo, os grupos mais antigos mantinham-se notavelmente isentos de licenciosidades sexuais.

A cerimônia de iniciação, na puberdade, em geral durava um período de cinco anos. Muita autotortura e incisões dolorosas faziam parte dessas cerimônias. A circuncisão foi praticada, inicialmente, como um rito de iniciação de uma dessas fraternidades secretas. As marcas tribais eram feitas no corpo como uma parte da iniciação da puberdade; a tatuagem teve a sua origem com essas insígnias de membro de alguma sociedade. Essas torturas, junto com muita privação, tinham o intuito de endurecer esses jovens, de impressioná-los com a realidade da vida e das suas inevitáveis dificuldades. Esse propósito foi mais bem alcançado com os jogos atléticos e as disputas físicas que surgiram posteriormente.

No entanto, as sociedades secretas de fato visavam o aperfeiçoamento da moral do adolescente; um dos propósitos principais das cerimônias da puberdade era fazer os rapazes compreenderem que deviam deixar as mulheres dos outros homens em paz.

Seguindo esses anos de disciplina rigorosa e aperfeiçoamento, um pouco antes do casamento, os rapazes em geral eram liberados por um curto período de lazer e liberdade, depois do que voltavam para casar e aceitar toda uma vida de sujeição aos tabus tribais. E esse rito antigo continuou até os tempos modernos, sob a tola desculpa de uma despedida das "loucuras da juventude".

Muitas tribos posteriores aprovaram a formação de clubes secretos femininos, e o propósito deles era preparar as adolescentes para serem esposas e para a maternidade. Depois da iniciação, as meninas tornavam-se aptas para o casamento e lhes era permitido comparecer à "festa das noivas", a festa das debutantes daqueles dias. Os grupos femininos contra o casamento logo passaram a existir.

DOCUMENTO 70: SEÇÃO 7

Em breve, os clubes não secretos apareceram, quando grupos de homens solteiros e mulheres celibatárias formaram as suas organizações separadas. Essas associações realmente foram as primeiras escolas. E, conquanto os clubes de homens e os das mulheres fossem freqüentemente dados a perseguir-se uns aos outros, algumas tribos avançadas, depois do contato com os instrutores de Dalamátia, experimentaram a educação mista, com escolas para ambos os sexos.

As sociedades secretas contribuíram para a instauração das castas sociais, principalmente por causa do caráter misterioso das suas iniciações. Os membros dessas sociedades usavam máscaras, inicialmente, para afastar os curiosos dos seus rituais de luto – o culto dos ancestrais. Mais tarde, esse ritual transformou-se em pseudo-sessões espíritas, nas quais, segundo se dizia, apareciam fantasmas. As antigas sociedades de "renascimento" usavam emblemas e empregavam uma linguagem secreta especial; e também renegavam certas comidas e bebidas. Atuavam como uma polícia noturna e, assim, funcionavam em amplas gamas de atividades sociais.

Todas as associações secretas impunham um juramento, o guardar do silêncio, e ensinavam a guardar os segredos. Essas ordens impressionavam e controlavam as multidões; e também atuavam como sociedades de vigilância, praticando, assim, a lei do linchamento. Elas foram os primeiros espiões, quando as tribos estavam em guerra, e a primeira polícia secreta, durante os tempos de paz. E, melhor ainda, mantinham os reis inescrupulosos em estado de insegurança. Para contrabalançar, os reis criaram a sua própria milícia secreta.

Essas sociedades deram nascimento aos primeiros partidos políticos. O primeiro governo partidário foi "o forte" *versus* "o fraco". Nos tempos antigos, uma mudança na administração só ocorria depois de uma guerra civil, dando, assim, prova abundante de que os fracos se haviam transformado em fortes.

Esses clubes eram utilizados pelos mercadores para cobrar os seus débitos e pelos governantes para coletar os impostos. A tributação tem sido uma longa luta, uma das suas primeiras formas foi o dízimo, um décimo da caçada, ou dos espólios. As taxas, originalmente, eram cobradas para manter a casa do rei, mas concluiu-se que eram mais fáceis de ser coletadas se disfarçadas em oferendas para sustentar o serviço do templo.

Pouco a pouco, essas associações secretas transformaram-se nas primeiras organizações de caridade e, posteriormente, nas primeiras sociedades religiosas – as precursoras das igrejas. Finalmente, algumas dessas sociedades tornaram-se intertribais, formando as primeiras fraternidades internacionais.

8.   AS CLASSES SOCIAIS

A desigualdade mental e física dos seres humanos assegura o aparecimento de classes sociais. Os únicos mundos sem substratos sociais são os mais primitivos e os mais avançados. Na aurora de uma civilização, a diferenciação de níveis sociais ainda não começou, ao passo que um mundo estabelecido em luz e vida já apagou grandemente essas divisões da humanidade, que são tão características de todos os estágios evolucionários intermediários.

À medida que a sociedade emergiu da selvageria até a barbárie, os seus componentes humanos tenderam a tornar-se agrupados em classes, pelas seguintes razões gerais:

1. *Razões naturais* – o contato, o parentesco e o casamento; as primeiras distinções sociais foram baseadas no sexo, na idade e no sangue – o parentesco com o chefe.

2. *Razões pessoais* – o reconhecimento da capacidade, da resistência, da habilidade e da firmeza; logo seguido pelo reconhecimento do domínio da linguagem, do conhecimento e da inteligência geral.

3. *Razões de oportunidade* – a guerra e a imigração resultaram na separação dos grupos humanos. A evolução das classes foi poderosamente influenciada pelas conquistas, a relação do vitorioso com o vencido, enquanto a escravidão trouxe a primeira divisão geral da sociedade, em livres e cativos.

4. *Razões econômicas* – os ricos e os pobres. A riqueza e a posse de escravos foi uma base genética para uma classe da sociedade.

5. *Razões geográficas* – as classes formaram-se em conseqüência do estabelecimento das populações nas regiões urbanas ou rurais. A cidade e o campo, respectivamente, contribuíram para a diferenciação do pastor-agricultor e do comerciante-industrial, com os seus pontos de vista e reações divergentes.

6. *Razões sociais* – as classes formaram-se gradativamente de acordo com o apreço popular do valor social dos diferentes grupos. Entre as primeiras divisões dessa espécie, estavam as demarcações entre os sacerdotes-professores, os governantes-guerreiros, os capitalistas-comerciantes, os trabalhadores comuns e os escravos. O escravo não podia jamais se transformar em um capitalista, embora algumas vezes o assalariado pudesse optar por juntar-se ao setor capitalista.

7. *Razões vocacionais* – como as vocações multiplicavam-se, elas tendiam a estabelecer castas e agremiações. Os trabalhadores dividiam-se em três grupos: as classes profissionais, incluindo os curandeiros, depois os trabalhadores qualificados, seguidos dos trabalhadores sem habilitação.

8. *Razões religiosas* – os primeiros clubes de cultos produziram as suas próprias classes, dentro dos clãs e das tribos, e a piedade e o misticismo dos sacerdotes há muito perpetuaram-nos como um grupo social separado.

9. *Razões raciais* – a presença de duas ou mais raças, dentro de uma certa nação, ou unidade territorial, resulta nas castas de cores. O sistema de castas original, na Índia, era baseado na cor, como também o era no Egito mais antigo.

10. *Razões de idade* – a juventude e a maturidade. Entre as tribos, o menino permanecia sob o cuidado do seu pai, enquanto o pai estava vivo; ao passo que a menina era colocada sob os cuidados da sua mãe, até que se casasse.

As classes sociais flexíveis e mutáveis são indispensáveis a uma civilização em evolução, mas, quando a *classe* transforma-se na *casta*, quando os níveis sociais cristalizam-se, o aumento da estabilidade social tem como preço uma diminuição da iniciativa pessoal. A casta social resolve o problema de posicionar um indivíduo nas atividades econômicas, mas também restringe consideravelmente o desenvolvimento individual e impede, virtualmente, a cooperação social.

As classes, na sociedade, havendo sido formadas naturalmente, perdurarão até que o homem gradualmente realize a sua obliteração evolucionária, por intermédio de uma manipulação inteligente dos recursos biológicos, intelectuais e espirituais de uma civilização em progresso, tais como:

1. A renovação biológica das linhagens raciais – a eliminação seletiva das linhagens humanas inferiores. Isso tenderá a erradicar muitas inadequações dentre os mortais.

2. O aperfeiçoamento educativo da capacidade cerebral aumentada, que surgirá desses aperfeiçoamentos biológicos.

3. A estimulação religiosa dos sentimentos de afinidade e de irmandade mortal.

Todavia, essas medidas podem dar os seus verdadeiros frutos apenas em milênios no futuro distante, embora um grande aperfeiçoamento social resulte imediatamente da manipulação inteligente, sábia e *paciente* desses fatores de aceleração do progresso cultural. A religião é uma poderosa alavanca que retira a civilização do caos, mas ela é impotente, se separada do ponto de apoio que é a mente normal e sadia que se baseia na segurança de uma hereditariedade sadia e normal.

9. OS DIREITOS HUMANOS

A natureza não confere direitos ao homem, apenas a vida; e o mundo no qual se vive. A natureza não confere nem mesmo o direito de viver, como poderia ser deduzido ao considerar-se o que provavelmente aconteceria se um homem desarmado se visse frente a um tigre faminto numa floresta primitiva. A primeira dádiva da sociedade ao homem é a segurança.

Gradualmente, a sociedade afirmou os seus direitos e, na época presente, eles são:

1. A certeza do suprimento de alimentos.
2. A defesa militar – a segurança, por meio da prontidão.
3. A preservação da paz interna – o impedimento da violência pessoal e da desordem social.
4. O controle sexual – o casamento, a instituição da família.
5. A propriedade – o direito de possuir.
6. O incentivo à competição individual e grupal.
7. A provisão de meios para a educação e a capacitação da juventude.
8. A promoção do intercâmbio e do comércio – o desenvolvimento econômico.
9. O aperfeiçoamento das condições de trabalho e sua remuneração.
10. A garantia da liberdade de práticas religiosas, com o fito de que todas as outras atividades sociais possam ser exaltadas, tornando-se motivadas espiritualmente.

Quando os direitos são mais antigos do que qualquer conhecimento da sua origem, eles, muitas vezes, são chamados de *direitos naturais*. Contudo, os direitos humanos não são realmente naturais; são inteiramente sociais. Eles são relativos e estão sempre mudando, nada mais sendo do que regras de um jogo – os ajustes reconhecidos nas relações que governam os fenômenos sempre mutáveis da competição humana.

O que pode ser considerado como certo, em uma idade, pode não ser visto assim, em uma outra. A sobrevivência de grandes números de deficientes e de degenerados não é devida a qualquer direito natural que tenha sido assim incumbido à civilização do século vinte, mas é que a sociedade dessa época e os costumes simplesmente decretaram-no desse modo.

Poucos direitos humanos foram reconhecidos na Idade Média européia; e, então, todo homem pertencia a algum outro, e os direitos eram nada mais do que privilégios concedidos pelo estado ou pela igreja. E a revolta contra esse erro foi igualmente errônea, por haver levado à crença de que todos os homens nascem iguais.

Os fracos e os inferiores têm sempre lutado por direitos iguais; eles têm sempre insistido em que o estado deve obrigar o forte e o superior a suprir as suas necessidades e também a compensá-los pelas deficiências que muito freqüentemente são o resultado natural da sua própria indiferença e indolência.

Esse ideal de igualdade, porém, é fruto da civilização; não é encontrado na natureza. Mesmo a cultura, por si própria, demonstra conclusivamente a inerente desigualdade dos homens, pela própria capacidade cultural desigual deles. A realização súbita e não evolucionária da suposta igualdade natural levaria o homem civilizado rapidamente de volta aos hábitos rudes das idades primitivas. A sociedade não pode oferecer direitos iguais a todos, mas pode prometer administrar os direitos variáveis dos indivíduos com equanimidade e justiça. É assunto e dever da sociedade prover, ao filho da natureza, uma oportunidade justa e pacífica de buscar a automanutenção, de participar da autoperpetuação e, ao mesmo tempo, de desfrutar, em alguma medida, da autogratificação; e a soma de todas essas três constitui a felicidade humana.

10. A EVOLUÇÃO DA JUSTIÇA

A justiça natural é uma teoria do homem; não é uma realidade. Na natureza, a justiça é puramente teórica, totalmente fictícia. A natureza provê apenas uma espécie de justiça – a da conformidade inevitável entre os resultados e as causas.

A justiça, como concebida pelo homem, significa obter os próprios direitos e tem sido, por isso, uma questão de evolução progressiva. O conceito de justiça pode muito bem ser uma parte constituinte de uma mente dotada com espírito, mas esse conceito não vem à existência, na sua plenitude, nos mundos do espaço.

O homem primitivo atribuía todos os fenômenos a uma pessoa. Em caso de morte, o selvagem perguntava, não o *que* o matou, mas *quem* o matou. O assassinato acidental, portanto, não era reconhecido e, na punição do crime, o motivo do criminoso era totalmente desconsiderado; o julgamento era feito de acordo com o dano causado.

Nas sociedades mais primitivas, a opinião pública agia diretamente; não eram necessários oficiais da lei. Não havia privacidade na vida primitiva. Os vizinhos de um homem eram responsáveis pela sua conduta; e daí advinha o direito deles de intrometerem-se nos assuntos pessoais uns dos outros. A sociedade era regulada pela teoria de que o grupo do qual se era membro deveria ter um interesse no comportamento de cada indivíduo e que, em uma certa medida, devia controlá-lo.

Muito cedo se acreditou que os fantasmas administravam a justiça por intermédio dos curandeiros e dos sacerdotes; e isso levou essas ordens a constituírem-se nos primeiros detetives de crimes e oficiais da lei. Os seus primeiros métodos de descobrir sobre os crimes consistiram em conduzir testes com veneno, fogo e dor. Esses testes selvagens nada mais eram do que técnicas rudes para arbitrar; eles não decidiam necessariamente sobre uma disputa com justiça. Por exemplo: quando o veneno era administrado, se o acusado vomitava, ele era inocente.

O Antigo Testamento registra uma dessas provas, um teste de culpa conjugal. Se um homem suspeitava que a sua esposa estava sendo infiel a ele, ele levava-a ao sacerdote e declarava as suas suspeitas, depois do que o sacerdote preparava uma bebida que consistia em água benta e sujeira do chão do templo. Após a cerimônia devida, que incluía maldições ameaçadoras, a esposa acusada era obrigada a beber a poção asquerosa. Se ela fosse culpada, "a água que causa a maldição entraria nela e se tornaria amarga, e o seu ventre se inflamaria, e as suas coxas apodreceriam, e a mulher seria execrada pelo seu próprio povo". Se, por acaso, uma mulher pudesse engolir essa bebida imunda sem demonstrar sintomas de doença física, ela era absolvida das acusações feitas pelo seu marido ciumento.

Esses métodos atrozes de detectar um crime eram praticados por quase todas as tribos em evolução, em uma época ou outra. Os duelos são resquícios modernos do julgamento por provações.

Não é de se espantar que os hebreus e outras tribos semicivilizadas praticassem essas técnicas primitivas, para ministrar a justiça, há três mil anos; mas é bastante surpreendente que homens de pensamento, posteriormente, tenham inserido esses vestígios de barbarismo nas páginas de uma coleção de escrituras sagradas. O pensamento reflexivo deveria deixar claro que nenhum ser divino jamais deu ao homem mortal tais instruções injustas, a respeito de como descobrir e julgar, nos casos de suspeita de infidelidade conjugal.

Muito cedo, a sociedade adotou a atitude de compensação por retaliação: olho por olho, uma vida por outra vida. As tribos em evolução, todas, reconheceram esse direito de vingança de sangue. A vingança tornou-se uma meta na vida primitiva, mas a religião, desde então, tem modificado bastante essas práticas tribais primitivas. Os instrutores da religião revelada sempre proclamaram: "'A vingança é minha', diz o Senhor". Matar por vingança, nos tempos primitivos, não era de todo diferente dos assassinatos atuais, feitos sob uma pretensa lei não escrita.

O suicídio era um modo comum de retaliação. Se alguém não era capaz de vingar a si próprio, em vida, ele morria alimentando a crença de que retornaria como um fantasma e exerceria a ira sobre o seu inimigo. E, posto que essa crença fosse bastante geral, uma ameaça de suicídio, na porta do inimigo era, via de regra, suficiente para trazê-lo a bons termos. O homem primitivo não era muito apegado à vida; o suicídio, por causa de insignificâncias, era comum; mas os ensinamentos dos dalamatianos em muito reduziram esse costume, ao passo que, em tempos mais recentes, o lazer, o conforto, a religião e a filosofia uniram-se para tornar a vida mais doce e mais desejável. As greves de fome são, contudo, a forma moderna análoga desse método antigo de retaliação.

Uma das expressões mais antigas de progresso na lei tribal era a de assumir a vingança de sangue como sendo uma questão da tribo inteira. Entretanto, torna-se estranho constatar que, mesmo então, um homem podia matar a sua esposa sem sofrer punição, desde que houvesse pagado integralmente por ela. Os esquimós de hoje, contudo, ainda deixam a penalidade de um crime, ainda que seja o de um assassinato, para a família vitimada decidir e ministrar a punição.

Um outro avanço foi a imposição de multas pela violação dos tabus, a instituição de penalidades. Essas multas foram a primeira renda pública. A prática de se pagar "o dinheiro pelo sangue" também esteve em moda, como uma substituta da vingança sangrenta. Os danos correspondentes eram pagos, em geral, com mulheres ou com o gado; demorou muito tempo para que as multas de fato, as compensações monetárias, passassem a ser a punição de um crime. E, desde que a idéia da punição era essencialmente a de compensação, tudo, inclusive a vida humana, finalmente chegou a ter um preço que poderia vir a ser pago por danos causados a ela. Os hebreus foram os primeiros a abolir a prática de pagar com dinheiro o resgate pela vida. Moisés ensinou que eles não deviam "pagar resgate pela vida de um assassino, que é culpado de morte; certamente ele deverá ser posto para morrer".

A justiça foi exercida assim, primeiro pela família, depois pelo clã, e mais tarde pela tribo. A administração da verdadeira justiça começou ao se retirar a vingança das mãos dos grupos privados e familiares, entregando-a nas mãos do grupo social, o estado.

A punição de queimar a pessoa viva foi, no passado, uma prática comum, reconhecida por muitos governantes antigos, inclusive Hamurabi e Moisés; este último determinou que muitos criminosos, particularmente aqueles cujos crimes eram de natureza sexual grave, fossem punidos, amarrados a um poste e queimados. Se "a filha de um sacerdote", ou outra cidadã de proeminência, se voltasse para a prostituição pública, o costume hebreu era "queimá-la com fogo".

A traição – "a venda" ou a traição de um companheiro de tribo – foi o primeiro crime capital. O roubo de gado era universalmente punido com a morte sumária e, mesmo recentemente, o roubo de cavalos tem sido punido de modo semelhante. No entanto, com o passar do tempo, aprendeu-se que a punição do crime tinha um valor mais restringente pela certeza e rapidez, do que pela sua severidade.

Quando a sociedade deixa de punir os crimes, o ressentimento grupal, em geral, afirma-se pela lei do linchamento; o estabelecimento de santuários foi um meio de escapar a essa súbita raiva grupal. O linchamento e o duelo representam a falta de disposição do indivíduo em deixar para o estado a reparação ao dano privado.

11. AS LEIS E AS CORTES

É tão difícil fazer distinções nítidas entre costumes e leis, quanto precisar exatamente o momento, ao amanhecer, em que a noite é sucedida pelo dia. Os costumes são leis e regras policiais em gestação. Quando estabelecidos há muito tempo, os costumes indefinidos tendem a cristalizar-se em leis precisas, em regulamentações concretas e em convenções sociais bem definidas.

A lei a princípio é sempre negativa e proibitiva; nas civilizações em avanço, ela torna-se cada vez mais positiva e diretiva. A sociedade primitiva operava de forma negativa, concedia ao indivíduo o direito de viver pela imposição a todos os outros do mandamento: "vós não matareis". Toda a concessão de direitos ou de liberdade a um indivíduo envolve a restrição das liberdades de todos os outros indivíduos, e isso é efetuado pelo tabu, a lei primitiva. Toda a idéia do tabu é inerentemente negativa, pois a sociedade primitiva era totalmente negativa, na sua organização, e a administração primitiva da justiça consistia na obediência aos tabus. Originalmente, porém, essas leis aplicavam-se apenas aos companheiros da tribo, como é mais recentemente ilustrado pelos hebreus, que tinham um código diferente de ética para lidar com os gentios.

O juramento teve origem na época de Dalamátia, em um esforço de tornar os testemunhos mais confiáveis. Esses juramentos consistiam em pronunciar uma praga sobre si próprio. Anteriormente nenhum indivíduo testemunharia contra o seu próprio grupo nativo.

O crime era um assalto aos costumes da tribo, o pecado era a transgressão dos tabus, que tinham a sanção dos espíritos; e havia uma grande confusão decorrente da incapacidade de distinguir entre o crime e o pecado.

O interesse próprio estabeleceu o tabu contra o assassinato; a sociedade santificou-o como um costume tradicional, enquanto a religião consagrou o costume como uma lei moral e, assim, todos os três se uniram para tornar a vida humana mais segura e sagrada. A sociedade não teria conseguido manter-se unida durante os tempos primitivos, caso os direitos não tivessem tido a aprovação da religião; a superstição tinha a força do policiamento moral e social nas longas idades evolucionárias. Os antigos, todos, pretendiam que as suas antigas leis e tabus tivessem sido dados aos seus ancestrais pelos deuses.

A lei é um registro codificado de uma longa experiência humana, a opinião pública solidificou-a legalizando-a. Os costumes foram a matéria-prima da experiência acumulada, a partir da qual as mentes governantes posteriores formularam as leis escritas. O juiz antigo não tinha leis. Quando tomava uma decisão, ele simplesmente dizia: "é o costume".

A referência a precedentes, nas decisões das cortes, representa um empenho dos juízes em adaptar as leis escritas às condições mutáveis da sociedade. Isso proporcionou uma adaptação progressiva às condições sociais que se alteram, conjugada à influência moral provinda da continuidade tradicional.

As disputas de propriedades foram tratadas de vários modos, tais como:

1. Pela destruição da propriedade disputada.
2. Pela força – as partes em litígio decidiam por meio do combate.
3. Por arbitragem – uma terceira parte decidia.
4. Por apelo aos mais velhos – e, mais tarde, às cortes.

As primeiras cortes eram como que confrontos regrados entre pugilistas; os juízes eram árbitros, meramente. Eles cuidavam para que a luta fosse travada de acordo com as regras aprovadas. Numa corte, ao entrar em um combate, cada parte fazia um depósito, com o juiz, para poder pagar as custas e a multa, depois que um deles tivesse sido derrotado. "A força ainda era o direito." Posteriormente, os argumentos verbais substituíram os golpes físicos.

Toda a idéia da justiça primitiva não era tanto a de ser justo, era mais a de propor a disputa e assim impedir a desordem pública e a violência particular. Todavia, os homens primitivos não se ressentiam muito daquilo que agora seria considerado uma injustiça; era admitido àqueles que tinham o poder, que o usassem egoisticamente. Contudo, o status de qualquer civilização pode ser determinado, com bastante precisão, pela eficácia e eqüidade das suas cortes e pela integridade dos seus juízes.

12. A DEMARCAÇÃO DA AUTORIDADE CIVIL

A grande luta, na evolução do governo, tem sido contra a concentração do poder. Os administradores do universo têm aprendido, da experiência, que os povos evolucionários, nos mundos habitados, são mais bem regulamentados pelo tipo representativo de governo civil, quando é mantido, então, por meio de uma coordenação eficaz do equilíbrio adequado de poder, entre o executivo, o legislativo e o judiciário.

Se bem que a autoridade primitiva haja sido baseada na força, no poder físico, o governo ideal é o sistema representativo em que a liderança é baseada na capacidade; mas, naqueles dias de barbarismo, havia guerras demais para permitir que o governo representativo funcionasse efetivamente. Na longa luta, entre a divisão da autoridade e a unidade de comando, ganhava o ditador. Os poderes primitivos e difusos dos primeiros conselhos dos mais velhos eram gradualmente concentrados na pessoa do monarca absoluto. Depois, com o advento dos reis de fato, os grupos dos mais velhos persistiram como corpos de assessoria quase legislativo-judiciários; mais tarde, vieram as legislaturas com status de coordenação, e finalmente as cortes supremas de julgamento foram estabelecidas, separadamente das legislaturas.

O rei era o executor dos costumes, da lei original ou da lei não escrita. Mais tarde, ele impôs os atos legislativos, levando à cristalização da opinião pública. Uma assembléia popular, como expressão da opinião pública, se bem que haja demorado a aparecer, marcou um grande avanço social.

Os reis primitivos eram bastante limitados pelos costumes – pela tradição ou pela opinião pública. Nos tempos recentes, algumas nações de Urântia codificaram esses costumes, em uma base documentada, para governar.

Os mortais de Urântia têm direito à liberdade; eles deveriam criar os seus sistemas de governo; deveriam adotar as suas constituições ou outras cartas de autoridade civil e de procedimento administrativo. E, havendo feito isso, eles deveriam selecionar os seus companheiros, os mais competentes e dignos, como chefes executivos. Para representantes no poder legislativo, deveriam eleger apenas aqueles que, intelectual e moralmente, fossem qualificados para arcar com essas responsabilidades sagradas. Como juízes dos seus tribunais mais altos e supremos, deveriam ser escolhidos apenas aqueles que fossem dotados de capacidade natural e que se tornaram sábios por meio de ampla experiência.

Se os homens quiserem manter a sua liberdade depois de haver escolhido a sua carta de direitos, eles devem providenciar a sua interpretação sábia, inteligente e destemida, com o fito de que impedidos sejam:

1. A usurpação injustificada do poder, da parte do ramo executivo e do legislativo.

2. As maquinações de agitadores ignorantes e supersticiosos.

3. O retardamento do progresso científico.

4. O impasse gerado pelo predomínio da mediocridade.

5. O predomínio de minorias viciosas.

6. O controle por pretensos ditadores ambiciosos e espertos.

7. As desagregações desastrosas do pânico.

8. A exploração feita pelos inescrupulosos.

9. A escravização do cidadão ao governo, por meio de impostos.

10. As falhas da justiça social e econômica.

11. A união da igreja e do estado.

12. A perda da liberdade pessoal.

São esses os propósitos e metas dos tribunais constitucionais, atuando como governadores sobre as máquinas do governo representativo, em um mundo evolucionário.

A luta da humanidade para aperfeiçoar o governo em Urântia tem a ver com o perfeiçoamento dos canais da administração, com a adaptação que se faz deles às sempre mutáveis necessidades do momento, com o aperfeiçoamento da distribuição do poder dentro do governo e, então, com a seleção de líderes administrativos realmente sábios. Conquanto exista uma forma de governo divina e ideal, ela não pode vir por meio da revelação, deve ser, portanto, lenta e laboriosamente descoberta pelos homens e mulheres de cada planeta, em todos os universos do tempo e do espaço.

[Apresentado por um Melquisedeque de Nébadon.]

DOCUMENTO 71

O DESENVOLVIMENTO DO ESTADO

O ESTADO é uma evolução útil da civilização; ele representa o ganho líquido que a sociedade retira das devastações e dos sofrimentos da guerra. Até mesmo a arte política do estadista é meramente uma técnica acumulada para ajustar a disputa competitiva de forças, entre as tribos e as nações em luta.

O estado moderno é a instituição que sobreviveu na longa luta pelo poder grupal. O poder maior finalmente prevaleceu, e gerou uma criação de fato – o estado – e, junto, o mito moral da obrigação absoluta de o cidadão viver e morrer pelo estado. Mas o estado não tem uma gênese divina; nem mesmo é um produto da ação humana volitiva intencional; é uma instituição puramente evolucionária e a sua origem foi totalmente automática.

1. O ESTADO EMBRIONÁRIO

O estado é uma organização social territorial reguladora; o estado mais forte, o mais eficiente e duradouro, é composto de uma nação única, cujo povo tem uma língua, costumes e instituições em comum.

Os primeiros estados eram pequenos, resultantes todos de conquistas. Eles não se originavam de associações voluntárias. Muitos foram fundados por nômades conquistadores, que se arremetiam sobre grupos de pastores pacíficos ou colônias de agricultores, para subjugá-los e escravizá-los. Tais estados, resultantes de conquistas, ficaram forçosamente estratificados; as classes tornaram-se inevitáveis, e as lutas de classes sempre foram seletivas.

As tribos de homens vermelhos, ao norte da América, nunca chegaram a se organizar de fato em um estado. Nunca progrediram mais adiante do que até uma confederação afrouxada de tribos, uma forma muito primitiva de estado. A que mais se aproximou de um estado foi a federação iroquesa, mas esse grupo de seis nações nunca funcionou de fato como um estado e não conseguiu sobreviver por causa da falta de alguns elementos essenciais à vida moderna nacional, tais como:

1. A aquisição e a herança da propriedade privada.

2. Cidades providas de agricultura e de indústrias.

3. Animais domésticos úteis.

4. Uma organização prática da família. Esses homens vermelhos ativeram-se à família materna e à herança de tio para sobrinho.

5. Um território definido.

6. Um chefe executivo forte.

7. A escravização dos prisioneiros – ou eles os adotavam ou os massacravam.

8. Conquistas decisivas.

Os homens vermelhos eram democráticos demais; eles tinham um bom governo, mas este fracassou. Teriam finalmente evoluído até um estado, caso não tivessem encontrado prematuramente a civilização mais avançada do homem branco, que estava buscando os métodos de governo dos gregos e dos romanos.

O êxito do estado romano baseou-se:

1. Na família paterna.
2. Na agricultura e na domesticação dos animais.
3. Na concentração da população – as cidades.
4. Na propriedade e nas terras privadas.
5. Na escravatura – nas classes de cidadania.
6. Na conquista e na reorganização dos povos fracos e atrasados.
7. Num território definido e com estradas.
8. Em governantes pessoais e fortes.

A grande fraqueza da civilização romana e um fator do colapso final do império foi a disposição, supostamente liberal e avançada, para a emancipação do jovem, aos vinte e um anos de idade, e a liberação incondicional das moças, de modo que ficassem livres para casar-se com os homens da sua própria escolha, ou para circular pelo país tornando-se dissolutas. O dano à sociedade não consistiu nessas reformas em si mesmas, mas muito mais na maneira súbita e disseminada com que foram adotadas. O colapso de Roma indica o que pode ser esperado, quando um estado é submetido a uma rápida expansão, associada à degeneração interna.

O estado embrionário tornou-se possível pelo declínio dos laços consangüíneos, em favor da ligação territorial; e essas federações tribais foram, em geral, firmemente cimentadas pelas conquistas. Ainda que uma soberania que transcende a todas as lutas menores e a todas as diferenças grupais seja característica do verdadeiro estado, muitas classes e castas ainda persistem nas organizações estatais posteriores, como remanescentes dos clãs e das tribos de dias passados. Os estados territoriais mais recentes e maiores tiveram uma longa e amarga luta com esses grupos de clãs consangüíneos menores, o governo tribal passando pela provação de uma transição valiosa, da autoridade da família, para a do estado. Durante tempos mais recentes, muitos clãs surgiram do comércio e de outras associações econômicas.

O fracasso na integração do estado resulta no retrocesso às condições técnicas governamentais do pré-estado, tais como o feudalismo da Idade Média européia. Durante essas idades das trevas, o estado territorial entrou em colapso; e houve um retrocesso até surgirem os pequenos grupos encastelados, com o reaparecimento do clã e dos estágios tribais de desenvolvimento. Semi-estados semelhantes existem, até mesmo atualmente, na Ásia e na África, mas nem todos representam retrocessos evolucionários; muitos formam núcleos embrionários de estados do futuro.

2. A EVOLUÇÃO DO GOVERNO REPRESENTATIVO

A democracia, como um ideal, é um produto da civilização, não da evolução. Ide devagar! Escolhei com cuidado! Pois os perigos da democracia são:

1. A glorificação da mediocridade.
2. A escolha de governantes vis e ignorantes.
3. O fracasso em reconhecer os fatos fundamentais da evolução social.
4. O perigo do sufrágio universal nas mãos de maiorias pouco instruídas e indolentes.
5. A escravidão à opinião pública; a maioria nem sempre está certa.

DOCUMENTO 71: SEÇÃO 2

A opinião pública, a opinião comum, sempre atrasou a sociedade; contudo, ela é valiosa, pois, conquanto retarde a evolução social, ela preserva a civilização. A educação da opinião pública é o único método seguro e verdadeiro de acelerar a civilização; a força é um expediente apenas temporário, e o crescimento cultural irá acelerar cada vez mais, se a arma que desfere projéteis der lugar à arma do voto. A opinião pública e os costumes são a energia básica e elementar da evolução social e do desenvolvimento do estado, mas para que tenha valor, para o estado, deve ser não violenta na sua expressão.

A medida do avanço da sociedade é diretamente determinada pelo grau com que a opinião pública pode controlar o comportamento pessoal e pelas regulamentações do estado, por meio de expressões não violentas. Um governo realmente civilizado terá chegado quando a opinião pública estiver investida dos poderes do voto pessoal. As eleições populares nem sempre podem decidir corretamente as coisas, mas elas representam o modo certo, até mesmo de fazer uma coisa errada. A evolução não produz, de imediato, a perfeição superlativa, ela faz um ajustamento antes comparativo e de avanço prático.

Há dez passos, ou estágios, na evolução de uma forma de governo representativo que seja prática e eficiente, e esses passos são:

1. *A liberdade da pessoa*. A escravidão, a servidão e todas as formas de sujeição humana devem desaparecer.

2. *A liberdade da mente*. A menos que um povo livre esteja bem instruído – preparado para pensar inteligentemente e para planejar com sabedoria –, a liberdade, em geral, causa mais mal do que bem.

3. *O âmbito da lei*. A liberdade pode ser desfrutada apenas quando as vontades e os caprichos dos governantes humanos são substituídos pelos atos do legislativo, de acordo com a lei fundamental aceita.

4. *A liberdade de discurso*. Um governo representativo é inconcebível sem liberdade para todas as formas de expressão, para as aspirações e as opiniões humanas.

5. *A segurança da propriedade*. Nenhum governo pode resistir muito, se deixar de proporcionar o direito ao desfrute da propriedade pessoal de alguma forma. O homem anseia pelo direito de usar, controlar, dar, vender, alugar e legar a sua propriedade pessoal.

6. *O direito de petição*. O governo representativo assume o direito, que os cidadãos têm, de serem ouvidos. O privilégio de petição é inerente à cidadania livre.

7. *O direito de governar*. Não é suficiente ser ouvido; o poder de reivindicar deve progredir até à administração factual do governo.

8. *O sufrágio universal*. O governo representativo pressupõe um eleitorado inteligente, eficiente e universal. O caráter desse governo será determinado sempre pelo caráter e pelo calibre daqueles que o compõem. À medida que a civilização progride, o sufrágio, ainda que permanecendo universal, para ambos os sexos, deverá ser efetivamente modificado, reagrupado e diferenciado de outros modos.

9. *O controle dos servidores públicos*. Nenhum governo civil será útil e eficiente, a menos que os cidadãos possuam e façam uso de técnicas sábias para conduzir e controlar os cargos e os funcionários.

10. *Uma representação inteligente e treinada*. A sobrevivência da democracia depende de um governo representativo que tenha êxito; e isso é condicionado à prática de eleger aos postos públicos apenas os indivíduos tecnicamente treinados, que sejam intelectualmente competentes, socialmente leais e moralmente adequados.

Apenas com essas precauções pode o governo do povo, pelo povo e para o povo ser preservado.

3. OS IDEAIS DO ESTADO

A forma política ou administrativa de um governo tem pouca importância, desde que forneça os elementos essenciais ao progresso civil – liberdade, segurança, educação e ordem social. Não é o que um estado é, mas o que ele faz, que determina o curso da evolução social. E, afinal, nenhum estado pode transcender aos valores morais dos seus cidadãos, tais como exemplificados pelos seus líderes eleitos. A ignorância e o egoísmo assegurarão a queda, mesmo do mais elevado tipo de governo.

Por mais que seja de se lamentar, o egoísmo nacional tem sido essencial à sobrevivência social. A doutrina do povo eleito tem sido um fator primordial na fusão das tribos e na edificação da nação, até os tempos modernos. Mas um estado só pode atingir os níveis ideais de funcionamento quando todas as formas de intolerância sejam controladas; elas são, para sempre, inimigas do progresso humano. E a intolerância é mais bem combatida sob a coordenação da ciência, do comércio, das diversões e da religião.

O estado ideal funciona sob a força de três impulsos poderosos coordenados:

1. A lealdade ao amor, que advém da realização da irmandade humana.

2. O patriotismo inteligente, baseado em ideais sábios.

3. O discernimento cósmico, interpretado em termos de fatos, de necessidades e de metas planetárias.

As leis do estado ideal são poucas em número e passaram da idade do tabu negativo para a era do progresso positivo, da liberdade pessoal, conseqüência de um autocontrole individual mais acentuado. O estado superior não apenas compele os seus cidadãos ao trabalho, mas também os incita a uma utilização proveitosa e enaltecedora do tempo crescente de lazer, resultante da liberação do trabalho pesado, advindo com a idade da máquina. O lazer deve produzir, tanto quanto consumir.

Nenhuma sociedade tem avançado o suficiente quando permite a ociosidade ou tolera a pobreza. Mas a pobreza e a dependência nunca poderão ser eliminadas se as linhagens defeituosas e degeneradas forem sustentadas livremente e se lhes for permitido reproduzir-se sem restrição.

Uma sociedade moral deveria almejar preservar o auto-respeito dos seus cidadãos e proporcionar a cada indivíduo normal uma oportunidade adequada de auto-realização. Esse plano de realização social produziria uma sociedade cultural da mais elevada ordem. A evolução social deveria ser encorajada pela supervisão governamental exercendo um mínimo de controle regulador. O melhor estado é aquele que coordena o máximo, enquanto governa o mínimo.

Os ideais do estado devem ser alcançados pela evolução, pelo crescimento lento da consciência cívica: o reconhecimento da obrigação e do privilégio do serviço social. Depois do fim da administração por empreguismo e oportunismo político, a princípio, os homens assumem as responsabilidades do governo, como um dever, porém, mais tarde, eles buscam essa ministração como um privilégio, como a maior honra. O status da civilização, em qualquer nível, é fielmente retratado pelo calibre dos cidadãos que se apresentam voluntariamente para aceitar as responsabilidades do estado.

Numa comunidade real, a questão de governar cidades e províncias é conduzida por especialistas e é administrada exatamente como quaisquer outras formas de associações econômicas e comerciais de pessoas.

Nos estados avançados, o serviço político é considerado como sendo digno da mais elevada devoção dos cidadãos. A maior ambição dos cidadãos mais sábios e mais nobres é ganhar o reconhecimento civil, é ser eleito ou apontado para alguma posição de confiança no governo, e esses governos conferem as suas mais elevadas honras de reconhecimento por serviços aos seus servidores civis e sociais. Na seqüência da ordem, as honras são concedidas em seguida aos filósofos, aos educadores, aos cientistas, aos industriais e aos militares. Os pais são devidamente recompensados pela excelência dos seus filhos; e os líderes puramente religiosos, sendo os embaixadores de um Reino espiritual, recebem as suas recompensas reais em um outro mundo.

4. A CIVILIZAÇÃO PROGRESSISTA

A economia, a sociedade e o governo devem evoluir, se querem permanecer. As condições estáticas, em um mundo evolucionário, indicam decadência; apenas perduram aquelas instituições que se movem para a frente, junto com a corrente evolucionária.

O programa progressivo de uma civilização em expansão abrange:

1. A preservação das liberdades individuais.
2. A proteção do lar.
3. A promoção da segurança econômica.
4. A prevenção das doenças.
5. A educação compulsória.
6. O emprego compulsório.
7. Uma utilização proveitosa do lazer.
8. Os cuidados pelos desventurados.
9. O aperfeiçoamento da raça.
10. A promoção da ciência e da arte.
11. A promoção da filosofia – da sabedoria.
12. A ampliação do discernimento cósmico – da espiritualidade.

E esse progresso nas artes da civilização conduz diretamente à realização das metas humanas e divinas mais elevadas que os mortais buscam – a realização social da fraternidade dos homens e o status pessoal da consciência de Deus, que se torna revelado dentro de cada indivíduo, pelo seu desejo supremo de fazer a vontade do Pai dos céus.

O surgimento da fraternidade genuína significa que foi alcançada uma ordem social na qual todos os homens rejubilam-se de carregar o fardo uns dos outros; de fato, eles desejam praticar a regra dourada. Mas essa sociedade ideal não pode ser realizada, se os fracos ou os perversos ficam à espera para tirar vantagens injustas e ímpias daqueles que estão principalmente possuídos pela devoção ao serviço da verdade, da beleza e da bondade. Nessa situação, apenas uma linha de conduta torna-se prática: os "adeptos da regra de ouro" podendo estabelecer uma sociedade progressista, na qual eles vivem de acordo com os seus ideais, enquanto mantêm uma defesa adequada contra os companheiros ignorantes que poderiam procurar explorar as suas predileções pacíficas ou destruir a sua civilização em avanço.

O idealismo não poderá sobreviver nunca, em um planeta em evolução, se os idealistas de cada geração permitirem a si próprios ser exterminados pelos níveis mais vis da humanidade. E aqui está o grande teste do idealismo: pode uma sociedade avançada manter aquela prontidão militar que a torna protegida contra todos os ataques dos seus vizinhos, amantes da guerra, sem cair na tentação de empregar essa força militar em operações ofensivas contra outros povos, com propósitos de ganho egoísta ou de engrandecimento nacional? A sobrevivência nacional demanda a prontidão, e só o idealismo religioso pode impedir que a prontidão seja prostituída pela sua transformação, em agressão. Apenas o amor e a irmandade podem impedir que os fortes oprimam os fracos.

5. A EVOLUÇÃO DA COMPETIÇÃO

A competição é essencial ao progresso social, mas a competição desordenada gera a violência. Na sociedade atual, a competição está, aos poucos, substituindo a guerra, ao determinar o lugar do indivíduo na atividade produtiva, bem como ao decretar a sobrevivência das próprias indústrias. (O assassinato e a guerra diferem entre si pelo status perante os costumes; o assassinato tendo estado fora da lei desde os primeiros tempos da sociedade, ao passo que a guerra nunca foi totalmente proscrita pelas leis da humanidade.)

O estado ideal assume regulamentar a conduta social apenas o suficiente para afastar a violência da competição individual e para impedir a injustiça na iniciativa pessoal. E aqui está um grande problema de ordem estatal: como garantir a paz e a tranquilidade na atividade produtiva, como pagar os impostos para sustentar o poder do estado e, ao mesmo tempo, impedir que os impostos prejudiquem essas atividades e que o estado se torne um parasita ou um tirano?

Durante as idades iniciais de qualquer mundo, a competição é essencial à civilização progressiva. À medida que a evolução do homem progride, a cooperação torna-se cada vez mais eficaz. Nas civilizações avançadas, a cooperação é mais eficiente do que a competição. O homem primitivo é estimulado pela competição. A evolução primitiva é caracterizada pela sobrevivência do mais apto biologicamente; mas as civilizações posteriores são mais bem promovidas pela cooperação inteligente, por um espírito de fraternidade compreensiva e pela irmandade espiritual.

Bem verdade é que a competição, na indústria, leva a desperdícios excessivos tornando-se altamente ineficaz; mas nenhuma tentativa de eliminar essa perda na atividade econômica deveria ser encorajada, se os ajustamentos acarretarem, até mesmo, a mais leve anulação de qualquer das liberdades fundamentais do indivíduo.

6. A MOTIVAÇÃO DO LUCRO

A economia atual, motivada pelos lucros, está condenada, a menos que a motivação do lucro possa ser acrescida da motivação de servir. A competição impiedosa, baseada em interesses egoístas e de horizontes estreitos, é terminantemente destrutiva, até mesmo daquelas coisas que busca manter. A motivação exclusiva do lucro individualista é incompatível com os ideais cristãos – e mais incompatível ainda com os ensinamentos de Jesus.

Na economia, a motivação do lucro está para a motivação do serviço, como o medo está para o amor, na religião. Mas a motivação do lucro não deve ser destruída, nem removida, subitamente; ela mantém muitos mortais no trabalho duro, os quais, de outro modo, ficariam indolentes. Não é necessário, contudo, que esse estimulador das energias sociais, para sempre, tenha objetivos puramente egoístas.

O motivo do lucro nas atividades econômicas é de todo vil e totalmente indigno de uma ordem avançada de sociedade; contudo, é um fator indispensável no decorrer das primeiras fases da civilização. A motivação do lucro não deve ser afastada dos homens, até que eles estejam imbuídos de tipos superiores de motivações não

lucrativas, para os seus esforços econômicos e para os seus serviços sociais – os anseios transcendentes de uma sabedoria superlativa, de uma fraternidade fascinante,
e da excelência, na realização espiritual.

7. A EDUCAÇÃO

O estado duradouro é fundamentado na cultura, dominado pelos ideais e motivado pelo serviço. O propósito da educação deve ser adquirir habilidade, buscar a
sabedoria, realizar a individualidade e alcançar os valores espirituais.

No estado ideal, a educação continua durante a vida e, algumas vezes, a filosofia
torna-se a principal busca dos seus cidadãos. Os cidadãos dessa comunidade buscam
a sabedoria como uma ampliação do seu discernimento dos significados nas relações
humanas, das significações da realidade, da nobreza dos valores, das metas da vida
e das glórias do destino cósmico.

Os urantianos podem e devem ter a visão de uma nova sociedade cultural bem
mais elevada. A educação saltará para novos níveis de valor, quando ultrapassar
o sistema da economia, baseado puramente na motivação do lucro. A educação
tem sido, por muito tempo, regionalista, militarista, exaltadora do ego e buscadora
do sucesso; ela deve finalmente ser aberta para o mundo, tornar-se idealista, auto-
realizadora e abrangente do ponto de vista cósmico.

A educação passou, recentemente, do controle do clero para o dos advogados e
homens de negócios. E finalmente deve ser entregue aos filósofos e cientistas. Os
educadores devem ser seres livres, líderes de fato, com o fito de que a filosofia, a
busca da sabedoria, possa tornar-se a busca principal na educação.

A educação é a ocupação maior da vida; deve continuar durante toda a vida e de
um modo tal que a humanidade possa gradualmente experimentar os níveis ascendentes da sabedoria mortal, que são:

1. O conhecimento das coisas.

2. A compreensão dos significados.

3. A apreciação dos valores.

4. A nobreza do trabalho – o dever.

5. A motivação das metas – a moralidade.

6. O amor pelo serviço – o caráter.

7. A clarividência cósmica – o discernimento espiritual.

E então, por meio dessas realizações, muitos ascenderão à ultimidade da realização mortal da mente: a consciência de Deus.

8. O CARÁTER ESTATAL

O único aspecto sagrado de qualquer governo humano é a divisão do estado
nos três domínios de funções, o executivo, o legislativo e o judiciário. O universo é
administrado de acordo com esse plano de separação das funções e da autoridade.
À parte esse conceito divino de regulamentação social efetiva, ou de governo civil,
pouco importa a forma de estado que um povo possa escolher, desde que os cidadãos estejam sempre progredindo no sentido da meta de um autocontrole maior e de
um serviço social ampliado. A depuração intelectual, a sabedoria econômica, a habilidade social e a força moral de um povo são, todas, fielmente refletidas no estado.

A evolução do estado requer progresso, de nível para nível, do seguinte modo:

1. A criação de um governo tríplice, com as ramificações de um poder executivo, um legislativo e um judiciário.

2. A liberdade para as atividades sociais, políticas e religiosas.

3. A abolição de todas as formas de escravidão e de servidão humana.

4. A capacidade dos cidadãos de controlar a arrecadação de impostos.

5. O estabelecimento da educação universal – o aprendizado, abrangendo do berço ao túmulo.

6. O ajustamento próprio, entre o governo local e o governo nacional.

7. O estímulo à ciência e ao controle das doenças.

8. O devido reconhecimento da igualdade dos sexos e do funcionamento coordenado de homens e mulheres no lar, na escola e na igreja; e com o serviço especializado das mulheres, na indústria e no governo.

9. A eliminação da escravidão do trabalho, por meio da invenção da máquina e pela subseqüente mestria sobre a idade da máquina.

10. A conquista dos dialetos – o triunfo de uma língua universal.

11. O fim da guerra – o julgamento internacional das diferenças nacionais e raciais, por intermédio das cortes continentais das nações, a que presidirá um supremo tribunal planetário, automaticamente recrutado, dos chefes que, periodicamente, se aposentam nas cortes continentais. As cortes continentais têm autoridade executiva; a corte mundial é consultivo-moral.

12. A tendência mundial da busca da sabedoria – a exaltação da filosofia. A evolução de uma religião mundial será o indício da entrada do planeta nas fases iniciais do seu estabelecimento em luz e vida.

Esses são os pré-requisitos do governo progressivo e os sinais de identificação do estado ideal. Urântia está longe da realização desses ideais elevados, mas as raças civilizadas já tiveram um começo – a humanidade está na marcha em direção a destinos evolucionários mais elevados.

[Auspiciado por um Melquisedeque de Nébadon.]

DOCUMENTO 72

O GOVERNO, NUM PLANETA VIZINHO

C OM A permissão de Lanaforge e a aprovação dos Altíssimos de Edêntia, eu estou autorizado a narrar certas coisas da vida social, moral e política da mais avançada raça humana que vive em um planeta não muito distante, pertencente ao sistema de Satânia.

De todos os mundos de Satânia, que se tornaram isolados por causa da participação na rebelião de Lúcifer, esse planeta experienciou uma história a mais semelhante à de Urântia. A similaridade das duas esferas, sem dúvida, explica por que foi concedida a permissão para se fazer esta extraordinária apresentação, pois é muito inusitado que os governantes dos sistemas consintam na narração, em um planeta, dos assuntos de outro.

Esse planeta, como Urântia, foi desviado pela deslealdade do seu Príncipe Planetário quando da rebelião de Lúcifer. O planeta recebeu um Filho Material pouco depois de Adão ter vindo para Urântia, e esse Filho também cometeu a falta, deixando a esfera isolada, pois um filho Magisterial nunca esteve auto-outorgado entre as suas raças mortais.

1. UMA NAÇÃO CONTINENTAL

Apesar de todas essas desvantagens planetárias, uma civilização muito superior está em evolução em um continente isolado, de tamanho comparável ao da Austrália. Essa nação tem cerca de 140 milhões de habitantes. O seu povo é formado de raças miscigenadas, com predominância da azul e da amarela, tendo uma proporção ligeiramente maior da raça violeta do que as chamadas raças brancas de Urântia. Tais raças diferentes não estão ainda integralmente miscigenadas, mas confraternizam-se e socializam-se de um modo bastante aceitável. A média de vida nesse continente, atualmente, é de noventa anos, quinze por cento mais alta que a de qualquer outro povo no planeta.

Os mecanismos industriais dessa nação desfrutam de uma grande vantagem, que advém da topografia única do continente. Montanhas altas, nas quais cai uma chuva pesada durante oito meses em um ano, estão situadas bem no centro do país. Esse arranjo natural favorece a utilização do potencial hidráulico e facilita grandemente a irrigação do oeste, a quarta parte mais árida do continente.

Esses povos se auto-sustentam, isto é, podem viver indefinidamente sem importar nada das nações vizinhas. Os seus recursos naturais são fartos e por meio de técnicas científicas eles aprenderam como compensar as suas deficiências no que concerne às coisas essenciais à vida. Eles usufruem de um comércio doméstico ativo, mas têm pouco comércio externo devido à hostilidade generalizada dos seus vizinhos de menos progresso.

Essa nação continental, em geral, seguiu a tendência evolucionária do planeta: desde o desenvolvimento do estágio tribal, até o aparecimento de governantes fortes e reis; o que levou milhares de anos. Os monarcas incondicionais foram seguidos por muitas formas diferentes de governo – repúblicas abortadas, estados comunitários e ditaduras vieram e desapareceram, em uma profusão sem fim. Esse crescimento continuou até cerca de quinhentos anos atrás, quando, durante um período politicamente agitado, um dos poderosos ditadores de um triunvirato, da nação, passou por uma mudança íntima de ideais. Ele fez-se voluntário para abdicar, sob a condição de que um dos outros governantes, o mais vil dos outros dois, também renunciasse ao triunvirato ditatorial. Assim, a soberania do continente foi colocada nas mãos de um único governante. O estado unificado progrediu, sob um forte governo monárquico por mais de cem anos, durante os quais desenvolveu-se uma compreensiva carta de liberdades.

A transição subseqüente, da monarquia para uma forma representativa de governo, foi gradual; os reis permaneceram como figurantes meramente sociais ou sentimentais; até finalmente desaparecerem, quando a linha masculina de descendência extinguiu-se. A república atual tem apenas duzentos anos de existência e, durante esse tempo, tem havido um progresso contínuo na direção das técnicas de governo, que iremos narrar; os últimos desenvolvimentos nos campos industriais e políticos tendo sido feitos na década passada.

2. A ORGANIZAÇÃO POLÍTICA

Essa nação continental tem, agora, um governo representativo, com uma capital nacional situada no centro do país. O governo central consiste em uma forte federação de cem estados relativamente livres. Esses estados elegem os seus governadores e legisladores, por dez anos, e nenhum deles pode ser candidato à reeleição. Os juízes do estado são apontados vitaliciamente pelos governadores e confirmados pelas legislaturas, que consistem em um representante para cada cem mil cidadãos.

Há cinco tipos diferentes de governo metropolitano, dependendo do tamanho da cidade, mas nenhuma cidade pode ter mais de um milhão de habitantes. No conjunto, esses esquemas de governos municipais são muito simples, diretos e econômicos. Os poucos cargos da administração urbana são altamente almejados pelos tipos mais elevados de cidadãos.

O governo federal abrange três divisões coordenadas: a executiva, a legislativa e a judicial. O chefe do executivo federal é eleito a cada seis anos, pelo sufrágio territorial universal. Ele não se candidata à reeleição, exceto a pedido das legislaturas de setenta e cinco estados, pelo menos, e apoiado pelos respectivos governadores dos estados, e por apenas um mandado adicional. Ele é aconselhado por um supergabinete, composto de todos os ex-chefes executivos vivos.

A divisão legislativa abrange três câmaras:

1. A *câmara superior*, eleita por grupos de trabalhadores das indústrias, de profissionais liberais, de agricultores e de outros grupos, votando de acordo com a função econômica.

2. A *câmara inferior*, eleita por algumas organizações da sociedade, que compreendem os grupos sociais, políticos e filosóficos, não incluídos na indústria ou em outras profissões. Todos os cidadãos de boa posição participam da eleição de ambas as classes de representantes, mas são agrupados de modo diferente, dependendo de a eleição ser para a câmara superior ou para a inferior.

3. A *terceira câmara* – a de antigos estadistas – abrange os veteranos dos serviços cívicos e inclui muitas pessoas ilustres, nomeadas pelo chefe do executivo, pelos executivos regionais (subfederais), pelo chefe do supremo tribunal e pelos funcionários que presidem qualquer uma das outras câmaras legislativas. Esse grupo está

limitado a cem membros, que são eleitos pela ação majoritária dos próprios antigos estadistas. Os membros têm função vitalícia e, quando surgem vagas, aquele que recebeu a maior votação entre os da lista dos indicados torna-se devidamente eleito. As incumbências desse corpo são puramente de assessoria, mas ele é um forte regulador da opinião pública e exerce uma influência poderosa sobre todos os setores do governo.

Grande parte do trabalho da administração federal é efetuada pelas dez autoridades regionais (subfederais), cada uma delas consistindo na associação de dez estados. Essas divisões regionais são totalmente executivas e administrativas, não tendo funções legislativas nem judiciárias. Os dez postos de executivos regionais são apontados pessoalmente pelo chefe executivo federal, e o mandado deste coincide com o deles – seis anos. O supremo tribunal federal aprova a indicação desses dez executivos regionais e, ainda que não possa ser indicado novamente, o executivo que se aposenta torna-se automaticamente um assessor vinculado ao seu sucessor. Por outro lado, esses chefes regionais escolhem os seus próprios gabinetes de funcionários administrativos.

Nessa nação, a justiça é feita por dois sistemas maiores de tribunais – os tribunais da lei e os tribunais socioeconômicos. Os tribunais da lei funcionam nos três níveis seguintes:

1. As *cortes menores*, de jurisdição municipal e local, de cujas decisões se pode apelar aos altos tribunais do estado.

2. As *cortes supremas dos estados*, cujas decisões são finais, para todas as questões que não envolvam o governo federal, e que não coloquem em perigo os direitos dos cidadãos e as suas liberdades. Os executivos regionais têm poder de levar qualquer caso imediatamente ao foro da suprema corte federal.

3. A *suprema corte federal* – o alto tribunal para julgamento das contendas nacionais e para os casos de apelações vindos das cortes dos estados. Esse supremo tribunal constitui-se de doze homens, acima dos quarenta e abaixo dos setenta e cinco anos de idade, que serviram por dois ou mais anos em algum tribunal estadual, e foram indicados para essa posição elevada pelo chefe executivo, com a aprovação majoritária do supergabinete e da terceira câmara da assembléia legislativa. Todas as decisões desse corpo judiciário supremo são tomadas por meio de pelo menos dois terços dos votos.

Os tribunais socioeconômicos funcionam nas três divisões seguintes:

1. As *cortes familiares*, associados às divisões legislativas e executivas do sistema social e familiar.

2. As *cortes educacionais* – os corpos jurídicos vinculados aos sistemas de escolas estaduais e regionais e associados ao setor executivo e ao legislativo do mecanismo administrativo educacional.

3. As *cortes industriais* – os tribunais de jurisdições, investidos da autoridade plena para o esclarecimento de todos os mal-entendidos econômicos.

A suprema corte federal não julga os casos socioeconômicos, exceto mediante os votos de três quartos do terceiro setor legislativo do governo nacional, a câmara dos antigos estadistas. Em outros casos, todas as decisões do alto tribunal da família, do tribunal educacional e do industrial representam a palavra final.

DOCUMENTO 72: SEÇÃO 2

3. A VIDA DO LAR

Nesse continente, a lei não permite que duas famílias vivam sob o mesmo teto. E, já que as habitações grupais foram interditadas pela lei, a maioria dos tipos de edifícios de apartamentos múltiplos foi demolida. Os solteiros, contudo, ainda vivem em clubes, hotéis e outras formas de habitações grupais. A menor área em que se permite a uma família viver deve ter meio hectare de terra. Toda a terra e as outras propriedades usadas para propósitos de moradia são livres de impostos, até dez vezes o tamanho mínimo do lote para uma família.

A vida familiar desse povo melhorou consideravelmente durante o último século. É obrigatório que os progenitores, tanto o pai quanto a mãe, freqüentem a escola de puericultura para os pais. Até mesmo os agricultores, que residem em pequenas colônias no campo, fazem esse estudo por correspondência, indo aos centros próximos para uma instrução oral, uma vez a cada dez dias – a cada duas semanas, pois a semana ali tem de cinco dias.

As famílias têm, em média, cinco crianças, as quais ficam inteiramente sob o controle dos pais ou, em caso de morte de um ou de ambos, sob a guarda do tutor que for designado pelos tribunais da família. Considera-se uma grande honra, para qualquer família, ser recompensada com a guarda de um órfão de pai e mãe. Exames competitivos são feitos entre os pais, e o órfão é concedido ao lar daqueles que apresentem as melhores qualificações como pais.

Esse povo considera o lar como a instituição básica da sua civilização. A expectativa é de que a parte de maior valor na educação de uma criança, da formação e aperfeiçoamento do seu caráter, seja provida pelos seus pais e no lar, e o pai dedica quase tanta atenção à cultura da criança quanto o faz a mãe.

Toda a instrução sexual é ministrada em casa pelos pais ou por guardiães legais. A educação moral é oferecida pelos professores, durante os períodos de recreio, nas oficinas das escolas, mas a educação religiosa não é dada assim. A educação religiosa é considerada um privilégio exclusivo dos pais, pois a religião é vista como uma parte integral da vida do lar. A educação puramente religiosa é dada, publicamente, apenas nos templos de filosofia, pois esse povo desenvolveu as igrejas como instituiçõcs que não são tão exclusivamente religiosas como as igrejas de Urântia. Na filosofia desse povo, a religião é o esforço para conhecer a Deus e manifestar amor pelo semelhante, servindo a ele; mas essa não é uma concepção típica do status da religião nas outras nações nesse planeta. A religião é uma questão tão completamente da família, junto a esse povo, que não há locais públicos devotados exclusivamente a reuniões religiosas. Politicamente, a igreja e o estado, como os urantianos têm o habito de dizer, são inteiramente separados, mas há uma estranha superposição entre religião e filosofia.

Até vinte anos atrás, os instrutores espirituais (comparáveis aos pastores de Urântia), que visitavam todas as famílias, periodicamente, para examinar as crianças e certificar-se de que elas foram instruídas adequadamente pelos seus pais, estavam sob a supervisão do governo. Esses conselheiros espirituais e examinadores estão agora sob a direção da recentemente criada Fundação do Progresso Espiritual, uma instituição sustentada por contribuições voluntárias. Essa instituição, possivelmente, não evoluirá mais, antes da chegada de um Filho Magisterial do Paraíso.

As crianças permanecem legalmente submissas aos seus pais, até que tenham quinze anos, quando então lhes são dadas as primeiras iniciações às responsabilidades cívicas. Depois disso, a cada cinco anos, por cinco períodos consecutivos, exercícios públicos semelhantes são realizados para esses grupos etários; e, daí para a frente, as suas obrigações para com os pais diminuem, enquanto novas responsabilidades civis e sociais para com o estado são assumidas. O sufrágio é conferido aos vinte anos; o direito de casar sem o consentimento dos pais não é concedido antes dos vinte e cinco anos, e os filhos devem deixar o lar ao atingir a idade de trinta anos.

As leis para o casamento e o divórcio são uniformes em toda a nação. O casamento antes dos vinte anos – a idade da emancipação civil – não é permitido. A permissão para o casamento só é concedida um ano depois da notificação da intenção e depois de ambos os noivos apresentarem certificados mostrando que eles foram devidamente instruídos, na escola de pais, a respeito das responsabilidades da sua vida de casados.

As regulamentações para o divórcio são de certo modo indulgentes, no entanto, os decretos de separação, emitidos pelo tribunal da família, não podem ser obtidos antes de um ano depois de o pedido haver sido registrado, e o ano nesse planeta é consideravelmente mais longo do que em Urântia. Não obstante haver indulgência nas leis do divórcio, o índice atual de divórcios é de apenas um décimo daquele das raças civilizadas de Urântia.

4.   O SISTEMA EDUCACIONAL

O sistema educacional dessa nação é compulsório e misto nas escolas pré-universitárias, que os estudantes freqüentam dos cinco aos dezoito anos. Essas escolas são bastante diferentes das de Urântia. Não há salas de aula, apenas um estudo é feito por vez e, depois dos três primeiros anos, todos os alunos tornam-se professores assistentes, instruindo os que estão abaixo deles. Os livros são usados apenas para assegurar a informação que ajudará a resolver os problemas que surgem nas oficinas-escola e nas fazendas-escola. Grande parte do mobiliário usado nesse continente, bem como muitos dos aparelhos mecânicos – esta é, ali, uma grande idade para as invenções e mecanização – são produzidos nessas oficinas. Adjacente a cada oficina existe uma biblioteca de trabalhos práticos, onde os estudantes podem consultar os livros necessários como referência. A agricultura e a horticultura são também ensinadas, durante todo o período educacional, nas vastas fazendas contíguas a cada escola local.

Os deficientes mentais são educados apenas na agricultura e na criação de animais e são enviados, por toda a vida, para as colônias especiais de custódia, onde são separados por sexo, para impedir a paternidade, a qual é negada a todos os subnormais. Essas medidas restritivas têm estado em funcionamento por setenta e cinco anos; os mandados de internação são emitidos pelos tribunais da família.

Todos tiram um mês de férias por ano. As escolas pré-universitárias são conduzidas durante nove meses, em um ano de dez meses, as férias sendo passadas com os pais ou amigos, em viagens. Essas viagens são uma parte do programa de educação do adulto e continuam durante toda a vida; os fundos para fazer frente a essas despesas são acumulados pelos mesmos métodos empregados para os fundos do seguro de assistência à velhice.

Um quarto do tempo da escola é devotado aos jogos – competições atléticas. Os alunos destacam-se nas competições locais, depois nas estaduais e regionais, e em seguida vão para as provas nacionais de habilidade e perícia. Do mesmo modo, os concursos de oratória e música, tanto quanto os de ciência e filosofia, ocupam a atenção dos estudantes, desde as divisões sociais mais baixas, até chegarem aos concursos para as honras nacionais.

A direção da escola é uma réplica do governo nacional, com os seus três setores correlatos, o corpo dos professores funcionando como a terceira divisão, a de assessoria legislativa. O objetivo principal da educação nesse continente é fazer de cada aluno um cidadão que se auto-sustente.

Cada criança que se gradua no sistema de escola pré-universitária, aos dezoito anos, é um artesão habilidoso. Então, começa o estudo em livros e a busca de conhecimento especial seja nas escolas de adultos, seja nas universidades. Quando um estudante brilhante completa o seu trabalho antes do tempo previsto, lhe são concedidos, em recompensa, o tempo e os meios para que possa executar algum projeto almejado, do seu próprio invento. Todo o sistema educacional é concebido para treinar adequadamente o indivíduo.

5. A ORGANIZAÇÃO INDUSTRIAL

A situação industrial desse povo está longe dos seus ideais; o capital e o trabalho ainda têm os seus problemas, mas ambos estão ajustando-se a um plano de cooperação sincera. Nesse continente singular, os trabalhadores estão, cada vez mais, transformando-se em acionistas de todos os campos industriais; cada trabalhador inteligente está, aos poucos, tornando-se um pequeno capitalista.

Os antagonismos sociais estão diminuindo, e a boa vontade está crescendo rapidamente. Nenhum problema econômico grave surgiu com a abolição da escravatura (há cerca de cem anos), já que um ajustamento foi feito gradualmente com a liberação de dois por cento deles, a cada ano. Aos escravos que passaram satisfatoriamente pelos testes mentais, morais e físicos, foi concedida a cidadania; muitos desses escravos superiores eram prisioneiros de guerra ou filhos desses prisioneiros. Há cerca de cinqüenta anos, eles deportaram os últimos dos escravos inferiores e, mais recentemente ainda, estão dedicando-se à tarefa de reduzir os números das suas classes degeneradas e viciosas.

Esses povos desenvolveram recentemente novas técnicas para o ajuste de mal-entendidos industriais e para corrigir os abusos econômicos; técnicas essas que representam melhorias marcantes em relação aos antigos métodos de resolução dos problemas. A violência foi proscrita como comportamento para solucionar as desavenças pessoais ou industriais. Os salários, os lucros e outras questões econômicas não são rigidamente regulamentadas, mas são controladas, em geral, pelos legislativos industriais, enquanto todas as disputas que surgem na indústria passam pelos tribunais industriais.

Os tribunais industriais têm apenas trinta anos de existência, mas estão funcionando muito satisfatoriamente. O mais recente desenvolvimento dispõe que, daquele momento em diante, os tribunais industriais reconheçam que a compensação legal recaia em uma das três divisões:

1. Taxas legais de juros sobre o capital investido.

2. Vencimentos razoáveis para os empregados habilitados nas operações industriais.

3. Salários justos e eqüitativos, pelo trabalho.

E essas condições serão satisfeitas, inicialmente, de acordo com um contrato ou, no caso de uma diminuição nos lucros, as partes compartilharão proporcionalmente de uma redução transitória nos salários. E, daí em diante, todos os ganhos que excedam os encargos fixos serão considerados como dividendos e serão rateados entre todas as três categorias: a do capital, a dos conhecimentos especializados e a do trabalho.

A cada dez anos, os executivos regionais ajustam e decretam as horas legais da jornada diária do trabalho. A indústria opera atualmente com uma semana de cinco dias, trabalhando quatro e descansando um. Esse povo trabalha durante seis horas por dia e, como os estudantes, durante nove meses em um ano de dez meses. As férias são, em geral, gastas em viagens e, havendo sido desenvolvidos, muito recentemente, novos meios de transporte, toda a nação está inclinada a viajar. O clima favorece as viagens, durante oito meses ao ano, e eles estão aproveitando ao máximo as oportunidades que surgem.

Há duzentos anos, a motivação do lucro era inteiramente dominante na indústria, mas hoje está sendo rapidamente substituída por outras forças mais elevadas. A competição é forte nesse continente, mas grande parte dela foi transferida da indústria para o esporte, para as habilidades especiais, para a busca científica e para a realização intelectual. A competição é bastante ativa no serviço social e na lealdade ao governo. Entre os desse povo, o serviço público está rapidamente tornando-se um motivo principal de ambição. O homem mais rico do continente trabalha seis horas por dia no escritório da sua oficina de máquinas e então se apressa até a filial local da escola para estadistas, onde procura qualificar-se para o serviço público.

O trabalho está-se tornando mais honroso nesse continente, e todos os cidadãos válidos, acima de dezoito anos, trabalham, seja em casa, seja nas fazendas, seja em alguma indústria reconhecida, seja nos serviços públicos, onde aqueles que estão temporariamente desempregados são absorvidos, ou então nos corpos de trabalhadores compulsórios nas minas.

Esse povo começa também a nutrir uma nova forma de aversão social – a aversão pela ociosidade, tanto quanto pela riqueza pela qual não se trabalhou. Lenta, mas certamente, eles estão triunfando sobre as suas máquinas. No passado, também eles lutaram pela liberdade política e, subseqüentemente, pela liberdade econômica. Agora eles entram na fase de desfrutar de ambas e, além disso, começam a apreciar o seu lazer bem merecido, que pode ser dedicado a aumentar a auto-realização.

6. O SEGURO DE VELHICE

Essa nação está fazendo um esforço determinado para substituir o tipo de caridade que destrói o auto-respeito, pelas garantias condignas do seguro governamental para a velhice. Essa nação proporciona a toda criança uma educação e a todo homem um trabalho; podendo, portanto, com êxito, manter um esquema de seguro para a proteção aos enfermos e idosos.

Todas as pessoas desse povo devem aposentar-se da busca de remuneração pelo trabalho aos sessenta e cinco anos, a menos que tenham uma permissão do comissário do trabalho do estado, que lhes confira o direito a permanecer no trabalho até a idade de setenta anos. Essa idade limite não se aplica aos servidores do governo, nem aos filósofos. Os fisicamente incapacitados, ou permanentemente aleijados, podem ser colocados na lista de aposentados, a qualquer idade, por uma ordem da corte, contra-assinada pelo comissário de pensões do governo regional.

Os fundos para as pensões de velhice provêm de quatro fontes:

1. Um dia dos ganhos, a cada mês, é requisitado pelo governo federal, para esse propósito, e, nesse país, todos trabalham.

2. Heranças – muitos cidadãos ricos deixam fundos para esse fim.

3. Os ganhos do trabalho compulsório nas minas do estado. Após os trabalhadores recrutados retirarem o próprio sustento e mais as suas próprias contribuições de aposentadoria, todos os ganhos do seu trabalho que excederem a tudo isso vão para esse fundo de pensão.

4. A renda de recursos naturais. Toda a riqueza natural do continente é mantida como um monopólio social pelo governo federal, e a renda proveniente dela é utilizada sempre para um propósito social, tal como: a prevenção de doenças, a

educação dos gênios e as despesas com os indivíduos que representem promessas especiais nas escolas do estado. A metade da renda dos recursos naturais vai para o fundo de pensão para a velhice.

Embora as fundações dedicadas aos seguros do estado e das províncias forneçam muitas formas de seguro de proteção, as pensões para a velhice são administradas apenas pelo governo federal, por meio dos dez departamentos regionais.

Esses fundos governamentais há muito vêm sendo administrados honestamente. As penas mais pesadas, depois das penas dadas à traição e ao assassinato, aplicadas pelas cortes, estão ligadas à traição da confiança pública. As deslealdades sociais e políticas são atualmente consideradas os mais odientos de todos os crimes.

7. OS IMPOSTOS

O governo federal é paternalista apenas quanto à administração das pensões para a velhice e quanto a fomentar o gênio e a originalidade criativos; os governos dos estados estão ligeiramente mais preocupados com o cidadão individualmente, enquanto os governos das províncias locais são muito mais paternalistas ou socialistas. A cidade (ou algumas divisões dela) preocupa-se com questões como saúde, saneamento, normas de construção, ornamentação, suprimento de água, iluminação, aquecimento, recreação, música e comunicações.

Em toda a indústria, a maior atenção é voltada para a saúde; alguns aspectos do bem-estar físico são considerados prerrogativas industriais e comunitárias, mas os problemas da saúde individual e da família são questões apenas para a preocupação pessoal. Na medicina, como em todos os outros assuntos puramente pessoais, é plano do governo interferir sempre menos.

As cidades não têm poder para cobrar impostos, nem podem contrair débitos. Elas recebem dotações do tesouro do estado, per capita da sua população, e devem suplementar essa receita com os ganhos dos seus empreendimentos socializados e por meio das concessões de várias atividades comerciais.

As instalações de trânsito rápido, que facilitam consideravelmente a expansão das fronteiras das cidades, ficam sob o controle municipal. Os corpos municipais de bombeiros são sustentados pelas fundações de prevenção de incêndios e de seguros, e todos os prédios na cidade e no campo são à prova de fogo – tem sido assim por mais de setenta e cinco anos.

Não há funcionários municipais destacados para manter a paz; as forças policiais são mantidas pelo governo do estado. Esse departamento é recrutado quase que inteiramente junto aos solteiros entre vinte e cinco e cinqüenta anos. A maior parte dos estados aplica altos impostos aos solteiros, e estes são destinados a todos os homens que integram a polícia do estado. A força policial dos estados tem atualmente, em média, apenas um décimo do tamanho que tinha cinqüenta anos atrás.

Há pouca ou nenhuma uniformidade entre os esquemas de impostos dos cem estados relativamente livres e soberanos, pois as condições econômicas e tudo o mais varia, consideravelmente, nas diferentes partes do continente. Cada estado tem dez disposições constitucionais básicas que não podem ser modificadas, a não ser com o consentimento da suprema corte federal; e um desses artigos impede a cobrança de um imposto de mais de um por cento sobre o valor de qualquer propriedade, durante um mesmo ano; os domicílios, urbanos ou não, estão isentos.

O governo federal não pode contrair dívidas, e a aprovação por uma maioria de três quartos é exigida para que qualquer estado possa tomar recursos emprestados, a menos que seja para propósitos de guerra. Como o governo federal não pode incorrer em débito, em caso de guerra o Conselho Nacional da Defesa tem o poder de requisitar fundos dos estados, e também homens e materiais, segundo a necessidade. Todo débito, porém, deve ser pago em menos de vinte e cinco anos.

A renda para manter o governo federal é retirada das cinco fontes seguintes:

1. *Impostos sobre importações*. Todas as importações estão sujeitas a uma tarifa destinada a proteger o padrão de vida desse continente, que está muito acima do de qualquer outra nação do planeta. Essas tarifas são estabelecidas pela mais alta corte industrial, depois que ambas as casas do congresso industrial houverem ratificado as recomendações do chefe executivo dos assuntos econômicos, o qual é apontado, em conjunto, por esses dois órgãos legislativos. A câmara industrial superior é eleita pelo trabalho, e a câmara baixa, pelo capital.

2. *Direitos de patentes*. O governo federal encoraja a invenção e as criações originais, nos dez laboratórios regionais, dando assistência a todos os tipos de gênios – artistas, autores, e cientistas – e protegendo as patentes deles. Em troca, o governo fica com a metade dos lucros advindos dessas criações e invenções, seja vindos de máquinas, livros, objetos de arte, plantas ou animais.

3. *Imposto sobre a herança*. O governo federal cobra uma taxa gradativa sobre a herança, que varia de um a cinqüenta por cento, dependendo do porte da propriedade e de outras condições.

4. *Equipamento militar*. O governo arrecada uma soma apreciável com os aluguéis dos equipamentos navais e militares, para uso comercial e recreativo.

5. *Recursos naturais*. A renda que provém dos recursos naturais, quando não destinada, na sua totalidade, aos propósitos específicos designados na constituição da federação, é revertida para o tesouro nacional.

Os orçamentos federais, exceto os fundos de guerra solicitados pelo Conselho Nacional da Defesa, são propostos pela câmara legislativa superior, sancionados pela câmara baixa, aprovados pelo chefe executivo e, finalmente, validados pela comissão federal de orçamento. Os cem membros dessa comissão são indicados pelos governadores dos estados e eleitos pelos legislativos dos estados, para servirem por vinte e quatro anos, um quarto deles sendo eleito a cada seis anos. A cada seis anos esse corpo elege, por uma maioria de três quartos, um dos seus membros como chefe, e ele, assim, torna-se o diretor-controlador do tesouro federal.

8. AS ESCOLAS SUPERIORES ESPECIAIS

Além do programa compulsório básico de educação, que abrange desde a idade de cinco anos até os dezoito, as escolas superiores especiais são mantidas do modo seguinte:

1. *Escolas de administração estatal*. Essas escolas são de três classes: nacionais, regionais e dos estados. Os cargos públicos da nação estão agrupados em quatro divisões. A primeira divisão de responsabilidade pública é, sobretudo, relacionada à administração nacional, e todos os funcionários ocupantes desses postos devem ser graduados em ambas as escolas de administração estatal, a escola regional e a nacional. Na segunda divisão, os indivíduos podem aceitar um posto político, eletivo ou por designação, depois de se graduarem em qualquer das dez escolas superiores regionais de administração estatal; as suas missões envolvem responsabilidades na administração regional e nos governos dos estados. A terceira divisão inclui responsabilidades nos estados, e desses funcionários é exigido apenas que tenham graduações em administração estatal. Da quarta e última divisão de funcionários

não é exigido que tenham graduação em administração estatal, pois esses cargos são exclusivamente designados. Essas posições representam postos menores de assistência, secretariado e tecnologia, os quais são desempenhados pelas várias profissões liberais que atuam em funções da administração do governo.

Os juízes das cortes menores e dos estados têm graduações das escolas de administração estatal. Os juízes dos tribunais com jurisdição sobre questões sociais, educacionais e industriais têm graduações das escolas regionais de administração. Os juízes da suprema corte federal devem ter graduações de todas essas escolas de administração estatal.

2. *Escolas de filosofia.* Estas escolas são filiadas aos templos de filosofia e são mais ou menos ligadas à religião, como função pública.

3. *Instituições de ciência.* Estas escolas técnicas são coordenadas à indústria mais do que ao sistema educacional, e são administradas sob quinze divisões.

4. *Escolas de aperfeiçoamento profissional.* Essas instituições especiais proporcionam o aperfeiçoamento técnico para as várias profissões liberais, e são doze no total.

5. *Escolas militares e navais.* Próximo da sede nacional e nos vinte e cinco centros militares costeiros são mantidas as instituições dedicadas ao aperfeiçoamento militar dos cidadãos voluntários de dezoito a trinta anos de idade. O consentimento dos pais é exigido, antes de vinte e cinco anos, para que se tenha acesso a essas escolas.

9. O PLANO DO SUFRÁGIO UNIVERSAL

Embora as candidaturas a todos os cargos públicos estejam restritas aos graduados pelas escolas de administração pública estaduais, regionais ou federais, os líderes progressistas dessa nação descobriram uma falha séria no seu plano de sufrágio universal e, há cerca de cinqüenta anos, fizeram uma emenda constitucional provendo um esquema modificado de votação com as seguintes características:

1. Todo homem e toda mulher de vinte anos, ou mais, tem direito a um voto. Ao atingir essa idade, todos os cidadãos devem aceitar ser membros de dois grupos de votação. Ao primeiro eles pertencerão de acordo com a sua função econômica – industrial, liberal, agrícola ou comercial; ao segundo grupo eles pertencerão de acordo com as suas inclinações políticas, filosóficas e sociais. Todos os trabalhadores, desse modo, pertencem a algum grupo eleitoral econômico; e esses agrupamentos, como as associações não-econômicas, são regulamentados muito como o é o governo nacional, com a sua tríplice divisão de poderes. A afiliação a esses grupos não pode ser modificada por doze anos.

2. Por meio de uma indicação feita pelos governadores dos estados ou pelos executivos regionais e pelo mandado dos supremos conselhos regionais, os indivíduos que houverem prestado grandes serviços à sociedade, ou que hajam demonstrado uma sabedoria extraordinária no serviço do governo, podem ter um direito adicional de voto conferido a eles, mas com uma freqüência não maior do que a cada cinco anos, e esse direito adicional não deverá exceder a nove votos. O sufrágio máximo de qualquer votante múltiplo é de dez votos. Os cientistas, os inventores, os professores, os filósofos e os líderes espirituais também são reconhecidos, e, assim, são honrados com um poder político maior. Esses privilégios cívicos avançados são conferidos pelo estado e pelos supremos conselhos regionais, exatamente como os diplomas são conferidos pelas universidades especiais; e aqueles que os recebem

ficam orgulhosos de colocar os símbolos desse reconhecimento cívico, junto com os seus outros diplomas, nas suas listas de realizações pessoais.

3. Todos os indivíduos sentenciados ao trabalho compulsório nas minas e todos os servidores governamentais mantidos pelos fundos dos impostos perdem o direito de voto, durante o período desses serviços. Isso não se aplica a pessoas idosas, que podem aposentar-se aos sessenta e cinco anos de idade.

4. Há cinco escalões de sufrágio, refletindo a média anual de impostos pagos anualmente para cada período de meia década. Aqueles que pagam impostos mais altos têm direito a votos extras até um máximo de cinco. Essa concessão independe de todos os outros reconhecimentos, mas, em nenhuma hipótese, uma pessoa pode ter direito a mais de dez votos.

5. Na época em que esse plano de sufrágio foi adotado, o método territorial de votação foi abandonado em favor do sistema funcional ou econômico. Todos os cidadãos, agora, votam como membros de grupos industriais, sociais ou de profissionais liberais, independentemente da sua residência. Assim, o eleitorado consiste em grupos solidificados, unificados e inteligentes, que elegem apenas os seus melhores membros para as posições de confiança e de responsabilidade no governo. Há uma exceção a esse esquema de voto funcional ou grupal: a eleição de um chefe do executivo federal, a cada seis anos, é feita com votos de toda a nação, e nenhum cidadão vota mais do que uma vez.

Assim, exceto na eleição do chefe do executivo, o sufrágio é exercido por agrupamentos econômicos, profissionais, intelectuais e sociais de toda a cidadania. O estado ideal é orgânico, e todo grupo livre e inteligente de cidadãos representa um órgão vital e funcional dentro do organismo governamental maior.

As escolas de administração estatal têm o poder de entrar com processos judiciais junto às cortes do estado, visando a desautorizar o voto de qualquer indivíduo defeituoso, indolente, indiferente ou criminoso. Esse povo reconhece que, quando cinquenta por cento de uma nação é inferior ou ausente e tem direito ao voto, essa nação está condenada. Eles acreditam que o predomínio da mediocridade provoca a queda de qualquer nação. O voto é obrigatório, e pesadas multas são dadas a quem deixar de depositar o seu voto.

10. LIDANDO COM O CRIME

Os métodos que esse povo tem para lidar com o crime, a insanidade e a degenerescência, ainda que possam agradar sob alguns aspectos, sem dúvida, sob outros, parecerão chocantes à maioria dos urantianos. Os criminosos comuns e os deficientes são, separadamente por sexo, colocados em colônias agrícolas, onde eles produzem mais do que o necessário para sustentar-se. Os criminosos habituais mais sérios ou incuravelmente insanos são sentenciados à morte, em câmaras de gases letais, pelos tribunais. Inúmeros crimes, afora o de assassinato, incluindo a traição da confiança governamental, também implicam a punição de morte, e a ação da justiça é certa e rápida.

Esse povo está passando da era negativa para a era positiva da lei. Recentemente, eles chegaram a ponto de tentar a prevenção do crime sentenciando aqueles que se acredita serem assassinos e criminosos maiores, em potencial, ao serviço perpétuo nas colônias penais. Se esses condenados demonstrarem, subsequentemente, que se tornaram como normais, eles podem ser libertados condicionalmente ou perdoados. O índice de homicídios, nesse continente, é apenas de um por cento do das outras nações.

Os esforços para impedir que os criminosos e deficientes se reproduzam começaram há cerca de cem anos e já alcançaram resultados gratificantes. Não há prisões nem hospitais para os dementes. E há uma razão para tal: o número dessas pessoas é cerca de dez vezes menor do que em Urântia.

11. A PRONTIDÃO MILITAR

Os graduados das escolas militares federais podem ser promovidos pelo presidente do Conselho Nacional da Defesa a "guardiães da civilização", em sete escalões, de acordo com a capacidade e experiência. Esse conselho consiste em vinte e cinco membros, nomeados pelos tribunais superiores da família, da educação e das indústrias, confirmados pela suprema corte federal e presididos ex officio pelo chefe da assessoria coordenada de assuntos militares. Esses membros servem até os setenta anos de idade.

Os cursos que esses oficiais nomeados fazem têm quatro anos de duração e são relacionados, invariavelmente, com a mestria de algum ofício ou profissão. O aperfeiçoamento militar nunca é dado sem estar associado a essa escolaridade industrial, científica ou profissional. Quando o aperfeiçoamento militar é completado, o indivíduo terá, durante os quatro anos do curso, recebido a metade da educação administrada em qualquer das escolas especiais, nas quais os cursos têm, do mesmo modo, quatro anos de duração. Desse modo, a criação de uma classe militar profissional é evitada, proporcionando a um grande número de homens a oportunidade de sustentar a si próprios, ao mesmo tempo em que lhes é assegurada a primeira metade de um aperfeiçoamento técnico ou profissional.

O serviço militar, durante os tempos de paz, é puramente voluntário, e o alistamento em todos os ramos do serviço dura quatro anos, durante os quais todo homem segue uma linha especial de estudo, além do mestrado em táticas militares. A educação musical está entre as mais visadas das escolas militares centrais e dos vinte e cinco campos de aperfeiçoamento distribuídos pela periferia do continente. Durante os períodos de inatividade industrial, muitos milhares de desocupados são automaticamente utilizados para reforçar as defesas militares do continente, na terra, no mar e no ar.

Embora esse povo mantenha um poderoso destacamento de guerra para a defesa contra a invasão pelos povos vizinhos hostis, deve ser lembrado, a seu favor, que eles nunca empregaram, durante mais de cem anos, esses recursos militares em uma guerra ofensiva. Eles tornaram-se civilizados a ponto de poder defender vigorosamente a civilização, sem ceder à tentação de utilizar o seu poderio de guerra para a agressão. Não houve guerras civis desde o estabelecimento do estado continental unido, mas, durante os dois últimos séculos, esse povo foi levado a travar nove violentos conflitos defensivos, três dos quais contra poderosas confederações de poderes mundiais. Embora essa nação mantenha uma defesa adequada contra ataques de vizinhos hostis, ela dedica muito mais atenção a formar estadistas, cientistas e filósofos.

Quando essa nação está em paz com o mundo, todos os mecanismos de defesa móvel ficam integralmente empregados nos negócios, no comércio e na recreação. Quando a guerra é declarada, toda a nação mobiliza-se. Durante o período de hostilidades, os salários dos militares vêm de todas as indústrias, e os chefes de todos os departamentos militares tornam-se membros do gabinete do chefe do executivo.

12. AS OUTRAS NAÇÕES

Embora a sociedade e o governo desse povo especial sejam, sob muitos aspectos, superiores àqueles das nações de Urântia, deveria ser esclarecido que nos outros continentes (há onze continentes nesse planeta) os governos são definitivamente inferiores aos das nações mais avançadas de Urântia.

Atualmente, esse governo superior está planejando estabelecer relações diplomáticas com os povos inferiores e, pela primeira vez, um grande líder religioso surgiu advogando o envio de missionários até essas nações vizinhas. Tememos que eles estejam a ponto de incorrer no erro que tantos outros cometeram, quando tentaram impingir uma cultura e uma religião superiores a outras raças. Que coisa maravilhosa poderia ser feita naquele mundo, se essa nação continental de cultura avançada trouxesse até a si o melhor dos povos vizinhos e, então, depois de educá-los, enviasse-os de volta como emissários da cultura junto aos seus irmãos incivilizados! Claro está que, se um Filho Magisterial viesse logo a essa nação avançada, grandes coisas poderiam acontecer rapidamente nesse mundo.

Esta narrativa sobre os assuntos de um planeta vizinho foi feita sob uma permissão especial, com a intenção de dar um avanço à civilização e de implementar a evolução dos governos em Urântia. Muito mais poderia ser dito, que sem dúvida causaria interesse e surpresa aos urantianos, mas a revelação feita desse modo atinge os limites daquilo que o nosso mandado permite.

Os urantianos deveriam, contudo, observar que essa esfera irmã, da família de Satânia, não foi beneficiada nem por missões magisteriais nem por missões de auto-outorga de Filhos do Paraíso. Nem estão os vários povos de Urântia separados uns dos outros por uma disparidade tão grande de cultura como a que separa aquela nação continental dos seus irmãos planetários.

A efusão do Espírito da Verdade proporciona uma fundamentação de base espiritual para a realização de grandes feitos, no interesse da raça humana do mundo de auto-outorga. Urântia está, portanto, muito mais bem preparada para uma realização mais imediata de um governo planetário, com as suas leis próprias, mecanismos, símbolos, convenções e línguas – e tudo o que poderia contribuir muito poderosamente para o estabelecimento da paz mundial, dentro da lei; e que poderia conduzir a um alvorecer futuro de uma verdadeira idade de busca e empenho espiritual, e essa idade é o portal planetário para as idades utópicas de luz e vida.

[Apresentado por um Melquisedeque de Nébadon.]

DOCUMENTO 73

O JARDIM DO ÉDEN

A DECADÊNCIA cultural e a pobreza espiritual, resultantes da desgraça de Caligástia e da confusão social conseqüente, pouco efeito tiveram sobre o status físico ou biológico dos povos de Urântia. A evolução orgânica continuou a passos largos, a despeito do retrocesso cultural e moral que, tão aceleradamente, se seguiu à deslealdade de Caligástia e de Daligástia. E veio um tempo, na história planetária, há quase quarenta mil anos, no qual os Portadores da Vida em serviço anotaram que, de um ponto de vista puramente biológico, o progresso do desenvolvimento das raças de Urântia estava aproximando-se do seu apogeu. Os administradores Melquisedeques, compartilhando dessa opinião, prontamente concordaram em aliar-se aos Portadores da Vida para uma petição aos Altíssimos de Edêntia, solicitando-lhes que Urântia fosse inspecionada com vistas a autorizar que fossem despachados, para este planeta, os elevadores biológicos, um Filho e uma Filha Materiais.

E porque os Altíssimos de Edêntia haviam exercido a jurisdição direta sobre muitos dos assuntos de Urântia desde a queda de Caligástia e a ausência temporária de autoridade em Jerusém, esse pedido foi feito a eles.

Tabamântia, supervisor soberano da série de mundos decimais ou experimentais, veio para inspecionar o planeta e, depois de uma pesquisa sobre o progresso racial, recomendou devidamente que fossem concedidos Filhos Materiais a Urântia. Pouco menos de cem anos depois da época dessa inspeção, Adão e Eva, um Filho e uma Filha Materiais do sistema local, chegaram e começaram o difícil intento de desembaraçar os assuntos confusos de um planeta atrasado pela rebelião e colocado sob a excomunhão do isolamento espiritual.

1. OS NODITAS E OS AMADONITAS

Num planeta normal, a chegada do Filho Material, via de regra, prenunciaria a aproximação de uma grande idade de invenções, de progresso material e de esclarecimento intelectual. A era pós-Adâmica é a grande idade científica da maioria dos mundos, mas isso não se deu em Urântia. Embora o planeta tenha sido povoado por raças fisicamente qualificadas, as tribos definhavam em profunda selvageria e estagnação moral.

Dez mil anos depois da rebelião, praticamente todos os avanços da administração do Príncipe haviam desaparecido; as raças do mundo estavam muito pouco melhores do que se esse Filho desencaminhado jamais houvesse vindo para Urântia. Apenas entre os noditas e os amadonitas, as tradições da Dalamátia e a cultura do Príncipe Planetário subsistiram.

Os *noditas* eram os descendentes dos membros rebeldes, do corpo de assessores do Príncipe, o seu nome derivando-se do seu primeiro líder, Nod, que outrora havia presidido à comissão da indústria e comércio da Dalamátia. Os *amadonitas* eram os descendentes daqueles andonitas que optaram por permanecer leais junto com Van e Amadon.

"Amadonita" é uma designação mais cultural e religiosa do que um termo racial; do ponto de vista racial, os amadonitas eram essencialmente *andonitas*. "Nodita" é um termo tanto cultural quanto racial, pois os noditas constituíram a oitava raça de Urântia.

Existia uma inimizade tradicional entre os noditas e os amadonitas. Essa hostilidade estava constantemente vindo à superfície, quando a progênie desses dois grupos tentava algum empreendimento em comum. E mesmo mais tarde, nos assuntos do Éden, foi extremamente difícil para eles trabalharem juntos em paz.

Pouco depois da destruição da Dalamátia, os seguidores de Nod ficaram divididos em três grandes grupos. O grupo central permaneceu na vizinhança imediata da sua terra de origem, perto das cabeceiras dos rios do golfo Pérsico. O grupo oriental migrou para a região das terras altas de Elam, a leste do vale do Eufrates. O grupo do ocidente situou-se na margem nordeste do Mediterrâneo, local correspondente à costa da Síria e ao território adjacente.

Esses noditas acasalaram-se livremente com as raças sangiques e deixaram, atrás de si, uma progênie de qualidade. E alguns dos descendentes dos rebeldes da Dalamátia subseqüentemente juntaram-se a Van e aos seus seguidores leais nas terras do norte da Mesopotâmia. Ali, nas proximidades do lago Van e da região sulina do mar Cáspio, os noditas uniram-se e acasalaram-se com os amadonitas, e foram considerados entre os "poderosos homens de outrora".

Antes da chegada de Adão e Eva, esses grupos – de noditas e amadonitas – eram as raças mais avançadas e mais cultas da Terra.

2. O PLANEJAMENTO DO JARDIM

Durante quase cem anos, antes da inspeção de Tabamântia, Van e os seus companheiros, da sua sede geral de ética e cultura mundial, situada nos planaltos, haviam pregado o advento de um Filho de Deus prometido, um elevador racial, um instrutor da verdade e um sucessor digno para o traidor Caligástia. Embora a maioria dos habitantes do mundo, naqueles dias, demonstrasse pouco ou nenhum interesse por esse vaticínio, aqueles que estavam em contato próximo com Van e Amadon levaram esse ensinamento a sério e começaram a planejar para receber efetivamente o Filho prometido.

Van contou aos seus companheiros mais próximos a história dos Filhos Materiais em Jerusém, sobre o que conhecera deles antes mesmo de vir para Urântia. Ele sabia muito bem que esses Filhos Adâmicos sempre viveram em casas simples, mas encantadoras, em jardins; e propôs, oitenta e três anos antes da chegada de Adão e Eva, que se devotassem à proclamação do advento deles e à preparação de um lar-jardim para recebê-los.

Da sua sede nos planaltos, e de sessenta e um assentamentos bem distantes uns dos outros, Van e Amadon recrutaram um corpo de mais de três mil trabalhadores entusiasmados e dispostos, que, em uma assembléia solene, dedicaram-se a essa missão de preparar a chegada do Filho prometido – ou pelo menos aguardado.

Van dividiu os seus voluntários em cem companhias, com um capitão em cada uma e um companheiro que servia na sua assessoria pessoal como oficial de ligação, mantendo Amadon como o seu próprio colaborador. Essas comissões todas começaram seriamente os seus trabalhos preliminares e o comitê de localização do Jardim partiu à procura do local ideal.

Embora houvessem sido privados de muitos dos seus poderes para o mal, Caligástia e Daligástia fizeram tudo o que lhes foi possível para frustrar e obstruir o trabalho de preparação do Jardim. Contudo, as suas maquinações malignas foram em grande parte contrabalançadas pelas atividades fiéis das quase dez mil criaturas intermediárias leais que trabalharam incansavelmente para fazer com que o empreendimento progredisse.

3. A LOCALIZAÇÃO DO JARDIM

O comitê de localização esteve afastado por quase três anos. Fez um relatório favorável envolvendo três localizações possíveis: a primeira era uma ilha no golfo Pérsico; a segunda, a localização próxima ao rio subseqüentemente ocupada pelo segundo jardim; a terceira, uma longa e estreita península – quase uma ilha – que se projetava para oeste, na costa oriental do mar Mediterrâneo.

O comitê foi, quase por unanimidade, a favor da terceira opção selecionada. Esse local foi escolhido, e dois anos foram necessários para transferir a sede cultural do mundo, incluindo a árvore da vida, para essa península no Mediterrâneo. Todos os grupos de moradores da península, exceto um, mudaram-se pacificamente, quando Van chegou com a sua companhia.

Essa península no Mediterrâneo tinha um clima salubre e uma temperatura regular; esse clima era estável, devido às montanhas que circundavam o local e ao fato de que essa área era virtualmente uma ilha em um mar interior. Enquanto chovia copiosamente nos planaltos circundantes, raramente chovia no Éden propriamente dito. Todas as noites, porém, vinda da rede abrangente de canais artificiais de irrigação, uma "neblina subiria" e refrescaria a vegetação do Jardim.

A linha do litoral dessa massa de terra era consideravelmente elevada, e o istmo ligando-a ao continente tinha apenas quarenta e três quilômetros de largura na parte mais estreita. O grande rio que banhava o Jardim vinha das terras mais altas da península e corria para o leste através do istmo peninsular até o continente, e daí atravessando as planícies da Mesopotâmia e indo para o mar adiante. Era engrossado por quatro afluentes cuja origem estava nas colinas costeiras da península Edênica e que são as "quatro cabeceiras" do rio que "saía do Éden" e que se confundiram, mais tarde, com os afluentes dos rios em torno do segundo jardim.

As montanhas que circundavam o Jardim eram ricas em pedras e metais preciosos, embora pouquíssima atenção se desse a isso. A idéia predominante era de glorificação da horticultura e exaltação da agricultura.

O local escolhido para o Jardim era, provavelmente, o de maior beleza no gênero em todo o mundo, e o clima era, então, o ideal. Em nenhum outro lugar havia uma localização que se pudesse prestar de um modo tão perfeito a tornar-se um paraíso de expressão botânica. Nesse ponto de convergência, o que havia de melhor na civilização de Urântia estava reunindo-se. Dos seus confins para o lado exterior, o mundo permanecia nas trevas, na ignorância e selvageria. O Éden era o único local luminoso em Urântia; e, por natureza, era um sonho de beleza e logo se tornou um poema de paisagens de glória perfeccionada e singular.

4. O ESTABELECIMENTO DO JARDIM

Quando os Filhos Materiais, os elevadores biológicos, iniciam a sua permanência em um mundo evolucionário, o local da sua morada é freqüentemente chamado de Jardim do Éden, porque é caracterizado pela beleza da flora e pelo esplendor da botânica de Edêntia, a capital da constelação. Van conhecia bem esses costumes e por isso cuidou para que toda a península fosse entregue ao Jardim. O pastoreio e a criação de animais foram projetados para as terras contíguas do continente. Da vida animal, apenas os pássaros e as várias espécies domesticadas permaneceriam no parque. As instruções de Van eram de que o Éden deveria ser um jardim, e apenas um jardim. Nenhum animal jamais foi abatido dentro dos seus recintos. Toda a carne consumida pelos trabalhadores do

Jardim, durante todos os anos da construção, foi levada até lá dos rebanhos mantidos sob custódia no continente.

A primeira tarefa foi construir o muro de tijolos, através do istmo da península. E, uma vez completado o muro, o trabalho real de embelezamento da paisagem e de construção das casas poderia continuar sem obstáculos.

Um jardim zoológico foi criado, com a construção de um muro menor, um pouco mais para fora do muro principal; o espaço entre os dois muros, ocupado por todos os tipos de animais selvagens, servia como uma defesa adicional contra ataques hostis. Esse zoológico estava organizado em doze grandes divisões, e caminhos murados ligavam essas divisões aos doze portões do Jardim; o rio e as suas pastagens adjacentes ocupando a área central.

Na preparação do Jardim foram utilizados apenas trabalhadores voluntários, jamais um assalariado foi usado. Eles cultivavam o Jardim e cuidavam dos seus rebanhos para sustentar-se; e contribuições de comida eram também recebidas de crentes das vizinhanças. E esse grande empreendimento foi levado a um bom termo, a despeito das dificuldades que acompanharam a desordem do status do mundo durante esses tempos perturbados.

Todavia, não sabendo quando viriam o Filho e a Filha esperados, Van causou uma grande decepção ao sugerir que a geração mais jovem também fosse treinada no trabalho de manter o empreendimento, para o caso de que a chegada deles fosse retardada. Isso pareceu uma admissão de falta de fé, da parte de Van, e provocou problemas consideráveis, causando muitas deserções. Van, porém, persistiu com o seu plano de prontidão, enquanto preenchia os lugares dos que desertaram com voluntários mais jovens.

5. O LAR DO JARDIM

No centro da península edênica, encontrava-se o encantador templo de pedra do Pai Universal, o santuário sagrado do Jardim. Ao norte, a sede administrativa foi estabelecida; ao sul, foram construídas as casas para os trabalhadores e as suas famílias; a oeste, os terrenos estavam reservados para as escolas propostas para o sistema educacional do Filho esperado, enquanto a "leste do Éden" foram construídos os domicílios destinados aos Filhos prometidos e à progênie imediata deles. Os planos arquitetônicos para o Éden previam casas e terras abundantes para um milhão de seres humanos.

No momento da chegada de Adão, embora apenas um quarto do Jardim estivesse pronto, havia milhares de quilômetros de valetas de irrigação terminadas e mais de vinte mil quilômetros de vias e estradas pavimentadas. Havia um pouco mais do que cinco mil construções de tijolos nos vários setores, e árvores e plantas além da conta. Era de sete o maior número de casas que compunham qualquer conglomerado no parque. E, embora as estruturas do Jardim fossem simples, eram bastante artísticas. As estradas e as vias eram bem construídas, e a ornamentação da paisagem, refinada.

Os dispositivos sanitários do Jardim eram mais adiantados do que qualquer coisa que houvesse sido feita anteriormente em Urântia. A água, para beber, no Éden era mantida potável por meio da observância rígida de regulamentações sanitárias destinadas a conservar a sua pureza. Durante esses tempos iniciais, muita complicação adveio da negligência dessas regras, mas Van, gradativamente, inculcou nos seus companheiros a importância de não permitir que nada caísse nos reservatórios de água do Jardim.

Antes que a rede do sistema de esgotos houvesse sido implantada, os edenitas enterravam escrupulosamente todo lixo ou material em decomposição. Os inspetores de Amadon faziam as suas rondas todos os dias, à procura de causas possíveis de doenças. Os urantianos só redespertaram a sua consciência para a importância da prevenção de doenças humanas em tempos posteriores, nos séculos dezenove e vinte. Antes da interrupção do regime Adâmico, um sistema coberto de condutos de tijolos para a rede de esgotos havia sido construído, correndo por baixo dos muros e desembocando no rio do Éden, a mais de um quilômetro e meio adiante do muro externo, o menor, do Jardim.

Na época da chegada de Adão, a maior parte das plantas daquela região do mundo estava sendo cultivada no Éden. E muitas das frutas, cereais e nozes já haviam sido grandemente aperfeiçoadas. Muitos dos legumes e cereais modernos foram cultivados ali, pela primeira vez, mas dezenas de variedades de plantas comestíveis foram subseqüentemente perdidas para o mundo.

Cerca de cinco por cento do Jardim destinava-se a um cultivo altamente artificial, quinze por cento estavam parcialmente cultivados e o remanescente foi deixado em um estado mais ou menos natural, aguardando a chegada de Adão, pois se considerou melhor terminar o parque de acordo com as idéias dele.

E, assim, o Jardim do Éden se fez preparado para receber o Adão prometido e a sua consorte. E esse Jardim teria honrado um mundo sob administração perfeccionada e controle normal. Adão e Eva ficaram muito satisfeitos com o plano geral do Éden, embora houvessem feito muitas mudanças nas mobílias das suas próprias moradas pessoais.

Embora o trabalho de embelezamento mal houvesse sido acabado na época da chegada de Adão, o local já era uma preciosidade de beleza botânica; e, durante a primeira temporada da sua estada no Éden, todo o Jardim tomou uma nova forma e assumiu novas proporções de beleza e grandeza. Nunca, antes dessa época nem depois, Urântia foi o abrigo de uma exposição de horticultura e agricultura tão completa e de tal beleza.

6. A ÁRVORE DA VIDA

No centro do templo do Jardim, Van plantou a árvore da vida, guardada por tanto tempo, cujas folhas eram para a "cura das nações", e cujos frutos, por tanto tempo, haviam-no sustentado na Terra. Van sabia muito bem que Adão e Eva também dependeriam dessa dádiva de Edêntia para a manutenção das suas vidas, assim que aparecessem em Urântia na forma material.

Os Filhos Materiais, quando nas capitais dos sistemas, não necessitam da árvore da vida para o seu sustento. Apenas quando são repersonalizados nos planetas é que eles dependem desse complemento para a imortalidade física.

É possível que "árvore do conhecimento do bem e do mal" possa ser uma expressão, de sentido figurado, uma designação simbólica que abranja uma enorme quantidade de experiências humanas, mas a "árvore da vida" não foi um mito; ela era real e, por um período longo, esteve presente em Urântia. Quando os Altíssimos de Edêntia aprovaram a designação de Caligástia como o Príncipe Planetário de Urântia e os cem cidadãos de Jerusém como os membros do seu corpo de assessoria administrativa, eles enviaram ao planeta, por intermédio dos Melquisedeques, um arbusto de Edêntia, e essa planta cresceu e transformou-se na árvore da vida em Urântia. Essa forma de vida não inteligente é nativa nas esferas-sede da constelação, sendo também encontrada nos mundos-sede do universo local e dos superuniversos, bem como nas esferas de Havona, mas não nas capitais dos sistemas.

Essa superplanta armazenava certas energias do espaço que são antídotos para os elementos que produzem os efeitos do envelhecimento na existência animal. A fruta da árvore da vida era como uma bateria de armazenamento de uma superquímica, que, quando ingerida, libera misteriosamente a força que o universo tem de prolongamento da vida. Essa forma de sustento era totalmente inútil para os seres evolucionários comuns de Urântia, mas era especificamente útil aos cem membros materializados do corpo de assessores de Caligástia e aos cem andonitas modificados que haviam contribuído com os seus plasmas vitais para o corpo de assessores do Príncipe, e a quem, em retribuição, foi dado tornarem-se possuidores daquele complemento de vida que lhes tornou possível utilizar a fruta da árvore da vida para prolongar, por um tempo indeterminado, as suas existências que, de outro modo, seriam como as dos mortais.

Durante os dias do governo do Príncipe, a árvore estava crescendo na terra, no canteiro central e circular do templo do Pai. Quando eclodiu a rebelião, ela foi re-cultivada do seu núcleo central por Van e seus companheiros no seu acampamento temporário. Esse arbusto de Edêntia, em seguida, foi levado para um retiro nos pla-naltos, onde serviu, tanto a Van quanto a Amadon, por mais de cento e cinqüenta mil anos.

Quando Van e os seus companheiros prepararam o Jardim para Adão e Eva, eles transplantaram a árvore de Edêntia para o Jardim do Éden, onde, de novo, ela cresceu no adro central circular de um outro templo dedicado ao Pai. Então, Adão e Eva periodicamente compartilharam dos seus frutos para manter a sua forma dual de vida física.

Quando os planos do Filho Material foram desencaminhados, não foi permitido a Adão e à sua família levar o núcleo da árvore para fora do Jardim. Quando os nodi-tas invadiram o Éden, foi-lhes dito que se tornariam como "deuses se eles comessem do fruto da árvore da vida". Para sua surpresa, eles encontraram-na desguarnecida e puderam comer livremente do seu fruto durante anos, mas nada lhes sucedeu; eles eram todos mortais materiais do reino; faltava-lhes aquela dotação que atuava como complemento do fruto da árvore. E furiosos ficaram com a própria incapacidade de beneficiar-se da árvore da vida e, em conseqüência de uma das suas guerras internas, o templo e a árvore foram ambos destruídos pelo fogo; apenas a parede de pedra permaneceu de pé até que o Jardim posteriormente submergisse. Esse foi o segundo templo do Pai a desaparecer.

E, agora, toda a carne em Urântia deve seguir o curso de vida e morte. Adão, Eva, os seus filhos e os filhos dos seus filhos, junto com os seus coligados, todos perece-ram com o correr do tempo, tornando-se, assim, sujeitos ao esquema de ascensão do universo local, no qual a ressurreição nos mundos das mansões ocorre em seguida à morte material.

7. O DESTINO DO ÉDEN

Depois que Adão o deixou, o primeiro Jardim foi ocupado variadamente pelos noditas, pelos cutitas e pelos suntitas. Posteriormente, tornou-se a morada dos nodi-tas do norte que se opunham a cooperar com os adamitas. A península, após Adão haver deixado o Jardim, esteve invadida por esses noditas inferiores durante quase quatro mil anos, quando, em conseqüência da atividade violenta dos vulcões da vi-zinhança e da submersão da ponte terrestre que ligava a Sicília à África, o fundo do mar Mediterrâneo a leste afundou, levando para baixo das águas toda a península Edênica. Concomitantemente com essa imensa submersão, a linha da costa oriental do Mediterrâneo foi grandemente elevada. E esse foi o fim da mais bela criação na-tural que Urântia jamais abrigou. O afundamento não foi súbito, várias centenas de anos foram necessárias para submergir completamente toda a península.

Nós não podemos considerar esse desaparecimento do Jardim como sendo, de nenhum modo, resultado de um malogro dos planos divinos nem resultado dos erros de Adão e Eva. Consideramos a submersão do Éden apenas um acontecimento natural, mas parece-nos que a data do afundamento do Jardim haja sido programada para acontecer por volta da data em que se teriam acumulado reservas tais da raça violeta que fossem suficientes para empreender o trabalho de reabilitar os povos do mundo.

Os Melquisedeques aconselharam Adão a não iniciar o programa de elevação racial e de mistura das raças antes que a sua própria família alcançasse o número de meio milhão de pessoas. Nunca se pretendera que o Jardim fosse a morada permanente dos adamitas. Eles deviam tornar-se emissários de uma nova vida para todo o mundo; eles deviam mobilizar-se para outorgar-se, generosamente, às raças necessitadas da Terra.

As instruções dadas a Adão pelos Melquisedeques implicavam que ele deveria estabelecer sedes raciais, continentais e divisionais que ficariam a cargo dos seus filhos e filhas imediatos, enquanto ele e Eva deviam dividir o seu tempo entre essas várias capitais do mundo, como conselheiros e coordenadores da ministração, de âmbito mundial, da elevação biológica de avanço intelectual e de reabilitação moral.

[Apresentado por Solônia, a seráfica "voz do Jardim".]

DOCUMENTO 74

ADÃO E EVA

ADÃO E EVA chegaram a Urântia 37 848 anos antes do ano 1934 d.C. Era meia estação, e o Jardim estava em um pico de florescimento quando chegaram. E foi ao meio-dia, sem prévio anúncio, que dois transportes seráficos, acompanhados pelo pessoal de Jerusém, os encarregados do transporte dos elevadores biológicos até Urântia, aterrissaram suavemente na superfície do planeta em rotação, na vizinhança do templo do Pai Universal. Todo o trabalho de rematerialização dos corpos de Adão e Eva foi executado dentro dos recintos daquele santuário, recentemente criado. E, desde o momento da chegada, passaram-se dez dias até que eles fossem recriados na forma humana dual, para serem apresentados como os novos governantes do mundo. Eles recuperaram a consciência simultaneamente. Os Filhos e Filhas Materiais sempre servem juntos. É parte da essência do serviço deles, em todos os tempos e todos os lugares, não se separarem jamais. Eles estão destinados a trabalhar aos pares; raramente funcionam separadamente.

1. ADÃO E EVA EM JERUSÉM

O Adão e a Eva planetários de Urântia eram membros do corpo sênior de Filhos Materiais de Jerusém; e ali estavam inscritos conjuntamente sob o número 14 311. Eles pertenciam à terceira série física e tinham em torno de dois metros e cinqüenta de altura.

Na época em que Adão foi escolhido para vir para Urântia, ele estava servindo, com a sua companheira, nos laboratórios de ensaios e de provas físicas de Jerusém. Por mais de quinze mil anos, eles haviam sido diretores da divisão de energia experimental aplicada à modificação de formas vivas. Bem antes disso, haviam sido instrutores nas escolas de cidadania para recém-chegados em Jerusém. E deve-se ter tudo isso em mente ao se considerar a narrativa da sua conduta posterior em Urântia.

Quando foi emitida a proclamação convocando voluntários para a missão da aventura Adâmica em Urântia, todo o corpo sênior de Filhos e Filhas Materiais fez-se voluntário. Os examinadores Melquisedeques, com a aprovação de Lanaforge e dos Altíssimos de Edêntia, finalmente escolheram o Adão e a Eva que vieram posteriormente a funcionar como os elevadores biológicos de Urântia.

Adão e Eva haviam permanecido leais a Michael durante a rebelião de Lúcifer; o casal, contudo, foi convocado perante o Soberano do Sistema e o seu gabinete inteiro, para serem examinados e receberem instruções. Os detalhes dos assuntos de Urântia foram-lhes totalmente apresentados; eles foram exaustivamente instruídos quanto aos planos que deveriam seguir, ao aceitarem as responsabilidades do governo de um mundo tão transtornado por conflitos. Foram colocados sob juramentos conjuntos de lealdade aos Altíssimos de Edêntia e a Michael de Sálvington. E foram devidamente aconselhados a considerar a si próprios como subordinados ao corpo de administradores Melquisedeques de Urântia, até que esse corpo de governo julgasse adequado entregar a direção do mundo ao encargo deles.

Esse par de Jerusém deixou para trás de si, na capital de Satânia e em outros locais, cem descendentes – cinqüenta filhos e cinqüenta filhas –, criaturas magníficas que haviam escapado das armadilhas da progressão e que estavam todos funcionando como fiéis servidores, gozando da confiança do universo na época da partida dos seus pais para Urântia. Esses filhos estavam todos presentes ao belo templo dos Filhos Materiais, para assistir aos atos de despedida, ligados às últimas cerimônias da aceitação da outorga. Eles acompanharam os seus progenitores até a sede da desmaterialização da sua ordem e foram os últimos a despedir-se deles e a desejar-lhes o êxito divino, enquanto os dois adormeciam na perda da consciência da personalidade que precede a preparação para o transporte seráfico. Os filhos passaram juntos algum tempo no convívio da família, rejubilando-se de que os seus pais fossem, em breve, tornar-se os chefes visíveis, em realidade, os governantes exclusivos do planeta 606 do sistema de Satânia.

E assim Adão e Eva deixaram Jerusém, em meio à aclamação e aos bons votos dos seus cidadãos. Eles partiram para as suas novas responsabilidades, equipados adequadamente e plenamente instruídos quanto a todos os deveres e perigos que encontrariam em Urântia.

2. A CHEGADA DE ADÃO E EVA

Adão e Eva adormeceram em Jerusém e, quando acordaram no templo do Pai em Urântia, na presença da imponente multidão reunida para dar-lhes as boas-vindas, eles ficaram face a face com dois seres de quem eles muito haviam ouvido falar, Van e o seu fiel companheiro Amadon. Esses dois heróis da secessão de Caligástia foram os primeiros a saudá-los no seu novo lar no Jardim.

A língua do Éden era um dialeto andônico, que era o que Amadon falava. Van e Amadon haviam melhorado bastante essa língua, criando um novo alfabeto de vinte e quatro letras, e esperavam vê-la transformar-se na língua de Urântia, quando a cultura Edênica se espalhasse pelo mundo. Adão e Eva já haviam aprendido e dominavam esse dialeto humano antes de partirem de Jerusém, de modo que aquele filho de Andon ouviu o eminente novo governante do seu mundo dirigir-se a ele na sua própria língua.

E, naquele dia, houve grande emoção e alegria em todo o Éden, enquanto os corredores apressaram-se para buscar os pombos-correios reunidos de locais próximos e distantes, gritando: "Soltem os pássaros; que eles levem a nova de que o Filho prometido chegou". Centenas de colônias de crentes, ano após ano, haviam mantido fielmente as reservas desses pombos de criação doméstica exatamente para tal ocasião.

Na medida em que a nova da chegada de Adão espalhou-se até longe, milhares de membros das tribos das proximidades aceitaram os ensinamentos de Van e Amadon, enquanto durante meses e meses os peregrinos continuaram a afluir ao Éden, para saudar Adão e Eva e homenagear o Pai não visível de todos.

Logo depois do despertar, Adão e Eva foram acompanhados até a recepção formal na grande elevação ao norte do templo. Essa colina natural fora ampliada e preparada para a instalação dos novos governantes do mundo. Ali, ao meio-dia, o comitê de recepção de Urântia deu as boas-vindas a esse Filho e a essa Filha do sistema de Satânia. Amadon era quem presidia ao comitê, que constava de doze membros, abrangendo um representante de cada uma das seis raças sangíies; o dirigente em exercício das criaturas intermediárias; Annan, filha e porta-voz leal dos noditas; Noé, filho do arquiteto e construtor do Jardim e executor dos planos do seu falecido pai; e os dois Portadores da Vida residentes.

O ato seguinte foi a entrega do encargo da custódia planetária a Adão e Eva, feita pelo Melquisedeque sênior, dirigente do conselho dos administradores de Urântia. O Filho e a Filha Materiais fizeram o juramento de fidelidade aos Altíssimos de Norlatiadeque e Michael de Nébadon e foram proclamados governantes de Urântia por Van, que então renunciou à autoridade titular, a qual por mais de cento e cinqüenta mil anos ele vinha mantendo, em virtude de um ato dos administradores Melquisedeques.

E Adão e Eva foram vestidos com os mantos reais nessa ocasião, momento da sua entronização formal no governo do mundo. Nem todas as artes de Dalamátia haviam sido perdidas para o mundo; a tecelagem era ainda praticada nos dias do Éden.

Então, foram ouvidas a proclamação do arcanjo e a voz de Gabriel que, por transmissão, decretou o julgamento da segunda lista de chamada de Urântia e a ressurreição dos sobreviventes adormecidos da segunda dispensação de graça e de misericórdia ao planeta 606 de Satânia. A dispensação do Príncipe havia passado; a idade de Adão, a terceira época planetária, abriu-se em meio a cenas de grandeza e de simplicidade; e os novos governantes de Urântia começaram o seu reinado sob condições aparentemente favoráveis, não obstante a confusão de âmbito mundial ocasionada pela falta de cooperação daquele que o precedera em autoridade no planeta.

3. ADÃO E EVA APRENDEM SOBRE O PLANETA

E agora, depois da sua instalação formal, Adão e Eva tornam-se conscientes, dolorosamente, do seu isolamento planetário. Silenciosas estavam as transmissões tão familiares para eles, e ausentes estavam todos os circuitos de comunicação extraplanetária. Os seus companheiros de Jerusém haviam ido para mundos onde tudo se passava normalmente, com um Príncipe Planetário bem estabelecido e um corpo de assessores experientes e competentes, prontos para recebê-los e cooperar com eles durante o início da experiência deles em tais mundos. Todavia, em Urântia, a rebelião havia modificado tudo. Aqui, o Príncipe Planetário estava muito presente e, ainda que privado de quase todo o seu poder de fazer o mal, ele era ainda capaz de tornar difícil e, em uma certa medida, arriscada a tarefa de Adão e Eva. Eram um Filho e uma Filha de Jerusém, circunspectos e desiludidos aqueles que passearam naquela noite pelo Jardim, sob o brilho da lua cheia, falando de planos para o dia seguinte.

Assim terminou o primeiro dia de Adão e Eva na Urântia isolada, o confuso planeta da traição de Caligástia; e eles andaram e conversaram até tarde da noite, a primeira noite deles na Terra – e sentiram-se muito sós.

O segundo dia de Adão na Terra foi passado em uma reunião com os administradores planetários e o conselho consultor. Pelos Melquisedeques e seus colaboradores, Adão e Eva souberam mais sobre os detalhes da rebelião de Caligástia e sobre o efeito que essa secessão teve sobre o progresso do mundo. E foi, no todo, uma história desencorajadora, esse longo relato dos desmandos nos assuntos mundiais. Souberam de todos os fatos a respeito do colapso completo do esquema de Caligástia para acelerar o processo de evolução social. Eles também chegaram a uma plena compreensão da loucura que fora tentar realizar o avanço planetário independentemente do plano divino de progresso. E assim terminou um dia triste, mas esclarecedor – o segundo dia deles em Urântia.

O terceiro dia foi dedicado a uma inspeção do Jardim. Nos imensos pássaros de transporte – os fandores –, Adão e Eva viram, lá de cima, as vastas extensões do Jardim, enquanto eram carregados no ar por sobre esse que era o local mais belo da Terra. Esse dia de inspeção terminou com um enorme banquete em honra a todos aqueles que haviam trabalhado para criar esse jardim de beleza e de grandeza Edênica. E novamente, tarde na noite do seu terceiro dia, o Filho e a sua companheira caminharam no Jardim e falaram sobre a imensidão dos seus problemas.

No quarto dia, Adão e Eva discursaram para uma assembléia do Jardim. Do monte inaugural, eles falaram ao povo a respeito dos seus planos para a reabilitação do mundo e esboçaram os métodos pelos quais eles iriam buscar redimir a cultura social de Urântia, dos níveis baixos até os quais caíra, em resultado do pecado e da rebelião. Esse foi um grande dia, e terminou com uma festa para o conselho de homens e mulheres que foram selecionados para assumir responsabilidades na nova administração dos assuntos mundiais. E notai bem: havia mulheres e homens também nesse grupo, e essa era a primeira vez que uma coisa assim ocorria na Terra, desde os dias da Dalamátia! Era uma inovação assombrosa contemplar Eva, uma mulher, partilhando as honras e as responsabilidades dos assuntos do mundo com um homem. E, assim, terminou o quarto dia na Terra.

O quinto dia foi ocupado com a organização do governo temporário, a administração que devia funcionar até que os administradores Melquisedeques deixassem Urântia.

O sexto dia foi dedicado a uma inspeção dos numerosos tipos de homens e animais. Ao longo dos muros do lado leste do Éden, Adão e Eva foram escoltados durante todo o dia, observando a vida animal do planeta e tendo um entendimento melhor sobre o que deveria ser feito para reverter a confusão transformando-a em ordem, em um mundo habitado por tal variedade de criaturas vivas.

Muito surpreendeu aos que acompanhavam Adão nessa viagem, observar que ele entendia totalmente sobre a natureza e a função dos milhares e milhares de animais mostrados a ele. No mesmo instante em que ele olhava um animal, ele indicava a sua natureza e comportamento. Adão podia dar os nomes e a descrição da origem, da natureza e da função de todas as criaturas materiais que via. Aqueles que o conduziam nessa viagem de inspeção não sabiam que o novo governante do mundo era um dos mais peritos anatomistas de toda a Satânia; e Eva era igualmente conhecedora. Adão deixou os seus companheiros estupefatos, ao descrever uma quantidade imensa de coisas vivas pequenas demais para serem vistas pelos olhos humanos.

Quando terminou o sexto dia de permanência na Terra, Adão e Eva descansaram pela primeira vez no seu novo lar no "leste do Éden". Os primeiros seis dias da aventura em Urântia haviam sido bastante cheios e eles aguardavam, com grande prazer, ter um dia inteiro livre.

As circunstâncias, porém, assim não permitiram. O acontecido no dia que passara, no qual Adão falara tão inteligentemente e tão profundamente sobre a vida animal de Urântia, além do seu discurso inaugural, cheio de mestria e feito com o encanto que lhe era peculiar, tinham de um tal modo conquistado os corações e os intelectos dos moradores do Jardim, que todos ficaram não só de coração aberto para aceitar o Filho e a Filha recém-chegados de Jerusém como governantes, mas a maioria estava a ponto de prostrar-se diante deles e de cultuá-los como deuses.

4. A PRIMEIRA INSURREIÇÃO

Naquela noite, a que se seguiu ao sexto dia, enquanto Adão e Eva estavam adormecidos, coisas estranhas estavam acontecendo na vizinhança do templo do Pai, no setor central do Éden. Ali, sob os raios doces da lua, centenas de homens e mulheres cheios de emoção e entusiasmo, durante horas, escutaram os argumentos apaixonados dos seus líderes. Eles tinham boas intenções, mas simplesmente não conseguiam entender a simplicidade dos modos fraternais e democráticos dos seus novos governantes. E, muito antes do nascer do dia, os novos administradores temporários dos assuntos do mundo chegaram à conclusão virtualmente unânime de que Adão e a sua companheira eram exageradamente introvertidos e modestos. E decidiram que a Divindade havia descido à Terra em forma corpórea, que Adão e Eva eram, na realidade, deuses ou, de qualquer modo, estavam quase nesse estado, a ponto de serem dignos de uma reverência adoradora.

Os incríveis acontecimentos dos primeiros seis dias de Adão e Eva na Terra haviam sido fortes demais para as mentes despreparadas até mesmo dos melhores homens da Terra; as suas cabeças estavam como que em um turbilhão, e eles haviam-se deixado levar pela proposta de trazer o nobre par até o templo do Pai, em pleno meio-dia, de modo que todos pudessem inclinar-se em adoração respeitosa e prostrar-se em humilde submissão. E os habitantes do Jardim estavam sendo realmente sinceros em tudo isso.

Van protestou. Amadon estava ausente, fora encarregado da guarda de honra que permaneceria com Adão e Eva por toda a noite. Mas o protesto de Van foi posto de lado. Foi-lhe dito que também ele era por demais modesto, que também não se assumia; e que mesmo ele próprio não estava longe de ser um deus, ou, então, como teria ele vivido por tanto tempo na Terra, e se não fora, como havia causado um acontecimento tão importante como a vinda de Adão? E, como os edenitas superexcitados estavam a ponto de agarrá-lo e de carregá-lo até o monte para adoração, Van saiu de perto da multidão e, sendo capaz de comunicar-se com as criaturas intermediárias, enviou o líder delas com toda pressa até Adão.

Era já quase a hora do alvorecer do sétimo dia deles, na Terra, quando Adão e Eva souberam das alarmantes novidades da proposta desses mortais bem-intencionados, mas desguiados; e então, ao mesmo tempo em que os pássaros de transporte estavam já batendo as asas para buscá-los e levá-los ao templo, as criaturas intermediárias, sendo capazes de fazer tais coisas, transportaram Adão e Eva ao templo do Pai. Era bem cedo na manhã desse sétimo dia e, do monte onde tinham sido recentemente recebidos, Adão adiantou-se para explicar sobre as ordens dos filhos divinos e deixou claro para aquelas mentes terrenas que apenas o Pai e aqueles a quem ele designava podiam ser cultuados ou adorados. Adão deixou bastante claro que ele aceitaria qualquer honraria e que receberia mesmo todo o respeito, mas nunca a adoração!

Foi um dia memorável e, pouco antes do meio-dia, quase no momento da chegada do mensageiro seráfico trazendo a notícia de que Jerusém tomara conhecimento da instalação dos governantes do mundo, Adão e Eva, destacando-se da multidão, apontaram para o templo do Pai e disseram: "Ide agora até o emblema material da presença invisível do Pai e curvai-vos em adoração a Ele que nos fez a todos e que nos mantém vivos. E que esse ato seja a promessa sincera de que vós não sereis nunca mais tentados a adorar a ninguém senão a Deus". E eles fizeram como Adão lhes havia mandado. O Filho e a Filha Materiais permaneceram de pé com as cabeças inclinadas, naquele pequeno monte, enquanto o povo se prostrava à volta do templo.

E essa foi a origem da tradição do sabat, o dia do sábado. Sempre, no Éden, o sétimo dia foi devotado à reunião do meio-dia no templo; e o costume de consagrar o resto do dia à cultura pessoal perdurou por muito tempo. A manhã era dedicada aos aperfeiçoamentos físicos; a hora do meio-dia, à adoração espiritual; a tarde, à cultura da mente; enquanto a noite era passada em regozijo social. Isso nunca foi lei no Éden, mas permaneceu como costume enquanto a administração Adâmica conservou o seu poder na Terra.

DOCUMENTO 74: SEÇÃO 4

5. A ADMINISTRAÇÃO DE ADÃO

Por quase sete anos depois da chegada de Adão, os administradores Melquisedeques permaneceram nos seus postos, mas afinal chegou o momento em que eles passariam a administração dos assuntos do mundo para Adão e voltariam para Jerusém.

A despedida dos administradores levou um dia inteiro e, durante a noite, os Melquisedeques, individualmente, deram a Adão e Eva os seus conselhos de despedida, com os melhores votos. Adão, por várias vezes, pedira aos seus conselheiros que permanecessem na Terra com ele, mas os seus pedidos foram sempre negados. Era chegado o momento em que os Filhos Materiais deveriam assumir toda a responsabilidade pela condução dos assuntos do mundo. E assim, à meia-noite, os transportadores seráficos de Satânia deixaram o planeta com quatorze seres, levando-os a Jerusém; o traslado de Van e Amadon ocorreu simultaneamente com a partida dos doze Melquisedeques.

Tudo esteve relativamente bem em Urântia durante um certo tempo, e pareceu que Adão finalmente tornar-se-ia capaz de desenvolver algum plano para promover a expansão gradual da civilização edênica. Seguindo os conselhos dos Melquisedeques, ele começou a encorajar as artes da manufatura, com a idéia de desenvolver relações de comércio com o mundo exterior. Quando o Éden desagregou-se, havia mais de cem ateliês primitivos em funcionamento, e amplas relações de comércio com as tribos vizinhas haviam sido estabelecidas.

Durante idades, Adão e Eva haviam sido instruídos na técnica de aperfeiçoar um mundo em prontidão com as suas contribuições especializadas para o avanço da civilização evolucionária; mas agora eles se viam frente a problemas prementes, tais como o estabelecimento da lei e da ordem em um mundo selvagem, de bárbaros e seres humanos semicivilizados. À parte a nata da população da Terra, reunida no Jardim, apenas uns poucos grupos, aqui e ali, estavam prontos de fato para acolher a cultura Adâmica.

Adão fez um esforço heróico e determinado para estabelecer um governo mundial, mas deparou com uma resistência obstinada contra cada modificação. Adão já havia colocado em operação um sistema de controle grupal, em todo o Éden; havia confederado todas essas companhias na liga Edênica. Mas problemas realmente sérios ocorreram quando ele saiu do Jardim e procurou aplicar essas idéias junto às tribos exteriores. No momento em que os colaboradores de Adão começaram a trabalhar fora do Jardim, depararam-se com a resistência direta e bem planejada de Caligástia e Daligástia. O Príncipe caído fora deposto como governante do mundo, mas não havia sido afastado do planeta. Ele estava ainda presente na Terra e era capaz, pelo menos em uma certa medida, de resistir a todos os planos de Adão para a reabilitação da sociedade humana. Adão tentou prevenir as raças contra Caligástia, mas a tarefa foi dificultada em muito, porque o seu arquiinimigo era invisível aos olhos dos mortais.

Mesmo entre os edenitas havia aquelas mentes confusas que pendiam para os ensinamentos que Caligástia disseminava, de uma liberdade pessoal desenfreada; e eles causavam contratempos sem fim para Adão; estavam constantemente perturbando os melhores planos de progressão ordeira e de desenvolvimento substancial. Adão foi obrigado, finalmente, a renunciar ao seu programa de socialização imediata e retomou o método de Van para a organização, dividindo os edenitas em companhias de cem, com capitães em cada uma delas e tenentes responsáveis para cada grupo de dez.

Adão e Eva vieram para instituir um governo representativo em lugar da monarquia, mas não encontraram nenhum governo digno desse nome em toda a face da Terra. Momentaneamente, Adão abandonou todos os esforços de estabelecer um governo representativo e, antes do regime edênico entrar em colapso, ele teve êxito em estabelecer quase cem centros comerciais e sociais, onde individualidades fortes governavam no seu nome. A maioria desses centros havia sido organizada anteriormente por Van e Amadon.

O envio de embaixadores de uma tribo para outra data dos tempos de Adão. Esse foi um grande passo adiante na evolução do governo.

6.   A VIDA FAMILIAR DE ADÃO E EVA

As terras da família Adâmica abrangiam um pouco mais do que oito quilômetros quadrados. À volta desse domínio, haviam sido tomadas as providências para alojar mais de trezentos mil seres da progênie de linhagem pura. Contudo, apenas a primeira unidade das construções projetadas foi construída. Antes que o tamanho da família Adâmica crescesse para além dessa reserva inicial, todo o plano Edênico foi alquebrado e o Jardim, evacuado.

Adamson foi o primogênito da raça violeta de Urântia, sendo secundado pela sua irmã e por Evason, o segundo filho de Adão e Eva. Eva foi mãe de cinco crianças antes que os Melquisedeques partissem – três filhos e duas filhas. Em seguida vieram dois gêmeos. Antes da falta, Eva concebeu sessenta e três crianças, trinta e duas filhas e trinta e um filhos. Quando Adão e Eva deixaram o Jardim, a sua família consistia de quatro gerações, num total de 1 647 descendentes de pura linhagem. Eles tiveram quarenta e dois filhos depois de haverem deixado o Jardim, sem contar os dois descendentes de parentesco conjunto com uma linhagem mortal da Terra. E isso não inclui a descendência Adâmica entre os noditas e as raças evolucionárias.

As crianças Adâmicas não tomavam leite de animais quando paravam de se nutrir do peito da mãe, com um ano de idade. Eva tinha acesso ao leite de uma grande variedade de nozes e aos sucos de muitas frutas e, conhecendo inteiramente a química e a energia desses alimentos, ela os combinava adequadamente para a nutrição dos seus filhos até o aparecimento dos dentes.

Conquanto o cozimento fosse universalmente empregado fora do setor Adâmico do Éden, não se cozinhava nada no lar de Adão. Eles consideravam os seus alimentos – frutas, nozes e cereais – já preparados quando amadureciam. E comiam uma vez por dia, pouco depois do meio-dia. Adão e Eva também absorviam "luz e energia" diretamente de certas emanações do espaço, conjuntamente com a ministração da árvore da vida.

Os corpos de Adão e de Eva emitiam uma luz difusa, e eles sempre usavam roupas em conformidade com os costumes dos povos aos quais se ligaram. Embora usassem pouca roupa durante o dia, à noite ficavam envoltos em cobertas noturnas. A origem do halo tradicional que envolve as cabeças dos homens supostamente pios e santos retroage aos dias de Adão e Eva. As emanações dos seus corpos eram tão fortemente obscurecidas pela roupa, e sendo assim apenas a auréola que se irradiava das suas cabeças era discernível. Os descendentes de Adamson sempre retratavam com esses halos o seu conceito de indivíduos que se acreditava serem extraordinários em desenvolvimento espiritual.

Adão e Eva podiam comunicar-se um com o outro e com os seus filhos diretos a uma distância de oitenta quilômetros. Essa troca de pensamentos era feita por meio das auréolas delicadas de gás, localizadas muito perto das estruturas do seu cérebro. Por meio desse mecanismo, eles podiam enviar e receber oscilações de pensamentos.

Esse poder, porém, foi instantaneamente suspenso quando eles cederam espaço nas suas mentes para a discórdia e a desagregação do mal.

As crianças Adâmicas freqüentavam as suas próprias escolas, até a idade de dezesseis anos; as mais jovens sendo ensinadas pelas mais velhas. Os pequeninos se alternavam nas atividades a cada trinta minutos, os maiores a cada hora. E, de certo, era uma visão nova em Urântia observar essas crianças de Adão e Eva brincando, em atividades alegres e vivificantes, só pelo prazer da diversão. Os jogos e o humor das raças dos dias atuais derivam-se todos das raças Adâmicas. Os adamitas, todos, tinham uma elevada apreciação da música, bem como um agudo senso de humor.

A média de idade para o noivado era dezoito anos, e esses jovens então iniciavam um curso de dois anos de instrução e preparo para assumir as responsabilidades maritais. Aos vinte anos, eles estavam aptos para o casamento; e, depois do casamento, começavam o trabalho das suas vidas ou entravam em preparação especial para ele.

A prática de algumas nações posteriores, de permitir que nas famílias reais, supostamente descendentes dos deuses, os irmãos se casassem com as irmãs, data das tradições das progênies Adâmicas, pois eles não podiam senão casar-se entre irmãos. As cerimônias de casamento da primeira e segunda geração do Jardim eram sempre oficiadas por Adão e Eva.

7. A VIDA NO JARDIM

Os filhos de Adão, exceto pelos quatro anos em que freqüentavam as escolas do oeste, viviam e trabalhavam no "leste do Éden". Eram educados intelectualmente até os dezesseis anos de idade, de acordo com os métodos das escolas de Jerusém. Dos dezesseis aos vinte anos, eles instruíam-se nas escolas de Urântia, na outra extremidade do Jardim, servindo ali também como professores para os graus anteriores.

Todo o propósito do sistema das escolas do oeste do Jardim era a *socialização*. Os períodos matinais de recreação eram dedicados à horticultura e à agricultura práticas; os períodos da tarde, aos jogos competitivos. As noites eram gastas em relações sociais e no cultivo de amizades pessoais. A educação religiosa e sexual era considerada domínio do lar, um dever dos pais.

O ensino nessas escolas incluía a instrução sobre:

1. Saúde e cuidados com o corpo.

2. A regra de ouro, o modelo das relações sociais.

3. A relação dos direitos individuais com os direitos grupais e as obrigações comunitárias.

4. A história e a cultura das várias raças da Terra.

5. Os métodos para implementar e fazer o comércio mundial progredir.

6. A coordenação dos deveres e emoções conflitantes.

7. O cultivo dos jogos, humor e substitutos competitivos para as lutas físicas.

As escolas e todas as atividades do Jardim de fato estavam sempre abertas aos visitantes. Os observadores desarmados eram livremente admitidos ao Éden, para visitas curtas. Para permanecer no Jardim, um urantiano tinha de ser "adotado". Ele recebia instruções sobre o plano e sobre o propósito da outorga Adâmica, expressava a sua intenção de aderir a essa missão, e então fazia a declaração de lealdade ao regime social de Adão e à soberania espiritual do Pai Universal.

As leis do Jardim eram baseadas nos códigos mais antigos da Dalamátia e foram promulgadas sob sete diretrizes:

1. As leis sanitárias e de saúde.
2. As regulamentações sociais do Jardim.
3. O código das negociações e do comércio.
4. As leis da conduta eqüitativa e das competições.
5. As leis da vida familiar.
6. O código civil da regra de ouro.
7. Os sete mandamentos da lei moral suprema.

A lei moral do Éden era pouco diferente dos sete mandamentos da Dalamátia. Mas os adamitas ensinavam muitas outras razões para esses mandamentos: por exemplo, a respeito da injunção contra o homicídio, a presença do Ajustador do Pensamento residente foi dada como um motivo a mais para não se destruir a vida humana. Eles ensinavam que "aquele que derramar o sangue humano terá o seu próprio sangue derramado pelo homem, pois Deus fez o homem à sua imagem".

A hora da adoração pública no Éden era o meio-dia; o pôr-do-sol era a hora da adoração familiar. Adão fez o que podia para desencorajar o uso de orações prontas, ensinando que a oração eficaz devia ser integralmente individual, que devia ser o "desejo da alma"; mas os edenitas continuaram a usar as preces e as formas transmitidas nos tempos da Dalamátia. Adão também se esforçou para substituir os sacrifícios de sangue, nas cerimônias religiosas, pelas oferendas de frutos da terra, mas pouco progresso havia sido feito antes da desagregação do Jardim.

Adão tentou ensinar às raças sobre a igualdade dos sexos. O modo pelo qual Eva trabalhava ao lado do seu marido exercia uma profunda impressão sobre todos os moradores do Jardim. Adão ensinara a eles, definitivamente, que a mulher, em igualdade com o homem, contribui com aqueles fatores da vida que se unem para formar um novo ser. Até então, a humanidade havia presumido que toda a procriação residia "na força do pai para gerar"; e havia considerado a mãe como um simples instrumento para nutrir aqueles que nasceriam e amamentar o recém-nascido.

Adão ensinou aos seus contemporâneos tudo o que podiam compreender e isso, relativamente falando, não era muito. Entretanto, os filhos mais inteligentes das raças da Terra aguardavam ansiosamente a época em que lhes seria permitido casar-se com os filhos superiores da raça violeta. E em que mundo diferente Urântia não se teria transformado, se esse grande plano de elevação das raças houvesse sido levado adiante! Mesmo sendo como foi, ganhos imensos resultaram da pouca quantidade do sangue dessa raça importada a qual foi assegurada incidentalmente aos povos evolucionários.

E, assim, Adão trabalhou para o bem-estar e para a elevação do mundo da sua permanência. Todavia, era uma tarefa difícil conduzir esses povos mestiços e miscigenados por um caminho melhor.

8. A LENDA DA CRIAÇÃO

A história da criação de Urântia, em seis dias, foi baseada na tradição de que Adão e Eva haviam demorado exatamente seis dias para o seu estudo inicial do Jardim. Essa circunstância conferiu uma ratificação quase sagrada ao período de tempo da semana originalmente introduzido pelos dalamatianos. O tempo de seis dias que Adão passou inspecionando o Jardim e formulando os planos preliminares para a sua organização não foi preconcebido; foi trabalhado dia a dia. A escolha do sétimo dia para a adoração foi totalmente incidental, e ligada aos fatos aqui narrados.

A lenda de que o mundo foi criado em seis dias veio bem posteriormente; de fato surgiu mais de trinta mil anos mais tarde. Um aspecto da narrativa, o repentino surgimento do sol e da lua, pode ter tido origem nas tradições de que o mundo haja outrora emergido subitamente de uma nuvem densa de partículas diminutas do espaço, que, durante muito tempo, haviam obscurecido tanto o sol quanto a lua.

A história de que Eva fora criada da costela de Adão é uma condensação confusa da chegada Adâmica e da cirurgia celeste, ligada à troca de substâncias vivas associadas à vinda do corpo de assessores corpóreos do Príncipe Planetário, mais de quatrocentos e cinqüenta mil anos antes.

A maioria dos povos do mundo tem sido influenciada pelas tradições de que Adão e Eva tinham formas físicas criadas para eles quando da sua chegada em Urântia. A crença de que o homem foi criado do barro era quase universal no hemisfério oriental; essa tradição pode ser encontrada desde as Ilhas Filipinas até a África, dando a volta ao mundo. E muitos grupos aceitaram essa história do homem vindo do barro, por alguma forma de criação especial, no lugar das crenças anteriores na criação progressiva – a evolução.

Fora das influências da Dalamátia e do Éden, a humanidade tinha a tendência a acreditar na ascensão gradual da raça humana. A evolução não é uma descoberta moderna; os antigos entendiam o caráter lento e evolucionário do progresso humano. Desde o início da sua civilização, os gregos tinham idéias claras sobre isso, apesar da sua proximidade da Mesopotâmia. Embora as várias raças da Terra tenham se confundido nas suas noções de evolução, entretanto, muitas das tribos primitivas acreditavam e ensinavam que eram descendentes de vários animais. Os povos primitivos tinham o hábito de escolher para seus "totens" os animais da sua origem presumida. Certas tribos de índios norte-americanos acreditavam haverem tido a sua origem nos castores e coiotes. Certas tribos africanas ensinam que são descendentes de hienas; uma tribo malaia, que descendem dos lêmures; um grupo de Nova Guiné, que os seus membros vêm do papagaio.

Os babilônios, em conseqüência do seu contato direto com os remanescentes da civilização dos adamitas, ampliaram e tornaram mais bela a história da criação do homem; eles ensinaram que este descendia dirctamente dos deuses. E atinham-se a uma origem aristocrática da raça, a qual era incompatível até mesmo com a doutrina da criação a partir do barro.

O relato do Antigo Testamento sobre a criação data de uma época muito posterior a Moisés; ele nunca ensinou aos hebreus uma história tão distorcida. Ele apresentou, sim, uma narrativa simples e condensada da criação aos israelitas, esperando com isso aumentar o seu apelo de adoração do Criador, o Pai Universal, a quem ele chamava de o Senhor Deus de Israel.

Nos seus ensinamentos iniciais, com muita sabedoria, Moisés não tentou ir até antes da época de Adão e, posto que foi o instrutor supremo dos hebreus, as histórias de Adão tornaram-se intimamente associadas com as da criação. Que as tradições iniciais reconheciam as civilizações pré-Adâmicas é visivelmente mostrado pelo fato de que os editores posteriores, com a intenção de erradicar todas as referências aos assuntos humanos antes da época de Adão, esqueceram-se de retirar a referência indicadora da emigração de Caim para a "terra de Nod", onde ele encontrou uma esposa.

Os hebreus não tiveram uma língua escrita de uso generalizado, até muito depois de chegarem à Palestina. Eles aprenderam o uso de um alfabeto dos vizinhos filisteus, refugiados políticos da civilização superior de Creta. Os hebreus pouco escreveram até por volta de 900 a.C. e, não tendo nenhuma linguagem escrita até uma data tão tardia, eles tinham em circulação várias histórias diferentes da criação, mas, depois do cativeiro babilônio, eles inclinaram-se mais para a aceitação de uma versão mesopotâmica modificada.

A tradição judaica ficou cristalizada no que se refere a Moisés e, por que ele se empenhou em restaurar a linhagem de Abraão até Adão, os judeus assumiram que Adão tivesse sido o primeiro homem de toda a humanidade. Yavé era o criador e ele deve haver feito o mundo justamente antes de criar Adão, já que se tinha Adão como o primeiro homem. E, então, a tradição dos seis dias de Adão entra na história, resultando que quase mil anos depois da estada de Moisés na Terra; a tradição da criação em seis dias foi escrita e ulteriormente atribuída a ele.

Quando os sacerdotes judeus retornaram a Jerusalém, eles haviam já terminado de escrever a sua narrativa do começo das coisas. Logo eles reivindicaram essa narrativa como uma história recentemente descoberta da criação, escrita por Moisés. Contudo, os hebreus contemporâneos, da época de 500 a.C., não consideraram esses escritos como sendo revelações divinas, eles os consideraram como sendo o que os povos mais recentes chamam de narrativas mitológicas.

Esse documento espúrio, com a reputação de ser um ensinamento de Moisés, foi trazido à consideração de Ptolomeu, o rei grego do Egito, que fez com que uma comissão de setenta eruditos o traduzisse para o grego, para a sua biblioteca em Alexandria. E, assim, essa narrativa encontrou o seu lugar entre aqueles escritos que posteriormente se tornaram uma parte das coleções ulteriores das "sagradas escrituras" dos hebreus e das religiões cristãs. E, por identificação com esses sistemas teológicos, durante um longo tempo, esses conceitos influenciaram profundamente a filosofia de muitos povos ocidentais.

Os instrutores cristãos perpetuaram a crença de um "fiat" momentâneo para a criação da raça humana, e tudo isso levou diretamente à formação da hipótese de que haja havido uma idade de ouro, de bênção utópica, com a teoria da queda do homem ou do super-homem; e isso explica a condição não utópica da sociedade. Essas perspectivas da vida e do lugar do homem no universo eram, no mínimo, desencorajantes, posto que se baseavam na crença da regressão mais do que na progressão, bem como implicavam uma Deidade vingativa, à qual fez a sua cólera desabar sobre a raça humana, em retaliação pelos erros de certos administradores planetários de outrora.

A "idade de ouro" é um mito, mas o Éden foi um fato; e a civilização do Jardim foi de fato arruinada. Durante cento e dezessete anos, Adão e Eva persistiam no Jardim, quando, por causa da impaciência de Eva e dos erros de julgamento de Adão, eles cometeram a presunção de desviar-se do caminho ordenado, trazendo rapidamente o desastre sobre si próprios e retardando, de um modo desastroso, o progresso do desenvolvimento em toda a Urântia.

[Narrado por Solônia, a seráfica "voz do Jardim".]

DOCUMENTO 75

A FALTA DE ADÃO E EVA

DEPOIS de mais de cem anos de esforços em Urântia, Adão não podia constatar senão pouquíssimo progresso fora do Jardim; o mundo, em geral, não parecia estar melhorando o suficiente. A realização do aperfeiçoamento racial parecia estar muito distante; assim, a situação parecia desesperadora, a ponto de requerer algum remédio que não constava nos planos originais. Pelo menos era isso o que passava com freqüência pela mente de Adão, e foi isso que muitas vezes ele disse a Eva. Adão e a sua companheira eram leais, mas encontravam-se isolados dos seus semelhantes e estavam muito aflitos com a má situação do seu mundo.

1. O PROBLEMA DE URÂNTIA

A missão Adâmica na Urântia experimental, estigmatizada e isolada pela rebelião, era uma tarefa descomunal. E o Filho e a Filha Materiais logo se tornaram conscientes das dificuldades e da complexidade do compromisso que assumiram com o planeta. Corajosamente, contudo, enfrentaram a tarefa de resolver os seus múltiplos problemas. Todavia, ao dedicarem-se ao importante trabalho de eliminar os seres defeituosos e degenerados dentre as linhagens humanas, eles ficaram bastante consternados. Não conseguiam encontrar uma saída para o dilema, e não podiam obter o conselho dos seus superiores de Jerusém, nem de Edêntia. E aqui estavam eles, isolados, confrontando-se dia a dia com algum contratempo novo e complexo, com algum problema que parecia insolúvel.

Em condições normais, o primeiro trabalho do Adão e da Eva Planetários seria a coordenação e a mistura das raças. Em Urântia, porém, esse projeto parecia quase totalmente sem esperança, pois as raças, ainda que biologicamente adequadas, nunca haviam sido purgadas das suas linhagens atrasadas e defeituosas.

Adão e Eva viram-se em uma esfera totalmente despreparada para a proclamação da irmandade dos homens, um mundo que tateava em uma obscuridade espiritual abjeta, afligido por uma confusão agravada pelo malogro da missão da administração precedente. A mente e a moral estavam em um nível baixo e, em lugar de começar a tarefa de efetuar a unificação religiosa, eles teriam de recomeçar o trabalho de conversão dos habitantes às mais simples formas de crenças religiosas. Em lugar de encontrarem uma língua pronta para ser adotada, depararam-se com a confusão mundial de centenas e centenas de dialetos locais. Nenhum Adão do serviço planetário fora, jamais, colocado em um mundo mais difícil; os obstáculos pareciam insuperáveis e os problemas aquém das possibilidades de solução por seres criados.

Eles estavam isolados, e o terrível sentimento de solidão que os atormentava aumentava, ainda mais, pela partida antecipada dos administradores Melquisedeques. Só indiretamente, por meio das ordens angélicas, podiam eles comunicar-se com qualquer ser fora do planeta. A sua coragem enfraquecia-se aos poucos, os seus espíritos abatiam-se e algumas vezes mesmo a fé quase se lhes faltava.

Esse era o verdadeiro quadro de consternação dessas duas almas nobres ao ponderarem sobre as tarefas com que se defrontavam. Ambos estavam altamente conscientes da tarefa descomunal que envolvia a execução da sua missão planetária.

Nenhum, dentre os Filhos Materiais de Nébadon, provavelmente, jamais esteve diante de uma tarefa tão difícil e, aparentemente, tão sem esperança, como a que Adão e Eva enfrentavam diante da triste situação de Urântia. Se tivessem sido mais perspicazes, todavia, e mais *pacientes*, eles teriam, em algum momento, logrado êxito. Ambos, especialmente Eva, foram impacientes demais; não estavam dispostos a conformar-se com uma prova tão longa de resistência. Queriam ver alguns resultados imediatos, e eles os viram; mas os resultados conquistados assim revelaram-se os mais desastrosos, para eles próprios e para o seu mundo.

2. A CONSPIRAÇÃO DE CALIGÁSTIA

Caligástia fazia visitas freqüentes ao Jardim e manteve várias conversas com Adão e Eva, mas eles mostraram-se intransigentes diante de todas as suas sugestões de ajustes e de tentativas de atalhos. Diante de si eles viam o suficiente, em matéria de resultados da rebelião, para que se produzisse neles uma efetiva imunidade contra todas essas propostas insinuantes. E, até mesmo a progênie jovem de Adão permaneceu imune às propostas de Daligástia. E, claro está, nem Caligástia nem o seu parceiro, tinham poder para influenciar qualquer indivíduo contra a sua própria vontade, e menos ainda para persuadir os filhos de Adão a fazerem algo errado.

Deve ser lembrado que Caligástia era ainda o Príncipe Planetário titular de Urântia, um Filho desviado, entretanto ainda elevado, do universo local. Ele não foi deposto definitivamente senão na época de Cristo Michael em Urântia.

E o Príncipe caído era persistente e determinado. Finalmente, ele desistiu de persuadir Adão e decidiu tentar um ardiloso ataque em flanco contra Eva. O maligno concluiu que a única esperança de sucesso repousava em um aproveitamento hábil das pessoas certas que pertenciam ao substrato superior do grupo nodita, os descendentes dos companheiros do seu antigo grupo de assessores corpóreo. E assim foram urdidos os planos para que a mãe da raça violeta caísse na cilada.

Nada mais longe da intenção de Eva do que fazer alguma coisa que prejudicasse os planos de Adão ou que colocasse em perigo o seu cargo de confiança planetária. Conhecendo a tendência da mulher, de buscar resultados imediatos, mais do que de planejar com previdência para atingir efeitos de um alcance mais longo, os Melquisedeques, antes de partirem, haviam especialmente colocado Eva em guarda contra os perigos peculiares que ameaçavam a posição isolada deles no planeta, e haviam-na advertido em especial, para que nunca se afastasse do lado do seu companheiro, isto é, que não tentasse nenhum método pessoal ou secreto para fazer avançar os empreendimentos comuns. Eva havia seguido essas instruções muito criteriosamente, por mais de cem anos, e não lhe ocorreu que qualquer perigo pudesse estar vinculado às conversas, crescentemente privadas e confidenciais, que ela estava desfrutando com um certo líder nodita chamado Serapatátia. Todo o caso desenvolvia-se tão gradual e naturalmente que ela foi pega desprevenida.

Os moradores do Jardim haviam estado em contato com os noditas desde os primeiros dias do Éden. Desses descendentes miscigenados, dos membros desviados do corpo de assessores de Caligástia, eles receberam muita ajuda e cooperação de valia e, por meio deles, o regime Edênico estava agora para encontrar a completa ruína e a sua destruição final.

3. A TENTAÇÃO DE EVA

Adão havia acabado de completar os seus primeiros cem anos na Terra, quando Serapatátia chegou à liderança da confederação ocidental, ou síria, das tribos noditas com a morte do seu pai. Serapatátia era um homem de pele morena, um brilhante descendente do ex-chefe da comissão de saúde da Dalamátia, que se casara com uma das mulheres dotadas de uma mente superior, da raça azul, daqueles dias distantes. Essa linhagem vinha mantendo a autoridade durante muitas gerações e exercia grande influência sobre as tribos noditas ocidentais.

Serapatátia fizera muitas visitas ao Jardim e ficara profundamente impressionado com a retidão da causa de Adão. E, pouco depois de assumir a liderança dos noditas sírios, ele anunciou a sua intenção de estabelecer uma associação com o trabalho de Adão e Eva no Jardim. A maioria do seu povo uniu-se a ele nesse programa, e Adão estava reconfortado com a nova de que a mais poderosa e mais inteligente de todas as tribos vizinhas havia, quase em bloco, apoiado o programa de elevação mundial; era decididamente encorajador. E, pouco depois desse grande acontecimento, Serapatátia e o seu novo corpo de assessores foram recebidos por Adão e Eva na sua própria casa.

Serapatátia tornou-se um dos mais capazes e eficientes de todos os colaboradores de Adão. Ele era totalmente honesto e completamente sincero em todas as suas atividades; e nunca percebeu, nem mesmo mais tarde, que estava sendo usado, pelo astuto Caligástia, como uma arma circunstancial.

Em breve, Serapatátia tornou-se o vice-presidente da comissão edênica de relações tribais e muitos planos foram feitos para uma continuidade mais vigorosa do trabalho de conquistar as tribos longínquas para a causa do Jardim.

Ele teve muitas conferências com Adão e Eva – especialmente com Eva – e eles conversaram sobre muitos projetos para aperfeiçoar os seus métodos. Um dia, durante uma conversa com Eva, ocorreu a Serapatátia que seria de muita ajuda, enquanto esperavam pelo recrutamento de um grande número da raça violeta, se algo pudesse ser feito, nesse meio tempo, para o aprimoramento imediato das tribos necessitadas que permaneciam à espera. Serapatátia sustentava que, se os noditas, como a raça de maior progresso e grau de cooperação, pudessem ter um líder nascido deles, mas, com origem parcial de sangue violeta, iria isso se constituir em um vínculo poderoso que uniria esses povos mais estreitamente ao Jardim. E tudo isso foi magnífica e honestamente considerado como sendo para o bem do mundo, já que essa criança, a ser criada e educada no Jardim, exerceria para sempre uma grande influência sobre o povo do seu pai.

Novamente deve ser enfatizado que Serapatátia era de todo honesto e totalmente sincero em tudo o que propunha. Nem por uma vez sequer ele suspeitou de que estava fazendo o jogo de Caligástia e Daligástia. Serapatátia era inteiramente leal ao plano de construir uma reserva forte da raça violeta, antes de tentar a elevação mundial dos confusos povos de Urântia. Todavia, isso requereria centenas de anos para se consumar, e ele era impaciente; e queria ver resultados imediatos – algo durante a sua própria vida. E deixou claro, para Eva, que Adão algumas vezes ficava desanimado com o pouco que fora realizado no sentido de elevar o mundo.

Por mais de cinco anos, esses planos amadureceram secretamente. Afinal desenvolveram-se até o ponto em que Eva consentiu em ter um encontro secreto com Cano, a mente mais brilhante e o mais ativo líder da colônia vizinha de noditas amistosos. Cano tinha muita simpatia pelo regime Adâmico; de fato, ele era o líder espiritual sincero daqueles noditas vizinhos que eram favoráveis às relações amigáveis com o Jardim.

A reunião fatal ocorreu durante o crepúsculo de uma tarde de outono, não muito longe da casa de Adão. Eva nunca antes havia visto o belo e entusiasmado Cano – e ele era um magnífico espécime, com a herança do físico superior e do intelecto destacado dos seus progenitores remotos do corpo de assessores do Príncipe. E Cano também acreditava profundamente na retidão do projeto de Serapatátia. (Fora do Jardim, a poligamia era uma prática comum.)

Influenciada pelos elogios, pelo entusiasmo e uma grande persuasão pessoal, Eva, ali e então, consentiu em embarcar no empreendimento tão discutido, em acrescentar o seu próprio pequeno esquema de salvação do mundo ao plano divino maior e de alcance mais abrangente. Antes que ela compreendesse realmente o que acontecia, o passo fatal já fora dado. Estava feito.

4. A COMPREENSÃO DA FALTA

A vida celeste do planeta ficou em tumulto. Adão reconheceu que algo estava errado, e pediu a Eva para ficar a sós com ele no Jardim. E agora, pela primeira vez, Adão ouviu toda a história do plano longamente alimentado para acelerar a elevação do mundo, operando simultaneamente em duas direções: a consecução do plano divino, concomitantemente com a execução do plano de Serapatátia.

E, enquanto o Filho e a Filha Materiais comungavam assim no Jardim sob a luz da lua, "a voz do Jardim" reprovou-os pela desobediência. E aquela voz não era senão o meu próprio anúncio, ao par edênico, de que eles haviam transgredido o pacto do Jardim; que eles haviam desobedecido às instruções dos Melquisedeques; que eles haviam cometido uma falta na execução dos seus juramentos de fidelidade ao Soberano do universo.

Eva havia consentido em participar da prática do bem e do mal. O bem é o cumprimento dos planos divinos; o pecado é uma transgressão deliberada da vontade divina; o mal é a falha na adaptação dos planos e o desajuste das técnicas, resultando na desarmonia do universo e na confusão planetária.

Todas as vezes que o par do Jardim comera do fruto da árvore da vida, o arcanjo guardião havia-lhes avisado de que era preciso abster-se de ceder às sugestões de Caligástia de combinar o bem e o mal. Eles tinham sido assim prevenidos: "No dia em que misturardes o bem e o mal, vós certamente vos tornareis como os mortais do reino; vós certamente morrereis".

Eva, na ocasião fatal do seu encontro secreto com Cano, contou-lhe sobre essa advertência, muitas vezes repetida, mas Cano, não sabendo da importância, nem da significação dessas admoestações, assegurou-lhe que os homens e as mulheres com bons motivos e intenções sinceras não podiam fazer o mal; que ela certamente não morreria, mas, em vez disso, renasceria na pessoa da progênie deles, que cresceria para abençoar e estabilizar o mundo.

Esse projeto de modificação do plano divino, mesmo havendo sido concebido e executado com toda a sinceridade e apenas com os mais elevados motivos para o bem-estar do mundo, se constituiu no mal, porque representava o caminho errado de se alcançar fins probos, pois se distanciava do caminho certo, o plano divino.

Bem verdade é que Eva havia achado Cano agradável à vista, e compreendeu tudo o que o seu sedutor tinha prometido por meio "de um novo e maior conhecimento dos assuntos humanos e de uma compreensão mais vivificada da natureza humana como complemento para a compreensão da natureza Adâmica".

Naquela noite, eu falei ao pai e à mãe da raça violeta no Jardim, tal como se tornou o meu dever nessas tristes circunstâncias. Eu escutei o recital de tudo o que levou a Mãe Eva à falta, e dei a ambos o conselho e a orientação a respeito da situação imediata. Alguns desses conselhos eles seguiram, outros eles desconsideraram. Essa conversa aparece assim nos vossos registros: "o Senhor Deus, chamando Adão e Eva no Jardim e perguntando: 'onde estais vós?'" As gerações posteriores tiveram por hábito atribuir tudo o que fosse inusitado e extraordinário, fosse natural ou espiritual, à intervenção direta e pessoal dos Deuses.

5. AS REPERCUSSÕES DA FALTA

A desilusão de Eva foi verdadeiramente patética. Adão discerniu toda a conjuntura infeliz e, apesar do abatimento e do coração alquebrado, não manifestou senão piedade e compaixão pela sua companheira em erro.

No desespero da compreensão do fracasso, Adão, no dia seguinte ao passo errado de Eva, procurou Laota, a brilhante mulher nodita que dirigia as escolas ocidentais do Jardim, e, com premeditação, cometeu a mesma loucura que Eva. Mas não entendais mal: Adão não foi seduzido; ele sabia exatamente o que fazia; deliberadamente, ele escolheu compartilhar do destino de Eva. Ele amava a sua companheira com uma afeição supramortal, e o pensamento da possibilidade de uma vigília solitária em Urântia, sem ela, era muito mais do que ele podia suportar.

Quando souberam o que acontecera a Eva, os habitantes enfurecidos do Jardim ficaram furiosos e desgovernados; declararam guerra ao assentamento nodita vizinho. Saíram dos portões do Éden e precipitaram-se sobre aquele povo despreparado, destruindo-o – nem homem, mulher ou criança foram poupados. E Cano, o pai de Caim, ainda por nascer, também pereceu.

Quando compreendeu claramente o que havia acontecido, Serapatátia foi vencido pela consternação e ficou fora de si, de medo e de remorso, e, no dia seguinte, afogou-se no grande rio.

Os filhos de Adão procuraram confortar a sua mãe perturbada, enquanto o seu pai vagou, em solidão, durante trinta dias. Ao fim desse tempo, o bom senso voltou, e Adão retornou para a sua casa e começou a planejar a linha futura de conduta.

As conseqüências das loucuras cometidas por pais mal orientados são partilhadas pelos filhos inocentes muito freqüentemente. Justos e nobres, os filhos e as filhas de Adão e Eva ficaram abatidos e tomados de uma tristeza inexplicável, por causa da inacreditável tragédia que havia caído tão súbita e brutalmente sobre eles. Nem em cinqüenta anos o mais velho desses filhos recuperar-se-ia da tristeza e da dor desses dias trágicos, especialmente do terror daquele período de trinta dias, durante o qual o seu pai esteve ausente de casa e enquanto a sua mãe permanecera, enlouquecida, na mais completa ignorância sobre o paradeiro ou o destino dele.

E esses trinta dias foram, para Eva, como anos longos de tristeza e de sofrimento. Nunca essa nobre alma recuperou-se totalmente dos efeitos desse período atroz de sofrimento mental e de dor espiritual. Nenhum aspecto das suas privações seguintes, e das dificuldades materiais, pode comparar-se, na memória de Eva, a esses terríveis dias e noites horrorosas de solidão e de incerteza insuportável. Ela soube do ato irrefletido de Serapatátia, e não sabia se, por tristeza, o seu companheiro havia destruído a si próprio ou se tinha sido retirado do mundo em punição pelo erro dela. E quando Adão voltou, Eva teve uma tal satisfação de júbilo e gratidão, que nunca mais se apagou, durante toda a longa e difícil associação de vida e do árduo serviço deles.

O tempo passou, mas Adão não estava certo sobre a natureza da ofensa que haviam cometido, até setenta dias depois da falta de Eva, quando os administradores Melquisedeques retornaram a Urântia e assumiram a jurisdição dos assuntos do mundo. E só então Adão soube que eles haviam fracassado.

Contudo, outros problemas ainda se preparavam: as notícias do aniquilamento da colônia nodita vizinha do Éden não demoraram a alcançar as tribos de origem de Serapatátia ao norte e, em breve, um grande exército estava sendo reunido para marchar sobre o Jardim. E isso foi o começo de uma guerra longa e amarga entre os adamitas e os noditas, pois essas hostilidades prolongaram-se até muito tempo depois que Adão e os seus seguidores haviam emigrado para o segundo jardim, no vale do Eufrates. Houve uma intensa e prolongada "inimizade entre aquele homem e a mulher, entre a sua semente e a semente dela".

6. ADÃO E EVA DEIXAM O JARDIM

Quando soube que os noditas estavam em marcha, Adão procurou o conselho dos Melquisedeques, mas eles se recusaram a dar-lhe orientação. Disseram apenas que fizesse como achasse melhor, mas lhe prometeram uma cooperação amistosa, em tudo o que fosse possível, qualquer decisão que ele tomasse. Os Melquisedeques haviam sido proibidos de interferir nos planos pessoais de Adão e Eva.

Adão sabia que Eva e ele haviam fracassado; a presença dos administradores Melquisedeques evidenciava isso, embora ele ainda não soubesse nada sobre o status pessoal deles, nem sobre o seu destino futuro. Durante uma noite inteira, esteve em reunião com alguns dos mil e duzentos seguidores leais que propunham seguir o seu líder e, no dia seguinte, ao meio-dia, esses peregrinos saíram do Éden em busca de novos lares. Adão não tinha nenhum gosto pela guerra e, assim sendo, sem fazer oposição, escolheu deixar o primeiro jardim para os noditas.

Ao terceiro dia depois da sua partida do Jardim, a caravana Edênica foi detida pela chegada de transportes seráficos de Jerusém. E, pela primeira vez, Adão e Eva foram informados sobre o que seria dos seus filhos. Enquanto os transportes permaneciam à espera, àqueles filhos que haviam chegado à idade da escolha (vinte anos) foi dada a opção de permanecerem em Urântia com os seus pais ou tornarem-se pupilos dos Altíssimos de Norlatiadeque. Dois terços deles escolheram ir para Edêntia; cerca de um terço escolheu permanecer com os seus pais. Todas as crianças que não tinham idade para escolher foram levadas para Edêntia. Ninguém poderia ter assistido à dolorosa separação desse Filho Material e dessa Filha Material dos seus filhos, sem compreender quão difícil é o caminho do transgressor. Essa progênie de Adão e Eva agora está em Edêntia; e não sabemos o que deverá acontecer a eles.

E foi uma caravana muito triste a que se preparou para continuar a sua viagem. Poderia ter havido algo mais trágico? Terem vindo a um mundo com as esperanças mais elevadas, terem sido tão auspiciosamente recebidos e, então, sair do Éden em desgraça, e ainda perder mais de três quartos dos seus filhos, antes mesmo de encontrar uma nova residência?

7. A DEGRADAÇÃO DE ADÃO E EVA

Enquanto a caravana edênica estava parada, Adão e Eva foram informados da natureza das suas transgressões e avisados a respeito do seu destino. Gabriel apareceu para pronunciar o julgamento. E o veredicto foi o seguinte: o Adão e a Eva Planetários de Urântia são julgados em falta; violaram o pacto da sua missão de confiança como governantes deste mundo habitado.

Ainda que abatidos pelo sentimento de culpa, Adão e Eva ficaram bastante reconfortados pelo anúncio de que os juízes deles, em Sálvington, os haviam absolvido de todas acusações de terem "desrespeitado o governo do universo". Eles não tinham sido considerados culpados de rebelião.

O par Edênico foi informado de que eles se tinham degradado ao status de mortais do reino; e que eles deviam então se conduzir, daí por diante, como um homem e uma mulher de Urântia, encarando o futuro das raças do mundo como o seu próprio futuro.

Muito antes de Adão e Eva deixarem Jerusém, os seus instrutores haviam explicado detalhadamente a eles sobre as conseqüências de qualquer desvio vital dos planos divinos. Pessoalmente, e por repetidas vezes, tanto antes quanto depois de haverem chegado a Urântia, eu havia prevenido a ambos que a redução ao status de carne mortal seria, certamente, o resultado, a penalidade certa, que infalivelmente sucederia a uma falta na execução da missão planetária deles. Contudo, uma compreensão do status de imortalidade da ordem da Filiação Material é essencial para que se compreenda claramente as conseqüências da falta de Adão e Eva:

1. Adão e Eva, como os seus semelhantes de Jerusém, mantinham o status de imortais por intermédio da associação intelectual ao circuito de gravidade da mente do Espírito. Quando essa sustentação vital é interrompida, pela disjunção mental, então, a despeito do nível espiritual de existência da criatura, o status de imortalidade é perdido. O status mortal, seguido da dissolução física, era a conseqüência inevitável da falta intelectual de Adão e Eva.

2. O Filho e a Filha Materiais de Urântia, sendo também personalizados à semelhança da carne mortal deste mundo, eram, pois, dependentes da manutenção de um sistema circulatório dual: um, derivado das suas naturezas físicas, e, o outro, da superenergia armazenada no fruto da árvore da vida. E, sempre, o arcanjo custódio da árvore havia prevenido a Adão e a Eva de que a falta cometida contra a confiança neles depositada culminaria na degradação do status deles, e de que, pois, o acesso a essa fonte de energia seria negado a eles em seguida à sua falta.

Caligástia tivera êxito na armadilha feita para Adão e Eva, mas não realizou o seu propósito de levá-los à rebelião aberta contra o governo do universo. Eles haviam feito algo de mal, no entanto, jamais foram culpados de desrespeito à verdade, nem de se alistarem conscientemente na rebelião contra o governo probo do Pai Universal e do seu Filho Criador.

8. A SUPOSTA QUEDA DO HOMEM

Adão e Eva realmente caíram do seu elevado estado de filiação material, até o status inferior de homem mortal. Mas isso não foi uma queda do homem. A raça humana tem sido elevada, a despeito das conseqüências imediatas da falta Adâmica. Embora o plano divino de doar a raça violeta aos povos de Urântia haja malogrado, as raças mortais têm tirado um imenso proveito da contribuição limitada que Adão e a sua descendência deram às raças de Urântia.

Não houve uma "queda do homem". A história da raça humana é de evolução progressiva, e a outorga Adâmica deixou os povos do mundo enormemente aprimorados em relação à sua condição biológica anterior. As linhagens superiores de Urântia agora trazem em si fatores de herança derivados de nada menos que quatro fontes separadas: a andonita, a sangique, a nodita e a Adâmica.

Adão não deveria ser considerado como a causa de uma maldição sobre a raça humana. Conquanto haja falhado em levar adiante o plano divino, conquanto haja transgredido o seu pacto com a Deidade, conquanto ele e a sua companheira hajam sido, sem dúvida, degradados, no seu status, como criaturas, não obstante tudo isso, a sua contribuição para a raça humana em muito colaborou para avançar a civilização de Urântia.

Ao estimar os resultados da missão Adâmica no vosso mundo, a justiça exige que se reconheça a condição do planeta. Adão foi colocado diante de uma tarefa quase impossível, quando, junto com a sua bela companheira, foi transportado de Jerusém para este planeta escuro e confuso. Todavia, houvessem eles se guiado pelos conselhos dos Melquisedeques e dos seus colaboradores, e *houvessem eles sido mais pacientes,* no final teriam tido êxito. Mas Eva escutou a propaganda insidiosa da liberdade pessoal e planetária de ação. E foi levada a experimentar com o plasma da vida, da ordem material de filiação, no sentido de permitir que a comenda da vida doada a ela fosse, prematuramente, misturada com a da ordem então miscigenada do projeto original dos Portadores da Vida, que havia sido previamente combinada à dos seres reprodutores outrora ligados ao corpo de assessores do Príncipe Planetário.

Nunca, em toda a vossa ascensão ao Paraíso, ireis ganhar qualquer coisa se usardes o meio de intentar impacientemente esquivar-vos do plano estabelecido e divino, por meio de atalhos, invenções pessoais ou outros expedientes para melhorar o caminho da perfeição, para a perfeição e em prol da perfeição eterna.

Em tudo e por tudo, provavelmente, nunca houve, em nenhum planeta de todo o Nébadon, um extravio tão desencorajador da sabedoria; mas não é surpreendente que esses passos em falso ocorram nos assuntos dos universos evolucionários. Somos parte de uma criação gigantesca e, portanto, não é estranho que algo acabe não trabalhando para a perfeição; o nosso universo não foi criado na perfeição. A perfeição é a nossa meta eterna, não a nossa origem.

Se esse fosse um universo mecanicista, se a Primeira Grande Fonte e Centro fosse apenas uma força e não também uma personalidade, se toda a criação fosse uma vasta agregação de matéria física dominada por leis precisas, caracterizadas por ações energéticas invariáveis, então, a perfeição poderia predominar, a despeito mesmo do status incompleto do universo. Não haveria nenhum desacordo; não haveria nenhum atrito. Mas, no nosso universo em evolução, de perfeição relativa e de imperfeição, nós nos rejubilamos de que sejam possíveis o desacordo e o desentendimento, pois são as evidências do fato e do ato da personalidade no universo. E, se a nossa criação é uma existência dominada pela personalidade, vós podeis estar seguros das possibilidades da sobrevivência da personalidade, do seu avanço e da sua realização; podemos estar confiantes no crescimento da personalidade, na experiência e na aventura da personalidade. Quão glorioso é este universo, que é pessoal e progressivo, e não meramente mecânico, nem mesmo passivamente perfeito!

[Apresentado por Solônia, a seráfica "voz do Jardim".]

DOCUMENTO 76

O SEGUNDO JARDIM

QUANDO, sem opor resistência, Adão escolheu deixar o primeiro Jardim entregue aos noditas, ele e os seus seguidores não podiam ir para o oeste, pois os edenitas não tinham barcos adequados para tal aventura marinha. Não podiam ir para o norte, porque os noditas do norte estavam já em marcha na direção do Éden. Temiam ir para o sul, posto que as colinas daquela região estavam infestadas de tribos hostis. O único caminho aberto era o do leste e, assim, foram nessa direção para as então agradáveis regiões entre os rios Tigre e Eufrates. E muitos daqueles que foram deixados para trás, mais tarde viajaram para o leste a fim de juntarem-se aos adamitas no vale que seria o seu novo lar.

Caim e Sansa nasceram, ambos, antes que a caravana Adâmica tivesse alcançado o seu destino, entre os rios na Mesopotâmia. Laotta, a mãe de Sansa, morreu no nascimento da sua filha; Eva sofreu muito, mas sobreviveu, devido à sua força superior. Eva amamentou Sansa, a criança de Laotta, a qual foi criada junto com Caim. Sansa cresceu e transformou-se em uma mulher de grande capacidade. Tornou se a mulher de Sargan, o chefe das raças azuis do norte; e contribuiu para o avanço dos homens azuis daqueles tempos.

1. OS EDENITAS ENTRAM NA MESOPOTÂMIA

Quase um ano inteiro foi necessário para que a caravana de Adão alcançasse o rio Eufrates. Encontrando-o na época de enchente, permaneceram acampados nas planícies a oeste da água corrente, durante quase seis semanas, até tomarem o caminho da terra, entre os rios, que se transformaria no segundo jardim.

Quando chegou a notícia aos habitantes originais da terra do segundo jardim, de que o rei e alto sacerdote do Jardim do Éden estava marchando na direção deles, estes fugiram apressados para as montanhas do leste. Adão encontrou todo o território desejado vago, quando chegou. E ali, nessa nova localização, Adão e os seus colaboradores estabeleceram-se para trabalhar na construção de novas casas e estabelecer um novo centro de cultura e religião.

Esse local era conhecido de Adão como uma das três opções originais do comitê designado para escolher as localizações possíveis, para o Jardim, propostas por Van e Amadon. Os dois rios, em si mesmos, eram uma boa defesa natural naqueles dias, e a uma pequena distância para o norte, do segundo jardim, o Eufrates e o Tigre aproximavam-se de tal modo que um muro de defesa, estendendo-se por noventa quilômetros, poderia ser construído para proteger o território ao sul, entre os rios.

Após instalarem-se no novo Éden, tornou-se necessário adotar métodos rudimentares de vida; parecia inteiramente verdadeiro que a terra houvesse sido amaldiçoada. A natureza, uma vez mais, seguia livre o seu curso. E agora os adamitas seriam compelidos a arrancar a subsistência do solo despreparado e enfrentar as realidades da vida, em meio às hostilidades e incompatibilidades naturais da existência mortal.

Eles encontraram o primeiro Jardim parcialmente preparado para esperá-los, mas o segundo tinha de ser criado pelo trabalho das suas próprias mãos e com o "suor dos seus rostos".

2. CAIM E ABEL

Menos de dois anos depois do nascimento de Caim, nasceu Abel, o primeiro filho de Adão e Eva a nascer no segundo jardim. Quando Abel chegou à idade de doze anos, escolheu ser um pastor; Caim havia escolhido seguir a agricultura.

Ora, naqueles dias, era costume fazer-se, aos sacerdotes, oferendas das coisas disponíveis. Os pastores dariam dos seus rebanhos; os agricultores, dos frutos dos campos; e, de acordo com esse costume, Caim e Abel também faziam oferendas periódicas aos sacerdotes. Os dois meninos, por muitas vezes, haviam debatido sobre os méritos relativos das suas vocações, e Abel não demorou a perceber a preferência que era dada aos seus sacrifícios de animais. Em vão, Caim apelou para as tradições do primeiro Éden, para a preferência anterior dada aos frutos dos campos. Mas Abel não admitia isso, e escarnecia do desapontamento do irmão mais velho.

Nos dias do primeiro Éden, de fato, Adão havia tentado desencorajar as oferendas com sacrifícios animais, de modo que Caim tinha um precedente a justificar os seus argumentos. Foi difícil, contudo, organizar a vida religiosa do segundo Éden. Adão estava sobrecarregado com mil e um detalhes ligados ao trabalho de construção, defesa e agricultura. Estando muito deprimido espiritualmente, ele confiou a organização da adoração e da educação àqueles que, sendo de origem nodita, haviam servido nessas funções no primeiro Jardim; e, mesmo depois de um tempo tão curto, os sacerdotes noditas que oficiavam estavam voltando aos padrões e regras dos tempos pré-Adâmicos.

Os dois garotos nunca se deram muito bem, e essa questão dos sacrifícios contribuiu mais ainda para que entre eles crescesse um certo ódio. Abel sabia que era filho de Adão e Eva, e nunca deixara de ressaltar, perante Caim, que Adão não era o pai dele. Caim não era de raça violeta pura, pois o seu pai era da raça nodita, também misturada à linhagem azul e vermelha e ao sangue andônico aborígine. E, tudo isso, e mais a herança belicosa de Caim levaram-no a nutrir um ódio sempre crescente pelo seu irmão mais jovem.

Os rapazes tinham respectivamente dezoito e vinte anos de idade, quando a tensão entre eles foi finalmente resolvida; um dia, os sarcasmos de Abel enfureceram tanto o seu belicoso irmão, que Caim chegou a ponto de deixar a sua ira fazê-lo voltar-se contra o irmão, matando-o.

Uma observação da conduta de Abel estabelece o valor do meio ambiente e da educação como fatores do desenvolvimento do caráter. Abel tinha uma herança ideal, e a hereditariedade forma a base de todo o caráter; mas a influência de um ambiente inferior virtualmente neutralizou essa herança magnífica. Abel, especialmente durante os seus anos mais tenros, foi muito influenciado pelo meio ambiente desfavorável. E ter-se-ia tornado uma pessoa inteiramente diferente, caso tivesse vivido até os vinte e cinco ou trinta anos; a sua herança superior ter-se-ia então evidenciado. Conquanto um bom ambiente possa não contribuir muito para realmente superar os defeitos do caráter de uma hereditariedade vil, um mau ambiente pode muito efetivamente estragar uma hereditariedade excelente, ao menos durante os primeiros anos da vida. O bom ambiente social e a educação adequada são um solo e uma atmosfera indispensáveis, para se obter o máximo de uma boa herança.

Da morte de Abel, os seus pais ficaram sabendo quando os seus cachorros trouxeram o rebanho para casa sem o amo. Para Adão e Eva, Caim estava-se convertendo na sombria lembrança da sua loucura, e eles o encorajaram na sua decisão de deixar o jardim.

A vida de Caim na Mesopotâmia não foi exatamente feliz, pois, de um modo bastante singular, ele tornara-se o símbolo da falta Adâmica. Não que os seus companheiros fossem indelicados com ele, mas ele não era inconsciente do ressentimento de todos com a sua presença. Mas, como não trazia uma marca tribal, Caim sabia que seria morto pela primeira tribo vizinha que tivesse a chance de encontrá-lo. O medo e algum remorso levaram-no ao arrependimento. Caim nunca havia sido habitado por um Ajustador, havia desafiado sempre a disciplina da família e tratara sempre a religião do seu pai com desdém. Mas agora chegava até Eva, a sua mãe, e pedia a ajuda espiritual e os seus guiamentos, e, quando buscou honestamente a assistência divina, um Ajustador veio para residir nele. E esse Ajustador, que residiu nele e que olhava para fora, deu a Caim uma vantagem evidente de superioridade que o colocou na categoria da muito temida tribo de Adão.

E, então, Caim partiu para a terra de Nod, a leste do segundo Éden. Tornou-se um grande líder de um grupo do povo do seu pai e, em uma certa medida, cumpriu as predições de Serapatátia, pois promoveu a paz dentro dessa divisão entre os noditas e os adamitas, durante o período da sua vida. Caim casou-se com Remona, prima distante sua, e o primeiro filho deles, Enoch, tornou-se o chefe dos noditas elamitas. E, durante centenas de anos, os elamitas e os adamitas continuaram vivendo em paz.

3. A VIDA NA MESOPOTÂMIA

À medida que o tempo passava, evidenciavam-se, no segundo jardim, cada vez mais as conseqüências da sua falta; e Adão e Eva sentiam muita saudade do seu lar anterior de beleza e de tranqüilidade, bem como dos seus filhos que haviam sido deportados para Edêntia. Era, de fato, patético observar esse casal magnífico reduzido ao status da carne comum do reino; mas eles suportaram com graça e coragem aquela diminuição no seu status.

Adão sabiamente passava a maior parte do tempo ensinando aos seus filhos e companheiros a administração civil, métodos educacionais e devoções religiosas. Não fora essa previdência sua, e um pandemônio haveria irrompido, quando da sua morte. E desse modo, a morte de Adão só em muito pouco afetou a condução dos assuntos do seu povo. Contudo, muito antes de Adão e Eva morrerem, eles reconheceram que os seus filhos e os seus seguidores haviam gradualmente aprendido a esquecer os dias da sua glória no Éden. E, para a maioria dos seus seguidores, foi melhor que houvessem esquecido a grandeza do Éden, pois assim eles teriam menos possibilidades de sentir um descontentamento injustificado com o seu meio ambiente menos favorecido.

Os governantes civis dos adamitas saíram hereditariamente dos filhos do primeiro jardim. O primeiro filho de Adão, Adamson (Adão ben Adão), fundou um centro secundário da raça violeta, ao norte do segundo Éden. O segundo filho de Adão, Evason, tornou-se um dirigente e um administrador magistral; foi um grande colaborador do seu pai. Evason não viveu tanto tempo quanto Adão, e o seu filho mais velho, Jansad, foi o sucessor de Adão na chefia das tribos adamitas.

Os governantes religiosos, ou o sacerdócio, originaram-se de Set, o filho sobrevivente mais velho de Adão e Eva, nascido no segundo jardim. Ele nasceu cento e vinte e nove anos depois da chegada de Adão em Urântia. Set ficou absorvido pelo trabalho de aperfeiçoar o status espiritual do povo do seu pai, tornando-se o dirigente do novo sacerdócio do segundo jardim. O seu filho, Enos, fundou a nova ordem de adoração, e o seu neto, Kenan, instituiu o serviço exterior de missionários para as tribos vizinhas, próximas e distantes.

O sacerdócio setita foi uma missão tríplice, abrangendo religião, saúde e educação. Os sacerdotes dessa ordem eram treinados para oficiar em cerimônias religiosas, para servir como médicos, inspetores sanitários e professores nas escolas do jardim.

A caravana de Adão trouxera consigo, para a terra entre os rios, as sementes e os bulbos de centenas de plantas e cereais do primeiro Jardim; e, também, havia trazido consigo vastos rebanhos e alguns animais domesticados. E por isso, tiveram grandes vantagens sobre as tribos vizinhas. Desfrutavam de muitos dos benefícios da cultura anterior, do Jardim original.

Até a época em que deixaram o primeiro Jardim, Adão e a sua família haviam sobrevivido sempre comendo frutas, cereais e nozes. A caminho da Mesopotâmia, pela primeira vez, haviam comido ervas e hortaliças. Logo se introduziu a prática de se comer carne, no segundo jardim, mas Adão e Eva nunca comeram carne como parte da sua dieta regular. E também Adamson e Evason, bem como os outros filhos da primeira geração do primeiro Jardim, nunca se tornaram carnívoros.

Os adamitas superavam, em muito, os povos vizinhos nas realizações culturais e desenvolvimento intelectual. Criaram um terceiro alfabeto e, de outras formas, lançaram as fundações de grande parte das coisas que foram as precursoras da arte moderna, da ciência e da literatura. Nas terras entre o Tigre e o Eufrates, eles mantiveram as artes da escrita, os trabalhos em metal, a cerâmica, a tecelagem e produziram um tipo de arquitetura que não chegou a ser superada durante milhares de anos.

A vida no lar dos povos violetas era a ideal, para a sua época e idade. As crianças eram submetidas a cursos de aperfeiçoamento na agricultura, no artesanato e na criação de animais, ou então eram educadas para desempenharem os deveres tríplices de um setita: ser um sacerdote, um médico e um professor.

E, ao pensardes no sacerdócio setita, não deveis confundir esses mestres da saúde e da religião, de mente elevada e nobre, de verdadeiros educadores, com os sacerdócios adulterados e comercializados das tribos posteriores e das nações vizinhas. Os conceitos religiosos de Deidade e do universo que eles possuíam eram avançados e razoavelmente precisos, as suas regras de saúde eram excelentes para a sua época e os seus métodos de educação jamais foram superados.

4. A RAÇA VIOLETA

Adão e Eva, os fundadores da raça violeta de homens, formaram a nona raça humana a aparecer em Urântia. Adão e a sua progênie tinham olhos azuis e os povos violetas eram caracterizados pela pele clara e as cores claras de cabelos – amarelo, ruivo e castanho.

Eva não sofria de dor durante o parto; nem a sentiam as raças evolucionárias primitivas. Apenas as raças misturadas, produzidas pela união do homem evolucionário com os noditas e, mais tarde, com os adamitas, é que passaram a sofrer as dores violentas do nascimento dos bebês.

Adão e Eva, tanto quanto os seus irmãos em Jerusém, eram energizados por uma nutrição dual, subsistindo tanto do alimento quanto da luz, suplementados por certas energias suprafísicas, não reveladas em Urântia. A sua progênie de Urântia não herdou o dom de absorver a energia, nem o da circulação da luz. Eles tinham uma única circulação, o tipo humano de sustentação pelo sangue. E eram mortais por natureza, mas, ainda que tivessem vidas de longa duração, a longevidade teve a tendência de assumir a normalidade humana, em cada geração que se sucedeu.

Adão e Eva e a sua primeira geração de filhos não usavam a carne de animais como alimento. Eles subsistiam integralmente dos "frutos das árvores". Depois da primeira geração, todos os descendentes de Adão começaram a comer os produtos do leite, mas muitos deles continuaram a seguir uma dieta sem carne. Muitas das tribos do sul, às quais se uniram posteriormente, também não comiam carne. Mais tarde, a maior parte dessas tribos vegetarianas migrou para o leste e sobreviveu tal como estão todas agora, miscigenadas com os povos da Índia.

Tanto a visão física quanto a espiritual de Adão e Eva eram muito superiores àquelas dos povos atuais. Os seus sentidos especiais eram muito mais aguçados; sendo capazes de ver as criaturas intermediárias e as hostes angélicas, os Melquisedeques e Caligástia, o Príncipe caído, que muitas vezes veio conversar com o seu nobre sucessor. Eles mantiveram essa capacidade de ver os seres celestes por mais de cem anos, depois da falta. Esses sentidos especiais não estavam assim tão agudamente presentes nos seus filhos e tendiam a diminuir a cada geração que se sucedia.

Os filhos Adâmicos geralmente eram resididos por Ajustadores, pois todos eles possuíam uma capacidade indubitável de sobrevivência após a morte. Essa progênie superior não era tão sujeita ao medo quanto o são as crianças provindas da evolução. O temor ainda perdura nas raças atuais de Urântia, porque os vossos ancestrais receberam pouquíssimo do plasma vital de Adão, devido ao desvio prematuro dos planos para a elevação física racial.

As células do corpo dos Filhos Materiais e da sua progênie são muito mais resistentes à doença do que as dos seres evolucionários naturais do planeta. As células do corpo, nas raças nativas, são afins daquelas dos organismos microscópicos e ultramicroscópicos causadores das doenças do reino. Esses fatos explicam por que os povos de Urântia têm de fazer tanto, por meio de esforços científicos, para resistir às inúmeras desordens físicas. Vós seríeis muito mais resistentes às doenças, se as vossas raças carregassem em si mais do plasma da vida Adâmica.

Depois de se estabelecerem no segundo jardim, no Eufrates, Adão optou por deixar atrás de si o máximo possível do seu plasma de vida, para beneficiar o mundo depois da sua morte. E, desse modo, Eva tornou-se a chefe de uma comissão de doze, para o aperfeiçoamento da raça, e, antes de Adão morrer, essa comissão havia selecionado 1 682 exemplares do tipo mais elevado de mulheres de Urântia, sendo essas mulheres impregnadas com o plasma da vida Adâmica. Os seus filhos, todos, cresceram até a maturidade, exceto 112 deles, e o mundo, desse modo, foi beneficiado pelo acréscimo de 1 570 homens e mulheres superiores. Embora essas candidatas a mãe houvessem sido escolhidas de todas as tribos vizinhas e representassem a maioria das raças da Terra, a maioria foi escolhida da linhagem mais elevada dos noditas; e elas constituíram os primórdios da poderosa raça andita. As crianças nasceram e foram criadas nos ambientes tribais das suas respectivas mães.

5. A MORTE DE ADÃO E EVA

Não muito depois do estabelecimento do segundo Éden, Adão e Eva foram devidamente informados de que o arrependimento deles havia sido aceito e que, embora estivessem condenados a sofrer o destino dos mortais do seu mundo, eles deveriam certamente tornarem-se aptos para serem admitidos nas fileiras dos sobreviventes adormecidos de Urântia. Eles acreditaram plenamente nessa palavra de ressurreição e de reabilitação, que os Melquisedeques, de um modo tão tocante, proclamaram a eles. A sua transgressão havia sido um erro de julgamento e não um pecado de rebelião consciente e deliberada.

Adão e Eva, como cidadãos de Jerusém, não possuíam Ajustadores do Pensamento, nem eram residos por Ajustadores quando funcionaram em Urântia, no primeiro jardim. Todavia, pouco depois da sua redução ao status de mortais, eles tornaram-se conscientes de uma nova presença dentro deles e despertaram para a compreensão de que o status humano, combinado com o arrependimento sincero, havia tornado possível aos Ajustadores residir neles. Foi esse conhecimento, o de serem resididos pelos Ajustadores, que, em grande parte, animou a Adão e Eva durante o restante das suas vidas; eles sabiam que haviam falhado como Filhos Materiais de Satânia, mas sabiam também que a carreira do Paraíso ainda estava aberta para eles, como filhos ascendentes do universo.

Adão sabia sobre a ressurreição dispensacional que ocorrera simultaneamente com a sua chegada no planeta, e acreditava que a sua companheira e ele, provavelmente, iriam ser repersonalizados quando da vinda de uma nova ordem de filiação. Ele não sabia que Michael, o soberano desse universo, devia muito em breve aparecer em Urântia; e acreditava que o próximo Filho a chegar fosse da ordem Avonal. Mesmo assim, e apesar de que ser um tanto difícil que compreendessem, foi sempre um conforto para Adão e Eva meditarem sobre a única mensagem pessoal que eles receberam de Michael. Essa mensagem, entre outras expressões de amizade e de conforto, dizia: "Eu considerei as circunstâncias da vossa falta, lembrei-me do desejo dos vossos corações, de serem sempre leais à vontade do meu Pai, e vós sereis chamados do abraço do sono mortal, quando eu vier a Urântia, caso os Filhos subordinados do meu Reino não vos buscarem antes dessa época".

E isso se constituiu em um grande mistério para Adão e Eva. Eles puderam compreender a promessa velada de uma possível ressurreição especial nessa mensagem, e essa possibilidade animou-os consideravelmente; todavia, eles não podiam captar o significado da notificação de que eles descansariam até o momento de uma ressurreição associada à vinda pessoal de Michael a Urântia. E assim, o par Edênico proclamou sempre que um Filho de Deus viria, em algum tempo, e transmitiu aos seus entes queridos a crença, ou, ao menos, a esperança ardente, de que o mundo dos seus desatinos e tristezas poderia possivelmente ser o reino em que o governante desse universo iria escolher para exercer a função de Filho auto-outorgado do Paraíso. Parecia bom demais para ser verdade, mas Adão alimentou o pensamento de que a Urântia transtornada pelas lutas poderia, afinal, vir a ser o mundo mais afortunado do sistema de Satânia, o planeta invejado por todo o Nébadon.

Adão viveu 530 anos; morreu do que se poderia chamar de velhice. O seu mecanismo físico simplesmente desgastou-se; o processo de desintegração gradualmente venceu o processo de reposição, e veio o fim inevitável. Eva morrera dezenove anos antes, por causa de um coração enfraquecido. Ambos foram enterrados no centro do templo do serviço divino, que havia sido construído de acordo com os seus planos, logo depois de haver sido completado o muro da colônia. E essa foi a origem da prática de enterrar os homens e mulheres notáveis e pios sob os pisos dos locais de adoração.

O governo supramaterial de Urântia, sob a direção dos Melquisedeques, continuou, mas o contato físico direto com as raças evolucionárias havia sido rompido. Desde os dias longínquos da chegada dos assessores corpóreos do Príncipe Planetário, até os tempos de Van e Amadon, e depois, até a chegada de Adão e Eva, representantes físicos do governo do universo tinham estado sediados no planeta. Todavia, com a falta Adâmica, esse regime, que se estendeu durante um período de mais de quatrocentos e cinqüenta mil anos, chegou ao fim. Nos âmbitos espirituais, os ajudantes angélicos continuaram a lutar em conjunção com os Ajustadores do Pensamento, trabalhando ambos heroicamente para a salvação do indivíduo; mas nenhum plano abrangente para o bem-estar mundial, de longo alcance, foi promulgado, para os mortais da Terra, até a chegada, nos tempos de Abraão e de Maquiventa Melquisedeque, o qual, com o poder, paciência e autoridade de um Filho de Deus, lançou as fundações para uma nova elevação e uma reabilitação espiritual da desafortunada Urântia.

O infortúnio, contudo, não foi o único destino de Urântia; este planeta foi também o mais afortunado no universo local de Nébadon. Os urantianos deveriam considerar tudo isso, afinal, como um benefício, pois, se os erros dos seus ancestrais e as faltas dos seus primeiros governantes mundiais mergulharam o planeta em um estado de confusão sem esperança, deixando-o ainda mais confundido e em meio ao mal e ao pecado, foi esse mesmo passado de obscuridade que serviria de apelo a Michael de Nébadon e, de um tal modo, que o fez escolher este mundo como a arena onde revelaria a personalidade amorosa do Pai nos céus. Não que Urântia necessitasse de um Filho Criador para colocar em ordem os seus assuntos embaraçados; mas antes porque o mal e o pecado, em Urântia, proporcionariam ao Filho Criador um panorama de fundo mais contrastante contra o qual revelar o incomparável amor, a misericórdia e a paciência do Pai do Paraíso.

6. A SOBREVIVÊNCIA DE ADÃO E EVA

Adão e Eva entraram no seu descanso mortal com uma forte fé nas promessas feitas pelos Melquisedeques de que eles iriam, em algum tempo, despertar do sono da morte, para reassumir a vida nos mundos das mansões, tão familiares a eles, desde os dias que precederam à sua missão na carne material da raça violeta em Urântia.

Eles não permaneceram por muito tempo descansando no esquecimento do sono inconsciente dos mortais do reino. Ao terceiro dia, depois da morte de Adão, o segundo depois do seu enterro reverente, as ordens de Lanaforge, confirmadas pelos Altíssimos em exercício de Edêntia e ratificadas pelos Uniões dos Dias em Sálvington, agindo em nome de Michael, foram colocadas nas mãos de Gabriel, comandando que se fizesse o chamado especial dos distinguidos sobreviventes da falta Adâmica em Urântia. E, de acordo com esse mandado de ressurreição especial, o de número vinte e seis da série de Urântia, Adão e Eva foram repersonalizados e reconstituídos nas salas de ressurreição dos mundos das mansões de Satânia, junto com 1 316 dos seus companheiros de experiência do primeiro Jardim. Muitas outras almas leais já haviam sido transladadas à época da chegada de Adão, que foi acompanhada por um julgamento dispensacional, tanto dos sobreviventes adormecidos, quanto dos seres ascendentes qualificados vivos.

Adão e Eva passaram rapidamente pelos mundos de ascensão progressiva até alcançarem a cidadania de Jerusém para, uma vez mais, serem residentes do planeta da sua origem, mas, desta vez, como membros de uma ordem diferente de personalidades do universo. Eles deixaram Jerusém como cidadãos permanentes – Filhos de Deus – e voltaram como cidadãos ascendentes – filhos do homem. E foram imediatamente designados para o serviço a Urântia, na capital do sistema e, mais tarde, foi atribuída a eles a condição de membros entre os vinte e quatro conselheiros que constituem o corpo atual de controle consultor de Urântia.

E assim termina a história do Adão e da Eva Planetários de Urântia, uma história de provações, tragédia e triunfo; um triunfo ao menos pessoal, para os vossos bem-intencionados, mas iludidos, Filho e Filha Materiais; indubitavelmente uma história de triunfo final para o mundo deles e para os seus habitantes abalados pela rebelião e assaltados pelo mal. Considerando-se tudo isso, Adão e Eva deram uma contribuição poderosa para acelerar a civilização e para o progresso biológico da raça humana. Eles deixaram uma grande cultura na Terra, mas não foi possível que uma civilização, de tal modo avançada, sobrevivesse, por causa da diluição prematura e do desaparecimento ulterior da herança Adâmica. É o povo que faz uma civilização; a civilização não faz o povo.

[Apresentado por Solônia, a seráfica "voz do Jardim".]

DOCUMENTO 77

AS CRIATURAS INTERMEDIÁRIAS

A MAIORIA dos mundos habitados de Nébadon abriga um ou mais grupos de seres únicos que existem em um nível de operação vital, que é intermediário entre o dos mortais dos reinos e o das ordens angélicas; e por isso eles são chamados de criaturas ou seres *intermediários*. Essas criaturas parecem ser um acidente do tempo, mas são encontradas em um âmbito tão vasto e são de uma ajuda tão preciosa que, há muito, nós as aceitamos como uma das ordens essenciais à nossa ministração planetária combinada.

Em Urântia, duas ordens distintas de seres intermediários estão em função: o corpo primário ou o mais antigo, que veio à existência nos dias passados da Dalamátia, e o corpo secundário ou mais jovem, cuja origem data dos tempos de Adão.

1. OS SERES INTERMEDIÁRIOS PRIMÁRIOS

Os seres intermediários primários têm a sua origem em uma interligação única entre o material e o espiritual, em Urântia. Sabemos da existência de criaturas semelhantes em outros mundos e outros sistemas, mas elas originaram-se por meio de técnicas diferentes.

É conveniente ter-se sempre em mente que as auto-outorgas sucessivas dos Filhos de Deus, em um planeta em evolução, produzem mudanças acentuadas na economia espiritual daquele reino e que, algumas vezes, modificam os trabalhos de interação das agências espirituais e materiais, em um planeta, e criam situações que são, de fato, difíceis de serem compreendidas. O status dos cem membros corpóreos da assessoria do Príncipe Caligástia ilustra, com precisão, essa interassociação única: como cidadãos moronciais ascendentes de Jerusém, eles eram criaturas supramateriais, sem as prerrogativas da reprodução. Como ministros planetários descendentes, em Urântia, eles eram criaturas materiais sexuadas, capazes de gerar uma progênie material (como alguns o fizeram mais tarde). O que não podemos explicar satisfatoriamente é como essas cem pessoas puderam funcionar no papel de progenitores, em um nível supramaterial, mas isso foi exatamente o que aconteceu. Um enlace supramaterial (não sexual) entre um membro masculino e um feminino da assessoria corpórea resultou no surgimento das primogênitas entre as criaturas intermediárias primárias.

Imediatamente foi descoberto que as criaturas dessa ordem, a meio caminho entre o nível mortal e o angélico, seriam de grande utilidade no serviço dos assuntos da sede-central do Príncipe, e então cada par da assessoria corpórea recebeu a autorização para gerar um ser semelhante. Esse esforço resultou no primeiro grupo de cinqüenta criaturas intermediárias.

Depois de um ano de observação do trabalho desse grupo único, o Príncipe Planetário autorizou a reprodução de seres intermediários sem restrição. Esse plano foi levado adiante enquanto perdurou o poder de criar, e o corpo original de 50 000 criaturas nasceu desse modo.

Um período de meio ano interpunha-se entre a produção de um ser intermediário e o próximo e, quando um milhar desses seres havia nascido, de cada casal, não se criava mais nenhum. E não há explicação alguma disponível quanto ao porquê da exaustão desse poder, depois que a progênie atingia o número de mil. Todas as tentativas seguintes sempre resultaram em fracassos.

Essas criaturas constituíram o corpo de informação da administração do Príncipe. Elas percorriam todos os lugares, estudando e observando as raças do mundo e prestando outros serviços inestimáveis ao Príncipe e ao seu corpo de assessores, na tarefa de influenciar a sociedade humana em áreas distantes da sede planetária.

Esse regime continuou até os dias trágicos da rebelião planetária, que fez com que caíssem mais de quatro quintos das criaturas intermediárias primárias. O corpo leal aderiu ao serviço dos administradores Melquisedeques, funcionando sob a liderança titular de Van, até os dias de Adão.

2. A RAÇA NODITA

Embora esta narrativa seja sobre a origem, natureza e função das criaturas intermediárias de Urântia, o parentesco entre as duas ordens – a primária e a secundária – torna necessário que se interrompa a história das criaturas intermediárias primárias, neste ponto, para acompanhar-se a linhagem da descendência dos membros rebeldes do grupo de assessores corpóreos do Príncipe Caligástia, desde os dias da rebelião planetária até a época de Adão. Foi essa linhagem hereditária que, nos dias iniciais do segundo jardim, forneceu a metade da ascendência para as ordens secundárias de criaturas intermediárias.

Os membros físicos da assessoria do Príncipe haviam sido formados como criaturas sexuadas com o propósito de participarem do plano de procriação de uma descendência que incorporasse as qualidades combinadas, da sua ordem especial, aliadas àquelas da linhagem selecionada das tribos de Andon e tudo isso em antecipação ao aparecimento posterior de Adão. Os Portadores da Vida haviam planejado um novo tipo de ser mortal que englobava a união da progênie conjunta da assessoria do Príncipe com a primeira geração da progênie de Adão e Eva. Haviam elaborado, assim, um plano que previa uma nova ordem de criaturas planetárias, as quais, eles esperavam, constituíssem os governantes e mestres da sociedade humana. Esses seres estavam destinados à soberania social, não à soberania civil. No entanto, já que esse projeto malogrou quase completamente, nunca saberemos de que espécies de aristocracia de liderança benigna e cultura ímpar Urântia ficou privada desse modo. Com efeito, a assessoria corpórea reproduziu-se depois da rebelião e, portanto, após haver sido privada da sua conexão com as correntes vitais do sistema.

A era posterior à rebelião em Urântia presenciou muitos acontecimentos inusitados. Uma grande civilização – a cultura da Dalamátia – estava desmoronando. "Os Nefilins (Noditas) estavam na Terra, naqueles tempos e, quando esses filhos dos deuses foram até as filhas dos homens e elas conceberam deles, os seus filhos formaram os 'poderosos homens de outrora', os 'homens de renome'". Ainda que dificilmente fossem "filhos dos deuses", os assessores do Príncipe e os seus primeiros descendentes eram considerados como tais pelos mortais evolucionários daqueles dias distantes; mesmo a sua estatura veio a ser aumentada pela tradição. Essa é, pois, a origem das lendas de um folclore quase universal, de deuses que desceram à Terra e que conceberam com as filhas dos homens uma antiga raça de heróis. E toda essa lenda foi ainda mais confundida com as misturas das raças dos adamitas, que apareceram mais tarde, no segundo jardim.

Como os cem membros corpóreos da assessoria do Príncipe traziam o plasma do germe das linhagens humanas andônicas, seria naturalmente esperado que, se eles praticassem a reprodução sexual, a sua progênie em muito assemelhar-se-ia à progênie dos outros pais andonitas. Contudo, quando de fato se empenharam na reprodução sexual, os sessenta rebeldes do corpo de assessoria do Príncipe, seguidores de Nod, os seus filhos provaram ser muito superiores, em quase todos os sentidos, aos povos andonitas, e também superiores aos sangiques. Essa excelência inesperada não era caracterizada apenas por qualidades físicas e intelectuais, mas também por capacidades espirituais.

Esses traços mutantes, que apareceram na primeira geração dos noditas, resultaram de certas mudanças que haviam sido infundidas na configuração e nos constituintes químicos dos fatores hereditários do plasma do germe andônico. Essas mudanças foram causadas pela presença, nos corpos dos membros da assessoria do Príncipe, de circuitos poderosos de manutenção da vida do sistema de Satânia. Esses circuitos de vida fizeram com que os cromossomas do modelo especializado urantiano se reorganizassem mais segundo os modelos padronizados do tipo de especialização de Satânia, da manifestação de vida ordenada de Nébadon. A técnica de metamorfose desse plasma do germe da vida, por meio da ação das correntes vitais do sistema, não é de todo diferente dos procedimentos por meio dos quais os cientistas de Urântia modificam os plasmas do germe das plantas e dos animais, pelo uso dos raios X.

Assim, os povos noditas surgiram a partir de certas modificações peculiares e inesperadas que ocorreram no plasma da vida, que os cirurgiões de Ávalon haviam transferido dos corpos dos contribuidores andonitas para os dos membros do corpo de assessores corpóreos do Príncipe.

Deveis recordar-vos de que os cem andonitas contribuidores do plasma do germe converteram-se, por sua vez, em possuidores do complemento orgânico da árvore da vida, de um modo tal que as correntes da vida de Satânia também fizeram parte dos seus corpos. Os quarenta e quatro andonitas modificados que aderiram ao corpo de assessores do Príncipe, na rebelião, também procriaram entre si e prestaram uma grande contribuição para melhorar a linhagem do povo nodita.

Esses dois grupos, abrangendo 104 indivíduos, que traziam em si o plasma do germe andonita modificado, constituem os ancestrais dos noditas, a oitava raça a aparecer em Urântia. E essa nova característica da vida humana, em Urântia, representa uma outra fase da execução do plano original de se utilizar este planeta como um mundo de modificação de vida, não obstante haja sido esse um dos desenvolvimentos não previstos.

Os noditas de linhagem pura foram uma raça magnífica, mas, gradativamente, misturaram-se aos povos evolucionários da Terra, e não demorou muito para que ocorresse uma grande deterioração. Dez mil anos depois da rebelião, eles haviam perdido terreno até um ponto em que o seu tempo médio de vida chegou a ser apenas um pouco maior do que o das raças evolucionárias.

Quando os arqueólogos desenterraram os blocos de argila com os registros dos sumérios, os mais recentes descendentes dos noditas, eles descobriram listas de reis sumérios que remontam a vários milhares de anos atrás; e à medida que esses registros recuam no tempo, os reinados individuais desses reis têm a duração de vinte e cinco ou trinta anos, até cento e cinqüenta anos ou mais. Essa duração maior dos reinados dos reis mais antigos significa que alguns dos governantes noditas (descendentes imediatos do corpo de assessores do Príncipe) viveram mais tempo do que os seus sucessores mais recentes e também indica um esforço de remontar as suas dinastias até a época da Dalamátia.

O registro de vidas individuais tão prolongadas é devido também à confusão entre os meses e os anos como medidas de tempo. Isso pode ser também observado na genealogia bíblica de Abraão e nos primeiros registros dos chineses. A confusão do mês de vinte e oito dias, ou estação, com o ano de mais de trezentos e cinqüenta dias, introduzido posteriormente, é responsável pelas versões das tradições de vidas humanas tão longas. Há registros de um homem que viveu por mais de novecentos "anos". Esse período representa setenta anos incompletos, e essas vidas foram consideradas como muito longas durante muito tempo, e posteriormente esse ciclo de vida foi definido como "três vintenas mais dez".

A medição do tempo pelo mês de vinte e oito dias perdurou até muito tempo depois de Adão. Quando, porém, os egípcios fizeram a reforma do calendário, há aproximadamente sete mil anos, eles o fizeram com uma grande precisão, introduzindo o ano de 365 dias.

3. A TORRE DE BABEL

Depois da submersão da Dalamátia, os noditas trasladaram-se para o norte e para o leste, e logo fundaram a nova cidade de Dilmum, como o seu centro racial e cultural. E cerca de cinqüenta mil anos depois da morte de Nod, quando a progênie do corpo de assessores do Príncipe se havia tornado numerosa demais para subsistir nas terras imediatamente vizinhas da sua nova cidade de Dilmum e, depois de se haverem estendido além de seus limites para realizar matrimônios com as tribos andonitas e sangiques vizinhas das suas fronteiras, ocorreu aos seus líderes que algo deveria ser feito para preservar a sua unidade racial. Conseqüentemente, um conselho das tribos foi convocado e, depois de muito deliberar, adotou-se o plano de Bablot, um descendente de Nod.

Bablot propôs edificar um templo pretensioso de glorificação racial no centro do território então ocupado por eles. Esse templo devia ter uma torre nunca vista em todo o mundo. Devia ser um memorial monumental da sua grandiosidade momentânea. Havia muitos que queriam esse monumento erigido em Dilmum, mas outros argumentavam que uma estrutura tão grande deveria ser colocada a uma distância segura dos perigos do mar, lembrando-se das tradições da submersão da sua primeira capital, Dalamátia.

Bablot planejou os novos edifícios como sendo o núcleo do futuro centro da cultura e civilização noditas. O seu conselho finalmente prevaleceu e a construção teve início de acordo com os seus planos. A nova cidade chamar-se-ia *Bablot*, em honra ao arquiteto e construtor da torre. Esse local posteriormente ficaria conhecido como Bablod e finalmente como Babel.

Mas, de algum modo, os noditas estavam ainda divididos quanto aos sentimentos em relação aos planos e propósitos desse empreendimento. Os seus líderes não estavam todos de acordo a respeito dos planos de construção, nem sobre a finalidade das edificações depois de prontas. Após quatro anos e meio de trabalho, adveio uma grande disputa a respeito do objetivo e do motivo pelos quais se construía a torre. As contendas tornaram-se tão amargas que todo o trabalho parou. Os carregadores de comida espalharam as novas sobre as discussões e um grande número de tribos começou a amontoar-se no local da construção. Três pontos de vista diferentes foram propostos sobre o propósito da construção da torre:

1. O grupo maior, de quase a metade, desejava ver a torre construída como um memorial da história nodita e da sua superioridade racial. Eles achavam que devia

ser uma estrutura grande e imponente, que devia suscitar a admiração de todas as futuras gerações.

2. A segunda maior facção queria que a torre fosse destinada a comemorar a cultura Dilmum. Eles previam que Bablot viesse a ser um grande centro de comércio, de arte e de manufatura.

3. O contingente menor e minoritário sustentava que a edificação da torre representava uma oportunidade de redimir o desatino dos seus progenitores, por haverem participado da rebelião de Caligástia. Eles sustentavam que a torre deveria ser dedicada à adoração do Pai de todos, e que todo o propósito da nova cidade deveria ser o de substituir a Dalamátia – de funcionar como o centro cultural e religioso para os povos bárbaros vizinhos.

O grupo religioso foi logo derrotado na votação. A maioria rejeitou a doutrina de que os seus antepassados haviam sido culpados de rebeldia; esse estigma racial ofendia-os. Havendo eliminado um dos três ângulos da disputa e não havendo conseguido decidir-se entre os outros dois, por debate, eles entraram em luta. Os religiosos, não combatentes, fugiram para as suas casas no sul, ao passo que os seus companheiros lutaram até quase se aniquilar.

Há cerca de doze mil anos, foi feita uma segunda tentativa de erigir a torre de Babel. As raças miscigenadas dos anditas (os noditas e os adamitas) propuseram-se levantar um novo templo sobre as ruínas da primeira estrutura, mas não houve respaldo suficiente para o empreendimento; ele veio abaixo com o peso da própria pretensão. Durante muito tempo, essa região ficou conhecida como a terra de Babel.

4. OS CENTROS DA CIVILIZAÇÃO NODITA

A dispersão dos noditas foi um resultado imediato dos conflitos internos a respeito da torre de Babel. Essa guerra interna reduziu, em grande parte, o número dos noditas mais puros e, sob muitos aspectos, tornou-se responsável pelo fracasso que tiveram em estabelecer uma grande civilização pré-Adâmica. Dessa época em diante, a cultura nodita caiu em declínio, por mais de cento e vinte mil anos, até que foi elevada pela infusão Adâmica. Todavia, mesmo nos tempos de Adão, os noditas eram ainda um povo muito capaz. Grande parte dos seus descendentes de sangue misto estava entre os construtores do Jardim, e vários capitães do grupo de Van eram noditas. Algumas das mentes mais capazes a serviço da assessoria de Adão eram dessa raça.

Três dos quatro grandes centros noditas foram estabelecidos imediatamente depois do conflito de Bablot:

1. *Os noditas ocidentais, ou sírios.* Os remanescentes do grupo nacionalista, ou os memorialistas raciais, dirigiram-se para o norte, unindo-se aos andonitas para fundar os centros ulteriores noditas, a noroeste da Mesopotâmia. Esse foi o maior grupo de noditas em dispersão, que contribuiu muito para a aparição posterior da linhagem assíria.

2. *Os noditas orientais, ou elamitas.* Os partidários da cultura e do comércio migraram em grandes números para o leste até Elam e ali se uniram com as tribos sangiques miscigenadas. Os elamitas de trinta ou quarenta mil anos atrás, em grande parte, haviam adquirido a natureza sangique, se bem que houvessem continuado a manter uma civilização superior à dos bárbaros das vizinhanças.

Depois do estabelecimento do segundo jardim, era costumeiro aludir-se a essa colônia nodita vizinha como "a terra de Nod"; e, durante o longo período de paz relativa entre esse grupo nodita e os adamitas, as duas raças ficaram altamente fundidas, pois mais e mais passou a ser um costume dos Filhos de Deus (os adamitas) casar-se com as filhas dos homens (as noditas).

3. *Os noditas centrais, ou pré-sumérios.* Um grupo pequeno, na embocadura dos rios Tigre e Eufrates, conservou, mais que outros, a sua integridade racial. Eles subsistiram por milhares de anos, e afinal deram origem à descendência nodita que, misturada aos adamitas, fundou os povos sumérios dos tempos históricos.

E tudo isso explica como os sumérios apareceram tão súbita e misteriosamente no cenário da Mesopotâmia. Os pesquisadores nunca serão capazes de determinar a origem dessas tribos remontando ao princípio dos sumérios, que tiveram a sua origem duzentos mil anos antes da submersão da Dalamátia. Sem nenhum vestígio da sua origem em outro lugar no mundo, essas tribos antigas subitamente se apresentam no horizonte da civilização com uma cultura plenamente desenvolvida e superior, abrangendo templos, trabalhos em metal, agricultura, animais, cerâmica, tecelagem, leis comerciais, códigos civis, cerimonial religioso, e um sistema de escrita antigo. No começo da era histórica, já tinham, havia muito, perdido o alfabeto da Dalamátia, tendo adotado o sistema peculiar da escrita originada em Dilmum. A língua suméria, ainda que virtualmente perdida para o mundo, não era semítica; tinha muito em comum com as chamadas línguas arianas.

Os registros, bem elaborados, deixados pelos sumérios descrevem o local de uma notável colônia que se situava no golfo Pérsico, próximo da antiga cidade de Dilmum. Os egípcios chamavam de Dimat essa cidade de glória antiga, enquanto, mais tarde, os sumérios adamizados confundiram a primeira e a segunda cidade nodita com a Dalamátia e chamaram todas três de Dilmum. E os arqueólogos já encontraram as antigas placas de argila suméria que falam desse paraíso terreno "onde os Deuses pela primeira vez abençoaram a humanidade, com o exemplo de uma vida civilizada e cultural". E essas placas, descritivas de Dilmum, o paraíso de homens e de Deus, estão agora silenciosamente guardadas nas prateleiras empoeiradas de muitos museus.

Os sumérios bem sabiam do primeiro e do segundo Éden, mas, a despeito de casamentos extensivos entre eles e os adamitas, continuaram a considerar os residentes do norte do jardim como sendo uma raça estrangeira. O orgulho dos sumérios, por serem da cultura andita mais antiga, levou-os a ignorar essas novas perspectivas de glória, em favor da grandeza e da tradição paradisíaca da cidade de Dilmum.

4. *Os noditas do norte e os amadonitas – os vanitas.* Esse grupo surgiu antes do conflito de Bablot. Esses noditas mais setentrionais eram descendentes daqueles que haviam abandonado a liderança de Nod, e dos seus sucessores, para ligar-se a Van e a Amadon.

Alguns dos primeiros colaboradores de Van estabeleceram-se, posteriormente, em locais próximos das margens do lago que ainda leva o seu nome, e as suas tradições cresceram em torno dessa localidade. Ararat tornou-se a sua montanha sagrada, tendo, para os vanitas dos tempos posteriores, um significado análogo ao que o monte Sinai teve para os hebreus. Há dez mil anos os vanitas, ancestrais dos assírios, ensinavam que a sua lei moral, de sete mandamentos, havia sido dada pelos Deuses a Van, no monte Ararat. Eles acreditavam firmemente que Van e o seu companheiro Amadon foram levados vivos, para fora do planeta, enquanto estavam no topo da montanha, absortos na adoração.

O monte Ararat era a montanha sagrada da Mesopotâmia do norte e, posto que grande parte das vossas tradições desses tempos antigos foi adquirida por meio da história da enchente da Babilônia, não é nenhuma surpresa que o monte Ararat e a sua região fossem posteriormente imbricados com as histórias mais recentes dos judeus sobre Noé e o dilúvio universal.

Por volta de 35 000 a.C., Adamson visitou uma das antigas colônias mais orientais dos antigos vanitas, e ali fundou o seu centro de civilização.

5. ADAMSON E RATTA

Havendo delineado os antecedentes noditas da linhagem dos seres intermediários secundários, esta narrativa deveria agora considerar a metade Adâmica dos seus ancestrais, pois os seres intermediários secundários são também netos de Adamson, o primogênito da raça violeta de Urântia.

Adamson fez parte daquele grupo, de filhos de Adão e Eva, que escolheu permanecer na Terra com o seu pai e sua mãe. E esse primogênito de Adão havia ouvido Van e Amadon falarem várias vezes na história do seu lar, nos planaltos do norte e, algum tempo depois do estabelecimento do segundo jardim, ele decidiu partir em busca daquelas terras dos sonhos da sua juventude.

Adamson tinha 120 anos de idade, nessa época, e era pai de trinta e dois filhos da pura linhagem do primeiro Jardim. Ele queria permanecer com os seus pais e ajudá-los a edificar o segundo jardim, mas estava bastante perturbado pela perda da sua companheira e seus filhos, todos os quais haviam escolhido ir para Edêntia junto com as outras crianças Adâmicas, preferindo tornar-se pupilos dos Altíssimos.

Adamson não queria abandonar os seus pais em Urântia, não estava inclinado a fugir das provações nem dos perigos, mas achava o ambiente do segundo jardim longe de satisfatório. E muito fez para adiantar ali as atividades iniciais de defesa e de construção, mas decidiu ir para o norte, na primeira oportunidade. E, se bem que a sua partida tenha sido totalmente amigável, Adão e Eva lamentaram muito ter de perder o seu filho mais velho, de vê-lo ir para um mundo estranho e hostil de onde, temiam, ele nunca fosse voltar.

Uma companhia de vinte e sete membros foi com Adamson para o norte, em busca do povo das suas fantasias de infância. De fato, em pouco mais de três anos, o grupo de Adamson encontrou o objeto da sua aventura e, entre os desse povo, ele descobriu uma maravilhosa e bonita jovem, de vinte e três anos, que dizia ser a última descendente de linhagem pura do corpo de assessores do Príncipe. Essa mulher, Ratta, dizia que os seus ancestrais eram todos descendentes de dois membros caídos do corpo de assessores do Príncipe. Ela era a última da sua raça, não tendo irmãos nem irmãs vivos. Já havia decidido não se casar, havia acabado de decidir não deixar nenhuma progênie, mas entregou o seu coração ao majestoso Adamson. E quando ouviu a história do Éden, de como as predições de Van e de Amadon haviam realmente acontecido, e, quando ficou sabendo da falta cometida no Jardim, ficou possuída por um único pensamento – desposar esse filho e herdeiro de Adão. E rapidamente a mesma idéia tomou conta de Adamson e, em pouco mais de três meses, eles estavam casados.

Adamson e Ratta tiveram uma família de sessenta e sete crianças. Deram origem a uma grande linhagem de dirigentes do mundo, mas fizeram algo mais. Deve ser relembrado que esses dois seres eram ambos realmente supra-humanos. Dos filhos que tiveram, a cada quatro que nascia, o quarto era um ser de uma ordem excepcional. Muitas vezes era invisível. Nunca, na história do mundo, havia acontecido tal coisa. Ratta ficou bastante impressionada – e até mesmo supersticiosa –, mas Adamson sabia muito bem da existência das criaturas intermediárias primárias e concluiu que alguma coisa semelhante devia estar acontecendo diante dos seus olhos. Quando veio o segundo ser de comportamento estranho, ele decidiu que os dois deviam acasalar-se, pois que um era masculino e o outro feminino; e essa é a origem da ordem secundária de seres intermediários. Dentro de cem anos, antes que esse fenômeno tivesse o seu fim, quase dois mil seres foram trazidos à existência.

Adamson viveu por 396 anos. Muitas vezes ele voltou para visitar o seu pai e sua mãe. A cada sete anos, ele e Ratta viajavam para o sul, até o segundo jardim e, nesse meio tempo, as criaturas intermediárias o mantinham informado a respeito do bem-estar do seu povo. Durante a vida de Adamson, elas prestaram um grande serviço, com a edificação de um novo centro mundial independente, para a verdade e a retidão.

Adamson e Ratta, assim, tiveram sob o seu comando esse corpo maravilhoso de ajudantes, que trabalhou com eles durante as suas longas vidas, ajudando-os na propagação da verdade avançada e na disseminação de padrões espirituais, intelectuais e físicos mais elevados de vida. E os resultados desse esforço de melhorar o mundo nunca foram totalmente eclipsados pelos retrocessos posteriores.

Os adamsonitas mantiveram uma cultura elevada por quase sete mil anos depois da época de Adamson e Ratta. Mais tarde, miscigenaram-se com os vizinhos noditas e andonitas e foram igualmente incluídos entre os "poderosos homens de outrora". E alguns dos avanços daquela idade perduraram até tornar-se uma parte latente do potencial cultural que mais tarde floresceu, resultando na civilização européia.

Esse centro de civilização estava situado na região a leste da extremidade sulina do mar Cáspio, perto do Kopet Dagh. A uma baixa altitude, nos contrafortes do Turquestão, estão os vestígios daquilo que certa vez foi a sede adamsonita da raça violeta. Nesses locais dos planaltos situados em uma antiga faixa estreita de fertilidade, que se estende na parte baixa dos contrafortes da cadeia do Kopet, quatro culturas diversas surgiram, em vários períodos, fomentadas por quatro grupos diferentes de descendentes de Adamson. O segundo desses grupos migrou para o oeste, até a Grécia e as ilhas do Mediterrâneo. O restante dos descendentes de Adamson migrou para o norte e para o oeste, trazendo para a Europa as raças mistas da última onda de linhagem andita que veio da Mesopotâmia, e que estão também enumeradas entre os anditas-arianos invasores da Índia.

6. AS CRIATURAS INTERMEDIÁRIAS SECUNDÁRIAS

Enquanto as criaturas intermediárias primárias tiveram uma origem supra-humana, a ordem secundária é uma progênie de linhagem Adâmica pura unida a um descendente humanizado de ancestrais comuns do corpo primário.

Entre os filhos de Adamson, houve apenas dezesseis desses progenitores peculiares de criaturas intermediárias secundárias. Esses filhos excepcionais eram igualmente divididos quanto ao sexo, e cada casal era capaz de produzir uma criatura intermediária secundária, a cada setenta dias, por meio de uma técnica combinada de ligação sexual e não sexual. E esse fenômeno nunca havia sido possível na Terra antes daquela época, e não mais aconteceu desde então.

Esses dezesseis filhos viveram e morreram como mortais do reino (exceto pelas suas peculiaridades), mas a sua progênie eletricamente energizada vive indefinidamente, não estando sujeita às limitações da carne mortal.

Cada um dos oito casais finalmente produziu 248 criaturas intermediárias e, assim, o corpo secundário original – em um total de 1 984 – veio à existência. Há oito subgrupos de criaturas intermediárias secundárias. Elas são designadas como A-B-C, a primeira, a segunda, a terceira e assim por diante. E depois há as D-E-F, a primeira, a segunda e assim por diante.

Depois da falta de Adão, as criaturas intermediárias primárias retornaram para o serviço dos administradores Melquisedeques, enquanto as do grupo secundário permaneceram ligadas ao centro de Adamson até a morte dele. Trinta e três dessas criaturas intermediárias secundárias, chefes da sua organização, quando da morte de Adamson, tentaram mudar toda a ordem, levando-a para o serviço dos Melquisedeques, efetivando, assim, uma ligação com as do corpo primário. Mas não tendo conseguido efetivar isso, desertaram do restante dos seus companheiros e passaram em bloco ao serviço dos administradores planetários.

Depois da morte de Adamson, o remanescente das criaturas intermediárias secundárias tornou-se uma influência estranha, desorganizada e independente, em Urântia. Daquela época aos dias de Maquiventa Melquisedeque, elas levaram uma existência irregular e não organizada. Foram parcialmente recolocadas sob controle por esse Melquisedeque, mas ainda eram uma fonte de muitas confusões até os dias de Cristo Michael. E, durante a permanência dele na Terra, todas elas tomaram as suas decisões finais quanto ao seu destino futuro; a maioria leal alistou-se, então, sob a liderança das criaturas intermediárias primárias.

7. AS CRIATURAS INTERMEDIÁRIAS REBELDES

A maioria das criaturas intermediárias primárias entrou em pecado na época da rebelião de Lúcifer. Quando foi feito um balanço da devastação da rebelião planetária, entre outras perdas, foi descoberto que das 50 000 originais, 40 119 criaturas estavam ligadas à secessão de Caligástia.

O número original das criaturas intermediárias secundárias era de 1 984 e, destas, 873 não se alinharam com a direção de Michael e foram devidamente recolhidas e internadas quando do juízo planetário de Urântia no dia de Pentecostes. Ninguém pode prever o futuro dessas criaturas caídas.

Os dois grupos de criaturas intermediárias rebeldes estão agora mantidos sob custódia, aguardando o julgamento final dos assuntos da rebelião do sistema. Mas elas fizeram muitas coisas estranhas na Terra, antes da inauguração da presente dispensação planetária.

Essas criaturas intermediárias desleais eram capazes de revelarem a si próprias aos olhos mortais, sob certas circunstâncias. Isso foi especialmente verdadeiro no caso dos parceiros de Belzebu, líder das criaturas intermediárias secundárias apóstatas. Contudo, essas criaturas únicas não devem ser confundidas com certos querubins e serafins rebeldes que também estavam na Terra até a época da morte e da ressurreição de Cristo. Alguns dos escritores da antiguidade designaram essas criaturas intermediárias rebeldes como espíritos do mal e como demônios, e os serafins e querubins apóstatas como anjos maus.

Em nenhum mundo, os espíritos do mal podem possuir a mente de qualquer mortal, depois da vida outorgada de um Filho do Paraíso. Mas antes dos dias de Cristo Michael em Urântia – antes da vinda universal dos Ajustadores do Pensamento e da efusão do espírito do Mestre sobre toda a carne –, essas criaturas intermediárias rebeldes chegaram de fato a ser capazes de influenciar as mentes de certos mortais inferiores e, de um certo modo, de controlar as suas ações. Isso era realizado de um modo muito semelhante àquele pelo qual as criaturas intermediárias leais funcionam quando elas servem eficientemente como guardiãs de contato das mentes humanas, dos membros do corpo de reserva do destino de Urântia, naqueles momentos em que o Ajustador está, com efeito, destacado da personalidade durante uma sessão de contato com inteligências supra-humanas.

Não é mera figura de retórica quando os registros afirmam: "E trouxeram a Ele toda a sorte de pessoas doentes, aqueles que estavam possuídos por diabos e aqueles que eram lunáticos". Jesus sabia reconhecer a diferença entre a insanidade e a possessão demoníaca, embora tais estados fossem bastante confundidos nas mentes daqueles que viveram naqueles dias e naquela geração.

Mesmo antes de Pentecostes, nenhum espírito rebelde podia dominar uma mente humana normal, mas, desde aquele dia, mesmo as mentes fracas de mortais inferiores estão livres de tais possibilidades. Desde a vinda do Espírito da Verdade, a suposta expulsão de diabos tem sido uma questão de confusão da crença na possessão demoníaca, com a histeria, a insanidade e a debilidade mental. No entanto, apenas porque a auto-outorga de Michael tenha, para sempre, libertado todas as mentes humanas em Urântia da possibilidade de possessão demoníaca, não deveis imaginar que isso não pudesse ter sido um risco, em idades anteriores.

Todo o grupo de criaturas intermediárias rebeldes está, no presente, mantido como prisioneiro por ordem dos Altíssimos de Edêntia. Elas não mais perambulam por este mundo, cometendo o mal. Independentemente da presença dos Ajustadores do Pensamento, a efusão do Espírito da Verdade sobre toda a carne tornou para sempre impossível aos espíritos desleais, de qualquer espécie ou descrição, que invadam, novamente, até mesmo a mais fraca das mentes humanas. Desde o dia de Pentecostes tornou-se impossível acontecer qualquer coisa parecida com a possessão demoníaca neste mundo.

8. AS CRIATURAS INTERMEDIÁRIAS UNIDAS

No último julgamento deste mundo, quando Michael transferiu daqui os sobreviventes adormecidos do tempo, as criaturas intermediárias foram deixadas para trás, nos seus lugares, para ajudar no trabalho espiritual e semi-espiritual no planeta. Agora elas operam como um corpo único, abrangendo ambas as ordens, em um total de 10 992 criaturas. Formam *As Criaturas Intermediárias Unidas de Urântia*, que atualmente são dirigidas alternadamente pelos membros mais antigos de cada ordem. Esse regime tem prevalecido desde a sua união, em um grupo único, pouco depois de Pentecostes.

Os membros da ordem mais antiga, ou primária, são geralmente conhecidos por números; em geral recebem nomes tais como 1-2-3, a primeira, 4-5-6, a primeira, e assim por diante. Em Urântia, as criaturas intermediárias Adâmicas são designadas alfabeticamente, para que sejam distinguidas das designações numéricas das criaturas intermediárias primárias.

Ambas as ordens são de seres não-materiais, no que diz respeito à nutrição e à absorção de energia, mas elas compartilham de muitos aspectos humanos e são capazes de entender e desfrutar do vosso humor e a vossa adoração. Quando ligadas aos mortais, elas entram no espírito do trabalho humano, de descanso e de diversão. Mas as criaturas intermediárias não dormem, nem possuem poderes de procriação. Num certo sentido, as criaturas do grupo secundário são diferenciadas segundo as linhas de masculinidade e de feminilidade, freqüentemente sendo chamadas de "ele" ou de "ela". Trabalham quase sempre juntas, em duplas ou casais.

As criaturas intermediárias não são homens nem são anjos, mas as criaturas secundárias, pela sua natureza, estão mais próximas do homem do que do anjo; são, de um certo modo, das vossas raças e, portanto, muito compreensivas e compassivas no seu contato com os seres humanos; são de um valor inestimável para os serafins, no seu trabalho com as várias raças da humanidade, e para essas raças; e ambas as ordens são indispensáveis aos serafins que servem como guardiães pessoais dos mortais.

As Criaturas Intermediárias Unidas de Urântia estão organizadas para o serviço junto com os serafins planetários, de acordo com os dons inatos e as habilidades adquiridas, nos grupos seguintes:

1. As *Criaturas Intermediárias Mensageiras*. Este grupo tem nomes; formam um corpo pequeno que presta grande ajuda, em um mundo evolucionário, no serviço da comunicação pessoal rápida e de confiança.

2. As *Sentinelas Planetárias*. As criaturas intermediárias são guardiãs, são sentinelas dos mundos do espaço. Elas executam tarefas importantes como observadoras para todos os numerosos fenômenos e tipos de comunicação que são de importância para os seres sobrenaturais do reino. Elas patrulham o Reino invisível espiritual do planeta.

3. As *Personalidades de Contato*. Nos contatos feitos com os seres mortais dos mundos materiais, tais como os que foram feitos com o sujeito por meio de quem essas comunicações foram transmitidas, as criaturas intermediárias são sempre utilizadas. Elas são um fator essencial nessas ligações entre o nível espiritual e o material.

4. Os *Ajudantes do Progresso*. Estas são as mais espirituais das criaturas intermediárias, e estão distribuídas como assistentes das várias ordens de serafins que funcionam em grupos especiais no planeta.

As criaturas intermediárias variam muito nas suas habilidades de fazer contato com os serafins, acima delas, e com os seus primos humanos, abaixo. É bastante difícil, por exemplo, para as criaturas intermediárias primárias fazer contato direto com agências materiais. Elas estão consideravelmente mais próximas do tipo angélico de ser e são, portanto, usualmente designadas para trabalhar e para ministrar, junto com as forças espirituais residentes no planeta. Elas atuam como companhia e guia para os visitantes celestes e os hóspedes estudantes, enquanto as criaturas secundárias ficam quase que exclusivamente ligadas à ministração aos seres materiais do reino.

As 1 111 criaturas intermediárias secundárias leais estão engajadas em missões importantes na Terra. Se comparadas às suas companheiras primárias, elas são decididamente materiais. Existem exatamente fora do campo da visão mortal e possuem latitude suficiente de adaptação para fazer, à vontade, contato físico com o que os humanos chamam de "coisas materiais". Essas criaturas únicas têm certos poderes definidos sobre as coisas do tempo e do espaço, como também sobre os animais do reino.

Muitos dos fenômenos materiais atribuídos aos anjos têm sido realizados pelas criaturas intermediárias secundárias. Quando os primeiros instrutores do evangelho de Jesus foram jogados dentro das prisões pelos líderes religiosos ignorantes daquela época, um verdadeiro "anjo do Senhor" "abriu as portas da prisão à noite e os conduziu para fora". Mas no caso da libertação de Pedro, depois da execução de Tiago, por ordem de Herodes, foi uma criatura intermediária secundária quem executou o trabalho atribuído a um anjo.

O principal trabalho delas, hoje, é o de serem colaboradoras invisíveis na ligação pessoal daqueles homens e mulheres que constituem o corpo da reserva planetária de destino. Foi o trabalho desse grupo secundário, competentemente auxiliado por algumas criaturas do corpo primário, que provocou a coordenação das personalidades e das circunstâncias, em Urântia, que finalmente induziram os supervisores celestes planetários a iniciar as petições que resultaram na concessão dos mandados que tornaram possíveis as séries de revelações, das quais esta apresentação é uma parte. Deve ficar claro, porém, que as criaturas intermediárias não estão envolvidas com os espetáculos sórdidos que são executados sob a designação geral de "espiritismo". As criaturas intermediárias que atualmente estão em Urântia, todas as quais têm um status honorável, de modo nenhum, estão ligadas aos fenômenos da chamada "mediunidade"; e ordinariamente não permitem aos humanos presenciar as suas atividades físicas e outros contatos com o mundo material, algumas vezes necessários, tais como seriam percebidos pelos sentidos humanos.

9. OS CIDADÃOS PERMANENTES DE URÂNTIA

As criaturas intermediárias podem ser consideradas como o primeiro grupo de habitantes permanentes a ser encontrado nas várias ordens de mundos nos universos, em contraste com os ascendentes evolucionários, tais como as criaturas mortais e as hostes angélicas. Esses cidadãos permanentes são encontrados em vários pontos na ascensão ao Paraíso.

De modo contrário às várias ordens de seres celestes, que estão destinadas a *ministrar* em um planeta, as criaturas intermediárias *vivem* em um mundo habitado. Os serafins vêm e vão, mas as criaturas intermediárias permanecem e permanecerão e, por serem do planeta, além de se prestarem como ministradoras, elas asseguram o único regime de continuidade que harmoniza e conecta as administrações sempre mutantes das hostes seráficas.

Como cidadãos de fato de Urântia, as criaturas intermediárias, ou os intermediários, têm um interesse íntimo quanto ao destino desta esfera. Elas formam uma associação resoluta, que trabalha persistentemente para o progresso do seu planeta de nascimento. A sua determinação é sugerida no lema da sua ordem: "Tudo o que as Criaturas Intermediárias Unidas querem fazer, as Criaturas Intermediárias Unidas o fazem".

Ainda que a sua capacidade de ultrapassar os circuitos de energia permita que a partida do planeta seja factível para qualquer criatura intermediária, elas comprometeram-se individualmente a não abandonar o planeta antes de serem liberadas pelas autoridades do universo, algum dia. As criaturas intermediárias ficam ancoradas em um planeta até que cheguem as idades estabelecidas de luz e vida. À exceção de 1-2-3, a primeira, nenhuma criatura intermediária leal jamais partiu de Urântia.

1-2-3, a primeira, a primogênita da ordem primária, foi liberada dos deveres planetários imediatos pouco depois de Pentecostes. Essa intermediária nobre permaneceu firme junto com Van e Amadon durante os dias trágicos da rebelião planetária, e a sua liderança destemida foi um forte instrumento na redução das baixas da sua ordem. Atualmente, ela serve em Jerusém como membro do conselho dos vinte e quatro, tendo já uma vez funcionado como governadora geral de Urântia, depois de Pentecostes.

As criaturas intermediárias estão vinculadas ao planeta, mas, do mesmo modo que os mortais conversam com os viajantes de longe e assim aprendem a respeito dos mundos e lugares distantes do planeta, as criaturas intermediárias conversam com os viajantes celestes para aprenderem sobre os locais longínquos do universo. Assim elas tornam-se familiarizadas com este sistema e com este universo, e mesmo com Orvônton e as suas criações irmãs e, desse modo, elas preparam-se para a cidadania em níveis mais elevados de existência como criaturas.

Embora as criaturas intermediárias hajam sido trazidas à existência já plenamente desenvolvidas – não experienciando nenhum período de crescimento, nem desenvolvimento a partir da imaturidade –, elas nunca cessam de crescer em sabedoria e em experiência. Como os mortais, são criaturas evolucionárias e têm uma cultura que é uma verdadeira conquista evolucionária. Há muitas grandes mentes e espíritos poderosos no corpo das criaturas intermediárias de Urântia.

De um ponto de vista mais amplo, a civilização de Urântia é produto conjunto dos mortais de Urântia e das criaturas intermediárias de Urântia; e isso é verdadeiro a despeito das diferenças factuais entre os dois níveis de cultura, diferenças estas que não serão compensadas antes das idades de luz e vida.

A cultura das criaturas intermediárias, sendo o produto de uma cidadania planetária imortal, é relativamente imune às vicissitudes temporais que assaltam a civilização humana. As gerações de homens esquecem; o corpo das criaturas intermediárias relembra; e tal memória é a sede do tesouro das tradições do vosso mundo habitado. Assim, a cultura de um planeta permanece sempre presente no planeta e, sob as circunstâncias apropriadas, esse tesouro de memória de acontecimentos passados torna-se disponível, do mesmo modo que a história da vida e dos ensinamentos de Jesus foi dada, pelas criaturas intermediárias de Urântia, aos seus primos na carne.

As criaturas intermediárias são os ministros hábeis que compensam a lacuna entre os assuntos materiais e os espirituais de Urântia, lacuna esta que surgiu com a morte de Adão e Eva. São igualmente as vossas irmãs mais velhas, camaradas na longa luta para atingir um status estabelecido de luz e vida em Urântia. As Criaturas Intermediárias Unidas são um corpo testado contra rebeliões; e elas irão fielmente cumprir a sua parte na evolução planetária até que este mundo atinja a meta das idades; até aquele dia distante em que, de fato, a paz reinar na Terra, e houver, de verdade, boa vontade nos corações dos homens.

Devido ao valioso trabalho executado por essas criaturas, concluímos que elas são uma parte verdadeiramente essencial da economia espiritual dos reinos. E, nos mundos em que a rebelião não desfigurou os assuntos planetários, elas são de ajuda ainda maior para os serafins.

Toda a organização dos espíritos elevados, das hostes angélicas, e das companheiras intermediárias está devotada entusiasticamente a realizar o plano do Paraíso, para a ascensão progressiva e a realização da perfeição dos mortais evolucionários, um dos assuntos supernos do universo – o magnífico plano de sobrevivência, de trazer Deus até o homem e então, por uma espécie sublime de associação, de elevar o homem até Deus e, mais adiante ainda, até a eternidade do serviço e de alcance da divindade – tanto para os mortais quanto para as criaturas intermediárias.

[Apresentado por um Arcanjo de Nébadon.]

DOCUMENTO 78

A RAÇA VIOLETA DEPOIS
DOS DIAS DE ADÃO

O SEGUNDO Éden foi o berço da civilização durante quase trinta mil anos. Os povos Adâmicos mantiveram-se na Mesopotâmia, enviando de lá os seus descendentes para os confins da Terra e, mais tarde, miscigenados já com as tribos noditas e sangiques, ficaram conhecidos como anditas. Dessa região, partiram os homens e mulheres que iniciaram os feitos dos tempos históricos, e que tão enormemente aceleraram o progresso cultural em Urântia.

Este documento descreve a história planetária da raça violeta, começando logo após a falta de Adão, por volta de 35 000 a.C., perdurando até a miscigenação dessa raça com as raças nodita e sangique, por volta de 15 000 a.C., para formar os povos anditas, até que desaparecessem finalmente das suas terras natais na Mesopotâmia, por volta de 2 000 a.C.

1. A DISTRIBUIÇÃO RACIAL E CULTURAL

Embora as mentes e a moral das raças estivessem em um nível bastante baixo na época da chegada de Adão, a sua evolução física teve continuidade, não tendo sido afetada pelas premências da rebelião de Caligástia. A contribuição de Adão para o status biológico das raças, não obstante um fracasso parcial do empreendimento, elevou enormemente os povos de Urântia.

Adão e Eva também contribuíram muito com tudo o que havia de valor para o progresso social, moral e intelectual da humanidade; a civilização foi imensamente estimulada pela presença da sua progênie. Contudo, há trinta e cinco mil anos, o mundo possuía pouquíssima cultura, em geral. Alguns centros de civilização existiram aqui e ali, mas a maior parte de Urântia permanecia mergulhada na selvageria. A distribuição racial e cultural era a seguinte:

1. *A raça violeta – os adamitas e os adamsonitas*. O centro principal da cultura adamita estava localizado no segundo jardim, no triângulo formado pelos rios Tigre e Eufrates, de fato o berço das civilizações ocidental e indiana. O centro secundário da raça violeta, ao norte, era a sede-central dos adamsonitas, situada a leste da margem sulina do mar Cáspio, perto das montanhas de Kopet. Desses dois centros, a cultura e o plasma de vida dessa raça expandiram-se para as terras vizinhas, o que estimulou imediatamente todas as raças.

2. *Os pré-sumérios e outros noditas*. Na Mesopotâmia, estavam também presentes, perto da embocadura dos rios, os remanescentes da antiga cultura dos dias da Dalamátia. Com o passar dos milênios, esse grupo tornou-se plenamente miscigenado com os adamitas ao norte, mas nunca perdeu inteiramente as suas tradições noditas. Vários outros grupos noditas, que se haviam estabelecido no Levante, foram, em geral, absorvidos pela raça violeta no curso da sua expansão posterior.

3. *Os andonitas* mantiveram cinco ou seis colônias bastante representativas ao norte e a leste da sede-central dos adamsonitas. E, também, se espalharam pelo Turquestão, enquanto algumas das suas ilhas isoladas persistiram em toda a Eurásia, especialmente nas regiões montanhosas. Esses aborígines ocuparam, ainda, a parte norte do continente eurasiano, junto com a Islândia e a Groenlândia, mas, havia muito, tinham sido expulsos das planícies da Europa pelos homens azuis, e dos vales dos rios mais longínquos da Ásia, pela raça amarela que se expandia.

4. *Os homens vermelhos* ocuparam as Américas, havendo sido expulsos da Ásia mais de cinqüenta mil anos antes da chegada de Adão.

5. *A raça amarela*. Os povos chineses estavam bem estabelecidos no controle da Ásia Oriental. As suas colônias mais avançadas estavam situadas a nordeste da China moderna, nas regiões fronteiriças com o Tibete.

6. *A raça azul*. Os homens azuis encontravam-se espalhados por toda a Europa, mas os seus melhores centros de cultura situavam-se nos vales, então férteis, da bacia do Mediterrâneo e no noroeste da Europa. A absorção do homem de Neandertal, em grande parte, retardou a cultura dos homens azuis, todavia, por outro lado, eles eram os mais agressivos, aventureiros e os mais exploradores de todos os povos evolucionários da Eurásia.

7. *A Índia pré-dravidiana*. A complexa mistura de raças na Índia – abrangendo todas as raças da Terra e, especialmente, a verde, a alaranjada e a negra – manteve uma cultura ligeiramente acima daquela das regiões limítrofes.

8. *A civilização do Saara*. Os elementos superiores da raça índigo tiveram as suas colônias de maior progresso nas terras que agora formam o grande deserto do Saara. Esse grupo negro-índigo trazia extensivamente as linhagens das raças alaranjada e verde que submergiram.

9. *A bacia do Mediterrâneo*. A raça mais altamente miscigenada, fora da Índia, ocupava o que é agora a bacia do Mediterrâneo. Ali, os homens azuis do norte e os saarianos do sul encontraram-se e miscigenaram-se com os noditas e os adamitas do oriente.

Esse era o panorama do mundo antes do início das grandes expansões da raça violeta, por volta de vinte e cinco mil anos atrás. A esperança futura de civilização repousava no segundo jardim, entre os rios da Mesopotâmia. No sudoeste da Ásia havia o potencial de uma grande civilização, a possibilidade da propagação, para o mundo, de idéias e de ideais que haviam sido salvos dos dias da Dalamátia e dos tempos do Éden.

Adão e Eva haviam deixado atrás de si uma progênie limitada, mas poderosa; assim, os observadores celestes, em Urântia, aguardavam ansiosamente para descobrir como se comportariam esses descendentes do Filho e da Filha Materiais faltosos.

2. OS ADAMITAS NO SEGUNDO JARDIM

Durante milhares de anos, os filhos de Adão trabalharam ao longo dos rios da Mesopotâmia, resolvendo ali os problemas de irrigação e controle de inundações ao sul, aperfeiçoando as suas defesas ao norte e tentando preservar as suas tradições de glória do primeiro Éden.

O heroísmo demonstrado na liderança do segundo jardim constitui um dos épicos mais extraordinários e inspiradores da história de Urântia. Essas almas esplêndidas nunca perderam completamente de vista o propósito da missão Adâmica e, por isso, rechaçaram com valentia as influências das tribos vizinhas inferiores e, ao mesmo tempo, enviaram voluntariamente, em um fluxo constante, os seus filhos e filhas mais dotados como emissários, às raças da Terra. Algumas vezes, essa expansão esgotava a sua própria cultura, mas esses povos superiores sempre conseguiam reabilitar-se.

O status da civilização, da sociedade e da cultura dos adamitas estava muito acima do nível geral das raças evolucionárias de Urântia. Apenas entre as antigas colônias de Van e Amadon, e entre os adamsonitas, havia uma civilização equiparável, de algum modo. No entanto, a civilização do segundo Éden foi uma estrutura artificial – *não havia passado pela evolução* – e, portanto, estava fadada a deteriorar-se até alcançar um nível natural de evolução.

Adão deixou uma grande cultura intelectual e espiritual atrás de si, mas não era adiantada quanto aos instrumentos mecânicos, pois toda civilização é limitada pelos recursos naturais disponíveis, pela genialidade inata e por um lazer suficiente para assegurar que a inventividade dê frutos. A civilização da raça violeta teve como fundamento a presença de Adão e as tradições do primeiro Éden. Depois da morte de Adão e, à medida que essas tradições enfraqueceram com o passar dos milênios, o nível cultural dos adamitas deteriorou-se sem cessar até atingir um estado de equilíbrio, balanceado com o status dos povos vizinhos e com as capacidades naturais de evolução cultural da raça violeta.

Contudo, os adamitas constituíam uma nação verdadeira, por volta de 19 000 a.C., contando com quatro milhões e meio de integrantes, e eles já haviam espalhado milhões de descendentes seus pelos povos vizinhos.

3. AS PRIMEIRAS EXPANSÕES DOS ADAMITAS

Durante muitos milênios, a raça violeta conservou as tradições pacíficas do Éden; e isso explica a demora em efetivar conquistas territoriais. Quando sofreram a pressão do excesso de população, em vez de gerarem guerras para assegurar mais territórios, eles enviaram o excesso de habitantes como instrutores para as outras raças. Os efeitos culturais dessas primeiras migrações não perduraram, mas a absorção dos educadores, dos comerciantes e dos exploradores adamitas foi biologicamente revigorante para os povos vizinhos.

Alguns dos adamitas logo viajaram para o oeste, até o vale do Nilo, outros penetraram a leste na Ásia, mas estes últimos foram uma minoria. O movimento maciço das épocas posteriores foi mais para o norte e dali para o oeste. No conjunto, foi uma leva gradual, mas incessante; a maior parte indo para o norte e, depois, contornando o mar Cáspio, indo para oeste e penetrando na Europa.

Há cerca de vinte e cinco mil anos, um grande número de adamitas mais puros achava-se adiantado na sua rota para o norte. E, à medida que penetravam na direção norte, tornavam-se cada vez menos Adâmicos, até que, na época em que ocuparam o Turquestão, já estavam completamente misturados a outras raças, particularmente a dos noditas. Pouquíssimos da linhagem pura dos povos violetas chegaram a penetrar as terras remotas da Europa ou da Ásia.

Entre 30 000 e 10 000 a.C., as misturas raciais, que marcaram época, estavam acontecendo no Sudoeste da Ásia. Os habitantes dos planaltos do Turquestão eram um povo viril e vigoroso. No noroeste da Índia, persistia uma boa parte da cultura dos dias de Van. E ainda, ao norte dessas colônias, o melhor dos andonitas primitivos havia sido conservado. E essas duas raças, de cultura e caráter superiores, foram absorvidas pelos adamitas que se deslocavam para o norte. Essa amalgamação levou à adoção de muitas idéias novas; facilitou o progresso da civilização e fez avançar, em muito, todas as manifestações da arte, da ciência e da cultura social.

Quando terminou o período das primeiras migrações Adâmicas, por volta de 15 000 a.C., já havia mais descendentes de Adão na Europa e na Ásia Central do que em qualquer outro local do mundo, ultrapassando mesmo os da Mesopotâmia. As raças azuis européias haviam sofrido amplas impregnações. As terras agora denominadas Rússia e Turquestão foram ocupadas, em toda a sua extensão sul, por uma grande reserva de adamitas misturados aos noditas, andonitas e sangiques vermelhos e amarelos. A Europa do sul e a faixa mediterrânea foram ocupadas por uma raça mista de andonitas e de povos sangiques – alaranjados, verdes e índigos – com um toque da linhagem adamita. A Ásia Menor e as terras da Europa Central do leste foram ocupadas por tribos predominantemente andonitas.

Nessa época, uma raça de cores combinadas, bastante reforçada por elementos que vieram da Mesopotâmia, estabeleceu-se no Egito e preparou-se para assumir a cultura em desaparecimento do vale do Eufrates. Os povos negros mudaram-se mais para o sul da África e, do mesmo modo que a raça vermelha, ficaram virtualmente isolados.

A civilização do Saara havia sido dissipada pela seca; e a da bacia do Mediterrâneo, pelas enchentes. As raças azuis ainda não tinham tido êxito em desenvolver uma cultura avançada. Os andonitas ainda estavam dispersos nas regiões árticas e da Ásia Central. As raças verde e alaranjada haviam sido exterminadas, enquanto tais. A raça índigo encontrava-se a caminho do sul da África, para começar lá a sua lenta, longa e contínua deterioração racial.

Os povos da Índia permaneceram estagnados, em uma civilização que não progredia; os homens amarelos estavam consolidando as suas posições na Ásia Central; o homem moreno ainda não havia iniciado a sua civilização nas ilhas próximas do oceano Pacífico.

Essas distribuições raciais, associadas a mudanças climáticas abrangentes, prepararam o mundo para a inauguração da era andita da civilização de Urântia. Essas migrações primitivas prolongaram-se por um período de dez mil anos, desde 25 000 a 15 000 a.C. As migrações posteriores ou anditas aconteceram no período entre 15 000 e 6 000 a.C.

Demorou tanto tempo para que as primeiras levas de adamitas atravessassem a Eurásia, que a sua cultura, em muito, ficou perdida no trânsito. Só os anditas que vieram mais tarde se deslocaram com velocidade suficiente para levar a cultura edênica a grandes distâncias da Mesopotâmia.

4. OS ANDITAS

As raças anditas foram a mistura primária da raça violeta, de linhagem pura, com os noditas, acrescidas dos povos evolucionários. Em geral, deve-se considerar os anditas como tendo uma percentagem muito maior de sangue Adâmico do que as raças modernas. No conjunto, o termo andita é usado para designar os povos cuja herança racial violeta é de um oitavo a um sexto. Os urantianos modernos, mesmo as raças brancas nórdicas, trazem muito menos do que essa percentagem do sangue de Adão.

Os primeiros povos anditas tiveram origem nas regiões adjacentes à Mesopotâmia, há mais de vinte e cinco mil anos, e consistiam em uma combinação de adamitas e noditas. O segundo jardim estava cercado, em círculos concêntricos, pelo sangue violeta decrescente e foi na periferia desse foco de fusão racial que nasceu a raça andita. Mais tarde, quando os adamitas e os noditas, em migração, entraram nas regiões, então férteis do Turquestão, logo se misturaram aos habitantes superiores e a mistura racial resultante levou o tipo andita mais para o norte.

Sob todos os pontos de vista, os anditas foram a melhor raça humana a surgir em Urântia, desde os dias dos povos violetas de linhagem pura. Eles englobavam a maior parte dos tipos superiores dos remanescentes, que sobreviveram, das raças adamitas e noditas e, mais tarde, de algumas das melhores linhagens de homens amarelos, azuis e verdes.

Esses anditas primitivos não eram arianos, eles eram pré-arianos. Não eram brancos, eram pré-brancos. E não eram nem um povo ocidental, nem oriental. É a herança andita, todavia, que confere à mistura poliglota, das chamadas raças brancas, aquela homogeneidade generalizada que tem sido chamada de caucasóide.

As linhagens mais puras da raça violeta traziam consigo a tradição Adâmica da busca da paz, o que explica por que os primeiros deslocamentos das raças haviam sido migrações de natureza mais pacífica. À medida, porém, que os adamitas se uniram às raças noditas, as quais nessa época eram raças beligerantes, os seus descendentes anditas tornaram-se, para a sua época, os mais hábeis e sagazes militaristas que jamais viveram em Urântia. Os deslocamentos que os mesopotâmios fizeram, a partir daí, tinham, cada vez mais, as características militares e tornaram-se mais semelhantes às verdadeiras conquistas.

Esses anditas eram aventureiros; de natureza nômade. Um aumento do sangue sangique ou andonita tendia a estabilizá-los. Contudo, ainda assim, os seus descendentes mais recentes nunca descansaram até que houvessem circunavegado pelo globo e descoberto o último dos continentes remotos.

5. AS MIGRAÇÕES ANDITAS

A cultura do segundo jardim perdurou por vinte mil anos, mas experimentou um declínio contínuo até cerca do ano 15 000 a.C., quando o renascimento do sacerdócio setita e a liderança de Amosad inauguraram uma era brilhante. As ondas maciças de civilização que mais tarde se espalharam pela Eurásia seguiram, imediatamente, a grande renascença do Jardim, conseqüente das numerosas uniões dos adamitas com os noditas misturados dos arredores, para formar os anditas.

Esses anditas inauguraram novos avanços em toda a Eurásia e no norte da África. Da Mesopotâmia até o Sinquiang, a cultura andita era dominante, e a contínua migração para a Europa era constantemente reposta pelas novas levas chegadas da Mesopotâmia. Não seria correto, porém, falar dos anditas, na Mesopotâmia, como uma raça propriamente dita, antes do começo das migrações finais dos descendentes mistos de Adão. Nessa época, mesmo as raças do segundo jardim haviam-se tornado tão misturadas que não mais podiam ser consideradas adamitas.

A civilização do Turquestão estava sendo constantemente vivificada e renovada por levas recém-chegadas da Mesopotâmia, especialmente de cavaleiros anditas mais recentes. A língua mãe, chamada ariana, estava em processo de formação nos planaltos do Turquestão; era uma mistura do dialeto andônico daquela região com a língua dos adamsonitas e dos anditas posteriores. Muitas das línguas modernas são derivadas da fala primitiva dessas tribos da Ásia Central que conquistaram a Europa, a Índia, e a parte de cima das planícies da Mesopotâmia. Essa língua antiga emprestou aos idiomas ocidentais toda aquela similaridade que os faz serem chamados todos de arianos.

Por volta de 12 000 a.C., três quartos das raças anditas do mundo residiam no norte e no leste da Europa e, quando aconteceu o êxodo posterior final da Mesopotâmia, sessenta e cinco por cento dessas últimas ondas de emigração entraram na Europa.

Os anditas não apenas migraram para a Europa, como para o norte da China e da Índia e muitos grupos penetraram nos confins da Terra, como missionários, educadores e comerciantes. Levaram uma contribuição considerável aos grupos de povos sangiques, no norte do Saara. Entretanto, apenas uns poucos educadores e comerciantes conseguiram penetrar na África, mais para o sul da cabeceira do Nilo. Mais tarde, indivíduos miscigenados anditas e egípcios seguiram, descendo para as costas leste e oeste da África, até abaixo do equador, mas não chegaram a Madagascar

Esses anditas foram os conquistadores da Índia, chamados dravidianos e, mais tarde, arianos; e a sua presença na Ásia Central elevou grandemente os ancestrais dos turanianos. Dessa raça, muitos viajaram para a China, tanto pelo Sinquiang, quanto pelo Tibete; e acrescentaram qualidades apreciáveis às raças chinesas posteriores. De tempos em tempos, pequenos grupos chegavam até o Japão, Formosa, Índias Orientais e China do sul; se bem que poucos houvessem entrado na parte sulina da China pela via costeira.

Cento e trinta e dois membros dessa raça, embarcados em uma frota de barcos pequenos vindos do Japão, finalmente alcançaram a América do Sul e, por meio de casamentos com os nativos dos Andes, deram nascimento aos ancestrais dos governantes posteriores dos Incas. Eles cruzaram o oceano Pacífico por etapas curtas, permanecendo nas muitas ilhas que achavam pelo caminho. As ilhas do grupo da Polinésia eram mais numerosas e maiores do que agora, e esses navegadores anditas, junto com alguns dos que os seguiram, modificaram biologicamente os grupos nativos durante o seu trânsito. Muitos centros de civilização florescentes surgiram nessas que agora são terras submersas, como resultado da penetração andita. A ilha de Páscoa, há muito, havia sido um centro administrativo e religioso de um desses grupos perdidos. Contudo, dos anditas que navegaram o Pacífico, de muito tempo atrás, apenas cento e trinta e dois chegaram às terras continentais das Américas.

As conquistas migratórias dos anditas continuaram até a sua dispersão final, entre 8 000 e 6 000 a.C. À medida que saíam da Mesopotâmia, eles esgotavam continuamente as reservas biológicas da sua origem e fortaleciam visivelmente os povos vizinhos. E, em cada nação para onde viajaram, contribuíram com o humor, a arte, a aventura, a música e os manufaturados. Eles eram hábeis domesticadores de animais e especialistas em agricultura. Ao menos naquela época, a presença deles em geral melhorava as crenças religiosas e as práticas morais das raças mais antigas. E, assim, a cultura da Mesopotâmia espalhou-se calmamente pela Europa, Índia, China, norte da África e pelas Ilhas do Pacífico.

6. AS ÚLTIMAS DISPERSÕES ANDITAS

As três últimas ondas de anditas deixaram a Mesopotâmia entre 8 000 e 6 000 a.C. Essas três grandes ondas de cultura saíram de um modo forçado da Mesopotâmia, pela pressão das tribos das colinas, no sentido leste, e da hostilidade dos homens das planícies do oeste. Os habitantes do vale do Eufrates e dos territórios adjacentes fizeram o seu êxodo final em várias direções:

Sessenta e cinco por cento deles entraram na Europa pelo caminho do mar Cáspio, para conquistar as raças brancas recém-surgidas – em uma combinação dos homens azuis e dos anditas primitivos – e para amalgamar-se com elas.

Dez por cento, incluindo um grupo grande de sacerdotes setitas, mudaram-se para o leste, atravessando os planaltos elamitas e indo até o planalto iraniano e o Turquestão. Muitos dos seus descendentes, mais tarde, encaminharam-se para a Índia junto com os seus irmãos arianos das regiões mais setentrionais.

Dez por cento dos mesopotâmios voltaram-se para o leste, durante a sua trajetória para o norte, entrando em Sinquiang, onde se fundiram com os habitantes anditas amarelos. A maioria da progênie, bem-dotada, dessa união racial entrou, mais tarde, na China e contribuiu muito para o melhoramento imediato do ramo nortista da raça amarela.

Dez por cento desses anditas em fuga encaminharam-se para a Arábia e entraram no Egito.

Cinco por cento dos anditas da cultura mais elevada do distrito costeiro junto às embocaduras do Tigre e do Eufrates, os quais não se haviam misturado com as tribos inferiores vizinhas, recusaram-se a deixar a sua terra natal. Esse grupo representou a sobrevivência de muitas linhagens superiores de noditas e de adamitas.

Os anditas haviam evacuado quase inteiramente essa região, por volta de 6 000 a.C.; embora os seus descendentes, amplamente miscigenados com as raças sangiques vizinhas e com os andonitas da Ásia Menor, estivessem ali para batalhar contra os invasores do norte e do leste, em uma época posterior.

A idade cultural do segundo jardim terminou por causa da infiltração crescente das linhagens inferiores vizinhas. A civilização mudou-se para o oeste, no Nilo, e para as ilhas do Mediterrâneo, onde continuou a progredir e a avançar até muito depois da deterioração da sua fonte de origem, na Mesopotâmia. E esse afluxo descontrolado de povos inferiores preparou o caminho para as futuras conquistas, de toda a Mesopotâmia, pelos bárbaros do norte, os quais puseram fim à linhagem residual de maior capacidade. Mesmo em anos posteriores, os resíduos culturais ainda ressentiam-se da presença desses invasores toscos e ignorantes.

7. AS ENCHENTES NA MESOPOTÂMIA

Os moradores ribeirinhos estavam acostumados às inundações nas margens dos rios em certas estações; essas enchentes periódicas eram acontecimentos anuais nas suas vidas. Contudo, perigos novos ameaçavam o vale da Mesopotâmia, por causa das alterações geológicas progressivas ao norte.

Por milhares de anos, depois que o primeiro Éden submergira, as montanhas na costa leste do Mediterrâneo e aquelas a noroeste e a nordeste da Mesopotâmia continuaram a elevar-se. Essa elevação dos planaltos foi bastante acelerada por volta de 5 000 a.C., e isso, junto com o aumento da precipitação de neve nas montanhas ao norte, causou enchentes sem precedentes em todas as primaveras, em todo o vale do Eufrates. Essas enchentes nas primaveras tornaram-se cada vez piores, até que finalmente os habitantes das regiões ribeirinhas tiveram de mudar-se para os planaltos a leste. Por quase mil anos, dezenas de cidades ficaram praticamente desertas em conseqüência desses dilúvios.

Quase cinco mil anos depois, quando os sacerdotes hebreus em cativeiro na Babilônia, buscaram ligar a Adão a origem do povo judeu, encontraram uma grande dificuldade em reconstituir a história. Então ocorreu a um deles abandonar esse esforço, deixar que o mundo inteiro afundasse na própria perversidade, à época da enchente de Noé, e ficar, assim, em uma posição melhor para atribuir a origem de Abraão a um dos três filhos sobreviventes de Noé.

As tradições de uma época em que a água cobria toda a superfície da Terra são universais. Muitas raças alimentam a história de uma enchente de amplidão mundial, em alguma época das idades passadas. A história bíblica de Noé, da arca e da enchente, é uma invenção do sacerdócio hebreu durante o seu cativeiro na Babilônia. Nunca houve uma enchente universal, desde que a vida foi estabelecida em Urântia. A única época em que a superfície da Terra esteve completamente coberta pela água foi durante as idades arqueozóicas, antes que as terras começassem a aparecer.

Entretanto, Noé existiu realmente; foi um fabricante de vinho em Aram, uma colônia junto ao rio, perto de Erec. Ele mantinha um registro escrito dos dias de alta do rio, ano após ano. Chegou a ser bastante ridicularizado, quando subia e descia o vale do rio, advogando que todas as casas devessem ser feitas de madeira, no feitio de barcos; e que os animais da família fossem colocados a bordo todas as noites, quando se aproximasse a estação das enchentes. Ia, todos os anos, às colônias ribeirinhas da vizinhança prevenir sobre enchentes que, chegariam dentro de alguns dias. Finalmente, veio um ano no qual as enchentes anuais aumentaram bastante, por causa de uma chuva anormalmente pesada, de modo que a súbita elevação das águas levou toda a aldeia; apenas Noé e os mais próximos, na sua família, salvaram-se na sua casa flutuante.

Essas enchentes completaram a dissolução da civilização andita. Ao fim desse período de dilúvio, o segundo jardim não existia mais. Apenas no sul, e entre os sumérios, alguns vestígios da glória anterior prevaleceram.

Os remanescentes dessa civilização, uma das mais antigas, podem ser encontrados nessas regiões da Mesopotâmia, bem como a nordeste e a noroeste delas. Contudo, vestígios ainda mais antigos dos dias da Dalamátia existem sob as águas do golfo Pérsico; e o primeiro Éden está submerso na extremidade leste do mar Mediterrâneo.

8. OS SUMÉRIOS — OS ÚLTIMOS DOS ANDITAS

Quando a última dispersão andita alquebrou a espinha dorsal biológica da civilização da Mesopotâmia, uma pequena minoria dessa raça superior permaneceu na sua região natal, próxima das embocaduras dos rios. Esses foram os sumérios e, por volta de 6 000 a.C., eles haviam-se tornado uma descendência amplamente andita, embora a sua cultura tivesse um caráter mais exclusivamente nodita e eles se ativessem às antigas tradições da Dalamátia. Esses sumérios das regiões da costa, entretanto, eram os últimos anditas na Mesopotâmia. Contudo, as raças da Mesopotâmia já estavam intensamente mescladas nessa época, como fica evidenciado pelos tipos de crânios encontrados nos túmulos dessa era.

Foi durante a época das enchentes que Susa prosperou intensamente. A primeira cidade, de altitude menos elevada, foi inundada, de modo tal que o segundo núcleo, ou o mais alto, sucedeu à parte baixa como sede do artesanato, bastante peculiar, daqueles dias. Com a diminuição posterior das enchentes, Ur tornou-se o centro da indústria de cerâmica. Por volta de sete mil anos atrás, Ur localizava-se no golfo Pérsico; as aluviões fluviais que se depositaram ali elevaram, desde então, as terras até os seus limites atuais. Essas colônias sofreram menos durante as enchentes por causa das obras de proteção e controle e em função da maior abertura na embocadura dos rios.

Os pacíficos cultivadores de grãos dos vales do Eufrates e do Tigre há muito vinham sendo fustigados pelas incursões dos bárbaros do Turquestão e do planalto iraniano. Agora, porém, uma invasão planejada do vale do Eufrates era provocada pelo aumento da seca nos pastos dos planaltos. E essa invasão foi ainda mais séria porque os pastores e os caçadores dos arredores possuíam muitos cavalos domados. Foi a posse dos cavalos que lhes deu uma grande vantagem militar sobre os seus ricos vizinhos do sul. Em pouco tempo eles invadiram toda a Mesopotâmia, expulsando as últimas ondas de cultura, as quais se espalharam por toda a Europa, pelo oeste da Ásia e pelo norte da África.

Esses conquistadores da Mesopotâmia levavam, nas suas fileiras, muitas das melhores linhagens anditas das raças miscigenadas do norte do Turquestão, incluindo algumas das linhagens de Adamson. Essas tribos menos avançadas, mas mais vigorosas do norte, rapidamente, e com grande disposição, assimilaram os resíduos da civilização da Mesopotâmia. E logo formaram aqueles povos híbridos encontrados no vale do Eufrates, no começo dos anais da história. E logo reviveram muitas fases da civilização moribunda da Mesopotâmia, incorporando as artes das tribos do vale e grande parte da cultura dos sumérios. Intentaram até mesmo construir a terceira torre de Babel e, mais tarde, adotaram o termo como nome para a sua nação.

Quando esses cavaleiros bárbaros do nordeste invadiram todo o vale do Eufrates, eles não conquistaram os remanescentes dos anditas que habitavam as cercanias da embocadura do rio, no golfo Pérsico. Por causa da sua inteligência superior, esses sumérios foram capazes de defender-se com armas melhores e com o seu amplo sistema de canais militares, o qual era um complemento do esquema de irrigação, feito por meio de tanques de intercomunicação. E formavam um povo unido, porque possuíam uma religião grupal única. Assim, foram capazes de manter a sua integridade racial e nacional, até muito tempo depois de os vizinhos do noroeste haverem sido fragmentados, em cidades-estados isoladas. Nenhum desses grupos de cidades foi capaz de superar os sumérios unificados.

E os invasores do norte logo aprenderam a confiar neles, e a dar valor a esses sumérios amantes da paz, pois eram educadores e administradores hábeis. Eram muito respeitados e procurados como instrutores de arte e trabalhos industriais, como diretores comerciais e como governantes civis, por todos os povos do norte e do Egito, a oeste, e até a Índia, a leste.

Após a queda da primeira confederação suméria, as cidades-estados posteriores foram governadas pelos descendentes apóstatas dos sacerdotes setitas. E só depois de conquistarem as cidades da vizinhança é que esses sacerdotes denominaram-se reis. Os reis posteriores das cidades não conseguiram formar uma confederação poderosa antes dos dias de Sargon, por causa dos ciúmes que uns tinham das deidades dos outros. Cada cidade acreditava que o seu deus municipal fosse superior a todos os outros deuses e, conseqüentemente, recusava subordinar-se a qualquer liderança comum.

Esse longo período de governo fraco dos sacerdotes citadinos terminou com Sargon, o sacerdote de Kish, que se proclamou rei e iniciou a conquista de toda a Mesopotâmia e terras adjacentes. E, durante um certo período, isso acabou com as cidades-estados, governadas e tiranizadas por sacerdotes; cada cidade tendo o seu próprio deus municipal e práticas cerimoniais próprias.

Após o rompimento dessa confederação Kish, seguiu-se um período longo de guerras constantes entre essas cidades dos vales, na disputa da supremacia, que se alternou entre Sumer, Akad, Kish, Erec, Ur e Susa.

Por volta de 2 500 a.C., os sumérios sofreram sérios reveses nas mãos dos suítas e guitas do norte. Lagash, a capital suméria construída sobre as terras das aluviões das enchentes, caiu. Erec manteve-se por trinta anos após a queda de Akad. Na época do estabelecimento do governo de Hamurabi, os sumérios haviam sido absorvidos pelas fileiras dos semitas do norte, e os anditas da Mesopotâmia foram apagados das páginas da história.

De 2 500 até 2 000 a.C., os nômades andaram fazendo estragos desde o oceano Atlântico até o Pacífico. Foi com os neritas que se deu a investida final contra o grupo do mar Cáspio, de descendentes mesopotâmios das raças anditas e andonitas miscigenadas. Tudo aquilo que os bárbaros deixaram de arruinar na Mesopotâmia, as mudanças climáticas subseqüentes fizeram-no com êxito.

E essa é a história da raça violeta, depois dos dias de Adão, e do destino que teve a sua terra natal, entre o Tigre e o Eufrates. A sua antiga civilização finalmente caiu, devido à emigração dos povos superiores e da imigração de seus vizinhos inferiores. Contudo, muito antes de haverem, as cavalarias bárbaras, conquistado o vale, grande parte da cultura do Jardim já se havia propagado até a Ásia, a África e a Europa, para ali produzir os fermentos que resultaram na civilização do século vinte de Urântia.

[Apresentado por um Arcanjo de Nébadon.]

DOCUMENTO 79

A EXPANSÃO ANDITA NO ORIENTE

A ÁSIA é o berço da raça humana. Foi em uma península do sul desse continente que Andon e Fonta nasceram; nos planaltos daquilo que agora é o Afeganistão, os seus descendentes badonan fundaram um centro primitivo de cultura que subsistiu por mais de meio milhão de anos. Nesse foco oriental da raça humana, os povos sangiques diferenciaram-se da linhagem andônica, e a Ásia foi o seu primeiro lar, o seu primeiro território de caça e o seu primeiro campo de batalha. A parte sudoeste da Ásia testemunhou as civilizações dos dalamatianos, dos noditas, dos adamitas e dos anditas sucederem-se; partindo dessas regiões, o potencial da civilização moderna espalhou-se pelo mundo.

1. OS ANDITAS DO TURQUESTÃO

Por mais de vinte e cinco mil anos, até quase 2000 a.C., o centro da Eurásia era predominantemente andita, embora isso estivesse diminuindo. Nas terras baixas do Turquestão, os anditas voltaram-se para o oeste, contornando os lagos interiores na direção da Europa e, partindo dos planaltos dessa região, infiltraram-se na direção leste. O Turquestão oriental (o Sinkiang) e, em uma extensão menor, o Tibete, foram as entradas antigas através das quais esses povos da Mesopotâmia penetraram nas montanhas, indo até as terras setentrionais dos homens amarelos. A infiltração andita na Índia veio dos planaltos do Turquestão, até o Punjab e, dos pastos iranianos, passando através do Beluchistão. Essas primeiras migrações não foram conquistas, em nenhum sentido, foram, antes, a corrente contínua das tribos anditas indo para a Índia ocidental e para a China.

Durante quase quinze mil anos, os centros de cultura mista andita perduraram na bacia do rio Tarim, no Sinkiang e, para o sul, nas regiões dos planaltos do Tibete, onde amplamente os anditas e os andonitas miscigenaram-se. O vale do Tarim era, a leste, o posto fronteiriço da verdadeira cultura andita. Ali construíram as suas colônias e mantiveram relações de comércio com os chineses desenvolvidos, a leste, e com os andonitas, ao norte. Naquela época, a região do Tarim tinha uma terra fértil; as chuvas eram abundantes. A leste, o Gobi era uma terra de gramagens abertas, onde os pastores gradativamente voltavam-se para a agricultura. Essa civilização pereceu quando os ventos chuvosos passaram a soprar para o sudoeste, entretanto, nos seus bons dias, ela rivalizava com a própria Mesopotâmia.

Por volta de 8000 a.C., a aridez vagarosamente crescente das regiões dos planaltos da Ásia Central começou a expulsar os anditas para os fundos dos vales e as costas marítimas. Essa seca crescente não apenas os levou para os vales do Nilo, do Eufrates, dos rios Indo e Amarelo, como também provocou um novo desenvolvimento na civilização andita. Uma nova espécie de homens, os comerciantes, começou a aparecer em grande quantidade.

Quando as condições climáticas tornaram a caça desvantajosa para os anditas migrantes, eles não seguiram o curso evolucionário das raças mais antigas, tornando-se pastores. O comércio e a vida urbana surgiram. Do Egito, através da Mesopotâmia e do Turquestão, até os rios da China e da Índia, as tribos mais altamente civilizadas começaram a concentrar-se nas cidades consagradas à manufatura e ao comércio. Adônia, localizada perto da atual cidade de Askabad, tornou-se a metrópole comercial da Ásia Central. O comércio de pedras, metal, madeira e cerâmica acelerou-se tanto por via terrestre quanto pela fluvial.

Contudo, a seca sempre crescente, trouxe gradualmente um grande êxodo andita das terras do sul e do leste do mar Cáspio. A maré de migração começou a mudar da direção norte para o sul, e os cavaleiros da Babilônia começaram a invadir a Mesopotâmia.

A aridez crescente na Ásia Central colaborou ainda mais para reduzir a população e para tornar esse povo menos guerreiro; e, quando as chuvas decrescentes, ao norte, forçaram os andonitas nômades a irem para o sul, houve um êxodo prodigioso de anditas do Turquestão. Esse foi o movimento final, dos chamados arianos, para o levante e para a Índia. Esse movimento marcou o ápice daquela longa dispersão dos descendentes miscigenados de Adão, durante a qual todos os povos asiáticos e a maioria dos povos das ilhas do Pacífico foram, em uma certa medida, aperfeiçoados por essas raças superiores.

Assim, ao dispersarem-se no hemisfério oriental, os anditas ficaram desprovidos das suas terras originais na Mesopotâmia e no Turquestão, pois foi esse movimento abrangente dos andonitas para o sul que diluiu os anditas na Ásia Central quase até o seu desaparecimento.

Contudo, no século vinte, depois de Cristo, ainda há traços de sangue andita entre os povos turanianos e tibetanos, como é testemunhado pelos tipos louros que ocasionalmente são encontráveis nessas regiões. Os anais primitivos dos chineses registram a presença de nômades de cabelos vermelhos ao norte das pacíficas colônias do rio Amarelo, e ainda há pinturas que registram fielmente a presença tanto do tipo andita louro quanto dos tipos mongóis morenos na bacia do Tarim de muito tempo atrás.

A última grande manifestação do gênio militar submergido dos anditas da Ásia Central ocorreu em 1200 d.C., quando os mongóis, sob o comando de Gengis Khan, começaram a conquista da maior parte do continente asiático. E, como os anditas do passado, esses guerreiros proclamavam a existência de "um só Deus no céu". A dissolução prematura do seu império retardou em muito o intercâmbio cultural, entre o Ocidente e o Oriente, e foi um grande obstáculo ao crescimento do conceito monoteísta na Ásia.

2. A CONQUISTA ANDITA DA ÍNDIA

A Índia é o único local em que todas as raças de Urântia foram miscigenadas, a invasão andita trazendo a última contribuição. Nos planaltos a noroeste da Índia, as raças sangiques vieram à existência e, sem exceção, os membros de cada raça penetraram no subcontinente da Índia, nos seus primórdios, deixando atrás de si a mais heterogênea mistura de raças que existe em Urântia. A Índia antiga atuou como uma bacia coletora para as raças em migração. A base da península anteriormente era um pouco mais estreita do que é agora, grande parte dos deltas do Ganges e do Indo sendo um trabalho dos últimos cinqüenta mil anos.

As mais antigas misturas de raças na Índia formam uma combinação de raças vermelhas e amarelas migratórias com os andonitas aborígines. Esse grupo foi enfraquecido, posteriormente, quando absorveu maior porção dos extintos povos verdes do leste, bem como um grande número da raça laranja. O grupo foi ligeiramente aperfeiçoado por meio de uma miscigenação limitada com os homens azuis, mas sofreu excessivamente com a assimilação de grande número de membros da raça índigo. Todavia, os chamados aborígines da Índia dificilmente são representativos desse povo primitivo;

eles são, antes, a facção sulina, inferior e oriental, que nunca foi plenamente absorvida pelos anditas primitivos, nem pelos seus primos arianos a surgirem mais tarde.

Por volta de 20 000 a.C., a população da parte ocidental da Índia já se havia tornado matizada pelo sangue Adâmico e, nunca na história de Urântia, qualquer povo combinou tantas raças diferentes. Infelizmente, porém, as linhagens sangíneas secundárias predominaram, e foi uma verdadeira calamidade que as raças azul e vermelha estivessem tão amplamente ausentes dessa fusão racial do passado longínquo. Se tivesse havido mais linhagens sangíneas primárias, elas teriam contribuído muito para o engrandecimento do que poderia ter sido uma civilização ainda mais desenvolvida. A situação desenvolveu-se assim: o homem vermelho foi destruindo a si próprio nas Américas, o homem azul espalhava-se pela Europa, e os descendentes primitivos de Adão (e a maioria dos posteriores) demonstravam pouco desejo de miscigenação com os povos de cores mais escuras, fosse na Índia, África ou outros lugares.

Por volta de 15 000 a.C., o impulso de uma população crescente no Turquestão e no Irã ocasionou o primeiro movimento andita realmente extenso na direção da Índia. Durante quase quinze séculos, esses povos superiores afluíram para os planaltos do Beluchistão, espalhando-se pelos vales do Indo e do Ganges, indo vagarosamente para o sul, pelo Decã adentro. Essa pressão andita vinda do noroeste levou muitas das linhagens inferiores do sul e do leste para a Birmânia e para o sul da China, mas não o suficiente para salvar os invasores da obliteração racial.

A Índia não teve êxito em conseguir a hegemonia da Eurásia, em boa medida por uma questão quase que de topografia; a pressão da população vinda do norte apenas levou a maioria do povo para o sul, para o território decrescente do Decã, cercado pelo mar de todos os lados. Se houvessem existido terras adjacentes para a emigração, as raças inferiores teriam sido expulsas para todas as direções, e as linhagens superiores teriam alcançado uma civilização mais elevada.

O que ocorreu foi que esses conquistadores anditas primitivos fizeram um esforço desesperado para preservar a sua identidade e para estancar a maré de engolfamento racial, com o estabelecimento de restrições rígidas para os casamentos inter-raciais. Entretanto, por volta de 10 000 a.C, os anditas haviam sido absorvidos, mas toda a massa do povo havia sido amplamente aperfeiçoada por essa absorção.

A mistura das raças é sempre vantajosa, pelo favorecimento da versatilidade da cultura e pela contribuição para uma civilização mais desenvolvida, entretanto, se predominarem os elementos inferiores das linhagens raciais, essas realizações não duram muito tempo. Uma cultura poliglota pode ser preservada apenas se as linhagens superiores se reproduzirem com uma margem suficiente de segurança sobre a inferior. A multiplicação irrestrita dos inferiores é infalivelmente suicida para a civilização cultural, se a reprodução dos superiores for decrescente.

Se os conquistadores houvessem ultrapassado em três vezes o próprio número, ou se eles houvessem expulsado ou destruído a terça parte menos desejável dos habitantes alaranjado-verde-índigos, então a Índia ter-se-ia tornado um dos principais centros mundiais de civilização cultural e teria, indubitavelmente, atraído mais das ondas posteriores dos mesopotâmios que fluíram para o Turquestão e dali para o norte, até a Europa.

3. A ÍNDIA DRAVIDIANA

A mesclagem dos conquistadores anditas da Índia com as raças nativas resultou, finalmente, naquele povo misturado que tem sido chamado de dravidiano. Os dravidianos mais primitivos e mais puros possuíam uma capacidade grande para conquistas culturais, a qual foi continuamente sendo enfraquecida à medida que a sua herança andita tornou-se cada vez mais atenuada. E foi isso o que condenou essa civilização embrionária da

Índia há quase doze mil anos. Todavia, a infusão do sangue de Adão, mesmo em pequena quantidade, produziu uma aceleração bem marcada no desenvolvimento social. Essa linhagem composta produziu, imediatamente, então, a mais versátil civilização na Terra.

Não muito depois de conquistar a Índia, os anditas dravidianos perderam o contato racial e cultural com a Mesopotâmia, mas a abertura posterior de linhas marítimas e rotas para as caravanas restabeleceram tais conexões; em nenhum momento, dentro dos últimos dez mil anos, a Índia esteve inteiramente fora de contato com a Mesopotâmia, a oeste, e com a China, a leste, embora as barreiras das montanhas houvessem favorecido grandemente as relações com o oeste.

A cultura e os ensinamentos religiosos superiores dos povos da Índia datam dos primeiros tempos do domínio dravidiano e são devidos, em parte, ao fato de tantos sacerdotes setitas haverem entrado na Índia, tanto na invasão inicial dos anditas quanto na invasão posterior ariana. O fio do monoteísmo que atravessa a história religiosa da Índia vem, então, dos ensinamentos dos adamitas no segundo jardim.

Desde 16 000 a.C., um grupo de cem sacerdotes setitas entrou na Índia e quase conquistou religiosamente a metade oeste daquele povo poliglota, mas a sua religião não perdurou. Depois de cinco mil anos, as suas doutrinas da Trindade do Paraíso haviam-se degenerado no símbolo trino do deus do fogo.

Todavia, durante mais de sete mil anos, até o fim das migrações anditas, o status religioso dos habitantes da Índia esteve muito acima daquele do resto do mundo em geral. Durante esses tempos, a Índia prometera produzir a civilização cultural, religiosa, filosófica e comercial líder do mundo. E não fora pela completa absorção dos anditas pelos povos do sul, esse destino provavelmente ter-se-ia realizado.

Os centros dravidianos de cultura localizavam-se nos vales dos rios, principalmente do Indo e do Ganges e, no Decã, ao longo dos três grandes rios que fluem através dos Gates orientais, até o mar. As colônias ao longo da costa marítima dos Gates ocidentais deviam a sua proeminência às relações marítimas com a Suméria.

Os dravidianos estavam entre os primeiros povos a construírem cidades e entrarem extensivamente no negócio de exportação e importação, por terra e mar. Por volta de 7000 a.C., caravanas de camelos estavam fazendo viagens regulares à distante Mesopotâmia e os navios dos dravidianos avançaram pela costa, atravessando o mar da Arábia, até as cidades sumérias do golfo Pérsico, e aventurando-se pelas águas da baía de Bengala até as Índias Orientais. Um alfabeto, junto com a arte de escrever, foi importado da Suméria por esses navegantes e mercadores.

Essas relações comerciais contribuíram grandemente para a maior diversificação de uma cultura cosmopolita, resultando no primeiro aparecimento de muitos refinamentos e mesmo dos luxos da vida urbana. Quando os arianos que vieram depois entraram na Índia, eles não reconheceram, nos dravidianos, os seus primos anditas submergidos nas raças sangiques, mas encontraram uma civilização bem avançada. Apesar das limitações biológicas, os dravidianos fundaram uma civilização superior, que foi bem difundida em toda a Índia e sobreviveu, no Decã, até os tempos modernos.

4. A INVASÃO ARIANA DA ÍNDIA

A segunda penetração andita na Índia foi a invasão ariana durante um período de quase quinhentos anos, no meio do terceiro milênio antes de Cristo. Essa migração marcou o êxodo terminal dos anditas das suas terras natais no Turquestão.

Os centros arianos iniciais estavam espalhados pela metade norte da Índia, notadamente a noroeste. Esses invasores nunca completaram a conquista do país, e a sua negligência causou o seu fracasso posterior. Por serem em menor número, tornaram-se vulneráveis e foram absorvidos pelos dravidianos do sul, que se espalharam mais tarde, por toda a península, exceto as províncias do Himalaia.

Os arianos exerceram pouca influência racial sobre a Índia, exceto nas províncias do norte. No Decã, a sua influência foi mais cultural e religiosa do que racial. A maior persistência do chamado sangue ariano no norte da Índia não é devida apenas à sua presença em maior número nessas regiões, mas também ao fato de que eles foram reforçados, ulteriormente, por novos conquistadores, comerciantes e missionários. Até o primeiro século antes de Cristo, havia uma infiltração contínua de sangue ariano no Punjab, sendo que o último influxo acompanhou as campanhas dos povos helênicos.

Na planície do Ganges, os arianos e os dravidianos finalmente misturaram-se, produzindo uma cultura elevada, sendo esse centro reforçado por contribuições do nordeste, vindas da China.

Na Índia, muitos tipos de organizações sociais floresceram, de tempos em tempos, indo dos sistemas semidemocráticos dos arianos às formas despóticas e monárquicas de governo. Todavia, o aspecto mais característico dessa sociedade foi a persistência de grandes castas sociais, que foram instituídas pelos arianos em um esforço para perpetuar a identidade racial. Esse sistema elaborado de castas tem sido preservado até a época presente.

Das quatro grandes castas, afora a primeira, foram todas estabelecidas em um esforço, de antemão condenado ao fracasso, para impedir a amalgamação social dos conquistadores arianos com os seus súditos inferiores. Contudo, a primeira casta, a dos instrutores-sacerdotes, provém dos setitas; os brâmanes do século vinte da era cristã são descendentes culturais, em linha direta, dos sacerdotes do segundo jardim, embora os seus ensinamentos em muito discordem daqueles dos seus ilustres predecessores.

Quando os arianos entraram na Índia, eles trouxeram consigo os seus conceitos de Deidade, como haviam sido preservados nas tradições remanescentes da religião do segundo jardim. Os sacerdotes brâmanes, porém, jamais foram capazes de resistir à força viva do paganismo que surgiu do contato súbito com as religiões inferiores do Decã, após a obliteração racial dos arianos. Desse modo, a vasta maioria da população caiu nos laços das superstições escravizadoras das religiões inferiores; e foi assim que a Índia não conseguiu produzir a alta civilização antevista nos tempos mais antigos.

O despertar espiritual do sexto século antes de Cristo não perdurou na Índia, tendo morrido antes mesmo da invasão muçulmana. Algum dia porém um Gautama ainda maior pode surgir para liderar toda a Índia, na procura do Deus vivo, e então o mundo observará a fruição das potencialidades culturais de um povo versátil, que, por tanto tempo, permaneceu entorpecido sob o efeito de uma visão espiritual estagnada.

A cultura apóia-se em uma base biológica, mas um sistema de castas por si só não podia perpetuar a cultura ariana, pois a religião, a verdadeira religião, é a fonte indispensável da energia mais elevada que leva os homens a estabelecer uma civilização superior, baseada na fraternidade humana.

5. O HOMEM VERMELHO E O HOMEM AMARELO

Enquanto a história da Índia é aquela da conquista andita e da sua absorção final por outros povos evolucionários, a história da Ásia oriental é mais propriamente a dos sangiques primários, particularmente a do homem vermelho e do homem amarelo. Essas duas raças escaparam em larga medida da miscigenação com a decadente linhagem de Neandertal, que retardou tanto o homem azul na Europa, preservando, assim, o potencial superior do tipo sangique primário.

Enquanto os primeiros homens de Neandertal espalharam-se por toda a extensão da Eurásia, a sua asa oriental foi a mais contaminada pelas linhagens animais, mais degradadas. Esses tipos subumanos foram impelidos para o sul pelo quinto período glacial, a mesma camada de gelo que bloqueou, durante tanto tempo, a migração sangique para a Ásia oriental. E, quando o homem vermelho caminhou para o norte, pelos planaltos da Índia, ele encontrou o nordeste da Ásia isento desses tipos subumanos. A organização tribal das raças vermelhas formou-se antes do que a de quaisquer outros povos, e eles foram os primeiros a migrar do foco sangique da Ásia central. As linhagens Neandertal inferiores foram destruídas ou expulsas das terras firmes pelas migrações posteriores das tribos amarelas. Todavia, o homem vermelho reinara absoluto na Ásia oriental por quase cem mil anos, antes que as tribos amarelas chegassem.

Há mais de trezentos mil anos, o corpo principal da raça amarela entrou na China, vindo do sul numa migração costeira. A cada milênio, eles penetravam mais profundamente no interior do continente, e não fizeram contato com os seus irmãos que emigravam do Tibete até tempos relativamente recentes.

A pressão crescente da população levou a raça amarela, que se movia para o norte, a começar a invadir as terras de caça do homem vermelho. Essas intromissões, combinadas a antagonismos raciais naturais, culminaram em um aumento das hostilidades e, assim, teve início a luta crucial pelas terras férteis da Ásia longínqua.

A história dessa disputa milenar entre as raças vermelha e amarela é um épico da história de Urântia. Por mais de duzentos mil anos, essas duas raças superiores travaram guerras amargas e contínuas. Nas lutas iniciais, os homens vermelhos foram mais bem-sucedidos em geral: as suas expedições espalhavam a devastação nas colônias amarelas. Todavia, o homem amarelo era bom aluno na arte da guerra e logo manifestou uma habilidade especial de conviver pacificamente com os seus compatriotas; os chineses foram os primeiros a aprender que na união está a força. As tribos vermelhas continuaram com os seus conflitos de destruição mútua e, logo, começaram a sofrer derrotas repetidas nas mãos agressivas dos implacáveis chineses, que continuaram sua marcha inexorável para o norte.

Há cem mil anos, as tribos dizimadas da raça vermelha lutavam, acuadas pelo gelo da última era glacial que diminuía, e, quando a passagem de terra para o Oriente, sobre o estreito de Bering, tornou-se atravessável, essas tribos não demoraram a abandonar as margens inóspitas do continente asiático. Oitenta e cinco mil anos passaram-se desde que os últimos homens vermelhos puros partiram da Ásia, mas a longa luta deixou a sua marca genética sobre a raça amarela vitoriosa. Os povos chineses do norte, junto com os siberianos andonitas, assimilaram muito da linhagem vermelha e, com isso, foram consideravelmente beneficiados.

Os índios norte-americanos nunca tiveram contato real com a progênie andita de Adão e Eva, tendo sido expulsos das suas terras natais asiáticas cerca de cinqüenta mil anos antes da chegada de Adão. Durante a idade das migrações anditas, as linhagens puras estavam-se espalhando pela América do Norte como tribos nômades, caçadores que praticavam a agricultura apenas em uma pequena proporção. Essas raças e os grupos culturais permaneceram quase completamente isolados do restante do mundo, desde a sua chegada às Américas até o primeiro milênio da era cristã, quando foram descobertos pelas raças brancas da Europa. Até aquela época, os esquimós eram o mais próximo da raça branca, que as tribos de homens vermelhos do norte jamais haviam visto.

A raça vermelha e a amarela são as únicas linhagens humanas que alcançaram um alto grau de civilização, longe das influências dos anditas. A cultura ameríndia mais antiga foi o centro Onamonalonton, na Califórnia, mas que em 35 000 a.C. desapareceu. No México, na América Central e nas montanhas da América do Sul, as civilizações posteriores, mais duradouras, foram fundadas por uma raça predominantemente vermelha, mas contendo uma mistura considerável das raças amarela, alaranjada e azul.

Essas civilizações foram produtos evolucionários dos sangiques, ainda que traços de sangue andita houvessem alcançado o Peru. Excetuando-se os esquimós, na América do Norte, e uns poucos anditas polinésios na América do Sul, os povos do hemisfério ocidental não tiveram nenhum contato com o resto do mundo até o fim do primeiro milênio depois de Cristo. No plano Melquisedeque original para o aperfeiçoamento das raças de Urântia, havia sido estipulado que um milhão dos descendentes da pura linha de Adão deveriam elevar os homens vermelhos das Américas.

6. O ALVORECER DA CIVILIZAÇÃO CHINESA

Algum tempo após haverem afugentado o homem vermelho para a América do Norte, os chineses em expansão expulsaram os andonitas dos vales dos rios da Ásia oriental, empurrando-os, ao norte, para a Sibéria e, a oeste, até o Turquestão, para onde eles iriam, dentro em pouco, entrar em contato com a cultura superior dos anditas.

Na Birmânia e na península da Indochina, as culturas da Índia e da China misturaram-se e fundiram-se para produzir as civilizações sucessivas daquelas regiões. A raça verde, já desaparecida, perdurou nessa região em uma proporção maior do que em qualquer outro lugar do mundo.

Muitas raças diferentes ocuparam as ilhas do Pacífico. Em geral, as ilhas do sul, que eram então maiores, foram ocupadas pelos povos portadores de uma alta percentagem de sangue das raças verde e índigo. As ilhas do norte foram ocupadas pelos andonitas e, mais tarde, por raças que traziam proporções elevadas das linhagens amarelas e vermelhas. Os ancestrais do povo japonês não foram expulsos do continente antes de 12 000 a.C., quando foram desalojados por um vigoroso avanço em direção ao litoral sul, da parte das tribos chinesas do norte. O seu êxodo final não foi devido tanto à pressão populacional quanto à iniciativa de um chefe a quem eles vieram a considerar como um personagem divino.

Como os povos da Índia e do Levante, tribos vitoriosas de homens amarelos estabeleceram os seus primeiros centros ao longo da costa e rio acima. As colônias costeiras encontraram dificuldades nos anos seguintes, pois as inundações crescentes e os cursos mutantes dos rios tornaram insustentável a situação das cidades nas planícies.

Há vinte mil anos, os ancestrais dos chineses haviam construído uma dúzia de grandes centros de ensinamento e cultura primitiva, especialmente ao longo do rio Amarelo e do Yangtze. Esses centros começaram logo a se reforçarem, com a chegada de uma corrente firme de povos mistos superiores vindos do Sinkiang e do Tibete. A migração do Tibete para o vale do Yangtze não foi tão extensiva como no norte, nem os centros tibetanos foram tão avançados como aqueles da bacia do Tarim, mas ambos os movimentos tinham uma certa quantidade de sangue andita no lado oriental das colônias ribeirinhas.

A superioridade da antiga raça amarela era devida a quatro grandes fatores:

1. *Genético*. Diferentemente dos seus primos azuis na Europa, as raças vermelha e amarela haviam escapado grandemente da mistura com linhagens humanas degradadas. Os chineses do norte, reforçados já por quantidades pequenas das estirpes superiores vermelhas e andônicas, iriam em breve beneficiar-se de um considerável influxo de sangue andita. Os chineses do sul não tiveram tanto sucesso nesse sentido, e padeciam, já havia muito, da absorção da raça verde, enquanto, mais tarde, iriam ser ainda mais enfraquecidos pela infiltração das multidões dos povos inferiores expulsos da Índia pela invasão dravidiano-andita. Existe hoje, na China, uma diferença definida entre as raças do norte e do sul.

2. *Social*. A raça amarela aprendeu logo o valor da paz entre si mesmos. O pacifismo interno contribuiu muito para o crescimento demográfico, bem como para assegurar a disseminação da sua civilização entre muitos milhões de indivíduos. Entre 25 000 e 5 000 a.C, a mais densa massa de civilização em Urântia encontrava-se na China Central e do norte. O homem amarelo foi o primeiro a realizar a solidariedade racial – o primeiro a alcançar uma civilização social, cultural e política em larga escala.

Os chineses de 15 000 a.C eram militaristas agressivos; eles não se haviam enfraquecido devido a uma reverência excessiva ao passado. Formavam um corpo compacto de pouco menos de doze milhões de homens, que falavam a mesma língua. Nessa época, eles construíram uma verdadeira nação, muito mais unida e homogênea do que as uniões políticas de tempos históricos.

3. *Espiritual*. Durante a era das migrações anditas, os chineses estavam entre os povos mais espirituais da Terra. Uma longa adesão à adoração da Verdade Única, proclamada por Singlangton manteve-os à frente da maioria das outras raças. O estímulo de uma religião desenvolvida e avançada, muitas vezes, é um fator decisivo no desenvolvimento cultural; à medida que a Índia definhava, a China ia à frente, sob o estímulo revigorante de uma religião para a qual a verdade era colocada em um relicário, como se fora a Deidade suprema.

Essa adoração da verdade provocou uma pesquisa e uma investigação destemida das leis da natureza e dos potenciais da humanidade. Os chineses de seis mil anos atrás eram, outrossim, estudantes ardorosos e empenhados na sua busca da verdade.

4. *Geográfico*. A China é protegida pelas montanhas a oeste e pelo oceano Pacífico, a leste. Apenas ao norte fica aberto o caminho para a invasão e, desde a época do homem vermelho até a vinda dos descendentes posteriores dos anditas, o norte não foi ocupado por nenhuma raça agressiva.

E, não fora a barreira das montanhas, e mais tarde o declínio da sua cultura espiritual, a raça amarela teria atraído para si, sem dúvida, a maior parte das migrações anditas que foram para o Turquestão e teria, inquestionável e rapidamente, dominado a civilização do mundo.

7. OS ANDITAS ENTRAM NA CHINA

Há cerca de quinze mil anos, os anditas, em número considerável, atravessaram a garganta de Ti Tao e espalharam-se pelo vale superior do rio Amarelo, entre as colônias chinesas de Kansu. E, em breve, penetraram na direção leste, no Honan, onde estavam situadas as colônias de maior progresso. Essa infiltração do oeste era meio andonita e meio andita.

Os centros de cultura do norte, ao longo do rio Amarelo, haviam sempre sido mais desenvolvidos que as colônias do sul, no Yangtze. Dentro de poucos milhares de anos depois da chegada, mesmo em pequenos números, desses mortais superiores, as colônias ao longo do rio Amarelo haviam-se distanciado das aldeias Yangtze e alcançado uma posição avançada sobre os seus irmãos do sul, a qual foi mantida desde então.

Não é que houvesse tantos anditas, nem que a sua cultura fosse tão superior, mas a miscigenação deles produziu uma raça mais versátil. Os chineses do norte receberam uma quantidade suficiente de sangue andita para estimular moderadamente suas mentes inatamente dotadas, mas não tanto que as inflamasse com a curiosidade exploradora tão característica das raças brancas do norte. Essa infusão mais limitada de herança andita foi menos perturbadora da estabilidade inata do tipo sangíque.

As ondas posteriores de anditas trouxeram com eles alguns dos avanços culturais da Mesopotâmia; isso é especialmente verdadeiro a respeito das últimas ondas de migração vindas do Ocidente. Elas melhoraram, em muito, as práticas econômicas e educacionais dos chineses do norte; e, embora a sua influência sobre a cultura religiosa da raça amarela haja sido pouco duradoura, os seus descendentes posteriores contribuíram muito para um despertar espiritual subseqüente. As tradições anditas da beleza do Éden e da Dalamátia, contudo, influenciaram as tradições chinesas; as lendas chinesas primitivas situam "a terra dos deuses" no Ocidente.

O povo chinês só começou a construir cidades e a engajar-se na manufatura depois de 10 000 a.C., posteriormente às alterações climáticas no Turquestão e à chegada dos últimos imigrantes anditas. A infusão desse novo sangue não acrescentou tanto à civilização do homem amarelo, mas estimulou um desenvolvimento posterior rápido das tendências latentes das raças chinesas superiores. De Honan a Shensi, os potenciais de uma civilização avançada estavam dando frutos. A metalurgia e todas as artes da manufatura datam dessa época.

As semelhanças entre alguns dos métodos primitivos chineses e mesopotâmios no cálculo do tempo, na astronomia e na administração do governo eram devidas às relações comerciais entre esses dois centros bastante distantes. Os mercadores chineses viajavam pelas rotas terrestres, atravessando o Turquestão e a Mesopotâmia, mesmo nos tempos dos sumérios. E essas trocas não eram unilaterais, pois o vale do Eufrates beneficiava-se consideravelmente delas, tanto quanto os povos das planícies do Ganges; porém as alterações climáticas e as invasões nômades do terceiro milênio antes de Cristo reduziram grandemente o volume de comércio que passava pelas rotas de caravanas da Ásia Central.

8. A CIVILIZAÇÃO CHINESA POSTERIOR

Conquanto o homem vermelho haja sofrido excessivamente pelas guerras, não é de todo impróprio dizer que o desenvolvimento do Estado, em meio aos chineses, haja sido retardado pelo cuidado da sua conquista da Ásia. Eles tinham um grande potencial de solidariedade racial que, no entanto, deixou de desenvolver-se apropriadamente por causa da ausência do estímulo contínuo da presença do perigo de agressão externa.

Com a realização da conquista completa da Ásia Oriental, o antigo estado militar gradualmente desintegrou-se – as guerras passadas foram esquecidas. Da luta épica com a raça vermelha, apenas perdurou a tradição vaga de uma disputa antiga, com os povos arqueiros. Os chineses logo se voltaram para a agricultura, o que acentuou ainda mais as suas tendências pacíficas. Ao mesmo tempo, a população indicava uma relação homem-solo bem abaixo do ponto de saturação agrícola, e isso veio contribuir ainda mais para a vida pacífica do país.

A consciência de realizações do passado (um tanto reduzidas, no presente), o conservadorismo de um povo, em sua maioria de agricultores, e uma vida familiar bem desenvolvida deram nascimento à veneração dos ancestrais, culminando no costume de honrar os homens do passado quase até a adoração. Uma atitude bastante semelhante prevaleceu entre as raças brancas na Europa, durante cerca de quinhentos anos depois da queda da civilização greco-romana.

A crença e a adoração da "Verdade Única" , como ensinada por Singlangton, nunca deixou de existir inteiramente; mas, com o passar do tempo, a busca de uma verdade nova e mais elevada foi obscurecida pela tendência crescente de venerar aquilo que já fora estabelecido. Lentamente, o gênio da raça amarela desviou-se da busca do desconhecido e voltou-se para a preservação do conhecido. E essa é a razão para a estagnação daquela que havia sido a civilização que mais rapidamente progredira no mundo.

Entre 4 000 e 500 a.C, a reunificação política da raça amarela foi consumada, mas a união cultural dos centros dos rios Yangtze e Amarelo havia já sido efetuada. Essa reunificação política dos grupos tribais mais recentes não foi feita sem conflito, mas a estima que a sociedade tinha pela guerra permaneceu baixa; a adoração dos ancestrais, a multiplicação dos dialetos e nenhum apelo para a ação militar, durante milhares e milhares de anos, haviam tornado esse povo ultrapacífico.

A despeito do fracasso em cumprir a promessa do desenvolvimento rápido até um estado avançado, a raça amarela avançou, progressivamente, para uma realização nas artes da civilização, sobretudo nos domínios da agricultura e da horticultura. Os problemas hidráulicos enfrentados pelos agricultores em Shensi e Honan demandaram uma cooperação grupal, para que fossem solucionados. Essa irrigação e as dificuldades para a conservação do solo contribuíram, em grande medida, para o desenvolvimento da interdependência dos grupos de agricultores, com a conseqüente promoção da paz entre eles.

Os desenvolvimentos precoces na escrita, junto com o estabelecimento de escolas, logo contribuíram para a disseminação do conhecimento em uma escala nunca antes igualada, mas a natureza enfadonha do sistema da escrita ideográfica colocou um limite numérico nas classes instruídas, a despeito do aparecimento, logo a seguir, da imprensa. Acima de tudo, o processo de padronização social e de dogmatização religioso-filosófica continuou crescente. O desenvolvimento religioso da veneração dos ancestrais tornou-se ainda mais complexo, por um influxo de superstições envolvendo a natureza do culto, mas os vestígios prolongados de um conceito real de Deus ficaram preservados no culto imperial de Shang-ti.

A grande fraqueza da veneração dos ancestrais é que ela promove a filosofia do retrógrado. Por mais sábio que seja recolher a sabedoria do passado, é insano considerá-lo como uma fonte exclusiva de verdade. A verdade é relativa e está em expansão; ela *vive* sempre no presente, alcançando uma nova expressão em cada geração de homens – e mesmo em cada vida humana.

A grande força de uma veneração dos ancestrais é o valor que tal atitude dá à família. A estabilidade espantosa e a persistência da cultura chinesa são uma conseqüência da preponderância da posição dada à família, pois a civilização é diretamente dependente de um funcionamento eficiente da família; e, na China, a família alcançou uma importância social e até mesmo um significado religioso que poucos povos atingiram.

A devoção filial e a lealdade familiar, exigidas no culto crescente dos ancestrais, asseguraram a edificação de relações familiares superiores e de grupos familiares duradouros, o que facilitou a preservação da civilização, por causa dos fatores que se seguem:

1. A conservação da propriedade e das riquezas.

2. A comunhão da experiência de mais de uma geração.

3. A educação eficiente das crianças nas artes e nas ciências do passado.

4. O desenvolvimento de um forte senso do dever, a elevação da moralidade e a ampliação da sensibilidade ética.

O período formativo da civilização chinesa, iniciada com a vinda dos anditas, continua até o grande despertar ético, moral e semi-religioso do sexto século antes de Cristo. E a tradição chinesa mantém um registro de lembrança do passado evolucionário: a transição da família matriarcal para a família patriarcal, o estabelecimento da agricultura, o desenvolvimento da arquitetura, a iniciação da indústria – todas essas etapas são narradas sucessivamente. E essa história apresenta, com uma precisão maior do que qualquer outra narrativa semelhante, um quadro da ascensão magnífica de um povo superior, desde os níveis da barbárie. Durante esse tempo, os chineses passaram, de uma sociedade agrícola primitiva para uma organização social mais elevada, abrangendo as cidades, as manufaturas, a metalurgia, as trocas comerciais, o governo, a escrita, a matemática, a arte, a ciência e a imprensa.

A civilização antiga da raça amarela perdurou, assim, através dos séculos. Já se passaram quase quarenta mil anos desde que os primeiros avanços importantes foram feitos na cultura chinesa e, embora tenha havido muitos retrocessos, a civilização dos filhos de Han está mais próxima de apresentar um quadro contínuo de progresso até o século vinte. Os desenvolvimentos mecânico e religioso das raças brancas têm sido de ordem elevada, mas nunca ultrapassaram os chineses na lealdade familiar, na ética grupal, nem na moralidade pessoal.

Essa cultura antiga contribuiu muito para a felicidade humana; milhões de seres humanos têm vivido e morrido abençoados pelas suas realizações. Durante séculos, essa grande civilização descansou sobre os louros do passado, entretanto está redespertando ainda agora, para visualizar novamente, as metas transcendentes da existência mortal, para retomar a luta incessante por um progresso sem fim.

[Apresentado por um Arcanjo de Nébadon.]

DOCUMENTO 80

A EXPANSÃO ANDITA NO OCIDENTE

EMBORA o homem azul europeu não haja, por si próprio, alcançado uma grande civilização cultural, ele proveu uma base biológica que produziu, quando as suas raças de sangue adamizado mesclaram-se com os últimos invasores anditas, uma das raças mais fortes e capazes de atingir uma civilização dinâmica a surgir em Urântia desde a época da raça violeta e dos seus sucessores anditas.

Os povos brancos modernos incorporaram as linhagens sobreviventes de sangue Adâmico, tornando-se misturados às raças sangiques, com um pouco da raça vermelha e da amarela, porém mais especialmente da azul. Há uma percentagem considerável da linhagem andonita original em todas as raças brancas e mais ainda das raças noditas iniciais.

1. OS ADAMITAS ENTRAM NA EUROPA

Antes dos últimos anditas serem expulsos do vale do Eufrates, muitos dos seus irmãos haviam penetrado na Europa como aventureiros, professores, comerciantes e guerreiros. Durante os primeiros tempos da raça violeta, a bacia do Mediterrâneo era protegida pelo istmo de Gibraltar e pela ponte siciliana de terra. Certos comércios marítimos bem primitivos do homem foram estabelecidos nesses lagos interiores, nos quais os homens azuis do norte e os homens do Saara, vindos do sul, encontraram os noditas e os adamitas vindos do Oriente.

Na parte oriental da bacia do Mediterrâneo, os noditas haviam estabelecido uma das suas mais vastas culturas e, partindo dos centros destas, haviam penetrado, em uma certa medida, na Europa do sul e, mais especialmente na África do norte. Os sírios noditas-andonitas, de cabeças avantajadas, introduziram, muito cedo, a cerâmica e a agricultura nas suas colônias, no delta do Nilo, um rio cujo nível subia vagarosamente. E também importaram ovelhas, cabras, bovinos e outros animais domésticos, e trouxeram métodos bastante aperfeiçoados de metalurgia, pois a Síria de então era o centro dessa indústria.

Durante mais de trinta mil anos, o Egito recebeu um fluxo contínuo de mesopotâmios, que trouxeram consigo a sua arte e cultura para enriquecer as do vale do Nilo. Todavia, o ingresso de grandes números de povos do Saara deteriorou grandemente a civilização primitiva ao longo do Nilo, de tal forma que o Egito atingiu o seu nível cultural mais baixo há cerca de quinze mil anos.

Contudo, durante tempos anteriores, pouco houve que impedisse a migração dos adamitas para o oeste. O Saara era um pasto aberto repleto de pastores e agricultores. Esses povos do Saara nunca se empenharam na manufatura, nem eram construtores de cidades. Eram um grupo negro-índigo que trazia uma linhagem muito extensa das raças verde e alaranjada extintas. E receberam, porém, uma quantidade muito limitada de herança violeta, antes que o deslocamento, para cima, das terras e a mudança na direção dos ventos úmidos houvessem dispersado os remanescentes dessa civilização próspera e pacífica.

O sangue de Adão foi compartilhado com a maioria das raças humanas, mas algumas delas asseguraram para si mais do que outras. As raças miscigenadas da Índia e os povos mais escuros da África não apresentavam atrativos para os adamitas. Eles ter-se-iam miscigenado livremente com a raça vermelha, não estivesse ela tão distante nas Américas, e estavam amigavelmente dispostos a miscigenar-se com a raça amarela, mas essa raça, do mesmo modo, era de difícil acesso, pois estava na distante Ásia. E, portanto, quando impulsionados pela aventura, ou pelo altruísmo, ou quando expulsos do vale do Eufrates, muito naturalmente eles optaram pela união com as raças azuis da Europa.

Os homens azuis, então dominantes na Europa, não tinham práticas religiosas que fossem repulsivas aos primeiros imigrantes adamitas, e havia uma grande atração sexual entre as raças violeta e azul. O melhor dentre aqueles da raça azul considerava uma alta honraria que lhe fosse permitido acasalar com os adamitas. Os homens azuis alimentavam a ambição de se tornarem suficientemente hábeis e artísticos a ponto de ganhar a afeição de alguma mulher adamita, e a mais alta aspiração de uma mulher azul superior era receber as atenções de um adamita.

Lentamente, esses filhos migrantes do Éden uniram-se com os tipos mais elevados da raça azul, revigorando as suas práticas culturais e, ao mesmo tempo, exterminando, sem piedade, os traços residuais do sangue Neandertal. Essa técnica de mistura racial, combinada com a eliminação das linhagens inferiores, produziu uma dúzia, ou mais, de grupos viris e progressistas de homens azuis superiores, uma das quais vós denominastes os Cro-Magnons.

As primeiras ondas da cultura mesopotâmia tomaram, por essas e outras razões, das quais a menos importante foi o trajeto mais favorável de imigração, quase que exclusivamente, o caminho da Europa. E foram essas circunstâncias que determinaram os antecedentes da moderna civilização européia.

2. AS MUDANÇAS CLIMÁTICAS E GEOLÓGICAS

A expansão inicial da raça violeta para a Europa foi interrompida por certas mudanças climáticas e geológicas bastante súbitas. Com o recuo dos campos de gelo ao norte, os ventos que trazem as chuvas do oeste voltaram-se para o norte, gradualmente transformando as grandes regiões de pasto aberto do Saara em um deserto estéril. Essa seca dispersou os habitantes do grande platô do Saara, que eram morenos e de baixa estatura, de olhos escuros, mas de cabeças alongadas.

Os elementos índigos mais puros mudaram-se para o sul, para as florestas da África Central, onde, desde então, permaneceram. Os grupos mais miscigenados espalharam-se em três direções: as tribos superiores do oeste migraram para a Espanha e dali foram para as partes adjacentes da Europa, formando os núcleos das posteriores raças morenas de crânios longos do Mediterrâneo. A divisão menos progressista do leste do platô do Saara migrou para a Arábia e, de lá, atravessou o norte da Mesopotâmia e da Índia, indo para o distante Ceilão. O grupo central foi para o norte e para o leste, para o vale do Nilo e para dentro da Palestina.

É esse substrato secundário da raça sangigue que sugere um certo grau de parentesco com os povos modernos espalhados desde o Decã e o Irã, à Mesopotâmia, e ao longo de ambas as margens do mar Mediterrâneo.

Por volta da época dessas alterações climáticas na África, a Inglaterra separou-se do continente, e a Dinamarca emergiu do mar, enquanto o istmo de Gibraltar, protegendo a bacia oeste do Mediterrâneo, em conseqüência de um terremoto, deu caminho ao solevantamento rápido, desse lago interior, até o nível do oceano Atlântico. Em breve, a ponte de terra da Sicília submergiu, fazendo do Mediterrâneo um mar e ligando-o com o oceano Atlântico. Esse cataclismo da natureza alagou muitas colônias de humanos e ocasionou a maior perda de vida por inundação, em toda a história do mundo.

Esse engolfamento da bacia do Mediterrâneo restringiu imediatamente os movimentos dos adamitas para o oeste, enquanto o grande influxo dos saarianos levou-os a buscar saídas para as populações crescentes ao norte e a leste do Éden. À medida que os descendentes de Adão deixaram os vales do Tigre e do Eufrates, indo para o norte, eles encontraram barreiras montanhosas e o mar Cáspio, então expandido. E, por muitas gerações, os adamitas caçaram, pastorearam e cultivaram o solo nas vizinhanças das suas colônias espalhadas pelo Turquestão. Vagarosamente, esse povo magnífico ampliou o seu território na Europa. No entanto, agora os adamitas entravam na Europa vindos do leste, e encontraram a cultura do homem azul milhares de anos atrasada em relação à da Ásia; pois essa região havia estado quase que inteiramente fora de contato com a Mesopotâmia.

3. O HOMEM AZUL CRO-MAGNON

Os centros antigos de cultura do homem azul eram localizados ao longo de todos os rios da Europa, mas apenas o Somme agora corre no mesmo canal que fluía durante os tempos pré-glaciais.

Ao referirmo-nos ao homem azul como tendo permeado o continente europeu, verificamos que havia dezenas de tipos raciais. Mesmo há trinta e cinco mil anos, as raças azuis européias já eram um povo altamente miscigenado, que trazia em si linhagens de sangue tanto vermelho quanto amarelo, enquanto, nas terras costeiras do Atlântico e nas regiões da Rússia atual, eles haviam absorvido uma considerável parcela de sangue andonita e, ao sul, eles estiveram em contato com os povos do Saara. Seria vão, contudo, tentar enumerar os vários grupos raciais.

A civilização européia desse período inicial pós-Adâmico foi uma combinação única do vigor e da arte dos homens azuis com a imaginação criativa dos adamitas. Os homens azuis eram uma raça de grande vigor, mas deterioraram em muito o status cultural e espiritual dos adamitas. Foi muito difícil para estes últimos imprimir aos cromagnonianos a sua religião, por causa da tendência de muitos deles de trapacear e de corromper as jovens virgens. Por dez mil anos, a religião na Europa esteve em um nível baixo, se comparada aos desenvolvimentos realizados na Índia e no Egito.

Os homens azuis eram perfeitamente honestos em tudo o que faziam e eram totalmente isentos dos vícios sexuais dos adamitas miscigenados. Eles respeitavam a virgindade, apenas praticando a poligamia quando a guerra gerava carência de homens.

Esses povos cromagnonianos eram uma raça valente e previdente. Mantinham um sistema eficiente de educação das crianças. Ambos os progenitores participavam desses trabalhos e os serviços das crianças mais velhas eram plenamente utilizados. Cada criança era cuidadosamente treinada no trato da arte, no trabalho com o sílex e na vigilância e cuidado das cavernas. Numa tenra idade, as mulheres já estavam versadas nas artes domésticas e rudimentos da agricultura, enquanto os homens eram já hábeis caçadores e guerreiros corajosos.

Os homens azuis foram caçadores, pescadores e coletores de alimentos; foram hábeis construtores de barcos. Faziam machados de pedra, cortavam árvores, erigiam abrigos de toras parcialmente sob a terra e com telhados de peles. E há povos que ainda fazem abrigos semelhantes na Sibéria. Os Cro-Magnons do sul, em geral, viviam em cavernas e grutas.

Não era incomum, durante os rigores do inverno, que as sentinelas montando guarda, de pé à noite, à entrada das cavernas, congelassem até a morte. Eles tinham coragem, mas, acima de tudo, eram artistas; a mesclagem Adâmica acelerou subitamente a imaginação criativa. O auge da arte do homem azul foi atingido há cerca de quinze mil anos, antes dos dias em que as raças de pele mais escura tivessem vindo da África para o norte através da Espanha.

Por volta de quinze mil anos atrás, as florestas dos Alpes estavam-se espalhando extensamente. Os caçadores europeus estavam sendo conduzidos para os vales dos rios e para a beira-mar, pela mesma coerção climática que havia transformado as afortunadas terras de caça do mundo em desertos secos e estéreis. Ao mesmo tempo em que os ventos de chuva mudaram-se para o norte, os grandes pastos abertos da Europa ficaram cobertos de florestas. Essas grandes modificações climáticas relativamente súbitas levaram as raças de caçadores em espaço aberto da Europa, a transformar-se em pastores e, em uma certa medida, em pescadores e em cultivadores do solo.

Essas mudanças, embora resultando em avanços culturais, produziram algumas regressões biológicas. Durante a era anterior de caça, as tribos superiores haviam-se casado com os tipos mais elevados de prisioneiros de guerra e, invariavelmente, destruído os que consideravam inferiores. Contudo, quando começaram a estabelecer-se em colônias e a se engajar na agricultura e comércio passaram a poupar a vida de muitos dos presos medíocres, mantendo-os como escravos. E foi a progênie desses escravos que, subseqüentemente, deteriorou bastante todo o tipo cromagnoniano. Esse retrocesso cultural continuou até receber um impulso novo do Oriente, quando a invasão final e maciça dos mesopotâmios varreu a Europa, absorvendo rapidamente o tipo e a cultura Cro-Magnon e iniciando a civilização das raças brancas.

4. AS INVASÕES ANDITAS NA EUROPA

Enquanto os anditas espalharam-se na Europa, em um fluxo contínuo, houve sete invasões maiores; os últimos a chegarem vindo a cavalo, em três grandes levas. Alguns entraram na Europa pelo caminho das ilhas do mar Egeu, subindo o vale do Danúbio, mas a maioria das primeiras e mais puras linhagens migrou para o noroeste da Europa pelas rotas do norte, atravessando as terras de pastos dos rios Volga e Don.

Entre a terceira e a quarta invasão, uma horda de andonitas vinda do norte entrou na Europa, provindo da Sibéria pelo caminho dos rios russos e pelo Báltico. Eles foram assimilados imediatamente pelas tribos anditas do norte.

As primeiras expansões da raça violeta mais pura foram muito mais pacíficas do que as dos seus descendentes anditas posteriores, semimilitarizados e amantes das conquistas. Os adamitas eram pacíficos; os noditas beligerantes. A união dessas raças, mais tarde misturadas às raças sangiques, produziu os competentes e ativos anditas, que fizeram verdadeiras conquistas militares.

Mas o cavalo foi o fator evolucionário que determinou o domínio dos anditas no Ocidente. O cavalo deu aos dispersivos anditas a vantagem até então inexistente da mobilidade, capacitando os últimos grupos de cavaleiros anditas a progredirem rapidamente pelo mar Cáspio, para invadir toda a Europa. Todas as ondas anteriores de anditas haviam-se movimentado tão vagarosamente que tinham a tendência de desagregar-se quando a uma grande distância da Mesopotâmia. Todavia, essas últimas levas moviam-se tão rapidamente que alcançaram a Europa em grupos coesos, ainda conservando, em alguma medida, a mais alta cultura.

Todo o mundo habitado, afora a China e a região do Eufrates, havia feito um progresso cultural muito limitado durante dez mil anos, quando os rudes e rápidos cavaleiros anditas surgiram no sétimo e no sexto milênio antes de Cristo. À medida que avançaram para o Ocidente, através das planícies russas, absorvendo o que de melhor havia do homem azul e exterminando o pior, as raças se amalgamaram em um único povo. Esses foram os ancestrais das chamadas raças nórdicas, os antepassados dos povos escandinavos, alemães e anglo-saxões.

Não tardou muito para que as raças azuis superiores tivessem sido totalmente absorvidas pelos anditas, em todo o norte da Europa. Apenas na Lapônia (e, em uma certa medida, na Bretanha) o andonita mais antigo conservou algo como uma identidade.

5. A CONQUISTA ANDITA DO NORTE DA EUROPA

As tribos do norte da Europa estavam sendo continuamente reforçadas e elevadas pela firme onda de migração da Mesopotâmia através das regiões russas do sul do Turquestão e, quando as últimas ondas da cavalaria andita varreram a Europa, já havia mais homens com herança andita naquela região do que seriam encontrados em todo o resto do mundo.

Durante três mil anos, a sede militar dos anditas do norte localizou-se na Dinamarca. Desse ponto central, saíram as sucessivas ondas de conquistas, que se tornaram cada vez menos anditas e cada vez mais brancas, pois o passar dos séculos testemunhou a miscigenação final dos conquistadores mesopotâmios com os povos conquistados.

Enquanto o homem azul havia sido absorvido no norte, e finalmente havia sucumbido aos ataques da cavalaria branca que penetrou no sul, as tribos da raça branca misturada, que avançavam, encontraram uma resistência obstinada e prolongada dos Cro-Magnons, mas a sua inteligência superior e as suas sempre crescentes reservas biológicas capacitaram-nos a extinguir completamente a raça mais antiga.

Lutas decisivas entre o homem branco e o homem azul foram travadas no vale do Somme. Ali, a flor da raça azul, enfrentou, amarga e renhidamente, os anditas que progrediam na direção sul e, por mais de quinhentos anos, esses cromagnonianos defenderam com êxito os seus territórios, antes de sucumbir à estratégia militar superior dos invasores brancos. Tor, o comandante vitorioso dos exércitos do norte, na batalha final do Somme, tornou-se o herói das tribos brancas do norte e, mais tarde, foi reverenciado como um deus por alguns deles.

As fortalezas do homem azul, que perduraram por mais tempo, estavam no sul da França, mas a última grande resistência militar foi vencida ao longo do Somme. A conquista seguinte progrediu por meio da penetração comercial, pela pressão populacional ao longo dos rios, e por meio de contínuos relacionamentos de ordem matrimonial com os superiores, combinado à exterminação implacável dos inferiores.

Quando o conselho tribal dos anciães anditas determinava que um prisioneiro inferior era incapaz, ele era, por meio de uma cerimônia elaborada, entregue aos sacerdotes Xamãs, que o acompanhavam ao rio e ministravam os ritos da iniciação aos "felizes territórios de caça" – o afogamento letal. Desse modo, os invasores brancos da Europa exterminaram todos os povos que encontravam os quais não eram rapidamente absorvidos pelas suas próprias fileiras, e assim os homens azuis chegaram ao extermínio – e rapidamente.

O homem azul cromagnoniano constituiu a base biológica para as raças européias modernas, mas eles sobreviveram apenas depois de absorvidos por estes últimos vigorosos conquistadores da sua terra natal. A linhagem azul trouxe muita robustez e muito vigor físico às raças brancas da Europa, mas o humor e a imaginação das raças híbridas dos povos europeus derivaram dos anditas. Essa união do andita com o homem azul, resultando nas raças brancas do norte, produziu uma queda imediata da civilização andita, um atraso de natureza transitória. Finalmente, a superioridade latente desses bárbaros do norte manifestou-se, culminando na civilização européia atual.

Por volta de 5 000 a.C., as raças brancas em evolução eram predominantes em todo o norte da Europa, incluindo a Alemanha do norte, o norte da França e as Ilhas Britânicas. A Europa Central, durante algum tempo, foi controlada pelo homem azul e pelos andonitas de cabeça redonda. Estes últimos habitavam principalmente o vale do Danúbio e nunca foram, em realidade, inteiramente desalojados pelos anditas.

6. OS ANDITAS AO LONGO DO NILO

Desde os tempos das últimas migrações anditas, a cultura esteve em declínio no vale do Eufrates e o centro imediato da civilização deslocou-se para o vale do Nilo. O Egito tornou-se o sucessor da Mesopotâmia como sede do grupo mais avançado da Terra.

O vale do Nilo começou a sofrer de inundações um pouco antes dos Vales da Mesopotâmia, entretanto saiu-se muito melhor. Tais contratempos iniciais foram mais do que compensados pela corrente contínua de imigrantes anditas e, assim, a cultura do Egito, embora seja derivada realmente da região do Eufrates, pareceu ir adiante. Contudo, por volta de 5 000 a.C., durante o período das inundações na Mesopotâmia, havia sete grupos distintos de seres humanos no Egito; todos eles, exceto um, haviam vindo da Mesopotâmia.

Quando ocorreu o último êxodo do vale do Eufrates, o Egito foi afortunado em receber muitos dentre os mais hábeis artistas e artesãos. Esses artesãos anditas sentiram-se bastante em casa, pois estavam profundamente acostumados às inundações, irrigações e estações secas da vida ribeirinha. Apreciaram a posição protegida do vale do Nilo, onde ficariam bem menos sujeitos a ataques e invasões hostis do que ao longo do Eufrates. E acrescentaram muito à habilidade dos egípcios com a metalurgia. Ali, eles trabalhavam os minérios de ferro vindos do monte Sinai, em vez dos vindos das regiões do mar Negro.

Os egípcios reuniram, muito cedo, as deidades municipais em um elaborado sistema nacional de deuses. Desenvolveram uma teologia extensa e possuíam um sacerdócio igualmente extenso, mas opressivo. Vários líderes diferentes buscaram reviver os remanescentes dos primeiros ensinamentos religiosos dos setitas, mas esses esforços tiveram duração curta. Os anditas construíram as primeiras estruturas de pedra no Egito. A primeira e a mais bela das pirâmides de pedra foi erigida por Imhotep, um gênio da arquitetura andita, quando serviu como primeiro ministro. As edificações anteriores haviam sido feitas com tijolos e, embora muitas estruturas de pedra houvessem sido erigidas em partes diferentes do mundo, essa era a primeira no Egito. Todavia, a arte de construir decaiu fortemente desde os dias desse grande arquiteto.

Essa época brilhante de cultura foi interrompida bruscamente por guerras internas ao longo do Nilo; e o país foi logo invadido, como o fora a Mesopotâmia, pelas tribos inferiores da inóspita Arábia e pelos negros do sul. E, em resultado disso, o progresso social esteve em contínuo declínio durante mais de quinhentos anos.

7. OS ANDITAS DAS ILHAS DO MEDITERRÂNEO

Durante o declínio da cultura na Mesopotâmia, uma civilização superior perdurou por algum tempo nas ilhas do leste do Mediterrâneo.

Aproximadamente em 12 000 a.C., uma brilhante tribo andita migrou para Creta. Essa foi a única ilha colonizada tão prematuramente por esse grupo superior e passaram-se quase dois mil anos antes que os descendentes desses marinheiros se espalhassem pelas ilhas vizinhas. Esse grupo era composto de anditas de crânio estreito e de pequena estatura, que se haviam mesclado, por casamento, com a divisão vanita dos noditas do norte. Todos tinham estaturas abaixo de um metro e oitenta e haviam sido literalmente expulsos do continente pelos seus companheiros maiores e inferiores. Esses imigrantes em Creta eram altamente hábeis na arte da tecelagem, metalurgia, cerâmica, encanamentos e uso da pedra como material de construção. Eles faziam uso da escrita e continuaram como pastores e agricultores.

Quase dois mil anos depois da colonização de Creta, um grupo dos descendentes de Adamson, de estatura elevada, chegou à Grécia pelas ilhas do norte, vindo quase que diretamente do seu lar nos planaltos da Mesopotâmia. Esses progenitores dos gregos foram levados para o Ocidente por Sato, um descendente direto de Adamson e de Ratta.

O grupo que finalmente se estabeleceu na Grécia consistia de trezentos e setenta e cinco dos povos selecionados e superiores, que faziam parte do fim da segunda civilização dos Adamsonitas. Esses filhos mais recentes de Adamson traziam as linhagens, então mais valiosas, das raças brancas emergentes. De uma ordem intelectual elevada, eles eram, fisicamente, considerados os mais belos dos homens desde os dias do primeiro Éden.

Dentro de pouco tempo, a Grécia e a região das ilhas do mar Egeu sucederam à Mesopotâmia e ao Egito, como centro ocidental de comércio, arte e cultura. Porém, como se deu no Egito, de novo praticamente toda arte e ciência do mundo Egeu vinha da Mesopotâmia, exceto pela cultura dos ancestrais Adamsonitas dos gregos. Toda a arte e todo o gênio desses povos ulteriores são um legado direto à posteridade de Adamson, o primeiro filho de Adão e Eva, e da sua extraordinária segunda esposa, uma filha descendente direta da assessoria nodita pura do Príncipe Caligástia. Não é de admirar-se, vendo as suas tradições mitológicas, que os gregos descendam diretamente dos deuses e de seres supra-humanos.

A região do Egeu passou por cinco estágios culturais distintos, cada um menos espiritualizado do que o precedente e, em breve, a última era gloriosa da arte pereceu sob o peso dos medíocres descendentes, rapidamente multiplicados, dos escravos danubianos que haviam sido importados pelas gerações posteriores de gregos.

Durante essa idade, em Creta, o *culto da mãe* entre os descendentes de Caim atingiu o seu auge. Esse culto glorificava Eva, na adoração da "grande mãe". As imagens de Eva estavam em toda parte. Milhares de santuários públicos foram erigidos em toda a Creta e na Ásia Menor. E esse culto da mãe perdurou até os tempos de Cristo; mais tarde se incorporando à primitiva religião do cristianismo, sob a forma da glorificação e adoração de Maria, a mãe terrena de Jesus.

Por volta de 6 500 a.C., já havia ocorrido um grande declínio na herança espiritual dos anditas. Os descendentes de Adão encontravam-se extremamente dispersados e haviam sido virtualmente engolfados pelas raças humanas mais antigas e mais numerosas. E essa decadência da civilização andita, junto com o desaparecimento dos seus padrões religiosos, deixou em condições deploráveis as raças espiritualmente empobrecidas do mundo.

Por volta de 5 000 a.C., as três linhagens mais puras dos descendentes de Adão estavam na Suméria, na parte norte da Europa e na Grécia. Toda a Mesopotâmia deteriorava-se, vagarosamente, pela afluência de raças misturadas e mais escuras que se infiltravam, vindas da Arábia. E a vinda desses povos inferiores contribuiu ainda para que os resíduos biológicos e culturais dos anditas se espalhassem mais. Partindo de todo o crescente fértil, os povos mais aventureiros foram para o oeste, até as ilhas. Esses imigrantes cultivavam tanto os grãos quanto os legumes, e trouxeram consigo animais domesticados.

Por volta de 5 000 a.C., uma hoste poderosa de mesopotâmios progressistas saiu do vale do Eufrates e estabeleceu-se na ilha de Chipre; essa civilização foi eliminada cerca de uns dois mil anos depois, pelas hordas dos bárbaros vindas do norte.

Outra grande colônia estabeleceu-se no Mediterrâneo, perto do local onde ulteriormente Cartago formar-se-ia. E, do norte da África, grandes números de anditas entraram na Espanha e, mais tarde, mesclaram-se, na Suíça, aos seus irmãos que anteriormente haviam ido para a Itália, vindos das ilhas do mar Egeu.

Quando o Egito seguiu a Mesopotâmia, em declínio cultural, muitas das famílias mais capacitadas e avançadas fugiram para Creta, incrementando assim grandemente essa civilização já avançada. Mais tarde, a chegada de grupos inferiores do Egito ameaçou a civilização de Creta, e as famílias de maior cultura mudaram-se para o oeste, indo para a Grécia.

Os gregos não eram apenas grandes instrutores e artistas, eles eram também os maiores comerciantes e colonizadores do mundo. Antes de sucumbir à maré enchente de coisas inferiores que finalmente engolfaram a sua arte e o seu comércio, eles tiveram êxito em implantar tantos postos adiantados de cultura, a oeste, que uma grande parte dos avanços na civilização grega primitiva perdurou junto aos povos posteriores do sul da Europa, e muitos dos descendentes miscigenados desses Adamsonitas tornaram-se incorporados às tribos das terras continentais adjacentes.

8. OS ANDONITAS DANUBIANOS

Os povos anditas do vale do Eufrates migraram para o norte, até a Europa, onde se misturaram aos homens azuis, e para o oeste, para as regiões do Mediterrâneo, onde se misturaram com os remanescentes dos já misturados saarianos e com os homens azuis do sul. E esses dois ramos da raça branca estiveram, e ainda estão, bastante separados pelos sobreviventes braquicéfalos das tribos andonitas anteriores da montanha, que outrora haviam habitado essas regiões centrais.

Esses descendentes de Andon estavam dispersos pela maior parte das regiões montanhosas da Europa central e sudeste. Eles foram freqüentemente reforçados por aqueles que chegavam da Ásia Menor, região essa que ocuparam com uma força considerável. Os antigos hititas eram originários diretamente da linhagem andonita; as suas peles pálidas e as cabeças amplas eram típicas daquela raça. Os ancestrais de Abraão tinham essa linhagem, e ela contribuiu muito para a aparência fisionômica característica dos seus descendentes judeus posteriores que, ainda que tendo uma cultura e uma religião derivada dos anditas, falavam uma língua muito diferente. A sua língua era claramente andonita.

As tribos que moravam em casas erigidas sobre pilotis ou em pranchas de troncos, sobre os lagos da Itália, da Suíça, e do sul da Europa, eram os postos avançados das migrações africanas, egeanas e, mais especialmente, danubianas.

Os danubianos eram andonitas, lavradores e pastores que haviam chegado à Europa, passando pela península balcânica, e que se deslocaram lentamente na direção norte no vale do Danúbio. Faziam cerâmica e cultivavam a terra, preferindo viver nos vales. A colônia danubiana mais ao norte foi a de Liège, na Bélgica. Essas tribos deterioraram-se rapidamente, ao afastar-se do centro e da fonte da sua cultura. Um produto dessas primeiras colônias é uma cerâmica da melhor qualidade.

Os danubianos tornaram-se adoradores da mãe por causa do trabalho dos missionários de Creta. Essas tribos amalgamaram-se posteriormente com grupos de marinheiros andonitas, que vieram em barcos, da costa da Ásia Menor, e que também eram adoradores da mãe. Grande parte da Europa central achava-se, assim, logo colonizada por esses tipos mistos de raças de braquicéfalos brancos, que praticavam a adoração materna e o rito religioso de cremar os mortos, pois era hábito desses adoradores da mãe queimar os seus mortos em cabanas de pedra.

9. AS TRÊS RAÇAS BRANCAS

As combinações raciais na Europa, ao final das migrações anditas, podem ser generalizadas nas três raças brancas seguintes:

1. *A raça branca do norte*. Essa raça, chamada nórdica, consistiu primariamente do homem azul mais o andita, mas também trazia uma quantidade considerável de sangue andonita e, junto, quantidades menores do sangue dos sangiques vermelhos e amarelos. A raça branca do norte, assim, incorporou essas quatro entre as linhagens humanas mais desejáveis. Contudo, sua maior herança proveio do homem azul. O nórdico típico primitivo era dolicocéfalo, alto e louro. Contudo, já há muito tempo, essa raça tornou-se profundamente mesclada a todas as ramificações dos povos brancos.

A cultura primitiva da Europa, que foi encontrada pelos invasores nórdicos, era a dos danubianos, em retrocesso, misturados ao homem azul. As culturas nórdico-dinamarquesa e danubiano-andonita encontraram-se no Reno e amalgamaram-se ali, como é testemunhado pela existência de dois grupos raciais na Alemanha, hoje.

Os nórdicos deram continuidade ao comércio do âmbar da costa báltica, fazendo um grande comércio com os braquicéfalos do vale do Danúbio, através da passagem de Brenner. Esse contato extenso com os danubianos conduziu os nórdicos ao culto da mãe e, durante vários milhares de anos, a cremação dos mortos foi quase universal na Escandinávia. Isso explica por que os restos mortais das raças brancas mais primitivas, embora enterrados em toda a Europa, não são encontráveis – apenas o são as suas cinzas em urnas de pedra e argila. Esses homens brancos também construíam habitações; eles nunca viveram em cavernas. E, novamente, isso explica por que há tão pouca evidência da cultura primitiva do homem branco, embora a do tipo cromagnoniano, antecedente dele, esteja bem conservada nas cavernas e grutas, onde ficou seguramente selada. De qualquer modo, houve no norte da Europa, algum dia, uma cultura primitiva dos retrógrados danubianos e do homem azul e, em seguida, aquela que era de um homem branco, o qual apareceu subitamente e era bastante superior.

2. *A raça branca central*. Embora esse grupo inclua o sangue do homem azul, do amarelo e dos anditas, é predominantemente andonita. Esse povo é braquicéfalo, moreno e atarracado. Eles estão colocados como uma cunha entre as raças nórdicas e as mediterrâneas: a ampla base dessa cunha repousa na Ásia, com o vértice penetrando o leste da França.

Durante quase vinte mil anos, os andonitas haviam sido empurrados cada vez mais para o norte da Ásia Central pelos anditas. Por volta de 3 000 a.C., uma aridez crescente estava conduzindo esses andonitas de volta ao Turquestão. Esse empurrão recebido pelos andonitas, para a direção sul, continuou por mais de mil anos e, dividindo-se ao redor dos mares Cáspio e Negro, eles penetraram na Europa pelos caminhos dos Balcãs e da Ucrânia. Essa invasão incluiu os grupos restantes dos descendentes de Adamson e, durante a metade posterior do seu período, a invasão levou consigo um número considerável de anditas iranianos, bem como muitos dos descendentes dos sacerdotes setitas.

Por volta de 2 500 a.C., o curso para o oeste, que empurrava os andonitas, alcançou a Europa. E essa invasão, de toda a Mesopotâmia, da Ásia Menor e da base do Danúbio, pelos bárbaros das montanhas do Turquestão, constituiu o mais sério e prolongado de todos os retrocessos culturais até aquela época. Esses invasores definitivamente andonizaram o caráter das raças centro-européias, as quais permaneceram, desde então, caracteristicamente alpinas.

3. *A raça branca do sul*. Essa raça morena mediterrânea consistiu em uma combinação dos anditas com o homem azul, com um pouco menos de sangue andonita do que a do norte. Esse grupo também absorveu uma considerável quantidade de sangue sangique secundário, por intermédio dos saarianos. Em épocas posteriores, essa divisão sulina da raça branca recebeu uma infusão de fortes elementos anditas vindos do leste do Mediterrâneo.

As regiões costeiras do Mediterrâneo, todavia, não foram permeadas pelos anditas até os tempos das grandes invasões nômades de 2 500 a.C. O comércio e o tráfego por terra foram quase suspensos durante esses séculos da invasão dos nômades às regiões mediterrâneas do leste. Essa interferência nas viagens terrestres trouxe a grande expansão do tráfego e do comércio marítimo. O comércio no Mediterrâneo, por via marítima, estava em plena atividade, há cerca de quatro mil e quinhentos anos. E esse desenvolvimento do tráfego marítimo resultou em uma expansão súbita dos descendentes dos anditas por todo o território costeiro da bacia do Mediterrâneo.

Essas misturas raciais constituíram a base da raça do sul da Europa, a mais miscigenada de todas. E, desde essa época, essa raça tem sido submetida ainda a outras miscigenações, sobretudo com os povos anditas azul-amarelos da Arábia. Essa raça mediterrânea é, na realidade, tão livremente mesclada com os povos vizinhos, a ponto de ser virtualmente indiscernível como um tipo separado, mas os seus membros, em geral, são de estatura baixa, de cabeça alongada, e morenos.

No norte, os anditas suprimiram os homens azuis por meio da guerra e do casamento, mas, no sul, eles sobreviveram em maior número. Os bascos e os bérberes representam a sobrevivência de dois ramos dessa raça, mas mesmo esses povos miscigenaram-se profundamente com os saarianos.

Esse foi o quadro da miscigenação racial apresentado na Europa central, por volta de 3 000 a.C. Apesar da falta Adâmica parcial, os tipos mais elevados miscigenarem-se.

Esses foram os tempos da Nova Idade da Pedra, que se sobrepôs à posterior Idade do Bronze. Na Escandinávia, era já a Idade do Bronze, associada ao culto da mãe. No sul da França e na Espanha, era a Nova Idade da Pedra, associada à adoração do sol. Essa foi a época da edificação de templos circulares e sem teto, para o sol. As raças brancas européias eram de construtores de muita atividade, que se deliciavam em levantar grandes pedras como memoriais ao sol, como o fizeram, posteriormente, os seus descendentes, em Stonehenge. A voga da adoração ao sol indica que esse foi um grande período para a agricultura, no sul da Europa.

As superstições dessa era de adoração do sol, relativamente recente, ainda perduram junto aos povos da Bretanha. Embora já tenham sido cristianizados, há mais de mil e quinhentos anos, esses bretões ainda conservam os amuletos da Nova Idade da Pedra para afastar o mau-olhado. Eles ainda conservam os aerólitos, nas chaminés, como proteção contra relâmpagos. Os bretões nunca se mesclaram com os nórdicos escandinavos. Eles são sobreviventes dos habitantes andonitas originais da Europa ocidental, misturados ao sangue mediterrâneo.

Todavia, é uma falácia presumir classificar os povos brancos como sendo nórdicos, alpinos e mediterrâneos. Houve uma mesclagem geral, forte e intensa demais, para permitir tais agrupamentos. Em um dado momento, houve uma divisão bastante bem definida da raça branca nesses tipos, mas, desde então, ocorreu uma intermiscigenação bastante propagada, passando a não ser mais possível identificar essas diferenciações com qualquer clareza. Mesmo em 3 000 a.C., os antigos grupos sociais já não eram de só uma raça, não mais do que os atuais habitantes da América do Norte.

Essa cultura européia, durante cinco mil anos, continuou expandindo-se e se intermesclando, em uma certa medida. A barreira da língua, entretanto, impediu a reciprocidade plena entre as várias nações ocidentais. Durante o último século, essas culturas vêm tendo uma oportunidade melhor, de combinação e mesclagem, na população cosmopolita da América do Norte; e o futuro desse continente será determinado pela qualidade dos fatores raciais com os quais lhe é permitido compor as suas populações atuais e futuras; bem como pelo nível mantido na sua cultura social.

[Apresentado por um Arcanjo de Nébadon.]

DOCUMENTO 81

O DESENVOLVIMENTO DA CIVILIZAÇÃO MODERNA

APESAR do malogro, cheio de altos e baixos, no andamento projetado dos planos de aprimoramento do mundo, nas missões de Caligástia e de Adão, a evolução orgânica básica da espécie humana continuou a levar as raças adiante, na escala do progresso humano e do desenvolvimento racial. A evolução pode ser retardada, mas não pode ser detida.

A influência da raça violeta, embora em números inferiores aos que haviam sido planejados, desde os dias de Adão, produziu um avanço de civilização que ultrapassou em muito o progresso alcançado pela humanidade durante toda a sua existência anterior, de quase um milhão de anos.

1. O BERÇO DA CIVILIZAÇÃO

Durante cerca de trinta e cinco mil anos depois dos dias de Adão, o berço da civilização foi o sudoeste da Ásia, estendendo-se desde o leste do vale do Nilo e ligeiramente para o norte, através do norte da Arábia, pela Mesopotâmia e pelo Turquestão. E o *clima* foi o fator decisivo para o estabelecimento da civilização naquela área.

Foram as grandes mudanças climáticas e geológicas no norte da África e no oeste da Ásia que puseram fim às primeiras migrações dos adamitas, impedindo-os de chegarem à Europa pelo Mediterrâneo expandido e desviando a corrente de migração ao norte e ao leste, para dentro do Turquestão. Quando se completaram as elevações das terras e se deram as mudanças climáticas decorrentes, por volta de 15 000 a.C., a civilização estava em um estado de paralisação mundial, exceto pelos fermentos culturais e pelas reservas biológicas dos anditas, ainda confinados a leste pelas montanhas, na Ásia, e a oeste, pelas florestas em expansão da Europa.

A evolução climática agora está para realizar aquilo em que todos os outros esforços falharam, isto é, compelir o homem eurasiano a abandonar a caça, fazendo-o atender aos apelos mais avançados do pastoreio e da agricultura. A evolução pode ser lenta, mas é extremamente eficaz.

Posto que os agricultores primitivos empregassem tão generalizadamente os escravos, o lavrador, outrora, de um certo modo era menosprezado, tanto pelos caçadores quanto pelos pastores. Durante idades, cultivar o solo foi considerado inferior; e daí vem a idéia de que o trabalho com o solo é uma maldição, enquanto, na verdade, é a maior de todas as bênçãos. Mesmo nos dias de Caim e Abel, os sacrifícios de vida perpetrados pelos pastores ainda eram tidos em uma estima maior do que as oferendas dos agricultores.

Em geral o homem evoluiu até a condição de agricultor, vindo da condição de caçador e passando pelo período de transição da era do pastoreio, e isso foi verdadeiro também entre os anditas; contudo, mais freqüentemente, a coerção evolucionária da necessidade climática levaria tribos inteiras a passarem diretamente da condição de caçadores para a de agricultores de êxito. Esse fenômeno, todavia, da passagem imediata da caça à agricultura ocorreu apenas naquelas regiões em que havia um grau elevado de mistura racial com a linhagem violeta.

Os povos evolucionários (notadamente os chineses) aprenderam logo a plantar as sementes, e cultivar o cuidado pelas colheitas, mediante a observação do crescimento das sementes acidentalmente umedecidas ou que haviam sido colocadas nas sepulturas, como alimento para os falecidos. Todavia, em todo o sudoeste da Ásia, ao longo dos leitos férteis dos rios e das planícies adjacentes, os anditas estavam levando adiante as técnicas avançadas de agricultura, herdadas dos seus ancestrais que haviam feito da agricultura e da jardinagem os seus trabalhos principais, dentro das fronteiras do segundo jardim.

Durante milhares de anos, os descendentes de Adão haviam cultivado o trigo e a cevada, tais como haviam sido aperfeiçoados no Jardim, nos planaltos da fronteira superior da Mesopotâmia. Os descendentes de Adão e de Adamson encontraram-se ali, fizeram comércio e relacionaram-se socialmente.

Foram essas mudanças forçadas nas condições de vida que levaram uma parte tão grande da raça humana a tornar-se onívora na sua prática alimentar. E a combinação de trigo, arroz e legumes com a carne dos rebanhos, na dieta, marcou um grande passo adiante na saúde e no vigor desses povos antigos.

2. OS UTENSÍLIOS DA CIVILIZAÇÃO

O crescimento da cultura baseia-se no desenvolvimento dos utensílios da civilização. E os instrumentos que o homem utilizou para a sua ascensão desde a selvageria foram eficazes apenas na medida em que liberaram a energia do homem para a realização de tarefas mais elevadas.

Vós, que viveis agora em meio às cenas atuais da cultura que brota e do progresso inicial nos assuntos sociais, e que tendes algum tempo livre para *pensar* de fato sobre a sociedade e a civilização, não deveis negligenciar o fato de que os vossos primeiros ancestrais pouco ou nenhum tempo tiveram para um lazer que pudesse ser dedicado à reflexão cuidadosa e ao pensamento social.

Os primeiros quatro grandes avanços na civilização humana foram:

1. O domínio do fogo.
2. A domesticação de animais.
3. A escravização dos prisioneiros.
4. A propriedade privada.

Embora a primeira grande descoberta, a do fogo, finalmente haja descerrado as portas do mundo científico, foi, nesse sentido, de pouca valia para o homem primitivo. Pois se recusava ele a reconhecer as causas naturais como sendo as explicações para os fenômenos comuns.

Na indagação sobre a origem do fogo, a história simples de Andon e da pedra foi substituída pela lenda de como um certo Prometeu tê-lo-ia roubado do céu. Os antigos buscavam uma explicação sobrenatural para todos os fenômenos naturais que não estavam dentro do alcance da sua compreensão pessoal; e muitos povos modernos continuam fazendo isso. A despersonalização dos fenômenos chamados naturais tem durado idades, e ainda não se completou. No entanto, a busca franca, honesta e destemida das causas verdadeiras deu origem à ciência moderna: transformou a astrologia na astronomia, a alquimia na química e a magia em medicina.

Na idade da pré-máquina, o único modo pelo qual o homem podia realizar um trabalho, sem que ele próprio o fizesse, era usando um animal. A domesticação de animais colocou, nas suas mãos, instrumentos vivos cujo uso inteligente preparou o caminho para a agricultura e o transporte. E, sem esses animais, o homem não poderia ter avançado do seu estado primitivo até os níveis subseqüentes da civilização.

A maior parte dos animais adequados para a domesticação era encontrada na Ásia, especialmente nas regiões central e sudoeste. Essa foi uma razão pela qual a civilização progrediu mais rapidamente naquele local, do que em outras partes do mundo. Muitos desses animais haviam sido domesticados por duas vezes anteriormente e, na idade andita, eles o foram ainda uma vez. O cão, entretanto, havia permanecido com os caçadores desde então, sendo adotado pelo homem azul bastante tempo antes.

Os anditas do Turquestão foram os primeiros povos a domesticar o cavalo de um modo completo, e essa é outra razão pela qual a sua cultura foi predominante durante tanto tempo. Por volta de 5 000 a.C., os agricultores da Mesopotâmia, do Turquestão e da China haviam iniciado a criação de ovelhas, cabras, vacas, camelos, cavalos, aves e elefantes. E empregaram, como bestas de carga, o touro, o camelo, o cavalo e o boi do Tibete, o iaque. O homem havia sido, ele próprio, durante uma certa época, a besta de carga. Um dos dirigentes da raça azul chegou a ter, certa vez, cem mil homens na sua colônia de carregadores forçados.

As instituições da escravidão e da propriedade privada de terras surgiram com a agricultura. A escravidão elevou o padrão de vida dos donos e senhores e proporcionou mais lazer para a cultura social.

O selvagem é um escravo da natureza, mas a civilização científica está conferindo vagarosamente uma liberdade crescente à humanidade. Por meio do fogo e da ajuda de animais, vento, água, eletricidade e outras fontes não descobertas de energia, o homem tem-se libertado, e continuará a libertar-se da necessidade de trabalhar incansavelmente. A despeito dos problemas transitórios gerados por prolíficas invenções de máquinas, os benefícios finais que se derivarão dessas invenções mecânicas são inestimáveis. A civilização não poderá florescer jamais, e muito menos se estabelecer, antes que o homem tenha tempo *livre* para pensar, planejar e imaginar novos e melhores modos de fazer as coisas.

O homem primeiro simplesmente apoderou-se do seu abrigo, viveu sob as saliências de rochas ou residiu em cavernas. Em seguida, adaptou os materiais naturais, como a madeira e a pedra, para criar cabanas para a família. E, finalmente entrou no estágio criativo de construir a sua casa, aprendeu a manufaturar tijolos e outros materiais de construção.

Os povos dos planaltos do Turquestão foram os primeiros das raças mais modernas a construir as suas casas de madeira, casas não muito diferentes das primitivas cabanas de troncos dos colonos pioneiros americanos. Nas planícies, as habitações humanas eram feitas de tijolos; mais tarde, de tijolos queimados.

As raças fluviais mais antigas faziam as suas cabanas colocando troncos altos no chão, circularmente; os topos eram então colocados juntos e eram entrelaçados com juncos transversais formando o esqueleto da cabana e toda essa invenção assemelhando-se a uma imensa cesta invertida. Essa estrutura podia então ser emplastrada com argila e, depois de secar ao sol, resultaria em uma habitação muito útil à prova de água.

Foi dessas cabanas primitivas que se originou, de modo independente, a idéia subseqüente de confecionar várias espécies de cestas. Dentro de um desses grupos, surgiu a idéia de fazer a cerâmica, depois que se observaram os efeitos de emplastrar essas molduras de mastros com a argila umedecida. A prática de endurecer a cerâmica no fogo foi descoberta quando uma dessas cabanas primitivas cobertas de argila acidentalmente queimou-se. As artes dos dias antigos muitas vezes derivavam de ocorrências acidentais resultantes da vida cotidiana dos povos primitivos. Ao menos isso foi quase totalmente verdadeiro no que concerne ao progresso evolucionário da humanidade, até a vinda de Adão.

Enquanto a cerâmica fora inicialmente introduzida pela assessoria do Príncipe, há cerca de meio milhão de anos, a elaboração de vasilhames de cerâmica havia praticamente cessado durante mais de cento e cinqüenta mil anos. Apenas os noditas pré-sumérios da costa do golfo continuavam fabricando vasilhames de argila. A arte da cerâmica foi revivida durante a época de Adão. A disseminação dessa arte foi simultânea com a ampliação das áreas desérticas da África, da Arábia e da Ásia Central; e espalhou-se, em ondas sucessivas de aprimoramento de técnica, desde a Mesopotâmia até o hemisfério oriental.

Essas civilizações da idade andita nem sempre podem ser reconhecidas pelos estágios da sua cerâmica ou outras artes. O curso regular da evolução humana foi tremendamente complicado pelos regimes tanto da Dalamátia, quanto do Éden. Ocorre, com freqüência, que os vasos e os implementos mais recentes sejam inferiores aos produtos iniciais dos povos anditas mais puros.

3. AS CIDADES, A MANUFATURA E O COMÉRCIO

A destruição, causada pelo clima, das pradarias abertas e ricas de caça do Turquestão, começando por volta de 12 000 a.C., compeliu os homens daquelas regiões a recorrerem a novas formas de indústria e de manufatura bruta. Alguns se voltaram para o cultivo de rebanhos domesticados, outros se tornaram agricultores ou coletores de alimentos cultivados pela água, mas o tipo mais elevado do intelecto andita escolheu engajar-se no comércio e na manufatura. E tornou-se mesmo um costume de tribos inteiras dedicar-se ao desenvolvimento de uma única indústria. Do vale do Nilo ao Hindo Kush e do Ganges até o rio Amarelo, o principal negócio das tribos superiores tornou-se o cultivo do solo, com o comércio como uma segunda atividade.

O crescimento do comércio e da manufatura de matérias básicas, para vários artigos de comércio, serviu útil e diretamente para culminar naquelas comunidades primitivas e semipacíficas que de tanta influência foram na disseminação da cultura e das artes da civilização. Antes da era do comércio mundial amplo, as comunidades sociais eram tribais – grupos familiares expandidos. O comércio trouxe o relacionamento de tipos diferentes de seres humanos, contribuindo, assim, para um intercâmbio mais rápido entre as culturas.

Há cerca de doze mil anos, a era das cidades independentes estava surgindo. E essas cidades primitivas de comércio e de manufatura eram sempre cercadas de zonas de agricultura e de criação de gado. Se bem que seja verdade que a indústria haja sido impulsionada pela elevação dos padrões de vida, não deveríeis ter idéias errôneas sobre os refinamentos na vida urbana primitiva. As raças iniciais não eram excessivamente ordenadas, nem limpas; e a comunidade primitiva mediana ficava mais alta, de trinta a sessenta centímetros, a cada vinte e cinco anos, por causa da mera acumulação de sujeira e lixo. Algumas dessas antigas cidades então ficam mais elevadas em relação ao terreno vizinho rapidamente, porque as suas cabanas de barro não cozido duravam pouco e era costume construir novas habitações diretamente sobre a ruína das antigas.

O uso difundido de metais era uma das características dessa era das primeiras cidades industriais e comerciais. Vós já encontrastes uma cultura do bronze no Turquestão, que é anterior a 9 000 a.C., e os anditas muito cedo aprenderam a trabalhar com o ferro, o ouro e também o cobre. Todavia, as condições longe dos centros mais avançados da civilização eram muito diferentes. Não houve períodos distintos, como as idades da pedra, do bronze e do ferro; todas três existiram ao mesmo tempo, em localidades diferentes.

O ouro foi o primeiro metal a ser procurado pelo homem: era fácil de trabalhar e, inicialmente, era usado apenas como ornamento. O cobre foi o próximo a ser empregado, entretanto, não de um modo mais amplo, antes de misturado ao estanho para fazer o bronze, de maior dureza. A descoberta da mistura do cobre e do estanho, para fazer o bronze, foi feita por um dos adamsonitas do Turquestão, cuja mina de cobre, nos planaltos, estava localizada perto de uma jazida de estanho.

Com o aparecimento da manufatura rudimentar e com o começo da indústria, o comércio rapidamente tornou-se uma influência mais forte para a disseminação da civilização cultural. A abertura dos canais de comércio por terra e mar facilitou grandemente as viagens e a combinação das culturas, bem como a fusão das civilizações. Por volta de 5 000 a.C., o cavalo teve o seu uso generalizado nas terras civilizadas e semicivilizadas. Essas raças posteriores não apenas tinham o cavalo domesticado, mas também várias espécies de carroças e de carruagens. Idades antes, a roda havia sido usada, agora, todavia, os veículos equipados com elas tornavam-se universalmente empregados no comércio e na guerra.

O comerciante que viajava e o explorador errante fizeram mais para o avanço da civilização histórica do que todas as outras influências combinadas. As conquistas militares, a colonização e as empresas missionárias, fomentadas pelas religiões posteriores, também foram fatores na disseminação da cultura; mas todos esses foram fatores secundários para as relações de comércio, as quais foram mais aceleradas ainda com as artes e as ciências da indústria em rápido desenvolvimento.

A infusão do sangue Adâmico nas raças humanas não apenas acelerou o ritmo da civilização, como estimulou também, grandemente, as suas tendências para a aventura e para a exploração, a tal ponto que a maior parte da Eurásia e do norte da África, em breve, estaria ocupada pelos descendentes miscigenados dos anditas em rápida multiplicação.

4. AS RAÇAS MISCIGENADAS

No momento em que se fez o contato com o alvorecer dos tempos históricos, toda a Eurásia, o norte da África e as Ilhas do Pacífico estavam povoados com as raças compostas da mesclagem da humanidade. E as raças de hoje resultaram da combinação e da recombinação dos cinco sangues humanos básicos de Urântia.

Cada uma das raças de Urântia foi identificada por certas características físicas distintas. Os adamitas e os noditas tinham a cabeça longa; os andonitas tinham a cabeça larga. As raças sangiques tinham cabeças de tamanho mediano, os homens amarelos e os azuis tendendo a ter cabeças largas. As raças azuis, quando combinadas com a linhagem andonita, decididamente ficavam com as cabeças grandes. Os sangiques secundários tinham a cabeça de tamanho mediano ou longo.

Embora essas dimensões do crânio ajudem a decifrar as origens raciais, o esqueleto inteiro torna-se bem mais confiável. No desenvolvimento inicial das raças de Urântia, havia originalmente cinco tipos distintos de estrutura do esqueleto:

1. A andônica, a dos aborígines de Urântia.

2. A dos sangiques primários, vermelhos, amarelos e azuis.

3. A dos sangiques secundários, alaranjados, verdes e índigos.

4. A dos noditas, descendentes dos dalamatianos.

5. A dos adamitas, a raça violeta.

Posto que esses cinco grandes grupos raciais se intermesclaram amplamente, a combinação contínua tendeu a obscurecer o tipo andonita, por meio da dominância da hereditariedade sangique. Os lapônios e os esquimós são combinações das raças andonitas e sangiques azuis. A estrutura do esqueleto de ambas é a que mais se aproxima de haver preservado o tipo andônico aborígene. Todavia, os adamitas e os noditas tornaram-se tão miscigenados com as outras raças que eles podem ser detectados apenas como uma ordem caucasóide generalizada.

Em geral, por conseguinte, à medida que são desenterrados os remanescentes humanos dos últimos vinte mil anos, será impossível distinguir claramente os cinco tipos originais. O estudo dessas estruturas ósseas revelará que a humanidade está agora dividida em aproximadamente três classes:

1. A *caucasóide* – a mistura andita das linhagens noditas e Adâmicas, modificadas posteriormente pela mistura com os sangiques primários e (alguns) secundários e por um cruzamento andônico considerável. As raças brancas ocidentais, junto com alguns povos indianos e turanianos, estão incluídas nesse grupo. O fator de unificação dessa divisão é a maior ou menor proporção da herança andita.

2. A *mongolóide* – o tipo sangique primário, incluindo as raças originais vermelha, amarela e azul. Os chineses e os ameríndios pertencem a este grupo. Na Europa, o tipo mongolóide foi modificado pela mistura com os sangiques secundários e pela mistura andônica; e mais ainda pela infusão de sangue andita. Os povos malaios e outros povos indonésios estão incluídos nessa classificação, embora contenham uma alta percentagem de sangue sangique secundário.

3. A *negróide* – o tipo sangique secundário, que, originalmente, incluía a raça alaranjada, a verde e a índigo. Esse tipo é mais bem ilustrado pela raça negra, e será encontrado na África, na Índia e na Indonésia, nos locais em que as raças sangiques secundárias estiverem localizadas.

No norte da China, há uma certa combinação dos tipos caucasóide e mongolóide; no Levante, os caucasóides e os negróides mesclaram-se entre si; na Índia, como na América do Sul, todos os três tipos estão representados. E as características dos esqueletos dos três tipos que sobrevivem, ainda perduram e ajudam a identificar os ancestrais mais recentes das raças humanas dos dias atuais.

5. A SOCIEDADE CULTURAL

A evolução biológica e a civilização cultural não estão necessariamente correlacionadas; a evolução orgânica pode continuar desembaraçadamente em qualquer idade, em meio até mesmo à decadência cultural. Todavia, quando períodos longos da história humana são pesquisados, será observado que, finalmente, a evolução e a cultura tornam-se relacionadas como causa e efeito. A evolução pode avançar na ausência da cultura, mas a civilização cultural não floresce sem um respaldo adequado de progresso racial anterior. Adão e Eva não introduziram nenhuma arte de civilização estranha ao progresso da sociedade humana, mas o sangue Adâmico aumentou a capacidade inerente às raças e fez acelerar o ritmo do desenvolvimento econômico e o progresso industrial. A dádiva de Adão aprimorou o poder cerebral das raças, acelerando grandemente, com isso, os processos da evolução natural.

Mediante a agricultura, a domesticação dos animais e o aprimoramento da arquitetura, a humanidade gradualmente escapou da pior fase da luta incessante pela sobrevivência e começou a busca para descobrir como tornar mais doce o processo da vida; e isso foi o começo dos esforços para atingir padrões cada vez mais altos de conforto material. Por meio da manufatura e da indústria, o homem está gradativamente aumentando o conteúdo de prazer da vida mortal.

A sociedade cultural, entretanto, não é como um grande clube beneficente, de privilégios herdados, no qual todos os homens já nascem com acesso livre e em total igualdade. É pouco mais elevada que uma corporação de trabalhadores das terras, sempre em avanço, admitindo nas suas fileiras apenas a nobreza daqueles trabalhadores que lutam para fazer do mundo um lugar melhor onde os seus filhos, e os filhos dos seus filhos, possam viver e avançar em idades subseqüentes. E essa agremiação da civilização cobra caras taxas de admissão, impõe disciplinas estritas e rigorosas, pune com pesadas penalidades a todos os dissidentes e não conformistas; ao mesmo tempo só conferindo pouquíssimos privilégios ou licenças pessoais, tais como os de uma segurança maior contra os perigos comuns e as ameaças raciais.

A comunidade social é uma forma de seguro de sobrevivência, que os seres humanos aprenderam poder ser proveitosa; conseqüentemente, a maior parte dos indivíduos está disposta a pagar o custo desse seguro com o auto-sacrifício e a redução da liberdade pessoal, os quais a sociedade cobra dos seus membros em troca por essa alta proteção grupal. Em resumo, o mecanismo social dos dias atuais é um plano de seguro baseado na tentativa e no erro, destinado a proporcionar algum grau de segurança e de proteção contra um retorno às condições terríveis e anti-sociais que caracterizaram as experiências iniciais da raça humana.

A sociedade torna-se, assim, um esquema cooperativo para assegurar a liberdade civil por intermédio de instituições: a liberdade econômica por meio do capital e da invenção, a liberdade social por meio da cultura e a liberdade da violência por meio da regulamentação policial.

O poder da força não gera o direito, mas impõe os direitos comumente reconhecidos de cada geração que se sucede. A missão primeira do governo é a definição do direito, da regulamentação justa e equânime das diferenças de classe, e a imposição da igualdade de oportunidades sob as regras da lei. Todo direito humano está associado a um dever social; o privilégio grupal é um mecanismo de segurança que infalivelmente demanda o pagamento total dos custos rigorosos do serviço grupal. E os direitos grupais, bem como os do indivíduo, devem ser protegidos; e deve-se incluir nisso a regulamentação das propensões sexuais.

A liberdade sujeita à regulamentação grupal é a meta legítima da evolução social. A liberdade sem restrições é um sonho vão e fantasioso das mentes humanas instáveis e volúveis.

6. A MANUTENÇÃO DA CIVILIZAÇÃO

Conquanto a evolução biológica haja sempre prosseguido avante, muito da evolução cultural saiu do vale do Eufrates, em ondas que sucessivamente se enfraqueceram com o passar do tempo, até que toda a posteridade de pura linhagem Adâmica, finalmente havia ido adiante proporcionando enriquecimento às civilizações da Ásia e Europa. As raças não se misturaram totalmente, as suas civilizações, contudo, combinaram-se em uma medida considerável. A cultura espalhou-se lentamente por todo o mundo. E essa civilização deve ser mantida e fomentada, pois não existem hoje novas fontes de cultura, nem novos anditas para revigorar e estimular o lento progresso da evolução da civilização.

A civilização, como agora se desenvolve em Urântia, nasceu e baseou-se nos fatores seguintes:

1. *As circunstâncias naturais.* A natureza e a extensão da civilização material é, em grande medida, determinada pelos recursos naturais disponíveis. O clima, as

condições meteorológicas e as numerosas condições físicas são fatores na evolução da cultura.

Quando da abertura da era andita, havia apenas duas áreas extensas e férteis de caça livre em todo o mundo. Uma, na América do Norte, totalmente ocupada pelos ameríndios; a outra, ao norte do Turquestão, parcialmente ocupada por uma raça andônico-amarela. Os fatores decisivos para a evolução de uma cultura superior, no sudoeste da Ásia, foram a raça e o clima. Os anditas eram um grande povo, mas o fator crucial na determinação do curso da sua civilização foi a aridez crescente do Irã, do Turquestão e do Sinkiang, e isso os *forçou* a inventar e adotar métodos novos e avançados para arrancar a sobrevivência das suas terras cada vez menos férteis.

A configuração dos continentes e outras situações de arranjos das terras têm tido uma grande influência na determinação da paz ou da guerra. Pouquíssimos urantianos já tiveram uma oportunidade tão favorável para um desenvolvimento contínuo e sem perturbações, como o que foi desfrutado pelos povos da América do Norte – protegidos praticamente de todos os lados por vastos oceanos.

2. *Os bens de capital*. A cultura nunca se desenvolve sob condições de pobreza; o lazer é essencial ao progresso da civilização. O caráter individual de valor moral e espiritual pode ser adquirido na ausência da riqueza material, mas uma civilização cultural apenas deriva-se das condições de prosperidade material que fomentam o lazer combinando-o à ambição.

Durante os tempos primitivos, a vida em Urântia era uma questão séria e sombria. E foi para escapar dessa luta incessante e desse trabalho interminável que a humanidade adotou a tendência constante de deslocar-se para os climas salubres dos trópicos. Ainda que essas zonas mais quentes de habitação proporcionassem algum alívio da luta intensa pela existência, as raças e as tribos que assim buscaram tal comodidade raramente utilizaram o seu tempo livre, imerecido, para o avanço da civilização. O progresso social invariavelmente tem surgido dos pensamentos e planos daquelas raças que têm aprendido, mediante o seu trabalho inteligente, como conseguir viver da terra com menos esforço e com dias mais curtos de trabalho, ficando assim capazes para desfrutar de uma margem bem merecida e proveitosa de lazer.

3. *O conhecimento científico*. Os aspectos materiais da civilização devem sempre aguardar a acumulação de dados científicos. Depois da descoberta do arco, da flecha e da utilização da força animal, muito tempo passou até que o homem aprendesse a aproveitar o vento e a água, vindo em seguida o emprego do vapor e da eletricidade. Lentamente, contudo, as ferramentas da civilização se aprimoraram. A tecelagem, a cerâmica, a domesticação dos animais e a metalurgia foram seguidas pela idade da escrita e da imprensa.

Conhecimento é poder. A invenção sempre precede à aceleração do desenvolvimento cultural, em uma escala mundial. A ciência e a invenção beneficiaram-se, mais do que tudo, da imprensa escrita; e a interação de todas essas atividades culturais e inventivas acelerou enormemente o ritmo do avanço cultural.

A ciência ensina o homem a falar a linguagem nova da matemática e adestra o seu modo de pensar em linhas de precisão exatas. E a ciência também estabiliza a filosofia por meio da eliminação do erro: enquanto purifica a religião, ao exterminar a superstição.

4. *Os recursos humanos*. A força de trabalho do homem é indispensável à disseminação da civilização. Em condições de igualdade, um povo numeroso dominará a civilização de uma raça menos numerosa. E daí, uma nação que fracassa no crescimento da sua população impede, até certo ponto, a plena realização do destino

nacional, mas há um ponto a partir do qual um crescimento maior da população torna-se suicida. A multiplicação até números além da proporção ótima homem--terra normal tem de significar ou um rebaixamento nos padrões de vida ou uma expansão imediata das fronteiras territoriais, por meio da penetração pacífica ou da conquista militar ou ocupação forçada.

Vós vos espantais, algumas vezes, com as devastações da guerra, mas devíeis reconhecer a necessidade da produção de mortais, em grandes quantidades, de modo a proporcionar ampla oportunidade para o desenvolvimento social e moral; com tal fertilidade planetária, o problema sério da superpopulação logo ocorre. Os mundos habitados são pequenos, na sua maior parte. Urântia está dentro da média, talvez seja ligeiramente menor. A estabilização ótima para a população nacional eleva a cultura e impede a guerra. E sábia é a nação que sabe quando cessar o crescimento.

Entretanto, o continente mais rico em depósitos naturais, e mais avançado em equipamentos mecânicos, terá pouco progresso se a inteligência do seu povo estiver em declínio. O conhecimento pode ser alcançado com a educação; mas a sabedoria indispensável à verdadeira cultura apenas pode ser assegurada por meio da experiência e de homens e mulheres inatamente inteligentes. Um povo assim é capaz de aprender da experiência; e pode tornar-se verdadeiramente sábio.

5. *A eficácia dos recursos materiais.* Muitas coisas dependem da sabedoria, na utilização dos recursos naturais, do conhecimento científico, dos bens de capital e dos potenciais humanos. O fator principal na civilização primitiva foi a *força* exercida pelos sábios mestres sociais; o homem primitivo tinha a civilização literalmente imposta a ele pelos seus contemporâneos superiores. As minorias bem organizadas e superiores têm governado amplamente este mundo.

O poder da força não gera o direito, mas a força gera tudo o que tem acontecido, e tudo o que é, na história. Só recentemente Urântia alcançou o ponto em que a sociedade está disposta a debater a ética do poder e do direito.

6. *A eficácia do idioma.* A disseminação da civilização deve resultar da língua. As línguas vivas, e em crescimento, asseguram a expansão do pensamento e do planejamento civilizados. Durante as idades iniciais, avanços importantes foram feitos na língua. Hoje, há uma grande necessidade de maiores desenvolvimentos lingüísticos, para facilitar a expressão do pensamento que evolui.

As línguas evoluíram a partir de associações grupais, cada grupo local desenvolvendo o seu próprio sistema de troca por meio das palavras. As línguas cresceram por intermédio dos gestos, sinais, gritos, sons imitativos, entonação e acentos na vocalização dos alfabetos subseqüentes. O idioma é a ferramenta mais importante para o homem, e mais útil ao pensamento; no entanto, nunca floresceu antes que grupos sociais conquistassem algum tempo de lazer. A tendência de brincar com as palavras desenvolve novas palavras – a gíria corrente. Se a maioria adota a gíria, então o seu uso integra-a na língua. A origem dos dialetos é ilustrada pela indulgência para com o "linguajar infantil" em um grupo familiar.

As diferenças entre as línguas têm sido sempre a grande barreira à expansão da paz. A conquista de dialetos deve preceder à disseminação de uma cultura, para a raça, o continente ou o mundo inteiro. Uma língua universal promove a paz, assegura a cultura e aumenta a felicidade. Mesmo quando os idiomas de um mundo ficam reduzidos a uns poucos, a mestria desses idiomas pelos povos de liderança cultural influencia poderosamente a realização de uma paz e de uma prosperidade de alcance mundial.

Embora pouquíssimo progresso haja sido conseguido em Urântia, no sentido de desenvolver um idioma internacional, muito tem sido realizado pelo estabelecimento das trocas no comércio internacional. E essas relações internacionais deveriam ser fomentadas, todas, pois elas envolvem os idiomas, o comércio, a arte, a ciência, os jogos competitivos e a religião.

7. *A eficácia dos equipamentos mecânicos.* O progresso da civilização está relacionado diretamente ao desenvolvimento e à posse de equipamentos, máquinas e canais de distribuição. Os equipamentos aperfeiçoados, as máquinas engenhosas e eficientes determinam a sobrevivência dos grupos que competem na arena da civilização em avanço.

Nos tempos iniciais, a única energia aplicada ao cultivo da terra era a energia humana. Foi uma luta renhida a de substituir os homens pelos bois, já que isso deixa os homens sem emprego. Ultimamente, as máquinas começaram a deslocar os homens, e cada avanço desses contribui diretamente para o progresso da sociedade, pois libera a energia humana para realizar tarefas mais valiosas.

A ciência, guiada pela sabedoria, pode tornar-se a grande liberadora social do homem. Uma idade mecânica pode tornar-se desastrosa apenas para uma nação cujo nível intelectual é baixo demais para que se descubram os métodos sábios, e as técnicas confiáveis, ao êxito do ajustamento às dificuldades da transição que advém da perda súbita do emprego por parte de grandes populações, em conseqüência da invenção rápida demais de novos tipos de maquinário economizador de mão-de-obra.

8. *O caráter da vanguarda que porta o archote.* A herança social capacita o homem a ficar de pé nos ombros de todos aqueles que o precederam e que contribuíram com algo para a soma da cultura e do conhecimento. Nessa tarefa de passar o archote cultural para a próxima geração, o lar será sempre a instituição básica. Em seguida, vêm a vida social e os jogos; a escola vindo por último, sendo contudo igualmente indispensável em uma sociedade complexa e altamente organizada.

Os insetos nascem totalmente educados e equipados para a vida – de fato levam uma existência estreita e puramente instintiva. O bebê humano nasce sem uma educação; por conseguinte, o homem possui a propriedade de, pelo controle educacional da geração mais recente, poder modificar grandemente o curso evolucionário da civilização.

No século vinte, as influências que mais contribuem para o avanço da civilização e da cultura são o crescimento marcante na mobilidade mundial do homem e o aprimoramento, sem paralelos, dos meios de comunicação. Contudo, o aprimoramento da educação não se manteve à altura da estrutura social em expansão; nem a valoração moderna da ética desenvolveu-se à altura do crescimento feito em direções mais puramente intelectuais e científicas. E a civilização moderna está estagnada quanto ao desenvolvimento espiritual, bem como quanto à salvaguarda da instituição do lar.

9. *Os ideais raciais.* Os ideais de uma geração esculpem os canais do destino da posteridade imediata. A *qualidade* da vanguarda social, porta-archotes, determinará se a civilização irá para a frente ou para trás. Os lares, as igrejas e as escolas, em uma geração, predeterminam a tendência do caráter da geração subseqüente. O impulso moral e espiritual de uma raça, ou de uma nação, determina amplamente a velocidade cultural dessa civilização.

Os ideais elevam a fonte do curso social. E nenhum curso elevar-se-á a uma altura maior do que a da sua fonte, não importa a técnica de pressão ou de controle direcional empregada. O poder impulsor, mesmo dos aspectos mais materiais de uma civilização cultural, reside nas realizações menos materiais da sociedade. A inteligência pode controlar o mecanismo da civilização, a sabedoria pode dirigi-lo, mas o idealismo espiritual é a energia que realmente eleva e faz avançar a cultura humana de um nível de realização para outro.

A princípio, a vida era uma luta pela existência; agora, por um padrão de vida; em seguida, a luta será pela qualidade do pensamento, que é a próxima meta terrena da existência humana.

10. *A coordenação dos especialistas.* A civilização tem avançado enormemente devido a uma divisão inicial do trabalho e devido ao seu posterior corolário, o da especialização. A civilização agora depende da coordenação eficaz dos especialistas. À medida que a sociedade se expande, deve ser encontrado algum método de reagrupar os vários especialistas.

Os especialistas sociais, artísticos, técnicos e industriais continuarão a multiplicar-se e a aumentar as suas habilidades e a sua destreza. A diversificação da habilidade e a diversidade do seu emprego, finalmente, irão enfraquecer e desintegrar a sociedade humana, caso não sejam desenvolvidos meios eficazes de coordenação e de cooperação. A inteligência, que é capaz de tal inventividade e de tal especialização, entretanto, deveria ser totalmente competente para entabular métodos adequados de controle e de ajuste de todos os problemas que resultam do crescimento rápido da invenção e do ritmo acelerado da expansão cultural.

11. *Os mecanismos para encontrar os empregos.* A próxima idade, do desenvolvimento social, estará incorporada a uma cooperatividade e a uma coordenação melhores e mais efetivas da especialização sempre crescente e em expansão. E como o trabalho se diversifica cada vez mais, algumas técnicas para encaminhar os indivíduos às ocupações adequadas devem ser delineadas. O maquinário não é a única causa do desemprego em meio aos povos civilizados de Urântia. A complexidade econômica e o aumento constante da especialização industrial e profissional aumentam os problemas de colocação do trabalhador.

Não é suficiente treinar os homens para o trabalho; em uma sociedade complexa, devem ser providos também os métodos eficazes para encontrar os seus locais de trabalho. Antes de treinar os cidadãos nas técnicas altamente especializadas de como ganhar a sobrevivência, eles deveriam ser treinados em um ou mais métodos de trabalho comum, de comércio ou de ocupações, que lhes permitissem manter-se trabalhando mesmo estando transitoriamente desempregados nos seus trabalhos especializados. Nenhuma civilização pode sobreviver sustentando, por muito tempo, grandes grupos de desempregados. Com o tempo, até mesmo os melhores cidadãos tornar-se-ão corrompidos e desmoralizados por aceitar o sustento do tesouro público. Mesmo a caridade privada torna-se perniciosa, quando aplicada por muito tempo a cidadãos sãos e capazes.

Uma sociedade a tal ponto especializada não considerará com simpatia as antigas práticas comunais e feudais dos povos antigos. É bem verdade que muitos serviços comuns podem ser socializados de um modo aceitável e proveitoso, mas os seres humanos altamente treinados e ultra-especializados podem ser mais bem gerenciados por alguma técnica de cooperação inteligente. A coordenação modernizada e a regulamentação fraternal produzirão uma cooperação mais durável do que os métodos mais antigos e mais primitivos de comunismo ou de instituições reguladoras ditatoriais, baseadas na força.

12. *A disposição de cooperar.* Um dos grandes obstáculos ao progresso da sociedade humana é o conflito entre os interesses e o bem-estar dos grupos humanos maiores e mais socializados, e o das associações humanas menores, de mente opositora e associal, para não mencionar os indivíduos isolados e de mentalidade anti-social.

Nenhuma civilização nacional perdura, a menos que os seus métodos educacionais e os seus ideais religiosos inspirem um tipo elevado de patriotismo inteligente e de devoção nacional. Sem essa espécie de patriotismo inteligente e de solidariedade cultural, todas as nações tendem a desintegrar-se devido aos ciúmes provincianos e aos interesses egoístas locais.

Para que a civilização mundial seja mantida, depende-se de que os seres humanos aprendam a viver juntos, em paz e fraternidade. Sem uma coordenação eficiente, a civilização industrial fica submetida às ameaças dos perigos da ultraespecialização: a monotonia, a limitação e a propensão para a provocação de desconfiança e ciúme.

13. *Uma liderança eficiente e sábia.* Na civilização, muito, muitíssimo mesmo, depende de um espírito entusiasta e que constitua uma liderança poderosa. Dez homens são de pouco mais valia do que um só, para levantar um grande peso, a menos que o levantem juntos – todos ao mesmo tempo. E tal trabalho de equipe – a cooperação social – depende de uma liderança. As civilizações culturais do passado e do presente têm-se baseado na cooperação inteligente dos cidadãos para com os líderes sábios e progressistas; e até que o homem evolua até níveis mais elevados, a civilização continuará a depender de uma liderança sábia e vigorosa.

As grandes civilizações nascem de uma correlação sagaz entre a riqueza material, a grandeza intelectual, o valor moral, a astúcia social e o discernimento cósmico.

14. *As mudanças sociais.* A sociedade não é uma instituição divina; é um fenômeno da evolução progressiva; e o progresso da civilização é sempre retardado, quando os seus líderes são lentos em fazer as mudanças, na organização social, essenciais para que seja acompanhado o ritmo dos desenvolvimentos científicos da época. Por tudo isso, as coisas não devem ser desprezadas apenas porque sejam velhas, nem uma idéia deveria ser incondicionalmente adotada apenas porque é original e nova.

O homem deveria ser destemido para fazer experimentos com os mecanismos da sociedade. Sempre, porém, essas aventuras de ajuste cultural deveriam ser controladas pelos que estão plenamente familiarizados com a história da evolução social; e esses inovadores deveriam sempre ser aconselhados pela sabedoria daqueles que tiveram experiência prática no domínio do experimento social ou econômico em pauta. Nenhuma grande mudança social ou econômica deveria ser realizada subitamente. O tempo é essencial a todos os tipos de ajuste humano – físico, social ou econômico. Apenas os ajustes morais e espirituais podem ser feitos no impulso do momento, e mesmo estes requerem o passar do tempo para que ocorra a manifestação plena das suas repercussões materiais e sociais. Os ideais da raça são o apoio e a segurança maiores durante os tempos críticos em que a civilização estiver na transição de um nível para o outro.

15. *A prevenção do colapso na transição.* A sociedade é fruto de idades após idades de tentativa e de erro; é aquilo que sobreviveu aos ajustes e reajustes seletivos, nos estágios sucessivos da longa elevação da humanidade, desde os níveis animais até os níveis humanos, em todo o planeta. O grande perigo para qualquer civilização – em qualquer momento – é a ameaça de colapso, durante a época de transição dos métodos estabelecidos do passado para os procedimentos novos e melhores do futuro, os quais, todavia, não estão ainda testados.

A liderança é vital para o progresso. A sabedoria, o discernimento interior e a previsão são indispensáveis para que as nações perdurem. A civilização só está realmente em perigo quando a liderança capaz começa a desaparecer. E a quantidade dessa liderança sábia nunca excedeu a um por cento da população.

E foi por esses degraus fortes da escada evolucionária que a civilização escalou até o ponto em que tiveram início essas influências poderosas a culminarem na cultura de expansão rápida do século vinte. E apenas mediante a sua adesão a esses fatores essenciais é que o homem pode esperar manter as suas civilizações atuais, contribuindo, ao mesmo tempo, para o desenvolvimento contínuo e a sobrevivência segura delas.

Essa é a essência da luta longuíssima dos povos da Terra para implantar a civilização, desde a idade de Adão. A cultura dos dias atuais é o resultado líquido dessa evolução ardorosa. Antes da invenção da imprensa, o progresso era relativamente lento, pois uma geração não podia tão rapidamente beneficiar-se das realizações dos seus predecessores. Agora, todavia, a sociedade humana está saltando para a frente sob a força do momentum acumulado de todas as idades pelas quais a civilização tem lutado.

[Promovido por um Arcanjo de Nébadon.]

DOCUMENTO 82

A EVOLUÇÃO DO MATRIMÔNIO

O MATRIMÔNIO – o acasalamento – advém da bissexualidade. O casamento é a reação de ajustamento do homem a essa bissexualidade, enquanto a vida familiar é a soma total resultante de todos os ajustes e adequações evolucionárias. O matrimônio é duradouro, não é inerente à evolução biológica; todavia, ele é a base de toda evolução social e tem, conseqüentemente, assegurada a continuação da sua existência, de alguma forma. O casamento deu o lar à humanidade, e o lar é a glória que coroa toda a longa e renhida luta evolucionária.

Embora as instituições religiosas, sociais e educacionais sejam todas essenciais à sobrevivência da civilização cultural, *a família é a mestra civilizadora*. Uma criança aprende a maior parte das coisas essenciais da vida com a sua família e os vizinhos.

Os humanos dos tempos antigos não possuíam uma civilização social muito rica, mas, fiel e eficientemente, passaram aquela que tiveram à próxima geração. E vós deveríeis reconhecer que a maioria das civilizações do passado continuou a evoluir com um mínimo de outras influências institucionais, pois o lar funcionava efetivamente. Hoje, a raça humana possui uma rica herança social e cultural, que deve ser, sábia e eficientemente, passada às gerações subseqüentes. A família, como uma instituição educacional, deve ser mantida.

1. O INSTINTO DO ACASALAMENTO

Apesar do abismo que separa a personalidade dos homens da das mulheres, o impulso do sexo é suficiente para assegurar que se ajuntem para a reprodução das espécies. Esse instinto já atuava com eficácia muito antes de os humanos experimentarem aquilo que posteriormente foi chamado de amor, devoção e lealdade matrimonial. O acasalamento é uma tendência inata, e o matrimônio é a sua repercussão evolucionária social.

O interesse e o desejo sexual não foram paixões dominantes para os povos primitivos; eles simplesmente os aceitavam. A experiência reprodutiva estava toda isenta de belezas imaginativas. A paixão sexual todo-absorvente dos povos mais altamente civilizados é devida principalmente às misturas das raças, especialmente naquilo em que a natureza evolucionária foi estimulada, na imaginação associativa e na valoração da beleza entre os noditas e os adamitas. Essa herança andita, contudo, foi absorvida pelas raças evolucionárias em quantidades de tal modo limitadas que deixaram de prover um autocontrole suficiente para as paixões animais, excitadas desse modo e estimuladas pela dotação de uma consciência sexual mais aguda e desejos mais fortes de acasalamento. Dentre as raças evolucionárias, o homem vermelho teve o código sexual mais elevado.

A regulamentação do sexo em relação ao casamento indica:

1. O progresso relativo da civilização. A civilização tem demandado que o sexo seja gratificado, crescentemente, segundo os canais da sua utilidade e de acordo com os costumes.

2. O teor de sangue andita em qualquer povo. Entre tais grupos, o sexo tornou-se a expressão tanto da natureza mais elevada quanto da mais baixa, não apenas física, mas também emocionalmente.

As raças sangiques tinham paixões animais normais, porém elas demonstravam pouca imaginação ou uma apreciação baixa da beleza e da atração física exercida pelo sexo oposto. Aquilo que é chamado de atração sexual é virtualmente ausente até mesmo nas raças primitivas dos dias atuais; esses povos não miscigenados têm um instinto de acasalamento definido, mas têm uma atração sexual insuficiente para gerar problemas sérios e que requeiram um controle social.

O instinto do acasalamento é uma das forças físicas impulsoras dominantes dos seres humanos; é a emoção que, sob o disfarce de uma gratificação individual, ilude efetivamente o homem egoísta, levando-o a colocar o bem-estar da raça e a perpetuação muito acima do sossego individual e da liberdade pessoal de escapar das responsabilidades.

Como instituição, o matrimônio, desde os seus primórdios até os tempos modernos, ilustra a evolução social da tendência biológica da autoperpetuação. A perpetuação da espécie humana em evolução é assegurada pela presença desse impulso racial de acasalamento, uma premência que é, em geral, chamada de atração sexual. Essa grande necessidade biológica torna-se o impulso motor de todas as espécies de instintos, emoções e costumes associados a ela – físicos, intelectuais, morais e sociais.

Entre os selvagens, o suprimento da alimentação era a motivação impulsora, entretanto, quando a civilização assegura uma alimentação suficiente, o instinto do sexo muitas vezes torna-se um impulso predominante e, conseqüentemente, se coloca sempre como necessitando de uma regulamentação social. Com os animais, a periodicidade instintiva controla a tendência ao acasalamento; com o homem, entretanto, sendo muito amplamente um ser que se autocontrola, o desejo sexual não é de todo periódico, e por isso torna-se necessário que a sociedade imponha um autocontrole ao indivíduo.

Nenhuma emoção ou impulso humano, quando não controlado e quando tolerado nos excessos, pode produzir tantos danos e pesares quanto esse poderoso impulso sexual. A submissão inteligente desse impulso a regras da sociedade é o teste supremo para a realização de qualquer civilização. O autocontrole, e mais, um autocontrole maior, é a exigência sempre crescente para a humanidade que avança. A reserva, a insinceridade e a hipocrisia podem velar os problemas sexuais, mas não dão soluções, nem servem para fazer progressos éticos.

2. OS TABUS RESTRITIVOS

A história da evolução do matrimônio é simplesmente a história da contenção sexual por meio da pressão das restrições sociais, religiosas e civis. A natureza dificilmente reconhece indivíduos; não toma conhecimento da chamada moralidade; está interessada única e exclusivamente na reprodução da espécie. A natureza insiste compulsivamente na reprodução, mas, com indiferença, deixa as conseqüências problemáticas para serem resolvidas pela sociedade, criando, assim, um problema maior sempre presente, para a humanidade evolucionária. Esse conflito social consiste na guerra infindável entre os instintos básicos e a ética em evolução.

Em meio às raças primitivas, havia pouca ou nenhuma regulamentação para as relações entre os sexos. E, em função dessa licença sexual, a prostituição não existia. Hoje, os pigmeus e outros grupos retrógrados não têm nenhuma instituição de matrimônio; um estudo desses povos revela costumes simples de acasalamento, como os usados pelas raças primitivas. Todos os povos antigos deveriam, contudo, ser sempre estudados e julgados à luz dos padrões morais dos costumes da sua própria época.

O amor livre, contudo, nunca foi bem visto entre os povos que já haviam superado o estado da selvageria total. No momento em que grupos societários começaram a formar-se, teve início o desenvolvimento dos códigos do matrimônio e restrições maritais. O acasalamento, assim, progrediu por intermédio de um sem número de transições, desde um estado quase que de licença sexual completa até os padrões do século vinte, com uma restritividade sexual relativamente completa.

Nos estágios primitivos do desenvolvimento tribal, os costumes e os tabus restritivos eram muito grosseiros; no entanto, mantinham os sexos separados – o que favorecia a tranqüilidade, a ordem e a indústria –, e a longa evolução do matrimônio e do lar havia-se iniciado. Os costumes sexuais das vestimentas, adornos e práticas religiosas tiveram a sua origem nesses tabus primitivos, que definiram o alcance das liberdades sexuais e, assim, finalmente, geraram os conceitos do vício, do crime e do pecado. Há muito, porém, a prática era suspender todas as regulamentações para o sexo nos dias de festividades importantes, especialmente nos Dias de Maio.

As mulheres sempre ficaram sujeitas a tabus mais restritivos do que os homens. Os costumes primitivos concediam, às mulheres não casadas e aos homens, o mesmo grau de liberdade sexual, contudo, sempre foi exigido das esposas que fossem fiéis aos seus maridos. O casamento primitivo não restringia em muito as liberdades sexuais do homem, mas ampliou os tabus quanto à licença sexual da esposa. As mulheres casadas sempre portaram alguma marca que as colocava à parte, como uma classe separada, fosse o penteado, a roupa, o véu, o recato, os adornos ou anéis.

3. OS COSTUMES DO MATRIMÔNIO PRIMITIVO

O matrimônio é a resposta institucional do organismo social à tensão biológica sempre presente do impulso ininterrupto de reprodução – a autopropagação. O acasalamento é universalmente natural e, havendo a sociedade evoluído do simples para o complexo, houve uma evolução correspondente nos costumes do acasalamento, que é a gênese da instituição matrimonial. Onde quer que a evolução social haja progredido até o estágio em que os costumes são gerados, o matrimônio será encontrado como uma instituição em evolução.

Sempre houve e sempre haverá dois âmbitos distintos do matrimônio: os costumes, as leis que regem os aspectos externos do acasalamento e, de outro lado, as relações secretas e pessoais entre os homens e as mulheres. O indivíduo sempre foi rebelde contra as regras sexuais impostas pela sociedade; e esta é a razão desse problema sexual milenar: a autopreservação é individual, mas é exercida pelo grupo; a autoperpetuação é social, mas é assegurada pelo impulso individual.

Os costumes, quando respeitados, têm amplo poder para restringir e controlar o impulso sexual, como tem sido demonstrado em todas as raças. Os padrões do matrimônio têm sido sempre um indicador verdadeiro do poder corrente dos costumes e da integridade funcional do governo civil. Todavia, os primitivos costumes sexuais e do acasalamento eram uma massa de regras inconsistentes e grosseiras. Os pais, os filhos, os parentes e a sociedade, todos tinham interesses conflitantes na regulamentação do matrimônio. A despeito de tudo isso, porém, as raças que exaltaram e praticaram o matrimônio evoluíram naturalmente até níveis mais elevados, e sobreviveram em números crescentes.

Nos tempos primitivos, o matrimônio era o preço da posição social; a posse de uma esposa era um emblema de distinção. O selvagem encarava o dia do seu casamento como se marcasse o seu ingresso na responsabilidade e no estado adulto. Em uma época, o matrimônio foi encarado como um dever social; em outra como uma obrigação religiosa; e, ainda em outra, como um quesito político para prover cidadãos para o estado.

Muitas tribos primitivas exigiam façanhas de roubos como qualificação para o matrimônio; mais tarde, os povos substituíram essas pilhagens por competições atléticas e jogos competitivos. Aos vencedores, nessas competições, era concedido o primeiro prêmio – a escolha de uma das noivas da estação. Entre os caçadores de cabeças, um jovem não podia casar-se antes que tivesse ao menos uma cabeça, se bem que algumas vezes esses crânios pudessem ser comprados. Quando a compra das esposas decaiu, elas passaram a ser ganhas em torneios de adivinhações, práticas essas que ainda sobrevivem entre muitos agrupamentos dos homens negros.

Com o avanço da civilização, certas tribos colocaram nas mãos das mulheres as provas severas de resistência masculina, condições que eram para o matrimônio; assim elas eram capazes de favorecer os homens da sua escolha. Essas provas abrangiam a habilidade para a caça, a luta e a capacidade de provimento para uma família. Exigiu-se do noivo, durante muito tempo, que ele entrasse para a família da noiva por um ano, ao menos, para trabalhar, viver e provar ser digno da esposa que almejava.

As qualificações de uma esposa eram a habilidade de executar o trabalho pesado e de gerar filhos. Era exigido que ela executasse uma certa tarefa de trabalho na agricultura, dentro de um tempo determinado. E se ela tivesse tido um filho antes do casamento, era ainda mais valiosa, pois a sua fertilidade estava assegurada.

O fato de que os povos antigos consideravam uma desgraça, ou mesmo um pecado, não se casar, explica a origem de casamentos entre crianças; já que se devia ser casado e, quanto mais cedo, melhor. Era também uma crença generalizada a de que as pessoas solteiras não podiam entrar na terra dos espíritos, e isso era outro incentivo para o casamento entre crianças, mesmo no momento do nascimento e algumas vezes antes do nascimento, dependendo do sexo. Os antigos acreditavam que mesmo os mortos deviam casar-se. Os casamenteiros originais foram empregados para negociar os matrimônios para os indivíduos mortos. Um pai arranjaria para que esses intermediários efetuassem o matrimônio de um filho morto com uma filha morta de outra família.

Em meio aos povos mais recentes, a puberdade era a idade comum do matrimônio, o que, no entanto, avançou na proporção direta do progresso da civilização. Muito cedo, na evolução social, ordens peculiares e celibatárias de homens e de mulheres surgiram, e foram iniciadas e mantidas por indivíduos que, em um grau maior ou menor, careciam do impulso sexual normal.

Muitas tribos permitiam aos membros do grupo governante ter relações sexuais com a noiva um pouco antes que ela fosse dada ao seu marido. Cada um desses homens daria à moça um presente, e essa foi a origem do costume de dar presentes de casamento. Em meio a alguns grupos, esperava-se que uma jovem mulher ganhasse o seu dote, o que consistia nos presentes recebidos em recompensa pelo serviço sexual no salão de exibição da noiva.

Algumas tribos casavam os homens jovens com as viúvas e mulheres mais velhas e, então, quando subseqüentemente tornavam-se viúvos, permitir-se-ia a eles casarem-se com as garotas jovens, assegurando, assim, tal como esperavam, que os pais não fossem feitos de tolos, pois julgavam eles que isso aconteceria se se permitisse que os muito jovens se casassem. Outras tribos limitavam o acasalamento a grupos de idades semelhantes. Foi a limitação do matrimônio a grupos de uma certa idade que inicialmente deu origem às idéias de incesto (na Índia, ainda hoje, não existem restrições de idade para o matrimônio).

DOCUMENTO 82: SEÇÃO 3

Segundo certos costumes, a viuvez devia ser muito temida e, então, se mandava matar as viúvas ou se permitia que cometessem suicídio nas covas dos seus maridos, pois se supunha que elas deveriam ir para a terra dos espíritos junto com os seus esposos. A viúva que sobrevivia levava, quase que invariavelmente, a culpa pela morte do seu marido. Algumas tribos queimavam-nas vivas. Se uma viúva continuava a viver, a sua vida era de luto contínuo e de restrições sociais insuportáveis, pois um novo casamento em geral era desaprovado.

Nos tempos de outrora, muitas práticas, hoje consideradas imorais, foram encorajadas. Não era infreqüente que as esposas primitivas sentissem um grande orgulho das relações dos seus maridos com outras mulheres. A castidade nas donzelas era um grande obstáculo para o matrimônio; conceber um filho antes do matrimônio aumentava em grande parte os atrativos da mulher como esposa, já que o homem ficava certo de ter uma companheira fértil.

Muitas tribos primitivas sancionaram o matrimônio experimental até que a mulher ficasse grávida, quando, então, a cerimônia regular de casamento teria lugar; entre outros grupos, as bodas não eram celebradas até que o primeiro filho nascesse. Se uma esposa fosse estéril, ela deveria ser retomada pelos seus pais, e o casamento era anulado. Os costumes exigiam que todos os casais tivessem filhos.

Esses matrimônios experimentais primitivos eram inteiramente livres de qualquer semelhança com a licenciosidade; eram simplesmente testes sinceros de fecundidade. Os indivíduos que contraíam o matrimônio faziam-no de forma permanente, assim que a fertilidade fosse estabelecida. Quando os pares modernos casam-se, com o pensamento da conveniência de um divórcio, no fundo das suas mentes, se não ficarem totalmente contentes com a sua vida de casados, na realidade, estarão adotando uma forma de matrimônio experimental, forma esta muito abaixo do status das aventuras honestas dos seus ancestrais menos civilizados.

4. O MATRIMÔNIO SOB A PRÁTICA DA PROPRIEDADE PRIVADA

O matrimônio tem estado sempre ligado, muito de perto, tanto à propriedade quanto à religião. A propriedade tem sido o estabilizador do matrimônio; a religião, o moralizador.

O casamento primitivo era um investimento, uma especulação econômica; era mais uma questão de negócio do que um caso de namoro. Os antigos contraíam o matrimônio pela vantagem e pelo bem-estar do grupo; por essa razão, os seus matrimônios eram planejados e arranjados pelo grupo, pelos seus pais e pelos mais velhos. E, se os costumes da propriedade privada eram eficazes na estabilização da instituição do matrimônio, isso nasceu do fato de que o casamento era mais permanente entre as tribos primitivas do que o é entre muitos dos povos modernos.

À medida que a civilização avançou e a propriedade privada ganhou maior reconhecimento dos costumes, o roubo passou a ser um grande crime. O adultério era reconhecido como uma forma de roubo, uma infração contra os direitos de propriedade do marido; e, por isso, não está especificamente mencionado nos códigos e costumes mais primitivos. A mulher começou como propriedade do seu pai, o qual transferia o seu título ao marido dessa filha, e todas as relações sexuais legalizadas surgiram desses direitos preexistentes de propriedade. O Antigo Testamento trata as mulheres como uma forma de propriedade; o Alcorão ensina a sua inferioridade. O homem tinha o direito de emprestar a sua mulher a um amigo ou convidado, e esse costume ainda persiste entre alguns povos.

O ciúme sexual moderno não é inato; é um produto da evolução dos costumes. O homem primitivo não era ciumento da sua esposa; ele estava apenas resguardando a sua propriedade. O motivo, de se manter a esposa sob limitações sexuais mais restritas do que as impostas ao marido, era o fato de que a infidelidade marital dela envolveria a descendência e a herança. Muito cedo, na marcha da civilização, foi má a reputação do filho ilegítimo. A princípio, apenas a mulher era punida pelo adultério; posteriormente, os costumes também decretaram a punição do seu parceiro e, durante um longo tempo, o marido ofendido, ou o pai protetor, tinha o direito pleno de matar o invasor masculino. Os povos modernos mantêm esses costumes que toleram os crimes chamados de honra sob uma lei tácita.

Desde que o tabu da castidade teve a sua origem como uma fase dos costumes que regem a propriedade, ele aplicou-se inicialmente às mulheres casadas, mas não às moças solteiras. Anos mais tarde, a castidade era mais exigida pelo pai do que pelo pretendente; uma virgem era um bem mais comercial para o pai, pois acarretava um preço mais alto. Como a castidade passou a ser mais exigida, a prática era pagar ao pai da noiva um preço em reconhecimento do serviço de educar apropriadamente a noiva, de um modo casto, para o futuro marido. Uma vez surgida essa idéia da castidade da mulher arraigou-se tanto entre as raças que se tornou prática enjaular literalmente as moças, prendendo-as de fato durante anos a fim de assegurar a sua virgindade. E, desse modo, os padrões mais recentes e as provas da virgindade deram origem automaticamente à classe das prostitutas profissionais; elas eram as noivas rejeitadas, aquelas mulheres que as mães dos noivos verificaram não serem mais virgens.

5. A ENDOGAMIA E A EXOGAMIA

Muito cedo, os selvagens observaram que a mistura racial aprimorava a qualidade da progênie. Não que a consangüinidade fosse sempre má, mas que a exogamia resultava sempre melhor, comparativamente; e, pois, os costumes tenderam a cristalizar a restrição das relações sexuais entre os parentes próximos. Era reconhecido que a exogamia aumentava grandemente a oportunidade seletiva de variação evolucionária e de avanço. Os indivíduos produtos da exogamia eram mais versáteis e tinham mais habilidade para sobreviver em um mundo hostil; os indivíduos produzidos pela endogamia, junto com os seus costumes, desapareceram gradualmente. Este foi um desenvolvimento lento; os selvagens não pensaram conscientemente nessas questões. Contudo, os povos mais recentes e adiantados fizeram-no, e eles também observaram que uma fraqueza geral algumas vezes era o resultado de uma endogamia excessiva.

Ainda que a endogamia, na boa linhagem, algumas vezes haja produzido tribos fortes, os casos espetaculares de maus resultados, devidos a defeitos hereditários na endogamia, impressionaram mais fortemente a mente do homem, e o resultado foi que os costumes, em constante avanço, formularam mais e mais tabus contra os matrimônios entre parentes próximos.

Há muito, a religião tem sido uma barreira efetiva contra a exogamia; muitos ensinamentos religiosos têm proscrito o casamento fora da fé. A mulher geralmente tem favorecido a prática da endogamia; o homem, a da exogamia. A propriedade sempre influenciou o matrimônio e, algumas vezes, em um esforço para conservar a propriedade dentro de um clã, têm surgido costumes que obrigam as mulheres a escolher maridos dentro das tribos dos seus pais. Esse tipo de legislação levou a uma grande proliferação de matrimônios entre primos. A endogamia foi também praticada em um esforço para preservar os segredos artesanais; os artesãos mais hábeis procuravam manter o conhecimento da sua arte dentro da família.

Os grupos superiores, quando isolados, sempre voltavam ao acasalamento consangüíneo. Durante mais de cento e cinqüenta mil anos, os noditas foram um dos maiores grupos endogâmicos. Os costumes endogâmicos mais recentes foram influenciados enormemente pela tradição da raça violeta, segundo a qual, no início, os acasalamentos eram feitos, forçosamente, entre irmão e irmã. E os matrimônios entre irmão e irmã eram comuns no Egito, na Síria e na Mesopotâmia primitivos e, também, nas terras uma vez ocupadas pelos anditas. Os egípcios praticaram, durante muito tempo, o matrimônio entre irmão e irmã, em um esforço de manter puro o sangue real; e esse costume perdurou por mais tempo ainda na Pérsia. Entre os mesopotâmios, antes dos dias de Abraão, os matrimônios entre primos eram obrigatórios; os primos tinham direitos de prioridade para casarem entre si. O próprio Abraão casou-se com uma meio-irmã, mas essas uniões não eram permitidas pelos costumes mais recentes dos judeus.

O primeiro passo contra os matrimônios entre irmãos foram dados em meio aos costumes da pluralidade de esposas, porque a esposa-irmã arrogantemente dominava as outras esposas. Alguns costumes tribais proibiram o matrimônio com a viúva de um irmão morto, mas exigiam que o irmão vivo gerasse filhos no lugar do seu irmão morto. Não existem instintos biológicos contra qualquer grau de endogamia; essas restrições são inteiramente uma questão de tabu.

A exogamia finalmente dominou porque foi preferida pelo homem, pois conseguir uma esposa de fora assegurava maior liberdade em relação aos sogros. A familiaridade gera o desprezo; assim, à medida que o elemento da livre escolha individual começou a dominar o acasalamento, tornou-se um hábito escolher parceiros de fora da tribo.

Muitas tribos finalmente proibiram os matrimônios dentro do clã; outras limitaram o acasalamento a certas classes. O tabu, contra o matrimônio com uma mulher do próprio totem, deu força aos costumes de raptar as mulheres das tribos vizinhas. Posteriormente, os matrimônios passaram a ser regulamentados mais de acordo com o território de residência do que pelo parentesco. Muitos passos foram acontecendo na evolução do matrimônio endogâmico, até a prática moderna da exogamia. Mesmo depois de estabelecido o tabu da endogamia entre as pessoas comuns, ainda era permitido, aos chefes e aos reis, casarem-se com os parentes próximos, no intuito de manter o sangue real concentrado e puro. Os costumes geralmente têm permitido aos soberanos algumas licenças nas questões sexuais.

A subsistência dos povos anditas mais recentes muito tem a ver com o aumento do desejo das raças sangiques de acasalar-se fora das próprias tribos. Todavia, não foi possível à exogamia prevalecer antes que os grupos vizinhos houvessem aprendido a viver juntos, em uma paz relativa.

A exogamia, em si própria, foi uma promotora da paz; os matrimônios entre as tribos reduziam as hostilidades. A exogamia levou à coordenação tribal e às alianças militares; e tornou-se predominante, porque trazia maior força; foi uma edificadora de nações. A exogamia foi também bastante favorecida pelos contratos de comércio em profusão; a aventura e a exploração contribuíram para a ampliação dos limites impostos ao acasalamento e facilitaram grandemente a fertilização intermesclada das culturas raciais.

As inconsistências, inexplicáveis de outro modo, dos costumes do matrimônio racial são devidas, na sua maior parte, a esse hábito de exogamia, com os seus respectivos raptos e compras de esposas das tribos vizinhas, resultando tudo em uma combinação dos diferentes costumes tribais. Que esses tabus relativos à endogamia foram sociológicos, e não biológicos, é bastante bem ilustrado pelos tabus que envolvem os matrimônios entre contraparentes, que abrangiam muitos graus de relações entre parentes, casos que não representavam absolutamente nenhuma relação de sangue.

6. AS MISTURAS RACIAIS

Hoje não há raças puras no mundo. Os povos evolucionários primitivos e originais de cor têm apenas duas raças representativas que perduram neste mundo: o homem amarelo e o homem negro. E, mesmo essas duas raças, estão muito misturadas com os extintos povos de cor. Ao mesmo tempo em que a chamada raça branca descende predominantemente do antigo homem azul, ela é mais ou menos misturada com todas as outras raças, tanto quanto o é o homem vermelho das Américas.

Das seis raças sangíques coloridas, três eram primárias e três eram secundárias. Embora as raças primárias – azul, vermelha e amarela – fossem superiores, sob muitos aspectos, aos três povos secundários, deve-se lembrar que essas raças secundárias tinham muitos traços desejáveis os quais teriam elevado consideravelmente os povos primários, caso as suas melhores linhagens pudessem ter sido absorvidas.

O preconceito atual contra os "híbridos", os "mestiços" e os "de meia-casta" surge porque a miscigenação racial moderna acontece, na sua maior parte, entre as linhagens grosseiramente inferiores das raças envolvidas. Também uma progênie insatisfatória advém quando se misturam linhagens degeneradas da mesma raça.

Caso pudessem livrar-se da maldição dos seus substratos mais baixos, de espécimes deteriorados, anti-sociais, debilitados mentalmente e párias, haveria pouca objeção à amalgamação racial limitada para as raças atuais de Urântia. E, se tais misturas raciais pudessem acontecer entre os tipos mais elevados das várias raças, haveria menos objeções ainda.

A hibridação nas linhagens superiores e dissimilares é o segredo da criação de linhagens novas e mais vigorosas. E isso é verdadeiro com as plantas, os animais, e a espécie humana. A hibridação aumenta o vigor e amplia a fertilidade. As misturas raciais dos substratos medianos ou superiores de vários povos incrementam grandemente o potencial *criativo*, como é mostrado na população atual dos Estados Unidos da América do Norte. Quando tais acasalamentos acontecem entre os substratos mais baixos ou inferiores, a criatividade diminui, como é mostrado pelos povos atuais do sul da Índia.

A combinação das raças contribui grandemente para o surgimento súbito de *novas* características e, se tal hibridação advém da união de linhagens superiores, então essas novas características também serão de traços *superiores*.

Enquanto as raças atuais estiverem tão sobrecarregadas de linhagens inferiores e degeneradas, a mesclagem das raças, em uma escala ampla, há de ser altamente prejudicial, mas a maior parte das objeções a tais experimentos repousa nos preconceitos sociais e culturais mais do que em análises biológicas. Mesmo entre as linhagens inferiores, os híbridos geralmente representam um aperfeiçoamento dos seus ancestrais. A hibridação colabora para o aprimoramento das raças, devido ao papel dos *genes dominantes*. A mesclagem inter-racial aumenta a probabilidade de que um número maior dos genes *dominantes* desejáveis esteja presente no resultado híbrido.

Durante os últimos cem anos, tem havido mais hibridação racial em Urântia do que ocorreu em milhares de anos. O perigo de desarmonias grosseiras resultantes da fecundação cruzada de sangues humanos foi bastante exagerado. Os maiores problemas da "mestiçagem" são devidos a preconceitos sociais.

A experiência Pitcairn, de mesclar a raça branca e a raça polinésia, deu resultados bastante bons, porque os homens brancos e as mulheres polinésias eram de linhagens raciais relativamente boas. A mesclagem entre os mais elevados tipos da raça branca, da raça vermelha e da raça amarela traria imediatamente à existência muitas características novas e biologicamente eficazes. Esses três povos pertencem às raças sangiques primárias. Misturas da raça branca e da raça negra não são tão desejáveis pelos seus resultados imediatos, nem essa progênie mulata é tão digna de objeções como o querem fazer parecer os preconceitos sociais e raciais. Fisicamente, tais produtos híbridos de brancos e negros são espécimes excelentes de seres humanos, não obstante a sua ligeira inferioridade quanto a alguns outros aspectos.

Quando uma raça primária sangique combina-se com uma raça sangique secundária, a última é aprimorada consideravelmente às custas da primeira. E em uma escala menor – estendendo-se por períodos longos de tempo – pode haver poucas objeções sérias a essa contribuição sacrificada, feita pelas raças primárias para o aprimoramento dos grupos secundários. Considerando-se biologicamente, os sangiques secundários, sob alguns pontos de vista, eram superiores às raças primárias.

Afinal, o verdadeiro perigo para a espécie humana deverá estar na multiplicação sem restrições das linhagens inferiores e degeneradas dos vários povos civilizados, mais do que qualquer perigo suposto advindo das misturas raciais em si.

[Apresentado pelo Comandante dos Serafins estacionado em Urântia.]

DOCUMENTO 83

A INSTITUIÇÃO DO MATRIMÔNIO

A NARRATIVA dos primórdios da instituição do matrimônio se constitui assim: progrediu de modo firme, partindo dos acasalamentos deso-brigados e pro-míscuos da gente, por intermédio de muitas variações e adaptações, até o surgimento daquele casamento padrão que, finalmente, culminou na realização de acasalamentos de pares, a união de um homem e uma mulher, que estabeleceu o lar da ordem social mais elevada.

O matrimônio tem estado em perigo várias vezes; e os costumes do matrimônio têm apelado violentamente tanto para a propriedade quanto para a religião, como apoio; a influência real, contudo – que, para sempre, salvaguarda o matrimônio e a família resultante –, é o fato biológico simples e inato de que os homens e as mulheres positivamente não viverão uns sem os outros, sejam eles os selvagens mais primitivos ou os mortais mais cultos.

É por causa do impulso sexual que o homem egoísta é seduzido a fazer de si algo melhor do que um animal. A relação sexual satisfaz o corpo e gratifica o amor-próprio, entretanto acarreta certas conseqüências de abnegação e assegura que se assumam numerosos deveres altruístas e responsabilidades para com o lar, que beneficiam a raça. Nisso, o sexo tem sido um civilizador, não reconhecido mas insuspeito, para o selvagem; e esse mesmo impulso do sexo, automática e inequivocamente, *obriga o homem a pensar* e finalmente, pois, *o leva a amar*.

1. O MATRIMÔNIO COMO UMA INSTITUIÇÃO DA SOCIEDADE

O matrimônio é o mecanismo da sociedade destinado a regular e a controlar muitas das relações humanas que surgem do fato físico da bissexualidade. Como uma instituição, assim, o casamento funciona em duas direções:

1. Para regular as relações sexuais pessoais.

2. Para regular a descendência, a herança, a sucessão e a ordem social; sendo esta a sua função mais antiga e original.

A família que cresce no matrimônio é, em si mesma, um estabilizador da instituição do casamento, junto com os costumes ligados às propriedades. Outros fatores poderosos para a estabilidade do matrimônio são orgulho, vaidade, cavalheirismo, dever e convicções religiosas. Todavia, conquanto os casamentos possam ser aprovados ou desaprovados do alto, dificilmente eles são feitos de cima, no céu. A família humana é uma instituição muito claramente humana, um desenvolvimento evolucionário. O matrimônio é uma instituição da sociedade, não um departamento para as igrejas. Bem verdade é que a religião deveria influenciá-lo poderosamente, mas não deveria encarregar-se, apenas e unicamente ela, de controlá-lo e regulá-lo.

O matrimônio primitivo foi industrial, primariamente; e, mesmo nos tempos modernos, é freqüentemente um assunto social ou de negócios. Por intermédio da influência da mistura do sangue andita e, em conseqüência dos costumes da civilização em aprimoramento, o matrimônio está-se tornando lentamente mútuo, romântico, paternal, poético, afetuoso, ético e até mesmo idealista. A seleção e o chamado amor romântico, contudo, eram mínimos no casamento primitivo. Durante as épocas primitivas, o marido e a esposa não conviviam juntos por muito tempo; nem mesmo comiam juntos com tanta freqüência. Entre os antigos, porém, o afeto pessoal não era ligado fortemente à atração sexual; passavam a gostar um do outro em grande parte porque viviam e trabalhavam juntos.

2. A CORTE E O NOIVADO

Os casamentos primitivos eram sempre planejados pelos pais do rapaz e da moça. O estágio de transição entre esse costume e os tempos da escolha livre foi ocupado pelos agentes matrimoniais, ou seja, os casamenteiros profissionais. A princípio tais casamenteiros foram os barbeiros; e, mais tarde os sacerdotes. O matrimônio, originalmente, era um assunto grupal; depois, uma questão de família; apenas recentemente tornou-se uma aventura individual.

A coerção, não a atração, foi o caminho de acesso ao matrimônio primitivo. Nos tempos primitivos, a mulher não sentia indiferença sexual; apenas a inferioridade sexual imposta pelos costumes. Assim como o saque precedeu ao comércio, o matrimônio pelo rapto precedeu ao matrimônio por contrato. Algumas mulheres eram coniventes com o rapto, para escapar à dominação dos homens mais idosos da própria tribo; preferiam cair nas mãos dos homens de outras tribos, mas da mesma idade delas. Essa falsa fuga foi o estágio de transição entre o rapto forçado e a subseqüente corte para a sedução.

O tipo primitivo de cerimônia de casamento foi como uma encenação de um rapto, uma espécie de ensaio de fuga que certa vez foi a prática comum. Mais tarde, o rapto simulado tornou-se uma parte da cerimônia normal de casamento. O fingimento de uma moça moderna de resistir ao "rapto" e de ser reticente, quanto ao casamento, é todo um remanescente dos costumes antigos. Carregar a mulher através do limiar da porta é uma reminiscência das inúmeras práticas antigas, entre outras, dos dias dos raptos de esposas.

Durante muito tempo, foi negada à mulher a plena liberdade de dispor de si própria no casamento, mas as mulheres mais inteligentes têm sido sempre capazes de contornar essa restrição, mediante o exercício sagaz da perspicácia. O homem comumente tem tomado a iniciativa da corte, mas nem sempre. A mulher, algumas vezes, tanto encoberta quanto abertamente, toma a iniciativa. E, à medida que a civilização tem progredido, as mulheres têm tido uma participação crescente em todas as fases da corte e do matrimônio.

O amor cada vez maior, o romance e a escolha pessoal na corte pré-marital são uma contribuição dos anditas às raças do mundo. As relações entre os sexos estão evoluindo favoravelmente; muitos povos em avanço estão gradativamente substituindo as motivações mais antigas, de utilidade e propriedade, pelo conceito, de algum modo idealizado, da atração sexual. O impulso sexual e os sentimentos de afeto estão começando a substituir o gélido calculismo na escolha dos parceiros.

O compromisso originalmente era equivalente ao matrimônio; e, em meio aos povos primitivos, as relações sexuais eram parte da convenção durante o compromisso. Em tempos mais recentes, a religião estabeleceu um tabu sexual para o período entre o compromisso e o matrimônio.

3. A COMPRA E O DOTE

Os antigos não confiavam no amor, nem nas promessas; julgavam que as uniões perduráveis deviam ser garantidas por alguma segurança tangível como a propriedade. Por essa razão, o preço de compra de uma noiva era considerado um penhor ou depósito que o marido se via condenado a perder, em caso de divórcio ou deserção. Uma vez pago o preço da compra de uma noiva, muitas tribos permitiam que a marca-a-ferro-quente do marido fosse cravada nela. Os africanos ainda compram as suas esposas. Uma esposa por amor, ou a esposa de um homem branco, eles a comparam a um gato, porque não custa nada.

As feiras de noivas eram ocasiões para vestir e ornar as filhas na exibição pública, com o fito de elevar os seus preços de esposas. Todavia, não eram vendidas como animais – entre as tribos mais recentes, a esposa não era transferível. Nem sempre a sua compra foi uma transação fria ligada ao dinheiro; o serviço era equivalente a dinheiro vivo, na compra de uma esposa. Se um candidato, desejável por outros motivos, não pudesse pagar pela sua esposa, poderia ser adotado como filho pelo pai da moça e então se casar. E, se um homem pobre buscasse uma esposa sem poder arcar com o preço, pedido por um pai ambicioso, os anciães da tribo freqüentemente faziam pressão para que o pai modificasse as suas exigências, ou então poderia haver uma fuga.

À medida que a civilização progrediu, os pais passaram a não gostar de parecer estarem vendendo as suas filhas, e assim, ainda que continuando a aceitar o preço de compra da noiva, deram início ao costume de dar aos noivos presentes valiosos que se igualavam quase ao preço da compra. E, com a descontinuidade posterior do pagamento pela noiva, esses presentes tornaram-se o seu dote.

O dote existia para dar a impressão de independência da noiva, para sugerir um grande avanço em relação aos tempos das esposas-escravas e das companheiras que eram uma propriedade. Um homem não poderia divorciar-se de uma esposa com dote sem que este fosse devolvido integralmente. Em meio a algumas tribos, um depósito mútuo era feito junto aos pais, tanto da noiva quanto do noivo, para ser resgatado no caso em que algum deles abandonasse o outro; na realidade, era um contrato de casamento. Durante o período de transição entre a compra e o dote, se a esposa fosse comprada, as crianças pertenciam ao pai; se não, pertenciam à família da esposa.

4. A CERIMÔNIA NUPCIAL

A cerimônia de casamento nasceu do fato de que o matrimônio era originalmente um assunto da comunidade, não uma simples culminância da decisão de dois indivíduos. O acasalamento era tanto uma preocupação do grupo quanto uma função pessoal.

A magia, o ritual e a cerimônia cercavam toda a vida dos antigos, e o matrimônio não era uma exceção. À medida que a civilização avançou e à medida que o matrimônio passou a ser considerado mais seriamente, a cerimônia de casamento tornou-se cada vez mais pretensiosa. O casamento primitivo tinha um papel no direito das propriedades, como o é hoje, e, portanto, exigia uma cerimônia legal; e o status social das crianças que adviessem, requeria a maior publicidade possível. O homem primitivo não tinha registros; a cerimônia do matrimônio devia, pois, ser testemunhada por muitas pessoas.

A princípio, a cerimônia de casamento era mais algo da ordem de um compromisso que consistia apenas na notificação pública da intenção de viver junto; mais tarde, consistiu em um compartilhar formal da comida. Em algumas tribos, os pais simplesmente levavam as suas filhas até o marido; em outros casos a única cerimônia era uma troca formal de presentes, depois da qual o pai da noiva a apresentaria ao noivo. Entre muitos povos levantinos, o costume era dispensar todas as formalidades e o matrimônio era consumado pelas relações sexuais. O homem vermelho foi o primeiro a desenvolver uma celebração mais elaborada dos matrimônios.

A infecundidade era bastante temida e, posto que a esterilidade fosse atribuída a maquinações do espírito, os esforços para assegurar a fecundidade também levaram à ligação do matrimônio a certos cerimoniais mágicos ou religiosos. E, nesse esforço para assegurar um matrimônio feliz e fértil, muitos amuletos foram empregados; até os astrólogos eram consultados para averiguar das estrelas sobre a fecundidade para as partes contratantes. Houve uma época em que o sacrifício humano era um traço regular de todos os casamentos entre as pessoas abastadas.

Os dias de sorte eram buscados. A quinta-feira era vista muito favoravelmente, e os casamentos celebrados na lua cheia eram considerados como excepcionalmente afortunados. Era costume de muitos povos do Oriente Próximo jogar grãos nos recém-casados; isso era um rito mágico para supostamente assegurar a fecundidade. Alguns povos orientais usavam o arroz para esse fim.

O fogo e a água foram sempre considerados os melhores meios de resistir aos fantasmas e aos maus espíritos; e daí os fogos no altar e as velas acesas estarem comumente em evidência nos matrimônios, tanto quanto a aspersão da água benta no batismo. Por um longo tempo, era costumeiro estabelecer um dia falso para o casamento e então adiar subitamente o evento, de modo a desviar os fantasmas e os espíritos.

As brincadeiras feitas com os recém-casados e as traquinagens da lua-de-mel são, todas elas, reminiscências daqueles dias longínquos em que se pensava ser melhor parecer infeliz e doente aos olhos dos espíritos, para evitar despertar neles a inveja. O uso do véu é uma reminiscência dos tempos em que era considerado necessário disfarçar a noiva para que os fantasmas não a pudessem reconhecer, e também para esconder a sua beleza do olhar fixo de outros espíritos que pudessem ficar ciumentos e invejosos. Os pés da noiva não deviam nunca tocar o chão, pouco antes da cerimônia. Mesmo no século vinte ainda é usual, sob os costumes cristãos, esticar tapetes do carro ao altar da igreja.

Uma das formas mais antigas da cerimônia de casamento era que um sacerdote abençoasse o leito nupcial para assegurar a fertilidade da união; isso já era feito muito antes de ser estabelecido qualquer ritual formal de casamento. Durante esse período, na evolução dos costumes do matrimônio, esperava-se que os convidados se enfileirassem no quarto nupcial à noite, constituindo-se assim as testemunhas legais da consumação do matrimônio.

O elemento de sorte que, a despeito de todos os testes pré-maritais, fazia com que alguns casamentos não tivessem êxito, levou o homem primitivo a buscar a proteção do seguro contra o fracasso no casamento; levou-o a sair em busca dos sacerdotes e da magia. E esse movimento culminou diretamente nos casamentos modernos nas igrejas. No entanto, por um longo período, o matrimônio foi reconhecido em geral como consistindo nas decisões dos pais que o contratavam – e, mais tarde, nas do casal –, enquanto nos últimos quinhentos anos a igreja e o estado assumiram a jurisdição e agora presumem fazer os pronunciamentos do matrimônio.

5. OS MATRIMÔNIOS PLURAIS

Na história inicial do matrimônio, as mulheres não casadas pertenciam aos homens da tribo. Mais tarde, uma mulher tinha apenas um marido por vez. Essa prática de *um homem por vez* foi o primeiro passo para escapar da promiscuidade da tribo. Se bem que não fosse permitido a uma mulher senão ter um homem, o seu marido poderia romper esse relacionamento temporário segundo a sua vontade. Todavia, essas ligações vagamente regulamentadas foram o primeiro passo no sentido de uma vida de casal, em contraste com a vida no rebanho. Nesse estágio do desenvolvimento do matrimônio, os filhos em geral pertenciam à mãe.

O próximo passo na evolução do acasalamento foi o *casamento grupal*. Essa fase comunitária do casamento teve de interpor-se ao desenvolvimento da vida familiar, porque os costumes do matrimônio não estavam ainda fortes o suficiente para fazer com que as ligações dos casais fossem permanentes. Os casamentos entre irmão e irmã pertenceram a esse grupo; cinco irmãos de uma família casar-se-iam com cinco irmãs de uma outra. Em todo o mundo, as formas mais vagas de casamentos comunitários gradualmente evoluíram para vários tipos de casamento grupal. E as associações grupais como tal eram amplamente regulamentadas pelos costumes do totem. A vida familiar desenvolveu-se lenta e seguramente, porque a regulamentação do sexo e do matrimônio favoreceu a sobrevivência da própria tribo, assegurando a sobrevivência de um maior número de crianças.

Os casamentos grupais gradativamente cederam caminho diante das práticas emergentes da poligamia – a poligenia e a poliandria – entre as tribos mais avançadas. A poliandria, porém, nunca foi geral, sendo limitada usualmente a rainhas e mulheres ricas; ademais, uma esposa para vários irmãos costumeiramente seria um assunto de família. As restrições de castas e de economia algumas vezes fizeram tornar-se necessário que vários homens se contentassem com uma esposa. Mesmo então a mulher casar-se-ia apenas com um deles, os outros sendo vagamente tolerados como "tios" da progênie conjunta.

O costume judeu exigindo que um homem se consorciasse à viúva do seu irmão falecido, com o propósito de "fazer crescer uma semente para o seu irmão", era um costume em mais da metade do mundo antigo. Essa era uma reminiscência do tempo em que o matrimônio era uma questão da família, mais do que uma ligação individual.

A instituição da poligenia reconheceu, em várias épocas, quatro espécies de esposas:

1. As esposas cerimoniais ou legais.
2. As esposas por afeição e permissão.
3. As concubinas, esposas contratuais.
4. As esposas escravas.

A verdadeira poligenia, na qual todas as esposas têm um status igual e todos os filhos são iguais, tem sido bastante rara. Geralmente, mesmo nos casamentos plurais, o lar seria dominado pela esposa principal, a companheira estatutária. Apenas ela teve as cerimônias das bodas rituais, e apenas os filhos dessa esposa comprada ou recebida, com um dote, poderiam ser os herdeiros, a menos que se fizesse um arranjo especial com a esposa estatutária.

A esposa estatutária não era necessariamente a esposa pelo amor; nos tempos primitivos, em geral, não era. A esposa amada, ou a mais querida, não apareceu até que as raças estivessem consideravelmente avançadas, mais particularmente depois da miscigenação das tribos evolucionárias com os noditas e os adamitas.

A esposa tabu – uma esposa de status legal – gerou os costumes do concubinato. Sob esses costumes, um homem poderia ter apenas uma esposa, mas poderia manter relações sexuais com qualquer número de concubinas. O concubinato foi o trampolim para a monogamia, o primeiro passo de afastamento da poligenia. As concubinas entre os judeus, os romanos e os chineses eram muito freqüentemente as servas da esposa. Mais tarde, como entre os judeus, a esposa legal era encarada como a mãe de todos os filhos nascidos do marido.

Os tabus antigos sobre as relações sexuais com uma esposa grávida ou em amamentação tiveram a tendência de fomentar grandemente a poligenia. As mulheres primitivas envelheciam muito cedo, por causa dos partos freqüentes e do trabalho pesado. (E, sobrearregadas, tais esposas conseguiam existir apenas em virtude do fato de que eram colocadas em isolamento durante uma semana por mês, quando não estivessem grávidas.) E a esposa freqüentemente ficava cansada de conceber filhos e pedia ao seu marido para tomar uma segunda esposa, mais jovem, e que fosse capaz de ajudar tanto na concepção de filhos quanto no trabalho doméstico. As novas esposas eram, pois, geralmente acolhidas com alegria pelas esposas mais velhas; nada existia que fosse da ordem do ciúme sexual.

O número de esposas era limitado apenas pela capacidade que o homem tinha de sustentá-las. Os homens abastados e capazes queriam um grande número de filhos e, posto que a mortalidade infantil fosse bem elevada, era necessário um grupo de esposas para ter-se uma grande família. Muitas dessas múltiplas esposas eram meras trabalhadoras, esposas escravas.

Os costumes humanos evoluem, mas muito lentamente. O propósito de um harém foi construir um corpo forte e numeroso de famílias de sangue, para ser o suporte do trono. Um certo chefe foi, certa vez, convencido de que não devia ter um harém, de que deveria contentar-se com uma só esposa e, assim, prontamente desfez o seu harém. As esposas insatisfeitas foram para as suas casas e os seus parentes ofendidos caíram irados em cima do chefe e mataram-no ali, no mesmo instante.

6. A VERDADEIRA MONOGAMIA – O MATRIMÔNIO DE UM CASAL

A monogamia é um monopólio; é boa para aqueles que alcançam esse estado de modo desejável, mas tende a impor uma privação biológica àqueles que não são tão afortunados. A despeito, porém, do efeito sobre o indivíduo, a monogamia é decididamente melhor para os filhos.

As primeiras monogamias foram devidas à força das circunstâncias, à pobreza. A monogamia é cultural e social, artificial e não natural, isto é, não-natural para o homem evolucionário. Foi inteiramente natural para os noditas e os adamitas mais puros e tem sido de grande valor cultural para todas as raças avançadas.

As tribos caldéias reconheciam o direito que a esposa tem de impor uma promessa pré-matrimonial, de que o seu esposo não tomaria uma segunda esposa ou concubina; os gregos e os romanos favoreceram o casamento monogâmico. A adoração dos ancestrais tem sempre fomentado a monogamia, como o tem o cristianismo, no seu equívoco de considerar o matrimônio como um sacramento. Mesmo a elevação do padrão de vida tem militado consistentemente contra a pluralidade de esposas. Na época do advento de Michael em Urântia, praticamente todo o mundo civilizado havia atingido o nível da monogamia teórica. Contudo, essa monogamia passiva não significou que a humanidade se tivesse tornado habituada à prática do matrimônio composto de um verdadeiro casal.

Ao perseguir o objetivo monogâmico daquele matrimônio ideal, constituído de um casal, o que é, afinal, algo como uma associação sexual monopolizadora, a sociedade não deve omitir-se sobre a situação não invejável daqueles homens e mulheres desafortunados que não conseguem encontrar um lugar nessa ordem social nova e melhor, ainda que havendo dado o melhor de si para cooperar com ela e corresponder aos seus requisitos. O fracasso em conseguir um companheiro na arena social da competição pode ser devido a dificuldades insuperáveis ou a múltiplas restrições que os costumes correntes tenham imposto. Verdadeiramente, a monogamia é ideal para aqueles que se mantêm nela, mas deve inevitavelmente representar uma grande dificuldade para aqueles que são deixados de fora, no frio da existência solitária.

Sempre uns poucos desafortunados tiveram que sofrer para que a maioria pudesse avançar sob o desenvolvimento dos costumes na civilização em evolução; mas a maioria favorecida deveria sempre encarar com ternura e consideração os seus semelhantes menos afortunados, que devem pagar o preço da impossibilidade de encontrar um lugar nas fileiras daquelas ligações sexuais ideais que permitem a satisfação de todos os seus impulsos biológicos; e sob a aprovação dos costumes mais elevados da evolução social adiantada.

A monogamia tem sido sempre, é agora, e para sempre será a meta idealista da evolução sexual humana. Esse ideal do verdadeiro matrimônio de um só par, compreende o auto-sacrifício e, portanto, tão freqüentemente fracassa exatamente porque uma ou ambas as partes contratantes são deficientes naquilo que é o ápice de todas as virtudes humanas: um autocontrole rigoroso.

A monogamia é a unidade de medida do avanço da civilização social, como pode ser diferenciada da evolução puramente biológica. A monogamia não é necessariamente biológica ou natural, mas é indispensável à manutenção imediata e ao desenvolvimento posterior da civilização social. Contribui para uma delicadeza de sentimentos, para um refinamento do caráter moral e para um crescimento espiritual, todos os quais completamente impossíveis na poligamia. Uma mulher nunca poderá tornar-se uma mãe ideal, quando, todo o tempo, fica obrigada a entrar em rivalidades na busca do afeto do seu marido.

O matrimônio que se restringe a um único par favorece e fomenta uma compreensão íntima e cooperação efetiva que são melhores para a felicidade dos pais, para o bem-estar dos filhos e para a eficiência social. O matrimônio iniciado na coerção crua está gradativamente evoluindo para uma magnífica instituição de autocultivo, autocontrole, auto-expressão e autoperpetuação.

7. A DISSOLUÇÃO DO VÍNCULO MATRIMONIAL

Na evolução inicial dos costumes maritais, o matrimônio foi uma união vaga que podia terminar à vontade, e os filhos sempre seguiam a mãe; pois os laços entre mãe e filho são instintivos e funcionam independentemente do estágio do desenvolvimento dos costumes.

Em meio aos povos primitivos, apenas cerca da metade dos casamentos mostrou-se satisfatória. A mais freqüente causa da separação era a esterilidade, sempre atribuída à esposa; e acreditava-se que as esposas sem filhos transformar-se-iam em cobras, no mundo do espírito. Sob os costumes mais primitivos, o divórcio era obtido por opção apenas do homem e esse padrão perdurou até o século vinte em meio a alguns povos.

À medida que evoluíram os costumes, algumas tribos desenvolveram duas formas de matrimônio: a comum, que permitia o divórcio; e o casamento sacerdotal, que não permitia a separação. A instauração da compra e do dote da esposa com a introdução de uma penalidade de propriedade, em caso de fracasso do matrimônio, em muito reduziu a separação. E, de fato, muitas uniões modernas são estabilizadas por esse antigo fator de propriedade.

A pressão social do status na comunidade e os privilégios de propriedade têm sempre sido fortes na manutenção dos costumes e tabus do matrimônio. Através das idades, o matrimônio fez um firme progresso e está em uma posição avançada no mundo moderno, não obstante haver sido atacado ameaçadoramente por uma insatisfação muito difundida entre aqueles povos para os quais a escolha individual – uma nova liberdade – afigura-se como mais importante. Ainda que esses transtornos no ajustamento surjam entre as raças mais progressistas, como resultado da evolução social subitamente acelerada entre os povos menos avançados, o matrimônio continua florescendo e aprimorando-se lentamente sob a orientação dos costumes mais antigos.

A nova e súbita substituição do motivo do amor, mais ideal, mas extremamente individualista, no matrimônio, em lugar do motivo da propriedade, mais antigo e mais estabelecido, levou a instituição do matrimônio a tornar-se, de forma inevitável, temporariamente instável. Os motivos do homem para o casamento têm, de longe, transcendido sempre à moral factual do matrimônio e, nos séculos dezenove e vinte, o ideal ocidental de matrimônio subitamente ultrapassou, em muito, os impulsos sexuais autocentrados das raças, mas autocontrolados sempre apenas parcialmente. A presença de um grande número de pessoas não casadas, em qualquer sociedade, indica uma ruptura temporária dos costumes ou uma transição deles.

A prova verdadeira para o matrimônio, ao longo de todas as idades, tem sido aquela intimidade contínua da qual nenhuma vida familiar pode escapar. Dois jovens, superprotegidos e estragados por mimos, educados na expectativa de todas as indulgências e gratificações plenas à sua vaidade e ao seu ego, dificilmente podem esperar um grande êxito no casamento e na edificação de um lar – uma associação vitalícia de auto-anulação, compromisso, devoção e dedicação altruísta à criação de filhos.

O alto grau de imaginação e romance fantástico que entra nos namoros é amplamente responsável pelas tendências crescentes ao divórcio entre os povos modernos ocidentais; e tudo isto ainda se torna mais complicado com o aumento da liberdade pessoal da mulher e sua liberdade econômica. O divórcio facilmente obtido, resultado da falta de autocontrole ou fracasso no ajuste normal entre as personalidades, apenas conduz diretamente de volta àqueles estágios rudes da sociedade dos quais, só muito recentemente, o homem emergiu, e como resultado de muita angústia pessoal e sofrimento racial.

Todavia, enquanto a sociedade falha em educar apropriadamente as crianças e os jovens, enquanto a ordem social deixa de prover a educação pré-marital adequada e enquanto o idealismo juvenil pouco sábio e imaturo for o árbitro para o ingresso no matrimônio, nessa mesma medida, o divórcio continuará prevalecendo. E, enquanto o grupo social deixar de prover a preparação dos jovens para o casamento, nessa extensão, o divórcio deverá funcionar como a válvula de segurança social a impedir situações ainda piores durante as idades do rápido avanço dos costumes em evolução.

Quer parecer que os antigos hajam levado o matrimônio tão a sério quanto alguns povos dos dias atuais o fazem. E não parece que muitos dos casamentos apressados e mal-sucedidos dos tempos modernos representem qualquer aperfeiçoamento das práticas antigas para qualificar os jovens rapazes e moças para o acasalamento. A grande inconsistência da sociedade moderna é exaltar o amor e idealizar o matrimônio, e ao mesmo tempo desaprovar um exame mais completo de ambos.

8. A IDEALIZAÇÃO DO MATRIMÔNIO

O matrimônio que culmina no lar é de fato a instituição mais elevada do homem. Contudo, sendo essencialmente humana, não deveria nunca ter sido considerada um sacramento. Os sacerdotes setitas fizeram do matrimônio um ritual religioso; mas, por milhares de anos, depois do Éden, o acasalamento continuou como uma instituição puramente social e civil.

A assimilação das ligações humanas às ligações divinas é bastante infeliz. A união de marido e esposa em um relacionamento matrimônio-lar é uma função material para os mortais dos mundos evolucionários. De fato, é verdade que muito progresso espiritual pode advir em conseqüência dos esforços humanos sinceros de marido e esposa, para progredir; mas isso não significa que o matrimônio seja necessariamente sagrado. O progresso espiritual acompanha o esforço sincero aplicado a outros campos da atividade humana.

Nem pode o matrimônio ser verdadeiramente comparado à relação do Ajustador com o homem, nem com a fraternidade entre Cristo Michael e os seus irmãos humanos. Em quase nenhum ponto, tais relações podem ser comparadas à associação entre marido e esposa. E é bastante impróprio que a concepção humana errônea desses relacionamentos haja gerado tanta confusão quanto ao status do matrimônio.

Também infeliz é que alguns grupos de mortais hajam concebido o matrimônio como sendo consumado pela ação divina. Tais crenças levam diretamente ao conceito da indissolubilidade do estado marital, independentemente das circunstâncias ou dos desejos das partes contratantes. Mas o fato mesmo da dissolução do casamento, por si, indica que a Deidade não é uma parte conjunta em tais uniões. Uma vez que Deus haja unido quaisquer duas coisas ou pessoas, elas permanecerão assim unidas até a época em que a vontade divina decrete uma separação. Todavia, no que concerne ao matrimônio, que é uma instituição humana, quem irá presumir julgar, e dizer, quais casamentos são as uniões que podem ser aprovadas pelos supervisores do universo e quais delas, ao contrário, são puramente humanas em natureza e origem?

Entretanto, existe um ideal de matrimônio nas esferas do alto. Na capital de cada sistema local, os Filhos e Filhas Materiais de Deus retratam o ponto máximo dos ideais da união, do homem com a mulher, nos laços do matrimônio, e com o propósito de procriar e educar uma progênie. Afinal, o matrimônio mortal ideal é *humanamente* sagrado.

O matrimônio sempre tem sido e ainda é o sonho supremo na idealidade temporal do homem. Embora esse belo sonho raramente seja realizado integralmente, permanece como um ideal glorioso, levando sempre a humanidade em progresso a esforços maiores na direção da felicidade humana. Contudo, alguma coisa das realidades do casamento deveria ser ensinada aos jovens rapazes e moças, antes que eles se lançassem nas exigências severas das interassociações da vida familiar; a idealização juvenil deveria ser temperada, em algum grau, pelas desilusões pré-maritais.

A idealização juvenil do matrimônio não deveria, contudo, ser desencorajada; tais sonhos são uma visualização da futura meta da vida familiar. Essa atitude não só é estimulante como se torna útil, desde que não produza uma insensibilidade à compreensão dos quesitos práticos e comuns do matrimônio e da vida familiar subseqüente.

Os ideais do matrimônio têm feito um grande progresso em tempos recentes; em meio a alguns povos, a mulher desfruta de direitos praticamente iguais aos do seu consorte. Em conceito, ao menos, a família está-se tornando uma parceria leal para criar a prole, acompanhada da fidelidade sexual. Todavia, mesmo essa versão mais nova do matrimônio não precisa presumir o ponto extremo de conferir o monopólio mútuo de toda a personalidade e individualidade. O matrimônio não é apenas um ideal individualista; é a parceria social, em evolução, entre um homem e uma mulher, existindo e funcionando sob os costumes em vigor, restringidos pelos tabus e compelidos pelas leis e regulamentações da sociedade.

Os matrimônios no século vinte estão em um nível alto em relação ao das idades passadas, não obstante a instituição do lar estar agora passando por uma prova séria, em função dos problemas tão subitamente jogados sobre a organização social, pelo aumento precipitado de liberdades da mulher, com direitos por tanto tempo a ela negados durante a evolução lenta dos costumes nas gerações passadas.

[Apresentado pelo Comandante dos Serafins estacionados em Urântia.]

DOCUMENTO 84

O MATRIMÔNIO E A VIDA FAMILIAR

A NECESSIDADE material fundou o matrimônio, o apetite sexual embelezou-o, a religião sancionou-o e exaltou-o, o estado exigiu-o e regulamentou-o; e em tempos mais recentes o amor evoluiu e começou até a justificar e glorificar o matrimônio como sendo o ancestral e o criador da instituição mais útil e sublime da civilização: o lar. A edificação do lar deveria, então, ser o centro e a essência de todo esforço educacional.

O acasalamento é, sobretudo, um ato de autoperpetuação associado a vários graus de autogratificação; o matrimônio, com a edificação do lar em grande parte é existe para automanutenção da espécie e implica a evolução da sociedade. A sociedade é, em si mesma, a estrutura que agrega as unidades familiares. Os indivíduos são muito temporários, como fatores planetários – são as famílias que promovem a continuidade da evolução social. A família é o canal através do qual flui o rio da cultura e do conhecimento, de uma geração a outra.

O lar é, basicamente, uma instituição sociológica. O matrimônio cresceu da cooperação para a automanutenção e da associação para a autoperpetuação; nele, o elemento da autogratificação é bastante incidental. Entretanto, o lar abrange todas as três funções essenciais da existência humana; enquanto a propagação da vida faz dele a instituição humana fundamental, e o sexo torna-o distinto de todas as outras atividades sociais.

1. AS ASSOCIAÇÕES PRIMITIVAS DOS CASAIS

O matrimônio não se baseou nas relações sexuais; elas foram incidentais a ele. O matrimônio não se fazia necessário ao homem primitivo, pois este dava ao apetite sexual um curso livre, sem incumbir-se das responsabilidades da esposa, dos filhos e do lar.

Em vista da ligação física e emocional com a sua prole, a mulher depende da cooperação do homem; e isso a levou a necessitar da proteção que é constituída no abrigo do matrimônio. Contudo, nenhuma necessidade biológica direta levou o homem ao matrimônio – e menos ainda o manteve nele. Não foi o amor que tornou o casamento atraente para o homem, mas a fome de alimento que primeiro atraiu o homem selvagem para a mulher e para o abrigo primitivo, compartilhado com os filhos dela.

O matrimônio não foi gerado nem mesmo pela tomada de consciência das obrigações das relações sexuais. O homem primitivo não compreendia a conexão entre a permissão dada ao sexo e o subseqüente nascimento de um filho. Outrora, uma crença universal era que uma virgem poderia engravidar-se. O selvagem concebeu muito cedo a idéia de que as crianças fossem geradas na terra dos espíritos; acreditava-se que a gravidez resultava de uma mulher recebendo um espírito, um fantasma em evolução. Acreditava-se que tanto a dieta quanto o mau-olhado fossem também capazes de levar uma virgem ou uma mulher solteira à gravidez, enquanto as crenças posteriores ligavam o começo da vida à respiração e à luz do sol.

Muitos povos primitivos associavam os fantasmas ao oceano e, por isso, as virgens eram muito restringidas nas suas práticas de banhos; as jovens mulheres tinham muito mais medo de banhos de mar, na maré alta, do que de ter relações sexuais. Bebês prematuros ou deformados eram considerados animaizinhos que encontraram entrada no corpo de uma mulher, em conseqüência de um banho descuidado ou por meio da atividade perversa de algum espírito. Os selvagens, evidentemente, não se importavam de estrangular essa prole no nascimento.

O primeiro passo de esclarecimento veio com a crença de que as relações sexuais abriam o caminho para o fantasma da gravidez entrar na mulher. Desde então, o homem descobriu que o pai e a mãe contribuem igualmente como fatores da herança da vida que inicia a progênie. Todavia, mesmo no século vinte, muitos pais ainda tentam manter os seus filhos em uma ignorância maior ou menor quanto à origem da vida humana.

Uma espécie simples de família ficava assegurada com o fato de que a função reprodutora requeria uma relação entre a mãe e o filho. O amor da mãe é instintivo; não se originou nos costumes, como o matrimônio. O amor maternal é, entre todos os mamíferos, um dom inerente dos espíritos ajudantes da mente do universo local e, em força e em devoção, é sempre diretamente proporcional à duração do período, na infância da espécie, em que a dependência total é mantida.

A relação entre a mãe e o filho é natural, forte, instintiva e, conseqüentemente, é tal que obriga as mulheres primitivas a submeterem-se a muitas condições estranhas e passarem por provas de uma severidade indescritível. Essa compulsão ao amor materno é a emoção limitadora que sempre tem colocado a mulher em uma desvantagem imensa em todas as suas lutas com o homem. Apesar disso, o instinto materno, na espécie humana, não é irresistível, pois pode ser contrariado pela ambição, pelo egoísmo e a convicção religiosa.

Ainda que a associação entre a mãe e o filho não seja nem o matrimônio, nem o lar, é o núcleo do qual ambos surgiram. O grande avanço na evolução do acasalamento adveio quando essas ligações temporárias duraram o suficiente para criar a progênie resultante, pois nisso estava a formação do lar.

Independentemente dos antagonismos desses casais primitivos e não obstante a inconsistência da ligação deles, as probabilidades de sobrevivência estavam já muito aumentadas por essas associações entre o homem e a mulher. Um homem e uma mulher em cooperação, ainda que fora da família e da progênie, são bastante superiores, em muitos sentidos, a dois homens ou a duas mulheres. Essa combinação dos sexos aumenta a sobrevivência e foi o começo mesmo da sociedade humana. A divisão do trabalho entre os sexos também colaborou para o conforto e para aumentar a felicidade.

2. O MATRIARCADO PRIMITIVO

A hemorragia periódica da mulher e a conseqüente perda de sangue no parto sugeriu, inicialmente, que o sangue seria o criador da criança (e mesmo o assento da alma) e deu origem ao conceito do vínculo sangüíneo nas relações humanas. Em épocas primitivas, toda a descendência era julgada pela linha feminina, sendo essa a única parte da herança que estava assegurada de qualquer maneira.

A família primitiva que surgia do vínculo sangüíneo biológico instintivo da mãe e do filho, inevitavelmente, era uma família matriarcal; e muitas tribos ativeram-se, por muito tempo, a essa organização. A família matriarcal foi a única transição possível do estágio do matrimônio grupal, na horda, para a vida do lar, posterior e melhorada, das famílias patriarcais poligâmicas e monogâmicas. A família matriarcal era natural e biológica; a família patriarcal é social, econômica e política. A persistência da família matriarcal entre os homens vermelhos da América do Norte é uma das razões principais pelas quais os iroqueses, progressistas em outras coisas, nunca se constituíram em um verdadeiro estado.

Sob os costumes da família matriarcal, a mãe da esposa desfrutava de uma autoridade virtualmente suprema no lar; mesmo os irmãos da esposa e os seus filhos eram mais ativos na supervisão da família do que o marido. Os pais, freqüentemente, recebiam um novo nome, o do seu próprio filho.

As raças mais primitivas atribuíram pouco crédito ao pai, considerando o filho como vindo apenas da mãe. Eles acreditavam que os filhos pareciam-se com o pai, em conseqüência da ligação, ou que eles tinham sido "marcados" desse modo, porque a mãe desejava que eles se parecessem com o pai. Mais tarde, quando se passou do matriarcado para o patriarcado, o pai recebia todo o crédito pelo filho, e muitos dos tabus sobre uma mulher grávida foram subseqüentemente estendidos, incluindo o seu marido. O pai em perspectiva parava de trabalhar quando se aproximava a época do parto e, no momento do nascimento, ia ele para a cama, junto com a esposa, permanecendo em resguardo de três a oito dias. A esposa podia levantar-se no dia seguinte e retomar o seu trabalho pesado, mas o marido permanecia na cama para receber os parabéns; e isso foi uma parte dos costumes primitivos destinados a estabelecer o direito que o pai tem ao filho.

A princípio, era costume que o homem fosse para a tribo da sua esposa, contudo, em tempos posteriores, depois que um homem houvesse pagado, ou trabalhado para pagar, o preço da esposa, ele podia levá-la e os filhos de volta ao seu próprio povo. A transição do matriarcalismo para o patriarcalismo explica as proibições, de outro modo sem significado, de alguns tipos de casamentos entre primos, enquanto outros, de parentesco igual, são aprovados.

Com o fim dos costumes dos caçadores, quando o pastoreio deu ao homem o controle do principal suprimento de alimento, o período matriarcal da família chegou rapidamente a um fim. E extinguiu-se, simplesmente porque não poderia, com êxito, competir com o recente patriarcado. O poder detido pelos homens, parentes da mãe, não podia competir com o poder concentrado no pai e marido. A mulher não estava à altura de fazer frente às tarefas conjuntas de criar os filhos e de exercer a autoridade contínua, com o poder doméstico cada vez maior. As práticas insurgentes do rapto e, em seguida, as da compra da esposa aceleraram o desaparecimento da família matriarcal.

A mudança prodigiosa do matriarcado para o patriarcado é um dos ajustes mais radicais e completos jamais exercidos pela raça humana. Essa mudança levou imediatamente a expressões sociais maiores e a uma aventura familiar mais ampla.

3. A FAMÍLIA, SOB O DOMÍNIO DO PAI

Ainda que o instinto da maternidade possa ter sido o que levou a mulher ao matrimônio, contudo, foi a maior força do homem, aliada à influência dos costumes, o que a obrigou virtualmente a permanecer na vida conjugal. A vida pastoral tinha tendência a criar um novo sistema de costumes, o tipo patriarcal de vida familiar; e, a base da unidade da família, sob os costumes dos pastores e dos primeiros agricultores, foi a autoridade inquestionável e arbitrária do pai. Toda a sociedade, seja nacional, seja familiar, passou pelo estágio da autoridade autocrática de ordem patriarcal.

A escassa cortesia dedicada às mulheres, durante a era do Antigo Testamento, é um reflexo verdadeiro dos costumes dos pastores. Os patriarcas hebreus eram todos pastores, como fica testemunhado com o ditado: "O Senhor é meu Pastor".

Mas não há que se culpar o homem, mais do que à mulher, pelo baixo conceito desta durante as idades passadas. Ela não conseguiu o reconhecimento social durante os tempos primitivos, porque não funcionava em uma emergência; ela não era um herói, nem era espetacular, durante uma crise. Na luta pela existência, a maternidade gerava uma incapacidade clara; o amor materno gerava uma desvantagem para as mulheres na defesa tribal.

As mulheres primitivas também criavam, não intencionalmente, a sua dependência do varão, por causa da admiração e do aplauso que davam à sua combatividade e virilidade. Essa exaltação do guerreiro glorificou o ego masculino, ao mesmo tempo desvalorizando o ego da mulher tornando-a mais dependente. Um uniforme militar ainda excita fortemente as emoções femininas.

Entre as raças mais avançadas, as mulheres não são tão grandes nem tão fortes quanto os homens. A mulher, sendo a mais fraca, adquiriu, portanto, mais tato; muito cedo aprendeu a negociar com os seus encantos sexuais. Tornou-se mais alerta e conservadora do que o homem, embora ligeiramente menos profunda. O homem era superior à mulher no campo de batalha e na caça; mas, em casa, geralmente, a mulher assumia o comando, mesmo entre os mais primitivos dos homens.

Os pastores contavam com os seus rebanhos para o sustento, mas, durante as eras pastorais, a mulher devia ainda prover o alimento vegetal. O homem primitivo fugia do trabalho com o solo; pois este era de todo por demais pacífico, pouco aventuresco. E também havia uma velha superstição de que as mulheres cultivavam as melhores plantas; elas eram mães. Em várias tribos retrógradas de hoje, os homens cozinham a carne e as mulheres os vegetais e, quando as tribos primitivas da Austrália estão em deslocamento, mulheres nunca vão à caça e um homem nunca pára para extrair uma raiz.

A mulher sempre teve de trabalhar; ao menos até os tempos modernos, ela tem sido uma verdadeira produtora. O homem, em geral, escolheu o caminho mais fácil; e essa desigualdade tem existido durante toda a história da raça humana. A mulher tem sempre sido a besta de carga, carregando as propriedades da família e atendendo aos filhos, deixando assim as mãos dos homens livres para lutar e caçar.

A primeira liberação da mulher veio quando o homem consentiu em cultivar o solo, concordando em fazer aquilo que até então havia sido considerado o trabalho das mulheres. Um grande passo à frente foi dado quando se deixou de matar prisioneiros masculinos, passando-se a escravizá-los como agricultores. Isso trouxe a liberação da mulher, de um modo tal que ela podia devotar mais do seu tempo às coisas do lar e à educação dos filhos.

A provisão do leite para os pequenos levou a um desmame mais precoce dos bebês e, conseqüentemente, as mães, algumas vezes livres da sua esterilidade temporária, podiam ser levadas à concepção de mais filhos, ao mesmo tempo em que o uso do leite das vacas e das cabras reduziu, em grande parte, a mortalidade infantil. Antes da era pastoral da sociedade, as mães mantinham o hábito de amamentar os seus filhos até os quatro ou cinco anos de idade.

A redução da freqüência das guerras primitivas diminuiu em muito a disparidade na divisão do trabalho baseada no sexo. As mulheres, entretanto, ainda tinham de fazer os trabalhos verdadeiros, enquanto o homem cuidava das tarefas temporárias. Nenhum campo ou vilarejo podia ser deixado sem guarda dia e noite; contudo, mesmo essa tarefa foi aliviada pela domesticação do cão. Em geral, o advento da agricultura aumentou o prestígio da mulher e a sua posição social; ou ao menos isso foi verdadeiro até a época em que o próprio homem se tornou um agricultor. E, tão logo o homem dedicou-se ao cultivo do solo, imediatamente seguiram-se grandes aperfeiçoamentos nos métodos da agricultura, que perduraram por sucessivas gerações. Na caça e na guerra, o homem tinha aprendido a valorizar a organização e introduziu essas técnicas na indústria e, mais tarde, ao assumir muitos dos trabalhos das mulheres, aperfeiçoou, em muito, os métodos desregrados nos trabalhos feitos por elas.

4. O STATUS DA MULHER NA SOCIEDADE PRIMITIVA

Em geral, o status da mulher em qualquer idade mostra bem a medida do progresso evolucionário do matrimônio enquanto instituição social e, nessa mesma medida, o progresso do matrimônio em si é uma forma razoavelmente acurada de registro dos avanços da civilização humana.

O status da mulher tem sempre sido um paradoxo social; ela tem sempre sido uma manipuladora astuta dos homens; tem sempre capitalizado o instinto sexual mais forte do homem, segundo os seus próprios interesses e para o seu próprio avanço. Ao valorizar sutilmente os próprios encantos sexuais, tem sido capaz de exercer freqüentemente um poder dominador sobre o homem, mesmo quando mantida por ele sob uma abjeta escravidão.

A mulher primitiva não era uma amiga para o homem, nem um amor, uma amante ou uma parceira; antes era um objeto de propriedade, uma serva ou uma escrava e, mais tarde, uma sócia econômica, um brinquedo e uma geradora de filhos. Entretanto, relações sexuais convenientes e satisfatórias sempre envolveram o elemento de escolha e cooperação da parte da mulher, e isso tem sempre dado às mulheres inteligentes uma influência considerável na sua posição pessoal verdadeira, a despeito da posição social do seu sexo. Mas a desconfiança masculina e a suspeita não foram aliviadas pelo fato de que as mulheres foram sempre obrigadas a recorrer à esperteza, nos seus esforços para minorar a própria escravidão.

Os sexos têm tido grandes dificuldades para compreenderem um ao outro. O homem acha difícil compreender a mulher, considerando-a com uma mistura estranha de desconfiança ignorante e de fascinação amedrontada, na suspeita e no desprezo. Muitas tradições tribais e raciais remontam os problemas a Eva, a Pandora, ou a outra representante da feminilidade. E tais narrativas foram sempre distorcidas de modo a fazer parecer que a mulher trouxe o mal ao homem; e tudo isso indica que a desconfiança que se teve da mulher já deve ter sido universal. Entre as razões citadas para sustentar-se um sacerdócio celibatário, a principal foi a baixeza da mulher. O fato de que as supostas bruxas, na sua maioria, eram mulheres, não melhora a antiga reputação desse sexo.

Os homens têm, há muito, considerado as mulheres como peculiares, anormais mesmo. Eles acreditaram até que as mulheres não tivessem almas; e por isso lhes era negado ter nomes. Durante os tempos primitivos existiu um grande medo da primeira relação sexual com uma mulher. Por essa razão, tornou-se costume que um sacerdote tivesse a primeira relação com uma virgem. Até mesmo a sombra de uma mulher era considerada perigosa.

Outrora, considerava-se em geral que a gravidez tornava a mulher perigosa e impura. E muitos costumes tribais ditavam que a mãe devia passar por longas cerimônias de purificação depois do nascimento de um filho. Exceto em grupos nos quais o marido participava do parto, permanecendo deitado, a mãe grávida era evitada e deixada a sós. Os antigos evitavam mesmo que a criança nascesse na casa. Finalmente, foi permitido que as mulheres mais velhas ajudassem a mãe durante o trabalho de parto; e essa prática deu origem à profissão de parteira. Durante as dores, falava-se e fazia-se um punhado de coisas tolas, no esforço de facilitar o parto. Era costume aspergir água benta no recém-nascido, para impedir a interferência de fantasmas.

Em meio às tribos não miscigenadas, o nascimento de um filho era relativamente simples, tomando apenas duas ou três horas; raramente é tão simples assim, nas raças miscigenadas. Se uma mulher morria no parto, especialmente durante o parto de gêmeos, acreditava-se que ela teria sido culpada de adultério espiritual. Mais tarde, as tribos mais elevadas encaravam a morte no parto como sendo uma vontade do céu; tais mães eram consideradas como tendo perecido por uma causa nobre.

A chamada modéstia das mulheres para vestir-se, evitando mostrar o seu corpo, surgiu do medo mortal de ser observada, durante o período menstrual. Ser surpreendida nesse estado era um pecado grave, era a violação de um tabu. Sob os costumes dos tempos antigos, toda mulher, desde a adolescência até o fim de um período de gravidez, estava sujeita à completa quarentena familiar e social, por uma semana inteira a cada mês. Tudo em que ela tocasse, se assentasse ou sobre a qual deitasse ficava "maculado". Por muito tempo, foi costume bater brutalmente em uma menina depois de cada período mensal, no esforço para tirar o espírito impuro do seu corpo. Todavia, quando uma mulher passava da idade da concepção, geralmente, era tratada com mais consideração, sendo-lhe atribuídos maiores direitos e privilégios. Por causa de tudo isso, não era estranho que as mulheres fossem menosprezadas. Mesmo os gregos tinham a mulher na menstruação como uma das três grandes causas de impureza, as outras duas eram a carne de porco e o alho.

Por mais tolas que essas noções antigas fossem, algum bem elas traziam ao dar às mulheres extenuadas, ao menos enquanto eram jovens, uma semana a cada mês de um descanso bem-vindo e de meditação proveitosa. Assim, elas podiam afiar a sua sabedoria para lidar com os seus companheiros masculinos, no restante do tempo. Essa quarentena das mulheres também protegia os homens de caírem nos excessos sexuais; e isso contribuía, indiretamente, para a restrição da população e para aumentar o autocontrole.

Um grande avanço foi feito quando foi negado ao homem o direito de matar a sua esposa segundo fosse da sua vontade. Do mesmo modo, um passo à frente foi dado quando foi permitido à mulher possuir os presentes de casamento. Mais tarde ela ganhou o direito legal de possuir, controlar e mesmo dispor da propriedade; mas, durante muito tempo, permaneceu despojada do direito de ter um posto, fosse na igreja, fosse no estado. A mulher tem sido sempre tratada mais ou menos como uma propriedade, até o século vinte depois de Cristo, e mesmo nele. Ela ainda não conseguiu liberar-se, em escala mundial, de estar em reclusão e sob o controle do homem. Mesmo em meio a povos avançados, até mesmo as tentativas do homem de proteger a mulher têm sempre sido uma afirmação tácita de superioridade.

As mulheres primitivas, todavia, não tinham piedade de si próprias, como as suas irmãs mais recentemente liberadas habituaram-se a ter. Elas eram, afinal, relativamente felizes e contentes; e não ousavam visualizar um modo melhor ou diferente de existir.

5. A MULHER, SOB OS COSTUMES EM DESENVOLVIMENTO

Para a autoperpetuação a mulher é igual ao homem, mas, na parceria da automanutenção, ela trabalha com uma desvantagem clara; e esse obstáculo, da maternidade forçada, apenas pode ser compensado sob costumes esclarecidos, em uma civilização adiantada, e pelo senso crescente de justiça do homem.

À medida que a sociedade evoluiu, os padrões sexuais tornaram-se mais importantes entre as mulheres, porque elas sofreram mais as conseqüências da transgressão dos costumes sexuais. Os padrões sexuais do homem melhoraram apenas tardiamente, em conseqüência do simples senso de justiça que a civilização demanda. A natureza nada sabe sobre a justiça – faz a mulher sofrer sozinha as dores do parto.

A idéia moderna da igualdade dos sexos é bela e digna de uma civilização em progresso, mas não é encontrada na natureza. Quando uma força gera o seu próprio direito, o homem a impõe à mulher; quando a justiça, a paz e a eqüidade mais prevalecem, a mulher emerge gradualmente da escravidão e da obscuridade. A sua posição social tem variado, em geral, de modo inverso ao do nível de militarização de qualquer nação ou época.

O homem, todavia, nem consciente, nem intencionalmente, tirou os direitos da mulher para, então, gradual e relutantemente, dá-los de volta a ela. Tudo isso aconteceu como um episódio inconsciente e não planejado na evolução social. Quando chegou, realmente, a época de a mulher desfrutar de mais direitos, ela os obteve, e de um modo totalmente independente da atitude consciente do homem. Lenta, mas seguramente, os costumes mudam, de modo a prover os ajustamentos sociais que constituem uma parte da evolução persistente da civilização. Lentamente, os costumes em avanço proporcionaram às mulheres um tratamento cada vez melhor; as tribos que persistiram na crueldade para com elas não sobreviveram.

Os adamitas e os noditas conferiam às mulheres um reconhecimento crescente, e os grupos que eram influenciados pelos anditas migrantes tinham a tendência de serem influenciados pelos ensinamentos edênicos sobre o lugar da mulher na sociedade.

Os chineses primitivos e os gregos tratavam as mulheres melhor do que a maioria dos povos vizinhos. Mas os hebreus eram excessivamente desconfiados delas. A mulher, no Ocidente, tem tido uma ascensão difícil sob as doutrinas de Paulo, ligadas ao cristianismo, embora o cristianismo haja avançado com os costumes ao impor obrigações sexuais mais estritas ao homem. O estado da mulher é quase desesperador, sob a degradação peculiar ligada a elas no maometismo; e é ainda mais maltratada sob os ensinamentos de várias outras religiões orientais.

A ciência, não a religião, realmente emancipou a mulher; foi a fábrica moderna que a libertou amplamente dos confins do lar. As capacidades físicas do homem deixaram de ser um elemento vital essencial para o novo mecanismo de manutenção; e a ciência mudou de tal modo as condições da sua vida, que o poder do homem nunca mais seria tão superior ao poder da mulher.

Essas mudanças tiveram a tendência de liberar a mulher da escravidão doméstica e trouxeram uma tal modificação de status que agora ela desfruta de um grau de liberdade pessoal e de determinação sexual que praticamente a iguala ao homem. Outrora, o valor de uma mulher consistia na sua capacidade de produzir alimento, mas as invenções e a riqueza capacitaram-na para criar um novo mundo no qual funcionar – as esferas da graça e do encanto. Assim, a indústria ganhou a sua luta inconsciente e involuntária na emancipação social e econômica da mulher. E novamente a evolução teve êxito em efetivar o que nem mesmo a revelação conseguiu realizar.

A reação dos povos esclarecidos contra os costumes injustos que regulamentaram sobre o lugar da mulher na sociedade, de fato, tem tido os seus extremos, e tem oscilado, como o movimento de um pêndulo. Entre as raças industrializadas, ela tem recebido quase todos os direitos e desfruta da isenção de muitas obrigações, tais como o serviço militar. Cada facilidade na luta pela existência tem redundado na libertação da mulher; e ela tem-se beneficiado diretamente em cada avanço em direção da monogamia. O mais fraco sempre teve ganhos desproporcionais em cada ajuste de costumes, na evolução progressiva da sociedade.

Quanto aos ideais do casamento constituído de um casal único, a mulher finalmente ganhou o reconhecimento, a dignidade, a independência, a igualdade e a educação; todavia, será que ela se demonstrará digna de toda essa conquista nova e sem precedentes? Responderá, a mulher moderna, a essa grande realização de libertação social com a indolência, a indiferença, a esterilidade e a infidelidade? Hoje, no século vinte, a mulher está sendo submetida ao teste mais crucial da sua longa existência no mundo!

A mulher é a parceira igual do homem na reprodução racial, sendo, pois, de suma importância no desenvolvimento da evolução racial; por isso a evolução tem trabalhado cada vez mais para a realização dos direitos da mulher. Mas os direitos da mulher não são, de nenhum modo, os direitos do homem. A mulher não pode prosperar, tendo os direitos dos homens, mais do que o homem pode prosperar desfrutando dos direitos das mulheres.

Cada sexo tem o seu próprio âmbito distinto de existência, junto com os seus próprios direitos nesse âmbito. Se a mulher aspira a desfrutar literalmente de todos os direitos do homem, então, mais cedo ou mais tarde, uma competição fria e sem piedade certamente substituirá o cavalheirismo e a consideração especial de que muitas mulheres agora desfrutam, e que tão recentemente ganharam dos homens.

A civilização nunca pode obliterar o abismo de comportamento existente entre os sexos. De idade em idade, os costumes mudam, mas o instinto, não. A afeição materna inata nunca permitirá que a mulher emancipada se torne uma rival séria do homem na indústria. Para sempre, cada sexo permanecerá supremo no seu próprio domínio; domínio este determinado pela diferenciação biológica e pela dessemelhança mental.

Cada sexo terá sempre a sua própria esfera especial, e, de quando em quando, ambos sobrepor-se-ão. Apenas socialmente homens e mulheres competem em termos de igualdade.

6. A PARCERIA DO HOMEM COM A MULHER

O impulso da reprodução leva infalivelmente homens e mulheres a unirem-se para a autoperpetuação; todavia, por si só, isso não assegura que permaneçam juntos, em cooperação mútua – na fundação de um lar.

Todas as instituições humanas de êxito abrangem antagonismos de interesse pessoal, ajustados na harmonia da prática do trabalho; e os trabalhos de casa não são exceção. O matrimônio, a base da edificação do lar, é a mais alta manifestação dessa cooperação entre antagonistas, que tão freqüentemente caracteriza os contatos da natureza e da sociedade. O conflito é inevitável. O acasalamento é inerente e natural. O matrimônio, contudo, não é biológico; é sociológico. A paixão assegura que homem e mulher se reúnam, mas o instinto, menos forte, da paternidade e os costumes sociais mantêm-nos juntos.

Se considerados, na prática, o macho e a fêmea são duas variedades distintas da mesma espécie; vivendo em associação próxima e íntima. Os seus pontos de vista e reações vitais são todos essencialmente diferentes; eles são totalmente incapazes de uma compreensão mútua, plena e real. Um entendimento completo entre os sexos não é alcançável.

As mulheres parecem ter mais intuição do que os homens, mas também demonstram ser um tanto menos lógicas. A mulher, contudo, tem sempre sido o esteio moral e tem tido a liderança espiritual da humanidade. É a mão que embala o berço e que ainda confraterniza com o destino.

As diferenças de natureza, reação, ponto de vista e pensamento, entre homens e mulheres, longe de ocasionar preocupação, deveriam ser consideradas como altamente benéficas à humanidade, tanto individual quanto coletivamente. Muitas ordens de criaturas do universo são criadas em fases duais de manifestação de personalidade. Essa diferença é descrita como o macho e a fêmea, entre os mortais, os Filhos Materiais e os midsonitas; entre os serafins, os querubins e os Companheiros Moronciais, tem sido denominada positiva ou ativa, e negativa ou reservada. Tais associações duais multiplicam grandemente a versatilidade e superam limitações inerentes, como o fazem algumas associações trinas no sistema Paraíso-Havona.

Homens e mulheres necessitam uns dos outros, nas suas carreiras moronciais e espirituais, exatamente como nas suas carreiras mortais. As diferenças de ponto de vista entre o macho e a fêmea perduram mesmo além da primeira vida e durante as ascensões do universo local e do superuniverso. E, mesmo em Havona, os peregrinos que uma vez foram homens e mulheres ainda estarão ajudando-se mutuamente na ascensão até o Paraíso. Nunca, mesmo no Corpo de Finalidade, a criatura irá metamorfosear-se tanto, a ponto de obliterar os traços de personalidade que os humanos chamam de masculinos e femininos; sempre essas duas variações básicas da humanidade continuarão a intrigar, estimular, encorajar e ajudar-se mutuamente; sempre serão mutuamente dependentes da cooperação para a solução dos problemas desconcertantes do universo e a superação das múltiplas dificuldades cósmicas.

Embora os sexos nunca possam esperar entender-se mutuamente, eles são efetivamente complementares e, embora a cooperação seja com freqüência mais ou menos antagônica pessoalmente, ela é capaz de manter e de reproduzir a sociedade. O matrimônio é uma instituição destinada a compor as diferenças dos sexos, ao mesmo tempo em que efetua a continuação da civilização e assegura a reprodução da raça.

O matrimônio é a mãe de todas as instituições humanas, pois conduz diretamente à fundação e manutenção do lar, que é a base estrutural da sociedade. A família está vitalmente ligada ao mecanismo da autopreservação; é a única esperança de perpetuação da raça sob os costumes da civilização e ao mesmo tempo provê, de modo bastante eficaz, algumas formas de autogratificação suficientemente satisfatórias. A família é a mais elevada realização puramente humana, combinando, como o faz, a evolução das relações biológicas de macho e fêmea nas relações sociais entre o marido e a esposa.

7. OS IDEAIS DA VIDA FAMILIAR

O acasalamento sexual é instintivo, os filhos são o resultado natural e, assim, a família automaticamente vem à existência. Tais como são as famílias da raça ou nação, assim é a sociedade. Se as famílias são boas, do mesmo modo a sociedade o é. A grande estabilidade cultural do povo judeu e dos chineses repousa na força dos seus grupos familiares.

O instinto que a mulher tem de amar as crianças, e de cuidar delas, conspirou para fazer da mulher a parte interessada em promover o casamento e a vida familiar primitiva. O homem foi forçado à edificação do lar apenas pela pressão dos costumes mais recentes e das convenções sociais; e demorou a interessar-se pelo estabelecimento do matrimônio e do lar, porque o ato sexual não lhe impõe conseqüências biológicas.

A associação sexual é natural, mas o matrimônio é social, e tem sido sempre regulado pelos costumes. Os costumes (religiosos, morais e éticos), junto com a propriedade, o orgulho e o cavalheirismo, estabilizam as instituições do matrimônio e da família. Sempre que os costumes flutuam, há uma flutuação na estabilidade da instituição do lar-matrimônio. O matrimônio está atualmente passando da era da propriedade para a era pessoal. Anteriormente, o homem protegia a mulher porque esta era uma posse sua, e ela lhe obedecia pela mesma razão. Independentemente dos seus méritos, esse sistema trouxe a estabilidade. Agora, a mulher não mais é encarada como uma propriedade, e estão emergindo novos costumes, destinados a estabilizar a instituição do matrimônio-lar:

1. O novo papel da religião – no ensinamento de que a experiência de progenitores é essencial, vem a idéia de procriar cidadãos cósmicos, a compreensão ampliada do privilégio da procriação – de dar filhos ao Pai.

2. O novo papel da ciência – a procriação está tornando-se mais e mais voluntária, sujeita ao controle do homem. Nos tempos antigos, a falta de compreensão assegurava o aparecimento de filhos, na ausência de qualquer desejo de tê-los.

3. A nova função das atrações do prazer – isso introduz um novo fator à sobrevivência racial; o homem antigo levava os filhos não desejados à morte; os modernos recusam-se a concebê-los.

4. A elevação do instinto de paternidade. Cada geração agora tende a eliminar, da corrente de reprodução da raça, aqueles indivíduos para os quais o instinto paternal não é forte o suficiente para assegurar a procriação dos filhos, os pais prospectivos da geração seguinte.

Contudo, o lar como uma instituição, uma parceria entre um homem e uma mulher, data mais especificamente dos dias da Dalamátia, de há cerca de meio milhão de anos; as práticas monogâmicas de Andon e dos seus descendentes imediatos haviam sido abandonadas tempos atrás. Contudo, não havia muito para se orgulhar da vida familiar, antes dos dias dos noditas e dos posteriores adamitas. Adão e Eva exerceram uma influência duradoura sobre toda a humanidade; pela primeira vez, na história do mundo, homens e mulheres foram vistos trabalhando lado a lado no Jardim. O ideal Edênico de toda uma família de jardineiros era um novo ideal em Urântia.

A família primitiva englobava um grupo ligado pelo trabalho, incluindo os escravos, todos morando em uma única habitação. O matrimônio e a vida familiar não têm sempre sido idênticos, mas, por necessidade, ambos têm estado estreitamente relacionados. A mulher sempre quis a família individualizada e, finalmente, ganhou o caminho para tanto.

O amor da progênie é quase universal e tem um valor especial para a sobrevivência. Os antigos sempre sacrificavam os interesses da mãe pelo bem-estar do filho; uma mãe esquimó, ainda hoje, lambe o seu bebê, em vez de lavá-lo. As mães primitivas, contudo, apenas nutriam e cuidavam dos seus filhos enquanto ainda muito jovens e, como os animais, descartavam-se deles tão logo cresciam. As ligações humanas duradouras e contínuas nunca têm sido baseadas apenas em afetos biológicos. Os animais amam os seus filhos; o homem – o homem civilizado – ama os filhos dos seus filhos. Quanto mais elevada for a civilização, maior o contentamento dos pais com o progresso e o êxito dos filhos; assim, vem à existência a realização nova e mais elevada do orgulho do *nome*.

As famílias grandes, entre os povos antigos, não eram necessariamente sentimentais. Ter muitos filhos era uma coisa desejada, porque:

1. Eles eram valiosos como trabalhadores.
2. Os filhos eram a segurança para a velhice.
3. As filhas eram vendáveis.

4. O orgulho da família exigia que o nome fosse expandido.

5. Os filhos proporcionavam proteção e defesa.

6. O medo dos fantasmas gerava o pavor da solidão.

7. Algumas religiões exigiam uma progênie.

Os adoradores dos ancestrais viam a ausência de filhos como a calamidade suprema para todo o tempo e para a eternidade. Eles desejavam, acima de tudo o mais, ter filhos que oficiassem nas festas depois da morte, para oferecerem os sacrifícios exigidos pelo progresso dos fantasmas na terra dos espíritos.

Em meio aos selvagens antigos, a disciplina dos filhos começava muito cedo; e cedo também a criança compreendia que a desobediência significava o fracasso, ou mesmo a morte, exatamente como acontecia aos animais. É a proteção que a civilização dá à criança, contra as conseqüências naturais de uma conduta tola, que contribui tanto para a insubordinação moderna.

As crianças esquimós progridem com tão pouca disciplina e correções, simplesmente porque são naturalmente como animaizinhos dóceis; os filhos, tanto dos homens vermelhos quanto dos amarelos, são igualmente fáceis. Todavia, nas raças que contêm herança andita, as crianças não são tão plácidas; tais jovens mais imaginativos e aventureiros exigem mais educação e disciplina. Os problemas modernos da educação das crianças tornaram-se crescentemente difíceis, por causa de:

1. Um grande grau de mistura racial.

2. Uma educação artificial e superficial.

3. A incapacidade de a criança adquirir cultura imitando os pais – os pais ficavam ausentes do convívio da família por muito tempo.

As idéias antigas de disciplina familiar eram biológicas, vinham da compreensão de que os pais eram os criadores da existência da criança. Os ideais avançados da vida familiar estão levando ao conceito de que trazer uma criança ao mundo, em vez de conferir certos direitos aos pais, implica a responsabilidade suprema da existência humana.

A civilização considera que os pais assumam todos os deveres, a criança possuindo todos os direitos. O respeito da criança pelos seus pais surge, não do conhecimento da obrigação que é gerada pela procriação parental, mas cresce naturalmente, como resultado dos cuidados, da educação e do afeto, demonstrados amorosamente na assistência dada à criança para vencer a batalha da vida. Os verdadeiros pais estão empenhados em uma ministração de serviço contínua, que a criança sábia acaba por reconhecer e apreciar.

Na era industrial e urbana atual, a instituição do matrimônio está evoluindo ao longo de linhas econômicas novas. A vida familiar tornou-se cada vez mais cara, enquanto as crianças, que outrora eram um ativo financeiro, passaram a ser uma responsabilidade econômica. Contudo, a segurança da própria civilização ainda repousa na disposição crescente que uma geração tem de investir no bem-estar das próximas e futuras gerações. E qualquer tentativa de transferir a responsabilidade dos pais para o estado ou para a igreja revelar-se-á suicida para o bem-estar e o avanço da civilização.

O matrimônio com filhos e a conseqüente vida familiar estimulam os potenciais mais elevados na natureza humana e, simultaneamente, fornecem a via ideal de expressão desses atributos vivificados da personalidade mortal. A família provê a perpetuação biológica da espécie humana. O lar é a arena social natural em que a ética da irmandade consangüínea pode ser compreendida pela criança em crescimento. A família é a unidade fundamental da fraternidade, na qual os pais e os filhos aprendem as lições da paciência, altruísmo, tolerância e indulgência, tão essenciais à realização da irmandade entre todos os homens.

A sociedade humana em muito seria aperfeiçoada caso as raças civilizadas retornassem de um modo mais geral às práticas anditas de um conselho familiar. Os anditas não mantinham a forma patriarcal ou autocrática de governo familiar. Eles eram bastante fraternos e associativos, discutindo livre e francamente qualquer proposta ou regulamentação de natureza familiar. E eram fraternais de um modo ideal, em todo o seu governo familiar. Numa família ideal os afetos filial e paternal são aumentados pela devoção fraterna.

A vida familiar é progenitora da verdadeira moralidade, é o ancestral da consciência da lealdade ao dever. As associações forçadas da vida familiar estabilizam a personalidade e estimulam o seu crescimento por meio da obrigação de um ajuste indispensável às personalidades outras e diversas. E ainda mais, uma verdadeira família – uma boa família – revela aos pais procriadores a atitude do Criador para com os seus filhos, ao mesmo tempo em que esses verdadeiros pais transmitem aos seus filhos a primeira de uma longa série de revelações ascendentes do amor do Pai, do Paraíso, de todos os filhos do universo.

8. OS PERIGOS DA AUTOGRATIFICAÇÃO

A grande ameaça contra a vida familiar é a inquietante maré montante de autogratificação, a mania moderna do prazer. O incentivo primordial ao matrimônio costumava ser econômico; a atração sexual era secundária. O matrimônio, baseado na automanutenção, conduziu à autopreservação e, concomitantemente, trouxe uma das formas mais desejáveis de autogratificação. É a única instituição da sociedade humana que engloba todos os três grandes incentivos da vida.

Originalmente, a propriedade era a instituição básica da automanutenção, enquanto o matrimônio funcionava como a singular instituição de autoperpetuação. Apesar de a satisfação trazida pela comida, jogos e humor, e o deleite do sexo periódico, serem todos meios de autogratificação, continua sendo um fato que os costumes em evolução hajam fracassado em edificar qualquer outra instituição de autogratificação. E é devido a tal fracasso, de fazer evoluir técnicas especializadas de desfrutes agradáveis, que todas as instituições humanas estão completamente impregnadas dessa busca do prazer. A acumulação de propriedades está-se tornando um instrumento para aumentar todas as formas de autogratificação e, ao mesmo tempo, o matrimônio muitas vezes é visto apenas como um meio para o prazer. E essa indulgência excessiva, essa mania de prazer, tão amplamente disseminada, constitui hoje a maior ameaça jamais dirigida à instituição evolucionária social da vida familiar: o lar.

A raça violeta introduziu uma característica nova na experiência ainda imperfeitamente realizada da humanidade: o instinto lúdico, combinado ao senso de humor. Entre os sangiques e os andonitas ele existia, em uma certa medida; mas a linhagem Adâmica elevou essa propensão primitiva ao auge do *potencial do prazer*, uma nova e glorificada forma de autogratificação. O tipo básico de autogratificação, afora o apaziguamento da fome, é a gratificação sexual, e essa forma de prazer sensual foi enormemente elevada com a mistura de sangiques e anditas.

Há um perigo real na combinação da inquietação, da curiosidade, da aventura e do abandono ao prazer, característicos das raças pós-anditas. A fome da alma não pode ser satisfeita por meio dos prazeres físicos; o amor do lar e das crianças não aumenta com uma busca pouco sábia do prazer. Embora possais exaurir os recursos da arte, da cor, do som, do ritmo, da música e dos adornos pessoais; não podeis, com isso, esperar elevar a alma ou nutrir o espírito. A vaidade e a moda nada podem conferir à edificação do lar e à educação dos filhos; o orgulho e a rivalidade são impotentes para elevar as qualidades de sobrevivência das gerações que se sucedem.

Todos os seres celestes em avanço desfrutam do repouso e da ministração dos diretores da reversão. Todos os esforços para obter diversões sadias e praticar jogos que elevam são saudáveis; o sono restaurador, o repouso, a recreação e todos os passatempos que evitam o enfado da monotonia valem a pena. Os jogos competitivos, as narrativas de histórias e mesmo o gosto da boa comida podem-se constituir em formas de autogratificação. (Quando usais o sal para dar sabor à comida, pausai e considerai que, durante quase um milhão de anos, o homem apenas podia obter o sal mergulhando o seu alimento nas cinzas.)

Que o homem goze a vida; que a raça humana encontre o prazer de mil e uma maneiras; que a humanidade evolucionária explore todas as formas de legítima autogratificação, fruto da longa luta biológica de elevação. O homem fez por onde ganhar alguns dos seus júbilos e prazeres atuais. Prestai, porém, muita atenção à meta do destino! Os prazeres são suicidas, de fato, se tiverem êxito em destruir a propriedade que se tornou a instituição da automanutenção; e as autogratificações terão de fato custado um preço fatal, se acarretarem o colapso do matrimônio, a decadência da vida familiar e a destruição do lar – a aquisição evolucionária suprema do homem, e a única esperança de sobrevivência da civilização.

[Apresentado pelo Comandante dos Serafins, estacionado em Urântia.]

DOCUMENTO 85

AS ORIGENS DA ADORAÇÃO

A RELIGIÃO primitiva teve uma origem biológica, um desenvolvimento evolucionário natural, independentemente das conjunções morais e de todas as influências espirituais. Os animais, mesmo os superiores, têm medos, mas não têm ilusões e, conseqüentemente, nenhuma religião. O homem cria as suas religiões primitivas dos próprios temores e por meio das suas ilusões.

Na evolução da espécie humana, a adoração, nas suas manifestações primitivas, apareceu muito antes que a mente do homem fosse capaz de formular os conceitos mais complexos de vida os quais agora, e futuramente, merecem ser chamados de religião. A religião primitiva tinha uma natureza totalmente intelectual e era baseada inteiramente em circunstâncias de relacionamento. Os objetos da adoração eram sempre sugestivos; consistiam de coisas da natureza que estavam à mão, ou ocupavam lugar bem comum na experiência dos urantianos primitivos de mentes simples.

Quando evoluiu além da adoração da natureza, a religião adquiriu raízes de origem espiritual; entretanto, foi ainda sempre condicionada pelo ambiente social. À medida que se desenvolveu a adoração da natureza, o homem imaginou conceitos de uma divisão do trabalho para o mundo supramortal; havia espíritos da natureza para os lagos, árvores, cachoeiras, chuva e centenas de outros fenômenos terrestres comuns.

Em uma época ou em outra, o homem mortal adorou tudo sobre a face da Terra, incluindo a si próprio. E adorou também tudo o que fosse imaginável, no céu e sob a superfície da Terra. O homem primitivo temia todas as manifestações de poder; e adorou a todos os fenômenos naturais que não podia compreender. As forças naturais poderosas, tais como as tempestades, enchentes, terremotos, deslizamentos de terra, vulcões, fogo, calor e frio, como observadas pelo homem, impressionaram em muito a sua mente em expansão. As coisas inexplicáveis da vida ainda são chamadas de "atos de Deus" e de "dispensações misteriosas da Providência".

1. A ADORAÇÃO DE PEDRAS E MONTANHAS

O primeiro objeto a ser adorado pelo homem em evolução foi uma pedra. Hoje, o povo Kateri, do sul da Índia, ainda adora uma pedra, como o fazem numerosas tribos no norte da Índia. Jacó dormiu sobre uma pedra porque ele a venerava; e até mesmo a ungiu. Raquel escondia um bom número de pedras sagradas na sua tenda.

As pedras impressionaram o homem primitivo, primeiro, por serem extraordinárias, em vista do modo pelo qual tão subitamente apareciam na superfície de um campo cultivado ou um pasto. Os homens não levavam em conta a erosão, nem os resultados dos arados sobre o solo. As pedras também impressionaram muito aos povos primitivos, pela sua freqüente semelhança com animais. A atenção do homem civilizado detém-se em numerosas formações de pedras, nas montanhas que tanto se assemelham às faces de animais e mesmo de homens. Contudo, a influência mais profunda foi exercida pelos meteoros, os quais os humanos primitivos viam entrar na atmosfera, em uma grandiosidade flamejante. A estrela cadente era atemorizante para o homem primitivo, que acreditava com facilidade que aqueles riscos flamejantes marcavam a passagem de um espírito a caminho da Terra. Não é de causar surpresa que os homens fossem levados a adorar tais fenômenos, especialmente quando descobriram subseqüentemente os meteoros. E isso levou a uma reverência ainda maior a todas as outras pedras. Em Bengala muitos adoram um meteoro que caiu na Terra em 1 880 d.C.

Todos os clãs e tribos antigas tiveram as suas pedras sagradas; e a maior parte dos povos modernos manifesta uma certa veneração por alguns tipos de pedras – as suas jóias. Um grupo de cinco pedras foi reverenciado na Índia; na Grécia, um agrupamento de trinta delas; em meio aos homens vermelhos, era comum um círculo de pedras. Os romanos sempre atiravam uma pedra para o ar, quando invocavam Júpiter. Na Índia, até hoje, uma pedra pode ser usada como testemunha. Em algumas regiões, uma pedra pode ser empregada como um talismã da lei, e um transgressor pode ser levado ao tribunal pelo seu prestígio. Todavia, os simples mortais nem sempre identificam a Deidade com um objeto reverenciado com cerimônia. Tais fetiches são, muitas vezes, meros símbolos do objeto real da adoração.

Os antigos tinham uma consideração peculiar pelos orifícios nas pedras. Supunha-se que as rochas porosas fossem inusitadamente eficazes para curar doenças. As orelhas não eram perfuradas para o porte de pedras, mas as pedras eram colocadas ali para manter os furos das orelhas abertos. Mesmo nos tempos modernos, as pessoas supersticiosas fazem furos nas moedas. Na África, os nativos fazem grande alarde dos seus fetiches pelas pedras. De fato, em meio a todas as tribos e povos atrasados, as pedras são ainda mantidas sob uma veneração supersticiosa. A adoração das pedras ainda agora se encontra muito disseminada por todo o mundo. A pedra tumular é um símbolo sobrevivente de imagens e ídolos esculpidos, em vista das crenças nos fantasmas e espíritos dos companheiros que se foram.

A adoração de colinas veio depois da adoração da pedra, e as primeiras colinas a serem veneradas foram grandes formações de rochas. Em seguida, tornou-se hábito acreditar que os deuses habitavam nas montanhas, de um modo tal que as altas elevações de terras eram adoradas por mais essa razão. Com o passar do tempo, sendo associadas a certos deuses, certas montanhas tornavam-se sagradas. Os aborígines ignorantes e supersticiosos acreditavam que as cavernas levavam ao submundo, com os seus espíritos e demônios malignos e, ao contrário, as montanhas, eram identificadas com os conceitos, num desenvolvimento mais recente, das deidades e dos espíritos bons.

2. A ADORAÇÃO DE PLANTAS E ÁRVORES

As plantas primeiro foram temidas e depois adoradas, por causa dos tóxicos que se derivavam delas. O homem primitivo acreditava que a intoxicação fazia com que alguém se tornasse divino. Supunham haver algo de inusitado e sagrado em tal experiência. Mesmo nos tempos modernos, o álcool é conhecido como "espírito".

O homem primitivo via a semente germinando com um temor e um respeito supersticioso. O apóstolo Paulo não foi o primeiro a retirar lições espirituais profundas da semente germinando, e a pregar crenças religiosas sobre ela.

Os cultos de adoração de árvore estão nos grupos das religiões mais antigas. Todos os casamentos primitivos eram feitos sob as árvores e, quando as mulheres desejavam ter filhos, algumas vezes iam às florestas abraçar afetuosamente um robusto carvalho. Muitas plantas e árvores foram veneradas pelos seus poderes medicinais, reais ou imaginários. O selvagem acreditava que todos os efeitos químicos fossem devidos à atividade direta de forças sobrenaturais.

As idéias sobre os espíritos das árvores variavam muito entre as tribos e raças diferentes. Algumas árvores eram habitadas por espíritos afáveis; outras abrigavam espíritos cruéis e enganosos. Os finlandeses acreditavam que a maior parte das árvores era ocupada por espíritos bons. Os suíços há muito desconfiavam das árvores, acreditando que continham espíritos traiçoeiros. Os habitantes da Índia e da Rússia Oriental consideravam os espíritos das árvores como sendo cruéis. Os patagônios ainda adoram árvores, como o fizeram os semitas primitivos. Muito depois de cessarem de adorar as árvores, os hebreus continuaram a venerar as suas várias deidades dos bosques. Exceto na China, houve um culto universal à *árvore da vida*.

A crença de que a água, bem como os metais preciosos, debaixo da superfície da Terra, podem ser detectados por um divinatório ramo de madeira é uma lembrança dos antigos cultos às árvores. O mastro de Primeiro de maio, a árvore de Natal e a prática supersticiosa de bater na madeira perpetuam alguns dos antigos costumes de adoração das árvores e dos seus cultos mais recentes.

Muitas das formas mais primitivas de veneração da natureza combinaram-se a técnicas de adoração posteriores, em evolução, mas os tipos mais primitivos de adoração, ativados pelos espíritos ajudantes da mente, estavam funcionando muito antes de a natureza religiosa recém-despertada da humanidade se tornar plenamente sensível ao estímulo das influências espirituais.

3. A ADORAÇÃO DE ANIMAIS

O homem primitivo possuiu um sentimento peculiar e fraternal para com os animais superiores. Os seus ancestrais haviam vivido com eles e haviam, até mesmo, se acasalado com eles. No sul da Ásia acreditou-se primitivamente que as almas dos homens voltavam à Terra, na forma animal. Essa crença era um remanescente da prática ainda mais primitiva de adorar os animais.

Os homens primitivos reverenciavam os animais pelo seu poder e astúcia. Julgavam que os apurados sentidos do olfato e da visão de certas criaturas fosse um sinal de orientação espiritual. Os animais têm sido adorados por uma raça ou por outra, em um momento ou em outro. Entre esses objetos de adoração, estavam criaturas que foram consideradas como meio humanas e meio animais, tais como o centauro e a sereia.

Os hebreus adoravam serpentes até os dias do rei Ezequias; os indianos ainda mantêm relações amigáveis com as suas cobras caseiras. A adoração chinesa ao dragão é um remanescente dos cultos das cobras. A sabedoria da serpente era um símbolo da medicina grega e é ainda empregado como um emblema pelos médicos modernos. A arte do encantamento das cobras tem sido transmitida desde a época das xamãs femininas do *culto de amor às cobras*, e, como resultado das picadas diárias das cobras, elas tornavam-se imunes; de fato, se tornaram verdadeiras dependentes do veneno, sem o qual não podiam viver.

A adoração dos insetos e outros animais foi promovida por uma má interpretação da regra dourada – de fazer aos outros (toda a forma de vida) como gostaríeis que fosse feito a vós. Os antigos, certa época, acreditaram que todos os ventos seriam produzidos pelas asas de pássaros e, por isso, tanto temiam como adoravam todas as criaturas com asas. Os nórdicos primitivos julgavam que os eclipses eram causados por um lobo que devorara um pedaço do sol ou da lua. Os hindus freqüentemente mostram Vishnu com uma cabeça de cavalo. Muitas vezes, o símbolo de um animal representa um deus esquecido ou um culto extinto. Primitivamente, na religião evolucionária, o cordeiro tornou-se o animal típico do sacrifício, e a pomba, o símbolo da paz e do amor.

Na religião, o simbolismo pode ser bom ou mau, na mesma medida em que o símbolo substitui ou não a idéia original adorada. E o simbolismo não deve ser confundido com a idolatria diretamente, na qual o objeto material é direta e factualmente adorado.

4. A ADORAÇÃO DOS ELEMENTOS

A humanidade tem adorado a terra, o ar, a água e o fogo. As raças primitivas veneraram fontes e adoraram rios. E, ainda agora, na Mongólia, floresce o culto de um rio importante. O batismo tornou-se um cerimonial religioso na Babilônia, e os gregos praticavam o ritual anual do banho. Fácil era que os antigos imaginassem os espíritos residindo nas nascentes borbulhantes, nas fontes efusivas, nos rios fluentes e torrentes intensas. As águas em movimento causavam impressões vívidas nessas mentes simples, que acreditavam na animação dos espíritos e no poder sobrenatural. Algumas vezes, a um homem que se afogava era negado o socorro, por medo de ofender algum deus do rio.

Muitas coisas e numerosos acontecimentos têm funcionado como estímulos religiosos para povos diferentes, em épocas diferentes. Um arco-íris ainda é adorado por muitas das tribos das montanhas na Índia. Tanto na Índia quanto na África, o arco-íris é considerado como sendo uma cobra celestial gigantesca; os hebreus e os cristãos consideram-no o "arco da promessa". Do mesmo modo, influências consideradas como benéficas, em uma parte do mundo, podem ser consideradas malignas em outras regiões. O vento oriental é um deus na América do Sul, pois traz a chuva; na Índia, é um demônio, porque traz a poeira e causa a seca. Os beduínos antigos acreditavam que um espírito da natureza produzia os redemoinhos de areia e, mesmo na época de Moisés, a crença em espíritos da natureza foi forte o suficiente a ponto de assegurar a sua perpetuação na teologia hebraica, como anjos do fogo, da água e do ar.

As nuvens, a chuva e o granizo têm sido todos temidos e adorados por numerosas tribos primitivas e por muitos dos cultos primitivos da natureza. As tempestades de vento com trovões e relâmpagos aterrorizavam o homem primitivo. Tão impressionado ele ficava com as perturbações dos elementos, que o trovão era considerado a voz de um deus irado. A adoração do fogo e o temor dos relâmpagos eram ligados um ao outro e foram bem disseminados entre muitos grupos primitivos.

O fogo esteve associado à magia nas mentes dos mortais dominados pelo medo. Um devoto da magia lembrará vividamente de um resultado por acaso positivo, na prática das suas fórmulas mágicas e, ao mesmo tempo, se esquece, indiferentemente, de uma série de resultados negativos, de fracassos absolutos. A reverência ao fogo atingiu o seu apogeu na Pérsia, onde perdurou por muito tempo. Algumas tribos adoravam o fogo como uma deidade em si; outras reverenciavam-no como o símbolo flamejante do espírito da purificação e da purgação das suas deidades veneradas. As virgens vestais eram encarregadas do dever de vigiar os fogos sagrados; e as velas, no século vinte, ainda queimam como uma parte do ritual de muitos serviços religiosos.

5. A ADORAÇÃO DE CORPOS CELESTES

A adoração de rochas, montanhas, árvores e animais desenvolveu-se naturalmente por meio da veneração amedrontada dos elementos, até a deificação do sol, da lua e das estrelas. Na Índia e em outros lugares, as estrelas eram consideradas como as almas glorificadas de grandes homens que haviam partido da vida na carne.

Os cultuadores caldeus das estrelas consideravam-se como sendo os filhos do pai-céu e da mãe-terra.

A adoração da lua precedeu a adoração do sol. A veneração da lua esteve no seu auge durante a era da caça, enquanto a adoração do sol tornou-se a principal cerimônia religiosa das idades agriculturais subseqüentes. A adoração solar arraigou-se extensivamente na Índia, inicialmente, e ali perdurou por mais tempo. Na Pérsia, a veneração do sol deu origem ao culto mitraico posterior. Entre muitos povos, o sol foi considerado o ancestral dos seus reis. Os caldeus colocavam o sol no centro dos "sete círculos do universo". Mais tarde, as civilizações honraram o sol, dando o seu nome ao primeiro dia da semana.

Supunha-se que o deus do sol fosse o pai místico dos filhos do destino, nascidos de uma virgem, os quais, de tempos em tempos, se outorgavam como salvadores das raças favorecidas. Esses infantes sobrenaturais eram sempre encontrados, à deriva, em algum rio sagrado, para serem resgatados de um modo extraordinário, depois do que cresceriam para tornar-se personalidades miraculosas e libertadores dos seus povos.

6. A ADORAÇÃO DO HOMEM

Tendo adorado tudo o mais sobre a face da Terra, e nos céus acima, o homem não hesitou em honrar a si próprio com tal adoração. O selvagem de mente simples não faz distinção clara entre as bestas, os homens e os deuses.

O homem primitivo tinha como supra-humanas todas as pessoas inusitadas e, assim, ele temia tais seres, a ponto de ter por eles um respeito reverente; em uma certa medida, literalmente os adorava. Até o fato de dar irmãos gêmeos à luz era considerado ou de muita sorte ou de muita falta de sorte. Os lunáticos, os epiléticos e os de mente débil eram freqüentemente adorados pelos seus semelhantes de mentes normais, que acreditavam que tais seres anormais eram resididos por deuses. Sacerdotes, reis e profetas foram adorados; os homens sagrados de outrora eram considerados como sendo inspirados pelas deidades.

Os chefes tribais eram *deificados* quando mortos. Posteriormente, almas que se distinguiram eram *santificadas* depois de falecidas. A evolução, sem ajuda, nunca originou deuses mais elevados do que os espíritos glorificados, exaltados e evoluídos dos humanos mortos. Na evolução primitiva, a religião cria os seus próprios deuses. No curso da revelação, os Deuses formulam religiões. A religião evolutiva cria os seus deuses à imagem e semelhança do homem mortal; a religião reveladora busca evoluir e transformar o homem mortal à imagem e à semelhança de Deus.

Os deuses fantasmas, que se supõe serem de origem humana, deveriam distinguir-se dos deuses da natureza, pois a adoração da natureza fez evoluir um panteão – de espíritos da natureza elevados à posição de deuses. Os cultos da natureza continuaram a desenvolver-se junto com os cultos dos fantasmas, que surgiram posteriormente, e cada um exerceu uma influência sobre os outros. Muitos sistemas religiosos adotaram um conceito dual de deidade; os deuses da natureza e os deuses fantasmas; em algumas teologias, esses conceitos estão entrelaçados confusamente, como é ilustrado por Tor, um herói fantasma que foi também o mestre do relâmpago.

A adoração do homem pelo homem, todavia, teve o seu apogeu quando os governantes temporais exigiam uma grande veneração dos seus súditos e, para dar substância a essas exigências, reinvindicavam descender da deidade.

7. OS AJUDANTES DA ADORAÇÃO E DA SABEDORIA

A adoração da natureza parece ter surgido natural e espontaneamente nas mentes dos homens e mulheres primitivos, e assim foi; mas, ao mesmo tempo, estava atuando sobre essas mesmas mentes primitivas o sexto espírito ajudante da mente, espírito este que foi outorgado a esses povos como uma influência orientadora dessa fase da evolução humana. E esse espírito esteve sempre estimulando o impulso da adoração da espécie humana, não importando quão primitiva a sua primeira manifestação pudesse ser. O espírito da adoração deu uma origem definida ao impulso da adoração, não obstante aquele medo animal motivasse a expressão da adoração, e aquela prática inicial houvesse sido centrada em objetos da natureza.

Deveis lembrar-vos de que o sentimento, e não o pensamento, foi a influência que guiou e controlou todo o desenvolvimento evolucionário. Para a mente primitiva, há pouca diferença entre temer, esquivar-se, honrar e adorar.

Quando o impulso da adoração está disciplinado e é dirigido pela sabedoria – do pensamento meditativo e experiencial –, então ele começa a desenvolver-se no fenômeno da verdadeira religião. Quando o sétimo espírito ajudante, o espírito da sabedoria, alcança uma ministração efetiva, então o homem em adoração começa a afastar-se da natureza e dos objetos naturais, para voltar-se para o Deus da natureza e para o Criador eterno de todas as coisas naturais.

[Apresentado por um Brilhante Estrela Vespertino de Nébadon.]

DOCUMENTO 86

A EVOLUÇÃO PRIMITIVA DA RELIGIÃO

A EVOLUÇÃO da religião a partir do impulso anterior primitivo de adoração não depende da revelação. O funcionamento normal da mente humana, sob as influências diretivas do sexto e do sétimo ajudantes da mente, dons que são do espírito universal, é totalmente suficiente para assegurar esse desenvolvimento.

O mais antigo medo pré-religioso das forças da natureza, da parte do homem, tornou-se gradativamente religioso quando a natureza passou a ser personalizada, espiritualizada e finalmente deificada para a consciência humana. A religião do tipo primitivo foi, portanto, conseqüência biológica natural da inércia psicológica das mentes animais em evolução, depois que tais mentes haviam já admitido conceitos sobrenaturais.

1. O ACASO: BOA SORTE E MÁ SORTE

À parte o impulso natural da adoração, a religião evolucionária primitiva teve as suas raízes originárias nas experiências humanas com o acaso – a chamada sorte, os acontecimentos comuns. O homem primitivo foi um caçador de alimentos. Os resultados da caça variam sempre, e isso certamente dá origem a experiências que o homem interpreta como *boa sorte* e *má sorte*. O infortúnio era um grande fator nas vidas dos homens e mulheres que viviam constantemente no limite incerto de uma existência precária e acossada.

O horizonte intelectual limitado do selvagem concentra de tal forma a atenção no acaso, que a sorte torna-se um fator constante na sua vida. Os urantianos primitivos lutavam pela existência, não por um padrão de vida; eles levavam vidas perigosas, nas quais o acaso exercia um papel importante. O pavor constante da calamidade desconhecida ou não visível pairava sobre esses selvagens como uma nuvem de desespero que efetivamente eclipsava cada prazer. Assim, eles viviam no constante pavor de fazer algo que pudesse trazer a má sorte. Os selvagens supersticiosos sempre temeram um período longo de boa sorte, considerando tal fortuna como precursora certa de calamidade.

Esse pavor, sempre presente, da má sorte era paralisante. Por que trabalhar duro e colher como recompensa a má sorte – nada por alguma coisa – quando se poderia deixar ir e encontrar a boa sorte – alguma coisa por nada? Os homens irrefletidos esquecem-se da boa sorte – aceitam-na como certa – e dolorosamente se lembram da má sorte.

O homem primitivo vivia na incerteza e no medo constante do acaso – da má sorte. A vida era uma aposta excitante de riscos; toda a existência era um jogo. Não é de se espantar que povos parcialmente civilizados ainda creiam no acaso e evidenciem predisposições remanescentes para o jogo. O homem primitivo alternava-se entre dois interesses poderosos: a paixão de conseguir algo por nada e o medo de não ganhar nada em troca de algo. E esse jogo da existência era o interesse principal e a fascinação suprema para a mente selvagem primitiva.

Os pastores de épocas posteriores tinham a mesma visão do acaso e da sorte, ao passo que os agricultores ainda mais recentes foram cada vez mais conscientes de que as colheitas eram influenciadas, de modo imediato, por muitas coisas sobre as quais o homem tinha pouco ou nenhum controle. O agricultor via-se vítima da seca, enchentes, granizo, tempestades, pestes e doenças das plantas, bem como calor e frio. E, como todas essas influências naturais afetavam a prosperidade do indivíduo, eram encaradas como boa ou má sorte.

Essa noção do acaso e da sorte impregnou fortemente a filosofia de todos os povos antigos. Mesmo em épocas recentes, na Sabedoria de Salomão, é dito: "Eu voltei e vi que a corrida não é dos velozes, nem a batalha dos fortes, nem o pão dos sábios, nem as riquezas dos homens de compreensão, nem o favorecimento dos homens de habilidade; mas o destino e o acaso a todos atingem. Pois o homem não conhece o seu destino; do mesmo modo que os peixes são colhidos em uma rede má, e os pássaros são apanhados em uma armadilha, também os filhos dos homens caem nas malhas de um tempo mau, quando este se abate subitamente sobre eles".

2. A PERSONIFICAÇÃO DO ACASO

A ansiedade era o estado natural da mente selvagem. Quando homens e mulheres transformam-se em vítimas da ansiedade excessiva, estão simplesmente retornando ao estado natural dos seus ancestrais longínquos; e, quando a ansiedade torna-se de fato dolorosa, ela inibe a atividade e, infalivelmente, leva a mudanças evolucionárias e a adaptações biológicas. A dor e o sofrimento são essenciais à evolução progressiva.

A luta pela vida é tão dolorosa que algumas tribos retrógradas, mesmo hoje, bramem e lamentam-se a cada novo amanhecer. O homem primitivo constantemente perguntava-se: "Quem me está atormentando?" Não encontrando uma fonte material para as suas mágoas, encontrou uma explicação no espírito. E, assim, a religião nasceu do medo do misterioso, do temor do invisível e do pavor do desconhecido. O medo da natureza tornou-se, pois, um fator na luta pela existência; primeiro, por causa do acaso e, depois, por causa do mistério.

A mente primitiva era lógica, mas tinha poucas idéias fruto da associação inteligente; a mente selvagem era inculta, totalmente ingênua. Se um acontecimento vinha depois de outro, o selvagem considerava-os como causa e efeito. O que o homem civilizado considera como superstição, era só ignorância pura, no selvagem. A humanidade tem sido lenta em compreender que não há necessariamente qualquer relação entre propósitos e resultados. Os seres humanos estão apenas começando a compreender que as reações da existência surgem entre os atos e suas conseqüências. O selvagem esforça-se para personalizar tudo o que é intangível e abstrato e, assim, tanto a natureza quanto o acaso tornam-se personalizados como fantasmas – espíritos – e, mais tarde, deuses.

O homem tende naturalmente a crer naquilo que julga ser o melhor para si próprio, aquilo que é do seu interesse imediato ou remoto; o interesse próprio obscurece, em muito, a lógica. A diferença entre as mentes dos selvagens e a dos homens civilizados é mais de conteúdo do que de natureza, de grau mais do que de qualidade.

Continuar a atribuir coisas de compreensão difícil a causas sobrenaturais, contudo, nada mais é do que um modo preguiçoso e conveniente de evitar todas as formas de trabalho intelectual pesado. A sorte é um termo forjado meramente para encobrir o inexplicável em qualquer época da existência humana; ela designa aqueles fenômenos que os homens são incapazes ou não se dispõem a penetrar. Usar a palavra sorte significa que o homem é ignorante demais, ou indolente em excesso, para determinar causas. Os homens consideram uma ocorrência natural como sendo um acidente, ou má sorte, apenas quando são desprovidos de curiosidade e de imaginação, quando falta iniciativa e aventura às raças. A exploração dos fenômenos da vida, mais cedo ou mais tarde, destrói a crença do homem no acaso, na sorte e nos chamados acidentes; e, conseqüentemente, esses fenômenos passam a ocupar o lugar de um universo de lei e de ordem, em que todos os efeitos são precedidos por causas definidas. Assim, o medo da existência é substituído pelo júbilo de viver.

O selvagem via toda a natureza como sendo viva, como sendo possuída por algo. O homem civilizado ainda chuta e pragueja contra os objetos inanimados que entram na sua frente e chocam-se com ele. O homem primitivo nunca encarou nada como acidental; tudo foi sempre intencional. Para o homem primitivo, o domínio do destino, função da sorte, mundo dos espíritos, era tudo tão desorganizado e sujeito ao acaso, quanto o era a sociedade primitiva. A sorte era considerada como uma reação caprichosa e temperamental do mundo do espírito; e, mais tarde, causa do humor dos deuses.

Contudo, nem todas as religiões se desenvolveram do animismo. Outros conceitos do sobrenatural foram contemporâneos do animismo, e essas crenças também conduziram à adoração. O naturalismo não é uma religião – ele nasce da religião.

3. A MORTE – O INEXPLICÁVEL

A morte foi o choque supremo para o homem em evolução, a combinação mais desconcertante de acaso e mistério. Não a santidade da vida, mas o choque da morte é que inspirava o medo e, assim, fomentava efetivamente a religião. Em meio aos povos selvagens, a morte, comumente, era causada pela violência, de um modo tal que a morte não violenta tornou-se cada vez mais misteriosa. A morte, como um fim natural e esperado para a vida, não era algo que estivesse claro para a consciência dos povos primitivos; e foram necessárias idades e mais idades para que o homem compreendesse a sua inevitabilidade.

O homem primitivo aceitou a vida como um fato, ao mesmo tempo que considerava a morte como uma visitação de alguma espécie. Todas as raças possuem suas lendas sobre homens que não morriam, vestígios das tradições da atitude inicial para com a morte. Na mente humana, existia já o conceito nebuloso de um mundo do espírito, obscuro e não organizado, um domínio de onde vinha tudo o que é inexplicável na vida humana; e a morte constava dessa longa lista de fenômenos sem explicação.

Acreditava-se, inicialmente, que todas as doenças humanas, bem como a morte natural, se devessem à influência do espírito. E, ainda no presente, algumas raças civilizadas encaram a doença como tendo sido produzida pelo "inimigo", e dependem das cerimônias religiosas para efetuar a sua cura. Sistemas mais recentes e complexos de teologia ainda atribuem a morte à ação do mundo do espírito; e tudo isso acarretou doutrinas tais como a do pecado original e a da queda do homem.

Foi a compreensão da impotência diante das forças poderosas da natureza, junto com o reconhecimento da fraqueza humana diante das visitações da doença e da morte, que impeliu o selvagem a buscar ajuda do mundo supramaterial, vagamente visualizado como a fonte dessas vicissitudes misteriosas da vida.

4. O CONCEITO DE UMA SOBREVIVÊNCIA APÓS A MORTE

O conceito de uma fase supramaterial da personalidade mortal nasceu da associação inconsciente, e puramente acidental, entre ocorrências da vida diária e sonhos com espíritos. Quando vários membros de uma tribo sonhavam, simultaneamente, com o chefe que já estava morto, isso parecia constituir uma evidência convincente de que o velho chefe havia, realmente, voltado, sob alguma forma. Tudo era muito real, para o selvagem, quando, molhado de suor, acordava desses sonhos, tremendo e gritando.

A origem da crença em uma existência futura explica a tendência de sempre imaginar as coisas não visíveis nos termos das coisas visíveis. E, logo, esse conceito novo de uma vida-futura-do-fantasma-onírico transformou-se, efetivamente, no antídoto para o medo da morte, associado ao instinto biológico de autopreservação.

O homem primevo também se preocupava muito com o ar expirado, especialmente nos climas frios, quando a exalação saía como uma nuvem. O *sopro da vida* foi considerado como o fenômeno que diferenciava os vivos dos mortos. Ele sabia que o seu sopro podia deixar o corpo e que seus sonhos, de estar fazendo toda espécie de coisas estranhas, enquanto adormecido, convenciam-no de que havia algo imaterial em um ser humano. A idéia mais primitiva da alma humana, o fantasma, derivou desse sistema de idéias gerado pela respiração e pelos sonhos.

Finalmente, o selvagem concebeu a si próprio como um ser duplo – o corpo e a respiração. O sopro, menos o corpo, era igual ao espírito, igual a um fantasma. Embora tivessem uma origem humana bastante definida, os fantasmas, ou os espíritos, eram considerados supra-humanos. E essa crença, na existência de espíritos fora dos corpos, parecia explicar a ocorrência do inusitado, extraordinário, infreqüente e inexplicável.

A doutrina primitiva da sobrevivência depois da morte não era necessariamente uma crença na imortalidade. Seres que não podiam contar acima de vinte, dificilmente poderiam conceber a infinitude e a eternidade; pensavam, antes, em repetidas encarnações.

A raça alaranjada era especialmente dada a acreditar na transmigração e na reencarnação. Essa idéia, a da reencarnação, originou-se na observância da semelhança hereditária e nos traços entre a progênie e os ancestrais. O costume de chamar os filhos pelos nomes dos avós e outros ancestrais era devido à crença na reencarnação. Algumas raças bem recentes acreditavam que o homem morria de três a sete vezes. Essa crença (que remonta aos ensinamentos de Adão sobre os mundos das mansões), bem como muitas outras, que são remanescentes da religião revelada, podem ser encontradas entre as doutrinas absurdas, por outros motivos, dos bárbaros do século vinte.

O homem primitivo não alimentou idéias de um inferno, nem de punições futuras. O selvagem via a vida futura exatamente como via esta, menos toda a má sorte. Mais recentemente, um destino diferente para os bons espíritos e para os maus espíritos – o céu e o inferno – foi concebido. Todavia, já que muitas raças primitivas acreditavam que o homem entrava na próxima vida exatamente como havia deixado esta, a idéia de tornarem-se velhos e decrépitos não lhes era agradável. O idoso preferia muito ser morto, antes de tornar-se enfermo demais.

Os grupos, quase todos, alimentavam idéias diferentes a respeito do destino do fantasma da alma. Os gregos acreditavam que os homens fracos deviam ter almas fracas e, sendo assim, inventaram o Hades como um lugar adequado para receber essas almas anêmicas; supunha-se também que esses espécimes, pouco robustos, tivessem sombras menores. Os primeiros anditas achavam que os seus fantasmas retornavam para as terras ancestrais. Chineses e egípcios acreditaram outrora que a alma e o corpo permaneciam juntos. Entre os egípcios, isso levou a construções aprimoradas de tumbas e a esforços para se preservar os corpos. Mesmo os povos modernos buscam evitar a decomposição dos mortos. Os hebreus concebiam que uma réplica do fantasma do indivíduo descia até o Sheol, e não podia voltar à terra dos vivos. E conceberam esse avanço importante na doutrina da evolução da alma.

5. O CONCEITO DA ALMA-FANTASMA

A parte não-material do homem tem sido denominada de vários modos: fantasma, espírito, sombra, visão, espectro e, mais recentemente, *alma*. A alma certa vez foi o sonho que o homem primitivo tinha, do seu ser duplicado; era, em todos os sentidos, exatamente como o próprio mortal, a não ser pelo fato de não ser sensível ao toque. A crença nesses duplos oníricos levou diretamente à noção de que todas as coisas, animadas e inanimadas, tinham almas tanto quanto os homens. Esse conceito, durante muito tempo, levou à perpetuação das crenças em espíritos da natureza; os esquimós ainda acham que tudo na natureza tem um espírito.

A alma fantasma podia ser ouvida e vista, mas não tocada. Gradualmente, a vida que a raça tinha durante os sonhos desenvolveu e expandiu, assim, as atividades desse mundo espiritual em evolução, e de um tal modo, que a morte, finalmente, foi considerada como "entregar a alma". Todas as tribos primitivas, excetuando-se aquelas só pouco acima dos animais, desenvolveram algum conceito de alma. À medida que a civilização avança, esse conceito supersticioso da alma é destruído, e o homem torna-se inteiramente dependente da revelação e da experiência religiosa pessoal, para a sua nova idéia da alma, como uma criação conjunta, feita pela mente mortal sabedora de Deus, monitorada pelo seu espírito interior divino residente, o Ajustador do Pensamento.

Os mortais primitivos, em geral, não conseguiram diferenciar o conceito do espírito residente, separando-o do conceito da alma de natureza evolucionária. O selvagem se confundia muito quanto à alma fantasma nascer junto com o corpo ou quanto a ser um agente externo que tomava posse do corpo. A ausência de um pensamento racional, ao lado da perplexidade, explica as inconsistências grosseiras da visão selvagem sobre as almas, os fantasmas e os espíritos.

Pensou-se na alma como sendo relacionada ao corpo, como o perfume está para a flor. Os antigos acreditavam que a alma podia deixar o corpo de vários modos, tais como:

1. No desmaio comum e passageiro.

2. Dormindo, no sonho natural.

3. No estado de coma e inconsciência, ligado à doença e acidentes.

4. Na morte, a sua partida permanente.

O selvagem considerava o espirro como uma tentativa abortada da alma de escapar do corpo. Estando desperto e alerta, o corpo era capaz de frustrar a tentativa feita pela alma de escapar. Posteriormente, o espirro foi sempre acompanhado por alguma expressão religiosa, tal como "Deus o abençoe!"

Nos primórdios da evolução, o adormecer foi considerado como uma prova de que a alma fantasma poderia estar ausente do corpo, e acreditou-se que podia ser chamada de volta, falando-se ou gritando-se o nome do adormecido. Em outras formas de inconsciência, julgava-se que a alma estivesse mais longe, talvez tentando escapar para sempre – a morte iminente. Os sonhos eram considerados como as experiências da alma, durante o sono, enquanto estava temporariamente ausente do corpo. O selvagem crê que os seus sonhos sejam tão reais quanto quaisquer partes da sua experiência na vigília. Os antigos tinham a prática de acordar os adormecidos gradativamente, de modo que a alma pudesse ter tempo de re-encaixar-se no corpo.

Em todas as épocas, os homens amedrontavam-se com as aparições em horas noturnas; e os hebreus não foram nenhuma exceção. Acreditavam verdadeiramente que Deus falava a eles, em sonhos, apesar das determinações de Moisés contra tal idéia. E Moisés estava certo, pois os sonhos comuns não são o meio mais empregado pelas personalidades do mundo espiritual, quando buscam comunicar-se com os seres materiais.

Os antigos acreditavam que as almas podiam entrar nos animais ou mesmo nos objetos inanimados. Essa identificação com os animais culminou na idéia de lobisomens. Um indivíduo podia ser um cidadão da lei durante o dia, mas, quando adormecia, a sua alma podia entrar em um lobo ou outro animal e perambular em depredações noturnas.

Os homens primitivos achavam que a alma estivesse associada à respiração, e que por meio desta as suas qualidades podiam ser comunicadas ou transferidas. O valente chefe sopraria sobre a criança recém-nascida, com isso ministrando-lhe a coragem. Entre os primeiros cristãos, a cerimônia de conferir o Espírito Santo era acompanhada de sopros nos candidatos. Disse o salmista: "Pela palavra do Senhor, os céus foram feitos e todas as Suas hostes, por meio do sopro da Sua boca". É antigo o costume de um filho primogênito tentar captar o último sopro do seu pai à morte.

A sombra, mais tarde, veio a ser temida, e reverenciada, do mesmo modo que a respiração. O reflexo de si próprio na água, também, algumas vezes, foi visto como evidência do duplo eu; e os espelhos encarados com um respeito supersticioso. E, mesmo hoje, muitas pessoas civilizadas viram os espelhos contra a parede, em caso de morte. Algumas tribos retrógradas ainda acreditam que as fotos, desenhos, modelos, ou imagens, retiram toda ou parte da alma do corpo; por isso, tais coisas ficam proibidas.

Achava-se geralmente que a alma fosse identificada com a respiração; mas, também, vários povos a localizaram na cabeça, cabelo, coração, fígado, sangue e gordura. O "grito que saiu do sangue de Abel, no chão", exprime a crença, de outrora, na presença do fantasma no sangue. Os semitas ensinavam que a alma residia na gordura do corpo e, entre muitos deles, comer gordura animal era um tabu. Um modo de capturar a alma do inimigo seria caçar a sua cabeça, como o foi retirar o escalpe. Em tempos recentes, os olhos têm sido encarados como sendo janelas da alma.

Aqueles que sustentavam a doutrina de três ou quatro almas acreditavam que a perda de uma alma significava desconforto, de duas, a doença, e de três, a morte. Uma alma vivia na respiração, outra, na cabeça, a terceira, nos cabelos, e a quarta, no coração. Os doentes recebiam o conselho de passear ao ar livre, na esperança de recapturar as suas almas desgarradas. Os maiores dos curandeiros deviam trocar a alma adoentada de uma pessoa enferma por uma nova, o que era um "novo nascimento".

Os filhos de Badonan desenvolveram a crença em duas almas: a respiração e a sombra. As primeiras raças noditas consideravam que o homem consistia de duas pessoas: alma e corpo. Essa filosofia da existência humana, mais tarde, refletiu-se no ponto de vista grego. E os próprios gregos mesmo acreditavam em três almas: a vegetativa, que residia no estômago; a animal, no coração; a intelectual, na cabeça. Os esquimós acreditam que o homem tem três partes: corpo, alma e nome.

6. O MEIO AMBIENTE DOS ESPÍRITOS-FANTASMAS

O homem herdou um meio ambiente natural, adquiriu um ambiente social e imaginou um ambiente fantasma. O estado é a reação do homem ao seu meio ambiente natural; o lar, a sua reação ao seu ambiente social; a igreja, a sua reação ao seu ambiente-fantasma ilusório.

DOCUMENTO 86: SEÇÃO 6

Muito cedo, na história da humanidade, as realidades do mundo imaginário, dos fantasmas e dos espíritos, tornaram-se universalmente acreditadas; e tal mundo espiritual recém-imaginado tornou-se um poder na sociedade primitiva. A vida mental e moral de toda a humanidade foi modificada para sempre pelo surgimento desse novo fator no pensamento e nos atos humanos.

Dentro dessa premissa maior, na ilusão e na ignorância, o medo do mortal empacotou todas as superstições e religiões subseqüentes dos povos primitivos. E foi essa a única religião do homem até a época da revelação, e, hoje, muitas das raças do mundo têm apenas tal religião imatura, proveniente apenas da evolução.

Com o avanço da evolução, a boa sorte ficou associada aos bons espíritos, e a má sorte, aos espíritos maus. O desconforto de uma adaptação forçada a um ambiente em mutação foi encarado como má sorte, o descontentamento dos fantasmas espíritos. O homem primitivo, aos poucos, fez a sua religião evoluir, saída do seu impulso inato de adoração e da sua concepção errônea do acaso. O homem civilizado criou esquemas de segurança para superar os acontecimentos ao acaso; a ciência moderna, em lugar de espíritos fictícios e deuses caprichosos, coloca os compêndios e as estatísticas apoiando-as em cálculos matemáticos.

Cada geração que passa sorri das superstições tolas dos seus ancestrais, alimentando, ao mesmo tempo, as falácias de pensamento e adoração que irão ser o motivo dos risos futuros da posteridade mais esclarecida.

Finalmente, porém, a mente do homem primitivo foi ocupada por pensamentos que transcenderam a todos os seus impulsos biológicos inerentes; afinal, o homem chegou a ponto de fazer evoluir uma arte de viver, baseada em algo mais do que uma resposta a estímulos materiais. Os primórdios de uma política primitiva de vida filosófica estavam surgindo. Um padrão sobrenatural de vida estava para aparecer, pois se, quando o fantasma espírito está em fúria, ele traz a má sorte, e quando no prazer, ele traz a boa sorte, então, a conduta humana deve ser regulada considerando isso. O conceito do certo e do errado havia, afinal, evoluído; e, tudo isso, muito antes da época de qualquer revelação na Terra.

Com o surgimento desses conceitos, foi iniciada a longa e destrutiva luta para apaziguar os espíritos, sempre descontentes, e iniciou-se a prisão escravizadora ao medo religioso evolucionário, que se constituiu de todos os esforços humanos, longos e desperdiçados, gastos em túmulos, templos, sacrifícios e sacerdócios. Foi um preço terrível, e assustador, o que se pagou; mas valeu todo o seu custo, pois, nisso, o homem alcançou um estado natural de consciência do certo e do errado relativos; e, desse modo, a ética humana havia nascido!

7. A FUNÇÃO DA RELIGIÃO PRIMITIVA

O selvagem sentia a necessidade de segurança e, conseqüentemente, pagava com boa disposição os seus pesados preços, na forma de medo, superstição, pavor e donativos aos sacerdotes; e isso era a sua política de magia como seguro contra a má sorte. A religião primitiva era simplesmente o pagamento do prêmio ao seguro contra os perigos das florestas. O homem civilizado paga prêmios materiais contra os acidentes da indústria e os riscos dos modos modernos de vida.

A sociedade moderna está retirando o negócio dos seguros das mãos dos sacerdotes e da religião, colocando-o sob o controle da economia. A religião está-se ocupando, cada vez mais, com a segurança da vida além da sepultura. Os homens modernos, ao menos aqueles que pensam, não mais pagam dispendiosos prêmios para controlar a sorte. A religião, vagarosamente, está ascendendo a patamares filosóficos mais elevados, se a sua função for comparada à atuação anterior, de esquema de segurança contra a má sorte.

Contudo tais idéias antigas, da religião, impediram os homens de tornarem-se fatalistas e desesperadamente pessimistas; ao menos, eles acreditaram que poderiam fazer algo para influenciar o destino. A religião, por meio do medo dos fantasmas, transmitiu aos homens a certeza de que eles deveriam *regular sua conduta*, de que havia um mundo supramaterial que mantinha controle sobre o destino humano.

As raças civilizadas modernas estão, agora, deixando de lado esse medo de fantasmas, como explicação para a sorte e para as desigualdades tão comuns da existência. A humanidade está conseguindo emancipar-se da servidão, deixando de explicar a má sorte por meio de espíritos fantasmas. Entretanto, ao mesmo tempo em que os homens estão desistindo da doutrina errônea de uma causa espiritual para as vicissitudes da vida, eles demonstram uma disposição surpreendente para aceitar um ensinamento, quase tão falacioso, que os concita a atribuir toda a desigualdade humana ao desajuste político, à injustiça social e à competição industrial. No entanto, uma nova legislação, uma filantropia crescente e uma reorganização mais industrial, por melhores que forem, por si próprias, não irão remediar os fatos do nascimento e dos acidentes da vida. Apenas a compreensão dos fatos e uma manipulação mais sábia, dentro das leis da natureza, capacitarão o homem a conseguir o que ele almeja e evitar o que ele não quer. O conhecimento científico, que conduz à ação científica, é o único antídoto contra os chamados males acidentais.

A indústria, a guerra, a escravidão e o governo civil surgiram, em resposta à evolução social do homem, no seu meio ambiente natural; a religião surgiu, do mesmo modo, como uma resposta sua ao ambiente ilusório do mundo imaginário dos fantasmas. A religião foi um desenvolvimento evolucionário de automanutenção, e tem funcionado não obstante haver sido originalmente errônea em conceito, e totalmente ilógica.

Por intermédio da força poderosa e intimidante de um falso medo, a religião primitiva preparou o solo da mente humana para o recebimento de uma força espiritual autêntica, de origem sobrenatural: a dádiva do Ajustador do Pensamento. E os Ajustadores divinos, desde então, têm trabalhado para transmutar o temor de Deus em amor a Deus. A evolução pode ser lenta, mas é infalivelmente eficaz.

[Apresentado por um Estrela Vespertino de Nébadon.]

DOCUMENTO 87

OS CULTOS DOS FANTASMAS OU ESPECTROS

O CULTO dos fantasmas evoluiu como uma compensação pelos riscos da má sorte; a sua prática religiosa primitiva resultou da ansiedade em vista da má sorte e do medo desregrado dos mortos. Nenhuma dessas religiões primitivas era relacionada ao reconhecimento da Deidade, nem à reverência ao supra-humano; os seus ritos eram, em sua maioria, negativos e destinados a evitar, expulsar ou coagir os fantasmas. O culto dos fantasmas nada mais era do que uma segurança contra o desastre; não havia nenhuma relação com o investimento que é destinado a buscar retornos futuros mais elevados.

O homem tem mantido uma luta longa e amarga contra o culto dos fantasmas. Nada, na história humana, inspira mais piedade do que esse quadro de escravidão abjeta do homem ao medo do espírito-fantasma. No entanto, foi com o nascimento desse medo que a humanidade iniciou a sua trajetória ascendente de evolução religiosa. A imaginação humana abandonou as margens do eu e não voltaria a lançar âncoras nele antes de chegar ao conceito de uma verdadeira Deidade, de um Deus real.

1. O MEDO DOS FANTASMAS

A morte era temida, porque significava que um novo fantasma seria liberado do corpo físico. Os antigos davam o melhor de si para impedirem a morte e evitarem o problema de ter de lutar com um novo fantasma. E ficavam sempre ansiosos para induzi-lo a deixar a cena da morte e embarcar na sua viagem para a terra dos mortos. O fantasma era mais temido que tudo, durante o suposto período de transição entre o seu surgimento, na hora da morte, e a sua partida posterior para a terra dos fantasmas; que era um conceito vago e primitivo de um falso céu.

Embora o selvagem atribuísse poderes sobrenaturais aos fantasmas, dificilmente concebia-os como dotados de uma inteligência sobrenatural. Muitos truques e estratagemas eram praticados em um esforço de iludi-los e enganá-los; o homem civilizado ainda coloca muita fé na esperança de que uma manifestação externa de piedade, de alguma maneira, engane até mesmo a uma Deidade onisciente.

Os primitivos temiam a doença, porque eles observavam que, muitas vezes, era ela que anunciava a morte. Se o curandeiro da tribo falhava em curar um indivíduo afligido, o homem adoentado geralmente era removido da tenda da família e levado para uma menor, ou deixado em local aberto, para morrer a sós. Uma casa na qual a morte havia ocorrido, em geral, era destruída; se não o fosse, era sempre evitada; e esse medo impedia o homem primitivo de construir moradas duráveis. E também atuava contra o estabelecimento de vilas e cidades permanentes.

Os selvagens velavam e conversavam a noite inteira quando um membro do clã morria; eles temiam que pudessem morrer também, caso dormissem perto de um cadáver. O contágio do cadáver justificava o medo do morto; e todos os povos, em uma época ou outra, praticaram minuciosas cerimônias de purificação, destinadas a limpar um indivíduo depois do contato com o morto. Os antigos acreditavam que se deveria manter um cadáver sob a luz; o corpo de um morto não devia nunca permanecer no escuro. No século vinte, velas ainda são queimadas nas câmaras mortuárias; e os homens ainda velam os seus mortos. O chamado homem civilizado ainda não eliminou completamente, da sua filosofia de vida, o medo dos corpos mortos.

A despeito de todo esse medo, os homens ainda buscavam enganar os fantasmas. Se a tenda da morte não fosse destruída, o cadáver era removido por meio de um buraco na parede, nunca saindo pela porta. Tais medidas eram tomadas para confundir o fantasma, para impedir que ele ficasse naquele local e para assegurar-se de que não voltaria. Aqueles que iam a um funeral também retornavam dali por um caminho diferente, para que o fantasma não os seguisse. Muitas outras táticas, como dar as costas, eram praticadas para assegurar que o fantasma não voltasse da cova. Freqüentemente, trocava-se de roupas entre os sexos, para enganar o fantasma. Antes, o hábito do luto destinava-se a disfarçar os sobreviventes e, mais tarde, a demonstrar respeito pelos mortos e apaziguar os fantasmas, desse modo.

2. O APLACAMENTO DOS FANTASMAS

Na religião, o programa de restrições negativas para o apaziguamento dos fantasmas precedeu em muito ao programa positivo de coação e súplicas aos espíritos. Os primeiros atos do culto humano foram fenômenos de defesa, não de reverência. O homem moderno considera sábio o seguro contra o fogo; o selvagem, do mesmo modo, considerava sábio assegurar-se contra a má sorte vinda dos fantasmas. Os esforços para assegurar essa proteção constituíram as técnicas e os rituais do culto aos fantasmas.

Já se pensou que o maior desejo de um fantasma era ser rapidamente enterrado, de modo tal que pudesse ir sem empecilhos para a terra dos mortos. Qualquer erro de execução ou omissão, nos atos dos vivos, dentro do ritual de enterrar os fantasmas, certamente retardava o seu progresso para a terra dos fantasmas. Acreditava-se que isso era um desprazer para o fantasma, e supunha-se que um fantasma enfurecido fosse uma fonte de calamidade, infortúnio e infelicidade.

O serviço fúnebre originou-se do esforço do homem para induzir a alma-fantasma a partir para a sua casa futura, e o sermão fúnebre foi originalmente destinado a instruir o novo fantasma sobre como chegar lá. Era costume prover o fantasma de roupas e comida para a sua viagem, colocando-se objetos dentro ou perto da cova. O selvagem acreditava serem necessários de três dias a um ano para "enterrar o fantasma" — para afastá-lo da vizinhança da sepultura. Os esquimós ainda crêem que a alma fica com o corpo por três dias.

O silêncio ou o luto era observado depois de um falecimento, para evitar que o fantasma fosse atraído de volta para a sua casa. As autotorturas — as feridas — eram uma forma comum de luto. Muitos instrutores avançados tentaram acabar com isso, mas não conseguiram. Supunha-se que o jejum e outras formas de auto-sacrifício fossem do agrado dos fantasmas, que obtinham prazer com o desconforto dos vivos, durante o período de transição em que eles ainda pairavam nas imediações, antes da sua partida real para a terra dos mortos.

Os períodos longos e freqüentes de inatividade pelo luto foram um dos grandes obstáculos ao avanço da civilização. Semanas, e mesmo meses, de cada ano eram literalmente desperdiçados nesse luto improdutivo e inútil. O fato de que eram contratadas carpideiras profissionais para as ocasiões dos funerais indica que o luto era um rito, não uma evidência da tristeza. O homem moderno pode prantear o morto por respeito e luto, mas os antigos faziam-no por *medo*.

Os nomes dos mortos nunca eram pronunciados. De fato, muitas vezes, eram banidos da fala. Esses nomes tornavam-se um tabu e, desse modo, as línguas ficavam constantemente empobrecidas. E isso, finalmente, produzia uma multiplicação de expressões orais simbólicas e figurativas, tais como "o nome ou o dia que nunca se menciona".

Os antigos eram tão ansiosos para livrar-se de um fantasma, que lhe ofereciam tudo o que este poderia haver desejado durante a vida. Os fantasmas queriam esposas e servos, um selvagem de posses esperava que ao menos uma escrava-esposa fosse enterrada viva com ele, por ocasião da sua morte. Mais tarde tornou-se costume uma viúva cometer suicídio na sepultura do seu marido. Quando uma criança morria a sua mãe, a tia ou a avó, era, muitas vezes, estrangulada, para que um fantasma adulto pudesse acompanhar o fantasma infantil e cuidar dele. E aqueles que assim cediam as suas vidas usualmente faziam-no voluntariamente; de fato, se vivessem, violando o costume, o seu medo da ira do fantasma despojaria a sua vida dos poucos prazeres desfrutados pelo homem primitivo.

Era costumeiro despachar um grande número de súditos para acompanhar o chefe morto; escravos eram mortos quando os seus donos morriam, para que pudessem servi-los na terra dos fantasmas. Os indígenas de Bornéu ainda dão ao morto um mensageiro por companhia; um escravo é morto com uma lança para fazer a viagem dos fantasmas com o seu dono. Acreditava-se que o fantasma de uma pessoa assassinada deliciava-se de ter o fantasma do seu assassino como escravo; essa noção motivava os homens a caçar cabeças.

Supunha-se que os fantasmas gostavam do odor de comida; as oferendas de alimentos em festas fúnebres já foram universais. O método primitivo de dar graças era, antes de comer, jogar um pouco de comida no fogo, com o propósito de apaziguar os espíritos, murmurando uma fórmula mágica.

Supunha-se que os mortos fossem usar os fantasmas das ferramentas e das armas que haviam usado em vida. E quebrar um desses objetos era como "matá-lo", liberando, assim, o seu fantasma, para que passasse a servir na terra dos fantasmas. O sacrifício das propriedades também era feito queimando-as, ou enterrando-as. O desperdício nos funerais antigos era enorme e, nesses sacrifícios para os mortos, raças mais recentes faziam modelos em papel e desenhos substitutos para objetos e pessoas reais. Foi um grande avanço para a civilização, quando a herança dos parentes substituiu a queima e o enterro das propriedades. Os índios iroqueses fizeram muitas reformas quanto ao desperdício nos funerais. E essa conservação da propriedade capacitou-os a tornar-se os mais poderosos dos homens vermelhos do norte. Supõe-se que o homem moderno não tema os fantasmas, mas o hábito havendo sido forte, muitos dos bens terrenos ainda são consumidos nos rituais fúnebres e cerimônias para os mortos.

3.   O CULTO DOS ANCESTRAIS

O progresso do culto aos fantasmas tornou inevitável a adoração dos ancestrais, já que se tornou o elo de ligação entre os fantasmas comuns e os espíritos mais elevados, os quais eram os deuses em evolução. Os deuses primitivos sendo simplesmente humanos, quando mortos eram glorificados.

A adoração aos ancestrais originalmente acontecia mais como um medo do que como um culto e, tais crenças contribuíram definitivamente para uma disseminação ulterior do medo e adoração dos fantasmas. Os devotos dos cultos primitivos dos ancestrais-fantasmas temiam até mesmo dar um bocejo, sob pena de que um fantasma maligno entrasse nos seus corpos nesse momento.

O costume de adotar crianças existia para assegurar-se de que alguém fizesse oferendas depois da morte, para a paz e o progresso da alma. Os selvagens conviviam com o medo dos fantasmas dos seus semelhantes e passavam o seu tempo livre planejando o salvo-conduto do seu próprio fantasma, depois da morte.

A maioria das tribos instituía uma festa para todas as almas, ao menos uma vez por ano. Os romanos tinham doze festas de fantasmas por ano, e as cerimônias correspondentes.

A metade dos dias do ano era dedicada a alguma espécie de cerimônia associada a esses antigos cultos. Um imperador romano tentou reformar essas práticas, reduzindo o número de dias de festas a 135 por ano.

O culto dos fantasmas estava em contínua evolução. À medida que se visualizava que os fantasmas passavam de uma fase incompleta para uma fase mais elevada de existência, o culto finalmente progrediu até a adoração de espíritos, e mesmo de deuses. No entanto, independentemente das várias crenças em espíritos mais avançados, todas as tribos e raças no passado acreditaram em fantasmas.

4. ESPÍRITOS-FANTASMAS BONS E MAUS

O medo de fantasmas foi a nascente de todas as religiões do mundo; e, durante eras, muitas tribos sempre se agarraram à velha crença em alguma espécie de fantasmas. Ensinavam que o homem tinha boa sorte, quando o fantasma estava satisfeito e, má sorte, quando ele estava irado.

À medida que o culto do temor do fantasma se expandia, veio o reconhecimento de tipos mais elevados de espíritos, ou seja, de espíritos não identificáveis nitidamente com qualquer indivíduo humano. Eles eram os fantasmas graduados ou glorificados, que haviam progredido além do domínio da terra dos fantasmas para os Reinos mais elevados de terras espirituais.

A noção da existência de duas espécies de espíritos-fantasmas fez um progresso lento, mas certo, em todo o mundo. Esse novo espiritismo dual não foi disseminado de uma tribo para outra; brotou independentemente em todas as partes do mundo. Ao influenciar a mente evolucionária em expansão, o poder de uma idéia não repousa na sua realidade ou razoabilidade, mas antes na *intensidade* e na universalidade da sua aplicação pronta e simples.

Um pouco mais tarde, a imaginação do homem visualizou o conceito dos agentes sobrenaturais bons e maus; alguns fantasmas nunca evoluíram até o nível dos espíritos bons. O mono-espiritismo inicial do medo dos fantasmas foi gradualmente evoluindo para um espiritismo dual, um conceito novo do controle invisível dos assuntos terrenos. Finalmente, a boa sorte e a má sorte foram retratadas como tendo os seus respectivos controladores. E, entre as duas classes, acreditava-se que o grupo que trazia a má sorte era o mais ativo e numeroso.

Quando finalmente amadureceu, a doutrina dos bons e maus espíritos tornou-se a mais amplamente disseminada e persistente de todas as crenças religiosas. Esse dualismo representou um grande avanço religioso-filosófico, porque capacitou o homem a explicar a boa e a má sorte e, ao mesmo tempo, a acreditar em seres supramortais que, até certo ponto, tinham um comportamento consistente. Podia-se contar com os espíritos como sendo bons e maus; e não se pensava que eram seres completamente temperamentais, como os fantasmas iniciais do mono-espiritismo, da concepção das religiões mais primitivas. O homem, enfim, foi capaz de conceber forças supramortais de comportamento coerente; e isso foi, na verdade, uma das descobertas mais importantes em toda a história da evolução da religião e expansão da filosofia humana.

A religião evolucionária, entretanto, pagou um preço terrível pelo conceito do espiritismo dualista. A filosofia primitiva do homem era capaz de reconciliar a constância espiritual com as vicissitudes da sorte temporal, apenas postulando duas espécies de espíritos, uma, a boa, e outra, a má. E, se bem que essa crença haja capacitado o homem a reconciliar as variáveis do acaso com um conceito de forças imutáveis supramortais, essa doutrina, desde então, tornou difícil, para os religiosos, conceber a unidade cósmica. Os deuses da religião evolucionária têm encontrado oposição, em geral, nas forças das trevas.

A tragédia de tudo isso repousa no fato de que, quando essas idéias estavam criando raízes na mente primitiva do homem, não havia realmente espíritos maus ou desarmoniosos em todo o mundo. E tal situação desafortunada somente se desenvolveu após a rebelião de Caligástia e perdurou apenas até Pentecostes. Mesmo no século vinte, o conceito de bem e mal, como coordenadas cósmicas, permanece muito vivo na filosofia humana; a maioria das religiões do mundo ainda traz essa marca cultural de nascença, de dias longínquos, de quando emergiram os cultos dos fantasmas.

5. O AVANÇO DO CULTO DOS FANTASMAS

O homem primitivo imaginava os espíritos e os fantasmas com direitos quase ilimitados, mas sem nenhum dever; julgava-se que, para os espíritos, era o homem quem possuía muitos deveres, mas nenhum direito. Acreditava-se que os espíritos tinham um certo desprezo pelos homens, porque estes estavam constantemente fracassando no desempenho dos seus deveres espirituais. Era crença geral da humanidade que os fantasmas cobravam um tributo contínuo de serviço como preço pela não-interferência nos assuntos humanos; e o menor percalço era atribuído às atividades dos fantasmas. Os humanos primitivos eram tão temerosos de que pudessem esquecer-se de alguma honra devida aos deuses, que, depois de haver feito sacrifícios a todos os espíritos conhecidos, eles repetiam o culto, dirigindo-o aos "deuses desconhecidos", só para ficarem mais seguros.

E então o simples culto dos fantasmas foi logo seguido das práticas do culto mais avançado e relativamente complexo dos espíritos-fantasmas, consistindo em servir e adorar os espíritos mais elevados, tal como evoluíram na imaginação primitiva do homem. Os cerimoniais religiosos deviam manter-se no ritmo da evolução e progresso espiritual. A ampliação do culto não era senão a arte da autopreservação, praticada em relação à crença em seres sobrenaturais, uma auto-adaptação ao ambiente espiritual. As organizações industriais e militares foram adaptações ao ambiente natural e social. Assim como o casamento surgiu para fazer frente às demandas da bissexualidade, do mesmo modo a organização religiosa evoluiu em resposta à crença em forças e seres espirituais mais elevados. A religião representa o ajustamento do homem às suas ilusões sobre o mistério do acaso. O medo dos espíritos e sua adoração subseqüente foram adotados como um seguro contra a má sorte, como uma apólice de prosperidade.

O selvagem visualiza os espíritos bons cuidando dos seus próprios assuntos, solicitando pouco dos seres humanos. São os fantasmas e os espíritos maus que devem ser apaziguados. Desse modo, os povos primitivos davam mais atenção aos seus fantasmas malévolos do que aos seus espíritos benignos.

Supunha-se que a prosperidade humana provocasse especialmente a inveja dos espíritos maus, e que os seus métodos de retaliação fossem dar uma réplica, por intermédio de um agente humano, pela técnica do *mau olhado*. Aquela fase do culto que procurava evitar os maus espíritos preocupava-se muito com as maquinações do mau olhado. E o medo do mau olhado tornou-se quase mundial. As mulheres belas usavam véus, para serem protegidas do mau olhado; em conseqüência, muitas mulheres que desejavam ser consideradas belas adotaram essa prática. Em vista desse medo dos espíritos maus, raramente permitia-se às crianças saírem depois que escurecesse, e as preces matinais sempre incluíam o pedido: "livrai-nos do mau olhado".

O Corão contém um capítulo inteiro devotado ao mau olhado e aos feitiços mágicos, e os judeus acreditavam plenamente neles. Todo o culto fálico cresceu como uma defesa contra o mau olhado. Os órgãos da reprodução eram considerados como sendo o único fetiche que poderia torná-lo sem efeito. O mau olhado deu origem às primeiras superstições sobre marcas pré-natais nas crianças, impressões maternais, e em certo momento esse culto chegou a ser quase universal.

A inveja é uma característica humana bem arraigada, e é por isso que o homem primitivo atribuía-a aos seus deuses primitivos. Pelo fato de o homem haver enganado os fantasmas, logo começou a enganar os espíritos. Ele dizia: "se os espíritos são ciumentos da nossa beleza e prosperidade, nós nos desfiguraremos e falaremos pouco do nosso sucesso". A humildade primitiva não era, portanto, mera depreciação do ego, mas antes uma tentativa de despistar e de enganar os espíritos invejosos.

O método adotado para impedir os espíritos de tornarem-se ciumentos da prosperidade humana era lançar vitupérios sobre alguma pessoa ou coisa muito amadas ou de muita sorte. Daí a origem do hábito de se fazer observações depreciativas sobre si próprio ou sobre a própria família, evoluindo, finalmente, para a modéstia, a reserva e a cortesia na civilização. Pelo mesmo motivo, tornou-se moda parecer feio. A beleza despertava a inveja dos espíritos, e denotava um orgulho humano pecaminoso. Os selvagens adotavam nomes desagradáveis. Esse aspecto do culto foi um grande impedimento para o avanço da arte, e manteve, durante um longo período, o mundo na sombra e na fealdade.

Sob o culto dos espíritos, a vida era no máximo um jogo, o resultado do controle dos espíritos. O futuro de alguém não era resultado de esforço, engenhosidade, nem do talento, exceto quando estes podiam ser utilizados para influenciar os espíritos. As cerimônias de propiciação aos espíritos constituíam uma pesada carga, tornando a vida tediosa, praticamente insuportável. Através dos tempos, e de geração em geração, as raças, umas após as outras, procuraram melhorar essa doutrina do superfantasma, mas nenhuma geração jamais ousou rejeitá-la integralmente.

A intenção e a vontade dos espíritos foram estudadas por intermédio dos presságios, oráculos e símbolos. E essas mensagens dos espíritos foram interpretadas pela adivinhação, profecias, magias, sacrifícios e astrologia. Todo o culto era um esquema destinado a aplacar, satisfazer e comprar os espíritos, por intermédio de subornos disfarçados.

E assim cresceu e expandiu-se uma nova filosofia mundial, que consistia nos aspectos que se seguem:

1. O *dever* – aquelas coisas que devem ser feitas para manter os espíritos em uma disposição favorável, ou, ao menos, neutra.

2. O *certo* – as condutas e as cerimônias corretas destinadas a ganhar dos espíritos uma posição ativa no interesse próprio.

3. A *verdade* – o entendimento justo dos espíritos e uma atitude correta para com eles, e, portanto, para com a vida e a morte.

Não era meramente por curiosidade que os antigos buscavam saber o futuro; queriam esquivar-se da má sorte. A adivinhação era simplesmente uma tentativa de evitar os problemas. Durante essa época, os sonhos eram encarados como proféticos, e tudo fora do ordinário era considerado como presságio. E, ainda hoje, a crença em símbolos, amuletos e outros remanescentes supersticiosos do culto dos fantasmas de antigamente é um flagelo para as raças civilizadas. O homem é lento demais para abandonar aqueles métodos pelos quais ele ascendeu tão gradativa e penosamente na escala evolucionária da vida.

6. A COERÇÃO E O EXORCISMO

Quando os homens acreditavam apenas em fantasmas, o ritual religioso era mais pessoal, menos organizado, mas, para o reconhecimento dos espíritos mais elevados e para lidar com eles, era necessário o uso de "métodos espirituais mais elevados". Essa tentativa de melhorar e elaborar a técnica da propiciação espiritual levou diretamente à criação de defesas contra os espíritos. Na verdade, o homem sentiu-se desamparado diante das forças incontroláveis que atuam na vida terrena, e o seu sentimento de inferioridade levou-o a tentar encontrar alguma adaptação compensadora, alguma técnica para equilibrar as probabilidades na luta unilateral do homem contra o cosmo.

Nos dias iniciais do culto, os esforços do homem para influenciar a ação do fantasma limitavam-se à propiciação, às tentativas por meio do suborno, para eliminar a má sorte. À medida que o culto dos fantasmas evoluiu, alcançando o conceito de bons espíritos, bem como de maus espíritos, essas cerimônias transformaram-se em tentativas de uma natureza mais positiva, em esforços para ganhar a boa sorte. A religião do homem não era mais totalmente negativista, nem o homem deixou de lado os esforços para conquistar a boa sorte; um pouco mais tarde, começou a inventar esquemas por meio dos quais pudesse compelir o espírito a cooperar com ele. O religioso não permanece mais indefeso perante as demandas incessantes dos espíritos fantasmagóricos da sua própria criação; o selvagem está começando a inventar armas para obrigar os espíritos à ação e forçar sua ajuda.

Os primeiros esforços de defesa do homem foram dirigidos contra os fantasmas. À medida que as idades passaram, os vivos começaram a inventar métodos de resistir aos mortos. Muitas técnicas foram desenvolvidas para amedrontar os fantasmas e afastá-los; e, entre essas, podem ser citadas as que se seguem:

1. Cortar a cabeça e atar o corpo à sepultura.

2. Atirar pedras à casa do morto.

3. Castrar ou quebrar as pernas do cadáver.

4. Enterrar o cadáver sob as pedras; essa é uma das origens das modernas lápides sepulcrais.

5. Cremar; coisa que foi uma invenção mais recente, para impedir as maquinações dos fantasmas.

6. Lançar o corpo ao mar.

7. Expor o corpo para ser comido por animais selvagens.

Supunha-se que os fantasmas ficassem perturbados e amedrontados com o barulho; gritos, sinos e tambores afastavam-nos dos vivos, e tais métodos antigos ainda estão em voga, hoje, nos "velórios" dos mortos. Misturas de odores fétidos eram utilizadas para banir os espíritos indesejáveis. Imagens horríveis dos espíritos eram construídas para que fugissem depressa, quando contemplassem a si próprios. Acreditava-se que os cães podiam detectar a aproximação de fantasmas, coisa que avisavam com uivos; e que os galos cantavam quando estivessem por perto. O uso do galo nos cata-ventos veio perpetuar essa superstição.

A água era considerada como a melhor proteção contra os fantasmas. A água benta era superior a todas as outras formas; também a água na qual os sacerdotes haviam lavado os seus pés. Acreditava-se que tanto a água quanto o fogo constituíssem barreiras intransponíveis para os fantasmas. Os romanos andavam em torno de um cadáver, por três vezes, com água; no século vinte, o corpo é aspergido com água benta; e lavar as mãos no cemitério ainda é um ritual judeu. O batismo foi um aspecto mais recente do rito da água; o banho primitivo era uma cerimônia religiosa. Apenas recentemente, o banho tornou-se uma prática de higiene.

Contudo, o homem não se limitou à coagir os fantasmas; por meio do ritual religioso e de outras práticas, ele logo tentou compelir o espírito à ação. O exorcismo era o emprego de um espírito para controlar ou banir outro, e essas táticas eram também utilizadas para amedrontar os fantasmas e espíritos. O conceito do espiritismo-dual, de forças boas e más, ofereceu ao homem uma ampla oportunidade de opor um agente ao outro, pois, se um homem poderoso pode vencer outro mais fraco, então, certamente, um espírito forte poderia dominar um fantasma inferior. A maldição primitiva era uma prática coercitiva destinada a intimidar os espíritos menores. Posteriormente, esse costume expandiu-se, levando à prática de lançar maldições aos inimigos.

Durante muito tempo, acreditou-se que retomando-se os usos dos costumes mais antigos, os espíritos e os semideuses seriam forçados a agir segundo os desejos dos homens. O homem moderno é culpado do mesmo procedimento. Vós falais uns com os outros em uma linguagem cotidiana comum, mas, quando orais, vós recorreis a um estilo mais antigo e de uma outra geração, o estilo chamado de solene.

Essa doutrina também explica muito das regressões de rito religioso de fundo sexual, tais como a prostituição no templo. E as regressões a costumes primitivos eram consideradas como uma proteção segura contra muitas calamidades. Entre os povos de mentes simples, todas essas manifestações estavam inteiramente isentas do que o homem moderno chamaria de promiscuidade.

Em seguida, veio a prática de votos rituais, logo seguida das promessas religiosas e juramentos sagrados. A maioria desses juramentos era acompanhada de autotortura e automutilação; e, mais tarde, do jejum e oração. O auto-sacrifício, subseqüentemente, foi encarado como sendo uma coerção certa; e isso foi especialmente verdadeiro na questão da abstenção sexual. E, assim, o homem primitivo desenvolveu muito cedo uma austeridade clara e decidida nas suas práticas religiosas, uma crença na eficácia da autotortura e do auto-sacrifício, como rituais capazes de coagir os espíritos refratários a reagir favoravelmente ante tais sofrimentos e privações.

O homem moderno não mais tenta coagir abertamente os espíritos, embora ainda evidencie uma disposição para barganhar com a Deidade. E ainda jura, bate na madeira, cruza os dedos e pronuncia uma frase sem sentido depois de um espirro; pois tudo isso já foi uma fórmula mágica.

7. A NATUREZA DOS CULTOS

O tipo de organização social baseado nos cultos sobreviveu, porque ele provia um simbolismo de preservação e um estímulo aos sentimentos morais e às lealdades religiosas. O culto cresceu com as tradições das "famílias antigas" e foi perpetuado como uma instituição estabelecida; todas as famílias têm um culto de alguma espécie. Todo ideal inspirador busca atingir algum simbolismo perpetrador – procura alguma técnica de manifestação cultural que irá assegurar a sobrevivência e aumentar a realização –, e o culto alcança esse fim gratificando e estimulando a emoção.

Desde o alvorecer da civilização, todo movimento atraente na cultura social ou no progresso religioso desenvolveu um ritual, um cerimonial simbólico. Quanto mais inconsciente haja sido o crescimento desse ritual, tanto mais fortemente teria atraído os seus devotos. O culto preservou o sentimento e satisfez às emoções, mas ele tem sido o maior obstáculo para a reconstrução social e para o progresso espiritual.

Não obstante o culto haver sempre retardado o progresso social, é lamentável que tantos crentes modernos nos padrões morais e ideais espirituais não tenham nenhum simbolismo adequado — nenhum culto de suporte mútuo – nada a que *possam pertencer*. Contudo, um culto religioso não pode ser fabricado; ele tem de crescer. Os cultos de dois grupos quaisquer não podem ser idênticos, a menos que os seus rituais sejam arbitrariamente padronizados pela autoridade.

O culto cristão inicial foi o mais eficaz, atraente e duradouro entre todos os rituais jamais concebidos ou legados, mas muito do seu valor foi destruído em uma idade científica, pela aniquilação de muitos dos seus princípios originais subjacentes. O culto cristão tem sido desvitalizado pela perda de muitas das suas idéias fundamentais.

No passado, a verdade cresceu rapidamente e expandiu-se livremente, quando o culto não era elástico e o simbolismo era expansível. A verdade abundante e um culto ajustável favoreceram a rapidez da progressão social. Um culto sem sentido vicia a religião, quando tenta suplantar a filosofia e escravizar a razão; um culto genuíno cresce.

A despeito dos inconvenientes e desvantagens, cada nova revelação da verdade tem dado surgimento a um novo culto e, mesmo o pronunciamento novo da religião de Jesus, deve desenvolver um simbolismo novo e apropriado. O homem moderno deve encontrar algum simbolismo adequado para as suas idéias, ideais e lealdades, novos e expandidos. Esse símbolo mais elevado deve surgir da vida religiosa, da experiência espiritual. E esse simbolismo mais enaltecido, para uma civilização mais elevada, deve ser pregado sobre o conceito da Paternidade de Deus e deve estar impregnado do poderoso ideal da irmandade dos homens.

Os velhos cultos foram demasiado egocêntricos; o novo culto deve ser fruto da aplicação do amor. O novo culto deve, como os antigos, dar força ao sentimento, satisfazer à emoção e promover a lealdade, mas deve fazer mais: deve facilitar o progresso espiritual, enaltecer os significados cósmicos, elevar os valores morais, encorajar o desenvolvimento social e estimular um tipo elevado de vida pessoal religiosa. O novo culto deve estabelecer metas supremas de vida que sejam tanto temporais quanto eternas – social e espiritualmente.

Nenhum culto pode perdurar e contribuir para o progresso da civilização social e para a realização espiritual individual, a menos que seja baseado na significação biológica, sociológica e religiosa do *lar*. Um culto que queira sobreviver deve simbolizar aquilo que é permanente, em presença da mudança incessante; deve glorificar aquilo que unifica o fluir da sempre mutante metamorfose social. Deve reconhecer os verdadeiros significados, exaltar as belas relações e glorificar os bons valores de nobreza autêntica.

Todavia, a grande dificuldade de encontrar um simbolismo novo e satisfatório está em que os homens modernos, enquanto grupo, aderem à atitude científica, evitam a superstição e abominam a ignorância, ao passo que, enquanto indivíduos, anseiam pelo mistério e veneram o desconhecido. Nenhum culto pode sobreviver, a menos que incorpore algum mistério magistral e oculte algo inatingível, mas digno de ser almejado. Ou seja, o novo simbolismo não deve ser significativo somente para o grupo, mas deve também ter significado para o indivíduo. As formas de qualquer simbolismo útil devem ser aquelas que o indivíduo possa levar adiante, por iniciativa própria, e das quais ele possa também desfrutar com os seus semelhantes. Se o novo culto pudesse apenas ser dinâmico, em vez de estático, ele poderia realmente contribuir com algo de valioso para o progresso da humanidade, tanto temporal quanto espiritualmente.

Um culto, no entanto — um simbolismo de ritos, lemas ou metas – não funcionará, se for muito complexo. É necessário que ele comporte a exigência da devoção, de resposta à lealdade. Cada religião eficaz desenvolve, infalivelmente, um simbolismo condigno; e os seus devotos deveriam impedir a cristalização de ritos em cerimônias estereotipadas, entorpecedoras, paralisadoras e sufocantes, que apenas impedem e retardam todo progresso social, moral e espiritual. Nenhum culto pode sobreviver se ele retardar o crescimento moral e se deixar de fomentar o progresso espiritual. O culto é o esqueleto estrutural em torno do qual cresce o corpo vivo e dinâmico da experiência espiritual pessoal – a verdadeira religião.

[Apresentado por um Brilhante Estrela Vespertino de Nébadon.]

DOCUMENTO 88

FETICHES, ENCANTOS E MAGIAS

O CONCEITO de um espírito entrando em um objeto inanimado, um animal ou um ser humano, é uma crença muito antiga e que mereceu muitas honras, tendo prevalecido desde os primórdios da evolução da religião. A doutrina da possessão por um espírito é nada mais nada menos do que *fetichismo*. O selvagem não adora necessariamente o fetiche; adora e reverencia muito logicamente o espírito que reside nesse fetiche.

A princípio, acreditava-se que o espírito de um fetiche era o fantasma de um homem morto; posteriormente, supunha-se que espíritos mais elevados residiam nos fetiches. E, assim, o culto do fetiche finalmente incorporou todas as idéias primitivas dos fantasmas, almas, espíritos e possessão demoníaca.

1. A CRENÇA NOS FETICHES

O homem primitivo sempre quis transformar todas as coisas extraordinárias em fetiches; e, por isso, o acaso deu origem a muitos deles. Um homem está doente, algo acontece, e ele fica bom. A mesma coisa é verdadeira sobre a reputação de muitos medicamentos e métodos ocasionais de tratar a doença. Os objetos ligados aos sonhos podiam ser convertidos em fetiches. Vulcões, mas não as montanhas, transformaram-se em fetiches; cometas, mas não estrelas. O homem primitivo considerava as estrelas cadentes e meteoros como indicativos da chegada na Terra de espíritos visitantes especiais.

Os primeiros fetiches foram pedregulhos com marcas peculiares, e as "pedras sagradas" têm sido, desde então, buscadas pelo homem; um colar de contas chegou a ser uma coleção de pedras sagradas, uma bateria de amuletos. Muitas tribos tinham pedras fetiches, mas poucas sobreviveram, como a Kaaba e a Pedra de Scone. O fogo e a água estavam também entre os fetiches primitivos, e a adoração do fogo, junto com a crença na água benta, ainda sobrevive.

As árvores fetiches tiveram um desenvolvimento posterior, e, em meio a algumas tribos, a persistência da adoração da natureza levou à crença em amuletos habitados por alguma espécie de espírito da natureza. Quando as plantas e frutas tornaram-se fetiches, elas transformaram-se em um tabu, como alimento. A maçã esteve entre as primeiras a entrar para essa categoria; nunca foi comida pelos povos do Levante.

Se um animal comia carne humana, ele tornava-se um fetiche. Dessa maneira, o cão tornou-se um animal sagrado para os persas. Se o fetiche é um animal e o fantasma reside permanentemente nele, então o fetichismo pode ter conseqüências para a reencarnação. De muitos modos os selvagens invejavam os animais; mas não se sentiam superiores aos animais e freqüentemente levavam os nomes das suas bestas favoritas.

Quando os animais tornavam-se fetiches, seguia-se o tabu de comer a carne do animal fetiche. Os monos e os símios, por causa da sua semelhança com o homem, tornaram-se animais fetiches muito cedo; posteriormente, cobras, pássaros e suínos foram considerados do mesmo modo. A vaca, em uma certa época, foi um fetiche, o leite sendo tabu, enquanto os seus excrementos eram tidos em alta conta. A serpente foi reverenciada na Palestina, especialmente pelos fenícios, que, junto com os judeus, consideravam-na como sendo porta-voz dos espíritos do mal. Até muitos dos povos modernos acreditam nos poderes de encanto dos répteis. A serpente foi venerada desde a Arábia, passando pela Índia, até a dança da tribo Moqui dos homens vermelhos.

Alguns dias da semana foram fetiches. Durante idades, a sexta-feira tem sido encarada como um dia de má sorte e o número treze como um mau número. Os números de sorte, o três e o sete, vieram de revelações posteriores; o quatro era o número de sorte do homem primitivo e derivava do reconhecimento primitivo dos quatro pontos da bússola. Era considerado de má sorte contar o gado ou outras posses; os antigos sempre se opuseram a fazer os censos, a "numerar o povo".

O homem primitivo não fez do sexo um fetiche exagerado; a função reprodutora recebia apenas uma quantidade limitada de atenção. O selvagem tinha a mente natural, nem obscena, nem lasciva.

A saliva era um fetiche poderoso; os demônios poderiam ser retirados se se cuspisse em uma pessoa. Que um ancião ou um superior cuspisse em alguém era o mais alto cumprimento. Algumas partes do corpo humano eram vistas como fetiches potenciais, particularmente o cabelo e as unhas. As unhas longas dos dedos das mãos dos chefes tinham um grande valor, e as aparas delas eram um fetiche poderoso. A crença nos crânios como fetiches é responsável, posteriormente, por grande parte dos caçadores-de-cabeças. O cordão umbilical era um fetiche altamente valorizado; mesmo hoje, ele é visto assim na África. O primeiro brinquedo da humanidade foi um cordão umbilical que se conservou. Ornado de pérolas, como era sempre feito, foi o primeiro colar do homem.

Corcundas e crianças aleijadas eram consideradas como fetiches; acreditava-se que os lunáticos eram tocados pela lua. O homem primitivo não podia distinguir entre o gênio e a insanidade; os idiotas ou eram espancados até a morte ou reverenciados como personalidades fetiches. A histeria confirmava cada vez mais a crença popular na bruxaria; os epiléticos freqüentemente foram sacerdotes e curandeiros. A embriaguez era considerada como uma forma de possessão espiritual; quando um selvagem fazia uma farra, colocava uma folha no seu cabelo com o propósito de retirar de si a responsabilidade pelos seus atos. Os venenos e os tóxicos tornaram-se fetiches; considerava-se que eles fossem causa de possessão.

Muitos povos encaravam os gênios como personalidades fetiches, possuídas por um espírito sábio. E esses talentosos humanos logo aprenderam a recorrer à fraude e trapaças para servir aos seus interesses egoístas. Um homem fetiche era considerado como sendo mais do que humano; era divino, e mesmo infalível. E assim é que os chefes, reis, sacerdotes, profetas e dirigentes de igrejas finalmente acabaram por desfrutar de um grande poder, exercendo uma autoridade sem limites.

2. A EVOLUÇÃO DO FETICHE

Supunha-se haver uma preferência dos fantasmas por residir em alguns objetos que lhes haviam pertencido quando estavam vivos na carne. Essa crença explica a eficácia de muitas relíquias modernas. Os antigos sempre reverenciavam os ossos dos seus líderes, e os restos do esqueleto de santos e heróis ainda são considerados com um respeito supersticioso por muitas pessoas. Ainda hoje, as peregrinações são feitas aos túmulos de grandes homens.

A crença em relíquias é uma conseqüência do antigo culto dos fetiches. As relíquias, nas religiões modernas, representam uma tentativa de racionalizar o fetiche do selvagem e assim elevá-lo a um lugar de dignidade e respeitabilidade nos sistemas religiosos modernos. É um ato de paganismo acreditar em fetiches e magia, mas, supostamente, nada de errado há em aceitar relíquias e milagres.

O fogo – a lareira do lar – tornou-se mais ou menos um fetiche, um lugar sagrado. Os santuários e os templos a princípio eram lugares fetiches, porque os mortos eram enterrados ali. A cabana-fetiche dos hebreus foi elevada por Moisés ao nível de abrigar um superfetiche, o conceito então existente da lei de Deus. Os israelitas, porém, nunca abandonaram a crença peculiar dos cananeus no altar de pedra: "E esta pedra, que eu estabeleci como pilar, será a casa de Deus". Eles acreditavam verdadeiramente que o espírito do seu Deus residia em tais altares de pedra, que eram fetiches, na realidade.

As primeiras imagens foram feitas para preservar a aparência e a memória dos mortos ilustres; na realidade, eram monumentos. Os ídolos foram um refinamento do fetichismo. Os primitivos acreditavam que uma cerimônia de consagração conduziria o espírito a entrar na imagem; do mesmo modo, quando certos objetos eram abençoados, eles se transformariam em amuletos.

Moisés, quando agregou o segundo mandamento ao antigo código moral da Dalamátia, fez um esforço para controlar a adoração de fetiches entre os hebreus. Ele indicou cuidadosamente que eles não fizessem espécie alguma de imagem que pudesse ser consagrada como um fetiche. E deixou claro: "Não fareis nenhuma imagem gravada ou nenhuma escultura à semelhança de qualquer coisa que está no céu acima, nem na terra abaixo, ou nas águas da Terra". Se bem que esse mandamento haja feito muito para atrasar a arte entre os judeus, ele diminuiu o culto dos fetiches. Moisés, contudo, era sábio demais para tentar desalojar subitamente os antigos fetiches e, portanto, consentiu que se deixassem certas relíquias, dentro da lei, no altar híbrido de guerra e de templo religioso, que era a arca.

As palavras finalmente tornaram-se fetiches, mais especialmente aquelas que eram consideradas como sendo palavras de Deus; e desse modo os livros sagrados de muitas religiões tornaram-se prisões fetichistas a encarcerar a imaginação espiritual do homem. Os próprios esforços de Moisés contra os fetiches tornaram-se um fetiche supremo; os seus mandamentos, mais tarde, foram usados para estultificar a arte e retardar o prazer e a adoração do belo.

Nos tempos antigos, a palavra fetiche da autoridade era uma *doutrina* inspiradora de medo, a mais terrível de todas as tiranias que escravizam os homens. Um fetiche doutrinário conduzirá o homem mortal a trair a si próprio, caindo nas garras de alguma beatice, fanatismo, superstição, intolerância e nas mais atrozes das crueldades bárbaras. O respeito moderno pela sabedoria e a verdade não é senão uma fuga mais recente à tendência elaboradora de fetiches, levada aos níveis mais altos do pensar e do raciocinar. Quanto aos escritos fetiches acumulados, os quais tantos religiosos têm como *livros sagrados*, não se acredita apenas que o que está no livro seja verdade, mas também que toda a verdade esteja contida no livro. Se um desses livros sagrados por acaso fala da Terra como sendo plana, então, durante várias gerações, homens e mulheres sensatos recusarão a aceitar as evidências positivas de que o planeta é redondo.

A prática de abrir um desses livros sagrados e deixar que os olhos caiam sobre uma passagem que, se colocada em prática, pode determinar importantes decisões de vida ou projetos, nada mais é do que um completo fetichismo. Fazer um juramento sobre um "livro sagrado", ou jurar por algum objeto de veneração suprema, é uma forma refinada de fetichismo.

Todavia, de fato, foi um progresso evolucionário real avançar do temor fetichista das lascas de unhas do cacique selvagem, para a adoração de uma esplêndida coleção de cartas, leis, lendas, alegorias, mitos, poemas e crônicas, que refletem afinal a detalhada sabedoria moral de muitos séculos antes do momento e do evento da sua reunião como um "livro sagrado".

Para transformar-se em fetiches, as palavras tinham de ser consideradas inspiradas, e a invocação de escritos supostamente de inspiração divina levou diretamente ao estabelecimento da *autoridade* da igreja, enquanto a evolução de formas civis levou ao desabrochamento da *autoridade* do estado.

3. O TOTEMISMO

O fetichismo impregnou todos os cultos primitivos, desde a crença primitiva em pedras sagradas, passando pela idolatria, o canibalismo e o culto à natureza, e até o totemismo.

O totemismo é uma combinação de observâncias sociais e religiosas. Originalmente, pensou-se que o respeito pelo animal totem de suposta origem biológica assegurava o suprimento de alimento. Totens eram ao mesmo tempo símbolos do grupo e do seu deus. Esse deus era o clã personificado. O totemismo foi uma fase de tentativa de socialização da religião, que, ao contrário, é pessoal. O totem finalmente evoluiu, transformando-se na bandeira, ou no símbolo nacional dos vários povos modernos.

Uma bolsa fetiche, uma bolsa de medicamentos, era uma sacola contendo um sortimento respeitável de artigos impregnados pelos fantasmas, e o curandeiro de outrora nunca permitia que a sua bolsa, o símbolo do seu poder, tocasse o chão. Os povos civilizados no século vinte cuidam para que as suas bandeiras, emblemas da consciência nacional, do mesmo modo, nunca toquem o chão.

As insígnias dos cargos sacerdotais e reais foram finalmente encaradas como fetiches, e o fetiche do estado supremo passou por muitos estágios de desenvolvimento, dos clãs para as tribos, de suseranias a soberanias, de totens a bandeiras. Os reis fetiches têm reinado por "direito divino", e assim muitas outras formas de governo têm prevalecido. Os homens também fizeram da democracia um fetiche, exaltação e adoração das idéias do homem comum coletivamente chamadas de "opinião pública". A opinião de um homem, quando tomada isoladamente em si mesma, não é considerada como tendo muito valor, mas, quando muitos homens funcionam coletivamente como uma democracia, esse mesmo julgamento ainda que medíocre é tomado como sendo o árbitro da justiça e o padrão de retidão.

4. A MAGIA

O homem civilizado enfrenta problemas do meio ambiente real mediante a sua ciência; o homem selvagem tentou resolver os problemas reais de um meio-ambiente-fantasma-ilusório por meio da magia. A magia era a técnica de manipulação de um meio determinado ambiente espiritual, cujas maquinações explicavam constantemente o inexplicável; era a arte de obter a cooperação espiritual voluntária e de forçar a ajuda espiritual involuntária por meio do uso de fetiches ou outros espíritos mais poderosos.

Os objetivos da magia, feitiçaria e necromancia eram duplos:

1. Assegurar uma visão sobre o futuro.

2. Influenciar favoravelmente o meio ambiente.

Os objetivos da ciência são idênticos aos da magia. A humanidade está progredindo da magia para a ciência, não por meio da meditação e do raciocínio, mas por intermédio de uma experiência longa, gradual e dolorosa. O homem avança gradativamente até a verdade, não sem recuos; começando pelo erro, progredindo no erro, e finalmente alcançando o limiar da verdade. Apenas com o advento do método científico ele voltou o seu olhar para a frente. Contudo, o homem primitivo tinha de experimentar ou perecer.

A fascinação da superstição primitiva foi mãe da curiosidade científica posterior. Havia uma emoção dinâmica progressiva – medo mais curiosidade – nessas superstições primitivas; havia uma força motriz progressiva na magia de outrora. Essas superstições representavam a emergência do desejo humano de conhecer e controlar o meio ambiente planetário.

A magia ganhou forte domínio sobre o selvagem, porque ele não podia compreender o conceito da morte natural. A idéia posterior de um pecado original em muito ajudou a enfraquecer a força da magia sobre a raça, porque ela explicava a morte natural. Numa certa época, não era de todo incomum que dez pessoas inocentes fossem condenadas a morrer pela sua suposta responsabilidade por uma morte natural. Essa é uma razão pela qual as populações dos antigos não aumentavam mais depressa, e isso ainda é verdadeiro para algumas tribos africanas. O indivíduo acusado, em geral, confessava culpa, ainda que tivesse de enfrentar a morte.

A magia é natural para um selvagem. Ele crê que um inimigo pode, de fato, ser morto pela prática da feitiçaria, por meio de uma mecha do seu cabelo ou lascas das suas unhas. A fatalidade das mordidas de cobras era atribuída à magia do feiticeiro. A dificuldade de combater a magia vem do fato de que o medo pode matar. Os povos primitivos temiam tanto a magia, que ela de fato matava; e tais resultados eram suficientes para consubstanciar essa crença errônea. No caso de fracasso, havia sempre alguma explicação plausível; a cura para a magia imperfeita era mais magia ainda.

5. OS AMULETOS MÁGICOS

Posto que tudo o que se relacionasse ao corpo poderia tornar-se um fetiche, a magia mais primitiva tinha a ver com o cabelo e com as unhas. O segredo que cercava as secreções corporais nasceu do temor de que um inimigo pudesse apossar-se de algo que se derivasse do corpo e empregar aquilo negativamente em uma magia; toda excreção do corpo era, portanto, cuidadosamente enterrada. Abstinha-se de cuspir em público, em vista do medo de que a saliva pudesse ser usada na magia deletéria; o cuspe era sempre coberto. Mesmo as sobras de comida, roupa e ornamentos poderiam transformar-se em instrumentos para a magia. O selvagem nunca deixava nenhum remanescente da sua refeição à mesa. E tudo isso era feito mais por medo de que os inimigos pudessem usar tais coisas em ritos de magia, do que por qualquer apreciação do valor higiênico de tais práticas.

Os amuletos mágicos eram preparados com uma grande variedade de coisas: carne humana, garras de tigre, dentes de crocodilo, sementes de plantas venenosas, veneno de cobra e cabelo humano. Os ossos dos mortos eram muito mágicos. Mesmo o pó das pegadas podia ser usado na magia. Os antigos eram grandes crentes nos amuletos de amor. O sangue e todas as formas de secreções do corpo seriam capazes de assegurar a influência mágica do amor.

As imagens eram consideradas como sendo eficazes na magia. Efígies eram feitas e, quando tratadas, bem ou mal, acreditava-se que os mesmos efeitos recaíam sobre a pessoa real. Quando faziam compras, pessoas supersticiosas mastigavam um pedaço de madeira dura com o fito de amaciar o coração do vendedor.

O leite de uma vaca negra era altamente mágico; e também os gatos negros. Eram mágicos os cetros e as varinhas, e também tambores, sinos e nós. Todos os objetos antigos eram amuletos mágicos. As práticas de uma civilização nova ou mais elevada eram vistas desfavoravelmente, em vista da sua suposta natureza de magia maligna. Durante muito tempo, assim foram consideradas a escrita, a imprensa, as imagens e os retratos.

O homem primitivo acreditava que os nomes deviam ser tratados com respeito, especialmente os nomes dos deuses. O nome era considerado como uma entidade, uma influência distinta da personalidade física; era tido na mesma estima que a alma e a sombra. Os nomes eram empenhados para se obter empréstimos; um homem não podia usar o seu nome até que este fosse redimido com o pagamento de um empréstimo. Atualmente, assina-se o próprio nome em uma nota de débito. O nome de um indivíduo logo se tornou importante para a magia. O selvagem tinha dois nomes; o nome sendo importante era considerado como sagrado demais para ser usado em ocasiões ordinárias, o segundo nome, conseqüentemente, era o nome de todo-dia – um apelido. Ele nunca dizia o seu verdadeiro nome a estranhos. Qualquer experiência de natureza inusitada levava-o a mudar de nome; algumas vezes, isso era feito em um esforço para curar doenças e dar fim à má sorte. O selvagem podia conseguir um novo nome, comprando-o do chefe tribal; os homens ainda investem em títulos e diplomas. Contudo, entre as tribos mais primitivas, tais como os bosquímanos da África, os nomes individuais não existem.

6. A PRÁTICA DA MAGIA

A magia foi praticada com o uso de varas, rituais, "medicamentos" e encantamentos, e era costumeiro ao praticante trabalhar despido. Entre os magos primitivos, o número de mulheres era maior do que o de homens. Na magia, a palavra "medicina" significa mistério, não tratamento. O selvagem nunca curava a si próprio; nunca usava medicamentos a não ser a conselho dos especialistas em magia. E os curandeiros vodus do século vinte são tipicamente como os magos de outrora.

Havia tanto um lado público quanto um lado privado da magia. Aquela que era executada pelos curandeiros, xamãs, ou sacerdotes era, supunha-se, para o bem de toda a tribo. As feiticeiras, bruxos e magos exerciam a magia privada, pessoal e egoísta, que era empregada como um método coercitivo para trazer o mal aos inimigos. O conceito do espiritismo dual, segundo o qual há bons e maus espíritos, deu origem às crenças posteriores na magia branca e na magia negra. Com a evolução da religião, a magia passou a ser um termo aplicado a operações espirituais feitas fora do próprio culto e também se referia a crenças mais antigas nos fantasmas.

A combinação de palavras, num ritual de cantos e encantamentos, era altamente mágica. Alguns encantamentos primitivos finalmente evoluíram, transformando-se em orações. Em seguida, a magia imitativa era praticada; as orações eram representadas; as danças mágicas nada mais eram do que orações dramatizadas. A prece gradualmente substituiu a magia como associada ao sacrifício.

A expressão gestual, sendo mais antiga do que a fala, era mais santa e mágica, e creditava-se à mímica um forte poder mágico. Os homens vermelhos freqüentemente encenavam uma dança de búfalos, na qual um deles faria o papel de um búfalo o qual, ao ser capturado, asseguraria o êxito da caçada que viria. As festividades sexuais do Primeiro de Maio eram simplesmente uma magia imitativa, um apelo sugestivo às paixões sexuais do mundo das plantas. A boneca foi empregada pela primeira vez como um talismã mágico pela esposa estéril.

A magia foi um ramo da árvore religiosa evolucionária que, finalmente, teve como fruto uma era científica. A crença na astrologia levou ao desenvolvimento da astronomia; a crença em uma pedra filosofal levou à mestria com os metais, enquanto a crença em números mágicos fundamentou a ciência da matemática.

No entanto, um mundo tão repleto de encantamentos muito fez para destruir toda a ambição e iniciativa pessoal. Os frutos do trabalho extra ou da diligência eram vistos como se fossem mágicos. Se um homem tinha mais grãos no seu campo do que o seu vizinho, ele podia ser levado diante do cacique e acusado de haver atraído esses grãos a mais do campo do vizinho indolente. De fato, nos dias da barbárie, era perigoso saber muito; havia sempre uma possibilidade de ser executado como um mago negro.

Gradualmente, a ciência está retirando da vida o elemento de risco. Todavia, se os métodos modernos de educação falharem, haverá quase imediatamente uma reversão de volta às crenças primitivas na magia. Essas superstições ainda perambulam pelas mentes de muitos dos chamados povos civilizados. Os idiomas contêm muitas expressões fossilizadas, palavras que atestam que a raça desde muito tempo tem estado imersa na superstição da magia, tais como: enfeitiçado, de má-estrela, possessão, inspiração, tirar o espírito, ingenuidade, êxtase, pasmo e assombrado. E seres humanos inteligentes ainda acreditam em boa sorte, mau olhado e astrologia.

A magia antiga foi o casulo da ciência moderna, indispensável na sua época, no entanto agora em nada mais é útil. E assim os fantasmas da superstição ignorante agitaram as mentes primitivas dos homens, até que os conceitos da ciência pudessem nascer. Hoje, Urântia está no alvorecer da evolução intelectual. Metade do mundo está tentando avidamente alcançar a luz da verdade e os fatos das descobertas científicas, enquanto a outra metade está languidamente jogada nos braços da superstição antiga e de uma magia disfarçada apenas de um modo tênue.

[Apresentado por um Brilhante Estrela Vespertino de Nébadon.]

DOCUMENTO 89

PECADO, SACRIFÍCIO E EXPIAÇÃO

O HOMEM primitivo via a si mesmo em constante débito para com os espíritos, e em necessidade de redenção. Segundo o modo como os selvagens encaravam esse fato, por justiça os espíritos poderiam enviar-lhes mais má sorte ainda. Com o passar do tempo, esse conceito desenvolveu-se até a doutrina do pecado e salvação. A alma era encarada como tendo vindo ao mundo possuindo uma falta – o pecado original. E a alma teria de ser redimida; um bode-expiatório deveria ser providenciado. O caçador de cabeças, além de praticar o culto de adoração à caveira, era capaz de prover um substituto para a sua própria vida: um homem-expiatório.

O selvagem foi, logo nos seus primórdios, possuído pela noção de que os espíritos têm uma satisfação suprema com a visão da miséria, sofrimento e humilhação humana. No princípio, o homem estava preocupado apenas com os pecados cometidos, mais tarde, todavia, ele inquietou-se também com o pecado da omissão. E todo um sistema subseqüente de sacrifícios cresceu em torno dessas duas idéias. Esse novo ritual tinha a ver com a observância das cerimônias de propiciação para o sacrifício. O homem primitivo acreditava que algo especial devia ser feito para conquistar o favorecimento dos deuses; apenas a civilização avançada reconhece um Deus coerentemente equilibrado e benevolente. A propiciação era mais um seguro contra a má sorte imediata do que um investimento na bênção futura. E os rituais do livramento, exorcismo, coerção e propiciação, todos, combinam-se uns com os outros.

1. O TABU

A observância de um tabu foi o esforço do homem para evitar a má sorte, para livrar-se de ofender os fantasmas espirituais, evitando várias coisas. Os tabus inicialmente foram não-religiosos, mas logo adquiriram a aprovação dos fantasmas ou dos espíritos e, quando reforçados assim, transformaram-se nos elaboradores das leis e instituições. O tabu é a fonte dos padrões dos cerimoniais e o ancestral do autocontrole primitivo. Foi a mais primitiva forma de regulamentação societária e, por um longo período de tempo, a única; e ainda se mantém como unidade básica da estrutura social reguladora.

O respeito que essas proibições inculcavam na mente do selvagem igualava-se exatamente ao medo que ele tinha dos poderes que supunha estar impondo-as. Os tabus inicialmente surgiram em conseqüência da experiência casual com a má sorte; mais tarde foram propostos pelos chefes e xamãs – homens-fetiches que se pensava serem orientados por um fantasma espiritual, ou mesmo por um deus. O medo da punição dos espíritos era tão grande na mente do homem primitivo que, algumas vezes, ele morria de medo quando violava um tabu; e esse episódio dramático reforçava enormemente o poder do tabu nas mentes daqueles que sobreviviam.

Entre as mais antigas proibições estavam as restrições quanto à apropriação de mulheres e outras propriedades. À medida que a religião começou a exercer um papel maior na evolução do tabu, o artigo que ficava banido era considerado sujo e, subseqüentemente, profano. Os registros dos hebreus estão cheios de menções a coisas limpas e sujas, santas e profanas; contudo as suas crenças nessas direções foram sempre muito menos embaraçosas e amplas do que as de muitos outros povos.

Os sete mandamentos da Dalamátia e do Éden, bem como as dez obrigações dos hebreus eram tabus definidos, expressos todos na mesma forma negativa das mais antigas proibições. Esses códigos mais novos, entretanto, tiveram uma influência verdadeiramente emancipadora, pois tomaram o lugar de milhares de tabus preexistentes. E, mais que isso, tais mandamentos mais recentes definitivamente prometiam algo em recompensa pela obediência.

Os tabus primitivos sobre os alimentos originaram-se do fetichismo e totemismo. Os suínos eram sagrados para os fenícios, a vaca para os indianos. O tabu egípcio sobre a carne de porco foi perpetuado pelas fés hebraica e islâmica. Uma variante do tabu dos alimentos foi a crença de que se uma mulher grávida pensasse muito sobre um determinado alimento, a sua criança, quando nascesse, seria um eco daquele alimento, o qual seria um tabu para a criança.

Os métodos da alimentação logo se fizeram um tabu, e assim originaram-se as etiquetas antigas e modernas à mesa. Os sistemas de castas e níveis sociais são vestígios de antigas proibições. Os tabus eram altamente eficazes para organizar a sociedade, mas eram terrivelmente opressivos; o sistema de proibição negativa não apenas mantinha regulamentações úteis e construtivas como também os tabus obsoletos, antiquados e inúteis.

Não havia, contudo, uma sociedade civilizada a restringir o homem primitivo a não ser por esses tabus bem difundidos e variados; e o tabu nunca teria perdurado, não fossem as próprias sanções das religiões primitivas que os sustentavam. Muitos dos fatores essenciais à evolução do homem têm sido altamente dispendiosos, têm custado vastos tesouros de esforços, de sacrifícios e de renúncias, mas essas realizações no sentido do autocontrole foram os verdadeiros degraus por meio dos quais o homem subiu a escada ascendente da civilização.

2. O CONCEITO DE PECADO

O medo do acaso e o pavor da má sorte dirigiram literalmente o homem à invenção da religião primitiva como um suposto seguro contra as calamidades. Da mágica e dos fantasmas, a religião evoluiu por meio dos espíritos e fetiches, até os tabus. Todas as tribos primitivas tinham a sua árvore de fruta proibida, literalmente a maçã, mas figurativamente consistia de milhares de ramos sobrecarregados de todas as espécies de tabus. E a árvore proibida dizia sempre: "Tu não..."

À medida que a mente selvagem evoluiu até o ponto em que podia idealizar os bons e os maus espíritos, e quando o tabu recebeu a sanção solene da religião que evoluía, o cenário preparou-se para o aparecimento da nova concepção de *pecado*. A idéia do pecado foi universalmente estabelecida no mundo antes que a religião revelada tivesse feito a sua entrada. Apenas por meio do conceito do pecado é que a morte natural tornou-se lógica para a mente primitiva. O pecado era a transgressão do tabu; e a morte, a penalidade para o pecado.

O pecado era ritual, não racional; um ato, não um pensamento. E todo esse conceito de pecado foi fomentado pelas tradições residuais do Dilmun e dos dias do pequeno paraíso na Terra. As tradições de Adão e do Jardim do Éden também emprestaram substância ao sonho de uma certa "idade dourada" havida no alvorecer da raça. E tudo isso confirmou as idéias expressas posteriormente na crença de que o homem teve a sua origem em uma criação especial, de que ele começou a sua carreira na perfeição, e de que a transgressão dos tabus – o pecado – levara-o a cair na sua situação dolorosa mais recente.

A violação habitual de um tabu tornou-se um vício; a lei primitiva fez do vício um crime; a religião o transformou em um pecado. Entre as tribos primitivas a violação de um tabu era uma combinação de crime e pecado. A calamidade da comunidade era considerada sempre como uma punição para o pecado tribal. Para aqueles que acreditavam que a prosperidade e a retidão vão juntas, a prosperidade aparente dos perversos causava tanta preocupação que foi necessário inventar os infernos para punir o violador do tabu; os números desses lugares de punição futura têm variado de um a cinco.

A idéia da confissão e do perdão surgiu muito cedo na religião primitiva. Os homens pediriam o perdão em uma reunião pública pela intenção que tinham de cometer na semana vindoura. A confissão era meramente um rito de remissão, e também uma notificação pública de violação, um ritual de gritos: "impuro, impuro!" Então, se seguiam todos os esquemas ritualísticos de purificação. Todos os povos antigos praticavam tais cerimônias sem sentido. Muitos costumes aparentemente higiênicos das tribos primitivas haviam vindo, quase sempre, de cerimoniais.

3. RENÚNCIA E HUMILHAÇÃO

A renúncia veio como o próximo passo na evolução religiosa; o jejum era uma prática comum. Logo, a abstenção de muitas formas de prazer físico se tornou um costume; e especialmente os de natureza sexual. O ritual do jejum estava profundamente arraigado em muitas religiões antigas e foi transmitido a praticamente todos os sistemas modernos de pensamento teológico.

Na época em que o homem bárbaro estava exatamente recuperando-se da prática esbanjadora de queimar e enterrar as posses junto com os mortos, em um momento em que a estrutura econômica das raças estava começando a tomar forma, essa nova doutrina religiosa da renúncia surgiu, e dezenas de milhares de almas sinceras começaram a cortejar a pobreza. A propriedade foi encarada como uma desvantagem espiritual. Tais noções de perigo espiritual da posse material foram alimentadas amplamente na época de Filo e Paulo, e influenciaram marcadamente a filosofia européia desde então.

A pobreza era apenas uma parte do ritual da mortificação da carne, o que, infelizmente, tornou-se incorporado aos escritos e ensinamentos de muitas religiões; e, notadamente, aos do cristianismo. A penitência é a forma negativa desse ritual, muitas vezes tolo, de renúncia. Mas tudo isso ensinou ao selvagem o *autocontrole*, que funcionou como um avanço que valeu a pena na evolução social. A renúncia e o autocontrole foram dois dos maiores ganhos sociais da religião evolucionária primitiva. O autocontrole deu ao homem uma nova filosofia de vida; ensinando-lhe a arte de aumentar a fração que corresponde à sua etapa de vida, diminuindo o denominador das demandas pessoais, em vez de tentar sempre aumentar o numerador da gratificação egoísta.

Essas antigas idéias de autodisciplina abrangeram o autoflagelo e todos os tipos de torturas físicas. Os sacerdotes do culto da mãe encontravam-se especialmente empenhados no ensino da virtude do sofrimento físico, dando o testemunho disso ao submeterem-se à castração. Os hebreus, hindus e budistas eram devotos sinceros dessa doutrina de humilhação física.

Durante toda a antiguidade os homens buscaram, com esses comportamentos de autonegação e renúncia, os créditos extraordinários nos registros dos seus deuses. Era costumeiro, quando sob alguma tensão emocional, fazer votos de renúncia e autotortura. Com o tempo esses votos assumiram a forma de contratos com os deuses e, nesse sentido, representaram um verdadeiro progresso evolucionário, pois se supunha que os deuses fizessem algo definido em recompensa a essa autotortura e mortificação da carne. Os votos eram tanto de negação quanto de afirmação positiva. As promessas dessa natureza extrema e prejudicial são, ainda hoje, bastante observadas em meio a certos grupos da Índia.

Nada mais do que natural era que o culto da renúncia e humilhação devesse dar atenção à gratificação sexual. O culto da continência sexual originou-se como um ritual entre os soldados, antes de entrarem nas batalhas; em dias posteriores tornou-se a prática dos "santos". Esse culto tolerava o casamento apenas como um mal menor do que a fornicação. Muitas grandes religiões do mundo têm sido influenciadas adversamente por esse culto antigo, mas nenhuma mais marcadamente do que o cristianismo. O apóstolo Paulo foi um devoto desse culto; a sua visão pessoal é refletida nos ensinamentos que vinculou à teologia cristã: "É bom para um homem não tocar em uma mulher". "Gostaria que todos os homens fossem como eu". "Digo, pois, aos que não são casados e aos viúvos, ser bom para eles permanecerem como eu." Paulo sabia muito bem que esses ensinamentos não eram uma parte da boa nova do evangelho de Jesus; e o seu reconhecimento disso é ilustrado por esta declaração sua: "E me permito dizer isso, mas isso não me foi passado como um mandado ou mandamento". E tal culto levou Paulo a desprezar as mulheres. E o pior de tudo isso é que a sua opinião pessoal vem, há muito, influenciando os ensinamentos de uma grande religião mundial. Se os conselhos do fabricante de tendas e professor tivessem sido obedecidos literal e universalmente, então a raça humana teria chegado a um fim súbito e inglório. Ademais, o envolvimento de uma religião com esse antigo culto de continência conduz diretamente a uma guerra contra o casamento e o lar; contra as verdadeiras fundações da sociedade e instituições básicas do progresso humano. E não é de admirar-se que todas essas crenças hajam fomentado a formação de sacerdócios celibatários nas várias religiões de muitos povos.

Algum dia o homem deveria aprender como desfrutar da liberdade sem licença, da nutrição sem glutonaria e do prazer sem devassidão. O autocontrole é uma política de regulamentação do comportamento humano melhor do que a renúncia extrema. E Jesus jamais passou aos seus seguidores tais visões pouco razoáveis.

4. AS ORIGENS DO SACRIFÍCIO

O sacrifício como parte das devoções religiosas, tal como muitos outros rituais de adoração, não teve uma origem simples nem única. A tendência de inclinar-se diante do poder e de prostrar-se em adoração na presença do mistério está prognosticada no servilismo do cão diante do seu dono. Um passo apenas separa o impulso da adoração, do ato do sacrifício. O homem primitivo media o valor do seu sacrifício pela dor que sofria. Quando a idéia do sacrifício pela primeira vez ligou-se ao cerimonial religioso, nenhuma oferenda contemplada deixava de produzir a dor. Os primeiros sacrifícios foram atos como arrancar os cabelos, cortar a carne, fazer mutilações, arrancar os dentes e cortar fora os dedos. À medida que a civilização avançou, esses conceitos rudes de sacrifício elevaram-se ao nível dos rituais de autoabnegação, ascetismo, jejum, privação e, na doutrina cristã mais recente, de santificação por meio do pesar, de sofrimento e mortificação da carne.

Muito cedo, na evolução da religião, existiram duas concepções de sacrifício: a idéia do sacrifício-dádiva, que conotava uma atitude de agradecimento, e o sacrifício-débito, que abrangia a idéia de redenção. Mais tarde a noção da substituição foi desenvolvida.

Mais adiante o homem concebeu que o seu sacrifício, de qualquer natureza que fosse, poderia funcionar como um portador de mensagem aos deuses; poderia ser como um doce perfume para as narinas da deidade. Isso trouxe o incenso e outros aspectos estéticos aos rituais de sacrifício que se desenvolveram como festejos de sacrifícios, cada vez mais elaborados e ornados com o passar do tempo.

À medida que a religião evoluiu, os ritos do sacrifício de conciliação e propiciação substituíram os métodos mais antigos de prevenção, aplacamento e exorcismo.

A idéia inicial do sacrifício era a de um imposto de neutralidade, arrecadado pelos espíritos ancestrais; apenas mais tarde a idéia da expiação veio a desenvolver-se. À medida que o homem distanciou-se da noção da origem evolucionária da raça e, à medida que as tradições da época do Príncipe Planetário e da permanência de Adão foram filtrando-se com o passar do tempo, o conceito de pecado e do pecado original foram tornando-se difundidos, de modo que o sacrifício por pecados acidentais e pessoais evoluiu até a doutrina do sacrifício pela expiação do pecado racial. A expiação pelo sacrifício era um dispositivo de segurança que abrangia até mesmo os ressentimentos e o ciúme de um deus desconhecido.

Rodeado de tantos espíritos sensíveis e deuses ávidos, o homem primitivo enfrentava uma tal hoste de deidades credoras que requeria todos os sacerdotes, rituais e sacrifícios durante uma vida inteira, para isentá-lo de débitos espirituais. A doutrina do pecado original, ou culpa da raça, fazia com que todas as pessoas começassem já com um sério débito para com os poderes espirituais.

Presentes e subornos são dados aos homens; mas quando se os oferece aos deuses, eles são descritos como sendo dedicados, tornados sagrados ou então chamados de sacrifícios. A renúncia era a forma negativa de propiciação; o sacrifício tornou-se a forma positiva. O ato de propiciação incluía louvação, glorificação, adulação e até mesmo entretenimento. E são os remanescentes das práticas positivas do velho culto de propiciação que constituem as formas modernas de adoração divina. As formas atuais de adoração são simplesmente a ritualização dessas antigas técnicas de sacrifícios de propiciação positiva.

O sacrifício dos animais significava muito mais para o homem primitivo do que poderia jamais significar para as raças modernas. Esses bárbaros consideravam os animais como parentes verdadeiros e próximos seus. Com o passar do tempo, o homem tornou-se astuto nos seus sacrifícios, parando de oferecer os seus animais de trabalho. A princípio sacrificava o *melhor* de tudo, incluindo os seus animais domesticados.

Não foi uma jactância sem fundamento, que certo dirigente egípcio teve ao declarar que tinha sacrificado 113 433 escravos, 493 386 cabeças de gado, 88 barcos, 2 756 imagens de ouro, 331 702 jarras de mel e óleo, 228 380 jarras de vinho, 680 714 gansos, 6 744 428 pães e 5 740 352 sacos de moedas. E para fazer isso ele teve de arrecadar até os impostos sofridos dos seus súditos submetidos a um trabalho exaustivo.

A mera necessidade finalmente levou os semi-selvagens a comerem parte material dos seus sacrifícios; os deuses havendo desfrutado já da alma deles. E esse costume encontrou a sua justificação sob o pretexto do antigo banquete sagrado, um serviço de comunhão de acordo com os usos modernos.

5. SACRIFÍCIOS E CANIBALISMO

As idéias modernas do canibalismo primitivo são inteiramente errôneas; ele era uma parte dos costumes da sociedade primitiva. Do mesmo modo que o canibalismo é tradicionalmente horrível para a civilização moderna, era parte da estrutura social e religiosa da sociedade primitiva. Os interesses grupais ditavam a prática do canibalismo. Ele nasceu instigado pela necessidade e perdurou devido à escravidão, superstição e ignorância. Era um costume social, econômico, religioso e militar.

Sendo canibal, o homem primitivo gostava da carne humana e, pois, a oferecia como um presente alimentício aos seus espíritos e deuses primitivos. Já que os espíritos fantasmas eram apenas homens modificados, e posto que a comida era a maior necessidade humana, então o alimento deveria também ser a maior necessidade de um espírito.

O canibalismo chegou a ser quase universal entre as raças em evolução. Todos os sangiques eram canibais, mas originalmente os andonitas não o eram, nem os noditas, nem os adamitas; nem os anditas o foram até o momento em que se misturaram bastante com as raças evolucionárias.

O gosto pela carne humana aumenta. Tendo começado por meio da fome; por amizade, vingança ou ritual religioso, comer a carne humana transforma-se no canibalismo habitual. O canibalismo surgiu por causa da escassez de alimento, embora esta haja sido, poucas vezes, a razão fundamental. Os esquimós e os andonitas primitivos, entretanto, raramente eram canibais, exceto em épocas de fome. Os homens vermelhos, especialmente na América Central, eram canibais. Chegou a ser uma prática generalizada que as mães primitivas matassem e comessem os seus próprios filhos, para renovar as energias perdidas na concepção, e em Queensland o primeiro filho ainda é assim freqüentemente morto e devorado. Em tempos recentes o canibalismo tem sido deliberadamente adotado por muitas tribos africanas como uma medida de guerra, uma espécie de atrocidade com a qual aterrorizar os vizinhos.

Um certo canibalismo resultou da degeneração de algumas linhagens superiores; mas prevaleceu, sobretudo, em meio às raças evolucionárias. Comer a carne humana começou em uma época em que os homens experimentaram emoções intensas e amargas a respeito dos seus inimigos, e tornou-se uma parte de uma cerimônia solene de vingança; acreditava-se que o fantasma de um inimigo poderia, desse modo, ser destruído ou fundido com aquele de quem comia. Foi uma crença bem difundida a de que os feiticeiros alcançavam os seus poderes comendo carne humana.

Alguns grupos de canibais consumiam apenas os da sua própria tribo, como uma espécie de endogamia pseudo-espiritual que se supunha acentuar a solidariedade tribal. Mas também comiam os inimigos como vingança e embalados pela idéia de apropriar-se da sua força. Era considerada uma honra para a alma de um amigo ou companheiro tribal que o seu corpo fosse comido e, ao mesmo tempo, devorar o inimigo nada mais era do que uma punição para com ele. A mente selvagem não tinha pretensões de ser coerente.

Entre algumas tribos os pais idosos buscavam ser comidos pelos seus filhos; entre outras era costumeiro evitar comer parentes próximos, os seus corpos sendo vendidos ou trocados pelos de estranhos. Havia um comércio considerável de mulheres e crianças que haviam sido engordadas para serem abatidas. Quando a doença ou a guerra deixava de exercer o controle da população, o excesso era comido sem cerimônias.

O canibalismo tem desaparecido gradualmente por causa das seguintes influências:

1. Às vezes, assumir responsabilidade coletiva por infligir-se a pena de morte a um companheiro de tribo tornava-se uma cerimônia comunitária. A culpa pelo sangue derramado deixa de ser um crime quando todos ficam envolvidos nessa culpa, quando se torna um ato da sociedade. As últimas manifestações de canibalismo na Ásia foram as de comer criminosos executados.

2. Tornou-se muito cedo um ritual religioso, mas o crescimento do medo do fantasma nem sempre funcionou para reduzir o canibalismo.

3. Finalmente progrediu a um ponto em que apenas certas partes ou órgãos do corpo eram comidos; e tais partes, supostamente, continham a alma ou porções do espírito. Beber o sangue tornou-se comum; e era costumeiro misturar as partes "comestíveis" do corpo aos remédios.

4. Tornou-se circunscrito aos homens; as mulheres eram proibidas de comer a carne humana.

5. Em seguida ficou circunscrito aos chefes, sacerdotes e xamãs.

6. Então, tornou-se um tabu entre as tribos superiores. O tabu do canibalismo originou-se na Dalamátia e gradualmente disseminou-se pelo mundo. Os noditas encorajavam a cremação como um meio de combater o canibalismo, já que então era uma prática comum desenterrar os corpos e comê-los.

7. O sacrifício humano fez soar o dobrado de morte do canibalismo. A carne humana, havendo-se tornado comida para os homens superiores, os chefes, ficou finalmente reservada aos espíritos ainda mais superiores; e assim a oferta de sacrifícios humanos efetivamente pôs um fim ao canibalismo, exceto entre as tribos inferiores. Quando o sacrifício humano ficou plenamente estabelecido, o canibalismo tornou-se um tabu; a carne humana era alimento apenas para os deuses; o homem podia comer apenas uma pequena porção cerimonial, como um sacramento.

Finalmente generalizou-se o uso de substitutos animais nos sacrifícios e, mesmo nas tribos mais atrasadas, comiam-se cães, o que reduziu grandemente o canibalismo. O cão, o primeiro animal domesticado, era tido em grande estima, tanto como amigo, quanto como comida.

6. A EVOLUÇÃO DO SACRIFÍCIO HUMANO

O sacrifício humano foi um resultado indireto do canibalismo, bem como a sua cura. O fato de prover companhia espiritual para ir ao mundo do espírito levou também à diminuição do canibalismo, pois nunca foi costume comer os corpos dos sacrifícios de morte. Nenhuma raça esteve totalmente livre da prática do sacrifício humano de alguma forma e em algum momento, embora os andonitas, noditas e adamitas tivessem sido os menos viciados no canibalismo.

O sacrifício humano tem sido virtualmente universal; ele perdurou nos costumes religiosos dos chineses, hindus, egípcios, hebreus, mesopotâmios, gregos, romanos e muitos outros povos e mesmo até tempos recentes, entre as tribos africanas e australianas atrasadas. Os índios americanos mais recentes tiveram uma civilização que emergiu do canibalismo, sendo, portanto, repleta de sacrifícios humanos, especialmente na América Central e América do Sul. Os caldeus estavam entre os primeiros a abandonar o sacrifício humano nas ocasiões comuns, substituindo-o pelo sacrifício de animais. Cerca de dois mil anos atrás um imperador japonês de bom coração introduziu imagens de argila para ocupar o lugar dos humanos sacrificados, mas foi há menos de mil anos que esses sacrifícios terminaram no norte da Europa. Entre algumas tribos retrógradas, o sacrifício humano é ainda efetuado por voluntários, em uma espécie de suicídio ritual religioso. Um xamã certa vez ordenou o sacrifício de um velho homem muito respeitado de uma certa tribo. O povo revoltou-se; e todos recusaram-se a obedecê-lo. Então o velho homem fez com que o seu próprio filho o matasse; os antigos realmente acreditavam nesse costume.

Não existe registro de uma experiência mais trágica e patética, e que ilustra as dolorosas contendas entre os costumes religiosos antigos e honrados e as exigências contrárias da civilização em avanço, do que a narrativa hebraica de Jefté e sua única filha. Como era um costume comum, esse homem bem-intencionado fez um voto tolo, tendo barganhado com o "deus das batalhas", concordando em pagar um certo preço pela vitória sobre os seus inimigos. E esse preço era sacrificar a primeira pessoa que saísse da sua casa para encontrá-lo quando voltasse ao seu lar. Jefté pensou que um dos seus confiáveis escravos estaria à mão para saudá-lo, mas aconteceu que a sua única filha saiu para dar-lhe as boas-vindas ao lar. E assim, mesmo em uma data recente e em meio a um povo supostamente civilizado, essa bela jovem, depois de dois meses lamentado o seu destino, foi de fato oferecida como um sacrifício humano, pelo seu pai, e com a aprovação dos seus companheiros de tribo. E tudo isso foi feito enfrentando as rigorosas ordens de Moisés contra a oferenda de sacrifício humano. Homens e mulheres, todavia, obstinam-se no vício de fazer votos tolos e desnecessários; e os homens de outrora tinham essas promessas como altamente sagradas.

Nos tempos antigos, quando a construção de um novo prédio de alguma importância era iniciada, era costume matar um ser humano como um "sacrifício à fundação". Isso provia para que um espírito fantasma vigiasse e protegesse a estrutura. Quando os chineses se preparavam para fundir um sino, o costume decretava o sacrifício de uma jovem, ao menos, com o propósito de melhorar o tom do sino; a moça escolhida era jogada viva no metal derretido.

Muitos grupos há muito mantinham a prática de incorporar escravos vivos a paredes importantes. Em tempos mais recentes as tribos do norte da Europa passaram a usar a sombra de alguém que passava, nesse costume de incorporar pessoas vivas nas paredes de novos prédios. Os chineses enterravam em uma parede aqueles trabalhadores que morriam enquanto a construíam.

Ao construir as paredes de Jericó, um pequeno rei da Palestina "lançou a fundação sobre Abiram, o seu primogênito, e fez os portões sobre o seu filho mais jovem, Segub". Naquela data recente, não apenas esse pai pôs dois dos seus filhos vivos nos buracos da fundação dos portões da cidade, mas esse ato é também registrado como estando "de acordo com a palavra do Senhor". Moisés havia proibido tais sacrifícios nas fundações; os israelitas, contudo, voltaram a eles pouco depois da sua morte. A cerimônia do século vinte, de depositar berloques e presentes na pedra fundamental de um novo edifício, é uma reminiscência dos sacrifícios primitivos das fundações.

Durante um longo tempo foi costume de muitos povos dedicar os primeiros frutos aos espíritos. E essas observâncias, atualmente mais ou menos simbólicas, são todas reminiscências das cerimônias primitivas que envolviam o sacrifício humano. A idéia de oferecer o primogênito em sacrifício era bem difundida entre os antigos, especialmente entre os fenícios, que foram os últimos a abandoná-la. Usava-se dizer durante o sacrifício, "a vida pela vida". E, agora, vós dizeis quando da morte, "do pó ao pó".

O espetáculo de Abraão coagido a sacrificar o seu filho Isaac, ainda que chocante para as suscetibilidades civilizadas, não era uma idéia nova nem estranha para os homens daqueles tempos. Havia sido prática comum que os pais, em tempos de grandes pressões emocionais, sacrificassem os seus filhos primogênitos. Muitos povos têm uma tradição análoga à dessa história, pois certa vez existiu uma crença mundial profunda de que era necessário ofertar um sacrifício humano quando qualquer coisa extraordinária ou inusitada acontecia.

7. AS MODIFICAÇÕES DO SACRIFÍCIO HUMANO

Moisés tentou dar um fim aos sacrifícios humanos inaugurando como substituto o sistema de resgate. Ele estabeleceu um programa sistemático que permitia ao seu povo escapar dos piores resultados dos seus votos imprudentes e tolos. Terras, propriedades e filhos podiam ser redimidos segundo as espórtulas estabelecidas, pagáveis aos sacerdotes. Os grupos que deixaram de sacrificar os seus primogênitos logo estavam em grandes vantagens sobre os vizinhos menos avançados, que continuavam com esses atos de atrocidade. Muitas dessas tribos atrasadas foram não apenas grandemente enfraquecidas pela perda de filhos, como também a sucessão da liderança era freqüentemente interrompida.

Uma conseqüência do sacrifício de filhos, que já passava, foi o costume de lambuzar as ombreiras das portas da casa com sangue para proteger os primogênitos. Isto era freqüentemente feito em uma das festas sagradas do ano, e essa cerimônia existiu na maior parte do mundo, do México ao Egito.

Mesmo depois que a maioria dos grupos havia cessado a matança ritual de filhos, era costume abandonar um infante na selva ou em um pequeno barco na água. Se a criança sobrevivesse, julgava-se que os deuses haviam intervindo para preservá-la, como nas tradições de Sargon, Moisés, Ciro e Rômulo. Então veio a prática de dedicar os filhos primogênitos, considerando-os sagrados ou sacrificáveis, permitindo-lhes crescer e depois os exilando em vez de sacrificá-los; essa foi a origem da colonização. Os romanos aderiram a esse costume no seu esquema de colonização.

Muitas das ligações excêntricas, de libertinagem sexual combinada à adoração primitiva, tiveram a sua origem no sacrifício humano. Nos tempos de outrora, se uma mulher deparava-se com caçadores de cabeças, ela podia salvar a sua vida rendendo-se sexualmente. Posteriormente, uma donzela, consagrada aos deuses em sacrifício, poderia escolher salvar a sua vida dedicando o seu corpo à vida no serviço do sexo sagrado nos templos; desse modo ela podia ganhar o dinheiro necessário à sua redenção. Os antigos consideravam como sendo altamente elevado ter relações sexuais com uma mulher engajada assim em resgatar a sua vida. A relação com tais donzelas sagradas era uma cerimônia religiosa e, além do que, todo esse ritual proporcionava uma desculpa aceitável para a gratificação sexual comum. Essa era uma espécie sutil de enganar a si próprio, que tanto as donzelas quanto os seus consortes deliciavam-se de praticar entre si. Os costumes estão sempre atrasados em relação aos progressos evolucionários da civilização, e, assim sendo, sancionam as práticas sexuais mais primitivas e selvagens das raças em evolução.

A prostituição nos templos finalmente difundiu-se no sul da Europa e na Ásia. O dinheiro ganho pelas prostitutas dos templos era considerado sagrado por todos os povos – uma alta dádiva a ser apresentada aos deuses. Mulheres do mais alto nível enchiam os mercados sexuais dos templos; e, pois, devotavam os seus ganhos a todas as espécies de serviços sagrados e trabalhos de benefício público. Muitas das melhores classes de mulheres coletavam seus dotes por meio do serviço do sexo temporário nos templos, e a maior parte dos homens preferia ter essas mulheres como esposas.

8.   REDENÇÃO E ALIANÇAS

A redenção por meio do sacrifício e a prostituição nos templos, na realidade, foram modificações do sacrifício humano. Em seguida veio o simulacro do sacrifício das filhas. Essa cerimônia consistia em uma sangria, com a dedicação de virgindade vitalícia, e foi uma reação moral à antiga prostituição nos templos. Em tempos mais recentes as virgens dedicavam-se ao serviço de manter os fogos sagrados dos templos.

Os homens finalmente conceberam a idéia de que oferecer alguma parte do corpo poderia tomar o lugar do antigo e completo sacrifício humano. A mutilação física era também considerada como uma substituta aceitável. Cabelos, unhas, sangue e até mesmo os dedos de mãos e pés eram sacrificados. O rito posterior, mas também antigo e quase universal, da circuncisão, foi uma conseqüência do culto do sacrifício parcial; acontecia puramente por sacrifício, nenhum pensamento de higiene era ligado a ele. Os homens eram circuncidados; as mulheres tinham as suas orelhas furadas.

Ulteriormente tornou-se costume atar os dedos em vez de cortá-los. Raspar a cabeça, ou cortar o cabelo também foi uma forma de devoção religiosa. Fazer eunucos, a princípio, foi uma modificação da idéia do sacrifício humano. Furar nariz e lábios ainda é coisa praticada na África, e as tatuagens são uma evolução artística da cicatrização primitiva e crua do corpo.

O costume do sacrifício finalmente tornou-se associado, como resultado dos ensinamentos em avanço, à idéia da aliança. Afinal, concebia-se que os deuses estavam entrando em acordos reais com o homem; e isso foi um grande passo na estabilização da religião. A lei ou aliança toma o lugar da sorte, do medo e da superstição.

O homem não poderia sequer sonhar em celebrar contratos com a Deidade, antes que o seu conceito de Deus tivesse avançado até o nível em que os controladores do universo fossem considerados confiáveis. E a idéia primitiva que o homem fazia de Deus era tão antropomórfica que ele tornou-se incapaz de conceber uma Deidade confiável até que tivesse, ele próprio, tornado-se relativamente confiável, moral e eticamente.

Mas a idéia de celebrar uma aliança com os deuses finalmente passou a existir. *O homem evolucionário finalmente adquiriu uma dignidade moral tal que o fez atrever-se a barganhar com os seus deuses.* E assim o tráfico de oferendas de sacrifícios gradualmente desenvolveu-se, chegando ao jogo da barganha filosófica do homem com Deus. E tudo isso representou um novo recurso para fazer o seguro contra a má sorte ou, antes, uma técnica aperfeiçoada para adquirir a prosperidade de modo mais definido. Não deveis nutrir a idéia errônea de que os sacrifícios primitivos tivessem sido uma dádiva livre e gratuita aos deuses, uma oferenda espontânea de gratidão ou agradecimento; não, não eram a expressão da verdadeira adoração.

As formas primitivas de oração nada mais eram do que barganhas com os espíritos, um jogo de argumentos com os deuses. Era uma espécie de permuta, na qual pleito e persuasão foram substituídos por algo mais tangível e precioso. O comércio em desenvolvimento entre as raças havia inculcado o espírito da troca e desenvolvido a astúcia da permuta; e agora esses aspectos começavam a aparecer nos métodos de cultos realizados pelo homem. E, como alguns homens eram melhores negociantes que outros, desse modo alguns eram considerados melhores rezadores do que outros. A prece de um homem justo era tida em alta estima. Um homem justo era aquele que havia pagado todas as suas contas aos espíritos, que se tinha desincumbido plenamente de toda obrigação ritual para com os deuses.

A prece primitiva não era adoração; era uma petição em forma de barganha para conseguir-se saúde, riqueza e vida. E, em muitos aspectos, as preces não têm mudado muito com o passar das idades. Ainda são lidas em livros, recitadas formalmente e escritas para serem colocadas nas rodas ou para serem dependuradas nas árvores, onde o soprar dos ventos irá poupar ao homem o trabalho de gastar o próprio alento.

9. SACRIFÍCIOS E SACRAMENTOS

O sacrifício humano, ao longo do curso da evolução dos rituais urantianos, tem avançado das manifestações sangrentas do canibalismo até níveis mais elevados e simbólicos. Os rituais primitivos de sacrifícios deram origem às cerimônias posteriores do sacramento. Em épocas mais recentes apenas o sacerdote compartilharia de um pequeno pedaço do sacrifício canibalesco ou de uma gota do sangue humano, e então todos comeriam do animal substituto. Essas idéias primitivas sobre o resgate, redenção e alianças têm evoluído, chegando aos serviços dos sacramentos recentes. E toda essa evolução do cerimonial tem exercido uma influência poderosamente socializadora.

Durante o culto da Mãe de Deus, no México e em outros lugares, bolos e vinho foram utilizados finalmente como sacramentos em lugar da carne e do sangue dos antigos sacrifícios humanos. Os hebreus praticaram esse ritual durante muito tempo como parte das suas cerimônias de Páscoa; e foi esse cerimonial que posteriormente deu origem à versão cristã desse tipo de sacramento.

As antigas fraternidades sociais eram baseadas no rito de se beber sangue; a fraternidade judaica primitiva era uma questão de sacrifício de sangue. Paulo começou a construir um novo culto cristão no "sangue da aliança eterna". E, conquanto possa ele haver sobrecarregado desnecessariamente a cristandade com ensinamentos sobre sangue e sacrifício, de uma vez por todas, colocou um fim às doutrinas da redenção por intermédio de sacrifícios humanos ou animais. As concessões teológicas feitas por Paulo indicam que mesmo a revelação deve submeter-se ao controle gradativo da evolução. Segundo Paulo, Cristo fez o sacrifício último, e totalmente suficiente por si; o Juiz divino está, agora, e para sempre, plenamente satisfeito.

E assim, após longas idades, o culto do sacrifício evoluiu até o culto do sacramento. Assim, os sacramentos das religiões modernas são os sucessores legítimos das cerimônias primitivas chocantes de sacrifício humano e dos ainda mais primitivos rituais canibalescos. Muitos ainda contam depender do sangue para a salvação, mas isso se tornou, ao menos, figurativo, simbólico e místico.

10. O PERDÃO DO PECADO

O homem da antiguidade apenas alcançou a consciência do favorecimento de Deus por meio do sacrifício. O homem moderno deve desenvolver novas técnicas para alcançar a autoconsciência da salvação. A consciência do pecado perdura na mente dos mortais, mas os padrões dos seus pensamentos sobre a salvação desse pecado entraram em desuso e tornaram-se antiquados. A realidade da necessidade espiritual subsiste, mas o progresso intelectual destruiu os métodos antigos de assegurar paz e consolo á mente e à alma.

O pecado deve ser redefinido como uma deslealdade deliberada para com a Deidade. E há graus de deslealdade: a lealdade parcial da indecisão; a lealdade dividida do conflito; a lealdade moribunda da indiferença; e a morte da lealdade demonstrada pela devoção a ideais sem Deus.

O sentido ou o sentimento de culpa vem da consciência de haver-se violado os costumes; o que não é necessariamente um pecado. Não há pecado verdadeiro quando há a ausência de deslealdade consciente à Deidade.

A possibilidade de reconhecimento do sentido de culpa é um sinal de distinção transcendental para a humanidade. Ela não marca o homem como um meio, mas, antes, coloca-o em separado como uma criatura de grandeza potencial e glória sempre-ascendente. Um tal sentido de indignidade é o estímulo inicial que deveria levar rápida e seguramente àquela conquista da fé que translada a mente mortal aos níveis magníficos de nobreza moral, discernimento cósmico e viver espiritual; e assim todos os significados da existência humana mudam do temporal para o eterno, e todos os valores elevam-se do humano para o divino.

A confissão do pecado é um repúdio corajoso à deslealdade, mas de nenhum modo mitiga as conseqüências no espaço-tempo de tal deslealdade. Mas a confissão – o reconhecimento sincero da natureza do pecado – é essencial ao crescimento religioso e ao progresso espiritual.

O perdão do pecado, da parte da Deidade, é a renovação das relações de lealdade, a qual vem em seguida àquele período em que a consciência humana teve um lapso nas suas relações de fidelidade por conseqüência da rebelião consciente. O perdão não tem de ser buscado, apenas recebido, como a consciência do restabelecimento das relações de lealdade entre a criatura e o Criador. E todos os filhos leais de Deus são felizes, amantes do serviço e sempre progridem na ascensão ao Paraíso.

[Apresentado por um Brilhante Estrela Vespertino de Nébadon.]

DOCUMENTO 90

O XAMANISMO –
OS CURANDEIROS E OS SACERDOTES

A EVOLUÇÃO das observâncias religiosas progrediu do aplacamento, restrição, exorcismo, coerção, conciliação e propiciação até o sacrifício, expiação e redenção. A técnica do ritual religioso passou das formas primitivas de culto aos fetiches até a magia e os milagres; e, à medida que o ritual se tornou mais intrincado, para responder ao conceito cada vez mais complexo que o homem fazia dos reinos supranaturais, ele ficou inevitavelmente dominado pelos curandeiros, xamãs e sacerdotes.

Com o progresso dos conceitos do homem primitivo, o mundo espiritual acabou por ser considerado como não sendo sensível aos mortais comuns. Apenas os seres excepcionais, dentre os humanos, podiam chegar ao ouvido dos deuses; apenas os homens e as mulheres extraordinárias poderiam ser ouvidos pelos espíritos. A religião, assim, entra em uma nova fase, um estágio em que ela gradativamente passa às mãos dos intermediários; sempre um curandeiro, um xamã ou um sacerdote interpõe-se entre o religioso e o objeto da sua adoração. E, hoje, a maioria dos sistemas de crenças religiosas organizadas em Urântia está passando por esse nível de desenvolvimento evolucionário.

A religião evolucionária nasce de um medo simples e todo-poderoso, o medo que surge na mente humana quando ela se confronta com o desconhecido, o inexplicável e o incompreensível. A religião finalmente alcança a compreensão profundamente simples de um amor todo-poderoso, o amor que invade a alma humana de um modo irresistível, quando ela desperta para a concepção da afeição ilimitada do Pai Universal pelos filhos do universo. Todavia, entre o começo e a consumação da evolução religiosa, interpõe-se a longa era dos xamãs, os quais presumem colocar-se entre o homem e Deus como intermediários, intérpretes e intercessores.

1. OS PRIMEIROS XAMÃS – OS CURANDEIROS

O xamã era o curandeiro mais eminente, o homem fetiche das cerimônias e a personalidade foco de todas as práticas da religião evolucionária. Em muitos grupos, o xamã chegou a ser superior ao chefe guerreiro, assinalando o começo da dominação da igreja sobre o estado. O xamã algumas vezes funcionava como um sacerdote e mesmo como um rei-sacerdote. Algumas das tribos mais recentes possuíam ambos, os primitivos xamãs-curandeiros (videntes) e os xamãs-sacerdotes, que surgiram posteriormente. E, em muitos casos, o ofício do xamã tornou-se hereditário.

Uma vez que nos tempos antigos qualquer coisa de anormal era atribuída à possessão de espíritos, qualquer anormalidade notável, mental ou física, constituía uma qualificação para ser curandeiro. Muitos desses homens eram epilépticos e histéricas as mulheres, e esses dois tipos justificam uma boa parte do que se tem como a inspiração antiga, tanto quanto as possessões de espíritos e demônios. Dentre esses sacerdotes primitivos, não eram poucos os que pertenciam a uma classe que tem sido denominada como paranóica.

Embora possa haver exercido práticas fraudulentas em questões menores, a grande maioria dos xamãs acreditava no fato da própria possessão espiritual. Mulheres que eram capazes de se lançar em um transe, ou em um ataque cataléptico, tornaram-se xamãs poderosas; mais tarde, tais mulheres tornaram-se profetas e médiuns espirituais. Os seus transes catalépticos usualmente envolviam as pretensas comunicações com os espectros ou fantasmas dos mortos. Muitas xamãs eram também dançarinas profissionais.

Contudo, nem todos os xamãs se auto-iludiam; muitos eram trapaceiros astutos e sagazes. Com o desenvolvimento da profissão, exigia-se que um noviço servisse como aprendiz, durante dez anos de provações severas e de renúncia, para qualificar-se como curandeiro. Os xamãs desenvolveram um modo de vestir próprio e simulavam uma conduta misterioso-afetada. Freqüentemente, empregavam drogas para induzir certos estados físicos que impressionavam e mistificavam os companheiros da tribo. Truques de prestidigitadores eram considerados como sobrenaturais pela gente comum, e alguns sacerdotes astutos foram os primeiros a usar a ventriloquia. Muitos dos antigos xamãs inadvertidamente caíram no hipnotismo; outros induziam a auto-hipnose, por meio de olhar fixamente o próprio umbigo.

Conquanto muitos deles recorressem a esses truques e fraudes, a sua reputação como uma classe, afinal, teve um êxito aparente. Quando um xamã falhava nos seus trabalhos, se ele não pudesse apresentar uma desculpa plausível, ou ele era rebaixado ou matavam-no. Assim os xamãs honestos pereciam logo; apenas os atores astutos sobreviviam.

Foi o xamanismo que tomou o comando exclusivo dos assuntos tribais das mãos dos mais velhos e fortes, entregando-o nas mãos dos astutos, dos espertos e dos perspicazes.

2. AS PRÁTICAS XAMANISTAS

A conjuração de espíritos era um procedimento muito preciso e altamente complicado, comparável aos rituais das igrejas de hoje conduzidos em uma língua antiga. A raça humana muito cedo buscou a ajuda supra-humana para a *revelação*; e os homens acreditavam que os xamãs recebiam de fato tais revelações. Se bem que os xamãs utilizassem o grande poder da sugestão no seu trabalho, era quase que invariavelmente sugestão negativa; apenas em tempos muito recentes, a técnica de sugestão positiva tem sido empregada. No desenvolvimento inicial da sua profissão, os xamãs começaram a especializar-se em vocações tais como fazer chover, curar doenças e desvendar crimes. Curar as doenças não era, contudo, a função principal de um curandeiro xamanista, e sim conhecer e controlar os riscos da vida.

A magia negra antiga, tanto a religiosa quanto a secular, era chamada de magia branca quando praticada por sacerdotes, videntes, xamãs ou curandeiros. Os praticantes da magia negra eram chamados de feiticeiros, magos, bruxos e bruxas, encantadores, necromantes, conjuradores e adivinhos. Com o passar dos tempos, todos esses supostos contatos com o sobrenatural foram classificados de bruxaria ou xamanismo.

A bruxaria abrangia a *magia* executada pelos espíritos mais primitivos, irregulares e não reconhecidos; o xamanismo tinha a ver com os *milagres* realizados pelos espíritos comuns e pelos deuses reconhecidos da tribo. Nos tempos posteriores, as bruxas tornaram-se associadas ao demônio, e assim o cenário ficou pronto para as tantas exibições relativamente recentes de intolerância religiosa. A bruxaria era uma religião para muitas tribos primitivas.

Os xamãs eram grandes crentes na missão do acaso como revelador da vontade dos espíritos; eles freqüentemente tiravam a sorte para tomar decisões. Os resíduos modernos dessa propensão para tirar a sorte são ilustrados, não apenas nos muitos jogos de azar, mas também nas bem conhecidas rimas de "eliminação". Houve época em que a pessoa sorteada por eliminação devia morrer; agora, apenas em alguns jogos infantis isso acontece. Aquilo que era um assunto sério, para o homem primitivo, sobreviveu como uma diversão da criança moderna.

Os curandeiros depositavam uma grande confiança nos sinais e presságios, tais como: "Quando ouvires um som de sussurro vindo do topo das amoreiras, então trata de agir". Muito cedo, na história da raça, os xamãs voltaram a sua atenção para as estrelas. A astrologia primitiva foi uma crença e uma prática mundial; a interpretação de sonhos também se tornou difundida. Tudo isso foi logo seguido do aparecimento das mulheres xamãs temperamentais, as quais professavam serem capazes de comunicar-se com os espíritos dos mortos.

Embora de origem antiga, os xamãs que traziam as chuvas, ou xamãs do tempo, perduraram através das idades. Uma seca severa significava a morte para os agricultores primitivos; o controle do tempo foi o objetivo de muita magia antiga. O homem civilizado ainda faz do tempo um tópico usual para a conversa. Os povos antigos todos acreditavam no poder do xamã de trazer a chuva; mas era costumeiro matá-lo quando ele fracassava, a menos que pudesse apresentar uma desculpa plausível à qual atribuir o fracasso.

Várias vezes, os césares baniram os astrólogos, mas eles voltavam invariavelmente por causa da crença popular nos seus poderes. Eles não podiam ser expulsos, e até mesmo no século dezesseis depois de Cristo os dirigentes das igrejas e dos estados do Ocidente foram patronos da astrologia. Milhares de pessoas supostamente inteligentes ainda acreditam que uma pessoa pode nascer sob a regência de uma estrela de boa ou de má sorte; que a justaposição dos corpos celestes determina o resultado de várias aventuras terrenas. Os cartomantes ainda estão sendo freqüentados pelos crédulos.

Os gregos acreditavam na eficácia do aconselhamento dos oráculos, os chineses usavam a magia como proteção contra os demônios; o xamanismo floresceu na Índia e. ainda, perdurou abertamente na Ásia Central. É uma prática apenas recentemente abandonada em boa parte do mundo.

De tempos em tempos, profetas e instrutores verdadeiros surgiram que denunciaram e desmascararam o xamanismo. Mesmo o homem vermelho em via de extinção teve um profeta assim nos últimos cem anos, Shawnee Tenskwatawa, que previu o eclipse do sol em 1808 e que denunciou os vícios do homem branco. Muitos verdadeiros instrutores têm surgido entre as várias tribos e raças em todas as longas idades da história evolucionária. E eles continuarão a aparecer para desafiar os xamãs ou os sacerdotes de qualquer época que se oponham à educação geral e que tentem criar obstáculos ao progresso científico.

De muitas maneiras e por métodos tortuosos, os antigos xamãs estabeleceram as suas reputações como vozes de Deus e custódios da providência. Eles aspergiam os recém-nascidos com água, conferiam nomes a eles e praticavam a circuncisão nos homens. Eles presidiam a todas as cerimônias de sepultamento e faziam o anúncio devido da chegada, a salvo, dos mortos à terra dos espíritos.

Os sacerdotes xamanistas e os curandeiros freqüentemente tornavam-se muito ricos com o acúmulo dos seus vários honorários, que eram, segundo alegavam, oferendas aos espíritos. Não raro, um xamã acumulava praticamente toda a riqueza material da sua tribo. Com a morte de um homem rico, era costumeiro dividir as suas propriedades igualmente entre o xamã e alguma empresa pública ou de caridade.

Essa prática ainda perdura em algumas partes do Tibete, onde metade da população masculina pertence a essa classe não produtiva.

Os xamãs vestiam-se bem e costumavam ter várias esposas; eram a aristocracia original, ficando isentos de todas as restrições tribais. Freqüentemente, eram de baixa condição mental e moral. Eliminavam os seus rivais, denominando-os bruxos e feiticeiros, e muito freqüentemente ascendiam a uma posição de tanta influência e poder que eram capazes de dominar os chefes ou os reis.

O homem primitivo considerava o xamã como um mal necessário; ele temia-o, mas não gostava dele. O homem primitivo respeitava o conhecimento; ele honrava e recompensava a sabedoria. O xamã era sobretudo uma fraude, mas a veneração pelo xamanismo ilustra bem o valor conferido à sabedoria na evolução da raça.

3. A TEORIA XAMANISTA DA DOENÇA E DA MORTE

Posto que o homem antigo considerava a si próprio e ao meio ambiente material como sendo diretamente responsáveis pelos caprichos dos fantasmas e das fantasias dos espíritos, não é estranho que a sua religião deva ter estado assim tão exclusivamente preocupada com questões materiais. O homem moderno enfrenta os seus problemas materiais diretamente; ele reconhece que a matéria responde à manipulação inteligente da mente. O homem primitivo, do mesmo modo, desejava modificar e mesmo controlar a vida e as energias dos domínios físicos; e, posto que a sua compreensão limitada do cosmo levou-o à crença de que os fantasmas, espíritos e deuses, pessoal e imediatamente, envolviam-se no controle detalhado da vida e da matéria, ele logicamente dirigiu os seus esforços para conquistar o favorecimento e o apoio desses agentes supra-humanos.

Vista sob essa luz, grande parte daquilo que é inexplicável e irracional nos cultos antigos é compreensível. As cerimônias dos cultos eram uma tentativa primitiva do homem para controlar o mundo material no qual ele se encontrava. E grande parte dos seus esforços era feita no sentido de prolongar a vida e assegurar a saúde. Já que as doenças e a própria morte eram originalmente encaradas como fenômenos espirituais, era inevitável que os xamãs, funcionando como curandeiros e sacerdotes, devessem também ter atuado como médicos e cirurgiões.

A mente primitiva pode ser limitada por falta de dados comprovados, mas a despeito de tudo permanece lógica. Quando alguém que pensa observa a doença e a morte, ele propõe-se a determinar as causas dessas aflições e, de acordo com a sua compreensão, os xamãs e os cientistas têm proposto as seguintes teorias sobre as aflições:

1. *Os fantasmas – as influências espirituais diretas.* A primeiríssima hipótese avançada para a explicação da doença e da morte era que os espíritos causassem a doença retirando a alma do corpo; se ela não retornasse, seguia-se a morte. Os antigos temiam tanto a ação malévola dos fantasmas que geravam as doenças, que eles abandonavam freqüentemente os indivíduos doentes até mesmo sem comida e água. A despeito da base errônea para essas crenças, eles isolavam efetivamente os indivíduos afligidos e impediam que as doenças contagiosas se espalhassem.

2. *A violência – causas óbvias.* As causas de alguns acidentes e mortes eram tão fáceis de serem identificadas que foram logo retiradas da categoria das ações dos fantasmas. As fatalidades e os ferimentos conseqüentes da guerra, de combate com animais e outras formas prontamente identificáveis eram consideradas como ocorrências naturais. Durante muito tempo, porém, acreditou-se que os espíritos eram ainda responsáveis pelo retardamento da cura ou pela infecção das feridas, ainda que "naturais" pela sua causa. Se nenhum agente observável pudesse ser descoberto, os espíritos fantasmas eram ainda responsabilizados pela doença e pela morte.

Hoje, na África e em outros locais, podem ser encontrados povos primitivos que matam alguém sempre que uma morte não violenta acontece. Os seus curandeiros indicam-lhes os culpados. Se uma mãe morre ao dar a luz, a criança é imediatamente estrangulada—uma vida por uma vida.

3. *A magia – a influência dos inimigos*. Achava-se que muitas doenças eram causadas por feitiço, a ação do mau olhado e da varinha mágica. No passado, era realmente perigoso apontar um dedo para qualquer pessoa; apontar ainda é considerado como maus modos. Nos casos de doença obscura e de morte, os antigos costumavam realizar um inquérito formal, dissecar o corpo e apontar alguma coisa achada como a causa da morte; de outro modo, a morte seria atribuída à bruxaria, havendo, assim, a necessidade da execução da bruxa responsável por ela. Esses inquéritos dos antigos médicos legistas salvavam as vidas de muitas supostas bruxas. Entre alguns, acreditava-se que um companheiro de tribo poderia morrer em conseqüência da própria bruxaria e, nesse caso, ninguém seria acusado.

4. *O pecado – a punição pela violação de um tabu*. Em épocas relativamente recentes, acreditava-se que a doença fosse uma punição para o pecado, pessoal ou racial. Entre os povos que passavam por esse nível de evolução, a teoria que prevalecia era a de que ninguém poderia ser afligido, a menos que tivesse violado um tabu. Considerar a doença e o sofrimento como "flechas do Todo-Poderoso dentro de si" é típico dessas crendices. Os chineses e os mesopotâmios, durante muito tempo, consideraram a doença como resultado da ação de demônios maus, embora os caldeus também considerassem as estrelas como sendo a causa de sofrimentos. Essa teoria da doença como conseqüência da ira divina ainda prevalece entre muitos grupos de urantianos com reputação de civilizados.

5. *As causas naturais*. A humanidade tem sido muito lenta em aprender os segredos materiais das inter-relações de causa e de efeito nos domínios físicos da energia, da matéria e da vida. Os gregos antigos, havendo preservado as tradições dos ensinamentos de Adamson, estavam entre os primeiros a reconhecer que toda doença resulta de causas naturais. Lenta e certamente, o desabrochar de uma era científica está destruindo as teorias antigas do homem sobre a doença e a morte. A febre foi uma das primeiras indisposições humanas a serem retiradas da categoria das desordens sobrenaturais e, progressivamente, a era da ciência tem rompido as algemas da ignorância que por tanto tempo aprisionaram a mente humana. Uma compreensão da velhice e do contágio está obliterando gradualmente o medo humano dos fantasmas, de espíritos e de deuses como os perpetradores pessoais da miséria humana e do sofrimento mortal.

A evolução infalivelmente alcança os seus objetivos: ela imbui o homem daquele medo supersticioso do desconhecido e do receio do não visível, e estes são andaimes na construção do conceito de Deus. E, havendo testemunhado o nascimento de uma compreensão avançada da Deidade, por meio da ação coordenada da revelação, essa mesma técnica de evolução infalivelmente coloca, então, em movimento, aquelas forças do pensamento que irão destruir inexoravelmente o andaime que já serviu ao seu propósito.

4. A MEDICINA POR TRÁS DOS XAMÃS

Toda a vida dos homens antigos tinha o seu centro na profilaxia; a sua religião era, em uma grande medida, uma técnica para a prevenção das doenças. E a despeito do erro nas suas teorias, eles eram sinceros ao colocá-las em prática; eles tinham uma fé ilimitada nos próprios métodos de tratamento e isso era já, por si mesmo, um poderoso remédio.

A fé exigida para que alguém se restabelecesse, sob as ministrações estúpidas de um desses antigos xamãs, não era, afinal, significativamente diferente daquela que é exigida para experimentar-se a cura nas mãos de algum dos seus mais recentes sucessores, que se empenham em tratamentos não científicos de doenças.

As tribos mais primitivas temiam os doentes e, durante longas eras, eles foram cuidadosamente evitados e vergonhosamente negligenciados. Foi um grande avanço humanitário quando a evolução da arte do xamanismo produziu sacerdotes e curandeiros que consentiam no tratamento das doenças. Então, tornou-se costumeiro para todo o clã acotovelar-se na sala dos doentes para assistir ao xamã bramindo para expulsar os fantasmas da doença. Não era incomum que uma mulher xamã fizesse o diagnóstico, enquanto um homem administrava o tratamento. O método comum de diagnosticar a doença era baseado no exame das entranhas de um animal.

A doença era tratada com cantos, bramidos, imposição de mãos, soprando-se no paciente e por meio de muitas outras técnicas. Em tempos mais recentes, ficou mais comum recorrer-se ao sono nos templos, durante o qual a cura supostamente ocorria. Os curandeiros finalmente tentaram a cirurgia real, em conjunto com o sono no templo; entre as primeiras operações, estava a da trepanação da cabeça, para permitir ao espírito da dor de cabeça escapar. Os xamãs aprenderam a tratar das fraturas e dos deslocamentos, a abrir furúnculos e abscessos; as mulheres xamãs tornaram-se parteiras peritas.

Era um método comum de tratamento friccionar alguma coisa mágica em um local infectado ou defeituoso do corpo, jogar o amuleto fora e supor-se que tinha havido uma cura. Se alguém por acaso apanhasse o amuleto jogado fora, acreditava-se que essa pessoa iria imediatamente contrair a infecção ou o defeito. Muito tempo passou-se até que as ervas e outros medicamentos reais fossem introduzidos. A massagem foi desenvolvida em ligação com os encantamentos, friccionando para que o espírito saísse do corpo, e era precedida de esforços para introduzir o medicamento friccionando-o, do mesmo modo que os homens modernos tentam friccionar os linimentos. Acreditava-se que as ventosas e a sucção das partes afetadas, junto com as sangrias, fossem de valia para livrar-se de um espírito que produzia a doença.

Já que a água era um fetiche poderoso, era utilizada no tratamento de muitos males. Durante muito tempo, acreditou-se que o espírito que causa a doença poderia ser eliminado pelo suor. Banhos de vapor eram tidos em alta conta; as fontes naturais de água quente logo floresceram como estâncias primitivas de cura. O homem primitivo descobriu que o calor aliviava a dor; ele usava a luz do sol, órgãos de animais recém-abatidos, argila quente e pedras quentes, e muitos desses métodos ainda são empregados. O ritmo era praticado no esforço de influenciar os espíritos; as batidas tom-tom eram universais.

Entre alguns povos, julgava-se que a doença fosse causada por uma conspiração maldosa entre os espíritos e os animais. Isso deu origem à crença de que existia uma planta benéfica como remédio para todas as doenças cuja causa fosse animal. Os homens vermelhos eram especialmente devotados à teoria de que as plantas fossem remédios universais; eles sempre colocavam uma gota de sangue no buraco deixado pela raiz, quando a planta era arrancada.

O jejum, a dieta e os revulsivos eram usados freqüentemente como medidas medicamentosas. As secreções humanas, sendo definitivamente mágicas, eram tidas como sendo de alto valor; o sangue e a urina estavam assim entre os primeiros remédios e foram logo potencializados pelas raízes e os mais vários sais. Os xamãs acreditavam que os espíritos das doenças podiam ser retirados do corpo por meio de medicamentos malcheirosos e de gosto ruim. A purgação logo se tornou um tratamento de rotina, e os valores do cacau e do quinino crus estavam entre as primeiras descobertas farmacêuticas.

Os gregos foram os primeiros a desenvolver métodos realmente racionais de tratamento dos doentes. Tanto os gregos quanto os egípcios receberam os seus conhecimentos médicos do vale do Eufrates. O óleo e o vinho eram medicamentos muito antigos para o tratamento de feridas; o óleo de castor e o ópio eram usados pelos sumérios. Muitos desses remédios secretos antigos e eficazes perderam o poder quando se tornaram conhecidos; o segredo tem sempre sido essencial ao êxito da prática da fraude e da superstição. Apenas os fatos e a verdade buscam a luz plena da compreensão e rejubilam-se na iluminação e esclarecimento trazidos pela pesquisa científica.

5. OS SACERDOTES E OS RITUAIS

A essência do ritual está na perfeição da sua execução; entre os selvagens, deve ser praticado com uma profunda precisão. A cerimônia só tem poder para convencer os espíritos se ela houver sido celebrada com correção. Se o ritual é deficiente, ele apenas provoca a raiva e o ressentimento dos deuses. E por isso, posto que a mente do homem, na sua lenta evolução, concebeu que *a técnica do ritual* era o fator decisivo para a sua eficácia, foi inevitável que os xamãs primitivos devessem, mais cedo ou mais tarde, evoluir até um sacerdócio treinado, para dirigir a prática meticulosa do ritual. E, assim, durante dezenas de milhares de anos, rituais intermináveis estorvaram a sociedade e maldisseram a civilização, e têm sido um peso intolerável para cada ato de vida, para cada empreendimento da raça.

O ritual é a técnica de santificação do costume; o ritual cria e perpetua os mitos, bem como contribui para a preservação dos costumes sociais e religiosos. E, novamente, o ritual, em si, tem sido engendrado pelos mitos. Os rituais foram freqüentemente sociais a princípio, mas mais tarde tornaram-se econômicos e finalmente adquiriram a santidade e a dignidade de cerimoniais religiosos. O ritual pode ser pessoal ou grupal pela sua prática — ou ambos –, como ilustrado pela prece, a dança e a dramatização.

As palavras tornam-se uma parte do ritual, como o uso de termos como amém e selá. O hábito de jurar por motivos fúteis, a blasfêmia, representa uma prostituição da repetição ritual anterior de nomes sagrados. Fazer peregrinações a santuários sagrados é um ritual muito antigo. O ritual, em seguida, cresceu, dando origem às cerimônias de purificação, de limpeza e de santificação. As cerimônias de iniciação ao segredo tribal das sociedades primitivas eram, na realidade, um rito religioso tosco. A técnica de adoração dos antigos cultos dos mistérios era apenas uma longa execução de rituais religiosos acumulados. O ritual, finalmente, desenvolveu-se nos tipos modernos de cerimoniais sociais e de cultos religiosos, serviços que abrangem prece, canto, a leitura estimulante e outras devoções espirituais individuais e grupais.

Os sacerdotes evoluíram dos xamãs, passando pelos estágios de oráculos, adivinhadores, cantores, dançarinos, mandachuvas, guardiães de relíquias religiosas, custódios de templos e prognosticadores de acontecimentos, até o status de dirigentes verdadeiros do culto religioso. Finalmente, o ofício tornou-se hereditário; uma casta contínua de sacerdotes surgiu.

Com a evolução da religião, os sacerdotes começaram a especializar-se de acordo com os seus talentos inatos ou predileções especiais. Alguns se tornaram cantores, outros rezadores e outros, ainda, sacrificadores; mais tarde, vieram os oradores — os pregadores. E, quando a religião se tornou institucionalizada, esses sacerdotes reivindicaram "a guarda das chaves do céu".

Os sacerdotes têm buscado sempre causar impressão, respeito e temor na gente comum, conduzindo o ritual religioso em uma língua antiga, e por meio de diversos passes mágicos, para assim mistificar os adoradores, aumentando a sua própria piedade e autoridade. O grande perigo de tudo isso é que o ritual tende a tornar-se um substituto da religião.

Os sacerdócios têm feito muito para retardar o desenvolvimento científico e para estorvar o progresso espiritual, mas eles têm contribuído para a estabilização da civilização e para o engrandecimento de alguns tipos de cultura. Contudo, muitos sacerdotes modernos têm cessado de funcionar como dirigentes do ritual de adoração a Deus, tendo voltado a sua atenção para a teologia – a tentativa de definir Deus.

Não se pode negar que os sacerdotes têm sido um peso atado ao pescoço das raças, mas os verdadeiros líderes religiosos têm sido de um valor inestimável para mostrar o caminho para realidades mais elevadas e melhores.

[Apresentado por um Melquisedeque de Nébadon.]

DOCUMENTO 91

A EVOLUÇÃO DA PRECE

A ORAÇÃO, como uma atividade da religião, evoluiu das expressões anteriores, não religiosas, do monólogo e do diálogo. Quando os homens primitivos atingiram a autoconsciência, adveio, como corolário inevitável da consciência do outro, o potencial dual de uma resposta social e de reconhecimento de Deus.

As formas iniciais da oração não eram dirigidas à Deidade. Essas expressões eram muito parecidas com aquilo que vós diríeis a um amigo quando vos lançais em um empreendimento importante: "Deseja-me sorte". O homem primitivo era escravizado pela magia; a sorte, boa e má, entrava em todos os assuntos da vida. A princípio, esses pedidos de sorte eram monólogos – apenas uma espécie de pensamento em voz alta, feito pelo servo da magia. Em seguida, esses crentes da sorte acrescentariam o apoio dos seus amigos e das suas famílias, e logo alguma forma de cerimônia era realizada de modo a incluir todo o clã ou toda a tribo.

Quando os conceitos sobre os fantasmas e os espíritos evoluíram, esses pedidos passaram a ser dirigidos a entidades supra-humanas e, com a consciência dos deuses, essas expressões alcançaram os níveis da prece genuína. Como uma ilustração disso, entre certas tribos australianas, as preces religiosas primitivas antecederam às suas crenças nos espíritos e nas personalidades supra-humanas.

Na Índia, uma tribo de nome Toda, atualmente, observa essa prática de não dirigir a prece a ninguém em particular, exatamente como o faziam os povos primitivos, antes dos tempos da consciência religiosa. Só que, entre a tribo Toda, isso representa uma regressão da sua religião, degenerada até esse nível primitivo. Os rituais recentes dos sacerdotes leiteiros dos todas não representam uma cerimônia religiosa, porque essas preces impessoais não contribuem em nada para a conservação, nem para o engrandecimento de quaisquer valores sociais, morais ou espirituais.

A prece pré-religiosa era uma parte das práticas maná dos melanésios das crenças oudah, dos pigmeus africanos e das superstições manitou, dos índios norte-americanos. As tribos Baganda, da África, apenas recentemente emergiram do nível maná de prece. Nessa confusão evolucionária primitiva, os homens dirigiam as suas preces aos deuses – locais e nacionais –, aos fetiches, aos amuletos, aos fantasmas, aos governantes e às pessoas comuns.

1. A PRECE PRIMITIVA

A função da religião evolucionária primitiva é conservar e ampliar os valores sociais, morais e espirituais essenciais que aos poucos vão tomando forma. Essa missão da religião não é conscientemente observada pela humanidade, mas é realizada, principalmente, pela função da oração. A prática da prece representa um esforço involuntário, no entanto pessoal e coletivo, de qualquer grupo para assegurar (para tornar real) essa conservação dos valores mais elevados. Todavia, não fora a salvaguarda proporcionada pela oração, todos os dias sagrados transformar-se-iam rapidamente em meros feriados.

A religião e os seus atos, dos quais o principal é a oração, estão aliados apenas àqueles valores que têm reconhecimento social geral, e a aprovação do grupo. Portanto, quando o homem primitivo tentou gratificar as suas emoções mais basais, ou realizar as suas ambições não disfarçadamente egoístas, ele ficou privado do consolo da religião e da ajuda da oração. Quando o indivíduo buscava realizar qualquer coisa anti-social, ele via-se obrigado a buscar a ajuda da magia não religiosa, a recorrer a feiticeiros, ficando, assim, privado da assistência da prece. A oração, portanto, muito cedo se tornou uma poderosa promotora da evolução social, do progresso moral e da realização espiritual.

Mas a mente primitiva não era nem lógica, nem coerente. Os primeiros homens não percebiam que as coisas materiais não eram do domínio da oração. Essas almas de mentes simples constataram que a comida, o abrigo, a chuva, a caça e outros bens materiais aumentavam o bem-estar social e, assim sendo, começaram a fazer preces para obter essas bênçãos materiais. Ainda que se constituísse em um desvirtuamento da oração, isso encorajava o esforço de realizar esses objetivos materiais por meio de ações sociais e éticas. Essa prostituição da oração, embora aviltasse os valores espirituais de um povo, não obstante elevava diretamente seus costumes econômicos, sociais e éticos.

A prece é apenas um monólogo, para o tipo mais primitivo de mente. Muito cedo se transforma em um diálogo e rapidamente se expande ao nível do culto grupal. A prece significa que os encantamentos pré-mágicos da religião primitiva evoluíram até aquele nível no qual a mente humana reconhece a realidade dos poderes benéficos ou dos seres capazes de elevar os valores sociais e de ampliar os ideais morais e, mais ainda, significa que essas influências são supra-humanas e distintas do ego do ser humano autoconsciente e do ego dos seus semelhantes mortais. A oração verdadeira, portanto, não surge antes que a ação da ministração religiosa seja visualizada como *pessoal*.

A prece tem pouca ligação com o animismo, mas essa crença – as formas da natureza tendo uma alma – pode existir paralelamente aos sentimentos religiosos que emergem. Muitas vezes, a religião e o animismo tiveram origens totalmente diversas.

Para aqueles mortais que não se libertaram das algemas primitivas do medo, há o perigo real de que toda a prece possa levar a uma sensação mórbida de pecado, a convicções injustificadas de culpa, reais ou fantasiosas. Mas, nos tempos modernos, não é provável que tantos gastem tanto tempo em preces, a ponto de que isso os leve a reflexões nocivas sobre a própria indignidade ou culpabilidade. Os perigos que se relacionam à distorção e à deturpação da oração vêm mais da ignorância, da superstição, da cristalização, da desvitalização, do materialismo e do fanatismo.

2. A PRECE EM EVOLUÇÃO

As primeiras preces eram meramente desejos verbalizados, uma expressão de desejos sinceros. Em seguida, a prece tornou-se uma técnica de obter a cooperação dos espíritos. E, então, atingiu uma função mais elevada, a de ajudar a religião na conservação de todos os valores dignos de serem preservados.

As preces tanto quanto a magia surgiram como fruto das reações de ajustamento do homem ao meio ambiente urantiano. Mas, à parte essa relação generalizada, têm pouco em comum. A prece sempre indicou uma ação positiva da parte do ego que a pronuncia; tem sido sempre psíquica e algumas vezes espiritual. Via de regra, a magia tem significado uma tentativa de manipular a realidade, sem afetar o ego do manipulador, do executor da magia. Apesar das suas origens independentes, a magia e a prece têm sido freqüentemente inter-relacionadas nos seus estágios avançados de desenvolvimento. Partindo de fórmulas e passando por rituais e encantamentos, a magia elevou-se algumas vezes, chegando ao umbral da verdadeira prece. E a prece, algumas vezes, tem se tornado tão materialista que chegou a degenerar-se em uma técnica pseudomágica de evitar o uso dos esforços, os quais são os requisitos mesmos para a solução dos problemas urantianos.

Quando o homem aprendeu que a prece não podia coagir os deuses, ela transformou-se mais em um pedido, em uma busca de favores. Mas a oração mais verdadeira é, na realidade, uma comunhão entre o homem e o seu Criador.

O surgimento da idéia do sacrifício, em qualquer religião, diminui infalivelmente o alto potencial de eficácia da verdadeira prece; no sentido de que os homens substituem a oferenda da consagração da sua própria vontade de cumprir a vontade de Deus, pelas oferendas de posses materiais.

Quando a religião está desprovida de um Deus pessoal, as preces transladam-se para os níveis da teologia e da filosofia. Quando o conceito mais elevado de Deus, em uma religião, é o de uma Deidade impessoal, como no idealismo panteísta, embora forneça a base para certas formas de comunhão mística, isso se tem demonstrado fatal à potência da oração verdadeira, que representa sempre a comunhão do homem com um ser pessoal e superior.

Durante os tempos primitivos da evolução racial e até mesmo nos tempos presentes, na experiência cotidiana do mortal mediano, a prece é algo muito próximo do fenômeno do contato feito pelo homem com o seu próprio subconsciente. Mas há também um domínio da prece no qual o indivíduo, intelectualmente alerta e em progresso espiritual, alcança um contato maior ou menor com os níveis supraconscientes da mente humana, domínio esse que é do Ajustador do Pensamento residente. Além disso, há uma parte espiritual, definida na oração verdadeira, que está ligada à recepção e ao reconhecimento dessa oração, por parte das forças espirituais do universo, e que é inteiramente distinta de qualquer associação intelectual feita pelo ser humano.

A oração contribui grandemente para o desenvolvimento do sentimento religioso de uma mente humana em evolução. É uma influência poderosa que opera impedindo o isolamento da personalidade.

A prece representa uma técnica associada às religiões naturais da evolução da raça, e forma também uma parte dos valores experienciais das religiões mais elevadas em excelência ética, as religiões da revelação.

3. A PRECE E O ALTEREGO

As crianças, quando começam a aprender a fazer uso da linguagem, têm a propensão de pensar em voz alta, de expressar os seus pensamentos em palavras, mesmo quando não há ninguém por perto para ouvi-las. Com o alvorecer da imaginação criativa, elas evidenciam uma tendência de conversar com companheiros imaginários. Desse modo, um ego que se forma, busca manter a comunhão com um *alterego* fictício. Por meio dessa técnica, a criança aprende muito cedo a converter o seu monólogo em um diálogo fictício, no qual esse alterego responde ao seu pensamento verbal e à expressão dos seus desejos. Boa parte dos pensamentos dos adultos é mentalmente construída na forma de conversas.

A forma primitiva de prece assemelhava-se muito às recitações semimágicas da tribo Toda, nos dias atuais, preces que não eram dirigidas a ninguém em particular. Mas tais técnicas de prece tendem a evoluir para o tipo de comunicação na forma de diálogo, pela emergência da idéia de um alterego. Com o tempo, o conceito do alterego alcança um status superior de dignidade divina e, então, a prece terá surgido como um ato de religião. Esse tipo primitivo de prece foi levado a evoluir, por intermédio de muitas fases, e durante longas idades, antes de atingir o nível da oração inteligente e verdadeiramente ética.

Como é concebido pelas gerações sucessivas de mortais a fazer suas preces, o alterego evolui, passando pelos fantasmas, fetiches e espíritos, até os deuses politeístas, e, finalmente até o Deus Único, um ser divino que incorpora os ideais mais elevados e as aspirações mais sublimes do ego em prece. E, assim, a prece funciona como o agente mais poderoso da religião, na conservação dos valores e ideais mais elevados daqueles que oram. Desde o momento da concepção de um alterego até o aparecimento do conceito de um Pai divino e celeste, a prece é uma prática sempre socializadora, moralizadora e espiritualizadora.

A simples prece da fé evidencia uma evolução poderosa na experiência humana, por meio da qual as conversações dos antigos com o símbolo fictício do alterego, da religião primitiva, tornaram-se elevadas até o nível da comunhão com o espírito do Infinito e até aquela consciência sincera da realidade do Deus eterno e do Pai, do Paraíso, de toda a criação inteligente.

À parte tudo o que é o substrato supra-humano do eu, na experiência da oração, deveríamos lembrar-nos de que a prece feita com ética é um modo esplêndido de elevar o próprio ego e de reforçar o eu para uma vida melhor e para realizações mais elevadas. A prece induz o ego humano a buscar ajuda por ambos os modos: a ajuda material, pelo reservatório subconsciente da experiência mortal; e a ajuda da inspiração e do guiamento, às fronteiras supraconscientes do contato do material com o espiritual, provida pelo Monitor Misterioso.

A prece tem sido e será sempre uma experiência humana dupla: um procedimento psicológico interassociado a uma técnica espiritual. E essas duas funções da prece não poderão nunca ser totalmente separadas.

A prece iluminada deve reconhecer não apenas um Deus externo e pessoal, mas também uma Divindade interna e impessoal, o Ajustador residente. É inteiramente apropriado, quando faz uma prece, que o homem se esforce para captar o conceito do Pai Universal no Paraíso. Mas a técnica mais eficaz, para os propósitos mais práticos, será retornar ao conceito de um alterego próximo, exatamente como a mente primitiva tinha o hábito de fazer, e então reconhecer que a idéia desse alterego evoluiu de uma mera ficção até a verdade, que é Deus, residindo no homem mortal, por meio da presença factual do Ajustador, de um modo tal que o homem pode colocar-se face a face com Ele, como se fosse um alterego real, genuíno e divino, que reside nele e que é a própria presença e a essência do Deus vivo, o Pai Universal.

4. ORAR COM ÉTICA

Nenhuma prece pode ser ética quando o suplicante busca uma vantagem egoísta sobre os seus semelhantes. A prece egoísta e materialista é incompatível com as religiões éticas, que estão fundadas sobre o amor não-egoísta e divino. As preces desprovidas de ética retroagem até os níveis primitivos da pseudomagia e são indignas das civilizações avançadas e das religiões esclarecidas. A prece egoísta transgride o espírito de toda a ética baseada na justiça do amor.

A prece nunca deve ser prostituída a ponto de tornar-se uma substituta para a ação. Toda prece dentro da ética é um estímulo à ação e um guia para os esforços progressivos na direção das metas idealistas de realização do supra-eu.

Em todas as vossas preces sede *equânimes*; não espereis que Deus demonstre parcialidade, que ame a vós mais do que aos Seus outros filhos, vossos amigos, semelhantes e até mesmo inimigos. Mas a prece das religiões naturais, ou das religiões que evoluíram, a princípio não tem ética, como tem a oração nas religiões posteriores reveladas. Toda prece, individual ou comunitária, pode ser egoísta ou altruísta. Isto é, a prece pode estar centrada no eu ou nos outros. Quando a oração não busca nada para quem a faz nem para os seus semelhantes, então, tal atitude da alma tende para o nível da verdadeira adoração. As preces egoístas envolvem confissões e súplicas e, freqüentemente, consistem em pedidos de favores materiais. A prece torna-se um tanto mais ética quando lida com o perdão e busca a sabedoria para uma mestria mais elevada de si próprio.

Enquanto o tipo não-egoísta de prece é fortalecedor e confortador, a prece materialista está fadada a desapontar e a desiludir, pois até mesmo as descobertas científicas avançadas demonstram que o homem vive em um universo físico de lei e de ordem. A infância de um indivíduo, ou de uma raça, é caracterizada pela prece primitiva, egoísta e materialista. E, em uma certa medida, todas as preces de pedidos são eficazes, no sentido de que invariavelmente conduzem aos esforços e ao exercício daquilo que contribuirá para a realização das respostas a essas preces. A prece verdadeira na fé contribui sempre para aumentar a técnica de viver, ainda que os pedidos não sejam dignos de um reconhecimento espiritual. A pessoa espiritualmente avançada, no entanto, deve ter um grande cuidado ao tentar desencorajar uma mente primária ou imatura a respeito desse tipo de prece.

Lembrai-vos, pois, ainda que a prece não mude Deus, muito freqüentemente ela efetua grandes e perduráveis mudanças naquele que a realiza com fé e expectativa confiantes. A prece tem engendrado muita paz nas mentes e muita alegria, calma, coragem, mestria sobre si próprio e equanimidade mental nos homens e nas mulheres das raças em evolução.

5. AS REPERCUSSÕES SOCIAIS DA PRECE

No culto aos ancestrais, a prece leva ao cultivo dos ideais ancestrais. Mas a prece, enquanto aspecto de adoração da Deidade, transcende todas as outras práticas dessa ordem, pois leva ao cultivo de ideais divinos. Assim como o conceito do alterego, na prece, torna-se supremo e divino; nessa mesma medida os ideais meramente humanos são elevados a níveis supernos e divinos, e o resultado de toda essa oração é, assim, uma elevação do caráter humano e uma unificação profunda da personalidade humana.

A prece, contudo, não tem de ser sempre individual. A prece grupal ou congregacional é muito eficiente, pois é altamente socializante nas suas repercussões. Quando um grupo se empenha em uma prece comunitária para o enaltecimento moral e para a elevação espiritual, tais devoções atuam sobre os indivíduos que compõem o grupo e todos se tornam melhores em conseqüência da participação. Até mesmo toda uma cidade ou uma nação inteira podem ser ajudadas por tais preces devocionais. A confissão, o arrependimento e a prece têm conduzido indivíduos, cidades, nações e raças inteiras a esforços poderosos de reforma e até a atos corajosos para realizações de muito valor.

Se vós realmente desejais vencer o hábito de criticar algum amigo, o meio mais rápido de realizar essa mudança de atitude é estabelecer o hábito de orar por essa pessoa a cada dia de vossa vida. Mas as repercussões sociais de tais preces dependem, sobretudo, de duas condições:

1. A pessoa por quem se faz a prece deve saber que se está orando por ela.

2. A pessoa que ora deve entrar em contato social íntimo com a pessoa por quem está orando.

A prece é a técnica pela qual, mais cedo ou mais tarde, toda religião torna-se institucionalizada. E, com o tempo, a prece torna-se associada a inúmeras agências e agentes secundários, alguns que ajudam, e outros que são decididamente deletérios, tais como os sacerdotes, os livros sagrados, os rituais e cerimoniais de adoração.

As mentes de maior iluminação espiritual devem, todavia, ser pacientes e tolerantes com os intelectos menos dotados, aqueles que ardentemente almejam um simbolismo para que o seu fraco discernimento espiritual seja mobilizado. Os fortes não devem encarar os fracos com desdém. Aqueles que são cientes de Deus, sem simbolismos, não devem negar a ministração da graça do símbolo àqueles que encontram dificuldade em adorar a Deidade e em reverenciar a verdade, a beleza e a bondade, sem formas nem rituais. Na prece de adoração, a maioria dos mortais visualiza algum símbolo, como meta e objeto para as suas devoções.

6. A ABRANGÊNCIA DA PRECE

A prece, a menos que esteja em ligação com a vontade, com as ações das forças espirituais pessoais e com os supervisores materiais de um reino, não pode ter nenhum efeito direto sobre o vosso próprio meio ambiente físico. Ainda que haja limites bem definidos para a abrangência dos pedidos da prece, tais limites não se aplicam da mesma maneira à *fé* daqueles que oram.

A prece não é uma técnica de cura para doenças reais e orgânicas, mas tem contribuído enormemente para o gozo de saúde abundante e a cura de inúmeros males mentais, emocionais e nervosos. E, mesmo no caso de doenças causadas por bactérias reais, a prece muitas vezes tem aumentado a eficácia dos remédios empregados. A prece tem transformado muitos seres inválidos, irritadiços e queixosos, em paradigmas da paciência; e tem feito deles uma inspiração para todos os outros indivíduos humanos sofredores.

Não importa quão difícil possa ser conciliar a dúvida científica sobre a eficácia da prece com a necessidade sempre premente de buscar ajuda e orientação nas fontes divinas, nunca vos esqueçais de que a prece sincera da fé é uma força poderosa na promoção da felicidade pessoal, no autocontrole individual, na harmonia social, no progresso moral e na conquista espiritual.

A prece, mesmo como uma prática puramente humana, como um diálogo com o próprio alterego, constitui uma técnica de abordagem, a mais eficiente, para colocar em ação aquela reserva de forças, da natureza humana, que está armazenada e conservada nos reinos inconscientes da mente humana. A prece é uma prática psicológica saudável, independentemente das suas implicações religiosas e da sua significação espiritual. É um fato na experiência humana que a maior parte das pessoas, quando pressionada tão duramente quanto necessário, irá orar, de algum modo, para alguma fonte de ajuda.

Não sejais tão ociosos a ponto de pedir a Deus que resolva todas as vossas dificuldades, mas nunca hesiteis em pedir a Ele a sabedoria e a força espiritual para guiar-vos e sustentar-vos, enquanto estiverdes enfrentando, corajosa e resolutamente, os problemas que surgirem.

A prece tem sido um fator indispensável ao progresso e à preservação de uma civilização religiosa e tem ainda a dar poderosas contribuições ao futuro crescimento e à espiritualização da sociedade, se aqueles que oram, apenas o fizerem à luz dos fatos científicos, da sabedoria filosófica, da sinceridade intelectual e da fé espiritual. Orai como Jesus ensinou aos seus discípulos – honestamente, sem egoísmo, com equanimidade e sem duvidar.

Mas a eficácia da oração na experiência espiritual pessoal daquele que ora não é, de modo algum, dependente do seu entendimento intelectual, da sua acuidade filosófica, do seu nível social, do status cultural nem de outras aquisições suas na vida mortal. Os sucedâneos psíquicos e espirituais de quem ora com fé são imediatos, pessoais e experienciais. Não há outra técnica por meio da qual qualquer homem, a despeito de todos os seus outros feitos mortais, possa, tão efetiva e imediatamente, aproximar-se do umbral do reino no qual ele pode comunicar-se com Aquele que o criou, no qual a criatura entra em contato com a realidade do Criador, com o Ajustador do Pensamento residente.

7. O MISTICISMO, O ÊXTASE E A INSPIRAÇÃO

O misticismo, como técnica para o cultivo da consciência da presença de Deus, é, em si, totalmente louvável, mas, quando leva ao isolamento social e culmina em fanatismo religioso, tal prática não é senão repreensível. E, muito freqüentemente, aquilo que os místicos sobreexaltados consideram inspiração divina, não passa das exaltações do profundo da sua própria mente. O contato da mente mortal com o Ajustador residente, embora freqüentemente favorecido pela meditação devotada, é, com mais freqüência, facilitado pelo serviço sincero, e de coração, da ministração não-egoísta aos nossos semelhantes.

Os grandes educadores religiosos e os profetas das idades passadas não eram místicos extremados; eram homens e mulheres conscientes de Deus, que serviram melhor ao seu Deus pelo serviço não-egoísta aos seus semelhantes mortais. Jesus freqüentemente levava os seus apóstolos para longe, por curtos períodos, para que meditassem e orassem; mas durante a maior parte do tempo ele os mantinha no serviço e no contato com as multidões. A alma do homem requer exercício espiritual tanto quanto alimento espiritual.

O êxtase religioso é permissível quando resulta de antecedentes sadios, mas essa experiência é, mais freqüentemente, o produto de influências mais puramente emocionais do que de uma manifestação de caráter espiritual profundo. As pessoas religiosas não devem considerar todos os pressentimentos psicológicos vívidos, nem todas as experiências emocionais intensas, como revelações divinas nem como comunicações espirituais. O êxtase espiritual genuíno vem associado, em geral, a uma grande calma externa e a um controle emocional quase perfeito. E a verdadeira visão profética é um pressentimento suprapsicológico. Essas graças não são pseudo-alucinações, nem êxtases em forma de transe.

A mente humana pode atuar em resposta à chamada inspiração, quando é sensível, seja às exaltações do subconsciente, seja aos estímulos do supraconsciente. Nos dois casos, parece ao indivíduo que tais ampliações do conteúdo do consciente são mais ou menos alheias ao próprio controle. O entusiasmo místico incontido e o êxtase religioso desenfreado não são as credenciais de nenhuma inspiração, nem credenciais supostamente divinas.

O teste prático de todas essas estranhas experiências religiosas de misticismo, de êxtase e de inspiração, é o de observar se esses fenômenos levam um indivíduo:

1. A gozar de uma saúde física melhor e mais completa.

2. A funcionar mais eficiente e praticamente na sua vida mental.

3. A socializar mais plena e alegremente a sua experiência religiosa.

4. A espiritualizar mais completamente a sua vida no cotidiano e a desempenhar-se fielmente dos deveres comuns da existência mortal rotineira.

5. A aumentar o seu amor e a sua apreciação da verdade, da beleza e da bondade.

6. A conservar os valores sociais, morais, éticos e espirituais normalmente reconhecidos.

7. A ter mais discernimento espiritual interior – a consciência de Deus.

A prece, todavia, não tem nenhuma ligação real com as experiências religiosas excepcionais. Quando a oração torna-se estética demais, quando ela consiste quase que exclusivamente em uma contemplação da beleza e da bênção paradisíacas da divindade, ela perde muito da sua influência socializante e tende para o misticismo e para o isolamento dos seus devotos. Há um certo perigo ligado ao excesso de preces solitárias, o qual é corrigido e prevenido pela oração grupal, por devoções comunitárias.

8. A PRECE ENQUANTO EXPERIÊNCIA PESSOAL

Há um aspecto da oração verdadeiramente espontâneo, pois o homem primitivo viu-se orando muito antes de ter qualquer conceito claro de um Deus. O homem primitivo tinha o hábito da prece, em duas situações diversas: quando em grande necessidade, experimentava o impulso de buscar ajuda; e quando em júbilo, deixava-se levar pela expressão impulsiva da alegria.

A prece não é uma evolução da magia; as duas surgiram independentemente. A magia era uma tentativa de ajustar a Deidade às circunstâncias; a prece é um esforço de ajustar a personalidade à vontade da Deidade. A verdadeira prece é tanto moral, quanto religiosa; a magia não é nem moral, nem religiosa.

A prece pode tornar-se um costume estabelecido; muitas pessoas oram porque outras o fazem. Outros, ainda, oram porque temem que alguma coisa de terrível aconteça, caso não ofereçam as suas súplicas de sempre.

Para alguns indivíduos, a prece é a expressão tranqüila da gratidão; para outros, uma expressão grupal de louvação, de devoções sociais. Algumas vezes, é a imitação da religião de uma outra pessoa. Ao passo que a verdadeira oração é uma comunicação, sincera e confiante, da natureza espiritual da criatura com a onipresença do espírito do Criador.

A prece pode ser uma expressão espontânea da consciência que se tem de Deus ou pode ser uma recitação, desprovida de sentido, de fórmulas teológicas. Pode ser a louvação em êxtase de uma alma que conhece a Deus ou a obediência scrvil de um mortal tomado pelo temor. Algumas vezes é a expressão patética de um anseio espiritual e outras vezes um clamor que esbraveja em frases pias. A prece pode ser um louvor jubiloso, ou um humilde pedido de perdão.

A prece pode ser uma solicitação infantil, de algo impossível, ou uma súplica madura, de crescimento moral e força espiritual. Uma súplica pode consistir em um pedido do pão de cada dia, ou incorporar um anseio sincero de encontrar Deus e de fazer a Sua vontade. Pode ser uma solicitação puramente egoísta ou um gesto verdadeiro e magnífico, na direção da realização de uma irmanação generosa.

A prece pode ser um grito enraivecido de vingança ou um interceder misericordioso pelos inimigos. Pode ser a expressão da esperança de mudar a Deus ou a técnica poderosa de mudar a si próprio. Pode ser o pleito obsequioso de um pecador perdido, diante de um Juiz supostamente severo, ou a expressão jubilosa de um filho liberado pelo Pai celeste, vivo e misericordioso.

O homem moderno fica perplexo com o pensamento de conversar com Deus de um modo puramente pessoal. Muitos abandonaram a oração de sempre, orando apenas quando sob uma pressão inusitada – nas emergências. O homem deveria falar a Deus com destemor; todavia apenas um ser infantil espiritualmente assumiria persuadir ou presumiria mudá-Lo.

A prece real certamente alcança a realidade. Até mesmo quando as correntes de ar estão ascendentes, pássaro algum pode planar, a não ser de asas bem abertas. A prece eleva o homem porque é uma técnica para se progredir, por meio da utilização das correntes espirituais ascendentes do universo.

A prece genuína aumenta o crescimento espiritual, modifica as atitudes e produz aquela satisfação que vem da comunhão com a divindade. É um transbordamento espontâneo da consciência de Deus.

Deus responde à prece do homem dando a ele uma revelação acrescida da verdade, uma apreciação revalorizada da beleza e uma concepção ampliada da bondade. A prece é um gesto subjetivo que, todavia, leva ao contato com poderosas realidades objetivas nos níveis espirituais da experiência humana; é uma tentativa significativa, do ser humano, de alcançar valores supra-humanos. É o estímulo mais potente para o crescimento espiritual.

As palavras da oração são irrelevantes; elas são meramente o canal intelectual pelo qual o rio da súplica espiritual tem a oportunidade de fluir. O valor das palavras, em uma prece, é puramente auto-sugestivo, dentro das devoções íntimas, e sócio-sugestivo, nas devoções grupais. Deus responde à atitude da alma, não às palavras.

A prece não é uma técnica para se escapar do conflito, é antes um estímulo ao crescimento em face desse mesmo conflito. Orai apenas pelos valores, não pelas coisas; pelo crescimento, não pela gratificação.

9. AS CONDIÇÕES PARA UMA PRECE EFICIENTE

Se quiserdes chegar a fazer uma prece eficaz, devereis ter em mente as leis sob as quais os pedidos prevalecem:

1. Deveis qualificar-vos para uma prece poderosa encarando com sinceridade e coragem os problemas da realidade do universo. Deveis possuir o vigor cósmico.

2. Deveis ter exaurido, honestamente, toda a capacidade inerentemente humana de ajustamento. Deveis ser industriosos.

3. Deveis entregar e abandonar todo desejo da mente, e toda aspiração da alma, ao abraço transformador do crescimento espiritual. Deveis ter experimentado um enaltecimento dos significados e uma elevação dos valores.

4. É preciso escolher, do fundo do coração, a vontade divina. É preciso anular o centro morto da indecisão.

5. Não apenas deveis reconhecer a vontade do Pai e escolher cumpri-la, mas deveis fazer uma consagração sem reservas e uma dedicação dinâmica para, de fato, cumprir a vontade do Pai.

6. A vossa oração será dirigida exclusivamente à sabedoria divina, para que ela resolva os problemas humanos específicos que encontrardes na ascensão ao Paraíso – a realização da perfeição divina.

7. E deveis ter fé – uma fé viva.

[Apresentado pelo Dirigente das Criaturas Intermediárias de Urântia.]

DOCUMENTO 92

A EVOLUÇÃO POSTERIOR DA RELIGIÃO

O HOMEM possuiu uma religião de origem natural, como parte da sua experiência evolucionária, muito antes que fossem feitas quaisquer revelações sistemáticas em Urântia. Mas essa religião de origem *natural*, em si mesma, foi um produto dos dons supra-animais do homem. A religião evolucionária tomou corpo devagar, através dos milênios, na carreira de experiência da humanidade, por intermédio da ministração das seguintes influências, operando interiormente ou impingindo-se, do exterior, sobre o homem selvagem, o bárbaro e o civilizado:

1. *O ajudante da adoração* – o surgimento, na consciência animal, de potenciais supra-animais para a percepção da realidade. Isso poderia ser denominado o instinto humano primordial na direção da Deidade.

2. *O ajudante da sabedoria* – a manifestação, em uma mente adoradora, da tendência de dirigir a sua adoração para canais mais elevados de expressão e na direção de conceitos sempre em expansão da realidade da Deidade.

3. *O Espírito Santo* – essa é a dotação inicial da supramente e, infalivelmente, aparece em todas as personalidades humanas de boa fé. Essa ministração, para uma mente que almeja a adoração e que deseja a sabedoria, cria a capacidade da auto-realização dentro do postulado da sobrevivência humana, tanto no seu conceito teológico quanto como uma experiência real e factual da personalidade.

O funcionamento coordenado dessas três ministrações divinas é totalmente suficiente para iniciar e fazer prosseguir o crescimento da religião evolucionária. Essas influências, mais tarde, são amplificada pelos Ajustadores do Pensamento, pelos serafins e pelo Espírito da Verdade, os quais, todos eles, aceleram em grau o desenvolvimento religioso. Essas agências vêm, há muito, atuando em Urântia e continuarão aqui, enquanto este planeta continuar sendo uma esfera habitada. Grande parte do potencial desses agentes divinos não teve ainda uma oportunidade de expressão; e muito será revelado nas idades que virão, à medida que a religião dos mortais elevar-se, nível após nível, na direção das alturas supernas dos valores moronciais e da verdade do espírito.

1. A NATUREZA EVOLUCIONÁRIA DA RELIGIÃO

A evolução da religião tem sido traçada, desde o medo primitivo e a crença em fantasmas, passando por muitos dos sucessivos estágios de desenvolvimento, incluindo os esforços para coagir os espíritos, primeiro, e para bajulá-los, depois. Os fetiches tribais transformaram-se em totens e em deuses tribais; as fórmulas mágicas transformaram-se nas preces modernas. A circuncisão, inicialmente um sacrifício, transformou-se em um procedimento de higiene.

A religião progrediu, desde a infância selvagem das raças, da adoração da natureza ao fetichismo, passando pela adoração dos fantasmas. Após a aurora da civilização, a raça humana desposou crenças mais místicas e simbólicas, ao passo que se aproximando da maturidade, agora, a humanidade está ficando pronta para o reconhecimento da verdadeira religião e, mesmo, para um começo da revelação da verdade em si.

A religião surge como uma reação biológica da mente às crenças espirituais e ao meio ambiente; é a última coisa a perecer ou a mudar em uma raça. A religião é uma adaptação da sociedade, em qualquer idade, àquilo que é misterioso. Como instituição social, a religião abrange ritos, símbolos, cultos, escrituras, altares, santuários e templos. A água benta, as relíquias, os fetiches, os encantos, os ornamentos, os sinos, os tambores e o sacerdócio são comuns a todas as religiões. E é impossível distinguir a religião que haja evoluído, puramente, por meio da magia ou da feitiçaria.

O mistério e o poder têm sempre estimulado os sentimentos e os temores religiosos, enquanto a emoção tem funcionado sempre como um fator condicionante poderoso do seu desenvolvimento. O temor tem sido sempre o estímulo religioso básico. O medo molda os deuses da religião evolucionária, motivando o ritual religioso dos crentes primitivos. À medida que a civilização avança, o medo é modificado pela reverência, admiração, respeito e simpatia e, então, é condicionado ainda pelo remorso e pelo arrependimento.

Um povo asiático ensinava que "Deus é um grande temor"; sendo isso um resultado da religião puramente evolucionária. Jesus, a revelação do mais elevado tipo de vida religiosa, proclamou que "Deus é amor".

2. A RELIGIÃO E OS COSTUMES

A religião é a mais rígida e a mais inflexível de todas as instituições humanas, e só tardiamente ela se adapta à sociedade em mudança. Finalmente, a religião evolucionária reflete a mudança dos costumes que, por sua vez, podem ter sido afetados pela religião revelada. Gradativa e seguramente, mas com uma certa resistência, a religião (o culto) caminha devagar na esteira da sabedoria—conhecimento dirigido pela razão experiencial e iluminado pela revelação divina.

A religião adere aos costumes; aquilo que *foi* é, antiga e supostamente, sagrado. Por essa razão e por nenhuma outra, os utensílios de pedra perduraram ainda por muito tempo na idade do bronze e do ferro. Os registros contêm a seguinte afirmação: "E se vós fizerdes um altar de pedra para mim, vós não o construireis de pedra talhada, pois, se usardes as vossas ferramentas para fazê-lo, vós o tereis profanado". Mesmo hoje, os hindus acendem os fogos nos seus altares usando uma broca primitiva. No curso da religião evolucionária, a novidade tem sido sempre encarada como um sacrilégio. O sacramento deve consistir não de alimento novo e manufaturado, mas do comestível mais primitivo: "A carne fresca, tostada no fogo, e o pão sem levedura, servido com ervas amargas". Todos os tipos de uso social, e mesmo os procedimentos legais estão aferrados às velhas formas.

Quando o homem moderno surpreende-se de que as escrituras das diferentes religiões apresentem tantas passagens que poderiam ser consideradas como obscenas, ele deveria refletir e observar que as gerações passadas temeram eliminar aquilo que os seus ancestrais consideravam santo e sagrado. Grande parte daquilo que uma geração poderia considerar obsceno, as gerações precedentes consideraram como os seus costumes aceitos e, mesmo, como rituais religiosos aprovados. Um número considerável de controvérsias religiosas tem sido ocasionado pelas tentativas, sem fim, de reconciliar práticas antigas, mas repreensíveis, com o novo avanço da razão, para encontrar teorias plausíveis para justificar as crenças que se perpetuam em costumes vetustos e ultrapassados.

Mas seria apenas uma tolice esperar uma aceleração súbita demais na evolução religiosa. Uma raça ou uma nação pode assimilar, de qualquer religião avançada, apenas aquilo que é razoavelmente consistente e compatível com o seu status evolucionário momentâneo, e com o seu talento para a adaptação. As condições sociais, climáticas, políticas e econômicas são, todas, de muita influência na determinação do curso e progresso da evolução religiosa. A moralidade social não é determinada pela religião, ou seja, pela religião evolucionária; antes, são as formas da religião que são ditadas pela moralidade da raça.

As raças humanas apenas superficialmente aceitam uma religião estranha e nova; de fato, elas ajustam-nas aos seus velhos costumes e modos de crer. Isso é bem ilustrado pelo exemplo de uma certa tribo da Nova Zelândia, cujos sacerdotes, depois de aceitar nominalmente o cristianismo, professaram ter recebido revelações diretas de Gabriel, no sentido de que essa mesma tribo havia-se tornado o povo escolhido de Deus e que, portanto, podia entregar-se às suas relações sexuais livres e a numerosos outros dos seus costumes velhos e repreensíveis. Imediatamente todos os novos cristãos aderiram a essa versão nova e menos severa de cristianismo.

Em dado momento ou em outro, a religião sancionou todas as espécies de comportamentos incoerentes ou contrários a si e, em certa época, aprovou praticamente tudo o que hoje é considerado como imoral ou pecaminoso. A consciência, sem o ensinamento da experiência e sem o auxílio da razão, nunca foi e nunca poderá ser um guia seguro e sem erros para a conduta humana. A consciência não é uma voz divina, falando à alma humana. É, meramente, a soma total do conteúdo moral e ético dos costumes de qualquer etapa da existência presente; e representa, simplesmente, o ideal, humanamente concebido, de reação a um conjunto qualquer de circunstâncias dadas.

3. A NATUREZA DA RELIGIÃO EVOLUCIONÁRIA

O estudo da religião humana é o exame da fossilização dos substratos sociais das idades passadas. Os costumes dos deuses antropomórficos são um reflexo verdadeiro da moral dos homens que inicialmente conceberam tais deidades. As religiões antigas e a mitologia retratam fielmente as crenças e as tradições dos povos, perdidas há muito na obscuridade. Essas antigas práticas de culto perduram junto com os novos costumes econômicos e as evoluções sociais e, claro está, parecem grosseiramente incoerentes. Os remanescentes do culto apresentam um verdadeiro quadro das religiões raciais do passado. Lembrai-vos sempre de que os cultos não são formados para descobrir a verdade, mas para promulgar as crenças dessa verdade.

A religião tem sido sempre, antes de tudo, uma questão de ritos, rituais, observâncias, cerimônias e dogmas. Geralmente ela se encontra contaminada por aquele erro que provoca discórdias persistentes: a ilusão do povo escolhido. As idéias religiosas cardinais — encantamento, inspiração, revelação, propiciação, arrependimento, expiação, intercessão, sacrifício, prece, confissão, adoração, sobrevivência pós-morte, sacramento, ritual, resgate, salvação, redenção, aliança, impureza, purificação, profecia, pecado original — remontam todas aos tempos iniciais do temor primordial dos fantasmas.

A religião primitiva é nada mais e nada menos do que um prolongamento da luta pela existência material, estendida para além-túmulo. Assim, a observância de um credo representou a extensão da luta pela automanutenção, no domínio de um mundo imaginado, de espíritos-fantasmas. Mas, se fordes tentados a criticar a religião evolucionária, sede cuidadosos. Lembrai-vos de que isso é o *que aconteceu*; é um fato histórico. Lembrai-vos, ainda, de que o poder de qualquer idéia repousa não na sua certeza ou verdade, mas na força da sua sedução sobre os homens.

A religião evolucionária não toma providências para assegurar as mudanças ou a revisão; diferentemente da ciência, ela não se prepara para a sua própria correção progressiva. A religião que evoluiu impõe respeito, porque os seus seguidores acreditam que ela seja *A Verdade*; "a fé que uma vez foi entregue aos santos" deve, em teoria, ser tanto definitiva quanto infalível. O culto resiste ao desenvolvimento, porque é certo que o progresso verdadeiro irá modificar, ou destruir, o próprio culto. Portanto, a sua revisão deve sempre ser imposta.

Apenas duas influências podem modificar e elevar os dogmas da religião natural: a pressão dos costumes que mudam lentamente e a iluminação periódica feita pelas revelações para toda uma época. Não é estranho que o progresso tenha sido lento, pois, outrora, ser progressista ou inventivo significava ser levado à morte como feiticeiro. O culto avança lentamente, em gerações históricas, denominadas epocais, e ciclos que duram idades, mas continua sempre indo para frente. A crença evolucionária em fantasmas lançou as bases para uma filosofia de religião revelada que, finalmente, irá destruir a superstição que é parte da sua origem.

A religião tem limitado o desenvolvimento social de muitas maneiras, mas, sem a religião, não teria havido uma moralidade e uma ética duradouras, nem uma civilização que valesse a pena. A religião foi a mãe de grande parte da cultura não religiosa: a escultura originou-se na moldagem dos ídolos, a arquitetura, na construção dos templos, a poesia, nos encantamentos, a música, nos cânticos para os cultos, o drama, nos ritos para se guiar os espíritos, e a dança, nos festivais sazonais de adoração.

Contudo, ao mesmo tempo em que se chama a atenção para o fato de que a religião foi essencial para o desenvolvimento e a preservação da civilização, deveria ficar registrado que a religião natural tem contribuído em muito para limitar e paralisar essa mesma civilização que, por outro lado, ela fomentou e manteve. A religião tem estorvado as atividades industriais e o desenvolvimento econômico; tem sido imprevidente quanto ao trabalho e tem desperdiçado o capital. Ela não tem sido sempre útil à família; não tem fomentado adequadamente a paz e a boa vontade; algumas vezes, negligenciou a educação e atrasou a ciência; tem empobrecido, indevidamente, a vida, pretendendo enriquecer a morte. De fato, a religião evolucionária, cuja origem é humana, tem sido culpada por todos esses erros e por muitas outras faltas e desacertos; todavia, ela manteve a ética cultural, a moralidade civilizada e a coerência social, e tornou possível à futura religião revelada compensar muitas dessas falhas da imperfeição evolucionária.

A religião evolucionária tem sido a instituição mais dispendiosa do homem, mas é incomparavelmente a mais eficaz. A religião humana pode ser justificada apenas à luz de uma evolução da civilização. Se o homem não fosse um produto ascendente, de evolução animal, então esse curso seguido pelo desenvolvimento religioso não teria a menor justificativa.

A religião facilitou a acumulação do capital e incentivou algumas espécies de trabalho. O lazer dos sacerdotes promoveu a arte e o conhecimento. E toda a raça, afinal, ganhou muito em conseqüência de todos esses erros iniciais da técnica ética. Os xamãs, honestos e desonestos, foram terrivelmente dispendiosos, mas eles valeram tudo o que custaram. As profissões eruditas e a própria ciência emergiram de sacerdócios parasitas. A religião fomentou a civilização e assegurou a continuidade da sociedade; tem sido a força de policiamento moral de todos os tempos. A religião cuidou para que a disciplina humana e o autocontrole tornassem a *sabedoria* possível. A religião é o açoite eficiente da evolução, que retira impiedosamente a humanidade indolente e sofredora do seu estado natural de inércia intelectual, impelindo-a para frente e para cima, elevando-a até os níveis mais altos de razão e sabedoria.

Como herança sagrada de ascendência animal, a religião evolucionária deve continuar a ser sempre enobrecida pela censura constante da religião revelada, e deve ser sempre refinada no crisol abrasador da ciência genuína.

4. A DÁDIVA DA REVELAÇÃO

A revelação é evolucionária, mas é sempre progressiva. Ao longo das idades da história de um mundo, as revelações da religião estão sempre em expansão e são, sucessivamente, sempre mais elucidativas. É missão da revelação selecionar e censurar as religiões sucessivas da evolução. Mas, se a revelação deve enaltecer as religiões da evolução e levá-las a um ponto superior, então essas visitações divinas devem retratar ensinamentos que não estejam muito distanciados do pensamento e das reações da época na qual elas são apresentadas. Assim, a revelação deve manter-se sempre em contato com a evolução, e assim ela o faz. A religião da revelação deve sempre ser limitada pela capacidade do homem para recebê-la.

Mas, a despeito das relações ou das suas origens aparentes, as religiões de revelação são sempre caracterizadas por uma crença em alguma Deidade de valor final e em algum conceito da sobrevivência da identidade da personalidade, depois da morte.

A religião evolucionária é sentimental, não é lógica. A reação do homem é acreditar em um mundo hipotético de espíritos-fantasmas – é o reflexo da crença do homem, excitado pela percepção e pelo medo do desconhecido. A religião reveladora é proposta pelo verdadeiro mundo espiritual; é a resposta do cosmo supra-intelectual à sede dos mortais de acreditar nas Deidades universais e de contar com elas. A religião evolucionária é o retrato do caminhar em círculos viciosos que a humanidade faz para a busca da verdade; a religião reveladora é essa verdade em si mesma.

Houve muitos acontecimentos de revelação religiosa, mas apenas cinco deles foram de significação para toda uma época. As revelações epocais foram as seguintes:

1. *Os ensinamentos Dalamatianos*. O verdadeiro conceito da Primeira Fonte e Centro foi promulgado em Urântia, pela primeira vez, pelos cem membros da assessoria corpórea do Príncipe Caligástia. Essa revelação expandida da Deidade persistiu por mais de trezentos mil anos, até que foi subitamente interrompida pela secessão planetária e pela ruptura do regime de ensino. Exceto pelo trabalho de Van, a influência da revelação Dalamatiana ficou praticamente perdida para todo o mundo. Até os noditas haviam esquecido essa verdade, já na época da chegada de Adão. Entre todos os que receberam os ensinamentos vindos dos cem, os homens vermelhos foram aqueles que os conservaram por mais tempo; mas a idéia do Grande Espírito não era senão uma concepção nebulosa, na religião ameríndia, quando o contato com o cristianismo clarificou-a e reforçou-a consideravelmente.

2. *Os ensinamentos Edênicos*. Adão e Eva retrataram, uma vez mais, o conceito do Pai de todos aos povos evolucionários. A dissolução do primeiro Éden interrompeu o curso da revelação Adâmica, antes que ela tivesse começado de fato. Mas os ensinamentos abortados de Adão foram continuados pelos sacerdotes setitas, e algumas dessas verdades nunca foram inteiramente perdidas para o mundo. Toda a tendência da evolução religiosa do levante foi modificada pelos ensinamentos dos setitas. Mas, por volta de 2500 a.C., a humanidade tinha perdido de vista, em grande parte, a revelação promovida à época do Éden.

3. *Melquisedeque de Salém*. Este Filho emergencial de Nébadon inaugurou a terceira revelação da verdade em Urântia. Os preceitos cardinais dos seus ensinamentos foram: *confiança* e *fé*. Ele ensinou a confiança na beneficência onipotente de Deus e proclamou a fé como o ato por meio do qual os homens ganham o

favorecimento de Deus. Os seus ensinamentos gradualmente misturaram-se às crenças e práticas de várias religiões evolucionárias e, finalmente, resultaram naqueles sistemas teológicos presentes em Urântia quando da abertura do primeiro milênio depois de Cristo.

4. *Jesus de Nazaré*. Cristo Michael apresentou o conceito de Deus, trazido assim em Urântia pela quarta vez, como o Pai Universal; e esse ensinamento perdurou em geral desde então. A essência do seu ensinamento foi *amor* e *serviço*, a adoração amorosa que um filho criatura dá voluntariamente em reconhecimento e em retorno à ministração do amor de Deus, o seu Pai; o serviço que tais filhos criaturas oferecem, de vontade espontânea aos seus irmãos, em uma alegre compreensão de que, nesse serviço, eles estão servindo, do mesmo modo, a Deus, o Pai.

5. *Os Documentos de Urântia*. Os documentos, dos quais este é um deles, constituem a mais recente apresentação da verdade aos mortais de Urântia. Esses documentos diferem de todas as revelações anteriores, pois não são trabalho de uma única personalidade do universo; são, sim, apresentações compostas, efetuadas por muitos seres. Nenhuma revelação, todavia, pode jamais ser completa, antes de se alcançar o Pai Universal. Todas as outras ministrações celestes não são mais do que parciais, transitórias e praticamente adaptadas às condições locais de tempo e de espaço. É possível que, ao admitir tudo isso, possamos esvaziar a força imediata e a autoridade de todas as revelações, mas é chegado o tempo em Urântia, em que é aconselhável fazer essa declaração franca, ainda que correndo o risco de enfraquecer a influência futura e a autoridade desta obra, que é a mais recente das revelações da verdade às raças mortais de Urântia.

5. OS GRANDES LÍDERES RELIGIOSOS

Na religião evolucionária, os deuses são concebidos para existir à semelhança da imagem do homem; na religião reveladora, é ensinado aos homens que são filhos de Deus – feitos, mesmo, à imagem finita da divindade. Nas crenças sintetizadas compostas dos ensinamentos da revelação e dos produtos da evolução, o conceito de Deus é uma combinação entre:

1. As idéias preexistentes dos cultos evolucionários.

2. Os ideais sublimes da religião revelada.

3. Os pontos de vista pessoais dos grandes líderes religiosos, os profetas e mestres da humanidade.

A maioria das grandes épocas religiosas foi inaugurada pela vida e ensinamentos de alguma personalidade proeminente; a liderança originou a maioria dos movimentos morais dignos de nota da história. E os homens sempre tiveram a tendência para venerar um líder, ainda que seja às custas dos seus ensinamentos; de reverenciar a sua personalidade, ainda que percam de vista as verdades que ele proclamou. E isso não acontece sem motivo: há um desejo instintivo no coração do homem evolucionário, de receber ajuda de cima e do além. Esse anseio tem a finalidade de antecipar a vinda, à Terra, do Príncipe Planetário e, posteriormente, dos Filhos Materiais. Em Urântia, o homem tem sido privado desses líderes e governantes supra-humanos e, por isso, constantemente ele procura compensar essa perda, envolvendo os seus líderes humanos em lendas que estabelecem origens sobrenaturais e carreiras miraculosas para eles.

Muitas raças têm concebido os seus líderes como tendo nascido de virgens; as suas carreiras são generosamente pontuadas por episódios miraculosos, e o retorno desses líderes é sempre aguardado pelos seus respectivos grupos. Na Ásia central, os homens das tribos ainda aguardam pelo retorno de Gengis Khan; no Tibete, na China e na Índia, de Buda; no islamismo, de Maomé; entre os ameríndios, de Hesunanin Onamonalonton; com os hebreus foi, em geral, o retorno de Adão como o governante material. Na Babilônia, o deus Marduk foi uma perpetuação da lenda de Adão, da idéia do filho de Deus, do elo entre o homem e Deus. Em seguida ao aparecimento de Adão na Terra, os assim chamados filhos de Deus eram comuns entre as raças do mundo.

Todavia, independentemente do respeito supersticioso que freqüentemente os envolveu, ainda permanece como fato que esses mestres foram as personalidades temporais de apoio, das quais dependeram as alavancas da verdade revelada, para fazerem avançar a moralidade, a filosofia e a religião da humanidade.

Houve centenas e centenas de líderes religiosos, na história milenar de Urântia, desde Onagar, ao Guru Nanak. Durante esse tempo, houve muitas cheias e vazantes, na maré da verdade religiosa e da fé espiritual, e cada renascimento da religião urantiana tem sido, no passado, identificado com a vida e os ensinamentos de algum líder religioso. Considerando os instrutores dos tempos recentes, pode ser útil agrupá-los em sete épocas religiosas maiores, da Urântia pós-Adâmica:

1. *O período Setita.* Os sacerdotes Setitas, regenerados sob a liderança de Amosad, tornaram-se os grandes instrutores pós-Adâmicos. Eles ensinaram nas terras dos anditas, e a sua influência perdurou por mais tempo entre os gregos, sumérios e indianos. Entre estes últimos, a sua influência continuou até o tempo presente, como entre os brâmanes de fé hindu. Os setitas e os seus seguidores nunca se perderam inteiramente do conceito da Trindade, revelado por Adão.

2. *A era dos missionários de Melquisedeque.* A religião de Urântia foi regenerada, em grande medida, pelos esforços daqueles instrutores que saíram em comissões formadas por Maquiventa Melquisedeque, quando ele viveu e ensinou em Salém, quase dois mil anos antes de Cristo. Esses missionários proclamaram a fé como o preço para o favorecimento de Deus, e os seus ensinamentos, ainda que improdutivos, para o aparecimento imediato de qualquer religião, formaram, contudo, as fundações sobre as quais os instrutores posteriores da verdade iriam construir as religiões de Urântia.

3. *A era pós-Melquisedeque.* Embora Amenemope e Iknaton tivessem, ambos, ensinado neste período, o gênio religioso mais notável da era pós-Melquisedeque foi o líder de um grupo de beduínos do levante, o fundador da religião hebraica — Moisés. Moisés ensinou o monoteísmo. Disse ele: "Escutai, ó Israel, o Senhor nosso Deus é um só Deus". "O Senhor é Deus. Não há outro além Dele." E, persistentemente, buscou ele desarraigar o remanescente do culto aos fantasmas junto ao seu povo, prescrevendo até a pena de morte para os seus praticantes. O monoteísmo de Moisés foi adulterado pelos seus sucessores, mas, em tempos posteriores, eles retornaram a muitos dos seus ensinamentos. A grandeza de Moisés repousa na sua sabedoria e sagacidade. Outros homens tiveram conceitos mais elevados de Deus, mas nenhum homem teve jamais tanto êxito em induzir grandes números de pessoas a adotar crenças tão avançadas.

4. *O sexto século antes de Cristo.* Muitos homens surgiram para proclamar a verdade neste que foi um dos séculos marcantes para um despertar religioso jamais visto em Urântia. Entre esses devem ser lembrados Gautama, Confúcio, Lao-tsé, Zoroastro e os mestres jainistas. Os ensinamentos de Gautama tornaram-se bastante difundidos na Ásia, e ele é reverenciado por milhões, como o Buda. Confúcio foi, para a moralidade dos chineses, o que Platão foi para a filosofia grega e, mesmo tendo havido repercussões religiosas para os ensinamentos de ambos, nenhum dos dois foi, estritamente

falando, um mestre religioso; Lao-tsé teve uma visualização maior de Deus, no Tao, do que Confúcio no campo das humanidades, ou Platão no idealismo. Zoroastro, se bem que muito influenciado pelo conceito de um espiritualismo predominantemente dualista, ou seja, do bem e do mal, ao mesmo tempo exaltou definitivamente a idéia de uma Deidade eterna, e da vitória última da luz sobre as trevas.

5. *O primeiro século depois de Cristo*. Como um mestre religioso, Jesus de Nazaré partiu do culto que tinha sido estabelecido por João Batista e progrediu até onde pôde, libertando aquele culto das amarras e das formalidades. Além de Jesus, Paulo de Tarso e Filo de Alexandria foram os maiores mestres dessa era. Os conceitos deles, dentro da religião, exerceram um papel dominante na evolução da fé que traz o nome de Cristo.

6. *O sexto século depois de Cristo*. Maomé fundou uma religião que foi superior a muitos dos credos desta época. E esta foi um protesto contra as exigências sociais das religiões estrangeiras e contra a incoerência da vida religiosa do seu próprio povo.

7. *O décimo quinto século depois de Cristo*. Este período testemunhou dois movimentos religiosos: a ruptura da unidade do cristianismo no Ocidente, e a síntese de uma nova religião no Oriente. Na Europa, a cristandade institucionalizada tinha atingido aquele grau de inflexibilidade que tornou qualquer crescimento posterior incompatível com a unidade. No Oriente, os ensinamentos combinados do islamismo, do hinduísmo e do budismo foram sintetizados por Nanak e pelos seus seguidores no sikismo, uma das mais avançadas religiões da Ásia.

O futuro de Urântia, sem dúvida, será caracterizado pelo aparecimento de educadores da verdade religiosa – a Paternidade de Deus e a fraternidade de todas as criaturas. Mas é de se esperar que os esforços sinceros e ardentes dos profetas futuros sejam dirigidos menos para o fortalecimento de barreiras inter-religiosas e mais para o aumento da irmandade religiosa de culto espiritual, entre os muitos seguidores das diferentes teologias intelectuais tão características da Urântia de Satânia.

6.　AS RELIGIÕES COMPOSTAS

As religiões do século vinte, em Urântia, oferecem um interessante quadro da evolução social da tendência humana para a adoração. Muitas fés pouco progrediram desde os dias do culto dos fantasmas. Os pigmeus da África não têm nenhuma reação religiosa, como classe, embora alguns deles acreditem vagamente em um meio ambiente com espíritos. Eles estão, hoje, exatamente onde o homem primitivo estava, quando a evolução da religião começou. A crença básica da religião primitiva era a de sobrevivência depois da morte. A idéia de adorar um Deus pessoal indica um desenvolvimento evolucionário avançado, e mesmo o primeiro estágio da revelação. Os Diaks desenvolveram apenas as práticas religiosas mais primitivas. Os esquimós e os ameríndios, relativamente recentes, tinham um conceito muito estreito de Deus; eles acreditavam em fantasmas e tinham, ainda que indefinida, uma idéia sobre alguma espécie de sobrevivência depois da morte. Os nativos australianos dos dias atuais têm apenas medo de fantasmas, um temor do escuro e uma veneração rudimentar pelos ancestrais. Os zulus só agora estão desenvolvendo uma religião de medo de fantasmas e de sacrifícios. Muitas tribos africanas, a não ser pelo trabalho missionário dos cristãos e maometanos, ainda não passam do estágio do fetiche, na sua evolução religiosa. Mas alguns grupos vêm mantendo, há muito, a idéia do monoteísmo, como os trácios de outrora, que acreditavam também na imortalidade.

Em Urântia, a religião evolucionária e a religião reveladora estão progredindo lado a lado, e, ao mesmo tempo, amalgamando-se e fundindo-se nos sistemas teológicos diversificados, encontrados no mundo à época da elaboração destes documentos. Essas religiões, as religiões da Urântia do século vinte, podem ser enumeradas como a seguir.

1. O hinduísmo – a mais antiga.
2. A religião hebraica.
3. O budismo.
4. Os ensinamentos de Confúcio.
5. As crenças taoístas.
6. O zoroastrismo.
7. O xintoísmo.
8. O jainismo.
9. O cristianismo.
10. O islamismo.
11. O sikismo – a mais recente.

As religiões mais avançadas dos tempos antigos foram o judaísmo e o hinduísmo, e cada uma havia influenciado em grande parte o curso do desenvolvimento religioso, respectivamente, no Oriente e no Ocidente. Ambos, hindus e hebreus acreditaram que as suas religiões foram inspiradas e reveladas, e acreditavam que todas as outras eram formas decadentes da fé única e verdadeira.

A Índia está dividida entre as religiões hindu, sikista, maometana e jainista, cada uma delas retratando Deus, o homem e o universo, segundo a sua própria concepção. A China segue os ensinamentos taoístas e confucionistas; o xintoísmo é reverenciado no Japão.

As grandes crenças internacionais e inter-raciais são a hebraica, a budista, a cristã e a islâmica. O budismo estende-se do Ceilão e Birmânia até o Tibete, e da China ao Japão. Ele tem demonstrado uma capacidade de adaptação aos costumes de tantos povos, que tem sido igualada apenas pelo cristianismo.

A religião hebraica abrange a transição filosófica do politeísmo ao monoteísmo; é um elo evolucionário entre as religiões de evolução e as religiões de revelação. Os hebreus foram o único povo do Ocidente a seguir a evolução dos seus deuses evolucionários primitivos até o Deus da revelação. Mas essa verdade nunca se tornou amplamente aceita até os dias de Isaías que, uma vez mais, ensinou uma idéia mista de uma deidade da raça, conjugada com a do Criador Universal: "Ó Senhor das Hostes, Deus de Israel, sois Deus, e apenas vós; vós criastes o céu e a Terra". Num certo momento, a esperança da sobrevivência, na civilização ocidental, repousa nos conceitos hebraicos sublimes da bondade e nos conceitos helênicos avançados da beleza.

A religião cristã é a religião sobre a vida e os ensinamentos de Cristo, baseados na teologia do judaísmo, modificados posteriormente por meio da assimilação de certos ensinamentos zoroastrianos e da filosofia grega, e formulados primariamente por três indivíduos: Filo, Pedro e Paulo. Ela passou por muitas fases de evolução, desde o tempo de Paulo; e tornou-se tão completamente ocidentalizada que muitos povos não europeus, muito naturalmente, consideram o cristianismo uma estranha revelação, de um Deus estranho, destinada a estrangeiros.

O islamismo é a conexão religioso-cultural entre a África do norte, o Levante, e o sudoeste da Ásia. Foi a teologia judaica, em ligação com os ensinamentos posteriores do cristianismo, que tornou o islamismo monoteísta. Os seguidores de Maomé tropeçaram nos ensinamentos avançados da Trindade; eles não podiam compreender uma doutrina de três personalidades divinas e uma Deidade. É sempre difícil induzir as mentes evolucionárias a aceitarem, *subitamente*, uma verdade superior revelada. O homem é uma criatura evolucionária e deve adquirir a sua religião principalmente por técnicas evolucionárias.

A adoração dos antepassados, em uma determinada época, constituiu um avanço incontestável na evolução religiosa, mas é tão surpreendente quanto lamentável que esse conceito primitivo sobreviva na China, no Japão e na Índia, em meio a tantas coisas relativamente tão mais avançadas, tais como o budismo e o hinduísmo. No Ocidente, o culto dos antepassados desenvolveu-se na veneração de deuses nacionais e no respeito pelos heróis da raça. No século vinte, essa religião nacionalista, de veneração de heróis, faz sua aparição nos vários secularismos e nacionalismos radicais que caracterizam muitas raças e nações do Ocidente. Grande parte dessa mesma atitude é também encontrada nas grandes universidades e nas comunidades industriais maiores, dos povos de língua inglesa. Não muito diferente desses conceitos é a idéia de que a religião não é senão "uma busca compartilhada do lado bom da vida". As "religiões nacionais" nada mais são do que uma reversão para o culto primevo ao imperador romano, e ao xintoísmo – a adoração do estado, na família imperial.

7. A EVOLUÇÃO ULTERIOR DA RELIGIÃO

A religião não pode nunca se tornar um fato científico. A filosofia pode, verdadeiramente, repousar em uma base científica, mas a religião permanecerá, para sempre, evolucionária, ou reveladora, ou uma combinação possível de ambas, como ela é no mundo de hoje.

Novas religiões não podem ser inventadas; ou são a conseqüência de uma evolução ou são *subitamente reveladas*. Todas as religiões evolucionárias novas são meras expressões avançadas de velhas crenças, em novas adaptações e ajustamentos. O velho não deixa de existir; ele funde-se com o novo, como no caso do sikismo, que cresceu e floresceu do solo e das formas do hinduísmo, do budismo, do islamismo e de outros cultos contemporâneos. A religião primitiva era muito democrática; o selvagem tomava emprestado e emprestava facilmente. Apenas com a religião revelada apareceu o egotismo teológico, autocrático e intolerante.

As inúmeras religiões de Urântia são todas boas, na medida em que todas levam o homem até Deus e trazem até o homem a compreensão do Pai. É uma falácia, para qualquer grupo de religiosos, conceber o seu credo como *a Verdade*; tal atitude denota mais arrogância teológica do que certeza de fé. Todas as religiões de Urântia tirariam proveito do estudo e da assimilação do que há de melhor nas verdades contidas em qualquer outra fé, pois todas contêm verdades. Os religiosos fariam melhor em tomar emprestado o que há de mais profundo na fé espiritual viva do vizinho, do que em denunciar o que nela há de pior, nas suas superstições remanescentes e nos rituais sem valor.

Todas essas religiões surgiram como resultado das respostas intelectuais variáveis dos homens a uma mesma e idêntica condução espiritual. E não podem, elas, nunca esperar atingir uma uniformidade de credos, dogmas e rituais, pois estes são intelectuais. Mas podem realizar, e algum dia realizarão, a unidade na adoração verdadeira do Pai de todos, pois esta é espiritual, e é para sempre verdadeiro que, no espírito, todos os homens são iguais.

A religião primitiva foi, em grande parte, uma conscientização no nível dos valores materiais, mas a civilização eleva os valores religiosos, pois a verdadeira religião é a devoção do eu a serviço de valores com significado supremo. À medida que a religião evolui, a ética transforma-se na filosofia das morais, e a moralidade transforma-se na disciplina do eu, segundo os critérios mais elevados e supremos de valor – os ideais espirituais e divinos. A religião converte-se, assim, em uma devoção espontânea e rara, a experiência viva da lealdade do amor.

O que indica a qualidade de uma religião é:

1. O nível dos seus valores – as suas lealdades.

2. A profundidade dos seus significados – a sensibilização dos indivíduos à apreciação idealista desses valores mais elevados.

3. A intensidade da consagração – o grau de devoção a esses valores divinos.

4. O progresso sem entraves da personalidade nesse caminho cósmico de vida espiritual idealista, a compreensão da filiação a Deus e o progredir sem fim na cidadania do universo.

Os significados religiosos progridem em autoconsciência, quando a criança transfere as idéias de onipotência, dos seus progenitores para Deus. E toda a experiência religiosa dessa criança depende muito do que predominou na relação pai-filho: se o medo, ou se o amor. Os escravos têm experimentado sempre uma grande dificuldade de transferir o medo dos seus donos para os conceitos do amor a Deus. A civilização, a ciência e as religiões avançadas devem libertar a humanidade desses medos nascidos do horror aos fenômenos naturais. E, assim, um esclarecimento maior deveria livrar os mortais educados de toda a dependência de intermediários na comunhão com a Deidade.

Esses estágios intermediários de hesitação idólatra na transferência da veneração do humano e do visível para o divino e o invisível são inevitáveis; mas deveriam ser abreviados pela consciência da ministração facilitadora do espírito residente divino. Entretanto, o homem tem sido profundamente influenciado, não apenas pelos seus conceitos da Deidade, mas também pelo caráter dos heróis que ele escolheu para honrar. É uma infelicidade grande que aqueles que chegaram a venerar o Cristo divino, e ressuscitado, tivessem negligenciado o homem – o valente e corajoso herói – Joshua ben José.

O homem moderno está autoconsciente da religião, de um modo adequado, mas o hábito que tem de adoração está confuso, deixando-o em descrença, devido à metamorfose social acelerada e aos desenvolvimentos científicos sem precedentes. Os homens e as mulheres pensantes querem que a religião seja redefinida, e essa exigência irá levar a religião a reavaliar a si própria.

O homem moderno depara-se com a tarefa de fazer, em uma única geração, mais re-adequações dos valores humanos do que as que têm sido feitas em dois mil anos. E tudo isso influencia a atitude social para com a religião, pois a religião é um modo de vida, tanto quanto uma técnica de pensar.

A verdadeira religião deve, sempre e simultaneamente, ser o fundamento eterno e a estrela guia de todas as civilizações duradouras.

[Apresentado por um Melquisedeque de Nébadon.]

DOCUMENTO 93

MAQUIVENTA MELQUISEDEQUE

O S MELQUISEDEQUES são amplamente conhecidos como Filhos das emergências, pois eles se engajam em atividades de uma variedade incrível nos mundos de um universo local. Quando surge um problema extraordinário qualquer, ou quando algo inusitado está para ser realizado, é quase sempre um Melquisedeque que aceita a missão. A capacidade dos Filhos Melquisedeques de funcionar em emergências e em níveis muito diversificados do universo, até no nível físico da manifestação da personalidade, é peculiar à sua ordem. Apenas os Portadores da Vida compartilham, em qualquer grau, desse extenso metamorfismo nas funções de personalidade.

A ordem Melquisedeque de filiação do universo tem estado extremamente ativa em Urântia. Um corpo de doze deles serviu em conjunto com os Portadores da Vida. Outro corpo de doze Melquisedeques posteriormente tornou-se administrador do vosso mundo, pouco depois da secessão de Caligástia, e continuou com autoridade até os tempos de Adão e Eva. Esses doze Melquisedeques retornaram a Urântia, quando da falta de Adão e Eva, e continuaram, daí em diante, como administradores planetários, até o dia em que Jesus de Nazaré, como o Filho do Homem, tornou-se o Príncipe Planetário titular de Urântia.

1. A ENCARNAÇÃO DE MAQUIVENTA

A verdade revelada esteve ameaçada de extinção durante os milênios que seguiram o não-cumprimento da missão Adâmica, em Urântia. Ainda que fazendo progressos intelectuais, as raças humanas, aos poucos, estavam perdendo terreno espiritualmente. Por volta de 3 000 a.C., o conceito de Deus havia-se tornado muito nebuloso nas mentes dos homens.

Os doze administradores Melquisedeques sabiam da iminente auto-outorga de Michael neste planeta, mas não sabiam quão imediatamente ocorreria; e, por isso eles reuniram-se em conselho solene e pediram aos Altíssimos de Edêntia que alguma providência fosse tomada, para manter a luz da verdade em Urântia. Esse pedido foi invalidado pelo mandado de que "a condução dos assuntos no 606 de Satânia está plenamente nas mãos dos custódios Melquisedeques". Estes administradores então apelaram à ajuda do Pai Melquisedeque, mas apenas receberam a resposta de que deveriam continuar a manter a verdade da maneira que eles próprios escolhessem "até a chegada de um Filho de auto-outorga", que "iria resgatar, da negligência e da incerteza, os títulos planetários".

E foi em conseqüência de terem sido deixados tão completamente por conta dos próprios recursos que Maquiventa Melquisedeque, um dos doze administradores planetários, tornou-se voluntário para fazer o que tinha sido feito apenas por seis vezes em toda a história de Nébadon: personalizar temporariamente na Terra um homem deste reino, auto-outorgando a si próprio como um Filho emergencial para prestar ministração a este mundo. A permissão para essa aventura foi concedida pelas autoridades de Sálvington, e a encarnação factual de Maquiventa Melquisedeque foi consumada nas proximidades do local que estava destinado a se tornar a cidade de Salém, na Palestina. Toda a transação da materialização desse Filho Melquisedeque foi executada pelos administradores planetários, com a cooperação dos Portadores da Vida, alguns dos Mestres Controladores Físicos e outras personalidades celestes residentes em Urântia.

2. O SÁBIO DE SALÉM

Maquiventa outorgou-se às raças humanas de Urântia 1 973 anos antes do nascimento de Jesus. A sua vinda não foi espetacular; a sua materialização não foi testemunhada por olhos humanos. Ele foi visto pelo homem mortal pela primeira vez naquele dia memorável em que entrou na tenda de Andon, um pastor caldeu de origem suméria. E a proclamação da sua missão ficou corporificada em uma simples afirmação que ele fez a esse pastor: "Eu sou Melquisedeque, sacerdote de El Elyon, o Altíssimo, o único Deus".

Quando o pastor se recobrou do seu espanto, e depois de haver feito muitas perguntas ao estranho, convidou Melquisedeque para cear com ele; e essa foi a primeira vez, na sua longa carreira no universo, que Maquiventa comeu comida material, o alimento que iria sustentá-lo durante os seus noventa e cinco anos de vida como um ser material.

E, naquela noite, enquanto eles conversavam sob as estrelas, Melquisedeque começou a sua missão de revelação da verdade da realidade de Deus, quando, com um movimento circular de seu braço, ele disse a Andon: "El Elyon, o Altíssimo, é o divino criador das estrelas do firmamento e desta Terra mesma, na qual vivemos, e ele é também o supremo Deus do céu".

Dentro de uns poucos anos, Melquisedeque havia reunido em torno de si um grupo de alunos, discípulos e crentes, que formaram o núcleo da futura comunidade de Salém. Ele ficou logo conhecido na Palestina como o sacerdote de El Elyon, o Altíssimo, e como o sábio de Salém. Algumas das tribos da vizinhança sempre se referiam a ele como o xeique, ou o rei, de Salém. Salém era o local que, depois do desaparecimento de Melquisedeque, transformou-se na cidade de Jébus, sendo posteriormente chamada Jerusalém.

Na aparência pessoal, Melquisedeque assemelhava-se aos povos noditas e sumérios, então mesclados, tendo quase um metro e oitenta de altura e possuindo uma presença imponente. Falava o caldeu e uma meia dúzia de outras línguas. Vestia-se de um modo bem semelhante aos sacerdotes cananeus, exceto que usava no peito um emblema com três círculos concêntricos, o símbolo da Trindade do Paraíso, em Satânia. Com o decorrer do seu ministério, a insígnia dos três círculos concêntricos veio a ser considerada tão sagrada pelos seus seguidores que eles nunca ousaram usá-la, e foi logo esquecida com o passar de umas poucas gerações.

Embora Maquiventa houvesse vivido à maneira dos homens deste reino, ele nunca se casou, nem poderia ter deixado prole na Terra. O seu corpo físico, conquanto fosse semelhante ao de um ser humano masculino, era, na realidade, da ordem daqueles corpos especialmente construídos, usados pelos cem membros materializados da assessoria do Príncipe Caligástia, exceto que não trazia o plasma da vida de nenhuma raça humana. Nem havia mais em Urântia uma árvore da vida disponível. Houvesse Maquiventa permanecido por algum tempo mais longo na Terra e o seu mecanismo físico haver-se-ia gradativamente deteriorado; o que sucedeu foi que ele completou a sua missão de auto-outorga em noventa e quatro anos, muito antes que o seu corpo material houvesse começado a desfazer-se.

Este Melquisedeque encarnado recebeu um Ajustador do Pensamento, que residiu na sua personalidade supra-humana, como monitor do tempo e mentor da carne, adquirindo, assim, certa experiência e recebendo uma introdução prática aos problemas de Urântia e da técnica de residir um Filho encarnado, que capacitou esse espírito do Pai a funcionar tão valentemente na mente humana do Filho de Deus, Michael, quando mais tarde este apareceu na Terra à semelhança de um mortal na carne. E este é o único Ajustador do Pensamento a ter funcionado em duas mentes em Urântia, e ambas as mentes sendo tanto divinas quanto humanas.

Durante a encarnação na carne, Maquiventa manteve pleno contato com os seus onze companheiros do corpo dos custódios planetários, mas ele não podia comunicar-se com outras ordens de personalidades celestes. À parte os administradores Melquisedeques, ele não tinha nenhum contato mais com outras inteligências supra-humanas do que tem um ser humano.

3. OS ENSINAMENTOS DE MELQUISEDEQUE

Passada uma década, Melquisedeque organizou as suas escolas em Salém, dando a elas o padrão do antigo sistema que havia sido desenvolvido pelos primeiros sacerdotes setitas do segundo Éden. Mesmo a idéia do sistema do dízimo, introduzida por Abraão, posteriormente convertido por Melquisedeque, também derivou das tradições remanescentes dos métodos dos antigos setitas.

Melquisedeque ensinou o conceito de um só Deus, de uma Deidade universal, mas permitiu ao povo associar esse ensinamento ao Pai da Constelação de Norlatiadeque, a quem ele chamava de El Elyon – o Altíssimo. Melquisedeque manteve-se em silêncio quanto ao status de Lúcifer e quanto ao estado de coisas em Jerusém. Lanaforge, o Soberano do Sistema, pouco tinha a ver com Urântia, antes do término da auto-outorga de Michael. Para uma maioria dos estudantes de Salém, Edêntia era o céu e o Altíssimo era Deus.

A maioria das pessoas interpretava o símbolo com os três círculos concêntricos que Melquisedeque adotou como insígnia da sua outorga, como representando três reinos, o dos homens, o dos anjos e o de Deus. E a todos foi permitido continuarem com essa crença; pouquíssimos dentre os seus seguidores chegaram a saber que os três círculos eram um símbolo da infinitude, um emblema da eternidade e da universalidade da Trindade do Paraíso, a divina mantenedora e diretora; mesmo Abraão considerava esse símbolo como sendo o dos três Altíssimos de Edêntia, pois havia sido instruído a ele que os três Altíssimos funcionavam como um. Quando Melquisedeque ensinava o conceito da Trindade, simbolizado pela sua insígnia, geralmente ele o associava aos três governantes Vorondadeques, da constelação de Norlatiadeque.

Para o grosso dos seus seguidores, ele não fez nenhum esforço de apresentar ensinamentos para além do fato do governo dos Altíssimos de Edêntia – os Deuses para Urântia. Para alguns, porém, Melquisedeque ensinou a verdade avançada, abrangendo a condução e a organização do universo local; enquanto que, para o seu brilhante discípulo Nordan, o quenita, e para a sua turma de estudantes empenhados, ele ensinou as verdades do superuniverso e mesmo de Havona.

Os membros da família de Katro, com quem Melquisedeque viveu por mais de trinta anos, conheciam muitas dessas verdades mais elevadas e as perpetuaram por muito tempo na própria família, até os dias mesmo do seu ilustre descendente Moisés, que, desse modo, teve acesso a uma imponente tradição dos dias de Melquisedeque, trazida pelo lado do seu pai, bem como por meio de outras fontes, pelo lado da sua mãe.

Melquisedeque ensinou aos seus seguidores tudo o que eles tiveram capacidade para receber e assimilar. E mesmo muitas idéias religiosas modernas, sobre o céu e a Terra, o homem, Deus e os anjos, não estão tão afastadas desses ensinamentos de Melquisedeque. Contudo, esse grande instrutor subordinou tudo à doutrina de um único Deus, uma Deidade universal, um Criador celeste, um Pai divino. Esse ensinamento foi enfatizado, com o propósito de atrair a adoração do homem e preparar o caminho para a vinda posterior de Michael, como o Filho deste mesmo Pai Universal.

Melquisedeque ensinou que, em algum tempo futuro, outro Filho de Deus viria na carne como ele havia vindo, mas que nasceria de uma mulher; e foi por isso que inúmeros instrutores, posteriormente, sustentaram que Jesus era um sacerdote, ou um ministro, "para sempre, segundo a ordem de Melquisedeque".

E assim Melquisedeque preparou o caminho, estabelecendo no mundo o estágio de tendência monoteísta, apropriado para a auto-outorga de um verdadeiro Filho do Paraíso do único Deus de fato, a quem ele tão vividamente retratou como sendo o Pai de todos, e a quem ele representou para Abraão como um Deus que aceitaria o homem nos termos simples da fé pessoal. E Michael, quando apareceu na Terra, confirmou tudo o que Melquisedeque havia ensinado a respeito do Pai do Paraíso.

4. A RELIGIÃO DE SALÉM

As cerimônias da adoração em Salém eram muito simples. Todas as pessoas que assinavam ou que faziam marcas nas listas das tábuas de argila na igreja de Melquisedeque comprometiam-se a memorizar e seguiam a seguinte crença:

1. Acredito em El Elyon, o Deus Altíssimo, o único Pai Universal e Criador de todas as coisas.

2. Aceito a aliança de Melquisedeque com o Altíssimo, que confere o favor de Deus à minha fé; sem sacrifícios, nem holocaustos.

3. Prometo obedecer aos sete mandamentos de Melquisedeque e contar as boas novas dessa aliança com o Altíssimo a todos os homens.

E esse era todo o credo da colônia de Salém. Todavia, mesmo essa curta e simples declaração de fé foi excessiva e avançada demais para os homens daqueles dias. Eles simplesmente não podiam entender a idéia de obter o favor divino por nada – pela fé. Eles estavam muito profundamente imbuídos da crença de que o homem nascia em débito com os deuses. Por tempo demais e com uma seriedade sincera e excessiva, haviam eles feito sacrifícios e dádivas, aos sacerdotes, para serem capazes de compreender as boas-novas de que a salvação, o favor divino, era um dom dado de graça a todos os que acreditassem na aliança com Melquisedeque. Contudo, Abraão acreditou de modo indeciso e ainda assim isso foi "recebido como um ato de retidão".

Os sete mandamentos promulgados por Melquisedeque foram modelados ao longo das linhas da suprema lei da Dalamátia e em muito se assemelhavam aos sete mandamentos ensinados no primeiro e no segundo Édens. Esses mandamentos da religião de Salém foram:

1. Não servirás a nenhum Deus, senão ao Criador Altíssimo do Céu e da Terra.

2. Não duvidarás de que a fé é a única condição necessária para a salvação eterna.

3. Não darás falso testemunho.

4. Não matarás.

5. Não furtarás.

6. Não cometerás adultério.

7. Não mostrarás desrespeito pelos teus pais, nem pelos mais velhos.

Se bem que nenhum sacrifício fosse permitido na colônia, Melquisedeque bem sabia quão difícil é desenraizar subitamente os costumes há muito já estabelecidos e, por isso, sabiamente, ofereceu a esse povo o sacramento do pão e do vinho como substituto do sacrifício mais antigo da carne e do sangue. Está registrado: "Melquisedeque, rei de Salém, instituiu o pão e o vinho". Mas mesmo essa inovação cautelosa não teve um êxito total; as várias tribos mantinham, todas, centros auxiliares nos arredores de Salém, onde ofereciam sacrifícios e holocaustos. Mesmo Abraão recorreu a essa prática bárbara, depois das suas vitórias sobre Quedorlaomer; ele simplesmente não se sentiu totalmente à vontade até que houvesse oferecido um sacrifício convencional. E Melquisedeque nunca teve êxito em erradicar totalmente essa tendência aos sacrifícios nas práticas religiosas dos seus seguidores, nem mesmo nas de Abraão.

Como Jesus, Melquisedeque aplicou-se estritamente ao cumprimento da missão da sua auto-outorga. Ele não tentou reformar os costumes, nem mudar os hábitos do mundo, nem mesmo promulgar práticas sanitárias avançadas, nem verdades científicas. Ele veio para realizar duas missões: manter viva, na Terra, a verdade de um único Deus e preparar o caminho para a outorga mortal subseqüente de um Filho do Paraíso deste Pai Universal.

Melquisedeque ensinou a verdade elementar revelada, em Salém, durante noventa e quatro anos e, durante esse tempo, Abraão freqüentou a escola de Salém por três vezes distintas. Ele, finalmente, tornou-se um convertido aos ensinamentos de Salém, tornando-se um dos alunos mais brilhantes e um dos principais esteios de Melquisedeque.

5. A ESCOLHA DE ABRAÃO

Embora possa ser um erro falar de "povo eleito", não é um erro referir-nos a Abraão como um indivíduo escolhido. Melquisedeque deu a Abraão a responsabilidade de manter viva a verdade de um Deus, distinguindo-a da crença, que prevalecia, em deidades múltiplas.

A escolha da Palestina como local para as atividades de Maquiventa foi, em parte, baseada no desejo de estabelecer contato com alguma família humana que corporificasse os potenciais da liderança. Na época da encarnação de Melquisedeque, havia muitas famílias na Terra igualmente bem preparadas para receber a doutrina de Salém, tanto quanto a de Abraão. Havia famílias igualmente dotadas entre os homens vermelhos, os homens amarelos e os descendentes dos anditas, a oeste e ao norte. De novo, porém, nenhuma dessas localidades era tão bem situada, para o aparecimento subseqüente de Michael na Terra, quanto a costa oriental do mar Mediterrâneo. A missão de Melquisedeque na Palestina e o posterior aparecimento de Michael, em meio ao povo hebreu, foram, em grande parte, determinadas pela geografia, pelo fato de que a Palestina estava centralmente localizada com relação ao comércio, às vias de comunicação existentes e à civilização do mundo de então.

Por algum tempo, os administradores Melquisedeques haviam estado observando os ancestrais de Abraão e, confiantes, esperavam que surgissem, em uma certa geração, filhos que seriam caracterizados pela inteligência, pela iniciativa, pela sagacidade e pela sinceridade. Os filhos de Terah, pai de Abraão, em todos os sentidos, satisfaziam a essas expectativas. A possibilidade de contato com esses versáteis filhos de Terah tinha bastante a ver com o aparecimento de Maquiventa, em Salém, em vez de no Egito, China, Índia, ou entre as tribos do norte.

Terah e toda a sua família eram convertidos ainda pouco sinceros à religião de Salém, a qual havia sido pregada na Caldéia; eles souberam de Melquisedeque por meio da pregação de Ovídio, um instrutor fenício que proclamava as doutrinas de Salém em Ur. Eles deixaram Ur com a intenção de ir diretamente para Salém, mas Nahor, irmão de Abraão, não tendo estado com Melquisedeque, não estava entusiasmado e persuadiu-os a permanecerem em Haran. Muito tempo passou, depois de haverem chegado à Palestina, antes que se dispusessem a destruir *todos* os deuses caseiros que haviam trazido consigo; eles foram lentos em renunciar aos muitos deuses da Mesopotâmia, em favor do Deus único de Salém.

Umas poucas semanas depois da morte de Terah, pai de Abraão, Melquisedeque enviou um dos seus estudantes, Jaram, o hitita, para tornar seu convite extensivo tanto a Abraão quanto a Nahor: "Vinde a Salém, onde ireis ouvir os nossos ensinamentos sobre a verdade do Criador eterno e, na descendência esclarecida dos irmãos que vós sois, todo o mundo será abençoado". E Nahor não havia ainda aceitado totalmente o ensinamento de Melquisedeque; ele permaneceu atrás e construiu uma forte cidade-estado que levou o seu nome; mas Lot, sobrinho de Abraão, decidiu ir com o tio para Salém.

Ao chegar em Salém, Abraão e Lot escolheram um forte nas colinas, próximo da cidade, onde eles poderiam defender-se contra os múltiplos ataques de surpresa dos invasores do norte. Nessa época, os hititas, assírios, filisteus e outros grupos estavam constantemente pilhando as tribos na parte central e sulina da Palestina. Do seu abrigo fortalecido nas colinas, Abraão e Lot fizeram freqüentes peregrinações a Salém.

Não muito depois de se haverem estabelecido perto de Salém, Abraão e Lot foram pelo vale do Nilo, para obter suprimentos alimentares, pois havia, então, uma seca na Palestina. Durante essa breve permanência no Egito, Abraão encontrou um parente distante no trono egípcio, e serviu de comandante em duas expedições militares de muito êxito para esse rei. Durante a última parte da sua permanência no Nilo, ele e a sua esposa, Sara, viveram na corte e, ao deixar o Egito, ele recebeu uma parte dos despojos das suas campanhas militares.

Foi necessária muita determinação a Abraão para renunciar às honras da corte egípcia e voltar-se para o trabalho mais espiritual promovido por Maquiventa. Mas Melquisedeque era reverenciado até mesmo no Egito, e quando toda a situação foi apresentada ao Faraó, ele veementemente instou Abraão a voltar para cumprir o seu voto à causa de Salém.

Abraão tinha ambições de ser rei e, no seu retorno do Egito, expôs a Lot o seu plano de subjugar toda a Canaã e de colocar o seu povo sob o governo de Salém. Lot inclinava-se mais pelos negócios; assim, depois de um desacordo posterior, ele foi para Sodoma, dedicar-se a fazer comércio e à criação de animais. Lot não gostava nem da vida militar, nem da vida de pastor.

Ao retornar com a sua família para Salém, Abraão começou a amadurecer os seus projetos militares. Foi logo reconhecido como governante civil do território de Salém e tinha, sob a sua liderança, sete tribos vizinhas confederadas. Foi com grande dificuldade que Melquisedeque de fato conseguiu conter Abraão, que estava inflamado de entusiasmo para conquistar as tribos vizinhas, na ponta da espada, para que elas fossem assim mais rapidamente tornadas conhecedoras das verdades de Salém.

Melquisedeque mantinha relações pacíficas com todas as tribos vizinhas; ele não era militarista e nunca havia sido atacado por qualquer dos exércitos durante as suas idas e vindas por ali. Ele estava inteiramente de acordo com a idéia de que Abraão devesse formular e adotar uma política defensiva para Salém, do modo como foi posteriormente levada a efeito, mas não aprovava os esquemas ambiciosos de conquistas do seu aluno; desse modo, aconteceu um distanciamento amigável na relação, Abraão indo para Hebron para estabelecer a sua capital militar.

Em vista das suas estreitas relações com o ilustre Melquisedeque, Abraão possuía uma grande vantagem sobre os pequenos reis da vizinhança; todos eles reverenciavam Melquisedeque e, indevidamente, temiam a Abraão. Abraão sabia desse medo e apenas aguardava uma ocasião oportuna para atacar os seus vizinhos, e a desculpa para fazê-lo veio quando alguns desses governantes tiveram a presunção de invadir a propriedade do seu sobrinho Lot, que morava em Sodoma. Ao saber disso, Abraão, na chefia das suas sete tribos confederadas, marchou sobre o inimigo. A sua própria guarda pessoal de 318 homens dirigiu o exército, com mais de 4 000 integrantes, que se lançou, então, ao ataque.

Quando Melquisedeque ouviu sobre a declaração de guerra feita por Abraão, partiu para dissuadi-lo, mas apenas alcançou o seu antigo discípulo quando ele retornava vitorioso da batalha. Abraão insistiu que o Deus de Salém havia dado a ele a vitória sobre os seus inimigos e persistiu em dar um décimo dos seus despojos para o tesouro de Salém. Os outros noventa por cento ele levou para a sua capital, em Hebron.

Após essa batalha de Sidim, Abraão tornou-se o líder de uma segunda confederação de onze tribos, e não só pagava o dízimo a Melquisedeque, mas fazia com que todos os outros na vizinhança fizessem o mesmo. As suas tratativas diplomáticas com o rei de Sodoma, aliadas ao medo que ele geralmente inspirava, tiveram como resultado que o rei de Sodoma e outros se uniram a Hebron em confederação militar; Abraão estava indo realmente bem no sentido de estabelecer um estado poderoso na Palestina.

6. A ALIANÇA DE MELQUISEDEQUE COM ABRAÃO

Abraão tinha em vista a conquista de toda a Canaã. A sua determinação era enfraquecida apenas pelo fato de que Melquisedeque não iria aprovar esse empreendimento. Abraão, porém, já havia praticamente decidido embarcar nele quando o pensamento de que não tinha nenhum filho para sucedê-lo como governante desse reino proposto começou a preocupá-lo. Arranjou uma outra conversa com Melquisedeque; e foi no curso dessa entrevista que o sacerdote de Salém, o Filho visível de Deus, persuadiu Abraão a abandonar o seu esquema de conquista material e de governo temporal, em favor do conceito espiritual do Reino do céu.

Melquisedeque explicou a Abraão sobre a inutilidade de contendas contra a confederação dos amoritas, mas fê-lo também compreender que esses clãs atrasados estavam certamente cometendo o suicídio nas suas práticas tolas, pois, em poucas gerações, eles estariam tão enfraquecidos que os descendentes de Abraão, nesse meio tempo grandemente aumentados, poderiam facilmente dominá-los.

E Melquisedeque fez uma aliança formal com Abraão, em Salém. Ele disse a Abraão: "Olha agora para os céus e conta as estrelas, se fores capaz; pois assim tão numerosa a tua semente será". E Abraão acreditou em Melquisedeque, "e isso foi atribuído a ele como retidão". E então Melquisedeque contou a Abraão sobre a futura ocupação de Canaã pela sua descendência, depois da permanência deles no Egito.

Essa aliança entre Melquisedeque e Abraão representa o grande acordo urantiano entre a divindade e a humanidade, por meio do qual Deus concorda em fazer *tudo*; o homem apenas concorda em *acreditar* nas promessas de Deus e em seguir as suas instruções. Até esse momento, havia-se acreditado que a salvação poderia ser assegurada apenas por obras – sacrifícios e oferendas; e, agora, Melquisedeque novamente trazia a Urântia as boas-novas de que a salvação, o favorecimento de Deus, deveria ser conquistado pela *fé*. Mas esse evangelho de simples fé em Deus era muito avançado; os homens das tribos semitas posteriormente preferiram retomar os sacrifícios antigos de expiação dos pecados, por meio do derramamento de sangue.

Pouco tempo depois do estabelecimento dessa aliança, Isaac, o filho de Abraão, nasceu, conforme a promessa de Melquisedeque. Depois do nascimento de Isaac, Abraão teve uma atitude muito solene para com essa aliança com Melquisedeque, e foi a Salém para vê-la confirmada por escrito. Foi nessa aceitação pública e formal da aliança que ele então mudou o seu nome, de Abram para Abraão.

A maioria dos crentes de Salém havia praticado a circuncisão, ainda que Melquisedeque nunca a houvesse tornado obrigatória. E Abraão, que havia feito sempre oposição à circuncisão, nessa ocasião então decidiu tornar o evento solene, e aceitou formalmente esse rito em sinal da ratificação da aliança de Salém.

A essa rendição pública e real das suas ambições pessoais em favor dos planos maiores de Melquisedeque, seguiu-se a aparição dos três seres celestes para ele, nas planícies de Manré. Essa aparição aconteceu de fato, não obstante a sua associação com narrativas posteriormente fabricadas, relativas à destruição, que foi natural, de Sodoma e Gomorra. E essas lendas sobre os acontecimentos daqueles dias indicam quão atrasadas a moral e a ética estiveram, até mesmo em épocas relativamente recentes.

Com a consumação da aliança solene, a reconciliação entre Abraão e Melquisedeque tornou se completa. Abraão assumiu novamente a liderança civil e militar da colônia de Salém, a qual, no seu apogeu, teve mais de cem mil pagadores regulares de dízimos, nas listas da irmandade de Melquisedeque. Abraão fez grandes melhorias no templo de Salém e forneceu novas tendas para toda a escola. Não apenas estendeu o sistema de dízimos, como também instituiu métodos aperfeiçoados de conduzir os negócios da escola, além de contribuir grandemente para um melhor direcionamento dos assuntos ligados à disseminação missionária. Ele também fez muito para promover melhorias para os rebanhos e reorganizar os projetos para os produtos leiteiros de Salém. Abraão era um sagaz e eficiente homem de negócios, um homem rico para a sua época; ele não era excessivamente pio, mas era profundamente sincero, e acreditava em Maquiventa Melquisedeque.

7. OS MISSIONÁRIOS MELQUISEDEQUES

Melquisedeque continuou, por alguns anos, instruindo os seus estudantes e aperfeiçoando os missionários de Salém, que penetravam em todas as tribos vizinhas, especialmente no Egito, Mesopotâmia e Ásia Menor. E, à medida que passavam as décadas, esses educadores viajavam cada vez para mais longe de Salém, levando consigo o ensinamento de Maquiventa sobre a crença e a fé em Deus.

Os descendentes de Adamson, agrupados em torno das margens do lago de Van, eram ouvintes dispostos dos educadores hititas do culto de Salém. Desse antigo centro andita, os educadores eram despachados para regiões longínquas, não apenas da Europa, como da Ásia. Os missionários de Salém penetraram em toda a Europa, até mesmo nas Ilhas Britânicas. Um grupo foi, pelas Ilhas Faroe, até os andonitas da Islândia; enquanto outro atravessou a China e alcançou os japoneses das ilhas orientais. As vidas e as experiências dos homens e mulheres que se aventuraram a sair de Salém, Mesopotâmia e lago de Van, para esclarecer as tribos do hemisfério oriental, representam um capítulo heróico nos anais da raça humana.

Contudo, as tribos eram tão atrasadas e a tarefa era tão grande que os resultados foram vagos e indefinidos. De uma geração para outra, o ensinamento de Salém encontrou lugar aqui e ali, mas, exceção feita à Palestina, nunca a idéia de um único Deus foi capaz de conseguir a lealdade continuada de uma tribo ou raça inteira. Muito antes da vinda de Jesus, os ensinamentos dos primeiros missionários de Salém haviam já submergido, em geral, nas superstições e crenças mais antigas e mais difundidas. O ensinamento Melquisedeque original havia sido quase totalmente absorvido pelas crenças na Grande Mãe, no Sol, e em outros cultos antigos.

Vós, que hoje desfrutais das vantagens da arte da imprensa, não sabeis quão difícil foi perpetuar a verdade durante esses tempos primitivos; tão fácil era perder de vista uma nova doutrina, de uma geração para outra. Havia sempre uma tendência de que a nova doutrina fosse absorvida no corpo mais antigo de ensinamentos religiosos e práticas de magia. Uma nova revelação é sempre contaminada pelas crenças evolucionárias mais antigas.

8. A PARTIDA DE MELQUISEDEQUE

Foi pouco depois da destruição de Sodoma e Gomorra que Maquiventa decidiu terminar a sua auto-outorga de emergência em Urântia. A decisão de Melquisedeque de dar fim à sua estada na carne foi influenciada por inúmeras condições, a principal delas sendo a tendência crescente das tribos vizinhas, e mesmo dos seus parceiros imediatos, de considerá-lo um semideus, de vê-lo como um ser sobrenatural, o que de fato ele era; mas eles estavam começando a reverenciá-lo de modo indevido e com um medo altamente supersticioso. Além dessas razões, Melquisedeque queria deixar a cena das suas atividades terrenas um tempo suficiente antes da morte de Abraão, para assegurar que a verdade de um Deus e um só Deus pudesse tornar-se estabelecida de modo firme nas mentes dos seus seguidores. E, desse modo, Maquiventa retirou-se, certa noite, para a sua tenda, em Salém, tendo dito boa-noite aos seus companheiros humanos, e quando eles foram chamá-lo na manhã seguinte, ele não estava lá, pois os seus companheiros o haviam levado.

9. APÓS A PARTIDA DE MELQUISEDEQUE

O desaparecimento tão súbito de Melquisedeque foi uma grande provação para Abraão. Se bem que Melquisedeque houvesse advertido abertamente aos seus seguidores que deveria, em algum tempo, partir, do modo como havia chegado, eles não se conformaram com a perda do seu maravilhoso líder. A grande organização montada em Salém quase desapareceu, embora tenha sido sobre as tradições daqueles dias que Moisés se haja apoiado, quando levou os escravos hebreus para fora do Egito.

A perda de Melquisedeque produziu, no coração de Abraão, uma tristeza que ele nunca superou completamente. Ele havia abandonado Hebron, quando desistira da ambição de edificar um reino material; e agora, com a perda do seu inspirador, na construção do Reino espiritual, ele partiu de Salém, indo para o sul, para viver próximo dos seus interesses em Gerar.

Abraão tornou-se amedrontado e tímido, imediatamente depois do desaparecimento de Melquisedeque. Ele escondeu a sua identidade ao chegar em Gerar, tanto assim que Abimelec apropriou-se da sua esposa. (Pouco depois do seu casamento com Sara, uma noite Abraão tinha ouvido sobre um complô para assassiná-lo, para tirar-lhe a sua brilhante esposa. E esse temor transformou-se em um terror para aquele líder tão bravo e ousado em tantas outras coisas; durante toda a sua vida ele temera que alguém o matasse secretamente para ficar com Sara. E isso explica por que, em três ocasiões diferentes, esse bravo homem demonstrou uma verdadeira covardia.)

Mas Abraão não ficou por muito tempo impedido de cumprir sua missão como sucessor de Melquisedeque. Logo, ele fez conversões em meio aos filisteus e junto ao povo de Abimelec; fez um tratado com eles e, em troca, tornou-se contaminado por muitas das superstições deles, particularmente pela prática do sacrifício de primogênitos. Assim, de novo, Abraão tornou-se um grande líder na Palestina. Ele foi reverenciado por todos os grupos e honrado por todos os reis. Ele era o líder espiritual de todas as tribos vizinhas, e a sua influência continuou por algum tempo depois da sua morte. Durante os últimos anos da sua vida, uma vez mais ele retornou a Hebron, cenário das suas primeiras atividades e local onde havia trabalhado junto com Melquisedeque. O último ato de Abraão foi enviar serviçais de confiança à cidade do seu irmão, Nahor, na fronteira com a Mesopotâmia, para assegurar que uma mulher do seu próprio povo fosse a esposa do seu filho Isaac. Há muito o casamento entre primos havia sido um costume do povo de Abraão. E Abraão morreu confiante naquela fé em Deus que ele havia aprendido de Melquisedeque nas extintas escolas de Salém.

Para a geração seguinte, foi difícil compreender a história de Melquisedeque; passados quinhentos anos, muitos consideraram toda a narrativa como um mito. Isaac manteve-se bastante próximo dos ensinamentos do seu pai e manteve a crença da colônia de Salém, mas, para Jacó, foi mais difícil compreender o significado dessas tradições. José foi um crente firme em Melquisedeque e, um tanto por causa disso, foi encarado pelos seus irmãos como um sonhador. As honrarias concedidas a José, no Egito, o foram principalmente devido à memória do seu bisavô Abraão. A José foi oferecido o comando militar dos exércitos egípcios, mas, sendo um crente tão firme nas tradições de Melquisedeque e nos ensinamentos posteriores de Abraão e Isaac, ele escolheu servir como administrador civil, acreditando que poderia, assim, trabalhar melhor para o avanço do Reino dos céus.

O ensinamento de Melquisedeque foi pleno e completo, mas os registros desses dias pareceram impossíveis e fantásticos para os sacerdotes hebreus posteriores, embora muitos tivessem alguma compreensão daqueles acontecimentos, pelo menos até a época em que os registros do Antigo Testamento foram revisados em massa na Babilônia.

O que o Antigo Testamento registra como conversas entre Abraão e Deus, na realidade, aconteceu entre Abraão e Melquisedeque. Posteriormente, os escribas encararam o termo Melquisedeque como sinônimo de Deus. Os registros de tantos contatos de Abraão e Sara com "o anjo do Senhor" referem-se às suas numerosas entrevistas com Melquisedeque.

As narrativas hebraicas sobre Isaac, Jacó e José são muito mais confiáveis do que aquelas sobre Abraão, se bem que elas também contenham muitos pontos divergentes do que é factual, devido a alterações feitas intencionalmente e não intencionalmente na época da compilação desses registros pelos sacerdotes hebreus, durante o cativeiro na Babilônia. Quetura não foi esposa de Abraão; como Agar, ela foi meramente uma concubina. Todas as propriedades de Abraão foram para Isaac, o filho de Sara, que tinha status de esposa. Abraão não era tão velho quanto o registro indica e a sua esposa era muito mais nova. Essas idades foram deliberadamente alteradas, com o fito de prover um subseqüente nascimento de Isaac, pretendido como miraculoso.

O ego nacional dos judeus ficou tremendamente deprimido durante o cativeiro da Babilônia. Na sua reação contra a inferioridade nacional, eles oscilaram para o outro extremo do egotismo nacional e racial e, nisso, distorceram e perverteram as suas tradições para exaltar-se, colocando a si próprios acima de todas as raças, como povo escolhido de Deus; e assim, eles cuidadosamente refizeram todos os registros com o propósito de colocar Abraão e os seus outros líderes nacionais muito acima de todas as outras pessoas, não excetuando o próprio Melquisedeque. Os escribas hebreus destruíram, pois, todos os anais que puderam encontrar dessas épocas memoráveis, preservando apenas a narrativa do encontro de Abraão e Melquisedeque depois da batalha de Sidim, encontro que fazia refletir uma grande honra sobre Abraão.

E assim, ao perder Melquisedeque de vista, eles também perderam o ensinamento desse Filho emergencial a respeito da missão espiritual de auto-outorga do Filho prometido. Perderam de vista tão plena e completamente a natureza dessa missão, que poucos da sua progênie puderam ou quiseram reconhecer e receber Michael, quando ele apareceu na Terra e na carne, como Maquiventa havia predito.

Todavia, um dos escritores do Livro dos Hebreus compreendeu a missão de Melquisedeque, pois está escrito: "Esse Melquisedeque, sacerdote do Altíssimo, também foi um rei da paz; sem pai, sem mãe, sem genealogia, não tendo nem início de dias nem fim de vida, mas como um Filho de Deus, ele permanece para sempre como um sacerdote". Esse escritor definiu Melquisedeque como um ser do tipo auto-outorgado, como posteriormente o foi Michael, afirmando que Jesus era "um ministro para sempre da ordem de Melquisedeque". Ainda que essa comparação não seja de todo feliz, foi literalmente verdadeiro que Cristo recebeu um título provisório em Urântia, "segundo as ordens dos doze administradores Melquisedeques" em exercício, na época da sua auto-outorga neste mundo.

10. O STATUS ATUAL DE MAQUIVENTA MELQUISEDEQUE

Durante os anos da encarnação de Maquiventa, os administradores Melquisedeques de Urântia funcionaram em número de onze. Quando Maquiventa considerou completa a sua missão, como um Filho emergencial, ele indicou esse fato aos seus onze coligados, e eles imediatamente colocaram à disposição dele a técnica por meio da qual deveria ser liberado da carne e devolvido a salvo ao seu status original, de Filho Melquisedeque. E, ao terceiro dia depois do seu desaparecimento de Salém, ele apareceu em meio aos seus onze companheiros na missão em Urântia e reassumiu a sua carreira interrompida como um dos administradores planetários do 606 de Satânia.

Maquiventa terminou a sua auto-outorga como uma criatura de carne e sangue, tão sem cerimônia e tão subitamente quanto a havia começado. Nem o seu aparecimento nem a partida foram acompanhados de qualquer anúncio inusitado ou demonstração; nem uma lista de chamada de ressurreição, nem um fim de dispensação planetária marcaram o seu aparecimento em Urântia; a sua outorga foi de emergência. Maquiventa, porém, não terminou a sua temporada na carne dos seres humanos antes de haver sido devidamente liberado pelo Pai Melquisedeque e não antes de haver sido informado de que a sua outorga emergencial havia recebido a aprovação do dirigente executivo de Nébadon, Gabriel de Sálvington.

Maquiventa Melquisedeque continuou a manter um grande interesse pelos assuntos dos descendentes daqueles homens que haviam acreditado nos seus ensinamentos, quando ele estava na carne. Contudo, a progênie de Abraão, por intermédio de Isaac, na linha de intercasamento com os quenitas, era a única linhagem que por um longo tempo continuou nutrindo um conceito claro dos ensinamentos de Salém.

Esse mesmo Melquisedeque continuou a colaborar, durante os dezenove séculos seguintes, com muitos profetas e videntes, tratando assim de manter vivas as verdades de Salém até que se completasse o tempo da vinda de Michael à Terra.

Maquiventa continuou como administrador planetário até os tempos do triunfo de Michael em Urântia. Depois disso, ele ficou ligado ao serviço de Urântia, em Jerusém, como um dos vinte e quatro diretores, tendo sido, apenas recentemente, elevado à posição de embaixador pessoal do Filho Criador em Jerusém, com o título de Príncipe Planetário Vice-Regente de Urântia. Acreditamos que, enquanto Urântia permanecer como planeta habitado, Maquiventa Melquisedeque não retornará totalmente aos deveres da sua ordem de filiação e permanecerá, em termos de tempo, para sempre como ministro planetário, representando Cristo Michael.

Como a sua outorga em Urântia foi de emergência, não consta nos anais qual possa ser o futuro de Maquiventa. Pode acontecer que o corpo Melquisedeque de Nébadon haja sofrido a perda permanente de um dos da sua ordem. Comuniações recentes, vindas dos Altíssimos de Edêntia e, mais tarde, confirmadas pelos Anciães dos Dias de Uversa, sugerem, com ênfase, que esse Melquisedeque de auto-outorga esteja destinado a tomar o lugar do Príncipe Planetário caído, Caligástia. Se as nossas conjecturas a esse respeito estiverem corretas, é bastante possível que Maquiventa Melquisedeque possa novamente aparecer pessoalmente em Urântia e, de algum modo diferente, reassumir o papel do Príncipe Planetário destronado, ou, então, aparecer na Terra para funcionar como Príncipe Planetário Vice-Regente, representando Cristo Michael, que é, agora, quem de fato detém o título de Príncipe Planetário de Urântia. Ainda que esteja longe de parecer claro, para nós, qual possa ser o destino de Maquiventa, contudo, acontecimentos recentes sugerem enfaticamente que as conjecturas anteriores provavelmente não estejam muito distantes da verdade.

Compreendemos muito bem como, por meio do seu triunfo em Urântia, Michael tornou-se o sucessor não só de Caligástia e de Adão; como também tornou-se o Príncipe Planetário da Paz e o segundo Adão. E, agora, vemos ser conferido a esse Melquisedeque o título de Príncipe Planetário Vice-Regente de Urântia. Será ele também constituído como Filho Material Vice-Regente de Urântia? Ou haverá a possibilidade de que um evento inesperado e sem precedentes ocorra, tal como o retorno ao planeta, a qualquer momento, de Adão e Eva, ou de alguns dos seus descendentes como representantes de Michael, com os títulos de Vice-Regentes do segundo Adão de Urântia?

E todas essas especulações, associadas à certeza dos aparecimentos futuros tanto de Filhos Magisteriais, quanto de Filhos Instrutores da Trindade, em conjunção com a promessa explícita do Filho Criador de retornar em algum momento, fazem de Urântia um planeta de futuro imprevisto e tornam-no uma das mais interessantes e misteriosas esferas em todo o universo de Nébadon. É mesmo possível que, em alguma era futura, quando Urântia se estiver aproximando da era de luz e vida, depois que os casos da rebelião de Lúcifer e da secessão de Caligástia houverem sido finalmente julgados, possamos testemunhar as presenças em Urântia, simultaneamente, de Maquiventa, Adão, Eva e Cristo Michael, bem como a de um Filho Magisterial ou mesmo de Filhos Instrutores da Trindade.

Há muito, a opinião da nossa ordem tem sido de que a presença de Maquiventa no corpo de diretores de Urântia em Jerusém, junto aos vinte e quatro conselheiros, é evidência suficiente para garantir a crença de que ele está destinado a seguir adiante, com os mortais de Urântia, no esquema de progressão e ascensão do universo até mesmo ao Corpo de Finalidade do Paraíso. Sabemos que Adão e Eva estão destinados a acompanhar os seus companheiros da Terra na aventura até o Paraíso, quando Urântia estiver estabelecida em luz e vida.

Há menos de mil anos, este mesmo Maquiventa Melquisedeque, outrora o sábio de Salém, esteve presente invisivelmente em Urântia por um período de cem anos, atuando como governador-geral residente do planeta; e se o sistema atual de direção dos assuntos planetários continuar, ele deverá retornar em pouco mais de mil anos e retomar a mesma função.

Tal é a história de Maquiventa Melquisedeque, uma das figuras mais singulares de todas as que já estiveram ligadas à história de Urântia, e uma personalidade que pode estar destinada a desempenhar um importante papel na experiência futura do vosso irregular e inusitado mundo.

[Apresentado por um Melquisedeque de Nébadon.]

DOCUMENTO 94

OS ENSINAMENTOS DE MELQUISEDEQUE NO ORIENTE

OS PRIMEIROS instrutores da religião de Salém penetraram até as tribos mais remotas da África e da Eurásia, pregando sempre o evangelho de Maquiventa, da fé e da confiança que deve o homem ter em um Deus universal, como o único preço para obter o favor divino. A aliança de Melquisedeque com Abraão foi a base para toda a divulgação inicial vinda de Salém e de outros centros. Urântia nunca teve missionários mais entusiasmados e motivados de qualquer religião do que esses homens e mulheres nobres que levaram os ensinamentos de Melquisedeque por todo o Hemisfério Oriental. Esses missionários foram recrutados em meio a muitos povos e raças, e espalharam amplamente os seus ensinamentos por meio dos nativos convertidos. Eles estabeleceram centros de aperfeiçoamento em partes diferentes do mundo, onde ensinavam aos nativos a religião de Salém e, então, encarregavam esses alunos de funcionarem como instrutores entre os do seu próprio povo.

1. OS ENSINAMENTOS DE SALÉM NA ÍNDIA VÉDICA

Nos dias de Melquisedeque, a Índia era um país cosmopolita, que recentemente havia caído sob o domínio político e religioso dos invasores arianos-anditas do norte e do oeste. Nessa época, apenas as partes setentrionais e ocidentais da península estavam permeadas, em larga escala, pelos arianos. Esses recém-chegados vedas haviam trazido consigo as suas várias deidades tribais. As suas formas religiosas de adoração seguiam de perto as práticas cerimoniais dos seus antigos ancestrais anditas, em que o pai ainda funcionava como um sacerdote, e a mãe como uma sacerdotisa, e a lareira da família ainda era utilizada como um altar.

O culto védico estava, então, em processo de crescimento e de metamorfose, sob a direção da casta brâmane dos sacerdotes-educadores, que estava assumindo gradativamente o controle do ritual da adoração, o qual se encontrava em expansão. A fusão das trinta e três deidades arianas do passado estava já bem a caminho quando os missionários de Salém penetraram no norte da Índia.

O politeísmo desses arianos representava uma degeneração do seu monoteísmo anterior, ocasionada pela sua separação em unidades tribais, cada tribo tendo o seu deus venerado. Essa degenerescência do monoteísmo e do trinitarismo, originais da Mesopotâmia andita, estava em processo de ressintetização, nos primeiros séculos do segundo milênio antes de Cristo. Os vários deuses estavam organizados em um panteão, sob a liderança trina de Dyaus pitar, o senhor dos céus; Indra, o tempestuoso senhor da atmosfera; e Agni, o deus tricéfalo do fogo, o senhor da Terra e o vestígio simbólico de um antigo conceito da Trindade.

Desenvolvimentos claramente henoteístas estavam preparando o caminho para um monoteísmo evoluído. Agni, a deidade mais antiga, era sempre exaltada como o pai-chefe do panteão inteiro. O princípio da deidade-pai, algumas vezes chamada de Prajapati e, algumas vezes, de Brama, esteve submerso na batalha teológica que os sacerdotes brâmanes mais tarde travaram com os instrutores de Salém. *O Braman* era concebido como o princípio de divindade-energética que ativava todo o panteão védico.

Os missionários de Salém pregaram o Deus único de Melquisedeque, o Altíssimo dos céus. Essa descrição não estava de todo em desarmonia com o conceito emergente do Pai-Brama como a fonte de todos os deuses, mas a doutrina de Salém era não ritualista e, pois, ia diretamente contra os dogmas, as tradições, e os ensinamentos do sacerdócio brâmane. Nunca os sacerdotes brâmanes aceitariam a pregação de Salém, de uma salvação por meio da fé, do favorecimento de Deus independentemente das observâncias ritualísticas e dos cerimoniais com sacrifícios.

A rejeição do evangelho de Melquisedeque, de confiança em Deus e de salvação por meio da fé, foi um marco vital de mudança para a Índia. Os missionários de Salém muito haviam contribuído para a perda da fé em todos os deuses vedas antigos, mas os líderes, os sacerdotes do vedismo, recusaram-se a aceitar o ensinamento de Melquisedeque de um Deus e de uma fé simples e única.

Os brâmanes colecionaram os escritos sagrados daqueles dias em um esforço para combater os instrutores de Salém, e essa compilação, mais tarde revisada, chegou até os tempos modernos como o Rig-Veda, um dos mais antigos livros sagrados. Os segundos, os terceiros e os quartos Vedas vieram à medida que os brâmanes buscavam cristalizar, formalizar e impor seus rituais de adoração e sacrifício aos povos daqueles dias. Pelo que têm de melhor, esses escritos são equivalentes a qualquer outro conjunto de caráter similar, em beleza de conceito e verdade de discernimento. Contudo, como essa religião superior tornou-se contaminada pelos milhares e milhares de superstições, de cultos e rituais da parte sulina da Índia, progressivamente, ela metamorfoseou-se no sistema mais variegado de teologia já desenvolvido pelo homem mortal. Um estudo dos Vedas fará com que se descubram alguns conceitos da Deidade, entre os mais elevados, e, outros, entre os mais baixos a serem jamais concebidos.

2. O BRAMANISMO

À medida que os missionários de Salém penetraram na direção sul, rumo ao Decã dravidiano, eles encontraram um sistema mais intenso de castas, o esquema ariano de impedir a perda de identidade racial em face da maré crescente de povos sangiques secundários. Desde que a casta dos sacerdotes brâmanes era a essência mesma desse sistema, essa ordem social retardou, em muito, o progresso dos educadores de Salém. Esse sistema de castas não teve êxito em salvar a raça ariana, mas teve sucesso na perpetuação dos brâmanes, que, por sua vez, têm mantido a sua hegemonia religiosa na Índia até os dias atuais.

E agora, com o enfraquecimento do vedismo pela sua rejeição da verdade mais elevada, o culto dos arianos tornou-se sujeito a intromissões cada vez maiores do Decã. Num esforço desesperado para estancar o fluxo da extinção racial e da obliteração religiosa, a casta brâmane buscou exaltar a si própria acima de tudo o mais. Os brâmanes ensinaram que o sacrifício à deidade, em si mesmo, era tão plenamente eficaz, que conseguia dela tudo com a sua força. E proclamaram que, dos dois princípios divinos essenciais do universo, um era Braman, a deidade, e o outro era o sacerdócio brâmane. Em meio a nenhum outro povo de Urântia, os sacerdotes presumiram exaltar assim a si próprios acima mesmo dos seus deuses, a atribuir a si próprios as honras devidas aos seus deuses. Eles, porém, foram tão absurdamente longe, nessas presunçosas reivindicações, que todo o precário sistema entrou em colapso diante dos cultos aviltantes que afluíram das civilizações circundantes, menos avançadas. O vasto sacerdócio védico, ele próprio, atrapalhou-se e afundou sob a maré negra da inércia e do pessimismo que a sua própria presunção egoísta e pouco sábia havia trazido a toda a Índia.

A concentração indevida no ego conduziu certamente a um temor da perpetuação não evolucionária do ego, em um círculo sem fim de sucessivas encarnações como homem, besta, ou ervas daninhas. E de todas as crenças contaminadoras que poderiam ter aderido àquilo que possa ter sido um monoteísmo emergente, nenhuma foi mais estupidificante do que a crença na transmigração – a doutrina da reencarnação das almas –, que veio do Decã dravidiano. Essa crença, em um círculo fastidioso e monótono de repetidas transmigrações, roubou dos mortais em luta a sua esperança há muito acalentada de encontrar a libertação e o avanço espiritual na morte, que havia sido uma parte da fé anterior védica.

Esse ensinamento filosoficamente debilitador foi logo seguido da invenção da doutrina segundo a qual se escapa eternamente do eu pela submersão no repouso e na paz universal da união absoluta com Braman, a superalma de toda a criação. O desejo mortal e a ambição humana foram efetivamente arrebatados e virtualmente destruídos. Por mais de dois mil anos, as melhores mentes da Índia procuraram escapar de todo desejo e, assim, a porta ficou toda aberta para a entrada daqueles cultos e ensinamentos posteriores que agrilhoaram virtualmente as almas de muitos do povo indiano nas correntes da desesperança espiritual. De todas as civilizações, a vedico-ariana foi a que pagou o preço mais terrível pela sua rejeição ao evangelho de Salém.

Apenas a organização em castas não poderia perpetuar o sistema religioso-cultural ariano e, à medida que as religiões inferiores do Decã infiltravam-se ao norte, desenvolveu-se uma idade de desespero e falta de esperança. Foi durante esses dias escuros que surgiu o culto de não se tirar a vida de nenhuma criatura, o qual tem perdurado desde então. Muitos dos novos cultos eram francamente ateístas, argumentando que a salvação que fosse acessível poderia vir apenas pelos esforços humanos, sem ajuda externa. Contudo, por meio de boa parte dessa filosofia infeliz podem ser percebidos alguns remanescentes distorcidos dos ensinamentos de Melquisedeque, e mesmo dos de Adão.

Esses foram os tempos de compilação das últimas escrituras da fé hindu, as Brâmanas e os Upanishades. Havendo rejeitado os ensinamentos da religião pessoal pela experiência da fé pessoal com o único Deus, e tendo-se contaminado na inundação dos cultos e crendices aviltantes e debilitadores provenientes do Decã, com os seus antropomorfismos e reencarnações, o sacerdócio brâmane experimentou uma reação violenta contra essas crenças viciosas; houve um esforço claro de buscar e de encontrar a *verdadeira realidade*. Os brâmanes puseram-se a desantropomorfizar o conceito hindu da deidade, mas, ao fazer isso, eles tropeçaram no grave erro de despersonalizar o conceito de Deus, e emergiram, não com o ideal sublime e espiritual do Pai do Paraíso, mas com uma idéia distante e metafísica de um Absoluto que a tudo engloba.

Nos seus esforços de autopreservação, os brâmanes haviam rejeitado o Deus único de Melquisedeque, e agora se viam diante da hipótese de Braman, aquele eu filosófico indefinido e ilusório, aquele isso impessoal e impotente que deixou a vida espiritual da Índia desamparada e prostrada desde aqueles dias infelizes até o século vinte.

Foi durante os tempos em que os Upanishades estavam sendo escritos que o budismo surgiu na Índia. Apesar, porém, do seu êxito de mil anos, não pôde concorrer com a fase anterior do hinduísmo; apesar da sua moralidade mais elevada, a descrição inicial que fazia de Deus era ainda mais indefinida do que a do hinduísmo, que providenciou deidades menores e pessoais. O budismo, finalmente, foi afastado, no norte da Índia, pelos ataques de um Islã militante, com o seu conceito claro de Alá como o Deus supremo do universo.

3. A FILOSOFIA BRÂMANE

Conquanto a fase superior do bramanismo dificilmente haja sido uma religião, foi, na verdade, um dos esforços mais nobres da mente mortal de penetrar nos domínios da filosofia e da metafísica. Tendo partido para a descoberta da realidade final, a mente indiana não parou até que houvesse especulado sobre quase todos os aspectos da teologia, excetuando-se o conceito dual essencial da religião: a existência do Pai Universal de todas as criaturas do universo e o fato da experiência ascendente, no universo, dessas mesmas criaturas que buscam alcançar o Pai eterno, o qual comandou-lhes que fossem perfeitas, como Ele próprio é perfeito.

No conceito de Braman, as mentes daqueles dias captaram verdadeiramente a idéia de algum Absoluto impregnando a tudo, pois elas identificavam esse postulado, simultaneamente, com a energia criativa e a reação cósmica. Braman era concebido como estando além de qualquer definição, capaz de ser compreendido apenas pela negação sucessiva de todas as qualidades finitas. Era claramente a crença em um ser absoluto e infinito mesmo; mas, em grande parte, esse conceito era desprovido dos atributos de personalidade e, portanto, não era experienciável pelo indivíduo religioso.

Braman-Narayana foi concebido como o Absoluto, O QUE É infinito, a potência primordial criativa do cosmo potencial, o Eu Universal existindo estática e potencialmente durante toda a eternidade. Tivessem os filósofos daqueles dias sido capazes de dar o próximo passo na concepção da deidade, tivessem eles sido capazes de conceber o Braman como associativo e criativo, como uma personalidade acessível pelos seres criados e em evolução, então, talvez, esse ensinamento pudesse haver-se transformado na mais avançada apresentação da Deidade em Urântia, posto que teria abrangido os cinco primeiros níveis da função total da deidade e, possivelmente, poderia haver antevisto os dois restantes.

Em certas fases, o conceito da Superalma Universal Única, como totalidade e soma das existências de todas as criaturas, conduziu os filósofos indianos até muito perto da verdade do Ser Supremo, mas essa verdade não lhes valeu de nada, porque eles fracassaram ao desenvolver qualquer abordagem ou método de aproximação pessoal razoável ou racional para alcançar a sua meta teórica monoteísta de Braman-Narayana.

O princípio cármico da continuidade causal chega, novamente, até bem próximo da verdade de que todas as ações no espaço-tempo repercutem em uma síntese na presença da Deidade do Supremo; mas esse postulado jamais deu elementos para que o indivíduo religioso chegasse a um alcance pessoal coordenado da Deidade. Apenas forneceu elementos para que se pensasse que toda a personalidade entrará em um engolfamento último dentro da Supra-alma Universal.

A filosofia do bramanismo também chegou muito perto da compreensão da presença residente dos Ajustadores do Pensamento, mas deixou-se perverter por causa de um conceito falso da verdade. O ensinamento de que a alma é a presença residente de Braman teria preparado o caminho para uma religião avançada, caso esse conceito não houvesse sido completamente viciado pela crença de que não há nenhuma individualidade humana, à parte essa presença do Um universal.

Na doutrina pela qual a alma individual se funde na Superalma, os teólogos da Índia deixaram de prover elementos para a sobrevivência das coisas humanas, de algo novo e único, algo nascido da união da vontade do homem com a vontade de Deus. O ensinamento do retorno da alma para Braman é, muito de perto, paralelo à verdade do retorno do Ajustador para o seio do Pai Universal, mas alguma coisa além do Ajustador há que sobrevive, também, e esta é a contraparte moroncial da personalidade mortal. E esse conceito vital esteve ausente de modo fatal na filosofia brâmane.

A filosofia brâmane conseguiu uma boa aproximação de muitos dos fatos do universo e abordou bem inúmeras verdades cósmicas, mas também por muitas vezes foi vítima do erro de deixar de diferenciar entre os vários níveis da realidade, tais como o absoluto, o transcendental e o finito. Deixou de levar em conta que aquilo que pode ser um finito-ilusório, no nível absoluto, pode ser absolutamente real, no nível finito. E também não tomou conhecimento da personalidade essencial do Pai Universal, a quem se pode contatar pessoalmente em todos os níveis, desde o da experiência limitada da criatura evolucionária com Deus, até a experiência ilimitada do Filho Eterno com o Pai do Paraíso.

4. A RELIGIÃO HINDU

Com o passar dos séculos, na Índia, a população retornou, em uma certa medida, aos rituais antigos dos Vedas, do modo como haviam sido modificados pelos ensinamentos dos missionários de Melquisedeque e cristalizados pelo sacerdócio brâmane ulterior. Essa religião, a mais antiga e mais cosmopolita do mundo, passou por novas mudanças em resposta ao budismo e ao jainismo, e devido às influências mais recentes do maometismo e do cristianismo. Todavia, na época em que os ensinamentos de Jesus chegaram, já se haviam tornado ocidentalizados, a ponto de serem uma "religião do homem branco" e, portanto, insólita e estrangeira para a mente indiana.

A teologia hindu, no presente, ilustra quatro níveis descendentes de deidade e de divindade:

1. *O Braman*, o absoluto, o Um Infinito, AQUILO QUE É.

2. *A Trimurti*, a suprema trindade do hinduísmo. Nessa associação, *Brama*, o primeiro membro, é concebido como sendo criado por si próprio a partir de Braman – a infinitude. Não estivesse ele em estreita identificação com o Um Infinito panteísta, Brama poderia constituir-se no fundamento para um conceito do Pai Universal. Brama é também identificado com o destino.

A adoração de Shiva e Vishnu, o segundo e terceiro membros, surgiu no primeiro milênio depois de Cristo. *Shiva* é o senhor da vida e da morte, o deus da fertilidade e o mestre da destruição. *Vishnu* é extremamente popular, devido à crença de que ele se encarna periodicamente na forma humana. Desse modo, Vishnu torna-se real e vivo na imaginação dos indianos. Shiva e Vishnu são considerados, por alguns, como supremos, acima de todos.

3. *As deidades védicas e pós-védicas*. Muitos dos antigos deuses dos arianos, tais como Agni, Indra e Soma, persistiram como secundários em relação aos três membros da Trimurti. Numerosos outros deuses têm surgido desde os dias iniciais da Índia védica, e eles também foram incorporados ao panteão hindu.

4. *Os semideuses*: super-homens, semideuses, heróis, demônios, fantasmas, espíritos maus, duendes, monstros, diabretes e santos de cultos mais recentes.

Embora o hinduísmo não venha tendo êxito em vivificar o povo indiano, tem sido, ao mesmo tempo, uma religião tolerante em geral. A sua grande força repousa no fato de que tem provado ser a mais adaptável e a mais amorfa das religiões a aparecerem em Urântia. É capaz de mudanças quase ilimitadas e possui uma capacidade pouco habitual de ajuste flexível, desde as especulações elevadas e semimonoteístas dos brâmanes intelectuais até o fetichismo flagrante e as práticas de cultos primitivos das classes des-privilegiadas e aviltadas de crentes ignorantes.

O hinduísmo tem sobrevivido porque é essencialmente uma parte integral do te-cido social básico da Índia. Não está postado em nenhuma grande hierarquia, para que possa ser perturbado ou destruído; está entrelaçado aos padrões de vida do povo. Tem uma adaptabilidade às condições mutantes que excede a de quaisquer outros cultos, e tem uma atitude tolerante de adoção para com muitas outras religi-ões; Gautama Buda e mesmo o próprio Cristo foram considerados encarnações de Vishnu.

Hoje, na Índia, há uma grande necessidade da apresentação do evangelho de Jesus – a Paternidade de Deus e a filiação e a conseqüente irmandade de todos os homens, que é realizada pessoalmente na ministração do amor e do serviço social. Na Índia, existe um quadro filosófico, a estrutura do culto está presente; tudo o que se faz necessário é a chama vitalizante do amor dinâmico retratado no evangelho original do Filho do Homem, despojado dos dogmas e doutrinas ocidentais que trouxeram a tendência de fazer da vida auto-outorgada de Michael uma religião de homens brancos.

5.   A LUTA PELA VERDADE NA CHINA

Enquanto os missionários de Salém percorriam a Ásia, disseminando a doutrina do Deus Altíssimo e da salvação pela fé, eles absorveram muito da filosofia e do pensamento religioso dos vários países que atravessavam. Contudo, os instrutores encarregados por Melquisedeque e os seus sucessores não falharam na sua missão; eles tiveram penetração entre todos os povos do continente eurasiano; e foi no meio do segundo milênio antes de Cristo que eles chegaram à China. Durante mais de cem anos, os salemitas mantiveram sua sede em Si Fuch, treinando ali os instrutores chineses que ensinaram em todos os locais de domínio da raça amarela.

Foi em conseqüência direta desse ensinamento que surgiu, na China, a forma inicial de taoísmo, uma religião totalmente diferente da que leva esse nome hoje. O taoísmo inicial ou o proto-taoísmo era um composto dos fatores seguintes:

1. Os ensinamentos remanescentes de Singlangton, que persistiram na con-cepção de Shang-ti, o Deus dos Céus. Nos tempos de Singlangton, o povo chinês tornou-se virtualmente monoteísta; concentrou a sua adoração na Verdade Única, mais tarde conhecida como o Espírito do Céu, o governante do universo. E a raça amarela nunca se perdeu totalmente dessa concepção inicial da Deidade, se bem que, nos séculos posteriores, muitos deuses e espíritos subordinados hajam se infil-trado sub-repticiamente na sua religião.

2. A religião de Salém, com uma Deidade Altíssima Criadora, que outorgaria o seu favorecimento à humanidade em resposta à fé do homem. Todavia, é também muito verdadeiro que, à época em que os missionários de Melquisedeque haviam penetrado nas terras da raça amarela, a sua mensagem original havia-se distanciado consideravelmente das doutrinas simples de Salém dos dias de Maquiventa.

3. O conceito do Braman-Absoluto dos filósofos indianos, somado aos desejos de escapar de todo o mal. Talvez a maior influência externa para a disseminação da religião de Salém até o leste, haja sido exercida pelos educadores indianos da fé védica, que injetaram a sua concepção do Braman – o Absoluto – no pensamento salvacionista dos salemitas.

Essa crença composta espalhou-se pelas terras da raça amarela e das raças morenas, como uma influência subjacente no pensamento religioso-filosófico. No Japão, esse prototaoísmo ficou conhecido como xintoísmo e nesse país, muito distante de Salém da Palestina, os povos aprenderam sobre a encarnação de Maquiventa Melquisedeque, que habitou na terra para que a humanidade não se esquecesse de Deus.

Na China, todas essas crenças, mais tarde, foram confundidas e se compuseram com o culto sempre em crescimento da adoração dos ancestrais. Contudo, desde a época de Singlangton, os chineses nunca mais caíram em uma escravidão desamparada aos rituais sacerdotais. A raça amarela foi a primeira a emergir da servidão bárbara e a entrar na civilização da ordem organizada, porque foi a primeira a alcançar, em alguma medida, a liberdade do medo abjeto dos deuses, não temendo nem mesmo os fantasmas dos mortos, como outras raças temeram. A China encontrou a sua derrota, porque ela não teve êxito em progredir para além da sua primeira emancipação dos sacerdotes; e caiu em um erro igualmente calamitoso, a adoração dos ancestrais.

Entretanto, os salemitas não trabalharam em vão. Foi sobre os fundamentos do seu evangelho que os grandes filósofos da China do sexto século elaboraram os seus ensinamentos. A atmosfera moral e os sentimentos espirituais dos tempos de Lao-Tsé e de Confúcio vieram a partir dos ensinamentos dos missionários de Salém de uma idade anterior.

6. LAO-TSÉ E CONFÚCIO

Cerca de seiscentos anos antes da chegada de Michael, Melquisedeque, que há muito já havia partido da vida na carne, teve a impressão de que a pureza do seu ensinamento na Terra estava sendo perigosamente ameaçada pela absorção geral nas crenças mais antigas de Urântia. Pareceu, por um tempo, que a sua missão como precursor de Michael poderia estar em perigo de falhar. E, no sexto século antes de Cristo, por intermédio de uma coordenação excepcional de agentes espirituais, dos quais nem todos são compreendidos mesmo pelos supervisores planetários, Urântia presenciou uma apresentação muito inusitada de verdades religiosas sob formas múltiplas. Por meio da atuação de vários educadores humanos, o evangelho de Salém foi reafirmado e revitalizado e, como foi então apresentado, grande parte sobreviveu até os tempos destes documentos atuais.

Esse século singular de progresso espiritual foi caracterizado por grandes educadores religiosos, morais e filosóficos em todo o mundo civilizado. Na China, os dois instrutores de maior destaque foram Lao-Tsé e Confúcio.

Lao-Tsé edificou o seu pensamento diretamente sobre os conceitos das tradições de Salém, quando declarou que o Tao era a Causa Primeira Una de toda a criação. Lao era um homem de grande visão espiritual. Ele ensinou que "o destino eterno do homem era a união perpétua com o Tao, o Deus Supremo e Rei Universal". A sua compreensão da causação última foi muito profunda, pois escreveu: "A Unidade surge do Tao Absoluto, e da Unidade surge a Dualidade cósmica e, dessa Dualidade, a Trindade vem à existência, e a Trindade é a fonte primordial de toda a realidade". "Toda a realidade equilibra-se sempre entre os potenciais e os factuais do cosmo, e estes estão eternamente harmonizados pelo espírito da divindade."

Lao-Tsé também foi um dos primeiros a apresentar a doutrina do fazer o bem em retribuição ao mal: "A bondade engendra a bondade, mas, para aquele que é verdadeiramente bom, o mal também gera a bondade".

Ele ensinou que a criatura retorna ao Criador e descreveu a vida como a emergência de uma personalidade a partir dos potenciais cósmicos, enquanto a morte equivalia ao retorno para o lar da personalidade dessa criatura. O seu conceito da verdadeira fé era incomum, e ele também a comparava à "atitude de uma criancinha".

A sua compreensão do propósito eterno de Deus foi clara, pois ele disse: "A Deidade Absoluta não se esforça em lutas, contudo, é sempre vitoriosa; não força a humanidade, mas permanece sempre pronta para responder aos seus desejos verdadeiros; a vontade de Deus é eterna em paciência e perene na inevitabilidade da sua expressão". E, sobre o verdadeiro religioso, ele disse, expressando a verdade de que dar é mais abençoado do que receber: "O homem bom procura não reter a verdade para si próprio, antes, ele intenta passar essas riquezas aos seus semelhantes, pois isso é a realização da verdade. A vontade do Deus Absoluto sempre beneficia, nunca destrói; o propósito do verdadeiro crente é sempre agir, e nunca coagir".

Lao ensinou a não-resistência; e a distinção que fez entre a *ação* e a *coerção*, mais tarde, perverteu-se nas crenças que defendem "nada ver, nada fazer e nada pensar". Lao, porém, nunca ensinou esse erro, embora a sua apresentação da não-resistência haja sido um fator para o desenvolvimento posterior das predileções pacíficas dos povos chineses.

Contudo, o popular taoísmo do século vinte em Urântia, pouco tem em comum com os sentimentos sublimes e os conceitos cósmicos do antigo filósofo, que ensinou a verdade como ele a percebia, e que era: a fé no Deus Absoluto é a fonte da energia divina que irá reconstruir o mundo, e com a qual o homem ascende até a união espiritual com o Tao, a Deidade Eterna e o Criador Absoluto dos universos.

Confúcio (Kung Fu-tze) foi um contemporâneo mais jovem de Lao, na China do sexto século. Confúcio baseou suas doutrinas nas melhores tradições morais da longa história da raça amarela e foi influenciado também, de um certo modo, pelo remanescente das tradições dos missionários de Salém. O seu trabalho principal consistiu na compilação do que diziam sabiamente os antigos filósofos. Ele foi um instrutor rejeitado durante o tempo em que viveu, mas os seus ensinamentos e escritos, desde então, exerceram uma grande influência na China e no Japão. Confúcio estabeleceu uma nova atitude para os xamãs, quando ele colocou a moralidade no lugar da magia. Todavia, ele construiu demasiado bem; fez da *ordem* um novo fetiche e instituiu um respeito pela conduta ancestral, que era ainda venerada pelos chineses na época em que estes documentos estavam sendo escritos.

Confúcio pregava sobre a moralidade, baseado na teoria de que o caminho terrestre era a sombra distorcida do caminho celeste; de que o modelo verdadeiro da civilização temporal é como a imagem, de um espelho refletida, da ordem celeste eterna. O conceito potencial de Deus, no confucionismo, era quase completamente subordinado à ênfase colocada no Caminho Celeste, o arquétipo do cosmo.

Os ensinamentos de Lao foram perdidos por todos, exceto por uns poucos no Oriente, mas os escritos de Confúcio têm-se constituído sempre, desde então, na base do contexto moral da cultura de quase uma terça parte dos urantianos. Esses preceitos de Confúcio, que perpetuam o melhor do passado, foram, de algum modo, inimigos da própria natureza chinesa de indagação mental, que havia já realizado tantos e tão venerados feitos. A influência dessas doutrinas foi combatida sem êxito, tanto pelos esforços imperiais de Chin Shih Huang Ti, quanto pelos ensinamentos de Mo Ti, que proclamaram uma irmandade fundada não no dever ético, mas no amor de Deus. Ele procurou reestimular a antiga busca pela nova verdade, mas os seus ensinamentos fracassaram diante da oposição vigorosa dos discípulos de Confúcio.

Como muitos outros instrutores morais e espirituais, tanto Confúcio quanto Lao-Tsé foram finalmente deificados pelos seus seguidores, naquelas épocas de trevas espirituais na China, as quais ocorreram entre o declínio e o desvirtuamento da fé taoísta e a vinda dos missionários budistas da Índia. Durante esses séculos, espiritualmente decadentes, a religião da raça amarela degenerou-se em uma teologia lamentável, em que formigavam diabos, dragões e espíritos malignos, todos denotando o retorno dos temores da mente mortal não iluminada. E a China, que estivera à frente da sociedade humana por causa de uma religião avançada, caiu então para a retaguarda, por causa de uma incapacidade temporária de progredir no caminho verdadeiro do desenvolvimento daquela consciência de Deus, indispensável ao verdadeiro progresso, não apenas do indivíduo mortal, mas também das civilizações intrincadas e complexas, típicas do avanço da cultura e da sociedade em um planeta evolucionário do tempo e do espaço.

7. GAUTAMA SIDARTA

Outro grande instrutor da verdade surgiu na Índia, contemporâneo de Lao-Tsé e de Confúcio na China. Gautama Sidarta nasceu no sexto século antes de Cristo, na província do Nepal, no norte da Índia. Os seus seguidores, mais tarde, fizeram transparecer que ele era o filho de um governante fabulosamente rico, mas, na verdade, ele era o aparente herdeiro ao trono do chefe de uma pequena tribo e que, por tolerância desta, governava um pequeno e recluso vale nas montanhas ao sul do Himalaia.

Gautama, depois de seis anos de práticas inúteis de ioga, formulou aquelas teorias que se transformaram na filosofia do budismo. Sidarta travou uma luta determinada, mas infrutífera, contra o sistema de castas que crescia. Havia uma sinceridade sublime e uma singular ausência de egoísmo nesse jovem príncipe profeta, que foi de grande apelo para os homens daqueles dias. Ele refreou a prática da busca individual da salvação por meio da aflição física e da dor pessoal. E exortou os seus seguidores a levar o seu evangelho a todo o mundo.

Em meio à confusão e às práticas extremas, nos cultos da Índia, os ensinamentos mais sadios e moderados de Gautama vieram como um bálsamo de alívio. Ele denunciou deuses, sacerdotes e os seus sacrifícios, mas também ele não percebeu a *personalidade* do Um Universal. Não acreditando na existência de almas individuais humanas, Gautama travou, por isso, uma luta valente contra a crença, tradicionalmente honrada, na transmigração da alma. Fez um esforço nobre para libertar os homens do medo, para fazê-los sentirem-se com segurança e conforto e em casa, no grande universo, mas, novamente, ele não conseguiu mostrar-lhes o caminho daquele lar real e superno dos mortais ascendentes – o Paraíso – e do serviço crescente a ser feito na existência eterna.

Gautama foi um verdadeiro profeta e, houvesse ele dado atenção às instruções do eremita Godad, teria podido elevar toda a Índia pela inspiração do renascimento do evangelho de Salém de salvação pela fé. Godad descendia de uma família que nunca havia perdido de vista as tradições dos missionários de Melquisedeque.

Gautama fundou a sua escola em Benares e, durante o seu segundo ano, um aluno, Bautan, transmitiu ao seu mestre as tradições dos missionários de Salém, sobre a aliança de Melquisedeque com Abraão; e, se bem que Sidarta não houvesse alcançado um conceito muito claro sobre o Pai Universal, ele adotou uma posição avançada sobre a salvação por meio da fé – a simples crença. Ele assumiu-a perante os seus seguidores e começou a enviar os seus alunos, em grupos de sessenta, para proclamar ao povo da Índia "as boas-novas da salvação livre; e de que todos os homens, humildes ou elevados, podem alcançar a bênção por meio da fé na retidão e na justiça".

A esposa de Gautama acreditava no evangelho do seu marido e foi a fundadora de uma ordem de freiras. O seu filho tornou-se o seu sucessor e difundiu em muito esse culto; ele captou a nova idéia da salvação por meio da fé, mas, nos seus últimos anos, ele hesitou com respeito ao evangelho de Salém, de que o favor divino vem por meio da fé em si, e, na velhice, as suas palavras, ao morrer, foram: "Sede vós próprios os artesãos da vossa salvação".

O evangelho de Gautama, para a salvação universal, quando proclamado pelo que tem de melhor, livre de sacrifícios, de tortura, de rituais e de sacerdotes, foi uma doutrina revolucionária e surpreendente para o seu tempo. E chegou incrivelmente próximo de representar um renascimento do evangelho de Salém. Socorreu a milhões de almas em desespero e, apesar das alterações grotescas que sofreu nos últimos séculos, ainda persiste como a esperança de milhões de seres humanos.

Sidarta ensinou muito mais sobre a verdade do que aquilo que sobreviveu nos cultos modernos que levam o seu nome. O budismo moderno não representa os ensinamentos de Gautama Sidarta, mais do que o cristianismo representa os ensinamentos de Jesus de Nazaré.

8. A FÉ BUDISTA

Para tornar-se um budista, fazia-se apenas uma profissão pública de fé recitando o Refúgio: "Refugio-me no Buda; tenho o meu refúgio na Doutrina; tomo o meu refúgio na Fraternidade".

O budismo teve a sua origem em uma pessoa histórica, não em um mito. Os seguidores de Gautama chamavam-no de Sasta, significando mestre ou professor. Ainda que ele não tivesse pretensões supra-humanas, fosse para si próprio, fosse para os seus ensinamentos, os seus discípulos começaram logo a chamá-lo de *o iluminado*, o Buda; e, mais tarde, de Sakyamuni Buda.

O evangelho original de Gautama baseava-se nas quatro verdades nobres:

1. As nobres verdades do sofrimento.
2. As origens do sofrimento.
3. A destruição do sofrimento.
4. O caminho da destruição do sofrimento.

Estreitamente ligada à doutrina sobre o sofrimento, e ao modo de escapar dele, estava a filosofia da Senda Óctupla: as visões certas, as aspirações justas, as palavras, as condutas, as vivências, o esforço, o raciocínio e a contemplação certos. A intenção de Gautama não foi tentar destruir todo esforço, o desejo e o afeto para escapar do sofrimento; o seu ensinamento era mais destinado a traçar, para o homem mortal, um quadro da futilidade que é colocar todas as esperanças e aspirações inteiramente em metas temporais e em objetivos materiais. Não se tratava tanto de evitar o amor do semelhante, mas de que o verdadeiro crente devesse também ver as realidades, para além das ligações desse mundo material, no futuro eterno.

Os mandamentos morais da pregação de Gautama foram cinco:

1. Não matarás.
2. Não roubarás.
3. Não serás incasto.
4. Não mentirás.
5. Não tomarás bebidas tóxicas.

Havia vários mandamentos adicionais ou secundários, cuja observância era opcional para os crentes.

Sidarta não acreditava na imortalidade da personalidade humana; a sua filosofia apenas indicava uma espécie de continuidade funcional. Ele nunca definiu claramente o que ele iria incluir na doutrina do Nirvana. O fato de que o Nirvana poderia teoricamente ser experimentado durante a existência mortal indicaria que não era visto como um estado de aniquilação completa. Implicava uma condição de iluminação suprema e de bem-aventurança superna, em que todas as correntes que prendem o homem ao mundo material teriam sido rompidas; havia a libertação dos desejos da vida mortal e a libertação de qualquer ameaça de jamais voltar a experienciar a encarnação.

Segundo os ensinamentos originais de Gautama, a salvação é alcançada pelo esforço humano, independentemente da ajuda divina; não há lugar para a fé salvadora nem para as preces aos poderes supra-humanos. Na sua tentativa de minimizar as superstições na Índia, Gautama tratou de afastar os homens dos apelos espalhafatosos de uma salvação mágica. E, ao fazer esse esforço, ele deixou bem aberta a porta para que os seus sucessores interpretassem mal os seus ensinamentos e proclamassem que todos os esforços humanos para se obter o êxito são desagradáveis e dolorosos. Os seus seguidores negligenciaram o fato de que a mais alta felicidade está ligada à busca inteligente e entusiasta de metas dignas, e que essas realizações constituem um verdadeiro progresso na auto-realização cósmica.

A grande verdade do ensinamento de Sidarta foi a sua proclamação de um universo de justiça absoluta. Ele ensinou a melhor filosofia, sem Deus, jamais antes inventada pelo homem mortal, ensinou o humanismo ideal que, de um modo eficaz, arrancou toda a base das superstições, dos rituais de magia e do medo de fantasmas e demônios.

A grande fragilidade do evangelho original do budismo foi não ter produzido uma religião de serviço social sem egoísmo. Durante um longo tempo, a fraternidade budista não foi uma irmandade de crentes, mas uma comunidade de estudantes-mestres. Gautama proibiu-os de receberem dinheiro e buscou, com isso, impedir o crescimento de tendências hierárquicas. Gautama foi, ele próprio, altamente social; de fato, a sua vida foi muito maior do que a sua pregação.

9. A DIFUSÃO DO BUDISMO

O budismo prosperou porque ofereceu a salvação por meio da crença em Buda, o iluminado. Foi mais representativo das verdades de Melquisedeque do que qualquer outro sistema religioso praticado na Ásia Oriental. Contudo, o budismo não se tornou difundido, mesmo, como uma religião, antes que um monarca de casta baixa, Asoka, o houvesse adotado como autoproteção; depois de Iknaton, no Egito, Asoka foi um dos mais notáveis governantes civis da época entre Melquisedeque e a vinda de Michael. Asoka construiu um grande império indiano, graças à propaganda dos seus missionários budistas. Durante um período de vinte e cinco anos, ele treinou e enviou mais de dezessete mil missionários às fronteiras mais distantes de todo o mundo conhecido. Durante o período de uma geração, ele fez do budismo a religião dominante em metade do mundo. Logo estava estabelecido no Tibete, Kashmir, Ceilão, Birmânia, Java, Tailândia, Coréia, China e Japão. E, de modo geral, era uma religião muito superior àquelas as quais suplantou ou melhorou.

A difusão do budismo, do seu lar na Índia até toda a Ásia, é uma das histórias mais palpitantes de devoção espiritual e de persistência missionária de religiosos sinceros. Aqueles que ensinavam o evangelho de Gautama, não apenas desbravaram os perigos dos caminhos terrestres das caravanas, como enfrentaram os perigos dos mares da China, ao prosseguirem na sua missão no continente asiático,levando a todos os povos a mensagem da sua fé. Mas esse budismo não era mais a doutrina simples de Gautama; era o evangelho tornado miraculoso que fez dele um deus. E, quanto mais o budismo distanciava-se de seu berço, nas terras altas da Índia, mais diferente dos ensinamentos de Gautama ele ficava e, cada vez mais, assemelhava-se às religiões que suplantava.

O budismo, mais tarde, foi muito afetado pelo taoísmo, na China, pelo xinto-ísmo, no Japão, e pelo cristianismo, no Tibete. Após mil anos, o budismo, na Índia, simplesmente definhou e expirou. Tornou-se bramanizado e rendeu-se de modo abjeto ao Islã, enquanto, em grande parte do resto do Oriente, ele degenerou em um ritual que Gautama Sidarta jamais reconheceria.

No sul, o estereótipo fundamentalista dos ensinamentos de Sidarta continuou no Ceilão, na Birmânia e na península da Indochina. Essa é a divisão Hinayana do budismo, que se atém mais à doutrina inicial ou associal.

Contudo, mesmo antes do seu colapso na Índia, os grupos chineses e norte-india-nos de seguidores de Gautama haviam começado o desenvolvimento do ensinamento Mahayana do "Grande Caminho" da salvação, em contraste com os puristas do sul, que se mantiveram no Hinayana, ou no "Caminho Menor". E esses mahayanistas desprenderam-se das limitações sociais inerentes à doutrina budista, e, desde então, essa divisão do budismo do norte continuou a evoluir na China e no Japão.

O budismo é uma religião viva e em crescimento hoje, porque tem êxito em con-servar muitos dos valores morais mais elevados dos que aderiram a ela. Proporciona calma e autocontrole, aumenta a serenidade e a felicidade e faz muito para impedir a tristeza e a aflição. Aqueles que acreditam nessa filosofia vivem vidas melhores do que muitos que não crêem nela.

10. A RELIGIÃO NO TIBETE

No Tibete, pode ser encontrada a mais estranha associação de ensinamentos de Melquisedeque, combinados com o budismo, o hinduísmo, o taoísmo e o cristia-nismo. Quando os missionários budistas entraram no Tibete, eles encontraram um estado de selvageria primitiva muito similar àquele que os primeiros missionários cristãos encontraram nas tribos nórdicas da Europa.

Esses tibetanos de mente simples não queriam abandonar completamente a sua antiga magia e os seus encantos. Um estudo dos cerimoniais religiosos dos rituais tibetanos atuais revela a existência de uma irmandade exageradamente numerosa de sacerdotes com cabeças raspadas, que praticam um ritual elaborado, que abrange sinos, cantos, incenso, procissões, rosários, imagens, encantamentos, figuras, água benta, vestes vistosas e coros elaborados. Eles têm dogmas rígidos e credos cristali-zados, rituais místicos e jejuns especiais. A sua hierarquia abrange monges, freiras, abades e o Grande Lama. Eles rezam para os anjos, os santos, uma Mãe Sagrada e para os deuses. Praticam a confissão e acreditam no purgatório. Os seus monastérios são extensos e as suas catedrais, magníficas. Eles mantêm uma repetição sem fim de rituais sagrados e acreditam que essas cerimônias conferem a salvação. As suas preces são amarradas a uma roda que, quando gira, todos acreditam que os seus pedidos tornam-se eficazes. Junto a nenhum outro povo dos tempos modernos pode ser en-contrada a observância de tantas coisas, de tantas religiões; e é inevitável que uma liturgia de um tal modo cumulativa se torne exageradamente embaraçosa e intolera-velmente pesada.

Os tibetanos têm algo de todas as religiões principais do mundo, exceto os en-sinamentos simples do evangelho de Jesus: a filiação a Deus, e a irmandade dos homens, e a cidadania sempre ascendente no universo eterno.

11. A FILOSOFIA BUDISTA

O budismo entrou na China no primeiro milênio depois de Cristo, e adaptou-se bem aos costumes religiosos da raça amarela. Nos seus cultos aos ancestrais, os chineses há muito faziam preces de pedidos aos mortos; agora podiam também orar para o bem deles. O budismo logo se fundiu com práticas rituais que eram remanescentes do taoísmo em desintegração. Essa nova religião sintética, com os seus templos de adoração e cerimoniais religiosos definidos, logo se tornou o culto em geral aceito dos povos da China, da Coréia e do Japão.

Ainda que seja um infortúnio, sob alguns pontos de vista, que o budismo haja sido levado ao mundo só depois que os seguidores de Gautama tenham pervertido as tradições e os ensinamentos do culto, a ponto de fazer dele um ser divino, no entanto, o mito da sua vida humana, embelezado como foi por uma multidão de milagres, revelou-se muito sedutor para os ouvintes do evangelho do budismo do norte, ou Mahayana.

Alguns dos seus seguidores ulteriores ensinaram que o espírito do Buda Sakyamuni retornava periodicamente à terra, como um Buda vivo, abrindo, assim, o caminho para uma perpetuação indefinida de imagens do Buda, de templos, rituais e "Budas vivos" impostores. Assim, a religião do grande protestador indiano finalmente acabou, ela própria, algemada com aquelas mesmas práticas cerimoniais e encantamentos ritualísticos contra os quais ele havia lutado tão destemidamente e que havia denunciado tão valentemente.

O grande avanço feito pela filosofia budista consistiu na compreensão que teve da relatividade de toda a verdade. Por meio do mecanismo dessa hipótese, os budistas têm estado habilitados para reconciliar e correlacionar as divergências dentro das suas próprias escrituras religiosas, bem como as diferenças entre estas e muitas outras. Assim é que se ensinava que a pequena verdade era para as mentes pequenas, e a verdade grande, para as grandes mentes.

Essa filosofia também sustentava que a natureza do Buda (divina) residia em todos os homens; que o homem, por meio dos próprios esforços, poderia alcançar a realização da sua divindade interior. E esse ensinamento é uma das apresentações mais claras da verdade dos Ajustadores residentes jamais feita por uma religião de Urântia.

Todavia, uma grande limitação no evangelho original de Sidarta, tal como ele foi interpretado pelos seus seguidores, foi que ele intentava a liberação completa do eu humano de todas as limitações da natureza mortal, pela técnica de isolar o eu da realidade objetiva. A verdadeira auto-realização cósmica resulta da identificação com a realidade cósmica e com o cosmo finito da energia, da mente e do espírito, limitado pelo espaço e condicionado pelo tempo.

Ainda que as cerimônias e observâncias externas do budismo se tenham tornado grosseiramente contaminadas por aquelas das terras para as quais ele viajava, essa degeneração porém ão foi, de todo, o que aconteceu na vida filosófica dos grandes pensadores que, de tempos em tempos, abraçaram esse sistema de pensamento e crença. Durante mais de dois mil anos, muitas das melhores mentes da Ásia concentraram-se no problema de averiguar a verdade absoluta e a verdade do Absoluto.

A evolução de um conceito elevado do Absoluto foi realizada por meio de muitos canais de pensamento e por modos tortuosos de raciocinar. A ascensão dessa doutrina da infinitude não foi definida muito claramente como o foi a evolução do conceito de Deus na teologia hebraica. Entretanto, as mentes budistas alcançaram certos níveis amplos, sobre os quais elas descansaram e pelos quais passaram, em seu caminho de visualização da Fonte Primordial dos universos:

1. *A lenda de Gautama*. Na base do conceito, estava o fato histórico da vida e dos ensinamentos de Sidarta, o príncipe profeta da Índia. Essa lenda transformou-se em um mito, à medida que viajou pelos séculos e através dos vastos países da Ásia, até que ultrapassou o status da idéia de Gautama como o iluminado, e começou a receber atributos adicionais.

2. *Os muitos Budas.* O raciocínio era tal que, se Gautama havia vindo aos povos da Índia, então, no passado remoto e no futuro remoto, as raças da humanidade devem ter sido, e sem dúvida ainda seriam, abençoadas com outros instrutores da verdade. Isso deu origem ao ensinamento de que houve muitos Budas, um número ilimitado e infinito, e mesmo que qualquer um podia aspirar a tornar-se um Buda – a alcançar a divindade de um Buda.

3. *O Buda Absoluto.* Quando o número de Budas estava se aproximando da infinidade, tornou-se necessário que as mentes daqueles dias reunificassem esse conceito de manipulação difícil. Desse modo, começou a ser ensinado que todos os Budas não eram senão manifestações de alguma essência mais elevada, daquele Um Eterno, de existência infinita e não qualificável, de alguma Fonte Absoluta de toda a realidade. E, daí em diante, o conceito da Deidade do budismo, na sua mais alta forma, tornou-se divorciado da pessoa humana de Gautama Sidarta e rejeitou as limitações antropomórficas nas quais havia estado enclausurado. Essa concepção final do Buda Eterno pode bem ser identificada como sendo o Absoluto, algumas vezes mesmo com o infinito EU SOU.

Embora essa idéia da Deidade Absoluta não tenha tido jamais maior aprovação popular em meio aos povos da Ásia, ela capacitou os intelectuais dessas terras a unificar a sua filosofia e a harmonizar a sua cosmologia. O conceito do Buda Absoluto é, às vezes, quase pessoal, às vezes, totalmente impessoal – mesmo uma força criativa infinita. Tais conceitos, se bem que úteis à filosofia, não são vitais para o desenvolvimento da religião. Mesmo um Yavé antropomórfico é de um valor religioso maior do que aquele Absoluto infinitamente longínquo, do budismo ou do bramanismo.

Algumas vezes, acreditou-se mesmo que o Absoluto pudesse estar contido no infinito EU SOU. Todavia, essas especulações não eram senão um conforto gelado para a multidão faminta dos que desejavam escutar palavras de promessa, escutar o evangelho simples de Salém, de que a fé em Deus asseguraria o favor divino e a sobrevivência eterna.

12. O CONCEITO DE DEUS NO BUDISMO

A cosmologia do budismo tinha dois pontos fracos: a sua contaminação pelas muitas superstições da Índia e da China, e a sublimação que fez de Gautama, primeiro, o iluminado, e, depois, o Eterno Buda. Do mesmo modo que o cristianismo sofreu com a absorção de muitas coisas errôneas da filosofia humana, o budismo também traz a sua marca humana. Contudo, os ensinamentos de Gautama continuaram a evoluir durante os últimos dois milênios e meio. O conceito de Buda, para um budista esclarecido, não representa mais a personalidade humana de Gautama do que, para um cristão esclarecido, o conceito de Jeová é idêntico ao espírito demoníaco de Horeb. A pobreza da terminologia, junto com a manutenção sentimental de uma nomenclatura antiga, impede muitas vezes de compreender o verdadeiro significado da evolução dos conceitos religiosos.

Gradualmente, o conceito de Deus, como um contraste do Absoluto, começou a aparecer no budismo. As suas fontes remontam aos primeiros tempos em que os seguidores do Caminho Menor diferenciaram-se dos do Caminho Maior. Foi em meio a essa última divisão do budismo que a concepção dual de Deus e do Absoluto finalmente amadureceu. Passo a passo, século após século, o conceito de Deus evoluiu, com os ensinamentos de Ryonin, Honen Shonin, e Shinran no Japão, até que esse conceito finalmente veio a frutificar na crença de Amida Buda.

Entre esses crentes, é ensinado que a alma, ao experimentar a morte, pode escolher desfrutar de uma estada no Paraíso antes de entrar no Nirvana, o estado último da existência. Proclama-se que essa nova salvação é alcançada pela fé nas misericórdias divinas e por meio do cuidado amoroso de Amida, Deus do Paraíso, no Ocidente. Na sua filosofia, os amidistas atêm-se à Realidade Infinita que está além de toda a compreensão finita dos mortais; na sua religião, eles aderem à fé no todo-misericordioso Amida, que ama o mundo a ponto de não suportar que nenhum mortal, que faça um apelo ao seu nome com uma fé sincera e com um coração puro, deixe de obter a felicidade superna do Paraíso.

A grande força do budismo vem do fato de que aqueles que aderem a ele estão livres para escolher a verdade de todas as religiões; essa liberdade de escolha raramente caracterizou qualquer fé urantiana. A seita Shin, do Japão, quanto a isso, tornou-se um dos grupos religiosos mais progressistas no mundo; ela reviveu o antigo espírito missionário dos seguidores de Gautama e começou a enviar instrutores até outros povos. Essa vontade de adotar a verdade de toda e qualquer fonte é, de fato, uma tendência recomendável que surge entre os crentes religiosos durante a primeira metade do século vinte após Cristo.

O próprio budismo está passando por um renascimento no século vinte. Por meio do contato com o cristianismo, os aspectos sociais do budismo foram muito engrandecidos. O desejo de aprender voltou aos corações dos monges da irmandade, e a difusão da educação, nessa comunidade de fé, irá certamente provocar novos avanços na evolução religiosa.

No momento em que este documento foi escrito, uma grande parte da Ásia mantinha as suas esperanças no budismo. Irá essa nobre fé, que tão valentemente perdurou atravessando as idades das trevas no passado, receber, uma vez mais, a verdade das realidades cósmicas expandidas, tal como os discípulos do grande mestre da Índia, certa vez, ouviram a sua proclamação da nova verdade? Essa fé antiga, uma vez mais, responderá ao estímulo revigorante da apresentação dos novos conceitos de Deus e do Absoluto, pelos quais procurou por tanto tempo?

Toda a Urântia aguarda a proclamação da mensagem enobrecedora de Michael, livre das doutrinas e dos dogmas acumulados por dezenove séculos de contato com as religiões de origem evolucionária. É chegada a hora de apresentar ao budismo, ao cristianismo, ao hinduísmo, e a todos os povos de todas as fés, não mais um evangelho sobre Jesus, mas a realidade viva e espiritual do evangelho de Jesus.

[Apresentado por um Melquisedeque de Nébadon.]

DOCUMENTO 95

OS ENSINAMENTOS DE MELQUISEDEQUE NO LEVANTE

DO MESMO modo que a Índia deu origem a muitas religiões e filosofias da Ásia Oriental, também o Levante foi o berço das fés do mundo ocidental. Os missionários de Salém espalharam-se por todo o sudoeste da Ásia, pela Palestina, Mesopotâmia, Egito, Irã e Arábia, proclamando, em toda parte, as boas-novas do evangelho de Maquiventa Melquisedeque. Em algumas dessas terras os seus ensinamentos deram fruto; nas outras obtiveram êxitos variáveis. Algumas vezes, os seus fracassos foram devidos à falta de sabedoria; outras, a circunstâncias além do seu controle.

1. A RELIGIÃO DE SALÉM NA MESOPOTÂMIA

Por volta de 2 000 a.C., as religiões da Mesopotâmia estavam quase inteiramente perdidas dos ensinamentos dos setitas e sob uma ampla influência das crenças primitivas de dois grupos de invasores: o dos semitas beduínos, que se haviam infiltrado, vindos do deserto ocidental, e o dos cavaleiros bárbaros, que haviam descido do norte.

Contudo, o costume dos primeiros povos adamitas de honrar o sétimo dia da semana nunca desapareceu completamente na Mesopotâmia. Apenas durante a era de Melquisedeque, o sétimo dia era considerado o pior para a má sorte; e, sendo dominado pelos tabus, era fora da lei sair em uma viagem, cozinhar ou fazer uma fogueira, nesse funesto sétimo dia. Os judeus levaram para a Palestina muitos dos tabus da Mesopotâmia, que eles haviam encontrado na Babilônia, sobre a observância do sétimo dia, o sabbatum, ou sabá.

Embora os educadores de Salém hajam feito muito para refinar e para elevar as religiões da Mesopotâmia, eles não tiveram êxito em levar os vários povos ao reconhecimento permanente do Deus único. Esse ensinamento ganhou ascendência por mais de cento e cinqüenta anos, e então, gradualmente, cedeu lugar à crença mais antiga em uma multiplicidade de deidades.

Os educadores de Salém reduziram, em muito, o número de deuses da Mesopotâmia, reduzindo, ao mesmo tempo, as deidades principais a sete: Bel, Shamash, Nabu, Anu, Ea, Marduk e Sin. No auge do novo ensinamento, eles haviam exaltado três desses deuses em supremacia sobre todos os outros, a tríade da Babilônia: Bel, Ea, e Anu, deuses da terra, do mar e do céu. Outras tríades ainda surgiram em localidades diferentes, todas remanescentes dos ensinamentos dos anditas e dos sumérios sobre a trindade e baseadas na crença dos salemitas na insígnia dos três círculos de Melquisedeque.

Os educadores de Salém nunca superaram totalmente a popularidade de Ishtar, a mãe dos deuses e o espírito da fertilidade sexual. Muito fizeram para refinar a adoração dessa deusa, mas os babilônios e os seus vizinhos nunca haviam abandonado completamente as suas formas disfarçadas de culto do sexo. Havia-se tornado uma prática universal em toda a Mesopotâmia, que todas as mulheres, submeter-se-iam ao menos uma vez, na sua juventude, ao abraço de estranhos; isso era considerado uma devoção requerida por Ishtar, e acreditava-se que a fertilidade dependia muito desse sacrifício sexual.

O progresso inicial do ensinamento de Melquisedeque foi altamente gratificante, até que Nabodad, o líder da escola em Kish, decidiu realizar um ataque organizado às práticas prevalecentes de prostituição nos templos. Os missionários de Salém, no entanto, viram fracassarem os seus esforços para fazer essa reforma social e, nos destroços desse fracasso, os mais importantes de todos os seus ensinamentos espirituais e filosóficos também caíram derrotados.

Essa derrota do evangelho de Salém foi seguida, imediatamente, de um grande aumento do culto de Ishtar, um ritual que já havia invadido a Palestina, sob o nome de Ashtoreth, o Egito, sob o de Ísis, a Grécia, sob o de Afrodite, e as tribos do norte, sob o nome de Astarte. E foi em conseqüência desse recrudescimento da adoração de Ishtar que os sacerdotes babilônios voltaram novamente a sondar as estrelas; a Astrologia experimentou o seu grande renascimento na Mesopotâmia, a leitura da sorte voltou à voga e, durante séculos, o sacerdócio deteriorou-se cada vez mais.

Melquisedeque havia prevenido os seus seguidores para que ensinassem sobre o único Deus, o Pai e Criador de tudo, e para que pregassem apenas o evangelho do favorecimento divino, por intermédio exclusivamente da fé. Todavia, freqüentemente, foi um erro dos instrutores da nova verdade tentar ir muito adiante e suplantar a lenta evolução pela revolução súbita. Os missionários de Melquisedeque na Mesopotâmia elevaram o padrão moral a um ponto alto demais para o povo; eles foram longe demais, e a sua nobre causa foi derrotada. Eles tinham por missão pregar um evangelho definido, proclamar a verdade da realidade do Pai Universal, mas eles enredaram-se na causa aparentemente meritória de reformar os costumes e, assim, a sua grande missão desviou-se e perdeu-se na frustração e no esquecimento.

Em apenas uma geração, a sede de Salém em Kish chegou ao fim, e a divulgação da crença em um único Deus cessou virtualmente em toda a Mesopotâmia. No entanto, os remanescentes das escolas de Salém sobreviveram. Pequenos grupos espalhados aqui e ali continuaram a sua crença no criador único e lutaram contra a idolatria e a imoralidade dos sacerdotes da Mesopotâmia.

Foram os missionários de Salém, do período seguinte à rejeição dos seus ensinamentos, que escreveram muitos dos salmos do Antigo Testamento, inscrevendo-os na pedra, onde posteriormente os sacerdotes hebreus os encontraram, durante o seu cativeiro, e incorporaram-nos subseqüentemente à coleção de hinos atribuídos a autores judeus. Esses belos salmos da Babilônia não estavam escritos nos templos de Bel-Marduk; foram um trabalho dos descendentes dos primeiros missionários de Salém e se constituíam em um contraste violento com os conglomerados de magia dos sacerdotes babilônios. O Livro de Jó é um reflexo bastante bom dos ensinamentos da escola de Salém em Kish e em toda a Mesopotâmia.

Boa parte da cultura religiosa da Mesopotâmia encontrou seu caminho para a literatura e para a liturgia hebraica por meio dos trabalhos de Amenemope e de Iknaton, no Egito. Os egípcios preservaram, de um modo notável, os ensinamentos sobre as obrigações sociais, derivados dos primeiros anditas mesopotâmicos, e perdidos, de um modo tão amplo, pelos babilônios posteriores que ocuparam o vale do Eufrates.

2.   A RELIGIÃO EGÍPCIA PRIMITIVA

Os ensinamentos originais de Melquisedeque realmente tiveram sua raiz mais profunda no Egito, de onde se espalharam, posteriormente, para a Europa. A religião evolucionária do vale do Nilo foi periodicamente reforçada pela chegada de linhagens superiores dos povos noditas, adamitas e, mais tarde, dos povos anditas do vale do Eufrates. De tempos em tempos, muitos dos administradores civis egípcios foram sumérios. Do mesmo modo que a Índia, naquela época, abrigava a mais elevada mistura das raças do mundo, o Egito cultivava o tipo de filosofia religiosa mais amplamente amalgamada que podia ser encontrada em Urântia, e, do vale do Nilo, ela espalhou-se para muitas partes do mundo. Os judeus receberam dos babilônios grande parte das suas idéias sobre a criação do mundo, mas eles apropriaram-se do conceito da Providência divina, tomando-o dos egípcios.

Eram políticas e morais, mais do que filosóficas ou religiosas, as tendências que tornaram o Egito mais do que a Mesopotâmia, favorável ao ensinamento de Salém. Cada líder tribal no Egito, após lutar para conquistar o trono, buscava perpetuar a sua dinastia proclamando o seu deus tribal como a deidade original criadora de todos os outros deuses. Desse modo, os egípcios acostumaram-se gradativamente com a idéia de um superdeus, que era um degrau para a doutrina de uma Deidade criadora universal. A idéia do monoteísmo oscilou para frente e para trás, no Egito, durante muitos séculos; a crença em um único Deus sempre ganhando terreno, mas nunca dominando inteiramente os conceitos em evolução do politeísmo.

Durante idades, os povos egípcios haviam sido dados à adoração de deuses da natureza; mais particularmente, cada uma das cerca de quarenta tribos separadas tinha um grupo especial de deuses, uma adorando o touro, outra, o leão, uma terceira, o carneiro, e assim por diante. Anteriormente ainda, eles formavam tribos totêmicas, muito semelhantes às dos ameríndios.

Com o tempo, os egípcios observaram que, colocados nas sepulturas sem tijolos, os corpos se conservavam – embalsamados – pela ação da areia impregnada de soda, enquanto os que eram enterrados em sepulturas de tijolos degradavam-se. Tais observações conduziram aos experimentos que resultaram na prática posterior de embalsamar os mortos. Os egípcios acreditavam que a conservação do corpo facilitava a passagem de alguém para a vida futura. Para que o indivíduo pudesse ser identificado, com maior propriedade, no futuro distante, depois da decadência do corpo, eles colocavam uma estátua funerária na tumba, junto com o corpo, esculpindo o morto no esquife. A confecção dessas estátuas mortuárias levou a arte egípcia a um grande desenvolvimento.

Durante séculos, os egípcios colocaram a sua fé nas tumbas como uma salvaguarda do corpo, para uma conseqüente sobrevivência agradável depois da morte. A posterior evolução das práticas da magia, ainda que estas fossem um peso para a vida, desde o berço até o túmulo, de um modo muito eficaz liberou-os da religião das tumbas. Os sacerdotes fariam inscrições nos ataúdes com textos mágicos que se acreditava serem a proteção contra "um homem ter o próprio coração roubado, no mundo inferior". Em breve, foi feita uma coleção de diversos desses textos mágicos e conservada como o Livro dos Mortos. No vale do Nilo, porém, o ritual de magia envolveu-se logo com os reinos da consciência e do caráter, em um grau não muitas vezes alcançado pelos rituais daqueles dias. E, subseqüentemente, dependia-se desses ideais morais e éticos, mais do que de túmulos elaborados, para se conseguir a salvação.

As superstições daqueles tempos são bem ilustradas pela crença geral na eficácia da saliva como um agente curativo, uma idéia que teve a sua origem no Egito e que se espalhou dali para a Arábia e a Mesopotâmia. Na legendária batalha contra Set, o jovem deus Horus perdeu o seu olho, mas, depois que Set foi vencido, esse olho foi restaurado pelo sábio deus Tot, que cuspiu sobre a ferida, curando-a.

Os egípcios acreditaram durante muito tempo que as estrelas cintilantes no céu noturno representavam a sobrevivência das almas dos mortos merecedores; quanto a outros sobreviventes, eles acreditavam serem absorvidos pelo Sol. Durante um certo período, a veneração ao Sol transformou-se em uma espécie de adoração aos ancestrais. A passagem inclinada na entrada da grande pirâmide apontava diretamente para a Estrela Polar, de modo que a alma do rei, quando emergisse da tumba, poderia ir diretamente para as constelações estacionárias e estabelecidas das estrelas fixas, a suposta morada dos reis.

Quando os raios oblíquos do Sol foram observados penetrando a terra por uma abertura nas nuvens, acreditou-se que eles indicavam o abaixamento de uma escada celeste pela qual o rei e outras almas justas poderiam ascender. "O Rei Pepi fez o seu resplendor abaixar-se, como uma escada a seus pés, por onde ascender até a sua mãe."

Quando Melquisedeque surgiu na carne, os egípcios tinham uma religião muito superior àquela dos povos vizinhos. Eles acreditavam que uma alma desincorporada, se propriamente equipada de fórmulas mágicas, poderia escapar dos maus espíritos que interferiam no seu caminho e continuar adiante até a sala de julgamento de Osíris, onde, se inocente de "assassinato, roubo, falsidade, adultério, furto e egoísmo", ela seria admitida aos reinos da bênção. Se essa alma fosse pesada nas balanças e se estivesse em débito, seria consignada ao inferno, à Devoradora. E este era, relativamente, um conceito avançado de uma vida futura, em comparação com as crenças de muitos dos povos vizinhos.

O conceito de julgamento, no lado de lá, para os pecados da vida de um indivíduo na carne e na Terra, foi levado do Egito para a teologia hebraica. A palavra julgamento aparece apenas uma vez em todo o Livro dos Salmos hebreu, e esse salmo em particular foi escrito por um egípcio.

3. A EVOLUÇÃO DOS CONCEITOS MORAIS

Embora a cultura e a religião do Egito se derivassem principalmente da Mesopotâmia andita e ainda que se houvessem transmitido amplamente às civilizações subseqüentes, por intermédio dos hebreus e dos gregos, uma grande parte, imensa mesmo, do idealismo social e ético dos egípcios surgiu no vale do Nilo, como um desenvolvimento puramente evolucionário. Não obstante a origem da importação de grande parte da verdade e da cultura ser andita, no Egito, um volume maior de cultura moral evoluiu mais por meio do desenvolvimento puramente humano, do que o fez, por técnicas naturais semelhantes, em qualquer outra área circunscrita, antes da outorga de Michael.

A evolução moral não é totalmente dependente da revelação. Os conceitos morais elevados podem derivar da própria experiência humana. O homem pode desenvolver até valores espirituais e conseguir o discernimento cósmico por meio da sua vida experiencial pessoal, porque um espírito divino reside nele. Tais evoluções naturais da consciência e do caráter também foram incrementadas pela chegada periódica de instrutores da verdade, nos tempos antigos, desde o segundo Éden e, mais tarde, a partir da sede de Melquisedeque em Salém.

Milhares de anos antes de o evangelho de Salém penetrar no Egito, os seus líderes morais ensinaram que se devia agir com justiça, com equanimidade, evitando a avareza. Três mil anos antes que fossem elaboradas as escrituras dos hebreus, a máxima dos egípcios era: "Amadurecido é o homem que tem por modelo a retidão e que caminha de acordo com ela". Eles ensinavam a doçura, a moderação, a discrição. A mensagem de um dos grandes instrutores dessa época foi: "Age com retidão e trata justamente a todos". A tríade egípcia dessa idade era Verdade-Justiça-Retidão. De todas as religiões puramente humanas de Urântia, nenhuma jamais ultrapassou os ideais sociais e a grandeza moral desse humanismo de outrora do vale do Nilo.

No solo dessas idéias éticas e ideais morais em evolução, as doutrinas sobreviventes da religião de Salém floresceram. Os conceitos do bem e do mal encontraram pronta resposta nos corações de um povo que acreditava que "a vida é dada ao pacífico e a morte ao culpado"."O pacífico é aquele que faz coisas que são amadas; e o culpado é aquele que faz o que é odiado." Durante séculos, os habitantes do vale do Nilo haviam vivido sob esses padrões éticos e morais emergentes, antes que alimentassem os conceitos posteriores do certo e do errado – do bom e do mau.

O Egito era intelectual e moral, mas não tanto espiritual. Em seis mil anos, apenas quatro grandes profetas surgiram entre os egípcios. A Amenemope eles seguiram durante uma temporada; a Okhban, eles assassinaram; a Iknaton, eles não aceitaram senão de coração fechado e por uma curta geração; a Moisés, eles rejeitaram. Novamente, foram mais políticas do que religiosas as circunstâncias que tornaram fácil para Abraão e, mais tarde, para José exercerem uma grande influência sobre todo o Egito, em nome dos ensinamentos de um único Deus, vindos de Salém. Quando, porém, os missionários de Salém entraram no Egito pela primeira vez, eles encontraram essa cultura de evolução altamente ética misturada aos padrões morais modificados dos imigrantes da Mesopotâmia. Esses instrutores iniciais do vale do Nilo foram os primeiros a proclamar a consciência como um mandado de Deus, a voz da Deidade.

4. OS ENSINAMENTOS DE AMENEMOPE

No devido tempo, cresceu no Egito um mestre chamado por muitos de "filho do homem" e, por outros, de Amenemope. Esse vidente exaltou a consciência até o seu mais elevado pináculo, a ponto de fazer dela o árbitro entre o certo e o errado; ensinou a punição para o pecado e proclamou a salvação mediante o chamamento da deidade solar.

Amenemope ensinou que a riqueza e a fortuna eram dádivas de Deus, e este conceito coloriu profundamente a filosofia dos hebreus, que surgiria mais tarde. Esse nobre instrutor acreditava que a consciência de Deus era o fator determinante em toda a conduta; que cada momento deveria ser vivido na compreensão da presença de Deus e na responsabilidade para com Ele. Os ensinamentos desse sábio foram subseqüentemente traduzidos para o hebraico e transformaram-se no livro sagrado daquele povo muito antes que o Antigo Testamento fosse reduzido a palavras escritas. A pregação principal desse bom homem tinha a ver com a instrução do seu filho na probidade e na honestidade, quando em posições governamentais de confiança; e esses nobres sentimentos de muito tempo atrás honrariam qualquer estadista moderno.

Esse homem sábio do Nilo ensinou que "as riquezas criam asas e voam" – que todas as coisas terrenas são evanescentes. A sua grande prece era para que fosse "salvo do medo". Ele exortou a todos para que fugissem "das palavras dos homens", indo para "os atos de Deus". Em resumo, ele ensinou: o homem propõe, mas Deus dispõe. Os seus ensinamentos, traduzidos para o hebraico, determinaram a filosofia do Livro de Provérbios do Antigo Testamento. Traduzidos para o grego, eles deram cor a toda a filosofia religiosa helênica subseqüente. O filósofo alexandrino Filo, de dias posteriores, possuía uma cópia do Livro da Sabedoria.

Amenemope trabalhou para conservar a ética da evolução e a moral da revelação e, nos seus escritos, passou-as tanto aos hebreus quanto aos gregos. Ele não foi o maior dos mestres religiosos dessa época, mas foi o mais influente, no sentido de colorir posteriormente o pensamento de dois elos vitais para o crescimento da civilização ocidental — os hebreus, entre os quais a fé religiosa ocidental desenvolveu-se até o seu apogeu, e os gregos, que desenvolveram o pensamento filosófico puro, que atingiu o seu mais alto ápice na Europa.

No Livro dos Provérbios hebreu, os capítulos quinze, dezessete, vinte e, ainda, o capítulo vinte e dois, do versículo dezessete, até o capítulo vinte e quatro, versículo vinte e dois, são trazidos, quase palavra por palavra do Livro da Sabedoria de Amenemope. O primeiro salmo do Livro dos Salmos hebreu foi escrito por Amenemope e é o âmago dos ensinamentos de Iknaton.

5. O NOTÁVEL IKNATON

Os ensinamentos de Amenemope aos poucos estavam perdendo a sua atuação sobre a mente egípcia, quando, por intermédio da influência de um médico egípcio salemita, uma mulher da família real adotou os ensinamentos de Melquisedeque. Essa mulher convenceu o seu filho, Iknaton, faraó do Egito, a aceitar essas doutrinas de um Deus único.

Desde o desaparecimento de Melquisedeque na carne, nenhum ser humano, até aquele tempo, possuía uma concepção tão espantosamente clara da religião revelada de Salém quanto Iknaton. Sob certos aspectos, esse jovem rei egípcio é uma das pessoas mais notáveis da história humana. Durante essa época de depressão espiritual crescente na Mesopotâmia, ele conservou viva a doutrina de El Elyon, o único Deus, no Egito, mantendo assim o canal filosófico monoteísta; e isso foi vital para o suporte religioso da então futura auto-outorga de Michael. E foi em reconhecimento a essa bravura, entre outras razões, que o Jesus criança foi levado para o Egito, onde alguns dos sucessores espirituais de Iknaton o viram, sabendo compreender, em uma certa medida, algumas etapas da sua missão divina em Urântia.

Moisés, a maior figura que surgiu entre Melquisedeque e Jesus, foi uma dádiva conjunta ao mundo da raça hebraica e da família real egípcia; e houvesse Iknaton possuído a versatilidade e a habilidade de Moisés, houvesse ele manifestado um gênio político à altura da sua surpreendente liderança religiosa, e o Egito se teria transformado na grande nação monoteísta daquela idade; e se isso houvesse acontecido, é bem possível que Jesus pudesse ter vivido a maior parte da sua vida mortal no Egito.

Nunca, em toda a história, qualquer rei conseguiu metodicamente levar uma nação inteira do politeísmo ao monoteísmo, como o fez este extraordinário Iknaton. Com uma determinação espantosa, esse jovem governante rompeu com o passado, mudou o seu nome, abandonou a sua capital, construiu uma cidade inteiramente nova e criou uma nova arte e uma nova literatura para todo um povo. Mas ele andou depressa demais; ele construiu demais, mais do que podiam suportar, quando ele fosse embora. E de novo, ele fracassou em prover a estabilidade material e a prosperidade do seu povo, o qual reagiu desfavoravelmente contra os seus ensinamentos religiosos, quando as ondas subseqüentes de adversidade e de opressão abateram-se sobre os egípcios.

Tivesse esse homem de visão surpreendentemente clara, e extraordinariamente concentrado em um único propósito, a sagacidade política de Moisés, e teria ele mudado toda a história da evolução da religião e da revelação da verdade no mundo ocidental. Durante a sua vida, ele foi capaz de refrear as atividades dos sacerdotes, dos quais ele desacreditava em geral, mas eles mantiveram os seus cultos secretamente e se lançaram à ação tão logo o jovem rei faleceu, deixando o poder; e então não tardaram em atribuir todos os problemas subseqüentes do Egito ao estabelecimento do monoteísmo durante o seu reino.

Iknaton procurou, muito sabiamente, estabelecer o monoteísmo sob a aparência do deus-sol. Essa decisão de colocar a adoração do Pai Universal abrangendo todos os deuses na adoração do Sol deveu-se ao conselho do médico salemita. Iknaton pegou as doutrinas generalizadas da crença então existente em Aton, a respeito da paternidade e da maternidade da Deidade, e criou uma religião que reconhecia uma relação íntima de adoração entre o homem e Deus.

Iknaton era sábio o suficiente para manter a adoração exterior de Aton, o deus-sol, enquanto conduzia os súditos à adoração disfarçada do Único Deus, criador de Aton e Pai supremo de todos. Esse jovem instrutor-rei foi um escritor prolífico, sendo o autor da exposição intitulada "O Único Deus", um livro de trinta e um capítulos, que os sacerdotes, quando voltaram ao poder, destruíram totalmente. Iknaton também escreveu cento e trinta e sete hinos, doze dos quais estão agora preservados no Livro dos Salmos do Antigo Testamento, de autoria creditada aos hebreus.

A suprema palavra da religião de Iknaton, na vida diária, era "retidão", e ele expandiu rapidamente o conceito do reto proceder, de modo a abranger tanto a ética internacional quanto a ética nacional. Essa foi uma geração de uma piedade pessoal surpreendente e foi caracterizada por uma genuína aspiração, entre os homens e as mulheres mais inteligentes, de encontrar Deus e de conhecê-lo. Naqueles dias, a posição social ou a riqueza não davam ao egípcio quaisquer vantagens aos olhos da lei. A vida da família no Egito muito fez para preservar e aumentar a cultura moral e foi inspiração para a magnífica vida familiar posterior dos judeus na Palestina.

A fraqueza fatal da pregação de Iknaton foi a sua maior verdade, o ensinamento de que Aton era não apenas o criador do Egito, mas também do "mundo inteiro, dos homens e das bestas, e de todas as terras estrangeiras, mesmo da Síria e do Kush, além da terra do Egito. Ele coloca a todos nos seus lugares e provê a todos segundo as suas necessidades". Esses conceitos da Deidade eram superiores e elevados, mas não eram nacionalistas. Tais sentimentos de internacionalidade na religião fracassaram em aumentar o moral do exército egípcio no campo de batalha, mas deram aos sacerdotes armas eficientes para serem usadas contra o jovem rei e a sua nova religião. Ele tinha um conceito da Deidade muito mais elevado do que o dos hebreus posteriores, mas era por demais avançado para servir aos propósitos do edificador de uma nação.

Embora o ideal monoteísta tenha sofrido com o desaparecimento de Iknaton, a idéia de um Deus Único perdurou nas mentes de muitos grupos. O genro de Iknaton voltou, junto com os sacerdotes, à adoração dos velhos deuses, e mudou o seu nome para Tutancâmon. A capital voltou para Tebas, e os sacerdotes enriqueceram com a terra, ganhando finalmente a posse de um sétimo de todo o Egito; e pouco depois, um deles, dessa mesma ordem de sacerdotes, ousou tomar a coroa.

Todavia, os sacerdotes não puderam vencer totalmente a onda monoteísta. Cada vez mais eles foram compelidos a combinar e a escrever om hífens os nomes compostos dos seus deuses; e cada vez mais a família dos deuses diminuía. Iknaton havia associado o disco em chamas dos céus ao Deus criador, e essa idéia continuou a inflamar-se nos corações dos homens, e mesmo nos dos sacerdotes, muito tempo depois do passamento do jovem reformador. Nunca o conceito do monoteísmo morreu nos corações dos homens, no Egito e no mundo. Ele persistiu, mesmo, até à chegada do Filho Criador daquele mesmo Pai divino, o Deus único, a quem Iknaton havia proclamado com tanto zelo para a adoração de todo o Egito.

A fragilidade da doutrina de Iknaton repousa no fato de que ele propôs uma religião tão avançada que apenas os egípcios bem educados poderiam compreender totalmente os seus ensinamentos. A massa dos trabalhadores da agricultura nunca realmente alcançou os seus ensinamentos e estava, por isso, pronta para retornar, com os sacerdotes, à adoração antiga de Ísis e de seu consorte Osíris, que se supunha haver miraculosamente ressuscitado de uma morte cruel nas mãos de Set, o deus da escuridão e do pecado.

DOCUMENTO 95: SEÇÃO 5

O ensinamento da imortalidade de todos os homens era por demais avançado para os egípcios. Apenas aos reis e aos ricos era prometida uma ressurreição; por isso, eles embalsamavam e conservavam tão cuidadosamente os seus corpos em tumbas, para o dia do julgamento. Contudo, a democracia da salvação e da ressurreição ensinada por Iknaton finalmente prevaleceu, em uma extensão tal que os egípcios, mais tarde, acreditaram na sobrevivência até de animais irracionais.

Embora o esforço desse governante egípcio para impor a adoração de um único Deus ao seu povo pareça haver fracassado, deve ficar registrado que as repercussões do seu trabalho perduraram por séculos, tanto na Palestina como na Grécia, e que o Egito tornou-se, assim, o agente da transmissão da cultura evolucionária combinada do Nilo e da religião reveladora do Eufrates, para todos os povos ulteriores do Ocidente.

A glória dessa grande era de desenvolvimento moral e de crescimento espiritual, no vale do Nilo, estava em vias de um rápido desaparecimento, na época em que a vida nacional dos hebreus estava começando, e, em conseqüência da sua permanência no Egito, esses beduínos levaram consigo grande parte desses ensinamentos e perpetuaram grande parte da doutrina de Iknaton na religião da sua raça.

6. AS DOUTRINAS DE SALÉM NO IRÃ

Da Palestina, alguns dos missionários Melquisedeques atravessaram a Mesopotâmia e o grande planalto iraniano. Por mais de quinhentos anos, os instrutores de Salém progrediram no Irã, e toda a nação estava se voltando para a religião Melquisedeque, quando uma mudança de governantes precipitou uma perseguição amarga que praticamente acabou com os ensinamentos monoteístas do culto de Salém. A doutrina da aliança com Abraão estava virtualmente extinta na Pérsia, quando, naquele grande século de renascimento moral, o sexto antes de Cristo, Zoroastro apareceu para reviver a chama quase extinta dos ensinamentos de Salém.

Esse fundador de uma nova religião foi um jovem viril e aventureiro que, na sua primeira peregrinação a Ur, na Mesopotâmia, havia aprendido sobre as tradições da rebelião de Caligástia e de Lúcifer – bem como sobre muitas outras tradições –, havendo todas estas exercido um forte apelo sobre sua natureza religiosa. E assim, como resultado de um sonho, enquanto estava em Ur, ele estabeleceu o programa de retornar à sua casa ao norte e de realizar a remodelação da religião do seu povo. Ele havia assimilado a idéia hebraica de um Deus de justiça, o conceito mosaico da divindade. A idéia de um Deus supremo estava clara na sua mente e ele rebaixou todos os outros deuses à categoria de diabos, alinhando-os nas fileiras dos demônios dos quais ele havia ouvido falar na Mesopotâmia. Ele havia aprendido sobre a história dos Sete Espíritos Mestres, pois esta tradição ainda pairava em Ur, e, desse modo, ele criou uma galáxia de sete deuses supremos, com Ahura-Mazda à frente. A esses deuses subordinados, ele associou a idealização da Lei da Retidão, do Bom Pensamento, do Nobre Governo, do Santo Caráter, da Saúde e da Imortalidade.

E essa nova religião era de ação – de trabalho –, não de preces e de rituais. O seu Deus era um ser de suprema sabedoria e o patrono da civilização; era uma filosofia religiosa militante que ousava enfrentar o mal, a inação e o atraso.

Zoroastro não ensinou a adoração do fogo, mas procurou utilizar a chama como um símbolo do Espírito puro e sábio da dominação universal e suprema. (É bem verdade que os seus seguidores, posteriormente, não apenas reverenciaram esse fogo simbólico, mas adoraram-no.) Finalmente, com a conversão de um príncipe iraniano, essa nova religião espalhou-se por meio da espada. E Zoroastro heroicamente morreu guerreando em batalha por tudo aquilo em que ele acreditava ser a "verdade do Senhor da Luz".

O zoroastrismo é o único credo urantiano que perpetua os ensinamentos dalamatianos e edênicos sobre os Sete Espíritos Mestres. Embora haja fracassado em fazer com que o conceito da Trindade evoluísse, de um certo modo, aproximou-se do conceito de Deus, o Sétuplo. O zoroastrismo original não era um dualismo puro; embora os ensinamentos iniciais pintassem o mal como uma coordenada temporal da bondade, estava ele submerso definitivamente na eternidade da realidade última do bem. Apenas em tempos posteriores é que a crença de que o mal e o bem lutavam em termos iguais ganhou crédito.

As tradições judaicas do céu e do inferno, e a doutrina dos demônios, do modo como é registrada nas escrituras hebraicas, ainda que fundada em tradições correntes de Lúcifer e de Caligástia, derivaram principalmente dos zoroastrianos, durante os tempos em que os judeus estavam sob o domínio político e cultural dos persas. Zoroastro, como os egípcios, ensinou sobre o "dia do julgamento", no entanto, ele ligava esse evento ao fim do mundo.

Mesmo a religião que sucedeu ao zoroastrismo na Pérsia foi influenciada por ele de um modo marcante. Quando os sacerdotes iranianos tentaram derrubar os ensinamentos de Zoroastro, eles fizeram por ressuscitar a antiga adoração de Mitra. E o mitraísmo espalhou-se por todo o Levante e pelas regiões mediterrâneas, sendo, por algum tempo, um contemporâneo tanto do judaísmo quanto do cristianismo. Os ensinamentos de Zoroastro, assim, chegaram a imprimir a sua influência sucessivamente sobre três grandes religiões: o judaísmo, o cristianismo e, por meio destes, o maometismo.

No entanto, há uma grande distância entre os ensinamentos elevados e os salmos nobres de Zoroastro e o desvirtuamento moderno do seu ensinamento, feitas pelos persas, com o seu grande medo dos mortos, somado ao seu gosto das crenças nos sofismas, nos quais Zoroastro jamais se deteve sequer para considerar.

Este grande homem foi um dos daquele grupo único que surgiu no sexto século antes de Cristo e que impediu que a luz de Salém fosse total e finalmente extinta, pois ela brilhava parcamente demais para mostrar ao homem, no seu mundo obscurecido, o caminho da luz que leva à vida eterna.

7. OS ENSINAMENTOS DE SALÉM NA ARÁBIA

Os ensinamentos de Melquisedeque, de um único Deus, estabeleceram-se no deserto da Arábia, em uma data relativamente recente. Na Grécia como na Arábia, os missionários de Salém fracassaram por causa da sua má compreensão das instruções de Maquiventa a respeito de um excesso de organização. Contudo, não foram impedidos, do mesmo modo, pela interpretação que fizeram da sua admoestação contra os esforços de expandir os ensinamentos por meio da força militar ou por obrigação imposta pelo governo civil.

Nem mesmo na China ou em Roma os ensinamentos de Melquisedeque fracassaram mais completamente do que nessa região desértica tão próxima de Salém. Muito depois que a maioria dos povos do Oriente e do Ocidente havia-se transformado respectivamente em budistas e cristãos, o deserto da Arábia continuava como estivera por milhares de anos. Cada tribo adorava os seus antigos fetiches, e muitas famílias separadamente tinham os seus próprios deuses domésticos. Por muito tempo, a luta continuou entre a Ishtar babilônica, o Yavé hebreu, o Ahura iraniano e o Pai do Senhor Jesus Cristo dos cristãos. Nunca um desses conceitos foi capaz de desalojar totalmente os outros.

Aqui e acolá, em toda a Arábia, havia famílias e clãs que se atinham à vaga idéia de um único Deus. Esses grupos prezavam muito as tradições de Melquisedeque, de Abraão, de Moisés e de Zoroastro. Havia numerosos centros que poderiam sensibilizar-se com o evangelho de Jesus, mas os missionários cristãos das terras do deserto eram grupos austeros e inflexíveis demais, ao contrário dos missionários inovadores que funcionavam nos países do Mediterrâneo e que aceitavam mais facilmente as concessões. Se os seguidores de Jesus tivessem levado mais a sério a exortação feita por ele: "ide a todo o mundo e pregai o evangelho", e tivessem eles sido mais afáveis naquelas pregações, menos restritivos nas exigências sociais paralelas inventadas por eles próprios, e, então, muitas terras teriam recebido com entusiasmo e alegria o evangelho simples do filho do carpinteiro, e a Arábia estaria entre elas.

A despeito do fato de que os grandes monoteísmos do Levante tivessem falhado em deixar raízes na Arábia, essa terra desértica foi capaz de produzir uma fé que, apesar de menos exigente nos seus quesitos sociais, era, contudo, monoteísta.

Havia apenas um fator de natureza tribal, racial ou nacional nas crenças primitivas e desorganizadas do deserto, e que foi o respeito peculiar e geral que quase todas as tribos árabes gostavam de prestar ao fetiche de uma certa pedra negra, em um certo templo, em Meca. Esse ponto comum de contato e de reverência, subseqüentemente, levou ao estabelecimento da religião islâmica. O que Yavé, o espírito do vulcão, era para os semitas judeus, a pedra de Kaaba tornou-se para os seus primos árabes.

A força do Islã tem sido a sua apresentação clara e bem definida de Alá como a sua e a única Deidade; a sua fraqueza é o uso da força militar para sua difusão e promulgação, junto com a degradação da mulher. Mas essa fé tem sido fiel à sua apresentação de uma Única Deidade Universal entre todas, aquele "que conhece o invisível e o visível; Ele que é o misericordioso e cheio de compaixão". "Verdadeiramente Deus é generoso e abundante na sua bondade para com todos os homens." "E, quando estou doente, é Ele que me cura." "Pois, quando três homens falam juntos, Deus está presente como um quarto", pois não é Ele "o primeiro e o último, e também o aparente e o oculto"?

[Apresentado por um Melquisedeque de Nébadon.]

DOCUMENTO 96

YAVÉ — O DEUS DOS HEBREUS

AO CONCEBER a Deidade, o homem primeiro inclui todos os deuses, em seguida ele subordina todos os deuses estrangeiros à sua deidade tribal, e finalmente elimina todos, exceto aquele Deus de valor supremo e final. Os judeus sintetizaram todos os deuses no seu conceito mais sublime do Senhor Deus de Israel. Do mesmo modo, os indianos combinaram as suas deidades múltiplas "em uma espiritualidade única dos deuses", retratada no Rig-Veda, ao passo que os mesopotâmios reduziram os seus deuses ao conceito mais centralizado de Bel-Marduk. Essas idéias do monoteísmo amadureceram em todo o mundo, não muito depois do aparecimento de Maquiventa Melquisedeque em Salém, na Palestina. Todavia, o conceito da Deidade, feito por Melquisedeque, era diferente daquele conceito tecido por inclusão, por subordinação e por exclusão, da filosofia evolucionária; era baseado exclusivamente no *poder criador*, e logo influenciou os conceitos mais elevados de deidade da Mesopotâmia, da Índia e do Egito.

A religião de Salém foi reverenciada como uma tradição pelos quenitas e por várias outras tribos de cananeus. E este foi um dos intuitos da encarnação de Melquisedeque: que a religião de um só Deus fosse cultivada, como preparação para o caminho da auto-outorga, na Terra, de um Filho daquele Deus único. Michael dificilmente poderia vir a Urântia sem que existissem povos acreditando no Pai Universal, entre os quais ele pudesse surgir.

A religião de Salém sobreviveu como uma crença entre os quenitas, na Palestina, e essa religião, do modo como foi posteriormente adotada pelos hebreus, foi influenciada inicialmente pelos ensinamentos morais egípcios; mais tarde, pelo pensamento teológico da Babilônia; e, finalmente, pelas concepções iranianas do bem e do mal. De fato, a religião dos hebreus fundamenta-se na aliança entre Abraão e Maquiventa Melquisedeque, mas, sendo evolucionária, ela cresceu de muitas circunstâncias devidas a situações singulares, e, culturalmente, apropriou-se livremente das religiões, da moralidade e da filosofia de todo o Levante. É por intermédio da religião dos hebreus que grande parte da moralidade e do pensamento religioso do Egito, da Mesopotâmia e do Irã foi transmitida aos povos ocidentais.

1. OS CONCEITOS DA DEIDADE ENTRE OS SEMITAS

Os semitas, nos seus primórdios, consideravam tudo como sendo residido por um espírito. Havia espíritos do mundo animal e do mundo vegetal; o espírito anual, o senhor da progênie; espíritos do fogo, da água e do ar; um verdadeiro panteão de espíritos a serem temidos e adorados. E os ensinamentos de Melquisedeque a respeito de um Criador Universal nunca destruíram completamente a crença nesses espíritos subalternos, ou deuses da natureza.

O progresso que os hebreus fizeram desde o politeísmo, passando pelo henoteísmo, até o monoteísmo, não foi um desenvolvimento ininterrupto e contínuo de conceitos. Eles experimentaram muitos retrocessos na evolução dos seus conceitos da Deidade, enquanto, em uma mesma época, havia idéias sobre Deus que variavam entre os grupos diferentes de crentes semitas. De tempos em tempos, numerosos termos foram usados na sua conceituação de Deus e, com o intuito de impedir a confusão, esses vários títulos dados à Deidade serão definidos do modo como dizem respeito à evolução da teologia judaica:

1. *Yavé* era o deus das tribos da Palestina do sul, as quais associavam esse conceito de deidade com o monte Horeb, o vulcão de Sinai. Yavé era meramente um, entre as centenas e milhares de deuses da natureza que atraíam a atenção e clamavam a adoração das tribos e dos povos semitas.

2. *El Elyon*. Durante séculos, depois da passagem de Melquisedeque por Salém, a sua doutrina da Deidade sobreviveu sob várias versões, mas era geralmente indicada pelo termo El Elyon, o Deus Altíssimo dos céus. Muitos semitas, incluindo os descendentes imediatos de Abraão, por várias vezes adoraram a ambos, a Yavé e a El Elyon.

3. *El Shadai*. É difícil explicar o que El Shadai representava. Essa idéia de Deus era um composto derivado dos ensinamentos do Livro da Sabedoria de Amenemope, modificado pela doutrina de Aton, feita por Iknaton, e influenciado, posteriormente, pelos ensinamentos de Melquisedeque incorporados ao conceito de El Elyon. À medida, porém, que o conceito de El Shadai impregnou a mente dos hebreus, ele coloriu-se totalmente pelas crenças no Yavé do deserto.

Uma das idéias dominantes da religião dessa época foi o conceito egípcio da Providência divina, o ensinamento de que a prosperidade material era uma recompensa dada por servir a El Shadai.

4. *El*. Em meio a toda essa confusão, na terminologia, e à imprecisão de conceito, muitos crentes fervorosos esforçaram-se sinceramente para adorar a todas essas idéias em evolução da divindade, e adveio a prática de referir-se a essa Deidade composta como sendo El. E esse termo incluía, ainda, outros dos deuses beduínos da natureza.

5. *Eloim*. Em Kish e em Ur, durante muito tempo, perduraram grupos de sumérios-caldeus que ensinavam um conceito de um Deus três-em-um, fundamentado nas tradições dos dias de Adão e de Melquisedeque. Essa doutrina foi levada para o Egito, onde essa Trindade foi adorada sob o nome de Eloim, ou, no singular, como Eloá. Os círculos filosóficos do Egito e, mais tarde, dos professores alexandrinos, de extração hebraica, ensinaram essa unidade de Deuses pluralísticos; e muitos dos conselheiros de Moisés, na época do êxodo, acreditavam nessa Trindade. Contudo, o conceito do Eloim trinitário só tornou-se realmente parte da teologia dos hebreus depois que eles passaram para a influência política dos babilônios.

6. *Vários nomes*. Os semitas não gostavam de falar o nome da sua Deidade, e, por isso, eles recorriam a numerosos nomes, que variavam de tempos em tempos, tais como: O Espírito de Deus, O Senhor, O Anjo do Senhor, O Todo-Poderoso, O Santo, O Mais Alto, Adonai, O Ancião dos Dias, O Senhor Deus de Israel, O Criador do Céu e da Terra, Kírios, Jah, O Senhor das Hostes e O Pai do Céu.

Jeová é um termo que, em épocas mais recentes, tem sido usado para designar o conceito finalmente evoluído e concluído de Yavé, depois da longa experiência dos hebreus. Todavia, o nome Jeová não veio a ser usado senão depois de mil e quinhentos anos da época de Jesus.

Até por volta do ano 2000 a.C., o monte Sinai foi ativo intermitentemente como vulcão; as mais recentes erupções ocasionais ocorreram na época dos israelitas nessa região. O fogo e a fumaça, junto com as explosões estrondosas e as erupções dessa montanha vulcânica, imprimiam medo aos beduínos das regiões vizinhas e levavam-nos a ter um grande temor de Yavé. Esse espírito do monte Horeb, mais tarde, tornou-se o deus dos semitas hebreus, e eles finalmente acreditaram ser ele o supremo entre todos os outros deuses.

Os cananeus haviam já, desde muito tempo, reverenciado Yavé, e, embora muitos dos quenitas acreditassem de um certo modo em El Elyon, o superdeus da religião de Salém, a maioria dos cananeus mantinha-se vagamente na adoração das deidades tribais antigas. Dificilmente estavam dispostos a abandonar as suas deidades nacionais, em favor de um deus internacional, para não dizer, interplanetário. Eles não tinham a mentalidade aberta para uma deidade universal e, por isso, essas tribos continuaram a adorar as suas deidades tribais, incluindo Yavé e os bezerros de prata e ouro, que simbolizavam o conceito do espírito do vulcão do Sinai dos pastores beduínos.

Os sírios, ainda que adorando os seus deuses, também acreditavam no Yavé dos hebreus, pois os seus profetas disseram ao rei sírio: "Os seus deuses são deuses das montanhas; por isso, eles eram mais fortes do que nós; mas lutemos contra eles nas planícies, e certamente seremos mais fortes do que eles".

À medida que o homem progride na cultura, os deuses menores são submetidos a uma deidade suprema; o grande Júpiter persiste apenas como uma exclamação. Os monoteístas mantêm os seus deuses subordinados como espíritos, demônios, fados, nereidas, fadas, duendes, gnomos e o mau-olhado. Os hebreus passaram pelo henoteísmo e, durante muito tempo, acreditaram na existência de outros deuses além de Yavé, mas sustentavam cada vez mais que essas deidades estrangeiras estavam todas subordinadas a Yavé. Eles admitiam a existência de Chemosh, deus dos amoritas, mas sustentavam que ele era subordinado a Yavé.

A idéia de Yavé submeteu-se ao desenvolvimento mais profundo de todas as teorias mortais de Deus. A sua evolução progressiva pode apenas ser comparada à metamorfose do conceito de Buda na Ásia, que no final leva ao conceito do Absoluto Universal, do mesmo modo que o conceito de Yavé finalmente leva à idéia do Pai Universal. Todavia, por uma questão histórica, deve ser entendido que, enquanto os judeus mudavam, assim, a sua visão da Deidade, do deus tribal do monte Horeb, para o Pai Criador cheio de amor e misericórdia dos tempos mais recentes, eles não mudaram o seu nome; eles continuaram todo o tempo a chamar, a esse conceito da Deidade assim em evolução, de Yavé.

2. OS POVOS SEMÍTICOS

Os semitas do leste eram cavaleiros bem organizados e bem dirigidos que invadiram as regiões orientais do crescente fértil e ali se uniram aos babilônios. Os caldeus, de perto de Ur, estavam entre os mais avançados dos semitas orientais. Os fenícios eram um grupo superior e bem organizado de semitas miscigenados que ocupava o setor oeste da Palestina, ao longo da costa do Mediterrâneo. Racialmente, os semitas estavam entre os mais misturados dos povos de Urântia, contendo fatores hereditários de quase todas as nove raças do mundo.

Por várias vezes, os semitas árabes guerrearam para abrir o seu caminho até o norte da Terra Prometida, a terra em que "fluíam o leite e o mel", mas, todas as vezes, foram expelidos pelos mais bem organizados e mais altamente civilizados semitas do norte e pelos hititas. Mais tarde, durante um período inusitadamente severo de fome, esses beduínos errantes entraram no Egito em grandes números, como trabalhadores contratados nas obras públicas egípcias, apenas para se verem submetidos à amarga experiência de escravização em uma pesada lida diária de trabalhadores comuns e explorados do vale do Nilo.

Apenas depois dos dias de Maquiventa Melquisedeque e de Abraão é que algumas tribos de semitas, por causa das suas crenças religiosas peculiares, foram chamadas de filhos de Israel e, mais tarde, de hebreus, judeus, e de o "povo escolhido". Abraão não foi o pai racial de todos os hebreus; ele não era nem mesmo o progenitor de todos os semitas beduínos que foram mantidos presos no Egito. É bem verdade, a sua progênie, vinda do Egito, formou o núcleo do povo que mais tarde seria o dos judeus, mas a grande maioria dos homens e mulheres que se incorporara aos clãs de Israel nunca havia vivido no Egito. Eles eram meramente companheiros nômades que escolheram seguir a liderança de Moisés quando os filhos de Abraão e os seus parceiros semitas do Egito viajaram, cruzando o norte da Arábia.

O ensinamento de Melquisedeque a respeito de El Elyon, o Altíssimo, e a aliança de favor divino por intermédio da fé haviam sido totalmente esquecidos na época da escravização, no Egito, dos povos semitas, os quais, em breve, iriam formar a nação dos hebreus. No entanto, durante esse período de cativeiro, esses nômades da Arábia continuaram a apegar-se à sua crença tradicional em Yavé, como a sua deidade racial.

Yavé era adorado por mais de cem tribos árabes diferentes e, exceto pelo vestígio do conceito de El Elyon, de Melquisedeque, que persistiu entre as classes mais educadas do Egito, incluindo as de sangue hebreu misturado e as egípcias, a religião da massa dos hebreus escravizados era uma versão modificada do velho ritual de Yavé, com magia e sacrifícios.

3. O INCOMPARÁVEL MOISÉS

O alvorecer da evolução dos conceitos e dos ideais hebraicos, de um Criador Supremo, data da partida dos semitas do Egito, com Moisés, o seu grande líder, instrutor e organizador. Sua mãe era da família real do Egito e seu pai era um oficial semita de ligação entre o governo e os beduínos no cativeiro. Moisés possuía, portanto, as qualidades que derivavam de fontes raciais superiores; a sua ascendência era tão altamente miscigenada, que é impossível classificá-lo em qualquer grupo racial. Não houvesse ele vindo desse tipo misturado, não iria nunca ter dado mostras daquela versatilidade e adaptabilidade inusitadas que o tornaram capaz de administrar a horda diversificada que finalmente acabou interligada a esses beduínos semitas que fugiram do Egito para o deserto da Arábia sob a sua liderança.

A despeito da sedução da cultura do reino do Nilo, Moisés escolheu participar da sorte do povo do seu pai. Na época, esse grande organizador estava formulando os seus planos para a libertação final do povo do seu pai. Os beduínos no cativeiro dificilmente tinham uma religião digna do nome; estavam virtualmente sem um conceito verdadeiro de Deus e sem esperanças no mundo.

Nenhum líder jamais tomou a si a tarefa de reformar e de elevar um grupo de seres humanos tão desamparado, tão deprimido e desencorajado, e tão ignorante. Esses escravos, porém, tinham possibilidades latentes de desenvolvimento nas suas linhagens hereditárias, e havia um número suficiente de líderes instruídos que haviam sido treinados por Moisés, como preparação para o dia da revolta e da mobilização pela liberdade, para constituir um corpo de organizadores eficazes. Esses homens superiores haviam sido empregados como supervisores nativos do seu povo; haviam recebido alguma instrução por causa da influência de Moisés junto aos governantes egípcios.

Moisés esforçou-se para negociar diplomaticamente a liberdade dos seus companheiros semitas. Ele e o seu irmão entraram em um pacto com o rei do Egito, por meio do qual a eles seria dada a permissão de deixar pacificamente o vale do Nilo, pelo deserto da Arábia. Eles estavam para receber um pagamento modesto, em dinheiro e em mercadorias, pela sua longa jornada de serviço no Egito. Os hebreus, por sua vez, entraram em um acordo de manter relações amistosas com os Faraós e de não se juntar a nenhuma aliança contra o Egito. Todavia, posteriormente, o rei julgou adequado repudiar esse tratado, dando como motivo a desculpa de que os seus espiões haviam descoberto deslealdades entre os escravos beduínos. Assim, alegou que os judeus buscavam a liberdade com o propósito de ir para o deserto e de organizar os nômades contra o Egito.

Moisés, entretanto, não se desencorajou; esperou a sua hora e, em menos de um ano, quando as forças militares egípcias estavam totalmente ocupadas em resistir aos assaltos simultâneos de um forte ímpeto líbio ao sul e de uma invasão naval grega ao norte, esse intrépido organizador conduziu os seus compatriotas para fora do Egito, em uma fuga noturna espetacular. Essa evasão para a liberdade foi cuidadosamente planejada e habilmente executada. E eles tiveram êxito, não obstante houvessem sido calorosamente perseguidos pelo Faraó e um pequeno corpo de egípcios, que se dispersaram todos diante da defesa dos fugitivos, abandonando muitas pilhagens, as quais foram aumentadas ainda pelos saques que essas hordas de escravos fizeram ao escapar na marcha para o seu lar desértico ancestral.

4. A PROCLAMAÇÃO DE YAVÉ

A evolução e a elevação dos ensinamentos mosaicos têm influenciado quase metade de todo o mundo e ainda influenciam, mesmo no século vinte. Se bem que Moisés haja compreendido a filosofia religiosa mais avançada dos egípcios, os escravos beduínos pouco sabiam sobre tais ensinamentos, mas eles nunca haviam esquecido totalmente o deus do monte Horeb, a quem os seus ancestrais denominavam Yavé.

Moisés ouvira falar sobre os ensinamentos de Maquiventa Melquisedeque, tanto do seu pai quanto da sua mãe; sendo que a comunhão de crença religiosa entre eles havia sido a explicação para uma união tão inusitada entre uma mulher de sangue real e um homem cuja raça estava no cativeiro. O sogro de Moisés era um quenita adorador de El Elyon, mas os pais do emancipador eram crentes de El Shadai. Moisés foi, assim, educado como um el-shadaísta; mediante a influência do seu sogro tornou-se um el-elionista e, na época do acampamento hebreu no monte Sinai, depois da retirada do Egito, formulou um conceito novo e ampliado da Deidade (derivado de todas as suas crenças anteriores), que ele sabiamente decidira proclamar ao seu povo, como sendo um conceito expandido do seu velho deus tribal, Yavé.

Moisés havia-se esforçado para ensinar a esses beduínos a idéia de El Elyon, mas, antes de deixar o Egito, ele estava convencido de que nunca iriam compreender totalmente essa doutrina. E, assim, deliberadamente, ele assumiu o compromisso de adotar o deus tribal do deserto como o único deus dos seus seguidores. Moisés não ensinou especificamente que outros povos e nações não poderiam ter outros deuses, mas sustentou absolutamente que Yavé estava sobre todos e acima de todos, especialmente para os hebreus. Contudo, ele sempre viveu importunado pela situação desajeitada de tentar apresentar a sua idéia nova e mais elevada da Deidade, a esses escravos ignorantes, sob o disfarce do antigo termo Yavé, que havia sido sempre simbolizado pelo bezerro de ouro das tribos beduínas.

O fato de que Yavé fosse o deus dos hebreus em fuga explica por que eles permaneceram tanto tempo diante da montanha sagrada do Sinai, e por que ali eles receberam os Dez Mandamentos, que Moisés promulgou em nome de Yavé, o deus do Horeb. Durante essa longa permanência diante do Sinai, os cerimoniais religiosos dessa adoração dos hebreus, de evolução tão recente, ficaram ainda mais aperfeiçoados.

Não parece que Moisés chegaria a ter êxito no estabelecimento do seu cerimonial, de um certo modo avançado, de adoração, nem em manter o grupo dos seus seguidores intacto por um quarto de século, não fora pela erupção violenta do Horeb, durante a terceira semana da permanência deles, em adoração, na sua base. "A montanha de Yavé foi consumida em fogo, a fumaça subiu como se fosse de um forno e toda a montanha tremeu muito". Em vista desse cataclismo, não é surpreendente que Moisés pudesse ter imprimido aos seus irmãos o ensinamento de que o Deus deles era "poderoso e terrível, um fogo devorador, temível e Todo-Poderoso".

Moisés proclamou que Yavé era o Senhor Deus de Israel, que havia escolhido os hebreus como o seu povo escolhido; ele estava construindo uma nova nação e, sabiamente, nacionalizava os seus ensinamentos religiosos, dizendo aos seus seguidores que Yavé era um duro mestre de obras, um "Deus ciumento". No entanto ele procurou ampliar o seu conceito da divindade quando lhes ensinou que Yavé era o "Deus dos espíritos de toda a carne" e quando disse: "O Deus eterno é o vosso refúgio e ele tem os seus braços eternos por debaixo de vós". Moisés ensinou que Yavé era um Deus que manteria a sua aliança; que ele "não vos abandonará, nem vos destruirá, nem esquecerá a aliança dos vossos pais, porque o Senhor vos ama e não esquecerá o juramento que fez aos vossos pais".

Moisés fez um esforço heróico para elevar Yavé à dignidade de uma Deidade suprema, quando o apresentou como o "Deus da verdade e sem iniqüidade, justo e reto em todos os seus caminhos". Entretanto, apesar desse ensinamento elevado, o entendimento limitado dos seus seguidores fez com que fosse necessário falar de Deus como sendo uma imagem do homem, como estando sujeito a ataques de cólera, de ira e severidade, e que fosse até mesmo vingativo e facilmente influenciável pela conduta do homem.

Sob os ensinamentos de Moisés, esse deus de natureza tribal, Yavé, tornou-se o Senhor Deus de Israel, que os seguiu no deserto e até mesmo no exílio, onde ele de fato foi concebido como o Deus de todos os povos. O cativeiro posterior, que escravizou os judeus na Babilônia, finalmente liberou o conceito em evolução de Yavé para que assumisse o papel monoteísta do Deus de todas as nações.

O aspecto mais singular e espantoso da história religiosa dos hebreus diz respeito a essa contínua evolução do conceito da Deidade, desde o deus primitivo do monte Horeb até os ensinamentos dos seus sucessivos líderes espirituais e ao alto nível de desenvolvimento descrito nas doutrinas sobre a Deidade dos dois Isaías, que proclamaram aquele conceito magnífico de um Pai Criador cheio de amor e de misericórdia.

5. OS ENSINAMENTOS DE MOISÉS

Moisés foi uma combinação extraordinária de líder militar, de organizador social e de instrutor religioso. Ele foi o mais importante dos instrutores e líderes individuais mundiais entre a época de Maquiventa e a de Jesus. Moisés intentou introduzir muitas reformas em Israel, das quais não há nenhum registro. No tempo de uma vida, ele livrou a horda poliglota dos chamados hebreus da escravidão e da perambulação incivilizada, ao mesmo tempo em que lançou a fundação para o nascimento posterior de uma nação e a perpetuação de uma raça.

Há pouca coisa registrada sobre o grande trabalho de Moisés, porque os hebreus não tinham nenhuma língua escrita na época do êxodo. O registro dos tempos e dos feitos de Moisés derivou-se das tradições, que perduraram mais de mil anos depois da morte do grande líder.

Muitos dos avanços que Moisés realizou, indo além da religião dos egípcios e das tribos levantinas vizinhas, foram devidos às tradições dos quenitas do tempo de Melquisedeque. Sem o ensinamento de Maquiventa a Abraão e aos seus contemporâneos, os hebreus teriam saído do Egito em trevas desesperadoras. Moisés e seu sogro, Jetro, reuniram os resíduos das tradições dos dias de Melquisedeque e tais ensinamentos, junto com a ciência dos egípcios, guiaram Moisés na criação da religião aperfeiçoada e dos rituais dos israelitas. Moisés foi um organizador; ele selecionou o melhor da religião e dos costumes do Egito e da Palestina, e, associando essas práticas às tradições dos ensinamentos de Melquisedeque, organizou o sistema cerimonial hebreu de adoração.

Moisés era um crente da Providência; ele havia-se deixado influenciar profundamente pelas doutrinas do Egito a respeito do controle sobrenatural do Nilo e de outros elementos da natureza. Tinha uma grande visão de Deus, e foi profundamente sincero quando ensinou aos hebreus que, se obedecerem a Deus, "Ele vos amará, vos abençoará e vos multiplicará. Ele multiplicará os frutos do vosso ventre e o fruto da vossa terra – o milho, a uva, o azeite e os vossos rebanhos. Vós sereis enriquecidos acima de todos os povos, e o Senhor vosso Deus tirará de vós todas as doenças e não imporá nenhuma das moléstias malignas, do Egito, sobre vós". Ele mesmo disse: "Lembrai-vos do Senhor vosso Deus, pois é ele quem vos dá o poder de obter as riquezas". "Vós emprestareis a muitas nações, mas não tomareis nada emprestado. Vós reinareis sobre muitas nações, mas elas não reinarão sobre vós."

No entanto, foi realmente uma pena observar a grande mente de Moisés tentando adaptar o seu conceito sublime de El Elyon, o Altíssimo, para que a compreensão dos ignorantes e iletrados hebreus o alcançasse. Aos seus líderes reunidos, ele dizia, com a sua voz tonitruante: "o Senhor vosso Deus é o único Deus; não há outro além dele"; enquanto que, à multidão misturada, ele declarava: "Quem é como o vosso Deus, entre todos os deuses?" Moisés voltou-se contra os fetiches e a idolatria, fazendo uma brava frente contra eles e conseguiu um sucesso parcial, declarando: "Vós não vistes nenhuma figura no dia em que o vosso Deus vos falou em Horeb, do meio do fogo". Ele também proibiu que se fizessem imagens de qualquer espécie.

Moisés temia proclamar a misericórdia de Yavé, preferindo assustar o seu povo com o temor da justiça de Deus, dizendo: "O Senhor vosso Deus é o Deus dos Deuses, e o Senhor dos Senhores, um grande Deus, um Deus poderoso e terrível que não faz acepção de pessoas". E, novamente, ele procurou controlar os clãs turbulentos, ao declarar "o vosso Deus mata quando o desobedeceis; ele vos cura e vos dá a vida quando O obedeceis". Todavia, Moisés ensinou a essas tribos que eles se transformariam no povo escolhido de Deus apenas sob a condição de que "guardassem todos os seus mandamentos e obedecessem a todos os seus estatutos".

Da misericórdia de Deus pouquíssimo foi ensinado aos hebreus, durante esses tempos primitivos. Eles aprenderam que Deus era o "Todo-Poderoso; o Senhor é um guerreiro, o Deus das batalhas, glorioso em poder, que reduz os seus inimigos a pedaços". "O Senhor vosso Deus caminha em meio ao vosso acampamento, para libertar-vos." Os israelitas imaginavam o seu Deus como um Deus que os amava, mas que também havia "endurecido o coração do Faraó" e "amaldiçoado os seus inimigos".

Conquanto Moisés apresentasse visões fugazes de uma Deidade universal e beneficente aos filhos de Israel, no todo, o conceito cotidiano de Yavé para eles era o de um Deus apenas um pouco melhor do que os deuses tribais dos povos vizinhos. O conceito que tinham de Deus era primitivo, rudimentar e antropomórfico. Quando Moisés morreu, essas tribos de beduínos voltaram rapidamente às idéias semibárbaras dos seus velhos deuses do Horeb e do deserto. A visão ampliada e mais sublime de Deus, que Moisés apresentava, de quando em quando, aos seus líderes, foi logo perdida de vista, pois a maioria do povo voltou-se para a adoração do seu fetiche de bezerros dourados, o símbolo de Yavé para um pastor palestino.

Quando Moisés entregou o comando dos hebreus a Joshua, ele já havia reunido milhares de descendentes colaterais de Abraão, Nahor, Lot e outros das tribos aparentadas, e, à força, já as havia disciplinado em uma nação de guerreiros pastoris, que se auto-sustentava e parcialmente se auto-regulamentava.

6. O CONCEITO DE DEUS DEPOIS DA MORTE DE MOISÉS

Com a morte de Moisés, o seu conceito grandioso de Yavé rapidamente deteriorou-se. Joshua e os líderes de Israel continuaram a abrigar as tradições mosaicas do Deus absolutamente sábio, beneficente e Todo-Poderoso; mas o povo comum voltou rapidamente para as idéias antigas do Yavé do deserto. E essa volta para trás, no conceito da Deidade, continuou a crescer sob o governo sucessivo de vários xeiques tribais, os chamados juízes.

O encanto da personalidade extraordinária de Moisés havia mantido viva, nos corações dos seus seguidores, a inspiração de um conceito de Deus crescentemente ampliado; uma vez, porém, que eles alcançaram as terras férteis da Palestina, eles evoluíram rapidamente, passando de pastores nômades a agricultores estabelecidos e bastante sossegados. E essa evolução, na prática da vida, e essa mudança de ponto de vista religioso demandaram uma quase completa mudança no caráter da sua concepção sobre a natureza do seu Deus, Yavé. Durante os tempos do início da transmutação do austero, rudimentar, exigente e tonitruante deus do deserto, e do Sinai, naquele conceito que surgiu mais tarde, de um Deus de amor, de justiça e de misericórdia, os hebreus quase perderam de vista os ensinamentos elevados de Moisés. Eles chegaram bem perto de separar-se, por inteiro, do conceito do monoteísmo; quase perderam a oportunidade de tornar-se o povo que serviria de elo vital na evolução espiritual de Urântia, de ser o grupo que conservaria os ensinamentos de Melquisedeque, de um único Deus, até os tempos da encarnação outorgada de um Filho daquele Pai de todos.

Desesperadamente, Joshua procurou manter o conceito de um Yavé supremo nas mentes dos homens das tribos, fazendo com que fosse proclamado: "Do mesmo modo que estive com Moisés, também estarei convosco; não vos faltarei nem vos abandonarei". Joshua julgou necessário pregar com uma palavra rigorosa ao seu povo que desacreditava, um povo que estava muito desejoso de acreditar na sua velha religião nativa e que não estava disposto a ir adiante na religião da fé e da retidão. A ênfase do ensinamento de Joshua passou a ser: "Yavé é um Deus santo; e é um Deus ciumento; ele não perdoará as vossas transgressões nem os vossos pecados". O conceito mais elevado dessa época pintava Yavé como um "Deus de poder, de julgamento e justiça".

Mesmo, porém, nessa idade obscura, de quando em quando, um instrutor solitário surgia, proclamando o conceito mosaico da divindade: "Vós, filhos do mal, não podeis servir ao Senhor, pois ele é um Deus santo". "Pode o homem mortal ser mais justo do que Deus? Pode um homem ser mais puro do que Aquele que o fez?" "Podeis achar Deus, se o buscardes? Podereis descobrir o Todo-Poderoso na sua perfeição? Olhai, Deus é grande, e nós não O conhecemos. Tocando o Todo-Poderoso, nós não podemos encontrá-Lo".

7. OS SALMOS E O LIVRO DE JÓ

Sob a liderança dos seus xeiques e sacerdotes, os hebreus tornaram-se estabelecidos na Palestina de um modo vago. Todavia logo se voltaram para as crenças pouco iluminadas do deserto, sendo contaminados pelas práticas menos avançadas dos cananeus. Transformaram-se em idólatras licenciosos, e a sua idéia da Deidade caiu até muito abaixo dos conceitos egípcio e mesopotâmico de Deus, os quais estavam sendo respeitados por certos grupos sobreviventes de Salém e que estão registrados em alguns dos Salmos e no chamado Livro de Jó.

Os salmos são o trabalho de cerca de vinte autores ou mais; muitos foram escritos por instrutores egípcios e mesopotâmios. Durante esses tempos, enquanto o Levante adorava os deuses da natureza, havia ainda um bom número de pessoas que acreditava na supremacia de El Elyon, o Altíssimo.

Nenhuma coleção de escritos religiosos exprime uma tal riqueza de devoção e de idéias inspiradoras sobre Deus, como o faz o Livro dos Salmos. E seria muito útil se, ao examinar essa maravilhosa coleção de literatura para a adoração, fossem levadas em consideração a fonte e a cronologia de cada hino de louvor e adoração em separado, tendo-se em mente que nenhuma única coleção cobre períodos de tempo tão longos e diversos. Esse Livro dos Salmos é o memorial dos vários conceitos de Deus, nutridos pelos crentes da religião de Salém em todo o Levante, e abrange todo um grande período, desde Amenemope até Isaías. Nos Salmos, Deus é descrito em todas as fases da sua concepção, da idéia rudimentar de uma deidade tribal ao ideal grandemente expandido dos hebreus de um momento posterior, em que Yavé é retratado como um governante amoroso e um misericordioso Pai.

E esse conjunto de Salmos, quando assim considerado, constitui a mais valiosa e útil coleta de sentimentos devocionais que jamais foi reunida pelo homem até os tempos do século vinte. O espírito adorador dessa coleção de hinos transcende ao de todos os outros livros sagrados do mundo.

O retrato variegado da Deidade apresentado no Livro de Jó foi o produto de mais de vinte instrutores religiosos da Mesopotâmia, cujo trabalho perdurou ainda por um período de quase trezentos anos. E, quando vós tiverdes acesso ao conceito sublime da divindade, como é encontrado nessa compilação da crença da Mesopotâmia, reconhecereis que na vizinhança de Ur, na Caldéia, é que a idéia de um Deus real foi mais bem preservada durante os dias de obscuridade na Palestina.

Na Palestina, a sabedoria e a onipresença de Deus eram quase sempre compreendidas, mas o seu amor e a sua misericórdia raramente o foram. O Yavé daqueles tempos "envia espíritos maus para dominar as almas dos seus inimigos"; faz prosperar seus próprios filhos obedientes, enquanto maldiz todos os outros e lhes lança o seu julgamento. "Ele frustra os desígnios dos perversos; e prende os sábios nos seus próprios enganos."

Somente em Ur uma voz se levantou, em um brado de defesa da misericórdia de Deus, dizendo: "Aquele que orar a Deus receberá o favorecimento dele e, em júbilo, verá a sua face, pois Deus dará ao homem a dádiva da divina retidão". Assim é que, de Ur, é pregada a salvação, o favorecimento divino, pela fé: "Ele é cheio de graças para com o arrependido, dizendo-lhe:'livrai-o de descer ao fundo do precipício, pois lhe encontrei um resgate.' Se alguém diz: 'Eu pequei e perverti aquilo que era o direito, e isso não me foi de nenhum proveito', Deus libertará a sua alma de ir para o fundo, e ele verá a luz". Desde os tempos de Melquisedeque, que o mundo do Levante não escutava uma mensagem tão ressonante e encorajadora de salvação humana, como esse ensinamento extraordinário de Eliu, o profeta de Ur e sacerdote dos crentes de Salém, isto é, o remanescente daquela que foi a colônia de Melquisedeque na Mesopotâmia.

E assim, pois, os remanescentes dos missionários de Salém, na Mesopotâmia, conservaram a luz da verdade durante o período de desorganização dos povos hebreus até o aparecimento do primeiro daquela longa linhagem de instrutores de

Israel; instrutores que nunca pararam na sua elaboração, conceito após conceito, até que houvessem chegado à realização do ideal sobre o Pai Universal e Criador de todos, o apogeu da evolução do conceito de Yavé.

[Apresentado por um Melquisedeque de Nébadon.]

xxxxx - O Dxxx Dxx Hxxxxx

xxxx xxxxxxxx xxxxxxxx xxxxxx xxxxxxxxxxx xxxxxxxxxx
xx xxx xxxxxxxxx xxxxxxxx xxxxxxxx xxxxxxxx xxxxxxx xx
xxxxx x xxxxxx x xxxxxxxxx xx xxxxxxxx xx xxx

xxxx xxxxxxxx xxx xxx Mxxxxxxxxxx xx Axxxxxxxx

DOCUMENTO 97

A EVOLUÇÃO DO CONCEITO DE DEUS
ENTRE OS HEBREUS

O S LÍDERES espirituais dos hebreus realizaram o que outros antes deles jamais tinham tido êxito em fazer – eles desantropomorfizaram o seu conceito de Deus sem convertê-lo em uma abstração da Deidade, compreensível apenas para os filósofos. Até mesmo a gente comum era capaz de considerar o conceito amadurecido de Yavé com um Pai, se não do indivíduo, pelo menos da raça.

O conceito da personalidade de Deus, como claramente ensinado em Salém na época de Melquisedeque, era já vago e nebuloso na época da fuga do Egito e só evoluiu gradualmente na mente hebraica, de geração para geração, como uma resposta ao ensinamento dos líderes espirituais. A percepção da personalidade de Yavé foi muito mais contínua na sua evolução progressiva do que o foi a de muitos outros atributos da Deidade. Desde Moisés a Malaquias, ocorreu um crescimento ideacional quase contínuo da personalidade de Deus na mente hebraica, e esse conceito foi finalmente elevado e glorificado pelos ensinamentos de Jesus sobre o Pai no céu.

1. SAMUEL — O PRIMEIRO DOS PROFETAS HEBREUS

As pressões hostis dos povos vizinhos na Palestina logo ensinaram aos xeiques hebreus que eles não poderiam esperar sobreviver a menos que confederassem as suas organizações tribais em um governo central. E essa centralização da autoridade administrativa permitiu uma oportunidade melhor para que Samuel funcionasse como um instrutor e reformador.

Samuel vinha de uma longa linhagem de instrutores de Salém, que haviam persistido em manter as verdades de Melquisedeque como uma parte das suas formas de adoração. Esse instrutor era um homem vigoroso e resoluto. Só a sua grande devoção, combinada à sua extraordinária determinação, capacitou-o a suportar a oposição quase universal que encontrou quando ele começou a fazer quase todo o Israel voltar à adoração do supremo Yavé dos tempos mosaicos. E, mesmo então, teve um êxito apenas parcial; ganhou de volta para o serviço do conceito mais elevado de Yavé apenas a metade mais inteligente dos hebreus; a outra metade continuou na adoração dos deuses tribais do país e atida aos conceitos mais baixos de Yavé.

Samuel era um tipo de homem rústico, um reformador prático que podia sair com os seus companheiros em um dia e destruir uma série de locais reservados a Baal. O progresso que fez foi puramente pela força da coação; ele fez pouca pregação, e menos ainda deu ensinamentos, mas agia. Num dia zombava do sacerdote de Baal; no dia seguinte, partia em pedaços um rei aprisionado. Ele acreditava devotamente em um único Deus, e tinha um conceito claro desse único Deus como criador do céu e da Terra: "Os pilares da Terra são do Senhor, e Ele colocou o mundo sobre eles".

Mas a grande contribuição que Samuel deu ao desenvolvimento do conceito da Deidade foi o seu pronunciamento retumbante de que Yavé era *imutável*, para sempre a mesma corporificação da perfeição infalível e divindade. Nessa época Yavé fora concebido para ser um Deus de humores vacilantes, de acessos de ciúme, sempre lamentando que tinha feito assim e assado; mas agora, pela primeira vez desde que os hebreus haviam fugido do Egito, eles ouviam estas palavras surpreendentes: "A Força de Israel não mentirá nem se arrependerá, pois ele não é um homem para poder se arrepender". A estabilidade ao lidar-se com a Divindade estava proclamada. Samuel reiterou a aliança feita por Melquisedeque com Abraão e declarou que o Senhor Deus de Israel era a fonte de toda a verdade, estabilidade e constância. Os hebreus tinham sempre visto o seu Deus como um homem, um super-homem, um espírito elevado de origem desconhecida; mas agora eles ouviam o espírito antigo de Horebe, exaltado como um Deus imutável de perfeição criadora. Samuel estava ajudando o conceito em evolução de Deus a ascender a alturas acima do estado mutante da mente do homem e das vicissitudes da existência mortal. Sob esse ensinamento, o Deus dos hebreus começava, de uma idéia gerada na ordem dos deuses tribais, a ascender até o ideal de um Criador Todo-Poderoso e imutável, o *Supervisor* de toda a criação.

E, de novo, ele pregou a história da sinceridade de Deus, da aliança com Ele, e da confiança que se podia ter de que manteria essa aliança. Samuel disse: "O Senhor não abandonará o seu povo". "Ele fez conosco uma aliança eterna, ordenada e segura em todas as coisas." E assim, em toda a Palestina soou o chamado para a adoração do supremo Yavé. E esse instrutor cheio de energia proclamou para sempre: "Tu és grande, Ó Senhor Deus, e não há nenhum como Tu, e não há nenhum Deus além de Ti".

Até então os hebreus tinham considerado o favorecimento de Yavé principalmente em termos de prosperidade material. Foi um grande choque para Israel e quase custou a Samuel a sua vida quando ele ousou proclamar: "O Senhor enriquece e empobrece; ele rebaixa e exalta. Ele tira o pobre do pó e eleva os mendigos e os coloca junto de príncipes para fazê-los herdar o trono da glória". Jamais, desde Moisés, tais promessas confortantes aos humildes e aos menos afortunados haviam sido proclamadas, e milhares de desesperados entre os pobres começaram a ter esperança de que podiam melhorar o seu status espiritual.

Mas Samuel não progrediu muito além do conceito de um deus tribal. Ele proclamou um Yavé que criou todos os homens, mas que se ocupava principalmente dos hebreus, o seu povo escolhido. Ainda assim, como nos dias de Moisés, uma vez mais o conceito de Deus retratava uma Deidade que é santa e justa. "Não há quem seja santo como o Senhor. Quem pode ser comparado a esse santo Senhor Deus?"

Com o passar dos anos, o velho e grisalho líder progrediu na compreensão de Deus, pois declarou: "O Senhor é um Deus de conhecimento, e as ações são pesadas por Ele. O Senhor julgará os confins da Terra, demonstrando misericórdia aos misericordiosos, e com o homem reto Ele será também reto". Aqui mesmo está a alvorada da misericórdia, se bem que ela seja limitada àqueles que são misericordiosos. Mais tarde foi um passo mais adiante quando, na sua adversidade, exortou o seu povo: "Que caiamos agora nas mãos do Senhor, pois as suas misericórdias são grandes". "Nada coíbe o Senhor de salvar muitos ou poucos."

E esse desenvolvimento gradual do conceito do caráter de Yavé continuou sob a ministração dos sucessores de Samuel. Eles tentaram apresentar Yavé como um Deus cumpridor de alianças, mas não avançaram até onde Samuel tinha chegado; eles falharam ao desenvolver a idéia da misericórdia de Deus como Samuel a tinha posteriormente concebido. Houve um recuo nítido no sentido de reconhecer os outros deuses, a despeito da conservação do ponto de que Yavé estava acima de todos. "Teu é o Reino, ó Senhor, e és exaltado como o principal, acima de todos."

O poder divino foi a tônica dessa era; os profetas dessa idade pregaram uma religião destinada a fortalecer o rei no trono hebreu. "Teus, ó Senhor, são a grandeza, o poder, a glória e a vitória e a majestade. Na Tua mão está a força e o poder, e és capaz de engrandecer a tudo e de dar força a todos." E esse era o status do conceito de Deus durante a época de Samuel e seus sucessores imediatos.

2. ELIAS E ELIZEU

No século dez antes de Cristo, a nação hebraica dividiu-se em dois reinos. Vários buscadores da verdade tentaram estancar a maré retrógrada de decadência espiritual que se desencadeara em ambas as divisões políticas, e que prosseguiu desastrosamente depois da guerra de separação. Mas esses esforços para avançar a religião hebraica não tiveram efeito até que Elias, um guerreiro determinado e destemido da retidão, começou os seus ensinamentos. Elias restaurou, para o reino do norte, um conceito de Deus comparável àquele mantido nos dias de Samuel. Elias teve pouca oportunidade de apresentar um conceito avançado de Deus; ele se manteve ocupado, como Samuel tinha estado, antes dele, em destruir os altares de Baal e em demolir os ídolos dos falsos deuses. E levou adiante suas reformas, fazendo frente à oposição de um monarca idólatra; a sua tarefa foi até mesmo mais gigantesca e difícil do que aquela enfrentada por Samuel.

Quando Elias foi chamado a deixar a Terra, Elizeu, o seu fiel companheiro, assumiu a sua obra e, com a valiosa ajuda do pouco conhecido Micaías, manteve viva a luz da verdade na Palestina.

Mas esses não eram tempos de progresso para o conceito da Deidade. Os hebreus não tinham ainda ascendido nem mesmo ao ideal mosaico. A era de Elias e Elizeu fechou-se com as classes melhores, voltando à adoração do Yavé supremo, e testemunhou a restauração da idéia do Criador Universal, até o ponto em que Samuel a tinha deixado.

3. YAVÉ E BAAL

A prolongada controvérsia entre os crentes de Yavé e os seguidores de Baal foi um conflito socioeconômico de ideologias mais do que uma diferença entre crenças religiosas.

Os habitantes da Palestina diferiam pela sua atitude para com a propriedade privada de terras. As tribos sulinas ou de árabes nômades (os Yaveitas) consideravam a terra como inalienável – como uma dádiva da Deidade ao clã. Eles sustentavam que a terra não podia ser vendida nem hipotecada. "Yavé falou, dizendo: 'A terra não será vendida, pois a terra é minha'".

Os cananeus do norte, mais estabelecidos (os baalitas), compravam livremente, vendiam e hipotecavam as suas terras. A palavra Baal significa proprietário. O culto de Baal foi baseado em duas doutrinas maiores: a primeira, a validação do intercâmbio da propriedade, contratos e pactos – o direito de comprar e de vender a terra. E a segunda, supunha-se que Baal devia mandar a chuva – ele era um deus da fertilidade do solo. As boas colheitas dependiam do favorecimento de Baal. O seu culto preocupava-se amplamente com a *terra*, a sua propriedade e fertilidade.

Em geral, os baalitas possuíam casas, terras e escravos. Eles eram os proprietários aristocráticos e viviam nas cidades. Cada Baal tinha um local sagrado, um sacerdócio e as "mulheres sagradas", as prostitutas rituais.

Dessa diferença básica de pontos de vista sobre a terra, evoluíram os antagonismos amargos, nas atitudes sociais, econômicas, morais e religiosas tomadas pelos cananeus e pelos hebreus. Essa controvérsia socioeconômica não se tornou uma questão religiosa definida até os tempos de Elias. Desde a época desse agressivo profeta, a questão era disputada em linhas mais estritamente religiosas – Yavé *versus* Baal – e terminou com o triunfo de Yavé e com o subseqüente avanço até o monoteísmo.

Elias transladou a controvérsia entre Yavé e Baal, da questão da terra, para o aspecto religioso das ideologias dos hebreus e dos cananeus. Quando Acab assassinou os Nabots por causa da intriga na posse da terra, Elias transformou os antigos costumes sobre a terra em uma questão moral, e deslanchou a sua vigorosa campanha contra os baalitas. Essa foi também uma luta do povo do campo contra a dominação das cidades. E, sobretudo, foi sob a influência de Elias que Yavé transformou-se em Eloim. O profeta começou como um reformador agrário e terminou exaltando a Deidade. Os Baalitas eram muitos, Yavé era *um* – o monoteísmo sobrepondo-se ao politeísmo.

4.   AMOS E OSÉIAS

Um grande passo na transição do deus tribal – o deus a quem se tinha servido já há tanto tempo com sacrifícios e cerimônias, o Yavé dos hebreus mais primitivos – até um Deus que puniria o crime e a imoralidade, até mesmo entre os do seu próprio povo, foi dado por Amós, que surgiu de entre as colinas do sul para denunciar a criminalidade, a embriaguez, a opressão e a imoralidade das tribos do norte. Desde os tempos de Moisés que essas verdades ressoantes não eram proclamadas na Palestina.

Amós não se limitou meramente a restaurar ou a reformar; ele era um descobridor dos novos conceitos da Deidade. Ele proclamou, sobre Deus, muito daquilo que tinha sido anunciado pelos seus predecessores e, corajosamente, investiu contra a crença em um Ser Divino que toleraria o pecado entre aqueles do chamado povo escolhido. Pela primeira vez, desde os tempos de Melquisedeque, os ouvidos do homem ouviam a denúncia da duplicidade de padrão da justiça e da moralidade nacional. Pela primeira vez na sua história os ouvidos hebreus escutaram que o seu próprio Deus, Yavé, não toleraria o crime e o pecado nas vidas deles, mais do que ele os tolerava junto a qualquer outro povo. Amós visualizou o Deus austero e justo de Samuel e Elias, mas ele também viu um Deus que não via os hebreus de modo diferente de qualquer outra nação quando se tratava da punição ao procedimento incorreto. Isso era um ataque direto à doutrina egoísta do "povo escolhido", e muitos hebreus daquela época ressentiram-se amargamente disso.

Disse Amós: "Buscai aquele que fez as montanhas e criou o vento, que formou as sete estrelas e Órion, que transforma a sombra da morte na manhã e faz o dia escurecer na noite". E, ao denunciar os seus companheiros de meia religião, como oportunistas, e algumas vezes, como de imorais, ele buscava retratar a justiça inexorável de um Yavé imutável, quando ele disse aos malfeitores: "Ainda que eles penetrem no inferno, de lá Eu tirá-los-ei; ainda que eles subam ao céu, de lá Eu farei com que desçam". "E ainda que eles caiam em cativeiro diante dos seus inimigos, até lá Eu conduzirei a espada da justiça e ela matá-los-á." Amós surpreendeu ainda mais aos seus ouvintes quando, apontando um dedo de reprovação e de acusação para eles, declarou em nome de Yavé: "Com certeza nunca me esquecerei de nenhum dos vossos feitos". "E passarei no crivo a casa de Israel, junto com todas as nações, como o trigo tem de ser passado na peneira."

Amós proclamou Yavé o "Deus de todas as nações" e advertiu aos israelitas, de que o ritual não deve tomar o lugar da retidão. E antes que esse corajoso instrutor fosse apedrejado até a morte, ele tinha já espalhado suficientemente o fermento da verdade para salvar a doutrina do supremo Yavé; ele assegurara a continuidade da evolução da revelação de Melquisedeque.

Oséias veio depois de Amós, com a sua doutrina de um Deus universal de justiça por meio da ressurreição do conceito mosaico de um Deus de amor. Oséias pregou o perdão por meio do arrependimento, não pelo sacrifício. Ele proclamou um evangelho de amor-bondade e a divina misericórdia dizendo: "Eu te desposarei para sempre; sim, eu me unirei a ti na retidão e no julgamento e no amor-bondade das misericórdias. Eu desposar-te-ei mesmo na fé". "Eu amá-lo-ei livremente, pois a minha ira foi-se embora."

Oséias continuou fielmente com as advertências morais de Amós, dizendo de Deus: "É do meu desejo que eu os castigue". Mas os israelitas consideraram como uma crueldade que beirava a traição quando ele disse: "Eu direi àqueles que não eram do meu povo: 'vós sois o meu povo'; e eles dirão: 'Tu és o nosso Deus'". Ele continuou a pregar o arrependimento e o perdão, dizendo: "Eu curarei a apostasia deles; e amá-los-ei livremente, pois a minha ira terminou". Oséias sempre proclamou a esperança e o perdão. A carga da sua mensagem foi sempre: "Eu terei misericórdia para com o meu povo. Eles não conhecerão outro Deus além de Mim, pois não há outro salvador além de Mim".

Amós vivificou a consciência nacional dos hebreus para o reconhecimento de que Yavé não iria fechar os olhos para o crime e o pecado entre eles, porque supostamente eles eram o povo escolhido, enquanto Oséias tocou as notas de abertura nas cordas misericordiosas posteriores da compaixão e do amor-bondade divinos, que foram tão extraordinariamente cantadas por Isaías e pelos seus agregados.

5. O PRIMEIRO ISAÍAS

Esses eram os tempos em que alguns estavam proclamando ameaças de punição contra os pecados pessoais e o crime nacional entre os clãs do norte; enquanto outros prediziam a calamidade em recompensa pelas transgressões do reino do sul. Foi na aurora desse despertar de consciência e conhecimento das nações hebraicas que o primeiro Isaías surgiu.

Isaías pregou a natureza eterna de Deus, sua sabedoria infinita, sua perfeição imutável de confiabilidade. Ele representou o Deus de Israel quando disse: "Ajustarei o juízo na linha e no prumo da retidão". "O Senhor dar-vos-á descanso para a vossa tristeza e para o vosso medo e para a dura escravidão em que o homem foi levado a servir." "E os vossos ouvidos ouvirão uma palavra atrás de vós, dizendo: 'este é o caminho, vá por ele'". "Eis que Deus é a minha salvação; eu confiarei e não terei medo, pois o Senhor é a minha força e a minha canção." "'Vinde agora e raciocinemos juntos', diz o Senhor, 'embora os vossos pecados sejam tão escarlates, eles ficarão brancos como a neve; embora sejam vermelhos como o carmesim, eles ficarão como a lã'".

Falando aos hebreus, tomados pelo medo e famintos de alma, esse profeta disse: "Levantai-vos e resplandecei, pois a vossa luz chegou, e a glória do Senhor nasceu para vós". "O espírito do Senhor está sobre mim, pois Ele me ungiu para pregar as boas-novas aos mansos; Ele enviou-me para curar aqueles que estão de coração partido, para proclamar a liberdade aos cativos e a abertura da prisão para os acorrentados." "Eu me rejubilarei grandemente no meu Senhor, a minha alma ficará jubilosa no meu Deus, pois Ele cobriu-me com as vestes da salvação e cobriu-me com o Seu manto de retidão". "Junto com todas as Suas aflições Ele esteve aflito, e o anjo da Sua presença salvou-os. No Seu amor e na Sua piedade Ele os redimiu."

Isaías foi seguido por Micas e por Abdias, que confirmaram e deram beleza ao seu evangelho que satisfazia à alma. E esses dois mensageiros valentes denunciaram ou-

sadamente que o ritual dos hebreus era dominado pelos sacerdotes e destemidamente atacaram todo o sistema de sacrifícios.

Micas denunciou "os governantes que decidem segundo as recompensas e os
sacerdotes que ensinam por um salário e os profetas que adivinham por dinheiro".
Ele ensinou sobre um dia em que viria a liberdade da superstição e do sacerdócio,
dizendo: "Mas cada homem assentar-se-á na sua própria vinha, e ninguém o ame-
drontará, pois todo o povo viverá, cada um de acordo com o seu entendimento
de Deus".

E a ênfase da mensagem de Micas foi: "Devo estar diante de Deus oferecendo
holocaustos? O Senhor ficará contente com mil carneiros ou com dez mil rios de
óleo? Devo dar o meu primogênito pela minha transgressão, o fruto do meu corpo
pelo pecado da minha alma? Ele mostrou-me, ó homens, o que é bom; e o que o
Senhor espera de vós, senão agirdes com justiça e amardes a misericórdia, e que caminheis humildemente como o vosso Deus". E foi uma grande idade; foram de fato
tempos apaixonantes em que o homem mortal ouviu as mensagens emancipadoras, e
alguns até mesmo acreditaram nelas, mais de dois milênios e meio atrás. E não fora
a resistência obstinada dos sacerdotes, esses instrutores teriam posto abaixo todo o
cerimonial de sangue do ritual hebreu de adoração.

6. JEREMIAS, O DESTEMIDO

Embora vários instrutores continuassem a expor o evangelho de Isaías, coube a
Jeremias ousar dar o próximo passo para a internacionalização de Yavé, o Deus dos
hebreus.

Jeremias declarou sem medo que Yavé não estava do lado dos hebreus nas suas
lutas militares contra outras nações. Ele afirmou que Yavé era o Deus de toda a
Terra, de todas as nações e de todos os povos. Os ensinamentos de Jeremias causaram um crescendo na onda da internacionalização do Deus de Israel; esse pregador
intrépido proclamou finalmente, e para sempre, que Yavé era o Deus de todas as
nações, e que não havia Osíris para os egípcios, nem Bel para os babilônios, Assur
para os assírios ou Dagon para os filisteus. E, assim, nessa época e depois dela, a
religião dos hebreus participou da renascença do monoteísmo em todo o mundo;
afinal, o conceito de Yavé tinha elevado-se ao nível de uma Deidade planetária e
mesmo da dignidade cósmica. Mas muitos dos condiscípulos de Jeremias acharam
difícil conceber Yavé fora da nação hebraica.

Jeremias também pregou sobre o Deus justo e amoroso descrito por Isaías, declarando: "Sim, eu amei-vos com um amor eterno; com isso eu vos atraí com amor
e bondade". "E, pois, Ele não aflige propositalmente os filhos dos homens."

Disse o destemido profeta: "Justo é o nosso Senhor, grande pelos seus conselhos
e poderoso pela sua obra. Os seus olhos estão abertos sobre todos os caminhos de
todos os filhos dos homens, para dar misericórdia a cada um de acordo com o seu
caminho e de acordo com o fruto da sua obra". Mas foi considerado como uma traição blasfema quando, durante o cerco de Jerusalém, ele disse: "E agora eu coloquei
essas terras nas mãos de Nabucodonossor, rei da Babilônia, meu servo". E, quando
Jeremias aconselhou que a cidade se rendesse, os sacerdotes e os governantes civis
jogaram-no no fosso lamacento de uma masmorra sombria.

7. O SEGUNDO ISAÍAS

A destruição da nação dos hebreus e o seu cativeiro na Mesopotâmia teriam causado grandes benefícios à sua teologia em expansão, não fora a determinação do
seu sacerdócio. A sua nação tinha caído diante dos exércitos da Babilônia, e o seu

Yavé nacionalista sofria com as pregações internacionais dos líderes espirituais. Foi o ressentimento pela perda do seu Deus nacional que levou os sacerdotes judeus a irem tão longe na invenção de fábulas e na multiplicação de eventos aparentemente miraculosos na história do povo hebreu, num esforço para restaurar os judeus como o povo escolhido, até mesmo sob o uma idéia nova e expandida de um Deus internacionalizado e de todas as nações.

Durante o cativeiro, os judeus foram muito influenciados pelas tradições e lendas babilônicas, se bem que deva ser notado que eles certamente aprimoraram o tônus moral e a significação espiritual das histórias caldéias que adotaram; não obstante terem eles distorcido invariavelmente essas lendas, de modo a refletirem honra e glória sobre a ascendência e a história de Israel.

Esses sacerdotes e escribas hebreus tinham uma só idéia nas suas mentes, e esta era a reabilitação da nação judaica, a glorificação das tradições hebraicas e a exaltação da sua história racial. Caso haja algum ressentimento pelo fato de esses sacerdotes terem amarrado as suas idéias errôneas a uma parte tão grande do mundo ocidental, deveria ser lembrado que eles não o fizeram intencionalmente; eles não pretenderam estar escrevendo sob nenhuma inspiração; eles não professaram estar escrevendo um livro sagrado. Estavam meramente preparando um manual destinado a reanimar a coragem que definhava, nos seus companheiros de cativeiro. Eles tinham a intenção clara de melhorar o espírito nacional e a moral dos seus compatriotas. Aos homens que vieram mais tarde, restou reunir esses e outros escritos em um livro-guia de ensinamentos supostamente sem falhas.

O sacerdócio judeu fez um uso indiscriminado desses escritos depois do cativeiro, mas foi bastante estorvado na sua influência sobre os seus companheiros no cativeiro pela presença de um profeta jovem e indômito, Isaías, o segundo, que tinha sido plenamente convertido ao Deus de justiça, de amor, de retidão e misericórdia, do Isaías anterior. Como Jeremias ele também acreditava que Yavé tinha transformado-se no Deus de todas as nações. Ele pregava essas teorias sobre a natureza de Deus com uma narrativa de tais repercussões, que fez conversões tanto entre os judeus como entre os seus captores. E esse jovem pregador deixou por escrito os seus ensinamentos, os quais os sacerdotes hostis e impiedosos tentaram dissociar dele de todos os modos, embora o respeito puro pela sua beleza e grandeza tenha levado à sua incorporação aos escritos do primeiro Isaías. E assim os escritos desse segundo Isaías podem ser encontrados no livro que leva o seu nome, e abrangem desde o capítulo quarenta até o cinqüenta e cinco, inclusive.

Nenhum profeta ou líder religioso desde Maquiventa até a época de Jesus alcançou o elevado conceito de Deus que o segundo Isaías proclamou durante esses dias do cativeiro. O que esse líder espiritual proclamou não foi nenhum Deus pequeno, antropomórfico e elaborado pelo homem. "Vede, ele carrega ilhas como se fossem coisas muito pequenas." "E como os céus estão mais no alto do que as terras, também os meus caminhos são mais elevados que os vossos caminhos e os meus pensamentos mais elevados do que os vossos pensamentos."

Maquiventa Melquisedeque podia enfim ver instrutores humanos proclamando um Deus real ao homem mortal. Como Isaías, o primeiro, esse líder pregou o Deus da criação e da sustentação universal. "Eu fiz a Terra e coloquei o homem nela. Não a criei em vão; formei-a para ser habitada." "Sou o primeiro e o último; não há Deus além de mim." Falando pelo Senhor Deus de Israel, esse novo profeta disse: "Os céus podem desaparecer e a Terra envelhecer, mas a minha retidão subsistirá para sempre e a minha salvação durará de geração a geração". "Não temais, pois estou contigo; não vos desanimeis, pois sou o vosso Deus." "Não há Deus além de Mim – um Deus justo e um Salvador."

DOCUMENTO 97: SEÇÃO 7

E os judeus prisioneiros foram reconfortados, como milhares e milhares de homens o foram desde então, ao ouvir palavras como: "Assim diz o Senhor: 'Eu vos criei, Eu vos redimi, Eu vos chamei pelo vosso nome; vós sois meus'". "Quando atravessardes as águas, Eu estarei convosco, pois sois preciosos para a minha vista." "Pode uma mulher esquecer de amamentar a sua criança e não ter compaixão do seu filho? Sim, ela pode esquecer, mas Eu não esquecerei dos meus filhos, pois, vede, Eu gravei os nomes deles na palma da minha mão; e os cobri mesmo com a sombra das minhas mãos." "Que os perversos abandonem os seus caminhos e que o iníquo abandone os seus pensamentos, e que retornem ao Senhor e a Deus e Ele terá misericórdia deles, pois Ele os perdoará abundantemente."

Ouvi novamente ao evangelho dessa nova revelação do Deus de Salém: "Ele alimentará o seu rebanho como um pastor; Ele reunirá as ovelhas nos seus braços e carregá-las-á no seu peito. Ele dá força aos abatidos, e àqueles que não têm poder Ele dá mais força. Aqueles que esperam o Senhor renovarão as suas forças; eles subirão com asas como águias; correrão e não se cansarão; caminharão e não se enfraquecerão".

Esse Isaías conduziu uma vasta propaganda evangélica do conceito ampliado de um Yavé supremo. Ele rivalizava-se com Moisés, pela eloqüência com a qual retratava o Senhor Deus de Israel, como o Criador Universal. Era poético na sua descrição dos atributos infinitos do Pai Universal. Nenhuma afirmação mais bela sobre o Pai celeste jamais foi feita. Como os salmos, os escritos de Isaías estão entre as apresentações mais sublimes e verdadeiras do conceito espiritual de Deus a serem acolhidas pelos ouvidos do homem mortal antes da chegada de Michael em Urântia. Ouvi esta descrição que ele faz da Deidade: "Eu sou o elevado e sublime que habita a eternidade". "Sou o Primeiro e o Último, e além de mim não há outro Deus." "E a mão do Senhor não é curta a ponto de não poder salvar, nem o seu ouvido tão grosseiro a ponto de não ouvir." E uma nova doutrina surgiu no mundo judeu quando esse profeta benigno, mas cheio de autoridade, persistiu na pregação da constância divina, a fidelidade de Deus. Ele declarou que "Deus não esqueceria nem abandonaria".

Esse ousado instrutor proclamou que o homem estava muito estreitamente relacionado a Deus, dizendo: "Eu criei para a minha glória todo aquele que chama o meu nome, e eles proclamarão a minha louvação. E sim, Eu próprio, sou Aquele que ameniza as suas transgressões, para o meu próprio bem, e Eu não me lembrarei dos seus pecados".

Ouvi esse grande hebreu colocar abaixo o conceito de um Deus nacional enquanto na glória ele proclama a divindade do Pai Universal, de quem ele diz: "Os céus são o meu trono, e a Terra onde ponho os pés". E o Deus de Isaías não era menos santo, majestático, justo e insondável. O conceito do Yavé irado, vingativo e ciumento dos beduínos do deserto quase desapareceu. Um novo conceito do Yavé supremo e universal surgiu na mente do homem mortal para não mais ser perdido da vista humana. A realização da justiça divina começou a anular a magia primitiva e o medo biológico. Afinal, o homem se vê inserido em um universo de lei e de ordem e é apresentado a um Deus universal de atributos confiáveis e definitivos.

E esse homem que pregou sobre um Deus superno nunca cessou de proclamar esse *Deus de amor*. "Resido em um lugar elevado e santo, e também com aquele que é de um espírito contrito e humilde." E mais palavras de conforto esse grande instrutor disse aos seus contemporâneos: "E o Senhor te guiará continuamente e satisfará a tua alma. Tu serás como um jardim bem regado e como uma fonte cujas águas não falham. E, caso o inimigo venha como uma inundação, o espírito do Senhor levantará uma defesa contra ele". E uma vez mais o evangelho de

Melquisedeque, destruidor de medos, e a religião de Salém, gerando confiança, brilharam para abençoar a humanidade.

O clarividente e corajoso Isaías definitivamente eclipsou o Yavé nacionalista com a sua descrição sublime da onipotência e da majestade universal do Yavé supremo, Deus de amor, soberano do universo, e pai afetuoso de toda a humanidade. Desde esses dias memoráveis que o conceito mais elevado de Deus, no Ocidente, tem englobado a justiça universal, a misericórdia divina e a retidão eterna. Com uma linguagem magnífica e com uma incomparável graça, esse grande educador descreveu o Criador Todo-Poderoso como o Pai pleno de amor.

Esse profeta do tempo do cativeiro pregou ao seu povo e aos homens de muitas nações, os quais o ouviram no rio, na Babilônia. E esse segundo Isaías muito fez para neutralizar os muitos conceitos errados e racialmente egoístas sobre a missão do Messias prometido. Todavia ele não foi totalmente bem sucedido. Caso os sacerdotes não se tivessem dedicado à obra de edificar um nacionalismo errôneo, os ensinamentos dos dois Isaías teriam preparado o caminho para o reconhecimento e o acolhimento do Messias prometido.

8. A HISTÓRIA SAGRADA E A HISTÓRIA PROFANA

O hábito de considerar o registro das experiências dos hebreus como uma história sagrada e as transações do resto do mundo como história profana é responsável por muitas das confusões existentes na mente humana quanto à interpretação da história. E essa dificuldade surge porque não há uma história secular dos judeus. Depois que os sacerdotes exilados na Babilônia prepararam o seu novo registro dos procedimentos supostamente miraculosos de Deus, para com os hebreus, a história sagrada de Israel, retratada no Antigo Testamento, eles destruíram meticulosa e completamente os registros existentes dos assuntos hebreus – livros como "Os atos dos Reis de Israel" e "Os atos dos Reis de Judá", junto com vários outros arquivos mais ou menos acurados da história dos hebreus.

No intuito de compreender como a pressão devastadora e a coerção inescapável da história secular aterrorizaram tanto os judeus prisioneiros, e governados por outros povos, a ponto de eles tentarem reescrever e remodelar completamente a sua história, é que deveríamos pesquisar rapidamente os arquivos da sua desconcertante experiência nacional. Deve ser lembrado que os judeus não tiveram êxito em fazer evoluir uma filosofia não teológica adequada para a vida. Eles lutaram contra o seu conceito original e egípcio das recompensas divinas pela retidão, combinadas às severas punições para o pecado. O drama de Jó foi algo como um protesto contra essa filosofia errônea. O evidente pessimismo do Eclesiastes foi uma sábia reação temporal a essas crenças super-otimistas na Providência.

Mas quinhentos anos de suserania, de governantes estrangeiros, mesmo para judeus pacientes e resignados, é demasiado. Os profetas e os sacerdotes começaram a gritar: "Até quando, ó Senhor, até quando?" E quando o judeu honesto buscou as escrituras, a sua perplexidade tornou-se mais confusa. Um antigo vidente prometeu que Deus protegeria e libertaria o seu "povo escolhido". Amós fizera ameaças de que Deus abandonaria Israel, a menos que o povo restabelecesse os seus padrões de retidão nacional. O escriba do Deuteronômio tinha retratado a Grande Escolha – como entre o bem e o mal, o abençoado e o maldito. Isaías, o primeiro, tinha pregado sobre um rei libertador benigno. Jeremias tinha proclamado uma era de retidão interior – a aliança escrita nas tábuas do coração. O segundo Isaías falou da salvação pelo sacrifício e pela redenção. Ezequiel proclamou a libertação por meio do serviço da devoção, e Ezdras prometeu a prosperidade pela adesão à lei. Mas a despeito de tudo isso eles ficaram na escravidão; e a libertação foi protelada. Então

Daniel apresentou o drama da "crise" iminente – o golpe dado sobre a grande imagem e o estabelecimento imediato do reino eterno da retidão, o reino messiânico.

E toda essa falsa esperança levou a um tal grau de desapontamento, e de frustração racial, que os líderes dos judeus ficaram tão confusos que não conseguiram reconhecer nem aceitar a missão e o ministério de um Filho divino do Paraíso quando em breve ele veio a eles à semelhança da carne mortal – encarnado como o Filho do Homem.

Todas as religiões modernas têm errado seriamente na tentativa de interpretar como miraculosas algumas épocas da história humana. Ainda que seja verdade que Deus tenha posto muitas vezes a mão de Pai, em intervenções providenciais na corrente dos assuntos humanos, é um erro encarar os dogmas teológicos e a superstição religiosa como uma sedimentação supranatural que haja surgido por uma ação miraculosa nessa corrente da história humana. O fato de que os "Altíssimos governam nos reinos dos homens" não converte a história secular em uma chamada história sagrada.

Os autores do Novo Testamento e os escritores cristãos posteriores complicaram ainda mais a distorção da história dos hebreus pelas suas tentativas bem-intencionadas de considerar os profetas judeus como transcendentalizantes. Assim a história hebraica tem sido explorada de um modo desastroso pelos escritores judeus, bem como pelos cristãos. A história hebraica secular tem sido radicalmente dogmatizada. Tem sido convertida em uma ficção da história sagrada e tem tornado-se inextricavelmente emaranhada aos conceitos morais e aos ensinamentos religiosos das nações chamadas cristãs.

Uma breve exposição dos pontos altos na história hebraica poderá ilustrar como os fatos em arquivo foram bastante alterados pelos sacerdotes judeus, na Babilônia, de modo a transformar a história secular cotidiana do seu povo em uma história fictícia e sagrada.

9. A HISTÓRIA HEBRAICA

Nunca existiram doze tribos de israelitas – apenas três ou quatro tribos estabeleceram-se na Palestina. A nação hebraica passou a existir em conseqüência da união dos chamados israelitas e dos cananeus. "E os filhos de Israel habitaram entre os cananeus. E tomaram as filhas deles como esposas e deram as próprias filhas aos filhos dos cananeus." Os hebreus nunca expulsaram os cananeus da Palestina, não obstante os registros feitos pelos sacerdotes dessas coisas declararem decididamente que o fizeram.

A consciência israelita teve origem na montanhosa terra de Efraim; a consciência posterior é originária do clã sulino de Judá. Os judeus (os judaitas) sempre tentaram difamar e enegrecer a história dos israelitas do norte (os efraimitas).

A história pretensiosa dos hebreus começa com Saul reunindo os clãs do norte para resistir a um ataque dos amonitas aos seus companheiros tribais – os gileaditas – no leste do Jordão. Com um exército de pouco mais de três mil homens, ele derrotou o inimigo e foi essa façanha que levou todas as tribos das colinas a fazê-lo rei. Quando os sacerdotes exilados reescreveram esse relato, eles elevaram para 330 000 o número de homens do exército de Saul e acrescentaram "Judá" à lista de tribos que participaram da batalha.

Imediatamente depois da derrota dos amonitas, Saul foi feito rei por eleição popular das suas tropas. Nenhum sacerdote ou profeta participou desse acontecimento. Mas os sacerdotes, mais tarde, registraram nos arquivos que Saul foi coroado rei pelo profeta Samuel, cumprindo instruções divinas. E fizeram isso no intuito de estabelecer uma "linha divina de descendência" para a realeza judaita de Davi.

A maior de todas as distorções da história judaica teve a ver com Davi. Após a vitória de Saul sobre os amonitas (a qual ele atribuiu a Yavé), os filisteus alarmaram-se e começaram a fazer ataques aos clãs do norte. Davi e Saul nunca chegaram a estar de acordo. Com seiscentos homens, Davi fez uma aliança com os filisteus e marchou costa acima até Esdraelon. Em Gath os filisteus ordenaram a Davi que deixasse o acampamento; eles temeram que ele pudesse passar para o lado de Saul. Davi retirou-se; os filisteus atacaram e derrotaram Saul. E não poderiam conseguir isso caso Davi tivesse sido leal a Israel. O exército de Davi era um agrupamento de poliglotas descontentes, constituindo-se na sua maior parte de desajustados sociais e de fugitivos da justiça.

A trágica derrota de Saul em Gilboa para os filisteus depreciou em muito a posição de Yavé, entre os deuses, aos olhos dos vizinhos cananeus. Normalmente, a derrota de Saul teria sido atribuída a uma apostasia dele contra Yavé, mas dessa vez os editores judaitas atribuíram-na a erros de ritual. Eles precisavam da tradição de Saul e de Samuel como respaldo para a realeza de Davi.

Com o seu pequeno exército, Davi fez da cidade não hebraica de Hebrom o seu quartel-general. E logo os seus compatriotas proclamaram-no rei do novo reino de Judá. Judá constituía-se na maior parte de elementos não hebreus – quenitas, calebitas, jebusitas e outros cananeus. Eram nômades – pastores – e, pois, devotados à idéia hebraica de propriedade da terra. Eles conservavam as ideologias dos clãs do deserto.

A diferença entre a história sagrada e a profana é bem ilustrada pelas duas narrativas diferentes a respeito da subida de Davi ao trono, como são encontradas no Antigo Testamento. Uma parte da narrativa secular, de como os seus seguidores imediatos (o seu exército) transformaram-no em rei, foi inadvertidamente deixada nos arquivos pelos sacerdotes que prepararam subseqüentemente a prolongada e prosaica versão para a história sagrada, na qual é descrito como o profeta Samuel, por indicação divina, escolheu Davi entre os seus irmãos e passou, formalmente e por meio de cerimônias elaboradas e solenes, a ungi-lo como o rei dos hebreus e então a proclamá-lo sucessor de Saul.

Tantas vezes, após preparar as suas narrativas fictícias sobre as gestões miraculosas de Deus para com Israel, os sacerdotes não se esqueceram inteiramente de cancelar os acontecimentos, narrados de modo claro e fiel aos fatos que estavam já nos registros.

Davi buscava edificar-se politicamente, primeiro casando-se com a filha de Saul, depois com a viúva de Nabal, o edomita rico, e então com a filha de Talmai, o rei de Geshur. Ele teve seis esposas dentre as mulheres de Jebus, para não mencionar Betsabá, a esposa do hitita.

E foi por tais métodos e por meio de tais pessoas que Davi construiu a ficção de um reino divino de Judá como o sucessor na herança das tradições do reino do norte, em desaparecimento, do Israel efraimita. A tribo cosmopolita, de Judá, de Davi, era mais gentia do que judia; contudo os anciães oprimidos de Efraim vieram e "ungiram-no como rei de Israel". Depois de uma ameaça militar, Davi então se uniu aos jebusitas e estabeleceu a sua capital do reino unido em Jebus (Jerusalém), que era uma cidade fortemente murada a meio caminho entre Judá e Israel. Os filisteus sentiram-se provocados e logo atacaram Davi. Após uma batalha feroz foram derrotados e uma vez mais Yavé foi estabelecido como "O Deus de todas as Hostes".

Yavé, todavia, teria forçosamente de partilhar de alguma coisa dessa glória com os deuses cananeus, pois o grosso do exército de Davi era de não hebreus. E, desse modo, consta nos vossos registros (e foi negligenciado pelos editores judaítas) esta afirmação reveladora: "Yavé abriu uma brecha nos meus inimigos diante de mim. E, por isso, ele chamou o lugar de Baal-Perazim". E fizeram isso porque oitenta por cento dos soldados de Davi eram baalitas.

Davi explicou a derrota de Saul em Gilboa destacando que Saul tinha atacado uma cidade cananéia, a de Gibeon, cujo povo tinha um tratado de paz com os efraimitas. Por isso Yavé abandonou-o. Mesmo na época de Saul, Davi defendera a cidade cananéia de Keila contra os filisteus, e então colocou a sua capital em uma cidade cananéia. Para manter a política de compromisso com os cananeus, Davi entregou sete dos descendentes de Saul aos Gibeonitas para que fossem enforcados.

Após a derrota dos filisteus, Davi ganhou a posse da "arca de Yavé", trouxe-a para Jerusalém, e tornou oficial a adoração de Yavé dentro do seu reino. Em seguida ele impôs tributos pesados às tribos vizinhas – edomitas, moabitas, amonitas e sírios.

A corrupta máquina política de Davi começou a tomar posse pessoal da terra ao norte, violando os costumes hebreus, e, em breve, tomou a si o controle das taxas pagas pelas caravanas anteriormente coletadas pelos filisteus. E então veio uma série de atrocidades que culminaram com o assassinato de Urias. Todos os apelos judiciais foram julgados em Jerusalém; não mais "os anciães" podiam fazer justiça. Não é de se espantar que irrompesse a rebelião. Hoje, Absalom poderia ser chamado de demagogo; a sua mãe era uma cananéia. Havia uma dúzia de pretendentes ao trono, além do filho de Betsabá – Salomão.

Após a morte de Davi, Salomão expurgou a máquina política de todas as influências vindas do norte, mas continuou com toda a tirania e os impostos do regime do seu pai. Salomão levou a nação à bancarrota com as prodigalidades da sua corte e com o seu programa complicado de construções. Havia a casa do Líbano, o palácio da filha do Faraó, o templo de Yavé, o palácio do rei e a restauração dos muros de muitas cidades. Salomão criou uma vasta marinha hebraica, operada por marinheiros sírios que negociavam com o mundo inteiro. O seu harém tinha quase mil mulheres.

Nessa época o templo de Yavé em Silo estava desacreditado, e todo o culto da nação estava centrado em Jebus na deslumbrante capela real. O reino do norte retornou ao culto de Eloim. Eles gozavam do favorecimento dos faraós, que mais tarde escravizaram Judá, colocando o reino do sul sob taxações.

Havia altos e baixos – guerras entre Israel e Judá. Após quatro anos de guerra civil, e três dinastias, Israel caiu sob o domínio de déspotas citadinos que começaram a fazer comércio de terras. Até mesmo o rei Omri tentou comprar a propriedade de Shemer. Todavia, o fim desencadeou-se quando Salmanasar III decidiu controlar a costa do Mediterrâneo. O rei Acab, de Efraim, reuniu dez outros grupos e resistiu em Karkar; a batalha estava empatada. O avanço dos assírios tinha sido impedido, os aliados, contudo, foram dizimados. Essa grande luta nem é mencionada no Antigo Testamento.

Novos problemas tiveram início quando o rei Acab tentou comprar terras de Nabot. A sua esposa fenícia falsificou o nome de Acab em papéis que mandavam que as terras de Nabot fossem confiscadas sob a acusação de que ele tinha blasfemado contra os nomes de "Eloim e do rei". Ele e os seus filhos foram prontamente executados. O vigoroso Elias apareceu em cena denunciando Acab pelo assassinato dos Nabots. E assim, Elias, um dos maiores dentre os profetas, começou os seus ensinamentos como um defensor dos velhos costumes sobre a posse das terras, e contra a atitude baalista de venda de terras, e contra a tentativa das cidades de dominar o país. Mas a reforma não teve êxito até que o grande proprietário Jehu juntasse forças com o cacique cigano Jonadab para destruir os profetas (agentes imobiliários) de Baal em Samaria.

Quando Joás e o seu filho Jeroboan liberaram Israel dos inimigos, surgiu uma nova vida. Todavia, nessa época, Samaria era governada por uma nobreza de bandidos cujas depredações rivalizavam-se com aquelas da dinastia davídica dos velhos tempos. O estado e a igreja funcionavam de mãos dadas. A tentativa de suprimir a liberdade de expressão levou Elias, Amós, e Oséias a começarem os seus escritos secretos, e esse foi o começo real da bíblia judaica e da bíblia cristã.

Mas o reino do norte não desapareceu da história até que o rei de Israel conspirasse com o rei do Egito e recusasse a pagar tributos adicionais à Assíria. Então começou o sítio de três anos, seguido da dispersão total do reino do norte. Efraim (Israel) desapareceu assim. Judá – os judeus, o "remanescente de Israel" – tinha começado com a concentração de terras nas mãos de uns poucos, como disse Isaías, "Juntando casa com casa e campo com campo". Em breve havia em Jerusalém um templo de Baal ao lado do templo de Yavé. Esse reino de terror terminou com uma revolta monoteísta liderada pelo rei adolescente Joás, que fez as cruzadas de Yavé durante trinta e cinco anos.

O próximo rei, Amazías, teve problemas com a revolta dos contribuintes edomitas e os seus vizinhos. Depois de uma vitória notável ele voltou a atacar os seus vizinhos do norte e foi derrotado de um modo também notável. Então os campesinos revoltaram-se, assassinaram o rei e colocaram seu filho de dezesseis anos no trono. Este foi Azarías, chamado de Uzías por Isaías. Depois de Uzias, as coisas foram de mal a pior, e Judá ficou durante cem anos pagando tributos aos reis da Assíria. Isaías, o primeiro, disse a eles que Jerusalém, sendo a cidade de Yavé, nunca cairia. Mas Jeremias não hesitou em proclamar a sua queda.

A verdadeira eliminação de Judá foi feita por um círculo de políticos ricos e corruptos que operavam sob a direção de um rei adolescente, Manassés. A economia em mudança favoreceu a volta do culto de Baal, cujas negociações particulares eram contrárias à ideologia de Yavé. A queda da Assíria e da ascendência do Egito trouxe libertação para Judá, durante algum tempo, e os campesinos tomaram o poder. Sob Josias eles destruíram o círculo de políticos corruptos de Jerusalém.

Mas essa era chegou a um fim trágico quando Josias presumiu interceptar o poderoso exército de Necao, que se transladava da costa do Egito para ajudar a Assíria contra a Babilônia. O exército foi totalmente destruído, e Judá passou a pagar tributo ao Egito. O partido político de Baal voltou ao poder em Jerusalém e assim começou a *verdadeira* escravidão aos egípcios. Então se seguiu um período no qual os políticos do Baal controlaram tanto os tribunais quanto o sacerdócio. O culto a Baal era um sistema econômico e social que negociava com os direitos de propriedade tanto quanto com a fertilidade do solo.

Com a queda de Necao, deposto por Nabucodonossor, Judá caiu sob o domínio da Babilônia e recebeu dez anos de graça, mas logo se rebelou. Quando Nabucodonossor atacou-os, os judaitas iniciaram reformas sociais, tais como a libertação de escravos, para influir sobre Yavé. Quando o exército babilônio retirou-se temporariamente, os hebreus rejubilaram-se de que a sua magia para a reforma os tinha libertado. Foi durante esse período que Jeremias lhes disse da maldição iminente, e em breve Nabucodonossor voltou.

E assim o fim de Judá chegou subitamente. A cidade foi destruída, e o povo foi levado para a Babilônia. A luta Yavé-Baal terminou com o cativeiro. E o choque do cativeiro levou o resto de Israel ao monoteísmo.

Na Babilônia os judeus chegaram à conclusão de que não poderiam existir como um pequeno grupo na Palestina, tendo os seus próprios costumes sociais e econômicos e, para que as suas ideologias prevalecessem, eles deviam converter os gentios. Assim originou-se o seu novo conceito de destino – a idéia de que os judeus devem transformar-se nos servidores escolhidos de Yavé. A religião judaica do Antigo Testamento realmente teve a sua evolução na Babilônia, durante o cativeiro.

A doutrina da imortalidade também tomou forma na Babilônia. Os judeus haviam pensado que a idéia da vida futura tirava a atenção da ênfase do seu evangelho de justiça social. Agora, pela primeira vez a teologia desalojava a sociologia e a economia. A religião estava tomando forma como um sistema de pensamento e conduta humanos, mais e mais separados da política, da sociologia e da economia.

E assim a verdade sobre o povo judeu revela que muito daquilo que tem sido considerado como história sagrada não passa de um pouco mais do que uma crônica da história profana comum. O judaísmo foi o solo no qual o cristianismo cresceu, mas os judeus não foram um povo miraculoso.

10. A RELIGIÃO DOS HEBREUS

Os líderes dos israelitas ensinaram-lhes que eles eram um povo escolhido, não para indulgências especiais ou para o monopólio do favorecimento divino, mas para o serviço especial de levar a verdade de um Deus acima de tudo a todas as nações. E eles prometeram aos judeus que, se cumprissem esse destino, eles iriam tornar-se os líderes espirituais de todos os povos, e que o Messias que viria reinaria sobre eles e sobre o mundo como o Príncipe da Paz.

Quando os judeus foram libertados pelos persas, eles voltaram à Palestina apenas para cair de novo na escravidão aos seus próprios sacerdotes, e o seu código de leis, de sacrifícios e de rituais. E, como os clãs hebreus rejeitaram a maravilhosa história de Deus, apresentada na oração de despedida de Moisés, para os rituais de sacrifício e de penitência, do mesmo modo esses remanescentes da nação hebraica rejeitam o conceito magnífico do segundo Isaías para as regras, as regulamentações e os rituais do seu crescente sacerdócio.

O egoísmo nacional, a fé falsa em um mal concebido Messias prometido, e a escravidão e a tirania crescente do sacerdócio silenciaram para sempre as vozes dos líderes espirituais (excetuando-se Daniel, Ezequiel, Hagai e Malaquias). E daquele dia até a época de João Batista, todo o Israel experimentou um crescente retrocesso espiritual. Mas os judeus nunca perderam o conceito do Pai Universal; até o século vinte depois de Cristo eles continuaram a seguir essa concepção da Deidade.

De Moisés a João Batista uma linha contínua de instrutores fiéis estendeu-se para transmitir, de geração a geração, a chama da luz monoteísta, enquanto, ao mesmo tempo, incessantemente repreendiam aos dirigentes inescrupulosos, denunciavam os sacerdotes que se comercializavam, e sempre exortaram o povo a aderir à adoração do supremo Yavé, o Senhor Deus de Israel.

Como nação, os judeus finalmente perderam a sua identidade política, mas a religião hebraica, de crença sincera em um Deus único e universal, continua a viver nos corações dos exilados dispersados. E essa religião sobrevive porque tem efetivamente funcionado para conservar os valores mais elevados dos seus seguidores. A religião judaica preservou os ideais de um povo, mas não conseguiu fomentar o progresso e encorajar as descobertas filosóficas criativas no âmbito da verdade. A religião judaica teve muitos erros – foi deficiente na filosofia e quase desprovida de qualidades estéticas –, mas conservou os valores morais; e por isso sobreviveu. O

Yavé supremo, comparado a outros conceitos da Deidade, era claro, vívido, pessoal e moral.

Os judeus amavam a justiça, a sabedoria, a verdade e a retidão como poucos povos o fizeram, mas eles contribuíram menos que todos os povos para a compreensão intelectual e para o entendimento espiritual dessas qualidades divinas. Embora a teologia hebraica tenha se recusado a expandir-se, teve um papel importante no desenvolvimento de duas outras religiões mundiais, o cristianismo e o maometanismo.

A religião judaica persistiu também por causa das suas instituições. É difícil uma religião sobreviver como uma prática particular de indivíduos isolados. Esse tem sido sempre o erro dos líderes religiosos: apercebendo-se dos males da religião institucionalizada, eles buscam destruir a técnica de funcionamento em grupo. Em lugar de destruir todo ritual, eles fariam melhor se o reformassem. Quanto a isso, Ezequiel era mais sábio do que os seus contemporâneos; embora se unisse a eles para insistir na responsabilidade moral pessoal, ele também tentou estabelecer a observância fiel de um ritual superior e purificado.

E assim os sucessivos educadores de Israel efetuaram, na evolução da religião, o maior feito conseguido em Urântia: a transformação gradual, mas contínua, do conceito bárbaro do demônio selvagem Yavé, o deus espírito ciumento e cruel do fulminante vulcão do Sinai, no conceito posterior, elevado e superno do supremo Yavé, criador de todas as coisas e o Pai amoroso e misericordioso de toda a humanidade. E esse conceito hebraico de Deus foi a mais elevada visualização humana do Pai Universal até aquele momento, e esta foi ainda mais engrandecida e perfeitamente amplificada pelos ensinamentos pessoais e pelo exemplo de vida do Seu Filho, Michael de Nébadon.

[Apresentado por um Melquisedeque de Nébadon.]

OS ENSINAMENTOS DE MELQUISEDEQUE NO OCIDENTE

O S ENSINAMENTOS de Melquisedeque penetraram na Europa por muitos caminhos, mas chegaram principalmente através do Egito, e foram incorporados à filosofia ocidental, depois de serem profundamente helenizados e, mais tarde, cristianizados. Os ideais do mundo ocidental eram basicamente socráticos, e a sua filosofia religiosa posterior chegou a ser a de Jesus, modificada e comprometida pelo contato com a filosofia e a religião ocidentais em evolução, tudo isso tendo culminado na igreja cristã.

Durante um longo tempo, na Europa, os missionários de Salém levaram adiante as suas atividades, tornando-se gradualmente absorvidos por muitos dos cultos e grupos de rituais que surgiam periodicamente. Entre aqueles que mantiveram os ensinamentos de Salém na sua forma mais pura, devem ser mencionados os cínicos. Esses pregadores da fé e da confiança em Deus estavam ainda funcionando na Europa Romana, no primeiro século depois de Cristo, sendo mais tarde incorporados à nova religião cristã, que estava em formação.

Grande parte da doutrina de Salém foi disseminada, na Europa, pelos soldados mercenários judeus, que lutaram em tantas das campanhas militares ocidentais. Nos tempos antigos, os judeus eram afamados tanto pelo seu valor militar, quanto pelas suas peculiaridades teológicas.

As doutrinas básicas da filosofia grega, da teologia judaica e da ética cristã foram fundamentalmente repercussões dos ensinamentos iniciais de Melquisedeque.

1. A RELIGIÃO DE SALÉM ENTRE OS GREGOS

Os missionários de Salém poderiam ter edificado uma grande estrutura religiosa entre os gregos, não fora a interpretação estrita do seu juramento de ordenação, uma promessa imposta por Maquiventa, que proibia a organização de congregações exclusivas para a adoração e que obrigava cada pregador a prometer nunca funcionar como um sacerdote, nunca receber remunerações por serviço religioso, apenas comida, roupas e abrigo. Quando os pregadores Melquisedeques penetraram na Grécia pré-helênica, eles encontraram um povo que ainda fomentava as tradições de Adamson e dos dias dos anditas, mas esses ensinamentos haviam sido bastante adulterados pelas noções e crenças das hordas de escravos inferiores, que haviam sido trazidas para as praias gregas em números crescentes. Essa adulteração acarretou um retrocesso ao animismo rudimentar de ritos sangrentos; as classes mais baixas transformando em cerimoniais até mesmo as execuções de criminosos condenados.

A influência inicial dos instrutores de Salém foi quase destruída pelas chamadas invasões arianas da Europa e do Oriente. Esses invasores helênicos trouxeram consigo conceitos antropomórficos de Deus semelhantes àqueles que os seus companheiros arianos haviam levado para a Índia. Essa importação inaugurou a evolução da família grega de deuses e de deusas. Essa nova religião baseou-se parcialmente nos cultos dos invasores bárbaros helênicos, mas também incorporava os mitos dos habitantes mais antigos da Grécia.

Os gregos helênicos encontraram o Mundo Mediterrâneo amplamente dominado pelo culto da mãe, e impuseram a esses povos o seu deus-homem, Dyaus-Zeus, que já se havia tornado, como Yavé para os semitas henoteístas, o deus principal de todo o panteão grego de deuses subordinados. E os gregos teriam terminado por alcançar um monoteísmo verdadeiro, com o conceito de Zeus, não fora o fato de haverem conservado o supercontrole do Destino. Um Deus de valor final deve, ele próprio, ser o árbitro e o criador do destino.

Como conseqüência desses fatores na evolução religiosa, desenvolveu-se logo a crença popular nos deuses felizes e despreocupados do monte Olimpo, deuses mais humanos do que divinos e deuses que os inteligentes gregos nunca levaram assim tão a sério. Eles nunca amaram imensamente nem temeram intensamente a essas divindades da sua própria criação. Eles tinham um sentimento patriótico e racial por Zeus e a sua família de semi-homens e semideuses, mas dificilmente eles reverenciavam-nos ou adoravam-nos.

Os helenos tornaram-se tão impregnados pelas doutrinas anti-sacerdotais dos instrutores iniciais de Salém, que nenhum sacerdócio de qualquer importância jamais surgiu na Grécia. Mesmo a feitura das imagens dos deuses tornou-se mais uma obra de arte do que uma questão de adoração.

Os deuses do Olimpo ilustram um antropomorfismo tipicamente humano. No entanto, a mitologia grega era mais estética do que ética. A religião grega foi útil por retratar um universo governado por um grupo de deidades. Contudo, a moral, a ética e a filosofia gregas logo avançaram muito mais do que o conceito que possuíam de um deus e essa desarmonia entre o crescimento intelectual e espiritual foi perigosa para a Grécia, tanto quanto o demonstrou ser para a Índia.

2. O PENSAMENTO FILOSÓFICO GREGO

Uma religião, se encarada de um modo ligeiro e superficial, não pode perdurar, especialmente quando não tem um sacerdócio para fomentar as suas formas e para preencher, de temor e de respeito, os corações dos devotos. A religião do Olimpo não prometia a salvação, nem saciava a sede espiritual dos seus crentes; portanto, estava fadada a perecer. Um milênio depois do seu início, ela já havia quase desaparecido e os gregos estavam sem uma religião nacional, pois os deuses do Olimpo haviam perdido o poder sobre as suas melhores mentes.

Essa era a situação quando, durante o sexto século antes de Cristo, o Oriente e o Levante tiveram um renascimento de consciência espiritual e um novo despertar para o reconhecimento do monoteísmo. Contudo, o Ocidente não partilhou desse novo desenvolvimento; nem a Europa, nem o norte da África participaram de um modo importante desse renascimento religioso. Os gregos, porém, empenharam-se em um avanço intelectual magnífico. Eles haviam começado a controlar o medo e não mais buscavam a religião como um antídoto para ele, mas ainda não haviam percebido que a verdadeira religião cura a fome da alma, cura a inquietação espiritual e o desespero moral. Eles buscavam o consolo da alma no pensar em profundidade – por meio da filosofia e da metafísica. Da contemplação de si e da preservação de si – a salvação –, eles voltaram-se para a compreensão e o entendimento de si próprios.

Por meio do pensamento rigoroso, os gregos tentaram alcançar uma consciência de segurança que serviria como substituta da crença na sobrevivência, mas fracassaram completamente. Apenas os mais inteligentes, entre os das classes mais elevadas dos povos helênicos, puderam compreender esse novo ensinamento; as fileiras da massa, progênie escrava de gerações anteriores, não tinham capacidade para receber esse novo substituto para a religião.

Os filósofos desdenhavam todas as formas de adoração, não obstante praticamente todos eles haverem-se agarrado, de um modo pouco claro, ao embasamento passado da crença na doutrina de Salém, da "Inteligência do universo", da "idéia de Deus" e da "Grande Fonte". Visto que os filósofos gregos deram reconhecimento ao divino e ao suprafinito, eles estavam sendo francamente monoteístas; e quase não deram reconhecimento nenhum a toda a galáxia olimpiana de deuses e de deusas.

Os poetas gregos do quinto e do sexto séculos, notadamente Píndaro, intentaram reformar a religião grega. Eles elevaram os seus ideais, mas eram mais artistas do que religiosos. E falharam ao desenvolver uma técnica para promover e conservar os valores supremos.

Xenófanes ensinou sobre a existência de um só Deus, mas o seu conceito de deidade era por demais panteísta para que chegasse a ser um Pai pessoal para o homem mortal. Anaxágoras era um mecanicista, a não ser por reconhecer uma Primeira Causa, uma Mente Inicial. Sócrates e os seus sucessores, Platão e Aristóteles, ensinaram que a virtude é conhecimento; a bondade, a saúde da alma; que é melhor sofrer a injustiça do que ser culpado dela, que é errado retribuir o mal com mal, e que os deuses são sábios e bons. As virtudes cardinais para eles eram: a sabedoria, a coragem, a temperança e a justiça.

A evolução da filosofia religiosa para os povos helênico e hebreu permite uma ilustração, pelo contraste, da função da igreja como uma instituição na formação do progresso cultural. Na Palestina, o pensamento humano era tão controlado pelos sacerdotes, e tão dirigido pelas escrituras, que a filosofia e a estética foram inteiramente engolfadas pela religião e pela moralidade. Na Grécia, a quase completa ausência de sacerdotes e de "escrituras sagradas" deixava a mente humana livre e desacorrentada, resultando em um desenvolvimento assustador na profundidade do pensamento. A religião, porém, como uma experiência pessoal, fracassou, por não se manter atualizada com as pesquisas intelectuais sobre a natureza e a realidade do cosmo.

Na Grécia, acreditar estava subordinado a pensar; na Palestina, o pensar era mantido como súdito do crer. Grande parte da força do cristianismo é devida a haver ele tomado grandes empréstimos à moralidade hebraica e ao pensamento grego.

Na Palestina, o dogma religioso tornou-se cristalizado a ponto de ameaçar crescimentos posteriores; na Grécia, o pensamento humano tornou-se tão abstrato que o conceito de Deus ficou resolvido dentro da bruma de vapor da especulação panteísta, não de todo diferente da Infinitude impessoal dos filósofos brâmanes.

Mas os homens comuns daqueles tempos não poderiam captar a filosofia grega da compreensão de si, e de uma Deidade abstrata, nem estavam muito interessados nisso; eles antes buscavam uma promessa de salvação, e que viesse junto a um Deus pessoal que pudesse ouvir as suas preces. Eles exilaram os filósofos e perseguiram os remanescentes do culto de Salém, duas doutrinas que se haviam tornado muito misturadas. E se prepararam para aquela terrível orgia que foi o mergulho nas loucuras dos cultos dos mistérios, que então se espalhavam pelas terras do Mediterrâneo. Os mistérios de Elêusis cresceram dentro do panteão olimpiano, uma versão grega da adoração da fertilidade; floresceu a adoração da natureza com Dionísio; o melhor dos cultos foi o da irmandade órfica, cujas pregações morais e promessas de salvação foram um grande atrativo para tantos.

Toda a Grécia envolveu-se nesses novos métodos de alcançar a salvação, nesses cerimoniais emocionais e ardentes. Nenhuma nação jamais atingiu tais alturas de filosofia artística em um tempo tão curto; nenhuma nação jamais criou um sistema suficientemente avançado de ética, praticamente sem Deidade e inteiramente desprovido da salvação humana; nenhuma nação jamais submergiu tão rápida, profunda e violentamente, em tais abismos de estagnação intelectual, de depravação moral e de pobreza espiritual, como esses mesmos povos gregos, quando eles se arrojaram nesse redemoinho enlouquecido dos cultos dos mistérios.

As religiões têm resistido longamente sem sustentação filosófica, mas poucas filosofias, como tais, têm perdurado muito sem alguma identificação com a religião. Uma filosofia está para a religião como a concepção está para a ação. No entanto, o estado humano ideal é aquele em que a filosofia, a religião e a ciência estão fundidas em uma unidade significativa, por meio da ação conjunta da sabedoria, da fé e da experiência.

3. OS ENSINAMENTOS DE MELQUISEDEQUE EM ROMA

Tendo saído das formas religiosas iniciais de adoração dos deuses da família para a reverência tribal a Marte, o deus da guerra, era natural que a religião posterior dos latinos fosse mais algo como uma observância política, do que o eram os sistemas intelectuais dos gregos e brâmanes, ou as religiões mais espirituais de vários outros povos.

Na grande renascença monoteísta do evangelho de Melquisedeque, durante o sexto século antes de Cristo, pouquíssimos missionários de Salém penetraram na Itália, e aqueles que o fizeram foram incapazes de superar a influência do sacerdócio etrusco, que se espalhava rapidamente com a sua nova galáxia de deuses e templos, todos os quais se incorporaram à religião do estado romano. Essa religião das tribos latinas não era trivial e venal como a dos gregos, nem austera e tirânica como a dos hebreus; ela consistia, na sua maior parte, na observância de meras formalidades, de votos e tabus.

A religião romana foi, em grande parte, influenciada pelas extensas importações culturais da Grécia. Finalmente, a maior parte dos deuses do Olimpo foi transplantada e incorporada ao panteão latino. Havia muito tempo que os gregos adoravam o fogo do átrio da família – Héstia era a deusa virgem do átrio; Vesta era a deusa romana do lar. Zeus tornou-se Júpiter; Afrodite, Vênus; e assim por diante, com as muitas deidades do Olimpo.

A iniciação religiosa dos jovens romanos era a ocasião da sua consagração solene ao serviço do estado. Os juramentos e a admissão à cidadania na realidade eram cerimônias religiosas. Os povos latinos mantinham templos, altares e santuários, e, em uma crise, consultavam os oráculos. Eles preservavam os ossos dos heróis e, mais tarde, os dos santos cristãos.

Essa forma, oficial e sem emoção, de patriotismo pseudo-religioso estava fadada ao colapso, do mesmo modo que o culto altamente intelectual e artístico dos gregos caíra diante da adoração fervorosa e profundamente emotiva dos cultos dos mistérios. O maior desses cultos devastadores foi a religião de mistério da seita da Mãe de Deus, que tinha a sua sede, naqueles dias, exatamente no local da atual igreja de São Pedro em Roma.

O estado romano, emergente, era politicamente conquistador, mas, por sua vez, foi conquistado pelos cultos, rituais, mistérios e conceitos de deus do Egito, da Grécia e do Levante. Esses cultos importados continuaram a florescer em todo o estado romano até a época de Augusto, que, por motivos puramente políticos e cívicos, fez um esforço heróico e, de uma certa maneira, cheio de êxito, para destruir os mistérios e reviver a mais antiga religião política.

Um dos sacerdotes da religião estatal contou a Augusto sobre as tentativas anteriores dos instrutores de Salém de disseminar a doutrina de um Deus único, uma Deidade final dominando todos os seres sobrenaturais; e essa idéia implantou-se com tanta firmeza junto ao imperador, que ele construiu muitos templos guarnecendo-os com belas imagens, reorganizou o sacerdócio do estado, restabeleceu a religião do estado, apontou a si próprio como o mais alto sacerdote entre todos e, como imperador, não hesitou em proclamar-se o deus supremo.

Essa nova religião, a da adoração de Augusto, floresceu e foi observada em todo o império durante a sua vida, menos na Palestina, o lar dos judeus. E essa era dos deuses humanos continuou até que o culto oficial romano chegou a ter um quadro de mais de quarenta deidades humanas auto-elevadas, todas clamando a si nascimentos miraculosos e outros atributos supra-humanos.

A última resistência do corpo de crentes de Salém, que diminuía, ficou manifestada por um grupo sincero de pregadores, os cínicos, os quais exortaram os romanos a abandonar os seus rituais religiosos tempestuosos e sem sentido e a retornar a uma forma de adoração que incorporava o evangelho de Melquisedeque, tal como fora modificado, não sem ser contaminado, mediante o contato com a filosofia dos gregos. Contudo, o povo em geral rejeitou o cinismo, e preferiu mergulhar nos rituais dos mistérios, que não apenas ofereciam esperanças de salvação pessoal, como também gratificavam o desejo de diversão, excitação e distração.

4. OS CULTOS DOS MISTÉRIOS

A maioria das pessoas do povo, no mundo greco-romano, havendo perdido as suas religiões primitivas, da família e do estado, e sendo incapazes ou não estando dispostas a compreender o sentido da filosofia grega, voltaram a sua atenção para os espetaculares e emotivos cultos dos mistérios do Egito e do Levante. A massa do povo ansiava por promessas de salvação – de consolo religioso, para o hoje, e o seguro da esperança de imortalidade, para depois da morte.

Os três cultos dos mistérios que se tornaram mais populares foram:

1. O culto frígio a Cibele e ao seu filho Átis.

2. O culto egípcio a Osíris e à sua mãe Ísis.

3. O culto iraniano da adoração de Mitras, como salvador e redentor da humanidade pecadora.

Os mistérios frígio e egípcio ensinavam que o filho divino (respectivamente Átis e Osíris) havia experimentado a morte e havia sido ressuscitado pelo poder divino. Ensinavam, além disso, que todos os que fossem propriamente iniciados no mistério, e que celebrassem com reverência o aniversário da morte e da ressurreição do deus, passariam, com isso, a fazer parte da sua natureza divina e da sua imortalidade.

As cerimônias frígias eram imponentes, mas degradantes; os seus festivais sangrentos indicavam quão degradados e primitivos esses mistérios levantinos se tornaram. O dia mais santo era a sexta-feira negra, o "dia do sangue", comemorando a morte auto-infligida de Átis. Depois de três dias da celebração do sacrifício e morte de Átis, o festival transformava-se em alegria e em regozijo em honra à sua ressurreição.

Os rituais da adoração de Ísis e Osíris eram mais refinados e comoventes do que os do culto frígio. Esse ritual egípcio era construído com a lenda do deus do Nilo de outrora, um deus que morreu e que ressuscitou, cujo conceito derivava da observação da interrupção anualmente recorrente do crescimento da vegetação, seguida pela restauração primaveril de todas as plantas vivas. O frenesi na observação desses cultos dos mistérios e as orgias dos seus cerimoniais, que supostamente levavam ao "entusiasmo" da compreensão da divindade, algumas vezes eram bastante revoltantes.

5. O CULTO DE MITRAS

Os mistérios frígios e egípcios finalmente cederam diante do maior de todos os cultos dos mistérios, a adoração de Mitras. O culto mitraico atraía uma gama ampla dentro da natureza humana e gradualmente suplantou a ambos os seus predecessores. O mitraísmo espalhou-se pelo império romano, por meio da propaganda feita pelas legiões romanas recrutadas no Levante, onde essa religião estava em voga, pois aquelas legiões carregavam consigo essa crença onde quer que fossem. E esse novo ritual religioso representava um avanço em relação aos cultos dos mistérios anteriores.

O culto de Mitras surgiu no Irã e sobreviveu durante muito tempo na sua terra natal, a despeito da oposição militante dos seguidores de Zoroastro. No entanto, na época em que o mitraísmo chegou a Roma, havia-se tornado muito mais aprimorado, com a absorção de numerosos dos ensinamentos de Zoroastro. Foi principalmente por intermédio do culto mitraico que a religião de Zoroastro exerceu uma influência sobre o cristianismo, a qual apareceu posteriormente.

O culto mitraico retratava um deus militante, que tinha origem em um grande rochedo, lançando-se em façanhas valentes e fazendo a água jorrar de uma rocha com um golpe da sua flecha. Houve um dilúvio, do qual um homem escapou em uma embarcação especialmente construída, e uma última ceia, na qual Mitras celebrou o deus-sol antes de ascender aos céus. Esse deus-sol, ou Sol Invictus, era uma degeneração de Ahura-Mazda, o conceito da deidade do zoroastrismo. Mitras foi concebido como o campeão sobrevivente do deus-sol na sua luta com o deus das trevas. E, em reconhecimento por ele haver matado violentamente o touro sagrado mítico, Mitras torno-se imortal, sendo elevado ao posto de intercessor da raça humana entre os deuses do alto.

Aqueles que aderiam a esse culto adoravam em cavernas e outros locais sagrados, cantando hinos, murmurando palavras mágicas, comendo a carne dos animais sacrificados e bebendo o seu sangue. Três vezes ao dia, eles adoravam, com cerimoniais semanais especiais no dia do deus-sol e com a observância bem elaborada de todos no festival anual de Mitras, aos vinte e cinco de dezembro. Acreditava-se que a participação no sacramento assegurava a vida eterna, a passagem imediata, depois da morte, ao seio de Mitras, para ali permanecer, em bênção, até o dia do julgamento. No dia do julgamento, as chaves mitraicas do céu abririam os portões do Paraíso para receber os fiéis; depois do que, todos os não batizados, entre os vivos e os mortos, seriam aniquilados com o retorno de Mitras à Terra. Era ensinado que, quando morria um homem, ele comparecia diante de Mitras para o julgamento, e que, ao fim do mundo, Mitras convocaria todos os mortos, dos seus túmulos, para o último julgamento. Os maus seriam destruídos pelo fogo, e os justos reinariam com Mitras para sempre.

A princípio, essa era uma religião apenas para os homens, e havia sete ordens diferentes nas quais os crentes podiam ser sucessivamente iniciados. Mais tarde, as esposas e as filhas dos crentes foram admitidas aos templos da Grande Mãe, que eram contíguos aos templos mitraicos. O culto das mulheres era uma mistura do ritual mitraico e das cerimônias do culto frígio de Cibele, a mãe de Átis.

6. O MITRAÍSMO E O CRISTIANISMO

Antes do aparecimento dos cultos dos mistérios e do cristianismo, a religião pessoal dificilmente desenvolvia-se como uma instituição independente, nas terras civilizadas do norte da África e da Europa; era mais um assunto da família, da cidade-estado, da política e do império. Os gregos helênicos nunca fizeram evoluir um sistema centralizado de adoração; o ritual era local; eles não tinham um sacerdócio, nem um "livro sagrado". Como sucederia aos romanos, suas instituições religiosas careciam de um agente impulsor poderoso para a preservação de valores morais e espirituais mais elevados. Conquanto seja verdade que a institucionalização da religião, em geral, haja depreciado a sua qualidade espiritual, é também fato que nenhuma religião teve êxito, até então, em sobreviver sem a ajuda de uma organização institucional de alguma monta, maior ou menor.

A religião ocidental definhou, assim, até os dias dos céticos, dos cínicos, dos epicuristas e dos estóicos, porém, de um modo mais importante, até os tempos da grande disputa entre o mitraísmo e a nova religião de Paulo, o cristianismo.

Durante o terceiro século depois de Cristo, as igrejas mitraicas e as cristãs eram muito semelhantes, tanto na aparência quanto pelo caráter dos seus ritos. Uma maioria desses locais de culto era subterrânea, e ambas as igrejas continham altares cujos panos de fundo retratavam variadamente os sofrimentos do salvador, que havia trazido a salvação a uma raça humana amaldiçoada pelo pecado.

Havia sido sempre uma prática dos adoradores mitraicos, ao entrar no templo, mergulhar os seus dedos na água benta. E já que, em alguns distritos, havia aqueles que, durante algum tempo, pertenceram a ambas as religiões, eles introduziram esse costume na maioria das igrejas cristãs, na vizinhança de Roma. Ambas as religiões empregavam o batismo e partilhavam do sacramento do pão e do vinho. A grande diferença entre o mitraísmo e o cristianismo, à parte o caráter de Mitras e de Jesus, era que uma encorajava o militarismo, enquanto a outra era ultrapacifista. A tolerância do mitraísmo pelas outras religiões (exceto o posterior cristianismo) conduziu ao seu fim total. Contudo, o fator decisivo na luta entre as estas duas foi a admissão das mulheres como membros plenos da comunidade da fé cristã.

Ao final, a fé nominalmente cristã dominou o Ocidente. A filosofia grega supriu os conceitos de valor ético; o mitraísmo, o ritual da observância da adoração; e o cristianismo, como tal, a técnica de conservação dos valores morais e sociais.

7. A RELIGIÃO CRISTÃ

Um Filho Criador não se encarnou à semelhança da carne mortal nem se auto-outorgou junto à humanidade de Urântia para apaziguar um Deus enraivecido, mas antes para levar toda a humanidade ao reconhecimento do amor do Pai e para a compreensão da sua filiação a Deus. Afinal, mesmo o grande advogado da doutrina da expiação compreendeu algo dessa verdade, pois ele declarou que "Deus estava, em Cristo, reconciliando o mundo consigo próprio".

Não é da alçada deste   tratar da origem e da disseminação da religião cristã. É suficiente dizer que foi edificada em torno da pessoa de Jesus de Nazaré, o Filho humanamente encarnado, Michael de Nébadon, conhecido em Urântia como o Cristo, o ungido do Senhor. O cristianismo espalhou-se em todo o Levante e em todo o Ocidente, por intermédio dos seguidores desse Galileu; e o zelo missionário deles igualou-se àquele dos seus ilustres predecessores, os setitas e os salemitas, bem como ao dos seus sinceros contemporâneos asiáticos, os instrutores budistas.

A religião cristã, como um sistema urantiano de crença, surgiu por meio da composição dos seguintes ensinamentos, influências, credos, cultos e atitudes pessoais individuais:

1. Os ensinamentos de Melquisedeque, que são um fator básico em todas as religiões do Ocidente e do Oriente surgidas nos últimos quatro mil anos.

2. O sistema hebraico de moralidade, de ética, de teologia e de crença tanto na Providência, quanto no supremo Yavé.

3. A concepção zoroastriana da luta entre o bem cósmico e o mal, que já havia deixado a sua marca tanto no judaísmo, quanto no mitraísmo. Por meio de um contato prolongado, que acompanhou as lutas entre o mitraísmo e o cristianismo, as doutrinas do profeta iraniano tornaram-se um forte fator na determinação da fusão teológica e filosófica e na estrutura dos dogmas, princípios e cosmologia das versões helenizadas e latinizadas dos ensinamentos de Jesus.

4. Os cultos dos mistérios, especialmente o mitraísmo, mas também a adoração da Grande Mãe no culto frígio. Até mesmo as lendas do nascimento de Jesus em Urântia tornaram-se matizadas pela versão romana do nascimento miraculoso do salvador-herói iraniano, Mitras, cujo advento na Terra supôs-se ter sido testemunhado apenas por um punhado de pastores trazendo presentes, os quais haviam sido informados desse evento iminente pelos anjos.

5. O fato histórico da vida humana de Joshua ben José, a realidade de Jesus de Nazaré, como o Cristo glorificado, o Filho de Deus.

6. O ponto de vista pessoal de Paulo de Tarso. E deveria ser registrado que o mitraísmo fora a religião dominante de Tarso durante a sua adolescência. Paulo mal sonhava que as suas bem-intencionadas cartas aos seus convertidos iriam algum dia ser consideradas pelos cristãos posteriores como a "palavra de Deus". Os instrutores bem-intencionados como ele não devem ser considerados responsáveis pelo uso feito dos seus escritos por sucessores mais recentes.

7. O pensamento filosófico dos povos helênicos, na Alexandria e Antioquia, na Grécia, em Siracusa e Roma. A filosofia dos gregos estava mais em harmonia com a versão de Paulo, para o cristianismo, do que com qualquer outro sistema religioso da época, e tornou-se um fator importante para o sucesso do cristianismo no Ocidente. A filosofia grega, ligada à teologia de Paulo, ainda forma a base da ética européia.

À medida que os ensinamentos originais de Jesus penetraram no Ocidente, eles tornaram-se ocidentalizados e, à medida que se tornaram ocidentalizados, começaram a perder o seu potencial de apelo universal sobre todas as raças e espécies de homens. O cristianismo, hoje, tornou-se uma religião bem adaptada aos costumes sociais, econômicos e políticos das raças brancas. Ele deixou, há muito, de ser a religião de Jesus, embora ainda retrate valentemente uma bela religião sobre Jesus, para os indivíduos que buscam sinceramente seguir o caminho dos ensinamentos dela. Tem glorificado Jesus como o Cristo, o ungido Messias do Senhor, mas esqueceu, em boa medida, o evangelho pessoal do mestre: a Paternidade de Deus e a fraternidade universal de todos os homens.

E esta é a longa história dos ensinamentos de Maquiventa Melquisedeque em Urântia. Passaram-se quase quatro mil anos desde que esse Filho emergencial de

Nébadon auto-outorgou-se em Urântia e, naquela época, os ensinamentos do "sacerdote de El Elyon, o Deus Altíssimo", tiveram penetração junto a todas as raças e povos. E Maquiventa teve êxito em realizar o propósito da sua outorga inusitada: quando Michael se preparou para surgir em Urântia, o conceito de Deus era existente nos corações dos homens e mulheres, o mesmo conceito de Deus que ainda resplandece com chamas novas na experiência espiritual viva dos múltiplos filhos do Pai Universal, que vivem as suas misteriosas vidas temporais nos planetas que giram no espaço.

[Apresentado por um Melquisedeque de Nébadon.]

DOCUMENTO 99

OS PROBLEMAS SOCIAIS DA RELIGIÃO

É MANTENDO as menores ligações possíveis com as instituições seculares da sociedade que a religião pode concretizar a sua mais elevada ministração social. Em idades passadas, desde que as reformas sociais ficaram grandemente confinadas ao domínio moral, a religião não teve de ajustar a sua atitude a mudanças amplas nos sistemas econômico e político. O problema principal da religião foi o esforço para substituir o mal pelo bem, dentro da ordem social existente da cultura política e econômica. A religião, por isso, acabou tendendo a perpetuar, indiretamente, a ordem estabelecida da sociedade, a fomentar a manutenção do tipo existente de civilização.

A religião, entretanto, não deveria estar diretamente empenhada, nem na criação de ordens sociais novas, nem na preservação das antigas. A verdadeira religião de fato opõe-se à violência, como técnica de evolução social, mas não se opõe aos esforços inteligentes da sociedade para adaptar os seus usos e costumes, ajustando as suas instituições às exigências novas de condições econômicas e culturais.

A religião aprovou as reformas sociais ocasionais nos séculos passados, mas, no século vinte, ela é chamada, por necessidade, a enfrentar os ajustes devidos a uma reconstrução social abrangente e contínua. As condições de vida alteram-se tão rapidamente que as modificações institucionais devem ser grandemente aceleradas, e a religião deve, conseqüentemente, apressar a sua adaptação a essa ordem social nova e sempre mutante.

1. A RELIGIÃO E A RECONSTRUÇÃO SOCIAL

As invenções mecânicas e a disseminação do conhecimento estão modificando a civilização; certos ajustes econômicos e mudanças sociais tornaram-se imperativos, caso se queira evitar o desastre cultural. Essa ordem social nova e vindoura não se estabelecerá complacentemente ainda por um milênio. A raça humana deve reconciliar-se com uma série de mudanças, de ajustes e reajustes. A humanidade está a caminho de um destino planetário novo, ainda não revelado.

A religião deve tornar-se uma poderosa influência para a estabilidade moral e o progresso espiritual, funcionando dinamicamente em meio a tais condições sempre em modificação e ajustes econômicos sem fim.

A sociedade de Urântia jamais pode esperar estabelecer-se do modo como o fez em idades passadas. O barco social já levantou âncoras, saindo do abrigo das baías da tradição estabelecida; e já iniciou a travessia do alto-mar do destino evolucionário; e a alma do homem, como nunca dantes, na história do mundo, necessita examinar minuciosamente as suas cartas náuticas de moralidade e consultar meticulosamente a bússola da orientação religiosa. A missão suprema da religião, como influência social, é estabilizar os ideais da humanidade, durante esses tempos perigosos de transição entre uma fase e outra da civilização, e entre um nível e outro de cultura.

A religião não tem novos deveres a cumprir, mas está convocada urgentemente a funcionar como um guia sábio e uma conselheira experiente, em todas essas situações humanas novas e velozmente mutáveis. A sociedade está-se tornando mais mecânica, compacta, complexa e criticamente interdependente. A religião deve funcionar no sentido de impedir que tais interassociações novas e íntimas se tornem retrógradas ou mesmo mutuamente destrutivas. A religião deve atuar como o sal cósmico, que impede que os fermentos do progresso destruam o sabor cultural da civilização. Apenas por meio do ministério da religião poderão essas novas relações sociais e perturbações econômicas resultar em irmandade durável.

Um humanitarismo sem Deus pode ser, humanamente falando, um nobre gesto, mas a verdadeira religião é o único poder que pode fazer crescer, de um modo perdurável, a sensibilidade de um grupo social às necessidades e sofrimentos de outros grupos. No passado, a religião institucional podia permanecer passiva, enquanto o estrato mais elevado da sociedade fazia ouvidos surdos aos sofrimentos e à opressão dos estratos mais baixos e desamparados. Nos tempos modernos, contudo, essas ordens sociais mais baixas não são mais tão abjetamente ignorantes nem tão impotentes politicamente.

A religião não deve tornar-se organicamente envolvida no trabalho secular de reconstrução social e reorganização econômica. Todavia, ela deve manter-se, de um modo ativo, à altura desses avanços da civilização, reafirmando com nitidez e vigor seus mandados morais, preceitos espirituais e filosofia progressiva de viver humano e sobrevivência transcendental. O espírito da religião é eterno, mas a forma da sua expressão deve ser reformulada toda vez que for revisado o dicionário da linguagem humana.

2. A FRAQUEZA DA RELIGIÃO INSTITUCIONALIZADA

A religião institucionalizada não se pode permitir ter inspiração nem prover a liderança, dentro da reconstrução social e reorganização econômica iminentes em escala mundial, porque, infelizmente, se haja tornado mais ou menos algo como uma parte orgânica da ordem social e do sistema econômico destinados a passar por uma reconstrução. Apenas a religião real da experiência espiritual pessoal pode funcionar de um modo útil e criativo na presente crise da civilização.

A religião institucionalizada está, no presente momento, num impasse, dentro de um círculo vicioso. Ela não pode reconstruir a sociedade, sem primeiro reconstruir-se a si própria; e, sendo uma parte tão integral da ordem estabelecida, não pode reconstruir-se a si própria antes que a sociedade haja sido radicalmente reconstruída.

Os religiosos devem funcionar, na sociedade, na indústria e na política, como indivíduos, não como grupos, nem como partidos ou instituições. Um grupo religioso que presume funcionar como tal, em separado das atividades religiosas, imediatamente torna-se um partido político, uma organização econômica, ou uma instituição social. O coletivismo religioso deve limitar os seus esforços ao apoio das causas religiosas.

Os religiosos não têm mais valor nas tarefas de reconstrução social que os não-religiosos, salvo pelo fato de que a religião deles pode haver-lhes conferido uma previsão cósmica maior e pode havê-los dotado com aquela sabedoria social superior que nasce do desejo sincero de amar a Deus acima de tudo e amar a cada homem como a um irmão no Reino celeste. Uma ordem social ideal é aquela na qual todo homem ama seu semelhante como a si próprio.

A igreja institucionalizada, no passado, pode ter parecido servir à sociedade, de modo a glorificar as ordens política e econômica estabelecidas, mas ela deve apressar-se em cessar com esse tipo de ação se quiser sobreviver. A sua única atitude decente consiste em ensinar a não-violência, a doutrina da evolução pacífica, no lugar da revolução violenta – a paz na Terra e a boa vontade entre todos os homens.

A religião moderna acha difícil ajustar sua atitude, durante as rápidas alterações sociais, apenas porque permitiu a si própria tornar-se muito arraigadamente tradicionalista, dogmatizada e institucionalizada. A religião da experiência viva não encontra dificuldade em manter-se à frente de todos esses desenvolvimentos sociais e perturbações econômicas, em meio aos quais ela sempre funciona como um estabilizador moral, um guia social e um piloto espiritual. A verdadeira religião transporta, de uma idade para outra, aquela cultura que vale a pena e aquela sabedoria que nasce da experiência de conhecer a Deus e esforçar-se para ser como Ele.

3. A RELIGIÃO E O RELIGIOSO

O cristianismo inicial foi inteiramente isento de qualquer envolvimento civil, de engajamentos sociais e alianças econômicas. Apenas posteriormente o cristianismo institucionalizado tornou-se uma parte orgânica da estrutura política e social da civilização ocidental.

O Reino do céu não é nem de ordem social nem de ordem econômica; é uma fraternidade exclusivamente espiritual, de indivíduos sabedores de Deus. Bem verdade é que tal fraternidade, em si própria, seja um fenômeno social novo e surpreendente, acompanhado de repercussões políticas e econômicas espantosas.

O religioso tem compaixão pelo sofrimento social e preocupação com a injustiça civil, não se isola do pensamento econômico, nem é insensível à tirania política. A religião influencia a reconstrução social diretamente, por espiritualizar e idealizar o cidadão individualmente. Indiretamente, a civilização cultural é influenciada pela atitude desses indivíduos religiosos, quando eles se tornam membros ativos e influentes de vários grupos sociais, morais, econômicos e políticos.

Para atingir-se uma civilização altamente elevada em termos culturais, torna-se necessário que se forme, primeiro, o tipo ideal de cidadão e, então, os mecanismos sociais adequados e ideais, por meio dos quais essa cidadania pode controlar as instituições econômicas e políticas de uma sociedade humana tão avançada.

A igreja, tomada de um excesso de sentimentalidade falsa, há muito tem ministrado aos infelizes e menos favorecidos, e isso tem sido um bem; mas esse mesmo sentimento tem levado à perpetuação imprudente de linhagens degeneradas racialmente, o que tem retardado imensamente o progresso da civilização.

Muitos indivíduos reconstrutivistas sociais, ainda que repudiando veementemente a religião institucionalizada, são, afinal, zelosamente religiosos na propagação das suas reformas sociais. E assim é que a motivação religiosa pessoal, e mais ou menos não reconhecida, está exercendo um grande papel no programa atual de reconstrução social.

A maior fraqueza de todo esse tipo não reconhecido e inconsciente de atividade religiosa é que se encontra incapacitado de fazer proveito da crítica religiosa aberta e, portanto, de alcançar níveis proveitosos de autocorreção. É um fato que a religião não cresce, a menos que seja disciplinada pela crítica construtiva, amplificada pela filosofia, purificada pela ciência e nutrida na comunhão leal.

Há sempre o grande perigo de a religião se tornar distorcida e desvirtuada, na busca de falsas metas, exatamente como quando, nos tempos de guerra, cada nação em contenda prostitui a sua religião na propaganda militar. O zelo sem amor sempre causa danos à religião, do mesmo modo que a perseguição desvia as atividades da religião para a realização de algum impulso sociológico ou teológico.

A religião pode manter-se isenta de alianças seculares nefastas apenas se:

1. Tiver uma filosofia criticamente corretiva.

2. Manter-se livre de quaisquer alianças de ordem social, econômica e política.

3. Tiver comunidades criativas, confortadoras e que se desenvolvam na expansão do amor.

4. Intensificar o progressivo discernimento espiritual e a apreciação dos valores cósmicos.

5. Impedir o fanatismo por meio das compensações da atitude mental científica.

Os religiosos, enquanto agrupamento, não devem nunca se ocupar de outra coisa além da *religião*, se bem que qualquer dos religiosos, como cidadão individual, possa tornar-se o líder destacado de algum movimento de reconstrução social, econômica ou política.

É papel da religião criar, sustentar e inspirar no cidadão individual uma lealdade cósmica, que o conduza a alcançar o êxito de avançar em todos esses serviços sociais, difíceis, mas desejáveis.

4. AS DIFICULDADES DA TRANSIÇÃO

A religião genuína empresta ao religioso uma fragrância social especial e gera o discernimento íntimo sobre a comunidade humana. Entretanto, a formalização de grupos religiosos, muitas vezes, destrói os mesmos valores pela promoção dos quais o grupo foi organizado. A amizade humana e a religião divina são mutuamente úteis e significativamente iluminadoras, desde que cresçam de um modo igual e harmônico. A religião dá um significado novo a todas as associações grupais – famílias, escolas e clubes. Confere novos valores aos jogos e exalta todo o verdadeiro humor.

A liderança social é transformada por meio do discernimento espiritual; a religião impede todos os movimentos coletivos de perderem de vista seus verdadeiros objetivos. Assim como as crianças, a religião é a grande unificadora da vida da família, desde que seja de uma fé viva e crescente. A vida familiar não pode existir sem crianças; pode ser vivida sem religião, mas, se assim for, as dificuldades dessa associação humana íntima ficam enormemente multiplicadas. Durante as primeiras décadas do século vinte, é a vida da família, junto com a experiência religiosa pessoal, que mais sofre com a decadência conseqüente da transição entre as antigas lealdades religiosas e os novos significados e valores que emergem.

A verdadeira religião é um caminho de vida, cheio de significados, que se coloca dinamicamente face a face com o lugar-comum das realidades da vida diária. Todavia, se a religião deve estimular o desenvolvimento individual do caráter e aumentar a integração da personalidade, ela não deve ser padronizada. Se for para estimular a apreciação da experiência e servir de valor de atração, ela não deve ser estereotipada. Se a religião deve promover lealdades supremas, não deve ser demasiado formal.

Não importa que sublevações possam acompanhar o crescimento social e econômico da civilização, a religião será genuína e digna se fomentar, para o indivíduo, uma experiência na qual prevaleça a soberania da verdade, da beleza e da bondade; pois esta ai o verdadeiro conceito espiritual da suprema realidade. E esta, por meio do amor e da adoração, torna-se significativa na irmandade dos homens e na filiação a Deus.

Afinal, é aquilo em que se crê, mais do que aquilo que se conhece, o que determina a conduta e rege as atuações pessoais. O conhecimento puramente factual exerce uma influência muito pequena sobre o homem mediano, a menos que esse conhecimento seja emocionalmente ativado. No entanto, a ativação da religião é supra-emocional, unificando toda a experiência humana em níveis transcendentais, por meio do contato com energias espirituais e a liberação dessas energias espirituais na vida mortal.

Durante os tempos de instabilidade psicológica do século vinte, em meio às perturbações econômicas, às contracorrentes morais e às violentas marés sociológicas dos ciclones que são transições para uma era científica, milhares e milhares de homens e mulheres, tornaram-se humanamente desajustados, ficando ansiosos, impacientes, temerosos, incertos e instáveis; e como nunca antes, na história do mundo, necessitam do consolo e da estabilidade de uma religião sadia. Em meio a essa realização científica e ao desenvolvimento mecânico sem precedentes pairam a estagnação espiritual e o caos filosófico.

Não há perigo de que a religião se torne, mais e mais, uma questão privada – uma experiência pessoal –, desde que ela não perca sua motivação de serviço social altruísta e amoroso. A religião tem sofrido muitas influências secundárias: da mistura súbita de culturas, da interfusão de credos, da diminuição da autoridade eclesiástica, das alterações sofridas pela vida familiar, além das da urbanização e mecanização no mundo.

O grande risco espiritual que o homem corre consiste no progresso parcial, no crescimento incompleto realizado às pressas: o abandono das religiões evolucionárias do medo, sem ter imediatamente ao seu alcance a religião reveladora do amor. A ciência moderna, particularmente a psicologia, tem enfraquecido tão somente aquelas religiões muito amplamente dependentes do medo, da superstição e da emoção.

A transição é sempre acompanhada de confusão, e haverá pouca tranqüilidade no mundo religioso antes que termine a grande luta atual entre as três filosofias da religião:

1. A crença espiritista (numa Deidade providencial), de tantas religiões.

2. A crença humanista e idealista de muitas filosofias.

3. As concepções mecanicistas e naturalistas de quantas ciências.

Essas três abordagens parciais da realidade do cosmo devem finalmente tornar-se harmonizadas por apresentações reveladoras da religião, da filosofia e da cosmologia que retratem a existência trina do espírito, da mente e da energia; as quais procedem da Trindade do Paraíso e alcançam a unificação, no tempo-espaço, dentro da Deidade do Supremo.

5. OS ASPECTOS SOCIAIS DA RELIGIÃO

Conquanto a religião seja uma experiência espiritual exclusivamente pessoal – conhecer a Deus como um Pai, o corolário dessa experiência – conhecer o homem como um irmão – requer o ajustamento do eu a outros eus; e isso envolve o aspecto social ou grupal da vida religiosa. A religião é antes um ajustamento interior ou pessoal, e torna-se, então, uma questão de serviço social ou de ajustamento grupal. O fato de o homem ser gregário determina, forçosamente, que os grupos religiosos venham à existência. O que acontece a esses grupos religiosos depende muito de uma liderança inteligente. Na sociedade primitiva, o grupo religioso não foi sempre muito diferente dos grupos econômicos ou políticos. A religião tem sido sempre um agente conservador da moral e estabilizador da sociedade. E isso ainda é verdade, não obstante muitos socialistas e humanistas modernos ensinarem o contrário.

Deveis ter sempre em mente que a verdadeira religião existe para vos fazer conhecer a Deus como o vosso Pai, e ao homem como vosso irmão. A religião não é uma crença escrava em ameaças de punição, nem em promessas mágicas de recompensas místicas futuras.

A religião de Jesus é a influência mais dinâmica que jamais estimulou a raça humana. Jesus abalou a tradição, destruiu o dogma e convocou a humanidade à realização dos seus ideais mais elevados no tempo e na eternidade – ser perfeito, como o próprio Pai no céu é perfeito.

A religião tem pouca chance de funcionar, a menos que o grupo religioso fique separado de todos os outros grupos – o agrupamento social dos membros espirituais do Reino do céu.

A doutrina da depravação total do homem destruiu muito do potencial que a religião tem para produzir as repercussões sociais de natureza elevadora e de valor de inspiração. Jesus procurou restaurar a dignidade do homem, quando declarou que todos os homens são filhos de Deus.

Qualquer crença religiosa que seja eficaz na espiritualização do crente certamente terá repercussões poderosas na vida social de tal religioso. A experiência religiosa, infalivelmente, produz os "frutos do espírito" na vida diária do mortal que é guiado pelo espírito.

Tão certamente quanto compartilham suas crenças religiosas, os homens criam grupos religiosos de alguma espécie, que finalmente gerarão metas comuns. Algum dia, os religiosos deixarão de tentar reunir-se baseados em opiniões psicológicas e crenças teológicas comuns, efetivando antes uma cooperação real, baseada na unidade de ideais e de propósitos. As metas, mais do que as crenças, é que devem unificar os religiosos. Já que a verdadeira religião é uma questão de experiência espiritual pessoal, torna-se inevitável que cada religioso, individualmente, deva ter a sua interpretação própria e pessoal da realização dessa experiência espiritual. Que o termo "fé" represente a relação individual com Deus, mais do que a formulação da crença naquilo que algum grupo de mortais tenha sido capaz de escolher como sendo uma atitude religiosa em comum. "Tu tens fé? Então, que a mantenha para ti próprio."

À fé interessa apenas captar os valores ideais; e isso é demonstrado na declaração feita no Novo Testamento de que a fé é a essência das coisas pelas quais se espera, e a evidência das coisas que não se vêem.

O homem primitivo pouco esforço fez para colocar suas convicções religiosas em palavras. A sua religião era antes dançada, mais do que pensada. Os homens modernos têm imaginado muitos credos e criado muitos critérios para testar a fé religiosa. Os religiosos do futuro deverão viver a sua religião e dedicar-se ao serviço sincero da irmandade dos homens. É chegada a hora de o homem ter uma experiência religiosa tão pessoal e tão sublime que só possa ser compreendida e expressa por "sentimentos que são profundos demais para serem expressos por meio de palavras".

Jesus não exigiu que os seus seguidores se reunissem periodicamente e recitassem fórmulas rituais indicadoras das suas crenças comuns. Ele apenas ordenou que se reunissem para *fazer algo*, factualmente – compartilhar da ceia comunitária em lembrança da sua vida de auto-outorga em Urântia.

Que erro, não cometem os cristãos, quando, ao apresentarem Cristo como o ideal supremo da liderança espiritual, ousam exigir que homens e mulheres, conscientes de Deus, rejeitem a liderança histórica dos homens conhecedores de Deus que contribuíram para a sua iluminação particular, nacional ou racial, em épocas passadas.

6. A RELIGIÃO INSTITUCIONALIZADA

O sectarismo é uma doença da religião institucionalizada, enquanto o dogmatismo é uma escravização da natureza espiritual. De longe, é melhor ter uma religião sem uma igreja, do que uma igreja sem religião. O tumulto religioso do século vinte não indica, em si e por si mesmo, uma decadência espiritual. A confusão vem antes do crescimento, tanto quanto antes da destruição.

Há um propósito, de fato, na socialização da religião. É propósito das atividades religiosas grupais dramatizar as lealdades à religião, exagerar as seduções da verdade, da beleza e da bondade; fomentar as atrações dos valores supremos; elevar os serviços feitos na fraternidade altruísta; glorificar os potenciais da vida familiar; promover a educação religiosa; prover o conselho sábio e a orientação espiritual; e encorajar a adoração grupal. E todas as religiões vivas encorajam a amizade humana, conservam a moralidade, promovem o bem-estar da comunidade, e facilitam a disseminação do evangelho essencial das suas respectivas mensagens de salvação eterna.

No entanto, quando a religião torna-se institucionalizada, porém, o seu poder para o bem fica reduzido, ao passo que as possibilidades para o mal se tornam grandemente multiplicadas. Os perigos da religião formalizada são: a fixação das crenças e a cristalização dos sentimentos; a acumulação de direitos e interesses adquiridos com o crescimento da secularização; a tendência para a padronização e a fossilização da verdade; o desvio da religião para o serviço da igreja, em vez do serviço de Deus; a inclinação dos líderes para tornarem-se administradores, em vez de ministradores; a tendência a formar seitas e divisões competitivas; o estabelecimento de uma autoridade eclesiástica opressiva; a afirmação da atitude aristocrática tipo "povo-escolhido"; o estímulo ao surgimento de idéias falsas e exageradas sobre o sagrado; a transformação da religião em algo rotineiro e a petrificação da adoração; a tendência a venerar o passado e ignorar as solicitações do presente; o fracasso em fazer interpretações atuais da religião; o envolvimento com as funções das instituições seculares; a criação do mal que é a discriminação por castas religiosas; o perigo de a religião transformar-se num juiz ortodoxo intolerante; o fracasso em manter vivo o interesse da juventude aventurosa e a perda gradativa da mensagem salvadora do evangelho da salvação eterna.

A religião formal restringe os homens nas suas atividades espirituais pessoais, em vez de liberá-los para o serviço mais elevado de edificadores do Reino.

7. A CONTRIBUIÇÃO DA RELIGIÃO

Embora as igrejas e todos os outros grupos religiosos devam permanecer distantes de todas as atividades seculares, ao mesmo tempo a religião não deve fazer nada para impedir ou retardar a coordenação social das instituições humanas. A vida deve continuar a crescer na sua significação; o homem deve continuar a sua reforma da filosofia e o seu esclarecimento da religião.

A ciência política deve efetuar a reconstrução da economia e da indústria por meio das técnicas que aprende das ciências sociais e pela luz do discernimento interior e dos motivos proporcionados pelo viver religioso. Em toda reconstrução social, a religião proporciona uma lealdade estabilizadora a um objetivo transcendente, a uma meta firme que permanece além e acima do objetivo imediato e temporal.

No centro das confusões de um meio ambiente que se transforma rapidamente, o homem mortal necessita da sustentação de uma vasta perspectiva cósmica.

A religião inspira o homem a viver corajosa e jubilosamente na face da Terra; ela reúne a paciência e a paixão, a luz do discernimento interior e o zelo, a compaixão e o poder, os ideais e a energia.

O homem nunca poderá decidir sabiamente sobre as questões temporais, nem transcender o egoísmo dos interesses pessoais, a menos que medite na presença real da soberania de Deus e conte com as realidades dos significados divinos e valores espirituais.

A interdependência econômica e a irmandade social irão, finalmente, conduzir à fraternidade. O homem é naturalmente um sonhador, mas a ciência está convocando-o a ser sensato, de modo que a religião possa, em breve, estimulá-lo com muito menos perigo de precipitar reações fanáticas nele. As necessidades econômicas atrelam o homem à realidade, e a experiência religiosa pessoal coloca esse mesmo homem frente a frente com as realidades eternas de uma cidadania cósmica sempre em expansão e progresso.

[Apresentado por um Melquisedeque de Nébadon.]

DOCUMENTO 100

A RELIGIÃO NA EXPERIÊNCIA HUMANA

A EXPERIÊNCIA da vivência religiosa dinâmica transforma o indivíduo medíocre numa personalidade de poder idealístico. A religião contribui para o progresso de todos, fomentando o crescimento de cada indivíduo, e o progresso de cada um é aumentado por meio da realização de todos.

O crescimento espiritual é estimulado mutuamente pela ligação íntima com outros religiosos. O amor propicia o solo para o crescimento religioso — uma atração objetiva, em lugar de uma gratificação subjetiva — e ainda proporciona a suprema satisfação subjetiva. E a religião enobrece a lida comum da vida diária.

1. O CRESCIMENTO RELIGIOSO

Embora a religião produza um crescimento nos significados e o engrandecimento dos valores, o mal sempre surge quando avaliações puramente pessoais são elevadas ao nível do absoluto. Uma criança avalia uma experiência de acordo com o seu conteúdo de prazer; a maturidade é proporcional à substituição do prazer pessoal pelos significados mais elevados, e mesmo pela lealdade aos conceitos mais elevados das situações diversificadas da vida e das relações cósmicas.

Algumas pessoas acham-se ocupadas demais para poderem crescer e, por isso, ficam expostas ao grave perigo da estagnação espiritual. Devem ser tomadas providências para o crescimento dos significados, em idades diferentes, em culturas sucessivas e nos estágios passageiros da civilização que avança. Os principais inibidores do crescimento são o preconceito e a ignorância.

Dai a cada criança em desenvolvimento uma oportunidade para que ela faça com que a própria experiência religiosa cresça; não imponhais a ela a experiência já pronta do adulto. Lembrai-vos de que o progresso, ano a ano, dentro de um regime educacional estabelecido, não significa necessariamente um progresso intelectual, e menos ainda um crescimento espiritual. O aumento do vocabulário não significa desenvolvimento de caráter. O crescimento não é indicado verdadeiramente por meros produtos, mas, muito mais, pelo progresso. O crescimento educacional verdadeiro é indicado pelo engrandecimento dos ideais, por uma apreciação maior dos valores, por novos significados para os valores e maior lealdade aos valores supremos.

As crianças impressionam-se permanentemente apenas pela lealdade dos seus companheiros adultos; os preceitos, ou o exemplo mesmo, não exercem influência duradoura. As pessoas leais são pessoas em crescimento, e o crescimento é uma realidade que causa forte impressão e que inspira. Vivei lealmente hoje – crescei –, e o amanhã responderá por si. A maneira mais rápida de um girino tornar-se uma rã é vivendo lealmente cada momento como um girino.

O solo essencial ao crescimento religioso pressupõe uma vida progressiva de autorealização, de coordenação das propensões naturais, de exercício da curiosidade, de um desfrutar das aventuras razoáveis da experimentação de sentimentos de satisfação, de fazer o temor funcionar como estímulo para a atenção e a consciência, de sedução pelo maravilhoso e de uma consciência normal de pequenez, de humildade. O crescimento é também baseado na descoberta de si, acompanhada da autocrítica – a consciência; pois a consciência é realmente a crítica voltada para si próprio, por meio da própria escala de valores dos ideais pessoais.

A experiência religiosa é influenciada de um modo marcante pela saúde física, pelo temperamento herdado e o meio social. Contudo, as condições temporais não inibem o progresso espiritual interno de uma alma dedicada a fazer a vontade do Pai no céu. Em todos os mortais normais, encontram-se presentes certos impulsos inatos para o crescimento e a auto-realização, que funcionam se não forem especificamente inibidos. A técnica certa de alimentar esse dom, que é parte do potencial de crescimento espiritual, é manter uma atitude de devoção, do fundo do coração, aos valores supremos.

A religião não pode ser outorgada, recebida, emprestada, aprendida, nem perdida. É uma experiência pessoal, que se amplia proporcionalmente à busca crescente de valores finais. O crescimento cósmico, assim, acompanha a acumulação de significados e a elevação sempre em expansão dos valores. Contudo, o crescimento em nobreza, em si mesmo, é sempre inconsciente.

Os hábitos religiosos, de pensar e agir, contribuem para a economia dentro do processo de crescimento espiritual. Pode-se desenvolver uma predisposição religiosa de reações favoráveis aos estímulos espirituais, uma espécie de reflexo condicionado espiritual. Os hábitos que favorecem o crescimento religioso abrangem o cultivo da sensibilidade para os valores divinos, o reconhecimento do viver religioso nos outros, a meditação reflexiva sobre os significados cósmicos, o fervor da adoração ao resolver os problemas, o compartilhar da própria vida espiritual com os semelhantes, o evitar do egoísmo, a recusa de abusar da misericórdia divina e viver como se em presença de Deus. Os fatores para o crescimento religioso podem ser intencionais mas, em si, o crescimento é invariavelmente inconsciente.

A natureza inconsciente do crescimento religioso não significa, contudo, que seja uma atividade a operar nos domínios supostos do subconsciente do intelecto humano; significa, antes, atividades criativas nos níveis supraconscientes da mente mortal. A experiência da compreensão da realidade inconsciente do crescimento religioso é a comprovação mais positiva da existência funcional da supraconsciência.

2. O CRESCIMENTO ESPIRITUAL

O desenvolvimento espiritual depende, em primeiro lugar, da manutenção de uma conexão espiritual viva com as verdadeiras forças espirituais e, em segundo lugar, da produção contínua de frutos espirituais: dando aos semelhantes a ministração daquilo que foi recebido dos próprios benfeitores espirituais. O progresso espiritual é fundamentado no reconhecimento intelectual da própria pobreza espiritual combinada à autoconsciência da fome de perfeição, ao desejo de conhecer a Deus e de ser como Ele, com um propósito verdadeiro de fazer a vontade do Pai no céu, de todo o coração.

Inicialmente o crescimento espiritual é um despertar para as necessidades e, em seguida, um discernimento dos significados e, depois, uma descoberta dos valores. A evidência do verdadeiro desenvolvimento espiritual consiste em demonstrar uma personalidade humana motivada pelo amor, animada pela ministração não-egoísta e dominada pela adoração sincera dos ideais de perfeição da divindade. E toda essa experiência constitui a realidade da religiosidade, ao contrário da mera crença teológica.

A religião pode progredir até aquele nível de experiência em que se torna uma técnica esclarecida e sábia de reação espiritual ao universo. Tal religiosidade glorificada pode funcionar em três níveis da personalidade humana: o intelectual, o moroncial e o espiritual; sobre a mente, sobre a alma em evolução e junto ao espírito residente.

E imediatamente a espiritualidade passa a ser indicadora da vossa proximidade de Deus e uma medida da vossa capacidade de servir aos vossos semelhantes. A espiritualidade realça a capacidade de descobrir a beleza nas coisas, de reconhecer a verdade nos significados e de descobrir a bondade nos valores. O desenvolvimento espiritual é determinado por tais capacidades e é diretamente proporcional à eliminação da qualidade egoísta no amor.

O status espiritual real é a medida do vosso alcance da Deidade, da vossa sintonização com o Ajustador. O alcançar da finalidade da espiritualidade é equivalente a atingir o máximo de realidade, o máximo de semelhança com Deus. A vida eterna é a busca perpétua dos valores infinitos.

A meta da auto-realização humana deveria ser espiritual, não-material. As únicas realidades que valem o esforço são as divinas, espirituais e eternas. O homem mortal encontra-se capacitado para desfrutar do prazer físico e da satisfação de afetos humanos; ele é beneficiado pela lealdade à associação com outros homens e às instituições temporais; mas estas não são as fundações eternas sobre as quais se deve edificar a personalidade imortal, pois esta deve transcender ao espaço, vencer o tempo e alcançar o destino eterno da perfeição divina e a meta de serviço enquanto finalitora.

Jesus retratou a profunda segurança do mortal sabedor de Deus ao dizer: "Para um crente do Reino, que conhece Deus, que importa se todas as coisas terrenas entrarem em colapso?" As seguranças temporais são vulneráveis, enquanto as seguranças espirituais são inexpugnáveis. Quando as torrentes da adversidade humana, do egoísmo, da crueldade, do ódio, da malícia e da inveja afluírem à porta da alma humana, podeis manter-vos na certeza de que há um bastião interior, a cidadela do espírito, que permanece absolutamente inatingível; e isso é verdadeiro, ao menos, para todo aquele ser humano que tenha entregado a guarda da sua alma ao espírito residente do Deus eterno.

Após essa realização espiritual, assegurada seja pelo crescimento gradativo seja por uma crise específica, ocorre uma nova orientação da personalidade, bem como o desenvolvimento de uma nova medida de valores. E tais indivíduos nascidos do espírito têm as suas motivações tão renovadas na vida, que podem calmamente permanecer de pé, enquanto suas ambições mais caras perecem e suas esperanças mais ardentes entram em colapso; pois, sem duvidar, sabem que tais catástrofes não são senão cataclismos retificadores a arruinar suas criações temporais, em prenúncio da construção de uma realidade mais nobre e mais duradoura, num nível novo e mais sublime de realização no universo.

3. CONCEITOS DE VALOR SUPREMO

A religião não é a técnica para alcançar uma paz mental estática e abençoada; é um impulso para organizar a alma para o serviço dinâmico. É o alistamento de toda a individualidade no serviço leal de amar a Deus e servir ao homem. A religião paga qualquer preço essencial ao alcance da meta suprema, a recompensa eterna. Na lealdade religiosa há uma plenitude de consagração que é de magnífica sublimidade. E esse tipo de lealdade é socialmente eficaz e espiritualmente progressivo.

Para o religioso, a palavra Deus torna-se um símbolo que significa a aproximação à realidade suprema e o reconhecimento ao valor divino. As preferências e os desagrados humanos não determinam o bem e o mal; os valores morais não advêm de desejos realizados ou de frustração emocional.

Na contemplação dos valores, deveis distinguir entre aquilo que *é* valor e aquilo que *tem* valor. Deveis reconhecer a relação entre as atividades agradáveis, a integração significativa delas e a realização engrandecida em níveis sempre mais elevados da experiência humana.

Significação é algo que a experiência acrescenta ao valor; é a consciência apreciativa dos valores. Um prazer isolado e puramente egoísta pode conotar uma desvalorização virtual dos significados, um gozo sem sentido a beirar as raias do mal relativo. Os valores tornam-se experienciados quando as realidades têm sentido e são mentalmente associadas, quando tais relações são reconhecidas e apreciadas pela mente.

Os valores não podem nunca ser estáticos; a realidade significa mudança, crescimento. A mudança sem crescimento, sem expansão de significado e sem exaltação do valor, nada vale – é mal em potencial. Quanto maior a sua qualidade de adaptação cósmica, mais significado qualquer experiência traz. Os valores não são ilusões conceituais, são reais, mas dependem sempre do ato dos relacionamentos. Os valores sempre são tanto factuais quanto potenciais – não o que foi, mas o que é e o que está para ser.

A conjunção dos factuais e dos potenciais equivale ao crescimento, à realização dos valores na experiência. Contudo, o crescimento não é mero progresso. O progresso é sempre algo significativo mas, se não vier acompanhado de crescimento, torna-se relativamente sem valor. O valor supremo da vida humana consiste no crescimento dos valores junto ao progresso dos significados, e na realização da inter-relação cósmica de ambas essas experiências. E tal experiência é equivalente à consciência de Deus. Esse mortal, embora não sendo supranatural, verdadeiramente está-se tornando supra-humano: uma alma imortal que está evoluindo.

O homem não pode provocar o crescimento, mas ele pode gerar as condições favoráveis para tanto. O crescimento é sempre inconsciente, seja ele físico, intelectual ou espiritual. E assim cresce o amor; pois ele não pode ser criado, nem manufaturado, nem comprado; deve crescer. A evolução é uma técnica cósmica de crescimento. O crescimento social não pode ser assegurado pela legislação; e não se obtém o crescimento moral por de uma melhor administração. O homem pode manufaturar uma máquina, mas o real valor desta deve derivar da cultura humana e da apreciação pessoal. A única contribuição que pode advir do homem para o crescimento é a mobilização dos poderes totais da sua personalidade – a fé viva.

4. OS PROBLEMAS DO CRESCIMENTO

O viver na religiosidade é o viver devotado, e o viver devotado é o viver criativo, original e espontâneo. Novas percepções religiosas surgem de conflitos que dão início à escolha de novos e melhores hábitos de reação, no lugar de formas antigas e inferiores de reação. Novos significados emergem apenas em meio a conflitos; e o conflito persiste apenas em face da recusa de esposar os valores mais elevados, portadores dos significados superiores.

As perplexidades religiosas são inevitáveis; não pode haver nenhum crescimento sem conflito psíquico e sem agitação espiritual. A organização de um modelo filosófico de vida requer uma perturbação considerável nos domínios filosóficos da mente. A lealdade não é exercida em nome daquilo que é grande, bom, verdadeiro e nobre, sem uma batalha. O esforço é seguido do esclarecimento da visão espiritual e da ampliação do discernimento de visão cósmica. E o intelecto humano reluta contra ser desmamado da alimentação das energias não espirituais da existência temporal. A mente animal indolente rebela-se contra exercer o esforço exigido pela luta na solução dos problemas cósmicos.

Entretanto, o grande problema do viver religioso consiste na tarefa de unificar os poderes da alma da pessoa, por meio da predominância do AMOR. A saúde, a eficiência mental e a felicidade surgem da unificação dos sistemas físicos, mentais e espirituais. De saúde e sanidade o homem entende bastante, mas de felicidade ele só entendeu de fato pouquíssimo. A felicidade mais elevada está indissoluvelmente ligada ao progresso espiritual. O crescimento espiritual gera um júbilo duradouro, uma paz que ultrapassa qualquer entendimento.

Na vida física, os sentidos dizem sobre a existência das coisas; a mente descobre a realidade das significações; mas a experiência espiritual revela ao indivíduo os verdadeiros valores da vida. Esses altos níveis de vida humana são alcançados no supremo amor a Deus e no amor não-egoísta pelo homem. Se amais o vosso semelhante, deveis ter descoberto os seus valores. Jesus amou tanto os homens porque atribuía a eles um valor muito elevado. Vós podeis melhor descobrir os valores dos vossos companheiros, descobrindo a sua motivação. Se alguém vos irrita, causando a sensação do ressentimento, deveríeis buscar discernir compassivamente o seu ponto de vista e as suas razões para uma conduta de tal modo censurável. Uma vez que tenhais compreendido o vosso semelhante, vos tornareis tolerantes; e tal tolerância amadurecerá a amizade transformando-a em amor.

Com os olhos da vossa mente, trazei à vossa lembrança o quadro de um dos vossos ancestrais primitivos dos tempos das cavernas – um pequeno rosnador, disforme e sujo; um homem pesado, de pernas arqueadas, de porrete levantado, respirando ódio e animosidade, enquanto olha ferozmente para frente. Esse quadro dificilmente retrata a dignidade divina do homem. Contudo, ele nos permite ampliar o retrato. Em frente a esse ser humano, animado, um tigre dente-de-sabre encontra-se em posição de ataque. Atrás dele, uma mulher e duas crianças. Imediatamente, vós reconhecereis que esse quadro representa o começo de muito daquilo que é bom e nobre na raça humana, mas o homem é o mesmo nos dois quadros. Apenas, no segundo arranjo, fostes favorecidos com um horizonte amplo. E, nele, podeis discernir a motivação desse mortal em evolução. A sua atitude torna-se louvável, porque o compreendeis. Se apenas pudésseis penetrar os motivos dos vossos semelhantes, quão melhor os entenderíeis! Se vós pudésseis apenas conhecer os vossos semelhantes, iríeis finalmente encher-vos de amor por eles.

De fato, não podeis amar os vossos semelhantes por um mero ato de vontade. O amor nasce apenas de uma compreensão enérgica dos motivos e sentimentos do vosso próximo. Não é tão importante amar a todos os homens hoje quanto é importante que aprendais, a cada dia, a amar um ser humano a mais. Se a cada dia ou a cada semana alcançardes a compreensão de mais um dos vossos irmãos, e se for esse o limite da vossa capacidade, então certamente estareis socializando e verdadeiramente espiritualizando a vossa personalidade. O amor é contagiante e, quando a devoção humana é inteligente e sábia, o amor é mais cativante que o ódio. Todavia, apenas o amor genuíno e não-egoísta é verdadeiramente contagioso. Se cada mortal pudesse apenas tornar-se o foco de uma afeição dinâmica, tal vírus benigno do amor penetraria logo a corrente da emoção sentimental da humanidade, numa extensão tal que toda a civilização seria abraçada pelo amor, e isso seria a realização da irmandade dos homens.

5. A CONVERSÃO E O MISTICISMO

O mundo está repleto de almas perdidas. Não no sentido teológico, mas porque perderam o sentido de direção; e encontram-se vagando na confusão entre os ismos e cultos de uma era filosoficamente frustrada. Pouquíssimas almas aprenderam como estabelecer para si mesmas uma filosofia de vida, em lugar de aceitar o autoritarismo religioso. (Os símbolos da religião socializada não são para serem desprezados como canais de crescimento; ainda que o leito do rio não seja o rio, é por ele que correm as águas.)

A progressão do crescimento religioso conduz, por meio do conflito, da estagnação à coordenação, da insegurança à fé sem dúvidas, da confusão na consciência cósmica à unificação da personalidade, de um objetivo temporal até o eterno, do cativeiro do medo à liberdade da filiação divina.

Deveria ficar esclarecido que as profissões de fé aos supremos ideais – a percepção psíquica, emocional e espiritual daquele que tem consciência de Deus – podem vir de um crescimento natural e gradual ou podem, algumas vezes, ser experienciadas em certas conjunções, como numa crise. O apóstolo Paulo experimentou exatamente uma conversão súbita e espetacular naquele dia memorável na estrada de Damasco. Gautama Sidarta teve uma experiência semelhante na noite em que se assentou a sós e buscou penetrar o mistério da verdade final. Muitos outros têm passado por experiências, e muitos crentes verdadeiros progrediram em espírito, sem nenhuma conversão súbita.

A maior parte dos fenômenos espetaculares relacionados às chamadas conversões religiosas é inteiramente psicológica pela sua natureza, mas, de quando em quando, ocorrem experiências que são também espirituais, pela sua origem. Quando a mobilização mental é absolutamente total, em qualquer nível psíquico de expansão na direção da realização espiritual, quando é perfeita a motivação humana de lealdade à idéia divina, então, muito freqüentemente, ocorre que o espírito residente sincroniza-se subitamente abaixo, com o propósito concentrado e consagrado da mente supraconsciente do mortal crente. E tais experiências de fenômenos intelectuais e espirituais unificados constituem as conversões, que consistem em fatores além dos envolvimentos puramente psicológicos.

Por si, todavia, uma emoção só indica uma conversão falsa; deve ter-se fé, tanto quanto sentimentos. Visto que tal mobilização psíquica é parcial e a motivação da lealdade humana é incompleta, nessa mesma medida a experiência da conversão será uma realidade mista: intelectual, emocional e espiritual.

Se se está disposto a reconhecer uma mente subconsciente teórica, como uma hipótese prática com a qual trabalhar numa vida intelectual, de algum outro modo unificada, então, para ser-se coerente, dever-se-ia postular um domínio semelhante e correspondente, de atividade intelectual ascendente; e este é o nível supraconsciente: uma zona de contato imediato com a entidade do espírito residente, o Ajustador do Pensamento. Os grandes perigos de todas as especulações psíquicas são que as visões e outras experiências, chamadas de místicas, bem como os sonhos extraordinários, cheguem todos a ser considerados comunicações divinas à mente humana. Em eras passadas, seres divinos revelaram-se a algumas pessoas sabedoras de Deus, não por causa dos transes místicos nem das visões mórbidas delas, mas a despeito de todos esses fenômenos.

Ao contrário da busca da conversão, o melhor modo de aproximação das zonas moronciais de contato possível com o Ajustador do Pensamento seria por meio da fé viva e da adoração sincera, da oração feita do fundo do coração e sem egoísmo. E, de um modo geral, a maior parte das memórias que brotaram de níveis inconscientes da mente humana tem sido confundida com revelações divinas e guiamentos espirituais.

Um grande perigo está ligado à prática habitual do sonho religioso, estando acordado; o misticismo pode tornar-se uma técnica para evitar-se a realidade; embora haja sido, algumas vezes, um meio para a comunhão espiritual genuína. Períodos curtos de retirada da cena das ocupações da vida podem não ser seriamente perigosos, mas o isolamento prolongado da personalidade é bastante indesejável. Sob nenhuma circunstância deveria o estado de transe de consciência visionária ser cultivado como uma experiência religiosa.

As características do estado místico são a difusão da consciência, com ilhas vívidas de atenção focalizada, operando num intelecto relativamente passivo. Tudo isso faz a consciência gravitar na direção do subconsciente, mais do que na direção da zona de contato espiritual, o supraconsciente. Muitos místicos levaram a própria dissociação mental ao ponto das manifestações mentais anormais.

A atitude mais saudável de meditação espiritual é colocar-se em adoração reflexiva e em oração de agradecimento. A comunhão direta com o próprio Ajustador do Pensamento, tal como se deu com Jesus, nos últimos anos da sua vida na carne, não deveria ser confundida com outras experiências chamadas de místicas. Os fatores que contribuem para a iniciação da comunhão mística denotam, em si, o perigo desses estados psíquicos. O estado místico é favorecido por coisas tais como: a fadiga física, o jejum, a dissociação psíquica, a experiência estética profunda, os impulsos sexuais vívidos, o medo, a ansiedade, o furor e as danças selvagens. A maior parte do material que surge como resultado dessas preparações preliminares tem a sua origem na mente subconsciente.

Por mais favoráveis que possam ter sido as condições para os fenômenos místicos, deveria ser claramente compreendido que Jesus de Nazaré nunca recorreu a tais métodos para a sua comunhão com o Pai do Paraíso. Jesus não tinha alucinações subconscientes, nem ilusões do supraconsciente.

6. OS SINAIS DO VIVER RELIGIOSO

As religiões evolucionárias e as religiões da revelação podem diferir bastante pelos métodos, mas são muito semelhantes pelas suas motivações. A religiosidade não é uma função específica da vida; é antes um modo de viver. A verdadeira religiosidade constitui-se numa devoção sincera a alguma realidade que o religioso considera de valor supremo para si próprio e para toda a humanidade. E as características mais destacadas de todas as religiões são: a lealdade inquestionável e a devoção, de coração puro, aos valores supremos. Essa devoção religiosa aos valores supremos é mostrada na relação da mãe, supostamente irreligiosa, para com o seu filho; e na lealdade fervorosa dos não religiosos a uma causa esposada por eles.

O valor supremo aceito para o religioso pode ser ignóbil ou falso mesmo; entretanto, apesar de tudo, ele é religioso. Uma religião é genuína na medida em que o seu valor que é tido como supremo seja verdadeiramente uma realidade cósmica de valor espiritual.

Os sinais da sensibilidade humana ao impulso religioso abrangem as qualidades da nobreza e grandeza. O religioso sincero é consciente da cidadania universal e é ciente de fazer contato com fontes de poder supra-humano. Ele emociona-se e energiza-se com a segurança de pertencer à fraternidade superior e enobrecida dos filhos de Deus. A consciência da própria dignidade tornou-se aumentada pelo estímulo da busca dos objetivos mais elevados no universo – as metas supremas.

O eu rendeu-se ao ímpeto intrigante de uma motivação todo-abrangente que impõe uma autodisciplina maior, que reduz o conflito emocional e torna a vida mortal verdadeiramente digna de ser vivida. O reconhecimento mórbido das limitações humanas é transformado na consciência natural das falhas mortais, associada à determinação moral e à aspiração espiritual de atingir metas universais e superuniversais mais elevadas. E essa luta intensa para alcançar ideais supramortais é sempre caracterizada por uma paciência crescente na indulgência, fortaleza e tolerância.

A verdadeira religião, contudo, é um amor vivo, uma vida de serviço. O distanciamento do religioso de muito daquilo que é puramente temporal e trivial nunca leva ao isolamento social, e não deveria destruir o senso de humor. A religião genuína nada tira à existência humana, mas acrescenta, sim, um novo sentido a tudo na vida; gera novos tipos de entusiasmo, de zelos e de coragem. Pode até mesmo engendrar o espírito das cruzadas, o que é mais do que perigoso se não for controlado pelo discernimento espiritual e pela devoção leal às obrigações sociais comuns das lealdades humanas.

Um dos sinais mais surpreendentes para a identificação da vida religiosa é a paz dinâmica e sublime, aquela paz que está além de todo entendimento humano, aquele equilíbrio cósmico que indica a ausência de toda dúvida e tumulto. Tais níveis de estabilidade espiritual são imunes ao desapontamento. Os religiosos assim são como o apóstolo Paulo, que disse: "Estou persuadido de que nem a morte, nem a vida, nem os anjos, nem os principados, nem os poderes, nem as coisas presentes, nem as coisas que estão por vir, nem a altura, nem a profundidade, nem qualquer outra coisa será capaz de nos separar do amor de Deus".

Um senso de segurança há que vem associado à realização da glória triunfante, que reside na consciência do religioso que compreendeu a realidade do Supremo e persegue a meta do Último.

Mesmo a religião evolucionária é tudo isso, em lealdade e grandeza, porque é uma experiência genuína. Contudo, a religião revelada tanto tem de *excelência* quanto de autenticidade. As novas lealdades, na visão espiritual ampliada, criam novos níveis de amor e devoção, de serviço e companheirismo; e a perspectiva social, assim ampliada, produz uma consciência maior da Paternidade de Deus e da irmandade dos homens.

A diferença característica entre a religião que evoluiu e a religião revelada é uma qualidade nova de sabedoria divina, que é acrescentada à sabedoria humana puramente experiencial. No entanto, é a experiência dentro das religiões humanas que desenvolve a capacidade para a recepção das dádivas subseqüentes, de maior sabedoria divina e discernimento cósmico.

7.   O APOGEU DA VIDA RELIGIOSA

Embora o mortal comum de Urântia não possa esperar atingir a alta perfeição de caráter adquirida por Jesus de Nazaré, enquanto permaneceu na carne, é totalmente possível a todo mortal crente desenvolver uma personalidade forte e unificada, pautando-se pelas linhas perfeccionadas da personalidade de Jesus. O aspecto singular da personalidade do Mestre não era tanto a sua perfeição, quanto a sua simetria, a sua unificação extraordinária e equilibrada. A apresentação mais eficiente para Jesus consiste no exemplo dado por aquele que disse, enquanto gesticulava na direção do Mestre, de pé diante dos seus acusadores: "Eis o homem!"

A bondade infalível de Jesus tocava os corações dos homens, mas a sua inflexível força de caráter maravilhava os seus seguidores. Era verdadeiramente sincero; nada havia de hipócrita nele. Não tinha afetação; era sempre autenticamente reanimador. Nunca condescendia em pretensões, e jamais recorria à trapaça. Viveu a verdade, do mesmo modo que a ensinou. Ele foi a verdade. Foi forçado a proclamar a verdade salvadora à sua geração, ainda que tanta sinceridade haja algumas vezes causado dor. Ele foi inquestionavelmente leal a toda verdade.

O Mestre, porém, era tão razoável, tão acessível. Era tão prático em todas as suas ministrações e, ao mesmo tempo, todos os seus planos eram caracterizados por um senso comum tão santificado. Era tão liberto de qualquer tendência à extravagância, à irregularidade e excentricidade. Nunca era caprichoso, esquisito ou histérico. Em todos os seus ensinamentos e em tudo o que fazia, havia uma discriminação depurada, ligada a um senso extraordinário do que é apropriado.

O Filho do Homem foi sempre uma personalidade bem equilibrada. Mesmo os seus inimigos mantinham um respeito salutar por ele; e chegavam mesmo a temer a sua presença. Jesus não conhecia o medo. Ele transbordava de entusiasmo divino, mas nunca se tornou um fanático. Era emocionalmente ativo, mas nunca inconstante. Era imaginativo, mas sempre prático. Ele enfrentava as realidades da vida com franqueza, sem nunca chegar a tornar-se embotado ou prosaico. Era corajoso, sem jamais ser descuidado; prudente, mas nunca covardemente. Era compassivo, mas não era sentimental; único, sem ser excêntrico. Ele era pio, mas não era santarrão. E era assim tão bem equilibrado, porque era perfeitamente unificado.

A originalidade de Jesus não era sufocante. Ele não estava preso à tradição, nem limitado pela escravização a nenhum convencionalismo restritivo. Falava com uma confiança segura e ensinava com autoridade absoluta. Contudo, a sua originalidade superior não o levava a negligenciar as pérolas da verdade contidas nos ensinamentos dos seus predecessores e contemporâneos. E o mais original dos seus ensinamentos foi a ênfase dada ao amor e a misericórdia, em lugar do medo e do sacrifício.

Jesus era muito amplo de visão. Ele exortava os seus seguidores a pregar o evangelho a todos os povos. Não tinha nenhuma estreiteza de mente. O seu coração compassivo abraçava toda a humanidade, e mesmo um universo. Sempre a sua exortação era: "Quem quiser vir, que venha".

De Jesus foi realmente dito: "Ele confiou em Deus". Como um homem entre os homens, ele confiou de um modo muito sublime no Pai do céu. E confiou no seu Pai, como uma criança pequena confia no seu pai terreno. A sua fé foi perfeita, mas nunca presunçosa. Não importa quão cruel a natureza possa parecer, nem quão indiferente possa ser ao bem-estar do homem na Terra, Jesus nunca faltou com a sua fé. Ele era imune ao desapontamento e inatingível pela perseguição. O fracasso aparente não o atingiu.

Jesus amou os homens como irmãos, ao mesmo tempo reconhecendo quão diferentes dos deles eram os seus dons inatos e as suas qualidades adquiridas. "Ele escolheu o seu caminho de fazer o bem."

Jesus era uma pessoa inusitadamente alegre, mas não era um otimista cego nem pouco razoável. A sua palavra de constante exortação era: "Tende ânimo". Podia manter a atitude confiante por causa da sua fé inabalável em Deus e na sua confiança imperturbável no homem. Ele demonstrou sempre uma consideração tocante por todos os homens, porque os amava e acreditava neles. E ainda foi sempre fiel às suas convicções e magnificamente firme na sua devoção de fazer a vontade do seu Pai.

O Mestre foi sempre generoso. Nunca se cansou de dizer: "Dar é mais abençoado do que receber". Dizia ele: "Gratuitamente recebestes, dai gratuitamente". E ainda, com toda a sua ilimitada generosidade, nunca foi esbanjador ou extravagante. Ensinou que deveis acreditar para receber a salvação. "Pois todo aquele que procura receberá."

Era candidamente direto, mas sempre afável. Ele dizia: "Se assim não fosse, eu vos haveria dito". E era franco, mas sempre amigável. Aberto no seu amor pelos pecadores e no seu ódio ao pecado. Contudo, mesmo na sua surpreendente franqueza, ele foi infalivelmente *justo*.

Jesus era alegre de um modo consistente, não obstante algumas vezes haver bebido profundamente da taça do sofrimento humano. Destemidamente, enfrentou as realidades da existência; e permaneceu pleno de entusiasmo pelo evangelho do Reino. Porém, controlava o seu entusiasmo; nunca se deixou controlar por ele. Era dedicado sem reservas aos "assuntos do Pai". Esse entusiasmo divino levou os seus irmãos não espiritualizados a pensarem que ele estava fora de si, mas o universo que o observava apreciava-o como modelo de sanidade e como arquétipo da suprema devoção mortal aos altos padrões da vida espiritual. E o seu entusiasmo controlado foi contagioso; os seus companheiros eram levados a compartilhar do seu otimismo divino.

Este homem da Galiléia não era um homem de tristezas; era uma alma da alegria. Estava sempre dizendo: "Rejubilai-vos na mais repleta alegria". Todavia, quando o dever exigia, estava disposto a caminhar corajosamente no "vale da sombra da morte". Era jubiloso, mas, ao mesmo tempo, humilde.

A sua coragem só foi igualada pela sua paciência. Sempre que pressionado a agir prematuramente, apenas respondia: "Minha hora ainda não chegou". Nunca tinha pressa; a sua serenidade mantinha-se sublime. No entanto, freqüentemente, tornava-se indignado com o mal; e intolerante com o pecado. Muitas vezes, foi levado a resistir poderosamente àquilo que era contrário ao bem-estar dos seus filhos da Terra. No entanto, a sua indignação contra o pecado nunca o levou a ficar enraivecido com os pecadores.

A coragem de Jesus foi magnífica, mas ele nunca era irrefletido. A sua palavra-chave foi: "não temais". A sua bravura era elevada, e a sua coragem, freqüentemente heróica. No entanto, a sua coragem estava ligada à prudência e controlada pela razão. Era uma coragem nascida da fé, não da presunção cega na negligência. Era verdadeiramente valente, mas nunca atrevido.

O Mestre foi um modelo de reverência. A prece, já na sua juventude, começava por: "Pai nosso que estás no céu, santificado seja o teu nome". Era respeitoso até mesmo para com o culto equivocado dos seus irmãos. Isso não o impediu, todavia, de condenar as tradições religiosas nem de atacar os erros das crenças humanas. Ele reverenciava a verdadeira santidade; e podia apelar ainda aos seus semelhantes dizendo: "Quem dentre vós me condena de pecado?"

Jesus foi grande, porque era bom e, mais, ele confraternizava com as crianças pequenas. Ele era gentil e despretensioso na sua vida pessoal e, ainda, era ele o homem perfeccionado de todo um universo. Os seus companheiros chamavam-no espontaneamente de Mestre.

Jesus foi a personalidade humana perfeitamente unificada. E ainda agora, como na época da Galiléia, ele continua a unificar a experiência mortal e a coordenar os esforços humanos. Ele unifica a vida, enobrece o caráter e simplifica a experiência. Entra na mente humana para elevá-la, para transformá-la e transfigurá-la. É literalmente verdade que: "Se qualquer homem tem Cristo Jesus dentro de si, ele é uma nova criatura; as velhas coisas estão passando; olhai, como todas as coisas estão-se tornando novas".

[Apresentado por um Melquisedeque de Nébadon.]

DOCUMENTO 101

A VERDADEIRA NATUREZA DA RELIGIÃO

A RELIGIÃO, enquanto experiência humana, estende-se desde a escravidão ao medo primitivo, no selvagem em evolução, até a liberdade sublime e magnífica da fé, naqueles mortais civilizados que se acham esplendidamente conscientes da sua filiação ao Deus eterno.

A religião é ancestral da moral superior e das éticas avançadas, na evolução social progressiva. Contudo, a religião, como tal, não é meramente um movimento moral, embora as suas manifestações exteriores e sociais sejam fortemente influenciadas pelas forças do momento ético e moral da sociedade humana. A religiosidade é sempre inspiração da natureza do homem que evolui, mas não é o segredo dessa evolução.

A religiosidade, a convicção-fé da personalidade, pode sempre triunfar sobre a lógica superficialmente contraditória do desespero que nasce na mente material incrédula. Há realmente uma voz interior verdadeira e genuína, aquela "luz verdadeira que ilumina todos os homens que vêm ao mundo". E esse guiamento do espírito é diferente da conclamação ética da consciência humana. O sentimento de segurança religiosa é mais do que um sentimento emocional. A segurança na religião transcende à razão da mente, e mesmo à lógica da filosofia. A religiosidade *é* fé, confiança e segurança.

1. A VERDADEIRA RELIGIÃO

A verdadeira religião não é um sistema de crença filosófica que possa ser deduzido pela razão, nem consubstanciado por provas naturais, nem é uma experiência fantástica e mística de sentimentos indescritíveis de êxtase a serem desfrutados apenas pelos devotos românticos do misticismo. A religiosidade não é produto da razão, mas, quando vista do seu interior, ela é plenamente racional. A religião não se deriva da lógica da filosofia humana, mas, como uma experiência mortal, é plenamente lógica. A religião é a experiência da divindade efetuada pela consciência de um ser moral de origem evolucionária; representa a verdadeira experiência com as realidades eternas no tempo, como uma realização de satisfações espirituais enquanto ainda na carne.

Os Ajustadores do Pensamento não têm nenhum mecanismo especial por meio do qual ganhar auto-expressão; não há nenhum atributo religioso-místico que proporcione a recepção ou a expressão das emoções religiosas. Tais experiências tornam-se disponíveis por meio do mecanismo de dotação natural da mente mortal. E isso representa uma explicação para a dificuldade que o Ajustador tem de entrar em comunicação direta com a mente material da sua residência constante.

O espírito divino faz contato com o homem mortal, não por meio de sentimentos ou emoções, mas sim no domínio do pensamento mais elevado e mais espiritualizado. São os vossos *pensamentos*, não os vossos sentimentos, que vos conduzem a Deus. A natureza divina pode ser percebida apenas com os olhos da mente. No entanto, a mente que realmente discerne Deus, que escuta o Ajustador residente, é a mente pura. "Sem consagrar-se, nenhum homem pode ver o Senhor." Toda a comunhão interior e espiritual é denominada discernimento espiritual. Tais experiências religiosas resultam da impressão feita na mente do homem por meio das atuações combinadas do Ajustador e do Espírito da Verdade, funcionando entre e sobre as idéias, os ideais, sobre a visão interior e os esforços espirituais dos filhos de Deus em evolução.

A religiosidade vive e prospera, assim, não por meio da visão, nem do sentimento, mas antes por meio da fé e do discernimento interior. Não consiste na descoberta de fatos novos, nem naquilo que se encontra por meio de uma experiência única, mas antes na descoberta de *significados* novos e espirituais nos fatos já bem conhecidos da humanidade. A mais elevada experiência religiosa não depende de ações anteriores de crença, tradição e autoridade; nem é, a religiosidade, filha de sentimentos sublimes e de emoções puramente místicas. É, antes, uma experiência profunda e factual de comunhão espiritual, com as influências do espírito residente dentro da mente humana e, na medida que essa experiência seja definível em termos de psicologia, é simplesmente a experiência de vivenciar a realidade de crer em Deus, como a grande realidade desse evento puramente pessoal.

Conquanto a religião não seja produto de especulações racionalistas de uma cosmologia material, ela é, entretanto, a criação de um discernimento interior totalmente racional que se origina na experiência da mente do homem. A religiosidade não nasce de meditações místicas, nem de contemplações isoladas, ainda que seja mais ou menos misteriosa e sempre indefinível e inexplicável, em termos da razão puramente intelectual ou da lógica filosófica. Os germes da religiosidade verdadeira têm sua origem no âmbito da consciência moral do homem e são revelados no crescimento do discernimento interior espiritual do homem: aquela faculdade da personalidade humana que se torna acrescida em conseqüência da presença do Ajustador e que revela Deus à mente mortal sedenta Dele.

A fé une o discernimento moral à discriminação conscienciosa dos valores, e o sentido do dever evolucionário preexistente dá complemento à origem da verdadeira religiosidade. A experiência da religião, finalmente, resulta em uma consciência firme de Deus e em uma segurança inquestionável da sobrevivência da personalidade que acredita.

Assim, pode-se perceber que as aspirações religiosas e os impulsos espirituais não são de uma natureza tal que levaria meramente os homens a *querer* crer em Deus, mas, antes, são de uma natureza e um poder tais que os homens tornam-se profundamente pressionados pela convicção de que *devem* acreditar em Deus. O sentido do dever evolucionário e as obrigações conseqüentes da iluminação pela revelação causam uma impressão tão profunda sobre a natureza moral do homem, que finalmente ele alcança a posição de mente e a atitude de alma por meio das quais ele conclui que *não tem direito de não acreditar em Deus*. A sabedoria mais elevada e suprafilosófica dos indivíduos esclarecidos e disciplinados instrui-os, em última análise, que duvidar de Deus ou não confiar na Sua bondade seria uma prova de infidelidade para com a coisa *mais real* e *mais profunda* dentro da mente e da alma humana – o Ajustador divino.

2. A RELIGIÃO COMO UM FATO

A realidade da religiosidade consiste inteiramente na experiência religiosa de seres humanos racionais e comuns. E é nesse sentido, unicamente, que a religião poderia ser considerada como científica ou mesmo psicológica. A prova de que a revelação é revelação, é esse mesmo fato na experiência humana: o fato de que a revelação sintetiza as ciências da natureza, aparentemente divergentes, bem como sintetiza a teologia da religião numa filosofia, consistente e lógica, do universo, uma explicação coordenada e contínua da ciência e da religiosidade, criando, assim, uma harmonia de mente e uma satisfação de espírito que respondem, na experiência humana, àqueles questionamentos da mente mortal a qual almeja saber *como* o Infinito opera a sua vontade e os seus planos na matéria, com as mentes e dentro do espírito.

A razão é o método da ciência; a fé o método da religião; a lógica é a técnica com que a filosofia tenta lidar. A revelação compensa a ausência do ponto de vista moroncial, fornecendo uma técnica para alcançar a unidade na compreensão da realidade e relações entre a matéria e o espírito, pela mediação da mente. E a verdadeira revelação jamais afasta a ciência da natureza, nem a religião da razão ou a filosofia da lógica.

A razão, por meio do estudo da ciência, pode levar-nos da natureza a uma Primeira Causa, mas requer uma fé religiosa para transformar a Causa Primeira da ciência em um Deus de salvação; e a revelação é ainda requerida para validar tal fé e tal discernimento espiritual interior.

Há duas razões básicas para crer em um Deus que fomenta a sobrevivência humana:

1. A experiência humana e a certeza pessoal; a esperança e a confiança, de algum modo iniciadas e, de algum modo, registradas pelo Ajustador residente.

2. A revelação da verdade, seja pela ministração direta pessoal do Espírito da Verdade, na auto-outorga a este mundo feita pelos Filhos divinos; seja por meio das revelações em palavra escrita.

A ciência completa a sua busca por meio da razão com a hipótese de uma Causa Primeira. A religião não pára no seu vôo de fé, até estar segura de um Deus de salvação. O estudo discriminado da ciência sugere logicamente a realidade e a existência de um Absoluto. A religião acredita sem reservas na existência e na realidade de um Deus que fomenta a sobrevivência da personalidade. Aquilo que a metafísica deixa totalmente de fazer, e aquilo em que até mesmo a filosofia parcialmente fracassa, a revelação faz; isto é, afirma que essa Primeira Causa da ciência e o Deus da Salvação da religião são *uma Deidade e a mesma Deidade*.

A razão é a prova da ciência, a fé, a prova da religião, a lógica, a prova da filosofia, mas a revelação é validada apenas pela *experiência* humana. A ciência gera conhecimento; a religião gera felicidade; a filosofia gera a unidade; a revelação confirma a harmonia experiencial dessa abordagem trina da realidade universal.

A contemplação da natureza apenas pode revelar um Deus de natureza, um Deus de movimento. A natureza expõe apenas matéria, movimento e animação – a vida. Matéria mais energia, sob certas condições, são manifestadas em formas vivas, todavia, embora a vida natural seja assim relativamente contínua enquanto fenômeno, é totalmente transitória no que diz respeito às individualidades. A natureza não provê uma base para a crença lógica na sobrevivência da personalidade humana. O homem religioso que encontra Deus na natureza, já havia encontrado, antes, este mesmo Deus pessoal na sua própria alma.

A fé revela Deus na alma. A revelação, a substituta do discernimento moroncial interior num mundo evolucionário, capacita o homem a ver na natureza o mesmo Deus que, por meio da fé, se manifesta na sua alma. Assim, a revelação faz com êxito uma ponte, atravessando o abismo entre o material e o espiritual e, mesmo, entre a criatura e o Criador, entre o homem e Deus.

A contemplação da natureza conduz logicamente a um guiamento interior inteligente, e mesmo até uma orientação vivencial, mas, de nenhum modo satisfatório, ela revela um Deus pessoal. A natureza, por outro lado, também não demonstra nada que impeça o universo de ser considerado como uma obra do mesmo Deus da religião. Deus não pode ser encontrado somente por meio da natureza, mas o fato de que o homem O haja encontrado de outro modo torna o estudo da natureza integralmente consistente com uma interpretação mais elevada e espiritual do universo.

A revelação, enquanto fenômeno para uma época, é periódica; como experiência humana pessoal, é contínua. A divindade opera na personalidade mortal como dádiva do Ajustador do Pai, como o Espírito da Verdade do Filho e como o Espírito Santo do Espírito do Universo, pois esses três dons supramortais estão unificados na evolução experiencial humana como uma ministração vinda do Supremo.

A verdadeira religiosidade é um vislumbrar da realidade, é filha da fé dentro da consciência moral, e não um assentimento meramente intelectual dado à corporificação de uma doutrina dogmática qualquer. A verdadeira religião consiste na experiência de que "o Espírito, ele próprio, dá o testemunho, junto ao nosso espírito, de que somos nós próprios filhos de Deus". A religião não consiste em proposições teológicas, mas no discernimento espiritual interior e na sublimidade da confiança da alma.

A natureza mais profunda dentro de vós – o Ajustador divino – cria no vosso interior a fome e sede de retidão, um certo anseio pela perfeição divina. A religiosidade é o ato de fé no reconhecimento desse impulso interno de realização divina; e assim nascem a confiança e a segurança de alma, as quais vós reconhecereis como o caminho da salvação, a técnica de sobrevivência da personalidade e de todos aqueles valores que viestes a considerar verdadeiros e bons.

O entendimento pela religiosidade nunca tem sido e nunca será dependente de um grande aprendizado, nem de uma lógica hábil. Ele é discernimento espiritual, e essa é exatamente a razão pela qual alguns dos maiores educadores religiosos do mundo e os profetas, mesmo, algumas vezes, possuíram tão pouco da sabedoria do mundo. A fé religiosa está disponível tanto para os instruídos como para os ignorantes.

A religiosidade deve ser sempre a sua própria crítica e juíza, não pode nunca ser observada, e muito menos compreendida pelo lado de fora. A vossa segurança num Deus pessoal consiste no vosso próprio discernimento quanto à vossa crença nas coisas espirituais, e na vossa experiência delas. Para todos os vossos companheiros que tiveram uma experiência semelhante, nenhuma argumentação sobre a personalidade ou a realidade de Deus se faz necessária, ao passo que, para todos os outros homens que não estão assim tão seguros de Deus, nenhuma argumentação possível poderia jamais ser de fato convincente.

A psicologia pode de fato tentar estudar o fenômeno das reações religiosas ao ambiente social, mas não pode jamais esperar penetrar os motivos reais e interiores, nem o que a religião opera. Apenas a teologia, domínio da fé e da técnica da revelação, pode proporcionar qualquer espécie inteligente de explicação quanto à natureza e conteúdo da experiência religiosa.

3. AS CARACTERÍSTICAS DA RELIGIÃO

A religião é tão vital que sobrevive, ainda que na ausência de instrução. Vive a despeito da contaminação que possa ter de cosmologias equivocadas e filosofias falsas; sobrevive mesmo à confusão da metafísica. Durante todas as vicissitudes históricas da religião, persiste sempre o que é indispensável ao progresso e à sobrevivência humana: o conhecimento da ética e a consciência prática da moral.

O discernimento da fé, ou intuição espiritual, é o dom da mente cósmica associado ao trabalho do Ajustador do Pensamento, o qual é uma dádiva do Pai ao homem. A razão espiritual, a inteligência da alma, é dom do Espírito Santo, dádiva do Espírito Materno Criativo ao homem. A filosofia espiritual, a sabedoria das realidades espirituais, é dom do Espírito da Verdade, a dádiva combinada dos Filhos auto-outorgados aos filhos dos homens. E a coordenação e interassociação desses dons de espírito formam, no interior do homem, uma personalidade espiritual dotada de um destino potencial.

É essa mesma personalidade espiritual, sob a sua forma primitiva e embrionária na posse do Ajustador, que sobrevive à morte natural na carne. E essa entidade composta de origem espiritual, em conjunção com a experiência humana, por intermédio da forma de vida provida pelos Filhos divinos, fica capacitada a sobreviver (conservada pelo Ajustador) à dissolução do eu material e mental, quando essa sociedade transitória, do material e do espiritual, for rompida com a cessação do movimento vital.

Por meio da fé religiosa, é que a alma do homem revela a si própria e, do modo característico pelo qual ela induz a personalidade mortal a reagir a certas situações de provação e testes intelectuais e sociais, é que tal alma demonstra a divindade potencial da sua natureza emergente. A fé espiritual genuína (a consciência moral autêntica) é revelada por aquilo que:

1. Faz a ética e a moral progredirem, a despeito de tendências animais inerentes e adversas.

2. Produz uma sublime confiança na bondade de Deus, mesmo em face do desapontamento amargo ou derrotas esmagadoras.

3. Gera profunda coragem e confiança, a despeito de adversidades naturais e de calamidades físicas.

4. Demonstra equilíbrio e compostura inexplicáveis, a despeito mesmo de doenças desconcertantes e de um sofrimento físico agudo.

5. Mantém um misterioso equilíbrio e a integridade da personalidade, em face de maus-tratos e da mais flagrante injustiça.

6. Mantém uma confiança divina na vitória última, a despeito das crueldades de um destino aparentemente cego e da indiferença aparentemente total das forças naturais para com o bem-estar humano.

7. Persiste inquebrantável na crença em Deus, apesar de todas as demonstrações em contrário da lógica, e resiste com êxito a todos os outros sofismas intelectuais.

8. Continua a demonstrar uma fé destemida na sobrevivência da alma, apesar dos ensinamentos enganosos da falsa ciência e da ilusão persuasiva das filosofias insanas.

9. Vive e triunfa independentemente da sobrecarga esmagadora de civilizações tornadas complexas e tendenciosas nos tempos modernos.

10. Contribui para a sobrevivência contínua do altruísmo, a despeito do egoísmo humano, dos antagonismos sociais, da ganância da indústria e dos desajustes políticos.

11. Adere com firmeza a uma crença sublime na unidade do universo e no guiamento divino, sem preocupações quanto à presença perturbadora do mal e do pecado.

12. Continua adorando a Deus a despeito de tudo e todos. Ousa declarar: "Ainda que Ele me mate, ainda assim servirei a Ele".

DOCUMENTO 101: SEÇÃO 3

Sabemos, pois, por intermédio de três fenômenos, que o homem tem um espírito divino, ou espíritos, residindo dentro dele: primeiro, pela experiência pessoal – a fé religiosa – ; segundo, pela revelação – pessoal e racial – ; e terceiro, pela demonstração surpreendente das reações extraordinárias, e não inatas, ao meio ambiente material, conforme ilustram as doze atuações de cunho espiritual, em face das situações de provação na vida real, as quais acabamos de citar. E ainda há outras.

E é precisamente essa atuação vital e vigorosa da fé, no domínio da religião, que autoriza o homem mortal a afirmar a posse pessoal e a existência na realidade espiritual daquele dom que coroa a natureza humana: a experiência religiosa.

4. AS LIMITAÇÕES DA REVELAÇÃO

Pelo fato de o vosso mundo geralmente ser ignorante das origens, e mesmo das origens físicas, pareceu sábio, de tempos em tempos, prover instrução sobre a cosmologia; mas isso sempre gera problemas no futuro. As leis da revelação impedem-nos grandemente, pela proscrição que fazem sobre transmitir conhecimento ainda imerecido ou prematuro. Qualquer cosmologia apresentada como uma parte da religião revelada destina-se a ser ultrapassada num tempo muito curto. Em conseqüência, os estudantes futuros dessa revelação serão tentados a descartar quaisquer elementos de verdade religiosa genuína que possa conter, porque descobrem erros nas cosmologias apresentadas conseqüentemente neles.

A humanidade deveria compreender que nós, em nossa participação na revelação da verdade, ficamos rigorosamente limitados pelas instruções dos nossos superiores. Não temos liberdade de antecipar as descobertas científicas para daqui a mil anos. Os reveladores devem agir de acordo com as instruções que formam uma parte do mandado da revelação. Nós não vemos como superar essa dificuldade, agora ou em qualquer tempo futuro. Sabemos perfeitamente que, embora os fatos históricos e as verdades religiosas da presente série de apresentações reveladoras fiquem nos registros das idades que virão, dentro de uns poucos curtos anos, muitas das nossas afirmações a respeito das ciências físicas estarão necessitando de revisão, em conseqüência de novos desenvolvimentos científicos e de novas descobertas. Esses novos desenvolvimentos, desde agora, nós os prevemos, mas estamos proibidos de incluir, nos registros reveladores, esses fatos não descobertos pela humanidade. Que fique claro que as revelações não são necessariamente inspiradas. A cosmologia nessas revelações *não é inspirada*. Ela é limitada pela permissão que temos de coordenação e de triagem do conhecimento de hoje. Conquanto o discernimento divino ou espiritual seja uma dádiva, a *sabedoria humana deve evoluir*.

A verdade é sempre uma revelação: é uma auto-revelação, quando surge como resultado do trabalho do Ajustador residente; é uma revelação para uma época, ou epocal, quando apresentada pelo trabalho de alguma outra agência celeste: um grupo ou personalidade.

Em última análise, a religião deve ser julgada pelos seus frutos, segundo a extensão e modo por meio dos quais demonstra a sua excelência inerente e divina.

A verdade não pode ser senão relativamente inspirada, se bem que a revelação seja invariavelmente um fenômeno espiritual. Embora as afirmações que se referem à cosmologia nunca sejam inspiradas, tais revelações são de um valor imenso, ao menos transitoriamente, tornando os conhecimentos claros, pois elas:

1. Reduzem a confusão, por meio de uma eliminação do erro, com autoridade.

2. Fazem a coordenação dos fatos e observações que são conhecidos ou que estão para ser conhecidos.

3. Restauram partes importantes do conhecimento perdido a respeito de acontecimentos de uma época num passado distante.

4. Fornecem a informação que preencherá lacunas vitais no conhecimento adquirido de outro modo.

5. Apresentam dados cósmicos, de modo a iluminar os ensinamentos espirituais contidos na revelação que os acompanha.

5. A RELIGIÃO EXPANDIDA PELA REVELAÇÃO

A revelação é uma técnica por meio da qual idades e mais idades de tempo são poupadas no trabalho necessário ao exame de localizar e corrigir os erros cometidos na evolução das verdades adquiridas pelo espírito.

A ciência lida com os *fatos*; a religião ocupa-se apenas dos *valores*. Por intermédio da filosofia esclarecida, a mente esforça-se para unir os significados dos fatos e dos valores, chegando, assim, a um conceito da *realidade* completa. Lembrai-vos de que a ciência é o domínio do conhecimento, a filosofia, o reino da sabedoria, e a religião, a esfera da experiência pela fé. A religião, entretanto, apresenta duas fases de manifestação:

1. A religião evolucionária. É a experiência da adoração primitiva, a religião que se deriva da mente.

2. A religião revelada. É uma atitude do universo a qual se deriva do espírito; é a convicção e a crença na conservação das realidades eternas, a sobrevivência da personalidade e a realização de alcançar, afinal, a Deidade cósmica, cujo propósito tornou tudo isso possível. É parte do plano do universo que, mais cedo ou mais tarde, a religião evolucionária esteja destinada a receber uma expansão espiritual por meio da revelação.

Tanto a ciência quanto a religião começam por assumir certas bases, geralmente aceitas, para deduções lógicas. Assim, também a filosofia começa a sua carreira assumindo a realidade de três coisas:

1. O corpo material.

2. A fase supramaterial do ser humano, a alma, ou mesmo o espírito residente.

3. A mente humana, o mecanismo de intercomunicação e de interassociação entre o espírito e a matéria, entre o material e o espiritual.

Os cientistas reúnem os fatos, os filósofos coordenam as idéias, enquanto os profetas exaltam os ideais. O sentimento e a emoção acompanham invariavelmente a religião, mas eles não são religião. A religião pode ser o sentimento da experiência, mas dificilmente é a experiência de sentimentos. Nem a lógica (a racionalização), nem a emoção (o sentimento) fazem, essencialmente, parte da experiência religiosa, se bem que ambas possam estar associadas, de um modo variável, ao exercício da fé para fazer o discernimento espiritual progredir, tornando-se realidade, tudo de acordo com o alcance da mente individual e das tendências do temperamento dessa mente.

A religião evolucionária é a exteriorização do dom do ajudante da mente, do universo local, encarregado de criar e fomentar a tendência à adoração no homem evolucionário. As religiões primitivas estão diretamente interessadas na ética e na moral, no senso humano do *dever*. Tais religiões estão fundadas na segurança da consciência e resultam na estabilização de civilizações relativamente éticas.

As religiões pessoalmente reveladas são promovidas pelos espíritos de outorga, que representam as três pessoas da Trindade do Paraíso e se ocupam especialmente da expansão da *verdade*. A religião evolucionária faz o indivíduo lembrar-se da idéia do dever pessoal; a religião revelada dá ênfase crescente ao amor, à regra de ouro.

A religião que evoluiu repousa integralmente na fé. A revelação provê a segurança suplementar da sua apresentação expandida das verdades da divindade e da realidade, e dá um testemunho de valor ainda maior sobre a experiência factual que se acumula em conseqüência da união prática eficiente entre a fé vinda da evolução e a verdade vinda da revelação. Essa união eficiente, entre fé humana e verdade divina, constitui a posse de um caráter bastante bem encaminhado no sentido de adquirir realmente uma personalidade moroncial.

A religião evolucionária apenas proporciona a segurança da fé e a confirmação da consciência; a religião reveladora provê a segurança da fé mais a verdade de uma experiência viva nas realidades da revelação. O terceiro passo na religião, ou uma terceira fase da experiência na religião, tem a ver com o estado moroncial, com uma conquista mais firme dentro da mota. No curso da progressão moroncial crescente, as verdades da religião revelada são expandidas; mais e mais, sabereis sobre a verdade dos valores supremos, da bondade divina, das relações universais, das realidades eternas e dos destinos últimos.

Durante a progressão moroncial, cada vez mais a certeza da verdade substitui a certeza da fé. Quando fordes integrados finalmente ao mundo real do espírito, então, a certeza do puro discernimento espiritual irá funcionar no lugar da fé e da verdade, ou, antes, operará em conjunção com elas, sobrepondo-se a essas técnicas anteriores no provimento da certeza à personalidade.

6. A EXPERIÊNCIA RELIGIOSA PROGRESSIVA

A fase moroncial da religião revelada tem a ver com a *experiência da sobrevivência,* e o seu grande anseio é alcançar a perfeição espiritual. Nela está também presente o impulso mais elevado da adoração, associado a um impulso forte, chamando para um serviço cada vez mais ético. O discernimento da visão moroncial interna facilita uma consciência sempre em expansão do Sétuplo, do Supremo e, mesmo, do Último.

Ao longo de toda a experiência religiosa, desde a sua mais tenra insipiência, no nível material, até a época do alcance de realização, de status espiritual pleno, o Ajustador é o segredo da compreensão pessoal da realidade da existência do Supremo; e esse mesmo Ajustador também mantém os segredos da vossa fé na realização transcendental do Último. A personalidade experiencial do homem, em evolução, atuando unida ao Ajustador, cuja essência é a de ser um Deus existencial, constitui a culminação na realização do potencial da existência suprema e constitui inerentemente uma base para uma factualização suprafinita da personalidade transcendental.

A vontade moral abrange decisões baseadas no conhecimento racional ampliado pela sabedoria e sancionado pela fé religiosa. Essas escolhas são atos de natureza moral e evidenciam a existência da personalidade moral, precursora da personalidade moroncial e, afinal, do status espiritual verdadeiro.

O conhecimento do tipo evolucionário não é senão uma acumulação de material protoplásmico da memória; sendo a mais primitiva forma de consciência da criatura. A sabedoria abrange as idéias formuladas da memória protoplásmica, em processo de associação e recombinação, e tais fenômenos diferenciam a mente humana da mente meramente animal. Os animais têm conhecimento, mas apenas o homem possui capacidade de sabedoria. A verdade é tornada acessível ao indivíduo dotado de sabedoria, por meio da outorga, feita à sua mente, do espírito do Pai e o dos Filhos, o Ajustador do Pensamento e o Espírito da Verdade.

Cristo Michael quando auto-outorgado em Urântia viveu sob o âmbito de uma religião evolucionária, até a época do seu batismo. Daquele momento em diante, inclusive no evento da sua crucificação, ele levou adiante o seu trabalho, sob o guiamento combinado da religião evolucionária e da religião revelada. A partir da manhã da sua ressurreição até a sua ascensão, ele passou por múltiplas fases da vida moroncial, desde a transição mortal do mundo da matéria até o mundo do espírito. Depois da sua ascensão, Michael tornou-se o mestre da experiência da Supremacia, a compreensão do Supremo; e, sendo a única pessoa em Nébadon a possuir a capacidade ilimitada de experienciar a realidade do Supremo, imediatamente atingiu o status da soberania na supremacia do seu universo local, neste e para este universo.

Para o homem, a fusão final e a unificação resultante com o Ajustador residente – a síntese da personalidade de homem e essência de Deus – fazem dele, em potencial, uma parte viva do Supremo e asseguram a esse ser, que certa vez foi um mortal, o direito de nascimento eterno de busca sem fim da finalidade do serviço no universo, para e com o Supremo.

A revelação ensina ao homem mortal que, para começar essa magnífica e intrigante aventura no espaço, por intermédio da progressão no tempo, ele deveria começar pela organização do conhecimento em idéias-decisões; para, em seguida, comandar à sabedoria que trabalhe incansavelmente na sua nobre tarefa de transformar as idéias pessoais próprias em ideais cada vez mais efetivos e práticos, mas não menos supernos, até mesmo naqueles conceitos que, sendo tão razoáveis como idéias e tão lógicos enquanto ideais, o Ajustador ousa combiná-los e espiritualizá-los, tornando-os disponíveis para essa associação na mente finita que fará deles um complemento humano factual, pronto para a ação do Espírito da Verdade dos Filhos, que são as manifestações no espaço-tempo da verdade do Paraíso – a verdade universal. A coordenação das idéias-decisões, dos ideais lógicos à verdade divina constitui a posse de um caráter reto, que é o pré-requisito para a admissão do mortal nas realidades sempre em expansão e crescentemente espirituais dos mundos moronciais.

Os ensinamentos de Jesus constituíram a primeira religião urantiana a abranger modo total uma coordenação harmoniosa de conhecimento, sabedoria, fé, verdade e amor, e, tão completa e simultaneamente, a ponto de proporcionar tranqüilidade temporal, certeza intelectual, esclarecimento moral, estabilidade filosófica, sensibilidade ética, consciência de Deus e certeza positiva da sobrevivência pessoal. A fé de Jesus apontou o caminho para a finalidade da salvação humana, para a ultimidade da realização mortal no universo, pois ela assegurou:

1. A salvação das algemas materiais, pela realização da filiação a Deus, que é espírito.

2. A salvação da escravidão intelectual; levando o homem a conhecer a verdade, esta verdade o libertará.

3. A salvação da cegueira espiritual, a realização humana da fraternidade entre os seres mortais e a consciência moroncial da irmandade de todas as criaturas do universo; o serviço-descoberta da realidade espiritual e do ministério-revelação da bondade dos valores espirituais.

4. A salvação da incompletude do eu, por meio de um alcance abrangente dos níveis espirituais no universo, e da realização final da harmonia de Havona e perfeição do Paraíso.

5. A salvação do confinamento egoísta, a liberação das limitações da autoconsciência, por meio do alcance dos níveis cósmicos da mente do Supremo e pela coordenação com as realizações de todos os outros seres autoconscientes.

6. A salvação e a liberação do tempo, a realização de uma vida eterna de progressão infindável no reconhecimento de Deus e no serviço de Deus.

7. A salvação da finitude, por meio da unidade perfeita com a Deidade no e por intermédio do Supremo, por meio do qual a criatura intenta a descoberta transcendental do Último, nos níveis pós-finalitores do absonito.

Essa salvação sétupla é equivalente à realização completa e perfeita da experiência em ultimidade com o Pai Universal. E tudo isso, em potencial, está contido na realidade da fé da experiência humana na religião. E pode estar assim contida, posto que a fé de Jesus foi nutrida por realidades até mesmo além do Último, e foi reveladora delas; a fé de Jesus aproximou-se do status de um absoluto no universo, na medida em que a manifestação deste seja possível num cosmo em evolução no tempo e no espaço.

Por meio da apropriação da fé de Jesus, o homem mortal pode antecipar, no tempo, o gosto das realidades da eternidade. Jesus fez a descoberta, na sua experiência humana, do Pai Final, e os seus irmãos na carne, em vida mortal, podem segui-lo ao longo dessa mesma experiência de descoberta do Pai. Eles podem mesmo alcançar, sendo o que são, a mesma satisfação, nessa experiência com o Pai, que Jesus alcançou, sendo o que foi. Novos potenciais factualizaram-se no universo de Nébadon em conseqüência da auto-outorga final de Michael; e um destes é a iluminação renovada do caminho de eternidade que conduz ao Pai de tudo, o qual pode ser percorrido até pelos mortais de carne e sangue material, ainda na vida inicial nos planetas do espaço. Jesus foi e é o novo caminho vivo, por meio do qual o homem pode alcançar a herança divina que o Pai decretou que fosse dele, apenas ele assim o pedisse. Com Jesus ficam abundantemente demonstrados os começos e os fins da experiência de fé da humanidade, e mesmo da humanidade divina.

7. UMA FILOSOFIA PESSOAL DA RELIGIÃO

Uma idéia é apenas um plano teórico para a ação, ao passo que uma decisão positiva é um plano de ação confirmado. Um estereótipo é um plano de ação aceito sem a validação. Os materiais dos quais se pode fazer uma filosofia pessoal da religião são derivados tanto da experiência interior quanto da experiência do indivíduo com o ambiente. O status social, condições econômicas, oportunidades educacionais, inclinações morais, influências institucionais, desenvolvimentos políticos, tendências raciais e ensinamentos religiosos do tempo e ambiência tornam-se fatores na formulação de uma filosofia pessoal da religião. Mesmo o temperamento inerente e a inclinação intelectual determinam, de um modo marcante, o modelo de filosofia religiosa. A vocação, o casamento e as afinidades, todos influenciam na evolução dos padrões pessoais de vida.

Uma filosofia da religião evolui de um crescimento básico nas idéias, somado à vivência experiencial, pois ambos são modificados pela tendência geral de imitar o semelhante. A idoneidade das conclusões filosóficas depende de um pensamento discriminador penetrante, honesto e criterioso, em ligação com a sensibilidade para os significados e a precisão de avaliação. Os covardes morais nunca alcançam os planos elevados do pensamento filosófico; é necessário coragem para ocupar novos níveis de experiência e para intentar a exploração de domínios desconhecidos da vida intelectual.

Em breve novos sistemas de valores vêm à existência; novas formulações de princípios e padrões são feitas; hábitos e ideais são reformulados; uma idéia de um Deus pessoal é alcançada, seguida de conceitos ampliados de relações com ela.

A grande diferença entre uma filosofia religiosa e uma filosofia não-religiosa de vida consiste na natureza e nível dos valores reconhecidos e naquilo que é merecedor da lealdade. Há quatro fases na evolução da filosofia religiosa: tal experiência pode tornar-se meramente conformada e resignada à submissão à tradição e à autoridade; ou pode dar-se por satisfeita com realizações ligeiras, suficientes apenas para estabilizar a vida diária e, pois, tornar-se logo presa num nível ocasional adventício. Tais mortais abandonam o perfeito, fazendo dele um inimigo do ótimo. Um terceiro grupo progride até o nível da intelectualidade lógica, mas permanece em estagnação, em conseqüência da escravidão cultural. É verdadeiramente uma pena ver intelectos tão grandes serem mantidos tão solidamente presos pela garra cruel de laços culturais. É igualmente patético observar aqueles que transformam as correntes materialistas de uma ciência, ou de uma falsa ciência, na sua prisão cultural. O quarto nível de filosofia alcança a liberdade de todas as limitações convencionais e tradicionais e ousa pensar, agir e viver honesta, leal, destemida e verdadeiramente.

O teste chave de qualquer filosofia religiosa se dá na sua capacidade de distinguir ou não entre as realidades do mundo material e as do mundo espiritual e, ao mesmo tempo, reconhecer a sua unificação no esforço intelectual a serviço do social. Uma filosofia religiosa sólida não confunde as coisas de Deus com as coisas de César. E também não reconhece o culto estético do maravilhoso puro como um substituto para a religião.

A filosofia transforma aquela religião primitiva, que foi um grande conto de fadas da consciência, numa experiência viva com os valores ascendentes da realidade cósmica.

8. FÉ E CRENÇA

A crença terá alcançado o nível da fé quando estiver motivando a vida e moldando o modo de vida. A aceitação de um ensinamento como verdadeiro não é fé; é mais uma crença. Nem certeza ou convicção também não são fé. Um estado mental atinge os níveis da fé apenas quando, de fato, domina o modo de vida. A fé é um atributo vivo de uma experiência pessoal religiosa verdadeira. Acredita-se na verdade, admira-se a beleza e reverencia-se a bondade, mas não se as adora; uma atitude assim de fé salvadora é centrada em Deus apenas, que é tudo isso personificado e infinitamente mais.

A crença é sempre limitante e aprisionadora; a fé é expansiva e libertadora. A crença fixa, a fé liberta. Todavia, a fé religiosa viva é mais do que uma associação de crenças nobres; é mais do que um sistema elevado de filosofia; é uma experiência viva, voltada para os significados espirituais, junto aos ideais divinos e aos valores supremos; é conhecer a Deus e servir aos homens. As crenças podem transformar-se em posses grupais, mas a fé deve ser pessoal. As crenças teológicas podem ser sugeridas a um grupo, mas a fé apenas pode surgir individualmente no coração do religioso.

A fé haverá falsificado a sua confiabilidade ao presumir negar as realidades e conferir aos seus devotos apenas conhecimentos presumidos. A fé é traidora, quando fomenta a traição à integridade intelectual e deprecia a lealdade aos valores supremos e aos ideais divinos. A fé nunca deixa de lado o dever de resolver os problemas da vida mortal. A fé viva não fomenta o fanatismo, a perseguição ou a intolerância.

A fé não impede a imaginação criativa, nem mantém um preconceito irracional contra as descobertas da investigação científica. A fé revitaliza a religião e obriga o religioso a viver heroicamente a regra de ouro. O zelo da fé está de acordo com o conhecimento, e os seus esforços são o prelúdio de uma paz sublime.

9. RELIGIÃO E MORALIDADE

Nenhuma revelação da religião, professada como tal, poderia ser considerada como autêntica, se deixasse de reconhecer as demandas do dever da obrigação ética que foram criadas e fomentadas pela religião evolucionária precedente. A revelação amplia infalivelmente o horizonte ético da religião evoluída e, simultânea e infalivelmente, expande as obrigações morais de todas as revelações anteriores.

Quando presumirdes fazer um julgamento crítico da religião primitiva do homem (ou sobre a religião do homem primitivo), devíeis lembrar-vos de julgar tais selvagens e de avaliar a sua experiência religiosa de acordo com o seu esclarecimento e o seu estado de consciência. Não cometais o erro de julgar a religião de alguém segundo os vossos próprios padrões de conhecimento e de verdade.

A verdadeira religião é aquela convicção sublime e profunda que, de dentro da alma, aconselha ao homem, de um modo irresistível, que seria errado para ele não acreditar naquelas realidades moronciais que constituem os seus conceitos éticos e morais mais elevados, na sua interpretação mais elevada dos maiores valores da vida e das realidades mais profundas do universo. E tal religião é simplesmente a experiência de devotar a lealdade intelectual aos ditames mais elevados da consciência espiritual.

A busca da beleza é uma parte da religião apenas na medida em que é ética e enriquece o conceito da moral. A arte só é religiosa quando se confunde com o propósito derivado da motivação espiritual elevada.

A consciência espiritual esclarecida do homem civilizado não se preocupa tanto com nenhuma crença intelectual específica nem com um modo particular de vida, quanto com a descoberta da verdade da vida, com a técnica boa e correta de reagir às situações sempre recorrentes da existência mortal. A consciência moral é apenas um nome dado ao reconhecimento e à consciência humana daqueles valores éticos e moronciais emergentes, aos quais o dever manda que o homem se conforme, no controle cotidiano e no seu modo de conduta.

Embora reconhecendo que a religião seja imperfeita, existem ao menos duas manifestações práticas da sua natureza e função:

1. O estímulo espiritual e a pressão filosófica da religião tendem a levar o homem a projetar a sua apreciação dos valores morais diretamente para fora, na direção dos assuntos ligados aos seus semelhantes – a reação ética da religião.

2. A religião cria, para a mente humana, uma consciência espiritualizada da realidade divina, baseada em conceitos antecedentes de valores morais, derivada deles pela fé e coordenada com conceitos supra-impostos de valores espirituais. A religião, por isso, torna-se um censor dos assuntos mortais, uma forma de crédito moral de confiança glorificada na realidade, nas realidades do tempo realçadas e nas realidades mais duradouras da eternidade

A fé transforma-se na conexão entre a consciência moral e o conceito espiritual da realidade permanente. A religião transforma-se na via pela qual o homem escapa das limitações materiais do mundo temporal e natural, para alcançar as realidades supernas do mundo eterno e espiritual, por meio da técnica da salvação, a transformação moroncial progressiva.

10. A RELIGIÃO COMO LIBERTADORA DO HOMEM

O homem inteligente sabe que é um filho da natureza, uma parte do universo material; e também não discerne nenhuma sobrevivência da personalidade individual nos movimentos e nas tensões de nível matemático do universo da energia. Nem jamais pode o homem discernir a realidade espiritual por meio do exame das causas e dos efeitos físicos.

Um ser humano é consciente também de que ele é uma parte do cosmo ideacional, mas, embora um conceito possa perdurar além do ciclo de uma vida mortal, nada há de inerente ao conceito que indique a sobrevivência pessoal da personalidade que o concebe. Nem o esgotamento de todas as possibilidades da lógica e da razão jamais revelará ao homem lógico, nem ao racionalizador, a verdade eterna da sobrevivência da personalidade.

O nível material da lei assegura a continuidade da causalidade, a interminável reação de efeito à ação antecedente; o nível da mente sugere a perpetuação da continuidade ideacional, o fluxo incessante da potencialidade conceitual das concepções preexistentes. No entanto, nenhum desses níveis, no universo, abre ao mortal buscador uma via escapatória para a parcialidade do seu status e da incerteza intolerável de ser uma realidade transitória no universo, uma personalidade temporal condenada a ser extinta quando da exaustão das limitadas energias vitais.

Apenas pela via moroncial, que conduz ao discernimento espiritual interior, é que o homem pode romper as cadeias inerentes ao seu status de mortal no universo. A energia e a mente podem conduzir de volta ao Paraíso e à Deidade, mas nem o dom da energia nem o dom da mente, dados ao homem, provêm diretamente dessa Deidade do Paraíso. Apenas no sentido espiritual o homem é um filho de Deus. E isso é verdade porque apenas no sentido espiritual é que o homem é atualmente dotado e residido pelo Pai do Paraíso. A humanidade nunca descobrirá a divindade a não ser por meio da via da experiência religiosa e pelo exercício da verdadeira fé. A aceitação da verdade de Deus, por meio da fé, capacita o homem a escapar dos confins circunscritos das limitações materiais e lhe dá uma esperança racional de obter o salvo-conduto para sair do reino material, onde existe a morte, e entrar no Reino espiritual, onde há a vida eterna.

O propósito da religião não é satisfazer a curiosidade sobre Deus, mas, sim, proporcionar a constância intelectual e a segurança filosófica para estabilizar e enriquecer a vida humana, combinando o mortal com o divino, o parcial com o perfeito; homem e Deus. É por intermédio da experiência religiosa que os conceitos humanos da idealidade tornam-se dotados e plenos de realidade.

Nunca haverá uma prova científica ou lógica da divindade. A razão por si só nunca poderá ratificar os valores e a excelência da experiência religiosa. Todavia, será sempre verdade que qualquer um que se disponha a cumprir a vontade de Deus compreenderá a validade dos valores espirituais. Essa é a melhor abordagem ou aproximação que pode ser realizada, no nível mortal, para oferecer provas da realidade da experiência religiosa. Tal fé proporciona a única saída das garras mecânicas do mundo material e da distorção do erro da incompletude do mundo intelectual; é a única solução descoberta para o impasse gerado no pensamento mortal a respeito da continuidade da sobrevivência da personalidade individual. É o único passaporte para a realidade completa e para a eternidade da vida em uma criação universal de amor, lei, unidade e alcance progressivo da Deidade.

A religião cura eficazmente o sentido de isolamento idealista do homem, ou de solidão espiritual; ela emancipa o crente como um filho de Deus, um cidadão de um universo novo e significativo. A religião assegura ao homem que, seguindo a luz da retidão que é discernível dentro da sua alma, ele estará assim identificando-se com o plano do Infinito e com o propósito do Eterno. Uma alma liberada desse modo começa imediatamente a sentir-se em casa nesse novo universo, o seu universo.

Após passardes pela experiência de uma tal transformação pela fé, não sereis mais uma parte escravizada do cosmo matemático, sereis mais um independente filho volicional do Pai Universal. Não mais esse filho liberado está lutando sozinho contra a condenação inexorável da terminação na existência temporal; não mais ele combate a toda a natureza, com as possibilidades desesperadamente contra si; não mais ele hesita com um medo paralisante de ter, por acaso, colocado a sua confiança numa quimera sem esperança ou de ter pregado a sua fé no alfinete errado do imaginário.

Agora, sobretudo, os filhos de Deus estão alistados juntos para lutarem na batalha que é o triunfo da realidade sobre as sombras parciais da existência. Afinal, todas as criaturas tornam-se conscientes do fato de que Deus e todas as hostes divinas, de um universo quase sem limites, estão do seu lado na luta superna para alcançar a eternidade da vida e a divindade de status. Tais filhos, liberados pela fé, certamente se alistaram nas lutas do tempo ao lado das forças supremas e das personalidades divinas da eternidade; até mesmo as estrelas, nos seus cursos, agora, estão na batalha por eles; afinal, eles contemplam o universo de dentro, do ponto de vista de Deus, e, das incertezas de um isolamento material, tudo fica transformado nas certezas da progressão espiritual eterna. E mesmo o tempo não se torna mais do que uma sombra da eternidade, lançada pelas realidades do Paraíso, sobre a panóplia, em movimento, do espaço.

[Apresentado por um Melquisedeque de Nébadon.]

DOCUMENTO 102

OS FUNDAMENTOS DA FÉ RELIGIOSA

PARA o materialista descrente, o homem é simplesmente um acidente evolucionário. As suas esperanças de sobrevivência estão ligadas a umaficção que é da sua imaginação mortal; os seus medos, amores, aspirações e crenças não são senão a reação de uma justaposição incidental de certos átomos de matéria sem vida. Nenhum aparato de energia, nenhuma expressão de confiança pode transportá-lo depois do túmulo. As obras devocionais e o gênio inspirado dos melhores dos homens estão condenados a ficar extintos pela morte, pela noite longa e solitária do esquecimento eterno e da extinção da alma. O desespero sem nome é a única recompensa por viver e labutar sob o sol temporal da existência mortal. Sem piedade e lentamente, mas a cada dia de modo mais certo e apertado, a vida imprime sobre esse indivíduo a sua garra de condenação sem piedade, a qual um universo material hostil e implacável decretou fosse o insulto a coroar tudo aquilo que é belo, nobre, elevado e bom nos desejos humanos.

Contudo, não é esse o fim, nem o destino eterno do homem; essa visão não é senão o grito de desespero proferido por alguma alma errante que ficou perdida nas trevas espirituais, e que bravamente continua debatendo-se dentro dos sofismas mecanicistas de uma filosofia materialista, cega pela desordem e pelas deformações de uma erudição tornada complexa. E toda essa condenação às trevas e todo esse destino de desespero ficam, para sempre, dissipados por um esforço valente de fé da parte do mais humilde e iletrado entre os filhos de Deus sobre a Terra.

Essa fé salvadora tem o seu nascimento no coração humano, quando a consciência moral do homem compreende que os valores humanos podem ser transladados do material para o espiritual, na experiência mortal, do humano até o divino, do tempo até a eternidade.

1. AS GARANTIAS DADAS PELA FÉ

O papel do Ajustador do Pensamento em si é a explicação de como se dá o translado do senso do dever primitivo e evolucionário do homem até aquela fé mais elevada e mais certa nas realidades eternas da revelação. Deve haver fome de perfeição no coração do homem, suficiente para assegurar-lhe a capacidade de compreender o caminho que, pela fé, que leva à realização suprema. Se um homem escolhe fazer a vontade divina, ele saberá o caminho da verdade. Torna-se literalmente verdade que "as coisas humanas devem ser conhecidas, para serem amadas, mas as coisas divinas devem ser amadas, para que sejam conhecidas". No entanto, as dúvidas honestas e o questionamento sincero não são pecado; tais atitudes significam meramente uma demora na jornada progressiva no sentido de alcançar a perfeição. Uma confiança de criança assegura a entrada do homem no Reino da ascensão celeste, mas o progresso depende inteiramente do exercício vigoroso da fé robusta e confiante do homem amadurecido.

A razão da ciência é baseada nos fatos observáveis do tempo; a fé da religião baseia o seu argumento no programa espiritual da eternidade. O que o conhecimento e a razão não podem fazer por nós, a sabedoria verdadeira aconselha-nos a permitir que a fé realize, por intermédio do discernimento religioso e da transformação espiritual.

Devido ao isolamento, depois da rebelião, a revelação da verdade, em Urântia, tem sido confundida, com muita freqüência, com as afirmações de cosmologias parciais e transitórias. A verdade não muda de uma geração para outra, mas os ensinamentos ligados a ela sobre o mundo físico variam, de um dia para o outro e de ano para ano. A verdade eterna não deveria ser desprezada, mesmo que venha acompanhada de idéias obsoletas a respeito do mundo material. Quanto mais souberdes da ciência, tanto menos certos podereis estar; quanto mais de religião *tiverdes*, tanto mais seguros estareis.

As convicções da ciência procedem integralmente do intelecto; as certezas da religião brotam das próprias fundações da *personalidade inteira*. A ciência oferece apelo ao entendimento da mente; a religião apela à lealdade e à devoção do corpo, da mente e do espírito, e mesmo à personalidade como um todo.

Deus é tão inteiramente real e absoluto que nenhum sinal material de prova, e nenhuma demonstração ou forma de pretenso milagre pode ser oferecida em testemunho da Sua realidade. Nós sempre O reconheceremos, porque confiamos Nele, e a nossa crença Nele é integralmente baseada na nossa participação pessoal nas manifestações divinas da Sua realidade infinita.

O Ajustador do Pensamento residente infalivelmente desperta na alma do homem uma verdadeira sede e busca da perfeição, junto a uma curiosidade de longo alcance, que só pode ser satisfeita de modo adequado pela comunhão com Deus, a fonte divina desse Ajustador. A alma faminta do homem recusa-se a se satisfazer com algo menor do que alcançar pessoalmente o Deus vivo. Deus deve ser bem maior do que uma personalidade moral elevada e perfeita, entretanto, perante o nosso conceito faminto e finito, ele não pode ser nada menos.

2. RELIGIÃO E REALIDADE

Mentes observadoras e almas de bom discernimento sabem distinguir a religiosidade quando a sentem nas vidas dos seus semelhantes. A religião não precisa ser definida; todos nós conhecemos os seus frutos sociais, intelectuais, morais e espirituais. E tudo isso advém do fato de que a religião é propriedade da raça humana; ela não é filha da cultura. Bem verdade é que a percepção que se tem da religião é humana e, portanto, sujeita às algemas da ignorância, à escravidão da superstição, às fraudes da sofisticação mundana e às ilusões das filosofias falsas.

Uma das peculiaridades características da segurança religiosa genuína é que, não obstante a absolutez das suas afirmações e da firmeza da sua atitude, o espírito de sua expressão é tão equilibrado e ponderado que nunca transmite a mais leve impressão de auto-afirmação ou de exaltação egoísta. A sabedoria da experiência religiosa é algo como um paradoxo, pois ela tem uma origem humana, ao mesmo tempo em que procede do Ajustador. A força religiosa não é produto de prerrogativas pessoais individuais, antes é, todavia, conseqüência daquela co-participação sublime que o homem tem junto à fonte perene de toda a sabedoria. Assim, as palavras e os atos da religião verdadeira e impoluta, na sua pureza original, tornam-se de uma autoridade irresistível perante todos os mortais esclarecidos.

Difícil é identificar e analisar os fatores de uma experiência religiosa, mas não é difícil observar os praticantes religiosos vivendo e perseverando como se estivessem já em presença do Eterno. Os crentes reagem a esta vida temporal como se a imortalidade estivesse já nas suas mãos. Nas vidas desses mortais, há uma originalidade convincente e uma espontaneidade de expressão, que, para sempre, os destaca dos seus semelhantes que, nada mais absorveram do que a sabedoria sobre este mundo. As pessoas religiosas parecem viver emancipadas e livres efetivamente da pressa da usura e da tensão penosa das vicissitudes inerentes às correntes seculares do tempo; elas demonstram uma estabilidade de personalidade e uma tranqüilidade de caráter não explicada pelas leis da fisiologia, nem da psicologia, nem da sociologia.

O tempo é, invariavelmente, um elemento necessário para conseguir-se o conhecimento; a religião torna esses dons imediatamente disponíveis, se bem que haja o importante fator que é o crescimento na graça, o avanço definitivo, em todas as fases da experiência religiosa. O conhecimento é uma busca eterna, vós estais sempre aprendendo, mas nunca vos tornareis capazes de alcançar o conhecimento pleno da verdade absoluta. No conhecimento apenas, não pode haver jamais nenhuma certeza absoluta, apenas uma probabilidade crescente de aproximação; mas a alma religiosa com iluminação espiritual *sabe*, e sabe *agora*. E, ainda, essa certeza profunda e evidente não conduz esse homem religioso, mentalmente sadio, a ter um interesse menor pelos altos e baixos do progresso da sabedoria humana, que está ligada estreitamente à sua finalidade material e aos desenvolvimentos lentos da ciência.

Mesmo as descobertas da ciência não são verdadeiramente *reais* na consciência da experiência humana, até que sejam elucidadas e correlacionadas, até que os seus fatos mais relevantes se tornem realmente *significativos*, por meio da sua colocação nos circuitos das correntes de pensamento da mente. O homem mortal vê, até mesmo o seu meio ambiente físico, de um nível mental, a partir da perspectiva dos registros psicológicos desse nível mental. E, portanto, não é estranho que o homem empreste ao universo uma interpretação altamente unificada e então busque identificar essa unidade de energia da sua ciência com a unidade espiritual da sua experiência religiosa. A mente é unidade; a consciência mortal vive no nível da mente e percebe as realidades universais pelos olhos das faculdades com as quais a sua mente está dotada. A perspectiva mental não alcança a unidade existencial da fonte da realidade, a Primeira Fonte e Centro, mas ela pode, e algumas vezes irá, retratar para o homem a síntese experiencial da energia, da mente e do espírito no Ser Supremo e como Ele. A mente, porém, não pode jamais obter êxito nessa unificação das diversidades da realidade, a menos que tal mente esteja firmemente consciente das coisas materiais, dos significados intelectuais e dos valores espirituais; a unidade existe apenas na harmonia da triunidade da realidade funcional, e apenas na unidade existe a satisfação da personalidade quanto à realização da constância e da coerência cósmica.

É por meio da filosofia que a unidade fica mais bem localizada na experiência humana. E, ainda que o corpo do pensamento filosófico deva estar sempre baseado em fatos materiais, a alma e a energia da verdadeira dinâmica filosófica são um discernimento espiritual dos seres mortais.

O homem evolucionário não tem um prazer natural com o trabalho pesado. Na sua experiência de vida, acompanhar os passos das demandas impulsoras e da pressão das necessidades da experiência religiosa crescente significa manter uma atividade incessante de crescimento espiritual, manter a expansão intelectual, o desenvolvimento factual e o serviço social. Não existe religiosidade real separada de uma personalidade altamente ativa. E é por isso que os mais indolentes dos homens sempre buscam escapar dos rigores das verdadeiras atividades religiosas, por meio de uma espécie engenhosa de auto-enganação, recorrendo ao abrigo falso das doutrinas e dogmas religiosos estereotipados. A verdadeira religião, entretanto, está viva. A cristalização intelectual dos conceitos religiosos é equivalente à morte espiritual.

Vós não podeis conceber uma religiosidade sem idéias, mas, quando a religião fica reduzida a uma *idéia* apenas, não é mais uma religião; transformou-se meramente em uma espécie de filosofia humana.

E, ainda, existem outros tipos de almas instáveis e mal disciplinadas que usariam as idéias sentimentais da religiosidade como uma forma de escapar das exigências irritantes da vida. Quando alguns mortais vacilantes e acanhados querem escapar da pressão incessante da vida evolucionária, a religião, do modo como eles a concebem, parece apresentar o refúgio mais ao seu alcance, o melhor caminho de fuga. Contudo, a missão da religião é preparar o homem para enfrentar, com valentia, e até mesmo com heroísmo, as vicissitudes da vida. A religião é o dom supremo do homem evolucionário, é aquela coisa que o capacita a prosseguir e a "resistir, como se estivesse vendo-O, a Ele que é invisível". O misticismo, contudo, muitas vezes é algo como um refúgio da vida e é adotado por aqueles seres humanos que não amam as atividades mais duras de viver uma vida religiosa nas arenas abertas da sociedade e do comércio humano. A verdadeira religião deve *atuar*. A conduta será um resultado da religiosidade, quando o homem de fato estiver com ela, ou antes, quando se permitir que a religião verdadeiramente o possua. A religião nunca ficará satisfeita com o mero pensar ou com o sentimento sem atuação.

Não estamos cegos para o fato de que a religião freqüentemente atue de um modo pouco sábio, até mesmo irreligioso, mas ela *atua*. As aberrações da convicção religiosa têm levado a perseguições sangrentas, mas a religiosidade sempre faz alguma coisa: ela é dinâmica!

3. CONHECIMENTO, SABEDORIA E DISCERNIMENTO INTERIOR

A deficiência intelectual, ou a pobreza educacional, inevitavelmente é um obstáculo para o acesso a níveis religiosos mais elevados, porque o ambiente da natureza religiosa, empobrecido assim, retira a religião do seu canal principal de contato filosófico com o mundo do conhecimento científico. Os fatores intelectuais da religião são importantes, mas, igualmente, o hiper-desenvolvimento deles transforma-se, algumas vezes, em um empecilho e em um embaraço. Uma religião deve trabalhar continuamente sob uma necessidade paradoxal: a necessidade de fazer uso efetivo do pensamento e, ao mesmo tempo, dando o desconto devido à inutilidade que é utilizar o pensamento para o fim espiritual.

A especulação religiosa é inevitável, mas é sempre nociva; a especulação invariavelmente falsifica o seu objeto. A especulação tende a transformar a religião em algo material ou humanista e, assim, ao interferir diretamente, usando a clareza do pensamento lógico a especulação leva, indiretamente, a religião a assemelhar-se a uma função do mundo temporal, aquele mesmo mundo com o qual ela deveria manter-se em perene contraste. E, portanto, a religião será sempre caracterizada por paradoxos, os paradoxos que resultam da ausência da ligação experiencial entre o nível material e o nível espiritual do universo – a mota moroncial, a sensibilidade supra-filosófica para o discernimento da verdade e para a percepção da unidade.

Os sentimentos materiais, as emoções humanas levam diretamente a ações materiais, a atos egoístas. O discernimento da visão religiosa, de motivação espiritual, conduz a ações religiosas e atos não-egoístas de serviço social e de benevolência altruísta.

O desejo religioso é a busca sedenta da realidade divina. A experiência religiosa é a realização da consciência de haver encontrado Deus. E, quando um ser humano encontra Deus, o triunfo dessa descoberta fica experienciado dentro da alma desse ser de um modo tão indescritivelmente efervescente, que ele é levado a buscar o serviço amoroso do contato com os seus semelhantes menos iluminados, não para revelar que ele encontrou Deus, mas para consentir que o transbordamento da bondade eterna que inunda a sua própria alma refresque e enobreça os seus semelhantes. A religião real conduz a um serviço social maior.

A ciência, o conhecimento, conduz à consciência do *fato*; a religião, a experiência, conduz à consciência de valor; a filosofia, a sabedoria, leva à consciência *coordenada*; a revelação (a substituta da mota moroncial) leva à consciência da *verdadeira realidade*; enquanto a coordenação da consciência do fato, do valor, e da verdadeira realidade constitui a consciência da realidade da personalidade, do máximo do ser, junto com a crença na possibilidade da sobrevivência daquela mesma personalidade.

O conhecimento leva à classificação dos homens e origina os estratos sociais e as castas. A religião leva ao serviço dos homens, criando, assim, a ética e o altruísmo. A sabedoria leva a uma confraternização mais elevada e melhor, tanto das idéias como das pessoas. A revelação libera os homens e inicia-os na aventura eterna.

A ciência escolhe os homens; a religião ama os homens, como a vós mesmos; a sabedoria faz justiça a homens diferentes; mas a revelação glorifica o homem e demonstra a sua capacidade de ser parceiro de Deus.

A ciência esforça-se em vão para criar a irmandade da cultura; a religião traz à vida a irmandade do espírito. A filosofia busca a irmandade da sabedoria; a revelação retrata a irmandade eterna, o Corpo de Finalidade do Paraíso.

O conhecimento faz nascer o orgulho na existência da personalidade; a sabedoria é a consciência do significado da personalidade; a religião é a experiência do conhecimento do valor da personalidade; a revelação é a confirmação da sobrevivência da personalidade.

A ciência busca identificar, analisar e classificar as partes segmentadas do cosmo ilimitado. A religião capta a idéia do todo, do cosmo inteiro. A filosofia intenta identificar os segmentos materiais da ciência com o conceito do todo, efetuado pelo discernimento da clarividência espiritual. Nos pontos em que a filosofia fracassa, nessa tentativa, a revelação tem êxito, afirmando que o círculo cósmico é universal, eterno, absoluto e infinito. Esse cosmo do EU SOU Infinito é, portanto, sem fim, sem limites e todo-inclusivo — fora do tempo, do espaço e inqualificável. E nós testemunhamos que o EU SOU Infinito é também o Pai de Michael de Nébadon e o Deus da salvação humana.

A ciência indica a Deidade como um *fato*; a filosofia apresenta a *idéia* de um Absoluto; a religião visualiza Deus como uma *personalidade espiritual* de amor. A revelação afirma, no fato da Deidade, a *unidade*, a idéia do Absoluto, e a personalidade espiritual de Deus e, além disso, apresenta esse conceito como o nosso Pai – o fato universal da existência, a idéia eterna da mente, e o espírito infinito da vida.

A investigação do conhecimento constitui a ciência; a busca da sabedoria é filosofia; o amor por Deus é religião; a sede da verdade *é* uma revelação. No entanto, é o Ajustador do Pensamento residente que dá o sentimento de realidade ao entendimento espiritual que o homem tem do cosmo.

Na ciência, a idéia precede à expressão da sua realização; na religião, a experiência da realização precede à expressão da idéia. Há uma diferença enorme entre a vontade de crer, do ser evolucionário, de um lado, e, do outro, o produto da razão iluminada, o discernimento religioso e a revelação – a *vontade que crê*.

Na evolução, a religião leva sempre o homem a criar os seus conceitos de Deus; a revelação mostra o fenômeno de Deus fazendo o homem evoluir por si próprio; enquanto, na vida terrena de Cristo Michael, nós contemplamos o fenômeno de Deus revelando a Si próprio ao homem. A evolução tende a fazer com que Deus se pareça com o homem; a revelação tende a fazer com que o homem seja semelhante a Deus.

A ciência só se satisfaz com as causas primeiras; a religião, com a personalidade suprema, e a filosofia, com a unidade. A revelação afirma que essas três são uma, e que todas são boas. O *eterno real* é o bem do universo, e não as ilusões temporais dos males no espaço. Na experiência espiritual de todas as personalidades, é sempre verdade que o real é o bem, e que o bem é o real.

4. O FATO DA EXPERIÊNCIA

Por causa da presença do Ajustador do Pensamento nas vossas mentes, para vós não é um mistério maior conhecer a mente de Deus do que estar seguro na consciência de conhecer qualquer outra mente, humana ou supra-humana. A religião e a consciência social têm em comum o seguinte: elas são baseadas na consciência da existência de outras mentes. A técnica por meio da qual vós podeis aceitar a idéia de alguém como sendo a vossa é a mesma pela qual vós podeis "deixar a mente que esteve em Cristo estar também em vós".

O que é a experiência humana? É simplesmente qualquer interação entre um eu ativo e questionador, e qualquer outra realidade ativa e externa. A massa total da experiência é determinada pela profundidade do conceito mais a totalidade do reconhecimento da realidade do lado externo. A movimentação da experiência iguala-se à força da imaginação expectante, mais a acuidade da descoberta sensorial das qualidades externas da realidade contatada. O fato da experiência encontra-se na autoconsciência, mais outras existências — coisas, mentalidades e espiritualidades outras.

Muito cedo o homem torna-se consciente de que ele não está só no mundo, ou no universo, e desenvolve-se nele uma tomada de consciência natural e espontânea de outras mentes no ambiente individual. A fé traduz essa experiência natural em religião, no reconhecimento de Deus como realidade – fonte, natureza e destino – de *outra mente*. Contudo, tal conhecimento de Deus é, agora e sempre, uma realidade da experiência pessoal. Se Deus não fosse uma personalidade, Ele não poderia ser uma parte viva da experiência religiosa real de uma personalidade humana.

O elemento de erro presente na experiência religiosa humana é diretamente proporcional ao conteúdo de materialismo que contamina o conceito espiritual feito sobre o Pai Universal. A época pré-espiritual do progresso humano no universo consiste na experiência de despojar-se dessas idéias errôneas sobre a natureza de Deus e sobre a realidade do espírito puro e verdadeiro. A Deidade é mais do que espírito, mas a abordagem espiritual é a única possível ao homem ascendente.

A oração, de fato, é uma parte da experiência religiosa, mas tem sido erradamente enfatizada pelas religiões modernas, em detrimento da comunhão da adoração, que é mais essencial. Os poderes refletivos da mente são aprofundados e ampliados pela adoração. A prece pode enriquecer a vida, mas a adoração ilumina o destino.

A religião revelada é o elemento unificador da existência humana. A revelação unifica a história, coordena a geologia, a astronomia, a física, a química, a biologia, a sociologia e a psicologia. A experiência espiritual é a alma real do cosmo do homem.

5. A SUPREMACIA DO POTENCIAL PLENO DE PROPÓSITO

Embora o estabelecimento do fato da crença não seja equivalente ao estabelecimento do fato daquilo em que se crê, contudo, a progressão evolucionária de uma simples vida até o status de personalidade demonstra bem, para começar, o fato da existência do potencial da personalidade. E, nos universos do tempo, o potencial tem sempre supremacia sobre o factual. No cosmo em evolução, o potencial é o que está para vir a ser, e o que está para vir a ser é um desdobramento dos mandados da intenção ou propósito da Deidade.

Essa mesma supremacia de propósito é perceptível na evolução da ideação da mente, quando o medo animal primitivo é transmutado em uma reverência, cada vez mais profunda, a Deus, e em uma admiração temerosa crescente pelo universo. O homem primitivo teve mais temor religioso do que fé; e a supremacia dos potenciais espirituais sobre os fatos da mente fica evidenciada quando esse medo covarde traduz-se na fé viva nas realidades espirituais.

Vós podeis elaborar uma psicologia da religião evolucionária, mas não a da religiosidade de origem espiritual, vivida na experiência pessoal. A moralidade humana pode reconhecer valores, mas apenas a religião pode conservar, exaltar e espiritualizar tais valores. E, apesar de tudo isso, a religião é algo mais do que uma moralidade emocional. A religião está para a moralidade, como o amor está para o dever, como a filiação está para a servidão, como a essência está para a substância. A moralidade revela um Controlador Todo-Poderoso, uma Deidade a quem se deve servir; a religião revela um Pai cheio de amor, um Deus a ser amado e adorado. E, uma vez mais, isso se dá porque a potencialidade espiritual da religião predomina sobre o ato do dever, na moralidade da evolução.

6. A CERTEZA DADA PELA FÉ RELIGIOSA

A eliminação do medo religioso, concretizada pela filosofia, e o progresso firme da ciência contribuem grandemente para a mortandade dos deuses falsos; e, ainda que a perda dessas deidades criadas pelos homens possa momentaneamente nublar a visão espiritual, ela finalmente destrói a ignorância e a superstição que há muito obscureciam o Deus vivo do amor eterno. A relação entre a criatura e o Criador é uma experiência viva, uma fé religiosa dinâmica, que não se pode sujeitar a uma definição precisa. Isolar parte da vida e chamá-la de religião é desintegrar a vida e distorcer a religião. E é exatamente por isso que o Deus merecedor da nossa adoração espera a nossa fidelidade por inteiro, ou nenhuma.

Os deuses dos homens primitivos podem ter sido nada mais do que sombras deles próprios; o Deus vivo é a luz divina cujas interrupções geram as sombras da criação do espaço inteiro.

A pessoa religiosa de algum alcance filosófico possui fé em um Deus pessoal de salvação pessoal, em algo mais do que uma realidade: um valor, um nível de realização, um processo elevado, uma transmutação última no tempo-espaço, uma idealização, uma personalização da energia, uma entidade da gravidade, uma projeção humana, a idealização do eu, um impulso elevador da natureza, a inclinação para o bem, o impulso que leva a evolução adiante, ou uma hipótese sublime. O religioso tem fé em um Deus de amor. O amor é a essência da religião e a fonte infalível da civilização superior.

Na experiência religiosa, a fé transforma o Deus filosófico da probabilidade no Deus da certeza salvadora. O ceticismo pode desafiar as teorias da teologia, mas a convicção de que se pode ter segurança na experiência pessoal afirma a verdade daquela crença que se ampliou até a fé.

As convicções sobre Deus podem ser alcançadas por meio do raciocínio sábio, mas os indivíduos tornam-se conhecedores de Deus apenas pela fé, por meio da experiência pessoal. Para muitas coisas da vida, deve-se contar com a probabilidade, mas, ao contatar a realidade cósmica, uma certeza pode ser experienciada, quando tais significados e valores são abordados pela fé viva. A alma que conhece a Deus ousa dizer: "eu conheço", mesmo quando esse conhecimento de Deus é questionado pelo descrente que nega essa certeza, porque não é totalmente consubstanciada pela lógica intelectual. Para cada um desses incrédulos, o crente apenas responde: "Como sabes tu que eu não sei?"

Embora a razão possa questionar a fé, a fé sempre pode suplementar tanto a razão quanto a lógica. A razão cria a probabilidade de que até mesmo uma experiência espiritual possa ser transformada em uma certeza moral pela fé. Deus é a primeira verdade e o último fato; e, portanto, toda a verdade tem origem Nele, e todos os fatos existem em relação a Ele. Deus é a verdade absoluta. Pode-se conhecer a Deus como verdade, mas, para compreender — para explicar — a Deus, deve-se explorar o fato da existência do universo dos universos. O imenso abismo entre a experiência da verdade da existência de Deus e a ignorância dessa existência factual pode ser vencido apenas por meio da fé viva. A razão apenas não pode estabelecer a harmonia entre a verdade infinita e o fato universal.

A crença pode não ser capaz de resistir à dúvida, nem de suportar o medo, mas a fé é triunfante sempre sobre a dúvida, pois a fé é não apenas positiva, como também é viva. O que é positivo tem sempre vantagem sobre o negativo, a verdade sobre o erro, a experiência sobre a teoria, as realidades espirituais sobre os fatos isolados do tempo e do espaço. A prova convincente dessa certeza espiritual consiste nos frutos sociais do espírito, que os crentes, os homens de fé geram, como resultado dessa experiência espiritual genuína. Disse Jesus: "Se vós amardes os vossos semelhantes como eu vos amei, então todos os homens saberão que vós sois discípulos meus".

Para a ciência, Deus é uma possibilidade; para a psicologia, uma coisa desejável; para a filosofia, uma probabilidade; e para a religião, uma certeza, um fato experiencial na religiosidade. A razão requer que uma filosofia que não pode encontrar o Deus da probabilidade deva ter bastante respeito pela fé religiosa que é capaz de encontrar o Deus da certeza, e o encontra. E a ciência não deveria desdenhar a experiência religiosa pelo seu aspecto de credulidade, pelo menos enquanto a ciência persiste em supor que a dotação intelectual e filosófica do homem proveio de inteligências que diminuiem à medida que se retroage até o passado remoto, finalmente, tendo origem na vida primitiva, que era totalmente desprovida de qualquer pensamento e de qualquer sentimento.

Os fatos da evolução não devem ser colocados contra a verdade de que a experiência espiritual da vida religiosa de um mortal conhecedor de Deus traga em si uma certeza e seja uma realidade. Os homens inteligentes deveriam cessar de raciocinar como crianças e tentar usar uma lógica adulta consistente, lógica esta que tolera conceitos da verdade, ao longo da observação do fato. O materialismo científico atinge a própria falência, quando persiste, em face de cada fenômeno que se repete no universo, em basear as suas objeções atuais em uma comparação do que é reconhecidamente mais elevado, referindo-o ao que é reconhecidamente inferior. A coerência requer o reconhecimento das atividades de um Criador com um propósito.

A evolução orgânica é um fato; a evolução com um propósito, ou progressiva, é uma verdade que torna consistentes os fenômenos contraditórios, de outro lado, das realizações cada vez mais ascendentes da evolução. Quanto mais rápido for o progresso de qualquer cientista, na ciência que escolheu, tanto mais ele abandonará as teorias materialistas do fato, em favor da verdade cósmica do predomínio da Mente Suprema. O materialismo deprecia a vida humana; o evangelho de Jesus eleva tremendamente e exalta supernamente cada mortal. A existência mortal deve ser visualizada como consistindo da experiência misteriosa e fascinante da realização da realidade da tentativa humana de alcançar acima e da mão divina realizando a salvação abaixo.

7. A CONVICÇÃO PROVIDA PELO DIVINO

O Pai Universal, existindo por Si próprio, também Se explica por Si próprio; Ele de fato vive em cada mortal racional. Vós, porém, não podeis estar seguros sobre Deus a menos que O conheçais; a filiação é a única experiência que torna certa a paternidade. O universo está sofrendo alterações em todas as suas partes. Um universo em mudança é um universo dependente; tal criação não pode ser nem final nem absoluta. Um universo finito é totalmente dependente do Último e do Absoluto. O universo e Deus não são idênticos; um é a causa, o outro é o efeito. A causa é absoluta, infinita, eterna e imutável; o efeito é tempo-espacial e transcendental, mas está sempre em mudança, sempre em crescimento.

Deus é o único fato no universo que causou a Si próprio. Ele é o segredo da ordem, do plano e do propósito de toda a criação de coisas e seres. O universo em total mudança é regulado e estabilizado por leis absolutamente imutáveis, pelos hábitos de um Deus imutável. O fato de Deus, ou a lei divina, é imutável; a verdade de Deus, a sua relação com o universo, é uma revelação relativa, que é sempre adaptável ao universo em constante evolução.

Aqueles que inventam uma religião sem Deus são como aqueles que querem colher os frutos sem as árvores, ter os filhos sem os pais. Vós não podeis ter efeitos sem causas; apenas o EU SOU existe sem causa. O fato da experiência religiosa implica um Deus, e um Deus assim de experiência pessoal deve ser uma Deidade pessoal. Vós não podeis orar para uma fórmula química, suplicar a uma equação matemática, adorar uma hipótese, confidenciar a um postulado, comungar com um processo, servir a uma abstração, ou manter um companheirismo amoroso com uma lei.

É verdade que muitos traços aparentemente religiosos podem surgir de raízes não religiosas. O homem pode, intelectualmente, negar a Deus e ainda ser moralmente bom, leal, filial, honesto e até mesmo idealista. O homem pode enxertar muitos ramos puramente humanistas à sua natureza espiritual básica e assim, aparentemente, provar a sua argumentação em favor de uma religião sem Deus, mas tal experiência é desprovida de valores de sobrevivência, de conhecimento de Deus e de ascensão a Deus. Em uma experiência mortal, como essa, apenas os frutos sociais são colhidos, não os espirituais. O enxerto determina a natureza da fruta, não obstante o sustento para a vida ser retirado das raízes do dom divino original, tanto da mente quanto do espírito.

O sinal intelectual de identificação da religiosidade é a certeza; a característica filosófica é a coerência; os frutos sociais são o amor e o serviço.

O indivíduo que é sabedor de Deus não é um cego para as dificuldades, nem um desatento aos estorvos nos quais esbarra no caminho de encontrar Deus, em meio à ilusão da superstição, da tradição e das tendências materialistas dos tempos modernos. Ele deparou com todas essas ameaças e triunfou sobre elas, superou-as pela fé viva, e alcançou as terras altas da experiência espiritual, a despeito delas. No entanto, é verdade que muitos que estão interiormente seguros de Deus temem afirmar esses sentimentos de certeza, por causa da multiplicidade e esperteza daqueles que reúnem objeções para amplificar as dificuldades de se acreditar em Deus. Não é necessária nenhuma grande profundidade de intelecto para reparar em pontos fracos, para fazer perguntas, ou levantar objeções. Em contrapartida, contudo, é necessário um certo brilho mental para responder a essas colocações e para resolver essas dificuldades; a certeza da fé é a melhor técnica para lidar com todas essas argumentações superficiais.

Se a ciência, a filosofia ou a sociologia ousarem ser dogmáticas, ao argumentarem com os profetas da religião verdadeira, então os homens sabedores de Deus deveriam responder a um tal dogmatismo injustificado com aquele dogmatismo, de visão mais ampla, proveniente da segurança da experiência espiritual pessoal: "eu sei o que experimentei, porque sou um filho do EU SOU". Se a experiência pessoal de um homem de fé for desafiada pelo dogma, então esse filho, nascido pela fé, do Pai experienciável, pode responder àquele dogma incontestável com a afirmação da sua filiação real ao Pai Universal.

Somente uma realidade inqualificável, um absoluto, poderia ousar ser dogmático de um modo coerente. Aqueles que assumem ser dogmáticos devem, se coerentes, mais cedo ou mais tarde, ser lançados nos braços do Absoluto da energia, do Universal da verdade e do Infinito do amor.

Se as abordagens, feitas pelo não-religioso, da realidade cósmica presumem desafiar a certeza da fé, nos campos do seu status de não-comprovada, então, aquele que experiencia o espírito pode, do mesmo modo, recorrer ao desafio dogmático dos fatos da ciência e das crenças da filosofia nos terrenos em que estes são, do mesmo modo, não comprovados; pois eles são, do mesmo modo, experiências na consciência do cientista ou do filósofo.

Sobre Deus, a mais inescapável de todas as presenças, o mais real de todos os fatos, a mais viva de todas as verdades, o mais pleno de amor de todos os amigos e o mais divino de todos os valores, nós temos o direito de tê-Lo como na conta da mais certa de todas as experiências do universo.

8. AS EVIDÊNCIAS DADAS PELA RELIGIÃO

A mais elevada evidência da realidade e eficácia da religião reside no *fato da experiência humana*; isto é, está no fato de que o homem, naturalmente temeroso e cheio de suspeitas, dotado inatamente com um instinto forte de autopreservação e aspirando à sobrevivência depois da morte, esteja disposto a confiar plenamente os seus mais profundos interesses do presente e do futuro á guarda e direção do poder da pessoa designada pela sua fé como sendo Deus. Esta é a verdade central de toda a religião. Quanto ao que aquele poder ou pessoa exige do homem, em troca dessa guarda e da salvação final, não há duas religiões que concordem nesse ponto; de fato, todas elas são mais ou menos discordantes.

Com respeito ao status de qualquer religião, na escala evolucionária, ela pode ser mais bem analisada segundo os seus julgamentos morais e pelos seus padrões éticos. Quanto mais elevado for o tipo de uma religião, mais ela encoraja e é encorajada por uma moralidade social e uma cultura ética que estão constantemente em progresso. Nós não podemos julgar a religião pelo status da civilização que a acompanha; seria melhor que estimássemos a natureza real de uma civilização, pela pureza e nobreza da sua religião. Muitos dos mais notáveis entre os instrutores religiosos do mundo eram virtualmente iletrados. A sabedoria mundana não é necessariamente um exercício de fé salvadora nas realidades eternas.

A diferença entre as religiões de várias épocas depende totalmente das diferentes compreensões que o homem tem da realidade e dos diferentes reconhecimentos que ele tem dos valores morais, das relações éticas e das realidades espirituais.

A ética é o espelho social ou racial eterno em que se reflete fielmente o progresso, inobservável de outra maneira, nos desenvolvimentos da espiritualidade e religiosidade interiores. O homem sempre pensou em Deus nos termos do melhor que ele conhece, das suas idéias mais profundas e dos ideais mais elevados. Mesmo a religião histórica sempre criou as suas concepções de Deus a partir dos seus valores reconhecidamente mais elevados. Toda criatura inteligente dá o nome de Deus à melhor e mais elevada coisa que conhece.

A religião, quando reduzida aos termos da razão e expressão intelectual, tem sempre ousado criticar a civilização e o progresso evolucionário, julgando-os segundo os seus próprios padrões de cultura ética e de progresso moral.

Embora a religião pessoal preceda à evolução da moral humana, lamentavelmente, registra-se que a religião institucional tem-se atrasado invariavelmente, ficando atrás até mesmo dos costumes mutáveis das raças humanas. A religião organizada tem demonstrado ser conservadoramente tardia. Os profetas, em geral, têm conduzido o povo a desenvolvimentos religiosos; os teólogos, em geral, o têm mantido na retaguarda. A religião, sendo uma questão de experiência interior ou pessoal, nunca pode desenvolver-se muito avançadamente à frente da evolução intelectual das raças.

Entretanto, a religião nunca é engrandecida por um apelo àquilo que é considerado miraculoso. A busca dos milagres é um recuo de volta às religiões primitivas da magia. A verdadeira religião nada tem a ver com supostos milagres, e a religião revelada nunca apontou os milagres como sendo comprovação de autoridade. O ato religioso está ancorado e enraizado sempre na experiência pessoal. E a vossa mais elevada religião, a vida de Jesus, foi exatamente uma experiência pessoal: o homem, o homem mortal, buscando a Deus e encontrando-O na plenitude, durante uma curta vida na carne, enquanto, na mesma experiência humana, surgiu Deus buscando o homem e encontrando-o para a plena satisfação da alma perfeita da supremacia infinita. E isto é religião, sendo mesmo a mais elevada religião já revelada no universo de Nébadon – a vida terrena de Jesus de Nazaré.

[Apresentado por um Melquisedeque de Nébadon.]

DOCUMENTO 103

A REALIDADE DA EXPERIÊNCIA RELIGIOSA

TODAS as reações verdadeiramente religiosas do homem são promovidas pela ministração inicial do ajudante da adoração e são censuradas pelo ajudante da sabedoria. A primeira dotação de supramente do homem é a do circuitamento da sua personalidade ao Espírito Santo, vindo do Espírito Criativo do Universo; e, bem antes das auto-outorgas dos Filhos divinos e da dádiva dos Ajustadores passar a ser universal, essa influência funciona para ampliar o ponto de vista do homem sobre a ética, a religião e a espiritualidade. Após as auto-outorgas dos Filhos do Paraíso, o Espírito da Verdade liberado faz poderosas contribuições para a ampliação da capacidade humana de perceber as verdades religiosas. À medida que avança a evolução, em um mundo habitado, os Ajustadores do Pensamento participam crescentemente do desenvolvimento dos tipos mais elevados de discernimento interior religioso no homem. O Ajustador do Pensamento é a janela cósmica através da qual a criatura finita, pela fé, pode antever muito sobre os aspectos certos e divinos da Deidade ilimitada, o Pai Universal.

As tendências religiosas das raças humanas são inatas; elas são manifestadas de um modo universal e têm uma origem aparentemente natural; as religiões primitivas são sempre evolucionárias na sua gênese. À medida que a experiência religiosa natural continua o seu progresso, revelações periódicas da verdade pontuam o fluir da evolução planetária, a qual, não fora por isso, seria mais lenta.

Em Urântia, hoje, há quatro espécies de religião:

1. A religião natural ou evolucionária.

2. A religião supranatural ou da revelação.

3. A religião prática ou corrente: mistos, em vários graus, de religiões naturais e supranaturais.

4. As religiões filosóficas: doutrinas teológicas, feitas pelo homem ou pensadas pela filosofia e criadas pela razão.

1. A FILOSOFIA DA RELIGIÃO

A unidade da experiência religiosa em um grupo social ou racial nasce da natureza idêntica dos fragmentos de Deus, que residem nos indivíduos. É essa parte divina no homem que dá origem ao seu interesse não-egoísta pelo bem-estar de outros homens. Contudo, posto que a personalidade é única – não havendo dois seres mortais iguais –, ocorre inevitavelmente que não há dois seres humanos que possam interpretar, de modo similar, a condução e os impulsos do espírito da divindade que vive dentro das suas mentes. Os seres de um grupo de mortais podem experienciar a unidade espiritual, mas eles não podem nunca alcançar a uniformidade filosófica. E essa diversidade de interpretação da experiência e do pensamento religiosos é mostrada pelo fato de que os teólogos e os filósofos do século vinte têm formulado mais de quinhentas definições diferentes para a religião. Na realidade, cada ser humano define a religião nos termos da sua própria interpretação experiencial dos impulsos divinos que emanam do espírito de Deus, que reside em si próprio e, portanto, essa interpretação deve ser única e totalmente diferente da filosofia religiosa de todos os outros seres humanos.

Quando um mortal está de pleno acordo com a filosofia religiosa de um semelhante mortal, esse fenômeno indica que esses dois seres tiveram uma experiência religiosa semelhante, no que toca às questões das similaridades entre as suas interpretações filosóficas religiosas.

Ainda que a vossa religião seja uma questão de experiência pessoal, é muito importante que vós devêsseis ser expostos ao conhecimento de um vasto número de outras *experiências religiosas* (as interpretações diversas de mortais diversos) com a finalidade de que possais impedir a vossa vida religiosa de tornar-se egocêntrica – circunscrita, egoísta e antisocial.

O racionalismo erra quando assume que a religião é, em primeiro lugar, uma crença primitiva em alguma coisa, e que, então, é seguida da busca de valores. A religião é principalmente uma busca de valores, que, em seguida, formula um sistema de crenças interpretativas. É muito mais fácil para os homens concordarem quanto aos valores religiosos – metas –, do que quanto às crenças – interpretações. E isso explica como a religião pode concordar quanto aos valores e metas permitindo ao mesmo tempo a existência de fenômenos confusos, tais como continuar admitindo centenas de crenças conflitantes – os credos. Isso explica, também, por que uma determinada pessoa pode manter a sua experiência religiosa, mesmo cedendo ou mudando muitas das suas crenças religiosas. A religião persiste, a despeito das mudanças evolucionárias nas crenças religiosas. A teologia não produz a religião; é a religião que produz a filosofia teológica.

O fato de que os religiosos tenham acreditado em tantas coisas que eram falsas não invalida a religião, pois esta é fundada no reconhecimento de valores, e é validada pela fé da experiência religiosa pessoal. A religião, então, baseia-se na experiência e no pensamento religioso; a teologia, a filosofia da religião, é uma tentativa honesta de interpretar aquela experiência. Essas crenças interpretativas podem estar certas ou erradas, ou serem uma mistura de verdade e de erro.

O reconhecimento, tornado realidade, dos valores espirituais é uma experiência que é supra-ideacional. Não há nenhuma palavra, em nenhuma língua humana, que possa ser empregada para designar esse "senso", "sentimento", "intuição" ou "experiência", que escolhemos chamar de consciência de Deus. O espírito de Deus que reside no homem não é pessoal – o Ajustador é pré-pessoal –, mas esse Monitor apresenta um valor, exala um sabor de divindade, que não é pessoal, no sentido mais elevado e infinito. Se Deus não fosse ao menos pessoal, ele não seria consciente, e não sendo consciente, então ele seria infra-humano.

2. A RELIGIÃO E O INDIVÍDUO

A religião é funcional na mente humana; e tem sido consubstanciada na experiência antes do seu aparecimento na consciência humana. Uma criança já existe cerca de nove meses antes de experimentar o *nascimento*. O "nascimento" da religião, porém, não é súbito; é antes uma emergência gradativa. Entretanto, mais cedo ou mais tarde, há o "dia do nascimento". Vós não entrareis no Reino do céu, a menos que tenhais "nascido novamente" – nascido do espírito. Muitos nascimentos espirituais são acompanhados de muita angústia de espírito e marcados por perturbações psicológicas, do mesmo modo que muitos nascimentos físicos são caracterizados por um "trabalho difícil" e outras anormalidades no "parto". Outros nascimentos espirituais são um crescimento natural e normal de reconhecimento dos valores supremos, com um enaltecimento da experiência espiritual, ainda que nenhum desenvolvimento religioso ocorra sem um esforço consciente e positivo de determinação individual e pessoal. O ato religioso nunca é uma experiência passiva, uma atitude negativa. Aquilo que é denominado o "nascimento da religião" não é associado diretamente às experiências chamadas de conversão, que geralmente caracterizam os episódios religiosos que ocorrem tardiamente na vida, em resultado de conflito mental, de repressão emocional e de altercações temperamentais.

No entanto, essas pessoas que foram criadas de tal modo pelos seus pais, que cresceram na consciência de serem filhos de um Pai celeste amoroso, não deveriam olhar de soslaio para os seus semelhantes mortais que só puderam atingir essa consciência de amizade com Deus por intermédio de uma crise psicológica, de um abalo emocional.

O solo evolucionário, na mente do homem em quem a semente da religião revelada germina, é a natureza moral, que muito cedo dá origem a uma consciência social. Os primeiros impulsos de natureza moral em uma criança nada têm a ver com sexo, culpa ou orgulho pessoal, mas têm, sim, mais a ver com os impulsos da justiça, da retidão e os desejos de bondade – a ministração colaboradora para com o semelhante. E quando esse primeiro despertar moral é nutrido, ocorre um desenvolvimento gradual da vida religiosa que é relativamente livre de conflitos, de abalos e de crises.

Todo ser humano experimenta, muito cedo, algo como um conflito entre a sua busca pessoal e os seus impulsos altruístas e, muitas vezes, a primeira experiência de consciência de Deus pode ser alcançada em resultado da busca de ajuda suprahumana na tarefa de resolver tais conflitos morais.

A psicologia de uma criança é naturalmente positiva, não negativa. Muitos mortais são negativos porque foram treinados para ser assim. Quando se diz que a criança é positiva, isso se refere aos seus impulsos morais, aqueles poderes da mente cuja emergência assinala a chegada do Ajustador do Pensamento.

Na ausência de ensinamentos errôneos, a mente da criança normal move-se positivamente, quando surge a consciência religiosa, que a leva na direção da retidão moral e do servir social, mais do que negativamente, fugindo do pecado e da culpa. Pode haver, ou não, conflito no desenvolvimento da experiência religiosa, mas estão sempre presentes as inevitáveis decisões, o esforço e a função da vontade humana.

A escolha moral é acompanhada, usualmente, por conflitos morais maiores ou menores. E esse primeiro conflito, na mente da criança, dá-se entre a premência do egoísmo e os impulsos do altruísmo. O Ajustador do Pensamento não desconsidera os valores da personalidade com motivo egoísta, e não opera no sentido de colocar a mais leve preferência sobre o impulso altruísta, como sendo o que leva à meta da felicidade humana e às alegrias do Reino do céu.

Quando um ser moral escolhe não ser egoísta, ao deparar com o impulso de ser egoísta, esta é a experiência religiosa primitiva. Nenhum animal pode fazer essa escolha; tal decisão não só é humana, como é religiosa. Ela abrange o fato de se ter consciência da existência de Deus, demonstrando o impulso para o serviço social, a base da irmandade dos homens. Quando a mente escolhe um julgamento moral certo, por um ato de livre-arbítrio, essa decisão constitui uma experiência religiosa.

Todavia, antes que a criança se haja desenvolvido suficientemente até adquirir a capacidade moral e, portanto, até ser capaz de escolher o serviço altruísta, ela já desenvolveu uma natureza egoísta forte e bem unificada. E é essa situação factual que dá surgimento à teoria da luta entre a natureza "mais elevada" e a "mais baixa", entre o "homem velho do pecado" e a "nova natureza" da graça. Muito cedo, na vida, a criança normal começa a aprender que "dar é mais abençoado do que receber".

O homem tende a identificar o impulso de atender às próprias necessidades do seu ego, com o seu eu – consigo próprio. E, ao mesmo tempo, inclina-se a identificar a vontade de ser altruísta com alguma influência exterior a ele próprio – Deus. E esse julgamento de fato está certo, pois todos os desejos altruístas têm a sua origem nos guiamentos do Ajustador do Pensamento residente, e esse Ajustador é um fragmento de Deus. A consciência humana correlaciona o impulso do Monitor espiritual com a tendência de ser altruísta, de pensar fraternalmente. Ao menos, essa é a experiência primeira e fundamental na mente da criança. Quando a criança em crescimento não tem êxito em unificar a sua personalidade, a tendência altruísta pode tornar-se tão superdesenvolvida a ponto de causar um prejuízo sério ao bem-estar do eu. Uma consciência mal orientada pode tornar-se responsável por muitos conflitos, preocupações, tristezas e um sem-fim de infelicidades humanas.

3. A RELIGIÃO E A RAÇA HUMANA

Ainda que as crenças em espíritos, em sonhos e em diversas outras superstições hajamm, todas, tido exercido um papel na origem evolucionária das religiões primitivas, vós não devíeis desprezar a influência do clã nem o espírito de solidariedade tribal. Nas relações grupais, fica apresentada a situação social exata que proporcionou o desafio ao conflito entre o egoísmo e o altruísmo na natureza moral da mente primitiva do homem. A despeito da sua crença em espíritos, os australianos primitivos ainda concentram no clã o foco da sua religião. Com o tempo, tais conceitos religiosos tendem a se personalizar, primeiro, como animais, e, mais tarde, como um ser supra-humano, ou um Deus. Até mesmo as raças inferiores, tais como os bosquímanos africanos, os quais não chegam nem a ser totêmicos nas suas crenças, reconhecem a diferença entre o interesse próprio e o interesse grupal, fazem uma diferenciação primitiva entre os valores do secular e do sagrado. O grupo social não é, porém, a fonte da experiência religiosa. Apesar da influência de todas essas contribuições primitivas para a religião inicial do homem, permanece o fato de que o verdadeiro impulso religioso tem a sua origem nas presenças genuínas de espíritos ativando a vontade de ser não-egoísta.

A religião posterior é prenunciada na crença primitiva nas maravilhas naturais e mistérios, o maná impessoal. Mais cedo ou mais tarde, no entanto, a religião em evolução requer que o indivíduo faça algum sacrifício pessoal pelo bem do seu grupo social, requer que ele faça alguma coisa para deixar os outros mais felizes e melhores. No fim das contas, a religiosidade está destinada a tornar-se o serviço a Deus e ao homem.

A religião está destinada a mudar o meio ambiente do homem, mas grande parte da religiosidade encontrada entre os mortais, hoje, tornou-se impotente para realizar isso. O ambiente, muito freqüentemente, tem orientado a religiosidade.

Lembrai-vos de que, na religião de todas as épocas, a experiência suprema é o sentimento a respeito dos valores morais e dos significados sociais, não o pensamento a respeito dos dogmas teológicos ou das teorias filosóficas. A religião evolui favoravelmente, à medida que um elemento de magia é substituído pelo conceito da moral.

O homem evoluiu por meio das superstições do maná, da magia, da adoração da natureza, do medo dos espíritos e da adoração aos animais, até vários cerimoniais por intermédio dos quais a atitude religiosa do indivíduo tornou-se as reações grupais do clã. E, então, essas cerimônias tornaram-se focalizadas e cristalizadas nas crenças tribais e, finalmente, esses medos e fés tornaram-se personalizadas em deuses. Em toda a evolução religiosa, entretanto, o elemento moral nunca esteve totalmente ausente. O impulso de Deus dentro do homem foi sempre poderoso. E essas influências poderosas – uma, a humana; e outra, a divina – asseguraram a sobrevivência da religião, por meio das vicissitudes das idades, não obstante as ameaças muito freqüentes de extinção, vindas da parte de mil tendências subvertedoras e de antagonismos hostis.

4. A COMUNHÃO ESPIRITUAL

A diferença característica entre uma ocasião social e uma reunião religiosa é que, ao contrário da secular, a ocasião religiosa é permeada pela atmosfera da *comunhão*.

Nesse sentido, a associação humana gera um sentimento de irmandade com o divino, e isso é o começo da adoração grupal. Compartilhar uma refeição comum foi o primeiro tipo de comunhão social; e assim as religiões primitivas colaboraram com aquela parte do sacrifício cerimonial que deveria ser comida pelos adoradores. Mesmo no cristianismo, a Ceia do Senhor conserva esse modo de comunhão. A atmosfera da comunhão proporciona um período restaurador e confortador de trégua ao ego, o qual está no conflito da busca a si próprio, encontrando nessa trégua o impulso altruísta do espírito Monitor residente. E isso é um prelúdio à verdadeira adoração – a prática da presença de Deus que acontece no surgimento da irmandade dos homens.

Quando sentiu que a sua comunhão com Deus havia sido interrompida, o homem primitivo recorreu a sacrifícios de algum tipo, em um esforço para fazer a expiação das relações amigáveis, restaurando-as. A fome e a sede de retidão conduzem à descoberta da verdade; e a verdade aumenta os ideais; e isso gera novos problemas para os indivíduos religiosos, pois os nossos ideais tendem a crescer em uma progressão geométrica, enquanto a nossa capacidade de viver e estar à altura deles aumenta em uma progressão apenas aritmética.

O sentimento de culpa (não a consciência do pecado) vem da comunhão espiritual interrompida ou da queda do nível moral dos vossos ideais. A libertação desse apuro apenas pode advir da compreensão de que os vossos mais elevados ideais morais não são necessariamente sinônimos da vontade de Deus. O homem não pode esperar viver à altura dos seus ideais mais elevados, mas ele pode ser fiel ao seu propósito de buscar a Deus e tornar-se mais e mais como Ele.

Jesus aboliu todas as cerimônias de sacrifícios e expiação. Ele destruiu a base de toda a culpa fictícia e o sentimento de isolamento no universo, declarando que o homem é um filho de Deus; o relacionamento criatura-Criador foi reposicionado na base da relação filho-pai; e Deus torna-se um Pai cheio de amor pelos seus filhos e filhas mortais. Todas as cerimônias que não sejam uma parte legítima das relações íntimas dessa família ficam ab-rogadas para sempre.

Deus, o Pai, lida com o homem, um filho Seu, na base não da virtude nem do mérito factual, mas em reconhecimento à motivação do filho – o propósito, ou a intenção da criatura. O relacionamento é de associação pai-filho e é motivado pelo amor divino.

5. A ORIGEM DOS IDEAIS

A mente evolucionária primitiva dá origem ao sentimento do dever social e da obrigação moral, derivando-se estes principalmente do medo emocional. O impulso mais positivo de serviço social e o idealismo do altruísmo derivam-se diretamente do impulso dado pelo espírito divino residente na mente humana.

Essa idéia-ideal de fazer o bem aos outros – o impulso de negar o ego, de algum modo, para o benefício do próximo – inicialmente é muito circunscrita. O homem primitivo considera como próximo apenas aqueles que estão mesmo muito próximos dele, aqueles que o tratam com boa vizinhança; à medida que a civilização avança, o conceito que se tem de semelhante expande-se, até abranger o clã, a tribo, a nação. E então Jesus ampliou a noção de próximo, de modo a abranger o todo da humanidade, chegando, mesmo, ao ponto em que deveríamos amar até mesmo os nossos inimigos. E há alguma coisa dentro de todo o ser humano normal, a qual diz a ele que esse ensinamento é moral – o certo. E, mesmo aqueles que praticam esse ideal, ainda que minimamente, admitem que o mesmo esteja certo, em teoria.

Todos os homens reconhecem a moralidade desse impulso universal de ser generoso e altruísta. O humanista atribui a origem desse impulso a um trabalho natural da mente material; o religioso, mais corretamente, reconhece que o impulso verdadeiramente não-egoísta da mente mortal surja como resposta às orientações espirituais interiores do Ajustador do Pensamento.

No entanto, a interpretação do homem para tais conflitos primitivos, entre a vontade do ego e a vontade do não-ego, nem sempre é confiável. Apenas uma personalidade suficientemente bem unificada pode arbitrar sobre as disputas multiformes entre os anseios do ego e a consciência social que nasce. O eu tem direitos, do mesmo modo que o próximo os tem. E nenhum dos dois pode fazer reivindicações da atenção exclusiva e do serviço do indivíduo. O fracasso em resolver esse problema dá origem ao tipo mais primitivo de sentimento humano de culpa.

A felicidade humana é alcançada apenas quando o desejo egoístico do eu e o impulso altruísta do eu mais elevado (o espírito divino) encontram-se coordenados e reconciliados pela vontade unificada da personalidade integradora e supervisora. A mente do homem evolucionário está sempre se confrontando com o problema intrincado que é ser o árbitro na disputa entre a expansão natural dos impulsos emocionais e o crescimento moral dos impulsos não-egoístas, baseados no discernimento espiritual – a reflexão religiosa genuína.

A tentativa de assegurar um bem ao eu, que seja igual ao de um número maior de outros eus, apresenta um problema que não pode ser sempre resolvido satisfatoriamente em uma estrutura tempo-espacial. Durante uma vida eterna, esses antagonismos podem ser resolvidos, mas em uma curta vida humana, ficam sem solução. Jesus referiu-se a esse paradoxo, quando disse: "quem quiser salvar a sua vida perdê-la-á, mas quem perder a sua vida por causa do Reino, encontrá-la-á".

A busca de um ideal – o esforço para ser semelhante a Deus – é uma luta contínua, antes e depois da morte. A vida depois da morte não é diferente, no essencial, da existência mortal. Tudo o que fazemos nesta vida, que é bom, contribui diretamente para o engrandecimento da vida futura. A religião real não fomenta a indolência moral e a preguiça espiritual, encorajando a esperança vã de ter todas as virtudes de um caráter nobre, conferidas a alguém em conseqüência da passagem pelos portais da morte natural. A verdadeira religião não deprecia os esforços do homem de progredir durante o contrato da vida mortal. Todo ganho feito pelo mortal é uma contribuição direta para o enriquecimento dos primeiros estágios da experiência de sobrevivência imortal.

Seria fatal para o idealismo do homem, se lhe fosse ensinado que todos os seus impulsos altruístas são meramente o desenvolvimento dos seus instintos gregários naturais. Contudo, ele é enobrecido e poderosamente energizado quando aprende que esses impulsos mais elevados da sua alma emanam de forças espirituais que residem na sua mente mortal.

Uma vez que o homem compreenda plenamente que dentro dele vive e luta algo que é eterno e divino, isso o eleva para fora de si próprio e para além de si próprio. E assim é que uma fé viva na origem supra-humana dos nossos ideais legitima a crença de que somos filhos de Deus; e torna reais as nossas convicções altruístas, o sentimento da irmandade entre os homens.

O homem, no seu domínio espiritual, tem livre-arbítrio. O homem mortal não é um escravo desesperado da soberania inflexível de um Deus Todo-Poderoso, nem uma vítima da fatalidade desesperada de um determinismo cósmico mecanicista. O homem é verdadeiramente o arquiteto do seu próprio destino eterno.

O homem, porém, não é salvo nem enobrecido pela coação. O crescimento espiritual brota de dentro da alma em evolução. A pressão pode deformar a personalidade, e nunca estimula o crescimento. Até mesmo a pressão da educação só colabora negativamente, pois só pode ajudar na prevenção de experiências desastrosas. O crescimento espiritual é maior quando todas as pressões externas estão minimizadas. "Onde está o espírito do Senhor, lá está a liberdade". O homem desenvolve-se melhor quando as pressões em sua casa, comunidade, igreja ou estado se encontram minimizadas. Isso não deve ser tomado, entretanto, como significando que em uma sociedade progressista não haja lugar para o lar, as instituições sociais, a igreja e o estado.

Se um membro de um grupo social religioso acedeu aos requisitos desse grupo, ele deveria ser encorajado a gozar de liberdades religiosas na expressão plena de sua interpretação pessoal das verdades da crença religiosa e dos fatos da experiência religiosa. A segurança de um grupo religioso depende da unidade espiritual, não da uniformidade teológica. Um grupo religioso deveria ser capaz de gozar da liberdade de pensar livremente, sem que todos se convertam em "livres-pensadores". Há uma grande esperança para qualquer igreja que cultue o Deus vivo, tornando válida a irmandade do homem e ousando retirar de cima dos seus membros toda a pressão de crenças.

6. A COORDENAÇÃO FILOSÓFICA

A teologia é o estudo das ações e reações do espírito humano; ela não pode jamais se tornar uma ciência, porque deve sempre ser mais ou menos combinada com a psicologia, na sua expressão pessoal, e com a filosofia, na sua descrição sistemática. A teologia é sempre um estudo da *vossa* religião; o estudo da religião de outrem é a psicologia.

Quando o homem aborda o estudo e o exame do seu universo, pelo lado de *fora*, ele traz à existência as várias ciências físicas; quando ele aborda a pesquisa dele próprio e do universo, do seu *interior*, ele dá origem à teologia e à metafísica. A arte mais recente da filosofia desdobra-se em um esforço de harmonizar as muitas discrepâncias que estão destinadas a aparecer, a princípio, entre as descobertas e os ensinamentos dessas duas vias diametralmente opostas de abordagem das coisas e seres do universo.

A religião tem a ver com o ponto de vista espiritual, a consciência *do lado interno* da experiência humana. A natureza espiritual do homem proporciona-lhe a oportunidade de virar o universo de fora para dentro. E, conseqüentemente, é verdade que, vista exclusivamente do lado interno da experiência da personalidade, toda a criação parece ser espiritual na sua natureza.

Quando o homem inspeciona analiticamente o universo, por meio dos dons materiais dos seus sentidos físicos e da percepção mental a eles associada, o cosmo parece ser mecânico e composto de energias materiais. Tal técnica de estudar a realidade consiste em virar o universo de dentro para fora.

Um conceito filosoficamente lógico e consistente do universo não pode ser elaborado sobre os postulados, quer sejam do materialismo quer sejam do espiritualismo; pois esses dois sistemas de pensamento, quando aplicados universalmente, são ambos compelidos a ver o cosmo com distorção; o primeiro, contatando um universo virado de dentro para fora, e o último, compreendendo a natureza de um universo virado de fora para dentro. Nunca, então, nem a ciência nem a religião, em si e por si próprias, permanecendo sozinhas, podem esperar conquistar uma compreensão adequada das verdades universais e das relações, sem a orientação da filosofia humana e sem a iluminação da revelação divina.

O espírito interior do homem dependerá sempre, para a sua expressão e auto-realização, do mecanismo e da técnica da mente. Do mesmo modo, a experiência externa do homem com a realidade material, deve basear-se na consciência mental da personalidade que está experienciando. Portanto, as experiências humanas, a espiritual e a material, a interior e a exterior, estão sempre correlacionadas com a função da mente, e condicionadas, quanto à sua realização consciente, pela atividade da mente. O homem experimenta a matéria na sua mente; ele experiencia a realidade espiritual na alma, mas torna-se consciente dessa experiência na sua mente. O intelecto é o harmonizador, é o condicionador e o qualificador, sempre presentes, da soma total da experiência mortal. Ambos, as coisas da energia e os valores do espírito, quando passam ao âmbito da consciência mental, por meio da interpretação, são coloridos por esta.

A vossa dificuldade de chegar a uma coordenação mais harmoniosa entre a ciência e a religião provém da vossa completa ignorância sobre o domínio intermediário moroncial, de coisas e de seres. O universo local consiste de três graus, ou estágios, de manifestação da realidade: o da matéria, o da morôncia e o do espírito. O ângulo moroncial de abordagem suprime todas as divergências entre as descobertas das ciências físicas e o funcionamento do espírito da religião. A razão é a técnica de entendimento das ciências; a fé, a técnica do discernimento interior aplicado à religião; a mota é a técnica do nível moroncial. A mota é uma sensibilidade à realidade supramaterial que está começando a compensar o crescimento que não se completou, tendo por substância o conhecimento-razão e por essência o discernimento clarividente da fé. A mota é uma reconciliação suprafilosófica das percepções divergentes da realidade que não é alcançável pelas personalidades materiais; ela é baseada, em parte, na experiência de haver sobrevivido à vida material na carne. No entanto, muitos mortais têm reconhecido quão desejável é ter algum método para reconciliar a interação entre os domínios vastamente separados da ciência e da religião; e a metafísica é o resultado da tentativa infrutífera do homem de ligar esse hiato bem conhecido. E a metafísica humana trouxe mais confusão do que iluminação. A metafísica equivale ao esforço bem-intencionado, mas fútil, de compensar a ausência da mota moroncial.

A metafísica tem-se revelado como sendo um fracasso; a mota, o homem não a pode perceber. A revelação é a única técnica que pode, em um mundo material, compensar pela ausência da verdadeira sensibilidade da mota. A revelação esclarece, com toda a autoridade, a desordem da metafísica desenvolvida pela razão em uma esfera evolucionária.

A ciência é a tentativa do homem de estudar o seu meio ambiente físico, o mundo da energia-matéria; a religião é a experiência do homem, no cosmo, com os valores do espírito; a filosofia tem sido desenvolvida pelo esforço da mente humana de organizar e correlacionar as descobertas desses conceitos bastante distantes em uma atitude razoável e unificada para com o cosmo. A filosofia, elucidada pela revelação, funciona aceitavelmente na ausência da mota e na presença do desarranjo e do fracasso do raciocínio humano substituto da mota – a metafísica.

O homem primitivo não diferenciava entre os níveis da energia e os níveis do espírito. A raça violeta e os seus sucessores anditas é que tentaram, pela primeira vez, separar os fatores matemáticos dos volicionais. E o homem civilizado cada vez mais seguiu os passos dos sumérios e dos primeiros gregos que distinguiram entre o inanimado e o animado. E, à medida que a civilização faz progressos, a filosofia terá que interligar os abismos, que se ampliam, entre o conceito de espírito e o conceito de energia. Contudo, no tempo do espaço, essas divergências são unificadas no Supremo.

A ciência deve estar sempre fundamentada na razão, embora a imaginação e a conjectura colaborem na ampliação das suas fronteiras. A religião é, para sempre, dependente da fé, embora a razão seja uma influência estabilizadora e uma criada útil da fé. E sempre tem havido, como sempre haverá, interpretações enganosas dos fenômenos, tanto do mundo natural, quanto do espiritual, da parte das ciências e das religiões, assim falsamente denominadas.

Partindo do seu alcance incompleto na ciência, do apoio débil que tem na religião, e das suas tentativas abortadas de fazer metafísica, o homem tem intentado elaborar as suas formulações da filosofia. E o homem moderno, de fato, construiria uma filosofia atraente e que valesse a pena, para si próprio e para o seu universo, não fora pelo colapso da sua todo-importante e indispensável conexão metafísica entre os mundos da matéria e do espírito; não fora o fracasso que a metafísica experimentou ao tentar criar uma ponte para ligar o abismo moroncial existente entre o físico e o espiritual. Falta ao homem mortal o conceito da mente moroncial e da matéria moroncial; e a *revelação* é a única técnica que compensa essa deficiência de dados conceituais de que o homem necessita, tão urgentemente, para construir uma filosofia lógica do universo e para chegar a uma compreensão satisfatória de que o seu lugar esteja seguro, certo e estabelecido nesse mesmo universo.

A revelação é a única esperança que o homem evolucionário tem de vencer o abismo moroncial. A fé e a razão, não ajudadas pela mota, não podem conceber e construir um universo lógico. Sem a clarividência da mota, o homem mortal não pode discernir bondade, amor e verdade nos fenômenos do mundo material.

Quando a filosofia do homem pende pesadamente para o mundo da matéria, ela torna-se racionalista ou *naturalista*. Quando a filosofia inclina-se especialmente para o nível espiritual, ela torna-se *idealista* ou até mística. Quando a filosofia cai na infelicidade de apoiar-se na metafísica, ela torna-se infalivelmente *cética* e confusa. Nas idades passadas, a maioria dos conhecimentos e avaliações intelectuais do homem caiu em uma dessas três distorções de percepção. Que a filosofia não ouse projetar as suas interpretações da realidade à moda linear da lógica; é preciso que ela tenha sempre em conta a simetria elíptica da realidade e a curvatura essencial da relação entre todos os conceitos.

A mais elevada das filosofias alcançáveis pelo homem mortal deve basear-se logicamente na razão da ciência, na fé da religião e no discernimento da verdade propiciados pela revelação. Por meio desse recurso de união, o homem pode compensar um pouco da sua impotência para desenvolver uma metafísica adequada e um pouco da sua incapacidade de compreender a mota da morôncia.

7. CIÊNCIA E RELIGIÃO

A ciência é sustentada pela razão, a religião pela fé. Embora não se baseie na razão, a fé é razoável; e, embora seja independente da lógica, nem por isso ela deixa de ser encorajada pela prudência sadia dessa lógica. A fé não pode ser nutrida nem mesmo por uma filosofia ideal; de fato, ela é, junto com a ciência, a fonte mesma dessa filosofia. A fé, o discernimento religioso interior do ser humano, pode certamente ser instruída apenas pela revelação; e pode certamente ser elevada apenas pela experiência mortal pessoal, com a presença espiritual do Ajustador do Deus que é espírito.

A verdadeira salvação é a técnica da evolução divina da mente mortal escapando da identificação com a matéria, por intermédio dos reinos da ligação moroncial ao status elevado de correlação espiritual no universo. E, do mesmo modo que o instinto material da intuição precede ao surgimento do conhecimento, pelo raciocínio na evolução terrestre, também, no superno programa da evolução celeste, a manifestação do discernimento espiritual intuitivo pressagia o aparecimento futuro da razão e da experiência moroncial e, em seguida, espiritual; trabalho este que é feito pela transmutação dos potenciais do homem temporal na factualidade e na divindade do homem, o eterno, um finalitor do Paraíso.

Contudo, à medida que o homem ascendente avança para o interior e na direção do Paraíso, para a experiência de Deus, ele estará, do mesmo modo, avançando para fora e na direção do espaço, na busca de uma compreensão, em termos de energia, do cosmo material. O progresso da ciência não está limitado à vida terrestre do homem; a sua experiência de ascensão no universo e no superuniverso será, em um grau elevado, o estudo da transmutação da energia e da metamorfose material. Deus é espírito, mas a Deidade é unidade, e a unidade da Deidade não apenas abraça os valores espirituais do Pai Universal e do Filho Eterno, pois é também conhecedora dos fatos sobre a energia do Controlador Universal e da Ilha do Paraíso. Ao mesmo tempo, essas duas últimas fases da realidade universal estão perfeitamente correlacionadas nas relações de mente do Agente Conjunto, e também unificadas no nível finito na Deidade emergente do Ser Supremo.

A união da atitude científica e do discernimento religioso, pela intermediação da filosofia experiencial, é parte da longa experiência de ascensão do homem ao Paraíso. As aproximações da matemática e as certezas que vêm do discernimento interior sempre requerem a função harmonizadora da lógica da mente em todos os níveis da experiência anteriores ao da realização máxima do Supremo.

No entanto, a lógica nunca pode ter êxito em harmonizar as descobertas da ciência com os achados do discernimento da religião, a menos que tanto o aspecto científico quanto o religioso, de uma personalidade, estejam comandados pela verdade, sinceramente desejosos de seguir a verdade, aonde quer que esta possa conduzir, independentemente das conclusões que possa alcançar.

A lógica é a técnica da filosofia, o seu método de expressão. Dentro do domínio da verdadeira ciência, a razão é sempre acessível à lógica genuína; dentro do domínio da verdadeira religião, a fé é sempre lógica, se se tomar como base um ponto de vista interior, mesmo que tal fé possa parecer totalmente infundada, do ponto de vista de fora para dentro da abordagem científica. Do exterior, olhando para o interior, o universo pode parecer material; do interior, olhando para o exterior, o mesmo universo parece ser totalmente espiritual. A razão surge da consciência material, a fé, da consciência espiritual, no entanto, pela intermediação de uma filosofia fortalecida pela revelação, a lógica pode confirmar tanto a visão interior quanto a visão exterior, efetivando, por meio delas, a estabilização não apenas da ciência como da religião. Assim, por intermédio do contato comum com a lógica da filosofia, a ciência e a religião podem ambas vir a ser tolerantes uma com a outra, de um modo cada vez menos cético.

A ciência e a religião em desenvolvimento necessitam, ambas, de uma autocrítica mais penetrante e destemida, de uma consciência maior de estarem incompletas em seu estado de evolução. Os educadores, tanto da ciência quanto da religião, freqüentemente ficam ao mesmo tempo autoconfiantes e dogmáticos em excesso. A ciência e a religião podem apenas ser autocríticas sobre os seus próprios *fatos*. O momento de partida se faz real no estágio do fato, a razão abdica-se ou, então, degenerar-se-á rapidamente em uma parceira da lógica falsa.

A verdade – uma compreensão das relações cósmicas, dos fatos do universo e dos valores espirituais – pode ser mais bem obtida por intermédio da ministração do Espírito da Verdade e ser mais bem criticada pela *revelação*. A revelação, porém, não dá origem nem a uma ciência, nem a uma religião; a sua função é coordenar a ambas, à ciência e à religião, com a verdade da realidade. Na ausência da revelação, ou quando o homem mortal não a aceita ou não a compreende, ele tem sempre recorrido ao gesto fútil da sua metafísica, sendo esta a substituta humana única da revelação da verdade ou da mota da personalidade moroncial.

A ciência do mundo material capacita o homem a controlar e a dominar, dentro de limites, o seu meio ambiente físico. A religião e a sua experiência espiritual é a fonte do impulso da fraternidade que possibilita ao homem viver em conjunto, em meio às complexidades da civilização de uma idade científica. A metafísica, mas muito mais seguramente a revelação, proporciona um terreno comum de confluência para as descobertas tanto da ciência quanto da religião, e torna possível a tentativa humana de correlacionar logicamente esses domínios separados, porém, interdependentes, do pensamento, em uma filosofia bem equilibrada de estabilidade científica e de certeza religiosa.

Durante o estado mortal, nada pode ser provado de um modo absoluto; tanto a ciência quanto a religião são pregadas com base em conjecturas. No nível moroncial, os postulados da ciência, bem como os da religião, tornam-se capazes de comprovação parcial, por intermédio da lógica da mota. No nível espiritual de status máximo, a necessidade de provas finitas gradualmente dissipa-se diante da experiência factual da realidade e com a realidade; mas, mesmo então, muito há para além do finito que continua sem comprovação.

Todas as divisões do pensamento humano são baseadas em alguns pressupostos que são aceitos, ainda que sem comprovação, pela sensibilidade que constitui a realidade da dotação da mente do homem. A ciência começa na sua carreira de raciocínios, tão cheios de vanglórias, *pressupondo* a realidade de três coisas: matéria, movimento e vida. A religião parte do pressuposto que é o da validade de três coisas: a mente, o espírito e o universo — o Ser Supremo.

A ciência transforma-se no domínio do pensamento das matemáticas, da energia e da matéria, no tempo e no espaço. A religião assume lidar não apenas com o espírito finito e temporal, mas também com o espírito, na eternidade e na supremacia. Apenas por intermédio de uma experiência longa na mota é que esses dois extremos da percepção do universo podem ser levados a produzir interpretações análogas das origens, funções, relações, realidades e destinos. A harmonização máxima da divergência entre energia e espírito dá-se com a entrada no circuito dos Sete Espíritos Mestres; e a primeira unificação, a partir daí, dá-se na Deidade do Supremo; a unidade de finalidade que vem a seguir, então, dá-se na infinitude da Primeira Fonte e Centro, o EU SOU.

A *razão* é o ato de reconhecimento das conclusões da consciência, em relação à experiência com e no mundo físico da energia e da matéria. A *fé* é o ato de reconhecimento da validade da consciência espiritual – algo que não é susceptível de outra comprovação para os mortais. A *lógica* é a progressão sintética da busca da verdade na unidade da fé e da razão e é baseada nas dotações de mente inerentes aos seres mortais, o reconhecimento inato de coisas, significados e valores.

Há uma prova factual da realidade espiritual, na presença do Ajustador do Pensamento, mas a validade dessa presença não é demonstrável para o mundo externo, apenas o é para aquele que tem essa experiência da presença da residência de Deus. A consciência da presença do Ajustador é baseada na recepção intelectual da verdade, na percepção supramental da bondade e na motivação da personalidade para amar.

A ciência descobre o mundo material, a religião faz uma estimativa do seu valor e a filosofia tenta interpretar os seus significados, ao coordenar o ponto de vista científico-material com o conceito religioso-espiritual. A história, entretanto, é um domínio dentro do qual a ciência e a religião podem nunca estar concordando totalmente.

8. FILOSOFIA E RELIGIÃO

Embora a ciência e a filosofia possam ambas assumir a probabilidade de Deus existir, por meio da lógica e da razão próprias delas, apenas a experiência religiosa pessoal de um homem, ao ser conduzido pelo espírito, pode afirmar a certeza dessa Deidade suprema e pessoal. Pela técnica dessa encarnação da verdade viva, a hipótese filosófica da probabilidade de Deus transforma-se em uma realidade religiosa.

A confusão acerca da experiência com a certeza de Deus nasce das interpretações e das relações discordantes entre as experiências provenientes de indivíduos isolados e de raças diferentes de homens. A experiência de Deus pode ser integralmente válida, mas os discursos *sobre* Deus são intelectuais e filosóficos, e por isso podem ser divergentes e, muitas vezes, confusamente falaciosos.

Um homem bom e nobre pode amar de um modo consumado à sua esposa, mas pode ser totalmente incapaz de passar satisfatoriamente em um exame escrito sobre a psicologia do amor marital. Outro homem, tendo pouco ou nenhum amor pela sua esposa, poderia passar nesse exame de um modo bastante aceitável. A imperfeição do discernimento daquele que ama sobre a verdadeira natureza do ser amado em nada invalida, seja a realidade, seja a sinceridade do seu amor.

Se vós realmente acreditais em Deus – se o amais e se o conheceis pela fé –, não permitais que a realidade dessa experiência seja, de nenhum modo, depreciada ou prejudicada pelas insinuações de dúvida vindas da ciência, da objeção capciosa da lógica, dos postulados da filosofia, ou das sugestões espertas de almas que, ainda que bem-intencionadas, querem criar uma religião sem Deus.

A certeza que tem o religioso conhecedor de Deus não deveria ser perturbada pela incerteza do materialista que duvida; antes, a fé profunda e a certeza inabalável nas experiências do crente é que deveriam lançar um profundo desafio à incerteza dos descrentes.

Se a filosofia quisesse prestar um serviço maior à ciência tanto quanto à religião, deveria evitar tanto os extremos do materialismo quanto os do panteísmo. Apenas uma filosofia que reconhece a realidade da personalidade – a permanência, em presença da mudança – pode ser de valor moral para o homem, pode servir como ligação entre as teorias da ciência material e da religião espiritual. A revelação é uma compensação para as fragilidades da filosofia em evolução.

9. A ESSÊNCIA DA RELIGIÃO

A teologia lida com o conteúdo intelectual da religião; a metafísica (e a revelação) com os seus aspectos filosóficos. A experiência religiosa *é* o conteúdo espiritual da religião. Não obstante os caprichos mitológicos e as ilusões psicológicas, no conteúdo intelectual da religião, os pressupostos metafísicos de erro e as técnicas de auto-enganação, as distorções políticas e as perversões socioeconômicas do conteúdo filosófico da religião, a experiência espiritual da religião pessoal permanece genuína e válida.

A religião tem a ver com o sentimento, com a ação e a vivência, não meramente com o pensamento. O pensar é relacionado mais de perto com a vida material e deveria estar, principalmente, mas não totalmente, dominado pela razão e pelos fatos da ciência e, nos seus alcances não-materiais, até os reinos do espírito, pela verdade. Não importa quão ilusória e errônea seja a teologia de alguém, a sua religião pode ser totalmente genuína e verdadeira para sempre.

O budismo, na sua forma original, é uma das melhores religiões sem um Deus, entre as que já surgiram em toda a história evolucionária de Urântia, embora, ao se desenvolver, essa fé não tenha permanecido sem um deus. A religião sem fé é uma contradição; sem Deus, é uma inconsistência filosófica e um absurdo intelectual.

A paternidade mágica e mitológica da religião natural não invalida a realidade e a verdade das religiões reveladoras posteriores, nem o consumado evangelho da salvação da religião de Jesus. A vida e os ensinamentos de Jesus finalmente livraram a religião das superstições da magia, das ilusões da mitologia e da prisão do dogmatismo da tradição. Contudo, a magia e a mitologia primitivas prepararam, muito efetivamente, o caminho para a religião superior subseqüente, assumindo a existência e a realidade dos valores e dos seres supramateriais.

Embora a experiência religiosa seja um fenômeno subjetivo puramente espiritual, essa experiência abrange uma atitude positiva e vivencial de fé para com os reinos mais elevados da realidade objetiva do universo. O ideal da filosofia religiosa é essa fé-confiança que leva o homem irrestritamente a depender do amor absoluto do Pai infinito do universo dos universos. Tal experiência religiosa genuína em muito transcende à objetivação filosófica do desejo idealista; de fato, ela toma a salvação como garantida e preocupa-se apenas em aprender a cumprir a vontade do Pai do Paraíso. Os sinais dessa religião são: a fé em uma Deidade suprema, a esperança na sobrevivência eterna, e o amor, especialmente o dos semelhantes.

Quando a teologia chega a ter a religião sob controle e mestria, a religião morre engolfada; torna-se uma doutrina, em vez de uma coisa viva. A missão da teologia é meramente facilitar a autoconsciência da experiência espiritual pessoal. A teologia constitui o esforço religioso para definir, elucidar, expor e justificar as proposições experienciais da religião, que, em última análise, apenas podem ser validadas pela fé viva. Na filosofia mais elevada do universo, a sabedoria, como a razão, torna-se uma aliada da fé. Razão, sabedoria e fé são realizações das mais elevadas do homem. A razão introduz o homem no mundo dos fatos, das coisas; a sabedoria o introduz no mundo da verdade, das relações; a fé inicia-o em um mundo de divindade, de experiência espiritual.

A fé leva voluntariamente a razão tão longe quanto a razão pode ir e continua com a sabedoria até o limite filosófico pleno; e então ela ousa lançar-se na viagem interminável e sem limites do universo, na companhia apenas da VERDADE.

A ciência (o conhecimento) funda-se na suposição inerente (do espírito ajudante) de que a razão seja válida, de que o universo pode ser compreendido. A filosofia (a compreensão coordenada) funda-se na suposição inerente (do espírito da sabedoria) de que a sabedoria seja válida, de que o universo material possa ser coordenado ao espiritual. A religião (a verdade da experiência espiritual pessoal) funda-se na suposição inerente (do Ajustador do Pensamento) de que a fé seja válida, de que Deus pode ser conhecido e alcançado.

A realização plena da realidade da vida mortal consiste em uma vontade progressiva de acreditar nessas suposições da razão, da sabedoria e da fé. Tal vida é motivada pela verdade e dominada pelo amor; e esses são os ideais da realidade cósmica objetiva, cuja existência não pode ser materialmente demonstrada.

Uma vez que a razão reconhece o certo e o errado, ela demonstra sabedoria; quando a sabedoria escolhe entre o certo e o errado, entre a verdade e o erro, ela evidencia haver sido conduzida pelo espírito. E, assim, são as funções da mente, da alma e do espírito, sempre unidas intimamente e interassociadas funcionalmente. A razão lida com o conhecimento factual; a sabedoria, com a filosofia e com a revelação; a fé, com a experiência espiritual viva. Por intermédio da verdade, o homem alcança a beleza; pelo amor espiritual, ascende à bondade.

A fé conduz ao conhecimento de Deus, não meramente a um sentimento místico da presença divina. A fé não deve ser excessivamente influenciada pelas suas conseqüências emocionais. A verdadeira religião é uma experiência de crer e conhecer, tanto quanto uma satisfação de sentimento.

Há uma realidade na experiência religiosa que é proporcional ao seu conteúdo espiritual, e tal realidade transcende à razão, à ciência, à filosofia, à sabedoria e a todas as outras realizações humanas. As convicções de tal experiência são incontestáveis; a lógica da vivência religiosa é incontroversa; a certeza desse conhecimento é supra-humana; as satisfações que advêm são magnificamente divinas; a coragem, indomável; as devoções, inquestionáveis; as lealdades, supremas; e os destinos, finais – eternos, últimos e universais.

[Apresentado por um Melquisedeque de Nébadon.]

DOCUMENTO 104

O CRESCIMENTO DO CONCEITO DA TRINDADE

O CONCEITO da Trindade, na religião revelada, não deve ser confundido com as crenças nas tríades das religiões evolucionárias. As idéias das tríades surgiram de várias relações sugestivas, mas principalmente por causa das três articulações dos dedos, porque três é o número mínimo de pernas que fazem um banquinho ficar de pé, porque três pontos de suporte podem manter uma tenda de pé; e, além disso, o homem primitivo, durante um longo tempo, não conseguiu contar acima de três.

À parte certos pares naturais, tais como passado e presente, dia e noite, quente e frio, e masculino e feminino, o homem geralmente tende a pensar em tríades: ontem, hoje e amanhã; alvorecer, meio-dia e entardecer; pai, mãe, e filho. Três salvas são dadas à vitória. Os mortos são enterrados após o terceiro dia, e o fantasma era aplacado com três abluções de água.

Como conseqüência dessas associações naturais na experiência humana, a tríade fez a sua aparição na religião e, isso, muito antes que a Trindade das Deidades do Paraíso, ou qualquer dos seus representantes, houvessem sido revelados à humanidade,. Mais adiante, os persas, hindus, gregos, egípcios, babilônios, romanos e escandinavos, todos tinham deuses em tríades, mas ainda não eram as verdadeiras trindades. As deidades em tríades, todas, tinham uma origem natural e surgiram em uma época ou em outra, em meio à maior parte dos povos inteligentes de Urântia. Algumas vezes, o conceito de uma tríade evolucionária confundiu-se com aquele da Trindade revelada; nesses casos, é muitas vezes impossível distinguir uma da outra.

1. OS CONCEITOS URANTIANOS DE TRINDADE

A primeira revelação urantiana que conduziu à compreensão da Trindade do Paraíso foi feita pelos assessores do Príncipe Caligástia, há cerca de meio milhão de anos. Esse primeiro conceito da Trindade ficou perdido para o mundo, nos tempos incertos que se seguiram à rebelião planetária.

A segunda apresentação da Trindade foi feita por Adão e Eva, no primeiro e no segundo jardins. Esses ensinamentos não haviam sido totalmente obliterados, nem mesmo na época de Maquiventa Melquisedeque, cerca de trinta e cinco mil anos mais tarde, pois o conceito da Trindade, vindo dos setitas, perdurou tanto na Mesopotâmia quanto no Egito; mas mais especialmente na Índia, onde foi há muito perpetuado em Agni, o deus védico tricéfalo do fogo.

A terceira apresentação da Trindade foi feita por Maquiventa Melquisedeque, e a sua doutrina foi simbolizada pelos três círculos concêntricos que o sábio de Salém usava na medalha em seu peito. Contudo, Maquiventa achava muito difícil ensinar aos beduínos da Palestina sobre o Pai Universal, o Filho Eterno e o Espírito Infinito. A maioria dos seus discípulos julgava que a Trindade consistia dos três Altíssimos de Norlatiadeque; uns poucos concebiam a Trindade como o Soberano do Sistema, o Pai da Constelação e a Deidade Criadora do universo local; e um número, menor ainda, captava remotamente a idéia da associação, no Paraíso, do Pai, do Filho e do Espírito.

Graças às atividades dos missionários de Salém, os ensinamentos de Melquisedeque sobre a Trindade gradualmente espalharam-se por grande parte da Eurásia e pela África do Norte. Muitas vezes é difícil distinguir entre as tríades e as trindades, na idade andita mais recente, e nas idades pós-Melquisedeque, quando esses dois conceitos, em uma certa medida, misturaram-se entre si, fundindo-se.

Entre os indianos, o conceito trinitário criou raiz como o Ser, a Inteligência e a Alegria. (Uma concepção indiana mais recente foi Brahma, Shiva, e Vishnu.) Enquanto as primeiras descrições da Trindade foram trazidas para a Índia pelos sacerdotes setitas, as idéias mais recentes da Trindade foram importadas pelos missionários de Salém, e foram desenvolvidas pelos intelectos nativos da Índia por meio de uma composição dessas doutrinas com as concepções evolucionárias das tríades. A fé budista desenvolveu duas doutrinas de natureza trinitária: a mais primitiva foi Mestre, Lei e Fraternidade; esta foi a apresentação feita por Gautama Sidarta. A idéia posterior, desenvolvida entre os seguidores do ramo nortista de Buda, abrangia o Senhor Supremo, o Espírito Santo e o Salvador Encarnado.

E essas idéias, entre os indianos e os budistas, constituiam postulados realmente trinitários, ou seja, a idéia de uma manifestação tríplice de um Deus monoteísta. Uma verdadeira concepção trinitária não é apenas um agrupamento de três deuses separados.

Das tradições quenitas vindas dos dias de Melquisedeque, os hebreus souberam sobre a Trindade, mas o seu ardor monoteísta por Yavé, como o Deus único, eclipsou todos esses ensinamentos de um tal modo que, por volta da época do aparecimento de Jesus, a doutrina do Eloim havia sido praticamente erradicada da teologia judaica. A mente hebraica não podia conciliar o conceito trinitário com a crença monoteísta em um Senhor único, o Deus de Israel.

Os seguidores da fé islâmica do mesmo modo não captaram a idéia da Trindade. É sempre difícil para um monoteísmo emergente, que ainda faz oposição ao politeísmo, tolerar o trinitarismo. A idéia da trindade implanta-se melhor naquelas religiões que têm uma tradição monoteísta firme, combinada à elasticidade de doutrina. Os grandes monoteístas hebreus e maometanos acharam difícil diferençar entre o trinitarismo e o politeísmo, entre adorar três deuses e a adoração de uma Deidade que existe em uma manifestação trina de divindade e de personalidade.

Jesus ensinou aos seus apóstolos a verdade a respeito das pessoas da Trindade do Paraíso, mas eles pensaram que ele falava figurativa e simbolicamente. Havendo sido educados no monoteísmo hebraico, eles acharam difícil nutrir qualquer crença que parecesse entrar em conflito com o conceito dominante que eles tinham de Yavé. E os primeiros cristãos herdaram o preconceito hebraico contra o conceito da Trindade.

A primeira Trindade do cristianismo foi proclamada na Antioquia e consistia de Deus, a sua Palavra e a sua Sabedoria. Paulo sabia da Trindade do Paraíso de Pai, Filho e Espírito, mas ele raramente pregava sobre ela e fez menção à Trindade apenas em umas poucas das suas cartas às igrejas que eram de formação recente. Mesmo então, como o fizeram os seus irmãos apóstolos, Paulo confundiu Jesus, o Filho Criador do universo local, com a Segunda Pessoa da Deidade, o Filho Eterno do Paraíso.

O conceito cristão da Trindade, que começou a ganhar reconhecimento perto do fim do primeiro século depois de Cristo, compreendia o Pai Universal, o Filho

Criador de Nébadon, e a Ministra Divina de Sálvington – o Espírito Materno do universo local e a consorte criativa do Filho Criador.

A identidade real da Trindade do Paraíso não ficou conhecida em Urântia, nem mesmo desde os tempos de Jesus (exceto por uns poucos indivíduos a quem ela foi especialmente revelada) até a sua apresentação nestes documentos de abertura reveladora. No entanto, embora o conceito cristão da Trindade haja sido de fato errado, ele era praticamente verdadeiro com respeito às relações espirituais. Apenas pelas suas implicações filosóficas e nas suas conseqüências cosmológicas, esse conceito gerava embaraços: havia sido difícil para muitos dos dotados com a mente cósmica acreditar que a Segunda Pessoa da Deidade, o segundo membro de uma Trindade infinita, haja certa vez residido em Urântia; e conquanto isso seja verdade em espírito, factualmente não é real. Os Michaéis Criadores incorporam plenamente a divindade do Filho Eterno, mas eles não são a personalidade absoluta.

2. A UNIDADE DA TRINDADE E A PLURALIDADE DA DEIDADE

O monoteísmo surgiu como um protesto filosófico contra a inconsistência do politeísmo. Ele desenvolveu-se, primeiro, por intermédio de organizações tipo panteão, com a departamentalização das atividades supranaturais, e, em seguida, por meio da exaltação henoteísta de um deus acima dos muitos e, finalmente, por meio da exclusão de todos, exceto do Deus único de valor final.

O trinitarismo cresceu do protesto experiencial contra a impossibilidade de conceber a unicidade de uma Deidade desantropomorfizada solitária de significância não relacionada ao universo. Passado um período suficiente de tempo, a filosofia tende a abstrair-se das qualidades pessoais no conceito de Deidade do monoteísmo puro, reduzindo, assim, essa idéia à de um Deus não relacionado ao status de um Absoluto panteísta. Foi sempre difícil entender a natureza pessoal de um Deus que não tem relações pessoais em igualdade com outros seres coordenados e pessoais. A personalidade na Deidade exige que tal Deidade exista em relação a outra Deidade igual e pessoal.

Por intermédio do reconhecimento do conceito da Trindade, a mente do homem pode esperar captar alguma coisa das inter-relações de amor e de lei nas criações do tempo e do espaço. Por meio da fé espiritual, o homem adquire a clarividência sobre o amor de Deus, mas descobre logo que essa fé espiritual não tem nenhuma influência nas leis ordenadas do universo material. Independentemente da firmeza da crença do homem em Deus como o seu Pai no Paraíso, os horizontes cósmicos em expansão requerem que ele também dê reconhecimento à realidade da Deidade do Paraíso como uma lei universal, que ele reconheça a soberania da Trindade como se estendendo até fora do Paraíso e abrangendo até mesmo os universos locais em evolução dos Filhos Criadores e das Filhas Criativas das três pessoas eternas, cuja união de deidade *é* o fato e a realidade e a indivisibilidade eterna da Trindade do Paraíso.

E essa mesma Trindade do Paraíso é uma entidade real – não uma personalidade, mas uma realidade verdadeira e absoluta. Contudo, mesmo sem ser uma personalidade, é compatível com as personalidades coexistentes – as personalidades do Pai, do Filho e do Espírito. A Trindade é uma realidade de Deidade que é uma supersomatória e factualiza-se na conjunção das três Deidades do Paraíso. As qualidades, as características e as funções da Trindade não são a simples soma dos atributos das três Deidades do Paraíso; as funções da Trindade são, de um certo modo, únicas, originais e não totalmente previsíveis a partir de uma análise dos atributos do Pai, do Filho e do Espírito.

Por exemplo: O Mestre, quando na Terra, preveniu aos seus seguidores que a justiça nunca é um ato *pessoal*; é sempre uma função *grupal*. E que nem os Deuses, como pessoas, administram a justiça. Contudo, eles exercem essa mesma função como um todo coletivo, na Trindade do Paraíso.

Captar o conceito da associação na Trindade de Pai, Filho e Espírito prepara a mente humana para a apresentação posterior de algumas outras relações tríplices. A razão teológica pode satisfazer-se plenamente com o conceito da Trindade do Paraíso; mas as razões filosófica e cosmológica requerem o reconhecimento de outras associações trinas da Primeira Fonte e Centro, daquelas triunidades nas quais as funções Infinitas estão em várias capacidades não-Pai de manifestação universal – as relações do Deus da força, energia, poder, causação, reação, potencialidade, factualização, gravidade, tensão, arquétipo, princípio e unidade.

3. TRINDADES E TRIUNIDADES

Se bem que, algumas vezes, a humanidade haja alcançado uma compreensão da Trindade das três pessoas da Deidade, a coerência exige que o intelecto humano perceba que há algumas relações entre todos sete Absolutos. Entretanto, nem tudo que é verdadeiro sobre a Trindade do Paraíso é necessariamente verdadeiro sobre uma *triunidade*, pois uma triunidade é algo diferente de uma trindade. Sob certos aspectos funcionais, uma triunidade pode ser análoga a uma trindade, mas não é nunca homóloga à natureza de uma trindade.

Em Urântia o homem mortal está passando por uma grande idade de expansão de horizontes e de ampliação de conceitos, e a sua filosofia cósmica deve acelerar a sua evolução para acompanhar a expansão na arena intelectual do pensamento humano. À medida que a consciência cósmica do homem mortal expande-se, este percebe o inter-relacionamento entre tudo o que ele encontra por meio da ciência material, da filosofia intelectual e do discernimento espiritual. Ainda, com toda essa crença na unidade do cosmo, o homem percebe a diversidade entre todas as existências. A despeito de todos os conceitos sobre a imutabilidade da Deidade, o homem percebe que vive num universo de constante mudança e crescimento experiencial. Independentemente da compreensão dos valores de sobrevivência espiritual, o homem tem sempre de contar com a matemática e a pré-matemática da força, da energia e da potência.

De alguma maneira, a repleção eterna da infinitude deve ser reconciliada com o crescimento, no tempo, dos universos em evolução e com a característica que os seus habitantes experienciais têm de ser incompletos. De algum modo, a concepção da infinitude total deve ser, assim, segmentada e especificada, para que o intelecto mortal e a alma moroncial possam captar esse conceito de valor final e de significado espiritualizante.

Conquanto a razão demande uma unidade monoteísta da realidade cósmica, a experiência finita exige que sejam postuladas a pluralidade dos Absolutos e a coordenação deles nas relações cósmicas. Sem existências coordenadas, nenhuma possibilidade há do aparecimento da diversidade de relações absolutas, nenhuma probabilidade haverá de que os diferenciais, variáveis, modificadores, atenuadores, qualificadores ou diminuidores tenham a oportunidade de operar.

Nestes documentos, a realidade total (a infinitude) tem sido apresentada como ela existe nos sete Absolutos:

1. O Pai Universal.
2. O Filho Eterno.

3. O Espírito Infinito
4. A Ilha do Paraíso.
5. O Absoluto da Deidade.
6. O Absoluto Universal.
7. O Absoluto Inqualificável.

A Primeira Fonte e Centro, que é Pai do Filho Eterno, é também o Arquétipo da Ilha do Paraíso. Ele é uma personalidade inqualificável no Filho, mas é uma personalidade potencializada no Absoluto da Deidade. O Pai é energia revelada no Paraíso-Havona e, ao mesmo tempo, energia oculta no Absoluto Inqualificável. O Infinito é sempre revelado nos atos incessantes do Agente Conjunto, enquanto ele funciona eternamente nas atividades compensadoras, mas veladas, do Absoluto Universal. Assim, o Pai está relacionado com os seis Absolutos coordenados, e assim todos os sete abrangem o círculo da infinitude, por intermédio dos ciclos infindáveis da eternidade.

Poderia parecer que a triunidade das relações absolutas seja inevitável. A personalidade busca uma associação com outra personalidade em um nível absoluto, bem como em todos os outros níveis. E a associação das três personalidades do Paraíso eterniza a primeira triunidade, a união das personalidades do Pai, do Filho e do Espírito. Pois quando essas três pessoas, *enquanto pessoas*, unem-se em uma função conjunta, por meio dessa conjunção, elas constituem uma triunidade de unidade funcional, não uma trindade — uma entidade orgânica – que, no entanto, é uma triunidade, uma unanimidade tríplice funcional agregada.

A Trindade do Paraíso não é uma triunidade; não é uma unanimidade funcional; é mais uma Deidade indivisa e indivisível. O Pai, o Filho e o Espírito (enquanto pessoas) podem sustentar relações com a Trindade do Paraíso, pois a Trindade *é a* Deidade indivisa deles. O Pai, o Filho e o Espírito não sustentam tal relação pessoal com a primeira triunidade, pois esta *é* a união funcional deles enquanto três pessoas. Apenas como Trindade – como Deidade indivisa – é que eles sustentam coletivamente uma relação externa com a triunidade, que é a agregação pessoal Deles.

Assim, a trindade do Paraíso permanece única entre as relações absolutas; há várias triunidades existenciais, mas apenas uma Trindade existencial. Uma triunidade *não* é uma entidade. Ela é mais funcional do que orgânica. Os seus membros são mais associativos do que corporativos. Os componentes das triunidades podem ser entidades, mas uma triunidade, em si, é uma associação.

Há, contudo, um ponto de comparação entre trindade e triunidade: ambas se factualizam em funções que são algo mais do que a soma discernível dos atributos dos membros componentes. Ainda, porém, que elas sejam comparáveis assim, de um ponto de vista funcional, por outro lado, elas não exibem nenhuma relação categórica. Elas estão, grosso modo, relacionadas como em uma relação de função de estrutura. Todavia, a função da associação de triunidade não é a função da estrutura da trindade, nem a entidade.

Contudo as triunidades são reais; são bastante reais. Nelas, a realidade total é funcionalizada, e, por intermédio delas, o Pai Universal exerce o controle imediato e pessoal sobre as funções mestras da infinitude.

4. AS SETE TRIUNIDADES

Ao tentar efetuar a descrição das sete triunidades, a atenção é dirigida para o fato de que o Pai Universal é membro primordial de cada uma delas. Ele é, foi e para sempre será: o Primeiro Pai-Fonte Universal, o Centro Absoluto, a Causa Primal, o

Controlador Universal, o Energizador Ilimitado, a Unidade Original, o Sustentador Irrestrito, a Primeira Pessoa da Deidade, o Arquétipo Cósmico Primordial e a Essência da Infinitude. O Pai Universal é a causa pessoal dos Absolutos; Ele é o absoluto dos Absolutos.

A natureza e o significado das sete triunidades podem ser sugeridos por:

A Primeira Triunidade – a triunidade com propósito pessoal. Este agrupamento é aquele das três personalidades da Deidade:

1. O Pai Universal.
2. O Filho Eterno.
3. O Espírito Infinito.

Essa é a união tríplice do amor, da misericórdia e da ministração – a associação pessoal e plena de propósito das três Personalidades Eternas do Paraíso. Essa é a associação divinamente fraternal, amante das criaturas, de ação paternal e promotora da ascensão. As personalidades divinas dessa primeira triunidade são as dos Deuses que conferem a personalidade, outorgam o espírito e dotam com a mente.

Essa é a triunidade da volição infinita; ela atua por meio do eterno presente e em todo o fluir passado-presente-futuro do tempo. Essa associação produz a infinitude volicional e provê os mecanismos por meio dos quais a Deidade pessoal torna-se auto-reveladora às criaturas do cosmo em evolução.

A Segunda Triunidade – a triunidade do arquétipo do poder. Quer se trate de um minúsculo ultímaton, de uma estrela ardente, ou de uma nebulosa turbilhonante, ou mesmo do universo central, ou dos superuniversos, da menor à maior das organizações materiais, sempre o arquétipo físico – a configuração cósmica – é derivado da função dessa triunidade. Esta associação consiste em:

1. O Pai-Filho.
2. A Ilha do Paraíso.
3. O Agente Conjunto.

A energia é organizada pelos agentes cósmicos da Terceira Fonte e Centro; a energia é modelada segundo o arquétipo do Paraíso, a materialização absoluta; mas, por trás de toda essa incessante manipulação, está a presença do Pai-Filho, cuja união primeiro ativou o arquétipo do Paraíso no surgimento de Havona, concomitantemente com o nascimento do Espírito Infinito, o Agente Conjunto Deles.

Na experiência religiosa, as criaturas fazem contato com o Deus que é amor, mas essa clarividência espiritual não deve nunca eclipsar o reconhecimento inteligente do fato universal do arquétipo que é o Paraíso. Por meio do poder irresistível do amor divino, as personalidades do Paraíso atraem a adoração de livre-arbítrio de todas as criaturas e conduzem todas essas personalidades nascidas do espírito às delícias supernas do serviço interminável dos filhos finalitores de Deus. A segunda triunidade é a arquiteta do cenário do espaço no qual tais transações se desdobram; ela determina os arquétipos da configuração cósmica.

O amor pode caracterizar a divindade da primeira triunidade, mas o arquétipo é a manifestação galáctica da segunda triunidade. O que a primeira triunidade é para as personalidades em evolução, a segunda triunidade é para a evolução dos universos. Arquétipo e personalidade são duas das grandes manifestações dos atos da Primeira Fonte e Centro; e não importa quão difícil possa ser compreender tal coisa, é verdade, no entanto, que o arquétipo do poder e a pessoa amorosa são uma e a mesma realidade universal; a Ilha do Paraíso e o Filho Eterno são coordenados, mas são revelações antípodas da natureza insondável da força do Pai Universal.

A Terceira Triunidade – a triunidade da evolução do espírito. A inteireza da manifestação espiritual tem o seu começo e fim nesta associação, que consiste em:

1. O Pai Universal.
2. O Filho-Espírito.
3. O Absoluto da Deidade.

Desde a potência do espírito até o espírito do Paraíso, todo espírito encontra expressão de realidade nessa associação trina da pura essência do espírito do Pai, os valores ativos do espírito do Filho-Espírito e os potenciais ilimitados do espírito do Absoluto da Deidade. Os valores existenciais do espírito têm a sua gênese primordial, a sua manifestação completa e o seu destino final nessa triunidade.

O Pai existe antes do espírito; o Filho-Espírito funciona como espírito criativo ativo; o Absoluto da Deidade existe como um espírito todo-abrangente, mesmo daquilo que está além do espírito.

A Quarta Triunidade – a triunidade da infinitude da energia. Dentro desta triunidade, eternizam-se os começos e os fins de toda a realidade da energia, desde a potência de espaço até a monota. Esse agrupamento abrange o seguinte:

1. O Pai-Espírito.
2. A Ilha do Paraíso.
3. O Absoluto Inqualificável.

O Paraíso é o centro da ativação da energia-força do cosmo – a posição no universo da Primeira Fonte e Centro, o ponto focal cósmico do Absoluto Inqualificável, e a fonte de toda a energia. Existencialmente presente nessa triunidade está o potencial de energia do cosmo-infinito, do qual o grande universo e o universo-mestre são apenas manifestações parciais.

A quarta triunidade controla absolutamente as unidades fundamentais da energia cósmica e libera-as do alcance do Absoluto Inqualificável, na proporção direta do aparecimento, nas Deidades experienciais, da capacidade subabsoluta de controlar e de estabilizar o cosmo em metamorfose.

Essa triunidade *é* força e energia. As possibilidades infindáveis do Absoluto Inqualificável estão centradas à volta do absolutum da Ilha do Paraíso, de onde emanam as agitações inimagináveis da quietude, de outro modo estática, do Inqualificável. E as pulsações sem fim do coração material do Paraíso do cosmo infinito batem em harmonia com o arquétipo insondável e com o plano impenetrável do Energizador Infinito, a Primeira Fonte e Centro.

A Quinta Triunidade – a triunidade da infinitude reativa. Esta associação consiste de:

1. O Pai Universal.
2. O Absoluto Universal.
3. O Absoluto Inqualificável.

Esse agrupamento produz a eternização da realização da infinitude funcional de tudo que é factualizável dentro dos domínios da realidade da não-deidade. Essa triunidade manifesta uma capacidade reativa ilimitada às ações arquetípicas volicionais, causativas, tensionais e às presenças das outras triunidades.

A Sexta Triunidade – a triunidade da Deidade em associação cósmica. Este agrupamento consiste de:

1. O Pai Universal.
2. O Absoluto da Deidade.
3. O Absoluto Universal.

Essa é a associação da Deidade-no-cosmo, a imanência da Deidade em conjunção com a transcendência da Deidade. Essa é a última expansão da divindade, até os níveis da infinitude, na direção daquelas realidades que estão fora do domínio da realidade deificada.

A Sétima Triunidade – a triunidade da unidade infinita. Esta é a unidade da infinitude funcionalmente manifesta no tempo e na eternidade, a unificação coordenada dos factuais e dos potenciais. Este grupo consiste em:

1. O Pai Universal.
2. O Agente Conjunto.
3. O Absoluto Universal.

O Agente Conjunto integra universalmente os aspectos funcionais variáveis de toda a realidade factualizada em todos os níveis de manifestação, desde os finitos, passando pelos transcendentais e indo até os absolutos. O Absoluto Universal compensa perfeitamente os diferenciais inerentes aos aspectos variáveis de toda a realidade incompleta, desde as potencialidades ilimitadas da realidade da Deidade volicional-ativa e causativa às possibilidades sem fim da realidade não-deificada estática e reativa, nos domínios incompreensíveis do Absoluto Inqualificável.

À medida que funcionam nessa triunidade, o Agente Conjunto e o Absoluto Universal são igualmente sensíveis às presenças da Deidade e da não-deidade, como também o é a Primeira Fonte e Centro, que nessa relação é, para todos os intentos e propósitos, conceitualmente indistinguível do EU SOU.

Essas abordagens aproximativas são suficientes para elucidar o conceito das triunidades. Não conhecendo o nível último das triunidades, vós não podeis compreender plenamente as primeiras sete. Se bem que nós não consideremos sábio tentar qualquer elaboração posterior, podemos dizer que existem quinze associações trinas da Primeira Fonte e Centro, oito das quais não são reveladas nestes documentos. Essas associações não reveladas estão envolvidas com as realidades, as factualidades e as potencialidades que estão além do nível experiencial da supremacia.

As triunidades são como grandes rodas volantes gerando o equilíbrio funcional da infinitude, são a unificação na unicidade dos sete Absolutos da Infinitude. São as presenças existenciais das triunidades que capacitam o Pai-EU SOU a experienciar a unidade de infinitude funcional, a despeito da diversificação da infinitude nos sete Absolutos. A Primeira Fonte e Centro é o membro unificador de todas as triunidades; Nele, todas as coisas têm os seus começos inqualificáveis, as suas existências eternas e os seus destinos infinitos –"Nele consistem todas as coisas".

Embora essas associações não possam aumentar a infinitude do Pai-EU SOU, elas parecem tornar possíveis as manifestações subinfinitas e subabsolutas da Sua realidade. As sete triunidades multiplicam a versatilidade, eternizam novas profundidades, deificam novos valores, desvelam novas potencialidades, revelam novos significados; e todas essas manifestações diversificadas no tempo e no espaço, e no cosmo eterno, são existentes na estase hipotética da infinitude original do EU SOU.

5. AS TRIODIDADES

Há algumas outras relações trinas que têm uma constituição do tipo não-Pai, mas elas não são triunidades reais e sempre se distinguem das triunidades do tipo Pai. Elas são chamadas de modos variados: triunidades associadas, triunidades coordenadas e *triodidades*. Elas são uma conseqüência da existência das triunidades. Duas dessas associações são constituídas do seguinte modo:

A Triodidade da Factualidade. Esta triodidade consiste na inter-relação dos três factuais absolutos:

1. O Filho Eterno.
2. A Ilha do Paraíso.
3. O Agente Conjunto.

O Filho Eterno é o absoluto da realidade do espírito, a personalidade absoluta. A Ilha do Paraíso é o absoluto da realidade cósmica, o arquétipo absoluto. O Agente Conjunto é o absoluto da realidade da mente, o coordenado da realidade absoluta do espírito e a síntese da Deidade existencial da personalidade e do poder. Essa associação trina realiza a coordenação da soma total da realidade factualizada – do espírito, do cosmo e da mente. É inqualificável na factualidade.

A Triodidade da Potencialidade. Esta triodidade consiste na associação dos três Absolutos da potencialidade:

1. O Absoluto da Deidade.
2. O Absoluto Universal.
3. O Absoluto Inqualificável.

Assim, estão interassociados os reservatórios da infinitude de toda realidade de energia latente – do espírito, da mente e do cosmo. Essa associação produz a integração de toda a realidade de energia latente. E é infinita em potencial.

Do mesmo modo que as triunidades estão primariamente ocupadas com a unificação funcional da infinitude, as triodidades estão envolvidas com o surgimento cósmico das Deidades experienciais. As triunidades ocupam-se indiretamente, mas as triodidades estão diretamente envolvidas com as Deidades experienciais – o Supremo, o Último e o Absoluto. Elas aparecem na síntese emergente do poder de personalidade do Ser Supremo. E, para as criaturas temporais do espaço, o Ser Supremo é uma revelação da unidade do EU SOU.

[Apresentado por um Melquisedeque de Nébadon.]

DOCUMENTO 105

A DEIDADE E A REALIDADE

MESMO para as ordens mais elevadas de inteligências do universo, a infinitude é compreensível apenas parcialmente, e a finalidade da realidade só é compreensível relativamente. Quando a mente humana procura penetrar o mistério eterno de origem e destino de tudo que é chamado de *real*, pode ser-lhe útil abordar a questão concebendo a eternidade-infinitude como uma elipse quase sem limite, que é gerada por uma causa absoluta e que funciona nesse círculo universal de diversificação infindável, buscando sempre algum potencial de destino absoluto e infinito.

Quando o intelecto mortal tenta captar o conceito da totalidade da realidade, essa mente finita fica frente a frente com a realidade da infinitude; a totalidade da realidade *é* a infinitude e, portanto, não pode nunca ser plenamente compreendida por qualquer mente que é subinfinita na sua capacidade de conceituação.

Dificilmente a mente humana consegue elaborar um conceito sobre a existência na eternidade que seja adequado e, sem essa compreensão, é impossível descrever na íntegra os nossos conceitos da realidade. Contudo, podemos tentar fazer essa apresentação, se bem que estejamos plenamente cientes de que os nossos conceitos estarão sujeitos a uma profunda distorção no processo de traduzi-los, modificando-os para o nível de compreensão da mente mortal.

1. O CONCEITO FILOSÓFICO DO EU SOU

A causação primeira absoluta na infinitude é atribuída, pelos filósofos do universo, ao Pai Universal atuando como o infinito, o eterno e absoluto EU SOU.

A apresentação, para o intelecto humano, dessa idéia de um EU SOU infinito traz em si muitos elementos de perigo, posto que esse conceito está tão distante do entendimento experiencial humano a ponto de envolver distorções sérias de significados e erros quanto aos valores. Contudo, o conceito filosófico do EU SOU proporciona aos seres finitos formar uma certa base para uma aproximação de entendimento parcial das origens absolutas e dos destinos infinitos. Todavia, em todas as nossas tentativas de elucidar a gênese e a fruição da realidade, que fique claro que esse conceito do EU SOU é, em todos os significados e valores relacionados à personalidade, sinônimo da Primeira Pessoa da Deidade, o Pai Universal de todas as personalidades. Todavia, esse postulado do EU SOU não é muito claramente identificável nos domínios não-deificados da realidade universal.

O EU SOU é o Infinito; o EU SOU é também a infinitude. De um ponto de vista seqüencial no tempo, toda realidade tem a sua origem no infinito EU SOU, cuja existência solitária na eternidade passada infinita deve ser um postulado filosófico primeiro da criatura finita. O conceito do EU SOU denota *infinitude inqualificável*, a realidade indiferenciada de tudo o que poderia ser em toda uma eternidade infinita.

Como conceito existencial, o EU SOU não é nem deificado, nem não-deificado; nem factual, nem potencial; nem pessoal, nem impessoal; nem estático, nem dinâmico. Nenhuma qualificação pode ser aplicada ao Infinito, exceto afirmar que o EU SOU *é*. O postulado filosófico do EU SOU é um conceito no universo que é um pouco mais difícil de ser compreendido do que o Absoluto Inqualificável.

Para a mente finita, simplesmente deve haver um começo e, embora nunca tenha havido um começo real para a realidade, ainda há certas relações de fonte que a realidade mantém com a infinitude. A situação primordial de pré-realidade da eternidade pode ser pensada como algo assim: em algum momento infinitamente distante, hipotético, na eternidade passada, o EU SOU pode ser concebido como coisa tanto quanto como não-coisa, como causa tanto quanto como efeito, como volição e como resposta. Nesse momento hipotético na eternidade, não há diferenciação em toda a infinitude. A infinitude é preenchida pelo Infinito; o Infinito abrange a infinitude. Esse é o momento estático hipotético da eternidade; os factuais estão ainda contidos dentro dos potenciais, e os potenciais ainda não apareceram dentro da infinitude do EU SOU. Mas, mesmo nessa situação de conjectura, devemos assumir que exista a possibilidade da vontade própria.

Lembrai-vos sempre de que a compreensão que os homens têm do Pai Universal é a de uma experiência pessoal. Deus, como o vosso Pai espiritual, é compreensível para vós e para todos os outros mortais; mas *o conceito que a vossa adoração experiencial tem do Pai Universal deve ser sempre menos que o vosso postulado filosófico da infinitude da Primeira Fonte e Centro, o EU SOU*. Quando falamos do Pai, queremos referir-nos a Deus como compreensível pelas suas criaturas, tanto as elevadas quanto as inferiores, mas há muito mais da Deidade que não é compreensível para as criaturas do universo. Deus, o vosso Pai e meu Pai, é aquele aspecto do Infinito que percebemos nas nossas personalidades como uma realidade factual experiencial, mas o EU SOU permanece para sempre como a nossa hipótese de tudo que sentimos ser incognoscível sobre a Primeira Fonte e Centro. E mesmo essa hipótese, provavelmente, fica longe da infinitude insondável da realidade original.

O universo dos universos, com as suas inumeráveis hostes de personalidades que o habitam, é um organismo vasto e complexo, mas, a Primeira Fonte e Centro é infinitamente mais complexa do que os universos e as personalidades que se tornaram reais, em resposta aos mandados da Sua vontade. Ao admirardes a magnitude do universo-mestre, parai para considerar que, mesmo essa criação inconcebível, pode não ser nada mais do que uma revelação parcial do Infinito.

A infinitude, verdadeiramente, está muito longe do nível da experiência da compreensão dos mortais, mas, mesmo nesta idade em Urântia, os vossos conceitos de infinitude estão-se ampliando e continuarão a crescer durante as vossas carreiras sem fim, que se estenderão adiante pela eternidade futura. A infinitude inqualificável não tem sentido para a criatura finita, mas a infinitude é capaz de autolimitação e é susceptível de exprimir a realidade para todos os níveis de existências no universo. E o rosto que o Infinito apresenta a todas as personalidades do universo é a face de um Pai, o Pai Universal do amor.

2. O EU SOU ENQUANTO TRINO E ENQUANTO SÉTUPLO

Considerando a gênese da realidade, tende sempre em mente que toda a realidade absoluta vem da eternidade, e que não tem começo de existência. Por realidade absoluta, entendemos as três pessoas existenciais da Deidade, a Ilha do Paraíso e os três Absolutos. Essas sete realidades são coordenadamente eternas, não obstante hajamos recorrido à linguagem do tempo e do espaço para apresentar as suas origens seqüenciais aos seres humanos.

Ao proceder a uma descrição cronológica das origens da realidade, é preciso admitir um instante teórico, postulado como sendo a "primeira" expressão volicional e a "primeira" reação de repercussão dentro do EU SOU. Nas nossas tentativas de descrever a gênese e a geração da realidade, esse estágio pode ser concebido como a autodiferenciação que o *Infinito Uno* faz da *Infinitude*. *Contudo*, a postulação dessa relação dual deve sempre ser expandida até uma concepção trina mediante o reconhecimento do contínuo eterno da *Infinitude*, o EU SOU.

Essa autometamorfose do EU SOU culmina na diferenciação múltipla da realidade deificada e da realidade não-deificada, da realidade potencial e da realidade factual e de algumas outras realidades que dificilmente podem ser classificadas assim. Essas diferenciações do EU SOU teórico e monista estão eternamente integradas por relações simultâneas que surgem dentro do mesmo EU SOU – a pré-realidade monoteísta pré-potencial, pré-factual e pré-pessoal que, embora infinita, é revelada como absoluta na presença da Primeira Fonte e Centro e como personalidade no amor ilimitado do Pai Universal.

Mediante essas metamorfoses internas, o EU SOU passa a estabelecer a base para uma auto-relação sétupla. O conceito filosófico (no tempo) do EU SOU solitário e o conceito transitório (temporal) do EU SOU, como trino, podem ser, agora, ampliados para abranger o EU SOU como sétuplo. Essa natureza sétupla – ou de sete fases – pode ser mais bem apresentada em relação aos Sete Absolutos da Infinitude:

1. *O Pai Universal*. EU SOU pai do Filho Eterno. Esta é a relação primordial de personalidade das factualidades. A personalidade absoluta do Filho torna absoluto o fato da paternidade de Deus e estabelece a filiação potencial de todas as personalidades. Essa relação estabelece a personalidade do Infinito e consuma a Sua revelação espiritual na personalidade do Filho Original. Essa fase do EU SOU é parcialmente experienciável em níveis espirituais, até mesmo pelos mortais que, enquanto ainda estão na carne, podem adorar o nosso Pai.

2. *O Controlador Universal*. EU SOU a causa do Paraíso eterno. Esta é a relação impessoal primordial das factualidades, a associação não-espiritual original. O Pai Universal é Deus, enquanto é amor; o Controlador Universal é Deus, enquanto arquétipo. Essa relação estabelece o potencial da forma – a configuração – e determina o modelo mestre do relacionamento impessoal e não-espiritual – o modelo mestre do qual todas as cópias são feitas.

3. *O Criador Universal*. EU SOU um com o Filho Eterno. Esta união do Pai e do Filho (na presença do Paraíso) inicia o ciclo criativo, que é consumado no aparecimento da personalidade conjunta e do universo eterno. Do ponto de vista finito do mortal, a realidade tem o seu verdadeiro começo com o aparecimento eterno da criação de Havona. Esse ato criativo da Deidade é feito pelo

Deus da Ação e por intermédio dele, que é, em essência, a unidade do Pai-Filho manifestada nos níveis, e para todos os níveis, do factual. E, por isso, a divina criatividade é infalivelmente caracterizada pela unidade e essa unidade é o reflexo exterior da unicidade absoluta da dualidade de Pai e Filho e da Trindade do Pai-Filho-Espírito.

4. *O Sustentador Infinito*. EU SOU auto-associável. Esta é a associação primordial da estática e dos potenciais da realidade. Nessas relações, todos os fatores qualificáveis e inqualificáveis são compensados. A noção que permite a melhor compreensão dessa fase do EU SOU é a do Absoluto Universal – o unificador da Deidade e dos Absolutos Inqualificáveis.

5. *O Potencial Infinito*. EU SOU autoqualificável. Esta é a marca da infinitude que dá o testemunho eterno da autolimitação volitiva do EU SOU, em virtude da qual foi alcançada a auto-expressão, a auto-revelação tríplice. Essa fase do EU SOU é geralmente compreendida como o Absoluto da Deidade.

6. *A Capacidade Infinita*. EU SOU estático-reativo. Esta é a matriz sem fim, a possibilidade de toda a expansão cósmica futura. A melhor maneira de conceber essa fase do EU SOU talvez seja a noção da presença da supergravidade do Absoluto Inqualificável.

7. *O Uno Universal da Infinitude*. EU SOU enquanto EU SOU. Esta é a estase, ou a relação da Infinitude com ela própria, o fato eterno da realidade da infinitude e da verdade universal, que é a infinitude da realidade. Já que essa relação é discernível, como personalidade, ela é revelada aos universos na figura do Pai divino de toda personalidade e mesmo da personalidade absoluta. Até onde essa relação for exprimível impessoalmente, o universo toma contato com ela como coerência absoluta da energia pura e do espírito puro na presença do Pai Universal. Já que essa relação é concebível como um absoluto, ela é revelada na primazia da Primeira Fonte e Centro; Nela, todos nós vivemos, nos movemos e temos os nossos seres, desde as criaturas do espaço aos cidadãos do Paraíso; e isso é verdadeiro tanto para o universo-mestre quanto para o ultimaton infinitesimal, e é tão verdadeiro sobre o que será e sobre o que é, tanto quanto sobre o que foi.

3. OS SETE ABSOLUTOS DA INFINITUDE

As sete relações primordiais, dentro do EU SOU, eternizam-se como Sete Absolutos da Infinitude. Embora, porém, possamos descrever as origens da realidade e a diferenciação da infinitude por uma narrativa seqüencial, de fato, todos sete Absolutos são, inqualificável e coordenadamente, eternos. Pode ser necessário às mentes mortais conceber os seus começos, mas essa concepção deveria ser sempre dominada pela compreensão de que os sete Absolutos não tiveram nenhum começo; eles são eternos e têm sempre sido. Os sete Absolutos são a premissa da realidade. Eles têm sido descritos nestes documentos do modo seguinte:

1. *A Primeira Fonte e Centro*. Primeira Pessoa da Deidade e arquétipo primordial da não-deidade, Deus, o Pai Universal, criador, controlador e sustentador; amor universal, espírito eterno e energia infinita; potencial de todos os potenciais e fonte de todos os factuais; estabilidade de toda a estática e dinamismo de toda mudança; fonte dos modelos e dos arquétipos e Pai das pessoas. Coletivamente, todos os sete Absolutos equivalem à infinitude, mas o Pai Universal é, Ele próprio, de fato infinito.

2. *A Segunda Fonte e Centro*. Segunda Pessoa da Deidade, o Filho Eterno e Original; realidade da personalidade absoluta do EU SOU e base para a compreensão-revelação do "EU SOU personalidade". Nenhuma personalidade pode esperar alcançar o Pai Universal, a não ser por intermédio do Seu Filho Eterno; nem a personalidade pode alcançar níveis espirituais de existência fora da ação e da ajuda desse modelo absoluto de todas as personalidades. Na Segunda Fonte e Centro, o espírito é inqualificável, enquanto a personalidade é absoluta.

3. *A Fonte e Centro do Paraíso*. O segundo modelo da não-deidade, a Ilha Eterna do Paraíso; base para a compreensão-revelação do "EU SOU força" e fundação para o estabelecimento do controle da gravidade em todos os universos. Com relação a toda realidade factualizada, não-espiritual, impessoal e não-volicional, o Paraíso é o absoluto dos arquétipos. Do mesmo modo que a energia do espírito está relacionada ao Pai Universal, por intermédio da personalidade absoluta do Filho-Mãe, assim, toda a energia cósmica é mantida sob o controle gravitacional da Primeira Fonte e Centro, por intermédio do modelo absoluto da Ilha do Paraíso. O Paraíso não está no espaço; o espaço existe em relação ao Paraíso, e a cronicidade do movimento é determinada pela sua relação com o Paraíso. A Ilha Eterna está absolutamente em repouso; todas as outras energias organizadas e em organização estão em movimento eterno; em todo o espaço, apenas a presença do Absoluto Inqualificável está quieta, e o Inqualificável está coordenado com o Paraíso. O Paraíso existe no foco do espaço, o Inqualificável penetra-o, e toda existência relativa tem o seu princípio dentro desse domínio.

4. *A Terceira Fonte e Centro*. Terceira Pessoa da Deidade, o Agente Conjunto, é o integrador infinito das energias cósmicas do Paraíso com as energias do espírito do Filho Eterno, o coordenador perfeito dos motivos da vontade e mecânica da força; unificador de toda realidade factual e em factualização. Mediante as ministrações dos seus múltiplos filhos, o Espírito Infinito revela a misericórdia do Filho Eterno, enquanto funciona, ao mesmo tempo, como o manipulador infinito, tecendo para sempre o arquétipo do Paraíso nas energias do espaço. Esse mesmo Agente Conjunto, esse Deus da Ação, é a expressão perfeita dos planos e dos propósitos sem limite do Pai-Filho, pois funciona, ele próprio, como fonte da mente e outorgador do intelecto às criaturas de um vastíssimo cosmo.

5. *O Absoluto de Deidade*. As possibilidades causais potencialmente pessoais de realidade universal, a totalidade de todo potencial de Deidade. O Absoluto de Deidade é o qualificador intencional das realidades inqualificáveis, das realidades absolutas e das realidades não-deidades. O Absoluto de Deidade é qualificador do absoluto e absolutizador do qualificado – o iniciador do destino.

6. *O Absoluto Inqualificável. Estático*, reativo e passivo; é a infinitude cósmica não revelada do EU SOU; a totalidade da realidade não-deificada e a finalidade de todo potencial não pessoal. O espaço limita as funções do Inqualificável, mas a presença do Inqualificável é ilimitada, infinita. Há um conceito de periferia para o universo-mestre, mas a presença do Inqualificável é ilimitada; mesmo a eternidade não pode exaurir a quiescência ilimitada desse Absoluto não-deidade.

7. *O Absoluto Universal*. Unificador do deificado e do não-deificado; correlator do absoluto e do relativo. O Absoluto Universal (sendo estático, potencial e associativo) compensa a tensão entre o sempre-existente e o incompleto (ou inacabado).

Os Sete Absolutos de Infinitude constituem os começos da realidade. Como as mentes mortais considerá-la-iam, a Primeira Fonte e Centro pareceria ser antecedente a todos os absolutos. Contudo, tal postulado, ainda que ajude, é invalidado pela coexistência, na eternidade, do Filho, do Espírito, dos três Absolutos e da Ilha do Paraíso.

É uma *verdade* que os Absolutos sejam manifestações do EU SOU – Primeira Fonte e Centro; é um *fato* que esses Absolutos nunca tiveram um começo, e que são coordenados eternos com a Primeira Fonte e Centro. As relações dos absolutos na eternidade não podem sempre ser apresentadas sem envolver paradoxos na linguagem do tempo e nos arquétipos conceituais do espaço. Mas, apesar de qualquer confusão relativa à origem dos Sete Absolutos da Infinitude, não apenas é um fato, mas uma verdade que toda realidade baseia-se na existência deles, na eternidade, e nas suas relações de infinitude.

4. UNIDADE, DUALIDADE E TRIUNIDADE

Os filósofos do universo postulam a existência na eternidade do EU SOU, como força primordial de toda realidade. E, concomitantemente, eles postulam a auto-segmentação do EU SOU nas auto-relações primárias – as sete fases da infinitude. E, simultaneamente com essa suposição, vem o terceiro postulado – o surgimento, na eternidade, dos Sete Absolutos da Infinitude e a eternização da associação de dualidade das sete fases do EU SOU, com esses sete Absolutos.

A auto-revelação do EU SOU, assim, procede do eu estático, por meio da segmentação dele próprio e do seu auto-relacionamento com as relações absolutas, os relacionamentos com os Absolutos autoderivados. A dualidade torna-se, assim, existente na associação eterna dos Sete Absolutos da Infinitude com a infinitude sétupla das fases auto-segmentadas do EU SOU auto-revelador. Essas relações duais, eternizando-se para os universos, como os sete Absolutos, eternizam os fundamentos básicos para toda a realidade do universo.

Foi afirmado, certa vez, que a unidade origina a dualidade, que a dualidade gera a triunidade e que a triunidade é o antepassado eterno de todas as coisas. Há, na verdade, três grandes classes de relações primordiais, e elas são:

1. *Relações de unidade.* Relações existentes internamente no EU SOU, quando a unidade é concebida Dele, como autodiferenciações tríplices e então sétuplas.

2. *Relações de dualidade.* Relações existentes entre o EU SOU, como sétuplo, e os Sete Absolutos da Infinitude.

3. *Relações de triunidade.* Estas são as associações funcionais dos Sete Absolutos da Infinitude.

As relações de triunidade surgem dos fundamentos da dualidade, por causa da inevitabilidade das interassociações dos Absolutos. Tais associações de triunidade eternizam o potencial de toda realidade; elas englobam tanto a realidade deificada quanto a não-deificada.

O EU SOU é infinitude inqualificável enquanto é *unidade*. As dualidades eternizam os *fundamentos* da realidade. As triunidades factualizam o entendimento da infinitude como *função* universal.

Os preexistenciais tornam-se existenciais nos sete Absolutos, e os existenciais tornam-se funcionais nas triunidades, a associação básica dos Absolutos. E, concomitantemente com a eternização das triunidades, o cenário do universo é estabelecido – os potenciais são existentes, e os factuais estão presentes – e a plenitude da eternidade testemunha a diversificação da energia cósmica, a difusão do espírito do Paraíso, e a dotação da mente junto com o outorgamento da personalidade, em virtude do qual todos esses derivados das Deidades e do Paraíso são unificados na experiência, no nível da criatura e, por outras técnicas, no nível das supracriaturas.

5. A PROMULGAÇÃO DA REALIDADE FINITA

Assim como a diversificação original do EU SOU deve ser atribuída à volição inerente e autocontida, do mesmo modo, a promulgação da realidade finita deve ser imputada aos atos volicionais da Deidade do Paraíso e aos ajustes repercussionais das triunidades funcionais.

Antes da deificação do finito, deveria parecer que todas as diversificações da realidade aconteceram em níveis absolutos; mas o ato volicional promulgando a realidade finita conota uma qualificação de absolutez e implica o aparecimento das relatividades.

Se bem que apresentemos esta narrativa como uma seqüência, e retratemos o aparecimento histórico do finito como um derivativo direto do absoluto, dever-se-ia ter em mente que os transcendentais tanto precederam quanto sucederam a tudo que é finito. Os últimos transcendentais são, em relação ao finito, tanto a causa quanto a consumação.

A possibilidade finita é inerente ao Infinito, mas a transmutação da possibilidade em probabilidade e em inevitabilidade deve ser atribuída ao livre-arbítrio auto-existente da Primeira Fonte e Centro, ativando todas as associações de triunidade. Somente a infinitude da vontade do Pai poderia ter qualificado assim o nível absoluto da existência, como para dar existência a um último ou para criar um finito.

Com o surgimento da realidade relativa e qualificável, vem à existência um novo ciclo da realidade – o ciclo do crescimento –, um gesto majestoso de transbordamento, desde as alturas da infinitude até o domínio do finito, para sempre convergindo no Paraíso e na Deidade, buscando sempre aqueles destinos elevados correspondentes de uma fonte infinita.

Essas transações inconcebíveis marcam o começo da história do universo, marcam a vinda à existência do tempo em si mesmo. Para uma criatura, o começo do finito é a gênese da realidade; vista pela mente da criatura, nenhuma factualidade anterior ao finito seria concebível. A recém-surgida realidade finita existe em duas fases originais:

1. *Máximos primários*, a realidade supremamente perfeita, o tipo havonal de universo e de criatura.

2. *Máximos secundários*, a realidade supremamente perfeccionada, a criatura e a criação do tipo superuniversal.

Essas, então, são as duas manifestações originais: a que é perfeita por constituição e aquela que é perfeccionada por intermédio de uma evolução. As duas são coordenadas nas relações de eternidade, mas, dentro dos limites do tempo, parecem diferentes. O fator tempo significa crescimento para aquela que cresce; os finitos secundários crescem; e, pois, aqueles que estão crescendo devem parecer incompletos no tempo. Mas essas diferenças, que são tão importantes deste lado de cá do Paraíso, são inexistentes na eternidade.

Falamos do perfeito e do perfeccionado como máximos primários e máximos secundários, mas há ainda um outro tipo: a trinitarização e as outras relações entre os primários e os secundários resultam no aparecimento dos *máximos terciários*

– coisas, significados e valores que não são nem perfeitos, nem perfeccionados, mas que ainda são coordenados aos seus fatores ancestrais

6. AS REPERCUSSÕES DA REALIDADE FINITA

O conjunto das promulgações das existências finitas representa uma transferência dos potenciais para os factuais, dentro das associações absolutas da infinitude funcional. Entre as muitas repercussões da factualização criativa do finito, podem ser citadas:

1. *A resposta da deidade*, o surgimento dos três níveis de supremacia experiencial: a factualidade da supremacia do espírito pessoal em Havona, o potencial de supremacia do poder pessoal no grande universo que virá a ser, e a capacidade de alguma função desconhecida de mente experiencial atuando em algum nível de supremacia no universo-mestre futuro.

2. *A resposta do universo* envolveu uma ativação dos planos arquitetônicos para o nível espacial do superuniverso, e essa evolução está ainda em progresso, em todas as partes da organização física dos sete superuniversos.

3. *A repercussão sobre as criaturas.* Esta repercussão da promulgação da realidade finita resultou na aparição de seres perfeitos da ordem dos habitantes eternos de Havona e dos seres ascendentes evolucionários perfeccionados, vindos dos sete superuniversos. Mas, para alcançar a perfeição, por meio da experiência evolucionária (temporal-criativa), é necessário algo diferente da perfeição como ponto de partida. Assim, a imperfeição surge nas criações evolucionárias. E essa é a origem do mal potencial. As não-adaptações, a falta de harmonia e o conflito são inerentes ao crescimento evolucionário, abrangendo desde os universos físicos até as criaturas pessoais.

4. *A resposta da divindade à imperfeição*, inerente ao lapso de tempo que a evolução leva, é revelada na presença de Deus, o Sétuplo, por meio de cujas atividades aquilo que se está perfeccionando é integrado tanto com o perfeito quanto com o perfeccionado. Esse lapso de tempo, ou demora, é inseparável da evolução, que é a criatividade no tempo. Por causa dele, bem como por outras razões, o poder Todo-Poderoso do Supremo é baseado nos êxitos da divindade de Deus, o Sétuplo. Essa demora no tempo torna possível a participação da criatura na criação divina, permitindo às personalidades criaturas tornarem-se parceiras, com a Deidade, na realização do desenvolvimento máximo. Até mesmo a mente material da criatura mortal, assim, torna-se sócia, com o Ajustador divino, na dualização da alma imortal. Deus, o Sétuplo, também provê técnicas de compensação para as limitações experienciais da perfeição inerente, assim como para compensar as limitações pré--ascensionais da imperfeição.

7. A FACTUALIZAÇÃO DOS TRANSCENDENTAIS

Os transcendentais são subinfinitos e subabsolutos, mas superfinitos e supercriados. Os transcendentais factualizam-se como um nível integrador, correlacionando os supervalores dos absolutos com os valores máximos dos finitos. Do ponto de vista da criatura, o que é transcendental pareceria haver-se factualizado por conseqüência do finito; do ponto de vista da eternidade, em antecipação do finito; e há aqueles que o têm considerado como um "pré-eco" do finito.

Aquilo que é transcendental não implica necessariamente a ausência de desenvolvimento, mas é superevolucionário no sentido finito; é não-experiencial, mas é uma supra-experiência, no sentido que as criaturas compreendem a experiência. A melhor ilustração desse paradoxo talvez seja o universo central de perfeição: dificilmente Havona é absoluta – apenas a Ilha do Paraíso é verdadeiramente absoluta no sentido "materializado". Nem é uma criação finita evolucionária, como são os sete superuniversos. Havona é eterna, mas não é imutável, no sentido de ser um universo de não-crescimento. É habitada por criaturas (os nativos de Havona) que nunca foram factualmente criadas, pois são eternamente existentes. Havona, assim, ilustra algo que não é exatamente finito e tampouco ainda absoluto. Além disso, Havona atua como um amortecedor entre o Paraíso absoluto e as criações finitas, ilustrando, ainda mais, a função dos transcendentais. Todavia, Havona ela própria não é um transcendental – é Havona.

Assim como o Supremo está associado com os finitos, o Último é identificado com os transcendentais. No entanto, embora comparemos assim o Supremo e o Último, eles diferem por algo mais do que o grau; a diferença é também uma questão de qualidade. O Último é algo mais do que um super-Supremo projetado no nível transcendental. O Último é tudo isso, mas é mais: o Último é uma factualização de novas realidades da Deidade, a qualificação de novas fases daquilo que até então era inqualificável.

Entre aquelas realidades que estão associadas ao nível transcendental, estão as seguintes:

1. A presença do Último como Deidade.

2. O conceito do universo-mestre.

3. Os Arquitetos do Universo-Mestre.

4. As duas ordens de organizadores da força do Paraíso.

5. Algumas modificações na potência espacial.

6. Alguns valores do espírito.

7. Alguns significados da mente.

8. As qualidades e as realidades absonitas.

9. A onipotência, a onisciência e a onipresença.

10. O espaço.

O universo em que existimos, agora, pode ser considerado como existindo em níveis finitos, transcendentais e absolutos. E esse é o estágio cósmico no qual se representa o drama sem fim das realizações da personalidade e das metamorfoses da energia.

E todas essas múltiplas realidades são unificadas, *absolutamente*, por várias triunidades, *funcionalmente*, pelos Arquitetos do Universo-Mestre, *relativamente*, pelos Sete Espíritos Mestres, os coordenadores subsupremos da divindade de Deus, o Sétuplo.

Deus, o Sétuplo, representa a revelação da personalidade e da divindade do Pai Universal para as criaturas, não só de status máximo, mas também de status submáximo; mas há outras relações sétuplas da Primeira Fonte e Centro que não pertencem à manifestação do ministério espiritual divino do Deus que é espírito.

Na eternidade do passado, as forças dos Absolutos, os espíritos das Deidades e as personalidades dos Deuses mobilizaram-se para responder à vontade autônoma primordial da vontade existente por si própria. Na idade atual do universo, estamos todos testemunhando as repercussões estupendas do vasto panorama cósmico das manifestações subabsolutas dos potenciais ilimitados de todas essas realidades.

E é totalmente possível que a diversificação continuada da realidade original da Primeira Fonte e Centro possa continuar a sua manifestação para frente e para fora, idade após idade, para sempre e sempre, até distâncias inconcebíveis da infinitude absoluta.

[Apresentado por um Melquisedeque de Nébadon.]

DOCUMENTO 106

OS NÍVEIS DE REALIDADE NO UNIVERSO

NÃO É suficiente que o mortal ascendente deva saber alguma coisa sobre as relações da Deidade com a gênese e as manifestações da realidade cósmica; ele deveria também compreender alguma coisa das relações existentes entre ele próprio e os inúmeros níveis das realidades existenciais e experienciais, das realidades potenciais e factuais. A orientação terrestre do homem, o seu discernimento cósmico e o seu direcionamento espiritual, todos se elevam mais por meio de uma compreensão melhor das realidades do universo e suas técnicas de interassociação, integração e unificação.

O grande universo atual e o universo-mestre que está surgindo são feitos de muitas formas e fases de realidade, as quais, por sua vez, existem em vários níveis de atividade funcional. Esses múltiplos "existentes" e "latentes" têm sido sugeridos previamente nestes documentos, e agora passam a ser agrupados, por conveniência conceitual, nas categorias seguintes:

1. *Finitos incompletos*. Este é o status presente das criaturas ascendentes do grande universo, o estado presente dos mortais de Urântia. Esse nível abrange a existência da criatura, desde os humanos planetários até os finalitores, ou que atingiram o destino, sem incluir estes últimos. Diz respeito aos universos, desde os seus começos físicos, até o estabelecimento em luz e vida, mas não inclui esse estágio. Esse nível constitui a periferia presente da atividade criativa, no tempo e no espaço. Parece estar movendo-se para fora do Paraíso, para o fechamento da presente idade do universo, que irá testemunhar a realização do grande universo em luz e vida; e irá também, e certamente, testemunhar o surgimento de alguma nova ordem de crescimento, de desenvolvimento, no primeiro nível do espaço exterior.

2. *Finitos máximos*. Este é o estado presente de todas as criaturas experienciais que atingiram o destino – o destino enquanto revelado dentro do escopo da presente idade do universo. Mesmo os universos podem atingir o máximo em status, tanto espiritual quanto fisicamente. Mas o termo "máximo" é, em si mesmo, um termo relativo – máximo em relação a quê? E aquilo que o máximo é, aparentemente o máximo final, na presente idade do universo, pode não ser nada mais do que o verdadeiro começo, em termos das idades futuras. Algumas fases de Havona parecem estar na ordem máxima.

3. *Transcendentais*. Este nível suprafinito (antecedentemente) segue uma progressão finita. Ele implica a gênese prefinita dos começos finitos e a significância pós-finita de todos os fins aparentes finitos, ou destinos. Grande parte do Paraíso-Havona parece ser da ordem transcendental.

4. *Últimos*. Este nível engloba o que for de significância para o nível do universo-mestre e impinge-se ao nível do destino do universo-mestre completo. O Paraíso-Havona (especialmente o circuito dos mundos do Pai) é, sob muitos pontos de vista, de significação última.

5. *Co-absolutos*. Este nível implica a projeção de experienciais em um campo de expressão criativa que é superior ao universo-mestre.

6. *Absolutos*. Este nível conota a presença, na eternidade, dos sete Absolutos existenciais. Pode também englobar algum grau de realização associativa experiencial, no entanto, se assim for, ficamos sem entender como possa ser; talvez por intermédio de um contato potencial de personalidade.

7. *Infinitude*. Este nível é preexistencial e pós-experiencial. A unidade inqualificável da infinitude é uma realidade hipotética, anterior a todos os começos e após todos os destinos.

Esses níveis de realidade são símbolos, do compromisso de conveniência da idade atual do universo, e, da perspectiva dos mortais. Há um sem número de outros modos de ver a realidade da perspectiva não-mortal e do ponto de vista de outras idades do universo. Assim, deveria ser reconhecido que os conceitos aqui apresentados são inteiramente relativos; e relativos no sentido de serem condicionados e limitados:

1. Pelas limitações da linguagem dos mortais.

2. Pelas limitações da mente mortal.

3. Pelo desenvolvimento limitado dos sete superuniversos.

4. Pela vossa ignorância dos seis propósitos primordiais do desenvolvimento do superuniverso, no que não é pertinente à ascensão dos mortais ao Paraíso.

5. Pela vossa incapacidade de compreender um ponto de vista da eternidade, ainda que de modo parcial.

6. Pela impossibilidade de retratar a evolução cósmica e o destino com relação a todas as idades do universo, e não apenas com respeito à idade presente do desdobrar evolucionário dos sete superuniversos.

7. Pela incapacidade que qualquer criatura tem de captar o que realmente significam os preexistenciais, ou os pós-experienciais – aquilo que se situa antes dos começos e depois dos destinos.

O crescimento da realidade é condicionado pelas circunstâncias das sucessivas idades universais. O universo central não passou por nenhuma alteração evolucionária na idade Havonal, mas, nas épocas presentes da idade do superuniverso, ele está passando por certas mudanças progressivas, induzidas em coordenação com os superuniversos evolucionários. Os sete superuniversos, ora em evolução, atingirão, em algum momento, o status de estabelecidos em luz e vida; atingirão o limite de crescimento na idade universal atual. Sem nenhuma dúvida, porém, a próxima idade, a idade do primeiro nível do espaço exterior, liberará os superuniversos das limitações do destino, próprias da idade atual. A repleção está-se sobrepondo continuamente à fase do completar.

Essas são algumas das limitações que encontramos, ao tentar apresentar um conceito unificado do crescimento cósmico das coisas, dos significados e dos valores e das suas sínteses, em níveis sempre ascendentes de realidade.

1. A ASSOCIAÇÃO PRIMÁRIA DE FUNCIONAIS FINITOS

As fases primárias da realidade finita ou aquelas que têm origem no espírito encontram a expressão imediata, de personalidades perfeitas, nos níveis da criatura e, de criação perfeita de Havona, nos níveis do universo. E até a Deidade experiencial é assim expressa na pessoa espiritual de Deus, o Supremo, em Havona. Mas as fases secundárias do finito, que são evolucionárias, condicionadas pelo tempo e pela matéria, tornam-se cosmicamente integradas apenas em resultado do seu crescimento e realização. Todos os finitos secundários ou perfeccionantes finalmente estão para alcançar um nível igual àquele da perfeição primária, mas tal destino está sujeito à demora do tempo, a uma qualificação constitutiva superuniversal, que não é geneticamente encontrada na criação central. (Sabemos da existência dos finitos terciários, mas a técnica da sua integração ainda é irrevelada.)

Essa demora superuniversal no tempo, esse obstáculo à realização da perfeição permite à criatura participar do crescimento evolucionário. E torna, assim, possível à criatura entrar em co-participação, junto com o Criador, na evolução de si própria. E, durante esse tempo de crescimento expansivo, o incompleto é correlacionado ao perfeito, por meio da ministração de Deus, o Sétuplo.

Deus, o Sétuplo, significa o reconhecimento, da parte da Deidade do Paraíso, das barreiras do tempo nos universos evolucionários do espaço. Não importando quão afastada do Paraíso, quão longe no espaço seja a origem de uma personalidade material com potencial de sobrevivência, Deus, o Sétuplo, encontrar-se-á presente ali, junto a ela, e estará empenhado na ministração do amor e da misericórdia, da verdade, da beleza e da bondade, para com essa criatura evolucionária incompleta e em luta. A ministração da divindade do Sétuplo estende-se, na direção interior, por intermédio do Filho Eterno, até o Pai do Paraíso e, na direção externa, por intermédio dos Anciães dos Dias, até os Pais dos universos – os Filhos Criadores.

O homem, sendo pessoal e ascendendo por meio da progressão espiritual, encontra a divindade pessoal e espiritual da Deidade Sétupla; mas há outras fases do Sétuplo que não estão envolvidas com a progressão da personalidade. Os aspectos da divindade, desse agrupamento sétuplo de Deidades, no presente, estão integrados na ligação entre os Sete Espíritos Mestres e o Agente Conjunto; mas eles estão destinados a ser unificados, eternamente, na personalidade emergente do Ser Supremo. As outras fases da Deidade Sétupla estão integradas, de modos variados, na idade atual do universo, mas todas estão destinadas, do mesmo modo, a ser unificadas no Supremo. O Sétuplo, em todas as fases, é a fonte da unidade relativa da realidade funcional do presente grande universo.

2. A Integração Secundária Finita Suprema

Do mesmo modo que Deus, o Sétuplo, coordena funcionalmente a evolução finita, o Ser Supremo finalmente sintetiza o alcançar do destino. O Ser Supremo é a culminância da deidade da evolução do grande universo – a evolução física em torno de um núcleo de espírito e a dominação final, do núcleo do espírito, sobre os âmbitos da evolução física, que giram na circunvizinhança. E tudo isso acontece de acordo com os mandados da personalidade: a personalidade do Paraíso, no sentido mais elevado; a personalidade Criadora, no sentido universal; a personalidade mortal, no sentido humano; a personalidade Suprema, no sentido da culminância ou do sentido experiencial totalizador.

O conceito do Supremo deve proporcionar o reconhecimento diferencial da pessoa do espírito, do poder evolucionário e da síntese poder-personalidade – da unificação do poder evolucionário junto à personalidade espírito, e o predomínio dessa personalidade-espírito sobre o poder evolucionário.

O espírito, em última análise, vem do Paraíso, através de Havona. A energia-matéria parece evoluir nas profundezas do espaço, e é organizada, como força, pelos filhos do Espírito Infinito, em conjunção com os Filhos Criadores de Deus. E tudo isso é experiencial; é uma transação no tempo e no espaço, envolvendo uma ampla gama de seres vivos, incluindo mesmo as divindades Criadoras e as criaturas evolucionárias. A mestria e o controle do poder, por parte das divindades Criadoras, no grande universo, expande-se, lentamente, para englobar o estabelecimento e a estabilização evolucionária das criações tempo-espaciais, e esse é o florescimento do poder experiencial de Deus, o Sétuplo. Ele engloba toda a gama de realização da divindade no tempo e no espaço, desde os outorgamentos do Ajustador do Pai Universal até as auto-outorgas de vida dos Filhos do Paraíso. Esse é o poder ganho, o poder demonstrado, o poder experiencial; o qual contrasta com o poder eterno, o poder incomensurável, o poder existencial das Deidades do Paraíso.

Esse poder experiencial, advindo das realizações da divindade do próprio Deus, o Sétuplo, manifesta as qualidades coesivas da divindade, pela síntese – a totalização –, como a força todo-poderosa do domínio experiencial alcançado nas criações em evolução. E essa força todo-poderosa encontra, por sua vez, a coesão da personalidade do espírito, na esfera-piloto do cinturão externo dos mundos de Havona, em união com a personalidade espiritual, da presença Havonal de Deus, o Supremo. Assim, a Deidade experiencial culmina a longa luta evolucionária, investindo o produto do poder tempo-espacial na presença espiritual e na personalidade divina residente na criação central.

Assim, o Ser Supremo finalmente consegue abranger tudo, de todos atributos de todas as coisas que evoluem no tempo e no espaço, dotando esses atributos com uma personalidade espiritual. E já que as criaturas, até mesmo as mortais, são personalidades que participam dessa transação grandiosa, elas certamente atingem a capacidade de conhecer o Supremo e de perceber o Supremo como filhos verdadeiros de tal Deidade evolucionária.

Michael de Nébadon é como o Pai do Paraíso, porque ele compartilha a perfeição do Pai do Paraíso; e, assim, os mortais evolucionários irão, em algum momento, atingir a semelhança com o Supremo experiencial, pois eles irão verdadeiramente partilhar, junto com ele, da sua perfeição evolucionária.

Deus, o Supremo, é experiencial; e, assim, ele é completamente experienciável. As realidades existenciais dos sete Absolutos não são perceptíveis pela técnica da experiência; apenas as *realidades de personalidade*, do Pai, do Filho e do Espírito podem ser captadas pela personalidade da criatura finita, na atitude de oração-adoração.

À síntese poder-personalidade completa do Ser Supremo estará associada toda a absolutez das várias triodidades que poderiam estar a ele associadas, e essa personalidade grandiosa, advinda da evolução, será atingível e compreensível experiencialmente por todas as personalidades finitas. Quando os seres ascendentes atingirem o sétimo estágio postulado para a existência do espírito, eles irão experienciar, nele, a realização de um novo significado-valor da absolutez e da infinitude das triodidades, tal como foi revelado em níveis subabsolutos no Ser Supremo, que é experienciável. Contudo, o alcance desses estágios de desenvolvimento máximo, terá, provavelmente, que esperar o estabelecimento de todo o grande universo em luz e vida.

3. A ASSOCIAÇÃO TERCIÁRIA TRANSCENDENTAL DA REALIDADE

Os arquitetos absonitos tornam possível o plano; os Criadores Supremos trazem-no à existência; o Ser Supremo consumará a sua plenitude, tal como foi criado no tempo, pelos Criadores Supremos, e tal como foi previsto no espaço, pelos Arquitetos Mestres.

Durante a idade presente do universo, a coordenação administrativa do universo-mestre é função dos Arquitetos do Universo-Mestre. O surgimento do Supremo

Todo-Poderoso, quando do término da idade presente do universo, significará, todavia, que o finito evolucionário terá atingido o primeiro estágio do destino experiencial. Esse acontecimento certamente conduzirá ao funcionamento completo da primeira Trindade experiencial – formada na união dos Criadores Supremos, do Ser Supremo e dos Arquitetos do Universo-Mestre. Essa Trindade está destinada a efetivar o prosseguimento da integração evolucionária da criação mestra.

A Trindade do Paraíso é verdadeiramente a Trindade da infinitude, e provavelmente nenhuma Trindade pode ser infinita se não incluir essa Trindade original. A Trindade original é, contudo, a realização tornada possível da associação exclusiva das Deidades absolutas; os seres subabsolutos nada têm a ver com essa associação primordial. As Trindades experienciais, a aparecerem subseqüentemente, abrangem até mesmo as contribuições das personalidades das criaturas. Certamente isso é verdade sobre a Trindade Última, e a própria presença dos Filhos Criadores Mestres, em meio aos membros do Criador Supremo, dentro dela, indica a presença concomitante da experiência factual e autêntica da criatura *no interior* dessa associação de Trindade.

A primeira Trindade experiencial proporciona a realização grupal de eventualidades últimas. As associações grupais estão capacitadas a antecipar, e mesmo a transcender as capacidades individuais; e isso é verdade, mesmo além do nível finito. Nas idades que virão, após os sete superuniversos haverem sido estabelecidos em luz e vida, o Corpo de Finalidade estará promulgando, sem dúvida, os propósitos das Deidades do Paraíso, como eles foram ditados pela Trindade Última, e como foram unificados em poder-personalidade no Ser Supremo.

Em todos os gigantescos desenvolvimentos universais da eternidade, passada e futura, nós detectamos a expansão dos elementos compreensíveis do Pai Universal. Como o EU SOU, filosoficamente nós postulamos a Sua permeação na infinitude total; mas nenhuma criatura é capaz de abarcar experiencialmente esse postulado. À medida que se expandem os universos e à medida que a gravidade e o amor estendem-se ao espaço que se organiza no tempo, somos capazes de compreender mais e mais sobre a primeira Fonte e Centro. Nós observamos a ação da gravidade penetrando a presença espacial do Absoluto Inqualificável, e detectamos as criaturas espirituais evoluindo e expandindo-se com a presença da divindade do Absoluto da Deidade, enquanto, a evolução cósmica, tanto quanto a espiritual está-se unificando pela mente e pela experiência, nos níveis finitos da deidade como o Ser Supremo, e, em níveis transcendentais, estão-se coordenando como a Trindade Última.

4. A INTEGRAÇÃO QUATERNÁRIA ÚLTIMA

No sentido último, a Trindade do Paraíso certamente coordena; no entanto, para esse fim, funciona como um absoluto que qualifica a si próprio; a Trindade Última experiencial coordena o transcendental, enquanto transcendental. No futuro eterno, essa Trindade experiencial ativará, ainda mais, por meio do aumento da unidade, a presença factualizante da Deidade Última.

Enquanto a Trindade Última está destinada a coordenar a criação mestra, Deus, o Último, é o poder-personalização transcendental para o qual está direcionado todo o universo-mestre. A realização completa do Último implica o completar da criação do universo-mestre e denota a emergência plena dessa Deidade transcendental.

Que mudanças serão inauguradas pela emergência plena do Último? Não sabemos. Mas, como agora o Supremo está presente, espiritual e pessoalmente, em Havona, do mesmo modo, o Último está presente ali, mas no sentido absonito e suprapessoal. E vós fostes informados da existência dos Vice-regentes Qualificados do Último, embora não tenhais sido informados do paradeiro atual deles, nem da sua função.

Todavia, independentemente das repercussões administrativas que acompanham a emergência da Deidade Última, os valores pessoais da sua divindade transcendental serão experienciáveis, por todas as personalidades que houverem sido participantes da factualização desse nível de Deidade. A transcendência do finito pode conduzir apenas à realização última. Deus, o Último, existe transcendendo o tempo e o espaço, contudo, é subabsoluto, não obstante a sua capacidade inerente para a associação funcional com os absolutos.

5. A ASSOCIAÇÃO CO-ABSOLUTA OU DE QUINTA FASE

O Último é o ápice da realidade transcendental, tanto quanto o Supremo é a cumeeira da realidade evolucionária experiencial. E a emergência factual dessas duas Deidades experienciais lança a base da fundação para a segunda Trindade experiencial. E esta é o Absoluto da Trindade: a união de Deus, o Supremo, de Deus, o Último, e do irrevelado Consumador do Destino do Universo. E essa Trindade tem capacidade teórica para ativar os Absolutos da potencialidade – o Absoluto da Deidade, o Absoluto Universal e o Absoluto Inqualificável. No entanto, a formação completa desse Absoluto da Trindade só poderia acontecer após a evolução completa de todo o universo-mestre, desde Havona até o quarto nível espacial, o mais externo.

Deveria ficar claro que essas Trindades experienciais são correlativas, não apenas em relação às qualidades de personalidade da Deidade experiencial, mas também quanto a todas as outras qualidades, que não as pessoais, que caracterizam a unidade de Deidades alcançadas por elas. Conquanto essa apresentação trate, primariamente, das fases pessoais da unificação do cosmo, verdade é, contudo, que os aspectos impessoais do universo dos universos estejam, do mesmo modo, destinados a passar pela unificação, como é ilustrado pela síntese de poder-personalidade ora encaminhando-se junto com a evolução do Ser Supremo. As qualidades pessoais de espírito do Supremo são inseparáveis das prerrogativas de poder do Todo-Poderoso, sendo, ambas, complementadas pelo potencial desconhecido da mente Suprema. Nem pode Deus, o Último, enquanto pessoa, ser considerado separadamente de aspectos outros, além dos pessoais, da Deidade Última. E, no nível absoluto, o Absoluto da Deidade e o Absoluto Inqualificável são inseparáveis e indistinguíveis, em presença do Absoluto Universal.

As Trindades são não pessoais, nelas próprias e por elas próprias; mas não contradizem a personalidade. Elas abrangem-na, antes, e correlacionam-na, em um sentido coletivo, com as funções impessoais. As Trindades são, pois, sempre, uma realidade da *deidade*, mas nunca uma realidade da *personalidade*. Os aspectos da personalidade de uma trindade são inerentes aos seus membros individuais e, enquanto pessoas individuais, eles *não* são aquela trindade. Apenas como um coletivo elas são a trindade; e assim *é* a trindade. Todavia, a trindade é sempre inclusiva de toda deidade que ela engloba; a trindade é a unidade da deidade.

Os três Absolutos – o Absoluto da Deidade, o Absoluto Universal e o Absoluto Inqualificável – não são uma trindade, pois nenhum deles é Deidade. Apenas o deificado pode vir a formar uma trindade; todas as outras associações são triunidades, ou triodidades.

6. A INTEGRAÇÃO ABSOLUTA OU DE SEXTA FASE

O potencial atual do universo-mestre dificilmente é absoluto, embora possa muito bem ser quase-último; e nós consideramos impossível alcançar a revelação plena da significação absoluta de valores, dentro do escopo de um cosmo sub-absoluto. Nós encontramos, portanto, uma dificuldade considerável para tentar conceber uma expressão total das possibilidades, sem limite, dos três Absolutos, ou mesmo para tentar visualizar uma personalização experiencial de Deus, o Absoluto, no nível, agora impessoal, do Absoluto da Deidade.

O quadro espacial do universo-mestre parece ser adequado para a factualização do Ser Supremo, para a formação e para a função plena da Ultimidade da Trindade, para a realização de Deus, o Último, e mesmo para dar incipiência ao princípio do Absoluto da Trindade. Entretanto, os nossos conceitos a respeito da função plena dessa segunda Trindade experiencial parecem implicar alguma coisa para além mesmo de um universo-mestre em ampla expansão.

Ao admitirmos um cosmo infinito – algum cosmo ilimitado ultrapassando o universo-mestre – e se concebermos que os desenvolvimentos finais do Absoluto da Trindade acontecerão em um tal estágio superúltimo de ação, então, torna-se possível conjecturar que a função completa do Absoluto da Trindade alcançará a expressão final nas criações da infinitude, e que consumará a factualização absoluta de *todos* os potenciais. A integração e a associação dos segmentos da realidade, que se estão ampliando sempre, aproximar-se-ão de uma absolutez de status proporcional à inclusão de toda realidade dentro dos segmentos assim associados.

Em outros termos: O Absoluto da Trindade, como implica o seu nome, é realmente absoluto na sua função total. Não sabemos como uma função absoluta pode ter a sua expressão total em uma base qualificadamente limitada, ou restrita, de qualquer modo. Por isso, devemos assumir que qualquer função de totalidade, como essa, será incondicionada (em potencial). E pareceria, ainda, que o incondicionado seria ilimitado também, ao menos de um ponto de vista qualitativo, embora não estejamos tão seguros quanto a tais relações quantitativas.

Entretanto, estamos certos quanto ao seguinte: enquanto a Trindade existencial do Paraíso é infinita, e enquanto a Ultimidade da Trindade experiencial é subinfinita, o Absoluto da Trindade não é tão fácil de se classificar. Embora seja experiencial, pela sua gênese e constituição, ele definitivamente impinge-se aos Absolutos existenciais de potencialidade.

Ainda que seja de pouco proveito para a mente humana buscar compreender conceitos tão longínquos e supra-humanos, nós sugeriríamos que a ação do Absoluto da Trindade, na eternidade, fosse pensada como culminando em alguma espécie de experiencialização dos Absolutos da potencialidade. Isso pareceria ser uma conclusão razoável, a respeito do Absoluto Universal, se não sobre o Absoluto Inqualificável; ao menos sabemos que o Absoluto Universal não apenas é estático e potencial, mas que é também associativo no sentido total que essas palavras conferem à Deidade. No entanto, a respeito dos valores concebíveis da divindade e da personalidade, os acontecimentos, nessa conjectura, implicam a personalização do Absoluto da Deidade e o surgimento dos valores suprapessoais e dos significados ultrapessoais inerentes ao completar da personalidade de Deus, o Absoluto – a terceira e última das Deidades experienciais.

7. A FINALIDADE DO DESTINO

Algumas das dificuldades para formar conceitos sobre a integração da realidade infinita são inerentes ao fato de que todas essas idéias abrangem algo da finalidade do desenvolvimento universal, alguma espécie de realização experiencial de tudo o que poderia, um dia, existir. E é inconcebível que a infinitude quantitativa pudesse jamais ser completamente realizada em finalidade. Dos Absolutos potenciais, algumas possibilidades devem sempre permanecer inexploradas, pois nenhuma quantidade de desenvolvimento experiencial poderia jamais exauri-las. A eternidade mesma, embora seja absoluta, não é mais do que absoluta.

Mesmo uma tentativa de conceituar a integração final, torna-se inseparável das fruições da eternidade inqualificável, e é, portanto, praticamente não realizável em qualquer tempo futuro concebível.

O destino está estabelecido pelo ato volitivo das Deidades que constituem a Trindade do Paraíso; o destino está estabelecido, nas vastidões dos três grandes potenciais, cuja absolutez engloba as possibilidades de todo desenvolvimento futuro; o destino é consumado, provavelmente, por um ato do Consumador do Destino do Universo, e esse ato está, provavelmente, envolvido com o Supremo e o Último, no Absoluto da Trindade. Qualquer destino experiencial pode ser compreendido parcialmente, ao menos pelas criaturas que o experienciam; mas um destino que se impinge aos infinitos existenciais dificilmente é compreensível. O destino da finalidade é uma realização existencial-experiencial que parece envolver o Absoluto da Deidade. Contudo, o Absoluto da Deidade mantém-se em uma relação de eternidade com o Absoluto Inqualificável, em virtude do Absoluto Universal. E esses três Absolutos de possibilidades experienciais, de fato, são existenciais, e mais, são ilimitados, fora do tempo e do espaço, e sem fronteiras, e são incomensuráveis – verdadeiramente infinitos.

A improbabilidade de alcançar a meta, contudo, não impede a cogitação filosófica sobre esses destinos hipotéticos. A factualização do Absoluto da Deidade, como um Deus absoluto, alcançável, pode ser de realização impossível, praticamente; entretanto, a fruição dessa finalidade permanece como uma possibilidade teórica. O envolvimento do Absoluto Inqualificável em algum cosmo infinito inconcebível pode ser incomensuravelmente remoto, no futuro da eternidade sem fim, mas essa hipótese é válida, apesar disso. Os seres mortais, moronciais, espirituais, finalitores, Transcendentais e outros, bem como os próprios universos e todas as outras fases da realidade, certamente têm um *destino final, em potencial, que é absoluto em valor*; mas duvidamos que qualquer ser ou universo jamais alcance completamente a todos dentre os aspectos desse destino.

Não importa o quanto possais crescer na compreensão que tendes do Pai, a vossa mente estará sempre confusa com a infinitude irrevelada do Pai-EU SOU, cuja vastidão inexplorada permanecerá sempre insondável e incompreensível, em todos os ciclos da eternidade. Não importa o quanto de Deus vós podeis alcançar, muito mais restará Dele, ainda, de cuja existência vós nem mesmo suspeitais. E, pois, nós acreditamos que isso é tão verdade em níveis transcendentais, quanto o é nos domínios da existência finita. A busca de Deus é infindável!

Essa incapacidade de alcançar a Deus, em um sentido final, não deveria, de nenhum modo, desencorajar as criaturas do universo; de fato, vós podeis atingir, e alcançareis, os níveis da Deidade do Sétuplo, do Supremo e do Último; e isso significa, para vós, o que a realização infinita de Deus, o Pai, significa para o Filho Eterno e para o Agente Conjunto, no seu estado absoluto de existência na eternidade. Longe de atormentar a criatura, a infinitude de Deus deveria ser a suprema segurança de que, em todo o futuro sem fim, uma personalidade ascendente terá sempre, diante de si, as possibilidades de desenvolvimento de personalidade e de associação com a Deidade que nem mesmo a eternidade irá exaurir, ou terminar.

Para as criaturas finitas do grande universo, o conceito do universo-mestre parece ser quase infinito, mas, sem dúvida, os seus arquitetos absonitos percebem a sua ligação ao futuro e os desenvolvimentos inimagináveis dentro do EU SOU, que não têm fim. Mesmo o espaço em si não é senão uma condição última, uma condição de qualificação *dentro* da absolutez relativa das zonas quietas do interespaço intermediário.

Em um momento inconcebivelmente distante, na eternidade futura, do completar final de todo o universo-mestre, não há dúvida de que todos nós olharemos para o passado de toda a sua história como se fora apenas o começo, simplesmente a criação de certas fundações finitas e transcendentais para uma metamorfose ainda maior, e mais encantadora, na infinitude inexplorada. Nesse momento da eternidade futura, o universo-mestre ainda parecerá jovem; de fato, será sempre jovem, em face das possibilidades sem limites da eternidade, que nunca terá fim.

A improbabilidade de alcançar-se o destino infinito em nada impede que idéias sejam alimentadas sobre esse destino, e não hesitamos em dizer que, ainda que os três absolutos potenciais não possam jamais ser completamente factualizados, ainda seria possível conceber a integração final da realidade total. Essa realização de desenvolvimento é pregada sobre a factualização completa do Absoluto Inqualificável, do Absoluto Universal e do Absoluto da Deidade, três potencialidades cuja união constitui a latência do EU SOU, das realidades suspensas da eternidade, das possibilidades irrealizadas de todo o futuro, e mais.

Tais eventualidades são bastante remotas, e isso é o mínimo que se pode dizer; contudo, nos mecanismos, nas personalidades e nas associações das três Trindades, acreditamos detectar a possibilidade teórica da reunião das sete fases absolutas do Pai-EU SOU. E isso coloca-nos de frente ao conceito da Trindade tríplice, englobando a Trindade do Paraíso, de status existencial, e as duas Trindades que surgem subseqüentemente, de natureza e de origem experiencial.

8. A TRINDADE DAS TRINDADES

A natureza da Trindade das Trindades é difícil de retratar para a mente humana; é a soma factual da totalidade da infinitude experiencial, como esta se encontra manifestada em uma infinitude teórica de realização na eternidade. Na Trindade das Trindades, a infinitude experiencial alcança identidade com o infinito existencial; e ambos são como um no EU SOU pré-experiencial e preexistencial. A Trindade das Trindades é a expressão final de tudo que está implicado nas quinze triunidades e triodidades associadas. As finalidades são de compreensão difícil, para os seres relativos, sejam elas existenciais ou experienciais; e, por isso, elas devem ser sempre apresentadas como relatividades.

A Trindade das Trindades existe em várias fases. Contém possibilidades, probabilidades e inevitabilidades que desconcertam a imaginação de seres muito acima mesmo do nível humano. Tem implicações que são, provavelmente, inesperadas pelos filósofos celestes, pois as implicações que geram estão nas triunidades; e, em última análise, as triunidades são impenetráveis.

Há um certo número de modos pelos quais a Trindade das Trindades pode ser retratada. Nós escolhemos apresentar o conceito em três níveis, que são os descritos a seguir:

1. O nível das três Trindades.
2. O nível da Deidade experiencial.
3. O nível do EU SOU.

Esses níveis são crescentes em unificação. De fato, a Trindade das Trindades é o primeiro nível, enquanto o segundo e terceiro níveis são uma unificação derivada do primeiro.

O PRIMEIRO NÍVEL: neste nível inicial de associação, acredita-se que as três Trindades funcionem de modo perfeitamente sincronizado, embora sejam agrupamentos distintos de personalidades da Deidade.

1. *A Trindade do Paraíso*, a associação das três Deidades do Paraíso – o Pai, o Filho e o Espírito. Deveria ser lembrado que a Trindade do Paraíso implica uma função tríplice – uma função absoluta, uma função transcendental (a Trindade da Ultimidade) e uma função finita (a Trindade da Supremacia). A Trindade do Paraíso é, em todo e qualquer tempo, todas e quaisquer uma delas.

2. *A Trindade Última*. Esta é a associação dos Criadores Supremos, de Deus, o Supremo, e dos Arquitetos do Universo-Mestre. Conquanto seja esta uma apresentação adequada de aspectos da divindade dessa Trindade, deveria ficar registrado que há outras fases dessa Trindade que, contudo, parecem estar perfeitamente coordenadas com os aspectos da divindade.

3. *A Trindade Absoluta*. Esta vem do agrupamento de Deus, o Supremo, de Deus, o Último, e do Consumador do Destino do Universo, no que concerne a todos os valores da divindade. Certas outras fases desse grupo trino têm a ver com valores outros, que não os da divindade, no cosmo em expansão. Contudo, estes se estão unificando com as fases da divindade, exatamente como os aspectos do poder e da personalidade das Deidades experienciais estão agora no processo de síntese experiencial.

A associação dessas três Trindades na Trindade das Trindades proporciona uma possível integração ilimitada da realidade. Esse agrupamento tem causas, atividades intermediárias e efeitos finais; tem iniciadores, realizadores e consumadores; tem começos, existências e destinos. A co-participação do Pai-Filho tornou-se do Filho-Espírito e, então, Espírito-Supremo e depois Supremo-Último e Último-Absoluto, indo mesmo até o Absoluto e ao Pai Infinito – o completar do ciclo da realidade. Do mesmo modo, em outras fases não tão imediatamente envolvidas com a divindade e a personalidade, a Primeira Fonte e Centro auto-realiza a ilimitabilidade da realidade em torno do círculo da eternidade, desde a absolutez da auto-existência, passando pela auto-revelação infindável, até a finalidade de auto-realização – do absoluto dos existenciais à finalidade dos experienciais.

O SEGUNDO NÍVEL: a coordenação das três Trindades envolve, inevitavelmente, a união associativa das Deidades experienciais, geneticamente associadas a essas Trindades. A natureza desse segundo nível tem sido algumas vezes apresentada como se segue:

1. *O Supremo*. Esta é a deidade-conseqüência da unidade da Trindade do Paraíso, na ligação experiencial com os filhos Criadores-Criativos das Deidades do Paraíso. O Supremo é a deidade da incorporação da realização completa do primeiro estágio da evolução finita.

2. *O Último*. Esta é a deidade conseqüência da unidade da segunda Trindade, tornada possível, a personificação transcendental e absonita da divindade. O Último consiste de uma unidade considerada, de modos variáveis, de muitas qualidades, e, para a concepção humana dele, seria bom incluir, ao menos, aquelas fases da ultimidade que geram o controle, que são pessoalmente experienciáveis e que geram tensões unificadoras; mas há muitos outros aspectos irrevelados da Deidade factualizada. Embora sejam comparáveis, o Último e o Supremo não são idênticos; e o Último não é uma mera amplificação do Supremo.

3. *O Absoluto*. Muitas são as teorias sustentadas quanto ao caráter do terceiro membro do segundo nível da Trindade das Trindades. Deus, o Absoluto, está, indubitavelmente, envolvido nessa associação como a personalidade conseqüência da

função final do Absoluto da Trindade, e o Absoluto da Deidade ainda é uma realidade existencial com status de eternidade.

A dificuldade de conceituar esse terceiro membro é inerente ao fato de que a pressuposição de tal participação, como membro, realmente implique um único Absoluto. Teoricamente, se esse evento pudesse realizar-se, deveríamos testemunhar a unificação *experiencial* dos três Absolutos como um. E foi-nos ensinado que, na infinitude, e *existencialmente*, existe um Absoluto. Conquanto esteja menos claro quanto a quem possa ser esse terceiro membro, é postulado sempre que ele pode consistir no Absoluto da Deidade, no Absoluto Universal e no Absoluto Inqualificável, em alguma forma de ligação inimaginada e de manifestação cósmica. Certamente, a Trindade das Trindades dificilmente poderia atingir a função completa sem a plena unificação dos três Absolutos; e os três Absolutos dificilmente podem ser unificados sem a completa realização de todos os potenciais infinitos.

Caso o terceiro membro da Trindade das Trindades seja concebido como sendo o Absoluto Universal, provavelmente isso irá representar um mínimo de distorção da verdade, posto que esse conceito vê o Universal não apenas como estático e potencial, mas também como associativo. Contudo, nós ainda não percebemos a relação com os aspectos criativos e evolucionários da função da Deidade total.

Embora seja difícil de se ter um conceito completo sobre a Trindade das Trindades, um conceito limitado não seria tão difícil. Se o segundo nível da Trindade das Trindades for concebido como essencialmente pessoal, torna-se bastante possível postular a união de Deus, o Supremo, de Deus, o Último, e de Deus, o Absoluto, como a repercussão pessoal da união das Trindades pessoais, que são ancestrais dessas Deidades experienciais. Arriscamo-nos a emitir a opinião de que essas três Deidades experienciais certamente unificar-se-ão no segundo nível, por conseqüência direta da unidade crescente das suas Trindades ancestrais e causadoras que constituem o nível primeiro.

O primeiro nível consiste de três Trindades; o segundo nível existe como a associação das personalidades da Deidade, compreendendo as personalidades evoluídas-experienciais, factualizadas-experienciais e existenciais-experienciais. E, independentemente de qualquer dificuldade conceitual, na compreensão da Trindade das Trindades completa, a associação pessoal dessas três Deidades, no segundo nível, tornou-se manifesta, para a nossa própria idade universal, no fenômeno da deificação de Majeston, que foi factualizado, nesse segundo nível, pelo Absoluto da Deidade, atuando por intermédio do Último e em resposta ao mandado criador inicial do Ser Supremo.

O TERCEIRO NÍVEL: para uma hipótese inqualificável do segundo nível, da Trindade das Trindades, fica abrangida a correlação entre todas as fases de todas as espécies de realidade que existem, ou existiram, ou poderiam existir no conjunto global da infinitude. O Ser Supremo é não-apenas-espírito, mas é também mente e poder, e experiência. O Último é tudo isso e muito mais, pois, enquanto é o conceito conjunto da unicidade do Absoluto da Deidade, do Absoluto Universal e do Absoluto Inqualificável, fica incluída a finalidade absoluta de toda compreensão de realização.

Na união do Supremo, do Último e do Absoluto completo, poderia ocorrer a reconstituição funcional desses aspectos da infinitude, que foram originalmente segmentados pelo EU SOU e que resultaram no aparecimento dos Sete Absolutos da Infinitude. Embora os filósofos do universo considerem esta como sendo uma probabilidade bastante remota, nós, freqüentemente, ainda fazemos a seguinte pergunta: Se o segundo nível da Trindade das Trindades pudesse algum dia atingir a unidade trinitária, o que então sucederia em conseqüência dessa unidade da deidade? Não sabemos, mas confiamos na suposição de que conduziria diretamente à compreensão do EU SOU, como um experiencial alcançável. Do ponto de vista dos seres pessoais, poderia significar que o incognoscível EU SOU se houvesse tornado experienciável como o Pai-Infinito. O que esses destinos absolutos poderiam significar, de um ponto de vista não pessoal, seria uma outra questão, a qual possivelmente apenas a eternidade poderá esclarecer. Ao vermos, porém, essas eventualidades remotas deduzimos, enquanto criaturas pessoais, que o destino final de todas as personalidades seja, afinal, conhecer plenamente o Pai Universal de todas essas mesmas personalidades.

Enquanto, filosoficamente, nós concebemos o EU SOU, na eternidade passada, ele está só, não há ninguém ao lado dele. Se olharmos para a eternidade futura, possivelmente não veremos que o EU SOU possa mudar, como um existencial, mas estamos inclinados a prever uma vasta diferença experiencial. Esse conceito do EU SOU implica a autocompreensão plena – ele abrange aquela galáxia ilimitada de personalidades que se fizeram participantes voluntárias da auto-revelação do EU SOU, e que permanecerão eternamente como partes volitivas absolutas da totalidade da infinitude, filhos da finalidade do Pai absoluto.

9.   A UNIFICAÇÃO EXISTENCIAL INFINITA

No conceito da Trindade das Trindades, postulamos a unificação experiencial possível da realidade ilimitada e, algumas vezes, cogitamos de que tudo isso possa acontecer no distanciamento super-remoto da eternidade. Há, no entanto, uma unificação factual presente, de infinitude, nessa mesma idade, tanto quanto em todas as idades passadas e futuras do universo; tal unificação é existencial, na Trindade do Paraíso. A unificação da infinitude, como realidade experiencial, é inconcebivelmente remota, mas uma unidade inqualificável da infinitude domina, agora, o momento presente da existência no universo, unindo e unificando as divergências de toda a realidade com uma majestade existencial que é *absoluta*.

Quando as criaturas finitas tentam conceber a unificação infinita, nos níveis da finalidade da eternidade consumada, elas se vêem face a face com as limitações do intelecto, inerentes à existência finita delas. O tempo, o espaço e a experiência são limitações para os conceitos que as criaturas conseguem e podem formar; e, ainda sem o tempo, apartadas do espaço e afora a experiência, nenhuma criatura poderia, nem mesmo, ter uma compreensão limitada da realidade do universo. Sem a sensibilidade para o tempo, provavelmente, nenhuma criatura evolucionária poderia perceber as relações de seqüência. Sem a percepção espacial, nenhuma criatura poderia conceber as relações de simultaneidade. Sem a experiência, a criatura evolucionária não poderia nem existir; apenas os Sete Absolutos da Infinitude realmente transcendem à experiência e, mesmo, eles podem ser experienciais em certas fases.

O tempo, o espaço e a experiência são os grandes auxiliares do homem, em uma percepção relativa da realidade, mas são também os obstáculos mais formidáveis à sua percepção completa da realidade. Os mortais e muitas outras criaturas do universo julgam necessário pensar nos potenciais como sendo factualizados no espaço e evoluindo na fruição do tempo; mas todo esse processo é um fenômeno tempo-espacial que, em verdade, não acontece no Paraíso nem na eternidade. No nível absoluto, não há o tempo, nem o espaço; nesse nível, todos os potenciais podem ser percebidos como factuais.

O conceito da unificação de toda realidade, estando ela nesta ou em qualquer outra idade do universo, é basicamente duplo: existencial e experiencial. Tal unidade está em processo de realização experiencial, na Trindade das Trindades; mas o grau da factualização aparente dessa Trindade tríplice é diretamente proporcional ao desaparecimento das qualificações e das imperfeições da realidade no cosmo. No entanto, a integração total da realidade está inqualificável, eterna e existencialmente presente na Trindade do Paraíso, no interior da qual, mesmo neste momento, no universo, a realidade infinita está absolutamente unificada.

O paradoxo criado pelo ponto de vista experiencial e pelo existencial é inevitável; e é, em parte, baseado no fato de que a Trindade do Paraíso e a Trindade das Trindades constituem, cada uma, uma relação de eternidade, e as quais os mortais apenas podem perceber como relatividades tempo-espaciais. O conceito humano da factualização gradual experiencial da Trindade das Trindades – o ponto de vista do tempo – deve ser suplementado pelo postulado adicional de que essa *é* já uma factualização – o ponto de vista da eternidade. Como, porém, podem ser conciliados esses dois pontos de vista? Para os mortais finitos, sugerimos a aceitação da verdade de que a Trindade do Paraíso seja a unificação existencial da infinitude, de que a incapacidade de detectar a presença factual e a manifestação completa da Trindade das Trindades, experiencial, seja devida, em parte, à distorção recíproca causada:

1. Pelo ponto de vista humano limitado, pela incapacidade de compreender o conceito da eternidade irrestrita.

2. Pelo status humano de imperfeição, pelo distanciamento humano do nível absoluto dos experienciais.

3. Pelo propósito da existência humana, pelo fato de que a humanidade está destinada a evoluir pela técnica da experiência e que, inerentemente e pela sua constituição, por isso, deva ser dependente da experiência. Apenas um Absoluto pode ser tanto existencial quanto experiencial.

O Pai Universal, na Trindade do Paraíso, é o EU SOU da Trindade das Trindades; e são as limitações finitas que impedem que o Pai seja experienciado enquanto infinito. O conceito do EU SOU *existencial*, solitário, pré-Trinitário e não alcançável e o postulado do EU SOU *experiencial*, pós-Trinitário e alcançável, na Trindade das Trindades, são uma única e a mesma hipótese; nenhuma mudança de fato aconteceu no Infinito; todos os desenvolvimentos aparentes são devidos às capacidades crescentes para a recepção da realidade e para a apreciação cósmica.

O EU SOU, na análise final, deve existir *antes* de todos os existenciais e *após* todos os experienciais. Conquanto essas idéias possam não esclarecer os paradoxos da eternidade e da infinitude dentro da mente humana, deveriam, ao menos, estimular os intelectos finitos a se atracar de novo a esses problemas sem fim, problemas que continuarão a intrigar-vos seja em Sálvington, seja mais tarde, como finalitores, e durante o futuro sem fim das vossas carreiras eternas, nos universos em ampla expansão.

Mais cedo ou mais tarde, todas as personalidades do universo começam a compreender a realidade de que a busca final da eternidade é a exploração sem fim da infinitude, na viagem, que nunca acaba, da descoberta da absolutez da Primeira Fonte e Centro. Mais cedo ou mais tarde, tornamo-nos todos cientes de que o crescimento de todas as criaturas é proporcional à identificação com o Pai. Chegamos ao entendimento de que viver a vontade de Deus é o passaporte eterno para a possibilidade infindável da própria infinitude. Os mortais compreenderão, em algum momento, que o êxito na busca do Infinito é diretamente proporcional ao grau atingido de semelhança com o Pai, e que, nesta idade do universo, as realidades do Pai são reveladas dentro das qualidades da divindade. E que as criaturas do universo apropriam-se dessas qualidades da divindade, pessoalmente, na experiência de viver divinamente; e viver divinamente significa de fato viver a vontade de Deus.

Para as criaturas materiais, evolucionárias e finitas, uma vida baseada em viver a vontade do Pai conduzirá diretamente ao alcance realizado da supremacia do espírito, na arena da personalidade, e conduz essas criaturas a estarem um passo mais próximo de realizar a compreensão do Pai-Infinito. Essa vida dedicada ao Pai é baseada na verdade, é sensível à beleza e dominada pela bondade. E essa pessoa conhecedora de Deus está interiormente iluminada pela adoração e externamente devotada, com todo o poder do seu coração, ao serviço da fraternidade universal de todas as personalidades, serviço este de ministração, repleto de misericórdia e motivado pelo amor. E, ao mesmo tempo, todas essas qualidades de vida unificam-se na personalidade que evolui até níveis sempre ascendentes de sabedoria cósmica, de auto-realização, de encontro com Deus e de adoração do Pai.

[Apresentado por um Melquisedeque de Nébadon.]

DOCUMENTO 107

A ORIGEM E A NATUREZA DOS AJUSTADORES DO PENSAMENTO

EMBORA o Pai Universal resida pessoalmente no Paraíso, no centro mesmo dos universos, Ele está presente de fato, também, nos mundos do espaço, nas mentes dos seus incontáveis filhos do tempo, pois Ele reside neles sob a forma dos Monitores Misteriosos. O Pai Eterno está, a um tempo, distante e, ao mesmo tempo, ligado o mais intimamente possível aos Seus filhos mortais planetários.

Os Ajustadores são o amor do Pai, tornado realidade e encarnado nas almas dos homens; eles são a verdadeira promessa de uma carreira eterna para o homem, enclausurada dentro da mente mortal; são a essência da personalidade perfeccionada de finalitor que o homem tem, e que ele pode pré-degustar no tempo, à medida que, progressivamente, consegue a mestria da técnica divina de realizar a vivência da vontade do Pai, passo a passo, por meio da ascensão de universo a universo, até que alcance, de fato, a presença divina do seu Pai no Paraíso.

Tendo comandado ao homem que seja perfeito, como Ele próprio é perfeito, Deus desceu, sob a forma do Ajustador, para tornar-se cúmplice experiencial com o homem, na realização do destino superno que foi assim ordenado. O fragmento de Deus que reside na mente do homem é a garantia absoluta e irrestrita de que o homem pode encontrar o Pai Universal por meio da sua conexão com esse Ajustador divino, que veio de Deus para estar com o homem e torná-lo um filho ainda nos dias da carne.

Qualquer ser mortal que tenha visto um Filho Criador viu o Pai Universal; e quem é residido por um Ajustador divino é residido pelo Pai do Paraíso. Cada mortal que, consciente ou inconscientemente, esteja seguindo o guiamento do seu Ajustador residente, está vivendo de acordo com a vontade de Deus. Estar consciente da presença do Ajustador é estar consciente da presença de Deus. A fusão eterna do Ajustador com a alma evolucionária do homem é a experiência factual da união eterna com Deus como uma Deidade coligada universal companheira.

É o Ajustador que cria, dentro do homem, aquele anseio infindável, a aspiração insaciável de ser como Deus, de alcançar o Paraíso, e ali, diante da pessoa factual da Deidade, adorar a Fonte Infinita da dádiva divina. O Ajustador é a presença viva que, de fato, liga o filho mortal ao seu Pai no Paraíso, levando-o cada vez mais para perto do Pai. O Ajustador é uma compensação equalizadora, que possuímos, para equilibrar a enorme tensão no universo, criada pela distância que separa o homem de Deus e pelo enorme grau da sua parcialidade em relação à universalidade do Pai eterno.

O Ajustador é a essência absoluta de um Ser infinito, atada à mente de uma criatura finita. E, dependendo da escolha de tal criatura mortal, essa união temporária poderá finalmente consumar-se, ligando Deus e o homem permanentemente e, de modo verdadeiro, tornar real uma nova ordem de ser, a serviço eterno do universo. O Ajustador é a realidade universal divina que torna real a verdade de que Deus é o Pai do homem. O Ajustador é, para o homem residido por ele, a bússola cósmica infalível que sempre conduz a sua alma, sem erros, na direção de Deus.

Nos mundos evolucionários, as criaturas volitivas passam por três estágios de desenvolvimento do ser: em Urântia, desde a chegada do Ajustador até um crescimento relativamente completo, perto dos vinte anos de idade, quando os Monitores são algumas vezes designados Mutadores do Pensamento. Dessa idade, até atingir a idade do discernimento, que se dá aos quarenta anos, os Monitores Misteriosos são chamados de Ajustadores do Pensamento. Depois de atingir a idade do discernimento até a libertação da carne, eles são, muitas vezes, chamados de Controladores do Pensamento. Essas três fases da vida mortal não têm nenhum vínculo com os três estágios do progresso feito pelo Ajustador na duplicação da mente e na evolução da alma.

1. A ORIGEM DOS AJUSTADORES DO PENSAMENTO

Ninguém pode presumir discorrer com autoridade sobre a natureza e origem dos Ajustadores do Pensamento, pois eles são da essência da Deidade original; e eu posso apenas transmitir as tradições de Sálvington e as crenças de Uversa; posso apenas explicar como consideramos esses Monitores Misteriosos e as entidades a eles coligadas, em todo o grande universo.

Embora haja opiniões diversas sobre o modo de outorgamento dos Ajustadores do Pensamento, não existem diferenças no que concerne à sua origem; todos estão de acordo que eles procedem diretamente do Pai Universal, a Primeira Fonte e Centro. Eles não são seres criados; são entidades fragmentadas do Pai, e constituem a presença factual do Deus infinito. Juntamente com os seus inúmeros colaboradores não revelados, os Ajustadores são a divindade não diluída, pura e intacta, são partes inqualificáveis e não atenuadas da Deidade; eles são de Deus, e, até onde podemos discernir, *eles são Deus*.

Quanto ao seu começo no tempo, como existências separadas, fora da absolutez da Primeira Fonte e Centro, nada sabemos; também nada sabemos sobre o número deles. Pouquíssimo é o que sabemos a respeito das suas carreiras, antes de chegarem aos planetas do tempo, para residir nas mentes humanas; mas, desse tempo em diante, nós estamos razoavelmente familiarizados com a sua progressão cósmica, até a consumação, inclusive, dos seus destinos trinos: a realização da personalidade por meio da fusão com um ser ascendente mortal, a realização da personalidade por um "fiat" do Pai Universal, ou a liberação dos conhecidos compromissos como Ajustador do Pensamento.

Ainda que não saibamos, presumimos que os Ajustadores estejam sendo constantemente individualizados, à medida que o universo cresce e à medida que crescem, em número, os candidatos à fusão com o Ajustador. No entanto, pode ser igualmente possível que estejamos cometendo um erro, ao tentar atribuir uma magnitude numérica aos Ajustadores. Como Deus, Ele próprio, esses fragmentos da Sua natureza insondável podem ter uma existência infinita.

A técnica da origem dos Ajustadores é uma das funções não reveladas do Pai Universal. Temos todos os motivos para acreditar que, dos outros coligados absolutos da Primeira Fonte e Centro, nenhum deles tenha a ver com a produção dos fragmentos do Pai. Os Ajustadores são, simples e eternamente, as dádivas divinas; eles são de Deus, provêm de Deus e são como Deus.

Na sua relação com as criaturas de fusão, eles revelam um amor superno e uma ministração espiritual que é profundamente confirmadora da declaração de que Deus é espírito. Mas muito há que acontece além desse ministério transcendente; muito que jamais foi revelado aos mortais de Urântia. E também não entendemos plenamente o que realmente acontece quando o Pai Universal doa a Si próprio, para ser uma parte da personalidade de uma criatura do tempo. E também a progressão ascendente dos finalitores do Paraíso ainda não apresentou todas plenas possibilidades inerentes a essa superna associação entre o homem e Deus. Em última análise, os fragmentos do Pai devem ser a dádiva do Deus absoluto àquelas criaturas cujo destino engloba a possibilidade de alcançar Deus, enquanto absoluto.

Do mesmo modo que o Pai Universal fragmenta a Sua Deidade pré-pessoal, também o Espírito Infinito individualiza porções do Seu espírito pré-mental para habitar e factualmente fundir-se com as almas evolucionárias dos mortais sobreviventes, pertencentes à série de fusão com o Espírito. A natureza do Filho Eterno, no entanto, não é fragmentável desse modo; o espírito do Filho Original ou é efundido ou permanece univocamente pessoal. As criaturas de fusão com o Filho unem-se com os outorgamentos individualizados do espírito dos Filhos Criadores do Filho Eterno.

2. A CLASSIFICAÇÃO DOS AJUSTADORES

Os Ajustadores são individualizados na forma de entidades virgens, e todos estão destinados a tornar-se Monitores liberados, ou Monitores fusionados, ou Monitores Personalizados. Nós entendemos que haja sete ordens de Ajustadores do Pensamento, se bem que não compreendamos inteiramente essas divisões. Sempre nos referimos às diferentes ordens do modo seguinte:

1 *Os Ajustadores Virgens*: aqueles que estão servindo, no seu primeiro compromisso, na mente de candidatos evolucionários à sobrevivência eterna. Os Monitores Misteriosos são eternamente uniformes pela sua natureza divina. Eles são também uniformes pela sua natureza experiencial, ao saírem pela primeira vez de Divínington; uma diferenciação experiencial subseqüente resulta da sua experiência factual que adquirem de ministração no universo.

2. *Os Ajustadores Avançados*: aqueles que serviram, em um período ou mais, nas criaturas volitivas, em mundos em que a fusão final acontece entre a identidade da criatura do tempo e uma porção individualizada do espírito da manifestação da Terceira Fonte e Centro, no universo local.

3. *Os Ajustadores Supremos*: aqueles Monitores que serviram na aventura do tempo, nos mundos evolucionários, mas cujos parceiros humanos, por alguma razão, descartaram a sobrevivência eterna; e aqueles que foram designados, posteriormente, para outras aventuras, em outros mortais, em outros mundos em evolução. Um Ajustador supremo, mesmo não sendo mais divino do que um Monitor virgem, teve mais experiências e pode realizar coisas na mente humana que um Ajustador menos experiente não conseguiria fazer.

4. *Os Ajustadores Desaparecidos*: Ocorre, nesse ponto, uma interrupção nos nossos esforços para acompanhar as carreiras dos Monitores Misteriosos. Há um quarto estágio de serviço sobre o qual não estamos seguros. Os Melquisedeques ensinam que esses Ajustadores do quarto estágio estão em compromissos isolados, percorrendo o universo dos universos. Os Mensageiros Solitários têm a tendência de acreditar que eles estão em unidade com a Primeira Fonte e Centro, gozando de um período de associação refrescante com o Pai, Ele Próprio. E é inteiramente possível, ainda, que um Ajustador possa estar percorrendo o universo-mestre, estando simultaneamente unido ao Pai onipresente.

5. *Os Ajustadores Liberados*: aqueles Monitores Misteriosos que estão eternamente liberados do serviço do tempo, com os mortais das esferas em evolução. Quais funções possam ser as deles, não sabemos.

6. *Os Ajustadores Fusionados* – ou finalitores: aqueles que se tornaram unos com as criaturas ascendentes dos superuniversos, os parceiros na eternidade dos seres ascendentes do tempo, do Corpo de Finalidade do Paraíso. Os Ajustadores do Pensamento ordinariamente fusionam-se com os mortais ascendentes do tempo e, junto com esses mortais sobreviventes, eles são registrados na entrada e na saída de Ascêndington; eles seguem o curso dos seres ascendentes. Quando se fusiona com a alma ascendente evolucionária, parece que o Ajustador translada-se do nível existencial absoluto do universo para o nível da experiência finita de associação funcional com uma personalidade ascendente. Ainda que retendo todo o caráter da natureza existencial divina, um Ajustador fusionado torna-se indissoluvelmente ligado à carreira ascendente de um mortal sobrevivente.

7. *Os Ajustadores Personalizados*: aqueles que serviram com os Filhos do Paraíso encarnados, e ainda, muitos outros, que atingiram distinções inusitadas durante a residência mortal, mas cujos sujeitos rejeitaram a sobrevivência. Temos razões para crer que tais Ajustadores sejam personalizados sob as recomendações dos Anciães dos Dias do superuniverso do seu compromisso.

Há muitos modos pelos quais esses fragmentos misteriosos de Deus podem ser classificados: de acordo com o compromisso no universo, pela medida do êxito em residir um indivíduo mortal, ou até mesmo pelo ancestral racial do candidato mortal à fusão.

3.   O LAR DOS AJUSTADORES EM DIVÍNINGTON

No universo, todas as atividades relacionadas ao envio, à gestão, à direção e ao retorno dos Monitores Misteriosos, a serviço em todos sete superuniversos, parecem estar centradas na esfera sagrada de Divínington. Até onde eu saiba, nenhuma entidade, a não ser os Ajustadores e outras entidades do Pai, esteve naquela esfera. Parece provável que numerosas entidades pré-pessoais, não reveladas, compartilhem Divínington, como uma esfera-lar, junto com os Ajustadores. Conjecturamos que essas entidades companheiras possam estar vinculadas, de alguma maneira, ao ministério presente e futuro dos Monitores Misteriosos, mas de fato não sabemos.

Quando os Ajustadores do Pensamento voltam para o Pai, eles vão para o Reino da sua suposta origem, Divínington; e, provavelmente, como uma parte dessa experiência haja um contato factual com a personalidade do Pai do Paraíso, bem como com a manifestação especializada da divindade do Pai, que, segundo é sabido, situa-se nessa esfera secreta.

Embora saibamos algo sobre todas as sete esferas secretas do Paraíso, sabemos menos de Divínington do que das outras. Seres de elevadas ordens espirituais recebem apenas três admoestações divinas; e elas são:

1. Mostrar sempre respeito adequado pela experiência e pelos dons dos mais experientes e dos superiores.

2. Levar sempre em consideração as limitações e a inexperiência dos seus inferiores e subordinados.

3. Jamais intentar uma aterrissagem nas margens de Divínington.

Tenho sempre pensado que me seria totalmente inútil ir a Divínington; provavelmente, eu seria incapaz de ver qualquer ser residente ali, excetuando-se seres como os Ajustadores Personalizados, e eu os tenho visto em outros locais. Estou muito seguro de que nada há em Divínington que seja de proveito e de real valor para mim, nada de essencial ao meu crescimento e desenvolvimento, ou então não me teria sido proibido ir lá.

Desde que pouco ou nada podemos aprender, em Divínington, sobre a natureza e a origem dos Ajustadores, somos obrigados a reunir informações de mil e uma fontes diferentes e é necessário reunir, associar e correlacionar esses dados acumulados com o fito de transformá-los todos em um conhecimento informativo.

O valor e a sabedoria demonstrados pelos Ajustadores do Pensamento sugerem que hajam sido submetidos a aperfeiçoamentos de alcance e extensão prodigiosos. Posto que não sejam personalidades, tais aperfeiçoamentos devem ser administrados a eles nas instituições educacionais de Divínington. Os singulares Ajustadores Personalizados, sem dúvida, constituem o pessoal das escolas de Divínington que treina os Ajustadores. E sabemos que esse corpo central de supervisão é presidido pelo agora Personalizado Ajustador do Filho do Paraíso, da ordem dos Michaéis, que primeiro completou a sua auto-outorga sétupla nas raças e povos dos reinos do seu universo.

De fato, sabemos pouquíssimo sobre os Ajustadores não-personalizados; apenas contatamos e nos comunicamos com as ordens personalizadas. Esses, destas ordens, recebem um nome de batismo em Divínington, e são sempre conhecidos pelo nome, e não pelo número. Os Ajustadores Personalizados ficam domiciliados permanentemente em Divínington; aquela esfera sagrada é o seu lar. Eles saem daquela morada apenas segundo a vontade do Pai Universal. Pouquíssimos são encontráveis nos domínios dos universos locais, mas um número maior deles está presente no universo central.

4. A NATUREZA E A PRESENÇA DOS AJUSTADORES

Dizer que um Ajustador do Pensamento é divino é meramente reconhecer a natureza da sua origem. É altamente provável que tal pureza de divindade abranja a essência do potencial de todos os atributos da Deidade os quais podem estar contidos em tal fragmento da essência absoluta, da presença universal do Pai do Paraíso, eterno e infinito.

A fonte factual do Ajustador deve ser infinita e, antes do fusionamento com a alma imortal de um mortal em evolução, a realidade do Ajustador deve estar próxima da absolutez. Os Ajustadores não são absolutos no sentido universal, no sentido de Deidade, mas eles são, provavelmente, absolutos verdadeiros, dentro das potencialidades da sua natureza de fragmentos. Eles são qualificados quanto à universalidade, mas não quanto à natureza; são limitados em extensividade, mas, em intensividade de significado, de valor e de fato, *eles são absolutos*. Por essa razão, algumas vezes, nós denominamos tais dádivas divinas como os fragmentos qualificados absolutos do Pai.

Nenhum Ajustador jamais foi desleal ao Pai do Paraíso; as ordens mais baixas de criaturas pessoais podem, algumas vezes, ter de lutar contra companheiros desleais, mas nunca com os Ajustadores; eles são supremos e infalíveis, na sua esfera superna de função no universo e de ministração às criaturas.

Os Ajustadores não-personalizados são visíveis apenas para os Ajustadores Personalizados. A minha ordem, a dos Mensageiros Solitários, junto com a dos Espíritos Inspirados da Trindade, pode detectar a presença dos Ajustadores por meio de fenômenos de reação espiritual; e mesmo os serafins podem, algumas vezes, discernir a luminosidade do espírito, que é supostamente associada à presença dos Monitores, nas mentes materiais dos homens; mas nenhum de nós é capaz, de fato, de discernir a presença real dos Ajustadores, a menos que eles hajam sido personalizados, embora as suas naturezas sejam perceptíveis em união com as personalidades fusionadas dos mortais ascendentes dos mundos evolucionários. A invisibilidade universal dos Ajustadores é fortemente indicadora da sua natureza elevada e da sua exclusiva origem e natureza divina.

Há uma luz característica, uma luminosidade espiritual, que acompanha essa presença divina, a qual tem sido associada geralmente aos Ajustadores do Pensamento. No universo de Nébadon, essa luminosidade do Paraíso é largamente conhecida como a "luz piloto"; em Uversa, é chamada de a "luz da vida". Em Urântia, esse fenômeno tem sido, algumas vezes, chamado de a "verdadeira luz que ilumina a cada homem que vem ao mundo".

Para todos os seres que alcançaram o Pai Universal, os Ajustadores Personalizados do Pensamento são visíveis. Os Ajustadores, em todos os estágios, junto com todos os outros seres, entidades, espíritos, personalidades e manifestações espirituais, são sempre discerníveis por aquelas Personalidades Criadoras Supremas, que se originam das Deidades do Paraíso e que presidem aos governos maiores do grande universo.

Podeis realmente compreender o verdadeiro significado da presença interior do Ajustador? Podeis realmente avaliar o que significa ter um fragmento da Deidade absoluta e infinita, do Pai Universal, residindo e fundindo-se com a vossa natureza finita mortal? Quando o homem mortal fusiona-se com um fragmento factual da Causa existencial do cosmo total, nenhum limite pode jamais ser colocado ao destino de uma união tão inimaginável e sem par. Na eternidade, o homem estará descobrindo não apenas a infinitude da Deidade objetiva, mas também a potencialidade sem fim do fragmento subjetivo deste mesmo Deus. Para sempre, o Ajustador estará revelando à personalidade mortal a maravilha de Deus; e essa revelação superna nunca chegará a um fim, pois o Ajustador é de Deus e é como Deus para o homem mortal.

5. A MENTE DOS AJUSTADORES

Os mortais evolucionários tendem a considerar a mente como uma mediação cósmica entre o espírito e a matéria, pois esse é, de fato, o principal serviço da mente, discernível por vós. Torna-se, pois, bastante difícil para os humanos perceberem que os Ajustadores do Pensamento têm mentes, pois os Ajustadores são fragmentações de Deus, num nível absoluto de realidade que não é apenas pré-pessoal, mas também anterior a toda divergência entre a energia e o espírito. Em um nível monista, antecedente à diferenciação entre energia e espírito, não poderia haver nenhuma função mediadora da mente, pois não há divergências a serem mediadas.

Posto que os Ajustadores podem planejar, trabalhar e amar, eles devem ter poderes de individualidade que sejam equiparáveis à mente. Eles possuem uma capacidade ilimitada de comunicar-se entre si, isto é, com todas as formas de Monitores acima do primeiro grupo, ou dos virgens. Quanto à natureza e ao propósito das suas intercomunicações, pouquíssimo é o que podemos revelar, pois não sabemos. Contudo, sabemos que eles devem ter mentes, pois, de outro modo, jamais poderiam ser personalizados.

O dom da mente, nos Ajustadores do Pensamento, é como a *qualidade mental* do Pai Universal e do Filho Eterno – como aquela que é a ancestral das *mentes* do Agente Conjunto.

O tipo de mente postulado para um Ajustador deve ser similar ao dom de mente próprio a numerosas outras ordens de entidades pré-pessoais que, presumivelmente, também se originaram, do mesmo modo, da Primeira Fonte e Centro. Embora muitas dessas ordens não hajam sido reveladas em Urântia, todas elas apresentam qualidades mentais. É também possível a essas individualizações da Deidade original tornar-se unificadas com inúmeros tipos de seres não mortais em evolução, e mesmo com um número limitado de seres não evolucionários que hajam desenvolvido a capacidade de fusão com tais fragmentos da Deidade.

Quando um Ajustador do Pensamento entra em fusão com a alma moroncial imortal, em evolução, do humano sobrevivente, a mente do Ajustador pode ser identificada como persistindo à parte da mente da criatura, tão somente até o momento em que o mortal ascendente atinge os níveis espirituais de progressão no universo.

Ao atingirem o nível de finalitores na experiência ascendente, esses espíritos do sexto estágio parecem transmutar algum fator da mente que representa uma união de algumas fases das mentes mortal e da do Ajustador, que haviam previamente funcionado como ligação entre as fases divinas e humanas dessas personalidades ascendentes. Essa qualidade experiencial da mente provavelmente "suprematiza" e subseqüentemente aumenta o dom experiencial da Deidade evolucionária – o Ser Supremo.

6. OS AJUSTADORES ENQUANTO ESPÍRITOS PUROS

Os Ajustadores do Pensamento encontram-se na experiência da criatura revelando a presença e o comando de uma influência espiritual. O Ajustador de fato é um espírito, um espírito puro, mas também é mais do que espírito. Nunca fomos capazes de classificar satisfatoriamente os Monitores Misteriosos; tudo o que pode ser dito com segurança sobre eles é que eles são verdadeiramente como Deus.

O Ajustador é a possibilidade que o homem tem de eternidade; e o homem é a possibilidade que o Ajustador tem de ser uma personalidade. Os vossos Ajustadores individuais, na esperança de eternizar a vossa identidade temporal, trabalham para espiritualizar-vos. Os Ajustadores estão repletos do mesmo amor magnífico e auto-outorgante do Pai dos espíritos. Eles amam-vos verdadeira e divinamente; eles são como prisioneiros a manter a esperança espiritual, confinados nas mentes dos homens. Eles anseiam pela realização da divindade das vossas mentes mortais, para que a solidão deles possa ter fim, para que possam ser liberados, convosco, das limitações da investidura material e das indumentárias do tempo.

A vossa trajetória até o Paraíso é o caminho da realização do espírito, e a natureza do Ajustador irá fielmente desenvolver a revelação da natureza espiritual do Pai Universal. Depois da ascensão ao Paraíso, e nos estágios pós-finalitores da carreira eterna, provavelmente o Ajustador possa estabelecer contato com aquele que uma vez foi o seu parceiro humano, para prover-lhe um outro ministério que não o do espírito; no entanto, a ascensão ao Paraíso e a carreira de finalitor, basicamente, são o vínculo principal entre o mortal, sabedor de Deus, a se espiritualizar, e o ministério do revelador de Deus, o Ajustador.

Sabemos que os Ajustadores do Pensamento são espíritos, espíritos puros, presumivelmente espíritos absolutos. Todavia, o Ajustador deve também ser algo mais do que a realidade exclusivamente espiritual. Além dessa mentalidade conjecturada, fatores de pura energia estão presentes também. Se vós vos lembrardes de que Deus é a fonte da energia pura e do puro espírito, não será tão difícil perceber que os Seus fragmentos também sejam essas duas coisas. É um fato que os Ajustadores atravessam o espaço indo por sobre os circuitos instantâneos e universais da gravidade da Ilha do Paraíso.

Que os Monitores Misteriosos sejam assim associados aos circuitos materiais do universo dos universos é de fato intrigante. Entretanto, permanece verdadeiro que eles passam de um extremo a outro de todo o grande universo, por sobre os circuitos da gravidade material. É inteiramente possível que eles possam até mesmo penetrar os níveis do espaço exterior; eles certamente poderiam seguir a presença da gravidade do Paraíso nessas regiões; e, ainda que a minha ordem de personalidades tenha podido atravessar os circuitos da mente do Agente Conjunto também para além dos confins do grande universo, nós nunca estivemos certos de detectar a presença de Ajustadores nas regiões ainda não cartografadas do espaço exterior.

E ainda que utilizem os circuitos da gravidade material, os Ajustadores não ficam sujeitos a eles como está a criação material. Os Ajustadores são fragmentos do ancestral da gravidade, não são uma conseqüência da gravidade; eles foram segmentados em um nível de existência no universo que, hipoteticamente, é anterior ao surgimento da gravidade.

Os Ajustadores do Pensamento não descansam durante todo o tempo da sua outorga, até o dia da sua liberação para irem a Divínington, quando da morte natural dos seus sujeitos mortais. E aqueles, cujos sujeitos não passam pelos portais da morte natural, nem mesmo experienciam esse repouso temporário. Os Ajustadores do Pensamento não precisam absorver energia; eles são energia, energia da ordem mais elevada e mais divina.

7. OS AJUSTADORES E A PERSONALIDADE

Os Ajustadores do Pensamento não são personalidades; eles são entidades reais; são individualizados verdadeira e perfeitamente, se bem que, enquanto residindo nos mortais, não estejam ainda nunca personalizados de fato. Os Ajustadores do Pensamento não são personalidades verdadeiras; eles são *realidades verdadeiras*, realidades da ordem mais pura conhecida no universo dos universos – eles são a presença divina. Ainda que não sejam pessoais, esses maravilhosos fragmentos do Pai são comumente chamados de seres e, algumas vezes, de entidades do espírito, em vista das fases espirituais da sua presente ministração aos mortais.

Se os Ajustadores do Pensamento não são personalidades com prerrogativas de vontade e poderes de escolha, como então podem escolher o sujeito mortal e voluntariar-se para residir em tais criaturas dos mundos evolucionários? Essa é uma pergunta fácil de fazer, mas provavelmente nenhum ser, no universo dos universos, tenha jamais encontrado a resposta exata. Mesmo a minha ordem de personalidades, a dos Mensageiros Solitários, não entende plenamente o dom da vontade, da escolha e do amor em entidades que não sejam pessoais.

Muitas vezes, temos conjecturado que os Ajustadores devem ter volição em todos os níveis *pré-pessoais* de escolha. Eles fazem-se voluntários para residir nos seres humanos; fazem planos para a carreira eterna do homem; eles adaptam, modificam e substituem, de acordo com as circunstâncias, e essas atividades conotam uma volição genuína. Eles têm afeição pelos mortais, funcionam nas crises do universo e estão sempre à espera para atuar decisivamente de acordo com a escolha humana, e todas essas reações são altamente volicionais. Em todas as situações que não concernam ao domínio da vontade humana, inquestionavelmente, eles exibem uma conduta que denota o exercício de poderes, em todos os sentidos, equivalentes à vontade, ao máximo da decisão.

Por que então, posto que os Ajustadores do Pensamento possuem volição, seriam eles subservientes à vontade dos mortais? Acreditamos que seja porque a volição do Ajustador, embora absoluta, por natureza, seja pré-pessoal na sua manifestação. A vontade humana funciona, dentro da realidade do universo no nível da personalidade, e, em todo o cosmo, o impessoal – o não pessoal, o subpessoal e o pré-pessoal – sempre responde à vontade e aos atos da personalidade existente.

Em todo um universo de seres criados e de energias não-pessoais, nós não observamos a vontade, a volição, a escolha e o amor manifestando-se separadamente da personalidade. Excetuando-se nos Ajustadores e em outras entidades similares, nós não testemunhamos esses atributos da personalidade atuando junto com as realidades impessoais. Não seria correto designar um Ajustador como subpessoal, nem seria próprio aludir a essas entidades como suprapessoais, mas seria inteiramente permissível aplicar o termo pré-pessoal a esses seres.

Para as nossas ordens de seres, esses fragmentos da Deidade são conhecidos como dádivas divinas. Reconhecemos que os Ajustadores são divinos na sua origem; e que constituem a provável evidência e a demonstração de uma reserva que o Pai Universal tenha da possibilidade de comunicação, direta e ilimitada, com toda e qualquer criatura material, em todos os Seus reinos virtualmente infinitos; e tudo isso acontecendo independentemente da Sua presença, nas personalidades dos seus Filhos do Paraíso ou nas Suas ministrações indiretas, por meio das personalidades do Espírito Infinito.

Não há seres criados que não se deliciariam em hospedar os Monitores Misteriosos; mas nenhuma das ordens de seres é assim residida, a não ser as criaturas evolucionárias de vontade e com destino de finalitores.

[Apresentado por um Mensageiro Solitário de Orvônton.]

DOCUMENTO 108

A MISSÃO E O MINISTÉRIO DOS AJUSTADORES DO PENSAMENTO

A MISSÃO dos Ajustadores do Pensamento junto às raças humanas é a de representar, de ser o Pai Universal, para as criaturas mortais do tempo e do espaço; é esse o trabalho fundamental das dádivas divinas. A sua missão também é a de elevar as mentes mortais e transladar as almas imortais dos homens às alturas divinas e até os níveis espirituais da perfeição do Paraíso. E, na experiência de transformar, assim, a natureza humana da criatura temporal na natureza divina do finalitor eterno, os Ajustadores trazem à existência um tipo único de ser; um ser que, constando da união eterna do Ajustador perfeito e da criatura perfeccionada, seria impossível duplicar por qualquer outra técnica no universo.

Nada, em níveis não existenciais no universo inteiro, pode substituir o fato da experiência. O Deus infinito é, como sempre, repleto e completo, infinitamente inclusivo de todas as coisas, exceto do mal e da experiência da criatura. Deus não pode fazer errado; Ele é infalível. Deus não pode experiencialmente conhecer aquilo que ele jamais experienciou pessoalmente; o pré-conhecimento de Deus é existencial. E é por isso que o espírito do Pai desce do Paraíso, para participar de toda a experiência de plena boa-fé, junto com os mortais finitos, na carreira ascendente; apenas por esse método o Deus existencial poderia tornar-se, na verdade e de fato, o Pai experiencial do homem. A infinitude do Deus eterno engloba o potencial para a experiência finita, a qual torna-se um fato, na ministração dos fragmentos Ajustadores, pois eles efetivamente compartilham das vicissitudes da experiência da vida dos seres humanos.

1. A SELEÇÃO E O COMPROMISSO

Quando os Ajustadores são despachados de Divínington para o serviço mortal, todos eles são idênticos, em dotação de divindade existencial; mas diferenciam-se pelas qualidades experienciais, na proporção do seu contato prévio com as criaturas evolucionárias, e nelas. Nós não podemos explicar a base do compromisso dos Ajustadores, mas conjecturamos que tais dons divinos sejam outorgados de acordo com alguma política sábia e eficiente; segundo a aptidão eterna para a adaptação à personalidade residida. Observamos que o Ajustador mais experiente é, freqüentemente, o residente do tipo mais elevado de mente humana; a herança humana deve, portanto, ser um fator considerável na escolha, durante a seleção e o comprometimento.

Ainda que não saibamos em definitivo, acreditamos firmemente que todos os Ajustadores do Pensamento sejam voluntários. Antes, todavia, mesmo de se fazerem voluntários, eles estão de posse de todos os dados a respeito do candidato a ser residido. As pesquisas seráficas sobre os ancestrais e o modelo projetado de condutas de vida são transmitidos, pela via do Paraíso, ao corpo de reserva dos Ajustadores, em

Divínington, por meio da técnica de refletividade, que se estende para dentro, vinda das capitais dos universos locais, até as sedes-centrais dos superuniversos. Esse prognóstico não apenas abrange os antecedentes hereditários do candidato mortal, mas também a estimativa provável de seus dons intelectuais e capacidade espiritual. Os Ajustadores, assim, voluntariam-se para residir nas mentes daqueles cujas naturezas íntimas eles já teriam avaliado plenamente.

O Ajustador que se faz voluntário está particularmente interessado em três qualificações do candidato humano:

1. *A capacidade intelectual*. A mente é normal? Qual é o potencial intelectual, a capacidade da inteligência? Pode o indivíduo desenvolver-se a ponto de ser uma criatura de vontade e de boa-fé? A sabedoria terá com ele uma oportunidade de atuar?

2. *A percepção espiritual*. As perspectivas, no que se refere ao desenvolvimento, o nascimento e o crescimento da natureza religiosa. Qual é o potencial da alma, qual é a provável capacidade espiritual de receptividade?

3. *Os potenciais intelectuais e espirituais combinados*. O grau em que estes dois dons podem, provavelmente, estar associados, combinados, de modo a resultar na força do caráter humano e contribuir para a evolução certa de uma alma imortal, com valor de sobrevivência.

De posse desses dados, acreditamos que os Monitores se voluntariem livremente para a sua missão. Provavelmente mais de um Ajustador voluntarie-se; talvez as ordens personalizadas supervisoras selecionem, desse grupo de Ajustadores voluntários, o mais adequado à tarefa de espiritualizar e de eternizar a personalidade do candidato mortal. (No comprometimento e no serviço dos Ajustadores, o sexo da criatura não entra em consideração.)

O curto espaço de tempo, entre o ato de se fazer voluntário e o momento em que o Ajustador é factualmente despachado, é passado, presumivelmente, nas escolas dos Monitores Personalizados, em Divínington, onde um modelo da mente mortal em expectativa é utilizado na instrução do Ajustador designado, quanto aos planos mais eficazes para aproximar-se da personalidade e para a espiritualização da mente. Esse modelo de mente é formulado por meio de uma combinação dos dados supridos pelo serviço de refletividade do superuniverso. Pelo menos esse é o nosso entendimento, uma crença que temos e que mantemos, resultante da junção de informações, asseguradas pelo contato com muitos Ajustadores Personalizados, ao longo das prolongadas carreiras dos Mensageiros Solitários no universo.

Uma vez que os Ajustadores sejam despachados, de fato, de Divínington, nenhum tempo, praticamente, decorre entre esse momento e a hora do seu surgimento, na mente do sujeito da sua escolha. O tempo médio, para o trânsito, de um Ajustador, de Divínington a Urântia, é de 117 horas, 42 minutos e 7 segundos. E todo esse tempo é, virtualmente, gasto com o registro em Uversa.

2. OS PRÉ-REQUISITOS PARA O AJUSTADOR RESIDIR

Embora se voluntariem para o serviço tão logo as previsões da personalidade sejam transmitidas a Divínington, os Ajustadores não se comprometem, de fato, antes que o sujeito humano tome a sua primeira decisão moral, de personalidade. A primeira escolha moral do filho humano fica automaticamente indicada, no sétimo ajudante da mente, que a registra, instantaneamente, por meio do Espírito Criativo Materno do universo local, no circuito da gravidade da mente universal do Agente Conjunto, na presença do Espírito Mestre da jurisdição do superuniverso; e, a partir daí, este despacha a informação para Divínington. Os Ajustadores chegam aos seus sujeitos humanos em Urântia, comumente, um pouco antes do sexto aniversário deles. Na geração atual, transcorrem cinco anos, dez meses e quatro dias; isto significa o dia 2 134 da sua vida terrestre.

Os Ajustadores não podem invadir a mente mortal, antes que ela haja sido devidamente preparada, pela ministração interior dos espíritos ajudantes da mente; e antes que seja conectada ao circuito do Espírito Santo. E isso requer a atuação coordenada de todos sete ajudantes, para qualificar a mente humana para a recepção de um Ajustador. A mente da criatura deve demonstrar um certo alcance de adoração e indicar a função da sabedoria, demonstrando capacidade de escolher entre os valores emergentes do bem e do mal – a escolha moral.

Assim, fica estabelecido qual é o estágio da mente humana para a recepção do Ajustador; mas, regra geral, ele não aparece, imediatamente, para residir nessas mentes, exceto naqueles mundos nos quais o Espírito da Verdade está atuando como um coordenador espiritual dessas diferentes ministrações espirituais. Se esse espírito dos Filhos auto-outorgados estiver presente, os Ajustadores infalivelmente chegam no instante em que o sétimo espírito ajudante da mente começa a funcionar e sinaliza ao Espírito Materno do Universo que já realizou, em potencial, a coordenação dos seis ajudantes interligados, que eram uma ministração prévia dada a esse intelecto mortal. E assim, pois, em Urântia, desde o Dia de Pentecostes, os Ajustadores divinos têm sido universalmente outorgados a todas as mentes mortais normais, de status moral.

Mesmo tratando-se de mentes dotadas com o Espírito da Verdade, os Ajustadores não podem, arbitrariamente, invadir um intelecto mortal antes do surgimento da decisão moral. Todavia, uma vez que essa decisão moral haja sido tomada, esse auxiliar espiritual assume a jurisdição diretamente de Divíníngton. Não há intermediários ou outras autoridades interferindo, nem poderes funcionando entre os Ajustadores divinos e os seus sujeitos humanos; Deus e o homem estão diretamente relacionados.

Antes da época da efusão do Espírito da Verdade sobre os habitantes de um mundo evolucionário, o outorgamento dos Ajustadores parece ser determinado por muitas influências espirituais e por atitudes da personalidade. Nós não compreendemos completamente as leis que comandam tais outorgas; não compreendemos o que determina exatamente a liberação dos Ajustadores, os quais se fizeram voluntários para residir em tais mentes em evolução. Contudo, observamos numerosas influências e condições que parecem estar associadas à chegada dos Ajustadores nessas mentes, antes do outorgamento e da efusão do Espírito da Verdade e, pois, são elas:

1. A designação de guardiães seráficos pessoais. Se um mortal não houver sido previamente residido por um Ajustador, a designação de um guardião seráfico pessoal traz o Ajustador, em seguida. Existe uma relação definida, todavia desconhecida, entre a ministração dos Ajustadores e o ministério dos guardiães seráficos pessoais.

2. O alcançar do terceiro círculo da realização intelectual e da realização espiritual. Tenho observado os Ajustadores chegando às mentes mortais, depois da conquista do terceiro círculo, mesmo antes que tal feito pudesse ser assinalado para as personalidades do universo local, a quem concerniriam tais questões.

3. Quando da tomada de uma suprema decisão de importância espiritual inusitada. Esse comportamento humano pessoal durante uma crise planetária, via de regra, é seguido da chegada imediata do Ajustador o qual já aguardava.

4. O espírito da fraternidade. A despeito da realização, nos círculos psíquicos e da designação de guardiães pessoais – na ausência de qualquer coisa semelhante a uma decisão de crise –, quando um mortal em evolução torna-se dominado pelo amor dos seus semelhantes e consagra-se à ministração não-egoísta a seus irmãos na carne, o Ajustador, que aguarda, invariavelmente desce para residir na mente desse ministro mortal.

5. A declaração da intenção de fazer a vontade de Deus. Observamos que muitos mortais, nos mundos do espaço, podem estar aparentemente prontos para receber os Ajustadores e, ainda assim, os Monitores não aparecem. Continuamos observando tais criaturas na sua vida, dia a dia, até que silenciosa e subitamente, e inconscientemente quase, elas chegam à decisão de começar a querer fazer a vontade do Pai no Céu. E observamos, então, que os Ajustadores são imediatamente despachados.

6. A influência do Ser Supremo. Em mundos onde os Ajustadores não se fusionam com as almas em evolução dos habitantes mortais, observamos que os Ajustadores, algumas vezes, são outorgados em resposta a influências que estão totalmente além da nossa compreensão. Conjecturamos que tais outorgamentos sejam determinados por alguma ação de reflexo cósmico originada no Ser Supremo. Quanto ao porquê de esses Ajustadores não poderem fundir-se, ou de não se fundirem, com certos tipos de mentes mortais em evolução, não sabemos. Tais transações nunca nos foram reveladas.

3. A ORGANIZAÇÃO E A ADMINISTRAÇÃO

Até onde sabemos, os Ajustadores estão organizados como uma unidade independente de trabalho no universo dos universos e, aparentemente, são administrados diretamente a partir de Divínington. Eles são uniformes em todos sete superuniversos; todos os universos locais sendo servidos por tipos idênticos de Monitores Misteriosos. Sabemos, por observação, que há inúmeras séries de Ajustadores envolvendo uma organização em série, que se estende às raças, às dispensações e aos mundos, sistemas e universos. Contudo, é extremamente difícil seguir os passos dessas dádivas divinas, pois elas funcionam de modo intercambiável, em todo o grande universo.

O registro dos Ajustadores é feito e conhecido (fora de Divínington) apenas nas sedes-centrais dos sete superuniversos. O número e a ordem de cada Ajustador, residente em cada criatura ascendente, são reportados pelas autoridades do Paraíso, às sedes-centrais dos superuniversos, e, de lá, comunicados às sedes-centrais do universo local envolvido e transmitidos ao planeta particularmente em pauta. No entanto, os registros do universo local não revelam o número total dos Ajustadores do Pensamento; os registros de Nébadon contêm apenas o número daqueles que estão em compromissos no universo local, conforme designado pelos representantes dos Anciães dos Dias. O alcance real do número completo dos Ajustadores é conhecido apenas em Divínington.

Os sujeitos humanos são, muitas vezes, conhecidos pelos números dos seus Ajustadores; os seres mortais não recebem nomes reais, no universo, até que se fusionem com os seus Ajustadores, união esta que é assinalada pelo guardião do destino o qual faz a outorga de um novo nome à nova criatura.

Embora tenhamos os registros dos Ajustadores em Orvônton, se bem que não tenhamos absolutamente nenhuma autoridade sobre eles, nem tampouco nenhuma relação administrativa com eles, nós acreditamos firmemente que exista uma relação administrativa muito direta entre os mundos individuais dos universos locais e o alojamento central das dádivas divinas em Divínington. Sabemos que, em seguida ao aparecimento de um Filho do Paraíso auto-outorgado, um mundo evolucionário passa a ter um Ajustador Personalizado, designado para ele, como supervisor planetário dos Ajustadores.

É interessante notar que os inspetores do universo local, quando estão efetuando um exame planetário, sempre se referem ao dirigente planetário dos Ajustadores do Pensamento; e fazem do mesmo modo quando enviam as suas acusações aos dirigentes dos serafins e aos líderes de outras ordens de seres ligados à administração de um mundo em evolução. Recentemente, Urântia foi submetida a uma dessas inspeções periódicas de Tabamântia, supervisor soberano de todos os planetas de vida-experimental no universo de Nébadon. E os registros revelam que, além das suas admoestações e acusações dirigidas aos vários dirigentes das personalidades supra-humanas, ele também deu o testemunho seguinte aos comandantes dos Ajustadores, estivessem eles localizados no planeta, em Sálvington, em Uversa, ou Divínington, não sabemos ao certo, mas ele disse:

"Agora a vós, superiores, bem acima de mim, venho como um que tem a autoridade, temporariamente, sobre a série dos planetas experimentais; e venho expressar minha admiração e um profundo respeito por esse magnífico grupo de ministros celestes, os Monitores Misteriosos, o qual se tem voluntariado para servir nessa esfera irregular. Não importa quão sofridas tenham sido as crises, eles jamais falharam. Seja nos registros de Nébadon, seja perante as comissões de Orvônton, jamais foi feita uma acusação a um Ajustador divino. Eles têm sido leais à confiança depositada neles; e divinamente fiéis. Têm ajudado a ajustar os erros e a compensar as falhas de todos os que trabalham nesse planeta confuso. São seres maravilhosos, guardiães do bem nas almas deste reino retrógrado. A eles dedico o meu respeito, ainda que estejam aparentemente sob a minha jurisdição, como ministros voluntários. Eu me inclino perante eles, em humilde reconhecimento, pela delicada falta de egoísmo de todos eles, pela sua ministração compreensiva e devoção imparcial. Merecem o nome de servidores, semelhantes a Deus, dos habitantes mortais deste mundo dilacerado por conflitos, alquebrado por lamentos e afligido por doenças. Eu honro a todos eles! Chego mesmo a cultuá-los!"

Como resultado de muitas indicações sugestivas de evidências, acreditamos que os Ajustadores sejam cuidadosamente organizados, que exista uma diretiva administrativa profundamente inteligente e eficiente voltada para essas dádivas divinas, de alguma fonte central longínqua em Divínington provavelmente. Sabemos que eles vêm de Divínington para os mundos; e, indubitavelmente, retornam para ali quando da morte dos seus sujeitos.

Entre as ordens mais elevadas de espíritos torna-se extremamente difícil descobrir os mecanismos da sua administração. A minha ordem de personalidades, ainda que engajada na continuação dos nossos deveres específicos, está participando, de forma indiscutivelmente inconsciente, em inúmeros outros grupos de sub-Deidades pessoais e impessoais, funcionando unidos, como agentes de correlação, nesse imenso universo. Suspeitamos que estamos, dessa forma, servindo, porque somos o único grupo de criaturas personalizadas (à parte os Ajustadores Personalizados) que está consciente, uniformemente, da presença de numerosas ordens de entidades pré-pessoais.

Podemos dar ciência da presença dos Ajustadores, que são fragmentos da Deidade pré-pessoal da Primeira Fonte e Centro. Sentimos a presença dos Espíritos Inspirados da Trindade, que são expressões suprapessoais da Trindade do Paraíso. Do mesmo modo, infalivelmente, detectamos a presença espiritual de certas ordens não revela-das, provenientes do Filho Eterno e do Espírito Infinito. E não somos inteiramente insensíveis a outras entidades, não reveladas a vós.

Os Melquisedeques de Nébadon ensinam que os Mensageiros Solitários são as per-sonalidades coordenadoras dessas várias influências que se registram nas Deidades em expansão do Ser Supremo evolucionário. É muito possível que nós possamos ser participantes da unificação experiencial de muitos dos fenômenos inexplicados do tempo; mas não estamos conscientemente seguros de estarmos assim funcionando.

4. A RELAÇÃO COM OUTRAS INFLUÊNCIAS ESPIRITUAIS

À parte uma possível coordenação com outros fragmentos da Deidade, os Ajustadores estão inteiramente a sós na sua esfera de atividade, na mente mortal. Os Monitores Misteriosos demonstram, eloqüentemente, o fato de que, embora o Pai possa haver, aparentemente, renunciado ao exercício de todo poder e de toda autoridade pessoal direta, em todo o grande universo, e, não obstante esse ato de abnegação em favor dos filhos do Supremo Criador, das Deidades do Paraíso, o Pai certamente reservou a Si o direito intransferível de estar presente nas mentes e nas almas das suas criaturas evolucionárias, com o fito de poder atuar, desse modo, no sentido de atrair todas as criaturas da criação para Si Próprio, coordenadamente com a gravidade espiritual dos Filhos do Paraíso. O vosso Filho do Paraíso auto-outorgado, quando ainda em Urântia, disse: "Se me elevar, eu atrairei todos os homens". Nós reconhecemos e compreendemos esse poder espiritual de atração dos Filhos do Paraíso e das suas Coligadas Criativas; mas não entendemos assim tão plenamente os métodos de funcionamento do Pai onisciente, por intermédio destes e nestes Monitores Misteriosos, que vivem e que atuam tão valentemente dentro da mente humana.

Ainda que não subordinados, coordenados, ou aparentemente relacionados com o trabalho no universo dos universos, embora atuando independentemente nas men-tes dos filhos dos homens, essas presenças misteriosas impulsionam incessantemente as criaturas nas quais residem na direção dos ideais divinos, sempre os atraindo para cima no sentido dos propósitos e das metas de uma vida futura melhor. Esses Monitores Misteriosos estão atuando continuamente para o estabelecimento do do-mínio espiritual de Michael em todo o universo de Nébadon; e, ao mesmo tempo, contribuindo, misteriosamente, para a estabilização da soberania dos Anciães dos Dias em Orvônton. Os Ajustadores *são* a vontade de Deus; e, já que os Filhos do Deus Criador Supremo também incorporam, pessoalmente, essa mesma vontade, torna-se inevitável que as ações dos Ajustadores e a soberania dos governantes do universo devam ser mutuamente interdependentes. Ainda que aparentemente desco-nectadas, a presença do Pai, nos Ajustadores e a soberania do Pai, em Michael de Nébadon, devem ser manifestações diversas da mesma divindade.

Os Ajustadores do Pensamento parecem ir e vir de um modo totalmente indepen-dente de todas e quaisquer presenças espirituais; eles parecem funcionar de acordo com leis do universo, que são totalmente diferentes daquelas que governam e con-trolam as atuações de todas as outras influências espirituais. Contudo, apesar de tal independência aparente, a observação por um prazo mais longo revela, inques-tionavelmente, que eles funcionam na mente humana em sincronia e coordenação perfeitas com todas as outras ministrações espirituais, incluindo a dos espíritos aju-dantes da mente, do Espírito Santo, do Espírito da Verdade e de outras influências.

Quando um mundo fica isolado por causa de uma rebelião; quando um planeta é desligado de toda comunicação feita com os circuitos externos, como Urântia ficou depois da sublevação de Caligástia, com excessão dos mensageiros pessoais, não resta senão uma possibilidade de comunicação interplanetária ou universal, e esta é feita por meio da ligação efetuada com os Ajustadores das esferas. Não importa o que possa acontecer em um mundo ou universo, os Ajustadores nunca se envolvem diretamente. O isolamento de um planeta, de nenhum modo, afeta os Ajustadores, nem a sua capacidade de se comunicar com qualquer parte do universo local, do superuniverso ou do universo central. E essa é a razão pela qual os contatos com os Ajustadores supremos e os Ajustadores auto-atuantes do corpo de reserva do destino são feitos, tão freqüentemente, nos mundos em quarentena. Os recursos para essa técnica, são providos como um meio de contornar as limitações do isolamento planetário. Em anos recentes, os circuitos dos arcanjos têm funcionado em Urântia; mas esse meio de comunicação é grandemente limitado às transações feitas pelo próprio corpo de arcanjos.

Somos conhecedores de muitos fenômenos espirituais, na vastidão do universo, cujo entendimento pleno nos escapa. Não temos, ainda, a mestria do conhecimento de tudo o que ocorre à nossa volta; e acredito que muito desse trabalho inescrutável seja efetuado pelos Mensageiros da Gravidade e por alguns tipos de Monitores Misteriosos. Não creio que os Ajustadores estejam devotados apenas a recompor as mentes mortais. Estou persuadido de que os Monitores Personalizados e outras ordens de espíritos pré-pessoais ainda não reveladas sejam representativos do contato direto e inexplicável do Pai Universal com as criaturas dos reinos.

5. A MISSÃO DO AJUSTADOR

Os Ajustadores aceitam um compromisso difícil quando se fazem voluntários para residir em seres compostos, como esses que vivem em Urântia. No entanto, eles assumiram a tarefa de coexistir nas vossas mentes, para nelas receber as recomendações das inteligências espirituais dos reinos e assumir a tarefa de reditar ou de traduzir essas mensagens espirituais para a mente material; eles são indispensáveis à ascensão ao Paraíso.

Tudo que o Ajustador não pode aplicar à vossa vida atual, aquelas verdades que ele não pode transmitir com êxito ao homem ao qual se afiança, ele irá guardar fielmente para usar no próximo estágio de existência, do mesmo modo que ele agora transporta, de círculo para círculo, todos aqueles itens que ele não consegue registrar na experiência do seu sujeito humano, devido à incapacidade da criatura, ou ao fracasso dela em participar com um grau suficiente de cooperação.

Uma coisa na qual vós podeis confiar: os Ajustadores jamais deixarão que se perca qualquer coisa entregue aos seus cuidados; nunca soubemos que esses ajudantes espirituais houvessem falhado. Os anjos e outros tipos elevados de seres espirituais, não se excetuando os tipos de Filhos do universo local, podem ocasionalmente abraçar o mal, podem algumas vezes sair do caminho divino; mas os Ajustadores nunca falham. Eles são absolutamente confiáveis; e isso é verdadeiro, de modo igual, para todos os sete grupos deles.

O vosso Ajustador é o potencial da vossa nova e próxima ordem de existência, ele é uma dádiva em adiantamento da vossa filiação eterna a Deus. Por meio do consentimento da vossa vontade, e com esse consentimento, o Ajustador tem o poder de sujeitar as tendências da mente material às ações transformadoras das motivações e propósitos da alma moroncial que emerge.

Os Monitores Misteriosos não são meros assistentes do pensamento; eles são os ajustadores do vosso pensamento. Eles trabalham com a mente material no propósito de construir, por meio do ajustamento e da espiritualização, uma nova mente, para os novos mundos e para o novo nome da vossa carreira futura. A missão deles concerne, principalmente, à vida futura, não a esta vida. Eles são chamados de ajudantes celestes, não de ajudantes terrenos. Eles não estão interessados em tornar fácil a carreira mortal; antes, estão ocupados em tornar a vossa vida razoavelmente difícil e acidentada, de modo tal que as decisões sejam estimuladas e multiplicadas. A presença de um Ajustador do Pensamento especial não confere facilidade de vida, nem vos livra do raciocinar árduo; mas esse dom divino acaba por conferir uma paz sublime de mente e uma tranqüilidade magnífica de espírito.

As vossas emoções passageiras, e sempre em mutação, entre alegria e tristeza, são reações puramente humanas e materiais do vosso clima psíquico interior ao vosso meio ambiente externo. E, portanto, não encarai o Ajustador como um consolador egoístico, nem conteis com ele para o vosso conforto enquanto mortais. A tarefa do Ajustador é preparar-vos para a aventura eterna, é assegurar a vossa sobrevivência. Não faz parte da missão do Monitor Misterioso suavizar os vossos sentimentos turbulentos, nem vos curar no vosso orgulho ferido; é na preparação da vossa alma que o Ajustador coloca a sua atenção e ocupa o seu tempo; na preparação da vossa alma para a longa carreira ascendente.

Duvido que eu seja capaz de explicar-vos, exatamente, o que os Ajustadores fazem nas vossas mentes, nem o que fazem pelas vossas almas. Não sei se sou plenamente conhecedor do que realmente acontece nessa associação cósmica, a de um Monitor divino com uma mente humana. Tudo é como um mistério para nós, não o plano e o propósito em si, mas o modo factual da sua realização. E é exatamente por isso que nos defrontamos com tais dificuldades para encontrar um nome apropriado para esses dons supernos dados aos homens mortais.

Os Ajustadores do Pensamento gostariam de transformar os vossos sentimentos de medo em convicções de amor e de confiança; mas eles não podem, mecânica e arbitrariamente, fazer tais coisas; isso é tarefa vossa. Ao assumir essas decisões, que vos livram das correntes do medo, estareis literalmente criando o ponto de apoio psíquico para que o Ajustador possa subseqüentemente entrar com a sua iluminação espiritual equilibradora e elevadora, necessária ao vosso progresso.

Quando se trata dos conflitos agudos e bem definidos entre as tendências mais elevadas e as mais baixas das raças, entre o que *realmente* é certo ou errado (não aquilo que vós meramente chamais de certo e de errado), vós podeis confiar que o Ajustador sempre participará de alguma maneira definida e ativa em tais experiências. O fato de que essa atividade do Ajustador possa ser inconsciente, para o parceiro humano, não cria demérito de nenhum modo para essa realidade e o seu valor.

Se vós tiverdes um guardião pessoal do destino e falhardes na sobrevivência, esse anjo guardião deve ser julgado com o fito de receber o indulto devido à execução, fiel ou não, da missão a ele confiada. Todavia, os Ajustadores do Pensamento não são submetidos assim a nenhum exame quando os seus sujeitos falham, quanto à sobrevivência. Todos nós sabemos que, enquanto é possível que um anjo possa sair da perfeição na sua ministração, os Ajustadores trabalham à maneira da perfeição do Paraíso; a sua ministração é caracterizada por uma técnica sem jaça que permanece além da possibilidade da crítica de qualquer ser fora de Divínington. Vós tendes guias perfeitos; e, por isso, a meta da perfeição é atingível, com toda a certeza.

6. DEUS NO HOMEM

De fato, é uma maravilha da condescendência divina que os elevados e perfeitos Ajustadores ofereçam-se a si próprios para uma existência factual, nas mentes das criaturas materiais, tais como os mortais de Urântia; para consumar realmente uma união probacionária com os seres de origem animal da Terra.

Não importa qual seja o status prévio dos habitantes de um mundo, após a auto-outorga de um Filho divino e após a efusão do Espírito da Verdade sobre todos os humanos, os Ajustadores acorrem até esse mundo para residir nas mentes de todas as criaturas normais de vontade. Em seguida ao cumprimento da missão de um Filho do Paraíso auto-outorgante, esses Monitores verdadeiramente se tornam o "Reino do céu, dentro de vós". Por intermédio do outorgamento dos dons divinos, o Pai aproxima-Se, o mais que pode, do pecado e do mal; pois é literalmente verdadeiro que o Ajustador deva coexistir na mente mortal, mesmo em meio à falta de retidão humana. Os Ajustadores residentes ficam particularmente atormentados pelos pensamentos que são puramente sórdidos e egoístas; ficam afligidos com a irreverência para com aquilo que é belo e divino; e muitos dos medos animais tolos e ansiedades infantis são obstáculos virtuais ao seu trabalho.

Os Monitores Misteriosos são, sem dúvida, a dádiva do Pai Universal, o reflexo da imagem de Deus projetado no universo. Um grande educador, certa vez, notificou aos homens de que eles deveriam renovar-se no espírito existente nas suas mentes; que eles tornar-se-iam homens novos que, como Deus, são criados na retidão e no cumprimento da verdade. O Ajustador é a marca da divindade, a presença de Deus. A "imagem de Deus" não se refere à semelhança física, nem à limitação circunscrita do dom da criatura material, mas, antes, à dádiva da presença do espírito do Pai Universal, no outorgamento superno dos Ajustadores do Pensamento às humildes criaturas dos universos.

O Ajustador é a fonte da realização espiritual e a esperança de um caráter divino dentro de vós. Ele é o poder, o privilégio e a possibilidade de sobrevivência, que, tão plena e definitivamente, vos distingue das criaturas meramente animais. Ele é o estímulo espiritual mais alto e verdadeiramente interno do pensamento, em contraste com o estímulo externo e físico, que alcança a mente pelo mecanismo energético nervoso do corpo material.

Esses fiéis custódios da carreira futura, infalivelmente, duplicam toda a criação mental, em uma contraparte espiritual; eles estão assim, vagarosa e seguramente, recriando-vos como vós realmente sois (apenas espiritualmente) para a ressurreição, nos mundos de sobrevivência. E todas essas delicadas recriações espirituais estão sendo preservadas, na realidade, que vai surgindo, da vossa alma imortal em evolução: o vosso eu moroncial. Essas realidades estão factualmente aí, não obstante o Ajustador raramente ser capaz de exaltar essas criações duplicadas, suficientemente, a ponto de exibi-las à luz da consciência.

E, do mesmo modo que sois o parentesco humano, o Ajustador é o parente divino do vosso eu real, o vosso eu mais elevado e avançado, o vosso eu moroncial melhor, o vosso eu espiritual futuro. E é essa alma moroncial, em evolução, que os juízes e censores discernem, quando vão decretar a vossa sobrevivência e a vossa passagem para cima, para os novos mundos e para uma existência infindável, em ligação eterna com o vosso parceiro fiel – Deus, o Ajustador.

Os Ajustadores são os ancestrais eternos, os originais divinos das vossas almas imortais evolucionárias; eles são o impulso incessante, que conduz o homem a conquistar a mestria material e presente da existência, à luz da carreira espiritual e futura. Esses Monitores são os reféns da esperança que não morre, são as fontes da progressão infindável. E como ficam felizes ao comunicarem-se com os seus sujeitos, por canais mais ou menos diretos! Como eles se regozijam, quando podem descartar os símbolos e outros métodos indiretos, e passam a poder comunicar as suas mensagens diretamente aos intelectos dos seus parceiros humanos!

Vós, humanos, iniciastes um desdobrar quase que sem fim de um panorama infinito, uma expansão sem limite de esferas de oportunidades, sempre mais amplas, de serviço jubiloso, de aventura sem par, de incerteza sublime e de alcances sem fronteiras. Quando nuvens se acumularem sobre as vossas cabeças, a vossa fé deveria aceitar o fato da presença do Ajustador residente e, assim, deveríeis ser capazes de olhar através das névoas da incerteza mortal, para o brilho claro do sol da retidão eterna, que clareia as alturas acolhedoras dos mundos das mansões de Satânia.

[Apresentado por um Mensageiro Solitário de Orvônton.]

DOCUMENTO 109

A RELAÇÃO DOS AJUSTADORES COM AS CRIATURAS DO UNIVERSO

OS Ajustadores do Pensamento são as crianças da carreira do universo e, de fato, os Ajustadores virgens devem ganhar experiência, enquanto as criaturas mortais crescem e desenvolvem-se. Do mesmo modo que a personalidade da criança humana se expande, para as lutas da existência evolucionária, o Ajustador cresce muito com os exercícios preparatórios para o próximo estágio na vida ascendente. Da mesma forma que a criança adquire a versatilidade para a adaptação, às suas atividades adultas, por meio da vida social e da vida nas brincadeiras da primeira infância, também o Ajustador residente aprimora as suas habilidades, para o próximo estágio da vida cósmica, em virtude de um planejamento preliminar para o mortal e do aprendizado daquelas atividades que têm a ver com a carreira moroncial. A existência humana constitui um período de prática, que é efetivamente utilizado pelo Ajustador, no preparo das responsabilidades crescentes e das oportunidades maiores de uma vida futura. Os esforços do Ajustador, enquanto vivem dentro de vós, contudo, não são muito ligados aos assuntos da vida temporal e da existência planetária. Nos momentos atuais, os Ajustadores do Pensamento estão preparando, por assim dizer, a introdução às realidades da carreira do universo, nas mentes em evolução dos seres humanos.

1. O DESENVOLVIMENTO DOS AJUSTADORES

Deve haver um plano elaborado e abrangente para o aperfeiçoamento e desenvolvimento dos Ajustadores virgens, antes de serem enviados para fora de Divínington, mas realmente pouco sabemos a esse respeito. Indubitavelmente, também existe um sistema extenso para o reaperfeiçoamento dos Ajustadores com experiência de residente, antes que reembarquem nas suas missões de ligação aos mortais, mas também nada sabemos disso na realidade.

Foi-me dito, por Ajustadores Personalizados, que toda vez que um mortal, com um Monitor residente, falha na sua sobrevivência, quando o Ajustador retorna a Divínington, ele engaja-se num curso extensivo de aperfeiçoamento. Esse aperfeiçoamento adicional torna-se possível pela experiência de já haver residido em um ser humano e é sempre ministrado antes de o Ajustador ser reenviado para os mundos evolucionários do tempo.

A experiência real de vida não tem nenhum substituto cósmico. A perfeição da divindade, de um Ajustador recém-criado, de nenhuma maneira dota esse Monitor Misterioso com a habilidade e a experiência para a ministração à mente humana. A experiência é inseparável de uma existência viva; é algo que nem o dom divino, em nenhuma magnitude, pode eximir-vos da necessidade de ser obtida por meio de uma *vivência real*. Portanto, da mesma forma que todos os seres que vivem e funcionam dentro da esfera presente do Supremo, devem os Ajustadores do Pensamento adquirir experiência; devem evoluir de grupos mais baixos e inexperientes, até os mais elevados e experientes.

Os Ajustadores passam por uma carreira clara de desenvolvimento na mente mortal; adquirem uma realidade de êxito, a qual é eternamente deles. Eles adquirem, progressivamente, a perícia e a habilidade de Ajustador, em conseqüência dos contatos de residência nas raças materiais, a despeito da sobrevivência ou não dos seus sujeitos mortais. Eles têm, também, uma parceria igual à da mente humana, no fomento da evolução da alma imortal, com capacidade de sobrevivência.

O primeiro estágio da evolução do Ajustador é alcançado na fusão com a alma sobrevivente de um ser mortal. Assim, enquanto estais, por natureza, evoluindo para dentro e para cima, do homem até Deus, os Ajustadores estarão, por natureza, evoluindo para fora e para baixo, de Deus para o homem; e, assim, o produto final dessa união entre a divindade e a humanidade será eternamente um filho do homem e um filho de Deus.

2. OS AJUSTADORES AUTO-ATUANTES

Vós tendes sido informados sobre a classificação dos Ajustadores; em relação à experiência, há os virgens, os avançados e os supremos. Vós devíeis também conhecer uma certa classificação funcional – a dos chamados Ajustadores auto-atuantes. Um Ajustador que é capaz de atuar por si próprio, ou seja, auto-atuante, é aquele que:

1. Teve uma certa experiência, de pré-requisito, na evolução da vida de uma criatura dotada de vontade, seja como um residente temporário, em um tipo de mundo em que os Ajustadores são apenas emprestados aos sujeitos mortais; seja num planeta de fusão real, em que o humano falhou na sua sobrevivência. Tal Monitor ou é um Ajustador avançado ou supremo.

2. Adquiriu o equilíbrio, do poder espiritual, em um humano que atingiu o terceiro círculo psíquico e que teve designado para ele um guardião seráfico pessoal.

3. Tem um sujeito que tomou a decisão suprema, que assumiu um compromisso solene e sincero com o Ajustador. O Ajustador, então, aguarda antecipadamente a época da fusão real e reconhece a união como um evento garantido.

4. Tem um sujeito que pertence a um dos corpos de reserva do destino, em um mundo evolucionário de ascensão mortal.

5. Em algum momento, durante o sono humano, foi temporariamente separado da mente do seu confinamento mortal, para realizar alguma missão de ligação, contato, reinscrição ou outro serviço extra-humano, associado à administração espiritual do mundo para o qual foi designado.

6. Serviu, em tempo de crise, na experiência de algum ser humano que foi o complemento material de uma personalidade espiritual encarregada de alguma realização cósmica essencial à economia espiritual do planeta.

Esses Ajustadores, que atuam por si próprios, parecem possuir um grau considerável de vontade, em todas as questões que não envolvam as personalidades humanas nas quais residem diretamente, como está indicado pelas suas inúmeras obras, tanto dentro, quanto fora dos sujeitos mortais da sua vinculação. Tais Ajustadores participam de inúmeras atividades deste reino, porém, mais freqüentemente, eles funcionam como residentes não detectados nos tabernáculos terrenos da sua própria escolha.

Indubitavelmente, esses tipos mais elevados e mais experientes de Ajustadores podem comunicar-se com outros, de outros reinos. No entanto, ainda que esses Ajustadores auto-atuantes se intercomuniquem assim, eles o fazem apenas nos níveis dos seus trabalhos mútuos e com os propósitos de preservação dos dados de custódia, essenciais ao ministério do Ajustador, nos reinos da sua estada, embora se saiba que, em certas ocasiões, eles hajam funcionado em questões interplanetárias durante momentos de crise.

Os Ajustadores supremos e auto-atuantes podem deixar o corpo humano segundo a sua vontade. Os residentes não são uma parte orgânica ou biológica da vida mortal; eles são, sim, supraimposições divinas doadas às mentes mortais. Nos planos originais da vida, estava prevista a dotação de Ajustadores, mas eles não são indispensáveis à existência material. No entanto, deve ficar registrado que, só muito rara e temporariamente mesmo, eles abandonam os seus tabernáculos mortais, após haverem assumido a sua residência.

Os Ajustadores superatuantes são aqueles que realizaram a conquista das tarefas de que foram incumbidos e apenas aguardam a dissolução do veículo de vida material ou o translado da alma imortal.

3. A RELAÇÃO DOS AJUSTADORES COM OS TIPOS MORTAIS

O caráter do trabalho detalhado dos Monitores Misteriosos varia, de acordo com a natureza do seu compromisso e designação, conforme sejam, ou não, Ajustadores de *ligação* ou de *fusão*. Alguns Ajustadores são meramente emprestados, para os períodos de vida temporal dos seus sujeitos; outros são outorgados, como candidatos à personalidade, com permissão para a fusão permanente, se os seus sujeitos sobreviverem. Há também uma leve variação nos seus trabalhos, entre os diferentes tipos planetários, bem como entre os diferentes sistemas e universos. Em geral, porém, os seus trabalhos são notavelmente uniformes, mais do que o são os deveres de quaisquer das ordens criadas de seres celestes.

Em certos mundos primitivos (do grupot da série um), o Ajustador reside na mente da criatura como um aperfeiçoamento experiencial, principalmente para o autocultivo e para um desenvolvimento progressivo. Os Ajustadores virgens são comumente enviados a tais mundos durante os primeiros tempos, quando, então, os homens primitivos estão chegando ao vale da decisão, mas quando poucos, relativamente, elegerão ascender até grandes alturas morais, para além das colinas do autodomínio e da aquisição de caráter, para alcançar os níveis mais altos da espiritualidade emergente. (Contudo, muitos dos que não conseguem a fusão com o Ajustador sobrevivem como ascendentes de fusão com o Espírito.) Os Ajustadores recebem um aperfeiçoamento valioso e adquirem uma experiência maravilhosa, na associação transitória com mentes primitivas, e tornam-se capazes de utilizar, subseqüentemente, essa experiência, para benefício de seres superiores, em outros mundos. *Nada de valor para a sobrevivência é perdido, nunca, em todo o amplo universo.*

Em outro tipo de mundo (do grupo da série dois), os Ajustadores são meramente emprestados aos seres mortais. Ali, os Monitores nunca poderão atingir a fusão de personalidade por meio desse tipo de residência, mas prestam uma grande ajuda aos seus sujeitos humanos, durante o período da vida mortal; ajuda ainda maior do que a que são capazes de prestar aos mortais de Urântia. Os Ajustadores, nesses mundos, são emprestados às criaturas mortais, pelo período de uma única vida, como modelos para as suas metas espirituais mais elevadas, como ajudantes temporários, na intrigante tarefa de perfeiçoamento do caráter que sobreviverá. Os Ajustadores não retornam para tais sobreviventes após a morte natural; estes atingem a vida eterna mediante a fusão com o Espírito.

Em mundos tais como Urântia (do grupo da série três) há um verdadeiro compromisso dos dons divinos, um engajamento de vida e morte. Se vós sobreviverdes, haverá uma união eterna, uma fusão perpétua, que unificará homem e Ajustador num único ser.

Nos mortais de três cérebros, dessa série de mundos, os Ajustadores são capazes de alcançar um contato mais real com os seus sujeitos, durante a vida temporal, do que com os tipos de um e de dois cérebros. Contudo, na sua carreira após a morte, o tipo de três cérebros procede exatamente como o povo de um cérebro e de dois cérebros – as raças de Urântia.

Nos mundos de humanos de dois cérebros, subseqüentemente à estada de um Filho auto-outorgado do Paraíso, os Ajustadores virgens raramente são designados para pessoas que têm capacidade inquestionável de sobrevivência. É da nossa crença que, em tais mundos, praticamente todos os Ajustadores que residem em homens e mulheres inteligentes, com capacidade de sobrevivência, são do tipo avançado ou do tipo supremo.

Em muitas das raças evolucionárias primevas de Urântia, três grupos de seres existiram. Havia aqueles que eram tão animalescos que lhes faltava quase inteiramente a capacidade para receber o Ajustador. Havia aqueles que demonstravam capacidade indubitável para receber o Ajustador, e prontamente os recebiam, quando a idade da responsabilidade moral era atingida. Havia, ainda, uma terceira classe, que ocupava uma posição limítrofe; eles tinham capacidade para receber os Ajustadores, mas os Monitores só podiam residir nas suas mentes por um pedido pessoal do indivíduo.

Entretanto, com aqueles seres que são virtualmente desqualificados para a sobrevivência, por causa de uma herança nefasta de antepassados inferiores e ineptos, muitos Ajustadores virgens serviram, adquirindo uma experiência preliminar valiosa de contato com a mente evolucionária, e assim tornaram-se mais bem qualificados, para compromissos subseqüentes, com um tipo mais elevado de mente em algum outro mundo.

4. OS AJUSTADORES E A PERSONALIDADE HUMANA

As formas mais elevadas de comunicação inteligente entre os seres humanos são grandemente ajudadas pelos Ajustadores residentes. Os animais têm sentimentos de companheirismo, mas não transmitem idéias entre si; podem expressar emoções, mas não idéias e ideais. Nem podem os homens, dada a sua origem animal, experienciar um tipo elevado de troca intelectual ou de comunhão espiritual com os seus semelhantes antes de os Ajustadores do Pensamento lhes haverem sido outorgados, embora, quando tais criaturas evolucionárias desenvolvem a fala, já estejam a caminho de receber os Ajustadores.

Os animais comunicam-se uns com os outros de um modo primário, mas há pouca ou nenhuma *personalidade* em tal contato primitivo. Os Ajustadores não são personalidades, eles são seres pré-pessoais. Todavia, provêm da fonte da personalidade e a sua presença amplia as manifestações qualitativas da personalidade humana; e isso é especialmente verdadeiro se o Ajustador tiver passado por uma experiência prévia.

O tipo de Ajustador tem muito a ver com o potencial de expressão da personalidade humana. Ao longo dos tempos, muitos dos grandes líderes intelectuais e espirituais de Urântia têm exercido a sua influência, principalmente por causa da superioridade e da experiência prévia dos seus Ajustadores residentes.

Os Ajustadores residentes têm cooperado, em uma medida considerável, com outras influências espirituais, na transformação e humanização dos descendentes de homens primitivos de idades antigas. Se os Ajustadores que residem na mente humana dos habitantes de Urântia fossem retirados, aos poucos o mundo retornaria a muitas cenas e práticas dos homens de tempos primitivos; os Monitores divinos são um dos potenciais reais de avanço da civilização.

Eu observei o residente em uma mente de Urântia, um Ajustador do Pensamento que, de acordo com os registros de Uversa, residiu previamente em quinze mentes em Orvônton. Não sabemos se esse Monitor teve experiências similares em outros superuniversos, mas suspeito que sim. Esse é um Ajustador maravilhoso e uma das mais úteis e potentes forças em Urântia durante a era presente. O que outros perderam, porque se recusaram a sobreviver, esse ser humano (e todo o vosso mundo) ganha agora. Daquele que não tem qualidades de sobrevivência, será tirado até mesmo o Ajustador experiente que ele tem agora, enquanto àquele que tem projetos de sobrevivência, será dado mesmo um Ajustador pré-experimentado de um desertor folgazão.

Em determinado sentido, os Ajustadores podem estar fomentando um certo grau de intercâmbio planetário fertilizador nos domínios da verdade, da beleza e da bondade. Contudo, raramente são eles dados a experiências de residência no mesmo planeta; não há nenhum Ajustador agora servindo em Urântia que tenha estado anteriormente neste mundo. Eu sei do que estou falando, já que temos os seus números e registros nos arquivos de Uversa.

5. AS OPOSIÇÕES MATERIAIS QUE OS AJUSTADORES ENCONTRAM AO RESIDIR NOS MORTAIS

Os Ajustadores supremos e auto-atuantes freqüentemente são capazes de dar contribuições de importância espiritual para a mente humana, quando a imaginação criadora flui livremente, nos canais liberados, mas sob controle. Em tais momentos, e algumas vezes durante o sono, o Ajustador é capaz de conter as correntes mentais, de suster o seu fluxo, e então desviar a procissão de idéias; e tudo isso é feito com o fito de efetuar transformações espirituais profundas nos recessos mais elevados da supraconsciência. Assim, as energias e as forças da mente são mais plenamente ajustadas à clave dos tons próprios ao contato de nível espiritual do presente e do futuro.

Algumas vezes, é possível ter a mente iluminada, escutar a voz divina que continuamente fala dentro de vós, de forma tal que podeis tornar-vos parcialmente conscientes da sabedoria, da verdade, da bondade e da beleza da personalidade potencial constantemente residente em vós.

Atitudes mentais infirmes e irrequietas, como as vossas, contudo, sempre frustram os planos e interrompem o trabalho dos Ajustadores. O trabalho deles não apenas sofre a interferência das naturezas inatas das raças mortais, mas tal ministração é também grandemente retardada pelas vossas próprias opiniões preconcebidas, por idéias estratificadas e preconceitos antigos. Por causa desses obstáculos, muitas vezes apenas incompletas as criações deles emergem à consciência; e a confusão de conceitos torna-se inevitável. Portanto, ao escrutinar as situações mentais, a segurança repousa apenas no reconhecimento pronto de cada pensamento e de todas as experiências, pelo que real e fundamentalmente são, desconsiderando inteiramente o que poderiam ter sido.

O grande problema nesta existência é o ajustamento das tendências ancestrais de vida às demandas dos impulsos espirituais iniciados pela divina presença do Monitor Misterioso. Se bem que, nas suas carreiras no universo e no superuniverso, nenhum homem possa servir a dois senhores, todavia, na vida que levais agora, em Urântia, cada homem tem, forçosamente, de servir a dois senhores. Ele deve tornar-se apto na arte do compromisso temporal contínuo e, ao mesmo tempo, ser leal espiritualmente a apenas um senhor; e é por isso que tantos tropeçam e falham, tornam-se exauridos e sucumbem na estressante luta evolucionária.

Embora tanto o legado hereditário do dom cerebral quanto o do supercontrole eletroquímico operem para delimitar a esfera da atividade eficiente do Ajustador, nenhum obstáculo hereditário (nas mentes normais) jamais impede a realização espiritual final. A hereditariedade pode interferir no grau de conquista da personalidade, mas não impede a consumação final possível da aventura ascendente. Se cooperardes com o vosso Ajustador, esse dom divino irá, mais cedo ou mais tarde, fazer evoluir a alma moroncial imortal e, subseqüentemente à fusão com esta, irá apresentar a nova criatura ao soberano Filho Mestre do universo local e, finalmente, ao Pai dos Ajustadores do Paraíso.

6. O PREVALECIMENTO DOS VERDADEIROS VALORES

Os Ajustadores nunca falham; nada que é digno de sobreviver jamais se perde; todo valor de significação em cada criatura volitiva tem a sua sobrevivência certa, independentemente da sobrevivência ou da não-sobrevivência da personalidade que descobriu ou avaliou tais significados. E assim é, uma criatura mortal pode rejeitar a sobrevivência; ainda assim, a experiência vivida não se desperdiça; o Ajustador eterno levando-a consigo, conserva as características de valor de uma tal vida de aparente fracasso até um outro mundo e até algum tipo de mente mais elevado e com capacidade de sobrevivência. Nenhuma experiência que valha a pena acontece em vão; nenhum significado de real valor jamais perece.

Com relação aos candidatos à fusão, se um Monitor Misterioso é desertado pelo seu companheiro mortal, se o parceiro humano recusa-se a prosseguir na carreira ascendente, quando libertado pela morte natural (ou antes desta), o Ajustador leva tudo o que seja de valor de sobrevivência que haja evoluído na mente dessa criatura não-sobrevivente. Se, repetidamente, um Ajustador deixar de conseguir a fusão de personalidade, por causa da não sobrevivência de sucessivos sujeitos humanos, e, se esse Monitor subseqüentemente for personalizado, toda a experiência adquirida, de já haver residido e haver tido a mestria em todas as mentes mortais, tornar-se-ia uma posse factual desse Ajustador Personalizado recentemente; e essa dádiva será usufruída e utilizada durante as futuras idades. Um Ajustador Personalizado dessa ordem é um conjunto composto de todas características de sobrevivência, de todas as criaturas hospedeiras anteriores suas.

Quando os Ajustadores de longa experiência no universo voluntariam-se para habitar os Filhos divinos nas suas missões de auto-outorga, eles sabem muito bem que uma realização de personalidade nunca pode ser atingida mediante esse serviço. Muito freqüentemente, porém, o Pai dos espíritos concede personalidade a esses voluntários e estabelece-os como diretores da sua espécie. Essas são personalidades honradas com a autoridade em Divínington. E a sua natureza única incorpora o mosaico da humanidade das suas múltiplas experiências de residência mortal e também o da transcrição espiritual da divindade humana da auto-outorga do Filho do Paraíso, na sua experiência terminal como mortal.

As atividades dos Ajustadores no vosso universo local são dirigidas pelo Ajustador Personalizado de Michael de Nébadon, aquele mesmo Monitor que o guiou passo a passo quando ele viveu a sua vida humana na carne como Joshua ben José. Esse extraordinário Ajustador foi fiel ao seu encargo, e sabiamente esse valente Monitor dirigiu a natureza humana, sempre guiando a mente mortal do Filho do Paraíso na escolha do caminho da vontade perfeita do Pai. Esse Ajustador havia servido anteriormente com Maquiventa Melquisedeque, nos dias de Abraão, e já se havia engajado em obras grandiosas tanto antes quanto entre essas duas experiências de auto-outorga.

Tal Ajustador de fato triunfou na mente humana de Jesus – aquela mente que, em cada situação recorrente da vida, manteve uma dedicação consagrada à vontade do Pai, dizendo: "Não a minha vontade, mas a Tua, seja feita". Essa consagração, decisiva, constitui um verdadeiro passaporte para, de dentro das limitações da natureza humana, alcançar a finalidade da realização divina.

Esse mesmo Ajustador agora reflete, na natureza inescrutável da sua poderosa personalidade, a humanidade pré-batismal de Joshua ben José, a transcrição eterna e viva dos valores eternos e viventes que o maior dos urantianos criou, a partir das circunstâncias humildes de uma vida comum, que foi a que viveu até a plena exaustão dos valores espirituais atingíveis em uma experiência mortal.

Todas as coisas de valor permanente, que são confiadas a um Ajustador, têm assegurada a sua eterna sobrevivência. Em certos casos, o Monitor mantém essas posses, para outorgá-las a uma mente mortal da sua futura residência; em outros, e em caso de personalização, essas realidades sobreviventes e conservadas são mantidas sob guarda, para utilização futura, a serviço dos Arquitetos do Universo-Mestre.

7. O DESTINO DOS AJUSTADORES PERSONALIZADOS

Não podemos afirmar que os fragmentos não-Ajustadores do Pai sejam   personalizáveis, mas vós tendes sido informados de que a personalidade é um outorgamento soberano da livre vontade do Pai Universal. Até onde sabemos, o tipo de fragmento Ajustador do Pai atinge a personalidade apenas pela aquisição de atributos pessoais, por meio do serviço-ministração a um ser pessoal. Esses Ajustadores Personalizados têm o seu lar em Divínington, onde instruem e dirigem os seus semelhantes pré-pessoais.

Os Ajustadores do Pensamento Personalizados são os estabilizadores e compensadores soberanos, livres de compromissos e de entraves, do vasto universo dos universos. Eles combinam a experiência do Criador e da criatura – existencial e experiencial. São seres conjuntamente do tempo e da eternidade. Eles associam o pré-pessoal e o pessoal na administração do universo.

Os Ajustadores Personalizados são os executivos oniscientes e poderosos dos Arquitetos do Universo-Mestre. São os agentes personalizados do ministério pleno do Pai Universal – pessoais, pré-pessoais e suprapessoais. Eles são os ministros pessoais do extraordinário, do inusitado e do inesperado em todos os reinos das esferas transcendentais absonitas do domínio de Deus, o Último, e mesmo nos níveis de Deus, o Absoluto.

Eles são os seres exclusivos dos universos que abarcam, dentro dos seus seres, todas as relações conhecidas de personalidade; são onipessoais – eles existem antes da personalidade, eles são a personalidade, e existem após a personalidade. Eles ministram a personalidade do Pai Universal no eterno passado, no eterno presente e no eterno futuro.

A personalidade existencial na ordem do infinito e do absoluto, o Pai a outorgou ao Filho Eterno, mas Ele escolheu reservar à Sua ministração própria a personalidade experiencial do tipo do Ajustador Personalizado, outorgada ao Ajustador existencial pré-pessoal; e ambos estão assim destinados à futura suprapersonalidade eterna de ministério transcendental dos reinos absonitos do Último, do Último-Supremo, até os níveis mesmo do Absoluto-Último.

É raro os Ajustadores Personalizados serem vistos livremente nos universos. Ocasionalmente, eles conferenciam com os Anciães dos Dias e, algumas vezes, os Ajustadores Personalizados dos Filhos Criadores sétuplos vêm aos mundos-sede das constelações, para conferenciar com os governantes Vorondadeques.

Quando o observador planetário Vorondadeque de Urântia – o custódio Altíssimo que assumiu, há não muito tempo, a regência emergencial do vosso mundo – declarou a sua autoridade na presença do governador-geral residente, ele começou a sua administração de emergência, em Urântia, com todos os auxiliares da sua própria escolha. Imediatamente designou os deveres planetários a todos os seus colaboradores e assistentes. Mas ele não escolheu, contudo, os três Ajustadores Personalizados que surgiram perante a sua presença no instante em que assumiu a regência. Ele não sabia nem que eles iriam aparecer assim, pois não manifestaram a sua divina presença no tempo de uma regência anterior. E o regente Altíssssimo não designou serviço ou deveres a esses Ajustadores Personalizados voluntários. Entretanto, esses três seres onipessoais estiveram entre os mais ativos das inúmeras ordens de seres celestes então servindo em Urântia.

Os Ajustadores Personalizados prestam uma ampla gama de serviços a inúmeras ordens de personalidades do universo, mas não nos é permitido discorrer sobre esses ministérios para as criaturas evolucionárias que tenham Ajustadores residentes. Essas extraordinárias divindades-humanas estão entre as mais notáveis personalidades de todo o grande universo, e ninguém ousa predizer quais seriam as suas futuras missões.

[Apresentado por um Mensageiro Solitário de Orvônton.]

DOCUMENTO 110

A RELAÇÃO DOS AJUSTADORES COM OS INDIVÍDUOS MORTAIS

A LIBERDADE com a qual os seres imperfeitos são dotados gera tragédias inevitáveis; mas é da natureza da Deidade perfeita ancestral compartilhar, universal e afetuosamente, desses sofrimentos, em comunhão amorosa.

Do modo como estou familiarizado com os assuntos de um universo, considero o amor e a devoção de um Ajustador do Pensamento a mais divina afeição em toda a criação. O amor dos Filhos, na sua ministração às raças, é magnífico; mas a devoção de um Ajustador ao indivíduo é tocante e sublime, divinamente semelhante à do Pai. O Pai do Paraíso, aparentemente, reservou a Si essa forma de contato pessoal com as Suas criaturas individuais, como uma prerrogativa exclusiva de Criador. E não há nada, em todo o universo dos universos, comparável, com exatidão, à ministração maravilhosa dessas entidades impessoais que, de um modo tão fascinante, residem nos filhos dos planetas evolucionários.

1. RESIDINDO NA MENTE MORTAL

Não se deve considerar que os Ajustadores vivam no cérebro material dos seres humanos. Eles não são parte orgânica das criaturas físicas dos reinos. O Ajustador do Pensamento pode ser visualizado mais apropriadamente como residindo na mente mortal do homem, do que existindo dentro dos confins de um único órgão físico. E o Ajustador, indiretamente e sem ser reconhecido, comunica-se constantemente com o seu sujeito humano, especialmente durante as experiências sublimes de contato adorador, da mente para com o espírito, na supraconsciência.

Gostaria que me fosse possível ajudar os mortais em evolução a alcançar um entendimento melhor e alcançar uma apreciação mais plena do trabalho sublime e altruísta dos Ajustadores, que neles residem, pelo devotamento e fidelidade deles à tarefa de promover o bem-estar espiritual do homem. Esses Monitores são ministros eficientes para as fases mais elevadas das mentes dos homens; são manipuladores sábios e experientes do potencial espiritual do intelecto humano. Esses ajudantes celestes são dedicados à tarefa estupenda de guiar-vos, de um modo seguro, para dentro e para cima, na direção do refúgio celestial da felicidade. Esses trabalhadores incansáveis consagram-se à personificação futura do triunfo da verdade divina na vossa vida eterna. Eles são como operários vigilantes, pilotos que timoneiam a mente humana consciente de Deus, afastando-a dos escolhos do mal e, ao mesmo tempo, guiando, com toda a mestria, a alma humana em evolução até os portos divinos da perfeição, nas distantes praias eternas. Os Ajustadores são condutores cheios de amor; são os vossos guias seguros e certos, em meio às névoas escuras da incerteza na vossa curta carreira terrena; são os instrutores pacientes que, com tanta constância, impulsionam os seus sujeitos à frente, nos caminhos da perfeição progressiva. Eles são os custódios meticulosos dos valores sublimes do caráter da criatura. Gostaria que vós pudésseis amá-los mais, que cooperásseis mais intensamente com eles e que os afagásseis com mais afeto.

Embora os residentes divinos estejam ocupados, principalmente, com a vossa preparação espiritual para a próxima etapa da existência, na perenidade, também estão profundamente interessados no vosso bem-estar temporal e nas vossas realizações na Terra. Eles regozijam-se de contribuir para a vossa saúde, felicidade e verdadeira prosperidade. Eles não ficam indiferentes ao vosso êxito em quaisquer questões de avanço planetário, desde que este não se oponha à vossa vida futura de avanço e de progresso eterno.

Os Ajustadores estão interessados e ocupados com os vossos atos diários e com os múltiplos detalhes da vossa vida, na medida em que tais atos e detalhes influenciam a determinação das vossas escolhas temporais significativas e as decisões espirituais vitais, as quais constituem, portanto, fatores a contribuir para a solução do problema da sobrevivência da vossa alma e do vosso progresso eterno. O Ajustador, mesmo permanecendo passivo com relação ao bem-estar puramente temporal, é divinamente ativo, no que concerne a todas as questões relacionadas ao vosso futuro eterno.

O Ajustador permanece convosco, mesmo em todos os desastres e durante todas as enfermidades, desde que não destruam por inteiro a vossa vida mental. E quão cruel para ele é saber que vós corrompeis, deliberadamente, ou que poluís o corpo físico, que deve servir de tabernáculo terreno para essa maravilhosa dádiva de Deus. Todos os venenos físicos retardam grandemente os esforços do Ajustador no sentido de elevar a mente material, e da mesma forma os venenos mentais do temor, da ira, da inveja, do ciúme, da suspeita e da intolerância interferem tremendamente no progresso espiritual da alma em evolução.

Na época de hoje, estais atravessando o período mais adequado para cortejar o vosso Ajustador; e se apenas demonstrardes fidelidade à confiança em vós depositada pelo espírito divino, que busca colocar a vossa mente e a vossa alma em eterna união, produzir-se-á afinal, em vós, a unidade moroncial, essa superna harmonia, aquela coordenação cósmica, a divina sintonização, a fusão celeste, a perene amalgamação da identidade, a unificação do ser que é tão perfeita e final que, mesmo as personalidades mais experientes, nunca poderão disjuntar, em identidades separadas, reconheendo os parceiros da fusão – homem mortal e Ajustador divino.

2. OS AJUSTADORES E A VONTADE HUMANA

Quando os Ajustadores do Pensamento residem nas mentes humanas, eles trazem consigo o modelo da carreira, as vidas ideais, tais como foram determinadas e preordenadas por eles próprios e pelos Ajustadores Personalizados de Divínington, as quais foram certificadas pelo Ajustador Personalizado de Urântia. Assim, eles começam a trabalhar dentro de um plano definido e predeterminado, para o desenvolvimento intelectual e espiritual dos seus sujeitos humanos; mas não incumbe a nenhum ser humano ter de aceitar esse plano. Vós estais, todos, sujeitos à predestinação; não está preordenado, todavia, que devais aceitar essa predestinação divina; tendes a plena liberdade para rejeitar qualquer parte de todo o programa dos Ajustadores do Pensamento. A missão deles é efetuar alterações na mente e ajustamentos espirituais de forma tal que, como possais haver autorizado voluntária e inteligentemente, eles possam ganhar maior influência no direcionamento da personalidade; mas, sob nenhuma circunstância, esses Monitores divinos tirarão vantagem de vós, nem, de nenhum modo, vos influenciarão, arbitrariamente, nas vossas escolhas e decisões. Os Ajustadores respeitam a soberania da vossa personalidade; *eles são sempre subservientes à vossa vontade*.

Eles são persistentes, engenhosos e perfeitos nos seus métodos de trabalho, e jamais atuam com violência sobre o eu volitivo dos seus anfitriões. Nenhum ser humano será espiritualizado por um Monitor divino, contra a sua própria vontade; a sobrevivência é um dom dos Deuses, que deve ser almejado pelas criaturas do tempo. Em última análise, em tudo e por tudo que o Ajustador houver feito com êxito por vós os registros mostrarão que a transformação terá sido efetuada com o vosso consentimento cooperador; vós tereis sido, pois, parceiros volitivos do Ajustador, na realização de cada passo, na imensa transformação da carreira ascensional.

O Ajustador não está tentando controlar o vosso pensamento, enquanto tal; mas está, antes, tentando espiritualizá-lo, para eternizá-lo. Nem os anjos, nem os Ajustadores dedicam-se diretamente a influenciar o pensamento humano; esta é uma prerrogativa exclusiva da vossa personalidade. Os Ajustadores dedicam-se a aperfeiçoar, a modificar, a ajustar e coordenar os vossos processos de pensamento; mas, mais específica e especialmente, se devotam ao trabalho de construir as contrapartes espirituais das vossas carreiras, de fazer as transcrições moronciais dos vossos verdadeiros eus em avanço, com o propósito da vossa sobrevivência.

Os Ajustadores trabalham nas esferas de níveis mais elevados da mente humana, procurando incessantemente produzir duplicatas moronciais de cada conceito do intelecto mortal. Há, portanto, duas realidades que se impingem sobre os circuitos da mente humana e que neles estão centradas: uma, um eu mortal que evoluiu dos planos originais dos Portadores da Vida; e outra, uma entidade imortal proveniente das altas esferas de Divínington, um dom de Deus, que é residente. Contudo, o eu mortal é também um eu pessoal; ele tem personalidade.

Vós, enquanto criaturas pessoais, tendes mente e vontade. O Ajustador, como uma criatura pré-pessoal, tem pré-mente e pré-vontade. Se vós vos conformardes, tão plenamente, à mente do Ajustador, a ponto de verdes juntos, por meio de olho só, então, as vossas mentes tornar-se-ão uma; e vós recebereis o reforço da mente do Ajustador. Subseqüentemente, se a vossa vontade ordenar e reforçar a execução das decisões dessa nova mente, ou dessa combinação de mentes, a vontade pré-pessoal do Ajustador ater-se-á à expressão da personalidade por meio da vossa decisão, e, no que concerne a esse projeto em particular, vós e o vosso Ajustador estareis unificados. A vossa mente terá atingido a sintonização com a divindade; e a vontade do Ajustador terá alcançado uma expressão de personalidade.

À medida que essa identidade for realizando-se, estareis mentalmente aproximando-vos da ordem moroncial de existência. A mente moroncial é uma expressão que significa a essência e a soma total da cooperação plena entre mentes de naturezas diversas, a espiritual e a material. O intelecto moroncial, contudo, tem a conotação de uma mente dual, no universo local, dominada por uma vontade. E, no caso dos mortais, essa é uma vontade de origem humana, que se está tornando divina por meio da identificação da mente humana com o dom mental de Deus.

3. A COOPERAÇÃO COM O AJUSTADOR

Os Ajustadores estão fazendo o jogo sagrado e superno das idades; estão empenhados em uma das aventuras supremas do tempo e do espaço. E quão felizes eles ficam, quando a vossa cooperação lhes permite prestar-vos alguma ajuda, na vossa curta luta do tempo, enquanto eles continuam com as suas tarefas mais amplas na eternidade. Usualmente, porém, quando o vosso Ajustador tenta comunicar-se convosco, a mensagem perde-se nos elos materiais da corrente de energia da mente humana; apenas ocasionalmente, ocorre-vos captar um eco, algo tênue e distante, da voz divina.

O êxito do vosso Ajustador, na tarefa de pilotar-vos durante a vida mortal e de alcançar a vossa sobrevivência, depende não tanto das teorias das vossas crenças, mas mais das vossas decisões, das vossas determinações e da constância e firmeza da vossa *fé*. Todos esses movimentos de crescimento da personalidade tornam-se influências poderosas a ajudar o vosso avanço, porque vos ajudam a cooperar com o Ajustador; e auxiliam-vos a deixar de resistir. Os Ajustadores do Pensamento têm êxito, ou, aparentemente, fracassam nas suas tarefas terrestres, no mesmo grau em que os mortais têm êxito ou fracassam na cooperação com o esquema por meio do qual eles avançarão na trajetória ascendente da realização de alcançar a perfeição. O segredo da sobrevivência está envolto no desejo humano supremo de ser semelhante a Deus e na conseqüente vontade empenhada no ato de fazer, e de ser, todas e quaisquer das coisas essenciais à maestria da realização final desse desejo.

Quando falamos do êxito ou do fracasso de um Ajustador, estamos falando em termos de êxito da sobrevivência humana. *Os Ajustadores nunca fracassam*; eles são da essência divina e sempre saem triunfantes em todas as suas tarefas.

Não posso observar senão que, muitos de vós, gastais muito tempo e pensamentos com as meras trivialidades do viver, enquanto vos esqueceis quase totalmente das realidades mais essenciais e de relevância mais perene, das próprias realizações que estão ligadas ao desenvolvimento de um acordo de trabalho mais harmônico entre vós e o vosso Ajustador. A grande meta da existência humana é a sintonização com a divindade do Ajustador residente; a grande realização da vida mortal é alcançar uma consagração verdadeira e abrangente dos objetivos eternos do espírito divino, que vigia e trabalha dentro da vossa mente. E, no entanto, um esforço determinado e devotado para realizar o destino eterno pode ser inteiramente compatível com uma vida plena de leveza e de alegria e com uma carreira honrada e cheia de êxito na Terra. A cooperação com o Ajustador do Pensamento não inclui autotortura, nem falsa piedade, nem auto-humilhação hipócrita ou ostensiva; a vida ideal é aquela do serviço com amor, muito mais do que uma existência de apreensões temerosas.

Estar confuso e perplexo e, algumas vezes, até mesmo desencorajado e distraído, não significa, necessariamente resistência aos guiamentos do Ajustador residente. Tais atitudes podem, algumas vezes, denotar falta de cooperação ativa, sim, com o Monitor divino e podem, por isso, retardar o progresso espiritual; mas essas dificuldades emocionais e intelectuais não interferem, em nada, na certeza da sobrevivência da alma que é sabedora de Deus. A ignorância, por si só, não impede a sobrevivência; nem as dúvidas e as confusões, nem a incerteza temerosa. Apenas a resistência consciente ao guiamento do Ajustador pode impedir a sobrevivência da alma imortal em evolução.

Vós não deveis encarar a cooperação com o vosso Ajustador como um processo especialmente consciente, pois não o é; mas os vossos motivos e as vossas decisões, as vossas determinações cheias de fé e os vossos desejos supremos constituem, sim, uma cooperação real e efetiva. Vós podeis aumentar conscientemente a vossa harmonia com o Ajustador por meio de:

1. Escolher seguir o guiamento divino; baseando, com sinceridade, a vida humana na mais elevada consciência da verdade, da beleza e da bondade; e então coordenar essas qualidades da divindade, por meio da sabedoria, da adoração, da fé e do amor.

2. Amar a Deus, desejando ser como Ele – pelo reconhecimento genuíno da paternidade divina e pela adoração amorosa do Pai celestial.

3. Amar aos homens, desejando sinceramente servir a eles – no reconhecimento, de coração, da irmandade entre os homens, somado a um afeto sábio e inteligente, dirigido a cada um dos vossos semelhantes mortais.

4. Aceitar, com alegria, a cidadania cósmica – o reconhecimento honesto das vossas obrigações progressivas para com o Ser Supremo, a consciência da interdependência entre o homem evolucionário e a Deidade evolutiva. Nisso está o nascimento da moralidade cósmica e do amanhecer da compreensão do dever universal.

4. O TRABALHO DOS AJUSTADORES NA MENTE

Os Ajustadores são capazes de receber a contínua corrente da inteligência cósmica que provém dos circuitos mestres do tempo e do espaço; eles estão em contato pleno com a inteligência espiritual e a energia dos universos. Contudo, esses poderosos residentes tornam-se incapazes de transmitir muito dessa riqueza, em sabedoria e verdade, às mentes dos seus sujeitos mortais, por causa da falta de semelhança entre as duas naturezas e devido à ausência, do lado humano, de um reconhecimento à altura.

O Ajustador do Pensamento está empenhado, com um esforço constante, em espiritualizar a vossa mente e em fazer evoluir a vossa alma moroncial; mas vós próprios permaneceis quase completamente inconscientes dessa ministração interior. Vós sois praticamente incapazes de discernir entre o produto do vosso próprio intelecto material e aquilo que é fruto das atividades conjuntas entre a vossa alma e o Ajustador.

Certas apresentações abruptas de pensamentos, de conclusões e de outras imagens da mente, algumas vezes, são um trabalho direto ou indireto do Ajustador. São, porém, muito mais freqüentemente, fruto de uma emergência súbita, até a consciência, de idéias que se agruparam em níveis mentais submersos e que são ocorrências cotidianas naturais da função psíquica, corriqueira e normal, inerente aos circuitos da mente animal em evolução. (As revelações do Ajustador, ao contrário dessas emanações subconscientes, surgem por meio dos reinos da supraconsciência.)

Confiai todas as questões da vossa mente, que estão para além do alcance ordinário da consciência, à custódia dos Ajustadores. No tempo devido, se não for neste mundo, então será nos mundos das mansões, eles prestarão uma boa conta da sua função de condutores e guias e, finalmente, trarão à luz os significados e os valores entregues aos seus cuidados e guarda. Eles ressuscitarão cada tesouro valioso da mente mortal se vós sobreviverdes.

Existe um vasto abismo entre o humano e o divino, entre o homem e Deus. As raças de Urântia são controladas, elétrica e quimicamente, de um modo tão intenso, são tão altamente semelhantes aos animais, no seu comportamento comum, são tão emocionais nas suas reações corriqueiras que se torna excessivamente difícil, para os Monitores, guiá-las e dirigi-las. Vós sois tão desprovidos de decisões corajosas e de uma cooperação consagrada, que os vossos Ajustadores residentes acham quase impossível comunicar-se diretamente com a mente humana. Mesmo quando eles julgam ser possível dar à alma do mortal em evolução o impulso iluminador de uma nova verdade, essa revelação espiritual, freqüentemente, oblitera a vista da criatura, a ponto de precipitar uma convulsão de fanatismo ou iniciar alguma outra forma de transtorno intelectual que resulta em desastre. Muitas das religiões novas e alguns estranhos "ismos" surgiram de comunicações emitidas pelos Ajustadores do Pensamento e se tornaram abortadas, imperfeitas, mal interpretadas ou distorcidas pela mente.

Com o passar de muitos milhares de anos, assim mostram os registros de Jerusém, em cada geração, têm existido Ada vez menos seres capazes de funcionar com segurança por meio dos Ajustadores auto-atuantes. Esse é um quadro alarmante; e as personalidades supervisoras de Satânia encaram favoravelmente as propostas de alguns dos vossos supervisores planetários mais diretos, que recomendam a inauguração de medidas destinadas a favorecer e a conservar os tipos de espiritualidade mais elevada entre as raças de Urântia.

5. IDÉIAS ERRÔNEAS SOBRE O GUIAMENTO DO AJUSTADOR

Não confundais, nem desvirtueis a missão e a influência do Ajustador, com aquilo que é comumente chamado de consciência, pois essas duas coisas não estão diretamente relacionadas. A consciência é um fenômeno humano e uma reação puramente psíquica. Não se deve desprezá-la, mas só raramente ela é a voz de Deus para a alma, coisa que o Ajustador seria se tal voz pudesse ser ouvida. A consciência, corretamente, admoesta-vos a fazer o certo; mas o Ajustador, além disso, esforça-se para dizer-vos aquilo que é verdadeiramente o mais certo; isto é, se e quando fordes capazes de perceber a orientação do Monitor.

As experiências humanas no sonho, aquela sucessão desconectada e desordenada na mente adormecida, não coordenada, apresentam-se como uma prova adequada do fracasso do Ajustador na harmonização e na associação dos fatores divergentes dentro da mente humana. Os Ajustadores simplesmente não podem, em um único período de vida, arbitrariamente, coordenar e sincronizar dois tipos tão dessemelhantes e diversos de pensamento, tais como o humano e o divino. Quando conseguem fazê-lo, como algumas vezes o fizeram, essas almas são transladadas diretamente para os mundos das mansões, sem a necessidade de passar através da experiência da morte.

Durante o período de sono, o Ajustador tenta realizar apenas aquilo que a vontade da personalidade residida já aprovou, prévia e totalmente, por meio de decisões e escolhas, feitas todas em períodos de consciência plenamente desperta, e que, conseqüentemente, já se hajam alojado nos reinos da supramente, nesta que é o domínio da inter-relação entre o humano e o divino.

Enquanto os seus hospedeiros mortais estão adormecidos, os Ajustadores tentam registrar as suas criações nos níveis mais elevados da mente material; e alguns, dentre os vossos sonhos grotescos, indicam o fracasso deles em estabelecer um contato eficiente. Os absurdos da vida nos sonhos não apenas atestam a pressão de determinadas emoções não exprimidas, mas também testemunham as distorções horríveis das representações dos conceitos espirituais, apresentadas pelos Ajustadores. As vossas próprias paixões, os impulsos e outras tendências inatas transladam-se para a imagem do sonho e substituem os seus desejos ainda inexprimidos apresentando-os como se fossem as mensagens divinas que os residentes tanto se esforçam para colocar nos registros psíquicos, durante a fase inconsciente do sono.

É extremamente perigoso postular qualquer coisa, quanto à participação do Ajustador, no conteúdo da vida nos sonhos. Os Ajustadores trabalham, sim, durante o sono; mas as vossas experiências no sonho, em geral, são fenômenos puramente fisiológicos e psicológicos. Da mesma forma, é arriscado tentar diferençar o registro dos conceitos dos Ajustadores, das recepções mais ou menos contínuas e conscientes, daquilo que é ditado a partir da consciência mortal. Tais problemas terão de ser solucionados por meio da discriminação individual e por meio da decisão pessoal. De qualquer modo é melhor, para o ser humano, errar, considerando uma expressão não como vinda do Ajustador, acreditando que se trata de uma experiência puramente humana, do que se precipitar no erro da exaltação de uma reação da mente mortal, considerando-a como sendo da esfera da dignidade divina. Lembrai-vos que a influência de um Ajustador do Pensamento é, em grande parte, se bem que não integralmente, uma experiência supraconsciente.

Vós vos comunicareis com os vossos Ajustadores, em vários graus e de forma crescente, à medida que ascenderdes nos círculos psíquicos, algumas vezes diretamente, mas, na maioria das vezes, indiretamente. Todavia, é perigoso alimentar a idéia de que todo novo conceito ou idéia originada na mente humana haja sido ditada pelo Ajustador. Mais freqüentemente, para a vossa ordem de seres, aquilo que aceitais como sendo a voz do Ajustador é, em realidade, uma emanação do vosso próprio intelecto. Esse é um terreno perigoso; e todo ser humano deve colocar essa questão para si próprio, de acordo com a sua sabedoria humana natural e com o seu discernimento ou intuição supra-humana.

O Ajustador do ser humano, por meio do qual esta comunicação está sendo feita, goza de uma tal amplidão no escopo da sua atividade, principalmente em função da indiferença, quase completa, desse ser humano, a qualquer manifestação externa da presença interna do Ajustador, coisa que é verdadeiramente uma sorte, que esse ser humano permaneça conscientemente tão despreocupado com todo o procedimento. Ele tem um dos Ajustadores altamente experientes desses dias e dessa geração; e, ainda assim, a sua reação de passividade e de despreocupação não resistente, em relação ao fenômeno da presença na sua mente desse Ajustador versátil, é considerada pelo seu guardião do destino como uma reação rara e fortuita. E tudo isso constitui uma coordenação positiva de influências favoráveis, tanto ao Ajustador, na sua elevada esfera de ação, quanto ao parceiro humano, do ponto de vista da sua saúde, eficiência e tranqüilidade.

6.   OS SETE CÍRCULOS PSÍQUICOS

O resultado final da realização da personalidade, no mundo material, está contido na conquista sucessiva dos sete círculos psíquicos da potencialidade mortal. O ingresso no sétimo círculo marca o começo da verdadeira função da personalidade humana. Completar o primeiro círculo denota uma certa maturidade do ser mortal. Embora atravessar os sete círculos do crescimento cósmico não seja equivalente à fusão com o Ajustador, a mestria de cada um desses círculos significa a realização dos passos preliminares à fusão com o Ajustador.

O Ajustador é o vosso parceiro igualitário, na passagem pelos sete círculos – até o alcance de uma maturidade mortal relativa. O Ajustador ascende, nos círculos, convosco, do sétimo ao primeiro; mas progride até o status de supremacia e auto-atividade, de modo inteiramente independente da cooperação ativa da mente mortal.

Os círculos psíquicos não são exclusivamente intelectuais, nem inteiramente moronciais; eles têm a ver com o status da personalidade, com o alcance mental, com o crescimento da alma e com a sintonização com o Ajustador. O êxito na travessia desses níveis demanda um funcionamento harmonioso de *toda a personalidade* e não, meramente, de uma parte dela. O crescimento das partes não se iguala ao amadurecimento verdadeiro do todo; as partes realmente crescem, na proporção da expansão inteira do eu – do eu total –, material, intelectual e espiritualmente.

Quando o desenvolvimento da natureza intelectual se dá de modo mais rápido do que o da natureza espiritual, tal situação torna a comunicação com o Ajustador tão difícil quanto perigosa. Da mesma forma, um superdesenvolvimento espiritual tende a produzir uma interpretação fanática e desvirtuada das orientações espirituais do residente divino. A falta de capacidade espiritual dificulta grandemente a transmissão, para um intelecto material, das verdades espirituais que residem na supraconsciência mais elevada. É na mente perfeitamente ponderada, abrigada por um corpo de hábitos limpos e de energias neurais estabilizadas e com as suas funções químicas em harmonia – quando os poderes físicos, mentais e espirituais estão na harmonia trina do desenvolvimento –, que um máximo de luz e de verdade podem ser induzidos, com um mínimo de perigo, ou de risco temporal, ao bem-estar real de um ser. Por meio de um crescimento assim equilibrado o homem ascende nos círculos da progressão planetária, um a um, do sétimo até o primeiro.

Os Ajustadores estão sempre perto de vós e em vós, mas raramente podem falar-vos diretamente, como a um outro ser. Círculo a círculo, as vossas decisões intelectuais, as vossas escolhas morais e o vosso desenvolvimento espiritual aumentam a capacidade do Ajustador de funcionar junto com a vossa mente; círculo a círculo, vós ascendereis dos estágios mais baixos de associação e de sintonização mental com o Ajustador, de modo que o Ajustador se torne cada vez mais capacitado a registrar as suas ilustrações do destino, sempre com mais vividez e convicção, na consciência em evolução dessa mente-alma que busca a Deus.

Cada decisão que tomardes estará sempre facilitando ou impedindo a função do Ajustador; e, da mesma forma, essas mesmas decisões determinam os vossos avanços nos círculos de realização humana. É verdade que a supremacia de uma decisão, a sua relação com uma crise, tem muito a ver com a sua influência na passagem dos círculos; entretanto, inúmeras decisões, repetições freqüentes e persistentes mostram-se também essenciais para a firmeza na formação do hábito de tais reações.

É difícil definir, com precisão, os sete níveis do progresso humano, pelo simples motivo de que esses níveis são pessoais; e, sendo diferentes para cada indivíduo, são determinados aparentemente pela capacidade de crescimento de cada ser humano. A conquista, de cada um desses níveis de evolução cósmica, reflete-se de três maneiras:

1. *Sintonização com o Ajustador*. A mente que se espiritualiza aproxima-se da presença do Ajustador na mesma proporção que ascende nos círculos.

2. *Evolução da alma*. O surgimento e crescimento da alma moroncial indica o grau e a profundidade na mestria dos círculos.

3. *Realidade da personalidade*. A conquista dos círculos determina diretamente o grau de realidade do eu. As pessoas tornam-se mais reais, à medida que ascendem do sétimo ao primeiro nível da existência mortal.

À medida que os círculos são atravessados, o filho da evolução material vai crescendo, transformando-se em um ser humano com maturidade na sua potencialidade imortal. A realidade nublada, de natureza embrionária, de um ser do sétimo círculo, dá lugar à manifestação mais clara da natureza moroncial emergente, de um cidadão do universo local.

Ainda que seja impossível definir com precisão os sete níveis, ou círculos psíquicos do crescimento humano, é conveniente sugerir os limites mínimos e máximos desses estágios na realização da maturidade:

O sétimo círculo. Esse nível é atingido quando os seres humanos desenvolvem os poderes de escolha pessoal, decisão individual, responsabilidade moral e sua capacidade de atingir a individualidade espiritual. Isso significa um funcionamento já unificado dos sete espíritos ajudantes da mente, sob a direção do espírito da sabedoria; significa a admissão da criatura mortal nos circuitos de influência do Espírito Santo; e, em Urântia, significa o funcionamento inicial do Espírito da Verdade, junto com a recepção de um Ajustador do Pensamento na mente mortal. O ingresso no sétimo círculo faz de uma criatura mortal um verdadeiro cidadão, em potencial, do universo local.

O terceiro círculo. O trabalho do Ajustador torna-se muito mais eficaz após o ser humano ascendente haver atingido o terceiro círculo, quando recebe um guardião seráfico pessoal de destino. Se bem que não haja nenhuma articulação de esforços entre o Ajustador e o guardião seráfico, ainda assim deve ser constatado um inequívoco aperfeiçoamento, em todas as fases de realização cósmica e de desenvolvimento espiritual, após a designação do ajudante seráfico pessoal. Quando se chega ao terceiro círculo, o Ajustador esforça-se para moroncializar a mente do homem, durante o restante do seu tempo de vida mortal, para que atinja os círculos restantes e realize o estágio final da associação humano-divina, antes que a morte natural dissolva essa associação única.

O *primeiro círculo*. O Ajustador não pode, comumente, falar direta e imediatamente convosco, antes que vós atinjais o primeiro círculo, que é a etapa final do progresso de realização mortal. Esse nível representa a mais alta realização possível, na relação da mente com o Ajustador, dentro da experiência humana, anterior à liberação da alma moroncial das cadeias do corpo material. No que concerne à mente, às emoções e ao discernimento cósmico, essa realização do primeiro círculo psíquico significa a maior aproximação possível entre a mente material e o espírito Ajustador, na experiência humana.

Talvez uma denominação melhor para esses círculos psíquicos do progresso mortal fosse a de *níveis cósmicos* – a apreensão real dos significados e a compreensão progressiva dos valores de aproximação à consciência moroncial, que é a relação inicial da alma evolucionária com o Ser Supremo emergente. E é essa mesma relação que, para sempre, torna impossível explicar inteiramente a significação dos círculos cósmicos à mente material. Somente de um modo relativo a realização nesses círculos está ligada à consciência que o mortal tem de Deus. Um ser do sétimo ou do sexto círculo pode ser tão verdadeiramente sabedor de Deus – consciente da filiação – quanto um ser do primeiro ou do segundo círculo; todavia, os seres dos círculos inferiores encontram-se ainda muito menos conscientes da relação experiencial com o Ser Supremo, e é isso que é a cidadania do universo. O alcançar desses círculos cósmicos tornar-se-á uma parte da experiência dos seres ascendentes nos mundos das mansões, para aqueles que fracassarem nessa realização antes da morte natural.

A motivação da fé torna experiencial a compreensão plena da filiação do homem a Deus; mas a *ação*, a realização das decisões, é essencial para atingir-se, na evolução, a consciência da afinidade progressiva com a *realidade cósmica* do Ser Supremo. A fé transmuta os potenciais em realidades, no mundo espiritual, mas os potenciais tornam-se factuais nos reinos finitos do Supremo, somente por meio da compreensão na escolha-experiência, e graças a ela. Contudo, escolher cumprir a vontade de Deus une a fé espiritual às decisões materiais, na ação da personalidade; e, assim, provê um ponto de apoio espiritual e divino que permite um funcionamento mais eficaz para a alavanca humana e material que é a sede de Deus. Uma coordenação sábia, feita desse modo entre as forças materiais e as espirituais, aumenta consideravelmente tanto o entendimento cósmico do Supremo, e a sua realização, quanto a compreensão moroncial das Deidades do Paraíso.

A mestria sobre os círculos cósmicos está relacionada ao crescimento quantitativo da alma moroncial, à compreensão dos supremos significados. No entanto, o status qualitativo dessa alma imortal depende *integralmente* da compreensão que a fé viva pode proporcionar, ao homem mortal, sobre o valor factual do seu potencial-de-Paraíso, vindo do valor fatual de que esse homem mortal é um filho do Deus eterno. E é por isso que um ser que chegou ao sétimo círculo vai para os mundos das mansões, para atingir uma compreensão quantitativa adicional do crescimento cósmico, do mesmo modo que o faz alguém que haja atingido o segundo, ou mesmo, o primeiro círculo.

Há apenas uma relação indireta entre a realização da passagem pelos círculos cósmicos e a experiência religiosa espiritual real; é que tais realizações são recíprocas e, portanto, mutuamente benéficas. O desenvolvimento puramente espiritual pode ter pouco a ver com a prosperidade material planetária, mas a realização, de círculo para círculo, aumenta sempre o potencial do êxito humano e de realização do mortal.

Do sétimo ao terceiro círculo, ocorre uma crescente ação unificada, dos sete espíritos ajudantes da mente, na tarefa de libertar a mente mortal da sua dependência das realidades dos mecanismos da vida material; essa fase é preparatória para uma introdução mais nítida aos níveis moronciais de experiência. Do terceiro círculo em diante, a influência dos ajudantes diminui progressivamente.

Os sete círculos abrangem a experiência mortal, desde o mais alto nível puramente animal, ao mais baixo nível moroncial, de fato contatável, de autoconsciência, como experiência da personalidade. A mestria na conquista do primeiro círculo cósmico assinala a realização da maturidade mortal pré-moroncial e marca o término do ministério conjunto dos espíritos ajudantes da mente, como uma influência exclusiva de ação mental na personalidade humana. Após o primeiro círculo, a mente torna-se cada vez mais semelhante à inteligência do estágio moroncial de evolução, que é o ministério conjunto da mente cósmica e o dom supra-ajudante do Espírito Materno Criativo de um universo local.

Os grandes momentos na carreira individual dos Ajustadores são: primeiro, quando o sujeito humano irrompe no terceiro círculo psíquico, assegurando, assim, a auto-atividade do Monitor, com um alcance maior de funcionamento (considerando que o Monitor residente já não seja auto-atuante); depois, quando o parceiro humano atinge o primeiro círculo psíquico, pois, então, homem e Ajustador se tornam capacitados para intercomunicar-se, ao menos em algum grau; e por último, quando, final e eternamente, se tornam fusionados.

7. O ALCANÇAR DA IMORTALIDADE

A realização dos sete círculos cósmicos não equivale à fusão com o Ajustador. Há muitos mortais em Urântia que realizaram os seus círculos; mas a fusão depende ainda de outras realizações espirituais maiores e mais sublimes; depende de uma sintonização final e completa da vontade mortal com a vontade de Deus, tal como esta se manifesta no Ajustador do Pensamento residente.

Quando um ser humano completou os seus círculos de realização cósmica e, mais adiante, quando a escolha final da vontade mortal permitir que o Ajustador complete a associação da identidade humana com a alma moroncial, durante a vida evolucionária física, então, essas ligações consumadas entre a alma e o Ajustador continuam independentemente, até os mundos das mansões; e, de Uversa, é emitido o mandado que autoriza a fusão imediata entre o Ajustador e a alma moroncial. Essa fusão, durante a vida física, consome instantaneamente o corpo material; os seres humanos que testemunhassem um tal espetáculo apenas observariam o mortal, que se translada, desaparecer em "carruagens de fogo".

A maioria dos Ajustadores, que transladaram os seus sujeitos de Urântia, eram altamente experientes e já haviam sido previamente residentes em inúmeros mortais de outras esferas. Lembrai-vos de que os Ajustadores ganham valiosa experiência de residência, nos planetas da ordem do empréstimo; não é certo que os Ajustadores ganhem experiência, de trabalho avançado, apenas com os mortais que não conseguem a sua sobrevivência.

Subseqüentemente à fusão mortal, os Ajustadores compartilham do vosso destino e experiência; *eles são vós*. Após a fusão da alma moroncial imortal com o seu Ajustador solidário, toda a experiência e todos os valores de um, finalmente, tornam-se posse do outro; de forma tal que os dois passam a ser de fato uma única entidade. Num certo sentido, esse novo ser é do passado eterno, assim como também existe para o futuro eterno. Tudo o que foi humano, certa vez, na alma, sobrevive; e tudo o que é experiencialmente divino, no Ajustador, agora se torna posse real da nova personalidade, sempre ascendente, do universo. Contudo, em cada nível do universo, o Ajustador pode dotar a nova criatura apenas com aqueles atributos que têm significado e valor naquele nível. Uma absoluta *unicidade* com o Monitor divino e um completo esgotamento dos dons de um Ajustador só podem ser realizados na eternidade; ou seja, subseqüentemente ao alcançar do Pai Universal, o Pai dos espíritos, para sempre fonte dessas dádivas divinas.

Quando a alma em evolução e o Ajustador divino são, final e eternamente, fusionados, um terá granjeado para si todas as qualidades experienciáveis do outro. E essa personalidade, assim coordenada, possui toda a memória experiencial de sobrevivência que a mente mortal ancestral possuiu no passado e que, em seguida, é residente na alma moroncial; e, em acréscimo, esse finalitor em potencial abarca toda a memória experiencial do Ajustador, de todas as suas residências mortais, de todos os tempos. No entanto, uma eternidade no futuro será necessária para que um Ajustador possa dotar, por completo, a personalidade, constituída dessa associação, com os significados e valores que o Monitor divino traz consigo da eternidade do passado.

Todavia, com a grande maioria dos urantianos, o Ajustador deve esperar pacientemente pela chegada da libertação pela morte; deve esperar a liberação da alma emergente da dominação quase completa dos padrões da energia e das forças químicas, inerentes à vossa ordem material de existência. A dificuldade principal que vós experimentais para contatar o vosso Ajustador advém dessa mesma natureza material. Pouquíssimos mortais são pensadores realmente; vós não desenvolveis nem disciplinais espiritualmente as vossas mentes ao ponto de uma ligação favorável com os Ajustadores divinos. O ouvido da mente humana é quase surdo aos apelos espirituais, que o Ajustador traduz, das múltiplas mensagens das transmissões universais de amor, que procedem do Pai das misericórdias. O Ajustador considera quase impossível registrar tais guiamentos espirituais em uma mente animal inteiramente dominada pelas forças elétricas e químicas, inerentes à vossa natureza física.

Os Ajustadores rejubilam-se de poder fazer contato com a mente mortal; mas eles têm de ser pacientes, por longos anos de estada silenciosa, durante os quais eles são incapazes de romper a resistência animal para comunicar-se diretamente convosco. Quanto mais alto os Ajustadores do Pensamento ascendem, na escala do serviço, mais eficientes se tornam. No entanto, não podem nunca vos saudar, na carne, com a mesma afeição compassiva, cheia de expressividade e de solidariedade, com que eles vos saudarão, quando vós os discernirdes, de mente para mente, nos mundos das mansões.

Durante a vida mortal, o corpo e a mente material separam-vos do vosso Ajustador e impedem a comunicação livre; depois da morte, após a fusão eterna, vós e o vosso Ajustador sereis unificados – não sereis mais distinguíveis, como seres separados – e assim não existirá mais a necessidade de comunicação, do modo como vós poderíeis entender.

Ainda que a voz do Ajustador esteja sempre dentro de vós, a maioria de vós raramente a escutará durante a vida inteira. Os seres humanos, antes do terceiro e do segundo círculos de realização, raramente escutam diretamente a voz do Ajustador, exceto em momentos de aspiração suprema, em uma situação suprema e, conseqüentemente, por meio de numa decisão suprema.

Durante a realização e a ruptura do contato entre a mente mortal de um reservista do destino e os supervisores planetários, algumas vezes, o Ajustador residente está situado de uma forma tal que torna possível a ele transmitir uma mensagem ao parceiro mortal. Não faz muito tempo, em Urântia, uma mensagem assim foi transmitida por um Ajustador auto-atuante, ao seu companheiro humano, membro do corpo de reserva do destino. Essa mensagem começava com estas palavras: "E agora, sem perigo e sem ameaça ao sujeito da minha devoção solícita, e sem intenção de desencorajá-lo, nem de castigá-lo, por mim, registrai a minha súplica para ele". Seguiu-se uma exortação tocante, bela e cheia de apelo. Entre outras coisas, o Ajustador implorou ao seu sujeito "que me dedicasse uma cooperação sincera e mais fé, que suportasse com mais leveza as tarefas decorrentes da minha colocação; que levasse adiante mais fielmente o programa organizado por mim e enfrentasse com mais paciência as provações da minha escolha; que mais persistente e alegremente trilhasse o caminho selecionado por mim e mais humildemente recebesse os créditos que fossem acumulados em conseqüência dos meus esforços intermináveis – assim, transmita esta minha exortação ao homem em quem tenho residência. A ele dedico a suprema devoção e o afeto de um espírito divino. E diga ainda, ao meu amado sujeito, que funcionarei com sabedoria e poder até o final, quando a última luta terrena estiver terminada; e que serei verdadeiro e fiel à personalidade a mim confiada. Eu exorto-o à sobrevivência, para que não me desaponte, e não me prive da recompensa da minha luta paciente e intensa. Da vontade humana dependerá a nossa realização, em uma só personalidade. Círculo a círculo venho pacientemente elevando essa mente humana e, disso, a aprovação que tenho do chefe de minha própria classe é testemunha. De círculo em círculo, estou procedendo até o juízo. Aguardo, com prazer e sem apreensão, a lista de chamada do destino; estou preparado para submeter tudo aos tribunais dos Anciães dos Dias".

[Apresentado por um Mensageiro Solitário de Orvônton.]

DOCUMENTO 111

O AJUSTADOR E A ALMA

A PRESENÇA do Ajustador divino na mente humana torna para sempre impossível, tanto para a ciência quanto para a filosofia, atingir uma compreensão satisfatória da alma em evolução da personalidade humana. A alma moroncial é uma criança do universo e apenas pode ser realmente conhecida por meio do discernimento cósmico e da descoberta espiritual.

O conceito da alma e de um espírito residente não é novo em Urântia; tem surgido freqüentemente nos vários sistemas de crenças planetárias. Muitas das fés orientais, bem como algumas entre as ocidentais, perceberam que o homem é divino na sua linhagem, bem como humano pela hereditariedade. O sentimento da presença interior, acrescentado à onipresença externa da Deidade, há muito constitui uma parte de muitas das religiões urantianas. Os homens têm acreditado, há muito tempo, que existe algo crescendo dentro da natureza humana, algo vital, que está destinado a perdurar além do curto período da vida temporal.

Antes que o homem houvesse compreendido que a sua alma em evolução tinha a paternidade de um espírito divino, julgou-se que ela residia em diferentes órgãos físicos – nos olhos, fígado, rins, coração e, posteriormente, no cérebro. Os selvagens associavam a alma ao sangue, à respiração, às sombras e aos reflexos do seu eu na água.

Na concepção do *atman*, os mestres hindus realmente se aproximaram de uma avaliação da natureza e da presença do Ajustador, mas falharam, por não distinguirem a co-presença da alma em evolução, potencialmente imortal. Os chineses, contudo, reconheceram dois aspectos num ser humano, o *yang* e o *yin*, a alma e o espírito. Os egípcios e muitas tribos africanas também acreditavam em dois fatores, o *ka* e o *ba*; e não acreditavam geralmente que a alma fosse preexistente, apenas o espírito.

Os habitantes do vale do Nilo acreditavam que todo indivíduo favorecido havia recebido, no nascimento, ou pouco depois, um espírito protetor a que chamavam ka. Eles ensinavam que esse espírito guardião permanecia com o sujeito mortal ao longo da vida e que passava, antes dele, para o estado futuro. Nas paredes de um templo em Luxor, onde está ilustrado o nascimento de Amenhotep III, o pequeno príncipe está retratado nos braços do deus do Nilo e, próximo a ele, está uma outra criança, idêntica ao príncipe na aparência, que é o símbolo daquela entidade a que os egípcios chamavam ka. Essa escultura foi terminada no décimo quinto século antes de Cristo.

Julgava-se que o ka era um gênio de espírito superior, que desejava guiar o mortal ligado a ele por caminhos melhores na vida temporal; porém, mais especialmente, que ele desejava influenciar a sorte do sujeito humano na próxima vida. Quando um egípcio desse período morria, era esperado que o seu ka estivesse aguardando por ele do outro lado do Grande Rio. A princípio, supunha-se que apenas os reis tivessem kas, mas, afinal, acreditou-se que todos os homens retos possuíam-nos. Um governante egípcio, falando do ka dentro do seu coração, disse: "Eu não desconsiderei o que ele me disse; eu temia transgredir os seus guiamentos. Por isso, progredi grandemente; e, assim, tive êxito em conseqüência do que ele me levou a fazer; fui distinguido com os seus guiamentos". Muitos acreditavam que o ka era "um oráculo de Deus dentro de todos". Muitos acreditavam que iriam "passar à eternidade com alegria no coração, sob os favores do Deus que está dentro deles".

Cada raça de mortais evolutivos de Urântia tem uma palavra equivalente ao conceito de alma. Muitos povos primitivos acreditavam que a alma olhava para o mundo por meio dos olhos dos homens; portanto, de forma tão profunda, temiam a malevolência do mau-olhado. Por muito tempo, acreditaram que "o espírito do homem é a lâmpada do Senhor". O Rig-Veda diz: "a minha mente fala ao meu coração".

1. A MENTE, ARENA DA ESCOLHA

Embora o trabalho dos Ajustadores seja espiritual, na sua natureza, devem eles, forçosamente, efetuar todo o seu trabalho com base no intelecto. A mente é o solo humano a partir do qual o Monitor espiritual deve fazer a alma moroncial evoluir, em cooperação com a personalidade residida por ele.

Há uma unidade cósmica nos sete níveis da mente do universo dos universos. Os eus intelectuais têm a sua origem na mente cósmica, tal como as nebulosas têm origem nas energias cósmicas do espaço universal. No nível humano (e, portanto, pessoal) dos eus intelectuais, o potencial de evolução espiritual torna-se dominante, com o consentimento da mente mortal, por causa dos dons espirituais da personalidade humana, junto com a presença criativa de uma entidade de valor absoluto nesses eus humanos. Contudo, essa predominância do espírito sobre a mente material é condicionada por duas experiências: essa mente deve ter evoluído a partir do ministério dos sete espíritos ajudantes da mente; e o eu material (pessoal) deve escolher cooperar com o Ajustador residente, criando e fomentando o eu moroncial, ou seja, a alma evolucionária potencialmente imortal.

A mente material é a arena dentro da qual as personalidades humanas vivem, são autoconscientes, tomam decisões e escolhem a Deus ou abandonam-No, eternizam-se ou destroem a si próprias.

A evolução material proveu-vos com uma máquina de vida, o vosso corpo; o Pai, Ele próprio, dotou-vos com uma realidade espiritual, a mais pura conhecida no universo: o vosso Ajustador do Pensamento. No entanto, nas vossas mãos, foi-vos dada uma mente, sujeita às vossas próprias decisões, e é por meio dessa mente que vós viveis ou morreis. É dentro dessa mente e com essa mente que vós tomais as decisões morais que vos capacitam a alcançar a semelhança com o Ajustador, que é a semelhança com Deus.

A mente mortal é um sistema de intelecto temporário, cedido por empréstimo aos seres humanos, para uso durante o período da vida material; e, da forma pela qual usam essa mente, estão aceitando ou rejeitando o potencial de existência eterna. A mente é praticamente tudo o que vós tendes da realidade do universo, que é submissível à vossa vontade; e a alma – o eu moroncial – irá retratar fielmente a colheita das decisões temporais que o eu mortal está fazendo. A consciência humana repousa gentilmente sobre o mecanismo eletroquímico abaixo; e delicadamente toca o sistema de energia espiritual-moroncial acima. De nenhum desses dois sistemas, o ser humano encontra-se completamente consciente durante a sua vida mortal; portanto, ele deve trabalhar com a mente, da qual é consciente. E não é tanto o que a mente compreende, mas, sim, o que a mente deseja compreender, que assegura a sobrevivência; não é tanto o que a mente é que se constitui na identificação com o espírito, mas o que a mente está tentando ser. E não é tanto o fato de que o homem seja consciente de Deus que o leva a ascender no universo, mas o fato de que ele aspira a Deus. O que vós sois hoje não é tão importante quanto aquilo em que vos estais tornando dia a dia e na eternidade.

A mente é o instrumento cósmico no qual a vontade humana pode tocar as dissonâncias da destruição, ou no qual essa mesma vontade humana pode trazer o tom das melodias sutis de identificação com Deus e da conseqüente sobrevivência eterna. O Ajustador, outorgado como dádiva ao homem, em última análise, é impermeável ao mal e incapaz do pecado; mas a mente mortal pode, na verdade, ser torcida e distorcida, e transformar-se no mal e no horrendo por meio de maquinações pecaminosas de uma vontade humana perversa e egoísta. Da mesma forma pode, essa mente, tornar-se nobre, bela, verdadeira e boa – e grande, na verdade –, de acordo com a vontade iluminada pelo espírito de um ser humano sabedor de Deus.

A mente evolucionária é plenamente estável e confiável apenas quando se manifesta nos dois extremos da intelectualidade cósmica – o inteiramente mecanizado e o plenamente espiritualizado. Entre os extremos intelectuais do puro controle mecânico e da verdadeira natureza espiritual, é que se interpõe aquele enorme grupo de mentes em ascensão e em evolução, cuja estabilidade e tranqüilidade dependem da escolha da personalidade e da identificação com o espírito.

No entanto, o homem não deixa a sua vontade capitular passivamente, de forma escrava, ante o seu Ajustador. Antes ele escolhe, muito mais ativa, positiva e cooperativamente, seguir a orientação do Ajustador, quando e naquilo em que essa orientação difere dos desejos e impulsos da mente mortal natural. Os Ajustadores manipulam, mas nunca dominam a mente do homem contra a vontade dele; para os Ajustadores, a vontade humana é suprema. E assim consideram-na e respeitam-na em sua luta para realizar as metas espirituais de ajustamento dos pensamentos e de transformação do caráter, na arena quase sem limites do intelecto humano em evolução.

A mente é a vossa embarcação, o Ajustador é o vosso piloto, a vontade humana é o capitão. O mestre desse barco mortal deveria ter a sabedoria de confiar no piloto divino, para guiar a alma em ascensão até os portos moronciais da sobrevivência eterna. Somente por egoísmo, por preguiça e por pecado pode a vontade do homem rejeitar o guiamento desse piloto que age por amor e, finalmente, fazer naufragar a carreira mortal contra os arrecifes malévolos da misericórdia rejeitada e contra os rochedos submersos do pecado. Com o vosso consentimento, esse piloto fiel carregar-vos-á a salvo, por entre as barreiras do tempo e, apesar dos obstáculos do espaço, até a fonte mesma da mente divina, e mesmo adiante, até o Pai do Paraíso dos Ajustadores.

2. A NATUREZA DA ALMA

Nas funções mentais da inteligência cósmica, a totalidade da mente predomina sobre as partes de função intelectual. Na sua essência, a mente é uma unidade funcional; portanto, a mente nunca falha em manifestar essa unidade constitutiva, mesmo quando tolhida ou impedida pelas ações e escolhas pouco sábias de um eu mal conduzido. E essa unidade de mente procura invariavelmente a coordenação do espírito, em todos os níveis de associações com os eus de dignidade volitiva e de prerrogativas ascensionais.

A mente material do homem mortal é o tear cósmico em que se embasam os tecidos moronciais, sobre os quais o Ajustador do Pensamento residente tece os modelos espirituais de um caráter universal, que tem os valores permanentes e as significações divinas – uma alma sobrevivente, de destino último, com uma carreira infindável; um finalitor em potencial.

A personalidade humana é identificada com a mente e o espírito, mantidos juntos pela vida, numa relação funcional, num corpo material. Essa relação de funcionamento entre a mente e o espírito não resulta em nenhuma combinação das qualidades ou atributos da mente e do espírito, mas resulta, antes, em um valor universal, de duração eterna, inteiramente original, novo e único, a *alma*.

Há três fatores, e não dois, na criação evolucionária de uma alma imortal. Esses três antecedentes da alma humana moroncial são:

1. *A mente humana* e todas as influências cósmicas, antecedentes a ela e que se impingem sobre ela.

2. *O espírito divino*, residente nessa mente humana, e todos os potenciais inerentes a esse fragmento de espiritualidade absoluta, junto com todas as múltiplas influências e fatores espirituais na vida humana.

3. *A relação entre a mente material e o espírito divino*, que conota um valor e carrega um significado não encontrável em nenhum dos fatores que contribuem para essa associação. A realidade dessa relação única não é nem material nem espiritual, mas moroncial. É a alma.

As criaturas intermediárias denominaram, há muito, essa alma humana em evolução, de mente intermediária, para distingui-la da mente mais baixa, ou material, e da mente mais alta, ou cósmica. Essa mente intermediária é realmente um fenômeno moroncial, já que existe no reino entre o material e o espiritual. O potencial dessa evolução moroncial é inerente aos dois impulsos universais da mente: o impulso da mente finita da criatura, para conhecer a Deus e alcançar a divindade do Criador, e o impulso da mente infinita do Criador, para conhecer o homem e alcançar a *experiência* da criatura.

Essa transação superna de evolução da alma imortal torna-se possível pois a mente mortal é, em primeiro lugar, pessoal e, em segundo lugar, porque está em contato com as realidades supra-animais; ela possui um dom supramaterial de ministração cósmica, que assegura a evolução de uma natureza moral capaz de tomar decisões morais, efetuando, por meio disso, um contato criativo, da mais plena boa-fé, com as ministrações espirituais interativas e com o Ajustador do Pensamento residente.

O resultado inevitável dessa espiritualização contatual da mente humana é o nascimento gradual de uma alma, fruto nascido de uma mente ajudante, dominada pela vontade humana que almeja conhecer a Deus, trabalhando em ligação com as forças espirituais do universo que estão sob o supercontole de um fragmento real do próprio Deus de toda a criação – o Monitor Misterioso. E, assim, a realidade mortal e material do eu transcende às limitações temporais da máquina da vida física e alcança uma nova expressão e uma nova identificação, no veículo em evolução, para a continuidade do eu: a alma moroncial imortal.

3. A ALMA EM EVOLUÇÃO

Os enganos da mente mortal e os erros da conduta humana podem atrasar, de forma intensa, a evolução da alma, embora não possam inibir tal fenômeno moroncial, uma vez iniciado pelo Ajustador residente, com o consentimento da vontade da criatura. Entretanto, a qualquer momento, antes da morte física, essa mesma vontade humana e material tem o poder de romper com essa escolha e rejeitar a sobrevivência. Mesmo após a sobrevivência, o mortal ascendente ainda detém essa prerrogativa de escolher rejeitar a vida eterna; a qualquer tempo, antes da fusão com o Ajustador, a criatura ascendente e em evolução pode escolher abandonar a vontade do Pai do Paraíso. A fusão com o Ajustador assinala o fato de que o mortal ascendente escolheu, eternamente e sem reservas, cumprir o desejo do Pai.

Durante a vida na carne, a alma em evolução está capacitada a reforçar as decisões supramateriais da mente mortal. A alma, sendo supramaterial, não funciona por si mesma no nível material da experiência humana. Nem pode essa alma subespiritual, sem a colaboração de algum espírito da Deidade, como o Ajustador, por exemplo, funcionar acima do nível moroncial. A alma também não toma decisões finais, até que a morte ou o translado a separe da ligação material com a mente mortal; exceto quando essa mente material delegar, e da forma que delegar, tal autoridade, de livre e espontânea vontade, a essa alma moroncial de função interligada. Durante a vida, a vontade mortal, ou o poder de escolha-decisão da personalidade, reside nos circuitos da mente material; à medida que o crescimento mortal terrestre continua, esse eu, com os seus inestimáveis poderes de escolha, torna-se crescentemente identificado com a entidade da alma moroncial emergente; após a morte, e em seguida à ressurreição, nos mundos das mansões, a personalidade humana identifica-se completamente com o eu moroncial. A alma é, assim, o embrião do futuro veículo moroncial de identidade da personalidade.

Essa alma imortal, de início, é inteiramente moroncial na sua natureza, mas tem uma tal capacidade para o desenvolvimento, que invariavelmente ascende até os níveis verdadeiros do espírito nos valores para a fusão com os espíritos da Deidade; geralmente, com o mesmo espírito do Pai Universal, que iniciou esse fenômeno de criação na mente da criatura.

Ambos, a mente humana e o Ajustador divino, estão conscientes da presença e da natureza diferencial da alma em evolução: o Ajustador, inteiramente; a mente, parcialmente. A alma torna-se cada vez mais cônscia, tanto da mente quanto do Ajustador, como identidades relacionadas, proporcionalmente, ao seu próprio crescimento evolucionário. A alma compartilha das qualidades, tanto da mente humana quanto do espírito divino, mas evolui, persistentemente, na direção de um aumento do controle do espírito e do predomínio do divino, por meio da ação de fomentar uma função da mente, cujos significados tentam coordenar-se com os verdadeiros valores do espírito.

Na carreira mortal, a evolução da alma não é tanto uma provação, é mais uma educação. A fé na sobrevivência dos valores supremos é o cerne do ato religioso; a experiência religiosa genuína consiste na união dos valores supremos e dos significados cósmicos na compreensão da realidade universal.

A mente conhece a quantidade, a realidade e os significados. Contudo, a qualidade – os valores – é *sentida*. Quem sente é a criação mútua da mente, que conhece, e do espírito solidário, que a torna real.

Na mesma medida que a alma moroncial em evolução se torna permeada pela verdade, pela beleza e pela bondade, como valores da realização e compreensão da consciência de Deus, esse ser resultante torna-se indestrutível. Se não há sobrevivência de valores eternos na alma em evolução do homem, então a existência mortal não tem sentido, e a vida, em si mesma, é uma ilusão trágica. Todavia, para sempre é verdade: aquilo que começais no tempo, com certeza, ireis terminar na eternidade – se valer a pena terminar.

4. A VIDA INTERIOR

O reconhecimento é o processo intelectual de adequar as impressões sensoriais recebidas do mundo externo aos padrões de memória do indivíduo. A compreensão denota que essas impressões sensoriais reconhecidas e os seus padrões de memória associados tornaram-se integrados ou organizados numa rede dinâmica de princípios.

Os significados são derivados de uma combinação de reconhecimento e de compreensão. Os significados são inexistentes, num mundo unicamente sensorial ou material. Os significados e os valores são percebidos apenas nas esferas internas ou supramateriais da experiência humana.

Os avanços da verdadeira civilização nascem todos nesse mundo interior da humanidade. Apenas a vida interior é verdadeiramente criativa. A civilização dificilmente pode progredir quando a maioria dos jovens de qualquer geração devota os seus interesses e energias às buscas materialistas do mundo sensorial ou exterior.

O mundo interior e o mundo exterior têm um conjunto diferente de valores. Qualquer civilização está em perigo, quando três quartos da sua juventude aderem a profissões materialistas e devotam-se à busca de atividades sensoriais no mundo exterior. A civilização está em perigo, quando a juventude negligencia o seu interesse pela ética, a sociologia, a eugenia, a filosofia, as artes, a religião e a cosmologia.

Apenas nos níveis mais elevados da mente supraconsciente, à medida que esses níveis impõem-se ao Reino espiritual da experiência humana, podereis encontrar esses conceitos mais elevados, relacionados a modelos originais efetivos, que irão contribuir para a construção de uma civilização melhor e mais duradoura. A personalidade é, inerentemente, criativa; mas funciona como tal apenas na vida interior do indivíduo.

Os cristais de neve são sempre hexagonais, na forma; mas nunca dois deles são iguais. As crianças correspondem a tipos, mas não há duas exatamente iguais, mesmo no caso de gêmeos. A personalidade tem tipos, mas é sempre única.

A felicidade e a alegria têm origem na vida interior. Vós não podeis experimentar o regozijo verdadeiro completamente a sós. Uma vida solitária é fatal para a felicidade. Até mesmo as famílias e as nações desfrutarão mais da vida, se a compartilharem com os outros.

Vós não podeis controlar completamente o mundo externo – o meio ambiente. É a criatividade do mundo interior que deve estar mais sob o foco da vossa direção, pois para ela a vossa personalidade está amplamente liberada das algemas das leis da causação antecedente. Associada à personalidade, há uma soberania limitada da vontade.

Posto que a vida interior do homem seja verdadeiramente criativa, a responsabilidade de escolher se essa criatividade será espontânea e totalmente aleatória, ou se será controlada, dirigida e construtiva, cabe a cada pessoa. Como pode uma imaginação criativa produzir filhos dignos, quando o cenário onde funciona já está preenchido com preconceitos, ódio, medos, ressentimentos, vinganças e fanatismo?

As idéias podem ter origem nos estímulos do mundo exterior, mas os ideais nascem apenas nos reinos criadores do mundo interior. Hoje, as nações do mundo estão sendo dirigidas por homens que têm uma superabundância de idéias, mas grande pobreza de ideais. Essa é a explicação para a pobreza, o divórcio, a guerra e os ódios raciais.

Esta é a questão: se o homem, que tem o livre-arbítrio, é dotado dos poderes da criatividade, vindos do seu mundo interior, então devemos reconhecer que a criação, no livre-arbítrio, abrange também o potencial de escolha na destrutividade. E quando a criatividade volta-se para a destrutividade, estareis face a face com a devastação do mal e do pecado – a opressão, a guerra e a destruição. O mal é uma parcialidade da criatividade, que tende para a desintegração e a destruição final. Todo conflito é em si um mal, pelo que inibe da função criadora da vida interior – é uma espécie de guerra civil na personalidade.

A criatividade interior contribui para o enobrecimento do caráter, mediante a integração da personalidade e da unificação do eu. É sempre verdade: o passado é imutável; apenas o futuro pode ser modificado pelo ministério da criatividade presente do eu interno.

5. A CONSAGRAÇÃO DA ESCOLHA

Fazer a vontade de Deus é nada mais, nada menos do que uma demonstração da vontade da criatura de compartilhar a sua vida interior com Deus – com o mesmo Deus que tornou possível, para essa criatura, uma vida de valor com significado interior. Compartilhar é da natureza de Deus – é divino. Deus compartilha tudo com o Filho Eterno e com o Espírito Infinito, enquanto Estes, por sua vez, compartilham todas as coisas com os Filhos Criadores divinos e com as Filhas, os Espíritos Maternos dos universos.

A imitação de Deus é a chave da perfeição; fazer a Sua vontade é o segredo da sobrevivência e da perfeição na sobrevivência.

Os mortais vivem em Deus e, portanto, Deus tem querido viver nos mortais. Assim como os mortais se confiam a Deus, Ele também confiou – e antes – uma parte Dele próprio, para que ficasse dentro dos homens; Ele consentiu em viver nos homens e residir nos homens, sujeitando-Se à vontade humana.

A paz nesta vida, a sobrevivência na morte, a perfeição na próxima vida, o serviço na eternidade: tudo isso é realizado (em espírito) desde *agora*, quando a personalidade da criatura consente – escolhe – sujeitar a sua vontade de criatura à vontade do Pai. Pois o Pai já escolheu fazer com que um fragmento de Si próprio se sujeite à vontade da personalidade da criatura.

Tal escolha da criatura não é uma rendição da sua vontade. É uma consagração da vontade, uma expansão da vontade, uma glorificação da vontade, um perfeccionamento da vontade; e tal escolha eleva a vontade da criatura do nível da significância temporal ao estado mais elevado, em que a personalidade do filho-criatura comunga com a personalidade do Pai-espírito.

Essa escolha da vontade do Pai é o achado espiritual que o homem mortal tem, para ir ao encontro do Pai espiritual, ainda que idades no tempo devam passar antes que o filho-criatura possa de fato chegar à presença factual do Pai do Paraíso. Essa escolha não consiste tanto na negação da vontade da criatura – "Não a minha vontade, mas a Vossa, seja feita" – quanto consiste na afirmação positiva da criatura: "É da *minha* vontade que a *Vossa* vontade seja feita". E se essa escolha é feita, mais cedo ou mais tarde, o filho que optou por escolher Deus irá encontrar a união interna (a fusão) com o fragmento residente de Deus, enquanto esse mesmo filho em perfeccionamento encontrará a suprema satisfação para a personalidade, na comunhão de adoração entre a personalidade do homem e a personalidade do seu Criador; duas personalidades cujos atributos criativos juntaram-se eternamente, numa mutualidade de expressão voluntária – para o nascimento de uma outra parceria eterna da vontade do homem com a vontade de Deus.

6. O PARADOXO HUMANO

Muitos dos problemas temporais do homem mortal advêm da sua relação dupla com o cosmo. O homem é parte da natureza – existe na natureza – e, ao mesmo tempo, é capaz de transcender à natureza. O homem é finito; todavia, no seu interior reside uma faísca da infinitude. E essa situação dual proporciona não apenas um potencial para o mal, mas também engendra muitas situações sociais e morais carregadas de grande incerteza e de uma ansiedade considerável.

A coragem requerida para efetivar a conquista da natureza e para transcender ao próprio eu é uma coragem que poderia sucumbir diante das tentações do orgulho de si próprio. O mortal que pode transcender a si próprio poderia render-se à tentação de deificar a sua própria autoconsciência. O dilema mortal consiste no fato duplo de que o homem está atrelado à natureza, enquanto, ao mesmo tempo, possui uma liberdade única – a liberdade da escolha e ação espirituais. Nos níveis materiais, o homem encontra-se em estado de subserviência à natureza, enquanto, nos níveis espirituais, ele é triunfante sobre a natureza e sobre todas as coisas temporais e finitas. Tal paradoxo é inseparável da tentação, do mal potencial e erros decisórios; e, quando o ego torna-se orgulhoso e arrogante, o pecado pode evoluir.

O problema do pecado não existe por si só no mundo finito. O fato da finitude não é mau, nem pecaminoso. O mundo finito foi feito por um Criador infinito – é a obra da mão dos Seus Filhos divinos – e, portanto, deve ser *bom*. É o uso errôneo, a distorção e a deturpação do finito que dão origem ao mal e ao pecado.

O espírito pode dominar a mente; e assim, pois, a mente pode controlar a energia. Contudo, a mente só pode controlar a energia por meio da própria manipulação inteligente dos potenciais metamórficos inerentes ao nível matemático das causas e efeitos, nos domínios físicos. A mente da criatura não controla a energia inerentemente; essa é uma prerrogativa da Deidade. Todavia, a mente da criatura pode manipular a energia; e faz isso, na medida em que se torna mestra nos segredos da energia do universo físico.

Quando o homem quer modificar a realidade física, seja nele mesmo ou no meio ambiente, ele tem êxito apenas na proporção em que haja descoberto os modos e os meios de controlar a matéria e dirigir a energia. A mente sem assistência é impotente para influir sobre o mundo material, exceto sobre o próprio mecanismo físico ao qual ela está inseparavelmente vinculada. No entanto, pelo uso inteligente do mecanismo do corpo, a mente pode criar outros mecanismos e mesmo relações energéticas e relações vivas, com a utilização das quais essa mente pode controlar crescentemente e até dominar o seu nível físico no universo.

A ciência é a fonte dos fatos, e a mente não pode operar sem fatos. Os fatos estão edificando blocos, na construção da sabedoria, que vão sendo cimentados um ao lado do outro na experiência da vida. O homem pode alcançar o amor de Deus sem fatos, e pode descobrir as leis de Deus sem amor; mas o homem não pode começar a apreciar a simetria infinita, a harmonia superna, a excelsa plenitude da natureza todo-inclusiva da Primeira Fonte e Centro, sem antes haver encontrado a lei divina e o amor divino e sem antes havê-los experiencialmente unificado na sua própria filosofia evolutiva cósmica.

A expansão do conhecimento material permite uma maior apreciação intelectual dos significados das idéias e dos valores dos ideais. Um ser humano pode encontrar a verdade na sua experiência interior, mas ele necessita de um conhecimento claro dos fatos para aplicar a sua descoberta pessoal da verdade às demandas implacavelmente práticas da vida diária.

Nada é mais natural do que o homem mortal ser assediado por sentimentos de insegurança, quando se vê inextricavelmente atado à natureza, apesar de possuir poderes espirituais plenamente transcendentes a todas as coisas temporais e finitas. Somente a confiança religiosa – a fé viva – pode sustentar o homem em meio a problemas tão difíceis e de tamanha perplexidade.

De todos os perigos que cerceiam a natureza mortal do homem e que ameaçam a sua integridade espiritual, o orgulho é o maior. A coragem é de muita valia, mas o egocentrismo é vangloriador e suicida. Uma autoconfiança razoável não é de se deplorar. A capacidade do homem de transcender a si próprio é uma coisa que o distingue do reino animal.

O orgulho é enganoso, intoxicante e alimentador do pecado; é causador de decepções tanto para o indivíduo, quanto para um grupo, uma raça ou uma nação. É literalmente verdade que "o orgulho vem antes da queda".

7. O PROBLEMA DO AJUSTADOR

A essência da aventura do Paraíso é a incerteza com segurança – incerteza no tempo e na mente, incerteza quanto aos eventos do descortinar-se da ascensão até o Paraíso–; e segurança no espírito e na eternidade, segurança na confiança incondicional de filho-criatura, na compaixão divina e no amor infinito do Pai Universal; incerteza por sermos cidadãos inexperientes do universo; segurança por sermos filhos ascendentes até as mansões do universo de um Pai Todo-Poderoso, onisciente e todo-amoroso.

Poderia eu aconselhar-vos a atender ao eco distante do apelo fiel do Ajustador à vossa alma? O Ajustador residente não pode parar, nem mesmo alterar materialmente a vossa luta, na carreira do tempo; o Ajustador não pode amenizar as durezas da vida, enquanto atravessais este mundo de trabalho extenuante. O residente divino pode apenas refrear-se, pacientemente, enquanto lutais na batalha da vida, como é vivida no vosso planeta; mas vós podeis, se quiserdes – enquanto trabalhais, lutais e suais –, permitir que o valente Ajustador lute convosco e para vós. Podeis, desse modo, ser confortados e inspirados, seduzidos e cativados, se apenas permitirdes ao Ajustador que ele constantemente vos mostre e ilustre os motivos reais, o objetivo final e o propósito eterno de toda essa difícil luta, montanha acima, contra os problemas banais do vosso mundo material atual.

Por que não ajudar o Ajustador na tarefa de mostrar-vos a contraparte espiritual de todos esses esforços materiais extenuantes? Por que não permitir ao Ajustador que vos fortaleça, com as verdades espirituais do poder cósmico, enquanto estais lutando corpo-a-corpo com as dificuldades temporais da existência de criatura? Por que não encorajar o ajudante celeste a vos alegrar, com a visão clara de um enfoque eterno da vida universal, enquanto estais meio cegos, na perplexidade dos problemas da hora presente? Por que vos recusais a ser esclarecidos e inspirados, pelo ponto de vista universal, enquanto vos debateis contra os obstáculos do tempo e vos afogais na névoa das incertezas que assediam a vossa jornada na vida mortal? Por que não permitir ao Ajustador espiritualizar o vosso modo de pensar, ainda que os vossos pés devam continuar pisando nas rotas materiais dos empreendimentos terrestres?

As raças humanas mais elevadas de Urântia foram miscigenadas de forma complexa; são uma mistura de muitos componentes raciais e de genes com origens diferentes. Essa natureza composta dificulta excessivamente a eficiência do trabalho dos Monitores, durante a vida, e aumenta definitivamente os problemas, tanto do Ajustador quanto do serafim guardião, após a morte. Não faz muito tempo, estive em Sálvington e escutei um guardião do destino apresentando uma declaração formal, como atenuação das dificuldades do ministério ao seu sujeito mortal. Esse serafim dizia:

"Muito da minha dificuldade deveu-se ao conflito interminável entre as duas naturezas do meu sujeito: a urgência da ambição, em oposição à indolência animal; os ideais de um povo superior, trespassados pelos instintos de uma raça inferior; os altos propósitos de uma grande mente, antagonizados pelo impulso de uma hereditariedade primitiva; a visão ampla de um Monitor perspicaz, contrafeita pela visão estreita de uma criatura do tempo; os planos progressivos de um ser em ascensão, modificados pelos desejos e aspirações de uma natureza material; os lampejos da inteligência universal, cancelados pelos comandos da energia química da raça em evolução; o impulso angélico, em oposição às emoções de um animal; o aperfeiçoamento de um intelecto, anulado pelas tendências do instinto; a experiência do indivíduo, em oposição às propensões acumuladas da raça; as aspirações ao que há de melhor, sendo obliteradas pela inconstância do pior; o vôo do gênio, neutralizado pelo peso da mediocridade; o progresso do bom, retardado pela inércia do mau; a arte da beleza, manchada pela presença do mal; a pujança da saúde, neutralizada pela debilidade da doença; a fonte da fé, poluída pelos venenos do medo; o manancial da alegria, amargurado pelas águas da dor; a felicidade da antecipação, desiludida pela amargura da realização; as alegrias da vida, sempre ameaçadas pelas dores da morte. Tal é a vida neste planeta! E ainda assim, por causa da ajuda e do impulso sempre presente do Ajustador do Pensamento, essa alma alcançou um nível razoável de felicidade e êxito e ainda agora ascendeu aos salões de julgamento de mansônia".

[Apresentado por um Mensageiro Solitário de Orvônton.]

DOCUMENTO 112

A SOBREVIVÊNCIA DA PERSONALIDADE

OS planetas evolucionários são as esferas da origem humana, os mundos iniciais da carreira mortal ascendente. Urântia é o vosso ponto de partida; aqui vós e o vosso Ajustador do Pensamento divino estais juntos em união temporal. Vós recebestes a dádiva de um guia perfeito; portanto, se percorrerdes a corrida do tempo com sinceridade e ganhardes a meta final da fé, a recompensa das idades será vossa; estareis eternamente unidos ao vosso Ajustador residente. E então começará a vossa vida real, a vida ascendente para a qual o vosso presente estado não é senão o vestíbulo. Logo começará a vossa elevada e progressiva missão, como finalitores, na eternidade que se descortina diante de vós. E, passando por todas essas sucessivas idades e estágios de crescimento evolucionário, há uma parte de vós que permanece absolutamente inalterada; e essa é a personalidade – a permanência, na presença da mudança.

Ainda que seja presunçoso ensaiar uma definição de personalidade, pode ser útil enunciar algumas entre as coisas que são conhecidas sobre a personalidade:

1. A personalidade é aquela qualidade da realidade que é outorgada pelo Pai Universal, Ele próprio, ou pelo Agente Conjunto, atuando em nome do Pai.

2. Ela pode ser conferida a qualquer sistema vivo de energia que inclua mente ou espírito.

3. Ela não está totalmente sujeita às algemas da causação antecedente. Ela é relativamente criadora ou co-criadora.

4. Quando conferida a criaturas materiais evolucionárias, ela leva o espírito a esforçar-se pela mestria sobre a matéria-energia, por meio da mediação da mente.

5. A personalidade, embora desprovida de identidade, pode unificar a identidade de qualquer sistema vivo de energia.

6. Ela tem apenas respostas qualitativas ao circuito da personalidade, em contraste com as três energias que demonstram sensibilidade, tanto qualitativa quanto quantitativa, à gravitação.

7. A personalidade é imutável na presença da mudança.

8. Ela pode proporcionar uma dádiva a Deus – a dedicação, por livre escolha, de fazer a vontade de Deus.

9. Ela é caracterizada pela moralidade – a consciência da relatividade no relacionamento com outras pessoas. Ela discerne níveis de conduta e opta discriminadamente entre eles.

10. A personalidade é única, absolutamente única: Ela é única no tempo e no espaço; é única na eternidade e no Paraíso; é única quando outorgada – não há

duplicatas –; é única durante cada momento da existência; e é única em relação a Deus – Ele não faz acepção de pessoas e também Ele não as soma entre si, pois elas não são somáveis – são associáveis, mas não totalizáveis.

11. A personalidade é diretamente sensível à presença de uma outra personalidade.

12. Ela é algo que pode ser acrescentado ao espírito, ilustrando, assim, a primazia do Pai em relação ao Filho. (Não há necessidade de adicionar-se mente ao espírito.)

13. A personalidade pode sobreviver depois do fim mortal, com a identidade da alma sobrevivente. O Ajustador e a personalidade são imutáveis; a relação entre eles (na alma) não é nada senão a mudança, de evolução contínua; e se essa mudança (o crescimento) cessasse, a alma cessaria.

14. A personalidade tem uma consciência singular do tempo, que é um tanto diferente da percepção que a mente ou o espírito têm do tempo.

1. A PERSONALIDADE E A REALIDADE

A personalidade é outorgada pelo Pai Universal às Suas criaturas como um dom potencialmente eterno. Essa dádiva divina destina-se a funcionar em inúmeros níveis e em situações sucessivas no universo, que variam do finito mais baixo ao mais alto absonito, indo mesmo aos limites do absoluto. A personalidade, assim, atua em três planos cósmicos, ou em três fases do universo:

1. *Estado de posição*. A personalidade funciona com igual eficiência, seja no universo local, seja no superuniverso, seja no universo central.

2. *Estado de significação*. A personalidade atua efetivamente nos níveis do finito e do absonito, e mesmo naquilo que se impinge ao absoluto.

3. *Estado de valor*. A personalidade pode realizar-se experiencialmente nos reinos progressivos do material, do moroncial e do espiritual.

A personalidade tem um campo perfeccionado de atuação cósmica dimensional. As dimensões da personalidade finita são três e, grosso modo, funcionam como é colocado a seguir:

1. O *comprimento* representa a direção e a natureza da progressão – o movimento no espaço e de acordo com o tempo –, a evolução.

2. A *profundidade* vertical abrange os impulsos e atitudes do organismo, os vários níveis de auto-realização e o fenômeno geral de reação ao meio ambiente.

3. A *largura* abrange o domínio da coordenação, da associação e da organização do eu.

O tipo de personalidade conferido aos mortais de Urântia tem uma potencialidade de sete dimensões de auto-expressão ou de realização pessoal. Desses fenômenos dimensionais, três são compreensíveis-realizáveis no nível finito, três no nível absonito e um no nível absoluto. Em níveis subabsolutos, essa sétima dimensão, ou a da totalidade, é experienciável como *fato* da personalidade. Essa suprema dimensão é um absoluto associável e, ainda que não infinito, é dimensionalmente um potencial que permite uma penetração subinfinita do absoluto.

As dimensões finitas da personalidade têm a ver com as dimensões cósmicas do comprimento, da profundidade e da largura. O comprimento corresponde ao significado; a profundidade significa valor; a largura abrange o discernimento interior – a capacidade de experimentar uma consciência indubitável da realidade cósmica.

No nível moroncial, todas essas dimensões finitas do nível material ficam muito ampliadas, e certos valores dimensionais novos são integrados. Todas essas experiências dimensionais ampliadas do nível moroncial estão maravilhosamente articuladas com a dimensão suprema, ou a dimensão da personalidade, por meio da influência da mota e também por causa da contribuição das matemáticas moronciais.

Muitos dos problemas experienciados pelos mortais no seu estudo da personalidade humana poderiam ser evitados, se a criatura finita se lembrasse de que os níveis dimensionais e os níveis espirituais não estão coordenados na compreensão-realização experiencial da personalidade.

A vida realmente é um processo que ocorre entre o organismo (a individualidade) e o seu meio ambiente. A personalidade atribui valor de identidade e significados de continuidade a essa associação organismo-ambiente. Assim, será reconhecido que o fenômeno de estímulo-resposta não é um mero processo mecânico, pois a personalidade funciona como um fator na situação total. É sempre verdade que os mecanismos são inatamente passivos; e os organismos, inerentemente ativos.

A vida física é um processo que tem lugar, não tanto dentro do organismo, mas antes *entre* o organismo e o ambiente. Cada um desses processos tende a criar e estabelecer modelos de reação do organismo a esse ambiente. E todos esses *modelos diretivos* são altamente influenciadores na seleção de metas.

É por meio da intermediação da mente que o eu e o ambiente estabelecem um contato significativo. A habilidade e a disposição do organismo para fazer esses contatos significantes com o ambiente (a resposta a um estímulo) representam a *atitude* de toda a personalidade.

A personalidade não pode atuar bem em isolamento. O homem é inatamente uma criatura social; ele é dominado pela aspiração de pertencer. E é literalmente verdade que "nenhum homem vive para si próprio".

Contudo, o conceito da personalidade, com o sentido do todo da criatura viva e em funcionamento, significa muito mais do que a integração das relações; significa a *unificação* de todos os fatores de realidade, bem como a coordenação das relações. As relações existem entre dois objetos, mas três ou mais objetos formam e explicitam um *sistema*; e tal sistema é muito mais do que apenas uma relação ampliada, ou tornada complexa. Essa diferenciação é vital, porque, num sistema cósmico, os membros individuais não estão conectados uns com os outros, mas estão numa relação com o todo, e mediante a individualidade do todo.

No organismo humano, a soma das suas partes constitui o eu – a individualidade –, mas esse processo não tem nada a ver com a personalidade, que é a unificadora de todos esses fatores relacionados às realidades cósmicas.

Nas agregações, as partes estão adicionadas; nos sistemas, as partes estão *arranjadas*. Os sistemas são significativos por causa da organização – os valores posicionais. Num bom sistema, todos os fatores estão em posição cósmica. Em um mau sistema, algo ou está faltando ou está fora do lugar – em desarranjo. No sistema humano, é a personalidade que unifica todas as atividades e que, por sua vez, lhes confere as qualidades de identidade e de criatividade.

2. O EU

Ao estudar o eu, seria útil lembrar:

1. Que os sistemas físicos são subordinados.
2. Que os sistemas intelectuais são coordenadores.
3. Que a personalidade é supra-ordenadora.

4. Que a força espiritual residente é potencialmente diretiva.

Em todos os conceitos da individualidade do eu, deveria ser reconhecido que a realidade da vida vem primeiro, a sua avaliação ou interpretação, depois. O filho humano primeiro *vive* e depois *pensa* sobre o seu viver. Na economia cósmica, o discernimento interior precede à previsão.

O fato universal de Deus tornando-se homem mudou para sempre todos os significados e alterou todos os valores da personalidade humana. Pelo verdadeiro significado da palavra, o amor denota respeito mútuo de personalidades inteiras, sejam humanas ou divinas, ou humanas *e* divinas. Partes do eu podem funcionar de inúmeros modos – pensando, sentindo, desejando –, mas apenas os atributos coordenados da personalidade total ficam focalizados na ação inteligente; e todos esses poderes ficam associados ao dom espiritual da mente mortal, quando, sincera e altruisticamente, um ser humano ama um outro ser humano ou divino.

Todos os conceitos mortais de realidade baseiam-se na suposição da existência real da personalidade humana; todos os conceitos de realidades supra-humanas são baseados na experiência da personalidade humana com e nas realidades cósmicas de certas entidades espirituais e de personalidades divinas interligadas. Tudo o que é não-espiritual na experiência humana, à exceção da personalidade, é um meio para um fim. Toda relação verdadeira do homem mortal com outras pessoas – humanas ou divinas – é um fim em si mesma. E um tal companheirismo com a personalidade da Deidade é a meta eterna da ascensão no universo.

A posse de personalidade identifica o homem como um ser espiritual, posto que a unidade do eu e a autoconsciência da personalidade são dons do mundo supra-material. O fato mesmo de que um mortal materialista pode negar a existência de realidades supramateriais, em si e por si, demonstra e indica a presença e o trabalho da síntese do espírito e da consciência cósmica na sua mente humana.

Existe um grande abismo cósmico entre a matéria e o pensamento, e esse abismo é incomensuravelmente maior entre a mente material e o amor espiritual. A consciência não pode ser explicada, e a consciência de si, menos ainda, por qualquer teoria de associação eletrônica mecanicista ou por fenômenos materialistas de energia.

Enquanto a mente persegue a realidade até a sua análise última, a matéria escapa aos sentidos materiais, mas pode ainda permanecer real para a mente. Quando o discernimento espiritual persegue essa realidade que permanece depois do desaparecimento da matéria, e a persegue até uma última análise, ela desaparece para a mente, mas o discernimento do espírito pode ainda perceber as realidades cósmicas e os valores supremos de uma natureza espiritual. Da mesma forma, a ciência dá lugar à filosofia, enquanto a filosofia deve render-se às conclusões inerentes à genuína experiência espiritual. O pensar rende-se à sabedoria, e a sabedoria dissolve-se na adoração iluminada e reflexiva.

Na ciência, o eu humano observa o mundo material; a filosofia é a observação dessa observação do mundo material; a religião, a verdadeira experiência espiritual, é a compreensão experiencial da realidade cósmica dessa observação da observação de toda essa síntese relativa dos materiais energéticos do tempo e do espaço. Construir uma filosofia do universo na base exclusiva do materialismo é ignorar o fato de que todas as coisas materiais são inicialmente concebidas como reais na experiência da consciência humana. O observador não pode ser a coisa observada; a avaliação demanda algum grau de transcendência em relação à coisa que está sendo avaliada.

No tempo, o pensar conduz à sabedoria, e a sabedoria leva à adoração; na eternidade, a adoração conduz à sabedoria, e a sabedoria manifesta-se gerando a finalidade de pensamento.

A possibilidade de unificação do eu em evolução é inerente às qualidades dos seus fatores constituintes: as energias básicas, as contexturas mestras, o supercontole químico básico, as idéias supremas, os motivos supremos, as metas supremas e a outorga do espírito divino do Paraíso – o segredo da autoconsciência da natureza espiritual do homem.

O propósito da evolução cósmica é conseguir a unidade da personalidade, por meio da predominância crescente do espírito, que é a resposta da vontade ao ensinamento e ao guiamento do Ajustador do Pensamento. A personalidade, tanto a humana quanto a supra-humana, é caracterizada por uma qualidade cósmica inerente, que pode ser chamada "a evolução da predominância", que é a expansão do controle tanto de si mesma quanto do seu ambiente.

Uma personalidade ascendente, de origem humana, passa por duas grandes fases, no universo, de predominância volitiva sobre o eu:

1. A experiência pré-finalitora, ou buscadora de Deus, que é a experiência de compreensão e de aumento da auto-realização, por meio de uma técnica de expansão da identidade e da sua factualização, juntamente com a solução do problema cósmico e a conseqüente mestria sobre o universo.

2. A experiência pós-finalitora, ou reveladora de Deus, que é a experiência da expansão criadora da compreensão-realização de si próprio por meio da revelação do Ser Supremo experiencial, para as inteligências buscadoras de Deus e que ainda não atingiram os níveis divinos de semelhança com Deus.

As personalidades descendentes alcançam experiências análogas por meio das suas várias aventuras no universo, na medida em que elas buscam o aumento da capacidade de determinar com certeza e de executar as vontades divinas das Deidades Suprema, Última e Absoluta.

O eu material, a entidade-ego da identidade humana, durante a vida física, depende da função continuada do veículo da vida material, da existência contínua do equilíbrio instável entre as energias e o intelecto, que, em Urântia, recebeu o nome de *vida*. Contudo, o eu de valor para a sobrevivência, o eu que pode transcender à experiência da morte só evolui com o estabelecimento de um transferidor potencial da sede da identidade da personalidade em evolução, que transfira do veículo transitório da vida – o corpo material – para a natureza mais duradoura e imortal da alma moroncial e, ainda mais adiante, que transfira a identidade para aqueles níveis em que a alma se torne infusa da realidade do espírito, e finalmente atinja o status de uma realidade espiritual. Essa transferência das ligações materiais para a identificação moroncial é efetuada, de fato, na sinceridade, persistência e na firmeza da decisão, tomada pela criatura humana, de buscar a Deus.

3. O FENÔMENO DA MORTE

Em geral, os urantianos reconhecem apenas uma espécie de morte: a cessação física das energias da vida. No entanto, no que concerne à sobrevivência da personalidade, há realmente três tipos de morte:

1. *A morte espiritual (da alma).* Se e quando o homem mortal finalmente rejeitar a sobrevivência, quando ele houver sido pronunciado espiritualmente insolvente, moroncialmente em bancarrota, na opinião conjunta do Ajustador e do serafim sobrevivente, quando esse conselho coordenado houver sido registrado em Uversa e após os Censores e os seus colaboradores reflectivos haverem verificado essas conclusões, então os governantes de Orvônton ordenam a imediata liberação do Monitor residente. Todavia, essa liberação do Ajustador de nenhum modo afeta

os deveres do serafim pessoal, ou grupal, ligado àquele indivíduo abandonado pelo Ajustador. Essa espécie de morte é final no seu significado, a despeito de uma temporária continuação das energias de vida dos mecanismos físicos e mentais. Do ponto de vista cósmico, o mortal já está morto; a vida em continuação indica meramente a persistência do impulso material das energias cósmicas.

2. *A morte mental (ou intelectual, ou da mente)*. Quando os circuitos vitais da ministração ajudante mais elevada são interrompidos, por meio de aberrações do intelecto ou por causa de uma destruição parcial do mecanismo do cérebro; e, se essas condições ultrapassarem certo ponto crítico de irreparabilidade, o Ajustador residente é imediatamente liberado para partir para Divínington. Nos registros do universo, uma personalidade mortal é considerada como tendo encontrado a morte quando os circuitos mentais essenciais da vontade-ação humana tiverem sido destruídos. E, novamente, isso é morte, a despeito da continuação de funções do mecanismo vivo do corpo físico. O corpo, sem a mente volitiva, não mais é humano; no entanto, de acordo com a escolha anterior dessa vontade humana, a alma de tal indivíduo pode sobreviver.

3. *A morte física (do corpo e da mente)*. Quando a morte colhe um ser humano, o Ajustador permanece na cidadela da mente até que cesse a sua função como mecanismo inteligente; mais ou menos no momento em que as energias mensuráveis do cérebro cessam as suas pulsações vitais rítmicas. Em seguida a essa dissolução, o Ajustador deixa a mente em desvanecimento, de um modo tão pouco cerimonioso quanto, anos antes, dera entrada nela; seguindo logo para Divínington passando por Uversa.

Após a morte, o corpo material retorna ao mundo elementar do qual ele proveio, mas perduram dois fatores não-materiais da personalidade sobrevivente: o Ajustador do Pensamento preexistente, levando consigo a transcrição da memória da carreira mortal, e que se dirige para Divínington; e, perdura também, sob a custódia do guardião do destino, a alma imortal moroncial do humano falecido. Esses componentes, fases e formas da alma, esses que foram fórmulas cinéticas e que agora são fórmulas estáticas da identidade, são essenciais à repersonalização nos mundos moronciais. E é a reunião do Ajustador e da alma o que reconstitui a personalidade sobrevivente; e que vos reconscientiza no momento do despertar moroncial.

Para aqueles que não têm guardiães seráficos pessoais, os custódios grupais fazem, fiel e eficazmente, o mesmo serviço de salvaguarda da identidade e de ressurreição da personalidade. Os serafins são indispensáveis à reconstituição da personalidade.

Com a morte, o Ajustador do Pensamento perde temporariamente a personalidade, mas não a identidade; o sujeito humano temporariamente perde a identidade, mas não a personalidade; nos mundos das mansões, ambos reúnem-se em uma manifestação eterna. Um Ajustador que tenha partido da Terra nunca retorna para cá com o ser residido anteriormente; nunca a personalidade se manifesta sem a vontade humana; e nunca um ser humano, separado do seu Ajustador, depois da morte, manifesta identidade ativa ou de qualquer maneira estabelece comunicação com os seres vivos da Terra. Separadas dos seus Ajustadores, essas almas permanecem, total e absolutamente, inconscientes durante o longo ou curto sono da morte. Não pode haver nenhuma demonstração, de nenhuma espécie de personalidade, nem existir nada capaz de entrar em comunicação com outras personalidades, até depois de se completar a sobrevivência. Àqueles que vão para os mundos das mansões não lhes é permitido enviar mensagens de volta aos seus seres queridos. A política de todos os universos é proibir tal comunicação durante o período de uma dispensação corrente.

4. OS AJUSTADORES APÓS A MORTE

Quando ocorre a morte de uma natureza material, intelectual ou espiritual, o Ajustador despede-se do hospedeiro mortal e dirige-se para Divínington. Das sedes-centrais do universo local e do superuniverso, um contato refletivo é feito com os supervisores de ambos os governos, e o Monitor é registrado pelo mesmo número com que deu entrada nos domínios do tempo.

De algum modo, ainda não inteiramente entendido, os Censores Universais são capazes de ter a posse de um epítome da vida humana, tal qual está incorporado na transcrição duplicada do Ajustador dos valores espirituais e dos significados mo-ronciais da mente residida. Os Censores são capazes de se apropriar da versão que o Ajustador tem, do caráter sobrevivente e das qualidades espirituais do humano falecido, e, todos esses dados, junto com os registros seráficos, estão disponíveis para apresentação, no momento do julgamento do indivíduo em questão. Essa infor-mação é também utilizada para confirmar aqueles mandados do superuniverso que tornam possível a certos seres ascendentes começar imediatamente as suas carreiras moronciais, e esses seres ascendentes, após acontecer a sua dissolução mortal, pros-seguem até os mundos das mansões antes do término formal de uma dispensação planetária.

Depois da morte física, exceto nos casos de indivíduos trasladados de entre os vivos, o Ajustador liberado vai imediatamente para a esfera do seu lar em Divínington. Os detalhes do que se passa em Divínington, durante o tempo de espera pelo reaparecimento do mortal sobrevivente, dependem principalmente de se aquele ser humano ascenderá aos mundos das mansões por seu próprio direito individual, ou se deve esperar por um chamado dispensacional dos sobreviventes adormecidos de uma idade planetária.

Se tal mortal pertence a um grupo que será repersonalizado no fim de uma dis-pensação, o seu Ajustador solidário não retornará imediatamente ao mundo das mansões do sistema prévio de serviço, mas, de acordo com a escolha, entrará numa das seguintes atribuições temporárias:

1. Incorpora-se às fileiras dos Monitores desaparecidos, para serviço não revelado.

2. É designado, por um período, para observar o regime do Paraíso.

3. É incorporado a uma das muitas escolas de aperfeiçoamento de Divínington.

4. Permanece, por um período, como estudante observador em uma das outras seis esferas sagradas que constituem o circuito do Pai, nos mundos do Paraíso.

5. É designado para o serviço de mensageiros dos Ajustadores Personalizados.

6. Torna-se um instrutor, vinculado às escolas de Divínington dedicadas ao aperfeiçoamento de Monitores pertencentes ao grupo virgem.

7. Encarrega-se de selecionar um grupo de mundos possíveis, nos quais poderá servir, no caso de haver causa razoável para acreditar que o seu parceiro humano possa haver rejeitado a sobrevivência.

Se vós, quando a morte vos colher, houverdes alcançado o terceiro círculo ou um domínio mais elevado e se, portanto, tiverdes, já designado para vós, um guar-dião pessoal de destino, e se a transcrição final do sumário do caráter sobrevivente, submetida pelo Ajustador, for incondicionalmente certificada pelo guardião do des-tino – se ambos, o serafim e o Ajustador, essencialmente, concordarem em todos os itens dos seus registros de vida e recomendações –, se os Censores Universais e os seus colaboradores de reflexão, em Uversa, confirmarem esses dados e se o fizerem sem equívoco ou reservas, nesse caso, os Anciães dos Dias enviam um mandado de posição avançada, pelos circuitos de comunicação de Sálvington, e, uma vez assim autorizados, os tribunais do Soberano de Nébadon poderão decretar a passagem imediata da alma sobrevivente para as salas de ressurreição dos mundos das mansões.

Se o indivíduo humano tem sobrevivência imediata, assim eu fui instruído, o Ajustador registra-se em Divínington, continua até a presença do Pai Universal no Paraíso, retorna imediatamente e é abraçado pelos Ajustadores Personalizados do superuniverso e do universo local da sua atribuição, recebe o reconhecimento do Monitor Personalizado Dirigente de Divínington e então, imediatamente, passa à "realização da transição de identidade", sendo convocado ao terceiro período para o mundo das mansões, na forma real da sua personalidade, assim preparada para receber a alma sobrevivente do mortal terrestre, do modo como essa forma foi projetada pelo guardião do destino.

5. A SOBREVIVÊNCIA DO EU HUMANO

O eu é uma realidade cósmica, seja ele material, moroncial ou espiritual. A realidade do *pessoal* é um dom do Pai Universal, que atua por si próprio ou por intermédio das Suas agências múltiplas no universo. Dizer que um ser é pessoal é reconhecer a relativa individualização de tal ser dentro do organismo cósmico. O cosmo vivo é uma agregação de unidades reais, nada mais do que infinita e totalmente integradas, todas as quais estão relativamente sujeitas ao destino do todo. Contudo, as que são pessoais foram dotadas com a escolha factual de uma aceitação do destino, ou de uma rejeição do destino.

O que provém do Pai é eterno como o Pai, e isso é também certo para a personalidade que Deus dá, por escolha do Seu próprio livre-arbítrio, como é o caso do Ajustador do Pensamento divino, o fragmento real de Deus. A personalidade do homem é eterna, mas, com respeito à identidade, ela é uma realidade eterna condicionada. Tendo surgido em resposta à vontade do Pai, a personalidade atingirá o seu destino até a Deidade, mas o homem deve escolher se ele estará ou não presente à realização desse destino. Na falta de tal escolha, a personalidade alcança a Deidade experiencial diretamente, tornando-se uma parte do Ser Supremo. O ciclo está predeterminado, mas a participação do homem nele é opcional, pessoal e experiencial.

A identidade do mortal é uma condição de vida-tempo transitória no universo; ela é real apenas na medida em que a personalidade escolheu tornar-se um fenômeno de continuidade no universo. A diferença essencial entre o homem e um sistema de energia é esta: o sistema de energia deve continuar, não tem escolha; mas o homem tem tudo a ver com a determinação do seu próprio destino. O Ajustador é verdadeiramente o caminho ao Paraíso, mas o homem deve, por si mesmo, seguir esse caminho, por decisão própria, por escolha do seu livre-arbítrio.

Os seres humanos possuem identidade apenas no sentido material. Essas qualidades do eu são expressas pela mente material, enquanto ela funciona no sistema de energia do intelecto. Quando se diz que o homem tem identidade, reconhece-se que ele está de posse de um circuito de mente que foi colocado em subordinação aos atos e à escolha da vontade da personalidade humana. No entanto, essa é uma manifestação material e puramente temporária, exatamente como o embrião humano é um estágio parasitário transitório da vida humana. Os seres humanos, dentro de uma perspectiva cósmica, nascem, vivem e morrem num instante relativo de tempo; eles não perduram. Contudo, a personalidade mortal, por sua própria escolha, possui o poder de transferir o seu assento de identidade, do sistema temporário do intelectomaterial, para o sistema mais elevado da alma moroncial, que, em associação com o Ajustador do Pensamento, é criado como um veículo novo para a manifestação da personalidade.

E esse mesmo poder de escolha é a insígnia universal de que o homem é uma criatura com livre-arbítrio, o que constitui a grande oportunidade do homem e a sua responsabilidade cósmica suprema. O destino eterno do futuro finalitor depende da integridade da vontade humana; o Ajustador divino depende da sinceridade do livre-arbítrio, do mortal, para ter personalidade eterna; da fidelidade da escolha do mortal, o Pai Universal depende, para a realização-concretização de um novo filho ascendente; da firmeza e da sabedoria dessas decisões-ações, o Ser Supremo depende para transformar a experiência da evolução em um fato real.

Conquanto os círculos cósmicos do crescimento da personalidade devam finalmente ser atingidos, caso os acidentes do tempo e os obstáculos da existência material impeçam, não por vossa falta, que alcanceis a mestria sobre esses níveis no vosso planeta nativo, se as vossas intenções e desejos forem de valor para a sobrevivência, emitir-se-á a decretação de uma extensão do período de prova. Ser-vos-á dado um tempo adicional no qual vós vos comprovareis.

Quando houver dúvida quanto à aconselhabilidade do avanço de uma identidade humana até os mundos das mansões, os governos do universo determinam, invariavelmente, de acordo com os interesses pessoais daquele indivíduo, e, sem hesitação, fazem avançar tal alma até um status de transição do ser, enquanto eles continuam com as suas observações do intento moroncial nascente e do propósito espiritual. Desse modo, a justiça divina assegura-se de estar sendo cumprida, e à misericórdia divina é conferida uma oportunidade a mais de estender a sua ministração.

Os governos de Orvônton e Nébadon não proclamam a absoluta perfeição de funcionamento minucioso do plano universal de repersonalização do mortal, mas sustentam, sim, manifestar paciência, tolerância, compreensão e compaixão misericordiosa; e tudo isso eles realmente fazem. Seria preferível assumir o risco de uma rebelião sistêmica a arcar com o perigo de privar um mortal esforçado, vindo de qualquer mundo evolucionário, de continuar a sua luta até o eterno regozijo de perseguir a carreira ascensional.

Isso não quer absolutamente dizer que os seres humanos hão de desfrutar de uma segunda oportunidade, em face da rejeição da primeira; de fato, não. Significa, porém, que todas as criaturas de vontade devem experienciar uma verdadeira oportunidade de fazer a sua escolha final, que seja autoconsciente e que não deixe dúvidas. Os Juízes soberanos dos universos não prejudicarão nenhum ser com o status de personalidade, que não haja final e plenamente feito a escolha eterna; à alma do homem será dada uma oportunidade ampla e plena de revelar a sua verdadeira intenção e o seu propósito real.

Quando morrem, os mortais mais avançados, espiritual e cosmicamente, seguem diretamente para o mundo das mansões; em geral, essa disposição funciona para aqueles que já tenham, designados para si, um guardião seráfico pessoal. Os outros mortais podem ser detidos por um tempo tal até que se complete o julgamento dos seus assuntos, após o que eles podem continuar no seu caminho para os mundos das mansões, ou podem ser designados para as fileiras dos sobreviventes adormecidos, que serão repersonalizados em massa, ao final da dispensação planetária corrente.

Há duas dificuldades que são obstáculos para os meus esforços de explicar exatamente o que acontece a *vós* na morte, ao *vós* sobrevivente que é distinto do Ajustador que parte. Um dos obstáculos consiste na impossibilidade de passar ao vosso nível de compreensão uma descrição adequada de uma transação que se dá na fronteira entre o reino físico e o moroncial. O outro ocorre devido às restrições a mim colocadas, na minha missão como um revelador da verdade, pelas autoridades celestes governantes de Urântia. Há muitos detalhes interessantes que poderiam ser apresentados, mas eu os omito por conselho dos vossos supervisores planetários imediatos. Contudo, dentro dos limites da minha permissão, eu posso dizer o seguinte:

Há algo real, algo da evolução humana, algo além do Monitor Misterioso, que sobrevive à morte. Essa entidade recém-surgida é a alma; e ela sobrevive tanto à morte do vosso corpo físico quanto à da vossa mente material. Essa entidade é a criança conjunta da vida e dos esforços combinados do vosso eu humano em ligação com o vosso eu divino, o Ajustador. Essa criança, de parentesco humano e divino, constitui o elemento de sobrevivência de origem terrestre; é o eu moroncial, a alma imortal.

Essa criança de significado permanente, e de valor de sobrevivência, fica inteiramente inconsciente durante o período entre a morte e a repersonalização; e permanece sob a custódia do guardião seráfico do destino, em toda essa estação de espera. Vós não funcionareis como um ser consciente, em seguida à vossa morte, até que atinjais a nova consciência moroncial nos mundos das mansões de Satânia.

Na morte, a identidade funcional associada à personalidade humana é interrompida pela cessação do movimento vital. A personalidade humana, ainda que transcenda às suas partes componentes, é dependente delas para a sua identidade funcional. A paralisação da vida destrói os padrões do cérebro físico que proporcionam o dom da mente; e a interrupção da mente termina com a consciência mortal. A consciência dessa criatura não pode surgir depois, até que se haja arranjado uma situação cósmica tal que permita à mesma personalidade humana funcionar de novo, num relacionamento com a energia viva.

Durante o trânsito dos mortais sobreviventes, do seu mundo de origem para os mundos das mansões, quer experienciem a reconstituição da personalidade no terceiro período, quer ascendam na época de uma ressurreição grupal, o registro da constituição da personalidade é fielmente preservado pelos arcanjos nos seus mundos de atividades especiais. Esses seres não são os custódios da personalidade (como os serafins guardiães são da alma); no entanto, é bem verdade que cada fator identificável da personalidade fica eficazmente salvaguardado na custódia desses fiéis e confiáveis legatários da sobrevivência mortal. Quanto ao paradeiro exato da personalidade mortal durante o tempo entre a morte e a sobrevivência, não sabemos.

A situação que torna a repersonalização possível ocorre nas salas de ressurreição dos planetas receptores moronciais do universo local. Ali, nas câmaras de reconstituição da vida, as autoridades supervisoras providenciam as relações de energia – moroncial, mental e espiritual – do universo, que tornam possível a reconscientização do sobrevivente adormecido. A reconstituição das partes constituintes de uma personalidade, que em outro tempo foi material, compreende:

1. A fabricação de uma forma adequada, um modelo de energia moroncial, na qual o novo sobrevivente possa efetuar contato com a realidade não-espiritual, e dentro da qual a variante moroncial da mente cósmica possa ser religada aos seus circuitos.

2. O retorno do Ajustador para a criatura moroncial que aguarda. O Ajustador é o custódio eterno da vossa identidade ascendente; o vosso Monitor é a segurança absoluta de que vós, e não outrem, ocupareis a forma moroncial criada para a vossa personalidade que desperta. E o Ajustador estará presente à reconstituição da vossa personalidade para, uma vez mais, assumir o papel de guia do Paraíso para o vosso eu sobrevivente.

3. Quando esses pré-requisitos de repersonalização houverem sido reunidos, o custódio seráfico das potencialidades da alma imortal adormecida, com a assistência de numerosas personalidades cósmicas, outorga à entidade moroncial a forma mente-corpo moroncial que estava aguardando, enquanto confia esse filho evolucionário do Supremo à vinculação eterna com o Ajustador, que aguarda. E isso completa a repersonalização, a reconstituição da memória, do discernimento interior e da consciência – a identidade.

O evento da repersonalização consiste no fato da tomada de posse, pelo humano que desperta, dessa fase moroncial recém-segregada e ligada aos circuitos da mente cósmica. O fenômeno da personalidade depende da persistência da identidade durante a reação do eu ao ambiente do universo; e esta só pode ser efetuada mediante a intermediação da mente. O eu persiste a despeito de mudanças contínuas, em todos os fatores componentes do ser; na vida física, a mudança é gradual; na morte e na repersonalização, a mudança é instantânea. A verdadeira realidade de toda a individualidade (a personalidade) é capaz de reagir adequadamente às condições do universo, graças à mudança incessante das suas partes constituintes; a estagnação culmina em uma morte inevitável. A vida humana é uma mudança interminável de fatores viventes, unificados pela estabilidade de uma personalidade imutável.

E, quando acordardes nos mundos das mansões de Jerusém, estareis mudados; assim, a transformação espiritual será tão grande que, não fosse pelo vosso Ajustador do Pensamento e pelo guardião do destino, que tão totalmente conectam a vossa nova vida em novos mundos com a vossa velha vida no primeiro mundo, vós teríeis a princípio dificuldade em ligar a nova consciência moroncial com a memória, que se revivifica, da vossa identidade prévia. Não obstante a continuidade da entidade pessoal do eu, muito da vida mortal a princípio pareceria um vago e nebuloso sonho. Todavia, o tempo irá esclarecer muitas lembranças associadas à vossa vida mortal.

O Ajustador do Pensamento recordará e repetirá para vós apenas as memórias e experiências que são uma parte da vossa carreira universal e que são essenciais a ela. Se o Ajustador tem sido um parceiro na evolução de tudo na mente humana, então as experiências válidas sobreviverão na consciência eterna do Ajustador. No entanto, muito da vossa vida passada e das vossas memórias, não tendo nenhum significado espiritual nem valor moroncial, irá perecer com o cérebro material; muito da experiência material irá desaparecer como o fazem os andaimes que, vos havendo conduzido já aos níveis moronciais, não mantêm mais nenhum propósito no universo. Contudo, a personalidade e as relações entre as personalidades nunca são andaimes; a memória mortal das relações das personalidades tem valor cósmico e perdurará. Nos mundos das mansões, vós conhecereis e sereis conhecidos, e mais, lembrareis e sereis lembrados pelos que foram, uma vez, companheiros vossos na vossa vida curta, mas estimulante, em Urântia.

6. O EU MORONCIAL

Do mesmo modo que uma borboleta emerge do estágio de lagarta, assim irão emergir as verdadeiras personalidades dos seres humanos nos mundos das mansões, pela primeira vez reveladas livres das suas vestes de carne material. A carreira moroncial no universo local tem a ver com a elevação contínua do mecanismo da personalidade, do nível moroncial inicial de existência da alma até o nível moroncial final da espiritualidade progressiva.

É difícil instruir-vos a respeito das formas da vossa personalidade moroncial que servirão à vossa carreira no universo local. Vós sereis dotados com os modelos moronciais de manifestabilidade da personalidade, e estes são vestimentas que, em última análise, estão além da vossa compreensão. Tais formas, embora totalmente reais, não são os padrões de energia da ordem material, como vós entenderíeis agora. Contudo, elas vos servem, nos mundos do universo local, aos mesmos propósitos que os vossos corpos materiais vos serviram nos planetas do vosso nascimento humano.

Até um certo ponto, o surgimento da forma-corpo material é uma resposta ao caráter da identidade da personalidade; o corpo físico reflete, em um determinado grau, algo da natureza inerente da personalidade. E, assim, mais ainda o faz a forma moroncial. Na vida física, os mortais podem ser belos por fora, ainda que sejam pouco amáveis por dentro; na vida moroncial, e de forma crescente, nos seus níveis mais elevados, a forma da personalidade variará diretamente de acordo com a natureza da pessoa interior. No nível espiritual, a forma externa e a natureza interna começam a aproximar-se de uma completa identificação, e isso se dá de forma cada vez mais perfeita nos níveis espirituais bem mais elevados.

No estado moroncial, o mortal ascendente é dotado com a modificação do tipo nebadônico de dom da mente cósmica, do Espírito Mestre de Orvônton. O intelecto mortal, enquanto tal, terá perecido, terá cessado de existir como uma entidade focalizada do universo, à parte dos circuitos mentais indiferenciados do Espírito Criador. Todavia, os significados e valores da mente mortal não terão perecido. Certas fases da mente têm continuidade na alma sobrevivente; certos valores experienciais da mente humana anterior são mantidos pelo Ajustador; e os registros da vida humana, como foi vivida na carne, persistem no universo local, junto com certos registros vivos, nos inúmeros seres que se relacionam com a avaliação final do mortal ascendente, seres que, em alcance e status, se estendem desde o nível de serafim aos de Censores Universais e, provavelmente, mais para além, até o Supremo.

A volição da criatura não pode existir sem mente, mas ela perdura, a despeito da perda do intelecto material. Durante os tempos imediatamente seguintes à sobrevivência, a personalidade ascendente é, em grande medida, guiada pelos padrões de caráter herdados da vida humana, e pela ação da mota moroncial que começa a surgir. E esses guias para a conduta em mansônia funcionam aceitavelmente nos estágios iniciais da vida moroncial e até que a vontade moroncial emerja como uma expressão volitiva plenamente desenvolvida da personalidade ascendente.

Na carreira do universo local, não há influências comparáveis às dos sete espíritos ajudantes da mente, para a existência humana. A mente moroncial deve evoluir pelo contato direto com a mente cósmica, assim como essa mente cósmica foi modificada e transladada para o universo local, pela fonte criativa do intelecto – a Ministra Divina do universo local.

A mente mortal, antes da morte, é autoconscientemente independente da presença do Ajustador; a mente ajudante necessita apenas do padrão de energia-material co-responsável para estar capacitada a funcionar. No entanto, a alma moroncial, sendo supra-ajudante, não retém a autoconscientização sem o Ajustador, quando privada do mecanismo da mente-material. Essa alma em evolução, contudo, possui um caráter contínuo, derivado das decisões da sua mente ajudante solidária anterior, e esse caráter transforma-se em memória ativa quando os seus padrões são energizados com o retorno do Ajustador.

A permanência da memória é prova da retenção da identidade do eu original; é essencial completar a autoconscientização da continuidade e da expansão da personalidade. Aqueles mortais que ascendem sem o Ajustador dependem da instrução dos ajudantes seráficos para a reconstrução da memória humana; fora desse aspecto, as almas moronciais dos mortais fusionados ao Espírito não são limitadas. O padrão de memória persiste na alma, mas esse padrão requer a presença do Ajustador anterior para se tornar *imediatamente* auto-realizável como memória em continuidade. Sem o Ajustador, o mortal sobrevivente requer um tempo considerável para reexplorar e reaprender, para recuperar a consciência da memória dos significados e dos valores de uma existência anterior.

A alma, com valor de sobrevivência, reflete fielmente tanto as ações e as motivações qualitativas, quanto as quantitativas do intelecto material, que foi o assento anterior da identidade do eu. Na escolha da verdade, da beleza e da bondade, a mente mortal entra na sua carreira pré-moroncial, no universo, sob a tutela dos sete espíritos ajudantes da mente, unificados sob a direção do espírito da sabedoria. Subseqüentemente, ao completar os sete círculos da realização pré-moroncial, a superimposição do dom da mente moroncial sobre a mente ajudante inicia a carreira pré-espiritual ou moroncial da progressão no universo local.

Quando uma criatura deixa o seu planeta nativo, ela deixa o ministério ajudante para trás e torna-se dependente somente do intelecto moroncial. Quando um ser ascendente deixa o universo local, ele terá atingido o nível espiritual de existência, tendo ultrapassado o nível moroncial. Essa entidade espiritual recém-surgida torna-se, então, sintonizada diretamente com o ministério da mente cósmica de Orvônton.

7. A FUSÃO COM O AJUSTADOR

A fusão com o Ajustador do Pensamento confere à personalidade factualidades eternas que previamente eram apenas potenciais. Entre esses novos dons, podem ser mencionados: a fixação da qualidade da divindade, a experiência e a memória da eternidade passada, a imortalidade; e uma fase específica de absolutez potencial.

Quando o vosso curso terreno, na forma temporária, houver decorrido, vós estareis para acordar nas margens de um mundo melhor, até que, finalmente, estareis unidos ao vosso fiel Ajustador num amplexo eterno. E essa fusão constitui o mistério de fazer um, de Deus e do homem, o mistério da evolução da criatura finita, mistério que é eternamente verdadeiro. A fusão é um segredo da esfera sagrada de Ascêndington; e nenhuma criatura, salvo aquelas que experienciaram a fusão com o espírito da Deidade, pode compreender o verdadeiro significado dos valores reais que se somam à identidade quando uma criatura do tempo se torna eternamente uma com o espírito da Deidade do Paraíso.

A fusão com o Ajustador é efetivada, de modo geral, enquanto o ser ascendente é residente no seu sistema local. Pode ocorrer no planeta do seu nascimento, como uma transcendência da morte natural; pode ter lugar num dos mundos das mansões ou na sede-central do sistema; pode até mesmo ser retardada até o momento final da estada na constelação; ou, em casos especiais, pode não ser consumada senão quando o ser ascendente estiver na capital do universo local.

Quando a fusão com o Ajustador houver sido efetivada, não mais poderá haver perigo futuro para a carreira eterna de tal personalidade. Os seres celestes são testados por uma longa experiência, os mortais, contudo, passam por uma carreira relativamente curta e por testes intensivos nos mundos evolucionários e nos mundos moronciais.

A fusão com o Ajustador nunca ocorre até que os mandados do superuniverso tenham pronunciado que a natureza humana haja, de fato, feito uma escolha final e irrevogável pela carreira eterna. Essa é a autorização da unicidade, a qual, quando emitida, constitui o caminho aberto de permissão para que a personalidade fusionada finalmente abandone os confins do universo local, para prosseguir, em algum momento, até a sede-central do superuniverso, ponto do qual o peregrino do tempo, num futuro distante, irá enseconafinar-se para o longo vôo até o universo central de Havona e para a aventura da Deidade.

Nos mundos evolucionários, a individualidade do eu é material; é uma coisa no universo e, como tal, está sujeita às leis da existência material. É um fato no tempo, e é sensível às vicissitudes dele. *As decisões de sobrevivência devem ser formuladas nesse momento.* No estado moroncial, o eu torna-se uma nova realidade do universo, mais duradoura; e o seu crescimento contínuo está baseado na sua crescente sintonia com os circuitos mentais e espirituais dos universos. *As decisões de sobrevivência estão agora sendo confirmadas.* Quando o eu atinge o nível espiritual, ter-se-á tornado um valor seguro no universo; e esse novo valor funda-se no fato de que *as decisões de sobrevivência foram tomadas*, fato este que foi confirmado pela fusão eterna com o Ajustador do Pensamento. E, tendo chegado ao status do valor verdadeiro no universo, a criatura torna-se liberada, em potencial, para a busca do valor mais elevado do universo – Deus.

Esses seres fusionados são duais nas suas reações no universo: são indivíduos moronciais separados, discretos, limitados espacialmente, não muito diferentes dos serafins; e são também, em potencial, seres da ordem dos finalitores do Paraíso.

Contudo, o indivíduo fusionado é realmente uma personalidade una, um ser cuja unidade desafia todas as tentativas de análise de qualquer inteligência dos universos. E assim, havendo passado pelos tribunais do universo local, do mais baixo ao mais alto, nenhum dos quais tendo sido capaz de identificar homem ou Ajustador, de distinguir uma parte da outra, vós sereis finalmente levados perante o soberano de Nébadon, o vosso Pai do universo local. E então, das mãos daquele mesmo ser cuja paternidade criadora, nesse universo do tempo, tornou possível a existência da vossa vida, ser-vos-á concedida a credencial que vos dará o direito de prosseguir para sempre na vossa carreira no superuniverso, ao encontro do Pai Universal.

O Ajustador triunfante terá ganhado personalidade pelo magnífico serviço à humanidade, ou haverá o valente ser humano adquirido a imortalidade por esforços sinceros de realizar a semelhança com o Ajustador? Nenhuma das duas coisas; juntos, entretanto, eles terão feito evoluir um membro de uma das ordens únicas de personalidades ascendentes do Supremo, um ser que estará sempre a serviço, que sempre se mostrará fiel e eficiente, um candidato ao crescimento e ao desenvolvimento ulteriores, sempre dirigido para cima e nunca cessando a sua superna ascensão, até que os sete circuitos de Havona hajam sido atravessados e até que aquela que uma vez foi uma alma de origem terrena esteja em atitude adoradora de reconhecimento à personalidade real do Pai no Paraíso.

Ao longo dessa magnífica ascensão, o Ajustador do Pensamento é a garantia divina da futura estabilização espiritual plena do mortal ascendente. Ao mesmo tempo, a presença do livre-arbítrio mortal confere ao Ajustador um canal para a libertação da sua natureza infinita e divina. E agora que essas duas identidades transformaram-se numa única, nenhum evento no tempo ou na eternidade pode jamais separar o homem e o Ajustador; eles são inseparáveis, eternamente fusionados.

Nos mundos de fusão com o Ajustador, o destino do Monitor Misterioso é idêntico ao do mortal ascendente – o Corpo de Finalidade do Paraíso. E nenhum deles, nem o Ajustador, nem o ser mortal, pode atingir essa meta única sem a plena cooperação e a fiel ajuda do outro. Essa extraordinária união constitui um dos mais assombrosos e fascinantes de todos os fenômenos desta idade do universo.

Desde o momento da fusão com o Ajustador, o status do ser ascendente é o da criatura evolucionária. O membro humano foi o primeiro a desfrutar de personalidade e, por conseguinte, está acima do Ajustador em todas as questões que concernem ao reconhecimento da personalidade. A sede-central no Paraíso desse ser fusionado é Ascêndington, não Divínington; e essa combinação, única, de Deus e homem, tem a categoria de um mortal ascendente em todo o seu caminho de elevação até o Corpo de Finalidade.

Uma vez que um Ajustador se haja fundido com um mortal ascendente, o número desse Ajustador é retirado dos registros do superuniverso. O que acontece nos registros de Divínington eu não sei, no entanto faço a conjectura de que o registro desse Ajustador seja removido para os círculos secretos das cortes internas de Grandfanda, o reitor atual do Corpo de Finalidade.

Com a fusão ao Ajustador, o Pai Universal completou a Sua promessa da dádiva de Si mesmo às Suas criaturas materiais; Ele haverá cumprido a promessa, e consumado o plano de outorga eterna da divindade à humanidade. Agora, inicia-se o intento humano de realizar e de tornar factuais as ilimitadas possibilidades que são inerentes à superna união com Deus, que assim se realizou.

O destino conhecido, no presente, dos mortais sobreviventes é o Corpo de Finalidade do Paraíso; essa é também a meta de destino para todos os Ajustadores do Pensamento que se tornam vinculados, em união eterna, aos seus companheiros mortais. No presente, os finalitores do Paraíso estão trabalhando por todo o grande universo, em muitos empeendimentos, mas todos nós conjecturamos que eles irão ter outras tarefas ainda mais supernas a cumprir no futuro distante, após os sete superuniversos haverem sido estabelecidos em luz e vida, e quando o Deus finito houver emergido finalmente do mistério que agora envolve essa Suprema Deidade.

Vós tendes sido instruídos, até uma certa medida, sobre a organização e o pessoal do universo central, dos superuniversos e dos universos locais; foi-vos dito algo sobre o caráter e a origem de algumas das várias personalidades que agora regem essas múltiplas criações. Vós fostes também informados de que, em processo de organização, existem vastas galáxias de universos muito além da periferia do grande universo, no primeiro nível do espaço exterior. E foi sugerido, no curso destas narrativas, que o Ser Supremo está para proclamar a sua função terciária não revelada nessas regiões ainda inexploradas do espaço exterior; e a vós também foi dito que os finalitores do corpo do Paraíso são as crianças experienciais do Supremo.

Acreditamos que os mortais fusionados com os Ajustadores, junto com os seus companheiros finalitores, estejam destinados a funcionar de alguma maneira na administração dos universos do primeiro nível do espaço exterior. Não temos a menor dúvida de que, no tempo devido, essas enormes galáxias transformar-se-ão em universos habitados. E estamos igualmente convencidos de que, entre os administradores daqueles universos, estarão os finalitores do Paraíso, cujas naturezas são uma conseqüência cósmica da combinação de criatura e Criador.

Que aventura! Que epopéia romanesca! Uma criação gigantesca a ser administrada pelos filhos do Supremo, esses Ajustadores personalizados e humanizados, esses mortais Ajustadorizados e eternizados, essas misteriosas combinações e essas eternas associações entre a mais alta manifestação conhecida da essência da Primeira Fonte e Centro e a mais baixa forma de vida inteligente, capaz de compreender e alcançar o Pai Universal. Nós acreditamos que tais seres amalgamados, tais uniões entre Criador e criatura tornar-se-ão governantes extraordinários, administradores incomparáveis, diretores compassivos e compreensivos de toda e qualquer forma de vida inteligente que possa vir a existir, espalhada por esses futuros universos do primeiro nível do espaço exterior.

Verdade, sim, é que vós mortais sois de origem terrena animal; a vossa estrutura é realmente o pó. Contudo, se realmente desejardes e se o quiserdes realmente, certamente a herança das idades será vossa e ireis, algum dia, servir aos universos no vosso verdadeiro caráter – de filhos do Deus Supremo da experiência: filhos divinos do Pai no Paraíso, Pai de todas as personalidades.

[Apresentado por um Mensageiro Solitário de Orvônton.]

DOCUMENTO 113

OS GUARDIÃES SERÁFICOS DO DESTINO

TENDO apresentado as narrativas dos Espíritos Ministradores do Tempo e das Hostes de Mensageiros do Espaço, vamos considerar agora os anjos guardiães, os serafins devotados à ministração aos indivíduos mortais, para cuja elevação e perfeição tem sido provido um vasto esquema de sobrevivência e de progressão espiritual. Nas idades passadas, esses guardiães do destino eram o único grupo de anjos a ter reconhecimento em Urântia. Os serafins planetários, realmente, são espíritos ministradores enviados para servir àqueles que irão sobreviver. Esses serafins assistentes têm funcionado como ajudantes espirituais do homem mortal, em todos os grandes eventos do passado e do presente. Em muitas revelações, "a palavra foi dita pelos anjos"; muitos dos mandados do céu foram "recebidos através da ministração dos anjos".

Os serafins são os anjos tradicionais do céu; eles são os espíritos ministradores que vivem muito perto de vós e que muito fazem por vós. Eles têm ministrado em Urântia desde os primeiros tempos da inteligência humana.

1. OS ANJOS GUARDIÃES

O ensinamento sobre os anjos guardiães não é um mito; certos tipos de seres humanos, de fato, têm anjos pessoais. Foi em reconhecimento disso que Jesus, ao falar das crianças do Reino do céu, disse: "Cuidai para que não desprezeis nenhum desses pequenos, pois vos digo: os seus anjos sempre discernem a presença do espírito do meu Pai".

Os serafins, originalmente, eram designados e definidos para cada raça, em separado, de Urântia. Mas, desde a auto-outorga de Michael, eles são designados de acordo com a inteligência humana, a sua espiritualidade e destino. Intelectualmente, a humanidade é dividida em três classes:

1. Os de mente subnormal – aqueles que não exercem um poder normal de vontade; aqueles que não tomam as decisões normais. Essa classe abrange aqueles que não podem compreender a idéia de Deus; e falta-lhes capacidade para a adoração inteligente da Deidade. Os seres subnormais de Urântia têm um corpo de serafins, uma companhia, com um batalhão de querubins, designados para ministrar a eles e vigiar para que a justiça e a misericórdia lhes sejam estendidas, nas lutas pela vida desta esfera.

2. O tipo médio, o tipo de mente humana normal. Do ponto de vista da ministração seráfica, a maioria dos homens e mulheres é agrupada em sete classes, de acordo com o seu status de realização dentro dos círculos de progresso humano e de desenvolvimento espiritual.

3. Os de mente supranormal – aqueles de grande decisão e potencial indubitável de realização espiritual; homens e mulheres que, mais ou menos, gozam de algum contato com os seus Ajustadores residentes; membros dos vários corpos de reserva

do destino. Não importa em qual círculo um humano possa estar, se esse indivíduo é convocado para qualquer dos vários corpos de reserva do destino, então, exatamente nesse momento e nessa circunstância, serafins pessoais lhe são designados e, desse momento até que a sua carreira terrena termine, esse mortal vai desfrutar da contínua ministração e do incessante cuidado de um anjo da guarda. Também, quando qualquer ser humano toma *a* suprema decisão, quando há um compromisso real com o Ajustador, um guardião pessoal é imediatamente designado para aquela alma.

Para o ministério aos chamados seres normais, a designação do Serafim é feita de acordo com a realização humana dentro dos círculos de intelectualidade e de espiritualidade. Vós começais com a vossa mente, de investidura mortal, no sétimo círculo, e avançais interiormente na tarefa de autocompreensão, autoconquista e automestria, e, círculo a círculo, vós avançais até que (se a morte natural não terminar a vossa carreira e transferir as vossas lutas para os mundos das mansões) ireis alcançar o primeiro ou o círculo mais interno de relativo contato e comunhão com o Ajustador residente.

Os seres humanos, no círculo inicial ou sétimo, têm um anjo guardião com uma companhia de querubins assistentes designados para a custódia e guarda de mil mortais. No sexto círculo, um par seráfico, com uma companhia de querubins, é designado para guiar esses mortais ascendentes em grupos de quinhentos. Quando o quinto círculo é alcançado, os seres humanos são agrupados em companhias de aproximadamente cem, e um par de serafins guardiães, com um grupo de querubins, fica encarregado da guarda. Ao atingir o quarto círculo, os seres mortais são reunidos em grupos de dez e, de novo, a guarda é dada a um par de serafins, assistidos por uma companhia de querubins.

Quando uma mente mortal rompe a inércia do legado animal e atinge o terceiro círculo de intelectualidade humana e de espiritualidade adquirida, um anjo pessoal (na verdade, dois deles) irá, daí por diante, estar única e exclusivamente devotado a esse mortal ascendente. E assim, essas almas humanas, além do Ajustador do Pensamento residente sempre presente e cada vez mais eficiente, recebem a assistência integral desses guardiães pessoais do destino e continuam com todos os esforços para terminar a travessia do terceiro círculo e atravessar o segundo, até alcançar o primeiro.

2. OS GUARDIÃES DO DESTINO

Os serafins não são conhecidos como guardiães do destino até aquele momento em que são designados para se associarem a uma alma humana, a qual haja realizado um, ou mais de um, entre os três feitos seguintes: tomar a decisão suprema de tornar-se semelhante a Deus; alcançar o terceiro círculo; ou tornar-se participante de um dos corpos de reserva do destino.

Na evolução das raças, um guardião do destino é designado ao primeiro ser que alcance o círculo requisitado para essa conquista. Em Urântia, o primeiro mortal a assegurar um guardião pessoal foi Rantowoc, um homem sábio da raça vermelha, de muito tempo atrás.

Para todas as missões angélicas, os serafins são escolhidos de um grupo de voluntários, e as suas atribuições estão sempre de acordo com as necessidades humanas, e considerando o status do par angélico – à luz da experiência, da habilidade e da sabedoria seráficas. Apenas os serafins de longo tempo de serviço, os tipos mais experimentados e testados, são designados como guardiães do destino. Muitos guardiães ganharam experiências valiosas naqueles mundos que são da série de nãofusionamento com o Ajustador. Como os Ajustadores, os serafins atendem a esse tipo de seres apenas por um único período de vida e, em seguida, são liberados para novas designações. Muitos anjos de Urântia tiveram uma experiência prática anterior como guardiães em outros mundos.

Quando os seres humanos falham na sua sobrevivência, os seus guardiães pessoais ou grupais podem reiteradamente servir, numa função semelhante, no mesmo planeta. Os serafins desenvolvem uma consideração sentimental pelos mundos individuais e mantêm um afeto especial por certas raças e tipos de criaturas mortais, com as quais eles estiveram em associação muito próxima e íntima.

Os anjos desenvolvem um afeto duradouro para com os seus companheiros humanos; e vós também iríeis, se pudésseis enxergar os serafins, desenvolver um afeto caloroso por eles. Se vós pudésseis ser despojados dos vossos corpos materiais e se recebêsseis formas espirituais, vós seríeis muito próximos dos anjos, em muitos dos atributos de personalidade. Eles compartilham a maioria das vossas emoções e experimentam outras mais. A única emoção que atua em vós e que, de um certo modo, lhes é difícil de compreender é o medo animal herdado, que atinge, numa proporção muito grande, a vida mental do habitante médio de Urântia. Os anjos realmente acham difícil compreender por que vós permitis, com tanta persistência, que os vossos poderes intelectuais e mesmo a vossa fé religiosa sejam de tal forma dominados pelo medo, tão caprichosamente desmoralizados pelo pânico impensado, cheio de pavor e de ansiedade.

Todos os serafins têm nomes individuais, mas, nos registros de compromissos com o serviço no mundo, eles são freqüentemente designados pelos seus números planetários. Nas sedes-centrais do universo, eles são registrados por nome e número. O guardião de destino do sujeito humano usado para este contato de comunicação tem o número 3, do grupo 17, da companhia 126, do batalhão 4, da unidade 384, da legião 6, da hoste 37, do exército seráfico 182 314 de Nébadon. O número atual de designação planetária desse serafim em Urântia e para esse sujeito humano, é 3 641 852.

No ministério da custódia pessoal, para a designação de anjos como guardiães de destino, os serafins sempre oferecem os seus serviços voluntariamente. Na cidade em que houve essa visitação, um certo mortal foi recentemente admitido no corpo de reserva do destino, e, posto que todos os seres humanos nessas condições sejam pessoalmente atendidos por anjos guardiães, mais de cem serafins qualificados ofereceram-se para essa missão. O diretor planetário selecionou doze, entre os indivíduos mais experimentados, e, posteriormente, apontou o serafim que eles selecionaram como o mais adaptado para guiar esse ser humano na sua jornada na vida. Quer dizer, eles selecionaram um par de serafins igualmente qualificados; um dos dois, desse par seráfico, estará sempre de vigia.

As tarefas seráficas podem ser incansáveis, mas qualquer um dos dois do par angélico pode arcar com todas as responsabilidades do ministério. Como os querubins, geralmente, os serafins servem aos pares, mas, ao contrário dos seus colaboradores menos avançados, os serafins algumas vezes trabalham individualmente. Em quase todos os contatos com os seres humanos, eles podem funcionar como indivíduos. Apenas para a comunicação e o serviço em circuitos mais elevados nos universos é que se fazem necessários os dois anjos.

Quando um par seráfico aceita o compromisso de guardião, eles servem pelo resto da vida ao mesmo ser humano. O complemento do ser (um dos dois anjos) torna-se o registrador da missão. Esses serafins complementares são os anjos registradores dos mortais, nos mundos evolucionários. Os registros são mantidos pelo par de querubins (um querubim e um sanobim) que estão sempre ligados aos guardiães seráficos, mas esses registros estão sempre sob a responsabilidade de um dos serafins.

Com o propósito de descansar e de recarregar-se com a energia vital dos circuitos do universo, o guardião é periodicamente liberado pelo seu complemento e, durante a sua ausência, o querubim solidário funciona como o registrador, como é o caso, também, quando o serafim complementar encontra-se do mesmo modo ausente.

3. A RELAÇÃO COM AS OUTRAS INFLUÊNCIAS ESPIRITUAIS

Uma das coisas mais importantes que faz um guardião do destino pelo seu sujeito mortal é efetivar uma coordenação pessoal das numerosas influências impessoais de espíritos que habitam, que rodeiam ou que se impingem à mente e à alma da criatura material em evolução. Os humanos são personalidades, e é extremamente difícil, para os espíritos não pessoais e para as entidades pré-pessoais, fazerem contato direto com mentes tão altamente materiais e isoladamente pessoais. Graças à ministração do anjo guardião, todas essas influências são mais ou menos unificadas e tornadas mais apreciáveis pela natureza moral em expansão da personalidade humana em evolução.

Mais especialmente, esse guardião seráfico pode correlacionar, e assim o faz, as múltiplas agências e influências do Espírito Infinito, abrangendo desde os domínios dos controladores físicos e dos espíritos ajudantes da mente até o Espírito Santo da Ministra Divina e também a presença do Espírito Onipresente da Terceira Fonte e Centro do Paraíso. Havendo, assim, unificado e tornado mais pessoais essas vastas ministrações do Espírito Infinito, o serafim então inicia a correlação entre essa influência integrada do Agente Conjunto e as presenças espirituais do Pai e do Filho.

O Ajustador é a presença do Pai; o Espírito da Verdade, a presença dos Filhos. Esses dons divinos são unificados e coordenados nos níveis mais baixos, que são os da experiência espiritual humana, por meio da ministração do serafim guardião. Os servidores angélicos são dotados para combinar o amor do Pai e a misericórdia do Filho, nas suas ministrações às criaturas mortais.

E nisso revela-se a razão pela qual o guardião seráfico finalmente se torna o custódio pessoal dos padrões mentais, dos padrões de memória e das realidades da alma do sobrevivente mortal, durante aquele intervalo entre a morte física e a ressurreição moroncial. Ninguém, a não ser os filhos ministradores do Espírito Infinito, poderia funcionar assim, visando o bem da criatura humana durante essa fase de transição, de um nível do universo para outro mais elevado. E, mesmo, quando vós entrardes no vosso sono terminal de transição, ao passardes do tempo à eternidade, um alto supernafim, do mesmo modo, compartilhará convosco desse trânsito, como custódio da identidade e da segurança da integridade pessoal da criatura.

No nível espiritual, o serafim torna pessoais muitas ministrações no universo, que, de outro modo, seriam impessoais ou pré-pessoais; eles são coordenadores. No nível intelectual, eles são os correlacionadores da mente e da morôncia; eles são intérpretes. E, no nível físico, eles manipulam o ambiente terrestre por meio da sua ligação com os Mestres Controladores Físicos e por meio da ministração cooperativa junto com as criaturas intermediárias.

Esta é uma exposição das funções múltiplas e intrincadas de um serafim guardião; mas como é que uma personalidade angélica subordinada, criada apenas um pouco acima do nível da humanidade no universo, faz coisas tão complexas e difíceis? Não sabemos realmente, mas conjecturamos que esse ministério fenomênico seja, de um modo não divulgado, facilitado pelo trabalho não revelado e não conhecido do Ser Supremo, a Deidade da factualização dos universos em evolução, do tempo e no espaço. Através de todo o reino de sobrevivência progressiva, no Ser Supremo e por meio Dele, os serafins são uma parte essencial na continuidade da progressão dos mortais.

4. OS DOMÍNIOS DA AÇÃO SERÁFICA

Os serafins guardiães não são mente, se bem que venham da mesma fonte que também dá origem à mente mortal, o Espírito Criativo. Os serafins são estimuladores da mente; eles continuamente procuram promover decisões, que são realizadoras dos círculos, na mente humana. Eles fazem isso, não como o Ajustador o faz, operando de dentro e por meio da alma; eles o fazem mais de fora para dentro, trabalhando por intermédio do meio ambiente social, ético e moral dos seres humanos. Os serafins não são a atração divina do Pai Universal, o Ajustador; mas eles funcionam como um agência pessoal de ministração do Espírito Infinito.

O homem mortal, sujeito à condução do Ajustador, acha-se também submissível ao guiamento seráfico. O Ajustador é a essência da natureza eterna do homem; o serafim é o mestre para a natureza que evolui no homem – nesta vida, a mente mortal, na próxima, a alma moroncial. Nos mundos das mansões, vós estareis conscientes e sereis sabedores dos instrutores seráficos, mas, na primeira vida, os homens comumente são inconscientes deles.

Os serafins funcionam como mestres para os homens, guiando os passos da personalidade humana pelos caminhos de novas e progressivas experiências. Aceitar o guiamento de um serafim raramente significa conseguir uma vida fácil. Ao seguir essa liderança, vós podeis estar certos de encontrar e, se tiverdes a coragem, de atravessar as montanhas escarpadas da escolha moral e do progresso espiritual.

O impulso da adoração origina-se grandemente nas estimulações espirituais dos ajudantes da mente mais altos, reforçadas pela condução do Ajustador. Todavia, o impulso para a oração, tão freqüentemente experimentado pelos mortais conscientes de Deus, muitas vezes surge como conseqüência da influência seráfica. O serafim guardião está constantemente manipulando o ambiente dos mortais, com o propósito de aumentar o discernimento cósmico do humano ascendente, com o fito de que esse candidato à sobrevivência possa adquirir uma compreensão mais elevada da presença do Ajustador residente, para que se torne, assim, capacitado para alcançar uma cooperação crescente com a missão espiritual da divina presença.

Embora aparentemente não haja nenhuma comunicação entre os Ajustadores residentes e os serafins que rodeiam o homem, eles sempre parecem trabalhar em perfeita harmonia e em um acordo primoroso. Os guardiães são muito ativos, nos momentos em que os Ajustadores são menos ativos, mas a ministração deles é, de alguma maneira, estranhamente correlacionada. Uma cooperação tão extraordinária dificilmente poderia ser acidental, nem incidental.

A personalidade ministradora do serafim guardião, a presença de Deus no Ajustador residente, a ação do circuito do Espírito Santo e a consciência do Filho por meio do Espírito da Verdade estão todos divinamente correlacionados, em unidade significativa de ministração espiritual, em uma e para uma personalidade mortal. Embora partindo de fontes diferentes e de diferentes níveis, essas influências celestes estão todas integradas na presença envolvente e evolutiva do Ser Supremo.

5. A MINISTRAÇÃO SERÁFICA AOS MORTAIS

Os anjos não invadem o santuário da mente humana; eles não manipulam a vontade dos mortais; nem fazem contato direto com os Ajustadores residentes. Os guardiães do destino influenciam-vos de todas as maneiras possíveis, coerentes com a dignidade da vossa personalidade; sob nenhuma circunstância, esses anjos interferem com a ação livre da vontade humana. Nem têm os anjos, ou qualquer outra ordem de personalidades no universo, poder ou autoridade para limitar ou cercear as prerrogativas da escolha humana.

Os anjos estão tão próximos de vós e, com tanto sentimento, cuidam de vós, que, figurativamente, "choram por causa da vossa intolerância voluntariosa e da vossa teimosia". Os serafins não derramam lágrimas físicas; eles não têm corpos físicos; nem possuem asas. Efetivamente, porém, eles têm emoções espirituais e experimentam sensações e sentimentos de uma natureza espiritual, comparável, de certo modo, às emoções humanas.

Os serafins atuam em vosso favor, independentemente dos vossos apelos diretos; eles estão executando os mandados dos seus superiores e, assim, funcionam, apesar dos vossos caprichos ou da inconstância do vosso estado de ânimo. Isso não implica que vós não possais fazer com que a tarefa deles fique mais fácil ou mais difícil, mas significa, sim, que os anjos não se ocupam diretamente dos vossos apelos nem do que pedis nas vossas preces.

Durante a vida na carne, a inteligência dos anjos não está diretamente disponível para os homens mortais. Não são supervisores nem diretores; são simplesmente guardiães. Os serafins vos *guardam*; eles não procuram diretamente influenciar-vos; vós deveis traçar o vosso próprio curso, mas esses anjos, então, atuam para fazer o melhor uso possível do caminho que vós escolhestes. Eles não intervêm (de ordinário) arbitrariamente na rotina dos afazeres da vida humana. No entanto, quando eles recebem instruções dos seus superiores para executar alguma obra inusitada, vós podeis ficar seguros de que esses guardiães encontrarão algum meio de cumprir as suas ordens. E, pois, eles não se intrometem no quadro do drama humano, exceto nas emergências, e então, em geral, o fazem sob as ordens diretas dos seus superiores. Eles são os seres que irão seguir-vos por muitas idades e estão assim recebendo uma apresentação introdutória ao seu trabalho futuro e às suas associações com a personalidade.

Os serafins são capazes de funcionar como ministros materiais para os seres humanos, sob certas circunstâncias, mas a sua ação nessa função é muito rara. Eles são capazes, com a assistência de criaturas intermediárias e dos controladores físicos, de funcionar em uma ampla gama de atividades em prol dos seres humanos, até mesmo a de fazer contatos factuais com a humanidade, mas essas ocorrências são muito raras. Na maior parte das instâncias, as circunstâncias na esfera material permanecem inalteradas com a ação dos serafins, se bem que tenha havido ocasiões, envolvendo perigo para os laços vitais na evolução humana, nas quais os guardiães seráficos agiram, e adequadamente, por sua própria iniciativa.

6. OS ANJOS GUARDIÃES DEPOIS DA MORTE

Havendo dito algo a vós sobre a ministração dos serafins durante a vida natural, intentarei informar-vos sobre a conduta dos guardiães do destino no momento da dissolução mortal dos humanos a eles associados. Com a vossa morte, os vossos registros, as especificações de identidade e a entidade moroncial da alma humana – que evoluiu por meio do ministério conjunto da mente mortal e do Ajustador divino – são fielmente preservados pelo guardião do destino, junto com todos os outros valores relacionados à vossa futura existência, tudo o que constitui o vosso eu, o vosso eu real, exceto pela identidade de continuidade da existência e pela factualidade ou realidade da personalidade, representadas pelo Ajustador que parte.

No instante em que desaparece da mente humana a chama-piloto de luz, a luminosidade espiritual que o serafim associa à presença do Ajustador, a partir desse momento, o anjo que exerce a guarda reporta-se pessoalmente aos anjos comandantes, sucessivamente, do grupo, da companhia, do batalhão, da unidade, da legião e da hoste; e, após haver sido registrado devidamente para a aventura final no tempo e no espaço, esse anjo recebe a certificação do chefe planetário dos serafins, para que se reporte ao Estrela Vespertino (ou a outro assistente de Gabriel) no comando do exército seráfico desse candidato à ascensão no universo. E ao ser-lhe concedida essa permissão, pelo comandante dessa mais alta unidade organizacional, esse guardião do destino toma o seu caminho para o primeiro mundo das mansões e lá espera pela reconscientização do seu antigo protegido na carne.

No caso em que a alma humana não chega a sobreviver após haver recebido a designação de um anjo pessoal, o serafim atendente deve tomar o rumo da sede-central do universo local para ali testemunhar e atestar sobre a exatidão dos registros completos do seu complemento, como previamente reportado. Em seguida, vai ele perante os tribunais dos arcanjos para ser absolvido da responsabilidade na questão do fracasso do seu sujeito na sobrevivência eterna; e então ele retorna aos mundos para ser designado novamente a um outro mortal de potencialidade ascencional, ou para alguma outra divisão de ministração seráfica.

Os anjos, além disso, ministram às criaturas evolucionárias de muitos modos, além do serviço de guarda pessoal ou grupal. Os guardiães pessoais, cujos sujeitos não vão imediatamente para os mundos das mansões, não permanecem ociosos, à espera do chamado nominal do juízo dispensacional; eles são redesignados para inúmeras missões de ministração em todo o universo.

O serafim guardião é o fiel custódio dos valores de sobrevivência da alma adormecida dos homens mortais, do mesmo modo que o Ajustador, então ausente, *é* a identidade desse ser imortal no universo. Quando esses dois colaboram nas salas de ressurreição de mansônia, em conjunção com a forma moroncial recentemente fabricada, ocorre a reconstituição dos fatores que constituem a personalidade do mortal ascendente.

O Ajustador identificar-vos-á; o serafim guardião irá repersonalizar-vos e então vos reapresentar ao fiel Monitor dos vossos dias na Terra.

E ainda assim, quando uma idade planetária termina, quando aqueles seres dos círculos mais baixos de realização mortal são reunidos, são os seus guardiães de grupo que os reconstituem, nas salas de ressurreição nas esferas das mansões, assim como dizem as vossas escrituras: "E Ele enviará os seus anjos com uma voz poderosa e reunirá os seus eleitos de um extremo a outro do seu Reino."

A técnica da justiça requer que os guardiães pessoais ou grupais respondam ao chamado dispensacional, em nome de todas as personalidades não-sobreviventes. Os Ajustadores desses não-sobreviventes não retornam e, quando é feita a chamada, os serafins respondem, mas o Ajustador não se manifesta. Isso constitui a "ressurreição dos injustos", na realidade, é o reconhecimento formal da cessação da existência da criatura. Essa lista de chamada da justiça ocorre sempre depois do chamado de misericórdia, a ressurreição dos sobreviventes adormecidos. Entretanto, essas são questões que não concernem a ninguém senão aos Juizes supremos e todo-conhecedores dos valores de sobrevivência. Tais questões de julgamento, na verdade, não nos concernem.

Os guardiães grupais podem servir num planeta, idade após idade; e finalmente podem tornar-se os custódios das almas imergidas em sono de milhares e milhares de sobreviventes adormecidos. Eles podem servir assim, em muitos mundos diferentes, num dado sistema, posto que o ato da ressurreição ocorre nos mundos das mansões.

Todos os guardiães pessoais ou grupais, no sistema de Satânia, que se desviaram na rebelião de Lúcifer, não obstante muitos deles haverem-se arrependido sinceramente do seu desvario, estão detidos em Jerusém até o julgamento final da rebelião. Os Censores Universais já tomaram arbitrariamente desses guardiães desobedientes e infiéis todos os aspectos das almas confiadas a eles e colocaram essas realidades moronciais sob a custódia de seconafins voluntários para essa salvaguarda.

7. OS SERAFINS E A CARREIRA ASCENDENTE

Realmente, na carreira de um mortal ascendente, esse primeiro despertar nas terras dos mundos das mansões é uma época memorável; e será ali, pela primeira vez, que podereis enxergar, de fato, os vossos companheiros angélicos há muito amados e sempre presentes nos dias terrenos; e ali também tornar-vos-eis verdadeiramente conscientes da identidade e da presença do Monitor divino que prolongadamente residiu nas vossas mentes na Terra. Essa experiência constitui um despertar glorioso, uma ressurreição verdadeira.

Nas esferas moronciais, os serafins guardiães (há dois deles) serão os vossos companheiros, às claras. Esses anjos não apenas associam-se a vós, de todos os modos possíveis, à medida que progredis na carreira dos mundos de transição, prestando-vos assistência na aquisição do vosso status moroncial e espiritual, mas eles também aproveitam a oportunidade para avançar por meio do estudo nas escolas de extensão para os serafins evolucionários, mantidas nos mundos das mansões.

A raça humana foi criada apenas um pouco abaixo dos tipos mais simples das ordens angélicas. E é por isso que a primeira designação que vos aguarda, na vida moroncial, imediatamente após acordardes e depois de terdes a vossa consciência de personalidade de volta, posteriormente à vossa liberação dos laços da carne, será a de assistentes dos serafins.

Antes de deixarem os mundos das mansões, todos os mortais terão companheiros seráficos ou guardiães permanentes. E, à medida que ascenderdes nas esferas moronciais, serão os guardiães seráficos que afinal testemunharão e certificarão o mandado da vossa união eterna com o Ajustador do Pensamento. Juntos, eles estabeleceram as vossas identidades de personalidade, como filhos da carne, nos mundos do tempo. Em seguida, com o vosso alcançar do estado moroncial maduro, eles vos acompanham, passando por Jerusém e pelos mundos interligados do sistema de progresso e cultura. Após isso, eles irão convosco a Edêntia, com as suas setenta esferas de socialização avançada, e, subseqüentemente, eles vos pilotarão até os mundos dos Melquisedeques e seguirão junto convosco, na magnífica carreira pelos mundos sedes-centrais do universo. E, quando vós houverdes aprendido a sabedoria e a cultura dos Melquisedeques, eles vos levarão até Sálvington, onde vós vos encontrareis face a face com o Soberano de todo o Nébadon. E esses guias seráficos ainda vos seguirão através dos setores maior e menor do superuniverso, e até os mundos de recepção de Uversa; permanecendo convosco até que vós, finalmente, vos enseconafinareis para o longo vôo até Havona.

Alguns dos guardiães do destino, ligados a vós durante a carreira mortal, seguem o curso dos peregrinos ascendentes até Havona. Outros dão um adeus temporário aos seus companheiros mortais de tanto tempo e, então, enquanto esses mortais atravessam os círculos do universo central, esses guardiães do destino fazem a travessia dos círculos de Seráfington. E eles estarão à espera, nas margens do Paraíso, quando os seus companheiros mortais acordarem do seu último sono, em trânsito, para as novas experiências na eternidade. Tais serafins ascendentes, subseqüentemente, abraçam serviços diferentes no corpo dos finalitores e no Corpo Seráfico dos Completos.

Homem e anjo podem, ou não, ser reunidos no serviço eterno; mas, para onde quer que os compromissos seráficos os levem, os serafins estão sempre em comunicação com os seus antigos protegidos dos mundos evolucionários, os mortais ascendentes do tempo. A associação íntima e as ligações afetuosas dos mundos de origem humana nunca são esquecidas, nem rompidas completamente. Nas idades eternas, homens e anjos cooperarão no serviço divino, tal como o fizeram na carreira do tempo.

Para os serafins, o caminho mais seguro de alcançar as Deidades do Paraíso é o de guiar, com êxito, uma alma de origem evolucionária até os portais do Paraíso. Conseqüentemente, esse compromisso de guardião do destino é a tarefa seráfica premiada de modo mais elevado.

Apenas os guardiães do destino são chamados para o Corpo de Finalidade primário ou mortal, e esses pares engajaram-se na aventura suprema da unicidade de identidade; pois os dois seres alcançaram a biunificação espiritual em Seráfington, antes da sua admissão ao Corpo de Finalitores. Durante essa experiência, as duas naturezas angélicas, tão complementares em todas as funções no universo, alcançam a condição espiritual última, dois-em-um, com a repercussão de terem uma nova capacidade para receber e se fundir com um fragmento do Pai do Paraíso, do tipo não-Ajustador. E assim o fazem alguns dos vossos companheiros no tempo, os amorosos serafins, que também se tornam os vossos companheiros finalitores na eternidade, crianças do Supremo e filhos perfeccionados do Pai do Paraíso.

[Apresentado pelo Comandante dos Serafins estacionados em Urântia.]

DOCUMENTO 114

O GOVERNO SERÁFICO PLANETÁRIO

OS ALTÍSSIMOS governam nos reinos dos homens por meio de forças, agentes e agências celestes, mas principalmente por meio da ministração dos serafins. Ao meio-dia de hoje, a lista de chamada dos anjos planetários, guardiães e outros, em Urântia, foi de 501 234 619 pares de serafins. Foram designadas ao meu comando duzentas hostes seráficas – 597 196 800 pares de serafins, ou 1 194 393 600 anjos individuais. O registro, contudo, mostra 1 002 469 238 indivíduos; conse-qüentemente, 191 924 362 anjos estiveram ausentes desse mundo, para fazer transporte, como mensageiros e em dever devido a mortes. (Em Urântia há aproximadamente o mesmo número de serafins e de querubins; e são organizados de modo similar.)

Os serafins e os seus querubins solidários têm muito a ver com os detalhes do go-verno supra-humano de um planeta, especialmente em mundos que foram isolados pela rebelião. Os anjos, habilmente ajudados pelos seres intermediários, funcionam em Urântia, de fato, como os ministros supramateriais que executam os mandados do governador-geral residente e de todos os seus colaboradores e subordinados. Os serafins, como uma classe, estão ocupados com muitos outros compromissos, além daqueles de guarda pessoal ou grupal.

Urântia não está sem um supervisionamento próprio e efetivo dos governantes do sistema, da constelação e do universo. Contudo, o governo deste planeta é diferente do de qualquer outro mundo do sistema de Satânia, e mesmo de Nébadon. Essa singularidade, no vosso plano de supervisão, deve-se a uma série de circunstâncias pouco comuns:

1. Ao status de Urântia ser um planeta de modificação de vida.

2. Às premências geradas pela rebelião de Lúcifer.

3. Às descontinuidades ocasionadas pela falta Adâmica.

4. Às irregularidades advindas do fato de Urântia haver sido um dos mundos de auto-outorga do Soberano do Universo, Michael de Nébadon, e atual Príncipe Planetário de Urântia.

5. À função especial dos vinte e quatro diretores planetários.

6. À existência, no planeta, de um circuito de arcanjos.

7. À designação, mais recente, de Maquiventa Melquisedeque, já encarnado anteriormente, como Príncipe Planetário vice-regente.

1. A SOBERANIA DE URÂNTIA

A soberania original de Urântia foi mantida nas mãos do soberano do sistema de Satânia. Inicialmente, delegada por ele a uma comissão conjunta de Melquisedeques e Portadores da Vida, esse grupo funcionou em Urântia até a chegada de um Príncipe Planetário, regularmente constituído. Após a queda do Príncipe Caligástia, à época da rebelião de Lúcifer, Urântia não manteve uma relação segura e estabelecida com o universo local e as suas divisões administrativas, até a consumação da auto-outorga de Michael na carne, quando ele foi proclamado Príncipe Planetário de Urântia, pelo União dos Dias. Tal proclamação, em princípio e com certeza, estabeleceu para sempre o status do vosso mundo, mas, na prática, o Filho Criador Soberano não fez nenhum gesto para a administração pessoal do planeta, a não ser por estabelecer uma comissão em Jerusém, de vinte e quatro outrora urantianos, com autoridade para representá-lo no governo de Urântia e de todos os outros planetas em quarentena, no sistema. Um dos seres desse conselho agora reside permanentemente em Urântia, como governador-geral residente.

Recentemente, foi conferida a Maquiventa Melquisedeque a autoridade de vice-regente, para atuar em nome de Michael, como Príncipe Planetário, mas esse filho do universo local não tomou medida alguma no sentido de modificar o atual regime planetário, que vem de administrações sucessivas dos governadores-gerais residentes.

Há pouca chance de que qualquer mudança marcante seja efetuada no governo de Urântia durante a presente dispensação, a menos que o Príncipe Planetário vice-regente venha para assumir as suas responsabilidades titulares. Quer parecer a alguns dos nossos colegas que em algum momento, no futuro próximo, o plano de enviar um dos vinte e quatro conselheiros a Urântia, para atuar como governador-geral, será substituído pela chegada formal de Maquiventa Melquisedeque, com o seu mandado de vice-regente na soberania de Urântia. Como Príncipe Planetário efetivo, ele continuaria, indubitavelmente, respondendo pelo planeta, até o julgamento final da rebelião de Lúcifer, e provavelmente continuaria até um futuro distante, quando do estabelecimento do planeta em luz e vida.

Alguns acreditam que Maquiventa não virá para assumir pessoalmente a direção dos assuntos urantianos até o fim da dispensação corrente. Outros sustentam que o Príncipe vice-regente pode não vir, como tal, até que Michael retorne em algum momento a Urântia, como prometeu, quando ainda na carne. Outros ainda, inclusive este narrador, aguardam o aparecimento de Melquisedeque a qualquer dia e hora.

2. A JUNTA DE SUPERVISORES PLANETÁRIOS

Desde os tempos da auto-outorga de Michael no vosso mundo, a administração geral de Urântia tem sido confiada a um grupo especial de Jerusém, de vinte e quatro ex-habitantes de Urântia. A qualificação para ser membro dessa comissão não é conhecida por nós, mas temos observado que todos aqueles que têm sido indicados para ela têm contribuído para o crescimento da soberania do Supremo, no sistema de Satânia. Por natureza, todos eles foram líderes reais quando funcionaram em Urântia (à exceção de Maquiventa Melquisedeque) e essas qualidades de liderança têm sido aumentadas pela experiência nos mundos das mansões e suplementadas pelo aperfeiçoamento da cidadania de Jerusém. Os membros dos vinte e quatro [também chamados "os quatro e vinte"] são indicados pelo gabinete de Lanaforge, secundado pelos Altíssimos de Edência, aprovados pela Sentinela Designada de Jerusém, e escolhidos por Gabriel de Sálvington, de acordo com o mandado de Michael. Aqueles que forem apontados temporariamente funcionam tão plenamente quanto os membros permanentes dessa comissão de supervisores especiais.

Essa junta de diretores planetários ocupa-se especialmente da supervisão daquelas atividades que, neste mundo, resultam do fato de que aqui Michael experienciou a sua auto-outorga final. Eles mantêm-se em contato estreito e imediato com Michael, por meio das atividades de ligação de um certo Brilhante Estrela Vespertino, idêntico ao mesmo ser que acompanhou Jesus na sua auto-outorga mortal.

Nos tempos presentes, um certo João, conhecido de vós como o "Batista", preside a esse conselho quando se reúne em Jerusém. No entanto, o dirigente ex officio desse conselho é a Sentinela Designada de Satânia, ou representante direta e pessoal do Inspetor Associado em Sálvington e do Executivo Supremo de Orvônton.

Os membros dessa mesma comissão de ex-habitantes de Urântia também agem como supervisores assessores dos outros trinta e seis mundos do sistema, isolados por causa da rebelião; eles prestam um serviço valioso, mantendo Lanaforge, o Soberano do Sistema, em contato estreito e compassivo com os assuntos desses planetas, que ainda permanecem mais ou menos sob o supercontole dos Pais da Constelação de Norlatiadeque. Esses "vinte e quatro" conselheiros fazem freqüentes viagens individuais a cada um dos planetas em quarentena, especialmente a Urântia.

Cada um dos outros mundos isolados é aconselhado por comissões semelhantes e de número variável de ex-habitantes, mas essas outras comissões estão subordinadas ao grupo dos vinte e quatro de Urântia. Ao mesmo tempo em que os membros desta última comissão estão ativamente interessados em cada fase do progresso humano, em cada mundo em quarentena de Satânia, eles estão preocupados, especial e particularmente, com o bem-estar e o avanço das raças mortais de Urântia, pois eles não supervisionam imediata e diretamente os assuntos de nenhum outro planeta, exceto Urântia, e mesmo aqui, a sua autoridade não é total, exceto em certos domínios vinculados à sobrevivência mortal.

Ninguém sabe por quanto tempo esses vinte e quatro conselheiros de Urântia continuarão no seu status atual, separados do programa regular de atividades no universo. Eles continuarão, sem dúvida, a servir nas suas funções atuais, até que se produza alguma mudança no status planetário, tal como o fim de uma dispensação ou a posse da autoridade total por parte de Maquiventa Melquisedeque, ou a decisão final no julgamento da rebelião de Lúcifer, ou o reaparecimento de Michael, no mundo da sua última auto-outorga. O atual governador-geral residente de Urântia parece inclinado à opinião de que todos, exceto Maquiventa, possam ser liberados das suas funções, para ascender ao Paraíso, no momento em que o sistema de Satânia for reintegrado aos circuitos da constelação. Contudo, existem também outras opiniões.

3. O GOVERNADOR-GERAL RESIDENTE

A cada cem anos do tempo de Urântia, o corpo de vinte e quatro supervisores planetários de Jerusém designa um, entre eles, para permanecer no vosso mundo e atuar como representante executivo deles, na função de governador-geral residente. Durante os tempos da preparação destas narrativas, esse oficial executivo, o décimo nono a servir como tal, foi mudado e foi sucedido pelo vigésimo. O nome do supervisor planetário atual é ocultado de vós, apenas porque o homem mortal tende a venerar e até mesmo a deificar os seus compatriotas extraordinários e superiores supra-humanos.

O governador-geral residente não tem nenhuma autoridade pessoal de fato, na administração dos assuntos do mundo, exceto como representante dos vinte e quatro conselheiros de Jerusém. Ele atua como coordenador da administração supra-humana e é o líder respeitado e o líder universalmente reconhecido dos seres celestes que atuam em Urântia. Todas as ordens de hostes angélicas consideram-no como o seu diretor coordenador, ao passo que, desde a partida de 1-2-3, o primeiro, o qual se tornou um dos vinte e quatro conselheiros, os seres intermediários unidos realmente consideram os sucessivos governadores-gerais como seus pais planetários.

Embora o governador-geral não possua autoridade pessoal de fato no planeta, ele emite, todo dia, dezenas de regulamentações e decisões, aceitas como finais pelas personalidades envolvidas. Ele é muito mais como um pai que aconselha, do que tecnicamente um mandatário formal. De certo modo, ele funciona como um Príncipe Planetário, mas a sua administração assemelha-se em muito àquela dos Filhos Materiais.

O governo de Urântia é representado, nos conselhos de Jerusém, de acordo com um arranjo por meio do qual o governador-geral que para lá retorna assenta-se como um membro temporário do gabinete do Soberano do Sistema, composto pelos Príncipes Planetários. Era esperado que, quando Maquiventa fosse designado Príncipe vice-regente, ele assumisse imediatamente o seu lugar no conselho dos Príncipes Planetários de Satânia, mas até o momento ele não fez nenhuma menção nesse sentido.

O governo supramaterial de Urântia não mantém uma relação orgânica muito estreita com as unidades mais altas do universo local. De um certo modo, o governador-geral residente representa Sálvington, bem como Jerusém, pois ele atua em nome dos vinte e quatro conselheiros, que são os representantes diretos de Michael e de Gabriel. E, sendo um cidadão de Jerusém, o governador planetário pode funcionar como porta-voz do Soberano do Sistema. As autoridades da constelação são representadas diretamente por um Filho Vorondadeque, o observador de Edêntia.

4. O OBSERVADOR ALTÍSSIMO

A soberania de Urântia torna-se ainda mais complicada pelo embargo arbitrário da autoridade planetária, da parte do governo de Norlatiadeque, pouco depois da rebelião planetária. Há, ainda, residente em Urântia, um Filho Vorondadeque, um observador em nome dos Altíssimos de Edêntia, o qual, na ausência de uma ação direta de Michael, é o fiel encarregado da soberania planetária. O observador atual dos Altíssimos (e ex-regente) é o vigésimo terceiro a servir, dessa forma, em Urântia.

Há certos tipos de problemas planetários que ainda estão sob o controle dos Altíssimos de Edêntia, pois a jurisdição sobre eles foi tomada no tempo da rebelião de Lúcifer. A autoridade nessas questões é exercida por um Filho Vorondadeque, o observador de Norlatiadeque, que mantém relações bastante estreitas de aconselhamento junto com os supervisores planetários. Os comissionados da raça são muito ativos em Urântia, e os seus vários chefes de grupo estão informalmente ligados ao observador Vorondadeque, que atua como o seu diretor conselheiro.

Numa crise, o factual dirigente e soberano do governo, exceto para os casos de questões puramente espirituais, seria esse Filho Vorondadeque de Edêntia, agora na posição de observador. (No caso de problemas puramente espirituais e para certas questões puramente pessoais, a autoridade suprema parece haver sido conferida ao arcanjo em comando, agregado da sede-central divisional dessa ordem, recentemente estabelecida em Urântia.)

Um observador Altíssimo detém o poder de tomar nas suas mãos, caso assim decida, o governo planetário em tempos de crise planetária grave, e os registros mostram que isso já aconteceu, trinta e três vezes, na história de Urântia. Em tais momentos, o observador Altíssimo funciona como regente Altíssimo exercendo autoridade inquestionável sobre todos os ministradores e administradores, residentes no planeta, excetuando-se apenas a organização divisional dos arcanjos.

As regências dos Vorondadeques não são peculiares aos planetas isolados pela rebelião, pois os Altíssimos podem intervir a qualquer tempo nos assuntos em tais mundos habitados, interpondo a sabedoria superior dos governantes da constelação aos assuntos dos reinos dos humanos.

5. O GOVERNO PLANETÁRIO

A administração de fato, em Urântia, é realmente difícil de descrever. Não existe nenhum governo formal que siga as linhas da organização do universo, como, por exemplo, a separação entre os setores legislativo, executivo e judiciário. Os vinte e quatro conselheiros aproximam-se o mais possível de uma ramificação legislativa do governo planetário. O governador-geral é um chefe executivo provisório e de assessoria, permanecendo o poder do veto com o observador Altíssimo. E não há absolutamente nenhum poder judiciário com autoridade operativa no planeta – apenas as comissões conciliatórias.

A maioria dos problemas que envolve os serafins e os seres intermediários é, por consenso mútuo, decidida pelo governador-geral. No entanto, exceto quando pronuncia os mandados dos vinte e quatro conselheiros, todas as suas decisões estão sujeitas a apelações, às comissões conciliatórias, a autoridades locais, constituídas para funcionar planetariamente, ou mesmo, sujeitas ao Soberano do Sistema de Satânia.

A ausência de um grupo de assessores corpóreos do Príncipe Planetário e a ausência do regime material de um Filho e de uma Filha Adâmica é parcialmente compensada pelo ministério especial dos serafins e pelos serviços incomuns das criaturas intermediárias. A ausência de um Príncipe Planetário é efetivamente compensada pela presença trina, composta dos arcanjos, do observador Altíssimo e do governador-geral.

Esse governo planetário, não muito rigidamente organizado e, de um certo modo, de administração personalizada, tornou-se mais eficiente do que o esperado, em conseqüência da assistência poupadora de tempo dos arcanjos e do seu circuito sempre pronto, o qual é tão freqüentemente utilizado nas emergências planetárias e dificuldades administrativas. Do ponto de vista técnico, o planeta permanece ainda espiritualmente isolado dos circuitos de Norlatiadeque, mas, em uma emergência, essa dificuldade pode ser agora contornada, pela utilização do circuito dos arcanjos. O isolamento planetário não atinge, de fato, os mortais individualmente, desde a efusão do Espírito da Verdade sobre toda a carne realizada há dezenove séculos.

Cada dia administrativo em Urântia começa com uma reunião de consulta, feita com a presença do governador-geral, do dirigente planetário dos arcanjos, do observador Altíssimo, do supernafim supervisor, do dirigente dos Portadores da Vida e dos hóspedes convidados, dentre os altos Filhos do universo ou dentre certos estudantes visitantes que possam estar de permanência no planeta.

O gabinete administrativo, diretamente a serviço do governador-geral, consiste de doze serafins, dos chefes em atuação dos doze grupos de anjos especiais que funcionam como diretores supra-humanos imediatos do progresso e da estabilidade planetários.

6. OS SERAFINS MESTRES DA SUPERVISÃO PLANETÁRIA

Quando o primeiro governador-geral chegou a Urântia, e isso coincidiu com o momento do envio e da efusão do Espírito da Verdade, ele veio acompanhado por doze corpos de serafins especiais, graduados em Seráfington, que foram imediatamente designados para certos serviços planetários especiais. Esses anjos elevados são conhecidos como os serafins mestres da supervisão planetária e, além de estarem sob o supercontole do observador Altíssimo planetário, eles estão sob a direção imediata do governador-geral residente.

Esses doze grupos de anjos, ainda que funcionando sob a supervisão geral do governador-geral residente, são dirigidos diretamente pelo conselho seráfico dos doze, composto dos dirigentes titulares de cada grupo. Esse conselho também serve como gabinete voluntário do governador-geral residente.

Como dirigente planetário dos serafins, eu presido a esse conselho de chefes seráficos; e sou um supernafim da primeira ordem, voluntariamente a serviço em Urântia, como sucessor daquele que, no passado, foi chefe das hostes angélicas do planeta e que caiu em falta na época da secessão de Caligástia.

Os doze corpos de serafins mestres da supervisão planetária funcionam em Urântia como a seguir é exposto:

1. *Os anjos epocais*. Estes são os anjos da idade presente, o grupo dispensacional. Esses ministros celestes estão incumbidos da supervisão e direção dos assuntos de cada geração, pois são designados para adequar-se ao mosaico da época em que os fatos estão ocorrendo. O corpo atual de anjos epocais, a serviço em Urântia, é o terceiro grupo designado para o planeta durante a presente dispensação.

2. *Os anjos do progresso*. A estes serafins é confiada a tarefa da iniciação do progresso evolucionário das sucessivas idades sociais. Eles fomentam o desenvolvimento, dentro da trajetória inerente às criaturas evolucionárias, e trabalham incessantemente para fazer com que as coisas sejam como elas deveriam ser. O grupo em função, nesse momento, foi o segundo a ser designado para o planeta.

3. *Os guardiães religiosos*. Estes são os "anjos das igrejas", os defensores honestos pelo que é e pelo que tem sido. Eles trabalham para manter os ideais daquilo que sobreviveu, para que seja feita a passagem segura, de uma época para outra, dos valores morais. Eles são como um xeque-mate para os anjos do progresso, a todo tempo buscando transladar, de uma geração a outra, os valores imperecíveis, transformando as formas velhas e passageiras em novas e, portanto, em padrões menos cristalizados de pensamento e conduta. Esses anjos lutam pelas formas espirituais, mas eles não são fonte de ultra-sectarismo, nem das divisões sem sentido surgidas da controvérsia entre os religiosos professos. O corpo em funcionamento, atualmente em Urântia, é o quinto a servir como tal.

4. *Os anjos da vida nacional*. Estes são os "anjos das trombetas", diretores das atuações políticas da vida nacional em Urântia. O grupo agora em funcionamento no supercontole das relações internacionais é o quarto corpo a servir no planeta. É particularmente por intermédio da ministração dessa divisão seráfica que "os Altíssimos governam nos reinos dos homens".

5. *Os anjos das raças*. Aqueles que trabalham para a conservação das raças evolucionárias do tempo, independentemente das suas questões políticas e agrupamentos religiosos. Em Urântia, há remanescentes de nove raças humanas miscigenadas e que culminaram no povo destes tempos modernos. Esses serafins estão intimamente ligados ao ministério dos comissionados da raça, e o grupo atualmente em Urântia é o corpo originalmente designado ao planeta, logo após o Dia de Pentecostes.

6. *Os anjos do futuro*. Estes são os anjos dos projetos, que prognosticam uma época futura e planejam a realização de coisas melhores para uma dispensação nova e avançada; eles são os arquitetos das eras sucessivas. O grupo que agora está no planeta tem funcionado como tal desde o começo da dispensação corrente.

7. *Os anjos do esclarecimento*. Urântia está recebendo, agora, a ajuda do terceiro corpo de serafins, dedicado a fomentar a instrução no planeta. Esses anjos ocupam-se com o aperfeiçoamento mental e moral, em tudo o que isso concerne aos indivíduos, famílias, grupos, escolas, comunidades, nações e raças inteiras.

8. *Os anjos da saúde*. Estes são os ministros seráficos, designados para a assistência às agências mortais que se dedicam à promoção da saúde e à prevenção de doenças. O corpo atualmente presente no planeta é o sexto grupo a servir durante essa dispensação.

9. *Os serafins do lar*. Urântia desfruta, agora, dos serviços do quinto grupo de ministros angélicos dedicados à preservação e ao avanço do lar, a instituição básica da civilização humana.

10. *Os anjos da indústria*. Este grupo seráfico ocupa-se em fomentar o desenvolvimento industrial e em melhorar as condições econômicas dos povos de Urântia. Esse corpo foi mudado sete vezes, desde a auto-outorga de Michael.

11. *Os anjos das diversões*. Estes são os serafins que fomentam o valor do divertimento, do humor e do descanso. Eles procuram elevar sempre as diversões e as recreações do homem, promovendo, desse modo, um aproveitamento melhor do lazer humano. O corpo atual é o terceiro da sua ordem a ministrar em Urântia.

12. *Os anjos do ministério supra-humano*. Estes são os anjos dos anjos, são os serafins que estão designados à ministração a todas as outras vidas supra-humanas no planeta, temporária ou permanentemente. Esse corpo tem servido desde o início da dispensação presente.

Quando esses grupos de serafins mestres discordam sobre questões de política ou de procedimento planetário, as suas diferenças são usualmente resolvidas pelo governador-geral, mas todas essas resoluções ficam sujeitas ao apelo, de acordo com a natureza e a gravidade das questões que geram desacordos.

Nenhum desses grupos angélicos exerce o controle direto ou arbitrário sobre o domínio dos seus compromissos. Eles não podem controlar totalmente os assuntos dos seus respectivos domínios de ação, mas podem manipular, e assim o fazem, as condições planetárias; e, assim, associar as circunstâncias de modo a influenciar favoravelmente as esferas da atividade humana às quais estão ligados.

Os serafins mestres da supervisão planetária utilizam-se de muitos meios para levar adiante as suas missões. Eles funcionam como centros ideacionais de compensação, como focalizadores da mente e promotores de projetos. Embora incapazes de injetar concepções novas ou mais elevadas nas mentes humanas, eles atuam, freqüentemente, para intensificar algum ideal mais elevado que já haja surgido em um intelecto humano.

Todavia, fora esses vários meios de ação positiva, os serafins mestres asseguram o progresso planetário contra a ameaça vital, por meio da mobilização, aperfeiçoamento e manutenção do corpo de reserva do destino. A função principal desses reservistas é a de assegurar-se de que não haverá interrupção do progresso evolucionário; eles são as precauções que as forças celestes tomaram contra a surpresa; eles são as garantias contra o desastre.

7. O CORPO DE RESERVA DO DESTINO

O corpo de reserva do destino consiste em homens e mulheres vivos, que foram admitidos no serviço especial da administração supra-humana de assuntos do mundo. Esse corpo é constituído de homens e mulheres de cada geração, escolhidos pelos diretores do espírito deste reino para prestar assistência na condução da ministração da misericórdia e da sabedoria aos filhos do tempo nos mundos evolucionários. É prática geral, na condução dos assuntos dos planos de ascensão, começar essa ligação de utilização de criaturas volitivas mortais, tão logo elas hajam-se tornado competentes e confiáveis para assumir tais responsabilidades. Portanto, tão logo surjam os homens e mulheres no cenário da ação temporal, com capacidade mental suficiente, status moral adequado e a espiritualidade requisitada, eles são rapidamente designados para o grupo celeste apropriado de personalidades planetárias, para serem as ligações humanas, os assistentes mortais.

Quando os seres humanos são escolhidos como protetores do destino planetário, quando se tornam indivíduos-chave nos planos que a administração mundial está levando adiante, nesse momento, o dirigente planetário dos serafins confirma a sua entronização com o corpo seráfico e aponta os guardiães pessoais de destino temporais, para servir a tais mortais reservistas. Todos os reservistas têm Ajustadores autoconscientes, e a maioria deles funciona em círculos cósmicos mais elevados de realização intelectual e de alcance espiritual.

Os mortais do reino são escolhidos para o serviço no corpo de reserva do destino nos mundos habitados, em virtude da:

1. Capacidade especial para ser secretamente treinado para inúmeras missões possíveis de emergência, na conduta de várias atividades dos assuntos do mundo.

2. Dedicação, com plenitude de coração, a alguma causa especial, seja social, econômica, política, espiritual ou outras; e tendo, em acréscimo, disposição de servir, sem reconhecimento, nem recompensas humanas.

3. Posse de um Ajustador do Pensamento com extraordinária versatilidade e com provável experiência anterior a esta de Urântia, de enfrentar as dificuldades planetárias e de lutar em situações de emergência iminente no mundo.

Cada divisão do serviço celeste planetário tem direito a um corpo de ligação, constituído desses mortais do destino. Os mundos habitados médios empregam setenta corpos separados do destino, os quais estão intimamente vinculados à condução supra-humana corrente de assuntos do mundo. Em Urântia, existem doze corpos de reserva do destino, um para cada um dos grupos planetários de supervisão seráfica.

Os doze grupos de reservistas do destino de Urântia são compostos de habitantes mortais da esfera, os quais foram treinados para inúmeras posições cruciais na Terra e são mantidos em prontidão, para atuar em possíveis emergências planetárias. Esse corpo combinado consiste, atualmente, em 962 pessoas. O corpo menor conta com 41, e o maior, com 172 pessoas. À exceção de menos de vinte personalidades de contato, os membros desse grupo exclusivo são inteiramente inconscientes da sua preparação para uma possível atuação em certas crises planetárias. Esses reservistas mortais são escolhidos pelo corpo ao qual eles ficam respectivamente ligados e por ele são treinados e preparados, na sua mente profunda, pela técnica combinada do Ajustador do Pensamento e da ministração do guardião seráfico. Muitas vezes, numerosas outras personalidades celestes participam desse aperfeiçoamento inconsciente e, em toda essa preparação especial, os seres intermediários prestam serviços valiosos e indispensáveis.

Em muitos mundos, as criaturas intermediárias secundárias, mais bem adaptadas, são capazes de atingir níveis variáveis de contato com os Ajustadores do Pensamento de certos mortais favoravelmente constituídos, por meio da penetração habilidosa nas mentes resididas pelos referidos Ajustadores (E foi por meio de uma combinação fortuita, de ajustamentos cósmicos, que estas revelações foram materializadas na língua inglesa, em Urântia.) Tais mortais, com potencial de contato nos mundos evolucionários, são mobilizados pelos numerosos corpos de reserva, e é, até certo ponto, por intermédio desses pequenos grupos de personalidades de visão ampla que a civilização espiritual tem o seu avanço, e os Altíssimos tornam-se capacitados para governar nos reinos dos homens. Os homens e as mulheres desses corpos de reserva do destino têm, pois, vários graus de contato com os seus Ajustadores, por meio da ministração intercedente das criaturas intermediárias; mas tais mortais são pouco conhecidos dos seus companheiros, exceto nessas raras emergências sociais e exigências espirituais em que essas personalidades reservistas funcionam para a prevenção da quebra da cultura evolucionária ou da extinção da luz da verdade viva. Esses reservistas do destino, em Urântia, raramente receberam destaque nas páginas da história humana.

Os reservistas atuam inconscientemente como conservadores da informação planetária essencial. Muitas vezes, diante da morte de um reservista, uma transferência de certos dados vitais da mente do reservista agonizante é feita, para a de um sucessor mais jovem, por meio da ligação dos dois Ajustadores do Pensamento. Os Ajustadores, indubitavelmente, funcionam de muitos outros modos desconhecidos para nós, quando vinculados a esse corpo de reserva.

Em Urântia, o corpo de reserva do destino, mesmo não tendo um dirigente permanente, tem os seus próprios conselhos permanentes que constituem a sua organização de governo. Esta abrange o conselho judiciário, o conselho de historicidade, o conselho de soberania política e ainda outros. De tempos em tempos, de acordo com a organização do corpo, os líderes (mortais) titulares de todo o corpo de reserva têm sido indicados por esses conselhos permanentes para funções específicas. A duração da permanência desses chefes da reserva no cargo é, via de regra, uma questão de poucas horas, ficando limitadas ao cumprimento de alguma tarefa específica à mão.

O corpo de reserva de Urântia teve a sua quantidade de membros mais numerosa nos dias dos adamitas e anditas, baixando de forma constante, com a diluição do sangue violeta, e tendo o seu ponto mais baixo por volta da época de Pentecostes, época desde a qual o número de membros do corpo de reserva tem crescido de modo contínuo.

(O corpo cósmico de reserva de cidadãos conscientes do universo, em Urântia, conta atualmente com mais de mil mortais, cujo discernimento interno de cidadania cósmica transcende, em muito, à esfera do seu âmbito terrestre, mas estou proibido de revelar a natureza verdadeira da função deste grupo único de seres humanos vivos.)

Os mortais de Urântia não deveriam permitir que o relativo isolamento do vosso mundo, em relação a certos circuitos do universo local, produza um sentimento de deserção cósmica, nem de orfandade planetária. Há, em operação no planeta, uma supervisão supra-humana muito eficiente e definida para os assuntos do mundo e dos destinos humanos.

É bem verdade, contudo, que, na melhor das hipóteses, vós podeis ter uma idéia apenas limitada do que seria um governo planetário ideal. Desde os tempos iniciais do Príncipe Planetário, Urântia tem sofrido com o desvio do plano divino de crescimento do mundo e de desenvolvimento racial. Os mundos habitados de Satânia, que se mantiveram leais, não são governados como Urântia o é. Contudo, comparados a outros mundos isolados, os vossos governos planetários não têm sido absolutamente tão inferiores; em um ou dois mundos pode o governo ser pior e em uns poucos outros ser ligeiramente melhor, mas a maioria está em um plano de igualdade convosco.

Ninguém no universo local parece saber quando terminará o status não estabelecido da administração planetária. Os Melquisedeques de Nébadon estão inclinados a opinar que pouca mudança ocorrerá no governo e na administração do planeta, até a segunda chegada pessoal de Michael, em Urântia. Indubitavelmente nessa época, se não antes, mudanças enormes serão efetuadas na administração do planeta. Contudo, quanto à natureza de tais modificações nessa administração do mundo, ninguém parece ser capaz, nem mesmo de conjecturar. Não há precedente, para esse episódio, em toda a história dos mundos habitados do universo de Nébadon. Entre as muitas coisas que tornam difícil de compreender qualquer coisa sobre o futuro governo de Urântia, uma das mais importantes tornou-se a localização, no planeta, de um circuito e de uma sede-central divisional de arcanjos.

O vosso mundo isolado não está esquecido, nos conselhos do universo. Urântia não é um órfão cósmico estigmatizado pelo pecado e sem acesso ao cuidado divino, em conseqüência da rebelião. De Uversa a Sálvington, e até abaixo, em Jerusém, mesmo em Havona e no Paraíso, todos sabem que estamos aqui; e vós, mortais, ora residindo em Urântia, estais sendo tão ternamente amados e tão fielmente cuidados, que é como se a esfera nunca houvesse sido traída por um Príncipe Planetário, e mesmo até mais. É eternamente verdadeiro que "o Pai, Ele próprio, vos ama".

[Apresentado pelo Comandante dos Serafins, estacionado em Urântia.]

DOCUMENTO 115

O SER SUPREMO

COM Deus, o Pai, a filiação é o grande relacionamento. Com Deus, o Supremo, a realização é o pré-requisito para o status – é preciso fazer alguma coisa, assim como ser alguma coisa.

1. A RELATIVIDADE DO QUADRO CONCEITUAL

Os intelectos parciais, incompletos e em evolução estariam desamparados no universo-mestre, seriam incapazes de formar o primeiro modelo de pensamento racional, não fosse pela capacidade inata de toda mente, mais elevada ou mais baixa, de formar um *quadro do universo* dentro do qual pensar. Se a mente não pode estabelecer conclusões, se não pode penetrar as verdadeiras origens, então essa mente irá, infalivelmente, postular conclusões e inventar origens para que possa ter um meio de pensar logicamente dentro da moldura desses postulados criados pela mente. E, conquanto essas molduras do universo para o pensamento da criatura sejam indispensáveis à operação intelectual racional, elas são, sem exceção, errôneas num grau maior ou menor.

Os quadros conceituais para o universo são apenas relativamente verdadeiros; eles são um andaime útil que deve finalmente ceder o seu lugar diante das expansões de uma compreensão cósmica ampliada. As compreensões da verdade, beleza e bondade, bem como da moralidade, ética, dever, amor, divindade, origem, existência, propósito, destino, tempo, espaço e, até mesmo, da Deidade são apenas relativamente verdadeiras. Deus é muito, muito mais do que um Pai, no entanto, o conceito mais elevado que o homem faz de Deus é o do Pai; um retrato Pai-Filho para a relação Criador-criatura, entretanto, será ampliado por aquelas concepções supramortais da Deidade, que serão alcançadas em Orvônton, em Havona e no Paraíso. O homem deve pensar segundo uma moldura mortal do universo, mas isso não quer dizer que ele não possa visualizar outros quadros mais elevados, dentro dos quais o pensamento possa ter lugar.

Com o fito de facilitar a compreensão mortal do universo dos universos, os níveis diversos da realidade cósmica têm sido designados como finitos, absonitos e absolutos. Desses, apenas o absoluto é eterno irrestritamente, verdadeiramente existencial. Os absonitos e os finitos são derivativos, modificações, qualificações e atenuações da realidade absoluta, original e primordial da infinitude.

Os domínios do finito existem em virtude do propósito eterno de Deus. As criaturas finitas, superiores ou inferiores, podem propor teorias quanto à necessidade do finito na economia cósmica e, assim, o têm feito; mas, em última análise, o finito existe porque Deus assim o quis. O universo não pode ser explicado, nem pode uma criatura finita oferecer uma razão racional para a sua própria existência individual, sem apelar para os atos anteriores e para a vontade preexistente de seres ancestrais, Criadores ou procriadores.

2. A BASE ABSOLUTA PARA A SUPREMACIA

Do ponto de vista existencial, nada de novo pode acontecer nas galáxias, pois o completar da infinitude, inerente ao EU SOU, está eternamente presente nos sete

Absolutos, está funcionalmente associado às triunidades e está associado às triodidades de maneira transmissível. Contudo, o fato de que a infinitude esteja assim
existencialmente presente nessas associações absolutas, de nenhum modo torna impossível realizar novas experiências cósmicas. Do ponto de vista de uma criatura
finita, a infinitude contém muito daquilo que é potencial, muito do que está na ordem
de uma possibilidade futura, mais do que na ordem da factualidade presente.

O valor é um elemento único na realidade do universo. Nós não compreendemos
como o valor de qualquer coisa infinita e divina provavelmente possa aumentar. No
entanto, descobrimos que os *significados* podem ser modificados, se não ampliados,
até mesmo nas relações dentro da Deidade infinita. Para os universos experienciais,
até os valores divinos crescem como factualidades, quando se dá a ampliação da
compreensão dos significados da realidade.

Todo o esquema da criação universal e da evolução, em todos os níveis da experiência, aparentemente, é uma questão de conversão de potencialidades em
factualidades; e essa transmutação, do mesmo modo, tem a ver com os domínios da
potência do espaço, da potência da mente e da potência do espírito.

O método aparente, por meio do qual as possibilidades do cosmo são trazidas
à existência factual, varia de nível para nível; no finito, é a evolução experiencial
e, no absonito, a factualização experiencial. A infinitude existencial é, de fato, não
condicionada na sua total-inclusividade, e essa inclusividade total, mesma, deve forçosamente englobar até a possibilidade para a experiência evolucionária finita. A
possibilidade para esse crescimento experiencial torna-se uma factualidade no universo, por meio das relações de triodidade que se impingem ao Supremo, e que
passam a fazer parte dele.

3. O ORIGINAL, O FACTUAL E O POTENCIAL

O cosmo absoluto existe, conceitualmente, sem limitações; definir a extensão e a
natureza dessa realidade primordial é atribuir qualificações à infinitude e atenuar o
conceito puro de eternidade. A idéia do eterno infinito e do infinito eterno é não condicionada, ou seja, não é definida em extensão, é absoluta de fato. Nenhuma língua
de Urântia, seja do passado, do presente ou do futuro, é adequada para expressar a
realidade da infinitude ou a infinitude da realidade. O homem, uma criatura finita
num cosmo infinito, deve contentar-se com reflexões distorcidas e conceitos pouco
nítidos dessa existência ilimitada, sem fronteiras, sem começo nem fim, cuja compreensão fica de fato muito além da capacidade dele.

A mente nunca pode esperar apreender o conceito de um Absoluto sem primeiro
intentar quebrar a unidade dessa realidade. A mente é unificadora de todas as divergências, mas, na ausência mesma dessas divergências, a mente não encontra uma
base sobre a qual tentar formular conceitos compreensíveis.

A estática primordial da infinitude requer uma segmentação, antes de quaisquer
tentativas humanas de compreensão. Há, na infinitude, uma unidade que tem sido
expressa, nestes documentos, pelo EU SOU – o postulado primeiro da mente da criatura. No entanto, uma criatura nunca pode compreender de que modo essa unidade
se transforma numa dualidade, numa triunidade e numa diversidade, permanecendo
ainda como uma unidade inqualificável, ou sem condicionamentos. O homem encontra um problema semelhante quando faz uma pausa e contempla a Deidade indivisa
da Trindade, de um lado e, de outro lado, a personalização múltipla de Deus.

Apenas a distância que separa o homem da infinitude é o que leva esse conceito a ser expresso em uma única palavra. Enquanto a infinitude, de um lado, é a
UNIDADE, de outro, é a DIVERSIDADE sem fim ou limite. A infinitude, como observada pelas inteligências finitas, é o paradoxo máximo da filosofia da criatura e da

metafísica finita. Embora a natureza espiritual do homem alcance, na experiência da adoração, o Pai que é infinito, a capacidade intelectual de compreensão do homem se exaure antes que ele conceba o máximo do Ser Supremo. Além do Supremo, os conceitos passam a ser cada vez mais apenas nomes e cada vez menos designações verdadeiras da realidade; mais e mais se tornam projeções do entendimento finito da criatura na direção do suprafinito.

Uma concepção básica do nível absoluto envolve um postulado de três fases:

1. *Original.* O conceito inqualificável (inominável) da Primeira Fonte e Centro, aquela manifestação da fonte do EU SOU na qual toda realidade tem origem;

2. *Factual.* A união dos três absolutos da factualidade, da Segunda Fonte e Centro, da Terceira Fonte e Centro, e da Fonte e Centro do Paraíso. Essa triodidade, de Filho Eterno, de Espírito Infinito e de Ilha do Paraíso, constitui a revelação factual da originalidade da Primeira Fonte e Centro;

3. *Potencial.* A união dos três Absolutos de potencialidade, o Absoluto da Deidade, o Absoluto Inqualificável e o Absoluto Universal. Essa triodidade de potencialidade existencial constitui a revelação potencial da originalidade da primeira Fonte e Centro.

A interassociação do Original, do Factual e do Potencial produz as tensões, dentro da infinitude, que resultam na possibilidade de crescimento de todo o universo; e o crescimento é a natureza do Sétuplo, do Supremo e do Último.

Na associação do Absoluto da Deidade, do Absoluto Universal e do Absoluto Inqualificável, a potencialidade é absoluta, enquanto a factualidade é emergente; na associação entre a Segunda, a Terceira, e a Fonte e Centro do Paraíso, a factualidade é absoluta, enquanto a potencialidade é emergente; na originalidade da Primeira Fonte e Centro, não podemos dizer que a factualidade e a potencialidade sejam nem existentes nem emergentes – *o Pai é.*

De um ponto de vista temporal, o Factual é aquilo que foi e que é; o Potencial é aquilo que está vindo a ser e que será; o Original é aquilo que é. De um ponto de vista da eternidade, as diferenças entre o Original, o Factual e o Potencial não são assim aparentes. Essas qualidades trinas não são diferenciadas assim nos níveis da eternidade, do Paraíso. Na eternidade tudo é – só que tudo não foi ainda revelado no tempo e no espaço.

Do ponto de vista de uma criatura, factualidade é substância, potencialidade é capacidade. A factualidade existe sobretudo no centro e, daí, expande-se para o infinito da periferia; a potencialidade vem da periferia da infinitude para dentro e converge para o centro de todas as coisas. A originalidade é aquilo que primeiro causa e, depois, equilibra os movimentos duais do ciclo da realidade, em que os potenciais metamorfoseiam-se em factuais, e em que os factuais existentes são potencializados.

Os três Absolutos da potencialidade operam no nível puramente eterno do cosmo e, pois, nunca funcionam como tais, em níveis subabsolutos. Nos níveis descendentes da realidade, a triodidade da potencialidade é manifestada com o Último e no Supremo. O potencial pode não ter êxito em factualizar-se no tempo, com respeito a uma parte em algum nível subabsoluto, mas com respeito ao conjunto, sempre tem êxito. A vontade de Deus prevalece em ultimidade; nem sempre concernindo ao indivíduo, mas invariavelmente, no que concerne ao todo.

É na triodidade da factualidade que as existências do cosmo têm o seu centro; sejam espírito, mente ou energia, todas estão centradas nessa associação do Filho, do Espírito e do Paraíso. A personalidade do Filho espiritual é o modelo mestre para todas as personalidades em todos os universos. A substância da Ilha do Paraíso é o modelo mestre do qual Havona é uma revelação perfeita e do qual os superuniversos são uma revelação em perfeccionamento. O Agente Conjunto é, a um só tempo, a ativação mental da energia cósmica, a conceituação do propósito do espírito e a integração das causas e efeitos matemáticos dos níveis materiais com os propósitos e motivos volicionais do nível espiritual. Em um universo finito e para um universo finito, o Filho, o Espírito e o Paraíso funcionam no Último, e sobre o Último, do modo como ele está condicionado e qualificado no Supremo.

A Factualidade (da Deidade) é o que o homem busca, na ascensão ao Paraíso. A Potencialidade (da divindade humana) é aquilo que evolui no homem ao longo dessa busca. O Original é o que torna possível a coexistência e a integração entre o homem factual, o homem potencial e o homem eterno.

A dinâmica final do cosmo tem a ver com a transferência contínua que se dá na realidade, da potencialidade para a factualidade. Em teoria, pode haver um final para essa metamorfose, mas, de fato, isso é impossível, já que o Potencial e o Factual estão ambos dentro de um circuito no Original (o EU SOU), e essa identificação torna impossível, para sempre, colocar um limite na progressão do desenvolvimento do universo. O que quer que seja identificado com o EU SOU, não pode nunca ter um fim na sua progressão, já que a factualidade dos potenciais do EU SOU é absoluta, e a potencialidadade dos factuais do EU SOU também é absoluta. Os factuais estarão sempre abrindo novas vias para a realização dos potenciais, até então impossíveis – cada decisão humana não apenas factualiza uma nova realidade, na experiência humana, como também abre uma nova capacidade de crescimento humano. Um homem vive em toda criança, e o progressor moroncial reside no homem maduro conhecedor de Deus.

Uma paralisação, ou estática, no crescimento nunca pode se estabelecer no cosmo total, desde que a base para o crescimento – os factuais absolutos – seja não especificada, e desde que as possibilidades de crescimento – os potenciais absolutos – sejam ilimitadas. De um ponto de vista prático, os filósofos do universo chegaram à conclusão de que não existe uma coisa como um *fim*.

De um ponto de vista limitado, de fato, há muitos fins, muitas conclusões de atividades; mas, de um ponto de vista mais amplo, e em um nível mais elevado no universo, não existe nenhum fim, o que há são meras transições de uma fase do desenvolvimento para outra. A cronicidade maior, no universo-mestre, diz respeito a várias idades do universo: a idade de Havona, a do superuniverso e as idades dos universos exteriores. Contudo, até mesmo essas divisões básicas, na seqüência das relações, nada mais podem ser do que marcos relativos no interminável caminho da eternidade.

A penetração final na verdade, na beleza e na bondade do Ser Supremo pode dar, à criatura em progresso, apenas uma abertura para as qualidades absonitas da divindade última, as quais repousam muito além dos níveis dos conceitos de verdade, de beleza e de bondade.

4. AS FONTES DA REALIDADE SUPREMA

Qualquer consideração sobre as *origens* de Deus, o Supremo, deve começar pela Trindade do Paraíso, pois a Trindade é a Deidade original, enquanto o Supremo é uma Deidade derivada. Qualquer consideração sobre o *crescimento* do Supremo deve levar em conta as triodidades existenciais, pois elas abrangem toda a factualidade absoluta e toda a potencialidade infinita (em conjunção com a Primeira Fonte e Centro). E o Supremo evolucionário é o foco culminante e pessoalmente volicional da transmutação – a transformação – dos potenciais em factuais, para o nível finito de existência e dentro desse nível. As duas triodidades, a factual e a potencial, abrangem a totalidade das inter-relações para o crescimento dos universos.

A fonte do Supremo está na Trindade do Paraíso – Deidade eterna, factual e indivisa. O Supremo é, antes de tudo, uma pessoa-espírito, e essa pessoa espiritual brota da Trindade. Contudo, o Supremo é, em segundo lugar, uma Deidade de crescimento – crescimento evolucionário –, e esse crescimento deriva-se das duas triodidades, a factual e a potencial.

Se for difícil compreender que as triodidades infinitas possam funcionar no nível finito, fazei uma pausa para considerar que a infinitude nelas deve conter, em si próprias, a potencialidade do finito; a infinitude engloba todas as coisas, que vão da existência finita mais baixa e mais qualificável e condicionada às realidades absolutas mais elevadas e não condicionadas, ou inqualificáveis.

Não é tão difícil compreender que o infinito de fato contenha o finito, quanto compreender como, exatamente, esse infinito factualmente manifesta-se no finito. Todavia, os Ajustadores do Pensamento residentes no homem mortal são uma das provas eternas de que mesmo o Deus absoluto (e enquanto absoluto) pode fazer, e de fato faz, contato direto até mesmo com as mais baixas e insignificantes de todas as criaturas volitivas do universo.

As triodidades, que coletivamente abrangem o factual e o potencial, estão manifestadas no nível finito, em conjunção com o Ser Supremo. A técnica de tal manifestação é tanto direta quanto indireta: direta, visto que as relações de triodidade repercutem diretamente no Supremo, e indireta, visto que elas são derivadas do nível manifesto do absonito.

A realidade suprema, que é a realidade total finita, está em processo de crescimento dinâmico entre os potenciais não qualificáveis do espaço exterior e os factuais não qualificáveis (ilimitados) no centro de todas as coisas. O domínio finito, assim, factualiza-se por meio da cooperação das agências absonitas do Paraíso e das Personalidades Criadoras Supremas do tempo. O ato de amadurecimento das possibilidades qualificáveis dos três grandes Absolutos potenciais é função absonita dos Arquitetos do Universo-Mestre e dos seus associados transcendentais. E, quando essas eventualidades houverem atingido um certo ponto de maturação, as Personalidades Criadoras Supremas emergem do Paraíso para engajar-se na tarefa, que dura toda uma idade, de trazer os universos em evolução à existência factual.

O crescimento da Supremacia deriva-se das triodidades; a pessoa espiritual do Supremo deriva-se da Trindade; mas as prerrogativas de poder do Todo-Poderoso são fundamentadas nos êxitos de divindade de Deus, o Sétuplo, ao passo que a junção das prerrogativas de poder do Supremo Todo-Poderoso com a pessoa-espírito de Deus, o Supremo, dá-se em virtude da ministração do Agente Conjunto, que outorgou a mente do Supremo como fator de conjunção para essa Deidade evolucionária.

5. A RELAÇÃO DO SUPREMO COM A TRINDADE DO PARAÍSO

O Ser Supremo é absolutamente dependente da existência e da ação da Trindade do Paraíso, no tocante à realidade da sua natureza pessoal e espiritual. Enquanto o crescimento do Supremo é uma questão de relações de triodidade, a personalidade espiritual de Deus, o Supremo, é derivada e dependente da Trindade do Paraíso, que permanece sempre como o centro-fonte absoluto da estabilidade perfeita e infinita em torno da qual o crescimento evolucionário do Supremo desenvolve-se progressivamente.

A função da Trindade está relacionada à função do Supremo, pois a Trindade é funcional em todos os níveis (totais), incluindo o nível de função da Supremacia. Do mesmo modo, porém, que a idade de Havona dá oportunidade à idade dos superuniversos, a ação discernível da Trindade, como criadora imediata, também dá oportunidade aos atos criativos da progênie das Deidades do Paraíso.

6. A RELAÇÃO DO SUPREMO COM AS TRIODIDADES

A triodidade da factualidade continua a funcionar diretamente nas épocas pós-Havona; a gravidade do Paraíso capta as unidades básicas da existência material, a gravidade espiritual do Filho Eterno opera diretamente sobre os valores fundamentais da existência espiritual, e a gravidade mental do Agente Conjunto inequivocamente arrebata todos os significados vitais da existência intelectual.

No entanto, cada estágio da ação criativa, à medida que avança para fora no espaço não cartografado, funciona e existe cada vez mais distanciado da ação direta das forças criativas e das personalidades divinas da localização central – a absoluta Ilha do Paraíso e as Deidades infinitas ali residentes. Esses níveis sucessivos de existência cósmica tornam-se, portanto, crescentemente dependentes dos desenvolvimentos internos das potencialidades dos três Absolutos da infinitude.

O Ser Supremo engloba possibilidades de ministração cósmica que, aparentemente, não são manifestadas no Filho Eterno, nem no Espírito Infinito, nem nas realidades não pessoais da Ilha do Paraíso. Essa afirmação é feita levando-se devidamente em conta a absolutez dessas três factualidades básicas da deidade, mas o crescimento do Supremo não tem os seus fundamentos apenas nessas factualidades da Deidade e do Paraíso, pois envolve também os desenvolvimentos internos no Absoluto da Deidade, no Absoluto Universal e no Absoluto Inqualificável.

O Supremo cresce não apenas quando os Criadores e as criaturas dos universos em evolução alcançam a semelhança com Deus, mas essa Deidade finita também experimenta crescimento como resultado da mestria, da parte das criaturas e dos Criadores, das possibilidades finitas do grande universo. O movimento do Supremo é duplo: em intensidade, na direção do Paraíso e da Deidade, e em extensão, na direção ilimitada dos Absolutos do potencial.

Na idade presente do universo, esse movimento dual revela-se nas personalidades descendentes e ascendentes do grande universo. As Personalidades Criadoras Supremas e todos os seus associados divinos refletem o movimento divergente, do centro para fora do Supremo, enquanto os peregrinos ascendentes dos sete superuniversos estão indicando o movimento para o centro, a tendência convergente da Supremacia.

A Deidade finita está sempre buscando uma correlação dual: a interna, na direção do Paraíso e suas Deidades, e a externa, na direção da infinitude e seus Absolutos. A erupção poderosa da divindade criadora do Paraíso, personalizada nos Filhos Criadores, cujo poder é manifestado nos controladores do poder, significa um amplo movimento da Supremacia até os domínios da potencialidade, enquanto a procissão interminável das criaturas ascendentes do grande universo é testemunha da poderosa insurgência da Supremacia, na direção de uma unidade com a Deidade do Paraíso.

Os seres humanos têm aprendido que o movimento do invisível pode, algumas vezes, ser discernido observando-se os seus efeitos sobre o visível; e nós, nos universos, há muito aprendemos a detectar os movimentos e tendências da Supremacia, observando as repercussões de tais evoluções nas personalidades e nos modelos do grande universo.

Acreditamos, ainda, embora sem nenhuma certeza, que o Supremo, como um reflexo finito da Deidade do Paraíso, esteja engajado numa progressão eterna até o espaço exterior. Todavia, como uma qualificação dos três potenciais Absolutos do espaço exterior, esse Ser Supremo está sempre buscando a coerência do Paraíso. E esses movimentos duais parecem ser os responsáveis pela maioria das atividades básicas, nos universos atualmente organizados.

7. A NATUREZA DO SUPREMO

Na Deidade do Supremo, o Pai-EU SOU alcançou uma liberação relativamente completa das limitações inerentes ao status da infinitude, à eternidade do ser e à absolutez da natureza. Contudo, Deus, o Supremo, foi libertado de todas as limitações existenciais apenas por haver-se sujeitado às qualificações experienciais da função universal. Alcançando a capacidade para a experiência, o Deus finito igualmente se sujeita à necessidade de adquiri-la; alcançando a liberação da eternidade, o Todo-Poderoso encontra as barreiras do tempo; e o Supremo só pôde conhecer o crescimento e o desenvolvimento como conseqüência de uma existência parcial e de uma natureza incompleta, ou seja, a da não-absolutez do ser.

Tudo isso deve estar de acordo com o plano do Pai, o qual tem pregado o progresso finito por meio do esforço, a realização da criatura pela perseverança e o desenvolvimento da personalidade por meio da fé. Ordenando que a experiência-evolução do Supremo seja assim, o Pai fez com que fosse possível às criaturas finitas existirem nos universos e algum dia alcançarem, pelo progresso experiencial, a divindade da Supremacia.

Toda a realidade, incluindo o Supremo e, mesmo, o Último, é relativa, exceção feita aos valores não condicionados dos sete Absolutos. O fato da existência da Supremacia é fundado no poder do Paraíso, na personalidade do Filho e na ação Conjunta; o crescimento do Supremo, contudo, está ligado ao Absoluto da Deidade, ao Absoluto Inqualificável e ao Absoluto Universal. E essa Deidade sintetizante e unificante – Deus, o Supremo – é a personificação da sombra finita projetada pela unidade infinita da natureza insondável do Pai do Paraíso, a Primeira Fonte e Centro, ao longo do grande universo.

Na medida em que as triodidades são diretamente operativas no nível finito, elas impingem-se ao Supremo, que é a focalização da Deidade e a totalização cósmica das qualificações finitas das naturezas do Factual Absoluto e do Potencial Absoluto.

Considera-se a Trindade do Paraíso como sendo a inevitabilidade absoluta; os Sete Espíritos Mestres aparentemente são as inevitabilidades da Trindade; a factualização em poder-mente-espírito-personalidade do Supremo deve ser a inevitabilidade evolucionária.

Deus, o Supremo, não parece haver sido o inevitável da infinitude irrestrita (ou inqualificável), mas ele parece estar em todos os níveis de relatividade. Ele é o focalizador indispensável da experiência evolucionária, aquele que a sumariza, resume e engloba, unificando efetivamente os resultados dessa modalidade de percepção do real, na sua natureza de Deidade. E tudo isso ele parece fazer com o propósito de contribuir para o surgimento da *factualização inevitável*, a manifestação supra--experiencial e suprafinita de Deus, o Último.

O Ser Supremo não pode ser plenamente apreciado, sem levar-se em consideração a fonte, a função e o destino: a relação com a Trindade de origem, o universo de atividade e a Trindade Última, de destino imediato.

Pelo processo da somatória das experiências evolucionárias, o Supremo conecta o finito com o absonito, do mesmo modo que a mente do Agente Conjunto integra a espiritualidade divina do Filho pessoal com as energias imutáveis do modelo do Paraíso, e assim como a presença do Absoluto Universal unifica a ativação da Deidade com a reatividade Inqualificável. E essa unidade deve ser uma revelação do trabalho não detectável da unidade original da Primeira Causa-Pai e Fonte-Modelo de todas as coisas e seres.

[Promovido por um Mensageiro Poderoso com permanência temporária em Urântia.]

O SUPREMO TODO-PODEROSO

S E O HOMEM reconhecesse que, conquanto os seus Criadores – os Seus supervisores imediatos – sejam divinos, são também finitos, e que o Deus do tempo e do espaço é uma Deidade em evolução e não absoluta, então as inconsistências das desigualdades temporais cessariam de ser paradoxos religiosos profundos. Não mais a fé religiosa se prostituiria na auto-suficiência social dos afortunados, ao mesmo tempo em que serviria apenas para encorajar a resignação estóica das vítimas desafortunadas da privação social.

Ao visualizar as esferas primorosamente perfeitas de Havona, não apenas é lógico, mas razoável, acreditar que elas foram feitas por um criador perfeito, infinito e absoluto. Contudo, essa mesma razão e essa mesma lógica compelem qualquer ser honesto, ao ver a confusão, imperfeições e injustiças em Urântia, a concluir que o vosso mundo foi feito, e está sendo administrado por Criadores subabsolutos, pré-infinitos e outros, que não os perfeitos.

O crescimento experiencial implica uma co-participação criatura-Criador – Deus e o homem em uma associação. O crescimento é a marca da Deidade experiencial: Havona não cresceu; Havona é, e sempre tem sido; é existencial como os Deuses eternos, que são a sua fonte. O crescimento, no entanto, é o que caracteriza o grande universo.

O Supremo Todo-Poderoso é uma Deidade de poder e personalidade, viva e em evolução. O seu domínio atual, o grande universo, é também um reino de poder e personalidade em crescimento. O seu destino é a perfeição, mas a sua experiência presente abrange os elementos do crescimento e do status incompleto do ser.

O Ser Supremo funciona primariamente, no universo central, como uma personalidade espiritual; e, secundariamente, no grande universo, como Deus, o Todo-Poderoso, uma personalidade de poder. A função terciária do Supremo, no universo-mestre, é atualmente latente, existindo apenas como um potencial desconhecido de mente. Ninguém sabe o que esse terceiro desenvolvimento do Ser Supremo irá revelar. Alguns acreditam que, quando os superuniversos estiverem estabelecidos em luz e vida, o Supremo funcionará desde Uversa, sendo o soberano Todo-Poderoso e experiencial do grande universo, ao mesmo tempo em que se expandirá em poder como o Todo-Super-Poderoso dos universos exteriores. Outros fazem a conjectura de que o terceiro estágio de Supremacia envolverá o terceiro nível da manifestação da Deidade. Nenhum de nós, porém, sabe realmente.

1. A MENTE SUPREMA

A experiência da personalidade de toda criatura em evolução é uma fase da experiência do Supremo Todo-Poderoso. A subjugação inteligente de todo segmento físico dos superuniversos é uma parte do controle crescente do Supremo Todo-Poderoso.

A síntese criativa de poder e de personalidade é uma parte da urgência criativa da Mente Suprema, e é a essência mesma do crescimento evolucionário da unidade no Ser Supremo.

A união dos atributos de poder e personalidade da Supremacia é função da Mente Suprema; e a evolução completa do Supremo Todo-Poderoso resultará em uma Deidade unificada e pessoal – não em uma associação qualquer, frouxamente coordenada, de atributos divinos. De uma perspectiva mais ampla, não haverá nenhum Todo-Poderoso separadamente do Supremo, nenhum Supremo separadamente do Todo-Poderoso.

Durante as idades evolucionárias, o potencial de poder físico do Supremo, investido nos Sete Diretores do Poder Supremo, e o potencial de mente recaem sobre os Sete Espíritos Mestres. A Mente Infinita é função do Espírito Infinito; a mente cósmica, o ministério dos Sete Espíritos Mestres. A Mente Suprema está em processo de factualização, na coordenação do grande universo e na associação funcional com a revelação e a realização de Deus, o Sétuplo.

A mente do tempo-espaço, a mente cósmica, funciona diferencialmente nos sete superuniversos, mas é coordenada por alguma técnica associativa no Ser Supremo. O controle do grande universo pelo Todo-Poderoso não é exclusivamente físico e espiritual. Nos sete superuniversos, é primordialmente material e espiritual, mas estão presentes também fenômenos do Supremo que são tanto intelectuais quanto espirituais.

Realmente sabemos menos sobre a mente da Supremacia do que sobre qualquer outro aspecto dessa Deidade em evolução. A sua mente é inquestionavelmente ativa em todo o grande universo, e acredita-se que tenha um destino potencial de função no universo-mestre, que é de uma abrangência bem vasta. Eis, porém, o que sabemos bem: conquanto o físico possa alcançar um crescimento completo, e conquanto o espírito possa realizar a perfeição de desenvolvimento, a mente nunca cessa de progredir – ela é a técnica experiencial do progresso sem fim. O Supremo é uma Deidade experiencial, portanto, nunca alcança uma realização completa da mente.

2. O TODO-PODEROSO E DEUS, O SÉTUPLO

O surgimento da presença do poder universal do Todo-Poderoso é concomitante com o aparecimento do estágio da ação cósmica dos altos criadores e controladores dos superuniversos evolucionários.

Deus, o Supremo, recebe os seus atributos de espírito e de personalidade da Trindade do Paraíso, mas ele factualiza o seu poder nos feitos dos Filhos Criadores, dos Anciães dos Dias e dos Espíritos Mestres, cujos atos coletivos são a fonte do seu poder crescente como soberano Todo-Poderoso para e nos sete superuniversos.

A Deidade Inqualificável do Paraíso é incompreensível para as criaturas em evolução, do tempo e do espaço. A eternidade e a infinitude conotam um nível de realidade da deidade que as criaturas tempo-espaciais não podem compreender. A infinitude da deidade e a absolutez da soberania são inerentes à Trindade do Paraíso, e a Trindade é uma realidade que está algo além do entendimento do homem mortal. As criaturas tempo-espaciais devem ter origens, relatividades e destinos, a fim de captarem as relações do universo e para que compreendam os valores significativos da divindade. Por essa razão, a Deidade do Paraíso atenua e qualifica, ainda, as personalizações extra-Paradisíacas da divindade, trazendo assim, à existência, os

Criadores Supremos e os seus coligados, que levam a luz da vida sempre e cada vez mais para longe da sua fonte no Paraíso até encontrarem a sua expressão mais longínqua e bela nas vidas terrenas dos Filhos auto-outorgados nos mundos evolucionários.

E essa é a origem de Deus, o Sétuplo, cujos níveis sucessivos são encontrados pelo homem mortal na seguinte ordem:

1. Os Filhos Criadores (e os Espíritos Criativos).

2. Os Anciães dos Dias.

3. Os Sete Espíritos Mestres.

4. O Ser Supremo.

5. O Agente Conjunto.

6. O Filho Eterno.

7. O Pai Universal.

Os três primeiros níveis são os Criadores Supremos; os três últimos são as Deidades do Paraíso. O Supremo interpõe-se sempre como a personalização espiritual experiencial da Trindade do Paraíso e como o foco experimental do poder Todo-Poderoso evolucionário dos filhos criadores das Deidades do Paraíso. O Ser Supremo é a revelação máxima da Deidade para os sete superuniversos e para a presente idade do universo.

Pela técnica da lógica dos mortais, poderia ser inferido que a reunificação experiencial dos atos coletivos dos primeiros três níveis de Deus, o Sétuplo, equivaleria ao nível da Deidade do Paraíso, mas não é esse o caso. A Deidade do Paraíso é uma Deidade *existencial*. Os Criadores Supremos, na sua divina unidade de poder e personalidade, constituem e expressam um novo potencial de poder da Deidade *experiencial*. E esse potencial de poder, de origem experimental, tem união inevitável e inescapável com a Deidade experiencial originária da Trindade – o Ser Supremo.

Deus, o Supremo, não é a Trindade do Paraíso, e ele também não é nenhum dos Criadores superuniversais, cujas atividades funcionais factualmente sintetizam o seu poder Todo-Poderoso em evolução. Deus, o Supremo, mesmo tendo origem na Trindade, torna-se manifesto às criaturas evolucionárias como uma personalidade de poder apenas por intermédio das funções coordenadas dos três primeiros níveis de Deus, o Sétuplo. O Supremo Todo-Poderoso está-se factualizando agora, no tempo e no espaço, por meio das atividades das Personalidades Criadoras Supremas, assim como o próprio Agente Conjunto, na eternidade, passou instantaneamente a ser, pela vontade conjunta do Pai Universal e do Filho Eterno. Esses seres dos três primeiros níveis de Deus, o Sétuplo, são a natureza mesma e a fonte do poder do Supremo Todo-Poderoso; e por isso eles devem sempre acompanhar e sustentar os seus atos administrativos.

3. O TODO-PODEROSO E A DEIDADE DO PARAÍSO

As Deidades do Paraíso não apenas atuam diretamente nos seus circuitos de gravidade, em todo o grande universo, mas funcionam também por intermédio das suas várias agências e de outras manifestações, tais como:

1. *As focalizações de mente da Terceira Fonte e Centro.* Os domínios finitos da energia e do espírito são literalmente mantidos unidos pelas presenças mentais do

Agente Conjunto. Isso é verdade, desde os Espíritos Criativos, em um universo local, aos Espíritos Refletivos de um superuniverso e até os Espíritos Mestres no grande universo. Os circuitos da mente que emanam dos focos dessas várias inteligências representam a arena cósmica da escolha da criatura. A mente é a realidade flexível que as criaturas e os Criadores podem, muito prontamente, manipular; é o vínculo vital que conecta a matéria e o espírito. O outorgamento da mente, da Terceira Fonte e Centro, unifica a pessoa espiritual de Deus, o Supremo, com o poder experiencial do Todo-Poderoso evolucionário.

2. *As revelações de personalidade da Segunda Fonte e Centro.* As presenças mentais do Agente Conjunto unificam o espírito da divindade com o modelo arquetípico de energia. As encarnações auto-outorgadas do Filho Eterno e dos seus Filhos do Paraíso unificam, fundem, na verdade, a natureza divina do Criador com a natureza em evolução de uma criatura. O Supremo é tanto a criatura quanto o criador; a possibilidade de ser assim é revelada nos atos de auto-outorga do Filho Eterno e dos seus Filhos coordenados e subordinados. As ordens de filiação que se auto-outorgam, os Michaéis e os Avonais, de fato acrescentam às suas naturezas divinas as naturezas das criaturas que, na boa-fé, se tornaram suas ao viver uma vida de criatura nos mundos evolucionários. Quando a divindade se transforma em humanidade, fica inerente a essa relação a possibilidade de que a humanidade possa tornar-se divina.

3. *As presenças residentes da Primeira Fonte e Centro.* A mente unifica as causações espirituais com as reações de energia; o ministério da auto-outorga unifica a descida da divindade com as ascensões da criatura; e os fragmentos residentes do Pai Universal, de fato, unificam as criaturas em evolução com Deus, no Paraíso. Há muitas dessas presenças do Pai que residem em numerosas ordens de personalidades, e, no homem mortal, esses fragmentos divinos de Deus são os Ajustadores do Pensamento. Os Monitores Misteriosos são para os seres humanos o que a Trindade do Paraíso é para o Ser Supremo. Os Ajustadores são fundamentos absolutos e, sobre fundações absolutas, a escolha do livre-arbítrio pode fazer com que evolua a realidade divina de uma natureza eternalitora; no caso do homem, será finalitora; no caso de Deus, o Supremo, terá a natureza da Deidade.

As auto-outorgas das ordens de filiação do Paraíso, junto às criaturas, capacitam tais Filhos divinos a enriquecer as suas personalidades pela aquisição da natureza factual das criaturas do universo e, ao mesmo tempo, tais auto-outorgas infalivelmente revelam, para as próprias criaturas, o trajeto até o Paraíso, para alcançar a divindade. A dádiva dos Ajustadores, feita pelo Pai Universal, capacita-O a atrair para Si as personalidades das criaturas volitivas. E, por intermédio de todas essas relações, nos universos finitos, o Agente Conjunto é a fonte sempre presente da ministração da mente, em virtude da qual tais atividades acontecem.

Deste e de muitos outros modos, as Deidades do Paraíso participam das evoluções do tempo; desdobrando-se nos planetas que circulam no espaço, e culminando na emergência da personalidade do Supremo, conseqüência de toda a evolução.

4. O TODO-PODEROSO E OS CRIADORES SUPREMOS

A unidade do Todo Supremo depende da unificação progressiva das partes finitas; a factualização do Supremo resulta dessas mesmas unificações dos fatores da supremacia e as produz – os criadores, as criaturas, as inteligências e as energias dos universos.

Durante essas idades, nas quais a soberania da Supremacia está passando pelo tempo do seu desenvolvimento, o poder Todo-Poderoso do Supremo é dependente dos atos divinos de Deus, o Sétuplo, enquanto parece haver uma relação particularmente íntima entre o Ser Supremo e o Agente Conjunto e as suas personalidades primárias, os Sete Espíritos Mestres. O Espírito Infinito, enquanto Agente Conjunto, funciona de muitas maneiras que compensam o estado incompleto da Deidade evolucionária e sustenta relações muito íntimas com o Supremo. Essa proximidade de relação é compartilhada, na sua medida, por todos os Sete Espíritos Mestres, mas o é especialmente pelo Espírito Mestre Número Sete, que fala pelo Supremo. Esse Espírito Mestre conhece o Supremo – está em contato pessoal com ele.

Muito cedo, na proposição do esquema da criação do superuniverso, os Espíritos Mestres uniram-se à Trindade ancestral, para a co-criação dos quarenta e nove Espíritos Refletivos, e concomitantemente, o Ser Supremo funcionou criativamente como um culminador dos atos conjuntos da Trindade do Paraíso e dos filhos criativos da Deidade do Paraíso. Majeston surgiu e, desde então, tem focalizado a presença cósmica da Mente Suprema, enquanto os Espíritos Mestres continuam como fontes-centros para a vasta ministração da mente cósmica.

Contudo, os Espíritos Mestres continuam na supervisão dos Espíritos Refletivos. O Sétimo Espírito Mestre está (da sua supervisão geral de Orvônton, a partir do universo central) em contato pessoal com os sete Espíritos Refletivos localizados em Uversa (e tem o supercontrole deles). Nos seus controles e nas suas administrações intersuperuniversais e intra-superuniversais, ele está em contato refletivo com os Espíritos Refletivos do seu próprio tipo, localizados em cada capital dos superuniversos.

Esses Espíritos Mestres são não apenas os sustentadores e intensificadores da soberania da Supremacia, mas são, por sua vez, afetados pelos propósitos criativos do Supremo. Ordinariamente, as criações coletivas dos Espíritos Mestres são de uma ordem quase material (os diretores de potência, etc.), enquanto as suas criações individuais são da ordem espiritual (os supernafins, etc.). Todavia, quando os Espíritos Mestres produziram *coletivamente* os Sete Espíritos dos Circuitos, em resposta à vontade e ao propósito do Ser Supremo, deve ser notado que a progênie gerada nesse ato criativo é espiritual, não é material nem quase material.

E, como é com os Espíritos Mestres dos superuniversos, assim é com os governantes trinos dessas supercriações – os Anciães dos Dias. Essas personificações do julgamento-justiça da Trindade, no tempo e no espaço, são os campos de apoio para o poder mobilizador Todo-Poderoso do Supremo, servindo de pontos focais sétuplos para a evolução da soberania trinitária, nos domínios do tempo e do espaço. Do seu ponto vantajoso, entre o Paraíso e os mundos em evolução, esses soberanos originários da Trindade vêm nos dois sentidos, conhecem ambos os lados e coordenam ambos os lados.

Os universos locais são, porém, os laboratórios reais nos quais se realizam as experiências com a mente, as aventuras galáticas, os desdobramentos da divindade e as progressões da personalidade, que, quando totalizadas cosmicamente, constituem a fundação real sobre a qual o Supremo está concretizando a evolução da deidade, na experiência e por meio dela.

Nos universos locais, até mesmo os Criadores evoluem: a presença do Agente Conjunto evolui de um foco de poder vivo até o status da divina personalidade de um Espírito Materno do Universo; o Filho Criador evolui da natureza de uma divindade existencial do Paraíso até a natureza experiencial da soberania suprema. Os universos locais são os pontos de partida da verdadeira evolução, os locais de desova de personalidades imperfeitas de boa-fé, dotadas com o poder de livre escolha, para tornar-se co-criadoras de si próprias, tais como deverão ser.

Os Filhos Magisteriais, com as suas auto-outorgas nos mundos evolucionários, finalmente adquirem naturezas que expressam a divindade do Paraíso em unificação experiencial com os valores espirituais mais elevados da natureza humana material. E, por intermédio dessas e de outras auto-outorgas, os Michaéis Criadores, do mesmo modo, adquirem as naturezas e os pontos de vista cósmicos dos seus filhos reais do universo local. Esses Filhos, os Criadores Mestres, estão perto de completar a experiência subsuprema; e, quando a sua soberania no universo local se amplia até abraçar os Espíritos Criativos coligados, pode ser dito que ela se aproxima dos limites da supremacia, dentro dos potenciais presentes do grande universo evolucionário.

Quando os Filhos auto-outorgadores revelam novos caminhos para o homem encontrar Deus, eles não estão criando esses caminhos de alcance da divindade; eles estão, antes, iluminando as estradas perenes de progressão que, passando pela presença do Supremo, conduzem à presença do Pai do Paraíso.

O universo local é o ponto de partida para aquelas personalidades que estão mais distantes de Deus e que podem, por isso, experimentar o maior grau de ascensão espiritual no universo, que podem realizar o máximo de participação experiencial na co-criação de si próprias. Esses mesmos universos locais proporcionam, do mesmo modo, a maior profundidade possível de experiência para as personalidades descendentes, que assim realizam algo que para elas é tão significativo quanto a ascensão ao Paraíso o é para uma criatura evolucionária.

O homem mortal parece ser necessário à plena função de Deus, o Sétuplo, na medida em que esse agrupamento da divindade culmina no Supremo, em factualização. Há muitas outras ordens de personalidades do universo que são igualmente necessárias à evolução do poder Todo-Poderoso do Supremo, mas esse modo de retratar as coisas é apresentado para a edificação dos seres humanos, e, portanto, torna-se bastante limitado aos fatores que colaboram para a evolução de Deus, o Sétuplo, relacionados ao homem mortal.

5. O TODO-PODEROSO E OS CONTROLADORES SÉTUPLOS

Vós fostes instruídos sobre a relação de Deus, o Sétuplo, com o Ser Supremo, e devíeis agora reconhecer que o Sétuplo abrange os controladores tanto quanto os criadores do grande universo. Esses controladores sétuplos do grande universo abrangem o seguinte:

1. Os Mestres Controladores Físicos.

2. Os Centros Supremos de Poder.

3. Os Diretores Supremos do Poder.

4. O Supremo Todo-Poderoso.

5. O Deus da Ação – o Espírito Infinito.

6. A Ilha do Paraíso.

7. A Fonte do Paraíso – o Pai Universal.

Esses sete grupos são funcionalmente inseparáveis de Deus, o Sétuplo, e constituem o nível de controle físico dessa associação da Deidade.

A bifurcação entre energia e espírito (que brota da presença conjunta do Filho Eterno e da Ilha do Paraíso) foi simbolizada no sentido do superuniverso, quando os Sete Espíritos Mestres se engajaram, unidos, no seu primeiro ato coletivo de criação. Esse episódio testemunhou o surgimento dos Sete Diretores Supremos do Poder. Ao mesmo tempo, os circuitos espirituais dos Espíritos Mestres diferenciaram-se, por contraste, das atividades físicas de supervisão dos diretores de potência e, imediatamente, a mente cósmica surgiu como um fator novo, coordenando a matéria e o espírito.

O Supremo Todo-Poderoso está evoluindo como supracontrolador do poder físico do grande universo. Na idade universal atual, esse potencial de poder físico parece estar centrado nos Sete Diretores Supremos do Poder, que operam por intermédio de localizações fixas dos centros de potência e por meio das presenças móveis dos controladores físicos.

Os universos do tempo não são perfeitos; a perfeição é o destino deles. A luta pela perfeição pertence não apenas aos níveis intelectuais e espirituais, mas também ao nível físico da energia e da massa. O estabelecimento dos sete super universos em luz e vida pressupõe que eles alcancem a sua estabilidade física. E conjectura-se que o alcançar final do equilíbrio material signifique a evolução completa do controle físico do Todo-Poderoso.

Nos primeiros tempos da elaboração do universo, até mesmo os Criadores do Paraíso estão envolvidos primordialmente com o equilíbrio material. O modelo de um universo local toma forma não apenas como resultado das atividades dos centros de potência, mas também em conseqüência da presença espacial do Espírito Criativo. E, durante essas épocas iniciais de construção dos universos locais, o Filho Criador demonstra atributos pouco compreensíveis de controle material, e não abandona o seu planeta capital até que haja sido estabelecido o equilíbrio global do universo local, em linhas gerais.

Em última análise, toda a energia responde à mente, e os controladores físicos são os filhos do Deus da mente, que é o ativador do arquétipo do Paraíso. A inteligência dos diretores de potência está ininterruptamente devotada à tarefa de estabelecer o controle material. A luta deles pelo domínio físico sobre as relações energéticas e os movimentos da massa nunca cessa, até que consigam a vitória finita sobre as energias e as massas, as quais constituem os domínios perpétuos da atividade deles.

As lutas do espírito no tempo e no espaço concernem à evolução da dominação do espírito sobre a matéria, pela intermediação da mente (pessoal); a evolução (não pessoal) física dos universos cuida de colocar a energia cósmica em harmonia com os conceitos mentais de equilíbrio, sujeitos ao supercontrole do espírito. A evolução total, no conjunto, do grande universo é uma questão de unificação, na personalidade, da mente que controla a energia, com o intelecto coordenado ao espírito, e será revelada no surgimento pleno do poder Todo-Poderoso do Supremo.

A dificuldade de alcançar um estado de equilíbrio dinâmico é inerente ao fato do crescimento do cosmos. Os circuitos estabelecidos da criação física estão sendo continuamente ameaçados pelo aparecimento de novas energias e de novas massas. Um universo em crescimento é um universo não estabelecido; conseqüentemente, nenhuma parte do todo cósmico pode encontrar estabilidade verdadeira antes que a plenitude do tempo testemunhe a realização completa dos sete superuniversos.

Nos universos estabelecidos em luz e vida, não há acontecimentos físicos inesperados de importância maior. Neles, um controle relativamente completo sobre a criação material já foi atingido; os problemas das relações entre os universos estabelecidos e os universos em evolução, entretanto, continuam a desafiar a habilidade dos Diretores do Poder do Universo. Contudo, esses problemas desaparecerão gradualmente com a diminuição da atividade de novas criações, à medida que o grande universo se aproxima da culminância da expressão evolucionária.

6. O PREDOMÍNIO DO ESPÍRITO

Nos superuniversos evolucionários, a energia-matéria é dominante, exceto na personalidade, dentro da qual o espírito luta pelo controle e mestria mediante a intermediação da mente. A meta dos universos evolucionários é a subjugação da energia-matéria, pela mente, a coordenação da mente com o espírito, e tudo isso em virtude da presença criativa e unificadora da personalidade. Assim, em relação à personalidade, os sistemas físicos tornam-se subordinados; os sistemas mentais, coordenados; e os sistemas espirituais tornam-se dirigentes.

Essa união de poder e personalidade exprime-se, nos níveis da deidade, no Supremo e como o Supremo. A evolução factual do domínio do espírito é, porém, um crescimento baseado nos atos de livre-arbítrio dos Criadores e das criaturas do grande universo.

Em níveis absolutos, a energia e o espírito são um. No entanto, no momento em que se sai desses níveis absolutos, a diferença aparece e, à medida que a energia e o espírito, saindo do Paraíso, movem-se no sentido do espaço, o abismo entre eles se amplia, até que, nos universos locais, eles se tornam completamente divergentes. Não mais são idênticos, nem semelhantes mais são, e a mente deve interferir para interrelacioná-los.

O fato de que a energia possa ser direcionada pela ação das personalidades controladoras revela a resposta da energia à ação da mente. Que a massa possa ser estabilizada por meio da ação dessas mesmas entidades controladoras é um fato que indica a resposta que a massa dá à presença da mente, a qual gera um comando de ordem. E que o próprio espírito, na personalidade volitiva, possa esforçar-se por meio da mente, para obter a mestria da energia-matéria, revela a unidade potencial de toda criação finita.

Há uma interdependência entre todas as forças e personalidades em todo o universo dos universos. Os Filhos Criadores e os Espíritos Criativos dependem da função cooperativa dos centros de potência e dos controladores físicos para a organização dos universos; os Diretores Supremos do Poder são incompletos, sem o supercontrole dos Espíritos Mestres. Em um ser humano, o mecanismo da vida física responde, em parte, aos ditames da mente (pessoal). Essa mesma mente pode, por sua vez, tornar-se dominada pelos guiamentos do espírito com propósito, e o resultado de tal desenvolvimento evolucionário é a produção de um novo filho do Supremo, uma nova unificação pessoal das várias espécies de realidade cósmica.

E assim como é com as partes, assim é com o todo; a pessoa espiritual da Supremacia requer o poder evolucionário do Todo-Poderoso para a realização completa da Deidade e para alcançar o destino de associação com a Trindade. O esforço é feito pelas personalidades do tempo e do espaço, mas, a culminância e a consumação desse esforço é ato do Supremo Todo-Poderoso. E, enquanto o crescimento do todo é, assim, uma totalização do crescimento coletivo das partes, segue-se igualmente que a evolução das partes seja um reflexo segmentado do crescimento propositado do todo.

No Paraíso, monota e espírito são como um – indistinguíveis, exceto pelo nome. Em Havona, matéria e espírito, conquanto sejam distinguivelmente diferentes, são, ao mesmo tempo, inatamente harmoniosos. Nos sete superuniversos, contudo, há uma grande divergência, há um grande abismo entre a energia cósmica e o espírito divino; e, por isso, há um maior potencial experiencial de ação da mente para harmonizar e finalmente unificar o modelo físico aos propósitos espirituais. Nos universos do espaço, em evolução com o tempo, há uma atenuação maior da divindade, e problemas mais difíceis de serem resolvidos, e mais oportunidade de adquirir experiência ao solucioná-los. E toda essa situação no superuniverso traz ao ser uma arena maior de existência evolucionária, na qual a possibilidade da experiência cósmica torna-se disponível, do mesmo modo, para a criatura e para o Criador – e até mesmo para a Deidade Suprema.

A predominância do espírito, que é existencial, em níveis absolutos, torna-se uma experiência evolucionária em níveis finitos e nos sete superuniversos. E essa experiência é compartilhada do mesmo modo por todos, do homem mortal ao Ser Supremo. Todos se empenham, pessoalmente esforçam-se, nesta realização; todos participam, pessoalmente partilham, do destino.

7. O GRANDE UNIVERSO, UM ORGANISMO VIVO

O grande universo não é apenas uma criação material de grandeza física, de sublimidade espiritual e de magnitude intelectual, é também um organismo vivo magnífico e sensível. Há vida real pulsando em todo o mecanismo da vasta criação do cosmo vibrante. A realidade física dos universos simboliza a realidade perceptível do Supremo Todo-Poderoso; e esse organismo material vivo é perpassado por circuitos de inteligência, do mesmo modo que o corpo humano é atravessado por uma malha de rotas de sensações neurais. Esse universo físico é permeado por canais de energia que ativam efetivamente a criação material, do mesmo modo que o corpo humano é nutrido e energizado pela distribuição circulatória dos produtos assimiláveis, portadores da energia de nutrição. O vasto universo não é desprovido dos centros coordenadores de um supercontrole magnífico, que poderiam ser comparados aos delicados sistemas de controle químico do mecanismo humano. Se vós, porém, conhecêsseis apenas um pouco sobre o físico de um centro de potência, então nós poderíamos, por analogia, contar-vos muito mais sobre o universo físico.

Do mesmo modo que os mortais contam com a energia solar para a manutenção da vida, o grande universo depende das energias inesgotáveis que emanam do Paraíso inferior, para sustentar as atividades materiais e os movimentos cósmicos do espaço.

A mente foi dada aos mortais para que possam tornar-se conscientes da própria identidade e da personalidade; e a mente – uma Mente Suprema mesmo – foi outorgada à totalidade do finito para que o espírito dessa personalidade nascente do cosmo se empenhe sempre na mestria sobre a matéria-energia.

O homem mortal é sensível ao guiamento do espírito, do mesmo modo que o grande universo responde à imensa atração da gravidade espiritual do Filho Eterno, à coesão supramaterial universal dos valores espirituais eternos de todas as criações do cosmo finito do tempo e do espaço.

Os seres humanos são capazes de fazer uma auto-identificação perene com a realidade total e indestrutível do universo – a fusão com o Ajustador do Pensamento residente. Do mesmo modo, o Supremo depende perenemente da estabilidade absoluta da Deidade Original, a Trindade do Paraíso.

O impulso do homem para a perfeição do Paraíso, o seu esforço de alcançar a Deus, cria uma tensão genuína de divindade, no cosmo vivo, que pode ser resolvida apenas com a evolução de uma alma imortal; é isso o que acontece na experiência de cada criatura mortal individual. Contudo, quando todas as criaturas e todos os Criadores no grande universo, do mesmo modo esforçam-se para alcançar a Deus e à perfeição divina, é gerada uma tensão cósmica profunda, que só pode encontrar sua resolução na síntese sublime do poder Todo-Poderoso na pessoa espiritual do Deus em evolução de todas as criaturas, o Ser Supremo.

[Promovido por um Mensageiro Poderoso com permanência temporária em Urântia.]

DOCUMENTO 117

DEUS, O SUPREMO

Á MEDIDA que fizermos a vontade de Deus, qualquer que seja o ponto do universo no qual possamos ter a nossa existência, nessa mesma medida, o potencial Todo-Poderoso do Supremo torna-se um passo mais factual. A vontade de Deus significa o propósito da Primeira Fonte e Centro, como é potencializado nos três Absolutos, personalizado no Filho Eterno, conjugado ao Espírito Infinito para atuação no universo e eternizado nos arquétipos eternos do Paraíso. E Deus, o Supremo, está-se transformando na mais elevada manifestação finita da vontade total de Deus.

Se todos os seres do grande universo sempre realizassem, ao menos relativamente, a vontade viva e plena de Deus, então as criações do tempo-espaço estabelecer-se-iam em luz e vida, e o Todo-Poderoso, deidade potencial da Supremacia, então, tornar-se-ia factual no surgimento da personalidade divina de Deus, o Supremo.

Quando uma mente em evolução coloca-se em sintonia com os circuitos da mente cósmica, quando um universo em evolução passa à estabilização, segundo o modelo do universo central, quando um espírito em avanço contata a ministração unificada dos Espíritos Mestres, quando uma personalidade mortal em ascensão finalmente sintoniza-se com a condução divina do Ajustador residente, então, a factualidade do Supremo torna-se um grau mais real nos universos; e a divindade da Supremacia terá avançado mais um passo no sentido da sua realização cósmica.

As partes e os indivíduos do grande universo evoluem como um reflexo da evolução total do Supremo, ao mesmo tempo em que, por sua vez, o Supremo é o total sintético acumulativo de toda a evolução do grande universo. Do ponto de vista do mortal, são recíprocos, evolucionários e experienciais.

1. A NATUREZA DO SER SUPREMO

O Supremo é a beleza da harmonia física, a verdade do significado intelectual e a bondade do valor espiritual. Ele é a doçura do êxito verdadeiro e o júbilo da realização eterna. É a supra-alma do grande universo, a consciência do cosmo finito, o completar da realidade finita e a personificação da experiência Criador-criatura. Em toda a eternidade futura, Deus, o Supremo, representará a realidade da experiência volicional nas relações trinitárias da Deidade.

Do Paraíso desceram os Deuses, até os domínios do tempo e do espaço, nas pessoas dos Criadores Supremos, para ali criarem e fazerem evoluir criaturas dotadas com a capacidade de ascender e de alcançar o Paraíso na busca pelo Pai. Essa procissão, no universo, de Criadores descendentes, reveladores de Deus, e de criaturas ascendentes, que buscam a Deus, é reveladora da evolução da Deidade do Supremo, em quem os descendentes e os ascendentes realizam a mutualidade da compreensão, a descoberta da irmandade eterna e universal. O Ser Supremo, assim, torna-se a síntese finita da experiência da causa Criadora perfeita e da resposta da criatura em perfeccionamento.

O grande universo contém a possibilidade da unificação completa, e busca-a sempre; e isso surge do fato de que a existência cósmica é uma conseqüência dos atos criativos e mandados de poder da Trindade do Paraíso, a qual é de uma unidade inqualificável. Essa mesma unidade trinitária é expressa, no cosmo finito, no Supremo, cuja realidade torna-se crescentemente aparente, à medida que os universos atingem o seu nível máximo de identificação com a Trindade.

A vontade do Criador e a vontade da criatura são qualitativamente diferentes, mas também são experiencialmente semelhantes, pois a criatura e o Criador podem colaborar na realização da perfeição no universo. O homem pode trabalhar em ligação com Deus e, por intermédio dessa ligação, efetivar a co-criação de um finalitor eterno. Deus pode trabalhar, até mesmo humanamente, nas encarnações dos seus Filhos, os quais realizam, assim, a supremacia da experiência da criatura.

No Ser Supremo, Criador e criatura estão unidos em uma Deidade cuja vontade expressa uma personalidade divina. E essa vontade do Supremo é algo mais do que a vontade da criatura e do que a vontade do Criador; assim como a vontade soberana do Filho Mestre de Nébadon passa a ser agora algo mais do que uma combinação da vontade da divindade e da humanidade. A união da perfeição do Paraíso e da experiência tempo-espacial produz um valor de significado novo nos níveis de realidade da deidade.

A natureza divina em evolução, do Supremo, está-se tornando um retrato fiel da experiência, sem par, de todas as criaturas e todos os Criadores, no grande universo. No Supremo, a natureza criadora e a natureza da criatura são como uma; estão unidas, para sempre, pela experiência que surgiu das vicissitudes conseqüentes da solução dos múltiplos problemas que envolvem toda a criação finita, enquanto esta prossegue no caminho eterno de busca da perfeição e de liberação dos entraves de ser incompleta.

A verdade, a beleza e a bondade estão correlacionadas na ministração do Espírito, na grandeza do Paraíso, na misericórdia do Filho e na experiência do Supremo. Deus, o Supremo, *é* verdade, beleza e bondade, pois esses conceitos de divindade representam os máximos finitos da experiência ideacional. As fontes eternas dessas qualidades trinas de divindade estão nos níveis suprafinitos e, pois, uma criatura poderia conceber tais fontes apenas como supraverdade, suprabeleza e suprabondade.

Michael, enquanto criador, revelou o amor divino do Pai Criador para os seus filhos da Terra. E, havendo descoberto e recebido essa afeição divina, os homens podem aspirar a revelar esse amor aos seus irmãos na carne. Essa afeição pela criatura é um reflexo verdadeiro do amor do Supremo.

O Supremo é simetricamente inclusivo. A Primeira Fonte e Centro é potencial nos três grandes absolutos; é factual no Paraíso, no Filho e no Espírito; mas o Supremo é tanto factual quanto potencial, é um ser de supremacia pessoal e de poder Todo-Poderoso, sensível tanto ao esforço da criatura quanto ao propósito do Criador; é auto-atuante sobre o universo e auto-reativo para com a soma total do universo; é o criador supremo e, ao mesmo tempo, a suprema criatura. A Deidade da Supremacia exprime, desse modo, a totalidade do finito completo.

2. A FONTE DO CRESCIMENTO EVOLUCIONÁRIO

O Supremo é Deus-no-Tempo, é o segredo do crescimento da criatura no tempo; e é também a conquista do presente incompleto e a consumação do futuro em perfeccionamento. E os frutos finais de todo o crescimento finito são: o poder controlado pelo espírito, por intermédio da mente em virtude da unificação e da presença criativa da personalidade. A conseqüência culminante de todo esse crescimento é o Ser Supremo.

Para o homem mortal, a existência é equivalente ao crescimento. E, assim, de fato pareceria ser, mesmo no sentido mais amplo do universo, pois a existência guiada pelo espírito parece resultar no crescimento experiencial – a elevação do status. Nós temos, contudo, sustentado, durante muito tempo, que o crescimento atual que caracteriza a existência da criatura na idade presente do universo é uma função do Supremo. Igualmente sustentamos que essa espécie de crescimento é peculiar à idade de crescimento do Supremo, e que terminará quando o crescimento do Supremo se completar.

Considerai o status dos filhos trinitarizados-por-criaturas: eles nascem e vivem na presente idade do universo; têm personalidades, como têm dotações de mente e de espírito. Têm experiências e a memória delas, mas não *crescem* como o fazem os ascendentes. É da nossa crença e compreensão que esses filhos trinitarizados-por-criaturas, conquanto estejam *na* idade presente do universo, na verdade, são *da* próxima idade do universo – a idade que se seguirá, depois que se der o crescimento completo do Supremo. E, portanto, não estão *no* Supremo, no seu status atual ainda incompleto, porquanto ainda em crescimento. E assim eles não participam do crescimento experiencial da idade presente do universo, sendo mantidos como reserva para a próxima idade do universo.

A minha própria ordem, dos Mensageiros Poderosos, sendo abraçada pela Trindade, é uma ordem de não-participantes do crescimento da idade presente do universo. Em um certo sentido, nós temos o status da idade precedente do universo, como de fato o têm os Filhos Estacionários da Trindade. Uma coisa é certa: o nosso status foi estabelecido pelo abraço da Trindade, e não mais experienciamos manifestações sob a forma de crescimento.

Isso não é verdade para os finalitores, nem para qualquer outra ordem evolucionária e experiencial que esteja participando do processo de crescimento do Supremo. Vós, mortais, agora vivendo em Urântia, que podeis aspirar a atingir o Paraíso e alcançar o status de finalitores, deveríeis entender que esse destino só é realizável porque estais no Supremo e sois do Supremo, tendo por isso participação no ciclo de crescimento do Supremo.

O crescimento do Supremo chegará a um fim, em alguma época; o seu status atingirá a realização completa (no sentido energético-espiritual). Esse término da evolução do Supremo testemunhará também o fim da evolução da criatura, como parte da supremacia. Que espécie de crescimento poderá caracterizar os universos do espaço exterior? Não sabemos. Contudo, estamos bastante seguros de que será algo muito diferente de qualquer coisa que haja sido vista na idade presente da evolução dos sete superuniversos. Será, indubitavelmente, função dos cidadãos evolucionários do grande universo compensar os habitantes dos espaços exteriores pelo fato de haverem sido privados do crescimento da Supremacia.

Enquanto for existente, quando da consumação da idade presente do universo, o Ser Supremo funcionará como soberano experiencial no grande universo. Os cidadãos do espaço exterior – seres da próxima idade do universo – terão um potencial de crescimento pós-superuniversal, uma capacidade de alcance evolucionário que pressupõe a soberania do Supremo Todo-Poderoso a qual, assim, exclui a participação da criatura na síntese de poder-personalidade da idade atual do universo.

E, assim, a incompletude do Supremo pode ser encarada como uma virtude, já que possibilita o crescimento evolucionário da criatura-criação dos universos presentes. O vazio tem a sua virtude, pois pode ser experiencialmente preenchido.

Uma das indagações mais interessantes da filosofia finita é esta: será que o Ser Supremo se factualiza em resposta à evolução do grande universo, ou será que o cosmo finito evolui progressivamente em resposta à factualização gradativa do Supremo? Ou será possível que, quanto ao desenvolvimento, sejam eles mutuamente interdependentes, e que sejam os recíprocos evolucionários, cada um iniciando o crescimento do outro? De uma coisa estamos certos: criaturas e universos, elevados e inferiores, estão evoluindo dentro do Supremo e, enquanto evoluem, está surgindo a somatória unificada de toda a atividade finita desta idade no universo. E esse é o surgimento do Ser Supremo e, para todas as personalidades, a evolução do poder Todo-Poderoso de Deus, o Supremo.

3. O SIGNIFICADO DO SUPREMO PARA AS CRIATURAS DO UNIVERSO

A realidade cósmica, designada de outra forma como Ser Supremo, como Deus, o Supremo, e como Todo-Poderoso Supremo, é a síntese complexa e universal das fases emergentes de todas as realidades finitas. A vasta diversificação da energia eterna, do espírito divino e da mente universal atinge a culminação finita na evolução do Supremo, que é a soma total de todo crescimento finito, auto-realizado nos níveis da deidade no seu completar finito máximo.

O Supremo é o canal divino por meio do qual flui a infinitude criativa das triodidades, que se cristaliza no panorama galático do espaço, em fundo ao qual tem lugar o drama magnífico da personalidade no tempo: a conquista espiritual da energia-matéria, por meio da intermediação da mente.

Jesus disse: "Eu sou o caminho vivo"; e, com efeito, ele é o caminho vivo do nível material da autoconsciência para o nível espiritual da consciência de Deus. E, do mesmo modo que ele é o caminho vivo para a ascensão do eu, a Deus, o Supremo é o caminho vivo da consciência finita à transcendência da consciência, e mesmo até o discernimento da absonitude.

O vosso Filho Criador, efetivamente, pode ser o canal vivo que liga a humanidade à divindade, pois ele experimentou pessoalmente, em toda a plenitude, a travessia desse caminho de progressão no universo, desde a verdadeira humanidade de Joshua ben José, o Filho do Homem, à divindade original do Paraíso, de Michael de Nébadon, o Filho do Deus infinito. E o Ser Supremo pode, de um modo semelhante, funcionar como a abordagem-aproximação universal para a transcendência de limitações finitas, pois ele é a incorporação real e a epítome pessoal de toda a evolução, de toda a progressão e toda a espiritualização da criatura. Mesmo as experiências, no grande universo, das personalidades que descem do Paraíso são a parte da experiência do Supremo, a qual é complementar para a sua totalização de experiências dos peregrinos do tempo.

O homem mortal é feito à imagem de Deus, de um modo mais do que figurativo. De um ponto de vista físico, essa afirmação dificilmente é verdadeira, mas, com referência a certas potencialidades no universo, é um fato real. Na raça humana, desenrola-se um pouco do mesmo drama da realização evolucionária, que se desenvolve, em uma escala muito mais ampla, no universo dos universos. O homem, uma personalidade volitiva, torna-se criativo, em ligação com o Ajustador, uma entidade impessoal, em presença das potencialidades finitas do Supremo; e o resultado é o florescimento de uma alma imortal. Nos universos, as personalidades Criadoras do tempo e do espaço funcionam em ligação com o espírito impessoal da Trindade do Paraíso, tornando-se, assim, criadoras de um novo potencial de poder de realidade da Deidade.

O homem mortal, sendo uma criatura, não é exatamente como o Ser Supremo, que é deidade, mas a evolução do homem, de um certo modo, assemelha-se ao crescimento do Supremo. O homem cresce, conscientemente, do material para o espiritual, por meio da força, poder e persistência das suas próprias decisões; ele também cresce à medida que o seu Ajustador do Pensamento desenvolve novas técnicas para, dos níveis espirituais, tocar os níveis da alma moroncial; e, uma vez que a alma venha à existência, ela começa a crescer em si e por si própria.

E, de uma certa forma, esse é o modo pelo qual o Ser Supremo se expande. A sua soberania cresce nos atos e pelos atos e realizações das Personalidades Criadoras Supremas; e isso é a evolução da majestade do seu poder, como governante do grande universo. A natureza da sua deidade é, do mesmo modo, dependente da unidade preexistente da Trindade do Paraíso. No entanto, há ainda um outro aspecto da evolução de Deus, o Supremo: não apenas ele evoluiu por meio dos Criadores e derivou-se da Trindade; ele também evoluiu por si próprio e é de si próprio derivado. Deus, o Supremo, é, por si próprio, um participante volitivo e criativo da sua própria realização na deidade. A alma moroncial humana é, do mesmo modo, uma parceira volitiva, co-criativa da sua própria imortalização.

O Pai colabora com o Agente Conjunto na manipulação das energias do Paraíso e para torná-las sensíveis ao Supremo. O Pai colabora com o Filho Eterno na produção das personalidades Criadoras cujos atos irão, em algum momento, culminar na soberania do Supremo. O Pai colabora com o Filho e o Espírito, na criação das personalidades da Trindade, para que funcionem como governantes do grande universo até a época em que uma evolução completa do Supremo qualifique-o para assumir essa soberania. O Pai coopera com os seus coordenados, sejam eles Deidades ou não-Deidades, desse e de tantos outros modos, para fazer progredir a evolução da Supremacia, mas também Ele funciona sozinho nessas questões. E a Sua função solitária é, provavelmente, mais bem revelada na ministração dos Ajustadores do Pensamento e entidades interligadas a eles.

A Deidade é unidade existencial na Trindade, experiencial no Supremo e, nos mortais, realizada como criatura por meio da fusão com o Ajustador. A presença do Ajustador do Pensamento no homem mortal revela a unidade essencial do universo, pois o homem, o tipo mais baixo possível de personalidade do universo, contém, assim, dentro de si próprio um fragmento real da realidade mais elevada e eterna, do próprio Pai original de todas as personalidades.

O Ser Supremo evolui, em virtude da sua ligação com a Trindade do Paraíso e em conseqüência dos êxitos da divindade dos filhos criadores e administradores da Trindade. A alma imortal do homem faz o seu próprio destino eterno evoluir, por meio da associação com a presença divina do Pai do Paraíso e de acordo com as decisões de personalidade, da mente humana. O que a Trindade é para Deus, o Supremo, o Ajustador é para o homem em evolução.

Durante a idade atual do universo, o Ser Supremo encontra-se aparentemente incapacitado de funcionar diretamente como criador, exceto naquelas instâncias em que as possibilidades finitas de ação foram esgotadas pelas agências criativas do tempo e do espaço. Até agora, na história do universo, isso não havia acontecido senão uma vez; quando as possibilidades da ação finita na questão da refletividade do universo foram exauridas, e então, o Supremo funcionou como um culminador criativo de todas as ações criadoras antecedentes. E acreditamos que ele irá novamente funcionar como um culminador, em idades futuras, quando a faculdade antecedente de criação houver completado um ciclo apropriado de atividade criativa.

O Ser Supremo não criou o homem, mas o homem foi literalmente criado a partir da potencialidade do Supremo; a própria vida do homem derivou-se deste. O Supremo também não faz o homem evoluir; pois o próprio Supremo é ainda a própria essência da evolução. Do ponto de vista finito, nós vivemos, movemo-nos e temos os nossos seres, efetivamente, dentro da imanência do Supremo.

O Supremo aparentemente não pode iniciar a causação original, mas parece ser ele o catalisador de todo crescimento no universo, e está destinado, aparentemente, a prover a culminação da totalidade, no que concerne ao destino de todos os seres que evoluem por meio da experiência. O Pai dá origem ao conceito de um cosmo finito; os Filhos Criadores factualizam essa idéia no tempo e no espaço, com o assentimento e a cooperação dos Espíritos Criativos; o Supremo culmina no finito total e estabelece a sua relação com o destino do absonito.

4. O DEUS FINITO

Ao observarmos as lutas incessantes das criaturas de toda a criação pela perfeição de status e pela divindade do ser, não podemos senão acreditar que esses esforços sem fim sejam uma indicação da luta incessante do Supremo pela auto-realização divina. Deus, o Supremo, é a Deidade finita, e deve defrontar-se com os problemas do finito, no sentido total dessa palavra. As nossas lutas, com as vicissitudes do tempo e nas evoluções do espaço, são reflexos dos seus esforços para alcançar a realidade e o completar da sua natureza e soberania, dentro da esfera de ação que a sua natureza em evolução está abrindo até os limites mais externos da possibilidade.

Em todo o grande universo, o Supremo labuta pela própria expressão. A sua evolução divina está, numa certa medida, baseada na sabedoria-ação de todas as personalidades em existência. Quando um ser humano escolhe a sobrevivência eterna, ele está co-criando o destino; e, na vida desse mortal ascendente, o Deus finito encontra uma medida acrescida da auto-realização da personalidade e uma amplificação na soberania experiencial. Entretanto, se uma criatura rejeita a carreira eterna, aquela parte do Supremo que dependia da escolha de tal criatura experimenta um retardamento inevitável, uma carência que deve ser compensada por uma experiência substitutiva ou de equivalência colateral; quanto à personalidade do não-sobrevivente, ela é absorvida pela supra-alma da criação, tornando-se uma parte da Deidade do Supremo.

De tão confiante e tão cheio de amor, Deus coloca uma parte da Sua natureza divina nas próprias mãos dos seres humanos, para a salvaguarda e para a auto-realização dos mesmos. A natureza do Pai, na presença do Ajustador, é indestrutível, independentemente da escolha do ser mortal. O eu em evolução, uma criança do Supremo, pode ser destruído, não obstante a personalidade potencialmente unificadora, desse eu mal guiado, vá persistir como um fator da Deidade da Supremacia.

A personalidade humana pode, verdadeiramente, destruir a individualidade da sua situação de criatura e, embora tudo o que valha a pena na vida desse suicida cósmico vá persistir, *tais qualidades não persistirão em uma criatura individual*. De novo o Supremo encontrará expressão nas criaturas dos universos, mas nunca mais como aquela pessoa em particular; a personalidade única de um não-ascendente retorna para o Supremo como uma gota de água retorna para o mar.

Qualquer ação isolada das partes pessoais do finito é, relativamente, irrelevante para o aparecimento final do Todo Supremo; o todo, contudo, depende dos atos totais das múltiplas partes. A personalidade do indivíduo mortal é insignificante, em face do todo da Supremacia, mas a personalidade de cada ser humano representa um valor-significado insubstituível no finito; a personalidade tendo sido expressa uma vez, nunca encontra, de novo, expressão idêntia, exceto na continuação da existência daquela personalidade viva.

E assim, na medida em que lutamos pela expressão pessoal, o Supremo está lutando em nós, e conosco, pela expressão da deidade. E, quando encontrarmos o Pai, o Supremo terá de novo encontrado o Criador do Paraíso de todas as coisas. À medida que nós conseguirmos a mestria dos problemas da auto-realização, o Deus da experiência irá alcançar a supremacia todo-poderosa nos universos do tempo e do espaço.

A humanidade não ascende sem esforço no universo, nem o Supremo evolui sem ação propositada e inteligente. As criaturas não alcançam a perfeição por meio de mera passividade, nem pode o espírito da Supremacia factualizar o poder do Todo-Poderoso sem uma ministração incessante de serviço à criação finita.

A relação temporal do homem com o Supremo é o fundamento da moralidade cósmica, da sensibilidade universal e da aceitação do *dever*. Tal moralidade transcende ao sentido temporal do certo e do errado relativos; é uma moralidade diretamente baseada na apreciação autoconsciente que a criatura faz da obrigação experiencial para com a Deidade experiencial. O homem mortal e todas as outras criaturas finitas são criadas a partir do potencial vivo de energia, mente e espírito, existente no Supremo. É no Supremo que o ascendente, composto de um mortal e de um Ajustador, inspira-se para a criação do caráter imortal e divino de um finalitor. É com a própria realidade do Supremo que o Ajustador, com o consentimento da vontade humana, tece os modelos da natureza eterna de um filho ascendente de Deus.

A evolução do progresso do Ajustador, na espiritualização e na eternização de uma personalidade humana, produz, na medida direta, uma ampliação na soberania do Supremo. Tais feitos, na evolução humana, são, ao mesmo tempo, realizações na factualização evolucionária do Supremo. Se for verdade que as criaturas não poderiam evoluir sem o Supremo, também será verdade, provavelmente, que a evolução do Supremo não possa nunca ser plenamente alcançada independentemente da evolução completa de todas as criaturas. E nisso repousa a grande responsabilidade cósmica das personalidades autoconscientes: que a Deidade Suprema seja, em um certo sentido, dependente da escolha da vontade mortal. E as progressões mútuas da evolução da criatura e da evolução do Supremo são, fiel e plenamente, indicadas aos Anciães dos Dias, pelos mecanismos inescrutáveis da refletividade do universo.

O grande desafio que tem sido feito ao homem mortal é este: decidireis vós personalizar os significados dos valores experimentáveis do cosmo, na vossa própria individualidade em evolução? Ou, rejeitando a sobrevivência, ireis permitir que esses segredos da Supremacia permaneçam adormecidos, aguardando a ação de uma outra criatura, em outro tempo, que, a *seu* modo, vá intentar uma contribuição de criatura para a evolução do Deus finito? Esta, porém, seria a contribuição dela para o Supremo, não a vossa.

A grande luta desta idade do universo se dá entre o potencial e o factual – a busca da factualização de tudo o que ainda não chegou a ter expressão. Se o homem mortal prosseguir na aventura até o Paraíso, ele estará seguindo os movimentos do tempo, que seguem, como correntes, dentro do fluxo da eternidade; se o homem mortal rejeitar a carreira eterna, ele mover-se-á contra a corrente dos acontecimentos nos universos finitos. A criação mecânica move-se inexoravelmente de acordo com o desenvolvimento do propósito do Pai do Paraíso, mas cada ser volitivo criado tem opção de aceitar ou de rejeitar o papel de participação da sua personalidade na aventura da eternidade. O homem mortal não pode destruir os valores supremos da existência humana, mas, muito nitidamente, pode impedir a evolução desses valores na sua própria experiência pessoal. Se o eu humano recusa-se, assim, a tomar parte na ascensão ao Paraíso, nessa medida fica o Supremo retardado na realização da expressão da divindade no grande universo.

Ao homem mortal foi dada, pois, a custódia, não apenas da presença Ajustadora do Pai do Paraíso, mas também o controle sobre o destino de uma fração infinitesimal do futuro do Supremo. Pois, se o homem alcança o destino humano, assim também o Supremo alcançará o destino nos níveis da deidade.

E, assim, de cada um de vós é esperada a decisão, a qual certa vez foi esperada de cada um de nós: ireis trair ao Deus do tempo, que é tão dependente das decisões da mente finita? Ireis estar em falta para com a personalidade Suprema dos universos, por causa de uma indolência, num retrocesso animalista? Ireis falhar para com o grande irmão de todas as criaturas, que tanto depende de cada criatura? Podeis permitir a vós próprios passar ao reino do irrealizado, quando tendes diante de vós a visão encantadora da carreira do universo – a descoberta divina do Pai do Paraíso e a participação divina na busca e na evolução do Deus da Supremacia?

As dádivas de Deus – Seu outorgamento da realidade – não são um divórcio Dele próprio; Ele não aliena a criação de Si próprio, mas estabelece tensões nas criações que giram em torno do Paraíso. Antes de tudo, Deus ama o homem e confere a ele o potencial da imortalidade – a realidade eterna. E, se o homem ama a Deus, ele torna-se eterno na realidade. E eis aqui um mistério: quanto mais um homem se aproxima de Deus, pelo amor, tanto maior será a realidade – a factualidade – desse homem. Quanto mais um homem afasta-se de Deus, tanto mais próximo ele fica da não-realidade – a cessação da existência. Quando o homem consagra a sua vontade a cumprir a vontade do Pai, quando o homem dá a Deus tudo o que ele *tem*, então Deus faz daquele homem mais do que ele é.

5. A SUPRA-ALMA DA CRIAÇÃO

O grande Supremo é a supra-alma cósmica do grande universo. Nele, as qualidades e as quantidades do cosmo encontram o seu reflexo de deidade; a sua natureza de deidade é o mosaico composto da vastidão total de toda a natureza criatura-Criador, em todos os universos em evolução. E o Supremo é também uma Deidade em factualização que incorpora uma vontade criativa, abrangendo um propósito universal que evolui.

Os eus intelectuais, e potencialmente pessoais do finito emergem da Terceira Fonte e Centro e efetivam uma síntese finita, tempo-espacial, da Deidade no Supremo. Quando a criatura submete-se à vontade do Criador, ela não submerge nem abandona a sua personalidade. Os indivíduos que participam, como personalidades, da factualização do Deus finito, não perdem a sua individualidade volitiva por funcionarem assim. Essas personalidades antes crescem progressivamente, pela sua participação nessa grande aventura da Deidade; por meio dessa união, com a divindade, o homem exalta, enriquece, espiritualiza e unifica o seu eu em evolução até o limiar mesmo da supremacia.

A alma imortal em evolução do homem, criação conjunta que é da mente material e do Ajustador, ascende como tal ao Paraíso; e, subseqüentemente, quando alistada no Corpo de Finalidade, torna-se aliada, de um novo modo, ao circuito da gravidade espiritual do Filho Eterno, por uma técnica de experiência conhecida como *transcendentalização finalitora*. Assim, tais finalitores transformam-se em candidatos aceitáveis ao reconhecimento, por meio da experiência, como personalidades de Deus, o Supremo. E, quando esses intelectos mortais, em compromissos futuros irrevelados do Corpo de Finalidade, atingirem o sétimo estágio da existência espiritual, tais mentes duais tornar-se-ão trinas. Essas duas mentes sintonizadas, a humana e a divina, tornar-se-ão glorificadas, em união com a mente experiencial do então factualizado Ser Supremo.

No eterno futuro, Deus, o Supremo, estará factualizado – criativamente expresso e espiritualmente retratado – na mente espiritualizada, na alma imortal do homem ascendente, do mesmo modo que o Pai Universal foi revelado na vida terrena de Jesus.

O homem não se une, ao Supremo, submergindo a sua identidade pessoal; mas as repercussões, no universo, da experiência de todos os homens assim formam uma parte da experienciação divina do Supremo. "O ato é nosso, as conseqüências são de Deus."

A personalidade em progresso deixa um rastro de realidade factualizada, quando passa pelos níveis ascendentes dos universos. Sejam mente, espírito ou energia, as criações do tempo e do espaço, em crescimento, são modificadas pela progressão da personalidade ao longo dos domínios universais. Quando o homem age, o Supremo reage, e essa transação constitui o fato da progressão.

Os grandes circuitos da energia, da mente e do espírito não são nunca posse permanente das personalidades em ascensão; tais ministrações continuam, para sempre, como sendo uma parte da Supremacia. Na experiência mortal, o intelecto humano reside nas pulsações rítmicas dos espíritos ajudantes da mente, e ele efetiva as suas decisões na arena produzida por circuitamento, dentro dessa ministração. Com a morte, o eu humano fica eternamente separado do circuito de tais ajudantes. Conquanto esses ajudantes pareçam nunca transmitir experiência de uma personalidade para outra, eles podem transmitir e transmitem, de Deus, o Sétuplo, para Deus, o Supremo, as repercussões impessoais da ação-decisão. (Pelo menos, isso é verdadeiro quanto aos ajudantes da adoração e da sabedoria.)

E assim é com os circuitos espirituais: o homem utiliza-os na sua ascensão pelos universos, mas nunca os possui como uma parte da sua personalidade eterna. Contudo, esses circuitos de ministração espiritual, como o do Espírito da Verdade, o do Espírito Santo ou o das presenças espirituais do superuniverso, são receptivos e reativos aos valores emergentes, nas personalidades ascendentes, e esses valores são fielmente transmitidos por meio do Sétuplo, para o Supremo.

Conquanto tais influências espirituais, como a do Espírito Santo e do Espírito da Verdade, sejam ministrações do universo local, a sua orientação não é totalmente confinada a limitações geográficas de uma certa criação local. À medida que o mortal ascendente ultrapassa as fronteiras do seu universo local de origem, ele não fica inteiramente privado da ministração do Espírito da Verdade, que tão constantemente lhe ensinou e o guiou pelos labirintos filosóficos dos mundos materiais e moronciais, em todas as crises da ascensão, dirigindo infalivelmente o peregrino ao Paraíso, sempre dizendo: "É este o caminho". Quando deixardes os domínios do universo local, por meio da ministração do espírito do Ser Supremo emergente e pelas provisões da refletividade do superuniverso, vós ainda sereis guiados, na vossa ascensão ao Paraíso, pelos espíritos diretivos confortadores dos Filhos de Deus auto-outorgadores do Paraíso.

Como esses circuitos múltiplos de ministração cósmica registram os significados, os valores e os fatos da experiência evolucionária no Supremo? Não sabemos com exatidão; mas acreditamos que esse registro ocorra por intermédio das pessoas dos Criadores Supremos originários do Paraíso, que são os outorgadores diretos desses circuitos, no tempo e no espaço. As acumulações de experiência mental dos sete espíritos ajudantes da mente, nas suas ministrações aos níveis físicos do intelecto, é uma parte da experiência, no universo local, da Ministra Divina e, por meio desse Espírito Criativo, eles provavelmente encontram registro na mente da Supremacia. Do mesmo modo são as experiências mortais com o Espírito da Verdade e com o Espírito Santo, provavelmente, registradas por técnicas semelhantes na pessoa da Supremacia.

Mesmo a experiência feita pelo homem junto com o Ajustador deve encontrar eco na divindade de Deus, o Supremo; pois, pelo modo que os Ajustadores experienciam, eles são como o Supremo; e a alma em evolução do homem mortal é criada a partir da possibilidade preexistente de tal experiência dentro do Supremo.

Dessa maneira, as experiências múltiplas de toda a criação tornam-se uma parte da evolução da Supremacia. As criaturas utilizam meramente as qualidades e quantidades do finito, na medida em que ascendem ao Pai; as conseqüências impessoais dessa utilização permanecem para sempre uma parte do cosmo vivo, a pessoa Suprema.

O que o próprio homem leva consigo, como posse da personalidade, são as conseqüências do caráter da experiência de haver usado os circuitos da mente e do espírito do grande universo, durante a sua ascensão ao Paraíso. Quando o homem decide, e quando ele consuma essa decisão na ação, o homem tem uma experiência, e os significados e os valores dessa experiência são, para sempre, uma parte do seu caráter eterno, em todos os níveis, do finito ao final. O caráter cosmicamente moral e divinamente espiritual representa o mais importante das decisões pessoais, acumuladas pela criatura, as quais foram iluminadas pela adoração sincera, glorificadas pelo amor inteligente e consumadas no serviço fraterno.

O Supremo em evolução irá compensar, finalmente, as criaturas finitas pela incapacidade de elas não haverem realizado senão um contato, e mais do que limitado, de experiência, com o universo dos universos. As criaturas podem alcançar o Pai no Paraíso, mas as suas mentes evolucionárias, sendo finitas, são incapazes de compreender realmente o Pai infinito e absoluto. Todavia, posto que todas as experiências das criaturas registram-se no Supremo, e fazem parte do Supremo, quando todas as criaturas atingirem o nível final da existência finita, e depois que o desenvolvimento total do universo tornar possível que alcancem a Deus, o Supremo, como uma presença factual da divindade, então, inerentemente ao fato desse próprio contato, ocorre o contato delas com a experiência total. A finitude do tempo, em si mesma, contém as sementes da eternidade; e é-nos ensinado que, quando a plenitude da evolução testemunhar a exaustão da capacidade para o crescimento cósmico, o finito total irá embarcar nas fases absonitas da carreira eterna, em busca do Pai, como Último.

6. A BUSCA DO SUPREMO

Nós buscamos o Supremo nos universos, mas nós não o encontramos. "Ele é o interior e o exterior de todas as coisas e seres, está-se movendo, e está quieto. Irreconhecível no seu mistério, embora distante, ele também está próximo." O Supremo

Todo-Poderoso é "a forma daquilo que ainda não se formou, o arquétipo daquilo que ainda não foi criado". O Supremo é o vosso lar no universo e, quando o encontrardes, será como retornar ao lar. Ele é o vosso pai experiencial e, na própria experiência dos seres humanos, ele cresceu na sua experiência de progenitor divino. Ele vos conhece porque é como uma criatura, tanto quanto um criador.

Se desejais, verdadeiramente, encontrar Deus, não podeis deixar de ter nas vossas mentes a consciência do Supremo. Como Deus é o vosso Pai divino, também o Supremo é a vossa mãe divina, em quem sois nutridos durante as vossas vidas, como criaturas do universo. "Quão universal é o Supremo – ele está em todos os lados! As coisas sem limites da criação dependem da presença dele, para viver, e a nenhuma delas ele vai recusar-se."

O que Michael é para Nébadon, o Supremo é para o cosmo finito; a sua deidade é o grande canal pelo qual o amor do Pai flui exteriormente para toda a criação, e ele é o grande canal através do qual as criaturas finitas passam ao interior na busca do seu Pai, que é amor. Mesmo os Ajustadores do Pensamento relacionam-se com ele; pela sua natureza original e divindade, eles são como o Pai, mas, quando experimentam as transações do tempo, nos universos do espaço, eles tornam-se como o Supremo.

O ato da escolha da criatura de fazer a vontade do Criador é um valor cósmico e tem um significado no universo, ao qual uma força irrevelada, mas ubíqua, de coordenação, reage imediatamente, provavelmente como o funcionamento da ação que sempre se amplia, do Ser Supremo.

A alma moroncial de um mortal em evolução é realmente filha da ação do Ajustador do Pai Universal, e é filha da reação cósmica do Ser Supremo, a Mãe Universal. A influência da mãe domina a personalidade humana durante toda a infância da alma, que cresce, no universo local. A influência dos Pais-Deidade torna-se mais semelhante depois da fusão ao Ajustador e durante a carreira no superuniverso, mas, quando as criaturas do tempo começam a travessia do universo central da eternidade, a natureza do Pai torna-se crescentemente manifesta, alcançando o máximo da sua manifestação finita junto com o reconhecimento do Pai Universal e a admissão no Corpo de Finalidade.

Por meio da experiência de realização como finalitor, e nessa experiência, as qualidades experienciais maternas do eu ascendente tornam-se tremendamente afetadas pelo contato e pela infusão na presença espiritual do Filho Eterno e na presença mental do Espírito Infinito. Então, em todos os domínios da atividade finalitora, no grande universo, acontece um novo despertar do potencial materno latente do Supremo, uma nova realização de significados experienciais e uma nova síntese de valores experienciais de toda a carreira de ascensão. Parece que essa realização do eu continuará nas carreiras dos finalitores do sexto estágio no universo, até que a herança materna do Supremo atinja a sincronia finita com a herança Ajustadora do Pai. Esse período curioso, na função do grande universo, representa a continuação da carreira adulta do mortal ascendente perfeccionado.

Com o completar do sexto estágio da existência e com a entrada no sétimo estágio, o final, de status espiritual, seguir-se-ão provavelmente as idades avançadas na divindade: de experiência enriquecedora, sabedoria amadurecida e realização da divindade. Na natureza do finalitor, isso provavelmente igualar-se-á à completa realização na luta mental pela auto-realização espiritual: o completar da coordenação da natureza ascendente do homem com a natureza divina do Ajustador, dentro dos limites das possibilidades finitas. Esse magnífico eu universal torna-se, assim, o filho finalitor eterno do Pai do Paraíso, bem como o filho eterno do universo da Mãe Suprema, um eu universal qualificado para representar a ambos, ao Pai e à Mãe dos universos e personalidades, em qualquer atividade ou empreendimento pertinente à administração finita das coisas e dos seres criados, em criação ou em evolução.

Todos os seres humanos que evoluíram de almas são, literalmente, filhos evolucionários de Deus, o Pai, e de Deus, a Mãe, o Ser Supremo. Contudo, até a época em que o homem mortal torna-se consciente, dentro da sua alma, da sua herança divina, essa certeza de parentesco com a Deidade deve ser alcançada pela fé. A experiência da vida humana é o casulo cósmico no qual a dotação universal do Ser Supremo e a presença do Pai Universal no universo (nenhuma das quais, nem presença, nem dotação, são personalidades) estão fazendo evoluir a alma moroncial do tempo e o caráter humano-divino de finalitor de destino universal e serviço eterno.

Muito freqüentemente, os homens, esquecem-se de que Deus é a maior experiência da existência humana. Outras experiências são limitadas na sua natureza e conteúdo, mas a experiência de Deus não tem limites, a não ser aqueles da capacidade de compreensão da criatura, e essa experiência, por si mesma, é ampliadora da capacidade. Quando os homens buscam a Deus, eles estão buscando tudo. Quando eles encontram Deus, eles encontram tudo. A busca de Deus é o outorgamento irrestrito de amor, acompanhado de descobertas surpreendentes de um amor novo e maior a ser outorgado.

Todo amor verdadeiro vem de Deus; e o homem recebe a afeição divina à medida que ele próprio confere esse amor aos seus semelhantes. O amor é dinâmico. Nunca pode ser capturado; é vivo, livre, emotivo e sempre em movimento. O homem nunca pode tomar o amor do Pai e aprisioná-lo no fundo do seu coração. O amor do Pai pode tornar-se real para o homem mortal, apenas passando pela personalidade desse homem, enquanto ele, por sua vez, concede esse amor aos seus semelhantes. O grande circuito do amor vem do Pai, por intermédio dos filhos, para os irmãos e, deles, para o Supremo. O amor do Pai surge, na personalidade mortal, por meio da ministração do Ajustador residente. E tal filho conhecedor de Deus revela esse amor aos seus irmãos do universo, e essa afeição fraterna é a essência do amor do Supremo.

Não é possível aproximar-se do Supremo, a não ser pela experiência; e, nas épocas atuais da criação, há apenas três vias para a criatura chegar à Supremacia:

1. Os cidadãos do Paraíso descem da Ilha Eterna indo até Havona, onde adquirem a capacidade de compreender a Supremacia, por meio da observação do diferencial da realidade Paraíso-Havona e pela descoberta exploratória das atividades múltiplas das Personalidades Criadoras Supremas, que vão desde os Espíritos Mestres até os Filhos Criadores.

2. Os ascendentes do tempo e do espaço, vindos dos universos evolucionários dos Criadores Supremos, aproximam-se intimamente do Supremo, ao atravessarem Havona, como uma preliminar à apreciação crescente da unidade da Trindade do Paraíso.

3. Os nativos de Havona adquirem uma compreensão do Supremo por intermédio de contatos com os peregrinos descendentes do Paraíso e de contatos com os peregrinos ascendentes dos sete superuniversos. Os nativos de Havona estão inerentemente em posição de harmonizar os pontos de vista, essencialmente diferentes, dos cidadãos da Ilha Eterna com os dos cidadãos dos universos evolucionários.

Para as criaturas evolucionárias há sete grandes modos de aproximação do Pai Universal, e cada uma dessas ascensões ao Paraíso passa pela divindade de um dos Sete Espíritos Mestres; e cada uma dessas aproximações é tornada possível por uma ampliação da receptividade experiencial, conseqüência de a criatura haver servido no superuniverso que reflete a natureza daquele Espírito Mestre. A soma total dessas sete experiências constitui os limites atualmente conhecidos da consciência da criatura sobre a realidade e a factualidade de Deus, o Supremo.

Não são apenas as próprias limitações do homem que o impedem de encontrar o Deus finito; é também o estado incompleto do universo. E é o próprio estado incompleto de todas as criaturas – passadas, presentes e futuras – o que torna o Supremo inacessível. Deus, o Pai, pode ser encontrado por *qualquer* indivíduo que haja alcançado o nível divino de semelhança com Deus, mas Deus, o Supremo, nunca será pessoalmente descoberto por uma criatura, antes aquele momento longínquo em que, por intermédio da realização universal da perfeição, *todas* as criaturas, simultaneamente, irão encontrá-lo.

Independentemente do fato de que vós não podeis, nesta idade do universo, encontrar pessoalmente o Supremo, do modo como podereis e ireis encontrar Pai, Filho e Espírito, contudo, a ascensão, até o Paraíso, e a subseqüente carreira no universo, gradualmente, irão criar na vossa consciência o reconhecimento da presença no universo e da ação cósmica do Deus de toda a experiência. Os frutos do espírito são a essência do Supremo, do modo como ele é realizável na experiência humana.

O fato de o homem alcançar, em algum momento, o Supremo, é conseqüência da sua fusão com o espírito da Deidade do Paraíso. Com os urantianos, esse espírito é a presença Ajustadora do Pai Universal; e, embora o Monitor Misterioso venha do Pai e seja como o Pai, duvidamos que, mesmo essa dádiva divina, possa realizar a tarefa impossível de revelar a natureza do Deus infinito a uma criatura finita. Suspeitamos que aquilo que os Ajustadores revelarão aos futuros finalitores do sétimo estágio seja a divindade e a natureza de Deus, o Supremo. E essa revelação será, para uma criatura finita, o que a revelação do Infinito seria para um ser absoluto.

O Supremo não é infinito, mas provavelmente ele abraça toda uma infinitude a qual uma criatura finita jamais poderá compreender realmente. Compreender além do Supremo é ser mais do que finito!

Todas as criações experienciais são interdependentes, na sua realização do destino. Apenas a realidade existencial é autocontida e auto-existente. Havona e os sete superuniversos necessitam uns dos outros, para realizar o máximo do alcance finito de realização; e, do mesmo modo, eles serão, em algum tempo, dependentes dos universos futuros do espaço exterior para a transcendência do finito.

Um ascendente humano pode encontrar o Pai; Deus é existencial e, portanto, real, independentemente do status da experiência no universo total. Todavia, nem um único ascendente jamais encontrará o Supremo, até que todos os ascendentes hajam encontrado aquela maturidade máxima, no universo, que os qualificará simultaneamente a participar dessa descoberta.

O Pai não tem preferências por pessoas; Ele trata a todos os Seus filhos ascendentes como indivíduos cósmicos. O Supremo, do mesmo modo, não tem preferência por pessoas; ele trata os seus filhos experienciais como um único todo cósmico.

O homem pode descobrir o Pai no seu coração, mas ele terá de procurar pelo Supremo nos corações de todos os outros homens; e, quando todas as criaturas revelarem perfeitamente o amor do Supremo, então, ele transformar-se-á em uma realidade, no universo, para todas as criaturas. E esse é apenas mais um modo de dizer que os universos serão estabelecidos em luz e vida.

O alcançar da auto-realização perfeiçoada da parte de todas as personalidades e mais a realização do equilíbrio perfeito, em todos os universos, é igual à realização do Supremo; e testemunha a liberação de toda a realidade finita das limitações da existência incompleta. Essa exaustão de todos os potenciais finitos gera a realização completa do Supremo, e pode ser definida, de um outro modo, como a factualização evolucionária completa do próprio Ser Supremo.

Os homens não encontram o Supremo súbita e espetacularmente, como um terremoto abre as fendas nas rochas, mas eles o encontram lenta e pacientemente, como um rio mansamente desbasta o solo por baixo.

Quando encontrardes o Pai, encontrareis a grande causa da vossa ascensão espiritual nos universos; quando encontrardes o Supremo, vós ireis descobrir a grandeza do resultado da vossa carreira de progresso até o Paraíso.

Contudo, nenhum mortal conhecedor de Deus pode, jamais, estar a sós na sua jornada pelo cosmo, pois ele sabe que o Pai caminha a seu lado, em cada passo da estrada, enquanto o caminho mesmo em que está andando é a presença do Supremo.

7. O FUTURO DO SUPREMO

A realização completa de todos os potenciais finitos iguala-se ao completar da realização de toda experiência evolucionária. Isso sugere a emergência final do Supremo, como uma deidade de presença todo-poderosa nos universos. Acreditamos que o Supremo, nesse estágio do desenvolvimento, será tão distintamente personalizado quanto o é o Filho Eterno; será tão concretamente detentor dos poderes quanto o é a Ilha do Paraíso; e tão completamente unificado quanto o é o Agente Conjunto, e tudo isso dentro das limitações das possibilidades finitas da Supremacia, na culminação da idade atual do universo.

Conquanto esse seja um conceito totalmente apropriado do futuro do Supremo, nós chamaríamos a atenção para alguma questões inerentes a esse conceito:

1. Os Supervisores Inqualificáveis do Supremo dificilmente poderiam ser deificados, em qualquer estágio anterior à sua completa evolução, e, ainda, esses mesmos supervisores, agora mesmo, exercem, qualificadamente, a soberania da supremacia no que concerne aos universos estabelecidos em luz e vida.

2. O Supremo dificilmente poderia funcionar na Ultimidade da Trindade, antes que houvesse atingido a factualização completa de status no universo; e, ainda, a Ultimidade da Trindade é, mesmo agora, uma realidade qualificada, e vós fostes informados sobre a existência dos Vice-Regentes Qualificados do Último.

3. O Supremo não é completamente real para as criaturas do universo, mas há muitas razões para deduzir que seja bastante real para a Deidade Sétupla, estendendo-se desde o Pai Universal no Paraíso aos Filhos Criadores e Espíritos Criativos dos universos locais.

Pode ser que, nos limites superiores do finito, onde o tempo se une ao tempo transcendido, haja alguma espécie de obscuridade e mistura de seqüência. Pode ser que o Supremo seja capaz de prever a sua presença no universo, nesses níveis supratemporais e que, então, em um grau limitado, antecipe a evolução futura, refletindo essa previsão futura de volta aos níveis criados, como Imanência do Incompleto Projetado. Esses fenômenos podem ser observados onde quer que o finito faça contato com o suprafinito, tal como as experiências dos seres humanos resididos pelos Ajustadores do Pensamento podem ser verdadeiras predições das futuras realizações do homem no universo, em toda a eternidade.

Quando os ascendentes mortais são admitidos no corpo de finalidade do Paraíso, eles fazem um juramento à Trindade do Paraíso e, fazendo esse juramento de fidelidade, estão prometendo fidelidade eterna a Deus, o Supremo, que *é* a Trindade tal como é compreendida por todas as personalidades das criaturas finitas. Subseqüentemente, na medida em que as companhias de finalitores funcionarem pelos universos em evolução, elas apenas prestarão obediência aos mandados com origem no Paraíso, até os tempos memoráveis do estabelecimento dos universos locais em luz e vida. À medida que as novas organizações governamentais dessas criações perfeccionadas comecem a refletir a soberania emergente do Supremo, observamos que as remotas companhias de finalitores então reconhecem a autoridade jurídica desses novos governos. Parece que Deus, o Supremo, está evoluindo como o unificador do Corpo evolucionário da Finalidade, mas é altamente provável que o destino eterno desses sete corpos seja dirigido pelo Supremo, como membro da Trindade Última.

O Ser Supremo contém três possibilidades suprafinitas de manifestação no universo:

1. A colaboração absonita na primeira Trindade experiencial.

2. A relação co-absoluta na segunda Trindade experiencial.

3. A participação co-infinita na Trindade das Trindades; mas não estamos de posse de nenhuma concepção satisfatória sobre o que isso realmente significa.

Essa é uma das hipóteses geralmente aceitas sobre o futuro do Supremo, mas há também muitas conjecturas a respeito das suas relações com o atual grande universo, depois que ele haja alcançado o status de luz e vida.

A meta atual dos superuniversos, tais como eles são e dentro dos seus potenciais, é tornarem-se perfeitos, como Havona o é. Essa perfeição concerne a realizações físicas e espirituais, atingindo, mesmo, o desenvolvimento na administração, governo e fraternidade. Acredita-se que, em idades que virão, as possibilidades de desarmonia, desajustamento e desadaptação finalmente acabem nos superuniversos. Os circuitos de energia estarão em perfeito equilíbrio e serão completamente submissos à mente, enquanto o espírito, em presença da personalidade, terá alcançado o domínio da mente.

Conjectura-se que, nessa época ainda muito distante, a pessoa espiritual do Supremo e o poder adquirido pelo Todo-Poderoso haverão alcançado um desenvolvimento coordenado e que, ambos, unificados na e pela Mente Suprema, factualizar-se-ão como o Ser Supremo, de factualidade completa nos universos – uma factualidade que será observável por todas as inteligências criadas, merecerá reações de todas as energias criadas, será coordenada a todas as entidades espirituais e que será experimentada por todas as personalidades do universo.

Esse conceito implica a soberania efetiva do Supremo no grande universo. É bastante provável que os atuais administradores da Trindade continuem sendo seus vice-regentes, mas acreditamos que as demarcações atuais entre os sete superuniversos tendam a desaparecer gradualmente, e que todo o grande universo funcione como um todo perfeiçoado.

É possível que o Supremo possa então estar residindo pessoalmente em Uversa, a sede-central de Orvônton, de onde ele irá dirigir a administração das criações do tempo, mas isso na realidade é apenas uma conjectura. Certamente, contudo, a personalidade do Ser Supremo será definitivamente contatável em alguma localidade específica, embora a ubiqüidade da presença da sua Deidade continue provavelmente a permear o universo dos universos. Nessa idade, não sabemos qual poderá ser a relação dos cidadãos do superuniverso com o Supremo; mas pode ser algo como a relação atual entre os nativos de Havona e a Trindade do Paraíso.

O grande universo perfeiçoado das épocas futuras será imensamente diferente do que é no presente. As aventuras emocionantes da organização das galáxias do tempo, tudo estará no passado: a implantação da vida nos mundos incertos do tempo, o nascimento da harmonia a partir do caos, a beleza nascendo dos potenciais, a verdade brotando dos significados e, a bondade, dos valores. Os universos do tempo haverão realizado o destino finito de um modo pleno e total! E talvez haja um repouso durante um intervalo, um descanso da luta de toda uma idade, pela perfeição evolucionária. Mas não por muito tempo! Certa, segura e inexoravelmente, o enigma da Deidade emergente de Deus, o Último, desafiará os cidadãos perfeccionados dos universos estabelecidos, exatamente como os seus antepassados de luta evolucionária, certa vez, foram desafiados pela busca de Deus, o Supremo. A cortina do destino cósmico abrir-se-á para revelar a grandeza transcendente da busca absonita fascinante de alcançar o Pai Universal naqueles níveis novos e mais elevados, revelados na ultimidade da experiência da criatura.

[Promovido por um Mensageiro Poderoso permanecendo temporariamente em Urântia.]

DOCUMENTO 118

O SUPREMO E O ÚLTIMO — O TEMPO E O ESPAÇO

A RESPEITO das várias naturezas da Deidade, pode ser dito que:

1. O Pai é o eu auto-existente em si.
2. O Filho é o eu coexistente.
3. O Espírito é o eu existente-conjuntamente.
4. O Supremo é o eu evolucionário-experiencial.
5. O Sétuplo é a divindade autodistributiva.
6. O Último é o eu transcendental-experiencial.
7. O Absoluto é o eu existencial-experiencial.

Do mesmo modo que Deus, o Sétuplo, é indispensável à realização evolucionária do Supremo, o Supremo também é indispensável à emergência final do Último. E a presença dual do Supremo e do Último constitui a associação básica da Deidade subabsoluta e derivada, pois eles são interdependentemente complementares na realização do destino. Juntos, eles constituem a ponte experiencial que liga os começos e as realizações completas de todo o crescimento criativo no universo-mestre.

O crescimento criativo é interminável e, sendo sempre satisfatório, sem fim em extensão, é sempre pontuado pelos momentos de satisfação da personalidade, é o alcançar das metas transitórias, que tão efetivamente serve de prelúdio, na mobilização para as novas aventuras de crescimento cósmico: a exploração do universo e a realização do alcançar da Deidade.

Ainda que o domínio da matemática esteja tolhido por limitações qualitativas, ele proporciona à mente finita uma base conceitual para a contemplação da infinitude. Não há limitação quantitativa para os números, mesmo na compreensão da mente finita. Não importa quão grande seja o número concebido, podeis visualizar sempre uma unidade a mais sendo adicionada a ele. E também, podeis compreender que ele está aquém da infinitude, pois, não importando quantas vezes repetis esta adição ao número, ainda lhe poderá sempre ser adicionada mais uma unidade.

Ao mesmo tempo, a série infinita pode ser totalizada a qualquer dado ponto, e esse total (um subtotal, mais propriamente) proporciona a plenitude da doçura do alcançar da meta a uma certa pessoa, em um determinado tempo e status. Contudo, mais cedo ou mais tarde, essa mesma pessoa começa a ter fome e a ansiar por novas e maiores metas, e tais aventuras de crescimento estarão renovando-se, para sempre, na plenitude do tempo e nos ciclos da eternidade.

Cada idade sucessiva do universo é a antecâmara da próxima era de crescimento cósmico, e cada época do universo proporciona um destino imediato para todos os estágios precedentes. Havona, em si e por si própria, é uma criação perfeita, mas de perfeição limitada; a perfeição de Havona, expandindo-se até os superuniversos evolucionários, encontra, não apenas um destino cósmico, mas também a liberação das limitações da existência pré-evolucionária.

1. TEMPO E ETERNIDADE

É útil para a orientação cósmica do homem alcançar toda a compreensão possível da relação da Deidade com o cosmos. Embora a Deidade absoluta seja eterna por natureza, os Deuses estão relacionados ao tempo como uma experiência na eternidade. Nos universos evolucionários, a eternidade é a perpetuidade temporal – o *agora* perdurando para sempre.

A personalidade da criatura mortal pode-se eternizar por auto-identificação com o espírito residente, por intermédio da técnica de escolher cumprir o desejo do Pai. Tal consagração da vontade equivale à compreensão da realidade-eternidade de propósito. Isso quer dizer que o propósito da criatura tornou-se fixo em relação à sucessão de momentos; ou, colocado de outro modo, que a sucessão dos momentos não testemunhará nenhuma alteração no propósito da criatura. Um milhão ou um bilhão de momentos não farão diferença. Os números cessaram de ter um significado relacionado ao propósito da criatura. Assim, a escolha da criatura, somada à escolha de Deus, torna-se um fato nas realidades eternas da união perpétua do espírito de Deus e da natureza do homem, no serviço perene dos filhos de Deus e do seu Pai do Paraíso.

Há uma relação direta entre a maturidade e a consciência da unidade de tempo, para qualquer intelecto. A unidade de tempo pode ser um dia, um ano, ou um período mais longo; contudo, inevitavelmente, é o critério pelo qual o eu consciente avalia as circunstâncias da vida, e pelo qual o intelecto, que está concebendo, mede e avalia os fatos da existência temporal.

A experiência, a sabedoria e o julgamento são concomitantes, na duração da unidade de tempo na experiência mortal. Quando a mente humana reconhece o passado e a ele remonta, está avaliando a experiência passada, com o propósito de fazer com que ela se ligue a uma situação presente. Na medida em que a mente tenta alcançar o futuro, ela está tentando avaliar a significação futura da ação possível. E reconhecendo, assim, tanto a experiência quanto a sabedoria, a vontade humana exercita a decisão-julgamento no presente, e o plano de ação, que desse modo nasce do passado e do futuro, passa a ser existente.

Com a maturidade do eu em desenvolvimento, o passado e o futuro são trazidos ao mesmo tempo para iluminar o significado verdadeiro do presente. Quando amadurece, o eu busca e alcança a experiência mais e mais a fundo no passado, enquanto a previsão da sua sabedoria busca penetrar sempre mais profundamente o futuro desconhecido. E, na medida que o eu, que está concebendo, estende esse alcance mais a fundo, tanto ao passado quando ao futuro, assim também o julgamento torna-se menos dependente do presente momentâneo. Desse modo, a ação-decisão começa a escapar dos liames do presente que se move, enquanto começa a tomar os aspectos da significação passado-futura.

A paciência é exercida pelos mortais cujas unidades de tempo são curtas; a maturidade verdadeira transcende a paciência, com uma tolerância nascida da compreensão real.

Tornar-se maduro é viver mais intensamente no presente, escapando, ao mesmo tempo, das limitações do presente. Os planos da maturidade, fundados na experiência passada, estão vindo a ser no presente, de um modo tal que engrandece os valores do futuro.

A unidade de tempo da imaturidade concentra o valor-significado no momento presente, de um modo tal que separa o presente da sua verdadeira relação com o não-presente – o passado-futuro. A unidade de tempo da maturidade é proporcionada de modo a revelar a relação coordenada entre passado, presente e futuro, que o eu começa a discernir, no todo dos acontecimentos, pois começa a ver a paisagem do tempo da perspectiva panorâmica de horizontes amplificados, começando, talvez, a suspeitar de um não-começo, de um contínuo eterno sem fim, cujos fragmentos são chamados de tempo.

Nos níveis do infinito e do absoluto, o momento presente contém tudo do passado, bem como do futuro. EU SOU significa também EU FUI e EU SEREI. E isso representa o nosso melhor conceito de eternidade e do eterno.

No nível absoluto e eterno, a realidade potencial é tão significativa quanto a realidade factual. Apenas no nível finito, e para as criaturas presas ao tempo, parece haver uma diferença tão grande. Para Deus, como absoluto, um mortal ascendente que tomou a decisão eterna é já um finalitor do Paraíso. Todavia, o Pai Universal, por intermédio do Ajustador do Pensamento residente, não é limitado assim em consciência, podendo também conhecer e participar de toda luta temporal com os problemas da ascensão da criatura, desde os níveis animais de existência aos níveis de semelhança com Deus.

2. ONIPRESENÇA E UBIQÜIDADE

É preciso não confundir a ubiqüidade da Deidade com a ultimidade da onipresença divina. É um ato volitivo do Pai Universal que o Supremo, o Último e o Absoluto devam compensar, coordenar e unificar a ubiqüidade Dele no espaço-tempo e a Sua onipresença transcendida tempo-espacialmente com a Sua presença absoluta e universal fora do tempo e do espaço. E deveríeis lembrar-vos de que, se bem que a ubiqüidade da Deidade possa tão freqüentemente ser associada ao espaço, ela não é necessariamente condicionada pelo tempo.

Como ascendentes mortais e moronciais, vós discernis a Deus, progressivamente, por intermédio da ministração de Deus, o Sétuplo. Por intermédio de Havona, descobris Deus, o Supremo. No Paraíso, vós O encontrais como uma pessoa e, então, como finalitores, ireis em breve intentar conhecê-Lo como o Último. Enquanto finalitores, poderia parecer não existir senão um curso a ser seguido, após haverdes alcançado o Último, e esse seria começar a busca do Absoluto. Nenhum finalitor será perturbado por incertezas quanto a alcançar a Deidade Absoluta, pois, ao fim das ascensões suprema e última, ele já terá encontrado Deus, o Pai. Os finalitores, sem dúvida, irão acreditar que, ainda que tenham êxito em encontrar Deus, o Absoluto, eles estariam apenas descobrindo o mesmo Deus, o Pai do Paraíso, manifestando a Si próprio em níveis mais próximos do infinito e do universal. Sem dúvida que o alcançar a Deus, no absoluto, seria revelar o Ancestral Primordial dos universos, bem como o Pai Final das personalidades.

Deus, o Supremo, pode não ser uma demonstração da onipresença tempo-espacial da Deidade, mas é literalmente uma manifestação da ubiqüidade divina. Entre a presença espiritual do Criador e as manifestações materiais da criação, existe um vasto domínio do estar-sendo ubíquo – o surgimento da Deidade evolucionária no universo.

Se, em algum tempo, Deus, o Supremo assumir o controle direto dos universos do tempo e do espaço, estamos confiantes de que a administração dessa Deidade funcionará sob o supercontrole do Último. Nesse caso, Deus, o Último, começaria a se tornar manifesto para os universos do tempo, e como o Todo-Poderoso transcendental (o Onipotente), exercendo o supercontrole do supratempo e do espaço transcendido, no que concerne às funções administrativas do Supremo Todo-Poderoso.

A mente mortal pode perguntar, como nós próprios o fazemos: se a evolução de Deus, o Supremo, até a autoridade administrativa no grande universo é acompanhada de manifestações ampliadas de Deus, o Último, então, uma emergência correspondente de Deus, o Último, nos universos postulados do espaço exterior, será acompanhada de revelações, similares e realçadas, de Deus, o Absoluto? No entanto, não o sabemos realmente.

3. AS RELAÇÕES DE TEMPO-ESPAÇO

Apenas pela ubiqüidade pode a Deidade unificar as manifestações no tempo-espaço para a concepção finita, pois o tempo é uma sucessão de instantes, enquanto o espaço é um sistema de pontos interligados. Afinal, percebeis o tempo por meio da análise, e o espaço, por meio da síntese. Coordenais e associais essas duas concepções dessemelhantes, por meio do discernimento integrador interno da personalidade. Em todo o mundo animal, apenas o homem possui essa perceptibilidade tempo-espacial. Para um animal, o movimento tem um significado, mas o movimento adquire valor apenas para uma criatura com status de personalidade.

As coisas são condicionadas pelo tempo, mas a verdade está fora do tempo. Quanto mais verdade vós conheceis, mais verdade *sois* e, assim, tanto mais podereis entender do passado e mais compreendereis do futuro.

A verdade é inabalável – e isenta, para sempre, de todas as vicissitudes transitórias, se bem que nunca sendo morta, nem formal, sempre é vibrante e adaptável – e radiantemente viva. Quando, porém, a verdade se torna ligada a fatos, então, tanto o tempo quanto o espaço condicionam seus significados e correlacionam seus valores. Tais realidades da verdade, casadas aos fatos, transformam-se em conceitos e, desse modo, ficam relegadas ao domínio das realidades cósmicas relativas.

A ligação da verdade absoluta e eterna do Criador com a experiência factual da criatura finita e temporal forma um novo valor emergente do Supremo. O conceito do Supremo é essencial à coordenação do supramundo divino, e imutável, com o inframundo, finito e sempre-mutante.

Entre todas as coisas não absolutas, o espaço é que chega mais próximo de ser absoluto. O espaço é absolutamente último, aparentemente. A dificuldade real que temos de entender o espaço no nível material deve-se ao fato de que, enquanto os corpos materiais existem no espaço, o espaço também existe nesses mesmos corpos materiais. E, se bem que haja muita coisa do espaço que é absoluta, isso não significa que o espaço seja absoluto.

Pode ser de ajuda, para o entendimento das relações no espaço, se vós conjecturásseis que, falando relativamente, o espaço é, afinal, uma propriedade de todos os corpos materiais. E, pois, quando um corpo se move pelo espaço, ele também leva todas as suas propriedades com ele, até mesmo o espaço que está no corpo e que é desse corpo que se move.

Todos os modelos de realidade ocupam espaço nos níveis materiais, mas os modelos espirituais apenas existem em relação ao espaço; eles não ocupam espaço nem deslocam espaço, nem o contêm. Para nós, porém, o enigma-chave do espaço pertence ao modelo de uma idéia. Quando entramos no domínio da mente, encontramos muitas questões embaraçosas. O modelo de uma idéia – a sua realidade – ocupa espaço? Realmente não sabemos, embora estejamos certos de que o modelo de uma idéia não contém espaço. No entanto, dificilmente seria seguro postular que o imaterial seja sempre não espacial.

4. CAUSAÇÃO PRIMÁRIA E SECUNDÁRIA

Muitas das dificuldades teológicas e dos dilemas metafísicos do homem mortal são devidos ao fato de o homem não situar bem a personalidade da Deidade, bem como ao fato conseqüente de que ele consigne atributos infinitos e absolutos à Divindade subordinada e à Deidade evolucionária. Não deveis esquecer-vos de que, conquanto exista, de fato, uma verdadeira Primeira Causa, existe, também, uma hoste de causas coordenadas e subordinadas, essas últimas sendo, ambas, causas associadas e secundárias.

A distinção vital entre as primeiras causas e as segundas causas é que as primeiras causas geram efeitos originais que são livres da herança de qualquer fator derivado de qualquer causação antecedente. As causas secundárias produzem efeitos que, invariavelmente, demonstram herança de outra causação precedente.

Os potenciais puramente estáticos inerentes ao Absoluto Inqualificável reagem às causações do Absoluto da Deidade produzidas pelas ações da Trindade do Paraíso. Em presença do Absoluto Universal, esses potenciais estáticos, impregnados de causações, incontinenti tornam-se ativos e sensíveis à influência de certas agências transcendentais, cujas ações resultam na transmutação desses potenciais ativados para o status de verdadeiras possibilidades de desenvolvimento no universo, de capacidades factuais de crescimento. É com esses potenciais amadurecidos que os criadores e controladores do grande universo geram a representação do drama sem fim da evolução cósmica.

A causação, independentemente das existencialidades, é tríplice na sua constituição básica. Do modo como opera nesta idade do universo, e no que concerne ao nível finito dos sete superuniversos, ela pode ser concebida do seguinte modo:

1. *A ativação dos potenciais estáticos*. O estabelecimento do destino, no Absoluto Universal, por meio das ações do Absoluto da Deidade, operando no Absoluto Inqualificável e sobre este, e em conseqüência dos mandados volicionais da Trindade do Paraíso.

2. *A factualização das capacidades do universo*. Isso envolve a transformação dos potenciais indiferenciados em planos separados e definidos. Este é o ato da Ultimidade da Deidade e das múltiplas agências do nível transcendental. Tais atos encontram-se em perfeita antecipação das necessidades futuras de todo o universo-mestre. É em ligação com a separação dos potenciais que os Arquitetos do Universo-Mestre existem, como verdadeiras corporificações do conceito da Deidade dos universos. Os planos deles parecem ser limitados espacialmente, em última análise, em extensão, pelo conceito de periferia do universo-mestre, mas, *enquanto planos*, eles não são condicionados pelo tempo ou pelo espaço de qualquer outro modo.

3. *A criação e a evolução dos factuais do universo*. É com um cosmo impregnado pela presença da Ultimidade da Deidade, produtora de capacidades, que os Criadores Supremos operam para efetuar as transmutações, no tempo, dos potenciais amadurecidos, em factuais experienciais. Dentro do universo-mestre, toda a

factualização da realidade potencial é limitada pela capacidade última para desenvolvimento e é condicionada tempo-espacialmente nos estágios finais de emergência. Os Filhos Criadores que saem do Paraíso são, na realidade, criadores *transformadores*, no sentido cósmico. Isso, porém, de nenhuma maneira invalida o conceito humano deles como criadores; do ponto de vista finito, certamente, eles podem criar e, de fato, criam.

5. ONIPOTÊNCIA E COMPOSSIBILIDADE

A onipotência da Deidade não implica o poder de fazer o não-factível. Dentro da moldura do tempo-espacial, e do ponto de referência intelectual da compreensão mortal, mesmo o Deus infinito não pode criar círculos quadrados nem produzir um mal que seja inerentemente bom. Deus não pode fazer coisas que não sejam divinas. Tal contradição, em termos filosóficos, seria o equivalente da negação da entidade e implica que nada seja assim criado. Um traço da personalidade não pode, ao mesmo tempo, ser Divino e não divino. A compossibilidade é inata ao poder divino. E tudo isso deriva do fato de que a onipotência não apenas cria as coisas com uma natureza, mas que também dá origem à natureza de todas as coisas e seres.

No começo, o Pai tudo faz, mas, à medida que o panorama da eternidade se desdobra, em resposta à vontade dos mandados do Infinito, torna-se cada vez mais aparente que as criaturas, mesmo os homens, devam tornar-se co-partícipes junto com Deus na realização da finalidade do destino. E isso é verdadeiro até mesmo na vida na carne; quando o homem e Deus entram em co-participação, nenhuma limitação pode ser colocada diante das possibilidades futuras dessa consorciação. Quando compreende que o Pai Universal é o seu parceiro na progressão eterna, quando se funde com a presença do Pai que nele reside, o homem terá, em espírito, quebrado as algemas do tempo e já haverá entrado na progressão da eternidade, na busca do Pai Universal.

A consciência mortal parte do fato para o significado, e, então, para o valor. A consciência do Criador parte do valor-em-pensamento, por intermédio do significado-da-palavra, indo ao fato-da-ação. Deus deve sempre atuar no sentido de romper a paralisia da unidade inqualificável inerente à infinitude existencial. A Deidade deve sempre prover o modelo de universo, de personalidades perfeitas, de verdade original, de beleza e bondade, na direção das quais há o empenho de todas as criações da subdeidade. Deus deve sempre primeiro encontrar o homem, para que, mais tarde, o homem possa encontrar Deus. Sempre deve haver um Pai Universal, antes que possa haver a filiação universal e a conseqüente irmandade universal.

6. ONIPOTÊNCIA E ONIFICÊNCIA

Deus é verdadeiramente onipotente, mas não é onificente – Ele não faz pessoalmente tudo o que deve ser feito. A onipotência abrange o potencial de poder do Todo-Poderoso Supremo e do Ser Supremo, mas os atos volicionais de Deus, o Supremo, não são feitos pessoais de Deus, o Infinito.

Advogar a onificência da Deidade primordial seria desautorizar quase um milhão de Filhos Criadores do Paraíso, para não mencionar as hostes inumeráveis de várias outras ordens de assistentes que concorrem com a sua colaboração criativa. Não há senão uma Causa não-causada em todo o universo. Todas as outras causas são derivadas desta, que é a Primeira Grande Fonte e Centro. E nada, nessa filosofia, causa nenhuma violência ao livre-arbítrio das miríades de filhos da Deidade espalhados por um vasto universo.

Dentro de uma moldura local, a volição parece funcionar como uma causa não-causada, mas ela demonstra, infalivelmente, fatores de herança que estabelecem uma relação com a única, a absoluta e original Primeira das Causas.

Toda volição é relativa. No sentido em que se originou, apenas o Pai-EU SOU possui a finalidade da volição; no sentido absoluto, apenas o Pai, o Filho e o Espírito demonstram ter as prerrogativas da volição incondicionada pelo tempo e ilimitada no espaço. O homem mortal é dotado de livre-arbítrio, de poder de escolha e, embora essa escolha não seja absoluta, contudo, ela é relativamente final, no nível finito e no que concerne ao destino da personalidade que escolhe.

A volição, em qualquer nível que não seja o absoluto, encontra as limitações constitutivas de toda personalidade que exerce o poder da escolha. O homem não pode escolher além do âmbito daquilo que é escolhível. Ele não pode, por exemplo, escolher ser outra coisa a não ser um ser humano, excetuando-se o fato que ele pode tornar-se mais do que um homem; ele pode escolher embarcar na viagem da ascensão no universo, mas isso se dá porque a escolha humana e a vontade divina são coincidentes nesse ponto. E se aquilo que um filho deseja é da vontade do Pai, então certamente acontecerá.

Na vida mortal, os caminhos para diferentes condutas estão continuamente abrindo-se e fechando-se e, na época em que a escolha é possível, a personalidade humana está constantemente decidindo entre as muitas linhas de ação. A volição temporal está ligada ao tempo e deve aguardar o passar do tempo para ter a oportunidade de expressão. Na volição espiritual, já se começa a experimentar a liberação das amarras do tempo, havendo realizado uma escapada parcial da seqüência do tempo; e isso acontece porque a volição espiritual está se auto-identificando com a vontade de Deus.

A volição, o ato da escolha, deve funcionar dentro da moldura do universo, que é tornada factual, em resposta a uma escolha anterior e superior. Todo o alcance da vontade humana está estritamente limitado ao finito, exceto por um particular: quando o homem escolhe encontrar Deus e ser como ele, tal escolha é suprafinita; apenas a eternidade pode revelar se essa escolha é também supra-absonita.

Reconhecer a onipotência da Deidade é desfrutar da segurança na vossa experiência de cidadania cósmica, é possuir a certeza da segurança na longa jornada ao Paraíso. Aceitar, porém, a falácia da onificência seria abraçar o erro colossal que é o panteísmo.

7. A ONISCIÊNCIA E A PREDESTINAÇÃO

No grande universo, a função da vontade do Criador e a vontade da criatura exercem-se segundo os limites e de acordo com as possibilidades estabelecidas pelos Arquitetos Mestres. O preestabelecimento desses limites máximos, contudo, não reduz em nada a soberania da vontade da criatura dentro dessas fronteiras. Nem o pré-conhecimento último – um consentimento pleno de toda a escolha finita – constitui um anulamento da volição finita. Um ser humano maduro e previdente poderia ser capaz de prever apuradamente a decisão de alguns colegas mais jovens, mas esse conhecimento prévio não diminui em nada a liberdade e a autenticidade da decisão em si. Os Deuses limitaram sabiamente o campo de ação da vontade imatura; no entanto ela continua sendo vontade, apesar disso, dentro desses limites definidos.

Mesmo a correlação suprema de toda escolha do passado, do presente e do futuro não invalida a autenticidade dessas escolhas. Antes indica uma tendência preordenada do cosmo e sugere um pré-conhecimento daqueles seres volitivos que podem, ou não, escolher tornarem-se partes contribuidoras da atualização experiencial de toda a realidade.

O erro na escolha finita está ligado e limitado ao tempo. Pode existir apenas no tempo e *dentro* da presença evolutiva do Ser Supremo. Essa escolha errônea é possível no tempo e (além de indicar que o Supremo é incompleto) indica uma certa amplitude de escolha que deve ser dada às criaturas imaturas, de modo que elas possam desfrutar da progressão no universo efetuando contatos com a realidade segundo a sua livre escolha.

O pecado no espaço condicionado-ao-tempo dá provas claras da liberdade temporal – e até mesmo da licença – da vontade finita. O pecado retrata a imaturidade confundida pela liberdade da vontade relativamente soberana da personalidade deixando, ao mesmo tempo, de perceber as obrigações supremas e os deveres da cidadania cósmica.

A iniqüidade, nos domínios finitos, revela a realidade transitória de toda individualidade não identificada com Deus. Apenas quando uma criatura torna-se identificada com Deus, é que ela torna-se verdadeiramente real nos universos. A personalidade finita não se autocriou; entretanto, na arena da escolha, no super universo, ela determina o próprio destino.

O outorgamento da vida torna os sistemas de energia material capazes de autoperpetuação, autopropagação e auto-adaptação. O outorgamento da personalidade confere aos organismos vivos outras prerrogativas de autodeterminação, autoavaliação e auto-identificação com um espírito da Deidade com o qual se podem fusionar.

As coisas vivas subpessoais apresentam a indicação de uma energia-matéria ativadora da mente, primeiro nos controladores físicos, e, em seguida, nos espíritos ajudantes da mente. O dom da personalidade vem do Pai e confere prerrogativas únicas de escolha ao sistema vivo. Se, porém, a personalidade tem a prerrogativa de exercer uma escolha volitiva de identificação com a realidade, e se essa for uma escolha verdadeira e livre, então essa personalidade em evolução deve possuir também a possibilidade da escolha de se autodesorientar, autofragmentar e autodestruir. A possibilidade da autodestruição cósmica não pode ser evitada se a personalidade em evolução tem de ser verdadeiramente livre, no exercício da vontade finita.

É por isso que a segurança aumenta quando se reduzem os limites da escolha da personalidade nos níveis mais baixos de existência. A escolha torna-se mais liberada à medida que se ascende nos universos; e finalmente, a escolha aproxima-se da liberdade divina, quando a personalidade ascendente alcança a divindade de status, a supremacia na consagração aos propósitos do universo, o alcance completo da visão cósmica e a finalidade de identificação da criatura com a vontade e o caminho de Deus.

8. CONTROLE E SUPRACONTROLE

Nas criações do tempo e do espaço, o livre-arbítrio é resguardado com restrições e limitações. A evolução da vida material primeiro é mecânica, depois ativada pela mente e (após o outorgamento da personalidade) pode tornar-se dirigida pelo espírito. A evolução orgânica nos mundos habitados é fisicamente limitada pelos potenciais das implantações originais de vida física dos Portadores da Vida.

O homem mortal é uma máquina, um mecanismo vivo; as suas raízes estão verdadeiramente no mundo físico da energia. Muitas reações humanas são mecânicas, pela sua natureza; muito da vida é maquinal. Contudo o homem, um mecanismo, é muito mais do que uma máquina; ele é dotado de mente e é residido por um espírito; e, embora, em toda sua vida material, ele nunca possa escapar da mecânica química e elétrica da sua existência, ele pode aprender cada vez mais como subordinar essa máquina de vida física à sabedoria diretiva da experiência, pelo processo de consagrar a mente humana à execução dos estímulos espirituais do seu Ajustador do Pensamento residente.

O mecanismo limita a função da vontade, enquanto o espírito a libera. A escolha imperfeita, não controlada pelo mecanismo, não identificada com o espírito, é perigosa e instável. O predomínio do mecânico assegura a estabilidade às custas do progresso; a aliança com o espírito libera a escolha do nível físico e ao mesmo tempo assegura a estabilidade divina produzida por meio de um discernimento interior universal ampliado e de uma compreensão cósmica crescente.

O grande perigo que acossa a criatura é, ao conseguir a liberação das algemas do mecanismo da vida, que ela deixe de compensar essa perda de estabilidade e de efetuar uma ligação harmoniosa operante com o espírito. A escolha da criatura, quando relativamente liberada da estabilidade mecânica, pode ser intentar uma outra autoliberação, independentemente de uma identificação maior com o espírito.

O princípio mesmo da evolução biológica torna impossível que o homem primitivo surja nos mundos habitados com uma dotação grande de mestria de si próprio. E, por isso, o próprio desígnio criativo que propôs a evolução, do mesmo modo, provê aquelas restrições externas de tempo e espaço, de fome e medo, que efetivamente circunscrevem o campo da escolha subespiritual dessas criaturas não cultivadas. À medida que a mente suplanta, com êxito, barreiras cada vez mais difíceis, esse mesmo desígnio criativo também provê uma lenta acumulação de herança racial de sabedoria experiencial dolorosamente armazenada – em outras palavras, para a manutenção de um equilíbrio entre as restrições externas que diminuem e as restrições internas que aumentam.

A lentidão na evolução do progresso cultural humano atesta a eficácia daquele freio – a inércia material – que tão eficazmente opera para retardar as velocidades perigosas de progresso. Assim, o tempo, ele mesmo, amortece e distribui os resultados, de outro modo letais, do escapar prematuro das barreiras sucessivas à atividade humana. Pois se a cultura avança depressa demais, quando a realização material ultrapassa a evolução da sabedoria e da adoração, então, a civilização contém, em si própria, as sementes do retrocesso; e, a menos que respaldadas por um aumento rápido na sabedoria experiencial, tais sociedades humanas irão retroceder dos níveis altos, mas prematuros, alcançados, e as "idades de trevas" de interregno da sabedoria serão testemunhas da restauração inexorável do desequilíbrio entre a autoliberdade e o autocontrole.

A iniquidade de Caligástia foi passar por cima do tempo regulador da liberação progressiva humana. Ele destruiu arbitrariamente as barreiras da restrição, sobre as quais as mentes mortais daqueles tempos não haviam triunfado por experiência.

Aquela mente que pode efetuar uma síntese parcial do tempo e do espaço, por esse ato mesmo demonstra que possui as sementes da sabedoria, as quais podem efetivamente servir em lugar da barreira transcendida de restrição.

Lúcifer, do mesmo modo, buscou romper o funcionamento regulador que é o tempo, o qual funcionava como restritor de uma realização prematura de certas liberdades no sistema local. Um sistema local estabelecido em luz e vida já adquiriu experimentalmente os pontos de vista, bem como o discernimento, que tornam factível a operação de muitas técnicas que causariam a ruptura e mesmo a destruição, nas eras anteriores daquele mesmo reino.

Quando um homem se livra dos grilhões do medo, à medida que, com as suas máquinas, ele une continentes e oceanos, gerações e séculos, por meio dos seus registros, ele deve substituir cada restrição transcendida por uma nova restrição voluntariamente assumida, de acordo com os ditames morais da visão humana em expansão. Essas restrições auto-impostas são, ao mesmo tempo, os mais poderosos e os mais tênues de todos os fatores da civilização humana – conceitos de justiça e ideais de irmandade. O homem qualifica-se mesmo para usar as vestes restritivas que lhe trazem a misericórdia, quando ele ousa amar os seus semelhantes, quando ele realiza o começo da fraternidade espiritual, ao eleger dar-lhes aquele mesmo tratamento que ele próprio gostaria de receber, aquele mesmo tratamento que ele concebe que Deus dispensaria a eles.

Uma reação automática no universo é estável e, de alguma forma, contínua no cosmo. Uma personalidade que conhece a Deus e que deseja fazer a Sua vontade, que tem discernimento espiritual, é divinamente estável e eternamente existente. A grande aventura do homem no universo consiste no trânsito que a sua mente mortal faz, da estabilidade da estática mecânica até a divindade da dinâmica espiritual; e ele realiza essa transformação por meio da força e da constância das suas próprias decisões de personalidade, em cada uma das situações da vida, declarando: "É da minha vontade que a Vossa vontade seja feita".

9. OS MECANISMOS DO UNIVERSO

O tempo e o espaço são um mecanismo conjunto do universo-mestre. São dispositivos por meio dos quais as criaturas finitas tornam-se capazes de coexistir, no cosmo, com o Infinito. As criaturas finitas ficam efetivamente isoladas dos níveis absolutos, pelo tempo e pelo espaço. No entanto, esses meios de isolamento, sem os quais nenhum mortal poderia existir, operam diretamente para limitar o alcance da ação finita. Sem eles, nenhuma criatura poderia atuar; no entanto, por meio deles, os atos de toda criatura tornam-se definitivamente limitados.

Os mecanismos produzidos por mentes mais elevadas funcionam para liberar as suas fontes criativas, mas, em um determinado grau, eles limitam invariavelmente a ação de todas as inteligências subordinadas. Para as criaturas dos universos, tal limitação torna-se visível como o mecanismo dos universos. O homem não tem um livre-arbítrio sem freio; há limites para o alcance da sua escolha; todavia, dentro do raio dessa escolha, a sua vontade é relativamente soberana.

O mecanismo vital da personalidade mortal, o corpo humano, é produto de um projeto supramortal criativo; e, portanto, nunca pode ser perfeitamente controlado pelo próprio homem. Apenas quando o homem ascendente, em ligação com o Ajustador fusionado, gera para si próprio um mecanismo de expressão da personalidade, é que ele alcança o controle perfeito desse mecanismo.

O grande universo é um mecanismo, tanto quanto um organismo, mecânico e vivo – um mecanismo vivo, ativado por uma Mente Suprema, coordenado pelo Espírito Supremo e encontrando expressão nos níveis máximos de unificação de poder e personalidade no Ser Supremo. No entanto, negar o mecanismo da criação finita é negar um fato e desconsiderar a realidade.

Os mecanismos são produtos da mente, da mente criativa, atuando sobre os potenciais cósmicos, e por meio deles. Os mecanismos são as cristalizações fixadas do pensamento criador, e funcionam sempre com fidelidade ao conceito volicional que lhes deu origem. Todavia, o propósito de qualquer mecanismo está na sua origem, não na sua função.

Tais mecanismos não deveriam ser vistos como limitadores da ação da Deidade; é mais verdade que, por meio desses mesmos mecanismos, a Deidade haja alcançado uma fase de expressão eterna. Os mecanismos básicos do universo vieram à existência em resposta à vontade absoluta da Primeira Fonte e Centro, e funcionarão, portanto, eternamente, em perfeita harmonia com o plano do Infinito; eles são, de fato, os modelos não volicionais daquele plano.

Compreendemos alguma coisa de como o mecanismo do Paraíso está correlacionado à personalidade do Filho Eterno; essa é a função do Agente Conjunto. E temos teorias sobre as operações do Absoluto Universal, com respeito aos mecanismos teóricos do Inqualificável e da pessoa potencial da Deidade Absoluta. Nas Deidades em evolução, do Supremo e do Último, nós observamos, entretanto, que certas fases impessoais estão sendo factualmente unidas às suas contrapartes volicionais e, desse modo, está evoluindo uma nova relação entre o modelo e a pessoa.

Na eternidade do passado, o Pai e o Filho encontraram união na unidade de expressão em torno do Espírito Infinito. Se, na eternidade do futuro, os Filhos Criadores e os Espíritos Criativos dos universos locais do tempo e do espaço devessem alcançar uma união criativa nos reinos do espaço exterior, o que essa sua unidade criaria como expressão combinada das suas naturezas divinas? Pode muito bem aontecer que estejamos para testemunhar uma manifestação até então não revelada, da Deidade Última, um novo tipo de superadministrador. Tais seres, sendo a união do Criador pessoal ao Espírito Criativo Materno impessoal e à experiência da criatura mortal e à personalização progressiva da Ministra Divina, englobariam prerrogativas únicas de personalidade. E esses seres poderiam encontrar-se no nível último, no sentido de que abrangeriam a realidade pessoal e a impessoal, combinando as experiências de Criador e Criatura. Quaisquer sejam os atributos das terceiras pessoas nas trindades que funcionam, postuladas para as criações do espaço exterior, elas sustentarão, com os seus Pais Criadores e as suas Mães Criativas, algo semelhante àquilo que o Espírito Infinito mantém com o Pai Universal e o Filho Eterno.

Deus, o Supremo, é a personalização de toda experiência no universo, a focalização de toda evolução finita, a realidade de toda criatura levada ao máximo, a consumação da sabedoria cósmica, a incorporação das belezas harmoniosas das galáxias do tempo, a verdade dos significados da mente cósmica e a bondade dos valores do espírito supremo. E Deus, o Supremo, no futuro eterno, irá sintetizar essas múltiplas diversidades finitas divinas em um todo único, experimentalmente significativo, do mesmo modo que elas estão agora existencialmente unidas em níveis absolutos, na Trindade do Paraíso.

10. AS FUNÇÕES DA PROVIDÊNCIA

A providência não significa que Deus haja decidido para nós, sobre todas as coisas, e adiantadamente. Deus nos ama demais para fazer isso, pois isso não seria nada menos do que tirania cósmica. O homem tem poderes relativos de escolha. E o amor divino não é um afeto de visão curta que mima e estraga os filhos dos homens.

O Pai, o Filho e o Espírito – considerados como Trindade – não são o Supremo Todo-Poderoso, mas, sem eles, a supremacia do Todo-Poderoso não poderia nunca se tornar manifesta. O *crescimento* do Todo-Poderoso é centrado nos Absolutos da factualidade e baseado nos Absolutos da potencialidade. Contudo, as *funções* do Supremo Todo-Poderoso encontram-se relacionadas às funções da Trindade do Paraíso.

Poderia parecer que, no Ser Supremo, todas as fases da atividade do universo estariam sendo reunidas parcialmente pela personalidade dessa Deidade experiencial. Em conseqüência, quando desejamos visualizar a Trindade enquanto um único Deus, e limitamos esse conceito ao atualmente conhecido e organizado grande universo, descobrimos que o Ser Supremo, em evolução, é uma imagem parcial da Trindade do Paraíso. E descobrimos, ainda, que essa Deidade Suprema está evoluindo como síntese de personalidade da matéria finita, da mente e do espírito no grande universo.

Os Deuses têm atributos, mas a Trindade tem funções, e, a exemplo da Trindade, a providência *é* uma função, composta de um supercontrole outro além-do-pessoal, do universo dos universos, estendendo-se desde os níveis evolucionários do Sétuplo sintetizado no poder do Todo-Poderoso até os domínios transcendentais da Ultimidade da Deidade.

Deus ama cada criatura como a uma criança Sua, e esse amor abriga cada criatura em todo o tempo e na eternidade. A providência funciona considerando o todo e lida com a função de qualquer criatura, naquilo que essa função se relaciona com o total. Uma intervenção providencial, em relação a qualquer ser, é indicativa da importância da *função* daquele ser, no que concerne ao crescimento evolucionário de algum total; esse total pode ser toda a raça, toda a nação, todo o planeta ou mesmo um todo ainda mais elevado. É a importância da criatura na sua função que ocasiona a intervenção providencial, não a importância da criatura como pessoa.

Contudo, como pessoa, o Pai pode, a qualquer momento, interpor uma mão paterna na corrente de eventos cósmicos, e tudo de acordo com a vontade de Deus, em consonância com a sabedoria de Deus e motivado pelo amor de Deus.

No entanto, o que o homem chama de providência, muito freqüentemente, é o produto da sua própria imaginação, da justaposição fortuita das circunstâncias ao acaso. Há, contudo, uma providência real e emergente no reino finito da existência no universo, uma correlação verdadeira, que se atualiza, das energias do espaço, dos movimentos do tempo, dos pensamentos do intelecto, dos ideais de caráter, dos desejos das naturezas espirituais e dos atos volicionais propositais das personalidades em evolução. As circunstâncias dos reinos materiais têm uma integração finita final nas presenças interligadas do Supremo e do Último.

À medida que os mecanismos do grande universo vão perfeccionando-se até o ponto de uma precisão final por meio do supercontrole da mente, a mente da criatura se eleva à perfeição da realização da divindade por intermédio da integração perfeita com o espírito, e à medida que o Supremo emerge, conseqüentemente, como um unificador *factual* de todos esses fenômenos do universo, a providência torna-se, desse modo cada vez mais discernível.

Algumas das condições espantosamente fortuitas que prevalecem ocasionalmente nos mundos evolucionários podem ser devidas à presença gradativamente emergente do Supremo, à antecipação das suas atividades futuras no universo. A maioria dos acontecimentos que um mortal chamaria de providencial não o é; o seu julgamento de tais questões é bastante prejudicado pela falta de uma visão mais penetrante dos verdadeiros significados das circunstâncias da vida. Muito daquilo que um mortal chamaria de boa sorte poderia ser realmente má sorte; o sorriso da fortuna, que concede riqueza e lazeres não merecidos nem conquistados, pode ser a maior das aflições humanas; a crueldade aparente de um destino perverso, a acumular atribulações sobre um mortal sofredor, pode, em realidade, ser o fogo temperador que esteja transmutando o ferro doce da personalidade imatura no aço temperado do caráter real.

Uma providência há, nos universos em evolução, que pode ser descoberta pelas criaturas apenas à medida que elas houverem alcançado a capacidade de perceber o propósito dos universos em evolução. A capacidade completa para discernir os propósitos do universo é igual ao completar evolucionário da criatura e pode, por outro lado, ser expressa como a realização do Supremo dentro dos limites do presente estado incompleto dos universos.

O amor do Pai atua diretamente no coração do indivíduo, independentemente das ações ou reações de todos os outros indivíduos; a relação é pessoal – o homem e Deus. A presença impessoal da Deidade (o Supremo Todo-Poderoso e a Trindade do Paraíso) manifesta consideração pelo todo, não pela parte. A providência do super-controle da Supremacia torna-se crescentemente aparente, em partes sucessivas do progresso do universo na realização dos destinos finitos. À medida que os sistemas, constelações, universos e superuniversos tornam-se estabelecidos em luz e vida, o Supremo emerge, cada vez mais, como um correlacionador significativo de tudo o que está acontecendo, enquanto o Último gradativamente emerge como o unificador transcendental de todas as coisas.

Nos começos, em um mundo evolucionário, as ocorrências naturais de ordem material e os desejos pessoais dos seres humanos, freqüentemente, parecem antagônicos. Muito daquilo que acontece em um mundo em evolução é bastante difícil para o homem mortal compreender – freqüentemente a lei natural é aparentemente cruel, sem coração e indiferente a tudo o que é verdadeiro, belo e bom, segundo a compreensão humana. À medida, porém, que a humanidade progride no desenvolvimento planetário, nós observamos que esse ponto de vista é modificado pelos fatores seguintes:

1. *A ampliação da visão do homem* – o entendimento crescente do mundo no qual ele vive; a sua capacidade ampliada de compreensão dos fatos materiais do tempo, as idéias significativas do pensamento e os ideais valiosos de discernimento espiritual. Enquanto os homens mantiverem como padrão de medida apenas o escalão da natureza física das coisas, eles não poderão nunca esperar encontrar a unidade no tempo e no espaço.

2. *O controle crescente de mestria do homem* – a acumulação gradual do conhecimento das leis do mundo material, os propósitos da existência espiritual e as possibilidades da coordenação filosófica dessas duas realidades. O homem selvagem era impotente diante dos massacres causados pelas forças naturais, era servil diante do domínio cruel dos seus próprios medos interiores. O homem semicivilizado está começando a destravar a reserva de segredos dos reinos naturais, e essa ciência está, lenta, mas efetivamente, destruindo as suas superstições, enquanto, ao mesmo tempo, está provendo uma base factual nova e ampliada para a compreensão dos significados da filosofia e dos valores da verdadeira experiência espiritual. O homem civilizado alcançará, algum dia, uma mestria relativa das forças físicas do seu planeta; o amor de Deus irá jorrar efetivamente do fundo do coração, como o amor nutrido pelo seu semelhante, e os valores da existência humana estarão aproximando-se dos limites da capacidade mortal.

3. *A integração do homem ao universo* – o crescimento do discernimento humano mais o aumento da realização experiencial humana trazem maior harmonia com as presenças unificadoras da Supremacia – a Trindade do Paraíso e o Ser Supremo. E é isso que estabelece a soberania do Supremo nos mundos há muito estabelecidos em luz e vida. De fato, esses planetas avançados são poemas de harmonia, quadros feitos na beleza da bondade concretizada, alcançada por intermédio

da busca da verdade cósmica. E se tais coisas podem acontecer em um planeta, então coisas ainda maiores podem acontecer a um sistema e às unidades maiores do grande universo, na medida em que elas também alcancem um estabelecimento que indique os potenciais máximos do crescimento finito.

Em um planeta dessa ordem avançada, a providência tornou-se um fato, as circunstâncias da vida encontram-se correlacionadas, mas isso não acontece apenas porque o homem chegou a dominar os problemas materiais do seu mundo; é também porque ele começou a viver de acordo com a tendência dos universos; porque ele está seguindo a trajetória da Supremacia para alcançar o Pai Universal.

O Reino de Deus está nos corações dos homens, e, quando esse Reino torna-se factual no coração de todos os indivíduos em um mundo, então a regra de Deus ter-se-á tornado factual em um planeta; e essa é a soberania alcançada pelo Ser Supremo.

Para realizar a providência no tempo, o homem deve cumprir a tarefa de alcançar a perfeição. Contudo, o homem pode, mesmo agora, ter um gosto prévio dessa providência, nos seus significados eternos, ponderando sobre o fato de que no universo as coisas, sendo boas ou más, trabalham todas juntas para o avanço dos mortais conhecedores de Deus, na sua busca pelo Pai de todos.

A providência torna-se crescentemente mais discernível, na medida que os homens alcançam níveis superiores, desde o material até o espiritual. O atingir do discernimento espiritual completo capacita a personalidade ascendente a detectar a harmonia naquilo que anteriormente era o caos. A própria mota moroncial representa um avanço real nessa direção.

A providência é, em parte, o supercontrole do Supremo incompleto, manifestado nos universos incompletos, e deve, portanto, sempre ser:

1. *Parcial* – devido à factualização do Ser Supremo ser incompleta; e

2. *Imprevisível* – devido às flutuações na atitude da criatura, a qual sempre varia de nível para nível, causando, assim, aparentemente, uma resposta recíproca variável no Supremo.

Quando os homens oram pela intervenção da providência nas circunstâncias da vida, muitas vezes, a resposta às suas orações é uma mudança nas suas próprias atitudes perante a vida. Contudo, a providência não é caprichosa, nem fantástica ou mágica. Ela é a emergência lenta e certa do poderoso soberano dos universos finitos, cuja presença majestosa as criaturas em evolução ocasionalmente detectam na sua progressão no universo. A providência é a marcha certa e segura das galáxias do espaço e das personalidades do tempo, no sentido das metas da eternidade, primeiro, no Supremo e, depois, no Último; e talvez no Absoluto. E na infinitude acreditamos haver a mesma providência, e essa é a vontade, as ações, o propósito da Trindade do Paraíso, motivando assim o panorama cósmico de universos após universos.

[Promovido por um Mensageiro Poderoso permanecendo temporariamente em Urântia.]

DOCUMENTO 119

AS AUTO-OUTORGAS DE CRISTO MICHAEL

FUI DESIGNADO para Urântia por Gabriel, com a missão de revelar a história das sete auto-outorgas do Soberano do Universo, Michael de Nébadon; meu nome é Gavália, e sou o comandante dos Estrelas Vespertinos de Nébadon. Ao fazer esta apresentação, vou ater-me estritamente às limitações impostas pela minha missão.

O atributo da auto-outorga é inerente aos Filhos do Paraíso do Pai Universal. No seu anseio de aproximar-se das experiências das suas criaturas subordinadas viventes, as várias ordens de Filhos do Paraíso refletem a natureza divina dos seus Pais no Paraíso. O Filho Eterno da Trindade do Paraíso liderou o caminho dessa prática, havendo, por sete vezes, outorgado a si próprio nos sete circuitos de Havona, durante os tempos da ascensão de Grandfanda e dos primeiros peregrinos do tempo e do espaço. E o Filho Eterno continua a outorgar-se aos universos locais do espaço, nas pessoas dos seus representantes, os Filhos Michaéis e Avonais.

Quando o Filho Eterno outorga um Filho Criador a um universo local projetado, esse Filho Criador assume a inteira responsabilidade de completar, controlar e compor esse novo universo; e isso inclui uma promessa, à Trindade eterna, de não assumir a plena soberania da nova criação antes de completar com êxito, como criatura, as suas sete auto-outorgas, e até que estas estejam certificadas pelos Anciães dos Dias do superuniverso da sua jurisdição. Essa obrigação é assumida por todos os Filhos Michaéis, que se fazem voluntários para sair do Paraíso e engajar-se na organização e na criação de um universo.

O propósito dessas encarnações, como criatura, é capacitar esses Criadores a tornarem-se soberanos sábios, compassivos, justos e compreensivos. Esses Filhos divinos são inatamente justos, entretanto, em conseqüência das sucessivas experiências de auto-outorga, eles tornam-se mais compreensivos na misericórdia; eles são naturalmente misericordiosos, mas essas experiências os fazem misericordiosos de um modo adicionalmente novo. Tais auto-outorgas são os últimos passos, na sua educação e aprendizado, para a sublime tarefa de governar o universo local com a retidão divina e o julgamento justo.

Embora numerosos benefícios incidentais sejam acrescidos aos vários mundos, sistemas e constelações, bem como às diferentes ordens de inteligências do universo, afetadas e beneficiadas por essas auto-outorgas, ainda assim, elas têm a finalidade precípua de completar o aperfeiçoamento pessoal e o preparo do próprio Filho Criador para o universo. Essas outorgas não são essenciais a uma gestão sábia, justa e eficiente de um universo local; mas são absolutamente necessárias a uma administração que queira ser eqüânime, misericordiosa e compreensiva para com essa criação, pois nela abundam as mais variadas formas de vida e miríades de criaturas inteligentes, mas imperfeitas.

Os Filhos Michaéis começam os seus trabalhos de organização de um universo tendo uma compreensão plena e justa das várias ordens de seres que eles criaram. São grandes as reservas de misericórdia que eles têm por todas essas diferentes criaturas, e também grande é a piedade por todos aqueles que erram e se debatem dentro do pântano egoísta gerado por eles próprios. Todavia, esses dons de justiça e retidão não serão suficientes, segundo estimam os Anciães dos Dias. Estes governantes trinos dos superuniversos nunca certificarão um Filho Criador, como Soberano do Universo, antes que ele haja realmente adquirido o ponto de vista das suas próprias criaturas, por meio da experiência factual no ambiente das existências delas e como uma dessas mesmas criaturas. Desse modo, esses Filhos transformam-se nos governantes informados e compreensivos, chegam a conhecer os vários grupos de seres aos quais eles governam e sobre os quais exercem a autoridade universal. Pela experiência viva, eles adquirem a misericórdia prática, o juízo equânime e a paciência, nascidos da experimentação de uma existência como a da própria criatura.

O universo local de Nébadon é agora governado por um Filho Criador que completou o seu serviço de auto-outorgas; ele tem, agora, a soberania em supremacia justa e misericordiosa sobre todos os vastos reinos do seu universo em evolução e perfeccionamento. Michael de Nébadon é a outorga de número 611 121 do Filho Eterno aos universos do tempo e do espaço; e ele começou a organização do vosso universo local há cerca de quatrocentos bilhões de anos. Michael preparou-se para a sua primeira aventura de auto-outorga por volta da época em que Urântia estava tomando a sua forma atual, há um bilhão de anos. As suas auto-outorgas ocorreram em intervalos de cento e cinqüenta milhões de anos, a última tendo tido lugar em Urântia, há cerca de dezenove séculos. Agora, prosseguirei descrevendo a natureza e o caráter dessas auto-outorgas de um modo tão completo quanto me permitir a minha missão.

1. A PRIMEIRA AUTO-OUTORGA

Foi uma ocasião solene, em Sálvington, há quase um bilhão de anos, quando os diretores e dirigentes do universo de Nébadon, reunidos, ouviram Michael anunciar que o seu irmão mais velho, Emanuel, iria dentro em breve assumir a autoridade sobre Nébadon, enquanto ele (Michael) estaria ausente para uma missão não explicada. Nenhuma outra anunciação foi feita sobre essa operação, exceto que a transmissão da despedida, aos Pais da Constelação, entre outras instruções, dizia: "E, por esse período, eu deixo-vos entregues aos cuidados de Emanuel, enquanto vou cumprir o mandado do meu Pai, do Paraíso".

Após enviar essa transmissão de despedida, Michael surgiu no campo de embarque de Sálvington, exatamente como nas ocasiões anteriores, quando preparava a sua partida para Uversa ou para o Paraíso, com a diferença de que, desta vez, ele estava só. E concluiu a sua declaração de partida com estas palavras: "Eu vos deixo, mas por uma breve temporada. Muitos entre vós, eu sei, iriam comigo, entretanto, para onde vou, não podeis ir. O que irei fazer, não podeis fazê-lo. Vou cumprir a vontade das Deidades do Paraíso; e, quando houver terminado a minha missão e houver adquirido essa experiência, retornarei a este meu lugar, junto de vós". E tendo dito isso, Michael de Nébadon desapareceu da vista de todos aqueles seres reunidos; e não reapareceu senão após vinte anos do tempo-padrão. Em toda a Sálvington, apenas a Ministra Divina e Emanuel sabiam o que se passava; e o União dos Dias compartilhou esse segredo apenas com o dirigente executivo do universo, Gabriel, o Brilhante Estrela Matutino.

Todos os habitantes de Sálvington e os habitantes dos mundos-sede das constelações e dos sistemas reuniram-se, nas suas respectivas estações de recepção, para escutar a informação do universo, esperando obter uma palavra sobre a missão e o paradeiro do Filho Criador. Até o terceiro dia, depois da partida de Michael, nenhuma mensagem de significado maior havia sido recebida. Nesse dia, uma comunicação foi registrada em Sálvington, vinda da esfera Melquisedeque, a sede dessa ordem, em Nébadon, que dava simplesmente a notícia de um acontecimento extraordinário e nunca antes registrado: "Ao meio-dia de hoje apareceu, no campo de recepção deste mundo, um estranho Filho Melquisedeque, cuja numeração não é a nossa, mas que é exatamente como os da nossa ordem. Ele estava acompanhado de um omniafim solitário, que trazia credenciais de Uversa e que apresentou as ordens, dirigidas ao nosso chefe, vindas dos Anciães dos Dias e certificadas por Emanuel de Sálvington, instruindo que esse novo Filho Melquisedeque fosse recebido na nossa ordem e designado ao serviço de emergência dos Melquisedeques de Nébadon. E assim foi ordenado; e assim foi feito".

E isso é tudo o que aparece nos registros de Sálvington a respeito da primeira auto-outorga de Michael. Nada mais consta, até que, na medida de tempo de Urântia, se houvessem passado cem anos, quando, então, foi registrado o fato do retorno de Michael, que reassumiu, sem anúncios, a direção dos assuntos do universo. Entretanto, um estranho registro deve ser encontrado, no mundo Melquisedeque: uma narração sobre os serviços daquele Filho Melquisedeque único, do corpo de emergência daquela época. Esse registro está conservado em um templo simples, que ocupa agora a parte da frente da casa do Pai Melquisedeque; e que compreende a narrativa do serviço desse Filho Melquisedeque transitório, e sobre o seu desempenho, em vinte e quatro missões de emergência em todo o universo. E esse registro, que eu revi muito recentemente, é encerado do modo seguinte:

"E nesse dia, ao meio-dia, sem anúncio prévio e testemunhado apenas por três seres da nossa fraternidade, esse Filho visitante da nossa ordem desapareceu do nosso mundo, tal como chegara, acompanhado apenas de um omniafim solitário; e esse registro é agora fechado com o certificado de que esse visitante viveu como um Melquisedeque; à semelhança de um Melquisedeque; que trabalhou como um Melquisedeque e que cumpriu todos os seus compromissos fielmente, como um Filho emergencial da nossa ordem. Por consenso universal, tornou-se dirigente dos Melquisedeques, havendo conquistado o nosso amor e a nossa adoração, pela sua incomparável sabedoria, amor supremo e uma devoção extraordinária ao dever. Ele nos amou, compreendeu-nos e serviu a nós; e, para sempre, seremos os seus leais e devotados companheiros Melquisedeques, pois esse estranho no nosso mundo tornou-se agora eternamente um ministro de natureza Melquisedeque".

E, pelo que me é permitido contar-vos, isso é tudo, sobre a primeira auto-outorga de Michael. Nós entendemos plenamente, claro está, que esse Melquisedeque desconhecido, que serviu tão misteriosamente junto aos Melquisedeques, há um bilhão de anos, não era ninguém senão Michael, encarnado na missão da sua primeira auto-outorga. Os registros não declaram, especificamente, que esse Melquisedeque tão único e eficiente fosse Michael, mas é nisso que se crê universalmente. É provável que a afirmação real desse fato não seja encontrada fora dos registros de Sonáringon; e os registros desse mundo secreto não estão abertos para nós. Apenas nesse mundo sagrado, dos Filhos divinos, os mistérios da encarnação e da auto-outorga são inteiramente conhecidos. Todos nós sabemos dos fatos das auto-outorgas de Michael, mas não entendemos como são efetuadas. Nós não sabemos como pode um governante de um universo, o próprio criador dos Melquisedeques, tão súbita e misteriosamente, tornar-se um dentre os da numeração deles e, como um deles, viver e trabalhar entre eles como um Filho Melquisedeque, por cem anos. No entanto, foi assim que aconteceu.

2. A SEGUNDA AUTO-OUTORGA

Durante quase cento e cinqüenta milhões de anos, depois da auto-outorga de Michael como um Melquisedeque, tudo ia bem no universo de Nébadon, até que problemas começaram a ser gerados no sistema 11, da constelação 37. Esses problemas envolviam um mal-entendido da parte de um Filho Lanonandeque, o Soberano do Sistema, sobre algo que havia sido sentenciado pelos Pais da Constelação e aprovado pelo Fiel dos Dias, o conselheiro do Paraíso para aquela constelação; no entanto, o Soberano daquele Sistema, que mantinha um protesto, não se resignou completamente quanto ao veredicto. Após mais de cem anos de insatisfação, ele levou os seus colaboradores a uma rebelião contra a soberania do Filho Criador, das mais vastas e desastrosas que jamais foram instigadas no universo de Nébadon; uma rebelião que, há muito tempo, já foi julgada e terminada pela ação dos Anciãos dos Dias de Uversa.

Lutêntia, o rebelde Soberano de Sistema, havia reinado supremo no seu planeta-sede por mais de vinte anos do tempo-padrão de Nébadon; após o que, com a aprovação de Uversa, os Altíssimos ordenaram a sua segregação e requisitaram aos governantes de Sálvington a designação de um novo Soberano do Sistema, para assumir a direção daquele sistema de mundos habitados, então confuso e destroçado.

Com a recepção desse pedido em Sálvington, simultaneamente Michael iniciou a segunda daquelas proclamações extraordinárias com a intenção de manter-se ausente da sede-central do universo, com o propósito de "cumprir o mandado do meu Pai do Paraíso"; prometendo "voltar no tempo devido" e concentrando toda a autoridade nas mãos do seu irmão do Paraíso, Emanuel, União dos Dias.

E então, pela mesma técnica observada na época da sua partida para a sua outorga junto aos Melquisedeques, Michael, novamente, deixou a esfera da sua sede-central. Três dias após essa inexplicada partida, apareceu, no corpo de reserva dos Filhos Lanonandeques primários de Nébadon, um membro novo e desconhecido. Esse novo Filho surgiu ao meio-dia, sem anúncio prévio e acompanhado apenas por um tertiafim solitário, que trazia as credenciais dos Anciãos dos Dias de Uversa, certificadas por Emanuel de Sálvington, ordenando que esse novo Filho fosse designado para o sistema 11, da constelação 37, como sucessor do deposto Lutêntia e, com autoridade plena, como Soberano do Sistema, até que fosse apontado um novo soberano.

Por mais de dezessete anos do tempo universal, esse estranho e desconhecido governante temporário administrou os assuntos e sabiamente sentenciou sobre as dificuldades daquele sistema local, confuso e desmoralizado. Nenhum Soberano de Sistema jamais foi amado tão ardentemente, nem honrado e respeitado com maior unanimidade. Com justiça e com misericórdia, esse novo governante colocou em ordem aquele turbulento sistema; enquanto ministrava com cuidado a todos os seus súditos, oferecendo, até mesmo ao seu predecessor rebelde o privilégio de compartilhar do trono de autoridade, caso ele apenas pedisse perdão a Emanuel, pelos seus abusos. Lutêntia, porém, desprezou todas essas aberturas de misericórdia, sabendo bem que esse novo e estranho soberano do sistema não era nenhum outro senão Michael, o mesmo governante do universo a quem ele havia, muito recentemente, desafiado. Todavia, milhões de seguidores desviados e iludidos aceitaram o perdão desse novo governante, conhecido, naquela época, como o Soberano Salvador do sistema de Palônia.

E afinal veio aquele dia jubiloso, no qual chegou o Soberano de Sistema, recentemente apontado e designado pelas autoridades do universo, como o sucessor permanente do deposto Lutência; e todo o sistema de Palônia lamentou a partida do mais nobre e mais benigno governante de sistema que Nébadon jamais conhecera. Ele foi amado por todo o sistema e adorado pelos seus companheiros de todos os grupos de Filhos Lanonandeques. A sua partida não aconteceu sem cerimônias; uma grande celebração foi organizada, quando ele deixou a sede do sistema. Até mesmo o seu predecessor faltoso enviou uma mensagem: "Justo e reto és tu em todas as tuas ações. Mesmo continuando eu a rejeitar a lei do Paraíso, sou compelido a confessar que tu és um administrador justo e misericordioso".

E, então, esse governante transitório de um sistema rebelde partiu do planeta, onde teve permanência administrativa tão curta; e depois, ao terceiro dia, Michael aparecia em Sálvington e reassumia a direção do universo de Nébadon. Logo em seguida, surgiu a terceira proclamação de Uversa, de que a jurisdição da soberania de Michael avançara. A primeira proclamação fora feita na época da sua chegada em Nébadon, a segunda emitida logo depois de completada a auto-outorga junto aos Melquisedeques; e agora, a terceira, seguia-se, depois da consumação completa da segunda missão, ou missão Lanonandeque.

3. A TERCEIRA AUTO-OUTORGA

O conselho supremo de Sálvington havia acabado de completar a consideração sobre o pedido dos Portadores da Vida, no planeta 217, do sistema 87, da constelação 61, de envio de um Filho Material, como assistente para eles. Ora, esse planeta estava situado em um sistema de mundos habitados, no qual outro Soberano do Sistema havia-se desviado, em uma segunda dessas rebeliões em Nébadon, até aquela época.

A pedido de Michael, a ação solicitada pelos Portadores da Vida desse planeta foi deferida, dependendo da consideração de Emanuel e do seu relatório sobre o assunto. Esse era um procedimento irregular, e eu bem me lembro como todos nós antecipamos algo inusitado; e não fomos mantidos aguardando por muito tempo. Michael novamente colocou a direção do universo nas mãos de Emanuel e, ao mesmo tempo, confiava o comando das forças celestes a Gabriel; e, havendo assim disposto das suas responsabilidades administrativas, despediu-se do Espírito Materno do Universo e desapareceu, no campo de embarque de Sálvington, precisamente como havia feito nas duas ocasiões anteriores.

E, como poderia ter sido esperado, ao terceiro dia, surgia, sem ser anunciado, no mundo-sede-central do sistema 87, na constelação 61, um estranho Filho Material, acompanhado por um seconafim solitário, a quem havia sido dado o crédito dos Anciães dos Dias de Uversa e certificado por Emanuel de Sálvington. Imediatamente, o Soberano do Sistema em exercício apontou esse novo e misterioso Filho Material, como Príncipe Planetário do mundo 217; e essa designação foi imediatamente confirmada pelos Altíssimos da constelação 61.

Assim, esse Filho Material único começou a sua difícil carreira em um mundo em quarentena, por motivo de secessão e rebelião, mundo este localizado em um sistema sitiado e sem nenhuma comunicação direta com o resto do universo; e ele trabalhou sozinho, durante uma geração inteira de uma época planetária. Esse Filho Material emergencial conseguiu o arrependimento e a regeneração do Príncipe Planetário e de todo o seu grupo de assessores; e testemunhou a restauração do planeta ao serviço leal, à lei do Paraíso, do modo como havia sido estabelecida, para os universos locais. No devido tempo, um Filho e uma Filha Material chegaram a esse mundo rejuvenescido e redimido; e, depois de estarem devidamente instalados como governantes planetários visíveis, o Príncipe Planetário transitório ou emergencial partiu formalmente, desaparecendo pouco tempo depois, ao meio-dia. Ao terceiro dia depois disso, Michael aparecia no seu lugar costumeiro, em Sálvington; e logo em seguida a transmissão do superuniverso difundia a quarta proclamação dos Anciães dos Dias, anunciando um novo avanço na soberania de Michael de Nébadon.

Lamento que não tenha eu permissão para descrever a paciência, a força de caráter e a habilidade com as quais esse Filho Material enfrentou as situações difíceis, naquele planeta em confusão. A regeneração desse mundo isolado é um dos capítulos mais belos e tocantes, nos anais da salvação, de todo o Nébadon. Ao final dessa missão, havia ficado evidente, para todo o Nébadon, por que o seu amado governante escolhera engajar-se nessas auto-outorgas reiteradas, doando-se à semelhança de certas ordens subordinadas de seres inteligentes.

As auto-outorgas de Michael, como um Filho Melquisedeque, depois como um Filho Lanonandeque, e, em seguida, como um Filho Material, são igualmente misteriosas e além de quaisquer explicações. Em cada instância, apareceu ele *subitamente* e como um indivíduo totalmente desenvolvido, na ordem da auto-outorga. O mistério de tais encarnações não será jamais conhecido, exceto para aqueles que têm acesso ao círculo interno dos registros, na esfera sagrada de Sonárington.

Nunca, depois dessa maravilhosa outorga como Príncipe Planetário, em um mundo em isolamento e rebelião, nenhum dos Filhos ou Filhas Materiais em Nébadon se viu na tentação de reclamar das suas designações ou de ficar faltoso perante as dificuldades das suas missões planetárias. Os Filhos Materiais sabem que, para todo o sempre, têm no Filho Criador do universo um soberano compreensivo e um amigo compassivo, daqueles que foram "testados, provados e aprovados sob todos os pontos de vista", como devem ser testados e provados, eles próprios.

A cada uma dessas missões, seguiu-se uma idade de serviço crescente e de lealdade, entre todas as inteligências celestes que têm a sua origem neste universo; enquanto cada idade, após essas auto-outorgas, foi caracterizada pelo avanço e aperfeiçoamento, em todos os métodos de administração do universo e em todas as técnicas de governo. Desde essa outorga, nenhum Filho ou Filha Material jamais se colocou conscientemente em rebelião contra Michael; eles amam-no e honram-no, devotadamente, por demais, para rejeitá-lo conscientemente. Apenas por meio de enganos e sofismas, os Adãos dos tempos recentes deixaram-se levar, por tipos mais altos de personalidades, até à rebeldia.

4. A QUARTA AUTO-OUTORGA

Foi no final de uma lista de chamada milenar periódica de Uversa que Michael procedeu no sentido de colocar o governo de Nébadon nas mãos de Emanuel e Gabriel; e, claro está, relembrando o que acontecera nas vezes passadas, depois de tal ação, todos nós nos preparamos para testemunhar o desaparecimento de Michael, a caminho da sua quarta missão de auto-outorga; e não fomos mantidos à espera por muito tempo, pois, muito rapidamente, ele foi para o campo de embarque de Sálvington e desapareceu da nossa vista.

Ao terceiro dia, após o seu desaparecimento para a outorga, observamos, nas transmissões universais para Uversa, novas e significativas notícias, vindas da sede-central seráfica de Nébadon "reportando a chegada não anunciada de um serafim desconhecido, acompanhado por um supernafim solitário e por Gabriel de Sálvington. Esse serafim, sem registro, qualifica-se como sendo da ordem de Nébadon e traz as credenciais dos Anciães dos Dias de Uversa, certificadas por Emanuel de Sálvington.

Esse serafim responde às provas demonstrando pertencer à ordem suprema dos anjos de um universo local, e foi já designado para o corpo de conselheiros de ensino".

Michael ficou ausente de Sálvington, durante essa auto-outorga, a seráfica, por um período de mais de quarenta anos-padrão do universo. Durante esse tempo, ele permaneceu como conselheiro seráfico de ensino, aquilo que vós poderíeis chamar de um secretário particular, para vinte e seis instrutores-mestres diferentes, funcionando em vinte e dois mundos diferentes. O seu compromisso último, ou terminal, foi como conselheiro e ajudante ligado a uma missão de auto-outorga de um Filho Instrutor da Trindade, no mundo 462, no sistema 84, da constelação 3, no universo de Nébadon.

Nunca, durante os sete anos desse compromisso, esse Filho Instrutor da Trindade esteve inteiramente persuadido quanto à identidade do seu colaborador seráfico. Bem verdade é que todos os serafins, durante aquela época, foram encarados com interesse e curiosidade peculiares. Pois sabíamos muito bem que o nosso amado Soberano estava fora, no universo, na pele da figura de um Serafim; todavia, nunca poderíamos estar seguros quanto à sua identidade. Nunca foi ele definitivamente identificado, até o momento do seu serviço na missão de auto-outorga desse Filho Instrutor da Trindade. No entanto, os serafins supremos foram sempre, em toda essa era, encarados com uma solicitude especial, pois nenhum de nós queria ver-se surpreendido, como tendo sido o anfitrião do Soberano do universo em uma missão de auto-outorga, sem nada saber. E assim tornou-se para sempre verdadeiro, a respeito dos anjos, que o seu Criador e Governante havia sido, "sob todos os pontos de vista, provado e testado, à semelhança da personalidade seráfica".

À medida que essas auto-outorgas sucessivas iam participando da natureza das formas cada vez mais baixas de vida no universo, Gabriel tornava-se cada vez mais um colaborador dessas aventuras de encarnação, funcionando na qualidade de ligação universal entre o auto-outorgado Michael e Emanuel, o governante atuante do universo.

Agora, Michael havendo já passado pela experiência de outorga em três ordens de filhos seus, criados no universo: os Melquisedeques, os Lanonandeques, e os Filhos Materiais. Em seguida, havia ele condescendido em personalizar-se à semelhança da vida angélica, como um serafim supremo, antes de volver a sua atenção para as várias fases das carreiras ascendentes das suas criaturas volitivas, da mais inferior das formas: os mortais evolucionários do tempo e do espaço.

5. A QUINTA AUTO-OUTORGA

Há pouco mais de trezentos milhões de anos, do modo como o tempo é reconhecido em Urântia, testemunhamos uma daquelas transferências, para Emanuel, da autoridade sobre o universo; e constatamos as preparações de Michael para a partida. Essa ocasião foi diferente das anteriores, pois ele anunciou que o seu destino era Uversa, a sede-central do superuniverso de Orvônton. No tempo devido, o nosso Soberano partiu; contudo as transmissões do superuniverso jamais fizeram menção à chegada de Michael nas cortes dos Anciães dos Dias. Pouco depois da sua partida de Sálvington, surgiu, nas transmissões de Uversa, uma afirmação significativa: "Chegou hoje um peregrino ascendente, não anunciado e não numerado, de origem mortal, vindo do universo de Nébadon, certificado por Emanuel de Sálvington e acompanhado por Gabriel de Nébadon. Esse ser, não identificado, apresenta o status de um verdadeiro espírito e foi recebido na nossa fraternidade".

Se fôsseis a Uversa hoje, poderíeis ouvir contar sobre os dias em que Eventod permaneceu lá, esse peregrino especial e desconhecido, do tempo e do espaço, que ficou conhecido em Uversa por esse nome. E esse mortal ascendente, uma personalidade no mínimo extraordinária, auto-outorgado e doado à semelhança exata do estágio já espiritual dos mortais ascendentes, viveu e atuou em Uversa, por um período de onze anos, do tempo-padrão de Orvônton. Esse ser recebeu as designações e cumpriu os deveres de um espírito mortal, em comum com os seus companheiros de vários universos locais de Orvônton. Sob "todos os pontos de vista, foi testado e provado, do mesmo modo que os seus companheiros"; e, em todas as ocasiões, demonstrou ser digno da confiança e da fé dos seus superiores e, ao mesmo tempo, infalivelmente atraiu para si o respeito e a admiração leal dos espíritos semelhantes seus.

De Sálvington, seguimos a carreira desse espírito peregrino com um interesse evidente, sabendo muito bem, pela presença de Gabriel, que esse espírito peregrino despretensioso e sem número não era nenhum outro senão o soberano, em auto-outorga, do nosso universo local. Essa primeira aparição de Michael, encarnado na função de uma etapa da evolução mortal, foi um evento que emocionou e cativou todo Nébadon. Nós havíamos ouvido sobre tais coisas, mas agora nós as contemplávamos. Ele apareceu em Uversa, como um espírito mortal, totalmente desenvolvido e perfeitamente aperfeiçoado e, como tal, continuou a sua carreira, até o momento do avanço de um grupo de mortais ascendentes até Havona; depois do que manteve uma conversa com os Anciãos dos Dias e, imediatamente, em companhia de Gabriel, deixou Uversa, subitamente e sem maior cerimônia, aparecendo, pouco depois, no seu lugar habitual em Sálvington.

Só depois da consumação dessa auto-outorga, começamos a perceber que Michael iria encarnar-se provavelmente à semelhança das suas várias ordens de personalidades no universo: dos Melquisedeques mais elevados até os mortais de carne e sangue, nos mundos evolucionários, do tempo e do espaço. Nessa época, as universidades Melquisedeques começaram a ensinar sobre a probabilidade de Michael, em algum momento, encarnar-se como um mortal na carne; e, então, aconteceu muita especulação quanto à possível técnica de uma auto-outorga tão inexplicável. O fato de que Michael houvesse, em pessoa, agido no papel de um mortal ascendente, emprestava um interesse novo e maior a todo o esquema de progressão da criatura, em todo o caminho ascendente, tanto no universo local, quanto no superuniverso.

E, ainda assim, a técnica dessas auto-outorgas sucessivas permanece um mistério. Até mesmo Gabriel confessa que não compreende o método pelo qual esse Filho do Paraíso e Criador de um universo, voluntariamente, assume a personalidade e vive a vida de uma das suas próprias criaturas subordinadas.

6. A SEXTA AUTO-OUTORGA

Agora, que toda a Sálvington estava familiarizada com os preliminares de uma auto-outorga iminente, Michael reuniu os residentes da sede-central do planeta e, pela primeira vez, revelou o restante do plano de encarnação, anunciando que estava a ponto de deixar Sálvington, com o propósito de assumir a carreira de um mortal moroncial, nas cortes dos Pais Altíssimos, no planeta sede-central, da quinta constelação. E então, pela primeira vez, ouvimos o anúncio de que a sua sétima auto-outorga, a da sua autodoação final, seria efetuada em algum mundo evolucionário, à semelhança da carne mortal.

Antes de deixar Sálvington para a sexta auto-outorga, Michael dirigiu-se aos habitantes reunidos na esfera e partiu, sob a vista de todos, acompanhado por um serafim solitário e pelo Brilhante Estrela Matutino de Nébadon. Ao mesmo tempo em que a direção do universo havia sido confiada a Emanuel, havia uma distribui-ção, mais aberta, de responsabilidades administrativas.

Michael apareceu na sede-central da constelação cinco, como um mortal moron-cial amadurecido, de status ascendente. Lamento que esteja eu proibido de revelar os detalhes da carreira desse mortal moroncial, sem número, pois essa foi uma das mais extraordinárias e surpreendentes épocas nas experiências de auto-outorga de Michael; mais extraordinária mesmo do que a sua dramática e trágica permanência em Urântia. Contudo, entre as muitas restrições a mim impostas, ao aceitar essa missão, está uma que me proíbe de desvelar os detalhes dessa maravilhosa carreira de Michael, como o mortal moroncial de Endantum.

Quando Michael retornou dessa auto-outorga moroncial, ficou claro, para todos nós, que o nosso Criador se havia transformado em uma criatura companheira, que o Soberano do Universo era também um amigo e um ajudante compassivo, até para a mais baixa forma de inteligência criada nos seus reinos. Antes disso, havía-mos tomado conhecimento da conquista progressiva, do ponto de vista da criatura, na administração do universo, pois esta viera evidenciando-se gradativamente, tor-nando-se mais aparente após a consumação completa da outorga moroncial mortal; e, mais ainda, quando do seu retorno, da sua carreira como filho de um carpinteiro em Urântia.

Fomos informados previamente, por Gabriel, da época em que Michael se li-beraria da outorga moroncial; e pudemos preparar uma recepção adequada em Sálvington. Milhões e milhões de seres, vindos dos mundos-sede centrais das conste-lações de Nébadon, e a maioria dos residentes nos mundos adjacentes a Sálvington reuniu-se para dar-lhe as boas-vindas, como governante do universo. Diante das nossas manifestações de boas-vindas e das expressões de apreço feitas a um Sobe-rano tão vitalmente interessado nas suas criaturas, ele respondeu tão somente: "Eu tenho apenas cuidado dos assuntos do meu Pai. Estou apenas dando cumprimento à satisfação dada aos Filhos do Paraíso, de amar e buscar compreender as suas criaturas".

Todavia, daquele dia em diante, até a hora em que Michael embarcou para a sua aventura em Urântia, como o Filho do Homem, todo o Nébadon continuou a falar sobre as muitas obras do seu Governante Soberano, e como ele atuara em Endantum, na sua encarnação de auto-outorga como um mortal moroncial de as-censão evolucionária; tendo sido testado, sob todos os pontos de vista, como os seus companheiros repersonalizados dos mundos materiais de toda a constelação de sua permanência.

7. A SÉTIMA AUTO-OUTORGA, A FINAL

Por dezenas de milhares de anos, todos nós esperamos, ansiosamente, pela sétima e última auto-outorga de Michael. Gabriel mostrara-nos que essa outorga terminal seria feita à semelhança da carne mortal, mas ignorávamos inteiramente o modo, a época e o local dessa aventura culminante.

O anúncio público de que Michael havia selecionado Urântia, como cenário dessa outorga final, foi feito pouco após havermos sabido do erro cometido por Adão e Eva. E assim, por mais de trinta e cinco mil anos, o vosso mundo ocupou um lugar muito conspícuo nos conselhos de todo o universo. Não havia segredo (excetuando-se o mistério da encarnação) sobre nenhum passo da auto-outorga em Urântia. Desde o primeiro passo até o último, até o retorno final e triunfante de Michael a Sálvington, como Soberano supremo do Universo, havia a mais completa divulgação universal sobre tudo que transpirava no vosso pequeno, mas altamente honorificado mundo.

Ao mesmo tempo em que nós acreditávamos que o método seria esse, nunca soubemos, até a época do próprio evento, que Michael surgiria na Terra como um infante desamparado deste reino. Até então, ele sempre surgira como um indivíduo plenamente desenvolvido, com a personalidade da ordem selecionada para a auto-outorga; e foi um anúncio emocionante aquele que foi transmitido de Sálvington, propalando que a criança de Belém havia nascido em Urântia.

Nós, então, não apenas encaramos o fato de que o nosso Criador e amigo estava dando o passo mais incerto de toda a sua carreira, arriscando, aparentemente, a sua posição e autoridade nessa auto-outorga, como um recém-nascido desamparado; contudo, também entendemos que a sua experiência nessa outorga final e mortal iria eternamente entronizá-lo, como o Soberano ímpar e supremo do universo de Nébadon. Por um terço de século, no tempo da Terra, todos os olhos, em todas as partes deste universo, focalizaram-se em Urântia. Todas as inteligências entenderam que a última auto-outorga estava em progresso, e, como havíamos sabido, havia muito ainda, da rebelião de Lúcifer, em Satânia, e do desafeto de Caligástia em Urântia, e assim todos nós entendemos a intensidade do embate que aconteceria, quando o nosso condescendente governante se encarnasse, em Urântia, na forma humilde, à semelhança da carne mortal.

Joshua ben José, o menino judeu, foi concebido e nasceu no mundo, exatamente como quaisquer outros meninos, antes e depois, *exceto* pelo fato de que este menino, em particular, era a encarnação de Michael de Nébadon, um Filho divino do Paraíso e o Criador de todo este universo local de coisas e seres. E esse mistério da encarnação da Deidade na forma humana de Jesus, cuja origem pareceria natural ao mundo, permanecerá insolúvel para sempre. Na eternidade mesmo, jamais ireis conhecer a técnica e o método da encarnação do Criador, na forma e à semelhança das suas criaturas. Esse segredo pertence a Sonárington; e tais mistérios são da exclusiva posse desses Filhos divinos que passaram pela experiência da auto-outorga.

Alguns homens sábios, na Terra, sabiam da chegada iminente de Michael. E, por intermédio dos contatos de um mundo com o outro, tais homens sábios e possuidores do discernimento espiritual soubceram da auto-outorga vindoura de Michael em Urântia. E, por meio das criaturas intermediárias, dois serafins fizeram o anúncio a um grupo de sacerdotes caldeus, cujo líder era Arnon. Esses homens de Deus visitaram o menino recém-nascido. O único evento sobrenatural associado ao nascimento de Jesus foi esse anúncio a Arnon e aos seus companheiros, feito pelos serafins anteriormente designados para Adão e Eva, no primeiro jardim.

Os pais humanos de Jesus foram pessoas dentro da média, daquela geração e daquela época; e esse Filho de Deus, encarnado assim, nasceu de uma mulher e foi criado da maneira peculiar a todas as crianças daquela raça e daquele tempo.

A história da permanência de Michael em Urântia, a narrativa da auto-outorga mortal do Filho Criador, no vosso mundo, é matéria além do escopo e do propósito desta narrativa.

8. O STATUS DE MICHAEL PÓS-OUTORGADO

Após a sua outorga final, e plena de êxito, em Urântia, Michael foi aceito, não apenas pelos Anciães dos Dias, como o governante soberano de Nébadon, mas também pelo Pai Universal, que o reconheceu como o dirigente estabelecido do universo local da sua própria criação. Quando do seu retorno a Sálvington, este Michael, Filho do Homem e Filho de Deus, foi proclamado como o governante estabelecido de Nébadon. De Uversa, veio a oitava proclamação da soberania de Michael, enquanto, do Paraíso, veio o pronunciamento conjunto do Pai Universal e do Filho Eterno, que constituía essa união de Deus e de homem, como o governante único do universo, e ordenando ao União dos Dias permanente de Sálvington que desse indicações sobre a sua intenção de retirar-se para o Paraíso. Os Fiéis dos Dias, da sede-central da constelação, foram também instruídos para retirar-se dos conselhos dos Altíssimos. Michael, porém, não consentiria na retirada dos Filhos Trinitários do conselho e da cooperação com ele. Reuniu-os em Sálvington e pessoalmente solicitou-lhes que permanecessem, para sempre, a serviço em Nébadon. Eles manifestaram-se sobre o seu desejo de atender a esse pedido aos seus diretores no Paraíso; e, pouco depois disso, foram emitidos os mandados das suas separações do Paraíso, o que ligava, para sempre, esses Filhos do universo central à corte de Michael de Nébadon.

Foi necessário um período de quase um bilhão de anos, do tempo de Urântia, para completar a carreira de auto-outorgas de Michael e para efetivar o estabelecimento final da sua autoridade suprema no universo da sua própria criação. Michael nasceu um criador, foi educado como um administrador e aperfeiçoado como um executivo; no entanto, foi-lhe pedido que conquistasse a sua própria soberania, por meio da experiência. E assim, o vosso pequeno mundo tornou-se conhecido, em todo o Nébadon, como a arena onde Michael completou a experiência, que é requerida de todo Filho Criador do Paraíso, antes de ser-lhe dado o controle ilimitado e a direção do universo que ele próprio edificara. À medida que ascenderdes no universo local, ireis conhecer mais sobre os ideais das personalidades envolvidas nas auto-outorgas anteriores de Michael.

Ao completar as suas outorgas como criatura, Michael estava, não apenas estabelecendo a sua própria soberania, como estava, também, implementando a soberania, em evolução, de Deus, o Supremo. No decurso dessas outorgas, o Filho Criador, não apenas se engajou em uma exploração descendente das várias naturezas das personalidades das criaturas, mas também realizou a revelação das vontades, variadamente diversificadas, das Deidades do Paraíso, cuja unidade sintética, como revelada pelos Criadores Supremos, é reveladora da vontade do Ser Supremo.

Esses vários aspectos da vontade das Deidades são personalizados, eternamente, nas diferentes naturezas dos Sete Espíritos Mestres; e cada uma das auto-outorgas de Michael foi, peculiarmente, reveladora de uma dessas manifestações da divindade. Na sua outorga Melquisedeque, ele manifestou o desejo unificado do Pai, do Filho e do Espírito; na sua outorga Lanonandeque, o desejo do Pai e do Filho; na sua outorga Adâmica, ele revelou a vontade do Pai e do Espírito; na sua outorga seráfica, a vontade do Filho e do Espírito; na sua outorga como mortal em Uversa, ele retratou a vontade do Agente Conjunto; na sua outorga moroncial mortal, a vontade do Filho Eterno; e na sua outorga material, em Urântia, ele viveu a vontade do Pai Universal, como um mortal, mesmo, em carne e sangue.

A consumação completa dessas sete auto-outorgas resultou na liberação da soberania suprema de Michael e também na criação da possibilidade da soberania do Supremo, em Nébadon. Em nenhuma das suas outorgas Michael revelou Deus, o Supremo; contudo, o conjunto e a soma total de todas as sete outorgas é uma nova revelação do Ser Supremo para Nébadon.

Com a experiência descendente, de descer de Deus até o homem, Michael esteve concomitantemente experimentando a ascensão, da parcialidade da manifestabilidade, até a supremacia da ação finita e da finalidade, da liberação do seu potencial até a função absonita. Michael, um Filho Criador, é um criador no espaço e no tempo, mas Michael, um Filho Mestre sétuplo, é um membro de um dos corpos divinos que constituem a Ultimidade da Trindade.

Ao passar pela experiência de revelar as vontades dos Sete Espíritos Mestres, saídos da Trindade, o Filho Criador passou pela experiência de revelar a vontade do Supremo. Ao funcionar como revelador da vontade da Supremacia, Michael, junto com todos os outros Filhos Mestres, identificou-se eternamente com o Supremo. Na idade presente do universo, ele revela o Supremo e participa da factualização da soberania da Supremacia. No entanto, na próxima idade do universo, acreditamos, ele vai estar colaborando, com o Ser Supremo, na primeira Trindade experiencial, para universos do espaço exterior, e naqueles universos.

Urântia é o templo sentimental de todo o Nébadon, o mais importante entre os dez milhões de mundos habitados, o lar mortal de Cristo Michael, o soberano de todo o Nébadon, o ministro Melquisedeque dos reinos, o salvador de um sistema, o redentor Adâmico, o companheiro seráfico, o companheiro dos espíritos ascendentes, o progressor moroncial, o Filho do Homem, à semelhança da carne mortal, e o Príncipe Planetário de Urântia. Os vossos registros dizem a verdade quando fazem constar que esse mesmo Jesus prometeu, em algum tempo, voltar ao mundo da sua outorga terminal, o Mundo da Cruz.

[Este documento, que descreve as sete outorgas de Cristo Michael, é o sexagésimo terceiro de uma série de apresentações, promovidas por inúmeras personalidades, narrando a história de Urântia, até o tempo do aparecimento de Michael na Terra, à semelhança da carne mortal. A existência destes documentos foi autorizada por uma comissão de Nébadon, de doze membros ativos, sob a direção de Mantútia Melquisedeque. Nós ditamos estas narrativas e as colocamos na língua inglesa, por uma técnica autorizada pelos nossos superiores, no ano 1935 d.C. do tempo de Urântia.]

PARTE IV

A VIDA E OS ENSINAMENTOS DE JESUS

Este conjunto de documentos foi promovido por uma comissão de doze
criaturas intermediárias de Urântia, atuando sob a supervisão de um diretor
revelador Melquisedeque. A base para a narrativa foi fornecida
por uma criatura intermediária secundária que
anteriormente estivera encarregada de
fazer a guarda supra-humana
do apóstolo André.

PARTE IV
La vida e os ensinamentos de Jesus

DOCUMENTO 120

A AUTO-OUTORGA DE MICHAEL EM URÂNTIA

DESIGNADO por Gabriel para supervisionar a reconstituição da narrativa da vida de Michael, enquanto esteve em Urântia, à semelhança da carne mortal, eu, Melquisedeque, diretor da comissão reveladora a que essa tarefa foi confiada, encontro-me autorizado a apresentar a narrativa de certos eventos imediatamente anteriores à vinda do Filho Criador a Urântia, durante a qual ele assumiu a última etapa da sua experiência de auto-outorgas no seu universo. Viver vidas idênticas àquelas que ele impõe aos seres inteligentes da sua própria criação e, para tanto, auto-outorgar a si próprio à semelhança das várias ordens dos seus seres criados, é parte do preço que cada Filho Criador deve pagar para conquistar a soberania plena e suprema do universo de coisas e seres, criado por ele próprio.

Antes dos eventos que imediatamente passarei a descrever, Michael de Nébadon havia-se outorgado por seis vezes, à semelhança de seis ordens diferentes de seres inteligentes da sua diversificada criação. E, então, se preparou para descer até Urântia, à semelhança da carne mortal da sua mais baixa ordem de criaturas de vontade inteligente para, tal um humano do reino material, executar o ato final no drama da aquisição da soberania do universo, de acordo com os mandados dos Governantes divinos do universo dos universos, no Paraíso.

No curso de cada uma das auto-outorgas precedentes, Michael não apenas adquiriu a experiência finita de um grupo de seres criados por ele, como também, em cooperação com o Paraíso, adquiriu a experiência essencial que iria, em si e por si mesma, contribuir posteriormente para constituí-lo como o soberano do universo criado por ele próprio. Em qualquer momento do tempo passado do universo local, Michael poderia haver assumido a soberania, como Filho Criador e, como um Filho Criador, poderia haver governado o seu universo, do modo que escolhesse. Se assim tivesse sido, Emanuel e os Filhos do Paraíso coligados haveriam abandonado o universo dele. Michael, porém, não queria governar Nébadon de uma forma isolada e meramente fundamentada no seu direito inerente, de Filho Criador. Ele desejava ascender por meio da experiência factual, em subordinação cooperativa com a Trindade do Paraíso, até aquela posição elevada, na qual estivesse qualificado para governar o seu universo e administrar os assuntos do mesmo, com a mesma perfeição de discernimento e sabedoria de execução, as quais chegarão, em algum tempo, a ser a característica do governo excelso do Ser Supremo. A sua aspiração não era a perfeição de governo, como Filho Criador, mas a supremacia administrativa, com a incorporação da sabedoria universal e experiência divina do Ser Supremo.

Por conseguinte, Michael estava movido por um propósito duplo, ao realizar essas sete auto-outorgas vivendo como membro das várias ordens das suas criaturas no universo. Em primeiro lugar, estava completando a experiência de entendimento das criaturas, que é requerida de todos os Filhos Criadores antes de assumirem totalmente a soberania. Um Filho Criador pode governar o seu universo, em qualquer tempo, por direito próprio, mas, como representante supremo da Trindade do Paraíso, ele governará apenas após passar, autodoado como criatura, por todas as sete auto-outorgas nos universos. Em segundo lugar, ele aspirava ao privilégio de representar a autoridade máxima da Trindade do Paraíso, a ser exercida numa administração pessoal e direta, em um universo local. E, dessa forma, durante a experiência de cada uma das suas auto-outorgas no universo, Michael subordinou-se, voluntária e perfeitamente, às vontades variavelmente constituídas, de todas as diversas associações de pessoas da Trindade do Paraíso. E isso significa que: na sua primeira auto-outorga, ele submeteu-se à vontade combinada de Pai, Filho e Espírito; na segunda, à vontade de Pai e Filho; na terceira, à vontade de Pai e Espírito; na quarta, à vontade de Filho e Espírito; na quinta, à vontade do Espírito Infinito; na sexta, à vontade do Filho Eterno. E durante a sétima auto-outorga, a final, a ser feita em Urântia, ele submeter-se-ia à vontade do Pai Universal.

Conseqüentemente, na sua soberania pessoal, Michael, combina a vontade divina das sete fases dos Criadores universais com a experiência de compreensão das criaturas do seu universo local. Assim, a sua administração ter-se-á tornado representativa do poder com a autoridade máxima possível, e isenta de qualquer pressuposto arbitrário. O seu poder é ilimitado, pois é derivado da associação experienciada com as Deidades do Paraíso; a sua autoridade é inquestionável, pois terá sido adquirida pela experiência factual à semelhança das criaturas do seu universo; a sua soberania, assim, será suprema, pois ao mesmo tempo incorpora os pontos de vista sétuplos da Deidade do Paraíso e os pontos de vista das criaturas do tempo e do espaço.

Estando determinada, a época da sua auto-outorga final e, havendo escolhido o planeta no qual esse extraordinário evento teria lugar, Michael teve a costumeira conferência de pré-outorga com Gabriel e, então, apresentou-se perante o seu irmão mais velho do Paraíso, o seu conselheiro Emanuel. Todos os poderes da administração do universo, que não haviam sido previamente consignados a Gabriel, Michael agora os transferia à custódia de Emanuel. E, momentos antes da partida de Michael, para a encarnação em Urântia, Emanuel, aceitando a custódia do universo durante o período dessa outorga em Urântia, procedeu ao aconselhamento que serviria como um guia da encarnação, para Michael, quando este crescesse em Urântia como um mortal do reino.

Em relação a isso, deve-se ter em mente que Michael havia escolhido cumprir a sua auto-outorga à semelhança da carne mortal, sujeitando-se sempre à vontade do seu Pai do Paraíso. O Filho Criador não necessitava de instruções de ninguém para efetivar a sua encarnação, caso estivesse fazendo-o pelo simples propósito de alcançar por completo a sua soberania no universo; no entanto Michael havia embarcado em um programa de revelação do Supremo, o qual envolvia o funcionamento cooperativo das diversas vontades das Deidades do Paraíso. Dessa forma, a sua soberania, quando final e pessoalmente conquistada, seria de fato todo-incluidora da vontade sétupla da Deidade; o que culmina na vontade do

Supremo. Havia ele, portanto, por seis vezes recebido as instruções dadas pelos representantes pessoais das várias Deidades do Paraíso e das suas associações; e, nesta oportunidade, estava sendo instruído pelo União dos Dias, embaixador da Trindade do Paraíso, no Universo local de Nébadon, atuando em nome do Pai Universal.

Havia vantagens imediatas e grandes compensações, resultantes da vontade com a qual esse poderoso Filho Criador, uma vez mais, subordinava a si próprio, voluntariamente, à vontade das Deidades do Paraíso, desta vez, submetendo-se à vontade do Pai Universal. Em vista da decisão de efetivar essa subordinação associativa, Michael experimentaria, nessa encarnação, não apenas a natureza do homem mortal, mas também a vontade do Pai de todos, no Paraíso. E, além disso, entraria nessa auto-outorga singular com a inteira segurança, não apenas de que Emanuel exerceria a plena autoridade do Pai do Paraíso, na administração do seu universo, durante a sua ausência para aquela autodoação em Urântia; mas também com o conhecimento confortador de que os Anciães dos Dias do superuniverso haviam decretado a segurança completa do seu reino durante todo o período da sua auto-outorga.

E, pois, essa era a situação preparada para a ocasião especial em que Emanuel apresentava-o ao seu sétimo compromisso de auto-outorga. E dessa encomenda de outorga feita por Emanuel, ao governante do universo, o qual posteriormente se tornou Jesus de Nazaré (Cristo Michael) em Urântia, é-me permitido apresentar as seguintes passagens:

1. A SÉTIMA MISSÃO DE AUTO-OUTORGA

"Meu irmão Criador: estou à beira de testemunhar a tua sétima auto-outorga no teu universo, e a última. Perfizeste as seis missões anteriores com grande fidelidade e perfeição; não mantenho outro pensamento a não ser o de que serás igualmente triunfante nesta que é a tua auto-outorga terminal para alcançar a soberania. Até este momento, surgiste nas esferas das tuas outorgas, como um ser plenamente desenvolvido da ordem escolhida por ti. Agora, estás na eminência de ir para Urântia, o planeta desordenado e turbulento da tua escolha, não como um mortal já plenamente desenvolvido, mas, sim, como um recém-nascido indefeso. Para ti, irmão e companheiro, esta será uma experiência nova e ainda não provada. Estás na iminência de haver pago todo o preço das auto-outorgas e à beira de experimentar o esclarecimento completo, que advém da encarnação de Criador, à semelhança de uma das suas criaturas.

"Em cada uma das tuas auto-outorgas anteriores, escolheste estar sujeito voluntariamente à vontade das três Deidades do Paraíso e às interassociações divinas Delas. Das sete fases da vontade do Supremo, tu te submeteste a todas nas tuas auto-outorgas anteriores; falta submeter-te apenas à vontade pessoal do teu Pai do Paraíso. Agora, que elegeste submeter-te integralmente à vontade do teu Pai, na tua sétima auto-outorga, como representante pessoal do nosso Pai, eu assumo a jurisdição irrestrita do teu universo, durante o tempo da tua encarnação.

"Para o ingresso na tua auto-outorga de Urântia, escolheste voluntariamente despojar-te de todo o apoio extraplanetário e de toda assistência que te pudesse ser dada, por qualquer criatura da tua própria criação. Do mesmo modo que os teus filhos criados, de Nébadon, são inteiramente dependentes de ti, para o salvo-conduto, na carreira deles, através do universo; da mesma forma, agora deves tornar-te plena e irrestritamente dependente do teu Pai do Paraíso, para o teu salvo-conduto durante as vicissitudes não-reveladas da tua vindoura carreira mortal. E, quando houveres terminado essa experiência, de autodoação, saberás, com profunda verdade, o significado pleno e o sentido abundante dessa confiança de fé que, tão invariavelmente, exiges que todas as tuas criaturas tenham como parte da relação íntima contigo, enquanto Criador local e Pai universal delas.

"Na tua outorga de Urântia, necessitas preocupar-te com uma coisa apenas: a comunhão ininterrupta entre ti e o teu Pai do Paraíso. E será por meio da perfeição desse relacionamento que o mundo da tua auto-outorga e, mesmo, todo o universo da tua criação, obterão uma revelação nova e mais compreensível do teu Pai e meu Pai, o Pai Universal de todos. A tua preocupação, portanto, deverá ser somente com a tua vida pessoal em Urântia. Plena e eficazmente, ficarei como o responsável pela segurança da continuidade da administração do teu universo, desde o momento da tua renúncia voluntária a essa autoridade, até que retornes para nós como o Soberano do Universo, confirmado pelo Paraíso, e até que recebas de volta, das minhas mãos, não a autoridade de vice-regente, que agora passas a mim, mas, sim, o poder e a jurisdição supremos do teu universo.

"E, para que saibas com certeza que tenho o poder de fazer tudo o que estou prometendo agora (mesmo sabendo plenamente que eu próprio sou a certeza, dada por todo o Paraíso, de que a minha palavra cumprir-se-á fielmente), eu anuncio que me foi enviado um mandado dos Anciães dos Dias de Uversa precavendo Nébadon contra qualquer ameaça espiritual, durante o período integral da tua outorga voluntária. Desde o momento no qual deixares de estar consciente, no começo dessa encarnação mortal, até que retornes a nós como soberano supremo e incondicional deste universo de tua própria criação e organização, nada de maior gravidade pode acontecer em todo o Nébadon. Nesse ínterim, durante a tua encarnação, manterei eu as ordens dos Anciães dos Dias, comandando irrestritamente a extinção instantânea e automática de qualquer ser culpado de rebelião ou que presuma instigar a insurreição no universo de Nébadon, enquanto estiveres ausente nessa auto-outorga. Meu irmão, em face da autoridade do Paraíso, inerente à minha presença e implementada pelo mandado judicial de Uversa, o teu universo e todas as suas leais criaturas estarão seguras durante a tua auto-outorga. Podes prosseguir na tua missão, com um pensamento apenas: a intensificação da revelação do nosso Pai, aos seres inteligentes do teu universo.

"Devo lembrar-te de que, como em cada uma das tuas auto-outorgas anteriores, exercerei eu a jurisdição do teu universo, como um irmão e fiel comissionado. Em teu nome exercerei toda a autoridade e poder. Funcionarei como o nosso Pai do Paraíso e de acordo com o teu pedido explícito de que atue eu assim no teu lugar. E, sendo esses os fatos, toda esta autoridade delegada agora, será de novo tua para que a exerças, em qualquer momento que julgues adequado requerê-la de volta. A tua auto-outorga é, na sua totalidade, plenamente voluntária. Como um mortal encarnado no reino, encontrar-te-ás desprovido de dons celestes, mas todo o teu poder abandonado poderá ser recuperado a qualquer momento e tão logo decidires reinvestir-te da autoridade universal. Se escolheres reinstalar-te em poder e em autoridade, lembra-te de que será unicamente por razões *pessoais*, já que eu sou o compromisso vivo cuja presença e promessa garantem uma administração segura ao teu universo de acordo com o desejo do teu Pai. A rebelião, tal como aconteceu por três vezes em Nébadon, não poderá ocorrer durante a tua ausência de Sálvington, para essa outorga. Os Anciães dos Dias decretaram que qualquer rebelião em Nébadon, durante o período da tua outorga de Urântia, seja automaticamente investida com a semente do seu próprio aniquilamento.

"Em todo o tempo durante o qual ficarás ausente, nessa outorga final e extraordinária, comprometo-me (com a cooperação de Gabriel) fazer uma administração fiel do teu universo; e, ao comissionar-te para que assumas esse ministério de revelação divina e para que passes pela experiência do entendimento humano perfeccionado, eu atuo em nome do nosso Pai e te ofereço os conselhos seguintes, que devem guiar-te enquanto viveres a tua vida terrena, à medida que tu te tornares progressivamente autoconsciente da tua missão divina, na tua permanência na carne"

2. AS LIMITAÇÕES DA AUTO-OUTORGA

"1. De acordo com os costumes, e em conformidade com a técnica de Sonárington – cumprindo os mandados do Filho Eterno do Paraíso –, tomei todas as providências para a tua imediata entrada nessa auto-outorga mortal, em harmonia com os planos formulados por ti e entregues a mim por Gabriel. Tu crescerás em Urântia como uma criança do reino; completarás a tua educação humana – submetido todo o tempo à vontade do teu Pai do Paraíso –, viverás a tua vida em Urântia como o determinaste tu mesmo; completarás a tua estada planetária e preparar-te-ás para a ascensão até o teu Pai, para receber Dele a soberania suprema do teu universo.

"2. Independentemente da tua missão na Terra e da revelação que farás ao universo, mas como uma conseqüência advinda disso, Eu aconselho-te, depois que estiveres suficientemente autoconsciente da tua identidade divina, que assumas a tarefa adicional de dar por finda, tecnicamente, a rebelião de Lúcifer, no sistema de Satânia; e que tu faças tudo isso como o *Filho do Homem*; e, assim, enquanto criatura mortal do reino, na fraqueza tornada poderosa pela submissão-fé à vontade do teu Pai, sugiro que graciosamente realizes tudo aquilo que, reiteradamente tu te declinaste de executar de modo arbitrário, pela via do poder e da força com as quais eras dotado à época em que essa rebelião pecaminosa e injustificada ainda estava incipiente. Eu consideraria um ápice adequado, à tua auto-outorga mortal, se retornasses a nós, como o Filho do Homem e Príncipe Planetário de Urântia, tanto quanto Filho de Deus e soberano supremo do teu universo. Como homem mortal, o tipo mais baixo de criatura inteligente de Nébadon, enfrenta e faze o julgamento das pretensões blasfemas de Caligástia e Lúcifer e, nesse assumido estado de humildade, dá um fim, para todo o sempre, às representações equivocadas e errôneas e às falsidades vergonhosas cometidas por esses filhos caídos da luz. Já que te negaste, firmemente, a desacreditar esses rebeldes, por meio do exercício das tuas prerrogativas de criador, seria próprio que tu, agora, na semelhança da mais baixa criatura da tua criação, tirasses das mãos desses Filhos caídos o domínio, de modo que todo o teu universo local reconheça, para sempre, e de forma clara, a justiça do teu ato, feito enquanto tu estiveste no papel de mortal na carne, que é o de efetuar coisas que a tua misericórdia admoestou-te que não fizesses por meio do poder de uma autoridade arbitrária. E, havendo assim estabelecido, com a tua outorga, a possibilidade da soberania do Supremo em Nébadon, tu irás, com efeito, trazer um encerramento para os assuntos, não julgados ainda, de todas as insurreições precedentes, não obstante o lapso de tempo, maior ou menor, que seja gasto na realização dessa tarefa. Em essência, com esse ato, as dissidências pendentes no teu universo serão liquidadas. E, com o subseqüente dom da soberania suprema que terás, no teu universo, os desafios semelhantes à tua autoridade não poderão nunca ser recorrentes, em qualquer parte da tua grande criação pessoal.

"3. Quando houveres obtido o êxito, que sem dúvida irás ter, em terminar com a secessão de Urântia, eu aconselho-te a aceitar que Gabriel confira a ti o título de "Príncipe Planetário de Urântia", em reconhecimento eterno, da parte do teu universo, à tua experiência final de auto-outorga; e, que daí em diante, faças todas e quaisquer coisas consistentes com o propósito da tua outorga e que possam servir aos seres de Urântia, como compensação pelo sofrimento e confusão produzidos neste mundo, pela traição de Caligástia e a subseqüente falta Adâmica.

"4. Gabriel e todos aqueles que estiverem envolvidos, de acordo com o teu pedido, cooperarão contigo na realização do teu desejo expresso de culminar a auto-outorga em Urântia com o pronunciamento de um juízo dispensacional daquele reino, acompanhado do encerramento de uma era, com a ressurreição dos mortais sobreviventes adormecidos e com o estabelecimento da dispensação do Espírito da Verdade, a ser concedido.

"5. No que concerne ao planeta da tua outorga e à geração imediata dos homens que viverão contemporaneamente à tua autodoação mortal, aconselho-te que atues predominantemente segundo o papel de mestre. Dá atenção, primeiro, à libertação e à inspiração da natureza espiritual do homem. Em seguida, ilumines o obscurecido intelecto humano; alivies as almas dos homens e emancipes as suas mentes de temores ancestrais. E então, com a tua sabedoria mortal, que atendas ao bem-estar físico e ao alívio das condições materiais dos teus irmãos na carne. Vive a vida religiosa ideal, para inspiração e edificação de todo o teu universo.

"6. No planeta da tua outorga, libera espiritualmente o homem segregado pela rebelião. Em Urântia, dá mais uma contribuição à soberania do Supremo, estendendo, assim, o estabelecimento dessa soberania até os amplos domínios da tua criação pessoal. Nesta, que será a tua outorga na matéria, à semelhança da carne, tu irás experimentar o esclarecimento final de um Criador no tempo-espaço: terás a experiência dual de trabalhar de dentro da natureza humana mas com a vontade do teu Pai do Paraíso. Na tua vida temporal, a vontade da criatura finita e a vontade do Criador Infinito estão para tornar-se uma, da mesma forma que também estão unindo-se na Deidade evolutiva do Ser Supremo. Derrama, por sobre o planeta da tua auto-outorga, o Espírito da Verdade e, assim, faze com que a todos os mortais normais daquela esfera isolada seja imediata e plenamente acessível a recepção e o ministério da presença distinguida do nosso Pai do Paraíso, o Ajustador do Pensamento dos reinos.

"7. Em tudo que puderes realizar no mundo da tua outorga, tem constantemente em mente que estarás vivendo uma vida para a instrução e edificação de todo o teu universo. Que estarás *autodoando*-te nessa *vida* de encarnação mortal, em Urântia, mas que essa vida tu irás viver para a inspiração espiritual de todas as inteligências humanas e supra-humanas que já viveram, que existem agora ou que ainda possam viver, em todos os mundos habitados, já formados, que ora se formam ou que ainda possam vir a se formar, como parte da vasta galáxia do teu domínio administrativo. A tua vida na Terra à semelhança da carne mortal não será, dessa forma, vivida para se constituir apenas em um *exemplo* para os mortais de Urântia, nos dias da tua permanência na Terra, nem apenas para qualquer geração subseqüente de seres humanos em Urântia ou em qualquer outro mundo. A tua vida na carne, em Urântia, será, mais que tudo, a *inspiração* para todas as vidas, sobre todos os mundos de Nébadon, para todas as gerações nas eras que estão para vir.

"8. Essa tua grande missão, a ser realizada e experienciada na encarnação mortal, está abrangida pela tua decisão de viver uma vida dedicada do fundo do coração a fazer a vontade do teu Pai do Paraíso; e, assim, dedicada a *revelar a Deus*, o teu Pai, na carne, e especialmente às criaturas da carne. Ao mesmo tempo, irás também *interpretar*, com uma nova força de engrandecimento, o nosso Pai, para os seres supramortais de todo o Nébadon. Da mesma forma, com esse ministério de nova revelação e interpretação ampliada do Pai do Paraíso, para os tipos de mente humana e supra-humana, tu funcionarás de modo a fazer, também, uma nova revelação do homem para Deus. Demonstra, na tua curta vida na carne, de forma nunca antes vista em todo o Nébadon, as possibilidades transcendentes daquilo que pode ser alcançado por um ser humano conhecedor de Deus, durante a curta carreira na existência mortal; e faze uma *interpretação* iluminadora e nova do homem e das vicissitudes da vida planetária dele, para todas as inteligências supra-humanas de todo o Nébadon, para todo o sempre. Tu estás à beira de descer até Urântia, à semelhança da carne mortal, e de viver como um homem do teu tempo e geração e, assim, irás atuar de modo a mostrar ao teu universo inteiro o ideal da técnica perfeccionada, do engajamento supremo, no cuidado dos assuntos da tua vasta criação: o êxito que tem Deus, na Sua busca do homem, encontrando-o e o fenômeno do homem procurando Deus e encontrando-O; e tu farás tudo isso, para satisfação mútua, e o farás em um curto período de vida na carne.

"9. Recomendo que tenhas sempre em mente, ainda que de fato estejas para tornar-te um humano comum do reino, que permanecerás sendo um Filho Criador do Pai do Paraíso, em potencial. Durante essa encarnação, ainda que estejas vivendo e agindo como um Filho do Homem, os atributos criadores da tua divindade pessoal acompanhar-te-ão, desde Sálvington até Urântia. Sob a decisão da tua vontade estará sempre o poder de dar por finda a encarnação, a qualquer momento, após a chegada do teu Ajustador do Pensamento. Antes da chegada e da recepção do Ajustador, garantir-te-ei eu a tua integridade de personalidade. Contudo, após a chegada do teu Ajustador e concomitantemente com o teu progressivo reconhecimento da natureza e importância da tua missão de outorga, deverás abster-te da formulação de qualquer vontade, realização ou poder supra-humano, tendo em vista o fato de que as tuas prerrogativas de criador permanecerão associadas à tua personalidade mortal, dada a inseparabilidade entre esses atributos e a tua presença pessoal. Nenhuma repercussão supra-humana acompanhará, pois, a tua carreira na Terra, fora da vontade do Pai do Paraíso, a menos que, por um ato de vontade consciente e deliberada, tu tomes a decisão cabal que culmine em uma opção pela tua personalidade total".

3. CONSELHOS E EXORTAÇÕES ADICIONAIS

"E pois, agora, meu irmão, deixando-te enquanto te preparas para partir para Urântia e após haver feito esse aconselhamento a respeito da conduta geral, na tua outorga, permite-me apresentar certos conselhos que me ocorreram quando em consulta com Gabriel e que dizem respeito a aspectos menores da tua vida mortal. Assim pois sugerimos, ainda:

"1. Na busca do ideal, na tua vida mortal na Terra, dês alguma atenção também a dar o exemplo na realização de algumas coisas práticas e de ajuda imediata para os teus semelhantes mortais.

"2. No que diz respeito às relações familiares, dês precedência aos costumes consagrados de vida familiar, do modo como os encontrares estabelecidos nos dias e geração da tua auto-outorga. Vive a tua vida de família e comunidade, de acordo com as práticas dos povos entre os quais elegeste aparecer.

"3. Nas tuas relações com a ordem social, aconselhamos que dirijas os teus esforços mais à regeneração espiritual e à emancipação intelectual. E que evites quaisquer entrelaçamentos com a estrutura econômica e comprometimentos políticos com os teus dias. Mais especificamente, que devote-te a viver a vida religiosa ideal em Urântia.

"4. Em nenhuma circunstância nem mesmo quanto ao menor detalhe, deverias interferir na ordem da evolução progressiva e normal das raças de Urântia. Que essa proibição, no entanto, não seja interpretada como limitadora dos teus esforços para deixar, atrás de ti, um sistema duradouro e melhorado de *ética religiosa positiva*. Como um Filho dispensacional, a ti são concedidos certos privilégios no que concerne ao avanço no desenvolvimento *espiritual* e *religioso* dos povos daquele mundo.

"5. À medida que considerares adequado, poderás identificar-te com movimentos espirituais e religiosos existentes, da forma como forem encontrados em Urântia; mas procura, de todas as maneiras possíveis, evitar o estabelecimento formal de um culto organizado, de uma religião cristalizada ou da formação de um agrupamento ético de seres mortais que seja segregador. A tua vida e os teus ensinamentos estão destinados a se transformarem na herança comum de todas as religiões e de todos os povos.

"6. Com a finalidade de que não contribuas, desnecessariamente, para a criação de sistemas subseqüentes estereotipados de crenças religiosas, em Urântia, ou de outros tipos de lealdades a religiões que possam não ser progressivas, aconselhamos-te ainda que: Não deixes documentos escritos para trás de ti, naquele planeta. Exime-te de deixar escritos feitos em materiais permanentes; conclama os teus semelhantes a não criarem imagens ou outras figuras da tua figura, como um Michael encarnado. Assegura-te de que nada potencialmente idólatra seja deixado no planeta, à época da tua partida.

"7. Embora vivendo a vida normal social comum no planeta, como um indivíduo normal do sexo masculino, possivelmente não terás relações matrimoniais, ainda que essas poderiam ser inteiramente honrosas e consistentes com a tua outorga; mas devo lembrar-te de que um dos mandados de Sonárington, que regem as encarnações, proíbe aos Filhos do Paraíso que deixem qualquer descendência humana, em qualquer planeta da sua auto-outorga.

"8. Com respeito a qualquer outro detalhe da tua outorga vindoura, nós encomendamos o teu ser ao guiamento do Ajustador residente, aos ensinamentos do espírito divino sempre presente, este mesmo espírito que guia os humanos, e ao julgamento da razão da tua mente em expansão de dotação hereditária humana. Tal associação de atributos de criatura e Criador, segundo cremos, capacitar-te-á a viver para nós a vida perfeita de homem nas esferas planetárias; uma vida perfeita, não necessariamente do ponto de vista de um homem específico, em um mundo determinado (e menos ainda o de Urântia), mas plena e supremamente completa, se avaliada pelos mundos mais altamente perfeccionados, ou em via de perfeccionamento, do teu vasto universo.

"E agora, possa o teu Pai, e meu Pai, que sempre nos apoiou em nossos trabalhos anteriores, guiar-te e sustentar-te e estar contigo a partir do momento em que nos deixares para realizar a rendição da tua consciência de personalidade, até o momento de retornares gradualmente ao reconhecimento da tua identidade divina, encarnada na forma humana e, mesmo, por todo o período da tua experiência da auto-outorga em Urântia, até a tua liberação da carne e a tua ascensão à mão direita do nosso Pai, em soberania. E, quando novamente eu te vir em Sálvington, desejo saudar o teu retorno a nós, já sendo tu o soberano supremo e incondicional deste universo, da tua criação, do teu serviço e da tua plena compreensão.

"Em teu lugar, eu reino agora. E assumo a jurisdição de todo o Nébadon, como soberano ativo, durante todo o ínterim da tua auto-outorga, a sétima e mortal, em Urântia. E a ti, Gabriel, passo a missão da salvaguarda do Filho do Homem, que está prestes a vir, até o momento em que ele haja retornado a mim, pleno de glória e poder, como o Filho do Homem e o Filho de Deus. E, Gabriel, sou eu o vosso soberano até que Michael a nós retorne."

* * *

Imediatamente, então, e em presença de toda a Sálvington reunida, Michael retirou-se do nosso meio; e nós não mais o vimos no seu lugar de costume, até o seu retorno como governante supremo e pessoal do universo; após o cumprimento da sua carreira de auto-outorga em Urântia.

4. A ENCARNAÇÃO — DE DOIS, FAZER UM

E, assim, todos aqueles filhos indignos de Michael, os mesmos que haviam acusado o seu Pai-Criador de buscar egoisticamente o governo e que se atreveram a insinuar que o Filho Criador se estava mantendo no poder, arbitrária e autocraticamente, em virtude da lealdade nada razoável de um universo iludido de criaturas subservientes, estavam pois já a ponto de serem silenciados para sempre e deixados em confusão e desilusão, em conseqüência de uma vida de doação e serviço e auto-esquecimento, na qual o Filho de Deus entraria como Filho do Homem — submetendo-se sempre à "vontade do Pai do Paraíso".

Contudo, ao lerdes esses documentos, que não cometais nenhum engano; Cristo Michael, ainda que sendo um ser de origem dual, nunca foi uma personalidade dupla. Ele não foi Deus, em associação *com* o homem; mas foi, sim, *Deus encarnado* no homem. E ele foi sempre, precisamente, esse ser combinado. O único fator progresivo, em tal relação incompreensível, é o do entendimento e do reconhecimento da autoconsciência gradativos (da sua mente humana), desse fato, de ser Deus e homem.

Cristo Michael não se tornou gradativamente Deus. E Deus não se tornou homem, em algum momento vital na vida terrena de Jesus. Jesus foi Deus *e* homem — sempre e para sempre. E esse Deus e esse homem foram e são, agora, *Um*; do mesmo modo que a Trindade do Paraíso, de três seres, na realidade, é *uma* Deidade.

Nunca percais de vista o fato de que o propósito supremo da auto-outorga de Michael foi o de acentuar e engrandecer a *revelação de Deus*.

Os mortais de Urântia têm conceitos variáveis sobre o miraculoso, mas, para nós, que vivemos como cidadãos do universo local, há poucos milagres e, de todos, os mais intrigantes são, e de longe, as outorgas de encarnação dos Filhos do Paraíso. O surgimento, no vosso mundo, de um Filho Divino, por processos aparentemente naturais, é visto por nós como um milagre — o efeito de leis universais que estão além da nossa compreensão. Jesus de Nazaré foi uma pessoa miraculosa.

Nessa experiência extraordinária, e por meio dela, Deus, o Pai, escolheu manifestar-Se a Si próprio, como Ele sempre faz — *do modo habitual* —, pela via normal, natural e confiável da ação divina.

DOCUMENTO 121

A ÉPOCA DA AUTO-OUTORGA DE MICHAEL

A
TUANDO sob a supervisão de uma comissão de doze membros da Irmandade Unida dos Intermediários de Urântia, promovida conjuntamente pelo presidente da nossa ordem e o Melquisedeque relator; eu, sendo o intermediário que esteve outrora destinado ao apóstolo André, estou autorizado a colocar neste registro a narrativa dos atos da vida de Jesus de Nazaré, do modo como foram observados pela minha ordem de criaturas terrenas e como foram subseqüentemente registrados, de uma maneira parcial, pelo indivíduo humano que esteve sob a minha guarda temporal. Sabendo o quanto o seu Mestre evitava, tão escrupulosamente, deixar registros escritos atrás de si, André recusou-se firmemente a efetuar em profusão cópias da sua narrativa escrita. Uma atitude semelhante da parte dos outros apóstolos de Jesus atrasou bastante a redação dos evangelhos.

1. O OCIDENTE, NO PRIMEIRO SÉCULO DEPOIS DE CRISTO

Jesus não veio a este mundo durante uma idade de decadência espiritual. Na época do seu nascimento, Urântia estava experienciando um renascimento do pensamento e da vivência religiosos, como não havia conhecido em toda a sua história anterior pós-Adâmica, nem conheceria em qualquer era, desde então. Quando Michael encarnou em Urântia, o mundo apresentava a condição mais favorável para a auto-outorga do Filho Criador, entre todas as que haviam prevalecido anteriormente, ou que haviam sido geradas, desde então. Durante os séculos imediatamente anteriores a essa época, a cultura e a língua gregas haviam-se espalhado pelo Ocidente e pelo Oriente próximos, e os judeus, sendo de uma raça levantina de natureza meio ocidental e meio oriental, estavam, pois, eminentemente qualificados para utilizar esse quadro cultural e lingüístico na disseminação eficaz de uma nova religião, tanto para o leste quanto para o oeste. Tais circunstâncias ficaram mais favoráveis ainda devido ao governo dos romanos ser politicamente tolerante para com o Mundo Mediterrâneo.

Toda essa combinação de influências mundiais é bem ilustrada pelas atividades de Paulo, que, tendo a cultura religiosa de um hebreu entre os hebreus, proclamou o evangelho de um Messias judeu, na língua grega, sendo ele próprio um cidadão romano.

Nada como a civilização da época de Jesus foi visto no Ocidente, antes ou depois daquela época. A civilização européia foi unificada e coordenada sob uma extraordinária influência tríplice:

1. O sistemas político e social dos romanos.

2. A língua e a cultura gregas – em uma certa medida, também a filosofia grega.

3. A influência, de veloz expansão, da religião e dos ensinamentos morais judeus.

Quando Jesus nasceu, todo o Mundo Mediterrâneo era um império unificado. Boas estradas interligavam vários dos maiores centros, pela primeira vez na história do mundo. Os mares estavam livres de piratas; e uma grande era de comércio e de viagens estava rapidamente avançando. A Europa não gozou novamente de um período como esse, de viagens e de comércio, até o século dezenove depois de Cristo.

Não obstante a paz interna e a prosperidade superficial do mundo greco-romano, uma maioria de habitantes do império definhava em uma miséria sórdida. A classe superior, pouco numerosa, era rica; e uma classe inferior miserável empobrecida abrangia toda a massa da Humanidade. Não havia, naqueles dias, uma classe média feliz e próspera, essa classe mal estava começando a surgir na sociedade romana.

As primeiras lutas entre os Estados de Roma e da Pérsia haviam sido concluídas, em um passado então recente, deixando a Síria nas mãos dos romanos. Nos tempos de Jesus, a Palestina e a Síria estavam gozando de um período de prosperidade, de paz relativa e de grandes relações comerciais com as terras do Oriente e do Ocidente.

2. O POVO JUDEU

Os judeus eram uma parte da raça semítica mais antiga, que também incluía os babilônios, os fenícios e os cartagineses, inimigos mais recentes de Roma. Durante o início do primeiro século depois de Cristo, os judeus eram, dentre os povos semitas, o grupo de maior influência e aconteceu que eles ocuparam uma posição geográfica peculiarmente estratégica no mundo, que, naquela época, era governado e organizado para o comércio.

Muitas das grandes estradas ligando as nações da antigüidade passavam pela Palestina, que se havia tornado assim um ponto de confluência onde se cruzavam as estradas de três continentes. Os viajantes, o comércio e os exércitos da Babilônia, Assíria, Egito, Síria, Grécia, Pérsia e Roma atravessaram a Palestina sem cessar. Desde tempos imemoriais muitas frotas de caravanas do Oriente passavam por alguma parte dessa região, indo para os poucos portos marinhos da extremidade oriental do Mediterrâneo, de onde os barcos carregavam as suas cargas para todo o Ocidente marítimo. E mais da metade desse tráfego de caravanas passava por dentro ou próximo da pequena cidade de Nazaré, na Galiléia.

Embora a Palestina fosse a terra da cultura religiosa judaica e o local de nascimento do cristianismo, os judeus estavam espalhados pelo mundo, morando em muitas nações e fazendo comércio em todas as províncias dos estados de Roma e da Pérsia.

A Grécia contribuiu com uma língua e uma cultura, Roma construiu as estradas e unificou um império, mas, a dispersão dos judeus e as suas mais de duzentas sinagogas e comunidades religiosas bem organizadas, espalhadas aqui e ali, em todo o mundo romano, forneceram os centros culturais nos quais o novo evangelho do Reino do céu teve a sua recepção inicial, e dos quais, subseqüentemente, ele espalhou-se até os confins do mundo.

Cada sinagoga judaica tolerava uma faixa à parte de crentes gentios, de homens "devotos" ou "tementes a Deus", e foi nessa faixa de prosélitos que Paulo fez a maior parte dos seus primeiros convertidos ao cristianismo. Até mesmo o templo em Jerusalém possuía uma área especial decorada para os gentios. Havia uma ligação muito estreita entre a cultura, o comércio e o culto, entre Jerusalém e a Antioquia. Na Antioquia, os discípulos de Paulo foram chamados de "cristãos" pela primeira vez.

A centralização do culto no templo judaico em Jerusalém constituía não apenas o segredo da sobrevivência do monoteísmo deles, mas também a promessa da manutenção e disseminação, para o mundo, de um conceito novo e ampliado daquele único Deus de todas as nações e Pai de todos os mortais. O serviço, no templo em Jerusalém, representava a sobrevivência de um conceito cultural religioso em face da queda da sucessão de suseranos nacionais gentios e de perseguidores raciais.

O povo judeu dessa época, embora sob a suserania dos romanos, desfrutava de um grau considerável de autogoverno. E, pois, relembrando os então recentes atos de heroísmo de libertação executados por Judas Macabeus e pelos seus sucessores imediatos os judeus estavam vibrantes na expectativa da aparição imediata de um libertador ainda mais magnífico, o Messias, há tanto tempo esperado.

O segredo da sobrevivência da Palestina, o reino dos judeus, como um Estado semi-independente, estava envolto na política externa do governo romano, que desejava manter o controle sobre as estradas na Palestina e que a ligavam à Síria e ao Egito, bem como aos terminais ocidentais das rotas das caravanas entre o Oriente e o Ocidente. Roma não queria que nenhuma potência surgisse no Levante, que pudesse restringir a sua expansão futura naquelas regiões. A política da intriga, que tinha por objetivo colocar a Síria seleucida e o Egito ptolomaico um contra o outro, necessitava de que se fortalecesse a Palestina como um Estado separado e independente. A política romana, a degeneração do Egito e o enfraquecimento progressivo dos seleucidas, diante da emergência do poder da Pérsia, explicam por que, durante muitas gerações, um grupo, assim pequeno e sem poder, de judeus houvesse sido capaz de manter a sua independência, apesar de ter contra si os seleucidas ao norte e os ptolomaicos ao sul. Essa liberdade e independência fortuitas dos governos políticos dos povos vizinhos mais poderosos eram atribuídas pelos judeus ao fato de serem eles o "povo escolhido", e à interferência direta de Yavé. Tal atitude de superioridade racial tornou mais difícil, para eles, resistirem à suserania romana, quando, finalmente, ela se abateu sobre a terra deles. Ainda assim, mesmo nessa hora triste, os judeus recusaram-se a compreender que a sua missão no mundo era espiritual, não política.

Os judeus encontravam-se extraordinariamente apreensivos e suspeitosos, durante a época de Jesus, porque estavam então sendo governados por um estrangeiro, Herodes, o idumeu que, insinuando-se com esperteza por entre os governantes romanos, havia tomado a si a suserania da Judéia. Embora Herodes professasse lealdade às observâncias cerimoniais dos hebreus, ele continuava a erigir templos para muitos deuses estranhos.

As relações amistosas de Herodes com os governantes romanos permitiam que os judeus viajassem com segurança pelo mundo, e assim ficava aberto o caminho para a penetração crescente dos judeus até mesmo nas partes distantes do império romano e em nações estrangeiras com as quais Roma mantinha tratados, levando o novo evangelho do Reino do céu. O reino de Herodes também contribuiu muito para a fusão ulterior das filosofias hebraica e helênica.

Herodes construiu o porto de Cesaréia, que, mais tarde, ajudou a transformar a Palestina em um ponto de confluência das estradas do mundo civilizado. Ele morreu no ano 4 a.C., e o seu filho, Herodes Antipas, governou a Galiléia e a Peréia durante a juventude e o ministério de Jesus, até o ano 39 d.C. Antipas, como o seu pai, era um grande construtor. Ele construiu muitas das cidades da Galiléia, incluindo o importante centro comercial de Séforis.

Os galileus não tinham muito prestígio junto aos líderes religiosos, nem junto aos mestres rabinos de Jerusalém. A Galiléia era mais gentia do que judia, quando Jesus nasceu.

3. ENTRE OS GENTIOS

Embora as condições sociais e econômicas do estado romano não fossem da ordem mais elevada, reinava uma paz doméstica bem disseminada, e a prosperidade era propícia para a auto-outorga de Michael. No primeiro século depois de Cristo, a sociedade do Mundo Mediterrâneo consistia de cinco substratos bem definidos:

1. *A aristocracia.* As classes superiores, com dinheiro e poder oficial, os grupos governantes privilegiados.

2. *Os grupos de negócios.* Os príncipes mercadores e os banqueiros, os negociantes – os grandes importadores e exportadores –, os mercadores internacionais.

3. *A pequena classe média.* Embora esse grupo fosse de fato pequeno, era muito influente e constituiu a coluna dorsal moral da igreja cristã inicial, pois esta encorajava tais grupos a continuar nos seus vários ofícios e comércios. Entre os judeus, muitos dos fariseus pertenciam a essa classe de comerciantes.

4. *O proletariado livre.* Esse grupo tinha uma posição social baixa ou nula. Embora orgulhosos da sua liberdade, eles estavam em grande desvantagem, porque eram forçados a competir com o trabalho escravo. As classes altas dedicavam-lhes um certo desdém, pois consideravam que eram inúteis, exceto para os "propósitos da reprodução".

5. *Os escravos.* Metade da população do estado romano era de escravos; muitos deles eram indivíduos superiores que rapidamente abriram caminho até o proletariado livre, e mesmo entre os comerciantes. A maioria ou era medíocre, ou muito inferior.

A escravidão, mesmo a de povos superiores, era um aspecto das conquistas militares romanas. O poder do senhor sobre o seu escravo era irrestrito. A igreja cristã inicial, em grande parte, compunha-se das classes mais baixas e desses escravos.

Os escravos superiores muitas vezes recebiam salários e, por meio de economias, tornavam-se capazes de comprar a sua liberdade. Muitos desses escravos emancipados alcançaram altas posições no Estado, na Igreja e no mundo dos negócios. E foram exatamente tais possibilidades que tornaram a igreja cristã inicial tão tolerante com essa forma modificada de escravidão.

Não havia nenhum problema social generalizado no império romano, no primeiro século depois de Cristo. A maior parte da população considerava-se como pertencente ao grupo cuja sorte as levara a nascer. Havia, sempre aberta, uma porta através da qual os indivíduos talentosos e capazes poderiam ascender do substrato inferior ao superior da sociedade romana; mas o povo, em geral, compunha-se de pessoas contentes com a sua posição social. E não possuíam consciência de classe, nem consideravam essas distinções de classe como sendo injustas ou erradas. O cristianismo não foi, em nenhum sentido, um movimento econômico, tendo como propósito melhorar as misérias das classes oprimidas.

Embora a mulher gozasse de mais liberdade em todo o império romano do que na sua posição restrita na Palestina, a devoção e a afeição familiar natural dos judeus transcendiam em muito as do mundo gentio.

4. A FILOSOFIA DOS GENTIOS

Os gentios eram, de um ponto de vista moral, um pouco inferiores aos judeus, mas havia, presente nos corações dos gentios mais nobres, um solo abundante de bondade natural e de potencial de afeição humana no qual era possível à semente do cristianismo germinar e produzir uma abundante colheita de caráter moral e de realização espiritual. O mundo gentio de então se encontrava dominado por quatro grandes filosofias, todas derivadas mais ou menos do platonismo anterior dos gregos. Essas escolas de filosofia eram:

1. *A epicuriana.* Essa escola de pensamento dedicava-se à busca da felicidade. Os melhores epicurianos não eram dados a excessos sensuais. Ao menos essa doutrina ajudou a livrar os romanos de uma forma mais nefasta de fatalismo, pois ensinou que os homens poderiam fazer alguma coisa para melhorar o seu status terrestre. E combateu, com eficácia, as superstições ignorantes.

2. *A estóica*. O estoicismo era a filosofia superior das classes melhores. Os estóicos acreditavam que um controle do Destino-Razão dominava toda a natureza. Ensinavam que a alma do homem era divina; que estava aprisionada no corpo mau da natureza física. A alma do homem alcançava a liberdade, vivendo em harmonia com a natureza, com Deus; assim, a virtude tornava-se a sua própria recompensa. O estoicismo elevou-se até uma moralidade sublime, a ideais nunca transcendidos por qualquer sistema puramente humano de filosofia. Embora os estóicos professassem ser "a progênie de Deus", eles não tiveram êxito em conhecê-Lo e, portanto, falharam em encontrá-Lo. O estoicismo permaneceu como uma filosofia; nunca se transformou em uma religião. Os seus seguidores buscaram sintonizar as suas mentes com a harmonia da mente Universal, mas deixaram de ver-se como os filhos de um Pai amoroso. Paulo inclinou-se fortemente para o estoicismo, quando escreveu: "Eu aprendi que, em qualquer estado em que me encontre, devo estar contente".

3. *A cínica*. Embora a filosofia dos cínicos remonte a Diógenes de Atenas, eles tiraram uma boa parte da sua doutrina dos ensinamentos remanescentes de Maquiventa Melquisedeque. O cinismo havia sido, anteriormente, mais uma religião do que uma filosofia. Ao menos, os cínicos fizeram da sua religião-filosofia algo democrático. Nos campos e nas praças dos mercados pregavam continuamente a sua doutrina, segundo a qual "o homem podia salvar a si próprio, se quisesse". Eles pregavam a simplicidade e a virtude, e estimulavam os homens a enfrentar a morte destemidamente. Esses pregadores cínicos itinerantes muito fizeram no sentido de preparar a população, espiritualmente faminta, para os missionários cristãos posteriores. O seu plano de pregação popular estava bastante de acordo com o modelo e com o estilo das Epístolas de Paulo.

4. *A cética*. O ceticismo afirmava que o conhecimento era falacioso, e que a convicção e a certeza eram impossíveis. Era uma atitude puramente negativa, e nunca se tornou difundida de um modo geral.

Essas filosofias eram semi-religiosas; e, muitas vezes, eram revigorantes, éticas e enobrecedoras, mas, em geral, estavam acima da gente comum. Com exceção possivelmente do cinismo, eram filosofias para o forte e o sábio; não eram religiões de salvação, nem para o pobre, nem para o fraco.

5. AS RELIGIÕES DOS GENTIOS

Durante as idades precedentes, a religião havia sido, principalmente, um assunto da tribo ou da nação; dificilmente, todavia, foi um assunto de preocupação do indivíduo. Os deuses eram tribais ou nacionais, não pessoais. Tais sistemas religiosos proporcionavam pouca satisfação para as aspirações espirituais individuais da pessoa comum.

Nos tempos de Jesus, as religiões do Ocidente incluíam:

1. *Os cultos pagãos*. Estes eram uma combinação da mitologia helênica e latina, de patriotismo e de tradição.

2. *O culto ao imperador*. Essa deificação do homem como símbolo do Estado era muito seriamente ressentida pelos judeus e pelos primeiros cristãos, e desembocou diretamente nas perseguições amargas a ambas as igrejas pelo governo romano.

3. *A astrologia*. Essa pseudociência da Babilônia desenvolveu-se como uma religião por todo o Império Greco-Romano. Mesmo o homem do século vinte ainda não se libertou totalmente dessa crença supersticiosa.

4. As religiões dos mistérios. Nesse mundo de tanta fome espiritual, uma enchente de cultos misteriosos irrompeu: eram religiões novas e estranhas do Levante que seduziam a gente comum e que prometiam a salvação individual. Essas religiões rapidamente tornaram-se as crenças aceitas pelas classes mais baixas do mundo greco-romano. E fizeram muito para preparar o caminho para a disseminação rápida dos ensinamentos vastamente superiores do cristianismo, que apresentavam às pessoas inteligentes um conceito majestoso da Deidade associado a uma teologia excitante e uma oferta generosa de salvação de todos, incluindo a média dos homens comuns ignorantes, mas espiritualmente famintos, daqueles dias.

As religiões dos mistérios marcaram o fim das crenças nacionais e resultaram no nascimento dos inúmeros cultos pessoais. Os mistérios eram muitos, mas eram todos caracterizados por:

1. Alguma lenda mítica, um mistério – daí o seu nome. Em geral, esse mistério dizia respeito à história da vida, à morte e à ressurreição de algum deus, como ilustrado nos ensinamentos do mitraísmo, que, durante um certo tempo, foi contemporâneo e competidor do culto cristão crescente de Paulo.

2. Os mistérios eram não-nacionais e inter-raciais. Eram pessoais e fraternais, dando surgimento a irmandades religiosas e inúmeras sociedades sectárias.

3. Eles eram, nos seus serviços, caracterizados por cerimônias elaboradas de iniciação e por sacramentos espetaculares de adoração. Os seus ritos e rituais secretos algumas vezes eram horríveis e revoltantes.

4. Não importando a natureza das suas cerimônias, nem o grau dos seus excessos, esses mistérios invariavelmente prometiam a salvação aos seus devotos, "a libertação do mal, a sobrevivência depois da morte e uma vida duradoura em reinos abençoados além deste mundo de tristezas e de escravidão".

Não cometais, contudo, o erro de confundir os ensinamentos de Jesus com os dos mistérios. A popularidade dos mistérios revela a busca do homem pela sobrevivência, retratando, assim, a fome e a sede real de religião pessoal e de retidão individual. Embora os mistérios hajam fracassado em satisfazer adequadamente a essa aspiração, eles prepararam o caminho para o surgimento posterior de Jesus, que verdadeiramente trouxe a este mundo o pão e a água da vida.

Paulo, em um esforço de aproveitar a adesão ampla dos tipos melhores das religiões dos mistérios, fez certas adaptações dos ensinamentos de Jesus, de modo a torná-los mais aceitáveis para um número maior de convertidos em potencial. No entanto, os ensinamentos de Jesus (o cristianismo), mesmo com as concessões de Paulo, eram superiores ao melhor dos mistérios, pois que:

1. Paulo ensinou uma redenção moral, uma salvação ética. O cristianismo abriu o caminho de uma nova vida e proclamou um novo ideal. Paulo abandonou os ritos mágicos e as cerimônias de encantamento.

2. O cristianismo apresentava uma religião que atacava o problema humano com soluções finais, pois não apenas oferecia a salvação da tristeza e mesmo da morte, mas também prometia a libertação do pecado, seguida da graça de um caráter reto de qualidades de sobrevivência eterna.

3. Os mistérios eram edificados sobre mitos. O cristianismo, como Paulo o pregava, fundava-se em um fato histórico: a auto-outorga de Michael, o Filho de Deus, doando-se à humanidade.

A moralidade entre os gentios não era necessariamente relacionada nem à filosofia nem à religião. Fora da Palestina, nem sempre ocorria às pessoas que um sacerdote de uma religião deveria levar uma vida moral. A religião judaica e, subseqüentemente, os ensinamentos de Jesus e, mais tarde ainda, o cristianismo em evolução, de Paulo, foram as primeiras religiões européias a colocar uma mão na moral e outra na ética, insistindo em que os religiosos dessem alguma atenção a ambas.

E foi em uma tal geração de homens, dominada por sistemas tão incompletos de filosofia e em meio à perplexidade, por causa de cultos religiosos complexos, que Jesus nasceu na Palestina. E a essa mesma geração ele posteriormente deu o seu evangelho de religião pessoal – de filiação a Deus.

6. A RELIGIÃO DOS HEBREUS

Ao final do primeiro século antes de Cristo, o pensamento religioso de Jerusalém havia sido fortemente influenciado e um tanto modificado pelos ensinamentos culturais gregos e mesmo pela filosofia grega. Na longa divergência entre as visões da escola de pensamento hebreu do Ocidente e do Oriente, Jerusalém e o restante do Ocidente e do Levante, em geral, adotaram a visão judaica oriental ou o ponto de vista helenista modificado.

Nos dias de Jesus, três línguas predominavam na Palestina: o povo comum falava algum dialeto do aramaico; os sacerdotes e os rabinos falavam o hebreu; as classes educadas e o substrato melhor dos judeus em geral falavam o grego. As primeiras traduções das escrituras dos hebreus para o grego em Alexandria foram responsáveis, em uma grande medida, pela predominância subseqüente da ramificação grega na cultura e na teologia judaicas. E os escritos dos educadores cristãos estavam para surgir, em breve, nessa mesma língua. A renascença do judaísmo data da tradução, para o grego, das escrituras dos hebreus. Isso foi uma influência vital que determinou, mais tarde, a tendência do culto cristão de Paulo de ir na direção do Ocidente, em vez de ir na direção do Oriente.

Embora as crenças judaicas helenizadas fossem pouco influenciadas pelos ensinamentos dos epicurianos, elas foram bastante afetadas, materialmente, pela filosofia de Platão e pelas doutrinas de auto-abnegação dos estóicos. A grande invasão do estoicismo é exemplificada pelo Quarto Livro dos Macabeus; a influência tanto da filosofia platônica quanto das doutrinas estóicas é demonstrada na sabedoria de Salomão. Os judeus helenizados trouxeram, para as escrituras dos hebreus, uma interpretação de tal modo alegórica que eles não encontraram nenhuma dificuldade em conformar a teologia dos hebreus à filosofia aristotélica reverenciada por eles. Tudo isso, porém, levou a uma confusão desastrosa, até que tais problemas fossem encampados pela mão de Filo de Alexandria, que harmonizou e sistematizou a filosofia grega e a teologia dos hebreus em um sistema compacto e bastante consistente de crenças e práticas religiosas. Era esse ensinamento ulterior da filosofia grega, conjugado com a teologia dos hebreus, que prevalecia na Palestina, enquanto Jesus viveu e ensinou, e que Paulo utilizou como fundação sobre a qual construir o seu culto cristão, mais avançado e iluminado.

Filo era um grande educador; desde Moisés, nenhum homem vivera que houvesse exercido uma influência tão profunda sobre o pensamento ético e religioso do mundo ocidental. Na questão da combinação dos melhores elementos dos sistemas contemporâneos de ensinamentos éticos e religiosos, houve sete educadores humanos que se destacaram: Setard, Moisés, Zoroastro, Lao-tsé, Buda, Filo e Paulo.

Muitas, mas não todas, inconsistências de Filo, resultantes do esforço de combinar a filosofia mística grega e as doutrinas estóicas dos romanos com a teologia legalista dos hebreus, Paulo identificou-as e eliminou-as, sabiamente, na sua teologia pré-cristã básica. Filo franqueou a Paulo um caminho amplo para restaurar o conceito da Trindade do Paraíso, que havia muito estava adormecido na teologia dos judeus. Apenas em um ponto Paulo deixou de se manter à altura de Filo ou de transcender os ensinamentos desse rico e educado judeu da Alexandria, e esse foi o da doutrina da expiação; Filo ensinava a necessidade da libertação da doutrina de que o perdão não seria obtido senão pelo derramamento de sangue. Ele possivelmente visualizou a realidade e a presença dos Ajustadores do Pensamento mais claramente do que Paulo o fizera. Contudo, a teoria de Paulo sobre o pecado original, as doutrinas da culpa hereditária e do mal inato e da sua redenção eram parcialmente de origem mitraica, tendo pouco em comum com a teologia hebraica, com a filosofia de Filo ou com os ensinamentos de Jesus. Alguns aspectos dos ensinamentos de Paulo acerca do pecado original e da expiação eram originários dele próprio.

O evangelho de João, a última das narrativas da vida terrena de Jesus, era endereçado aos povos ocidentais e apresenta a sua história sobremaneira à luz do ponto de vista dos cristãos tardios de Alexandria, que eram também discípulos dos ensinamentos de Filo.

Por volta da época de Cristo, uma estranha reviravolta de sentimentos para com os judeus ocorreu em Alexandria e desse antigo bastião dos judeus surgiu uma onda virulenta de perseguição estendendo-se até Roma, de onde muitos milhares deles foram banidos. Todavia, essa campanha de deturpação dos fatos não se prolongou; logo o governo imperial restaurou total e amplamente as liberdades dos judeus em todo o império.

Em todo o vasto mundo, não importando por onde os judeus se encontrassem dispersados, por causa do comércio ou da opressão, eles mantinham, de comum acordo, os seus corações centrados no templo sagrado de Jerusalém. A teologia judaica sobreviveu do modo como foi interpretada e praticada em Jerusalém, não obstante haver sido, por muitas vezes, salva do esquecimento por intervenções oportunas de certos educadores babilônios.

Cerca de dois milhões e meio desses judeus dispersados eram dados ao hábito de vir a Jerusalém, para a celebração dos festivais nacionais religiosos. E, não importando as diferenças teológicas ou filosóficas entre os judeus do Oriente (os babilônios) e os do Ocidente (os helênicos), todos estavam de acordo sobre Jerusalém ser o centro do seu culto e sobre terem sempre esperança na vinda do Messias.

7. JUDEUS E GENTIOS

Na época de Jesus, os judeus haviam chegado a um conceito estabelecido sobre a sua origem, história e destino. Haviam construído um muro rígido de separação entre eles próprios e o mundo gentio; e encaravam todos os hábitos gentios com um extremo desprezo. O seu culto seguia a letra da lei e eles entregavam-se a uma forma de hipocrisia baseada no orgulho falso da sua descendência. Haviam formado noções preconcebidas a respeito do Messias prometido, e a maioria dessas expectativas visualizava um Messias que viria como parte da sua história nacional e racial. Para os hebreus daqueles dias, a teologia judaica estava irrevogavelmente estabelecida, e para sempre fixada.

Os ensinamentos e práticas de Jesus a respeito da tolerância e da bondade iam contra a atitude bem antiga dos judeus para com outros povos, os quais eles consideravam pagãos. Durante gerações, os judeus haviam nutrido uma atitude para com o mundo exterior que tornou impossível a eles aceitarem os ensinamentos do Mestre sobre a irmandade espiritual dos homens. E não se encontravam dispostos a compartilhar Yavé em termos de igualdade com os gentios e, do mesmo modo, não se dispunham a aceitar, como sendo Filho de Deus, um homem que ensinava doutrinas tão novas e estranhas.

Os escribas, os fariseus e o sacerdócio mantinham os judeus em uma escravidão terrível de ritualismo e de legalismo, uma escravidão muito mais real do que a do governo político romano. Os judeus da época de Jesus não eram mantidos apenas sob o jugo da *lei*, mas estavam igualmente presos às exigências escravizadoras das *tradições*, que envolviam e invadiam todos os domínios da vida pessoal e social. Essas regulamentações minuciosas de conduta perseguiram e dominaram todos os judeus leais, e não é estranho que rejeitassem prontamente qualquer um dentre eles que presumisse ignorar as suas tradições sagradas e que ousasse desprezar as suas regras de conduta social já havia tanto tempo honradas. Dificilmente poderiam eles ver favoravelmente os ensinamentos de um homem que não hesitava em se contrapor aos dogmas que eles consideravam como tendo sido ordenados pelo próprio Pai Abraão. Moisés havia dado a eles as suas leis e eles não se comprometeriam em concessões.

À época do primeiro século depois de Cristo, a interpretação oral da lei feita pelos educadores reconhecidos, os escribas, havia-se transformado em uma autoridade mais alta do que a própria lei escrita. E tudo isso tornou mais fácil para alguns líderes religiosos dos judeus predispor o povo contra a aceitação de um novo evangelho.

Tais circunstâncias tornaram impossível aos judeus realizar o seu destino divino como mensageiros do novo evangelho de liberdade religiosa e de liberdade espiritual. Eles não podiam quebrar as cadeias da tradição. Jeremias dissera sobre a "lei a ser escrita nos corações dos homens", Ezequiel falara sobre um "novo espírito que viveria na alma do homem", e o salmista orara para que Deus viesse "criar um coração interior limpo e um espírito reto renovado". Quando, porém, a religião judaica das boas obras e da escravidão à lei caiu como vítima da estagnação da inércia tradicionalista, o movimento de evolução religiosa deslocou-se para o Ocidente, para os povos europeus.

E assim, um povo diferente foi convocado a levar ao mundo uma teologia avançada, um sistema de ensinamentos que incorporava a filosofia dos gregos, a lei dos romanos, a moralidade dos hebreus e o evangelho da santidade da personalidade e da liberdade espiritual; como fora formulado por Paulo, com base nos ensinamentos de Jesus.

O culto cristão de Paulo tinha, na sua moralidade, um sinal judeu de nascimento. Os judeus consideravam a história como conseqüência da providência de Deus – do trabalho de Yavé. Os gregos trouxeram ao novo ensinamento os conceitos mais claros da vida eterna. As doutrinas de Paulo haviam sido influenciadas, na teologia e na filosofia, não apenas pelos ensinamentos de Jesus, mas também por Platão e Filo. Na ética, ele se inspirou não apenas em Cristo, mas também nos estóicos.

O evangelho de Jesus, como foi incorporado no culto do cristianismo da Antioquia de Paulo, tornou-se um amálgama dos ensinamentos seguintes:

1. O raciocínio filosófico dos prosélitos gregos do judaísmo, incluindo alguns dos seus conceitos da vida eterna.

2. Os atraentes ensinamentos dos cultos dos mistérios que prevaleciam, especialmente as doutrinas mitraicas da redenção, da expiação e da salvação, por meio do sacrifício feito a algum deus.

3. A robusta moralidade da religião judaica estabelecida.

O império romano do Mediterrâneo, o reino da Pérsia e os povos adjacentes da época de Jesus alimentavam, todos, idéias imaturas e primitivas a respeito da geografia

do mundo, da astronomia, da saúde e das doenças; e, naturalmente, ficaram impressionados com os pronunciamentos novos e surpreendentes do carpinteiro de Nazaré. As
idéias da possessão pelos espíritos bons e maus aplicavam-se, não apenas a seres humanos, mas até mesmo às rochas e às árvores, e muitos viam-nas como sendo possuídas
por espíritos. Essa foi uma idade encantada, e todos acreditavam em milagres como
acontecimentos bastante comuns.

8. OS REGISTROS ESCRITOS ANTERIORES

Tanto quanto possível, e em consistência com o nosso mandado, esforçamos-nos
para utilizar e coordenar, em uma certa medida, os arquivos existentes, que são relacionados com a vida de Jesus em Urântia. Embora tenhamos desfrutado do acesso
aos registros perdidos do apóstolo André, e nos beneficiado da colaboração de uma
vasta hoste de seres celestes a qual esteve na Terra durante a época da auto-outorga
de Michael (e, especialmente do seu Ajustador, agora Personalizado), tem sido o
nosso propósito também fazer uso dos assim chamados evangelhos de Mateus, de
Marcos, de Lucas e de João.

Esses registros do Novo Testamento tiveram a sua origem nas circunstâncias seguintes:

1. *O evangelho segundo Marcos.* João Marcos escreveu o primeiro registro (excetuando-se as notas de André), o mais breve e o mais simples, da vida de Jesus. Ele
apresentou o Mestre como um ministro, como um homem entre os homens. Embora
Marcos fosse um jovem, evoluindo em meio às muitas cenas que ele retrata, o seu
registro é, na realidade, o evangelho segundo Simão Pedro. Inicialmente, ele fora
mais ligado a Pedro, e, mais tarde, a Paulo. Marcos escreveu esse registro estimulado
por Pedro e por um pedido sincero da igreja de Roma. Sabendo quão consistentemente o Mestre havia-se recusado a escrever os seus ensinamentos, quando na Terra
e na carne, Marcos, como os apóstolos e outros discípulos importantes, hesitava
em colocá-los por escrito. Pedro, porém, sentiu que a igreja de Roma requisitava
a assistência dessa narrativa por escrito, e Marcos consentiu em prepará-la. E fez
muitas notas antes de Pedro morrer, no ano 67 d.C., e, de acordo com as linhas gerais, aprovadas por Pedro e pela igreja em Roma, começou a escrevê-las logo depois
da morte de Pedro. O evangelho ficou pronto lá pelo final do ano 68 d.C. Marcos
escreveu-o recorrendo inteiramente á própria memória e a partir das memórias de
Pedro. Esse registro, desde então, tem sido alterado consideravelmente; inúmeras
passagens foram retiradas e algumas, mais tarde, foram acrescentadas, com a finalidade de repor o último quinto do evangelho original, que foi perdido do primeiro
manuscrito antes de haver sido jamais copiado. Esse registro, feito por Marcos, em
conjunção com as anotações de André e as de Mateus, foi a base escrita de todas as
narrativas subseqüentes dos Evangelhos que procuraram retratar a vida e os ensinamentos de Jesus.

2. *O evangelho de Mateus.* O chamado evangelho segundo Mateus é o registro
da vida do Mestre que foi escrito para a edificação dos cristãos judeus. O autor
desse registro procura continuamente mostrar que, na vida de Jesus, muito do que
ele fez foi para que "pudesse ser cumprido aquilo que foi dito pelo profeta". O
evangelho de Mateus retrata Jesus como um filho de Davi, apresentando-o como se
houvesse tido um grande respeito pela lei e pelos profetas.

O apóstolo Mateus não escreveu esse evangelho. Foi escrito por Isador, um dos
seus discípulos, que teve, no seu trabalho, a ajuda não apenas da lembrança pessoal de
Mateus desses acontecimentos, mas também um certo registro que este último havia

feito sobre as palavras de Jesus, exatamente depois da sua crucificação. Esse registro de Mateus foi escrito em aramaico; Isador escreveu-o em grego. Não houve a intenção de enganar, ao creditar-se a obra a Mateus; pois era costume, naqueles dias, os discípulos prestarem assim homenagem aos seus mestres.

O registro original de Mateus foi editado e recebeu aditamentos no ano 40 d.C., pouco antes de Mateus haver deixado Jerusalém para entrar em pregação evangelizadora. Era um registro particular, a última cópia havendo sido destruída pelo incêndio em um monastério sírio, no ano 416 d.C.

Isador escapou de Jerusalém no ano 70 d.C., depois da invasão da cidade pelos exércitos de Tito, levando consigo para Pela uma cópia das notas de Mateus. No ano 71 enquanto vivia em Pela, Isador escreveu o evangelho segundo Mateus. Ele também tinha consigo os primeiros quatro quintos da narrativa de Marcos.

3. *O evangelho segundo Lucas*. Lucas, o médico da Antioquia em Pisídia, era um gentio convertido por Paulo, e escreveu uma história totalmente diferente da vida do Mestre. Ele começou a seguir Paulo e a aprender sobre a vida e os ensinamentos de Jesus no ano 47 d.C. Lucas preserva muito da "graça do Senhor Jesus Cristo" no seu registro, pois ele reuniu esses fatos de Paulo e de outros. Lucas apresenta o Mestre como "o amigo de publicanos e pecadores". Ele transformou em evangelho muitas das suas anotações, somente depois da morte de Paulo. Lucas escreveu-o no ano 82 d.C., em Acáia. Ele planejou três livros tratando da história de Cristo e da cristandade, mas morreu no ano 90 d.C. pouco antes de haver terminado o segundo desses trabalhos, os "Atos dos Apóstolos".

Para material de compilação desse evangelho, Lucas primeiro usou da história da vida de Jesus, como Paulo a relatara a ele. O evangelho de Lucas é, portanto, de algum modo, o evangelho segundo Paulo. Lucas, no entanto, teve outras fontes de informação. Ele não apenas entrevistou dezenas de testemunhas oculares dos inúmeros episódios da vida de Jesus, os quais ele registrou, mas também possuía consigo uma cópia do evangelho de Marcos, isto é, os primeiros quatro quintos da narrativa de Isador, e um breve registro feito no ano 78 d.C., em Antioquia, por um crente chamado Cedes. Lucas também possuía uma cópia mutilada e muito modificada de algumas notas que supostamente teriam sido feitas pelo apóstolo André.

4. *O evangelho de João*. O evangelho segundo João relata grande parte do trabalho de Jesus na Judéia e perto de Jerusalém, que não consta em outros registros. Esse é o assim chamado evangelho segundo João, o filho de Zebedeu, e embora João não o haja escrito, ele o inspirou. Desde a primeira vez que foi escrito foi editado várias vezes de modo a fazê-lo parecer ter sido escrito pelo próprio João. Quando esse registro foi feito, João estava de posse dos outros Evangelhos, e viu que muita coisa havia sido omitida; e, desse modo, no ano 101 d.C., ele encorajou o seu discípulo, Natam, um judeu grego de Cesaréia, a começar a escrevê-lo. João forneceu o seu material de memória, e sugeriu que ele se baseasse nas referências feitas nos três registros já existentes. João nada tinha que houvesse sido escrito por ele próprio. A epístola conhecida como "Primeira de João" foi escrita pelo próprio João, como uma carta de apresentação para o trabalho que Natam executara sob a sua direção.

Todos esses escritores apresentaram retratos honestos de Jesus como eles o viam, lembravam ou haviam aprendido dele, e como os conceitos que eles tinham desses acontecimentos distantes foram afetados pela sua posterior adoção da teologia cristã de Paulo. E tais registros, imperfeitos como eram, foram ainda suficientes para mudar o curso da história de Urântia por quase dois mil anos.

[*Esclarecimentos*: Ao cumprir minha missão de reconstituir os ensinamentos e recontar a história dos feitos de Jesus de Nazaré, lancei mão livremente de todas as fontes de registros e informações do planeta. Minha motivação principal foi a de preparar documentos que viessem a ser esclarecedores, não apenas para a geração de homens que vive agora, mas que pudesse ser também de bastante proveito para todas as gerações futuras. Do vasto estoque de informações disponível para mim, escolhi tudo aquilo que seria mais adequado à realização desse propósito. Tanto quanto possível, obtive minhas informações de fontes puramente humanas. Apenas quando tais fontes demonstraram ser insuficientes é que tive de recorrer aos arquivos supra--humanos. Sempre que as idéias e os conceitos da vida e dos ensinamentos de Jesus foram expressos de um modo aceitável por uma mente humana, eu dei preferência, invariavelmente, a tal modelo de pensamentos, aparentemente humano. Embora haja procurado ajustar a expressão verbal de modo tal que melhor se conformasse ao nosso conceito da significação real e da verdadeira importância da vida e ensinamentos do Mestre, eu me ative, tanto quanto possível, aos conceitos factuais e ao modelo humano de pensamento, em todas as minhas narrativas. Sei muito bem que os conceitos que tiveram origem na mente humana tornar-se-ão mais aceitáveis e serão de maior ajuda para todas as outras mentes humanas. Sempre que não me foi possível encontrar os conceitos necessários nos registros humanos, nem nas expressões humanas, em seguida, eu lancei mão dos recursos de memória da minha própria ordem de criaturas da Terra, os intermediários. E sempre que essa fonte secundária de informação se mostrou inadequada, eu recorri, sem hesitar, às fontes supraplanetárias de informação.

Os memorandos que eu reuni, e, a partir dos quais preparei esta narrativa da vida e dos ensinamentos de Jesus – independentemente do registro escrito da memória do apóstolo André –, abrangem preciosidades do pensamento e conceitos superiores dos ensinamentos de Jesus, reunidos por mais de dois mil seres humanos que viveram na Terra desde os dias de Jesus até a época da elaboração destes textos de revelação, ou, mais corretamente dizendo, de restabelecimentos deles. Recorreu-se à permissão para fazer revelações apenas quando os registros humanos e os conceitos humanos falharam em fornecer um modelo adequado de pensamento. A minha missão de revelar proibiu-me de recorrer a fontes extra-humanas, fosse de informação, fosse de expressão, antes do momento em que eu pudesse atestar que havia fracassado nos meus esforços de achar a expressão conceitual exigida, por intermédio de fontes puramente humanas.

Conquanto haja eu elaborado esta narrativa de acordo com o conceito que tenho de uma seqüência efetiva para a sua organização, e em resposta à minha escolha de expressão imediata, e contando com a colaboração dos meus onze companheiros intermediários agregados, e sob a supervisão do Melquisedeque relator, todavia, a maioria das idéias e mesmo das expressões efetivas que eu utilizei, desse modo, tiveram a sua origem nas mentes dos homens de muitas raças que viveram na Terra, durante gerações sucessivas até aquelas que ainda viviam na época deste trabalho. Na realidade, eu tenho servido mais como um colecionador e como um editor do que como um narrador original. Eu me apropriei, sem hesitar, daquelas idéias e conceitos, preferivelmente humanos, que me capacitaram a criar o retrato mais eficiente da vida de Jesus e que me qualificaram para restabelecer os seus ensinamentos sem par, por meio de um estilo de frases que fosse de maior proveito e mais universalmente elucidativo. Em nome da Irmandade dos Intermediários Unidos de Urântia, desejo expressar a nosso reconhecimento e gratidão a todas as fontes de registros e conceitos que foram aqui utilizados para a elaboração destes nossos restabelecimentos da vida de Jesus, na Terra.]

DOCUMENTO 122

O NASCIMENTO E A INFÂNCIA DE JESUS

DIFICILMENTE será possível esclarecer de modo pleno sobre as muitas razões que levaram à escolha da Palestina como a terra para a auto-outorga de Michael; e especialmente sobre a razão pela qual a família de Maria e José fosse selecionada como o núcleo imediato para a vinda desse Filho de Deus em Urântia.

Após um estudo da informação especial sobre as condições dos mundos segregados, preparado pelos Melquisedeques em conselho com Gabriel, Michael finalmente escolheu Urântia como o planeta onde cumprir a sua auto-outorga final. Depois dessa decisão Gabriel fez uma visita pessoal a Urântia e, pelo resultado do seu estudo dos grupos humanos e da sua pesquisa das características espirituais, intelectuais, raciais e geográficas do mundo e seus povos, ele decidiu que os hebreus possuíam aquelas vantagens relativas que garantiriam a sua seleção como a raça para a auto-outorga. Depois que Michael aprovou essa decisão, Gabriel destacou a Comissão Familiar dos Doze – selecionada dentre as mais elevadas personalidades deste universo – e despachou-a para Urântia, encarregando-a da tarefa de efetuar uma investigação sobre as famílias judaicas. Quando essa comissão terminou os seus trabalhos, Gabriel estava presente em Urântia e recebeu o informe que designava três casais com a perspectiva de poderem ser, na opinião dessa comissão, as famílias igualmente mais favoráveis à auto-outorga em prospecto, para a encarnação projetada de Michael.

Dos três casais apontados, a escolha pessoal de Gabriel recaiu sobre José e Maria; em seguida ele fez a sua aparição pessoal a Maria, ocasião em que lhe comunicou as boas-novas de que havia sido ela a escolhida para tornar-se a mãe terrena do menino auto-outorgado.

1. JOSÉ E MARIA

José, o pai humano de Jesus (Joshua ben José), era um hebreu entre os hebreus, embora trazendo muitos traços hereditários não judeus, que vinham sendo adicionados à sua árvore genealógica, de tempos em tempos, pela linhagem feminina dos seus progenitores. A linhagem ancestral do pai de Jesus remontava aos dias de Abraão e, através desse venerável patriarca, remetia-se até as linhas mais antigas de hereditariedade, que se ligavam aos sumérios e noditas e, através das tribos meridionais dos antigos homens azuis, até Andon e Fonta. Davi e Salomão não estavam na linha direta dos antepassados de José, nem a sua linhagem ia diretamente a Adão. Os ancestrais imediatos de José eram trabalhadores em artefatos – construtores, carpinteiros, pedreiros e forjadores. José, ele próprio, era carpinteiro e mais tarde foi um empreiteiro. A sua família pertencia a uma longa e ilustre linhagem notável de gente comum, acentuada, aqui e ali, pelo aparecimento de indivíduos incomuns, que se haviam distinguido de algum modo e que estiveram ligados à evolução da religião em Urântia.

Maria, a mãe terrena de Jesus, era descendente de uma longa linhagem de ancestrais singulares, que abrangia várias das mulheres mais notáveis na história das raças de Urântia. Embora Maria fosse uma mulher comum, dos seus dias e geração, dona de um temperamento bastante corriqueiro, ela contava entre os seus antepassados com mulheres bem conhecidas como Anon, Tamar, Rute, Betsabá, Ansie, Cloa, Eva, Enta e Ratta. Nenhuma mulher judia, daquela época, era de linhagem mais ilustre de progenitores e nenhuma remontava a origens mais auspiciosas. A uniformidade na linha dos ancestrais de Maria, e a de José, caracterizada pela predominância de indivíduos fortes mas comuns, era quebrada aqui e ali por várias personalidades que se destacavam na marcha da civilização e da evolução progressiva da religião. Do ponto de vista racial, não seria próprio considerar Maria como judia. Na cultura e na crença ela era judia, mas, pelos dons hereditários, era mais uma composição de sangue sírio, hitita, fenício, grego e egípcio, de modo que a sua herança racial era mais genérica do que a de José.

De todos os casais que viviam na Palestina por volta da época da auto-outorga projetada de Michael, José e Maria possuíam a combinação ideal de parentescos raciais abertos e de dons de personalidade acima do normal. Era plano de Michael aparecer na Terra como um homem *comum*, de modo tal que a gente comum o entendesse e o recebesse; e por isso é que Gabriel havia selecionado pessoas como José e Maria para tornarem-se os progenitores nessa auto-outorga.

2. GABRIEL APARECE PARA ISABEL

O trabalho da vida de Jesus em Urântia, na verdade, foi iniciado por João Batista. Zacarias, o pai de João, era um sacerdote judeu, enquanto a sua mãe, Isabel, era membro do ramo mais próspero do mesmo grande grupo familiar ao qual também pertencia Maria, a mãe de Jesus. Zacarias e Isabel, embora estivessem casados há muitos anos, não tinham filhos.

Era já o final do mês de junho, do ano 8 a.C., cerca de três meses após o casamento de José e Maria, quando Gabriel, certo dia, apareceu para Isabel, ao meio-dia, tal como mais tarde se apresentaria perante Maria. E Gabriel disse a ela:

"O teu marido, Zacarias, está diante do altar em Jerusalém, enquanto o povo reunido ora pela chegada do libertador, e eu, Gabriel, vim para anunciar que tu irás dentro em pouco conceber um filho que será o precursor do seu divino mestre; e chamarás de João ao teu filho. Ele crescerá dedicado ao senhor seu Deus e, quando atingir a maturidade, ele alegrará ao teu coração, porque conduzirá muitas almas para Deus, e também irá proclamar a vinda do curador de almas do vosso povo e o libertador do espírito de toda a humanidade. A tua prima Maria será a mãe desse menino prometido e eu também aparecerei diante dela".

Essa visão amedrontou grandemente a Isabel. Depois da partida de Gabriel ela repassou a experiência, revirando-a na sua mente, ponderando longamente sobre as palavras do majestoso visitante, mas não falou da revelação a ninguém, exceto ao seu marido, até que posteriormente afinal visitasse Maria, em princípios de fevereiro do ano seguinte.

Durante cinco meses, contudo, Isabel guardou aquele seu segredo até mesmo do marido. E quando contou a ele sobre a visita de Gabriel, Zacarias permaneceu cético e durante semanas duvidou de toda a experiência; só consentindo em acreditar na visita de Gabriel à sua esposa, e sem maior entusiasmo, quando não mais podia duvidar de que ela esperava uma criança. Zacarias ficou muito perplexo com a maternidade próxima de Isabel, mas não duvidou da integridade da sua esposa, apesar da idade avançada dele. E, apenas seis semanas antes do nascimento de João, é que Zacarias, em conseqüência de um sonho impressionante, tornou-se plenamente convencido de que Isabel estava para tornar-se a mãe de um filho do destino, aquele que iria preparar o caminho para a vinda do Messias.

Gabriel apareceu para Maria por volta de meados de novembro, do ano 8 a.C., no momento em que ela estava trabalhando na sua casa em Nazaré. Mais tarde, após haver sabido que era certo que estava para ser mãe, Maria persuadiu José a deixá-la viajar à cidade de Judá, a sete quilômetros a oeste de Jerusalém, nas montanhas, para visitar Isabel. Gabriel tinha informado a cada uma dessas duas futuras mães sobre a sua aparição à outra. Naturalmente ficaram ansiosas para encontrarem-se, para compartilhar as experiências, e para falar sobre o futuro provável dos seus filhos. Maria permaneceu com a sua prima distante por três semanas. Isabel fez muito para fortalecer em Maria a fé na visão de Gabriel, de modo que esta voltou para a sua casa mais plenamente dedicada ao chamado de ser mãe do menino predestinado, a quem ela, muito em breve, iria apresentar ao mundo como um bebê indefeso, uma criança comum e normal deste reino.

João nasceu na cidade de Judá, aos 25 de março, do ano 7 a.C. Zacarias e Isabel rejubilaram-se grandemente com o fato de que um filho tivesse vindo para eles como Gabriel havia prometido; e, ao oitavo dia, quando apresentaram a criança para a circuncisão, eles o batizaram formalmente como João, exatamente como se lhes havia sido ordenado. E logo um sobrinho de Zacarias partiu para Nazaré, levando até Maria a mensagem de Isabel que proclamava o nascimento de um filho cujo nome seria João.

Desde a mais tenra infância os pais inculcaram em João a idéia de que ele cresceria e tornar-se-ia um líder espiritual e um mestre religioso. E, no coração de João, o solo sempre foi sensível a essas sementes sugestivas. Ainda quando criança o encontravam freqüentemente no templo durante os ofícios do serviço do seu pai; e João ficava imensamente impressionado com o significado de tudo o que via.

3. O ANÚNCIO DE GABRIEL FEITO A MARIA

Uma tarde, por volta do cair do sol, antes que José tivesse retornado ao lar, Gabriel apareceu a Maria, ao lado de uma mesa baixa de pedra, e após ela haver-se recomposto, ele disse: "Venho a pedido daquele que é o meu Mestre, a quem tu irás amar e nutrir. A ti, Maria, trago alegres novas e anuncio que a concepção em ti foi ordenada pelo céu e que, no tempo devido, tu te tornarás a mãe de um filho; tu o chamarás Joshua; e ele irá inaugurar o Reino do céu na Terra entre os homens. Nada digas disso a ninguém, exceto a José e Isabel, a tua parente, para quem também eu apareci e que deve também agora conceber um filho cujo nome será João e será ele quem preparará o caminho para a mensagem de libertação que o teu filho irá proclamar aos homens com uma grande força e uma convicção profunda. E não duvides tu de minha palavra, Maria, pois este lar foi escolhido como a residência mortal do menino predestinado. A minha bênção recai sobre ti e os poderes dos Altíssimos irão fortalecer-te; e o Senhor de toda a Terra acobertar-te-á na Sua sombra".

Maria ponderou sobre essa visitação, secretamente, no seu coração, durante várias semanas, antes de ousar abrir-se com o marido a respeito desses acontecimentos inusitados, até que estivesse certa de que carregava em si uma criança. Ao escutar sobre tudo isso, ainda que grande fosse a sua confiança em Maria, José ficou muito perturbado e não pôde dormir por várias noites. A princípio José tinha dúvida sobre a visita de Gabriel. Depois, quando estava quase se persuadindo de que Maria tinha realmente ouvido a voz e visto a forma do mensageiro divino, José torturava-se ao pensar sobre como poderiam ser essas coisas. Como a progênie de seres humanos, poderia ser um filho com destino divino? E José não podia nunca reconciliar essas idéias conflitantes até que, depois de várias semanas de muito pensar, ambos, ele e Maria, chegaram à conclusão de que tinham sido escolhidos para tornarem-se os pais do Messias; ainda que o conceito judeu não fosse, nem um pouco, o de que o libertador aguardado deveria ter a natureza divina. Ao chegarem a essa importante conclusão, Maria apressou-se a partir para uma visita a Isabel.

Quando retornou, Maria foi visitar os seus pais, Joaquim e Ana. Seus dois irmãos, as duas irmãs, bem como seus pais sempre foram muito céticos sobre a missão divina de Jesus, embora até esse momento, evidentemente, nada ainda soubessem da visitação de Gabriel. Mas Maria confidenciou à sua irmã Salomé que achava que o seu filho estava destinado a tornar-se um grande mestre.

O anúncio que Gabriel fez a Maria aconteceu no dia seguinte à concepção de Jesus e foi o único evento de ocorrência sobrenatural ligado a toda a experiência de Maria de conceber e trazer dentro de si o menino da promessa.

4. O SONHO DE JOSÉ

José não se conformou com a idéia de que Maria estivesse para tornar-se mãe de uma criança extraordinária, até que teve a experiência de um sonho de forte impressão. Nesse sonho um mensageiro celestial brilhante apareceu a ele e, entre outras coisas, disse: "José, apareço sob o comando Daquele que agora reina nas alturas; e tenho o mandado de instruí-lo a respeito do filho que Maria irá gerar e que se tornará uma grande luz para o mundo. Nele estará a vida; e a sua vida tornar-se-á a luz da humanidade. Ele virá primeiro para o seu próprio povo, todavia poucos destes o receberão; mas, a quantos o receberem, será revelado que são os filhos de Deus". Depois dessa experiência José deixou totalmente de duvidar da história de Maria sobre a visita de Gabriel e sobre a promessa de que a criança que estava para nascer tornar-se-ia um mensageiro divino para o mundo.

Em todas essas visitações nada foi dito sobre a casa de Davi. Nada jamais deixou transparecer que Jesus tornar-se-ia o "libertador dos judeus", nem mesmo que seria o Messias há muito esperado. Jesus não era um Messias tal como os judeus haviam antecipado, mas era o *libertador do mundo*. A sua missão não se dirigia apenas a um povo, era para todas as raças e povos.

José não tinha a linhagem do Rei Davi. Maria tinha mais ancestrais na linha de Davi do que José. Bem verdade é que José havia ido a Belém, cidade de Davi, para ser registrado no censo romano, mas isso aconteceu porque seis gerações antes, o ancestral de José, naquela geração, sendo um órfão, tinha sido adotado por um certo Zadoc, que era descendente direto de Davi; e por isso José podia ser também contado como sendo da "casa de Davi".

A maioria das chamadas profecias messiânicas, no Antigo Testamento, puderam ser aplicadas a Jesus, e sobretudo muito tempo depois que a sua vida na Terra havia já sido vivida. Durante séculos, os profetas hebreus haviam proclamado a vinda de um libertador; e essas promessas tinham sido elaboradas por gerações sucessivas e referiam-se a um governante judeu que iria sentar-se no trono de Davi e que, por meio dos métodos miraculosos de Moisés, estabeleceria os judeus na Palestina como uma nação poderosa, livre do domínio estrangeiro. Novamente, muitas das passagens figurativas encontradas nas escrituras dos hebreus foram posteriormente aplicadas de modo distorcido à missão da vida de Jesus. Muitos dos dizeres do Antigo Testamento foram deformados de modo a parecerem adequar-se a algum episódio da vida do Mestre na Terra. Jesus certa vez negou publicamente, ele próprio, qualquer ligação com a casa real de Davi. Até mesmo aquela passagem: "uma jovem dará à luz um filho", foi levada a ser lida como sendo: "uma virgem dará à luz um filho". Isso também é verdade sobre muitas das genealogias feitas, tanto de José quanto de Maria, as quais foram elaboradas depois da carreira de Michael na Terra. Muitas dessas linhagens contêm bastante da linha ancestral do Mestre, mas no todo elas não são genuínas e nem confiáveis como sendo verdadeiras. Os primeiros seguidores de Jesus freqüentemente sucumbiam à tentação de fazer com que todas as velhas expressões proféticas parecessem encontrar a sua realização na vida do seu Senhor e Mestre.

5. OS PAIS TERRENOS DE JESUS

José era um homem de maneiras suaves, extremamente consciente e, de todos os modos, fiel às convenções e práticas religiosas do seu povo. Falava pouco, mas pensava muito. A condição sofrida do povo judeu causava muita tristeza em José. Na sua juventude, entre os seus oito irmãos e irmãs, ele havia sido mais alegre, mas nos primeiros anos da sua vida de casado (durante a infância de Jesus) esteve sujeito a períodos de um desencorajamento espiritual leve. Essas manifestações do seu temperamento foram bastante atenuadas, um pouco antes da sua morte prematura, depois que a situação econômica da sua família melhorou, em conseqüência do seu progresso, quando passou, de carpinteiro, à posição de um próspero empreiteiro.

O temperamento de Maria era completamente oposto ao do marido. Geralmente era alegre, muito raramente ficava abatida e possuía uma disposição sempre ensolarada. Maria permitia-se dar livre e freqüente vazão à expressão dos seus sentimentos e emoções e nunca se sentira afligida, até a súbita morte de José. E mal se recuperara desse choque quando teve de enfrentar as ansiedades e perplexidades que se lançaram sobre ela, por causa da carreira extraordinária do seu filho mais velho, que se desenrolou muito rapidamente diante do seu olhar atônito. Mas, durante toda essa experiência inusitada, Maria manteve-se calma, corajosa e bastante sábia no seu relacionamento com o seu estranho e pouco compreendido primogênito e com os irmãos e irmãs ainda vivos dele.

Muito da doçura especial de Jesus e da sua compreensão compassiva da natureza humana, ele herdara do seu pai; o dom de ser um grande mestre e a sua imensa capacidade de indignar-se, por retidão, ele herdara da sua mãe. Nas reações emocionais ao meio ambiente, na sua vida de adulto, Jesus era também como o seu pai: meditativo e adorador; o que algumas vezes deixava transparecer tristeza, mas, mais freqüentemente, ele conduzia-se de maneira otimista e com a disposição determinada da sua mãe. No conjunto, a tendência era de que o temperamento de Maria dominasse a carreira do filho divino, durante o seu crescimento e nos passos decisivos da sua carreira adulta. Jesus era uma mistura dos traços dos seus pais, em algumas das suas atitudes; em outras ele demonstrava mais as características de um deles do que as do outro.

De José, Jesus tinha a educação estrita nos usos dos cerimoniais judeus e o conhecimento excepcional das escrituras dos hebreus; de Maria, ele trazia um ponto de vista mais amplo da vida religiosa e um conceito mais liberal da liberdade espiritual pessoal.

As famílias de ambos, José e Maria, eram bem instruídas para a sua época. José e Maria haviam sido educados muito acima da média da sua época, considerando a sua situação social. Ele, um homem de muito pensar e ela, uma mulher planejadora, dotada de adaptabilidade e prática na execução imediata das coisas. José era moreno, de olhos negros; e Maria era do tipo quase louro, de olhos castanhos.

Tivesse José vivido mais e ter-se-ia tornado, indubitavelmente, um crente firme na missão do seu filho mais velho. Maria alternava-se, ora acreditando, ora duvidando, sendo grandemente influenciada pela posição tomada pelos seus outros filhos e pela dos seus amigos e parentes, mas sempre era fortalecida, na sua atitude final, pela memória da aparição de Gabriel imediatamente depois que a criança fora concebida.

Maria era uma hábil tecelã e possuía uma habilidade acima da média na maioria das artes caseiras da época; era uma boa dona-de-casa e muito caprichosa no forno. Tanto José quanto Maria eram bons educadores e cuidaram para que os seus filhos se tornassem bem versados nos ensinamentos da época.

Quando ainda rapaz, José tinha sido empregado do pai de Maria no trabalho de construir uma extensão da sua casa; e, quando Maria trouxe a José um copo de água, durante a refeição do meio-dia, foi que realmente aqueles dois, destinados a ser os pais de Jesus, começaram a fazer a corte um ao outro.

José e Maria casaram-se de acordo com os costumes judeus, na casa de Maria, nas proximidades de Nazaré, quando José tinha vinte e um anos de idade. Esse casamento concluiu um noivado normal que durou quase dois anos. Pouco depois se mudaram para a casa em Nazaré, que havia sido construída por José com a ajuda de dois dos seus irmãos. A casa situava-se ao pé de uma elevação que dominava, de modo encantador, a paisagem do campo. Nessa casa, especialmente preparada, esses jovens pais, na expectativa de dar as boas-vindas ao menino prometido, não sabiam que aquele evento, memorável para todo um universo, estava para acontecer enquanto eles estivessem fora de casa, em Belém, na Judéia.

A parte maior da família de José converteu-se aos ensinamentos de Jesus, mas pouquíssimos entre os da gente de Maria acreditaram nele, antes que ele deixasse este mundo. José inclinava-se mais para o conceito espiritual de um Messias esperado, mas Maria e a sua família, especialmente o seu pai, ativeram-se à idéia de que o Messias seria um libertador temporal e um governante político. Os ancestrais de Maria haviam-se identificado manifestamente com as atividades dos Macabeus ainda recentes naqueles tempos.

José apegava-se vigorosamente ao ponto de vista oriental, ou Babilônico, da religião judaica; Maria inclinava-se fortemente para a interpretação ocidental, ou helenista, mais liberal e aberta, da lei e dos profetas.

6. O LAR EM NAZARÉ

A casa de Jesus não ficava longe do alto da colina, na parte norte de Nazaré, a uma certa distância da nascente de água da cidade que era na parte leste. A família de Jesus morava nos arredores da cidade e isso facilitou, posteriormente, as caminhadas dele ao campo e as subidas à montanha próxima, a mais alta de todas, na parte sul da Galiléia, exceto pela cadeia do monte Tabor, a leste, e o monte Naim, que tinham aproximadamente a mesma altitude. Esta casa localizava-se um pouco ao sul e a leste da parte sul do promontório desse monte e a meio caminho entre a base dessa elevação e a estrada que vai de Nazaré a Caná. Além de subir o monte, o passeio favorito de Jesus era seguir uma trilha estreita que serpenteava desde a base da montanha, indo na direção nordeste, até um ponto onde se juntava à estrada de Séforis.

A casa de José e Maria tinha a estrutura de pedra e um cômodo com um teto plano e uma construção adjacente para abrigar os animais. A mobília consistia de uma mesa baixa de pedra, utensílios de barro, pratos e potes de pedra, um tear, uma lamparina, vários bancos pequenos e esteiras para dormir sobre o chão de pedra. No quintal ao fundo, perto do anexo dos animais, ficava o abrigo que protegia o forno e o moinho para moer os grãos. Eram necessárias duas pessoas para operar esse tipo de moinho, uma para provê-lo de grãos e outra para moer. Quando ainda menino, Jesus muitas vezes cuidava de dosar os grãos no moinho, enquanto a sua mãe girava o moedor.

Mais tarde, quando a família cresceu, todos se agrupavam em volta da mesa de pedra, que foi aumentada, para desfrutarem das refeições, servindo-se do alimento em um prato comum, ou potiche. Durante o inverno, na refeição noturna, a mesa estaria iluminada por uma lâmpada pequena e achatada de terracota, cheia de óleo de oliva. Após o nascimento de Marta, José construiu uma outra acomodação, um quarto grande, usado como carpintaria durante o dia e como quarto de dormir à noite.

7. A VIAGEM A BELÉM

No mês de março do ano 8 a.C. (mês em que José e Maria casaram-se), César Augustus decretou que todos os habitantes do império romano fossem contados; que deveria ser feito um censo de modo a poder ser utilizado para uma cobrança mais eficiente dos impostos. Os judeus sempre tiveram muita prevenção contra qualquer tentativa de "enumerar o povo" e isso, além das dificuldades domésticas com Herodes, rei da Judéia, havia conspirado para causar o adiamento, por um ano, na concretização desse censo, no reino dos judeus. Em todo o império romano esse censo ficou registrado no ano 8 a.C., exceto no reino de Herodes, na Palestina, onde foi feito um ano mais tarde, no ano 7 a.C.

Não se fazia necessário que Maria fosse a Belém fazer esse registro – José estava autorizado a efetuar o registro por toda a sua família –, mas Maria, sendo uma pessoa dinâmica e ousada, insistiu em acompanhá-lo. Ela temia que, sendo deixada sozinha, a criança nascesse enquanto José estava ausente e, Belém não sendo longe da cidade de Judá, Maria previu a possibilidade de uma agradável visita à sua parenta Isabel.

José praticamente proibiu Maria de acompanhá-lo, mas foi inútil; quando a comida estava sendo empacotada para a viagem de três ou quatro dias, ela preparou rações duplas e aprontou-se para a viagem. E, antes que saíssem de fato, José já se havia acostumado com a idéia de Maria ir junto e então, alegremente, eles partiram de Nazaré ao alvorecer do dia.

José e Maria eram pobres e, como tivessem apenas um burro de carga, Maria cavalgava o animal, estando já adiantada na gravidez, junto com as provisões, enquanto José caminhava guiando o animal. A construção e a manutenção de uma casa havia sido um grande peso para José, pois ele devia também contribuir para a sobrevivência dos seus pais, já que o seu pai recentemente tinha-se tornado incapacitado para tal. E assim o casal judeu partiu da sua humilde casa, na manhã de 18 de agosto, do ano 7 a.C., para a sua viagem a Belém.

No seu primeiro dia de viagem eles contornaram os contrafortes ao sopé do monte Gilboa, onde passaram a noite, acampados à margem do Jordão. Ali, eles perguntaram a si próprios, profundamente, sobre a natureza do filho que nasceria deles; José aderindo ao conceito de um mestre espiritual e Maria sustentando a idéia de um Messias judeu, um libertador da nação hebraica.

Cedo, na brilhante manhã de 19 de agosto, José e Maria estavam de novo a caminho. Tomaram a sua refeição do meio-dia junto ao pé do monte Sartaba, que domina o vale do Jordão, e continuaram viagem chegando a Jericó à noite, onde pararam em uma hospedaria na estrada nos arredores da aldeia. Depois da refeição da noite e de muita discussão sobre a opressão do governo romano, sobre Herodes, sobre os registros do recenseamento e a influência relativa de Jerusalém e Alexandria como centros da cultura e ensino judeus, os viajantes de Nazaré retiraram-se para o repouso noturno. Bem cedo, pela manhã do dia 20 de agosto, retomaram a sua viagem e alcançaram Jerusalém antes do meio-dia. Visitaram o templo e tomaram, de novo, o seu caminho para chegar a Belém bem no meio da tarde.

O albergue estava superlotado e José, então, procurou um alojamento entre os parentes distantes, mas todos os quartos em Belém encontravam-se repletos. Ao retornarem à praça na frente do albergue, José foi informado de que os animais dos estábulos das caravanas, construídos nos flancos do rochedo e situados exatamente abaixo do albergue, haviam sido retirados e que tudo estava limpo exatamente para receber os hóspedes. Deixando o asno na área à frente do albergue, José colocou os sacos de roupas e provisões sobre os seus ombros e desceu, com Maria, os degraus de pedra, até os alojamentos de baixo. Viram-se instalados naquilo que era uma sala de estocagem de grãos, na frente dos estábulos e das manjedouras. Cortinas de tendas haviam sido dependuradas e eles se deram por muito felizes de terem alojamentos tão confortáveis.

José havia pensado em registrar-los logo em seguida, mas Maria achava-se cansada, bastante extenuada mesmo, e suplicou-lhe que permanecesse com ela e ele ficou ali.

8. O NASCIMENTO DE JESUS

Durante toda essa noite Maria estivera inquieta, de forma que nenhum dos dois dormiu muito. Ao amanhecer, as pontadas do parto já estavam bem evidentes e, no dia 21 de agosto do ano 7 a.C., ao meio-dia, com a ajuda e as ministrações carinhosas de mulheres viajantes amigas, Maria deu à luz um pequeno varão. Jesus de Nazaré havia nascido para o mundo; encontrava-se enrolado nas roupas que Maria tinha trazido consigo, para essa contingência possível, e deitado em uma manjedoura próxima.

Da mesma forma que todos os bebês tinham vindo ao mundo até então e viriam desde então, nasceu o menino prometido e, ao oitavo dia, conforme a prática judaica, foi circuncidado e formalmente denominado Joshua (Jesus).

No dia seguinte ao nascimento de Jesus, José fez o seu registro. Encontrando-se então com um homem com quem haviam conversado duas noites atrás, em Jericó, foi levado por ele até um amigo abastado que possuía um quarto na pousada e este homem se dispôs, com prazer, a trocar de quartos com o casal de Nazaré. Naquela tarde eles se mudaram para a pousada, onde ficaram por quase três semanas, até que encontraram hospedagem na casa de um parente distante de José.

Ao segundo dia após o nascimento de Jesus, Maria enviou uma mensagem a Isabel dizendo que o seu filho havia chegado e recebeu em resposta um convite feito a José, para ir a Jerusalém, a fim de falar de todos os assuntos com Zacarias. Na semana seguinte, José foi a Jerusalém para conversar com Zacarias. Zacarias e Isabel achavam-se ambos sinceramente convencidos de que Jesus estava destinado a se tornar o libertador judeu, o Messias; e que João, o filho deles, seria o seu principal colaborador, o braço direito no seu destino. E, já que Maria compartilhava dessas mesmas idéias, não foi difícil convencer José a permanecer em Belém, a cidade de Davi, para que Jesus pudesse crescer e se tornar o sucessor de Davi no trono de todo o Israel. Desse modo, permaneceram eles em Belém por mais de um ano, tendo José se dedicado ao seu ofício de carpinteiro durante esse tempo.

No dia do nascimento de Jesus, ao meio-dia, os serafins de Urântia, reunidos com os seus diretores, cantaram hinos de glória sobre a manjedoura de Belém, mas esses cânticos de glória não foram escutados por ouvidos humanos. Nenhum pastor, nem quaisquer outras criaturas mortais vieram prestar a sua homenagem ao menino de Belém, até o dia da chegada de certos sacerdotes de Ur, que haviam sido enviados de Jerusalém por Zacarias.

A esses sacerdotes da Mesopotâmia havia sido contado, há algum tempo, por um estranho professor religioso, do país deles, o qual em um sonho havia sido informado de que a "luz da vida" estava a ponto de aparecer sobre a Terra, na forma de um menino, entre os judeus. E os três sacerdotes partiram, pois, em busca dessa "luz da vida". Após muitas semanas de infrutífera procura em Jerusalém, estavam para voltar a Ur, quando conheceram Zacarias que lhes confiou sobre a sua crença de que Jesus era o objeto da procura deles e os enviou a Belém, onde encontraram o menino e deixaram as suas oferendas com Maria, a sua mãe terrena. A criança estava então com quase três semanas de idade à época da visita deles.

Esses sábios homens não tiveram nenhuma estrela a guiá-los para Belém. A belíssima lenda da estrela de Belém originou-se da seguinte forma: Jesus nasceu aos 21 de agosto, ao meio-dia do ano 7 a.C. Em 29 de maio do mesmo ano houve uma extraordinária conjunção entre Júpiter, Saturno e a constelação de Peixes. E é um acontecimento astronômico marcante que conjunções semelhantes hajam ocorrido aos 29 de setembro e aos 5 de dezembro do mesmo ano. Com base nesses acontecimentos extraordinários, mas inteiramente naturais, os bem-intencionados zelotes, das gerações que sucederam, elaboraram a lenda atraente da estrela de Belém e dos Reis Magos adoradores, conduzidos pela estrela, até a manjedoura, para contemplar e adorar o recém-nascido. As mentes orientais e do Oriente-Próximo deleitam-se com fábulas e inventam constantemente belos mitos sobre a vida dos seus dirigentes religiosos e dos seus heróis políticos. Na falta de uma imprensa, quando a maior parte do conhecimento humano se transmitia, de uma geração a outra pela palavra saída da boca, era muito fácil que os mitos se tornassem tradição e que as tradições finalmente acabassem aceitas como fatos.

9. A APRESENTAÇÃO NO TEMPLO

Moisés havia ensinado aos judeus que todos os filhos primogênitos pertenciam ao Senhor e que, em lugar do seu sacrifício, como era costume entre as nações pagãs, esse filho poderia viver desde que os seus pais o redimissem com o pagamento de cinco moedas a qualquer sacerdote autorizado. Também existia uma regulamentação mosaica que dizia que uma mãe, após um certo período de tempo, devia apresentar-se ao templo, para a purificação (ou ter alguém que fizesse o sacrifício adequado em lugar dela). Era costumeiro que tais cerimônias ocorressem ambas ao mesmo tempo. Assim sendo, José e Maria foram ao templo de Jerusalém, pessoalmente, para apresentar Jesus aos sacerdotes e efetivar a sua redenção e também fazer o sacrifício apropriado para assegurar a Maria a purificação cerimonial da suposta impureza do dar à luz.

Nas cortes do templo estavam freqüentemente presentes duas figuras dignas de nota, Simeão, um cantor, e Anna, uma poetisa. Simeão era da Judéia e Anna, da Galiléia. Esses dois estavam quase sempre juntos e ambos eram íntimos do sacerdote Zacarias, que havia confiado o segredo de João e Jesus a eles. E, tanto Simeão quanto Anna, ansiavam pela vinda do Messias e a sua convicção em Zacarias levara-os a acreditar que Jesus fosse o libertador esperado do povo judeu.

Zacarias sabia o dia esperado para José e Maria aparecerem no templo com Jesus; e acertou com Simeão e Anna, antecipadamente, que indicaria, com a saudação da sua mão levantada, qual, na procissão das crianças recém-nascidas, era Jesus.

Para essa ocasião Anna havia escrito um poema que Simeão passou a cantar, para surpresa de José, de Maria e de todos os que estavam reunidos nos pátios do templo. E o hino deles, para a redenção do filho primogênito, foi assim:

Abençoado seja o Senhor, Deus de Israel,
Que nos visitou e trouxe a redenção ao seu povo;
A trombeta da salvação, Ele fez soar por todos nós
Na casa do seu servo Davi.
Assim como falou da boca dos seus sagrados profetas
–Salvação dos nossos inimigos e da mão de todos aqueles que nos odeiam;
Para mostrar misericórdia para com os nossos pais, na lembrança da Sua
    santa aliança –,
O juramento que fez a Abraão, nosso pai,
De conceder-nos que nós, sendo libertados da mão dos nossos inimigos,
Pudéssemos servir a ele sem temores,
Em santidade e retidão perante ele, por todos os nossos dias.
E que tu, assim, menino prometido, sejas chamado de Profeta do Altíssimo;
Porque irás, diante do semblante do Senhor, estabelecer o Seu Reino;
Dar conhecimento da salvação a Seu povo
Em remissão dos seus pecados.
Regozijemos com a doce misericórdia do nosso Deus, porque veio nos visitar
a aurora do alto
Para resplandecer sobre aqueles que estão nas trevas e na sombra da morte;
Para guiar os nossos pés nos caminhos da paz.
E, pois, deixemos agora o Vosso servo partir em paz, Ó Senhor, conforme a
Vossa palavra,
Pois os meus olhos viram já a Vossa salvação,
Que por Vós foi preparada diante da vista de todos os povos;
Luz que resplandece para esclarecimento mesmo até dos gentios
E para glória do nosso povo de Israel.

De volta a Belém, José e Maria permaneceram em silêncio – confusos e intimidados. Maria encontrava-se bastante perturbada pelas palavras de despedida de Anna, a poetisa anciã, e José não se sentia bem em harmonia com aquele esforço prematuro de fazer de Jesus o Messias prometido do povo judeu.

10. HERODES AGE

Os informantes de Herodes, todavia, não permaneceram inertes. Quando reportaram a ele sobre a visita dos sacerdotes de Ur a Belém, Herodes convocou esses caldeus a aparecerem diante de si. E, insistente, ele inquiriu a esses homens sábios sobre o novo "rei dos judeus", mas eles deram-lhe pouca satisfação, explicando apenas que o menino nascera de uma mulher que viera a Belém com o seu marido para comparecer ao censo. Herodes, não satisfeito com essa resposta, despediu-os, dando-lhes uma bolsa de dinheiro; e mandou-lhes que encontrassem a criança para que também ele pudesse ir lá e adorá-la, já que eles haviam declarado que o Reino dela devia ser espiritual, não temporal. Todavia, ao perceber que os sábios não voltariam, Herodes encheu-se de suspeitas. E, enquanto ele pensava nisso, os seus informantes voltaram e lhe fizeram um relato completo das ocorrências recentes no templo, trazendo-lhe uma cópia de partes da canção de Simeão, que havia sido cantada nas cerimônias de redenção de Jesus. No entanto, eles não seguiram José e Maria; e Herodes ficou irado com eles, quando viu que não podiam dizer para onde o casal tinha levado a criança. Então, despachou espiões para localizar José e Maria. Sabendo que Herodes perseguia a família de Nazaré, Zacarias e Isabel permaneceram longe de Belém. O menino ficou escondido com uns parentes de José.

José temia procurar trabalho; e as suas poucas economias estavam desaparecendo rapidamente. Mesmo na época das cerimônias de purificação no templo, José considerava-se pobre o suficiente para limitar a dois pequenos pombos a sua oferta para Maria, como Moisés havia determinado, para a purificação das mães, entre os pobres.

Quando, após mais de um ano de buscas, os espiões de Herodes não haviam achado Jesus; e em vista da suspeita de que a criança ainda estava escondida em Belém, Herodes preparou uma ordem comandando fosse feita uma busca sistemática em todas as casas de Belém, e que todos os bebês meninos de menos de dois anos fossem mortos. Desse modo Herodes esperava assegurar-se de que tal criança, que haveria de tornar-se o "rei dos judeus", fosse destruída. E assim pereceram, em um só dia, dezesseis bebês meninos em Belém da Judéia. A intriga e o assassinato, mesmo na família imediata de Herodes, assim, eram acontecimentos corriqueiros na sua corte.

O massacre desses infantes aconteceu em meados de outubro, do ano 6 a.C., quando Jesus tinha pouco mais de um de ano idade. Mas havia crentes no Messias vindouro, até mesmo no séquito da corte de Herodes, e um desses, sabendo da ordem de assassinar os meninos de Belém, comunicou-se com Zacarias, e este por sua vez despachou um mensageiro até José; e, na noite anterior ao massacre, José e Maria partiram com a criança, de Belém para Alexandria, no Egito. Para evitar atrair a atenção, eles viajaram sozinhos com Jesus, para o Egito. Foram para Alexandria com o dinheiro providenciado por Zacarias, e lá José trabalhou no seu ramo, enquanto Maria e Jesus alojaram-se com parentes abastados da família de José. Eles permaneceram em Alexandria por dois anos inteiros, não retornando a Belém senão depois da morte de Herodes.

DOCUMENTO 123

A PRIMEIRA INFÂNCIA DE JESUS

DEVIDO às incertezas e ansiedades da estada em Belém, Maria não desmamou a criança até que tivessem chegado com segurança em Alexandria, onde a família era capaz de estabelecer-se com uma vida normal. Viveram com parentes e José foi bastante capaz de sustentar a sua família, pois conseguiu trabalho logo depois de chegarem. Esteve empregado como carpinteiro por vários meses quando, então, foi promovido à posição de feitor de um grupo grande de operários de um dos prédios públicos, então em processo de construção. Essa nova experiência deu-lhe a idéia de se transformar em um empreiteiro e construtor, depois que voltassem para Nazaré.

Durante todos esses primeiros anos da infância, em que Jesus era ainda uma criança indefesa, Maria manteve uma vigília longa e constante para que nada acontecesse ao seu filho, que pudesse ameaçar o seu bem-estar ou que de algum modo interferisse na sua futura missão na Terra; nenhuma mãe foi mais devotada ao seu filho. Na casa onde Jesus estava havia duas outras crianças aproximadamente da mesma idade e, entre os vizinhos mais imediatos, havia ainda seis outras cujas idades eram suficientemente próximas da dele, o que os tornavam companheiros adequados nas brincadeiras. A princípio, Maria mantinha-se disposta a manter Jesus bem perto de si, temendo que algo pudesse acontecer a ele se lhe fosse permitido brincar no jardim com as outras crianças, todavia, com a ajuda dos seus parentes, José conseguiu convencê-la de que caso isso acontecesse Jesus ficaria privado da experiência útil de aprender como se ajustar às crianças da sua própria idade. E, compreendendo que um programa de resguardo e proteção, de tal modo incomum e exagerada, poderia levá-lo a tornar-se artificial e de um certo modo egocêntrico, Maria afinal deu o seu consentimento ao plano de permitir à criança prometida crescer como qualquer outra criança; e, embora tenha obedecido a essa decisão, ela encarregou-se de manter-se sempre vigilante, enquanto os pequeninos brincavam perto da casa ou no jardim. Apenas uma mãe afeiçoada pode saber o peso que Maria carregava no seu coração, pensando na segurança do seu filho durante esses anos da primeira infância e meninice.

Durante os dois anos nos quais permaneceram em Alexandria, Jesus desfrutou de boa saúde e continuou crescendo normalmente. Afora uns poucos amigos e parentes, não se contou a ninguém sobre Jesus ser um "filho prometido". Um dos parentes de José revelou isso a alguns amigos em Mênfis, descendentes distantes de Iknaton, e eles, com um pequeno grupo de crentes de Alexandria, reuniram-se na casa palaciana dos parentes e benfeitores de José, pouco tempo antes do retorno à Palestina, para dar os melhores votos à família de Nazaré e para prestar os seus respeitos à criança. Nessa ocasião aqueles amigos reunidos presentearam a Jesus com uma cópia completa da tradução grega das escrituras dos hebreus. Essa cópia das escrituras sagradas dos judeus, entretanto, não foi colocada nas mãos de José antes que tivessem ambos, ele e Maria, finalmente recusado o convite dos amigos de Mênfis e Alexandria para que permanecessem no Egito. Esses crentes insistiram que a criança predestinada seria capaz de exercer sobre o mundo uma influência muito maior, como residente de Alexandria do que em outro lugar qualquer na Palestina. Essas tentativas de persuasão atrasaram a partida deles para a Palestina, por algum tempo, depois de terem recebido a notícia da morte de Herodes.

José e Maria partiram finalmente de Alexandria em um barco pertencente a Ezraeon, amigo deles, rumo a Jopa; chegando àquele porto no fim de agosto do ano 4 a.C. Dali, foram diretamente para Belém, onde passaram o mês inteiro de setembro aconselhando-se com os seus amigos e parentes para saber se deviam permanecer lá ou se retornavam para Nazaré.

Maria nunca havia abandonado completamente a idéia de que Jesus devesse crescer em Belém, a cidade de Davi. José não acreditava de fato que o filho deles devesse tornar-se um rei libertador de Israel. E isso, sobretudo por saber não ser, ele próprio, realmente um descendente de Davi; pois ele era reconhecido como sendo da progênie de Davi devido ao fato de um dos seus ancestrais ter sido adotado em uma família da linha davídica de descendência. Maria julgava, é claro, que a cidade de Davi fosse o local mais apropriado para se criar o novo candidato ao trono de Davi, mas José preferiu tentar a sorte com Herodes Antipas a tentá-la com Arquelau, o irmão dele. José alimentava um grande temor pela segurança da criança em Belém ou em qualquer outra cidade na Judéia; e supunha que Arquelau estaria mais inclinado a continuar as políticas ameaçadoras do seu pai, Herodes, do que Antipas, na Galiléia. E além de todas essas razões, José era franco na sua preferência pela Galiléia, como um local melhor para criar e educar o menino, mas foram necessárias três semanas para superar as objeções de Maria.

Por volta de primeiro de outubro, José havia convencido Maria e todos os amigos de que era melhor que eles voltassem para Nazaré. Assim, no princípio de outubro, de 4 a.C., eles foram de Belém para Nazaré, passando por Lida e Sitópolis. Eles partiram cedo, em um domingo pela manhã; Maria e o menino montados no burro de carga recém-comprado, enquanto José e cinco parentes acompanhavam-nos a pé; os parentes de José recusaram a permitir-lhes fazer a viagem a Nazaré sozinhos. Eles temiam ir para a Galiléia por Jerusalém e pelo vale do Jordão, pois as estradas do oeste não eram de todo seguras para dois viajantes sozinhos com uma criança de tenra idade.

1. DE VOLTA A NAZARÉ

No quarto dia da viagem, o grupo chegou ao seu destino em segurança. Eles vieram sem anunciar, à casa de Nazaré, que havia sido ocupada durante mais de três anos por um dos irmãos casados de José, o qual ficou realmente surpreso ao vê-los; tão em silêncio haviam eles feito tudo, que nem a família de José nem a de Maria sabiam, nem mesmo que haviam deixado a Alexandria. No dia seguinte, o irmão de José mudou-se com a sua família; e, pela primeira vez desde o nascimento de Jesus, Maria estabeleceu-se com a sua pequena família e passou a desfrutar da vida na sua própria casa. Em menos de uma semana, José arranjou trabalho como carpinteiro e eles ficaram extremamente felizes.

Jesus estava com cerca de três anos e dois meses de idade, na época em que eles voltaram para Nazaré. Ele havia passado muito bem em todas essas viagens, era dono de uma saúde excelente e estava cheio de brincadeiras infantis e de exultação com aquela propriedade onde podia correr e se divertir. Mas sentia muita falta da companhia dos seus amigos de Alexandria.

A caminho de Nazaré, José tinha persuadido Maria de que seria pouco prudente fazer com que todos os seus amigos e parentes da Galiléia soubessem que Jesus era uma criança prometida. E concordaram em refrear-se e não mencionar, a todos, nada sobre tal questão. E ambos permaneceram muito fiéis em manter essa promessa.

Todo o quarto ano na vida Jesus foi um período normal de desenvolvimento físico, mas de uma atividade mental incomum. Nesse meio tempo Jesus tinha estabelecido uma amizade muito forte com um garoto da sua idade, na vizinhança, chamado Jacó. Jesus e Jacó estavam sempre felizes com as suas brincadeiras e cresceram como grandes amigos e companheiros leais.

O próximo acontecimento de importância na vida dessa família de Nazaré foi o nascimento do segundo filho, Tiago, nas primeiras horas da manhã de 2 de abril, do ano 3 a.C. Jesus ficou emocionado com a idéia de ter um irmão bebê; e manteve-se por perto todo o tempo só para observar as primeiras atividades do bebê.

Em meados do verão desse mesmo ano, José construiu uma pequena oficina perto da fonte da cidade e do ponto de parada das caravanas. Depois disso, fez pouquíssimo trabalho de carpinteiro durante o dia. Ele tinha como sócios dois dos próprios irmãos e vários outros trabalhadores, a quem enviava para trabalhar enquanto permanecia na loja fazendo juntas de bois e arados e outros trabalhos em madeira. Ele também fazia algum trabalho em couro, com cordas e lona. E Jesus, depois de crescido, quando não estava na escola, dividia o seu tempo igualmente entre ajudar a sua mãe nos afazeres domésticos e observar o seu pai trabalhando na oficina e, nos intervalos, escutava a conversa e os mexericos dos condutores das caravanas e dos passageiros dos quatro cantos da Terra.

Em julho desse ano, um mês antes de Jesus completar quatro anos, uma epidemia de problemas intestinais graves espalhou-se por toda a Nazaré, vinda do contato com os viajantes das caravanas. Maria ficou tão alarmada com o perigo de Jesus ficar exposto a essa epidemia, que arrumou as malas de ambos os seus filhos e fugiu para a casa de campo do seu irmão, a muitos quilômetros ao sul de Nazaré, na estrada de Megido, perto de Sarid. E não voltaram a Nazaré durante mais de dois meses; Jesus teve muito prazer nessa que foi a sua primeira experiência em uma fazenda.

2. O QUINTO ANO (2 a.C.)

Pouco mais de um ano depois do retorno a Nazaré, o menino Jesus chegou à idade da sua primeira decisão moral pessoal sincera; e um Ajustador do Pensamento veio residir nele, uma dádiva divina do Pai do Paraíso, que havia, algum tempo atrás, servido com Maquiventa Melquisedeque, ganhando assim a experiência de funcionar em ligação com a encarnação de um ser supramortal, vivendo à semelhança da carne mortal. Esse acontecimento deu-se aos 11 de fevereiro do ano 2 a.C. Jesus não esteve mais consciente da vinda do Monitor divino do que ficam os milhões e milhões de outras crianças as quais, antes e depois desse dia, do mesmo modo, têm recebido esses Ajustadores do Pensamento para residir nas suas mentes e trabalhar pela espiritualização definitiva das mentes e pela sobrevivência eterna das suas almas imortais.

Nesse dia de fevereiro, terminou a supervisão direta e pessoal dos Governantes Universais, no que estava relacionado à integridade da encarnação infantil de Michael. A partir desse dia, durante todo o desenvolvimento humano da sua encarnação, a guarda de Jesus estava destinada a permanecer sob a confiança desse Ajustador residente e dos serafins guardiães agregados, suplementada de tempos em tempos pela ministração dos intermediários designados à execução de certas tarefas definidas de acordo com a instrução dos seus superiores planetários.

Jesus estava com cinco anos de idade em agosto desse mesmo ano, e nós iremos, por isso, referir-nos a este como o seu quinto (no calendário) ano de vida. Nesse ano, o ano 2 a.C., pouco mais de um mês antes do seu quinto aniversário, Jesus ficou muito feliz com a vinda da sua irmã Míriam, que nasceu na noite de 11 de julho. Durante a noite do dia seguinte, Jesus teve uma longa conversa com o seu pai a respeito da maneira pela qual vários grupos de coisas vivas nascem neste mundo, como indivíduos separados. A parte mais valiosa da educação inicial de Jesus proveio dos seus pais, por meio das respostas às suas perguntas pensativas e profundas. José nunca deixou de cumprir o seu dever e, a duras penas, passava o tempo respondendo às numerosas perguntas do menino. Desde o momento em que Jesus tinha cinco anos de idade até ter dez anos, ele foi um ponto de interrogação contínuo. Embora José e Maria não pudessem sempre responder às suas perguntas, nunca deixaram totalmente de falar algo sobre as averiguações dele e de ajudá-lo, de todos os modos possíveis, nos seus esforços para alcançar uma solução satisfatória sobre a questão que a sua mente alerta estava sugerindo.

Desde que retornaram a Nazaré eles vinham tendo uma vida familiar bastante intensa e José estivera especialmente ocupado, construindo a sua nova loja e fazendo com que o seu negócio funcionasse novamente. Tão ocupado que não achara tempo de fazer um berço para Tiago, mas isso foi corrigido muito antes que Míriam nascesse, de modo que ela possuiu um desses de grades altas, bastante confortável, no qual se aninhar, enquanto a família a admirava. E o Jesus menino entrou de coração em todas essas experiências naturais e normais. Ele gostava muito do seu irmão pequeno e da sua irmã bebezinha e foi de grande ajuda para Maria, cuidando deles.

No mundo gentio daqueles dias, havia uns poucos lares que podiam dar a uma criança uma educação intelectual, moral e religiosa melhor do que os lares judeus da Galiléia. Os judeus, ali, possuíam um programa sistemático de criar e de educar as suas crianças. Eles dividiam a vida de uma criança em sete estágios:

1. A criança recém-nascida, do primeiro até o oitavo dia.

2. A criança de peito.

3. A criança desmamada.

4. O período de dependência da mãe, durando até o fim do quinto ano.

5. O princípio da independência da criança e, para os filhos homens, o pai assumindo a responsabilidade pela sua educação.

6. Os jovens e as jovens adolescentes.

7. Os jovens homens; as jovens mulheres.

Era hábito dos judeus da Galiléia que a mãe ficasse com a responsabilidade pela instrução da criança até o quinto aniversário e, então, se a criança fosse um menino, o pai ficaria responsável pela educação dele, daquela época em diante. Nesse ano, portanto, Jesus passaria ao quinto estágio da carreira de uma criança judia na Galiléia e, desse modo, em 21 de agosto do ano 2 a.C., Maria formalmente o entregaria a José, para a sua instrução posterior.

Embora José estivesse agora assumindo a responsabilidade direta pela educação intelectual e religiosa de Jesus, a sua mãe ainda dedicava cuidados com a sua instrução em casa. E ensinaria a ele como conhecer e cuidar das vinhas e das flores que cresciam nas paredes do jardim e rodeavam completamente o terreno da casa. Ela também colocava no terraço da casa (o quarto de verão) caixas rasas com areia, nas quais ele fazia mapas e grande parte das suas primeiras práticas em escrever o aramaico, o grego e, mais tarde, o hebreu; e assim, em pouco tempo, Jesus aprendeu a ler, a escrever e a falar fluentemente essas três línguas.

Jesus parecia ser uma criança quase perfeita fisicamente e continuava a fazer progressos normais mental e emocionalmente. Ele teve um leve distúrbio digestivo, a sua primeira doença benigna, na segunda metade desse seu quinto ano (segundo o calendário).

Embora José e Maria conversassem freqüentemente sobre o futuro do filho primogênito, caso estivésseis lá, iríeis ter apenas observado o crescimento, no seu tempo e na sua época, de um menino normal, saudável, despreocupado; porém, excessivamente ávido de conhecimentos.

3. OS ACONTECIMENTOS DO SEXTO ANO (1 a.C.)

Com a ajuda da sua mãe, Jesus havia já dominado o dialeto da língua aramaica da Galiléia; e agora o seu pai começava a ensinar-lhe o grego. Maria conhecia pouco o grego, mas José falava fluentemente tanto o aramaico quanto o grego. O manual para o estudo da língua grega era a cópia das escrituras dos Hebreus – uma versão completa da lei e dos profetas, incluindo os Salmos –, que havia sido presenteada a eles ao deixarem o Egito. Havia apenas duas cópias completas das escrituras em grego em toda a Nazaré e, uma delas estando na família do carpinteiro, fez da casa de José um local muito procurado e proporcionou a Jesus, à medida que crescia, conhecer uma procissão quase sem fim de estudantes e buscadores sinceros da verdade. Antes que esse ano terminasse, Jesus havia assumido a custódia desse manuscrito de valor inapreciável, tendo-lhe sido dito, no seu sexto aniversário, que o livro sagrado havia sido um presente dado a ele pelos amigos e parentes de Alexandria. Assim, dentro de pouco tempo Jesus poderia lê-lo correntemente.

O primeiro grande choque de Jesus, na sua vida de menino, ocorreu quando ele ainda não tinha seis anos. Queria parecer ao menino que o seu pai – ou, ao menos, o seu pai e a sua mãe, juntos – de tudo soubesse. E imaginem, pois, a surpresa desse garoto inquisitivo quando, ao perguntar ao seu pai sobre a causa de um pequeno terremoto que acabara de ocorrer, escutou de José: "Meu filho, eu realmente não sei". Assim começou aquela longa e desconcertante desilusão de Jesus ao descobrir que os seus pais terrenos não eram todo-sábios nem todo-conhecedores.

O primeiro pensamento de José foi dizer a Jesus que o terremoto havia sido causado por Deus, mas uma reflexão momentânea aconselhou-o no sentido de que essa resposta iria, imediatamente, causar outras perguntas ainda mais embaraçosas. Mesmo em uma idade tão tenra, era muito difícil responder às perguntas de Jesus sobre os fenômenos físicos ou sociais, dizendo a ele sem pensar que Deus ou que o diabo eram responsáveis. Em harmonia com as crenças predominantes do povo judeu, Jesus estava disposto a aceitar a doutrina dos bons e dos maus espíritos como explicação possível dos fenômenos mentais e espirituais, mas, muito cedo, ele começou a duvidar de que essas influências não visíveis pudessem ser responsáveis pelos acontecimentos físicos do mundo natural.

Antes que Jesus tivesse seis anos de idade, no começo do verão do I ano a.C., Zacarias, Isabel e João, o filho deles, vieram visitar a família de Nazaré. Jesus e João tiveram um momento feliz durante esse que, segundo o que se lembravam, foi o seu primeiro encontro. Embora os visitantes só pudessem ficar por alguns dias, os parentes conversaram sobre muitas coisas, inclusive sobre os planos futuros para os seus filhos. E, enquanto se ocupavam com isso, os pequenos brincavam com blocos na areia, na parte de cima da casa, divertindo-se de muitas outras maneiras, ao verdadeiro modo dos meninos.

Tendo conhecido João, que viera de perto de Jerusalém, Jesus começou a demonstrar um interesse inusitado sobre a história de Israel e passou a perguntar, com detalhes profundos, sobre o significado dos ritos do sabat ou sábado, dos sermões na sinagoga e sobre as festas repetidas de comemorações. Seu pai explicou-lhe o significado de todas essas celebrações das estações. A primeira festa, a da iluminação festiva do meio do inverno, durava oito dias, começando com uma vela na primeira noite e adicionando uma nova a cada noite; e comemorava a consagração do templo depois da restauração dos serviços mosaicos por Judas Macabeu. Em seguida vinha a do princípio da primavera, a celebração de Purim, a festa de Ester e da libertação de Israel por intermédio dela. Logo viria a Páscoa solene, que os adultos celebravam em Jerusalém, quando possível, enquanto em casa as crianças lembrar-se-iam de que nenhum pão fermentado deveria ser comido durante toda a semana. Mais tarde vinha a festa das primeiras frutas, a entrada da colheita; e, afinal, a mais solene de todas, a festa do ano novo, o dia das expiações e propiciações. Embora algumas dessas celebrações e observâncias fossem difíceis para a jovem mente de Jesus entender, ele as ponderou seriamente e então aderiu à alegria da Festa de Tabernáculos, a estação anual de férias de todo o povo judeu, o tempo em que eles acampavam em tendas frondosas e entregavam-se à alegria e prazeres.

Durante esse ano, José e Maria tiveram um problema com as orações de Jesus. Ele insistia em falar ao seu Pai celeste do mesmo modo que falava a José, o seu pai terreno. Esse relaxamento do modo mais solene e reverente de comunicação com a Deidade era um tanto desconcertante para os seus pais, especialmente para a sua mãe, mas nada o persuadiria a mudar; ele diria as suas preces exatamente como lhe fora ensinado, depois do que ele insistia em ter "só uma pequena conversa com o meu Pai no céu".

Em junho desse ano José cedeu a loja de Nazaré aos seus irmãos e, formalmente, começou o seu trabalho como empreiteiro. Antes que o ano terminasse, a renda da família havia mais do que triplicado. Nunca mais, até a morte de José, a família de Nazaré sentiu o aperto da pobreza. A família cresceu e ficou cada vez maior; e eles gastaram muito dinheiro com a educação e as viagens complementares, pois a renda crescente de José manteve-se no ritmo crescente das despesas.

Nos poucos anos seguintes, José fez uma quantidade considerável de trabalho em Caná, Belém (da Galiléia), Magdala, Naim, Séforis, Cafarnaum e En-dor, bem como muitas construções na região de Nazaré. À medida que Tiago crescia o suficiente para ajudar a sua mãe no trabalho da casa e cuidar das crianças mais novas, Jesus fazia viagens freqüentes a essas cidades e vilas vizinhas, com o seu pai. Jesus era um observador aguçado e adquiriu muito conhecimento prático nessas viagens para longe de casa; estava assiduamente acumulando conhecimentos a respeito do homem e do modo como todos viviam na Terra.

Nesse ano, Jesus fez grandes progressos ajustando os seus fortes sentimentos e os seus impulsos vigorosos às demandas da cooperação com a família e com a disciplina do lar. Maria era uma mãe amorosíssima, mas bastante exigente como disciplinadora. De muitos modos, contudo, José exercia um controle maior sobre Jesus, pois era hábito seu assentar-se com o menino e explicar-lhe tudo sobre as razões implícitas pelas quais havia a necessidade de disciplinar os desejos pessoais em deferência ao bem-estar e à tranqüilidade de toda a família. Depois de explicada a situação a Jesus, ele ficava, de um modo inteligente, sempre disposto a cooperar com os desejos dos seus pais e com as regras da família.

DOCUMENTO 123: SEÇÃO 3

Grande parte do seu tempo disponível, quando a sua mãe não precisava da sua ajuda na casa, ele passava estudando as flores e plantas, de dia, e as estrelas à noite. Ele demonstrou uma tendência inconveniente de deitar de costas e ficar olhando contemplativamente para o céu estrelado até muito depois da hora de dormir, no seu bem ordenado lar em Nazaré.

4. O SÉTIMO ANO (1 d.c.)

Esse foi, sem dúvida, um ano movimentado na vida de Jesus. No início de janeiro, uma grande tempestade de neve aconteceu na Galiléia. A neve caiu até uns sessenta centímetros de altura; foi a neve mais intensa que Jesus viu durante a sua vida e uma das maiores de Nazaré em cem anos.

As distrações das crianças judias nos tempos de Jesus eram bastante limitadas; muito freqüentemente distraíam-se com as coisas mais sérias que observavam os mais velhos fazendo. Elas brincavam muito em casamentos e funerais, cerimônias que tanto presenciavam e que eram tão espetaculares. Elas dançavam e cantavam, mas havia poucos jogos organizados, do modo que as crianças atuais tanto gostam.

Jesus, na companhia de um garoto vizinho e mais tarde com o seu irmão Tiago, deliciava-se de brincar na esquina afastada da loja de carpintaria da família, onde se divertiam com a serralha e blocos de madeira. Sempre difícil para Jesus era compreender o mal contido em certos tipos de brincadeiras proibidas no sábado, mas nunca deixou de cumprir os desejos dos seus pais. Ele possuía uma capacidade de humor e de brincar que pouca oportunidade de expressão desfrutava nos ambientes daqueles dias e geração, e, até a idade de quatorze anos, ele esteve alegre e bem humorado a maior parte do tempo.

Maria mantinha um pombal no topo do estábulo, adjacente à casa; e eles usavam os lucros da venda dos pombos como um fundo especial de caridade, que Jesus administrava depois que tirava o dízimo e o entregava ao oficial da sinagoga.

O único acidente real que Jesus teve até essa época foi uma queda na escada do fundo, a qual levava até o quarto coberto de lona. Aconteceu em julho, durante uma tempestade inesperada de areia, vinda do leste. Os ventos quentes, trazendo rajadas de areia fina, via de regra sopravam durante a estação das chuvas, especialmente em março e abril. Era extraordinário que houvesse esse tipo de tempestade em julho. Quando a tempestade surgiu, Jesus estava no andar de cima da casa, brincando, como era o seu hábito, pois, durante grande parte da estação seca, era lá o seu local de brincar. Tendo sido cegado pela areia quando descia as escadas, Jesus caiu. Depois desse acidente José construiu uma balaustrada em ambos os lados da escada.

De nenhum modo esse acidente poderia ter sido impedido. Não era de se acusar as criaturas intermediárias, guardiãs temporais dele, de negligência; um intermediário primário e um secundário haviam sido designados para cuidar do menino; nem o serafim guardião podia ser acusado. Simplesmente não poderia ter sido evitado. Mas esse leve acidente tendo ocorrido enquanto José estava em En-dor, causou uma ansiedade tão grande na mente de Maria, que ela, agindo de um modo pouco sábio, tentou manter Jesus excessivamente perto de si durante alguns meses.

Os acidentes materiais, acontecimentos comuns de natureza física, não sofrem a interferência arbitrária das personalidades celestes. Sob circunstâncias normais, apenas as criaturas intermediárias podem intervir nas condições materiais para a salvaguarda pessoal dos homens e das mulheres do destino e, mesmo em situações especiais, esses seres só podem atuar assim em obediência a mandados específicos dos seus superiores.

E esse foi apenas um, de um sem número de tais acidentes menores que sobrevieram na vida desse inquisitivo e aventureiro jovem. Se vós visualizardes a meninice média de um menino e de um jovem bastante ativo, vós tereis uma idéia bastante boa da juventude de Jesus; e sereis capazes de imaginar a ansiedade que ele trouxe aos seus pais, particularmente à sua mãe.

O quarto membro da família de Nazaré, José, nasceu numa quarta-feira pela manhã, 16 de março do ano 1 d.C.

5. OS DIAS DE ESCOLA EM NAZARÉ

Jesus agora estava com sete anos, aquela idade em que se espera que as crianças judias comecem a sua instrução formal nas escolas das sinagogas. E, assim, em agosto desse mesmo ano, iniciou a sua movimentada vida escolar em Nazaré. Esse menino era um leitor já fluente e até escrevia e falava duas línguas, o aramaico e o grego. Estava agora para ambientar-se com a tarefa de aprender a ler, escrever e falar a língua hebraica. E Jesus estava realmente ávido pela nova vida escolar que tinha diante de si.

Durante três anos – até que completasse os dez – freqüentou a escola elementar da sinagoga de Nazaré. Nesse período de três anos, estudou os rudimentos do Livro da Lei como estava registrado na língua hebraica. Durante os três anos seguintes estudou na escola adiantada e memorizou, pelo método de repetir em voz alta, os ensinamentos mais profundos da lei sagrada. Graduou-se nessa escola da sinagoga, no seu décimo terceiro ano de vida e foi entregue aos seus pais pelos chefes da sinagoga como um instruído "filho do mandamento" – e, doravante, um cidadão responsável, da comunidade de Israel; o que lhe impunha assistir à Páscoa em Jerusalém; conseqüentemente, ele participou da sua primeira Páscoa naquele ano, em companhia do seu pai e da sua mãe.

Em Nazaré, os alunos sentavam-se no chão em um semicírculo, enquanto o professor, o chazam, o oficial da sinagoga, assentava-se de frente para eles. Começando com o Livro do Levítico, passavam a estudar os outros livros da lei, seguindo-se o estudo dos Profetas e dos Salmos. A sinagoga de Nazaré possuía uma cópia completa das escrituras em hebraico. Apenas as escrituras, e nada mais, eram estudadas antes do décimo segundo ano. Nos meses de verão, as horas da escola eram abreviadas em muito.

Muito cedo Jesus tornou-se um mestre em hebraico e, enquanto jovem ainda, quando acontecia que nenhum visitante proeminente estava de passagem por Nazaré, era-lhe muitas vezes solicitado que lesse as escrituras em hebraico para os fiéis reunidos na sinagoga nos serviços regulares de sábado.

Essas escolas das sinagogas, evidentemente, não tinham livros curriculares. Ao ensinar, o chazam pronunciaria uma afirmação enquanto os alunos repeti-la-iam em uníssono, em seguida. Pelo fato de ter acesso aos livros escritos da lei, o estudante aprendia a sua lição lendo em voz alta e pela repetição constante.

Em seguida, além da sua escolaridade mais formal, Jesus começou a ter contato com a natureza humana dos quatro cantos da Terra, pois homens de muitos locais entravam e saíam da loja de reparos do seu pai. Já com um pouco mais de idade, circulava livremente em meio às caravanas, enquanto os seus membros permaneciam perto da fonte para um descanso e para alimentar-se. Por falar fluentemente o grego, Jesus não tinha problemas em conversar com a maioria dos viajantes e condutores das caravanas.

Nazaré era um ponto de parada no caminho das caravanas de encruzilhada das rotas; e tinha uma grande população de gentios; ao mesmo tempo em que era bastante conhecida como um centro de interpretação liberal da lei tradicional dos judeus. Na Galiléia os judeus misturavam-se com os gentios, mais livremente do que era a prática comum na Judéia. E entre os judeus de todas as cidades da Galiléia, os de Nazaré eram os mais liberais na interpretação das restrições sociais baseadas nos medos da contaminação pelo contato com os gentios. E essas condições deram origem a um ditado em Jerusalém, que era: "Pode algo de bom vir de Nazaré?"

Jesus recebeu a sua educação moral e a sua cultura espiritual principalmente na sua própria casa. Grande parte da sua educação intelectual e teológica ele adquiriu do chazam. Mas a sua real educação – aquele aparato da mente e do coração para a luta real com os difíceis problemas da vida – ele obteve misturando-se aos seus irmãos homens. Foi essa associação íntima com os seus irmãos humanos, jovens e velhos, judeus e gentios, que lhe proporcionou a oportunidade de conhecer a raça humana. Jesus era altamente educado, no sentido em que, aos humanos, ele os entendia profundamente e os amava com devoção.

Durante os seus anos na sinagoga havia sido um estudante brilhante, tendo uma grande vantagem por ser fluente em três línguas. O chazam de Nazaré, na ocasião em que Jesus terminou o curso na sua escola, observou a José que temia que ele próprio "tivesse aprendido mais com a pesquisa para responder a Jesus" do que havia "tido a oportunidade de ensinar ao pequeno".

Durante o correr dos seus estudos, Jesus aprendeu muito e se inspirou grandemente nos sermões regulares do sábado na sinagoga. Era costumeiro pedir aos visitantes ilustres, que passavam o sábado em Nazaré, que tomassem a palavra na sinagoga. À medida que Jesus cresceu, pode escutar muitos grandes pensadores do mundo judeu expondo seus pontos de vista; e muitos também que eram judeus pouco ortodoxos, pois a sinagoga de Nazaré era um centro avançado e liberal do pensamento e da cultura hebraica.

Ao entrar para a escola, aos sete anos (nessa época os judeus tinham acabado de inaugurar uma lei de educação compulsória), era costume que os alunos escolhessem o seu "texto de aniversário", uma espécie de regra dourada a guiá-los durante os seus estudos, e sobre a qual eles tinham, certamente, de dissertar quando da sua graduação aos treze anos de idade. O texto que Jesus escolheu era do profeta Isaías: "O espírito do Senhor Deus está comigo, pois o Senhor me ungiu; ele me enviou para trazer boas-novas aos meigos, para consolar os de coração partido, para proclamar a liberdade aos cativos e para dar a liberdade aos prisioneiros espirituais".

Nazaré era um dos vinte e quatro centros de sacerdócio da nação hebraica. Mas o sacerdócio da Galiléia era mais liberal, na interpretação das leis tradicionais, do que os escribas judeus e os rabinos. E em Nazaré, todos também eram mais liberais com respeito à observância do sábado. Era então costume de José levar Jesus para passear nas tardes de sábado e uma das caminhadas favoritas deles era subir o alto morro perto da casa, de onde eles podiam ter uma vista panorâmica de toda a Galiléia. A noroeste, em dias claros, eles podiam ver a longa cumeeira do monte Carmelo correndo até o mar; e muitas vezes Jesus ouviu o seu pai relatar a história de Elias, um dos primeiros daquela longa linhagem de profetas hebreus, que reprovou Arrab e desmascarou os sacerdotes de Baal. Ao norte, subia o pico nevado do monte Hermom, em um esplendor majestoso, que monopolizava a linha do céu, quase a mil metros de altura; as suas escarpas mais elevadas resplandecendo pelo branco das neves perpétuas. Ao longe, a leste, eles podiam divisar o vale do Jordão e ainda mais longe os rochosos montes de Moabe. E também ao sul e a leste, quando o sol brilhava sobre os seus paredões de mármore, eles podiam ver as cidades greco-romanas da Decápolis, com os seus anfiteatros e templos pretensiosos. E, quando eles voltavam-se para o pôr-do-sol, a oeste, podiam distinguir os barcos velejando no Mediterrâneo distante.

De quatro direções Jesus podia observar os grupos das caravanas enquanto seguiam os seus caminhos, entrando e saindo de Nazaré e, ao sul, a planície larga e fértil dos campos de Esdraelon, estendendo-se na direção do monte Gilboa e de Samaria.

Quando não escalavam os cumes para ver a paisagem distante, eles passeavam pelos campos e estudavam a natureza e os seus humores variados, de acordo com as estações. O primeiro aprendizado de Jesus, à parte aqueles dentro do próprio lar, teve a ver com um contato de reverência e de simpatia com a natureza.

Antes dos oito anos de idade, ele era conhecido de todas as mães e de todos os jovens de Nazaré, que o haviam encontrado e falado com ele na fonte, a qual não ficando longe da sua casa era um dos centros sociais de contato e de mexericos para toda a cidade. Nesse ano Jesus aprendeu a tirar o leite da vaca da família e a tomar conta dos outros animais. Ainda durante esse ano e no ano seguinte ele também aprendeu a fazer queijo e a tecer. Quando tinha dez anos de idade, ele já operava o tear com habilidade. E foi nessa época que Jesus e Jacó, o menino vizinho, tornaram-se grandes amigos do ceramista que trabalhava perto da fonte corrente; e enquanto eles observavam os dedos ágeis de Natam moldando a argila sobre a roda, muitas vezes ambos almejavam ser ceramistas quando crescessem. Natam queria muito bem aos garotos e sempre lhes dava argila para brincar; buscando estimular a sua imaginação criativa, sugeria que fizessem competições de modelagem de vários objetos e animais.

6. O SEU OITAVO ANO (2 d.c.)

Esse foi um ano interessante na escola. Embora Jesus não fosse um estudante fora do comum, ele era um aluno aplicado e pertencia ao primeiro terço mais avançado da classe, fazendo o seu trabalho tão bem que era dispensado de estar presente por uma semana a cada mês. Essa semana ele usualmente passava com o seu tio pescador, nas praias do mar da Galiléia, perto de Magdala, ou na fazenda de um outro tio (irmão da sua mãe) a oito quilômetros ao sul de Nazaré.

Embora a sua mãe permanecesse excessivamente ansiosa com a sua saúde e segurança, gradativamente acostumou-se com essas viagens para fora de casa. Os tios e as tias de Jesus, todos o amavam muito tanto que surgiu entre eles uma disputa viva para assegurar a sua companhia nessas visitas mensais, nesse ano e nos anos imediatamente seguintes. A sua primeira semana de estada na fazenda do seu tio (desde a infância) foi em janeiro desse ano; a sua primeira semana de pescaria no mar da Galiléia aconteceu no mês de maio.

Nessa época, Jesus conheceu um professor de matemática de Damasco e, aprendendo algumas técnicas novas com os números, ele dedicou muito do seu tempo às matemáticas, durante vários anos. Desenvolveu um senso muito depurado para lidar com os números, distâncias e proporções.

Jesus começou a apreciar muito o seu irmão Tiago e, lá pelo fim desse ano, ele havia começado já a ensinar-lhe o alfabeto.

Nesse ano, Jesus fez arranjos para trocar produtos de leite por lições de harpa. Tinha um gosto excepcional para tudo da música. Mais tarde, tudo ele fez para promover o interesse pela música vocal entre os seus camaradas mais jovens. Na época em que tinha onze anos de idade, já tocava habilmente a harpa e sentia um grande prazer em entreter a família e os amigos com as suas interpretações extraordinárias e os seus belos improvisos.

Jesus continuava a fazer progressos invejáveis na escola mas as coisas não eram muito fáceis nem para os pais nem para os professores. Ele continuava a fazer muitas perguntas embaraçosas a respeito da ciência e da religião, e particularmente a respeito da geografia e da astronomia. Ele insistia especialmente em saber por que havia uma estação seca e uma estação chuvosa na Palestina. Repetidamente buscou a explicação para a grande diferença entre as temperaturas de Nazaré e as do vale do Jordão. Ele simplesmente nunca parou de fazer tais perguntas inteligentes, mas desconcertantes.

O seu terceiro irmão, Simão, nasceu em uma sexta-feira à noite, no dia 14 de abril desse que foi o ano 2 d.C.

Em fevereiro, Nahor, um dos professores de uma academia dos rabinos em Jerusalém, veio a Nazaré para observar Jesus, depois de haver cumprido uma missão semelhante na casa de Zacarias, perto de Jerusalém. Veio a Nazaré por uma sugestão do pai de João. Ao mesmo tempo em que, a princípio, ficou um tanto chocado com a franqueza de Jesus e sua maneira pouco convencional de se relacionar com as coisas da religião, ele atribuía isso à distância da Galiléia dos centros do ensino e da cultura hebraica e aconselhou a José e Maria que lhe permitissem levar Jesus consigo a Jerusalém, onde ele poderia ter as vantagens da educação e da instrução do centro da cultura judaica. De um certo modo Maria ficou persuadida a consentir; estava convencida de que o seu primogênito devia transformar-se no Messias, o libertador judeu; José ficou hesitante, e, mesmo convencido de que Jesus devia crescer e tornar-se um homem do destino, viu-se profundamente incerto quanto a qual devia ser esse destino. No entanto nunca realmente duvidou de que o seu filho iria cumprir uma grande missão na Terra. Quanto mais pensava sobre o conselho de Nahor, mais ele punha em dúvida se era sábio fazer esse estágio, como era proposto, em Jerusalém.

Por causa dessa diferença de opinião entre José e Maria, Nahor pediu permissão para colocar toda a questão para Jesus. Jesus escutou com atenção, conversou com José, com Maria e com um vizinho, Jacó, o pedreiro, cujo filho era o seu companheiro favorito, e, então, dois dias mais tarde, disse que, havendo uma tal divergência de opinião entre os seus pais e os conselheiros, e, posto que ele próprio não se sentia competente para assumir a responsabilidade por uma tal decisão, por não se sentir tão inclinado nem para uma decisão nem para a outra, finalmente, em vista de toda a situação, decidiu "conversar com o meu Pai que está no céu"; e, enquanto não estivesse absolutamente certo quanto à resposta, Jesus sentiu que deveria permanecer em casa "com o meu pai e a minha mãe", e acrescentou: "eles que tanto me amam devem ser capazes de fazer mais por mim e de guiar-me de um modo mais seguro do que estranhos, que enxergam apenas o meu corpo e observam a minha mente, de fora, mas dificilmente podem me conhecer de verdade". Todos ficaram maravilhados; e Nahor tomou o seu caminho de volta para Jerusalém. E se passaram muitos anos, antes que a questão de Jesus ir para longe de casa de novo voltasse a ser levada em consideração.

DOCUMENTO 124

A SEGUNDA INFÂNCIA DE JESUS

EMBORA Jesus pudesse ter desfrutado, em Alexandria, de uma oportunidade melhor para estudar, do que na Galiléia, ele não teria tido um ambiente tão esplêndido para trabalhar nos problemas da sua própria vida, com um mínimo de orientação educacional e, ao mesmo tempo, desfrutar da grande vantagem de estar em contato constante com um número tão vasto de todas as espécies de homens e mulheres, vindos de todas as partes do mundo civilizado. Houvesse ele permanecido na Alexandria e a sua educação teria sido dirigida pelos judeus e conduzida ao longo de uma linha exclusivamente judaica. Em Nazaré, ele assegurou uma educação e recebeu uma instrução que o preparou de modo mais aceitável para compreender os gentios; e deu a ele uma idéia melhor e mais equilibrada dos méritos relativos das visões da teologia hebraica oriental, ou babilônica, e da ocidental ou helênica.

1. O NONO ANO DE JESUS (3 d.C.)

Embora de fato não possa ser dito que Jesus tenha estado doente seriamente, ele teve algumas das doenças mais leves da infância nesse ano, junto com os seus irmãos e a sua irmã bebê.

Continuou na escola e era ainda um aluno favorecido, tendo uma semana livre a cada mês; e continuou a dividir o seu tempo igualmente entre as viagens às cidades da vizinhança com o seu pai, as permanências na fazenda do seu tio no sul de Nazaré e as excursões de pescaria em Magdala.

O problema mais sério, a acontecer ainda na escola, ocorreu no final do inverno quando Jesus ousou desafiar o chazam a respeito do ensinamento de que todas as imagens, pinturas e desenhos eram idólatras, pela sua natureza. Jesus deliciava-se em desenhar paisagens tanto quanto em modelar uma grande variedade de objetos em cerâmica. Tudo, nesse sentido, era estritamente proibido pela lei judaica, mas até esse momento Jesus havia conseguido desarmar as objeções dos seus pais de um modo tal que eles lhe tinham permitido continuar com essas atividades.

Mas o problema foi novamente levantado na escola, quando um dos alunos mais atrasados descobriu Jesus fazendo, a carvão, um desenho do professor no chão da sala de aula. Lá estava, claro como o dia; e muitos dos anciães tinham visto aquilo antes que o comitê fosse chamar José para exigir que algo fosse feito para acabar com o incumprimento da lei por parte do seu filho primogênito. E, embora não tenha sido essa a primeira vez que as reclamações chegavam a José e Maria, sobre as coisas que o seu versátil e ativo menino fazia, era essa a mais séria de todas as acusações que até então haviam sido lançadas contra ele. Jesus escutou a acusação, sobre os seus esforços artísticos, durante algum tempo, assentado que estava em uma grande pedra no lado de fora da porta dos fundos. Ele ressentiu-se de que houvessem culpado o seu pai pelos erros que alegavam haverem sido cometidos por ele; e assim avançou, destemidamente, para confrontar-se com os seus acusadores. Os anciães ficaram confusos. Alguns estavam inclinados a ver o episódio com humor, enquanto um ou dois pareciam pensar que o menino fosse um sacrílego, se não até blasfemo mesmo. José estava perplexo e Maria indignada, mas Jesus insistia em ser ouvido. E ele teve a palavra e, corajosamente, defendeu o seu ponto de vista com o consumado e amplo autocontrole e anunciou que se conformaria à decisão do seu pai, nesta, como em todas as outras questões controvertidas. E o comitê dos anciães partiu em silêncio.

Maria fez um esforço para influenciar José a permitir que Jesus modelasse a argila em casa, desde que ele prometesse não fazer nenhuma dessas atividades questionáveis na escola, mas José sentia-se compelido a impor que a interpretação rabínica do segundo mandamento devesse prevalecer. E, assim, Jesus não mais desenhou nem modelou à semelhança de nada, daquele dia em diante, durante todo o tempo em que viveu na casa do seu pai. Mas ele não estava convencido de que aquilo que havia feito era errado; e abandonar esse passatempo favorito constituiu-se em uma das maiores provações da sua vida de jovem.

Na segunda metade de junho, Jesus, na companhia do seu pai, pela primeira vez, escalou o cume do monte Tabor. Era um dia claro e a vista estupenda. Parecia, a este garoto de nove anos, que estava realmente contemplando o mundo inteiro, exceto a Índia, a África e Roma.

Marta, a segunda irmã de Jesus, nasceu em uma quinta-feira à noite, 13 de setembro. Três semanas depois da chegada de Marta, José, que estivera em casa, por um certo período, iniciou a construção de uma extensão da casa, uma combinação de oficina e de quarto de dormir. Uma pequena bancada de trabalho foi construída para Jesus e, pela primeira vez, ele teve ferramentas que lhe pertenciam. Nas horas vagas, durante muitos anos, ele trabalhou nessa bancada e tornou-se altamente perito em fazer juntas.

Esse inverno e o próximo foram, por muitas décadas, os mais frios em Nazaré. Jesus tinha visto a neve nas montanhas e, muitas vezes, ela havia caído em Nazaré, permanecendo no chão apenas por pouco tempo; mas, antes desse inverno, ele jamais tinha visto o gelo. O fato de que a água podia ser um sólido, um líquido e um vapor – e tanto havia ele já ponderado sobre o vapor a escapar das panelas ferventes – levou o pequeno a pensar bastante sobre o mundo físico e a sua constituição; e, todavia, a personalidade corporificada nesse jovem em crescimento era, durante todo esse tempo, a do verdadeiro criador e organizador de todas essas coisas, em todo um vastíssimo universo.

O clima de Nazaré não era severo. Janeiro era o mês mais frio, a temperatura média girando em torno de 10°C. Durante o mês de julho e agosto, os meses mais quentes, a temperatura variava entre 24 e 32 graus Celsius. Das montanhas até o Jordão e o vale do mar Morto, o clima da Palestina variava desde o frígido até o tórrido. E, assim, de um certo modo, os judeus estavam preparados para viver em todo e qualquer dos climas variáveis do mundo.

Mesmo durante os meses do mais quente verão, em geral, uma brisa fresca vinda do mar soprava do oeste, das dez da manhã até por volta das dez da noite. Mas, de quando em quando, terríveis ventos quentes vindos do leste do deserto sopravam por toda a Palestina. Essas rajadas quentes, em geral, vinham em fevereiro e março, perto da estação chuvosa. Nesses dias, de novembro a abril, a chuva caía em pancadas refrescantes, mas não chovia sem parar. Havia apenas duas estações na Palestina, o verão e o inverno, a estação seca e a estação chuvosa. Em janeiro, as flores começavam a florescer e, no fim de abril, toda a terra era um vasto jardim florido.

Em maio desse ano, na fazenda do seu tio, pela primeira vez, Jesus ajudou na colheita dos cereais. Antes que chegasse aos treze anos, tinha conseguido descobrir coisas sobre praticamente tudo com que os homens e as mulheres trabalhavam em Nazaré, exceto o trabalho em metal; sendo assim, ele passou vários meses em uma oficina de ferreiro quando ficou mais velho, depois da morte do seu pai.

Quando o trabalho e as viagens das caravanas estavam em baixa, Jesus fazia muitas viagens com o seu pai, por prazer ou a negócios, até perto de Caná, En-dor e Naim. Mesmo sendo um menino, ele visitava Séforis freqüentemente, a apenas pouco mais de cinco quilômetros a noroeste de Nazaré, e que fora, do ano 4 a.C. até cerca de 25 d.C., a capital da Galiléia e uma das residências de Herodes Antipas.

Jesus continuou a crescer, física, intelectual, social e espiritualmente. As suas viagens para longe de casa muito fizeram para dar a ele um entendimento melhor e mais generoso da sua própria família e, nessa época, mesmo os seus pais estavam começando a aprender dele, do mesmo modo como lhe ensinavam. Jesus era um pensador original e muito hábil para ensinar, mesmo quando ainda muito jovem. Ele entrava em constante desacordo com a chamada "lei transmitida oralmente", mas sempre procurou adaptar-se às práticas da sua família. Dava-se bastante bem com as crianças da sua idade, mas freqüentemente ficava desencorajado com a lentidão das suas mentes. Antes de ter dez anos de idade, ele havia se transformado no líder de um grupo de sete garotos, que constituíram uma sociedade para a promoção dos quesitos do amadurecimento – físico, intelectual e religioso. Entre esses meninos, Jesus teve êxito em introduzir muitos novos jogos e vários métodos aperfeiçoados de recreação física.

2. O DÉCIMO ANO (4 d.C.)

Era o primeiro sábado do mês, 5 de julho, quando Jesus, enquanto passeava com o seu pai pelos campos no interior, pela primeira vez, deu expressão aos sentimentos e idéias que indicavam que ele estava tornando-se autoconsciente da natureza inusitada da missão da sua vida. José escutou atento as palavras importantes do seu filho e poucos comentários fez, não contribuindo com nenhuma informação. No dia seguinte Jesus teve uma conversa semelhante, mas mais longa, com a sua mãe. Maria, do mesmo modo, escutou os pronunciamentos do garoto, mas também ela não quis adiantar nenhuma informação. Quase dois anos depois é que Jesus novamente falou aos seus pais sobre a revelação que crescia dentro da sua própria consciência a respeito da natureza da sua personalidade e do caráter da sua missão na Terra.

Ele entrou na escola adiantada da sinagoga em agosto. Na escola, estava constantemente gerando impasses com as perguntas que continuava fazendo. E, cada vez mais, Jesus mantinha toda a Nazaré em uma espécie de efervescência. Aos seus pais repugnava a idéia de proibir que ele fizesse esses questionamentos inquietantes; e o seu professor principal estava bastante intrigado com a curiosidade do jovem, o seu discernimento interior e sua fome de conhecimento.

Os companheiros de Jesus nada viam de sobrenatural na sua conduta; pela maioria dos seus modos ele era exatamente como eles. O seu interesse nos estudos era de um certo modo acima do normal, mas não inteiramente inusitado. Na escola ele fazia mais perguntas do que os outros na sala de aula.

Talvez a sua característica mais incomum e destacada fosse a sua pouca disposição de lutar pelos direitos próprios. Como ele era um garoto tão bem desenvolvido para sua idade, parecia estranho aos seus companheiros que ele não estivesse inclinado a defender-se sequer das injustiças, nem quando submetido a abuso pessoal.

Como quer que fosse, ele não sofria muito em vista dessa sua característica, por causa da sua amizade com Jacó, o garoto vizinho, que era um ano mais velho. Filho de um pedreiro, sócio de José nos negócios, Jacó era um grande admirador de Jesus e tomou a si a tarefa de fazer com que a ninguém fosse permitido impor-se a Jesus, às custas da aversão que ele tinha ao combate físico. Muitas vezes os jovens mais velhos e mais rudes atacavam Jesus, confiando na sua reputação de docilidade, mas eles sofriam sempre uma retribuição, rápida e certa, das mãos do seu abnegado campeão e defensor voluntário, Jacó, o filho do pedreiro.

Jesus, em geral, era o líder aceito dos meninos de Nazaré, daqueles que tinham os ideais mais elevados naqueles dias e na sua geração. Era realmente amado pelos companheiros do seu círculo, não apenas por ser justo, mas também por ser dono de uma simpatia rara e compreensiva que revelava amor e beirava uma compaixão discreta.

Nesse ano Jesus começou a demonstrar uma preferência marcante pela companhia de pessoas mais velhas. Deliciava-se em conversar sobre as coisas culturais, educacionais, sociais, econômicas, políticas e religiosas com mentes mais amadurecidas; e a sua profundidade de raciocínio e agudeza de observação tanto encantava aos seus amigos adultos que eles estavam sempre mais do que dispostos a dialogar com ele. Antes que se tornasse responsável por sustentar a casa, os seus pais estavam constantemente buscando conduzi-lo para que ele se ligasse àqueles da sua própria idade, ou mais próximos da sua idade, de preferência aos indivíduos mais velhos e mais bem informados, pelos quais ele evidenciava certa predileção.

Mais tarde, nesse ano, Jesus teve, com muito êxito, uma experiência de pescaria, durante dois meses, com o seu tio no mar da Galiléia. Antes de transformar-se em um homem adulto, era já um pescador de grande habilidade.

O seu desenvolvimento físico continuou; era um aluno adiantado e privilegiado na escola; em casa dava-se bastante bem com os seus irmãos e irmãs, todos mais jovens, tendo a vantagem de ser três anos e meio mais velho do que o mais velho deles. Ele era bem tido em Nazaré, menos pelos pais de alguns dos meninos mais obtusos, que sempre se referiam a Jesus como sendo muito atrevido, como não tendo a devida humildade e a reserva devida de um jovem. Ele manifestava uma tendência crescente de orientar as atividades das brincadeiras e dos jogos dos seus amigos jovens em uma direção mais séria e mais refletida. Jesus nascera para ensinar e simplesmente não podia refrear-se de agir assim, mesmo quando supostamente empenhado em brincar.

José começou muito cedo a ensinar-lhe os diversos meios para ganhar a vida, explicando as vantagens da agricultura sobre a indústria e o comércio. A Galiléia era um distrito mais belo e mais próspero do que a Judéia, e lá se gastava cerca de um quarto do que se gastava para viver em Jerusalém e na Judéia. Era uma província de aldeias agrícolas e de cidades industriais adiantadas, contendo mais de duzentas cidades com população de mais de cinco mil, e trinta de mais de quinze mil habitantes.

Quando da sua primeira viagem, com o seu pai, feita para observar a indústria de pesca no lago da Galiléia, Jesus havia acabado de se decidir por ser um pescador; mas a convivência estreita com a vocação do seu pai o levou, mais tarde, a tornar-se carpinteiro, enquanto, mais tarde ainda, uma combinação de influências levou-o à escolha final por tornar-se o instrutor religioso de uma nova ordem de coisas.

3. O DÉCIMO PRIMEIRO ANO (5 d.c.)

Durante esse ano Jesus continuou fazendo viagens para longe de casa com o seu pai, mas também visitava freqüentemente a fazenda do seu tio e, ocasionalmente, ia a Magdala para sair em pescaria com o tio que morava perto daquela cidade.

José e Maria muitas vezes se viram tentados a demonstrar algum favoritismo especial por Jesus ou a revelar o conhecimento de que ele era uma criança prometida, um filho do destino. Mas ambos sempre comportaram-se de modo extraordinariamente sábio e sagaz em relação a todas essas questões. Nas poucas vezes que, de qualquer modo, demonstraram alguma preferência por ele, mesmo no mais leve grau, o jovem foi logo rejeitando tal consideração especial.

Jesus passava um tempo considerável na loja de suprimentos para caravanas, e, assim, conversando com os viajantes de todas as partes do mundo, acumulou um volume incrível de informações sobre assuntos internacionais, considerando a sua idade. Esse foi o último ano no qual ele desfrutou de bastante tempo livre para as alegrias da juventude. Dessa época em diante, as dificuldades e responsabilidades multiplicaram-se rapidamente na vida desse jovem.

À noite, na quarta-feira, 24 de junho do ano 5 d.C., nasceu Judá. O nascimento dessa criança, a sétima, acarretou complicações. Durante várias semanas, Maria ficou tão doente que José permaneceu em casa. Jesus ficou muito ocupado, cuidando das tarefas do seu pai e dos muitos deveres ocasionados pela doença séria da sua mãe. Nunca mais a esse jovem foi possível voltar à atitude juvenil dos seus anos anteriores. Desde o tempo da doença da sua mãe – pouco antes dele fazer onze anos de idade – ele havia sido compelido a assumir as responsabilidades de primogênito; assim foi levado a fazê-lo um ou dois anos antes que essas cargas caíssem normalmente sobre os seus ombros.

O chazam, a cada semana, passava uma noite com Jesus, ajudando-o a aprofundar o seu domínio das escrituras hebraicas. E mantinha-se muito interessado no progresso do seu aluno, que era uma promessa; e, assim, estava disposto a ajudá-lo de muitos modos. Esse pedagogo judeu exerceu uma grande influência sobre aquela mente em crescimento, mas nunca foi capaz de compreender por que Jesus ficava tão indiferente a todas as suas sugestões concernentes ao projeto de ir para Jerusalém e continuar a sua educação com os doutos rabinos.

Em meados do mês de maio, o jovem acompanhou o seu pai em uma viagem de negócios a Sitópolis, a principal cidade grega da Decápolis, a antiga cidade hebraica de Betsean. No caminho, José contou grande parte da antiga história do rei Saul, dos filisteus e dos eventos subseqüentes da história turbulenta de Israel. Jesus ficou tremendamente impressionado com a aparência de limpeza e de ordem dessa cidade tida como pagã. Maravilhou-se com o teatro a céu aberto e admirou-se com a beleza do templo de mármore, dedicado à adoração dos deuses "pagãos". José ficou bastante perturbado com o entusiasmo do jovem e tentou contrabalançar essas impressões favoráveis exaltando a beleza e a grandeza do templo judeu de Jerusalém. Da montanha de Nazaré, muitas vezes Jesus havia contemplado, com curiosidade, essa magnífica cidade grega e tantas vezes perguntara sobre os seus extensos edifícios públicos ornados; o seu pai todavia sempre procurara evitar responder a tais perguntas. Agora estavam face a face com as belezas dessa cidade gentia, e José não podia ignorar gratuitamente as perguntas de Jesus.

E aconteceu que os jogos competitivos anuais, exatamente naquele momento, estavam em andamento, bem como as demonstrações de preparo físico entre as cidades gregas da Decápolis, no anfiteatro de Sitópolis, e Jesus insistiu para que o seu pai o levasse para ver os jogos, e foi tão insistente que José hesitou em negar-lhe aquilo. O jovem ficou entusiasmado com os jogos e entrou, sinceramente, no espírito das demonstrações do desenvolvimento físico e da habilidade atlética. José ficou inexplicavelmente chocado de ver o entusiasmo do seu filho, diante daquelas exibições de vaidade "pagã". Depois que os jogos terminaram, José tomou-se da maior surpresa da sua vida quando ouviu Jesus expressar a sua aprovação a eles e sugerir que seria bom para os jovens de Nazaré caso pudessem ser beneficiados de tal modo por aquelas atividades físicas ao ar livre. José falou honesta e longamente com Jesus sobre a natureza má de tais práticas, mas ele bem sabia que o filho não se convencera.

A única vez que Jesus viu o seu pai manifestar raiva com ele foi naquela noite no quarto da estalagem, quando, no decorrer da discussão, o jovem, então esquecido dos preceitos judeus, chegou a sugerir que, ao voltarem para casa, eles trabalhassem na construção de um anfiteatro em Nazaré. Quando José ouviu o seu primogênito expressando sentimentos tão pouco judaicos, esqueceu o seu comportamento calmo de costume e, tomando Jesus pelo ombro, furiosamente exclamou: "Meu filho, que eu não ouça nunca mais você exprimir um pensamento tão mau, enquanto você viver!" Jesus ficou assustado com aquela demonstração de emoção feita pelo seu pai; nunca antes tinha sido levado a sentir a indignação pessoal do seu pai e ficara atônito e chocado, mais do que era possível exprimir. E apenas respondeu: "Está bem, meu pai, assim será". E nunca mais o jovem fez a mais leve alusão, de qualquer modo, aos jogos e outras atividades atléticas dos gregos, enquanto o seu pai viveu.

Posteriormente, Jesus viu o anfiteatro grego em Jerusalém e ficou sabendo o quanto essas coisas podem ser odiosas do ponto de vista judaico. Porém, durante a sua vida, esforçou-se para introduzir a idéia da recreação saudável nos seus planos pessoais e, até onde a prática judaica permitiu, no programa de atividades regulares dos seus doze apóstolos.

Ao final desse décimo primeiro ano de vida, Jesus era um jovem vigoroso, bem desenvolvido, moderadamente bem-humorado e bastante alegre, mas, desse ano em diante, ele tornava-se mais dado a períodos peculiares de profunda meditação e contemplação circunspecta. Era hábito pensar sobre como devia encarar as obrigações para com a sua família e, ao mesmo tempo, ser obediente ao chamado da sua missão para com o mundo; e, então, Jesus já concebia que o seu ministério não deveria se limitar a melhorar o povo judeu.

4. O DÉCIMO SEGUNDO ANO (6 d.C.)

Esse foi um ano cheio de acontecimentos na sua vida. Jesus continuou a fazer progressos na escola e foi infatigável no seu estudo da natureza, e, cada vez mais firmemente, prosseguia nos seus estudos dos métodos pelos quais o homem ganha a vida. Começou a fazer um trabalho regular na carpintaria de casa e lhe foi permitido administrar os seus próprios ganhos, um arranjo muito inusitado para uma família judia. Nesse ano, também aprendeu como é sábio manter esses assuntos como um segredo de família. Estava tornando-se consciente de que tinha causado problemas na cidade, e, doravante, tornar-se-ia cada vez mais discreto, guardando segredo sobre tudo o que pudesse levá-lo a ser considerado como diferente dos seus companheiros.

Durante esse ano ele vivenciou muitos períodos de incerteza, para não dizer de dúvida real, a respeito da natureza da sua missão. A sua mente humana, em desenvolvimento natural, ainda não captava plenamente a realidade da sua natureza dual. O fato de que tivesse uma única personalidade tornava difícil para a sua consciência reconhecer a dupla origem dos fatores que compunham a natureza ligada àquela mesma personalidade.

Dessa época em diante ele teve mais êxito em lidar com os seus irmãos e irmãs. Cada vez com mais tato, era sempre mais compassivo e atento ao bem-estar e à felicidade deles; e manteve sempre um bom relacionamento com todos até o começo da sua ministração pública. Para ser mais explícito: ele dava-se de um modo excelente com Tiago, Míriam, e com as duas crianças mais jovens (ainda não nascidas, então), Amós e Rute, e sempre muito bem com Marta. Todo o problema que ele tinha em casa surgia, quase sempre, de atritos com José e Judá, particularmente com este último.

Foi uma experiência de provação, para José e Maria, realizar a formação dessa combinação sem precedentes de divindade e de humanidade; e ambos merecem um grande crédito por desincumbirem-se tão fielmente e com tanto sucesso das suas responsabilidades de progenitores. Os pais de Jesus iam compreendendo cada vez mais que havia algo de supra-humano residindo neste seu filho mais velho, mas eles nunca, sequer de longe, sonhariam que esse filho de promessa era de fato e na verdade o criador verdadeiro deste universo local de coisas e de seres. José e Maria viveram, e morreram, sem jamais saber que o seu filho Jesus realmente era o Criador do Universo, encarnado na carne mortal.

Nesse ano, Jesus deu mais atenção do que nunca à música; e continuou a ensinar aos seus irmãos e irmãs na escola de casa. E foi por volta dessa época que o jovem tornou-se mais claramente consciente da diferença entre os pontos de vista de José e Maria a respeito da natureza da sua missão. Ele ponderava muito sobre as opiniões divergentes dos seus pais, muitas vezes ao ouvir as suas discussões, quando eles julgavam que ele estava imerso em um profundo sono. Mais e mais se inclinava para a visão do seu pai, de um tal modo que a sua mãe estava destinada a sensibilizar-se com a percepção de que o seu filho estivesse gradualmente rejeitando a sua orientação para as questões que tinham a ver com a carreira da sua vida. E, à medida que os anos passaram, essa lacuna de compreensão ampliou-se. Cada vez menos Maria compreendia o significado da missão de Jesus, e, crescentemente, essa boa mãe ressentia-se com o fato de que o seu filho favorito não correspondesse às expectativas acalentadas por ela.

José alimentava uma crença, cada vez maior, na natureza espiritual da missão de Jesus. E, à parte outras razões mais importantes, parece uma pena de fato que ele não pudesse ter vivido para ver o cumprimento da sua noção do que era a auto-outorga de Jesus na Terra.

Durante o seu último ano na escola, quando tinha doze anos de idade, Jesus contestou perante o seu pai o costume judeu de tocar o pedaço de pergaminho, pregado no portal, todas as vezes que se entra ou que se sai da casa, em seguida sempre beijando o dedo que tocou o pergaminho. Como uma parte desse ritual, era costumeiro dizer: "O Senhor preservará o nosso sair e o nosso entrar, desta vez em diante e para sempre". José e Maria tinham reiteradamente instruído a Jesus quanto às razões para não fazer imagens ou desenhar figuras, explicando que essas criações poderiam ser usadas com propósitos idólatras. Embora Jesus não compreendesse inteiramente as proscrições contra as imagens e figuras, ele possuía um alto conceito do que é a consistência lógica e, assim sendo, ele destacou para o seu pai a natureza essencialmente idólatra dessa obediência habitual, quanto ao pergaminho do portal. E José retirou o pergaminho, depois que Jesus houvera assim argumentado com ele.

Com o passar do tempo, Jesus fez muita coisa para modificar as práticas das formalidades religiosas dos seus pais, tais como as preces familiares e outros costumes. E foi possível fazer muitas dessas coisas em Nazaré, pois a sinagoga ali se encontrava sob a influência de uma escola liberal de rabinos, representada por José, o renomado instrutor de Nazaré.

Durante esse ano e os dois seguintes, Jesus sofreu um grande desgaste mental por causa do esforço constante de ajustar a sua visão pessoal das práticas religiosas e das amenidades sociais às crenças estabelecidas dos seus pais. Ele atormentava-se com o conflito entre o desejo de ser leal às suas próprias convicções e a exortação da sua consciência ao dever de ser submisso aos seus pais; o seu conflito supremo sendo entre os dois grandes comandos predominantes na sua mente jovem. Um era: "Sê leal aos ditames das tuas convicções mais elevadas sobre a verdade e a retidão". O outro era: "Honrar o teu pai e a tua mãe, pois eles te deram a vida e te alimentaram desde então". Contudo, Jesus nunca deixou de lado a responsabilidade de fazer os ajustes cotidianos necessários entre esses domínios: o da lealdade às convicções pessoais e o do dever para com a família. E alcançou a satisfação de saber fundir de um modo cada vez mais harmonioso as convicções pessoais e as obrigações familiares em um conceito magistral de solidariedade grupal, baseado na lealdade, na justiça, na tolerância e no amor.

5. O SEU DÉCIMO TERCEIRO ANO (7 d.C.)

Durante esse ano, o jovem de Nazaré passou da juvenilidade para o alvorecer da sua juventude como homem; a sua voz começou a mudar, e outros traços da sua mente e do seu corpo evidenciaram o estado iminente da fase de amadurecimento.

No domingo à noite, 9 de janeiro do ano 7 d.C., o seu irmão Amós nasceu. Judá não tinha ainda nem dois anos de idade e a irmã Rute estava ainda para vir; assim pode-se ver que Jesus tinha uma família bastante numerosa, de pequenas crianças, sob os seus cuidados, quando o seu pai encontrou sua morte acidental no ano seguinte.

Foi por volta do meio do mês de fevereiro que Jesus teve a certeza humana de que estava destinado a cumprir, na Terra, uma missão para a iluminação do homem e para a revelação de Deus. Decisões fundamentais, combinadas a planos de longo alcance, estavam sendo formulados na mente desse jovem que era, para efeitos externos, um jovem judeu dentro da média de Nazaré. A vida inteligente de todo o Nébadon contemplava fascinada e maravilhada a tudo que começava a se desenvolver no pensamento e na ação do filho do carpinteiro, agora adolescente.

No primeiro dia da semana, 20 de março, do ano 7 d.C., Jesus graduou-se no curso de instrução, da escola local ligada à sinagoga de Nazaré. Esse era um grande dia na vida de qualquer família judaica ambiciosa, o dia em que o filho primogênito era pronunciado um "filho do mandamento" e o primogênito resgatado do Senhor Deus de Israel, uma "criança do Altíssimo" e servo do Senhor de toda a Terra.

Na sexta-feira da semana anterior, José tinha retornado de Séforis, onde estivera encarregado dos trabalhos de um novo edifício público, para estar presente a essa ocasião festiva. Com muita confiança, o professor de Jesus acreditava que esse diligente e aplicado aluno estivesse destinado a alguma carreira de proeminência, a alguma missão distinguida. Os decanos, não obstante todo o problema que tinham tido com as tendências inconformistas de Jesus, estavam bastante orgulhosos do jovem e tinham já começado a tecer planos para capacitá-lo a ir para Jerusalém e continuar a sua educação nas renomadas academias hebraicas.

Quando ouvia esses planos sendo discutidos, de tempos em tempos, Jesus ficava ainda mais certo de que nunca iria a Jerusalém para estudar com os rabinos. Ele mal sonhava, todavia, com a tragédia iminente e que iria obrigá-lo mesmo a abandonar todos esses planos, que o levaria a assumir a responsabilidade do sustento e da direção de uma grande família, em breve consistindo já de cinco irmãos e três irmãs, bem como da sua mãe e dele próprio. Jesus teve uma experiência maior e mais longa, criando essa família, do que a que teve José, o seu pai; e demonstrou estar à altura do padrão que subseqüentemente estabeleceu para si próprio: o de tornar-se um mestre e um irmão mais velho sábio, paciente, compreensivo e eficiente para uma família – a sua família – assim tão subitamente tocada pela dor de uma perda inesperada.

6. A VIAGEM A JERUSALÉM

Jesus, tendo agora atingido o limiar da vida de amadurecimento, e estando já graduado formalmente nas escolas da sinagoga, estava qualificado para ir a Jerusalém com os seus pais e participar com eles da celebração da sua primeira Páscoa. A festa da Páscoa desse ano caía em um sábado, 9 de abril, do ano 7 d.C. Um grupo numeroso (cento e três pessoas) preparou-se para partir de Nazaré, na segunda-feira, 4 de abril, pela manhã, rumo a Jerusalém. E viajaram para o sul, rumo a Samaria, mas ao chegar em Jezreel, tomaram a direção leste, rodeando o monte Gilboa até o vale do Jordão, para evitar passar por Samaria. José e a sua família teriam querido passar por Samaria, pelo caminho do poço de Jacó e de Betel, mas, posto que os judeus desgostavam de lidar com os samaritanos, decidiram ir com os seus vizinhos pelo caminho do vale do Jordão.

O muito temido Arquelau havia sido deposto, e eles pouco tinham a temer ao levar Jesus a Jerusalém. Doze anos eram passados, desde que o primeiro Herodes havia tentado destruir a criança de Belém; e ninguém agora pensaria em associar aquele caso a esse obscuro jovem de Nazaré.

Antes de chegar na encruzilhada de Jezreel, à medida que caminhavam para frente, muito em breve, à esquerda, eles passaram pela antiga aldeia de Shunem e, Jesus, outra vez, escutou a história da virgem mais bela de todo o Israel, que certa vez viveu lá; e também sobre as fantásticas obras que Eliseu havia realizado ali. Ao passar por Jezreel, os pais de Jesus contaram sobre a façanha de Ahab e de Jezebel e sobre a bravura de Jehu. Passando ao redor do monte Gilboa muito eles falaram sobre Saul, que tinha tirado a sua própria vida nos penhascos dessa montanha; do Rei Davi e de outros acontecimentos desse local histórico.

Ao passar pela periferia de Gilboa, os peregrinos puderam ver a cidade grega de Sitópolis à direita. Eles olharam as estruturas de mármore à distância e não chegaram muito perto da cidade gentia para não se sujarem, pois se o fizessem eles não poderiam participar das cerimônias solenes sagradas dessa Páscoa em Jerusalém. Maria não pôde compreender por que nem José nem Jesus falaram de Sitópolis. Ela não sabia da controvérsia que tinham tido no ano anterior, pois nada revelaram a ela desse episódio.

A estrada agora descia imediatamente até o vale tropical do Jordão e, logo, Jesus colocava o seu olhar de admiração sobre o tortuoso e sempre sinuoso Jordão, com as suas águas resplandecentes e ondulantes à medida que fluía para o mar Morto. Eles colocaram de lado os seus agasalhos enquanto viajavam para o sul nesse vale tropical, desfrutando dos campos luxuriantes de cereais e das belas oleáceas cobertas de flores rosadas, enquanto o maciço do monte Hermom, com a sua calota de neve, levantava-se ao longe no lado norte, dominando majestosamente o vale histórico. A pouco mais de umas três horas de viagem, de Sitópolis, eles chegaram a uma fonte borbulhante, e acamparam ali durante a noite, sob o céu estrelado.

No seu segundo dia de viagem passaram por onde o Jabok, vindo do leste, flui para o Jordão e, olhando para leste no vale desse rio, recordaram-se dos dias de Gideão, quando os medianitas invadiram essa região para ocupar as suas terras. No final do segundo dia de viagem acamparam perto da base da montanha mais alta, que domina o vale do Jordão, o monte Sartaba, cujo cume foi ocupado pela fortaleza alexandrina onde Herodes manteve presa uma das suas esposas e enterrou os seus dois filhos estrangulados.

No terceiro dia, passaram por duas aldeias que haviam sido recentemente construídas por Herodes e perceberam a sua arquitetura evoluída e os seus belos jardins de palmeiras. Ao cair da noite alcançaram Jericó, onde permaneceram até o dia seguinte. Naquela noite José, Maria e Jesus caminharam, por cerca de três quilômetros, até o local antigo de Jericó, onde Joshua, cujo nome foi dado a Jesus, tinha realizado as suas renomadas façanhas, de acordo com a tradição judaica.

No quarto e último dia de viagem, a estrada era uma contínua procissão de peregrinos. Agora eles começavam a escalar as colinas que levavam até Jerusalém. Ao chegarem ao topo podiam ver, ao fundo e ao sul do vale do Jordão, as montanhas sobre as águas quietas do mar Morto. Na metade do caminho até Jerusalém, Jesus pôde ver, pela primeira vez, o monte das Oliveiras (a região que se integraria como uma parte subseqüente da sua vida), e José indicou para ele que a Cidade Santa estava pouco além dessa crista; e o coração do garoto bateu mais depressa em uma antecipação da alegria que seria contemplar, em breve, a cidade e a casa do seu Pai celeste.

Nos declives a leste das Oliveiras eles fizeram uma pausa para descansar às margens de uma pequena aldeia chamada Betânia. Os aldeões hospitaleiros puseram-se a oferecer os seus préstimos aos peregrinos e aconteceu que José e a sua família haviam parado perto da casa de um certo Simão, que tinha três filhos com idades próximas da de Jesus – Maria, Marta e Lázaro. Eles convidaram a família de Nazaré para entrar e tomar um refresco; e então, uma amizade, que haveria de durar toda uma vida, floresceu entre as duas famílias. Muitas vezes, depois disso, na sua vida cheia de acontecimentos, Jesus passou por essa casa.

Logo se puseram a caminho e logo chegaram ao alto do monte das Oliveiras; e, pela primeira vez (segundo a sua memória), Jesus viu a Cidade Santa, os palácios pretensiosos e os templos inspiradores do seu Pai. Em nenhuma época da sua vida, Jesus provou uma experiência de emoção tão puramente humana como nesta que nesse momento o tomou completamente, quando ele parou ali nessa tarde de abril no monte das Oliveiras, sorvendo a sua primeira vista de Jerusalém. E nos anos posteriores, nesse mesmo local, ele deteve-se e chorou sobre a cidade que estava a ponto de rejeitar um outro profeta, o último e o maior dos seus mestres celestes.

Mas, apressados, eles tomaram o caminho de Jerusalém. Agora já era quinta-feira à tarde. Ao chegar na cidade, eles passaram pelo templo, e nunca Jesus havia visto uma tal multidão de seres humanos. Ele meditou profundamente sobre como esses judeus haviam-se reunido ali, vindos das partes mais distantes do mundo conhecido.

Pouco depois chegaram ao local previsto, onde se iriam acomodar durante a semana da Páscoa, a casa ampla de um parente abastado de Maria o qual, por intermédio de Zacarias, conhecia algo do início da história de João e de Jesus. No dia seguinte, o Dia da Preparação, eles aprontaram-se para a celebração própria do sábado de Páscoa.

Embora toda Jerusalém estivesse ocupada com as preparações da Páscoa, José encontrou tempo para levar o seu filho para dar uma volta e visitar a academia onde tinha sido arranjado para ele continuar a sua educação, dois anos mais tarde, tão logo alcançasse a idade necessária de quinze anos. José ficou de fato perplexo ao observar quão pequeno era o interesse evidenciado por Jesus por todos aqueles planos tão cuidadosamente elaborados.

Jesus ficou profundamente impressionado com o templo e com todos os serviços e as outras atividades ligadas ao mesmo. Pela primeira vez, desde os quatro anos de idade, estava ele ocupado demais com as próprias meditações a ponto de não fazer tantas perguntas. E, ainda assim, ele fez ao seu pai várias perguntas embaraçosas (como tinha feito em ocasiões anteriores), tais como por que o Pai celeste exigia o sacrifício de tantos animais inocentes e desamparados. E o seu pai sabia muito bem, pois lia na expressão do rosto do jovem, que as suas respostas e tentativas de explicação eram insatisfatórias para aquele jovem filho, de pensamentos tão profundos e raciocínio tão preciso.

No dia anterior ao sábado da Páscoa, uma torrente de iluminação espiritual atravessou a mente mortal de Jesus e preencheu o seu coração humano, até transbordar de piedade e compaixão afetuosa pelas multidões espiritualmente cegas e moralmente ignorantes que se reuniam para celebrar a Páscoa, na antiga comemoração. Esse foi um dos dias mais extraordinários que o Filho de Deus passou na carne; e, durante a noite, pela primeira vez na sua carreira terrena, apareceu para ele um mensageiro especial de Sálvington, enviado por Emanuel, que disse: "É chegada a hora. Já é tempo de começares a cuidar dos assuntos do teu Pai".

E, assim, antes mesmo de que as pesadas responsabilidades da família de Nazaré caíssem sobre os seus jovens ombros, surgia esse mensageiro celeste para relembrar agora a este jovem, que ainda não havia completado treze anos de idade, de que a hora era chegada, de começar a retomar as responsabilidades de um universo. Esse foi o primeiro ato de uma longa seqüência de acontecimentos que culminaram finalmente na consumação completa da auto-outorga do Filho, em Urântia, e na restituição do "governo de um universo aos seus ombros humano-divinos".

Com o passar do tempo, o mistério da encarnação tornou-se cada vez mais insondável para todos nós. Dificilmente poderíamos compreender que este jovem de Nazaré fosse o criador de todo o Nébadon. Ainda hoje, não compreendemos como o espírito deste mesmo Filho Criador e o espírito do seu Pai, do Paraíso, estão relacionados às almas da humanidade. Com o passar do tempo, pudemos ver que a sua mente humana, enquanto ele vivia a sua vida na carne, discernia cada vez mais que, em espírito, a responsabilidade de um universo repousava sobre os seus ombros.

E assim termina a carreira do jovem de Nazaré; e começa a narrativa sobre o ser adolescente – o ser divino humano cada vez mais autoconsciente – que agora começa a contemplação da sua carreira no mundo, ao mesmo tempo em que luta para integrar o propósito, em expansão, da sua vida, aos desejos dos seus pais e às suas obrigações para com a sua família e para com a sociedade do seu tempo e idade.

DOCUMENTO 125

JESUS EM JERUSALÉM

NENHUM episódio, em toda a movimentada carreira de Jesus na Terra, foi mais atraente e mais humanamente emocionante do que essa que foi a sua primeira visita relembrável a Jerusalém. Ele estava especialmente estimulado pela experiência de comparecer sozinho às discussões no templo, e isso se destacou durante muito tempo na sua memória como o grande acontecimento da sua segunda infância e começo da juventude. Essa era a sua primeira oportunidade de aproveitar de uns poucos dias de vida independente, na alegria de ir e de vir sem constrangimento nem restrições. Esse breve período de vida sem imposições, durante a semana que veio depois da Páscoa, foi a primeira completamente livre de responsabilidades que ele jamais havia gozado. E muitos anos decorreriam antes que ele tivesse novamente um período livre de todo o senso de responsabilidade, ainda que por um curto tempo.

As mulheres raramente iam à festa de Páscoa em Jerusalém; não lhes era exigido que estivessem presentes. Jesus, entretanto, recusou-se terminantemente a ir, a menos que sua mãe pudesse acompanhá-los. E, quando sua mãe decidiu ir, muitas outras mulheres de Nazaré foram levadas a fazer a viagem, e desse modo o grupo da Páscoa de Nazaré tinha, proporcionalmente ao de homens, o maior número de mulheres a terem ido à Páscoa. De quando em quando, a caminho de Jerusalém, eles cantavam o Salmo 130.

Desde o momento em que deixaram Nazaré, até que tivessem alcançado o monte das Oliveiras, Jesus vivenciou uma longa tensão de expectativa antecipada. E, em toda a sua alegre infância, havia ouvido falar de Jerusalém e do seu templo reverentemente; agora, em breve ele iria contemplá-los na realidade. Do monte das Oliveiras e do lado de fora, em uma vista mais aproximada, o templo era tudo e até mais do que Jesus esperava; mas, tão logo ele entrou nos seus portais sagrados, a grande desilusão teve início.

Em companhia dos seus pais Jesus passou pelos recintos do templo, para reunir-se ao grupo de novos filhos da lei que estava para ser consagrado como cidadãos de Israel. Ele ficou um pouco desapontado pelo comportamento geral das multidões no templo, mas o primeiro grande choque do dia veio quando sua mãe os abandonou no intuito de ir para a galeria das mulheres. Nunca havia ocorrido a Jesus que a sua mãe não iria acompanhá-lo às cerimônias de consagração, e ele estava profundamente indignado com o fato de que ela havia sido levada a sofrer essa discriminação injusta. Enquanto ele ressentia-se fortemente disso, à parte alguns poucos comentários de protesto feitos ao seu pai, ele nada disse. Mas pensou, e pensou profundamente, como exatamente ficou demonstrado quando fez novas perguntas aos escribas e aos professores uma semana mais tarde.

Jesus participou dos rituais da consagração, mas ficara decepcionado com a natureza superficial e rotineira deles. E perdera aquele interesse pessoal que caracterizava as cerimônias da sinagoga de Nazaré. E então retornou para saudar a sua mãe e preparar-se para acompanhar o seu pai na sua primeira volta pelo templo e suas várias praças, galerias e corredores. Os recintos do templo podiam acomodar mais de duzentos mil adoradores ao mesmo tempo, e a vastidão desses prédios – em comparação com qualquer outro que ele havia antes visto – impressionou muito a sua mente; no entanto estava mais curioso para observar a significação espiritual das cerimônias e cultos do templo.

Embora muitos dos rituais do templo hajam tocado o seu senso do belo e do simbólico, ele ficou decepcionado sempre com a explicação dos sentidos reais dessas cerimônias, que os seus pais ofereceram em resposta às suas muitas perguntas perspicazes. Jesus simplesmente não aceitava as explicações para a adoração e a devoção religiosa envolvendo a crença na ira de Deus ou na braveza atribuída ao Todo-Poderoso. Numa discussão posterior dessas questões, depois de concluírem a visita ao templo, quando o seu pai insistiu com suavidade para que ele declarasse aceitar as crenças ortodoxas judaicas, Jesus voltou-se subitamente para os seus pais e, olhando com apelo dentro dos olhos do seu pai, disse: "Meu pai, não pode ser verdade – o Pai nos céus não pode tratar assim os seus filhos que erram pela Terra. O Pai celeste não pode amar os seus filhos menos do que tu me amas. E eu sei bem, não importa quão pouco sábio seja o que eu possa chegar a fazer, tu não irias jamais derramar a tua ira sobre mim, nem expandir a tua raiva em mim. Se tu, meu pai terreno, possuis esses reflexos humanos do divino, quão mais pleno de bondade não deve ser o Pai celeste e transbordante de misericórdia. Eu me recuso a acreditar que o meu Pai nos céus me ame menos do que o meu pai na Terra".

Quando José e Maria ouviram essas palavras vindas do seu primogênito, eles ficaram em paz. E nunca mais novamente procuraram mudar a sua opinião sobre o amor de Deus e a misericórdia do Pai nos céus.

1. JESUS VISITA O TEMPLO

Em todos os lugares por onde ia, pelos pátios do templo, Jesus ficava chocado e enojado com o clima de irreverência que observava. Considerava a conduta da multidão no templo como sendo inconsistente com a presença deles na "casa do seu Pai". E o grande choque da sua jovem vida veio quando o seu pai o acompanhou à praça dos gentios, onde se ouvia um jargão espalhafatoso, um vozeio alto, um praguejar e tudo isso misturado indiscriminadamente aos balidos das ovelhas e ao murmúrio ruidoso que denunciava a presença de cambistas de moedas e vendedores de animais para o sacrifício e de diversas outras mercadorias comerciais.

Mas, acima de tudo, o seu senso de conveniência sentiu-se ultrajado quando viu as cortesãs frívolas circulando nesse recinto do templo, mulheres tão pintadas como as que ele havia visto recentemente, quando em visita a Séforis. Essa profanação do templo alevantou totalmente a sua jovem indignação, e ele não hesitou em expressar tudo isso livremente a José.

Jesus admirava o sentimento e o serviço do templo, mas estava chocado com a feiúra espiritual que via nas faces de tantos dos adoradores irrefletidos.

Eles passavam agora pela praça dos sacerdotes, abaixo da saliência da rocha, em frente do templo, onde o altar ficava, e observavam a matança de manadas de animais e a lavagem do sangue das mãos dos sacerdotes que oficiavam a chacina na fonte de bronze. A calçada manchada de sangue, as mãos dos sacerdotes intumescidas de sangue, e os grunhidos dos animais que morriam eram mais do que este jovem amante da natureza podia suportar. A visão terrível deixou o jovem de Nazaré doente; ele agarrou o braço do seu pai e implorou que fosse levado embora dali. Eles voltaram pela praça dos gentios, e, mesmo em meio ao riso grosseiro e aos gracejos profanos que eram ouvidos ali, tudo era um alívio para a visão que havia acabado de ter.

José viu como o seu filho ficara enojado ao ver os ritos do templo e, sabiamente, o levou para ver a "porta da beleza", a porta artística feita de bronze coríntio. Jesus, todavia, já havia visto o suficiente para essa sua primeira visita ao templo. Eles voltaram para a praça superior em busca de Maria e caminharam ao ar livre, afastando-se da multidão durante uma hora, vendo o palácio Asmoneano, a casa governamental de Herodes e a torre dos guardas romanos. Durante essa caminhada, José explicou a Jesus que só aos habitantes de Jerusalém era permitido testemunhar os sacrifícios diários no templo e que os habitantes da Galiléia vinham três vezes por ano para participar do culto do templo: na Páscoa, na festa de Pentecostes (sete semanas depois da Páscoa) e na Festa de Tabernáculos, em outubro. Essas festas haviam sido instauradas por Moisés. E então eles conversaram sobre essas duas festas mais recentemente estabelecidas, a da consagração e a de Purim. Em seguida foram para os seus alojamentos e se prepararam para a celebração da Páscoa.

2. JESUS E A PÁSCOA

Cinco famílias de Nazaré e os seus amigos foram convidados pela família de Simão, de Betânia, para a celebração da Páscoa; Simão havia comprado o cordeiro pascal para todo o grupo. A matança desses cordeiros, em quantidades tão enormes, era o que tinha afetado tanto a Jesus, na sua visita ao templo. O plano, para a Páscoa, era de comer com os parentes de Maria, mas Jesus persuadiu os seus pais a aceitarem o convite para irem a Betânia.

Naquela noite eles reuniram-se para os ritos da Páscoa, comendo a carne tostada com o pão sem levedura e as ervas amargas. A Jesus, sendo ele um novo filho da aliança, lhe foi pedido que contasse sobre a origem da Páscoa; e ele fez isso muito bem, mas deixou os próprios pais desconcertados, de uma certa maneira, ao incluir várias observações que refletiam, com suavidade, as impressões causadas na sua mente jovem, mas profunda, pelas coisas que ele havia visto e ouvido tão recentemente. Esse era o começo das cerimônias dos sete dias da festa da Páscoa.

Mesmo ainda tão jovem, Jesus, embora não tivesse dito nada sobre essas questões aos seus pais, havia começado a se perguntar sobre como seria celebrar a Páscoa sem a matança de cordeiros. Ele sentiu-se seguro no seu próprio pensamento de que o Pai no céu não estava contente com esse espetáculo de ofertas de sacrifícios e, com o passar dos anos, ele tornou-se cada vez mais determinado a estabelecer a celebração de uma Páscoa sem sangue, algum dia.

Jesus pouco dormiu naquela noite. O seu descanso foi bastante perturbado por sonhos revoltantes, de matanças e de sofrimentos. A sua mente estava perturbada e o seu coração dilacerado por causa das inconsistências e absurdos da teologia de todo o sistema judaico de cerimônias. Os seus pais do mesmo modo dormiram pouco. Eles ficaram bastante desconcertados com os acontecimentos do dia que terminava. Tinham os seus corações completamente perturbados pela atitude determinada e, para eles, estranha, do jovem. Maria ficou nervosamente agitada durante a primeira parte da noite, mas José permaneceu calmo, embora estivesse igualmente intrigado. Ambos temiam falar francamente com o jovem sobre esses problemas, embora Jesus, muito prazerosamente, tivesse querido conversar com os seus pais, caso eles tivessem ousado encorajá-lo.

Os serviços do dia seguinte, no templo, foram mais aceitáveis para Jesus e em muito colaboraram para aliviar as memórias desagradáveis do dia anterior. Na manhã seguinte o jovem Lázaro tomou Jesus pela mão, e começaram uma exploração sistemática de Jerusalém e dos seus arredores. Antes que o dia tivesse acabado, Jesus descobriu os diversos locais perto do templo nos quais havia conferencistas a ensinar e a responder perguntas; e, à parte umas poucas visitas ao santo dos santos, nas quais ele se perguntara com espanto o que estava realmente por trás do véu da separação, ele passou a maior parte do seu tempo perto do templo, nessas conferências de ensino.

Durante a semana da Páscoa, Jesus se manteve no seu lugar junto aos novos filhos do mandamento, e isso significava que ele devia assentar-se do lado de fora da grade que separava todas as pessoas que não eram cidadãos completos de Israel. Assim, sendo obrigado a tomar consciência da sua juventude, ele absteve-se de fazer as muitas perguntas que iam e vinham na sua mente; ao menos ele se conteve até que as celebrações da Páscoa tivessem chegado ao fim, pois, com isso, também as restrições aos jovens recém-consagrados ficavam suspensas.

Na quarta-feira da semana da Páscoa, foi permitido a Jesus ir para casa com Lázaro e passar a noite em Betânia. Nessa noite, Lázaro, Marta e Maria ouviram Jesus falar sobre coisas temporais e eternas, humanas e divinas e, daquela noite em diante, todos os três passaram a amá-lo como se fosse um irmão deles.

No fim da semana, Jesus viu Lázaro menos, pois este não tinha o direito de ser admitido nem no círculo mais externo das discussões do templo, embora fosse a algumas palestras públicas dadas nas praças externas. Lázaro era da mesma idade que Jesus, mas, em Jerusalém, os jovens raramente eram admitidos à consagração dos filhos da lei antes que tivessem treze anos completos de idade.

Durante a semana da Páscoa, os pais de Jesus encontrá-lo-iam muitas vezes assentado a sós com as mãos na sua cabeça jovem, pensando profundamente. Eles nunca o haviam visto comportar-se daquela maneira e estavam sentidamente perplexos, não sabendo o quão confusa estaria a mente dele nem quais problemas havia no seu espírito por causa da experiência pela qual estava passando; e eles não sabiam o que fazer. Ficaram contentes com o final da semana da Páscoa, pois almejavam ter de volta em Nazaré, a salvo, aquele filho de atitudes tão estranhas.

Dia após dia, Jesus pensava em todos os questionamentos. Ao final da semana ele tinha feito já muitas adequações; mas, quando chegou a hora de voltar para Nazaré, a sua mente jovem ainda fervilhava de perplexidades e era ainda assaltada por uma série de perguntas não respondidas e questões por resolver.

Antes que tivessem deixado Jerusalém, em companhia do professor de Jesus em Nazaré, José e Maria tomaram as providências definitivas para que Jesus voltasse, quando ele tivesse a idade de quinze anos, para começar o seu longo curso de estudos, em uma das mais conhecidas academias dos rabinos. Jesus acompanhou os seus pais e o seu professor nas visitas à escola, mas eles ficaram ansiosos ao observarem o quão indiferente ele parecera a tudo o que disseram e fizeram. Maria estava profundamente atormentada com as suas reações à visita a Jerusalém, e José profundamente perplexo com as observações estranhas do jovem e a sua conduta incomum.

Afinal, a semana de Páscoa tinha sido um grande acontecimento na vida de Jesus. Ele desfrutara da oportunidade de encontrar um grande número de rapazes da sua própria idade, companheiros candidatos à consagração e utilizara desses contatos como meio de aprender sobre o modo de vida do povo na Mesopotâmia, Turquestão e Pérsia, tanto quanto nas províncias do extremo oriente de Roma. Ele estava já bastante familiarizado com o modo com o qual os jovens do Egito e de outras regiões perto da Palestina eram criados e cresciam. Havia milhares de meninos em Jerusalém nessa época e o jovem de Nazaré pode conhecer e entrevistar, pessoalmente, de forma mais ou menos prolongada, mais de cento e cinquenta deles. Estivera particularmente interessado naqueles que provinham dos países do extremo ocidente e do oriente mais remoto. Como resultado desses contatos o jovem começou a alimentar um desejo de viajar pelo mundo com o propósito de aprender como os vários grupos dos seus irmãos trabalhavam para viver.

3. A PARTIDA DE JOSÉ E MARIA

Havia sido arranjado para que o grupo de Nazaré se reencontrasse perto do templo, no primeiro dia da semana seguinte, no meio da manhã, depois que o Festival da Páscoa houvesse terminado. Eles fizeram isso e iniciaram o retorno a Nazaré. Jesus tinha ido ao templo para ouvir as discussões, enquanto os seus pais esperavam pela reunião de todos viajantes. Em breve, o grupo preparou-se para partir, os homens caminhando em um grupo e as mulheres em outro, como era o costume ao viajar para os festivais de Jerusalém. Jesus havia ido para Jerusalém em companhia da sua mãe e das mulheres. E, sendo agora um homem consagrado, supunha-se que fizesse o caminho de volta para Nazaré em companhia do seu pai e dos outros homens. Mas, tão logo o grupo de Nazaré movimentou-se, na direção de Betânia, Jesus estava tão completamente absorto na discussão sobre os anjos, no templo, que se esqueceu totalmente de que passara o momento da partida dos seus pais. E só percebeu que havia sido deixado para trás na hora da interrupção das conferências do templo, ao meio-dia.

Os viajantes de Nazaré não sentiram a falta de Jesus porque Maria supunha que ele viajava com os homens, enquanto José pensava que ele viajava com as mulheres, pois tinha vindo a Jerusalém com elas guiando o jumento de Maria. E não descobriram a sua ausência senão quando chegaram a Jericó e se preparavam para passar a noite. Depois de perguntarem aos últimos grupos que chegaram a Jericó e, verificando que nenhum deles tinha visto o seu filho, eles passaram uma noite sem dormir, remoendo nas suas mentes o que poderia ter acontecido, relembrando as suas inúmeras reações inusitadas aos acontecimentos da semana da Páscoa e, com suavidade, repreendendo-se um ao outro por não terem feito com que ele estivesse no grupo antes que partissem de Jerusalém.

4. O PRIMEIRO E O SEGUNDO DIAS NO TEMPLO

Nesse meio tempo, Jesus havia permanecido no templo durante a tarde, ouvindo às discussões e desfrutando de uma atmosfera a mais quieta e decorosa, pois as grandes multidões da semana da Páscoa tinham já praticamente desaparecido. Depois da conclusão das discussões da tarde, de nenhuma das quais Jesus havia participado, ele partiu para Betânia, chegando exatamente na hora em que a família de Simão fazia-se pronta para tomar a refeição da noite. Os três jovens estavam cheios de alegria de poderem estar com Jesus que permaneceu na casa de Simão naquela noite; no entanto, ele pouco conversou, passando grande parte da noite a sós, no jardim, meditando.

Cedo, no dia seguinte, Jesus estava de pé e a caminho do templo. Parou no topo do monte das Oliveiras, e as lágrimas derramaram-se dos seus olhos por causa da vista que contemplava – um povo espiritualmente empobrecido, tolhido pelas tradições e vivendo sob a vigilância de legiões romanas. Bem cedo, pela manhã, Jesus encontrava-se já no templo com a sua mente pronta para tomar parte nas discussões. Enquanto isso, José e Maria também estavam, já bem cedo, de pé e com a intenção de retomar o caminho até Jerusalém. Primeiro, eles se apressaram a ir até a casa dos seus parentes, onde se tinham alojado como uma família durante a semana da Páscoa; todavia ficou claro o fato de que ninguém havia visto Jesus. Depois de procurarem o dia inteiro sem encontrarem sequer um vestígio dele, voltaram para a casa dos seus parentes para passarem a noite.

Na segunda conferência, Jesus tinha ousado fazer umas perguntas e participara, de uma maneira muito surpreendente, das discussões no templo mas sempre de um modo consistente com a sua juventude. Algumas vezes as suas perguntas incisivas eram um tanto embaraçosas para os doutos professores da lei judaica, mas ele evidenciava um tal espírito de honestidade cândida, combinada a uma fome evidente de conhecimento, que a maioria dos professores do templo se viu disposta a tratá-lo com toda a consideração. Quando, no entanto, ele presumiu perguntar sobre a justiça que seria condenar à morte um gentio bêbado que havia vagado pelo lado de fora da praça dos gentios e que, inadvertidamente, entrara nos recintos proibidos e reputadamente sagrados do templo, um dos mais intolerantes professores ficou impaciente com as críticas implícitas do jovem e, olhando furiosamente para ele, perguntou quantos anos tinha. Jesus respondeu: "Treze anos, menos pouco mais de quatro meses". "Então", retomou o professor agora irado: "Por que estás aqui, desde que não tens a idade de um filho da lei?" E quando Jesus explicou que havia recebido a consagração durante a Páscoa, e que era um estudante das escolas de Nazaré, que tinha completado os seus estudos, os professores em um acorde único retorquiram com ironia: "Deveríamos ter sabido; ele é de Nazaré". Mas o líder insistiu que Jesus não devia ser inculpado, se os dirigentes da sinagoga em Nazaré tinham-no efetivamente graduado, quando ele tinha doze anos de idade em vez de treze; e, não obstante vários dos seus caluniadores haverem abandonado o local, a regra era de que o jovem devesse participar sem ser perturbado, como um aluno, nas discussões do templo.

Quando terminou esse seu segundo dia no templo, novamente Jesus foi para Betânia, passar a noite. E, novamente, ficou no jardim para meditar e orar. Evidentemente a sua mente estivera preocupada na contemplação de problemas graves.

5. O TERCEIRO DIA NO TEMPLO

O terceiro dia de Jesus com os escribas e os professores no templo testemunhou a reunião de muitos espectadores que, havendo ouvido falar desse jovem da Galiléia, vieram para usufruir da experiência de presenciar o jovem confundir os homens sábios da lei. Simão também veio de Betânia, para ver o que o menino faria. Durante esse dia, José e Maria continuaram a sua procura ansiosa por Jesus, indo mesmo por várias vezes, até o templo, mas nunca pensando em escrutinar os vários grupos de discussões, embora houvessem tido a impressão, em determinado momento, de terem ouvido a voz fascinante dele à distância.

Antes que o dia houvesse terminado, toda a atenção do principal grupo de discussão do templo estava focalizada nas perguntas feitas por Jesus. Entre as suas muitas perguntas estavam:

1. O que realmente existe no santo dos santos, atrás do véu?

2. Por que as mães em Israel deviam ser segregadas dos adoradores masculinos do templo?

3. Se Deus é um Pai que ama os seus filhos, por que toda essa matança de animais para ganhar o favor divino – teriam os ensinamentos de Moisés sido mal interpretados?

4. Se o templo é dedicado à adoração do Pai no céu, é coerente permitir a presença daqueles que estão empenhados em meras trocas seculares e no comércio?

5. O esperado Messias será um príncipe temporal a assentar-se no trono de Davi, ou irá ele funcionar como a luz da vida para o estabelecimento de um Reino espiritual?

E, durante todo o dia, aqueles que o escutaram, maravilharam-se com essas perguntas, e ninguém ficara mais atônito que Simão. Durante mais de quatro horas, esse jovem de Nazaré pressionou os instrutores judeus com perguntas que instigavam o pensamento e que sondavam os corações. Ele fazia poucos comentários sobre as respostas dos mais velhos. Passava o seu ensinamento por meio das perguntas que fazia. Com a frase hábil e sutil de uma pergunta, ao mesmo tempo desafiava o ensinamento deles e sugeria o seu próprio. Pelo seu modo de formular uma pergunta, havia uma atraente combinação de sagacidade e de humor que o tornavam querido até mesmo por aqueles que mais ou menos se ressentiam da sua juventude. Ele era sempre eminentemente justo e cheio de consideração, pelo modo como fazia as perguntas penetrantes. Nessa tarde memorável, no templo, Jesus demonstrou aquela mesma relutância em tirar vantagem injusta de um oponente, coisa que caracterizou toda a sua ministração pública subseqüente. Enquanto jovem, e mais tarde como um homem, ele parecia estar totalmente isento de todo o desejo egoísta de vencer uma discussão para experimentar meramente um triunfo lógico sobre os seus semelhantes; estando interessado supremamente apenas em uma coisa: em proclamar a verdade perene e assim efetuar uma revelação mais completa do Deus eterno.

Quando o dia terminou, Simão e Jesus dirigiram-se para Betânia. Durante a maior parte do caminho, o homem e o menino permaneceram em silêncio. De novo Jesus parou no cume do monte das Oliveiras, mas enquanto via a cidade e o seu templo Jesus não chorou; apenas inclinou a sua cabeça em uma devoção silenciosa.

Depois da refeição da noite, em Betânia, novamente ele declinou-se de juntar-se ao círculo feliz; em vez disso, indo para o jardim, lá se demorou noite adentro, empenhando-se em vão em encontrar algum plano definido de abordagem da questão do trabalho da sua vida e de como decidir o que de melhor fazer para revelar aos seus irmãos, espiritualmente cegos, um conceito mais belo do Pai celeste e, desse modo, libertá-los da sua terrível servidão à lei, ao ritual, ao cerimonial e à tradição obsoleta. Mas nenhuma luz clara veio ao jovem buscador da verdade.

6. O QUARTO DIA NO TEMPLO

Estranhamente, Jesus encontrava-se esquecido dos seus pais terrenos; mesmo no desjejum, quando a mãe de Lázaro observou que os seus pais deviam estar em casa naquele momento, Jesus não pareceu compreender que eles deveriam estar, de algum modo, preocupados por ele haver ficado para trás.

Novamente Jesus caminhou até o templo, mas não parou para meditar no topo do monte das Oliveiras. Durante as discussões da manhã, grande parte do tempo foi devotada à lei e aos profetas; e os instrutores ficaram espantados por Jesus estar tão familiarizado com as escrituras tanto em hebreu, quanto em grego. Todavia, estavam mais estupefatos com a sua pouca idade do que com os seus conhecimentos da verdade.

Nas palestras da tarde, mal haviam começado a responder a sua pergunta relacionada ao propósito da prece, quando o líder convidou o jovem a adiantar-se e, assentando-se ao seu lado, instou-o a falar sobre a sua própria visão a respeito da prece e da adoração.

Na noite anterior, os pais de Jesus haviam ouvido falar sobre um estranho adolescente que tão primorosamente argumentava com os comentadores da lei, mas não lhes ocorrera que fosse o seu filho. Haviam decidido ir até a casa de Zacarias, pois pensavam que Jesus poderia ter ido até lá para ver Isabel e João. Pensando que Zacarias pudesse talvez estar no templo, pararam lá a caminho da cidade de Judá. E, passando pelas praças do templo, imaginai a surpresa deles e o seu assombro quando reconheceram a voz do jovem desaparecido e o viram assentado entre os instrutores do templo.

José ficou incapaz de falar, mas Maria deu vazão à sua emoção, por tanto tempo contida, de medo e ansiedade, e, correndo até o jovem, agora de pé para saudar os seus pais atônitos, ela disse: "Meu filho, por que nos trataste desse modo? Já faz mais de três dias que o seu pai e eu procuramos desesperadamente por ti. O que te deu para nos abandonar?" Foi um momento tenso. Todos os olhos estavam voltados para Jesus, para ouvir o que ele diria. O seu pai olhou para ele em reprovação, mas sem nada dizer.

Deve ser lembrado que era de se esperar que Jesus fosse como um jovem crescido. Ele havia acabado a escola regular de um menino, havia sido reconhecido como um filho da lei e recebera a consagração como cidadão de Israel. E, ainda assim, a sua mãe, mais do que levemente o repreendia perante todo o povo reunido, bem no meio do esforço mais sério e sublime da sua jovem vida; conduzindo a um fim inglório, assim, uma das maiores oportunidades que jamais lhe seriam concedidas para atuar como um instrutor da verdade, um pregador da retidão, um revelador do caráter amoroso do seu Pai no céu.

Mas o jovem mostrou estar à altura das circunstâncias. Se levardes em justa consideração todos os fatores que se combinaram para criar essa situação, estareis mais bem preparados para penetrar a sabedoria da resposta do jovem à censura sem intenção da sua mãe. Depois de pensar por um momento, Jesus respondeu à sua mãe, dizendo: "Por que me procuraste por tanto tempo? Não devias esperar encontrar-me na casa do meu Pai, já que é chegado o momento em que devo cuidar dos assuntos do meu Pai?"

Todos ficaram surpreendidos com a maneira do jovem falar. Silenciosamente foram se retirando e deixaram-no de pé sozinho, com os seus pais. Em breve o jovem rapaz aliviou a todos os três, de um embaraço, dizendo calmamente: "Ora, meus pais, ninguém fez nada senão aquilo que supunha ser o melhor. O nosso Pai nos céus determinou estas coisas; voltemos para casa".

E partiram em silêncio, chegando em Jericó para passar a noite. Apenas uma vez eles pararam, e foi no cume do monte das Oliveiras, quando o jovem levantou o seu bastão para o alto e, agitando o corpo da cabeça aos pés sob a onda de uma intensa emoção, disse: "Ó Jerusalém, Jerusalém, e seus habitantes, que escravos sois – subservientes ao jugo romano e vítimas das vossas próprias tradições –, mas eu voltarei para purificar o templo e para libertar o meu povo dessa servidão!"

Durante os três dias de viagem a Nazaré, Jesus pouco falou; e os seus pais pouco disseram na sua presença. Ficaram realmente sem entender a conduta do seu primogênito; mas guardaram nos seus corações o que ele dissera, ainda que não pudessem compreender plenamente o significado daquilo.

Ao chegarem em casa, Jesus fez uma breve declaração aos seus pais, assegurando a sua afeição por eles e deixando implícito que não havia nada a temer, pois ele não daria de novo oportunidade para que sofressem ansiedades em conseqüência da sua conduta. E concluiu essa declaração significativa dizendo: "Embora eu deva cumprir a vontade do meu Pai no céu, eu serei também obediente ao meu pai na Terra. Aguardarei a minha hora".

Embora, na sua mente, por muitas vezes, Jesus chegasse a recusar a *consentir* nos esforços bem intencionados, mas mal orientados, dos seus pais, não aceitando que eles ditassem o andamento do seu pensamento nem que estabelecessem o plano do seu trabalho na Terra, ainda assim, e de um modo totalmente consistente com a sua dedicação a fazer a vontade do seu Pai do Paraíso, ele *conformou-se*, com toda a graça, aos desejos do seu pai terreno e aos costumes da sua família na carne. E, mesmo nas coisas em que não podia consentir, tudo de possível ele faria para conformar-se. Ele era um artista na questão do ajustamento da sua dedicação ao dever para com as suas obrigações de lealdade à família e serviço ao semelhante.

José ficara confuso, mas Maria, refletindo sobre essas experiências, ficou confortada, finalmente, considerando aquela elocução, no monte das Oliveiras, como sendo profética da missão messiânica do filho dela, como o libertador de Israel. Ela se pôs a trabalhar com energia renovada, para orientar os pensamentos de Jesus nos canais patrióticos e nacionalistas e recorreu aos esforços do seu irmão, o tio favorito de Jesus; e de vários outros modos a mãe de Jesus dedicou-se à tarefa de preparar o seu primeiro filho para assumir a liderança daqueles que iriam restaurar o trono de Davi retirando para sempre aquele povo da servidão política e do jugo dos gentios.

DOCUMENTO 126

OS DOIS ANOS CRUCIAIS

D E TODAS as experiências de Jesus, na sua vida na Terra, o décimo quarto e o décimo quinto anos foram os mais cruciais. Esses dois anos, após haver-se tornado autoconsciente da sua própria divindade e destino e antes do momento em que começaria a se comunicar, de um modo mais amplo com o seu Ajustador residente, foram os anos de maior provação da sua movimentada vida em Urântia. É esse período de dois anos que deveria ser chamado de a grande prova, a tentação real. Nenhum ser humano jovem, passando pelas primeiras confusões e ajustamentos aos problemas da adolescência, jamais experimentou um teste mais crucial do que aquele pelo qual Jesus passou durante essa transição até a adolescência e a maturidade.

Esse importante período de desenvolvimento, na juventude de Jesus, começou com a conclusão da visita a Jerusalém e o retorno a Nazaré. A princípio, Maria estava feliz com o pensamento de que, uma vez mais o seu filho estava de volta e que Jesus havia voltado para casa para ser um filho dócil – não que ele tivesse jamais sido de um outro modo – e que ele seria, daí em diante, mais sensível aos planos que ela havia feito para a sua vida no futuro. Mas não seria por muito tempo que ela iria aquecer-se ao calor desse sol de ilusão maternal e de orgulho familiar inconsciente; logo iria desiludir-se mais completamente. Cada vez mais o jovem permanecia apenas em companhia do seu pai, e menos vinha até ela trazendo os seus problemas; mas, ao mesmo tempo, ambos não conseguiam compreender as freqüentes alternâncias dele, entre os assuntos deste mundo e a contemplação da sua relação com os assuntos do seu Pai celeste. Dizendo com franqueza, eles não o compreendiam, mas certamente o amavam.

À medida que Jesus crescia, a piedade e o amor que tinha pelo povo judeu aprofundavam-se, mas, com o passar dos anos, desenvolveu-se na sua mente um justo ressentimento pela presença, no templo do seu Pai, de sacerdotes politicamente escolhidos. Jesus tinha um grande respeito pelos fariseus sinceros e pelos escribas honestos, mas tinha pelos fariseus hipócritas e pelos teólogos desonestos um grande desprezo; via com desdém todos os líderes religiosos que não eram sinceros. Quando examinava minuciosamente a conduta dos dirigentes de Israel, algumas vezes, ficava tentado a ver favoravelmente a possibilidade de tornar-se o Messias segundo a expectativa dos judeus, mas nunca cedeu a tal tentação.

A história das suas façanhas diante dos sábios do templo em Jerusalém foi gratificante para toda a Nazaré, especialmente para os seus antigos professores da escola da sinagoga. Durante um certo tempo, um elogio a Jesus estava em todos os lábios. Toda a aldeia relatava a sabedoria da sua infância e a sua conduta meritória, e predizia que ele estava destinado a tornar-se um grande líder de Israel; finalmente um grande mestre estava para sair de Nazaré, na Galiléia. E eles todos se rejubilavam antecipadamente com a época em que ele iria fazer quinze anos de idade, quando lhe seria permitido ler regularmente as escrituras na sinagoga no sábado.

1. O SEU DÉCIMO QUARTO ANO (8 d.C.)

No calendário, esse ano 8 d.C. é o ano do seu décimo quarto aniversário. Ele havia-se transformado em um fabricante de cangas e trabalhava bem com a lona e com o couro. Havia-se tornado rapidamente também um hábil carpinteiro e marceneiro. E nesse verão ele fizera viagens freqüentes até o alto da colina, a noroeste de Nazaré, para orar e meditar. Estava gradativamente ficando mais autoconsciente da natureza da sua auto-outorga na Terra.

Essa colina havia sido, há pouco mais de cem anos, "o ponto alto de Baal"; e agora era o local da tumba de Simeão, um renomado homem santo de Israel. Do topo da colina de Simeão, Jesus podia ver toda a Nazaré e o campo à sua volta. Divisava Meguido e lembrava-se da história do exército egípcio tendo a sua primeira grande vitória na Ásia; e de como, mais tarde, outro exército derrotara Josias, o rei judeu. E, não muito ao longe, Jesus podia ver Tanac, onde Débora e Barak derrotaram Sisera. E, ainda, ao longe, podia ver as colinas de Dotan, onde, segundo os ensinamentos, os irmãos de José venderam-no à escravidão egípcia. E, ao voltar a sua vista para Ebal e Gerizim, rememorava-se das tradições de Abraão, de Jacó, e de Abimeleque. E de tudo isso ele se relembrava na sua mente, e revirava os acontecimentos históricos e tradicionais do povo do seu pai José.

Jesus continuava com os seus cursos avançados de leitura, sob a orientação dos mestres da sinagoga; e também prosseguia dando instrução aos seus irmãos e irmãs, em casa, quando atingiam as idades apropriadas.

No princípio desse ano, José arranjou um modo de reservar a renda das suas propriedades de Nazaré e Cafarnaum, para pagar o longo curso de Jesus em Jerusalém, tendo sido planejado que ele se mudaria para Jerusalém em agosto do próximo ano, quando fizesse quinze anos de idade.

Quando começou esse ano, tanto José quanto Maria alimentavam freqüentes dúvidas quanto ao destino do seu primogênito. De fato era uma criança brilhante e adorável, mas era tão difícil de entender, tão duro de penetrar e, por outro lado, nada de extraordinário ou miraculoso jamais vinha dele. Quantas vezes a sua orgulhosa mãe havia aguardado, em uma antecipação quase sem fôlego, à espera de ver o seu filho executar algum feito supra-humano ou miraculoso, mas as suas esperanças eram sempre desfeitas em uma decepção cruel. E tudo isso a deixava desencorajada e mesmo abatida. O povo devoto daqueles dias acreditava, de verdade, que os profetas e os homens prometidos sempre manifestariam a comprovação da sua missão e estabeleceriam a sua autoridade divina realizando milagres e coisas prodigiosas. Mas Jesus não fazia nenhuma dessas coisas; por isso a confusão dos seus pais crescia com o passar do tempo, quando contemplavam o futuro dele.

A condição econômica melhorada da família de Nazaré refletia-se, de muitos modos, na casa e especialmente no grande número de tábuas brancas lisas que eram usadas como quadros para escrever, as letras sendo feitas com carvão. Jesus também podia retomar as suas aulas de música, pois gostava muito de tocar harpa.

Durante todo esse ano, pode-se dizer, em verdade, que Jesus "cresceu no favore-cimento dos homens e de Deus". As perspectivas da família pareciam boas; o futuro resplandecia.

2. A MORTE DE JOSÉ

Tudo ia bem até aquela terça-feira fatídica, 25 de setembro, quando um mensa-geiro de Séforis trouxe a esse lar em Nazaré a trágica notícia de que José havia sido gravemente ferido pela queda de um mastro, enquanto trabalhava na residência do governador. O mensageiro de Séforis havia parado na oficina, a caminho da casa de José, e informara a Jesus sobre o acidente do seu pai, e eles foram juntos até a casa para levar as notícias tristes a Maria. Jesus desejou ir imediatamente até onde estava o seu pai, mas Maria nada escutaria, não quis senão apressar-se para ficar ao lado do seu marido. E decidiu que Tiago, então com dez anos de idade, iria acompanhá-la a Séforis, enquanto Jesus permaneceria em casa com as crianças mais novas, até que ela retornasse, já que não sabia quão seriamente José estava ferido. Mas José morreu por causa dos ferimentos, antes de Maria chegar até ele. Trouxeram-no para Nazaré e, no dia seguinte, foi enterrado junto aos seus pais.

Logo naquele momento, em que as perspectivas eram boas e o futuro parecia prome-tedor, uma mão aparentemente cruel abatia-se sobre o pai dessa família de Nazaré. Os assuntos da casa ficaram interrompidos, e todos os planos para Jesus e a sua instrução foram por terra. Este jovem carpinteiro, agora com pouco mais de quatorze anos de idade, despertou para a compreensão de que não apenas tinha de cumprir a missão do seu Pai celeste, de revelar a natureza divina na Terra e na carne, mas que seria necessá-rio que a sua jovem natureza humana assumisse, também, a responsabilidade de tomar conta da sua mãe viúva e de sete irmãos e irmãs – e de um outro mais, que estava para nascer. Este jovem de Nazaré, agora, tornava-se o único esteio e conforto dessa família tão subitamente enlutada. Assim, pois, foram permitidos que ocorressem esses fatos de ordem natural em Urântia, fatos que forçariam este jovem predestinado a assumir tão cedo as responsabilidades tão pesadas, mas altamente educativas e disciplinadoras, de tornar-se o dirigente de uma família humana, de tornar-se pai dos seus próprios irmãos e irmãs, de sustentar e proteger a sua mãe, de funcionar como guardião do lar do seu pai, o único lar no qual viveria enquanto neste mundo.

Jesus aceitou de bom grado as responsabilidades tão subitamente confiadas a ele e assumiu-as fielmente até o fim. Pelo menos um grande problema e uma dificuldade, que se antecipavam em sua vida, haviam sido resolvidos de forma trágica – não seria agora esperado que ele fosse para Jerusalém, estudar com os rabinos. E continuaria verdadeiro que Jesus "não seria acólito de ninguém". Ele estava sempre à disposição para aprender, mesmo da mais humilde das criancinhas, mas jamais obteve de fontes humanas a autoridade para ensinar a verdade.

E, contudo, Jesus nada sabia da visita feita por Gabriel à sua mãe antes do seu nascimento; e soube disso, por meio de João, só no dia do seu batismo, no começo da sua ministração pública.

Com o passar dos anos, este jovem carpinteiro de Nazaré avaliava cada vez mais aprimoradamente as instituições da sociedade e o uso de cada religião, por meio do invariável teste: O que faz pela alma humana? Ela traz Deus ao homem? Leva o homem a Deus? Conquanto este jovem não negligenciasse os aspectos re-creativos e sociais da vida, cada vez mais ele devotava o seu tempo e suas energias a dois propósitos apenas: cuidar da sua família e preparar-se para cumprir, na Terra, a vontade celeste do seu Pai.

Nesse ano, tornou-se costume os vizinhos aparecerem durante as tardes de inverno, para ouvir Jesus tocar a harpa, para escutar as suas histórias (pois o jovem era mestre em contar histórias); e para escutá-lo lendo partes das escrituras gregas.

Os assuntos econômicos da família continuavam a correr tranqüilamente, pois havia uma boa soma de dinheiro à mão, no momento da morte de José. Jesus, muito cedo, demonstrou possuir tino e sagacidade para os negócios financeiros. Ele era liberal, mas com simplicidade; era econômico, mas generoso. Revelou-se um administrador sábio e eficiente dos bens do seu pai.

Contudo, a despeito de tudo o que Jesus e os vizinhos de Nazaré pudessem fazer para trazer alegria àquela casa, Maria, e também as crianças, estavam cheias de tristeza. José havia partido; ele tinha sido excepcional como marido e como pai, e todos sentiam a sua falta. Parecia ainda mais terrivelmente trágico pensar que o seu pai morrera antes que eles pudessem conversar com ele, e antes de receberem uma bênção de despedida.

3. O DÉCIMO QUINTO ANO (9 d.C.)

Em meados do seu décimo quinto ano – e estamos considerando o tempo de acordo com o calendário do século vinte, não pelo ano judeu –, Jesus possuía, sob suas mãos firmes, a direção da sua família. Antes que esse ano tivesse passado, contudo, as economias deles haviam desaparecido e estavam enfrentando a necessidade de dispor de uma das casas de Nazaré, a qual José possuía em sociedade com o seu vizinho Jacó.

Na quarta-feira, 17 de abril do ano 9 d.C., à noite, nasceu Rute, o bebê da família. E, com a sua melhor disposição, Jesus empenhou-se em ocupar o lugar do seu pai, confortando e ministrando à sua mãe durante essa provação difícil e peculiarmente triste. Por quase vinte anos (até ele começar o seu ministério público) nenhum pai poderia ter amado e cuidado de uma filha com mais afeição e fidelidade do que Jesus cuidou da pequena Rute. E ele foi um pai igualmente bom para todos os outros membros da sua família.

Durante esse ano, pela primeira vez, Jesus formulou a oração que posteriormente ensinou aos seus apóstolos e que, para muitos, havia-se tornado conhecida como o "O Pai nosso". Num certo sentido, ela representou o auge do altar familiar; pois eles tinham muitas formas de louvar e várias preces formais. Depois da morte do seu pai, Jesus tentou ensinar às crianças mais velhas como se expressar individualmente na prece – do modo como ele tanto gostava de fazer –, mas elas não podiam compreender o seu pensamento e, inevitavelmente, voltavam às preces memorizadas. E, nesse esforço de estimular os seus irmãos e irmãs maiores a dizer preces individuais, Jesus tentaria conduzi-los por meio de frases sugestivas mas logo, sem intenção da parte dele, acontecia que acabavam todos usando uma forma de oração construída, em grande parte, a partir daquelas linhas sugestivas que Jesus lhes havia ensinado.

Finalmente Jesus desistiu da idéia de ter todos os membros da família fazendo preces espontâneas e, em uma noite de outubro, ele assentou-se perto da pequena lâmpada, junto à mesa baixa de pedra e, com um pedaço de carvão, escreveu em uma tábua quadrada lisa de cedro, de uns quarenta e cinco centímetros de lado, a oração que, desde aquele momento, tornou-se a prece modelo da sua família.

Nesse ano Jesus foi bastante atormentado por reflexões confusas. As responsabilidades familiares tinham, de um modo eficaz, apagado todos os pensamentos de cumprir imediatamente qualquer plano que dizia respeito àquilo que a visitação de Jerusalém lhe impunha, no sentido de que ele "cuidasse dos assuntos do seu Pai". Jesus raciocinou, acertadamente, que cuidar da família terrena do seu pai devia ter precedência sobre todos os deveres; que sustentar a sua família devia tornar-se a sua primeira obrigação.

No decorrer desse ano, Jesus encontrou uma passagem no chamado Livro de Enoch, que o influenciou na sua adoção futura do termo "Filho do Homem" como designação para a sua missão de autodoação em Urântia. Ele havia cuidadosamente considerado a idéia do Messias judeu e estava firmemente convencido de que ele não seria aquele Messias. Almejava ajudar o povo do seu pai, mas jamais levando exércitos judeus a livrarem a Palestina do domínio estrangeiro. Ele sabia que jamais se assentaria no trono de Davi, em Jerusalém. E também não acreditava que a sua missão fosse a de um libertador espiritual, nem a de um educador moral, apenas para o povo judeu. Em nenhum sentido, portanto, a missão da sua vida poderia vir a ser a concretização da intensa aspiração das supostas profecias messiânicas das escrituras hebraicas; pelo menos, não como os judeus entendiam essas predições dos profetas. Do mesmo modo Jesus estava certo de que nunca apareceria como o Filho do Homem descrito pelo profeta Daniel.

Mas quando chegasse a hora de sair como um pregador, para o mundo, como iria chamar-se a si mesmo? O que assumiria para essa missão? Por qual nome deveria ser chamado pela gente que iria acreditar nos seus ensinamentos?

Enquanto repassava todas essas questões na sua mente, ele encontrou, na biblioteca da sinagoga, em Nazaré, entre os livros apocalípticos que havia estudado, esse manuscrito chamado "O Livro de Enoch"; e, embora estivesse certo de que não tinha sido escrito pelo Enoch de outrora, o livro o deixou bastante intrigado; e ele o leu e releu muitas vezes. Havia uma passagem que particularmente o impressionara, uma passagem na qual esse termo "Filho do Homem" aparecia. E o escritor desse chamado Livro de Enoch contava sobre o Filho do Homem, descrevendo o trabalho que ele faria na Terra, explicando que esse Filho do Homem, antes de descer a esta Terra para trazer a salvação à humanidade, havia percorrido as cortes da glória dos céus, com o seu Pai, o Pai de todos; e que ele tinha dado as costas a toda essa grandeza e glória para descer à Terra e proclamar a salvação aos mortais necessitados. À medida que Jesus lia essas passagens (entendendo muito bem que grande parte do misticismo oriental, que havia sido mesclado a esses ensinamentos, era equivocada), ele respondia no seu coração e reconhecia na sua mente que, de todas as predições messiânicas das escrituras dos hebreus e de todas as teorias sobre o libertador judeu, nenhuma estava tão próxima da verdade quanto essa história, relegada a um segundo plano, nesse Livro de Enoch, apenas parcialmente acreditado; e então, ali mesmo, ele decidiu adotar "Filho do Homem" como o seu primeiro nome. E assim foi feito por ele quando, subseqüentemente, começou o seu trabalho público. Jesus possuía uma inequívoca capacidade de reconhecer a verdade; e jamais hesitou em abraçar a verdade, não importava de que fonte ela emanasse.

Nessa época, já, muito cuidadosamente, ele havia estabelecido diversas coisas sobre o seu trabalho vindouro para o mundo, mas nada disse sobre essas questões à sua mãe, que ainda se apegava ferrenhamente à idéia de que ele deveria ser o Messias judeu.

A grande confusão dos dias da juventude de Jesus aflorava agora. Tendo estabelecido algo sobre a natureza da sua missão na Terra, "de como proceder ao cuidar dos assuntos do seu Pai" – de fazer toda a humanidade saber da natureza amorosa do seu Pai –, ele começou ponderando, novamente, sobre as muitas afirmações, nas escrituras, que se referiam à vinda de um libertador nacional, de um mestre ou um rei judeu. A quais acontecimentos essas profecias referiam-se? Seria ele um judeu? Ou não seria? Era ou não era da casa de Davi? A sua mãe afirmava que ele era; o seu pai julgava que ele não fosse. E Jesus decidiu que não era. Mas teriam os profetas confundido a natureza e a missão do Messias?

Afinal, seria possível que a sua mãe estivesse certa? Na maioria das questões, quando surgiram divergências de opinião no passado, ela estivera certa. Se ele fosse um novo mestre e *não* o Messias, então como poderia ele reconhecer o Messias judeu, caso este aparecesse em Jerusalém durante o tempo da sua missão na Terra; e, além disso, qual deveria ser a sua relação com esse Messias judeu? E qual deveria ser a sua relação com a sua família, depois que assumisse a missão da sua vida? E, também, com a comunidade e a religião judaica, com o império romano, com os gentios e as suas religiões? Cada uma dessas questões relevantes ia sendo revolvida na mente desse jovem galileu seriamente ponderado, enquanto ele continuava a trabalhar na bancada de carpinteiro, ganhando a vida laboriosamente para si próprio, a sua mãe e mais oito outras bocas famintas.

Antes do fim desse ano, Maria viu as economias da família diminuírem. E confiou a venda dos pombos a Tiago. Em breve compraram uma segunda vaca para, com a ajuda de Míriam, iniciarem a venda de leite aos vizinhos de Nazaré.

Os seus profundos períodos de meditação, as suas idas freqüentes ao topo da colina para orar e as muitas idéias estranhas que Jesus anunciava, de tempos em tempos, alarmavam profundamente a sua mãe. Algumas vezes ela pensava que o jovem estava fora de si, e então controlava os seus medos lembrando-se de que Jesus, afinal, era um filho prometido e, de muitos modos, diferente dos outros jovens.

Mas Jesus começava a aprender a não falar dos seus pensamentos, a não apresentar todas as suas idéias ao mundo, nem mesmo à sua própria mãe. Desse ano em diante, as divulgações que Jesus fazia sobre o que se passava na sua mente diminuíram visivelmente; isto é, ele falava cada vez menos sobre as coisas que uma pessoa mediana não entendesse; e que o levariam a ser considerado como peculiar ou diferente da gente comum. Para todos os efeitos, na aparência, tornou-se um jovem comum e convencional, se bem que almejasse achar alguém que pudesse entender os seus problemas. Jesus desejava ter um amigo fiel e digno de confiança, mas os seus problemas eram complexos demais para os seus semelhantes humanos compreenderem. A singularidade dessa situação excepcional compeliu-o a carregar o seu fardo sozinho.

4. O PRIMEIRO SERMÃO NA SINAGOGA

Com a vinda do seu décimo quinto aniversário, Jesus podia oficialmente ocupar o púlpito da sinagoga no sábado. Muitas vezes antes, na ausência de oradores, havia sido pedido a Jesus que lesse as escrituras; mas agora havia chegado o dia em que, de acordo com a lei, ele podia conduzir os serviços. E, por isso, no primeiro sábado depois do seu décimo quinto aniversário, o chazam arranjou para que Jesus conduzisse o serviço matinal na sinagoga. E, quando todos os fiéis de Nazaré estavam reunidos, o jovem, havendo feito a sua seleção das escrituras, levantou-se e começou a ler:

"O espírito do Senhor Deus está em mim, pois o Senhor me ungiu; Ele enviou-me para trazer as boas-novas aos mansos, medicar os que tiverem o coração alquebrado, proclamar a liberdade aos prisioneiros e libertar os confinados espiritualmente; para proclamar o ano da graça e o dia do ajuste com o nosso Deus; para confortar todos os que pranteiam e dar a eles a beleza em lugar de cinzas, o óleo da alegria em lugar do luto, uma canção de louvor em vez do espírito da tristeza, para que sejam chamadas de árvores da retidão aquelas que foram plantadas pelo Senhor e com as quais Ele pode ser glorificado.

"Buscai o bem e não o mal, para que possais viver e assim o Senhor, Deus das hostes, possa estar convosco. Odiai o mal e amai o bem, estabelecei o julgamento à entrada da porta. Talvez o Senhor Deus conceda Sua graça aos remanescentes de José.

"Lavai-vos e purificai-vos; afastai o mal dos vossos atos perante os Meus olhos; cessai de fazer o mal e aprendei a fazer o bem; buscai a justiça; aliviai os oprimidos. Defendei o órfão e pedi pela viúva.

"Com o que me apresentarei perante o Senhor para inclinar-me diante desse Senhor de toda a Terra? Deverei chegar diante Dele com ofertas em holocausto e bezerros de um ano? Será que o Senhor ficará satisfeito com milhares de carneiros, dezenas de milhares de ovelhas ou com rios de óleo? Por causa da minha transgressão, deveria eu desfazer-me do meu primogênito, do fruto do meu corpo, por causa do pecado da minha alma? Não! Pois o Senhor nos mostrou, ó homens, o que é bom. E, o que o Senhor espera de vós, a não ser que sejais justos, que ameis a misericórdia e caminheis humildemente junto ao vosso Deus?

"A quem, então, comparareis o Deus que domina o círculo da Terra? Levantai os vossos olhos e contemplai Aquele que criou todos os mundos, que gera as Suas hostes segundo um número certo e as chama a todas pelos nomes. E faz todas essas coisas graças à grandeza do Seu poder; e, pois, Ele sendo forte em poder, nenhuma delas falha. Ele dá poder aos fracos e àqueles que estão exauridos Ele lhes dá mais força. Não temais, pois Eu estou convosco; não desanimeis, pois Eu sou o vosso Deus. Eu fortalecer-vos-ei e ajudar-vos-ei; sim, Eu sustentar-vos-ei com a mão direita da minha retidão, pois sou o Senhor, vosso Deus. E segurarei a vossa mão direita, dizendo a vós: não temais, pois Eu ajudar-vos-ei.

"E sois, pois, as Minhas testemunhas, diz o Senhor, e os Meus servidores, a quem Eu escolhi para que todos saibam e acreditem em Mim e compreendam que sou o Eterno. Sim, Eu sou o Senhor, e além de Mim não há nenhum salvador".

E quando terminou essa leitura, Jesus assentou-se, e o povo voltou para as suas casas, pensando nas palavras que tinha tão graciosamente lido para eles. Nunca o povo da sua cidade o havia visto tão magnificamente solene; eles não haviam jamais ouvido a sua voz sendo mais honesta e sincera; nunca eles o haviam visto tão maduro, decisivo e com tanta autoridade.

Nesse sábado à tarde Jesus subiu a colina de Nazaré com Tiago e, quando retornaram à casa, escreveu os dez mandamentos em grego, com carvão, em duas tábuas de madeira polida. Mais tarde, Marta coloriu e desenhou coisas nessas tábuas, e, durante muito tempo, elas ficaram dependuradas na parede, sobre o pequeno banco de trabalho de Tiago.

5. A LUTA FINANCEIRA

Gradualmente, Jesus e a sua família retornaram à vida simples dos seus anos anteriores. As suas roupas e mesmo a sua comida tornaram-se mais simples. Eles possuíam bastante leite, manteiga e queijo. Desfrutavam dos produtos do seu jardim durante as estações próprias, mas, cada mês que passava, obrigava-os à prática de uma frugalidade maior. O desjejum deles era bem simples; deixavam a sua melhor comida para a refeição da noite. Contudo, entre os judeus, a falta de riqueza não implicava inferioridade social.

Esse jovem tinha quase já a compreensão total de como os homens viviam nos seus dias. E os seus ensinamentos posteriores mostram como Jesus havia entendido bem a vida no lar, no campo e nas oficinas; e tais ensinamentos revelam, de modo bastante completo, a intimidade do seu contato com todas as fases da experiência humana.

O chazam de Nazaré continuou na crença de que Jesus devia tornar-se um grande mestre, provavelmente o sucessor do renomado Gamaliel, em Jerusalém.

Aparentemente, todos os planos de Jesus, para a sua carreira, estavam frustrados. Do modo como estavam as questões agora, o futuro não parecia muito brilhante. Mas ele não vacilou e não se desencorajou. Continuou a viver o dia a dia, fazendo bem os deveres do momento e fielmente desempenhando-se das responsabilidades *imediatas* daquele período da sua vida. A vida de Jesus é o consolo eterno de todos os idealistas desapontados.

O salário de um dia de trabalho de um carpinteiro comum estava diminuindo aos poucos. Ao fim desse ano Jesus podia ganhar, trabalhando desde cedo pela manhã e até o fim da tarde, apenas o equivalente a cerca de um quarto de dólar por dia. No próximo ano, eles acharam difícil pagar os impostos civis, sem mencionar as contribuições para a sinagoga e os impostos de meio siclo para o templo. Nesse ano, o coletor de impostos tentou extorquir mais dinheiro de Jesus, ameaçando até mesmo levar a sua harpa.

Temendo que o exemplar das escrituras gregas pudesse ser descoberto e confiscado pelos coletores de impostos, Jesus, no seu décimo quinto aniversário, presentou-o à biblioteca da sinagoga de Nazaré como uma oferta, da sua maturidade, ao Senhor.

O grande choque do seu décimo quinto ano de idade veio quando Jesus foi a Séforis, para saber sobre a decisão de Herodes a respeito do apelo feito a ele quanto ao montante do dinheiro devido a José, desde a época da sua morte acidental. Jesus e Maria estavam esperando receber uma soma considerável de dinheiro; mas o tesoureiro de Séforis ofereceu a eles uma soma irrisória. Os irmãos de José haviam apelado ao próprio Herodes; agora, no palácio Jesus ouvia Herodes decretar que nada era devido ao seu pai na época da sua morte. E, por essa decisão injusta, Jesus nunca mais confiou em Herodes Antipas. Não é de se surpreender que certa vez ele haja feito alusão a Herodes como "aquela raposa".

O trabalho assíduo, na bancada de carpinteiro, durante esse ano e nos seguintes privou Jesus da oportunidade de entrar em contato com os passageiros das caravanas. O seu tio havia já tomado posse da loja que dava suprimento à família; e Jesus trabalhava na oficina da casa todo o tempo, onde podia ficar por perto para ajudar Maria com a família. Nessa época ele começou a enviar Tiago à parada de camelos para colher informações sobre os acontecimentos do mundo; e assim ele buscava estar em contato com as notícias atuais.

À medida que cresceu até a idade adulta, ele passou por todos esses conflitos e confusões pelos quais a média das pessoas jovens de épocas anteriores e posteriores passa. E a experiência rigorosa, de sustentar a sua família, foi uma salvaguarda segura contra a possibilidade de haver tempo de sobra para pensamentos ociosos ou para permitir-se tendências místicas.

Esse foi o ano em que Jesus arrendou um terreno de tamanho considerável, ao norte da casa, que foi dividido como um jardim e uma horta da família. Cada uma das crianças maiores possuía uma horta individual; e entraram em competição viva nos seus esforços de agricultores. O seu irmão mais velho passava algum tempo com eles no jardim, todos os dias, durante a estação de cultivo dos vegetais. Quando Jesus trabalhava com os seus irmãos e irmãs mais novos na horta, muitas vezes alimentava o desejo de que fossem todos morar em uma fazenda no interior, onde podiam gozar da independência e da liberdade de uma vida sem entraves. Mas eles não se viam crescendo no campo; e Jesus, sendo um jovem bastante prático, bem como um idealista, enfrentava os problemas de um modo enérgico e inteligente e como ele julgava que devia; e fazia tudo dentro do seu poder e do da sua família para ajustar-se às realidades da situação e adaptar-se à sua condição, de modo a terem todos a mais alta satisfação possível dentro das suas aspirações individuais e coletivas.

A um dado momento, Jesus esperou vagamente que pudesse ser capaz de juntar meios suficientes, desde que tivesse sido possível receber a soma considerável de dinheiro devida ao seu pai, pelo trabalho no palácio de Herodes, para garantir a compra de uma pequena fazenda. Realmente ele havia dado uma séria atenção ao plano de mudar com a sua família para o campo. Mas, quando Herodes recusou-se a lhes pagar qualquer fundo devido a José, eles deixaram de lado a ambição de possuir um lar no campo no interior. E então, do modo como ficaram as coisas, acabaram encontrando o meio de desfrutar, em muito, da experiência de uma vida de fazenda, já que agora eles tinham três vacas, quatro ovelhas, uma criação de galinhas, um burro e um cão, além dos pombos. Mesmo os menores tinham os seus deveres regulares para fazer, dentro do esquema bem controlado de organização que caracterizava a vida do lar dessa família de Nazaré.

Ao fim desse décimo quinto ano, Jesus havia acabado de atravessar o período perigoso e difícil, da existência humana, aquela época de transição entre os anos complacentes da infância e aqueles da consciência da aproximação da idade adulta, com maiores responsabilidades e oportunidades de adquirir experiências adiantadas no desenvolvimento de um caráter nobre. O período de crescimento da mente e do corpo havia terminado, e agora começava a verdadeira carreira desse jovem de Nazaré.

DOCUMENTO 127

OS ANOS DA ADOLESCÊNCIA

À MEDIDA que entrava nos anos de adolescência, Jesus viu-se como o dirigente único de uma grande família e como o seu único suporte. Uns poucos anos depois da morte do seu pai, todas as propriedades deles tinham sido perdidas. Com o passar do tempo, mais consciente ele ficava da sua preexistência; e, ao mesmo tempo passou a compreender mais plenamente que estava presente na Terra e na carne com o propósito expresso de revelar o seu Pai do Paraíso aos filhos dos homens.

Nenhum adolescente que haja vivido ou que irá jamais viver neste, ou em qualquer outro mundo, teve ou terá problemas mais graves a resolver ou dificuldades mais intrincadas para desembaraçar. Nenhum jovem de Urântia jamais será convocado a passar por conflitos mais angustiantes e por provas mais duras do que Jesus, nestes esses árduos anos entre os seus quinze e os vinte anos de idade.

Tendo, pois, conhecido a experiência real de viver esses anos da adolescência em um mundo assediado pelo mal e atormentado pelo pecado, o Filho do Homem adquiriu todo o conhecimento sobre a experiência de vida dos jovens de todos os reinos de Nébadon e assim, para sempre, ele tornou-se o refúgio de compreensão para os adolescentes angustiados e perplexos de todas as idades e em todos os mundos do universo local.

Lentamente, mas com segurança e por meio de uma experiência real, esse Filho divino está *conquistando* o direito de tornar-se o soberano do seu universo, o dirigente supremo e inquestionável de todas as inteligências criadas em todos os mundos do universo local, e um refúgio de compreensão para todos os seres, de todas as idades e graus de dons pessoais e de experiência.

1. O DÉCIMO SEXTO ANO (10 d.C.)

O Filho encarnado passou pela meninice e experimentou uma infância sem nada de extraordinário. Então, emergindo daquele período de transição cheio de provações, entre a infância e a juventude, tornou-se o Jesus adolescente.

Nesse ano, alcançou a sua estatura física definitiva. Era um jovem formoso e viril. Tornou-se cada vez mais sóbrio e circunspecto, mas era compassivo e amável. Os seus olhos eram doces, mas inquisidores; o seu sorriso era sempre simpático e calmo. A sua voz era musical, mas autoritária; a sua saudação cordial, sem afetação. Sempre, mesmo no mais comum dos contatos, parecia evidenciar-se uma natureza dupla, a humana e a divina. E, sempre, demonstrava a combinação da compaixão do amigo e a autoridade do mestre. E esses traços de personalidade cedo se tornaram manifestos, mesmo nos anos adolescentes.

Esse jovem forte e robusto fisicamente também teve o crescimento pleno do seu intelecto humano; não a experiência total do pensamento humano, mas a plenitude da capacidade para o desenvolvimento intelectual. Ele possuía um corpo saudável e bem proporcional, uma mente penetrante e analítica, uma disposição simpática e gentil, um temperamento flutuante, de um certo modo, mas ativo, e tudo isso estava tornando-se organizado em uma personalidade forte, tocante e atraente.

Com o tempo, tornou-se mais difícil para sua mãe e para seus irmãos compreendê-lo; eles tropeçavam no que ele dizia e interpretavam mal o que fazia. Não estavam preparados para compreender a vida do irmão mais velho, porque a sua mãe havia dado-lhes a entender que Jesus estivesse destinado a tornar-se o libertador do povo judeu. Depois que essas indicações foram dadas por Maria como uma confidência de família, imaginai a confusão deles quando Jesus negava francamente todas essas idéias e intenções.

Nesse ano, Simão entrou para a escola, e foram obrigados a vender outra casa. Tiago, agora, encarregava-se de ensinar as suas três irmãs, duas das quais tinham já idade suficiente para começar a estudar seriamente. Tão logo Rute cresceu, foi confiada às mãos de Míriam e de Marta. Comumente as meninas das famílias judias recebiam pouca educação, mas Jesus era da opinião (com o que a sua mãe concordava) de que as meninas deviam ir à escola como os garotos e, já que a escola da sinagoga não as receberia, nada havia a fazer senão dar aulas especiais em casa para elas.

Durante esse ano, Jesus ficou confinado à sua bancada de trabalho. Felizmente tinha bastante trabalho; e o que fazia era de uma qualidade tão superior que nunca ficava sem ter o que fazer, não importa quão escasso ficasse o trabalho naquela região. Por vezes tinha tanta coisa para fazer que Tiago lhe ajudava.

Lá pelo fim desse ano ele havia já decidido que, depois de criar todos e de vê-los casados, iniciaria publicamente o seu trabalho de mestre da verdade como um revelador do Pai celeste ao mundo. Sabia que não iria tornar-se o esperado Messias judeu, e concluiu que era quase inútil discutir essa questão com sua mãe; e decidiu permitir-lhe alimentar as idéias que quisesse, pois tudo o que ele havia dito no passado pouco ou nenhum efeito tivera sobre ela, além do que se lembrava de que o seu pai nunca tinha sido capaz de dizer nada que mudasse a opinião dela. Desse ano em diante, ele passou a falar cada vez menos com a sua mãe e com todos os outros, sobre os seus problemas. A sua missão era tão singular que a nenhum ser vivo na Terra era possível dar-lhe conselhos sobre como cumpri-la.

Ainda que muito jovem, era um pai real para a família; passava cada hora possível com os mais jovens e, de fato, eles o amavam. Sua mãe afligia-se de vê-lo trabalhando tão duramente; lamentava que ficasse, dia após dia, labutando na bancada de carpinteiro, ganhando a vida para a família, em vez de estar, como tão carinhosamente haviam planejado, em Jerusalém estudando com os rabinos. Mesmo havendo tanta coisa no seu filho que Maria não conseguia entender, ela o amava e apreciava profundamente a boa vontade com a qual ele assumia a responsabilidade da casa.

2. O DÉCIMO SÉTIMO ANO (11 d.c.)

Nessa época houve uma considerável agitação, especialmente em Jerusalém e na Judéia, uma rebelião contra o pagamento de impostos a Roma. Estava surgindo um forte partido nacionalista, que logo seria chamado de zelote. Os zelotes, contrariamente aos fariseus, não estavam dispostos a esperar pela vinda do Messias. Eles propunham precipitar as resoluções por meio da revolta política.

Um grupo de organizadores, de Jerusalém, chegou na Galiléia e estava obtendo êxito quando se apresentou em Nazaré. Vieram para ver Jesus, e ele os escutou com atenção e fez muitas perguntas, mas se recusou a aderir ao partido. Não quis revelar as razões que tinha, para não aderir, e a sua recusa teve o efeito de manter à parte também muitos dos seus companheiros jovens de Nazaré.

Maria tudo fez para induzi-lo a aderir, mas não conseguiu levá-lo a ceder em nada. Ela chegou mesmo a insinuar que a recusa, em aceder ao pedido dela, de abraçar a causa nacionalista, fosse insubordinação dele, uma violação da sua promessa, feita ao voltarem de Jerusalém, de que ele seria obediente aos seus pais; contudo, em resposta a essa insinuação, ele apenas colocou gentilmente a mão no ombro dela e, olhando em seu rosto, disse: "Minha mãe, como pudeste?" E Maria retratou-se.

Um dos tios de Jesus (Simão, irmão de Maria) havia já aderido a esse grupo, tornando-se depois oficial na divisão da Galiléia. E, durante vários anos, houve algo como um estranhamento entre Jesus e o seu tio.

No entanto outras encrencas mais começaram a acontecer em Nazaré. A atitude de Jesus, nessas questões, havia gerado uma cisão entre os jovens judeus da cidade. Cerca da metade estava ligada à organização nacionalista, e a outra metade começou a formar um grupo de oposição, de patriotas moderados, esperando que Jesus assumisse a liderança. E ficaram estupefatos quando Jesus recusou a honra que lhe havia sido oferecida, dando como desculpa as suas pesadas responsabilidades familiares, coisa que todos admitiram. Mas a situação ficou ainda mais complicada quando, pouco depois, um judeu abastado, Isaac, que emprestava dinheiro aos gentios, adiantou-se, concordando em sustentar a família de Jesus, se ele deixasse as suas ferramentas e assumisse a liderança desses patriotas de Nazaré.

Jesus, então, mal havendo completado dezessete anos de idade, encontrou-se frente a uma situação das mais delicadas e difíceis do princípio da sua vida. As questões de patriotismo, especialmente quando complicadas por uma opressão estrangeira na coleta de impostos, são sempre difíceis de lidar, para os líderes espirituais, e sem dúvida assim se deu nesse caso, já que a religião judaica encontrava-se envolvida em toda essa agitação contra Roma.

A posição de Jesus tornou-se ainda mais difícil porque a sua mãe e o tio, e até mesmo Tiago, o seu primeiro irmão, todos, pressionaram-no para unir-se à causa nacionalista. Os melhores judeus de Nazaré haviam sem exceção aderido, e aqueles jovens todos, que não tinham aderido ao movimento, alistar-se-iam no momento em que Jesus mudasse de idéia. E ele não possuía senão um conselheiro sábio, em toda a Nazaré, e este era o chazam, o seu velho professor o qual lhe aconselhou sobre a sua decisão ao comitê dos cidadãos de Nazaré, quando viessem perguntar-lhe sobre a sua resposta ao apelo público que havia sido feito. Em toda a sua jovem vida essa era, de fato, a primeira vez que Jesus recorria conscientemente a uma manobra pública de estratégica. Até então, contara sempre com uma exposição franca da verdade, para esclarecer as situações, mas agora não podia declarar toda a verdade. Não podia dar a entender que fosse mais do que um homem; não podia desvelar a idéia da missão que o esperava, até que alcançasse uma idade mais madura. A despeito de todas essas limitações, a sua fidelidade religiosa e a sua lealdade nacional estavam diretamente em jogo. A sua família estava em tumulto, os seus amigos de juventude divididos, e todo o contingente judeu da cidade estava em ebulição. E pensar que ele era considerado o responsável por tudo aquilo! Mas quão inocente ele fora quanto à intenção de causar quaisquer complicações e, menos ainda, uma conturbação daquela espécie.

Algo tinha de ser feito. Jesus devia reafirmar a sua posição, e foi o que fez, brava e diplomaticamente, para a satisfação de muitos, mas não de todos. Manteve-se nos termos do seu argumento inicial, sustentando que o seu primeiro dever era para com a sua família, que uma mãe viúva e oito irmãos e irmãs necessitavam de algo mais do que o dinheiro poderia comprar – as necessidades físicas da vida –, que eles tinham direito aos cuidados e à orientação de um pai, e que ele não podia, em sã consciência, eximir-se da obrigação colocada em seus ombros por um acidente cruel. Elogiou a sua mãe e o seu irmão Tiago, o de mais idade, por terem tido a boa vontade de liberá-lo, mas reiterava que a sua lealdade a um pai morto o proibia de deixar a família, não importava quanto dinheiro viesse a ser dado para o sustento material deles, fazendo a inesquecível afirmação de que "o dinheiro não pode amar". No decorrer da sua fala, Jesus fez várias referências veladas à sua "missão de vida", explicando que, esta, independentemente de ser compatível ou não com idéias de militarismo, como tudo o mais na sua vida, havia sido deixada de lado para que ele pudesse ser capaz de desincumbir-se fielmente do seu compromisso com a família. Todos em Nazaré sabiam bem que ele era um bom pai para a sua família, e essa questão ficava tão próxima do coração de todos os judeus nobres, que o pretexto alegado por Jesus havia encontrado uma reação de boa apreciação nos corações de muitos dos seus ouvintes; e alguns daqueles que não estavam com essa boa predisposição ficaram desarmados por um discurso feito por Tiago, o qual, ainda que não estando no programa, foi pronunciado nesse momento. Naquele mesmo dia o chazam tinha ensaiado esse discurso com Tiago, mas isso havia sido mantido como um segredo deles.

Tiago declarou que ele estava certo de que Jesus ajudaria a libertar o seu povo, se ele (Tiago) tivesse idade suficiente para assumir a responsabilidade pela família, mas que, caso apenas eles consentissem que Jesus permanecesse "conosco, sendo o nosso pai e mestre, então eles teriam não só um líder na família de José, mas em breve cinco leais nacionalistas, pois não há cinco de nós rapazes prontos para crescer e, sob a liderança do nosso pai-irmão, servir a nossa nação?" E assim o menino trouxe um final bem feliz a uma situação bastante tensa e ameaçadora.

A crise chegara ao fim, pelo momento, mas esse incidente nunca foi esquecido em Nazaré. A agitação perdurou; não mais Jesus estava nas graças de um favorecimento universal; a divisão dos sentimentos nunca foi totalmente superada. E, agravada por outras ocorrências subseqüentes, foi essa uma das razões principais pelas quais ele mudou-se para Cafarnaum, anos depois. Daí em diante, Nazaré manteve os seus sentimentos divididos em relação ao Filho do Homem.

Tiago diplomou-se na escola, nesse ano, e começou a trabalhar em período integral na oficina de carpintaria em casa. Tornara-se um trabalhador inteligente com as ferramentas e, agora, estava encarregado de fazer os balancins e as juntas de arados enquanto Jesus passou a ocupar-se mais com os serviços de acabamento interior e os trabalhos mais delicados de marcenaria.

Nesse ano, Jesus fez um grande progresso na organização da sua mente. Gradualmente, vinha ele conseguindo harmonizar as suas naturezas divina e humana, e conseguira toda essa organização do seu intelecto por força das suas próprias *decisões* e apenas com a ajuda do seu Monitor residente, exatamente o mesmo Monitor que todos os mortais normais, em todos os mundos de pós-outorga, têm dentro das suas mentes. Até então, nada de supranatural havia acontecido, na carreira desse jovem, excetuando-se a visita de um mensageiro que certa vez aparecera para ele durante a noite em Jerusalém, despachado por Emanuel, o seu irmão mais velho.

3. O DÉCIMO OITAVO ANO (12 d.C.)

Durante esse ano, todas as propriedades da família, exceto a casa e o jardim, foram liquidadas. A última peça de propriedade, em Cafarnaum (exceto parte de uma outra) a qual já estava hipotecada, foi vendida. O que receberam foi usado nos impostos, na compra de algumas novas ferramentas para Tiago e no pagamento de uma dívida, devido à posse da loja de suprimento e reparos, que há muito servia à família, perto da parada das caravanas, e que Jesus agora propunha comprar de volta, já que Tiago tinha idade suficiente para trabalhar na oficina da casa e ajudar Maria com o lar. Com a pressão financeira assim aliviada momentaneamente, Jesus decidiu levar Tiago à Páscoa. E saíram para Jerusalém, com um dia de folga, para ficarem a sós, passando por Samaria. Foram caminhando, e Jesus contou a Tiago sobre os locais históricos do percurso, do modo como o seu pai havia ensinado a ele durante uma viagem semelhante, cinco anos antes.

Ao passarem por Samaria, viram muitos espetáculos estranhos. Nessa viagem puderam falar de muitos dos problemas pessoais, familiares e nacionais. Tiago era o tipo de jovem bem religioso e, embora não concordasse plenamente com a sua mãe a respeito do pouco que sabia sobre os planos para o trabalho da vida de Jesus, esperava ansiosamente que chegasse o momento em que fosse capaz de assumir a responsabilidade pela família, para que Jesus pudesse começar a sua missão. Apreciava muito que Jesus o estivesse levando à Páscoa e, mais abertamente do que nunca, conversaram sobre o futuro.

Jesus pensou muito enquanto atravessavam Samaria, particularmente em Betel, e enquanto bebiam do poço de Jacó. Ele e o seu irmão conversaram sobre as tradições de Abraão, Isaac e Jacó. Jesus empenhou-se muito em preparar Tiago para aquilo que este devia testemunhar em seguida em Jerusalém, procurando assim minimizar o impacto que ele próprio experimentara na sua primeira visita ao templo. Mas Tiago não era tão sensível a algumas dessas cenas. Comentou sobre o modo rotineiro e duro com o qual alguns dos sacerdotes executavam os seus deveres, mas no todo Tiago gostou muito da sua permanência em Jerusalém.

Jesus levou Tiago a Betânia para a ceia Pascal. Simão tinha falecido e descansava ao lado dos seus pais e Jesus ocupou o lugar do chefe da família na cerimônia Pascal, havendo trazido o cordeiro pascal do templo.

Depois da ceia de Páscoa, Maria assentou-se para conversar com Tiago, enquanto Marta, Lázaro e Jesus conversaram até bem tarde da noite. No dia seguinte foram aos serviços no templo, e Tiago foi recepcionado na comunidade de Israel. Naquela manhã, quando pararam no cume do monte das Oliveiras, para ver o templo, enquanto Tiago expressava a sua admiração, Jesus contemplou Jerusalém em silêncio. Tiago não pode compreender o comportamento do irmão. Naquela noite, novamente, eles retornaram a Betânia e teriam partido para casa no dia seguinte, mas Tiago insistiu em irem visitar de novo o templo, dizendo que queria escutar os mestres. E, se bem que isso fosse verdade, secretamente no fundo do seu coração, o que ele queria mesmo era ver Jesus participar das discussões, como ele tinha ouvido a sua mãe contar. Assim, foram ao templo e ouviram as discussões, mas Jesus não fez nenhuma pergunta. Tudo aquilo pareceu pueril e insignificante por demais para aquela mente de homem e de Deus que despertava – ele conseguia apenas sentir piedade deles. Tiago estava decepcionado, porque Jesus nada dissera. E, às perguntas do irmão, Jesus apenas respondeu: "Minha hora ainda não chegou".

No dia seguinte, viajaram para casa pelo caminho de Jericó e pelo vale do Jordão, e Jesus contou muitas coisas no caminho, inclusive falou sobre a sua viagem anterior pela mesma estrada, quando tinha treze anos de idade.

Ao retornar a Nazaré, Jesus começou a trabalhar na velha loja de reparos da família e achava-se muito contente por estar sendo capaz de se encontrar com tanta gente, de todos os cantos do país e dos distritos vizinhos, que vinha todos os dias. Jesus amava o povo verdadeiramente – toda a gente comum. E todos os meses ele fazia o pagamento da loja e, com a ajuda de Tiago, continuava a manter a família.

Várias vezes por ano, sempre que não havia visitantes para desempenhar essa função, Jesus continuava a ler as escrituras aos sábados na sinagoga e, muitas vezes, oferecia comentários sobre a leitura, mas usualmente selecionava as passagens para as quais os comentários seriam desnecessários. Ele era hábil, e arranjava a ordem de leitura das várias passagens, de modo que uma iluminaria a outra. Ele nunca deixou, quando o tempo permitia, de levar os seus irmãos e irmãs nas tardes de sábado, para os seus passeios junto à natureza.

Nessa época o chazam inaugurou um clube de jovens para uma discussão filosófica, que se reunia em casas de diferentes membros e, muitas vezes, na sua própria casa, e Jesus tornou-se um membro proeminente desse grupo. Assim, pois, ele capacitava-se a recuperar um pouco do seu prestígio local, perdido na época das recentes controvérsias nacionalistas.

A sua vida social, ainda que restrita, não estava de todo negligenciada. Tinha muitos amigos calorosos e admiradores fervorosos, tanto entre os jovens rapazes, quanto entre as moças de Nazaré.

Em setembro, Isabel e João vieram visitar a família em Nazaré. João, havendo perdido o seu pai, tinha a intenção de voltar para as colinas da Judéia e ocupar-se da agricultura e cuidar de rebanhos, a menos que Jesus o aconselhasse a permanecer em Nazaré para tornar-se carpinteiro ou para fazer alguma outra espécie de trabalho. Eles não sabiam que a família de Nazaré estava praticamente sem um tostão. Quanto mais Maria e Isabel conversavam sobre os seus filhos, mais ficavam convencidas de que seria bom para os dois jovens homens trabalharem juntos e verem um pouco mais um ao outro.

Jesus e João tiveram várias conversas; e falaram sobre muitas questões íntimas e pessoais. Quando terminaram esse encontro, decidiram não mais se ver, até que se encontrassem no ministério público depois que "o Pai celeste chamasse" a ambos para o serviço. João ficara fortemente impressionado por tudo que vira em Nazaré; e, assim, devia retornar à casa e trabalhar para sustentar a sua mãe. Estava convencido de que seria uma parte da missão da vida de Jesus, mas percebeu que Jesus deveria ocupar-se, por muitos anos ainda, com a criação da sua família; e assim, pois, ele ficava mais contente ainda por retornar à sua casa e estabelecer-se, cuidando da pequena fazenda deles e atendendo às necessidades da sua mãe. E nunca mais João e Jesus se viram, até o dia em que o Filho do Homem apresentou-se para o batismo, no Jordão.

No dia 3 de dezembro desse ano, um sábado, à tarde, pela segunda vez, a morte atingiu essa família de Nazaré. O pequeno Amós, o irmão ainda bebê morreu depois de ficar doente por uma semana, com uma febre alta. Depois de passar o tempo da tristeza, mantendo o seu primogênito como único apoio, Maria afinal, no sentido mais pleno, reconheceu Jesus como sendo realmente o chefe da família; e ele estivera realmente sendo digno de sê-lo.

Por quatro anos o padrão de vida deles declinou de fato; ano após ano sentiram o aperto crescente da pobreza. No final desse ano enfrentaram uma das mais difíceis experiências de todas as suas árduas lutas. Tiago não havia ainda começado a ganhar bem, e as despesas de um funeral, somadas a todo o restante, vinha consterná-los ainda mais. Jesus, todavia, diria apenas à sua mãe, ansiosa e triste: "Mãe Maria, a tristeza não vai nos ajudar; estamos todos dando o melhor de nós, e o sorriso da mãe bem que poderia nos inspirar a fazermos ainda melhor. Dia a dia somos fortalecidos para essas tarefas, pela nossa esperança de dias melhores que virão". O seu otimismo sólido e prático era verdadeiramente contagiante; todas as crianças viviam em uma atmosfera de antecipação de tempos melhores e de coisas melhores. E a coragem esperançosa de Jesus contribuiu poderosamente para desenvolver neles um caráter forte e nobre, a despeito da pobreza deprimente que atravessavam.

Jesus possuía a capacidade de mobilizar efetivamente todos os seus poderes de mente, alma e corpo, para a tarefa imediatamente à mão. Era capaz de concentrar a sua mente em profundos pensamentos, no problema que queria resolver, e isso, junto com a sua *paciência* inexaurível, fazia-o capaz de resistir serenamente às provações de uma existência mortal difícil – de viver como se estivesse "vendo Aquele que é Invisível".

4. O DÉCIMO NONO ANO (13 d.C.)

Nessa época, Jesus e Maria estavam entendendo-se muito melhor. Ela considerava-o menos como um filho; ele havia transformado-se mais em um pai para os filhos dela. A vida de cada dia estava repleta de dificuldades práticas e imediatas. E falavam menos freqüentemente da obra da vida dele, com o passar do tempo, e o pensamento de cada um deles estava devotado de ambas as partes ao sustento e à criação da família de quatro garotos e três meninas.

No começo desse ano, Jesus havia conquistado totalmente a aceitação da sua mãe para os seus métodos na educação das crianças – o estímulo positivo para que fizessem o bem, em lugar do velho método judeu de proibir de fazer o mal. Na sua casa, e em toda a sua carreira de ensinamento público, Jesus invariavelmente empregou a forma *positiva* de exortação. Sempre, e em todos os lugares, ele dizia: "Tu devias fazer isso – deverias fazer aquilo". Ele nunca empregava o modo negativo de ensinar, que se derivava de tabus antigos. Ele evitava colocar ênfase no mal, proibindo-o, e ao mesmo tempo exaltava o bem por exigir que ele fosse feito. A hora da prece no lar era a ocasião para discutir toda e qualquer coisa relativa ao bem-estar da família.

Jesus tão sabiamente disciplinou os seus irmãos e irmãs, desde a mais tenra idade, que pouca ou quase nenhuma punição jamais se fazia necessária para assegurar a obediência pronta e sincera deles. A única exceção era Judá, a quem, em diversas ocasiões, Jesus julgou necessário impor penalidades, pelas suas infrações às regras da casa. Em três ocasiões, quando foi considerado sábio punir Judá por violações deliberadas e confessas das regras de conduta da família, a sua punição foi fixada por decisão unânime dos irmãos mais velhos, sendo consentida pelo próprio Judá, antes de ser ministrada.

Ao mesmo tempo em que Jesus era muito metódico e sistemático, em tudo o que fazia, havia também, em todas as suas decisões administrativas, uma elasticidade saudável e benevolente de interpretação e uma individualidade de adaptação que impressionavam muito a todas crianças, pelo espírito de justiça com que atuava o seu pai-irmão. Ele nunca disciplinava os seus irmãos e irmãs arbitrariamente, e essa equanimidade uniforme e essa consideração pessoal faziam com que Jesus fosse muito querido em toda a sua família.

Tiago e Simão cresceram tentando seguir o plano de Jesus, de aplacar os seus companheiros belicosos, e, algumas vezes irados, pela persuasão e pela não-resistência, no que haviam tido bastante êxito; mas José e Judá, ao mesmo tempo em que consentiam nessa educação em casa, apressavam-se em defender a si próprios, quando atacados pelos seus camaradas; Judá em particular era culpado de violar o espírito desses ensinamentos. A não-resistência, porém, não era uma *regra* da família. Nenhuma penalidade estava relacionada à violação dos ensinamentos pessoais.

Em geral, todas as crianças, particularmente as meninas, consultavam Jesus sobre os problemas da sua infância e confiavam nele exatamente como teriam feito com um pai afeiçoado.

Tiago crescia como um jovem bem equilibrado e de temperamento equilibrado, mas ele não era inclinado, como Jesus, para a espiritualidade. Era um estudante melhor do que José, o qual, ainda que sendo um trabalhador fiel, tinha uma mente ainda menos espiritualizada. José era laborioso e não tinha aptidões intelectuais, no mesmo nível das outras crianças. Simão era um menino bem-intencionado, mas muito sonhador. Ele foi lento para se estabelecer na vida e era a causa de uma ansiedade considerável para Jesus e Maria. Mas foi sempre um menino bom e bem-intencionado. Judá era um pavio de fogo. Possuía o mais alto dos ideais, mas tinha um temperamento pouco estável. Apresentava toda a determinação e o dinamismo da sua mãe, e mais ainda, mas faltava-lhe o senso da proporção e a discrição dela.

Míriam era uma filha bem equilibrada e de cabeça sensata, com uma apreciação aguçada das coisas nobres e espirituais. Marta era lenta de pensamento e ação, mas uma criança muito confiável e eficiente. A irmã Rute, ainda bebê, era o raio de sol da casa; embora impensada para falar, era muito sincera de coração. Ela simplesmente adorava o seu irmão maior e pai. Mas eles não a estragaram com mimos. Ela era uma criança linda, mas não tão formosa quanto Míriam, que era a beleza da família, se não da cidade.

Com o passar do tempo, Jesus fez bastante para liberalizar e modificar a educação e as práticas da família, no que dizia respeito à observação do sábado e em muitos outros aspectos da religião e, para todas essas mudanças, Maria deu o seu consentimento sincero. Jesus tinha-se transformado, nessa época, no chefe inquestionável da casa.

Nesse ano, Judá começou a ir à escola e foi necessário que Jesus vendesse a sua harpa, com o intuito de fazer frente a essas despesas. E assim desapareceu o último dos seus prazeres de recreação. Ele gostava muito de tocar harpa quando estava com a mente cansada e o corpo exaurido, mas consolou-se com o pensamento de que ao menos a harpa estaria a salvo de ser apreendida pelo coletor de impostos.

5. REBECA, A FILHA DE ESDRAS

Embora Jesus fosse pobre, o seu nível social em Nazaré não era de forma nenhuma prejudicado. Era um dos jovens mais destacados da cidade e altamente considerado pela maioria das moças. Posto que Jesus fosse um espécime tão esplêndido de robustez física e de desenvolvimento intelectual masculino, e, considerando a sua reputação de líder espiritual, não era de se estranhar que Rebeca, a filha mais velha de Esdras, o abastado mercador e comerciante de Nazaré, descobrisse que, aos poucos, estava apaixonando-se por esse filho de José. Inicialmente ela confessou o seu afeto a Míriam, irmã de Jesus, e Míriam por sua vez falou sobre isso à sua mãe. Maria ficou bastante transtornada. Estaria a ponto de perder o seu filho, logo agora que se tornara o chefe indispensável da família? Será que os problemas nunca acabariam? O que mais poderia acontecer? E, então, ela parou para pensar sobre o efeito que o casamento teria na carreira futura de Jesus; lembrava-se, não freqüentemente, mas algumas vezes pelo menos, do fato de Jesus ser um "filho prometido". Depois que Míriam e ela conversaram sobre tal questão, decidiram fazer um esforço para acabar com aquilo, antes que Jesus soubesse; e foram diretamente a Rebeca, colocando toda a história diante dela, dizendo honestamente sobre a crença que tinham de que Jesus era um filho do destino; de que ele deveria tornar-se um grande líder religioso, talvez o Messias.

Rebeca escutou bastante atenta; e, fascinada com o que lhe diziam, estava, mais do que nunca, determinada a tentar a sorte com esse homem da sua escolha e compartilhar com ele a sua carreira de liderança. Ela argumentou (para si própria) que um homem, por ser assim, necessitaria, ainda mais, de uma esposa fiel e eficiente. Ela interpretou os esforços que Maria fizera para dissuadi-la como uma reação natural pelo medo de perder o único apoio e o chefe da família; mas, sabendo que o seu pai aprovava a sua atração pelo filho do carpinteiro, ela reconheceu que fosse justo dar-lhe a satisfação de poder suprir a família de Jesus com uma renda suficiente para compensar plenamente a perda dos ganhos dele. Quando o seu pai concordou com esse plano, Rebeca teve outras conversas com Maria e Míriam e, quando viu que não conseguiria o apoio delas, ela tomou coragem para ir diretamente a Jesus. E o fez, com a cooperação do seu pai, que convidou Jesus à sua casa para a comemoração do décimo sétimo aniversário de Rebeca.

Jesus ouviu de modo atento e compassivo a exposição daquelas coisas, feita primeiramente pelo pai, e depois pela própria Rebeca. Respondeu gentilmente que, com efeito, nenhuma soma de dinheiro poderia tomar o lugar da sua obrigação de criar pessoalmente a família do seu pai, de "cumprir o mais sagrado de todos os encargos humanos – a lealdade à sua própria carne e sangue". O pai de Rebeca ficou profundamente tocado pela devoção de Jesus à família e retirou-se da conversa. A única observação que fez a Maria, a sua esposa, foi: "Não poderemos tê-lo como filho; ele é nobre demais para nós".

E então começou aquela conversa extraordinária com Rebeca. Até então, na sua vida, Jesus fizera pouca distinção na sua relação com os meninos e as meninas, com os jovens e as moças. Tinha estado muito ocupado com a premência das questões terrenas e práticas, e a sua mente estivera intrigada demais com a contemplação da sua carreira final "de cuidar dos assuntos do seu Pai", para que ele pudesse chegar a considerar com seriedade a consumação de um amor pessoal, em um casamento humano. Agora, no entanto, se via frente a frente com mais um desses problemas com os quais todos os seres humanos comuns têm de confrontar-se e optar. De fato foi ele "testado, sob todos os aspectos, como vós o sois".

Depois de escutar com atenção, ele agradeceu sinceramente a Rebeca, pela admiração exprimida por ela, acrescentando, "isso irá alegrar-me e confortar-me por todos os dias da minha vida". E explicou que não era livre para, com qualquer mulher, ingressar em relações, a não ser aquelas de uma consideração de irmandade simples e de pura amizade. Deixou claro que o seu primeiro e mais importante dever era criar a família do seu pai, que ele não poderia considerar o casamento até que o seu dever estivesse cumprido; e, então, acrescentou: "Se sou um filho predestinado, não devo assumir obrigações que durem toda uma vida; até o momento em que o meu destino se torne manifestado".

Rebeca ficou com o coração partido. Não aceitou ser consolada e insistiu com o seu pai para que se transferissem de Nazaré, até que finalmente ele consentiu em mudar-se para Séforis. Nos anos que se seguiram, aos muitos homens que queriam a sua mão em casamento, Rebeca não tinha senão uma resposta. Vivia para um só propósito: o de aguardar a hora em que aquele, que para ela era o maior homem que jamais vivera, começasse a sua carreira como um mestre da verdade viva. E ela seguiu-o com devoção durante os seus anos memoráveis de trabalho público, estando presente (sem que Jesus a percebesse) naquele dia em que ele chegou triunfalmente em Jerusalém; e esteve "entre as outras mulheres", ao lado de Maria, naquela tarde fatídica e trágica em que o Filho do Homem estava na cruz, pois, para ela, bem como para mundos incontáveis no alto, ele era "o único digno do amor total e o maior entre dez mil".

6. O SEU VIGÉSIMO ANO (14 d.C.)

A história do amor de Rebeca por Jesus foi sussurrada em toda a Nazaré; e, mais tarde, em Cafarnaum, de um modo tal que, se bem que nos anos que viriam muitas mulheres houvessem amado Jesus, do mesmo modo que homens o amaram, ele não teria novamente que rejeitar a oferta pessoal da devoção de outra mulher de bem.

Dessa época em diante o afeto humano por Jesus pertencia mais à natureza da adoração e da consideração cultuadora. Tanto homens quanto mulheres o amavam com devoção e pelo que ele era, não com quaisquer intenções de satisfação própria nem com desejo de posse por afeto. Mas, durante muitos anos, sempre que a história da personalidade humana de Jesus era contada, a devoção de Rebeca seria relatada.

Míriam, sabendo plenamente sobre o caso de Rebeca e sabendo que o seu irmão havia renunciado, mesmo, ao amor de uma bela moça (ainda que sem imaginar o que seria a sua carreira futura como predestinado), veio a idealizar Jesus e a amá-lo com a afeição tocante e profunda que se dedica a um pai bem como a um irmão.

Ainda que não tivesse condições para tal, Jesus teve um estranho desejo de ir a Jerusalém para a Páscoa. A sua mãe, sabendo da sua recente experiência com Rebeca, sabiamente o encorajou a fazer tal viagem. Ele não estava consciente disso, mas o que mais queria era uma oportunidade de conversar com Lázaro e de estar com Marta e Maria. Como à sua própria família, era a esses três que ele mais amava.

Ao fazer essa viagem a Jerusalém, ele foi pelo caminho de Meguido, Antipátris e Lida, em parte seguindo pela mesma rota pela qual tinha passado quando, do seu retorno do Egito, havia sido trazido de volta a Nazaré. Gastou quatro dias para ir à Páscoa e refletiu bastante sobre os acontecimentos passados, que tinham tido lugar em Meguido e nos seus arredores, campo de batalha internacional da Palestina.

Jesus passou por Jerusalém, parando apenas para olhar o templo e as multidões de visitantes. Teve uma aversão estranha e crescente por esse templo construído por Herodes, com o seu sacerdócio designado politicamente. Ele queria mais que tudo ver Lázaro, Marta e Maria. Lázaro tinha a mesma idade de Jesus e agora era o chefe da casa; na época dessa visita, a mãe de Lázaro havia morrido também. Marta era um ano e pouco mais velha que Jesus, enquanto Maria era dois anos mais nova. E Jesus era o ideal, idolatrado por todos os três.

Nessa visita ocorreu uma das suas manifestações periódicas de rebelião contra a tradição – a expressão do ressentimento por aquelas práticas cerimoniais que Jesus considerava representarem mal o seu Pai do céu. Não sabendo que Jesus estava vindo, Lázaro havia arranjado para celebrar a Páscoa com amigos, em uma aldeia vizinha, na estrada de Jericó. Jesus então propôs que celebrassem a festa onde eles estavam, na casa de Lázaro. "Mas", disse Lázaro, "não temos um cordeiro pascal". E então Jesus começou uma dissertação prolongada e convincente, para mostrar que o Pai no céu não estava verdadeiramente interessado nesses rituais infantis e sem sentido. Depois de uma prece solene e fervorosa, eles levantaram-se e Jesus disse: "Deixai que as mentes pueris e obscuras do meu povo sirvam ao seu Deus como Moisés mandava; é bom que o façam, mas nós, que vimos a luz da vida, cessemos de aproximar-nos do nosso Pai pelo caminho escuro da morte. Sejamos livres no conhecimento da verdade do amor eterno do nosso Pai eterno".

Naquele anoitecer, à hora do crepúsculo, esses quatro assentaram-se e partilharam a primeira festa da Páscoa jamais celebrada por devotos judeus sem o cordeiro pascal. O pão sem levedo e o vinho haviam sido preparados para essa Páscoa e, esses símbolos aos quais Jesus chamou de "o pão da vida" e "a água da vida", ele os serviu aos seus companheiros e eles comeram, adequando-se solenemente aos ensinamentos que acabavam de ser ministrados. Jesus passou então a ter o hábito de fazer esse ritual de sacramento quando, depois disso, fazia visitas a Betânia. Quando voltou para a casa, contou tudo isso à sua mãe. Ela ficou chocada, inicialmente, mas gradualmente conseguiu compartilhar do ponto de vista dele; entretanto, ficou muito aliviada quando Jesus assegurou-lhe que não tinha a intenção de introduzir essa nova idéia da Páscoa na própria família. Em casa, com as crianças, ele continuou, ano após ano, a comer durante a Páscoa "segundo a lei de Moisés".

DOCUMENTO 127: SEÇÃO 6

Foi durante esse ano que Maria teve uma longa conversa com Jesus sobre o casamento. Ela perguntou-lhe francamente se ele se casaria, caso ficasse livre das suas responsabilidades para com a família. Jesus explicou a ela que, posto que o dever imediato proibia o seu casamento, ele não havia pensado muito nisso. E expressava-se como se duvidasse de que jamais fosse chegar ao ponto de contrair matrimônio; e disse que essas coisas deviam esperar "a minha hora", o momento em que "o trabalho do meu Pai deve ser iniciado". Tendo já estabelecido na sua mente que não seria pai de crianças na carne, pouquíssimo havia pensado sobre a questão do casamento humano.

Nesse ano, Jesus retomou a tarefa de fundir mais ainda as suas naturezas mortal e divina, em uma *individualidade humana* única e efetiva. E continuou a crescer em estatura moral e em compreensão espiritual.

Embora todas as propriedades de Nazaré (exceto a casa deles) houvessem já sido liquidadas, nesse ano receberam uma pequena ajuda financeira, da venda de uma pequena participação em uma propriedade em Cafarnaum. Essa era a última de todas as propriedades imobiliárias de José. Esse negócio imobiliário em Cafarnaum foi feito com um construtor de barcos de nome Zebedeu.

José graduou-se na escola da sinagoga, nesse ano, e preparou-se para começar a trabalhar na pequena bancada na oficina de carpinteiro da casa. Apesar de as propriedades do pai deles haverem acabado, surgia a perspectiva de poderem lutar com êxito contra a pobreza, já que três dos filhos agora trabalhavam regularmente.

Rapidamente Jesus está tornando-se um homem feito, não apenas um jovem, mas um adulto. Aprende a suportar a responsabilidade; e já sabe como perseverar na presença de decepções. Comporta-se bravamente, quando os seus planos são contrariados e os propósitos temporariamente derrotados. Aprende como ser equânime e justo, mesmo, diante da injustiça. Está aprendendo como ajustar os seus ideais da vida espiritual às demandas práticas da existência terrena. Aprende como planejar a realização de uma meta mais elevada e distante, de idealismo, enquanto labuta honestamente para a realização de um fim de alcance mais imediato, por necessidade. Com desenvoltura avança na arte de ajustar as suas aspirações às demandas banais da condição humana. Já conquistara praticamente a mestria da técnica de utilizar a energia do impulso espiritual para fazer girar o mecanismo da realização material. Está aprendendo de vagar como viver a vida celeste, enquanto continua na sua existência terrena. Mais e mais Jesus acolhe o direcionamento último do seu Pai celeste, enquanto assume o papel paterno de guiar e direcionar as crianças da sua família terrena. Está tornando-se experiente em arrancar a vitória do âmago da própria mandíbula da derrota; e está aprendendo como transformar as dificuldades do tempo nos triunfos da eternidade.

E assim, com o passar dos anos, este jovem de Nazaré continua experienciando a vida como é vivida na carne mortal, nos mundos do tempo e do espaço. Vive uma vida plena, representativa e repleta em Urântia. E deixou este mundo já amadurecido e tendo a experiência pela qual as suas criaturas passam durante os curtos mas árduos anos da primeira vida das mesmas, a vida na carne. E toda esta experiência humana é uma posse eterna do Soberano do Universo. Ele é o nosso irmão compreensivo, o amigo compassivo, o soberano experiente e o pai misericordioso.

Enquanto criança, acumulara um vasto corpo de conhecimentos; enquanto jovem, ele ordenou, classificou e correlacionou essas informações; e agora, como homem deste reino, começa a organizar essas posições mentais, preparatórias que são, para utilizá-las nos seus ensinamentos posteriores, na ministração e no serviço em prol dos seus irmãos mortais deste mundo e de todas as outras esferas habitadas de todo o universo de Nébadon.

Nascido no mundo como um bebê do reino, Jesus viveu a sua infância e passou pelos estágios sucessivos da adolescência e da juventude; e agora se encontra no umbral da plena idade madura, enriquecido com a experiência de uma vida de homem, repleta do entendimento da natureza humana, e plena de compaixão pelas fragilidades dessa natureza. Ele está transformando-se em um especialista na arte divina de revelar o seu Pai do Paraíso, a todas as idades e estágios das criaturas mortais.

E pois, agora, como um homem plenamente desenvolvido – um adulto deste reino –, ele prepara-se para continuar a sua missão suprema de revelar Deus aos homens e de conduzir os homens a Deus.

DOCUMENTO 128

O INÍCIO DA VIDA ADULTA DE JESUS

QUANDO Jesus de Nazaré entrou nos primeiros anos da sua vida de adulto, tinha vivido e continuava a viver uma vida humana normal e comum na Terra. Jesus veio a este mundo como as outras crianças vêm; e em nada interferiu na escolha dos seus pais. Ele escolheu este mundo, em particular, como o planeta onde efetuar a sua sétima e última auto-outorga, a sua encarnação à semelhança da carne mortal; mas, à parte isso, veio ao mundo de um modo natural, crescendo como uma criança do reino e lutando com as vicissitudes do seu meio ambiente exatamente como o fazem os outros mortais neste, e em mundos semelhantes.

Tenhais sempre em mente que a auto-outorga de Michael, em Urântia, teve duplo propósito:

1. Alcançar a mestria, por meio da experiência, que advém de viver plenamente a vida de uma criatura humana na carne mortal: a complementação final da sua soberania em Nébadon.

2. A revelação do Pai Universal aos habitantes mortais, dos mundos do tempo e do espaço, com o fito de conduzir mais efetivamente esses mesmos mortais a uma compreensão melhor do Pai Universal.

Todos os outros benefícios para as criaturas e as vantagens para o universo foram incidentais e secundários, em relação a esses dois propósitos maiores da auto-outorga mortal.

1. O VIGÉSIMO PRIMEIRO ANO (15 d.c.)

Ao atingir a idade adulta, Jesus dispôs-se a realizar, com empenho sincero e a mais plena consciência de si, a tarefa de abranger toda a experiência, conquistando a mestria do conhecimento da forma de vida mais baixa das suas criaturas inteligentes; e por meio deste conhecimento final, conquistar o direito pleno de governar irrestritamente o universo por ele próprio criado. Dedicou-se a essa tarefa estupenda com a compreensão integral da sua própria natureza dual. E, sendo assim, ele havia combinado efetivamente já essas duas naturezas em uma única – Jesus de Nazaré.

Joshua ben José sabia muito bem que era um homem, um homem mortal, nascido de uma mulher. Isso é mostrado pela escolha da sua primeira denominação, o Filho do Homem. Ele participava verdadeiramente da carne e do sangue e, mesmo agora, que, com a autoridade da soberania, preside aos destinos de um universo, ele continua conservando, entre os inúmeros e bem merecidos títulos que ganhou, o de Filho do Homem. É literalmente verdade que a Palavra criativa – o Filho Criador Michael – do Pai Universal foi "feita carne e habitou, como um homem, o reino em Urântia". Ele trabalhou, cansou-se, descansou e dormiu. Teve fome e satisfez tais anseios com comida; teve sede e com água saciou a sua sede. Experimentou toda a gama de emoções e de sentimentos humanos; ele foi "testado em todas as coisas, do mesmo modo que vós o sois"; e, pois, sofreu e morreu.

Ele obteve o conhecimento, ganhou a experiência e os combinou com a sabedoria, exatamente como o fazem os outros mortais do reino. Até depois do seu batismo, Jesus não se valeu de nenhum poder supranatural. Ele não fez uso de nenhuma intervenção que não fosse parte do seu dom humano como filho de José e de Maria.

Quanto aos atributos da sua existência pré-humana, ele despojou-se deles. Antes do começo do seu trabalho público, o seu conhecimento dos homens e dos acontecimentos esteve inteiramente limitado à sua própria experiência. Na verdade, foi um homem entre os homens.

Para sempre e gloriosamente é verdade que: "Temos, a governar-nos, um alto soberano que pode ser tocado pelo sentimento das nossas fraquezas. Temos um Soberano que foi testado, sob todos os pontos de vista e tentado, como nós somos, e que permaneceu sem pecado". E desde que ele próprio sofreu, sendo testado e provado, ele é profusamente capaz de compreender e, pois, de ministrar àqueles que estão confusos e aflitos.

O carpinteiro de Nazaré agora compreendia integralmente o trabalho que tinha diante de si, mas escolheu viver a sua vida humana seguindo a sua fluência natural. E em algumas dessas questões ele é de fato um exemplo para as suas criaturas mortais, como está mesmo escrito: "Deixai que esta mente esteja em vós, a mesma que esteve também em Cristo Jesus, o qual, possuindo a natureza de Deus, não achava estranho ser igual a Deus. Mas ele arrogou pouca importância para si próprio e, tomando a forma de uma criatura, nasceu à semelhança dos homens. E estando, assim, na forma de um homem, soube ser humilde e tornar-se obediente até à morte, até mesmo à morte na cruz".

Ele viveu a sua vida mortal como todos os outros da família humana podem viver as suas vidas, "ele que, nos dias da sua encarnação, tão freqüentemente ofereceu preces e súplicas, com uma grande emoção mesmo, e com lágrimas Àquele que é capaz de salvar de todo o mal, e as suas preces foram eficientes porque ele acreditou". E por isso foi mister que ele se fizesse igual, *sob todos os aspectos*, aos seus irmãos, para que se tornasse um soberano misericordioso e compreensivo para com eles.

Da sua natureza humana ele nunca esteve em dúvida; era uma evidência em si mesma e estava sempre presente na sua consciência. Mas da sua natureza divina havia sempre espaço para a dúvida e a reflexão, ou pelo menos isso foi verdadeiro até o evento do seu batismo. A autocompreensão da divindade foi lenta e, do ponto de vista humano, foi uma revelação evolucionária natural. Essa revelação e a autopercepção da divindade começaram em Jerusalém quando ele ainda não tinha completado treze anos de idade, com a primeira ocorrência supranatural da sua existência humana; e essa experiência efetiva, de compreender que a sua natureza era divina, foi completada na época da sua segunda experiência supranatural, enquanto ainda encarnado, com o episódio que acompanhou o seu batismo no Jordão, feito por João; evento este que marcou o começo da sua carreira pública de ministração e ensinamentos.

Entre essas duas visitações celestes, uma no seu décimo terceiro ano de vida e a outra no seu batismo, nada ocorreu de supranatural nem de supra-humano na vida deste Filho Criador encarnado. Apesar disso, o menino de Belém, o adolescente, o jovem e o homem de Nazaré, eram, na realidade, o Criador, encarnado, de um universo; mas ele não usou nada do seu poder, nem sequer por uma vez, nem se valeu da ajuda ou do guiamento das personalidades celestes, excetuando-se a do seu serafim guardião, durante a sua vida de humano, até o dia em que foi batizado por João. E nós, que atestamos isso, sabemos do que estamos falando.

E ainda, durante todos esses anos da sua vida na carne, ele foi verdadeiramente divino. Era de fato um Filho Criador do Pai do Paraíso. Quando abraçou a sua carreira pública, depois de haver completado tecnicamente a sua experiência puramente mortal, para a conquista da soberania, ele não hesitou em admitir publicamente que era o Filho de Deus. Ele não hesitou em declarar: "Eu sou Alfa e Ômega, o começo e o fim, o primeiro e o último". Ele não protestou, anos mais tarde, quando foi chamado de Senhor da Glória, de Soberano de um Universo, de Senhor Deus de toda a criação, de Santo de Israel, de o Senhor de Tudo, de Nosso Senhor e Nosso Deus, de Deus Conosco, de Aquele que tem um nome acima de todos os nomes e de todos os mundos, de a Onipotência de um universo, de a Mente Universal dessa criação, de Aquele em quem se escondem todos os tesouros da sabedoria e do conhecimento, de plenitude Daquele que preenche todas as coisas, de o Verbo eterno do Deus eterno, de Aquele que foi antes de todas as coisas e em quem todas as coisas consistem, de Criador dos Céus e da Terra, de Sustentador de um Universo, de Juiz de Toda a Terra, de Doador da vida eterna, de o Verdadeiro Pastor, de Libertador dos Mundos e de Condutor da nossa salvação.

Ele nunca fez objeção a nenhum desses títulos, quando eles foram aplicados a ele, depois que emergiu da sua vida puramente humana, nos anos de adulto, da sua autoconsciência, do seu ministério de divindade para com a humanidade, de humanidade e na humanidade, neste mundo e para com todos os outros mundos. Jesus fez objeção quanto a um único nome: certa vez quando ele foi chamado de Emanuel, simplesmente respondeu: "Não, não eu, este é o meu irmão mais velho".

Sempre, mesmo depois do seu crescimento para uma vida mais ampla na Terra, Jesus permaneceu humildemente submisso à vontade do Pai no céu.

Depois do seu batismo ele não viu inconveniente em permitir, aos que acreditavam nele e seus seguidores agradecidos, que o adorassem. Enquanto ele lutava contra a pobreza e labutava com as próprias mãos para prover a sua família das necessidades da vida, a sua consciência de que era um Filho de Deus estava já crescendo; ele sabia que era o criador dos céus e desta mesma Terra onde se encontrava agora vivendo a sua existência humana. E as hostes de seres celestes que o observavam, em todo o vasto universo, do mesmo modo, sabiam que este homem de Nazaré era o seu amado Soberano e Pai-Criador. Uma expectativa profunda invadiu o universo de Nébadon durante esses anos; todos os olhos celestes estavam focalizados continuamente em Urântia – e na Palestina.

Nesse mesmo ano, Jesus foi a Jerusalém, com José, para celebrar a Páscoa. Tendo levado Tiago ao templo para a consagração, ele considerou um dever seu também levar José. Jesus nunca demonstrou nenhum grau de parcialidade ao lidar com a sua família. Foi com José a Jerusalém pela estrada usual do vale do Jordão, mas retornou a Nazaré pelo caminho do leste do Jordão, que passava por Amatus. Indo pelo Jordão abaixo, Jesus narrou a história dos judeus a José e, durante a viagem de volta, contou-lhe sobre as experiências das legendárias tribos de Rubem, Gad, e Gilead, que tradicionalmente tinham habitado as regiões a leste do rio.

José fez muitas perguntas sugestivas a Jesus a respeito da missão da sua vida, mas à maioria delas Jesus responderia apenas: "Minha hora ainda não chegou". Contudo, nessas conversas familiares, muitas palavras escapavam e delas José relembraria durante os acontecimentos comoventes dos anos seguintes. Jesus, junto com José, passou essa Páscoa com os seus três amigos em Betânia, como era o seu costume quando permanecia em Jerusalém para tais festas comemorativas.

2. O VIGÉSIMO SEGUNDO ANO (16 d.C.)

Esse foi um dos vários anos durante os quais os irmãos e as irmãs de Jesus estavam enfrentando as provações e as atribulações comuns aos problemas e reajustamentos da adolescência. Agora, tendo irmãos e irmãs cujas idades variavam entre sete e dezoito anos, Jesus mantinha-se ocupado ajudando-os a ajustarem-se ao novo despertar das suas vidas intelectuais e emocionais. Ele tinha, assim, que enfrentar os problemas da adolescência à medida que estes se tornavam manifestos nas vidas dos seus irmãos e irmãs mais jovens.

Nesse ano, Simão graduou-se na escola e começou a trabalhar com Jacó, o assentador de pedras, antigo companheiro de jogos de Jesus e defensor sempre alerta dele. Em conseqüência de várias conversas na família, havia ficado decidido que não era sábio que todos os rapazes se encaminhassem para a carpintaria. Pensou-se que, se as suas especialidades fossem diversificadas, eles estariam preparados para empreitadas de construir edifícios por inteiro. Além do que, eles não tinham estado todos sempre ocupados, apenas três deles tinham estado trabalhando como carpinteiros em período integral.

Durante esse ano, Jesus continuou os trabalhos de acabamento de casas e de marchetaria, mas passou a maior parte do seu tempo na loja de reparos, perto do ponto das caravanas. Tiago estava começando a alternar-se com ele no atendimento da loja. Mais para o fim do ano, quando o trabalho de carpinteiro começou a escassear em Nazaré, Jesus deixou a loja de reparos ao encargo de Tiago, ficando José na bancada da casa, enquanto ele partiu para Séforis trabalhar como ferreiro. Trabalhou por seis meses com metais e adquiriu uma habilidade considerável com a bigorna.

Antes de assumir o seu novo emprego em Séforis, Jesus fez uma das suas reuniões periódicas em família e solenemente colocou Tiago, então com um pouco mais do que dezoito anos de idade, como o chefe suplente da família. Ele prometeu ao seu irmão o apoio sincero, cooperação plena e exigiu de todos os membros da família uma promessa formal de obediência a Tiago. A partir desse dia, Tiago assumiu a plena responsabilidade financeira pela família, sendo que Jesus fazia pagamentos semanais ao seu irmão. Nunca mais Jesus retomou o controle das mãos de Tiago. Enquanto trabalhava em Séforis ele poderia ter ido até a sua casa, todas as noites caso fosse necessário, mas permaneceu afastado de propósito, atribuindo isso ao tempo e a outras razões, mas o seu verdadeiro motivo era treinar Tiago e José para enfrentar as responsabilidades da família. Ele havia iniciado o processo lento de desligar-se da sua família. A cada sábado, Jesus retornava a Nazaré e, algumas vezes, durante a semana, quando a ocasião requeria, para observar o trabalho do novo plano e dar conselhos e oferecer sugestões úteis.

Ter vivido boa parte do tempo em Séforis, durante seis meses, proporcionou a Jesus uma nova oportunidade de conhecer melhor o ponto de vista dos gentios. Trabalhou e viveu com os gentios e de todas as maneiras possíveis estudou de perto, e com cuidado, os seus hábitos de vida e a mente deles.

Os padrões morais dessa aldeia onde morava Herodes Antipas encontravam-se tão abaixo até mesmo daqueles da cidade das caravanas de Nazaré, que, depois de seis meses de permanência em Séforis, Jesus não era avesso à idéia de encontrar uma desculpa para voltar a Nazaré. O grupo para o qual ele trabalhava estava empreendendo trabalhos públicos tanto em Séforis quanto na nova cidade de Tiberíades, e Jesus não estava inclinado a ter o que quer que fosse com qualquer espécie de emprego sob a supervisão de Herodes Antipas. E havia ainda outras razões que faziam com que se tornasse prudente, na opinião de Jesus, que ele voltasse a Nazaré. Quando retornou à loja de reparos, ele não reassumiu pessoalmente a direção dos assuntos da família. Trabalhou em associação com Tiago, na loja, e permitiu a ele, tanto quanto possível, continuar a supervisionar a casa. Assim, Tiago continuou tranqüilamente a gestão dos assuntos do orçamento e da administração da família.

E foi por meio desse plano sábio e cuidadoso que Jesus preparou o caminho para a sua retirada final de uma participação ativa nos assuntos da sua família. Quando

Tiago tinha já dois anos de experiência como chefe atuante da família – e dois anos antes que ele (Tiago) chegasse a se casar –, José ficou encarregado das economias da casa e a direção geral do lar também lhe foi confiada.

3. O VIGÉSIMO TERCEIRO ANO (17 d.C.)

Nesse ano, a pressão financeira ficou ligeiramente aliviada, pois havia quatro irmãos a trabalhar. Míriam ganhava relativamente bem com a venda do leite e da manteiga; Marta havia-se tornado uma tecelã de muita habilidade. E mais de um terço do preço de compra da loja de reparos havia sido pago. A situação era tal que Jesus parou de trabalhar por três semanas para levar Simão a Jerusalém, para a Páscoa, e esse foi o período mais longo de que ele desfrutou, afastado do trabalho diário, desde a morte do seu pai.

Eles viajaram para Jerusalém pelo caminho de Decápolis, passando por Pela, Gerasa, Filadélfia, Hesbom e Jericó. E voltaram a Nazaré pela estrada costeira, passando por Lida, Jopa, Cesaréia, contornaram o monte Carmelo até Ptolemais e depois chegaram a Nazaré. Essa viagem permitiu que Jesus conhecesse bastante bem toda a Palestina ao norte do distrito de Jerusalém.

Na Filadélfia, Jesus e Simão conheceram um mercador de Damasco; este se tomou de uma tal amizade pelos dois irmãos de Nazaré, que insistiu para que os dois dessem uma parada com ele na sede da sua empresa em Jerusalém. Enquanto Simão participava do serviço no templo, Jesus passou muito do seu tempo conversando sobre assuntos mundiais com esse homem bem educado e viajado. Esse mercador possuía quatro mil camelos de caravana; tinha negócios em todo o mundo romano e agora estava a caminho de Roma. E propôs que Jesus fosse a Damasco para integrar os seus negócios de importação oriental, mas Jesus explicou-lhe que não se sentia no direito de afastar-se tanto da sua família naquele momento. Mas a caminho de casa, ele pensou muito nas cidades distantes e mais ainda nos países longínquos do Extremo-Ocidente e Extremo-Oriente, países sobre os quais os passageiros e os condutores das caravanas tanto lhe haviam contado.

Simão estava muito contente com a sua visita a Jerusalém. Havia sido devidamente admitido na comunidade de Israel, durante a consagração pascal dos novos filhos dos mandamentos. Enquanto Simão assistia às cerimônias pascais, Jesus misturava-se às multidões de visitantes e participava de muitas conversas pessoais interessantes com inúmeros prosélitos gentios.

Talvez o mais notável de todos esses contatos tenha sido aquele com um jovem helenista chamado Estevão. Esse jovem visitava Jerusalém pela primeira vez e encontrou Jesus, por acaso, à tarde na quinta-feira da semana da Páscoa. Enquanto passeavam vendo o palácio de Asmônea, Jesus iniciou a conversa casual que resultou em um interesse mútuo e levou a uma conversa de quatro horas sobre o modo de vida e sobre o verdadeiro Deus e a sua adoração. Estevão ficou tremendamente impressionado com o que Jesus dissera; e nunca se esqueceu daquelas palavras.

E esse foi o mesmo Estevão que depois se tornou um crente dos ensinamentos de Jesus, e cuja audácia ao pregar esse evangelho dos tempos iniciais resultou em ter sido apedrejado até a morte por judeus irados. Uma parte da audácia extraordinária que Estevão tinha em proclamar a sua visão do novo evangelho era uma conseqüência direta da sua conversa anterior com Jesus. Mas Estevão, nem de leve, jamais chegou a supor que o galileu com quem havia conversado há uns quinze anos era a mesma pessoa a quem mais tarde ele próprio proclamaria como o Salvador do mundo, e por quem ele iria morrer em breve, tornando-se assim o primeiro mártir da nova fé cristã que evoluía. Quando Estevão entregou a sua vida como preço pela sua investida contra o templo judeu e as suas práticas tradicionais, um cidadão chamado Saulo, cidadão de Tarso, estava lá. E, quando Saulo percebeu como o grego podia morrer pela sua fé, surgiram no seu coração aquelas emoções que finalmente levaram-no a desposar a causa pela qual Estevão morrera; mais tarde tornou-se ninguém mais do que Paulo, o dinâmico e indômito, o filósofo e talvez fundador único da religião cristã.

No domingo, depois da semana da Páscoa, Simão e Jesus partiram de volta a caminho de Nazaré. Simão nunca esqueceu o que Jesus ensinou-lhe nessa viagem. Sempre havia amado Jesus, contudo agora Simão sentia que começava a conhecer o seu irmão-pai. Eles tinham tido muitas conversas de coração para coração à medida que viajavam pelo país e preparavam as próprias refeições à beira do caminho. Eles chegaram em casa na quinta-feira ao meio-dia; e Simão ficou até tarde da noite contando a toda a família as suas experiências.

Maria ficou muito preocupada com o que Simão relatou sobre o fato de que Jesus houvesse passado a maior parte do seu tempo em Jerusalém "falando com estranhos, especialmente aqueles de países distantes". A família de Jesus não poderia nunca compreender o seu grande interesse pelo povo, a necessidade que tinha de estar com todos, de aprender sobre o seu modo de vida, e de saber sobre o que andavam pensando.

Mais e mais a família de Nazaré tornava-se absorvida pelos problemas humanos imediatos; e não era freqüente que se comentasse sobre a missão futura de Jesus, sendo até muito raro até que ele próprio falasse da própria carreira futura. Mesmo a sua mãe raramente lembrava-se de que era a criança prometida. Maria aos poucos estava desistindo da idéia de que Jesus cumpriria alguma missão divina na Terra, mas por vezes a sua fé era reavivada quando parava para lembrar-se da visitação de Gabriel, antes do nascimento da criança.

4. O EPISÓDIO DE DAMASCO

Os últimos quatro meses desse ano, Jesus os passou em Damasco como hóspede do mercador a quem conhecera na Filadélfia, quando a caminho de Jerusalém. Havendo sido procurado por um representante desse mercador, quando de passagem por Nazaré, este acompanhou Jesus a Damasco. Esse mercador, judeu em parte, propôs dedicar uma soma extraordinária de dinheiro para o estabelecimento de uma escola de filosofia religiosa em Damasco. Planejava criar um centro de ensino que ultrapassaria Alexandria. E propôs que Jesus iniciasse imediatamente uma grande viagem aos centros educacionais do mundo, em preparação para tornar-se o diretor desse novo projeto. Esta se constituiu numa das maiores tentações jamais enfrentadas por Jesus durante a sua carreira puramente humana.

Em breve esse negociante trouxe diante de Jesus um grupo de doze mercadores e banqueiros que concordaram em sustentar a escola recém-projetada. Jesus manifestou um profundo interesse pela escola que estava sendo idealizada, ajudou-os a planejar a sua organização, mas sempre expressava o temor de que as suas outras obrigações, não declaradas, mas prioritárias, pudessem impedi-lo de aceitar a direção de uma empresa de tamanha ambição. Aquele homem que queria ser o seu benfeitor era persistente e empregou Jesus na sua casa, sob remuneração, para fazer algumas traduções, enquanto ele, sua esposa, filhos e filhas tentavam convencer Jesus a aceitar a honraria oferecida a ele. Mas Jesus não aceitou. Bem sabia que a sua missão na Terra não devia ser sustentada por instituições de ensino; sabia que não devia obrigar-se, no mínimo que fosse, a ser dirigido pelos "conselhos dos homens" não importando quão bem-intencionados fossem.

Ele que, mesmo depois de demonstrar a sua liderança, e havendo sido rejeitado pelos líderes religiosos de Jerusalém, era reconhecido e saudado como um mestre instrutor pelos negociantes e banqueiros de Damasco, e tudo isso quando era ainda um carpinteiro obscuro e desconhecido de Nazaré.

Jesus nunca falou sobre esse convite à sua família e, ao final desse ano, já se encontrava de volta a Nazaré, cuidando dos seus deveres diários, como se nunca tivesse sido tentado pelas propostas elogiosas dos seus amigos de Damasco. E também esses homens de Damasco jamais associaram o futuro cidadão de Cafarnaum, que virou a sociedade judaica de cabeça para baixo, ao antigo carpinteiro de Nazaré que havia ousado recusar a honra que as suas riquezas consorciadas poderiam ter-lhe proporcionado.

Jesus, de um modo muito hábil e intencional, conseguiu destacar vários episódios da sua vida de modo a nunca se tornarem, aos olhos do mundo, ligados uns aos outros e tomados como atos de um mesmo indivíduo. Muitas vezes, nos anos seguintes, ouviu a descrição dessa mesma história, a de um estranho galileu que declinou a oportunidade de fundar uma escola em Damasco para competir com a de Alexandria.

Um dos propósitos que Jesus tinha em mente, quando buscava isolar certas particularidades da sua experiência terrena, era o de impedir a elaboração de uma carreira tão versátil e espetacular a ponto de levar as gerações seguintes a venerar o Mestre, em vez de observar a verdade que ele havia vivido e ensinado. Jesus jamais quis edificar um currículo de realizações que atraísse mais atenção do que os seus ensinamentos. Muito cedo ele reconheceu que os seus seguidores seriam tentados a formular uma religião *sobre* ele, a qual poderia vir a competir com o evangelho do Reino que ele tinha a intenção de proclamar ao mundo. E assim sendo, de um modo consistente, ele buscou, durante a sua movimentada carreira, suprimir tudo aquilo que, ele supunha, pudesse ser usado para servir a essa tendência humana natural de exaltar o mestre em lugar de proclamar os seus ensinamentos.

Essa mesma razão explica por que ele permitiu a si próprio ser conhecido por títulos diferentes durante as várias épocas da sua diversificada vida na Terra. E, novamente, ele não queria exercer nenhuma influência indevida sobre a sua família e sobre os outros, para levá-los a acreditar nele, apesar das convicções honestas deles. E sempre se recusou a tirar uma vantagem abusiva ou injusta da mente humana. E não queria que os homens acreditassem nele, a menos que os seus corações fossem sensíveis às realidades espirituais reveladas nos seus ensinamentos.

Ao final desse ano as coisas estavam bastante bem no lar de Nazaré. As crianças cresciam e Maria já se acostumava à ausência de Jesus. Ele continuava a enviar os seus ganhos a Tiago para sustentar a família, retendo apenas uma pequena parte para as suas despesas pessoais imediatas.

À medida que passavam os anos, mais difícil ficava compreender que esse homem fosse um Filho de Deus na Terra. Ele parecia tornar-se exatamente um indivíduo do reino, apenas mais um homem entre os homens. E foi ordenado pelo Pai no céu que tal outorga devesse mesmo desenvolver-se desse modo.

5. O VIGÉSIMO QUARTO ANO (18 d.c.)

Esse foi o primeiro ano em que Jesus ficou relativamente livre das responsabilidades da família. Tiago vinha tendo muito êxito em gerir o lar, contando com a ajuda de Jesus nos conselhos e nas finanças.

Na semana seguinte à Páscoa desse ano, um jovem senhor de Alexandria veio a Nazaré a fim de fazer os arranjos para um encontro, mais tarde, ainda naquele ano, entre Jesus e um grupo de judeus de Alexandria, nalgum ponto da costa da Palestina. Essa conversa foi marcada para meados de junho, e Jesus foi até Cesaréia para encontrar cinco proeminentes judeus de Alexandria, os quais lhe suplicavam que se estabelecesse na cidade deles, como um mestre religioso, oferecendo-lhe de início, para induzi-lo a aceitar, a posição de assistente do chazam na sua principal sinagoga.

O porta-voz desse comitê explicou a Jesus que a Alexandria estava destinada a tornar-se a sede da cultura judaica para o mundo inteiro; que a tendência helenista dos assuntos judeus havia virtualmente ultrapassado a escola de pensamento da Babilônia. Eles lembraram a Jesus sobre os nefastos rumores de rebelião em Jerusalém e em toda a Palestina e asseguraram a ele que qualquer levante dos judeus da Palestina seria equivalente a um suicídio nacional, que a mão de ferro de Roma esmagaria a rebelião em três meses; e que Jerusalém seria destruída, o templo demolido e que não seria deixada pedra sobre pedra.

Jesus ouviu tudo o que tinham para dizer, agradeceu-lhes pela confiança depositada nele, mas, recusando-se a ir para Alexandria, em essência, eis o que respondeu: "A minha hora ainda não chegou". Eles ficaram embaraçados com a sua aparente indiferença à honraria que almejavam conferir-lhe. Antes de deixarem Jesus, ofereceram-lhe de presente uma bolsa como sinal da estima dos seus amigos de Alexandria e como compensação pelo tempo e pelas despesas por ter vindo a Cesaréia para conversar com eles. Mas, do mesmo modo, Jesus não aceitou o dinheiro, dizendo: "A casa de José nunca recebeu esmolas e nós não podemos comer o pão dos outros, enquanto eu tiver braços fortes e os meus irmãos puderem trabalhar".

Os seus amigos do Egito içaram as velas na direção de casa e, nos anos seguintes, quando ouviam rumores do construtor de barcos de Cafarnaum, que estava criando uma grande agitação na Palestina, poucos deles supuseram que ele fosse a criança de Belém crescida e o mesmo galileu de comportamento estranho que houvera declinado, de um modo tão pouco cerimonioso, o convite para tornar-se um grande mestre em Alexandria.

Jesus retornou a Nazaré. O restante desse ano constituiu-se nos seis meses menos movimentados de toda a sua carreira. Ele desfrutou bem dessa pausa temporária, no roteiro usual de problemas a resolver e de dificuldades a suplantar; e nesse período Jesus comungou muito com o seu Pai no céu e fez um progresso imenso na mestria da sua mente humana.

Mas os assuntos humanos, nos mundos do tempo e do espaço, não decorrem sem problemas por muito tempo. Em dezembro, Tiago teve uma conversa particular com Jesus, explicando estar muito afeiçoado a Esta, uma jovem mulher de Nazaré, e que eles gostariam de casar-se, tão logo isso pudesse ser arranjado. E Tiago chamou a atenção para o fato de que José logo teria dezoito anos e que seria uma boa experiência se ele tivesse a oportunidade de servir como chefe da família. Jesus deu o seu consentimento para Tiago casar, dois anos depois, desde que ele tivesse, durante esse meio tempo, treinado adequadamente José para assumir a direção da casa.

E agora as coisas começavam a acontecer – o casamento estava no ar. O êxito de Tiago, em ganhar o consentimento de Jesus para casar, deu coragem a Míriam para abordar o seu irmão-pai a respeito dos seus planos. Jacó, o mais jovem, o assentador de pedras que certa vez se havia autodenominado um campeão em defesa de Jesus, agora associado a Tiago e a José nos negócios, vinha, há muito tempo, procurando ganhar a mão de Míriam em casamento. Depois que Míriam havia colocado os seus planos para Jesus, ele pediu que Jacó viesse até ele para fazer um pedido formal pela mão dela e prometeu dar a sua bênção ao casamento tão logo ela sentisse que Marta se havia tornado competente para assumir os deveres dela como filha mais velha.

Quando Jesus encontrava-s em casa, ele continuava a ensinar às tardes na escola, três vezes por semana; lia freqüentemente as escrituras na sinagoga aos sábados, visitava a sua mãe, ensinava às crianças e, em geral, conduzia-se como um digno e respeitado cidadão de Nazaré, na comunidade de Israel.

6. O VIGÉSIMO QUINTO ANO (19 d.C.)

Esse ano começou com toda a família de Nazaré em boa saúde e testemunhou o fim dos períodos normais da escola para todas as crianças, com exceção de um certo trabalho que Marta devia fazer junto com Rute.

Jesus era um dos mais robustos e refinados espécimes humanos a aparecer na Terra desde os dias de Adão. O seu desenvolvimento físico era magnífico. A sua mente era ativa, aguda e penetrante – se comparado à mentalidade média dos seus contemporâneos, tinha tido um desenvolvimento de proporções gigantescas – e o seu espírito era de fato humanamente divino.

As finanças da família estavam então nas suas melhores condições, desde a venda das propriedades de José. Os pagamentos finais da loja de reparos, junto às caravanas, haviam sido feitos; eles não deviam nada e, pela primeira vez, durante anos, possuíam algum fundo em caixa. Isso sendo verdadeiro, e desde que ele havia levado os seus outros irmãos a Jerusalém, para a primeira cerimônia pascal deles, Jesus decidiu acompanhar Judá (que havia acabado de graduar-se na escola da sinagoga) na sua primeira visita ao templo.

Eles foram a Jerusalém e retornaram pela mesma estrada, a do vale do Jordão, pois Jesus temia ter problemas se levasse o seu jovem irmão a cruzar Samaria. Já em Nazaré, Judá tinha tido ligeiros problemas várias vezes por causa da sua disposição irrefletida, que se somava aos seus fortes sentimentos patrióticos.

Eles chegaram em Jerusalém no devido tempo e estavam a caminho da sua primeira visita ao templo, cuja visão foi suficiente para emocionar e entusiasmar Judá, até o fundo da sua alma; e foi aí que eles encontraram Lázaro de Betânia. Enquanto Jesus falava com Lázaro e procurava arranjar uma celebração conjunta da Páscoa, Judá deu início a uma grande encrenca para todos. Bem perto de onde se encontravam estava um guarda romano que fez algum comentário impróprio a respeito de uma garota judia que passava. Judá incandesceu-se em uma indignação feroz e não hesitou em expressar o seu ressentimento por aquele impropério, diretamente ao soldado e de modo que ele escutasse. Ora, os legionários romanos eram muito sensíveis a qualquer coisa que beirasse o desrespeito judeu; e, assim, prontamente o guarda prendeu Judá. Isso foi demais para o jovem patriota e, antes que Jesus chegasse a preveni-lo com um olhar de advertência, ele havia já dado vazão a uma denúncia volúvel de sentimentos anti-romanos armazenados, todos os quais só fizeram piorar a situação. Com Jesus a seu lado, Judá foi levado imediatamente para a prisão militar.

Jesus tentou obter uma audiência imediata para Judá ou conseguir a sua libertação em tempo para a celebração da Páscoa, naquela noite, mas fracassou nessas tentativas. Já que no dia seguinte haveria uma "santa assembléia" em Jerusalém, nem mesmo os romanos se arriscariam a ouvir acusações contra um judeu. E, desse modo, Judá permaneceu no confinamento até a manhã do segundo dia depois da sua prisão, e Jesus permaneceu com ele na prisão. Eles não estiveram presentes ao templo para a cerimônia da recepção dos filhos da lei na cidadania plena de Israel. Judá só formalizou essa cerimônia depois de muitos anos, quando estivera perto de Jerusalém, em uma Páscoa, fazendo um trabalho de propaganda dos zelotes, a organização patriótica à qual ele pertencia e na qual ele era bastante ativo.

Na manhã seguinte ao segundo dia em que estiveram presos, Jesus compareceu diante do magistrado militar em defesa de Judá. Por meio de um pedido de desculpas, em função da juventude do seu irmão, e por meio de esclarecimentos complementares judiciosos com referência à natureza provocativa do episódio que tinha levado à prisão do seu irmão, Jesus conduziu o caso de tal modo que o magistrado expressou a opinião de que o jovem judeu poderia ter tido alguma desculpa possível para a sua explosão de violência. Depois de advertir Judá a não se permitir novamente ser culpado de tal temeridade, disse a Jesus ao dispensá-los: "É melhor manter os seus olhos no jovem; ele é capaz de atrair muita confusão para todos vós". E o juiz romano falava a verdade. Judá causou muitos aborrecimentos para Jesus; e estes eram sempre problemas da mesma natureza – conflitos com as autoridades civis, por causa das suas explosões impensadas e pouco sábias de patriotismo.

Jesus e Judá foram até Betânia, para passar a noite; e explicaram por que eles haviam deixado de cumprir o compromisso da ceia da Páscoa, partindo na manhã seguinte para Nazaré. Jesus não contou à família sobre o aprisionamento do seu jovem irmão em Jerusalém, mas teve uma longa conversa com Judá sobre esse episódio, umas três semanas depois de retornarem. Após essa conversa com Jesus, o próprio Judá contou o acontecido à família. E jamais se esqueceu da paciência e da indulgência que o seu irmão-pai manifestou durante toda essa experiência difícil.

Essa foi a última Páscoa que Jesus passou com um membro da sua própria família. O Filho do Homem distanciava-se cada vez mais da sua própria carne e sangue.

Nesse ano as suas temporadas de meditação profunda foram muitas vezes interrompidas por Rute e os seus companheiros de brincadeiras. E sempre Jesus se dispunha a adiar a contemplação do seu trabalho futuro, para o mundo e o universo, a fim de compartilhar da alegria infantil e da felicidade da juventude daquelas crianças, que nunca se cansavam de ouvir Jesus contar sobre as experiências das suas várias viagens a Jerusalém. Também gostavam muito das suas histórias sobre os animais e a natureza.

As crianças eram sempre bem-vindas à loja de reparos. Jesus mantinha areia, blocos de madeira e calhaus de pedras ao lado da loja, e as crianças ficavam ali se divertindo. Quando se cansavam das brincadeiras, os mais intrépidos iam dar uma olhada dentro do ateliê e, se o dono não estivesse muito ocupado, eles ousavam entrar e dizer: "Tio Joshua, venha e conte-nos uma grande história". Então eles o levavam para fora, puxando-o pelas mãos até que ele se assentasse na pedra favorita, perto da esquina da loja, com as crianças no chão, em um semicírculo diante dele. E como os pequeninos gostavam do tio Joshua! Estavam aprendendo a rir, e a rir de coração. Era costume, de um ou dois dos menores, subirem nos seus joelhos e assentarem-se lá, olhando maravilhados para as suas feições expressivas enquanto ele contava as suas histórias. As crianças amavam Jesus; e Jesus amava as crianças.

Era difícil para os seus amigos compreender o alcance das suas atividades intelectuais. Como podia tão súbita e tão completamente passar de uma profunda discussão, sobre política, filosofia ou religião, para as brincadeiras leves e alegres com essas crianças de cinco a dez anos de idade? Como os seus próprios irmãos e irmãs haviam crescido, ele dispunha de mais tempo para o lazer e, antes que viessem os netos, ele dava muita atenção a esses pequeninos. No entanto, Jesus não viveu na Terra um tempo suficiente para desfrutar dos netos.

7. O VIGÉSIMO SEXTO ANO (20 d.C.)

No começo desse ano, Jesus de Nazaré tornou-se profundamente consciente de que possuía um poder potencial muito vasto. Mas estava, do mesmo modo, plenamente convencido de que esse poder não devia ser utilizado pela sua personalidade de Filho do Homem, ao menos não até que a sua hora chegasse.

Nessa época Jesus falava pouco, mas pensava muito, sobre a relação com o seu Pai no céu. E a conclusão de todo esse pensar foi expressa certa vez na sua oração no topo da montanha, quando ele disse: "A despeito de quem eu seja e do poder que possa ou não exercer, eu tenho sempre sido, e sempre serei, submisso à vontade do meu Pai do Paraíso". E ainda, quando esse homem caminhava por Nazaré indo e vindo do seu trabalho, era literalmente verdadeiro – naquilo que concernia a todo um vasto universo – que "nele estavam guardados todos os tesouros da sabedoria e do conhecimento".

Durante todo esse ano, os assuntos da família correram tranqüilamente, exceto no que se referia a Judá. Durante anos Tiago teve problemas com o mais jovem dos seus irmãos, que não estava inclinado a estabelecer-se para trabalhar e em quem não se podia confiar para participar das despesas da casa. Conquanto vivesse em casa, ele não estava consciente de que devia ganhar a sua parte para a manutenção da família.

Jesus era um homem de paz e, de tempos em tempos, ficava embaraçado com as explosões beligerantes e com os inúmeros rompantes patrióticos de Judá. Tiago e José eram a favor de expulsá-lo, mas Jesus não consentiria. Quando a paciência deles chegava aos limites, Jesus apenas aconselhava: "Sede pacientes. Sede sábios nos vossos conselhos e eloqüentes nas vossas vidas; que o vosso irmão mais jovem possa primeiro conhecer o melhor meio, e então que seja levado a seguir-vos". O conselho sábio e afetuoso de Jesus impedia qualquer rompimento na família; eles permaneciam juntos. Mas Judá só serenou seus sentidos depois do seu casamento.

Apenas raramente Maria falava da futura missão de Jesus. Sempre que se fazia referência a essa questão, Jesus apenas respondia: "Minha hora ainda não chegou". Jesus havia quase completado a difícil tarefa de desacostumar a sua família da dependência da presença imediata da sua personalidade. E estava preparando-os rapidamente para o dia em que iria deixar a sua casa de Nazaré, de uma forma segura, para dar início a uma atividade mais intensa como um prelúdio para a sua ministração real aos homens.

Vós nunca deveis perder de vista o fato de que a parte primordial da missão de Jesus, na sua sétima auto-outorga, deveria ser a aquisição da experiência, enquanto criatura, para a conquista da soberania de Nébadon. E ao colecionar essas experiências também ele faria a revelação suprema do Pai do Paraíso a Urântia e a todo o seu universo local. Em acréscimo a esses propósitos, também Jesus empreendeu a tarefa de desemaranhar os complicados assuntos deste planeta, sobretudo no que se relacionavam à rebelião de Lúcifer.

Nesse ano Jesus desfrutou de um tempo de lazer maior do que o de costume, e dedicou muito da sua folga para treinar Tiago a gerir a loja de reparos, e José na direção dos assuntos de casa. Maria percebeu que ele estava arranjando tudo para deixá-los. Deixá-los para ir aonde? Para fazer o quê? Ela havia já abandonado o pensamento de que Jesus poderia ser o Messias. E não conseguia compreendê-lo, simplesmente não podia alcançar nem penetrar o mistério da vida do seu filho primogênito.

Jesus passou um bom tempo, durante esse ano, individualmente com cada um dos membros da sua família. Ele os levaria para passeios longos e freqüentes à montanha e ao campo. Antes da colheita, levou Judá ao sul de Nazaré, até a casa de um tio fazendeiro, mas Judá não permaneceu muito tempo ali, depois da colheita. Ele fugiu, e Simão encontrou-o mais tarde com os pescadores no lago. Quando Simão o trouxe de volta para casa, Jesus teve uma conversa com o garoto fugitivo e, já que ele queria ser pescador, Jesus levou-o a Magdala e colocou-o sob os cuidados de um parente, um pescador; e, daquela época em diante, Judá trabalhou bastante bem e regularmente até seu casamento, continuando como pescador depois do seu casamento.

Afinal chegou o dia em que todos os irmãos de Jesus já haviam feito a escolha dos seus trabalhos, e das suas vidas, e estavam estabelecidos cada qual em seu trabalho. O cenário estava ficando pronto para que Jesus pudesse partir da sua casa.

Em novembro, aconteceu um duplo casamento. Tiago e Esta se casaram, e também Míriam e Jacó. Foi uma ocasião realmente cheia de alegria. Até a própria Maria, uma vez mais, estava feliz, salvo de tempos em tempos, quando se dava conta de que Jesus estava preparando-se para ir embora. Ela sofria, sob a carga de uma forte incerteza. Se Jesus apenas se assentasse e falasse livremente a ela, de tudo aquilo, como ele tinha feito quando era menino; no entanto, Jesus permanecia decididamente pouco comunicável; e mantinha-se em um silêncio profundo sobre o futuro.

Tiago e a sua esposa, Esta, mudaram-se para uma casa pequena e agradável, do lado oeste da cidade, presenteada pelo pai dela. Ao mesmo tempo Tiago continuava sustentando a casa da sua mãe, mas a sua cota foi cortada pela metade por causa do seu casamento, e José foi formalmente colocado, por Jesus, como o chefe da família. Judá estava agora enviando a sua parte de contribuição para a casa, todos os meses, fielmente. Os casamentos de Tiago e de Míriam tiveram uma influência bastante benéfica sobre Judá e, quando saiu para a pescaria, no dia do duplo casamento, ele assegurou a José de que podia confiar nele "para cumprir todo o meu dever, e mais, se for necessário". E cumpriu a sua promessa.

Míriam vivia na casa de Jacó, que era contígua à de Maria; Jacó, o pai, havia sido enterrado com os seus antepassados. Marta tomou o lugar de Míriam no lar, e a nova organização já estava funcionando perfeitamente antes que aquele ano chegasse ao fim.

No dia seguinte àquele duplo casamento Jesus teve uma importante conversa com Tiago. Disse a Tiago, confidencialmente, que estava se preparando para deixar o lar. E presenteou Tiago com o título de posse total da loja de reparos; formal e solenemente ele abdicava-se de ser o chefe da casa de José e, de um modo bastante tocante, estabeleceu o seu irmão, Tiago, como o "chefe e protetor da casa do meu pai". Jesus redigiu, e ambos assinaram, um acordo secreto no qual ficava estipulado que, como retorno pela dádiva da loja de reparos, Tiago assumiria daí em diante toda a responsabilidade financeira pela família, assim desobrigando Jesus de todos os compromissos posteriores quanto a essas questões. Depois que o contrato foi assinado, depois que o orçamento ficou arranjado e de um modo tal que todas as despesas da família seriam cobertas, sem qualquer contribuição de Jesus, Jesus disse a Tiago: "Mas, meu filho, eu continuarei a enviar a todos vós alguma coisa, todos os meses, até que a minha hora chegue. E o que eu enviar será usado por ti segundo as necessidades das ocasiões. Use as minhas economias para as necessidades da família ou para os prazeres, como julgares adequado. Use-as no caso de doença ou aplica-as para emergências inesperadas, que podem suceder a qualquer membro individual da família".

E assim, dando-se como pronto para entrar na segunda fase da sua vida adulta, Jesus encontrava-se totalmente liberto da sua família, antes de ocupar-se publicamente dos assuntos do seu Pai.

A VIDA ADULTA DE JESUS

JESUS havia-se separado plena e finalmente da administração dos assuntos domésticos da família de Nazaré e da participação imediata na orientação a cada um dos seus membros. E, até o evento do seu batismo, continuou a contribuir com as finanças da família e manteve um grande interesse pessoal nos assuntos espirituais de cada um dos seus irmãos e irmãs. Estava sempre pronto para fazer tudo o que lhe fosse humanamente possível para o conforto e a felicidade da sua mãe viúva.

O Filho do Homem havia agora feito toda a preparação para separar-se permanentemente do lar de Nazaré; e isso não havia sido fácil para ele. Jesus amava naturalmente a sua gente; amava a sua família, e o seu afeto natural tinha sido tremendamente aumentado com a sua extraordinária devoção a eles. Quanto mais profundamente nos entregamos aos nossos semelhantes, tanto mais chegamos a amá-los; e, posto que Jesus se havia doado tão plenamente à sua família, ele amava-os com uma afeição grande e calorosa.

Toda a família havia se despertado gradualmente para a compreensão de que Jesus estava preparando-se para deixá-los. A tristeza da separação, que se avizinhava, era atenuada apenas pela maneira gradativa de prepará-los para o anúncio da sua intenção de partir. Todos percebiam que havia mais de quatro anos que ele vinha planejando essa separação final.

1. O VIGÉSIMO SÉTIMO ANO (21 d.c.)

Em janeiro do ano 21, em uma manhã chuvosa de domingo, sem maiores cerimônias, Jesus despediu-se da sua família, explicando apenas que estava indo a Tiberíades e, em seguida, a uma visita a outras cidades próximas do mar da Galiléia. E assim ele os deixou, para nunca mais se constituir em um membro regular daquele lar.

Ele passou uma semana em Tiberíades, a nova cidade que iria em breve suceder a Séforis como capital da Galiléia; e, pouco encontrando que o interessasse, continuou sucessivamente passando por Magdala e Betsaida até Cafarnaum, onde parou para fazer uma visita a Zebedeu, o amigo do seu pai. Os filhos de Zebedeu eram pescadores; ele próprio era um construtor de barcos. Jesus de Nazaré era um especialista tanto em projetar como em construir; era um mestre em trabalhar com madeira, e Zebedeu há muito tempo sabia da habilidade do artesão de Nazaré. Zebedeu acalentava, há muito já, a idéia de construir melhores barcos; e agora ele expunha os seus planos diante de Jesus, convidando o carpinteiro visitante para juntar-se a ele na empresa; e Jesus consentiu prontamente.

Jesus trabalhou com Zebedeu apenas durante pouco mais do que um ano, mas durante esse tempo criou um estilo novo de barcos e estabeleceu métodos inteiramente novos para a fabricação dos mesmos. Por meio de uma técnica superior e métodos bastante desenvolvidos de trabalhar as pranchas com o vapor, Jesus e Zebedeu começaram a construir barcos de um tipo bastante superior, pois ofereciam muito mais segurança para navegar no lago do que os tipos mais antigos. Por vários anos Zebedeu teve mais trabalho, produzindo esses barcos com um novo estilo, do que o seu pequeno estabelecimento podia produzir; e em menos de cinco anos praticamente todos os barcos no lago haviam sido construídos na oficina de Zebedeu em Cafarnaum. Jesus tornou-se bem conhecido dos pescadores da Galiléia como o projetista dos novos barcos.

Zebedeu estava moderadamente bem de vida; as suas oficinas de construção de barcos ficavam no lago, ao sul de Cafarnaum, e a sua casa estava situada na margem do lago, perto do centro de pescaria de Betsaida. Jesus viveu na casa de Zebedeu durante a sua permanência de mais de um ano em Cafarnaum. Ele já havia trabalhado por bastante tempo sozinho no mundo, isto é, sem um pai, e assim desfrutou muito desse período de trabalho com um pai-sócio.

A mulher de Zebedeu, Salomé, era parente de Anás, que havia sido o sumo sacerdote de Jerusalém e ainda exercia muita influência sobre o grupo saduceu, tendo sido deposto há apenas oito anos. Salomé tornou-se uma grande admiradora de Jesus. Ela amava-o como amava os seus próprios filhos, Tiago, João e Davi, quanto às suas quatro filhas, elas consideravam Jesus como um irmão mais velho. Jesus saía sempre para pescar com Tiago, João e Davi, e eles concluíram logo que ele era um pescador experimentado tanto quanto um perito construtor de barcos.

Por todo esse ano Jesus enviou dinheiro, todos os meses, para Tiago. Jesus voltou a Nazaré em outubro para comparecer ao casamento de Marta; e não voltou a Nazaré por mais de dois anos, até que o fez um pouco antes do casamento duplo de Simão e Judá.

Durante esse ano Jesus construiu barcos e continuou a observar como os homens viviam na Terra. Freqüentemente ia até a estação das caravanas, pois Cafarnaum ficava na rota direta de Damasco para o sul. Cafarnaum era um forte posto militar romano, e o oficial comandante da guarnição era um crente gentil de Yavé, "um homem devoto", como os judeus tinham o hábito de designar tais prosélitos. Esse oficial, pertencendo a uma rica família romana, tomou para si a tarefa de construir uma bela sinagoga em Cafarnaum, a qual fora presenteada aos judeus um pouco antes de Jesus ter vindo viver com Zebedeu. Durante esse período, Jesus conduziu os serviços nessa nova sinagoga por mais de meio ano, e algumas das pessoas das caravanas, que tiveram a oportunidade de vê-lo, lembravam-se dele como o carpinteiro de Nazaré.

Quando veio o pagamento de impostos, Jesus registrou-se como um "artesão habilitado de Cafarnaum". Desse dia em diante até o fim da sua vida terrena ele ficou conhecido como residente em Cafarnaum. E nunca alegou nenhuma outra residência legal embora, por várias razões, tenha permitido a outros designar a sua residência como sendo Damasco, Betânia, Nazaré e mesmo Alexandria.

Na sinagoga de Cafarnaum encontrou muitos novos livros nas estantes da biblioteca, e passava pelo menos cinco tardes por semana em estudos intensos. Uma noite ele devotava à vida social com os mais velhos, e uma noite passava com a gente jovem. Havia alguma coisa de muito graciosa e inspiradora na personalidade de Jesus, que invariavelmente atraía a gente jovem. Pois Jesus sempre os fez sentirem-se à vontade na sua presença. Talvez o seu grande segredo em dar-se bem com eles consistisse nos dois fatos seguintes: que estivesse sempre interessado no que faziam, e que raramente lhes oferecia conselho, a menos que o pedissem.

A família de Zebedeu quase adorava Jesus, e nunca deixou de estar presente às conversas, com perguntas e respostas, que ele conduzia todas as noites após o jantar, antes de ir até a sinagoga para estudar. Os vizinhos mais jovens também vinham freqüentemente para essas reuniões depois do jantar. Nessas pequenas reuniões Jesus dava instruções variadas e adiantadas, tão avançadas quanto pudessem ser compreendidas. Falava bastante livremente com eles, expressando as suas idéias e ideais sobre política, sociologia, ciência e filosofia, mas nunca pretendia falar com autoridade final, exceto se se tratasse de religião – a relação do homem com Deus.

Uma vez por semana Jesus fazia uma reunião com todo o pessoal da casa, da loja e dos canteiros de trabalho, pois Zebedeu tinha muitos empregados. E entre esses trabalhadores é que Jesus, pela primeira vez, foi chamado "o Mestre". Todos eles amavam-no. E Jesus gostava dos trabalhos com Zebedeu em Cafarnaum, mas sentia saudade das crianças brincando ao lado da oficina de carpinteiro de Nazaré.

Dos filhos de Zebedeu, Tiago era o mais interessado em Jesus como professor e como filósofo. João gostava mais dos seus ensinamentos religiosos e das suas opiniões. Davi respeitava-o como um artesão, mas dava pouca importância aos seus ensinamentos filosóficos e à sua visão religiosa.

Freqüentemente Judá vinha no sábado para ouvir Jesus falar na sinagoga e ficava para conversar com ele. E quanto mais Judá via o seu irmão mais velho, mais convencido ficava de que Jesus era verdadeiramente um grande homem.

Nesse ano Jesus fez grandes progressos quanto à mestria ascendente da sua mente humana e alcançou níveis novos e elevados de contato consciente com o seu Ajustador do Pensamento residente.

Esse foi o último ano estável da sua vida. Nunca mais Jesus passou um ano inteiro em um mesmo lugar ou em um mesmo empreendimento. Os dias das suas peregrinações pela Terra estavam aproximando-se rapidamente. Os períodos de atividade intensa não estavam muito longe no futuro, mas, entre a sua vida simples e intensamente ativa do passado e o seu ministério público ainda mais extenuante, restavam agora uns poucos anos de longas viagens e de atividades pessoais altamente diversificadas. O seu aprendizado, como um homem do reino, devia ser completado antes que ele pudesse entrar na sua carreira de ensinamentos e de pregação como o Deus-homem perfeito das suas fases divinas e pós-humanas, na sua auto-outorga em Urântia.

2. O VIGÉSIMO OITAVO ANO (22 d.C.)

Em março do ano 22 d.C., Jesus despediu-se de Zebedeu e de Cafarnaum. Pediu uma pequena soma de dinheiro para cobrir as suas despesas a fim de ir a Jerusalém. Enquanto trabalhava com Zebedeu apenas pequenas somas de dinheiro haviam sido retiradas por ele, as quais a cada mês ele enviava à família em Nazaré. Um mês José viria a Cafarnaum buscar o dinheiro; no mês seguinte Judá viria a Cafarnaum, pegar o dinheiro com Jesus e levá-lo para Nazaré. O ponto de pescaria de Judá distava apenas uns poucos quilômetros de Cafarnaum, ao sul.

Quando deixou a família de Zebedeu, Jesus concordou em permanecer em Jerusalém até a época da Páscoa, e eles todos prometeram estar presentes àquele acontecimento. Até mesmo arranjaram para celebrar juntos a ceia da Páscoa. E todos se entristeceram quando Jesus os deixou, especialmente as filhas de Zebedeu.

Antes de deixar Cafarnaum, Jesus teve uma longa conversa com o seu recente amigo e companheiro muito ligado, João Zebedeu. Disse a João que esperava viajar muito, até que "a minha hora chegue", e pediu-lhe para ocupar o seu lugar na questão de enviar algum dinheiro para a família de Nazaré todo mês, até que acabassem os fundos que lhe eram devidos. E João fez a ele esta promessa: "Meu Mestre, vai cuidar dos teus assuntos, faze o teu trabalho no mundo; eu tomarei o teu lugar nesta, como em qualquer outra questão, e velarei pela tua família do mesmo modo como cuidaria da minha própria mãe e das minhas irmãs e irmãos. Usarei as tuas economias, que o meu pai mantém, exatamente como tu instruíste e do modo que se fizerem necessárias e, quando o teu dinheiro houver sido gasto, se não receber mais de ti, e se a tua mãe estiver necessitada, então partilharei das minhas próprias economias com ela. Segue o teu caminho em paz. Estarei no teu lugar para todas essas questões".

Assim procedendo, depois que Jesus havia partido para Jerusalém, João consultou o seu pai, Zebedeu, a respeito do dinheiro devido a Jesus, e ficou surpreso, pois era uma soma bastante grande. Como Jesus havia deixado inteiramente nas mãos deles essa questão, eles concordaram que o melhor a fazer seria investir esse fundo em propriedades e usar a renda para a assistência à família em Nazaré; e, como Zebedeu sabia de uma pequena casa hipotecada e à venda em Cafarnaum, ele mandou que João comprasse essa casa com o dinheiro de Jesus e que guardasse para o seu amigo o título de propriedade. E João fez como o seu pai lhe aconselhara. Por dois anos o aluguel dessa casa foi usado na amortização da hipoteca e, tudo isso, aumentado por uma certa soma grande que Jesus logo enviou a João, para ser usada pela família conforme necessário, igualava quase o total da hipoteca; e Zebedeu arcou com a diferença, de modo que João pagou o restante da hipoteca no tempo devido, assegurando com isso um título livre a essa casa de dois cômodos. Desse modo Jesus tornou-se o proprietário de uma casa em Cafarnaum, mas isso não lhe havia sido dito.

Quando a família em Nazaré soube que Jesus havia partido de Cafarnaum, e não sabendo desse arranjo financeiro com João, eles acreditaram que chegara a hora de passarem sem qualquer ajuda de Jesus. Tiago lembrou-se do seu contrato com Jesus e, com a ajuda dos seus irmãos, assumiu daí em diante a responsabilidade total pela família.

Voltemo-nos, contudo, a observar Jesus em Jerusalém. Por quase dois meses ele passou a maior parte do seu tempo ouvindo as discussões no templo, com visitas ocasionais às várias escolas dos rabinos. A maior parte dos dias de sábado ele passava em Betânia.

Jesus havia levado consigo, a Jerusalém, uma carta de Salomé, a esposa de Zebedeu, apresentando-o ao antigo alto sacerdote, Anás, como "um que é como o meu próprio filho". Anás passou muito tempo com ele, pessoalmente levando-o para visitar as muitas academias dos mestres religiosos de Jerusalém. Enquanto inspecionava a fundo essas escolas e cuidadosamente observava os seus métodos de ensino, Jesus nunca fazia uma pergunta sequer em público. Embora Anás considerasse Jesus um grande homem, estava indeciso quanto a que conselho dar-lhe. Ele reconhecia a tolice que seria sugerir a Jesus entrar para qualquer das escolas de Jerusalém como estudante e, por outro lado, sabia muito bem que a Jesus nunca seria concedida a posição de um mestre regular, pois ele não havia sido educado naquelas escolas.

O momento da Páscoa aproximava-se, e, junto com as multidões que vinham de todos os locais, Zebedeu e a sua família inteira chegaram em Jerusalém, vindos de Cafarnaum. E todos ficaram na casa espaçosa de Anás, onde celebraram a Páscoa como uma família feliz.

Antes do término desse fim de semana de Páscoa, aparentemente por acaso, Jesus conheceu um rico viajante e o seu filho, um rapaz de dezessete anos. Esses viajantes vinham da Índia e, estando a caminho de visitar Roma e vários outros pontos no Mediterrâneo, tinham arranjado para chegar em Jerusalém durante a Páscoa, esperando encontrar alguém que pudessem ter como intérprete para ambos e como tutor para o filho. O pai estava insistindo para que Jesus consentisse em viajar com eles. Jesus lhe contou sobre a sua família e disse-lhe que não era justo permanecer longe deles por quase dois anos, sendo que durante esse tempo eles poderiam achar-se em alguma necessidade. Então, esse viajante do Oriente propôs adiantar os salários de um ano a Jesus, de tal modo que ele pudesse confiar esses fundos aos seus amigos para a salvaguarda da sua família em caso de necessidade e, assim, Jesus concordou em fazer a viagem.

Jesus remeteu essa grande soma para João, filho de Zebedeu. E vós já sabeis que João aplicou esse dinheiro na liquidação da hipoteca da propriedade de Cafarnaum. Jesus contou sobre essa viagem ao Mediterrâneo a Zebedeu, mas fê-lo prometer não dizer a ninguém, nem mesmo à sua carne e sangue, e Zebedeu nunca revelou o que sabia sobre o paradeiro de Jesus, durante esse longo período de quase dois anos. Antes que Jesus voltasse dessa viagem, a família em Nazaré havia presumido então que ele já estivesse morto. Apenas a certeza dada por Zebedeu, que fora a Nazaré com o seu filho João em várias ocasiões, mantinha viva a esperança no fundo do coração de Maria.

Durante esse tempo, a família de Nazaré dava-se muito bem; Judá havia aumentado consideravelmente a sua cota e manteve essa contribuição adicional até o seu casamento. Não obstante a pouca assistência de que eles necessitavam, era costume de João Zebedeu levar presentes todos os meses para Maria e Rute, segundo as instruções de Jesus.

3. O VIGÉSIMO NONO ANO (23 d.C.)

Todo o vigésimo nono ano de Jesus foi passado completando a viagem pelo Mundo Mediterrâneo. Os eventos principais dessas experiências, até onde nos foi permitido revelar, constituem matéria para as narrativas que vêm imediatamente em seguida a este documento.

Durante essa viagem ao mundo romano, por muitas razões, Jesus ficou conhecido como o *Escriba de Damasco*. Em Corinto e em outras escalas da viagem de volta ele ficou conhecido, contudo, como o *Preceptor judeu*.

Esse foi um período movimentado na vida de Jesus. Ainda que havendo efetuado muitos contatos com os seus semelhantes humanos nessa viagem, ela foi uma experiência da qual ele nunca revelou nada a nenhum membro da sua família, nem a nenhum dos apóstolos. Jesus viveu a sua vida na carne e partiu deste mundo sem que ninguém (salvo Zebedeu de Betsaida) soubesse que havia feito essa longa viagem. Alguns dos seus amigos pensaram que ele tinha voltado para Damasco; outros pensaram que ele tivesse ido à Índia. A sua própria família estava inclinada a acreditar que estivera em Alexandria, pois sabiam que certa vez ele havia sido convidado a ir até lá para tornar-se um chazam assistente.

Quando retornou à Palestina, Jesus nada fez para mudar, junto à sua família, a opinião de que ele tinha ido de Jerusalém para Alexandria; e possibilitou-lhes continuarem na crença de que, todo o tempo da sua ausência da Palestina, ele o havia passado naquela cidade de conhecimento e de cultura. Apenas Zebedeu, o construtor de barcos de Betsaida, conhecia os fatos sobre essa questão; e Zebedeu nada contou a ninguém.

Em todos os vossos esforços para decifrar o significado da vida de Jesus em Urântia, deveis ter sempre em mente os motivos da auto-outorga de Michael. Se quiserdes compreender o significado de muitos dos seus feitos aparentemente estranhos, deveis discernir o propósito da estada dele no vosso mundo. Ele tinha a preocupação constante de não erigir uma carreira pessoal superatraente e que absorvesse por demais as atenções. E não queria exercer apelos de poderes inusitados sobre os seus semelhantes humanos. Estava doado ao trabalho de revelar o Pai celeste aos seus semelhantes mortais e, ao mesmo tempo, estava consagrado à tarefa sublime de viver a sua vida mortal terrena submetendo-se constantemente à vontade desse mesmo Pai no Paraíso.

Será sempre de muita ajuda, para compreender-se a vida de Jesus na Terra, que todos os mortais ao estudarem essa auto-outorga divina lembrem-se de que, enquanto passou por essa vida de encarnação *em* Urântia, Jesus a viveu *para* todo o seu universo. Para todas as esferas habitadas, em todo o universo de Nébadon, algo de especial e de inspirador ficou associado à vida que viveu na carne e na natureza mortal. O mesmo é verdade, também, para todos aqueles mundos que se tornaram habitados posteriormente às épocas movimentadas da sua permanência em Urântia. E, do mesmo modo, isso será igualmente verdade para todos os mundos que possam vir a tornar-se habitados, pelas criaturas de vontade, em toda a história futura deste universo local.

Durante o tempo e as experiências dessa viagem pelo mundo romano, o Filho do Homem praticamente completou o seu contato de aperfeiçoamento educacional com os povos diversificados do mundo dos seus dias e geração. À época do seu retorno a Nazaré, por intermédio dessa viagem de aprendizado, ele já conhecia praticamente como o homem vivia e construía a sua existência em Urântia.

O propósito real da sua viagem, pela bacia do Mediterrâneo, foi *conhecer os homens*. E ele aproximou-se, muito de perto, de centenas de seres humanos, nessa viagem. Pôde conhecer, e amar, a todas as espécies de homens, ricos e pobres, poderosos e miseráveis, negros e brancos, educados e não educados, cultos e incultos, embrutecidos e espiritualizados, religiosos e irreligiosos, morais e imorais.

Nessa viagem pelo Mediterrâneo, Jesus conseguiu grandes avanços na sua tarefa humana de mestria sobre a sua mente material e mortal; e o seu Ajustador residente fez um grande progresso de ascensão e de conquista espiritual desse intelecto humano. Ao final dessa viagem, Jesus virtualmente sabia – com toda a certeza humana – que era um Filho de Deus, um Filho Criador do Pai Universal. O Ajustador, cada vez mais, tornava-se capaz de trazer à mente do Filho do Homem algumas memórias nebulosas da sua experiência no Paraíso em ligação com o seu Pai divino, bem antes mesmo de partir para organizar e administrar este universo local de Nébadon. Assim o Ajustador, pouco a pouco, trouxe à consciência humana de Jesus as memórias necessárias da sua existência anterior divina, nas várias épocas de um passado quase eterno. O último episódio da experiência pré-humana de Jesus a ser trazido à sua consciência pelo Ajustador foi a sua conversa de adeus com Emanuel de Sálvington, pouco antes de abandonar a sua personalidade consciente para embarcar na encarnação de Urântia. E a imagem dessa memória final da sua existência pré-humana tornou-se clara na consciência de Jesus, no mesmo dia em que foi batizado por João no Jordão.

4. O JESUS HUMANO

Para as inteligências celestes do universo local que o observavam, essa viagem pelo Mediterrâneo foi a mais cativante de todas as experiências terrestres de Jesus, pelo menos em toda a sua carreira antes do evento da sua crucificação e do fim da sua vida mortal. Esse período foi o mais fascinante da sua *ministração pessoal*, em contraste com a época de ministério público, que viria logo em seguida. Esse período singular ficava ainda mais apaixonante porque, durante essa época, ele ainda era o carpinteiro de Nazaré, o construtor de barcos de Cafarnaum, o Escriba de Damasco; ele era ainda o Filho do Homem. Jesus não havia ainda alcançado a mestria completa sobre a sua mente humana; e o Ajustador ainda não havia gerado totalmente a contraparte da sua identidade mortal. E ele era ainda um homem entre os homens.

A experiência religiosa puramente humana – o crescimento pessoal espiritual – do Filho do Homem quase atingiu o apogeu da sua realização durante esse que foi o seu vigésimo nono ano. A experiência de desenvolvimento espiritual foi de um crescimento consistentemente gradativo, desde o momento da chegada do seu Ajustador do Pensamento até o dia em que se completou e confirmou-se a relação humana natural e normal entre a mente material do homem e a dotação mental do espírito – o fenômeno de fazer dessas duas mentes uma única; experiência esta que o Filho do Homem atingiu, de modo completo e em finalidade, como um mortal encarnado do reino, no dia do seu batismo no Jordão.

Durante esses anos, ainda que pareça que não se haja empenhado em tantos períodos de comunhão formal com o seu Pai no céu, Jesus aperfeiçoou de modo crescente os métodos efetivos de comunicação pessoal com a presença espiritual residente do Pai do Paraíso. Ele viveu uma vida real, uma vida plena e uma vida verdadeiramente normal, natural e comum, na carne. E conheceu, pela via da experiência pessoal, o equivalente, na realidade, à soma e à essência totalizadora da vida levada pelos seres humanos, nos mundos materiais do tempo e do espaço.

O Filho do Homem experimentou aquelas vastas gamas de emoções humanas, que vão desde a alegria magnífica à tristeza profunda. Ele havia sido uma criança alegre e um ser de raro bom humor; e, do mesmo modo, foi um "homem de tristezas e ambientado ao sofrimento". Num sentido espiritual, ele passou pela vida mortal de alto a baixo, do começo ao fim. De um ponto de vista material, poderia parecer ter ele escapado de viver os dois extremos sociais da existência humana, mas intelectualmente ele tornou-se totalmente familiarizado com a experiência, inteira e completa, da humanidade.

Jesus conhece os pensamentos e os sentimentos, as premências e os impulsos dos mortais evolucionários e ascendentes dos reinos, do nascimento à morte; pois viveu a vida humana desde o início da tomada de consciência física, intelectual e espiritual – passando pela infância, a meninice, a juventude e a vida adulta –, e teve inclusive a experiência humana da morte. Não apenas passou por esses períodos humanos usuais e familiares de avanço intelectual e espiritual, como experimentou, com plenitude, aquelas fases mais elevadas e mais avançadas da conciliação entre o homem e o Ajustador, que tão poucos mortais urantianos chegam a alcançar. E assim ele experimentou a vida plena do homem mortal, não apenas como é vivida no vosso mundo, mas também como é vivida em todos os outros mundos evolucionários do tempo e do espaço, e mesmo nos mais elevados e mais avançados entre todos os mundos estabelecidos em luz e vida.

Embora essa vida perfeita que ele viveu, à semelhança da carne mortal, possa não haver recebido a aprovação universal e irrestrita dos seus irmãos mortais, a quem aconteceu serem os seus contemporâneos na Terra, ainda assim a vida que Jesus de Nazaré viveu na carne, em Urântia, recebeu a aceitação plena e irrestrita do Pai Universal, constituindo-se, ao mesmo tempo, em uma mesma vida-personalidade, na plenitude da revelação do Deus eterno para o homem mortal e na apresentação da personalidade humana aperfeiçoada para a satisfação do Criador Infinito.

E foi esse o seu verdadeiro e supremo propósito. Jesus não desceu até Urântia como um exemplo, perfeito nos detalhes, especialmente para qualquer criança ou adulto, homem ou mulher, em uma idade ou em outra. A verdade de fato é que, na sua vida plena, rica, bela e nobre, podemos todos encontrar muita coisa que é exemplar de um modo raro e divinamente inspirador; mas isso se dá porque ele viveu uma vida verdadeira e genuinamente humana. Jesus não viveu a sua vida na Terra com o fito de estabelecer um exemplo para todos os outros seres humanos copiarem. Viveu essa vida na carne por meio da mesma ministração de misericórdia pela qual todos vós podeis viver as vossas vidas na Terra; e viveu a sua vida mortal nos seus dias e *como o que ele foi*, e assim estabeleceu o exemplo para todos nós, do mesmo modo, vivermos as nossas vidas, nos nossos dias e *como somos*. Vós podeis não aspirar viver a vida dele, mas podeis resolver *viver as vossas vidas* como ele viveu a dele e pelos mesmos meios. Jesus pode não ser o exemplo exato, técnico e detalhado para todos os mortais, de todas as idades, em todos os reinos deste universo local, mas ele é, para sempre, a inspiração e o guia de todos os peregrinos que vão para o Paraíso, vindos dos mundos da ascensão inicial, atravessando um universo de universos, e passando por Havona, indo até ao Paraíso. Jesus é *o caminho novo e vivo* do homem até Deus, do parcial ao perfeito, do terreno ao celeste, do tempo para a eternidade.

Ao fim do vigésimo nono ano, Jesus de Nazaré havia virtualmente completado a vida como é esperada que os mortais vivam, enquanto permanecem na carne. Ele veio à Terra trazendo a plenitude de Deus para manifestar-se ao homem; e agora transformava-se quase na perfeição de homem, aguardando a ocasião de tornar-se manifesto para Deus. E, tudo isso, antes de completar trinta anos de idade.

DOCUMENTO 130

A CAMINHO DE ROMA

AS VIAGENS pelo mundo romano consumiram a maior parte do vigésimo oitavo ano e o vigésimo nono ano inteiro da vida de Jesus na Terra. Jesus e os dois oriundos da Índia – Gonod e seu filho Ganid – deixaram Jerusalém no domingo, dia 26 de abril do ano 22 d.C., pela manhã. Fizeram sua jornada de acordo com o programado e Jesus despediu-se deles, pai e filho, na cidade de Charax, no golfo Pérsico, no décimo dia de dezembro do ano seguinte, 23 d.C.

De Jerusalém foram para Cesaréia, pelo caminho de Jopa. Em Cesaréia pegaram um barco para Alexandria. De Alexandria navegaram até Lasea em Creta. De Creta navegaram para Cartago, com escala em Cirene. Em Cartago tomaram outro barco até Nápoles, parando em Malta, Siracusa e Messina. De Nápoles eles foram a Cápua, de onde viajaram pela Via Ápia até Roma.

Após a estada em Roma eles foram por terra até Tarento, de onde içaram velas para Atenas, na Grécia, parando em Nicópolis e Corinto. De Atenas foram para Éfeso, via Troas. De Éfeso velejaram para Chipre, parando em Rodes no caminho. Em Chipre permaneceram um tempo considerável visitando lugares e descansando e então velejaram até Antioquia, na Síria. De Antioquia seguiram para o sul até Sidom e dali para Damasco. De lá viajaram em caravana para a Mesopotâmia, passando por Tapsacos e Larissa. Passaram algum tempo na Babilônia, visitaram Ur e outros lugares e então foram para Susa. De Susa continuaram até Charax, de onde Gonod e Ganid embarcaram para a Índia.

Foi durante o período de trabalho de quatro meses em Damasco, que Jesus aprendeu os rudimentos da língua falada por Gonod e Ganid. Enquanto esteve lá ele trabalhou durante grande parte do seu tempo em traduções do grego para um dos idiomas da Índia, tendo sido assistido por um homem oriundo do distrito natal de Gonod.

Nessa viagem pelo Mediterrâneo, Jesus passava cerca de meio dia ensinando a Ganid e, como intérprete de Gonod, durante as suas reuniões de negócios e nos contatos sociais. O restante de cada dia, que lhe sobrava, Jesus dedicava-se a fazer contatos pessoais com os seus semelhantes, em ligação estreita com os mortais deste reino, coisa que tão bem caracterizou as suas atividades durante esses anos que precederam o seu ministério público.

Jesus, por observação direta de primeira mão e contato próximo, ambientou-se com a mais elevada civilização do Ocidente e do Levante, material e intelectualmente; de Gonod e do seu brilhante filho, ele aprendeu muito sobre a civilização e a cultura da Índia e da China, pois Gonod, cidadão da Índia, havia feito três longas viagens ao império da raça amarela.

Ganid, o jovem, aprendeu muito de Jesus durante essa longa e estreita ligação. Eles desenvolveram um grande afeto mútuo e o pai do garoto, muitas vezes, tentou persuadir Jesus a ir com eles para a Índia, mas Jesus sempre recusou, alegando que era necessário retornar para a sua família na Palestina.

1. EM JOPA — O DISCURSO SOBRE JONAS

Durante a sua estada em Jopa, Jesus conheceu Gádia, intérprete filisteu que trabalhava para Simão, curtidor de couro. Os agentes de Gonod na Mesopotâmia haviam feito muitas transações com esse Simão; por isso Gonod e o seu filho queriam visitá-lo no seu caminho a Cesaréia. Durante essa visita a Jopa, Jesus e Gádia tornaram-se bons amigos. Esse jovem filisteu era um buscador da verdade. Jesus era um provedor da verdade; ele foi a verdade para aquela geração em Urântia. Quando um grande buscador da verdade e um grande provedor da verdade encontram-se, o resultado é um esclarecimento grande e liberador que surge da experiência da nova verdade.

Certo dia, após a refeição da noite, Jesus e o jovem filisteu passeavam pela orla do mar, e Gádia, não sabendo que este "Escriba de Damasco" era tão versado nas tradições dos hebreus, apontou a Jesus o ancoradouro do qual, supostamente, Jonas havia embarcado na sua desafortunada viagem a Tarses. E quando concluiu as suas observações, fez a Jesus esta pergunta: "Mas tu crês que o grande peixe de fato engoliu Jonas?" Jesus percebeu que a vida desse jovem tinha sido tremendamente influenciada por essa tradição e que a contemplação desse episódio inculcara nele a idéia disparatada de fugir ao dever; Jesus então não disse nada que fosse destruir subitamente o fundamento da motivação atual de Gádia para a vida prática. Jesus disse, em resposta a essa questão: "Meu amigo: todos nós somos Jonas, com vidas para viver de acordo com a vontade de Deus e sempre que tentamos fugir do dever que se nos apresenta, escapando na direção de tentações estranhas, colocamo-nos sob o controle imediato das influências que não são dirigidas pelos poderes da verdade nem pelas forças da retidão. A fuga ao dever é o sacrifício da verdade. Escapar ao serviço, à luz e à vida, só pode resultar nesses conflitos exaustivos, com as difíceis baleias do egoísmo, que levam finalmente à obscuridade e à morte, a menos que esses Jonas, que abandonaram a Deus, voltem os seus corações, ainda que estejam nas profundezas do desespero, à procura de Deus e sua bondade. E, quando essas almas assim desencorajadas, procuram Deus sinceramente – em fome de verdade e sede de retidão –, nada há que as mantenha limitadas ao cativeiro. Seja qual for a profundidade na qual se hajam mergulhado, quando procuram a luz, de todo o coração, o espírito do Senhor Deus dos céus irá libertá-las do seu cativeiro; as circunstâncias malignas da vida as arrojarão em alguma terra firme plena de oportunidades frescas, de serviço renovado e de vida mais sábia".

Gádia comoveu-se muito com o ensinamento de Jesus e eles conversaram longamente, noite adentro, junto à orla do mar e, antes que voltassem para os seus alojamentos, oraram juntos e um pelo outro. Esse era o mesmo Gádia que escutou a pregação posterior de Pedro, convertendo-se em um profundo crente de Jesus de Nazaré, e que manteve um debate memorável com Pedro, certa noite na casa de Dorcas. E Gádia muito teve a ver com a decisão final de Simão, o abastado mercador de couros, de abraçar o cristianismo.

(Nesta narrativa do trabalho pessoal de Jesus com os seus semelhantes mortais, na sua viagem pelo Mediterrâneo, nós iremos, de acordo com a permissão recebida, traduzir livremente as suas palavras no estilo moderno usado em Urântia à época desta apresentação.)

DOCUMENTO 130: SEÇÃO 1

O último encontro de Jesus e Gádia teve a ver com a discussão sobre o bem e o mal. Esse jovem filisteu estava bastante conturbado por um sentimento de injustiça, que lhe era trazido pela presença do mal junto com o bem, no mundo. Ele dizia: "Como pode Deus, se é infinitamente bom, permitir que soframos as penas do mal; afinal, quem cria o mal?" Naquele tempo, muitos ainda acreditavam que Deus cria tanto o bem como o mal, mas Jesus nunca ensinou tal erro. Para responder a essa questão, Jesus disse: "Meu irmão, Deus é amor e, portanto, Ele deve ser bom; e a Sua bondade é tão grande e real que não pode conter as coisas pequenas e irreais do mal. Deus é tão positivamente bom que não há absolutamente nenhum lugar Nele para o mal negativo. O mal é a escolha imatura e o passo impensado daqueles que são resistentes à bondade, que rejeitam a beleza e que são desleais com a verdade. O mal é apenas a desadaptação da imaturidade ou a influência dissociativa e de distorção que a ignorância tem. O mal é a escuridão inevitável que persegue os passos da pouca sabedoria, que rejeita a luz. O mal é aquilo que é escuro e inverdadeiro e, quando conscientemente abraçado e adotado, voluntariamente, transforma-se em pecado".

"O teu Pai no céu, ao dotar-te com o poder de escolha entre a verdade e o erro, criou o potencial negativo do caminho positivo da luz e da vida; mas tais erros do mal são realmente inexistentes, até o momento em que uma criatura inteligente opta pela sua existência, quando escolhe de modo errado o seu caminho de vida. Então, tais males são potencializados até a categoria do pecado, pela escolha consciente e deliberada de uma criatura obstinada e rebelde. É por isso que o nosso Pai no céu permite que o bem e o mal estejam juntos até o fim da vida, da mesma forma que a natureza permite ao trigo e ao joio crescerem um ao lado do outro até a colheita." Gádia havia ficado plenamente satisfeito com a resposta de Jesus à sua pergunta, após as subseqüentes discussões, quando então ficaram claros na sua mente os significados reais dessas importantes afirmações.

2. EM CESARÉIA

Jesus e os seus amigos ficaram em Cesaréia mais tempo do que o esperado, pois foi descoberto que um dos imensos remos da embarcação, na qual pretendiam viajar, estava ameaçado de quebrar-se. O capitão decidiu permanecer no porto, enquanto um novo remo estava sendo feito. Havia escassez de carpinteiros hábeis para essa tarefa e por isso Jesus colocou-se como voluntário para ajudar. Durante as noites, Jesus e os seus amigos caminhavam ao longo de uma bela muralha, que servia de passeio, em volta do porto. Ganid apreciou grandemente as explicações de Jesus, sobre o sistema de águas da cidade e sobre a técnica pela qual as marés eram utilizadas para lavar as ruas e esgotos da cidade. Esse jovem da Índia ficou muito impressionado com o Templo de Augusto, situado em uma elevação e encimado por uma estátua colossal do imperador romano. Na segunda tarde em que permaneceram lá, os três assistiram a uma sessão no enorme anfiteatro, onde podiam assentar-se vinte mil pessoas e, naquela mesma noite, foram a uma peça grega no teatro. Esses eram os primeiros espetáculos dessa modalidade que Ganid presenciara; e ele fez muitas perguntas a Jesus sobre os mesmos. Na manhã do terceiro dia fizeram uma visita formal ao palácio do governador, pois Cesaréia era a capital da Palestina e residência do procurador romano.

Na mesma pousada deles estava também um mercador da Mongólia, e, como esse homem do Oriente longínquo falava grego bastante bem, Jesus teve várias e longas conversas com ele. Esse homem ficou muito impressionado com a filosofia de vida de Jesus e nunca esqueceu as suas palavras de sabedoria a respeito "de viver a vida celeste, enquanto estamos na Terra, por meio de uma submissão diária à vontade do Pai celestial". Esse mercador era taoísta e havia-se tornado um forte crente da doutrina de uma deidade universal. Quando retornou à Mongólia, começou a ensinar essas verdades avançadas aos seus vizinhos e aos seus sócios nos negócios e, em conseqüência direta dessas atividades, o seu filho mais velho decidiu tornar-se um sacerdote taoísta. Esse jovem exerceu uma grande influência a favor da verdade avançada por toda sua vida e foi sucedido por um filho e um neto que, da mesma forma, foram devotos leais da doutrina do Deus Único – O Legislador Supremo do Céu.

Enquanto o ramo oriental da primitiva igreja cristã, tendo a sua sede em Filadélfia, ateve-se com mais fé aos ensinamentos de Jesus, do que os seus irmãos de Jerusalém, lamentável é que não tivesse havido ninguém como Pedro, para ir à China, ou como Paulo, para ir à Índia, quando então o solo espiritual lá estava tão favorável ao plantio da semente do novo evangelho do Reino. Esses mesmos ensinamentos de Jesus, à medida que foram sustentados pelos filadelfianos, teriam tido um apelo tão imediato e efetivo para as mentes dos povos asiáticos, cheios de fome espiritual, como tiveram os sermões de Pedro e Paulo no Ocidente.

Um dos homens que, por um dia, trabalharam com Jesus no remo, tornou-se um grande interessado nas palavras que, de hora em hora, brotavam dele enquanto trabalhavam no estaleiro. Quando Jesus sugeriu que o Pai no céu estava interessado no bem-estar dos seus filhos na Terra, esse jovem grego, Anaxando, disse: "Se os Deuses estão interessados em mim, então por que eles não removem esse capataz cruel e injusto dessa oficina?" Ele surpreendeu-se quando Jesus replicou: "Já que tu sabes como ser amável e valorizas a justiça, talvez Deus haja colocado esse homem equivocado perto de ti para que o conduzas a um caminho melhor. Talvez tu sejas o sal que irá fazer com que esse irmão se torne mais agradável a todos os outros homens; isto é, se tu não tiveres perdido o teu sabor. Assim como estão as coisas, esse homem é o teu amo, porque os seus modos perversos têm uma influência desfavorável sobre ti. Por que não afirmar o teu domínio sobre o mal pela virtude do poder da bondade tornando-te tu, assim, o mestre de todas as relações entre ambos? Posso predizer que o bem em ti pode vencer o mal nele, se tu deres ao bem uma oportunidade boa e justa. Não há aventura mais apaixonante, no curso da existência mortal, do que o regozijo de atuar como um parceiro na vida material que se une à energia espiritual e à verdade divina, em uma das suas lutas triunfantes contra o erro e o mal. É uma experiência maravilhosa e transformadora, tornar-se o canal vivo da luz espiritual, para os mortais que permanecem na escuridão espiritual. Se fores mais abençoado, no conhecimento da verdade, do que esse homem, a necessidade dele devia desafiar-te. Certamente não és o covarde que ficaria na praia vendo perecer um semelhante que não sabe nadar. Quão mais valiosa é a alma daquele homem que se debate nas trevas, se comparada ao seu corpo afundando na água!"

Anaxando ficou muito emocionado com as palavras de Jesus. E, em seguida, contou ao seu superior o que Jesus lhe havia dito e, naquela mesma noite, ambos procuraram o aconselhamento de Jesus, para o bem-estar das suas almas. E, mais tarde, depois que a mensagem cristã havia sido proclamada em Cesaréia, aqueles dois homens, um grego e o outro romano, creram na pregação de Filipe e se tornaram membros proeminentes da igreja que ele fundou. Posteriormente esse jovem grego foi designado ordenança de um Centurião romano, Cornélio, que veio a se tornar um crente por meio da ministração de Pedro. Anaxando continuou ministrando luz àqueles que estavam nas trevas, até o dia do aprisionamento de Paulo, em

Cesaréia, quando pereceu por acidente, na grande matança de vinte mil judeus, ao socorrer àqueles que sofriam e morriam.

Ganid estava, nessa época, começando a perceber que o seu tutor gastava o seu tempo de lazer em um ministério pessoal, pouco comum, junto aos seus semelhantes; e o jovem indiano decidiu descobrir o motivo dessas atividades incessantes. E perguntou: "Por que tu te ocupas tão continuamente em falar com estranhos?" E Jesus respondeu: "Ganid, nenhum homem é estranho para aquele que conhece a Deus. Na experiência de encontrar o Pai no céu, tu descobres que todos os homens são irmãos teus; e como pode parecer estranho que alguém se regozije com o encontro de um irmão descoberto recentemente? Tornarmo-nos amigos de irmãos e irmãs e sabermos dos seus problemas e aprendermos a amá-los é a suprema experiência da vida".

Essa foi uma conversa que durou até tarde da noite, no curso da qual o jovem pediu a Jesus que lhe contasse sobre a diferença entre a vontade de Deus e o ato humano da escolha, que é também chamado de vontade. Em essência, Jesus disse: "A vontade de Deus é o caminho de Deus, é compartilhar da escolha de Deus em face de qualquer alternativa potencial. Fazer a vontade de Deus, portanto, é a experiência progressiva de tornar-se mais e mais como Deus; e Deus é a fonte e o destino de tudo o que é bom, belo e verdadeiro. A vontade do homem é o caminho do homem, a soma e a essência daquilo que o mortal escolhe ser e fazer. A vontade é a escolha deliberada de um ser autoconsciente, que toma a decisão-conduta baseada na reflexão inteligente".

Naquela tarde, ambos, Jesus e Ganid, divertiram-se em brincar com um cão pastor muito inteligente; e Ganid quis saber se o cachorro tinha uma alma, se tinha vontade e, em resposta às suas perguntas, Jesus disse: "O cão tem uma mente que pode conhecer o homem material, o seu mestre, mas não pode conhecer a Deus, que é espírito; por isso o cão não possui uma natureza espiritual e não pode desfrutar de uma experiência espiritual. O cão pode ter uma vontade derivada da natureza e aumentada pelo aperfeiçoamento, contudo tal poder de mente não é uma força espiritual, nem pode ser comparada à vontade humana, porque não é reflexiva – não é resultado do discernimento entre os significados morais mais elevados, nem da escolha dos valores espirituais e eternos. É a posse de tais poderes, de discernir o que é espiritual e de escolher a verdade, que faz do homem mortal um ser moral, uma criatura dotada com os atributos de responsabilidade espiritual e com o potencial de sobrevivência eterna". Jesus continuou a explicar que é a ausência de tais poderes mentais que, para sempre, torna impossível, aos animais, desenvolver uma linguagem no tempo ou experimentar qualquer coisa equivalente à sobrevivência da personalidade na eternidade. Como resultado da instrução desse dia, Ganid nunca mais cultivou a crença na transmigração das almas dos homens para os corpos de animais.

No dia seguinte, Ganid falou sobre tudo isso a seu pai e, em resposta à questão de Gonod, Jesus explicou: "As vontades humanas que estão inteiramente ocupadas em tomar apenas decisões temporais, sobre questões materiais da existência animal, estão condenadas a perecer no tempo. Aqueles que tomam decisões morais de todo o coração e que fazem escolhas espirituais incondicionais estão assim identificados progressivamente com o espírito divino que neles reside; e, portanto, se transformam, aproximando-se cada vez mais dos valores da sobrevivência eterna – a interminável progressão do serviço divino".

Foi nesse mesmo dia que, pela primeira vez, ouvimos a verdade crucial que, colocada em termos modernos, significaria: "A vontade é aquela manifestação da mente humana que capacita a consciência subjetiva a expressar a si mesma objetivamente e a experimentar o fenômeno de aspirar a ser semelhante a Deus". E é nesse mesmo sentido que todo ser humano reflexivo e de mente espiritual pode tornar-se *criador*.

3. EM ALEXANDRIA

A estada em Cesaréia tinha sido cheia de acontecimentos e, quando o barco ficou pronto, Jesus e os seus dois amigos partiram, ao meio-dia, para Alexandria no Egito.

A travessia foi extremamente agradável para os três. Ganid estava encantado com a viagem e manteve Jesus ocupado, respondendo às suas perguntas. Quando se aproximaram do porto da cidade, o jovem ficou emocionado com o grande Farol de Faros, localizado na ilha, que Alexandre tinha unido à terra firme por meio de um quebra-mar, criando assim dois magníficos portos e, conseqüentemente, fazendo de Alexandria a linha marítima comercial para a África, Ásia e Europa. Esse grande Farol, uma das sete maravilhas do mundo, era o precursor de todos os faróis que sobrevieram. Eles levantaram-se cedo pela manhã, para ver a esplêndida construção do homem para salvar vidas e, em meio às exclamações de Ganid, Jesus disse: "E tu, meu filho, serás como esse farol quando retornares à Índia, até mesmo depois que o teu pai se for, tu irás tornar-te como a luz da vida, para aqueles que se assentam contigo no escuro, mostrando a todos, que assim desejarem, o caminho seguro de encontrar o porto da salvação". E Ganid apertou a mão de Jesus dizendo: "Serei, sim".

De novo, sublinhamos o fato de que os mestres da religião cristã cometeram um grande equívoco quando voltaram a sua atenção mais exclusivamente para a civilização ocidental do mundo romano. Os ensinamentos de Jesus, da forma como foram sustentados pelos fiéis da Mesopotâmia, no primeiro século, teriam sido prontamente recebidos por grupos variados de religiosos da Ásia.

Lá pela quarta hora, após desembarcar, eles estavam já instalados perto da extremidade oriental da longa e larga avenida, de trinta metros de largura e oito quilômetros de comprimento, que se estendia até os limites orientais dessa cidade de um milhão de habitantes. Após o primeiro reconhecimento das principais atrações da cidade – a universidade (o museu), a biblioteca, o mausoléu real de Alexandre, o palácio, o templo de Netuno, o teatro e o ginásio –, Gonod passou a dedicar-se aos seus negócios, enquanto Jesus e Ganid foram à biblioteca, a maior do mundo. Ali estavam colecionados aproximadamente um milhão de manuscritos, de todo o mundo civilizado: Grécia, Roma, Palestina, Pérsia, Índia, China e até Japão. Nessa biblioteca, Ganid viu a maior coleção de literatura indiana, de todo o mundo; e eles passaram algum tempo lá, a cada dia da sua permanência em Alexandria. Jesus contou a Ganid que a tradução das escrituras hebraicas, para o grego, havia sido feita ali. E eles conversaram, de novo e de novo, sobre todas as religiões do mundo; Jesus esforçou-se para apontar, a essa mente jovem, a verdade em cada uma, e acrescentava: "Mas Yavé é o Deus que foi desenvolvido das revelações de Melquisedeque e da aliança com Abraão. Os judeus foram a progênie de Abraão e, subseqüentemente, ocuparam a mesma terra em que Melquisedeque viveu, ensinou e da qual ele enviou mestres a todo o mundo; e a religião deles finalmente retratava um reconhecimento do Senhor Deus de Israel, como o Pai Universal no céu, mais claro do que qualquer outra religião do mundo".

Sob a direção de Jesus, Ganid fez uma coleção dos ensinamentos de todas as religiões do mundo que reconheciam uma Deidade Universal, ainda que pudessem também dar um reconhecimento maior ou menor a deidades secundárias. Após muita argumentação, Jesus e Ganid decidiram que os romanos não tinham nenhum Deus real na sua religião, que a religião deles era pouco mais do que um culto ao imperador. Os gregos, concluíram eles, tinham uma filosofia, mas dificilmente uma religião, com um Deus pessoal. Os cultos dos mistérios foram descartados por eles, por causa da confusão da sua multiplicidade e porque os seus variados conceitos de Deidade pareciam derivados de outras religiões mais antigas.

Ainda que essas traduções tivessem sido feitas em Alexandria, Ganid afinal não arranjou essas seleções e acrescentou as suas próprias conclusões pessoais até quase o final da permanência deles em Roma. Ficou muito surpreso ao descobrir que, entre os melhores autores da literatura sagrada do mundo, todos, mais abertamente, ou menos, reconheciam a existência de um Deus eterno e estavam bastante de acordo, com respeito ao caráter e relações Dele com o homem mortal.

Jesus e Ganid passaram muito do seu tempo no museu, durante a sua estada em Alexandria. Esse museu não era uma coleção de objetos raros, mas, antes, uma universidade de belas artes, ciência e literatura. Professores eruditos faziam diariamente conferências ali e, naqueles tempos, era lá o centro intelectual do Mundo Ocidental. Dia após dia, Jesus interpretava as conferências para Ganid; certo dia, durante a segunda semana, o jovem exclamou: "Mestre Joshua, tu sabes mais do que esses professores; tu devias levantar-te e falar a eles sobre as grandes coisas que me ensinaste; eles estão obscurecidos por pensarem demais. Vou falar com meu pai e pedir-lhe que arranje isso". Jesus sorriu, dizendo: "Tu és um aluno admirador, mas esses professores não estão predispostos a que tu e eu os instruamos. O orgulho da erudição não espiritualizada é algo traiçoeiro na experiência humana. O verdadeiro professor mantém a sua integridade intelectual, continuando para sempre em seu aprendizado".

Alexandria era a cidade da fusão das culturas do Ocidente e, depois de Roma, a maior e mais magnífica do mundo. Ali estava localizada a maior sinagoga judaica do mundo, assento do governo do sinédrio alexandrino, constituído dos setenta anciães dirigentes.

Entre os muitos homens com quem Gonod tinha as suas transações de negócios, estava um certo banqueiro judeu, Alexandre, cujo irmão, Filo, era um filósofo religioso famoso daquela época. Filo estava empenhado na tarefa louvável, mas extremamente difícil, de harmonizar a filosofia grega com a teologia hebraica. Ganid e Jesus haviam conversado muito sobre os ensinamentos de Filo e esperavam comparecer a algumas das suas conferências, mas, durante a permanência deles em Alexandria, esse famoso helenista judeu esteve adoentado e acamado.

Jesus recomendou a Ganid muita coisa da filosofia grega e das doutrinas estóicas, mas imprimiu no jovem a verdade de que esses sistemas de crença, como os ensinamentos indefinidos de alguns dentre os do seu próprio povo, eram religiosos apenas no sentido de que conduziam o homem a encontrar Deus e a desfrutar de uma experiência viva de conhecer o Eterno.

4. O DISCURSO SOBRE A REALIDADE

Na noite antes de partirem de Alexandria, Ganid e Jesus tiveram uma longa conversa com um dos professores reitores da universidade, que fazia conferências sobre os ensinamentos de Platão. Atuando como intérprete para o sábio mestre grego, Jesus não inseriu nenhum dos seus próprios ensinamentos, em refutação à filosofia grega. Gonod estava fora, a negócios, naquela noite; assim, depois que o professor tinha ido embora, o Mestre e o discípulo tiveram uma longa e sincera conversa sobre as doutrinas de Platão. Ao mesmo tempo em que Jesus prestou a sua qualificada aprovação a alguns ensinamentos gregos, que tinham a ver com a teoria de que as coisas materiais do mundo são reflexos ou sombras das realidades espirituais invisíveis, mas mais substanciais; ele procurou estabelecer fundamentos mais fidedignos, para o pensamento daquele jovem; e, dessa forma, começou uma dissertação a respeito da natureza da realidade do universo. Em essência e com frases modernas, Jesus disse a Ganid:

A fonte da realidade do universo é Infinita. As coisas materiais da criação finita são as repercussões no tempo-espaço do Modelo do Paraíso e da Mente Universal do Deus eterno. A causação no mundo físico, a autoconsciência no mundo intelectual e o eu progressivo no mundo espiritual – essas realidades projetadas em uma escala universal, combinadas em uma relação eterna e experienciadas em perfeição de qualidade e divindade de valor – constituem a *realidade do Supremo*. Mas, mesmo em um universo sempre em mudança, a Personalidade Original da causação, da inteligência e da experiência do espírito, é imutável e absoluta. Todas as coisas, mesmo em um universo eterno de valores ilimitados e qualidades divinas, podem mudar e, muitas vezes, mudam; exceto os Absolutos e tudo aquilo que atingiu um status físico, uma abrangência intelectual ou, afinal, uma identidade espiritual que seja absoluta.

O nível mais elevado até o qual uma criatura finita pode progredir é o reconhecimento do Pai Universal e a consciência do Supremo. E, mesmo então, tais seres, que possuem o destino da finalidade, continuam a experimentar mudanças nos movimentos do mundo físico e dos seus fenômenos materiais. Da mesma forma permanecem eles sabedores da progressão do eu, na sua contínua ascensão no universo espiritual, e da consciência crescente e aprofundada das suas apreciações do cosmo intelectual e em resposta a ele. Apenas na perfeição, na harmonia e na unanimidade de vontade, pode a criatura chegar a tornar-se uma com o Criador; e tal estado de divindade é atingido e mantido apenas quando a criatura, mantendo a continuidade de vida no tempo e na eternidade, forma e conforma consistentemente a sua vontade pessoal finita à vontade divina do Criador. E o desejo de cumprir a vontade do Pai deve ser sempre supremo na alma, e predominante na mente do filho ascendente de Deus.

Uma pessoa, com um olho apenas, nunca pode esperar visualizar a profundidade em perspectiva. Nem pode o cientista materialista, de um único olho, nem o místico e o alegorista espirituais, também cegos de um lado, visualizar corretamente e adequadamente compreender a profundidade verdadeira da realidade do universo. Todos os valores verdadeiros da experiência da criatura estão ocultos na profundidade do reconhecimento.

A causação sem mente não pode desenvolver o refinado e o complexo, a partir do cru e do simples; nem a experiência desprovida de espírito pode desenvolver as características divinas da sobrevivência eterna, a partir das mentes materiais dos mortais do tempo. O atributo do universo que, tão exclusivamente, caracteriza a Deidade infinita é a interminável dotação criadora da personalidade, que pode sobreviver, no alcance progressivo da Deidade.

A personalidade é aquele dom cósmico, aquela fase da realidade universal que pode coexistir com a mudança ilimitada e, ao mesmo tempo, manter a sua identidade em presença de todas essas mudanças; e, ainda mesmo, para sempre.

A vida é uma adaptação da causação cósmica original às demandas e possibilidades das situações do universo e passa a existir pela ação da Mente Universal e pela ativação da chama espiritual de Deus, que é espírito. O significado da vida é a sua adaptabilidade; o valor da vida está na possibilidade de progresso – até às alturas máximas do conhecimento de Deus.

A má adaptação da vida autoconsciente ao universo resulta em desarmonia cósmica. A divergência final, entre a vontade da personalidade e as tendências do universo, termina no isolamento intelectual e na segregação da personalidade. À perda da chama piloto do espírito residente sobrevém a cessação da existência espiritual. A vida inteligente e progressiva então se torna, em si e por si mesma, uma prova incontroversa da existência de um universo pleno de propósitos, que expressa a vontade do Criador divino. E essa vida, no todo, luta na direção de valores mais elevados, tendo por meta final o Pai Universal.

Apenas em grau o homem possui mente acima do nível animal, à parte as ministrações mais elevadas e quase espirituais de intelecto. Portanto os animais (não sabendo adorar nem possuindo sabedoria) não podem experimentar a supraconsciência, ou a consciência da consciência. A mente animal é consciente apenas do universo objetivo.

O conhecimento é a esfera da mente material, ou discernidora dos fatos. A verdade é o domínio do intelecto espiritualmente dotado, que é cônscio de poder conhecer a Deus. O conhecimento é demonstrável; a verdade é experimentável. O conhecimento é uma posse da mente; a verdade uma experiência da alma, o eu em progresso. O conhecimento é uma função de nível não-espiritual; a verdade é uma fase do nível da mente-espírito dos universos. O olho da mente material percebe um mundo de conhecimento factual; o olho do intelecto espiritualizado discerne um mundo de valores verdadeiros. Esses dois pontos de vista, sincronizados e harmonizados, revelam o mundo da realidade, no qual a sabedoria interpreta os fenômenos do universo, nos termos da experiência pessoal progressiva.

O erro (o mal) é a penalidade da imperfeição. As qualidades da imperfeição, ou os fatos da má-adaptação, revelam-se no nível material por meio da observação crítica e da análise científica; e no nível moral, por intermédio da experiência humana. A presença do mal se constitui em prova das imprecisões da mente e da imaturidade do eu em evolução. O mal, portanto, é também uma medida da imperfeição na interpretação do universo. A possibilidade de cometer erros é inerente à aquisição da sabedoria; ao esquema de progredir do parcial e do temporal até o total e eterno, do relativo e imperfeito ao final e perfeito. O erro é a sombra do incompleto-relativo, que deve necessariamente cair sobre a senda ascendente do homem no universo, antes da perfeição do Paraíso. O erro (o mal) não é uma qualidade real do universo; é simplesmente a observação de uma relatividade, na inter-relação entre a imperfeição do finito incompleto e os níveis ascendentes do Supremo e do Último.

Embora Jesus tenha dito tudo isso em uma linguagem adequada à compreensão de Ganid, ao final da argumentação o jovem tinha as pálpebras pesadas e logo caíra num cochilo. Eles levantaram cedo, na manhã seguinte, para irem a bordo do barco que tinha o destino de Lasea, na ilha de Creta. Todavia, antes de embarcarem, o jovem tinha ainda perguntas a fazer sobre o mal, ao que Jesus replicou:

O mal é um conceito de relatividade. Surge da observação das imperfeições que sobressaem, na sombra projetada por um universo finito de coisas e seres, à medida que tal cosmo obscurece a luz viva da expressão universal das realidades eternas do Único Infinito.

O mal potencial é inerente ao estado, necessariamente incompleto, da revelação de Deus, como uma expressão da infinitude e da eternidade, quando limitadas ao tempo e ao espaço. O parcial, em presença do todo completo, constitui a relatividade da realidade, cria a necessidade da escolha intelectual e estabelece níveis de valor para o reconhecimento e a resposta espiritual. O conceito finito e incompleto do Infinito, que é mantido pela mente temporal e limitada, da criatura, é, em si e por si mesmo, *o mal potencial*. Contudo, o erro, o qual vai se ampliando, cometido, por uma falta injustificada, ao se fazer uma retificação espiritual razoável dessas desarmonias intelectuais e insuficiências espirituais, originalmente inerentes, é equivalente à realização do *mal factual*.

Todos os conceitos estáticos ou mortos são potencialmente malignos. A sombra finita, da verdade relativa e viva, está em contínuo movimento. Os conceitos estáticos invariavelmente atrasam a ciência, a política, a sociedade e a religião. Os conceitos estáticos podem representar um certo conhecimento, mas são deficientes de sabedoria e desprovidos de verdade. No entanto, não permitas que o conceito de relatividade te desguie a ponto de falhares no reconhecimento da coordenação do universo, a qual se dá sob o guiamento da mente cósmica e em vista do seu controle estabilizado pela energia e pelo espírito do Supremo.

5. NA ILHA DE CRETA

Ao irem a Creta, os viajantes não eram possuídos senão de um propósito, que era o de se distraírem, de andar pela ilha e de escalar as montanhas. Os cretenses daquela época não desfrutavam de uma reputação invejável, entre os povos vizinhos. Entretanto, Jesus e Ganid conquistaram lá muitas almas, para os níveis mais elevados de pensamento e vida e, assim, lançaram as bases para uma recepção mais rápida dos ensinamentos futuros, que viriam quando os primeiros pregadores de Jerusalém chegassem. Jesus amava os cretenses, não obstante as duras palavras com que Paulo mais tarde falou a respeito deles, depois de ter enviado Tito à ilha para reorganizar as suas igrejas.

Nas montanhas de Creta, Jesus teve a sua primeira longa conversa com Gonod a respeito de religião. O pai ficou muito bem impressionado e disse: "Não me admiro que o jovem acredite em tudo que tu dizes a ele, mas nunca soube que tinham tal religião em Jerusalém e muito menos em Damasco". Foi durante a permanência na ilha, que Gonod, pela primeira vez, propôs a Jesus que fosse com eles de volta à Índia; e Ganid ficou contente com o pensamento de que Jesus poderia consentir em tal arranjo.

Um dia, quando Ganid perguntou a Jesus por que ele não se havia devotado ao trabalho de ensinar publicamente, ele disse: "Meu filho, tudo deve esperar a chegada da sua hora. Tu nasces no mundo, mas nenhuma quantidade de ansiedade e nenhuma manifestação de impaciência irão ajudar-te a crescer. Tu deves, em todos esses assuntos, esperar pela ação do tempo. Só o tempo amadurecerá a fruta verde na árvore. Estações seguem-se umas às outras e o pôr-do-sol vem depois do nascer do sol, mas apenas com o passar do tempo. Estou agora a caminho de Roma, contigo e com o teu pai, e isso é suficiente por agora. O meu amanhã está inteiramente nas mãos do meu Pai no céu". E então ele contou a Ganid a história de Moisés e os quarenta anos de espera vigilante e a contínua preparação.

Uma coisa aconteceu, durante uma visita a Portos-Belos, da qual Ganid nunca esqueceu; e a lembrança desse episódio sempre o levava a querer poder fazer alguma coisa para mudar o sistema de castas na sua Índia natal. Um degenerado bêbado estava atacando uma jovem escrava, na via pública. Quando viu o apuro da jovem, Jesus correu até eles, resgatando a jovem do ataque do louco. Enquanto a menina amedrontada se agarrava a ele, Jesus segurava o homem enfurecido a uma distância segura, com seu poderoso braço direito estendido, até que o pobre homem visse exauridas as suas forças, de tanto bater no ar com os seus golpes raivosos. Ganid sentiu um forte impulso de ajudar Jesus a cuidar daquilo, mas o seu pai o proibiu. Apesar de não falarem a língua da garota, ela pôde entender o ato de misericórdia e manifestou a gratidão da sua alma, à medida que os três a levavam para casa. Esse foi, provavelmente, um confronto dos mais diretos com um semelhante, ao qual Jesus chegou pessoalmente, em toda a sua vida encarnada. Mas teve uma tarefa difícil naquela noite, tentando explicar a Ganid por que ele não havia esmurrado o homem bêbado. Ganid achava que aquele homem deveria ter sido golpeado pelo menos tantas vezes quantas havia golpeado a garota.

6. O JOVEM QUE TINHA MEDO

Enquanto estavam nas montanhas, Jesus teve uma longa conversa com um jovem que andava atemorizado e abatido. Não tendo conseguido encontrar consolo e coragem na relação com os seus semelhantes, esse jovem tinha ido buscar a solidão das colinas; tinha ele crescido com um sentimento de desamparo e inferioridade. Essas tendências naturais haviam sido intensificadas por inúmeras circunstâncias difíceis com as quais o garoto se tinha deparado à medida que crescia, especialmente a perda do seu pai, aos doze anos de idade. Quando se encontraram, Jesus disse: "Salve, meu amigo! Por que tão abatido em um dia tão belo? Se alguma coisa aconteceu que te aflija, talvez eu possa de algum modo oferecer-te ajuda. De qualquer forma para mim é um prazer oferecer os meus préstimos".

O jovem não estava inclinado a falar e então Jesus fez uma segunda aproximação de alma, dizendo: "Entendo que tenhas vindo a estas colinas para escapar das pessoas; assim, está claro, não queres falar comigo, mas eu gostaria de saber se tu estás familiarizado com essas montanhas, se sabes a direção destas trilhas? E se, por acaso, podes informar-me sobre o melhor caminho para Fênix?" Pois bem, esse jovem estava bem ambientado com as colinas e ficou muito interessado em dizer a Jesus qual o caminho até Fênix, tanto que marcou no chão todas as trilhas e explicou minuciosamente cada detalhe. Surpreendeu-se, contudo, e se fez curioso quando Jesus subitamente, após despedir-se e agir como se estivesse indo embora, ter-se voltado para dizer: "Bem sei que tu gostarias de ser deixado a sós, com o teu desconsolo; mas não seria nem amável nem justo da minha parte, receber tão generosa ajuda de ti para saber o melhor caminho para Fênix e então, sem titubear, afastar-me de ti sem sequer fazer o menor esforço para responder ao teu evidente apelo, por ajuda e orientação, com respeito ao melhor caminho ao objetivo do destino que o teu coração busca, enquanto tu te deténs aqui nas colinas. Da mesma forma que tu conheces tão bem o caminho para Fênix, tendo passado por ele muitas vezes, também eu conheço bem o caminho para a cidade das tuas esperanças desapontadas e ambições frustradas. E, posto que tu me pediste ajuda, eu não te desapontarei". O jovem estava quase vencido, todavia, conseguiu balbuciar: "Mas...eu não pedi nada". E Jesus, colocando a mão suavemente no seu ombro, disse: "Não, filho, não por palavras, mas pela expectativa do teu olhar, que me chegou até o coração. Meu filho, para quem ama o seu semelhante é fácil perceber quando há um pedido de ajuda na expressão de desencorajamento e desespero no seu semblante. Assenta-te a meu lado, enquanto eu te conto sobre os caminhos do serviço e as estradas da felicidade que conduzem, do sofrimento do ego, às alegrias das ações do amor, na fraternidade dos homens e no serviço do Deus que está no céu".

A essa altura, o jovem já desejava muito conversar com Jesus e caiu a seus pés, implorando a Jesus que o ajudasse, que lhe mostrasse o caminho de saída do seu mundo de tristezas e derrota pessoal. Disse Jesus: "Meu amigo, levanta-te! Fiques de pé como deve um homem ficar! Tu podes estar cercado de pequenos inimigos e estar sendo retardado por muitos obstáculos, mas as coisas grandes e as coisas reais deste mundo e do universo estão do teu lado. O sol levanta-se a cada manhã para saudar-te, exatamente como faz aos homens mais poderosos e prósperos da Terra. Vê, que tens um corpo forte e músculos poderosos; a tua dotação física é melhor que a comum. E, está claro, inútil é que fiques assentado aqui nas montanhas amentando-te dos infortúnios, reais ou imaginários. Entretanto, poderias fazer grandes coisas com o teu corpo se te apressasses a ir até onde as grandes coisas esperam para ser feitas. Tu estás tentando fugir do teu ego infeliz, mas isso não pode ser feito. Tu e os problemas da vida são reais; não podes escapar deles enquanto viveres. No entanto, pensa outra vez, tua mente é clara e capaz. O teu corpo robusto tem uma mente inteligente a dirigi-lo. Põe a tua mente a trabalhar para resolver os problemas do corpo; ensine o teu intelecto a trabalhar para ti; recusa ser dominado, por mais tempo, pelo medo, como um irracional que não pensa. A tua mente deveria ser a tua aliada corajosa na solução dos teus problemas na vida, em vez de seres tu, como tens sido, um escravo abjeto do medo e um servo fiel da depressão e da derrota. O mais valioso de tudo, porém, o teu potencial de êxito real, é o espírito que vive dentro de ti e que irá estimular e inspirar a tua mente a controlar a si mesma e a ativar o teu corpo; basta que tu a liberes dos males do medo, capacitando assim a tua natureza espiritual a começar a tua libertação dos males da inação, por meio do poder da presença da fé viva. E então, imediatamente, essa fé vencerá o medo dos homens, pela presença premente de um novo e todo-dominante *amor pelos teus semelhantes*, que logo irá preencher a tua alma, até o extravasamento, mediante a consciência que nasceu no teu coração de que és um filho de Deus.

"Nesse dia, meu filho, renascerás restabelecido como homem de fé, coragem e serviço devotado ao homem, para a glória de Deus. E quando tu te tornares, assim, reajustado à vida dentro de ti, tornar-te-ás também reajustado ao universo; e terás nascido de novo – nascido em espírito – e, daí em diante, toda a tua vida irá transformar-se em uma única realização vitoriosa. Os problemas apenas te revigorarão; o desapontamento incentivar-te-á a ir à frente; as dificuldades desafiar-te-ão e os obstáculos irão estimular-te. De pé, jovem rapaz! Diz adeus à vida de terrores humilhantes e de covardia evasiva. Apressa-te, de volta ao dever; e vive a tua vida na carne como um filho de Deus, um mortal dedicado ao enobrecedor serviço do homem na Terra e destinado ao soberbo e eterno serviço de Deus na eternidade."

E esse jovem, Fortunato, posteriormente tornou-se o líder dos cristãos em Creta e íntimo associado de Tito, no seu labor pela elevação dos fiéis cretenses.

Os viajantes sentiam-se realmente descansados e refrescados quando se fizeram prontos, lá pelo meio-dia, certa ocasião, a fim de zarparem para Cartago, no norte da África, parando por dois dias em Cirene. Foi ali que Jesus e Ganid prestaram os primeiros socorros a um rapaz de nome Rufo, que tinha sofrido ferimentos quando da quebra de um carro de bois pesado e cheio. Eles carregaram-no até a casa da sua mãe; e o seu pai, Simão, jamais poderia sonhar que o homem, cuja cruz ele iria carregar no futuro por ordem de um soldado romano, era aquele estranho que certa vez tratara o seu filho com amizade.

7. EM CARTAGO – O DISCURSO SOBRE O TEMPO E O ESPAÇO

Na maior parte do tempo da viagem até Cartago, Jesus conversou com os seus companheiros de viagem sobre temas sociais, políticos e comerciais; dificilmente uma palavra sobre religião foi dita. Pela primeira vez Gonod e Ganid descobriam que Jesus era um bom contador de histórias e mantiveram-no ocupado, narrando pequenos acontecimentos sobre a sua infância na Galiléia. Eles também souberam que ele se criara na Galiléia e não em Jerusalém nem em Damasco.

Quando Ganid perguntou o que se devia fazer para ter amigos, tendo notado que a maioria das pessoas com quem se encontravam, por casualidade, sentiam-se atraídas para Jesus, o Mestre disse: "Torna-te interessado pelos teus semelhantes; aprende a amá-los e aguarda a oportunidade de fazer algo por eles, algo de que tu estejas seguro de que eles queiram que seja feito", e então citou um velho provérbio judaico: "Um homem que gostaria de ter amigos, deve mostrar-se amistoso".

Em Cartago, Jesus teve uma longa e memorável conversa com um sacerdote mitraísta, sobre a imortalidade, o tempo e a eternidade. Esse persa havia sido educado em Alexandria e realmente desejava aprender com Jesus. Em essência, e em palavras atuais, respondendo às suas perguntas, disse Jesus:

O tempo é a corrente, que flui, dos eventos temporais percebidos pela consciência da criatura. Tempo é um nome dado ao arranjo-sucessão por meio do qual os eventos são reconhecidos e diferenciados. O universo do espaço é um fenômeno relacionado ao tempo, como é visto de qualquer posição interior, fora da morada fixa do Paraíso. O movimento do tempo é revelado apenas em relação a algo que, como um fenômeno no tempo, não se move no espaço. No universo dos universos, o Paraíso e as suas Deidades transcendem a ambos, ao tempo e ao espaço. Nos mundos habitados, a personalidade humana (residida e orientada pelo espírito do Pai do Paraíso) é a única realidade, do mundo físico, que pode transcender à seqüência material dos eventos temporais.

Os animais não percebem o tempo como o homem o sente; e, mesmo para o homem, em função da sua visão seccional e circunscrita, o tempo surge como uma sucessão de eventos; mas à medida que o homem ascende e progride interiormente, a visão amplificada dessa sucessão de eventos é tal que ele pode discerni-la, cada vez mais, na sua totalidade. Aquilo que, anteriormente, surgia como uma sucessão de eventos, então será visto como um círculo inteiro e perfeitamente relacionado; desse modo, a simultaneidade circular irá, de forma crescente, deslocar a consciência daquilo que se foi, na seqüência linear de eventos.

Há sete diferentes concepções de espaço, enquanto ele é condicionado pelo tempo. O espaço é medido pelo tempo; não o tempo pelo espaço. A confusão do cientista cresce a partir do fracasso em reconhecer a realidade do espaço. O espaço não é meramente um conceito intelectual da variação na relação entre os objetos do universo. O espaço não é vazio; e a única coisa que o homem conhece e que, mesmo parcialmente, pode transcender o espaço é a sua mente. A mente pode funcionar independentemente do conceito de relação espacial dos objetos materiais. O espaço é relativa e comparativamente finito, para todos os seres cujo status é o de criatura. Quanto mais a consciência aproxima-se do conhecimento das sete dimensões cósmicas, tanto mais o conceito de espaço potencial aproxima-se da ultimidade. Mas o potencial do espaço é uma ultimidade verdadeiramente, apenas no nível absoluto.

Deve ser evidente que a realidade universal tem um significado expansivo e sempre relativo nos níveis ascendentes e perfeccionantes do cosmo. Em ultimidade, os mortais sobreviventes realizam a sua identidade em um universo de sete dimensões.

O conceito de tempo-espaço, para uma mente de origem material, está destinado a passar por sucessivas ampliações, à medida que a personalidade consciente e pensante ascende nos níveis do universo. Quando o homem alcançar a mente que sabe intervir entre os planos material e espiritual da existência, as suas idéias sobre o tempo-espaço serão enormemente expandidas quanto à qualidade de percepção e quanto à quantidade da experiência. As concepções cósmicas, em expansão, de uma personalidade espiritual em avanço, são devidas ao aumento tanto da profundidade da visão interior quanto do escopo da consciência. E à medida que a personalidade continua, para cima e para dentro, e passa para os níveis transcendentais semelhantes ao da Deidade, o conceito de tempo-espaço, de modo crescente, irá aproximar-se dos conceitos, fora de tempo e de espaço, dos Absolutos. Relativamente e conforme se vai conseguindo alcançar o transcendental, esses conceitos no nível do absoluto hão de ser presenciados pelos filhos do destino último.

8. A CAMINHO DE NÁPOLES E ROMA

A primeira parada no caminho da Itália foi a ilha de Malta. Ali Jesus teve uma conversa longa com um jovem desalentado e desencorajado chamado Cláudio. Esse amigo havia chegado a pensar em tirar a própria vida, mas, depois de conversar com o Escriba de Damasco, ele disse: "Vou enfrentar a vida como um homem; chega de fazer o papel de covarde. Vou voltar para a minha gente e começar tudo de novo". Em pouco tempo ele se convertera em um pregador entusiasta dos cínicos e, mais tarde ainda, deu as mãos a Pedro, na proclamação da cristandade em Roma e Nápoles e, após a morte de Pedro, foi para a Espanha pregar o evangelho. Mas nunca soube que o homem que o havia inspirado em Malta era o mesmo Jesus, a quem posteriormente ele proclamaria como o Libertador do Mundo.

Em Siracusa passaram uma semana inteira. O evento notável dessa escala foi a reabilitação de Esdras, o judeu desencaminhado, que era o taberneiro do lugar onde Jesus e os seus companheiros hospedaram-se. Esdras encantou-se com a aproximação de Jesus e lhe pediu para ajudá-lo a voltar à fé de Israel. Expressou a sua desesperança dizendo: "Eu quero ser um verdadeiro filho de Abraão, mas não consigo encontrar Deus". Disse-lhe Jesus: "Se tu queres realmente encontrar Deus, esse desejo é por si mesmo a evidência de que já O encontraste. O teu problema não é que não consigas encontrar Deus, pois o Pai já te encontrou; o teu obstáculo é simplesmente que ainda não conheces a Deus. Ainda não leste no profeta Jeremias que: 'Me buscarás e Me encontrarás, quando Me buscares com todo o teu coração'? E, de novo, esse mesmo profeta não diz: 'E Eu te darei um coração para que Me conheças, que Eu sou o Senhor e, pois, pertencerás ao Meu povo e serei o teu Deus'? E também não leste nas escrituras, onde é dito: 'Ele olha para os homens e, se alguém disser: Eu pequei e perverti aquilo que era o certo e isso não me trouxe proveito, então Deus libertará a alma daquele homem da escuridão, e ele verá a luz'?" E Esdras encontrou Deus, para a satisfação da sua alma. Posteriormente, esse judeu, em associação com um próspero prosélito grego, construiu a primeira igreja cristã em Siracusa.

Em Messina pararam apenas por um dia, mas foi o suficiente para mudar a vida de um pequeno garoto, um vendedor de frutas, de quem Jesus comprou frutas e a quem, em troca, alimentou com o pão da vida. O garoto nunca esqueceu as palavras de Jesus e o olhar bondoso que veio junto com elas quando, colocando a mão no ombro dele, Jesus disse: "Adeus, meu pequeno, sê valente enquanto cresces até ficar homem e, depois de ter alimentado o corpo, aprende como alimentar também a alma. E o meu Pai no céu estará contigo e te guiará". O pequeno transformou-se em um devoto da religião mitraísta e mais tarde se converteu à fé cristã.

Por fim chegaram a Nápoles e sentiram que não estavam longe do seu destino, Roma. Gonod tinha muitos negócios para cuidar em Nápoles e, à parte o período em que Jesus foi requisitado como intérprete, ele e Ganid passaram o seu tempo de lazer visitando e explorando a cidade. Ganid estava tornando-se um adepto de distinguir aqueles que pareciam necessitar de ajuda. Encontraram muita pobreza nessa cidade e distribuíram muitas esmolas. Mas Ganid nunca entendeu o significado das palavras de Jesus quando, após ter dado uma moeda a um pedinte de rua, recusou-se a parar e falar com ele para confortá-lo. Disse Jesus: "Por que gastar palavras com quem não pode perceber o sentido daquilo que tu vais dizer? O espírito do Pai não pode ensinar e salvar àquele que não tem capacidade de ser filho Seu". O que Jesus quis dizer é que aquele homem não tinha uma mente normal; que lhe faltava a capacidade de corresponder à condução espiritual.

Em Nápoles, não houve nenhuma experiência digna de destaque; Jesus e o jovem percorreram cuidadosamente a cidade e espalharam bons augúrios, com muitos sorrisos, a centenas de homens, mulheres e crianças.

Dali eles foram para Roma pelo caminho de Cápua, fazendo ali uma parada de três dias. Na Via Ápia andaram a passos largos, junto aos seus animais de carga, em direção a Roma; todos três estavam ansiosos para ver a prima-dona do império, aquela que era a maior cidade de todo o mundo.

DOCUMENTO 131

AS RELIGIÕES DO MUNDO

DURANTE a permanência de Jesus, Gonod e Ganid na Alexandria, o jovem gastou boa parte do seu tempo e uma alta soma do dinheiro do seu pai fazendo uma coleção dos ensinamentos das religiões do mundo, sobre Deus e as suas relações com o homem mortal. Ganid empregou mais do que sessenta tradutores fazendo um apanhado geral das doutrinas religiosas do mundo a respeito das Deidades. E aqui deve ficar claro que todos esses ensinamentos, retratando o monoteísmo, derivaram-se, direta ou indiretamente, sobretudo das pregações dos missionários de Maquiventa Melquisedeque, que saíam da sua sede em Salém para disseminar a doutrina de um Deus – o Altíssimo – até os confins da Terra.

Neste documento está apresentada uma síntese dos manuscritos de Ganid, que ele preparou em Alexandria e Roma; e que ficou guardado na Índia por centenas de anos depois da sua morte. Ele colecionou esse material sob dez títulos, como segue:

1. O CINISMO

Os ensinamentos residuais dos discípulos de Melquisedeque, excetuando-se aqueles que perduraram na religião judaica, foram mais bem preservados nas doutrinas dos cínicos. A seleção feita por Ganid abrange o seguinte:

"Deus é supremo, é o Altíssimo dos céus e da Terra. Deus é o círculo tornado perfeito da eternidade; ele governa o universo dos universos. É o criador único dos céus e da Terra. Quando ele decreta uma coisa, tal coisa passa a ser. O Nosso Deus é um único Deus, ele é compassivo e misericordioso. Tudo que é elevado, sagrado, verdadeiro e belo aproxima-se do nosso Deus. O Altíssimo é a luz do céu e da Terra; ele é o Deus do leste, oeste, norte e sul.

"Ainda que a Terra desaparecesse, a face resplandecente do Supremo residiria na majestade e na glória. O Altíssimo é o primeiro e o último, o começo e o fim de tudo. Não há senão esse Deus único cujo nome é Verdade. Deus existe por si próprio e é despojado de qualquer ódio e inimizade; ele é imortal e infinito. O nosso Deus é onipotente e bondoso. Conquanto ele tenha muitas manifestações, nós adoramos apenas o próprio Deus. Deus a tudo conhece – os nossos segredos e as nossas proclamações; ele sabe também o que cada um de nós merece. O seu poder é o mesmo sobre todas as coisas.

"Deus é um provedor de paz e um protetor fiel de todos que o temem e nele confiam. Ele dá a salvação a todos que o servem. Toda a criação existe no poder do Altíssimo. O seu amor divino brota da santidade do seu poder e a afeição nasce do poder da sua grandeza. O Altíssimo decretou a união do corpo e da alma e dotou o homem com o próprio espírito dele. O que o homem faz deve chegar a um fim, mas o que o Criador faz continua para sempre. Ganhamos o conhecimento da experiência do homem, mas extraímos a sabedoria da contemplação do Altíssimo.

"Deus derrama a chuva sobre a terra, faz o sol brilhar sobre o grão que germina e nos dá a colheita abundante das coisas boas dessa vida e a salvação eterna do mundo do porvir. O nosso Deus tem grande autoridade; o seu nome é Excelente e a sua natureza é insondável. Quando estiverdes doentes, é o Altíssimo que vos cura. Deus é pleno de bondade para com todos os homens; ninguém é amigo como o Altíssimo. Sua misericórdia preenche todos os espaços e sua bondade abraça todas as almas. O Altíssimo é imutável; é ele que nos ajuda toda vez que se faz necessário. Para onde quer que volteis para orar, ali estão a face do Altíssimo e o ouvido atento do vosso Deus. Podeis esconder-vos dos homens mas não de Deus. Deus não está a uma grande distância de nós; ele é onipresente. Deus preenche todos os lugares e vive no coração do homem que teme o seu santo nome. A criação está no Criador, e o Criador na sua criação. Nós buscamos o Altíssimo e então nós o encontramos no nosso coração. Ide perguntar a um amigo querido, e então o descobrireis dentro da vossa alma.

"O homem que conhece Deus vê todos os homens como iguais; eles são os seus irmãos. Aqueles que são egoístas, e que ignoram seus irmãos na carne, são recompensados apenas com o cansaço. Aqueles que amam os seus semelhantes e que têm o coração puro verão a Deus. Deus nunca se esquece da sinceridade. Ele guiará o honesto de coração na direção da verdade, pois Deus é a verdade.

"Repudiai o erro nas vossas vidas, superai o mal com o amor da verdade viva. Em todas as vossas relações com os homens, fazei o bem em troca do mal. O Senhor Deus é pleno de misericórdia e amor; ele perdoa sempre. Amemos a Deus, pois ele nos amou primeiro. Por meio do amor de Deus e sua misericórdia seremos salvos. Os homens pobres e os ricos são irmãos; e Deus é o seu Pai. O mal que não quiserdes que seja feito a vós, não o façais aos outros.

"Em todas as circunstâncias chamai o seu nome e, na mesma medida que vós acreditardes no seu nome, a vossa prece será ouvida. Que grande honra é adorar o Altíssimo! Todos os mundos e os universos adoram o Altíssimo. E em todas as vossas preces, agradecei – elevais-vos para adorar. A prece da adoração evita o mal e proíbe o pecado. Louvemos, em todos os momentos, o nome do Altíssimo. O homem que toma abrigo no Altíssimo esconde do universo os seus próprios defeitos. Quando vos apresentardes diante de Deus, com o coração puro, vos tornais os mais destemidos de toda a criação. O Altíssimo é como um pai e uma mãe cheios de amor; ele realmente ama os seus filhos da Terra. O nosso Deus nos perdoará e guiará os nossos passos nos caminhos da salvação. Ele nos levará pela mão e nos conduzirá para si. Deus salva àqueles que confiam nele; mas não obriga o homem a servir no seu nome.

"Se a fé no Altíssimo entrar no fundo do vosso coração, então permanecereis sem medo durante todos os dias da vossa vida. Não vos lamenteis por causa da prosperidade dos ímpios; não temais aqueles que tramam o mal; apartai a vossa alma do pecado e ponde toda a vossa confiança no Deus da Salvação. A alma fatigada do mortal errante encontra o descanso eterno nos braços do Altíssimo; o homem sábio tem fome do abraço divino; o filho da Terra almeja a segurança dos braços do Pai Universal. O homem nobre busca aquele estado elevado em que a alma do mortal se funde com o espírito do Supremo. Deus é justo: O fruto que plantarmos neste mundo e que não colhermos aqui, colheremos no próximo."

2. O JUDAÍSMO

Os quenitas da Palestina mantiveram grande parte dos ensinamentos de Melquisedeque e dos registros dos mesmos, como foram preservados e modificados pelos judeus, Jesus e Ganid fizeram a seguinte seleção:

"No começo Deus criou os céus e a Terra, e todas as coisas deles. E, assim, tudo o que ele criou era muito bom. O senhor é Deus; não há ninguém ao lado dele, nos céus acima nem na Terra abaixo. E por isso vós amareis o Senhor, vosso Deus, com todo o coração e toda a alma e com toda a força. A Terra ficará repleta do conhecimento do Senhor, enquanto as águas cobrem os mares. Os céus declaram a glória de Deus e o firmamento mostra o trabalho das suas mãos. Os dias falam uns após outros; e a noite mostra o conhecimento, noite após noite. Não há discurso ou língua na qual a voz dele não seja ouvida. O trabalho do Senhor é grande e com sabedoria ele fez todas as coisas; a grandeza do senhor é insondável. Ele sabe o número das estrelas; e chama-as todas pelos seus nomes.

"O poder do Senhor é grande e sua compreensão é infinita. Diz o Senhor: 'Como os céus são mais altos que a Terra, também os meus caminhos são mais altos que os vossos; e os meus pensamentos mais altos do que os vossos pensamentos'. Deus revela as coisas secretas e profundas porque a luz reside nele. O Senhor é misericordioso e pleno de graça; ele é paciente e abundante, em bondade e verdade. O Senhor é bom e reto; aos mansos ele guiará até o juizo. Provai e vede que o Senhor é bom! Abençoado é o homem que confia em Deus. Deus é a nossa força, o nosso refúgio e a ajuda sempre presente nas dificuldades.

"A misericórdia do Senhor perdura, vinda da eternidade, para todos aqueles que o temem; e a sua retidão estende-se aos filhos dos nossos filhos. O Senhor é pleno de graça e repleto de compaixão. O Senhor é bom para todos e suas ternas graças recaem sobre toda a sua criação; ele cura os corações alquebrados e medica as feridas. Onde me esconderia da presença de Deus? Para onde poderia eu fugir da presença divina? E Aquele Altíssimo e Sublime, que habita a eternidade e cujo nome é Santo, diz: 'Eu resido em local elevado e santo; e também resido naquele que tem um coração contrito e um espírito humilde!' Ninguém se esconde do nosso Deus, pois ele preenche o céu e a Terra. Que os céus fiquem felizes e que se rejubile a Terra. Deixai todas as nações dizerem: O Senhor reina! Dai graças a Deus, pois sua misericórdia perdura para sempre.

"Os céus testemunham a retidão de Deus e todo o povo vê a sua glória. Foi Deus que nos fez a todos e não nós mesmos; somos o povo dele, as ovelhas do seu pasto. A sua misericórdia é eterna e a sua verdade resiste a todas as gerações. O nosso Deus governa as nações. Que a Terra fique repleta da sua glória! Ó homens, louvai ao Senhor pela sua bondade e suas dádivas maravilhosas aos filhos dos homens!

"Deus criou o homem um pouco aquém do divino e o coroou com amor e misericórdia. O senhor conhece o caminho da retidão, mas o caminho daquele que é mau perecerá. O temor ao Senhor é o começo da sabedoria; conhecer o Supremo é compreendê-lo. O Senhor Todo-Poderoso diz: 'Caminhai comigo e sede perfeitos'. Não esqueçais de que o orgulho vem antes da destruição e que a arrogância de espírito vem antes da queda. Aquele que governa o seu próprio espírito é mais poderoso do que aquele que se apodera de uma cidade. Diz o Senhor Deus, o Santo: 'Quando retornardes ao vosso repouso espiritual, sereis salvos; na calma e na confiança estará a vossa força'. Aqueles que servem ao senhor renovarão a sua força; eles elevar-se-ão com asas como águias. Eles correrão e não ficarão cansados; eles caminharão e não se esmorecerão. O senhor dar-vos-á o alívio para os vossos medos. Diz o senhor: 'Não temais, pois estou convosco. Não desanimeis, pois eu sou o vosso Deus. Eu fortalecer-vos-ei, eu ajudar-vos-ei e, sim, eu apoiar-vos-ei com a mão direita da minha retidão'.

"Deus é o nosso Pai, o Senhor é o nosso redentor. Deus criou as hostes do universo e as preserva todas. A sua retidão se assemelha às montanhas e o seu julgamento ao grande abismo. Ele nos faz beber do rio dos seus prazeres e na sua luz nós veremos a luz. É bom agradecer ao Senhor e cantar louvores ao Altíssimo; demonstrar amor e bondade pela manhã e a devoção da fé a cada noite. O Reino de Deus é eterno; e o seu domínio resiste a todas as gerações. O Senhor é o meu pastor, nada me faltará.

Graças a ele eu repouso na grama verde; ele me conduz em águas tranqüilas; e restaura a minha alma. Me conduz ao caminho da retidão. Sim, embora eu caminhe no vale das sombras da morte, eu não temerei nenhum mal, pois Deus está comigo. Decerto a bondade e a misericórdia me acompanharão todos os dias da minha vida; e eu habitarei para sempre na casa do Senhor.

"Yavé é o Deus da minha salvação, portanto colocarei minha confiança no nome divino. De todo o meu coração eu confiarei no Senhor; não me apoiarei na minha própria compreensão. Em todos meus caminhos reconhecê-lo-ei e ele dirigirá meus passos. O Senhor é fiel; ele mantém sua palavra para com aqueles que o servem; o justo viverá pela sua fé. E se não fazeis o bem é porque o pecado está junto à porta; os homens colhem o mal que plantam e o pecado que semeiam. Não vos lamurieis por causa dos que fazem o mal. Se aceitardes a iniqüidade no vosso coração, o Senhor não vos escutará; se pecardes contra Deus, também errareis contra vossa própria alma. Deus levará o trabalho de todos os homens a julgamento e junto às coisas mais secretas, sejam boas ou más. Do modo como o homem pensa no seu coração, assim é ele.

"O Senhor está próximo de todos que o chamam com sinceridade e verdade. O pranto pode durar uma noite, mas o júbilo vem pela manhã. Um coração feliz faz bem, tanto quanto um medicamento. Deus não recusará nada de bom àqueles que caminham na retidão. Temei a Deus e respeitai seus mandamentos, pois apenas esse é o dever do homem. Assim diz o Senhor criador dos céus e formador da Terra: 'Um Deus justo e um salvador, não há outro Deus além de mim. Em todos os confins da Terra, voltai a mim e sede salvos. Se me procurardes, encontrar-me-eis contanto que me busqueis de todo o coração'. Os mansos herdarão a Terra e deleitar-se-ão na abundância da paz. Aquele que semear a iniqüidade colherá a calamidade e aqueles que semearem ventos colherão tempestades.

"'Vinde agora, pensemos juntos', diz o Senhor: 'Embora os vossos pecados sejam escarlates, eles ficarão brancos como a neve. Ainda que sejam vermelho-carmesins, eles ficarão claros como a lã'. Mas não há paz para os perversos; os vossos próprios pecados afastarão de vós as boas coisas. Deus é a saúde no meu rosto e a alegria na minha alma. O Deus eterno é a minha força; ele é a nossa morada, e os seus braços eternos nos sustentam. O Senhor está próximo daqueles que têm o coração alquebrado; ele salva a todos os que têm o espírito de criança. Muitas são as aflições do homem reto, mas o senhor o livra de todas elas. Entregai vosso caminho ao Senhor – confiai nele – e ele vos levará até o fim. Aquele que reside no lugar secreto do Altíssimo habitará à sombra do Todo-Poderoso.

"Amai o próximo como a vós mesmos; não guardeis rancor de nenhum homem. Não façais a ninguém aquilo que abominais. Amai o vosso irmão, pois o Senhor disse: 'Eu amarei os meus filhos livremente'. O caminho do justo é como uma luz resplandecente que brilha mais e mais, até o dia perfeito. Aqueles que são sábios resplandecerão com o brilho do firmamento e aqueles que conduzirem muitos para a justiça brilharão como as estrelas, para todo o sempre. Que o homem mau abandone o seu caminho de pecado e o homem injusto os seus pensamentos rebeldes. Diz o Senhor: 'Que eles retornem para mim e eu terei misericórdia para com eles; e os perdoarei totalmente'.

"Diz o Senhor, criador do céu e da Terra: 'Aqueles que amam minha lei tenham grande paz. Os meus mandamentos são: Amar-me-eis de todo o coração; não tereis outros deuses diante de mim; não tomareis meu nome em vão; lembrareis de manter santo o dia de sabat; honrareis vosso pai e vossa mãe; não matareis; não cometereis adultério; não roubareis; não dareis testemunho falso; não cobiçareis'.

"E a todos os que amam o Senhor sobre todas as coisas e ao seu próximo como a si próprios, o Deus do céu diz: 'Eu vos resgatarei do túmulo; eu vos redimirei da morte. Serei grato para com os vossos filhos, tanto quanto justo. Pois eu não disse das minhas criaturas na Terra, vós sois os filhos do Deus vivo? E eu não vos amei com um amor eterno? E não vos convoquei para vos tornardes semelhantes a mim e para residirdes para sempre comigo no Paraíso'"?

3. O BUDISMO

Ganid ficou chocado ao descobrir quão perto o budismo chegara de ser uma religião grande e bela, sem Deus, sem uma Deidade pessoal e universal. Contudo, ele encontrou algum registro de certas crenças anteriores, que refletiam algo da influência dos ensinamentos dos missionários de Melquisedeque, que estenderam esse trabalho à Índia, até os tempos de Buda. Jesus e Ganid coletaram os seguintes trechos da literatura budista:

"De um coração puro, a alegria brotará para o infinito; todo o meu ser está em paz nesse júbilo supramortal. Minha alma está cheia de contentamento, e meu coração extravasa com bênçãos de confiança pacífica. Não tenho medo; estou liberto das ansiedades. Resido na segurança e meus inimigos não podem me alarmar. Estou satisfeito com os frutos da minha confiança. Encontrei como me aproximar do Imortal por meio de um acesso mais fácil. Oro para que a fé me sustente durante a longa jornada, sei que a fé do além não me falhará. Sei que meus irmãos prosperarão se forem imbuídos da fé do Imortal e mesmo da fé que gera modéstia, retidão, sabedoria, coragem, conhecimento e perseverança. Abandonemos a tristeza e rejeitemos o medo. Mantenhamos com fé a verdadeira justiça e a virilidade genuína. Aprendamos a meditar sobre a justiça e a misericórdia. A fé é a verdadeira riqueza do homem, é o dom da virtude e glória.

"A injustiça é indigna e o pecado é desprezível. O mal é degradante, seja ele forjado em pensamentos ou atos. A dor e a tristeza seguem o caminho do mal, como o pó segue o vento. A felicidade e a paz da mente seguem o pensamento puro e a vida virtuosa, como a sombra segue a substância das coisas materiais. O mal é fruto do pensamento dirigido de um modo errado. É errado ver pecado onde não há pecado; e não ver pecado onde o pecado está. O mal é caminho das doutrinas falsas. Aqueles que evitam o mal, vendo as coisas como elas são, ganham o júbilo por assim abraçarem a verdade. Dai um fim à vossa miséria, abominando o pecado. Quando olhardes Aquele que é Nobre, afastai-vos do pecado de todo coração. Não façais apologia do mal; não crieis desculpas para o pecado. Com os próprios esforços de emendar-vos dos pecados passados adquiris a força para resistir à tendência futura para eles. A resistência ao mal vem do arrependimento. Não deixeis de confessar nenhuma das vossas faltas para com Aquele que é Nobre.

"A alegria e o contentamento são as recompensas pelos feitos do bem e para a glória do Imortal. Nenhum homem pode roubar a liberdade da vossa própria mente. Quando a fé da vossa religião tiver emancipado o vosso coração, quando a mente, como uma montanha, estiver estabelecida e inamovível, então a paz da alma fluirá tranqüilamente como um rio de água. Aqueles que estiverem certos da salvação estão para sempre livres da luxúria, da inveja, do ódio e das ilusões da riqueza. Embora a fé seja a energia para a vida melhor, contudo, deveis trabalhar para a vossa própria salvação, com perseverança. Se vós estiverdes certos da vossa salvação final, então, certificai-vos de que buscais sinceramente cumprir toda a retidão e justiça. Cultivai a certeza de coração que nasce de dentro e que assim vem para desfrutar do êxtase da salvação eterna.

"Nenhum religioso pode esperar alcançar a iluminação da sabedoria imortal se permanecer preguiçoso, indolente, fraco, impudente e egoísta. Todavia, quem for prudente, previdente, reflexivo, fervoroso e sincero, pode – até mesmo enquanto ainda viver na Terra – alcançar a iluminação suprema da paz e a liberdade da sabedoria divina. Lembrai-vos de que cada ato terá uma recompensa. O mal resulta em tristeza e o pecado culmina na dor. O júbilo e a felicidade advêm de uma vida de bondade. Mesmo o malfeitor, ou o pecador, desfruta de uma temporada de graça, antes do total amadurecimento dos seus feitos no mal; mas, inevitavelmente, a colheita plena do mal deverá advir. Que nenhum homem pense no mal de modo aliviado, dizendo ao seu coração: 'A punição do erro não virá para mim'. O que fizerdes será feito a vós, segundo o julgamento da sabedoria. A injustiça feita aos vossos irmãos retornará a vós. A criatura não pode escapar ao destino dos seus feitos.

"O tolo diz ao seu coração: 'o mal não me tomará'. Mas a segurança é encontrada apenas quando a alma aceita a reprovação e a mente busca a sabedoria. O homem sábio é uma alma nobre que permanece amiga diante de inimigos, tranqüila na turbulência e generosa entre os ambiciosos. O amor do ego é como ervas daninhas em um campo do bem. O egoísmo leva à tristeza; a inquietude perpétua mata. A mente domada traz felicidade. O maior dos guerreiros é o que vence e domina a si próprio. É boa a contenção em todas as coisas. Apenas aquele que estima a virtude e observa o seu dever é uma pessoa superior. Que raiva e ódio não sejam vossos mestres. Não faleis duramente de ninguém. O contentamento é a maior riqueza. O que é dado sabiamente é bem poupado. Não façais aos outros as coisas que não quiserdes que sejam feitas a vós. Retribuir o mal por meio do bem é vencer o mal com o bem.

"Uma alma reta é mais desejável do que a soberania de toda a Terra. A imortalidade é a meta da sinceridade; a morte, o fim de uma vida impensada. Aqueles que são honestos não morrem; os impensados já estão mortos. Abençoados são aqueles que têm o discernimento do estado imortal. Aqueles que torturam os vivos, dificilmente encontrarão a felicidade depois da morte. Os generosos vão para os céus, onde se rejubilam na bênção da liberalidade infinita e continuam a crescer na sua nobre generosidade. Todo mortal que pensa com justiça, que fala nobremente e age sem egoísmo, não apenas desfrutará da virtude aqui, durante esta breve vida, mas também, depois da dissolução do corpo, continuará a desfrutar das delícias do céu".

4. O HINDUÍSMO

Os missionários de Melquisedeque levaram consigo, para onde viajaram, os ensinamentos de um único Deus. Grande parte dessa doutrina monoteísta, junto com outros conceitos anteriores, incorporou-se aos ensinamentos posteriores do hinduísmo. Jesus e Ganid selecionaram os seguintes excertos:

"Ele é o grande Deus, supremo em todos os sentidos. Ele é o Senhor que abrange todas as coisas. Ele é o criador e o controlador do universo dos universos. Deus é um só, é singular e existe por si próprio; e é o único. E este Deus único é o nosso Criador e destino último da alma. O Supremo brilha mais do que é possível descrever, é a Luz das Luzes. Todo coração e todo mundo estão iluminados pela luz divina. Deus é nosso protetor – ele está ao lado das suas criaturas – e aqueles que aprendem a conhecê-lo tornam-se imortais. Deus é a grande fonte de energia; ele é a Grande Alma. E exerce a soberania universal sobre tudo. Este Deus único é cheio de amor, é glorioso e adorável. O nosso Deus é supremo em poder e reside na morada suprema. Esta verdadeira Pessoa é eterna e divina, é o Senhor primordial dos céus. Todos os profetas o têm louvado, e ele revelou-se a nós. Nós o adoramos. Ó Pessoa Suprema, fonte dos seres, senhor da criação e governante do universo, revelai-nos, criaturas vossas, o poder pelo qual permaneceis imanente! Deus fez o sol e as estrelas; é luminoso, puro e auto-existente. Seu conhecimento eterno é divinamente sábio. O Eterno é impenetrável ao mal. Por que o universo saiu de Deus, ele o governa apropriadamente. Ele é a causa da criação, e, pois, todas as coisas estão estabelecidas nele.

"Deus é o refúgio seguro de todo homem bom que necessita dele; é o Único Imortal, que cuida de toda humanidade. A salvação de Deus é forte e sua bondade é graciosa. É um protetor amoroso, um defensor abençoado. O Senhor diz: 'Resido nas vossas próprias almas como uma lâmpada de sabedoria. Sou o resplendor do esplêndido e a bondade do bom. Onde dois ou três reúnem-se, também eu estou com eles'. A criatura não pode escapar da presença do Criador. O Senhor chega a contar as piscadelas dos olhos de todos mortais; e nós adoramos esse Ser divino como o companheiro inseparável. Ele prevalece acima de tudo, é magnânimo, onipresente e infinitamente bom. O Senhor é o nosso governante, abrigo e controlador supremo e seu espírito primordial reside na alma mortal. Testemunho Eterno do vício e da virtude, ele reside no coração do homem. Meditemos longamente sobre o Vivificador adorável e divino, para que seu espírito dirija totalmente nossos pensamentos. Deste mundo irreal conduze-nos ao real! Da escuridão conduze-nos à luz! Da morte guia-nos à imortalidade!

"Com os nossos corações purgados de todo ódio, adoremos o Eterno. O nosso Deus é o Senhor da prece; ele escuta o choro dos seus filhos. Que todos os homens submetam as suas vontades a ele, o Resoluto. Deliciemo-nos na liberalidade do Senhor da prece. Fazei da prece o vosso amigo interior e adorai o suporte da vossa alma. 'Se apenas me adorardes com amor', diz o Eterno, 'eu dar-vos-ei a sabedoria para alcançar-Me, pois adorar-Me é a virtude comum a todas as criaturas'. Deus é o iluminador dos melancólicos e a força daqueles que estão abatidos. Se Deus é o nosso amigo forte, não mais temos medo. Louvamos o nome do Conquistador nunca conquistado. Nós o adoramos, porque ele é o apoio fiel e eterno do homem. Deus é o nosso líder seguro e guia infalível. Ele é o grande Pai do céu e da Terra, que possui energia ilimitada e sabedoria infinita. O seu esplendor é sublime e a sua beleza divina. Ele é o refúgio supremo do universo e o guardião imutável da lei eterna. O nosso Deus é o Senhor da vida e o Confortador de todos os homens; ele ama a humanidade e ajuda àqueles que estão aflitos. Ele nos deu a vida e é o Bom Pastor dos rebanhos humanos. Deus é o nosso pai, irmão e amigo. E nós ansiamos por conhecer esse Deus no nosso ser interno.

"Nós aprendemos a ganhar a fé pelo desejo dos nossos corações. Nós alcançamos a sabedoria pela reclusão dos nossos sentidos, e com a sabedoria nós experimentamos a paz no Supremo. Aquele que está cheio de fé adora verdadeiramente quando, no seu eu interior, tem o intento de Deus. O nosso Deus usa os céus como um manto; ele também reside nos outros seis universos em grande expansão. Ele é supremo acima de tudo e em tudo. Nós suplicamos o perdão do Senhor por todos os nossos abusos contra os nossos semelhantes; e nós perdoamos nosso amigo pelo erro que ele cometeu contra nós. O nosso espírito abomina todo o mal; portanto, ó Senhor, libertai-nos de toda mancha de pecado. Oramos a Deus como o confortador, protetor e salvador – como aquele que nos ama.

"O espírito do Sustentador do Universo entra na alma da criatura simples. Sábio é o homem que adora o Deus único. Aqueles que se esforçam à perfeição devem de fato conhecer o Senhor Supremo. Aquele que conhece a segurança abençoada do Supremo nunca teme, pois o Supremo diz àqueles que o servem: 'Não temais, pois estou convosco'. O Deus da providência é o nosso Pai. Deus é verdade. E o desejo de Deus é que suas criaturas o compreendam – que cheguem a conhecer plenamente a verdade. A verdade é eterna; ela sustenta o universo. Nosso desejo supremo será a união com o Supremo. O Grande Controlador é o gerador de todas as coisas – tudo evolui dele. E esse é todo o dever: Que nenhum homem faça a outro o que seria repugnante a si próprio; não alimenteis nenhuma malícia, não batais naquele que bater em vós, vencei a raiva com a misericórdia, e triunfai sobre o ódio na benevolência. E tudo isso devemos fazer porque Deus é um amigo e um pai cheio de graças e redime todas as nossas ofensas terrenas.

"Deus é nosso Pai, a Terra é nossa mãe; e o universo nosso local de nascimento. Sem Deus a alma é uma prisioneira; conhecer Deus liberta a alma. Pela meditação em Deus e pela união com ele vem a libertação das ilusões do mal e a salvação última das prisões materiais. Quando o homem puder enrolar o espaço como um pedaço de couro, assim virá o fim do mal porque terá encontrado Deus. Ó Deus, salvai-nos da tríplice ruína do inferno – luxúria, ira e avareza! Ó alma, reforça-te para a luta espiritual da imortalidade! Quando vier o fim da vida mortal, não hesites em abandonar esse corpo por uma forma mais própria e bela, para despertar-te nos reinos do Supremo e Imortal, onde não há medo algum nem tristeza, fome, sede ou morte. Conhecer Deus é cortar as cordas da morte. A alma que conhece Deus eleva-se no universo, como o creme paira sobre o leite. Nós adoramos a Deus, artesão de tudo, a Grande Alma que está sempre assentada no coração das suas criaturas. E aquele que sabe que Deus está entronizado no coração do homem está destinado a tornar-se como ele – imortal. O mal deve ser deixado para trás neste mundo, mas a virtude segue com a alma para o céu.

"Apenas os perversos dizem: o universo não tem nem verdade nem governante; ele foi feito para os nossos prazeres. Essas almas são enganadas pela pequenez dos seus intelectos. Assim se abandonam ao gozo da sua luxúria e privam as próprias almas do júbilo da virtude e dos prazeres da retidão. O que pode ser maior do que experimentar a salvação do pecado? O homem que tiver visto o Supremo é imortal. Os bens da carne não podem sobreviver à morte; só a virtude caminha ao lado do homem enquanto ele viaja sempre adiante, na direção dos campos cheios de alegria e sol do Paraíso".

5. O ZOROASTRISMO

Zoroastro esteve, ele próprio, em contato direto com os descendentes dos primeiros missionários da doutrina de Melquisedeque, e a sua doutrina do Deus único tornou-se um ensinamento central na religião que ele fundou na Pérsia. À parte o judaísmo, nenhuma religião daquela época continha um teor tão alto dos ensinamentos de Salém. Dos registros dessa religião Ganid retirou as seguintes citações:

"Todas as coisas vêm do Deus Único e pertencem a ele – onisciente, bom, justo, santo, resplandecente e glorioso. Esse nosso Deus é a fonte de toda a luminosidade. Ele é o Criador, o Deus de todos os propósitos, e o protetor da justiça do universo. O curso sábio da vida é agir em consonância com o Espírito da Verdade. Deus a tudo vê, e ele percebe tanto os feitos errados dos maus quanto as boas obras dos justos; o nosso Deus observa todas as coisas com um olho reluzente. O seu toque é o toque da cura. O Senhor é o benfeitor Todo-Poderoso. Deus estende a sua mão benéfica tanto para o justo quanto para o perverso. Deus estabeleceu o mundo e ordenou as recompensas para o bem e para o mal. O Deus onisciente prometeu imortalidade às almas pias, que pensam com pureza e agem com justiça. E o que desejardes sobre todas as coisas, assim será. A luz do sol é como a sabedoria para aqueles que discernem Deus no universo.

"Louvai a Deus, procurando o prazer do Único Sábio. Adorai o Deus da luz, trilhando alegremente os caminhos ordenados na sua religião revelada. Não há senão um Deus Supremo, o Senhor das Luzes. Nós adoramos aquele que fez a água, plantas, animais, Terra e céus. O nosso Deus é o Senhor, o mais beneficente. Nós adoramos o mais formoso, o generoso Imortal dotado da luz eterna. Deus está muito distante de nós, ao mesmo tempo está bem perto de nós, pois reside dentro das nossas almas. O nosso Deus é o espírito mais divino e mais santo do Paraíso e ainda mais amigo do homem do que a mais amiga de todas criaturas. Deus presta uma grande ajuda a nós, na maior de todas as tarefas: o conhecimento dele próprio. Deus é o nosso amigo mais adorável e justo, é a nossa sabedoria, vida e vigor da alma e do corpo. Através dos nossos bons pensamentos o sábio Criador capacitar-nos-á a cumprir sua vontade, alcançando assim a realização de tudo que é divinamente perfeito.

"Senhor, ensinai-nos como viver esta vida na carne, enquanto nos preparamos para a próxima vida do espírito. Falai-nos, Senhor, e faremos o que nos mandardes. Ensinai-nos bons caminhos, e nos conduziremos pelo bom caminho. Concedei-nos alcançar a união convosco. Sabemos que a religião que leva à união na retidão está certa. Deus é nossa natureza sábia, o melhor pensamento e o ato reto. Possa Deus conceder-nos união com o espírito divino e imortalidade nele próprio!

"Esta religião do Único Sábio purifica o crente de todo mau pensamento e dos feitos pecaminosos. Curvo-me diante do Deus do céu em arrependimento, caso eu haja feito ofensa em pensamentos, palavras ou atos – intencionalmente ou não –, e eu ofereço orações em agradecimento e a louvação pelo perdão. Sei que quando eu me confesso, se me propuser a não cometer de novo o pecado, ele será removido da minha alma. Sei que o perdão remove os laços do pecado. Aqueles que fazem o mal receberão a punição, mas aqueles que se conduzirem segundo a verdade desfrutarão da bênção de uma salvação eterna. Toma-nos por intermédio da graça e ministra o poder salvador às nossas almas. Nós clamamos por misericórdia, porque aspiramos alcançar a perfeição; nós poderíamos ser como Deus".

6. O SUDUANISMO (JAINISMO)

O terceiro grupo de crentes religiosos que preservaram a doutrina de um Único Deus na Índia – a sobrevivência dos ensinamentos de Melquisedeque – era conhecido naqueles dias como os suduanistas. Mais recentemente esses crentes ficaram conhecidos como seguidores do jainismo. Eles ensinaram:

"O Deus do Céu é supremo. Aqueles que cometem pecados não ascenderão ao alto, mas aqueles que caminharem nas trilhas da retidão encontrarão um lugar no céu. A vida posterior nos é assegurada se conhecermos a verdade. A alma do homem pode ascender ao céu mais elevado, para lá desenvolver a sua verdadeira natureza espiritual, até alcançar a perfeição. O estado celeste libera o homem das cadeias do pecado e o introduz às beatitudes últimas; o homem justo já experimentou um fim dos pecados e de todas as misérias a ele ligadas. O ego é o inimigo invencível do homem, e manifesta-se nas quatro maiores paixões do homem: a ira, o orgulho, a mentira e a cobiça. A maior vitória do homem é a conquista de si próprio. Quando o homem volta-se para Deus pelo perdão, e quando ele ousa desfrutar dessa liberdade, por meio disso ele libera-se do medo. O homem deveria passar pela vida tratando as criaturas semelhantes suas como ele gostaria de ser tratado".

7. O XINTOÍSMO

Havia pouco tempo que os manuscritos dessa religião do Extremo-Oriente tinham chegado à biblioteca de Alexandria. Era a única religião do mundo de que Ganid nunca tinha ouvido falar. Essa crença também continha remanescentes dos primeiros ensinamentos de Melquisedeque, como nos é mostrado no seguinte resumo:

"O senhor diz: 'Sois recipientes do meu poder divino; todos os homens desfrutam da minha ministração de misericórdia. Tenho um grande prazer na multiplicação dos homens justos nas terras. Tanto por meio das belezas da natureza quanto das virtudes dos homens, o Príncipe dos Céus busca revelar a si próprio e mostrar a sua natureza reta. Já que os povos antigos não sabiam meu nome, eu me manifestei nascendo no mundo com uma existência visível e me submeti a tal humilhação para que os homens não esquecessem meu nome. Eu sou aquele que fez céu e Terra, sol e lua, e todas as estrelas obedecem à minha vontade. Sou o governante de todas as criaturas nas terras e nos quatro mares. Embora seja grande e supremo, ainda tenho consideração pela prece do homem mais humilde. Se qualquer criatura me adorar, eu ouvirei sua prece e concederei o desejo do seu coração'.

"'Toda vez que o homem dá lugar à ansiedade, ele fica um passo mais longe de deixar o espírito governar o seu coração'. O orgulho esconde Deus. Se vós quiserdes obter a ajuda celeste, ponde o orgulho de lado; cada traço do orgulho oblitera a luz salvadora, como se fosse uma grande nuvem. Se vós não tendes a retidão dentro de vós, inútil é orar àquele que está do lado de fora. 'Se escuto vossas preces, é porque vindes a mim com um coração limpo, livre de falsidade e de hipocrisia, com uma alma que reflete a verdade como um espelho. Se quiserdes ganhar a imortalidade, abandonai o mundo e vinde a mim' ".

8. O TAOÍSMO

Os mensageiros de Melquisedeque penetraram bem a fundo na China, e a doutrina de um único Deus tornou-se uma parte dos primeiros ensinamentos de várias religiões chinesas; a que perdurou por mais tempo e que continha a maior parte da verdade monoteísta foi o taoísmo, e Ganid reuniu o seguinte, dos ensinamentos do seu fundador:

"Quão puro e tranqüilo é o Único Supremo e ainda quão forte e poderoso, profundo e insondável! Esse Deus do céu é o honrado ancestral de todas as coisas. Se vós conheceis o Eterno, sois esclarecidos e sábios. Se não conheceis o Eterno, então a ignorância manifesta-se em vós como um mal e desse modo surgem as paixões do pecado. Esse Ser maravilhoso existia antes que existissem os céus e a Terra. Ele é verdadeiramente espiritual; ele permanece único e não muda. Ele de fato é a mãe do mundo e toda a criação move-se em torno dele. Esse Grande Ser distribui-se aos homens e assim capacita-os a elevarem-se e a sobreviverem. Mesmo se alguém não tem senão poucos conhecimentos, ainda assim pode andar nos caminhos do Supremo; pode conformar-se à vontade do céu.

"Todas as boas obras do verdadeiro serviço vêm do Supremo. Todas as coisas dependem da Grande Fonte para viver. O Grande Supremo nada exige para conceder a dádiva da sua outorga. Ele é supremo em poder, e ainda assim permanece escondido dos nossos olhares. Ele transmuta incessantemente os seus atributos ao aperfeiçoar as suas criaturas. A Razão celeste é lenta e paciente nos seus desígnios, mas certa da sua realização. O Supremo abrange todo o universo e o sustenta por inteiro. Quão grande e poderosa é a sua influência transbordante e o seu poder de atração! A verdadeira bondade é como a água, pois abençoa a tudo e não fere ninguém. E, como a água, a verdadeira bondade procura os lugares mais baixos, e até mesmo aqueles níveis que todos evitam e isso porque ela é semelhante ao Supremo. O Supremo cria todas as coisas, nutrindo-as na natureza e perfeccionando-as no espírito. E um mistério, é como o Supremo sustenta, protege e perfecciona a criatura sem obrigá-la. Ele guia e dirige, mas sem imposições. Ele ministra a progressão, mas sem dominação.

"O homem sábio universaliza seu coração. Um conhecimento pequeno é uma coisa perigosa. Aqueles que aspiram à grandeza devem aprender a humilhar a si próprios. Na criação, o Supremo tornou-se mãe do mundo. Conhecer a própria mãe é reconhecer a própria filiação. Aquele que considera todas as partes do ponto de vista do todo é um homem sábio. Relacionai-vos com todos os homens como se estivésseis no lugar deles. Recompensai a injúria por meio da bondade. Se amardes as pessoas, elas aproximar-se-ão de vós – e não tereis nenhuma dificuldade em ganhá-las.

"O Grande Supremo a tudo penetra; ele está na mão esquerda e na direita; ele sustenta toda a criação e reside em todos os seres verdadeiros. Vós não podeis achar o Supremo, nem podeis ir a um lugar onde ele não esteja. Se um homem reconhece o mal das suas ações e arrepende-se de coração do pecado, então ele pode buscar o perdão, pode escapar da punição e pode transformar a calamidade em uma bênção. O Supremo é o refúgio seguro para toda a criação; ele é o guardião e o salvador da humanidade. Caso o buscais diariamente, vós o encontrareis. Já que ele pode perdoar os pecados, ele é de fato muito precioso para todos os homens. Lembrai-vos sempre de que Deus não recompensa o homem pelo que ele faz, mas pelo que ele é; portanto, deveríeis estender a vossa ajuda aos vossos semelhantes sem pensar em recompensa. Fazei o bem sem pensar em benefícios para os vossos egos.

"Aqueles que conhecem as leis do Eterno são sábios. A ignorância da lei divina é a miséria e o desastre. Aqueles que conhecem as leis de Deus têm a mente liberal. Se conhecerdes o Eterno, ainda que o vosso corpo pereça, a vossa alma sobreviverá no serviço do espírito. Vós sereis verdadeiramente sábios se reconhecerdes a vossa insignificância. Se habitardes na luz do Eterno, desfrutareis do esclarecimento do Supremo. Aqueles que dedicam o próprio ser ao serviço do Supremo rejubilam-se nessa busca do Eterno. Quando um homem morre, o espírito começa a fazer o seu longo vôo de viagem para o grande lar".

9. O CONFUCIONISMO

Até mesmo a religião que menos reconhecia a Deus, dentre as grandes religiões do mundo, aceitou o monoteísmo dos missionários de Melquisedeque e dos seus sucessores persistentes. O sumário que Ganid fez do confucionismo foi:

"O que o Céu aponta não contém erro. A verdade é real e divina. Tudo se origina no Céu e o Grande Céu não comete erros. O Céu destacou muitos subordinados para ajudarem na instrução e elevação das criaturas inferiores. Grande, bastante grande, é o Único Deus que governa o homem do alto. Deus é majestático em poder e temível em seu juízo. Mas esse Grande Deus conferiu um senso de moral até mesmo a muitos povos inferiores. A abundância do Céu nunca cessa. A benevolência é o dom mais precioso que o Céu dá aos homens. O Céu conferiu sua nobreza à alma do homem; as virtudes do homem são fruto desse dom de nobreza do Céu. O Grande Céu a tudo discerne e fica com o homem em todas as suas ações. E fazemos bem quando chamamos o Grande Céu de nosso Pai e nossa Mãe. Se formos assim, servos dos nossos ancestrais divinos, então podemos fazer uma prece confiante ao Céu. Em todos os tempos e para todas as coisas devemos temer a majestade do Céu. Reconhecemos, Ó Deus, Potentado Mais Alto e soberano, que o julgamento é vosso, e que toda a misericórdia vem do coração divino.

"Deus está conosco e por isso não temos medo nos nossos corações. Se há alguma virtude em mim, esta é a manifestação do Céu que reside em mim. Mas o Céu dentro de mim muitas vezes exige duramente da minha fé. Se Deus está comigo, eu determinei não manter dúvida alguma no meu coração. A fé deve estar muito perto da verdade das coisas e não sei como um homem pode viver sem boa-fé. O bem e o mal não acontecem aos homens sem uma causa. De acordo com seu propósito o Céu lida com a alma do homem. Quando vos achardes no mal, não hesiteis em confessar vossos erros e ser rápidos em emendar-vos.

"Um homem sábio ocupa-se com a busca da verdade, não busca viver meramente. Alcançar a perfeição do Céu é a meta do homem. O homem superior é dado ao auto-ajustamento, e está livre das ansiedades e do medo. Deus está convosco; não tenhais dúvidas no vosso coração. Toda a boa ação tem a sua recompensa. O homem superior não murmura contra o Céu, nem guarda rancor contra os homens. Aquilo que vós não gostais que seja feito a vós, não façais aos outros. Que a compaixão seja parte de toda punição; de todo modo tentai fazer da punição uma bênção. Esse é o caminho do Grande Céu. Enquanto todas as criaturas devem morrer e voltar à terra, o espírito do homem nobre avança para ser exposto no alto e para ascender à luz gloriosa do resplendor final".

10. "A NOSSA RELIGIÃO"

Depois da árdua tarefa de efetuar essa compilação dos ensinamentos das religiões do mundo a respeito do Pai do Paraíso, Ganid estabeleceu para si próprio a tarefa de formular o que ele considerava ser um sumário da crença à qual ele tinha chegado, considerando Deus como um resultado do ensinamento de Jesus. Esse jovem tinha o hábito de referir-se a essas crenças como "a nossa religião". Esta foi a sua exposição:

"O Senhor nosso Deus é um Senhor único, e vós deveríeis amá-Lo com toda a vossa mente e coração, fazendo o melhor para amardes a todos os Seus filhos como amais a vós próprios. Esse Deus é o nosso Pai celeste, em Quem todas as coisas consistem e que reside, por intermédio do Seu espírito, em todas as almas humanas sinceras. E nós, que somos filhos de Deus, deveríamos aprender a entregar a Ele a guarda das nossas almas, como Criador fiel que é. Para o nosso Pai celeste todas as coisas são possíveis. Já que ele é o Criador, tendo feito todas as coisas e todos os seres, não poderia ser de outra forma. Embora não possamos ver Deus, podemos conhecê-lo. E vivendo cotidianamente segundo a vontade do Pai no céu, podemos revelá-lo aos nossos semelhantes.

"As riquezas divinas do caráter de Deus devem ser infinitamente profundas e eternamente sábias. Nós não podemos procurar a Deus pelo conhecimento, mas podemos conhecê-lo nos nossos corações pela experiência pessoal. Ainda que não possamos compreender a sua justiça, a sua misericórdia pode ser recebida pelo ser mais humilde na Terra. Se bem que o Pai preencha o universo, ele também vive nos nossos corações. A mente do homem é humana, e mortal, mas o espírito do homem é divino, imortal. Deus não é apenas Todo-Poderoso mas também onisciente. Se os nossos pais, cujas tendências naturais podem ser más, sabem como amar seus filhos e conferir boas dádivas a eles, então muito mais o Pai de bondade no céu deverá saber como amar sabiamente os seus filhos na Terra e conferir bênçãos apropriadas a eles.

"O Pai nos céus não deixará que um único filho na Terra pereça, se este filho tiver o desejo de encontrar o Pai e se verdadeiramente quiser ser como ele. O nosso Pai ama até mesmo aos maus e é sempre bom e grato para com os ingratos. Se mais seres humanos pudessem apenas saber sobre a bondade de Deus, eles certamente seriam levados a arrepender-se dos seus maus atos e abandonarem todos os pecados conhecidos. Todas as coisas boas vêm do Pai da luz, em quem não há variabilidade nem sombra de inconstância. O espírito do verdadeiro Deus está no coração do homem. Ele faz com que todos os homens sejam irmãos. Quando os homens começam a sentir-se buscando a Deus, isso é uma evidência de que Deus os encontrou e de que eles estão à procura de conhecimentos sobre ele. Vivemos em Deus e Deus nos reside.

"Não mais me sentirei satisfeito de acreditar que Deus é o Pai de todo o meu povo; doravante eu acreditarei que ele é também o meu Pai. Sempre tentarei adorar a Deus com a ajuda do Espírito da Verdade, que é a minha ajuda quando me houver transformado realmente em um ser conhecedor de Deus. Mas antes de tudo vou praticar a adoração a Deus aprendendo como cumprir a vontade de Deus na Terra, isto é, farei o melhor de mim para tratar a cada um dos meus semelhantes mortais exatamente como eu acho que Deus gostaria que fossem tratados. E quando vivemos essa espécie de vida na carne, podemos pedir muitas coisas a Deus, e ele nos concederá o desejo dos nossos corações para que estejamos mais bem preparados para servir aos nossos irmãos. E todo esse serviço de amor dos filhos de Deus amplia a nossa capacidade de receber e de experimentar as alegrias do céu, o prazer elevado da ministração do espírito do céu.

"Eu agradecerei todos os dias a Deus pelas Suas dádivas inexprimíveis; eu O louvarei pelos Seus trabalhos maravilhosos para os filhos dos homens. Para mim Ele é o Todo-Poderoso, o Criador, o Poder e a Misericórdia, mas, melhor do que tudo, é o Pai espiritual e como seu filho terreno eu avançarei sempre para vê-lo. E o meu tutor me disse que ao procurá-Lo eu me tornarei como Ele. Pela fé em Deus, eu alcancei a paz com Ele. Essa nossa nova religião é bastante cheia de júbilo e gera uma felicidade perene. Estou confiante de que serei fiel até a morte e de que eu certamente receberei a coroa da vida eterna.

"Estou aprendendo a colocar todas as coisas à prova e aderir ao que é bom. Farei ao meu semelhante o que gostaria que fosse feito a mim. Por meio dessa nova fé sei que o homem pode tornar-se filho de Deus, mas algumas vezes me aterrorizo ao pensar que todos os homens são meus irmãos, mas isso deve ser verdade. Não vejo como posso rejubilar com a paternidade de Deus enquanto recusar a aceitar a irmandade dos homens. Todo aquele que chamar pelo nome do Senhor será salvo. Se isso é verdadeiro, então todos os homens devem ser meus irmãos.

"Doravante, eu farei as minhas ações para o bem em silêncio; e também orarei mais, quando estiver a sós. Eu não julgarei para que não seja injusto para com os meus irmãos. Aprenderei a amar os meus inimigos; não tenho ainda essa prática sob a mestria de um controle verdadeiro, a prática de ser como Deus. Embora eu veja Deus nessas outras religiões, encontro Deus na 'nossa religião' como sendo mais belo, mais cheio de amor, mais misericordioso, mais pessoal e positivo. Mas mais do que tudo, esse grande e glorioso Ser é o meu Pai espiritual; eu sou o seu filho. E de nenhum outro modo, a não ser pelo meu desejo honesto de ser como ele, eu irei finalmente encontrá-lo e eternamente servir a ele. Pois afinal tenho uma religião com um Deus, um Deus maravilhoso, e um Deus de salvação eterna".

DOCUMENTO 132

A PERMANÊNCIA EM ROMA

POSTO que Gonod trazia saudações dos príncipes da Índia para Tibério, o governante romano, ao terceiro dia depois da sua chegada em Roma, os dois indianos e Jesus apareceram diante dele. O taciturno imperador estava inusitadamente alegre nesse dia e conversou longamente com os três. E, quando eles tinham saído da sua presença, o imperador, referindo-se a Jesus, observou para o ajudante de pé à sua direita: "Se eu tivesse essa sua postura de rei e as maneiras graciosas dele, eu seria um imperador de fato, não é?"

Enquanto estava em Roma, Ganid tinha horas regulares para o estudo e para visitar os lugares de interesse pela cidade. O seu pai tinha muitos negócios para desenvolver e, desejando que o seu filho crescesse para tornar-se um sucessor digno na administração dos seus vastos interesses comerciais, ele julgou chegada a hora de apresentar o rapaz ao mundo dos negócios. Havia muitos cidadãos da Índia em Roma e, freqüentemente, um dos próprios empregados de Gonod acompanhá-lo-ia como intérprete, de modo que Jesus tinha dias inteiros para si próprio; isso deu a ele tempo para conhecer profundamente essa cidade de dois milhões de habitantes. Ele era encontrado freqüentemente no foro, o centro da vida política, legal e dos negócios. Muitas vezes ele ia ao Capitólio e ponderava sobre as algemas da ignorância, à qual os romanos eram submetidos, e, ao mesmo tempo, contemplava esse magnífico templo dedicado a Júpiter, Juno e Minerva. Jesus também passava muito tempo no monte Palatino, onde estavam localizados a residência do imperador, o templo de Apolo e as bibliotecas grega e latina.

Nessa época, o império romano incluía todo o sul da Europa, a Ásia Menor, a Síria, o Egito e o noroeste da África; e a cidadania romana abrangia os habitantes de todos os países do hemisfério Oriental. O seu desejo de estudar e de imiscuir-se nessa agregação cosmopolita dos mortais de Urântia, era a razão principal pela qual Jesus tinha consentido em fazer essa viagem.

Jesus aprendeu muito sobre os homens enquanto estava em Roma, mas a mais valiosa de todas as múltiplas experiências da sua permanência de seis meses naquela cidade foi o seu contato com os líderes religiosos da capital do império, e a influência que teve sobre eles. Antes do fim da primeira semana em Roma, Jesus havia procurado e conhecido os líderes mais qualificados dos cínicos, dos estóicos e dos cultos dos mistérios, em particular o grupo mitraico. Fosse ou não visível para Jesus que os judeus iriam rejeitar a sua missão, ele muito certamente previu que os seus mensageiros deveriam, em breve, vir a Roma para proclamar o Reino do céu; e, assim, da maneira mais surpreendente, ele se pôs a preparar o caminho para a melhor e mais segura recepção da sua mensagem. E escolheu cinco dos líderes estóicos, onze dos cínicos e dezesseis dos líderes dos cultos dos mistérios e passou grande parte do tempo que lhe sobrava, durante quase seis meses, em contato estreito com esses instrutores religiosos. E este foi o seu método de instrução: nunca, uma vez sequer, ele atacou os erros nem mesmo mencionou as imperfeições dos ensinamentos deles. Em cada caso, ele selecionaria a verdade dentro do que eles ensinavam e então trabalharia como que para dar beleza e para iluminar essa verdade nas mentes deles, de um tal modo que, em um tempo muito curto, essa elevação da verdade efetivamente expulsava os erros anteriores; e, desse modo, esses homens e mulheres foram ensinados por Jesus e preparados para o reconhecimento subseqüente de verdades similares e adicionais nos ensinamentos dos primeiros missionários cristãos. Foi essa pronta aceitação dos ensinamentos dos pregadores do evangelho que deu a poder de impulsão para a difusão rápida do cristianismo em Roma e dali para todo o império.

O significado desse feito notável pode ser mais bem compreendido ao reportarmo-nos ao fato de que, desse grupo de trinta e dois líderes religiosos, instruídos por Jesus, em Roma, apenas dois não deram frutos; trinta deles tornaram-se indivíduos fundamentais para a implantação do cristianismo em Roma, e alguns deles colaboraram também para transformar o principal templo mitraico na primeira igreja cristã daquela cidade. Nós, que observamos as atividades humanas por detrás das cenas, e à luz de dezenove séculos de tempo, reconhecemos apenas três fatores como sendo de valor supremo para o pronto estabelecimento do cenário da disseminação rápida do cristianismo por toda Europa, e esses são:

1. A escolha e a sustentação de Simão Pedro como apóstolo.

2. A conversa, em Jerusalém, com Estevão, cuja morte levou à conversão de Saulo de Tarso.

3. Essa preparação preliminar desses trinta romanos para a subseqüente liderança da nova religião em Roma e em todo o império.

Durante todas as suas experiências, nem Estevão nem os trinta escolhidos jamais se deram conta de que, certa vez, haviam falado com o homem cujo nome se tornou o tema dos seus ensinamentos religiosos. A obra de Jesus junto a esses trinta e dois escolhidos, originalmente, foi inteiramente pessoal. Nos seus trabalhos para com esses indivíduos, o Escriba de Damasco nunca se encontrou com mais do que três de uma só vez, raramente com mais do que dois, e mais freqüentemente ele os instruía individualmente. E Jesus podia fazer esse grande trabalho de aperfeiçoamento religioso porque esses homens e mulheres não eram presos às tradições; eles não eram vítimas de preconceitos estabelecidos quanto a desenvolvimentos religiosos futuros.

Muitas foram as vezes nos anos que logo se seguiram, nos quais Pedro, Paulo e os outros instrutores cristãos em Roma ouviram sobre esse Escriba de Damasco; o qual os havia precedido e que tinha tão obviamente (mas não involuntariamente, como eles supunham) preparado o caminho para a vinda deles com o novo evangelho. Embora Paulo nunca realmente tenha suspeitado da identidade desse Escriba de Damasco, pouco tempo antes da sua morte, e por causa das semelhanças entre algumas descrições pessoais, ele chegou à conclusão de que "o fazedor de tendas da Antioquia" era também o "Escriba de Damasco". Numa ocasião, enquanto pregava em Roma, Simão Pedro, ao ouvir uma descrição do Escriba de Damasco, conjecturou que esse indivíduo poderia ter sido Jesus, mas rapidamente descartou a idéia, sabendo muito bem (assim pensava ele) que o Mestre nunca tinha estado em Roma.

1. OS VERDADEIROS VALORES

Foi com Angamon, o líder dos estóicos, que Jesus teve uma conversa de uma noite inteira, nos primeiros dias da sua estada em Roma. Esse homem subseqüentemente tornou-se um grande amigo de Paulo e acabou sendo um dos fortes sustentáculos da igreja cristã em Roma. Em essência, e restaurado em frases modernas, eis o que Jesus ensinou a Angamon:

O critério para os verdadeiros valores deve ser buscado no mundo espiritual e nos níveis divinos da realidade eterna. Para um mortal ascendente, todos os padrões inferiores e materiais devem ser reconhecidos como transitórios, parciais e inferiores. O cientista, enquanto tal, fica limitado à descoberta da relação entre os fatos materiais. Enquanto cientista, ele não tem o direito de asseverar ser nem materialista nem idealista. Se fizer uma tal escolha, ele estará abandonando a sua posição de cientista verdadeiro; pois qualquer afirmação dessa ordem só cabe mesmo à essência da filosofia.

A menos que o discernimento moral e o nível da realização espiritual da humanidade sejam elevados proporcionalmente, o avanço ilimitado de uma cultura puramente materialista pode, afinal, tornar-se uma ameaça para a civilização. Uma ciência puramente materialista abriga, dentro de si mesma, a semente potencial da destruição de todo o esforço científico, pois essa mesma atitude pressagia o colapso final de uma civilização que teria abandonado o seu senso de valores morais e que teria repudiado a sua meta de alcance na realização espiritual.

O cientista materialista e o idealista extremista estão destinados sempre a estarem em extremos opostos. Isso não é verdade para aqueles cientistas e idealistas que estão de posse de um padrão comungado de altos valores morais e de um alto nível de comprovação espiritual. Em todas as épocas, os cientistas e os religiosos deveriam reconhecer que estão sendo postos à prova perante o tribunal da necessidade humana. Eles devem abster-se de todo guerrear entre si próprios, enquanto valentemente lutam para justificar a sua sobrevivência contínua por meio de uma elevada devoção a serviço do progredir humano. Se a chamada ciência ou a religião de qualquer época é falsa, então, ou ela deve purificar as suas atividades ou desaparecerá diante do surgimento de uma ciência material ou de uma religião espiritual de uma ordem mais verdadeira e mais condigna.

2. O BEM E O MAL

Mardus era o líder reconhecido dos cínicos de Roma e tornou-se um grande amigo do Escriba de Damasco. Dia após dia, conversava com Jesus e, noite após noite, ele escutava os seus ensinamentos supernos. Entre as mais importantes argumentações com Mardus esteve aquela destinada a responder à pergunta desse sincero cínico sobre o bem e o mal. Na linguagem deste século, em essência, eis o que Jesus disse:

Meu irmão, o bem e o mal são meramente palavras a simbolizar os níveis relativos da compreensão humana do universo observável. Se tu és eticamente ocioso e socialmente indiferente, tu podes tomar como o teu padrão de bem tudo o que é do uso social corrente. Se tu és espiritualmente indolente e se não tens aspirações de progresso moral, tu podes tomar como padrões do bem as práticas religiosas e as tradições dos teus contemporâneos. Mas, a alma que sobrevive no tempo e que emerge para a eternidade deve fazer uma escolha viva e pessoal entre o bem e o mal, tal como são determinados pelos valores verdadeiros dos padrões espirituais estabelecidos pelo espírito divino, que o Pai nos céus enviou para residir dentro do coração do homem. Esse espírito residente é o padrão de sobrevivência da personalidade.

A bondade, como a verdade, é sempre relativa e, infalivelmente, contrasta com o mal. É a percepção dessas qualidades de bondade e de verdade que capacita as almas em evolução dos homens a tomar aquelas decisões pessoais cujas escolhas são essenciais para a sobrevivência eterna.

O indivíduo espiritualmente cego que, com a sua lógica, segue o ditame científico, o uso social e o dogma religioso, permanece no grave perigo de sacrificar a sua liberdade moral e de perder a sua liberdade espiritual. Tal alma está destinada a tornar-se um papagaio intelectual, um autômato social e um escravo das autoridades religiosas.

A bondade está sempre ascendendo a novos níveis crescentes de liberdade, de auto-realização moral e de realização da personalidade espiritual – a descoberta do Ajustador residente e a identificação com ele. Uma experiência é boa quando eleva a apreciação da beleza, aumenta a vontade moral, realça o discernimento da verdade, amplia a capacidade de amar e servir aos semelhantes, exalta os ideais espirituais e unifica os motivos humanos supremos, no tempo, com os planos eternos do Ajustador residente, todos os quais conduzem diretamente a um desejo maior de fazer a vontade do Pai; e isso nutre a paixão divina de encontrar Deus e de ser mais como Ele.

À medida que ascenderdes na escala do desenvolvimento da criatura no universo, vós encontrareis uma bondade crescente e uma diminuição do mal, na perfeita concordância com a vossa capacidade para a experiência da bondade e discernimento da verdade. A capacidade de manter o erro ou de experimentar o mal não ficará totalmente perdida, até que a alma humana ascendente alcance níveis espirituais finais.

A bondade é viva, relativa, sempre em progressão, é uma experiência invariavelmente pessoal e eternamente correlacionada ao discernimento da verdade e da beleza. A bondade é encontrada no reconhecimento dos valores positivos da verdade, no nível espiritual, que devem, na experiência humana, se contrastar com a sua contraparte negativa – as sombras do mal potencial.

Enquanto não alcançardes os níveis do Paraíso, a bondade será sempre mais uma busca do que uma posse, mais uma meta do que uma experiência de realização. No entanto, tendo fome e sede da retidão, vós experimentareis uma satisfação crescente ao alcançar parcialmente a bondade. A presença da bondade e do mal no mundo é, em si mesma, uma prova evidente da existência e da realidade da vontade moral do homem, da personalidade, que assim identifica esses valores e é também capaz de escolher entre eles.

À época em que o mortal ascendente alcançar o Paraíso, a sua capacidade de identificar o eu com os verdadeiros valores do espírito ter-se-á tornado tão ampliada que resultará na realização da perfeição na posse da luz da vida. Tal personalidade espiritual, assim aperfeiçoada, torna-se tão integral, divina e espiritualmente unificada com as qualidades positivas e supremas da bondade, da beleza e verdade, que não resta nenhuma possibilidade de que tal espírito justo e reto possa projetar qualquer sombra negativa de mal potencial quando exposto à luminosidade penetrante da luz divina dos Soberanos infinitos do Paraíso. Em todas essas personalidades espirituais, a bondade não mais é parcial, contrastante e comparativa; ela tornou-se divinamente completa e espiritualmente suficiente; ela aproxima-se da pureza e da perfeição do Supremo.

Para que possa haver a escolha moral, a *possibilidade* do mal é necessária, mas não a realidade do mal. Uma sombra é apenas relativamente real. O mal real não é necessário como uma experiência pessoal. O mal potencial atua igualmente bem, como um estímulo para a decisão, nos domínios de progressão moral e nos níveis inferiores do desenvolvimento espiritual. O mal se transforma em uma realidade da experiência pessoal, apenas quando uma mente moral faz dele a sua escolha.

3. A VERDADE E A FÉ

Nabon, um judeu grego, era o primeiro entre os líderes do principal culto dos mistérios em Roma, o mitraico. Ainda que esse alto sacerdote do mitraísmo tenha tido muitas conferências com o Escriba de Damasco, ele foi influenciado de um modo mais permanente pela conversa que eles tiveram, certa noite, sobre a verdade e a fé. Nabon havia pensado em fazer de Jesus um convertido e chegou mesmo a sugerir que ele retornasse à Palestina como um instrutor mitraico. Ele mal percebera que Jesus o estava preparando para transformar-se em um dos primeiros convertidos ao evangelho do Reino. E, reformulada em uma maneira moderna de dizer, a essência do ensinamento de Jesus é a seguinte:

A verdade não pode ser definida por palavras, apenas vivendo-a. A verdade é sempre mais do que conhecimento. O conhecimento é pertinente às coisas observadas, mas a verdade transcende esses níveis puramente materiais, no sentido em que ela se harmoniza com a sabedoria e abrange coisas imponderáveis tais como a experiência humana e, mesmo, a realidade espiritual e viva. O conhecimento tem origem na ciência; a sabedoria, na verdadeira filosofia; a verdade, na experiência religiosa da vida espiritual. O conhecimento lida com os fatos; a sabedoria, com as relações; a verdade, com os valores da realidade.

O homem tende a cristalizar a ciência, a formular a filosofia e a dogmatizar a verdade, porque ele é mentalmente preguiçoso, porque tem de ajustar-se às lutas progressivas da vida, e, ao mesmo tempo, tem também um medo terrível do desconhecido. O homem natural é lento para dar início às mudanças dos seus hábitos de pensar e das suas técnicas de viver.

A verdade revelada, a verdade pessoalmente descoberta, é o supremo deleite da alma humana; é uma criação conjunta da mente material e do espírito residente. A salvação eterna, para essa alma que discerne a verdade e que ama a beleza, fica assegurada por aquela fome e sede de bondade, que levam esse mortal a desenvolver uma unicidade no propósito de fazer a vontade do Pai, de encontrar Deus e de tornar-se como Ele. Nunca há conflito entre o verdadeiro conhecimento e a verdade. Pode haver conflito entre o conhecimento e as crenças humanas, crenças matizadas pelo preconceito, distorcidas pelo medo e dominadas pelo pavor de encarar os fatos novos de uma descoberta material ou do progresso espiritual.

A verdade, contudo, nunca pode tornar-se uma posse do homem fora do exercício da fé. E isso é verdade porque os pensamentos, a sabedoria, a ética e os ideais do homem nunca se elevarão mais alto do que a sua fé, a sua esperança sublime. E toda essa fé verdadeira é baseada na reflexão profunda, na autocrítica sincera e na consciência moral descomprometida. A fé é a inspiração da imaginação criativa impregnada pelo espírito.

A fé atua no sentido de liberar as atividades supra-humanas na chama divina, o germe imortal que vive dentro da mente do homem e que é o potencial da sobrevivência eterna. As plantas e os animais sobrevivem no tempo pela técnica de passar, de uma geração a outra, partículas idênticas de si próprios. A alma (a personalidade) do homem sobrevive à morte do corpo pela associação de identidade com essa chama residente de divindade, a qual é imortal e funciona para perpetuar a personalidade humana em um nível de continuidade mais elevado da existência em progressão no universo. A semente oculta, da alma humana, é um espírito imortal. A segunda geração da alma é a primeira de uma sucessão de manifestações da personalidade, de existências espirituais e progressivas, terminando apenas quando essa entidade divina alcança a fonte da sua existência, a fonte pessoal de toda a existência, Deus, o Pai Universal.

A vida humana continua – sobrevive – porque tem uma função no universo: a missão de encontrar Deus. A alma do homem, ativada pela fé, não pode parar antes de atingir essa meta de destino; e, uma vez atingida essa meta divina, a alma não pode jamais acabar porque se terá tornado como Deus – eterna.

A evolução espiritual é uma experiência de escolha crescente e voluntária da bondade, acompanhada de uma diminuição igual e progressiva da possibilidade do mal. Com a realização da finalidade da escolha pela bondade e por uma completa capacidade para a apreciação da verdade, vem à existência uma perfeição de beleza e de santidade cuja retidão inibe eternamente a possibilidade da emergência até mesmo do conceito do mal potencial. Essa alma conhecedora de Deus não projeta nenhuma sombra de dúvida do mal, quando funcionando em um nível tão elevado de bondade divina.

A presença do espírito do Paraíso na mente do homem constitui uma promessa de revelação e uma promessa de fé em uma existência eterna de progressão divina para toda alma que busca encontrar a identidade com o espírito imortal residente, o fragmento do Pai Universal.

A característica do progredir no universo é a liberdade cada vez maior da personalidade, porque a liberdade está associada ao alcance de níveis progressivos cada vez mais elevados da autocompreensão, bem como da auto-restrição voluntária consequente. O alcançar da perfeição, na auto-restrição espiritual, iguala-se ao completar da liberdade no universo e à libertação pessoal. A fé encoraja e mantém a alma em meio à confusão dessa orientação inicial, em um universo tão vasto, enquanto a prece transforma-se na grande unificadora das várias inspirações da imaginação criativa e dos impulsos dados pela fé, dentro de uma alma que tenta identificar-se com os ideais do espírito da presença divina residente e solidária.

Nabon ficou bastante bem impressionado com essas palavras, como estivera, no mais, com todas as conversas que tinha tido com Jesus. Essas verdades continuaram a arder no fundo do seu coração e ele foi de muita ajuda para os pregadores do evangelho de Jesus, a chegarem posteriormente.

4. A MINISTRAÇÃO PESSOAL

Enquanto esteve em Roma, Jesus não devotou todo o seu lazer ao trabalho de preparar homens e mulheres para tornarem-se os futuros discípulos do Reino que estava para vir. Grande parte do tempo ele gastou também para ganhar um conhecimento aprofundado de todas as raças e classes de homens que viviam nesta que era a maior e a mais cosmopolita cidade do mundo. Em cada um desses inúmeros contatos humanos, Jesus tinha um duplo propósito: desejava conhecer as reações deles à vida que estavam vivendo na carne e estava também com a mente pronta a dizer ou fazer algo que tornasse tal vida mais rica e mais digna de ser vivida. Os seus ensinamentos religiosos, durante essas semanas, não foram diferentes daqueles que caracterizaram a sua vida posterior, como instrutor dos doze e pregador das multidões.

A ênfase da sua mensagem estava no amor do Pai celeste e na verdade da misericórdia Dele, combinados às boas-novas de que o homem é um filho de fé desse mesmo Deus de amor. A tática usual de Jesus para o contato social era levar as pessoas a falarem com ele, fazendo perguntas a elas. A entrevista começava, via de regra, com ele fazendo perguntas aos semelhantes, e terminava com eles fazendo perguntas a Jesus. Ele era adepto igualmente de ensinar, fosse perguntando, fosse respondendo perguntas. Via de regra, aos que ele ensinava mais, ele tinha dito o mínimo. Aqueles que retiravam um benefício maior da sua ministração pessoal eram os mortais sobrecarregados, ansiosos e tristes que sentiam muito alívio com a oportunidade de descarregar as suas almas sobre um ouvinte simpático e compreensivo; e Jesus era tudo isso e mais. E, quando tais seres humanos desajustados haviam contado a Jesus sobre os seus problemas, ele era sempre capaz de oferecer sugestões práticas e de socorro rápido, visando a correção das reais dificuldades deles, sem esquecer-se de uma palavra de verdadeiro conforto e de consolo imediato. E, invariavelmente, ele falaria a esses mortais angustiados sobre o amor de Deus e ministrava a eles, por vários e diferentes métodos, informando-lhes de que eles eram filhos desse Pai do céu, pleno de amor.

Desse modo, durante a permanência em Roma, Jesus pessoalmente teve um contato de afeição e de elevação com mais de quinhentos mortais do reino. Assim, ganhava um conhecimento das diferentes raças da humanidade, que nunca teria adquirido em Jerusalém nem mesmo facilmente em Alexandria. Ele sempre considerou esses seis meses como um período dos mais ricos e mais cheios de informações, entre todos os períodos semelhantes da sua vida terrena.

Como poderia ser esperado, um homem tão versátil e ativo não poderia atuar assim por seis meses, na metrópole do mundo, sem ser abordado por numerosas pessoas que desejavam assegurar os seus serviços para certos assuntos ou, mais freqüentemente, para algum projeto de ensino, de uma reforma social ou de um movimento religioso. Ele recebeu mais de uma dúzia de propostas dessa ordem, e utilizou cada uma como uma oportunidade para transmitir algum pensamento de enobrecimento espiritual por intermédio de palavras bem escolhidas ou pela prestação de algum serviço. Jesus gostava bastante de fazer coisas – ainda que fossem pequenas – para todas as espécies de pessoas.

Ele conversou com um senador romano sobre a política e os assuntos do estado, e esse contato com Jesus causou uma tal impressão nesse legislador que ele passou o resto da sua vida tentando, em vão, induzir os seus colegas a mudar o curso da política em vigor, da idéia do governo sustentando e alimentando o povo, para aquela do povo apoiando e sustentando o governo. Jesus passou uma noite com um abastado dono de escravos, falando dos homens como filhos de Deus e, no dia seguinte, esse homem, Cláudio, deu liberdade a cento e dezessete escravos. Jesus foi jantar com um médico grego e disse-lhe que os seus pacientes, além de terem mentes, tinham almas, tanto quanto corpos; e, assim, ele conduziu esse competente doutor a conseguir ajudar mais abertamente os seus semelhantes. Ele conversou com todas as espécies de pessoas, em todos os caminhos da vida. O único lugar em Roma que ele não visitou foi o banho público. Jesus recusou-se a acompanhar os seus amigos aos banhos, por causa da promiscuidade sexual ali predominante.

Para um soldado romano, enquanto caminhavam ao longo do rio Tibre, ele disse: "Que o teu coração seja tão valente quanto o teu punho. Ousa fazer justiça e ser grande o suficiente para demonstrar misericórdia. Obriga a tua natureza mais baixa a obedecer a tua natureza mais elevada, como tu obedeces aos teus superiores. Reverencia a bondade e exalta a verdade. Escolha o belo em lugar do feio. Ama os teus semelhantes e busca a Deus com plenitude de coração, pois Deus é o teu Pai no céu".

Ao orador no fórum, Jesus disse: "A tua eloqüência é aprazível, a tua lógica é admirável, a tua voz é agradável, mas o teu ensinamento dificilmente é verdadeiro. Se tu pudesses apenas gozar da satisfação inspiradora de conhecer a Deus, como o teu Pai espiritual, então tu poderias empregar os teus poderes de oratória para libertar os teus semelhantes da sujeição às trevas e da escravidão à ignorância". E esse foi o mesmo Marcos que ouviu Pedro pregando em Roma e tornou-se o seu sucessor. Quando eles crucificaram Simão Pedro, foi esse o homem que desafiou os perseguidores romanos e que corajosamente continuou a pregar o novo evangelho.

Tendo conhecido um homem pobre que tinha sido falsamente acusado, Jesus foi com ele perante o magistrado, e, tendo recebido permissão especial para falar em nome dele, fez aquele soberbo discurso no qual ele disse: "A justiça faz grande uma nação, e quanto maior é uma nação tanto mais solícita será para cuidar de que a injustiça não ocorra, até mesmo ao seu mais humilde cidadão. Infeliz de qualquer nação, quando apenas aqueles que possuem dinheiro e influência podem assegurar-se da pronta justiça perante as suas cortes! É dever sagrado de um magistrado absolver o inocente, bem como punir o culpado. A permanência de uma nação depende da imparcialidade, da justiça e da integridade das suas cortes. O governo civil funda-se na justiça, como a verdadeira religião funda-se na misericórdia". O juiz reabriu o caso e, depois de apuradas as evidências, libertou o prisioneiro. De todas as atividades de Jesus, durante esses dias de ministração pessoal, nessa, ele chegou a estar o mais próximo de uma intervenção pública.

5. ACONSELHANDO O HOMEM RICO

Um certo homem rico, um cidadão romano estóico, tornou-se bastante interessado nos ensinamentos de Jesus, tendo sido apresentado por Angamon. Depois de muitas conversas pessoais, esse cidadão abastado perguntou a Jesus o que ele faria com a riqueza se ele a tivesse, e Jesus respondeu-lhe: "Eu consagraria a riqueza material à elevação da vida material, como também ministraria conhecimentos, sabedoria e serviço espiritual para o enriquecimento da vida intelectual, para o enobrecimento da vida social e o avanço da vida espiritual. Eu administraria a riqueza material como um depositário sábio e eficaz dos recursos de uma geração e para o benefício e o enobrecimento das gerações próximas e subseqüentes".

O homem rico, contudo, não ficou totalmente satisfeito com a resposta de Jesus. Ele ousou perguntar de novo: "Mas o que tu pensas que um homem, na minha posição, deveria fazer com a sua riqueza? Deveria eu mantê-la ou distribuí-la?" E quando percebeu que ele realmente desejava saber mais sobre a verdade da sua lealdade a Deus e sobre o seu dever para com os homens, Jesus desenvolveu a sua resposta: "Percebo, meu bom amigo, que és um buscador sincero da sabedoria e amante honesto da verdade; assim sendo, estou disposto a colocar diante de ti minha visão da solução para os teus problemas, no que eles têm a ver com as responsabilidades da riqueza. Faço isso porque *pediste* meu conselho e, ao dar-te esse conselho, não me ocupo da riqueza de nenhum outro homem rico; estou oferecendo esse conselho apenas a ti e para a tua orientação pessoal. Se desejares honestamente considerar tua fortuna como uma responsabilidade, se queres transformar-te em um administrador sábio e eficiente dos teus bens acumulados, então eu te aconselharia a fazer a seguinte análise das fontes de tuas riquezas: pergunta a ti próprio, e faz o melhor para encontrar a resposta honesta: de onde veio essa riqueza? E, como ajuda no estudo das fontes da tua grande fortuna, eu sugeriria que tivesses em mente os dez métodos diferentes de acumular a riqueza material:

"1. A riqueza herdada – riquezas que se originam de pais e de outros ancestrais.

"2. A riqueza descoberta – riquezas que vieram de recursos não cultivados da mãe Terra.

"3. A riqueza do comércio – riquezas obtidas pelo lucro justo na troca e no intercâmbio de bens materiais.

"4. A riqueza indevida – riquezas que se derivaram de uma exploração injusta ou da escravização do semelhante.

"5. A riqueza dos juros – a renda proveniente das justas e honestas possibilidades de ganho do capital investido.

"6. A riqueza do gênio – riquezas provindas de recompensas de dons criativos e inventivos da mente humana.

"7. A riqueza acidental – riquezas que se derivam da generosidade de um semelhante ou que têm origem nas circunstâncias da vida.

"8. A riqueza roubada – riquezas asseguradas pela injustiça, a desonestidade, o roubo ou a fraude.

"9. A riqueza de fundos – riquezas colocadas nas tuas mãos pelos teus semelhantes para algum uso específico, agora ou no futuro.

"10. A riqueza ganha – riquezas derivadas diretamente de teu próprio trabalho pessoal, a recompensa justa e honesta dos esforços diários de tua mente e teu corpo.

"E assim, meu amigo, se quiseres ser um administrador fiel e justo da tua grande fortuna, perante Deus e no serviço dos homens, tu deves dividir aproximadamente os teus bens nessas dez grandes divisões e, então, continuar a administrar cada porção de acordo com a interpretação sábia e honesta das leis da justiça, da eqüidade, da probidade e da verdadeira eficiência; embora o Deus no céu não irá condenar-te se, algumas vezes, tu errares nas situações duvidosas, quanto à consideração da misericórdia e da generosidade para com a infelicidade das vítimas sofridas em circunstâncias desafortunadas da vida mortal. Quando tiveres dúvida séria e sincera sobre a eqüidade e a justiça das situações materiais, que as tuas decisões favoreçam aqueles que estão em necessidade, que favoreçam aqueles que sofrem da infelicidade de privações imerecidas".

Após discutirem sobre essas questões por várias horas, e em resposta ao pedido de uma instrução com mais e maiores detalhes, feito pelo homem rico, Jesus passou a ampliar o seu conselho, dizendo em essência: "Ao oferecer-te mais sugestões para a atitude a tomar para com a riqueza, eu deveria admoestar-te a receber meu conselho como dado a ti e para tua orientação pessoal. Falo apenas por mim próprio e para ti, o amigo que me pergunta. E te convoco a não te transformar em um ditador de como devem os outros homens ricos considerar suas riquezas. Assim, te aconselharia:

"1. Como administrador da riqueza herdada deverias considerar as suas fontes. Tu estás sob a obrigação moral de representar a geração passada na transmissão honesta da riqueza legítima às gerações que se sucedem, depois de subtraíres uma taxa justa, em benefício da geração atual. Entretanto, não és obrigado a perpetuar nenhuma desonestidade ou injustiça, que tiver sido envolvida na acumulação injusta dessa riqueza, ainda que cometida pelos teus ancestrais. Qualquer porção da tua riqueza herdada que resulta como sendo proveniente de fraude ou de injustiça, tu podes desembolsar de acordo com as tuas convicções de justiça, generosidade e restituição. Quanto ao remanescente da tua legítima riqueza herdada podes fazer uso com eqüidade e transmiti-lo, em segurança, como curador, de uma geração para a outra. A discriminação sábia e o julgamento sadio deveriam ditar as tuas decisões quanto ao legado das riquezas para os teus sucessores.

"2. Todo aquele que desfruta de riqueza obtida pelas descobertas deveria lembrar-se de que um indivíduo só pode viver na Terra senão por um curto período de tempo e deveria, por isso, fazer a provisão adequada ao compartilhamento dessas descobertas para o bem do maior número possível de semelhantes seus. Ainda que ao descobridor não devesse ser negada uma recompensa pelos esforços da descoberta, não deveria ele pretender, egoisticamente, reclamar exclusividade sobre todas as vantagens e bênçãos derivadas da revelação dos recursos acumulados pela natureza.

"3. Se os homens escolherem conduzir os negócios por meio do comércio e da troca, eles terão direito a um lucro justo e legítimo. Todo comerciante merece pagamento para os seus serviços; o mercador tem direito ao seu salário. A eqüidade no comércio e um tratamento honesto conferido a um semelhante, nos negócios organizados do mundo, criam muitas espécies diferentes de riquezas de lucros e todas essas fontes de riquezas devem ser julgadas pelos mais altos princípios da justiça, honestidade e eqüidade. O comerciante honesto não deveria hesitar em ter o mesmo lucro que, com contentamento, ele daria ao seu companheiro comerciante em uma transação semelhante. Ainda que essa espécie de riqueza não seja idêntica à renda individualmente ganha, quando os negócios são conduzidos em uma larga escala, ao mesmo tempo, tais riquezas honestamente acumuladas dotam o seu possuidor de uma eqüidade considerável quanto a ter voz ativa na sua subseqüente redistribuição.

"4. Nenhum mortal sabedor de Deus e que busca fazer a vontade divina pode rebaixar-se ao engajamento em opressões por meio da riqueza. Nenhum homem nobre esforçar-se-á para ajuntar riquezas e acumular o poder da riqueza, se feita sobre a escravidão ou exploração injusta dos seus irmãos na carne. As riquezas são uma maldição moral e um estigma espiritual quando provenientes do suor de homens mortais sob opressão. Toda essa riqueza deveria ser devolvida àqueles que nisso foram roubados. ou aos filhos ou netos deles. Uma civilização perdurável não pode ser construída sobre a prática da espoliação do salário do trabalhador.

"5. A riqueza honesta tem direito aos juros. Desde que os homens emprestem e tomem emprestado, aquilo que são os juros justos pode ser recebido desde que o capital emprestado provenha de riqueza legítima. Primeiro, purifica o teu capital antes de reivindicar os juros. Não sejas tão pequeno e ávido a ponto de rebaixar-te à prática da usura. Nunca te permitas ser tão egoísta a ponto de empregar o poder do dinheiro para obter vantagens injustas sobre o teu companheiro que labuta. Não cedas à tentação de exigir juros usurários do teu irmão em desespero financeiro.

"6. Se por acaso conseguires a riqueza por meio dos arroubos do gênio, se as tuas riquezas provêm de recompensas de dons inventivos, não reivindiques uma parte injusta como remuneração. O gênio deve um pouco, tanto aos seus ancestrais quanto à sua progênie; e do mesmo modo ele deve obrigação à raça, à nação e às circunstâncias das suas descobertas inventivas; deveria também se lembrar de que foi como um homem entre os homens que trabalhou e completou as suas invenções. Seria igualmente injusto privar o gênio de todo o aumento da sua riqueza. E será sempre impossível aos homens estabelecer leis e regras aplicáveis igualmente a todos esses casos de distribuição eqüânime da riqueza. Deves primeiro reconhecer o homem como teu irmão, e, se desejares honestamente fazer por ele como gostarias que fizesse por ti, os imperativos comuns da justiça, da honestidade e da probidade te guiarão no estabelecimento justo e imparcial e na liquidação de todo problema que surgir da recompensa econômica e justiça social.

"7. Exceto pelas taxas justas e legítimas ganhas pela administração, nenhum homem deveria fazer reivindicação pessoal sobre a fortuna que o tempo e o acaso fizeram cair nas suas mãos. As riquezas acidentais deveriam ser consideradas mais sob a luz de serem um depósito a ser gasto para o benefício do próprio grupo social ou econômico. Aos possuidores de uma tal fortuna deveria ser consentida apenas maior voz ativa na determinação da distribuição sábia e efetiva desses recursos pelos quais não trabalharam. O homem civilizado não deveria sempre considerar tudo o que ele controla como sendo sua posse pessoal e privada.

"8. Se alguma parte da tua fortuna é consabidamente proveniente de fraudes, se algo da tua riqueza foi acumulado por práticas desonestas ou métodos injustos; se as tuas riquezas são o produto de negociações injustas com os teus semelhantes, apressa-te a restituir todos esses ganhos obtidos de modo desonesto aos seus devidos proprietários. Faz correções completas e, assim, purifica a tua fortuna de todas as riquezas desonestas.

"9. A gestão da riqueza que uma pessoa faz, para o benefício de outrem, é uma responsabilidade solene e sagrada. Não coloques em risco nem em perigo essa gestão. Extrai para ti próprio, ao gerir qualquer desses bens, apenas aquilo que todos os homens honestos permitiriam.

"10. Aquela parte da tua fortuna que representa os ganhos dos teus próprios esforços mentais e físicos – se o teu trabalho tem sido feito com justiça e eqüidade – verdadeiramente te pertence. Nenhum homem pode impugnar o teu direito de manter e usar tal riqueza da forma como tu julgares adequada, desde que o teu exercício desse direito não cause dano aos teus semelhantes".

Quando Jesus tinha terminado de dar-lhe os conselhos, esse abastado romano levantou-se do seu sofá e, despedindo-se por aquela noite, fez a si próprio a promessa: "Meu bom amigo, percebo que és um homem de grande sabedoria e muita bondade; assim, amanhã eu começarei a administração de todos os meus bens conforme o teu conselho".

6. A MINISTRAÇÃO SOCIAL

Em Roma também aconteceu aquele acidente comovente em que o Criador de um universo passou várias horas devolvendo uma criança perdida à sua mãe ansiosa. Essa criança pequena havia-se afastado da sua casa, e Jesus encontrou o menino chorando em desespero. Ele e Ganid estavam a caminho das bibliotecas, mas dedicaram-se a levar o pequenino de volta para casa. Ganid nunca se esqueceu do comentário de Jesus: "Tu sabes, Ganid, a maioria dos seres humanos são como esse menininho perdido. Eles passam grande parte do seu tempo chorando de medo e sofrendo na tristeza, quando, na verdade, eles estão a uma curta distância da salvação e da segurança, a uma curta distância de casa, como estava esse menino. E todos aqueles que sabem o caminho da verdade e que gozam da segurança de conhecer a Deus deveriam considerar um privilégio, não um dever, poder oferecer orientação aos seus semelhantes, nos esforços que eles fazem para encontrar as satisfações da vida. Pois não sentimos nós uma alegria suprema nesse serviço de devolver a criança à sua mãe? Assim, aqueles que conduzem os homens a Deus, experimentaram a satisfação suprema de servir aos homens". E, daquele dia em diante, pelo resto da sua vida natural, Ganid permaneceu continuamente na busca de crianças perdidas a quem ele pudesse devolver às suas casas.

Havia a viúva com cinco filhos, cujo marido tinha sido morto acidentalmente. Jesus contou a Ganid sobre a perda do seu próprio pai, por um acidente, e eles foram repetidamente confortar a essa mãe e os seus filhos, e Ganid solicitou dinheiro a seu pai para dar-lhe comida e roupas. Eles não descansaram nos seus esforços enquanto não encontraram um trabalho para o menino mais velho, de modo que ele pudesse ajudar a cuidar da família.

Naquela noite, Gonod escutou a narrativa dessas experiências e disse a Jesus, com bonomia: "Eu proponho fazer do meu filho um homem de conhecimento ou um homem de negócios, e agora tu começas a fazer dele um filósofo ou um filantropo". E Jesus sorridente respondeu: "Talvez nós façamos dele todos os quatro; e então ele poderá desfrutar de uma satisfação quadruplicada na vida, pois o seu ouvido para o reconhecimento da melodia humana será capaz de reconhecer quatro tons em vez de um". E então Gonod disse: "Percebo que tu és realmente um filósofo. Tu deves escrever um livro para as gerações futuras". E Jesus replicou: "Não um livro – a minha missão é viver uma vida nesta geração e para todas as gerações. Eu...". Mas parou, dizendo a Ganid: "Meu filho, é hora de recolhermo-nos".

7. AS VIAGENS PARA FORA DE ROMA

Jesus, Gonod, e Ganid fizeram cinco viagens para fora de Roma, até pontos de interesse, em territórios vizinhos. Na sua visita aos lagos italianos, ao norte, Jesus teve uma longa conversa com Ganid a respeito da impossibilidade de ensinar a um homem sobre Deus, se o homem não deseja saber de Deus. Eles tinham encontrado casualmente um pagão irrefletido durante essa viagem aos lagos, e Ganid ficou surpreso de que Jesus não seguiu a sua prática usual de atrair o homem para uma conversa que naturalmente conduziria ao discorrer sobre as questões espirituais. Quando Ganid perguntou ao seu Mestre por que ele demonstrara tão pouco interesse nesse pagão, Jesus respondeu:

"Ganid, aquele homem não tinha fome da verdade. Não estava descontente consigo próprio. Não estava pronto para pedir ajuda e os olhos de sua mente não estavam abertos para receber luz para sua alma. Aquele homem não se encontrava maduro para a colheita da salvação; deve ser-lhe dado mais tempo para que as provações e dificuldades da vida preparem-no para receber sabedoria e conhecimento superiores. Ou, se pudéssemos tê-lo vivendo conosco, poderíamos, por meio das nossas vidas, mostrar a ele o Pai no céu; e assim ele ficaria tão atraído pelas nossas vidas, como filhos de Deus, que seria forçado a indagar sobre nosso Pai. Tu não podes revelar Deus àqueles que não O procuram; não podes conduzir almas relutantes às alegrias da salvação. É preciso que as experiências da vida proporcionem ao homem ele vir a ter fome da verdade; ou então, ele deve estar desejando já conhecer Deus, em conseqüência do resultado do contato com as vidas daqueles que conhecem o Pai divino, antes que outro homem chegue a poder ser útil em conduzir esse semelhante mortal ao Pai no céu. Como conhecemos Deus, o nosso trabalho real na Terra é viver de um modo tal que permita ao Pai revelar-Se nas nossas vidas a fim de que, assim, todas as pessoas que buscam a Deus vejam o Pai e peçam a nossa ajuda para melhor conhecerem sobre o Deus que, dessa maneira, se expressa nas nossas vidas".

Foi na visita à Suíça, subindo as montanhas, que Jesus teve uma conversa durante todo o dia com o pai e o filho sobre o budismo. Muitas vezes Ganid havia feito perguntas diretas a Jesus sobre Buda, mas tinha sempre recebido respostas evasivas de algum modo. Agora, na presença do filho, o pai fez a Jesus uma pergunta direta sobre Buda e recebeu uma resposta direta. Disse Gonod: "Eu gostaria realmente de saber o que tu pensas de Buda". E Jesus respondeu:

"O vosso Buda foi muito melhor do que é o vosso budismo. Buda foi um grande homem e, mesmo, um profeta para o seu povo; mas foi um profeta órfão. Com isso, quero dizer que ele perdeu de vista, muito cedo, o seu Pai espiritual, o Pai do céu. A experiência dele foi trágica. Ele tentou viver e ensinar como um mensageiro de

Deus, mas sem Deus. Buda guiou a sua nave de salvação diretamente até o porto da salvação, até a entrada do ancoradouro de salvação para os mortais e, por causa de planos errados de navegação, a boa nave ficou encalhada, à deriva. E assim tem permanecido durante muitas gerações; imóvel e quase desesperadamente encalhada. E, muitos dentre os do vosso povo têm permanecido assim, durante todos esses anos; vivendo a uma curta distância das águas seguras do repouso, mas se recusando a chegar até lá porque a nobre embarcação do bom Buda teve a má sorte de encalhar no fundo, do lado de fora do porto. E o povo budista jamais conseguirá entrar nesse porto, a menos que abandone filosoficamente a embarcação do seu profeta e que entenda o seu nobre espírito. Tivesse o vosso povo permanecido fiel ao espírito de Buda, e vós teríeis já há muito entrado no vosso porto de tranqüilidade espiritual, de descanso da alma e segurança de salvação.

"Tu vês, Gonod, Buda conhecia Deus em espírito, mas evidentemente não teve êxito em descobri-lo na mente; os judeus descobriram Deus na mente, mas não tiveram êxito em conhecê-lo em espírito. Hoje, os budistas debatem-se em uma filosofia sem Deus, enquanto o meu povo está deploravelmente escravizado ao medo de um Deus, sem uma filosofia salvadora de vida e de liberdade. Vós tendes uma filosofia sem um Deus; os judeus têm um Deus, mas mantêm-se primariamente sem uma filosofia de vida ligada a esse Deus. Buda, por não ter tido êxito em conceber uma visão de Deus, como espírito e como Pai, não teve êxito também ao prover o seu ensinamento com a energia moral e o poder espiritual impulsor que uma religião deve possuir, se quiser mudar uma raça e elevar uma nação".

E então exclamou Ganid: "Mestre, façamos tu e eu uma nova religião, que seja boa o suficiente para a Índia e grande o bastante para Roma e, talvez, possamos levá-la até os judeus em troca de Yavé". E Jesus retorquiu: "Ganid, as religiões não são criadas assim. As religiões dos homens levam grandes períodos de tempo para crescer; enquanto as revelações de Deus reluzem sobre a Terra, nas vidas dos homens que revelam a Deus para os seus semelhantes". Mas eles não compreenderam o significado dessas palavras proféticas.

Naquela noite depois que se recolheram, Ganid não pôde dormir. Ele conversou durante um longo tempo com o seu pai e finalmente disse: "Sabes, pai, algumas vezes eu penso que Joshua é um profeta". E o seu pai respondeu, sonolento: "Meu filho, há outros..."

Desde esse dia, pelo resto da sua vida natural, Ganid continuou a desenvolver uma religião dele próprio. Ele estava persuadido fortemente, dentro da própria mente, com a grandeza de Jesus, pela sua eqüidade e tolerância. Em todas as conversas que tivera com Jesus, sobre a filosofia e a religião, esse jovem nunca experimentou ressentimentos nem reações de antagonismos.

Que cena para as inteligências celestes contemplarem: esse espetáculo do jovem indiano propondo, ao Criador de um universo, que eles elaborassem uma nova religião! E, embora o jovem não o soubesse, eles estavam fazendo uma nova e eterna religião, exatamente ali e naquele momento – um novo caminho de salvação: a revelação de Deus ao homem feita por Jesus, e em Jesus. Aquilo que o jovem mais queria fazer ele estava, inconscientemente, realizando de fato. E assim foi, e é, sempre. Tudo aquilo que a imaginação humana, iluminada, bem refletida e conduzida pelo ensinamento espiritual, está na busca de fazer e de ser, de todo o coração e sem egoísmos, torna-se um meio criativo mensurável pelo nível da dedicação com que o mortal se põe a fazer divinamente a vontade do Pai. Quando o homem entra em comunhão com Deus, grandes feitos podem acontecer e de fato acontecem.

DOCUMENTO 133

O RETORNO DE ROMA

AO PREPARAR-SE para deixar Roma, Jesus não disse adeus a nenhum dos seus amigos. O Escriba de Damasco apareceu em Roma sem anúncio e desapareceu do mesmo modo. Passou-se um ano inteiro até que aqueles que o conheciam e que o amavam desistiram da esperança de vê-lo novamente. Antes do fim do segundo ano, pequenos grupos daqueles que o haviam conhecido viram-se atraídos uns pelos outros e reuniram-se por causa do seu interesse comum nos ensinamentos dele, e nas memórias comuns dos seus bons tempos com ele. E esses pequenos grupos de estóicos, cínicos e cultuadores dos mistérios continuaram a manter encontros informais e esporádicos, até o momento em que apareceram em Roma os primeiros pregadores da religião cristã.

Gonod e Ganid haviam comprado tantas coisas em Alexandria e em Roma, que acabaram enviando, antecipadamente, todos os seus pertences embalados, por meio de burros de carga, para Tarento, enquanto os três viajantes empreenderam uma viagem a pé, com tranqüilidade, através da Itália, pela grande Via Ápia. Nessa viagem eles encontraram toda a sorte de seres humanos. Muitos cidadãos romanos nobres e colonos gregos viviam ao longo dessa estrada, mas a progênie de um bom número de escravos inferiores começava a aparecer.

Um dia, enquanto descansavam à hora do almoço, a meio caminho de Tarento, Ganid fez uma pergunta direta a Jesus, sobre o que ele pensava do sistema de castas da Índia. Jesus respondeu: "Embora os seres humanos difiram uns dos outros, sob muitos aspectos, perante Deus e o mundo espiritual, todos mortais estão em pé de igualdade. Dois grupos apenas de mortais há aos olhos de Deus: aqueles que desejam cumprir a Sua vontade e aqueles que não almejam tal coisa. E, quando o universo se volta para um mundo habitado discerne, deste mesmo modo, duas grandes classes: os que sabem de Deus e os que não sabem. Aqueles que não podem chegar a conhecer a Deus são reconhecidos entre os animais de qualquer reino. A humanidade pode ser dividida, apropriadamente, em muitas classes, de acordo com diferentes qualificações, segundo o modo de vê-la, física, mental, social, vocacional ou moralmente; mas esses grupos diferentes de humanos mortais, ao aparecerem diante do tribunal para o julgamento de Deus, ficam em pé de igualdade; Deus, verdadeiramente, não faz acepção de pessoas. Embora vós não possais escapar do reconhecimento segundo as diferentes habilidades e dons humanos, nas questões intelectuais, sociais e morais, não deveis fazer nenhuma dessas diferenciações na irmandade espiritual dos homens quando reunidos para a adoração na presença de Deus".

1. A MISERICÓRDIA E A JUSTIÇA

Um incidente muito interessante ocorreu, em uma tarde, no acostamento da estrada, quando eles se aproximavam de Tarento. Viram um jovem rude intimidando brutalmente um outro menor do que ele. Apressando-se a ajudar o menino atacado, quando o havia resgatado, Jesus permaneceu apenas segurando apertadadamene o ofensor até que o menor tivesse escapado. No momento em que Jesus liberou o pequeno brigão, Ganid agarrou o menino e começou a bater nele estrepitosamente, então, Jesus prontamente interferiu, para espanto de Ganid. Depois de haver contido Ganid e permitido ao menino amedrontado escapar, tão logo recuperou o fôlego, Ganid exclamou sobressaltado: "Eu não consigo entender-te, Mestre. Se a misericórdia exige que tu resgates o menino menor, a justiça não exige a punição do menino maior e que era o ofensor?" Respondendo, Jesus disse:

"Ganid, é verdade que tu não entendeste. A ministração da misericórdia é sempre trabalho do indivíduo, mas a justiça da punição é função do social, do governo ou dos grupos que administram o universo. Enquanto indivíduo sou obrigado a mostrar misericórdia; eu devia livrar o garoto atacado e, com toda firmeza, empregar a força necessária para conter o agressor. E isso foi exatamente o que fiz. Realizei a libertação do menino atacado; e esse foi o fim da ministração da misericórdia. E então, à força eu detive o agressor por um período de tempo suficiente para permitir que a parte mais fraca, na disputa, escapasse; após o que eu me retirei do caso. E não continuei, não fiz o julgamento do agressor, nem repassei o seu motivo – nem julguei tudo o que motivou o seu ataque ao seu companheiro – e não assumi executar a punição que a minha mente podia ditar como compensação justa pelo erro dele. Ganid, a misericórdia pode ser pródiga, mas a justiça deve ser precisa. Não podes discernir que não há duas pessoas que porventura concordem quanto à punição que deveria satisfazer as exigências da justiça? Um imporia quarenta chicotadas, o outro vinte, enquanto outro iria aconselhar ainda o confinamento em solitária como uma justa punição. Não vês que, neste mundo, essas responsabilidades ou deveriam ficar com o grupo ou deveriam ser administradas pelos representantes escolhidos do grupo? No universo, o julgamento é entregue àqueles que conhecem plenamente os antecedentes de todos os erros, bem como as suas motivações. Na sociedade civilizada e em um universo organizado, a administração da justiça pressupõe aplicar uma sentença justa em conseqüência de um julgamento equânime; e essas prerrogativas são dadas aos grupos jurídicos dos mundos e aos administradores todo-cientes dos universos mais elevados de toda a criação".

Durante vários dias eles conversaram sobre a questão da manifestação da misericórdia e da administração da justiça. E Ganid, ao menos em uma certa medida, compreendeu por que Jesus não queria entrar em combate pessoalmente. Ganid, no entanto, fez uma última pergunta, para a qual ele nunca recebeu uma resposta totalmente satisfatória; e essa pergunta foi: "Mas, Mestre, se uma criatura mais forte e de temperamento maldoso te atacasse e ameaçasse destruir-te, o que farias? Não farias nenhum esforço para defender-te?" Embora Jesus não pudesse plena e satisfatoriamente responder à pergunta do jovem, porquanto ele não estava querendo revelar-lhe que ele (Jesus) estava vivendo na Terra como a exemplificação do amor do Pai do Paraíso, para um universo que a tudo assistia; ainda assim, ele disse o seguinte:

"Ganid, posso entender bem o quanto te deixam perplexo algumas dessas questões e vou esforçar-me para responder à tua pergunta. Primeiro, em todos os ataques que poderiam ser feitos à minha pessoa, eu determinaria se o agressor seria ou não um filho de Deus – meu irmão na carne – e, se eu achasse que uma tal criatura fosse desprovida de juízo moral e de razão espiritual, eu defenderia sem hesitar a mim próprio com toda a capacidade dos meus poderes de resistência, a despeito das conseqüências para o atacante. Mas, eu não agrediria assim a um irmão que tenha o status de filiação, nem mesmo em autodefesa. Isto é, eu não o puniria precipitadamente e sem julgamento por uma agressão contra mim. Por todos os meios possíveis eu procuraria impedir e dissuadi-lo de fazer aquele ataque; e faria tudo para mitigá-lo caso eu fracassasse em evitá-lo. Ganid, eu tenho confiança absoluta nos cuidados do meu Pai celeste; e estou consagrado a fazer a vontade do meu Pai no céu. Não acredito que nenhum mal *real* possa sobrevir a mim, não acredito que o trabalho da minha vida possa ser ameaçado por qualquer coisa que os meus inimigos possam desejar que aconteça a mim, e certamente não há nenhuma violência dos nossos amigos a ser temida. Estou absolutamente seguro de que todo o universo é amigável comigo – essa é a verdade todo-poderosa na qual eu insisto em acreditar, com uma confiança de todo o coração, a despeito de todas as aparências em contrário".

Ganid, todavia, não ficou plenamente satisfeito. Muitas vezes eles falaram sobre essas questões; e Jesus contara a ele algo das suas experiências de infância e também sobre Jacó, o filho do pedreiro. Ao saber como Jacó se propusera a defender Jesus, Ganid disse: "Oh, eu começo a perceber! Em primeiro lugar muito raramente qualquer ser humano normal iria atacar uma pessoa tão boa como tu és e, mesmo que alguém seja tão irrefletido a ponto de fazer tal coisa, há de haver muito certamente algum outro mortal à mão que acorrerá em tua proteção, do mesmo modo que tu sempre acorres em defesa de qualquer pessoa que tu percebes estar em aperto. No meu coração, Mestre, eu concordo contigo, mas na minha cabeça eu ainda acho que se eu tivesse sido Jacó, eu teria gostado de punir aqueles irmãos rudes que ousaram atacar-te só porque sabiam que tu não irias defender-te a ti mesmo. Eu presumo que tu estás a salvo o suficiente nessa tua jornada pela vida, já que passas grande parte do teu tempo ajudando aos outros e ministrando aos teus semelhantes em desespero – bem, muito provavelmente haverá sempre alguém à mão para defender-te". E Jesus retorquiu: "Esse teste ainda está para acontecer, Ganid, e, quando vier, nós teremos que nos conformar com a vontade do Pai". E isso foi tudo o que o jovem pôde levar o seu Mestre a dizer sobre essa questão difícil, da autodefesa e da não-resistência. Numa outra ocasião ele conseguiu tirar de Jesus a opinião de que a sociedade organizada tinha todo o direito de empregar a força para o cumprimento dos seus mandados de justiça.

2. EMBARCANDO PARA TARENTO

Enquanto permaneciam no navio atracado, esperando que o barco fosse descarregado, os viajantes puderam observar um homem maltratando a sua mulher. Como era do seu costume, Jesus interveio em defesa da pessoa submetida à violência. Ele foi por trás do marido irado e, tocando gentilmente no seu ombro, disse: "Meu amigo, posso falar contigo em particular, por um momento?" O homem em cólera ficou embaraçado com essa abordagem e, depois de um momento de hesitação e embaraço, balbuciou: "É... – por que – Está bem, o que quer comigo?" E, depois de levá-lo para um lado, Jesus disse: "Meu amigo, percebo algo terrível que deve ter acontecido a ti; e desejo muito que me digas o que teria acontecido a um homem tão forte para levá-lo a agredir a sua mulher, a mãe dos seus filhos, e isso, bem aqui diante dos olhos de todos. Estou seguro de que deves ter uma boa razão para esse ataque. O que fez a mulher para merecer esse tratamento do seu marido? Ao olhar para ti, vejo que posso perceber no teu rosto o amor da justiça e até o desejo de mostrar misericórdia. E aventuro-me a dizer que, caso me visses atacado por ladrões, tu irias, sem hesitação, acorrer para ajudar-me. Ouso dizer que tu já fizeste muitas coisas valentes no correr da tua vida. Agora, meu amigo, dize-me o que está acontecendo? A mulher fez algo errado, ou terias tu perdido tolamente a cabeça e, sem pensar, agrediu-a?" Não foi tanto o que Jesus havia dito que tocara o coração desse homem, mas o olhar de bondade e o sorriso de simpatia que Jesus lhe dirigira, quando concluía as suas observações. Disse o homem: "Eu vejo que tu és um sacerdote dos cínicos e estou agradecido por me teres refreado. Minha mulher nada fez de muito errado; ela é uma boa mulher, mas o modo pelo qual me provoca em público me irrita, e perco a cabeça. Sinto muito pela minha falta de autocontrole; e prometo tentar viver de acordo com a promessa que fiz outrora a um dos teus irmãos que me ensinou as maneiras certas. Eu te prometo".

E então, despedindo-se dele, Jesus disse: "Meu irmão, sempre te lembra de que o homem não tem autoridade de direito sobre a mulher, a menos que a mulher tenha de propósito e voluntariamente dado a ele essa autoridade. A tua mulher se propôs a viver contigo, ajudar-te a lutar nas batalhas da vida e assumir a parte maior na carga de ter e de criar os vossos filhos; e, em troca desse serviço especial, é mais do que justo que receba de ti a proteção especial que o homem pode dar à mulher, como uma parceira que deve carregar, suportar e nutrir os filhos. O cuidado e a consideração amorosos que um homem deseja dar à sua esposa e filhos são a medida da realização daquele homem, nos níveis mais elevados da autoconsciência criativa e espiritual. Sabes que tais homens e mulheres são parceiros de Deus, pois eles cooperam para criar seres que crescem e possuem por si próprios o potencial de terem almas imortais? O Pai no céu trata o Espírito Materno, que é a mãe dos filhos do universo, como igual a si próprio. Compartilhar a tua vida, e tudo que se relaciona a ela, em termos de igualdade com a mãe que tão plenamente compartilha contigo a experiência divina de reproduzir aos dois, na vida dos vossos filhos, é ser semelhante a Deus. Se apenas puderes amar aos teus filhos como Deus te ama, tu amarás e acariciarás a tua esposa como o Pai no céu honra e exalta o Espírito Infinito, a mãe de todos os filhos espirituais de um universo vastíssimo".

E quando eles estavam a bordo do barco, olharam para trás e viram a cena do casal, o qual permanecia com lágrimas nos olhos em um abraço silencioso. Tendo ouvido a última metade da mensagem de Jesus ao homem, Gonod esteve todo o dia ocupado em meditar sobre aquilo e resolveu reorganizar a sua casa quando voltasse para a Índia.

A viagem a Nicópolis foi agradável mas lenta, pois o vento não estava favorável. Os três passaram muitas horas recontando as suas experiências em Roma e relembrando tudo o que lhes tinha acontecido desde que se conheceram em Jerusalém. Ganid estava tornando-se imbuído do espírito do ministério pessoal. Ele começou a auxiliar no navio como camareiro, mas, no segundo dia, quando mergulhou mais nas profundas águas da religião, ele chamou Joshua para ajudá-lo.

Eles passaram vários dias em Nicópolis, a cidade que Augusto tinha fundado, há uns cinqüenta anos, como a "cidade da vitória", em comemoração da batalha de Actium; pois havia sido nesse local que acampara com o seu exército antes da batalha. Eles alojaram-se na casa de um tal de Jeremias, um prosélito grego de fé judia a quem conheceram a bordo do barco. O apóstolo Paulo passou todo o inverno com o filho de Jeremias nessa mesma casa durante a sua terceira viagem missionária. De Nicópolis eles velejaram no mesmo barco para Corinto, a capital da província romana de Acáia.

3. EM CORINTO

Ao chegarem a Corinto, Ganid já estava ficando bastante interessado pela religião judaica e assim não seria estranho que um dia, quando passavam pela sinagoga e viram as pessoas entrando, ele solicitasse a Jesus que o levasse ao serviço. Naquele dia eles ouviram um rabino erudito discursar sobre "o destino de Israel" e, depois do serviço, encontraram um tal de Crespo, o dirigente mais alto dessa sinagoga. Eles voltaram muitas vezes para os serviços naquela sinagoga, mas, sobretudo para encontrar Crespo. Ganid criou uma grande afeição por Crespo, pela sua esposa, e a sua família de cinco filhos. Ele gostava muito de observar como um judeu conduzia a sua vida familiar.

Enquanto Ganid estudava a vida familiar, Jesus ensinava a Crespo o melhor caminho para a vida religiosa. Jesus permaneceu mais de vinte sessões com esse judeu progressista e não é de se surpreender, quando, anos depois, quando Paulo se encontrava em pregação nessa mesma sinagoga e os judeus rejeitaram a sua mensagem, dando o seu voto de proibição a outras pregações na sinagoga que, ao se voltar aos gentios, Paulo haja encontrado nesse mesmo Crespo e em toda a sua família o apoio de haverem eles abraçado já a nova religião, e que se haja transformado em um dos principais sustentáculos da igreja cristã que Paulo organizou em seguida em Corinto.

Durante os dezoito meses que pregou em Corinto, sendo que Silas e Timóteo se juntaram a ele mais tarde, Paulo conheceu muitos outros que haviam sido instruídos pelo "tutor judeu do filho de um mercador indiano".

Em Corinto eles conheceram pessoas de todas as raças, vindas de três continentes. Junto com Alexandria e Roma, Corinto era a mais cosmopolita das cidades do império no Mediterrâneo. Havia muita coisa que atraía a atenção das pessoas nessa cidade, e Ganid nunca se cansava de visitar a cidadela que ficava a quase seiscentos metros acima do mar. Ele também passou uma boa parte do tempo que lhe sobrava na sinagoga e na casa de Crespo. A princípio ele ficara chocado, mas, mais tarde, ficou encantado com o status da mulher no lar judeu; era uma revelação para esse jovem indiano.

Jesus e Ganid foram muitas vezes hóspedes em um outro lar judeu, o de Justo, um mercador devoto, que morava ao lado da sinagoga. E, muitas vezes, subseqüentemente, quando o apóstolo permaneceu nessa casa, Paulo ouviu as histórias dessas visitas do rapaz indiano e o seu tutor judeu, enquanto ambos, Paulo e Justo, imaginavam o que é que teria acontecido a um instrutor hebreu tão brilhante.

Quando em Roma, Ganid observou que Jesus se recusava a acompanhá-los aos banhos públicos. Várias vezes depois disso, o jovem tentou induzir Jesus a dizer mais sobre o que pensava a respeito das relações dos sexos. Embora quisesse responder às perguntas do rapaz, Jesus nunca parecia disposto a discutir esses assuntos muito longamente. Certa noite, enquanto passeavam em Corinto, perto do local em que a parede da cidadela corria até o mar, eles foram abordados por duas mulheres públicas. Ganid, muito justamente, havia assimilado a idéia de que Jesus era um homem de elevados ideais, e que ele abominava tudo que beirava a impureza ou que tivesse o sabor do mal; e, em vista disso, ele dirigiu-se secamente a essas mulheres e grosseiramente pediu a elas para se afastarem. Quando Jesus ouviu isso, disse a Ganid: "A tua intenção foi boa, mas tu não devias permitir-te falar assim aos filhos de Deus, ainda que sejam os seus filhos desguiados. Quem somos nós para julgar essas mulheres? Tu conheces todas as circunstâncias que as levaram a recorrer a tais métodos de obter a sobrevivência? Fica aqui comigo enquanto falamos sobre essas questões". As prostitutas ficaram mais estupefatas ainda do que Ganid com as palavras de Jesus.

E, enquanto permaneciam ali sob a luz da lua, Jesus continuou dizendo: "Dentro de todas as mentes humanas vive um espírito divino, a dádiva do Pai do céu. Esse espírito do bem sempre se esforça para nos levar a Deus, para ajudar-nos a encontrar Deus e conhecer a Deus; mas há também dentro dos mortais muitas tendências naturais físicas que o Criador colocou neles para servir ao bem-estar individual e da raça. Assim, muitas vezes, os homens e as mulheres tornam-se confusos nos seus esforços de compreender a si próprios e lutar contra as dificuldades múltiplas do ganhar a vida em um mundo tão amplamente dominado pelo egoísmo e pelo pecado. Eu percebo, Ganid, que nenhuma dessas mulheres é voluntariamente pecaminosa. Posso ver, nos seus rostos, que elas passaram por muitas tristezas e sofreram muito nas mãos de um destino aparentemnte cruel; todavia elas não escolheram intencionalmente essa espécie de vida. Apenas se renderam, desencorajadas e de um modo que beira o desespero, à pressão do momento e aceitaram esses meios repugnantes de ganhar a vida como o que de melhor encontraram para sair de uma situação que lhes parecia desesperadora. Ganid, algumas pessoas são realmente perversas de coração, e escolhem deliberadamente fazer coisas más; no entanto, diga-me, quando olhas para esses rostos inundados de lágrimas, tu vês algo de mal ou de perverso?" E, enquanto Jesus esperava a resposta, a voz de Ganid saiu sufocada quando balbuciou a sua resposta: "Não, Mestre, não vejo. E peço perdão pela minha grosseria para com elas – eu imploro o seu perdão". E então Jesus disse: "Falando em nome delas, eu digo que já te perdoaram, do mesmo modo que falo pelo meu Pai no céu, pois Ele já as perdoou. Agora, todos vós, vinde comigo até a casa de um amigo, onde encontrare-mos recolhimento e faremos planos para a vida nova e melhor que temos diante de nós". As mulheres, estupefatas até esse momento, não haviam dito palavra; entreolharam-se silenciosamente e seguiram o caminho indicado por aqueles homens.

Imaginai a surpresa da esposa de Justo quando, já tarde da noite, Jesus apare-ceu com Ganid e essas duas estranhas, dizendo: "Perdoai-nos por chegarmos a essa hora, mas Ganid e eu desejamos comer um pouco e gostaríamos de compartilhar esse pouco com estas nossas amigas que acabamos de encontrar, elas também estão necessitando de algo para comer; e, além disso, viemos até vós com o pensamento de que estaríeis interessados em dar a elas um conselho, junto conosco, quanto ao modo de melhor recomeçarem a vida. Elas podem contar-vos a sua história, e eu suponho que já tenham tido imensas dificuldades. A presença delas aqui, no vosso lar, atesta quão sinceramente elas anseiam por conhecer gente de bem, e com quanta boa vontade elas abraçarão a oportunidade de mostrar a todo o mundo – e até mesmo aos anjos dos céus – que elas podem vir a ser mulheres nobres e corajosas".

Quando Marta, a esposa de Justo, dispôs a comida sobre a mesa, Jesus, deixando-os inesperadamente, disse: "Como está ficando tarde e, já que o pai do jovem nos estará esperando, rogamos ser desculpados por deixar-vos juntas aqui – três mulheres – filhas bem-amadas do Altíssimo. E eu orarei pela vossa orientação espiritual, enquanto fazeis os planos para uma vida nova e melhor na Terra e uma vida eterna para o grande futuro".

E assim Jesus e Ganid deixaram as mulheres. Até então as cortesãs nada haviam dito; do mesmo modo Ganid nada dissera. E, por alguns momentos, Marta também nada dissera; mas, em breve, ela despertou para a situação e fez tudo o que Jesus tinha a esperança de que ela fizesse por aquelas estranhas. A mais velha dessas duas mulheres morreu pouco tempo depois, com esperanças vivas de sobrevivência eterna; e a mais jovem trabalhou no local de negócios de Justo e mais tarde tornou-se um membro vita-lício da primeira igreja cristã em Corinto.

Por várias vezes, na casa de Crespo, Jesus e Ganid estiveram com um certo Gaio, que posteriormente tornou-se um leal sustentáculo de Paulo. Durante esses dois meses em Corinto eles mantiveram conversas pessoais com dezenas de indivíduos que valiam a pena e, em resultado de todos esses contatos, aparentemente casuais, mais do que a me-tade dos indivíduos envolvidos tornou-se membro da comunidade cristã subseqüente.

Quando foi a Corinto, pela primeira vez, Paulo não tinha a intenção de fazer uma visita prolongada. Mas ele não sabia quão bem o tutor judeu havia preparado o caminho para os seus trabalhos. Além disso, descobriu que um grande interesse tinha já sido despertado em Áquila e Priscila; Áquila era um dos cínicos com quem Jesus tinha entrado em contato quando estivera em Roma. Esse era um casal de re-fugiados judeus em Roma, que rapidamente abraçou os ensinamentos de Paulo. Ele viveu e trabalhou com eles, pois também eles faziam tendas. Foi por causa dessas circunstâncias que Paulo prolongou a sua estada em Corinto.

4. O TRABALHO PESSOAL EM CORINTO

Jesus e Ganid tiveram muitas outras experiências interessantes em Corinto. Ti-veram conversas íntimas com um grande número de pessoas; e estas tiraram um grande proveito da instrução recebida de Jesus.

Ao moleiro ele ensinou como moer os grãos da verdade no moinho da experiência viva, de modo a fazer com que as coisas difíceis da vida divina se tornassem aceitáveis mesmo pelos seus semelhantes mortais fracos e débeis. Disse Jesus: "Dá o leite da verdade àqueles que são ainda bebês na percepção espiritual. Na tua ministração de vida e de amor, serve o alimento espiritual de uma forma atraente e adequada à capacidade de receptividade de cada um entre aqueles que te fizerem perguntas".

Ao centurião romano ele disse: "Dá a César as coisas que são de César, e a Deus as coisas que são de Deus. O serviço sincero a Deus e o serviço leal a César não entram em conflito, a menos que César tenha a presunção de arrogar a si uma homenagem que só pode ser pretendida pela Deidade. A lealdade a Deus, para aqueles que chegarem a conhecê-Lo, transformá-los-á a todos nos mais leais e fiéis na sua devoção a um imperador condigno".

Ao fervoroso líder do culto mitraico Jesus disse: "Fazes bem em buscar uma religião de salvação eterna, mas tu te enganas ao buscar uma verdade assim gloriosa entre os mistérios tecidos pelos homens e nas filosofias humanas. Acaso não sabes que o mistério da salvação eterna reside na tua própria alma? Não sabes que Deus no céu enviou o Seu espírito para viver dentro de ti, e que esse espírito guiará a todos os mortais amantes da verdade e que servem a Deus, na saída desta vida e pelos portais da morte, até as alturas eternas da luz, onde Deus espera receber os Seus filhos? E nunca te esqueças: tu que conheces a Deus, serás o filho de Deus se, verdadeiramente, aspirares a ser como Ele".

Ao instrutor epicurista ele disse: "Fazes bem em escolher o melhor e em apreciares o que é bom. Mas estarás tu sendo sábio ao deixares de discernir as coisas maiores da vida mortal, aquelas coisas que estão incorporadas aos reinos espirituais e que surgem da compreensão da presença de Deus no coração humano? A grande coisa em toda a experiência humana é a tomada de consciência de que tu conheces o Deus cujo espírito vive dentro de ti e que procura conduzir-te avante na jornada longa e quase sem fim, até alcançares a presença pessoal do nosso Pai comum, o Deus de toda a criação, o Senhor dos universos".

Ao empreiteiro e construtor grego, ele disse: "Meu amigo, enquanto constróis as estruturas materiais para os homens, desenvolve um caráter espiritual à semelhança do espírito divino dentro da tua alma. Não deixes a tua realização como construtor temporal sobrepor-se à tua realização como filho espiritual do Reino do céu. Enquanto constróis as mansões do tempo para os outros, não negligencies de assegurar, para ti próprio, o teu direito às mansões da eternidade. E lembra-te sempre: há uma cidadela cujas fundações são corretas e verdadeiras e cujo construtor e criador é Deus".

Ao juiz romano ele disse: "Ao julgar os homens, lembra-te de que tu mesmo, algum dia, irás a julgamento perante o tribunal dos Governantes de um universo. Julga com justiça e com misericórdia mesmo, pois tu mesmo algum dia irás aguardar pela consideração misericordiosa das mãos do Árbitro Supremo. Julga como tu serias julgado sob circunstâncias semelhantes, sendo assim guiado pelo espírito da lei, bem como pela sua letra. E, do mesmo modo que concederes uma justiça dominada pela equanimidade, à luz da necessidade daqueles que forem trazidos diante de ti, do mesmo modo terás o direito de esperar uma justiça temperada pela misericórdia quando, um dia, te colocares perante o Juiz de toda a Terra".

À proprietária da estalagem grega ele disse: "Ministra a tua hospitalidade como alguém que entretém os filhos do Altíssimo. Eleva a monotonia da tua lida diária aos níveis elevados das belas-artes, por intermédio da compreensão cada vez maior de que tu ministras Deus às pessoas em quem Ele reside, por meio do espírito Dele que desceu para viver dentro dos corações dos homens; e busca com isso transformar as mentes e guiar as almas dessas pessoas até o conhecimento do Pai do Paraíso, Pai de todas essas dádivas outorgadas do espírito divino".

Jesus teve muitas conversas com um mercador chinês. Ao despedir-se, Jesus recomendou a ele: "Adora apenas a Deus, que é o verdadeiro ancestral do teu espírito. Lembra-te que o espírito do Pai vive sempre dentro de ti e sempre orienta a tua alma na direção do céu. Se tu seguires as orientações inconscientes desse espírito imortal, estejas certo de continuar no caminho elevado de encontrar Deus. E quando tu alcançares o Pai no céu, será porque, ao procurá-Lo, tu te tornaste mais e mais como Ele. E então adeus, Chang, mas apenas por uma estação, pois nos encontraremos de novo nos mundos da luz, onde o Pai das almas espirituais providenciou muitos deliciosos pontos de parada para aqueles por quem o Paraíso espera".

Ao viajante, vindo da Bretanha, ele disse: "Meu irmão, percebo que buscas a verdade e, pois, sugiro-te pensar na possibilidade de que o espírito do Pai de toda a verdade possa residir dentro de ti. Por acaso já tentaste sinceramente conversar com o espírito da tua própria alma? Uma tal coisa é de fato difícil e muito raramente leva a consciência ao êxito; mas toda tentativa sincera da mente material de comunicar-se com o seu espírito residente, sempre alcança algum êxito, não obstante a maioria dessas magníficas experiências humanas deva permanecer como um registro supraconsciente nas almas desses mortais cientes de Deus."

Ao garoto em fuga, Jesus disse: "Lembra-te de que há duas coisas das quais tu não podes fugir – de Deus e de ti próprio. Para onde quer que possas ir, levar-te-ás contigo a ti próprio e ao espírito do Pai celeste que vive dentro do teu coração. Meu filho, pára de tentar enganar a ti próprio; estabelece-te na prática corajosa de encarar os fatos da vida, apóia-te firmemente na segurança da filiação a Deus e na certeza da vida eterna, como eu te ensinei. Desse dia em diante propõe-te ser de fato um homem, um homem determinado a encarar a vida com bravura e com inteligência".

Ao criminoso condenado, ele disse no último momento: "Meu irmão, tu caíste no caminho do mal. Tu te perdeste do teu caminho; e te emaranhaste nas malhas do crime. Conversando contigo, bem sei que não planejaste fazer as coisas que acabaram por custar-te a tua vida temporal. Mas fizeste esse mal, e os teus semelhantes julgaram-te culpado e determinaram que morresses. Tu não podes nem eu negar ao Estado esse direito de autodefender-se da maneira que for da sua própria escolha. Parece não haver nenhum meio humano de escapares da penalidade pelos teus erros. Os teus semelhantes devem julgar-te pelo que fizeste, mas há um Juiz a quem podes apelar, pedindo que te perdoe, e que irá julgar-te segundo os teus reais motivos e o melhor da tua intenção. Não tema encontrar o julgamento de Deus se o teu arrependimento é genuíno e sincera a tua fé. O fato de o teu erro trazer em si a pena de morte, imposta pelo homem, não prejudica a possibilidade que tua alma tem de obter a justiça e desfrutar da misericórdia perante as cortes celestes".

Jesus teve uma satisfação de ter várias conversas íntimas com muitas almas famintas, tantas que o seu número é grande demais para que tenham todas um lugar nestes registros. Os três viajantes em muito apreciaram a permanência em Corinto. E, à exceção de Atenas, que era mais renomada como um centro educacional, Corinto foi a cidade mais importante da Grécia durante esses tempos romanos; e nos dois meses que passaram nesse centro comercial em florescimento eles tiveram oportunidade, todos os três, de ter experiências bem valiosas. A permanência deles nessa cidade foi a mais interessante de todas as paradas no seu caminho de volta de Roma.

Gonod tinha muitos interesses em Corinto, mas, finalmente, os seus afazeres terminaram, e eles prepararam-se para velejar até Atenas. Viajaram em um pequeno barco que foi carregado por via terrestre de um porto até outro em Corinto, a uma distância de dezesseis quilômetros.

5. EM ATENAS — O DISCURSO SOBRE A CIÊNCIA

Em breve eles chegaram ao velho centro grego de ciência e de educação, e Ganid ficou emocionado com o pensamento de estar em Atenas, de estar na Grécia, o centro cultural do antigo império alexandrino, que havia estendido as suas fronteiras até a sua própria terra, a Índia. Havia pouca coisa a ser tratada lá, e, sendo assim, Gonod passou a maior parte do seu tempo com Jesus e Ganid, visitando os muitos pontos de interesse e ouvindo as conversas interessantes do rapaz com o seu versátil Mestre.

Uma grande universidade prosperava ainda em Atenas e os três fizeram visitas freqüentes às suas salas de ensino. Jesus e Ganid haviam já discutido em profundidade os ensinamentos de Platão, enquanto ouviam as conferências no museu em Alexandria. E todos eles apreciaram muito a arte da Grécia, da qual boas mostras eram ainda encontráveis aqui e ali pela cidade.

Tanto o pai quanto o filho deleitaram-se com a discussão sobre a ciência, que se deu no albergue, certa noite, entre Jesus e um filósofo grego. Depois desse formalista ter falado por quase três horas e de haver terminado o seu discurso; eis, numa forma moderna, o que Jesus disse:

Os cientistas podem medir, algum dia, a energia ou as manifestações da força, da gravitação, da luz e da eletricidade; mas esses mesmos cientistas nunca poderão (cientificamente) dizer-vos o que são esses fenômenos do universo. A ciência lida com as atividades da energia-física; a religião lida com os valores eternos. A verdadeira filosofia surge da sabedoria que faz o seu melhor para correlacionar essas observações quantitativas e qualitativas. Existe sempre o perigo de que o cientista puramente físico possa ser afligido pelo orgulho matemático e o egocentrismo estatístico, sem mencionar a cegueira espiritual.

A lógica é válida no mundo material, e a matemática é confiável quando limitada nas suas aplicações, às coisas físicas; mas nem uma nem a outra devem ser consideradas como totalmente dignas de confiança, nem infalíveis, quando aplicadas aos problemas da vida. A vida abrange fenômenos que não são integralmente materiais. A aritmética diz que, se um homem pode tosquiar uma ovelha em dez minutos, dez homens podem fazê-lo em um minuto. Isso é o que diz a matemática pura, mas não é a verdade, pois os dez homens não o poderiam fazer; eles entrariam um na frente do outro tão confusamente que o trabalho seria retardado em muito.

As matemáticas afirmam que, se uma pessoa representa uma certa unidade de valor moral e intelectual, dez pessoas representariam dez vezes esse valor. Mas, ao lidarmos com a personalidade humana, estaríamos mais próximos da verdade se disséssemos que uma tal associação de personalidades é uma soma que se iguala muito mais ao quadrado do número das personalidades, envolvidas na equação, do que à simples soma aritmética. Um grupo social de seres humanos trabalhando em harmonia coordenada representa uma força muito maior do que a soma simples das suas partes.

A quantidade pode ser identificada como um fato, transformando-se assim em uma uniformidade científica. A qualidade, sendo uma questão de interpretação mental, representa uma estimativa de *valores* e deve, por isso, permanecer como uma experiência do indivíduo. Quando tanto a ciência quanto a religião se tornarem menos dogmáticas e mais tolerantes quanto à crítica, a filosofia então começará a *unificar-se* para a compreensão inteligente do universo.

Haverá unidade no universo cósmico quando puderdes discernir apenas os seus efeitos nos fatos. O universo real é amigável para com todos os filhos do Deus eterno. O problema real é: como pode a mente finita do homem alcançar uma unidade de pensamento lógica, verdadeira e correspondente? Esse estado mental de consciência do universo só pode ser alcançado concebendo-se que o fato quantitativo e o valor qualitativo têm uma causação comum, no Pai do Paraíso. Tal concepção da realidade leva a discernimentos mais amplos quanto à unidade intencional dos fenômenos universais; e revela mesmo uma meta espiritual de realização progressiva da personalidade. E esse é um conceito de unidade que pode perceber o pano de fundo invariável para um universo vivo, de relações impessoais continuamente mutáveis e de relações pessoais que evoluem.

A matéria, o espírito e o estado intermediário entre os dois são três níveis inter-relacionados e interassociados da verdadeira unidade do universo real. Independentemente de quão divergentes sejam os fenômenos dos fatos e dos valores no universo, pode acontecer que eles estejam, afinal, unificados no Supremo.

A realidade da existência material está ligada à energia irreconhecida, bem como à matéria visível. Quando as energias do universo são desaceleradas o suficiente, de modo a adquirirem o grau necessário de movimento, então, sob condições favoráveis, essas mesmas energias transformam-se em massa. E não vos esqueçais que a mente que, de per si, pode perceber a presença das realidades aparentes é, ela própria, também real. E a causa fundamental desse universo de energia-massa, de mente e de espírito, é eterna – existe e consiste na natureza e nas reações do Pai Universal e dos seus coordenados absolutos.

Eles ficaram mais do que pasmados com as palavras de Jesus, e o grego, ao despedir-se deles, disse: "Afinal, os meus olhos depararam-se com um judeu que pensa em algo além da superioridade racial e que fala em algo além de religião". E eles recolheram-se para descansar naquela noite.

A permanência em Atenas foi agradável e proveitosa, mas não particularmente frutífera de contatos humanos. Muitos dos atenienses daquela época ou eram intelectualmente orgulhosos da sua reputação de outrora ou mentalmente estúpidos e ignorantes, sendo a progênie dos escravos inferiores daqueles períodos primitivos, quando existia glória na Grécia e sabedoria nas mentes do seu povo. Ainda assim havia ainda muitas mentes perspicazes entre os cidadãos de Atenas.

6. EM ÉFESO — O DISCURSO SOBRE A ALMA

Ao deixarem Atenas, os viajantes tomaram o caminho de Troas até Éfeso, a capital da província romana da Ásia. Eles fizeram muitas viagens até o famoso templo de Ártemis dos efesianos, a cerca de duas milhas da cidade. Ártemis era a mais famosa deusa de toda a Ásia Menor e uma perpetuação da deusa mãe, a mais antiga dos tempos primordiais anatolianos. O ídolo grosseiro exibido no enorme templo dedicado à sua adoração tinha a fama de ter caído do céu. Nem toda a educação que Ganid teve, no sentido de respeitar as imagens como símbolos da divindade, havia sido erradicada, e ele pensou que seria ótimo comprar um pequeno relicário de prata em honra a essa deusa da fertilidade da Ásia Menor. Naquela noite eles falaram longamente sobre a adoração de coisas feitas pelas mãos humanas.

Ao terceiro dia da sua estada, eles caminharam ao longo do rio para observar a dragagem da boca do porto. Ao meio-dia falaram com um jovem fenício que estava com saudades de casa e um tanto desalentado; mas, mais do que tudo, ele estava com inveja de um outro jovem que tinha sido promovido antes dele. Jesus disse-lhe palavras de conforto e citou o velho provérbio hebreu: "As qualidades de um homem lhe valem o seu lugar e o levam até os grandes homens".

De todas as cidades grandes que eles visitaram nessa viagem pelo Mediterrâneo, o produto do que eles realizaram ali, foi o de menor proveito para o trabalho posterior dos missionários cristãos. O cristianismo assegurou seu começo, em Éfeso, em grande parte por intermédio dos esforços de Paulo, que residiu lá por mais de dois anos, produzindo tendas para viver e fazendo palestras sobre religião e filosofia todas as noites na sala principal de audiências da escola de Tirano.

Havia ali um pensador progressista ligado a essa escola local de filosofia, e Jesus teve várias reuniões bem proveitosas com ele. Ao longo dessas conversas Jesus havia usado repetidamente a palavra "alma". Esse grego erudito finalmente perguntou-lhe o que queria ele dizer com "alma", e Jesus respondeu:

"A alma é a parte do homem que reflete o eu, que discerne a verdade e percebe a parte espiritual do homem e, para sempre, que eleva o ser humano acima do nível do mundo animal. A autoconsciência, em si e por si mesma, não é a alma. A consciência moral é a verdadeira auto-realização humana e constitui o fundamento da alma humana, e a alma é aquela parte do homem que representa o valor de sobrevivência potencial para a experiência humana. A escolha moral e a realização espiritual, a capacidade de conhecer Deus e o impulso de ser igual a ele são características da alma. A alma do homem não pode existir sem o pensamento moral e a atividade espiritual. Uma alma estagnada é uma alma moribunda. Mas a alma do homem é distinta do espírito divino que reside dentro da mente. O espírito divino chega simultaneamente com a primeira atividade moral da mente humana, e esta é a ocasião do nascimento da alma.

"A salvação ou a perda de uma alma tem a ver com o fato de a consciência moral alcançar, ou não, a sobrevivência própria, por intermédio da aliança eterna com a dotação espiritual imortal associada a ela. A salvação é a espiritualização, na auto-realização da consciência moral. Por meio da espiritualização a consciência moral torna-se possuidora do valor de sobrevivência. Todas as formas de conflitos da alma consistem na falta de harmonia entre a autoconsciência moral, ou espiritual, e a autoconsciência puramente intelectual.

"A alma humana, quando amadurecida, enobrecida e espiritualizada, aproxima-se do status celeste, no sentido em que chega bem próximo de ser uma entidade que está entre o material e o espiritual, entre o eu material e o espírito divino. A alma em evolução, de um ser humano, é difícil de descrever, e mais difícil ainda de ser comprovada, porque não se a constata pelos métodos, seja da investigação material, seja por provas espirituais. A ciência material não pode demonstrar a existência de uma alma, nem o pode uma comprovação puramente espiritual. Não obstante o fracasso tanto da ciência material quanto dos padrões espirituais, em constatar a existência da alma humana, todo mortal moralmente consciente *conhece* a existência da *sua* alma como uma experiência pessoal *real* e factual".

7. A PERMANÊNCIA EM CHIPRE — O DISCURSO SOBRE A MENTE

Em breve os viajantes velejaram para Chipre, parando em Rodes. Eles sentiram muita satisfação na longa viagem pela água e chegaram na ilha com o corpo bem descansado, e restaurados de espírito.

Estava nos planos deles gozar de um período de repouso e de recreação nessa visita a Chipre, pois a sua viagem pelo Mediterrâneo estava chegando ao fim. Eles aportaram em Pafos e logo começaram a reunir os suprimentos para uma permanência de várias semanas nas montanhas vizinhas. Ao terceiro dia depois da sua chegada partiram para as montanhas com os animais bastante carregados.

Por duas semanas deleitaram-se o suficiente e, então, sem mais nem menos, o jovem Ganid adoeceu súbita e gravemente. Por duas semanas ele sofreu de uma forte febre, muitas vezes delirando; ambos, Jesus e Gonod, mantiveram-se ocupados assistindo o jovem adoentado. Jesus, com habilidade e com afeto, cuidou do rapaz, e o pai ficou impressionado tanto pela bondade quanto pela competência manifestada em toda essa sua ministração ao jovem afligido. Eles estavam longe de habitações humanas e o rapaz encontrava-se doente demais para ser removido; e, desse modo, eles se puseram, da melhor forma que puderam, a cuidar da sua saúde ali mesmo nas montanhas.

Durante as três semanas de convalescença de Ganid, Jesus disse a ele diversas coisas interessantes sobre a natureza e as suas várias manias. E, se divertiram muito enquanto caminhavam pelas montanhas, o rapaz sempre fazendo perguntas, Jesus as respondendo, e o pai maravilhado com tudo aquilo.

Na última semana de permanência deles nas montanhas, Jesus e Ganid tiveram uma longa conversa sobre as funções da mente humana. Depois de várias horas de troca de idéias, o rapaz fez esta pergunta: "Mas, Mestre, o que tu queres dizer quando falas que o homem experimenta uma forma mais elevada de autoconsciência do que os animais mais evoluídos?" E, colocado em uma forma moderna, eis o que Jesus respondeu:

Meu filho, eu já lhe contei muito sobre a mente do homem e o espírito divino que vive nela, mas agora eu enfatizarei que a autoconsciência é como uma *realidade*. Se qualquer animal pudesse tornar-se autoconsciente, ele transformar-se-ia em um homem primitivo. A realização da autoconsciência resulta de uma coordenação de funções entre a energia impessoal e a mente que recebe o espírito, e é esse fenômeno que garante a dádiva de um ponto focal absoluto para a personalidade humana: o espírito do Pai no céu.

As idéias não são simplesmente um registro das sensações; as idéias são as sensações mais as interpretações reflexivas do eu pessoal; e o eu é mais do que a soma das sensações de um ser. Uma individualidade que evolui começa a manifestar-se como algo que se aproxima da unidade e essa unidade surge da presença residente de uma parte da unidade absoluta que ativa espiritualmente essa mente autoconsciente de origem animal.

Nenhum mero animal poderia possuir por si a consciência do tempo. Os animais possuem uma coordenação fisiológica entre o reconhecimento e as sensações associadas e a memória correspondente, mas nenhum experimenta um reconhecimento significativo da sensação nem demonstra uma associação propositada dessas experiências físicas combinadas tal como se manifestam nas conclusões das interpretações humanas inteligentes e reflexivas. E o fato da sua existência autoconsciente, associado à realidade dessa experiência espiritual subseqüente, faz do homem um filho potencial do universo e prenuncia que ele alcançará finalmente a Unidade Suprema do universo.

O eu humano não é meramente uma soma de estados sucessivos de consciência. Sem o funcionamento efetivo de uma consciência que seleciona e associa, não existiria unidade suficiente a garantir a sua designação como uma individualidade. Não sendo unificada, essa mente dificilmente poderia atingir os níveis de consciência do status humano. Se as associações de consciência fossem meramente um acidente, as mentes de todos os homens, então, exibiriam associações descontroladas e feitas ao acaso, próprias mesmo de certas fases da loucura mental.

Uma mente humana, edificada apenas com a consciência das sensações físicas, não poderia jamais alcançar níveis espirituais; uma espécie assim de mente material seria totalmente desprovida do sentido dos valores morais e estaria sem uma direção espiritual dominante, que é tão essencial para a realização da unidade harmônica da personalidade no tempo e que é inseparável da sobrevivência da personalidade na eternidade.

A mente humana começa muito cedo a manifestar qualidades supramateriais; o intelecto humano verdadeiramente reflexivo não é de todo tolhido pelos limites do tempo. Os indivíduos diferem pelas suas atuações na vida e isso indica não apenas as dotações variáveis de hereditariedade e as influências diferentes do meio ambiente, mas também o grau de unificação, com o espírito residente do Pai, que pode ter sido alcançado pelo eu, na medida da identificação de um com o outro.

A mente humana não suporta bem o conflito da submissão dupla. É uma tensão muito severa para a alma submeter-se à experiência do esforço de servir tanto ao bem quanto ao mal. A mente supremamente feliz, e unificada de um modo eficiente, é aquela dedicada integralmente a fazer a vontade do Pai nos céus. Os conflitos não resolvidos destroem a unidade e podem culminar na ruptura da mente. Todavia, a característica de sobrevivência de uma alma não é fomentada por uma tentativa de assegurar a paz à mente a qualquer custo, rendendo-se às aspirações nobres e fazendo concessões aos ideais espirituais; essa paz é conseguida antes pela firme afirmação do triunfo daquilo que é verdadeiro; e tal vitória é alcançada vencendo o mal, com a poderosa força do bem.

No dia seguinte eles partiram para Salamina, onde embarcaram para a Antioquia, na costa da Síria.

8. EM ANTIOQUIA

Antioquia era a capital da província romana da Síria; ali o governador imperial possuía a sua residência. Antioquia possuía meio milhão de habitantes; em tamanho, era a terceira cidade do império, mas era a primeira pela baixeza e flagrante imoralidade. Gonod tinha muitos negócios a tratar; e assim Jesus e Ganid ficaram grande parte do tempo por conta própria. Eles visitaram tudo nessa cidade poliglota, exceto o bosque de Dafne. Gonod e Ganid visitaram esse notório santuário da vergonha, mas Jesus recusou-se a acompanhá-los. As cenas lá não eram tão chocantes para os indianos, mas eram repelentes para um hebreu idealista.

Jesus tornou-se mais calmo e pensativo ao aproximar-se da Palestina e do final da sua viagem. Ele conversou com poucas pessoas na Antioquia; e, pouquíssimas vezes, ele passeou pela cidade. Depois de muito perguntar por que o seu Mestre manifestava tão pouco interesse pela Antioquia, Ganid finalmente induziu Jesus a dizer: "Esta cidade não está longe da Palestina; talvez eu volte aqui algum dia".

Ganid teve uma experiência muito interessante na Antioquia. Esse jovem tinha comprovado ser um aluno capaz e já havia começado a fazer uso prático de alguns dos ensinamentos de Jesus. Havia um certo indiano ligado ao negócio do seu pai, na Antioquia, que tinha se tornado tão desagradável e tão descontente, que o seu desligamento estava sendo cogitado. Quando Ganid ouviu isso, colocou-se no lugar do seu pai nos negócios e teve uma longa conferência com esse compatriota seu. Esse homem sentia que tinha sido colocado no negócio errado. Ganid disse a ele sobre o Pai no céu e de muitos modos ampliou a visão que tal homem tinha da religião. Entretanto, de tudo o que Ganid disse, a citação de um provérbio hebreu causou o maior bem, e a palavra de sabedoria foi: "O que quer que a sua mão encontrar para fazer, faça-o com todo o seu poder".

Depois de preparar as bagagens para a caravana de camelos, eles passaram em Sidom e dali foram para Damasco, e depois de três dias estavam prontos para a longa trilha pelas terras do deserto.

9. NA MESOPOTÂMIA

A viagem da caravana atravessando o deserto não era uma experiência nova para esses homens viajados. Depois que Ganid tinha observado o seu Mestre ajudar a carregar os vinte camelos e de tê-lo visto fazendo-se voluntário para dirigir os animais, ele exclamou: "Mestre, há alguma coisa que tu não consigas fazer?" Jesus apenas sorriu, dizendo: "O mestre com certeza não deixa de ter as suas honras aos olhos de um aluno aplicado". E assim eles partiram para a antiga cidade de Ur.

Jesus estava muito interessado na história inicial de Ur, local de nascimento de Abraão, e estava igualmente fascinado com as ruínas e as tradições de Susa, a ponto de Gonod e Ganid estenderem a sua estada nesses locais por três semanas a fim de proporcionar a Jesus mais tempo para conduzir as suas investigações e também para que eles tivessem melhor oportunidade de persuadi-lo a ir até a Índia com eles.

Foi em Ur que Ganid teve uma longa conversa com Jesus a respeito da diferença entre conhecimento, sabedoria e verdade. E ele ficou bastante encantado com as palavras do sábio hebreu: "A sabedoria é a coisa principal, portanto adquira sabedoria. Com toda a sua busca por conhecimento, trata de adquirir compreensão. Eleva a sabedoria e ela te fará avançar. Ela irá trazer honrarias a ti, desde que tu a ponhas em prática".

Afinal chegou o dia da separação. Todos foram valentes, especialmente o rapaz, mas foi uma dura provação. Eles tinham os olhos cheios de lágrimas, mas o coração pleno de coragem. Ao despedir-se do seu Mestre, Ganid disse: "Adeus, Mestre, mas não para sempre. Quando eu vier de novo a Damasco, eu procurarei por ti. Eu te amo, pois eu creio que o Pai no céu deve ser um pouco como tu; ao menos eu sei que tu és bastante como tudo o que contaste Dele. Eu me lembrarei dos teus ensinamentos, mas mais do que tudo, eu nunca te esquecerei". E o pai dele disse: "Adeus a um grande Mestre, que nos tornou melhores e que nos ajudou a conhecer a Deus". E Jesus respondeu: "A paz esteja convosco, e que a benção do Pai no céu possa estar sempre convosco". E Jesus ficou na praia contemplando o pequeno barco que os levava até a embarcação ancorada. Assim o Mestre deixou os seus amigos da Índia, em Charax, para nunca mais vê-los de novo neste mundo; e, também, eles não chegaram nunca a saber, neste mundo, que o homem que mais tarde apareceu como Jesus de Nazaré não era senão o mesmo amigo a quem eles tinham acabado de deixar – Joshua, o Mestre deles.

Na Índia, Ganid cresceu e tornou-se um homem de influência, um sucessor digno do seu eminente pai e disseminou muitas das verdades nobres que tinha aprendido de Jesus, o seu amado Mestre. Mais tarde na vida, quando Ganid ouviu sobre o estranho Mestre na Palestina que terminou a sua carreira em uma cruz, mesmo reconhecendo a semelhança entre o evangelho desse Filho do Homem e os ensinamentos do seu tutor judeu, nunca lhe ocorreu que esses dois fossem de fato a mesma pessoa.

Assim terminou aquele capítulo na vida do Filho do Homem que poderia ser chamado: *A missão de Joshua, o Mestre*.

DOCUMENTO 134

OS ANOS DE TRANSIÇÃO

D URANTE a viagem pelo Mediterrâneo, Jesus pôde estudar cuidadosamente as pessoas que conhecera e os países pelos quais passara e, por volta dessa época, chegou à sua decisão final quanto ao restante da sua vida na Terra. Ele havia considerado plenamente, e, por fim, havia aprovado o plano o qual previa o seu nascimento de pais judeus na Palestina; e, com isso, deliberadamente, voltou à Galiléia para aguardar o começo do trabalho da sua vida como um mestre público da verdade; e começava a fazer planos para uma carreira pública na terra do povo do seu pai José, e fazia isso por sua própria vontade.

Jesus havia descoberto, por meio da sua experiência pessoal e humana, que a Palestina era o melhor lugar em todo o mundo romano para desenvolver os últimos capítulos, e para as cenas finais, da sua vida terrena. Pela primeira vez ele estava plenamente satisfeito com o programa de manifestar abertamente a sua natureza verdadeira e de revelar a sua identidade divina entre os judeus e os gentios da sua Palestina natal. E decidira definitivamente terminar a sua vida na Terra e completar a sua carreira de existência mortal na mesma terra na qual ele iniciara a sua experiência humana, como uma criança indefesa. A sua carreira em Urântia começara entre os judeus na Palestina; e escolheu terminar a sua vida na Palestina e entre os judeus.

1. O TRIGÉSIMO ANO (24 d.C.)

Depois de deixar Gonod e Ganid em Charax (em dezembro, do ano 23 d.C.), Jesus retornou, pelo caminho de Ur, à Babilônia, onde se juntou a uma caravana do deserto que estava a caminho de Damasco. De Damasco ele foi para Nazaré, parando por apenas umas poucas horas em Cafarnaum, onde fez uma pausa para visitar a família de Zebedeu. Lá ele encontrou-se com o seu irmão Tiago, que desde algum tempo já tinha vindo para trabalhar no seu lugar na oficina de barcos de Zebedeu. Depois de falar com Tiago e Judá (que também se encontrava em Cafarnaum, por acaso) e depois de transferir para o seu irmão Tiago a pequena casa que João Zebedeu havia conseguido comprar, Jesus foi para Nazaré.

Ao finalizar a sua viagem pelo Mediterrâneo, Jesus tinha recebido dinheiro suficiente para fazer frente às suas despesas, a fim de viver até quase a época do começo da sua ministração pública. Todavia, à parte Zebedeu, de Cafarnaum, e as pessoas que conheceu nessa extraordinária viagem, o mundo nunca soube que havia ele efetuado essa viagem. A sua família sempre tinha acreditado que Jesus passara esse tempo em estudos na Alexandria. Jesus nunca veio a confirmar essas crenças, nem fez nenhuma negação aberta sobre esses mal-entendidos.

Durante a sua estada de umas poucas semanas em Nazaré, Jesus conversou com a sua família e com amigos, passou algum tempo na oficina de reparos com o seu irmão José, mas devotou a maior parte da sua atenção a Rute e a Maria. Rute então tinha quase quinze anos, e era essa a primeira oportunidade para Jesus ter longas conversas com ela, desde que ela se tinha transformado em uma jovem crescida.

Simão e Judá, ambos, durante algum tempo, tinham desejado casar, mas, não gostando da idéia de fazê-lo sem o consentimento de Jesus, haviam adiado o acontecimento, esperando pelo retorno do seu irmão mais velho. Embora todos considerassem Tiago como cabeça da família, para a maior parte das questões, quando se tratava de casar-se, eles queriam a bênção de Jesus. E assim, Simão e Judá, casaram-se em uma cerimônia dupla no princípio de março desse ano, de 24 d.C. Todos os outros filhos estavam agora casados; apenas Rute, a mais jovem, permaneceu em casa com Maria.

Jesus conversava com os membros individuais da sua família, muito normal e naturalmente, mas, quando eles estavam todos juntos, tão pouco ele possuía a dizer que eles próprios observavam sobre isso entre si. Maria ficava especialmente desconcertada por esse comportamento inusitadamente peculiar do seu primeiro filho.

Na época em que Jesus estava preparando-se para deixar Nazaré, o condutor de uma grande caravana que estava passando pela cidade foi tomado por uma doença violenta e Jesus, sendo um conhecedor de línguas, se fez voluntário para ocupar o lugar dele. Já que essa viagem iria requisitar a sua ausência por um ano e, desde que todos os seus irmãos estavam casados e a sua mãe vivia em casa com Rute, Jesus convocou uma reunião familiar na qual propôs que a sua mãe e Rute fossem a Cafarnaum para viver na casa que ele tinha muito recentemente dado a Tiago. E, desse modo, uns poucos dias depois que Jesus partiu com a caravana, Maria e Rute mudaram-se para Cafarnaum, onde viveram, pelo resto da vida de Maria, na casa que Jesus tinha provido. José e a sua família mudaram-se para a velha casa de Nazaré.

Esse foi um dos mais inusitados anos da experiência interior do Filho do Homem; um grande progresso foi feito para efetivar uma harmonia de funcionamento entre a sua mente humana e o Ajustador residente. O Ajustador tinha estado ativamente empenhado em reorganizar o pensamento e em treinar a mente para os grandes acontecimentos que pertenciam a um futuro agora não muito distante. A personalidade de Jesus estava preparando-se para a sua grande mudança de atitude para com o mundo. Esses eram os tempos de transição, o estágio transitivo entre aquele ser que começara a vida como um Deus, surgindo como um homem, e que agora estava preparando-se para completar a sua carreira terrena como um homem, surgindo como Deus.

2. A VIAGEM DA CARAVANA AO MAR CÁSPIO

Era primeiro de abril, do ano 24 d.C., quando Jesus partiu de Nazaré na viagem da caravana à região do mar Cáspio. A caravana à qual Jesus aderiu como condutor estava indo de Jerusalém, passando por Damasco e pelo lago da Úrmia, atravessando a Assíria, a Média e a Pérsia, indo para o sudeste da região do mar Cáspio. Demorou um ano inteiro antes que ele retornasse dessa viagem.

Para Jesus, essa viagem com a caravana foi uma outra aventura de exploração e de ministério pessoal. Ele teve uma experiência interessante com a sua família da caravana – passageiros, guardas e condutores de camelos. As várias dezenas de homens, mulheres e crianças, que residiam ao longo do trajeto seguido pela caravana, viveram vidas mais ricas devido ao seu contato com Jesus que, para eles, era o extraordinário chefe de uma caravana comum. Nem todos que desfrutaram da sua ministração pessoal nessa ocasião se beneficiaram devidamente dela, mas a grande maioria daqueles que se encontraram e falaram com ele tornaram-se melhores, pelo resto das suas vidas naturais.

De todas as suas viagens pelo mundo, foi essa viagem pelo mar Cáspio que levou Jesus o mais perto do Oriente e que o capacitou a ter um entendimento melhor dos povos do

Extremo Oriente. Ele fez contatos cordiais e pessoais com todas as raças sobreviventes de Urântia, excetuando a vermelha. Ele apreciou igualmente prestar o seu ministério pessoal a cada uma dessas várias raças e povos miscigenados, e todas elas foram receptivas à verdade viva que Jesus lhes trouxe. Os europeus do Extremo Ocidente e os asiáticos do Extremo Oriente, do mesmo modo, deram atenção às suas palavras de esperança e de vida eterna e foram igualmente influenciados pela prática do serviço amoroso e pela ministração espiritual que Jesus tão benevolamente desenvolveu entre eles.

A viagem da caravana teve êxito em todos os sentidos. Esse foi um episódio bastante interessante na vida humana de Jesus, pois ele funcionou durante esse ano como um executivo, sendo responsável pelo material confiado ao seu encargo e pelo salvo-conduto dos viajantes que constituíam o grupo da caravana. E ele desincumbiu-se o mais fiel, eficiente e sabiamente possível dos seus múltiplos deveres.

No retorno da região do mar Cáspio, Jesus entregou a direção da caravana no lago da Úrmia, onde permaneceu por pouco mais de duas semanas. Ele retornou como um passageiro, com uma caravana posterior, até Damasco, onde os donos dos camelos suplicaram-lhe que permanecesse a serviço deles. Ele rejeitou essa oferta e viajou com a caravana para Cafarnaum, chegando no dia primeiro de abril do ano 25 d.C.. Jesus não mais considerava Nazaré como o seu lar. Cafarnaum passou a ser a casa de Jesus, Tiago, Maria e Rute. Jesus, contudo, nunca mais viveu com a sua família; quando permanecia em Cafarnaum, ele fazia da casa de Zebedeu o seu lar.

3. OS ENSINAMENTOS NA ÚRMIA

A caminho do mar Cáspio, Jesus havia feito uma parada de vários dias para descansar e recuperar-se, na velha cidade persa da Úrmia, nas margens do lado oeste do lago da Úrmia. Na maior das ilhas de um arquipélago situado a pouca distância das margens, perto da Úrmia, estava localizado um grande prédio – um anfiteatro para conferências – dedicado ao "espírito da religião". Essa estrutura era realmente um templo da filosofia das religiões.

Esse templo da religião havia sido construído por um rico mercador, cidadão da Úrmia, e pelos seus três filhos. Esse homem chamava-se Cimboitom e, entre os seus ancestrais, ele tinha muitos povos diferentes.

As conferências e os debates nessa escola de religião começavam às dez horas da manhã, nos dias de semana. As sessões da tarde começavam às três horas, e os debates da noite eram abertos às oito horas. Cimboitom, ou um dos seus três filhos, sempre presidia a essas sessões de ensinamentos, conferências e debates. O fundador dessa escola singular de religiões viveu e morreu sem ter jamais revelado as suas crenças religiosas pessoais.

Em várias ocasiões Jesus participou dessas discussões e, antes que tivesse deixado a Úrmia, Cimboitom fez um acordo com Jesus, para que ele permanecesse com eles por duas semanas, depois da sua viagem de volta, para então dar vinte e quatro palestras sobre "A Irmandade dos Homens", e para conduzir doze sessões noturnas de perguntas, de discussões e debates sobre as suas palestras em particular e sobre a irmandade dos homens em geral.

Em cumprimento a esse acordo, Jesus interrompeu a viagem na volta e fez as palestras. Esses foram os mais sistemáticos e formais de todos os ensinamentos do Mestre em Urântia. Nunca antes, nem depois, ele disse tanto sobre uma questão única como a que estava contida nessas palestras e discussões sobre a irmandade dos homens. Na realidade essas palestras foram sobre o "Reino de Deus" e os "reinos dos homens".

Mais de trinta religiões e cultos religiosos estavam representados na faculdade desse templo de filosofia religiosa. Esses educadores eram escolhidos, sustentados e totalmente acreditados pelos seus respectivos grupos religiosos. Nessa época havia cerca de setenta e cinco instrutores na faculdade, e eles viviam em cabanas, cada uma acomodando cerca de doze pessoas. A cada lua nova esses grupos eram alterados, os membros sendo escolhidos pela sorte. A intolerância, o espírito de contenda, ou qualquer outra predisposição que interferisse na boa marcha da comunidade, provocaria a deposição pronta e sumária do instrutor causador da ofensa. Ele era dispensado, sem maiores cerimônias, e o que vinha logo atrás, imediatamente, era colocado em seu lugar.

Esses instrutores das várias religiões faziam um grande esforço para mostrar quão semelhantes eram as suas religiões com respeito às coisas fundamentais dessa vida e da próxima. Para que se ganhasse um assento nessa faculdade, apenas uma coisa havia de ser adotada: uma doutrina – cada instrutor devia representar uma religião que reconhecia Deus –, alguma espécie de Deidade suprema. Havia cinco instrutores independentes, na faculdade, que não representavam nenhuma religião organizada, e foi como um instrutor independente que Jesus apareceu perante eles.

[Quando nós, seres intermediários, preparávamos inicialmente o sumário dos ensinamentos de Jesus na Úrmia, surgiu um desacordo entre os serafins das igrejas e os serafins do progresso, questionando quanto à sabedoria de incluir esses ensinamentos nas Revelações de Urântia. As condições do século vinte, que prevalecem no governo da religião quanto no dos assuntos humanos, são tão diferentes daquelas que prevaleciam na época de Jesus, que realmente foi difícil adaptar os ensinamentos do Mestre na Úrmia, aos problemas do Reino de Deus e dos reinos dos homens, tais como eles existem neste século. Nunca fomos capazes de formular um documento sobre os ensinamentos do Mestre, que fosse aceitável para ambos os grupos desses serafins do governo planetário. Finalmente, o Melquisedeque catedrático da comissão reveladora apontou uma comissão de três seres da nossa ordem, para preparar a nossa visão dos ensinamentos do Mestre na Úrmia, de um modo que se adaptasse às condições religiosas e políticas deste século, em Urântia. E desse modo nós, os três seres intermediários secundários apontados, completamos essa adaptação dos ensinamentos de Jesus, restabelecendo os seus pronunciamentos do modo como nós os aplicaríamos à condição do mundo nos dias atuais e, agora, nós apresentamos estes documentos como eles ficaram depois de haverem sido editados pelo Melquisedeque catedrático da comissão reveladora.]

4. SOBERANIA DIVINA E SOBERANIA HUMANA

A irmandade dos homens é fundada na paternidade de Deus. A família de Deus deriva-se do amor de Deus – Deus é amor. Deus, o Pai, ama divinamente os Seus filhos, a todos eles.

O Reino do céu, o governo divino, é fundado no fato da soberania divina – Deus é espírito. E já que Deus é espírito, este Reino é espiritual. O Reino do céu não é nem material nem meramente intelectual; é uma relação espiritual entre Deus e o homem.

Se as religiões diferentes reconhecem a soberania espiritual de Deus, o Pai, então todas essas religiões permanecerão em paz. Apenas quando uma religião assume que de um certo modo é superior a todas as outras, e que possui autoridade exclusiva sobre outras religiões, é que essa religião ousará ser intolerante com as outras religiões ou atrever-se-á a perseguir outros crentes religiosos.

A paz religiosa – a irmandade – não pode nunca existir, a menos que todas as religiões estejam dispostas a despojar-se completamente de toda autoridade eclesiástica e a abandonar todo conceito de soberania espiritual. Apenas Deus é soberano em espírito.

Vós não podeis ter igualdade entre as religiões (liberdade religiosa) sem ter guerras religiosas, a menos que todas as religiões consintam em transferir toda a soberania a algum nível supra-humano, ao próprio Deus.

O Reino do céu nos corações dos homens criará a unidade religiosa (não necessariamente a uniformidade), porque todo e qualquer grupo religioso composto de tais crentes religiosos será livre de todas as noções de autoridade eclesiástica – a soberania religiosa.

Deus é espírito e Deus dá um fragmento do seu eu espiritual para residir no coração do homem. Espiritualmente, todos os homens são iguais. O Reino do céu é livre de castas, de classes, de níveis sociais e de grupos econômicos. Vós sois todos irmãos.

Entretanto, no momento em que vós perdeis de vista a soberania do espírito de Deus, o Pai, alguma religião começará a afirmar a sua superioridade sobre outras religiões; e então, em vez de paz na Terra e boa vontade entre os homens, as desavenças e as recriminações começarão, e também as guerras religiosas ou, ao menos, a guerra entre os religiosos.

Os seres de livre-arbítrio que se consideram iguais, a menos que mutuamente se entendam como sujeitos a alguma supra-soberania, ou alguma autoridade sobre e acima deles próprios, mais cedo ou mais tarde serão tentados a experimentar a sua capacidade de ganhar poder e autoridade sobre as outras pessoas e grupos. O conceito de igualdade nunca traz a paz, exceto no caso do reconhecimento mútuo de alguma influência supracontroladora da supra-soberania.

Os religiosos da Úrmia viveram juntos, em relativa paz e tranqüilidade, porque eles haviam abandonado completamente todas as suas noções de soberania religiosa. Espiritualmente, todos eles acreditavam em um Deus soberano; socialmente, a autoridade plena e incontestável recaía sobre o presidente deles – Cimboitom. E eles bem sabiam o que aconteceria a qualquer instrutor que ousasse impor-se aos seus companheiros instrutores. Não poderá haver nenhuma paz religiosa duradoura em Urântia, até que todos os grupos religiosos abandonem livremente todas as suas noções de favoritismo divino, de povo escolhido e de soberania religiosa. Apenas quando Deus, o Pai, tornar-Se supremo, os homens tornar-se-ão irmãos religiosos e viverão juntos em paz religiosa na Terra.

5. A SOBERANIA POLÍTICA

[Conquanto os ensinamentos do Mestre a respeito da soberania de Deus sejam uma verdade – complicada apenas depois do surgimento de uma religião, entre as religiões do mundo, sobre o Mestre –, as apresentações de Jesus a respeito da soberania política tornam-se amplamente complicadas pela evolução política da vida das nações durante os últimos dezenove séculos, e até mais. Nos tempos de Jesus havia apenas dois grandes poderes mundiais – o império romano no Ocidente e o império Han no Oriente – e estes estavam bastante separados pelo reino Persa e por outras terras intermediárias, das regiões do mar Cáspio e do Turquestão. Nós partimos, portanto, na apresentação seguinte, mais da essência dos ensinamentos do Mestre na Úrmia, a respeito da soberania política; e ao mesmo tempo tentamos descrever a importância de tais ensinamentos, enquanto aplicáveis ao estágio peculiarmente crítico da evolução da soberania política no século vinte depois de Cristo.]

A guerra em Urântia nunca terminará enquanto as nações apegarem-se às noções ilusórias da soberania nacional ilimitada. Há apenas dois níveis de soberania relativa em um mundo habitado: o livre-arbítrio espiritual do indivíduo mortal e a soberania coletiva da humanidade, como um todo. Entre o nível do ser humano individual e o nível da humanidade total, todos os agrupamentos e associações são relativos, transitórios e têm valor apenas pelo que podem melhorar no bem-estar, na felicidade e no progresso do indivíduo e do planeta, como um grande todo – o homem e a humanidade.

Os educadores religiosos devem lembrar-se sempre de que a soberania espiritual de Deus está acima de qualquer lealdade espiritual que possa ser interposta como intermediária. Algum dia os governantes civis aprenderão que os Altíssimos dirigem os reinos dos homens.

Essa direção dos Altíssimos nos reinos dos homens não é para beneficiar qualquer grupo especialmente favorecido de mortais. Não existe uma coisa tal como um "povo escolhido". O governo dos Altíssimos, os supracontroladores da evolução política, é um governo destinado a fomentar o maior bem ao maior número possível entre *todos* os homens e durante o maior espaço de tempo.

A soberania é poder, e cresce com a organização. Esse crescimento da organização do poder político é bom e próprio, pois tende a abranger segmentos sempre mais amplos do total da humanidade. Contudo, esse mesmo crescimento das organizações políticas cria um problema, em cada estágio intermediário, entre a organização inicial e natural do poder político – a família – e a consumação final do crescimento político – o governo de toda a humanidade, por toda a humanidade e para toda a humanidade.

Começando com o poder parental, no grupo familiar, a soberania política evolui, com a sua organização, à medida que as famílias se superpõem na forma de clãs consangüíneos e se unem, por várias razões, em unidades tribais – agrupamentos políticos supraconsangüíneos. E então, por intermédio dos negócios, do comércio e das conquistas, as tribos tornam-se unificadas como uma nação, enquanto as próprias nações algumas vezes tornam-se unificadas como um império.

À medida que a soberania passa dos grupos menores para os maiores, as guerras diminuem. Isto é, as guerras menores, entre as nações menores, ficam mais raras; mas o potencial para as guerras maiores cresce à medida que as nações que exercem a soberania tornam-se cada vez maiores. Em breve, quando todo o mundo tiver sido explorado e ocupado, enquanto poucas forem as nações fortes e poderosas, quando essas nações grandes e supostamente soberanas tocarem as fronteiras, quando apenas os oceanos as separarem, então o quadro estará pronto para as guerras maiores, para os conflitos mundiais. As nações chamadas soberanas não podem acotovelar-se sem gerar conflitos e guerras.

A dificuldade na evolução da soberania política, desde a família até toda a humanidade, repousa na resistência inercial demonstrada em todos os níveis intermediários. As famílias, nessa ocasião, desafiaram o seu clã, enquanto os clãs e as tribos têm, freqüentemente, subvertido a soberania do estado territorial. Cada novo progresso, na evolução da soberania política, é (e tem sempre sido) embaraçado e impedido pelos "estágios andaimes-temporários" dos desenvolvimentos anteriores na organização política. E isso é verdade porque as lealdades humanas, uma vez mobilizadas, são difíceis de mudar. A mesma lealdade que torna possível a evolução da tribo, torna difícil a evolução da supertribo – o estado territorial. E a mesma lealdade (o patriotismo) que torna possível a evolução do estado territorial complica bastante o desenvolvimento evolucionário do governo de toda a humanidade.

A soberania política é criada graças ao abandono ao autodeterminismo, primeiro da parte do indivíduo dentro da família e, então, pelas famílias e clãs em relação à tribo e aos agrupamentos maiores. Essa transferência progressiva da autodeterminação de organizações pequenas para organizações políticas cada vez maiores, geralmente, tem tido seqüência, sem desaceleração, no Oriente, desde o estabelecimento das dinastias Ming e Mogul. No Ocidente, por mais de mil anos, ela prevaleceu até o fim da guerra mundial, quando um desafortunado movimento retrógrado reverteu, temporariamente, essa tendência normal, restabelecendo a soberania política então em submersão de numerosos grupos pequenos na Europa.

Urântia não desfrutará de uma paz duradoura antes que as nações chamadas soberanas coloquem, inteligente e plenamente, os seus poderes soberanos nas mãos da irmandade dos homens – o governo da humanidade. O internacionalismo – a liga entre as nações – nunca pode trazer a paz permanente à humanidade. As confederações das nações, de amplitude mundial, efetivamente impedirão guerras menores e controlarão aceitavelmente as nações menores; elas não impedirão, no entanto, as guerras mundiais, nem controlarão três, quatro ou cinco dos governos mais poderosos. Em face de conflitos reais, um desses poderes mundiais retirar-se-ia da liga e iria declarar guerra. Vós não podereis impedir as nações de entrar na guerra, enquanto elas permanecerem infectadas com o vírus enganoso da soberania nacional. O internacionalismo é um passo na direção certa. Uma força policial internacional impedirá muitas guerras menores. mas não será eficaz a ponto de impedir as guerras maiores, os conflitos entre os grandes governos militares da Terra.

À medida que decrescer o número das nações verdadeiramente soberanas (os grandes poderes), crescerão tanto a oportunidade quanto a necessidade de um governo para toda a humanidade. Quando há apenas uns poucos poderes (grandes), realmente soberanos, ou eles devem lançar-se na luta de vida ou morte pela supremacia nacional (imperial), ou então, pelo abandono voluntário de algumas prerrogativas da soberania; o certo é que devem criar o núcleo essencial do poder supranacional que servirá de começo à soberania real de toda a humanidade.

A paz não virá a Urântia até que todas as chamadas nações soberanas coloquem os seus poderes de fazer guerra nas mãos de um governo representante de toda a humanidade. A soberania política é inata aos povos do mundo. Quando todos os povos de Urântia criarem um governo mundial, eles terão o direito e o poder de fazer dele um governo SOBERANO; e quando esse representante, ou poder democrático mundial, controlar as terras, o ar e as forças navais do mundo, a paz na Terra e a boa vontade entre os homens poderá prevalecer – mas não antes disso.

Para usar uma importante ilustração dos séculos dezenove e vinte: os quarenta e oito estados da União Federal Americana vêm, há muito, desfrutando da paz. Eles não mais tiveram guerras entre si próprios. Eles entregaram a sua soberania ao governo federal e, por meio de um arbitramento, em caso de guerra, abandonaram todas as reivindicações ilusórias de autodeterminação. Enquanto cada estado regular os seus assuntos internos, ele não se preocupará com relações exteriores, tarifas, imigração, assuntos militares ou com o comércio interestadual. Nem os estados individualmente preocupar-se-ão com as questões da cidadania. Os quarenta e oito estados sofrem a devastação da guerra apenas quando a soberania do governo federal, de algum modo, é ameaçada.

Esses quarenta e oito estados, tendo abandonado o duplo sofisma da soberania e da autodeterminação, desfrutam da paz e da tranqüilidade interestadual. Assim, as nações de Urântia começam a gozar da paz, quando elas abandonam livremente as suas respectivas soberanias, colocando-as nas mãos de um governo global – a soberania da irmandade dos homens. Nesse estado mundial, as pequenas nações serão tão poderosas quanto as grandes; assim,do mesmo modo que o pequeno estado de Rode Island tem os seus dois senadores no Congresso americano, os populosos estados de Nova Iorque ou o estado imenso do Texas também têm.

A soberania limitada (do Estado) desses quarenta e oito estados foi criada pelos homens e para os homens. A soberania do supra-Estado (o nacional) da União Federal Americana foi criada pelos treze estados originais, dentre esses, para o seu

próprio benefício e para o benefício dos homens. Em alguma época, a soberania supranacional dos governos planetários da humanidade será similarmente criada pelas
nações, para o seu próprio benefício e para benefício de todos os homens.

Os cidadãos não nascem para o benefício dos governos; os governos são organizações criadas, e legadas, para o benefício dos homens. Não pode haver um fim
para a evolução da soberania política sem o surgimento do governo em soberania de
todos os homens. Todas as outras soberanias são relativas em valor; de significado
apenas intermediário e status subordinado.

Com o progresso científico, as guerras tornar-se-ão mais e mais devastadoras,
até que se tornem quase racialmente suicidas. Quantas guerras mundiais devem ser
travadas e quantas ligas das nações devem fracassar, antes que os homens estejam
dispostos a estabelecer o governo da humanidade e comecem a gozar das bênçãos
de uma paz permanente e prosperem na tranqüilidade da boa vontade – da boa vontade de âmbito mundial – entre os homens?

6. LEI, LIBERDADE E SOBERANIA

Se um homem almeja a independência – a liberdade –, ele deve lembrar-se de que
todos os outros homens anseiam pela mesma autonomia. Os grupos desses mortais
amantes da liberdade não podem viver juntos, em paz, sem tornarem-se obedientes a
leis, regras e regulamentos tais que concedam a cada uma das suas pessoas o mesmo
grau de liberdade, salvaguardando, ao mesmo tempo, um grau igual de liberdade a
todos os outros companheiros mortais. Se um homem deve ser absolutamente livre,
então um outro deve tornar-se um escravo absoluto. E a natureza relativa da liberdade é, econômica e politicamente, uma verdade social. A liberdade é a dádiva da
civilização, tornada possível por força da LEI.

A religião torna espiritualmente possível realizar a irmandade dos homens, mas
isso exigirá um governo, de toda a humanidade, para regulamentar a questão social,
econômica e política, ligada a essa meta de felicidade e eficiência humanas.

Enquanto a soberania política do mundo estiver dividida e nas mãos de um grupo de
estados-nações, haverá guerras e rumores de guerras – e nação levantar-se-á contra nação.
A Inglaterra, a Escócia e o País de Gales mantiveram-se sempre em luta, uns contra os
outros, até que abdicaram das respectivas soberanias, confiando-as ao Reino Unido.

Uma outra guerra mundial ensinará às nações ditas soberanas a formar alguma
espécie de federação, criando assim o instrumento para impedir as pequenas guerras, guerras entre as nações menores. Mas as guerras globais continuarão enquanto
não for criado o governo da humanidade. A soberania global impedirá as guerras
globais – nenhuma outra coisa poderá fazê-lo.

Os quarenta e oito estados livres da América vivem juntos em paz. Há entre os
cidadãos, desses quarenta e oito estados, todas as raças e as diversas nacionalidades,
provenientes da Europa, que estão sempre em guerra. Esses americanos representam
quase todas as religiões, seitas religiosas e cultos de todo o amplo mundo, mas ali
na América do Norte eles vivem juntos em paz. E tudo isso se faz possível porque os
quarenta e oito estados entregaram a sua soberania e abandonaram todas as noções de
supostos direitos de autodeter-minação.

Não é uma questão de armamento ou de desarmamento. Nem a questão de o
recrutamento militar ser voluntário ou obrigatório, também, não pesa nessa questão de manter a paz mundial. Se vós tirardes, das mãos das nações fortes, todas as
formas de armamentos mecânicos modernos e todos os tipos de explosivos, elas irão
lutar com os punhos, com pedras e cassetetes, enquanto estiverem aferradas às suas
ilusões de direito divino à soberania nacional.

A guerra não é a grande e terrível doença do homem; a guerra é um sintoma, um resultado. A doença, de fato, é o vírus da soberania nacional.

As nações de Urântia não têm desfrutado da verdadeira soberania; elas nunca tiveram uma soberania que pudesse protegê-las das pilhagens e devastações das guerras mundiais. Na criação do governo global da humanidade, as nações não estariam abdicando da sua soberania tanto quanto estariam de fato criando uma soberania mundial real, autêntica e duradoura que, daí por diante, seria plenamente capaz de protegê-las de qualquer guerra. Os assuntos locais seriam controlados pelos governos locais; os assuntos nacionais, pelos governos nacionais; os assuntos internacionais seriam administrados pelo governo planetário.

A paz mundial não pode ser mantida por tratados, pela diplomacia, pelas políticas exteriores, ou alianças, ou pelo equilíbrio dos poderes, nem por qualquer outro tipo de substituto para negociar com as soberanias dos nacionalismos. A lei mundial deve vir a existir e deve ser imposta pelo governo do planeta – a soberania de toda a humanidade.

O indivíduo gozará de muito mais liberdade sob o governo mundial. Os cidadãos das grandes potências, hoje, são taxados, regulados e controlados quase que opressivamente, e uma boa parte dessa interferência atual nas liberdades individuais desaparecerá quando os governos nacionais estiverem dispostos a confiar a sua soberania, no que diz respeito aos assuntos internacionais, nas mãos do governo geral do planeta.

Sob um governo de todo o globo, os grupos nacionais terão uma oportunidade real de realizar e de desfrutar das liberdades pessoais genuínas da democracia. E isso porá fim à falácia da autodeterminação. Com a regulamentação para todo o planeta, do dinheiro e do comércio, virá uma nova era de paz mundial. Logo, uma linguagem global poderá vir a evoluir, e haverá pelo menos alguma esperança de que algum dia surja uma religião única global – ou religiões com um ponto de vista planetário global único.

A segurança coletiva nunca proporcionará a paz, enquanto a coletividade não incluir toda a humanidade.

A soberania política do governo representativo da humanidade trará uma paz perene à Terra; e a fraternidade espiritual abrangendo toda a humanidade assegurará para sempre a boa vontade entre todos os homens. E não há outro modo pelo qual a paz na Terra e a boa vontade entre os homens possam realizar-se.

* * *

Após a morte de Cimboitom, os seus filhos tiveram muitas dificuldades em manter a faculdade em paz. As repercussões dos ensinamentos de Jesus teriam sido ainda maiores se os educadores cristãos posteriores que se juntaram à faculdade da Úrmia tivessem demonstrado mais sabedoria e praticado mais a tolerância.

O filho mais velho de Cimboitom pediu ajuda a Abner, na Filadélfia, mas a escolha que Abner fez dos professores foi infeliz, pois eles mostraram-se inflexíveis e intransigentes. Esses professores buscaram fazer com que a sua religião predominasse sobre as outras crenças. Eles jamais suspeitaram de que as conferências do condutor de caravanas, às quais sempre eles se referiam, haviam sido feitas pessoalmente pelo próprio Jesus.

Como a confusão cresceu na faculdade, os três irmãos retiraram seu apoio financeiro e, em cinco anos, a escola fechou. Mais tarde foi reaberta para ser um templo mitraico e, finalmente, foi incendiada em conseqüência de uma das suas celebrações orgíacas.

7. O TRIGÉSIMO PRIMEIRO ANO (25 d.c.)

Quando Jesus voltou da viagem ao mar Cáspio, ele sabia que as suas viagens pelo mundo haviam como que acabado. Apenas uma viagem mais para fora da Palestina ele fez, e foi para a Síria. Depois de uma breve visita a Cafarnaum, ele foi a Nazaré, parando lá uns poucos dias, com o intuito de fazer visitas. No meio do mês de abril ele saiu de Nazaré, indo para Tiro. De lá Jesus viajou para o norte, ficando alguns dias em Sidom, mas o seu destino era a Antioquia.

Esse é o ano das peregrinações solitárias de Jesus pela Palestina e pela Síria. Durante esse ano de viagens, ele ficou conhecido por vários nomes em diferentes partes do país: Carpinteiro de Nazaré, Construtor de Barcos de Cafarnaum, Escriba de Damasco e Mestre de Alexandria.

Em Antioquia o Filho do Homem viveu por mais de dois meses, trabalhando, observando, estudando, conversando, ministrando e, durante todo o tempo, assimilando o modo como o homem vive, pensa, sente e reage ao ambiente da existência humana. Por três semanas, durante esse período, Jesus trabalhou como fabricante de tendas. E permaneceu por mais tempo na Antioquia do que em qualquer outro lugar que visitou nessa viagem. Dez anos mais tarde, quando o apóstolo Paulo estava pregando na Antioquia e ouviu os seus seguidores falando das doutrinas do *Escriba de Damasco*, ele mal sabia que os seus alunos tinham ouvido a voz, e escutado os ensinamentos diretamente do próprio Mestre.

Da Antioquia Jesus viajou para o sul, pela costa, até Cesaréia, onde permaneceu por umas poucas semanas, continuando pela costa até Jopa. De Jopa rumou em direção ao interior para Jamnia, Ashdod e Gaza. De Gaza ele tomou a estrada que vai para o interior até Beersheba, onde ele permaneceu por uma semana.

Jesus então começou a sua viagem final, como indivíduo, e, particularmente, pelo centro da Palestina, indo de Beersheba, no sul, para Dan, ao norte. Nessa viagem para o norte ele parou em Hebrom, em Belém (onde viu o local do seu nascimento), Jerusalém (ele não visitou Betânia), Beirute, Líbano, Sicar, Sechem, Samaria, Geba, Enganim, En-dor, Madon; passando por Magdala e Cafarnaum, ele viajou para o norte; e, seguindo a leste das Águas de Merom, passou também por Carata, indo até Dan, ou a Cesaréia-Filipe.

O Ajustador do Pensamento residente, a partir de agora, conduzia Jesus a deixar de lado os locais onde moram os homens e a dirigir-se até o monte Hermom, para que ele pudesse completar o trabalho de ter a sua mente humana sob a própria mestria e terminar a tarefa de realizar a consagração plena de si ao remanescente do trabalho da sua vida na Terra.

Essa foi uma dessas épocas inusitadas e extraordinárias na vida terrena do Mestre em Urântia. Uma época de importância similar foi a da experiência pela qual ele passou quando estava só, nos montes perto de Pela, pouco depois do seu batismo. Esse período de isolamento no monte Hermom marcou o término da sua carreira puramente humana, isto é, o término técnico da auto-outorga mortal; ao passo que o isolamento posterior demarcou o começo da fase mais divina da auto-outorga. E Jesus viveu a sós com Deus durante seis semanas nas escarpas do monte Hermom.

8. A PERMANÊNCIA NO MONTE HERMOM

Depois de passar algum tempo na vizinhança de Cesaréia-Filipe, Jesus aprontou os seus suprimentos e conseguiu uma besta de carga e um garoto de nome Tiglá; e então seguiu pela estrada de Damasco até uma aldeia conhecida como Be-Jenn, ao pé do monte Hermom. Ali, por volta de meados de agosto, do ano 25 d.C., ele estabeleceu o seu acampamento e, deixando o seu suprimento sob a custódia de Tiglá, subiu as escarpas desoladas da montanha. Tiglá acompanhou Jesus, nesse primeiro dia montanha acima, até um determinado ponto a uns 2 000 metros de altitude acima do nível do mar, onde eles construíram um nicho de pedra no qual Tiglá devia colocar comida duas vezes por semana.

No primeiro dia, depois de deixar Tiglá, Jesus havia subido a montanha apenas um pouco mais quando parou para orar. Entre outras coisas ele pediu ao seu Pai para enviar o serafim guardião que devia "ficar com Tiglá". Ele pediu que lhe fosse permitido subir, e ter a sua última luta a sós com as realidades da existência mortal. E o seu pedido foi-lhe concedido. E foi para a grande prova apenas com o seu Ajustador residente a guiá-lo e dar-lhe apoio.

Jesus comeu frugalmente, enquanto estava na montanha; ele absteve-se inteiramente de comida apenas um dia ou dois por vez. Os seres supra-humanos que se confrontaram com ele, nessa montanha, e com quem ele combateu em espírito, e a quem ele derrotou em poder, eram *reais*; eram os seus arquiinimigos do sistema de Satânia; não eram fantasmas da imaginação que surgiram das fantasias intelectuais de um mortal enfraquecido e faminto, que não conseguia distinguir a realidade das visões causadas por uma mente perturbada.

Jesus passou as três últimas semanas de agosto e as primeiras três semanas de setembro no monte Hermom. Durante essas semanas, ele terminou a tarefa mortal de entrar e passar pelos círculos da compreensão mental e do controle da personalidade. Durante todo esse período de comunhão com o seu Pai celeste, o Ajustador residente também completou os serviços a ele atribuídos. A meta mortal dessa criatura terrena, ali então, foi alcançada. Apenas a fase final de afinação entre a mente e o Ajustador ficou ainda para ser consumada.

Depois de mais de seis meses de comunhão ininterrupta com o seu Pai do Paraíso, Jesus tornara-se absolutamente seguro sobre a sua natureza e certo do seu triunfo sobre os níveis materiais da manifestação tempo-espacial da personalidade. Ele acreditou integralmente na ascendência da sua natureza divina sobre a sua natureza humana e não hesitou em afirmá-la.

Perto do final da permanência nas montanhas, Jesus perguntou ao seu Pai se lhe poderia ser permitido manter uma conversa com os seus inimigos de Satânia, enquanto Filho do Homem, como Joshua ben José. Esse pedido lhe foi concedido. Durante a última semana no monte Hermom, a grande tentação, a provação universal, aconteceu. Satã (representando Lúcifer) e Caligástia, o Príncipe Planctário rebelde, estiveram presentes junto a Jesus e foram tornados plenamente visíveis para ele. E, assim, pois, tal "tentação", essa provação final de lealdade humana em face das exposições falaciosas das personalidades rebeldes, nada tivera a ver com alimentos, nem com pináculos de templos, nem com atos presunçosos. Nada teve a ver com os reinos deste mundo, teve, sim, a ver com a soberania de um universo poderoso e glorioso. O simbolismo, nas vossas escrituras, foi elaborado para ser dirigido a épocas anteriores, nas quais o pensamento do mundo ainda era infantil. E as gerações posteriores deveriam compreender quão grande foi a luta pela qual o Filho do Homem passou durante aquele dia memorável no monte Hermom.

Às muitas propostas e contrapropostas dos emissários de Lúcifer, Jesus apenas respondeu: "Que prevaleça a vontade do meu Pai no Paraíso, e que a vós, meus filhos rebeldes, possam os Anciães dos Dias julgar-vos divinamente. Eu sou o vosso Criador-pai; não posso julgar-vos com justiça; a minha misericórdia vós já a desprezastes. Eu vos entrego ao julgamento dos Juízes de um universo maior".

Quanto a todos os expedientes e acordos sugeridos por Lúcifer, às propostas ilusórias sobre a auto-outorga de encarnação, Jesus apenas fez o comentário: "A vontade do meu Pai no Paraíso seja feita". E, quando a severa provação chegou ao fim, o serafim destacado para ser o guardião voltou-se na direção de Jesus e levou até ele a sua ministração.

Nessa tarde, no final do verão, entre as árvores e no silêncio da natureza, Michael de Nébadon conquistou a soberania inquestionável do seu universo. Nesse dia, ele completou a tarefa preestabelecida, para os Filhos Criadores, de viver completamente a vida encarnada à semelhança da carne mortal nos mundos evolucionários do tempo e do espaço. O anúncio, para o universo, dessa memorável realização, não foi feito até o dia do seu batismo, meses depois, mas tudo aconteceu realmente naquele dia na montanha. E, quando Jesus desceu da sua estada no monte Hermom, a rebelião de Lúcifer em Satânia e a secessão de Caligástia em Urântia estavam virtualmente acalmadas. Jesus havia pagado o último preço exigido dele para alcançar a soberania do seu universo, que por si mesma regulamenta sobre o status de todos os rebeldes e determina que todos os futuros levantes (se um dia ocorrerem) possam ser tratados sumária e efetivamente. E, desse modo, pode-se ver que a chamada "grande tentação" de Jesus aconteceu algum tempo antes do seu batismo e não pouco depois daquele evento.

Ao final dessa permanência na montanha, quando Jesus estava descendo, encontrou Tiglá subindo para o compromisso de levar a comida. Chamando-o a voltar, Jesus apenas disse: "O período de descanso chegou ao fim; devo agora voltar a cuidar dos assuntos do meu Pai". Tornara-se um homem silencioso e estava muito mudado, quando voltaram para Dan, onde ele deixou o garoto e deu a ele o burro. E Jesus prosseguiu para o sul, pelo mesmo caminho que tinha percorrido para chegar em Cafarnaum.

9. O TEMPO DE ESPERA

Estava agora próximo o fim do verão; era a época do dia da reconciliação e da Festa de Tabernáculos. Jesus tinha um encontro de família em Cafarnaum durante o sábado e, no dia seguinte, partiu para Jerusalém com João, o filho de Zebedeu, indo para o leste do lago, por Gerasa e descendo pelo vale do rio Jordão. Enquanto visitavam alguns dos seus companheiros, no caminho, João percebeu uma grande mudança em Jesus.

Jesus e João pararam para passar a noite em Betânia com Lázaro e as suas irmãs, indo bem cedo na manhã seguinte para Jerusalém. Eles passaram quase três semanas na cidade e nas cercanias, ou pelo menos João passou. Muitas vezes João ia só até Jerusalém, enquanto Jesus caminhava pelas montanhas vizinhas, para ter muitos períodos de comunhão espiritual com o seu Pai no céu.

Ambos estiveram presentes aos serviços solenes do dia da reconciliação. João ficou muito impressionado com as cerimônias desses dias de ritual religioso judeu, mas Jesus permaneceu como um espectador pensativo e silencioso. Para o Filho do Homem esse espetáculo foi patético e deplorável. Ele viu tudo como uma falsa representação do caráter e dos atributos do seu Pai no céu. E considerou os acontecimentos daquele dia como uma caricatura dos fatos da justiça divina e das verdades da misericórdia infinita. Ele fervia de desejo de dar expansão à declaração da verdade real sobre o caráter amoroso do seu Pai e sobre a conduta misericordiosa no universo, mas o seu fiel Monitor admoestou-o de que a sua hora não tinha ainda chegado. Contudo, naquela noite em Betânia, Jesus fez inúmeros comentários que deixaram João bastante perturbado; e João nunca compreendeu totalmente o significado real do que Jesus dissera na conversa daquela noite.

Jesus planejava ficar durante a semana da Festa de Tabernáculos com João. Essa festa era o feriado anual de toda a Palestina; era a época das férias judaicas. Embora Jesus não tenha participado da folia da ocasião, era evidente que lhe causava prazer e proporcionava satisfação ver como jovens e velhos, descontraídos, se entregavam à alegria.

No meio da semana de celebrações e antes de terminarem as festividades, Jesus despediu-se de João, dizendo que desejava retirar-se para as montanhas, onde melhor poderia comungar com o seu Pai do Paraíso. João teria ido com ele, mas Jesus insistiu para que ele ficasse para as festividades, dizendo: "Não é necessário que tu carregues o fardo do Filho do Homem; apenas o guardião deve manter-se de vigília enquanto a cidade dorme em paz". Jesus não voltou para Jerusalém. Depois de quase uma semana a sós nas colinas perto de Betânia, ele partiu para Cafarnaum. A caminho de casa, passou um dia e uma noite a sós nas escarpas de Gilboa, perto do local onde o rei Saul havia se matado; e, quando chegou a Cafarnaum, ele parecia mais alegre do que quando se despedira de João em Jerusalém.

Na manhã seguinte Jesus foi à arca que continha os seus objetos pessoais, que havia deixado no escritório de Zebedeu, colocou o seu avental e apresentou-se para o trabalho, dizendo: "A mim me convém manter-me ocupado enquanto espero que chegue a minha hora". E trabalhou por vários meses, até janeiro do ano seguinte, na oficina de barcos, ao lado do seu irmão Tiago. Depois desse período de trabalho com Jesus, não importando quais dúvidas viessem ainda a encobrir o entendimento que Tiago tivesse sobre o trabalho da vida do Filho do Homem, ele nunca mais perderia real e totalmente a sua fé na missão de Jesus.

Durante esse período final do seu trabalho na oficina de barcos, Jesus passou a maior parte do seu tempo no interior dela, fazendo o acabamento de alguma embarcação grande. Ele punha um grande cuidado em todo o seu trabalho manual e parecia ter uma grande satisfação de realização humana quando terminava uma peça digna de elogios. Embora gastasse pouco tempo com detalhes pequenos, ele era um artesão paciente quando se tratava da parte essencial de qualquer empreendimento.

Com o passar do tempo, chegaram rumores, em Cafarnaum, sobre um tal de João que pregava enquanto batizava os penitentes no rio Jordão, e João pregava: "O Reino do céu está ao alcance da mão; arrependei-vos e sejais batizados". Jesus soube dessas informações enquanto João lentamente subia o vale do Jordão, partindo do vau do rio, no ponto mais próximo de Jerusalém. Jesus, no entanto, continuou trabalhando, fazendo barcos, até que João tivesse subido o rio até um ponto perto de Pela, no mês de janeiro do ano seguinte, de 26 d.C., e, então Jesus depôs as suas ferramentas, e declarou: "É chegada a minha hora"; e, em breve, ele apresentou-se a João para o batismo.

Todavia, uma grande mudança havia acontecido em Jesus. Poucas daquelas pessoas que tinham desfrutado das suas visitas e das suas ministrações, nas suas idas e vindas naquela terra, jamais reconheceriam, posteriormente, no educador público, a mesma pessoa que haviam conhecido e amado anteriormente como um indivíduo particular. E existia uma razão para que aqueles que se haviam beneficiado anteriormente dos seus serviços não o reconhecessem, posteriormente, no seu papel de um educador público cheio de autoridade. Durante longos anos essa transformação de mente e de espírito tinha estado em progresso, completando-se durante aquela temporada memorável no monte Hermom.

DOCUMENTO 135

JOÃO BATISTA

JOÃO Batista nasceu aos 25 de março, do ano 7 a.C., de acordo com a promessa feita por Gabriel a Isabel, em junho do ano anterior. Por cinco meses, Isabel manteve o segredo sobre a visitação de Gabriel; e, quando ela contou ao seu marido, Zacarias, ele ficou muito perturbado e só acreditou na narrativa dela depois de ter tido um sonho inusitado, seis semanas antes do nascimento de João. Excetuando-se a visita de Gabriel a Isabel e o sonho de Zacarias, não houve nada de inusitado ou sobrenatural relacionado ao nascimento de João Batista.

Ao oitavo dia, João foi circuncidado segundo o costume judaico. Ele cresceu como uma criança comum, dia a dia e ano a ano, na pequena aldeia conhecida naqueles dias como a Cidade de Judá, localizada a cerca de seis quilômetros a oeste de Jerusalém.

O acontecimento mais notável na primeira infância de João foi a visita, em companhia dos seus pais, a Jesus e à família de Nazaré. Essa visita ocorreu no mês de junho, do primeiro ano a.C., quando ele tinha pouco mais de seis anos de idade.

Depois do retorno de Nazaré, os pais de João começaram a educação sistemática do garoto. Não havia nenhuma escola de sinagoga nessa pequena aldeia; contudo, sendo um sacerdote, Zacarias era bastante bem instruído e Isabel tinha muito mais instrução do que o comum das mulheres judias; ela pertencia ao sacerdócio, sendo uma descendente das "filhas de Aarão". Como João era o único filho, eles despendiam uma boa parte do seu tempo com a preparação mental dele e com a sua educação espiritual. Zacarias tinha apenas curtos períodos de serviço no templo em Jerusalém, de modo que se dedicava longamente a educar o seu filho.

Zacarias e Isabel tinham uma pequena fazenda na qual criavam ovelhas. Não chegavam a ganhar a vida com essa terra, mas Zacarias tinha um soldo regular que recebia e que provinha da parte da renda do templo dedicada ao sacerdócio.

1. JOÃO TORNA-SE UM NAZARITA

Não havia escola em que João pudesse graduar-se na idade de quatorze anos, mas os seus pais haviam escolhido aquele ano como sendo o mais apropriado para que ele fizesse o voto formal de nazarita. E, desse modo, Zacarias e Isabel levaram seu filho a Engedi, à beira do mar Morto. A sede sulina da irmandade nazarita localizava-se ali, nesta o jovem foi devida e solenemente introduzido à vida dentro dessa ordem. Depois dessas cerimônias e de fazer os votos de abstenção de todas as bebidas intoxicantes, de deixar o cabelo crescer e de abster-se de tocar nos mortos, a família rumou para Jerusalém, onde, diante do templo, João completou as oferendas que eram requeridas dos que faziam os votos dos nazaritas.

João fez os mesmos votos que tinham sido administrados aos seus ilustres predecessores, Sansão e o profeta Samuel. Um nazarita vitalício era visto como uma personalidade santificada e sagrada. Os judeus encaravam um nazarita quase com o mesmo respeito e a veneração dedicada ao sumo sacerdote, e isso não era de se estranhar já que os nazaritas de consagração vitalícia eram as únicas pessoas, além dos altos sacerdotes, a quem era sempre permitido entrar no local santo, dos santos, de um templo.

De Jerusalém, João retornou à sua casa, para cuidar das ovelhas de seu pai e cresceu até virar um homem forte e de caráter nobre.

Aos dezesseis anos, João, em conseqüência de ter lido sobre Elias, ficou tão fortemente impressionado com o profeta do monte Carmelo, que decidiu adotar a sua maneira de vestir. Daquele dia em diante, João sempre usava uma veste de pele e um cinturão de couro. Aos dezesseis anos, ele tinha mais de um metro e oitenta de altura e estava já quase plenamente desenvolvido. Com os seus grandes cabelos soltos e o seu modo peculiar de vestir-se, ele era de fato um jovem pitoresco. E seus pais esperavam grandes coisas do único filho deles, uma criança prometida e um nazarita para toda a vida.

2. A MORTE DE ZACARIAS

Após uma doença de muitos meses Zacarias morreu em julho, no ano 12 d.C., quando João tinha um pouco mais de dezoito anos. Essa foi uma época de grande embaraço para João, pois o voto nazarita o proibia de ter contato com os mortos, ainda que da própria família. Embora João estivesse empenhado em cumprir as restrições do seu voto, a respeito da contaminação por meio dos mortos, ele duvidava que tivesse sido totalmente obediente às exigências da ordem nazarita; portanto, depois que o seu pai tinha sido enterrado, ele foi a Jerusalém, onde, no nicho nazarita da praça das mulheres, ele ofereceu os sacrifícios necessários para a sua purificação.

Em setembro desse ano, Isabel e João fizeram uma viagem a Nazaré para visitar Maria e Jesus. João estava quase se decidindo a começar o trabalho da sua vida, quando foi exortado, não apenas pelas palavras de Jesus mas também pelo seu exemplo, a retornar à sua casa, tomar conta da sua mãe, e esperar pela "chegada da hora do Pai". Após despedir-se de Jesus e Maria, no fim da agradável visita, João não viu Jesus de novo até o evento do seu batismo no Jordão.

João e Isabel retornaram para a sua casa e começaram a fazer planos para o futuro. Posto que João recusou-se a aceitar o soldo de sacerdote que lhe era devido dos fundos do templo, no fim de dois anos eles não tinham como manter até mesmo a própria casa; e então decidiram ir para o sul levando o rebanho de ovelhas. Conseqüentemente, o verão em que João fez vinte anos testemunhou a mudança deles para Hebrom. No chamado "deserto da Judéia", João guardava as suas ovelhas ao lado de um riacho, que era o afluente de uma corrente maior que chegava ao mar Morto, em Engedi. A colônia de Engedi incluía não apenas os nazaritas por consagração vitalícia ou de duração determinada, mas numerosos outros pastores ascetas que se congregavam nessa região com os seus rebanhos e que se confraternizavam com a irmandade nazarita. Eles mantinham-se com a criação de ovelhas e com as doações que os judeus ricos faziam à ordem.

À medida que o tempo passava, João retornava menos assiduamente a Hebrom, enquanto fazia visitas mais freqüentes a Engedi. Ele era tão inteiramente diferente da maioria de nazaritas que achou muito difícil confraternizar-se plenamente com a irmandade. Todavia, ele gostava muito de Abner, líder e dirigente reconhecido da colônia de Engedi.

3. A VIDA DE UM PASTOR

Ao longo do vale desse pequeno riacho, João construiu nada menos do que uma dúzia de abrigos de pedra e de currais noturnos, consistindo de pedras empilhadas, onde ele podia vigiar e guardar os seus rebanhos de ovelhas e cabras. A vida de João como pastor permitia a ele ter uma boa parte do seu tempo para pensar. Conversava muito com Ezda, um jovem órfão de Betezur, a quem ele havia de um certo modo adotado e que cuidava dos rebanhos quando ele fazia as suas viagens a Hebrom, para ver a sua mãe e para vender ovelhas, bem como quando ele ia até Engedi para os serviços do sábado. João e o jovem viviam com muita simplicidade, sobrevivendo da carne, do leite de cabra, de mel silvestre e dos gafanhotos comestíveis daquela região. Essa sua dieta regular era complementada pelas provisões trazidas de Hebrom e de Engedi, de tempos em tempos.

Isabel mantinha João informado sobre os assuntos da Palestina e do mundo; a sua convicção ficava mais e mais profunda, de que a hora aproximava-se rapidamente, em que a velha ordem teria um fim; e de que ele próprio estava para tornar-se o arauto da chegada de uma nova idade, "o Reino do céu". Esse rude pastor tinha uma grande predileção pelos escritos do profeta Daniel. Lera mil vezes a descrição que Daniel fizera da grande imagem que, segundo Zacarias lhe havia contado, representava a história dos grandes reinos do mundo, começando com a Babilônia e, então, a Pérsia, a Grécia e finalmente Roma. João percebia que Roma era já composta de povos e raças de línguas diferentes, que não poderia jamais se tornar um império fortemente embasado e firmemente consolidado. Ele acreditava que Roma, mesmo então, já estava dividida em Síria, Egito, Palestina e outras províncias. E, então, ele ainda lia: "nos dias desses reis, o Deus dos céus irá estabelecer um Reino que nunca será destruído; e este Reino não será entregue a outro povo, mas partirá em pedaços e consumirá todos os outros reinos e permanecerá para sempre". "E foram dados a ele o domínio, a glória e um Reino, de tal modo que todos os povos, de todas as nações e línguas, deveriam servir a ele. O seu domínio é um domínio perene, que não passará; e o seu Reino nunca será destruído." "E o reino, o domínio e a grandeza do Reino sob todos os céus serão dados ao povo dos santos do Altíssimo, cujo reino é um Reino eterno, e todos os domínios servirão e obedecerão a ele."

João nunca foi completamente capaz de elevar-se acima da confusão produzida por aquilo que ele havia escutado dos seus pais a respeito de Jesus e dessas passagens que lera nas escrituras. Em Daniel ele lera: "Eu vi, nas visões noturnas, e eis que alguém como o Filho do Homem veio com as nuvens dos céus, e foram dados a ele o domínio, a glória e um reino". Mas essas palavras do profeta não se harmonizaram com o que os seus pais haviam ensinado a ele. Nem a sua conversa com Jesus, na época da sua visita quando tinha dezoito anos, correspondia a essas afirmações das escrituras. Apesar dessa confusão, e diante de toda essa perplexidade, a sua mãe assegurou-lhe de que o seu primo distante, Jesus de Nazaré, era o verdadeiro Messias, que tinha vindo para assentar no trono de Davi; e que ele (João) tornar-se-ia o seu arauto avançado e seu principal apoio.

De tudo o que ouvira da maldade e do vício de Roma e da devassidão e da esterilidade moral do império, daquilo que ele sabia sobre os atos perversos de Herodes Antipas e dos governadores da Judéia, João estava com a mente pronta a acreditar que o fim dessa época era iminente. Parecia, a esse nobre e rude filho da natureza, que o mundo estava maduro para o fim da idade do homem e para o alvorecer da nova e divina idade – o Reino do céu. Um sentimento cresceu no coração de João, de que seria ele o último dos velhos profetas e o primeiro dos novos. E sentia-se vibrar com o impulso crescente de ir adiante e de proclamar a todos os homens: "Arrependei-vos! Colocai-vos limpos diante de Deus! Estejais prontos para o fim; preparai-vos para o aparecimento de uma ordem nova e eterna de assuntos sobre a terra, o Reino do céu".

4. A MORTE DE ISABEL

Em 17 de agosto, do ano 22 d.C., quando João tinha vinte e oito anos, sua mãe subitamente faleceu. Os amigos de Isabel, sabendo das restrições nazaritas a respeito do contato com os mortos, ainda que na própria família, fizeram todos os arranjos para o enterro de Isabel, antes de mandarem buscar João. Quando ele recebeu a comunicação da morte da sua mãe, ele ordenou a Ezda que conduzisse os seus rebanhos até Engedi e partiu para Hebrom.

Ao retornar a Engedi, após o funeral da sua mãe, entregou os seus rebanhos à confraria e afastou-se do mundo exterior para jejuar e orar. João conhecia apenas os velhos métodos de aproximar-se da divindade; ele conhecia apenas os registros como os de Elias, Samuel e Daniel. Elias era o seu ideal de profeta. Elias havia sido o primeiro dos mestres de Israel a ser considerado um profeta; e João verdadeiramente acreditava que devia ser, ele próprio, o último dessa longa e ilustre linhagem de mensageiros dos céus.

Por dois anos e meio, João viveu em Engedi e persuadiu a maioria da confraria de que "o fim da idade estava bem próximo"; de que "o Reino do céu estava para se mostrar". E todos os primeiros ensinamentos que recebera eram baseados na idéia judaica dominante e no conceito do Messias como o libertador prometido, aquele que livraria a nação judaica da dominação dos seus governantes gentios.

Em todo esse período, João leu suficientemente as escrituras sagradas que encontrou na casa dos nazaritas em Engedi. Estava especialmente impressionado com Isaías e com Malaquias, o último dos profetas até aquela época. Leu e releu os cinco últimos capítulos de Isaías, e acreditava nessas profecias. E então ele leria em Malaquias: "Cuidai, Eu vos enviarei Elias, o profeta anterior à vinda do grande e terrível dia do Senhor; e ele fará os corações dos pais irem contra os filhos e os corações dos filhos irem contra os pais, de medo que Eu venha e golpeie a Terra com uma maldição". E foi unicamente por causa dessa promessa feita em Malaquias, de que Elias iria retornar, que João viu-se impedido de sair pregando sobre o Reino vindouro e de exortar os seus companheiros judeus a fugirem da ira que viria. João estava amadurecido para a proclamação da mensagem do Reino vindouro, mas essa expectativa da vinda de Elias o deteve por dois anos mais. E sabia que ele não era Elias. O que então Malaquias havia querido dizer? A profecia seria literal ou figurada? Como poderia ele saber a verdade? Finalmente ousou pensar que, como o primeiro dos profetas era chamado Elias, então o último deveria ser conhecido, finalmente, pelo mesmo nome. Entretanto ainda tinha dúvidas, dúvidas suficientes para não se permitir jamais vir a chamar a si mesmo de Elias.

Foi a influência de Elias que levou João a adotar os seus métodos de ataque direto e áspero aos pecados e vícios dos seus contemporâneos. Ele procurou vestir-se como Elias, e esforçava-se para falar como Elias; em todos os aspectos externos, ele era como o profeta de outrora. Era um filho da natureza e de tal modo robusto e pitoresco, que era um destemido e ousado pregador da retidão. João não era iletrado, conhecia bem as escrituras sagradas judias, mas não tinha cultura. Sabia como pensar claro, possuía um discurso poderoso e era um denunciador inflamado. Dificilmente seria um exemplo para a sua idade, mas constituía-se em uma reprovação eloqüente.

Finalmente vislumbrou o método de proclamar a nova era, o Reino de Deus; decidiu que ele era mesmo quem se iria transformar no arauto do Messias; colocou de lado todas as dúvidas e partiu de Engedi, em um dia de março do ano 25 d.C., para começar a sua curta mas brilhante carreira como pregador público.

5. O REINO DE DEUS

Para compreender a mensagem dele, dever-se-ia ter em conta o status do povo judeu na época em que João surgiu no cenário da ação. Por quase cem anos todo o

Israel tinha estado diante de um impasse; e todos se perdiam na tentativa de explicar a contínua subjugação a soberanos gentios. E não tinha sido ensinado por Moisés que a retidão era sempre recompensada com a prosperidade e o poder? Não era o povo escolhido de Deus? Por que o trono de Davi estava vazio e abandonado? À luz das doutrinas mosaicas e dos preceitos dos profetas, os judeus achavam difícil explicar a longa e continuada desolação nacional.

Cerca de cem anos antes dos dias de Jesus e João, uma nova escola de educadores religiosos surgira na Palestina, a dos apocalípticos. Esses novos educadores desenvolveram um sistema de crença, segundo o qual os sofrimentos e a humilhação dos judeus aconteciam por estarem eles arcando com as conseqüências dos pecados da nação. Eles voltavam às motivações já bem conhecidas, escolhidas para explicar o cativeiro da Babilônia e de outras épocas ainda anteriores. Contudo, assim ensinavam os apocalípticos, Israel deveria retomar a sua coragem; os dias de aflição estavam quase no fim; a lição do povo escolhido de Deus estava para terminar; a paciência de Deus com os gentios estrangeiros estava quase exaurida. O fim do domínio romano era sinônimo de fim da idade e, em um certo sentido, de fim do mundo. Esses novos pregadores apoiavam-se fortemente nas predições de Daniel, e, consistentemente, ensinavam que a criação estava para atingir o seu estágio final; os reinos deste mundo estavam a ponto de tornarem-se o Reino de Deus. Para a mente judaica daqueles dias, esse era o significado daquela frase – o Reino do céu – que está nos ensinamentos tanto de Jesus quanto de João. Para os judeus da Palestina a frase "o Reino do céu" não tinha senão um significado: um estado absolutamente reto, no qual Deus (o Messias) governaria as nações da Terra na perfeição do poder, exatamente como Ele governava nos céus – "Seja feita a Tua vontade, na terra como no céu".

Nos dias de João, os judeus perguntavam-se com muita expectativa: "Quando, pois, virá o Reino?" Havia um sentimento geral de que o fim do domínio das nações gentias estava próximo. Havia, presente em todo o mundo judeu, uma esperança viva e uma intensa expectativa de que a consumação do desejo das idades ocorreria durante o período de vida daquela geração.

Ainda que os judeus divergissem muito nas suas estimativas quanto à natureza do Reino que estava para vir, todos estavam de acordo na sua crença de que o evento era iminente, palpável mesmo, já batendo à porta. Muitos que liam o Antigo Testamento literalmente aguardavam, com expectativa, por um novo rei na Palestina, por uma nação judaica regenerada, libertada dos seus inimigos e presidida pelo sucessor do rei Davi, o Messias, que iria logo ser reconhecido como o governante, justo e reto, de todo o mundo. Outro grupo de judeus devotos, se bem que menor, sustentava uma visão muito diferente desse Reino de Deus. Ensinavam eles que o Reino que estava para vir não era deste mundo, que o mundo aproximava-se do seu fim certo, e que "um novo céu e uma nova terra" viriam para anunciar o estabelecimento do Reino de Deus; que esse Reino era um domínio perene, que o pecado estava para acabar, e que os cidadãos do novo Reino iriam tornar-se imortais no seu gozo dessa bênção sem fim.

Todos concordavam que alguma purgação drástica ou alguma disciplina de purificação fosse necessária para preceder o estabelecimento do novo Reino na Terra. Pelo que os literalistas ensinavam, aconteceria uma guerra mundial, a qual iria destruir a todos aqueles que não acreditassem, enquanto os fiéis seriam levados a uma vitória universal e eterna. Os espiritualistas ensinavam que o Reino seria inaugurado por aquele grande julgamento de Deus, que iria relegar os injustos à sua bem merecida punição de destruição final, ao mesmo tempo em que elevaria os santos crentes do povo escolhido aos assentos elevados de honra e autoridade, com o Filho do Homem, que governaria sobre as nações redimidas em nome de Deus. E esse grupo acreditava até mesmo que muitos gentios devotos poderiam ser admitidos na comunidade do novo Reino.

Alguns dos judeus apegavam-se à opinião de que fosse possível até mesmo que Deus pudesse estabelecer esse novo Reino por intervenção direta e divina, mas a grande maioria acreditava que Ele iria interpor algum representante intermediário, o Messias. Esse era o único significado possível que o termo *Messias* poderia ter nas mentes dos judeus da geração de João e Jesus. Messias não poderia possivelmente referir-se a alguém que meramente ensinasse a vontade de Deus ou que proclamasse a necessidade do viver reto. A todas essas pessoas sagradas os judeus davam o título de *profetas*. O Messias devia ser mais do que um profeta; o Messias devia trazer o estabelecimento do novo reinado, o Reino de Deus. Ninguém que falhasse em fazer isso poderia ser o Messias, no sentido judaico tradicional.

Quem poderia ser esse Messias? E novamente os educadores judeus diferiam. Os mais velhos aferravam-se à doutrina do filho de Davi. Os mais jovens ensinavam que, já que o novo Reino era um Reino celeste, o novo governante poderia também ser uma personalidade divina, alguém que estivesse há muito à mão direita de Deus nos céus. E, por estranho que possa parecer, aqueles que concebiam assim o governante do novo Reino, viam-no, não como um Messias humano, não como um mero *homem*, mas como "o Filho do Homem" – um Filho de Deus –, um Príncipe celeste, há muito esperado para assim assumir o governo feito novo, da Terra. Esse era o pano de fundo religioso, do mundo judaico, quando João entrou em cena proclamando: "Arrependei-vos, pois o Reino do céu está ao alcance das mãos!"

Torna-se, portanto, claro que o anúncio feito por João, do Reino que viria, tinha nada menos do que meia dúzia de significações diferentes, nas mentes daqueles que ouviam a sua pregação apaixonada. Entretanto, qualquer que fosse o significado, atribuído às frases que João empregava, cada um desses vários grupos, que esperavam o advento do reino judaico, estava intrigado pelas proclamações desse pregador da retidão e do arrependimento. Sincero e entusiasta e ainda rudemente expedito, que tão solenemente exortava os seus ouvintes a "escapar da ira que está por vir".

6. JOÃO COMEÇA A PREGAR

No início do mês de março, do ano 25 d.C., João viajou pela costa ocidental do mar Morto e rio Jordão acima, do lado oposto de Jericó, na antiga parte rasa sobre a qual Joshua e os filhos de Israel passaram para entrar pela primeira vez na terra prometida; e, atravessando até o outro lado do rio, ele estabeleceu-se próximo da entrada dessa parte rasa e começou a pregar ao povo que atravessava o rio em um sentido e no outro. Esse era o vau mais freqüentado para travessias do Jordão.

Para todos aqueles que ouviam João, ficava claro que ele era mais do que um pregador. A grande maioria daqueles que escutavam aquele homem estranho, vindo do deserto da Judéia, partia acreditando que tinha ouvido a voz de um profeta. Não era de se espantar que as almas desses judeus cansados, mas esperançosos, ficassem profundamente excitadas com esse fenômeno. Nunca, em toda a história dos judeus, os filhos devotos de Abraão haviam desejado tanto a "consolação de Israel", nem tinham, mais ardentemente, antecipado "a restauração do reino". Em toda a história dos judeus, nunca a mensagem de João, "o Reino do céu está ao alcance das mãos", teria podido exercer um apelo tão profundo e universal como na época em que ele apareceu, tão misteriosamente, na margem dessa travessia ao sul do Jordão.

João era um pastor, como Amós. Vestia-se como o Elias de outrora; e fulminava as suas repreensões e dardejava as suas advertências com o "espírito e o poder de Elias". Não era de surpreender-se que esse estranho pregador criasse uma forte agitação em toda a Palestina, pois os viajantes levavam até longe as novidades que vinham das suas pregações no Jordão.

Havia ainda uma outra característica, *nova*, no trabalho desse pregador nazarita: Ele batizava todos os seus crentes no Jordão "para a remissão dos seus pecados". Embora o batismo não fosse uma cerimônia nova entre os judeus, eles nunca tinham visto o batismo ser feito como João o realizava agora. Havia muito que vinha sendo uma prática batizar assim os prosélitos gentios, para admiti-los na comunidade da parte externa da praça do templo, mas nunca tinha sido pedido aos judeus, eles próprios, que se submetessem ao batismo do arrependimento. Apenas de quinze meses foi o período desde a época em que João começara a pregar e a batizar, até sua detenção e a sua prisão, instigadas por Herodes Antipas; mas nesse curto período de tempo ele pôde batizar bem mais de cem mil penitentes.

João pregou por quatro meses no vau de Betânia, antes de partir para o norte, subindo o Jordão. Dezenas de milhares de ouvintes, alguns apenas curiosos, mas muitos sinceros e sérios, vieram para ouvi-lo de todas as partes da Judéia, da Piréia e de Samaria. Alguns vieram até mesmo da Galiléia.

Em maio desse ano, enquanto ele ainda se detinha no vau de Betânia, os sacerdotes e os levitas enviaram uma delegação para inquirir de João se ele pretendia ser o Messias, e com a autoridade de quem ele pregava. A esses inquisidores João respondeu com estas palavras: "Ide e dizei aos vossos senhores que vós escutastes a 'voz de alguém que grita no deserto', como anunciou o profeta ao dizer: 'preparai o caminho do Senhor, fazei uma estrada plana e reta até o nosso Deus. Cada vale deverá ser preenchido, cada monte e colina deverão ser cortados; o chão acidentado deverá tornar-se plano, enquanto os locais encrespados devem tornar-se um vale plano; e toda a carne verá a salvação de Deus' ".

João era um pregador heróico, mas sem tato. Um dia, quando ele estava pregando e batizando, na margem ocidental do Jordão, um grupo de fariseus e alguns saduceus destacaram-se e apresentaram-se para o batismo. Antes de levá-los até a água, João, dirigindo-se coletivamente a eles, disse: "Quem vos avisou para partir, como víboras diante do fogo, da ira que virá? Eu batizarei a vós, mas vos previno que vos será necessário produzir os frutos do arrependimento sincero, se quiserdes receber a remissão dos vossos pecados. Não é suficiente dizer-me que Abraão é o vosso pai. Eu declaro que, dessas doze pedras aqui diante de vós, Deus pode fazer surgir filhos dignos para Abraão. E, agora mesmo, o machado já está derrubando as árvores, até às suas raízes. Cada árvore que não dá bom fruto está destinada a ser cortada e jogada ao fogo". (As doze pedras às quais se referia eram as célebres pedras do memorial levantado por Joshua, para comemorar a travessia das "doze tribos" nesse mesmo ponto, quando eles entraram pela primeira vez na terra prometida.)

João deu aulas aos seus discípulos; e durante essas aulas ele os instruía sobre os detalhes da nova vida e esforçava-se para responder às suas inúmeras perguntas. Aconselhou aos educadores ensinar sobre o espírito tanto quanto sobre as letras da lei. Ele ensinou os ricos a alimentar os pobres; aos coletores de impostos, ele disse: "Extorquir não mais do que o que vos é devido". Aos soldados, ele disse: "Não cometais a violência e não arrecadeis nada de modo indevido – contentai-vos com os vossos soldos". E ao mesmo tempo a todos aconselhava: "preparai-vos para o fim das idades – o Reino do céu está ao alcance das mãos".

7. A JORNADA DE JOÃO PARA O NORTE

João ainda tinha idéias confusas sobre o Reino que estava para vir e o seu rei. Quanto mais ele pregava, mais confuso tornava-se; mas essa incerteza intelectual, a respeito da natureza do Reino que viria, em nada diminuía a sua convicção da chegada imediata deste Reino. João podia estar confuso na sua mente, mas nunca em espírito. Não tinha dúvida sobre a vinda do Reino, mas estava longe de ter certeza quanto ao fato de que fosse Jesus ou não o soberano daquele Reino. Enquanto João se atinha à idéia da restauração do trono de Davi, os ensinamentos dos seus pais, de que Jesus, nascido na cidade de Davi, seria o tão esperado libertador, parecia consistente; mas, naqueles momentos em que se inclinava mais para a doutrina de um Reino espiritual e para o fim da idade temporal na Terra, ele ficava em uma dúvida cruel quanto ao papel que Jesus exerceria em tais eventos. Algumas vezes questionava tudo, mas não por muito tempo. Realmente ele gostaria de poder conversar sobre tudo aquilo com o seu primo Jesus, mas isso ia contra o acordo estabelecido entre eles.

À medida que João viajara para o norte, mais ele pensava sobre Jesus. Parara em mais de uma dúzia de locais enquanto viajava Jordão acima. E foi no vilarejo de Adão onde primeiro referiu-se a "um outro que está para vir depois de mim", em resposta à pergunta direta que os seus discípulos fizeram a ele: "Sois vós o Messias?" E ele continuou dizendo: "Depois de mim virá um que é maior do que eu, de cuja sandália não sou digno de afrouxar e desatar as correias. Eu vos batizo com água, mas ele irá batizá-los com o Espírito Santo. E com a sua pá na mão irá cuidadosamente limpar esse chão das ervas daninhas; ele recolherá o trigo no seu celeiro, mas o refugo ele o queimará com o fogo do julgamento".

Em resposta às perguntas dos seus discípulos, João continuou a expandir os seus ensinamentos, acrescentando, dia a dia, mais indicações que servissem de ajuda e de conforto se comparadas à ambigüidade da sua mensagem inicial: "Arrependei-vos e sede batizados". Nessa época, multidões chegavam da Galiléia e de Decápolis. Dezenas de crentes sinceros permaneciam com o seu adorado mestre, dia após dia.

8. O ENCONTRO DE JESUS E JOÃO

Em dezembro do ano 25 d.C., quando João chegou à vizinhança de Pela, na sua caminhada Jordão acima, o seu renome havia sido espalhado por toda a Palestina; e o seu trabalho transformara-se no principal assunto da conversa em todas as cidades em torno do lago da Galiléia. Jesus havia falado favoravelmente à mensagem de João, e isso havia levado muitos de Cafarnaum a aderir ao culto do arrependimento e do batismo de João. Tiago e João, os pescadores filhos de Zebedeu, haviam ido até lá em dezembro, pouco depois de João ter assumido a sua postura de pregador, perto de Pela, a fim de se oferecerem para o batismo. Eles iam ver João uma vez por semana e traziam de volta a Jesus notícias frescas e de primeira mão sobre o trabalho do evangelista.

Tiago e Judá, irmãos de Jesus, haviam falado em ir até João para o batismo; e agora que Judá tinha vindo a Cafarnaum para os ofícios de sábado, ambos, ele e Tiago, depois de ouvirem o discurso de Jesus na sinagoga, decidiram aconselhar-se com ele a respeito dos seus planos. Isso foi no sábado, à noite, aos 12 de janeiro do ano 26 d.C. Jesus pediu a eles que adiassem a conversa até o dia seguinte, quando ele iria dar-lhes a sua resposta. Jesus dormiu pouquíssimo naquela noite, ficando em comunhão íntima com o Pai nos céus. E preparara tudo para almoçar com os seus irmãos e para aconselhá-los a respeito do batismo de João. Naquela manhã de domingo Jesus estava trabalhando como de costume na marcenaria dos barcos. Tiago e Judá haviam chegado com o almoço e estavam esperando por ele no depósito das madeiras, pois não era ainda a hora da pausa do meio-dia e sabiam que Jesus era muito pontual nessas questões.

Pouco antes do descanso do meio-dia, Jesus deixou de lado as suas ferramentas, tirou o seu avental de trabalho e simplesmente anunciou aos três que trabalhavam com ele: "É chegada a minha hora". Ele foi até os seus irmãos, Tiago e Judá, e repetiu: "A minha hora chegou – vamos até João". E então eles partiram imediatamente para Pela, comendo o almoço enquanto viajavam. Isso foi no domingo, 13 de janeiro. Eles pararam à noite no vale do Jordão e, no dia seguinte, chegaram no local em que João batizava, por volta do meio-dia.

João mal havia começado a batizar os candidatos do dia. Dezenas de arrependidos estavam na fila, à espera da sua vez, quando Jesus e os seus dois irmãos entraram nessa fila de homens e mulheres sinceros que passaram a crer no Reino que viria, segundo a pregação de João. João tinha perguntado aos filhos de Zebedeu sobre Jesus. E havia ouvido falar sobre as observações de Jesus a respeito da sua pregação, e estava, dia após dia, esperando vê-lo entrar em cena, mas não esperava acolhê-lo na fila dos candidatos ao batismo.

Absorvido pelos detalhes de um batismo rápido daquele grande número de convertidos, João não levantou os olhos para ver Jesus, até que o Filho do Homem estivesse bem diante dele. Quando João reconheceu Jesus, as cerimônias foram suspensas por um momento, enquanto ele cumprimentava o seu primo na carne e perguntava: "Mas por que vieste até dentro da água para saudar-me?" E Jesus respondeu: "Para submeter-me ao teu batismo". João replicou: "Mas sou eu que tenho necessidade de ser batizado por ti. Por que vieste até a mim?" E Jesus murmurou a João: "Sê tolerante comigo agora, pois cabe a nós darmos esse exemplo aos meus irmãos que estão aqui comigo, e para que o povo possa saber que é chegada a minha hora".

Havia um tom de autoridade e de ultimato final na voz de Jesus. João estava trêmulo de emoção no momento em que se preparou para batizar Jesus de Nazaré, no Jordão, ao meio-dia daquela segunda-feira, 14 de janeiro, do ano 26 d.C. Assim, João batizou Jesus e seus dois irmãos, Tiago e Judá. E quando João havia já batizado esses três, ele dispensou os outros naquele dia, anunciando que ele iria reassumir os batismos no dia seguinte ao meio-dia. Quando o povo já partia, os quatro homens ainda de pé dentro d'água ouviram um som estranho; e logo surgiu uma aparição momentânea exatamente por sobre a cabeça de Jesus, e eles ouviram uma voz dizendo: "Este é o meu Filho adorado, em quem eu muito me comprazo". Uma grande mudança produziu-se no semblante de Jesus que os deixou, saindo d'água em silêncio, indo na direção das colinas a leste. E nenhum homem viu Jesus de novo por quarenta dias.

João seguiu Jesus até uma distância suficiente para contar a ele a história da visita de Gabriel à sua mãe, antes que ambos nascessem, do modo como por tantas vezes ele havia escutado dos lábios da sua mãe. E permitiu a Jesus continuar o seu caminho depois que disse: "Agora sei com certeza que és o Libertador". Mas Jesus nada respondeu.

9. OS QUARENTA DIAS DE PREGAÇÃO

Quando João retornou para os seus discípulos (agora havia uns vinte e cinco ou trinta que moravam com ele constantemente), ele os encontrou em uma sincera conferência, conversando sobre o que tinha acabado de acontecer em relação ao batismo de Jesus. E ficaram todos ainda mais atônitos quando João fez-lhes conhecer a história da visita de Gabriel a Maria, antes que Jesus nascesse, e também que Jesus não lhe disse nem uma palavra, mesmo depois que ele lhe tinha contado sobre isso. Naquela tarde, não havendo nenhuma chuva, esse grupo de trinta ou mais pessoas conversou longamente sob a noite estrelada. Perguntavam-se aonde Jesus tinha ido e quando eles o veriam de novo.

Depois da experiência desse dia a pregação de João, havia um novo tom de certeza nas proclamações a respeito do Reino que estava para vir e do Messias aguardado. Foi um período tenso, o daqueles quarenta dias de espera, aguardando pelo retorno de Jesus. João, no entanto, continuou a pregar, com grande força, e os seus discípulos começaram, nessa época, a pregar para as multidões transbordantes que se ajuntavam à volta de João no Jordão.

No curso desses quarenta dias de espera, muitos rumores espalharam-se pelo campo, indo mesmo até Tiberíades e Jerusalém. Milhares vinham para ver a nova atração no acampamento de João, reputado como sendo o Messias, mas Jesus não estava lá para ser visto. Quando os discípulos de João afirmaram que o estranho homem de Deus tinha ido para as colinas, muitos duvidaram de toda a história.

Cerca de três semanas depois que Jesus os havia deixado, uma nova delegação de sacerdotes e de fariseus, vinda de Jerusalém, chegou na cena de Pela. Eles perguntaram diretamente a João se ele era Elias ou o profeta que Moisés prometeu. E quando João disse: "Não sou", eles atreveram-se a lhe perguntar: "Tu és o Messias?" E João respondeu: "Não sou eu". E então esses homens de Jerusalém disseram: "Se não és Elias, nem o profeta, nem o Messias, então por que tu batizas o povo e crias todo esse alvoroço?" E João replicou: "Cabe àqueles que me ouviram e que receberam o meu batismo dizer quem eu sou, mas eu vos declaro que, enquanto eu batizo com água, esteve entre nós um que retornará para batizar-vos com o Espírito Santo".

Esses quarenta dias foram um período difícil para João e os seus discípulos. Quais deviam ser as relações entre João e Jesus? Uma centena de perguntas veio à discussão. A política e as preferências egoísticas começaram a surgir. Discussões intensas surgiram em torno das várias idéias e conceitos do Messias. Tornar-se-ia ele um líder militar e um rei davídico? Iria ele aniquilar os exércitos romanos, como Joshua fez com os cananeus? Ou viria para estabelecer um Reino espiritual? João optou por decidir, com a minoria, que Jesus tinha vindo para estabelecer o Reino do céu, ainda que não tivesse claro na sua própria mente o que devia ser incluído nessa missão de estabelecimento do Reino do céu.

Esses foram dias árduos na experiência de João, e ele orou pelo retorno de Jesus. Alguns dos discípulos de João organizaram grupos de exploração para ir à procura de Jesus, mas João os proibiu, dizendo: "Os nossos tempos estão nas mãos de Deus nos céus e Ele irá guiar o seu Filho escolhido".

E foi cedo, na manhã de sábado, 23 de fevereiro, que a comitiva de João, ocupada em comer a sua refeição matinal, ao olhar na direção norte, avistou Jesus vindo até eles. Na medida em que Jesus se aproximava deles, João se pôs de pé em uma grande rocha e, levantando a sua voz sonora, disse: "Eis o Filho de Deus, o libertador do mundo! Foi sobre ele que eu disse: 'Depois de mim haverá um que é o escolhido antes de mim, porque ele veio antes de mim'. Por causa disso, eu saí do deserto para pregar o arrependimento e para batizar com a água, proclamando que o Reino do céu está ao alcance das nossas mãos. E agora vem um que irá batizar-vos com o Espírito Santo. E eu vi o espírito divino descendo sobre esse homem, e ouvi a voz de Deus declarar: 'Este é o meu Filho adorado em quem Eu muito me comprazo'".

Jesus rogou-lhes que voltassem à sua refeição, enquanto se assentava para comer com João; seus irmãos, Tiago e Judá, haviam voltado para Cafarnaum.

Cedo, na manhã do dia seguinte, Jesus deixou João e os seus discípulos, indo de volta para a Galiléia. Não garantiu nada no que dizia respeito a quando eles iriam vê-lo de novo. Às perguntas de João sobre a sua própria pregação e missão, Jesus apenas disse: "O meu Pai irá guiar-te agora e no futuro, como o fez no passado". E esses dois grandes homens separaram-se, naquela manhã, nas margens do Jordão, para nunca mais se falarem um ao outro na carne.

10. JOÃO VIAJA PARA O SUL

Desde que Jesus tinha ido para o norte da Galiléia, João sentia-se levado a voltar-se com os seus passos para o sul. Por conseguinte, no domingo de manhã, 3 de março, João e o restante dos seus discípulos começaram a sua jornada para o sul. Cerca de um quarto dos seguidores imediatos de João, nesse meio tempo, haviam partido para a Galiléia à procura de Jesus. Havia uma tristeza confusa em torno de João. Nunca mais ele pregou como o tinha feito antes de batizar Jesus. De algum modo ele sentiu que a responsabilidade do Reino por vir não mais repousava nos seus ombros. Sentiu que o seu trabalho estava quase acabado; e ficou desconsolado e solitário. Contudo, ele pregou, batizou e viajou para o sul.

Perto do vilarejo de Adão, João permaneceu por várias semanas e foi lá que ele fez o memorável ataque a Herodes Antipas, por ter tomado ilegalmente a esposa de outro homem. Em junho desse ano (26 d.C.), João estava de volta ao vau do Jordão em Betânia, onde tinha iniciado a sua pregação do Reino vindouro, há mais de um ano. Nas semanas que se seguiram ao batismo de Jesus, o caráter da pregação de João gradualmente transformou-se em uma proclamação de misericórdia pela gente comum, enquanto ele denunciava com veemência renovada a corrupção dos governantes políticos e religiosos.

Herodes Antipas, em cujo território João tinha estado pregando, ficou alarmado com a idéia de que ele e os seus discípulos pudessem começar uma rebelião. Herodes também se ressentia das críticas públicas de João, sobre os seus assuntos domésticos. Em vista de tudo isso, Herodes decidiu colocar João na prisão. E, conseqüentemente, muito cedo na manhã de 12 de junho, antes que chegasse a multidão para ouvir a pregação e testemunhar o batismo, os agentes de Herodes haviam prendido João. Na medida em que as semanas passavam e ele não era libertado, os seus discípulos espalharam-se por toda a Palestina, muitos deles indo até a Galiléia para juntarem-se aos seguidores de Jesus.

11. JOÃO NA PRISÃO

João teve uma experiência solitária e um tanto amarga, na prisão. A poucos dos seus seguidores foi permitido vê-lo. Ele ansiava por encontrar Jesus, mas tinha de contentar-se em ouvir os relatos da sua obra através daqueles seguidores seus que se haviam transformado em crentes do Filho do Homem. Muitas vezes era ele tentado a duvidar de Jesus e da sua missão divina. Se Jesus era o Messias, por que nada fez para libertá-lo desse inconcebível aprisionamento? Por mais de um ano e meio esse homem rude de Deus, amante do ar livre, definhou naquela prisão desprezível. E essa experiência foi um grande teste para a sua lealdade e fé em Jesus. De fato, toda essa experiência foi mesmo um grande teste para a fé que João possuía em Deus. Muitas vezes ele foi tentado a duvidar até mesmo da autenticidade da sua própria missão e experiência.

Após ter estado na prisão por muitos meses, um grupo de discípulos seus veio até ele e, após contar sobre as atividades públicas de Jesus, disse: "Então, vê tu, Mestre, pois aquele que estava contigo no alto Jordão prospera e recebe todos que vêm a ele. Ele festeja até mesmo com publicanos e pecadores. Tu deste um testemunho corajoso sobre ele, e ainda assim ele nada faz para a tua libertação". Mas João respondeu aos seus amigos: "Esse homem nada pode fazer que não tenha sido dado a ele pelo seu Pai nos céus. Vós vos lembrais bem de que eu disse: 'Não sou eu o Messias, mas sou um que foi enviado antes a preparar o caminho para ele'. E isso eu fiz. O que possui a noiva é o noivo, mas o amigo do noivo, que está próximo dele e o escuta, rejubila-se grandemente por causa do ruído da sua voz. Essa minha alegria, portanto, cumpriu-se. Ele deve crescer, mas eu devo diminuir. Sou desta Terra e já passei a minha mensagem. Jesus de Nazaré desceu à Terra, vindo dos céus, e está acima de todos nós. O Filho do Homem desceu de Deus e as palavras de Deus ele irá dizer a vós. Pois o Pai nos céus não mede o espírito que dá ao seu próprio Filho. O Pai ama o Seu Filho e irá logo colocar todas as coisas nas mãos desse Filho. Aquele que acredita no Filho tem a vida eterna. E essas palavras que eu disse são verdadeiras e perduráveis".

Esses discípulos ficaram assombrados com o pronunciamento de João, tanto que partiram em silêncio. João ficara também muito agitado, pois percebeu que tinha acabado de fazer uma profecia. Nunca mais ele duvidou completamente da missão e da divindade de Jesus. Mas foi um desapontamento sentido, para João, que Jesus não tivesse enviado a ele nenhuma palavra, que não tivesse vindo vê-lo e que não tivesse exercido nenhum dos seus grandes poderes para libertá-lo da prisão. Jesus, no entanto, sabia de tudo isso, E, sendo assim, mantinha um grande amor por João; mas sendo agora conhecedor da sua natureza divina e sabendo plenamente das grandes coisas que estavam em preparação para João quando ele partisse deste mundo e, também, sabendo que o trabalho de João, na Terra, havia acabado, ele obrigou-se a não interferir na evolução natural da carreira do grande pregador-profeta.

Essa longa espera na prisão estava tornando-se humanamente intolerável. Uns poucos dias antes da sua morte, João novamente enviou mensageiros de confiança a Jesus, perguntando: "O meu trabalho está feito? Por que me enlangueço na prisão? És verdadeiramente o Messias, ou devemos procurar outro?" E quando esses dois discípulos levaram essa mensagem a Jesus, o Filho do Homem respondeu: "Ide a João e dizei a ele que não me esqueci dele; e que ele deve suportar tudo isso também, pois o conveniente é que cumpramos tudo o que é reto. Dizei a João o que vós vistes e ouvistes – que as boas-novas são pregadas aos pobres – e, finalmente, dizei ao amado precursor da minha missão na Terra, que ele será abundantemente abençoado na idade que está para vir se ele, de mim, não encontrar ocasião para duvidar e cair". E essa foi a última palavra que João recebeu de Jesus. E essa mensagem confortou-o grandemente e muito fez para estabilizar a sua fé e para prepará-lo para o trágico fim da sua vida na carne, que veio pouco tempo depois dessa ocasião memorável.

12. A MORTE DE JOÃO BATISTA

De fato, João estava trabalhando no sul da Peréia, quando foi preso e levado imediatamente para a prisão da fortaleza de Macaerus, onde foi encarcerado até a sua execução. Herodes governava sobre a Peréia e a Galiléia; nessa época, mantinha residência na Peréia, tanto em Julias, quanto em Macaerus. Na Galiléia a residência oficial tinha sido levada de Séforis para a nova capital em Tiberíades.

Herodes temia libertar João por medo de que ele instigasse a rebelião. Temia condená-lo à morte e que a multidão causasse motins na capital, pois milhares de pereianos acreditavam que João era um homem sagrado, um profeta. Portanto, Herodes mantinha o pregador nazarita na prisão, não sabendo mais o que fazer com ele. Muitas vezes João tinha estado perante Herodes, mas nunca concordara em sair dos domínios de Herodes, nem de abster-se de todas as atividades públicas se fosse libertado. E, a nova agitação a respeito de Jesus de Nazaré, que crescia firmemente, serviu para admoestar Herodes de que não era a hora de libertar João. Além disso, João era também uma vítima do ódio intenso e amargo de Herodias, a mulher ilegal de Herodes.

Em inúmeras ocasiões Herodes falou com João sobre o Reino do céu; ao mesmo tempo em que ficava algumas vezes seriamente impressionado com a sua mensagem; e tinha medo de libertá-lo da prisão.

Já que, em Tiberíades, grande parte do edifício estava em construção, Herodes passava um tempo considerável nas suas residências pereianas, pois tinha predileção pela fortaleza de Macaerus. Muitos anos passariam antes que todos os prédios públicos e a residência oficial em Tiberíades estivessem completamente prontos.

Para celebrar o seu aniversário, Herodes fez uma grande festa no palácio em Macaerus, e convidou os seus principais oficiais e outros homens de posição elevada nos conselhos do governo da Galiléia e Peréia. Já que Herodias tinha fracassado em causar a morte de João, por apelo direto a Herodes, ela estabeleceu para si mesma a tarefa de levar João à morte por meio de um plano astuto.

No decorrer das festividades e entretenimentos daquela noite, Herodias apresentou a sua filha para dançar diante dos convivas. Herodes estava muito encantado com a dança da donzela e, chamando-a diante de si, disse: "Tu és encantadora. Estou muito satisfeito contigo. Pede a mim, neste meu aniversário, o que desejares, que eu darei a ti, ainda que seja a metade do meu reino". E Herodes fazia tudo isso sob a influência de muito vinho. A donzela retirou-se e perguntou à sua mãe o que deveria ela pedir a Herodes. Herodias disse: "Vá a Herodes e peça a cabeça de João Batista". E a jovem donzela, retornando à mesa do banquete, disse a Herodes: "Eu peço que me entregues imediatamente a cabeça de João Batista, em uma bandeja".

Herodes ficou cheio de medo e de tristeza, no entanto, havia dado a sua palavra diante de todos os que se assentavam para banquetear-se com ele, e, por isso, não podia negar o pedido. E Herodes Antipas enviou um soldado com a ordem de trazer a cabeça de João. E João teve então a sua cabeça decepada, naquela noite, na prisão; e o soldado trouxe a cabeça do profeta em uma bandeja e apresentou-a à jovem donzela, no fundo da sala de banquete. E a donzela deu a bandeja à sua mãe. Quando os discípulos de João ouviram sobre isso, vieram à prisão buscar o corpo de João e, depois de colocá-lo em um túmulo, foram embora e contaram tudo a Jesus.

DOCUMENTO 136

O BATISMO E OS QUARENTA DIAS

JESUS começou o seu trabalho público em um momento de interesse popular pela pregação de João e em uma época em que o povo judeu da Palestina aguardava ansiosamente o aparecimento de um Messias. Havia um grande contraste entre João e Jesus. João era um operário franco e ardente; e Jesus era um trabalhador calmo e feliz, umas poucas vezes apenas, em toda a sua vida, ele apressou-se. Jesus era um consolo e um conforto para o mundo e, de um certo modo, um exemplo; João não seria nunca nem um conforto, nem um exemplo. Ele pregava o Reino do céu, mas não participava da felicidade do mesmo. Se bem que Jesus falasse de João como o maior dos profetas da velha ordem, ele também dizia que o menor entre aqueles que vissem a grande luz do novo caminho e que por ela entrassem no Reino do céu seria, de fato, maior do que João.

Quando João pregava o Reino que viria, o conteúdo da sua mensagem era: Arrependei-vos, fugi a ira que virá! Quando Jesus começou a pregar, a exortação ao arrependimento permaneceu, mas essa mensagem era sempre seguida por uma palavra divina sobre a boa-nova da alegria e da liberdade do novo Reino.

1. OS CONCEITOS DO MESSIAS ESPERADO

Os judeus nutriam muitas idéias sobre o libertador esperado, e cada uma dessas diferentes escolas de ensinamentos messiânicos era capaz de apontar passagens nas escrituras dos hebreus que comprovavam o seu conteúdo. De um modo geral, os judeus consideravam a própria história nacional como se iniciando com Abraão e culminando com o Messias e a nova idade do Reino de Deus. Em tempos anteriores, eles haviam concebido esse libertador como "o servo do Senhor", depois como "o Filho do Homem"; ao passo que, mais recentemente, alguns iam mesmo mais longe, a ponto de referirem-se ao Messias como o "Filho de Deus". Não importava, contudo, que fosse chamado "a semente de Abraão" ou "o filho de Davi", todos concordavam que o Messias devia ser o "ungido". Assim, o conceito evoluía de "servo do Senhor" até "filho de Davi", e de "Filho do Homem" até "Filho de Deus".

Nos dias de João e de Jesus, os judeus mais instruídos haviam desenvolvido, para o Messias que viria, a imagem do israelita perfeccionado e representativo; e nele combinavam, ao mesmo tempo, a idéia de "servo do Senhor" e a função tríplice de profeta, sacerdote e rei.

Os judeus acreditavam com devoção que, assim como Moisés havia libertado os seus pais da servidão egípcia, mediante feitos prodigiosos e miraculosos, o Messias que estava por vir libertaria o povo judeu do domínio romano, com milagres ainda maiores, e pelo poder e maravilhas, em um triunfo racial. Os rabinos tinham reunido quase quinhentas passagens das escrituras que, não obstante as suas aparentes contradições, afirmavam profeticamente a vinda do Messias. Em meio a todos esses detalhes de tempo, técnica e função, eles deixaram perder-se da sua vista, quase completamente, a *personalidade* do Messias prometido. Eles estavam em busca da restauração da glória nacional judaica – a exaltação temporal de Israel – mais do que da salvação do mundo. Torna-se evidente, pois, que Jesus de Nazaré jamais poderia satisfazer a esse conceito materialista de Messias, criado pela mente judaica. Muitas das famosas predições messiânicas dos judeus, caso tivessem visto essas sentenças proféticas sob uma luz diferente, teriam muito naturalmente preparado as suas mentes para o reconhecimento de Jesus como sendo aquele que colocaria fim a uma idade e que inauguraria uma nova e melhor dispensação, de misericórdia e de salvação, para todas as nações.

Os judeus haviam sido criados na crença da doutrina de *Shekinah*. Esse suposto símbolo da Presença Divina, todavia, não era visto no templo. Eles acreditavam que a vinda do Messias efetivaria a restauração dele. E mantinham idéias confusas sobre o pecado da raça e a suposta natureza má do homem. Alguns ensinavam que o pecado de Adão havia amaldiçoado a raça humana e que o Messias iria retirar essa maldição e devolveria o homem ao favorecimento divino. Outros ensinavam que Deus, ao criar o homem, havia colocado no seu ser tanto a natureza do bem como a do mal; e que, quando observou o que adveio disso, Ele ficou muito desapontado, e que "Ele se arrependera, portanto, de haver feito o homem". E aqueles que ensinavam isso acreditavam que o Messias estava para vir a fim de redimir o homem da sua natureza inerentemente má.

A maioria dos judeus acreditava que eles estavam enfraquecendo-se sob o domínio romano, por causa dos seus pecados nacionais e da tepidez dos prosélitos gentios. A nação judaica não se sentia *arrependida* no seu coração e, por isso, o Messias retardava a sua vinda. Havia muita conversa sobre o arrependimento; e daí o apelo poderoso e imediato da pregação de João: "Arrependei-vos e sede batizados, pois o Reino do céu está ao alcance da mão". E, para qualquer judeu devoto, o Reino do céu podia significar uma coisa apenas: a vinda do Messias.

Havia um aspecto da auto-outorga de Michael que era totalmente estranho à concepção judaica do Messias, que era o da *união* das duas naturezas: a humana e a divina. Os judeus, de várias maneiras, haviam concebido o Messias como um humano perfeccionado, como um super-homem e mesmo como um ser divino; mas eles nunca alimentaram o conceito da *união* do humano e do divino. E esse foi um grande bloqueio no qual tropeçaram os primeiros discípulos de Jesus. Eles compreenderam o conceito humano do Messias como sendo o filho de Davi, do modo como foi introduzido pelos profetas anteriores; e como o Filho do Homem, na idéia super-humana de Daniel e de alguns dos profetas mais recentes; e mesmo como o Filho de Deus, como descrito pelo autor do Livro de Enoch e por alguns dos seus contemporâneos, mas nunca eles haviam, por um só momento, alimentado o conceito verdadeiro da união, em uma personalidade terrena, das duas naturezas, a humana e a divina. A encarnação do Criador, na forma da criatura, não tinha sido revelada de antemão. Estava sendo revelada apenas em Jesus; o mundo nada sabia dessas coisas, até que o Filho Criador foi feito carne e habitou entre os mortais deste reino.

2. O BATISMO DE JESUS

Jesus foi batizado no apogeu das pregações de João, quando a Palestina estava inflamada pela esperança da sua mensagem – "o Reino de Deus está à mão" –, quando todo o mundo judeu empenhava-se em um exame de consciência sério e solene. O sentido judaico de solidariedade racial era muito profundo. Os judeus não apenas acreditavam que os pecados de um pai poderiam afligir os seus filhos, mas acreditavam firmemente que o pecado de um indivíduo poderia amaldiçoar a nação. Desse modo, nem todos, entre aqueles que se submetiam ao batismo de João, consideravam a si próprios como sendo culpados dos pecados específicos denunciados por João. Muitas almas devotas foram batizadas por João pelo bem de Israel. Eles temiam que algum pecado de ignorância, da sua parte, pudesse retardar a vinda do Messias. Sentiam-se como uma nação culpada e amaldiçoada pelo pecado e apresentavam-se para o batismo no intuito de que, assim fazendo, pudessem manifestar os frutos da penitência da raça. Evidente é, pois, que Jesus de nenhum modo recebeu o batismo de João como um ritual de arrependimento, nem de remissão de pecados. Ao aceitar o batismo das mãos de João, Jesus estava apenas seguindo o exemplo de inúmeros israelitas pios.

Quando foi até o Jordão, para ser batizado, Jesus de Nazaré era um mortal deste reino, que havia atingido o pináculo da ascensão evolucionária humana, em todos os pontos relacionados à conquista da mente e à auto-identificação com o espírito. Era como um mortal perfeccionado, dos mundos evolucionários do tempo e do espaço, que ele comparecia naquele dia ao Jordão. Uma sincronia perfeita e uma completa comunicação haviam sido estabelecidas entre a mente mortal de Jesus e o espírito Ajustador residente, a dádiva divina do seu Pai no Paraíso. E, exatamente como este, um Ajustador reside na mente de todos os seres humanos normais vivendo em Urântia, a partir da ascensão de Michael à soberania do seu universo; excetuando pelo fato de que o Ajustador de Jesus havia sido previamente preparado para essa missão especial, residindo, do mesmo modo, em um outro ser supra-humano encarnado à semelhança da carne mortal, Machiventa Melquisedeque.

Habitualmente, quando um mortal do reino atinge níveis tão elevados de perfeição da personalidade, ocorrem aqueles fenômenos preliminares de elevação espiritual que culminam na fusão final da alma amadurecida do mortal com o seu Ajustador divino solidário. E, aparentemente, essa mudança deveria ter acontecido, na experiência da personalidade de Jesus de Nazaré, naquele mesmo dia em que ele foi ao Jordão com os seus dois irmãos, para ser batizado por João. Essa cerimônia foi o ato final da sua vida meramente humana em Urântia; e muitos observadores supra-humanos esperavam testemunhar a fusão do Ajustador com a mente residida; mas todos estavam destinados a desapontar-se. Algo novo, e até mesmo maior, ocorreu. Quando João colocou as suas mãos sobre Jesus, para batizá-lo, o Ajustador residente, para sempre, deixou a alma humana perfeccionada de Joshua ben José. E, dentro de uns poucos momentos, essa entidade divina retornou de Divínington, como um Ajustador Personalizado, transformado em dirigente da sua espécie em todo o universo local de Nébadon. Assim, Jesus observou o seu próprio espírito divino anterior descendo no seu retorno para ele, na forma personalizada. E ouviu esse mesmo espírito, originário do Paraíso, agora, dizendo: "Este é o meu Filho amado, em quem Eu muito me comprazo". E João, junto com os dois irmãos de Jesus, também ouviu essas palavras. De pé na beira da água, os discípulos de João não ouviram essas palavras nem viram a aparição do Ajustador Personalizado. Apenas os olhos de Jesus enxergaram o Ajustador Personalizado.

Após o Ajustador Personalizado, que retornara, agora mais elevado, haver assim falado, caiu o silêncio. E, enquanto os quatro permaneciam na água, Jesus, olhando para cima na direção do Ajustador que se aproximava, orou: "Meu Pai, que reina nos céus, santificado seja o Teu nome. Venha a nós o Teu Reino! Seja feita a Tua vontade na Terra, como nos céus". Enquanto Jesus estava orando, os "céus abriram-se", e o Filho do Homem teve uma visão de si próprio, que foi apresentada pelo agora Personalizado Ajustador, como um Filho de Deus, do modo como ele era, antes de vir à Terra à semelhança da carne mortal; e como ele seria, quando a vida encarnada terminasse. Essa visão celeste foi percebida apenas por Jesus.

Havia sido a voz do Ajustador Personalizado que João e Jesus ouviram, falando em nome do Pai Universal; pois o Ajustador é como o Pai do Paraíso e provém Dele.

Durante todo o restante da vida de Jesus na Terra, esse Ajustador Personalizado esteve solidário com ele, em todos os seus trabalhos; Jesus permaneceu em comunhão constante com esse elevado Ajustador.

Ao ser batizado, Jesus não se arrependeu de nenhuma ação errada; e não fez nenhuma confissão de pecado. E esse foi o batismo da consagração do cumprimento da vontade do Pai celeste. Durante o seu batismo, ele ouviu o chamado inconfundível do seu Pai, o chamado final para ocupar-se dos assuntos do seu Pai; e daí Jesus partiu para uma reclusão, em privacidade, por quarenta dias, para pensar sobre todas essas questões. Retirando-se assim, por um período, do contato ativo de personalidade com os seus companheiros terrenos, Jesus, sendo quem era e estando em Urântia, estava seguindo o mesmo procedimento previsto nos mundos moronciais, que um mortal ascendente cumpre, ao fusionar-se com a sua presença interna do Pai Universal.

Esse dia do batismo pôs fim à vida puramente humana de Jesus. O Filho divino encontrou o seu Pai; e o Pai Universal encontrou o Seu Filho encarnado e Eles falaram-se um ao outro.

(Jesus estava quase com trinta e um anos e meio, quando foi batizado. Embora Lucas diga que Jesus foi batizado no décimo quinto ano do reinado de Tibério César, o que teria ocorrido no ano 29 d.C., posto que Augusto morreu no ano 14 d.C., deveria ser relembrado que Tibério foi co-imperador com Augusto, por dois anos e meio, antes da morte de Augusto, e teve estampadas moedas em sua honra, em outubro do ano 11 d.C. O décimo quinto ano do seu governo, na realidade, portanto, foi esse exato ano 26 d.C., o mesmo do batismo de Jesus. E também esse foi o ano em que Pôncio Pilatos começou a governar a Judéia.)

3. OS QUARENTA DIAS

Antes do seu batismo, Jesus havia suportado a grande tentação da sua outorga mortal, quando ele foi molhado pelo orvalho do monte Hermom, por seis semanas. Lá, no monte Hermom, como um mortal deste reino, sem ajuda, ele havia encontrado e derrotado Caligástia, o enganador de Urântia, o príncipe deste mundo. Nesse dia memorável, segundo os registros do universo, Jesus de Nazaré tornara-se o Príncipe Planetário de Urântia. E esse Príncipe de Urântia, que seria logo proclamado o supremo Soberano de Nébadon, tinha agora ido, por quarenta dias, em recolhimento, para formular os planos e determinar a técnica pela qual proclamaria o novo Reino de Deus, nos corações dos homens.

Após o seu batismo, ele iniciou os quarenta dias de ajustamento de si próprio às relações alteradas do mundo e do universo, ocasionadas pela personalização do seu Ajustador. Durante esse isolamento nas colinas pereianas, ele determinou a política a ser seguida e os métodos a serem empregados na fase nova e modificada da vida da Terra, que ele havia de inaugurar.

Jesus não saiu em retiro com o propósito de jejuar, tampouco para afligir a sua alma. Ele não era um asceta e havia vindo com o fito de acabar definitivamente com todas as noções errôneas a respeito de Deus. As suas razões para procurar esse retiro foram inteiramente diferentes daquelas que tinham atuado sobre Moisés e Elias e, mesmo, sobre João Batista. Jesus já era, então, plenamente consciente a respeito da sua relação com o universo por ele próprio criado e, também, da sua relação com o universo dos universos, supervisionado pelo Pai do Paraíso, o seu Pai nos céus. Agora, ele se lembrava totalmente da missão de auto-outorga e das instruções administradas pelo seu irmão mais velho, Emanuel, antes que ele entrasse na sua encarnação de Urântia. Jesus compreendia total e claramente, agora, todas essas múltiplas relações; e desejava ficar afastado, durante um período de meditação, em silêncio, de modo a poder pensar sobre os seus planos e decidir sobre quais procedimentos adotar na continuação dos seus trabalhos públicos em favor deste mundo e de todos os outros mundos do seu universo local.

Enquanto vagava pelas colinas, procurando um abrigo adequado, Jesus encontrou o dirigente executivo do seu universo, Gabriel, o Brilhante Estrela Matutino de Nébadon. Gabriel restabelecia agora a comunicação pessoal com o Filho Criador do universo; eles encontraram-se diretamente, pela primeira vez, desde que Michael havia deixado os seus colaboradores em Sálvington, quando foi a Edêntia fazer os preparativos para iniciar a auto-outorga de Urântia. Gabriel, por ordem de Emanuel e sob a autoridade dos Anciães dos Dias de Uversa, dava agora a Jesus a informação indicativa de que a sua experiência de auto-outorga em Urântia estava praticamente realizada no que concernia à conquista da soberania perfeita do seu universo e ao fim da rebelião de Lúcifer. A primeira fora conquistada no dia do seu batismo, quando a personalização do seu Ajustador demonstrou que a sua outorga à semelhança da carne mortal estava completa e perfeita; e o segundo passou a ser um fato na história, naquele dia em que ele veio do monte Hermom, ao encontro de Tiglá, o jovem que o esperava. Jesus estava sendo informado agora, pelas autoridades mais elevadas do universo local e do superuniverso, de que a sua obra de outorga estava completa naquilo que dizia respeito ao seu status pessoal, em relação à soberania e à rebelião. Ele já tinha recebido essa garantia, diretamente do Paraíso, na visão batismal e no fenômeno da personalização do seu Ajustador do Pensamento residente.

Enquanto Jesus permaneceu na montanha, falando com Gabriel, o Pai da Constelação de Edêntia apareceu, em pessoa, para Jesus e Gabriel, dizendo: "Os registros foram realizados. A soberania de Michael, Número 611 121, sobre o seu universo de Nébadon está completa e entregue à mão direita do Pai Universal. Eu trago a ti a tua liberação da auto-outorga, vinda de Emanuel, o teu irmão e padrinho para esta encarnação de Urântia. Tens a liberdade para terminar, agora, ou em qualquer momento subseqüente, da maneira da tua própria escolha, a tua auto-outorga de encarnação; e ascender à mão direita do teu Pai, para receber a tua soberania e assumir o teu bem conquistado governo, incondicional, de todo o Nébadon. E também eu atesto que se encerra, segundo as formalidades dos registros do superuniverso, por autorização dos Anciães dos Dias, tudo o que existir ligado ao término de toda a rebelião pecaminosa, no teu universo, dotando-te com a autoridade plena e ilimitada para lidar com todos e quaisquer possíveis levantes como esse, no futuro. Tecnicamente, a tua obra, em Urântia e na carne da criatura mortal, está terminada. O teu caminho, de agora em diante, fica sendo uma questão para a tua própria escolha".

Quando o Pai Altíssimo de Edêntia se foi, Jesus manteve uma longa conversa com Gabriel, a respeito do bem-estar do universo, e, enviando saudações a Emanuel, reiterou a sua promessa de que, no trabalho que ele estava para empreender em Urântia, ele lembrar-se-ia sempre dos conselhos que lhe tinham sido ministrados em Sálvington, na sua missão de preparo para essa outorga.

Em todos esses quarenta dias de isolamento, Tiago e João, os filhos de Zebedeu, estiveram empenhados em encontrar Jesus. Algumas vezes estiveram a pouca distância do local onde ele estava recolhido, mas nunca o encontraram.

4. OS PLANOS PARA O TRABALHO PÚBLICO

Dia a dia, no alto das colinas, Jesus formulava os planos para o restante da sua outorga em Urântia. Primeiro ele decidiu não ensinar concomitantemente com João. E planejou permanecer em um relativo retiro até que o trabalho de João tivesse atingido o seu propósito, ou até que fosse interrompido subitamente pelo seu encarceramento. Jesus sabia bem que a pregação destemida e sem tato de João iria logo despertar os temores e a inimizade dos governantes civis. Em vista da situação precária de João, Jesus começou definitivamente a planejar o seu programa de trabalhos públicos, em favor do seu povo do mundo, ou seja, em prol de todos os mundos habitados de todo o seu vasto universo. A auto-outorga mortal de Michael acontecia *em* Urântia, mas *para* todos os mundos de Nébadon.

A primeira coisa que Jesus fez, depois de repensar o plano geral, para a coordenação do seu programa com os movimentos de João, foi rever, na sua mente, as instruções de Emanuel. Cuidadosamente repassou o conselho dado a ele, a respeito dos seus métodos de trabalho e de que ele não devia deixar nenhum escrito permanente no planeta. Nunca mais Jesus escreveu em nada a não ser na areia. Na sua visita subseqüente a Nazaré, e para grande tristeza do seu irmão José, Jesus destruiu todos os seus escritos, que haviam sido preservados em pranchas na oficina de carpinteiro, e aqueles que estavam dependurados nas paredes da velha casa. E Jesus ponderou muito bem sobre os conselhos de Emanuel, sobre a atitude econômica, social e política que devia manter para com o mundo, do modo como ele o encontrasse.

Jesus não jejuou durante esse período de quarenta dias de isolamento. O período mais longo que passou sem alimento foi o dos seus dois primeiros dias nas colinas, quando estava tão absorto nos seus pensamentos que se esqueceu totalmente de comer. Ao terceiro dia, contudo, ele saiu à procura de alimento. E também ele não foi *tentado*, durante esse tempo, por quaisquer espíritos do mal, nem por personalidades rebeldes em permanência neste mundo, nem de nenhum outro mundo.

Esses quarenta dias foram a ocasião para a conferência final, entre a mente humana e a mente divina, ou melhor, para o primeiro funcionamento real dessas duas mentes, agora feitas uma. Os resultados desse importante período de meditação demonstraram conclusivamente que a mente divina, de modo triunfal, havia dominado espiritualmente o intelecto humano. A mente do homem tinha transformado-se na mente de Deus, desse momento em diante e, se bem que a individualidade e a mente do homem estivessem sempre presentes, essa mente humana espiritualizada sempre dizia: "Não a minha vontade, mas a Tua seja feita".

As transações dessa época de eventos memoráveis não foram as visões fantásticas de uma mente enfraquecida pela longa fome, nem foram elas repletas dos simbolismos confusos e pueris que posteriormente ganharam registro como as "tentações de Jesus no deserto". Esse foi mais um período para repensar sobre toda a carreira variada e cheia de eventos, da sua outorga de Urântia; e para o estabelecimento cuidadoso dos planos para a ministração futura, do modo como melhor servisse a esse mundo e que também contribuísse, em alguma coisa, para melhorar todas as outras esferas isoladas pela rebelião. Jesus pensou sobre todo o ciclo da vida humana em Urântia, desde os dias de Andon e Fonta, passando pelos da falta cometida por Adão e até os da ministração de Melquisedeque de Salém.

Gabriel havia lembrado a Jesus que havia dois modos pelos quais ele poderia manifestar a si próprio ao mundo, caso escolhesse permanecer ainda em Urântia por um período de tempo. E ficou claro para Jesus que a sua escolha nessa questão nada teria a ver, nem com a sua soberania sobre o universo, nem com o término da rebelião de Lúcifer. Esses dois modos de ministração ao mundo eram:

1. O seu próprio modo – o modo que pudesse parecer o mais agradável e o de maior proveito, do ponto de vista das necessidades imediatas deste mundo e para a edificação presente do seu próprio universo.

2. O modo do Pai – aquele que daria uma demonstração de um ideal de longo alcance da vida da criatura, como era visualizada pelas altas personalidades do Paraíso, na administração do universo dos universos.

E, assim, tornou-se claro, para Jesus, que havia dois caminhos, segundo os quais ele poderia ordenar o restante da sua vida terrena. Cada um desses caminhos tinha algo argumentando a seu favor, se fosse visto à luz da situação imediata. O Filho do Homem percebeu claramente que a sua escolha, entre esses dois modos de conduta, nada teria a ver com a sua recepção da soberania do universo; pois aquilo era uma questão já estabelecida e selada, nos registros do universo dos universos, e que apenas aguardava a sua demanda pessoal. Contudo, foi indicado a Jesus que uma grande satisfação seria proporcionada ao seu irmão do Paraíso, Emanuel, se ele, Jesus, concluísse que seria adequado terminar a sua carreira terrena de encarnação tão nobremente quanto a havia iniciado: submetendo-se sempre à vontade do Pai. Ao terceiro dia desse isolamento, Jesus prometeu a si próprio que retornaria ao mundo para terminar a sua carreira terrena; e que, em uma situação que envolvesse apenas um dos dois caminhos, ele escolheria sempre a vontade do Pai. E viveu o restante da sua vida terrena sempre fiel a essa resolução. Até o amargo fim mesmo, ele subordinou invariavelmente a sua vontade soberana à vontade do seu Pai celeste.

Os quarenta dias na montanha desértica não foram um período de grande tentação; mas foram, antes, o período das *grandes decisões* do Mestre. Durante esses dias de comunhão solitária consigo próprio e com a presença imediata do seu Pai – o Ajustador Personalizado (ele não tinha mais um guardião seráfico pessoal) – Jesus se pôs frente às grandes decisões, uma a uma, que viriam a reger as suas políticas e a sua conduta, para o restante da sua carreira terrena. Posteriormente, a tradição de uma grande tentação ficou ligada a esse período de isolamento, por causa da confusão das narrativas fragmentadas das lutas do monte Hermom, e também porque o costume era o de que todos os grandes profetas e os líderes humanos houvessem começado as suas carreiras públicas submetendo-se a esses supostos períodos de jejum e oração. Tinha sido sempre da prática de Jesus, quando posto frente a quaisquer decisões novas ou sérias, retirar-se para uma comunhão com o seu próprio espírito, de um modo tal que ele pudesse buscar conhecer a vontade de Deus.

Em todo esse plano, para o restante da sua vida terrena, Jesus esteve sempre dividido, dentro do seu coração humano, entre dois rumos opostos de conduta:

1. O do forte desejo que ele alimentava, de conduzir o seu povo – e todo o mundo – a acreditar nele e aceitar o seu novo Reino espiritual. E ele sabia muito bem sobre as idéias deles a respeito do Messias que viria.

2. O de viver e trabalhar como ele sabia ser o modo de aprovação do seu Pai, de conduzir o seu trabalho em favor de outros mundos em necessidade e continuar a estabelecer o Reino revelando o Pai e manifestando o Seu caráter divino de amor.

Nesses dias de acontecimentos memoráveis, Jesus viveu em uma caverna antiga de rocha, um abrigo de um lado das colinas, perto de uma aldeia algumas vezes chamada de Beit Adis. Ele bebia água de uma pequena fonte que vinha de um lado da montanha perto desse abrigo na rocha.

5. A PRIMEIRA GRANDE DECISÃO

Ao terceiro dia, após ter começado esse diálogo com o seu Ajustador Personalizado, Jesus foi presenteado com a visão das hostes celestes de Nébadon, enviadas pelos seus comandantes para aguardarem e cumprirem a vontade do seu amado Soberano. Essas poderosas hostes abrangiam doze legiões de serafins e números proporcionais de cada uma das ordens de inteligência do universo. E a primeira grande decisão de Jesus, no seu isolamento, tinha a ver com a sua escolha de fazer uso, ou não, dessas poderosas personalidades, para o programa seguinte do seu trabalho público em Urântia.

Jesus decidiu que ele *não* utilizaria uma única personalidade sequer que fosse, desse vasto conjunto, a menos que se tornasse evidente que essa seria a *vontade do Pai*. Não obstante essa decisão ser geral, essas imensas hostes permaneceram com Jesus durante o restante da sua vida terrestre, sempre em prontidão para obedecer à menor expressão da vontade do seu Soberano. Jesus não via constantemente essas personalidades, que o acompanhavam, com os seus olhos humanos; o seu Ajustador Personalizado solidário, contudo, constantemente, não apenas as via, mas podia comunicar-se com todas elas.

Antes de voltar do retiro de quarenta dias nas montanhas, Jesus designou o comando direto dessa hoste ajudante de personalidades do universo, ao seu Ajustador recentemente Personalizado; e, por mais de quatro anos, do tempo de Urântia, essas seletas personalidades, de cada divisão de inteligências do universo, obediente e respeitosamente funcionaram sob a sábia condução do elevado e experiente Monitor Misterioso Personalizado. Ao assumir o comando desse conjunto poderoso, o Ajustador, havendo uma vez sido parte e essência do Pai do Paraíso, assegurou a Jesus que, em nenhum caso, a todas essas agências supra-humanas, seria permitido servir ou manifestar-se, por qualquer motivo, em defesa da carreira terrena dele, a menos que se tornasse claro que o Pai desejava tal intervenção. Assim, por meio de uma grande decisão, Jesus estava privando-se, a si próprio e voluntariamente, de qualquer cooperação supra-humana, para todas as questões que tivessem a ver com o restante da sua carreira mortal, a menos que o Pai pudesse escolher independentemente participar desse ou daquele ato ou episódio dos trabalhos terrenos do Filho.

Ao aceitar esse comando das hostes do universo, a serviço de Cristo Michael, o Ajustador Personalizado fez um grande esforço para mostrar a Jesus que, embora esse conjunto de criaturas do universo pudesse estar, em todas as suas atividades no *espaço*, comandado e contido pela autoridade delegada pelo seu Criador, tais limitações deixavam de ser operativas, no que dizia respeito à função dele no *tempo*. E isso porque tal limitação vinha do fato de que os Ajustadores são seres não temporais, mesmo após personalizados. E, desse modo, Jesus foi advertido quanto ao controle, a ser efetuado pelo Ajustador, das inteligências vivas colocadas sob o seu comando, de que seria completo e perfeito quanto às questões envolvendo o *espaço*; todavia, não poderia haver limitações tão perfeitas a serem impostas, no que concernisse ao *tempo*. Disse-lhe o Ajustador: "Como tu me comandaste, impedirei a interferência dessa hoste de inteligências do universo, a qual aguarda para servir-te, de todos os modos, no que disser respeito à tua carreira terrena, exceto nos casos em que o Pai do Paraíso me ordenar liberar esses agentes e agências para que cumpram Sua vontade divina, tal como pela tua escolha puder ser realizado; e essa mesma exceção acontecerá nos casos em que optares por agir segundo a tua vontade divino-humana, casos que envolvam apenas alterações da ordem natural terrena quanto ao *tempo*. Portanto, em todos esses eventos, eu serei impotente, e as tuas criaturas, aqui reunidas em perfeição e unidade de poder, também, serão impotentes. Caso as tuas naturezas unidas alimentem um desejo, tal mandado da tua escolha será logo executado. O teu desejo, em todas as questões como essas, constituirá uma ponte no tempo, e a coisa projetada *será* existente. Sob o meu comando, essa é a limitação mais completa possível que pode ser imposta ao teu potencial de soberania. Na minha consciência, o tempo não existe e, portanto, não posso limitar as tuas criaturas em nada que se relacione a ele".

DOCUMENTO 136: SEÇÃO 5

E, desse modo, Jesus tornou-se sabedor de como funcionaria a sua decisão de continuar vivendo como um homem entre os homens. Por uma simples decisão, ele havia excluído todas as hostes do universo à sua disposição, de inteligências variadas, de participarem do seu ministério público, que se seguiria; exceção feita somente àqueles assuntos que envolvessem o *tempo*. Tornou-se evidente, a partir daí, que qualquer acompanhamento, supostamente supranatural ou supra-humano possível à ministração de Jesus teria pertinência apenas quanto à eliminação do tempo, a menos que o Pai nos céus ordenasse especificamente que fosse de outro modo. Nenhum milagre, nenhuma ministração de misericórdia, nem qualquer outro evento possível, que ocorrer nas obras restantes de Jesus na Terra, não deverá, possivelmente, ser de natureza ou caráter que transcenda às leis naturais estabelecidas e funcionando regularmente nos assuntos dos homens, e do modo como vivem eles em Urântia, *exceto* nessa questão expressamente declarada do *tempo*. Nenhum limite, que fique claro, poderia ser colocado às manifestações da "vontade do Pai". A eliminação do tempo, em qualquer coisa do desejo expresso desse Soberano em potencial de um universo, poderia ser evitada apenas por ato expresso e direto da *vontade* desse homem-Deus; ou seja, deveria ele próprio decidir que o tempo, enquanto relacionado a algum ato, ou evento em questão, *não devesse ser abreviado, nem eliminado*. Para impedir o surgimento dos aparentes *milagres no tempo*, tornava-se necessário que Jesus permanecesse continuamente consciente do fator tempo. Qualquer lapso, da sua parte, na consciência que tinha do tempo, se mantido em relação a algum desejo definido, seria equivalente à realização da coisa concebida na mente desse Filho Criador, sem interferências quanto ao tempo.

Por meio do controle e da supervisão do Ajustador Personalizado, solidário a ele, tornava possível a Michael limitar perfeitamente as suas atividades pessoais terrenas, com referência ao espaço; mas não era possível, ao Filho do Homem, limitar desse mesmo modo o seu novo status terreno, como Soberano potencial de Nébadon, no que concernia ao *tempo*. E esse era o status de fato de Jesus de Nazaré, quando ele saiu para começar a sua ministração pública em Urântia.

6. A SEGUNDA DECISÃO

Havendo estabelecido a sua política concernente a todas as personalidades, de todas as classes de inteligências criadas por ele, até onde isso podia ser determinado, em vista do potencial inerente ao seu novo status de divindade; Jesus agora voltava os seus pensamentos na direção de si mesmo. O que iria ele fazer, agora que estava totalmente consciente de ser o criador de todas as coisas e seres existentes neste universo, dessas prerrogativas de criador, nas situações recorrentes da vida, com as quais iria confrontar-se imediatamente, tão logo retornasse à Galiléia, para reassumir o seu trabalho entre os homens? De fato, precisamente ali onde ele estava e já, naquelas montanhas solitárias, esse problema forçosamente se apresentava a ele, na questão de obter comida. Ao terceiro dia das suas meditações solitárias, o corpo humano ficou faminto. Deveria ele ir à procura de comida, como qualquer homem comum iria; ou deveria ele meramente exercer os seus poderes de criação normais e produzir a nutrição adequada ao corpo, pronta e à mão? Essa grande decisão do Mestre havia sido descrita para vós como uma tentação – como um desafio, de inimigos supostos, para que ele "comandasse que essas pedras se transformassem em pães".

Jesus assim estabeleceu uma outra política, também consistente, para o restante dos seus trabalhos terrenos. No que concernisse às suas necessidades pessoais e, em geral mesmo, nas suas relações com outras personalidades, iria ele, agora, deliberadamente, escolher o caminho da existência normal terrena, para seguir por esse caminho; definitivamente decidia contra uma política que transcendesse, violasse ou ultrajasse as suas próprias leis naturais estabelecidas. Entretanto, ele não podia prometer a si próprio, como já tinha sido advertido pelo seu Ajustador Personalizado, que essas leis naturais não fossem *aceleradas*, e intensamente, sob certas circunstâncias concebíveis. Em princípio, Jesus decidiu que o trabalho da sua vida deveria ser organizado e ter prosseguimento, de acordo com a lei natural e em harmonia com a organização social existente. O Mestre escolheu, portanto, um programa de vida que era o equivalente a decidir contra os milagres e os prodígios. Novamente ele decidiu a favor da "vontade do Pai"; novamente rendia-se, colocando tudo nas mãos do seu Pai do Paraíso.

A natureza humana de Jesus ditou que o primeiro dever seria a autopreservação; essa é a atitude normal do homem natural, nos mundos do tempo e do espaço; e, portanto, é uma reação legítima para um mortal de Urântia. Mas Jesus não estava preocupado apenas com este mundo e com as criaturas dele; ele estava vivendo uma vida destinada a instruir e inspirar as múltiplas criaturas de todo um vasto universo.

Antes da sua iluminação batismal, ele havia vivido em perfeita submissão à vontade e ao guiamento do seu Pai celeste. E decidiu, enfaticamente, continuar na mesma dependência, mortal e implícita, da vontade do Pai. E propôs a si próprio um caminho antinatural – decidindo não buscar a autopreservação. Escolheu continuar seguindo a política de recusar-se a defender a si próprio. E formulou as suas conclusões, sobre as palavras da escritura, conhecidas da sua mente humana: "O homem não deve viver de pão somente, mas de toda palavra que provém da boca de Deus". Ao chegar a essa conclusão, com relação ao apetite da natureza física, representado pela fome de comida, o Filho do Homem fez a sua declaração final a respeito de todas as urgências da carne e dos impulsos naturais da natureza humana.

Ele poderia usar o seu poder supra-humano, provavelmente, para os outros, mas, para si mesmo, nunca. E ele seguiu essa política, de modo coerente, até o fim, quando de modo zombeteiro foi dito sobre ele: "Ele salvou os outros; a si próprio ele não pode salvar" – pois ele não queria isso.

Os judeus estavam esperando por um Messias que fizesse prodígios ainda maiores do que os de Moisés, de quem se dizia haver feito a água brotar da rocha em um local desértico e ter alimentado os seus ancestrais, com o maná, no deserto. Jesus sabia que espécie de Messias os seus compatriotas esperavam; e Jesus tinha todos os poderes e prerrogativas para estar à altura das mais ardentes expectativas, mas ele decidiu-se contra um programa de tanta grandiosidade de poder e glória. Jesus considerava que essa seqüência de milagres esperados seria um retrocesso aos velhos tempos de magia ignorante, quando os curadores selvagens tratavam por meio de práticas degradadas. Para a salvação das suas criaturas, talvez ele pudesse acelerar a lei natural, mas transcender as suas próprias leis, fosse para o benefício de si próprio, fosse para impressionar os seus companheiros humanos, isso ele não faria. E a decisão do Mestre foi final.

Jesus condoía-se pelo seu povo; ele compreendia totalmente o modo como eles haviam sido levados à expectativa do Messias vindouro: o tempo em que "a terra dará seus frutos por dez mil vezes; e em um vinhedo haverá mil galhos e cada galho dará mil cachos de uvas, e cada cacho terá mil uvas e cada uva produzirá um barril de vinho". Os judeus acreditavam que o Messias inauguraria uma era de abundância miraculosa. Os hebreus há muito vinham nutrindo tradições de milagres e de lendas prodigiosas.

Ele não era um Messias vindo com o fito de multiplicar os pães e o vinho. Ele viera, não para ministrar diante das necessidades temporais apenas; ele viera para revelar o seu Pai nos céus, aos filhos na Terra, buscando unir os seus filhos terrenos a Ele, em um esforço sincero para viver de modo a cumprir a vontade do Pai nos céus.

Com essa decisão, Jesus de Nazaré retratou, a um universo atento, a loucura e o pecado de prostituir os talentos divinos e as habilidades dadas por Deus, para engrandecimento pessoal ou para conquistas e glorificações puramente egoístas. Esse havia sido o pecado de Lúcifer e de Caligástia.

Essa grande decisão de Jesus ilustra dramaticamente a verdade de que a satisfação egoísta e a gratificação sensual, em si e por si mesmas, não são capazes de conferir felicidade aos seres humanos em evolução. Há valores mais elevados, na existência mortal – as conquistas da mestria intelectual e realizações espirituais –, que, em muito, transcendem a gratificação necessária dos apetites e instintos puramente físicos do homem. Os dons naturais, de talento e capacidade do homem, deveriam ser devotados, sobretudo, ao desenvolvimento e ao enobrecimento dos seus mais elevados poderes de mente e de espírito.

Jesus revelou às criaturas do seu universo, assim, a técnica do novo e melhor caminho, os valores morais mais altos do viver e das satisfações espirituais mais profundas da existência humana evolucionária, nos mundos do espaço.

7. A TERCEIRA DECISÃO

Havendo tomado decisões sobre questões tais como o alimento e a ministração física às necessidades do seu corpo material, o cuidado, de si próprio e dos seus companheiros, com a saúde; outras questões ficavam ainda para ser solucionadas. Qual seria a sua atitude, quando se confrontasse com a ameaça pessoal? Ele decidiu exercer uma vigilância e tomar precauções normais, quanto à sua segurança humana, para impedir o fim da sua carreira na carne; porém, decidiu abster-se de qualquer intervenção supra-humana, quando a grande crise da sua vida na carne chegasse. Ao formular essa decisão, Jesus estava assentado à sombra de uma árvore em uma beirada saliente de rocha, tendo um precipício bem diante de si. E entendia, bem claramente, que poderia jogar-se, daquela borda, para o espaço, sem que nada acontecesse para machucá-lo, desde que ele contrariasse a sua primeira grande decisão de não invocar a intervenção das suas inteligências celestes, para prosseguir no trabalho da sua vida em Urântia, e que ab-rogasse a sua segunda decisão, que dizia respeito à sua atitude para com a preservação da sua vida.

Jesus sabia que os seus compatriotas estavam esperando um Messias que estivesse acima da lei natural. E a ele tinha sido ensinada aquela escritura: "Nenhum mal recairá sobre ti, nenhuma praga se aproximará da tua morada. Pois Ele colocará os Seus anjos para encarregarem-se de ti, para zelar por ti, em todos os teus caminhos. Eles te levarão, nas próprias mãos, para que os teus pés não se choquem contra a pedra". Essa espécie de presunção, esse desafio às leis da gravidade do seu Pai, poderia justificar-se, para protegê-lo de algum possível dano, por acaso, ou para ganhar a confiança de um povo mal instruído e desorientado? Um tal procedimento, por mais gratificante que fosse, para aqueles judeus que buscavam sinais, seria, todavia, não uma revelação do seu Pai, mas uma manipulação questionável das leis estabelecidas do universo dos universos.

Ao compreenderdes tudo isso e ao saberdes que o Mestre recusou-se a desafiar as suas leis naturais, estabelecidas para o seu trabalho, em tudo aquilo que envolvesse a conduta pessoal, imediatamente sabereis, e com toda a certeza, que ele nunca caminhou sobre as águas, nem fez qualquer outra coisa que significasse um ultraje à sua ordem material de administrar o mundo. Claro está, todavia, e deveis ter isso sempre em mente, que não havia sido encontrado nenhum meio pelo qual ele pudesse estar totalmente livre da própria falta de controle sobre o elemento do tempo, para todas as questões colocadas sob a jurisdição do Ajustador Personalizado.

Em toda a sua vida terrena, Jesus permaneceu consistentemente leal a essa decisão. Não importava que os fariseus escarnecessem dele, pedindo para terem um sinal, nem que os espectadores, no Calvário, o desafiassem a descer da cruz; ele aderiu firmemente à decisão tomada nesse momento nas montanhas.

8. A QUARTA DECISÃO

O próximo grande problema com o qual esse Deus-homem debateu-se, e sobre o qual decidiu segundo a vontade do Pai nos céus, foi quanto ao emprego ou não de qualquer dos seus poderes supra-humanos; se deveria usá-los com o propósito de atrair a atenção e de ganhar a adesão dos seus companheiros humanos. Deveria, de qualquer modo, emprestar os seus poderes universais para a gratificação da ânsia dos judeus, pelo espetacular e pelo maravilhoso? Ele decidiu que não devia. Firmou-se em uma política de procedimento que eliminaria todas essas práticas, como método de levar a sua missão a ser notada pelos homens. E, de modo consistente, ele viveu dentro dessa grande decisão. Mesmo quando permitiu a manifestação de inúmeras ministrações de misericórdia, que abreviavam o tempo, ele admoestava, quase que invariavelmente, àqueles que recebiam o seu ministério de cura, para não dizer a nenhum homem sobre os benefícios que tinham recebido. E sempre recusou o desafio sarcástico dos seus inimigos de "mostrar-nos um sinal" como prova e demonstração da sua divindade.

Jesus, muito sabiamente, previu que a operação de milagres e a execução de prodígios poderiam atrair uma lealdade apenas superficial e exterior, por causar intimidação à mente material; e essas atuações não revelariam Deus, nem salvariam os homens. Ele recusou-se a se tornar um mero operador de prodígios. E resolveu ocupar-se de uma única tarefa – o estabelecimento do Reino do céu.

Durante todo esse monumental diálogo de Jesus, em comunhão consigo mesmo, o elemento humano, que questiona e quase duvida, esteve presente, pois Jesus era homem tanto quanto Deus. Estava evidente que ele não iria nunca ser recebido pelos judeus como o Messias, caso não realizasse coisas prodigiosas. Além disso, se ele consentisse em fazer qualquer coisa que fosse não natural, a mente humana evidentemente saberia que estava em subserviência a uma mente verdadeiramente divina. E seria isso consistente com a "vontade do Pai", que a mente divina fizesse essa concessão à natureza cética da mente humana? Jesus decidiu que não; e apoiou-se na presença do Ajustador Personalizado, como prova suficiente da divindade em parceria com a humanidade.

Jesus havia viajado bastante; relembrou-se de Roma, Alexandria e Damasco. Conhecia os métodos do mundo – como as pessoas atingiam as suas metas, na política e no comércio, por meio de concessões e diplomacia. Utilizaria esse conhecimento para que a sua missão na Terra avançasse? Não! E decidiu, do mesmo modo, contra todas as concessões feitas à sabedoria terrena do mundo e à influência da riqueza, para o estabelecimento do Reino. De novo escolheu depender exclusivamente da vontade do Pai.

Jesus estava plenamente consciente de como os caminhos ficam facilitados e se abrem, para aqueles com poderes como os seus. Ele conhecia muitos modos de atrair a atenção da nação; e o mundo inteiro poderia ter as suas atenções imediatamente focalizadas sobre ele. Logo a Páscoa seria celebrada em Jerusalém; a cidade seria atropelada pelos visitantes. Ele poderia ascender aos pináculos do templo e, diante da multidão desconcertada, caminhar no ar; essa seria a espécie de Messias que eles estavam buscando. E ele iria desapontá-los a todos, em seguida, já que não havia vindo para restabelecer o trono de Davi. E Jesus sabia da inutilidade do método de Caligástia, de tentar adiantar-se ao modo natural, lento e certo, de realizar o propósito divino. De novo, o Filho do Homem inclinava-se obedientemente para o caminho do Pai, à vontade do Pai.

Jesus escolheu estabelecer o Reino do céu, nos corações da humanidade, pelos métodos naturais, comuns, difíceis e cheios de provações; exatamente aqueles procedimentos que as suas criaturas terrenas deveriam adotar, subseqüentemente, no seu trabalho de ampliar e estender este Reino do céu. Pois o Filho do Homem sabia muito bem que seria "através de muita atribulação que muitos filhos, de todas as épocas, entrariam no Reino". Jesus estava agora passando pelo grande teste do homem civilizado: de ter o poder e firmemente recusar-se a usá-lo para propósitos puramente egoístas ou pessoais.

Nas vossas considerações sobre a vida e a experiência do Filho do Homem, deveríeis sempre ter em mente que o Filho de Deus estava encarnado na mente de um ser humano do primeiro século, não na mente de um mortal do século vinte ou de qualquer outro século. Com isso temos a intenção de transmitir a idéia de que os dons humanos de Jesus eram os de aquisição natural. Ele era produto dos fatores da hereditariedade e meio ambiente do seu tempo, acrescentados da influência da sua instrução e educação. A sua humanidade era genuína, natural, integralmente derivada e estimulada pelos antecedentes das condições reais do status intelectual, social e econômico daqueles dias e daquela geração. Se bem que houvesse sempre, na experiência desse Deus-homem, a possibilidade de que a mente divina transcendesse o intelecto humano, entretanto, quando a sua mente humana funcionava como tal, ela o fazia como uma verdadeira mente mortal o faria sob as condições do ambiente humano daquela época.

Jesus descortinou para todos os mundos do seu imenso universo a loucura que é criar situações artificiais, com o fito de exibir autoridade arbitrária ou de permitir a si um poder excepcional, no propósito de exaltar valores morais ou de acelerar o progresso espiritual. Jesus decidiu que, na sua missão na Terra, não se prestaria a repetir os desapontamentos do reino dos Macabeus. Ele recusou-se a prostituir os seus atributos divinos, com o propósito de conseguir uma popularidade fora de propósito ou para ganhar prestígio político. Ele não iria aprovar a transmutação da energia divina e criativa, em poder nacional ou em prestígio internacional. Jesus de Nazaré recusou-se a fazer concessões ao *mal*, e menos ainda a consorciar-se com o pecado. O Mestre pôs, triunfalmente, a lealdade à vontade do seu Pai acima de qualquer consideração terrena ou temporal.

9. A QUINTA DECISÃO

Tendo estabelecido essas questões da política, no que eram pertinentes às suas relações individuais com a lei natural e o poder espiritual, voltou a sua atenção para a escolha dos métodos a serem empregados na proclamação e no estabelecimento do Reino de Deus. João havia já começado o trabalho; como poderia ele continuar a mensagem? Como deveria retomar a missão de João? Como deveria ele organizar os seus seguidores, em um esforço efetivo para uma cooperação inteligente? Jesus estava agora chegando à decisão final que iria proibir que se considerasse a si próprio como o Messias judeu, ao menos como era popularmente concebido, o Messias, naqueles dias.

Os judeus visualizavam um libertador que viria com um poder miraculoso, para pôr abaixo os inimigos de Israel e estabelecer os judeus como os governantes do mundo, livres de privações e de opressão. Jesus sabia que essa esperança nunca se realizaria. Ele sabia que o Reino do céu tinha a ver com a derrocada do mal nos corações dos homens; e que era uma questão de interesse puramente espiritual. Ele pensou sobre a conveniência de inaugurar o Reino espiritual com uma demonstração brilhante e deslumbrante de poder – e esse caminho teria sido permissível e totalmente dentro da jurisdição de Michael –, mas ele decidiu totalmente contra um plano assim. Ele não se envolveria nas técnicas revolucionárias de Caligástia. Ele havia conquistado potencialmente o mundo pela submissão à vontade do Pai; e propunha-se terminar o seu trabalho como ele o havia começado, e como Filho do Homem.

Dificilmente podeis imaginar o que teria acontecido em Urântia, caso esse Deus-homem, agora na posse potencial de todo o poder nos céus e na Terra, houvesse decidido desfraldar o estandarte da soberania e invocar os batalhões na formação e militância da execução de maravilhas! Todavia, ele não abriria tais concessões. Não serviria ao mal para que a adoração a Deus viesse presumivelmente como derivada disso. Ele conformar-se-ia segundo a vontade de Deus. Jesus iria proclamar a um universo de olhos abertos sobre ele: "Vós ireis adorar o Senhor vosso Deus e a Ele apenas devereis servir".

Com o passar dos dias, Jesus concebeu com clareza crescente a espécie de revelador da verdade que ele se tornaria. Discernia que o caminho de Deus não seria o caminho mais fácil. Começou a compreender que era possível que o cálice do remanescente da sua experiência humana fosse amargo, mas decidiu-se a beber dele.

Mesmo a sua mente humana passa a despedir-se do trono de Davi. Passo a passo essa mente humana prossegue no caminho do divino. A mente humana ainda faz perguntas, mas aceita infalivelmente as respostas divinas como direções finais, nesta vida combinada de homem neste mundo, submetendo-se todo o tempo, irrestritamente, a fazer a vontade divina e eterna do Pai.

Roma era a senhora do mundo ocidental. O Filho do Homem, agora em isolamento e tomando essas decisões memoráveis, com as hostes dos céus sob seu comando, representava a última oportunidade dos judeus de alcançar o domínio do mundo; mas esse mesmo judeu, nascido na Terra, possuidor de uma sabedoria e poder tão extraordinários, declinou usar os seus dons universais, fosse para o engrandecimento de si próprio, fosse para levar o seu povo ao trono. Ele viu como eram "os reinos deste mundo"; e possuía o poder para tomá-los. Os Altíssimos de Edêntia haviam colocado todos esses poderes nas suas mãos, mas ele não os queria. Os reinos da Terra eram coisas por demais vis para interessarem ao Criador e Governante de um universo. Jesus tinha apenas um objetivo, a continuidade da revelação de Deus ao homem, o estabelecimento do Reino e o governo do Pai celeste nos corações da humanidade.

A idéia de batalha, de contenda e massacres era repugnante para Jesus; ele não queria nada daquilo. Ele apareceria na Terra como o Príncipe da Paz, revelando um Deus de amor. Antes do seu batismo, de novo, ele havia recusado a oferta dos zelotes de liderá-los em rebelião contra os opressores romanos. E agora ele tomava a sua decisão final a respeito daquelas escrituras que a sua mãe lhe havia ensinado, tais como: "O Senhor disse a mim: 'Tu és o meu Filho; neste dia Eu o concebi. Peça a mim e dar-te-ei os pagãos como herança e os confins da Terra para a tua posse. Tu irás quebrá-los com uma vara de ferro; tu irás fazê-los em pedaços como a um pote de cerâmica' ".

Jesus de Nazaré chegou à conclusão de que essas afirmações e modo de falar não se referiam a ele. Afinal, e definitivamente, a mente humana do Filho do Homem fez uma limpeza em todas essas contradições e dificuldades messiânicas – as escrituras hebraicas, a educação dos pais e a do chazam, as expectativas judaicas e os desejos da ambição humana–; e para sempre decidiu sobre o curso da sua obra. Retornaria à Galiléia e começaria, com tranqüilidade, a proclamação do Reino e confiaria ao seu Pai (no Ajustador Personalizado) o trabalho dos detalhes do procedimento no dia a dia.

Por meio dessas decisões, Jesus deu um exemplo digno para todas as pessoas em todos os mundos, em todo o seu vasto universo, quando se recusou a dar provas materiais para as questões espirituais, e se recusou a desafiar, com presunção, as leis naturais. E estabeleceu um exemplo inspirador de lealdade ao universo, e nobreza moral, quando se recusou a se apegar ao poder temporal como prelúdio de glória espiritual.

Se o Filho do Homem tinha quaisquer dúvidas sobre a sua missão e a natureza dela, quando subiu as colinas depois do seu batismo; nenhuma mais ele mantinha, quando desceu de volta para os seus companheiros, depois dos quarenta dias de isolamento e decisões.

Jesus havia formulado um programa para o estabelecimento do Reino do seu Pai. Ele não cuidará das gratificações físicas do povo. Não negociará o pão com as multidões, como havia visto muito recentemente sendo feito em Roma. Não atrairá a atenção sobre si próprio, fazendo coisas prodigiosas, ainda que os judeus estejam esperando exatamente esse tipo de libertador. Nem procurará ganhar aceitação, para a mensagem espiritual, por meio de uma exibição de autoridade política ou de poder temporal.

Ao rejeitar esses métodos de enaltecer o Reino vindouro aos olhos dos judeus expectantes, Jesus assegurou-se de que esses mesmos judeus iriam certa e finalmente rejeitar todos os seus clamores de autoridade e de divindade. Mesmo sabendo de tudo isso, Jesus muito ainda fez para prevenir os seus primeiros seguidores de aludir a ele como sendo o Messias.

Em toda a sua ministração pública, ele confrontou-se com a necessidade de lidar com três situações constantemente recorrentes: o pedido dos famintos de serem alimentados, a insistência a respeito dos milagres e o pedido final que permitisse aos seus seguidores coroá-lo como rei. Jesus nunca se desviou, contudo, das decisões que tomou durante aqueles dias no seu isolamento nas colinas pereianas.

10. A SEXTA DECISÃO

No último dia desse seu isolamento memorável, antes de partir montanha abaixo para juntar-se a João e aos seus discípulos, o Filho do Homem tomou a sua decisão final. E tal decisão ele comunicou ao Ajustador Personalizado com estas palavras: "E para todas as outras questões, assim como para aquelas já registradas, prometo a ti que estarei submisso à vontade do meu Pai". E quando assim tinha acabado de falar, tomou o caminho da descida da montanha. E a sua face resplandeceu com a glória da vitória espiritual e do cumprimento moral.

DOCUMENTO 137

O TEMPO DE ESPERA NA GALILÉIA

CEDO pela manhã, no sábado, 23 de fevereiro do ano 26 d.C., Jesus desceu as colinas para juntar-se à companhia de João, acampado em Pela. Durante todo aquele dia, Jesus misturou-se à multidão. Cuidou de um menino que se havia ferido em uma queda e viajou a um lugarejo vizinho de Pela, para entregar a criança com segurança nas mãos dos pais dela.

1. A ESCOLHA DOS QUATRO PRIMEIROS APÓSTOLOS

Durante esse sábado, dois dos principais discípulos de João passaram muito tempo com Jesus. De todos os seguidores de João, um, que se chamava André, era o mais profundamente impressionado com Jesus e o acompanhou na viagem a Pela, com o menino ferido. No caminho de volta, ao encontro de João, ele fez muitas perguntas a Jesus e, pouco antes de chegarem ao seu destino, eles pararam para uma pequena conversa, durante a qual André disse: "Eu tenho observado-te desde que vieste para Cafarnaum e acredito que sejas o novo Mestre e, mesmo não entendendo todos os teus ensinamentos, eu me decidi inteiramente por seguir-te; eu me assentaria aos teus pés para aprender toda a verdade sobre o novo Reino". E, com uma segurança sincera, Jesus deu as boas-vindas a André como o primeiro dos seus apóstolos, daquele grupo de doze com o qual ele deveria trabalhar na tarefa de estabelecer o novo Reino de Deus nos corações dos homens.

André vinha observando silenciosamente o trabalho de João e acreditava sinceramente nele; e tinha um irmão muito capaz e entusiasta, chamado Simão, que era um dos discípulos principais de João. Em verdade não seria um engano dizer que Simão era um dos principais esteios de João.

Logo que Jesus e André voltaram para o campo, André procurou Simão, o seu irmão e, levando-o para um lado, informou-lhe estar convencido de que Jesus era o grande Mestre, e que se havia engajado como discípulo. Dizendo que Jesus havia aceitado a sua oferta de serviço, André sugeriu também a ele (Simão) que fosse a Jesus oferecer-se para irmanar-se no serviço do novo Reino. Simão disse: "Desde que esse homem veio trabalhar na oficina de Zebedeu, que eu sempre acreditei que ele fosse enviado por Deus, mas e João? Vamos abandoná-lo? Seria a coisa certa a fazer?" E, então, concordaram em ir imediatamente consultar João. João ficou entristecido com o pensamento de perder dois dos seus conselheiros mais capazes e dois promissores discípulos, mas bravamente respondeu às perguntas deles, dizendo: "Isso não é senão o começo; logo o meu trabalho terminará e todos nós nos tornaremos discípulos dele". Em seguida André acenou a Jesus para que se aproximasse, enquanto ele anunciava que o seu irmão desejava aderir ao serviço do novo Reino. E, dando as boas-vindas a Simão como o seu segundo apóstolo, Jesus disse: "Simão, o teu entusiasmo é louvável, mas é perigoso para o trabalho do Reino. Aconselho-te a pensar mais antes de dizer algo. Eu mudaria o teu nome para Pedro".

Os pais do garoto ferido, que viviam em Pela, tinham convidado Jesus para que passasse a noite com eles e fizesse daquele o seu lar, e ele prometeu que sim. Antes de deixar André e o seu irmão, Jesus disse: "Bem cedo, amanhã pela manhã, iremos à Galiléia".

Depois que Jesus havia voltado a Pela, para passar a noite, e enquanto André e Simão estavam ainda discutindo sobre a natureza do seu serviço no estabelecimento do Reino que viria, Tiago e João, os filhos de Zebedeu, acabavam de chegar da sua longa e inútil procura por Jesus nas colinas. Quando ouviram Simão Pedro contar que ele e seu irmão, André, haviam tornado-se os primeiros conselheiros aceitos do novo Reino e que estavam para ir, com o seu novo Mestre, no dia seguinte bem cedo, para a Galiléia, Tiago e João, ambos, ficaram tristes. Eles haviam conhecido Jesus já há algum tempo e o amavam. Tinham procurado por ele durante muitos dias nas colinas e, agora que retornavam, ficavam sabendo que outros tinham sido preferidos antes deles. Perguntaram aonde Jesus tinha ido e apressaram-se para encontrá-lo.

Jesus estava adormecido quando eles chegaram na casa, mas eles acordaram-no dizendo: "Como é que preferiste outros, enquanto nós procurávamos por ti nas colinas, nós que por tanto tempo vivemos contigo. Como deste preferência a outros, antes de nós, e escolheste André e Simão como os teus primeiros colaboradores no novo Reino?" Jesus respondeu a eles: "Acalmai os vossos corações e perguntai a vós próprios: 'quem mandou que procurásseis pelo Filho do Homem, quando ele estava tratando dos assuntos do seu Pai?' " Depois de terem contado, com detalhes, a sua longa busca nas montanhas, Jesus continuou ainda a sua instrução: "Vós devíeis aprender a procurar o segredo do novo Reino nos vossos próprios corações e não nas montanhas. O que vós estáveis procurando, achava-se já presente nas vossas almas. Sois de fato meus irmãos – e não necessitáveis ser recebidos por mim –, já éreis do Reino e devíeis ficar animados, aprontando-vos para também ir conosco amanhã até a Galiléia". João, então, ousou perguntar: "Mas, Mestre, Tiago e eu seremos agregados teus no novo Reino, do mesmo modo que André e Simão?" E Jesus, colocando uma das mãos no ombro de cada um deles, disse: "Meus irmãos, já estivestes comigo no espírito do Reino, antes mesmo de os outros solicitarem ser recebidos. Irmãos meus, não tendes necessidade de pedir para entrar no Reino; vós tendes estado comigo no Reino, desde o princípio. Perante os homens, outros poderão ter tido precedência sobre vós, mas também no meu coração eu já vos coloquei nos conselhos do Reino, antes mesmo que tivésseis pensado em fazer esse pedido a mim. E mesmo assim poderíeis ter sido os primeiros, perante os homens, não tivésseis estado ausentes em uma tarefa bem-intencionada, mas imposta por vós próprios, de procurar alguém que não estava perdido. No Reino que está por vir, não vos deveis ocupar das coisas que alimentam a vossa ansiedade, mas sim e todo o tempo ocupai-vos apenas em fazer a vontade do Pai que está nos céus".

Tiago e João receberam a reprimenda de bom grado; nunca mais foram invejosos de André e Simão. E se prepararam, junto com os seus dois companheiros apóstolos, a fim de partir para a Galiléia na manhã seguinte. Desse dia em diante, o termo apóstolo foi empregado para distinguir a família dos conselheiros escolhidos por Jesus, da imensa multidão de discípulos crentes que iria segui-lo posteriormente.

Tarde naquela noite, Tiago, João, André e Simão mantiveram uma conversa com João Batista e, com lágrimas nos olhos, mas a voz firme, o valente profeta judeu entregou dois dos seus discípulos principais para que se tornassem apóstolos do Príncipe Galileu do Reino que estava para vir.

2. A ESCOLHA DE FILIPE E NATANAEL

No domingo de manhã, 24 de fevereiro do ano 26 d.C., Jesus despediu-se de João Batista no rio, próximo de Pela, para nunca mais vê-lo na carne.

Naquele dia, enquanto Jesus e os seus quatro discípulos-apóstolos partiam para a Galiléia, houve um grande tumulto no acampamento dos seguidores de João. A primeira grande divisão estava para acontecer. No dia anterior, João havia pronunciado, a André e a Ezdras, positivamente quanto a Jesus ser o Libertador. André decidiu seguir Jesus, mas Ezdras rejeitou aquele carpinteiro de maneiras suaves, de Nazaré, proclamando aos seus companheiros: "O profeta Daniel declara que o Filho do Homem virá, com as nuvens dos céus, em poder e em grande glória. Esse carpinteiro da Galiléia, esse construtor de barcos de Cafarnaum, não pode ser o Libertador. Pode vir, de Nazaré, uma tal dádiva de Deus? Esse Jesus é um parente de João e, por excesso de bondade de coração, o nosso instrutor enganou-se. Que permaneçamos afastados desse falso Messias". Quando, por causa dessas afirmações, João fez uma reprimenda a Ezdras, este se separou levando muitos discípulos e dirigindo-se para o sul. E esse grupo continuou a batizar em nome de João e finalmente fundou a seita daqueles que acreditavam em João, mas que se recusavam a aceitar Jesus. Remanescentes desse grupo sobrevivem na Mesopotâmia até os dias atuais.

Enquanto essa complicação fermentava entre os seguidores de João, Jesus e os seus quatro discípulos-apóstolos adiantavam-se no seu caminho para a Galiléia. Antes de atravessarem o Jordão, para ir a Nazaré pelo caminho de Naim, Jesus, olhando para a frente, estrada acima, avistou um certo Filipe de Betsaida, que vinha na direção deles, com um amigo. Jesus havia conhecido Filipe há algum tempo e este também era muito conhecido de todos os quatro novos apóstolos. Ele estava, com o seu amigo Natanael, a caminho de visitar João, em Pela, para aprender mais sobre a comentada vinda do Reino de Deus; e ficou encantado de poder saudar Jesus. Filipe era um admirador de Jesus desde que este veio a Cafarnaum pela primeira vez. Mas Natanael, que vivia em Caná, na Galiléia, não conhecia Jesus. Filipe adiantou-se para saudar os seus amigos, enquanto Natanael permaneceu à sombra de uma árvore à beira da estrada.

Pedro levou Filipe para um lado e começou a explicar, referindo-se a si próprio, a André, a Tiago e a João, que todos eles se haviam transformado em seguidores de Jesus, no novo Reino; e insistiu veementemente para que Filipe também fosse um voluntário desse serviço. Filipe ficou em um dilema. O que deveria fazer? Aqui, de repente – em uma beira de estrada, perto do Jordão –, aqui, punha-se ele diante de uma decisão imediata, sobre a mais importante questão de uma vida. Logo ele entrou em uma conversa sincera com Pedro, André e João, enquanto Jesus delineava para Tiago a viagem através da Galiléia e para Cafarnaum. Finalmente, André sugeriu a Filipe: "Por que não perguntar ao Mestre?"

Subitamente Filipe se deu conta de que Jesus era realmente um grande homem, possivelmente o Messias, e decidiu acatar a decisão de Jesus nessa questão; e foi diretamente até ele e perguntou: "Mestre, devo ir até João ou juntar-me aos meus amigos que te seguem?" E Jesus respondeu: "Segue-me". Filipe ficou emocionado com a certeza de haver encontrado o Libertador.

Filipe agora acenava ao grupo, para que esperassem onde estavam, enquanto ele voltou correndo para anunciar a nova da sua decisão ao seu amigo Natanael, que ainda ficara para trás, sob a amoreira, refletindo sobre as muitas coisas que ele tinha ouvido a respeito de João Batista, sobre o reino que viria, e do Messias esperado. Filipe interrompeu essas meditações, exclamando: "Eu encontrei o Libertador, aquele sobre quem Moisés e os profetas escreveram; e a quem João tem proclamado". Natanael, levantando os olhos, inquiriu: "De onde vem esse Mestre?" E Filipe respondeu: "Ele é Jesus de Nazaré, filho de José, o carpinteiro, mais recentemente residindo em Cafarnaum". E então, um tanto chocado, Natanael perguntou: "Uma coisa boa assim pode vir de Nazaré?" Mas Filipe, tomando-o pelo braço, disse: "Vem e vê".

Filipe levou Natanael a Jesus, que, olhando benignamente no rosto do homem sincero que duvidava, disse: "Eis um israelita genuíno, para quem não há engano. Segue-me". E Natanael, voltando-se para Filipe, disse: "Tu estás certo. Ele é de fato um mestre dos homens. Eu também o seguirei, se for digno disso". E Jesus fez um gesto afirmativo a Natanael, dizendo de novo: "Segue-me".

Jesus havia já reunido a metade do seu futuro corpo de colaboradores íntimos, cinco que já o tinham conhecido há algum tempo e um estranho, Natanael. Sem mais demora atravessaram o Jordão e, passando pela aldeia de Naim, chegaram a Nazaré tarde naquela noite.

Todos passaram a noite com José, na casa da infância de Jesus. Os companheiros de Jesus pouco entenderam por que o seu recém-encontrado Mestre estava tão preocupado em destruir completamente cada vestígio dos seus escritos que ainda permaneciam pela casa na forma dos Dez Mandamentos e outras frases e preceitos. Esse procedimento, no entanto, junto com o fato de que eles nunca mais o haviam visto escrevendo depois disso – exceto no pó ou na areia –, causou uma profunda impressão nas suas mentes.

3. A VISITA A CAFARNAUM

No dia seguinte, Jesus enviou os seus apóstolos para Caná, já que todos eles haviam sido convidados para as bodas de uma donzela proeminente daquela cidade, enquanto ele se preparava para fazer uma rápida visita à sua mãe, em Cafarnaum, parando em Magdala para ver o seu irmão Judá.

Antes de deixar Nazaré, os novos seguidores de Jesus contaram a José e aos outros membros da família de Jesus sobre os maravilhosos acontecimentos recentes e deram livre expressão às suas crenças de que Jesus era o libertador, há muito esperado. E esses membros da família de Jesus conversaram sobre a questão, e José disse: "Talvez, afinal, a nossa mãe tivesse razão – pode ser que o nosso estranho irmão seja o rei que virá".

Judá tinha estado presente ao batismo de Jesus e, com o seu irmão Tiago, passara a acreditar firmemente na missão de Jesus na Terra. Se bem que, tanto Tiago quanto Judá, estivessem ambos muito confusos quanto à natureza da missão do seu irmão, a mãe deles tinha feito renascer as suas primeiras esperanças em Jesus como o Messias, o Filho de Davi, tendo encorajado os seus filhos a ter fé no seu irmão como o Libertador de Israel.

Jesus chegou em Cafarnaum na segunda-feira à noite, mas não foi para a sua própria casa, onde viviam Tiago e a sua mãe; ele foi diretamente para a casa de Zebedeu. Todos os seus amigos em Cafarnaum perceberam uma grande e agradável mudança nele. Uma vez mais parecia estar relativamente alegre e mais parecido consigo próprio, como havia sido em seus primeiros dias em Nazaré. Durante anos, antes do período do seu batismo e do isolamento, um pouco antes e um pouco depois, ele ficara mais reservado e contido. Agora, para todos, ele parecia estar exatamente como antes. Havia nele algo de importância majestática de aspecto elevado, mas de novo ele encontrava-se de coração leve e cheio de alegria.

Maria estava emocionada com a expectativa. Ela sentia em antecipação que a promessa de Gabriel estava próxima de cumprir-se. Esperava que toda a Palestina logo ficasse surpreendida e assombrada com a revelação miraculosa do seu filho como o rei sobrenatural dos judeus. Mas às muitas perguntas que lhe faziam Tiago, Judas Zebedeu e sua própria mãe, Jesus apenas retorquia, sorrindo: "É melhor que eu permaneça um pouco por aqui; devo cumprir a vontade do meu Pai, que está nos céus".

No dia seguinte, terça-feira, eles viajaram todos para Caná, para o casamento de Naomi, que iria acontecer no dia seguinte. E, apesar dos repetidos avisos de Jesus para que não dissessem nada a ninguém sobre ele, "até que venha a hora do Pai", eles insistiram em espalhar a todos, discretamente, as novas de que haviam encontrado o Libertador. Cada um deles confiantemente esperava que Jesus assumisse logo a sua autoridade messiânica já naquelas bodas de Caná, e que o fizesse com um grande poder e grandeza sublime. Eles lembravam-se do que lhes havia sido dito sobre os fenômenos ocorridos no seu batismo, e acreditaram que o seu futuro caminho na Terra seria marcado por manifestações crescentes de maravilhas sobrenaturais e de demonstrações miraculosas. E, desse modo, toda região estava preparando-se para reunir-se em Caná na festa de casamento de Naomi e Johab, o filho de Natam.

Havia anos que Maria não tinha estado tão contente. Ela viajou a Caná com o espírito de uma rainha-mãe em vias de presenciar a coroação do seu filho. Desde que Jesus havia feito treze anos, a sua família e os amigos não o viam tão despreocupado e feliz, tão cheio de consideração e de compreensão com os pedidos e os desejos dos seus companheiros, e compassivo de um modo tão tocante. E então todos sussurraram entre si, em pequenos grupos, perguntando-se sobre o que iria acontecer. O que essa estranha pessoa faria em seguida? Como iria ele anunciar a glória do Reino vindouro? E estavam todos emocionados com o pensamento de que estariam presentes para ver a revelação do poder e do potencial do Deus de Israel.

4. O MATRIMÔNIO DE CANÁ

Na quarta-feira, por volta do meio-dia, quase mil convidados haviam chegado em Caná, mais de quatro vezes o número dos convidados listados para a festa de casamento. Era um costume judaico celebrar os matrimônios às quartas-feiras, e os convites foram enviados com um mês de antecedência. No final da manhã e nas primeiras horas da tardinha parecia mais uma recepção pública para Jesus do que um casamento. Todos queriam cumprimentar esse galileu tão próximo da fama, e ele estava sendo bastante cordial para com todos, jovens e velhos, judeus e gentios. E todos ficaram contentes quando Jesus consentiu em liderar a procissão que antecede ao casamento.

Jesus estava agora cuidadosamente consciente a respeito da sua existência humana, da sua preexistência divina, e do status das suas naturezas, a humana e a divina, combinadas, ou fusionadas. Com um equilíbrio perfeito, ele podia, em um momento, fazer o seu papel humano e assumir imediatamente as prerrogativas da personalidade de natureza divina.

À medida que o dia passava, Jesus tornava-se crescentemente consciente de que o povo estava esperando que ele fizesse alguma coisa prodigiosa; e mais especialmente ele reconhecia que a sua família e os seus seis discípulos-apóstolos aguardavam que ele anunciasse apropriadamente o seu Reino vindouro por meio de alguma manifestação surpreendente e sobrenatural.

No princípio da tarde Maria chamou Tiago e, juntos, eles atreveram-se a abordar Jesus para perguntar-lhe se ele admitiria confiar neles a ponto de informar-lhes a que horas, e em que momento das cerimônias do casamento, ele havia planejado manifestar-se, como aquele que é "sobrenatural". Tão logo acabaram de falar dessas questões a Jesus, perceberam que tinham despertado a sua indignação característica. Ele disse apenas: "Se me amais, então estejais dispostos a permanecer comigo, enquanto espero pela vontade do meu Pai que está nos céus". A eloqüência da sua reprovação, contudo, estava na expressão do seu rosto.

Essa atitude da sua mãe era um grande desapontamento para o Jesus humano; e a sua reação para com ela deixou-o ainda mais grave, pela proposta sugestiva de que ele permitisse a si próprio alguma demonstração externa da sua divindade. Essa era precisamente uma das coisas que ele havia decidido não fazer, quando recentemente isolado nas colinas. Por muitas horas, Maria esteve bastante deprimida. Ela disse a Tiago: "Eu não consigo compreendê-lo; o que tudo isso pode significar? Não terá fim essa conduta estranha da sua parte?" Tiago e Judá tentaram confortar a mãe, enquanto Jesus retirou-se para uma solidão de uma hora. Todavia, ele retornou à reunião e, uma vez mais, estava leve e cheio de alegria.

O casamento prosseguiu em um silêncio de expectativa; e toda a cerimônia terminou, e não houve nenhum gesto, nenhuma palavra do convidado de honra. Então foi sussurrado que o carpinteiro e construtor de barcos, anunciado por João como "o Libertador", iria mostrar a sua força durante as festividades da noite, talvez na ceia das bodas. Entretanto, toda a expectativa de uma tal demonstração ficou efetivamente anulada nas mentes dos seus seis discípulos-apóstolos, quando Jesus os reuniu um pouco antes da ceia do casamento, para dizer com grande sinceridade: "Não creiais que vim a este lugar para realizar algo de prodigioso, para a gratificação dos curiosos ou para a convicção dos que duvidam. Estamos aqui mais para esperar, aguardando pela vontade do nosso Pai que está nos céus". No entanto, quando Maria e os outros o viram em consulta com os seus companheiros, ficaram totalmente persuadidos, nas suas próprias mentes, de que algo de extraordinário estava para acontecer. E todos eles assentaram-se para desfrutar da ceia de casamento e da noite de bom e festivo companheirismo.

O pai do noivo havia providenciado bastante vinho para todos os convidados listados para a festa do casamento, mas como poderia imaginar que o casamento do seu filho iria transformar-se em um evento tão intimamente ligado à esperada manifestação de Jesus como o Libertador messiânico? Ele estava encantado de ter a honra de poder contar com o célebre galileu entre os seus convidados, mas, antes que a ceia do casamento tivesse terminado, os serviçais trouxeram a ele a notícia desconcertante de que estava faltando vinho. No momento em que a ceia formal havia acabado e os convivas estavam perambulando no jardim, a mãe do noivo confidenciou a Maria que o suprimento de vinho tinha acabado. E Maria confiantemente disse: "Não te preocupes – vou falar com o meu filho. Ele vai ajudar-nos". E assim ela ousou falar-lhe, apesar da reprovação de poucas horas antes.

Durante um período de muitos anos, Maria sempre se voltara a Jesus para pedir-lhe ajuda em cada crise da vida de seu lar, em Nazaré, e por isso era tão natural para ela pensar nele nesse momento. Essa mãe ambiciosa, entretanto, tinha ainda outros motivos para apelar ao seu filho mais velho nessa ocasião. Jesus estava sozinho, em um canto do jardim, e sua mãe aproximou-se dele dizendo: "Meu filho, eles não têm mais vinho". E Jesus respondeu: "Minha boa mulher, o que tenho eu a ver com isso?" E Maria disse: "Mas eu acredito que a tua hora é chegada; não podes ajudar-nos?" Jesus replicou: "De novo eu declaro que não vim para fazer nada nesse sentido. Por que me perturbas de novo com essas questões?" E então, desmanchando-se em lágrimas, Maria suplicou: "Mas, meu filho, eu prometi a eles que tu irias ajudar-nos; por favor, farás alguma coisa por mim?" E então Jesus falou: "Mulher, por que tinhas de fazer tais promessas? Que não as faças de novo. Em todas as coisas devemos aguardar a vontade do Pai nos céus".

Maria, a mãe de Jesus, ficou abatida, atordoada mesmo! Enquanto ela permanecia ali, imóvel diante dele, com as lágrimas caindo em seu rosto, o coração humano de Jesus ficou dominado de compaixão pela mulher que o tinha concebido na carne; e, inclinando-se para a frente, ele colocou a sua mão ternamente na cabeça dela, dizendo: "Espera, espera, Mãe Maria, não sofras pelas minhas palavras aparentemente duras, pois eu já não te disse muitas vezes que eu vim apenas para cumprir a vontade do Pai celeste? Eu faria de bom grado o que me pediste, se fosse uma parte da vontade do Pai" – e Jesus logo parou, hesitando. Maria pareceu sentir que alguma coisa estava acontecendo. Num pulo, ela jogou os braços em volta do pescoço de Jesus, beijou-o e correu para a sala dos serviçais, dizendo: "Fazei o que quer que o meu filho tenha pedido". Contudo, Jesus não havia dito nada. Mas agora ele compreendia que havia já dito demais – ou melhor, que havia imaginado –, desejando por demais.

Maria dançava de júbilo. Ela não sabia como o vinho seria produzido, mas confiante acreditava que finalmente conseguira persuadir o seu primeiro filho a afirmar a sua autoridade, a ousar dar um passo adiante e reivindicar a sua posição, e a exibir o seu poder messiânico. E, por causa da presença e da coligação de certos poderes e personalidades do universo, das quais todos os presentes ignoravam totalmente, ela não ficaria decepcionada. O vinho, que Maria desejara e que Jesus, o Deus-homem, fez por aspirar, humana e compassivamente, estava sendo produzido.

À mão estavam seis grandes potes de pedra, cheios de água, em cada um cabendo quase oitenta litros. Essa água estava ali para ser usada nas cerimônias da purificação final da celebração do casamento. A agitação dos serviçais por causa desses vasos imensos de pedra, sob o comando ativo da sua mãe, atraiu a atenção de Jesus que, indo até lá, observou que eles estavam tirando vinho delas, com jarras repletas.

Gradativamente Jesus tomava consciência do que acontecera. De todos aqueles, que estavam presentes à festa de casamento de Caná, Jesus era o mais surpreso. Os outros vinham aguardando que ele fizesse algo prodigioso, mas isso era exatamente o que ele tinha como propósito não fazer. E, então, o Filho do Homem lembrou-se da advertência que o seu Ajustador Personalizado do Pensamento lhe tinha feito nas colinas. Ele lembrou-se de como o Ajustador o havia prevenido sobre a incapacidade, que qualquer poder ou personalidade tinha, de privá-lo das suas prerrogativas de criador, na independência do tempo. Nessa ocasião, os transformadores do poder, os seres intermediários e todas as outras personalidades imprescindíveis estavam reunidos perto da água e de outros elementos necessários e, em presença do desejo expresso do Soberano Criador do Universo, não havia como evitar o aparecimento instantâneo do vinho. E essa ocorrência fez-se duplamente certa, pois o Ajustador Personalizado tinha sinalizado que a execução do desejo do Filho não era em nada uma contravenção à vontade do Pai.

Mas isso, em nenhum sentido, era um milagre. Nenhuma lei da natureza foi modificada, ab-rogada ou mesmo transcendida. Nada aconteceu a não ser uma ab-rogação do *tempo*, em ligação com a reunião celeste dos elementos químicos necessários à elaboração do vinho. Em Caná, nessa ocasião, os agentes do Criador fizeram o vinho, exatamente pelo modo como é feito comumente, pelo processo natural, *exceto* que eles o fizeram independentemente do tempo, e com a intervenção de agências supra-humanas para reunir, do espaço, os elementos químicos necessários.

Ademais se tornara evidente que a realização desse chamado milagre não era contrária à vontade do Pai do Paraíso, ou então não teria acontecido, posto que Jesus se submetia a si próprio, para todas as coisas, à vontade do Pai.

Quando os serviçais tiraram esse novo vinho e o levaram ao padrinho, o "mestre-de-cerimônias", ele o provou e chamou o noivo dizendo: "O costume é servir primeiro o melhor vinho, e, depois, quando os convidados já tiverem bebido o bastante, oferecer o vinho do fruto inferior; mas tu seguraste o melhor dos vinhos para o fim da festa".

Maria e os discípulos de Jesus estavam grandemente jubilosos com o suposto milagre, pois pensavam que Jesus o tinha executado intencionalmente, mas Jesus retirara-se para um canto abrigado do jardim e para pensar com seriedade por uns poucos breves momentos. E finalmente ele havia decidido que o episódio acontecera fora do seu controle pessoal, dadas as circunstâncias e, que, não sendo adverso à vontade do seu Pai, tornara-se inevitável. Quando retornou ao povo, foi olhado com temor; eles todos acreditaram nele como sendo o Messias. Contudo, Jesus estava dolorosamente perplexo, sabendo que eles acreditaram nele apenas por causa da ocorrência inusitada que acabavam inadvertidamente de presenciar. De novo, Jesus retirou-se para uns momentos no terraço, de modo que pudesse pensar em tudo.

E agora, afinal, Jesus compenetrava-se totalmente de que devia ficar constantemente em guarda, para que a indulgência da compaixão e da piedade não se tornasse responsável por repetidos episódios desse tipo. Contudo, muitos eventos com essa mesma característica ocorreram, antes que o Filho do Homem deixasse finalmente a sua vida mortal na carne.

5. DE VOLTA A CAFARNAUM

Embora muitos dos convidados fossem ficar a semana inteira para as festividades do casamento, Jesus e os seus discípulos-apóstolos recém-escolhidos – Tiago, João, André, Pedro, Filipe e Natanael – partiram muito cedo na manhã seguinte, para Cafarnaum, sem despedirem-se de ninguém. A família de Jesus e todos os seus amigos em Caná estavam muito angustiados por ele tê-los deixado tão subitamente, e Judá, o irmão mais novo de Jesus, partiu à procura dele. Jesus e os seus apóstolos foram diretamente para a casa de Zebedeu, em Betsaida. Nessa viagem, Jesus falou sobre muitas coisas de importância para o Reino vindouro, com os seus recém-escolhidos seguidores, e avisou-lhes, especialmente, para não mencionarem a transformação da água em vinho. Ele também os aconselhou a evitar as cidades de Séfores e Tiberíades, nos seus trabalhos futuros.

Depois do jantar, naquela noite, nesse lar de Zebedeu e Salomé, teve lugar um dos ensinamentos mais importantes de toda a carreira terrena de Jesus. Apenas os seis apóstolos estiveram presentes a esse encontro; Judá chegou quando eles já estavam para separar-se. Esses seis homens escolhidos tinham viajado de Caná até Betsaida com Jesus, caminhando, por assim dizer, no ar. Estavam cheios de expectativas e emocionados com o pensamento de haverem sido escolhidos como os companheiros mais próximos do Filho do Homem. No entanto, quando Jesus se pôs a explicar-lhes claramente quem ele era, e qual a sua missão na Terra e como ela poderia possivelmente terminar, eles ficaram atordoados. Não podiam entender do que ele estava falando. Ficaram mudos; e Pedro estava até mesmo chocado, de um modo além de qualquer descrição. Apenas André, o profundo pensador, ousou responder às palavras aconselhadoras de Jesus. Quando Jesus percebeu que eles não haviam entendido a sua mensagem, quando viu que as idéias deles, sobre o Messias judeu, estavam tão completamente cristalizadas, ele os mandou descansar, enquanto caminhava e conversava com o seu irmão Judá. E antes que Judá deixasse Jesus, ele disse com muito sentimento: "Meu pai-irmão, nunca te entendi. Não sei com certeza se tu és o que a minha mãe nos disse; e eu não compreendo o Reino vindouro, mas eu sei que tu és um poderoso homem de Deus. Eu ouvi a voz no Jordão, e creio em ti, não importa quem tu sejas". E tendo acabado de falar, partiu, indo para a sua própria casa em Magdala.

Naquela noite Jesus não dormiu. Envolto nas suas cobertas noturnas, assentou-se nas margens do lago, pensando e pensando, até a madrugada do dia seguinte. Nas longas horas daquela noite de meditação, Jesus chegou a compreender claramente que ele nunca seria capaz de fazer os seus seguidores verem-no sob nenhum outro prisma, além daquele do Messias longamente esperado. Finalmente, reconhecia que não havia nenhum outro modo de lançar a sua mensagem sobre o Reino, a não ser cumprindo a predição de João, como se fora aquele a quem os judeus esperavam. Enfim, ainda que não fosse ele o tipo davídico de Messias, ele era verdadeiramente o cumprimento das afirmações proféticas das mentes mais bem orientadas espiritualmente entre os profetas da velha ordem. Nunca mais Jesus negou completamente ser ele o Messias. E decidiu deixar a resolução dessa complicada situação ao encargo da vontade do Pai.

Na manhã seguinte, Jesus juntou-se aos seus amigos para o desjejum, mas formavam um grupo melancólico. Conversou com eles no fim da refeição, reuniu-os em torno de si, dizendo: "A vontade do meu Pai é que permaneçamos um certo tempo nessa região. Vós escutastes João dizer que ele veio para preparar o caminho para o Reino; portanto é conveniente esperar que a pregação de João se realize. Quando o precursor do Filho do Homem tiver acabado o seu trabalho, começaremos nós a proclamação das boas-novas do Reino". Ordenou aos seus apóstolos que retornassem às redes de pesca, enquanto ele se aprontava para ir com Zebedeu até a oficina de barcos, prometendo vê-los no dia seguinte na sinagoga, onde devia falar, no sábado; e marcou com eles um encontro para a tarde naquele mesmo sábado.

6. OS ACONTECIMENTOS DE UM DIA DE SABAT

A primeira aparição pública de Jesus, depois do seu batismo, foi na sinagoga de Cafarnaum, no sábado, 2 de março, do ano 26 d.C. A sinagoga estava transbordando de gente. As histórias do batismo no Jordão estavam agora mais intensas, com as notícias frescas de Caná sobre a água e o vinho. Jesus deu assentos de honra aos seus seis apóstolos e, assentados com eles, estavam dois dos seus irmãos na carne, Tiago e Judá. A sua mãe, havendo retornado para Cafarnaum com Tiago, na noite anterior, estava também presente, ficando assentada no setor das mulheres na sinagoga. A audiência inteira encontrava-se tensa; todos esperavam presenciar alguma manifestação extraordinária de poder sobrenatural, que desse um testemunho adequado à natureza e à autoridade daquele que iria falar a eles naquele dia. Todavia, estavam fadados a desapontar-se.

Quando Jesus levantou-se, o sacerdote da sinagoga passou a ele o rolo das escrituras e ele leu, do profeta Isaías: "Assim disse o Senhor: 'Os céus são o Meu trono, e a terra é o estrado aos Meus pés. Onde está a casa que vós construístes para Mim? E onde é o local da Minha morada? Todas essas coisas, as Minhas mãos as fizeram', diz o Senhor. 'E olharei por esse homem, até mesmo por ele que é pobre e de espírito contrito, e que treme com a Minha palavra'. Escutai as palavras do Senhor, vós que tremeis e que temeis: 'Os vossos irmãos odiaram-nos e os jogaram fora por causa do Meu nome'. Mas que o Senhor seja glorificado. Ele aparecerá a vós com alegria, e todos os outros envergonhar-se-ão. Uma voz da cidade, uma voz do templo, uma voz do Senhor diz: 'Antes que ela tivesse as dores, ela deu à luz; antes que as suas dores viessem, ela deu à luz um menino homem'. Quem ouviu uma coisa como essa? Terá a Terra sido feita para dar frutos em um só dia? Ou pode uma nação nascer de uma hora para outra? Contudo, assim diz o Senhor: 'Eis que estenderei a paz como um rio, e a glória até mesmo dos gentios será como uma corrente que flui. Como um homem confortado pela sua mãe, assim Eu confortar-vos-ei. E vós sereis confortados mesmo em Jerusalém. E quando virdes essas coisas, o vosso coração irá regozijar-se' ".

Quando acabou essa leitura, Jesus entregou de volta o rolo ao responsável por ele. Antes de assentar-se, ele simplesmente disse: "Sede pacientes e vereis a glória de Deus; e assim será com todos que permanecerem comigo e que assim aprenderão a cumprir a vontade do meu Pai que está nos céus". E o povo foi para as suas casas, perguntando qual seria o significado de tudo aquilo.

Naquela tarde, junto com os seus apóstolos, e ainda Tiago e Judá, entraram todos em um barco e afastaram-se um pouco da praia, onde eles ancoraram o barco enquanto Jesus lhes falava sobre o Reino vindouro. E eles compreenderam um pouco mais do que haviam entendido na quinta-feira à noite.

Jesus os instruiu a retomar seus deveres regulares, até que "a hora do Reino viesse". E para encorajá-los, ele deu o exemplo, indo de volta a trabalhar regularmente na oficina de barcos. Explicando-lhes que eles deveriam gastar três horas, todas as noites, estudando e preparando-se para o seu trabalho futuro, Jesus disse ainda: "Todos nós permaneceremos por aqui até que o Pai me peça que vos chame. Cada um de vós, agora, deve retornar ao seu trabalho costumeiro, como se nada tivesse acontecido. Não digais nada sobre mim a nenhum homem e lembrai-vos de que o meu Reino não virá com barulho, nem com encanto, mas antes deve vir por meio da grande mudança que o meu Pai terá feito nos vossos corações e nos corações daqueles que serão chamados para juntarem-se a vós, nos conselhos do Reino. Por agora, permanecereis meus amigos, confio em vós e vos amo; cedo transformar-vos-eis nos meus companheiros pessoais. Sede pacientes, sede gentis. Sede sempre obedientes à vontade do Pai. Estejais prontos para a chamada do Reino. Ao mesmo tempo em que vós ireis experimentar um grande júbilo no serviço do meu Pai, vós deveríeis também vos preparar para complicações, pois eu vos previno que será apenas por meio de bastante atribulação que muitos entrarão no Reino. Mas, para aqueles que tiverem encontrado o Reino, o seu júbilo será pleno, e eles serão chamados os abençoados de toda a Terra. Contudo, não alimenteis falsas esperanças; o mundo tropeçará nas minhas palavras. E mesmo vós, meus amigos, não percebeis completamente o que estou revelando para as vossas mentes confusas. Não cometais erros; iremos adiante, nesse trabalho para uma geração de buscadores de sinais. Eles demandarão que prodígios sejam feitos, como prova de que sou o enviado pelo meu Pai, e serão lentos para ver, na revelação do *amor* do meu Pai, as credenciais da minha missão".

Naquela noite, quando eles voltaram à terra, antes de pegarem o seu caminho, Jesus, de pé na beirada da água, orou: "Meu Pai, eu te agradeço por esses pequenos que já crêem, apesar das suas dúvidas. E por causa deles eu me coloquei à parte, para fazer a Tua vontade. E, agora, que eles possam aprender a ser um, assim como Tu e eu somos Um".

7. OS QUATRO MESES DE APRENDIZADO

Durante quatro longos meses – março, abril, maio e junho – tempo em que permaneceram à espera, Jesus teve mais de cem reuniões longas e sinceras, se bem que alegres e jubilosas, com esses seis companheiros e com o seu próprio irmão Tiago. Devido à doença na sua família, Judá raramente estava em condições de freqüentar essas instruções. Tiago, irmão de Jesus, não perdeu a fé nele, mas durante esses meses de espera e inação, Maria quase se desesperou com o seu filho. A sua fé, levada a tais alturas em Caná, afundava de novo, agora, a níveis bastante baixos. Ela conseguia apenas voltar à sua exclamação tão repetida: "Eu não posso compreendê-lo. Não consigo imaginar o que significa tudo isso". Todavia, a esposa de Tiago muito fez para sustentar a coragem de Maria.

Durante os quatro meses, esses sete crentes e, entre eles, o seu próprio irmão na carne, estavam conhecendo Jesus; e acostumando-se com a idéia de viver com esse Deus-homem. Embora eles o chamassem de Rabi, eles estavam aprendendo a não ter medo dele. Jesus possuía aquela graça incomparável de personalidade que o capacitava a viver entre eles, de modo que não se sentissem desamparados, por causa da sua divindade. Eles acharam realmente fácil ser "amigos de Deus", Deus encarnado à semelhança da carne mortal. Esse tempo de espera testou severamente todo o grupo de crentes. Nada, absolutamente nada, de miraculoso aconteceu. Dia a dia eles iam para o seu trabalho comum, enquanto, noite após noite, se assentavam aos pés de Jesus. E eram mantidos juntos pela sua personalidade sem par e pelas palavras cheias de graça que Jesus lhes dizia, noite após noite.

Esse período de espera e de ensinamentos estava sendo um desafio, especialmente para Simão Pedro. Repetidamente ele buscava persuadir Jesus a ir adiante com a pregação do Reino na Galiléia, enquanto João continuava a pregar na Judéia. Contudo, a resposta de Jesus a Pedro era sempre: "Sê paciente, Simão. Progride. Não estaremos nunca prontos demais, quando o Pai chamar". E André acalmaria Pedro, de quando em quando, com o seu conselho mais temperado e filosófico. André estava tremendamente impressionado com a naturalidade humana de Jesus. Ele nunca se cansava de contemplar como alguém, que podia viver tão perto de Deus, podia ser tão amigável e cheio de consideração com os homens.

Durante todo esse período, Jesus só falou na sinagoga por duas vezes. Ao fim dessas várias semanas de espera, as notícias sobre o seu batismo e sobre o vinho em Caná haviam começado a diminuir. E Jesus assegurou-se de que nenhum milagre aparente acontecesse mais, durante esse tempo. Entretanto, ainda que eles vivessem muito quietamente em Betsaida, as notícias sobre os feitos estranhos de Jesus estavam sendo levadas a Herodes Antipas, que, por sua vez, enviou espiões para certificarem-se daquilo que ele estava fazendo. Herodes, no entanto, estava mais preocupado com a pregação de João. E decidiu não molestar Jesus, cujo trabalho continuava, muito silenciosamente, em Cafarnaum.

Nesse tempo de espera, Jesus esforçou-se para ensinar aos seus discípulos qual deveria ser a atitude deles em relação aos vários grupos religiosos e aos partidos políticos da Palestina. As palavras de Jesus eram sempre: "Estamos procurando conquistar todos eles, mas não pertencemos *a* nenhum deles".

Os escribas e os rabinos, juntos, eram chamados fariseus. Eles referiam-se a si próprios como os "parceiros". Sob muitos pontos de vista eles eram um grupo progressista, entre os judeus, tendo adotado muitos ensinamentos não claramente encontrados nas escrituras dos hebreus, tais como acreditar na ressurreição dos mortos, uma doutrina apenas mencionada por Daniel, um dos últimos profetas.

Os saduceus eram compostos pelo sacerdócio e por certos judeus ricos. Eles não eram tão cheios de rigor pelos detalhes da aplicação da lei. Os fariseus e os saduceus, na realidade, eram mais partidos religiosos, do que seitas.

Os essênios eram uma seita verdadeiramente religiosa, originada durante a revolta dos macabeus, cujos princípios eram, sob alguns aspectos, mais exigentes do que aqueles dos fariseus. Eles haviam adotado muitas crenças e práticas persas; viviam como uma irmandade, em monastérios, abstinham-se do casamento e possuíam todas as coisas comunitariamente. E especializaram-se em ensinamentos sobre os anjos.

Os zelotes eram um grupo de ardentes patriotas judeus. Eles advogavam que todo e qualquer dos métodos se justificaria na luta para escapar da escravidão do jugo romano.

Os herodianos eram um partido puramente político, que advogava a emancipação do governo romano direto, pela restauração da dinastia de Herodes.

Bem no meio da Palestina viviam os samaritanos, com quem "os judeus não faziam nenhum negócio", não obstante tivessem eles muitos pontos de vista semelhantes aos ensinamentos dos judeus.

Todos esses partidos e seitas, incluindo a pequena irmandade nazarita, acreditavam na vinda, em algum tempo, do Messias. Eles todos buscavam um libertador nacional. Entretanto, Jesus foi muito positivo, ao deixar claro que ele e os seus discípulos não se tornariam aliados de nenhuma dessas escolas de pensamento ou de práticas. O Filho do Homem não seria nem um nazarita nem um essênio.

Se bem que mais tarde Jesus houvesse ordenado que os apóstolos devessem partir, como o fez João, e pregar os ensinamentos de Deus e instruir os crentes, ele colocou ênfase na proclamação das "boas-novas do Reino do céu". Ele repetia infalivelmente, para os seus colaboradores, que eles deveriam "demonstrar amor, compaixão e compreensão". Muito cedo Jesus ensinou aos seus seguidores que o Reino do céu era uma experiência espiritual que tinha a ver com a entronização de Deus nos corações dos homens.

Enquanto aguardavam, assim, antes de embarcarem para as suas pregações públicas ativas, Jesus e os sete apóstolos passavam duas noites, todas as semanas, na sinagoga, estudando as escrituras dos hebreus. Nos anos posteriores, após muito tempo de pregação pública, os apóstolos relembrar-se-iam desses quatro meses como os mais preciosos e proveitosos de toda a sua ligação com o Mestre. Jesus ensinou a esses homens tudo o que poderiam assimilar. Ele não cometeu o erro de instruí-los em excesso. E fez por não deixar a confusão cair sobre eles, não apresentando uma verdade muito adiante da sua capacidade de compreensão.

8. O SERMÃO SOBRE O REINO

No sábado, 22 de junho, pouco antes de partirem para a sua primeira excursão de pregações, e dez dias depois do aprisionamento de João, Jesus ocupou o púlpito da sinagoga, pela segunda vez, desde que trouxera os seus apóstolos para Cafarnaum.

Poucos dias antes da pregação desse sermão sobre "O Reino", como Jesus estivesse trabalhando na oficina de barcos, Pedro trouxe a ele as novas sobre a prisão de João. Jesus depôs as suas ferramentas; uma vez mais, tirou o seu avental e disse a Pedro: "É chegada a hora do Pai. Aprontemo-nos para proclamar os ensinamentos de Deus, sobre o Reino".

Jesus fez o seu último trabalho na bancada de carpinteiro nessa terça-feira, 18 de junho, do ano 26 d.C. Pedro apressou-se a sair da sua oficina e, no meio da tarde, havia reunido todos os seus companheiros e, deixando-os em um bosque perto da praia, foi buscar Jesus. Contudo, não pôde encontrá-lo, pois o Mestre tinha ido a um outro bosque para orar. E eles não o viram, até tarde naquela noite, quando ele voltou para a casa de Zebedeu e pediu alimento. No dia seguinte ele enviou o seu irmão Tiago para pedir o privilégio de falar na sinagoga, no próximo dia de sábado. E o dirigente da sinagoga ficou muito contente, de que Jesus estivesse de novo disposto a conduzir os serviços.

Antes que fizesse o primeiro esforço ambicioso da sua carreira pública, nesse sermão memorável sobre o Reino de Deus, Jesus leu das escrituras estas passagens: "Vós sereis para mim um reino de sacerdotes, um povo santo. Yavé é o nosso juiz, Yavé é o nosso legislador, Yavé é o nosso rei; ele nos salvará. Yavé é o meu rei e o meu Deus. Ele é um grande rei sobre toda a Terra. O amor-benevolência recai sobre Israel nesse reino. Abençoada seja a glória do Senhor, pois ele é o nosso Rei".

Quando acabou de ler, Jesus disse:

"Eu vim para proclamar o estabelecimento do Reino do Pai. E esse Reino deverá incluir as almas adoradoras dos judeus e gentios, dos ricos e pobres, dos livres e escravos porque meu Pai não tem preferência por ninguém, Seu amor e Sua misericórdia estendem-se a todos.

"O Pai dos céus envia o Seu espírito para residir nas mentes dos homens e, quando houver acabado o meu trabalho na Terra, do mesmo modo, o Espírito da Verdade será efundido sobre toda a carne. Assim, o espírito do meu Pai e o Espírito da Verdade estabelecer-vos-ão no Reino vindouro de compreensão espiritual e retidão divina. O meu Reino não é deste mundo. O Filho do Homem não conduzirá exércitos à batalha para estabelecer um trono de poder nem um reino de glória temporal. Quando o meu Reino houver chegado, vós reconhecereis no Filho do Homem o Príncipe da Paz, a revelação do Pai eterno. Os filhos deste mundo lutam pelo estabelecimento e ampliação dos reinos deste mundo; os meus discípulos, todavia, entrarão no Reino do céu por meio das suas decisões morais e vitórias espirituais; e, uma vez que hajam entrado, encontrarão alegria, retidão e vida eterna.

"Aqueles que primeiro buscarem entrar no Reino, começando assim a lutar pela nobreza do caráter, como a do meu Pai, possuirão logo tudo o mais que for necessário. E eu vos digo com toda a sinceridade: a menos que busqueis a entrada no Reino, com a fé e a dependência confiada de uma criança pequena, não sereis admitidos de modo nenhum.

"Não sejais enganados por aqueles que vêm dizendo que aqui é o reino ou que acolá está o reino, pois o Reino do meu Pai não concerne às coisas visíveis nem materiais. E este Reino está convosco, mesmo agora, pois, onde o espírito de Deus ensina e guia a alma do homem, na realidade, aí está o Reino do céu. E o Reino de Deus é a retidão, a paz e a alegria no Espírito Santo.

"João, de fato batizou todos, como um símbolo do arrependimento e remissão dos vossos pecados, mas, quando entrardes no Reino do céu, sereis batizados pelo Espírito Santo.

"No Reino do meu Pai não haverá judeus e gentios, apenas os que buscam a perfeição pelo serviço, pois eu declaro; aquele que quer ser grande no Reino do meu Pai deve primeiro transformar-se em um servidor de todos. Se quereis servir aos semelhantes, deveis assentar-vos comigo, no meu Reino, do mesmo modo que, servindo à semelhança da criatura, irei assentar-me dentro em pouco com o meu Pai no Reino Dele.

"Esse novo Reino é como uma semente crescendo em bom solo em um campo. Não dá imediatamente os seus frutos. Há um intervalo de tempo entre o estabelecimento do Reino, na alma do homem, e a hora em que o Reino amadurece, dando os plenos frutos da retidão duradoura e da salvação eterna.

"E o Reino que eu vos proclamo não é um reino de poder e ou abundância. O Reino do céu não é uma questão de comida e bebida, mas, antes, uma vida de retidão progressiva e júbilo crescente no serviço que se perfecciona do meu Pai, que está nos céus. Pois o Pai disse dos seus filhos do mundo: 'É da minha vontade que sejam finalmente perfeitos, como eu mesmo sou perfeito'.

"Vim para pregar as alegres novas do Reino. Não vim para acrescentar nada às já pesadas cargas daqueles que gostariam de entrar nesse Reino. Eu proclamo um caminho novo e melhor e aqueles que estiverem capacitados para entrar no Reino vindouro desfrutarão todos do descanso divino. E. não importando o que vos custará, em termos das coisas deste mundo, não importando o preço que ireis pagar neste mundo, para entrar no Reino celeste, recebereis muitas vezes mais, em júbilo e progresso espiritual, na vida eterna nas idades que virão.

"A entrada no Reino do Pai não depende de exércitos que marchem, nem de mudar os reinos deste mundo, nem de que se quebre o jugo sobre os aprisionados. O Reino celeste está ao alcance da mão e todos que entrarem nele encontrarão liberdade abundante e salvação cheia de júbilo.

"Tal Reino é domínio do eterno. Aqueles que entrarem no Reino ascenderão até o meu Pai; e irão certamente alcançar a mão direita da Sua glória no Paraíso. E todos que entrarem no Reino do céu tornar-se-ão filhos de Deus e, nas idades que virão, irão ascender ao Pai. E eu não vim para chamar aqueles que seriam os justos, mas os pecadores e todos aqueles que têm fome e sede da retidão, na perfeição divina.

"João veio pregando o arrependimento para preparar-vos para o Reino; agora venho eu proclamar a fé, a dádiva de Deus, como o preço da entrada no Reino do céu. Se apenas acreditardes que o meu Pai vos ama com um amor infinito, então vós estareis no Reino de Deus".

Depois de assim falar, ele assentou-se. Todos aqueles que o haviam escutado estavam atônitos com as suas palavras. Os seus discípulos, maravilhados. Todavia, o povo não estava preparado para receber as boas-novas, vindas dos lábios desse Deus-homem. Cerca de um terço, dos que o escutaram, acreditou na mensagem, ainda que não pudesse entendê-la completamente; cerca de um terço preparou-se, nos seus corações, para rejeitar um conceito tão puramente espiritual do Reino aguardado; enquanto o terço restante não conseguiu nem compreender os seus ensinamentos; e, sendo assim, muitos deles na verdade acreditaram que Jesus "estava fora de si".

A FORMAÇÃO DOS MENSAGEIROS DO REINO

DEPOIS de pregar o sermão sobre "O Reino", Jesus reuniu os seis apóstolos naquela tarde e começou a expor os seus planos para visitar as cidades em volta do mar da Galiléia. Os seus irmãos, Tiago e Judá, ficaram bastante sentidos por não terem sido chamados para essa reunião. Até esse momento eles consideravam-se como fazendo parte do círculo interno de apóstolos de Jesus. Contudo, Jesus planejava não ter parentes próximos como membros desse corpo de diretores apostólicos do Reino. A não-inclusão de Tiago e Judá entre os poucos escolhidos, junto com a sua indiferença aparente para com a sua mãe, desde a experiência de Caná, foi o ponto de partida para um abismo sempre crescente entre Jesus e a sua família. Essa situação continuou durante toda a sua ministração pública – eles quase que o rejeitaram – e essas diferenças não foram completamente aparadas até após a sua morte e ressurreição. A sua mãe constantemente oscilava entre as atitudes de uma fé e de uma esperança flutuantes, e as de emoções crescentes de desapontamento, humilhação e desespero. Apenas Rute, a mais jovem, permaneceu indefectivelmente leal ao seu pai-irmão.

Até depois da ressurreição, toda a família de Jesus tinha pouquíssimo a ver com a sua ministração. Se um profeta pode ter honrarias, mas não na sua própria terra, a ele são dados valor e apreciação, mas não na sua própria família.

1. AS INSTRUÇÕES FINAIS

No domingo seguinte, 23 de junho do ano 26 d.C., Jesus deu as suas instruções finais aos seis. Ordenou-lhes que partissem, dois a dois, para anunciar as boas-novas do Reino. Proibiu-os de batizar e desaconselhou-os quanto a fazer pregações públicas. Explicou a eles que mais tarde ele iria permitir-lhes que fizessem pregações públicas, mas que, por um certo tempo, por muitas e boas razões, desejava que eles adquirissem experiência prática em lidar pessoalmente com os seus semelhantes. Jesus propunha fazer dessa primeira viagem um *trabalho* inteiramente *pessoal*. E, embora esse anúncio tenha levado os apóstolos ao desapontamento, eles ainda aceitaram, ao menos em parte, as razões de Jesus para começar daquele modo a proclamação do Reino e, então, assim, de bom ânimo e com um entusiasmo confiante. Eles deram início aos trabalhos. E Jesus os enviou dois a dois, Tiago e João foram para Queresa, André e Pedro para Cafarnaum enquanto Filipe e Natanael partiram para Tariquéia.

Antes que começassem essas duas primeiras semanas de serviço, Jesus anunciou-lhes que desejava ordenar doze apóstolos para continuar o trabalho do Reino, depois da sua partida; e autorizou a cada um deles escolher um homem, dentre as suas primeiras conversões, para que passasse a ser membro desse corpo projetado de apóstolos. João perguntou: "Mas, Mestre, esses seis homens virão para o nosso meio e compartilharão todas as coisas igualmente conosco, que estamos contigo desde o Jordão ouvindo todos os teus ensinamentos em preparação para este que é o nosso primeiro trabalho para o Reino?" E Jesus respondeu: "Sim, João, os homens que ireis escolher tornar-se-ão um conosco e vós ensinareis a eles tudo aquilo que seja pertinente ao Reino, do mesmo modo que eu vos ensinei". Depois de ter dito isso, Jesus deixou-os.

Os seis não se separaram para ir e fazer os seus trabalhos, até que houvessem trocado muitas palavras e discutido as instruções de Jesus, com o intuito de que cada um deles escolhesse um novo apóstolo. O conselho de André prevaleceu afinal e eles partiram para os seus trabalhos. Em essência, eis o que André disse: "O Mestre está certo, somos em número muito pequeno para assumirmos esse trabalho. Há necessidade de mais instrutores e o Mestre manifestou grande confiança em nós, por nos ter confiado a escolha desses seis novos apóstolos". Naquela manhã, quando se separaram a fim de seguir para o trabalho, havia um pouco de depressão escondida em cada coração. Eles sabiam que iriam sentir falta de Jesus e, além do medo e da timidez, não era daquele modo que tinham imaginado a inauguração do Reino do céu.

Havia sido arranjado para que os seis trabalhassem por duas semanas, depois das quais retornariam à casa de Zebedeu para uma reunião. Nesse ínterim, Jesus foi até Nazaré para estar com José e Simão e os outros membros da sua família, que viviam naquela vizinhança. Jesus fez tudo o que lhe foi humanamente possível, em consonância com a sua consagração à vontade do seu Pai, para manter a confiança e o afeto da sua família. E cumpriu bem o seu dever nessa questão, e fez mesmo até mais.

Enquanto os apóstolos estavam fora, para essa missão, Jesus pensou muito sobre João, agora na prisão. Era uma grande tentação usar o seu poder potencial para libertá-lo, mas uma vez mais ele resignou-se a "aguardar a vontade do Pai".

2. ESCOLHENDO OS SEIS

Essa primeira viagem missionária dos seis foi, sobretudo, cheia de êxito. Todos eles descobriram o grande valor do contato direto e pessoal com os homens. E voltaram para Jesus com um conhecimento mais pleno de que, afinal, a religião é pura e inteiramente uma questão de *experiência pessoal*. Eles começaram a sentir quão sedenta estava a gente comum de ouvir palavras de conforto religioso e de encorajamento espiritual. Quando se reuniram com Jesus, eles queriam falar todos ao mesmo tempo; mas André tomou a frente e os chamou um a um; e eles fizeram os seus relatos formais ao Mestre e apresentaram as suas indicações dos seis novos apóstolos.

Jesus, depois que cada homem havia apresentado a sua escolha dos novos apóstolos, pediu a todos os outros que votassem na indicação; assim todos os seis novos apóstolos foram formalmente aceitos por todos os seis mais antigos. E então Jesus anunciou que eles todos deveriam estar com os candidatos e convidá-los para o serviço.

Os apóstolos recém-selecionados eram:

1. *Mateus Levi*, coletor alfandegário de Cafarnaum, que tinha o seu escritório no lado leste da cidade, perto das fronteiras de Batanea. Foi escolhido por André.

2. *Tomé Dídimo*, um pescador de Tariquéia e ex-carpinteiro e pedreiro de Gadara. Foi selecionado por Filipe.

3. *Tiago Alfeus*, pescador e agricultor de Queresa. Foi escolhido por Tiago Zebedeu.

4. Judas Alfeus, irmão gêmeo de Tiago Alfeus, também pescador. Foi escolhido por João Zebedeu.

5. *Simão, o zelote*, era um alto funcionário da patriótica organização dos zelotes, posição que ele abandonou para juntar-se aos apóstolos de Jesus. Antes de ligar-se aos zelotes, Simão havia sido um mercador. Foi escolhido por Pedro.

6. *Judas Iscariotes* era o filho único de pais judeus ricos que viviam em Jericó. Tornou-se um seguidor de João Batista, e os seus pais saduceus o haviam deserdado. Estava procurando emprego naquelas regiões, quando o encontraram os apóstolos de Jesus, sobretudo por causa da sua experiência com as finanças, Natanael convidou-o para juntar-se às suas fileiras. Judas Iscariotes era o único judeu entre os doze apóstolos.

Jesus passou um dia inteiro com os seis, respondendo às suas perguntas e escutando os detalhes do que havia para contar, pois muitas experiências interessantes e úteis eles tinham para relatar. Agora viam a sabedoria do plano do Mestre, de enviá-los para trabalhar de um modo calmo e pessoal, antes de mandá-los para esforços públicos mais ambiciosos.

3. O CHAMADO DE MATEUS E SIMÃO

No dia seguinte, Jesus e os seis foram chamar Mateus, o coletor aduaneiro. Mateus estava esperando por eles; tendo já feito o balancete nos seus livros, estava pronto para entregar os assuntos do seu escritório ao irmão. Quando aproximaram da casa aduaneira, André adiantou-se com Jesus, que, olhando no rosto de Mateus, disse: "Segue-me". Então ele levantou-se e foi para a sua casa com Jesus e os apóstolos.

Mateus contou a Jesus sobre o banquete que havia arranjado para aquela noite e que desejava pelo menos dar aquele jantar à sua família e amigos, caso Jesus aprovasse e consentisse em ser o hóspede de honra. E Jesus consentiu movimentando a cabeça. Pedro então, com Mateus, se separou deles, e explicou que tinha convidado um tal Simão para juntar-se aos apóstolos e assegurou o consentimento de que Simão fosse também incluído nesta festa.

Depois de um almoço ao meio-dia, na casa de Mateus, foram todos com Pedro chamar Simão zelote, a quem encontraram no seu antigo local de trabalho, agora conduzido pelo seu sobrinho. Quando Pedro levou Jesus até Simão, o Mestre saudou o ardente patriota e apenas disse: "Segue-me".

E todos voltaram à casa de Mateus, onde conversaram muito sobre política e religião até a hora do jantar. A família Levi dedicava-se, há muito, aos negócios e à coleta de taxas; e por isso muitos dos convidados de Mateus para esse banquete poderiam ser chamados de "publicanos e pecadores" pelos fariseus.

Naqueles dias, quando uma recepção com banquete era dada a um indivíduo proeminente, o costume era que todas as pessoas envolvidas ficassem no salão e observassem os convivas durante a refeição e escutassem as conversas e os discursos dos homens aos quais se prestava honra. Desse modo, a maior parte dos fariseus de Cafarnaum estava presente a essa ocasião para observar a conduta de Jesus nesta inusitada reunião social.

À medida que o jantar progredia, a alegria dos convivas ia transbordando; e todos estavam gostando tão esplendidamente de tudo, que os fariseus, observando tudo ali, começaram, nos seus corações, a criticar Jesus pela sua participação em um acontecimento tão frívolo e comezinho. Mais tarde, naquela noite, quando estavam fazendo os discursos, um dos fariseus mais maledicentes foi tão longe a ponto de criticar, junto a Pedro, a conduta de Jesus, dizendo: "Como ousas dizer que este homem é reto, quando ele come com publicanos e pecadores emprestando, desse modo, a sua presença a tais cenas descuidadas de entrega ao prazer". Pedro sussurrou esse comentário crítico para Jesus antes que ele desse a bênção aos que estavam reunidos. Quando Jesus começou a falar, disse: "Ao vir aqui, nesta noite, para dar boas-vindas a Mateus e Simão à nossa fraternidade, fico contente de testemunhar a vossa alegria em um ânimo social tão bom; porém, devíeis rejubilar-vos ainda mais porque muitos de vós entrareis no Reino vindouro do espírito, no qual ireis desfrutar mais abundantemente das boas coisas do Reino do céu. E para vós, que estais criticando a mim, dentro dos vossos corações, por eu ter vindo aqui compartilhar da alegria destes amigos, devo dizer-lhes que eu vim para proclamar a alegria àqueles que são socialmente oprimidos e a liberdade espiritual aos que estão moralmente prisioneiros. É necessário que eu vos lembre de que, mais do que os sãos, os doentes é que precisam de um médico? Eu vim, não para chamar os retos, mas os pecadores".

E essa era verdadeiramente uma coisa estranha ao ambiente judeu: ver um homem de caráter reto e de sentimentos nobres misturando-se livre e alegremente com a gente comum, e ainda mais com tantos publicanos e pecadores reconhecidamente pouco religiosos e em busca de prazeres. Simão zelote quis fazer um discurso nessa reunião, na casa de Mateus, mas André, sabendo que Jesus não queria o Reino vindouro confundido com o movimento dos zelotes, convenceu-o a refrear-se de fazer quaisquer comentários públicos.

Jesus e os apóstolos, naquela noite, permaneceram na casa de Mateus e, quando todos se foram para as suas casas, eles não falaram senão de uma coisa: da bondade e da cordialidade de Jesus.

4. O CHAMADO DOS GÊMEOS

Na manhã seguinte todos do grupo dos nove dirigiram-se de barco a Queresa, para executar o chamado formal dos dois próximos apóstolos, Tiago e Judas, os dois filhos gêmeos de Alfeus, indicados por Tiago e João Zebedeu. Os dois pescadores gêmeos contavam com a vinda de Jesus e dos seus apóstolos e já estavam esperando por eles na praia. Tiago Zebedeu apresentou o Mestre aos pescadores de Queresa, e Jesus, olhando para eles, acenou dizendo: "Segui-me".

Naquela tarde que passaram juntos, Jesus os instruiu plenamente sobre como deviam proceder em reuniões festivas, e concluiu as suas observaçõcs dizendo: "Todos os homens são meus irmãos. O meu Pai nos céus não despreza nenhum ser criado por nós. O Reino do céu está aberto para todos os homens e mulheres. Nenhum homem pode fechar a porta da misericórdia na cara de nenhuma alma faminta que procure entrada. Nós nos assentaremos e comeremos com todos aqueles que desejem escutar sobre o Reino. Aos olhos do nosso Pai, que nos contempla de cima, todos são iguais. Não recuseis repartir o vosso pão com o fariseu ou com o pecador, com o saduceu ou o publicano, romano ou judeu, rico ou pobre, livre ou escravo. A porta do Reino está bem aberta para todos que desejarem saber a verdade e encontrar Deus".

Naquela noite em uma ceia simples na casa de Alfeus, os dois gêmeos eram recebidos na família apostólica. Mais tarde naquela noite, Jesus deu aos seus apóstolos a sua primeira lição, que tratava da origem, natureza e destino dos espíritos impuros, mas eles não compreenderam a importância daquilo que lhes havia sido dito. Achavam muito fácil compreender, amar e admirar Jesus, mas difícil, por demais, era compreender muitos dos seus ensinamentos.

Depois de uma noite de descanso, todo o grupo, agora em número de onze, foi de barco até Tariquéia.

5. O CHAMADO DE TOMÉ E JUDAS

Tomé, o pescador, e Judas, o errante, encontraram-se com Jesus e os apóstolos no barco de pesca que atracou em Tariquéia, e Tomé os conduziu à sua casa perto dali. Filipe agora apresentava Tomé como o seu indicado para o apostolado e Natanael apresentava Judas Iscariotes, o judeu, com as mesmas honras. Jesus olhou para Tomé e disse: "Tomé, tu tens pouca fé; entretanto, eu te recebo. Segue-me". Para Judas Iscariotes o Mestre disse: "Judas, somos todos da mesma carne e do mesmo modo que o recebo em nosso meio, eu oro para que sejas sempre leal aos teus irmãos galileus. Segue-me".

Depois de haverem descansado, Jesus saiu com os doze para orar com eles e para instruí-los sobre a natureza e o trabalho do Espírito Santo, mas de novo de nenhum modo eles compreenderam o significado daquelas verdades maravilhosas que ele tentava ensinar-lhes. Um compreenderia um ponto e o outro compreenderia outro ponto, nenhum deles, porém, pôde captar o seu ensinamento como um todo. Eles sempre cometeriam o erro de tentar enquadrar o novo evangelho de Jesus dentro das suas velhas formas de crenças religiosas. Não conseguiam captar a idéia de que Jesus tinha vindo para proclamar um novo evangelho de salvação e para estabelecer um novo caminho de encontrar Deus; eles não percebiam que ele *era* uma nova revelação do Pai dos céus.

No dia seguinte Jesus deixou os seus doze apóstolos a sós; queria que eles se conhecessem uns aos outros e desejava que ficassem a sós para conversarem sobre o que ele lhes havia ensinado. O Mestre voltou para a refeição da tarde e, depois do jantar, ele falou-lhes sobre as ministrações dos serafins, e alguns dos apóstolos compreenderam o seu ensinamento. Descansaram por uma noite e partiram de barco para Cafarnaum no dia seguinte.

Zebedeu e Salomé tinham ido morar com o filho Davi e, desse modo, toda a sua grande casa podia ficar à disposição de Jesus e dos seus doze apóstolos. E, ali, Jesus passou um sábado tranqüilo com os seus mensageiros escolhidos; cuidadosamente traçou os planos para proclamar o Reino e explicou integralmente a importância de evitar quaisquer conflitos com as autoridades civis, dizendo: "Se os governantes civis tiverem de ser censurados, deixai comigo essa tarefa. Cuidai de não fazer nenhuma denúncia contra César ou os seus servidores". Foi nessa mesma noite que Judas Iscariotes chamou Jesus à parte para perguntar por que nada estava sendo feito para tirar João da prisão. E Judas não ficara totalmente satisfeito com a atitude de Jesus.

6. A SEMANA DE LIÇÕES INTENSIVAS

A semana seguinte foi dedicada a um programa de aperfeiçoamento intenso. Cada dia os seis novos apóstolos eram colocados nas mãos dos seus respectivos recrutadores para uma cuidadosa recapitulação de tudo o que tinham aprendido e experimentado como preparação para o trabalho do Reino. Os apóstolos mais antigos recapitularam cuidadosamente, para benefício dos seis mais recentes, os ensinamentos de Jesus, dados até aquele momento. Às tardes eles sempre se reuniam no jardim de Zebedeu para receber as instruções de Jesus.

Foi nessa mesma época que Jesus estabeleceu um dia, no meio da semana, para descanso e diversão. E eles seguiram esse plano de descanso de um dia por semana durante o resto da vida material do seu Mestre. Como regra geral, às quartas-feiras eles nunca se dedicavam às suas atividades regulares. Nesse feriado da semana, Jesus normalmente separava-se deles dizendo: "Meus filhos, ide divertir-vos por um dia. Descansai os corpos dos trabalhos árduos do Reino e gozai do arrefecimento que advém da volta às vossas antigas vocações ou da descoberta de novas espécies de atividades recreativas". Ainda que Jesus, nesse período da sua vida terrena, na verdade não necessitasse desse dia de descanso, ele adaptou-se a esse plano porque sabia que era o melhor para os seus seguidores humanos. Jesus era quem ensinava – o Mestre – ; os seus companheiros eram os seus alunos – os discípulos.

Jesus esforçou-se para esclarecer, aos seus apóstolos, a diferença entre os seus ensinamentos e a sua *vida junto com eles,* e os ensinamentos que pudessem advir posteriormente *sobre* ele. Disse Jesus: "O meu Reino e o evangelho relacionado a ele deverão ser o conteúdo da vossa mensagem. Não vos deixeis desviar por pregações *sobre* mim e *sobre* os meus ensinamentos. Proclamai o evangelho do Reino e retratai a minha revelação do Pai dos céus, mas não vos deixeis ser extraviados pelas vielas da criação de lendas e de construção de cultos de crenças e de ensinamentos *sobre* as minhas crenças e ensinamentos". No entanto, novamente eles não compreenderam por que ele dissera isso, e nenhum deles ousou perguntar por que ele lhes ensinava sobre isso.

Nesses ensinamentos iniciais Jesus tentou evitar controvérsias com os seus apóstolos, tanto quanto possível, exceto naqueles casos que envolviam conceitos errôneos do seu Pai nos céus. Para todas essas questões, ele nunca hesitou em corrigir as crenças errôneas. Havia apenas *um* motivo, na vida pós-batismal de Jesus em Urântia, e esse era a revelação do seu Pai do Paraíso, uma revelação mais verdadeira e melhor; ele era o pioneiro do caminho novo e melhor até Deus, o caminho da fé e do amor. A sua exortação aos apóstolos era sempre: "Ide procurar os pecadores; encontrai os afligidos e confortai os ansiosos".

Jesus tinha uma perfeita compreensão da situação; ele possuía um poder ilimitado, que poderia ter sido utilizado para ajudar e adiantar a sua missão; no entanto, ele estava totalmente satisfeito com os meios e as personalidades, os quais a maior parte das pessoas teria considerado inadequados e que teriam encarado como sendo insignificantes. Ele estava empenhado em uma missão de possibilidades dramáticas enormes, mas insistiu em dedicar-se aos assuntos do seu Pai do modo mais tranqüilo e pouco dramático; evitou cuidadosamente qualquer exibição de poder. E agora ele planejava trabalhar de modo pouco ruidoso, ao menos por vários meses, com os seus doze apóstolos, nas cercanias do mar da Galiléia.

7. UMA NOVA DESILUSÃO

Jesus havia planejado uma campanha missionária tranqüila de cinco meses de trabalho pessoal. Contudo, não disse aos apóstolos o quanto aquilo ia durar; eles trabalharam de semana a semana. E muito cedo nesse primeiro dia da semana, exatamente quando ia anunciar isso aos seus doze apóstolos, Simão Pedro, Tiago Zebedeu e Judas Iscariotes vieram para ter uma conversa particular com ele. Levando Jesus para um lado, Pedro ousou dizer-lhe: "Mestre, viemos a pedido dos nossos companheiros no intuito de perguntar se o momento agora não está maduro para entrar no Reino. E se tu irás proclamar o Reino em Cafarnaum, ou se vamos prosseguir até Jerusalém? E quando saberemos, cada um de nós, as posições que iremos ocupar junto contigo no estabelecimento do Reino?" – e Pedro teria continuado a fazer mais perguntas, mas Jesus levantou a mão em um gesto de admoestação e o refreou. E fazendo um aceno aos outros apóstolos que se acercavam deles, Jesus disse: "Meus filhinhos, até quando deverei ser indulgente convosco! Já não esclareci que o meu Reino não é deste mundo? Quantas vezes já lhes disse que não vim para assentar-me no trono de Davi, e então por que é que me estais inquirindo sobre qual o lugar de cada um de vós no Reino do Pai? Não podeis perceber que eu vos chamei como embaixadores de um Reino espiritual? Não compreendeis que logo, muito em breve mesmo, vós ireis representar-me no mundo e na proclamação do Reino, do mesmo modo como eu represento meu Pai que está nos céus? Será possível que eu vos tenha escolhido e que vos tenha instruído como mensageiros do Reino, e vós ainda não compreendeis a natureza e o significado deste Reino vindouro, de predominância divina nos corações dos homens? Meus amigos, escutai-me uma vez mais. Eliminai das vossas mentes essa idéia de que o meu Reino é um governo de poder ou um reino de glória. De fato, todo poder nos céus e na Terra será, dentro em pouco, entregue às minhas mãos, mas não é da vontade do Pai que usemos esse dom divino para glorificar a nós próprios durante esta idade. Numa outra idade vós ireis de fato assentar-vos comigo no poder e na glória, mas cabe-nos agora submetermo-nos à vontade do Pai e continuarmos, em humilde obediência, executando o Seu mandado na Terra".

Uma vez mais os seus discípulos ficaram chocados, estupefatos. Jesus mandou que fossem orar, dois a dois, pedindo a eles que voltassem até ele ao meio-dia. Nessa manhã crucial, cada um deles procurou encontrar Deus, e cada um esforçou-se para animar e fortalecer o outro; e retornaram a Jesus como ele lhes havia pedido.

Jesus rememorou com eles, nesse momento, a vinda de João, o batismo no Jordão, a festa de casamento em Caná, a escolha recente dos seis e a separação, pela qual passaram, dos próprios irmãos na carne; e então os preveniu de que o inimigo do Reino iria também tentar separá-los. Depois dessa conversa curta, mas sincera, os apóstolos levantaram-se, sob a liderança de Pedro, para declarar a sua devoção imperecível ao seu Mestre e para prometer, como Tomé se expressou, a sua lealdade inarredável ao Reino: "A este Reino vindouro; não importando o que seja; e ainda que eu não o compreenda inteiramente". Todos eles realmente *acreditavam em Jesus*, embora não entendessem completamente os seus ensinamentos.

Agora Jesus perguntava a eles quanto dinheiro tinham consigo; e também perguntou quanto às provisões que tinham dado às suas famílias. Quando ficou claro que eles não tinham fundos suficientes para manterem-se por duas semanas, ele disse: "Não é da vontade do meu Pai que comecemos o nosso trabalho desse modo. Permaneceremos aqui perto do mar e pescaremos por duas semanas ou faremos o que as nossas mãos encontrarem para fazer; e nesse ínterim, sob a liderança de André, o primeiro apóstolo escolhido, vós ireis organizar-vos de modo a prover de tudo o que seja necessário ao vosso futuro trabalho, não apenas para o ministério pessoal presente mas, também, para quando posteriormente eu vos mandar na pregação do evangelho e na instrução dos crentes". Eles ficaram cheios de ânimo com essas palavras; essa era a primeira sugestão clara e positiva que tinham, de que Jesus projetava mais tarde efetuar esforços públicos mais ambiciosos e ativos.

Os apóstolos passaram o restante do dia aperfeiçoando a sua organização e completando os arranjos dos barcos e redes, para embarcar na manhã seguinte com o intuito de pescar, pois todos haviam decidido devotar-se à pescaria; a maioria deles havia sido pescador, e até mesmo Jesus era um barqueiro e pescador experiente. Muitos dos barcos que eles usariam nos próximos anos haviam sido feitos com as próprias mãos de Jesus. E eram barcos bons e confiáveis.

Jesus mandou que eles se devotassem a pescar por duas semanas, acrescentando: "E depois avançareis, tornando-vos pescadores de homens". Eles pescavam em três grupos; a cada noite Jesus saía com um grupo diferente. Como eles desfrutavam da companhia de Jesus! Ele era um bom pescador, um companheiro alegre e um amigo inspirador; quanto mais trabalhavam com ele, tanto mais o amavam. Certo dia Mateus disse: "Quanto mais tu compreendes algumas pessoas, menos as admiras, mas com este homem, quanto menos eu o compreendo, tanto mais eu o amo".

Esse plano de pescar e sair, por duas semanas, para o trabalho pessoal em nome do Reino prolongou-se por mais de cinco meses, até o fim desse ano 26 d.C., quando cessaram aquelas perseguições especiais que tinham sido dirigidas contra os discípulos de João depois do seu encarceramento.

8. O PRIMEIRO TRABALHO DOS DOZE

Depois de vender o fruto da pesca de duas semanas, Judas Iscariotes, que foi o escolhido para atuar como tesoureiro dos doze, dividiu os fundos apostólicos em seis partes iguais, depois de tirados os fundos para as famílias dependentes. E então, perto do meio de agosto, no ano 26 d.C., eles saíram dois a dois na direção dos campos de trabalho designados por André. Nas duas primeiras semanas Jesus esteve com André e Pedro; nas duas semanas seguintes, com Tiago e João; e assim por diante, com as outras duplas, na ordem da escolha deles. Desse modo ele era capaz de sair ao menos uma vez com cada dupla, antes de reuni-los para o começo dos trabalhos públicos deles.

Jesus ensinou-lhes a pregar o perdão dos pecados pela *fé em Deus*, sem penitência ou sacrifício; e ensinou que o Pai dos céus ama todos os seus filhos com o mesmo amor eterno. E mandou que os apóstolos se abstivessem de discutir:

1. A obra e o aprisionamento de João Batista.

2. A voz surgida durante o batismo. Disse Jesus: "Apenas aqueles que ouviram a voz podem referir-se a ela. Falai apenas daquilo que ouvistes de mim; não façais discurso sobre rumores".

3. A conversão da água em vinho em Caná. Jesus os admoestou seriamente, dizendo: "Não reveleis a nenhum homem a respeito da água e do vinho".

E passaram momentos maravilhosos durante esses cinco ou seis meses, nos quais trabalharam como pescadores alternadamente a cada duas semanas, fazendo assim economias para sustentarem-se no campo durante as duas semanas seguintes de trabalho missionário para o Reino.

A gente comum maravilhava-se com os ensinamentos e as ministrações de Jesus e dos seus apóstolos. Os rabinos há muito haviam ensinado aos judeus que o ignorante não poderia ser pio nem virtuoso. Contudo, os apóstolos de Jesus eram tanto devotos quanto retos; e eram ainda alegremente ignorantes de muitos dos ensinamentos dos rabinos e da sabedoria do mundo.

Jesus deixou evidente, para os seus apóstolos, a diferença entre o arrependimento por meio das chamadas obras boas, como ensinado pelos judeus, e a mudança que a fé causava na mente – o novo nascimento –, que ele exigia como preço para a admissão no Reino. Ele ensinou aos seus apóstolos que a *fé* é a única coisa necessária para se entrar no Reino do Pai. João havia ensinado a eles "o arrependimento – para escapar da ira que virá". Jesus ensinava: "A fé como sendo a porta aberta para a entrada no amor presente, perfeito e eterno de Deus". Jesus não falava como um profeta, como um que vem para declarar a palavra de Deus. Ele parecia falar de si próprio como alguém que tem autoridade. Jesus buscava que eles desviassem os seus pensamentos da necessidade de milagres, fazendo com que a mente deles se voltasse para a busca de uma experiência real e pessoal de satisfação e segurança, vinda do espírito de Deus que reside neles, no seu amor e na sua graça salvadora.

Os discípulos cedo aprenderam que o Mestre era possuído de um profundo respeito e de uma consideração compassiva para com *todo* ser humano que ele conhecia, e eles ficavam imensamente comovidos por essa consideração única e invariável que Jesus tinha, de modo tão consistente, para com todas as espécies de homens, mulheres e crianças. Ele parava no meio de um discurso profundo para ir até a estrada e dar alento a uma mulher que passava carregando a sua pesada carga de corpo e de alma. Ele interrompia uma conferência séria com os seus apóstolos para se confraternizar com uma criança intrometida. Nada nunca parecia tão importante para Jesus quanto o *indivíduo humano* que chegava à sua presença imediata. Ele era o Mestre e o instrutor, mas era mais – ele era também um amigo e um semelhante próximo, um camarada compreensivo.

Se bem que os ensinamentos públicos de Jesus consistissem principalmente em parábolas e discursos curtos, invariavelmente ele ensinava aos seus apóstolos por meio de perguntas e respostas. Ele se interromperia sempre para responder a perguntas sinceras, durante os seus discursos públicos mais recentes.

Os apóstolos chocaram-se, no início, mas claramente se acostumaram ao tratamento que Jesus dava às mulheres; sempre deixando bastante claro para todos que as mulheres deviam merecer direitos iguais aos dos homens, no Reino.

9. CINCO MESES DE PROVAS

Esse período, um tanto monótono, de pescarias alternadas com o trabalho pessoal, provou ser uma experiência estafante para os doze apóstolos, mas eles resistiram ao teste. Apesar de todos os seus queixumes, dúvidas e insatisfações passageiras, eles permaneceram fiéis aos seus votos de devoção e lealdade ao Mestre. Foi a união pessoal com Jesus, durante esses meses de testes, que fez com que eles o amassem tanto e que eles todos (salvo Judas Iscariotes) permanecessem leais e fiéis a ele, mesmo nas horas tenebrosas do seu julgamento e crucificação. Homens verdadeiros não podiam simplesmente abandonar de fato um mestre venerado que havia vivido tão perto deles e que tinha sido tão devotado a eles quanto Jesus. Durante as horas negras da morte do Mestre, nos corações desses apóstolos, toda a razão e o juízo e toda a lógica foram postos de lado, em deferência apenas a uma emoção humana extraordinária – o sentimento supremo de amizade e lealdade. Esses cinco meses de trabalho com Jesus levaram esses apóstolos, cada um deles, a considerá-lo como o melhor *amigo* que tiveram em todo o mundo. E esse sentimento humano, não os seus magníficos ensinamentos nem os seus feitos maravilhosos, os manteve juntos até depois da ressurreição e da renovação da proclamação do evangelho do Reino.

Esses meses de trabalho tranqüilo não apenas representaram um grande teste para os apóstolos, um teste ao qual eles sobreviveram; mas o período sem atividade pública foi uma grande provação para a família de Jesus. Na época em que Jesus estava preparando-se para deslanchar o seu trabalho público, a sua família inteira (exceto Rute) havia praticamente se desertado dele. Apenas em algumas ocasiões posteriores intentaram fazer contato com Jesus, e ainda assim o fizeram para persuadi-lo a voltar para casa com eles, pois chegaram quase a acreditar que ele estava fora de si. Simplesmente não conseguiam penetrar a sua filosofia nem entender os seus ensinamentos; tudo aquilo era demais para os da sua própria carne e sangue.

Os apóstolos prosseguiram no seu trabalho pessoal em Cafarnaum, Betsaida-Júlias, Corazim, Gerasa, Hipos, Magdala, Caná, Belém da Galiléia, Jotapata, Ramá, Safé, Giscala, Gadara e Abila. Além dessas cidades, eles trabalharam em muitas aldeias, bem como pelo interior, no campo. Ao fim desse período os doze haviam elaborado planos bastante satisfatórios para cuidar das suas respectivas famílias. A maioria dos apóstolos era de casados, alguns possuíam vários filhos, mas eles tinham feito arranjos tais para o sustento daqueles que estavam nos seus lares que, com um pouco de assistência dos fundos apostólicos, eles podiam devotar todas as suas energias ao trabalho do Mestre, sem ter de preocupar-se com o bem-estar financeiro das suas famílias.

10. A ORGANIZAÇÃO DOS DOZE

Inicialmente os apóstolos organizaram-se da seguinte maneira:

1. André, o primeiro apóstolo a ser escolhido, havia sido designado como o dirigente e líder geral dos doze.

2. Pedro, Tiago e João foram apontados como os acompanhantes pessoais de Jesus. Eles deviam assisti-lo dia e noite, ministrando quanto às suas necessidades gerais e físicas, tanto quanto o acompanhando naquelas vigílias noturnas de oração e comunhão misteriosa com o Pai nos céus.

3. Filipe foi nomeado o intendente do grupo. Era do seu dever prover comida e cuidar para que os visitantes, e às vezes até mesmo uma multidão de ouvintes, tivessem sempre algo para comer.

4. Natanael cuidava das necessidades das famílias dos doze. Recebia informações regulares quanto às necessidades da família de cada apóstolo e, fazendo requisições a Judas, o tesoureiro, enviaria fundos toda semana para aqueles que necessitavam.

5. Mateus era o gestor dos recursos do corpo apostólico. O seu dever era cuidar para que o orçamento permanecesse equilibrado, e a tesouraria abastecida. Se não entrassem os fundos para a sustentação de todos eles, se não fossem recebidas doações suficientes para manter o grupo, Mateus tinha o poder de ordenar aos doze que retornassem para prover as necessidades, durante um certo tempo. Isso, entretanto, nunca se fez necessário depois que começaram o seu trabalho público; sempre havia fundos suficientes nas mãos do tesoureiro para financiar as suas atividades.

6. Tomé era administrador do itinerário. A sua incumbência era a de arranjar alojamento e selecionar, de um modo geral, os locais das pregações e ensinamentos, assegurando com isso um programa de viagem tranqüilo e sem perdas de tempo.

7. Tiago e Judas, os filhos gêmeos de Alfeus, estavam designados para administrar as multidões. A tarefa deles era designar um número suficiente de monitores assistentes, de modo que fosse possível manter a ordem mesmo entre as multidões durante a pregação.

8. A Simão zelote era dado o encargo da recreação e das diversões. Ele preparava o programa das quartas-feiras e também procurava prover umas poucas horas de descanso e de diversão a cada dia.

9. Judas Iscariotes foi apontado tesoureiro. Ele carregava a bolsa. Pagava as despesas e mantinha os livros. Fazia estimativas de orçamentos para Mateus, semanalmente, e também elaborava os relatórios semanais para André. Judas pagava as despesas de acordo com a autorização de André.

Desse modo os doze funcionaram desde o início da sua organização até a época em que a reorganização se fez necessária com a deserção de Judas, o traidor. O Mestre e os seus discípulos-apóstolos seguiram nesse modo simples até domingo, 12 de janeiro do ano 27 d.C., quando Jesus os reuniu e formalmente os ordenou como embaixadores do Reino e pregadores das suas boas-novas. E, logo depois, estavam todos prontos e partiram para Jerusalém e para a Judéia, na primeira viagem de pregação pública.

DOCUMENTO 139

OS DOZE APÓSTOLOS

U M TESTEMUNHO eloqüente do encanto e da retidão da vida de Jesus na Terra é que apenas um dos seus apóstolos o tenha deserdado, embora repetidamente houvesse ele reduzido a pedaços e rasgado em trapos as esperanças e a ambição que os seus apóstolos alimentavam de exaltação pessoal.

Os apóstolos aprenderam de Jesus sobre o Reino do céu, e Jesus aprendeu muito com eles sobre o reino dos homens e a natureza humana, tal como esta existe em Urântia e nos outros mundos evolucionários do tempo e do espaço. Esses doze homens representavam muitos tipos diferentes de temperamentos humanos, e a instrução não os havia transformado ainda em *semelhantes*. Muitos desses pescadores galileus traziam uma forte ascendência de sangue gentio, em resultado da conversão forçada, há cem anos atrás, da população gentia da Galiléia.

Não cometais o erro de tomar os apóstolos como sendo de todo ignorantes e pouco instruídos. Todos eles, exceto os gêmeos Alfeus, haviam sido graduados pelas escolas das sinagogas, tendo sido educados profundamente sobre as escrituras dos hebreus e sobre muitos dos conhecimentos correntes daqueles dias. Sete deles eram graduados da escola da sinagoga de Cafarnaum, e não havia escolas judaicas melhores em toda a Galiléia.

Quando os vossos registros se referem a esses mensageiros do Reino como sendo "ignorantes e iletrados", a intenção é mais a de transmitir a idéia de que eles eram leigos, ou seja, não instruídos segundo o saber dos rabinos, nem educados segundo os métodos da interpretação rabínica das escrituras. Eles tinham lacunas, no que se concebe como sendo uma educação superior. Nos tempos modernos, eles certamente seriam considerados sem instrução e, em alguns círculos da sociedade, até sem cultura. Uma coisa é certa: eles não haviam passado, todos, por um programa rígido convencional e estereotipado de instrução. Desde a adolescência, cada um deles possuíra experiências diferentes de aprendizado de vida.

1. ANDRÉ, O PRIMEIRO ESCOLHIDO

André, líder do corpo apostólico do Reino, nasceu em Cafarnaum. Era o mais velho, em uma família de cinco filhos – ele próprio, o seu irmão Simão, e três irmãs. O seu pai, agora falecido, havia sido sócio de Zebedeu no negócio de secagem de peixes em Betsaida, o porto de pesca de Cafarnaum. Quando se tornou um apóstolo, André estava solteiro, mas vivia com o seu irmão casado, Simão Pedro. Ambos eram pescadores e sócios de Tiago e de João, os filhos de Zebedeu.

No ano 26 d.C., quando foi escolhido como apóstolo, André tinha 33 anos, um ano completo a mais do que Jesus, e era o mais velho dos apóstolos. Ele vinha de uma linhagem excelente de ancestrais e era o mais capaz dos doze homens. Excetuando a oratória, era um igual aos seus companheiros em quase todas as aptidões imagináveis. Jesus nunca deu a André um apelido, uma designação fraternal. Contudo, tão logo os apóstolos começaram a chamar a Jesus de Mestre, eles também designaram André com um termo equivalente a chefe.

André era um bom organizador e um administrador ainda melhor. Era um dos quatro apóstolos que formavam o círculo interno; mas, ao ser designado por Jesus como dirigente do grupo apostólico, André teria de se manter junto aos seus irmãos, ao passo que os outros três usufruíam de uma comunhão mais estreita com o Mestre. Até o fim, André permaneceu como o deão do corpo de apóstolos.

Mesmo nunca tendo sido um pregador eficiente, André fazia um trabalho pessoal eficaz, sendo o missionário pioneiro do Reino, visto que, como o primeiro apóstolo escolhido, imediatamente trouxe até Jesus o seu irmão, Simão, que depois se tornou um dos maiores pregadores do Reino. André era o principal apoio da política adotada por Jesus, de utilizar o programa de trabalho pessoal como um meio de treinar os doze como mensageiros do Reino.

Estivesse Jesus ensinando aos apóstolos em particular ou pregando à multidão, André, em geral, sabia o que estava acontecendo; era um executivo compreensivo e um administrador eficiente. Ele adotava uma decisão imediata sobre todas as questões trazidas ao seu conhecimento; a menos que considerasse o problema como estando além do domínio da sua autoridade e, quando isso acontecia, ele o levaria diretamente a Jesus.

André e Pedro tinham o caráter e o temperamento bem diferentes, mas lhes deve ser dado, para sempre, o crédito de se darem esplendidamente bem um com o outro. André nunca teve inveja da capacidade oratória de Pedro. E raro é ver um homem mais velho do tipo de André exercendo uma influência tão profunda sobre um irmão mais jovem e talentoso. André e Pedro pareciam nunca ter a menor inveja das habilidades, nem das realizações um do outro. Tarde da noite, no Dia de Pentecostes, quando duas mil almas foram acrescentadas ao Reino, graças principalmente à pregação energética e inspirada de Pedro, André disse ao seu irmão: "Eu não poderia ter feito isso, mas estou contente de ter um irmão que o fez". Ao que Pedro respondeu: "E se não fosse tu, que me trouxeste ao Mestre e, não fosse a tua perseverança em me *manter* junto a ele, eu não estaria aqui para fazer isso". André e Pedro eram exceções à regra, provando que mesmo os irmãos podem conviver em paz e trabalhar juntos de um modo eficiente.

Depois de Pentecostes, Pedro estava famoso; mas nunca se tornou algo irritante, para o irmão mais velho, passar o resto da sua vida sendo apresentado como o "irmão de Simão Pedro".

De todos os apóstolos, André era o melhor conhecedor dos homens. Ele sabia que os conflitos estavam germinando no coração de Judas Iscariotes, mesmo quando nenhum dos outros sequer suspeitava de que algo estava errado com o tesoureiro deles; mas ele nada disse a ninguém sobre os seus temores. O grande serviço de André para o Reino foi o de aconselhar a Pedro, a Tiago e a João a respeito da escolha dos primeiros missionários que foram expedidos para proclamar o evangelho do Reino, e também o de aconselhar a esses primeiros líderes sobre a organização dos assuntos administrativos do Reino. André tinha o grande dom de descobrir os recursos ocultos e os talentos latentes dos mais jovens.

Logo depois da ascensão celeste de Jesus, André começou a escrever um registro pessoal de muitos dos feitos e dos ditos do seu Mestre que partira. Depois da morte de André foram feitas cópias desse registro particular, e elas circularam livremente entre os primeiros instrutores da igreja cristã. Essas notas informais de André, subseqüentemente, foram editadas, corrigidas, alteradas e tiveram acréscimos até que formassem uma narrativa suficientemente contínua da vida do Mestre na Terra. A última dessas poucas cópias alteradas e corrigidas foi destruída pelo fogo em Alexandria, cerca de cem anos depois que o original havia sido escrito pelo apóstolo, o primeiro a ser escolhido entre os doze.

André era um homem de um discernimento interno claro, de pensamento lógico e de decisão firme, cuja grande força de caráter consistia na sua estupenda estabilidade. A sua desvantagem de temperamento era a sua falta de entusiasmo; muitas vezes ele preferiu fazer elogios ponderados, aos seus companheiros, a encorajá-los. E essa reticência em louvar as realizações de mérito dos seus amigos nasceu da sua aversão pela adulação e pela insinceridade. André era um desses homens categóricos, de temperamento regulado, feito por si próprio, e de sucesso nos seus modestos negócios.

Todos os apóstolos amavam Jesus; mas ainda assim é verdade que cada um dos doze sentia-se atraído por algum aspecto, na personalidade do Mestre, que tivesse exercido um encanto especial sobre aquele apóstolo individualmente. André admirava Jesus por causa da consistência da sua sinceridade e da sua dignidade sem afetação. Quando os homens conheciam Jesus, logo ficavam possuídos por um impulso de compartilhá-lo com os amigos; eles realmente queriam que todo mundo viesse a conhecê-lo.

Quando as perseguições posteriores finalmente dispersaram os apóstolos de Jerusalém, André viajou pela Armênia, Ásia Menor e Macedônia, tendo sido preso, ao final, e crucificado em Patras, na Acáia, após trazer vários milhares de pessoas para o Reino. Dois dias inteiros foi o tempo que levou para que esse homem robusto expirasse na cruz e, mesmo durante essas horas trágicas, continuou ele efetivamente a proclamar as boas-novas da salvação do Reino do céu.

2. SIMÃO PEDRO

Quando Simão juntou-se aos apóstolos, ele tinha trinta anos. Era casado, possuía três filhos, e vivia em Betsaida, perto de Cafarnaum. O seu irmão, André, e a mãe da sua mulher viviam com ele. Ambos, Pedro e André, eram sócios de pescaria dos filhos de Zebedeu.

O Mestre havia conhecido Simão há algum tempo, quando André o apresentou como o segundo dos apóstolos. Naquele momento Jesus deu a Simão o nome de Pedro, e o fez com um sorriso, para ser uma espécie de apelido. Simão era muito conhecido por todos os seus amigos como sendo um companheiro impulsivo e errático. É bem verdade que, mais tarde, Jesus deu importância nova e de maior significado ao apelido, conferido de uma maneira tão imediata.

Simão Pedro era um homem impulsivo, um otimista. Ele havia crescido dando a si próprio a indulgência de ter sentimentos fortes; estava constantemente em dificuldades, porque persistia em falar sem pensar. Essa espécie de descuido também trazia complicações, umas após outras, para todos os seus amigos e condiscípulos, tendo sido o motivo para o Mestre, muitas vezes, haver chamado suavemente a sua atenção. A única razão pela qual Pedro não entrava em maiores complicações, por falar sem pensar, era que, desde muito cedo, ele aprendera a conversar sobre muitos dos seus planos e esquemas com o seu irmão, André, antes de aventurar-se a fazer propostas em público.

Pedro era um orador fluente, eloqüente e dramático. Era também um líder de homens, por natureza e por inspiração, um pensador rápido, mas sem um raciocínio mais profundo. Fazia, mais do que todos os apóstolos juntos, muitas perguntas e, embora a maioria delas fosse de boa qualidade e pertinente, muitas eram impensadas e tolas. Pedro não tinha uma mente profunda, mas conhecia muito bem a própria mente. Era, por conseguinte, um homem de decisão súbita e de ação rápida. Enquanto os outros, atônitos, faziam comentários de espanto ao verem Jesus na praia, Pedro pulava na água e nadava até a praia para encontrar o Mestre.

O traço que Pedro mais admirava em Jesus era a sua ternura elevada. Pedro nunca se cansava de contemplar a paciência de Jesus. E nunca se esqueceu da lição sobre perdoar a quem erra, não apenas sete, mas setenta vezes e mais sete. Ele pensou muito sobre essas impressões, sobre o caráter do Mestre, de sempre perdoar, durante aqueles dias escuros e tristes que se seguiram imediatamente depois que ele, irrefletida e involuntariamente, negou a Jesus no pátio do sumo sacerdote.

Simão Pedro era aflitivamente vacilante; ele ia subitamente de um extremo a outro. Primeiro ele recusou-se a deixar Jesus lavar os seus pés e então, ao ouvir a resposta do Mestre, ele implorou para que ele o lavasse por inteiro. Mas, afinal, Jesus sabia que as falhas de Pedro vinham da sua cabeça e não do coração. Ele era uma das combinações mais inexplicáveis de coragem e de covardia, como jamais houve na Terra. A sua grande força de caráter era a lealdade, a amizade. Pedro amava Jesus, real e verdadeiramente. E, ainda a despeito de ter uma força altaneira de devoção, ele era instável e inconstante a ponto de permitir que uma garota serviçal o provocasse e o levasse a negar o seu Senhor e Mestre. Pedro podia resistir à perseguição e a qualquer outra forma de ataque direto, mas ele se desamparava e afundava diante do ridículo. Era um soldado valente, quando enfrentava um ataque frontal, mas era um covarde curvado de medo, quando surpreendido por trás.

Pedro foi o primeiro dos apóstolos de Jesus a adiantar-se para defender o trabalho de Filipe com os samaritanos e o de Paulo com os gentios. Entretanto, na Antioquia, mais tarde, ele inverteu a sua posição quando afrontado pelos judaizadores que o ridicularizavam, retirando-se temporariamente de entre os gentios, sem outro resultado a não ser trazer sobre a sua cabeça a denúncia destemida de Paulo.

Ele foi o primeiro entre os apóstolos a confessar, de todo o coração, reconhecer a combinação da humanidade e da divindade em Jesus, e o primeiro – depois de Judas – a negá-lo. Pedro não era tanto um sonhador, mas ele não gostava de descer das nuvens do êxtase e do entusiasmo dos seus deleites teatrais, para o mundo da realidade simples do dia-a-dia.

Ao seguir Jesus ele ficava, literal e figurativamente, à frente da procissão ou então rastejando na última fileira – "seguindo de longe e por trás". Entretanto, ele era o pregador mais notável dos doze; ele fez mais do que qualquer homem, a não ser Paulo, para estabelecer o Reino e enviar os seus mensageiros aos quatro cantos da Terra, em uma só geração.

Após negar intempestivamente ao Mestre, ele caiu em si e, com o apoio compassivo e sensível de André, ele tomou de volta o caminho das redes de pescaria, enquanto os apóstolos permaneciam estáticos à espera de saber o que viria depois da crucificação. Quando ficou totalmente seguro de que Jesus o havia perdoado e de que tinha sido recebido de volta ao aprisco do Mestre, o fogo do Reino queimou de um modo tão brilhante dentro da sua alma, que ele se tornou uma luz grande e salvadora para milhares de almas na escuridão.

Depois de deixar Jerusalém, e antes de Paulo tornar-se um espírito de liderança para as igrejas cristãs dos gentios, Pedro viajou extensivamente, visitando todas as igrejas da Babilônia até Corinto. Ele visitou muitas igrejas e ministrou até mesmo naquelas que haviam sido erigidas por Paulo. Embora Pedro e Paulo tivessem temperamento e educação muito diferentes, até mesmo em teologia, eles trabalharam juntos e harmoniosamente, nos seus últimos anos, para a edificação das igrejas.

Um pouco do estilo e dos ensinamentos de Pedro é mostrado nos sermões parcialmente transcritos por Lucas e no evangelho de Marcos. O seu estilo vigoroso foi mais bem representado na sua carta conhecida como a Primeira Epístola de Pedro; ao menos isso é verdadeiro antes de haver sido ela alterada, posteriormente, por um discípulo de Paulo.

Todavia, Pedro persistiu no erro de tentar convencer os judeus de que Jesus era, afinal, real e verdadeiramente o Messias deles. Até o dia da sua morte, Simão Pedro continuou a padecer mentalmente da confusão entre os conceitos de Jesus, enquanto Messias judeu, de Cristo como o redentor do mundo e do Filho do Homem, enquanto uma revelação de Deus, o Pai cheio de amor por toda a humanidade.

A esposa de Pedro era uma mulher muito capacitada. Durante anos ela trabalhou satisfatoriamente como membro do corpo feminino e, quando Pedro foi expulso de Jerusalém, ela o acompanhou em todas as suas jornadas às igrejas, bem como em todas as suas excursões missionárias. E, no dia em que o seu ilustre marido teve a vida ceifada, ela foi atirada às bestas selvagens na arena de Roma.

E assim este homem, Pedro, um íntimo de Jesus, um dos que fizeram parte do círculo interno do Mestre, partiu de Jerusalém, proclamando com poder e glória as boas-novas do Reino, até que a plenitude da sua ministração tivesse sido alcançada; e ele se considerou como um digno recebedor de altas honrarias quando os seus captores informaram-lhe que ele deveria morrer como o seu Mestre tinha morrido – na cruz. Dessa forma Simão Pedro foi crucificado em Roma.

3. TIAGO ZEBEDEU

Tiago, o mais velho dos dois apóstolos filhos de Zebedeu, aos quais Jesus deu o nome de "filhos do trovão", estava com trinta anos quando se tornou apóstolo. Era casado, tinha quatro filhos e vivia próximo dos seus pais, nos arredores de Cafarnaum, em Betsaida. Era um pescador e exercia a sua profissão em companhia de João, o seu irmão mais jovem, e associado a André e Simão. Tiago e o seu irmão João desfrutavam da vantagem de haver conhecido Jesus antes de qualquer dos outros apóstolos.

Esse competente apóstolo possuía um temperamento contraditório; ele parecia realmente possuir duas naturezas, ambas de fato movidas por sentimentos fortes. Em especial, tornava-se veemente, quando a sua indignação chegava inteiramente ao auge. Tinha uma disposição feroz, quando adequadamente provocado e, quando a tempestade chegava ao fim, ele estava sempre habituado a justificar-se e a desculpar-se da sua raiva sob o pretexto de que era uma manifestação de justa indignação. Excetuando-se por essas perturbações periódicas de ira, a personalidade de Tiago era muito semelhante à de André. Ele não tinha a circunspecção de André, nem o discernimento dele, sobre a natureza humana, mas era um orador público muito melhor. Depois de Pedro, e talvez de Mateus, Tiago era o melhor orador público entre os doze.

Se bem que não fosse melancólico, Tiago podia estar quieto e taciturno em um dia e muito falante e contador de histórias no outro. Em geral, ele falava livremente com Jesus, mas, entre os doze, durante muitos dias seguidos, ele permanecia silencioso. A sua grande fraqueza estava nesses intervalos de um silêncio inexplicável.

O traço notável da personalidade de Tiago era a sua capacidade de ver todos os lados de uma questão. De todos os doze, era ele quem chegava o mais próximo de captar a importância e o significado real do ensinamento de Jesus. Também ele havia sido lento a princípio, para compreender o que o Mestre queria dizer, mas, logo que eles terminaram os aperfeiçoamentos, Tiago estava de posse de um conceito superior da mensagem de Jesus. Era capaz de entender uma gama bastante ampla de naturezas humanas; ele se dava bem com o versátil André, com o impetuoso Pedro e com o seu contido irmão João.

Embora Tiago e João tivessem os seus problemas tentando trabalhar juntos, era inspirador observar como os dois se davam bem. Não tinham tanto êxito quanto André e Pedro, mas se saíam muito melhor do que era de se esperar, em geral, de dois irmãos, especialmente de dois irmãos tão teimosos e determinados. E, por estranho que possa parecer, esses dois filhos de Zebedeu eram muito mais tolerantes, um com o outro, do que com estranhos. Eles nutriam uma grande afeição entre si; e sempre haviam sido bons companheiros na recreação. Foram esses "filhos do trovão" os que quiseram pedir que o fogo do céu descesse no intuito de destruir os samaritanos que ousaram demonstrar falta de respeito pelo seu Mestre. Contudo, a morte prematura de Tiago modificou muito o temperamento veemente de João, o seu irmão mais novo.

A característica de Jesus mais admirada por Tiago era a afeição compassiva do Mestre. O interesse compreensivo, manifestado por Jesus, para com o pequeno e o grande, o rico e o pobre, exercia uma grande atração sobre ele.

Tiago Zebedeu era um pensador e um planejador bem equilibrado. Junto com André, ele era um dos mais ponderados do grupo dos apóstolos. Era um indivíduo vigoroso, mas nunca tinha pressa para nada. Tiago foi um excelente contrapeso para Pedro.

Sendo modesto e pouco dramático, era um servidor do cotidiano, um trabalhador despretensioso; quando compreendeu algo do real significado do Reino, ele não buscou nenhuma recompensa especial. E deve mesmo ficar claro que foi a mãe de Tiago e João, por si própria, quem fez o pedido para serem concedidos, aos seus filhos, os lugares à mão direita e à mão esquerda de Jesus. E, quando eles declararam que estavam prontos para assumir tais responsabilidades, deve ser reconhecido que estavam conscientes dos perigos inerentes à suposta revolta do Mestre contra o poder romano e, também, que estavam dispostos a pagar o preço disso. Quando Jesus perguntou se eles estavam prontos para beber do cálice, eles responderam afirmativamente. E, quanto a Tiago, isso acabou sendo a verdade ao pé da letra – ele bebeu do cálice com o Mestre, visto ter sido ele o primeiro dos apóstolos a sofrer o martírio, sendo muito cedo colocado à morte pela espada de Herodes Agripa. Tiago, assim, foi o primeiro dos doze a sacrificar a própria vida, na nova frente de batalha do Reino. Herodes Agripa temia a Tiago acima de todos os outros apóstolos. De fato muitas vezes ele permanecia quieto e silencioso, mas, quando as suas convicções eram estimuladas e desafiadas, ele tornava-se corajoso e determinado.

Tiago viveu a vida na sua plenitude e, quando o fim chegou, comportou-se com tanta dignidade e fortaleza que até mesmo o seu acusador e denunciador, que testemunhou o seu julgamento e execução, ficou tão tocado que se afastou às pressas da cena da morte de Tiago para juntar-se aos discípulos de Jesus.

4. JOÃO ZEBEDEU

Quando se tornou apóstolo, João estava com vinte e quatro anos e era o mais jovem dos doze. Sendo solteiro, vivia com os seus pais em Betsaida; era pescador e trabalhava com o seu irmão Tiago, em sociedade com André e Pedro. Tanto antes, quanto depois de tornar-se apóstolo, João funcionou como o agente pessoal de Jesus para cuidar da família do Mestre, e continuou com essa responsabilidade enquanto Maria, a mãe de Jesus, viveu.

Sendo o mais jovem dos doze e mantendo um contato tão íntimo com Jesus e com os assuntos da família dele, João era muito querido pelo Mestre, mas não pode ser verdadeiramente dito que fosse "o discípulo a quem Jesus amava". Dificilmente vós suspeitaríeis de que a uma personalidade tão magnânima como a de Jesus pudesse ser atribuído o desacerto de demonstrar favoritismo, de amar a um dos seus apóstolos mais do que aos outros. O fato de que João fosse um dos três auxiliares pessoais de Jesus emprestou mais ênfase a tal idéia errônea, para não mencionar que João, junto com o seu irmão Tiago, conhecia Jesus há mais tempo do que os outros.

Pedro, Tiago, e João foram apontados como auxiliares pessoais de Jesus, logo depois de se tornarem apóstolos. Pouco depois da seleção dos doze, e na época em que indicou André para atuar como dirigente do grupo, Jesus disse a André: "E agora eu desejo que tu designes dois ou três dos seus companheiros para estarem comigo e para permanecer ao meu lado, para me confortar e para ministrar às minhas necessidades diárias". E André achou melhor selecionar, para esse dever especial, os outros três primeiros apóstolos escolhidos depois dele. Ele gostaria de se fazer voluntário, ele próprio, para esse serviço abençoado, mas o Mestre já lhe tinha dado a sua missão; e assim, imediatamente, ele apontou Pedro, Tiago e João para permanecerem mais próximos de Jesus.

João Zebedeu possuía muitos traços encantadores no seu caráter, mas um daqueles não tão adoráveis, era a sua presunção imoderada e, em geral, bem dissimulada. O seu longo convívio com Jesus trouxe muitas grandes mudanças para o seu caráter. Essa vaidade ficou bastante diminuída, mas, depois de envelhecer e de tornar-se algo como que infantil, aquela auto-estima reapareceu com uma certa intensidade, de modo que, quando se empenhou em conduzir Natam na redação do evangelho que agora leva o seu nome, o apóstolo idoso não hesitou em referir-se repetidamente a si próprio como o "discípulo a quem Jesus amava". Em vista do fato de que João chegou a ser o mais próximo de Jesus, mais do que qualquer outro mortal da Terra, e de que ele havia sido o representante pessoal escolhido para tantas questões, não é de se estranhar que ele deva ter chegado a considerar a si próprio como o "discípulo a quem Jesus amava", pois, muito certamente, ele sabia que era o discípulo em quem, com tanta freqüência, Jesus confiava.

O traço mais forte do caráter dele era a sua confiabilidade; João estava sempre disposto e era corajoso, fiel e devotado. A sua maior fraqueza era a vaidade característica. Ele era o mais jovem membro da família do seu pai e o mais jovem do grupo dos apóstolos. Talvez ele tenha sido apenas um pouco mimado; talvez a ele tivesse sido condescendido um pouco demais. Todavia, o João de alguns anos depois era um tipo de pessoa muito diferente daquele jovem arbitrário, que se auto-admirava e que se juntou às fileiras dos apóstolos de Jesus com apenas vinte e quatro anos.

As características que João mais apreciava em Jesus eram o amor e a falta de egoísmo do Mestre; esses traços causavam tamanho impacto sobre João, que, posteriormente, toda a sua vida se tornou dominada pelo sentimento de amor e de devoção fraterna. Ele falou e escreveu sobre o amor. Esse "filho do trovão" tornou-se o "apóstolo do amor"; e, em Éfeso, quando bispo e já idoso, não sendo mais capaz de permanecer de pé no púlpito e de pregar, tendo de ser carregado até a igreja numa cadeira e, ao final do serviço, diante do pedido de que dissesse algumas palavras aos crentes, durante anos, a única expressão de João era "Meus filhinhos, amai-vos uns aos outros".

João era um homem de poucas palavras, exceto quando estava com os seus ânimos exaltados. Ele pensava muito, mas falava pouco. Ao envelhecer, o seu temperamento ficou mais controlado, e João dominava-se melhor; mas nunca venceu a sua pouca inclinação para falar; e nunca, de fato, conseguiu superar tal reticência. Mas ele era dotado de uma imaginação notavelmente criativa.

Havia um outro lado em João que não era de se esperar fosse encontrável no seu tipo quieto e introspectivo. De algum modo, ele era um tanto sectário e extremamente intolerante. Sob esse ponto de vista, ele e Tiago eram muito semelhantes – ambos quiseram trazer o fogo dos céus sobre as cabeças dos samaritanos desrespeitosos. Quando João deparou-se com alguns estranhos ensinando em nome de Jesus, ele os proibiu imediatamente de continuar. Contudo, não era ele o único, entre os doze, que estava maculado por essa espécie de consciência exagerada de auto-estima e de superioridade.

A vida de João foi tremendamente influenciada quando ele compenetrou-se de que Jesus ia enfrentar o seu caminho sem um lar e, igualmente, sabia quão fielmente ele tinha provido para que a sua mãe e a sua família tivessem de tudo. João também era profundamente movido pela compaixão por Jesus, pelo fato de a família dele não o compreender, pois João sabia que eles estavam gradativamente distanciando-se de Jesus. Toda essa situação, mais o fato de Jesus submeter sempre o seu menor desejo à vontade do Pai dos céus e, ainda, o fato de Jesus manter o cotidiano da sua vida dentro dessa confiança implícita na vontade do Pai; tudo isso causava uma impressão tão profunda em João, de tal forma a gerar mudanças permanentes e marcantes no seu caráter; mudanças estas que se manifestariam durante toda a sua vida posterior.

João tinha uma coragem fria e ousada, coisa que poucos dos outros apóstolos possuíam. Ele foi o apóstolo que seguiu junto com Jesus, na noite em que o aprisionaram, e que ousou acompanhar o seu Mestre até às próprias mandíbulas da morte. João esteve presente, e ao alcance da mão, até a última hora terrena de Jesus e desempenhou fielmente a sua missão em relação à mãe de Jesus e manteve-se pronto para receber outras instruções mais, que pudessem ser dadas naqueles últimos momentos da existência mortal do Mestre. Uma coisa é certa: João era profundamente confiável. Em geral, João assentava-se à direita de Jesus, quando os doze estavam tomando refeições. Ele foi o primeiro dos doze a acreditar, real e plenamente, na ressurreição, e foi o primeiro a reconhecer o Mestre quando ele veio, até junto deles, na praia, depois da sua ressurreição.

Esse filho de Zebedeu esteve muito de perto ligado a Pedro nas atividades iniciais do movimento cristão, tornando-se um dos principais sustentáculos da igreja de Jerusalém. Foi o principal apoio de Pedro, no Dia de Pentecostes.

Vários anos depois do martírio de Tiago, João casou-se com a viúva do seu irmão. Uma das suas netas, que muito o amava, tomou conta dele nos últimos vinte anos da sua vida.

João esteve na prisão por várias vezes e foi banido para a ilha de Patmos, por um período de quatro anos, até que um outro imperador chegasse ao poder em Roma. Se não tivesse sido sagaz e de muito tato, sem dúvida, João teria sido morto como o seu irmão Tiago, que se exprimia mais abertamente. Com o passar dos anos, João, junto com Tiago, irmão do Senhor, aprendeu a praticar uma sábia conciliação, quando eles se viam diante de magistrados civis. Eles concluíram que uma "resposta suave aplaca a ira". E aprenderam também a representar a igreja como "uma fraternidade espiritual devotada ao serviço social da humanidade" mais do que como o "Reino do céu". Eles ensinaram o serviço do amor mais do que o do poder que governa – de reinado e rei.

Quando, no exílio temporário em Patmos, João escreveu o Livro da Revelação, que vós tendes agora em uma forma abreviada e distorcida. Esse Livro da Revelação contém os fragmentos que sobreviveram de uma grande revelação, da qual grandes partes se perderam e outras partes foram retiradas, depois que João o escrevera. Apenas uma parte fragmentada e adulterada ficou preservada.

João viajou muito, trabalhou incessantemente e, depois de tornar-se bispo das igrejas da Ásia, estabeleceu-se em Éfeso. Ele orientou o seu colaborador, Natam, na redação do chamado "evangelho segundo João", em Éfeso, quando tinha noventa e nove anos de idade. De todos os doze apóstolos, João Zebedeu finalmente tornou-se o mais destacado teólogo. Ele morreu de morte natural, em Éfeso, no ano 103 d.C., quando tinha cento e um anos.

5. FILIPE, O CURIOSO

Filipe foi o quinto apóstolo escolhido, tendo sido chamado quando Jesus e os seus quatro primeiros apóstolos estavam no caminho de volta, vindos do local em que

João batizava no Jordão, até Caná da Galiléia. Já que vivia em Betsaida, Filipe co-nhecia Jesus há algum tempo, mas não lhe tinha ocorrido que Jesus fosse realmente um grande homem, até aquele dia no vale do Jordão em que ele disse: "Segue-me". Filipe foi também, de um certo modo, influenciado pelo fato de André, Pedro, Tiago e João haverem aceitado Jesus como o Libertador.

Filipe estava com vinte e sete anos quando se juntou aos apóstolos; ele havia se casado recentemente, mas não tivera filhos até então. O apelido que os apóstolos deram a ele significava "curiosidade". Filipe estava sempre querendo que tudo se lhe fosse mostrado. Ele nunca parecia ver longe, diante de qualquer questão. Ele não era necessariamente obtuso, mas faltava-lhe imaginação. Essa falta de imaginação era a grande fraqueza do seu caráter. Ele era um indivíduo comum e terra a terra.

Quando os apóstolos estavam organizados para o serviço, Filipe foi feito inten-dente; o seu dever era zelar para que nunca lhes faltassem suprimentos. E ele cuidou bem do almoxarifado. A sua característica mais forte era a minuciosidade metódica; era tanto matemático quanto sistemático.

Filipe vinha de uma família de sete filhos, três meninos e quatro meninas. Ele era o segundo; depois da ressurreição ele batizou a sua família inteira no Reino. Toda a fa-mília de Filipe era de pescadores. O seu pai era um homem muito capaz, um pensador profundo, mas a sua mãe era de uma família bastante medíocre. Filipe não era um homem de quem se podia esperar que fizesse grandes coisas, mas ele era um homem que podia fazer coisas pequenas de um modo grande, fazia-as bem e aceitavelmente. Apenas umas poucas vezes, em quatro anos, ele deixou de ter comida à mão para satisfazer as necessidades de todos. Mesmo as muitas demandas de emergência que resultavam da vida que viviam, raramente o pegaram desprevenido. O serviço de in-tendência da família dos apóstolos foi administrado inteligente e eficientemente.

O ponto forte de Filipe era a confiabilidade metódica; o seu ponto fraco era a total falta de imaginação, a ausência de capacidade de colocar dois ao lado de dois para obter quatro. Ele era matemático, abstratamente, mas não possuía imaginação cons-trutiva. Era quase que inteiramente carente de alguns tipos de imaginação. Ele era o homem comum típico, de todos os dias. Havia muitos desses homens e mulheres em meio às multidões que vinham ouvir Jesus ensinar e pregar, e para eles era um grande conforto observar alguém, como eles próprios, elevado a uma posição de honra, nos conselhos do Mestre; eles ficavam encorajados com o fato de que alguém, como eles próprios, tinha já encontrado um lugar de importância nos assuntos do Reino. E Jesus aprendeu muito sobre o modo como algumas mentes humanas funcionam, quando ele escutava tão pacientemente às perguntas tolas de Filipe e quando aquiescia aos inúmeros pedidos do seu intendente para que se "lhe fosse mostrado o como".

A qualidade de Jesus que Filipe tão continuadamente admirava era a generosi-dade infalível do Mestre. Filipe nunca encontrava nada em Jesus que fosse pequeno, avaro, miserável, e ele adorava essa liberalidade sempre presente e infalível.

Pouco havia da personalidade de Filipe que fosse digno de destaque. A ele sempre se referiam como o "Filipe da Betsaida, a cidade em que vivem André e Pedro". Ele quase não tinha nenhuma visão de discernimento; era incapaz de captar as possibilidades dra-máticas de uma determinada situação. Não era pessimista; era simplesmente prosaico. Faltava-lhe também muito do discernimento espiritual interno. Ele não hesitaria em interromper Jesus, no meio de um dos ensinamentos mais profundos do Mestre, para fazer alguma pergunta aparentemente tola. Jesus, entretanto, nunca lhe fazia nenhuma reprimenda por tais descuidos; era paciente com ele e levava em consideração a sua incapacidade de compreender os significados mais profundos dos ensinamentos. Jesus bem sabia que, caso reprovasse Filipe, ao fazer tais perguntas aborrecidas, não apenas iria ferir à alma honesta dele, mas uma tal reprimenda iria magoá-lo de um tal modo que ele não mais se sentiria livre para fazer perguntas. Jesus sabia que, nos seus mundos do espaço, havia bilhões incontáveis de mortais semelhantes, de pensamento lerdo, e queria encorajar esses mortais a olhá-lo, permanecendo sempre livres para trazer-lhe as suas perguntas e problemas. Afinal, Jesus estava muito mais interessado nas perguntas tolas de Filipe do que no sermão que ele pudesse estar fazendo. Jesus estava suprema-mente interessado nos *homens*, em todas as espécies de homens.

O intendente apostólico não era um bom orador público, mas era um trabalhador pessoal bastante persuasivo e de muito êxito. Ele não ficava desencorajado facil-mente; era um labutador muito tenaz em qualquer coisa da qual se incumbisse. Tinha aquele dom grande e raro de dizer: "Vem". Quando Natanael, o seu primeiro conver-tido, quis discutir sobre os méritos e deméritos de Jesus de Nazaré, a resposta efetiva de Filipe foi: "Vem e vê". Ele não era um pregador dogmático que exortava os seus ouvintes a "irem" – façam isso e façam aquilo. Ele encarava todas as situações como elas surgiam, no seu trabalho, com um: "Vem" – "vem comigo; eu te mostrarei o ca-minho". E essa é sempre a técnica eficaz, em todas as formas e fases de ensinamento. Até mesmo os pais podem aprender de Filipe o melhor modo de dizer aos seus filhos para *não* "irem fazer isso, nem irem fazer aquilo", mas antes: "Vinde conosco para que vos mostremos; e para que compartilhemos convosco do melhor caminho".

A sua incapacidade de adaptar-se a uma situação nova ficou bem ilustrada quando os gregos vieram até ele em Jerusalém, dizendo: "Senhor, nós desejamos ver Jesus". Ora, Filipe teria dito: "vem", a qualquer judeu que fizesse tal pedido. Aqueles homens, no entanto, eram estrangeiros e Filipe não conseguiu se lembrar de nenhuma instru-ção dos seus superiores a respeito de uma tal situação; e, pois, a única coisa que ele conseguiu pensar em fazer foi consultar o dirigente, André, e então os dois acompanha-ram os gregos interessados até Jesus. Do mesmo modo, quando Filipe foi a Samaria, pregando e batizando os crentes, como lhe tinha sido ensinado pelo seu Mestre, ele absteve-se de impor as mãos aos seus convertidos, em sinal de terem recebido o Espírito da Verdade. Isso foi feito por Pedro e João, que vieram logo de Jerusalém para observar o seu trabalho em nome da mãe Igreja.

Filipe continuou o seu trabalho durante as horas de provações, da morte do Mes-tre, participou da reorganização dos doze, e foi o primeiro a ir em frente no intuito de conquistar almas para o Reino, fora das fileiras imediatas dos judeus, tendo tido muito êxito no seu trabalho com os samaritanos e em todos os seus trabalhos poste-riores em nome do evangelho.

A esposa de Filipe, que era um membro eficiente do corpo feminino, tornou-se ativamente ligada ao marido no seu trabalho de evangelização, depois da sua partida para fugir das perseguições de Jerusalém. Sua esposa era uma mulher destemida. Ela ficou ao pé da cruz de Filipe, encorajando-o a proclamar as boas-novas, até mesmo para os seus assassinos e, quando lhe faltaram forças, ela começou a contar a his-tória da salvação pela fé em Jesus e foi silenciada apenas quando os judeus irados correram até ela apedrejando-a até a morte. Sua filha mais velha, Lea, continuou o trabalho deles e tornou-se, mais tarde, uma renomada profetisa de Hierápolis.

Filipe, o antigo intendente dos doze, foi um homem de poder no Reino, con-quistando almas onde quer que fosse; e foi finalmente crucificado, pela sua fé, e enterrado em Hierápolis.

6. O HONESTO NATANAEL

Natanael, o sexto e último dos apóstolos, foi escolhido pelo próprio Mestre, e trazido a Jesus pelo seu amigo Filipe. Ele havia sido associado de Filipe, em vários empreendimentos de negócios, e estava indo ver João Batista com Filipe, quando se encontraram com Jesus.

Quando Natanael juntou-se aos apóstolos, ele tinha vinte e cinco anos e era o segundo mais jovem do grupo. Era o mais jovem de uma família de sete irmãos, e, sendo solteiro, era o único esteio de pais idosos e enfermos, vivendo com eles em Caná; os seus irmãos e a irmã eram pessoas casadas ou falecidas, e nenhum deles vivia lá. Natanael e Judas Iscariotes eram os dois homens mais bem instruídos entre os doze. Natanael havia chegado a pensar em estabelecer-se como mercador.

Jesus não deu, ele próprio, nenhum apelido a Natanael, mas os doze logo começaram a referir-se a ele em termos que significavam honestidade e sinceridade. Ele era "sem artifícios". E essa era a sua grande virtude; ele era tanto honesto, quanto sincero. A fraqueza do seu caráter era o seu orgulho; ele era muito orgulhoso, da família, da cidade, da própria reputação e da nação; e tudo isso seria louvável, não fosse levado tão adiante. Natanael, contudo, era inclinado a ir aos extremos nos seus preconceitos pessoais. Estava disposto a prejulgar os indivíduos em função das opiniões pessoais deles. E não demorou a fazer a pergunta, mesmo pouco antes de conhecer Jesus: "Pode alguma coisa boa vir de Nazaré?" Entretanto, Natanael não era obstinado, mesmo no seu orgulho. Ele era rápido em reverter os próprios pensamentos, uma vez que olhasse no rosto de Jesus.

Sob muitos pontos de vista, Natanael era o gênio ímpar dos doze. Ele era o filósofo apostólico e o sonhador, mas era o tipo do sonhador prático. Alternava estações de profunda filosofia com períodos de um raro humor bufão; quando estava com o humor certo, Natanael era provavelmente o melhor contador de histórias entre os doze. Jesus gostava muito de ouvir Natanael discorrendo sobre as coisas, tanto as sérias quanto as frívolas. Natanael, aos poucos, foi levando Jesus e o Reino mais a sério, mas nunca encarou a si próprio com seriedade excessiva.

Os apóstolos todos amavam e respeitavam Natanael, e este se dava esplendidamente com todos, exceto com Judas Iscariotes. Judas não achava que Natanael levasse o seu apostolado suficientemente a sério, e certa vez cometeu a temeridade de ir secretamente a Jesus para lançar uma queixa contra ele. Jesus disse: "Judas, toma cuidado com o que fazes; não superestimes o teu encargo. Quem entre nós é competente para julgar o nosso irmão? A vontade do Pai não é que os seus filhos devam compartilhar apenas as coisas sérias da vida. Deixa-me repetir: Eu vim para que os meus irmãos na carne possam ter júbilo, alegria e uma vida de maior abundância. Vai então, Judas, e faze bem aquilo que te tenha sido confiado e deixa Natanael, o teu irmão, dar conta de si próprio a Deus". E a memória dessa fala de Jesus, junto com a de muitas experiências semelhantes, viveu por muito tempo no coração iludido e decepcionado de Judas Iscariotes.

Muitas vezes, quando Jesus encontrava-se nas montanhas com Pedro, Tiago e João, e as coisas estavam ficando tensas e confusas entre os apóstolos, quando até mesmo André estava em dúvida sobre o que dizer aos seus irmãos inconsoláveis, Natanael aliviaria a tensão com um pouco de filosofia ou com um lance de humor; e um humor certamente de boa qualidade.

O dever de Natanael era o de cuidar das famílias dos doze. Ele estava freqüentemente ausente do conselho apostólico, pois, quando sabia que alguma doença ou outra coisa fora do ordinário havia acontecido a alguém sob o seu encargo, ele não perdia tempo e corria logo até a casa da vítima. Os doze ficavam sossegados ao saber que o bem-estar das suas famílias estava assegurado nas mãos de Natanael.

O que Natanael mais reverenciava em Jesus era a sua tolerância. Ele nunca se cansou de contemplar a abertura da mente de Jesus e a generosa compaixão do Filho do Homem.

O pai de Natanael (Bartolomeu) morreu pouco depois de Pentecostes; e, depois disso, esse apóstolo foi para a Mesopotâmia e para a Índia proclamar as boas-novas do Reino e batizar os crentes. Os seus irmãos jamais souberam o que aconteceu com o seu ex-filósofo, poeta e humorista. E ele foi também um grande homem para o Reino e realizou muito para a disseminação dos ensinamentos do seu Mestre, embora não tenha participado da organização da igreja cristã posterior. Natanael morreu na Índia.

7. MATEUS LEVI

Mateus, o sétimo apóstolo, foi escolhido por André. Mateus pertencia a uma família de coletores de impostos, ou publicanos, e era, ele próprio, um coletor alfandegário em Cafarnaum, onde vivia. Estava com trinta e um anos e era casado, possuía quatro filhos. Era um homem de alguma posse, o único que tinha um certo recurso entre os do corpo apostólico. Era um bom homem de negócios, adaptando-se bem a qualquer meio social; e havia sido dotado com a capacidade de fazer amigos e de se dar muito bem com uma grande variedade de pessoas.

André apontou-o como o representante financeiro dos apóstolos. De um certo modo Mateus era o agente fiscal e o porta-voz de publicidade da organização apostólica. Era um bom julgador da natureza humana e um eficaz homem de propaganda. É difícil visualizar a sua personalidade, mas foi um discípulo sincero e cada vez mais crente na missão de Jesus e na certeza do Reino. Jesus nunca deu a Levi um apelido, mas os seus companheiros apóstolos comumente referiam-se a ele como o "angariador de dinheiro".

O ponto forte de Levi era a sua devoção, do fundo do coração, à causa. Que ele, um publicano, tivesse sido adotado por Jesus e pelos seus apóstolos era motivo de uma gratidão imensa da parte do antigo coletor de impostos. Contudo, levou algum tempo para que os apóstolos, especialmente Simão zelote e Judas Iscariotes, se reconciliassem de um modo despreocupado com a presença do publicano no meio deles. A fraqueza de Mateus era o seu ponto de vista estreito e materialista da vida. Em todos esses pontos, contudo, ele fez muitos progressos, com o passar dos meses. Está claro que ele havia de estar ausente em muitas das mais preciosas sessões de instrução, pois o seu dever era manter o tesouro suprido.

O que Mateus mais apreciava era a disposição que o Mestre tinha de perdoar. Ele nunca cessaria de repetir que o necessário era apenas a fé, na questão de encontrar Deus. E sempre gostava de falar do Reino como "esse negócio de encontrar Deus".

Embora Mateus fosse um homem com um passado de publicano, ele saiu-se admiravelmente bem na sua tarefa e, com o passar do tempo, os seus companheiros tornaram-se orgulhosos com a atuação do publicano. Ele era um dos apóstolos que tomavam longas notas das falas de Jesus, e essas notas foram usadas como base da narrativa posterior de Isador sobre os feitos e os ditos de Jesus, que se tornou conhecida como o evangelho segundo Mateus.

A longa e útil vida de Mateus, o homem de negócios e coletor alfandegário de Cafarnaum, foi o meio de conduzir milhares e milhares de outros homens de negócios, de funcionários e de políticos, nas idades subseqüentes, a também escutarem aquela voz empenhada do Mestre dizendo: "Segue-me". Mateus realmente foi um político astuto e, de um modo intenso, leal a Jesus, tendo sido supremamente devotado à tarefa de cuidar para que os mensageiros do Reino vindouro fossem adequadamente financiados.

A presença de Mateus entre os doze foi o meio de manter as portas do Reino bem abertas para as hostes de almas desencorajadas e desterradas que haviam já, há muito tempo, considerado a si próprias como estando fora dos limites do consolo religioso. Homens e mulheres, deserdados e em desespero, e amontoados, para ouvirem a Jesus; e ele nunca rejeitou a nenhum deles.

Mateus recebia as oferendas voluntariamente feitas pelos discípulos crentes e ouvintes imediatos dos ensinamentos do Mestre, mas ele nunca solicitou fundos abertamente às multidões. Ele fazia todo o seu trabalho financeiro de um modo silencioso e pessoal e levantava a maior parte do dinheiro entre os da classe mais provida de crentes interessados. Ele praticamente deu a sua modesta fortuna ao trabalho do Mestre e aos seus apóstolos, mas eles nunca souberam dessa generosidade, salvo Jesus, que por si sabia tudo sobre isso. Mateus hesitava em contribuir abertamente para os fundos apostólicos por medo de que Jesus e os seus companheiros pudessem considerar o seu dinheiro como sendo sujo; e assim ele doou muito, mas em nome de outros crentes. Durante os meses iniciais, quando Mateus percebia que a presença dele era como que uma provação para os apóstolos, ele ficou fortemente tentado a fazer com que todos viessem a saber que os seus fundos muitas vezes supriam-nos do pão diário, mas não cedeu a essa tentação. Quando a evidência do desdém pelo publicano tornou-se evidente, Levi fervia de vontade de revelar a eles a sua generosidade, mas sempre conseguia manter-se em silêncio.

Quando os fundos para a semana eram menores do que o estimado, Levi sempre lançava mão, e pesadamente, dos próprios recursos pessoais. E também, algumas vezes quando estava muito interessado nos ensinamentos de Jesus, ele preferia permanecer para ouvir essas instruções, mesmo sabendo que teria de cobrir ele mesmo, por ter deixado de ir angariar os fundos necessários. E Levi gostaria que Jesus pudesse saber que grande parte do dinheiro vinha do seu bolso! E ele mal imaginava que Jesus sabia de tudo. Os apóstolos todos morreram sem saber que Mateus era o seu benfeitor e em um tal grau que, quando ele viajou para proclamar o evangelho do Reino, depois do começo das perseguições, estava praticamente sem nenhum dinheiro.

Quando essas perseguições levaram os crentes a abandonar Jerusalém, Mateus viajou para o norte, pregando o evangelho do Reino e batizando os crentes. Segundo o que sabiam os seus antigos companheiros do apostolado, ele já estaria perdido, no entanto ele continuou pregando e batizando, na Síria, na Capadócia, na Galátia, na Bitínia e na Trácia. E foi na Trácia, na Lisimáquia, que alguns judeus, não crentes, conspiraram com os soldados romanos para consumar a sua morte. E esse publicano regenerado morreu, triunfante, na fé de uma salvação que com tanta certeza ele havia aprendido com os ensinamentos do Mestre, durante a sua recente permanência na Terra.

8. TOMÉ DÍDIMO

Tomé era o oitavo apóstolo, e foi escolhido por Filipe. Mais tarde tornou-se conhecido como "o incrédulo Tomé"; mas os seus companheiros apóstolos não o consideravam um incrédulo crônico. É bem verdade que a sua mente era do tipo lógico, cético, mas ele tinha uma forma de lealdade corajosa que proibia aos seus conhecidos mais próximos considerá-lo como um cético por leviandade.

Quando se juntou aos apóstolos Tomé estava com vinte e nove anos, era casado, e possuía quatro filhos. Anteriormente ele havia sido carpinteiro e pedreiro, mas, sendo pescador, ultimamente residia na Tariquéia, situada na margem oeste do Jordão, onde o rio flui do mar da Galiléia; e era considerado como o cidadão líder dessa pequena aldeia. Apesar da pouca instrução, possuía uma mente perspicaz e de bom raciocínio; era filho de pais excelentes, que viviam em Tiberíades. Possuidor da única mente de fato analítica dos doze, Tomé era realmente o cientista do grupo apostólico.

A vivência inicial de Tomé no lar havia sido pouco ditosa; os seus pais não eram de todo felizes na vida de casados, e isso teve reflexo na experiência adulta de Tomé. Ele cresceu com uma disposição, bastante desagradável, para a discussão. Até mesmo a sua esposa ficou contente quando o viu juntar-se aos apóstolos, pois se sentiu aliviada com o pensamento de que o seu marido pessimista estaria longe de casa a maior parte do tempo. Tomé também nutria um vestígio de suspeita, que tornava sobremaneira difícil relacionar-se pacificamente com ele. Pedro havia ficado bastante perturbado por causa de Tomé, a princípio, queixando-se a André, seu irmão, pelo fato de que Tomé era "mesquinho, desagradável e sempre suspeitando de tudo". Entretanto, quanto mais os seus companheiros conheciam Tomé, mais gostavam dele. Descobriram que ele era estupendamente honesto e inflexivelmente leal. Era perfeitamente sincero e inquestionavelmente verdadeiro, mas era levado por um pendor natural para encontrar erros em tudo e havia crescido como um pessimista de verdade. A sua mente analítica padecia de uma suspeita aflitiva. Tomé estava rapidamente perdendo a fé no seu semelhante quando se ligou aos doze e, assim, entrou em contato com o caráter nobre de Jesus. Essa associação com o Mestre começou imediatamente a transformar toda a disposição interior de Tomé, causando grandes mudanças nas suas reações mentais para com os seus semelhantes.

A grande força de Tomé era a sua excelente mente analítica, acompanhada por uma coragem inflexível – depois de ter tomado a sua decisão. A sua grande fraqueza era o seu duvidar suspeitoso, coisa que ele nunca venceu inteiramente em toda a sua vida na carne.

Na organização dos doze, Tomé ficou encarregado de estabelecer e ordenar o itinerário; e ele foi um diretor à altura do trabalho e dos movimentos do corpo apostólico. Era um bom executivo, um excelente homem de negócios, limitado todavia pelos seus múltiplos humores; era um homem em um dia e no próximo já se tornava outro. Quando se uniu ao grupo tinha inclinação para a melancolia meditativa, mas o contato com Jesus e os apóstolos curou-o amplamente dessa introspecção mórbida.

Jesus experimentava bastante satisfação com a companhia de Tomé e mantinha muitas e longas conversas pessoais com ele. A presença de Tomé, entre os apóstolos, foi um grande conforto para todos os céticos honestos e encorajou muitas mentes perturbadas a virem para o Reino, mesmo que não pudessem compreender completamente tudo sobre os aspectos espirituais e filosóficos dos ensinamentos de Jesus. A admissão de Tomé no grupo dos doze foi uma proclamação permanente de que Jesus ama até mesmo àqueles que duvidam sinceramente.

Os outros apóstolos reverenciavam Jesus por causa de algo da sua personalidade repleta de traços especiais e notáveis, mas Tomé reverenciava o seu Mestre por causa do seu caráter tão esplendidamente equilibrado. Tomé admirava e honrava de um modo crescente a alguém que, sendo misericordioso com tanto amor, era ainda tão inflexivelmente justo e equânime; tão firme, sem ser nunca obstinado; tão calmo, mas nunca indiferente; tão cooperativo e tão compassivo, sem tornar-se nunca intrometido, nem ditatorial; tão forte, e ao mesmo tempo tão doce; tão direto ao ponto, mas sem ser grosseiro jamais, nem rude; tão terno, sem vacilar nunca; tão puro e inocente e, ao mesmo tempo, tão viril, dinâmico e enérgico; tão verdadeiramente corajoso e jamais imprudente, nem temerário; tão amante da natureza e tão liberto de qualquer tendência a reverenciá-la; tão bem-humorado e alegre, mas isento de leviandade e de frivolidade. Era essa incomparável simetria de personalidade o que tanto encantava a Tomé. Talvez, entre os doze apóstolos, Tomé fosse aquele que, intelectualmente, usufruía de uma compreensão mais elevada de Jesus e que melhor apreciava a personalidade dele.

Nos conselhos dos doze, Tomé era sempre cauteloso, advogando em primeiro lugar uma política de segurança, mas, se o seu conservadorismo fosse derrotado ou rejeitado, era sempre ele o primeiro, e destemidamente, a ter a iniciativa de executar o programa escolhido. Quantas vezes não ficava contra algum projeto, por ser temerário e presunçoso; e não debateria até um amargo fim, mas, quando André colocava a proposta em votação e, depois, quando os doze decidiam fazer aquilo a que ele se tinha oposto, tão ardorosamente, Tomé era o primeiro a dizer: "Vamos!" Ele era um bom perdedor. E não guardava rancores nem alimentava sentimentos de mágoa. E de novo, e de novo iria se opor a deixar que Jesus se expusesse ao perigo, mas, quando o Mestre decidia enfrentar os riscos, era sempre Tomé que reanimava os apóstolos com as suas palavras corajosas: "Vamos, camaradas, vamos até lá morrer com ele".

Tomé era, em alguns aspectos, como Filipe; ele também esperava "que lhe fosse mostrado, e como", mas a sua expressão externa da dúvida era baseada em operações intelectuais inteiramente diferentes. Tomé era analítico, não meramente cético. E, quando a coragem pessoal física estava envolvida, ele era um dos mais valentes entre os doze.

Tomé tinha lá os seus dias maus, às vezes ficava triste e abatido. A perda da sua irmã gêmea, quando estava com nove anos, havia causado muito pesar na sua juventude, aumentando, ainda mais, os seus problemas de temperamento mais tarde na vida. Quando Tomé ficava desanimado, algumas vezes era Natanael que o ajudava a se restabelecer, algumas vezes era Pedro, e não raro um dos gêmeos Alfeus. Quando estava muito deprimido, infelizmente ele sempre tentava evitar o contato direto com Jesus. No entanto, o Mestre sabia de tudo a esse respeito e tinha uma atitude de solidariedade compreensiva para com esse apóstolo, quando ele estava assim afligido pela depressão e atormentado pelas dúvidas.

Algumas vezes Tomé conseguia a permissão de André para ficar ausente por um dia ou dois; mas logo ele aprendeu que esse comportamento não era sábio; logo percebeu que, quando estava abatido, era melhor ater-se ao seu trabalho, permanecendo perto dos seus companheiros. E, não importando o que acontecesse na sua vida emocional, ele continuava firme como apóstolo. Quando chegava a hora de ir adiante, era sempre Tomé que dizia: "Vamos em frente!"

Tomé é o grande exemplo de um ser humano que tem dúvidas, que se confronta com elas, e que vence. Possuía uma grande mente; não era um crítico maligno. Era um pensador lógico; e era uma prova de rigor para Jesus e para os seus irmãos apóstolos. Se Jesus e a sua obra não fossem verdadeiros, não poderiam ter segurado junto deles, desde o princípio, e até o fim, um homem como Tomé. Ele tinha um senso muito agudo e seguro do *factual*. Ao primeiro sintoma de fraude ou de ilusão, Tomé tê-los-ia abandonado a todos. Os cientistas podem não compreender plenamente tudo de Jesus e da sua obra na Terra, mas viveu e trabalhou lá, com o Mestre e com os seus colaboradores humanos, um homem cuja mente era a de um verdadeiro cientista – Tomé Dídimo –, e ele acreditou em Jesus de Nazaré.

Tomé teve momentos difíceis durante os dias do interrogatório e da crucificação. Durante algum tempo, ele chegou às profundezas do desespero, mas retomou a sua coragem, permaneceu solidário com os apóstolos e esteve presente junto com eles para acolher Jesus no mar da Galiléia. Por um momento, ele sucumbiu à sua depressão e à dúvida, mas finalmente retomou a sua fé e coragem. Ele deu conselhos sábios aos apóstolos, depois de Pentecostes, e, quando a perseguição dispersou os crentes, ele foi para Chipre, Creta, costa norte da África e Sicília, pregando as boas-novas do Reino e batizando os crentes. E Tomé continuou a pregar e a batizar, até que foi preso pelos agentes do governo romano e acabou sendo executado em Malta. Poucas semanas antes da sua morte ele havia começado a escrever sobre a vida e os ensinamentos de Jesus.

9 E 10. TIAGO E JUDAS ALFEUS

Tiago e Judas, filhos de Alfeus, os pescadores gêmeos que viviam perto de Queresa, foram o nono e o décimo apóstolos, tendo sido escolhidos por Tiago e João Zebedeu. Eles estavam com vinte e seis anos e eram casados; Tiago possuía três filhos e Judas dois.

Não há muito a ser dito sobre esses dois pescadores comuns. Eles amavam o seu Mestre e Jesus os amava, mas eles nunca interromperam os seus discursos com perguntas. Eles entendiam pouquíssimo sobre as discussões filosóficas e sobre os debates teológicos dos seus companheiros apóstolos, mas rejubilavam-se por se verem incluídos naquele grupo de homens poderosos. Esses dois homens eram quase idênticos na aparência pessoal, nas características mentais e no alcance da sua percepção espiritual. O que pode ser dito de um deve ser registrado sobre o outro.

André os designou para o trabalho de manter a ordem junto às multidões. Eles eram os principais porteiros nas horas de pregação e, de fato, eram os servidores gerais e mensageiros dos doze. Eles ajudavam a Filipe com os suprimentos, levavam o dinheiro às famílias cuidadas por Natanael, e estavam sempre prontos para dar uma mão e ajudar a qualquer dos apóstolos.

As multidões de gente comum ficavam muito encorajadas de ver dois homens, tais como eles, serem honrados com um lugar entre os apóstolos. Pela aceitação mesma deles como apóstolos, esses medíocres gêmeos representaram, eles próprios, o meio de trazer uma hoste de crentes medrosos para o Reino. E, também, o povo comum aceitava de um modo melhor a idéia de ser dirigido e conduzido por porteiros oficiais que eram bastante semelhantes a eles próprios.

Tiago e Judas, que também eram chamados de Tadeu e Lebeu, não possuíam pontos fortes nem pontos fracos. Os apelidos dados a eles pelos discípulos eram designações benevolentes para a mediocridade. Eles eram "os menores entre os apóstolos"; eles sabiam disso e sentiam-se bem com isso.

Tiago Alfeus amava especialmente a Jesus por causa da simplicidade do Mestre. Esses gêmeos não conseguiam compreender a mente de Jesus, mas captavam o laço de compaixão entre eles próprios e o coração do seu Mestre. As suas mentes não eram de uma qualidade elevada; eles poderiam, até mesmo com um certo respeito, ser chamados de estúpidos, mas tiveram nas suas naturezas espirituais uma experiência real. Eles acreditavam em Jesus; eram filhos de Deus e eram pessoas do Reino.

Judas Alfeus sentia-se atraído pela humildade sem ostentação de Jesus. Tal humildade, aliada à dignidade pessoal do Mestre, exercia um grande encanto sobre Judas. O fato de Jesus sempre recomendar que não se falasse sobre os atos incomuns que operava, causava uma grande impressão nesse filho simples da natureza.

Os gêmeos eram ajudantes de boa índole, de mente simples, e todos amavam-nos. Jesus acolheu esses dois jovens, de um único talento, dando-lhes posições de honra no seu grupo pessoal mais interno do Reino, porque há milhões incontáveis de outras almas simples e temerosas, nos mundos do espaço, às quais ele quer receber, do mesmo modo, em fraternidade ativa e crente, junto a si e ao seu Espírito da Verdade, efundido para todos. Jesus não menospreza a pequenez, apenas a maldade e o pecado. Tiago e Judas eram *pequenos*, mas eram fiéis *também*. Eram simples e ignorantes, mas também tinham um coração grande, bom e generoso.

E quão orgulhosamente gratos ficaram, esses homens humildes, naquele dia em que o Mestre recusou-se a aceitar um certo homem rico como evangelista, a menos que ele vendesse os seus bens e ajudasse aos pobres. Quando o povo ouviu isso e viu os gêmeos entre os seus conselheiros, eles souberam com certeza, que Jesus não tinha preferência por pessoas. E que, somente uma instituição divina – o Reino do céu – poderia edificar-se sobre uma fundação humana de tal modo medíocre!

Apenas uma ou duas vezes, em todo o convívio com Jesus, os gêmeos aventuraram-se a fazer perguntas em público. Judas, certa vez, ficou curioso a ponto de fazer uma pergunta a Jesus quando o Mestre havia falado sobre revelar a si próprio abertamente ao mundo. Ele havia ficado um pouco decepcionado de que os segredos não fossem mais apenas dos doze, e ousou perguntar: "Mas, Mestre, quando tu te declarares assim para o mundo, como irás favorecer-nos com as manifestações especiais da tua bondade?"

Os gêmeos serviram fielmente até o fim, até os dias escuros do julgamento, da crucificação e do desespero. Eles nunca perderam a sua fé em Jesus, e (exceto por João) foram os primeiros a acreditar na sua ressurreição. Mas não conseguiam compreender o estabelecimento do Reino. Pouco após o Mestre haver sido crucificado, eles voltaram para as suas famílias e para as redes de pesca; estava realizado o trabalho deles. Eles não possuíam capacidade para continuar nas batalhas mais complexas do Reino. Contudo, viveram e morreram conscientes de terem sido honrados e abençoados pelos quatro anos de contato estreito e pessoal com um Filho de Deus, o soberano criador de um universo.

11. SIMÃO, O ZELOTE

Simão zelote, o décimo primeiro apóstolo, foi escolhido por Simão Pedro. Era um homem capaz, de bons ancestrais; e vivia com a sua família em Cafarnaum. Contava vinte e oito anos quando se uniu aos apóstolos. Era um agitador feérico e também um homem que falava muito sem pensar. Tinha sido mercador em Cafarnaum, antes de voltar toda a sua atenção para a organização patriótica dos zelotes.

A Simão zelote, foi dado o encargo das diversões e do descanso do grupo apostólico; e ele era um organizador muito eficiente das diversões e das atividades de recreação dos doze.

A força de Simão estava na sua inspirada lealdade. Quando os apóstolos encontravam um homem ou mulher debatendo-se de indecisão quanto à própria entrada no Reino, eles o mandavam para Simão. Em geral levava apenas quinze minutos para que esse advogado entusiasta da salvação pela fé em Deus dissipasse as dúvidas e removesse toda indecisão; e logo se via uma nova alma nascida na "liberdade da fé e no júbilo da salvação".

A grande fraqueza de Simão estava no lado materialista da sua mente. De judeu nacionalista que era, ele não poderia tão rapidamente transformar-se em um internacionalista de mente espiritualizada. Quatro anos foi um tempo curto demais para que se fizesse tal transformação intelectual e emocional, mas Jesus sempre se manteve paciente com ele.

O que Simão tanto admirava em Jesus era a calma, a segurança, a estabilidade e a serenidade inexplicável do Mestre.

Embora Simão fosse um revolucionário radical, um pavio destemido de agitação, ele gradualmente colocou sob controle a sua índole inflamada a ponto de tornar-se um pregador poderoso e eficiente da "Paz na Terra e da boa vontade entre os homens". Simão era um grande argumentador; e gostava de discutir. E, quando se tratava de lidar com as mentes legalistas dos judeus instruídos, ou das minúcias intelectuais dos gregos, a tarefa era sempre dada a Simão.

Por natureza era um rebelde e, por formação, era um iconoclasta; mas Jesus o conquistou para os conceitos mais elevados do Reino do céu. Simão sempre se identificou com o partido do protesto, mas agora estava unido ao partido do progresso; do progresso ilimitado e eterno do espírito e da verdade. Simão era um homem de lealdades intensas e de devoções pessoais calorosas; e ele amava Jesus profundamente.

Jesus não temia ser identificado nem se identificar com homens de negócios, com homens do trabalho, otimistas, pessimistas, filósofos, céticos, publicanos, políticos e patriotas.

O Mestre mantinha muitas conversas com Simão, mas nunca teve êxito pleno em fazer um internacionalista, desse ardente judeu nacionalista. Jesus freqüentemente dizia a Simão que era oportuno querer ver melhoradas as ordens social, econômica e política; todavia sempre acrescentava: "Esse assunto nada tem a ver com o Reino do céu. Devemos dedicar-nos a fazer a vontade do Pai. A nossa obra é sermos embaixadores de um governo espiritual do alto; e não devemos ocupar-nos de imediato com nada que não seja representarmos a vontade e o caráter do Pai divino, que está à frente do governo de cujas credenciais somos portadores". Era difícil para Simão compreender, mas gradativamente ele começou a captar algo do sentido dos ensinamentos do Mestre.

Depois da dispersão das perseguições de Jerusalém, Simão pôs-se temporariamente de retiro. Ele ficara de fato prostrado. Como um nacionalista patriota, ele se havia capitulado em deferência aos ensinamentos de Jesus; e agora estava perdido. Estava em desespero, mas em poucos anos reanimou as próprias esperanças e saiu para proclamar o evangelho do Reino.

Foi para a Alexandria e, após trabalhar Nilo acima, ele penetrou no coração da África, pregando em todos os lugares o evangelho de Jesus e batizando os crentes. Assim trabalhou até que a velhice e a fraqueza chegassem. E Simão morreu e foi enterrado no coração da África.

12. JUDAS ISCARIOTES

Judas Iscariotes, o décimo segundo apóstolo, foi escolhido por Natanael. Ele nasceu em Queriot, uma pequena aldeia no sul da Judéia. Quando pequeno, os seus pais mudaram-se para Jericó, onde ele vivia e havia sido empregado nos vários negócios das empresas do seu pai, antes de se tornar interessado na pregação e na obra de João Batista. Os pais de Judas eram saduceus e, quando o filho deles juntou-se aos discípulos de João, eles o repudiaram.

Quando Natanael conheceu Judas na Tariquéia, este estava à procura de um trabalho junto a uma empresa de secagem de peixe, na extremidade baixa do mar da Galiléia. Ele tinha trinta anos e não era casado quando se juntou aos apóstolos. Ele era provavelmente o mais instruído entre os doze e o único judeu na família apostólica do Mestre. Judas não tinha nenhum traço notável de força pessoal, embora tivesse muitos traços externos aparentes de cultura e de hábitos educados. Ele era um bom pensador, mas nem sempre um pensador verdadeiramente *honesto*. Judas realmente não queria entender a si próprio; ele não era realmente sincero ao lidar consigo mesmo.

André nomeou Judas como tesoureiro dos doze, uma posição para a qual ele estava eminentemente qualificado e, até a época da traição ao seu Mestre, ele desincumbiu-se das responsabilidades do seu posto, honesta, fiel e muito eficientemente.

Não havia nenhum traço especial em Jesus que Judas admirasse mais do que a personalidade atraente em geral e extraordinariamente encantadora do Mestre. Judas nunca foi capaz de colocar-se acima dos seus preconceitos judaicos contra os seus colegas galileus; ele chegava a criticar, na sua mente, até mesmo Jesus, em muitas coisas. A ele, a quem onze dos apóstolos admiravam como o homem perfeito, como o "único digno de ser amado e o mais importante entre dez mil", é que esse presumido judeu muitas vezes ousava criticar no seu coração. E, realmente, ele acalentava a idéia de que Jesus fosse tímido e mesmo um pouco receoso de afirmar o seu próprio poder e autoridade.

Judas era um bom homem de negócios. Era necessário tato, habilidade e paciência, bem como uma devoção meticulosa, para conduzir os assuntos financeiros de um idealista como Jesus, sem falar da luta com os métodos desordenados de alguns dos apóstolos na condução dos negócios. Judas realmente era um grande executivo, um financista capaz e previdente. E era de uma organização persistente. Nenhum dos doze jamais criticou Judas. Até onde podiam enxergar, Judas Iscariotes era um tesoureiro sem par, um homem instruído, um apóstolo leal (se bem que algumas vezes crítico) e, em todos os sentidos da palavra, um grande sucesso. Os apóstolos amavam Judas; ele era realmente um deles. Ele deve ter *acreditado* em Jesus, mas duvidamos que ele tenha realmente *amado* o Mestre, de todo o coração. O caso de Judas ilustra a verdade daquele ditado: "Há um caminho que parece o justo para um homem, mas o fim dele é a morte". É de todo possível ser vítima da ilusão pacífica, da adaptação agradável aos caminhos do pecado e da morte. Podeis estar certos de que Judas foi, financeiramente, sempre leal ao seu Mestre e seus irmãos apóstolos. O dinheiro nunca haveria sido o motivo da sua traição ao Mestre.

Judas era o filho único de pais pouco sábios. Quando ainda muito jovem, ele foi adulado e afagado; e tornou-se uma criança mimada. Quando cresceu, passou a possuir idéias exageradas sobre a sua própria importância. Tornou-se um mal perdedor. Nutria idéias distorcidas sobre a justiça; permitia-se a indulgência de sentir ódio e suspeita. E era especialista em interpretar erroneamente as palavras e os atos dos seus amigos. Durante toda a sua vida, Judas havia cultivado o hábito de ter de terminar quites com aqueles que, na sua fantasia, o tinham maltratado. O seu sentido de valores e lealdades era imperfeito.

Para Jesus, Judas foi uma aventura com a fé. Desde o começo, o Mestre compreendeu totalmente a fraqueza desse apóstolo e sabia perfeitamente bem dos perigos de admiti-lo na comunidade. No entanto, é da natureza dos Filhos de Deus dar a todos os seres criados chances plenas e iguais de salvação e de sobrevivência. Jesus queria, não apenas que os mortais desse mundo, mas também que os espectadores de inumeráveis outros mundos, soubessem que, quando existem dúvidas quanto à sinceridade, no coração, e à franqueza na devoção de uma criatura ao Reino, a prática invariável dos Juízes dos homens é receber totalmente o candidato em dúvida. A porta da vida eterna está bem aberta a todos; "quem quer que queira entrar, pode vir"; não há restrições ou qualificações, a não ser a *fé* daquele que vem.

Apenas esse foi o motivo que levou Jesus a permitir a Judas ir até o fim; e sempre fez todo o possível para transformar e salvar esse apóstolo fraco e confuso. Contudo, quando a luz não é recebida com honestidade e vivida de acordo, ela tende a transformar-se em trevas dentro da alma. Judas cresceu intelectualmente com os ensinamentos de Jesus sobre o Reino, mas não conseguiu progressos na aquisição do caráter espiritual, como lograram os outros apóstolos. Ele não conseguiu fazer um progresso pessoal satisfatório na experiência espiritual.

Cada vez mais, Judas deixou que os desapontamentos pessoais crescessem dentro dele, para finalmente tornar-se vítima do ressentimento. Os seus sentimentos haviam sido feridos muitas vezes, e ele deixou que a suspeita crescesse de um modo anormal, a suspeita em relação aos seus melhores amigos, e até mesmo em relação ao Mestre. Em breve ele tornou-se obcecado pela idéia de tirar a diferença e ficar quites, de fazer qualquer coisa para vingar-se, sim, chegando até mesmo à traição aos seus companheiros e ao seu Mestre.

E essas idéias perversas e perigosas não tomaram forma definitiva até o dia em que uma mulher agradecida entornou uma caixa valiosa de incenso aos pés de Jesus. Isso pareceu um desperdício para Judas e, quando o seu protesto público foi tão vivamente desaprovado por Jesus, ali, diante de todos, foi demais. Aquele acontecimento determinou a mobilização de todo ódio, mágoa, maldade, preconceito, inveja e vingança, acumulados durante uma vida; e ele decidiu tirar a diferença, não importasse com quem; e então cristalizou todo o mal da sua natureza sobre a *única* pessoa inocente em todo o drama sórdido da sua vida desafortunada, apenas porque casualmente Jesus fora o agente principal, no episódio que marcou a sua passagem escolhida por ele próprio, do Reino progressivo da luz, para o domínio das trevas.

O Mestre, muitas vezes, tanto em particular quanto publicamente, havia prevenido a Judas de que ele estava entorpecido; mas as advertências divinas em geral são inúteis quando se trata da natureza humana amargurada. Jesus fez tudo o que foi possível, e compatível com a liberdade moral humana, para impedir que Judas escolhesse o caminho errado. O grande teste finalmente veio. O filho do ressentimento fracassou; e, dando a si mesmo uma auto-importância exagerada, cedeu aos ditames amargos e sórdidos de uma mente orgulhosa, vingativa, que mergulhava célere em confusão, no desespero e na perversidade.

Judas entrou na intriga baixa e vergonhosa para trair o seu Senhor e Mestre e rapidamente levou adiante o esquema nefando. Durante a realização do plano concebido pela sua raiva e deslealdade traiçoeira, ele experimentou momentos de arrependimento e de vergonha e, nesses intervalos de lucidez, ele concebeu medrosamente, tal uma defesa para a sua própria mente, a idéia de que seria possível que Jesus exercesse o seu poder para libertar a si próprio, no último momento.

Quando o negócio vil e pecaminoso estava terminado, esse mortal renegado, que tinha dado tão pouca importância a vender o seu amigo por trinta peças de prata, para satisfazer a sua há muito alimentada sede de vingança, saiu precipitadamente e cometeu o ato final, no drama de fuga às realidades da existência mortal – o suicídio.

Os onze apóstolos ficaram horrorizados, atordoados. Jesus olhou para o traidor apenas com piedade. Os mundos têm achado difícil perdoar Judas, e o seu nome é evitado em todo um vasto universo.

DOCUMENTO 140

A ORDENAÇÃO DOS DOZE

POUCO antes do meio-dia, no domingo, 12 de janeiro do ano 27 d.C., Jesus reuniu os apóstolos para a ordenação deles, como pregadores públicos do evangelho do Reino. Aqueles doze homens estavam esperando ser chamados a qualquer dia; e, assim, nessa manhã eles não foram muito longe da margem para pescar. Vários deles permaneceram perto da margem, fazendo reparos nas suas redes ou consertando a sua parafernália de pesca.

Quando desceu até a praia, Jesus chamou os apóstolos e saudou primeiro a André e Pedro, que estavam pescando perto da margem; em seguida sinalizou para Tiago e João, que estavam em um barco por perto, conversando com Zebedeu, o pai deles, e remendando as suas redes. Dois a dois, ele convocou os apóstolos e, quando havia reunido todos os doze, seguiu com eles para as terras altas ao norte de Cafarnaum, onde continuou a dar-lhes instruções para a ordenação formal deles.

Daquela vez, todos os doze apóstolos encontravam-se em silêncio; até mesmo Pedro estava disposto a refletir. Afinal, a hora tão esperada havia chegado! Eles seguiam a sós com o Mestre, para participar de alguma espécie de cerimônia solene de consagração pessoal, e de dedicação coletiva ao trabalho sagrado de representar o seu Mestre, na proclamação da vinda do Reino do seu Pai.

1. A INSTRUÇÃO PRELIMINAR

Antes do serviço da ordenação formal, Jesus falou a todos os doze, assentados em volta dele: "Meus irmãos, chegou a hora do Reino. Estais aqui comigo, isolados, porque eu vos vou apresentar ao Pai como embaixadores do Reino. Alguns de vós me ouvistes falando deste Reino na sinagoga, logo quando fostes chamados. Cada um de vós aprendeu mais sobre o Reino do Pai depois que estivestes trabalhando comigo nas cidades, em volta do mar da Galiléia. E agora eu tenho algo mais a dizer-vos a respeito deste Reino.

"O novo Reino que meu Pai está para estabelecer nos corações dos seus filhos terrenos é um domínio perene. Esse governo do meu Pai nos corações dos que desejarem fazer a sua divina vontade não terá fim. Eu declaro que meu Pai não é um Deus só de judeus e gentios. Muitos virão, do leste e do oeste, para se sentarem conosco no Reino do Pai, enquanto muitos dos filhos de Abraão recusar-se-ão a aderir à nova fraternidade de prevalecimento do espírito do Pai nos corações dos filhos dos homens.

"O poder deste Reino não consistirá da força de exércitos, nem do poder de riquezas, mas, sim da glória do espírito divino que virá para ensinar às mentes e governar os corações dos cidadãos renascidos do Reino celeste, os filhos de Deus. Essa, a fraternidade do amor, na qual reina a retidão, e cujo grito de batalha será: Paz na Terra e boa vontade a todos os homens. Esse Reino que estais a ponto de proclamar é o desejo dos homens bons de todas as idades, a esperança de toda a Terra e o cumprimento de todas as promessas sábias de todos os profetas.

"Para vós, filhos meus, e para todos os outros que vos seguirão neste Reino, há um teste severo. Apenas a fé vos fará passar pelos seus portais; mas deveis produzir os frutos do espírito do meu Pai se quiserdes continuar a ascender na vida progressiva da irmandade divina. Em verdade, em verdade, vos digo, nem todos aqueles que dizem: 'Senhor, Senhor', entrarão no Reino do céu; mas antes aqueles que cumprem a vontade do meu Pai que está no céu.

"A vossa mensagem para o mundo será: buscai primeiro o Reino de Deus e Sua retidão, e, ao chegardes a tanto, todas as outras coisas essenciais para a sobrevivência eterna vos serão asseguradas, por acréscimo. E agora eu deixo claro para vós que o Reino do meu Pai não virá com uma aparência exterior de poder, nem com uma demonstração pouco inusitada. E, pois, não deveis sair para proclamar o Reino dizendo: 'ele é aqui' ou 'é lá'. Pois tal Reino que pregais é Deus dentro de vós.

"Aquele que quiser ser grande no Reino do meu Pai deve tornar-se um ministro para todos; e aquele que quiser ser o primeiro no vosso meio, que se torne o servidor dos irmãos. E quando fordes recebidos realmente como cidadãos, no Reino celeste, não mais sereis servos, sereis filhos do Deus vivo. E assim progredirá esse Reino, no mundo, até quebrar todas as barreiras e levar os homens todos a conhecerem meu Pai e acreditarem na verdade salvadora que eu vim declarar. E, agora mesmo, o Reino está ao alcance das mãos; e alguns de vós não morrereis sem terdes visto o Reino de Deus surgir em grande poder.

"E o que os vossos olhos agora contemplam, esse pequeno começo de doze homens comuns, multiplicar-se-á e crescerá, até que finalmente toda a Terra seja preenchida de louvor ao meu Pai. E não será assim, tanto pelas palavras que disserdes quanto pelas vidas que viverdes, que os homens saberão que vós tereis estado comigo e que tereis aprendido sobre as realidades do Reino. E, se bem que eu não queira depositar cargas pesadas nas vossas mentes, eu deverei colocar sobre as vossas almas a responsabilidade solene de me representarem para o mundo, quando, em breve, eu vos deixar do mesmo modo como eu agora represento o meu Pai, nesta vida que estou vivendo na carne". E quando terminou de falar, ele levantou-se.

2. A ORDENAÇÃO

Jesus agora instruía os doze mortais que o haviam ouvido, na sua declaração a respeito do Reino, que se ajoelhassem em um círculo em volta dele. E então o Mestre colocou as suas mãos na cabeça de cada um dos apóstolos, começando por Judas Iscariotes e terminando por André. Depois de abençoá-los, Jesus estendeu as suas mãos e orou:

"Meu Pai, agora eu Te trago estes homens, meus mensageiros. Eu escolhi estes doze, dentre os nossos filhos da Terra, para que saiam e me representem como eu vim representar-Te. Ama a eles e esteja com eles, como Tu me amaste e estiveste comigo. E, agora, meu Pai, dá sabedoria a esses homens, pois eu coloco todos os assuntos do Reino que virá nas mãos deles. E eu gostaria, se for da Tua vontade, de permanecer na Terra por um tempo para ajudá-los, nos seus trabalhos para o Reino. E novamente, meu Pai, agradeço a Ti por ter estes homens, e os confio à Tua guarda enquanto eu vou terminar o trabalho que me encarregaste de fazer".

Quando Jesus terminou de orar, os apóstolos permaneceram quietos, inclinados em reverência, cada um deles no seu lugar. Muitos minutos se passaram, antes até mesmo que Pedro ousasse levantar os olhos no intuito de olhar para o Mestre. Um a um, abraçaram Jesus, mas nenhum daqueles homens disse palavra. Um grande silêncio penetrou o local, enquanto uma hoste de seres celestes contemplava esta cena solene e sagrada – o Criador de um universo, colocando os assuntos da irmandade divina dos homens sob a condução de mentes humanas.

3. O SERMÃO DA ORDENAÇÃO

E então Jesus tomou a palavra e disse: "Agora, portanto, que sois embaixadores do Reino do meu Pai, vos convertestes numa classe de homens distinta e separada de todos os outros homens na Terra. Não sois apenas homens entre homens, mas sois como os cidadãos esclarecidos de uma outra Terra celeste, entre as criaturas ignorantes deste mundo escuro. Não basta viverdes como se estivéreis diante deste momento, mas doravante deveis viver como aqueles que provaram das glórias de uma vida melhor e que foram enviados de volta para a Terra, como embaixadores do Soberano daquele mundo novo melhor. Do instrutor é esperado mais do que do aluno; do dono é exigido mais que do servo. Dos cidadãos do Reino celeste é exigido mais do que dos cidadãos do governo terrestre. Algumas coisas que eu vos direi podem parecer difíceis, mas vós escolhestes representar-me no mundo, como eu agora represento o Pai e, como agentes meus na Terra, sereis obrigados a comportar-vos segundo os ensinamentos e práticas que refletem os meus ideais da vida mortal, para os mundos do espaço, e aos quais eu dou o exemplo da minha vida terrestre, revelando o Pai que está nos céus.

"Assim vos envio ao mundo para proclamardes a liberdade a todos que estiverem no cativeiro espiritual, para júbilo dos prisioneiros do medo e para curardes os doentes de acordo com a vontade do meu Pai nos céus. Quando virdes os meus filhos em angústia falai a eles encorajado-os, dizendo:

"Felizes sejam os pobres em espírito, os humildes, pois deles são os tesouros do Reino do céu.

"Felizes sejam aqueles que têm fome e sede de retidão, pois serão saciados.

"Felizes sejam os mansos, pois herdarão a Terra.

"Felizes sejam os puros de coração, pois verão a Deus.

"E, deste mesmo modo, ireis falar aos meus filhos, com estas mesmas palavras de conforto espiritual e de promessa:

"Felizes sejam aqueles que pranteiam, pois serão confortados. Felizes sejam os que choram, pois receberão o espírito do júbilo.

"Felizes sejam os misericordiosos, pois receberão a misericórdia.

"Felizes sejam os pacificadores, pois serão chamados de filhos de Deus.

"Felizes os que forem perseguidos em nome da retidão, pois deles é o Reino do céu. Sede felizes quando os homens vos insultarem e vos perseguirem e contra vós lançarem falsamente todas as formas de mal. Jubilai em plena alegria, pois grande é a vossa recompensa nos céus.

"Meus irmãos, eu vos envio, pois, ao mundo; e sois o sal da Terra; sal com sabor de salvação. E, entretanto, se esse sal perder o sabor, com o que é que se salgará? E de nada servirá mais, a menos que seja para ser jogado fora e pisoteado pelos homens.

"Vós sois a luz do mundo. Uma cidade plantada em uma colina não pode ficar escondida. E os homens não acendem uma vela para escondê-la, mas em um candeeiro, para que dê uz a todos que estão na casa. Que a vossa luz brilhe, assim, diante dos homens, para que eles possam ver vossas boas obras e para que sejam levados a glorificar o vosso Pai que está nos céus.

"Eu vos envio ao mundo para que me represanteis e sejais os embaixadores do Reino do meu Pai; e, quando sairdes para proclamar as boas-novas, confiai no Pai de quem sois mensageiros. Não resistais à injustiça com a força; nem coloqueis a vossa confiança no braço da carne. Se o vosso semelhante bater na vossa face direita, dai-lhe também a outra. Estai dispostos a sofrer de injustiças mais do que fazer cumprir a lei entre vós. Na bondade e na misericórdia, ministrai a todos que estão na infelicidade e na necessidade.

"E eu vos digo: Amai os vossos inimigos, fazei o bem àqueles que vos odeiam. Abençoai àqueles que vos amaldiçoam, e orai por aqueles que se servem de vós com desprezo. E tratai aos homens do mesmo modo que acreditais que eu os trataria.

"O vosso Pai nos céus faz o sol brilhar sobre os maus, tanto quanto sobre os bons; do mesmo modo ele envia a chuva ao justo e ao injusto. Vós sois os filhos de Deus, e mesmo ainda mais; sois agora os embaixadores do Reino do meu Pai. Sede misericordiosos, como Deus é misericordioso, e, no futuro eterno do Reino, vós sereis perfeitos, como o vosso Pai celeste é perfeito.

"Tendes a missão de salvar os homens, não de julgá-los. Ao final da vossa vida terrena, todos deveis esperar misericórdia; e, pois, peço-vos que, durante a vossa vida mortal, demonstreis misericórdia para com todos os vossos irmãos na carne. Não cometais o erro de tentar tirar um cisco do olho do vosso irmão, quando há uma trave dentro dos vossos próprios olhos. Tendo primeiro retirado a trave do vosso próprio olho, vós podeis ver melhor para tirar o cisco do olho do irmão.

"Discerni a verdade com clareza; vivei a vida de retidão com destemor; e, desse modo, sereis apóstolos e os embaixadores do meu Pai. Ouvistes o que foi dito: 'Se um cego guia outro cego, ambos cairão no buraco'. Se quiserdes guiar outros ao Reino, deveis vós próprios caminhar na luz clara da verdade viva. Para com todos os assuntos do Reino eu vos exorto a demonstrar um julgamento justo e uma sabedoria aguçada. Não apresenteis aos cães aquilo que é sagrado; nem jogueis as vossas pérolas aos porcos, pois eles pisarão nas vossas gemas e voltar-se-ão contra vós.

"Eu vos previno contra os falsos profetas que virão a vós em peles de ovelhas, enquanto por dentro são como lobos devoradores. Pelos frutos vós os reconhecereis. Os homens colhem uvas dos espinheiros ou figos dos cardos? E ainda assim, toda boa árvore dá bons frutos; mas a árvore corrupta dá um fruto malévolo. Uma boa árvore não pode produzir frutos maus; nem pode uma árvore corrupta produzir bons frutos. Toda árvore que não dá bons frutos é logo derrubada e jogada ao fogo. Para se ganhar a entrada no Reino do céu, é o motivo que conta. Meu Pai olha dentro dos corações dos homens e julga-os pelas suas aspirações interiores e suas intenções sinceras.

"No grande dia de julgamento do Reino, muitos dirão a mim: 'Nós não professamos em vosso nome, e pelo vosso nome não fizemos obras maravilhosas?' Contudo, serei obrigado a dizer-lhes: 'Nunca vos conheci; afastai-vos de mim; vós que sois falsos instrutores'. E todo aquele que ouve essa instrução e sinceramente executa a sua missão de me representar diante dos homens, do mesmo modo como eu representei o meu Pai para vós, terá uma entrada ampla no meu serviço e no Reino do Pai celeste".

Nunca antes os apóstolos tinham ouvido Jesus falar desse modo, pois ele falou-lhes como quem tem a autoridade suprema. Eles retornaram da montanha por volta do pôr-do-sol, mas nenhum daqueles homens fez pergunta alguma a Jesus.

4. VÓS SOIS O SAL DA TERRA

O chamado "Sermão da Montanha" não é o evangelho de Jesus. Ele contém muitos ensinamentos úteis, mas foi feito como instrução da ordenação de Jesus aos doze apóstolos. Foi a missão pessoal do Mestre, para aqueles que iriam pregar o evangelho e que aspiravam a representá-lo no mundo dos homens, do mesmo modo que ele, tão eloqüente e perfeitamente, representava o seu Pai.

"Vós sois o sal da Terra, sal que tem sabor de salvação. E se esse sal perder o seu sabor, com o que se salgará? Não mais será bom para nada a não ser para se jogar fora e ser pisoteado pelos homens."

Na época de Jesus o sal era precioso. Era usado até mesmo como dinheiro. A moderna palavra "salário" deriva-se de sal. O sal não apenas dá sabor aos alimentos, mas é também um conservante. Faz com que os alimentos fiquem mais saborosos, e para isso ele serve.

"Vós sois a luz do mundo. Uma cidade plantada numa colina não pode esconder-se. Nem os homens acendem uma vela e a colocam às escondidas, mas em um candeeiro; e ele dá a luz a todos os que estão na casa. Que a vossa luz brilhe assim diante dos homens, para que eles possam ver as vossas boas obras e para que sejam levados a glorificar o vosso Pai, que está no céu."

Ainda que a luz dissipe as trevas, ela também pode "cegar" a ponto de confundir e frustrar. Somos exortados a fazer a nossa luz brilhar *de um modo tal* que os nossos semelhantes sejam guiados a novos e bons caminhos de vida elevada. A nossa luz deveria brilhar assim, não para atrair a atenção para nós próprios. Até mesmo a vossa atividade de vocação pode ser utilizada como um "refletor" eficaz para a disseminação dessa luz de vida.

Os caracteres fortes não se formam por *não* fazerem absolutamente o mal, mas muito mais por fazerem de fato o bem. A ausência de egoísmo é uma insígnia de grandeza humana. Os níveis mais elevados de auto-realização são alcançados pela adoração e o serviço. A pessoa feliz e eficiente é motivada, não pelo medo de fazer o errado, mas pelo amor de fazer o certo.

"Pelos seus frutos vós os conhecereis." A personalidade é basicamente imutável; o que muda – cresce – é o caráter moral. O erro maior das religiões modernas é o negativismo. A árvore que não dá frutos é "derrubada e jogada ao fogo". O valor moral não pode originar-se apenas na repressão e na obediência à injunção que prega o "não farás". O medo e a vergonha são motivações sem valor para a vivência religiosa. A religião é válida apenas quando revela a paternidade de Deus e realça a irmandade dos homens.

Uma filosofia eficaz de vida é formada pela combinação de discernimento cósmico com o todo das reações emocionais ao ambiente social e econômico. Lembrai-vos: Conquanto os impulsos hereditários não possam ser modificados fundamentalmente, as respostas emocionais a tais impulsos podem ser mudadas; a natureza moral pode, portanto, ser modificada, o caráter pode ser melhorado. No caráter forte as respostas emocionais são integradas e coordenadas e, assim, é produzida uma personalidade unificada. Uma unificação deficiente enfraquece a natureza moral e engendra a infelicidade.

Sem uma meta digna, a vida fica desinteressante, torna-se inútil, e resulta em muita infelicidade. O discurso de Jesus para a ordenação dos doze constitui uma filosofia da mestria da vida. Jesus recomendou, aos seus seguidores, exercerem a fé experiencial. Ele exortou-os a não dependerem de meros consentimentos intelectuais; nem de uma credulidade ordinária, nem da autoridade estabelecida.

A educação deveria ser uma técnica de aprendizado (a descoberta) de melhores métodos de gratificar as nossas tendências naturais e as herdadas; e a felicidade é o todo resultante dessas técnicas mais elevadas para obter satisfações emocionais. A felicidade depende pouco do ambiente, embora os locais agradáveis possam contribuir grandemente para ela.

Todo mortal anseia realmente por ser uma pessoa completa, por ser perfeito, como o Pai no céu é perfeito; e realizar isso se torna possível porque, em última análise, o "universo é verdadeiramente paterno".

5. O AMOR PATERNO E O AMOR FRATERNO

Do Sermão da Montanha ao discurso da Última Ceia, Jesus ensinou os seus seguidores a manifestar o amor *paterno* mais do que o amor *fraterno*. O amor fraterno seria amar o teu semelhante como a ti próprio, e isso seria um preenchimento adequado da "regra de ouro". O afeto paterno, todavia, requer que tu ames os teus semelhantes mortais como Jesus te ama.

Jesus ama a humanidade com um afeto dual. Ele viveu na Terra como uma personalidade de duas naturezas – a humana e a divina. Como Filho de Deus, ele ama o homem com um amor paterno – ele é o Criador do homem, o seu pai neste universo. Enquanto Filho do Homem, Jesus ama os mortais como um irmão – ele foi verdadeiramente um homem entre os homens.

Jesus não esperou que os seus seguidores realizassem uma manifestação impossível de amor fraterno, mas ele esperou que eles se esforçassem para ser como Deus – para serem perfeitos como o Pai no céu é perfeito –, que eles pudessem começar a ver o homem como Deus vê as suas criaturas e que, portanto, pudessem começar a amar os homens como Deus os ama – demonstrando o começo de um afeto paterno. Durante essas exortações aos doze apóstolos, Jesus buscou revelar esse novo conceito do *amor paterno*, do modo como ele se relaciona a algumas atitudes emocionais preocupadas em fazer numerosos ajustamentos sociais para o meio ambiente.

O Mestre apresentou esse discurso memorável chamando a atenção para quatro atitudes de *fé*, como um prelúdio para retratar subseqüentemente as suas quatro reações transcendentes e supremas de amor paterno, contrastando-as com as limitações do amor meramente fraterno.

Primeiro ele falou daqueles que eram pobres em espírito e famintos de retidão, daqueles que persistiam na mansidão e eram puros de coração. Podia-se esperar que esses mortais discernidores do espírito alcançassem níveis divinos tais, de ausência de egoísmo, que os tornassem capazes de atingir o exercício surpreendente do afeto *paterno*; que, mesmo como lamentadores, teriam forças para demonstrar misericórdia, promover a paz e resistir às perseguições e, durante todas essas situações de provação, que amassem até mesmo a uma humanidade não amável, com um amor paterno. Um afeto paterno pode alcançar níveis de devoção que transcendem incomensuravelmente um afeto fraterno.

A fé e o amor, nessas beatitudes, fortalecem o caráter moral e criam a felicidade. O medo e a raiva enfraquecem o caráter e destroem a felicidade. Esse sermão memorável teve o seu começo com uma nota sobre a felicidade.

1. *"Felizes são os pobres em espírito – os humildes."* Para uma criança, a felicidade é a satisfação de um desejo de prazer imediato. O adulto está disposto a semear os grãos da renúncia, com o fito de ter colheitas subseqüentes de maior felicidade. Na época de Jesus e desde então, a felicidade tem sido muito freqüentemente associada à idéia da posse de riquezas. Na história do fariseu e do publicano orando no templo, um sentia-se rico em espírito – egotista –; o outro se sentia "pobre em espírito" – humilde. Um era

auto-suficiente; o outro era capaz de aprender e de buscar a verdade. O pobre em espírito busca as metas da riqueza espiritual – busca Deus. E os que buscam a verdade não têm de esperar por recompensas em um futuro distante; eles são recompensados *agora*. Eles encontram o Reino do céu dentro dos seus próprios corações, e experimentam uma tal felicidade *agora*.

2. *"Felizes são aqueles que têm fome e sede de retidão, pois serão saciados"*. Apenas aqueles que se sentem pobres em espírito irão ter fome e sede de retidão. Apenas os humildes buscam a força divina e almejam o poder espiritual. No entanto é muito perigoso praticar conscientemente o jejum espiritual com o fito de melhorar o próprio apetite pelos dons espirituais. O jejum físico torna-se perigoso, depois de quatro ou cinco dias; faz com que nos tornemos aptos a perder todo desejo de alimento. O jejum prolongado, seja físico ou espiritual, tende a destruir a fome.

A retidão na experiência é um prazer, não um dever. A retidão de Jesus é um amor dinâmico – o afeto paterno junto com o fraterno. Não é o tipo de retidão negativa, o tipo "não faça" de retidão. Como é que alguém poderia almejar uma coisa negativa – uma coisa a "não fazer"?

Não é tão fácil ensinar, à mente de uma criança, essas duas primeiras beatitudes, mas a mente amadurecida deveria captar o significado delas.

3. *"Felizes são os mansos, pois eles herdarão a Terra."* A mansidão genuína não tem nenhuma relação com o medo. É mais a atitude de um homem cooperando com Deus – "A vossa vontade será feita". Abrange a paciência e a tolerância, e é motivada pela fé inabalável em um universo amistoso e cumpridor da lei. Ela mantém o controle de todas as tentações de rebeldia contra o guiamento divino. Jesus foi o homem manso ideal de Urântia; e ele herdou um vasto universo.

4. *"Felizes são os puros de coração, pois eles verão Deus."* A pureza espiritual não é uma qualidade negativa, a não ser ao negar a suspeita e a vingança. Ao discutir sobre a pureza, Jesus não teve a intenção de tratar exclusivamente das atitudes sexuais humanas. Ele referia-se mais àquela fé que o homem deveria ter no seu semelhante; aquela fé que um pai tem no seu filho, e que o capacita a amar os seus semelhantes como um pai os amaria. O amor do pai não necessita mimar, e não fecha os olhos para o mal, mas é sempre o oposto do cinismo. O amor paterno tem sempre um único propósito e sempre busca o melhor no homem, que é a atitude de um verdadeiro progenitor.

Ver Deus – por meio da fé – significa adquirir o verdadeiro discernimento espiritual. E o discernimento espiritual intensifica o guiamento do Ajustador, e tudo isso, no fim, aumenta a consciência de Deus. E quando vós conhecerdes o Pai, vós estareis confirmados na certeza da filiação divina; e podereis amar cada vez mais a cada um dos vossos irmãos na carne, não apenas como um irmão – com o amor fraterno – mas também como um pai – com o afeto paterno.

Essa exortação é fácil de transmitir, até mesmo a uma criança. As crianças são naturalmente confiantes, e os pais deveriam procurar fazer com que elas não perdessem essa fé simples. Ao lidardes com as crianças, evitai qualquer modo de enganá-las e abstendes de sugerir suspeitas. Sabiamente ajudai-as a selecionar os seus heróis e a escolher o trabalho da vida delas.

E então Jesus continuou a instruir os seus discípulos na realização do propósito principal de toda a luta humana – a perfeição –, a própria realização divina. E ele sempre lhes lembrava: "Sede perfeitos, como o vosso Pai nos céus é perfeito". Ele não exortava os doze a amar os seus semelhantes como eles amavam a si próprios. Isso teria sido uma realização condigna; teria indicado a realização do amor fraterno.

Jesus aconselhava os seus apóstolos a amar os homens como ele os havia amado – com o amor *paterno*, tanto quanto com um afeto fraterno. E ilustrava isso apontando as quatro reações supremas do amor paterno:

1. *"Felizes são os que pranteiam, pois serão confortados."* Nem o chamado senso comum, nem a melhor das lógicas nunca sugeririam que a felicidade poderia derivar-se da aflição. Jesus, porém, não se referia ao lamento externo nem ostensivo. Ele aludia a uma atitude emocional de ternura de coração. É um grande erro ensinar aos meninos e aos rapazes que não é masculino demonstrar ternura ou, por qualquer outro meio, evidenciar sentimentos emocionais ou sofrimento físico. A compaixão é um atributo tão condigno para o homem quanto o é para a mulher. Não é necessário aparentar dureza para ser masculino. Essa é a forma errada de criar homens corajosos. Os grandes homens do mundo não tiveram medo de lamentar. Moisés, o lamentador, foi um grande homem, mais do que Sansão e mais do que Golias. Moisés foi um líder magnífico, mas ele era um homem também de mansidão. Ser sensível e susceptível às necessidades humanas gera uma felicidade genuína e duradoura; e, ao mesmo tempo, essas atitudes gentis protegem a alma das influências destrutivas da raiva, do ódio e da suspeita.

2. *"Felizes são os misericordiosos, pois eles alcançarão a misericórdia."* Misericórdia aqui tem a conotação da altura, da profundidade e da largura da mais verdadeira amizade – o amor da bondade. A misericórdia, algumas vezes pode ser passiva, mas aqui ela é ativa e dinâmica – a paternalidade suprema. Um pai cheio de amor pouca dificuldade tem de perdoar o seu filho, e de perdoá-lo até muitas vezes. E, para com um filho não mimado, o impulso de aliviar o sofrimento é natural. Os filhos são normalmente bons e compassivos quando já têm idade suficiente para avaliar as condições reais.

3. *"Felizes são os pacificadores, pois serão chamados filhos de Deus."* Os ouvintes de Jesus tinham uma sede ardente de libertação militar, não de pacificadores. A paz de Jesus, contudo, não é da espécie pacífica e negativa. Em face das provações e das perseguições, ele disse: "A minha paz eu a deixo convosco". "Que o vosso coração não seja perturbado, e que não padeça de temores." Esta é a paz que evita conflitos danosos. A paz pessoal integra a personalidade. A paz social afasta o medo, a cobiça e a raiva. A paz política impede os antagonismos raciais, as suspeitas nacionais e a guerra. Buscar a paz é a cura para a desconfiança e a suspeita.

As crianças podem aprender facilmente a funcionar como pacificadoras. Elas gostam de atividades grupais; elas gostam de brincar juntas. E o Mestre disse certa vez: "Quem quiser salvar a sua vida irá perdê-la, mas quem perder a sua vida encontrá-la-á".

4. "Felizes daqueles que são perseguidos por causa da sua retidão, pois deles é o Reino do céu. Felizes deveis ficar quando os homens vos insultarem, perseguirem e lançarem falsamente todo o tipo de mal contra vós. Rejubilai-vos na alegria mais extrema, pois grande é a vossa recompensa nos céus."

E, assim, freqüentemente a perseguição vem depois da paz. E os jovens e os adultos corajosos nunca fogem da dificuldade ou do perigo. "Nenhum amor é maior do que aquele que dá a sua vida pelos seus amigos." E um amor paterno pode livremente fazer todas essas coisas – coisas que o amor fraterno dificilmente consegue abranger. E o progresso tem sido sempre a colheita final da perseguição.

As crianças sempre respondem ao desafio da coragem. A juventude está sempre disposta a "ousar". E toda criança deveria aprender cedo a sacrificar-se.

E assim é revelado que as beatitudes do Sermão da Montanha são baseadas na fé e no amor, e não na lei – na ética ou dever.

O amor paterno tem prazer em dar o bem em troca do mal – fazer o bem em represália à injustiça.

6. A NOITE DA ORDENAÇÃO

Domingo ao anoitecer, quando chegaram à casa de Zebedeu, vindos das terras altas ao norte de Cafarnaum, Jesus e os doze compartilharam uma refeição simples. Em seguida Jesus saiu para uma caminhada pela praia, enquanto os doze conversavam entre si. Depois de uma breve discussão, enquanto os gêmeos faziam uma pequena fogueira para dar-lhes calor e mais luz, André foi encontrar Jesus e, quando o alcançou, disse: "Mestre, meus irmãos permanecem incapazes de compreender o que disseste sobre o Reino. Não nos sentimos capazes de começar este trabalho, antes que nos dês outras instruções. Eu vim para pedir-te que te juntes a nós no jardim e que nos ajude a compreender o significado das tuas palavras". E Jesus foi com André encontrar-se com os apóstolos.

Depois de entrar no jardim e reunir os apóstolos em volta de si, Jesus ensinou-lhes outras coisas mais, e disse-lhes: "Achais difícil receber a minha mensagem porque quereis construir o novo ensinamento diretamente em cima do antigo, mas eu declaro que deveis renascer. Deveis começar de novo, como pequenas crianças; e deveis estar dispostos a confiar no meu ensinamento e acreditar em Deus. O novo evangelho do Reino não pode ser tomado como se se quisesse conformá-lo ao que existe. Vós tendes idéias erradas sobre o Filho do Homem e sua missão na Terra. E não cometais o erro de pensar que eu vim para pôr de lado a lei e os profetas; eu não vim para destruir, mas para cumprir, para ampliar e iluminar. Eu não vim para transgredir a lei, mas antes para escrever esses novos mandamentos nas tábuas dos vossos corações.

"Eu peço de vós uma retidão que excederá a retidão daqueles que buscam obter o favorecimento do Pai por meio de caridades, prece e jejum. Se quiserdes entrar no Reino, deveis ter uma retidão que consiste no amor, misericórdia e verdade – o desejo sincero de fazer a vontade do meu Pai nos céus."

Então disse Simão Pedro: "Mestre, se tu tens um novo mandamento, nós o ouviremos. Revela a nós o novo caminho". Jesus respondeu a Pedro: "Vós ouvistes, dito por aqueles que ensinam a lei: 'Não matarás, pois aquele que matar estará sujeito a julgamento'. Entretanto eu olho além do ato, para ver o motivo a descoberto. E declaro a vós que todo aquele que tiver raiva do seu irmão está em perigo de condenação. Aquele que nutre o ódio no seu coração e planeja a vingança na sua mente, está em perigo de ser julgado. Vós apenas podeis julgar os vossos companheiros pelos atos deles; o Pai, que está nos céus, julga pela intenção.

"Ouvistes os instrutores da lei dizendo: 'Não cometereis adultério'. Mas eu vos digo que todo homem que olha para uma mulher, com a intenção de desejo por ela, já cometeu o adultério com ela, no seu coração. Vós podeis julgar os homens apenas pelos seus atos, mas o meu Pai vê dentro dos corações dos seus filhos e, com misericórdia, julga-os, de acordo com as suas intenções e com os desejos reais".

Jesus tinha a intenção de continuar examinando os outros mandamentos, quando Tiago Zebedeu interrompeu-o, perguntando: "Mestre, o que devemos ensinar ao povo a respeito do divórcio? Devemos permitir a um homem divorciar-se da sua mulher, como Moisés mandou?" E, quando ouviu essa pergunta, Jesus disse: "Eu não vim para legislar, mas para esclarecer. Eu vim, não para reformar os reinos deste mundo, mas antes para estabelecer o Reino do céu. Não é da vontade do Pai que eu devesse ceder à tentação de ensinar-vos regras para o governo, o comércio, ou o comportamento social, as quais, embora pudessem ser boas para hoje, poderiam estar longe de serem adequadas para a sociedade de outra idade. Estou na Terra somente para confortar as mentes, para liberar os espíritos e para salvar as almas dos homens. Mas, a respeito dessa questão do divórcio, eu vos direi que, embora Moisés fosse favorável a esses procedimentos, não era assim nos dias de Adão no Jardim".

Depois que os apóstolos haviam conversado entre si, durante um certo tempo, Jesus continuou a falar: "Vós deveis sempre reconhecer dois pontos de vista em toda conduta mortal – o humano e o divino; os caminhos da carne e o caminho do espírito; a perspectiva do tempo e a visão da eternidade". E, embora os doze não pudessem compreender tudo o que ele lhes ensinava, eles foram realmente ajudados por essa instrução.

E então disse Jesus: "Mas vós tropeçareis nos meus ensinamentos porque vós estais acostumados a interpretar a minha mensagem literalmente; sois vagarosos ao discernir o espírito do meu ensinamento. De novo, deveis lembrar-vos de que sois os meus mensageiros; vós sois obrigados a viver as vossas vidas como eu tenho vivido a minha espiritualmente. Vós sois os meus representantes pessoais; mas não cometais o engano de esperar que todos os homens vivam como vós, sob todos os pontos de vista. Vós vos deveis lembrar também de que eu tenho ovelhas que não são desse rebanho; e que também tenho obrigações para com elas, pois devo prover-lhes o modelo de fazer a vontade do Pai, enquanto eu viver a vida da natureza mortal".

Natanael perguntou, então: "Mestre, não devemos dar um lugar à justiça? A lei de Moisés diz: 'Um olho por um olho, e um dente por um dente'. O que devemos dizer?" E Jesus respondeu: "Deveis retribuir o mal com o bem. Os meus mensageiros não devem disputar com os homens, mas devem ser gentis com todos. Medida por medida, não será essa a vossa regra. Os chefes entre os homens podem ter tais leis, mas não é assim no Reino; a misericórdia determinará sempre os vossos julgamentos, e o amor determinará a vossa conduta. E se esses são princípios duros, ainda agora podeis desistir. Se achardes os quesitos do apostolado muito penosos, podeis voltar para o caminho menos rigoroso do discipulado".

Ao ouvir essas palavras assustadoras, os apóstolos reuniram-se todos, à parte, por um momento, mas logo voltaram, e Pedro disse: "Mestre, gostaríamos de continuar contigo; nenhum de nós retrocederia. Estamos totalmente preparados para arcar com o preço extra; beberemos da taça. Gostaríamos de ser apóstolos, não discípulos meramente".

Quando ouviu isso, Jesus disse: "Estais dispostos, então, a assumir as vossas responsabilidades e seguir-me. Fazei as vossas boas ações em segredo; e, quando derdes esmolas, que a vossa mão esquerda não saiba o que fez a mão direita. E, quando orardes, devereis permanecer separados e a sós e não usareis de repetições vãs nem de frases sem sentido. Lembrai-vos sempre que o Pai sabe o que necessitais, antes mesmo de pedirdes a Ele. E não vos entregueis a jejuns, mantendo uma figura triste, para serdes vistos pelos homens. Como apóstolos escolhidos meus, agora a serviço do Reino, não deveis armazenar para vós próprios os tesouros desta Terra, mas, pelos vossos serviços altruístas, armazenai tesouros no céu, pois onde estiverem vossos tesouros, lá também estarão os vossos corações.

"A lâmpada do corpo é o olho; portanto, se o vosso olho é generoso, o vosso corpo inteiro estará cheio de luz. Mas se o vosso olho é egoísta, o corpo inteiro será preenchido por trevas. Se a própria luz que está em vós estiver voltada para as trevas, grandes serão essas trevas!"

E então Tomé perguntou a Jesus se eles deveriam "continuar tendo tudo em comum". Disse o Mestre: "Sim, meus irmãos, eu gostaria que vivêssemos juntos, como uma família que se entende bem. Estais encarregados de um grande trabalho, e almejo que o vosso serviço não se divida. Vós sabeis que foi dito com justeza: 'Nenhum homem pode servir a dois mestres'. Vós não podeis adorar sinceramente a Deus e, de todo o coração, ao mesmo tempo servir à cobiça. Tendo agora vos alistado, sem reservas, no trabalho do Reino, não tenhais ansiedades pelas vossas vidas; e muito menos deveis preocupar-vos com o que ireis comer ou com o que ireis beber; nem mesmo com os vossos corpos, nem com a roupa que devereis usar. Vós já aprendestes que mãos dispostas e corações honestos nunca terão fome. E agora, quando vos preparardes para devotar todas as vossas energias ao trabalho do Reino, podeis estar seguros de que o Pai não irá esquecer-se das vossas necessidades. Antes buscai o Reino de Deus e, quando houverdes encontrado a vossa entrada nele, todas as coisas que vos forem necessárias, virão por acréscimo. Não sejais, portanto, indevidamente ansiosos com o amanhã. Devemos preocupar-nos com o que é suficiente para o dia".

Quando viu que estavam dispostos a permanecer acordados toda a noite fazendo perguntas, Jesus lhes disse: "Meus irmãos, os vossos corpos são como vasos de barro; é melhor irdes descansar para que estejais prontos para o trabalho de amanhã". Mas o sono tinha fugido dos olhos deles. Pedro aventurou-se a pedir ao Mestre: "Posso ter só uma pequena conversa em particular contigo? Não que eu tenha segredos para os meus irmãos, mas tenho o espírito atormentado e, por acaso, se eu tiver de merecer uma reprimenda do meu Mestre, eu a suportaria melhor se estivesse a sós contigo". E Jesus disse: "Vem comigo, Pedro" – conduzindo-o para dentro da casa. Quando Pedro retornou de junto da presença do seu Mestre muito animado e grandemente encorajado, Tiago decidiu ir falar com Jesus. E assim, até as primeiras horas da madrugada, os outros apóstolos foram, um a um, falar com o Mestre. Quando todos tinham tido já uma conversa pessoal com ele, exceto os gêmeos, que haviam caído no sono, André foi a Jesus e disse: "Mestre, os gêmeos caíram no sono no jardim, ao lado da fogueira; devo despertá-los e perguntar se querem também falar contigo?" E Jesus sorrindo disse a André: "Eles estão bem – não os incomode". E, agora, a noite chegava ao fim; a luz de um outro dia estava surgindo.

7. A SEMANA SEGUINTE À DA ORDENAÇÃO

Depois de umas poucas horas de sono, quando os doze estavam reunidos para um desjejum tardio com Jesus, ele disse: "Agora, deveis começar o vosso trabalho de pregar as boas-novas e de instruir os crentes. Preparai-vos para ir a Jerusalém". Depois de Jesus ter falado, Tomé ganhou coragem para dizer: "Sei, Mestre, que deveríamos estar prontos agora para iniciar o trabalho, mas temo que não estejamos ainda aptos para realizar essa grande tarefa. Consentirias que ficássemos por aqui apenas mais uns poucos dias, antes de começarmos o trabalho do Reino?" E quando Jesus viu que todos os seus apóstolos estavam possuídos por esse mesmo temor, ele disse: "Será como vós pedistes; permaneceremos aqui até o sábado".

Durante semanas e mais semanas pequenos grupos de buscadores sinceros da verdade, junto com espectadores curiosos, haviam vindo a Betsaida para ver Jesus. Já se falava sobre ele, em todo o país; os grupos de indagadores vinham de cidades distantes como Tiro, Sidom, Damasco, Cesaréia e Jerusalém. Até então, Jesus havia saudado essa gente e lhes havia ensinado sobre o Reino, mas agora o Mestre repassava esse trabalho aos doze. André escolheria um dos apóstolos e o designaria para um grupo de visitantes e, algumas vezes, todos os doze ficavam ocupados nessa tarefa.

Por dois dias eles trabalharam, ensinando dia a dia e mantendo conversas particulares até tarde da noite. Ao terceiro dia Jesus conversou com Zebedeu e Salomé, enquanto mandou os seus apóstolos "saírem para pescar, buscando mudanças e distrações, ou mesmo visitar as famílias". Na quinta-feira eles retornaram para mais três dias de ensinamentos.

Durante essa semana de aperfeiçoamento, muitas vezes Jesus repetiu aos seus apóstolos os dois grandes motivos da sua missão pós-batismal na Terra:

1. Revelar o Pai ao homem.

2. Conduzir os homens para que eles se tornem conscientes da filiação – da compreensão, pela fé, de que são filhos do Altíssimo.

Uma semana dessa experiência variada fez muito pelos doze apóstolos; alguns se tornaram até autoconfiantes demais. Na última conversa, na noite depois do sábado, Pedro e Tiago vieram a Jesus, dizendo: "Nós estamos prontos – agora podemos ir em frente, e ensinar sobre o Reino". Ao que Jesus respondeu: "Que a vossa sabedoria se iguale ao vosso zelo e que a vossa coragem compense a vossa ignorância".

Embora os apóstolos não compreendessem muita coisa dos seus ensinamentos, eles não deixavam de entender o significado da beleza da vida encantadora que levaram junto ao Mestre.

8. QUINTA-FEIRA À TARDE NO LAGO

Jesus sabia muito bem que os seus apóstolos não estavam assimilando plenamente os ensinamentos. E decidiu dar alguma instrução especial a Pedro, Tiago e João, esperando que eles fossem capazes de dar esclarecimentos aos seus companheiros. Ele sabia que, conquanto alguns aspectos da idéia de um Reino espiritual estivessem sendo captados pelos doze, eles continuavam rigidamente associando, direta e literalmente, esses novos ensinamentos espirituais do Reino do céu aos seus conceitos antigos, já entranhados e cristalizados; como se o Reino pudesse ser algo como uma restauração do trono de Davi e um restabelecimento de Israel no seu poder temporal na Terra. Desse modo, na quinta-feira à tarde, Jesus foi à praia e saiu em um barco com Pedro, Tiago e João, para conversarem sobre os assuntos do Reino. Essa foi uma conversa de quatro horas, e abrangeu muitas perguntas e respostas, e deve ser de proveito colocar tudo aqui, neste registro, que reorganiza o sumário dessa tarde memorável, como foi passado por Simão Pedro ao seu irmão, André, na manhã seguinte:

1. *Fazer a vontade do Pai*. O ensinamento de Jesus, para que se confie nos cuidados superiores do Pai celeste, não é o de um fatalismo cego e passivo. Ele cita, aprovando, nessa tarde, uma antiga afirmação hebraica que declara: "Aquele que não trabalha não comerá". E aponta a sua própria experiência como sendo um testemunho suficiente dos seus próprios ensinamentos. Os seus preceitos, sobre confiar no Pai, não devem ser analisados segundo as condições sociais e econômicas dos tempos modernos ou de qualquer outra idade. A instrução dele abrange os princípios ideais, da vida perto de Deus, em todas as idades e em todos os mundos.

Jesus deixou claro, para os três, a diferença entre as exigências para as funções do apostolado e as do discipulado. E ainda assim ele não proibiu, aos doze, o exercício da prudência e da previsão. Ele era contrário à ansiedade e à preocupação, não à precaução. Ele ensinava a submissão alerta e ativa à vontade de Deus. Em resposta a muitas das perguntas deles a respeito de frugalidades e de trivialidades, ele simplesmente chamou a atenção para a sua vida de carpinteiro, de construtor de barcos e de pescador, e para a sua cuidadosa organização dos doze. Ele procurou deixar claro que o mundo não é para ser encarado como um inimigo; que as circunstâncias da vida são formadas dentro de uma dispensação divina de dádivas, que trabalha junto com os filhos de Deus.

Jesus teve uma grande dificuldade em fazê-los compreender a sua prática pessoal da não-resistência. Ele recusava-se absolutamente a defender-se, e parecia aos apóstolos que ele ficaria contente se eles seguissem a mesma política. Ele ensinou-lhes a não resistir ao mal, a não combater a injustiça nem a injúria, mas ele não lhes ensinou como tolerar passivamente a conduta errada. E deixou claro, nessa tarde, que aprovava a punição social dos malfeitores e dos criminosos; e que o governo civil deveria, algumas vezes, empregar a força na manutenção da ordem social e na execução da justiça.

Ele nunca cessou de prevenir aos seus discípulos contra as más práticas da *represália*; ele desaprovava totalmente a vingança, a idéia do acerto de contas. Ele deplorava o fato de haver quem guardasse rancores. E não aprovava a idéia de olho por olho e dente por dente. Ele rejeitava todo o conceito da revanche privada e pessoal, atribuindo essas questões ao governo civil, por um lado, e ao julgamento de Deus, por outro. Ele deixou claro, para os três, que os seus ensinamentos aplicavam-se ao *indivíduo*, não ao Estado. Ele resumiu as suas instruções, até aquele momento, a respeito de todas essas questões da seguinte forma:

Amai os vossos inimigos – lembrai-vos das asserções morais da irmandade humana.

A inutilidade do mal: um erro não se torna certo pela vingança. Não cometais o erro de responder ao mal com as próprias armas dele.

Tende fé – confiança no triunfo final da justiça divina e da bondade eterna.

2. *A atitude política*. Jesus advertiu aos seus apóstolos para que fossem discretos nas suas observações a respeito das relações, então estremecidas, existentes entre o povo judeu e o governo romano; e proibiu-os de envolverem-se, de qualquer modo, nessas dificuldades. Ele sempre manteve o cuidado de evitar as ciladas políticas dos seus inimigos, sempre com a observação: "Dai a César as coisas que são de César, e a Deus as coisas que são de Deus". Jesus negava-se a deixar a sua atenção dispersar-se da sua missão de estabelecer um novo caminho de salvação; ele não permitiria a si próprio envolver-se em qualquer outra coisa. Na sua vida pessoal, sempre observou devidamente todas as leis e as regras civis; em todos os seus ensinamentos públicos, ignorou os reinos civil, social e econômico. Ele disse aos três apóstolos que ele ocupava-se apenas com os princípios da vida interior pessoal e espiritual do homem.

Jesus não foi, portanto, um reformador político. Ele não veio para reorganizar o mundo; e ainda que tivesse feito reformas, elas teriam sido aplicáveis apenas àqueles dias e àquela geração. Todavia, ele mostrou ao homem o melhor modo de viver, e nenhuma geração está isenta do trabalho de descobrir como melhor adequar a vida de Jesus aos seus próprios problemas. Nunca, todavia, deveis cometer o erro de identificar os ensinamentos de Jesus com qualquer teoria política ou econômica, ou com qualquer sistema social ou industrial.

3. A atitude social. Os rabinos judeus há muito vinham debatendo sobre a questão: Quem é o meu próximo? Jesus apresentou a idéia da bondade ativa e espontânea, um amor tão legítimo pelo semelhante, que fez expandir a noção do que é o próximo, o vizinho, a ponto de incluir o mundo inteiro, e então fazendo com que os nossos próximos fossem todos os homens. Mas, com tudo isso, Jesus estava interessado apenas no indivíduo, não na massa. Jesus não era um sociólogo, ele apenas trabalhou para romper todas as formas de isolamento egoísta. Ele ensinou a simpatia da pura compaixão. Michael de Nébadon é um Filho dominado pela misericórdia; a compaixão é a sua natureza mesma.

O Mestre não disse que os homens não devessem entreter os seus amigos durante as refeições, mas ele disse que os seus seguidores deveriam fazer festas para os pobres e os desafortunados. Jesus tinha um senso firme de justiça, mas que foi sempre temperado pela misericórdia. Ele não ensinou aos seus apóstolos que deixassem os parasitas sociais e os pedintes profissionais tirar vantagem deles. O mais próximo que ele esteve de fazer pronunciamentos sociológicos foi quando mencionou: "Não julgueis, para que não sejais julgados".

Jesus deixou claro que a bondade indiscriminada poderia ser considerada a culpada de muitos males sociais. No dia seguinte Jesus deu a Judas a instrução definitiva de que nenhum fundo apostólico fosse dado como esmola, a não ser a pedido dele ou sob o pedido conjunto de dois dos apóstolos. Para todas essas questões, a prática era que Jesus dissesse: "Sede sábios como as serpentes, mas tão inofensivos como os pombos". Parecia ser o seu propósito, em todas as situações sociais, ensinar a paciência, a tolerância e o perdão.

A família ocupava o centro mesmo da filosofia de vida de Jesus – aqui e na vida futura. Ele baseava os seus ensinamentos sobre Deus na família e, ao mesmo tempo, tentava corrigir a tendência judaica de honrar os antepassados em exagero. Exaltava a vida familiar como o dever humano mais elevado, mas deixava claro que as relações familiares não deveriam interferir nas obrigações religiosas. Ele chamava a atenção para o fato de que a família é uma instituição temporal; de que ela não sobrevive à morte. Jesus não hesitou em abdicar-se da sua família, quando a família se postou contrariamente à vontade do Pai. Ele ensinou a mais nova e ampla irmandade entre os homens – os filhos de Deus. No tempo de Jesus, os hábitos e a prática do divórcio eram relaxados, na Palestina, e em todo o império romano. Ele recusou-se reiteradamente a estabelecer leis a respeito do casamento e do divórcio, mas muitos dos primeiros seguidores de Jesus tinham opiniões bem marcadas sobre o divórcio e não hesitaram em atribuí-las a ele. Todos os escritores do Novo Testamento, exceto João Marcos, ativeram-se às idéias mais rigorosas e avançadas sobre o divórcio.

4. *A atitude econômica.* Jesus trabalhou, viveu e transacionou no mundo do modo como o encontrou. Ele não foi um reformador econômico, embora freqüentemente chamasse a atenção para a injustiça da distribuição desigual das riquezas. E não propôs, para remediar isso, quaisquer sugestões. Deixou claro, para os três, que, conquanto não fosse para os seus apóstolos manterem propriedades, ele não estava pregando contra a riqueza e a propriedade, mas meramente sobre a sua distribuição injusta e desigual. Reconhecia a necessidade de justiça social e de eqüidade industrial, mas não propôs regras para que isso fosse estabelecido.

Jesus nunca ensinou aos seus seguidores que evitassem posses terrenas; apenas aos seus doze apóstolos ele ensinou isso. Lucas, o médico, era um forte crente da igualdade social, e muito fez para interpretar as palavras de Jesus, em harmonia com as suas crenças pessoais. Jesus nunca ordenou pessoalmente, aos seus seguidores, que adotassem um modo comunitário de vida; ele não se pronunciou, de nenhum modo, sobre essas questões.

Ele prevenia, freqüentemente, aos seus ouvintes sobre a cobiça, declarando que "a felicidade de um homem não reside na abundância das suas posses materiais". Ele reiterava constantemente: "De que serve a um homem ganhar todo o mundo e perder a sua própria alma?" Ele não fez nenhum ataque direto à posse de propriedades, mas insistiu em que é eternamente essencial que os valores espirituais venham em primeiro lugar. Nos seus ensinamentos posteriores ele procurava corrigir muitos erros, cometidos na visão da vida predominante em Urântia, narrando numerosas parábolas, as quais ele apresentava durante as suas ministrações públicas. Jesus nunca teve a intenção de formular teorias econômicas; ele bem sabia que cada idade deve desenvolver os próprios remédios para os males existentes. E, se Jesus estivesse na Terra, hoje, vivendo a sua vida na carne, ele traria um grande desapontamento à maioria dos bons homens e

mulheres, pela simples razão de que não tomaria posições na política atual, nem nas disputas sociais e econômicas. Ele permaneceria bastante reservado ao ensinar-vos como
perfeccionar a vossa vida espiritual interior, de modo a vos tornar muito mais competentes para enfrentar a solução dos vossos problemas puramente humanos.

Jesus gostaria de tornar todos os homens semelhantes a Deus; e, então, acompanhá-los à distância, com compaixão, até que esses filhos de Deus resolvessem os
seus próprios problemas políticos, sociais e econômicos. Não foi à riqueza que ele
denunciou, mas ao que essa riqueza faz à maioria dos devotos dela. Nessa quinta-
feira, à tarde, Jesus primeiro disse aos seus discípulos que "mais abençoado é dar do
que receber".

5. *A religião pessoal.* Como fizeram os apóstolos, deveríeis entender melhor
os ensinamentos de Jesus, por intermédio da sua vida. Ele viveu uma vida perfeita
em Urântia, e os seus ensinamentos sem par só podem ser entendidos quando a sua
vida é vista como o suporte direto desses ensinamentos. É a sua vida, e não as suas
lições aos doze, ou os seus sermões para as multidões, que mais ajudarão a revelar o
caráter divino e a personalidade amorosa do Pai.

Jesus não atacou os ensinamentos dos profetas hebreus, nem os dos moralistas
gregos. O Mestre reconheceu as muitas coisas boas que esses grandes instrutores representavam, mas ele havia vindo à Terra para ensinar algo *mais*: "A conformidade
voluntária da vontade do homem à vontade de Deus". Jesus não queria simplesmente
produzir um homem religioso, um mortal ocupado integralmente com os sentimentos religiosos e movido apenas por impulsos espirituais. Caso pudésseis apenas ter
dado uma olhada nele, teríeis sabido que Jesus era realmente um homem de grande
experiência nas coisas deste mundo. Os ensinamentos de Jesus, a esse respeito, têm
sido deturpados grosseiramente e bastante adulterados, durante todos esses séculos
da era cristã; vós também tendes mantido idéias deturpadas sobre a mansidão e
a humildade do Mestre. O que ele almejou, na sua vida, parece ter sido um *auto-
-respeito magnífico.* Ele só aconselhou o homem a humilhar-se, para que ele pudesse
ser verdadeiramente exaltado; o que ele realmente almejava era a verdadeira humildade para com Deus. Ele dava grande valor à sinceridade – a um coração puro. A
fidelidade era uma virtude cardinal segundo a sua avaliação do caráter, enquanto a
coragem era a essência mesma dos seus ensinamentos. "Não temais" era o seu lema;
e a persistência paciente, o seu ideal de força de caráter. Os ensinamentos de Jesus
constituem uma religião de valor, de coragem e de heroísmo. E é exatamente por isso
que ele escolheu, para serem os seus representantes pessoais, doze homens comuns,
a maioria dos quais era de pescadores rudes, viris e varonis.

Pouco tendo a dizer sobre os vícios sociais dos seus dias, Jesus raramente fazia
referência à degenerescência moral. Ele era um instrutor positivo da virtude verdadeira. Ele evitava atentamente o método negativo de administrar a instrução; ele
recusava-se a apregoar qualquer coisa do mal. Ele nem mesmo foi um reformador
moral. Ele bem sabia, e assim ele ensinou aos seus apóstolos, que as urgências sensuais da humanidade não são suprimidas nem pela repressão religiosa, nem pelas
proibições legais. As suas poucas denúncias foram dirigidas mais contra o orgulho,
a crueldade, a opressão e a hipocrisia.

Jesus não denunciou com veemência nem mesmo os fariseus, como o fez João.
Sabia serem, muitos dos escribas e fariseus, honestos nos seus corações; ele compreendeu a submissão escravizada deles às tradições religiosas. Jesus punha uma grande
ênfase em "primeiro tornar boa a árvore". E fez com que aqueles três compreendessem bem que dava valor à vida como um todo, não apenas a algumas poucas
virtudes em especial.

A coisa que João aprendeu com os ensinamentos desse dia foi que a essência da religião de Jesus consistia na aquisição de um caráter compassivo, junto com uma personalidade motivada a fazer a vontade do Pai do céu.

Pedro captou a idéia de que o evangelho, que estavam à beira de proclamar, era realmente um novo começo para toda a raça humana. E, posteriormente, passou essa impressão a Paulo; o qual, a partir disso, formulou a sua doutrina de Cristo como "o segundo Adão".

Tiago captou a verdade emocionante de que Jesus queria que os seus filhos na Terra vivessem como se fossem já cidadãos completos do Reino celeste.

Jesus sabia que os homens são diferentes uns dos outros, e ensinou isso aos seus apóstolos. Ele exortava-os constantemente a absterem-se de tentar moldar os discípulos e crentes de acordo com algum modelo preestabelecido. Ele procurava permitir a cada alma desenvolver-se do seu próprio modo, como almas individuais e isoladas perfeccionando-se perante Deus. Em resposta a uma das muitas perguntas de Pedro, o Mestre disse: "Eu quero deixar os homens livres, de um modo tal que possam começar novamente como pequenas crianças, na vida nova e melhor". Jesus sempre insistiu em que a verdadeira bondade deve ser inconsciente, que ao fazer a caridade não se devia deixar que a mão esquerda percebesse o que faz a mão direita.

Os três apóstolos ficaram chocados, nessa tarde, quando compreenderam que a religião do seu Mestre não dava meios para que se fizesse um auto-exame espiritual. Todas as religiões, antes e depois da época de Jesus, e mesmo o cristianismo, cuidadosamente davam condições de um auto-exame consciente. Contudo, não era assim com a religião de Jesus de Nazaré. A filosofia de vida de Jesus é desprovida dessa introspecção religiosa. O filho do carpinteiro nunca ensinou a *elaboração* do caráter; ele ensinou o *crescimento* do caráter, esclarecendo que o Reino do céu é como uma semente de mostarda. Todavia, Jesus nada disse que condenasse a auto-análise como um meio de precaver-se para impedir o egoísmo pretensioso.

O direito de entrar no Reino é condicionado pela fé, pela crença pessoal. O custo, a ser pago para permanecer na ascensão progressiva do Reino, é uma pérola de alto preço e, para possuí-la, um homem vende tudo o que tem.

O ensinamento de Jesus é uma religião para todos, não apenas para os fracos e os escravos. A sua religião nunca se tornou cristalizada (durante a sua época) em credos e leis teológicas; ele não deixou uma linha escrita sequer atrás de si. A sua vida e os seus ensinamentos foram legados ao universo, como uma herança inspiradora e idealista adequada para guiar espiritualmente e para a instrução moral de todas as idades; e em todos os mundos. E, mesmo hoje, os ensinamentos de Jesus permanecem fora de todas as religiões, como tais; constituindo-se, porém, nas esperanças vivas de todas elas.

Jesus não ensinou aos seus apóstolos que a religião é a única busca terrena do homem; essa era a idéia judaica de servir a Deus. Contudo, ele insistiu que a religião fosse a ocupação exclusiva dos doze. Jesus nada ensinou que dissuadisse os seus crentes da busca da cultura genuína; ele apenas não dava mérito às escolas religiosas de Jerusalém, presas à tradição. Ele era liberal, generoso, instruído e tolerante. A piedade autoconsciente não tinha lugar na sua filosofia do viver na retidão.

O Mestre não propôs soluções para os problemas não religiosos da sua própria idade, nem de qualquer idade subseqüente. Jesus almejava desenvolver um discernimento espiritual das realidades eternas e estimular a iniciativa na originalidade de viver; e preocupou-se exclusivamente com as necessidades espirituais fundamentais e permanentes da raça humana. Ele revelou uma bondade igual à de Deus. Exaltou o amor – a verdade, a beleza e a bondade – como o ideal divino e a realidade eterna.

O Mestre veio para criar, no homem, um novo espírito, uma nova vontade – para imprimir uma nova capacidade de conhecer a verdade, experimentando a compaixão e escolhendo a bondade –, a vontade para estar em harmonia com a vontade de Deus, conjugada com o impulso eterno de tornar-se perfeito, como o próprio Pai no céu é perfeito.

9. O DIA DA CONSAGRAÇÃO

O sábado seguinte Jesus devotou-o aos seus apóstolos, fazendo, de novo, a jornada às terras altas onde ele os tinha ordenado; e lá, depois de uma longa e maravilhosamente tocante mensagem pessoal de encorajamento, ele iniciou o ato solene da consagração dos doze. Nesse sábado, à tarde, Jesus reuniu os apóstolos em torno de si, na montanha, e os colocou nas mãos do seu Pai do céu, em preparação para o dia em que fosse obrigado a abandoná-los no mundo. Nenhum novo ensinamento houve nessa ocasião, apenas o encontro e a comunhão.

Jesus relembrou muitos aspectos do sermão da ordenação, dado naquele mesmo local, e então, chamando-os diante de si, um a um, ele encarregou-os com a missão de saírem para o mundo, como representantes dele. A responsabilidade da consagração dada pelo Mestre foi: "Ide, ao mundo inteiro, pregar as boas-novas do Reino. Liberai os prisioneiros espirituais, confortai os oprimidos e ministrai aos aflitos. De graça recebestes, e de graça deveis dar".

Jesus lhes aconselhou a não aceitarem dinheiro nem roupas suplementares, dizendo: "O trabalhador vale o próprio salário". E finalmente acrescentou: "Observai que eu os envio, como ovelhas, em meio a lobos; sede, portanto, sábios como serpentes, e inofensivos como pombos. Mas tende cuidado, pois os vossos inimigos vos levarão perante os conselhos deles e, nas sinagogas, eles vos criticarão e castigarão. Sereis levados perante os chefes e governantes, porque vós acreditais neste evangelho; e o vosso depoimento mesmo será uma testemunha de mim para eles. E quando eles vos conduzirem ao julgamento, não vos inquieteis sobre o que ireis dizer, pois o espírito do meu Pai reside em vós e, em uma hora dessas, ele irá falar por vosso intermédio. Alguns de vós sereis levados à morte e, antes de estabelecerdes o Reino na Terra, vós sereis odiados por muita gente, por causa desse evangelho; mas não temais; eu estarei convosco e o meu espírito irá, antes de vós, a todo o mundo. E a presença do meu Pai residirá em vós, quando estiverdes indo aos judeus, inicialmente, e depois aos gentios".

E, quando desceram a montanha, eles foram de volta para o seu lar na casa de Zebedeu.

10. A NOITE APÓS A CONSAGRAÇÃO

Naquela noite, enquanto ensinava na casa, pois havia começado a chover, Jesus falou demoradamente a eles, tentando mostrar aos doze o que eles deviam *ser*, não o que deviam *fazer*. Eles conheciam uma religião que lhes impunha que só *fizessem* determinadas coisas como meio de alcançar a retidão – a salvação. E Jesus reiterava: "No Reino, vós deveis *ser* retos e justos para fazerdes o trabalho". Muitas vezes ele repetiu: "*Sede*, portanto, perfeitos, como o vosso próprio Pai no céu é perfeito". A todo o tempo estava o Mestre explicando aos seus apóstolos desnorteados que a salvação que ele viera trazer ao mundo seria obtida apenas pela *crença*, pela fé simples e sincera. Disse Jesus: "João pregou um batismo de arrependimento, de pesar pelo modo antigo de viver. Vós ireis proclamar o batismo do companheirismo com Deus.

Pregai o arrependimento àqueles que estão em necessidade desse ensinamento, mas, àqueles que buscam já a admissão sincera ao Reino, abri as portas bem abertas e convidai-os a entrar na jubilosa comunhão dos filhos de Deus". Mas era uma tarefa difícil a de persuadir esses pescadores galileus de que, no Reino, *ser* reto, por meio da fé, deve vir antes do *fazer* com retidão, na vida diária dos mortais da Terra.

Outro grande obstáculo para esse trabalho de instrução dos doze foi a tendência deles de tomar os princípios altamente idealistas e espirituais, da verdade religiosa, e colocá-los na forma de regras concretas de conduta pessoal. Jesus queria apresentar a eles o espírito magnificamente belo da atitude da alma, mas eles insistiam em traduzir esses ensinamentos em regras para o comportamento pessoal. Muitas vezes, quando se asseguravam de lembrar-se daquilo que o Mestre dissera, era quase que certo que eles se esquecessem do que ele *não* tinha dito. Mas, vagarosamente, eles assimilavam os seus ensinamentos, mesmo porque Jesus *era*, de fato, tudo o que ele ensinava. O que eles não ganhavam da sua instrução verbal, eles adquiriam, gradualmente, vivendo com ele.

Não estava visivelmente claro para os apóstolos que o seu Mestre achava-se empenhado em viver uma vida de inspiração espiritual para todas as pessoas, de todas as idades, em todos os mundos de um vasto universo. Não obstante o que Jesus dizia a eles, de tempos em tempos, os apóstolos não captaram a idéia de que ele estava fazendo um trabalho, *neste* mundo, mas que serviria *para* todos os outros mundos da sua vasta criação. Jesus viveu a sua vida terrena em Urântia, não para estabelecer um exemplo pessoal de vida mortal, para os homens e mulheres deste mundo, mas, antes, para criar *um ideal espiritual elevado e inspirador*, para todos os seres mortais em todos os mundos.

Nessa mesma tarde, Tomé perguntou a Jesus: "Mestre, tu dizes que devemos transformar-nos como que em pequenas crianças, antes que possamos ganhar a entrada no Reino do Pai, e tu ainda nos preveniste para não sermos enganados por falsos profetas e para não sermos culpados de jogarmos as nossas pérolas diante de porcos. Agora, fiquei honestamente perplexo. Eu não consigo entender os teus ensinamentos". Jesus respondeu a Tomé: "Por quanto tempo vou tolerar-vos! Vós sempre insistis em tomar literalmente tudo o que eu ensino. Quando eu vos pedi que vos tornásseis crianças pequenas, como preço para a entrada no Reino, eu me referia não à facilidade de serdes enganados, não à mera tendência para acreditar, nem à rapidez para confiar em estranhos agradáveis. O que desejei que vós captásseis, com a ilustração, foi a relação pai-filho. Vós sois as crianças, e é no Reino do *vosso* Pai que buscais entrar. E, se presente está aquele afeto natural entre toda a criança normal e o seu pai, que assegura um entendimento e uma relação de amor, ela para sempre exclui qualquer necessidade de barganhar pelo amor e pela misericórdia do Pai. E o evangelho que vós ireis pregar tem a ver com uma salvação que vem da realização pela fé dessa mesma relação eterna entre pai e filho".

A grande característica do ensinamento de Jesus era que a *moralidade* da sua filosofia originava-se na relação pessoal do indivíduo com Deus – esse mesmo relacionamento entre a criança e o pai. Jesus colocou ênfase no *indivíduo*, e não na raça nem na nação. Enquanto jantavam, Jesus teve a conversa com Mateus, na qual ele explicou que a moralidade de qualquer ato é determinada pelo motivo do indivíduo. A moralidade de Jesus era sempre positiva. A regra de ouro restabelecida por Jesus demanda contato social ativo; a regra negativa mais antiga poderia ser obedecida em isolamento. Jesus retirou a moralidade de todas as regras e cerimônias e elevou-a aos níveis grandiosos do pensamento espiritual e do viver realmente da retidão.

Essa nova religião de Jesus não estava isenta de implicações práticas, mas tudo o que puder ser encontrado no seu ensinamento, que tiver algum valor prático, seja político, seja social ou econômico, será uma decorrência natural dessa experiência interior da alma, que manifesta os frutos do espírito na ministração diária espontânea da experiência religiosa pessoal genuína.

Depois que Jesus e Mateus haviam acabado de conversar, Simão zelote perguntou: "Mas, Mestre, todos os homens são filhos de Deus?" E Jesus respondeu: "Sim, Simão, *todos* os homens são filhos de Deus, e essa é a boa-nova que vós ireis proclamar". Os apóstolos, todavia, não podiam captar tal doutrina; era uma anunciação nova, estranha e surpreendente. E era por causa desse desejo de imprimir neles essa verdade que Jesus ensinou seus seguidores a tratar todos os homens como seus irmãos.

Em resposta a uma pergunta feita por André, o Mestre deixou claro que a moralidade do seu ensinamento era inseparável da religião do seu viver. Ele ensinou a moralidade, não a moralidade saída da *natureza* do homem, mas da *relação* do homem com Deus.

João perguntou a Jesus: "Mestre, o que é o Reino do céu?" E Jesus respondeu: "O Reino do céu consiste destes três elementos essenciais: primeiro, o reconhecimento do fato da soberania de Deus; segundo, a crença na verdade da filiação a Deus; e terceiro, a fé na eficácia do supremo desejo humano de fazer a vontade de Deus – de ser como Deus. E esta é a boa-nova do evangelho: a de que, pela fé, todo mortal pode ter esses elementos essenciais à salvação".

E agora a semana de espera estava acabada, e eles prepararam-se para partir, no dia seguinte, rumo a Jerusalém.

DOCUMENTO 141

COMEÇANDO O TRABALHO PÚBLICO

N O PRIMEIRO dia da semana, 19 de janeiro, do ano 27 d.C, Jesus e os doze apóstolos estavam prontos para partir das suas instalações em Betsaida. Os doze de nada sabiam dos planos do seu Mestre, exceto que estavam indo até Jerusalém para assistir à festa da Páscoa, em abril, e que era intenção viajar pelo caminho do vale do Jordão. Não se afastaram da casa de Zebedeu antes de perto do meio-dia, porque as famílias dos apóstolos e outros discípulos vieram para despedir-se e desejar que eles se dessem bem no novo trabalho que iam começar.

Pouco antes de partir, os apóstolos se perderam do Mestre e André foi atrás dele. Depois de uma busca breve, encontrou-o assentado em um barco na praia; Jesus estava chorando. Muitas vezes, os doze haviam visto o Mestre demonstrando estar afligido e haviam presenciado, em breves momentos, as suas preocupações mentais sérias; nenhum deles, entretanto, jamais o havia visto chorar. André ficou um tanto assustado de ver o Mestre atingido desse modo, na véspera da partida deles para Jerusalém, e atreveu-se a chegar até Jesus e perguntar: "Neste grande dia, Mestre, quando nós estamos para partir rumo a Jerusalém no intuito de proclamar o Reino do Pai, por que choras? Qual de nós ter-te-ia ofendido?" E Jesus, voltando com André para junto dos doze, respondeu-lhe: "Nenhum de vós causastes essa tristeza. Eu me entristeci apenas porque ninguém da família do meu pai José lembrou-se de vir para nos desejar boa-viagem". Naquele momento Rute estava visitando o seu irmão José em Nazaré. Outros membros da sua família mantiveram-se afastados por orgulho, desapontamento, mal-entendidos ou pequenos ressentimentos, que eles se permitiram ter em resultado de mágoas.

1. DEIXANDO A GALILÉIA

Cafarnaum não era distante de Tiberíades, e o renome de Jesus havia começado a espalhar-se bastante em toda a Galiléia, indo mesmo até locais mais distantes. Jesus sabia que Herodes logo seria informado sobre o seu trabalho; desse modo julgou que fosse melhor viajar para o sul e pela Judéia, com os apóstolos. Um grupo de mais de cem crentes desejava ir junto com eles, mas Jesus falou-lhes suplicando a eles que não acompanhassem o grupo apostólico, na sua jornada rio Jordão abaixo. Embora assentissem em permanecer quietos, muitos deles acabaram indo atrás do Mestre, depois de alguns dias.

No primeiro dia, Jesus e os apóstolos seguiram somente até Tariquéia, onde pousaram naquela noite. No dia seguinte, viajaram até um ponto no Jordão, perto de Pela, onde João havia pregado, cerca de um ano atrás, onde Jesus tinha recebido o batismo. Ali, pousaram por mais de duas semanas, ensinando e pregando. Ao fim da primeira semana, várias centenas de pessoas, procedentes da Galiléia, Fenícia, Síria,

Decápolis, Peréia e Judéia, tinham-se agrupado em um acampamento perto de onde estavam Jesus e os doze.

Jesus não fez nenhum sermão público. André dividiu a multidão e designou os pregadores para as reuniões da manhã e da tarde; depois da refeição da noite, Jesus falou aos doze. Ele não lhes ensinou nada de novo, mas repassou o seu ensinamento anterior e respondeu às muitas perguntas deles. Numa dessas noites, ele disse aos doze algo sobre os quarenta dias que passara na montanha perto daquele lugar.

Muitos daqueles que vieram da Peréia e Judéia haviam sido batizados por João e estavam interessados em saber mais a respeito dos ensinamentos de Jesus. Os apóstolos conseguiram grande progresso, ensinando aos discípulos de João, pois de nenhum modo eles depreciaram as pregações de João, e também desta vez eles nem mesmo batizaram os seus novos discípulos. Entretanto, para os seguidores de João, era sempre uma pedra no caminho, que Jesus, sendo tudo aquilo que João havia anunciado, nada fizesse para tirá-lo da prisão. Os discípulos de João nunca puderam compreender por que Jesus não impediu a morte cruel do seu amado líder.

Noite após noite, André cuidadosamente ensinava aos seus amigos apóstolos a delicada e difícil tarefa de darem-se bem com os seguidores de João Batista. Durante esse primeiro ano da ministração pública de Jesus, mais do que três quartos dos seus seguidores haviam anteriormente seguido João e dele haviam recebido o batismo. Passaram todo esse ano, 27 d.C., retomando com serenidade o trabalho de João na Peréia e Judéia.

2. A LEI DE DEUS E A VONTADE DO PAI

Na noite anterior àquela em que eles deixaram Pela, Jesus deu aos apóstolos mais instruções a respeito do novo Reino. Disse o Mestre: "Tem sido indicado a vós esperar pela vinda do Reino de Deus; agora eu estou anunciando que este Reino há muito esperado está próximo e à mão, e até mesmo que já está aqui e em meio a nós. Em todo reino deve haver um rei assentado no seu trono e decretando as leis desse reino. E assim vós desenvolvestes um conceito do Reino do céu como um governo glorificado do povo judeu sobre todos os povos da Terra, com um Messias assentado no trono de Davi e, desse local de poder miraculoso, promulgando as leis para todo o mundo. Todavia, meus filhos, não vedes com os olhos da fé, e não ouvis com o ouvido do espírito. Eu declaro que o Reino do céu é a realização e o reconhecimento do governo de Deus, dentro dos corações dos homens. É bem verdade, há um Rei neste Reino, e esse Rei é o meu Pai e vosso Pai. De fato nós somos os seus súditos leais, mas, transcendendo de longe, a esse fato, está a verdade transformadora de que nós somos os seus *filhos*. Na minha vida tal verdade está tornando-se manifestada para todos. O nosso Pai também se assenta em um trono, mas não um trono feito pelas mãos. O trono do Infinito é a eterna morada do Pai no céu dos céus; Ele completa todas as coisas e proclama as Suas leis de universos a universos. E o Pai também governa dentro dos corações dos Seus filhos na Terra, pelo espírito que Ele enviou para viver dentro das almas dos homens mortais.

"Quando fordes súditos desse Reino, de fato ouvireis a lei do Soberano do Universo; e, em conseqüência do evangelho do Reino que eu vim declarar, quando vós vos descobrirdes pela fé, como filhos, não mais vos vereis como criaturas súditas da lei de um rei Todo-Poderoso, mas vos vereis como filhos privilegiados de um Pai divino e amantíssimo. Em verdade, em verdade, eu vos digo, enquanto a vontade do Pai for como uma *lei*, para vós, difícil será estar no Reino. Mas quando a vontade do Pai tornar-se verdadeiramente a vossa *vontade*, então estareis de fato no Reino, porque o Reino ter-se-á tornado assim uma experiência estabelecida dentro de vós. Enquanto a vontade de

Deus for a vossa lei, permanecereis como nobres súditos escravos; mas quando acreditardes nesse novo evangelho da filiação divina, a vontade do meu Pai tornar-se-á a vossa vontade, e então sereis elevados à alta posição de filhos livres de Deus, filhos liberados do Reino".

Alguns dos apóstolos conseguiram captar algo desse ensinamento, mas nenhum deles compreendeu, na sua plenitude, o significado dessa anunciação espantosa, exceto talvez Tiago Zebedeu. Essas palavras, contudo, calaram fundo nos seus corações; mas ressurgiram alegrando os ministérios deles, durante os últimos anos de serviço.

3. A PERMANÊNCIA EM AMATOS

O Mestre e os seus apóstolos permaneceram perto de Amatos, por quase três semanas. Os apóstolos continuaram pregando duas vezes por dia à multidão, e Jesus pregava aos sábados à tarde. Tornou-se impossível continuar com as recreações às quartas-feiras; e assim André fez um arranjo para que dois apóstolos descansassem um dia, dos seis na semana, ao passo que aos serviços do sabat todos estariam cumprindo o seu dever.

Pedro, Tiago e João realizavam a maior parte das pregações públicas. Filipe, Natanael, Tomé e Simão ocupavam-se com grande parte do trabalho pessoal e davam instruções para os grupos especiais de buscadores da verdade; os gêmeos continuavam no seu trabalho geral de supervisão da segurança, enquanto André, Mateus e Judas formavam um comitê geral de administração a três, embora cada um deles também fizesse um trabalho religioso considerável.

André estava bastante ocupado com a tarefa de desfazer os mal-entendidos e desacordos constantes e repetidos entre os discípulos de João e os discípulos mais recentes de Jesus. Situações sérias surgiam de poucos em poucos dias, mas André com a assistência do corpo de apóstolos conseguia fazer com que as partes em contenda chegassem a alguma espécie de acordo, temporariamente ao menos. Jesus recusava-se a participar de qualquer dessas conversas; e também não daria nenhum conselho sobre como fazer os acordos adequados para essas dificuldades. Nem mesmo uma vez ele ofereceu sugestão de como os apóstolos deviam resolver tais questões desconcertantes. Quando André trazia essas questões a Jesus, este dizia sempre: "Não é sábio que o dono da festa participe das complicações com a família dos seus convidados; um pai sábio nunca toma partido nas pequenas rixas entre os seus próprios filhos".

O Mestre demonstrou uma grande sabedoria e manifestou perfeita eqüidade em todas as suas condutas para com os seus apóstolos e para com todos os seus discípulos. Jesus era verdadeiramente um mestre para os homens; ele exerceu grande influência sobre o seu semelhante humano, porque a sua personalidade combinava encanto e força. Havia uma influência sutil de comando na sua vida austera, nômade e sem lar. Havia uma atração intelectual e um poder de atração espiritual na sua maneira de ensinar com autoridade, na sua lógica lúcida, na sua força de raciocínio, na sagacidade do seu discernimento, na agilidade da sua mente, no seu equilíbrio sem par e na sua tolerância sublime. Ele era simples, varonil, honesto e destemido. Junto a toda essa influência física e intelectual, manifestada pela simples presença do Mestre, havia também todos os encantos espirituais do ser, que se tornaram inerentes à sua personalidade – paciência, ternura, mansidão, doçura e humildade.

Jesus de Nazaré era de fato uma pessoa forte e poderosa; ele era um poder intelectual e uma fortaleza espiritual. A sua personalidade era de um grande apelo não só para as mulheres voltadas para a espiritualidade, entre os seus seguidores, mas também para o instruído e intelectual Nicodemos e para o duro soldado romano, o capitão da guarda parado junto à cruz, e que, quando terminara de ver o Mestre morrer, disse: "Verdadeiramente, este foi um Filho de Deus". E os rudes e vigorosos pescadores galileus chamavam-no de Mestre.

As pinturas retratando Jesus têm sido bastante infelizes. Essas pinturas do Cristo têm exercido uma influência deletéria sobre a juventude; os mercadores do templo dificilmente teriam fugido diante de Jesus, caso ele tivesse sido um homem tal como os vossos artistas têm-no retratado usualmente. A sua masculinidade era cheia de dignidade; ele era bom, e isso era natural. Jesus não posava como um místico suave, doce, gentil e bom. O seu ensinamento era de um dinamismo impressionante. Ele não apenas *tinha boas intenções*, mas realmente percorria os lugares *fazendo o bem*.

O Mestre nunca disse: "Vinde a mim todos vós que sois indolentes e todos vós que sois sonhadores". No entanto, muitas vezes disse: "Vinde a mim todos vós que trabalhais, e eu vos darei descanso – força espiritual". O jugo do Mestre realmente é leve, mas, ainda assim, ele nunca o impõe; cada indivíduo deve tomar esse jugo pela sua própria e livre vontade.

Jesus retratou a conquista pelo sacrifício, o sacrifício do orgulho e do egoísmo. Ao mostrar misericórdia, ele almejava retratar a libertação espiritual de todos os ressentimentos, mágoas, raiva, ambição de poder pessoal e vingança. E, quando ele dizia: "Não resistais ao mal", não era com a intenção de buscar desculpas para o pecado, nem de aconselhar a confraternização com a iniqüidade, conforme explicou mais tarde. Ele tinha a intenção de ensinar mais ainda o perdão, de "não resistir ao mau tratamento infligido à vossa personalidade, aos ferimentos profundos causados aos vossos sentimentos de dignidade pessoal".

4. ENSINANDO SOBRE O PAI

Enquanto permanecia em Amatos, Jesus passou muito tempo com os apóstolos instruindo-os sobre o novo conceito de Deus; de novo e de novo ele tentava imprimir neles a idéia de que *Deus é um Pai*, não um guarda-livros grande e supremo que está preocupado mais em registrar os males causados pelos seus filhos errantes da Terra, em fazer os registros dos seus pecados e perversidades, para serem usados contra eles, quando Ele for julgá-los posteriormente como o Juiz justo de toda a criação. Os judeus tinham já, havia muito tempo, concebido Deus como um rei que se sobrepunha a tudo, até mesmo como um Pai da nação, mas nunca antes um grande número de mortais havia alimentado a idéia de Deus como um Pai cheio de amor pelo *indivíduo*.

À pergunta de Tomé: "Quem é este Deus do Reino?" – Jesus respondeu: "Deus é *o vosso* Pai; e a religião – meu evangelho – nada mais é, nem nada menos, do que o reconhecimento crente da verdade de que vós sois os filhos Dele. E eu estou aqui entre vós, na carne, para tornar claras ambas essas idéias, por meio da minha vida e dos meus ensinamentos".

Jesus também buscou libertar as mentes dos seus apóstolos da idéia de oferecer sacrifícios animais como um dever religioso. Aqueles homens, no entanto, instruídos na religião do sacrifico diário, eram lentos para compreender o que ele queria dizer. Contudo, o Mestre nunca se cansou nem se aborreceu durante a ministração do seu ensinamento. Quando ele não conseguia alcançar as mentes de todos os apóstolos por meio de uma ilustração, ele repetia a sua mensagem e empregaria um outro tipo de parábola com o propósito de esclarecê-los.

Nessa época, Jesus começou a ensinar mais plenamente aos doze a respeito da missão que eles tinham "de confortar os aflitos e de ministrar aos doentes". O Mestre ensinou-lhes muito sobre o homem, como um todo – a união do corpo, mente e espírito; que formam o homem ou a mulher individualmente. Jesus falou aos seus colaboradores sobre as três formas de aflição que eles encontrariam e explicou como eles deveriam ministrar a todos aqueles que sofrem as tristezas das doenças humanas. Ele ensinou-lhes a reconhecer:

1. As doenças da carne – aquelas aflições consideradas comumente como sendo as doenças físicas.

2. As mentes perturbadas – aquelas aflições não físicas, que foram consideradas, posteriormente, como dificuldades e perturbações emocionais e mentais.

3. A possessão de espíritos malignos.

Em várias ocasiões, Jesus explicou aos seus apóstolos sobre a natureza e algo a respeito da origem desses espíritos maus, também chamados, naquela época, de espíritos impuros. O Mestre bem sabia a diferença entre a posse dos espíritos malignos e a insanidade, mas os apóstolos não sabiam. Aquilo não era compreensível para eles, e Jesus, tampouco, podia fazer-lhes entender nada dessa questão, em vista dos conhecimentos limitados deles sobre a história anterior de Urântia. Por muitas vezes, todavia, Jesus disse-lhes, aludindo a tais espíritos malignos: "Eles não mais molestarão os homens quando eu tiver ascendido ao meu Pai no céu, e depois que eu houver efundido o meu espírito sobre toda a carne, na época em que o Reino virá em grande poder e glória espiritual".

De semana a semana e de mês a mês, durante todo esse ano, os apóstolos deram mais e mais atenção à ministração da cura aos doentes.

5. A UNIDADE ESPIRITUAL

Uma das palestras noturnas mais movimentadas de Amatos foi a reunião em que se discutiu sobre a unidade espiritual. Tiago Zebedeu havia perguntado: "Mestre, como aprenderemos a ver de um modo igual, para assim desfrutarmos de maior harmonia entre nós próprios?" Quando Jesus ouviu essa pergunta, ficou tão tocado, dentro do seu espírito, que respondeu: "Tiago, Tiago, quando foi que eu ensinei a vós que devêsseis ver tudo do mesmo modo? Eu vim ao mundo para proclamar a liberdade espiritual, com o fito de que os mortais pudessem ter o poder de viver vidas individuais de originalidade e de liberdade, diante de Deus. Eu não desejo que a harmonia social e a paz fraterna sejam compradas com o sacrifício da livre personalidade e da originalidade espiritual. O que eu vos peço, meus apóstolos, é a *unidade espiritual* – e isso vós podeis experimentar na alegria da vossa dedicação unida a fazer de todo o coração a vontade do meu Pai no céu. Vós não tendes que ver de um modo igual, nem tendes de sentir do mesmo modo, nem mesmo pensar da mesma maneira, para serdes espiritualmente *iguais*. A unidade espiritual deriva-se da consciência de que cada um de vós é residido, e crescentemente dominado, pela dádiva espiritual do Pai celeste. A vossa harmonia apostólica deve crescer do fato de que a esperança espiritual de todos vós é idêntica pela origem, natureza e destino.

"Desse modo, podeis experienciar a unidade perfeccionada de propósito espiritual e compreensão espiritual, que nasce da consciência comum da identidade dos vossos espíritos residentes vindos do Paraíso; e podeis desfrutar de toda a profunda unidade espiritual, mesmo haverndo grande diversidade entre vossas atitudes individuais de pensamento intelectual, sentimentos, temperamento e conduta social. As vossas personalidades podem ser diversas de um modo animador e, mesmo, marcadamente diferentes, enquanto as vossas naturezas espirituais e frutos espirituais, de adoração divina e amor fraterno, podem ser tão unificados que todos aqueles que contemplarem as vossas vidas certamente tomarão conhecimento dessa identidade de espírito e dessa unidade de alma; eles irão reconhecer que vós estivestes comigo e que, por meio desse fato e de um modo aceitável, aprendestes como fazer a vontade do Pai no céu. Vós podeis alcançar a unidade, no serviço de Deus, até mesmo quando estiverdes prestando tal serviço segundo a técnica dos vossos próprios dons de mente, corpo e alma.

"A vossa unidade espiritual implica duas coisas que sempre se harmonizarão nas vidas dos crentes individuais. A primeira: vós estais possuídos por um motivo comum para uma vida de serviço; todos vós desejais fazer, acima de qualquer coisa, a vontade do Pai no céu. E a segunda: todos vós tendes uma meta comum de existência; todos vós tendes o propósito de encontrar o Pai nos céus para, por meio disso, demonstrardes ao universo que vos tornastes como Ele".

Muitas vezes, durante o aperfeiçoamento dos doze, Jesus retomou esse tema. Repetidamente disse-lhes não ser do seu desejo que aqueles que acreditavam nele viessem a tornar-se dogmatizados e padronizados, de acordo com a interpretação religiosa, ainda que fosse como homens bons. De novo e de novo ele preveniu aos seus apóstolos contra a formulação de credos e contra o estabelecimento de tradições, como um meio de guiar e de controlar os crentes no evangelho do Reino.

6. A ÚLTIMA SEMANA EM AMATOS

Perto do fim da última semana em Amatos, Simão zelote trouxe a Jesus um certo Teherma, um persa que fazia negócios em Damasco. Teherma havia ouvido falar de Jesus e tinha vindo a Cafarnaum para vê-lo; e, uma vez lá, sendo informado de que Jesus havia seguido com os seus apóstolos Jordão abaixo a caminho de Jerusalém, ele partiu para encontrá-lo. André havia apresentado Teherma a Simão, para a instrução. Simão via o persa como um "adorador do fogo", embora Teherma só a duras penas conseguisse explicar que o fogo era apenas o símbolo visível do Único Puro e Sagrado. Depois de conversar com Jesus, o persa demonstrou a sua intenção de permanecer por vários dias para ouvir os ensinamentos e para escutar as pregações.

Quando Simão zelote e Jesus estavam a sós, Simão perguntou ao Mestre: "Por que é que eu não consegui persuadi-lo? Por que é que ele resistia tanto a mim, e tão prontamente deu ouvidos a ti?" Jesus respondeu: "Simão, Simão, quantas vezes eu te ensinei sobre absteres-te de qualquer esforço para *tirar* algo de dentro dos corações daqueles que buscam a salvação? Quão freqüentemente eu não tenho dito a ti para trabalhar apenas para *colocar* algo dentro dessas almas famintas? Conduze os homens ao Reino; e as verdades grandes e vivas do Reino, em breve, expulsarão todos os erros sérios. Quando tiveres apresentado ao homem mortal as boas-novas de que Deus é o Pai dele, tu poderás, com mais facilidade, persuadi-lo de que ele é, em realidade, um filho de Deus. E tendo feito isso, tu terás trazido a luz da salvação para aquele que estava nas trevas. Simão, quando o Filho do Homem chegou a ti pela primeira vez, ele chegou denunciando Moisés e os profetas, na proclamação de um novo e melhor caminho de vida? Não. Eu não vim para tirar aquilo que todos vós recebestes dos vossos antepassados, mas para mostrar-vos a visão perfeccionada daquilo que os vossos pais viram apenas parcialmente. Vai então, Simão, ensinar sobre o Reino e pregá-lo; e, quando tu tiveres trazido um homem com certeza e segurança para dentro do Reino, então é o momento, quando ele vier a ti com perguntas, de dar-lhe a instrução que tem a ver com o avanço progressivo da alma para dentro do Reino divino".

Simão ficara pasmo com essas palavras, e fez como Jesus lhe tinha instruído, e Teherma, o persa, estava entre aqueles que entraram no Reino.

Naquela noite, Jesus discursou aos apóstolos sobre a nova vida no Reino. O que ele disse, em parte, foi: "Quando entrardes no Reino, vós renascereis. Vós não podeis ensinar as coisas profundas do espírito àqueles que nasceram apenas na carne; vede primeiro se os homens nasceram para o espírito antes de tentardes instruí-los nos caminhos avançados do espírito. Não deveis tentar evidenciar as belezas do templo para os homens, sem terdes, antes, levado-os até o templo. Apresentai a Deus os homens, *como* filhos de Deus, antes de discursar sobre as doutrinas da paternidade de Deus e a filiação dos homens. Não disputeis com os homens – sede pacientes, sempre. O Reino não é vosso; sois apenas os embaixadores. Simplesmente proclamai que esse é o Reino do céu – Deus é o vosso Pai e vós sois os Seus filhos e essa é a boa-nova; se acreditardes nela de todo o coração, ela *será* a vossa salvação eterna".

Os apóstolos fizeram um grande progresso durante a permanência em Amatos. No entanto, ficaram muito decepcionados porque Jesus não deu a eles nenhuma sugestão sobre como lidar com os discípulos de João. Mesmo sobre a importante questão do batismo, tudo o que Jesus disse foi: "De fato, João batizou com a água, mas, quando entrardes no Reino do céu, vós sereis batizados com o Espírito".

7. EM BETÂNIA, ALÉM DO JORDÃO

Aos 26 de fevereiro, Jesus, os seus apóstolos e um grande grupo de seguidores viajaram Jordão abaixo até um vau perto de Betânia, na Peréia, local onde João fizera a primeira proclamação do Reino vindouro. Junto com os seus apóstolos, Jesus permaneceu ali, ensinando e pregando, durante quatro semanas, antes de irem todos para Jerusalém.

Na segunda semana de permanência em Betânia, além do Jordão, Jesus levou Pedro, Tiago e João até as colinas, depois do rio, ao sul de Jericó, para um descanso de três dias. O Mestre ensinou aos três muitas verdades novas e avançadas sobre o Reino do céu. Com o propósito de fazer o registro desses ensinamentos, nós os reorganizamos e classificamos, como a seguir:

Jesus empenhou-se em deixar clara a sua vontade de que, havendo provado das boas realidades espirituais do Reino, os discípulos vivessem no mundo de tal modo que os homens, *vendo* a vida deles, se tornassem conscientes do Reino e conseqüentemente fossem levados a perguntar aos crentes sobre os caminhos para o Reino. E todos esses buscadores sinceros da verdade, de fato, ficaram alegres ao *ouvir* as boas-novas sobre a dádiva da fé que assegura a admissão ao Reino, com as suas realidades espirituais eternas e divinas.

O Mestre buscava imprimir, em todos os instrutores do evangelho do Reino, a sua única meta que era revelar Deus, para o homem individual, como o seu Pai – para conduzir esse homem individual a tornar-se consciente da sua filiação; e então apresentar esse mesmo homem a Deus, como o seu filho pela fé. Ambas essas revelações essenciais são realizadas em Jesus. Ele tornou-se, de fato, "o caminho, a verdade e a vida". A religião de Jesus era inteiramente baseada na sua vida de auto-outorga na Terra. Quando Jesus partiu deste mundo, ele não deixou para trás livros ou leis, nem outras formas de organização humana, ligadas à vida religiosa do indivíduo.

Jesus explicou claramente que tinha vindo para estabelecer relações pessoais e eternas com os homens, relações estas que teriam precedência sobre todas as outras relações humanas. E enfatizou que essa relação espiritual íntima, de comunhão, seria estendida a todos os homens, de todas as idades e de todas as condições sociais, dentre todos os povos. A recompensa única que ele tinha para os seus filhos era: neste mundo – uma alegria espiritual e a comunhão divina; no próximo mundo – uma vida eterna, de progresso nas realidades espirituais divinas do Pai do Paraíso.

Jesus colocou grande ênfase naquilo que chamava as duas verdades de primeira importância nos ensinamentos do Reino, sendo elas: alcançar a salvação pela fé, e apenas pela fé; e associá-la ao ensinamento revolucionário da realização da iberdade humana, por intermédio do reconhecimento sincero da verdade de que "vós conhecereis a verdade, e a verdade libertar-vos-á". Jesus era a verdade manifestada na carne, e ele prometeu enviar o seu Espírito da Verdade aos corações de todos os seus filhos, depois do seu retorno ao Pai no céu.

O Mestre estava ensinando a esses apóstolos os elementos essenciais da verdade, para toda uma idade na Terra. Freqüentemente eles ouviam os seus ensinamentos, ainda que, na realidade, em tudo o que ele dizia, houvesse a intenção de ser a inspiração e a edificação de outros mundos. O exemplo dele foi um plano novo e original de vida. Do ponto de vista humano ele foi realmente um judeu, mas viveu a sua vida para todos os mundos, como um mortal desta esfera.

Para assegurar o reconhecimento do seu Pai, no desdobrar do plano do Reino, Jesus explicou que, propositalmente, havia ignorado os "grandes homens da Terra". Ele começou o seu trabalho com os pobres, a mesma classe que tinha sido tão negligenciada pela maioria das religiões evolucionárias dos tempos precedentes. Ele não desprezava nenhum homem; o seu plano abrangia o mundo inteiro e era de fato universal. Ele era tão audacioso e enfático nesses anúncios, que até mesmo Pedro, Tiago e João foram tentados a pensar que ele pudesse talvez estar fora de si.

Docemente, Jesus buscou levar aos apóstolos a verdade de que havia vindo, na sua missão de outorga, não para estabelecer um exemplo para umas poucas criaturas da Terra, mas para estabelecer e demonstrar um modo exemplar de vida humana para todos os povos de todos os mundos do seu universo inteiro. E esse modo de vida aproximou-se da mais alta perfeição, e mesmo da bondade final do Pai Universal. No entanto, os apóstolos não puderam compreender o significado das suas palavras.

Ele anunciou que havia vindo para funcionar como um instrutor, um instrutor enviado do céu para apresentar a verdade espiritual à mente material. E isso foi exatamente o que ele fez; sendo um instrutor, não um pregador. Do ponto de vista humano, Pedro foi muito mais efetivamente um pregador do que Jesus. A pregação de Jesus era bastante eficiente por causa da sua personalidade única, mais do que em decorrência de um atrativo irresistível, oratório ou emocional. Jesus falava diretamente às almas dos homens. Ele era um instrutor dos espíritos dos homens, mas instruía por meio da mente. Ele viveu com os homens.

Foi nessa ocasião que Jesus confessou a Pedro, a Tiago e a João que o seu trabalho na Terra devia, sob alguns pontos de vista, ficar limitado pelos mandados dos seus "colaboradores no alto", referindo-se às instruções de pré-outorga de Emanuel, o seu irmão do Paraíso. E disse a eles que havia vindo para fazer a vontade do seu Pai e apenas a vontade do seu Pai. Como estivesse motivado por uma unicidade totalmente sincera de propósito, ele não se preocupava, de um modo ansioso, com o mal no mundo.

Os apóstolos estavam começando a reconhecer a amizade espontânea de Jesus. Embora o Mestre fosse de aproximação fácil, ele vivia sempre independentemente de todos os seres humanos, e acima deles. Jamais, sequer por um momento, ele foi dominado por qualquer influência mortal ou sujeitou-se ao débil julgamento humano. Ele não dava atenção à opinião pública, e não era influenciado pelo elogio. Raramente perdia tempo em corrigir mal-entendidos, ou se ressentia com as apresentações falsas dos fatos. Nunca pediu conselhos a nenhum homem, nem fez pedidos de preces.

Tiago ficava maravilhado de ver como Jesus parecia antever o fim a partir de um simples começo. O Mestre raramente parecia surpreender-se. Nunca se mostrava agitado, vexado ou desconcertado. Ele nunca precisou pedir desculpas a nenhum homem. Algumas vezes ficava triste, mas nunca desalentado.

João reconhecia claramente que, não obstante todos os seus dons divinos, ele era humano, afinal. Jesus viveu como um homem, entre os homens; e compreendeu os homens, amou-os e sabia como comandá-los. Na sua vida pessoal, era tão humano, quanto incapaz de errar. E era sempre altruísta.

Embora Pedro, Tiago e João não pudessem compreender muito do que Jesus dizia, nessa ocasião, as suas palavras plenas de graça gravaram-se nos corações deles e, depois da crucificação e da ressurreição, elas ressurgiram para enriquecer grandemente e alegrar as suas ministrações posteriores. Não é de se admirar que esses apóstolos não tenham compreendido as palavras do Mestre, pois ele estava projetando sobre eles o plano de uma nova idade.

8. TRABALHANDO EM JERICÓ

Durante a permanência de quatro semanas, em Betânia, além do Jordão, várias vezes por semana André designaria duplas apostólicas para irem a Jericó, por um dia ou dois. João tinha muitos crentes em Jericó, e a maioria deles recebia bem os ensinamentos mais avançados de Jesus e dos seus apóstolos. Nessas visitas a Jericó, os apóstolos começaram mais especificamente a cumprir as instruções de Jesus, de que ministrassem aos doentes; eles visitavam cada casa da cidade e procuravam confortar todas as pessoas afligidas.

Os apóstolos realizaram algum trabalho público em Jericó, mas os seus esforços eram principalmente de natureza mais silenciosa e pessoal. Agora eles faziam a descoberta de que as boas-novas do Reino eram muito confortantes para os doentes; que a sua mensagem trazia a cura aos afligidos. E foi em Jericó que a missão dada por Jesus aos doze, de pregar as boas-novas do Reino e ministrar aos aflitos, foi pela primeira vez levada a efeito.

Eles pararam em Jericó, a caminho de Jerusalém, e foram surpreendidos por uma delegação, da Mesopotâmia, que havia vindo para conversar com Jesus. Os apóstolos haviam planejado passar apenas um dia ali, mas, quando chegaram esses buscadores da verdade, vindos do leste, Jesus passou três dias com eles, e eles voltaram para as suas casas, ao longo do Eufrates, felizes com o conhecimento das novas verdades sobre o Reino do céu.

9. PARTINDO PARA JERUSALÉM

Na segunda-feira, o último dia de março, Jesus e os apóstolos começaram a sua viagem de subida das colinas até Jerusalém. Lázaro, de Betânia, havia descido até o Jordão, duas vezes, para ver Jesus; e todos os arranjos haviam sido feitos para que o Mestre e os seus apóstolos tivessem o seu centro de operações na casa de Lázaro e das suas duas irmãs, em Betânia, enquanto quisessem permanecer em Jerusalém.

Os discípulos de João permaneceram em Betânia, depois do Jordão, ensinando e batizando as multidões, de modo que Jesus foi acompanhado apenas pelos doze até chegar na casa de Lázaro. E, lá, Jesus e os apóstolos permaneceram durante cinco dias, descansando e restaurando as forças, antes de irem até Jerusalém para a Páscoa. Foi um grande acontecimento, na vida de Marta e de Maria, terem o Mestre e os seus apóstolos no lar do irmão delas, onde elas podiam ministrar segundo as necessidades deles.

No domingo, 6 de abril, pela manhã, Jesus e os apóstolos desceram em direção a Jerusalém; e essa foi a primeira vez que o Mestre e todos os doze estiveram juntos ali.

DOCUMENTO 142

A PÁSCOA EM JERUSALÉM

DURANTE o mês de abril, Jesus e os apóstolos trabalharam em Jerusalém, indo para fora da cidade todas as noites e pernoitando em Betânia. Jesus passava, ele próprio, uma ou duas noites, por semana, na casa de Flávio, um judeu grego, em Jerusalém, e até ali iam, secretamente, muitos judeus proeminentes para entrevistarem-se com Jesus.

No primeiro dia em Jerusalém, Jesus esteve com Anás, amigo de anos anteriores, e que havia sido o sumo sacerdote e era parente de Salomé, a mulher de Zebedeu. Anás havia ouvido falar de Jesus e dos seus ensinamentos, mas, quando ele surgiu na casa do sumo sacerdote, foi recebido com muita reserva. Quando Jesus percebeu a frieza de Anás, foi embora imediatamente e, ao sair, disse: "O medo é o maior escravizador do homem, e o orgulho, a sua grande fraqueza; tu te trairias a ti próprio, dentro da prisão desses dois destruidores do júbilo e da liberdade?" Anás nada respondeu, todavia. E o Mestre não mais viu Anás, até o momento em que este se assentou junto do próprio genro para o julgamento do Filho do Homem.

1. ENSINANDO NO TEMPLO

Durante esse mês, diariamente, Jesus ou um dos seus apóstolos ensinava no templo. Quando as multidões da Páscoa estavam grandes demais para terem acesso ao ensinamento dentro do templo, os apóstolos faziam os grupos de aprendizado do lado de fora dos recintos sagrados. A ênfase da mensagem deles era:

1. O Reino do céu está à mão.

2. Pela fé na paternidade de Deus, vós podeis entrar no Reino do céu, tornando-vos assim os filhos de Deus.

3. O amor é a regra para viver dentro do Reino – a suprema devoção a Deus que, ao mesmo tempo, significa amar ao próximo como a si mesmo.

4. A obediência à vontade do Pai, produzindo os frutos do espírito, na vida pessoal de cada um; essa é a lei do Reino.

As multidões, que vieram celebrar a Páscoa, ouviram esse ensinamento de Jesus e, às centenas, rejubilaram-se com as boas-novas. Os sacerdotes principais e os dirigentes judeus ficaram muito preocupados com Jesus e os seus apóstolos, e debateram entre si sobre o que deveriam fazer com eles.

Além de ensinarem no templo e nas suas cercanias, os apóstolos e outros crentes estavam empenhados em realizar muito trabalho pessoal junto às multidões da Páscoa. Esses homens e mulheres interessados levavam a boa-nova da mensagem de Jesus, nessa celebração da Páscoa, até as partes mais remotas do império romano e também para o Oriente. Esse foi o começo da propagação do evangelho do Reino, para o mundo exterior. O trabalho de Jesus não mais ficaria confinado à Palestina.

2. A IRA DE DEUS

Havia em Jerusalém, assistindo às festividades da Páscoa, um certo Jacó, um rico comerciante judeu de Creta; e ele veio até André e pediu para ver Jesus a sós. André arranjou esse encontro secreto com Jesus, na casa de Flávio, para a noite do dia seguinte. Esse homem não pôde compreender os ensinamentos do Mestre, e tinha vindo porque desejava inquirir mais completamente sobre o Reino de Deus. E Jacó disse a Jesus: "Mas, Rabi, Moisés e os velhos profetas nos dizem que Yavé é um Deus ciumento, um Deus de muita ira e de forte raiva. Os profetas dizem que ele odeia os malfeitores e se vinga daqueles que não obedecem à sua lei. Tu e os teus discípulos nos ensinais que Deus é um rei, um Pai cheio de compaixão, que ama tanto a todos os homens e que os acolheria no seu Reino do céu, o qual tu proclamas estar perto e à mão".

Quando Jacó acabou de falar, Jesus respondeu: "Jacó, tu acabaste de expor muito bem os ensinamentos dos velhos profetas, que instruíram aos filhos daquela geração de acordo com a luz da época deles. O nosso Pai no Paraíso é imutável. Mas o conceito da sua natureza ampliou-se e cresceu, desde os dias de Moisés até os tempos de Amós e mesmo até a geração do profeta Isaías. E agora eu vim, na carne, revelar o Pai, em nova glória, e mostrar o Seu amor e sua misericórdia a todos os homens, em todos os mundos. Quando se disseminar pelo mundo o evangelho deste Reino, com a mensagem de coragem e boa vontade a todos os homens, melhores relações surgirão entre as famílias de todas as nações. Com o passar do tempo, pais e filhos amar-se-ão mais uns aos outros; e assim será gerada uma melhor compreensão do amor do Pai no céu pelos Seus filhos na Terra. Lembra-te, Jacó, que um pai bom e verdadeiro não apenas ama a sua família como um todo – como uma família – mas ama também e verdadeiramente se importa afetuosamente com cada um dos seus membros *individuais*".

Depois de uma discussão considerável sobre o caráter do Pai celeste, Jesus fez uma pausa e disse: "Tu, Jacó, sendo pai de muitos filhos, sabes bem a verdade das minhas palavras". E Jacó disse: "Mas, Mestre, quem te disse que sou pai de seis filhos? Como soubeste disso a meu respeito?" E o Mestre respondeu: "Bastaria dizer que o Pai e o Filho sabem de todas as coisas, pois de fato eles a tudo vêem. Amando os teus filhos como um pai na Terra, tu deves aceitar como uma realidade o amor do Pai celeste por *ti* – não só por todos os filhos de Abraão, mas por ti, pela tua alma individual".

Então Jesus continuou dizendo: "Quando os teus filhos são muito jovens e imaturos e tu tens de castigá-los, eles podem achar que talvez o pai deles esteja com raiva e tomado por uma ira ressentida. A imaturidade deles não os deixa penetrar além da punição, para que possam discernir a afeição previdente e corretiva do pai. Contudo, quando esses mesmos filhos tornam-se homens e mulheres crescidas, não seria uma tolice que eles se ativessem à noção anterior, concebida erradamente, sobre o seu pai? Como homens e mulheres eles deviam agora discernir o amor do seu pai, em todas aquelas ações disciplinares. E não devia a humanidade, com o passar dos séculos, vir a compreender melhor a verdadeira natureza e o caráter amoroso do Pai no céu? Que proveito podes ter das gerações sucessivas de esclarecimento espiritual, se persistires em ver Deus como Moisés e os profetas O viam?

Eu te digo, Jacó, sob a luz brilhante desta hora, tu deverias ver o Pai como nenhum daqueles, que vieram antes, jamais O contemplaram. E, vendo-O assim, tu deverias rejubilar-te por entrares no Reino onde esse Pai, tão misericordioso, governa, e tu deverias buscar ter a vontade do amor Dele dominando a tua vida, daqui por diante".

E Jacó respondeu: "Rabi, eu creio; eu desejo que tu me conduzas ao Reino do Pai".

3. O CONCEITO DE DEUS

Os doze apóstolos, a maioria dos quais havia ouvido essa conversa sobre o caráter de Deus, naquela noite, fizeram várias perguntas a Jesus, sobre o Pai no céu. As respostas do Mestre a essas perguntas podem ser mais bem apresentadas pelo seguinte resumo, exposto numa linguagem moderna:

Jesus repreendeu aos doze com brandura; em essência eis o que disse: Não sabeis das tradições de Israel em relação ao crescimento da idéia de Yavé, e acaso sois ignorantes sobre os ensinamentos das escrituras a respeito da doutrina de Deus? E então o Mestre continuou a instruir os apóstolos sobre a evolução do conceito da Deidade, no curso do desenvolvimento do povo judeu. Ele chamou a atenção para as seguintes fases do crescimento da idéia de Deus:

1. *Yavé* – o Deus dos clãs do Sinai. Esse foi o conceito primitivo da Deidade, que Moisés exaltou ao nível mais alto como o Senhor Deus de Israel. O Pai no céu nunca deixa de aceitar a adoração sincera dos seus filhos na Terra, não importando quão imaturo seja o conceito da Deidade que tenham, nem o nome com o qual simbolizam a Sua natureza divina.

2. *O Altíssimo*. Esse conceito do Pai no céu foi proclamado por Melquisedeque a Abraão, tendo sido levado até bem longe de Salém por aqueles que, posteriormente, acreditaram nessa idéia ampliada e expandida da Deidade. Abraão e o seu irmão deixaram Ur, por causa do estabelecimento da adoração do sol, e tornaram-se crentes nos ensinamentos de Melquisedeque sobre El Elyon – o Deus Altíssimo. O conceito deles, sobre Deus, era composto de uma fusão das antigas idéias da Mesopotâmia com a da doutrina do Altíssimo.

3. *El Shadai*. Durante esses dias primitivos, muitos dos hebreus adoravam El Shadai, o conceito egípcio do Deus do céu, sobre o qual eles aprenderam durante o seu cativeiro na terra do Nilo. Muito depois dos tempos de Melquisedeque, todos esses três conceitos de Deus tornaram-se fundidos, formando a doutrina da Deidade criadora, o Senhor Deus de Israel.

4. *Eloim*. Desde os tempos de Adão, o ensinamento sobre a Trindade do Paraíso tem perdurado. Não vos lembrais como as escrituras iniciam, afirmando que "No começo os Deuses criaram os céus e a Terra"? Isso indica que, quando esse registro foi feito, o conceito de três Deuses em Um, na Trindade, havia encontrado um lugar na religião dos nossos antepassados.

5. *O Supremo Yavé*. Na época de Isaías essas crenças sobre Deus tinham-se expandido até o conceito de um Criador Universal, que era simultaneamente Todo-Poderoso e todo-misericordioso. E esse conceito de Deus, em evolução e em ampliação, virtualmente suplantou todas as idéias anteriores da Deidade, na religião dos nossos pais.

6. *O Pai no céu*. E, agora, conhecemos Deus como o nosso Pai no céu. O nosso ensinamento oferece uma religião em que o crente é um filho de Deus. Essa é a boa-nova do evangelho do Reino do céu. Coexistentes com o Pai há o Filho e há o Espírito, e a revelação da natureza e o ministério dessas Deidades do Paraíso continuarão a ampliar-se e a iluminar as idades sem fim, da progressão espiritual eterna dos filhos ascendentes de Deus. Em todas as épocas e durante todas as idades, a verdadeira adoração de qualquer ser humano – no que concerne ao seu progresso espiritual individual – é reconhecida, pelo espírito residente, como uma homenagem feita ao Pai no céu.

Nunca antes os apóstolos estiveram tão chocados como estavam ao escutarem sobre essa narrativa do crescimento do conceito de Deus nas mentes judias de gerações anteriores; eles estavam espantados demais, também, para fazerem perguntas. Como permaneciam assentados, diante de Jesus, em silêncio, o Mestre continuou: "E teríeis já conhecido tais verdades caso tivésseis lido as escrituras. Acaso não lestes em Samuel, onde ele diz: 'E a raiva do Senhor foi incitada contra Israel, tanto assim que ele colocou Davi contra eles, dizendo: ide e fazei o censo de Israel e Judá'? E isso não era estranho porque, nos dias de Samuel, os filhos de Abraão realmente acreditavam que Yavé criara tanto o bem, quanto o mal. No entanto, quando um escritor posterior narrou esses acontecimentos, depois da ampliação do conceito que os judeus faziam da natureza de Deus, ele não atribuiu o mal a Yavé; e, por conseguinte, disse: 'E Satã levantou-se contra Israel e levou Davi a fazer o censo de Israel'. Acaso não podeis perceber que tais registros das escrituras mostram, claramente, como o conceito da natureza de Deus continuou a crescer de uma geração para outra?

"Novamente deveríeis ter percebido o crescimento da compreensão da lei divina, em perfeita harmonia com os conceitos, em ampliação, da divindade. Quando os filhos de Israel saíram do Egito, nos dias anteriores à ampliação da revelação de Yavé, eles possuíam os dez mandamentos que lhes serviram de lei, até os tempos em que acamparam diante do Sinai. E esses dez mandamentos eram:

"1. Não adorarás nenhum outro deus, pois o Senhor é um Deus ciumento.

"2. Não elaborarás deuses fundindo-o em imagens.

"3. Não negligenciarás a observação da festa do pão sem levedura.

"4. De todos os varões dos homens ou do gado, os primogênitos são meus, disse o Senhor.

"5. Durante seis dias poderás trabalhar, mas no sétimo dia descansarás.

"6. Não deixarás de observar a festa dos primeiros frutos e a festa da colheita no final do ano.

"7. Não oferecerás o sangue de nenhum sacrifício com pão feito com levedura.

"8. Do sacrifício da festa da Páscoa, não sairás antes que chegue a manhã seguinte.

"9. O primeiro entre os primeiros frutos da terra, vós os trareis para a casa do Senhor, vosso Deus.

"10. Não ferverás um cabrito no leite da mãe dele.

"E então, entre trovões e relâmpagos no Sinai, Moisés deu a eles os dez mandamentos novos, e todos vós estais de acordo que são afirmações mais dignas de acompanhar os conceitos ampliados da Deidade de Yavé. E não haveríeis nunca notado que esses mandamentos estão registrados duas vezes nas escrituras? Que a observação do sabat, no primeiro caso, é atribuída á libertação do Egito; enquanto em um registro posterior as crenças religiosas, dos nossos pais, que avançavam, exigiam que a razão para a observação do sabat fosse mudada, passando a ser um reconhecimento ao fato da criação?

"E então vós vos lembrareis de que uma vez mais – no dia do maior esclareci-mento espiritual de Isaías – esses dez mandamentos negativos foram transformados na grande e positiva lei do amor, o comando de amar a Deus acima de tudo; e ao vosso semelhante como a vós próprios. E é essa lei suprema de amor a Deus e ao homem que eu também declaro a vós como constituindo todo o dever do homem".

E quando ele acabou de falar, ninguém lhe fez nenhuma pergunta. E todos foram, um a um, dormir.

4. FLÁVIO E A CULTURA GREGA

Flávio, o judeu grego, era um prosélito que, não tendo sido circuncidado ou bati-zado, não tinha acesso ao templo; e já que era um grande amante do belo na arte e na escultura, a casa que ocupava, enquanto permanecia em Jerusalém, era um belo edi-fício. E, afinal, essa casa era adornada com tesouros sem preço que ele havia reunido aqui e ali nas suas viagens pelo mundo. Quando primeiro pensou em convidar Jesus para ficar na sua casa, ele temeu que o Mestre pudesse ofender-se ao ver essas, assim consideradas, imagens. Flávio, contudo, ficou agradavelmente surpreso quando Jesus entrou e, em vez de reprová-lo por ter esses objetos supostamente idólatras espalhados pela casa, manifestou um grande interesse por toda a coleção e fez muitas perguntas de reconhecimento sobre cada objeto, enquanto Flávio acompanhava-o de aposento em aposento, mostrando-lhe todas as suas esculturas favoritas.

O Mestre percebeu que o seu anfitrião estava surpreso com a sua atitude amistosa para com a arte; e, conseqüentemente, quando eles haviam terminado de ver toda a coleção, Jesus disse: "Deverias esperar a minha reprovação pelo fato de apreciares a beleza das coisas criadas pelo meu Pai e confeccionadas pelas mãos artísticas do homem,? Moisés, certa vez procurou combater a idolatria e a adoração de deuses falsos; mas por isso deveriam todos os homens ver com desagrado a reprodução da graça e da beleza? Eu te digo, Flávio, os filhos de Moisés não o compreenderam; e, ainda agora, transformam em falsos deuses até mesmo as suas proibições de imagens e de coisas celestes e terrestres. Todavia, ainda que Moisés houvesse ensinado essas restrições às mentes sem iluminação daqueles dias, o que teria isso a ver com os dias de hoje, nos quais o Pai no céu é revelado como um Soberano Espiritual universal acima de tudo? E, Flávio, eu declaro que, no Reino que se aproxima, não mais se ensinará que: 'não deveis adorar isso, nem adoreis aquilo'; não mais haverá preocu-pação com mandamentos proibindo coisas ou indicando cuidados, de que não se faça isso nem aquilo; mas antes todos estarão ocupados com um dever supremo. E esse dever do homem expressa-se em dois grandes privilégios: a adoração sincera ao Cria-dor infinito, o Pai do Paraíso; e o serviço de amor aos nossos semelhantes. Se tu amas o teu semelhante como amas a ti próprio, realmente sabes que és filho de Deus.

"Numa idade em que o meu Pai não era bem compreendido, justificavam-se as tentativas de Moisés, de conter a idolatria, mas na idade vindoura o Pai terá sido revelado na vida do Filho; e essa nova revelação de Deus fará, para sempre, com que não tenha mais sentido em confundir o Pai Criador com ídolos de pedra ou com imagens de ouro e de prata. Doravante, os homens inteligentes podem desfrutar dos tesouros da arte sem confundir essa apreciação material da beleza com a adoração e o serviço do Pai no Paraíso, o Deus de todas as coisas e de todos os seres".

Flávio acreditou em tudo o que Jesus lhe ensinou. No dia seguinte ele seguiu para Betânia, além do Jordão, e foi batizado pelos discípulos de João. E assim sucedeu, porque os apóstolos de Jesus ainda não batizavam os crentes. Quando Flávio voltou a

Jerusalém, fez uma grande festa para Jesus e convidou sessenta dos seus amigos. E muitos desses convidados também se tornaram crentes na mensagem do Reino vindouro.

5. O DISCURSO SOBRE A CONVICÇÃO

Um dos grandes sermões que Jesus proferiu no templo, nessa semana de Páscoa, foi em resposta a uma pergunta feita por um dos seus ouvintes, um homem de Damasco. Esse homem perguntou a Jesus: "Mas, Rabi, como sabermos com certeza que tu és enviado por Deus, e que nós podemos verdadeiramente entrar neste Reino que tu e os teus discípulos declaram estar perto e à mão?" E Jesus respondeu:

"Quanto à minha mensagem e aos ensinamentos dados aos meus discípulos, deveríeis julgá-los pelos seus frutos. Se proclamarmos as verdades do espírito, o espírito testemunhará dentro dos vossos corações que a nossa mensagem é genuína. A respeito do Reino e sobre a vossa convicção e a aceitação que o Pai celeste tem de vós, eu pergunto-vos, dentre vós, qual o pai que, sendo digno e de bom coração, manteria o seu filho ansioso e na expectativa quanto ao status dele na família ou quanto à segurança do seu lugar no afeto do coração do seu pai? Acaso vós, que sois pais terrenos, tendes prazer em torturar os vossos filhos com a incerteza sobre a constância do amor que os vossos corações humanos mantêm por eles? O vosso Pai no céu também não deixa os Seus filhos do espírito, pela fé, em incertezas e dúvidas quanto à posição deles no Reino. Se receberdes Deus como o vosso Pai, então, de fato e verdade sois os filhos de Deus. E, se sois filhos, então estareis seguros na vossa posição e quanto a tudo o que diz respeito à filiação eterna e divina. Se vós acreditardes nas minhas palavras, conseqüentemente vós acreditais Nele que me enviou e, acreditando assim no Pai, vós vos estais certificando do vosso status como cidadãos celestes. Se fizerdes a vontade do Pai no céu, nunca ireis fracassar na realização da vida eterna de progresso no Reino divino.

"O Espírito Supremo testemunhará, para os vossos espíritos, que sois verdadeiramente filhos de Deus. E se sois filhos de Deus, então nascestes do espírito de Deus; e todo aquele que houver nascido do espírito tem em si próprio o poder de superar qualquer dúvida; e essa vitória, que supera toda a incerteza, é vitória da vossa própria fé.

"Disse o profeta Isaías, falando desses tempos: 'Quando o espírito do alto é vertido sobre nós, então o trabalho da retidão transforma-se em paz, em silêncio e, para sempre, em convicção'. E, para todos aqueles que verdadeiramente crêem nesse evangelho, eu me transformarei na garantia de que serão recebidos nas misericórdias eternas e na vida, que perdurará para sempre, do Reino do meu Pai. E então, vós, que ouvis esta mensagem e que credes neste evangelho do Reino, sois os filhos de Deus, e vós tendes a vida eterna; e a evidência, para todo o mundo, de que nascestes do espírito é que vós amais uns aos outros com sinceridade".

A multidão de ouvintes permaneceu por muitas horas com Jesus, fazendo-lhe perguntas e escutando com atenção as suas respostas confortadoras. Mesmo os apóstolos ficaram encorajados, pelo ensinamento de Jesus, a pregar o evangelho do Reino com mais poder e mais convicção. Essa experiência em Jerusalém foi uma grande inspiração para os doze. Foi o primeiro contato deles com multidões tão enormes, e eles aprenderam muitas lições úteis que demonstraram ser de grande ajuda para o seu trabalho posterior.

6. A CONVERSA COM NICODEMOS

Uma noite, na casa de Flávio, um certo Nicodemos, um membro rico e antigo do sinédrio judeu, apareceu para ver Jesus. Muito havia ouvido falar a respeito dos ensinamentos deste galileu e, sendo assim, Nicodemos veio para ouvi-lo, em uma tarde, enquanto Jesus ensinava nas praças do templo. Ele poderia ter ido ali, com freqüência, para ouvir Jesus ensinando, mas temia ser visto pelo povo, assistindo àqueles ensinamentos, pois os chefes judeus já divergiam tanto de Jesus, que nenhum membro do sinédrio iria querer ser identificado abertamente de algum modo com ele. E, dessa maneira, Nicodemos havia arranjado, com André, para ver Jesus, em privacidade, ainda naquele dia depois do cair da noite. Pedro, Tiago e João estavam no jardim de Flávio quando a entrevista começou; e, mais tarde, todos eles foram para dentro da casa, onde a conversa continuou.

Ao receber Nicodemos, Jesus não demonstrou nenhuma deferência especial; ao falar com ele, não fez nenhuma concessão, nenhuma persuasão indevida. O Mestre não fez nenhuma tentativa de repelir o seu interlocutor secreto, nem empregou sarcasmo. Em todas as suas relações para com o visitante ilustre, Jesus esteve calmo, sincero e digno. Nicodemos não era um representante oficial do sinédrio; ele veio ver Jesus, essencialmente, por causa do seu interesse pessoal e sincero nos ensinamentos do Mestre.

Sendo apresentado por Flávio, Nicodemos disse: "Rabi, sabemos que vós sois um instrutor enviado por Deus, pois ninguém meramente humano poderia ensinar desse modo, a menos que Deus estivesse com ele. E eu estou desejoso de saber mais a respeito dos vossos ensinamentos sobre o Reino vindouro".

Jesus respondeu a Nicodemos: "Em verdade, em verdade, eu te digo, Nicodemos, a menos que um homem tenha nascido do alto, ele não pode ver o Reino de Deus". Então Nicodemos replicou: "Mas como pode um homem nascer de novo quando ele é velho? Ele não pode entrar por uma segunda vez no ventre da sua mãe para nascer".

Jesus disse: "Contudo, eu declaro-te que a menos que um homem nasça do espírito, ele não pode entrar no Reino de Deus. Aquele que nasce da carne é carne, e aquele que nasce do espírito é espírito. Mas tu não deves espantar-te porque eu disse que tu deves nascer do alto. Quando sopra o vento, tu escutas o farfalhar das folhas, mas não podes ver o vento – nem de onde vem, nem para onde vai – e assim é com todos os nascidos do espírito. Com os olhos da carne podes aperceber-te das manifestações do espírito, mas não podes discernir de fato o espírito".

Nicodemos retrucou: "Mas eu não entendo – como pode ser isso?" E Jesus disse: "Como pode ser que tu sejas um instrutor em Israel e continues ainda ignorante sobre tudo isso? Por isso é que se torna um dever, para aqueles que sabem sobre as realidades do espírito, revelar essas coisas àqueles que discernem apenas as manifestações do mundo material. Mas tu acreditarás em nós se te contarmos sobre as verdades celestes? Tu tens a coragem, Nicodemos, de acreditar naquele que desceu do céu, o próprio Filho do Homem?"

E Nicodemos disse: "Mas como posso começar a captar esse espírito que deverá recriar-me na preparação para a minha entrada no Reino?" Jesus respondeu: "O espírito do Pai no céu já reside em ti. Se quiseres ser conduzido por esse espírito vindo do alto, tu irás, muito em breve, começar a ver com os olhos do espírito, e, então, por meio da escolha sincera, serás guiado pelo espírito, nascerás no espírito, desde que o teu propósito de viver seja o de fazer a vontade do teu Pai que está no céu. E, assim, tendo nascido no espírito e estando feliz no Reino de Deus, tu começarás a colher na tua vida diária os frutos abundantes do espírito".

Nicodemos era inteiramente sincero. E estava profundamente impressionado, mas foi embora confuso. Nicodemos era um homem realizado, quanto ao auto-desenvolvimento e o autocontrole, e até mesmo quanto às suas altas qualidades morais. Ele era de educação refinada, um egocêntrico altruísta; entretanto, não sabia como *submeter* a sua vontade à vontade do Pai divino, como uma criança pequena querendo submeter-se ao guiamento e à condução de um pai terreno sábio e amoroso, tornando-se assim em realidade um filho de Deus, um herdeiro progressivo do Reino eterno.

Nicodemos, contudo, reuniu fé suficiente para assegurar-se no Reino. Protestou, apenas timidamente, quando os seus colegas do sinédrio tentaram condenar Jesus sem uma audiência; no entanto, com José de Arimatéia, mais tarde, ele demonstrou ousadamente a sua fé e reivindicou o corpo de Jesus, mesmo quando a maior parte dos discípulos havia fugido com medo das cenas dos sofrimentos finais e da morte do Mestre.

7. A LIÇÃO SOBRE A FAMÍLIA

Depois do atarefado período de ensinamentos por meio do trabalho pessoal na semana da Páscoa em Jerusalém, Jesus passou a quarta-feira seguinte em Betânia, com os seus apóstolos, descansando. Naquela tarde, Tomé fez uma pergunta que proporcionou uma longa e instrutiva resposta. Disse Tomé: "Mestre, no dia em que nós nos separamos para sermos embaixadores do Reino, tu nos disseste muitas coisas, instruindo-nos a respeito do nosso modo pessoal de vida; mas o que devemos ensinar à multidão? Como deve esse povo viver depois que o Reino vier mais plenamente? Os teus discípulos deveriam possuir escravos? Os teus crentes deveriam buscar a pobreza e evitar a propriedade? A misericórdia deverá prevalecer sozinha de modo a não termos mais leis nem justiça?" Jesus e os doze passaram aquela tarde e toda aquela noite, depois do jantar, discutindo sobre as perguntas de Tomé. Com o propósito de fazer o registro de tudo isso, apresentamos o resumo seguinte das instruções do Mestre:

Jesus primeiro procurou deixar claro para os seus apóstolos que ele estava na Terra, vivendo uma vida única na carne, e que os doze deles, haviam sido convocados a participar dessa experiência de auto-outorga do Filho do Homem; e, como colaboradores, também eles deveriam compartilhar de muitas das restrições especiais e das obrigações de toda a experiência da outorga. Havia uma sugestão velada de que o Filho do Homem, entre todas as pessoas que haviam vivido na Terra, fosse a única pessoa que podia simultaneamente enxergar dentro do coração de Deus e nas profundezas da alma humana.

Jesus explicou, bem claramente, que o Reino do céu era uma experiência evolucionária, começando aqui na Terra e progredindo através de várias etapas sucessivas de vida até o Paraíso. No decorrer da noite ele declarou definitivamente que, em algum estágio futuro do desenvolvimento do Reino, ele iria revisitar este mundo, no seu poder espiritual e glória divina.

Em seguida ele explicou que a "idéia de um reino" não era o melhor modo de ilustrar a relação do homem com Deus; que ele empregava essas figuras de linguagem porque o povo judeu estava esperando um reino e porque João havia pregado em termos do Reino vindouro. Jesus disse: "O povo de uma outra idade entenderá melhor o evangelho do Reino, quando este for apresentado em termos que expressem o relacionamento familiar – quando o homem entender a religião como o ensinamento da paternidade de Deus e da irmandade entre os homens, a filiação a Deus". Então o Mestre discursou, durante algum tempo, sobre a família terrena como uma ilustração da família celeste, reafirmando as duas leis fundamentais da vida: o primeiro mandamento de amor pelo pai, o chefe da família, e o segundo mandamento, o de amor mútuo entre os filhos; de amar ao irmão como a si próprio. E então explicou que essa qualidade de afeição fraterna iria, invariavelmente, manifestar-se em um serviço social amoroso e sem egoísmo.

E, em seguida, surgiu a discussão memorável sobre as características fundamentais da vida familiar e sobre as suas aplicações ao relacionamento existente entre Deus e o homem. Jesus afirmou que uma verdadeira família baseia-se nos sete fatos seguintes:

1. *O fato da existência*. As relações da natureza e os fenômenos da semelhança mortal estão ligados na família: os filhos herdam alguns traços dos pais. Os filhos têm origem nos pais; a existência da personalidade depende de um ato dos pais. A relação entre o pai e o filho é inerente em toda a natureza e pertence a todas as existências vivas.

2. *A segurança e o prazer*. Os verdadeiros pais têm um grande prazer em prover as necessidades dos filhos. Muitos pais, não contentes em suprir meramente as necessidades dos seus filhos, gostam também de prover os seus prazeres.

3. *A educação e a instrução*. Os pais sábios planejam cuidadosamente a educação e a instrução adequada dos seus filhos e filhas. Quando jovens, eles são preparados para as responsabilidades maiores da vida.

4. *A disciplina e as restrições*. Os pais previdentes também cuidam da disciplina necessária, da orientação, da correção e, algumas vezes, das restrições a serem feitas à sua progênie imatura.

5. *O companheirismo e a lealdade*. O pai afetuoso mantém um relacionamento íntimo e amoroso com os filhos. O seu ouvido fica sempre aberto aos seus pedidos; ele está sempre pronto a compartilhar das provações deles e a ajudá-los nas dificuldades. O pai está supremamente interessado no bem-estar progressivo da sua progênie.

6. *O amor e a misericórdia*. Um pai compassivo perdoa livremente; os pais não conservam memórias vingativas contra os seus filhos. Os pais não são como juízes, nem como inimigos, nem como credores. As verdadeiras famílias são construídas na tolerância, paciência e perdão.

7. *A provisão para o futuro*. Os pais temporais gostam de deixar uma herança para os seus filhos. A família continua de uma geração para a outra. A morte apenas põe fim a uma geração para marcar o começo de outra. A morte termina com a vida de um indivíduo, mas não necessariamente com a vida da família.

Durante horas o Mestre discutiu sobre a aplicação desses aspectos da vida familiar às relações do homem, o filho da Terra, com Deus, o Pai do Paraíso. E esta foi a sua conclusão: "Toda a relação de um filho com o Pai, eu a conheço até à perfeição, pois tudo o que tiverdes de alcançar quanto à filiação, no futuro eterno, eu já alcancei agora. O Filho do Homem está preparado para ascender à mão direita do Pai, e assim em mim está aberto agora um caminho ainda mais amplo para que todos vós possais ver Deus e, antes de acabardes a progressão gloriosa, para vos tornardes perfeitos como o vosso próprio Pai no céu é perfeito".

Quando ouviram essas palavras surpreendentes, os apóstolos lembraram-se dos pronunciamentos que João fizera na época do batismo de Jesus, e se relembraram, vividamente, dessa experiência, quando da sua pregação e ministração subseqüente de ensinamentos, depois da morte e da ressurreição do Mestre.

Jesus é um Filho divino, da mais inteira confiança do Pai Universal. Ele tem estado com o Pai e O compreende plenamente. Ele vivia agora a sua vida terrena para a plena satisfação do Pai, e essa encarnação na carne capacitou-o plenamente para compreender o homem. Jesus foi a perfeição do homem; ele alcançou exatamente essa perfeição tal como todos os verdadeiros crentes estão destinados a alcançá-la, nele e por meio dele. Jesus revelou um Deus de perfeição ao homem e apresentou, em si próprio, o filho perfeccionado dos mundos a Deus.

Embora Jesus tivesse falado por várias horas, Tomé ainda não estava satisfeito, pois disse: "Mas, Mestre, nós não achamos que o Pai no céu sempre nos trate com bondade e com misericórdia. Muitas vezes nós sofremos dolorosamente na Terra, e nem sempre as nossas preces são ouvidas. Onde é que falhamos em compreender o significado do teu ensinamento?"

Jesus respondeu: "Tomé, Tomé! Quanto tempo demorará para adquirires a capacidade de ouvir com o ouvido do espírito? Quanto tempo levará para que aprendas que este Reino é um reino espiritual, e que o meu Pai é também um ser espiritual? Tu não compreendes que estou ensinando a vós como filhos espirituais da família espiritual do céu, da qual o chefe paterno é um espírito eterno e infinito? Tu não me deixarás usar a família terrena como uma ilustração das relações divinas, sem aplicar o meu ensinamento tão literalmente aos assuntos materiais? Na tua mente não podes separar as realidades espirituais do Reino dos problemas materiais, sociais, econômicos e políticos da idade? Quando eu falo a linguagem do espírito, por que insisti em traduzir o significado do que eu digo, na linguagem da carne? Só porque eu tomo a liberdade de empregar lugares-comuns e comparações literais com o propósito de ilustração? Meus filhos, eu vos imploro a todos, cesseis de aplicar os meus ensinamentos sobre o Reino do espírito aos assuntos sórdidos da escravidão, da pobreza, de casas e terras, e aos problemas materiais da eqüidade e da justiça humana. Essas questões temporais são motivo da ocupação dos homens deste mundo, e, conquanto, de um certo modo, elas afetem a todos os homens, vós fostes chamados a representar-me no mundo, do mesmo modo como eu represento o meu Pai. Vós sois os embaixadores espirituais de um Reino espiritual, representantes especiais do Pai espiritual. A esta altura deveria ser possível eu instruir-vos como homens crescidos do Reino do cspírito. Deveria eu estar sempre me dirigindo a vós como se fosseis crianças? Não crescereis nunca na vossa percepção do espírito? No entanto, eu vos amo e irei suportar-vos até o fim mesmo da nossa associação na carne. E, mesmo então, o meu espírito vos precederá em todo o mundo".

8. NO SUL DA JUDÉIA

Lá pelo fim de abril, a oposição a Jesus, entre os fariseus e os saduceus, havia-se tornado tão pronunciada que o Mestre e os seus apóstolos decidiram deixar Jerusalém por algum tempo, indo para o sul até Belém e Hebrom. Todo o mês de maio foi passado realizando um trabalho pessoal nessas cidades e entre as pessoas das aldeias vizinhas. Nenhuma pregação pública foi feita nessa viagem, apenas a visitação de casa em casa. Uma parte desse tempo, enquanto os apóstolos ensinavam o evangelho e ministravam aos doentes, Jesus e Abner passaram em Engedi, visitando a colônia nazarita. João Batista viera desse lugar, e Abner havia sido o dirigente daquele grupo. Muitos, na irmandade dos nazaritas, tornaram-se crentes de Jesus, mas a maioria desses homens ascetas e excêntricos recusou-se a aceitá-lo como um instrutor enviado do céu, porque ele não ensinava o jejum e outras formas de renúncia.

O povo que vivia nessa região não sabia que Jesus havia nascido em Belém. Eles sempre supuseram que o Mestre tivesse nascido em Nazaré, exatamente como pensava a maioria dos seus discípulos, mas os doze apóstolos conheciam os fatos.

Essa permanência no sul da Judéia foi um período de descanso e de trabalho frutífero; muitas almas foram acrescidas ao Reino. Nos primeiros dias de junho a agitação contra Jesus havia já se acalmado tanto, em Jerusalém, que o Mestre e os apóstolos voltaram a instruir e a confortar os crentes.

Embora Jesus e os apóstolos tivessem passado todo o mês de junho em Jerusalém ou nas cercanias, eles não se dedicaram a nenhum ensinamento público durante esse período. Na maior parte do tempo ficaram nas tendas, que eram montadas em um parque sombreado, ou jardim, conhecido naquela época como o Getsêmani. Esse parque estava situado na encosta oeste do monte das Oliveiras, não muito longe do riacho Cedrom. Eles passaram as festas dos sábados e os fins de semana com Lázaro e as suas irmãs em Betânia. Por poucas vezes Jesus esteve dentro dos muros de Jerusalém, mas um grande número de buscadores interessados na verdade veio ao Getsêmani para conversar com ele. Numa certa sexta-feira, à noite, Nicodemos e José de Arimatéia aventuraram-se a ir ver Jesus, mas, quando já estavam em frente da entrada da tenda do Mestre, voltaram amedrontados. E, claro está, que eles não perceberam que Jesus sabia de tudo que haviam feito.

Quando os chefes dos judeus souberam que Jesus havia voltado a Jerusalém, prepararam-se para prendê-lo; mas, quando observaram que ele não fazia nenhuma pregação pública, concluíram que estava amedrontado, por causa das agitações anteriores; e decidiram permitir que ele continuasse os seus ensinamentos, do modo privado como o fazia, sem que fosse molestado. E assim os assuntos continuaram, silenciosamente, até os últimos dias de junho, quando um certo Simão, membro do sinédrio, aderiu publicamente aos ensinamentos de Jesus, depois de declarar-se diante dos chefes dos judeus. Imediatamente, uma nova agitação, visando à prisão de Jesus, sobreveio, e se fortaleceu tanto, que o Mestre decidiu retirar-se para as cidades de Samaria e para a Decápolis.

DOCUMENTO 143

ATRAVESSANDO A SAMARIA

N O FINAL de junho, do ano 27 d.C., por causa da oposição crescente dos dirigentes religiosos judeus, Jesus e os doze partiram de Jerusalém, depois de enviar as suas tendas e os parcos bens pessoais para serem guardados na casa de Lázaro, em Betânia. Indo para o norte de Samaria, eles detiveram-se para o sábado em Betel. E lá eles pregaram, por vários dias, ao povo que veio de Gofna e de Efraim. Um grupo de cidadãos de Arimatéia e de Tamná chegou com a finalidade de convidar Jesus a visitar as suas aldeias. O Mestre e os seus apóstolos passaram mais de duas semanas ensinando aos judeus e aos samaritanos dessa região, muitos dos quais vieram de tão longe quanto Antipatris para ouvir as boas-novas do Reino.

O povo do sul de Samaria ouviu Jesus entusiasmado e, com exceção de Judas Iscariotes, os apóstolos conseguiram vencer grande parte do seu preconceito contra os samaritanos. Era muito difícil para Judas amar esses samaritanos. Na última semana de julho, Jesus e os seus colaboradores estavam prontos para partir rumo às novas cidades gregas de Fasaeles e de Arquelais, perto do Jordão.

1. PREGANDO EM ARQUELAIS

Na primeira metade do mês de agosto, o grupo apostólico fez o seu centro de apoio nas cidades gregas de Arquelais e de Fasaeles, onde eles tiveram a sua primeira experiência pregando a grupos quase exclusivos de gentios – gregos, romanos e sírios –, já que poucos judeus residiam nessas duas cidades gregas. Ao entrarem em contato com esses cidadãos romanos, os apóstolos encontraram novas dificuldades para a proclamação da mensagem do Reino vindouro e depararam-se com novas objeções aos ensinamentos de Jesus. Numa das muitas conversas noturnas com os seus apóstolos, Jesus escutou atentamente sobre essas objeções, feitas ao evangelho do Reino, que os doze repetiam enquanto reproduziam as experiências com as pessoas envolvidas nos seus trabalhos pessoais.

Uma pergunta, feita por Filipe, era típica das dificuldades deles. Disse Filipe: "Mestre, esses gregos e romanos fazem pouco da nossa mensagem, dizendo que tais ensinamentos servem apenas aos fracos e aos escravos. Eles afirmam que a religião dos pagãos é superior aos nossos ensinamentos, porque inspira a aquisição de um caráter forte, robusto e agressivo. E dizem que nos transformaríamos todos numa espécie debilitada de homens não resistentes e passivos, que seriam logo eliminados da face da Terra. Eles gostam de ti, Mestre, e admitem voluntariamente que o teu ensinamento seja celeste e ideal, mas não nos levarão a sério. Afirmam que a tua religião não é para este mundo; que os homens não podem viver como tu ensinas. E agora, Mestre, o que diremos a esses gentios?"

Depois de ter ouvido outras objeções semelhantes, ao evangelho do Reino, apresentadas por Tomé, Natanael, Simão zelote e Mateus, ele disse aos doze:

"Eu vim a este mundo para fazer a vontade do meu Pai e para revelar Seu caráter amoroso a toda a humanidade. Essa, meus irmãos, é minha missão. E vou realizá-la, independentemente da má compreensão desses meus ensinamentos, da parte de judeus ou gentios, nos dias presentes ou em outra geração. Mas não deveis esquecer-vos do fato de que mesmo o amor divino tem disciplinas severas. O amor de um pai por seu filho muitas vezes leva o pai a restringir os atos pouco sábios da sua prole imprudente. O filho nem sempre compreende a sabedoria e o amor dos motivos da disciplina restritiva do pai. Todavia, eu declaro-vos que meu Pai no Paraíso rege o universo dos universos por meio do poder do pulso do seu amor. O amor é a maior de todas as realidades do espírito. A verdade é uma revelação libertadora, mas o amor é a relação suprema. E quaisquer que sejam os erros cometidos pelos vossos semelhantes na direção do mundo de hoje, o evangelho que eu proclamo, em uma idade que virá, irá reger este mesmo mundo. A meta última do progresso humano é o reconhecimento reverente da paternidade de Deus, e a materialização amorosa da irmandade dos homens.

"E quem vos disse que o meu evangelho é destinado apenas aos escravos e aos debilitados? E vós, meus apóstolos escolhidos, acaso pareceis débeis? Será que João tem a aparência de fraco? Vós já presenciastes a mim sendo escravizado pelo medo? A verdade é que os pobres e os oprimidos desta geração têm o evangelho pregado a eles. As religiões deste mundo têm negligenciado os pobres, mas o meu Pai não tem preferência por ninguém. Além disso, os pobres desta época são os primeiros a dar atenção ao chamado de arrependimento e de aceitação da filiação. O evangelho do Reino deve ser pregado a todos os homens – judeus e gentios, gregos e romanos, ricos e pobres, livres e escravos – e igualmente aos jovens e velhos, aos homens e às mulheres.

"Porque o meu Pai é um Deus de amor e júbilo, na prática da misericórdia, não vos impregneis da idéia de que o serviço do Reino deverá ser de facilidade monótona. A ascensão ao Paraíso é a aventura suprema de todos os tempos, é a árdua realização da eternidade. O serviço do Reino, na Terra, apelará para toda a virilidade corajosa que vós e vossos colaboradores possam reunir. Muitos de vós sereis levados à morte, por causa da vossa lealdade ao evangelho desse Reino. Fácil é morrer na frente física da batalha, onde vossa coragem é fortalecida pela presença dos vossos camaradas na luta; mas uma forma mais elevada e mais profunda de coragem e devoção humana é necessária ao sacrificardes a vida, calmamente e a sós, pelo amor de uma verdade guardada no relicário do coração mortal.

"Hoje, os descrentes podem escarnecer de vós, por causa da pregação de um evangelho de não-resistência e de vidas sem violência, mas vós sois os primeiros voluntários de uma longa linha de crentes sinceros no evangelho deste Reino e irão maravilhar a toda a humanidade pela sua devoção heróica a esses ensinamentos. Nenhum exército do mundo jamais demonstrou mais coragem e bravura do que as que serão mostradas por vós e pelos vossos sucessores leais, que se espalharão por todo o mundo proclamando as boas-novas – a paternidade de Deus e a irmandade entre os homens. A coragem da carne é a forma mais baixa de bravura. A bravura da mente é um tipo mais elevado de coragem humana; e o tipo mais elevado e supremo de bravura é a lealdade sem concessões às convicções esclarecidas das realidades espirituais profundas. E essa coragem constitui-se no heroísmo do homem sabedor de Deus. E vós sois, todos, homens conhecedores de Deus, na verdade sois os companheiros pessoais do Filho do Homem".

Essa não é a totalidade do que Jesus disse, naquela ocasião, mas é a introdução do seu discurso; e ele delongou-se na amplificação e na ilustração de tudo aquilo que disse. Essa foi uma das elocuções mais apaixonadas que Jesus proferiu aos doze. Raramente o Mestre falara aos seus apóstolos com uma veemência tão evidente, contudo essa foi uma daquelas ocasiões em que ele falou com uma gravidade manifesta, acompanhada de emoção especial.

O resultado sobre a pregação pública e a ministração pessoal dos apóstolos foi imediato; desde esse mesmo dia, a mensagem deles teve um novo tom de predomínio da coragem. Os doze continuaram a adquirir um espírito positivamente dinâmico de agregação em torno do novo evangelho do Reino. Desse dia em diante eles não mais se ocuparam tanto com a pregação contra as virtudes negativas, nem com as injunções passivas dos ensinamentos multifacetados do Mestre.

2. A LIÇÃO DA MESTRIA SOBRE SI PRÓPRIO

O Mestre foi um exemplo perfeito do autocontrole humano. Quando insultado, não insultava; quando sofria, não proferia nenhuma ameaça contra aqueles que o atormentavam; quando foi denunciado pelos seus inimigos, ele simplesmente entregou-se ao julgamento justo do Pai no céu.

Numa das conversas noturnas, André perguntou a Jesus: "Mestre, devemos praticar a renúncia como João ensinou, ou devemos buscar o autocontrole que está nos teus ensinamentos? Em que os teus ensinamentos diferem dos de João?" Jesus respondeu: "De fato, João ensinou o caminho da retidão, de acordo com a luz e as leis dos pais dele; e estas formavam uma religião de auto-exame e auto-renúncia. Mas eu venho com uma nova mensagem de auto-esquecimento e autocontrole. E mostro-vos o caminho da vida, como foi revelado a mim pelo Pai do céu.

"Em verdade, em verdade, digo-vos, que aquele que conquista o controle sobre o próprio ego é maior do que aquele que conquista uma cidade. A automestria é a medida da natureza moral do homem; é indicadora do seu desenvolvimento espiritual. Jejuastes e orastes, segundo a velha ordem; e como novas criaturas que sois, no renascimento pelo espírito, vos é ensinado a acreditar e a rejubilar. No Reino do Pai, deveis transformar-vos em novas criaturas; as velhas coisas devem passar; observai, pois vos mostro como todas as coisas devem tornar-se novas. E, pelo amor que tendes uns pelos outros, deveis convencer o mundo de que passastes da escravidão à liberdade, da morte à vida eterna.

"Segundo o velho caminho, buscais suprimir, obedecer e colocar-vos em conformidade com as regras do viver; pelo novo caminho antes sereis *transformados*, na vossa alma interior, pelo Espírito da Verdade e sereis fortalecidos por ele, com a renovação espiritual constante da vossa mente e, assim, sereis dotados com o poder de atuar do modo certo, rejubilante e cumprindo, com graça e aceitação, a vontade perfeita de Deus. Não vos esqueçais de que vossa fé, pessoal, nas promessas imensamente grandes e preciosas de Deus, é que assegura que vos tornareis participantes da natureza divina. Assim, por vossa fé e transformação do espírito, vos transformais, em realidade, nos templos de Deus; e o espírito Dele, de fato, reside dentro de vós. Se, então, o espírito residir em vós, não mais sereis escravos da carne, mas sereis filhos livres e libertos do espírito. A nova lei do espírito proporciona-vos a liberdade do autocontrole e da automestria, em substituição à velha lei do medo, escravidão e prisão á auto-renúncia.

"Quantas vezes, após haverdes feito o mal, vós pensastes em atribuir os vossos atos à influência do maligno, quando, em realidade, fostes levados pelas vossas próprias tendências naturais? E o profeta Jeremias não vos disse, há muito tempo, que o coração humano engana, acima de todas as coisas, e que é, algumas vezes, até mesmo desesperadamente perverso? Quão fácil para vós é que sejais enganados e que por isso caiais em medos tolos, em concupiscências diversas, nos prazeres escravizantes, da malícia, da inveja e mesmo do ódio vingativo!

"A salvação se dá por meio da regeneração do espírito, e não pelos atos de retidão na carne. Vós vos justificais pela fé e, pela graça, sois admitidos à comunhão entre irmãos, e não pelo medo e pela renúncia da carne; embora os filhos do Pai, nascidos do espírito, sejam sempre e cada vez mais os *mestres* sobre o próprio ego e tudo o que é pertinente aos desejos da carne. Quando souberdes que sois salvos pela fé, estareis na paz real de Deus. E tudo que vier no caminho dessa paz celeste está destinado a ser santificado no serviço eterno dos filhos, sempre em avanço, do Deus eterno. Doravante não é um dever, mas é como um alto privilégio que, ao buscardes a perfeição no amor do Pai, vos limpeis de todos os males da mente e do corpo.

"A vossa filiação tem o seu fundamento na fé, e deveis permanecer insensíveis ao medo. O vosso júbilo nasce da confiança na palavra divina e, conseqüentemente, não sereis levados a duvidar da realidade do amor e da misericórdia do Pai. É a bondade mesma de Deus que conduz os homens ao arrependimento verdadeiro e genuíno. O vosso segredo da mestria e do controle sobre o ego está ligado à vossa fé no espírito residente, que sempre trabalha por amor. Mesmo essa fé salvadora que tendes, não a tendes por vós próprios, é também uma dádiva de Deus. E, se sois filhos dessa fé viva, não sois mais escravos do vosso ego, pois sois antes os mestres triunfantes de vós próprios, sois os filhos libertados de Deus.

"Se, pois, sois nascidos do espírito, então, meus filhos, estais para sempre libertados das correntes autoconscientes de uma vida de auto-renúncia e vigilância sobre os desejos da carne, e sereis transladados para o Reino rejubilante do espírito, do qual espontaneamente vós mostrareis os frutos, vindos do espírito, na vossa vida diária; e os frutos do espírito são, em essência, o tipo mais elevado de autocontrole agradável e enobrecedor; são o auge mesmo da realização terrestre para os mortais – a verdadeira mestria sobre vós próprios".

3. A DIVERSÃO E O DESCANSO

Nesse momento, um estado de grande tensão nervosa e emocional desenvolveu-se entre os apóstolos e os seus condiscípulos imediatos. Eles ainda não se haviam acostumado a viver e trabalhar juntos. Estavam experimentando dificuldades cada vez maiores para manter relações harmoniosas com os discípulos de João. O contato com os gentios e os samaritanos fora uma grande provação para esses judeus. E, além de tudo isso, as afirmações recentes de Jesus haviam aumentado o seu tumulto mental. André estava quase fora de si; não sabia mais o que fazer e, assim sendo, foi até o Mestre, levando os seus problemas e perplexidades. Depois de haver escutado o dirigente apostólico relatar os seus problemas, Jesus disse: "André, tu não podes retirar dos homens as suas perplexidades, quando eles estão nesse nível de envolvimento e quando tantas pessoas e sentimentos violentos estão implicados. Não posso fazer o que pedes a mim – não participarei dessas dificuldades sociais pessoais –, mas estarei convosco, no gozo de um período de três dias de descanso e de repouso. Vai aos teus irmãos e anuncia que todos irão comigo ao monte Sartaba, onde desejo descansar um ou dois dias.

"Agora deves ir aos teus onze irmãos e conversar com cada um deles, em particular; deves dizer: 'O Mestre deseja que tenhamos um período de descanso e de relaxamento, a sós com ele. Já que todos nós recentemente experimentamos muitos aborrecimentos de espírito e de tensão mental, eu sugiro que não se faça menção às nossas preocupações e provações, enquanto estivermos nesse descanso. Posso confiar em ti para cooperar comigo nessa questão?' E, desse modo, explique particular e pessoalmente a cada um dos teus irmãos". E André fez como o Mestre havia instruído que fizesse.

Essa foi uma ocasião maravilhosa, nas experiências de cada um deles; e nunca se esqueceram do dia em que subiram a montanha. Durante toda a viagem, dificilmente foi dita uma palavra sobre os próprios problemas. Ao chegarem ao topo da montanha, Jesus assentou-os em volta de si e disse: "Meus irmãos, deveis aprender o valor do descanso e a eficácia do relaxamento. Deveis compreender que o melhor método de resolver certos problemas emaranhados é o de abandoná-los por algum tempo. Então, quando voltardes, refrescados pelo descanso ou adoração, estareis aptos a atacar os vossos problemas com uma cabeça mais clara e com a mão mais firme, para não mencionar o coração que estará mais resoluto. De novo, muitas vezes vereis que o problema terá o seu tamanho e proporções encolhidas, durante o tempo em que estivestes descansando a vossa mente e o vosso corpo".

No dia seguinte Jesus designou a cada um dos doze um tópico para a discussão. O dia todo foi devotado a reminiscências e a conversas sobre questões não ligadas ao trabalho religioso. Eles ficaram momentaneamente chocados quando Jesus até deixou de fazer os agradecimentos – verbais – no momento de partir o pão para a refeição do meio-dia. Essa foi a primeira vez que perceberam que ele havia negligenciado tais formalidades.

Quando subiram a montanha, a cabeça de André estava cheia de problemas. João tinha o coração excessivamente perplexo. Tiago, a alma gravemente perturbada. Mateus estava muito pressionado, por causa da falta de fundos no caixa, desde que eles permaneciam entre os gentios. Pedro encontrava-se extenuado e, ultimamente, andava mais temperamental do que de costume. Judas sofria de um ataque periódico de sensibilidade e de egoísmo. Simão parecia anormalmente desnorteado nos seus esforços para reconciliar o seu patriotismo com o amor pela irmandade dos homens. Filipe estava mais e mais confuso com o modo pelo qual as coisas caminhavam. Natanael tinha estado com menos bom humor desde que eles haviam entrado em contato com as populações gentias; e Tomé achava-se em meio a uma crise severa de depressão. Apenas os gêmeos aparentavam estar normais e sem perturbações. Todos eles andavam excessivamente atordoados com a questão de como se darem pacificamente com os discípulos de João.

Ao terceiro dia, quando iniciaram a descida da montanha, para voltar ao acampamento, uma grande mudança havia acontecido neles. Tinham feito a descoberta importante de que muitas das perplexidades humanas na realidade inexistem, de que muitos problemas que nos pressionam são criações de um medo e de uma apreensão exagerados. Haviam aprendido que todas essas perplexidades são mais bem manipuladas quando abandonadas; ao distanciarem-se, eles deixaram os problemas resolvendo-se por si próprios.

O regresso dessa folga marcou a abertura de um período de relações bastante melhores com os seguidores de João. Alguns dos doze realmente se viram possuídos de alegria quando perceberam como tudo mudara nas mentes de todos e quando observaram que estavam livres das irritações, tendo tudo surgido como resultado dos três dias de férias dos deveres rotineiros da vida. Há sempre o perigo de que a monotonia no contato humano multiplique, em muito, as perplexidades e aumente as dificuldades.

Não eram muitos os gentios, nas duas cidades gregas de Arquelais e Fasaeles, que acreditavam no evangelho, mas os doze apóstolos ganharam uma boa experiência nesse seu primeiro trabalho extenso, exclusivamente com populações gentias. Numa segunda-feira pela manhã, por volta do meio do mês, Jesus disse a André: "Vamos para Samaria". E eles partiram imediatamente para a cidade de Sichar, perto do poço de Jacó.

4. OS JUDEUS E OS SAMARITANOS

Por mais de seiscentos anos os judeus da Judéia, e, mais tarde, também os da Galiléia, mantiveram uma inimizade em relação aos samaritanos. Esse sentimento prejudicial, entre os judeus e os samaritanos, surgira da seguinte maneira: Cerca de setecentos anos a.C., Sargon, rei da Assíria, ao subjugar uma revolta na Palestina Central, levara consigo em cativeiro mais de vinte e cinco mil judeus do reino do norte de Israel e instalou no lugar deles um número quase igual de descendentes de cutitas, sefarvitas e hamatitas. Mais tarde, Assurbanipal enviou ainda outras colônias para residirem em Samaria.

A inimizade religiosa entre os judeus e os samaritanos data do retorno dos judeus, em cativeiro na Babilônia, quando os samaritanos trabalharam para impedir a reconstrução de Jerusalém. Mais tarde eles ofenderam os judeus quando estenderam uma ajuda amigável aos exércitos de Alexandre. Em retribuição à amizade deles, Alexandre deu aos samaritanos a permissão para construírem um templo no monte Gerizim, onde eles adoravam Yavé e os seus deuses tribais e ofereciam sacrifícios muito semelhantes aos da ordem dos serviços dos templos de Jerusalém. E eles continuaram com esse culto, ao menos até a época dos macabeus, quando João Hircano destruiu o templo deles no monte Gerizim. Depois da morte de Jesus, o apóstolo Filipe, nos seus trabalhos com os samaritanos, realizou muitos encontros no local desse velho templo samaritano.

Os antagonismos entre judeus e samaritanos tornaram-se históricos e tradicionais; desde os dias de Alexandre eles davam-se cada vez menos bem uns com os outros. Os doze apóstolos não eram avessos a pregar nas cidades gregas e em outras cidades gentias da Decápolis e da Síria, mas surgia um teste severo para a sua lealdade ao Mestre, quando este dizia: "Vamos a Samaria". Contudo, nesse período de pouco mais de um ano, em que estiveram com Jesus, eles desenvolveram uma forma de lealdade pessoal que transcendia até mesmo a sua fé nos ensinamentos do Mestre e mesmo até os seus preconceitos contra os samaritanos.

5. A MULHER DE SICHAR

Quando o Mestre e os doze chegaram ao poço de Jacó, estando cansado da viagem, Jesus parou ao lado do poço, enquanto Filipe levou os apóstolos consigo para ajudar a carregar os alimentos até as tendas de Sichar, pois estavam dispostos a permanecer um pouco mais nessa vizinhança. Pedro e os filhos de Zebedeu teriam permanecido com Jesus, mas este solicitou que fossem com os seus irmãos, dizendo: "Não temais por mim; esses samaritanos serão amigáveis; apenas os nossos irmãos, os judeus, tentam causar danos a nós". E eram quase seis horas, nessa tarde de verão, quando Jesus assentou-se junto ao poço para aguardar pelo retorno dos apóstolos.

A água do poço de Jacó era menos mineral do que a dos poços de Sichar e, portanto, era de muito mais valor para ser bebida. Jesus estava com sede, mas não havia nenhum meio de retirar a água do poço. Foi quando uma mulher de Sichar surgiu, com o seu cântaro de água, e preparou-se para tirar água do poço, e Jesus disse-lhe: "Dá-me um pouco para beber". Essa mulher de Samaria sabia que Jesus era judeu, pela sua aparência, e suas roupas, e supôs que ele fosse galileu por causa do seu sotaque. Chamava-se Nalda e era uma pessoa atraente. Ficou muito surpreendida de ouvir um homem judeu falando assim a ela, junto ao poço, pedindo água, pois não era considerado próprio, naqueles dias, a um homem que se respeitasse dirigir-se a uma mulher em público, e menos ainda que um judeu conversasse com uma samaritana. E, sendo assim, Nalda perguntou a Jesus: "Como é que tu, sendo um judeu, pedes a mim, uma mulher samaritana, água para beber?" Jesus respondeu: "De fato eu te pedi um pouco de água, mas, se pudesses compreender, tu me pedirias um pouco da água da vida". Então Nalda disse: "Mas, Senhor, tu não tens com que retirar água, e o poço é profundo; de onde, então, podes tirar essa água da vida? Será que és maior do que o nosso pai Jacó, que nos deu este poço e do qual ele próprio bebeu tanto quanto os seus filhos e o seu gado também?"

Jesus respondeu: "Todos os que beberem dessa água terão sede novamente, mas quem beber da água do espírito vivo nunca mais terá sede. Essa água da vida tornar-se-á dentro dele como um poço de água fresca, jorrando até a vida eterna". Então Nalda disse: "Dê-me dessa água para que eu não sinta mais sede, nem tenha que vir até aqui para retirar mais água. Além do mais, qualquer coisa que uma mulher samaritana possa receber de um judeu, tão louvável, seria um prazer".

Nalda não sabia como encarar a boa disposição com a qual Jesus conversava com ela. E via, no rosto do Mestre, a expressão de um homem íntegro e santo, mas confundia a boa vontade dele com alguma familiaridade comum; assim ela tomou a sua fala simbólica como um modo dele se insinuar para ela. E, sendo uma mulher de moralidade pouco rígida, estava disposta a iniciar abertamente um namorico, quando Jesus, olhando bem fundo nos seus olhos, disse, em uma voz que demonstrava autoridade: "Mulher, vai buscar o seu marido e traze-o aqui". Essa ordem trouxe Nalda de volta a si. Ela notou que havia entendido mal a bondade do Mestre; e percebeu que havia interpretado mal o sentido das suas palavras. E chegou a ficar amedrontada; e começou a compreender que estava diante de uma pessoa excepcional e, buscando na sua mente uma resposta adequada, em uma grande confusão, ela disse: "Senhor, eu não posso chamar o meu marido, pois não tenho nenhum marido". Então Jesus disse: "Tu disseste a verdade, pois, ainda que tenhas tido um marido, aquele com quem tu estás vivendo agora, não é o teu marido. Melhor seria se pudesses deixar de tomar as minhas palavras levianamente, e se procurasses achar a água da vida que eu hoje te ofereci".

Nesse momento Nalda estava mais calma, e o seu eu mais elevado havia sido despertado. Ela não era uma mulher imoral inteiramente por escolha própria. Havia sido rude e injustamente posta de lado pelo marido e, nessa situação desesperada, tinha consentido em viver com um certo grego, como mulher dele, mas sem casamento. Nalda agora se envergonhava muito de ter falado impensadamente a Jesus, e penitentemente ela dirigiu-se ao Mestre, dizendo: "Meu Senhor, arrependo-me pelos meus modos de falar convosco, pois percebo que és um homem santo ou um profeta, talvez". E ela estava a ponto de buscar a ajuda direta e pessoal do Mestre quando então fez o que muitos têm feito antes e, subitamente, evadiu-se da questão da salvação pessoal, voltando-se para a discussão sobre a teologia e a filosofia. Rapidamente ela conduziu a conversa, passando das suas próprias necessidades para uma controvérsia teológica. Apontando para o monte Gerizim, ela continuou: "Os nossos pais fizeram a sua adoração nessa montanha, e *tu* dizes que Jerusalém é o local onde os homens devem adorar; qual, então, é o local certo para adorar a Deus?"

Jesus percebeu a tentativa, da alma da mulher, de evitar o contato direto e de busca junto ao seu Criador, mas percebeu também presente na sua alma um desejo de saber qual o melhor caminho na vida. Afinal, no coração de Nalda havia uma sede verdadeira da água da vida; e, assim, ele tratou-a com paciência, dizendo: "Mulher, deixa-me dizer-te que virá logo o dia em que nem nessa montanha, nem em Jerusalém, tu adorarás o Pai. E agora tu adoras aquilo que não conheces, uma mistura da religião de muitos deuses pagãos e de filosofias gentias. Os judeus ao menos sabem a quem adoram; eles acabaram com toda a confusão, concentrando a sua adoração em um único Deus, Yavé. E tu deverias acreditar em mim quando digo que a hora logo virá – e já veio, agora mesmo – em que todos os adoradores sinceros adorarão o Pai em espírito e em verdade, pois são exatamente a esses adoradores que o Pai procura. Deus é espírito e aqueles que O adoram devem fazê-lo em espírito e em verdade. A tua salvação não vem de saberes como os outros deveriam adorar, nem onde, mas vem de receberes no teu próprio coração essa água da vida que eu estou oferecendo a ti, neste momento".

Nalda faria, contudo, ainda um outro esforço para evitar falar da questão embaraçosa da sua vida pessoal na Terra e da posição da sua alma diante de Deus. Uma vez mais, ela recorreu a perguntas sobre a religião em geral, dizendo: "Sim, eu sei, senhor, que João pregou sobre a vinda do Convertedor, daquele que será chamado de Libertador, e que, quando vier, ele declarará para nós todas as coisas" – e Jesus, interrompendo Nalda, disse com uma segurança surpreendente: "Eu, que falo a ti, sou ele".

Esse foi o primeiro pronunciamento direto, positivo e indisfarçado da própria natureza e filiação divinas, que Jesus fez na Terra; e foi feito a uma mulher, a uma samaritana, uma mulher de caráter questionável aos olhos dos homens, até esse momento, mas uma mulher a quem o olho divino contemplou, como sendo alguém contra quem se tinha pecado mais do que pecara ela própria por seu próprio desejo; sendo *agora* uma alma humana que desejava a salvação, que a desejava sinceramente e de todo o seu coração, e isso era suficiente.

Quando Nalda estava para dar voz à sua aspiração real e pessoal por coisas melhores e por um caminho mais nobre de viver, quando estava pronta para falar sobre o desejo real do seu coração, os doze apóstolos chegavam de Sichar e, deparando com a cena de Jesus falando tão intimamente com essa mulher – uma samaritana –, e a sós, ficaram mais do que atônitos. Rapidamente colocaram no chão os suprimentos e permaneceram ao lado, nenhum deles ousando reprová-lo, enquanto Jesus dizia a Nalda: "Mulher, toma o teu caminho; Deus te perdoou. De agora em diante viverás uma nova vida. Já recebeste a água da vida, e uma nova alegria brotará dentro da tua alma e tornar-te-ás filha do Altíssimo". E a mulher, percebendo a desaprovação dos apóstolos, abandonou o seu pote de água e fugiu para a aldeia.

Ao entrar na aldeia, ela proclamou a todos o que havia encontrado: "Ide ao poço de Jacó e ide depressa, pois lá vereis um homem que falou de tudo o que eu fiz. Será que ele pode ser o Convertedor?" E, antes que o sol se pusesse, uma grande multidão reuniu-se no poço de Jacó para ouvir Jesus. E o Mestre falou-lhes ainda mais sobre a água da vida, a dádiva do espírito residente.

Os apóstolos nunca deixaram de chocar-se com a disposição que Jesus tinha de falar com mulheres, mulheres de caráter discutível, e imorais mesmo. Era muito difícil para Jesus ensinar aos seus apóstolos que as mulheres, mesmo as mulheres chamadas imorais, têm almas que podem escolher Deus como o Pai delas, tornando-se assim filhas de Deus e candidatas à vida eterna. E, mesmo dezenove séculos depois, muitos ainda demonstram a mesma relutância em compreender os ensinamentos do Mestre. Mesmo a religião cristã tem sido construída persistentemente sobre o fato da morte de Cristo e não sobre a verdade da sua vida. O mundo deveria estar mais ocupado com a vida feliz, e reveladora de Deus, que Jesus levou, do que com a sua morte trágica e pesarosa.

Nalda contou toda essa história ao apóstolo João, no dia seguinte, mas ele nunca a revelou plenamente aos outros apóstolos, e Jesus não falou detalhadamente desse acontecimento aos doze.

Nalda contou a João que Jesus tinha contado a ela "tudo o que eu fiz na minha vida". João quis perguntar a Jesus, muitas vezes, sobre essa conversa com Nalda, mas nunca o fez. Jesus apenas havia contado a ela uma coisa sobre ela própria, mas o olhar fundo nos olhos dela e o modo como ele a tratara trouxeram-lhe tudo, em uma revisão panorâmica, bem diante da sua mente, em um lapso de tempo tal que ela associou toda essa auto-revelação, da própria vida que levara, ao olhar e à palavra do Mestre. Jesus nunca lhe havia dito que ela tivera cinco maridos. Ela vivera com quatro homens diferentes, desde que o seu marido a deixara, e isso, junto com todo o seu passado, veio vividamente à sua mente no momento em que compreendeu que Jesus era um homem de Deus, tanto que ela acabou repetindo depois, para João, que Jesus tinha realmente dito a ela tudo sobre a sua vida pessoal.

6. O RENASCIMENTO SAMARITANO

Na noite em que Nalda levou a multidão até o lado de fora de Sichar, para ver Jesus, os doze haviam acabado de voltar com comida; e eles suplicaram a Jesus que comesse com eles em vez de falar com o povo, pois eles tinham estado sem comer todo o dia e estavam famintos. Jesus, entretanto, sabia que a escuridão logo os envolveria; e, desse modo, persistiu na sua determinação de conversar com o povo, antes de mandar todos embora. Quando André tentou persuadi-lo a comer um pouco, antes de falar à multidão, Jesus replicou: "Eu tenho, para comer, um alimento do qual vós nada sabeis". Quando os apóstolos ouviram isso, eles disseram entre si: "Será que algum homem lhe trouxe algo para comer? Pode ser que a mulher tenha dado comida a ele junto com o que lhe deu para beber?" Quando Jesus os ouviu falando entre si, antes de falar ao povo, ele voltou-se de lado para dizer aos doze: "O meu alimento é fazer a vontade Dele, que me enviou, e realizar o Seu trabalho. Vós não devíeis mais dizer que há tanto e mais tanto tempo ainda antes da colheita. Vede esse povo vindo de uma cidade samaritana para ouvir-nos; eu vos digo que os campos já estão brancos para a colheita. Aquele que colhe recebe o salário, e junta o fruto para a vida eterna; conseqüentemente os semeadores e os colhedores rejubilam-se juntos. Pois nisto reside a verdade do ditado: 'Um semeia e o outro colhe'. Eu agora vos estou enviando para colher onde não trabalhastes; outros trabalharam, e vós estais para entrar no trabalho deles". Isso ele disse referindo-se à pregação de João Batista.

Jesus e os apóstolos foram a Sichar e, antes de montarem o acampamento deles no monte Gerizim, pregaram durante dois dias. E muitos dos habitantes de Sichar acreditaram no evangelho e pediram o batismo, mas os apóstolos de Jesus não batizavam ainda.

Na primeira noite do acampamento, no monte Gerizim, os apóstolos esperaram que Jesus os reprovasse pela atitude deles para com a mulher, no poço de Jacó, mas ele não fez referência à questão. Em vez disso fez-lhes aquela maravilhosa palestra sobre "As realidades que são as mais importantes no Reino de Deus". Em qualquer religião é muito fácil permitir que os valores assumam uma grandeza desproporcional, como também é fácil permitir que acontecimentos ocupem o lugar da verdade, na teologia. O fato da cruz tornou-se o centro mesmo do cristianismo, que estava para vir em seguida; mas não é essa a verdade central da religião que se pode derivar da vida e dos ensinamentos de Jesus de Nazaré.

O tema dos ensinamentos de Jesus no monte Gerizim foi: Ele queria que todos os homens vissem a Deus como um Pai-amigo, exatamente como ele (Jesus) é um amigo-irmão. De novo e de novo, ele inculcou neles o fato de que o amor é a relação mais elevada no mundo – no universo –, do mesmo modo que a verdade é o maior pronunciamento sobre a observação dessas relações divinas.

Jesus revelou-se assim tão completamente aos samaritanos porque ele podia fazê-lo com segurança, e porque sabia que não visitaria de novo o centro de Samaria para pregar o evangelho do Reino.

Jesus e os doze permaneceram acampados no monte Gerizim até o fim de agosto. Eles pregavam as boas-novas do Reino – a paternidade de Deus –, aos samaritanos, nas aldeias, dia após dia, e passavam as noites no acampamento. O trabalho que Jesus e os doze fizeram nessas cidades samaritanas conduziu muitas almas ao Reino e fez muito para preparar o caminho ao trabalho maravilhoso de Filipe nessas regiões, depois da morte e da ressurreição de Jesus, em seguida à dispersão dos apóstolos até os confins da Terra, na perseguição amarga dos crentes em Jerusalém.

7. OS ENSINAMENTOS SOBRE A PRECE E A ADORAÇÃO

Nas conversas noturnas no monte Gerizim, Jesus ensinou muitas grandes verdades e, em particular, colocou ênfase no seguinte:

A verdadeira religião é o ato de uma alma individual, nas suas relações conscientes com o Criador; a religião organizada é a tentativa de *socializar* o ato da adoração do homem religioso individual.

A adoração – a contemplação do espiritual – deve alternar-se com o serviço, o contato com a realidade material. O trabalho deveria alternar-se com a diversão; a religião deveria ser equilibrada pelo humor. A filosofia profunda deveria receber o alívio da poesia rítmica. A tensão de viver – a tensão da personalidade no tempo – deveria ser afrouxada, no descanso da adoração. Os sentimentos de insegurança que advêm do medo do isolamento da personalidade no universo deveriam receber o antídoto que é a contemplação, na fé, do Pai, e que é a tentativa de realização e compreensão do Supremo.

A prece é destinada a tornar o homem menos pensativo e mais *realizador*; ela não se destina a fazer o conhecimento crescer, mas antes a expandir o discernimento.

A adoração intenta antecipar a vida melhor, que está adiante, e em seguida destina-se a refletir de volta, para a vida atual, essas novas significações espirituais. A prece sustenta espiritualmente, mas a adoração é divinamente criativa.

A adoração é a técnica de voltar-se para o *Um*, para receber a inspiração do serviço de *muitos*. A adoração é a medida pela qual se avalia o distanciamento da alma, até o universo material, e a sua conexão simultânea e segura com as realidades espirituais de toda a criação.

A prece é como a autolembrança – um pensamento sublime –; a adoração é o autoesquecimento – o suprapensamento. A adoração é a atenção sem esforço, o repouso verdadeiro e ideal para a alma, uma forma de exercício espiritual repousante.

A adoração é o ato de uma parte identificando-se com o Todo; o finito com o Infinito; o filho com o Pai; o tempo no ato de um passo que toca a eternidade. A adoração é o ato da comunhão pessoal do filho com o Pai divino, é deixar que a alma-espírito assuma atitudes reanimadoras, criativas, fraternais e românticas.

Embora os apóstolos tenham captado apenas pouco dos seus ensinamentos no acampamento, outros mundos captaram; e novas gerações na Terra irão alcançar esses ensinamentos.

DOCUMENTO 144

EM GILBOA E NA DECÁPOLIS

SETEMBRO e outubro foram passados em retiro num acampamento isolado, nos declives do monte Gilboa. O mês de setembro Jesus passou-o lá, a sós com os seus apóstolos, ensinando-lhes e instruindo-os sobre as verdades do Reino.

Havia uma série de razões para que Jesus e os seus apóstolos se mantivessem retirados nas fronteiras de Samaria e da Decápolis, durante esse período. Os dirigentes religiosos de Jerusalém estavam bastante hostis para com eles; Herodes Antipas ainda mantinha João na prisão, temendo libertá-lo, tanto quanto executá-lo; e havia suspeitas de que João e Jesus mantivessem ainda alguma forma de ligação. Essas condições tornaram contra-indicado planejar qualquer trabalho mais intenso, tanto na Judéia quanto na Galiléia. Havia uma terceira razão: a tensão, que aumentava pouco a pouco, entre os líderes dos discípulos de João e os apóstolos de Jesus; e que ficou agravada com o número cada vez maior de crentes.

Jesus sabia que os dias de trabalhos preliminares, de ensinamento e de pregação, estavam quase terminados, que o próximo passo envolvia o começo do esforço maior e final da sua vida na Terra, e não queria que o deslanchar desse empreendimento fosse, de nenhum modo, penoso nem embaraçoso para João Batista. Jesus, portanto, havia decidido passar algum tempo em retiro, repassando tudo com os seus apóstolos, para depois, então, fazer reservadamente algum trabalho, nas cidades da Decápolis, até que João fosse executado ou libertado para juntar-se a eles, com vistas a um esfoço unificado.

1. O ACAMPAMENTO DE GILBOA

Com o passar do tempo, o grupo dos doze tornou-se mais devotado a Jesus e mais profundamente compromissados com o trabalho do Reino. A devoção deles era, em grande parte, uma questão de lealdade pessoal. Eles não captavam o ensinamento multifacetado de Jesus; eles não compreendiam plenamente a natureza nem o significado da sua auto-outorga na Terra.

Jesus deixou claro, para os seus apóstolos, que estavam todos em retiro por três razões:

1. Confirmar o entendimento e a fé, que deviam ter no evangelho do Reino.

2. Dar tempo para que a oposição ao trabalho deles, na Judéia e na Galiléia, se acalmasse.

3. E aguardar o destino de João Batista.

Enquanto permaneceram em Gilboa, Jesus contou aos doze muitas coisas sobre a primeira parte da sua vida e das suas experiências no monte Hermom; revelou também algo do que acontecera nas colinas, durante os quarenta dias imediatamente após o seu batismo. E ordenou diretamente a eles que não contassem a nenhum homem sobre essas experiências, antes que ele voltasse para o Pai.

Durante essas semanas do mês de setembro, eles descansaram, conversaram, rememoraram as próprias experiências desde que Jesus os chamara para o serviço e empenharam-se em um esforço sério para coordenar tudo o que o Mestre lhes havia ensinado até então. Até um certo ponto, todos sentiam que essa seria a última oportunidade para um descanso prolongado. Compreenderam que o seu próximo esforço público, tanto na Judéia quanto na Galiléia, marcaria o começo da proclamação final do Reino vindouro, mas não tinham uma idéia formada sobre o que o Reino seria, quando viesse. João e André julgavam que o Reino já tinha vindo; Pedro e Tiago acreditavam que estava ainda para vir; Natanael e Tomé confessavam francamente estar perplexos; Mateus, Filipe e Simão zelote viam-se incertos e confusos; os gêmeos mantinham-se em uma ignorância abençoada sobre a controvérsia; e Judas Iscariotes permanecia silencioso, desligado de comprometimentos.

Durante grande parte desse período, Jesus permaneceu a sós na montanha perto do acampamento. Ocasionalmente levava Pedro, Tiago ou João junto consigo, mas, mais freqüentemente, distanciava-se para orar ou comungar a sós. Depois do batismo de Jesus, e dos quarenta dias nas colinas pereianas, não é próprio falar desses períodos de comunhão com o seu Pai como sendo de preces, nem é compatível falar de Jesus adorando, mas é inteiramente correto fazer alusão a esses períodos como sendo de uma comunhão pessoal com o seu Pai.

O tema central das conversas durante todo o mês de setembro foi a prece e a adoração. Depois de haverem discutido sobre a adoração, por alguns dias, Jesus finalmente pronunciou o seu memorável discurso sobre a oração, em resposta ao pedido de Tomé: "Mestre, ensina-nos como orar".

João havia ensinado aos seus discípulos uma prece, uma prece para a salvação no Reino vindouro. Embora Jesus nunca tenha proibido os seus seguidores de usar a forma de oração ensinada por João, os apóstolos perceberam logo que o Mestre não aprovava totalmente a prática de utilizar orações formalmente estabelecidas. Entretanto, os crentes solicitavam constantemente que se lhes fosse ensinado como fazer as preces. Os doze almejavam saber qual a forma de súplica que Jesus aprovaria. E foi principalmente por causa da necessidade de uma prece simples, para a gente comum, que Jesus consentiu, nessa época, em responder ao pedido de Tomé, de ensinar-lhes uma forma sugestiva de prece. Jesus deu essa lição em uma tarde, na terceira semana da permanência deles no monte Gilboa.

2. O DISCURSO SOBRE A PRECE

"De fato, João ensinou-vos uma forma simples de prece: 'Ó Pai, purifica-nos do pecado, mostra-nos Tua glória, revela-nos Teu amor e deixa que Teu espírito santifique nossos corações, para todo o sempre. Amém!' Ele ensinou essa prece para que tivésseis alguma coisa a ensinar à multidão. Mas não teve a intenção de que usásseis essa súplica de modo fixo e formal como expressão da oração das vossas próprias almas.

"A prece é uma expressão inteiramente pessoal e espontânea da atitude da alma com o espírito; a prece deveria ser a comunhão da filiação e a expressão da fraternidade. A prece, quando ditada pelo espírito, conduz ao progresso espiritual cooperador. A prece ideal é uma forma de comunhão espiritual, que conduz à adoração inteligente. A verdadeira oração é uma forma sincera de estender a mão na direção do céu para alcançar os vossos ideais.

"A prece é o respirar da alma e deveria levar-vos à persistência na tentativa de melhor conhecerdes sobre a vontade do Pai. Se, dentre vós, houver um que tenha um vizinho e se este for a ele à meia-noite e disser: 'Amigo, empresta-me três pães, pois um amigo chegou de viagem para ver-me e nada eu tenho para oferecer-lhe'; e se o vizinho responder: 'Não me incomodes, pois a porta agora está fechada, as crianças e eu estamos na cama, e eu não posso levantar-me e dar-te pão'; ele persistirá, explicando-lhe que o amigo tem fome e que ele não tem nenhuma comida para oferecer. Eu vos digo, embora o vizinho não vá se levantar para dar-lhe o pão, só porque é um amigo; mas que, em vista do inoportunismo, ele poderá acabar levantando-se e dando-lhe tantos pães quantos forem necessários. E então, se a persistência consegue favores até do homem mortal, quão mais a vossa persistência conseguirá, em espírito, do pão da vida, das mãos dispostas do Pai nos céus. E, de novo, vos digo: Pedi e vos será dado; buscai e encontrareis; batei e a porta abrir-se-á para vós. Pois todos aqueles que pedem, recebem; e aquele que busca, encontra; e, para quem bate, a porta da salvação será aberta.

"Qual de vós, sendo pai, se o vosso filho fizer um pedido tolo, hesitaria em dar-lhe, preferivelmente, mais de acordo com a vossa sabedoria de pai, do que nos termos do pedido errado do filho? Porque, caso a criança necessite de um pão, dar-lhe-ias uma pedra, apenas porque tolamente ela pediu a pedra? Se o filho necessita de um peixe, dareis a ele uma cobra d'água, apenas porque ela veio na rede com os peixes e porque a criança imprudentemente pede a serpente? Se, pois, sendo mortais e finitos, sabeis como corresponder a um pedido e como fazer a dádiva boa e apropriada às vossas crianças, quão mais não dará em espírito, o Pai celeste, e de bênçãos adicionais àqueles que pedem? Os homens deveriam sempre orar e não se deixar desencorajar.

"Deixai que eu vos conte a história de um certo juiz que vivia em uma cidade perversa. Esse juiz não temia a Deus, nem tinha respeito pelos homens. Ora, nessa cidade havia uma viúva em necessidade e, repetidamente, ela vinha a esse juiz injusto dizendo: 'proteja-me do meu adversário'. Por algum tempo ele não quis dar-lhe ouvidos, mas em breve ele disse a si próprio: 'Ora, mesmo não temendo a Deus nem tendo consideração pelos homens, pelo fato dessa viúva não parar de me incomodar, eu farei jus à reivindicação dela, para que deixe de me cansar com as suas contínuas vindas'. Essas histórias eu as conto a vós para encorajar-vos a persistir na prece e não pensem que os vossos pedidos possam modificar o Pai justo e reto lá no alto. A vossa persistência, contudo, não serve para ganhar favores junto a Deus, mas para modificar a vossa atitude terrena e ampliar a capacidade de receptividade da vossa alma para com o espírito.

"No entanto, quando orais, colocais tão pouca fé. A fé verdadeira removerá montanhas de dificuldades materiais que podem estar colocadas no meio do caminho da expansão da alma e do progresso espiritual".

3. A PRECE DAQUELE QUE CRÊ

Todavia, os apóstolos não estavam ainda satisfeitos, desejavam que Jesus lhes desse um modelo de prece, o qual pudesse ser ensinado aos novos discípulos. Depois de ouvir esse discurso sobre a prece, Tiago Zebedeu disse: "Muito bom, Mestre, mas nós não desejamos uma forma de prece para nós próprios, tanto quanto para os crentes mais recentes, que tão freqüentemente nos pedem: 'Ensinai-nos como orar de um modo aceitável, para o Pai no céu' ".

Quando Tiago terminou de falar, Jesus disse: "Nesse caso, então, como ainda aguardais uma prece, eu gostaria de apresentar-vos aquela que ensinei aos meus irmãos e irmãs, na minha casa em Nazaré:

"Pai nosso que estais no céu
  Santificado seja o vosso nome.
Vinde a nós o vosso Reino; a vossa vontade seja feita
  na Terra, assim como no céu.
O pão nosso de amanhã, dai-nos neste dia;
  Refrescai as nossas almas com a água da vida.
E perdoai-nos de todas as nossas dívidas
  Como nós perdoamos também aos nossos devedores.
Salvai-nos da tentação, e livrai-nos do mal,
  E fazei-nos sempre mais perfeitos, como Vós o sois".

Não é de se estranhar que os apóstolos desejassem que Jesus lhes ensinasse uma prece como modelo para os crentes. João Batista havia ensinado várias preces aos seus seguidores; todos os grandes instrutores formularam preces para os seus alunos. Os instrutores religiosos dos judeus possuíam umas vinte e cinco ou trinta preces prontas, que recitavam nas sinagogas e mesmo nas esquinas. Jesus era particularmente avesso a orar em público. Até esse momento, os doze haviam-no ouvido orar apenas umas poucas vezes. Eles viram-no passando noites inteiras em prece ou em adoração; e estavam muito curiosos para conhecer o modo ou a forma dos seus pedidos. Sentiam-se realmente muito pressionados a saber qual resposta dar às multidões quando pedissem que lhes fosse ensinado como orar, como João havia ensinado aos seus discípulos.

Jesus ensinou aos doze que orassem sempre reservadamente; e pediu-lhes que ficassem a sós, em meio a redondezas silenciosas, junto à natureza, ou que fossem aos seus quartos e fechassem as portas, quando estivessem fazendo as preces.

Depois da morte e da ascensão de Jesus ao Pai, entre muitos crentes, tornou-se prática terminar esta que é chamada a oração do Senhor, acrescentando: "Em nome do Senhor Jesus Cristo". E, ainda mais tarde, duas linhas foram perdidas na transcrição, e, a essa prece, foi acrescentada uma afirmação suplementar que dizia: "Pois a vós pertence o Reino, e o poder e a glória, para todo o sempre".

Jesus deu aos apóstolos a prece em forma coletiva, como eles haviam orado no lar em Nazaré. Ele nunca ensinou uma prece formal, pessoal, apenas preces grupais, familiares ou sociais. E nunca se dispôs a fazer isso.

Jesus ensinou que a prece eficiente deve ser:

1. Não-egoísta – não apenas para si próprio.

2. Crente – de acordo com a fé.

3. Sincera – honesta de coração.

4. Inteligente – de acordo com a luz.

5. Confiante – em submissão à vontade totalmente sábia do Pai.

Quando Jesus passou noites inteiras na montanha, em prece, ele o fez principalmente pelos seus discípulos, e particularmente pelos doze. Pouquíssimas preces do Mestre eram feitas para si próprio; embora praticasse bastante a adoração, aquela adoração cuja natureza é a comunhão de compreensão com seu Pai do Paraíso.

4. MAIS SOBRE A PRECE

Dias depois do discurso sobre a prece, os apóstolos ainda continuavam a fazer perguntas ao Mestre a respeito desta prática de suma importância: a da adoração. A instrução de Jesus aos apóstolos, durante esses dias, a respeito da prece e da adoração, pode ser restabelecida na forma moderna, do modo como a seguir está resumido:

A repetição sincera e veemente de qualquer prece, quando esta é a expressão sincera de um filho de Deus e é feita com fé, não importando o quanto seja improvável ou impossível que se obtenha uma resposta direta a ela, servirá sempre para expandir a capacidade de receptividade espiritual da alma.

Em todas as preces, lembrai que a filiação é uma *dádiva*. Nenhum filho nada tem a ver quanto a *ganhar* a posição de filho ou de filha. O filho da Terra nasce pela vontade dos seus pais. E também assim, o filho de Deus recebe essa graça, e a nova vida do espírito, pela vontade do Pai no céu. E, por isso, o Reino do céu – a filiação divina – deve ser *recebido* como se fôssemos criancinhas. A retidão vós a conquistais – o desenvolvimento progressivo do caráter –, mas a filiação vós a recebeis como uma graça e por meio da fé.

A prece conduziu Jesus à supercomunhão de alma com os Dirigentes Supremos do universo dos universos. A prece conduzirá os mortais da Terra à comunhão da verdadeira adoração. A capacidade espiritual de receptividade da alma determina a quantidade das bênçãos celestes que podem ser pessoalmente apropriadas e conscientemente realizadas, em resposta à prece.

A prece, e a adoração associada a ela, é como a prática de um distanciamento da rotina diária da vida, do desgaste monótono da existência material. É um amplo caminho de aproximação da auto-realização espiritualizada e de aquisição da individualidade intelectual e religiosa.

A prece é um antídoto para a introspecção perniciosa. A prece, ao menos como ensinada pelo Mestre, é uma ministração bastante benéfica à alma. Jesus empregou com consistência a influência benéfica da prece junto aos seus semelhantes. O Mestre, em geral, orava no plural, não no singular. Apenas durante a grande crise da sua vida terrena Jesus orou para si próprio.

A prece é o fôlego da vida espiritual, em meio à civilização material das raças da humanidade. A adoração é a salvação indicada às gerações de mortais que estão na busca do prazer.

Do mesmo modo que a prece assemelha-se a um recarregar das baterias espirituais da alma, a adoração pode ser comparada ao ato de sintonizar a alma para captar as emissões universais vindas do espírito infinito do Pai Universal.

A prece é o olhar sincero e ardente do filho para o seu Pai espiritual; é um processo psicológico de substituir a vontade humana pela vontade divina. A prece é uma parte do plano divino, para transformar aquilo que está sendo, naquilo que deveria ser.

Uma das razões pelas quais Pedro, Tiago e João, que freqüentemente acompanhavam Jesus nas suas longas vigílias noturnas, nunca ouviram Jesus orando, estava no fato de que o seu Mestre, só muito raramente, fazia as suas preces em palavras pronunciadas. Praticamente todas as preces de Jesus eram feitas no espírito e no coração – silenciosamente.

De todos os apóstolos, Pedro e Tiago estiveram mais próximos de compreender os ensinamentos do Mestre sobre a prece e a adoração.

5. OUTRAS FORMAS DE PRECE

De quando em quando, durante o restante da sua permanência na Terra, Jesus trazia ao conhecimento dos apóstolos várias outras formas de prece, mas o fez apenas como uma ilustração para outras questões, e determinou que essas "preces em forma de parábola" não deveriam ser ensinadas às multidões. Muitas delas eram de outros planetas habitados, mas Jesus não revelou esse fato aos doze. Entre essas preces estavam as seguintes:

Pai nosso, em Quem consistem todos os reinos do universo,
   Que o Teu nome seja exaltado e Todo-glorioso seja o Teu caráter.

A Tua presença nos engloba, e a Tua glória manifesta-se
   De modo imperfeito, por nosso intermédio, mas, no alto, é mostrada em perfeição.
Conceda-nos, neste dia, as forças vivificadoras da luz,
   E não nos deixes errar pelos desvios malignos da nossa imaginação,
Pois Teu é o Residente glorioso, o poder eterno,
   E nossa é a dádiva eterna do amor infinito do Teu Filho.
Assim seja, na verdade eterna.

* * *

Pai nosso criador, que estás no centro do universo,
   Outorga a nós a Tua natureza e dá-nos o Teu caráter.
Faz de nós os Teus filhos e filhas, por meio da graça,
   Que o Teu nome seja glorificado por meio da nossa eterna realização.
Dá o Teu espírito Ajustador e controlador, para viver e residir dentro de nós.
   E que possamos fazer a Tua vontade nesta esfera, como os anjos cumprem
   os Teus comandos na luz.
Sustenta-nos neste dia, no nosso progresso dentro do caminho da verdade.
   Livra-nos da inércia, do mal e de todas as transgressões pecaminosas.
Sê paciente conosco, assim como nós mostramos bondade e amor aos nossos semelhantes.
   Derrama o espírito da Tua misericórdia nos nossos corações de criaturas.
Conduze-nos pela Tua própria mão, passo a passo, nos labirintos incertos da vida,
   E, quando vier o nosso fim, recebe os nossos espíritos fiéis no Teu próprio seio.
E que seja assim feito o Teu desejo, não o nosso.

* * *

Pai nosso celeste, perfeito e reto,
   Guia e dirige a nossa jornada deste dia.
Santifica os nossos passos e coordena os nossos pensamentos.
   Conduze-nos sempre nos caminhos do progresso eterno.
Sacia-nos de sabedoria, à plenitude do poder,
   Revitalizando-nos com a Tua energia infinita.
Inspira-nos com a consciência divina
   Da presença e da orientação das hostes seráficas.
Guia-nos sempre para cima, na senda da luz;
   Inocenta-nos plenamente no dia do grande julgamento.
Faze-nos à Tua semelhança, na glória eterna
   E recebe-nos, no alto, para o Teu serviço perpétuo.

* * *

Pai nosso, que Te manténs em mistério,
   Revela-nos o Teu caráter santo.
Faz, neste dia, com que os Teus filhos na Terra
   Vejam o caminho, a luz e a verdade.
Mostra-nos a direção do progresso eterno
   E dá-nos vontade para caminhar dentro dele.
Estabelece, dentro de nós, a Tua soberania divina
   E concede-nos o domínio pleno do ego.
Não nos deixe enveredar pelos caminhos das trevas e da morte;
   Conduze-nos eternamente nas águas da vida.
Ouve esta nossa prece, por amor da Tua própria causa;
   Contenta-te em fazer-nos cada vez mais semelhantes a Ti.

E afinal, pelo Filho divino,
Nos receba em Teus braços eternos.
E assim, seja feita a Tua vontade, não a nossa.
* * *
Glorioso Pai e gloriosa Mãe, unificados em um Progenitor único,
Gostaríamos de ser leais à Vossa natureza divina.
Que viva de novo em nós a vossa Pessoa
Por meio do dom e da dádiva do Vosso espírito divino,
Que, nesta esfera e em nós, só imperfeitamente imita a Vós,
Tal como Vos mostrais em perfeição e em majestade, no alto.
A cada dia, dai-nos a Vossa doce ministração de fraternidade
E conduzi-nos, todo momento, na direção do serviço ao amor. Sede sem
pre e firmemente paciente conosco
Assim como nós somos pacientes com os nossos filhos.
Dai-nos a sabedoria divina de fazer bem todas as coisas,
Dai-nos o amor infinito, que é a graça de toda a criatura.
E concedei-nos a Vossa paciência e a Vossa bondade amorosa
Que a nossa caridade possa envolver os fracos deste reino.
E, quando a nossa carreira acabar, fazei dela uma honra ao Vosso nome,
Um prazer para o Vosso espírito de bondade, e uma satisfação Para aque
les que ajudam a nossa alma
Não como desejamos nós, nosso Pai de amor, mas assim como Vós dese
jardes, para o eterno bem dos vossos filhos mortais,
Que assim possa ser.
* * *
Ó Fonte nossa Todo-fiel e Centro nosso Todo-Poderoso,
Reverenciado e santo seja o nome do vosso Filho tão cheio de graça.
As Vossas bondades e as Vossas bênçãos têm descido sobre nós,
Dando-nos poder para fazer a Vossa vontade e para executar a Vossa ordem.
Dai-nos, a cada momento, a sustentação da árvore da vida;
A cada dia, refrescai-nos, com as águas da vida do Vosso rio.
A cada passo, conduzi-nos para fora das trevas e para a luz divina.
Renovai as nossas mentes, por meio das transformações do espírito residente,
E, quando o fim mortal finalmente vier sobre nós,
Recebei-nos junto a Vós e enviai-nos à eternidade.
Coroai-nos com os atributos celestes do serviço fecundo,
E nós glorificaremos o Pai, o Filho e a Santa Influência.
E que assim seja, em um universo sem fim.
* * *
Pai nosso que habitas em locais secretos do universo,
Honrado seja o Teu nome, reverenciada seja a Tua misericórdia e respei
tado seja o Teu julgamento.
Que o sol da retidão brilhe sobre nós ao meio-dia,
Enquanto nós Te suplicamos que guies os nossos passos incertos sob o
crepúsculo.
Conduze-nos com a Tua mão, nos caminhos da Tua escolha
E, quando o caminho for duro e as horas forem de trevas, não nos abandones.
Não nos esqueças, assim como nós muitas vezes Te esquecemos e Te negli
genciamos.
Mas sê misericordioso e ama-nos como nós Te desejamos amar.
Do alto, olha-nos com bondade e perdoa-nos com misericórdia

Como nós perdoamos, com justiça, àqueles que nos magoam e que nos ofendem.
E possam o amor, a devoção e o dom do Filho excelso
  Tornar disponível a vida eterna, com a Tua misericórdia sem fim e com
  o Teu amor.
Que o Deus dos universos possa conceder-nos a medida plena do Seu espírito;
  Dá-nos a graça de submeter-nos à condução desse espírito.
Pela ministração de amor das Tuas devotadas hostes seráficas
  Que possa o Filho guiar-nos até o fim da idade.
Faze-nos sempre, e cada vez mais, semelhantes a Ti
  E, quando do nosso fim, recebe-nos no abraço eterno do Paraíso.
Assim seja, em nome do Filho a nós enviado
  E para a honra e glória de Ti, Pai Supremo.

Embora os apóstolos não fossem livres para apresentar essas lições sobre a prece nos seus ensinamentos públicos, eles aproveitaram muito de todas essas revelações para as suas experiências religiosas pessoais. Jesus utilizou esses e outros modelos de preces, como ilustrações, nas instruções íntimas dadas aos doze. E uma permissão específica nos foi concedida, para que transcrevêssemos essas sete amostras de orações neste registro.

6. A CONFERÊNCIA COM OS APÓSTOLOS DE JOÃO

Por volta de primeiro de outubro, Filipe e alguns dos seus amigos apóstolos estavam em uma aldeia próxima comprando alimentos, quando encontraram alguns dos apóstolos de João Batista. Nesse encontro casual, na praça do mercado, programou-se uma conferência de três semanas, no acampamento de Gilboa, entre os apóstolos de Jesus e os apóstolos de João; pois recentemente havia apontado doze dos seus líderes como apóstolos, seguindo o precedente de Jesus. João havia feito isso em resposta à solicitação de Abner, líder dos seus leais apoiadores. Jesus esteve presente, no acampamento de Gilboa, durante a primeira semana dessa conferência conjunta, mas ausentou-se nas duas últimas semanas.

No começo da segunda semana desse mês, Abner havia reunido todos os seus condiscípulos no acampamento em Gilboa, e estavam todos preparados para o conselho com os apóstolos de Jesus. Durante três semanas, esses vinte e quatro homens entraram em sessões, três vezes ao dia e seis dias a cada semana. Na primeira semana, Jesus esteve com eles entre as sessões da manhã, da tarde e da noite. Todos queriam que o Mestre se reunisse com eles e que presidisse as suas deliberações conjuntas, mas ele recusou-se firmemente a participar de suas discussões; embora consentisse em falar-lhes em três ocasiões; e essas palestras, de Jesus, para os vinte e quatro, foram sobre compaixão, cooperação e tolerância.

André e Abner alternavam-se na presidência desses encontros conjuntos entre os dois grupos apostólicos. Esses homens tinham muitas dificuldades a serem discutidas e muitos problemas para resolver. Muitas vezes eles levavam os seus problemas a Jesus, para apenas ouvi-lo dizer: "Eu me ocupo apenas dos vossos problemas pessoais e puramente religiosos. Sou o representante do Pai para o *indivíduo*, não para o grupo. Se tiverdes dificuldades pessoais nas vossas relações com Deus, vinde a mim que ouvirei e aconselharei na solução do problema. Mas, quando estiverdes tratando da coordenação de interpretações humanas divergentes para as questões religiosas e para a socialização da religião, cabe a vós mesmos cuidar de todos esses problemas, por meio das vossas próprias decisões. Não obstante isso, eu vos acompanharei sempre compassiva e interessadamente; e, quando chegardes às conclusões, no que toca a essas questões de importância não-espiritual, já que todos vós estais de acordo, então, prometo adiantadamente dar a minha aprovação total e a minha cooperação sincera. E, agora, com a finalidade de deixar-vos desimpedidos para as vossas deliberações, estarei distante por duas semanas. Não vos preocupeis comigo, pois voltarei para vós. Eu estarei cuidando dos assuntos do meu Pai, pois temos outros Reinos além deste aqui".

Depois de falar assim, Jesus desceu a encosta da montanha e eles não mais o viram por duas semanas inteiras. E nunca souberam para onde foi, nem o que fez durante esses dias. Demorou algum tempo para que os vinte e quatro pudessem ater-se às considerações sérias dos seus problemas, tão desconcertados ficaram com a ausência do Mestre. Dentro de uma semana, contudo, estavam de novo no cerne das suas discussões, sem poder apelar para a ajuda de Jesus.

O primeiro item sobre o qual o grupo concordou foi o da adoção da prece que, tão recentemente, Jesus havia ensinado a eles. Essa prece, aceita em votação unânime, era aquela que seria ensinada aos crentes pelos dois grupos de apóstolos.

Em seguida decidiram que, enquanto João vivesse, fosse na prisão ou fora dela, ambos os grupos de doze apóstolos continuariam com os seus trabalhos; e também que encontros conjuntos de uma semana aconteceriam, a cada três meses, em locais a serem determinados.

O mais sério de todos os problemas, contudo, tornou-se a questão do batismo. As dificuldades todas ficaram ainda mais agravadas, porque Jesus havia-se recusado a fazer qualquer pronunciamento sobre esse tema. Finalmente, eles concordaram: enquanto João vivesse, ou até o momento em que eles pudessem modificar em conjunto essa decisão, apenas os apóstolos de João batizariam os crentes, e apenas os apóstolos de Jesus instruiriam finalmente os novos discípulos. Sendo assim, desde aquele momento, até depois da morte de João, dois dos apóstolos de João acompanhavam Jesus e os seus apóstolos para batizar os crentes, pois aquele conselho conjunto de apóstolos havia decidido, por unanimidade, que o batismo devia tornar-se o passo inicial e o sinal exterior na aliança com os assuntos do Reino.

Em seguida, ficou decidido que, no caso da morte de João, os apóstolos dele apresentar-se-iam a Jesus e submeter-se-iam à direção dele, e que não mais batizariam, a menos que fossem autorizados por Jesus ou pelos seus apóstolos.

E então foi votado que, no caso da morte de João, os apóstolos de Jesus começariam a batizar com água como símbolo do batismo do Espírito divino. Quanto à questão de o *arrependimento estar* ligado ou não à pregação do batismo, isso ficou entregue à opção de cada um; nenhuma decisão foi tomada, como obrigatória, pelo grupo. Os apóstolos de João pregavam: "Arrependei-vos e sereis batizados". Os apóstolos de Jesus proclamavam: "Acreditai e sede batizados".

E essa é a história da primeira tentativa, dos seguidores de Jesus, de coordenar esforços divergentes, de compor diferenças de opinião, de organizar empreendimentos grupais, de legislar sobre ritos exteriores e de socializar práticas religiosas pessoais.

Muitas outras questões menores foram consideradas; e a solução delas foi tomada em unanimidade. Esses vinte e quatro homens tiveram uma experiência verdadeiramente notável durante essas duas semanas em que foram levados a enfrentar os problemas e a decidir conjuntamente em caso de impasses, sem Jesus. Eles aprenderam a divergir, debater, lutar, orar e transigir e, durante todo esse tempo, a conservar-se em toda a simpatia para com os pontos de vista das outras pessoas e também a manter ao menos um certo nível de tolerância para com as opiniões alheias sinceras.

Na tarde da sua discussão final sobre as questões financeiras, Jesus retornou; e ouviu sobre as deliberações deles, escutou as decisões e disse: "Essas, então, são as vossas conclusões; e eu vos ajudarei, a cada um, a pôr em prática o espírito das vossas decisões unidas".

Dois meses e meio depois dessa época João foi executado e, durante esse período, os apóstolos de João permaneceram com Jesus e os doze. Trabalharam juntos e batizaram os crentes, durante esse período de trabalho, nas cidades da Decápolis. O acampamento de Gilboa foi levantado aos 2 de novembro de 27 d.C.

7. NAS CIDADES DA DECÁPOLIS

Durante os meses de novembro e de dezembro, Jesus e os vinte e quatro trabalharam silenciosamente nas cidades gregas da Decápolis, principalmente em Citópolis, Gerasa, Abila e Gadara. Esse foi realmente o fim daquela época preliminar de absorver o trabalho e a organização de João. Sempre a religião socializada de uma nova revelação paga o preço do comprometimento e de concessões com as formas e os usos estabelecidos da religião precedente, que ela procura salvaguardar. O batismo foi o preço que os seguidores de Jesus pagaram, para levar com eles, enquanto grupo religioso socializado, os seguidores de João Batista. Os seguidores de João, ao juntarem-se aos seguidores de Jesus, cederam em quase tudo, exceto no batismo pela água.

Jesus promoveu poucos ensinamentos públicos, nessa missão nas cidades da Decápolis. Passou um tempo considerável ensinando aos vinte e quatro e teve muitas sessões especiais com os doze apóstolos de João. Com o tempo, eles tornaram-se mais compreensivos, quanto ao porquê de Jesus não ter ido visitar João na prisão, e quanto à causa de nenhum esforço haver sido feito para assegurar a libertação de João. Nunca puderam, entretanto, compreender por que Jesus não fazia nenhuma obra miraculosa, por que ele recusava-se a dar sinais externos da sua autoridade divina. Antes de vir para o acampamento de Gilboa, eles já criam em Jesus, sobretudo por causa do testemunho de João, mas logo eles estavam já começando a crer em resultado do seu próprio contato com o Mestre e os seus ensinamentos.

A maior parte do tempo, nesses dois meses, o grupo trabalhou aos pares; um dos apóstolos de Jesus saindo com um dos de João. O apóstolo de João batizava, o apóstolo de Jesus instruía; enquanto ambos pregavam o evangelho do Reino, como cada um o entendia. E eles ganharam muitas almas, entre os gentios e os judeus apóstatas.

Abner, o dirigente dos apóstolos de João, tornou-se um devoto firme de Jesus e, mais tarde, foi feito o superior de um grupo de setenta instrutores a quem o Mestre encarregou com a missão de pregar o evangelho.

8. NO ACAMPAMENTO PERTO DE PELA

No final de dezembro todos foram para perto do Jordão, junto a Pela, onde, novamente, começaram a ensinar e a pregar. Vinham a esse acampamento tanto judeus quanto gentios para ouvir as boas-novas. Foi enquanto Jesus ensinava à multidão, uma tarde, que alguns amigos especiais de João trouxeram ao Mestre a última mensagem que ele receberia do Batista.

João, a essa altura, tinha estado já durante um ano e meio na prisão e, na maior parte desse tempo, Jesus havia trabalhado muito silenciosamente; e assim não era estranho que João fosse levado a indagar sobre o Reino. Os amigos de João interromperam os ensinamentos de Jesus para dizer-lhe: "João Batista nos enviou para perguntar – tu és realmente o Libertador, ou devemos procurar por algum outro?"

Jesus parou para dizer aos amigos de João: "Voltai e dizei a João que ele não foi esquecido. Dizei a ele sobre o que vistes e ouvistes, que as boas-novas foram pregadas aos pobres". E, depois de Jesus ter falado aos mensageiros de João, ele voltou à multidão e disse: "Não penseis que João duvida do evangelho do Reino. Ele faz perguntas apenas para deixar os seus discípulos, que são também meus discípulos, bem seguros. João não é um fraco. Deixai-me perguntar a vós, que ouvistes João pregando, antes de Herodes colocá-lo na prisão: O que vistes em João – uma palha balançando ao vento? Um homem de humor variável e vestido em roupas macias? Em geral aqueles que se vestem suntuosamente e que vivem delicadamente estão nas cortes dos reis e nas mansões dos ricos. Mas o que vistes, quando contemplastes João? Um profeta? Eu vos digo que sim; e muito mais do que um profeta. Foi escrito sobre João: 'Bem, eu coloco o meu mensageiro para que vós o vejais diante de vós; ele irá preparar o caminho'.

"Em verdade, em verdade, eu vos digo, entre aqueles nascidos de mulheres não nasceu ninguém maior do que João Batista; no entanto, aquele que não é senão pequeno ainda no Reino do céu, é ainda maior, porque nasceu do espírito e sabe que se tornou um filho de Deus".

Muitos dos que ouviram Jesus, naquele dia, submeteram-se ao batismo de João e, assim, proclamaram publicamente a entrada no Reino. E os apóstolos de João ficaram firmemente ligados a Jesus, daquele dia em diante. Esse acontecimento marcou a união real dos seguidores de João e de Jesus.

Depois de conversarem com Abner, os mensageiros partiram para Macaeros, com o objetivo de dizer tudo isso a João. E ele ficou muito confortado, e a sua fé fortaleceu-se com as palavras de Jesus e a mensagem de Abner.

Nessa tarde, Jesus continuou a ensinar, dizendo: "A que compararei esta geração? Muitos de vós não aceitais a mensagem de João nem o meu ensinamento. Sois como crianças brincando na praça do mercado, que chamam os seus amigos para dizer: 'Nós tocamos flauta para vós e não dançastes; gememos e não vos afligistes'. E assim acontece com alguns de vós. João chegou fazendo jejum de alimentos e bebidas e eles disseram que estava possuído por um demônio. O Filho do Homem vem, comendo e bebendo, e essa mesma gente diz: 'Vede, é um homem glutão e um bebedor de vinho, amigo de publicanos e pecadores!' Na verdade, a sabedoria justifica-se pelos frutos dela.

"Pareceria que o Pai no céu escondeu, dos sábios e dos arrogantes, algumas dessas verdades, ao passo que as revelou aos bebês pequeninos. Mas, o Pai, a todas as coisas faz bem; o Pai revela-Se ao universo pelos métodos da sua própria escolha. Vinde, pois, todos de vós que penais e que tendes fardos pesados, e encontrareis o descanso para as vossas almas. Tomai sobre vós o jugo divino e experimentareis a paz de Deus que transcende a todo o entendimento."

9. A MORTE DE JOÃO BATISTA

João Batista foi executado, por ordem de Herodes Antipas, na tarde de 10 de janeiro, do ano 28 d.C. No dia seguinte, uns poucos entre os discípulos de João, que tinham ido a Macaeros, souberam da sua execução e foram até Herodes e requisitaram o corpo dele, e puseram-no em uma tumba; mais tarde lhe deram uma sepultura em Sebaste, a cidade de Abner. Aos 12 de janeiro, dois dias depois, partiram para o acampamento dos apóstolos de João e de Jesus, perto de Pela, e contaram a Jesus sobre a morte de João. Ao ouvir o relato deles, Jesus dispersou a multidão e, reunindo os vinte e quatro, disse-lhes: "João está morto. Herodes mandou decapitá-lo. Hoje à noite, fazei uma reunião de conselho e colocai os vossos assuntos em ordem, como deve ser feito. Não haverá muita demora mais. É chegada a hora de proclamarmos o Reino abertamente e com toda a força. Amanhã iremos para a Galiléia".

Conseqüentemente, na manhã de 13 de janeiro, do ano 28 d.C., bem cedo, Jesus e os apóstolos, acompanhados de uns vinte e cinco discípulos, rumaram para Cafarnaum e se alojaram, nessa noite, na casa de Zebedeu.

DOCUMENTO 145

OS QUATRO MEMORÁVEIS DIAS EM CAFARNAUM

JESUS e os apóstolos chegaram em Cafarnaum na noite de terça-feira, 13 de janeiro. Como de costume, fizeram da casa de Zebedeu, em Betsaida, a sua sede. Agora que a morte de João Batista havia acontecido, Jesus se preparava para lançar-se à primeira campanha de pregação aberta e pública, na Galiléia. A novidade de que Jesus havia voltado espalhou-se rapidamente por toda a cidade e, no dia seguinte bem cedo, Maria, a mãe de Jesus, apressou-se a partir para Nazaré, no intuito de visitar o seu filho José.

Jesus passou a quarta-feira, a quinta-feira e a sexta-feira, na casa de Zebedeu, instruindo os seus apóstolos, na preparação para a primeira grande viagem pública que fariam. Também recebeu e ensinou a muitos buscadores sinceros da verdade, tanto em grupos, quanto isoladamente. Por intermédio de André, ele comprometeu-se a falar na sinagoga no próximo dia de sábado.

Bem tarde, na noite de sexta-feira, Rute, a irmã mais nova de Jesus, fez-lhe, secretamente, uma visita. Eles passaram quase uma hora juntos, em um barco ancorado a uma pequena distância da praia. Nenhum ser humano, exceto João Zebedeu, jamais soube dessa visita, e a ele foi recomendado que não falasse a ninguém sobre ela. Rute era o único membro da família de Jesus que acreditava, de um modo consistente e resoluto, na divindade da missão terrena dele, desde a época inicial da consciência espiritual de Jesus e ao longo de toda a sua memorável ministração, até a sua morte, ressurreição e ascensão; e ela, finalmente, passou à vida futura não tendo nunca duvidado do caráter sobrenatural da missão do seu pai-irmão na carne. A pequena Rute foi o maior conforto de Jesus, no que dizia respeito à sua família terrena, durante as provas cruéis do seu julgamento, da sua rejeição e da sua crucificação.

1. O LANÇO COM A REDE REPLETA DE PEIXES

Na sexta-feira, pela manhã, dessa mesma semana, quando Jesus estava ensinando à beira da praia, o povo em volta dele empurrou-o até tão perto da água que ele fez um sinal para alguns pescadores, trabalhando num barco próximo, para que viessem resgatá-lo. Ele entrou no barco e continuou a ensinar à multidão reunida, por mais de duas horas. Esse barco chamava-se "Simão"; era o antigo barco de pesca de Simão Pedro e havia sido construído pelas próprias mãos de Jesus. Nessa manhã, em particular, o barco estava sendo usado por Davi Zebedeu e dois companheiros seus, que haviam acabado de vir de uma praia próxima, depois de uma noite infrutífera de pescaria no lago. Eles estavam limpando e reparando as suas redes, quando Jesus pediu-lhes que viessem ajudá-lo.

Depois de Jesus ter acabado de ensinar ao povo, ele disse a Davi: "Tu te atrasaste para vir ajudar-me, agora deixa que eu trabalhe contigo. Vamos pescar; vá para o fundo e joga as tuas redes para um arrastão". Mas Simão, um dos ajudantes de

Davi, respondeu: "Mestre, é inútil. Nós lutamos toda a noite e não pegamos nada; contudo, a seu pedido iremos até lá e lançaremos as redes". E Simão consentiu em seguir a indicação de Jesus, por causa de um gesto feito pelo seu patrão, Davi. Quando chegaram no local indicado por Jesus, eles jogaram as redes e pegaram uma quantidade tão grande de peixes, que temeram pelo rompimento das redes e tiveram de sinalizar aos seus companheiros, nas margens, para que viessem ajudá-los. Quando haviam enchido todos os três barcos de peixes, até quase afundarem, Simão caiu aos joelhos de Jesus dizendo: "Sai de perto de mim, Mestre, pois eu sou um pecador". Simão e todos aqueles que estavam envolvidos nesse episódio ficaram assombrados com a quantidade de peixes na rede. Desde aquele dia, Davi Zebedeu, o seu ajudante Simão e os seus companheiros abandonaram as suas redes e seguiram Jesus.

Este, entretanto, não foi um lanço milagroso da rede, em nenhum sentido. Jesus era um estudante cuidadoso da natureza; era um pescador experiente e conhecia os hábitos dos peixes no mar da Galiléia. Nessa ocasião, ele apenas levou esses homens até o local onde os peixes geralmente deveriam ser encontrados naquela hora do dia. Mas os seguidores de Jesus sempre consideraram esse fato como um milagre.

2. À TARDE NA SINAGOGA

No sábado seguinte, durante o serviço da tarde na sinagoga, Jesus pregou o seu sermão sobre "A Vontade do Pai do Céu". Pela manhã, Simão Pedro havia pregado sobre "O Reino". No encontro de quinta-feira, à noite, na sinagoga, André havia proferido um ensinamento cujo tema foi "O Novo Caminho". Nesse momento em particular, havia mais pessoas acreditando em Jesus na cidade de Cafarnaum do que em qualquer outra cidade na Terra.

Jesus ensinou na sinagoga, nessa tarde de sábado; e, conforme o costume, o primeiro texto ele o tomou da lei, lendo do Livro do Êxodo: "E servirás ao Senhor, teu Deus, e Ele abençoará o teu pão e a tua água, e toda a doença será afastada de ti". Jesus escolhera o segundo texto dos profetas, lendo de Isaías: "Levanta-te e resplandece, pois a tua luz já veio, e a glória do Senhor levantou-se sobre ti. As trevas podem cobrir a Terra e uma profunda obscuridade pode recobrir o povo, mas o espírito do Senhor levantar-se-á sobre ti, e a glória divina será vista contigo. Até mesmo os gentios virão para essa luz, e muitas grandes mentes render-se-ão ao esplendor dessa luz".

Esse sermão foi um esforço da parte de Jesus para deixar claro o fato de que a religião é uma *experiência pessoal*. Entre outras coisas, o Mestre disse:

"Bem sabeis que um pai de coração terno, amando a sua família como um todo, considera-a como um grupo, por causa do forte afeto que dedica a cada membro individual dessa família. Não mais deveis pensar no Pai do céu como filhos de Israel, e sim como *filhos de Deus*. Enquanto grupo, sois de fato filhos de Israel, contudo, como indivíduos cada um de vós é um filho de Deus. Eu vim, não para revelar o Pai aos filhos de Israel, e, sim, para trazer esse conhecimento de Deus e a revelação do Seu amor e misericórdia ao indivíduo que crê, como uma experiência pessoal genuína. Os profetas todos têm ensinado que Yavé importa-se com o seu povo, que Deus ama Israel. Contudo, eu vim até vós para proclamar uma verdade maior, uma verdade que muitos dos profetas recentes também compreenderam, a verdade de que Deus *vos* ama – a cada um de vós – como indivíduos. Em todas essas gerações, vós tendes conhecido uma religião racial ou nacional, agora eu vim para vos dar uma religião pessoal.

"Contudo, mesmo essa não é uma idéia nova. Muitos, dentre vós, que tendes a mente espiritualizada, têm sabido dessa verdade, porquanto alguns dos profetas vos instruíram desse modo. Acaso não lestes as escrituras onde o profeta Jeremias diz: 'Naqueles dias não se dirá mais que os pais comeram uvas ainda verdes e os filhos ficaram com os dentes estragados. Cada homem morrerá pela sua própria iniqüidade; todo homem que comer uvas ainda verdes ficará com os dentes estragados. Vede, dias virão em que farei uma nova aliança com o Meu povo, não de acordo com a aliança que Eu fiz com os pais deles, quando os tirei das terras do Egito, mas de acordo com o novo caminho. Eu irei até mesmo escrever a Minha lei nos seus corações. Eu serei o seu Deus, e eles serão o Meu povo. Naquele dia, cada homem ao seu vizinho, não irá dizer: Tu conheces o Senhor? Não! Pois todos eles Me conhecerão pessoalmente, desde o menor até o maior de todos'.

"Acaso não lestes sobre tais promessas? Não acreditais nas escrituras? Não compreendeis que as palavras dos profetas estão realizadas naquilo que podeis ver já no dia de hoje? E Jeremias não vos exortou a fazer da religião um assunto do coração, para vos relacionardes com Deus como indivíduos? E acaso o profeta não vos falou que o Deus do céu buscaria vossos corações individualmente? E não fostes avisados de que o coração humano natural é enganoso acima de todas as coisas, e que, muitas vezes, é desesperadamente malvado?

"Não lestes, também em Ezequiel, onde ele ensinou até mesmo aos vossos pais que a religião deve tornar-se uma realidade nas vossas experiências individuais? Não mais usareis o provérbio que diz: 'Os pais comeram uvas ainda verdes e seus filhos ficaram com os dentes estragados'. 'Enquanto eu viver', diz o Senhor Deus, 'observai que todas almas sejam Minhas; como a alma do pai, e também a alma do filho. Apenas a alma que peca morrerá'. E, então, Ezequiel previu mesmo esse dia, no qual, em nome de Deus, falou: 'Um novo coração também darei a ti, e um novo espírito colocarei dentro de ti'.

"Não mais deveis temer que Deus puna uma nação, pelo pecado de um indivíduo; nem o Pai do céu punirá um dos seus filhos crentes, pelos pecados de uma nação, ainda que o membro individual de qualquer família, freqüentemente, tenha de sofrer as conseqüências materiais dos erros da família e das transgressões do grupo. Não compreendeis que a esperança de uma nação melhor – ou de um mundo melhor – está ligada ao progresso e ao esclarecimento do indivíduo?"

Então o Mestre descreveu que a vontade do Pai do céu, depois que o homem discerne tal liberdade espiritual, é de que os Seus filhos, na Terra, deveriam começar aquela eterna ascensão da carreira ao Paraíso, que consiste na resposta consciente da criatura ao estímulo divino do espírito residente, de encontrar o Criador, de conhecer Deus e buscar ser como Ele.

Os apóstolos foram grandemente ajudados por esse sermão. Todos eles compreenderam mais completamente que o evangelho do Reino é uma mensagem dirigida ao indivíduo, não à nação.

O povo de Cafarnaum, mesmo estando familiarizado com os ensinamentos de Jesus, ficou surpreendido com esse sermão, nesse dia de sábado. E Jesus ensinou, de fato, como alguém que tem autoridade e não como os escribas.

Quando Jesus acabou de falar, um homem ainda jovem da congregação, que tinha estado muito agitado por causa daquelas palavras, foi tomado por um ataque epilético violento e gritava alto. Ao fim da crise, ao recuperar a consciência, ainda em um estado meio de sonho, ele disse: "O que temos nós a ver contigo, Jesus de Nazaré? Tu és o santo de Deus; acaso vieste para destruir-nos?" Jesus pediu silêncio à assistência e, tomando o jovem pela mão, disse: "Sai deste estado" – e ele acordou imediatamente.

Esse jovem não estava possuído por nenhum espírito impuro, nem demônio; ele era vítima da epilepsia comum. Mas haviam ensinado a ele que a sua aflição era atribuída à posse de um espírito malévolo. E, acreditando nisso, ele procedia de acordo, em tudo o que pensava ou dizia que se referisse à sua doença. O povo acreditava que tais fenômenos eram causados diretamente pela presença de espíritos impuros. E, assim, concluía que Jesus havia expulsado um demônio para fora desse homem. No entanto, Jesus, naquele momento, não curou a epilepsia dele. Só mais tarde, naquele dia, depois do entardecer, é que esse homem ficou realmente curado. Muito tempo depois do Dia de Pentecostes, o apóstolo João, que foi o último a escrever sobre os atos de Jesus, evitou qualquer referência a esses atos assim chamados de "expulsão de demônios", e ele fez isso tendo em vista o fato de que tais casos de possessão demoníaca nunca ocorreram depois de Pentecostes.

O resultado é que esse incidente corriqueiro espalhou-se rapidamente, por toda Cafarnaum, como se Jesus tivesse expulsado um demônio de um homem e o tivesse curado, miraculosamente, na sinagoga, na conclusão do seu sermão vespertino. O sábado era exatamente o dia para um rumor tão surpreendente espalhar-se, rápida e efetivamente. E a história foi também levada até todos os povoados menores, nos arredores de Cafarnaum, e muita gente acreditou nela.

Os trabalhos de cozinha e de arrumação, na grande casa de Zebedeu, onde Jesus e os doze estavam hospedados, eram feitos, na sua maior parte, pela esposa e pela mãe de Simão Pedro. A casa de Pedro era próxima á de Zebedeu; e Jesus e os seus amigos pararam lá, quando vinham da sinagoga, porque a sogra de Pedro tinha estado doente por vários dias, com calafrios e febre. E aconteceu que, durante o tempo em que Jesus ficou ao lado dessa mulher adoentada, segurando a sua mão, acariciando a sua fronte e dizendo-lhe palavras de conforto e de encorajamento, a febre foi embora. Jesus ainda não havia tido tempo para explicar, aos seus apóstolos, que nenhum milagre fora realizado na sinagoga; e, com esse incidente tão recente e vívido nas suas mentes, e com a lembrança da água e do vinho em Caná, eles tomaram essa coincidência como um outro milagre, e alguns deles correram para espalhar as novas por toda a cidade.

Amata, a sogra de Pedro, estivera sofrendo com a febre da malária. Ela não havia sido miraculosamente curada por Jesus naquele momento. E, só várias horas mais tarde, depois do pôr-do-sol, é que a sua cura foi efetivada quando do acontecimento extraordinário que ocorreu no jardim da frente da casa de Zebedeu.

E esses casos são típicos da maneira pela qual uma geração em busca de milagres, e um povo com a mente voltada para os milagres, infalivelmente, agarram-se a tais coincidências como um pretexto para proclamar que mais um milagre havia sido realizado por Jesus.

3. A CURA AO ENTARDECER

No momento em que Jesus e os seus apóstolos estavam prontos para tomar a sua refeição da noite, perto do final desse dia de sábado cheio de acontecimentos, toda a Cafarnaum e os seus arredores estavam inquietos por causa desses supostos milagres de cura; e, todos que estavam doentes, ou aflitos, começaram os seus preparativos para irem a Jesus ou para serem carregados até ele, pelos seus amigos, tão logo o sol se pôs. De acordo com o ensinamento judeu, não era permitido sequer ir em busca da saúde durante as horas sagradas do sábado.

E, portanto, tão logo o sol escondeu-se no horizonte, dezenas de crianças, mulheres e homens afligidos começaram a tomar o caminho da casa de Zebedeu, em Betsaida. Um homem partiu com a sua filha paralisada, tão logo o sol se escondeu por trás das casas da vizinhança.

Os acontecimentos de todo o dia haviam preparado o quadro para essa cena extraordinária ao entardecer. Até mesmo o texto que Jesus havia usado para o seu sermão dessa tarde deixava a entender que a doença devia ser banida; e ele havia falado com uma força e com uma autoridade totalmente sem precedentes! A sua mensagem era irresistível! Sem fazer nenhum apelo ao poder humano, ele falou diretamente às consciências e às almas dos homens. Embora Jesus não tenha recorrido à lógica, nem às minúcias legais, nem a explicações engenhosas, ele fez um apelo poderoso, direto, claro e pessoal aos corações dos seus ouvintes.

Aquele sabat foi um grande dia na vida terrena de Jesus, sim, e na vida de um universo. Para todos os fins e propósitos, no universo local, a pequena cidade judia de Cafarnaum foi a capital de Nébadon. O punhado de judeus, na sinagoga de Cafarnaum, não foi o único grupo a ouvir aquela declaração memorável de fechamento do sermão de Jesus: "O ódio é a sombra do medo; a vingança é a máscara da covardia". E também os seus ouvintes não poderiam esquecer as suas palavras abençoadas, declarando: "O homem é filho de Deus, não um filho do diabo".

Logo após o pôr-do-sol, enquanto Jesus e os apóstolos ainda estavam na mesa de jantar, a esposa de Pedro ouviu vozes no jardim da frente e, chegando até a porta, viu um grande número de doentes reunindo-se, e viu que a estrada de Cafarnaum estava lotada por aqueles que vinham em busca da cura pelas mãos de Jesus. Ao deparar com essa visão, ela foi imediatamente informar o seu marido, e este contou a Jesus.

Quando o Mestre saiu da porta de entrada da casa de Zebedeu, os seus olhos depararam-se com um grande número de seres humanos enfermos e afligidos. E o seu olhar pasmo pôde ver quase mil seres humanos doentes e sofredores; esse era por baixo o número de pessoas reunidas diante dele. Nem todos os presentes eram afligidos; alguns haviam vindo para ajudar os seus seres amados, nesse esforço de assegurar a cura.

Ver todos aqueles mortais afligidos, homens, mulheres e crianças, sofrendo, em grande parte, em conseqüência dos erros e transgressões dos seus Filhos, aos quais confiara a administração do universo; tocou especialmente o coração humano de Jesus e desafiou a sua misericórdia divina de Filho Criador benevolente. Jesus, no entanto, bem sabia que ele nunca poderia criar um movimento espiritual duradouro apoiando-se na fundação de prodígios puramente materiais. A sua política consistente havia sido a de abster-se de exibir as suas prerrogativas de criador. Desde Caná, nada de sobrenatural ou de miraculoso acompanhara os seus ensinamentos; mas essa multidão aflita tocou o seu coração compassivo e apelou poderosamente para o seu afeto cheio de compreensão.

Uma voz no jardim da frente disse: "Mestre, exclama a palavra, restaura a nossa saúde, cura as nossas doenças e salva as nossas almas". Mal essas palavras haviam sido ditas e uma vasta comitiva de serafins, de controladores físicos, de Portadores da Vida e de intermediários, que sempre acompanhou este Criador, encarnado, de um universo, se fez pronta para atuar com o poder criativo, apenas o seu Soberano desse o sinal. Esse foi um dos momentos, na carreira terrena de Jesus, em que a sabedoria divina e a compaixão humana estiveram tão entrelaçadas, no pensamento do Filho do Homem, que ele buscou refúgio apelando para a vontade do seu Pai.

Quando Pedro implorou ao Mestre que desse ouvidos aos pedidos de ajuda, Jesus, vendo de cima a multidão afligida, respondeu: "Eu vim ao mundo para revelar o Pai e estabelecer o Seu Reino. Com esse propósito eu vivi a minha vida até este momento. Portanto, se for da vontade Dele, que me enviou, e se não for incompatível com a minha dedicação à proclamação da boa-nova do Reino do céu, eu desejaria ver os meus filhos curados... e " – mas as outras palavras de Jesus perderam-se no tumulto.

Jesus havia passado a responsabilidade da decisão dessa cura para o comando do seu Pai. Evidentemente que a vontade do Pai não colocou nenhuma objeção, pois, mal haviam sido pronunciadas as palavras do Mestre, o conjunto das personalidades celestes, que servia sob o comando do Ajustador Personalizado de Jesus, estava já poderosamente mobilizado. A vasta comitiva desceu, em meio à multidão variada de mortais aflitos e, em poucos instantes, 683 homens, mulheres e crianças foram curados, ficaram perfeitamente sadios de todas as suas doenças físicas e de outras desordens materiais. Essa cena nunca foi testemunhada na Terra, antes desse dia; e, depois, tampouco. E para aqueles de nós, que estavam presentes, contemplando essa onda criativa de cura, foi de fato um espetáculo emocionante.

No entanto, entre todos os seres que ficaram surpreendidos com essa súbita e inesperada explosão de cura sobrenatural, Jesus era o mais surpreso. Num momento em que os seus interesses humanos e as suas simpatias estavam focalizadas na cena de sofrimento e de aflição instalada ali, diante dele, ele esquecera-se de manter a sua mente humana atenta aos avisos de prevenção dados pelo seu Ajustador Personalizado, a respeito da impossibilidade de limitar as suas prerrogativas criativas de Filho Criador, no que concernia ao elemento tempo, sob certas condições e em certas circunstâncias. Jesus desejou ver todos esses mortais sofredores curados, se a vontade do Pai não fosse violada com isso. O Ajustador Personalizado de Jesus, instantaneamente, comandou esse ato de energia criativa naquele momento, pois não iria transgredir a vontade do Pai do Paraíso e, com essa decisão – em vista da expressão precedente, de desejo de cura, de Jesus –, o ato criativo *aconteceu*. Aquilo que um *Filho Criador* deseja, e que é a *vontade* do seu Pai, É. Em toda a vida subseqüente de Jesus na Terra, nenhum outro ato de cura física em massa aconteceu.

Como era de se esperar, a fama dessa cura ao entardecer, em Betsaida, Cafarnaum, espalhou-se em toda a Galiléia, Judéia e em todas as regiões mais distantes. Uma vez mais os temores de Herodes foram despertados; assim ele enviou observadores para trazer relatos sobre o trabalho e os ensinamentos de Jesus, e para que ficasse apurado se ele era o antigo carpinteiro de Nazaré ou se era João Batista ressuscitado de entre os mortos.

Sobretudo mediante essa demonstração, não intencional, de cura física, daí por diante, durante todo o restante da sua carreira terrena, Jesus tornou-se tanto um médico quanto um pregador. Bem verdade é que ele continuou o seu ensinamento, mas, sobretudo, o seu trabalho pessoal consistiu principalmente mais em ministrar aos doentes e aos desamparados, enquanto os seus apóstolos faziam o trabalho de pregação pública e de batizar os crentes.

Contudo, nessa demonstração ao entardecer, a maioria daqueles que receberam a cura física sobrenatural ou criativa por meio da energia divina, não obteve um benefício espiritual de modo permanente dessa manifestação extraordinária de misericórdia. Um pequeno número, de fato, se viu edificado por essa ministração física, mas o Reino espiritual em nada ficou mais avançado nos corações dos homens, diante dessa efusão espantosa de cura criativa fora do tempo.

As curas miraculosas que, de quando em quando, acompanhavam a missão de Jesus na Terra, não eram parte do seu plano de proclamação do Reino. Elas foram inerentes, incidentalmente, à presença na Terra, de um ser divino de prerrogativas quase ilimitadas de criador, junto com uma combinação sem precedentes de misericórdia divina e de compaixão humana. Mas esses chamados milagres trouxeram a Jesus muitos problemas, pois produziram uma publicidade geradora de preconceitos e propiciaram bastante notoriedade não almejada.

4. A NOITE SEGUINTE

Durante a noite seguinte a esse grande desencadeamento de cura, a multidão rejubilante e feliz invadiu a casa de Zebedeu, e os apóstolos de Jesus foram levados ao clímax mais alto de entusiasmo emocional. De um ponto de vista humano, esse foi provavelmente o dia mais grandioso de todos os grandes dias da ligação deles com Jesus. Em nenhum momento, anterior ou posterior, as esperanças deles subiram a alturas tais de expectativa confiante. Jesus havia dito a eles, poucos dias antes, quando eles estavam ainda dentro das fronteiras de Samaria, que era chegada a hora em que o Reino seria proclamado em *poder*, e agora os olhos deles viam o que eles supunham ser o cumprimento daquela promessa. Eles estavam emocionados com a visão do que devia vir, se essa assombrosa manifestação de poder de cura fosse apenas o começo. As suas dúvidas pendentes sobre a divindade de Jesus foram banidas. Eles estavam literalmente intoxicados pelo êxtase de um encantamento estupefaciente.

Entretanto, quando todos procuraram por Jesus, não o conseguiram encontrar. O Mestre estava muito perturbado pelo que havia acontecido. Os homens, mulheres e crianças que haviam sido curados de diversas doenças ficaram lá, até tarde da noite, esperando pelo retorno de Jesus, para que lhe pudessem agradecer. Os apóstolos não conseguiam entender a conduta do Mestre, pois as horas passavam e ele permanecia em reclusão; o contentamento deles poderia ter sido pleno e perfeito, não fosse a ausência continuada do Mestre. Quando Jesus retornou para junto deles, já era tarde da noite, e praticamente todos os beneficiários do episódio da cura haviam ido para as próprias casas. Jesus não aceitou as congratulações e a adoração dos doze e dos outros que haviam ficado para cumprimentá-lo, dizendo apenas: "Rejubilai, não porque o meu Pai seja poderoso para curar o corpo, e sim porque Ele é poderoso para salvar a alma. Vamos descansar, pois amanhã deveremos cuidar dos assuntos do Pai".

E, de novo, esses doze homens, se desapontaram; perplexos e de corações entristecidos foram para o seu descanso; poucos deles, afora os gêmeos, dormiram bem, naquela noite. Mal o Mestre fazia alguma coisa para encorajar as almas e alegrar os corações dos seus apóstolos, e já parecia imediatamente despedaçar as esperanças e até demolir as fundações da coragem e entusiasmo deles. Quando esses pescadores, perplexos, se olharam nos olhos uns dos outros, só tinham um pensamento: "Nós não podemos compreendê-lo. O que pode significar tudo isso?"

5. NO DOMINGO BEM CEDO

Jesus também não dormiu muito, naquela noite de sábado. Ele havia compreendido que o mundo estava cheio de infortúnios físicos e sobrecarregado de dificuldades materiais; e previu o grande perigo que seria forçar-se a devotar tanto do seu tempo a cuidar de doentes e aflitos, e que a ministração das coisas físicas podia acabar interferindo na sua missão de estabelecer o Reino espiritual nos corações dos homens, ou que essa missão acabasse ficando subordinada à ministração das coisas físicas. Por causa desse pensamento e de outros semelhantes, que ocuparam a mente mortal de Jesus, durante a noite, ele levantou-se naquele domingo de manhã, muito antes do dia nascer, e, sozinho, caminhou até um dos seus locais favoritos para a comunhão com o Pai. Os temas da oração de Jesus, nessa manhã bem cedo, foram a sabedoria e o julgamento, para que ele conseguisse poder evitar que a sua compaixão humana e, junto, a sua misericórdia divina, exercessem um apelo tal para ele, diante da presença do sofrimento mortal, que todo o seu tempo acabasse sendo ocupado com a ministração física, em detrimento da ministração espiritual. Embora ele não desejasse evitar, de todo, a ministração aos doentes, ele sabia que devia também se dedicar a fazer o trabalho mais importante de ensinamento espiritual e de aperfeiçoamento religioso.

Jesus sempre ia às colinas para orar, porque por ali não havia quartos onde pudesse ficar isolado na sua devoção pessoal.

Pedro não conseguiu dormir naquela noite; e, assim, muito cedo, pouco depois de Jesus ter saído para uma prece, ele acordou Tiago e João, e os três foram ao encontro do Mestre. Depois de mais de uma hora de busca, encontraram Jesus e imploraram a ele que lhes dissesse qual o motivo da sua estranha conduta. Eles desejavam saber por que ele parecera perturbado com a poderosa efusão do espírito de cura, já que todo o povo estava transbordando de júbilo e já que os seus apóstolos estavam tão contentes.

Durante mais de quatro horas Jesus empenhou-se em explicar a esses três apóstolos o que havia acontecido. Ele mostrou-lhes o que se passara e explicou sobre os perigos de tais manifestações. Jesus confidenciou-lhes sobre o motivo de ter vindo orar. Ele buscava deixar claras, para os seus seguidores pessoais, as razões verdadeiras pelas quais o Reino do Pai não podia ser construído sobre a realização de prodígios e de curas físicas. Mas eles não podiam entender o seu ensinamento.

Nesse meio tempo, cedo na manhã de domingo, outras multidões de almas aflitas, e muitos curiosos, começaram a ajuntar-se perto da casa de Zebedeu. Clamavam para ver Jesus. André e os apóstolos estavam tão perplexos que, enquanto Simão zelote falava para a multidão, André, junto com vários dos seus condiscípulos, foi procurar Jesus. Quando André localizou Jesus, em companhia dos três, ele disse: "Mestre, por que nos deixa sozinhos com a multidão? Vê, todos os homens te procuram; nunca antes tantos estiveram buscando os teus ensinamentos. E, mesmo agora, a casa está cercada daqueles que vieram de perto e de longe por causa das tuas obras poderosas. Tu não irás conosco para ministrar a eles?"

Ao ouvir isso, Jesus respondeu: "André, eu não ensinei a ti e a esses outros que a minha missão na Terra é a revelação do Pai; e que a minha mensagem é a proclamação do Reino do céu? Como, pois, queres desviar-me da minha obra, para a gratificação dos curiosos e para a satisfação daqueles que andam atrás de sinais e prodígios? Não estivemos junto a esse povo todos esses meses? E eles não se atropelaram nas multidões, para ouvir sobre as boas-novas do Reino? Por que agora eles nos assediam? Não seria por causa da cura dos seus corpos físicos, mais do que para receber a verdade espiritual da salvação das suas almas? Quando os homens sentem-se atraídos para nós, por causa de manifestações extraordinárias, muitos deles não vêm em busca da verdade e da salvação, mas da cura para seus males físicos, e para assegurar a libertação das suas dificuldades materiais.

"Durante todo esse tempo eu estive em Cafarnaum, e tanto na sinagoga quanto junto ao mar eu proclamei as boas-novas do Reino a todos que tiveram ouvidos para ouvir e corações para receber a verdade. Não é da vontade do meu Pai que eu volte convosco, para satisfazer a esses curiosos e para ocupar-me com a ministração das coisas físicas, abandonando as coisas espirituais. Eu vos ordenei que pregassem o evangelho e que ministrassem aos doentes, mas eu não posso ficar ocupado pelas curas e deixar de lado os meus ensinamentos. Não, André, eu não voltarei contigo. Vai e dize ao povo para acreditar em tudo aquilo que nós lhe ensinamos, e para rejubilar-se com a liberdade de filhos de Deus, e te prepara para a nossa partida rumo a outras cidades da Galiléia, onde o caminho já foi preparado para a pregação das boas-novas do Reino. Com esse propósito é que eu vim do Pai. Vai, então, e cuida da nossa partida imediata, enquanto eu espero pela tua volta."

Quando Jesus acabou de falar, André e os seus companheiros apóstolos partiram tristemente de volta para a casa de Zebedeu, dispersaram a multidão reunida e, rapidamente, aprontaram-se para a viagem, como Jesus havia mandado. E, assim, na tarde de domingo, 18 de janeiro, do ano 28 d.C., Jesus e os apóstolos partiram para a sua primeira campanha de pregações realmente públicas e abertas, nas cidades da Galiléia. Nessa primeira viagem, eles pregaram o evangelho do Reino em muitas cidades, mas não visitaram Nazaré.

Naquele domingo à tarde, pouco depois de Jesus e os seus apóstolos terem partido para Rimom, os seus irmãos Tiago e Judá vieram vê-lo, batendo na casa de Zebedeu. Por volta do meio-dia, Judá procurou o seu irmão Tiago e insistiu para que fossem até Jesus. No momento em que Tiago consentiu em ir com Judá, Jesus já havia partido.

Os apóstolos detestaram ter de abandonar Cafarnaum, onde um interesse tão grande havia sido despertado. Pedro calculava que nada menos de mil crentes poderiam ter sido batizados para o Reino. Jesus ouviu-os pacientemente, mas não consentiu em voltar. O silêncio prevaleceu durante um certo tempo e, então, Tomé dirigiu-se aos seus companheiros apóstolos, dizendo: "Vamos! O Mestre já disse. Não importa que não possamos entender plenamente os mistérios do Reino do céu; de uma coisa estamos certos: Seguimos um instrutor que não busca nenhuma glória para si próprio". E, ainda que de um modo relutante, seguiram todos para pregar as boas-novas nas cidades da Galiléia.

DOCUMENTO 146

A PRIMEIRA CAMPANHA DE PREGAÇÃO NA GALILÉIA

A PRIMEIRA viagem de pregação pública pela Galiléia começou no domingo, 18 de janeiro do ano 28 d.C., e continuou durante cerca de dois meses, terminando com o retorno a Cafarnaum, no dia 17 de março. Nessa campanha, Jesus e os doze apóstolos, ajudados pelos antigos apóstolos de João, pregaram o evangelho e batizaram os crentes em Rimom, Jotapata, Ramá, Zebulom, Irom, Giscala, Corazim, Madom, Caná, Naim, e En-dor. Nessas cidades, permaneceram e ensinaram; enquanto ao passar por muitas outras aldeias menores eles proclamaram o evangelho do Reino.

Essa foi a primeira vez que Jesus permitiu aos seus seguidores pregar sem restrição. Nessa viagem ele os advertiu em apenas três ocasiões; aconselhou-os a permanecerem afastados de Nazaré e a ser discretos quando passassem por Cafarnaum e por Tiberíades. Foi uma fonte de grande satisfação para os apóstolos sentirem, afinal, que tinham liberdade para pregar e ensinar sem restrição, e todos se lançaram à obra de pregar o evangelho, ministrando aos doentes e batizando os crentes com grande seriedade e muita alegria.

1. PREGANDO EM RIMOM

A pequena cidade de Rimom dedicou-se, certa vez, à adoração de um deus babilônico do ar, Raman. Muitos dos primeiros ensinamentos babilônicos e do zoroastrismo eram ainda abraçados pelas crenças dos rimonitanos; por isso Jesus e os vinte e quatro devotaram grande parte do seu tempo à tarefa de deixar evidente a diferença entre essas crenças mais antigas e o novo evangelho do Reino. Ali, Pedro fez um dos grandes sermões da sua carreira inicial, sobre "Aarão e o bezerro de ouro".

Embora muitos dos cidadãos de Rimom hajam-se tornado crentes dos ensinamentos de Jesus, eles causaram grandes problemas para os seus irmãos em anos posteriores. É difícil, no curto tempo de uma única vida, converter adoradores da natureza à plena comunhão da adoração de um ideal espiritual.

Muitas das melhores idéias sobre a luz e as trevas, o bem e o mal, o tempo e a eternidade, vindas dos babilônios e dos persas, foram incorporadas, mais tarde, às doutrinas do chamado cristianismo; e essa inclusão tornou os ensinamentos cristãos mais imediatamente aceitáveis aos povos do Oriente próximo. De um modo semelhante, a inclusão de muitas das teorias de Platão, sobre o espírito ideal ou sobre os arquétipos invisíveis de todas as coisas visíveis e materiais, mais tarde adaptadas por Filo para a teologia dos hebreus, fez com que os ensinamentos cristãos de Paulo passassem a ser mais facilmente aceitos pelos gregos ocidentais.

Foi em Rimom que Todan ouviu, pela primeira vez, o evangelho do Reino e, mais tarde, levou essa mensagem à Mesopotâmia e mesmo até mais adiante. Ele estava entre os primeiros a pregar as boas-novas àqueles que residiam além do Eufrates.

2. EM JOTAPATA

Conquanto a gente comum de Jotapata haja ouvido Jesus e os seus apóstolos com alegria, e embora muitos tenham aceitado o evangelho do Reino, foi a palavra de Jesus aos vinte e quatro, na segunda noite da permanência deles nessa aldeia pequena, que deu personalidade à missão de Jotapata. Natanael estava com a mente confundida pelos ensinamentos do Mestre a respeito da prece, da ação de graças e da adoração; e, em resposta à sua pergunta, Jesus falou prolongadamente para melhor explicar o seu ensinamento. Resumido e colocado em uma linguagem moderna, esse discurso pode ser apresentado, enfatizando os seguintes pontos:

1. A atenção, que se dá à iniqüidade, consciente e persistentemente, dentro do coração do homem, destrói gradualmente a conexão, tecida pela prece, da alma humana com os circuitos espirituais de comunicação entre o homem e o seu Criador. Naturalmente que Deus ouve os pedidos dos seus filhos, mas, quando o coração humano, deliberada e persistentemente, abriga conceitos iníquos, isso leva gradualmente à perda da comunhão pessoal entre o filho da Terra e o seu Pai celeste.

2. A prece que é incompatível com as leis conhecidas e estabelecidas de Deus é uma abominação para as Deidades do Paraíso. Se o homem não ouve os Deuses, quando falam à Sua criação por meio das leis do espírito, da mente e da matéria, o próprio ato de um desdém deliberado e consciente, da parte das criaturas, faz com que os ouvidos das personalidades espirituais deixem de escutar os pedidos pessoais desses mortais desobedientes e sem lei. Jesus citou, para os seus apóstolos, a passagem do profeta Zacarias: "Mas eles recusaram-se a ouvir e, sacudindo os ombros, fecharam os ouvidos para não ouvir. Sim, eles endureceram como pedra os seus corações, para não ter que ouvir a Minha lei e as palavras que Eu enviei, pelo Meu espírito, por meio dos profetas; e portanto os resultados dos seus maus pensamentos caem como uma grande ira sobre as suas cabeças culpadas. E aconteceu que eles gritaram por misericórdia, mas não havia ouvido aberto para escutá-los". E então Jesus citou o provérbio do homem sábio que disse: "Aquele que ensurdece o seu ouvido, para não ouvir a lei divina, até mesmo a sua prece será uma abominação".

3. Ao abrir o lado humano do canal de comunicação entre Deus e o homem, os mortais imediatamente disponibilizam o fluxo sempre constante da ministração divina às criaturas dos mundos. Quando o homem ouve o espírito de Deus falar dentro do coração humano, inerente a essa experiência está o fato de que Deus simultaneamente ouve a prece desse homem. O próprio perdão do pecado opera desse mesmo modo inequívoco. O Pai no céu já vos perdoou antes mesmo de terdes pensado em pedir o perdão a Ele, mas esse perdão só se torna disponível, à vossa experiência religiosa pessoal, no momento em que vós perdoardes aos vossos semelhantes. O perdão de Deus não está *de fato* condicionado ao perdão que dais aos vossos semelhantes, mas é condicionado precisamente assim *na experiência*. E tal fato, da sincronia entre o perdão divino e o humano, foi, desse modo, reconhecido e incluído na prece que Jesus ensinou aos apóstolos.

4. Há uma lei básica de justiça, no universo, da qual a misericórdia é impotente para se desviar. Não é possível, a uma criatura completamente egoísta dos reinos

do tempo e do espaço, receber as glórias não-egoístas do Paraíso. Nem mesmo o amor infinito de Deus pode forçar a salvação, da sobrevivência eterna, de qualquer criatura mortal que escolhe não sobreviver. A misericórdia é concedida com uma grande amplidão, mas, afinal, há mandados de justiça que, nem o amor, combinado com a misericórdia, pode efetivamente ab-rogar. E novamente Jesus citou as escrituras dos hebreus: "Eu chamei e vós vos recusastes a ouvir; eu estendi a minha mão, mas nenhum homem deu atenção. Vós reduzistes a nada todos os Meus conselhos e rejeitastes Minha censura e, por causa dessa atitude rebelde, torna-se inevitável Me chamardes sem receber uma resposta. Tendo rejeitado o caminho da vida, vós podeis buscar por Mim com toda a diligência nos vossos momentos de sofrimento, mas não ireis encontrar-Me".

5. Aqueles que querem receber misericórdia devem demonstrar ter misericórdia; não julgueis para não serdes julgados. Com o mesmo espírito que julgardes os outros, também sereis julgados. A misericórdia não abole totalmente a justiça do universo. Ao final, a verdade seguinte ficará demonstrada: "Aquele que fecha os ouvidos ao grito do pobre, também ele algum dia clamará por ajuda, e ninguém o ouvirá". A sinceridade de qualquer prece é a certeza de que será ouvida; a sabedoria espiritual e a consistência universal de qualquer pedido determinam o tempo, a maneira e o grau da resposta. Um pai sábio não responde *literalmente* aos pedidos tolos dos seus filhos ignorantes e inexperientes, não obstante as crianças possam sentir um grande prazer e uma satisfação real na alma, ao fazerem pedidos absurdos.

6. Quando vos tornardes inteiramente dedicados a fazer a vontade do Pai no céu, a resposta a todos os vossos pedidos será concedida porque as vossas preces estarão de pleno acordo com a vontade do Pai, e a vontade do Pai manifesta-se sempre em todo o seu vasto universo. Aquilo que o verdadeiro filho deseja e que é da vontade do Pai infinito, É. Uma prece feita desse modo não pode permanecer sem resposta, e possivelmente nenhuma outra espécie de pedido pode ser atendida integralmente.

7. O apelo do justo é o ato de fé do filho de Deus, que abre a porta das reservas de bondade, verdade e misericórdia do Pai; e essas boas dádivas têm, há muito, estado à espera da aproximação do filho, para que ele aproprie-se pessoalmente delas. A prece não muda a atitude divina para com o homem, mas muda a atitude do homem para com o imutável Pai. É o *motivo* da prece o que dá a ela o direito de acesso ao ouvido divino, não é a posição social, econômica ou religiosa, exterior, daquele que faz a prece.

8. A prece não deve ser empregada para evitar as demoras no tempo, nem para transcender as limitações do espaço. A prece não é algo como uma técnica destinada ao engrandecimento do eu, nem deve ser feita para conseguir vantagens injustas sobre o semelhante. Uma alma totalmente egoísta é incapaz de fazer uma prece, no sentido verdadeiro da palavra. Disse Jesus: "Que o vosso deleite supremo exista, segundo o caráter de Deus, e Ele certamente vos concederá os desejos sinceros do vosso coração". "Comprometais o vosso caminho com o Senhor; confiai Nele, e Ele agirá." "Pois o Senhor ouve o apelo do necessitado, e Ele considerará a prece dos desamparados."

9. "Eu vim do Pai; e, portanto, se vós alguma vez estiverdes sem saber o que pedir ao Pai, pedi em meu nome e eu apresentarei o vosso pedido, de acordo com as vossas reais necessidades e desejos e de acordo com a vontade do meu Pai." Protegei-vos contra o grande perigo de tornar-vos autocentrados nas vossas preces.

Evitai orar demasiadamente para vós próprios; orai mais para o progresso espiritual dos vossos semelhantes. Evitai a prece materialista; orai em espírito e para a abundância das dádivas do espírito.

10. Quando orardes pelos doentes e afligidos, não espereis que os vossos pedidos ocupem o lugar das ministrações amorosas e inteligentes a serem dadas por vós às necessidades desses afligidos. Orai pelo bem-estar das vossas famílias, dos amigos e dos semelhantes, mas orai especialmente por aqueles que vos amaldiçoam, e fazei, com amor, pedidos por aqueles que vos perseguem. "Sobre quando orar, entretanto, disso eu nada digo. O espírito que reside em vós, só ele pode levar-vos a formular as preces que expressam as vossas relações internas com o Pai dos espíritos".

11. Muitos recorrem à prece apenas quando estão em dificuldades. Essa prática é imprudente e enganosa. É bem verdade que fazeis bem em orar quando estiverdes atormentados, mas deveis também vos lembrar de falar ao Pai, enquanto filhos, mesmo quando tudo vai bem com a vossa alma. Que as vossas preces verdadeiras sejam sempre feitas em segredo. Que os homens não ouçam as vossas preces pessoais. As preces de ação de graças são apropriadas para os grupos de adoradores, mas a prece da alma é um assunto pessoal. Existe apenas uma forma de prece que é apropriada para todos os filhos de Deus, e esta é: "Apesar de tudo, seja feita a vossa vontade".

12. Todos que acreditam neste evangelho deveriam orar sinceramente para a expansão do Reino do céu. De todas as preces das escrituras dos hebreus, ele comentou com mais aprovação a prece do salmista: "Criai em mim um coração puro, ó Deus, e renovai em mim o meu espírito de retidão. Purgai-me de pecados secretos e mantende este vosso servo afastado de transgressões presunçosas". Jesus comentou delongadamente sobre a relação da prece com as palavras desleixadas e ofensivas, citando: "Colocai uma vigia, ó Senhor, na minha boca; tomai conta da porta dos meus lábios". "A língua humana", disse Jesus, "é um membro que poucos podem dominar, mas o espírito interior pode transformar esse membro desregrado em uma voz suave de tolerância e em um ministro inspirado de misericórdia".

13. Jesus ensinou que a prece para chamar pelo guiamento divino, na trajetória da vida terrena, tem quase tanta importância quanto a prece que invoca o conhecimento da vontade do Pai. Na realidade isso significa uma prece para atingir a sabedoria divina. Jesus nunca ensinou que o conhecimento humano e as habilidades especiais poderiam ser conquistadas por meio da prece. Ele ensinou, contudo, que a prece é um fator na expansão da capacidade, que se tem, para receber a presença do espírito divino. Quando Jesus ensinou aos seus agregados a orar em espírito e em verdade, ele explicou que se referia a orar com sinceridade e de acordo com o próprio esclarecimento, a orar de todo o coração de um modo inteligente, honesto e constante.

14. Jesus preveniu aos seus seguidores contra o pensamento de que as suas preces ficariam mais eficazes se feitas com repetições rebuscadas, e por meio de uma construção mais eloqüente para a frase, o jejum, a penitência ou os sacrifícios. Mas exortou os seus crentes a empregar a prece como um meio para que eles sejam conduzidos, pelo agradecimento, à verdadeira adoração. Jesus deplorava que tão pouco do espírito da ação de agradecimento estivesse presente nas preces e na adoração dos seus seguidores. Ele citou as escrituras, nessa ocasião, dizendo: "É uma coisa boa agradecer ao Senhor e cantar louvores em nome do Altíssimo, em reconhecimento do seu amor e bondade a cada manhã, e todas as noites, à sua fidelidade, pois Deus

me fez alegre por intermédio do seu trabalho. Em tudo e por tudo eu agradecerei de acordo com a vontade de Deus".

15. E então Jesus disse: "Não sejais tão constantemente preocupados com as vossas necessidades comuns. Não fiqueis apreensivos a respeito dos problemas da vossa existência terrena, mas em todas essas coisas, pela oração e pela súplica, com o espírito de um agradecimento sincero, deixai as vossas necessidades expostas diante do vosso Pai que está no céu". E então citou das escrituras: "Eu louvarei o nome de Deus com uma canção e O exaltarei com o meu agradecimento. E isso irá agradar ao Senhor, mais do que o sacrifício de um boi ou um touro com chifres e cascos".

16. Jesus ensinou aos seus seguidores que, após fazerem as suas preces ao Pai, eles deveriam permanecer durante um momento em atitude de receptividade silenciosa para dar, ao espírito residente, uma oportunidade melhor de falar à alma atenta. O espírito do Pai fala melhor ao homem, quando a mente humana está em uma atitude de verdadeira adoração. Nós adoramos a Deus, graças à ajuda do espírito residente do Pai e à iluminação da mente humana, por meio da ministração da verdade. A adoração, como ensinada por Jesus, faz o adorador cada vez mais semelhante ao ser adorado. A adoração é uma experiência de transformação, por meio da qual o finito aproxima-se gradualmente, para alcançar, em ultimidade, a presença do Infinito.

E Jesus falou aos seus apóstolos de muitas outras verdades sobre a comunhão do homem com Deus, mas não foram muitos os que puderam compreender plenamente o seu ensinamento.

3. A PARADA EM RAMÁ

Em Ramá, Jesus teve o debate memorável com um filósofo grego idoso, cujos ensinamentos mostravam que a ciência e a filosofia eram suficientes para satisfazer as necessidades da experiência humana. Com paciência e compaixão, Jesus ouviu esse educador grego reconhecer a verdade de muitas coisas que ele dissera; mas Jesus apontou, quando o filósofo terminou, na sua argumentação sobre a existência humana, que ele havia deixado de explicar "de onde, para onde e o porque", e acrescentou: "Onde vós terminais é que nós começamos. A religião é uma revelação à alma do homem, que lida com as realidades espirituais, que a mente em si não poderia jamais descobrir, nem sondar integralmente. Os esforços intelectuais podem revelar os fatos da vida, mas o evangelho do Reino desvela as *verdades* do ser. Vós abordastes as sombras materiais da verdade; será que podereis agora escutar o que eu tenho para falar-vos, sobre as realidades eternas e espirituais que projetam, em sombras temporais transitórias, os fatos materiais da existência mortal?" E, por mais de uma hora, Jesus ensinou a esse grego sobre as verdades salvadoras do evangelho do Reino. O velho filósofo foi sensível ao modo de abordagem adotado pelo Mestre, e, sendo honesto, sincero e de coração aberto, ele rapidamente acreditou nesse evangelho da salvação.

Os apóstolos ficaram um pouco desconcertados com o modo franco segundo o qual Jesus aquiesceu quanto a muitas das proposições do grego, mas Jesus disse a eles, depois, em particular: "Meus filhos, não vos admireis de que eu tenha sido tolerante com a filosofia do grego. A certeza interior verdadeira e genuína não teme, nem um pouco, uma análise exterior; a verdade também não se ressente de nenhuma crítica honesta. Vós não deveríeis, nunca, esquecer-vos de que a intolerância é uma máscara a encobrir as dúvidas secretas, alimentadas quanto à verdade da própria crença. Nenhum homem é perturbado, em momento algum, pela atitude do seu semelhante quando tem uma confiança perfeita na verdade daquilo em que acredita, de todo o coração. A coragem é a confiança daqueles que têm uma honestidade a toda prova quanto às coisas que professam acreditar. Os homens sinceros são destemidos quanto a um exame crítico das suas verdadeiras convicções e dos seus ideais nobres".

Na segunda noite em Ramá, Tomé fez a Jesus esta pergunta: "Mestre, como um novo crente dos seus ensinamentos pode saber realmente, e sentir-se seguro sobre a verdade dessas boas-novas do Reino?"

E Jesus disse a Tomé: "Tua certeza de haveres entrado na família do Reino do Pai e de que sobreviverás eternamente, junto com os filhos do Reino, é totalmente uma questão de experiência pessoal – de fé na palavra verdadeira. A segurança espiritual corresponde à tua experiência religiosa pessoal com as realidades eternas da verdade divina, a qual, por outro lado, se equivale ao entendimento inteligente que tens das realidades da verdade, somado à tua fé espiritual e diminuído das tuas dúvidas sinceras.

"O Filho é naturalmente dotado com a vida do Pai. Tendo sido dotados com o espírito vivo do Pai, vós sois, portanto, filhos de Deus. Sobrevivereis depois da vossa vida no mundo material da carne, porque estais identificados com o espírito vivo do Pai, a dádiva da vida eterna. Muitos, de fato, tinham esta vida antes de eu ter vindo do Pai, e muitos mais têm recebido este espírito porque eles acreditaram na minha palavra; mas eu declaro que, quando eu voltar ao Pai, Ele enviará o Seu espírito aos corações de todos os homens.

"Ainda que não possais observar o espírito divino trabalhando nas vossas mentes, há um método prático para descobrir o nível até o qual conseguistes manter o controle dos poderes da vossa alma, sob o ensinamento e o guiamento desse espírito interior residente do Pai celeste: é a medida do amor pelo vosso semelhante. Esse espírito do Pai compartilha do amor do Pai e, à proporção que domina o homem, leva infalivelmente na direção da adoração divina e da consideração amorosa pelo semelhante. Acreditastes, inicialmente, que sois filhos de Deus, porque o meu ensinamento tornou-vos mais conscientes da condução interna da presença residente do Pai; todavia, em breve o Espírito da Verdade será vertido sobre toda a carne, viverá entre os homens e ensinará a todos os homens, do mesmo modo que vivo agora convosco e vos digo as palavras da verdade. E este Espírito da Verdade, falando a todos os dons espirituais nas vossas almas, ajudar-vos-á a saber que sois realmente filhos de Deus. E dará um testemunho infalível, junto com a presença residente do Pai, o vosso espírito; assim, pois, esse espírito residente do Pai, a partir de então, passará a estar em todos os homens, como agora reside apenas em alguns, e irá dizer a cada um de vós que, em realidade, sois filhos de Deus.

"Todo filho terreno, que aceitar a condução desse espírito, conhecerá finalmente a vontade de Deus, e aquele que se entregar à vontade do meu Pai viverá eternamente. O caminho da vida terrena até o estado eterno não vos foi claramente descrito. No entanto há um caminho, sempre houve, e eu vim para fazer dele um caminho novo e vivo. Aquele que entra no Reino tem já a vida eterna – não perecerá jamais. Mas vós compreendereis melhor uma grande parte de tudo isso quando eu tiver voltado para o Pai e quando, então, vos tornareis capacitados para ver as vossas experiências em retrospecção".

E todos aqueles que ouviram essas palavras abençoadas ficaram grandemente satisfeitos. Os ensinamentos judeus, a respeito da sobrevivência dos justos, haviam sido confusos e incertos; e foi reanimador e inspirador para os seguidores de Jesus ouvirem essas palavras, bastante precisas e positivas, de promessa sobre a sobrevivência eterna de todos os crentes verdadeiros.

DOCUMENTO 146: SEÇÃO 3

Os apóstolos continuaram a pregar e a batizar os crentes e, ao mesmo tempo, mantiveram a prática de visitar casa por casa, confortando os abatidos e ministrando aos doentes e afligidos. A organização apostólica estava expandida, pois cada um dos apóstolos de Jesus agora tinha um dos apóstolos de João como colaborador; Abner era o colaborador de André; e esse plano prevaleceu até que descessem a Jerusalém para a próxima Páscoa.

A instrução especial, dada por Jesus, durante a permanência deles em Zebulom, tinha a ver principalmente com as novas discussões sobre as obrigações recíprocas no Reino, e abrangia um ensinamento destinado a tornar claras as diferenças entre a experiência religiosa pessoal e as amizades e as obrigações religiosas sociais. Esta foi uma das poucas vezes em que o Mestre falou sobre os aspectos sociais da religião. Durante toda a sua vida terrena, Jesus deu pouquíssimas instruções aos seus seguidores a respeito da socialização da religião.

Em Zebulom, a população era de uma raça mista, meio judia e meio gentia, e poucos deles realmente acreditavam em Jesus, não obstante terem ouvido sobre as curas dos doentes em Cafarnaum.

4. O EVANGELHO EM IROM

Em Irom, como em muitas das aldeias menores da Galiléia e da Judéia, havia uma sinagoga e, durante os tempos iniciais das ministrações de Jesus, era costume que ele falasse nessas sinagogas, no dia de sábado. Algumas vezes, ele falara no serviço da manhã, e Pedro, ou um dos outros apóstolos, pregava na reunião da tarde. Jesus e os apóstolos freqüentemente também ensinavam e pregavam em assembléias noturnas, durante a semana, na sinagoga. Embora os líderes religiosos de Jerusalém, cada vez mais se opusessem a Jesus, eles não exerciam nenhum controle direto sobre as sinagogas de fora dessa cidade. Não foi senão mais tarde, durante a ministração pública de Jesus, que foram capazes de criar, de um modo tão abrangente, um tal sentimento contra ele a ponto de provocar o fechamento quase universal das sinagogas aos seus ensinamentos. Nessa época, todas as sinagogas da Galiléia e da Judéia ainda estavam abertas para ele.

Irom era o local de muitas minas importantes para a época e, já que Jesus nunca havia participado da vida dos mineiros, ele passou a maior parte do seu tempo nas minas, durante sua permanência em Irom. Enquanto os apóstolos visitavam as casas e pregavam nas praças públicas, Jesus labutava nas minas com esses trabalhadores subterrâneos. A fama das curas de Jesus havia-se espalhado até essa aldeia remota, e muitos doentes e aflitos buscaram ajuda pelas suas mãos, e vários deles foram grandemente beneficiados pela sua ministração de cura. Mas, em nenhum desses casos, o Mestre efetuou um chamado milagre de cura, exceto no caso da lepra.

No final da tarde do terceiro dia em Irom, quando Jesus retornava das minas e dirigia-se ao seu alojamento, por acaso passou em uma estreita rua lateral. Ao aproximar-se da cabana esquálida de um certo leproso, o homem afligido, tendo ouvido sobre a fama das suas curas, teve a coragem de abordá-lo, quando ele passou pela sua porta, e, ajoelhado diante dele foi dizendo: "Senhor, se apenas quisesses, tu poderias limpar-me. Ouvi a mensagem dos teus instrutores, e gostaria de entrar no Reino, se eu pudesse ser purificado". E o leproso falou desse modo porque, entre os judeus, os leprosos haviam sido proibidos até mesmo de freqüentar a sinagoga ou aderir à adoração pública. Esse homem realmente acreditava que não poderia ser recebido no Reino vindouro, a menos que pudesse encontrar a cura para a sua lepra. E Jesus viu a aflição dele, ouviu aquelas palavras de fé aferrada e o seu coração humano foi tocado e a mente divina foi movida pela compaixão. E, quando Jesus pousou seus olhos sobre ele, o homem caiu com o rosto no chão em adoração. Então, o Mestre estendeu a sua mão e, tocando-o, disse: "Sim, eu quero – sejas purificado". E, imediatamente, ele foi curado; a lepra não mais o afligia.

Colocando o homem de pé, Jesus ordenou-lhe: "Toma cuidado para não dizer a nenhum homem sobre a tua cura, vai cuidar em silêncio das tuas coisas, mostra-te ao sacerdote e oferece os sacrifícios como foram mandados por Moisés, como testemunho da tua purificação". Mas esse homem não fez como Jesus havia instruído que fizesse. Em vez disso, começou a tornar público, para todos na cidade, que Jesus tinha curado a sua lepra e, como ele era conhecido de todos da aldeia, o povo podia ver claramente que ele havia sido curado da sua doença. E ele não foi aos sacerdotes, como Jesus havia aconselhado que fizesse. A conseqüência de ter tornado pública a nova de que Jesus o havia curado, foi o Mestre ser tão atropelado pelos doentes que se viu forçado a levantar-se cedo, no dia seguinte, e deixar a aldeia. Embora Jesus não haja entrado de novo na aldeia, permaneceu dois dias nos seus arredores, perto das minas, continuando a instruir os mineiros crentes a respeito do evangelho do Reino.

Essa cura do leproso foi o primeiro assim chamado milagre feito de modo intencional e deliberado por Jesus, até esse momento. E era esse um caso verdadeiro de lepra.

De Irom, eles foram para Giscala, proclamando o evangelho durante dois dias e então partiram para Corazim, onde passaram quase uma semana pregando as boas-novas. Em Corazim, contudo, eles não puderam conquistar muitos crentes para o Reino. Em nenhum outro lugar onde ensinara, Jesus havia encontrado uma rejeição tão geral à sua mensagem. A permanência em Corazim foi muito deprimente para a maioria dos apóstolos; André e Abner tiveram muita dificuldade em manter a coragem dos seus condiscípulos. E então, passando tranqüilamente por Cafarnaum, eles foram para a aldeia de Madom, onde tiveram um pouco mais de êxito. Nas mentes da maioria dos apóstolos, prevaleceu a idéia de que o pouco êxito obtido nas cidades visitadas mais recentemente era devido à insistência de Jesus para que eles se abstivessem, nos seus ensinamentos e pregações, de referir-se a ele como um curador. Como eles almejavam que Jesus purificasse ainda mais um outro leproso ou que, de algum outro modo, manifestasse o seu poder para atrair a atenção do povo! Mas o Mestre permaneceu impassível ante os seus pedidos fervorosos.

5. DE VOLTA A CANÁ

O grupo apostólico ficou bastante contente quando Jesus anunciou: "Amanhã vamos a Caná". Todos eles sabiam que teriam uma audiência simpática em Caná, pois Jesus era bem conhecido lá. Eles estavam indo bem no trabalho de atrair o povo para o Reino, quando, ao terceiro dia, Tito, um cidadão proeminente de Cafarnaum, chegou em Caná; ele era apenas meio crente, e o seu filho estava seriamente doente. Ao tomar conhecimento de que Jesus estava em Caná, ele apressou-se a ir até lá para vê-lo. Em Cafarnaum, todos os fiéis pensavam que Jesus podia curar qualquer doença.

Quando esse nobre localizou Jesus em Caná, suplicou-lhe que se apressasse a ir até Cafarnaum para curar o seu filho doente. Enquanto os apóstolos aguardavam com a respiração presa na expectativa, Jesus, olhando para o pai do menino doente, disse: "Por quanto tempo serei tolerante convosco? O poder de Deus está no meio de vós, mas, a menos que possais ver os sinais e presenciar prodígios, vos recusais a acreditar".

Todavia, o nobre implorou a Jesus, dizendo: "Meu Senhor, eu creio, mas vem antes que o meu filho faleça, pois quando eu o deixei ele já estava a ponto de morrer". E depois de ter abaixado a cabeça, por um momento, em uma meditação silenciosa, Jesus subitamente falou: "Retorna à tua casa; o teu filho viverá". Tito acreditou na palavra de Jesus e apressou-se a voltar para Cafarnaum. Ao retornar, os seus servos saíram para encontrá-lo, dizendo: "Rejubila-te, pois o teu filho melhorou – ele vive". Então Tito perguntou a eles sobre a hora em que o menino começara a melhorar, e quando os servos responderam: "Ontem por volta das sete horas a febre o deixou", o pai lembrouse de que tinha sido por volta dessa hora que Jesus dissera: "O teu filho viverá". E a partir daí Tito acreditou, de coração, e toda a sua família também acreditou. Esse filho tornou-se um poderoso ministro do Reino e, mais tarde, sacrificou a sua vida junto com aqueles que padeceram em Roma. Embora toda a criadagem de Tito, os seus amigos e, até mesmo, os apóstolos considerassem esse episódio como um milagre, na verdade não o foi. Pelo menos não foi um milagre de cura de doença física. Foi apenas um caso de pré-ciência a respeito do curso da lei natural, exatamente aquele conhecimento ao qual Jesus freqüentemente recorreu, depois do seu batismo.

E novamente Jesus foi obrigado a apressar-se para sair de Caná, por causa da atenção indevidamente atraída pelo segundo episódio. dessa espécie, que acontecia à sua ministração nessa aldeia. Os habitantes da aldeia lembraram-se da água e do vinho e, agora que se supunha que ele havia curado o filho do nobre, a uma distância tão grande, vinham até ele, não apenas trazendo os doentes e aflitos, mas, também, enviando mensageiros com a solicitação de que ele curasse sofredores à distância. E quando Jesus percebeu que toda a região estava mobilizada, ele disse: "Vamos para Naim".

6. NAIM E O FILHO DA VIÚVA

Nos sinais, essa gente acreditava; eram pessoas de uma geração à espera de prodígios. Nessa altura dos acontecimentos, os habitantes do centro e do sul da Galiléia possuíam a mente voltada sempre para os milagres quando pensavam em Jesus e na ministração pessoal dele. Dezenas, centenas de pessoas sinceras, que sofriam de desordens puramente nervosas, e aflitos, com distúrbios emocionais, vinham à presença de Jesus e então voltavam para as suas casas anunciando aos seus amigos que Jesus as tinha curado. E esse povo ignorante e de mente simples considerava esses casos de cura mental como sendo de curas físicas miraculosas.

Quando Jesus tentou deixar Caná e ir para Naim, uma multidão grande de crentes e curiosos o seguiu. Eles estavam inclinados a ver milagres e prodígios, e não se deixariam decepcionar. Quando Jesus e os seus apóstolos se aproximaram do portão da cidade, depararam-se com o cortejo de um funeral, a caminho de um cemitério vizinho dali, levando o único filho de uma mãe viúva de Naim. Essa mulher era muito respeitada; e metade da aldeia seguia os que carregavam o esquife desse rapaz, que se supunha estar morto. Quando o funeral passou por Jesus e os seus seguidores, a viúva e os seus amigos, reconhecendo o Mestre, suplicaram que ele trouxesse o filho dela de volta à vida. A expectativa que eles tinham de milagres havia sido elevada até um ponto tão alto que imaginaram Jesus como alguém capaz de curar qualquer doença humana. E por que esse curador não poderia até mesmo ressuscitar os mortos? Jesus, assim importunado, deu um passo adiante e, levantando o tampo do esquife, examinou o rapaz. Descobrindo que o moço não estava realmente morto, ele percebeu a tragédia que a sua presença podia evitar; assim, voltando-se para a mãe, Jesus disse: "Não chores. O teu filho não está morto; ele dorme. E te será devolvido". E então, tomando o jovem pela mão, ele disse: "Acorda e levanta". E o jovem, que se supunha estar morto, logo se assentou e começou a falar, e Jesus os mandou de volta para as suas casas.

Jesus empenhou-se em acalmar a multidão e tentou, em vão, explicar que o jovem não estava morto realmente, que ele não o havia trazido de volta da morte, mas foi inútil. A multidão que o seguia, e toda a aldeia de Naim, foram levadas ao ponto alto de um frenesi emocional. Muitos foram tomados pelo medo, outros pelo pânico, enquanto outros ainda caíram em prece e nas lamentações dos próprios pecados. E só muito depois do cair da noite é que a multidão clamorosa conseguiu dispersar-se. E, claro está, não obstante a afirmação feita por Jesus de que o rapaz não estava morto, todos insistiam que um milagre tinha acontecido. Que até mesmo um morto tinha sido ressuscitado. Embora Jesus tivesse dito a eles que o rapaz estava meramente em um sono profundo, eles justificaram-se dizendo ser este o seu modo de falar, chamando a atenção para o fato de que Jesus, sempre na sua grande modéstia, tentava esconder os próprios milagres.

E assim, por toda a Galiléia e pela Judéia, espalhou-se a nova de que Jesus havia ressuscitado dos mortos o filho da viúva, e muitos que ouviram esse relato acreditaram nele. Jesus nunca foi capaz de fazer nem mesmo com que os seus apóstolos compreendessem inteiramente que o filho da viúva não estava realmente morto quando ele o havia convocado a acordar e levantar-se. Todavia, ele os convenceu, o suficiente para que o episódio ficasse suprimido de todos os registros subseqüentes, exceto do de Lucas, que o registrou como o episódio lhe havia sido contado. E, de novo, Jesus foi tão assediado como médico que partiu bem cedo no dia seguinte para En-dor.

7. EM EN-DOR

Em En-dor Jesus escapou, por uns poucos dias, do clamor das multidões em busca de curas físicas. Durante a permanência deles, nesse lugar, o Mestre narrou novamente, para instruir os apóstolos, a história do rei Saul e da bruxa de En-dor. Jesus explicou claramente aos seus apóstolos que os seres intermediários extraviados e rebeldes, que tantas vezes haviam personificado os supostos espíritos dos mortos, seriam em breve colocados sob controle, de tal modo que não mais pudessem fazer essas coisas estranhas. Ele disse aos seus seguidores que, depois que ele voltasse para o Pai, e depois que o Pai e ele tivessem vertido o espírito Deles sobre toda a carne, esses seres semi-espirituais – os considerados espíritos impuros – não mais poderiam possuir os mortais de inteligência mais débil ou de mente perversa.

Jesus explicou ainda, aos seus apóstolos, que os espíritos de seres humanos já mortos não retornam ao mundo da sua origem, para comunicar-se com os seus semelhantes vivos. Apenas depois de haver passado uma era dispensacional é que seria possível ao espírito, em avanço, do homem mortal, retornar à Terra e, ainda assim, só em casos excepcionais e como parte da administração espiritual do planeta.

Após dois dias de repouso, Jesus disse aos seus apóstolos: "Retornemos amanhã a Cafarnaum para ficarmos lá e ensinarmos, enquanto o interior do país se acalma. Nas suas casas, depois de passado esse tempo, todos ficarão recuperados desse tipo de agitação".

DOCUMENTO 147

O INTERLÚDIO DA VISITA A JERUSALÉM

JESUS e os apóstolos chegaram a Cafarnaum na quarta-feira, 17 de março, e passaram duas semanas na sua sede-alojamento, em Betsaida, antes de partir para Jerusalém. Nessas duas semanas, os apóstolos ensinaram ao povo, perto do mar, enquanto Jesus passou muito tempo a sós, nas colinas, cuidando dos assuntos do seu Pai. Durante esse período, Jesus, acompanhado por Tiago e João Zebedeu, fez duas viagens secretas a Tiberíades, onde se encontraram com os crentes e instruíram-nos sobre o evangelho do Reino.

Muitos daqueles empregados que cuidavam da casa de Herodes acreditavam em Jesus e compareciam a esses encontros. Foi a influência desses crentes, sobre a família oficial de Herodes, que ajudou a diminuir a inimizade do governante para com Jesus. Esses crentes de Tiberíades haviam explicado muito bem a Herodes que o "Reino", proclamado por Jesus, tinha natureza espiritual não tendo nenhum fundo político. Herodes preferiu acreditar nesses membros da sua própria casa, não se permitindo ficar indevidamente alarmado com a ampla divulgação a respeito das curas e dos ensinamentos de Jesus. Ele não fazia objeções nem ao trabalho de cura de Jesus, nem à sua obra como Mestre religioso. Não obstante a atitude favorável de muitos dos conselheiros de Herodes, e até mesmo a do próprio Herodes, existia um grupo de subordinados seus que era bastante influenciado pelos líderes religiosos de Jerusalém, a ponto de permanecerem inimigos amargos e ameaçadores de Jesus e dos apóstolos; e estes, mais tarde, muito fizeram para obstruir as atividades públicas deles. O maior perigo para Jesus estava nos líderes religiosos de Jerusalém, e não em Herodes. E foi por essa mesma razão que Jesus e os apóstolos passaram tanto tempo na Galiléia e fizeram a maioria das pregações públicas na Galiléia, mais do que em Jerusalém e na Judéia.

1. O SERVO DO CENTURIÃO

No dia anterior aos preparativos da festa de Páscoa em Jerusalém, para onde Jesus iria, Mangus, um centurião, ou capitão da guarda romana aquartelada em Cafarnaum, foi até os dirigentes da sinagoga e disse: "O meu fiel ordenança está doente a ponto de morrer. Poderíeis vós, desse modo, da minha parte, ir até Jesus e implorar a ele que cure o meu servo?" O capitão romano fez isso pensando que os líderes judeus pudessem ter influência junto a Jesus. E então os anciães foram ver Jesus, e o porta-voz deles disse: "Instrutor, nós te pedimos sinceramente que vá até Cafarnaum e salve o servo favorito do centurião romano, que se faz digno da tua atenção, porque ele ama a nossa nação e até nos construiu aquela mesma sinagoga onde tantas vezes tu falaste".

E, depois de ouvi-los, Jesus disse: "Eu irei convosco". E foi com eles até a casa do centurião; e este soldado romano havia enviado os amigos para receberem Jesus, antes de entrar na casa, instruindo-os para que lhe dissessem: "Senhor, não te incomodes de entrar na minha casa, pois não sou digno de que estejas sob o meu teto. Nem me julguei digno de ir até a ti; motivo pelo qual eu enviei os anciães do teu próprio povo até a ti. Mas sei que podes dizer uma palavra, de onde estás, e o meu servo será curado.

Pois estou eu próprio sob as ordens de outros e, tendo soldados sob as minhas ordens, quando eu digo a este que vá, ele vai, e se a outro digo que venha, ele vem, e aos meus servos digo que façam isso ou aquilo, e eles fazem".

E quando Jesus ouviu essas palavras, voltou-se e disse aos seus apóstolos e àqueles que estavam com eles: "Estou admirado com a crença do gentio. Em verdade, em verdade, eu vos digo que não encontrei uma fé tão grande assim, não nos de Israel". E, afastando-se da casa, Jesus disse: "Vamos embora, então". E os amigos do centurião foram até a casa e contaram a Mangus o que Jesus havia dito. E, a partir daquela hora, o servo começou a melhorar, até voltar à saúde e capacidade normais.

Mas nós nunca soubemos o que aconteceu nessa ocasião. Isso é simplesmente o que está registrado; se os seres invisíveis ministraram a cura ao servo do centurião ou não, isso não foi revelado àqueles que acompanhavam Jesus. Sabemos apenas do fato da recuperação completa do servo.

2. A VIAGEM A JERUSALÉM

Cedo, na manhã de terça-feira, 30 de março, Jesus e o grupo dos apóstolos iniciaram a sua viagem a Jerusalém, para a Páscoa, indo pela estrada do vale do Jordão. Chegaram na tarde de sexta-feira, 2 de abril, e estabeleceram o seu centro de operações em Betânia, como de costume. Passando por Jericó, eles pararam para descansar, enquanto Judas fez um depósito de algumas das economias comuns, no banco de um amigo da sua família. Essa foi a primeira vez que Judas havia levado uma quantidade excedente de dinheiro; e esse depósito foi deixado intacto, até que eles passassem por Jericó novamente, quando daquela última viagem, cheia de acontecimentos, até Jerusalém, pouco antes do julgamento e da morte de Jesus.

O grupo fez uma viagem sem incidentes a Jerusalém, mas, mal se haviam instalado em Betânia, quando, vindos de perto e de longe, começaram a reunir-se todos aqueles que procuravam curas para os seus corpos, conforto para as mentes angustiadas e a salvação para as suas almas. E o número destes cresceu tanto que pouco tempo teve Jesus para descansar. E então o grupo armou as barracas no Getsêmani; e o Mestre ia de Betânia ao Getsêmani e voltava, para evitar as multidões, que tão constantemente assediavam-no. O grupo dos apóstolos passou quase três semanas em Jerusalém, mas Jesus conclamou-os a não fazer pregações públicas que ensinassem apenas em particular e por meio do trabalho pessoal.

Em Betânia, eles celebraram a Páscoa sem estardalhaço. E essa foi a primeira vez em que Jesus e todos os doze partilharam de uma festa de Páscoa, sem derramamento de sangue. Os apóstolos de João não cearam com Jesus e os apóstolos, na Páscoa; eles celebraram a festa com Abner e muitos dos antigos crentes das pregações de João. Essa era a segunda Páscoa que Jesus observava, junto com os seus apóstolos, em Jerusalém.

Quando Jesus e os doze partiram para Cafarnaum, os apóstolos de João não foram com eles. Sob a direção de Abner, permaneceram em Jerusalém e nas vizinhanças, trabalhando silenciosamente para a expansão do Reino; enquanto Jesus e os doze retornaram para trabalhar na Galiléia. Nunca mais, os vinte e quatro estiveram juntos, até um pouco antes da escolha e do envio dos setenta evangelistas. Todavia, os dois grupos cooperaram entre si e, não obstante as diferenças de opinião entre eles, prevaleceu o melhor dos sentimentos.

3. NA PISCINA DE BETESDA

Na tarde do segundo sábado em Jerusalém, pouco antes de os apóstolos e o Mestre iniciarem a sua participação nos serviços do templo, João disse a Jesus: "Vem comigo, quero mostrar-te uma coisa". João levou Jesus até um dos portões de Jerusalém, onde havia uma piscina de água chamada Betesda. Em volta dessa piscina havia uma estrutura de cinco arcadas, sob as quais um grande grupo de doentes aguardava a cura. Tratava-se de uma fonte cuja água quente avermelhada borbulhava em intervalos irregulares, por causa do acúmulo de gás nas cavernas de rocha, por baixo da piscina. Tal alteração periódica, nas águas quentes, era considerada por muitos como sendo devida a influências sobrenaturais. E era uma crença popular que a primeira pessoa a entrar na água, depois daquele borbulhamento, seria curada de qualquer enfermidade.

Os apóstolos ficaram um tanto desassossegados sob as restrições impostas por Jesus, e João, o mais jovem dos doze, estava especialmente irrequieto em vista dessa restrição. Ele havia levado Jesus até a piscina, pensando que a visão dos doentes reunidos fizesse um tal apelo à compaixão que ele fosse induzido a realizar um milagre de cura e, pois, assim, toda Jerusalém ficaria maravilhada e em breve seria levada a crer no evangelho do Reino. Disse João a Jesus: "Mestre, vê todos esses sofredores; não há nada que possamos fazer por eles?" E Jesus respondeu: "João, por que tu me trazes essa tentação para que eu me desvie do caminho que escolhi? Por que continuar desejando substituir a proclamação do evangelho da verdade eterna, pela realização de prodígios e cura de doentes? Meu filho, posso não chegar a fazer o que desejas, mas reúne esses doentes e afligidos para que eu possa dizer umas palavras de novo ânimo e conforto eterno a eles".

Diante dos que lá estavam, Jesus disse: "Muitos de vós, doentes e afligidos, estais aqui por causa dos vossos longos anos de vida errônea. Alguns sofrem em vista de acidentes do tempo, outros em conseqüência de erros dos seus ancestrais, enquanto alguns de vós lutais contra as limitações das condições imperfeitas da vossa existência temporal. Mas o meu Pai tudo faz e também eu gostaria de trabalhar para melhorar o vosso estado terreno, mas, mais especialmente para assegurar-vos o vosso estado como seres eternos. Nenhum de nós nada mais pode fazer, para mudar as dificuldades da vida, a menos que descubramos que o Pai no céu quer assim. Afinal, estamos destinados a fazer todos a vontade do Eterno. Se pudésseis, todos, ser curados das vossas aflições físicas, vós todos, de fato, ficaríeis maravilhados, porém, mais importante ainda é que sejais todos purificados de quaisquer doenças espirituais e que vos vejais curados de quaisquer enfermidades morais. Sois todos filhos de Deus; sois filhos do Pai celeste. Os elos do tempo podem parecer afligir-vos, mas o Deus da eternidade vos ama. E, quando a hora do julgamento tiver chegado, não temais, vós todos encontrareis, não apenas a justiça, mas uma abundância em misericórdia. Em verdade, em verdade, eu vos digo: Aquele que ouve o evangelho do Reino e crê nesse ensinamento de filiação a Deus, tem a vida eterna; e os crentes, assim, já estão passando do julgamento e da morte para a luz e a vida. E a hora está chegando em que mesmo aqueles que estão nas sepulturas escutarão a voz da ressurreição".

E, muitos dos que ouviram, acreditaram na boa-nova do Reino. Alguns dos aflitos sentiram-se tão inspirados e tão revivificados espiritualmente, que saíram proclamando também haver sido curados das suas indisposições físicas.

Um homem que tinha estado deprimido e gravemente afligido, por muitos anos, com as enfermidades da sua mente perturbada, rejubilou-se com as palavras de Jesus e, recolhendo o seu leito, foi para a sua casa, mesmo sendo dia de sábado. Esse homem aflito havia esperado, durante muitos anos, por *alguém* que o ajudasse; era uma vítima do sentimento de seu próprio desamparo, que nunca sequer havia concebido a idéia de ajudar a si próprio; e ficou demonstrado que a única coisa que tinha a fazer para recuperar-se de fato era pegar o seu leito e andar.

Então disse Jesus a João: "Partamos, antes que os sacerdotes mais importantes e os escribas venham a nós e se ofendam, porque eu disse palavras de vida a esses aflitos".

E voltaram ao templo para unir-se aos seus companheiros; e logo todos partiram com o objetivo de passar a noite em Betânia. Mas João nunca disse aos outros apóstolos sobre essa visita, dele e de Jesus, à piscina de Betesda naquele sábado à tarde.

4. A REGRA DE VIVER

Na noite desse mesmo sábado, em Betânia, enquanto Jesus, os doze e um grupo de crentes estavam reunidos em volta do fogo, no jardim de Lázaro, Natanael fez esta pergunta a Jesus: "Mestre, embora tenhas ensinado a nós a versão positiva da velha regra de viver, instruindo-nos para que façamos aos outros do modo como gostaríamos que fizessem a nós, eu não sei exatamente como podemos estar sempre obedecendo a essa injunção. Deixa-me ilustrar a minha pergunta, citando o exemplo de um homem cheio de desejo sensual, que vê, assim, em pecado, a sua futura consorte. Como podemos ensinar a esse homem, de más intenções, que ele deveria fazer aos outros o que gostaria que fizessem a si?"

Ao ouvir a pergunta de Natanael, imediatamente Jesus colocou-se de pé e, com o dedo apontado para o apóstolo, disse: "Natanael, Natanael! Que modo de pensar este que acontece no teu coração? Tu recebes os meus ensinamentos como alguém que nasceu do espírito? Tu não ouves a verdade como faz um homem de sabedoria e de compreensão espiritual? Quando te aconselhei a fazer aos outros do mesmo modo como gostarias que fizessem a ti, referia-me a homens de ideais elevados, não àqueles que seriam tentados a distorcer os meus ensinamentos a ponto de transformá-los em uma licença para encorajar más ações".

Depois que o Mestre falou, Natanael levantou-se e disse: "Mestre, mas tu não devias pensar que eu aprovo uma tal interpretação para o teu ensinamento. Eu fiz essa pergunta porque julguei que muitos homens poderiam julgar assim erradamente o teu conselho, e esperava que tu fosses gostar de dar-nos mais instruções a respeito dessas questões". E, então, quando Natanael de novo sentou-se, Jesus continuou falando: "Eu bem sei, Natanael, que essa idéia do mal não encontra aprovação na tua mente; mas estou desapontado pelo fato de que todos vós, tão freqüentemente, deixais de dar uma interpretação genuinamente espiritual aos mais comuns dos meus ensinamentos, às instruções que vos dou em linguagem humana e do modo como falam os homens. Então me deixa agora ensinar a respeito dos níveis diferentes de significados ligados à interpretação dessa regra de viver, desse conselho de 'fazer aos outros o que desejais que seja feito a ti':

"1. No *nível da carne*. Essa interpretação puramente egoísta e cheia de desejo sensual seria bem exemplificada com a suposição da tua pergunta.

"2. No *nível dos sentimentos*. Esse plano é um nível mais elevado do que o da carne e implica que a compaixão e a piedade elevem a nossa interpretação dessa regra de viver.

"3. No *nível da mente*. Agora, vêm à ação a razão da mente e a inteligência da experiência. O bom julgamento dita que essa regra de viver deveria ser interpretada em consonância com o idealismo mais elevado, incorporado na nobreza do auto--respeito profundo.

"4. No *nível do amor fraterno*. Ainda mais elevado descobrimos ser o nível da devoção não-egoísta ao bem-estar do nosso semelhante. Nesse plano mais elevado, do serviço social sincero, que nasce da consciência da paternidade de Deus e do reconhecimento conseqüente da irmandade entre os homens, é descoberta uma interpretação nova e muito mais bela dessa regra básica para viver.

"5. *No nível moral.* E então, quando alcançardes os níveis filosóficos verdadeiros de interpretação, quando tiverdes o verdadeiro discernimento do *certo* e do *errado*, quando perceberdes a eterna adequação das relações humanas, começareis a ver tal problema de interpretação como se vos imaginásseis como uma terceira pessoa, de mente elevada, idealista, sábia e imparcial, a ver e interpretar essa injunção, enquanto aplicada aos vossos problemas pessoais de ajustamentos às situações da vossa vida.

"6. *No nível espiritual.* E então alcançamos finalmente o mais elevado de todos, o nível do discernimento do espírito e das interpretações espirituais que nos impelem a reconhecer, nessa regra de viver, o comando divino para tratar a todos os homens como concebemos que Deus os trataria. Esse é o ideal universal nas relações humanas. E essa será a vossa atitude para com todos esses problemas, quando o vosso desejo supremo chegar a ser sempre o de fazer a vontade do Pai. Eu gostaria, pois, que fizésseis a todos os homens aquilo que vós sabeis que eu faria a eles, nas mesmas circunstâncias".

Nada que Jesus disse aos apóstolos, até este momento, os havia espantado mais. Eles continuaram a discutir as palavras do Mestre, até muito depois de Jesus haver saído. Embora Natanael tenha sido lento para recuperar-se da sua suposição de que Jesus não havia compreendido bem o espírito da sua pergunta, os outros estavam mais do que agradecidos pelo fato de que o filosófico apóstolo, companheiro deles, tinha tido a coragem de fazer uma pergunta tão estimulante ao pensamento.

5. A VISITA A SIMÃO, O FARISEU

Embora Simão não fosse um membro do sinédrio judeu, ele era um fariseu influente em Jerusalém. Era um crente pouco fervoroso e, ainda que pudesse ser criticado severamente por isso, ele ousou convidar Jesus e os seus colaboradores pessoais, Pedro, Tiago e João, para um banquete social na sua casa. Simão vinha já observando o Mestre, há longo tempo, e estava bastante bem impressionado com os seus ensinamentos e mais ainda com a sua personalidade.

Os fariseus ricos eram dados a prestar assistência aos mendigos, e não evitavam a publicidade dada à sua filantropia. Algumas vezes faziam até soar as trombetas, quando estavam para conceder alguma caridade a algum mendigo. Era costume desses fariseus, ao oferecerem banquetes para convidados distintos, deixarem abertas as portas da casa, para que até mesmo os mendigos das ruas pudessem entrar e, permanecendo perto das paredes da sala, atrás dos sofás dos que se banqueteavam, ficavam em posição de receber as porções de comida que lhes eram lançadas pelos convivas.

Nessa ocasião, em particular, na casa de Simão, entre aqueles que vieram das ruas, estava uma mulher de reputação duvidosa, que recentemente havia tornado-se uma crente das boas-novas do evangelho do Reino. Essa mulher era bem conhecida de toda a Jerusalém como sendo a antiga dona de um dos chamados bordéis de alta classe, localizado bem perto da praça dos gentios no templo. Tinha ela, ao aceitar os ensinamentos de Jesus, fechado o seu depravado local de negócios e havia induzido a maioria das mulheres ligadas a ela a aceitarem o evangelho e a mudarem os seus meios de vida; não obstante isso, os fariseus ainda mantinham por ela um grande desdém, e ela era obrigada a usar os seus cabelos soltos para baixo – o que era um estigma da prostituição. Essa mulher, de nome não revelado, havia trazido consigo um grande frasco de ungüento perfumado e, permanecendo por trás de Jesus, enquanto assentado ele tomava a refeição, começou a ungir os seus pés, ao mesmo tempo em que também umedecia os pés dele com as suas lágrimas de gratidão, enxugando-os com o próprio cabelo. E quando acabou essa unção, ela continuou chorando e beijando os seus pés.

Quando Simão viu tudo isso, disse para si próprio: "Se esse homem fosse um profeta, teria percebido que espécie de mulher é essa, que toca nele desse modo, pois é uma pecadora notória". E Jesus, sabendo o que se passava na mente de Simão, manifestou-se, dizendo: "Simão, tenho algo que gostaria de dizer a ti". Simão respondeu: "Mestre, dize, pois, o que é". Jesus então disse: "Um certo homem rico, que emprestava dinheiro, possuía dois devedores. Um devia-lhe quinhentos denários e o outro cinqüenta. Ora, nenhum dos dois possuía com que pagar; e ele perdoou a ambos. Qual dos dois, Simão, supões que o amará mais?" Simão respondeu: "Suponho que seja aquele a quem ele perdoou a maior quantia". E Jesus disse: "Tu julgaste certo" e, apontando para a mulher, ele continuou: "Simão, dá uma boa olhada nesta mulher. Eu entrei na tua casa como um convidado, mas tu não me deste nenhuma água para os meus pés. Essa mulher agradecida lavou os meus pés com lágrimas e enxugou-os com os próprios cabelos. Tu não me deste nenhum beijo de acolhimento amistoso, mas essa mulher, desde que veio até aqui, não cessou de beijar os meus pés. Tu não ungiste a minha cabeça, mas ela ungiu os meus pés com loções preciosas. E qual o significado de tudo isso? Simplesmente que os seus muitos pecados lhe foram perdoados, e isso levou-a a um grande amor. Mas aqueles que não receberam senão um pouco de perdão, algumas vezes não amam senão muito pouco". E voltando-se para a mulher, tomou-a pela mão e, levantando-a, disse: "Tu de fato te arrependeste dos teus pecados, e eles te foram perdoados. Não fiques desencorajada com a atitude impensada e pouco gentil dos teus semelhantes, vai no júbilo e na liberdade do Reino do céu".

Quando ouviram essas palavras, Simão e os seus amigos, assentados à mesa para banquetear-se, ficaram ainda mais atônitos e começaram a sussurrar entre si: "Quem é esse homem, que chega mesmo a ousar perdoar pecados?" Quando os ouviu murmurando assim, Jesus voltou-se para despedir-se da mulher, dizendo: "Mulher, vai em paz; a tua fé te salvou".

Ao levantar-se com os seus amigos, a fim de imediatamente saírem, Jesus voltou-se para Simão e disse: "Conheço o teu coração, Simão, sei o quanto estás dilacerado entre a fé e as dúvidas, o quanto estás tomado pelo medo e perturbado pelo orgulho; mas eu oro para que possas alcançar a luz e para que experimentes apenas transformações de mente e de espírito, durante o teu período de vida, tão grandiosas que possam ser comparáveis às tremendas mudanças que o evangelho do Reino já fez no coração dos teus convidados intrusos e que não foram bem-vindos. E eu declaro a todos vós que o Pai abriu as portas do Reino celeste para que entrem todos os que têm fé, e nenhum homem, ou grupo de homens, pode fechar essas portas, nem mesmo para a alma mais humilde, nem para aquele que for supostamente o mais flagrante pecador na Terra, se tal pecador buscar entrar com sinceridade". E Jesus, levando Pedro, Tiago e João consigo, deixaram aquele anfitrião indo juntar-se ao restante dos apóstolos, no acampamento, no jardim do Getsêmani.

Naquela mesma noite Jesus fez, aos apóstolos, o discurso, que ficaria por tanto tempo na memória de todos, a respeito do valor relativo do estado do homem perante Deus e do progresso na sua ascensão eterna ao Paraíso. Jesus disse: "Meus filhos, se existe uma conexão viva e verdadeira entre o filho e o Pai, o filho pode estar seguro de progredir continuamente na direção dos ideais do Pai. É bem verdade que o filho pode inicialmente ser lento no seu progresso, mas nem por isso o progresso deixa de ser seguro. A coisa importante não é a rapidez do vosso progresso mas, antes, a sua segurança. A vossa realização factual não é tão importante quanto o fato de que a *direção* do vosso progresso seja no sentido de Deus. Aquilo em que vos estais transformando, dia após dia, é de uma importância infinitamente maior do que o que sois hoje.

"Essa mulher transformada, a quem alguns de vós hoje vistes na casa de Simão, encontra-se neste momento vivendo em um nível muito abaixo daquele de Simão e seus companheiros bem-intencionados; mas, enquanto esses fariseus ocupam-se com um progresso falso, na ilusão de atravessar ciclos enganosos de serviços cerimoniais sem significado, essa mulher começou, levando muito a sério, a longa e árdua busca de Deus; e o seu caminho na direção do céu não está bloqueado pelo orgulho espiritual nem pela auto-satisfação moral. Humanamente falando, essa mulher está muito mais distante de Deus do que Simão, mas sua alma encontra-se em um movimento progressivo no caminho da meta eterna. Essa mulher tem presentes em si imensas possibilidades espirituais para o futuro. Alguns de vós podeis não estar em níveis factuais elevados de alma e espírito, mas estais fazendo progressos diários, no caminho vivo e aberto para cima, por intermédio da fé, até Deus. Há possibilidades imensas em cada um de vós, para o futuro. De longe, é melhor ter uma fé pequena, mas viva, e em crescimento, do que estar possuído por um grande intelecto, com os seus estoques mortos de sabedoria temporal e de incredulidade espiritual."

Jesus, contudo, advertiu sinceramente os seus apóstolos contra a tolice do filho de Deus que passa a vangloriar-se do amor do Pai. Ele declarou que o Pai celeste não é um Pai lasso, frouxo ou tolo, na indulgência; que está sempre pronto a perdoar os pecados e relevar as negligências. Ele preveniu aos seus ouvintes para não aplicarem de modo errado os seus exemplos sobre o pai e o filho, a ponto de fazer parecer que Deus é como alguns pais ultra-indulgentes e pouco sábios, que conspiram, com os tolos da Terra, para aceitar a ruína moral dos seus filhos imprudentes e que, com isso, contribuem, com certeza e diretamente, para a delinqüência e a desmoralização prematura da sua própria progênie. Jesus disse: "O meu Pai não fecha os seus olhos, com indulgência, para os atos dos seus filhos e para as suas práticas autodestrutivas ou suicidas contra o crescimento moral e o progresso espiritual. Essas práticas pecaminosas são uma abominação aos olhos de Deus".

Jesus compareceu a muitos outros encontros semiprivados, com os poderosos e os humildes, os ricos e os pobres de Jerusalém, antes que ele e os seus apóstolos finalmente partissem para Cafarnaum. E muitos, de fato, tornaram-se crentes no evangelho do Reino e foram posteriormente batizados por Abner e pelos seus condiscípulos, que permaneceram em Jerusalém e nas suas vizinhanças, com o intuito de despertar o interesse para o Reino.

6. RETORNANDO A CAFARNAUM

Na última semana de abril, Jesus e os doze partiram do seu centro em Betânia, perto de Jerusalém, e começaram a sua viagem de volta para Cafarnaum, pelo caminho de Jericó e do Jordão.

Os sacerdotes principais e os líderes religiosos dos judeus tiveram muitos encontros secretos com o propósito de decidir o que fazer com Jesus. Eles concordavam que alguma coisa deveria ser feita, para colocar um ponto final nos ensinamentos de Jesus, mas não conseguiam chegar ao consenso quanto ao método. Eles haviam esperado que as autoridades civis dessem a ele um destino, da mesma forma que

Herodes havia posto um fim em João, mas descobriram que Jesus estava conduzindo a sua obra de um modo que os oficiais romanos não ficassem muito alarmados com as suas pregações. Dessa maneira, em um encontro que aconteceu no dia antes da partida de Jesus para Cafarnaum, ficou decidido que ele teria de ser apreendido sob uma acusação religiosa e ser julgado pelo sinédrio. Por essa razão, uma comissão de seis espiões secretos ficou encarregada de seguir Jesus e observar as suas palavras e os seus atos; e, quando houvesse reunido evidências suficientes de atos contra a lei e blasfêmias, devia retornar a Jerusalém com um relatório. Esses seis judeus alcançaram o grupo apostólico, em número aproximado de trinta pessoas, em Jericó; e, com o pretexto de desejarem tornar-se discípulos, vincularam-se à família de seguidores de Jesus, permanecendo com o grupo até a época do início da segunda viagem de pregação na Galiléia; depois do que, três deles retornaram a Jerusalém para submeterem o seu relatório ao dirigente dos sacerdotes e ao sinédrio.

Pedro pregou à multidão reunida na travessia do Jordão e, na manhã seguinte, eles seguiram rio acima, até Amatos. Eles queriam prosseguir direto até Cafarnaum, mas, ajuntou-se ali uma tal multidão, que permaneceram lá por três dias, pregando, ensinando e batizando. Eles só se deslocaram na direção de casa no sábado, cedo, o primeiro dia de maio. Os espiões de Jerusalém estavam certos de assegurarem, então, a sua primeira acusação contra Jesus – a de não guardar o dia de sabat –, pois eles presumiram ter ele começado a sua viagem no dia de sábado. Mas estavam fadados ao desapontamento porque, pouco antes da sua partida, Jesus chamou André à sua presença e, diante deles todos, instruiu André a continuar até uma distância de apenas mil metros, a caminhada máxima permitida, segundo a lei judaica, a uma viagem feita no dia do sabat.

Mas os espiões não tiveram que esperar muito por uma oportunidade para acusar Jesus e os seus seguidores de não guardarem o sabat. Quando o grupo passava por uma estrada estreita, na qual o trigo tremulava maduro, em ambos os lados e ao alcance das mãos, alguns dos apóstolos estando famintos, arrancaram o grão maduro e comeram. Era costumeiro entre os viajantes servir-se do grão ao passarem pela estrada; e, portanto, nenhum pensamento de estar fazendo algo errado ligava-se a tal conduta. Contudo, os espiões apegaram-se a isso como um pretexto para injuriar Jesus. Quando viram André esfregando nas mãos os grãos, foram até ele e disseram: "Não sabes que é ilegal colher e triturar o grão no dia de sabat?" Ao que André respondeu: "Mas estamos famintos e trituramos apenas o suficiente para as nossas necessidades. E desde quando se tornou pecado comer grão no sábado?" E os fariseus responderam: "Nada de mal, em comer, mas tu estás contra a lei quando arrancas e trituras o grão entre as mãos; o teu Mestre certamente não aprovaria tais atos". E então André disse: "Mas se não é errado comer o grão, certo é que o esfregar, entre as nossas mãos, dificilmente é mais trabalho do que mastigar o grão; e isso é permitido. Qual motivo vos leva a preocuparem com tais minúcias de pouca importância?" Quando André sugeriu que estavam apegando-se a picuinhas, eles ficaram indignados e, correndo até onde Jesus caminhava, falando com Mateus, eles protestaram: "Olhai, Instrutor, os teus apóstolos fazem o que está fora da lei, no sábado; eles arrancam, amassam e comem o grão. Estamos seguros de que tu irás mandar que eles parem". E então Jesus disse aos acusadores: "Vós sois de fato zelosos com a lei, e fazeis bem em lembrar que deveis manter santificado o dia de sabat. Todavia, nunca lestes nas escrituras que, num dia em que Davi estava faminto, ele e aqueles que o acompanhavam entraram na casa de Deus e comeram o pão das oferendas, das quais não seria legal que ninguém comesse, a não ser os sacerdotes? E Davi também deu desse pão àqueles que estavam com ele. E não lestes na vossa lei, que temos o direito de fazer muitas coisas que são imprescindíveis, no sábado? E não vos verei, antes do dia terminar, comendo aquilo que trouxestes para as necessidades desse dia? Meus bons homens fazeis bem em serdes zelosos com o dia de sábado, mas faríeis melhor se guardásseis a saúde e o bem-estar dos vossos semelhantes. Eu declaro que o sábado foi feito para o homem e não o homem para o sábado. E, se estais presentes aqui conosco, para guardar as minhas palavras, então eu proclamarei abertamente que o Filho do Homem é senhor até mesmo do sábado".

Os fariseus ficaram atônitos e confundidos com aquelas palavras de discernimento e de sabedoria. Pelo restante do dia, mantiveram-se sós e não ousaram fazer mais perguntas.

O antagonismo de Jesus contra as tradições e os cerimoniais judaicos escravizadores era sempre *positivo*. Consistia no que ele fazia e no que ele afirmava. O Mestre pouco gastou do seu tempo em denúncias negativas. Ele ensinou que aqueles que conhecem a Deus podem gozar da liberdade de viver sem enganarem-se a si próprios sobre as licenças do pecado. Disse Jesus aos seus apóstolos: "Homens, se fordes esclarecidos pela verdade e se realmente souberdes o que estais fazendo, sereis abençoados; mas se não conheceis o caminho divino, vós sereis infelizes e violadores da lei".

7. EM CAFARNAUM

Quando Jesus e os doze chegaram em Betsaida, de barco, passando por Tariquéia, já era o meio-dia da segunda-feira, 3 de maio. Atravessaram de barco para desviar daqueles que iam atrás deles. No dia seguinte, todavia, os outros, incluindo os espiões oficiais de Jerusalém, haviam alcançado Jesus de novo.

Na terça-feira à noite, Jesus estava dando uma das suas palestras costumeiras, na forma de perguntas e respostas, quando o líder dos seis espiões disse a ele: "Hoje, conversei com um dos discípulos de João, que se encontra aqui ouvindo ao teu ensinamento, e nós não conseguimos compreender por que tu nunca mandas aos teus discípulos que jejuem e orem como nós fariseus jejuamos e como João proclamava aos seus seguidores que o fizessem". E Jesus, referindo-se ao que tinha sido afirmado por João, respondeu ao seu interlocutor: "Acaso os acompanhantes nupciais do noivo jejuam, quando o noivo está com eles? Enquanto o noivo permanece com eles mal eles podem jejuar. Mas é chegado o tempo em que o noivo deve afastar-se e, durante esses tempos, os acompanhantes do noivo, à câmara nupcial, sem dúvida jejuarão e orarão. Orar é natural para os filhos da luz, mas jejuar não é uma parte do evangelho do Reino do céu. Lembrai-vos de que um alfaiate sábio não costura um pedaço de tecido novo e bem passado em uma roupa velha, para, ao ser molhado, o tecido não encolher nem causar um rasgo pior. E os homens também não colocam o vinho novo em odres velhos, para que o vinho novo não rompa a pele do odre, fazendo com que estraguem tanto o vinho quanto o odre. O homem sábio põe o vinho novo em odres de peles novas. E, portanto, os meus discípulos demonstram a sabedoria de não trazer muito da velha ordem para o ensinamento novo do evangelho do Reino. Para vós, que perdestes o vosso instrutor, pode justificar-se que jejuem por um determinado tempo. O jejum pode ser uma parte apropriada da Lei de Moisés, mas no Reino vindouro os filhos de Deus terão a experiência de serem livres do medo e de rejubilarem-se no espírito divino". Ao ouvirem essas palavras os discípulos de João ficaram confortados, ao passo que os próprios fariseus tornaram-se ainda mais confusos.

Então o Mestre prosseguiu, advertindo os seus discípulos para que não nutrissem a noção de que todos os velhos ensinamentos devem ser inteiramente substituídos por novas doutrinas. Disse Jesus: "Aquilo que é velho, mas que é também *verdade* deve permanecer. Do mesmo modo, aquilo que é novo, mas que é falso, deve ser rejeitado. Contudo, deveis ter a fé e a coragem para aceitar aquilo que é novo e que também é verdadeiro. Lembrai-vos do que está escrito: 'Não abandoneis um velho amigo, pois o novo não é comparável a ele. Um novo amigo é como um vinho novo; se envelhecer, vós bebereis dele com mais contentamento'".

8. A FESTA DA BONDADE ESPIRITUAL

Naquela noite, até bem após os ouvintes habituais haverem-se retirado, Jesus continuou a ensinar aos seus apóstolos. E começou essa instrução especial citando do profeta Isaías:

"'Por que jejuastes? Qual o motivo então para afligirdes vossas almas, se continuais a ter prazer na opressão e a deliciar-vos na injustiça? Vede, jejuais para poderdes contestar e discutir e para vos inflamar com os punhos da maldade. Contudo, não deveis jejuar desse modo, se tendes o intuito de fazer vossas vozes serem ouvidas no alto.

"'Teria sido esse o jejum que eu escolhi – um dia, para um homem afligir a sua alma? É necessário que ele incline a sua cabeça como o junco, vestindo-se de sacos e cobrindo-se de cinzas? Ousareis chamar a isso de jejum e de um dia aceitável, perante os olhos do Senhor? Não é esse o jejum que eu deveria escolher: o de romper as correntes da maldade, desfazer os nós das cargas pesadas, libertar o oprimido e arrebentar com todo o jugo? Não é para eu partilhar o meu pão com os famintos e levar à minha casa aqueles que são pobres, e que não têm teto? E, quando eu vir aqueles que estão despidos, colocarei roupa neles.

"'Então a vossa luz irromperá, como a manhã, e a vossa saúde aflorará rapidamente. A vossa retidão chegará antes de vós, enquanto a glória do Senhor manterá a vossa retaguarda. Então apelareis ao Senhor e Ele responderá; gritareis, e Ele dirá: Aqui estou Eu. E tudo isso Ele fará se vos abstiverdes da opressão, da condenação e da vaidade. O Pai deseja, mais, que sejais pródigos de coração para com os famintos, e que ministreis às almas afligidas; então a vossa luz brilhará na escuridão, e as vossas trevas serão mesmo como a luz do meio-dia. Então o Senhor guiar-vos-á continuamente, satisfazendo a vossa alma e renovando a vossa força. Vos transformareis em um jardim bem irrigado, como uma fonte cujas águas não faltam. E, aqueles que fazem essas coisas, restaurarão as glórias enfraquecidas; eles erigirão as fundações para muitas gerações; serão chamados os reconstrutores das paredes derrubadas, os restauradores dos caminhos seguros nos quais residir'".

E então, até tarde da noite, Jesus expôs aos seus apóstolos a verdade de que a própria fé, mantida por eles, era o que os deixava seguros quanto ao reino do presente e o Reino do futuro, e não a sua aflição de alma, nem o jejum para o corpo. Ele exortou os apóstolos a viver ao menos à altura das idéias do antigo profeta e expressou a esperança de que eles iriam progredir muito, à frente até mesmo dos ideais de Isaías e dos profetas mais antigos. As últimas palavras dele, naquela noite, foram: "Crescei em graça, por meio da fé viva que leva à compreensão do fato de que sois filhos de Deus e que, ao mesmo tempo, vos faz reconhecer em cada homem um irmão".

Quando Jesus terminou de falar já eram mais de duas horas da manhã e todos se recolheram para dormir.

DOCUMENTO 148

PREPARANDO OS EVANGELISTAS EM BETSAIDA

DESDE o dia 3 de maio até o dia 3 de outubro do ano 28 d.C., Jesus e o grupo apostólico permaneceram na residência de Zebedeu em Betsaida. Durante esse período de cinco meses na estação da seca, um acampamento enorme foi mantido à beira-mar, perto da residência de Zebedeu, a qual havia sido bastante ampliada para acomodar a sempre crescente família de Jesus. Esse acampamento à beira-mar, ocupado por uma população de buscadores da verdade, de candidatos à cura e de fervorosos da curiosidade, os quais se alternavam sempre, abrigava de quinhentas a mil e quinhentas pessoas. Essa cidade de tendas estava sob a supervisão geral de Davi Zebedeu, ajudado pelos gêmeos Alfeus. O acampamento era um modelo de higiene, de ordem e administração geral. Doentes de tipos variados ficavam separados e sob a supervisão de um crente médico, um homem sírio chamado Elman.

Durante esse período, os apóstolos iam pescar pelo menos uma vez por semana, vendendo a Davi o que pegavam, para o consumo do acampamento à beira-mar. Os fundos recebidos iam para as economias do grupo. Aos doze era permitido passar uma semana por mês com as suas famílias ou amigos.

Enquanto André continuava como encarregado geral das atividades apostólicas, Pedro ficava encarregado inteiramente da escola dos evangelistas. Cada um dos apóstolos tinha a sua parte no ensino aos grupos de evangelistas, todas as manhãs e, tanto os instrutores quanto os alunos ensinavam ao povo durante as tardes. Depois da refeição da noite, cinco noites por semana, os apóstolos dirigiam horas de perguntas e respostas para aprimorar os evangelistas. Uma vez por semana Jesus presidia essa hora de perguntas, respondendo às questões não respondidas nas sessões anteriores.

Durante cinco meses, milhares de pessoas vieram a esse acampamento e partiram. Pessoas interessadas, de todas as partes do império romano e das terras no leste do Eufrates, formavam a audiência freqüente. Esse foi o período estabelecido e bem organizado mais longo de ensinamento do Mestre. A família pessoal de Jesus passou a maior parte desse período em Nazaré ou em Caná.

O acampamento não era dirigido como uma comunidade de interesses comuns, como o era a família apostólica. Davi Zebedeu administrava essa grande cidade feita de tendas, de um modo tal que ela se tornou uma empresa auto-sustentada, mas nem por isso ninguém jamais foi rejeitado lá. Esse acampamento, cujos residentes estavam sempre mudando, representava um aspecto indispensável da escola de aperfeiçoamento evangélico de Pedro.

1. UMA NOVA ESCOLA PARA PROFETAS

Pedro, Tiago e André formavam o comitê indicado por Jesus para admitir os candidatos à escola dos evangelistas. Todas as raças e nacionalidades do mundo romano, do leste e do oeste, mesmo de um lugar tão distante quanto a Índia, estavam representadas entre os estudantes nessa nova escola de profetas. Era uma escola dirigida à atividade do aprender e do fazer. O que os estudantes aprendiam durante a manhã, eles ensinavam aos que se reuniam à tarde, à beira-mar. Depois do almoço eles discutiam informalmente tanto o aprendizado da parte da manhã quanto o que haviam ensinado à tarde.

Cada um dos professores apostólicos ensinava segundo a própria visão do evangelho do Reino. Nenhum esforço era feito para ensinarem de um modo uniforme; não havia uma formulação padronizada, nem dogmatizada das doutrinas teológicas. Embora todos eles ensinassem *a mesma verdade*, cada apóstolo apresentava a sua própria interpretação pessoal do ensinamento do Mestre. E Jesus aprovava tais apresentações diversas, de experiências pessoais com as coisas do Reino, e coordenando infalivelmente e harmonizando tais visões múltiplas e divergentes do evangelho, durante as horas semanais nas quais dava as respostas. Não obstante esse alto grau de liberdade pessoal em relação às questões a serem ensinadas, Simão Pedro tinha a tendência de dominar a teologia da escola dos evangelistas. Depois de Pedro, Tiago Zebedeu exercia a maior influência pessoal.

Os mais de cem evangelistas treinados durante esses cinco meses à beira-mar representavam o corpo do qual (exceto Abner e os apóstolos de João) foram retirados os futuros setenta educadores e pregadores do evangelho. A escola de evangelistas não teve tudo em comum e no mesmo grau que os doze tiveram.

Esses evangelistas, embora ensinassem e pregassem o evangelho, não batizavam os crentes antes que fossem designados e ordenados por Jesus como os setenta mensageiros do Reino. Apenas sete, do grande número daqueles que haviam sido curados ao entardecer naquele local, encontravam-se entre esses estudantes evangélicos. O filho do nobre de Cafarnaum era um dos treinados para o serviço do evangelho na escola de Pedro.

2. O HOSPITAL DE BETSAIDA

Ligado ao acampamento à beira-mar e com a assistência de um corpo de vinte e cinco jovens mulheres e de vinte homens, Elman, o médico sírio, organizou e conduziu durante quatro meses o que deveria ser considerado como o primeiro hospital do Reino. Nessa enfermaria, localizada a uma curta distância ao sul da principal cidade das tendas, eles tratavam os doentes de acordo com os métodos materiais conhecidos e também segundo as práticas espirituais de encorajamento pela oração e pela fé. Jesus visitava os doentes desse acampamento nada menos do que três vezes por semana e fazia contato pessoal com cada um dos sofredores. Até onde sabemos, nenhum chamado milagre de cura supranatural ocorreu entre as mil pessoas afligidas e doentes que saíram bem melhores ou mesmo curadas, dessa enfermaria. Contudo, a grande maioria desses indivíduos beneficiados não parou de proclamar que Jesus os havia curado.

Muitas das curas efetuadas por Jesus, ligadas à sua ministração aos pacientes de Elman, de fato, assemelhavam-se a milagres, contudo foi indicado a nós que se tratava apenas de transformações da mente e do espírito, tais como as que podem ocorrer na vivência de pessoas em expectativa, e dominadas pela fé, quando estão sob a influência imediata e inspiradora de uma personalidade forte, positiva e benéfica, cuja ministração expulsa o medo e põe fim à ansiedade.

Elman e os seus companheiros esforçaram-se para ensinar a esses doentes a verdade sobre a "possessão pelos maus espíritos", mas tiveram pouco êxito. A crença de que a doença física e o desarranjo mental poderiam ser causados pela presença de espíritos chamados impuros, na mente ou no corpo da pessoa afligida, era quase universal.

Em todo esse contato com os doentes e afligidos, quando se tratava da técnica de tratamento ou da revelação de causas desconhecidas para a doença, Jesus não desconsiderou as instruções de Emanuel, o seu irmão do Paraíso, dadas antes de ter embarcado na aventura da encarnação de Urântia. Não obstante isso, aqueles que ministravam aos doentes aprenderam muitas lições úteis, observando o modo pelo qual Jesus inspirava fé e confiança nos doentes e nos sofredores.

O acampamento dispersou-se pouco antes que se aproximasse a estação na qual ocorrem as epidemias de resfriados e febres.

3. OS ASSUNTOS DO PAI

Durante esse período, Jesus conduziu por doze vezes ao menos os serviços públicos no acampamento e falou apenas uma vez na sinagoga de Cafarnaum, no segundo sábado antes da partida deles junto com os evangelistas recém-treinados para a segunda viagem de pregação pública na Galiléia.

Desde o seu batismo, o Mestre não passara tanto tempo na solidão quanto neste período do acampamento de aperfeiçoamento dos evangelistas, em Betsaida. Quando um dos apóstolos aventurava-se a perguntar a Jesus por que ele havia-se afastado de todos por tanto tempo, ele responderia invariavelmente que estava "cuidando dos negócios do Pai".

Durante esses períodos de ausência, Jesus estivera acompanhado apenas por dois dos apóstolos. Ele havia liberado Pedro, Tiago e João temporariamente do compromisso de acompanhantes pessoais para que eles pudessem participar também do trabalho de aperfeiçoamento dos novos candidatos evangelistas, cujo número era acima de cem. Quando o Mestre desejava ir para as colinas cuidar dos assuntos do Pai, ele chamava para acompanhá-lo qualquer um dos apóstolos que estivesse livre. Desse modo todos os doze desfrutaram de uma oportunidade de ligação reservada e de contato direto íntimo com Jesus.

Não foi revelado, aos propósitos deste registro, mas nós fomos levados a inferir que, durante muitas dessas permanências solitárias nas colinas, o Mestre tenha estado em contato direto e em ligação, para fins organizadores, com os seus principais diretores de assuntos do universo. Desde o tempo do seu batismo, aproximadamente, o Soberano encarnado do nosso universo tornava-se cada vez mais ativo e consciente na direção de determinados assuntos da administração do universo. E nós temos sempre sustentado a opinião de que, de algum modo não revelado aos seus colaboradores imediatos, durante essas semanas de menor participação nos assuntos da Terra, ele pudesse estar empenhado na direção daquelas altas inteligências espirituais, encarregadas de dirigir um vasto universo. E o Jesus humano escolheu então denominar essas suas atividades como sendo "os assuntos do meu Pai".

Muitas vezes, quando Jesus estava sozinho durante horas e acontecia que dois dos seus apóstolos se encontravam por perto, eles observavam as suas feições passarem por alterações rápidas e numerosas, embora eles não o escutassem dizendo nenhuma palavra. E também eles não observavam nenhuma manifestação visível de seres celestes que poderiam ter estado em comunicação com o seu Mestre, como aquelas que alguns deles testemunharam em ocasião posterior.

4. O MAL, O PECADO E A INIQÜIDADE

Era hábito de Jesus manter uma conversa especial, por duas noites a cada semana, com indivíduos que desejavam falar com ele, em um certo canto isolado e abrigado do jardim de Zebedeu. Numa dessas conversas noturnas em particular, Tomé fez ao

Mestre esta pergunta: "Por que é necessário para os homens nascerem do espírito para entrar no Reino? O renascimento é necessário para escapar do controle do maligno? Mestre, o que é o mal?" Quando ouviu essas perguntas, Jesus disse a Tomé:

"Não cometas o erro de confundir o *mal* com o *maligno*, a quem, mais corretamente, chamaremos de *iníquo*. Aquele a quem tu chamas de maligno é filho do amor-próprio, é o alto administrador que deliberadamente entrou em rebelião consciente contra o governo do meu Pai e seus Filhos leais. Mas eu já triunfei sobre esses rebeldes pecadores. Que fique claro, na tua mente, como são diferentes a atitudes para com o Pai e o seu universo. Nunca te esqueças dessas leis de relação com a vontade do Pai:

"O mal é a transgressão inconsciente ou não intencional da lei divina, a vontade do Pai. O mal é, do mesmo modo, a medida da imperfeição da obediência à vontade do Pai.

"O pecado é a transgressão consciente, consabida e deliberada da lei divina, a vontade do Pai. O pecado é a medida da falta de vontade de ser conduzido divinamente e dirigido espiritualmente.

"A iniqüidade é a transgressão voluntária, determinada e persistente da lei divina, a vontade do Pai. A iniqüidade é a medida da rejeição continuada do plano de amor do Pai para a sobrevivência da personalidade e da ministração misericordiosa de salvação do Filho.

"Por natureza, antes do renascimento do espírito, o homem mortal fica sujeito a tendências inerentes para o mal, mas tais imperfeições naturais de comportamento não são pecado, nem iniqüidade. O homem mortal está apenas começando a sua longa ascensão até a perfeição do Pai no Paraíso. Ser imperfeito ou parcial, por limitação dos dons naturais, não é pecaminoso. O homem está de fato sujeito ao mal, mas ele não é, em nenhum sentido, um filho do maligno, a menos que ele tenha consciente e deliberadamente escolhido os caminhos do pecado e da vida da iniqüidade. O mal é inerente à ordem natural deste mundo, mas o pecado é uma atitude de rebelião consciente que foi trazida a este mundo por aqueles que caíram da luz espiritual entrando em trevas espessas.

"Tomé, estás confuso por causa das doutrinas dos gregos e dos erros dos persas. Não compreendes as relações entre o mal e o pecado porque visualizas a humanidade como tendo começado na Terra, com um Adão perfeito que se degenerou rapidamente, por pecado, até o estado deplorável atual do homem. Mas por que te recusas a compreender o significado do registro que revela que Caim, filho de Adão, foi para a terra de Nod e lá tomou uma mulher como esposa? E por que te recusas a interpretar o significado do registro que retrata os filhos de Deus encontrando esposas para si próprios entre as filhas dos homens?

"Os homens, de fato, são maus por natureza; mas não necessariamente pecadores. O novo nascimento – o batismo do espírito – é essencial para a libertação do mal e necessário para a entrada no Reino do céu; mas nada disso contradiz o fato de o homem ser filho de Deus. E a inerente presença, em potencial, do mal, não significa que o homem esteja, de um modo misterioso, apartado do Pai do céu, de uma maneira tal que, como se fora um estranho e um forasteiro, ou um filho adotado, deva buscar a adoção legal do Pai, de algum modo. Todas essas noções nascem, em primeiro lugar, do teu entendimento errado do Pai e, em segundo lugar, da tua ignorância da origem, natureza e destino do homem.

"Os gregos e outros povos ensinaram a ti que o homem descende da melhor perfeição, tendo caído diretamente no olvido ou destruição; eu vim para mostrar-te que, com a entrada no Reino, o homem está ascendendo segura e certamente até Deus e a perfeição divina. Qualquer ser que, de alguma maneira, não alcança os ideais divinos e espirituais da vontade do Pai eterno é potencialmente mau, mas tais seres não são, em nenhum sentido, pecadores e menos ainda iníquos.

"Tomé, já não leste sobre isso nas escrituras? Onde está escrito: 'Vós sois filhos do Senhor o vosso Deus'. 'Eu serei o seu Pai e ele será o meu filho.' 'Eu o escolhi para ser o meu filho – eu serei o seu Pai.' 'Trazei os meus filhos e as minhas filhas de longe, dos confins da Terra; e até mesmo a todos os que são chamados pelo meu nome, pois eu os criei para a minha glória.'Vós sois os filhos do Deus vivo.'Aqueles que têm o espírito de Deus de fato são os filhos de Deus.' Conquanto haja uma parte material do pai humano no filho natural, há uma parte espiritual do Pai celeste em todos os filhos, pela fé, do Reino".

Tudo isso e muito mais Jesus disse a Tomé, e os apóstolos compreenderam grande parte de tudo; no entanto, Jesus lhe advertiu para "não falar aos outros desses assuntos antes que eu tenha retornado para o Pai". E Tomé só mencionou essa entrevista depois que o Mestre havia já partido deste mundo.

5. O PROPÓSITO DA AFLIÇÃO

Numa outra dessas entrevistas particulares no jardim, Natanael perguntou a Jesus: "Mestre, embora eu esteja começando a entender por que tu te recusas a praticar indiscriminadamente a cura, eu ainda não consigo compreender por que o Pai celeste, cheio de amor, permite que tantos dos seus filhos na Terra sofram de tamanhas aflições". O Mestre respondeu a Natanael, dizendo:

"Natanael, tu e muitos outros estão perplexos assim porque tu não compreendes como a ordem natural deste mundo tem, por tantas vezes, sido desorganizada pelas aventuras pecaminosas de alguns traidores rebeldes para com a vontade do Pai. E eu vim para começar a colocar essas coisas em ordem. Mas muitas idades serão necessárias para reorientar e devolver esta parte do universo ao caminho anterior e, assim, libertar os filhos dos homens das cargas adicionais vindas do pecado e da rebelião. A presença do mal por si só é um teste suficiente para a ascensão do homem – o pecado não é essencial à sobrevivência.

"No entanto meu filho, deverias saber que o Pai não aflige aos seus filhos propositalmente. O homem traz aflições desnecessárias a si próprio, em vista da sua recusa persistente de conduzir-se dentro dos melhores caminhos da vontade divina. A aflição existe potencialmente no mal, mas grande parte dela foi produzida pelo pecado e pela iniquidade. Muitos eventos incomuns tiveram lugar neste mundo; não é estranho que todos os homens que pensam acabem perplexos com as cenas de sofrimento e de aflição que testemunham. Mas de uma coisa tu podes estar certo: O Pai não envia a aflição como uma punição arbitrária para o erro. As imperfeições e as limitações do mal são inerentes ao mesmo; as punições para o mal são inevitáveis; as consequências destrutivas da iniquidade são inexoráveis. O homem não deveria culpar a Deus por essas aflições, que são o resultado natural da vida que ele escolhe viver; nem deveria o homem reclamar das experiências que são parte da vida como é vivida neste mundo. A vontade do Pai é que o homem mortal devesse trabalhar com persistência, e coerentemente, no sentido da melhora do seu estado na Terra. O empenho inteligente capacitaria o homem a superar grande parte da sua miséria terrena.

"Natanael, parte da nossa missão é ajudar os homens a resolverem os seus problemas espirituais e, desse modo, vivificar as suas mentes de um modo tal que eles possam estar mais bem preparados e inspirados para resolver os seus múltiplos problemas materiais. Eu sei da tua confusão quando leste as escrituras. Muito freqüentemente tem prevalecido a tendência de atribuir a Deus a responsabilidade por tudo o que a ignorância do homem não o deixa compreender. O Pai não é pessoalmente responsável por tudo aquilo que não podes compreender. Não duvides do amor do Pai apenas por acontecer que alguma lei justa e sábia, ordenada por Ele, acabe afligindo-te talvez por teres, inocente ou deliberadamente, transgredido a essa ordem divina.

"No entanto, Natanael, há muitas coisas nas escrituras que te teriam servido de instrução, se as tivesses lido com discernimento. Não te lembras de que está escrito: 'Meu filho, não desprezes o castigo do Senhor, nem te aborreças com a Sua correção, pois o Senhor corrige àquele a quem ama, do mesmo modo que o Pai corrige o filho em quem Se compraz'. 'O Senhor não tem intenção de afligir.' 'Antes de ser afligido, eu me desviei, mas agora observo a lei. A aflição foi benéfica, para que eu pudesse aprender os estatutos divinos'.'Conheço os vossos sofrimentos. O Deus eterno é vosso refúgio, enquanto embaixo mantém os Seus braços eternos'. 'O Senhor é também um refúgio para os oprimidos, um ancoradouro de descanso nos tempos de complicações'. 'O Senhor fortalecerá quem que cai no leito da aflição; o Senhor não esquecerá os doentes'. 'Como um pai demonstra compaixão pelos seus filhos, também o Senhor é compassivo para com aqueles que O temem. Ele conhece vosso corpo; lembra-Se de que sois pó'. 'Ele cura os corações partidos, e fecha as feridas'. 'Ele é a esperança do pobre, a força do necessitado, na sua angústia, um Refúgio na tempestade e uma Sombra em um calor devastador'. 'Ele dá poder aos fracos; daqueles que não têm nenhum poder, Ele aumenta as forças'. 'Ele não quebrará uma cana já lascada, e a fibra em chama Ele não apagará'. 'Quando passares pelas águas da aflição, Eu estarei contigo e, quando os rios da adversidade te submergirem, Eu não te abandonarei'. 'Ele enviou-me para fechar as feridas no teu coração alquebrado, para proclamar a liberdade aos cativos, e para confortar a todos os que pranteiam'. 'A correção acompanha o sofrimento; a aflição não brota do pó'."

6. O MAL-ENTENDIDO DO SOFRIMENTO — O DISCURSO SOBRE JÓ

Nessa mesma noite em Betsaida, João também perguntou a Jesus por que tantas pessoas aparentemente inocentes sofriam de tantas doenças e passavam por tantas aflições. Ao responder às perguntas de João, entre muitas outras coisas, o Mestre disse:

"Meu filho, tu não compreendes o significado da adversidade nem a missão do sofrimento. Tu não leste aquela obra-prima da literatura semita – a história das aflições de Jó nas escrituras? Tu não te lembras que essa parábola maravilhosa começa com o recital da prosperidade material do servo do Senhor? Tu te lembras bem de que Jó era abençoado com filhos, saúde, dignidade, posição, riqueza e tudo o mais que os homens valorizam nesta vida temporal. De acordo com os ensinamentos, há tanto tempo respeitados, dos filhos de Abraão, a prosperidade material seria uma evidência, suficiente por si mesma, do favorecimento divino. No entanto as posses materiais e a prosperidade temporal não indicam nenhum favorecimento de Deus.

Meu Pai do céu ama os pobres tanto quanto os ricos; Ele não faz acepção de pessoas, não tem preferências por ninguém.

"Embora a transgressão da lei divina seja, mais cedo ou mais tarde, seguida da colheita da punição e, conquanto os homens certamente colham o que semeiam, tu ainda devias saber que o sofrimento humano nem sempre é uma punição por um pecado anterior. Tanto Jó, quanto os seus amigos, não conseguiram encontrar a verdadeira resposta para o motivo das próprias perplexidades. E, com a luz de que agora tu desfrutas, dificilmente poderias atribuir, seja a Satã, seja a Deus, os papéis que eles têm nessa parábola singular. Embora Jó não tenha encontrado, por meio do sofrimento, a solução dos seus problemas intelectuais, nem a resolução para as suas dificuldades filosóficas, ele conseguiu grandes vitórias; e, mesmo diante do desmoronamento das suas defesas teológicas, ele ascendeu até aquelas alturas espirituais, de onde ele podia dizer sinceramente: 'eu abomino a mim próprio'; então foi concedida a ele a salvação de ter uma *visão de Deus*. E assim, por meio de um sofrimento incompreendido, Jó ascendeu a um plano supra-humano de compreensão moral e de discernimento espiritual interno. Quando o servidor que sofre consegue ter uma visão de Deus, segue-se uma paz de alma que ultrapassa toda a compreensão humana.

"O primeiro dos amigos de Jó, Elifas, exortou-o como sofredor a demonstrar, durante suas aflições, a mesma fortaleza que ele havia indicado aos outros durante os dias de sua prosperidade. Esse falso confortador disse: 'Confia na tua religião, Jó; lembra-te de que é o perverso e não o justo que sofre. Tu deves merecer esse castigo, ou então não estarias aflito. Tu bem sabes que nenhum homem pode ser reto aos olhos de Deus. Tu sabes que o perverso nunca realmente prospera. De qualquer modo, o homem parece estar predestinado a ter problemas e talvez o Senhor esteja apenas castigando-te para teu próprio bem'. Não é de espantar que o pobre Jó não tivesse conseguido nenhum conforto com essa interpretação para o problema do sofrimento humano.

"Mas o conselho de seu segundo amigo, Bildad, foi mais deprimente ainda, não obstante sua integridade, do ponto de vista da então aceita teologia. Disse Bildad: 'Deus não pode ser injusto. Os teus filhos devem ter sido pecadores já que faleceram; e tu deves estar cometendo algum erro, pois de outro modo não estarias tão aflito. E, se de fato és reto, Deus certamente irá libertar-te das aflições. Deverias aprender, da história das relações de Deus com o homem, que o Todo-Poderoso apenas destrói os malvados'.

"E, então, tu te lembras como Jó respondeu aos amigos, dizendo: 'Eu bem sei que Deus não me ouve clamando por ajuda. Como pode Deus ser justo e, ao mesmo tempo, desconsiderar completamente minha inocência? Estou aprendendo que não posso ter nenhuma satisfação apelando para o Todo-Poderoso. Acaso não podeis discernir que Deus tolera a perseguição que os malvados fazem aos bons? E, já que o homem é tão fraco, com que possibilidade ele conta para ter consideração nas mãos de um Deus onipotente? Deus me fez como eu sou e, quando Ele volta-se assim contra mim, fico indefeso. E por que Deus me teria criado, apenas para sofrer desse jeito miserável?'

"E quem pode objetar-se à atitude de Jó, em face do conselho dos seus amigos e das idéias errôneas sobre Deus, as quais ocuparam a sua mente? Não vês que Jó aspirava por um Deus *humano*, que tinha fome de comungar com um Ser divino que conhece o estado mortal do homem e entende que o justo deve sempre sofrer na inocência, como uma parte dessa primeira vida da longa ascensão ao Paraíso? E a razão que fez o Filho do Homem vir do Pai, para viver esta vida na carne, é para que ele se torne capaz de confortar e de socorrer a todos aqueles que devem, doravante, ser chamados para suportar as aflições de Jó.

"Então o terceiro amigo de Jó, Zofar, pronunciou palavras menos confortantes ainda, quando disse: 'É tolice tua pretender que estás na retidão, estando assim tão aflito. Mas eu admito que é impossível compreender os caminhos de Deus. Talvez haja algum propósito oculto em todas essas misérias'. E, depois de haver escutado todos os três amigos,

Jó apelou diretamente a Deus pedindo ajuda, advogando que 'o homem, nascido de mulher, é pobre de dias e rico de complicações'.

"E então começou a segunda sessão com seus amigos. Elifas tornou-se mais austero, acusador e sarcástico. Bildad ficou indignado com o desprezo de Jó por seus amigos. Zofar reiterou seu conselho melancólico. Jó a essa altura havia ficado enojado com tais amigos e apelou de novo para Deus; agora suplicava a um Deus justo, em oposição ao Deus da injustiça, incorporado na filosofia de seus amigos e mantido mesmo, em um relicário, por sua própria atitude religiosa. Em seguida, Jó buscou refúgio na consolação de uma vida futura, na qual as injustiças da existência mortal pudessem ser compensadas com mais equanimidade. O fracasso de receber a ajuda do homem leva Jó a Deus. E então acontece, no seu coração, a grande batalha entre a fé e a dúvida. Finalmente, o sofredor humano começa a ver a luz da vida; e sua alma torturada ascende a novos níveis em esperança e coragem; ele pode continuar sofrendo e mesmo morrer, mas a sua alma agora esclarecida profere aquele grito de triunfo: 'O meu Reivindicador vive!'

"Jó estava totalmente certo quando colocou em dúvida a doutrina de que Deus aflige os filhos no fito de punir os pais. Jó esteve sempre pronto a admitir que Deus é reto e justo, mas Jó almejava uma revelação do caráter pessoal do Eterno, que satisfizesse a alma. E essa é a nossa missão na Terra. Não mais será negado, aos mortais sofredores, o conforto de conhecerem o amor de Deus e de compreenderem a misericórdia do Pai que está no céu. Conquanto o discurso de Deus, falando de dentro de uma tempestade, tivesse sido um conceito majestoso, para a época em que foi proferido, vós já aprendestes que o Pai não Se revela desse modo. Ele fala, sim, dentro do coração humano e com uma voz calma e suave, que diz: 'Este é o caminho; caminhe por ele'. E tu não compreendes que Deus reside dentro de ti, que Ele transformou-Se no que tu és, para que Ele possa fazer de ti o que Ele é".

Então Jesus fez a sua afirmação final: "O Pai no céu não aflige os filhos dos homens por seu próprio desejo. O homem sofre, em primeiro lugar, por causa dos acidentes do tempo e das imperfeições do mal numa existência física imatura. Em seguida, ele sofre as conseqüências inexoráveis do pecado – a transgressão das leis da vida e da luz. E finalmente o homem faz a colheita da sua própria e iníqua persistência na rebelião contra o governo justo do céu sobre a Terra. Mas as misérias do homem não são uma visitação *pessoal* de julgamento divino. O homem pode fazer, e irá fazer, muito, para minimizar os seus sofrimentos temporais. Mas, de uma vez por todas, libertai-vos da superstição de que Deus aflige o homem a comando daquele que é o maligno. Estudai o Livro de Jó, para simplesmente descobrirdes quantas idéias errôneas de Deus podem nutrir até mesmo os homens bons e sinceros. E, então, observai como, até mesmo aquele Jó, dolorosamente afligido, encontrou o Deus confortador e salvador, a despeito dos ensinamentos errôneos. Afinal a sua fé perfurou as nuvens do sofrimento e discerniu a luz da vida sendo vertida do Pai, como misericórdia de cura e equanimidade eterna".

João ponderou sobre essas palavras no seu coração, durante muitos dias. Toda a sua vida, depois disso, foi modificada de um modo marcante por causa dessa conversa com o Mestre no jardim; e, posteriormente, ele fez muito para levar os outros apóstolos a mudarem os seus pontos de vista a respeito da fonte, da natureza e do propósito das aflições humanas comuns. Mas João nunca falou dessa conversa, até que o Mestre tivesse partido.

7. O HOMEM DA MÃO DEFORMADA

No segundo sábado, antes da partida dos apóstolos e do novo corpo de evangelistas para a segunda viagem de pregações na Galiléia, Jesus falou na sinagoga de Cafarnaum sobre as "Alegrias de uma vida de retidão". Quando Jesus terminou o seu discurso, um grupo grande de mutilados, coxos, doentes e afligidos amontoou-se em volta dele, em busca de cura. Nesse grupo também estavam os apóstolos, muitos dos novos evangelistas e os espiões fariseus de Jerusalém. Para todos os lados que Jesus ia (exceto quando estava nas colinas, cuidando dos assuntos do Pai), por certo os seis espiões de Jerusalém o seguiriam.

O líder dos espiões fariseus, enquanto Jesus estava falando ao povo, induziu um homem com uma mão murcha a aproximar-se Jesus e perguntar-lhe se estaria dentro da lei se ele fosse curado no dia de sábado ou se deveria buscar ajuda em um outro dia. Quando viu o homem e ouviu as suas palavras, Jesus percebeu que havia sido enviado pelos fariseus, e disse: "Avança um pouco enquanto eu te faço uma pergunta. Se tu tivesses uma ovelha e se ela caísse em um fosso, no dia de sábado, tu estenderias a mão até ela, pegá-la-ia e a traria para fora? É da lei fazer tais coisas no dia de sábado?" E o homem respondeu: "Sim, Mestre, seria da lei fazer tal bem no dia de sábado". Então Jesus falou, dirigindo-se a todos eles: "Eu sei o motivo pelo qual enviastes este homem à minha presença. Vós gostaríeis de ter uma causa para inculpar-me, se pudésseis tentar-me a demonstrar misericórdia no dia de sábado. Pelo silêncio, todos vós concordastes que é da lei tirar a infeliz ovelha para fora do fosso, mesmo no sábado; e eu vos conclamo a testemunhar que é legal exibir amor e bondade no dia de sábado, não apenas aos animais, mas também aos homens. Bastante mais valioso do que uma ovelha é o homem! Eu proclamo que é legítimo fazer o bem aos homens, no dia de sábado". E como eles permaneciam diante de Jesus em silêncio, Jesus, dirigindo-se ao homem com a mão inválida, disse: "Fica aqui ao meu lado para que todos possam ver-te. E agora, para que todos possais ficar sabendo que é da vontade do meu Pai que vós façais o bem no dia de sábado, se tu tiveres a fé para seres curado, eu convoco-te a esticar a tua mão".

E, quando esse homem esticou a sua mão atrofiada, ela tornou-se sã. O povo havia decidido voltar-se contra os fariseus, mas Jesus ordenou-lhes que ficassem calmos, dizendo: "Eu vos disse apenas que é lícito fazer o bem no dia de sábado, salvar a vida, mas eu não vos instruí a fazer o mal, nem a dar vazão ao desejo de matar". Os fariseus enfurecidos foram-se dali e, não obstante aquele dia fosse um sábado, eles apressaram-se a ir até Tiberíades para conversar com Herodes, fazendo tudo o que estava ao alcance deles para despertar a prevenção dele, com o fito de assegurar os herodianos como aliados contra Jesus. Mas Herodes recusou-se a tomar medidas contra Jesus; e aconselhou-lhes que levassem as suas queixas a Jerusalém.

Esse é o primeiro caso de um milagre realizado por Jesus, como resposta ao desafio dos seus inimigos. E o Mestre realizou esse chamado milagre, não como uma demonstração do seu poder de curar, mas como um protesto efetivo contra transformar o descanso religioso do sábado em uma verdadeira escravidão a restrições sem sentido para toda a humanidade. Esse homem retornou para o seu trabalho de pedreiro, dando provas de ser um daqueles cuja cura foi seguida de uma vida de agradecimento e de retidão.

8. A ÚLTIMA SEMANA EM BETSAIDA

Na sua última semana de permanência em Betsaida, os espiões de Jerusalém estavam divididos quanto à sua atitude para com Jesus e seus ensinamentos. Três desses fariseus estavam altamente bem impressionados com o que eles tinham visto e ouvido. Nesse meio tempo, em Jerusalém, Abraão, um membro jovem e influente do sinédrio, esposou publicamente os ensinamentos de Jesus e foi batizado por Abner na piscina de Siloé. Toda Jerusalém ficou interessada por esse acontecimento; e mensageiros foram enviados imediatamente para Betsaida chamando de volta os seis espiões fariseus.

O filósofo grego que havia sido conquistado para o Reino, na viagem anterior pela Galiléia, retornou com uns certos judeus abastados de Alexandria; e uma vez mais eles convidaram Jesus para ir à cidade deles com o propósito de implantar uma escola de estudos conjuntos de filosofia e de religião, bem como uma enfermaria para os doentes. Mas Jesus declinou o convite de um modo cortês.

Por volta dessa época, chegou ao acampamento de Betsaida um profeta, em estado de transe, vindo de Bagdá, um certo Kirmet. Esse suposto profeta tinha visões estranhas quando ficava em transe e sonhava coisas fantásticas quando o seu sono era incomodado. Ele gerou uma perturbação considerável no acampamento; e Simão zelote era mais a favor de negociar do que de tratar rudemente o simulador, que se auto-enganava, mas Jesus interveio e permitiu a ele toda a liberdade de ação durante alguns dias. Todos aqueles que ouviram a sua pregação logo reconheceram que o seu ensinamento não era sadio, se visto segundo o evangelho do Reino. Em breve ele retornou para Bagdá, levando consigo apenas meia dúzia de almas instáveis e erráticas. Mas antes de Jesus ter intercedido pelo profeta de Bagdá, Davi Zebedeu, com a assistência de um comitê autoconvocado, havia levado Kirmet até o lago e, depois de mergulhá-lo repetidamente na água, havia aconselhado a ele partir logo dali – para organizar e construir o seu próprio acampamento.

Nesse mesmo dia, Bete-Marion, uma mulher fenícia, tornou-se tão fanática que ficou fora de si; depois de quase se afogar, tentando andar sobre as águas, foi mandada embora pelos seus amigos.

O novo convertido de Jerusalém, Abraão, o fariseu, deu todos os seus bens terrenos para os fundos apostólicos; e essa contribuição colaborou muito para possibilitar o envio imediato dos cem evangelistas recém-treinados. André havia já anunciado o final do acampamento, e todos já estavam preparados para retornar à casa ou seguir os evangelistas até a Galiléia.

9. CURANDO OS PARALÍTICOS

Na sexta-feira à tarde, 10 de outubro, Jesus participava do seu último encontro com os apóstolos, evangelistas e outros líderes do acampamento, que estava sendo desmontado, além dos seis fariseus de Jerusalém assentados na primeira fila nessa reunião na espaçosa e ampliada sala da frente da casa de Zebedeu, quando aconteceu um dos episódios mais estranhos e únicos de toda a vida terrena de Jesus. O Mestre estava, nesse momento, falando, na sala grande que havia sido construída para acomodar essas reuniões durante a estação das chuvas. A casa estava inteiramente cercada de uma grande multidão que forçava os seus próprios ouvidos para captar alguma parte das palavras de Jesus.

Enquanto, desse modo, a casa estava sendo atropelada pela gente e totalmente cercada por ouvintes ávidos, um homem, há muito afligido pela paralisia, veio, de Cafarnaum, em uma cadeirinha carregada pelos seus amigos. Esse paralítico soubera que Jesus estava para sair de Betsaida e, como conversara com Aaron, o pedreiro, que havia pouco tempo tinha sido curado, pediu que o carregassem até a presença de Jesus para buscar a cura. Os seus amigos tentaram entrar na casa de Zebedeu, não só pela porta da frente, mas também pela dos fundos, mas havia muita gente acotovelando-se ali. No entanto o paralítico recusou-se a aceitar esse malogro; pediu então aos seus amigos que buscassem escadas, e que subissem por elas ao telhado da sala onde Jesus estava falando. E assim, depois de retirar as telhas, ousadamente eles abaixaram o homem doente no seu assento, suspenso por cordas, até que o homem afligido estivesse no chão, exatamente na frente do Mestre. Quando Jesus viu o que eles haviam feito, parou de falar, enquanto aqueles que estavam ali na sala ficaram maravilhados com a perseverança do doente e dos seus amigos. E o paralítico disse: "Mestre, não gostaria de interromper o seu ensinamento, mas estou determinado a ser curado. Não sou como aqueles que receberam a cura e esqueceram-se imediatamente dos seus ensinamentos. Gostaria de ser curado para que possa servir ao Reino do céu". Ora, não obstante a aflição desse homem ter sido causada pela sua vida desregrada, Jesus, vendo a sua fé, disse ao paralítico: "Filho, não temas; os teus pecados estão perdoados. A tua fé salvar-te-á".

Quando os fariseus de Jerusalém, junto com outros escribas e advogados, que estavam assentados com eles, ouviram esse pronunciamento de Jesus, começaram a dizer a si próprios: "Como este homem ousa falar assim? Será que ele não entende que tais palavras são uma blasfêmia? Quem pode perdoar o pecado senão Deus?" Jesus percebeu, no seu espírito, que eles pensavam assim nas suas próprias mentes e falavam uns com os outros, então se dirigiu a eles, dizendo: "Por que pensam assim nos vossos corações? Quem sois para julgar-me? Qual a diferença entre eu dizer a este paralítico, os teus pecados estão perdoados; ou levanta, pega o seu leito e anda? Mas, após testemunharem tudo isso, para que possais finalmente saber que o Filho do Homem tem autoridade e poder na Terra para perdoar os pecados, eu direi a este homem afligido: Levanta, toma o teu assento e vá para a tua própria casa". E, depois de Jesus ter falado assim, o paralítico levantou-se e, à medida que lhe davam passagem, ele caminhava para fora perante todos. E aqueles que viram essas coisas ficaram assombrados. Pedro dispersou a assembléia, enquanto muitos oravam e glorificavam a Deus, confessando que nunca antes tinham visto acontecimentos tão estranhos.

E foi nesse momento que os mensageiros do sinédrio chegaram com o intuito de chamar os seis espiões para voltar a Jerusalém. Quando ouviram essa mensagem, eles entraram em um debate sério; e, depois de terem terminado as discussões, o líder e dois dos seus colaboradores retornaram com os mensageiros para Jerusalém; enquanto três dos fariseus espiões confessaram a sua fé em Jesus e, indo imediatamente ao lago, foram batizados por Pedro e recebidos na comunidade pelos apóstolos como filhos do Reino.

DOCUMENTO 149

A SEGUNDA CAMPANHA DE PREGAÇÃO

ASEGUNDA viagem de pregação pública pela Galiléia começou no domingo, 3 de outubro, do ano 28 d.C., e continuou por quase três meses, terminando no dia 30 de dezembro. Participando desse esforço estiveram Jesus e os doze apóstolos, assistidos pelo corpo de cento e dezessete evangelistas recém-recrutados; e por numerosas outras pessoas interessadas. Nessa viagem, eles visitaram Gadara, Ptolemais, Jafia, Dabarita, Megido, Jezrel, Citópolis, Tariquéia, Hipos, Gamala, Betsaida-Júlias e muitas outras cidades e aldeias.

Nesse domingo pela manhã, antes da partida, André e Pedro pediram a Jesus para dar as atribuições definitivas aos novos evangelistas, mas o Mestre eximiu-se de fazer isso dizendo que não era atribuição sua fazer as coisas que os outros podiam executar aceitavelmente. Depois da devida deliberação ficou decidido que Tiago Zebedeu administraria essas atribuições. Quando Tiago terminou as suas observações, Jesus disse aos evangelistas: "Ide fazer o trabalho segundo vos foi atribuído e, mais tarde, quando tiverdes mostrado que sois competentes e fiéis, eu vos darei a ordenação para pregardes o evangelho do Reino".

Nessa viagem, apenas Tiago e João foram junto com Jesus; Pedro e todos os outros apóstolos levaram consigo doze evangelistas e mantiveram um contato estreito com eles, enquanto faziam o trabalho de pregação e de ensinamento. Tão logo os crentes ficavam prontos para entrar no Reino, os apóstolos ministravam-lhes o batismo. Jesus e os seus dois companheiros viajaram bastante durante esses três meses, visitando freqüentemente duas cidades, a cada dia, com o fito de observar o trabalho dos evangelistas e estimulá-los nos seus esforços de estabelecimento do Reino. Essa segunda viagem de pregação foi principalmente um esforço para que esse corpo, de cento e dezessete evangelistas recém-preparados, pudesse adquirir experiência prática.

Durante esse período e, posteriormente, até o momento da partida final de Jesus e dos doze, para Jerusalém, Davi Zebedeu manteve, na casa do seu pai, em Betsaida, um centro permanente de apoio ao trabalho do Reino. Foi lá a sede-central da obra de Jesus na Terra e o centro de revezamento para o serviço de mensageiros mantidos por Davi, composto daqueles que faziam o trabalho em várias partes da Palestina e regiões adjacentes. Ele fez tudo isso por iniciativa própria, mas com a aprovação de André. Davi usou entre quarenta e cinqüenta mensageiros nesse serviço de informação da obra do Reino, que rapidamente se expandia. Empregando bem o seu tempo, ele ganhava a vida parcialmente, passando uma parte do tempo no antigo trabalho de pesca.

1. O RENOME DE JESUS

Na época em que foi desarmado o acampamento de Betsaida, o renome de Jesus, especialmente como curador, encontrava-se difundido em todas as partes da Palestina e por toda a Síria e países vizinhos. Durante semanas, depois de Jesus haver saído de Betsaida, os doentes ainda chegavam e, não encontrando o Mestre, ao saberem por meio de Davi onde ele estava, saiam atrás dele. Nessa viagem, deliberadamente, Jesus não fez nenhum chamado milagre de cura. Contudo, às dezenas, os afligidos encontraram a restauração da sua saúde e da felicidade, mediante o poder reconstrutivo da fé intensa que os impelia a buscar a cura.

Começou a surgir, por volta da época dessa missão – continuando durante o restante da vida de Jesus na Terra –, uma série especial e inexplicada de fenômenos de cura. No decorrer dessa viagem de três meses, mais de cem homens, mulheres e crianças da Judéia, Iduméia, Galiléia, Síria, Tiro e Sidom e vindos até de além do Jordão, foram beneficiados por essa cura inconsciente de Jesus e, ao retornarem para as suas casas, aumentaram a celebridade de Jesus. E faziam isso não obstante a recomendação, feita diretamente por Jesus ao beneficiário, de "não contar a ninguém", sempre que ele observava um desses casos de cura espontânea.

Nunca nos foi revelado com exatidão o que ocorreu nesses casos de cura espontânea e inconsciente. O Mestre nunca explicou, aos seus apóstolos, como essas curas foram efetuadas, a não ser dizendo meramente em várias ocasiões: "Eu percebo que uma força saiu de mim". Numa ocasião ele observou, quando tocado por uma criança que se curava: "Percebo que um pouco de vida exalou de mim".

Na ausência da palavra direta do Mestre, sobre a natureza desses casos de cura espontânea, seria presunçoso da nossa parte tentar explicar como foram realizadas; no entanto, nos será permitido registrar a nossa opinião sobre tais fenômenos de cura. Acreditamos que muitos desses milagres aparentes de cura, acontecidos ao longo da ministração terrena de Jesus, resultaram da coexistência das três seguintes influências, poderosas e fortes, em conjunto:

1. A presença de uma forte fé, dominante e viva, no coração do ser humano que buscava persistentemente a cura; e, junto, o fato de que essa cura estava sendo desejada pelos seus benefícios espirituais, mais do que pela simples restauração física.

2. A existência, concomitante com essa fé humana, da grande simpatia e da grande compaixão do Filho Criador de Deus, encarnado e dominado por uma misericórdia que na verdade possuía, por meio da sua pessoa, poderes e prerrogativas criativas de cura ilimitados, quase, e fora do tempo.

3. Junto com a fé da criatura e a vida do Criador, deveria ser também notado que esse Deus-homem era a expressão personificada da vontade do Pai. Quando, durante o contato entre a necessidade humana e o poder divino que vai ao encontro dessa necessidade, se a vontade do Pai não tiver sido diferente, esses dois tornam-se um, e a cura ocorre de modo inconsciente para o Jesus de natureza humana; mas a mesma é imediatamente reconhecida pela sua natureza divina. A explicação, então, para muitos desses casos de cura deve ser encontrada em uma grande lei há muito conhecida nossa; a saber: Aquilo que o Filho Criador deseja e que é da vontade do Pai eterno, É.

A nossa opinião, pois, é de que, na presença pessoal de Jesus, algumas formas de profunda fé humana *compelem*, literal e verdadeiramente, a manifestação da cura, em certas forças e personalidades criativas do universo, as quais estavam, na época, muito intimamente associadas ao Filho do Homem. Torna-se, portanto, um fato notório que Jesus proporcionava aos homens, freqüentemente, curarem a si próprios na presença dele, por meio da poderosa fé pessoal.

Muitos outros buscaram a cura com propósitos puramente egoístas. Uma viúva rica de Tiro, com a sua comitiva, chegou buscando ser curada das suas enfermidades, que eram muitas; e, enquanto seguia Jesus por toda a Galiléia, ela ia oferecendo mais e mais dinheiro, como se o poder de Deus fosse alguma coisa a ser comprada pela oferta mais elevada. Mas nunca tornou-se interessada no evangelho do Reino; apenas buscava a cura dos seus males físicos.

2. A ATITUDE DO POVO

Jesus compreendia as mentes dos homens. Ele sabia o que estava no coração do homem e, caso os seus ensinamentos tivessem sido mantidos como ele os apresentou, tendo como único comentário a interpretação inspirada oferecida pela sua vida terrena, todas as nações e religiões do mundo teriam mais do que depressa abraçado o evangelho do Reino. Os esforços bem-intencionados dos primeiros seguidores de Jesus, de restabelecer os seus ensinamentos, de modo a torná-los mais aceitáveis para certas nações, raças e religiões, apenas resultou em tornar tais ensinamentos menos aceitáveis para todas as outras nações, raças e religiões.

Num esforço para fazer com que os ensinamentos de Jesus fossem notados, mais favoravelmente, por certos grupos da sua época, o apóstolo Paulo escreveu muitas cartas de instrução e de admoestação. Outros instrutores do evangelho de Jesus fizeram também assim, mas nenhum deles imaginou que alguns desses escritos fossem ser reunidos, subseqüentemente, por aqueles que iriam apresentá-los como incorporados aos ensinamentos de Jesus. E assim, ao mesmo tempo em que o chamado cristianismo contém mais do evangelho do Mestre do que qualquer outra religião, ele também contém muita coisa que Jesus não ensinou. À parte a incorporação de diversos ensinamentos vindos dos mistérios persas e de muitos vindos da filosofia grega, ao cristianismo primitivo, dois grandes erros foram cometidos:

1. O esforço para ligar o evangelho diretamente à teologia judaica, como ilustrado pelas doutrinas cristãs da expiação – o ensinamento de que Jesus foi o Filho cujo sacrifício satisfaria a justiça severa do Pai e apaziguaria a ira divina. Esses ensinamentos originaram-se em um esforço louvável de tornar o evangelho do Reino mais aceitável aos judeus descrentes. Embora esses esforços tenham falhado em conquistar os judeus, eles não fracassaram em confundir e alienar muitas almas honestas das gerações futuras.

2. O segundo grande engano dos primeiros seguidores do Mestre, e que todas as gerações posteriores persistiram em perpetuar, foi organizar os ensinamentos cristãos tão completamente sobre *a pessoa* de Jesus. Essa ênfase exagerada da personalidade de Jesus, na teologia do cristianismo, colaborou para obscurecer os seus ensinamentos, e tudo isso tornou cada vez mais difícil para os judeus, os maometanos, os hindus e outros religiosos orientais aceitarem os ensinamentos de Jesus. Não é da nossa intenção diminuir o lugar da pessoa de Jesus, em uma religião que poderia levar o seu nome, mas não gostaríamos de possibilitar que essa consideração eclipsasse a sua vida inspirada nem que suplantasse a sua mensagem salvadora: A paternidade de Deus e a fraternidade entre os homens.

Os instrutores da religião de Jesus deveriam tentar uma aproximação de outras religiões, mais por meio de um reconhecimento das verdades comuns (muitas das quais vieram direta ou indiretamente da mensagem de Jesus) e abstendo-se de colocar tanta ênfase nas diferenças.

Naquela época em especial, conquanto o renome de Jesus repousasse principalmente na sua celebridade como curador, isso não quer dizer que devesse continuar assim. Com o passar do tempo, mais e mais ele era procurado para prestar uma ajuda espiritual. Mas foram as curas físicas que exerceram o apelo mais direto e imediato para a gente comum. Jesus ia sendo cada vez mais procurado pelas vítimas da escravização moral e problemas mentais e, invariavelmente, ele ensinava-lhes o caminho da libertação. Os pais buscavam o seu conselho sobre como administrar a educação dos filhos; e as mães buscavam ajuda para conduzir as filhas. Aqueles que estavam na escuridão vinham a Jesus, e ele revelava-lhes a luz da vida. O seu ouvido estava sempre aberto aos sofrimentos da humanidade, e ele sempre ajudou aqueles que buscaram a sua ministração.

Quando o próprio Criador estava encarnado na Terra, à semelhança da carne mortal, era inevitável que algumas coisas extraordinárias acontecessem. No entanto, nunca deveis abordar Jesus através dessas ocorrências, chamadas milagrosas. Aprendei a abordar e a entender o milagre através de Jesus, mas não cometais o erro de tentar compreender Jesus através do milagre. E essa advertência é justificada, não obstante Jesus de Nazaré ser o único fundador, de uma religião, a realizar atos supramateriais na Terra.

O mais surpreendente e mais revolucionário aspecto da missão de Michael na Terra foi a sua atitude para com as mulheres. Numa época e geração em que um homem não devia cumprimentar em local público nem mesmo a sua própria esposa, Jesus ousou levar mulheres como instrutoras do evangelho, na sua terceira viagem de ensinamentos na Galiléia. E teve a coragem consumada de fazer isso, a despeito do ensinamento dos rabinos que dizia: "Melhor que as palavras da lei sejam queimadas, do que entregues a mulheres".

Numa geração apenas, Jesus retirou as mulheres do esquecimento desrespeitoso e liberou-as da lida escravizadora dos tempos. E uma coisa vergonhosa na religião, a qual presumiu levar o nome de Jesus, é que a ela faltou a coragem moral para seguir esse nobre exemplo, posteriormente, nas suas atitudes para com a mulher.

Como Jesus misturava-se ao povo, todos o achavam inteiramente livre das superstições daquela época. Ele era livre de preconceitos religiosos e jamais demonstrava intolerância. Nada havia no seu coração que se pudesse assemelhar ao antagonismo social. Conquanto ele se pusesse de acordo com o que era bom na religião dos seus pais, ele não hesitou em desconsiderar as tradições, criadas pelos homens, da superstição e da servidão. Ele ousou ensinar que as catástrofes da natureza, os acidentes do tempo e outros acontecimentos calamitosos não são visitações do julgamento divino, nem misteriosas dispensações da Providência. Ele denunciou a devoção escravizadora a cerimoniais sem significado e denunciou a falácia do culto materialista. Proclamou arrojadamente a liberdade espiritual do homem e ousou ensinar que os mortais da carne são factual e verdadeiramente filhos do Deus vivo.

Jesus transcendeu a todos os ensinamentos dos seus antepassados quando, corajosamente, substituiu a exigência de lavar as mãos, concebendo como marca da verdadeira religião a limpeza do coração. Ele colocou a realidade no lugar da tradição e varreu todas as pretensões de vaidade e hipocrisia. E, ainda, este destemido homem de Deus não deu abertura para a crítica destrutiva, nem manifestou desconsideração para com os usos religiosos, sociais, econômicos e políticos da sua época. Não foi um militante revolucionário; foi um evolucionista progressivo. Jesus só se lançava à destruição daquilo que já *é* quando, simultaneamente, oferecia aos seus semelhantes a coisa superior que *deve ser*.

Jesus conseguia a obediência dos seus seguidores sem exigi-la. Apenas três dos homens que receberam o seu chamamento pessoal recusaram a aceitar o convite para o discipulado. Ele exercia uma força de atração especial sobre os homens, sem ser ditatorial. Merecia essa confiança, e nenhum homem jamais se ressentiu de receber um comando seu. Assumia a autoridade absoluta sobre os seus discípulos, sem que ninguém jamais opusesse objeção a isso. Permitia que os seus seguidores o chamassem de Mestre.

O Mestre era admirado por todos que o conheciam, exceto aqueles que alimentavam os preconceitos religiosos arraigados ou aqueles que julgavam enxergar perigos políticos nos seus ensinamentos. Os homens ficavam assombrados com a originalidade e a autoridade da sua instrução. Todos ficavam maravilhados com a sua paciência ao responder aos retrógrados e inoportunos. Jesus inspirava a esperança e a confiança nos corações de todos aqueles que estavam sob a sua ministração. Apenas aqueles que não o conheciam, temiam-no; e era odiado apenas por aqueles que o encaravam como o campeão, o possuidor da verdade que chegaria a derrotar o mal e o erro, os quais eles tinham escolhido manter nos seus corações, a qualquer custo.

Jesus exerceu uma influência forte e especialmente fascinante, tanto sobre os amigos como sobre os adversários. Multidões seguiriam-no durante semanas, apenas para ouvir as suas palavras plenas de graça e contemplar a sua vida simples. Homens e mulheres devotados amavam Jesus com um afeto quase supra-humano. E quanto mais o conheciam, tanto mais o amavam. E tudo isso é ainda pura verdade; ainda hoje, e em todas as idades futuras; quanto mais o homem conhece esse Deus-homem, mais o amará e quererá segui-lo.

3. A HOSTILIDADE DOS LÍDERES RELIGIOSOS

Não obstante a gente comum haver recebido Jesus e o seu ensinamento, favoravelmente, os líderes religiosos em Jerusalém iam ficando sempre mais alarmados e hostis. Os fariseus obedeciam a uma teologia sistemática e dogmática, já formulada. Jesus era um mestre que ensinou segundo a necessidade da ocasião; ele não era um instrutor sistemático. Jesus ensinou mais da vida do que da lei, por parábolas. (E quando ele empregava uma parábola, para ilustrar a sua mensagem, ele se dispunha a utilizar apenas *um* aspecto da história, com aquele propósito. Muitas idéias erradas envolvendo os ensinamentos de Jesus podem resultar de tentativas de tecer alegorias envolvendo as suas parábolas.)

Os líderes religiosos de Jerusalém estavam ficando desvairados quase por causa da conversão recente do jovem Abraão e com a deserção dos três espiões que haviam sido batizados por Pedro, e que agora estavam, junto com os evangelistas, nessa segunda viagem de pregações pela Galiléia. Os líderes judeus cada vez mais se cegavam, pelo medo e o preconceito; e os seus corações encontravam-se endurecidos pela sua rejeição continuada das verdades atraentes do evangelho do Reino. Quando os homens se fecham ao apelo feito ao espírito que reside neles, pouco há que se possa fazer para modificar a sua atitude.

Quando, pela primeira vez, Jesus encontrou-se com os evangelistas, no acampamento de Betsaida, ele disse, ao concluir a sua palestra: "Vós deveis lembrar-vos de que, no corpo e na mente – pela emoção –, os homens reagem individualmente. A única coisa em comum, ou *uniforme*, que eles possuem é o espírito residente. Embora os espíritos divinos possam variar em determinadas coisas, pela natureza e extensão da experiência que têm, eles reagem de um modo uniforme a todos os apelos espirituais. Por intermédio desse espírito e por um apelo a ele, apenas, poderá a humanidade alcançar a unidade e a irmandade". E muitos dos líderes dos judeus haviam fechado as portas dos seus corações ao apelo espiritual do evangelho. E não cessaram de planejar e de conspirar para a destruição do Mestre. Eles estavam convencidos de que Jesus deveria ser detido, condenado e executado, como um transgressor religioso, um violador dos ensinamentos fundamentais da lei sagrada judaica.

4. O DESENROLAR DA CAMPANHA DE PREGAÇÃO

Pouco trabalho público Jesus fez, nessa viagem de pregações, mas dirigiu muitas classes noturnas de instrução, com os crentes, na maior parte das cidades e aldeias onde teve a oportunidade de estar acompanhado de Tiago e João. Numa dessas sessões noturnas, um dos evangelistas mais jovens fez a Jesus uma pergunta sobre a ira, e o Mestre, respondendo, disse, entre outras coisas:

"A ira é uma manifestação material que, de um modo geral, representa a medida do fracasso da natureza espiritual de conquistar, a um tempo, o controle das naturezas intelectual e física. A ira indica a vossa falta de amor fraterno tolerante, somada à vossa falta de auto-respeito e autocontrole. A ira exaure a saúde, degrada a mente e limita a atuação do espírito que instrui a alma do homem. Não lestes nas escrituras que 'a raiva mata o homem tolo'; e que o homem 'dilacera-se na própria cólera'? Que 'aquele que tem a raiva lenta é de grande compreensão', ao passo que 'aquele que se irrita rapidamente, exalta a loucura'? Vós todos sabeis como 'uma resposta suave afasta a cólera'; e como 'palavras pesadas estimulam a raiva'. 'A prudência protela a cólera', enquanto 'aquele que não tem controle algum sobre o seu próprio ego é como uma cidade sem defesa e sem muros'. 'A ira é cruel e a raiva é ultrajante'. 'Os homens irados põem fogo na discussão, enquanto os furiosos multiplicam as suas transgressões'. 'Não sejais apressados em espírito, pois a ira repousa no seio dos tolos' ". Antes de terminar, Jesus ainda disse: "Deixa o teu coração ser dominado pelo amor, para que o teu espírito-guia tenha pouco trabalho em libertar-te da tendência de dar vazão àquelas explosões de fúria animal, que são incompatíveis com a posição de filiação divina".

Nessa mesma ocasião, o Mestre falou ao grupo sobre quão desejável é ter um caráter bem equilibrado. Reconheceu que é necessário, à maioria dos homens, devotar-se à maestria de alguma vocação, mas deplorava toda a tendência à superespecialização, que torna a mente pouco aberta e circunscrita às atividades do ganhar a vida. Chamou a atenção para o fato de que qualquer virtude, se levada ao extremo, pode transformar-se em um vício. Jesus sempre aconselhava a temperança e ensinava uma coerência – o ajustamento equilibrado aos problemas da vida. Destacou que um excesso de compaixão e de piedade pode degenerar-se em uma instabilidade emocional séria; que o entusiasmo pode conduzir ao fanatismo. Discorreu sobre um dos antigos colaboradores deles, a quem a própria imaginação tinha levado a empreendimentos visionários e impraticáveis. Ao mesmo tempo preveniu a todos contra os perigos do embotamento na mediocridade superconservadora.

E então Jesus discursou sobre os perigos da coragem e da fé, e como estas, algumas vezes, levam almas pouco prudentes até a temeridade e à presunção. E também mostrou como a prudência e a discrição, quando levadas até longe demais, chegam até a covardia e ao fracasso. Exortou os seus ouvintes a um esforço pela originalidade, evitando ao mesmo tempo toda a tendência à excentricidade. Ele defendeu a compaixão sem sentimentalismo, a piedade sem santimônia. E ensinou uma reverência liberta de temores e de superstição.

Não era tanto o que Jesus ensinava, sobre o caráter equilibrado, que impressionava àqueles que se ligaram a ele, era mais o fato de a sua própria vida ser um exemplo bastante eloqüente do seu ensinamento. Ele viveu em meio a uma tensão extenuante e em meio ao tumulto, mas nunca se deixou inquietar. Os seus inimigos armavam ciladas contínuas para ele, mas nunca se deixou apanhar. Os sábios e os instruídos tentaram fazê-lo tropeçar, mas ele não caiu. Buscaram confundi-lo com o debate; mas as suas respostas eram sempre esclarecedoras, condignas e definitivas. Quando era interrompido, nas suas palestras, com um excesso de perguntas, as suas respostas eram sempre relevantes e conclusivas. Nunca recorreu a táticas ignóbeis, ao enfrentar a pressão contínua dos seus adversários, que não hesitavam em empregar toda a sorte de modos falsos, injustos e iníquos para atacá-lo.

Ainda que seja verdade que muitos homens e mulheres devam aplicar-se assiduamente em alguma busca definida de uma vocação, para o sustento próprio, contudo é inteiramente desejável que os seres humanos cultivem uma gama ampla de conhecimentos culturais, sobre a vida como é vivida na Terra. As pessoas verdadeiramente instruídas não se satisfazem se permanecerem na ignorância sobre as vidas e sobre os feitos dos seus semelhantes.

5. A LIÇÃO SOBRE O CONTENTAMENTO

Certo dia, quando Jesus estava dando palestra ao grupo de evangelistas, trabalhando sob a supervisão de Simão zelote, durante a conferência da tarde, Simão perguntou ao Mestre: "Por que algumas pessoas são muito mais contentes e felizes do que as outras? O contentamento é uma questão ligada à experiência religiosa?" Entre outras coisas, em resposta à pergunta dele, Jesus disse:

"Simão, algumas pessoas são naturalmente mais felizes do que outras. E tudo depende muito, bastante mesmo, da disposição do homem de ser conduzido e dirigido pelo espírito do Pai, residente dentro dele. Acaso não lestes nas escrituras as palavras do homem sábio: 'O espírito do homem é a luz da vela do Senhor, perscrutando todas partes internas'? E, também, o que esses mortais guiados pelo espírito dizem: 'Os desígnios caíram dentro de mim em lugares convenientes; sim, eu herdei uma boa coisa'. 'O pouco que um homem reto tenha é melhor do que as riquezas de muitos homens maus', pois 'um bom homem tirará a satisfação de dentro de si'. 'Um coração feliz faz uma fisionomia alegre e é uma festa contínua. Melhor é ter só um pouco, fazendo reverência ao Senhor, do que ter um grande tesouro e complicações junto a Deus. Mais vale uma refeição de legumes e amor, do que um boi gordo e com ele o ódio. Melhor é o pouco, com justiça, do que grandes rendimentos, sem retidão'. 'Um coração contente causa o bem, tanto quanto um medicamento.' 'Melhor é o pouco cheio de serenidade do que a superabundância repleta de tristeza e vexação de espírito.'

"Grande parte da tristeza do homem advém do desapontamento com suas ambições e orgulho ferido. Embora os homens tenham, em relação a si mesmos, o dever de fazer o melhor nas suas vidas na Terra, eles deveriam, assim, havendo-se empenhado sinceramente e com contentamento, aceitar o que lhes cabe e voltar à pureza de tirar o melhor daquilo que lhes caiu nas mãos. São excessivos os problemas dos homens cuja origem é solo do temor natural dentro dos seus próprios corações. 'O homem do mal foge, mesmo quando ninguém o persegue'. 'O perverso é como o mar revolto: não pode descansar, mas suas águas lançam lama e sujeira; não há paz, declara Deus, para os malvados.'

DOCUMENTO 149: SEÇÃO 5

"Não busqueis, então, a paz falsa e a alegria transitória, mas, antes, buscai a certeza da fé e as seguranças da filiação divina, que trazem serenidade, contentamento e júbilo supremo para o espírito."

Jesus dificilmente considerava este mundo um "vale de lágrimas". Ele o via mais como "o vale da edificação das almas", a esfera do nascimento dos espíritos eternos e imortais de ascensão ao Paraíso.

6. O "TEMOR AO SENHOR"

Foi em Gamala, durante uma palestra noturna, que Filipe disse a Jesus: "Mestre, por que as escrituras nos instruem a 'temer o Senhor', enquanto tu gostarias que nós olhássemos para o Pai do céu sem medo? Como harmonizar esses ensinamentos?" E Jesus respondeu a Filipe, dizendo:

"Meus filhos, não me surpreendo ao me fazerdes tais perguntas. No começo foi apenas por meio do medo que o homem pôde aprender a reverenciar, mas eu vim para revelar o amor do Pai e de um modo tal que possais sentir-vos voltados para a adoração do Eterno, em vista da atração exercida pelo reconhecimento afetuoso de um filho e da reciprocidade do amor profundo e perfeito do Pai. Eu gostaria de libertar-vos da servidão que compele, num medo escravizador, ao serviço enfadonho de um Deus-Rei ciumento e irado. E gostaria de instruir-vos para um relacionamento Pai-filho, entre Deus e o homem, de modo a poderdes ser conduzidos, com júbilo, à adoração livremente sublime e superna de um Deus-Pai de amor, justiça e misericórdia.

"O 'temor ao Senhor' tem tido diferentes significados nas sucessivas eras; vindo do medo, passando pela angústia e o pavor, até a admiração e a reverência. E, atualmente, da reverência eu vos conduziria, por intermédio do reconhecimento, na compreensão e apreciação grata, ao *amor*. Quando o homem apenas reconhece as obras de Deus, ele é levado a temer o Supremo; mas, se o homem começa a compreender e experimentar a personalidade e o caráter do Deus vivo, ele é induzido a amar cada vez mais ao Pai bom e perfeito, universal e eterno. E é exatamente tal mudança, na relação do homem com Deus, que constitui a missão do Filho do Homem sobre a Terra.

"O filho inteligente livra-se do medo de não receber as boas dádivas da mão desse pai; mas, havendo já recebido em abundância as boas coisas conferidas pelos ditames do afeto do pai pelos filhos e filhas, esses filhos muito amados são levados a amar seu pai, em reconhecimento, gratidão e correspondência ao benefício generoso. A bondade de Deus conduz ao arrependimento; a beneficência de Deus conduz ao serviço; a misericórdia de Deus conduz à salvação; enquanto o amor de Deus conduz à adoração espontânea e inteligente e de todo o coração.

"Os vossos antepassados temiam a Deus por ele ser poderoso e misterioso. Vós ireis adorá-lo porque ele é grandioso em amor, abundante em misericórdia e glorioso na verdade. O poder de Deus engendra o medo no coração do homem, mas a nobreza e a retidão da Sua personalidade leva à reverência, ao amor e à adoração voluntária. Um filho afetuoso e respeitoso não teme, nem receia, mesmo a um pai poderoso e nobre. Eu vim ao mundo para colocar o amor no lugar do medo, o júbilo no lugar da tristeza, a confiança no lugar do receio, o serviço amoroso e a adoração agradecida no lugar da servidão escrava e das cerimônias sem sentido. Todavia, para aqueles que estão nas trevas, é ainda verdade que 'o temor do Senhor é o começo da sabedoria'. Mas, quando a luz tiver chegado mais claramente, os

filhos de Deus serão levados a louvar o Infinito pelo que Ele *é*, mais do que a temê-
-Lo pelo que Ele *faz*.

"Quando os filhos são jovens e despreocupados, eles devem necessariamente ser
advertidos a honrar os pais; mas quando eles ficam mais velhos e tornam-se um
tanto mais agradecidos, pelos benefícios da ministração e da proteção paterna, por
meio de respeito, compreensão e afeição crescente, são levados até aquele nível de
experiência em que de fato amam os seus pais, pelo que são, mais do que pelo que
eles fizeram. O pai ama o seu filho naturalmente, mas o filho deve desenvolver o seu
amor pelo pai, a partir do medo daquilo que o pai possa fazer, a partir do receio, da
dependência e da reverência, até a consideração grata e afetuosa do amor.

"Já vos foi ensinado que devíeis 'temer a Deus e guardar os Seus mandamentos,
pois todo o dever do homem é esse'. Mas eu vim para dar-vos um mandamento
ainda mais elevado. Gostaria de ensinar-vos a 'amar a Deus e aprender a fazer a
vontade Dele, pois é esse o mais alto privilégio dos filhos libertados de Deus'. Aos
vossos pais foi ensinado 'temer a Deus – o Rei Todo-Poderoso'. Eu vos ensino a
'Amar a Deus – o Pai todo-misericordioso'.

"No Reino do céu, que eu vim proclamar, não há um rei poderoso no alto; este
Reino é uma família divina. O centro e a cabeça, universalmente reconhecidos e
adorados, incondicionalmente, dessa vasta irmandade de seres inteligentes é o meu
Pai e o vosso Pai. Eu sou o seu Filho, e vós também sois filhos Dele. E, portanto, é
eternamente verdadeiro que todos somos irmãos, no domínio celeste, e isso é ainda
mais verdadeiro, já que nós nos tornamos irmãos na carne, nesta vida terrena. Cessai, pois, de temer a Deus como a um rei ou de servir a Ele como a um senhor;
aprendei a reverenciá-Lo como o Criador; honrai-O por ser o Pai do vosso jovem
espírito; amai-O como um defensor misericordioso; e enfim adorai-O como o Pai
infinitamente sábio da vossa realização espiritual mais amadurecida e grata.

"Dos vossos conceitos errados sobre o Pai no céu vêm as idéias falsas sobre a
humildade; e grande parte da vossa hipocrisia brota disso. O homem pode ser um
verme da terra, por natureza e origem, mas, quando passa a ser residido pelo espírito do meu Pai, esse homem torna-se divino pelo seu destino. O espírito outorgado
do meu Pai certamente retornará para a sua fonte divina e para o seu nível de origem
no universo, e a alma humana do homem mortal que se tornou o filho renascido
desse espírito residente certamente ascenderá com o espírito divino à própria presença do Pai eterno.

"A humildade, de fato, toma o homem mortal quando ele recebe todas essas
dádivas do Pai no céu, se bem que haja uma dignidade divina ligada a todos os candidatos, pela fé, à ascensão eterna do Reino celeste. As práticas servis e desprovidas de
sentido, com uma humildade falsa e ostentosa, são incompatíveis com a apreciação
da fonte da vossa salvação e o reconhecimento do destino das vossas almas nascidas
do espírito. No fundo dos vossos corações é que a humildade diante de Deus é totalmente apropriada; a modéstia da mansidão diante dos homens é elogiável; mas a
hipocrisia da humildade falsa ou auto-consciente, e que clama por atenção, é infantil
e indigna dos filhos esclarecidos do Reino.

"Fazei bem em serdes brandos perante Deus e autocontrolados diante dos homens, mas deixai a vossa humildade ter origem espiritual e não que seja uma exibição
ilusória do sentimento autoconsciente de superioridade. O profeta falou de modo
ponderado quando disse: 'Anda humildemente com Deus', pois, conquanto o Pai do
céu seja Infinito e Eterno, Ele também reside 'com aquele que tem a mente contrita e
o espírito humilde'. O meu Pai desdenha o orgulho, repugna a hipocrisia e abomina
a iniqüidade. E é para enfatizar o valor da sinceridade e da confiança perfeita no
amparo amoroso e no guiamento fiel do Pai celeste, que, freqüentemente, me refiro
à criança pequenina, para ilustrar a atitude da mente e a resposta do espírito, que

tão essenciais se fazem para o ingresso do homem mortal nas realidades espirituais do Reino do céu.

"O profeta Jeremias descreveu bem, a muitos mortais, quando ele disse: 'Estais perto de Deus na vossa boca, mas estais longe dele no coração'. E também não lestes aquele aviso medonho do profeta que disse: 'Os sacerdotes daqui ensinam por um salário, e os profetas daqui predizem por dinheiro. Ao mesmo tempo, eles professam piedade e proclamam que o Senhor está com eles'. Não fostes bem prevenidos contra aqueles que 'pregam a paz aos seus semelhantes, com injúria nos corações', aqueles que 'elogiam com os lábios, enquanto o coração é dado ao jogo-duplo'? De todas as tristezas de um homem que confia, nenhuma é tão terrível quanto ser 'ofendido na casa de um amigo de confiança' ".

7. RETORNANDO A BETSAIDA

André, em consulta com Simão Pedro e com a aprovação de Jesus, instruiu a Davi, em Betsaida, para despachar mensageiros até os vários grupos de pregação, com instruções para que terminem a viagem e retornem para Betsaida, em algum momento da quinta-feira, 30 de dezembro. Na hora do almoço, naquele dia chuvoso, todo o grupo apostólico e os evangelistas, que estiveram pregando, haviam chegado à casa de Zebedeu.

O grupo permaneceu junto durante o dia de sábado, ficando acomodado nas casas de Betsaida e nas redondezas de Cafarnaum, depois do que, a todos foi concedido um recesso de duas semanas, para que fossem às suas casas ver as famílias, visitar os amigos ou ir pescar. Os dois ou três dias em que estiveram juntos em Betsaida, foram, verdadeiramente, divertidos e inspiradores; mesmo os instrutores mais velhos ficaram edificados ao ver os jovens pregadores narrando as suas experiências.

Dos cento e dezessete evangelistas que participaram dessa segunda viagem de pregação na Galiléia, apenas cerca de setenta e cinco sobreviveram ao teste da realidade da experiência, e ficaram disponíveis para ser designados ao serviço, no final das duas semanas de recesso. Jesus, junto com André, Pedro, Tiago e João permaneceram na casa de Zebedeu e passaram bastante tempo em conversas a sobre a prosperidade e a expansão do Reino.

DOCUMENTO 150

A TERCEIRA CAMPANHA DE PREGAÇÃO

À NOITE no domingo, 16 de janeiro do ano 29 d.C., Abner e os apóstolos de João chegaram a Betsaida e, no dia seguinte, tiveram uma conversa conjunta com André e os apóstolos de Jesus. Abner e os seus condiscípulos fizeram de Hebrom o seu ponto central, e mantiveram o hábito de vir a Betsaida periodicamente para as reuniões.

Entre as muitas questões consideradas nessa conferência conjunta, estava a prática de ungir os doentes com alguns tipos de óleo, junto com orações para a cura. De novo Jesus declinou de participar das discussões deles e expressar-se a respeito das conclusões tiradas. Os apóstolos de João haviam sempre usado o óleo para unção nas suas ministrações aos doentes e afligidos, e, assim, buscavam estabelecer uma prática uniforme para ambos os grupos, mas os apóstolos de Jesus recusaram a ater-se a essas regras.

Na terça-feira, 18 de janeiro, os vinte e quatro, junto com os setenta e cinco evangelistas aprovados, reuniram-se na casa de Zebedeu, em Betsaida, em uma preparação para serem enviados na sua terceira viagem de pregação na Galiléia. Essa terceira missão durou um período de sete semanas.

Os evangelistas foram enviados em grupos de cinco, enquanto Jesus e os doze viajaram juntos, a maior parte do tempo; os apóstolos indo, dois a dois, para batizar os crentes como era solicitado pela ocasião. Por um período de quase três semanas, Abner e os seus condiscípulos também trabalharam com os grupos evangélicos, aconselhando-os e batizando os crentes. Eles visitaram Magdala, Tiberíades, Nazaré e todas as principais cidades e aldeias das partes central e sul da Galiléia, foram a todos os locais anteriormente visitados e a muitos outros. Essa foi a sua última mensagem à Galiléia, exceto às suas regiões do norte.

1. O CORPO EVANGÉLICO DAS MULHERES

De todas as coisas ousadas que Jesus fez, na sua carreira terrena, a mais surpreendente foi o seu anúncio súbito, na tarde de 16 de janeiro: "Amanhã pela manhã nós selecionaremos dez mulheres para o trabalho de ministração do Reino". No começo do período de duas semanas, durante o qual os apóstolos e os evangelistas deviam estar ausentes de Betsaida na sua licença, Jesus solicitou a Davi que chamasse os seus pais de volta para a casa deles e que despachasse mensageiros, chamando a Betsaida dez mulheres devotas que haviam servido na administração do acampamento anterior e na enfermaria nas tendas. Essas mulheres, todas, tinham ouvido a instrução dada aos jovens evangelistas, mas nunca havia ocorreu aos instrutores delas, nem a elas próprias, que Jesus ousaria colocar mulheres na missão de ensinar o evangelho do Reino e ministrar aos doentes. Essas dez mulheres, escolhidas e incluídas na missão por Jesus, eram: Susana, filha do antigo chazam da sinagoga de Nazaré; Joana, mulher de Cuza, camareiro de Herodes Antipas; Isabel, filha de um rico judeu de Tiberíades e Séforis; Marta, irmã mais velha de André e Pedro; Raquel, cunhada de Judá, irmão na carne do Mestre; Nasanta, filha de Elman, médico sírio; Milcha, uma prima do apóstolo Tomé; Rute, a filha mais velha de Mateus Levi; Celta, filha de um centurião romano; e Agaman, uma viúva de Damasco. Subseqüentemente, Jesus acrescentou mais duas outras mulheres a este grupo – Maria Madalena e Rebeca, filha de José de Arimatéia.

Jesus autorizou essas mulheres a formarem a sua própria organização e instruiu a Judas que provesse fundos para os seus equipamentos e para animais de carga. As dez elegeram Susana como dirigente e Joana como a tesoureira. Desse momento em diante, elas proveram os próprios fundos de caixa; e nunca mais recorreram a Judas para sustentá-las.

Muito espantoso foi, naquela época, quando às mulheres nem era permitido que permanecessem no andar principal da sinagoga (ficando confinadas à galeria das mulheres), vê-las sendo reconhecidas como instrutoras autorizadas do novo evangelho do Reino. O encargo que Jesus deu a essas dez mulheres, quando as escolheu para ensinar o evangelho e para ministrar, foi o da proclamação da emancipação que libertava todas as mulheres, para todos os tempos; não mais era para que o homem visse a mulher como inferior espiritualmente. Isso foi decididamente um choque, até mesmo para os doze apóstolos. Não obstante elas terem muitas vezes ouvido o Mestre dizer que "no Reino do céu não há rico ou pobre, livre ou escravo, masculino ou feminino, todos são igualmente filhos e filhas de Deus"; elas ficaram literalmente atordoadas, quando ele propôs formalmente dar missões a essas mulheres como instrutoras religiosas e mesmo permitir que viajassem com eles. Todo o país ficou agitado com esse procedimento, os inimigos de Jesus tiraram um grande partido dessa decisão, mas, em todos os lugares, as mulheres crentes nas boas-novas, ficaram firmes em apoio às suas irmãs escolhidas e exprimiram uma aprovação sem hesitação a esse reconhecimento tardio do lugar da mulher no trabalho religioso. E essa liberação das mulheres, de dar a elas o devido reconhecimento, foi praticada pelos apóstolos imediatamente após a partida do Mestre, embora acabassem voltando aos velhos costumes, nas gerações posteriores. Durante os primeiros tempos da igreja cristã, as mulheres instrutoras e ministras eram chamadas *diáconas* e eram dignas do reconhecimento geral. Mas Paulo, a despeito do fato de admitir tudo isso em teoria, nunca realmente incorporou nada disso à sua própria atitude, pois pessoalmente achava difícil de ser colocado em prática.

2. A PARADA EM MAGDALA

Quando o grupo apostólico saiu de Betsaida, as mulheres viajaram na retaguarda. Durante as conferências sempre se assentavam agrupadas na frente e à direita do palestrante. E às mulheres, que cada vez mais se tornavam crentes no evangelho do Reino, sempre que haviam desejado manter uma conversa pessoal com Jesus ou com um dos apóstolos, acontecera uma porção de dificuldades e embaraços sem fim. Agora tudo isso estava mudado. Quando qualquer das mulheres crentes desejava ver o Mestre ou conversar com os apóstolos, ia até Susana e, em companhia de uma das doze mulheres evangelistas, iria imediatamente à presença do Mestre ou de um dos seus apóstolos.

Foi em Magdala que, pela primeira vez, as mulheres demonstraram a sua utilidade e justificaram a sabedoria da sua escolha. André havia imposto regras bastante estritas aos seus condiscípulos sobre fazer trabalhos pessoais com as mulheres, especialmente com aquelas de caráter questionável. Quando o grupo entrou em

Magdala, essas dez mulheres evangelistas foram liberadas para ir aos locais de pecado e pregarem as boas-novas diretamente às residentes dali. E quando visitavam os doentes, essas mulheres podiam chegar até muito mais perto, na sua ministração às suas irmãs afligidas. Em resultado da ministração dessas dez mulheres (mais tarde conhecidas como as doze mulheres) nesse local, Maria Madalena foi conquistada para o Reino. Por meio de uma série de infortúnios e em conseqüência da atitude da sociedade bem reputada para com as mulheres que cometem tais erros de julgamento, essa mulher havia ido parar em um desses locais nefandos de Magdala. Foram Marta e Raquel que deixaram claro, para Maria, que as portas do Reino estavam abertas mesmo para as que tinham sido como ela. Maria acreditou nas boas-novas e foi batizada por Pedro no dia seguinte.

Maria Madalena tornou-se a instrutora mais eficiente do evangelho, desse grupo de doze mulheres evangelistas. Ela foi escolhida para esse serviço, junto com Rebeca, em Jotapata, cerca de quatro semanas depois da sua conversão. Maria e Rebeca, com outras desse grupo, continuaram trabalhando, até o fim da vida de Jesus na Terra, fiel e eficientemente, para o esclarecimento e a elevação das suas irmãs oprimidas; e, quando o último e trágico episódio no drama da vida de Jesus estava sendo desempenhado, não obstante haverem todos os apóstolos fugido, exceto um, essas mulheres todas permaneceram presentes, nem uma delas sequer o negou ou traiu.

3. O SÁBADO EM TIBERÍADES

Os serviços do grupo apostólico, para o sábado, haviam sido colocados, por André, na mão das mulheres, por instrução de Jesus. Isso significava, claro está, que não poderiam ter lugar na nova sinagoga. As mulheres escolheram Joana para encarregar-se dessa ocasião, e o encontro foi feito no novo palácio de Herodes, na sala de banquetes, Herodes estando ausente da residência em Júlias, na Peréia. Joana leu, das escrituras, a respeito do trabalho das mulheres na vida religiosa de Israel, fazendo referência a Míriam, Débora, Ester e outras.

Mais tarde, naquela noite, Jesus fez, com o grupo reunido, uma palestra memorável sobre "Magia e Superstição". Naqueles dias o aparecimento de uma estrela brilhante e supostamente nova foi encarado como um sinal indicando que um grande homem havia nascido na Terra. Essa estrela tinha recentemente sido descoberta e André perguntou a Jesus se essas crenças eram bem fundadas. Na longa resposta à pergunta de André, o Mestre entrou em um exame profundo sobre toda a questão da superstição humana. A exposição que Jesus fez nessa ocasião pode ser resumida, em uma linguagem moderna, como é feito a seguir:

1. Os trajetos das estrelas no céu nada têm, absolutamente, a ver com os acontecimentos da vida humana na Terra. A astronomia é uma busca própria da ciência, mas a astrologia é uma massa de erros supersticiosos, que não tem nenhum lugar no evangelho do Reino.

2. O exame dos órgãos internos de um animal morto há pouco, nada pode revelar sobre o tempo, sobre os acontecimentos futuros, nem sobre os resultados vindouros das questões humanas.

3. Os espíritos dos mortos não voltam para comunicar-se com as suas famílias, nem com os antigos amigos, de entre os vivos.

4. Os encantos e as relíquias são impotentes para curar a doença, para proteger contra os desastres ou a influência de maus espíritos; a crença de que todo esse material influencie o mundo espiritual, nada é senão uma superstição grosseira.

5. Tirar a sorte, embora possa ser uma forma conveniente de decidir sobre dificuldades menores, não é um método indicado para desvelar a vontade divina. As conseqüências resultam sendo uma questão de acaso material. O único meio de comunhão com o mundo espiritual está contido na dotação do espírito à humanidade, o espírito residente do Pai, junto com o espírito efusionado do Filho e a influência onipresente do Espírito Infinito.

6. A adivinhação, a bruxaria e a feitiçaria são superstições de mentes ignorantes, como o são também as ilusões da magia. A crença em números mágicos, em presságios de boa sorte e nos arautos da má sorte, é tudo uma pura e infundada superstição.

7. A interpretação dos sonhos é um sistema ignorante de especulação fantástica, amplamente supersticioso e sem base. O evangelho do Reino nada deve ter em comum com os sacerdotes-adivinhos da religião primitiva.

8. Os espíritos do bem ou do mal não podem residir em símbolos materiais de argila, madeira ou metal; os ídolos nada mais são do que o material de que são feitos.

9. As práticas dos magos, dos bruxos e dos feiticeiros derivaram-se das superstições dos egípcios, dos assírios, dos babilônios e dos antigos cananeus. Os amuletos e todas as espécies de encantamentos são inúteis tanto para ganhar a proteção dos bons espíritos, quanto para proteger dos supostos espíritos maus.

10. Jesus colocou a nu e denunciou as crenças em feitiços, ordálios, despachos, pragas, sinais, mandrágoras, nós em cordas e todas as outras formas de superstições ignorantes e escravizadoras.

4. ENVIANDO OS APÓSTOLOS, DOIS A DOIS

Na noite seguinte, havendo reunido os seus doze apóstolos, os apóstolos de João e o grupo recém-formado das mulheres, Jesus disse: "Podeis ver, por vós próprios, que a colheita é abundante, mas os trabalhadores são poucos. Que todos nós, portanto, oremos ao Senhor das colheitas para que Ele nos envie mais trabalhadores ainda, para os Seus campos. Enquanto permaneço confortando e instruindo os mais jovens, eu gostaria de enviar os mais antigos, dois a dois, para que possam ir rapidamente a toda a Galiléia pregando o evangelho do Reino, enquanto ainda é conveniente e tudo ainda está pacífico". Então, ele designou os pares de apóstolos como desejava que fossem enviados, e que eram: André e Pedro, Tiago e João Zebedeu, Filipe e Natanael, Tomé e Mateus, Tiago e Judas Alfeus, Simão zelote e Judas Iscariotes.

Jesus acertou uma data para encontrar os doze em Nazaré e, ao partirem, ele disse: "Nessa missão não ide a nenhuma cidade dos gentios, nem a Samaria, em vez disso, ide buscar a ovelha perdida da casa de Israel. Pregai o evangelho do Reino e proclamai a verdade salvadora de que o homem é um filho de Deus. Lembrai de que o discípulo dificilmente está acima do seu mestre e de que um servo raramente é maior do que o seu senhor. É suficiente ao discípulo ser igual ao seu mestre e ao servo tornar-se semelhante ao seu senhor. Se alguma gente tiver ousado chamar de mestre da casa a um parceiro de Belzebu, tanto mais assim eles considerarão aqueles que tomam conta da sua casa! Mas vós não deveis temer esses inimigos descrentes. Eu vos declaro que nada daquilo que está encoberto deixará de ser revelado; nada há escondido, que não será conhecido. O que eu vos ensinei em particular, pregai-o abertamente com sabedoria. O que eu revelei a vós no interior da vossa morada, ireis proclamá-lo na hora certa, de cima dos telhados. E vos digo, meus amigos e discípulos, não temais aqueles que podem matar o corpo e que, entretanto, não são capazes de destruir a alma; colocai a vossa confiança Nele que pode sustentar o corpo e salvar a alma.

"Dois pardais não são vendidos por um tostão? E ainda eu vos declaro que nenhum deles foi esquecido aos olhos de Deus. Não sabeis que os próprios cabelos da vossa cabeça estão todos contados? Não temais, portanto; vós sois de mais valor que uma grande quantidade de pardais. Não fiqueis envergonhados com o meu ensinamento; ide proclamar a paz e a boa vontade, mas não vos enganeis – a paz nem sempre acompanhará essa pregação. Eu vim para trazer a paz à Terra, mas quando os homens rejeitam a minha dádiva, o tumulto e a divisão advêm. Quando toda a família recebe o evangelho do Reino, a paz verdadeira reside naquela casa; mas quando alguns da família entram no Reino e outros rejeitam o evangelho, essa divisão só pode produzir tristezas e mágoas. Trabalhai seriamente para salvar a família inteira, para que os inimigos do homem não sejam os da sua própria casa. Mas, quando houverdes feito o vosso máximo possível, por todos de cada família, eu declaro que aquele que ama o pai ou a mãe mais do que ama esse evangelho, não é digno do Reino".

Depois que os doze ouviram essas palavras, estavam prontos para partir. E não se viram mais, até o momento da sua reunião em Nazaré, para encontrarem-se com Jesus e os outros discípulos, como o Mestre havia marcado.

5. O QUE DEVO FAZER PARA ME SALVAR?

Numa noite em Shunem, depois que os apóstolos de João haviam retornado a Hebrom e depois que os apóstolos de Jesus haviam sido enviados, dois a dois, e quando o Mestre estava empenhado em ensinar a um grupo de doze dos evangelistas mais jovens, que trabalhavam juntos com as doze mulheres, sob a direção de Jacó, Raquel fez a seguinte pergunta a Jesus: "Mestre, o que devemos responder quando as mulheres perguntarem a nós, o que devo eu fazer para me salvar?" Jesus ouviu essa pergunta e respondeu:

"Quando homens e mulheres perguntarem sobre o que devem fazer para salvar-se, vós deveis responder-lhes: Acreditar neste evangelho do Reino e aceitar o perdão divino. Reconhecer pela fé o espírito de Deus, que está dentro de si e cuja aceitação faz de vós um filho de Deus. Não lestes nas escrituras onde diz: 'No Senhor tenho a retidão e a força'? E também onde o Pai diz: 'A Minha retidão está próxima; a Minha salvação já se manifestou, e os Meus braços envolverão Meu povo'. 'A minha alma ficará em júbilo no amor do meu Deus, pois Ele me agasalhou com as vestes da salvação e cobriu-me com o manto de Sua retidão'. Acaso não lestes também sobre o Pai, que o Seu nome 'será conhecido como o Senhor da nossa retidão'? 'Retirai as vestes sujas daquele que só a si se considera virtuoso; e vesti esse filho com o manto da retidão divina e da eterna salvação'. Para sempre é verdade que 'o justo viverá na fé'. A entrada no Reino do Pai é totalmente livre, mas o progresso – crescimento na graça – torna-se essencial para se continuar no Reino.

"A salvação é dádiva do Pai e é revelada pelos seus Filhos. A aceitação pela fé, da vossa parte, faz com que compartilheis da natureza divina, como um filho ou uma filha de Deus. Pela fé sois justificados; pela fé sois salvos; e por essa mesma fé avançais eternamente no caminho da perfeição progressiva e divina. Pela fé Abraão foi justificado; e tornou-se sabedor da salvação por meio dos ensinamentos de Melquisedeque. Em todas as épocas, essa mesma fé salvou os filhos dos homens, mas agora um filho veio do Pai para fazer com que a salvação fique mais real e aceitável".

Quando Jesus terminou de falar, havia um grande júbilo entre aqueles que haviam ouvido essas palavras cheias de graça e, nos dias que se seguiram, todos foram proclamar o evangelho do Reino com força nova e com energia e entusiasmo renovados. E as mulheres encheram-se de júbilo ainda mais ao saberem que estavam incluídas nesses planos para o estabelecimento do Reino na Terra.

Resumindo essa afirmação final, Jesus disse: "Não podeis comprar a salvação; não podeis adquirir a retidão. A salvação é uma dádiva de Deus, e a retidão é o fruto natural da vida que nasce da filiação ao Reino. Não sereis salvos porque viveis uma vida na retidão; antes deveis viver uma vida na retidão porque já fostes salvos, porque reconhecestes a filiação como uma dádiva de Deus e o serviço no Reino como a suprema delícia da vida na Terra. Quando os homens acreditam neste evangelho, que é uma revelação da bondade de Deus, eles se conduzirão voluntariamente ao arrependimento, de todos os pecados conhecidos. A compreensão da filiação é incompatível com o desejo de pecar. Os crentes do Reino têm fome de retidão e sede da perfeição divina".

6. AS LIÇÕES DA NOITE

Nas argumentações noturnas, Jesus falou sobre muitas questões. Durante o restante dessa viagem – antes de reunirem-se todos em Nazaré – ele examinou "O Amor de Deus", "Sonhos e Visões", "Malícia", "Humildade e Brandura", "Coragem e Lealdade", "Música e Adoração", "Serviço e Obediência", "Orgulho e Presunção", "Perdão em Relação ao Arrependimento", "Paz e Perfeição", "Maledicência e Inveja", "Mal, Pecado e Tentação", "Dúvidas e Descrença", "Sabedoria e Adoração". Os apóstolos mais antigos estando longe, os grupos mais recentes de homens e de mulheres entraram mais livremente nas conversas com o Mestre.

Depois de passar dois ou três dias com um grupo de doze evangelistas, Jesus ia juntar-se a outro grupo, sendo informado sobre os locais de permanência e sobre os movimentos de todos esses trabalhadores por intermédio dos mensageiros de Davi. Sendo essa a sua primeira viagem, as mulheres permaneceram grande parte do tempo com Jesus. Por intermédio do serviço dos mensageiros, cada um desses grupos era mantido totalmente informado a respeito do progresso da viagem; e receber novas sobre os outros grupos era sempre uma fonte de encorajamento para esses trabalhadores espalhados e isolados.

Antes da sua separação ficou marcado e arranjado para os doze apóstolos, junto com os evangelistas e o grupo das mulheres, encontrarem-se em Nazaré para reunir-se com o Mestre, na sexta-feira, 4 de março. E assim, por volta do momento certo, de todas as partes do centro e do sul da Galiléia, esses vários grupos de apóstolos e de evangelistas começaram a viajar para Nazaré. Por volta do meio da tarde, André e Pedro, os últimos a chegar, estavam alcançando o acampamento preparado por aqueles que chegaram cedo, situado nas colinas ao norte da cidade. E esta era a primeira vez que Jesus visitava Nazaré, desde o começo da sua ministração pública.

7. A PERMANÊNCIA EM NAZARÉ

Nessa sexta-feira à tarde, Jesus caminhou pela cidade de Nazaré sem ser observado nem reconhecido. Passou pela casa da sua infância e pela oficina de carpinteiro e permaneceu cerca de meia hora na colina em que tanto gostava de estar quando era menino. Desde o dia do seu batismo, feito por João no Jordão, o Filho do Homem não tinha um tal fluxo de emoção humana mexendo com a sua alma. Enquanto descia a montanha, ele ouviu os sons familiares da trombeta anunciando o pôr-do-sol, exatamente como havia tantas e tantas vezes ouvido quando era um menino crescendo em Nazaré. Antes de retornar ao acampamento, Jesus caminhou até a sinagoga em cuja escola havia estudado; e então permitiu à sua mente muitas reminiscências dos dias da sua infância. Naquele dia, bem cedo, Jesus havia enviado Tomé para acertar, com o dirigente da sinagoga, a pregação para Jesus no serviço do sábado, pela manhã.

O povo de Nazaré nunca teve a reputação de ser pio, nem de ser reto no seu modo de viver. Com o passar dos anos, essa aldeia tornou-se cada vez mais contaminada pelos padrões morais baixos da vizinha Séforis. Durante a adolescência e a juventude de Jesus, muita divisão nas opiniões sobre ele acontecera em Nazaré; houve muito ressentimento quando ele mudou-se para Cafarnaum. Os habitantes de Nazaré tanto ouviram sobre as obras do seu antigo carpinteiro, que ficaram ofendidos porque ele nunca havia incluído a sua própria aldeia de nascimento em qualquer das viagens anteriores de pregação. Haviam de fato ouvido sobre a celebridade de Jesus, mas a maioria dos cidadãos estava zangada porque ele não tinha feito nenhum dos seus grandes trabalhos na cidade da sua juventude. Durante meses o povo de Nazaré discutiu muito sobre Jesus, mas as suas opiniões, em geral, eram desfavoráveis para com ele.

Assim, o Mestre encontrou-se em meio, não a uma recepção de boas-vindas à casa paterna, mas decididamente em meio a uma atmosfera hostil e de muita crítica. Mas isso não era tudo. Os seus inimigos, sabendo que devia passar esse dia de sábado em Nazaré e supondo que ele iria falar na sinagoga, haviam contratado um bom número de homens grosseiros e rudes para fustigá-lo e para criarem complicações de todos os modos possíveis.

Os amigos mais idosos de Jesus, na maior parte, incluindo o chazam já caduco, que havia sido o professor da sua infância, eram falecidos ou já haviam deixado Nazaré, e a geração mais jovem estava predisposta a se ressentir da sua celebridade, com muito ciúme. Eles não se lembravam da sua devoção à família do seu pai, e eram amargos nas suas críticas por causa da negligência dele em visitar o seu irmão e irmãs casadas que viviam em Nazaré. A atitude da família de Jesus para com ele gerava também uma tendência de fazer aumentar esse sentimento indelicado dos habitantes da cidade. Os ortodoxos, entre os judeus, tinham a presunção de até mesmo criticar Jesus por ele haver caminhado muito depressa na direção da sinagoga, nessa manhã de sábado.

8. O SERVIÇO DO SÁBADO

Esse sábado foi um lindo dia, e toda a Nazaré, amiga e inimiga, apareceu para ouvir esse antigo cidadão da aldeia falando na sinagoga. Muitos, da comitiva apostólica, tiveram de permanecer do lado de fora da sinagoga; não havia lugar para todos que haviam vindo para ouvi-lo. Quando ainda jovem, muitas vezes, Jesus havia tido a palavra nesse lugar de adoração; e, nessa manhã, quando o dirigente da sinagoga passou a ele o rolo das escrituras sagradas, de onde leria a lição da escritura, nenhum dos presentes parecia lembrar-se de ser esse o mesmo manuscrito com o qual ele havia presenteado a essa sinagoga.

Os serviços nesse dia foram conduzidos exatamente como, quando ainda menino, Jesus assistira a eles. Ele subiu no estrado dos oradores, com o dirigente da sinagoga, e o serviço teve início com a recitação de duas orações: "Abençoado é o Senhor, Rei do mundo, que forma a luz e que cria as trevas, O qual faz a paz e cria tudo; que, na misericórdia, dá luz à Terra e àqueles que residem nela e que, na Sua bondade, dia após dia, e todos os dias, renova as obras da criação. Abençoado é o Senhor nosso Deus, para a glória das obras da Sua mão e pela luz que ilumina e que Ele criou para o Seu louvor. Selá. Abençoado é o Senhor nosso Deus, que criou as luzes".

Depois de um momento de pausa eles oraram novamente: "Com um grande amor, o Senhor nosso Deus nos amou e, com uma piedade transbordante, Ele teve piedade de nós, nosso Pai e nosso Rei, em nome dos nossos pais que confiaram Nele. Vós ensinastes a eles os estatutos da vida; tende misericórdia de nós e ensinai-nos. Esclarecei os nossos olhos para a lei; levai os nossos corações a aderir aos Vossos mandamentos; uni os nossos corações para amar e temer o Vosso nome, e nós não seremos expostos à vergonha neste mundo sem fim. Pois sois o Deus que prepara a salvação, e a nós escolhestes, entre todas as nações e línguas, e na verdade Vós nos trouxestes para perto do Vosso grande nome – selá –, para que possamos louvar a Vossa unidade com amor. Abençoado é o Senhor, que no amor escolheu o seu povo em Israel".

A congregação recitou então o Shema, o credo da fé judaica. Esse ritual consistia em repetir inúmeras passagens da lei e indicava que os adoradores tomavam a si o jugo do Reino do céu, e também o jugo dos mandamentos, como aplicados ao dia e à noite.

E então se seguiu a terceira oração: "Verdade é que tu és Yavé, o nosso Deus e o Deus dos nossos pais; o nosso Rei e o Rei dos nossos pais; o nosso Salvador e o Salvador dos nossos pais; o nosso Criador e o rochedo da nossa salvação; a nossa Ajuda e o nosso Libertador. O Vosso nome é o do eterno, e não há Deus além de Vós. Uma nova canção os libertados fizeram em Vosso nome, à beira do mar; e, juntos, todos Vos louvaram e reconheceram-Vos como Rei e dizem: Yavé reinará nesse mundo sem fim. Abençoado é o Senhor que salva Israel".

O dirigente da sinagoga então ocupou o seu lugar diante da arca, ou cofre, contendo as escrituras sagradas e começou a recitar as dezenove orações do eucológio, ou as bendições. Mas, nessa ocasião, era desejável encurtar o serviço para que o ilustre convidado pudesse ter mais tempo para pregar; desse modo, apenas a primeira e a última das bendições foram recitadas. A primeira foi: "Abençoado é o Senhor nosso Deus, e o Deus dos nossos pais, o Deus de Abraão, e o Deus de Isaac, e o Deus de Jacó; o grande, o poderoso e o terrível Deus, que demonstra misericórdia e bondade, que cria todas as coisas, que lembra as promessas graciosas dos pais e que traz um salvador para os filhos dos seus filhos e, na causa do próprio nome, no amor. Ó Rei, nossa ajuda, salvação e proteção! Abençoado sois Vós, ó Yavé, escudo protetor de Abraão".

Então se seguiu a última bendição: "Ó, concedei ao Vosso povo de Israel uma grande paz para sempre, pois Vós sois o Rei e o Senhor de toda a paz. E é bom aos Vossos olhos abençoar Israel em todos os tempos e a toda hora com a paz. Abençoado sois Vós, Yavé, que abençoais o povo de Israel com a paz". A assembléia não olhava para o dirigente quando ele recitava as bendições. Em seguida às bendições ele ofereceu uma prece informal adequada para a ocasião e, quando esta foi concluída, todos juntos disseram amém.

Nesse momento o chazam foi até a arca e trouxe o rolo, que passou a Jesus, para que ele pudesse ler a lição da escritura. Era costume chamar sete pessoas para ler nunca menos do que três versos da lei, mas essa prática foi posta de lado, nessa ocasião em que o visitante poderia ler a lição da sua própria escolha. Jesus, tomando o rolo, levantou-o e começou a ler no Deuteronômio: "Pois este mandamento que eu vos dou neste dia não está oculto para vós, nem distante de vós. Não está no céu, de modo que vós possais dizer quem irá até o céu lá em cima, em nosso nome, para trazê-lo até aqui até nós, de modo que possamos ouvi-lo e cumpri-lo? Nem está mais longe do que o mar, para que possais dizer quem irá até o mar trazer o mandamento até nós, para que possamos ouvi-lo e cumpri-lo? Não, a palavra da vida está muito perto de vós, está mesmo na vossa presença e no vosso coração, para que possais conhecê-la e obedecê-la".

E, depois de parar de ler a palavra da lei, ele procurou Isaías e começou a ler: "O espírito do Senhor está em mim porque Ele ungiu-me para pregar as boas-novas aos pobres. Ele enviou-me, para proclamar a liberdade aos cativos e a recuperação da vista aos cegos, para colocar em liberdade os que estão feridos e proclamar o ano das boas-vindas ao Senhor".

Jesus fechou o livro e, depois de entregá-lo de volta ao dirigente da sinagoga, sentou-se e começou a pregação ao povo. Começou por dizer: "Hoje estas escrituras estão cumpridas". E então Jesus falou durante quase quinze minutos sobre "Os Filhos e Filhas de Deus". Muitas, dentre aquelas pessoas, ficaram contentes com o que ouviram, e maravilharam-se com a graça e a sabedoria de Jesus.

Era hábito, na sinagoga, depois da conclusão do serviço formal, que o orador permanecesse lá, de modo que aqueles que estivessem interessados pudessem fazer-lhe perguntas. E, desse modo, nessa manhã de sábado, Jesus desceu até a multidão que se comprimia na frente para fazer perguntas. E entre eles estavam muitos indivíduos agitadores cujas mentes estavam voltadas para a injúria e, em meio a essa multidão, circulavam aqueles homens de baixo calão, que tinham sido contratados para criar problemas para Jesus. Muitos dos discípulos e dos evangelistas, que haviam permanecido fora, estavam agora sendo comprimidos para dentro da sinagoga e logo se aperceberam de que aconteceriam complicações. Eles procuraram tirar o Mestre dali, mas Jesus não quis ir com eles.

9. A REJEIÇÃO DE NAZARÉ

Jesus viu-se cercado, na sinagoga, por uma grande multidão de inimigos seus misturados a uns poucos dentre os seus próprios seguidores e, em resposta às perguntas grosseiras e, aos escárnios sinistros, ele replicou, não sem uma leve ponta de humor: "Sim, sou o filho de José; sou o carpinteiro, e não estou surpreso de que me fazeis lembrar do provérbio 'médico, cura a ti mesmo', e que vós me desafiais a fazer em Nazaré o que ouvistes que fiz em Cafarnaum; mas eu vos convoco a testemunhar que até mesmo as escrituras declaram que 'um profeta pode ter honrarias, mas não na sua própria terra, nem entre os do seu próprio povo' ".

Mas eles o acotovelaram e, apontando-lhe dedos acusadores, disseram: "Achas que és melhor que o povo de Nazaré; tu te afastaste de nós, mas o teu irmão é um trabalhador comum, e as tuas irmãs ainda vivem entre nós. Conhecemos a tua mãe, Maria. Onde estão eles hoje? Ouvimos coisas importantes sobre ti, mas percebemos que não fazes nenhum prodígio quando voltas aqui". Jesus respondeu a eles: "Eu amo o povo que reside na cidade onde eu cresci; e eu me rejubilaria de ver todos vós entrando no Reino do céu, mas não sou eu quem determina as obras de Deus. As transformações feitas pela graça vêm em resposta à fé viva daqueles que são os seus beneficiários".

Jesus teria controlado, com benevolência, a multidão e teria efetivamente desarmado até aos inimigos violentos, não fosse por um erro tático de um dos seus próprios apóstolos, Simão zelote, que, com a ajuda de Nahor, um dos evangelistas mais jovens, nesse meio tempo, havia reunido um grupo de amigos de Jesus no meio da multidão e, assumindo uma atitude beligerante, havia notificado aos inimigos do Mestre para irem-se dali. Jesus havia, muitas vezes, ensinado aos apóstolos que uma resposta suave afasta a ira, mas os seus seguidores não estavam acostumados a ver o seu amado instrutor, a quem com tão boa vontade chamavam de Mestre, ser tratado com tanta descortesia e desdém. Era demais para eles; e, então, se viram dando vazão a ressentimentos apaixonados e veementes, todos os quais apenas serviam para alevantar os ânimos da multidão, nesse ajuntamento malsão e rude. E assim, sob a liderança dos mercenários, esses rufiões apoderaram-se de Jesus e empurraram-no para fora da sinagoga, até a beira de um precipício, em uma colina próxima, onde eles tinham a intenção de empurrá-lo da borda, para que morresse na queda. Mas no momento em que estavam para dar-lhe o empurrão para beirada íngreme abaixo, Jesus voltou-se subitamente para os seus captores e, encarando-os, calmamente dobrou os braços. Ele nada disse, mas os seus amigos ficaram mais do que atônitos quando, à medida que ele andava para a frente, a multidão abria-se e permitia que ele passasse sem ser molestado.

Jesus, seguido dos seus discípulos, rumou para o acampamento, onde tudo isso foi contado a todos. E eles aprontaram-se, naquela noite, para voltar para Cafarnaum, bem cedo na manhã seguinte, como mandado por Jesus. Esse final turbulento da terceira viagem pública de pregação teve um efeito de moderação sobre todos os seguidores de Jesus. Eles começavam a compreender o significado de alguns dos ensinamentos do Mestre; e despertavam-se para o fato de que o Reino viria somente após muita tristeza e desapontamentos amargos.

Deixaram Nazaré nesse domingo pela manhã e, viajando por estradas diferentes, todos finalmente se reuniram em Betsaida, ao meio-dia, na quinta-feira, 10 de março. Reuniram-se mais como um grupo moderado, sério e sem ilusões, de pregadores do evangelho da verdade e não como um bando de cruzados entusiasmados e triunfantes, que a tudo quisesse conquistar.

DOCUMENTO 151

OS ENSINAMENTOS E A PERMANÊNCIA
À BEIRA-MAR

P OR VOLTA de 10 de março todos os grupos de pregação e ensinamento estavam congregados em Betsaida. Na quinta-feira à noite e na sexta-feira, muitos deles saíram para pescar; já no dia de sábado eles foram à sinagoga para ouvir um judeu idoso de Damasco discursar sobre a glória do pai Abraão. Jesus passou a maior parte desse sábado a sós nas colinas; e à noite, desse dia, o Mestre falou aos grupos reunidos, por mais de uma hora, sobre "A missão da adversidade e o valor espiritual do desapontamento". Essa foi uma ocasião memorável, e os seus ouvintes nunca esqueceram a lição que ele lhes ministrou.

Jesus ainda não se havia recuperado totalmente da mágoa da recente rejeição que tivera em Nazaré; os apóstolos sabiam que uma tristeza evidente misturava-se ao seu comportamento geralmente alegre. Tiago e João acompanhavam-no a maior parte do tempo; Pedro estava mais do que ocupado com as muitas responsabilidades que tinham a ver com a direção e o bem-estar do novo corpo de evangelistas. As mulheres passaram esse tempo de espera, antes de partirem para a Páscoa em Jerusalém, indo de casa em casa, ensinando o evangelho, visitando e ministrando aos doentes em Cafarnaum e nas cidades e aldeias vizinhas.

1. A PARÁBOLA DO SEMEADOR

Naquela época, e pela primeira vez, Jesus começara a utilizar o método da parábola, para ensinar às multidões que tão freqüentemente se ajuntavam em volta dele. Posto que Jesus havia conversado com os apóstolos, e com outros, até tarde da noite, nesse domingo pela manhã pouquíssimos do grupo estavam de pé para o desjejum; assim, ele foi para a beira-mar e assentou-se a sós no barco, o velho barco de pesca de André e Pedro, que permanecia sempre à disposição dele; e então Jesus pôde meditar sobre o próximo passo a ser dado na obra de expandir o Reino. Todavia, o Mestre não ficou só por muito tempo. Logo, o povo de Cafarnaum e das aldeias próximas começou a chegar e, às dez horas, naquela manhã, quase mil pessoas se viram reunidas, na praia, perto do barco de Jesus, e clamavam pela atenção dele. Pedro, que agora já estava de pé, chegando ao barco, disse a Jesus: "Mestre, devo falar a eles?" E Jesus respondeu: "Não, Pedro, eu vou contar-lhes uma história". E Jesus então começou a contar a parábola do semeador, uma das primeiras de uma longa série de parábolas com as quais ele ensinou às multidões que o seguiam. Esse barco tinha um assento elevado, no qual ele assentou-se (pois era costume ficar assentado, enquanto se ensinava) para falar às pessoas reunidas ao longo da praia. Pedro falou umas poucas palavras e em seguida Jesus disse:

"Um semeador saiu para semear, e aconteceu que, ao semear, algumas sementes caíram à beira do caminho, onde seriam pisadas ou devoradas pelos pássaros do céu. Outras sementes caíram em locais rochosos, onde havia pouca terra, e brotaram imediatamente, dada a pouca profundidade no solo; todavia o sol veio logo e elas murcharam, pois não possuíam raízes com as quais absorver a umidade. Outras sementes caíram entre os espinhos e, quando os espinhos cresceram, ficaram estranguladas, de modo a nada produzirem. Outras sementes, ainda, caíram em solo bom e, crescendo, produziram trinta grãos, algumas outras, sessenta, e outras, cem grãos". E, quando Jesus terminou de contar essa parábola, disse à multidão: "Aquele que tem ouvidos para ouvir, que ouça".

Os apóstolos e aqueles que estavam junto, quando ouviram Jesus ensinando ao povo daquele modo, ficaram bastante perplexos; e, depois de muito conversarem, entre si, naquela noite, no jardim de Zebedeu, Mateus disse a Jesus: "Mestre, qual é o significado das palavras obscuras que tu apresentaste à multidão? Por que falas por meio de parábolas àqueles que buscam a verdade?" E Jesus respondeu:

"Eu vos tenho instruído com paciência durante todo esse tempo. A vós vos é dado conhecer os mistérios do Reino do céu, mas, para a multidão, que não sabe discernir, e, para aqueles que buscam a nossa destruição, de agora em diante, os mistérios do Reino serão apresentados em parábolas. Assim nós faremos para que aqueles que realmente desejem entrar no Reino possam discernir o significado do ensinamento e dessa forma encontrar a salvação; ao passo que aqueles que nos estiverem escutando, apenas para nos pegar de surpresa, acabarão ficando mais confundidos, pois verão sem nada ver e ouvirão sem nada ouvir. Meus filhos, não conheceis a lei do espírito a qual decreta que, àquele que tem, será dado, de um tal modo que ele terá em abundância; mas, àquele que não tem, será tomado até mesmo o que ele tem Por isso, de agora em diante, eu falarei muita coisa ao povo, por meio de parábolas, para que os nossos amigos e aqueles que desejarem saber a verdade possam encontrar o que procuram, enquanto os nossos inimigos e aqueles que não amam a verdade possam ouvir sem entender. Muitos, dessa gente, não estão no caminho da verdade. O profeta de fato descreveu todas essas almas sem discernimento, quando ele disse: 'Pois o coração desse povo tornou-se fechado e duro, e os seus ouvidos, embotados, e não escutam, e os seus olhos, eles os fecharam para não ver a verdade e para não a compreender nos seus corações".

Os apóstolos não entenderam totalmente o significado das palavras do Mestre. Enquanto André e Tomé conversavam mais com Jesus, Pedro e os outros apóstolos retiraram-se para uma outra parte do jardim, onde iniciaram uma discussão verdadeira e prolongada.

2. A INTERPRETAÇÃO DA PARÁBOLA

Pedro e o grupo à sua volta chegaram à conclusão de que a parábola do semeador era uma alegoria, e que cada aspecto possuía um sentido oculto e, sendo assim, decidiram ir a Jesus e pedir uma explicação. E, desse modo, Pedro aproximou-se do Mestre, dizendo: "Nós não somos capazes de penetrar no significado dessa parábola, e, estamos desejando que tu a expliques para nós, já que disseste que a nós nos é dado conhecer os mistérios do Reino". E, depois de ter ouvido isso, Jesus disse a Pedro: "Meu filho, não desejo esconder nada de ti, mas, primeiro, que tal se disseres a mim sobre o que acabastes de conversar; qual a tua interpretação da parábola?"

Após um momento de silêncio, Pedro disse: "Mestre, nós falamos muito a respeito da parábola, e a interpretação pela qual eu optei é a seguinte: O semeador é o pregador do evangelho; a semente é a palavra de Deus. A semente, que cai à beira do caminho, representa aqueles que não compreendem o ensinamento do evangelho.

Os pássaros, apanhando as sementes que caem no chão endurecido, representam Satã, ou o maligno, que rouba aquilo que foi semeado nos corações dos ignorantes. A semente que caiu nos locais rochosos e que brotam muito subitamente representam aquelas pessoas superficiais e irreflexivas que, ao ouvirem as boas-novas, recebem a mensagem com júbilo mas, como a verdade não tem nenhuma raiz real no seu entendimento mais profundo, a sua devoção tem vida curta diante da atribulação e da perseguição. Quando chegam as dificuldades, esses crentes tropeçam, e sucumbem quando tentados. A semente que caiu entre os espinhos representa todos aqueles que ouvem a palavra com boa vontade, mas permitem que as preocupações do mundo e a natureza enganadora das riquezas asfixiem o mundo da verdade, de tal modo que as verdades se tornam infrutíferas. Agora, as sementes que caíram no bom solo, e que cresceram, até darem, algumas trinta, outras sessenta e outras até cem grãos, representam aqueles que, após haverem ouvido a verdade, recebem-na em vários níveis de entendimento – devido aos seus dons intelectuais diferentes – e, por isso, manifestam esses vários graus de experiência religiosa".

Após haver ouvido a interpretação de Pedro, para a parábola, Jesus perguntou aos outros apóstolos se eles também possuíam sugestões a oferecer. A esse convite apenas Natanael respondeu. Disse ele: "Mestre, ainda que eu reconheça muitas coisas boas na interpretação que Simão Pedro dá à parábola, não concordo totalmente com ele. A minha idéia sobre essa parábola seria: A semente representando o evangelho do Reino, enquanto o semeador significando os mensageiros do Reino. A semente que caiu à margem do caminho, na parte endurecida do solo, representa aqueles que não ouviram senão pouco do evangelho e, também, aqueles que são indiferentes à mensagem e endureceram os seus corações. Os pássaros do céu, que levam as sementes caídas. à beira do caminho, representam os hábitos da nossa vida, a tentação do mal e os desejos da carne. A semente caída na rocha representa aquelas almas emocionais que são rápidas para receber os ensinamentos novos, mas também são igualmente rápidas para desistir da verdade, quando enfrentam as dificuldades e realidades para viver de acordo com essa verdade, a elas faltando a percepção espiritual. A semente, que caiu entre os espinhos, representa os que são atraídos para as verdades do evangelho; eles têm a intenção de seguir os ensinamentos, mas são impedidos pelo orgulho da vida, o ciúme, a inveja e as ansiedades da existência humana. A semente que caiu em bom solo, e cresceu até dar, algumas trinta, algumas sessenta e outras até cem grãos, representa os graus de capacidade natural e variável para compreender a verdade e responder aos seus ensinamentos espirituais, que têm os homens e as mulheres, pois possuem dons diferentes de iluminação de espírito".

Quando Natanael terminou de falar, os apóstolos e os seus companheiros entraram em uma discussão séria e mesmo em um debate profundo, alguns sustentando a correção da interpretação de Pedro; e um número quase igual deles tentava defender a explicação de Natanael para a parábola. Nesse ínterim, Pedro e Natanael haviam-se retirado para a casa, onde se envolveram em um esforço vigoroso e determinado para convencer e mudar a idéia, um ao outro.

O Mestre permitiu que essa confusão ultrapassasse o limite da sua expressão mais intensa; após o que ele bateu com as palmas das mãos a fim de chamá-los para perto de si. Quando eles estavam todos reunidos à sua volta, uma vez mais, disse: "Antes de falar-vos sobre essa parábola, algum de vós tem qualquer coisa a dizer?" Depois de um momento de silêncio, Tomé falou: "Sim, Mestre, gostaria de dizer umas poucas palavras. Lembro-me de que tu nos aconselhaste, certa vez, para tomarmos cuidado exatamente com isso. Ensinaste-nos que, quando usássemos exemplos nas nossas pregações, deveríamos empregar histórias verdadeiras, não fábulas, e que deveríamos escolher a história que melhor se adequasse como exemplo da verdade central e vital, a qual gostaríamos de ensinar ao povo; e que, havendo usado a história, não deveríamos tentar dar um emprego espiritual a todos os detalhes menores envolvidos na narrativa da história. Eu sustento que Pedro e Natanael estão ambos errados nas suas tentativas de interpretar essa parábola. Admiro a capacidade deles para essas coisas, mas estou igualmente seguro de que todas as tentativas, como essas, de fazer uma parábola natural produzir analogias espirituais, em todos os seus aspectos, pode apenas resultar em confusão e em erros sérios de concepção, sobre o verdadeiro propósito da parábola. E, plenamente provado que eu devo estar certo, está, pelo fato de que, se há uma hora atrás comungávamos de um só pensamento, agora estamos divididos em dois grupos separados que sustentam opiniões diferentes a respeito dessa parábola e que mantêm tais opiniões tão sinceramente a ponto de até interferir, na minha opinião, com a capacidade de compreender plenamente a grande verdade que tu tinhas em mente, quando apresentaste essa parábola à multidão e quando posteriormente nos pediste para tecer comentários sobre ela".

As palavras ditas por Tomé tiveram o efeito de acalmar a todos. Ele levou-os a lembrarem-se do que Jesus lhes tinha ensinado em ocasiões anteriores e, antes que Jesus continuasse a falar, André ergueu-se e disse: "Estou persuadido de que Tomé está certo; e gostaria que ele nos contasse qual significado ele atribui à parábola do semeador". Depois que Jesus acenou para Tomé falar, ele disse: "Meus irmãos, eu não gostaria de prolongar essa discussão, mas, se assim o desejardes, direi que penso que essa parábola foi contada para ensinar-nos uma grande verdade. E esta é a de que nossos ensinamentos sobre o evangelho do Reino, não importa quão fiel e eficientemente executemos as nossas missões divinas, serão acompanhados por vários níveis de êxito; e que todas essas diferenças, nos resultados, são devidas diretamente às condições inerentes às circunstâncias da nossa ministração, condições sobre as quais temos pouco ou nenhum controle".

Quando Tomé acabou de falar, a maioria dos seus companheiros pregadores estava pronta para concordar com ele e, Pedro e Natanael estavam mesmo, por sua vez, prontos a dirigir-se a ele, quando Jesus levantou-se e disse: "Muito bem, Tomé; tu discerniste bem o verdadeiro significado das parábolas; mas Pedro e Natanael, ambos, fizeram a vós todos um bem igual, pois eles mostraram plenamente o perigo de se tentar fazer uma alegoria das minhas parábolas. Nos vossos próprios corações, podeis muitas vezes, com proveito, fazer tais vôos de conjectura imaginativa, mas vós cometereis um erro sempre que buscardes oferecer conclusões como uma parte do vosso ensinamento público".

Agora, uma vez passada a tensão, Pedro e Natanael congratulavam-se um com o outro pelas suas interpretações e, à exceção dos gêmeos Alfeus, cada um dos apóstolos aventurava-se a fazer uma interpretação da parábola do semeador antes de retirar-se para dormir. Até mesmo Judas Iscariotes ofereceu uma interpretação bastante plausível. Freqüentemente, entre si próprios, os doze iriam tentar imaginar as parábolas do Mestre, como haviam feito, por meio de uma alegoria, mas, nunca mais, eles levariam essas especulações a sério. Essa foi uma sessão bastante proveitosa para os apóstolos e para seus colaboradores, especialmente porque, desde então, e cada vez mais, Jesus empregou parábolas no seu ensinamento público.

3. MAIS A RESPEITO DAS PARÁBOLAS

A mente dos apóstolos adaptava-se bem às parábolas; tanto assim, que toda a noite seguinte foi dedicada a mais uma discussão sobre as parábolas. Jesus iniciou a conferência da noite dizendo: "Meus amados, vós deveis sempre amoldar os vossos modos de ensinar, adequando assim a vossa apresentação da verdade às mentes e aos corações que estão diante de vós. Quando estiverdes diante de uma multidão de intelectos e de temperamentos vários, vós não podereis falar palavras diferentes para cada tipo de ouvinte, mas podeis contar uma história que passe o vosso ensinamento; e cada grupo, cada indivíduo mesmo, será capaz de dar a sua própria interpretação à vossa parábola, de acordo com os próprios dons intelectuais e espirituais. Deveis deixar a vossa luz brilhar, mas o façais com sabedoria e discrição. Nenhum homem, quando acende uma lâmpada, cobre-a com um vaso ou põe-na debaixo da cama; ele põe a sua lâmpada sobre um pedestal, onde todos possam ver a luz. No Reino do céu, permiti que eu vos diga, nada que, estando escondido, deixará de tornar-se manifestado; nem há segredo algum que não se fará afinal conhecido. Finalmente, todas as coisas virão à luz. Não penseis apenas nas multidões, e em como elas ouvem a verdade; prestai atenção também em vós próprios, em como escutais. Lembrai-vos do que eu vos disse muitas vezes: Para aquele que tem, será dado mais; enquanto daquele que não tem, será tomado até mesmo aquilo que ele pensa que tem".

A discussão contínua sobre as parábolas; e as outras instruções para a sua interpretação podem ser resumidas e expressas, em forma moderna, do modo seguinte:

1. Jesus preveniu contra o uso, fosse de fábulas, fosse de alegorias, para o ensino das verdades do evangelho. Ele recomendava o uso livre de parábolas, especialmente parábolas naturalistas. Ele enfatizava o valor de utilizar-se das *analogias* existentes entre o mundo natural e o mundo espiritual, como um meio para ensinar-se a verdade. Freqüentemente fazia alusão ao natural, como sendo "a sombra irreal e fugaz das realidades do espírito".

2. Jesus narrou três ou quatro parábolas das escrituras dos hebreus, chamando a atenção para o fato de que esse método de ensinar não era totalmente novo. Contudo, tornou-se quase um método novo de ensinar, do modo como ele o empregou, desse momento em diante.

3. Ao ensinar aos apóstolos o valor das parábolas, Jesus chamou a atenção para os pontos seguintes:

A parábola tem apelo para vários níveis diferentes, simultaneamente, da mente e do espírito. A parábola estimula a imaginação, desafia o senso do discernimento e provoca o pensamento crítico; ela promove a simpatia, sem despertar antagonismos.

A parábola parte das coisas conhecidas e chega ao discernimento do desconhecido. A parábola utiliza o material e o natural, como um meio de apresentar o espiritual e o supramaterial.

As parábolas favorecem a tomada de decisões morais imparciais. A parábola escapa de muitos preconceitos e joga na mente uma nova verdade, de um modo encantador; e a tudo isso ela faz despertando um mínimo de autodefesa, de ressentimento pessoal.

Rejeitar a verdade contida na analogia parabólica requer uma ação intelectual consciente, que despreza diretamente o vosso próprio julgamento honesto e a vossa decisão equânime. A parábola conduz ao esforço do pensamento por meio do sentido da audição.

O ensino, sob a forma de parábola, capacita aquele que ensina a apresentar verdades novas e até surpreendentes, e ao mesmo tempo evita amplamente qualquer controvérsia e choque externo com a tradição e com a autoridade estabelecida.

A parábola também possui a vantagem de estimular a lembrança da verdade ensinada, quando as mesmas cenas conhecidas forem encontradas posteriormente.

Desse modo, Jesus buscava deixar os seus seguidores inteirados das muitas razões que motivavam a sua prática de usar cada vez mais as parábolas nos seus ensinamentos públicos.

Mais para o fim da lição da noite, Jesus fez o seu primeiro comentário sobre a parábola do semeador. Disse que a parábola referia-se a duas coisas: em primeiro lugar, era um exame da sua própria ministração, até aquele momento, e uma previsão do que ele teria diante de si, durante o restante da sua vida na Terra. E, em segundo lugar, era também uma alusão ao que os apóstolos e os outros mensageiros do Reino poderiam esperar na sua ministração, de geração para geração, com o passar do tempo.

Jesus recorreu também ao uso de parábolas, como a melhor refutação possível do esforço estudado dos líderes religiosos em Jerusalém, para ensinar que todo o seu trabalho era feito com a assistência de demônios e do príncipe dos diabos. O apelo à natureza contradizia esse ensinamento, já que o povo daquele tempo encarava todos os fenômenos naturais como o produto da ação direta de seres espirituais e de forças sobrenaturais. Ele também optou por esse método de ensinar porque o capacitava a proclamar verdades vitais àqueles que desejavam conhecer o melhor caminho, ao mesmo tempo, permitindo aos seus inimigos menos oportunidade de terem motivo de ofensa e de acusações contra ele.

Antes de dispensar o grupo naquela noite, Jesus disse: "Agora eu vou contar-lhes o final da parábola do semeador. Eu gostaria de testá-los para saber como receberão isto: O Reino do céu é também como um homem que joga a boa semente na terra; e, enquanto ele dormiu à noite, e foi cuidar dos seus afazeres do dia, a semente brotou e cresceu e, embora ele não soubesse como aquilo aconteceu, a planta veio a frutificar. Primeiro surgiu a folha, depois a espiga e, então, surgiu o grão inteiro na espiga. E, finalmente, quando o grão estava amadurecido, ele passou a foice; e a colheita terminou. Aquele que tem ouvidos para ouvir, que ouça".

Os apóstolos repassaram essa parte muitas vezes nas suas mentes, mas o Mestre nunca mais fez outra menção ao trecho adicional da parábola do semeador.

4. MAIS PARÁBOLAS À BEIRA-MAR

No dia seguinte, Jesus novamente ensinou ao povo, de dentro do barco, dizendo: "O Reino do céu é como um homem que lançou a boa semente no campo; mas, enquanto dormia, veio o seu inimigo e plantou ervas daninhas em meio ao trigo e foi-se embora rapidamente. Assim, as folhinhas surgiram e estavam para dar fruto quando, mais tarde, apareceram também as ervas daninhas. Então, vieram os servos do dono da casa e lhe disseram: 'Senhor, não plantaste uma boa semente no teu campo? Ou, então, de onde então vieram essas ervas daninhas?' E, assim, respondeu ele aos seus servos: 'Um inimigo fez isso'. Nisso, os servos perguntaram ao senhor: 'Gostarias que fôssemos lá e arrancássemos essas ervas daninhas?' Mas ele respondeu-lhes, dizendo: 'Não, para que enquanto as estiverdes ajuntando, não arranques o trigo também. Melhor será deixar que as duas cresçam juntas, até a hora da colheita, quando então eu direi aos ceifadores: ajuntai primeiro as ervas daninhas, amarrando-as em feixes para serem queimadas e, depois, ajuntai o trigo que será estocado no meu celeiro' ".

Após algumas perguntas, feitas pelo povo, Jesus contou uma outra parábola: "O Reino do céu é como um grão de semente de mostarda, que um homem semeia no seu campo. Ora, uma semente de mostarda é o menor dos grãos, todavia, quando chega à plenitude do crescimento, torna-se a maior de todas as ervas e é como uma árvore, de tal modo que os pássaros do céu são capazes de vir e descansar nos seus galhos".

"O Reino do céu é também como o fermento, que uma mulher escondeu em três medidas de farinha e, desse modo, aconteceu que toda a farinha ficou fermentada".

"O Reino do céu é também como um tesouro escondido em um campo, e que um homem descobriu. No seu júbilo ele foi vender tudo o que possuía, para que pudesse ter o dinheiro e comprar o campo".

"O Reino do céu é também como um mercador buscando belas pérolas; e, havendo encontrado uma pérola de grande preço, ele saiu e vendeu tudo o que possuía para poder ser capaz de comprar a pérola extraordinária".

"E mais: o Reino do céu é como uma rede de arrastão que foi lançada ao mar; e pegou toda espécie de peixes. Ora, quando a rede estava cheia, os pescadores puxaram-na até a praia, e ali se sentaram e separaram os peixes, ajuntando os bons em vasos, enquanto, os ruins, eles jogaram fora".

Muitas outras parábolas Jesus contou à multidão. De fato, dessa época em diante, raramente ele ensinava às massas a não ser por esse meio. Depois de falar a uma audiência pública por meio de parábolas, durante as instruções da noite, ele gostava de expor mais plenamente e explicitamente os seus ensinamentos aos apóstolos e aos evangelistas.

5. A VISITA A QUERESA

A multidão continuou a crescer durante a semana. No sábado, Jesus apressou-se a sair para as colinas, mas, quando chegou o domingo de manhã, as multidões retornaram. Jesus falou a elas, na primeira parte da tarde, depois da pregação de Pedro, e, quando acabou, disse aos seus apóstolos: "Estou cansado das multidões; atravessemos o lago para que possamos descansar do outro lado, por um dia".

No meio da travessia do lago eles depararam-se com uma daquelas tempestades de vento súbitas e violentas, que são características do mar da Galiléia, especialmente naquela estação do ano. Essa massa de água está a mais de duzentos metros abaixo do nível dos oceanos e é cercada por margens altas, especialmente a oeste. Há gargantas escarpadas que vão do lago às montanhas e, quando o ar aquecido forma uma bolsa sobre o lago, durante o dia, há uma tendência, depois do pôr-do-sol, de que o ar resfriado das gargantas corra sobre o lago. Esses golpes de vento vêm rapidamente e algumas vezes vão embora subitamente também.

Era exatamente uma dessas ventanias noturnas que surpreendeu o barco que levava Jesus ao outro lado, nessa noite de domingo. Três outros barcos, levando alguns dos evangelistas mais jovens, estavam atrás na mesma trilha. Essa tempestade foi severa, não obstante estivesse confinada a essa região do lago, não tendo havido nenhuma evidência de tempestade na margem do lado oeste. O vento foi tão forte que as ondas começaram a bater acima do barco. O vento rápido havia rasgado a vela, antes que os apóstolos a tivessem podido enrolar, e agora eles dependiam totalmente dos seus remos, os quais manejavam vigorosamente para alcançar a margem a uns três quilômetros de distância.

Enquanto tudo isso acontecia, Jesus encontrava-se adormecido na popa do barco, sob um pequeno abrigo. O Mestre estava cansado quando eles deixaram Betsaida, e foi para garantir o descanso que tinha pedido aos apóstolos para velejar com ele até o outro lado. Esses ex-pescadores eram remadores fortes e experientes;

mas essa foi uma das piores tempestades que jamais eles haviam encontrado. Embora o vento e as ondas fizessem o barco sacudir tal um brinquedo, Jesus não teve o seu sono perturbado. Pedro estava no remo do lado direito, perto da popa. Quando o barco começou a encher-se de água, ele soltou seu remo e, precipitando-se até Jesus, sacudiu-o vigorosamente para despertá-lo e, quando ele despertou, Pedro disse: "Mestre, não vês que estamos no meio de uma tempestade violenta? Se não nos salvares, pereceremos todos".

Quando Jesus saiu na chuva, primeiro olhou para Pedro e, depois, mirando na escuridão para os remadores na luta, ele voltou com o seu olhar de volta em Simão Pedro, que, na sua agitação, não tinha ainda voltado para o seu remo, e disse: "Por que estais tão cheios de medo? Onde está a vossa fé? Paz, acalmai-vos". Mal Jesus havia dado essa resposta a Pedro e aos outros apóstolos, e mal havia pedido a Pedro que buscasse a paz com a qual aquietar a sua alma agoniada, quando a atmosfera perturbada restabeleceu o seu equilíbrio; e veio a calmaria e o tempo ficou estabilizado. As ondas revoltas abaixaram quase que imediatamente, enquanto as nuvens escuras, tendo despejado-se naquela chuva curta, desapareceram; e as estrelas do céu brilharam acima. Tudo isso era uma pura coincidência, pelo que podemos julgar; mas os apóstolos, e Simão Pedro em particular, nunca deixaram de considerar o episódio como um milagre da natureza. Era especialmente fácil para os homens daquela época crerem em milagres da natureza, porquanto eles acreditavam firmemente que toda a natureza era um fenômeno diretamente sob o controle de forças espirituais e de seres sobrenaturais.

Jesus explicou claramente aos doze que ele havia falado aos seus espíritos perturbados, e dirigiu-se às suas mentes dominadas pelo medo, e que não havia comandado os elementos a obedecerem a sua palavra, mas de nada valeu dizer isso. Os seguidores do Mestre persistiram sempre em dar a sua própria interpretação a todos esses acontecimentos coincidentes. Desse dia em diante eles insistiram em considerar o Mestre como tendo poder absoluto sobre os elementos naturais. Pedro nunca se cansou de contar como "mesmo os ventos e as ondas obedecem a ele".

Quando Jesus e os seus companheiros chegaram à margem já era tarde da noite e, posto que fosse uma noite calma e bela, todos descansaram nos barcos, indo à praia somente pouco depois do amanhecer, na manhã seguinte. Quando estavam todos reunidos, cerca de quarenta pessoas ao todo, Jesus disse: "Permaneçamos lá, nas colinas, por uns dias, enquanto ponderamos sobre os problemas do Reino do Pai".

6. O LUNÁTICO DE QUERESA

A maior parte das margens vizinhas do lado leste do lago dava acesso às colinas por meio de rampas suaves, mas nesse ponto do desembarque, em particular, havia um declive íngreme; a margem em alguns lugares caía de modo brusco até o lago. Apontando para o lado da colina próxima, Jesus disse: "Vamos até aquela colina para tomarmos o desjejum, descansarmos e conversarmos bem abrigados".

Todo esse lado da colina era repleto de cavernas que haviam sido lavradas na rocha. Muitos desses nichos eram antigos sepulcros. Na metade da subida da colina, em um local relativamente nivelado, localizava-se o cemitério da pequena aldeia de Queresa. Quando Jesus e os seus seguidores passaram perto desse local de sepulturas um lunático que vivia em uma caverna, desse lado da colina, correu até eles. Esse homem demente era bem conhecido nessas paragens, tendo uma vez sido aprisionado com algemas e correntes e confinado a uma das grotas. Havia já algum tempo, ele rompera os grilhões e agora errava à vontade pelas tumbas e sepulcros abandonados.

Esse homem, de nome Amós, era afligido de forma periódica por uma insanidade. Havia longos períodos em que ele vestia alguma roupa e comportava-se bastante bem entre os companheiros. Durante um desses intervalos de lucidez, ele havia ido a Betsaida, onde pôde ouvir a pregação de Jesus e dos apóstolos e, naquele momento, tornou-se meio-crente do evangelho do Reino. Mas logo adveio uma fase tempestuosa do seu problema, e ele fugiu para as tumbas, onde se lamentava, gritava alto e se conduzia de modo a aterrorizar todos aqueles que acaso o encontrassem.

Ao reconhecer Jesus, Amós caiu a seus pés e exclamou: "Eu te conheço, Jesus, mas estou possuído por muitos diabos; e suplico-te que não me atormentes". Esse homem realmente acreditava que a sua aflição mental periódica era devido ao fato de que, nesses momentos, os espíritos maus ou impuros entravam nele e dominavam sua mente e seu corpo. Os seus problemas eram mais emocionais – o seu cérebro não estava gravemente doente.

Jesus, vendo abaixo de si o homem humilhando-se como um animal a seus pés, tomou-o pela mão, levantou-o e disse a ele: "Amós, tu não estás possuído por nenhum demônio; tu já ouviste a boa-nova de que tu és um filho de Deus. Eu ordeno que saias desse transe". E, quando Amós ouviu Jesus dizendo essas palavras, ocorreu uma tal transformação no seu intelecto que ele imediatamente voltou a ter a mente sadia e o controle normal das suas emoções. Nesse momento uma multidão considerável de uma aldeia próxima estava reunida, e, essa gente, acrescida dos pastores de porcos das terras de cima, ficou atônita de ver o lunático assentado com Jesus e os seus seguidores, na posse de uma mente sã e conversando livremente com eles.

Enquanto os pastores correram à aldeia para contar as novidades do lunático domado, os cães atacaram uma pequena vara de cerca de trinta porcos, levando a maioria deles a um precipício, caindo no mar. E foi essa ocorrência acidental, ligada à presença de Jesus e à suposta cura miraculosa do lunático, que deu origem à lenda de que Jesus tinha curado Amós, retirando dele uma legião de demônios, fazendo com que esses demônios entrassem na vara de suínos, levando-os, em seguida, a precipitarem-se para a destruição, no mar abaixo. Antes de terminar o dia, esse episódio havia tornado-se público entre os criadores de porcos e toda a aldeia acreditou nele. Com toda certeza Amós acreditou nessa história, pois viu os porcos pulando do cimo da colina pouco depois de a sua mente perturbada ficar calma, e sempre acreditou que eles levaram consigo os maus espíritos, os quais, durante tanto tempo, o haviam atormentado e afligido. E isso tinha muito a ver com a confirmação da sua cura. É igualmente verdade que todos os apóstolos de Jesus (exceto Tomé) acreditaram que o episódio dos porcos estava diretamente ligado à cura de Amós.

Jesus não teve o descanso que buscava. Durante a maior parte daquele dia foi atropelado por aqueles que vieram estimulados pela notícia de que Amós havia sido curado, e atraídos pela história de que os demônios haviam saído do lunático indo para dentro da vara de porcos. E, assim, depois de só uma noite de descanso, cedo na manhã de terça-feira, Jesus e os seus amigos foram acordados por uma delegação de gentios, criadores de porcos, que se aproximara para pedir que Jesus fosse embora dali. O porta-voz deles disse a Pedro e a André: "Pescadores da Galiléia, ide para longe de nós e levai o vosso profeta convosco. Nós sabemos que ele é um homem santo, mas os deuses da nossa terra não o conhecem, e nós ficamos ameaçados de perder muitos porcos. O medo de vós desceu sobre nós, de modo que oramos para irdes daqui". E, quando os ouviu, Jesus disse a André: "Retornemos à nossa casa".

DOCUMENTO 151: SEÇÃO 6

Quando eles estavam para partir, Amós implorou a Jesus que permitisse que ele fosse junto, o Mestre não o permitiu, contudo. Disse Jesus a Amós: "Não esqueças de que és um filho de Deus. Volta para o teu próprio povo e mostra a eles as grandes coisas que Deus fez para ti". E Amós foi a todos os lugares para tornar público que Jesus havia expulsado da sua perturbada alma uma legião de demônios, e que esses espíritos maus tinham entrado em uma vara de porcos, levando-os à destruição imediata. E ele não parou, enquanto não foi a todas as cidades da Decápolis, declarando as grandes coisas que Jesus tinha feito por ele.

DOCUMENTO 152

OS ACONTECIMENTOS QUE LEVARAM
À CRISE DE CAFARNAUM

A HISTÓRIA da cura de Amós, o lunático de Queresa, havia já alcançado Betsaida e Cafarnaum, de modo que uma grande multidão estava esperando por Jesus, quando o seu barco aportou naquela terça-feira pela manhã. Em meio a essa multidão estavam os novos observadores do sinédrio de Jerusalém, que haviam vindo a Cafarnaum para buscar motivo para a apreensão e a condenação do Mestre. Enquanto Jesus falava com aqueles que estavam reunidos para cumprimentá-lo, Jairo, um dos chefes da sinagoga, abriu caminho no meio da gente e, caindo a seus pés, tomou-o pela mão e implorou que Jesus se apressasse dali com ele, dizendo: "Mestre, a minha filha pequena, única filha, está na minha casa a ponto de morrer. Eu suplico-te que venha e que a cure". Ao ouvir o pedido desse pai, Jesus disse: "Irei contigo".

Jesus foi junto com Jairo; e a grande multidão, que havia ouvido o pedido do pai, seguiu-os para ver o que aconteceria. Pouco antes de chegar à casa de Jairo, apressando-se por um beco estreito, enquanto a multidão o abalroava, Jesus parou de súbito, exclamando: "Alguém tocou em mim". E quando aqueles que estavam mais por perto negaram que tivessem tocado nele, Pedro falou: "Mestre, podes ver que toda essa gente te aperta, ameaçando comprimir-nos, e tu ainda dizes: 'alguém tocou em mim'. O que queres dizer?" Então Jesus disse: "Perguntei quem tocou em mim, pois percebi que uma energia de vida emanou de mim". Quando Jesus olhou em volta de si, os seus olhos caíram sobre uma mulher que estava perto e que, adiantando-se, se ajoelhou aos seus pés para dizer: "Durante anos eu tenho sido afligida por uma forte hemorragia. Tenho sofrido bastante nas mãos de muitos médicos; gastei todas as minhas posses, mas ninguém pôde curar-me. Então eu ouvi falar de ti e pensei que se eu pudesse apenas tocar a bainha da tua veste, eu seria certamente curada. E, assim, eu me comprimi entre as pessoas enquanto elas se moviam, até que, estando perto de ti, Mestre, eu toquei na borda da tua veste e me tornei curada; sei que fui curada da minha aflição".

Quando Jesus ouviu isso, tomou a mulher pela mão e, levantando-a, disse: "Filha, a tua fé te curou; vai em paz". Foi a *fé* e não o *tocar* na veste que curou a mulher. E esse caso é uma boa ilustração de muitas curas aparentemente miraculosas que aconteceram na carreira terrena de Jesus, mas que, em nenhum sentido, resultaram de um desejo consciente dele. O passar do tempo demonstrou que essa mulher realmente ficou curada da sua doença. A sua fé era daquela natureza que dispunha diretamente do poder criativo que residia na pessoa do Mestre. Com a fé que tinha, era necessário apenas aproximar-se da pessoa do Mestre. Não seria de todo necessário que tocasse a sua veste; aquilo era apenas a parte supersticiosa da crença dela. Jesus fez vir essa mulher, originária de Cesaréia-Filipe, chamada Verônica, à sua presença, para corrigir dois erros que poderiam ter ficado na mente dela, ou que poderiam ter persistido nas mentes daqueles que testemunharam essa cura: Ele não queria que Verônica fosse embora pensando que o seu medo, de tentar apossar-se da própria cura, tivesse tido alguma justificação, nem que a sua superstição de associar o toque na roupa dele à sua cura tivesse tido algum efeito. Jesus desejava que todos soubessem que a *fé*, pura e viva, daquela mulher, tinha sido o que havia operado a sua cura.

1. NA CASA DE JAIRO

Claro está que Jairo ficou terrivelmente impaciente com a demora para chegar à sua casa e, por isso, agora eles apressavam-se a passos mais largos. Antes mesmo de entrarem no jardim do dirigente da sinagoga, um dos seus servos veio para fora, dizendo: "Não incomodeis o Mestre; a vossa filha está morta". Mas Jesus pareceu não dar atenção às palavras do servo, pois havia voltado a sua atenção para Pedro, Tiago e João; e então ele voltou-se para o pai agoniado: "Não temas; apenas crê". Quando entrou na casa, ele já encontrou lá os tocadores de flauta com as pranteadoras, que estavam fazendo um tumulto inconveniente; os parentes ali choravam e se lamuriavam. Jesus, então, depois de colocar para fora do quarto todos os lamentadores, entrou com o pai e a mãe e os seus três apóstolos. Ao dizer aos lamentadores que a menina não estava morta, eles riram dele, com escárnio. Jesus, agora, voltava-se para a mãe, dizendo: "A tua filha não está morta; está adormecida apenas". E, quando a casa voltou à calma, Jesus foi até onde estava a criança e, tomando-a pela mão, disse: "Filha, eu te digo, desperta e levanta-te!" E, ao ouvir essas palavras, a menina imediatamente levantou-se e caminhou atravessando o quarto. E, em breve, após haver-se recuperado do seu torpor, Jesus aconselhou-os a darem a ela algo para comer, pois a criança estivera muito tempo sem alimento.

Posto que houvesse bastante agitação em Cafarnaum, contra Jesus, ele reuniu a família e explicou que a criança havia passado por um estado de coma após uma longa febre, que ele meramente a havia despertado e que, portanto, não a havia ressuscitado dos mortos. A mesma coisa foi explicada aos seus apóstolos, porém inutilmente; todos acreditaram que ele havia trazido a menina de entre os mortos. O que Jesus dizia, para explicar muitos desses milagres aparentes, pouco efeito causava sobre os seus seguidores. Todos mantinham nas mentes a expectativa de milagres e não perdiam nenhuma oportunidade de atribuir a Jesus qualquer prodígio. Jesus e os apóstolos voltaram para Betsaida, não sem que antes ele houvesse recomendado, especificamente, a todos eles, que nada dissessem a ninguém sobre isso.

Quando saiu da casa de Jairo, dois homens cegos, conduzidos por um menino mudo, seguiram-no e gritaram pedindo a cura. Nessa altura, o renome de Jesus como curador encontrava-se no apogeu. Por todos os locais aonde ia, os doentes e os aflitos esperavam por ele. O Mestre agora parecia muito desgastado, e todos os seus amigos estavam ficando preocupados, temendo que o seu trabalho de ensinar e de curar fosse levado até um verdadeiro colapso.

Os apóstolos de Jesus, e a gente comum ainda mais, não podiam entender a natureza e os atributos desse Deus-homem. Nem qualquer geração posterior teria sido capaz de avaliar o que acontecera na Terra, com a pessoa de Jesus de Nazaré. E nunca pôde haver uma oportunidade para a ciência, nem para a religião, de averiguar esses acontecimentos notáveis, pela simples razão de que uma situação tão extraordinária não poderá jamais acontecer novamente, seja neste mundo, seja em qualquer outro mundo de Nébadon. Nunca, de novo, em qualquer mundo, em todo este universo, aparecerá um ser à semelhança da carne mortal, que incorpore ao mesmo tempo todos os atributos de energia criativa combinados aos dons espirituais que transcendem o tempo e a maior parte de outras limitações materiais.

Nunca antes, desde que Jesus esteve na Terra, nem depois, foi possível, tão direta e vividamente, assegurar os resultados que acompanhavam a fé viva e forte dos homens e mulheres mortais. Para repetir esses fenômenos, teríamos de ir à presença direta de Michael, o Criador, e encontrá-lo como ele era naqueles dias – o Filho do Homem. Do mesmo modo, hoje, quando a ausência de Cristo-Michael não permite essas manifestações materiais, vós deveríeis abster-vos de colocar qualquer espécie de limitação à demonstração possível do seu *poder espiritual*. Embora o Mestre esteja ausente, como ser material, está presente como uma influência espiritual nos corações dos homens. Ao ir embora deste mundo, Jesus tornou possível ao seu espírito viver ao lado do espírito do seu Pai, que reside nas mentes de toda a humanidade.

2. ALIMENTANDO OS CINCO MIL

Jesus continuou a ensinar ao povo durante o dia, enquanto à noite ele instruía os apóstolos e os evangelistas. Na sexta-feira ele concedeu uma licença de uma semana, para que todos os seus seguidores pudessem passar uns poucos dias em suas casas ou junto dos seus amigos, antes de se prepararem para ir até Jerusalém presenciar a Páscoa. Todavia, mais da metade dos seus discípulos recusou-se a deixá-lo, e a multidão crescia diariamente, e, tanto assim que Davi Zebedeu quis montar um novo acampamento, mas Jesus não consentiu. O Mestre teve tão pouco tempo para descansar no sábado que, na manhã de domingo, 27 de março, ele tentou escapar do povo. Alguns dos evangelistas foram deixados para falar à multidão, enquanto Jesus e os doze planejavam escapar, sem serem notados, para a margem oposta do lago, onde eles se propunham conseguir o descanso tão necessário, em um belo parque ao sul de Betsaida-Júlias. Essa região era um recanto favorito de passeio para a gente de Cafarnaum; eles todos conheciam bem esses parques da margem leste.

Mas o povo não quis entender isso. Eles viram a direção tomada pelo barco de Jesus e, alugando todas as embarcações disponíveis, saíram atrás. Aqueles que não puderam conseguir barcos foram caminhando a pé em torno do lago até a extremidade.

No final da tarde, mais de mil pessoas haviam localizado o Mestre em um dos parques, e ele falou a eles muito brevemente, sendo secundado por Pedro. Muitos, nessa multidão, haviam trazido alimentos consigo e, depois de tomarem a refeição da noite, reuniram-se em grupos pequenos, enquanto os apóstolos e os discípulos de Jesus ensinavam a eles.

Na segunda-feira à tarde, a multidão havia aumentado, chegando a mais de três mil pessoas. E ainda – noite adentro – o povo continuava a afluir, trazendo consigo todas as espécies de doentes. Centenas de pessoas interessadas haviam feito os seus planos de parar em Cafarnaum, ver e ouvir Jesus, a caminho da Páscoa; e eles simplesmente se negavam a decepcionar-se. Na quarta-feira, por volta do meio-dia, cerca de cinco mil homens, mulheres e crianças estavam reunidos ali, naquele parque ao sul de Betsaida-Júlias. O tempo permanecia agradável, estando perto do final da temporada das chuvas, naquela localidade.

Filipe tinha uma provisão de alimento para três dias, para Jesus e os doze, a qual estava sob a custódia do jovem Marcos, o garoto faz-tudo. À tarde, desse que era o terceiro dia para quase a metade da multidão, os alimentos que o povo havia trazido consigo tinham praticamente acabado. Davi Zebedeu não contava ali com nenhuma cidade de tendas para acomodar e alimentar as multidões. E Filipe também não tinha feito uma provisão de alimentos para um número tal de pessoas. Mas o povo, mesmo estando com fome, não ia embora. Estava sendo difundido, reservadamente, que Jesus, desejando evitar complicações, tanto com Herodes, quanto com os líderes de Jerusalém, havia escolhido esse local sossegado, fora da jurisdição de todos os seus inimigos, como sendo o lugar adequado para ser coroado rei. O entusiasmo do povo aumentava a cada momento. Nem uma palavra foi dita a Jesus, embora, está claro, ele soubesse de tudo que estava acontecendo. Mesmo os doze apóstolos ainda achavam-se confusos sobre essas questões, especialmente os evangelistas mais jovens. Os apóstolos que estavam a favor dessa tentativa de proclamar Jesus como rei eram: Pedro, João, Simão zelote e Judas Iscariotes. Aqueles que se opunham ao plano eram: André, Tiago, Natanael, e Tomé. Mateus, Filipe e os gêmeos Alfeus não tomaram posição. Quem liderava essa trama para fazer, de Jesus, um rei, era Joab, um dos jovens evangelistas.

Essa era a situação por volta das cinco horas, na quarta-feira à tarde, quando Jesus pediu a Tiago Alfeus para convocar André e Filipe. Disse Jesus: "O que faremos com a multidão? Eles estão conosco já há três dias, e muitos deles estão famintos. E não têm alimentos". Filipe e André trocaram olhares, e então Filipe respondeu: "Mestre, tu deverias mandar essa gente embora, para que todos possam ir às aldeias próximas comprar alimentos". E André, temendo que aquela trama da coroação do rei se tornasse real, aderiu prontamente a Filipe e disse: "Sim, Mestre, acho que é melhor que tu despeças a multidão, para que cada um possa seguir o seu caminho e comprar alimentos, enquanto tu te assegurarás um descanso por um período". Nessa altura, outros dos doze haviam aderido à conversa. Então, disse Jesus: "Mas não desejo mandá-los embora, estão famintos; não podeis alimentá-los?" Isso era demais para Filipe, e ele logo respondeu: "Mestre, neste local do interior, onde poderemos comprar pão para toda essa gente? O equivalente a duzentos denários em pão ainda não daria nem para o almoço".

Antes que os apóstolos tivessem a oportunidade de expressar-se, Jesus voltou-se para André e Filipe, dizendo: "Eu não quero mandar essa gente embora. Aqui estão eles, como ovelhas sem um pastor. Eu gostaria de alimentá-los. Que alimentos temos conosco?" Enquanto Filipe estava conversando com Mateus e Judas, André procurou o menino Marcos para certificar-se de quanto ainda tinham de provisões. Ele voltou a Jesus, dizendo: "O garoto só tem mais cinco pães de cevada e dois peixes secos" – e Pedro prontamente acrescentou: "E nós ainda temos de comer esta noite".

Por um momento Jesus permaneceu em silêncio. Os seus olhos mostravam que estava distante. Os apóstolos nada disseram. Jesus subitamente voltou-se para André e disse: "Traze-me os pães e os peixes". E, depois que André havia trazido a cesta a Jesus, o Mestre disse: "Instrui ao povo para que se assente na relva, divididos em grupos de cem, e que apontem um líder para cada grupo, enquanto irás trazer todos os evangelistas até aqui, para junto de nós".

Jesus tomou os pães nas suas mãos e, depois de ter agradecido, ele partiu o pão e o deu aos seus apóstolos, que o passaram aos seus condiscípulos, que por sua vez o levaram à multidão. Do mesmo modo, Jesus partiu e distribuiu os peixes. E essa multidão comeu e ficou satisfeita. E, quando terminaram de comer, Jesus disse aos discípulos: "Ajuntai os pedaços remanescentes, para que nada se perca". E, quando eles tinham acabado de reunir os fragmentos, contavam com doze cestas cheias. Os que comeram desse banquete extraordinário foram cerca de cinco mil homens, mulheres e crianças.

E esse foi o primeiro e o único milagre, com a natureza, que Jesus fez depois de um planejamento prévio consciente. É bem verdade que os seus discípulos estavam dispostos a chamar muitas coisas de milagres, coisas que não o eram; essa, porém, foi uma ministração sobrenatural genuína. Nesse caso, e assim nos foi ensinado, Michael multiplicou os elementos da comida, como ele sempre faz, exceto pela eliminação do fator tempo e do processo vital visivelmente observável.

3. O EPISÓDIO DA SUA COROAÇÃO COMO REI

A alimentação das cinco mil pessoas, por meio de energia sobrenatural, foi um outro desses casos em que a piedade humana somada ao poder criativo haviam levado ao que aconteceu. E, agora, que a multidão estava alimentada plenamente e, desde que a fama de Jesus estava, ali e agora, aumentada por um milagre tão estupendo, o projeto de proclamar o Mestre coroando-o como rei não mais requeria o comando pessoal de ninguém. A idéia parecia espalhar-se na multidão, como uma doença contagiosa. Era profunda e irresistível a reação da multidão a esse suprimento súbito e espetacular das suas necessidades físicas. Por um longo tempo, havia sido ensinado aos judeus que o Messias, o filho de Davi, quando viesse, faria fluir de novo da terra o leite e o mel, e que o pão da vida seria concedido a eles como o maná do céu, o mesmo que supostamente teria vindo para os seus ancestrais no deserto. E toda essa expectativa agora não havia sido cumprida bem diante dos olhos de todos? Quando essa multidão faminta e subnutrida havia terminado de fartar-se com o alimento milagroso, não houve senão uma reação unânime: "Aqui está o nosso rei". O ser milagroso, o libertador de Israel havia chegado. Aos olhos desse povo de mente simples, o poder de alimentar trazia consigo o direito de governar. Não é de se estranhar, então, que a multidão, depois de haver terminado o banquete, se levantasse como um só homem e gritasse: "Façamos dele um rei!"

Esse grito poderoso entusiasmou a Pedro e aos apóstolos mantendo mais ainda a esperança de ver Jesus reivindicar o seu direito de governar. Mas essas esperanças falsas não durariam muito. Tal grito poderoso da multidão mal havia acabado de reverberar nas rochas próximas, quando Jesus subiu em uma pedra imensa e, levantando a sua mão direita para chamar a atenção, disse: "Meus filhos, a vossa intenção é boa, mas tendes uma visão curta e uma mente material". Houve uma breve pausa; e esse galileu inflexível estava colocado majestosamente ali, sob o brilho encantador daquele crepúsculo oriental. Cada detalhe da sua figura era o de um rei, enquanto ele continuava a falar à sua multidão estupefata: "Gostaríeis de fazer de mim um rei, mas não porque as vossas almas foram iluminadas por uma grande verdade; e sim porque os vossos estômagos foram enchidos de pão. Quantas vezes eu não vos disse que o meu Reino não é deste mundo? Este Reino do céu, que eu proclamo, é uma fraternidade espiritual, e nenhum homem governa nele assentado em um trono material. O meu Pai no céu é o Soberano infinitamente sábio e Todo-Poderoso dessa fraternidade espiritual dos filhos de Deus na Terra. Será que eu falhei tanto assim, ao revelar o Pai dos espíritos a vós, a ponto de quererdes fazer um rei deste Filho na carne? Agora todos deveis ir daqui para as vossas casas. Se deveis ter um rei, que o Pai das luzes seja entronizado nos corações de cada um de vós, como o Soberano espiritual de todas as coisas".

Essas palavras vindas de Jesus dispersaram a multidão, deixando-a atordoada e desalentada. Muitos que haviam acreditado nele deram-lhe as costas e não mais o seguiram a partir daquele dia. Os apóstolos ficaram sem palavras e, reunidos, permaneceram em silêncio, ao lado das doze cestas com os restos de alimento; apenas o menino Marcos falou: "E ele negou-se a ser o nosso rei". Jesus, antes de retirar-se para ficar a sós nas colinas, voltou-se para André e disse: "Leva os teus irmãos de volta para a casa de Zebedeu e ora com eles, especialmente pelo vosso irmão Simão Pedro".

4. A VISÃO NOTURNA DE SIMÃO PEDRO

Os apóstolos – por conta própria –, e sem o seu Mestre, entraram no barco e em silêncio começaram a remar para Betsaida, na margem ocidental do lago. Nenhum dos doze achava-se tão oprimido e abatido quanto Simão Pedro. Quase nada foi dito; todos pensavam no Mestre, sozinho nas colinas. Teria ele os abandonado? Nunca antes ele os tinha mandado a todos embora e negado-se a ir com eles. O que significaria tudo aquilo?

A escuridão desceu sobre eles e, pois, tinha surgido um vento forte e contrário, que tornava quase impossível seguir para a frente. Depois que passaram as horas de escuridão e de dificuldade de remar, Pedro ficou cansado e caiu em um sono profundo de exaustão. André e Tiago colocaram-no para descansar no assento de almofada na popa do barco. Enquanto os outros apóstolos lutavam contra o vento e as ondas, Pedro teve um sonho, teve a visão de Jesus vindo a eles, caminhando sobre o mar. E quando o Mestre parecia alcançar o barco, Pedro gritou: "Salva-nos, Mestre, salva-nos". Aqueles que estavam na parte traseira do barco ouviram-no dizendo algumas dessas palavras. E essa aparição na noite prosseguiu na mente de Pedro; e ele chegou até a sonhar com Jesus dizendo: "Tem ânimo; sou eu; não tenha medo". Isso foi como o bálsamo de Gilead para a alma perturbada de Pedro; acalmou o seu espírito conturbado, e, no seu sonho Pedro gritou para o Mestre: "Senhor, se realmente és tu, dize-me para que eu vá e caminhe contigo sobre as águas". E, quando Pedro começou a caminhar sobre as águas, as ondas impetuosas amedrontaram-no, e ele estava já quase afogando, quando gritou: "Senhor, salva-me!" E muitos dos doze ouviram-no soltar esse grito. Então Pedro sonhou que Jesus o socorria, estendia-lhe a mão, tomava-a levantando-o e dizendo: "Ó, tu, que tens pouca fé, por que duvidaste?"

Durante a última parte do seu sonho, Pedro levantou-se do assento onde dormia e de fato caminhou para fora do barco até cair na água. E despertou do seu sonho quando André, Tiago e João alcançaram-no e tiraram-no do mar.

Para Pedro, essa experiência foi sempre real. Ele acreditava sinceramente que Jesus veio até eles naquela noite. E convenceu João Marcos apenas parcialmente, o que explica por que Marcos deixou uma parte dessa história de fora da sua narrativa. Lucas, o médico, que fez uma busca cuidadosa sobre essas questões, concluiu que o episódio fora uma visão de Pedro e, portanto, recusou-se a dar lugar a essa história, quando preparou a sua narrativa.

5. DE VOLTA A BETSAIDA

Na quinta-feira pela manhã, antes do dia nascer, eles ancoraram o seu barco quase na margem, perto da casa de Zebedeu, e procuraram dormir até por volta do meio-dia. André foi o primeiro a levantar-se e, indo para uma caminhada à beira do mar, encontrou Jesus, em companhia do menino Marcos, assentado em uma pedra na borda do mar. Não obstante os evangelistas jovens e muitos da multidão haverem procurado por Jesus toda a noite e grande parte do dia seguinte, nas colinas do lado oriental, pouco depois da meia-noite, ele e o menino Marcos haviam começado a caminhar em torno do lago e, atravessando o rio, chegaram de volta em Betsaida.

Dos cinco mil que foram miraculosamente alimentados e que, quando os seus estômagos estavam cheios e os seus corações vazios, queriam fazer de Jesus um rei, apenas quinhentos continuaram seguindo-o. Mas, antes que esses últimos recebessem a notícia de que ele estava de volta a Betsaida, Jesus pediu a André para reunir os doze apóstolos e a todos os outros, incluindo as mulheres, dizendo: "Eu desejo falar com eles". E, quando todos estavam prontos, Jesus disse-lhes:

"Por quanto tempo devo suportar-vos? Será que todos vós sois lentos de compreensão espiritual e deficientes de fé viva? Todos esses meses eu vos ensinei as verdades do Reino e vós ainda estais dominados por motivos materiais, em vez de fazerdes considerações espirituais. Não lestes nas escrituras que Moisés exortou os filhos descrentes de Israel, dizendo: 'Não temais, permanecei tranqüilos e vede a salvação do Senhor'? E o salmista: 'Colocai a vossa confiança no Senhor'. 'Sede pacientes, aguardai o Senhor e tende boa coragem. Ele irá fortalecer os vossos corações'. 'Deixai a vossa carga nos ombros do Senhor, e Ele vos sustentará. Confiai Nele em todos os momentos, e desabafai os vossos corações com Ele, pois Deus é o vosso refúgio'. 'Aquele que reside no local secreto do Altíssimo, morará sob a sombra do Todo-Poderoso'. 'É melhor confiar no Senhor do que colocar a vossa confiança em príncipes humanos'.

"E ainda não conseguistes ver que operar milagres e efetuar prodígios materiais não é o que conquistará almas para o Reino espiritual? Nós alimentamos a multidão, mas isso não levou as pessoas a ficarem famintas pelo pão da vida, nem terem sede das águas da retidão espiritual. Quando a fome ficou satisfeita, não buscaram a entrada no Reino do céu, mas quiseram, antes, proclamar rei ao Filho do Homem, à maneira dos reis deste mundo, apenas para que continuassem a comer o pão sem ter de trabalhar para tanto. E tudo isso, de que muitos de vós participastes mais ou menos, nada faz no sentido de revelar o Pai do céu ou que progrida o Seu Reino na Terra. Não temos inimigos suficientes entre os líderes religiosos da Terra, mesmo sem fazer coisas que nos levem a estar alienados também para as próprias leis civis? Eu oro ao Pai, com o intuito de que Ele possa ungir vossos olhos, para que possais ver, e abrir vossos ouvidos para poderdes ouvir e ganhar finalmente uma fé plena no evangelho que vos ensinei".

Então, Jesus anunciou que gostaria de retirar-se por uns poucos dias e descansar com os seus apóstolos, antes que eles se aprontassem para ir a Jerusalém para a Páscoa; e proibiu qualquer dos discípulos e a multidão de segui-lo. E, desse modo, foram de barco para a região de Genesaré a fim de ter dois ou três dias de descanso e de sono. Jesus estava preparando-se para a grande crise da sua vida na Terra e, por isso, passou muito tempo em comunhão com o Pai no céu.

As novidades da alimentação das cinco mil pessoas e da tentativa de fazer de Jesus um rei despertaram uma curiosidade que se espalhou acirrando o medo dos líderes religiosos e dos governantes civis, em toda a Galiléia e na Judéia. Conquanto esse grande milagre nada mais tenha feito para promover o evangelho do Reino, junto às almas de crentes pouco entusiastas e de mentes materiais, contudo, ele serviu ao propósito de levar à crise final toda aquela propensão para os milagres e ânsia por um rei, alimentadas pela família direta dos apóstolos e discípulos próximos de Jesus. Esse episódio espetacular colocou um fim ao período inicial de ensinamentos, aperfeiçoamento e cura, preparando desse modo o caminho para a inauguração desse último ano e para a proclamação das fases mais elevadas e mais espirituais do novo evangelho do Reino – a filiação divina, a liberdade espiritual e a salvação eterna.

6. EM GENESARÉ

Enquanto descansava na casa de um rico crente na região de Genesaré, Jesus manteve conversas informais diárias com os doze, todas as tardes. Os embaixadores do Reino formavam, então, um grupo sério, sóbrio e moderado de homens desiludidos. Mesmo depois de tudo o que havia acontecido e, como os eventos posteriores revelaram, esses doze homens não estavam ainda plenamente libertos das noções inatas e há muito acalentadas sobre a vinda de um messias judeu. Os eventos das semanas precedentes passaram muito rapidamente para que esses pescadores atônitos pudessem compreender toda a sua significação. O tempo se faz necessário para que os homens e as mulheres efetuem mudanças radicais e extensas nos seus conceitos básicos e fundamentais de conduta social, de atitudes filosóficas e de convicções religiosas.

Enquanto Jesus e os doze estiveram descansando em Genesaré, as multidões dispersaram-se, indo alguns para as suas casas, e outros a Jerusalém para a Páscoa. Em menos de um mês, os seguidores de Jesus, entusiastas e abertos, em um número maior do que cinqüenta mil pessoas, apenas na Galiléia, minguaram para menos até do que quinhentos. Jesus desejava dar aos seus apóstolos uma experiência da volubilidade da aclamação popular, para que não ficassem tentados a contar com essas manifestações de histeria religiosa transitória, depois que ele os deixasse a sós no trabalho do Reino; nesse esforço, todavia, Jesus obteve um êxito apenas parcial.

Na segunda noite da permanência em Genesaré, o Mestre novamente contou aos apóstolos a parábola do semeador e acrescentou estas palavras: "Vós podeis ver, meus filhos, que o apelo aos sentimentos humanos é transitório e totalmente desapontador; o apelo exclusivo ao intelecto do homem é, do mesmo modo, vazio e estéril; apenas fazendo o vosso apelo ao espírito que vive dentro da mente humana é que podereis esperar alcançar um êxito duradouro e realizar aquelas transformações maravilhosas, no caráter humano, que são logo mostradas pela colheita abundante de frutos genuínos do espírito, nas vidas diárias de todos aqueles que estão, assim, libertos da escuridão da dúvida, pelo nascimento do espírito à luz da fé – no Reino do céu".

Jesus ensinou o apelo às emoções, como técnica de prender e de focalizar a atenção intelectual. Ele chamou a mente, assim despertada e vivificada, de "o portal da alma", no qual reside aquela natureza espiritual do homem que deve reconhecer a verdade, e responder ao apelo espiritual do evangelho, de modo a proporcionar os resultados permanentes das transformações verdadeiras de caráter.

Jesus, assim, empenhou-se no preparo dos apóstolos para o choque iminente – a crise da atitude pública para com ele, que estava para acontecer dentro de uns poucos dias, apenas. Ele explicou, aos doze, que os chefes religiosos de Jerusalém conspiravam junto com Herodes Antipas para efetivar a destruição deles. Os doze começaram a entender melhor (embora não totalmente) que Jesus não iria assentar-se no trono de Davi. Eles enxergaram mais plenamente que a verdade espiritual não se faria avançar por meio de milagres materiais. E começaram a compreender que a alimentação das cinco mil pessoas e o movimento popular para fazer de Jesus um rei haviam sido o ápice da expectativa que o povo tinha de milagres e de prodígios, e o auge da aclamação popular feita a Jesus. Eles discerniam vagamente e previam difusamente a aproximação de tempos de pesados crivos espirituais e de adversidades cruéis. Esses doze homens estavam despertando, vagarosamente, para a compreensão da natureza real da sua tarefa como embaixadores do Reino, e começavam a preparar-se para as provas duras e severas do último ano da ministração do Mestre na Terra.

Antes de deixarem Genesaré, Jesus instruiu a todos a respeito da alimentação miraculosa das cinco mil pessoas, dizendo a eles exatamente por que ele se engajara nessa manifestação extraordinária de poder criativo, assegurando a eles, também, que ele não consentira nessa compaixão pela multidão sem antes se certificar de que estava de "acordo com a vontade do Pai".

7. EM JERUSALÉM

No domingo, 3 de abril, acompanhado apenas pelos doze apóstolos, Jesus saiu de Betsaida, em caminhada até Jerusalém. Para evitar as multidões e para atrair tão pouca atenção quanto possível, eles tomaram o caminho de Gerasa e da Filadélfia. Ele os proibiu de fazer qualquer trabalho de pregação pública nessa viagem; nem permitiu a eles ensinar ou pregar enquanto permanecessem em Jerusalém. Chegaram a Betânia, perto de Jerusalém, tarde na noite de quarta-feira, 6 de abril. Nessa noite alojaram-se na casa de Lázaro, Marta e Maria, mas, no dia seguinte, separaram-se. Jesus, junto com João, permaneceu na casa de um crente chamado Simão, perto da casa de Lázaro, em Betânia. Judas Iscariotes e Simão zelote ficaram com amigos, em Jerusalém; enquanto o restante dos apóstolos permaneceu, dois a dois, em casas diferentes.

Jesus entrou em Jerusalém apenas uma vez, durante essa Páscoa, e esta se deu durante o grande dia da festa. Muitos dos crentes de Jerusalém foram trazidos por Abner para conhecer Jesus, em Betânia. Durante essa permanência em Jerusalém os doze souberam quão amargo estava sendo o sentimento, que crescia, contra o seu Mestre. Eles partiram de Jerusalém acreditando, todos, que a crise era iminente.

No domingo, 24 de abril, Jesus e os apóstolos deixaram Jerusalém indo para Betsaida pelo caminho das cidades costeiras de Jopa, Cesaréia e Ptolemais. Dali foram por Ramá e Corazim até Betsaida, chegando ali na sexta-feira, 29 de abril. Imediatamente ao chegar em casa, Jesus enviou André a fim de que fosse pedir permissão junto ao dirigente da sinagoga, para a sua fala no dia seguinte, um sábado, no serviço da tarde. E Jesus bem sabia que aquela seria a última vez que lhe seria permitido pregar na sinagoga de Cafarnaum.

DOCUMENTO 153

A CRISE EM CAFARNAUM

NO DIA em que chegaram em Betsaida, sexta-feira à noite, e no sábado pela manhã, os apóstolos notaram que Jesus estava seriamente preocupado com algum problema grave; eles perceberam que o Mestre estava dedicando, de um modo pouco habitual, o seu pensamento a alguma questão importante. Ele não tomou o desjejum e comeu pouquíssimo ao meio-dia. Todo o sábado, pela manhã, e na noite anterior, os doze e os condiscípulos estiveram reunidos em pequenos grupos pela casa, no jardim e na praia. Uma tensão de incerteza e uma dúvida cheia de apreensão pairavam sobre eles. E quase nada Jesus lhes havia dito desde que deixaram Jerusalém.

Havia meses que não viam o Mestre tão preocupado e tão pouco comunicativo. Até Simão Pedro estava deprimido, e abatido mesmo. André não sabia o que fazer pelos seus companheiros desanimados. Natanael disse que estavam em meio à "calmaria antes da tormenta". Tomé expressou a opinião de que "algo fora do extraordinário estava para acontecer". Filipe aconselhou a Davi Zebedeu que "esquecesse os planos de alimentar e alojar a multidão, até que soubessem sobre o que o Mestre anda pensando". Mateus fazia esforços renovados para repor as economias do fundo de caixa. Tiago e João falavam sobre o sermão vindouro, na sinagoga, e especulavam muito quanto à sua natureza provável e o seu alcance. Simão zelote expressou a crença, uma esperança na verdade, de que "o Pai no céu pudesse vir a intervir de alguma maneira inesperada, para defender e dar apoio ao seu Filho", enquanto Judas Iscariotes ousava entregar-se ao pensamento de que possivelmente Jesus estivesse oprimido pelo pesar por "não ter tido coragem e arrojo de permitir aos cinco mil que o proclamassem rei dos judeus".

Do meio desse grupo de seguidores deprimidos e desconsolados, foi que Jesus saiu, na bela tarde de sábado, para pregar o seu sermão memorável na sinagoga de Cafarnaum. A única palavra de encorajamento ou de votos de êxito, de todos os seus seguidores diretos, veio de um dos insuspeitos gêmeos Alfeus, o qual, no momento em que Jesus deixou a casa a caminho da sinagoga, o saudou jovialmente dizendo: "Oramos para que o Pai te ajude, e para que possamos ter multidões maiores do que nunca".

1. A PREPARAÇÃO DO CENÁRIO

Uma audiência distinta cumprimentou Jesus às três horas dessa tarde linda de sábado, na nova sinagoga de Cafarnaum. Jairo presidia e passou a Jesus as escrituras para que as lesse. No dia anterior, cinqüenta e três fariseus e saduceus haviam chegado de Jerusalém; mais de trinta dos líderes e chefes das sinagogas vizinhas também estavam presentes. Esses líderes religiosos judeus atuavam diretamente sob as ordens do sinédrio de Jerusalém; e constituíam a frente ortodoxa que havia vindo para inaugurar uma guerra aberta a Jesus e seus discípulos. Sentados ao lado desses líderes judeus, nos assentos de honra da sinagoga, estavam os observadores oficiais de Herodes Antipas, que haviam sido enviados para certificar-se da verdade a respeito dos relatórios perturbadores de que uma tentativa havia sido feita, pela população, de proclamar Jesus como o rei dos judeus nos domínios de Filipe, irmão de Herodes.

Jesus compreendeu que estava enfrentando uma declaração direta de guerra irrestrita e aberta da parte dos seus inimigos crescentes e, ousadamente, ele escolheu assumir a ofensiva. Durante a alimentação das cinco mil pessoas, Jesus havia desafiado as idéias a respeito de um messias material; agora ele escolhia de novo contestar abertamente o conceito que tinham de um libertador judeu. Essa crise, que começou com a alimentação dos cinco mil, e que terminou com esse sermão na tarde de sábado, era o refluxo da maré do renome e da aclamação popular. Daqui por diante, o trabalho do Reino deveria ficar cada vez mais voltado à tarefa, cuja importância era progressiva, de conquistar convertidos firmes para a verdadeira fraternidade religiosa de toda a humanidade. Esse sermão marca uma crise de transição, do período de discussão, controvérsia e decisão, até aquele período de guerra aberta, para a aceitação final ou a rejeição definitiva.

O Mestre bem sabia que muitos dos seus seguidores estavam preparando as próprias mentes, vagarosa mas firmemente, para rejeitá-lo de modo definitivo. E, da mesma forma, sabia que, lenta mas seguramente, muitos dos seus discípulos estavam passando por aquele aperfeiçoamento da mente e por aquela disciplina de alma que os capacitaria a triunfar sobre a dúvida e afirmar, corajosamente, a sua fé amadurecida no evangelho do Reino. Jesus entendia plenamente como os homens se preparavam para as decisões, numa crise, e como era o efeito dos atos súbitos da escolha corajosa, pelo processo lento da escolha reiterada entre as situações recorrentes do bem e do mal. Ele submeteu os seus mensageiros escolhidos a repetidas provas de desapontamentos, e proporcionou-lhes oportunidades freqüentes e testadoras, para que escolhessem entre o modo certo e o errado de fazer frente às dificuldades espirituais. Ele soube que podia contar com os seus seguidores, quando estivessem no teste final, para tomar as suas decisões vitais de acordo com as atitudes mentais habituais e as reações espirituais, já observadas anteriormente.

Essa crise na vida terrena de Jesus começou com a alimentação dos cinco mil e terminou com esse sermão na sinagoga; a crise nas vidas dos apóstolos começou com o sermão na sinagoga e continuou por todo um ano, terminando apenas com o julgamento e a crucificação do Mestre.

Naquela tarde, quando se sentaram na sinagoga, antes de Jesus começar a falar, havia apenas um grande mistério e só uma pergunta suprema, nas mentes de todos. Tanto os seus amigos, quanto os inimigos ponderavam em torno de só um pensamento, e que era: "Por que ele próprio, de um modo tão deliberado e efetivo, deu as costas à maré de entusiasmo popular?" E foi, imediatamente antes e imediatamente depois desse sermão, que as dúvidas e o desapontamento dos seus adeptos descontentes cresceram até a oposição inconsciente e, finalmente, se transformaram em ódio de fato. Foi depois desse sermão na sinagoga que Judas Iscariotes alimentou o seu primeiro pensamento consciente de desertar. Mas, efetivamente, naqueles momentos ele controlou todas essas inclinações.

DOCUMENTO 153: SEÇÃO 1

Todos estavam em estado de perplexidade. Jesus os havia deixado emudecidos e confundidos. Recentemente, ele havia executado a maior demonstração de poder sobrenatural, que caracterizaria toda a sua carreira. A alimentação dos cinco mil era o acontecimento de maior apelo da sua carreira, segundo o conceito de um Messias judeu aguardado. Mas essa extraordinária vantagem foi imediata e inexplicadamente posta de lado pela sua recusa, pronta e inequívoca, de ser feito rei.

Na sexta-feira à noite, e novamente no sábado pela manhã, os líderes de Jerusalém haviam trabalhado longa e empenhadamente, junto a Jairo, para impedir que Jesus falasse na sinagoga, mas de nada valeu. A única resposta de Jairo a todo esse pleito foi: "Eu já atendi esse pedido, e não violarei a minha palavra".

2. O SERMÃO QUE MARCOU UMA ÉPOCA

Jesus abriu esse sermão lendo da lei como consta no Deuteronômio: "Mas acontecerá que, se esse povo não escutar a voz de Deus, as maldições da transgressão por certo o alcançarão. O Senhor vos fará esmagados pelos vossos inimigos; sereis removidos de todos os reinos da Terra. E o Senhor vos levará e levará o rei a quem entronizastes às mãos de uma nação estranha. Tornar-vos-eis um espanto, sereis como um provérbio, um exemplo entre todas as nações. Os vossos filhos e filhas irão para o cativeiro. Os estrangeiros subirão alto em autoridade no vosso meio, enquanto estareis muito abaixo. E essas coisas cairão sobre vós e sobre a vossa semente, para sempre, porque não tereis ouvido a palavra do Senhor. E, portanto, servireis aos vossos inimigos, que virão contra vós. Passareis fome e sede e vestireis o jugo estrangeiro de ferro. O Senhor, trará de longe uma nação contra vós, dos confins da Terra, uma nação cuja língua não entendereis, uma nação de rosto duro, de pouca consideração por vós. E eles vos cercarão, em todas as vossas cidades, até que caiam os muros altos fortificados, em que confiastes; e toda a terra cairá nas mãos deles. E acontecerá que sereis levados a comer os frutos dos vossos próprios corpos, a carne dos vossos filhos e filhas, durante esse tempo de cerco, por causa da penúria com a qual os vossos inimigos vos oprimirão".

E, quando Jesus acabou essa leitura, voltou-se para os profetas e leu, de Jeremias: "'Se não ouvirdes as palavras dos meus servidores, os profetas que eu vos enviei, então farei desta casa como em Shiló, e farei desta cidade uma maldição para todas as nações da Terra'. Os sacerdotes e instrutores ouviram Jeremias dizer essas palavras na casa do Senhor. E aconteceu que, quando Jeremias havia acabado de falar tudo aquilo que o Senhor o havia mandado dizer ao povo, os sacerdotes e os instrutores seguraram-no dizendo: 'Tu certamente irás morrer'. Assim, todo o povo fez uma multidão em torno de Jeremias na casa do Senhor. E, quando ouviram essas coisas, os príncipes de Judá julgaram Jeremias. Então os sacerdotes e os instrutores falaram aos príncipes e a todo o povo: 'Esse homem é digno de morrer, pois profetizou contra a nossa cidade, e vós o ouvistes com os próprios ouvidos'. Então, Jeremias falou a todos os príncipes e a todo o povo: 'O Senhor enviou-me para profetizar contra esta casa e contra esta cidade, com todas as palavras que ouvistes. Agora, portanto, corrigi os vossos hábitos e reformai as vossas ações e obedecei a voz do Senhor, vosso Deus, para que possais escapar do mal que foi pronunciado contra vós. Quanto a mim, vede que estou nas vossas mãos. Fazei comigo como houverdes por bem e por direito aos vossos olhos. Mas sabeis, por certo, que, se me enviardes para a morte, vós derramareis sangue inocente sobre vós próprios e sobre esse povo, pois o Senhor me mandou para a verdade e para dizer todas essas palavras aos vossos ouvidos'.

"Os sacerdotes e instrutores daqueles tempos tentaram matar Jeremias, mas os juízes não consentiram; embora, pelas suas palavras de aviso, o tivessem obrigado a descer por meio de cordas até uma masmorra imunda para que afundasse na lama até às axilas. Foi isso o que esse povo fez ao profeta Jeremias, por ele haver obedecido à ordem do Senhor, de prevenir seus irmãos sobre a iminente queda política deles. Hoje desejo perguntar-vos: O que irão os sacerdotes, os chefes e os líderes religiosos desse povo, fazer com o homem que ousa avisar sobre o dia da vossa condenação espiritual? Vós também buscareis levar à morte o instrutor que ousa proclamar a palavra do Senhor e não teme mostrar como estais recusando caminhar no caminho da luz que leva à entrada do Reino do céu?

"O que buscais como evidência da minha missão na Terra? Nós vos deixamos tranqüilamente nas vossas posições de influência e poder, enquanto pregamos as boas-novas aos pobres e aos desterrados. Não fizemos nenhum ataque hostil àquilo a que mantendes reverência, mas antes proclamamos uma nova liberdade para a alma do homem, oprimida pelo medo. Eu vim ao mundo para revelar o meu Pai e para estabelecer na Terra a fraternidade espiritual dos filhos de Deus, o Reino do céu. E, não obstante, por tantas vezes, eu haver-vos relembrado de que o meu Reino não é deste mundo, ainda meu Pai concedeu-vos muitas manifestações de milagres materiais, além de transformações e regenerações espirituais evidentes.

"Que novo sinal buscai de minhas mãos? Eu declaro que já tendes evidências suficientes para poderdes formular a vossa decisão. Em verdade, em verdade, eu digo, a todos que se sentam diante de mim neste dia, que estais frente à necessidade de escolher qual caminho tomareis; e vos digo, como Joshua disse aos vossos ancestrais: 'Escolhei, neste dia, a quem servireis'. Hoje, muitos de vós estais na encruzilhada dos caminhos.

"Quando não pudestes encontrar-me, depois do banquete da multidão, no outro lado do lago, alguns de vós alugastes barcos de pesca em Tiberíades os quais, uma semana antes, estavam sob um abrigo por perto durante uma tempestade, para saírem à minha procura, e para quê? Não para buscar a verdade e a retidão nem para que pudésseis melhor saber como servir e ministrar aos vossos semelhantes! Não, mas antes, para que tivésseis mais do pão pelo qual não trabalhastes. Não foi para preencher vossas almas com a palavra da vida, mas apenas para que pudésseis encher o ventre com o pão da facilidade. E, há muito, vos foi ensinado que, quando o Messias viesse, faria aqueles prodígios que tornariam a vida agradável e fácil para todo o povo escolhido. Não é, pois, de se estranhar que vós, que fostes educados assim, almejásseis os pães e os peixes. Mas eu vos declaro que essa não é a missão do Filho do Homem. Eu vim para proclamar a liberdade espiritual, para ensinar a verdade eterna e dar alento à fé viva.

"Meus irmãos, não ansieis pelo alimento que perece, mas buscai o alimento espiritual que nutre até à vida eterna; e esse é o pão da vida, que o Filho dá a todos que o tomarem e o comerem, pois o Pai deu, sem medidas, essa vida ao Filho. E quando me perguntastes: 'O que devemos fazer, para executar a obra de Deus?' Eu simplesmente vos disse: 'Esta é a obra de Deus: que acrediteis naquele que Ele enviou'".

E então disse Jesus, apontando o desenho de um vaso de maná que decorava o lintel dessa nova sinagoga, e que era decorado com cachos de uva: "Vós pensastes que os vossos antepassados no deserto comeram maná – o pão do céu –, mas eu vos digo que esse pão era da terra. Embora Moisés não tenha dado aos vossos pais o pão do céu, o meu Pai agora está pronto para dar-vos o verdadeiro pão da vida. O pão do céu é aquele que vem de Deus e que dá a vida eterna aos homens do mundo. E quando me disserdes: Da-nos este pão vivo; eu responderei: eu sou este pão da vida. Aquele que vem a mim não terá fome, e aquele que acredita nunca terá sede. Vós me vistes, vivestes comigo e contemplastes as minhas obras; e ainda não acreditais que tenha eu vindo do Pai. Mas aqueles que acreditam – que não temam. Todos aqueles que são conduzidos pelo Pai virão a mim e aquele que vem a mim de nenhum modo será rejeitado.

"E deixai-me agora declarar, de uma vez por todas, que eu desci à Terra, não para fazer a minha própria vontade, mas a vontade Dele que me enviou. E a vontade final Daquele que me enviou é a de que eu não perca um só dentre aqueles que a mim foram dados. E esta é a vontade do Pai: Que todo aquele que vê o Filho, e que acredita nele, terá a vida eterna. Ainda ontem eu vos alimentei com pão para os vossos corpos; hoje eu vos ofereço o pão da vida para as vossas almas famintas. E, agora, recebereis o pão do espírito com a mesma vontade com que comestes o pão deste mundo?"

E, quando Jesus parou por um momento para olhar a assistência, um dos instrutores de Jerusalém (um membro do sinédrio) levantou e perguntou: "Devo entender que dizes que tu és o pão que vem do céu, e que o maná que Moisés deu aos nossos pais no deserto não o era?" E Jesus respondeu ao fariseu: "Compreendeste certo". Então disse o fariseu: "Mas não és Jesus de Nazaré, o filho de José, o carpinteiro? O teu pai e a tua mãe, tanto quanto os teus irmãos e irmãs, não são bem conhecidos de muitos de nós? Como é que tu apareces aqui na casa de Deus e declaras haver vindo do céu?"

Nesse momento havia muito murmúrio na sinagoga, e ocorria uma tal ameaça de tumulto que Jesus levantou-se e disse: "Sejamos pacientes, o que é verdade nunca sofre com um exame honesto. Eu sou tudo o que dizes, e sou mais. O Pai e eu somos um; o Filho apenas faz aquilo que lhe ensina o Pai, e todos aqueles que forem dados ao Filho pelo Pai, o Filho os receberá consigo. Já lestes onde está escrito, nos profetas: 'Todos sereis ensinados por Deus'. E que: 'Aqueles a quem o Pai ensina ouvirão também seu Filho'. Todo aquele que consente nos ensinamentos do espírito residente do Pai, finalmente virá para mim. Não que algum homem tenha visto o Pai, mas que o espírito do Pai vive dentro do homem. E o Filho que desceu do céu certamente viu o Pai. E aqueles que de fato acreditam nesse Filho já estão na vida eterna.

"Eu sou este pão da vida. Os vossos pais comeram o maná no deserto e estão mortos. Mas esse pão que desce de Deus, se um homem come dele, nunca morrerá em espírito. Eu repito, sou eu esse pão vivo; e toda alma que alcança a compreensão dessa natureza unificada, de Deus e de homem, viverá para sempre. E esse pão da vida, que eu dou a todos que o receberem, é a minha própria vida e natureza combinadas. O Pai, no Filho, e o Filho uno com o Pai – essa é a revelação que a minha vida dá ao mundo e a minha dádiva de salvação a todas as nações".

Quando Jesus terminou de falar, o dirigente da sinagoga deu a reunião por terminada, mas ninguém queria ir embora. Alguns se amotoaram em torno de Jesus para fazer mais perguntas, enquanto outros murmuravam e discutiam entre si. E esse estado de coisas continuou por mais de três horas. Era já mais de sete horas quando a audiência finalmente dispersou-se.

3. APÓS A REUNIÃO

Muitas foram as perguntas feitas a Jesus, após a reunião. Algumas provinham dos seus discípulos perplexos, mas a maior parte delas vinha de descrentes capciosos, que apenas queriam embaraçá-lo e tecer-lhe armadilhas.

Um dos fariseus visitantes, subindo em um pedestal, fez esta pergunta aos berros: "Tu nos dizes que és o pão da vida. Como podes dar-nos a tua carne para comermos ou o teu sangue para bebermos? De que serve o teu ensinamento se ele não pode ser colocado em prática?" E Jesus respondeu a essa pergunta, dizendo: "Eu não vos ensinei que a minha carne é o pão da vida nem que o meu sangue seja a água da vida. Mas eu disse que a minha vida na carne é uma outorga do pão do céu. O fato da Palavra de Deus outorgada à carne e o fenômeno do Filho do Homem submetido à vontade de Deus constituem uma realidade, da experiência, que é equivalente ao sustento divino. Vós não podeis comer minha carne nem podeis beber do meu sangue, mas podeis tornar-vos um em espírito comigo, do mesmo modo que eu sou uno em espírito com o Pai. Podeis ser nutridos pela palavra eterna de Deus, que é de fato o pão da vida, e que foi outorgado à semelhança da carne mortal; e podeis ter a vossa alma regada pelo espírito divino, que é verdadeiramente a água da vida. O Pai enviou-me ao mundo para mostrar como ele deseja residir nos homens e conduzi-los; e, assim, eu tenho vivido esta vida na carne para inspirar todos os homens a buscar conhecer também a vontade do Pai celeste residente e fazer a Sua vontade".

Então, um dos espiões de Jerusalém, havendo observado Jesus e os seus apóstolos, disse: "Notamos que nem tu, nem os teus apóstolos lavais as vossas mãos apropriadamente, antes de comer o pão. Deveis saber muito bem que essa prática de comer com as mãos sujas, e sem lavá-las, é uma transgressão da lei dos mais velhos. E as vossas xícaras e os vasilhames, também não os lavais apropriadamente. Por que demonstrais tal desrespeito pelas tradições dos pais e pelas leis dos nossos anciães?" Quando Jesus o ouviu dizendo isso, respondeu: "Por que é que vós transgredis os mandamentos de Deus, segundo as leis da vossa tradição? Os mandamentos dizem: 'Honrai o vosso pai e a vossa mãe'. E mandam que compartilheis com eles os vossos recursos, se necessário; mas vós aprovastes uma lei de tradição que permite que os filhos desobedientes digam que o dinheiro com o qual os pais poderiam ser assistidos foi 'dado a Deus'. A lei dos anciães desobriga assim esses filhos astuciosos da sua responsabilidade, não obstante os filhos usarem, posteriormente, todo esse dinheiro para o seu próprio conforto. Por que esvaziais assim o mandamento da vossa própria tradição? Bem fez a profecia de Isaías sobre todos vós, hipócritas, dizendo: 'Esse povo me honra com os seus lábios, mas o seu coração está longe de mim. Em vão eles me adoram, ensinando os preceitos humanos como se fossem doutrinas'.

"Podeis ver como vós estais desertando os mandamentos quando vos apegais às tradições dos homens. Estais totalmente dispostos a rejeitar a palavra de Deus ao manterdes as vossas tradições. E, de muitos outros modos, ousais estabelecer os vossos próprios ensinamentos acima da lei e dos profetas".

Jesus então dirigiu as suas observações a todos os presentes. Ele disse: "Mas ouvi a mim, todos vós. Não é aquilo que entra na boca o que suja espiritualmente o homem, mas mais aquilo que procede da boca e do coração". Mas mesmo os apóstolos não

compreenderam o significado das suas palavras, pois Simão Pedro também lhe perguntou: "Para que alguns dos teus ouvintes não sejam desnecessariamente ofendidos,
gostaríeis de explicar-nos o significado dessas palavras?" E então disse Jesus a Pedro:
"Também para ti é difícil compreender? Não sabes que toda planta que o meu Pai celeste não tiver plantado será arrancada? Volta a tua atenção para aqueles que querem
conhecer a verdade. Tu não podes obrigar os homens a amarem a verdade. Muitos
desses instrutores são guias cegos. E tu sabes que, se um cego guia outro cego, ambos
caem no fosso. Mas ouve enquanto eu te digo a verdade a respeito dessas coisas que
sujam moralmente e que contaminam espiritualmente os homens. Eu declaro que não
é o que entra no corpo pela boca, ou o que tem acesso à mente por meio dos olhos e
ouvidos, que suja o homem. O homem só se suja por aquele mal que se origina dentro do coração, e que tem expressão nas palavras e feitos de tais pessoas ímpias. Não
sabes que é do coração que saem os maus pensamentos, os projetos perversos de assassinato, de roubo, e os adultérios, junto com o ciúme, o orgulho, a ira, a vingança,
as injúrias e o testemunho falso? E são essas as coisas que sujam os homens, e não
que eles comam o pão com mãos que não foram lavadas segundo o cerimonial".

Os comissários fariseus do sinédrio de Jerusalém estavam agora quase convencidos de que Jesus deveria ser apreendido sob a acusação de blasfêmia ou de insultar
a lei sagrada dos judeus; e daí os esforços deles para envolvê-lo na discussão e
levá-lo a um possível ataque às tradições dos anciães e às chamadas leis orais da
nação. Não importa quão escassa a água pudesse estar, esses judeus tradicionalmente escravizados nunca deixariam de ir adiante com a lavação das mãos que era
requerida pela cerimônia, antes de todas as refeições. Era a sua crença de que "é
melhor morrer do que transgredir os mandamentos dos anciães". Os espiões fizeram essa pergunta porque havia sido descrito que Jesus dissera que: "A salvação é
uma questão mais de corações limpos do que de mãos limpas". Mas essas crenças,
quando se tornam uma parte da religião, passa a ser difícil escapar delas. Muitos
anos, mesmo, depois desse dia o apóstolo Pedro ainda estava preso pelas algemas
do medo, de muitas dessas tradições, sobre as coisas limpas e sobre as impuras,
sendo finalmente libertado apenas quando experienciou um sonho extraordinário
e vívido. Tudo isso pode ser mais bem compreendido quando é lembrado que esses
judeus viam com a mesma gravidade o comer com as mãos não lavadas e o intercâmbio com uma prostituta, e que ambos os atos eram igualmente puníveis com a
excomunhão.

Assim o Mestre escolheu discutir e expor a tolice de todo o sistema rabínico de regras e regulamentações, que era representado pela lei oral – as tradições dos anciães,
toda ela considerada como sendo mais sagrada e mais obrigatória para os judeus,
até mesmo mais do que os ensinamentos das escrituras. E Jesus falou com menos
reserva porque ele sabia que a hora havia chegado em que nada mais ele podia fazer
para impedir uma ruptura aberta de relações com esses líderes religiosos.

4. ÚLTIMAS PALAVRAS NA SINAGOGA

Em meio às discussões após essa reunião, um dos fariseus de Jerusalém trouxe
a Jesus um jovem demente que estava possuído por um espírito indisciplinado e
rebelde. Conduzindo esse menino demente até Jesus, ele disse: "O que podes fazer
em uma aflição como esta? Tu podes expulsar os demônios?" E, quando olhou
para o jovem, o Mestre ficou comovido de compaixão e, fazendo um sinal para
que o jovem viesse até ele, tomou-o pela mão e disse: "Tu sabes quem eu sou; sai
dele; e eu encarrego um dos teus companheiros leais de providenciar para que tu

não voltes". E imediatamente o jovem ficou normal e com a sua mente curada. E esse é o primeiro caso em que Jesus realmente expulsa um "espírito mau" de um ser humano. Todos os casos anteriores eram apenas de supostas possessões do demônio; mas esse era um caso genuíno de possessão demoníaca, como os que algumas vezes ocorreram naqueles dias e antes do Dia de Pentecostes, quando o espírito do Mestre foi efusionado sobre toda a carne, tornando para sempre impossível que esses poucos rebeldes celestes tirassem essa vantagem de certos tipos instáveis de seres humanos.

Quando viu o povo maravilhado, um dos fariseus levantou-se e acusou Jesus de poder fazer essas coisas porque estava em aliança com os demônios; pois ele admitia que, na sua linguagem para expulsar esse demônio, eram conhecidos um do outro; e esse fariseu continuou, afirmando que os líderes e instrutores religiosos em Jerusalém haviam decidido que Jesus fazia todos esses chamados milagres pelo poder de Belzebu, o príncipe dos demônios. Disse ainda: "Não tenhais nada a ver com esse homem; ele está de parceria com Satã".

E então Jesus disse: "Como pode Satã expulsar Satã? Um reino dividido contra si próprio não sobrevive; se uma casa for dividida contra ela própria, ela será logo levada à ruína. Pode uma cidade suportar o cerco se não estiver unida? Se Satã expulsa Satã, ele está dividido contra si próprio; como então o seu reinado se mantém? E devias saber que ninguém pode entrar na casa de um homem forte e despojá-lo dos seus bens, a menos que, antes, se haja dominado e acorrentado aquele forte homem. E assim, se eu, pelo poder de Belzebu, expulso demônios, por quem os vossos filhos os expulsam? E é por isso que eles serão os vossos juízes. Mas se eu, pelo espírito de Deus, expulso os demônios, então o Reino de Deus realmente veio até vós. Se não estivésseis cegos pelo preconceito e corrompidos pelo medo e o orgulho, teríeis facilmente percebido que um que é maior do que os demônios está no vosso meio. Vós me obrigais a declarar que aquele que não está comigo está contra mim, e aquele que não se congrega a mim dispersa-se. Deixai-me fazer um aviso solene a vós, que, com os vossos olhos abertos, e com malícia premeditada, tendes a presunção de ousar atribuir a obra de Deus aos demônios! Em verdade, em verdade, eu vos digo, todos os vossos pecados serão perdoados, e mesmo as vossas blasfêmias, mas aquele que blasfemar contra Deus com deliberação e com má intenção nunca terá o perdão. Já que esses trabalhadores das iniquidades não buscarão nem receberão jamais o perdão, eles são culpados do pecado de rejeitar eternamente o perdão divino.

"Muitos de vós, neste dia, chegastes à encruzilhada dos caminhos; vós começastes a fazer a escolha inevitável entre a vontade do Pai e o caminho das trevas escolhido por vós próprios. E o que escolherdes agora, assim finalmente vós sereis. Deveis fazer com que a árvore seja boa e que os frutos da árvore sejam bons, ou então a árvore se corromperá, assim como os seus frutos. Eu declaro que, no Reino eterno do meu Pai, uma árvore é conhecida pelos seus frutos. Mas alguns de vós sois como víboras; e como podeis, tendo já escolhido o mal, gerar bons frutos? Afinal, as vossas bocas falam pela abundância do mal nos vossos corações".

Então se levantou um outro fariseu que disse: "Instrutor, gostaríamos que nos desses um sinal predeterminado, que, concordaríamos, fosse o estabelecedor da tua autoridade e do teu direito de instruir. Tu concordarás com esse arranjo?" E quando Jesus ouviu isso, ele disse: "Essa geração sem fé, e à procura de um sinal, busca uma prova, mas nenhum sinal vos será dado a não ser aqueles que vós já tendes, e aqueles que vereis quando o Filho do Homem partir de entre vós".

E, quando acabou de falar, os seus apóstolos cercaram-no e conduziram-no para fora da sinagoga. Em silêncio foram com ele para a casa em Betsaida. Estavam todos pasmos e tomados pelo terror, de um certo modo, por causa da súbita mudança na tática de ensinamento do Mestre. Eles estavam totalmente desacostumados a vê-lo atuar de um modo tão combativo.

5. NA NOITE DE SÁBADO

Jesus, a todo momento, quebrava em pedacinhos as esperanças dos seus apóstolos; repetidamente ele destruía as expectativas mais bem acalentadas deles, mas nenhum momento de desapontamento, nem tristeza, igualara-se aos que agora os surpreendiam. E, também, havia, agora, misturado à depressão deles, um medo real pela própria segurança. E estavam todos surpreendentemente assustados com a súbita e completa deserção da população. Eles estavam também um tanto amedrontados e desconcertados com a ousadia inesperada e com a determinação agressiva demonstrada pelos fariseus, que haviam vindo de Jerusalém. Mas, mais que tudo, estavam desnorteados com a súbita mudança de tática de Jesus. Sob circunstâncias normais eles teriam dado boas-vindas ao aparecimento dessa atitude mais militante; contudo, vinda como veio, junto com tanta coisa inesperada, ela assustava-os.

E agora, além de todas essas preocupações, quando eles chegaram em casa, Jesus negava-se a comer. Durante horas ele isolou-se em um dos quartos do andar de cima. Era quase meia-noite quando Joab, o líder dos evangelistas, retornou com a notícia de que cerca de um terço dos condiscípulos havia desertado a causa. Durante toda a tarde, os discípulos leais tinham vindo e ido, para informar que o recuo de sentimentos para com o Mestre era geral em Cafarnaum. Os líderes de Jerusalém não tinham sido lentos em alimentar esse sentimento de desafeto e, em todos os sentidos possíveis, em buscar promover o movimento de afastamento de Jesus e seus ensinamentos. Durante essas horas de provação, as doze mulheres encontravam-se em uma reunião na casa de Pedro. Elas estavam fortemente transtornadas, mas nenhuma delas desertou.

Era pouco mais de meia-noite quando Jesus desceu do quarto de cima e ficou entre os doze e os seus companheiros, que eram trinta pessoas ao todo. Ele disse: "Eu reconheço que essa separação no Reino vos angustia, mas é inevitável. E ainda, após toda a preparação e aperfeiçoamento que tivestes, houve alguma boa razão para tropeçardes nas minhas palavras? Por que ficais cheios de medo e de consternação ao verdes o Reino sendo despojado dessas multidões desinteressadas e desses discípulos com tão pouca disposição? Por que lamentais, quando nascendo está o novo dia do resplandecer de uma nova glória de ensinamentos espirituais do Reino do céu? Se julgastes difícil resistir a esse teste, o que fareis, então, quando o Filho do Homem retornar ao Pai? Quando e como ireis preparar-vos para quando eu ascender ao local de onde eu vim para este mundo?

"Meus amados, deveis lembrar-vos de que é o espírito que vivifica; a carne, e tudo o que a ela é pertinente, é de pouco proveito. As palavras que eu vos falei são espírito e vida. Tende ânimo! Eu não os desertei. Muitos ofender-se-ão com as afirmações francas desses dias. Vós já soubestes que muitos dos meus discípulos já recuaram; e já não caminham mais comigo. Desde o princípio eu sabia que esses crentes de coração frouxo cairiam pelo caminho. Eu não vos escolhi, e vos separei como doze homens para serem embaixadores do Reino? E agora, em um momento como este, vós também desertaríeis? Que cada um de vós examine a própria fé, pois um de vós corre um grave perigo." E, quando Jesus acabou de falar, Simão Pedro disse: "Sim, Senhor, estamos tristes e perplexos, mas nunca te abandonaremos. Tu nos ensinaste as palavras da vida eterna. Nós acreditamos em ti e seguiremos junto contigo todo o tempo. Não recuaremos, pois sabemos que foste enviado por Deus". E, quando Pedro parou de falar, todos eles, em um só acorde, acenaram em aprovação a essa promessa de lealdade.

Então disse Jesus: "Ide descansar, pois tempos pesados estão para vir; temos dias de muita ação pela frente".

DOCUMENTO 154

OS ÚLTIMOS DIAS EM CAFARNAUM

NA AGITADA noite de sábado, 30 de abril, enquanto Jesus proferia suas palavras de conforto e de encorajamento aos seus tristes e desnorteados discípulos, reunia-se, em Tiberíades, com Herodes Antipas, o conselho de um grupo de comissários especiais, representando o sinédrio de Jerusalém. Esses escribas e fariseus solicitavam insistentemente que Herodes prendesse Jesus; e deram o melhor de si para convencê-lo de que Jesus estava incitando a população à discórdia e mesmo à rebelião. Mas Herodes negou-se a tomar posição contra Jesus, como transgressor político. Os conselheiros de Herodes haviam informado com exatidão sobre o episódio ocorrido no lago; que o povo havia tentado proclamar Jesus como rei, e que essa proposta foi recusada por ele.

Um dos membros da família dos oficiais de Herodes, Cuza, cuja mulher pertencia ao corpo ministrante de mulheres, havia assegurado junto a Herodes que Jesus não se propunha imiscuir-se nos assuntos do governo terreno; que estava ocupado apenas com o estabelecimento da fraternidade espiritual dos seus crentes; e a essa fraternidade ele denominava o Reino do céu. Herodes confiava nos relatos de Cuza, e tanto assim que não quis interferir nas atividades de Jesus. Nessa época, Herodes se deixava também influenciar, nas suas resoluções sobre Jesus, pelo medo supersticioso de João Batista. Herodes era um daqueles judeus apóstatas que, ao mesmo tempo em que em nada acreditava, a tudo temia. Tendo a consciência pesada por haver mandado executar João, não queria envolver-se nessas intrigas contra Jesus. Sabia de muitos casos de doença que, aparentemente, haviam sido curados por Jesus e o considerava mais como um profeta ou um fanático religioso relativamente inofensivo.

Quando os judeus ameaçaram relatar a César que ele estava dando cobertura a um súdito traidor, Herodes expulsou-os da câmara de conselho. Assim, as questões acalmaram-se por uma semana e, durante esse tempo, Jesus preparou os seus seguidores para a dispersão iminente.

1. UMA SEMANA DE RECOMENDAÇÕES

De primeiro a 7 de maio, Jesus manteve reuniões de aconselhamentos íntimos aos seus seguidores, na casa de Zebedeu. Apenas os discípulos fiéis e de confiança foram admitidos nessas conferências. Nessa época, havia apenas cerca de cem discípulos que tinham coragem moral para afrontar a oposição dos fariseus e para declarar abertamente a sua lealdade a Jesus. Com esse grupo ele mantinha reuniões pela manhã, à tarde e à noite. Pequenos grupos reuniam-se todas as tardes, à beira-mar; faziam perguntas, e um dos evangelistas ou apóstolos falava a eles. Esses grupos raramente contavam com mais de cinqüenta pessoas.

Na sexta-feira dessa semana foi tomada a medida oficial, pelos chefes da sinagoga de Cafarnaum, de fechar a casa de Deus, para Jesus e todos os seus seguidores.

Tal medida foi tomada sob instigação dos fariseus de Jerusalém. Jairo renunciou da sua posição de direção e abertamente alinhou-se com Jesus.

O último dos encontros à beira-mar foi realizado no sábado à tarde, 7 de maio. Jesus falou para menos de cento e cinqüenta pessoas que se haviam reunido naquela ocasião. A noite desse sábado assinalou o momento de maior baixa da maré de consideração popular para com Jesus e os seus ensinamentos. Daí em diante, houve um progresso dos sentimentos favoráveis a Jesus, mas de um modo lento, se bem que contínuo, e mais saudável e confiável; um novo grupo de seguidores formou-se, e este estava mais bem ancorado na fé espiritual e na verdadeira experiência religiosa. Chegava definitivamente ao fim o estágio de transição, composto e comprometido, mais ou menos, entre os conceitos materialistas do reino, mantidos pelos seguidores do Mestre, e aqueles conceitos mais idealistas e espirituais, ensinados por Jesus. De agora em diante havia uma proclamação mais aberta do evangelho do Reino, em seu alcance mais amplo e com implicações espirituais mais vastas.

2. UMA SEMANA DE DESCANSO

No domingo, 8 de maio, do ano 29 d.C., em Jerusalém, o sinédrio aprovou um decreto fechando todas as sinagogas, na Palestina, para Jesus e os seus seguidores. Esta foi uma nova usurpação da autoridade, e sem precedentes, da parte do sinédrio de Jerusalém. Até então cada sinagoga havia existido, e funcionado, como uma congregação independente de adoradores, ficando sob a direção e chefia da sua própria junta de governantes. Apenas as sinagogas de Jerusalém tinham estado sujeitas à autoridade do sinédrio. Essa ação sumária do sinédrio foi seguida pela renúncia de cinco dos seus membros. Cem mensageiros foram imediatamente despachados para transmitir e para impor esse decreto. Dentro do curto prazo de duas semanas todas as sinagogas na Palestina haviam-se dobrado a essa manifestação do sinédrio, exceto a sinagoga de Hebrom. Os chefes da sinagoga de Hebrom recusaram-se a reconhecer o direito do sinédrio de exercer tal jurisdição sobre a sua assembléia. Essa rejeição, de aceitar o decreto de Jerusalém, baseou-se na argumentação da autonomia da congregação, mais do que na simpatia à causa de Jesus. Pouco depois, a sinagoga de Hebrom foi destruída pelo fogo.

Nesse mesmo domingo, pela manhã, Jesus declarou uma semana de folga, solicitando a todos os seus discípulos que retornassem aos seus lares ou aos seus amigos, para descansar as suas almas perturbadas e para que dissessem palavras de encorajamento aos seres amados. Ele disse: "Ide aos seus vários locais queridos, para folgar ou pescar, ao mesmo tempo em que deveis orar para a expansão do Reino".

Essa semana de repouso capacitou Jesus a visitar muitas famílias e grupos à beira-mar. Ele também foi pescar com Davi Zebedeu, em várias ocasiões, e, conquanto tenha ido a sós muitas das vezes, havia sempre, espreitando por perto, dois ou três dos mensageiros mais confiáveis de Davi, que haviam recebido ordens muito claras do seu dirigente sobre a salvaguarda de Jesus. Não houve nenhum ensinamento público de qualquer espécie durante essa semana de descanso.

Essa foi a semana em que Natanael e Tiago Zebedeu sofreram de uma doença um pouco mais séria. Por três dias e noites foram afligidos agudamente por uma perturbação digestiva dolorosa. Na terceira noite Jesus disse a Salomé, a mãe de Tiago, que descansasse e ficou ele próprio ministrando aos seus apóstolos que sofriam. Evidentemente que Jesus poderia ter, instantaneamente, curado esses dois homens, todavia, esse não é nem o método do Filho, nem o do Pai, de lidar com tais dificuldades e aflições comuns dos filhos dos homens nos mundos evolucionários do tempo e do espaço. Nem por uma vez, durante toda a sua movimentada vida na carne,

Jesus fez qualquer espécie de ministração sobrenatural, em benefício de qualquer membro da sua família terrena ou de qualquer dos seus seguidores diretos.

As dificuldades no universo devem ser enfrentadas, como também devem ser defrontados os obstáculos planetários, tal como uma parte da experiência de aperfeiçoamento proporcionada para o crescimento e o desenvolvimento, em perfeição progressiva, das almas em evolução das criaturas mortais. A espiritualização da alma humana requer experiência íntima com uma solução educacional para uma gama ampla de problemas reais do universo. A natureza animal e as formas inferiores de criaturas volitivas não progridem favoravelmente em meio a facilidades ambientais. As situações problemáticas, combinadas com estímulos à ação, conspiram para produzir as atividades da mente, da alma e do espírito, que contribuem poderosamente para a realização de metas valiosas para o progresso mortal e para que se atinjam níveis mais elevados no destino espiritual.

3. A SEGUNDA CONFERÊNCIA EM TIBERÍADES

Aos 16 de maio, foi realizada a segunda conferência em Tiberíades, entre as autoridades de Jerusalém e Herodes Antipas. Presentes estiveram os líderes religiosos e políticos de Jerusalém. Os líderes judeus puderam reportar a Herodes que praticamente todas as sinagogas, da Galiléia e igualmente da Judéia, estavam fechadas para os ensinamentos de Jesus. E um novo esforço foi feito para que Herodes colocasse Jesus na prisão, mas ele negou-se a atender esse pedido. Aos 18 de maio, contudo, Herodes concordou com o plano de permitir às autoridades do sinédrio que capturassem Jesus e que o levassem a Jerusalém, para ser julgado sob acusações religiosas, desde que o governador romano da Judéia estivesse de acordo com esse arranjo. Nesse meio tempo, os inimigos de Jesus espalhavam, industriosamente, por toda a Galiléia, o rumor de que Herodes havia-se tornado hostil a Jesus, e que iria exterminar todos aqueles que acreditassem nos ensinamentos dele.

No sábado à noite, 21 de maio, chegou a Tiberíades a notícia de que as autoridades civis em Jerusalém não opunham objeção ao acordo entre Herodes e os fariseus, de que Jesus fosse apreendido e levado a Jerusalém, para julgamento diante do sinédrio, sob acusações de escarnecer das leis sagradas da nação judaica. E assim, pouco antes da meia-noite desse dia, Herodes assinou o decreto que autorizava os oficiais do sinédrio a prender Jesus, nos domínios de Herodes, e a levá-lo à força a Jerusalém, para julgamento. Uma forte pressão de muitos lados foi exercida sobre Herodes, antes que ele desse a permissão; e bem sabia ele que Jesus não podia esperar um julgamento justo, diante dos seus inimigos implacáveis em Jerusalém.

4. SÁBADO À NOITE EM CAFARNAUM

Nesse mesmo sábado à noite, em Cafarnaum, um grupo de cinqüenta cidadãos importantes reuniram-se na sinagoga para discutir sobre a questão momentosa: "O que faremos com Jesus?" Eles falaram e debateram até depois da meia-noite, mas não conseguiram nenhum ponto comum para um acordo. À parte umas poucas pessoas, inclinadas à crença de que Jesus poderia ser o Messias, ou ao menos um homem santo, ou talvez um profeta, a reunião ficou dividida em quatro grupos quase iguais que sustentavam, respectivamente, os seguintes pontos de vista sobre Jesus:

1. Que ele era um fanático religioso, iludido e inofensivo.

2. Que ele era um agitador perigoso e astuto, que poderia incitar a rebelião.

3. Que ele estava aliado a demônios, que poderia mesmo ser um príncipe dos demônios.

4. Que ele estava fora de si, que estava louco, mentalmente desequilibrado.

Muito se disse, sobre as doutrinas pregadas por Jesus, que eram inquietadoras para a gente comum; os seus inimigos sustentavam que os ensinamentos dele eram impraticáveis, que tudo ruiria se todos fizessem um esforço honesto para viver de acordo com as suas idéias. E homens de muitas gerações subseqüentes disseram as mesmas coisas. Muitos homens inteligentes e bem-intencionados, mesmo na época mais esclarecida dessas revelações, sustentavam que a civilização moderna não poderia ter sido edificada sob os ensinamentos de Jesus – e, parcialmente, eles estão certos. No entanto, todos esses céticos esquecem-se de que uma civilização muito melhor poderia ter sido edificada com os mesmos ensinamentos, e o será, em alguma época. Esse mundo nunca tentou seriamente colocar em prática os ensinamentos de Jesus, em ampla escala, não obstante terem ocorrido tentativas acanhadas, de seguir as doutrinas do chamado cristianismo.

5. A ACIDENTADA MANHÃ DE DOMINGO

Foi um dia movimentado na vida de Jesus, o 22 de maio. Nessa manhã de domingo, antes da aurora, um dos mensageiros de Davi chegou, muito apressado, de Tiberíades, trazendo a notícia de que Herodes havia autorizado, ou estava para autorizar, que Jesus fosse preso pelos oficiais do sinédrio. O recebimento da notícia sobre esse perigo iminente levou Davi Zebedeu a despertar os seus mensageiros e a enviá-los a todos os grupos locais de discípulos, convocando-os para um conselho de emergência, às sete horas naquela manhã. Quando a cunhada de Judá (o irmão de Jesus) ouviu essa informação alarmante, ela apressou-se a passá-la a todos da família de Jesus, que residiam por perto, chamando-os para reunirem-se, sem demora, na casa de Zebedeu. E, respondendo a essa chamada apressada, em breve estavam lá reunidos Maria, Tiago, José, Judá e Rute.

Na reunião, feita de manhã cedo, Jesus deu as suas instruções de despedida aos discípulos presentes; isto é, ele despediu-se circunstancialmente, sabendo muito bem que eles logo seriam dispersados de Cafarnaum. E instruiu-os, a todos, que procurassem a orientação de Deus e que continuassem o trabalho do Reino, independentemente das conseqüências. Os evangelistas deveriam trabalhar como melhor lhes parecesse, até o momento em que fossem chamados. Ele selecionou doze dos evangelistas para acompanhá-lo; instruiu os doze apóstolos para que permanecessem com ele, não importando o que acontecesse. Às doze mulheres, ele as instruiu para que permanecessem na casa de Zebedeu e na casa de Pedro, até que ele mandasse buscá-las.

Jesus consentiu que Davi Zebedeu continuasse o seu serviço de mensageiros por todo o país e, ao dar ao Mestre a sua despedida, Davi disse: "Vai em frente com a tua obra, Mestre. Não deixes os fanáticos te pegarem, e nunca duvides de que os mensageiros te seguirão. Os meus homens nunca perderão o contato contigo e, por intermédio deles, tu saberás do Reino em outros lugares, assim como nós todos saberemos de ti. Nada que me possa acontecer interferirá nesse serviço, pois eu já apontei o primeiro líder e o segundo, e mesmo um terceiro. Não sou nem um instrutor, nem um pregador, mas está no meu coração fazer isso, e ninguém pode parar-me".

Por volta das sete horas e trinta minutos dessa manhã, Jesus começou a sua alocução para os quase cem crentes, que tinham entrado na casa para ouvi-lo. Essa foi uma ocasião solene, para todos os presentes, e Jesus parecia estar especialmente alegre; novamente ele estava como sempre fora. Aquela seriedade, das últimas semanas, havia desaparecido e ele inspirava a todos, com as suas palavras de fé, esperança e coragem.

6. CHEGA A FAMÍLIA DE JESUS

Aproximadamente às oito horas, nesse domingo de manhã, cinco membros da família terrena de Jesus ali chegaram, respondendo à chamada urgente da cunhada de Judá. Apenas um membro de toda a sua família na carne, Rute, acreditava de coração e continuamente na divindade da missão de Jesus na Terra. Judá e Tiago e, mesmo, José ainda mantinham grande parte da sua fé em Jesus, mas haviam permitido que o orgulho interferisse sobre o melhor do seu julgamento e sobre as suas inclinações espirituais reais. Maria estava, do mesmo modo, dividida entre o amor e o medo, entre o amor de mãe e o orgulho de família. Embora ela estivesse atormentada pelas dúvidas, nunca pôde esquecer inteiramente a visita de Gabriel, antes de Jesus nascer. Os fariseus haviam envidado esforços para persuadir Maria de que Jesus estava demente, fora de si. Eles incitaram-na a ir com os seus filhos tentar dissuadi-lo de fazer esforços maiores no ensinamento público. Eles asseguraram a Maria que logo a saúde de Jesus não resistiria e que apenas a desonra e a desgraça viriam, sobre toda a família, em conseqüência de permitir que ele continuasse. E, assim, quando chegou a notícia da cunhada de Judá, todos os cinco partiram imediatamente para a casa de Zebedeu, tendo estado juntos na casa de Maria, onde encontraram-se com os fariseus, na noite anterior. Eles haviam conversado com os líderes de Jerusalém, até alta noite, e todos estavam mais ou menos convencidos de que Jesus estava agindo estranhamente, que ele vinha agindo assim desde algum tempo. Embora Rute não pudesse explicar toda a conduta dele, ela insistia em afirmar que ele havia sempre tratado a sua família com equanimidade e se recusava a concordar com o plano de tentar dissuadi-lo de continuar com a sua obra.

A caminho da casa de Zebedeu eles conversaram sobre essas coisas e concordaram entre si que iriam tentar persuadir Jesus a vir para casa com eles; e, assim sendo, Maria falou: "Eu sei que poderia influenciar o meu filho se apenas ele pudesse vir para casa e me escutar". Tiago e Judá haviam ouvido rumores a respeito dos planos de prender Jesus e levá-lo a Jerusalém para julgamento. Eles também temiam pela própria segurança. Enquanto Jesus tinha sido uma figura querida aos olhos do público, a sua família permitiu que as coisas continuassem, mas agora que o povo de Cafarnaum e os líderes de Jerusalém haviam subitamente se voltado contra ele, começaram todos a sentir fortemente a pressão da suposta desgraça de uma situação embaraçosa.

Eles esperavam encontrar Jesus, chamá-lo de lado e pressioná-lo a ir para casa com eles. Eles haviam pensado em assegurar-lhe de que esqueceriam que ele os havia negligenciado – eles perdoariam e esqueceriam – se apenas Jesus desistisse da tolice de tentar pregar uma nova religião, que apenas traria complicações para ele próprio e a desonra para a sua família. A tudo isso Rute apenas diria: "Vou dizer ao meu irmão que acho que ele é um homem de Deus, e que eu espero que ele esteja disposto a morrer antes de permitir que esses fariseus perniciosos ponham um fim à sua pregação". José prometeu manter Rute em silêncio, enquanto os outros estivessem insistindo com Jesus.

Quando chegaram à casa de Zebedeu, Jesus estava exatamente no meio das suas palavras de despedida aos discípulos. Eles tentaram entrar na casa, mas estava transbordando de gente. Finalmente eles se estabeleceram na porta dos fundos e mandaram o recado a Jesus, de pessoa a pessoa, de modo que finalmente foi sussurrado a ele, por Simão Pedro, que interrompeu a sua palestra com esse propósito, e disse: "Lá fora, Mestre, estão a tua mãe e os teus irmãos, ansiosos para falar contigo". Ora, não ocorreu à sua mãe o quão importante era a mensagem de despedida aos seus seguidores, nem sabia ela que essa despedida estava para ser interrompida a qualquer momento com a chegada dos seus captores. Após uma desavença aparente tão longa, e por causa do fato de que ela e os irmãos dele houvessem recebido a graça de vir de fato até ele, ela realmente chegou a pensar que Jesus pararia de falar e viria a eles, no momento mesmo em que soubesse que eles o estavam esperando.

E foi só mais uma dessas instâncias em que a sua família terrena não pôde compreender que ele devia cuidar dos assuntos do seu Pai. E, assim, Maria e os irmãos de Jesus ficaram profundamente magoados quando, não obstante ter ele parado a sua fala para receber a mensagem, em vez de acorrer até lá para saudá-los, ele falou com a sua voz musical em volume mais elevado: "Dize a minha mãe e aos meus irmãos que eles não deveriam temer por mim. O Pai, que me enviou ao mundo, não me abandonará; nem mal nenhum virá sobre a minha família. Pede-lhes para que tenham muita coragem e que ponham a sua confiança no Pai do Reino. Mas, afinal, quem é minha mãe e quem são meus irmãos?" E estendendo as próprias mãos para todos os seus discípulos reunidos na sala, ele disse: "Eu não tenho mãe; não tenho irmãos. Eis a minha mãe e eis os meus irmãos! Pois todo aquele que cumpre a vontade do meu Pai, que está no céu, este é a minha mãe, o meu irmão e a minha irmã".

E, quando Maria ouviu essas palavras, ela desmaiou nos braços de Judá. Eles carregaram-na até o jardim, para reavivá-la, enquanto Jesus dizia as palavras de conclusão da sua mensagem de partida. E então, ele teria ido ter com a sua mãe e com os seus irmãos, não fosse um mensageiro haver chegado, às pressas, de Tiberíades, trazendo a notícia de que os oficiais do sinédrio estavam a caminho, com autoridade para prender Jesus e levá-lo a Jerusalém. André recebeu essa mensagem e, interrompendo Jesus, transmitiu-a a ele.

André não se lembrou que Davi havia colocado umas vinte e cinco sentinelas em volta da casa de Zebedeu, e que ninguém os tomaria de surpresa; e assim ele perguntou a Jesus o que deveria ser feito. O Mestre permanecia lá, em silêncio; enquanto a sua mãe acabara de ouvir: "Eu não tenho mãe". E ela ficou no jardim, recuperando-se do choque causado por essas palavras, quando, exatamente nesse momento, uma mulher na sala levantou-se e exclamou: "Abençoado seja o ventre que te concebeu, e abençoados sejam os seios que te amamentaram". Jesus voltou-se de lado e, por um momento, saiu da sua conversa com André para responder a essa mulher, dizendo: "Não, mais abençoado é aquele que ouve a palavra de Deus e que ousa obedecê-la".

Maria e os irmãos de Jesus pensaram que Jesus não os entendera, que ele havia perdido o interesse por eles, mal entendendo que haviam sido eles que não compreenderam Jesus. Jesus compreendeu plenamente quão difícil é, para os homens, romper com o próprio passado. E sabia como os seres humanos ficam diante da eloqüência do pregador, a consciência respondendo ao apelo emocional, tanto quanto a mente responde à lógica e à razão; todavia, ele também sabia quão mais difícil é persuadir os homens a *renunciar ao passado*.

É para sempre certo que todos os que se julgam incompreendidos, ou não apreciados, têm em Jesus um amigo compassivo e um conselheiro compreensivo. Ele havia advertido aos seus apóstolos que os inimigos de um homem podem estar na sua própria casa, mas não havia imaginado quão próxima tal predição estaria de ser aplicada à sua própria experiência. Jesus não abandonou sua família terrena para fazer a obra do seu Pai – sua família o abandonou. Mais tarde, depois da morte e da ressurreição do Mestre, quando Tiago tornou-se ligado aos primórdios do movimento cristão, ele sofreu imensamente em conseqüência de ter deixado de fazer proveito do convívio inicial com Jesus e os seus discípulos.

Ao passar por esses acontecimentos, Jesus escolheu ser guiado pelo conhecimento limitado da sua mente humana. Ele desejava submeter-se à experiência com os seus colaboradores, como um mero ser humano. E estava na mente humana de Jesus ver a sua família antes de partir. Ele não queria parar no meio do seu discurso e assim transformar o primeiro encontro deles, depois de tanto tempo de separação, em um assunto tão público. A sua intenção era acabar a sua fala e, então, ter uma conversa com eles antes de partir dali; mas esse plano foi frustrado por uma conspiração dos acontecimentos que se seguiram imediatamente.

A pressa da fuga deles foi aumentada pela chegada de um grupo de mensageiros de Davi, pela porta dos fundos da casa de Zebedeu. O tumulto produzido por esses homens amedrontou os apóstolos, levando-os a pensar que poderiam ser aqueles que vieram prendê-los e, de medo de serem imediatamente presos, eles se precipitaram, pela entrada da frente, para o barco que esperava. E tudo isso explica por que Jesus não viu a sua família que o esperava na entrada dos fundos.

Contudo, na pressa da fuga, Jesus disse, a Davi Zebedeu, quando entrou no barco: "Dize à minha mãe e aos meus irmãos que agradeço por terem vindo, e que eu tinha a intenção de vê-los. Recomenda-lhes que não se ofendam comigo, mas que busquem conhecer a vontade de Deus e que tenham a graça e a coragem de fazer essa vontade".

7. A FUGA APRESSADA

E, assim, foi nessa manhã de domingo, 22 de maio, do ano 29 d.C., que Jesus, com os seus doze apóstolos e os doze evangelistas, empreendeu essa fuga apressada, dos oficiais do sinédrio que estavam a caminho de Betsaida, com a autorização de Herodes Antipas para prendê-lo e levá-lo até Jerusalém, a julgamento, sob as acusações de blasfêmia e outras violações das leis sagradas dos judeus. Era quase oito horas e meia de uma bela manhã, quando esse grupo de vinte e cinco homens manejou os remos na direção da margem oriental do mar da Galiléia.

Uma outra embarcação menor seguia o barco do Mestre, levando seis dos mensageiros de Davi, os quais traziam instruções para manter contato com Jesus e os seus seguidores e cuidar de que a informação sobre o seu paradeiro e segurança fosse transmitida com regularidade para a casa de Zebedeu, em Betsaida; esta mesma casa serviu de centro de operações para o trabalho do Reino durante algum tempo. Mas nunca mais, novamente, Jesus faria, da casa de Zebedeu a sua casa. De agora em diante, pelo restante da sua vida na Terra, o Mestre verdadeiramente "não tinha onde recostar a sua cabeça". Nunca mais ele teve uma morada fixa, nem mesmo algo semelhante a isso.

Eles remaram até perto da aldeia de Queresa, colocaram o barco sob a custódia de amigos, e começaram as peregrinações desse movimentado último ano da vida do Mestre na Terra. Durante um certo período eles permaneceram nos domínios de Filipe, indo de Queresa a Cesaréia-Filipe e, de lá, tomando o caminho da costa da Fenícia.

A multidão demorou-se ainda, na casa de Zebedeu, olhando os dois barcos atravessarem o lago até a margem oriental; e eles já estavam bem longe quando os oficiais de Jerusalém chegaram e iniciaram a sua busca indo atrás de Jesus. Eles se recusavam a acreditar que Jesus lhes tinha escapado e, enquanto Jesus e os seus estavam viajando na direção norte, já passando por Batanea, os fariseus e os seus assistentes passaram quase toda uma semana procurando em vão por ele, nas cercanias de Cafarnaum.

A família de Jesus voltou para a sua casa em Cafarnaum e passou quase uma semana falando, debatendo e orando. Eles estavam cheios de confusão e de consternação. Eles não tiveram paz mental até quinta-feira à tarde, quando Rute retornou de uma visita à casa de Zebedeu, onde ela soube, por Davi, que o seu pai-irmão estava a salvo e com boa saúde e a caminho da costa fenícia.

DOCUMENTO 155

A ESCAPADA PELO NORTE DA GALILÉIA

LOGO depois de aportar perto de Queresa, nesse domingo agitado, Jesus e os vinte e quatro rumaram um pouco para o norte, onde passaram a noite em um belo parque ao sul de Betsaida-Júlias. Estavam ambientados com esse local de acampamento, tendo estado lá em dias passados. Antes de se retirar para dormir, o Mestre reuniu os seus seguidores em torno de si e discutiu com eles sobre os planos para o projeto da campanha que fariam em Batanea, pelo norte da Galiléia e pela costa fenícia.

1. POR QUE OS PAGÃOS SE ENFURECEM?

Disse Jesus: "Deveríeis todos lembrar de como o salmista falou dessas épocas, dizendo: 'Por que se enfurecem os pagãos e os povos conspiram em vão? Os reis da Terra coroam-se a si próprios; e os governantes do povo fazem conselhos, entre si, contra o Senhor e seus consagrados, dizendo: Façamos as correntes da misericórdia em pedaços e livremo-nos dos laços do amor'.

"Hoje vedes que isso se cumpre, diante dos vossos olhos. Mas não vereis cumprido o restante da profecia do salmista, pois ele manteve idéias errôneas sobre o Filho do Homem e sua missão na Terra. O meu Reino funda-se no amor, é proclamado na misericórdia e é estabelecido por meio do serviço não-egoísta. Meu Pai não se assenta no céu, rindo em menosprezo dos pagãos. Ele não fica irado, no seu grande desprazer. Verdadeira é a promessa de que o Filho terá por herança todos os chamados pagãos (na realidade os seus irmãos ignorantes e sem instrução). E eu receberei esses gentios com os braços abertos, cheios de misericórdia e afeto. Toda a bondade amorosa será mostrada aos chamados pagãos, não obstante a infeliz declaração registrada que insinua que o Filho triunfante 'quebrá-los-á com um cilindro de ferro e os deixará em pedaços como a um vaso de argila'. O salmista exortou-vos a 'servir ao Senhor com temor' – e eu vos conclamo a aceitar os privilégios elevados da filiação divina por meio da fé; ele vos comanda que rejubileis com tremores; eu vos conclamo a rejubilar-vos na certeza. Ele diz: 'Beijai o Filho, para que ele não fique com raiva, e para que não pereçais quando a sua ira for inflamada'. E vós que vivestes comigo, bem sabeis que a raiva e a ira não são uma parte do estabelecimento do Reino do céu, nos corações dos homens. Mas o salmista apercebeu-se da verdadeira luz quando, ao terminar a sua exortação, disse: 'Abençoados aqueles que põem a sua confiança neste Filho'".

Jesus continuou a ensinar aos vinte e quatro, dizendo: "Os pagãos não ficam sem uma desculpa, quando se enfurecem conosco. Sendo pequeno e estreito, o seu ponto de vista leva-os a serem capazes de concentrar as suas energias entusiasticamente. A sua meta está bem próxima deles e é mais ou menos visível, razão pela qual os seus esforços são valentes e a sua execução é eficiente. Vós, que tendes professado a entrada no Reino do céu, sois de todo vacilantes demais, e indefinidos, ao conduzirdes os vossos ensinamentos. Os pagãos dão golpes diretos para conseguir os seus objetivos; vós sois culpados por possuírem demasiadas aspirações crônicas. Se desejardes entrar no Reino, por que não o tomar em um assalto espiritual, tal como os pagãos tomam uma cidade à qual eles sitiam? Dificilmente sereis dignos do Reino se o vosso serviço consistir tão primariamente em uma atitude de lamentar o passado, em queixumes quanto ao presente e em esperanças vãs para o futuro. Por que os pagãos se enfurecem? Porque não conhecem a verdade. E vós, por que enlaguescei-vos em desejos fúteis? Porque não sabeis *obedecer* à verdade. Cessai com os vossos anseios inúteis e ide em frente, com braveza, fazendo aquilo que diz respeito ao estabelecimento do Reino.

"Em tudo que fizerdes, não vos torneis nunca unilaterais nem excessivamente especializados. Os fariseus buscam verdadeiramente a nossa destruição, com isso pensam estar fazendo o serviço de Deus. E tornaram-se estreitos, por tradição, tanto que estão cegos pelo preconceito e endurecidos pelo medo. Considerai os gregos, eles têm uma ciência sem religião, enquanto os judeus ficam com uma religião desprovida de ciência. E, se os homens agem assim, aceitando erroneamente uma desintegração estreita e confusa da verdade, a sua única esperança de salvação é tornarem-se coordenados face à verdade – convertendo-se.

"Deixai que eu afirme enfaticamente a verdade eterna seguinte: Se vós, por uma coordenação com a verdade, aprenderdes a dar o exemplo, nas vossas vidas, dessa magnífica integridade de retidão, os vossos semelhantes humanos, então, vos seguirão para poder obter o que vós adquiristes desse modo. A medida pela qual os buscadores da verdade são atraídos para vós representa a medida do vosso dom de verdade, a vossa retidão. A escala, na qual vós tendes de vos delongar na vossa mensagem ao povo, de um certo modo, é a medida da vossa incapacidade de viver a vida reta e íntegra, a vida coordenada em relação à verdade".

E muitas outras coisas o Mestre ensinou aos seus apóstolos e evangelistas, antes que eles lhe dessem boa-noite e fossem descansar nos seus travesseiros.

2. OS EVANGELISTAS EM CORAZIM

Na segunda-feira, 23 de maio pela manhã, Jesus ordenou a Pedro que fosse a Corazim com os doze evangelistas; nisso, junto com os outros onze, partiram todos para Cesaréia-Filipe, pelo caminho do Jordão, pela via Damasco-Cafarnaum, e dali para o nordeste, até a junção com a estrada de Cesaréia-Filipe, e então, entrando naquela cidade, lá permaneceram ensinando por duas semanas. Ali chegaram durante a tarde de terça-feira, 24 de maio.

Pedro e os evangelistas permaneceram em Corazim por duas semanas, pregando o evangelho do Reino a um pequeno, mas fervoroso, grupo de crentes. Porém, eles não se viram capazes de conquistar muitos novos convertidos. Nenhuma cidade em toda a Galiléia rendeu tão poucas almas para o Reino, quanto Corazim. De acordo com as instruções de Pedro, os doze evangelistas pouco mencionaram sobre as curas – e as coisas físicas – pois pregavam e ensinavam mais vigorosamente as verdades espirituais do Reino do céu. Nessas duas semanas Corazim constituiu-se em um verdadeiro batismo na adversidade para os doze evangelistas, pois foi o período mais difícil e improdutivo das suas carreiras até esse momento. Estando assim privados da satisfação de conquistar almas para o Reino, cada um deles, mais sincera e honestamente, avaliou-se dentro da própria alma confiando no seu progresso no caminho espiritual da nova vida.

Quando parecia que ninguém mais estava disposto a procurar entrar no Reino, na terça-feira, 7 de junho, Pedro reuniu os condiscípulos e partiu para Cesaréia-Filipe no intuito de juntar-se a Jesus e aos apóstolos. Eles chegaram por volta do meio-dia, na quarta-feira, e passaram toda a noite contando sobre as experiências com os incrédulos de Corazim. Durante as conversas dessa noite Jesus fez outra referência à parábola do semeador e ensinando a eles, com isso, bastante sobre o significado dos aparentes fracassos nos empreendimentos da vida.

3. EM CESARÉIA-FILIPE

Embora Jesus não haja feito nenhum trabalho público durante essas duas semanas de permanência perto de Cesaréia-Filipe, os apóstolos tiveram numerosos encontros calmos, à noite, na cidade, e muitos dos crentes vieram até o acampamento, para falar com o Mestre. Pouquíssimas almas foram acrescentadas ao grupo de crentes em conseqüência dessa visita. Jesus falava com os apóstolos todos os dias, e eles discerniram com mais clareza que uma nova fase do trabalho de pregação do Reino do céu agora estava tendo início. Eles estavam começando a compreender que o "Reino do céu não é comer e beber, mas, sim, realizar a alegria espiritual da aceitação da divina filiação".

A permanência em Cesaréia-Filipe foi um teste real para os onze apóstolos; foi um período difícil, de duas semanas, que viveram. Eles estavam ainda deprimidos, sentindo falta do estímulo periódico da personalidade entusiástica de Pedro. Nesses momentos, era verdadeiramente uma grande aventura de provações acreditar em Jesus e continuar seguindo-o. Embora tenham convertido poucas pessoas durante essas duas semanas, eles aprenderam muitas coisas que seriam de bastante proveito, das conferências diárias com o Mestre.

Os apóstolos aprenderam que os judeus estavam espiritualmente estagnados e moribundos, porque eles haviam cristalizado a verdade em um credo; pois, quando a verdade é formulada como sendo uma linha limite de exclusividade, útil para que uns se considerem mais virtuosos do que os outros, em vez de servir como uma indicadora de norteamento para o progresso espiritual, esses ensinamentos perdem seu poder criativo e provedor da vida e passam a ser meramente conservadores da fossilização.

Cada vez mais, de Jesus, eles aprendiam a olhar as personalidades humanas em termos das suas possibilidades no tempo e na eternidade. Eles aprendiam que muitas almas poderão ser levadas a melhor amar a um Deus não visível se lhes for ensinado primeiro a amar os seus irmãos, os quais eles podem ver. E foi em relação a isso que um novo significado tornou-se ligado ao pronunciamento do Mestre a respeito do serviço não-egoísta para o semelhante: "Na mesma medida, o que fizerdes ao menor dos meus irmãos, a mim é que o fareis".

Uma das grandes lições dessa estada em Cesaréia teve a ver com a origem das tradições religiosas, com o grave perigo de permitir o senso do sagrado de tornar-se vinculado a coisas não sagradas, às idéias comuns, ou aos acontecimentos cotidianos. Convictos ficaram todos, depois de uma certa conferência, com o ensinamento sobre a verdadeira religião, de que esta é, para o homem, a lealdade sincera às suas convicções mais elevadas e verdadeiras.

Jesus advertiu aos seus crentes de que, se as suas aspirações religiosas fossem apenas materiais, um conhecimento crescente da natureza iria, por um deslocamento progressivo da origem sobrenatural das coisas, em última instância, privá-los da sua fé em Deus. Mas que, se a sua religião fosse espiritual, nunca, o progresso da ciência física perturbaria a sua fé colocada nas realidades eternas e nos valores divinos.

Eles aprenderam que, quando a religião tem motivos totalmente espirituais, ela faz toda a vida melhor e mais digna de ser vivida, preenchendo-a com propósitos elevados, dignificando-a com valores transcendentes, inspirando-a com motivos magníficos e, ao mesmo tempo, confortando a alma humana com uma esperança sublime e sustentadora. A verdadeira religião destina-se a diminuir as forças extenuantes da existência; ela libera a fé e a coragem para a vida cotidiana e para o serviço não-egoísta. A fé fomenta a vitalidade espiritual e a fecundidade da retidão.

Jesus ensinou repetidamente aos seus apóstolos que nenhuma civilização poderia sobreviver por muito tempo à perda do melhor na sua religião. E ele nunca se cansou de apontar aos doze o grande perigo de se aceitar símbolos e cerimônias religiosas em lugar da experiência religiosa. Toda a sua vida terrena foi devotada consistentemente à missão de reaquecer as formas congeladas de religião, emprestando-lhes as liberdades líquidas da filiação esclarecida.

4. A CAMINHO DA FENÍCIA

Na quinta-feira, 9 de junho pela manhã, após receber a notícia a respeito dos progressos do Reino, trazida pelos mensageiros de Davi vindos de Betsaida, esse grupo, de vinte e cinco instrutores da verdade, deixou Cesaréia-Filipe para iniciar a sua viagem à costa fenícia. Eles contornaram a parte pantanosa pelo caminho de Luz, até o ponto de junção com a trilha de Magdala–monte Líbano, e daí seguiram para o cruzamento com a estrada que leva a Sidom, chegando lá na sexta-feira à tarde.

Enquanto paravam para o almoço, à sombra de uma saliência de rocha, perto de Luz, Jesus fez um dos pronunciamentos mais notáveis que os seus apóstolos jamais haviam ouvido durante todos os anos da sua ligação com ele. Tão logo se sentaram para partir o pão, Simão Pedro perguntou a Jesus: "Mestre, já que o Pai no céu sabe de todas as coisas, e já que o espírito Dele é a nossa sustentação, no estabelecimento do Reino do céu na Terra, por que é que estamos fugindo das ameaças dos nossos inimigos? Por que nos negamos a confrontarmo-nos com os inimigos da verdade?" Mas antes de Jesus iniciar a sua resposta à pergunta de Pedro, Tomé irrompeu, perguntando: "Mestre, eu realmente gostaria de saber o que há exatamente de errado com a religião dos nossos inimigos em Jerusalém. Qual é a diferença real entre a religião deles e a nossa? Por que é que temos essa divergência de crença quando todos nós professamos servir ao mesmo Deus?" E quando Tomé terminou, Jesus disse: "Conquanto não queira eu ignorar a pergunta de Pedro, sabendo muito bem quão fácil seria interpretar mal as minhas razões para evitar um conflito aberto com os chefes dos judeus, neste momento, ainda assim, revelar-se-ia de maior ajuda para todos se eu escolhesse responder à pergunta de Tomé. E é isso que farei assim que tiverdes terminado o vosso almoço".

5. O DISCURSO SOBRE A VERDADEIRA RELIGIÃO

Esse discurso memorável sobre a religião, resumido e reformulado em linguagem moderna, deu expressão às verdades seguintes:

As religiões do mundo têm duas origens – a natural e a da revelação – em qualquer época e em meio a qualquer povo podem ser encontradas três formas distintas de devoção religiosa. E estas três manifestações do impulso religioso são:

1. *A religião primitiva*. O impulso seminatural e instintivo de temer as energias misteriosas e de adorar as forças superiores; principalmente em uma religião da natureza física; é a religião do medo.

2. *A religião da civilização*. Os conceitos e as práticas religiosas, em avanço, das raças civilizadas – a religião da mente –, a teologia intelectual cuja autoridade é a tradição religiosa já preestabelecida.

3. *A verdadeira religião – a religião da revelação*. A revelação dos valores supranaturais, uma visão com um discernimento parcial das realidades eternas, um vislumbre da bondade e da beleza do caráter infinito do Pai no céu – a religião do espírito, tal como fica demonstrada na experiência humana.

O Mestre recusou-se a depreciar a religião dos sentidos físicos e dos medos supersticiosos do homem natural, embora deplorasse o fato de que tanto dessa forma primitiva de adoração perdurasse nas formas de religiões das raças mais inteligentes da humanidade. Jesus deixou claro que a grande diferença entre a religião da mente e a religião do espírito é que, enquanto a primeira é sustentada pela autoridade eclesiástica, a última é totalmente baseada na experiência humana.

E, então, o Mestre, no seu momento de ensinar, continuou deixando claras as seguintes verdades:

Até que as raças se tornem altamente inteligentes e mais amplamente civilizadas, persistirão muitas dessas cerimônias infantis e supersticiosas, que são tão características das práticas da religião evolucionária dos povos primitivos e retrógrados. Enquanto a raça humana progride até o nível de um reconhecimento mais elevado e mais geral das realidades da experiência espiritual, uma grande quantidade de homens e mulheres continuará a demonstrar uma preferência pessoal por aquelas religiões autoritárias, que exigem apenas um consentimento intelectual. A religião do espírito, ao contrário, requer uma participação ativa da mente e da alma na aventura da fé, no corpo a corpo com as realidades rigorosas da experiência humana progressiva.

A aceitação das religiões tradicionais, de autoridade, apresenta uma saída fácil para a urgência que o homem tem de buscar satisfação para os anseios da sua natureza espiritual. As religiões estabelecidas, cristalizadas e bem assentadas na autoridade, proporcionam um refúgio pronto, para dentro do qual a alma desatenta e perturbada do homem pode escapar, quando fustigada pelo medo e atormentada pela incerteza. Uma tal religião solicita dos seus devotos, como preço a ser pago pelas satisfações e seguranças oferecidas, apenas um consentimento passivo e puramente mental ou intelectual.

E por muito tempo ainda viverão na Terra, esses indivíduos temerosos, hesitantes e acomodados que preferirão assegurar assim as suas consolações religiosas, ainda que, arriscando a sorte com as religiões de autoridade, comprometam a soberania da personalidade, degradem a dignidade do respeito próprio e renunciem totalmente ao direito de participar da mais emocionante e inspiradora de todas as experiências humanas possíveis: A busca pessoal da verdade, a alegria de encarar os perigos da descoberta mental, a determinação para explorar as realidades da experiência religiosa pessoal, a satisfação suprema de experienciar o triunfo pessoal da realização factual no triunfo da fé espiritual sobre a dúvida intelectual, do modo como honestamente são conquistados na aventura suprema de toda a existência humana – o homem buscando a Deus, para si próprio e por si próprio, e encontrando-O.

A religião do espírito significa esforço, luta, conflito, fé, determinação, amor, lealdade e progresso. A religião da mente – a teologia baseada na autoridade – requer pouco ou nenhum desses exercícios dos seus crentes formais. A tradição é um refúgio seguro e um caminho fácil para as almas temerosas e acanhadas, que instintivamente evitam as lutas espirituais e as incertezas mentais associadas às viagens da fé, às aventuras ousadas no alto-mar da verdade inexplorada e em busca das margens distantes de realidades espirituais. Essas realidades espirituais podem ser descobertas pela mente humana em progresso, e experimentadas pela alma humana em evolução.

E Jesus continuou dizendo: "Em Jerusalém os líderes religiosos formularam as várias doutrinas dos seus instrutores tradicionais e dos profetas de outras épocas, dentro de um sistema estabelecido de crenças intelectuais, em uma religião autoritária. O apelo de todas essas religiões dirige-se, sobretudo, à mente. E, agora, estamos para entrar em um conflito mortal com tal religião, pois iremos muito em breve começar a proclamação ousada de uma nova religião – uma religião que não é uma religião no sentido atualmente dado a essa palavra, uma religião que faz o seu apelo principal ao espírito divino do meu Pai, residente na mente do homem; uma religião que tirará a sua autoridade dos frutos da sua aceitação; e esses frutos irão certamente aparecer na experiência pessoal de todos aqueles que, real e verdadeiramente, tornarem-se os apoiadores e crentes das verdades dessa comunhão espiritual mais elevada".

E, apontando para cada um dos vinte e quatro, e chamando-os pelo nome, Jesus disse: "E, agora, qual de vós preferiria tomar esse caminho fácil, conformando-se com uma religião estabelecida e fossilizada, como a que é defendida pelos fariseus em Jerusalém, a sofrer as dificuldades e perseguições que virão juntas com a missão de proclamar um caminho melhor de salvação para os homens, podendo, nesse caminho, experimentar a satisfação de descobrir por vós mesmos as belezas das realidades de uma experiência viva e pessoal, as verdades eternas e a grandiosidade suprema do Reino do céu? Será que sois amedrontados e moles; será que buscais coisas fáceis? Estais com medo de confiar o vosso futuro nas mãos do Deus da verdade do qual sois filhos? Estais desconfiados do Pai, cujos filhos sois vós? Será que ireis voltar ao caminho fácil da certeza e da acomodação intelectual, na religião da autoridade tradicional, ou ireis preparar-vos para ir à frente comigo, até aquele futuro incerto e turbulento, da proclamação das novas verdades da religião do espírito, o Reino do céu nos corações dos homens?"

Todos os vinte e quatro ouvintes puseram-se de pé, com a intenção de querer dar uma resposta unânime de lealdade, a esse apelo emocional de Jesus, como jamais o fizera a eles. E Jesus levantou a sua mão e impediu-os, dizendo: "Ide agora, cada um por si, cada homem a sós com o Pai; e encontrai uma resposta não emocional para a minha pergunta e, pois, havendo encontrado uma atitude verdadeira e sincera de alma, dizei a vossa resposta livre e ousadamente ao meu Pai e vosso Pai, cuja vida infinita de amor é o espírito mesmo da religião que proclamamos".

Os evangelistas e os apóstolos separaram-se, por um curto espaço de tempo. Os seus espíritos ficaram elevados, as suas mentes inspiradas e as suas emoções tornaram-se poderosamente agitadas, por tudo o que Jesus havia dito. Mas quando André os chamou para reunirem-se, o Mestre apenas disse: "Vamos retomar a nossa viagem. Iremos para a Fenícia, onde permaneceremos um pouco, e todos vós deveríeis orar para que o Pai transforme as vossas emoções do corpo e da mente, nas lealdades mais elevadas da mente e nas experiências mais satisfatórias do espírito".

Quando viajavam estrada abaixo, os vinte e quatro permaneceram em silêncio, mas em breve começaram a falar uns com os outros, e, às três horas daquela tarde, não conseguindo ir adiante, então pararam; e Pedro, indo até Jesus, disse: "Mestre, tu nos disseste as palavras da vida e da verdade. Nós gostaríamos de ouvir mais; nós te suplicamos que nos fales mais a respeito dessas questões".

6. O SEGUNDO DISCURSO SOBRE A RELIGIÃO

E, assim, enquanto estavam parados à sombra da encosta, Jesus continuou a ensinar-lhes a respeito da religião do espírito, dizendo em essência:

Vós viestes de entre os vossos companheiros que escolheram permanecer satisfeitos com uma religião da mente; eles almejam a segurança e preferem o conformismo. Vós escolhestes trocar os sentimentos, da certeza autoritária, pela segurança do espírito, que vem da fé cheia de audácia e progressão. Ousastes protestar contra a pegajosa prisão da religião institucionalizada e rejeitar a autoridade das tradições escritas, que estão agora sendo consideradas como a palavra de Deus. O nosso Pai, de fato, falou por intermédio de Moisés, Elias, Isaías, Amós e Oséias, mas Ele não cessou de ministrar palavras de verdade ao mundo, quando esses profetas antigos colocaram um ponto final nas suas afirmações. Meu Pai não tem preferências por raças, nem por gerações, no sentido de que a palavra da verdade seja condescendida a uma idade e contida em uma outra. Não cometais a loucura de chamar de divino àquilo que é totalmente humano, e não deixeis de perceber as palavras da verdade, ainda que não provindas dos oráculos tradicionais de suposta inspiração.

Eu vos convoquei a nascer de novo, a nascer do espírito. Eu vos tirei das trevas do autoritarismo, da letargia da tradição, para a luz transcendente da realização da possibilidade de fazerdes, para vós próprios, a maior descoberta que é possível à alma humana realizar – a experiência superna de encontrar Deus para vós próprios, dentro de vós próprios e por vós próprios; e de fazerdes a tudo isso, como um acontecimento na vossa própria experiência pessoal. E, assim, podereis passar da morte para a vida, do autoritarismo da tradição para a experiência de conhecer a Deus; assim vós passareis das trevas à luz, de uma fé racial herdada a uma fé pessoal conquistada pela experiência real. E, por meio disso, ireis progredir, de uma teologia da mente, passada a vós pelos vossos ancestrais, a uma verdadeira religião do espírito, que será edificada nas vossas almas como um dom eterno.

A vossa religião passará da mera crença intelectual na autoridade tradicional, para a experiência factual da fé viva, capaz de captar a realidade de Deus e tudo o que está relacionado ao espírito divino do Pai. A religião da mente vos vincula irremediavelmente ao passado; a religião do espírito consiste na revelação progressiva e vos conclama a realizações mais elevadas e mais santificadas, de ideais espirituais e de realidades eternas.

Conquanto a religião da autoridade possa comunicar um sentimento presente de segurança estabelecida; por essa satisfação transitória, vós pagais o preço da perda da vossa liberdade espiritual e da liberdade religiosa. Meu Pai não exige de vós, como preço de entrada no Reino do céu, que devêsseis forçar-vos a aceitar uma crença em coisas que são espiritualmente repugnantes, profanas e não verdadeiras. Não é exigido de vós que o vosso próprio senso de misericórdia, justiça e verdade devesse ser ultrajado pela submissão a um sistema de formas religiosas e de cerimoniais passadiços. A religião do espírito vos deixa sempre livres para seguir a verdade até onde quer que o vosso espírito vos possa conduzir. E quem pode julgar isso – talvez esse espírito tenha alguma coisa a comunicar a essa geração, que outras gerações tenham recusado-se a escutar?

Que vergonha que aqueles falsos instrutores religiosos arrastem as almas famintas de volta ao passado, distante e obscuro, e que lá as deixem! E assim essas pessoas desafortunadas ficam condenadas a tornar-se amedrontadas frente a todas as novas descobertas, a desconcertar-se com toda a nova revelação da verdade. O profeta que disse: "Aquele cuja mente permanece com Deus será mantido em perfeita paz", não era um mero crente intelectual da teologia autoritária. Esse ser humano, conhecedor da verdade, havia descoberto a Deus; ele não estava meramente falando de Deus.

Eu aconselho-vos a desistir da prática de sempre citar os profetas de outrora e de louvar os heróis de Israel; em vez disso, aconselho que aspireis a tornar-vos os profetas vivos do Altíssimo e heróis espirituais do Reino que virá. Honrar os líderes conhecedores de Deus, do passado, pode de fato valer a pena, mas por que, ao fazer isso, deveis sacrificar a experiência suprema da existência humana: encontrar Deus por vós próprios e conhecê-Lo dentro das vossas próprias almas?

Cada raça da humanidade tem a sua própria abordagem mental da existência humana; e, pois, a religião da mente deve sempre ser fiel a esses vários pontos de vista raciais. As religiões autoritárias nunca podem chegar à unificação. A unidade humana e a fraternidade entre os mortais somente podem ser alcançadas por meio da supradotação dada pela religião do espírito. As mentes podem diferir racialmente, mas toda a humanidade é residida pelo mesmo espírito divino e eterno. A esperança da irmandade humana só pode ser realizada quando, e à medida que, as religiões mentais autoritárias divergentes tornarem-se impregnadas e ofuscadas pela religião unificadora e enobrecedora do espírito – a religião da experiência espiritual pessoal.

As religiões da autoridade só podem dividir os homens e arregimentá-los em frentes conscientes uns contra os outros; a religião do espírito, progressivamente, congregará os homens e os levará a tornar-se compreensivos e compassivos uns para com os outros. As religiões autoritárias exigem dos homens uniformidade na crença, mas isso é impossível de ser alcançado no estado presente de coisas no mundo. A religião do espírito requer apenas unidade de experiência – uniformidade de destino –, permitindo a plena diversidade de crenças. A religião do espírito requer uniformidade apenas de visão interior, não uniformidade de ponto de vista nem de enfoque. A religião do espírito não requer uniformidade de ponto de vista intelectual, requer apenas a unidade dos sentimentos espirituais. As religiões da autoridade cristalizam-se em credos sem vida; a religião do espírito cresce em alegria e na liberdade dos feitos enobrecedores, no serviço do amor e na ministração da misericórdia.

Contudo, atenção, que nenhum dentre vós olheis com desdém aos filhos de Abraão, só porque eles caíram nesses maus tempos de esterilidade tradicional. Os nossos ancestrais entregaram-se à busca persistente e apaixonada de Deus, e eles encontraram-No, como nenhuma outra raça de homens jamais O conheceu desde os tempos de Adão, que sabia muito a esse respeito, pois era ele próprio um Filho de Deus. O meu Pai não deixou de observar a luta longa e incansável de Israel, desde os dias de Moisés, para encontrar e conhecer a Deus. Durante muitas gerações os judeus não cessaram de trabalhar, de suar, sofrer, penar, suportar os sofrimentos e experimentar as tristezas de um povo incompreendido e desprezado, tudo para que pudessem chegar um pouco mais perto da descoberta da verdade sobre Deus. E, não obstante todos os fracassos e fraquezas de Israel, os nossos pais, progressivamente, desde Moisés aos tempos de Amós e Oséias, revelaram cada vez mais, a todo o mundo, uma imagem sempre mais clara e mais verdadeira do Deus eterno. E, assim, o caminho foi preparado para a revelação ainda maior do Pai, da qual vós fostes chamados a compartilhar.

Jamais esqueçais de que só há uma aventura que pode ser mais satisfatória e emocionante do que tentar descobrir a vontade do Deus vivo, e essa é a experiência suprema de tentar honestamente fazer a vontade divina. E não deixeis de lembrar-vos de que a vontade de Deus pode ser feita, em qualquer ocupação terrena. Não há vocações que sejam santas e vocações que sejam seculares. Todas as coisas são sagradas, nas vidas daqueles que são guiados pelo espírito; isto é, subordinados à verdade, enobrecidos pelo amor, dominados pela misericórdia, e controlados pela equanimidade – a justiça. O espírito que o meu Pai e eu enviaremos ao mundo não é apenas o Espírito da Verdade, mas é também o espírito da beleza idealista.

Deveis cessar de buscar a palavra de Deus apenas nas páginas dos registros antigos de autoridade teológica. Aqueles, dentre vós, que nasceram do espírito de Deus irão, doravante, discernir a palavra de Deus, independentemente de onde ela pareça ter origem. Não há que se depreciar a verdade divina pelo fato de ser aparentemente humano o canal usado para a sua apresentação. Muitos dos vossos irmãos têm mentes que aceitam a teoria de Deus, enquanto espiritualmente deixam de compreender a presença de Deus. E essa é exatamente a razão pela qual eu vos tenho tão freqüentemente ensinado que o Reino do céu pode ser mais bem compreendido, se adquirirdes a atitude espiritual sincera de uma criança. Não é a imaturidade mental da criança o que eu vos recomendo, é mais a *simplicidade espiritual* desse pequeno ser, a sua facilidade de crer e a confiança plena dele. Não é tão importante que devêsseis considerar o fato da existência de Deus; mais importante é que cresçais na capacidade de *sentir a presença de Deus*.

Quando principiardes a encontrar Deus na vossa alma, em breve vós começareis a descobri-Lo nas almas dos outros homens e, finalmente, em todas as criaturas e criações de um poderoso universo. Mas que chance tem o Pai de aparecer como um Deus de lealdades supremas, e de ideais divinos, nas almas de homens que pouco ou nenhum tempo dedicam à contemplação reflexiva de tais realidades eternas? Se bem que a mente não seja o assento da natureza espiritual, a mente é de fato o portal para essa natureza espiritual.

Não cometais, contudo, o erro de tentar provar a outros homens que vós encontrastes Deus; vós não podeis conscientemente gerar uma prova válida para tal, se bem que existam duas demonstrações positivas e poderosas do fato de que vós sois conhecedores de Deus, e elas são:

1. Os frutos do espírito de Deus, que se mostram na rotina diária da vossa vida.

2. O fato de todo o plano da vossa vida fornecer uma prova positiva de que vós tendes, sem reservas, arriscado tudo o que sois e que possuís, na aventura da sobrevivência após a morte, na busca da esperança de encontrar o Deus da eternidade, cuja presença vós provastes antecipadamente no tempo.

Agora, não vos equivoqueis, o meu Pai responderá sempre à mais débil chama de fé. Ele toma nota das emoções físicas e supersticiosas do homem primitivo. E com essas almas honestas, mas temerosas, cuja fé é tão fraca que não é senão um pouco mais do que a conformidade intelectual de uma atitude passiva de consentimento às religiões autoritárias, o Pai está sempre alerta para honrar e fomentar até mesmo todas essas fracas tentativas de alcançá-Lo. Mas de vós, que fostes chamados, da escuridão para a luz, é esperado que creiais de todo o coração; a vossa fé irá dominar as atitudes combinadas do corpo, da mente e do espírito.

Sois os meus apóstolos e, para vós, a religião não se transformará em um abrigo teológico, até o qual podeis fugir com medo de enfrentar as duras realidades do progresso espiritual e da aventura idealista; mas a vossa religião irá transformar-se, mais, no fato da experiência real a testificar que Deus vos encontrou, vos idealizou, vos enobreceu e vos espiritualizou, e que vos alistastes já na aventura eterna de encontrar esse mesmo Deus, que já vos encontrou e vos filiou.

E quando Jesus terminou de falar, fez um sinal a André e, apontando para o oeste, para a Fenícia, disse: "Sigamos, pois, o nosso caminho".

DOCUMENTO 156

A ESTADA EM TIRO E SIDOM

NA SEXTA-FEIRA, 10 de junho à tarde, Jesus e os seus colaboradores chegaram aos arredores de Sidom, e lá se hospedaram em casa de uma próspera senhora, que havia sido paciente do hospital de Betsaida durante a época em que Jesus estava no auge da predileção popular. Os evangelistas e os apóstolos ficaram alojados com os amigos dela, na vizinhança próxima, e descansaram durante o sábado nesse ambiente repousante. Passaram quase duas semanas e meia em Sidom e nas redondezas, antes de prepararem-se para visitar as cidades da costa, ao norte.

Esse sábado, em junho, foi um dia de muita calmaria. Os evangelistas e os apóstolos todos ficaram absorvidos, nas suas meditações sobre os discursos do Mestre a respeito da religião, que eles haviam escutado a caminho de Sidom. Todos eles haviam sido capazes de apreciar um pouco daquilo que lhes havia sido dito, mas nenhum deles captara totalmente a importância desse ensinamento.

1. A MULHER SÍRIA

Perto da casa de Karuska, onde o Mestre estava hospedado, vivia uma mulher síria que muito havia ouvido falar de Jesus, das suas grandes curas e ensinamentos e, nesse sábado à tarde, ela veio até ele trazendo a sua filha pequena. A criança, de cerca de doze anos de idade, estava afligida por uma desordem nervosa grave, caracterizada por convulsões e outras manifestações extenuantes.

Jesus havia recomendado aos seus seguidores para que não dissessem a ninguém sobre a sua presença na casa de Karuska, explicando que desejava descansar. Eles obedeceram às instruções do Mestre, mas o serviçal de Karuska foi até a casa dessa mulher síria, Norana, e informou-lhe que Jesus estava hospedado na casa da sua patroa e estimulou essa mãe ansiosa a trazer a sua filha afligida para a cura. A mãe, evidentemente, acreditava que a sua filha estava possuída por um demônio, um espírito impuro.

Quando Norana chegou com a sua filha, os gêmeos Alfeus explicaram-lhe, por meio de um intérprete, que o Mestre estava descansando e que não devia ser incomodado; e a isso Norana replicou que ela e a sua filha permaneceriam ali até que o Mestre terminasse o seu descanso. Pedro também tentou argumentar com ela e persuadi-la a voltar para a sua casa. Explicou que Jesus estava cansado de tantos ensinamentos e curas, e que ele tinha vindo à Fenícia para um período de calma e de descanso. Mas foi inútil; Norana não iria embora. À solicitação de Pedro ela apenas respondeu: "Eu não irei embora, não antes de ver o teu Mestre. Eu sei que ele pode expulsar o demônio da minha filha, e eu não irei antes desse curador cuidar da minha filha".

Então Tomé procurou mandar a mulher embora, mas não obteve êxito. A ele, ela redargüiu: "Eu tenho fé na capacidade que possui o vosso Mestre de poder expulsar esse demônio que atormenta a minha filha. Ouvi falar do poder dos seus trabalhos na Galiléia, e acredito nele. O que aconteceu a vós, discípulos dele, que mandais embora àqueles que vêm procurar a ajuda do vosso Mestre?" E, quando Tomé ouviu-a dizer isso, ele retirou-se.

E então Simão zelote adiantou-se para argumentar com Norana. Disse Simão: "Mulher, tu és uma gentia de fala grega. Não seria justo que esperasses que o Mestre tomasse do pão destinado aos filhos da casa favorecida, e que o atirasse aos cães". Norana, contudo, se negou a sentir-se ofendida com a arremetida de Simão. Ela apenas disse: "Sim, professor, eu compreendi as tuas palavras. Eu sou apenas um cão, aos olhos dos judeus, mas, no que diz respeito ao teu Mestre, eu sou um cão que crê. Estou determinada a esperar que ele veja a minha filha, pois estou convencida de que, se apenas olhar para ela, ele irá curá-la. E nem mesmo tu, meu bom homem, ousarias privar os cães do privilégio de obter as migalhas que por acaso caem da mesa das crianças".

E exatamente nesse momento a pequenina foi tomada de uma convulsão violenta, diante de todos, e a mãe gritou: "Aí está, podeis ver que a minha criança está possuída por um espírito impuro. A nossa necessidade não vos impressiona, mas certamente impressionará ao vosso Mestre, pois fui informada que ele ama a todos os homens e que ousa curar até mesmo aos gentios, quando eles crêem. Não sois dignos de ser discípulos dele. Eu só irei quando a minha filha estiver curada".

Jesus, que havia ouvido toda essa conversa por meio de uma janela aberta, agora saía, para a surpresa de todos, e dizia: "Ó mulher, grande é a tua fé, tão grande que não consigo impedir o que desejas; toma o teu caminho em paz. A tua filha já está curada". E a menina ficou boa a partir daquele momento. Quando Norana e a criança estavam saindo, Jesus solicitou a todos que nada dissessem a ninguém, sobre esse acontecimento; e, conquanto os seus seguidores viessem a atender esse pedido, a mãe e a criança não cessariam de proclamar o fato da cura da menina por toda a região e até mesmo em Sidom, tanto assim que Jesus julgou aconselhável mudar de alojamento, dentro de poucos dias.

No dia seguinte, ao ensinar aos seus apóstolos, comentando sobre a cura da filha da mulher síria, Jesus disse: "E tem sido assim, por todo o caminho; podeis ver por vós mesmos como os gentios podem exercer a fé salvadora nos ensinamentos do evangelho do Reino do céu. Em verdade, em verdade, eu vos digo que o Reino do Pai será tomado pelos gentios, se os filhos de Abraão não estiverem dispostos a demonstrar fé suficiente para entrarem nele".

2. ENSINANDO EM SIDOM

Ao entrar em Sidom, Jesus e os seus colaboradores passaram por uma ponte, a primeira que muitos deles viam. Quando passavam sobre essa ponte, Jesus, entre outras coisas, disse: "Este mundo é apenas uma ponte; passai por ele, mas não deveis pensar em construir nele um local de residência".

Quando os vinte e quatro começaram os seus trabalhos, em Sidom, Jesus foi instalar-se numa casa ao norte da cidade, a casa de Justa e da sua mãe, Berenice. A cada manhã Jesus dava ensinamentos aos vinte e quatro, na casa de Justa, e eles espalhavam-se por toda a Sidom para ensinar e pregar durante as tardes e noites.

Os apóstolos e os evangelistas ficaram bastante animados pelo modo como os gentios de Sidom recebiam a mensagem deles; e, durante a sua curta estada ali, muitos foram acrescidos ao Reino. Esse período de cerca de seis semanas na Fenícia foi um tempo muito frutífero para o trabalho de conquistar almas. No entanto os escritores judeus, que mais tarde redigiram os evangelhos, habituaram-se a passar por cima e desconsiderar o registro dessa calorosa recepção aos ensinamentos de Jesus da parte desses gentios, no exato momento em que uma grande parcela dos do seu próprio povo encontrava-se mobilizada contra ele.

De muitos modos esses crentes gentios apreciaram os ensinamentos de Jesus mais integralmente do que os judeus. Muitos desses siro-fenícios de fala grega vieram saber não apenas que Jesus era como Deus, mas também que Deus era como Jesus. Esses chamados pagãos alcançaram um bom entendimento dos ensinamentos do Mestre, sobre a uniformidade das leis deste mundo e de todo o universo. Eles captaram o ensinamento de que Deus não tem preferência por pessoas, raças, nações; que não há favoritismo com o Pai Universal; que o universo obedece às leis, para sempre e integralmente, e que é também confiável. Esses gentios não tinham temor de Jesus; eles ousaram aceitar a sua mensagem. Em todas as idades, os homens não têm sido incapazes de compreender Jesus; eles têm tido medo de fazê-lo.

Jesus deixou claro para os vinte e quatro que ele não havia fugido da Galiléia porque lhe faltara coragem para enfrentar os seus inimigos. E eles compreenderam que não estava pronto para um choque aberto com a religião estabelecida, que ele não buscava tornar-se um mártir. Durante uma dessas conferências na casa de Justa, o Mestre, pela primeira vez, disse aos seus discípulos: "Ainda que passem o céu e a Terra, as minhas palavras sobre a verdade não passarão".

O tema das instruções de Jesus durante a estada em Sidom foi a progressão espiritual. Ele disse-lhes que não podiam permanecer estagnados; que deviam ir em frente, na retidão, ou retrocederiam até o mal e o pecado. Ele advertiu-os a "esquecer aquelas coisas que estão no passado, enquanto vos adiantais para abraçar as realidades maiores do Reino". Ele rogava-lhes que não se contentassem com a sua infância no evangelho, mas que lutassem para a realização da maturidade plena da filiação divina, na comunhão do espírito e na fraternidade dos crentes.

Disse Jesus: "Os meus discípulos não devem apenas cessar de fazer o mal, mas devem aprender a fazer o bem; vós não deveis apenas ser purificados de todos os pecados conscientes, mas deveis recusar-vos a dar abrigo até mesmo aos sentimentos de culpa. Se confessardes os vossos pecados, eles estarão perdoados; e, assim, deveis ter a consciência vazia de ofensas".

Jesus tinha um grande prazer com o apurado senso de humor que os gentios demonstravam. O senso de humor apresentado por Norana, a mulher síria, bem como a sua grande e persistente fé tanto tocaram o coração do Mestre e como funcionaram como um grande apelo à sua misericórdia. Jesus lamentava grandemente que o seu povo – o judeu – fosse tão desprovido de humor. Certa vez disse a Tomé: "O meu povo se leva por demais a sério; eles são inteiramente desprovidos de qualquer apreciação do senso de humor. A religião pesadona dos fariseus nunca poderia ter tido origem junto a um povo com algum senso de humor. A eles também falta coerência; ficam atentos aos mosquitos, mas engolem camelos".

3. A JORNADA COSTA ACIMA

Na terça-feira, 28 de junho, o Mestre e os seus companheiros deixaram Sidom, indo para a costa, até Porfírio e Heldua. Tendo sido bem recebidos pelos gentios, muitos foram acrescentados ao Reino, durante essa semana de ensinamento e pregação. Os apóstolos pregaram em Porfírio e os evangelistas ensinaram em Heldua. Enquanto os vinte e quatro estavam empenhados assim no seu trabalho, Jesus deixou-os por um período de três ou quatro dias, fazendo uma visita à cidade costeira de Beirute, onde ele esteve conversando com um sírio, de nome Malaque, que era um crente e que tinha estado em Betsaida no ano anterior.

Na quarta-feira, 6 de julho, todos retornaram a Sidom e ficaram na casa de Justa, até o domingo pela manhã, quando partiram para Tiro ao sul, ao longo da costa, passando por Sarepta, chegando a Tiro na segunda-feira, 11 de julho. A essa altura, os apóstolos e os evangelistas estavam acostumando-se a trabalhar entre esses chamados gentios que, na realidade, descendiam principalmente das primeiras tribos dos cananeus, de uma origem semítica ainda mais primitiva. Todos esses povos falavam a língua grega. Foi uma grande surpresa para os apóstolos e os evangelistas observar a avidez desses gentios ao ouvir o evangelho, e perceber a prontidão com a qual muitos deles acreditavam.

4. EM TIRO

De 11 a 24 de julho, eles ensinaram em Tiro. Cada um dos apóstolos fez-se acompanhar de um evangelista e, assim, dois a dois, ensinaram e pregaram em todas as partes de Tiro e nos arredores. A população poliglota desse movimentado porto de mar ouviu-os com contentamento, e muitos foram batizados na fraternidade exterior do Reino. Jesus manteve o seu centro de apoio na casa de um judeu chamado José, um crente que vivia a uns cinco ou seis quilômetros ao sul de Tiro, não muito longe da tumba de Hiram, o qual havia sido o rei da cidade-estado de Tiro, durante os tempos de Davi e Salomão.

Diariamente, nesse período de duas semanas, os apóstolos e os evangelistas entravam em Tiro, pelo dique de Alexandre, para conduzir pequenas reuniões; e todas as noites a maioria deles voltava para o acampamento na casa de José, ao sul da cidade. Todos os dias vinham crentes da cidade para conversar com Jesus, no seu local de descanso. O Mestre falou em Tiro apenas uma vez; foi na tarde de 20 de julho, quando ensinou aos crentes a respeito do amor do Pai por toda a humanidade e sobre a missão do Filho de revelar o Pai a todas as raças de homens. Houve um tal interesse pelo evangelho do Reino, entre esses gentios nessa ocasião, que as portas do templo de Melquart foram abertas para ele; e é interessante relembrar que em anos posteriores uma igreja cristã foi edificada no mesmo local desse antigo templo.

Muitos dos líderes na manufatura da púrpura tireana, a tinta que emprestou a Tiro e a Sidom uma fama em todo o mundo, e que contribuiu tanto para que o seu comércio fosse mundial e para o seu conseqüente enriquecimento, acreditaram no Reino. Quando, pouco depois disso, o suprimento dos animais marinhos, que eram a fonte dessa tinta, começou a diminuir, esses fabricantes de tinta foram em busca do novo habitat desses moluscos. E, assim, migrando para os confins da Terra, levaram consigo a mensagem da paternidade de Deus e da irmandade dos homens – a boa-nova do evangelho do Reino.

5. O ENSINAMENTO DE JESUS EM TIRO

Nessa quarta-feira à tarde, durante o seu sermão, Jesus antes contou aos seus seguidores a história do lírio branco que levanta a sua cabeça, pura como a neve, à luz do sol, enquanto as suas raízes estão enterradas no lodo e no esterco do solo escuro. Disse ele: "Conquanto o homem mortal tenha as suas raízes de origem e de ser no solo animal da natureza humana, ele pode, ainda assim, pela fé, elevar a sua natureza espiritual até a luz do sol da verdade celeste e conceber, mesmo, os frutos nobres do espírito".

Foi durante esse mesmo sermão que Jesus fez uso da sua primeira e única parábola, que tinha a ver com o seu próprio trabalho – a carpintaria. Ao dar o seu conselho para "construir bem as fundações para o crescimento de um caráter nobre em dons espirituais", ele disse: "Para dar os frutos do espírito, vós deveis nascer do espírito. Deveis deixar-vos ensinar pelo espírito e ser conduzidos pelo espírito, se quiserdes viver a vida plena do espírito entre os vossos semelhantes. Mas não cometais o erro do carpinteiro tolo que passa o seu precioso tempo esquadrinhando, medindo e aplainando a madeira comida pelos cupins e apodrecida por dentro, sendo que, depois de todo o seu trabalho em um barrote podre, terá de rejeitá-lo como inadequado para fazer parte das fundações da construção que seria levantada, devendo suportar os ataques do tempo e das tempestades. Que cada homem certifique-se de que as fundações intelectuais e morais do caráter sejam tais que suportem adequadamente a superestrutura da natureza espiritual, que se amplia e que enobrece, e, assim, deve transformar a mente mortal para, então, em conjunção com essa mente recriada, realizar a evolução da alma até o destino imortal. A vossa natureza espiritual – a alma, conjuntamente criada – é um desenvolvimento vivo, mas a mente e a moral do indivíduo são o solo a partir do qual essas manifestações mais elevadas, do desenvolvimento humano e do destino divino, devem florescer. O solo da alma em evolução é humano e material, mas o destino dessa criatura combinada, de mente e de espírito, é espiritual e divino".

Na tarde desse mesmo dia, Natanael perguntou a Jesus: "Mestre, por que oramos para que Deus não nos induza à tentação, quando nós bem sabemos, pela tua revelação do Pai, que Ele nunca faz tais coisas?" Jesus respondeu a Natanael:

"Não me parece estranho que me façais tais perguntas, vendo que todos vós já começais a conhecer o Pai, como eu O conheço e não como os profetas hebreus primitivos tão vagamente O viam. Bem sabeis que vossos antepassados estavam dispostos a ver Deus em quase tudo o que acontecia. Eles procuravam o toque da mão de Deus em todos acontecimentos naturais e em cada episódio inusitado da experiência humana. Eles associavam Deus tanto ao bem quanto ao mal. Eles julgavam que Ele abrandava o coração de Moisés e endurecia o coração do Faraó. Quando o homem estava com um impulso forte de fazer alguma coisa, boa ou má, tinha o hábito de justificar essas emoções inusitadas dizendo: 'O Senhor falou comigo assim: faze isso e faze aquilo, ou vai por aqui e por ali'. E, desse modo, já que os homens caem tão freqüente e violentamente em tentação, tornou-se um hábito dos nossos ancestrais, acreditar que Deus os induzia à tentação para testá-los, puni-los ou fortalecê-los. Mas, na verdade, sabeis melhor agora. Sabeis que os homens, muito freqüentemente, são levados à tentação pelos desejos do seu próprio egoísmo e os impulsos da sua natureza animal. Quando sois tentados desse modo, eu vos recomendo que, ao mesmo tempo em que reconheçais a tentação, honesta e sinceramente, exatamente pelo que ela é, que redirijais inteligentemente as energias do espírito, da mente e do corpo, que estão buscando expressão, para canais mais elevados e para metas mais idealistas. Desse modo vós podeis transformar as vossas tentações nos tipos mais elevados de ministração mortal edificante, ao mesmo tempo em que evitais quase inteiramente esses conflitos desgastantes e enfraquecedores entre a natureza animal e a natureza espiritual.

"Quero prevenir-vos, todavia, contra a loucura que é o afã de superar a tentação por meio do esforço de suplantar um desejo, adotando um outro desejo supostamente superior, e fazendo uso da mera força da vontade humana. Se quiserdes ser verdadeiramente triunfantes sobre as tentações da natureza inferior, deveis alcançar aquela posição de vantagem espiritual por meio da qual, real e verdadeiramente, desenvolvestes um interesse e um amor real pelas formas mais elevadas e idealistas, na conduta que a vossa mente deseja colocar no lugar daqueles hábitos inferiores e menos idealistas de comportamento e que reconheceis como sendo tentações. Desse modo, sereis libertados por meio da transformação espiritual, mais do que sobre-carregados cada vez mais com a supressão enganosa dos desejos mortais. O que é velho e inferior será esquecido no amor do novo e superior. A beleza sempre triunfa sobre a fealdade, nos corações de todos aqueles que são iluminados pelo amor da verdade. Há um forte poder de eliminação na energia de uma afeição espiritual nova e sincera. E de novo eu vos digo, não vos deixeis vencer pelo mal, mas antes triunfai junto com o bem, sobre o mal".

Os apóstolos e os evangelistas continuaram, noite adentro, a fazer perguntas, e, das muitas respostas, gostaríamos de apresentar os pensamentos seguintes, coloca-dos em uma linguagem moderna:

A ambição impetuosa, o julgamento inteligente e a sabedoria temperada são essenciais ao sucesso material. A liderança depende da habilidade natural, da dis-crição, da força de vontade e da determinação. O destino espiritual depende da fé, do amor e da devoção à verdade – a fome e sede de retidão –, do desejo de todo o coração de encontrar Deus e de ser como Ele.

Não vos desencorajeis com a descoberta de que sois humanos. A natureza hu-mana pode ter a tendência para o mal, mas não é inerentemente pecadora. Não vos deixeis abater, caso não consigais esquecer inteiramente algumas das vossas experiências lamentáveis. Os erros que não conseguirdes esquecer no tempo serão esquecidos na eternidade. Deveis aliviar os fardos da vossa alma adquirindo rapi-damente uma visão de longa distância do vosso destino, uma expansão da vossa carreira no universo.

Não cometais o erro de estimar o valor da alma pelas imperfeições da mente, nem pelos apetites do corpo. Não deveis julgar a alma, nem avaliar o seu destino pelo padrão de um único episódio humano infeliz. O vosso destino espiritual é condicio-nado apenas pelas vossas aspirações e propósitos espirituais.

A religião é a experiência exclusivamente espiritual da alma imortal, em evolu-ção, do homem sabedor de Deus; e o poder moral e a energia espiritual são forças poderosas, que podem ser utilizadas para lidar com as situações sociais difíceis e resolver problemas econômicos intrincados. Esses dons morais e espirituais enrique-cem todos os níveis do viver humano, tornando-os mais significativos.

Vós estais destinados a viver uma vida pequena e medíocre, se apenas amardes àqueles que vos amam. O amor humano pode de fato ser recíproco, mas o amor divino expande-se em toda a sua busca de satisfação. Quanto menos amor existir na natureza de qualquer criatura, maior é a necessidade de amor, e tanto mais o amor divino busca satisfazer a essa necessidade. O amor nunca é egoísta, e não pode ser dado a si próprio. O amor divino não pode ser autocontido; deve ser dado sem egoísmo.

Os crentes do Reino deveriam possuir uma fé implícita, deveriam acreditar, com toda a alma, no triunfo certo da retidão. Os edificadores do Reino não devem du-vidar da verdade do evangelho da salvação eterna. Os crentes devem aprender cada vez mais a se colocar à parte da afobação da vida – escapando dos embaraços da existência material –, refrescando a alma, inspirando a mente e renovando o espírito por meio da comunhão na adoração.

Os indivíduos sabedores de Deus não se deixam desencorajar pelos infortúnios, nem ser abatidos pelo desapontamento. Aqueles que crêem são imunes à depressão conseqüente de perturbações puramente materiais; aqueles que levam uma vida es-piritual não se deixam perturbar pelos episódios do mundo material. Os candidatos à vida eterna são praticantes de uma técnica vivificante e construtiva para enfrentar todas as vicissitudes e embaraços da vida mortal. A cada dia que um verdadeiro crente vive, ele acha mais *fácil* fazer a coisa certa.

A vida espiritual faz o auto-respeito aumentar vigorosamente. Mas o auto-respeito não é auto-admiração. O auto-respeito está sempre coordenado com o amor e o serviço ao semelhante. Não é possível respeitar a si próprio mais do que amar ao semelhante, um é a medida da capacidade para o outro.

Com o passar dos dias, todo verdadeiro crente torna-se mais hábil em convencer os seus semelhantes do amor pela verdade eterna. Vós não tendes hoje mais recursos para revelar a bondade à humanidade do que tínheis ontem? Neste ano, não estais mais aptos para recomendar a retidão do que estivestes no ano passado? A vossa técnica para conduzir as almas famintas ao Reino espiritual não está tornando-se cada vez mais uma arte?

Os vossos ideais estão elevados o suficiente para assegurar a vossa salvação eterna e, ao mesmo tempo, as vossas idéias estão tão práticas a ponto de fazerem de vós cidadãos úteis para funcionar bem na Terra na vossa associação com os semelhantes mortais? Em espírito, a vossa cidadania está no céu; na carne, sois ainda cidadãos dos reinos da Terra. Dai a César as coisas materiais e a Deus as coisas que são espirituais.

A medida da capacidade espiritual da alma em evolução é a vossa fé na verdade e o vosso amor pelo homem, mas a medida da vossa força humana de caráter é a vossa capacidade de resistir à ação dos rancores e a vossa capacidade de suportar o acabrunhamento em face de uma profunda mágoa. A derrota é o verdadeiro espelho no qual deveis ver, honestamente, o vosso eu real.

À medida que envelhecerdes no tempo e ficardes mais experientes nos assuntos do Reino, estareis adquirindo mais tato para lidar com os mortais importunos, e mais tolerância para conviver com os condiscípulos teimosos? O tato é o ponto de apoio da alavanca social, e a tolerância é a identificação de uma grande alma. Se vós possuirdes esses dons raros e encantadores, com o passar dos dias tornar-vos-eis mais alertas e experientes nos vossos valiosos esforços de evitar todos os mal-entendidos sociais desnecessários. As almas assim sábias são capazes de evitar muitas das complicações que certamente são o quinhão de todos aqueles que sofrem da falta de ajustamento emocional, daqueles que se recusam a crescer, e daqueles que se recusam a envelhecer com galhardia.

Evitai a desonestidade e a injustiça, em todos os vossos esforços de pregar a verdade e para proclamar o evangelho. Não busqueis um reconhecimento que não vem do esforço e nenhuma compaixão ou simpatia imerecida. Amai, recebei livremente das fontes divinas e humanas, independentemente do vosso mérito, e amai livremente em retribuição. Mas em todas as outras coisas relacionadas à honra e à adulação, buscai tão somente o que honestamente vos couber.

O mortal consciente de Deus está certo da sua salvação; ele é destemido na sua vida, é honesto e coerente. Ele sabe como suportar com bravura os sofrimentos inevitáveis; não se queixa quando enfrenta os sofrimentos inescapáveis.

O verdadeiro crente não fica cansado de fazer o bem, apenas porque encontra oposições. A dificuldade aguça o fervor do amante da verdade, e os obstáculos apenas incitam mais o empenho dos construtores destemidos do Reino.

E muitas outras coisas Jesus ensinou a todos eles, antes de se aprontarem para partir de Tiro.

No dia antes de deixar Tiro, e retornar para a região do mar da Galiléia, Jesus reuniu os seus companheiros e ordenou aos doze evangelistas que retornassem por um itinerário diferente daquele que ele e os doze apóstolos deviam tomar. E depois que os evangelistas separam-se de Jesus, ali em Tiro, nunca mais voltaram a estar tão intimamente ligados a ele.

6. O REGRESSO DA FENÍCIA

Por volta do meio-dia de domingo, 24 de julho, Jesus e os doze deixaram a casa de José, no sul de Tiro, indo até Ptolemais, pela costa. E permaneceram lá, por um dia, dizendo palavras confortantes ao grupo de crentes residentes naquele local. Pedro pregou a eles na noite de 25 de julho.

Na terça-feira, deixaram Ptolemais, indo para o interior a leste até perto de Jotapata, pela estrada de Tiberíades. Na quarta-feira, pararam em Jotapata e deram aos crentes novas instruções sobre as coisas do Reino. Na quinta-feira, deixaram Jotapata, indo para o norte, pela trilha de Nazaré, ao monte Líbano e até a aldeia de Zebulom, passando por Ramá. Realizaram encontros em Ramá, na sexta-feira, e ficaram lá para o sábado. Chegaram a Zebulom, no domingo, dia 31, fazendo uma reunião nessa noite e partindo na manhã seguinte.

Deixando Zebulom, viajaram para o entroncamento com a estrada Magdala-Sidom, perto de Giscala, e dali tomaram o caminho de Genesaré, na costa oeste do lago da Galiléia, ao sul de Cafarnaum, onde haviam marcado de encontrar-se com Davi Zebedeu, e onde tinham a intenção de aconselhar-se quanto ao próximo passo a ser dado, no trabalho de pregar o evangelho do Reino.

Durante uma breve conversa com Davi eles souberam que muitos líderes estavam, então, reunidos no lado oposto do lago, perto de Queresa e, desse modo, naquela mesma tarde, um barco levou-os ao outro lado. Por um dia, descansaram tranqüilamente nas colinas, indo, no dia seguinte, para o parque perto dali, onde o Mestre certa vez havia alimentado cinco mil pessoas. Ali, descansaram por três dias e fizeram conferências diárias, as quais foram presenciadas pelos cinqüenta homens e mulheres remanescentes daquele que havia sido o numeroso grupo de crentes residentes em Cafarnaum e arredores.

Enquanto Jesus esteve ausente de Cafarnaum e da Galiléia, no período da estada na Fenícia, os seus inimigos estimaram que todo o movimento havia sido desmembrado, e, concluíram que a pressa de Jesus, de retirar-se, indicava que ele estava tão profundamente amedrontado que, provavelmente, não voltaria para incomodá-los. Toda a oposição ativa aos ensinamentos do Mestre havia diminuído. Os crentes estavam começando a ter encontros públicos novamente, e ocorria uma consolidação gradual, mas efetiva, dos sobreviventes verdadeiros, testados na grande filtragem pela qual os crentes no evangelho tinham acabado de passar.

Filipe, irmão de Herodes, havia-se tornado um crente, todavia ainda pouco convicto, de Jesus, mas mesmo assim mandou dizer que o Mestre estava livre para viver e trabalhar nos seus domínios.

O mandado, de fechar as sinagogas do mundo judeu, aos ensinamentos de Jesus e todos os seus seguidores, havia funcionado adversamente para os escribas e fariseus. Imediatamente depois que Jesus, objeto da controvérsia, havia-se retirado, adveio uma reação em meio ao povo judeu; surgiu um ressentimento geral contra os líderes fariseus e o sinédrio em Jerusalém. Muitos dos dirigentes das sinagogas começaram sub-repticiamente a abrir as suas sinagogas para Abner e seus condiscípulos, alegando que esses instrutores eram seguidores de João e não discípulos de Jesus.

Até mesmo Herodes Antipas experimentou uma mudança de sentimentos, tanto que, ao tomar conhecimento de que Jesus permanecia no outro lado do lago, no território do seu irmão Filipe, fez saber a este que, embora houvesse assinado o mandado da prisão de Jesus na Galiléia, não havia comandado a prisão dele na Peréia, indicando assim que o Mestre não seria molestado, se permanecesse fora da Galiléia; e comunicou esse mesmo comando aos judeus, em Jerusalém.

E essa era a situação por volta do dia primeiro de agosto, do ano 29 d.C., quando o Mestre retornou da missão na Fenícia e começou a reorganização das suas forças desmembradas e exauridas, e provadas, pois, para esse memorável último ano da sua missão na Terra.

Os motivos da batalha ficam claramente definidos, enquanto o Mestre e os seus colaboradores preparam-se para iniciar a proclamação de uma nova religião, a religião do espírito do Deus vivo que reside nas mentes dos homens.

DOCUMENTO 157

EM CESARÉIA-FILIPE

ANTES de levar os doze para uma curta estada na vizinhança de Cesaréia-Filipe, Jesus arranjou, por meio dos mensageiros de Davi, para que fosse a Cafarnaum, no domingo, 7 de agosto, com o propósito de encontrar-se com a sua família. Segundo o combinado, esse encontro deveria acontecer na oficina de barcos de Zebedeu. Davi Zebedeu havia arranjado com Judá, irmão de Jesus, para que toda a família de Nazaré estivesse presente – Maria e todos os irmãos e irmãs de Jesus –, e Jesus foi, com André e Pedro, ao encontro marcado. Certamente era a intenção de Maria e dos seus filhos manter o compromisso, mas aconteceu que um grupo de fariseus, sabendo que Jesus estava do lado oposto do lago, nos domínios de Filipe, decidiu encontrar-se com Maria para saber tudo o que fosse possível sobre o paradeiro dele. A chegada desses emissários de Jerusalém deixou Maria muito perturbada e, notando a tensão e o nervosismo de toda a família, eles deduziram que uma visita de Jesus deveria estar sendo esperada. E, desse modo, instalaram-se na casa de Maria e, depois de chamarem por reforços, esperaram pacientemente pela chegada dele. E isso, na verdade, impediu definitivamente que qualquer membro da família tentasse ir ao compromisso marcado com Jesus. Por várias vezes, durante o dia, tanto Judá quanto Rute tentaram iludir a vigilância dos fariseus, nos seus esforços de mandar avisar a Jesus, mas esse esforço foi em vão.

Cedo, na parte da tarde, os mensageiros de Davi trouxeram a Jesus a informação de que os fariseus estavam acampados na porta de entrada da casa da sua mãe e que, portanto, ele não devia tentar visitar a sua família. E assim novamente, se bem que não por culpa de ninguém, Jesus e a sua família terrena deixaram de ter contato.

1. O COLETOR DE IMPOSTOS DO TEMPLO

Enquanto Jesus junto com André e Pedro permaneciam perto do lago, na oficina de barcos, veio um coletor de impostos do templo e, reconhecendo Jesus, chamou Pedro de lado e disse: "O teu Mestre não paga o imposto do templo?" Pedro estava inclinado a mostrar indignação com a sugestão de que se esperava que Jesus contribuísse para a manutenção das atividades religiosas dos seus inimigos jurados, mas, percebendo uma expressão peculiar no rosto do coletor, ele acertou em supor que o propósito era pegá-los no ato de recusarem-se a pagar o costumeiro meio siclo para sustentar os serviços do templo em Jerusalém. E, desse modo, Pedro respondeu: "Pois não, é claro que o Mestre paga a taxa do templo. Espere no portão, e logo eu voltarei com o dinheiro do imposto".

Ora, Pedro havia falado sem refletir. Judas, que tinha a posse dos fundos, estava do outro lado do lago. Nem ele, nem o seu irmão, nem Jesus haviam trazido qualquer dinheiro consigo. E sabendo que os fariseus estavam procurando-os, eles não podiam ir a Betsaida para conseguir o dinheiro. Quando Pedro contou a Jesus sobre o coletor, e que havia prometido o dinheiro a ele, Jesus disse: "Se prometeste, então devereis pagar. Mas com o que irás cumprir o prometido? Tu irás tornar-te de novo um pescador para poder honrar a tua palavra? Entretanto, Pedro, nestas circunstâncias é bom que paguemos o imposto. Não podemos dar a esses homens a oportunidade de se ofenderem com alguma atitude nossa. Esperaremos aqui, enquanto tu vais com o barco, jogar a rede buscando os peixes e, quando os houveres vendido, lá no mercado, pagarás ao coletor por todos nós três".

Tudo isso tinha sido ouvido pelo mensageiro secreto de Davi que havia ficado por perto, e que então fez um sinal para um companheiro, que pescava perto da margem, para que viesse depressa. Quando Pedro estava pronto para sair no barco e pescar, esse mensageiro e o seu amigo pescador presentearam-lhe com várias cestas grandes de peixes e ajudaram-no a carregá-las para perto dali até o mercador de peixes, que os comprou, pagando um valor suficiente para que, com uma ajuda do mensageiro de Davi, se pagasse o imposto do templo para os três. O coletor aceitou o dinheiro, antecipando a penalidade pelo pagamento atrasado, por terem estado durante algum tempo ausentes da Galiléia.

Não é de se estranhar que os vossos registros tragam uma cena de Pedro pegando um peixe que tinha um dinheiro na boca. Naqueles dias corriam muitas histórias sobre achar tesouros na boca de peixes; tais lendas de cunho quase miraculoso eram comuns. Assim, quando Pedro os deixou para ir ao barco, Jesus observou, não sem um certo humor: "Estranho que os filhos do rei devam pagar tributo; em geral é um estrangeiro que é taxado para ficar na corte, mas convém que não deixemos nada em que as autoridades possam tropeçar. Vai! Talvez tu pegues o peixe com o dinheiro na boca". Jesus teria falado assim, e Pedro, tão rapidamente, teria voltado com o dinheiro do imposto; com isso não é de se surpreender que o episódio se tenha espalhado, mais tarde, transformado em um milagre como está registrado pelo escritor do Evangelho Segundo Mateus.

Jesus, André e Pedro esperaram na praia até quase o entardecer. Os mensageiros trouxeram-lhes a informação de que a casa de Maria estava ainda sob vigilância; portanto, quando escureceu, os três homens que esperavam, entraram no barco e remaram lentamente para a margem oriental do mar da Galiléia.

2. EM BETSAIDA-JÚLIAS

Na segunda-feira, 8 de agosto, enquanto Jesus e os doze apóstolos estavam acampados no parque de Magadam, perto de Betsaida-Júlias, mais de cem crentes, os evangelistas, o corpo de mulheres e outros interessados no estabelecimento do Reino vieram de Cafarnaum para uma conferência. E muitos dos fariseus, sabendo que Jesus estava lá, vieram também. Nessa altura, alguns dos saduceus haviam-se unido aos fariseus no intuito de pegar Jesus em uma cilada. Antes de ir para a conferência reservada com os crentes, Jesus teve um encontro público no qual os fariseus estiveram presentes, e eles incomodaram o Mestre com perguntas e procuraram perturbar a assembléia de outras maneiras. Disse o líder dos perturbadores: "Mestre, gostaríamos que nos desse um sinal da autoridade que tens para ensinar, e, então, quando esse sinal acontecer, todos os homens venham a saber que tu foste enviado por Deus". E Jesus respondeu-lhes: "Quando for a tardinha, vós direis que fará bom tempo, porque o céu está vermelho; pela manhã direis que fará mau tempo, porque o céu está vermelho e que as nuvens abaixaram. Quando virdes uma nuvem subindo a oeste, direis que as chuvas virão; quando o vento soprar do sul, direis que virá um calor tórrido. Como é que sabeis tão bem discernir a face dos céus, se sois tão incapazes para discernir os sinais dos tempos? Para aqueles que conhecem a verdade, já foi dado um sinal; mas para uma geração hipócrita e com a mente cheia de maldade, nenhum sinal será dado".

E, depois de dizer isso, Jesus retirou-se e preparou-se para a conferência da noite com os seus seguidores. Nessa conferência, ficou decidido que seria organizada uma missão unificada em todas as cidades e aldeias da Decápolis, tão logo Jesus e os doze voltassem da visita que fariam a Cesaréia-Filipe. O Mestre participou do planejamento da missão da Decápolis e, ao despedir-se do grupo, falou: "Eu vos digo: tende cuidado com a influência dos fariseus e dos saduceus. Não vos enganeis com a exibição de um grande saber e a profunda lealdade que demonstram ter às formas da religião. Preocupai-vos apenas com o espírito da verdade viva e com o poder da verdadeira religião. Não é o medo de uma religião morta que vos salvará, mas sim a vossa fé em uma experiência viva, com as realidades espirituais do Reino. Não permitais, a vós próprios, tornar-vos cegos pelo preconceito e paralisados pelo medo. Nem permitais à reverência às tradições desvirtuar o vosso entendimento daquilo que os vossos olhos não vêem e os vossos ouvidos não ouvem. O propósito da verdadeira religião não é meramente trazer a paz, mas sim assegurar o progresso. E não pode haver paz no coração, nem progresso na mente se não estiverdes amando de todo o coração a verdade e os ideais das realidades eternas. As questões da vida e da morte estão sendo colocadas bem diante de vós – os prazeres pecaminosos do tempo contra as realidades justas da eternidade. E, agora mesmo, devíeis começar a encontrar a libertação da servidão do medo e da dúvida, ao entrardes na nova vida da fé e da esperança. E, quando os sentimentos do serviço ao vosso semelhante nascerem na vossa alma, não os sufoqueis; quando as emoções do amor pelo vosso semelhante brotarem dentro do vosso coração, deveis dar expressão a esses impulsos de afeto, na ministração inteligente às necessidades reais dos vossos semelhantes".

3. A CONFISSÃO DE PEDRO

Cedo, naquela manhã de terça-feira, Jesus e os doze apóstolos saíram do parque de Magadam rumo a Cesaréia-Filipe, a capital de domínio do tetrarca Filipe. Cesaréia-Filipe situava-se em uma região de uma beleza magnífica. Estava abrigada em um vale encantador, entre colinas, por onde o Jordão corria, saindo de uma grota subterrânea. O cimo do monte Hermom proporcionava visão plena para o norte, enquanto das colinas ao sul tinha-se uma vista magnífica do alto Jordão e do mar da Galiléia.

Jesus havia ido ao monte Hermom nas suas primeiras experiências com os assuntos do Reino, e, agora que estava entrando na época final do seu trabalho, desejava retornar a esse lugar de provações e de triunfos, onde esperava que os apóstolos pudessem ganhar uma nova visão das próprias responsabilidades e adquirir uma nova força, para os períodos difíceis que viriam. À medida que caminhavam, quando passaram ao sul das Águas de Merom, os apóstolos começaram a conversar entre si sobre as suas experiências recentes na Fenícia e em outros lugares, e comentaram como a mensagem deles havia sido recebida e como os diferentes povos consideravam o seu Mestre.

Ao pararem para o almoço, Jesus subitamente lançou, pela primeira vez aos doze, uma pergunta tal como jamais havia feito, a respeito de si próprio. Esta foi a pergunta surpreendente que lhes fez Jesus: "Quem os homens dizem que sou?"

Jesus passara longos meses treinando esses apóstolos, quanto à natureza e ao caráter do Reino do céu, sabendo muito bem que havia chegado a época em que devia começar a ensinar a eles mais sobre a sua própria natureza e a sua relação pessoal com o Reino. E agora, com eles assentados sob as amoreiras, o Mestre estava pronto para ter um dos diálogos mais memoráveis da sua longa ligação com os apóstolos escolhidos.

Mais da metade dos apóstolos participou das respostas à pergunta de Jesus. Eles disseram que era considerado um profeta, ou um homem extraordinário, por todos que o conheciam, e que, mesmo os seus inimigos, o temiam muito, explicando os seus poderes por meio da acusação de que estava coligado ao príncipe dos demônios. Disseram-lhe que algumas pessoas na Judéia e em Samaria, que não o haviam conhecido pessoalmente, acreditavam que ele era João Batista ressuscitado dos mortos. Pedro explicou que ele havia sido, em várias épocas e por várias pessoas, comparado a Moisés, Elias, Isaías, e Jeremias. Depois de ouvir tudo isso, Jesus colocou-se sobre os próprios pés e, olhando para os doze assentados em volta dele em um semicírculo, apontou, com ênfase surpreendente, para eles com um gesto expressivo de mão, para perguntar: "Mas, e vós, quem dizeis que eu sou?" Houve um momento de silêncio tenso. Nenhum dos doze tirava os olhos do Mestre e, então, Simão Pedro, colocando-se de pé bruscamente, exclamou: "Tu és o Libertador, o Filho do Deus vivo". E os outros onze apóstolos assentados levantaram-se e, em uma só voz, deram a entender que Pedro havia falado por todos eles.

Depois, Jesus acenou-lhes para que se assentassem de novo, ficando ainda de pé diante deles, para dizer: "Isso lhes foi revelado pelo meu Pai. É chegada a hora em que deveis saber a verdade sobre mim. Mas por enquanto eu vos peço que não digais nada sobre isso a nenhum homem. Vamos embora daqui".

E, assim, retomaram a viagem a Cesaréia-Filipe, chegando tarde naquela noite e parando na casa de Celsus, que os aguardava. Os apóstolos dormiram pouco naquela noite; demonstravam sentir que um grande fato havia acontecido nas suas vidas de trabalho do Reino.

4. A PALESTRA SOBRE O REINO

Desde as duas ocasiões, do batismo de Jesus, feito por João, e da transformação da água em vinho em Caná, em vários momentos, os apóstolos haviam virtualmente aceito Jesus como o Messias. Durante curtos períodos, alguns deles tinham verdadeiramente acreditado que era ele o Libertador esperado. Mas mal essas esperanças surgiam nos seus corações e o Mestre despedaçava-as com alguma palavra que os esmagava ou com um feito que os desapontava. Eles haviam estado, há algum tempo já, fortemente agitados devido ao conflito entre o conceito do Messias esperado, que eles acalentavam nas suas mentes, e a experiência fascinante do convívio que vinham tendo com aquele homem também extraordinário, o qual eles mantinham nos seus corações.

Era já o final da manhã dessa quarta-feira, quando os apóstolos reuniram-se no jardim de Celsus para a refeição do meio-dia. Durante a maior parte da noite, e desde que eles se tinham levantado naquela manhã, Simão Pedro e Simão zelote haviam estado trabalhando sinceramente com os seus irmãos, para trazê-los até aquele ponto de aceitação, de todo o coração, do Mestre, não meramente como o Messias, mas também como o Filho divino do Deus vivo. Os dois Simãos estavam quase de acordo, nas suas considerações sobre Jesus, e trabalharam diligentemente para trazer os seus irmãos à plena aceitação da visão que eles tinham. Enquanto André continuava como dirigente geral do corpo apostólico, o seu irmão, Simão Pedro, estava tornando-se, por consenso geral, cada vez mais, o porta-voz dos doze.

Estavam todos assentados no jardim, exatamente ao meio-dia, quando o Mestre apareceu. Eles exibiam expressões de solenidade dignificada, e todos se puseram de pé quando Jesus se aproximou deles. E Jesus aliviou a tensão com aquele sorriso amigável e fraterno, tão característico dele quando acontecia que os seus seguidores levavam a si próprios, ou a algum acontecimento ligado a eles, demasiadamente a sério. Com um gesto de comando, indicou que deveriam todos se sentar. Nunca mais os doze saudaram o seu Mestre levantando-se, quando ele se aproximava. Aperceberam-se de que ele não aprovava uma demonstração tão exteriorizada de respeito.

Depois de haver compartilhado a refeição e quando estavam empenhados em discutir os planos da próxima viagem pela Decápolis, Jesus, subitamente olhando-os nos seus rostos, disse: "Agora, que se passou todo um dia, desde que vós consentistes na declaração de Simão Pedro a respeito da identidade do Filho do Homem, eu gostaria de perguntar se ainda vos mantendes fiéis àquela conclusão?" Ao escutar isso, os doze puseram-se de pé, e, dando uns passos na direção de Jesus, Simão Pedro disse: "Sim, Mestre, nos mantemos. Nós cremos que tu és o Filho do Deus vivo". E Pedro voltou a assentar-se junto com os seus irmãos.

Jesus então, ainda de pé, disse aos doze: "Sois meus embaixadores escolhidos, contudo, nas circunstâncias atuais, sei que não poderíeis chegar a essa crença em resultado de um conhecimento meramente humano. Esta é uma revelação do espírito do meu Pai ao interior das vossas almas. E, assim, por confessardes essa convicção, vinda do discernimento do espírito do meu Pai residente dentro de vós, sou levado a declarar que sobre esse fundamento eu edificarei a fraternidade do Reino do céu. Sobre essa rocha de realidade espiritual, edificarei o templo vivo da fraternidade espiritual, das realidades eternas do Reino do meu Pai. Todas as forças do mal e as hostes do pecado não prevalecerão contra essa fraternidade humana de espírito divino. E, enquanto o espírito do meu Pai for o guia e o mentor divino de todos que entrarem nos laços dessa fraternidade do espírito, a vós e aos vossos sucessores eu entrego agora as chaves do Reino exterior – a autoridade sobre as coisas temporais –, as partes sociais e econômicas essenciais dessa associação de homens e mulheres, como companheiros neste Reino". E, novamente, ele os incumbiu, por enquanto, de não dizer a ninguém que era ele o Filho de Deus.

Jesus estava começando a ter fé na lealdade e na integridade dos seus apóstolos. O Mestre concebia que uma fé que pôde resistir a tudo aquilo pelo qual os seus representantes escolhidos tinham passado recentemente, sem dúvida, resistiria às provações veementes que tinham pela frente e, pois, que essa fé emergiria do naufrágio aparente de todas as esperanças deles, na nova luz de uma nova dispensação e, assim, essa fé seria capaz de continuar a iluminar um mundo que permanecia nas trevas. Nesse dia, o Mestre começou a crer na fé dos seus apóstolos, exceto na de um deles.

E, desde aquele dia, esse mesmo Jesus esteve construindo aquele templo vivo sobre aquela mesma fundação eterna da sua divina filiação; e, aqueles que, assim, se tornaram os filhos conscientes de Deus, passaram a ser as pedras humanas a constituir-se neste templo vivo de filiação, erigido para a glória e a honra da sabedoria e do amor do Pai eterno dos espíritos.

E, quando terminou de falar, Jesus ordenou aos doze que fossem, a sós, até as colinas, em busca de sabedoria, força e guiamento espiritual, até a hora da refeição da noite. E eles fizeram o que o Mestre lhes havia aconselhado.

5. O NOVO CONCEITO

O aspecto novo e vital da confissão de Pedro era o reconhecimento claro e nítido de que Jesus era o Filho de Deus, da Sua inquestionável divindade. Desde o seu batismo e das bodas em Cana, esses apóstolos o haviam, de modos variados, considerado como o Messias; contudo, não fazia parte do conceito judeu do Libertador nacional que ele devesse ser *divino*. Os judeus não haviam ensinado que o Messias teria uma origem divina; ele deveria ser "o ungido", mas dificilmente eles o teriam considerado como sendo "o Filho de Deus". Quando da segunda confissão dos apóstolos, foi colocada mais ênfase na *natureza combinada*, no fato superno de que ele era o Filho do Homem *e* o Filho de Deus; e foi nessa grande verdade, da união da natureza humana com a natureza divina, que Jesus declarou que ele iria construir o Reino do céu.

Jesus havia buscado viver a sua vida na Terra e completar a sua missão de auto-outorga como o Filho do Homem. Os seus seguidores estavam dispostos a considerá-lo o Messias esperado. Sabendo que jamais poderia atender àquelas expectativas messiânicas, Jesus esforçou-se para efetuar essa modificação no conceito que faziam do Messias, de um modo que o capacitava parcialmente a satisfazer as expectativas deles. Agora, entretanto, ele reconhecia que um tal plano dificilmente poderia ser levado adiante com êxito. E, portanto, escolheu ousadamente revelar o terceiro plano – o de anunciar abertamente a sua divindade, de reconhecer a verdade da confissão de Pedro, e, diretamente, proclamar aos doze que de fato era um Filho de Deus.

Durante três anos, Jesus estivera proclamando ser o "Filho do Homem", enquanto, durante esses mesmos três anos, os apóstolos haviam insistido cada vez mais no fato de que ele era o esperado Messias judeu. E, agora, ele revelava ser o Filho de Deus, e, que sobre o conceito da *natureza combinada* de Filho do Homem e de Filho de Deus, ele determinara edificar o Reino do céu. Jesus decidira não fazer mais esforços para convencê-los de que não era o Messias. E propunha, agora, ousadamente revelar a eles o que ele é, e, então, ignorar a determinação deles de persistir em considerá-lo o Messias.

6. NA TARDE SEGUINTE

Jesus e os apóstolos permaneceram mais um dia na casa de Celsus, esperando que os mensageiros de Davi Zebedeu chegassem com os fundos. Em seguida ao colapso da popularidade de Jesus junto às massas, ocorreu uma grande queda na receita. Quando eles chegaram a Cesaréia-Filipe, o fundo de caixa estava esvaziado. Mateus permaneceu relutante em deixar Jesus e os seus irmãos nessas circunstâncias, mas, realmente, não possuía fundos próprios disponíveis para passar a Judas, como tantas vezes fizera no passado. Contudo, Davi Zebedeu havia previsto essa provável diminuição da receita e, por isso mesmo, instruiu aos seus mensageiros para, enquanto percorriam o caminho da Judéia, Samaria e Galiléia, que atuassem como coletores de dinheiro, o qual seria enviado aos apóstolos exilados e ao seu Mestre. E assim, na noite daquele dia, esses mensageiros chegaram de Betsaida trazendo fundos suficientes para sustentar os apóstolos até o seu retorno, com o fito de embarcar para a campanha da Decápolis. Mateus esperava ter o dinheiro da venda da sua última propriedade em Cafarnaum naqueles dias, tendo arranjado para que esses fundos fossem anonimamente revertidos para Judas.

Nem Pedro, nem os outros apóstolos possuíam uma concepção muito adequada da divindade de Jesus. Eles mal divisavam que esse seria o começo de um novo período na carreira do seu Mestre na Terra, o período em que o instrutor-curador estava tornando-se o Messias recentemente concebido – o Filho de Deus. Desse momento em diante um novo tom surgiu na mensagem do Mestre. Doravante, o seu único ideal de vida seria a revelação do Pai, enquanto a única idéia do seu ensinamento seria apresentar ao seu universo a personificação daquela sabedoria suprema que apenas pode ser compreendida sendo vivida. Ele veio para que todos nós pudésse-mos ter a vida; e tê-la mais abundandemente.

Jesus entrava agora no quarto e último estágio da sua vida humana na carne. O primeiro estágio fora o da sua infância, os anos em que ele era apenas indis-tintamente consciente da sua origem, natureza e destino, como um ser humano. O segundo estágio foi aquele de uma autoconsciência crescente, nos anos da sua adolescência e da sua juventude de homem; e durante o qual ele veio a compreender mais claramente a sua natureza divina e a sua missão humana. Esse segundo estágio terminou com as experiências e as revelações ligadas ao seu batismo. O terceiro es-tágio da experiência terrena do Mestre estendeu-se, do batismo, até os anos da sua ministração como mestre e curador e até a memorável hora da confissão de Pedro em Cesaréia-Filipe. Esse terceiro período da sua vida terrena abrangeu os tempos em que os seus apóstolos e seguidores imediatos o conheceram como o Filho do Homem, ainda considerando-o o Messias. O quarto e último período da sua carreira terrena começou aqui, em Cesaréia-Filipe, e estendeu-se até a crucificação. Esse está-gio da sua ministração foi caracterizado pela sua declaração de divindade e abrange as obras do seu último ano na carne. Durante o quarto período, enquanto a maioria dos seus seguidores ainda o considerava o Messias, Jesus se fez conhecer aos após-tolos como o Filho de Deus. A confissão de Pedro marcou o início do novo período; o da compreensão mais completa da verdade, como um Filho auto-outogado em Urântia, mas cuja ministração suprema, de Filho, abrangia um universo inteiro; e pelo reconhecimento desse fato, ainda que nebulosamente, da parte dos seus embai-xadores escolhidos.

Assim Jesus confirmou, na sua vida, o que ensinou na sua religião: o crescimento da natureza espiritual pela técnica do progresso vivo. Ele não colocou ênfase, como o fizeram os seus seguidores posteriores, na luta incessante entre a alma e o corpo. E ele ensinou mais, que o espírito era facilmente um vitorioso sobre ambos; além de ser eficiente na reconciliação proveitosa de grande parte dessa batalha entre o intelecto e o instinto.

Um novo significado acompanha, então, todos os ensinamentos de Jesus, desse ponto em diante. Antes de Cesaréia-Filipe ele apresentara o evangelho do Reino como um mestre-instrutor. Depois de Cesaréia-Filipe ele surgiu, não meramente como um instrutor, mas como um representante divino do Pai eterno, centro e círculo deste Reino espiritual; e foi preciso que ele fizesse tudo isso como um ser humano, o Filho do Homem.

Jesus havia-se esforçado sinceramente para conduzir os seus seguidores ao Reino espiritual, inicialmente como um instrutor e, depois, como um mestre-curador, mas eles não aceitaram isso. Ele sabia muito bem que a sua missão terrena não iria, possi-velmente, satisfazer às expectativas messiânicas do povo judeu; os profetas de outrora haviam retratado um Messias que ele não poderia jamais ser. Jesus buscara estabelecer o Reino do Pai como Filho do Homem, mas os seus seguidores não quiseram lançar-se nessa aventura. Jesus, percebendo isso, então, escolheu satisfazer parcialmente aos seus crentes, e, ao fazer isso, preparou-se abertamente para assumir o papel do Filho auto-outorgado de Deus.

E, desse modo, os apóstolos ouviram muitas coisas novas, quando Jesus con-versou com eles nesse dia no jardim. E alguns desses pronunciamentos soaram estranhos, até mesmo para eles. Entre outros anúncios surpreendentes, eles ouviram alguns como os seguintes:

"De agora em diante, se um homem quiser um lugar em nossa fraternidade, que ele assuma as obrigações da filiação e me siga. E, quando eu não estiver mais convosco, não penseis que o mundo tratar-vos-á melhor do que o fez ao vosso Mestre. Se vós me amais, preparai-vos para provar essa afeição com a vossa disposição de fazer o sacrifício supremo".

"E observai as minhas palavras: Eu não vim para chamar os justos, mas os pecadores. O Filho do Homem não veio para que se lhe ministrassem; mas, sim, para que ele próprio ministrasse e desse sua vida como dádiva a todos. Eu declaro-vos que vim para buscar salvar aqueles que estão perdidos.

"Nenhum homem neste mundo agora vê o Pai, exceto o Filho que veio do Pai. Mas, se o Filho for elevado, ele elevará todos homens consigo e, quem acreditar nessa verdade de que a natureza do Filho é uma combinação de Pai-Filho, receberá o dom de uma vida que transcenderá a todas as idades.

"Ainda não podemos proclamar abertamente que o Filho do Homem é o Filho de Deus, mas isso foi revelado a vós; e é por isso que eu falo ousadamente a vós sobre tais mistérios. Embora eu me apresente diante de vós por meio desta presença física, eu venho de Deus, o Pai. Antes que Abraão fosse, eu sou. Eu vim do Pai, para este mundo, como me conhecestes; e declaro-vos que, em breve, devo deixar este mundo e retomar o serviço do meu Pai.

"E, agora, em face das minhas palavras, poderá a vossa fé compreender a verdade sobre a qual eu vos estou prevenindo, de que o Filho do Homem não irá satisfazer as expectativas dos vossos pais, nem ser o Messias como eles conceberam? O meu Reino não é deste mundo. Podeis acreditar na verdade a meu respeito, diante do fato de que, embora as raposas tenham tocas e os pássaros do céu tenham ninhos, eu não tenho onde repousar a minha cabeça?

"Entretanto, vos digo que o Pai e eu somos Um. Aquele que me tiver visto, terá visto o Pai. O meu Pai está trabalhando comigo, em todas estas coisas, e Ele nunca me deixará sozinho na minha missão, do mesmo modo que nunca eu vos abandonarei, quando, em breve, sairdes para proclamar este evangelho pelo mundo.

"E agora, eu vos trouxe comigo e, por um momento, vos peço que fiqueis a sós, para que possais todos compreender a glória, e para que diviseis a grandeza da vida para a qual eu vos chamei: a aventura da fé, do estabelecimento do Reino do meu Pai nos corações da humanidade; da edificação da minha fraternidade de associação viva com as almas de todos aqueles que acreditam neste evangelho".

Os apóstolos ouviram essas declarações ousadas e surpreendentes em silêncio; e ficaram atordoados. E se dispersaram, em grupos pequenos, para discutir e ponderar sobre as palavras do Mestre. Eles haviam confessado que ele era o Filho de Deus, mas não podiam captar inteiramente o que significava tudo aquilo que tinham sido levados a fazer.

7. AS PALAVRAS DE ANDRÉ

Naquela noite André trouxe para si a tarefa de ter uma palavra pessoal e questionadora com cada um dos seus irmãos; e teve conversas proveitosas e encorajadoras com todos os condiscípulos, exceto Judas Iscariotes. André nunca havia tido uma ligação pessoal íntima com Judas, como tivera com os outros apóstolos, e assim não havia dado maior importância ao fato de que Judas nunca se relacionara, confiante e livremente, com ele como dirigente do corpo apostólico. Mas André estava, agora, tão preocupado com a atitude de Judas que, mais tarde naquela noite, após todos os apóstolos adormecerem profundamente, procurou Jesus e disse ao Mestre sobre a causa da sua ansiedade. Jesus disse-lhe: "Não é inoportuno, André, que tenhas vindo a mim com essa questão; contudo, nada mais há que possamos fazer; apenas continue colocando a maior confiança possível nesse apóstolo. E nada digas, aos irmãos dele, a respeito dessa conversa que tiveste comigo".

E isso foi tudo o que André conseguiu extrair de Jesus. Sempre tinha havido alguma estranheza entre esse judeu e os seus irmãos galileus. Judas havia ficado chocado com a morte de João Batista; ficara severamente magoado com as repreensões do Mestre em várias ocasiões; chegara a desapontar-se, quando Jesus se recusou a ser proclamado rei; sentira-se humilhado quando o Mestre fugiu dos fariseus; sentira pesar quando ele não aceitou o desafio dos fariseus, de dar um sinal; desnorteara-se com a rejeição do Mestre de recorrer a manifestações de poder e, agora, mais recentemente, estivera deprimido e, algumas vezes, desanimado com uma tesouraria vazia. E Judas sentia falta do estímulo das multidões.

Cada um dos outros apóstolos também se via afetado de algum modo e em graus distintos, por essas mesmas provações e atribulações; mas eles amavam Jesus. Ou pelo menos deviam ter amado o Mestre mais do que Judas, pois eles acompanharam-no até o fim amargo.

Sendo da Judéia, Judas ofendeu-se pessoalmente com o recente aviso de Jesus aos apóstolos para "terem cuidado com a influência dos fariseus"; e tinha a tendência de considerar essa afirmação como uma referência velada, a ele próprio. Mas o grande erro de Judas foi que, repetidas vezes, quando Jesus enviava os seus apóstolos para irem orar sozinhos, Judas, em vez de entrar em comunhão sincera com as forças espirituais do universo, permitia-se pensamentos de temor humano e, ao mesmo tempo, persistia em alimentar dúvidas imponderáveis sobre a missão de Jesus, bem como em ceder à própria tendência infeliz de manter sentimentos de vingança.

E, agora, Jesus gostaria de levar os seus apóstolos junto consigo ao monte Hermom, onde ele decidira inaugurar a sua quarta fase de ministração, na Terra, como o Filho de Deus. Alguns deles estavam presentes ao seu batismo, no Jordão, e haviam testemunhado o começo da sua carreira como Filho do Homem; e ele desejava que alguns deles também estivessem presentes para ouvir a autorização que ele receberia de assumir a nova posição pública de Filho de Deus. E, desse modo, na manhã de sexta-feira, 12 de agosto, Jesus disse aos doze: "Cuidai das provisões e preparai-vos para ir àquela montanha, onde o espírito me diz para ir e receber a dotação para terminar o meu trabalho na Terra. E eu gostaria de levar junto comigo os meus irmãos, para que também eles possam ser fortalecidos para os tempos difíceis durante os quais me acompanharão, até o fim desta experiência".

DOCUMENTO 158

O MONTE DA TRANSFIGURAÇÃO

À TARDE da sexta-feira, 12 de agosto do ano 29 d.C., o pôr-do-sol já se aproximava, quando Jesus e os seus seguidores chegaram ao pé do monte Hermom, perto daquele mesmo local onde o jovem Tiglá certa vez ficou aguardando, enquanto o Mestre sozinho subia a montanha, para estabelecer os destinos espirituais de Urântia e para, tecnicamente, dar fim à rebelião de Lúcifer. E ali eles permaneceram por dois dias, na preparação espiritual para os acontecimentos que viriam em breve.

De um modo geral, Jesus sabia de antemão o que estava para acontecer na montanha, e ele desejava muito que os seus apóstolos pudessem partilhar dessa experiência. E foi para colocá-los em condições de receber essa revelação dele próprio, que Jesus ficou parado com eles, ao pé da montanha. Mas eles não poderiam alcançar aqueles níveis espirituais que teriam justificado o risco de colocá-los expostos à presença plena da visitação dos seres celestes que tão em breve iriam aparecer na Terra. E desde que não podia levar todos os seus companheiros consigo, ele decidiu levar apenas os três que tinham o hábito de acompanhá-lo nessas vigílias especiais. Desse modo, apenas Pedro, Tiago e João foram os que compartilharam de uma parte dessa experiência única com o Mestre.

1. A TRANSFIGURAÇÃO

Bem cedo na manhã de segunda-feira, 15 de agosto, Jesus e os três apóstolos começaram a subida do monte Hermom, e isso aconteceu seis dias depois da memorável confissão de Pedro, feita ao meio-dia à margem da estrada, sob as amoreiras.

Jesus havia sido convocado a subir a montanha separadamente e sozinho, pois iriam ser tratadas questões importantes que tinham a ver com o desenrolar da sua auto-outorga na carne, no que essa experiência estava relacionada a todo o universo que ele próprio criara. É bastante significativo que esse evento extraordinário tivesse sido marcado para ocorrer na hora em que Jesus e os apóstolos estavam nas terras dos gentios, e que acontecesse factualmente em uma montanha dos gentios.

Eles chegaram ao destino, a meio caminho da subida da montanha, pouco antes do meio-dia e, durante o almoço, Jesus contou aos três apóstolos algo da sua experiência nos montes a leste do Jordão, pouco depois do seu batismo, e, também, algo mais da sua experiência no monte Hermom, quando da sua visita anterior àquele retiro solitário.

Quando era um menino, Jesus tinha o hábito de subir o monte perto da sua casa e sonhar com as batalhas que tinham sido travadas pelos exércitos dos impérios nas planícies de Esdraelon; agora, ele subia o monte Hermom para receber o dom que iria prepará-lo para descer às planícies do Jordão e vivenciar as cenas finais do drama da sua auto-outorga em Urântia. O Mestre poderia ter desistido da luta naquele dia, no monte Hermom, e ter retornado ao governo dos domínios do universo, entretanto, não apenas escolheu preencher os quesitos da sua ordem de filiação divina, compreendidos no mandado do Filho Eterno do Paraíso, como também escolheu cumprir, na sua totalidade, e até o fim, a vontade presente do seu Pai no Paraíso. Neste dia de agosto, três dos seus apóstolos viram-no recusando-se a ser investido em plena autoridade no universo. Com estupor, eles assistiram aos mensageiros celestes partirem, deixando-o sozinho para concluir a sua vida terrena como Filho do Homem e Filho de Deus.

A fé dos apóstolos atingira um ponto culminante no momento em que ele alimentou os cinco mil e, em seguida, caiu até um ponto muito baixo. Agora, pelo fato de o Mestre ter admitido a sua divindade, a fé retardatária, dos doze apóstolos, voltou ao seu apogeu nas semanas que se seguiram, para, de novo retornar a um novo declínio progressivo. A terceira revitalização dessa fé ocorreria apenas após o Mestre haver ressuscitado.

Aproximadamente às três horas de uma bela tarde Jesus destacou-se dos três apóstolos, dizendo: "Vou só, durante algum tempo, vou comungar com o Pai e com os Seus mensageiros; peço-vos que permaneçam aqui e, enquanto aguardam a minha volta, que orem para que a vontade do Pai possa ser feita em toda a vossa experiência ligada à continuação da missão de outorga do Filho do Homem". E, após dizer-lhes isso, Jesus retirou-se para uma longa conferência com Gabriel e com o Pai Melquisedeque, só retornando às seis horas. Quando Jesus percebeu a ansiedade deles, por causa da sua ausência prolongada, disse: "Por que ficastes com medo? Bem sabíeis que eu devia ocupar-me dos assuntos do meu Pai; então, por que duvidais quando não estou convosco? Agora eu vos declaro que o Filho do Homem decidiu passar o resto da sua vida terrestre em meio a vós e como um de vós. Animai-vos, pois não os deixarei até que o meu trabalho tenha chegado ao fim".

Enquanto compartilhavam a refeição frugal da noite, Pedro perguntou ao Mestre: "Por quanto tempo permaneceremos nestas montanhas, longe dos nossos irmãos?" E Jesus respondeu: "Até que tenhais visto a glória do Filho do Homem e saibais que tudo o que declarei a vós é verdadeiro". E eles conversaram sobre os assuntos da rebelião de Lúcifer, assentados em volta das brasas vermelhas do fogo que haviam acendido, até que a escuridão chegou, deixando os olhos dos apóstolos pesados, pois haviam começado a jornada muito cedo naquela manhã.

Depois que os três apóstolos já estavam dormindo profundamente, por uma meia hora, eles foram subitamente despertados por um som agudo, em volta deles e, para a sua maravilha e consternação, ao olharem em volta, viram Jesus em conversa íntima com dois seres brilhantes revestidos pelo manto da luz do mundo celestial. E o rosto e a forma de Jesus resplandeciam com a luminosidade de uma luz celeste. Aqueles três falavam em uma língua estranha, mas, de algumas coisas ditas, Pedro erroneamente conjecturou que os seres com Jesus eram Moisés e Elias; na realidade, eles eram Gabriel e o Pai Melquisedeque. Os controladores físicos haviam providenciado para que os apóstolos testemunhassem essa cena, a pedido de Jesus.

Os três apóstolos ficaram tão terrivelmente amedrontados que levaram algum tempo para refazer-se, mas Pedro, que havia sido o primeiro a se recuperar, disse, à medida que a visão deslumbrante desaparecia diante deles e passavam a ver Jesus de pé, sozinho: "Mestre, Jesus, é bom estar aqui. Regozijamo-nos de ver essa glória. É-nos repugnante voltar ao mundo inglório. Se quiseres, nós moraremos aqui e erigiremos três tendas, uma para ti, uma para Moisés, e uma para Elias". E Pedro disse isso por causa da sua confusão, e porque nada mais veio à sua mente naquele momento.

Enquanto Pedro ainda falava, uma nuvem prateada aproximou-se deles e envolveu os quatro homens. Os apóstolos agora ficaram extremamente amedrontados e, caindo com os rostos no chão, em adoração, ouviram uma voz, a mesma que havia falado na ocasião do batismo de Jesus, dizendo: "Este é o Meu Filho amado; dai ouvidos a ele". E, quando a nuvem desapareceu, de novo Jesus estava a sós com os três e então se abaixou para tocar neles, dizendo: "Levantai-vos e não tenhais medo; vereis coisas ainda maiores do que esta". Mas os apóstolos estavam mesmo com muito medo; e eram três homens pensativos e em silêncio quando se prepararam para descer a montanha pouco antes da meia-noite.

2. DESCENDO A MONTANHA

Durante a metade da descida nem uma palavra foi dita. Jesus então começou a conversação, observando: "Assegurai-vos de não falar a nenhum homem, nem mesmo aos vossos irmãos, sobre o que vistes e ouvistes nesta montanha, até que o Filho do Homem tenha ressuscitado dos mortos". Os três apóstolos ficaram chocados e desconcertados com as palavras do Mestre: "Até que o Filho do Homem tenha ressuscitado dos mortos". Tão recente era a reafirmação da sua fé nele como o Libertador, o Filho de Deus, e, apesar de haverem-no visto transfigurado em glória diante dos seus próprios olhos, agora ele começava a falar de "ressurreição de entre os mortos"!

Pedro tremia com o pensamento do Mestre morrendo – era uma idéia por demais desagradável de se alimentar – e, de temor de que Tiago e João fizessem alguma pergunta relativa a essa afirmação, achou melhor começar uma conversação para desviar do assunto, mas, não sabendo sobre o que mais falar, deu expressão ao primeiro pensamento que veio à sua mente, que foi: "Mestre, por que é que os escribas dizem que Elias deve vir antes que o Messias apareça?" E Jesus, sabendo que Pedro buscava evitar qualquer referência à sua morte e ressurreição, respondeu: "Elias, de fato, deve vir primeiro para preparar o caminho para o Filho do Homem, que deve sofrer muitas coisas e finalmente ser rejeitado. Mas eu vos digo que Elias já veio, e eles não o receberam bem, fizeram com ele tudo o que quiseram". E, então, os três apóstolos perceberam que ele se referia a João Batista como Elias. Jesus sabia que, já que eles insistiam em considerá-lo o Messias, então era necessário que João fosse o Elias da profecia.

Jesus exortou-os a silenciar sobre o que haviam observado, da antecipação da sua glória pós-ressurreição, porque ele não queria estimular neles a noção de que, sendo agora recebido como o Messias, de qualquer modo ou em qualquer grau, pudesse ele satisfazer aos conceitos errôneos de um libertador que operava prodígios. Ainda que Pedro, Tiago e João ponderassem sobre tudo isso nas suas mentes, eles não falaram disso a nenhum homem até depois da ressurreição do Mestre.

Enquanto continuavam a descer a montanha, Jesus disse a eles: "Vós não quisestes receber-me como o Filho do Homem, por isso eu consenti em ser recebido de acordo com a vossa determinação, mas não vos enganeis, a vontade do meu Pai deve prevalecer. Se vós escolhestes seguir a inclinação das vossas próprias vontades, então deveis preparar-vos para sofrer muitas decepções e muitas provações; mas o aperfeiçoamento que eu lhes dei deve ser suficiente para levar-vos em triunfo, mesmo sobre essas tristezas que vós próprios escolhestes".

Jesus levara Pedro, Tiago e João consigo até o topo da montanha da transfiguração, mas não porque eles estivessem, sob algum ponto de vista, mais bem preparados do que os outros apóstolos, para testemunhar o que aconteceu, ou porque fossem eles mais adequados espiritualmente para ter um privilégio tão raro. De nenhum modo. Ele bem sabia que nenhum dos doze apóstolos estava espiritualmente qualificado para tal experiência; e por isso ele levara consigo apenas os três apóstolos que estavam designados para acompanhá-lo naqueles momentos em que ele desejava estar a sós para desfrutar de uma comunhão solitária.

3. O SIGNIFICADO DA TRANSFIGURAÇÃO

Aquilo que Pedro, Tiago e João testemunharam, no monte da transfiguração, foi apenas um vislumbre fugaz do espetáculo celeste que aconteceu, na realidade, naquele dia memorável no monte Hermom. A transfiguração foi a ocasião em que:

1. Houve a aceitação integral da auto-outorga na vida encarnada de Michael em Urântia, da parte do Filho-Mãe Eterno do Paraíso. Jesus tinha agora a certeza de que as exigências do Filho Eterno estavam satisfeitas, no que lhe concernia. E Gabriel trouxera para Jesus essa confirmação.

2. Houve o testemunho de que, quanto às exigências do Espírito Infinito, todas estavam satisfeitas plenamente, na outorga feita em Urântia, à semelhança da carne mortal. A representante, neste universo, do Espírito Infinito, a coligada e sempre-presente colaboradora imediata de Michael em Sálvington, nessa ocasião falou por intermédio do Pai Melquisedeque.

Jesus recebeu com júbilo esse testemunho do êxito da sua missão na Terra, apresentado pelos mensageiros do Filho Eterno e do Espírito Infinito; mas ele percebeu que o seu Pai não indicou que a outorga de Urântia estava completa; a presença não visível do Pai apenas testemunhou, por intermédio do Ajustador Personalizado de Jesus, dizendo: "Este é o meu Filho bem amado; escutai-o". E isso foi expresso nas palavras que foram ouvidas também pelos três apóstolos.

Depois dessa visitação celeste, Jesus procurou saber qual a vontade do seu Pai e decidiu levar a sua outorga mortal até o seu final natural. Esse foi o significado da transfiguração para Jesus. Para os três apóstolos foi um acontecimento que marcava a entrada do Mestre na fase final da sua carreira terrena como o Filho de Deus e Filho do Homem.

Depois da visitação formal de Gabriel e do Pai Melquisedeque, Jesus manteve uma conversa informal com estes dois Filhos do seu ministério, comungando com eles no que dizia respeito aos assuntos do universo.

4. O JOVEM EPILÉTICO

Jesus e os seus companheiros chegaram no acampamento dos apóstolos, na terça-feira de manhã, pouco antes da hora do repasto matinal. Ao aproximarem-se, puderam ver uma multidão considerável reunida em torno dos outros apóstolos e logo começaram a escutar as vozes que se elevavam em uma discussão nas argumentações de um grupo de cerca de cinqüenta pessoas, que envolvia os nove apóstolos e um ajuntamento igualmente dividido entre escribas de Jerusalém e discípulos crentes, que haviam tentado seguir Jesus e os seus companheiros desde que haviam partido de Magadam.

Embora a multidão se dividisse em várias discussões, a divergência principal era sobre um certo cidadão de Tiberíades que havia chegado no dia anterior, à procura de Jesus. Esse homem, Tiago de Safed, tinha um filho com a idade aproximada de quatorze anos, um filho único que estava sendo gravemente afligido pela epilepsia. Além dessa doença nervosa, esse rapaz estava possuído por uma dessas criaturas intermediárias rebeldes, errantes e malevolamente brincalhonas, e sem controle, que estava ainda presente na Terra, de modo que o jovem era tanto epilético quanto possuído por um demônio.

Durante quase duas semanas, o pai ansioso, um oficial subalterno de Herodes Antipas, tinha percorrido as fronteiras ocidentais dos domínios de Filipe, procurando Jesus para suplicar-lhe que curasse o seu filho afligido. E ele só encontrou o grupo apostólico por volta das doze horas desse dia em que Jesus esteve na montanha com os três apóstolos.

Os nove apóstolos ficaram bastante surpresos e consideravelmente perturbados quando esse homem, acompanhado por cerca de mais quarenta pessoas que estavam procurando por Jesus, aproximou-se subitamente deles. Com a chegada desse grupo, os nove apóstolos, ou pelo menos a maioria deles, tinham sucumbido à sua antiga tentação – de discutir sobre quem seria o maior no Reino vindouro –; e estavam discutindo acirradamente sobre as prováveis posições que seriam dadas a cada apóstolo individualmente. E simplesmente não podiam livrar-se totalmente de uma idéia tão longamente alimentada sobre a missão material do Messias. E agora que o próprio Jesus havia aceitado a confissão deles, de que era ele realmente o Libertador – ao menos, o fato da sua divindade ele admitira –, seria muito natural que, durante esse período de separação do Mestre, eles converssassem sobre as esperanças e ambições tão preponderantes nos seus corações. E, mal haviam eles começado a discutir, quando Tiago de Safed e seus acompanhantes aproximaram-se à procura de Jesus.

André levantou-se para saudar esse pai e o seu filho, dizendo: "A quem procurais?" E Tiago disse: "Meu bom homem, procuro o vosso Mestre. Busco a cura para o meu filho doente. Gostaria que Jesus expulsasse o diabo que está possuindo o meu filho". E então o pai continuou a relatar aos apóstolos que o seu filho estava tão doente que, por várias vezes, havia quase perdido a própria vida em conseqüência desses ataques malignos.

Enquanto os apóstolos escutavam, Simão zelote e Judas Iscariotes adiantaram-se até o pai dizendo: "Podemos curá-lo; não necessitais esperar pelo retorno do Mestre. Somos embaixadores do Reino; não mais temos de manter sigilo sobre essas coisas. Jesus é o Libertador, e as chaves do Reino foram entregues a nós". Nesse momento André e Tomé estavam conversando de um lado. Natanael e os outros olhavam a cena, pasmos; estavam horrorizados com a audácia súbita, se não a presunção, de Simão e Judas. Então o pai disse: "Se foi dado a vós fazer esses trabalhos, eu oro para que vós digais as palavras que irão livrar o meu filho dessa escravidão". Simão deu um passo adiante e, colocando a sua mão na cabeça do garoto, então, olhou diretamente dentro dos seus olhos e comandou: "Sai dele, espírito sujo; em nome de Jesus, obedece-me". Mas o garoto apenas teve mais um violento ataque, enquanto os escribas zombavam dos apóstolos com desprezo, e os crentes decepcionados sofriam os sarcasmos desses críticos pouco amigáveis.

André ficou profundamente triste com todo esse esforço equivocado e com o fracasso lamentável. Chamou os apóstolos à parte para uma conversa e uma oração. Depois de uma meditação, sentindo um remorso agudo pela derrota e percebendo a humilhação que pairava sobre todos eles, André procurou, em uma segunda tentativa, expulsar o demônio, mas apenas mais um fracasso coroou os seus esforços. André confessou francamente a derrota e pediu ao pai que permanecesse com eles, durante aquela noite ou até o retorno de Jesus, dizendo: "Talvez esse tipo de demônio não saia, a não ser pela ordem pessoal do Mestre".

E assim, enquanto Jesus descia a montanha com Pedro, Tiago e João, bastante exuberantes e enlevados, os seus nove irmãos estavam tomados mais ainda pela insônia, debatendo-se na confusão e no abatimento da humilhação. Formavam um grupo deprimido e desiludido. Mas Tiago de Safed não desistia. Ainda que não pudessem dar a ele nenhuma idéia de quando Jesus retornaria, ele decidiu permanecer ali até que o Mestre voltasse.

5. JESUS CURA O JOVEM

Quando Jesus aproximou-se, os nove apóstolos ficaram mais do que aliviados ao acolhê-lo de volta e cheios de alento ao contemplar o regozijo e o entusiasmo incomum nas expressões de Pedro, Tiago e João. Eles correram todos para saudar Jesus e os seus três irmãos. E, enquanto trocavam cumprimentos, a multidão aproximou-se, e Jesus perguntou: "Sobre o que estáveis debatendo quando nos aproximamos?" Mas, antes que os apóstolos desconcertados e humilhados pudessem responder à pergunta do Mestre, o ansioso pai do garoto afligido adiantou-se e, ajoelhando-se aos pés de Jesus, disse: "Mestre, tenho um único filho, e ele está possuído por um espírito mau. Não só grita de terror e espuma pela boca, mas cai como um morto no momento da possessão, e, muitas vezes, esse espírito mau que o possui leva-o a convulsões e, algumas vezes, joga-o na água e mesmo no fogo. De tanto ranger de dentes o resultado é que ele se machuca muito, e assim meu filho depaupera-se. A sua vida é pior que a morte; a mãe dele e eu ficamos de coração triste e espírito alquebrado. Ontem, lá pelo meio-dia, procurando por ti, deparei-me com teus discípulos e, enquanto esperávamos, os apóstolos tentaram expulsar esse demônio, mas não conseguiram. E agora, Mestre, farás isso para nós, curarás o meu filho?"

Quando Jesus terminou de escutar essas palavras, ele tocou o pai que se ajoelhava e rogou-lhe que se levantasse, enquanto dirigia aos apóstolos um olhar interrogativo. Então disse Jesus a todos que estavam à sua frente: "Ó geração perversa e sem fé, até quando eu vos suportarei? Por quanto tempo ficarei convosco? Quanto tempo será necessário para aprenderdes que as obras da fé não surgem por uma demanda em descrença cética?" E então, apontando o pai desconcertado, Jesus disse: "Traze aqui o teu filho". E, quando Tiago trouxe o menino à sua frente, Jesus perguntou: "Por quanto tempo o menino tem sido afligido dessa maneira?" O pai respondeu: "Desde que era uma criança pequena". E, enquanto falavam, o menino foi tomado por um ataque violento e caiu entre eles, rangendo os dentes e espumando pela boca. Depois de uma sucessão de convulsões violentas, ficou estendido lá diante deles como um morto. E, de novo, o pai ajoelhou-se aos pés de Jesus implorando ao Mestre, dizendo: "Se puderes curá-lo, eu imploro a vós que tendes compaixão de nós e que nos livre dessa aflição". Ao ouvir essas palavras, Jesus abaixou os olhos para ver o rosto ansioso do pai, dizendo: "Não coloqueis em dúvida o poder do amor do meu Pai, mas sim a sinceridade e o alcance da vossa própria fé. Todas as coisas são possíveis para aquele que realmente crê". E, então, Tiago de Safed pronunciou estas palavras, que seriam sempre relembradas, de fé confundida com a dúvida: "Senhor, eu creio. Oro para que me ajudeis na minha descrença".

Ao ouvir essas palavras, Jesus deu um passo à frente e, tomando o menino pela mão, disse: "Eu farei isso segundo a vontade do meu Pai e em honra da fé viva. Meu filho, te levanta! Sai dele, espírito desobediente, e não voltes". E, colocando a mão do filho na mão do pai, Jesus disse: "Toma o teu caminho. O Pai concedeu o desejo da tua alma". E todos que estavam presentes, mesmo os inimigos de Jesus, ficaram estupefatos com o que viram.

De fato, foi uma desilusão para os três apóstolos, que tão recentemente haviam desfrutado do êxtase espiritual das cenas e das experiências da transfiguração, retornar tão cedo a essa cena de derrota e frustração para os seus companheiros apóstolos. Mas era sempre assim com esses doze embaixadores do Reino. Eles nunca deixaram de revezar-se entre a exaltação e a humilhação nas experiências das suas vidas.

Foi uma cura verdadeira para uma aflição dupla, um mal físico e uma doença do espírito. E o menino ficou definitivamente curado daquele momento em diante. Quando Tiago partiu com o seu filho são, Jesus disse: "Agora, vamos para Cesaréia-Filipe; preparai-vos imediatamente". E eles então formavam um grupo silencioso nessa viagem para o sul, enquanto a multidão seguia atrás deles.

6. NO JARDIM DE CELSUS

Eles passaram a noite com Celsus e, naquela tarde no jardim, depois de terem comido e descansado, os doze reuniram-se ao redor de Jesus, e Tomé disse: "Mestre, nós ficamos para trás e continuamos ainda ignorando o que aconteceu na montanha e que tanto regozijo trouxe aos nossos irmãos que estiveram contigo, nós desejamos ardentemente que nos fales a respeito da nossa derrota e nos instrua sobre essas questões, pois vemos que aquelas coisas que aconteceram na montanha não podem ser reveladas neste momento".

E Jesus respondeu a Tomé, dizendo: "Tudo de que os vossos irmãos tomaram conhecimento na montanha vos será revelado na hora devida. Contudo, agora, eu mostrarei a causa da vossa derrota naquilo que tão pouco sabiamente tentastes fazer. Enquanto vosso Mestre e vossos irmãos, ontem, iam montanha acima para buscar um conhecimento mais amplo da vontade do Pai e pedir um dom mais rico em sabedoria para realizar mais efetivamente a vontade divina, vós permanecestes aqui de vigília, com instruções para esforçar-vos para adquirir o discernimento espiritual na vossa mente e orar conosco para uma revelação mais plena da vontade do Pai. E, então, deixastes de manter a fé sobre vosso comando. Em vez disso, cedestes à tentação e caístes nas velhas tendências más de buscar por vós próprios os lugares preferidos no Reino do céu – como se ele fosse o reino material e temporal que persistis em contemplar, pois vos apegastes a esses conceitos errôneos a despeito das minhas declarações reiteradas de que meu Reino não é deste mundo.

"Mal a vossa fé acaba de captar a identidade do Filho do Homem. e o vosso desejo egoísta de favoritismos terrestres vos possui novamente e caís em discussões, entre vós, sobre quem será o maior no Reino do céu, um reino que não existe do modo como insistis em conceber, nem existirá jamais. Já não vos disse que quem quiser ser o maior no Reino da irmandade espiritual do meu Pai deve tornar-se pequeno aos seus próprios olhos e assim converter-se no servidor dos seus irmãos? A grandeza espiritual consiste em um amor compreensivo, que é semelhante ao amor de Deus, e não em um desfrute de exercício do poder material para a exaltação do ego. Naquilo que tentastes e em que falhastes, tão completamente, o vosso propósito não era puro. O vosso motivo não foi divino. O vosso ideal não foi espiritual. A vossa ambição não foi altruísta. O vosso procedimento não se baseou no amor, e a meta que queríeis atingir não era a vontade do Pai nos céus".

"Quanto tempo demorará até aprenderdes que não se pode abreviar o curso estabelecido dos fenômenos naturais, a não ser quando isso estiver de acordo com a vontade do Pai? E que não podeis realizar obras espirituais sem o poder espiritual. E que não podeis efetivar nenhuma dessas duas coisas, mesmo quando as possibilidades estiverem presentes, sem a existência daquele terceiro fator humano essencial, a experiência pessoal da posse da fé viva. E por que quereis ter sempre manifestações materiais como atração para as realidades espirituais do Reino? Não podeis compreender a significação espiritual da minha missão, sem que haja exibição visível de obras inusitadas? Quando, afinal, sereis confiáveis para aderir às realidades mais elevadas e espirituais do Reino, independentemente das aparências externas de quaisquer manifestações materiais?"

Depois de falar assim aos doze, Jesus acrescentou: "E agora ide descansar, pois amanhã retornaremos cedo para Magadam e lá nos aconselharemos a respeito da nossa missão nas cidades e aldeias da Decápolis. E, na conclusão da experiência deste dia, deixai-me declarar a cada um de vós sobre o que falei aos vossos irmãos na montanha, e que essas palavras encontrem um lugar profundo nos vossos corações: O Filho do Homem entra agora na última fase da sua auto-outorga. Estamos para começar aqueles trabalhos que logo levarão todos vós à prova, grande e final, para a vossa fé e devoção, quando então eu serei entregue nas mãos dos homens que buscam a minha destruição. E lembrai-vos do que vos estou dizendo: O Filho do Homem será levado à morte, mas ele ressuscitará".

Eles retiraram-se tristemente para dormir. Estavam desnorteados; não podiam compreender aquelas palavras. E, mesmo havendo ficado com medo de fazer perguntas a respeito do que ele havia dito, eles lembraram-se de tudo depois da sua ressurreição.

7. O PROTESTO DE PEDRO

Bem cedo, na manhã dessa quarta-feira, Jesus e os doze partiram de Cesaréia-Filipe para o parque de Magadam, perto de Betsaida-Júlias. Os apóstolos dormiram pouco naquela noite, havendo levantado cedo e logo se aprontado para partir. Mesmo os imperturbáveis gêmeos Alfeus estavam chocados com a conversa sobre a morte de Jesus. Indo para o sul, depois das Águas de Merom, eles chegaram à estrada de Damasco; e, para evitar os escribas e os outros, os quais, Jesus sabia, estariam logo vindo atrás deles, ele ordenou que fossem para Cafarnaum, pela estrada de Damasco e que passa pela Galiléia. E assim ele o fez porque sabia que aqueles que o seguiam iriam descer a leste da estrada do Jordão, pois consideravam que ele e os apóstolos temeriam atravessar o território de Herodes Antipas. Jesus procurou escapar dos seus críticos e da multidão que o seguia, para que pudesse estar a sós com os seus apóstolos nesse dia.

Eles viajaram pela Galiléia até bem depois da hora do seu almoço, e pararam em uma sombra para refrescar-se. Depois de compartilhar a comida, André, dirigindo-se a Jesus, disse: "Mestre, os meus irmãos não compreendem as tuas palavras profundas. Chegamos a crer plenamente que és o Filho de Deus, e agora ouvimos essas afirmações estranhas de que nos deixarás e de que morrerás. Não compreendemos o teu ensinamento. Estás falando-nos por meio de parábolas? Rogamos-te que fales a nós diretamente, e sem disfarce".

Em resposta a André, Jesus disse: "Meus irmãos, porque vós tendes confessado que sou o Filho de Deus é que me sinto obrigado a começar a revelar-vos a verdade sobre o fim da auto-outorga do Filho do Homem na Terra. Vós insistis em apegar-vos à crença de que sou o Messias, e não estais dispostos a abandonar a idéia de que o Messias deve assentar-se em um trono em Jerusalém; e é por isso que eu insisto em dizer-vos que o Filho do Homem deve ir, em breve, para Jerusalém, sofrer muitas coisas, ser rejeitado pelos escribas, pelos anciães e pelos chefes dos sacerdotes, para, depois de tudo isso, ser morto e ressuscitar. E não vos falo por parábolas; falo a verdade, a vós, para que possais estar preparados para esses acontecimentos, quando eles subitamente sobrevierem até nós". E, quando Jesus estava ainda falando, Simão Pedro, irrompendo impetuosamente na direção dele, colocou as mãos nos ombros do Mestre e disse: "Mestre, longe de nós contradizer-te, mas eu declaro que essas coisas não irão jamais te acontecer".

Pedro disse isso porque amava Jesus; mas a natureza humana do Mestre reconheceu nessas palavras, de afeição bem-intencionada, uma sugestão sutil de tentação para que ele mudasse a sua política de prosseguir até o fim com a sua missão de outorga terrena, de acordo com a vontade do seu Pai no Paraíso. E porque ele detectou o perigo de permitir que as sugestões, mesmo a dos seus afeiçoados e leais amigos, dissuadissem-no, é que ele se voltou para Pedro e para os outros apóstolos, dizendo: "Ficai para trás. Tendes o espírito do adversário, o tentador. Ao falar desse modo, não estais do meu lado, mas do lado do nosso inimigo. Desse modo, do vosso amor por mim, fazeis um obstáculo ao meu cumprimento da vontade do Pai. Importai-vos menos com os caminhos humanos, cuidai antes da vontade de Deus".

Após recobrarem-se do primeiro choque da reprimenda pungente de Jesus, e antes de reassumirem a sua viagem, o Mestre acrescentou ainda: "Se algum homem quiser seguir-me, que esqueça de si próprio, que assuma as suas responsabilidades diariamente e me siga. Pois todo aquele que quiser salvar a sua vida egoisticamente, perdê-la-á, mas todo aquele que perder a sua vida, por minha causa e por causa do evangelho, salvá-la-á. De que vale a um homem ganhar o mundo inteiro e perder a sua própria alma? O que pode um homem dar em troca da vida eterna? Não vos envergonheis de mim e das minhas palavras em meio a essa geração pecadora e hipócrita, do mesmo modo que não terei vergonha de reconhecer-vos quando, em glória, eu aparecer diante do meu Pai na presença de todas as hostes celestes. Todavia, muitos, dentre os que agora estão diante de mim, não terão o gosto da morte, antes de verem esse Reino de Deus chegar com poder".

E, assim, Jesus mostrou aos doze o caminho doloroso e conflitante que eles deveriam trilhar, se quisessem segui-lo. Que choque essas palavras causaram nesses pescadores da Galiléia, que persistiam em sonhar com um reino na Terra; e com posições de honra para si próprios! Mas os seus corações leais encheram-se de emoção com esse apelo corajoso, e nenhum deles teve a idéia de abandoná-lo. Jesus não os estava mandando para a luta sozinhos, ele os conduzia. Pedia-lhes apenas que o seguissem com bravura.

Devagar, os doze apóstolos estavam captando a idéia de que Jesus lhes estava contando algo sobre a possibilidade da sua morte. E, apenas vagamente, eles compreenderam o que ele havia dito sobre a própria morte, enquanto a sua afirmação sobre ressurgir dos mortos não se registrou absolutamente naquelas mentes. À medida que passaram os dias, Pedro, Tiago e João, relembrando-se da experiência pela qual haviam passado no monte da transfiguração, chegaram a um entendimento mais pleno de algumas dessas questões.

Em toda a ligação dos doze com o seu Mestre, apenas umas poucas vezes eles viram aquele olho relampejando tanto e ouviram palavras tão bruscas de repreensão, como as que foram administradas a Pedro e ao restante deles nessa ocasião. Jesus havia sempre sido paciente com as limitações humanas deles, mas não tinha sido assim quando colocado de frente a uma ameaça iminente contra o programa de cumprir implicitamente a vontade do seu Pai no restante da sua carreira terrena. Os apóstolos ficaram literalmente assombrados; estavam estupefatos e horrorizados. Eles não podiam encontrar palavras para exprimir a sua tristeza. Aos poucos começaram a compreender o que o Mestre iria suportar; e que deveriam passar por aquelas experiências junto com ele, mas não despertaram, para a realidade desses acontecimentos que se aproximavam, senão muito depois das primeiras sugestões da chegada iminente da tragédia que seriam os últimos dias dele.

Em silêncio, Jesus e os doze partiram para o seu acampamento no parque de Magadam, viajando pelo caminho de Cafarnaum. À medida que caía a tarde, embora não falassem com Jesus, muito eles conversaram entre si, enquanto André dialogava com o Mestre.

8. NA CASA DE PEDRO

Chegaram em Cafarnaum durante o crepúsculo e, seguindo por caminhos pouco freqüentados, foram diretamente à casa de Simão Pedro para jantar. Enquanto Davi Zebedeu preparava-se para levá-los ao outro lado do lago, eles permaneceram na casa de Simão, e Jesus, levantando os olhos até Pedro e os outros apóstolos, perguntou: "Enquanto caminháveis juntos, esta tarde, sobre o que faláveis tão gravemente entre vós?" Os apóstolos ficaram calados, porque muitos deles haviam continuado a discussão iniciada no monte Hermom, sobre as posições que eles deveriam ter no Reino que estava para vir; quem deveria ser o maior, e assim por diante. Jesus, sabendo o que ocupara os pensamentos deles naquele dia, com um gesto chamou um dos pequenos de Pedro e, colocando a criança entre eles, disse: "Em verdade, em verdade, eu vos digo, se não mudardes e se não vos tornardes mais como esta criança, pouco progresso fareis no Reino do céu. Aquele que se humilhar e tornar-se como este pequeno, virá a ser o maior no Reino do céu. E aquele que receber este pequeno é a mim que recebe. E aqueles que recebem a mim recebem também a Ele que me enviou. Se quiserdes ser os primeiros no Reino, procurai ministrar essas boas verdades aos vossos irmãos na carne. Mas se alguém fizer um destes pequenos trope-çar, seria melhor para ele que uma pedra de moinho lhe fosse atada ao pescoço e que fosse jogado no mar. Se as coisas que fizerdes com as vossas mãos, ou as coisas que virdes com os vossos olhos ofenderem o progresso do Reino, sacrificai então esses partes idolatradas, pois é melhor entrardes no Reino sem muitas das coisas amadas da vossa vida, do que vos apegar a esses ídolos e ver-vos excluídos do Reino. Mais do que tudo, entretanto, assegurai-vos de não desprezar nenhum destes pequenos, pois os anjos deles contemplam sempre as faces das hostes celestes".

Quando Jesus acabou de falar, eles entraram no barco e velejaram para o outro lado, até Magadam.

DOCUMENTO 159

A CAMPANHA NA DECÁPOLIS

QUANDO Jesus e os doze chegaram ao parque de Magadam, encontraram um grupo de quase cem evangelistas e discípulos aguardando por eles, incluindo o corpo de mulheres; e eles dispuseram-se imediatamente ficando prontos para começar a campanha de ensinamento e de pregação pelas cidades da Decápolis.

Nessa quinta-feira, 18 de agosto pela manhã, o Mestre reuniu os seus seguidores e ordenou que cada um dos apóstolos associar-se-ia a um dos doze evangelistas e que, junto ainda com outros evangelistas, deveriam sair em doze grupos para trabalhar nas cidades e aldeias da Decápolis. Ele ordenou, ao corpo de mulheres e aos discípulos restantes, que permanecessem com ele. Jesus destinou quatro semanas a essa viagem, instruindo os seus seguidores para que retornassem a Magadam não depois de sexta-feira, 16 de setembro. Prometeu visitá-los freqüentemente durante esse tempo. Durante esse mês, os doze grupos trabalharam em Gerasa, Gamala, Hipos, Zafom, Gadara, Abila, Edrei, Filadélfia, Hesbon, Dium, Sitópolis e muitas outras cidades. Durante essa viagem, não aconteceu nenhum milagre de cura, nem outros eventos extraordinários.

1. O SERMÃO SOBRE O PERDÃO

Certa noite em Hipos, Jesus ensinou sobre o perdão, em resposta a uma pergunta de um discípulo. Disse o Mestre:

"Se um homem de bom coração tem cem ovelhas e uma delas desvia-se, não deixa de imediato as noventa e nove e sai em busca daquela que se desviou? E se for um bom pastor, não permanecerá em busca da ovelha perdida até encontrá-la? E assim, quando o pastor houver encontrado a sua ovelha perdida, ele a colocará nos ombros e, rejubilante, chamará os seus amigos e vizinhos, para 'rejubilarem-se comigo, pois eu encontrei minha ovelha que estava perdida'. Eu declaro que há mais alegria no céu, por causa de um pecador que se arrepende, do que por de noventa e nove pessoas corretas que não necessitam de arrependimento. E, ainda assim, não é da vontade do meu Pai no céu que nenhuma dessas pequeninas ovelhas se perca e muito menos que pereça. Na vossa religião, Deus pode receber os pecadores arrependidos; no evangelho do Reino, o Pai sai para encontrá-los, antes até mesmo que eles pensem seriamente em arrependimento.

"O Pai do céu ama os seus filhos; e, portanto, deveríeis aprender a amar-vos uns aos outros; o Pai do céu perdoa o vosso pecado; e, portanto, deveríeis aprender a perdoar-vos uns aos outros. Se o vosso irmão peca contra vós, ide até ele e, com tato e paciência, mostrai a ele o seu erro. E fazei tudo isso apenas entre vós e ele, a sós. Se ele vos escutar, então conquistastes o vosso irmão. Mas se o vosso irmão não vos escutar, se ele persistir no caminho do erro, ide novamente a ele, levando convosco um ou dois amigos comuns, para que possais ter duas, ou mesmo três testemunhas, para confirmar o depoimento dele e estabelecer o fato de que vós tratastes com justiça e com misericórdia ao vosso irmão que vos ofendeu. E, ainda, se ele se recusa a ouvir os vossos irmãos, podeis contar o caso à fraternidade e, então, se ele se recusar a ouvir a congregação, deixai que tomem as providências que julgarem sábias; e deixai que esse membro, obstinado assim, se torne um pária deste reino. Embora não possais pretender fazer o julgamento das almas dos vossos semelhantes, e, embora não possais perdoar pecados, nem presumir, de qualquer outro modo, usurpar as prerrogativas dos supervisores das hostes celestes, ao mesmo tempo, a vós foi confiado manterdes a ordem temporal deste reino da Terra. Apesar de não poderdes interferir nos decretos divinos que dizem respeito à vida eterna, ireis determinar as questões da conduta, no que disserem respeito ao bem-estar temporal da fraternidade na Terra. E assim, em todas essas questões ligadas à disciplina da irmandade, o que vós decretardes na Terra será reconhecido no céu. Embora não possais determinar o destino eterno do indivíduo, podeis legislar a respeito da conduta do grupo, pois, naquilo em que dois ou três de vós concordardes, a respeito de qualquer dessas coisas e perguntardes a mim, assim será feito para vós, se o vosso pedido não for incompatível com a vontade do meu Pai no céu. E tudo isso é, para sempre, a verdade, pois, naquilo em que dois ou três crentes estiverem juntos, lá eu estarei no meio deles".

Simão Pedro era o apóstolo encarregado dos trabalhadores em Hipos e quando ouviu Jesus falar assim perguntou: "Senhor, quantas vezes o meu irmão pecará contra mim, e quantas eu devo perdoá-lo? Até sete vezes?" E Jesus respondeu a Pedro: "Não apenas sete vezes, mas até mesmo setenta e sete vezes. E, portanto, o Reino do céu pode ser comparado a um certo rei que ordenou uma verificação financeira nas contas dos seus intendentes. E, quando começaram a fazer esse exame das contas, foi trazido diante dele um dos seus principais servidores, que confessava dever dez mil talentos ao seu rei. Ora, esse oficial da corte do rei, havendo passado por tempos difíceis, argumentou que não possuía com que pagar a sua obrigação. Assim, o rei ordenou que a sua propriedade fosse confiscada e que os seus filhos fossem vendidos para pagar o seu débito. Quando esse servidor ouviu a dura sentença, caiu com o rosto no chão, diante do rei, implorando-lhe que tivesse misericórdia e lhe concedesse mais tempo, dizendo: 'Senhor, tem um pouco mais de paciência comigo, e eu te pagarei tudo'. E quando o rei olhou para esse servidor negligente e para a sua família, ficou comovido de compaixão. E ordenou que fosse liberado e que a sua dívida fosse totalmente perdoada.

"E esse importante servidor, tendo assim recebido a misericórdia e o perdão das mãos do rei, retornou aos seus afazeres. Depois disso, encontrando um dos seus subordinados que lhe devia a mera quantia de cem denários, aproximou-se dele e, pegando-o pela garganta, disse: 'Paga tudo o que me deve'. E, então, esse servidor caiu aos pés do seu dirigente e, implorando-lhe, disse: 'Tem só um pouco de paciência comigo, e em breve poderei pagar-te'. Mas o servidor dirigente não demonstrou misericórdia para com o seu companheiro servidor e, ao contrário, mandou-o para a prisão, até que pagasse o seu débito. Quando os companheiros servidores viram o que havia acontecido, ficaram tão aflitos que foram contar tudo ao senhor e mestre, o rei. Quando o rei ouviu sobre o que o seu servidor dirigente fizera, chamou esse homem ingrato e implacável diante de si e disse: 'Tu és um servidor maldoso e indigno. Quando buscaste a compaixão, eu te perdoei graciosamente de toda a tua dívida. Por que tu não mostraste misericórdia também para com o teu companheiro servidor, do mesmo modo que mostrei misericórdia para contigo?' E o rei ficou com tanta raiva que entregou o servidor ingrato aos soldados, para que eles o prendessem até que ele pagasse tudo o que devia. E, desse mesmo modo, o meu Pai celeste mostrará a mais abundante misericórdia para com aqueles que graciosamente demonstrarem misericórdia para com os seus semelhantes. Como podeis vós vir a Deus, pedindo consideração pelas vossas faltas, se tendes o hábito de castigar os vossos irmãos por serem culpados dessas mesmas fragilidades humanas? Eu digo a todos vós: graciosamente recebestes as boas coisas do Reino e, portanto, gratuitamente deveis dá-las aos vossos companheiros na Terra".

Assim Jesus ensinou sobre os perigos, e ilustrou a injustiça que é fazer um julgamento pessoal do semelhante. A disciplina deve ser mantida, a justiça deve ser administrada, mas, em todas essas questões, a sabedoria da fraternidade deve prevalecer. Jesus investiu o *grupo* com autoridade legislativa e judiciária, não o *indivíduo*. E mesmo esse investimento de autoridade no grupo, não deve ser exercido com autoridade pessoal. Há sempre o perigo de que o veredicto dado por um indivíduo possa ser deformado pelo preconceito, ou distorcido pela paixão. O julgamento grupal é mais apropriado para remover tais perigos e eliminar as injustiças da propensão pessoal. Jesus buscou sempre minimizar os elementos de injustiça, de retaliação e de vingança.

[O uso da expressão setenta e sete como uma ilustração de misericórdia e clemência veio das escrituras; em uma referência à exultação de Lamec, por causa da arma de metal do seu filho Tubal-Caim. Ao comparar esses instrumentos superiores com os dos seus inimigos, exclamou: "Se Caim, sem nenhuma arma na sua mão, foi vingado sete vezes, eu serei agora setenta e sete vezes vingado".]

2. O ESTRANHO PREGADOR

Jesus foi a Gamala, para visitar João e aqueles que trabalhavam com ele naquela cidade. Nessa noite, depois da sessão de perguntas e respostas, João disse a Jesus: "Mestre, ontem eu fui até Astarot para ver um homem que estava ensinando em teu nome, e até mesmo clamando ser capaz de expulsar demônios. Ora, esse homem nunca esteve conosco, nem jamais nos seguiu; por isso eu proibi-o de fazer essas coisas". E então disse Jesus: "Não o proíbas. Não percebes que esse evangelho do Reino em breve será proclamado em todo o mundo? Como podes esperar que todos aqueles que acreditam no evangelho fiquem sujeitos à tua direção? Rejubila-te porque o nosso ensinamento já começou a manifestar-se para além das fronteiras da nossa influência pessoal. Acaso tu não vês, João, que aqueles que professam fazer grandes trabalhos em meu nome acabarão, finalmente, dando suporte à nossa causa? Eles certamente não se apressarão em me maldizer. Meu filho, em questões dessa espécie seria melhor que tu reconhecesses que aquele que não está contra nós, está a nosso favor. Nas gerações vindouras, muitos homens que não são integralmente dignos farão muitas coisas estranhas em meu nome, mas eu não os proibirei. Eu te digo que, até mesmo quando um copo de água for dado a uma alma sedenta, os mensageiros do Pai sempre registrarão um tal serviço de amor".

Essa instrução deixou João bastante desconcertado. Será que ele não tinha antes ouvido o Mestre dizer: "Aquele que não está comigo, está contra mim"? Mas João não havia percebido que, neste caso, Jesus estava referindo-se à relação pessoal do homem com os ensinamentos espirituais do Reino; enquanto no outro caso a equiparação havia sido feita com as relações externas e amplamente sociais, dos crentes, para com as questões do controle administrativo e jurisdição, de um grupo de crentes, sobre o trabalho de outros grupos, os quais finalmente iriam compor a fraternidade mundial vindoura.

Contudo, muitas vezes João relatou essa experiência, por ocasião dos seus trabalhos subseqüentes em benefício do Reino. E, com freqüência, os apóstolos consideraram como ofensiva toda a pregação daqueles que decidiram ensinar em nome do Mestre. Sempre lhes pareceu impróprio que, aqueles que nunca se sentaram aos pés de Jesus, ousassem ensinar em nome dele.

Esse homem, a quem João proibiu de ensinar e trabalhar, em nome de Jesus, não deu atenção maior à proibição do apóstolo. Ele continuou com os seus esforços e formou um grupo considerável de crentes, em Canata, antes de ir para a Mesopotâmia. Esse homem, Aden, havia sido levado a acreditar em Jesus por meio do testemunho daquele demente a quem Jesus curara, perto de Queresa, e que, com tanta confiança, havia acreditado que os supostos espíritos impuros, que o Mestre expulsara dele, haviam entrado na vara de porcos, levando-os todos a se destruírem, caindo de um precipício.

3. O ENSINAMENTO PARA OS INSTRUTORES E PARA OS CRENTES

Em Edrei, onde Tomé e os seus condiscípulos trabalhavam, Jesus passou um dia e uma noite e, no curso da discussão à noite, deu expressão aos princípios que deveriam guiar aqueles que pregam a verdade, e que deveriam dar esse estímulo a todos que ensinam o evangelho do Reino. Resumido e reformulado, em uma linguagem moderna, eis o que Jesus ensinou:

Sempre respeitar a personalidade do homem. Uma causa justa não deveria jamais ser promovida pela força; as vitórias espirituais apenas podem ser ganhas pelo poder espiritual. Essa determinação contra o emprego de influências materiais refere-se à força psíquica, tanto quanto à força física. Os argumentos esmagadores, e a superioridade mental, não devem ser empregados para coagir os homens e as mulheres a abraçar o Reino. A mente do homem não deve ser subjugada apenas pelo peso da lógica, nem intimidada pela eloqüência astuta. Ainda que a emoção, como um fator para as decisões humanas, não possa ser totalmente eliminada, não deveria ser feito um apelo direto a ela, nos ensinamentos dados àqueles que gostariam de avançar na causa do Reino. Fazei os vossos apelos diretamente ao espírito divino que reside no interior das mentes dos homens. Não façais apelos ao medo, à piedade, nem a meros sentimentos. Ao fazer apelos aos homens, sede equânimes; exercei o autocontrole e demonstreis uma reserva devida; demonstrai um respeito oportuno pelas personalidades dos vossos discípulos. Lembrai-vos de que eu disse: "Vede, eu estou à porta e bato; e se alguém abri-la, eu entrarei".

Ao trazer os homens para o Reino, não diminuais, nem destruais o seu auto-respeito. Conquanto um excesso de auto-respeito possa destruir a humildade adequada e acabar com o orgulho, a presunção e a arrogância; muitas vezes a perda do auto-respeito leva à paralisação da vontade. O propósito deste evangelho é restaurar o auto-respeito, para aqueles que o hajam perdido, e restringi-lo para aqueles que o mantêm. Não cometais o engano de condenar apenas os erros nas vidas dos vossos alunos; lembrai-vos também de dar um reconhecimento generoso a coisas mais dignas de louvor nas suas vidas. Não esqueçais de que nada impedirá que eu busque restaurar o auto-respeito daqueles que o perderam e que realmente desejam reconquistá-lo.

Tomai cuidado para que não firais o auto-respeito das almas tímidas e temerosas. Não vos permitais ser sarcásticos às custas dos meus irmãos de mente simples. Não sejais cínicos com os meus filhos temerosos. A preguiça é destrutiva para o auto-respeito; portanto, aconselhai os vossos irmãos a manterem-se sempre ocupados com as tarefas que escolheram, e não poupeis esforços para assegurar trabalho àqueles que se encontram sem emprego.

Que vós não sejais culpados pelo uso de táticas indignas, tais como tentar amedrontar os homens e as mulheres para que entrem no Reino. Um pai que ama, não amedronta os seus filhos para que sejam obedientes às suas exigências justas.

Os filhos do Reino acabarão por compreender que os sentimentos fortes de emoção, não são equivalentes à condução do espírito divino. Ficar fortemente impressionado e levado a fazer alguma coisa ou a ir a um certo lugar não significa necessariamente que tal impulso seja proveniente de um guiamento do espírito residente.

Preveni a todos os crentes a respeito do nível de conflito que deve ser enfrentado por todos aqueles que passam da vida, como é vivida na carne, para a vida mais elevada, como é vivida no espírito. Para aqueles que vivem inteiramente dentro de qualquer dos reinos, há um pequeno conflito ou confusão, mas todos estão fadados a experimentar uma incerteza, maior ou menor, durante os tempos de transição entre os dois níveis de vida. Vós não podeis escapar das vossas responsabilidades, nem evitar as obrigações do Reino, ao entrardes nele, mas lembrai-vos: O jugo do evangelho é fácil de levar, e o fardo da verdade é leve.

O mundo está cheio de almas famintas que, mesmo estando em presença do pão da vida, passam fome; homens morrem à procura do próprio Deus que vive dentro deles. Homens buscam os tesouros do Reino com os corações cheios de anseio e os pés cansados; e os tesouros estão todos dentro do alcance imediato da fé viva. A fé é para a religião o que as velas são para um barco: um acréscimo na força, não uma carga a mais na vida. Só há uma luta para aqueles que entram no Reino, e esta é a boa batalha da fé. O crente tem apenas uma batalha, e esta é contra a dúvida – a descrença.

Ao pregar o evangelho do Reino, vós estais simplesmente ensinando a amizade a Deus. E essa amizade é tão atraente para os homens quanto o é para as mulheres, pois ambos encontrarão aquilo que satisfaz, mais verdadeiramente, aos seus desejos característicos e ideais. Dizei aos meus filhos que eu sou, não apenas terno, para com os seus sentimentos, e paciente, com as suas fraquezas, mas que sou também sem piedade, com o pecado, e intolerante, com a iniqüidade. Sou de fato manso e humilde, na presença do meu Pai, mas me torno implacável e inexorável, na mesma medida, quando há erro deliberado e rebelião pecaminosa, contra a vontade do meu Pai no céu.

Não ireis nunca descrever o vosso Mestre como um homem de pesares. As gerações futuras conhecerão também o resplendor do nosso júbilo, a alegria da nossa boa vontade e a inspiração do nosso bom humor. Proclamamos uma mensagem de boas-novas, que é contagiante, pelo seu poder de transformação. A nossa religião está pulsando, com nova vida e novos significados. Aqueles que aceitam esse ensinamento ficam repletos de júbilo e, nos seus corações, são levados a rejubilarem-se ainda mais. Uma felicidade crescente é a experiência contínua para todos aqueles que estão seguros a respeito de Deus.

Ensinai todos os crentes a evitar que se apóiem nos esteios inseguros da falsa caridade. Vós não podeis desenvolver um caráter forte a partir da indulgência na autopiedade; esforçai-vos honestamente para evitar a influência enganosa da mera irmanação na miséria. Estendei a vossa compaixão aos valentes e aos corajosos, ao mesmo tempo, evitando dedicar um excesso de piedade àquelas almas covardes que, apenas frouxamente, se postam diante das provações da vida. Não ofereçais consolo àqueles que caem diante dos próprios problemas, sem uma luta. Não dediqueis a vossa compaixão aos vossos semelhantes apenas para que, em retribuição, eles possam simpatizar convosco.

Quando os meus filhos tornam-se conscientes da segurança da divina presença, essa fé expande a mente, enobrece a alma, reforça a personalidade, aumenta a felicidade, aprofunda a percepção espiritual e realça o poder de amar e ser amado.

Ensinai a todos os crentes que aqueles que entram no Reino não se tornam, por isso, imunes aos acidentes do tempo, nem às catástrofes ordinárias da natureza. Crer no evangelho não terminará com os problemas, mas irá assegurar que vós *não tereis medo*, quando os problemas baterem à vossa porta. Se ousardes crer em mim e se, de todo o vosso coração, continuardes a seguir-me, fazendo isso vós ireis, com toda a certeza, entrar no caminho que vos levará a dificuldades. Eu não vos prometo livrar-vos das águas da adversidade, mas eu vos prometo estar convosco durante todas elas.

E Jesus ensinou muito mais a esse grupo de crentes antes que se preparassem para o sono daquela noite. E, aqueles que ouviram essas palavras, guardaram-nas no coração como um tesouro e, muitas vezes, recitaram-nas para a edificação daqueles apóstolos e discípulos que não estiveram presentes quando elas foram pronunciadas.

4. A CONVERSA COM NATANAEL

E então Jesus tomou o rumo de Ábila, onde Natanael e os seus companheiros trabalhavam. Natanael andava muito incomodado com alguns dos pronunciamentos de Jesus que pareciam depreciar a autoridade das escrituras hebraicas reconhecidas. E, assim sendo, nessa noite, depois do período usual de perguntas e respostas, Natanael levou Jesus para longe dos outros e perguntou: "Mestre, poderias confiar em mim, a ponto de fazeres com que eu conheça a verdade sobre as escrituras? Eu observo que nos ensinas apenas uma parte das escrituras sagradas – a melhor, segundo o que posso notar – e concluo que rejeitas os ensinamentos dos rabinos, que afirmam que as palavras da lei são as próprias palavras de Deus, que estavam com Deus no céu antes mesmo dos tempos de Abraão e Moisés. Qual é a verdade sobre as escrituras?" Ao ouvir a pergunta do seu apóstolo desnorteado, Jesus respondeu:

"Natanael, julgaste certo; não considero as escrituras como os rabinos as consideram. E falarei contigo sobre essa questão, sob a condição de que tu não relates essas coisas aos teus irmãos, pois nem todos estão preparados para receber esse ensinamento. As palavras da lei de Moisés, e os ensinamentos das escrituras, não existiam antes de Abraão. Apenas em tempos recentes as escrituras foram formadas, como agora as conhecemos. Embora contenham o melhor dos pensamentos mais elevados, e das aspirações do povo judeu, elas também contêm muita coisa que está longe de representar o caráter e os ensinamentos do Pai, no céu; e é por essa razão que eu devo escolher, dentre os melhores ensinamentos, aquelas verdades que devem ser reunidas para o evangelho do Reino.

"Essas escrituras são trabalho executado por homens; alguns deles santos, outros não o sendo totalmente. Os ensinamentos desses compêndios representam a visão e a extensão do esclarecimento dos tempos, na época em que tiveram a sua origem. Como revelação da verdade, os últimos são mais confiáveis do que os primeiros. As escrituras são errôneas e de todo humanas, pela sua origem, mas não vos enganeis, elas constituem a melhor coleção de sabedoria religiosa e verdade espiritual a ser encontrada em todo o mundo, neste momento.

"Conquanto muitos desses livros não hajam sido escritos pelas pessoas cujos nomes constam neles, de modo algum, isso pesa em detrimento do valor das verdades que contêm. Se a história de Jonas não for um fato, mesmo se Jonas não tiver vivido nunca, ainda assim a profunda verdade da narrativa, o amor de Deus por Nínive e os chamados pagãos, não seria menos preciosa, aos olhos de todos aqueles que amam os seus semelhantes. As escrituras são sagradas por apresentarem os pensamentos e atos de homens que estavam em busca de Deus e que, por meio desses escritos, deixaram registrados seus conceitos mais elevados de retidão, verdade e santidade. As escrituras contêm muito que é verdade, entretanto, à luz dos vossos ensinamentos atuais, podeis entender que esses escritos contêm também bastante coisa que apenas de um modo falso representa o Pai do céu, o Deus de amor que eu vim revelar a todos os mundos.

"Natanael, nunca te permita, sequer por um momento, acreditar nos registros daquelas escrituras que dizem que o Deus do amor comandou teus antepassados que prosseguissem na batalha até matar todos os inimigos – homens, mulheres e crianças. Alguns registros são palavras vindas de homens, e homens não muito santos, esses, pois, não são a palavra de Deus. As escrituras refletem sempre e sempre refletirão o status intelectual, moral e espiritual daqueles que as criaram. Acaso não percebeste que os conceitos de Yavé crescem, em beleza e glória, à medida que os profetas fazem os seus registros, de Samuel a Isaías? E tu deverias lembrar-te de que as escrituras são destinadas à instrução religiosa e ao guiamento espiritual. Elas não são uma obra, nem de historiadores, nem de filósofos.

"A coisa mais deplorável não é meramente a idéia errônea da perfeição absoluta dos registros das escrituras e da infalibilidade dos seus ensinamentos; mas, a interpretação confusa e errada que os escribas e os fariseus em Jerusalém, escravizados à tradição, fazem desses escritos sagrados, pode ser mais deplorável. E agora eles irão empregar a doutrina de que as escrituras são tão inspiradas quanto as interpretações falaciosas que fazem delas, no seu esforço determinado para resistir a esses novos ensinamentos do evangelho do Reino. Natanael, nunca esqueças, o Pai não limita a revelação da verdade a nenhuma geração, nem a nenhum povo. Muitos buscadores honestos da verdade têm sido, e continuarão a ser, confundidos e desalentados por essas doutrinas da perfeição das escrituras.

"A autoridade da verdade é o próprio espírito que reside nas suas manifestações vivas, não é a palavra morta de homens menos iluminados e supostamente inspirados de uma outra geração. E ainda que esses homens santos de outrora tivessem vivido vidas inspiradas e preenchidas pelo espírito, isso não quer dizer que as *palavras* deles sejam, do mesmo modo, espiritualmente inspiradas. Hoje, deixamos de fazer o registro dos ensinamentos do nosso evangelho do Reino para que, quando eu tiver partido, não vos torneis rapidamente divididos em vários grupos de defensores da verdade, em função das diversidades das vossas interpretações dos meus ensinamentos. Para esta geração é melhor que essas verdades sejam *vividas*, evitando fazer o registro delas por escrito.

"Marca bem estas palavras, Natanael: Nada que a natureza humana houver tocado pode ser considerado infalível. Por meio da mente do homem, a verdade divina de fato pode resplandecer, mas sempre com uma pureza relativa e com uma divindade parcial. A criatura pode almejar a infalibilidade, no entanto apenas os Criadores a possuem.

"O maior dos erros do que se ensina sobre as escrituras, porém, é a doutrina de que são livros selados, em mistério e sabedoria, os quais apenas as mentes sábias da nação ousam interpretar. As revelações da verdade divina não são seladas, a não ser pela ignorância humana, pelo fanatismo e pela intolerância da mente estreita. A luz das escrituras é obscurecida apenas pelo preconceito e obliterada apenas pela superstição. Um medo falso do sagrado impediu que a religião fosse salvaguardada pelo bom senso. O medo da autoridade dos escritos sagrados, do passado, impede efetivamente que as almas honestas de hoje aceitem a nova luz do evangelho, a luz que os mesmos homens conhecedores de Deus, de outra geração, tão intensamente almejaram ver.

"E o aspecto mais triste de tudo é o fato de que alguns dos instrutores partidários da santidade desse tradicionalismo conhecem a verdade. Eles compreendem mais ou menos plenamente as limitações das escrituras, mas eles são covardes morais e intelectualmente desonestos. Eles sabem da verdade a respeito das sagradas escrituras, mas preferem ocultar do povo esses fatos perturbadores. E, assim, desvirtuam e deturpam as escrituras, fazendo delas um guia, cheio de detalhes escravizadores da vida diária e uma autoridade sobre coisas não espirituais, em vez de apelar para os escritos sagrados como um depositário de sabedoria moral, de inspiração religiosa e de ensinamento espiritual, vindos dos homens conhecedores de Deus, em outras gerações".

Natanael estava esclarecido, e chocado, com o pronunciamento do Mestre. E ponderou longamente, sobre essa conversa, nas profundezas da sua alma; mas nada falou, a nenhum homem, a respeito desse diálogo, não antes da ascensão de Jesus; e, mesmo então, ele temia contar toda a história da instrução do Mestre.

5. A NATUREZA POSITIVA DA RELIGIÃO DE JESUS

Na Filadélfia, onde Tiago estava trabalhando, Jesus ensinou aos discípulos a natureza positiva do evangelho do Reino. No decorrer das suas observações, quando ele insinuou que algumas partes da escritura continham mais verdade do que outras e preveniu aos seus ouvintes sobre alimentar as suas almas com o melhor do alimento espiritual, Tiago interrompeu o Mestre, perguntando: "Mestre, tu serias tão bom a ponto de sugerir a nós como podemos escolher as melhores passagens, das escrituras, para a nossa edificação pessoal?" E Jesus respondeu: "Sim, Tiago, ao leres as escrituras, procura aqueles ensinamentos eternamente verdadeiros e divinamente belos, tais como:

"Cria em mim um coração puro, ó Senhor".

"O Senhor é meu pastor; nada me há de faltar".

"Ama o teu semelhante como a ti próprio".

"Pois eu, o Senhor teu Deus, segurarei a tua mão direita, dizendo: não temas; eu ajudar-te-ei".

"E as nações não mais farão o aprendizado da guerra".

E tudo isso se torna ilustrativo do modo como Jesus, dia a dia, apropriava-se do melhor das escrituras dos hebreus, para a instrução dos seus seguidores, incluindo o melhor dos ensinamentos no novo evangelho do Reino. Outras religiões haviam sugerido o pensamento de que Deus está próximo do homem, mas Jesus transformou o cuidado de Deus, para com o homem, na solicitude de um Pai cheio de amor pelo bem-estar dos filhos que dele dependem; e, então, fez desse ensinamento a pedra fundamental da sua religião. E, assim, a doutrina da paternidade de Deus torna imperativa a prática da fraternidade dos homens. A adoração de Deus e o serviço do homem tornam-se a soma e a essência da sua religião. Jesus tomou do melhor da religião judaica, transpondo-o para o quadro mais digno dos novos ensinamentos do evangelho do Reino.

Jesus colocou o espírito da ação positiva nas doutrinas passivas da religião judaica. No lugar da submissão negativa, da submissão às exigências cerimoniais, Jesus indicou a realização positiva daquilo que a sua nova religião exigia daqueles que a aceitavam. A religião de Jesus não consistiu meramente em *acreditar*, mas, de fato, em *fazer* todas aquelas coisas que o evangelho exigia. Ele não ensinou que a essência da sua religião consistia no serviço social, mas sim que aquele serviço social era um dos efeitos certos da posse do espírito da verdadeira religião.

Jesus não hesitou em apropriar-se da melhor metade de uma escritura, repudiando, ao mesmo tempo, a parte inferior em conteúdo. A sua grande exortação: "Ama ao próximo como a ti mesmo", ele tomou-a das escrituras, onde se lê: "Não exercerás a vingança contra o filho do teu povo, mas amarás o teu semelhante como a ti mesmo". Jesus apropriou-se da parte positiva dessa escritura, rejeitando a parte negativa. Ele se opôs até mesmo à não-resistência negativa ou puramente passiva. Ele disse: "Quando um inimigo te golpear em uma face, não fiques emudecido e passivo, mas, em uma atitude positiva, dá-lhe a outra face; isto é, faze o melhor possível, ativamente, para conduzir o teu irmão errado para longe do caminho do mal, levando-o para os melhores caminhos do viver na retidão". Jesus exigiu que os seus seguidores reagissem positiva e dinamicamente a todas as situações na vida. Dar a outra face, ou qualquer ato que signifique isso, tipicamente, demanda iniciativa e uma expressão vigorosa, ativa e corajosa, da personalidade daquele que crê.

Jesus não preconizava a prática da submissão negativa às indignidades daqueles que buscassem propositalmente impor-se aos praticantes da não resistência ao mal, mas, sim, que os seus seguidores devessem ser sábios e alertas para reagir, de modo rápido e positivo, com o bem para enfrentar o mal, com o fito de que pudessem efetivamente vencer o mal com o bem. Não esqueçais: o bem verdadeiro é, invariavelmente, mais poderoso do que o mal mais maligno. O Mestre ensinou um critério positivo de retidão: "Quem desejar ser meu discípulo, que esqueça de si e assuma plenamente as suas responsabilidades diárias de seguir-me". E ele próprio dava o exemplo, pois "ele manteve-se no seu caminho, fazendo o bem". E esse aspecto do evangelho ficou bem ilustrado nas muitas parábolas que, mais tarde, Jesus contou aos seus seguidores. Ele nunca exortou os seus seguidores a suportar pacientemente as suas obrigações, mas sim, com energia e entusiasmo, a viver na medida plena das suas responsabilidades humanas e dos privilégios divinos, no Reino de Deus.

Quando Jesus instruiu os seus apóstolos para que, se alguém lhes tomasse injustamente o agasalho, eles lhe oferecessem um outro agasalho, ele referia-se não tanto a um segundo agasalho literalmente, mas mais à idéia de fazer algo *positivo* para salvar aquele que errou, em lugar do conselho antigo que seria o da retaliação – "um olho por outro olho", e assim por diante. Jesus abominava a idéia tanto da retaliação, quanto de tornar-se apenas um sofredor passivo ou uma vítima da injustiça. Nessa ocasião ele ensinou-lhes os três caminhos de lutar e de resistir ao mal:

1. Retribuir o mal com o mal – o método positivo, mas incorreto.

2. Sofrer o mal sem queixa e sem resistência – o método puramente negativo.

3. Retribuir o mal com o bem, de afirmar a vontade, visando tornar-se o senhor da situação, de vencer o mal com o bem – o método positivo e reto.

Um dos apóstolos perguntou certa vez: "Mestre, o que eu deveria fazer se um estranho me forçasse a carregar a sua carga por uma légua?" Jesus respondeu: "Não te assentes para suspirar e repreender o estranho. A retidão não vem dessas atitudes passivas. Se não conseguires pensar em nada mais efetivamente positivo para fazer, tu podes ao menos carregar o fardo dele por uma segunda légua. Isso irá sem dúvida desafiar o injusto e incrédulo estranho".

Os judeus haviam ouvido falar de um Deus que perdoaria aos pecadores arrependidos e que tentaria esquecer os erros deles, mas jamais, antes da vinda de Jesus, os homens ouviram falar de um Deus que tivesse ido à procura da ovelha perdida e que, assim, tomaria a iniciativa de procurar os pecadores e se rejubilaria quando os encontrasse querendo voltar para a casa do Pai. Essa nota positiva, na religião, Jesus estendeu-a até mesmo às suas orações. E converteu a restritiva regra de ouro em uma exortação positiva em favor da equanimidade humana.

Em todos os seus ensinamentos, Jesus fugiu, infalivelmente, dos detalhes que dispersam. Ele evitava a linguagem floreada e as imagens meramente poéticas, como o jogo de palavras. E, habitualmente, punha significados amplos, em expressões curtas. Com o propósito de ilustração, Jesus alterava o significado corrente de muitos termos, tais como: sal, fermento, pescar e filhinhos. Ele empregava muito eficientemente a antítese, comparando o diminuto ao infinito, e assim por diante. As suas descrições eram surpreendentes: "O cego conduzindo um cego". Todavia, a maior força encontrada, no seu ensinamento ilustrativo, foi a da sua naturalidade. Jesus trouxe a filosofia da religião, do céu à Terra. Ele retratou as necessidades elementares da alma, com uma nova visão de discernimento interior e dentro de uma nova concessão de afeto.

6. O RETORNO A MAGADAM

A missão de quatro semanas, na Decápolis, teve um êxito moderado. Centenas de almas foram recebidas no Reino, os apóstolos e os evangelistas tiveram uma experiência valiosa ao realizar o trabalho, sem a inspiração da presença pessoal de Jesus.

Na sexta-feira, 16 de setembro, todo o corpo de servidores reuniu-se, como convencionado previamente, no parque de Magadam. No sábado foi feito um conselho de mais de cem crentes, no qual os planos futuros para expandir o trabalho do Reino foram considerados de modo completo. Os mensageiros de Davi estiveram presentes e fizeram relatos a respeito do bem-estar dos crentes, em toda a Judéia, Samaria, Galiléia e nos distritos adjacentes.

Poucos dos seguidores de Jesus, nessa época, sabiam apreciar totalmente o grande valor dos serviços do corpo dos mensageiros. Os mensageiros mantinham não apenas os crentes da Palestina em contato uns com os outros, com Jesus e com os apóstolos, mas, durante aqueles dias sombrios, também serviram como coletores de fundos, tanto para o sustento de Jesus e dos seus companheiros, quanto para sustentar as famílias dos doze apóstolos e dos doze evangelistas.

Nessa época, Abner mudou a sua base de operações, de Hebrom para Belém, e este último local foi também o centro para os mensageiros de Davi, na Judéia. Davi mantinha um serviço de revezamento de mensageiros, durante a noite inteira, entre Jerusalém e Betsaida. Esses corredores deixavam Jerusalém todas as noites, revezando-se em Sichar e em Sitópolis, chegando em Betsaida por volta da hora do desjejum, na manhã seguinte.

Jesus e os seus seguidores agora se preparavam para ter um descanso de uma semana, antes de aprontarem-se para começar a última época de trabalhos em benefício do Reino. Esse foi o último descanso deles, pois a missão pereiana transformou-se em uma campanha de pregação e de ensinamento; e se estendeu até o momento da chegada deles em Jerusalém e do desenrolar dos episódios finais da carreira terrena de Jesus.

DOCUMENTO 160

RODAM DE ALEXANDRIA

NO DOMINGO pela manhã, 18 de setembro, André anunciou que nenhum trabalho seria programado para a semana seguinte. Todos os apóstolos, exceto Natanael e Tomé, foram visitar os familiares ou estar com amigos. Nessa semana Jesus desfrutou de um período de descanso quase completo, mas Natanael e Tomé estiveram bastante ocupados com as suas conversas com um certo filósofo grego de Alexandria, chamado Rodam. Esse grego havia-se tornado recentemente um discípulo de Jesus, por meio dos ensinamentos de um dos colaboradores de Abner, o qual havia conduzido uma missão em Alexandria. Rodam estava agora sinceramente empenhado na tarefa de harmonizar a sua filosofia de vida adequando-a aos novos ensinamentos religiosos de Jesus e viera a Magadam esperando que o Mestre conversasse com ele sobre essa questão. Também desejava assegurar uma versão autorizada, do evangelho, em primeira mão e diretamente de Jesus ou de um dos seus apóstolos. Apesar de o Mestre não se ter mostrado inclinado a entrar em tal conferência com Rodam, recebeu-o amavelmente e imediatamente determinou a Natanael e Tomé que escutassem tudo o que ele tinha para dizer e que, por sua vez, tratassem com ele sobre todo o evangelho.

1. A FILOSOFIA GREGA DE RODAM

No domingo cedo, pela manhã, Rodam deu início a uma série de dez discursos para Natanael, Tomé e um grupo de uns vinte e quatro crentes que se encontravam em Magadam. Essas palestras, condensadas, combinadas e relatadas na construção moderna de frases, apresentam os seguintes pensamentos à consideração:

Na vida humana, três grandes impulsos são básicos: os ímpetos, os desejos e os anseios. Um caráter firme e uma personalidade de comando são adquiridos apenas convertendo os ímpetos naturais da vida em arte social de viver, pela transformação dos desejos, do instante presente, em anseios mais elevados, que sejam capazes de um alcance duradouro; enquanto o anseio lugar-comum da existência deve ser transferido das idéias convencionais e estabelecidas, para domínios mais elevados de idéias inexploradas e ideais por serem descobertos.

Quanto mais complexa a civilização se torna, mais difícil ficará a arte de viver. Quanto mais rápidas as mudanças nos hábitos sociais, mais complicada ficará a tarefa do desenvolvimento do caráter. A cada dez gerações a humanidade deve aprender de novo a arte de viver, se é que o progresso deva continuar. E se o homem torna-se assim tão engenhoso, mais rapidamente ele aumenta as complexidades da sociedade; e a arte de viver necessitará ser reformada em menos tempo, talvez mesmo, a cada nova geração. Se a evolução da arte de viver fracassar em manter-se à altura da técnica da existência, a humanidade reverter-se-á rapidamente à condição simples da urgência na sobrevivência – a busca da satisfação dos desejos presentes. E assim a humanidade permanecerá imatura; e a sociedade fracassará no seu crescimento até a maturidade plena.

A maturidade social é equivalente ao grau pelo qual o homem está disposto a sacrificar a gratificação de desejos meramente transitórios e presentes, e passar a entreter aqueles anseios superiores, cuja obtenção requer esforço, mas que, se atingidos, proporcionam satisfações mais abundantes, e de avanço mais progressivo, na direção de metas permanentes. A verdadeira indicação de maturidade social, entretanto, é a vontade que um povo tem de renunciar ao direito de viver, pacífica e satisfatoriamente sob padrões que promovem a comodidade e sob crenças estabelecidas e idéias convencionais, em troca do anseio, inquietante sim e absorvedor de energia também, da busca de possibilidades inexploradas, para atingir metas novas, por descobrir, de realidades espirituais idealistas.

Os animais respondem nobremente ao impulso da vida, mas apenas o homem pode alcançar a arte de viver, se bem que a maioria da humanidade apenas experimente o ímpeto animal da vida. Os animais conhecem apenas essa urgência cega e instintiva; o homem é capaz de transcender a esses ímpetos da função natural. O homem pode optar por uma vida, no plano elevado da arte inteligente e, até mesmo, no plano da alegria celestial ou do êxtase espiritual. Os animais nada se perguntam sobre os propósitos da vida; e, conseqüentemente, nunca se preocupam, nem cometem suicídio. O suicídio entre os homens atesta que esses seres emergiram do estágio puramente animal de existência e subseqüentemente atesta o fato de que os esforços exploratórios de tais seres humanos falharam em atingir os níveis artísticos da experiência mortal. Os animais não conhecem o sentido da vida; o homem não somente possui a capacidade de reconhecer os valores e a compreensão dos significados, mas também é cônscio do significado dos significados – é consciente de um discernimento interior.

Quando os homens ousam abandonar uma vida de desejos naturais, por uma vida de aventuras na arte, cuja lógica é incerta, eles devem esperar sofrer os acasos consequentes das perdas emocionais – conflitos, infelicidade e incertezas –, pelo menos até que chegue o tempo de atingir, em algum grau, a maturidade intelectual e emocional. O desencorajamento, a preocupação e a indolência são evidências claras de imaturidade moral. A sociedade humana confronta-se com dois problemas: a maturidade do indivíduo, por ser atingida; e a maturidade da raça, também por ser atingida. O ser humano amadurecido logo começa a encarar todos os outros mortais com sentimentos de ternura e com emoções de tolerância. Os homens amadurecidos encaram os imaturos com o amor e a consideração com que os pais criam os filhos.

Viver com êxito é, nada mais, nada menos, do que a arte na mestria e no domínio das técnicas confiáveis para resolver problemas comuns. O primeiro passo na solução de qualquer problema é localizar a dificuldade, é isolar o problema e reconhecer francamente a sua natureza e gravidade. O grande erro é que, quando os problemas da vida despertam os nossos medos profundos, nós nos recusamos a reconhecê-los. Da mesma forma, quando o reconhecimento das nossas dificuldades envolve uma redução na nossa vaidade, já tão longamente acalentada, e, uma admissão da inveja ou o abandono de preconceitos já profundamente arraigados, o indivíduo comum prefere apegar-se às velhas ilusões de imunidade e aos falsos sentimentos de segurança, também acalentados há muito. Apenas uma pessoa valente pode estar honestamente disposta a admitir e encarar, destemidamente, o que a sua mente sincera e lógica descobre.

A solução sábia e efetiva de qualquer problema demanda que a mente seja isenta de sectarismos, paixões e todos os outros condicionamentos puramente pessoais, que poderiam interferir em uma busca desinteressada dos fatores reais que formam o problema a ser solucionado. A solução dos problemas da vida requer coragem e sinceridade. Apenas os indivíduos honestos e valentes são capazes de seguir bravamente, através do labirinto perturbador e confuso da vida, indo até onde a lógica de uma mente destemida pode levar. E essa emancipação da mente e da alma não pode efetivar-se sem o poder impulsionador de um entusiasmo inteligente, que beira o zelo religioso. A atração de um grande ideal é necessária para impulsionar o homem a perseguir uma meta que seja cercada de problemas materiais difíceis e cheia de riscos intelectuais múltiplos.

Ainda que vós estejais efetivamente equipados para encarar as situações difíceis da vida, não podereis esperar ter êxito, a menos que estejais providos daquela sabedoria da mente e encanto da personalidade, que vos propiciarão obter a cooperação e o apoio sincero dos vossos semelhantes. Vós não podeis esperar obter um sucesso em larga escala, seja no vosso trabalho secular, seja no religioso, a menos que tenhais aprendido como persuadir os vossos semelhantes, como convencer os homens. Deveis ter tato e tolerância, simplesmente.

O melhor entre todos os métodos maiores, na solução dos problemas, contudo, eu aprendi com Jesus, o vosso Mestre. Estou referindo-me àquilo que ele tão coerentemente pratica e que, com tanta fé, ensinou a vós: o isolamento da meditação adoradora. Nesse costume, que Jesus tem de sair tão freqüentemente e se isolar, para comungar com o Pai do céu, é que deve ser encontrada a técnica, não apenas para reunir as forças e a sabedoria a fim de lidar com os conflitos ordinários da vida, mas também para apossar-se da energia necessária à solução dos mais altos problemas de natureza moral e espiritual. Pois, nem mesmo os métodos corretos de solução dos problemas poderão reparar os defeitos inerentes da personalidade, nem compensar a ausência de fome e sede de retidão verdadeira.

Considero-me profundamente impressionado com o costume que Jesus tem de apartar-se e de, sozinho, engajar-se nessas sessões de sondagens solitárias dos problemas da vida; na busca de reservas novas de sabedoria e energia, para enfrentar as múltiplas demandas do serviço social; de estimular e aprofundar o propósito supremo da vida, ao sujeitar a personalidade total à consciência do contato com a divindade; de lutar por alcançar métodos novos e melhores de ajustamento às situações sempre mutantes da existência nesta vida; de efetuar aquelas reconstruções vitais e os reajustes nas atitudes pessoais, que são tão essenciais ao discernimento elevado, de tudo o que é real e que vale a pena; e de fazer tudo isso com olhos apenas na glória de Deus – e respirar com sinceridade na oração favorita do vosso Mestre: "Não o meu desejo, mas o Vosso seja cumprido".

Essa prática integral na adoração, feita pelo vosso Mestre, proporciona aquele relaxamento que renova a mente, aquela iluminação que inspira a alma, aquela coragem que capacita para enfrentar valentemente os problemas, aquela compreensão que oblitera o medo debilitador e aquela consciência de união com a divindade que dota o homem com a segurança necessária para atrever-se a ser como Deus. O relaxamento gerado na adoração, ou comunhão espiritual, como praticada pelo Mestre, alivia a tensão, elimina os conflitos e aumenta poderosamente os recursos totais da personalidade. E toda essa filosofia mais o evangelho do Reino constituem a nova religião como eu a entendo.

O preconceito cega a alma para o reconhecimento da verdade; o preconceito pode ser removido somente pela devoção sincera da alma à adoração de uma causa que abranja e inclua plenamente todos os nossos semelhantes. O preconceito está indelevelmente vinculado ao egoísmo. O preconceito pode ser eliminado somente se a busca do ego for abandonada e substituída pela busca da satisfação pelo serviço de uma causa que seja, não apenas maior do que o ego, mas maior até do que toda a humanidade – a busca de Deus, o alcance da divindade. Uma evidência da maturidade da personalidade consiste na transformação do desejo humano, pela procura constante da realização desses valores, os mais elevados e os mais divinamente reais.

Num mundo em mudança contínua, em meio a uma ordem social em evolução, torna-se impossível manter metas imutáveis e rígidas de destino. A estabilidade da personalidade somente pode ser experimentada por aqueles que descobriram e abraçaram o Deus vivo, como meta eterna de alcance infinito. E, assim, transferir a meta do tempo para a eternidade, da Terra para o Paraíso, do humano para o divino, requer que o homem se torne regenerado, convertido, que nasça de novo; e que ele se transforme na criança recriada do espírito divino, conquistando assim a entrada na irmandade do Reino do céu. Todas as filosofias e religiões que não chegam a esses ideais são imaturas. A filosofia que eu ensino, ligada ao evangelho que pregais, representa a nova religião da maturidade, o ideal das gerações futuras. E isso é verdade porque o nosso ideal é definitivo, infalível, eterno, universal, absoluto e infinito.

A minha filosofia proporciona a mim o impulso de buscar as realidades de alcance verdadeiro, a meta da maturidade. Todavia esse meu ímpeto foi impotente; à minha procura faltava a força impulsionadora; a minha indagação sofria da ausência da certeza de direcionamento. E essas deficiências foram abundantemente supridas por este novo evangelho de Jesus, com o seu enaltecimento do discernimento interior, da elevação de ideais e nitidez de metas. Sem dúvidas e sem apreensões, eu posso agora, de coração pleno, entrar na aventura eterna.

2. A ARTE DE VIVER

Apenas duas maneiras há, por meio das quais os mortais podem viver juntos: a maneira material ou animal e a maneira espiritual ou humana. Pelo uso de sinais e sons, os animais são capazes de comunicarem-se uns com os outros, de um modo limitado. Mas tais formas de comunicação não transmitem significados, valores ou idéias. Uma distinção entre homem e animal é que o homem pode comunicar-se com os seus semelhantes, por meio de *símbolos* que designam e identificam, com toda a certeza, significados, valores, idéias e mesmo ideais.

Posto que os animais não podem comunicar idéias, uns aos outros, eles não podem desenvolver uma personalidade. O homem desenvolve personalidade, porque ele pode comunicar-se dessa maneira com os seus semelhantes, tanto sobre idéias, quanto sobre ideais.

É essa habilidade de comunicar e compartilhar significados que constitui a cultura humana e que capacita o homem, por meio de agrupamentos sociais, a construir civilizações. O conhecimento e a sabedoria tornam-se cumulativos, por causa da habilidade que o homem tem de comunicar essas conquistas às gerações vindouras. E dessa maneira surgem as atividades culturais da raça: a arte, a ciência, a religião e a filosofia.

A comunicação simbólica entre os seres humanos predetermina o iniciar da existência de grupos sociais. O mais eficiente de todos os grupos sociais é a família, mais particularmente o grupo dos *dois progenitores*. O afeto pessoal é o laço espiritual que mantém essas ligações materiais unidas. Uma tal relação eficaz é também possível entre duas pessoas do mesmo sexo, como é ilustrado tão abundantemente pela devoção nas amizades genuínas.

Tais associações de amizade e afeto mútuo são socializantes e enobrecedoras, porque encorajam e facilitam os seguintes fatores, essenciais ao mais alto nível da arte de viver:

1. *A auto-expressão e a auto-compreensão mútuas.* Muitos impulsos humanos nobres desaparecem porque não há ninguém que escute a sua expressão. Verdadeiramente,

não é bom para o homem ficar só. Um certo grau de aprovação e uma certa quantidade de apreço são essenciais ao desenvolvimento do caráter humano. Sem o genuíno amor de um lar, nenhuma criança pode realizar o desenvolvimento pleno de um caráter normal. O caráter é algo mais do que a mera moral da mente e mais do que a moralidade. De todas as relações sociais entabuladas para desenvolver o caráter, a mais eficaz e ideal é a amizade afetuosa e compreensiva entre homem e mulher, no abraço mútuo de um matrimônio inteligente. O matrimônio, com as suas relações múltiplas, é mais bem indicado para estimular os impulsos preciosos e os motivos mais elevados, indispensáveis ao desenvolvimento de um caráter firme. Desse modo, não hesito em glorificar a vida familiar; e o vosso Mestre elegeu sabiamente a relação pai-filho como a pedra angular desse novo evangelho do Reino. E uma comunhão tão inigualável de relacionamento, entre homem e mulher, no abraço afetuoso dos mais altos ideais do tempo, torna-se uma experiência tão valiosa e satisfatória a ponto de valer a pena tê-la a qualquer preço, sob pena de qualquer sacrifício, necessário para consegui-la.

2. *A união de alma – a mobilização da sabedoria*. Todo ser humano, mais cedo ou mais tarde, adquire um certo conceito deste mundo e uma certa visão do próximo. Pois bem, é possível, por meio da conjunção de personalidades, unir essas visões da existência temporal e das perspectivas eternas. Assim, a mente de um aumenta os seus valores espirituais ao ganhar muito do discernimento interior do outro. Dessa forma os homens enriquecem as suas almas, fazendo entre si a união das suas respectivas conquistas espirituais. Do mesmo modo, o homem torna-se capacitado para evitar aquela tendência sempre presente de ser vítima de uma distorção na sua visão, de ter um ponto de vista preconcebido ou estreiteza de julgamento. O medo, a inveja e a imodéstia somente podem ser evitados pelo estreito contato com outras mentes. Chamo a vossa atenção para o fato de que o Mestre nunca vos envia sozinhos para o trabalho de expansão do Reino; ele sempre envia dois a dois. E posto que a sabedoria é supraconhecimento, a conseqüência é que, com a união de sabedorias, em um grupo social pequeno ou grande, todo o conhecimento é compartilhado mutuamente.

3. *O entusiasmo pela vida*. O isolamento tende a exaurir a carga de energia da alma. A associação com os semelhantes é essencial para a renovação do gosto pela vida e é indispensável à manutenção da coragem para lutar nas batalhas conseqüentes da ascensão aos níveis mais elevados da vida humana. A amizade intensifica as alegrias e glorifica os triunfos na vida. As ligações humanas de amor e intimidade tendem a aliviar o sofrimento das penas da vida e a dificuldade de muitas amarguras. A presença de um amigo acentua toda a beleza e exalta toda a bondade. Por meio de símbolos inteligentes, o homem torna-se capaz de vivificar e aumentar as capacidades de apreciação dos seus amigos. Uma das glórias que coroam as amizades humanas é esse poder e possibilidade de estímulo mútuo da imaginação. Um grande poder espiritual é inerente à consciência da devoção, de todo o coração, a uma causa comum, à lealdade mútua a uma Deidade cósmica.

4. *O aumento da defesa contra todo o mal*. A associação de personalidades e o afeto mútuo são uma segurança eficiente contra o mal. As dificuldades, penas, derrotas e desapontamentos são mais dolorosos e desalentadores quando suportadas a sós. O companheirismo não transmuta o mal em retidão, mas contribui muito para a mitigação do golpe. Disse o vosso Mestre: "Felizes são aqueles que choram" – tendo junto um amigo para consolá-los. Há uma força positiva no conhecimento de que vivemos para o bem de outros e que esses outros da mesma forma vivem pelo nosso bem-estar e avanço. O homem definha em isolamento. Os seres humanos infalivelmente se tornam

desalentados quando podem visualizar apenas as transações transitórias no tempo. O presente, quando divorciado do passado e do futuro, torna-se exasperadamente trivial. Um vislumbre apenas, do círculo da eternidade, pode inspirar o homem a dar o melhor de si; e pode desafiar esse melhor de si a se ultrapassar. E, quando o homem, assim, está no melhor de si, ele vive de forma menos egocêntrica e pelo bem dos outros, seus companheiros de jornada no tempo e na eternidade.

E repito: Uma associação tão inspiradora e enobrecedora encontra as suas possibilidades ideais na relação humana do matrimônio. É bem verdade que muito se realiza fora do matrimônio; e que muitos e muitos casamentos posteriormente fracassam em produzir esses frutos morais e espirituais. Em um número grande de vezes o matrimônio é adotado por aqueles que procuram outros valores, que são menos elevados que aquelas características que acompanham a maturidade humana. O matrimônio ideal deve fundamentar-se em algo mais estável do que as flutuações do sentimento e do que o mero capricho da atração sexual; deve ser baseado em devoção pessoal genuína e recíproca. E assim, se vós podeis construir essas pequenas unidades eficientes e plenas de confiabilidade de ligação humana, quando estas forem agrupadas no todo, o mundo irá contemplar uma estrutura social grande e glorificada, a civilização da maturidade mortal. Tal raça poderia começar a realizar algo do ideal do vosso Mestre, de "Paz na Terra aos homens de boa vontade". Ainda que tal sociedade não seja perfeita, nem inteiramente livre do mal, ao menos aproximar-se-ia da estabilização da maturidade.

3. OS ANSEIOS DA MATURIDADE

O esforço na direção da maturidade exige trabalho; e trabalho requer energia. De onde viria o poder para realizar tudo isso? As coisas materiais poderiam ser visualizadas como algo garantido e, sobre isso o Mestre disse bem: "Nem só de pão vive o homem". Garantida a posse de um corpo normal e com saúde razoavelmente boa, devemos em seguida procurar pelas atrações que atuarão como estímulo para despertar as forças espirituais adormecidas do homem. Jesus ensinou que Deus vive no homem; então, como podemos induzir os homens a liberar esses poderes, de divindade e de infinitude, de dentro das suas almas? Como induzirmos os homens a liberar o Deus de dentro de si, para que possa Ele refrescar as nossas próprias almas; e para que, manifestando-se fora de nós, possa Ele, assim, servir ao propósito de iluminar, elevar e abençoar outras incontáveis almas? Como posso eu, da melhor maneira, despertar tais poderes latentes, adormecidos nas vossas almas, para o bem? De uma coisa estou seguro: a excitação emocional não é o estímulo espiritual ideal. A excitação não aumenta a energia; antes exaure os poderes, tanto da mente, quanto do corpo. De onde vem então a energia para fazer as grandes coisas? Vede o vosso Mestre. Ainda agora, está longe nas montanhas, enchendo-se de energias, enquanto nós estamos aqui, gastando energia. O segredo de toda essa questão está guardado na comunhão espiritual, na adoração. Do ponto de vista humano, é uma questão de combinação entre meditação e relaxamento. A meditação faz o contato da mente com o espírito; o relaxamento determina a capacidade de receptividade espiritual. E esse intercâmbio, de fraqueza por força, de medo por coragem, da vontade da mente do ego pela vontade de Deus, constitui em si a adoração. Pelo menos, esse é o modo pelo qual o filósofo a vê.

Quando freqüentemente repetidas essas experiências cristalizam-se em hábitos, hábitos de fortalecimento na adoração; tais hábitos formulam certamente, por si mesmos, um caráter espiritual e tal caráter é finalmente reconhecido pelos semelhantes, como o de uma *personalidade amadurecida*. Essas práticas são difíceis e consomem tempo, no início, mas, quando se tornam habituais, passam a ser, de

imediato, restauradoras e permitem poupar tempo. Quanto mais complexa a sociedade torna-se e quanto mais as atrações da civilização multiplicam-se, mais urgente
torna-se a necessidade, nos indivíduos que conhecem a Deus, de transformar essas
práticas protetoras, cada vez mais, em hábitos destinados a conservar e aumentar as
suas energias espirituais.

Outro quesito para atingir a maturidade é o ajustamento cooperativo, dos grupos
sociais, ao ambiente em contínua mutação. O indivíduo imaturo desperta antagonismos nos seus semelhantes; o homem amadurecido ganha a cooperação, de coração
aberto, dos seus amigos, multiplicando em muito, desse modo, os frutos dos esforços na sua vida.

A minha filosofia me diz que há momentos em que devo lutar, se necessário for, em
defesa do meu conceito de retidão, mas não duvido que, com um tipo mais maduro de
personalidade, o Mestre ganhasse com facilidade e graça uma vitória igual, por meio
da sua técnica superior e cativante, de tato e tolerância. Muito freqüentemente, quando
lutamos pelo certo, acontece que ambos, o vitorioso e o vencido são derrotados. Ouvi,
ontem mesmo, o Mestre dizer que "o homem sábio, ao tentar entrar por uma porta
fechada, não destruiria a porta, mas buscaria antes a chave para abri-la". Não são poucas as vezes em que entramos em uma luta simplesmente para convencer a nós mesmos
de que não temos medo.

Esse novo evangelho do Reino presta um grande serviço à arte da vida, no sentido
de apresentar um incentivo novo e mais rico, para uma vida mais elevada. Apresenta
uma nova meta elevada de destino, com um propósito supremo de vida. E esses novos
conceitos da meta eterna e divina para a existência são, em si mesmos, estímulos transcendentais, que clamam por uma reação do que há de melhor dentro da melhor natureza
do homem. No ponto mais elevado do pensamento intelectual devem ser encontrados:
o relaxamento para a mente, a força para a alma e a comunhão para o espírito. Com
tantos pontos de vantagem na vida elevada, o homem torna-se capaz de transcender as
irritações materiais dos níveis mais baixos de pensamento - preocupação, ciúme, inveja,
vingança e o orgulho da personalidade imatura. Essas almas, que farão altas escaladas,
libertam-se a si mesmas dos inúmeros conflitos triviais e comuns da vida, tornando-se
assim livres para dedicar as suas consciências às correntes mais elevadas de conceitos
espirituais e de comunicação celeste. Contudo, o propósito da vida deve ser guardado
zelosamente contra a tentação de realizações passageiras e fáceis de alcançar; da mesma
forma deve ser levado avante esse propósito, mas de modo a tornar o homem imune às
ameaças desastrosas do fanatismo.

4. O EQUILÍBRIO DA MATURIDADE

Conquanto mantendes uma vista voltada mais para alcançar realidades eternas,
deveis também fazer a provisão para as necessidades da vida temporal. Enquanto
o espírito é a nossa meta, a carne é um fato. Uma vez ou outra, as coisas que são
necessárias para viver, podem cair nas nossas mãos por acaso; porém, de forma
geral, devemos trabalhar inteligentemente para obtê-las. Os dois maiores problemas
da vida são: cuidar da sobrevivência temporal e realizar a sobrevivência eterna. E,
mesmo a questão da sobrevivência necessita da religião para a sua solução ideal. E
tais são, ambos, problemas altamente pessoais. A verdadeira religião, de fato, não
funciona separadamente do indivíduo.

Os fatores essenciais da vida temporal, como os vejo, são:

1. A boa saúde física.
2. O pensar claro e desimpedido.

3. A habilidade e a perícia.
4. A riqueza – os bens da vida.
5. A capacidade de suportar a derrota.
6. A cultura – educação e sabedoria.

Até mesmo as questões físicas, de saúde e capacidade corpórea, são mais bem resolvidas quando vistas do ponto de vista religioso dos ensinamentos do nosso Mestre: pois o corpo e a mente do homem são a morada do dom dos Deuses, o espírito de Deus tornando-se o espírito do homem. A mente do homem, assim, torna-se a mediadora entre as coisas materiais e as realidades espirituais.

Assegurar a nossa parte de coisas desejáveis na vida, requer inteligência. É inteiramente errôneo supor que a fidelidade de fazer o nosso trabalho diário vai assegurar as recompensas da riqueza. Exceção feita à aquisição ocasional e acidental de riqueza; as recompensas materiais da vida temporal devem fluir de certos canais, e somente aqueles que têm acesso a esses canais podem esperar ser bem recompensados pelos seus esforços temporais. A pobreza será sempre o quinhão de todos os homens que procuram a riqueza em canais isolados e individuais. O planejamento sábio, por conseguinte, torna-se o único elemento essencial à prosperidade no mundo. O êxito requer não apenas a nossa devoção ao próprio trabalho, mas também que funcionemos como uma parte de um dos canais da riqueza material. Se não fordes prudentes, podereis entregar uma vida devotada à vossa geração, sem obter recompensa material; se fordes um beneficiário acidental do fluir da riqueza, podereis nadar no luxo, ainda que não tenhais feito nada que valha a pena para os vossos semelhantes.

Habilidade é o que herdais, enquanto perícia é o que adquiris. A vida não é real para alguém que não pode fazer bem – como um especialista – ao menos uma coisa. A perícia é uma das fontes reais de satisfação do viver. A habilidade implica o dom de prever, de ver longe. Não vos deixeis decepcionar pela recompensa tentadora da realização desonesta; estejais dispostos a trabalhar arduamente pelo retorno futuro inerente à conduta honesta. O homem sábio é capaz de distinguir entre meios e fins; porém, algumas vezes, o próprio excesso de planejamento para o futuro derrota-se no seu alto propósito. Como um buscador de prazeres, deveríeis sempre visar ser tanto um criador quanto um consumidor.

Treinai a vossa memória para manter em lugar sagrado os episódios fortalecedores e valiosos da vida, dos quais vós podeis vos lembrar à vontade para o vosso prazer e edificação. Assim, construais para vós próprios, e em vós próprios, galerias de reserva de beleza, bondade e grandeza artística. E as memórias mais nobres de todas são os tesouros guardados na memória tais como os grandes momentos de uma amizade magnífica. E todos esses tesouros da memória irradiam as suas mais preciosas e elevadas influências sob o toque liberador da adoração espiritual.

A vida, contudo, transformar-se-á em uma carga existencial, a menos que aprendais como fracassar airosamente. Existe na derrota uma arte que as almas nobres sempre adquirem; deveis saber como perder sem perder a alegria; não deveis ter temor ao desapontamento. Nunca hesiteis em admitir o fracasso. Não tenteis disfarçar o fracasso por baixo de sorrisos justificativos ou, mesmo, de decepção ou de otimismo irradiantes. Soa bem clamarmos pelo sucesso, sempre; mas os resultados finais podem ser consternadores. Tal técnica leva diretamente à criação de um mundo de irrealidade e ao choque inevitável da desilusão final.

O êxito pode gerar coragem e proporcionar autoconfiança, mas a sabedoria advém somente das experiências de ajustamento aos resultados dos fracassos. Os homens que preferem as ilusões otimistas à realidade nunca se tornam sábios. Somente aqueles que enfrentam de frente os fatos, ajustando-os aos ideais, podem alcançar a sabedoria. A sabedoria inclui tanto os fatos, quanto o ideal e, por conseguinte, salva os seus devotos dos dois extremos estéreis da filosofia – o do homem cujo idealismo exclui os fatos; e o do materialista que é desprovido de abertura espiritual. As almas tímidas, que só mantêm a luta pela vida com a ajuda de falsas ilusões continuadas de sucesso, estão fadadas a sofrer fracassos e a experimentar a derrota quando, finalmente, acordarem do mundo de sonhos da sua própria imaginação.

E, nesse afã de encarar os insucessos, e de ajustamento à derrota, é que a visualização de longa distância, na religião, exerce a sua suprema influência. O malogro é simplesmente um episódio educacional – um experimento cultural na aquisição da sabedoria –, na experiência do homem que busca a Deus e que embarcou na aventura eterna da exploração de um universo. Para tais homens a derrota não é senão um novo instrumento para a realização de níveis mais elevados de realidade no universo.

A carreira de um homem que busca a Deus pode ser um grande êxito à luz da eternidade, ainda que toda a empresa da vida temporal possa parecer um completo malogro, cada fracasso na vida deve ser colhido como um complemento para se alcançar a cultura da sabedoria e do espírito. Não cometais o erro de confundir conhecimento, cultura e sabedoria. Eles estão relacionados entre si na vida, mas representam valores espirituais bastante diferentes: a sabedoria sempre domina o conhecimento e sempre glorifica a cultura.

5. A RELIGIÃO DO IDEAL

Tendes dito a mim que o vosso Mestre considera a genuína religião humana como sendo a experiência pessoal com as realidades espirituais. Eu tenho considerado a religião como a experiência humana de reagir a algo que o homem encara como sendo digno de homenagem e devoção de toda a humanidade. Nesse sentido, a religião simboliza a nossa suprema devoção àquilo que representa o nosso conceito mais elevado dos ideais de realidade e de alcance mais profundo da nossa mente, na direção das possibilidades eternas de realização espiritual.

Quando os homens reagem à religião no sentido tribal, nacional ou racial, é porque encaram os que não estão no seu grupo como sendo não verdadeiramente humanos. Nós sempre encaramos o objeto da nossa lealdade religiosa como sendo digno da reverência de todos os homens. A religião jamais poderá ser uma questão de mera crença intelectual ou de raciocínio filosófico; a religião é sempre, e para sempre, um modo de reagir às situações da vida; é uma espécie de modo de conduta. A religião abrange o pensamento, os sentimentos e os atos, reverentemente, na direção de alguma realidade que julgamos ser digna da adoração universal.

Se alguma coisa na vossa experiência transformou-se em religião, é evidente que já vos convertestes em um evangelho ativo dessa religião, desde que vós categorizais o supremo conceito dessa religião como sendo digno da adoração de toda a humanidade, de todas as inteligências do universo. Se não sois um evangelho positivo e missionário da vossa religião, estareis iludindo-vos com aquilo que chamais de religião; e que é, pois, apenas uma crença tradicional ou um mero sistema de filosofia intelectual. Se a vossa religião é uma experiência espiritual, o vosso objeto de adoração deve ser a realidade do espírito universal e ideal de todos os vossos conceitos espiritualizados. Todas as religiões baseadas no medo, na emoção, na tradição ou na filosofia, eu as categorizo como religiões intelectuais; enquanto aquelas que são baseadas em verdadeiras experiências espirituais, eu as denominaria religiões verdadeiras. O objeto da devoção religiosa pode ser material ou espiritual, verdadeiro ou falso, real ou irreal, humano ou divino. As religiões podem, por conseguinte, ser tanto boas como más.

Moralidade e religião não são necessariamente a mesma coisa. Um sistema de moral, caso adote um objetivo de adoração, pode transformar-se em uma religião. Uma religião, ao perder o seu apelo universal de lealdade e suprema devoção, pode transformar-se em um sistema filosófico ou em um código moral. Essa coisa, ser, estado ou ordem de existência, ou possibilidade de obtenção – que constitui o ideal supremo, digno da lealdade religiosa, e que é o receptáculo da devoção religiosa daqueles que adoram, é Deus. Independentemente do nome dado a esse ideal de realidade espiritual, ele é Deus.

As características sociais de uma verdadeira religião consistem no fato de que, invariavelmente, ela procura converter o indivíduo e transformar o mundo. A religião implica a existência de ideais não descobertos que, de longe, transcendem aos padrões conhecidos da ética e da moralidade, ainda que incorporados aos mais altos costumes sociais das instituições mais amadurecidas da civilização. A religião procura ideais não descobertos, realidades inexploradas, valores supra-humanos, sabedoria divina e verdadeira realização espiritual. A verdadeira religião faz tudo isso; todas as outras crenças deixam de ser dignas do nome. Não podeis ter uma religião espiritual genuína, sem o ideal supremo e superno de um Deus eterno. Uma religião sem esse Deus é uma invenção do homem, uma instituição humana de crenças intelectuais, sem vida, e de cerimoniais emocionais sem significação. Uma religião poderia aclamar, como objeto da sua devoção, um grande ideal. Tais ideais irreais, contudo, não são alcançáveis; tal conceito é ilusório. Os únicos ideais susceptíveis de serem realizados pelo homem são as realidades divinas de valores infinitos, que residem na realidade espiritual do Deus eterno.

A palavra Deus, a *idéia* de Deus, em contraste com o *ideal* de Deus, pode tornar-se parte de qualquer religião, não importa quão pueril ou falsa essa religião possa ser. E essa idéia de Deus pode tornar-se qualquer coisa que aqueles que a mantêm escolham fazer dela. As religiões menos elevadas modelam as suas idéias de Deus de modo a satisfazer o estado natural do coração do homem; as mais elevadas religiões requerem que o coração humano seja modificado para satisfazer as demandas dos ideais de uma verdadeira religião.

A religião de Jesus transcende a todos os nossos conceitos anteriores da idéia de adoração, não apenas na forma como ele retrata o seu Pai, como o ideal da realidade infinita, mas também, quando declara, de forma afirmativa, que essa fonte divina de valores e centro eterno do universo, é verdadeira e pessoalmente alcançável por toda criatura mortal, na Terra, que escolha entrar no Reino do céu, reconhecendo assim a aceitação da sua filiação a Deus e a sua irmandade com o homem. Admito, esse é o conceito mais elevado, de religião, que o mundo jamais conheceu, e afirmo que nunca poderá existir, um sequer, mais elevado, já que esse evangelho abrange a infinitude das realidades, a divindade de valores e a eternidade das realizações universais. Tal conceito constitui a realização da experiência do idealismo do Supremo e do Último.

Estou, não apenas intrigado pelos ideais consumados dessa religião do vosso Mestre, mas, fortemente inclinado a professar a minha crença nessa anunciação que ele faz, de que esses ideais das realidades do espírito sejam alcançáveis; de que vós podeis entrar, tanto quanto eu, nessa longa e eterna aventura, com a garantia dele, na certeza da nossa chegada final aos portais do Paraíso. Meus irmãos, eu sou um crente, eu me entreguei; estou convosco no caminho dessa aventura eterna. O Mestre diz que veio do Pai e que vai mostrar-nos o caminho. Estou plenamente persuadido de que ele diz a verdade. Estou finalmente convencido de que não há ideais atingíveis de realidade, nem valores de perfeição, fora do Pai Universal e eterno.

Venho, então, adorar, não meramente o Deus das existências, mas o Deus da possibilidade de todas as existências futuras. Portanto, a devoção a um ideal supremo, se esse ideal for real, deve ser a devoção a esse Deus dos universos passados, presentes e futuros de coisas e seres. E não há outro Deus, pois não é possível existir nenhum outro Deus. Todos os outros deuses são meras ficções da imaginação, ilusões da mente mortal, distorções de uma lógica falsa, ídolos ilusórios a decepcionar àqueles que os criaram. Sim, vós podeis ter uma religião sem esse Deus, mas isso não vai significar nada. E, se procurais substituir a palavra Deus pela realidade desse ideal do Deus vivo, tereis apenas enganado a vós mesmos ao colocar uma idéia no lugar de um ideal, uma realidade divina. Tais crenças são meramente religiões de aspirações fantasiosas.

Vejo nos ensinamentos de Jesus a religião na sua melhor expressão. Esse evangelho nos permite buscar o verdadeiro Deus e encontrá-Lo. Porém, estamos dispostos a pagar o preço dessa entrada no Reino do céu? Estamos querendo realmente nascer outra vez? E nos refazer? Estaremos dispostos a nos sujeitar a esse terrível processo de provação e destruição do ego e de reconstrução da alma? O Mestre, pois, não disse: "Quem quiser salvar a sua vida deve perdê-la. Acaso não vedes que não vim para vos trazer a paz, que vim mais vos trazer uma batalha da alma?" Em verdade, após pagarmos o preço da dedicação à vontade do Pai, experimentamos uma grande paz, desde que continuemos a seguir nesse caminho espiritual de consagrar a vida.

Ora, verdadeiramente abandonamos as atrações da ordem conhecida de existência, ao dedicarmo-nos sem reservas à busca das atrações da ordem desconhecida e inexplorada, da existência de uma vida futura de aventura nos mundos do espírito, do mais elevado idealismo da realidade divina. E buscamos aqueles símbolos plenos de significado, por meio dos quais podemos transmitir aos nossos semelhantes esses conceitos da realidade, do idealismo da religião de Jesus e não iremos cessar de orar pelo dia em que toda a humanidade comover-se-á com a visão comungada dessa verdade suprema. Agora mesmo, o nosso conceito focalizado do Pai, tal como o mantemos no fundo do coração, é o de que Deus é espírito; e, tal como o transmitimos aos nossos semelhantes, de que Deus é amor.

A religião de Jesus exige uma experiência viva e espiritual. Outras religiões podem consistir nas crenças tradicionais; nos envolvimentos emocionais; na consciência filosófica e em tudo o mais, mas o ensinamento do Mestre requer o alcance de níveis de progresso espiritual real.

A consciência do impulso de ser perfeito como Deus não é a verdadeira religião. Os sentimentos e a emoção da adoração de Deus não são a verdadeira religião. O conhecimento da convicção de esquecimento do eu, e serviço a Deus, não é a verdadeira religião. A sabedoria do pensamento de que uma religião é a melhor de todas não é religião em si, como uma experiência espiritual pessoal. A verdadeira religião, sim, refere-se ao destino e à realidade daquilo que se alcança, assim como também se refere à realidade e ao idealismo daquilo que se aceita por meio da fé, de coração aberto e pleno. E tudo isso deve ser tornado pessoal para nós, pela revelação do Espírito da Verdade.

E assim terminaram as dissertações do filósofo grego, um dos maiores da sua raça, que se tornou um crente na palavra de Jesus.

DOCUMENTO 161

NOVAS DISCUSSÕES COM RODAM

NO DOMINGO, 25 de setembro de 29 d.C., os apóstolos e os evangelistas reuniram-se em Magadam. Depois de uma longa conferência, naquela noite, com seus colaboradores, Jesus surpreendeu a todos ao anunciar que, no dia seguinte cedo, ele e os doze apóstolos partiriam para Jerusalém; e que compareceriam à Festa de Tabernáculos. Ele ordenou aos evangelistas que visitassem os crentes na Galiléia, e que o corpo de mulheres retornasse, por algum tempo, a Betsaida.

Quando chegou a hora de partir para Jerusalém, Natanael e Tomé ainda estavam no meio das suas argumentações com Rodam de Alexandria, e então eles conseguiram a permissão do Mestre para permanecer em Magadam por uns poucos dias mais. E assim, enquanto Jesus e os dez encontravam-se a caminho de Jerusalém, Natanael e Tomé continuavam empenhados em um debate sincero com Rodam. Na semana anterior, em que Rodam havia exposto a sua filosofia, Tomé e Natanael tinham-se alternado na apresentação do evangelho do Reino, para o filósofo grego. Rodam descobriu que ele havia sido bem instruído sobre os ensinamentos de Jesus, pelo seu instrutor, em Alexandria, o qual havia sido um dos antigos apóstolos de João Batista.

1. A PERSONALIDADE DE DEUS

Uma questão havia sobre a qual Rodam e os dois apóstolos divergiam, e esta era quanto à personalidade de Deus. Rodam aceitou prontamente tudo o que lhe foi apresentado a respeito dos atributos de Deus, argumentava, no entanto, que o Pai no céu não é, nem pode ser, uma pessoa como o homem concebe a personalidade. Enquanto os apóstolos se viam em dificuldades para tentar provar que Deus é uma pessoa, Rodam achava ainda mais difícil provar que ele não é uma pessoa.

Rodam sustentava que o fato da personalidade consiste na coexistência de uma comunicação plena e mútua entre seres iguais, seres que são capazes de uma simpática compreensão. Disse Rodam: "Para que seja uma pessoa, Deus deveria ter símbolos de comunicação espiritual que O capacitassem a tornar-Se plenamente compreendido por aqueles que fazem contato com Ele. Mas, posto que Deus, o Criador de todos os outros seres, é infinito e eterno, a conseqüência, no que diz respeito à igualdade de seres, é que Deus está só no universo. Não há iguais a Ele; não há nenhum ser com quem ele possa comunicar-se como um igual. Deus, de fato, pode ser a Fonte de toda a personalidade, mas, como tal, Ele transcende à personalidade, do mesmo modo que o Criador está acima e além da criatura".

Esse argumento deixou Tomé e Natanael muito irrequietos; e eles haviam pedido a Jesus que viesse socorrê-los, mas o Mestre negou-se a entrar em tais discussões. Jesus havia dito a Tomé: "A *idéia* que tu tens do Pai não importa muito, desde que tu sejas sabedor do *ideal* da natureza infinita e eterna Dele".

A argumentação de Tomé era de que Deus comunica-se com o homem e que, portanto, o Pai é uma pessoa, até mesmo segundo a definição de Rodam. E a isso o

grego rejeitou, apoiando-se no fato de que Deus não Se revela a Si próprio pessoalmente; de que Ele ainda é um mistério. Então Natanael apelou para a sua experiência
pessoal com Deus, coisa que Rodam admitiu, afirmando que recentemente tivera experiências semelhantes, mas tais experiências, argumentou ele, provavam apenas a
realidade de Deus, não a Sua *personalidade*.

Na segunda-feira à noite Tomé desistiu. Na terça-feira à noite, porém, Natanael
levou Rodam a acreditar na personalidade do Pai; e conseguiu essa mudança, na
visão do grego, raciocinando segundo os passos seguintes:

1. O Pai no Paraíso desfruta da igualdade de comunicação, pelo menos com
dois outros seres, que são plenamente iguais e semelhantes a Ele próprio – o Filho
Eterno e o Espírito Infinito. Em vista da doutrina da Trindade, o grego foi obrigado
a conceder na possibilidade da personalidade do Pai Universal. (Foi uma consideração posterior sobre essas discussões que conduziu à ampliação do conceito da
Trindade, nas mentes dos doze apóstolos. Evidentemente, a crença geral era de que
fosse o Filho Eterno.)

2. Posto que Jesus é igual ao Pai, e, já que este Filho havia realizado a manifestação da personalidade para os filhos terrenos, esse fenômeno constituía-se na
prova do fato e na demonstração da possibilidade de que todas as três Pessoas da
Deidade possuíam uma personalidade, e estabelecia, para sempre, a capacidade
que Deus tem de comunicar-se com o homem e a possibilidade da comunicação do
homem com Deus.

3. Que Jesus encontra-se na situação de coligação mútua e de comunicação perfeita
com o homem; e que Jesus era o Filho de Deus. Que a relação do Filho e do Pai pressupõe igualdade de comunicação e mutualidade de compreensão simpática; pois Jesus e o
Pai eram Um. Que Jesus mantém, ao mesmo tempo, uma comunicação de compreensão, tanto com Deus quanto com o homem; e que, posto que ambos, Deus e o homem,
compreendem o significado dos símbolos da comunicação de Jesus, tanto Deus quanto
o homem possuem os atributos de personalidade no que concerne aos quesitos da capacidade de intercomunicação. Que a personalidade de Jesus demonstra a personalidade de
Deus, ao mesmo tempo em que prova conclusivamente a presença de Deus no homem.
Que duas coisas que são ligadas a uma terceira coisa estão relacionadas entre si.

4. Que a personalidade representa o conceito mais elevado da realidade do
homem e dos valores divinos; que Deus também representa o conceito mais elevado
de realidade divina e de valores infinitos que pode o homem ter; portanto, Deus deve
ser uma personalidade divina e infinita, uma personalidade real, que transcende infinita e eternamente o conceito e a definição que o homem tem de personalidade,
sendo, isso posto, sempre e universalmente uma personalidade.

5. Que Deus deve ser uma personalidade, posto que Ele é o Criador de todas
as personalidades e o destino de todas as personalidades. Rodam havia sido tremendamente influenciado por esse ensinamento de Jesus: "Sede então perfeitos, como o
vosso Pai no céu é perfeito".

Ao ouvir esses argumentos, Rodam replicou: "Estou convencido. Reconhecerei
Deus como uma pessoa se me permitirdes atribuir qualificações, à minha confissão dessa crença, acrescentando ao significado da personalidade um conjunto de
valores mais amplos, tais como supra-humano, transcendente, supremo, infinito,
eterno, final e universal. Eu estou convencido agora de que, ao mesmo tempo em
que Deus deve ser infinitamente mais do que uma personalidade, Ele não pode ser

nada menos. Dou-me por satisfeito ao terminar aqui o debate; e aceito Jesus como a revelação pessoal do Pai, dando também por compensados todos os fatores não satisfeitos da lógica, da razão e da filosofia".

2. A NATUREZA DIVINA DE JESUS

Natanael e Tomé haviam aprovado plenamente os pontos de vista de Rodam quanto ao evangelho do Reino, entretanto, apenas um ponto restava ainda a ser considerado: o ensinamento que tratava da natureza divina de Jesus, uma doutrina anunciada publicamente só há pouco tempo. Natanael e Tomé, em conjunto, apresentaram as suas visões da natureza divina do Mestre, e a seguinte narrativa é uma apresentação condensada, reorganizada e restabelecida desses ensinamentos:

1. Jesus admitiu a sua divindade; e nós cremos nele. Muitas coisas notáveis ligadas à sua ministração têm acontecido e só podemos compreendê-las se acreditarmos que ele é Filho de Deus, bem como Filho do Homem.

2. A sua associação vital conosco exemplifica o ideal da amizade humana; apenas um ser divino seria capaz de ser um amigo humano assim. Ele é a pessoa mais verdadeiramente não-egoísta que já conhecemos. É amigo, até mesmo de pecadores; ele ousa amar os seus inimigos. É totalmente leal a nós. Embora não hesite em nos reprovar, fica bem claro para todos que ele nos ama verdadeiramente. Quanto mais o conheces, mais irás amá-lo. E ficarás encantado com a sua devoção inabalável. Durante todos esses anos, em que não conseguimos compreender a sua missão, ele se manteve como um amigo fiel. Conquanto não lance mão de elogios, ele nos trata a todos com uma bondade igual; é invariavelmente terno e compassivo. Tem compartilhado a sua vida, e tudo o mais, conosco. Nós formamos uma comunidade feliz; partilhamos de todas as coisas em comum. Não acreditamos que um mero ser humano pudesse viver uma vida tão irrepreensível sob circunstâncias tão difíceis.

3. Pensamos que Jesus é divino, pois nunca faz o mal; ele não erra. A sua sabedoria é extraordinária; a sua piedade é magnífica. Ele vive, dia a dia, em harmonia perfeita com a vontade do Pai. Nunca se arrepende de ter cometido erros, porque ele não transgride nenhuma das leis do Pai. E ora por nós e conosco, mas nunca nos pede que oremos para ele. Acreditamos que esteja permanentemente livre do pecado. Não acreditamos que alguém simplesmente humano tenha jamais professado viver uma vida assim. Ele clama viver uma vida perfeita, e nós reconhecemos que ele o faz. A nossa piedade brota do arrependimento, mas a sua piedade brota da retidão. Ele professa mesmo perdoar os pecados, e realmente cura doenças. Nenhum ser meramente humano professaria sensatamente perdoar pecados; isso é uma prerrogativa divina. E ele parece haver sido perfeito, assim, na sua retidão, desde o momento do nosso primeiro contato com ele. Nós crescemos na graça e no conhecimento da verdade, mas o nosso Mestre exibe a maturidade da retidão, desde o princípio. Todos os homens, bons e maus, reconhecem esses elementos de bondade em Jesus. E, com tudo isso, a sua piedade nunca é intrusa nem ostentosa. Ele é meigo e destemido. Parece aprovar a nossa crença, na sua divindade. Ou ele é o que professa ser, ou então ele é o maior hipócrita e a maior fraude que o mundo já conheceu. Estamos persuadidos de que ele é exatamente o que diz ser.

4. A singularidade do seu caráter e a perfeição no seu controle emocional nos convencem de que ele é uma combinação de humanidade e de divindade. Ele é infalivelmente sensível ao espetáculo das necessidades da miséria humana; o sofrimento

nunca deixa de comovê-lo. A sua compaixão é tocada de modo igual pelo sofrimento físico, pela angústia mental e pela aflição espiritual. Ele reconhece rápida e generosamente a presença da fé ou de qualquer outra graça, nos seus irmãos mortais. Ele é justo, equânime e, ao mesmo tempo, tão misericordioso quanto pleno de consideração. Entristece-se com a obstinação espiritual dos homens e rejubila-se quando eles consentem em ver a luz da verdade.

5. Ele parece saber e conhecer os pensamentos das mentes dos homens e compreender os desejos dos seus corações. E é sempre compassivo para com os nossos espíritos angustiados. Ele parece possuir todas as nossas emoções humanas, mas elas estão magnificamente glorificadas nele. Ama fortemente a bondade e do mesmo modo odeia o pecado. Ele possui uma consciência supra-humana da presença da Deidade. Ora como um homem, mas age como um Deus. Ele parece saber as coisas de antemão; e ousa, já agora, falar sobre a sua morte e como uma referência mística à sua futura glorificação. Conquanto seja amável, ele é também bravo e corajoso. Ele nunca vacila em cumprir o seu dever.

6. Estamos constantemente impressionados pelo fenômeno do seu conhecimento supra-humano. Dificilmente passa um dia sem que algum incidente revele que o Mestre sabe o que acontece bem longe da sua presença imediata. E também parece conhecer os pensamentos do seu semelhante. Não há dúvida de que ele está em comunhão com personalidades celestes; e inquestionavelmente ele vive em um plano espiritual muito acima de todos nós. Tudo parece estar aberto ao seu entendimento único. Ele nos faz perguntas para que nos exteriorizemos, não para obter informação.

7. Pouco tempo faz que o Mestre não mais hesita em afirmar a sua supra-humanidade. Desde o dia da nossa ordenação como apóstolos, até tempos recentes, ele nunca negou que tenha vindo do Pai do alto. Ele fala com a autoridade de um instrutor divino. O Mestre não hesita em refutar os ensinamentos religiosos de hoje, nem em declarar o novo evangelho, com uma firme autoridade. E é afirmativo, positivo e pleno de autoridade. Até mesmo João Batista, quando ouviu Jesus falar, declarou que ele era o Filho de Deus. Ele parece ser auto-suficiente dentro de si próprio. Não busca o apoio da multidão; ele é indiferente às opiniões dos homens. Ele é bravo e, ainda assim, tão sem orgulho.

8. Ele fala constantemente de Deus como um Ser coligado a ele, sempre presente em tudo o que ele faz. E prossegue fazendo o bem, pois Deus parece estar nele. Faz as afirmações mais espantosas sobre si próprio e sobre a sua missão na Terra; declarações estas que seriam absurdas, caso ele não fosse divino. Certa vez declarou: "Antes que Abraão fosse, eu sou". Definitivamente alega a sua divindade; e professa estar em sociedade com Deus. Ele quase exaure as possibilidades de expressão para reiterar a sua associação estreita com o Pai celeste. Ousa mesmo afirmar que ele e o Pai são Um. E diz que quem tiver visto a ele terá visto o Pai. E diz e faz tantas coisas extraordinárias com a naturalidade de uma criança. Ele refere-se à sua ligação com o Pai, do mesmo modo que se refere à sua ligação conosco. Parece estar tão seguro de Deus porque fala dessas relações de um modo muito natural.

9. Na sua vida de orações, Jesus parece comunicar-se diretamente com o seu Pai. Nós ouvimos poucas das suas orações, mas essas poucas orações indicam que fala com Deus, como se estivesse frente a frente com Ele. Ele parece conhecer o futuro, tanto quanto o passado. Simplesmente não poderia ser tudo isso e fazer todas essas coisas extraordinárias a menos que fosse mais do que humano. Sabemos que

ele é humano, estamos certos disso, mas estamos quase que tão certos de que ele também é divino. Acreditamos que ele é divino. Estamos convencidos de que ele é o Filho do Homem e o Filho de Deus.

Quando Natanael e Tomé terminaram as suas conversas com Rodam, eles apressaram-se a ir até Jerusalém para juntar-se aos seus companheiros apóstolos, chegando na sexta-feira daquela semana. Essa havia sido uma grande experiência nas vidas de todos esses três crentes; e os outros apóstolos aprenderam muito da narrativa dessas experiências de Natanael e Tomé.

Rodam rumou de volta à Alexandria; e ali ensinou durante muito tempo a sua filosofia, na escola de Meganta. Tornou-se um homem poderoso nos assuntos posteriores do Reino do céu; foi um crente fiel, até o fim dos seus dias terrenos; e entregou a sua vida, na Grécia, junto com outros, quando as perseguições atingiram o seu auge.

3. A MENTE HUMANA E A MENTE DIVINA DE JESUS

A consciência da divindade teve um crescimento gradual na mente de Jesus, até a ocasião do seu batismo. Depois que se tornou plenamente consciente da sua natureza divina, da sua existência pré-humana e das suas prerrogativas no universo, parece que passou a ser possuidor do poder de limitar de modos diversos a sua consciência humana da própria divindade. Parece-nos que, do batismo até a crucificação, era inteiramente opcional para Jesus depender apenas da sua mente humana ou utilizar-se do conhecimento, tanto da mente humana, quanto da mente divina. Às vezes ele parecia valer-se apenas da informação que reside no intelecto humano. Em outras ocasiões, ele parecia agir com uma plenitude tal de conhecimento e sabedoria, que só poderia ser possibilitada pela utilização do conteúdo supra-humano da sua consciência divina.

Apenas podemos compreender as suas atuações únicas aceitando a teoria de que ele podia, segundo a sua vontade, autolimitar a sua consciência da divindade. Somos plenamente conhecedores de que ele freqüentemente abstinha-se de mostrar aos seus colaboradores a presciência que possuía dos acontecimentos, e de que estava ciente da natureza dos pensamentos deles e do que planejavam. Compreendemos que não queria que os seus seguidores soubessem com muita certeza de que ele era capaz de discernir os seus pensamentos e de penetrar em seus planos. Ele não desejava transcender, em muito, o conceito do humano, do modo como era mantido nas mentes dos seus apóstolos e discípulos.

Consideramo-nos de todo incapazes de distinguir entre a sua prática de autolimitação da consciência divina e a sua técnica de manter em segredo, para os seus companheiros humanos, a sua presciência e o seu discernimento dos pensamentos deles. Estamos convencidos de que ele usava de ambas as técnicas, mas não somos sempre capazes de, em uma determinada instância, especificar qual método ele pode haver empregado. Freqüentemente o observamos atuando apenas com o contexto humano da consciência; e, então, o veríamos em conferência com os diretores das hostes celestes do universo e discernimos o funcionamento indubitável da mente divina. E em inúmeras ocasiões, então, quase testemunhamos o trabalho dessa personalidade combinada de homem e de Deus, do modo como era ativada pela união aparentemente perfeita da mente humana e da mente divina. Esse é o limite do nosso conhecimento de tais fenômenos; nós realmente não sabemos de fato qual é a verdade plena sobre esse mistério.

DOCUMENTO 162

NA FESTA DE TABERNÁCULOS

AO PARTIR para Jerusalém com os dez apóstolos, Jesus planejou ir pelo caminho mais curto, passando por Samaria. E, desse modo, foram pela costa leste do lago e, pelo caminho de Citópolis, entraram nas fronteiras de Samaria. Quase ao cair da noite, Jesus enviou Filipe e Mateus a uma aldeia nos declives do monte Gilboa, para assegurar alojamento a todo o grupo. E aconteceu que esses aldeões mantinham fortes preconceitos contra os judeus, bem mais do que em geral possuíam os samaritanos; e tais sentimentos encontravam-se exacerbados nesse momento em particular, quando tantos deles estavam a caminho da Festa de Tabernáculos. Essa gente sabia pouco sobre Jesus, e negaram-lhe alojamentos porque Jesus e os do seu grupo eram judeus. Quando Mateus e Filipe manifestaram a sua indignação e informaram a esses samaritanos que estavam negando hospitalidade ao Santo Homem de Israel, os aldeões enfurecidos expulsaram-nos da pequena cidade com bastões e pedras.

Depois que Filipe e Mateus retornaram para junto dos companheiros e relataram como haviam sido expulsos da aldeia, Tiago e João foram até Jesus e disseram: "Mestre, oramos para que nos dê permissão, queremos chamar o fogo dos céus para devorar esses samaritanos insolentes e impenitentes". Mas, ao ouvir essas palavras de vingança, Jesus voltou-se para os filhos de Zebedeu e os repreendeu severamente: "Vós não estais conscientes do tipo de atitude que manifestais. A vingança nada tem em comum com o Reino do céu. E, pois, em vez de discutir, vamos para a pequena aldeia à beira do vau do Jordão". E assim, por causa dos preconceitos sectários, esses samaritanos negaram a si próprios a honra de mostrar hospitalidade ao Filho Criador de um universo.

Jesus e o grupo dos dez pararam para passar a noite na aldeia, perto do vau do Jordão. E, no dia seguinte, bem cedo, atravessaram o rio e continuaram a caminho de Jerusalém, pela estrada do leste do Jordão, chegando a Betânia na quarta-feira à noite. Tomé e Natanael vieram na sexta-feira, havendo sido retardados nas conversas com Rodam.

Jesus e os doze permaneceram na vizinhança de Jerusalém até o fim do mês seguinte (outubro), cerca de quatro semanas e meia depois. Jesus foi à cidade apenas umas poucas vezes, e essas visitas breves foram feitas durante os dias da Festa de Tabernáculos. Ele passou uma parte considerável de outubro com Abner e os seus condiscípulos em Belém.

1. OS PERIGOS DA VISITA A JERUSALÉM

Muito antes de partirem da Galiléia, os seus seguidores haviam implorado a Jesus para que fosse a Jerusalém proclamar o evangelho do Reino, com o objetivo de que a sua mensagem pudesse contar com o prestígio de ter sido pregada no centro da cultura e do ensino judaico; mas agora que ele de fato veio a Jerusalém para ensinar, ficaram todos temerosos pela sua vida. Sabendo que o sinédrio havia tentado trazer Jesus a Jerusalém para julgá-lo e, relembrando-se das recentes declarações reiteradas do Mestre de que ele iria sujeitar-se à morte, os apóstolos estavam literalmente atordoados com a súbita decisão de comparecer à Festa de Tabernáculos. A todas as solicitações anteriores deles, para que fosse a Jerusalém, ele havia respondido: "Ainda não chegou a hora". E, quanto aos protestos de temor deles, agora, ele apenas respondia: "Mas a hora chegou".

Durante a Festa de Tabernáculos, Jesus, ousadamente, chegou a ir a Jerusalém por várias ocasiões e ensinou publicamente no templo. Fez isso a despeito dos esforços dos seus apóstolos para dissuadi-lo dessa idéia. Embora eles houvessem, durante um bom tempo, instado-o a proclamar a sua mensagem em Jerusalém, agora temiam vê-lo entrar na cidade, sabendo muito bem que os escribas e os fariseus encontravam-se dispostos a levá-lo à morte.

A ousada presença de Jesus em Jerusalém, mais do que nunca, confundiu os seus seguidores. Muitos dos seus discípulos, e, até mesmo Judas Iscariotes, ainda apóstolo, chegaram a pensar que Jesus havia fugido apressadamente para a Fenícia por temer os líderes judeus e Herodes Antipas. E não conseguiam compreender o significado dos movimentos do Mestre. A sua presença em Jerusalém para a Festa de Tabernáculos, até mesmo contra os conselhos dos seus seguidores, no entanto, foi suficiente para colocar, definitivamente, um fim em todos os murmúrios sobre medo e covardia.

Durante a Festa de Tabernáculos, milhares de crentes de todas as partes do império romano viram Jesus, ouviram-no ensinando e, muitos, até fizeram a caminhada a Betânia para conversar com ele a respeito do progresso do Reino, nos seus próprios distritos.

Várias razões havia para que houvessem permitido a Jesus pregar publicamente nos pátios do templo durante os dias da festa, e a principal delas era o temor que surgira, entre os oficiais do sinédrio, em resultado da divisão secreta de sentimentos dentro as suas próprias fileiras. Era um fato que muitos dos membros do sinédrio, ou secretamente criam em Jesus ou, então, eram decididamente contra prendê-lo durante a festa; num momento em que uma quantidade tão grande de pessoas se achava presente em Jerusalém; sendo que muitas delas ou acreditavam nele ou ao menos eram amistosas para com o movimento espiritual que ele promovia.

Os esforços de Abner e seus companheiros, em toda a Judéia, haviam também feito bastante para consolidar os sentimentos favoráveis ao Reino, e tanto foi assim que os inimigos de Jesus não ousaram ser muito francos na oposição. Essa foi uma das razões pelas quais Jesus pôde visitar Jerusalém publicamente e sair dali ainda vivo. Um ou dois meses antes disso, certamente teria sido levado à morte.

Contudo, a intrepidez ousada que teve Jesus de aparecer publicamente em Jerusalém apavorou os seus inimigos, que não se encontravam preparados para um desafio tão arrojado. Várias vezes, durante esse mês, o sinédrio fez tentativas ineficazes de prender o Mestre, mas tais esforços deram em nada. Os seus inimigos ficaram tão surpreendidos com o comparecimento inesperado de Jesus em público, em Jerusalém, que chegaram a pensar que deveria ter sido prometida a ele a proteção das autoridades romanas. Sabendo que Filipe (o irmão de Herodes Antipas) era quase um seguidor de Jesus, os membros do sinédrio especularam que talvez Filipe tivesse dado a Jesus a promessa de proteção contra os seus inimigos. E antes que eles despertassem e entendessem que estavam enganados, na suposição de que essa presença súbita e ousada dele, em Jerusalém, fosse devida a um acordo secreto com os oficiais romanos, Jesus havia já deixado a jurisdição deles.

Apenas os doze apóstolos, ao partirem de Magadam, sabiam que Jesus tinha a intenção de comparecer à Festa de Tabernáculos. Os outros seguidores do Mestre ficaram bastante surpresos ao vê-lo nos pátios do templo voltando a ensinar publicamente; e as autoridades judias ficaram pasmadas, para além de qualquer expressão, quando lhes foi relatado que ele estava ensinando no templo.

Embora os seus discípulos não esperassem que Jesus comparecesse à festa, a grande maioria dos peregrinos, vinda de longe e que havia ouvido falar dele, alimentava a esperança de poder vê-lo em Jerusalém. E não se desapontaram, pois, por várias ocasiões, Jesus ensinou no Portão de Salomão e em outros locais, como nos pátios dos templos. Esses ensinamentos foram, na realidade, o anúncio oficial, ou formal, da divindade de Jesus para o povo judeu e para todo o mundo.

As multidões que ouviram os ensinamentos do Mestre ficaram divididas nas suas opiniões. Alguns diziam que ele era um bom homem; alguns, que era um profeta; alguns, que era verdadeiramente o Messias; outros diziam que era um intrometido pernicioso, um desencaminhador do povo com as suas doutrinas estranhas. Os seus inimigos hesitaram em denunciá-lo abertamente, por medo dos crentes favoráveis a Jesus, enquanto os seus amigos temiam reconhecê-lo abertamente, por medo dos líderes judeus, informados de que o sinédrio estava determinado a mandá-lo para a morte. Entretanto até mesmo os seus inimigos maravilharam-se com o seu ensinamento, sabendo que ele não havia sido instruído nas escolas dos rabinos.

Toda vez que Jesus ia a Jerusalém, os seus apóstolos ficavam tomados pelo terror. E sentiam mais medo porque, dia a dia, escutavam os seus pronunciamentos cada vez mais corajosos a respeito da natureza da sua missão na Terra. Eles não estavam acostumados a ouvir Jesus fazer asserções tão peremptórias; e afirmações tão espantosas, mesmo pregando entre amigos.

2. A PRIMEIRA PALESTRA NO TEMPLO

Na primeira tarde em que Jesus ensinou no templo, um grupo considerável sentou-se para ouvir as suas palavras, que descreviam a liberdade do novo evangelho; e havia júbilo naqueles que creram nas boas-novas. Um ouvinte curioso, então, interrompeu-o para perguntar: "Mestre, como é que tu podes citar as escrituras e ensinar tão fluentemente ao povo, sendo que fui informado de que não aprendeste segundo os ensinamentos dos rabinos?" Jesus respondeu: "Nenhum homem ensinou-me as verdades que eu vos declaro. E esse ensinamento não é meu e sim Dele, que me enviou. Se qualquer homem deseja realmente fazer a vontade do meu Pai, necessita com certeza de conhecer o meu ensinamento, seja ele vindo de Deus ou sejam palavras vindas de mim. Aquele que fala por si próprio busca a sua própria glória, mas, quando eu falo as palavras do Pai, com isso eu busco a glória Dele, que me enviou. Antes de tentardes entrar na nova luz, entretanto, não devíeis antes seguir a luz que já tendes? Moisés vos deu a lei, mas quantos de vós tentais honestamente atender às exigências dele? Moisés, nessa lei, ordena-vos, dizendo: 'Não matareis'; e, apesar dessa ordem, alguns de vós buscais levar a morte ao Filho do Homem".

Ao ouvir essas palavras, o povo começou a discutir entre si. Alguns disseram que ele estava louco; alguns que era um demônio. Outros disseram ser esse de fato o profeta da Galiléia, a quem escribas e fariseus há muito vinham tentando matar. Alguns disseram que as autoridades religiosas estavam com medo de molestá-lo;

outros achavam que ainda não se tinha colocado as mãos nele porque haviam tornado-se crentes dele. Após um debate considerável, alguém, na multidão, deu um passo à frente e perguntou a Jesus: "Por que os dirigentes tentam matá-lo?" E ele respondeu: "Os dirigentes buscam matar-me porque eles se ressentem do meu ensinamento sobre as boas-novas do Reino, um evangelho que liberta os homens das tradições pesadas de uma religião formal de cerimônias que esses instrutores estão determinados a manter a qualquer custo. Eles circuncidam de acordo com a lei, no dia de sábado, mas seriam capazes de matar-me porque uma vez, no dia de sábado, eu libertei um homem da servidão da aflição. Eles me seguem no dia de sábado para espionar-me; e matar-me-iam porque, em uma outra ocasião, eu escolhi curar completamente a um homem acometido de dores, no sábado. Eles buscam matar-me porque sabem muito bem que, se vós crerdes honestamente e se ousardes aceitar os meus ensinamentos, o sistema da religião tradicional deles ficará arruinado, destruído para sempre. E assim ficarão privados da autoridade sobre aquilo a que eles devotaram as suas vidas, já que eles se recusam firmemente a aceitar este evangelho novo, e mais glorioso, do Reino de Deus. E agora eu faço um apelo a cada um: julgai, não de acordo com as aparências exteriores, mas julgai, sim, segundo o verdadeiro espírito desses ensinamentos; julgai com retidão".

Então um outro inquiridor disse: "Sim, Mestre, nós buscamos o Messias, mas, quando ele vier, sabemos que ele aparecerá em mistério. Nós sabemos de onde tu és. Tens estado entre os teus irmãos desde o começo. O libertador virá em poder, para restaurar o trono do reino de Davi. Tu realmente reivindicas ser o Messias?" E Jesus respondeu: "Vós pretendeis conhecer-me e saber de onde eu venho. Eu gostaria de que essas pretensões fossem verdadeiras, pois se de fato assim fosse, vós acharíeis vida abundante nesse conhecimento. Mas eu declaro que eu não vim a vós por minha própria causa; eu vim enviado pelo Pai, e Aquele que me enviou é verdadeiro e é fiel. Ao recusardes ouvir-me, estais recusando receber Aquele que me enviou. Se receberdes esse evangelho, chegareis a conhecer a Ele que me enviou. Eu conheço o Pai, pois eu vim do Pai, para declará-Lo e revelá-Lo a vós".

Os agentes dos escribas queriam colocar as mãos nele, mas temiam a multidão, pois eram muitos os que criam nele. O trabalho de Jesus, desde o seu batismo, havia tornado-se bem conhecido de todo o mundo judeu e, quando muitos deles contavam sobre essas coisas, diziam entre si: "Mesmo que esse instrutor seja da Galiléia, e ainda que não satisfaça a todas as nossas expectativas de um Messias, nós nos perguntamos, quando vier o libertador, se ele fará alguma coisa mais bela do que esse Jesus de Nazaré já fez".

Quando os fariseus e os seus agentes ouviram o povo falando desse modo, eles foram aconselhar-se com os seus líderes e decidiram que alguma coisa deveria ser feita, sem demora, para colocar um fim nessas apresentações públicas de Jesus, nos pátios dos templos. Os líderes dos judeus, em geral, estavam dispostos a evitar um confronto com Jesus, acreditando que as autoridades romanas houvessem prometido imunidade a ele. Não conseguiam explicar de outro modo a sua coragem de vir a Jerusalém naquele momento; mas os oficiais do sinédrio não acreditaram totalmente nesse rumor. Eles ponderaram que os governantes romanos não fariam uma tal coisa secretamente e sem o conhecimento do corpo mais alto do governo da nação judaica.

E, desse modo, Eber, o agente qualificado do sinédrio, com dois assistentes, foi despachado para prender Jesus. E, quando Eber aproximava-se de Jesus, o Mestre disse: "Não temas aproximar-te de mim. Chegue mais perto para ouvir o meu ensinamento. Sei que foste enviado para prender-me, mas devias entender que nada sucederá ao Filho do Homem antes que chegue a sua hora. Não te coloques contra mim, apenas vieste em cumprimento das ordens dos teus patrões e, até mesmo tais dirigentes dos judeus, em verdade, pensam estar fazendo o serviço de Deus ao buscar secretamente a minha destruição.

"Não tenho rancor contra vós. O Pai vos ama e, portanto, eu quero a vossa libertação das cadeias do preconceito e das trevas da tradição. Eu vos ofereço a liberdade da vida e o júbilo da salvação. Proclamo o caminho novo e vivo, a libertação do mal e a ruptura das algemas do pecado. Eu vim para que vós pudésseis ter a vida, e tê-la eternamente. Se vós buscais livrar-vos de mim e dos meus ensinamentos inquietantes; deveríeis compreender que devo estar convosco apenas um pouco mais! Em pouquíssimo tempo eu irei para Ele, que me enviou a este mundo. E, então, muitos de vós ireis ansiosamente procurar por mim, mas não tereis a minha presença, pois onde eu devo ir vós não podeis chegar. Porém todos aqueles que verdadeiramente tentarem encontrar-me, em algum momento, irão alcançar a vida que conduz à presença do meu Pai".

Alguns daqueles que zombavam, entre si, disseram: "Para onde vai este homem, que não poderemos encontrá-lo? Será que irá viver entre os gregos? Será que irá destruir-se a si próprio? O que poderá estar querendo dizer, quando declara que logo partirá de perto de nós, e que não poderemos ir até onde ele vai?"

Eber e os seus assistentes negaram-se a prender Jesus e retornaram sem ele. Entretanto, quando o dirigente dos sacerdotes e fariseus repreendeu Eber e os seus assistentes, porque eles não haviam trazido Jesus, Eber apenas respondeu: "Tememos prendê-lo no meio da multidão, porque muitos são os que crêem nele. Além do mais, nunca ouvimos um homem falando como ele. Há algo de fora do comum com esse instrutor. Vós todos faríeis bem de ir até lá para escutá-lo". E, quando os principais dirigentes ouviram essas palavras, ficaram surpresos e disseram insultuosamente a Eber: "Tu também já te desgarraste? Acaso estás à beira de crer nesse enganador? Já ouviste falar de algum dos nossos homens cultos ou de algum dos dirigentes que acreditaram nele? Alguém dentre os escribas ou dentre os fariseus já teria sido enganado por esses ensinamentos astutos? Como podes tu estar influenciado pelo comportamento dessa multidão ignorante, que não conhece a lei nem os profetas? Acaso não sabes que esse povo inculto está amaldiçoado?" E Eber então respondeu: "Mesmo assim, meus mestres, esse homem diz palavras de misericórdia e de esperança à multidão. Ele encoraja os desalentados, e as suas palavras foram confortantes até mesmo para as nossas almas. O que pode haver de errado nesses ensinamentos, mesmo que ele não seja o Messias das escrituras? E ainda assim a nossa lei não exige justiça? Condenamos um homem antes de ouvi-lo?" E o dirigente do sinédrio ficou irado com Eber e, voltando-se para ele, disse: "Ficaste louco? Acaso também és da Galiléia? Busca nas escrituras, e descobrirás que, da Galiléia, não sai nenhum profeta, muito menos o Messias".

O sinédrio dispersou-se em confusão e Jesus recolheu-se em Betânia para passar a noite.

3. A MULHER SURPREENDIDA EM ADULTÉRIO

Foi durante essa visita a Jerusalém que Jesus esteve com uma certa mulher de má reputação. Ela foi trazida à presença de Jesus pelos que a acusavam e pelos inimigos dele. A narrativa distorcida, que vós conheceis, desse episódio sugere que tal mulher tenha sido trazida diante de Jesus pelos escribas e fariseus, e que Jesus lidou com eles, como que para indicar que esses líderes religiosos dos judeus pudessem, eles próprios, ser culpados de imoralidade. Jesus sabia muito bem que, embora esses escribas e fariseus fossem cegos espiritualmente e preconceituosos intelectualmente por causa da sua lealdade à tradição, deviam estar entre os homens mais íntegros moralmente daqueles dias e daquela geração.

Eis o que realmente aconteceu: Cedo, na terceira manhã da festa, quando Jesus aproximava-se do templo, um grupo de agentes contratados pelo sinédrio veio ao seu encontro. Eles traziam consigo, à força, uma mulher. Ao aproximar-se, o porta-voz deles disse: "Mestre, esta mulher foi encontrada em adultério – no ato mesmo. Ora, a lei de Moisés manda que apedrejemos esta mulher. O que dizes sobre o que deve ser feito com ela?"

O plano dos inimigos de Jesus, se ele sustentasse a lei de Moisés, exigindo que a transgressora confessa fosse apedrejada, era envolvê-lo em dificuldades com os governantes romanos, que haviam negado aos judeus o direito de infligir a pena de morte sem a aprovação de um tribunal romano. Se ele proibisse o apedrejamento da mulher, eles iriam acusá-lo, diante do sinédrio, por colocar-se acima de Moisés e da lei judaica. Se ele permanecesse em silêncio, eles o acusariam de covardia. O Mestre, todavia, manobrou a situação de um modo tal que toda a armadilha desmoronou com o peso da própria sordidez.

Essa mulher, outrora decente, era esposa de um cidadão inferior de Nazaré, um homem que tinha causado dificuldades a Jesus durante os seus dias de juventude. Havendo o homem casado com essa mulher, forçava-a vergonhosamente a ganhar a vida fazendo comércio do próprio corpo. Ele havia vindo à festa, em Jerusalém, para que a sua mulher pudesse prostituir-se por ganhos financeiros. Ele havia aceitado uma barganha com os mercenários dos dirigentes judeus, traindo, assim, a sua própria mulher no seu vício comercializado. E, assim, vinham com a mulher e o companheiro de transgressão, com o propósito de surpreender Jesus fazendo alguma declaração que pudesse ser usada contra ele próprio, para a sua prisão.

Jesus, procurando na multidão, viu o marido dela, detrás de outras pessoas. Sabia que espécie de homem era esse marido e percebeu que fazia parte da transação desprezível. Jesus andou até perto de onde esse marido degenerado estava e escreveu na areia algumas palavras que o fizeram ir embora às pressas. Então Jesus veio diante da mulher e escreveu de novo no chão algo para os seus possíveis acusadores; e, quando eles leram essas palavras, também foram embora, um a um. E quando o Mestre escreveu pela terceira vez na areia, o companheiro de pecado, da mulher, por sua vez partiu; e, assim, o Mestre levantou-se depois de escrever e contemplou a mulher sozinha diante dele. Jesus disse: "Mulher, onde estão os teus acusadores? Ninguém ficou para apedrejar-te?" E a mulher, levantando os olhos, respondeu: "Ninguém, Senhor". E então Jesus disse: "Conheço bem sobre você; mas nem eu te condeno. Toma o teu caminho em paz". E essa mulher, Hildana, renunciou ao seu marido perverso e juntou-se aos discípulos do Reino.

4. A FESTA DE TABERNÁCULOS

A presença de pessoas de todo o mundo conhecido, da Espanha à Índia, fazia da Festa de Tabernáculos uma ocasião ideal para que Jesus, pela primeira vez, proclamasse publicamente, em Jerusalém, todo o seu evangelho. Nessa festa, o povo ficava boa parte do tempo ao ar livre, em cabanas feitas de folhagens. Era uma festa das colheitas e, estando assim no frescor dos meses de outono, os judeus do mundo inteiro freqüentavam essa festa em maior número do que a da Páscoa ao final do inverno, ou a de Pentecostes no começo do verão. Os apóstolos contemplavam o seu Mestre, afinal, fazendo o anúncio corajoso da sua missão na Terra, por assim dizer, perante todo o mundo.

Essa era a festa das festas, pois todo sacrifício que não houvesse sido realizado nas outras festas podia ser feito nessa época. Era a ocasião para a recepção das oferendas ao templo; era uma combinação dos prazeres das férias com os ritos solenes da adoração religiosa. E era uma época de júbilo racial, mesclado a sacrifícios, a cantos levíticos e a toques solenes das trombetas prateadas dos sacerdotes. À noite, em um espetáculo impressionante, o templo e as multidões de peregrinos eram brilhantemente iluminados pelos grandes candelabros, que queimavam, com muito brilho, nos pátios das mulheres, e também pelo resplendor de dezenas de tocheiros nos pátios do templo. Toda a cidade ficava alegremente decorada, exceto o castelo romano de Antônia, que dominava, em um contraste sinistro, essa cena festiva e adoradora. E como os judeus odiavam essa lembrança, sempre presente, do jugo romano!

Setenta touros eram sacrificados durante a festa, simbolizando as setenta nações do paganismo. A cerimônia do derramamento da água simbolizava o espargimento do espírito divino. Essa cerimônia da água era precedida da procissão dos sacerdotes e dos levitas, ao nascer do sol. Os adoradores caminhavam pelos degraus que iam do pátio de Israel ao pátio das mulheres, enquanto ouvia-se o soar sucessivo das trombetas prateadas. E então os fiéis marchavam até o belo portão, que se abria para o pátio dos gentios. E ali, davam uma meia-volta para retomar pelo oeste, repetindo os seus cânticos e continuando a sua marcha para a água simbólica.

Quase quatrocentos e cinqüenta sacerdotes, aproximadamente, junto com um número correspondente de levitas oficiaram no último dia da festa. Ao alvorecer, os peregrinos reuniam-se, de todas as partes da cidade, cada um deles carregando na mão direita um ramalhete feito de murta, de salgueiro e de ramos de palma, enquanto na mão esquerda eles carregavam um ramo da maçã do paraíso – a cidra, ou a "fruta proibida". Esses peregrinos dividiam-se em três grupos para a cerimônia do alvorecer. Uma parte permanecia no templo, a fim de presenciar os sacrifícios da manhã. Outro grupo marchava de Jerusalém até perto de Maza, com o fito de cortar os ramos de salgueiro para adornar o altar dos sacrifícios. Já o terceiro grupo formava uma procissão que seguia de perto o sacerdote com a água; este, ao som das trombetas prateadas, levava o cântaro dourado que iria conter a água simbólica de Ofel, partindo do templo e seguindo até a proximidade de Siloé, onde estava localizado o portão da fonte. Depois de enchido o cântaro dourado na piscina da fonte de Siloé, a procissão marchava de volta para o templo, entrando pelo caminho do portão da água e indo diretamente até o pátio dos sacerdotes, onde o sacerdote que levava o cântaro de água juntava-se com outro que levava o vinho para a oferenda da bebida. Esses dois sacerdotes, então, dirigiam-se aos funis de prata que conduziam à base do altar e, ali, deixavam jorrar os conteúdos dos cântaros. O cumprimento desse ritual, de fazer jorrar o vinho e a água, era o sinal para que os peregrinos reunidos começassem a cantar os salmos, desde o 113 até o 118, inclusive, alternando-se com os levitas. E, enquanto repetiam esses versos, faziam ondular os seus ramos no altar. Então, vinham os sacrifícios do dia, relacionados com o repetir do salmo da data, sendo o octogésimo segundo o salmo do último dia desta festa, começando pelo quinto verso.

5. O SERMÃO SOBRE A LUZ DO MUNDO

Da noite do dia seguinte até a última noite da festa, quando a cena era brilhantemente iluminada pelas luzes dos candelabros e dos tocheiros, Jesus permaneceu em meio da multidão reunida e disse:

"Eu sou a luz do mundo. Aquele que me segue não andará na escuridão, mas terá a luz da vida. Presumindo colocar-me em julgamento e assumindo serem meus juízes, vós declarais que, dando eu o testemunho de mim mesmo, o meu testemunho não poderá ser verdadeiro. Mas a criatura nunca pode julgar o Criador. E dando eu o testemunho de mim mesmo, o meu testemunho será verdadeiro para a eternidade, pois sei de onde vim, sei quem sou e para onde vou. Vós, que mataríeis o Filho do Homem, não sabeis de onde eu vim nem quem sou nem para onde vou. Julgais apenas pelas aparências da carne; não percebeis as realidades do espírito. Não julgo homens, nem mesmo o meu arquiinimigo. Mas se devesse escolher julgar, o meu julgamento seria verdadeiro e justo, pois não julgaria a sós, mas em associação com o meu Pai, que me enviou ao mundo e que é fonte de todo julgamento verdadeiro. Se vós podeis aceitar o testemunho de duas pessoas confiáveis – bem, então, eu testemunho essas verdades, como o meu Pai no céu também o faz. E, quando eu vos disse isso, ontem, na vossa escuridão, vós perguntastes a mim: 'Onde está o teu Pai?' Verdadeiramente, não conheceis, nem a mim, nem ao meu Pai, pois se tivésseis conhecido a mim, vós teríeis também conhecido o Pai.

"Já vos disse que vou embora e que vós procurareis por mim e não me encontrareis pois, para onde vou, não podeis ir. Vós, que rejeitastes essa luz, vindes debaixo; eu venho de cima. Vós, que preferistes ficar na escuridão, sois deste mundo. Eu não sou deste mundo e vivo na luz eterna do Pai das luzes. Todos vós tivestes oportunidades abundantes de saber quem sou, mas tereis ainda outras evidências confirmando a identidade do Filho do Homem. Eu sou a luz da vida, e todo aquele que, deliberadamente, e com a compreensão disso, rejeitar essa luz salvadora morrerá dos próprios pecados. Muito tenho eu para vos contar, mas sois incapazes de receber as minhas palavras. Contudo, Aquele que me enviou é verdadeiro e fiel; o meu Pai ama até mesmo os seus filhos no erro. E tudo que o meu Pai disse eu também proclamo ao mundo.

"Quando o Filho do Homem elevar-se, então todos vós sabereis que eu sou ele e que eu nada fiz por mim mesmo, mas apenas como o Pai ensinou-me. Digo essas palavras a vós e aos vossos filhos. E Aquele que me enviou, ainda agora, está comigo; Ele não me deixou sozinho, pois eu faço sempre aquilo que é agradável à vista Dele".

E, quando Jesus ensinava assim aos peregrinos, nos pátios dos templos, muitos acreditaram. E ninguém ousou colocar as mãos nele.

6. O DISCURSO SOBRE A ÁGUA DA VIDA

No grande dia da festa, o último dia, quando a procissão vinda da piscina de Siloé passava pelos pátios dos templos, e, imediatamente depois que a água e o vinho haviam sido derramados no altar pelos sacerdotes, Jesus, entre os peregrinos, disse: "Se alguém tiver sede, que venha a mim e beba. Do Pai que está no alto, eu trago para este mundo a água da vida. Aquele que acreditar em mim será preenchido com o espírito que essa água representa, pois até mesmo as escrituras declaram: 'Dele fluirão rios de água da vida'. Quando o Filho do Homem houver terminado a sua obra na Terra, o Espírito da Verdade vivo será vertido sobre toda a carne. Aqueles que recebem esse espírito nunca conhecem a sede espiritual".

Jesus não interrompeu o serviço para dizer essas palavras. Ele dirigiu a resposta aos adoradores, imediatamente depois do canto de Hallel, na forma de leitura dos salmos, acompanhada da ondulação dos ramos, diante do altar. E exatamente então houve uma pausa, enquanto os sacrifícios estavam sendo preparados; e foi nesse momento que os peregrinos ouviram a voz fascinante do Mestre, declarando que ele era o doador da água da vida a toda alma com sede espiritual.

Na conclusão desse serviço matinal, Jesus continuou a ensinar à multidão, dizendo: "Não lestes nas escrituras: 'Vede, do mesmo modo que as águas são derramadas no chão seco e aspergidas sobre o solo ressecado, eu irei dar o espírito da santidade para que seja vertido como uma bênção sobre os vossos filhos e mesmo sobre os filhos dos vossos filhos'? Por que ireis ter sede da ministração do espírito, se buscais banhar as vossas almas com a água das tradições dos homens vinda dos cântaros quebrados pelo serviço cerimonial? O que vedes acontecendo nesse templo é o modo pelo qual os vossos pais buscavam simbolizar a dádiva do espírito divino aos filhos da fé, e fizestes bem em perpetuar esses símbolos até os dias atuais. Mas, agora, a revelação do Pai dos espíritos chegou a essa geração, por meio da outorga do seu Filho, e tudo isso irá certamente ser seguido da dádiva do espírito do Pai e do Filho aos filhos dos homens. Para todo aquele que tem fé, essa dádiva do espírito tornar-se-á o verdadeiro mestre do caminho que leva à vida eterna, às águas verdadeiras da vida, ao Reino do céu sobre a Terra e ao Paraíso do Pai lá em cima".

E Jesus continuou a responder às perguntas da multidão e às dos fariseus. Alguns julgavam que fosse um profeta; alguns acreditavam que fosse o Messias; outros diziam que ele não podia ser o Cristo, sabendo que havia vindo da Galiléia e que, o Messias, iria restaurar o trono de Davi. Mas não ousaram prendê-lo, ainda.

7. O DISCURSO SOBRE A LIBERDADE ESPIRITUAL

Na tarde do último dia da festa, e depois que os apóstolos viram frustrados os seus esforços para persuadi-lo a partir de Jerusalém, Jesus novamente foi ao templo e ensinou. Encontrando um grande grupo de crentes reunidos no Portão de Salomão, ele dirigiu-se a eles, dizendo:

"Se as minhas palavras encontram residência em vós e se estais dispostos a fazer a vontade do meu Pai, então, verdadeiramente sois discípulos meus. Vós conhecereis a verdade e a verdade tornar-vos-á homens livres. Eu sei como vós ireis responder-me: Nós somos os filhos de Abraão e não somos escravos de ninguém; como então seremos libertados? Ainda assim, eu não falo da submissão exterior a leis de outrem; eu me refiro às liberdades da alma. Em verdade, em verdade, eu vos digo que todo aquele que comete pecados é escravo do pecado. E vós sabeis que o escravo não está destinado a habitar, para sempre, na casa do senhor. Vós sabeis também que o filho permanece na casa do seu pai. Se, portanto, o Filho vos libertar e vos transformar em filhos, então, vós sereis de fato livres.

"Sei que sois a semente de Abraão e, ainda assim, os vossos líderes tentam matar-me, porque ainda não permitiram que a minha palavra tivesse a influência transformadora em seus corações. Suas almas estão lacradas pelo preconceito e cegas pelo orgulho e vingança. Eu vos declaro a verdade, que o Pai eterno me mostra, enquanto esses instrutores iludidos buscam fazer as coisas que aprenderam apenas dos seus pais temporais. E, quando responderdes que Abraão é vosso pai, então, eu vos direi que, se fôsseis filhos de Abraão, vós faríeis as obras de Abraão. Alguns, dentre vós, acreditam no meu ensinamento, mas outros procuram destruir-me porque eu vos disse a verdade que recebi de Deus. Mas Abraão não tratou assim a verdade de Deus. Percebo que alguns, dentre vós, estão determinados a fazer as obras do maligno. Se Deus fosse vosso pai, vós conhecer-me-íeis e amaríeis a verdade que revelo. Não podeis ver que venho do Pai, que sou enviado por Deus, que não estou fazendo esse trabalho apenas por mim próprio? Por que não compreendeis minhas palavras? Será porque escolhestes tornar-vos os filhos do mal? Se vós sois os filhos das trevas, dificilmente caminhareis à luz da verdade que eu revelo. Os filhos do maligno seguem apenas os caminhos do seu pai, que foi um enganador e não permaneceu com a verdade porque não havia nenhuma verdade nele. Mas agora vem o Filho do Homem falando e vivendo a verdade, e muitos dentre vós vos negais a crer.

"Qual de vós me condenais como pecador? Se eu, então, vivo e proclamo a verdade mostrada a mim pelo Pai, por que não acreditais? Aquele que é de Deus ouve contente as palavras de Deus; e é esse o motivo pelo qual muitos de vós não ouvis as minhas palavras, porque não sois de Deus. Os vossos instrutores presumiram até mesmo dizer que eu faço a minha obra com o poder do príncipe dos demônios. Alguém aqui acabou de dizer que eu tenho comigo um demônio, que eu sou um filho do demônio. Mas todos vós, que lidais honestamente com as vossas próprias almas, sabeis perfeitamente bem que eu não sou um demônio. Vós sabeis que eu honro o Pai até mesmo quando vós me desonrais. Eu não busco a minha própria glória, apenas a glória do meu Pai do Paraíso. E eu não vos julgo, pois há Um que julga por mim.

"Em verdade, em verdade, eu digo a vós que acreditais no evangelho que, se um homem mantiver viva essa palavra de verdade no seu coração, ele nunca sentirá o gosto da morte. E agora, bem ao meu lado, um escriba diz que essa afirmação prova que eu tenho comigo um demônio, vendo que Abraão está morto, e também os profetas. E ele pergunta: "És assim tão maior do que Abraão e os profetas, a ponto de ousares ficar aqui dizendo que aquele que mantiver a tua palavra não provará da morte? Quem reivindicas ser a ponto de ousares fazer tais blasfêmias?' E a tudo isso eu digo que, se eu glorifico a mim próprio, a minha glória é como nada. Mas é o Pai que me glorificará, o mesmo Pai a quem chamais de Deus. Mas vós não chegastes a conhecer esse vosso Deus e meu Pai, e eu vim para unir-vos; para mostrar-vos como vos tornar verdadeiramente filhos de Deus. Embora não conheçais o Pai, eu O conheço verdadeiramente. E mesmo Abraão rejubilou-se de ver o meu dia e, pela fé, viu esse dia e ficou contente".

Quando os judeus descrentes e os agentes do sinédrio, então já reunidos ali, ouviram essas palavras, iniciaram um tumulto, berrando: "Tu não tens nem cinqüenta anos de idade e ainda falas em ter visto Abraão; tu és um filho do demônio!" Jesus ficou incapacitado de continuar o seu discurso. Apenas disse quando partia: "Em verdade, em verdade, eu vos digo, antes que Abraão fosse, eu sou". Muitos dos descrentes procuraram pedras para atirar nele; e os agentes do sinédrio tentaram prendê-lo, mas o Mestre rapidamente tomou o seu caminho através dos corredores do templo e escapou, indo para o local secreto de encontro, perto de Betânia, onde Marta, Maria e Lázaro esperavam por ele.

8. A CONVERSA COM MARTA E MARIA

Tinha sido arranjado para que Jesus se alojasse com Lázaro e as suas irmãs na casa de um amigo, enquanto os apóstolos ficariam espalhados aqui e ali, em pequenos grupos. Essas precauções foram tomadas porque, de novo, as autoridades judias estavam mais audaciosas nos seus planos de prendê-lo.

Durante anos, havia sido costume desses três deixar tudo de lado e ouvir aos ensinamentos de Jesus sempre que ele os visitava. Com a perda dos seus pais, Marta havia assumido as responsabilidades da vida doméstica e, sendo assim, nessa ocasião, enquanto Lázaro e Maria se mantinham assentados aos pés de Jesus, bebendo do seu ensinamento restaurador, Marta cuidava de servir a refeição da noite. Deveria ser explicado que Marta se distraía, com inúmeras tarefas pouco necessárias e úteis, e que ficava sobrecarregada com muitos cuidados triviais; tal era a sua tendência.

Ao mesmo tempo em que se ocupava com todos esses supostos deveres, Marta ficava perturbada porque Maria nada fazia para ajudar. E, sendo assim, ela foi a Jesus e disse: "Mestre, não te importas com a minha irmã me deixando, sozinha, fazer todo o serviço? Tu não pedirias a ela para vir ajudar-me?" Jesus respondeu: "Marta, Marta, por que tu ficas sempre ansiosa, com tantas coisas a fazer e por que te preocupas com tantos detalhes? Uma coisa apenas realmente vale a pena e, desde que Maria escolheu essa parte boa e necessária, eu não a tirarei dela. Mas quando ireis ambas aprender a viver como eu vos ensinei: ambas servindo em cooperação e ambas refrescando as almas em uníssono? Não conseguistes aprender que há um momento para tudo – que as questões menos importantes da vida deveriam receber menos atenção diante das coisas maiores do Reino celeste?"

9. EM BELÉM COM ABNER

Durante a semana seguinte à da Festa de Tabernáculos, dezenas de crentes reuniram-se em Betânia e receberam os ensinamentos dos doze apóstolos. O sinédrio não fez nenhum movimento para perturbar esses encontros, já que Jesus não estava presente; ele estava, durante esse período, trabalhando com Abner e os seus condiscípulos, em Belém. No dia seguinte ao fechamento da festa, Jesus tinha já partido para Betânia, e não mais ensinou no templo durante essa visita a Jerusalém.

Nessa época, Abner mantinha o seu centro de ações em Belém, e daquele centro muitos discípulos haviam sido enviados às cidades da Judéia, sul de Samaria e até mesmo à Alexandria. Poucos dias depois da sua chegada, Jesus e Abner completaram os arranjos para a consolidação das obras dos dois grupos de apóstolos.

Durante essa visita à Festa de Tabernáculos, Jesus havia dividido o seu tempo igualmente entre Betânia e Belém. Em Betânia ele passou um tempo considerável com os seus apóstolos; em Belém deu bastante instrução a Abner e aos outros antigos apóstolos de João. E foi esse contato íntimo que, afinal, os levou a crerem nele. Esses antigos apóstolos de João Batista foram influenciados pela coragem que Jesus demonstrara no seu ensinamento público, em Jerusalém; bem como pela compreensão solidária que experimentaram no ensinamento particular dado a eles em Belém. Essas influências conquistaram, completa e finalmente, de todos os condiscípulos de Abner, uma aceitação de todo o coração, para o Reino e para todas as coisas que um tal passo implicava.

Antes de deixar Belém pela última vez, o Mestre fez arranjos para que todos eles se reunissem com ele no esforço unificado que devia anteceder ao término da sua carreira terrena na carne. Ficou acertado que Abner e os seus companheiros deviam juntar-se a Jesus e aos doze no parque de Magadam, em um futuro próximo.

De acordo com o que ficara marcado, no princípio de novembro, Abner e os seus onze companheiros lançaram a sua sorte juntando-se a Jesus e aos doze e trabalharam com eles, em uma única organização, até o momento mesmo da crucificação.

No final de outubro, Jesus e os doze retiraram-se da vizinhança imediata de Jerusalém. No domingo, 30 de outubro, Jesus e os seus companheiros deixaram a cidade de Efraim, onde ele estivera descansando, em reclusão, por uns poucos dias, e, indo pela parte oeste da estrada do Jordão diretamente ao parque de Magadam, chegaram lá, na tarde da quarta-feira, 2 de novembro.

Os apóstolos ficaram bastante aliviados de terem o Mestre de volta em um solo amistoso; e não mais o pressionaram para que fosse a Jerusalém com a finalidade de proclamar o evangelho do Reino.

DOCUMENTO 163

A ORDENAÇÃO DOS SETENTA EM MAGADAM

U NS POUCOS dias depois do retorno de Jesus e dos doze a Magadam, vindos de Jerusalém, Abner e um grupo de cerca de cinqüenta discípulos chegaram de Belém. Nesse momento também se reuniam, no acampamento de Magadam, o corpo dos evangelistas, o corpo de mulheres e cerca de cento e cinqüenta outros discípulos sinceros e fiéis de todas as partes da Palestina. Depois de devotar uns poucos dias às conversas e à reorganização do acampamento, Jesus e os doze começaram um curso de aperfeiçoamento intensivo para esse grupo especial de crentes e, dessa agregação de discípulos bem treinados e experientes, o Mestre escolheu subseqüentemente os setenta instrutores e os enviou para proclamar o evangelho do Reino. Essa instrução regular começou na sexta-feira, 4 de novembro, e continuou até o sábado, 19 de novembro.

Jesus dava uma palestra a esse grupo todas as manhãs. Pedro ensinava os métodos de pregação pública; Natanael instruía-os na arte de ensinar; Tomé explicava-lhes como responder às perguntas; enquanto Mateus dirigia a organização das finanças do grupo. Os outros apóstolos também participavam desse aperfeiçoamento, segundo as suas experiências especiais e talentos naturais.

1. A ORDENAÇÃO DOS SETENTA

Os setenta foram ordenados por Jesus na tarde de sábado, 19 de novembro, no acampamento de Magadam, e Abner foi colocado à frente desses pregadores e instrutores do evangelho. Esse corpo de setenta era formado por Abner e dez dos antigos apóstolos de João, por cinqüenta e um dos primeiros evangelistas e oito outros discípulos que se haviam distinguido no serviço do Reino.

Por volta das duas horas, nessa tarde de sábado, entre pancadas de chuva, um grupo de crentes, ampliado com a chegada de Davi e a maioria do seu corpo de mensageiros, em um total de mais de quatrocentos, reuniu-se na margem do lago da Galiléia para presenciar a ordenação dos setenta.

Antes de efetuar a imposição da sua mão nas cabeças dos setenta, para distingui-los como mensageiros do evangelho, dirigindo-se a eles, Jesus disse: "A colheita realmente está farta, mas os trabalhadores são poucos; por isso eu exorto todos vós a orar, para que o Senhor da colheita envie mais trabalhadores à Sua obra. Estou a ponto de distinguir-vos, como mensageiros do Reino, e devo enviar-vos aos judeus e gentios como cordeiros entre os lobos. Quando fordes pelos caminhos, dois a dois, instruo-vos para que não leveis nem bolsa, nem roupa extra, pois partireis nessa primeira missão apenas por um curto período. Não estendereis a mão, com delongas, a nenhum homem pelo caminho, fiqueis atentos apenas ao vosso trabalho. Quando fordes hospedados em uma casa, dizei primeiro: A paz esteja nessa casa. Se aqueles que amam a paz viverem lá, ali ficareis; se não, deveis partir de lá. E, havendo escolhido uma casa, permanecereis lá durante a estada em tal cidade, comendo e bebendo daquilo que for posto diante de vós. E fareis assim porque o trabalhador é digno do seu sustento. Não vades de casa em casa, se um alojamento melhor estiver sendo oferecido. Lembrai-vos, quando fordes pelo mundo, proclamando a paz na Terra e a boa vontade entre os homens, de que ireis ter contra vós inimigos amargos e iludidos; e, portanto, sede sábios como serpentes e inofensivos como pombas.

"E, em todos os lugares em que fordes, pregai, dizendo: 'O Reino do céu está à mão'; e ministrai a todos os doentes na mente ou no corpo. Livremente vós recebestes as boas coisas do Reino; e dai livremente. Se o povo de qualquer cidade vos receber, eles terão entrada abundante no Reino do Pai; contudo, se o povo de qualquer cidade recusar-se a receber esse evangelho, ainda deveis proclamar a vossa mensagem ao sairdes dessa comunidade descrente, dizendo, àqueles que rejeitaram o ensinamento: 'Não obstante rejeitardes a verdade, permanece o fato de que o Reino de Deus veio até perto de vós'. Aquele que ouve a vós ouve a mim. E aquele que ouve a mim ouve a Ele, que me enviou. Aquele que rejeita a mensagem do evangelho, rejeita a mim. E aquele que rejeita a mim, rejeita a Ele que me enviou".

Quando terminou de falar aos setenta, começando por Abner, à medida que eles ajoelhavam-se em um círculo em volta dele, Jesus impôs as suas mãos na cabeça de cada um deles.

Cedo, na manhã seguinte, Abner enviou os setenta mensageiros a todas as cidades da Galiléia, Samaria e Judéia. E esses trinta e cinco pares saíram pregando e ensinando por seis semanas, retornando todos ao novo acampamento perto de Pela, na Peréia, na sexta-feira, 30 de dezembro.

2. O JOVEM RICO E OUTROS

Mais de cinqüenta discípulos, que desejavam ser ordenados e admitidos como membros dos setenta, foram rejeitados pelo comitê designado por Jesus para selecionar os candidatos. Esse comitê era constituído por André, Abner e os chefes dos corpos de evangelistas. Em todos os casos nos quais esse comitê de três não foi unânime nas suas decisões, eles apresentaram o candidato a Jesus e, conquanto o Mestre nunca rejeitasse uma só pessoa que almejasse ordenar-se como um mensageiro do evangelho, mais de dez deles, depois de falarem com Jesus, não desejaram mais se tornar mensageiros do evangelho.

Um discípulo sincero veio a Jesus, dizendo: "Mestre, muito eu gostaria de ser um dos teus novos apóstolos, mas o meu pai é bastante velho e está próximo da morte; poderia ser-me permitido ir até a minha casa para enterrá-lo?" A esse homem Jesus disse: "Meu filho, as raposas têm tocas, e os pássaros do céu têm ninhos, mas o Filho do Homem não tem um lugar onde descansar a sua cabeça. Tu és um discípulo fiel, e podes permanecer como tal, quando voltares para a sua casa para ministrar aos seus seres amados, mas não deve ser assim com os meus mensageiros do evangelho. Eles abandonaram tudo para seguir-me e proclamar o Reino. Se tu queres ordenar-te instrutor, deves deixar que os outros enterrem os mortos enquanto tu saíres para tornar públicas as boas-novas". E esse homem foi embora cheio de um desapontamento profundo.

Outro discípulo veio ao Mestre e disse: "Eu gostaria de tornar-me um mensageiro ordenado; porém, gostaria antes de ir até a minha casa para confortar a minha família, por pouco tempo". E Jesus respondeu: "Se fores ordenado, tu deverás estar disposto a esquecer tudo. Os mensageiros do evangelho não podem ter afeições divididas. Nenhum homem que, depois de pôr suas mãos à obra, resolver sair, será digno de tornar-se um mensageiro do Reino".

Então André trouxe a Jesus um certo homem, jovem e rico, que era um devoto e desejava receber a ordenação. Esse homem, Matadormus, era um membro do sinédrio de Jerusalém; tinha ouvido Jesus ensinar e havia sido instruído posteriormente, no evangelho do Reino, por Pedro e outros apóstolos. Jesus conversou com Matadormus a respeito dos quesitos da ordenação e pediu-lhe que tomasse a sua decisão depois de pensar mais profundamente sobre a questão. Bem cedo na manhã seguinte, quando Jesus saía para uma caminhada, esse jovem aproximou-se dele e disse: "Mestre, eu gostaria de saber de ti sobre as certezas da vida eterna. Uma vez que eu tenho observado todos os mandamentos desde a minha juventude, gostaria de saber o que mais devo fazer para ganhar a vida eterna?" Em resposta a essa pergunta, Jesus disse: "Se tu cumprires os mandamentos – de não cometer adultério, de não matar, de não roubar, de não dar falso testemunho, de não trapacear e de honrar aos teus pais –, tu terás feito muito bem, mas a salvação é uma recompensa da fé, e não meramente das tuas obras. Tu crês nesse evangelho do Reino?" E Matadormus respondeu: "Sim, Mestre, eu creio em tudo o que tu e os teus apóstolos me ensinaram". E Jesus disse: "Então tu és de fato meu discípulo e um filho do Reino".

E então o jovem disse: "Mas, Mestre, não me contento em ser teu discípulo; gostaria de ser um dos teus novos mensageiros". Ao ouvir isso, Jesus olhou para ele e, com um grande amor, disse: "Eu terei a ti como um dos meus mensageiros, se estiveres disposto a pagar o preço, se satisfizeres o único quesito que te falta". Matadormus respondeu: "Mestre, farei qualquer coisa para que me seja permitido seguir-te". E Jesus, beijando na fronte o jovem ajoelhado, disse: "Se quiseres ser um mensageiro meu, vai e vende tudo o que tens e, quando tiveres doado o produto aos pobres ou aos teus irmãos, vem e segue-me; e tu terás um tesouro no Reino do céu".

Quando Matadormus ouviu isso, o seu semblante esmoreceu. Ele levantou-se e partiu pesaroso, pois possuía muitos bens. Esse jovem fariseu rico fora criado na crença de que a riqueza era um sinal do favorecimento de Deus. Jesus sabia que ele não estava liberto do amor de si próprio e das riquezas. O Mestre queria libertá-lo do *amor* das riquezas, não necessariamente da riqueza em si. Embora os discípulos de Jesus não precisassem desfazer-se de todos os bens terrenos, os apóstolos e os setenta desfaziam-se deles. Matadormus desejava ser um dos setenta novos mensageiros, e por esse motivo Jesus lhe pediu que se desfizesse de todas as suas posses temporais.

Quase todo ser humano tem uma coisa à qual se apega, como a um mal necessário e querido, e à qual deverá renunciar, como parte do preço da admissão ao Reino do céu. Se Matadormus se houvesse desfeito da sua riqueza, ela provavelmente teria sido colocada de volta nas suas mãos, para que ele a administrasse, como tesoureiro dos setenta. Pois, mais tarde, depois do estabelecimento da igreja de Jerusalém, ele obedeceu à determinação do Mestre, embora, então, haja sido tarde demais para que ele tivesse podido desfrutar da companhia dos setenta, como membro; e ele tornou-se o tesoureiro da igreja de Jerusalém, da qual, Tiago, o irmão do Senhor, na carne, era o dirigente.

Sempre foi assim e para sempre será: os homens devem tomar as suas próprias decisões. E existe uma certa amplitude, nas possibilidades da liberdade de escolha, dentro da qual os mortais podem atuar. As forças do mundo espiritual jamais coagirão o homem; elas permitem que ele siga o caminho da sua própria escolha.

Jesus previu que, com as suas riquezas, Matadormus não teria possibilidade de ser ordenado como companheiro dos homens que a tudo haviam abandonado pelo evangelho; ao mesmo tempo, sentiu que, sem as suas riquezas, ele tornar-se-ia o dirigente máximo de todos eles. Mas, como os próprios irmãos de Jesus, Matadormus nunca chegou a ser grande no Reino, porque privou a si próprio daquele convívio íntimo e pessoal com o Mestre. Convívio este que poderia ter feito parte da experiência dele, tivesse ele estado disposto a fazer, no momento certo, aquilo que lhe tinha sido pedido por Jesus, e que, vários anos depois, ele realizou de fato.

As riquezas não têm nenhuma relação direta com a entrada no Reino do céu, mas o *amor pela riqueza tem*. As lealdades espirituais ao Reino são incompatíveis com uma profunda servidão à cobiça materialista. O homem não pode dividir, com uma devoção material, a sua lealdade suprema a um ideal espiritual.

Jesus nunca ensinou que é errado ter riquezas. Apenas aos doze e aos setenta ele pedia que dedicassem todas as suas posses no mundo à causa comum. E, ainda assim, cuidou para que fosse efetuada uma liquidação vantajosa das propriedades deles, como no caso do apóstolo Mateus. Jesus, por muitas vezes, aconselhou aos seus discípulos abastados aquilo que havia ensinado ao homem rico de Roma. O Mestre considerava o sábio investimento dos ganhos excedentes como sendo uma forma legítima de seguro para uma adversidade futura inevitável. Quando a tesouraria apostólica estivera transbordante, Judas colocara os fundos em um depósito a ser utilizado futuramente, quando eles pudessem estar sofrendo de uma diminuição grande na renda. E isso, Judas havia feito depois de consultar-se com André. Jesus nunca teve nada a ver pessoalmente com as finanças apostólicas, exceto quanto ao desembolso para as esmolas. No entanto, por muitas vezes, ele condenou o abuso econômico, tal como a exploração injusta dos fracos, dos ignorantes e dos menos afortunados entre os homens, pelos seus semelhantes mais fortes, mais sagazes e mais inteligentes. Jesus declarou que o tratamento desumano impingido aos homens, mulheres e crianças era incompatível com os ideais de irmandade do Reino do céu.

3. A DISCUSSÃO SOBRE A RIQUEZA

Enquanto Jesus terminava de falar a Matadormus, Pedro e alguns apóstolos reuniam-se ao redor dele e, depois que o jovem rico partiu, Jesus voltou-se para colocar-se frente aos apóstolos e dizer: "Vede, quão difícil é, para aqueles que têm riquezas, entrar plenamente no Reino de Deus! A adoração espiritual não pode ser dividida com as devoções materiais; nenhum homem pode servir a dois senhores. Vós tendes um ditado que diz:' é mais fácil um camelo passar pelo buraco de uma agulha, do que os pagãos herdarem a vida eterna'. E eu declaro que é tão fácil para esse camelo passar pelo buraco da agulha quanto o é para esses ricos, satisfeitos consigo mesmos, entrarem no Reino do céu".

Quando ouviram essas palavras, Pedro e os apóstolos ficaram extremamente surpresos, a ponto de Pedro dizer: "Ó Senhor, quem então pode ser salvo? Todos aqueles que têm riquezas ficarão fora do Reino?" E Jesus respondeu: "Não, Pedro, mas todos que colocarem a sua confiança nas riquezas, dificilmente entrarão na vida espiritual que leva ao progresso eterno. Porém, ainda assim, muitas coisas que são impossíveis para o homem não estão fora do alcance do Pai no céu; devemos reconhecer, sim que, com Deus, todas as coisas são possíveis".

E, enquanto cada qual saía para um lado, Jesus entristecia-se por Matadormus não permanecer com eles, pois Jesus o amava bastante. E quando caminhavam pelo lago, eles sentaram-se perto da água, e Pedro, falando pelos doze (presentes todos, naquele momento), disse: "Estamos inquietos por causa das tuas palavras ao jovem rico. Devemos exigir daqueles que querem seguir-nos que renunciem aos seus bens terrenos?" E Jesus disse: "Não, Pedro, apenas daqueles que querem transformar-se em apóstolos e que desejam viver comigo, como uma família, como vós o fazeis. Pois o Pai exige que os afetos dos seus filhos sejam puros e não divididos. Qualquer coisa ou pessoa, que se interponha entre vós e o amor pelas verdades do Reino, deve ser abandonada. Se a riqueza não invade os recintos da alma, não traz conseqüências à vida espiritual daqueles que entram no Reino".

E Pedro disse: "Mas, Mestre, nós abandonamos tudo para te seguir, o que então teremos?" Então Jesus falou aos doze: "Em verdade, em verdade, vos digo: não há homem algum que, havendo abandonado a riqueza, a casa, a esposa, os irmãos, os pais ou os filhos, por minha causa e pelo Reino do céu, não receba muito mais neste mundo, talvez com algumas perseguições; e que não receba a vida eterna no mundo que virá. Contudo, muitos dos que são os primeiros, serão os últimos, enquanto os últimos, muitas vezes, serão os primeiros. O Pai trata as suas criaturas de acordo com as necessidades delas e em obediência às Suas leis justas de consideração misericordiosa e amorosa pelo bem-estar de um universo.

"O Reino do céu é como um proprietário, que é um grande empregador de homens, e que saiu cedo pela manhã para contratar trabalhadores para o seu vinhedo. Depois de um acordo com os trabalhadores, de pagar a eles um denário por dia, ele os enviou ao vinhedo. E então ele saiu às nove e, vendo outros que permaneciam ociosos no mercado, lhes disse: 'Ide, vós também, trabalhar no meu vinhedo, e eu vos pagarei o que for justo'. E eles foram trabalhar imediatamente. E, às doze, novamente ele saiu e depois às três e procedeu do mesmo modo. E indo à praça do mercado, às cinco da tarde, ele ainda encontrou outros que lá permaneciam sem fazer nada, e perguntou-lhes: 'Por que permanecestes aqui, desocupados, todo o dia?' E os homens responderam: 'Porque ninguém nos contratou'. E então disse o dono da casa: 'Ide vós também trabalhar no meu vinhedo, e vos pagarei o que for justo'.

"Quando chegou a noite, esse proprietário do vinhedo disse ao seu administrador: 'Chama os trabalhadores e paga a eles os seus salários, começando pelos últimos contratados e terminando com os primeiros'. Quando chegaram aqueles que haviam sido contratados às cinco da tarde, cada um recebeu um denário, e assim todos os outros trabalhadores receberam a mesma quantia. Quando os homens que haviam sido contratados no começo do dia viram como estavam sendo pagos aqueles que haviam sido contratados mais tarde, tiveram a esperança de receber mais do que a quantia combinada. Mas, como os demais, cada homem recebeu apenas um denário. E, depois que todos haviam recebido o seu pagamento, eles foram reclamar com o dono da casa, dizendo: 'Esses homens, que foram contratados por último, trabalharam apenas uma hora, e mesmo assim tu pagaste a eles o mesmo que pagaste a nós, que agüentamos a carga do dia inteiro sob o sol abrasador'.

"E o dono da casa então respondeu: 'Meus amigos, eu não sou injusto convosco. Cada um de vós concordou em trabalhar por um denário ao dia, não? Pegai agora o que é vosso e segui o vosso caminho, pois é desejo meu dar àqueles que vieram por último tanto quanto dei a vós. Não me é lícito fazer o que eu quiser com o que me pertence? Ou acaso invejais a minha generosidade, porque eu desejo ser bom e demonstrar misericórdia?' "

4. A DESPEDIDA DOS SETENTA

Um momento emocionante no acampamento de Magadam deu-se no dia em que os setenta saíram na sua primeira missão. Cedo, naquela manhã, na sua última palestra aos setenta, Jesus colocou ênfase no seguinte:

1. O evangelho do Reino deve ser proclamado a todo o mundo, tanto aos gentios quanto aos judeus.

2. Ao cuidar dos enfermos, abstende-vos de ensinar a esperar milagres.

3. Proclamai uma fraternidade espiritual dos filhos de Deus; e não um reino exterior de poder terreno e de glória material.

4. Evitai a perda de tempo em um excesso de conversas e visitas sociais e outras trivialidades que possam diminuir a vossa devoção, de coração pleno, a pregar o evangelho.

5. Se a primeira casa que tiverdes escolhido, como centro, demonstrar ser uma casa digna, ficai lá durante toda a permanência nessa cidade.

6. Deixai bem claro, a todos os fiéis, que é chegada a hora de romper abertamente com os líderes religiosos dos judeus, em Jerusalém.

7. Ensinai que todo o dever do homem resume-se neste único mandamento: Amai o Senhor, vosso Deus, com toda a vossa mente e a vossa alma; e amai ao vosso semelhante como a vós próprios. (E isso eles deviam ensinar como sendo todo o dever do homem em lugar das 613 regras de vida expostas pelos fariseus.)

Quando Jesus terminou de falar aos setenta, em presença de todos os apóstolos e discípulos, Simão Pedro levou-os à parte para, a sós com eles, pregar-lhes o seu sermão de ordenação, que era uma elaboração das instruções dadas pelo Mestre, na época em que ele impôs as suas mãos sobre eles e escolheu-os como mensageiros do Reino. Pedro exortou os setenta a nutrir, nas suas experiências, as virtudes seguintes:

1. *A devoção consagrada.* Orar sempre para que haja constantemente mais operários a serem enviados à colheita do evangelho do Reino. Ele explicou que, quando se ora assim, deve-se dizer mais propriamente: "Aqui estou eu; enviai-me". Ele aconselhou-lhes que não negligenciassem a sua adoração diária.

2. *A verdadeira coragem.* Ele avisou-lhes que encontrariam muita hostilidade e que podiam estar certos de que enfrentariam perseguições. Pedro disse a eles que a sua missão não era um empreendimento para covardes e aconselhou, àqueles que estavam amedrontados, que desistissem antes mesmo de começar. Mas nenhum deles retirou-se.

3. *A fé e a confiança.* Que, nessa curta missão, eles deveriam sair totalmente sem recursos; e que deveriam confiar no Pai para terem comida e abrigo e todas as outras coisas que fossem necessárias.

4. *O ardor e a iniciativa.* Eles deveriam estar possuídos do ardor e de um entusiasmo inteligente; eles deveriam ater-se exclusivamente aos assuntos do Mestre. A saudação oriental era uma cerimônia longa e elaborada; e, portanto, eles foram instruídos a "não saudar nenhum homem pelo caminho", o que era um método comum de exortar a que cuidassem dos seus assuntos, sem desperdício de tempo. Essa instrução nada tinha a ver com a questão da saudação amistosa.

5. *A amabilidade e a cortesia.* O Mestre havia instruído-os para que evitassem perder tempo desnecessariamente em cerimônias sociais, mas recomendou-lhes muita cortesia para todos aqueles com quem entrassem em contato. Eles deveriam demonstrar toda amabilidade para com aqueles que poderiam recebê-los nas suas casas. E foram advertidos estritamente quanto a deixarem uma casa modesta, para serem recebidos em uma casa mais confortável ou de mais influência.

6. *A ministração aos doentes.* Os setenta foram encarregados, por Pedro, de procurar os que estivessem doentes da mente ou do corpo e fazer tudo o que estivesse ao alcance deles para trazer-lhes algum alívio ou cura das suas enfermidades.

E, depois de terem recebido, assim, as suas ordens e instruções, eles partiram, dois a dois, para a sua missão na Galiléia, Samaria e Judéia.

Embora os judeus tivessem uma estima especial pelo número setenta, algumas vezes considerando que setenta fossem as nações do paganismo, e, embora esses setenta mensageiros devessem ir com o evangelho a todos os povos, ainda assim, até onde podemos discernir, foi apenas uma coincidência que esse grupo tivesse exatamente setenta membros. É certo que Jesus teria aceito algo como meia dúzia a mais deles, mas esses não estavam dispostos a pagar o preço de abandonar riquezas e famílias.

5. TRANSFERINDO O ACAMPAMENTO PARA PELA

Jesus e os doze preparavam-se agora para estabelecer o último dos seus centros de apoio, na Peréia, perto de Pela, onde o Mestre fora batizado no Jordão. Os últimos dez dias de novembro haviam sido passados em reuniões em Magadam, e na terça-feira, 6 de dezembro, todo o grupo, de quase trezentas pessoas, partiu ao alvorecer, com todos os seus carregamentos, para alojar-se, naquela noite, perto de Pela, à beira do rio. Esse mesmo local, na primavera, vários anos antes, havia sido ocupado pelo acampamento de João Batista.

Depois de levantar o acampamento de Magadam, Davi Zebedeu retornou a Betsaida e começou imediatamente a reduzir o serviço de mensageiros. O Reino entrava em uma nova fase. Diariamente chegavam peregrinos de todas as partes da Palestina e mesmo de regiões remotas do império romano. Crentes vinham da Mesopotâmia, ocasionalmente, e de terras a leste do Tigre. E, desse modo, no domingo, 18 de dezembro, com a ajuda do seu corpo de mensageiros, Davi colocou sobre os animais de carga a bagagem do acampamento, então armazenada na casa do seu pai e com a qual ele havia anteriormente organizado o acampamento de Betsaida, à beira do lago. Despedindo-se de Betsaida pelo momento, ele continuou até as margens do lago e ao longo do Jordão, num ponto cerca de um quilômetro ao norte do campo apostólico; e, em menos do que uma semana, Davi estava preparado para oferecer hospitalidade a quase mil e quinhentos visitantes peregrinos. O acampamento apostólico podia acomodar cerca de quinhentas pessoas. Era a estação das chuvas na Palestina; e essas acomodações faziam-se necessárias para que se cuidasse do número, cada vez maior, de buscadores da verdade e de interessados, em sua maioria sérios, que viriam à Peréia para ver Jesus e ouvir o seu ensinamento.

Davi fez tudo isso por sua própria iniciativa, embora se tivesse aconselhado com Filipe e Mateus, em Magadam. Ele aproveitou a maior parte do seu antigo corpo de mensageiros como ajudantes para conduzir esse acampamento, sendo que agora utilizava menos de vinte homens no serviço de mensageiros regulares. Perto do fim de dezembro, e antes do retorno dos setenta, quase oitocentos visitantes foram reunidos em torno do Mestre, e eles encontraram hospedagem no acampamento de Davi.

6. O RETORNO DOS SETENTA

Na sexta-feira, 30 de dezembro, enquanto Jesus havia ido até as colinas vizinhas, com Pedro, Tiago e João, os setenta mensageiros do Reino chegavam aos pares, acompanhados de inúmeros crentes, ao centro de apoio deles em Pela. Todos os setenta estavam reunidos no local de instrução, por volta das cinco horas, quando Jesus retornou ao acampamento. A refeição da noite atrasou mais de uma hora, enquanto esses entusiastas do evangelho do Reino contavam as suas experiências. Os mensageiros de Davi haviam reportado sobre muitas dessas novas aos apóstolos durante as semanas anteriores, mas era verdadeiramente inspirador ouvir esses instrutores do evangelho, recém-ordenados, descreverem, pessoalmente, como a sua mensagem havia sido recebida pelos judeus e gentios sedentos. Afinal, Jesus podia ver os homens saindo para disseminar as boas-novas, sem a sua presença pessoal. O

Mestre, agora, sabia que podia deixar este mundo, sem que por isso o progresso do Reino parasse seriamente.

Quando os setenta relataram que "até os demônios submetiam-se" a eles, referiam-se às curas maravilhosas que tinham realizado nos casos das vítimas de desordens nervosas. Todavia, teria havido uns poucos casos de verdadeira possessão por espíritos, aliviados por esses ministros e, pois, referindo-se a eles, Jesus disse: "Não é de se estranhar que esses espíritos menores, desobedientes, deveriam sujeitar-se a vós, posto que eu vi Satã caindo do céu como um raio. Mas não rejubileis tanto só por isso, pois eu declaro a vós que, tão logo eu retorne ao meu Pai, enviaremos às mentes dos homens os nossos espíritos, de modo que não mais esses poucos espíritos perdidos possam entrar nas mentes dos mortais desafortunados. Eu me rejubilo convosco, por terdes esse poder com os homens, mas não vos sintais elevados por causa dessa experiência, mas regozijai-vos mais porque os vossos nomes estão escritos nas listas do céu, e porque vós deveis, assim, avançar em uma carreira sem fim de conquista espiritual".

E foi nesse momento, exatamente antes de compartilhar da refeição da noite, que Jesus experimentou um desses momentos raros de êxtase emocional que os seus seguidores ocasionalmente testemunharam. Ele disse: "Eu agradeço-te, meu Pai, Senhor do céu e da Terra, porque, embora esse maravilhoso evangelho tenha sido escondido dos sábios e dos presunçosos, o espírito revelou essas glórias espirituais a esses filhos do Reino. Sim, meu Pai, deve ter sido agradável aos Teus olhos fazer isso, e rejubilo-me ao saber que as boas-novas espalhar-se-ão em todo o mundo, depois mesmo de ter eu retornado para Ti e para o trabalho que Tu destinaste a mim para cuidar. Estou extremamente emocionado, pois entendo que Tu estás a ponto de entregar toda a autoridade nas minhas mãos, que apenas Tu sabes realmente quem eu sou, e que apenas realmente Te conheço eu, bem como aqueles a quem eu Te revelei. E, quando eu tiver terminado esta revelação aos meus irmãos na carne, continuarei a revelação às Tuas criaturas no alto".

Depois de ter falado assim ao Pai, Jesus voltou-se para o lado, para falar aos seus apóstolos e ministros: "Abençoados são os olhos que vêem e os ouvidos que escutam essas coisas. Deixai que eu diga a vós, que muitos dos profetas e grandes homens das idades passadas desejariam contemplar o que vós estais vendo, mas isso não lhes foi concedido. E muitas gerações dos filhos da luz que ainda estão por vir, quando ouvirem sobre essas coisas, invejar-vos-ão a vós que as vistes e que as ouvistes".

E então, falando a todos os discípulos, ele disse: "Vós ouvistes sobre quantas cidades e aldeias receberam as boas-novas do Reino; e como os meus ministros e instrutores foram recebidos pelos judeus tanto quanto pelos gentios. E abençoadas, de fato, são essas comunidades que escolheram crer no evangelho do Reino. Mas ai dos que rejeitam a luz, habitantes de Corazim, Betsaida-Júlias e Cafarnaum, cidades que não receberam bem a esses mensageiros. Eu declaro que, se as obras poderosas que foram feitas nesses locais tivessem sido feitas em Tiro e Sidom, o povo dessas cidades, chamadas pagãs, há muito ter-se-ia arrependido com trajes de penitência, com cinzas e tudo. De fato, bem mais suportável, será o dia do julgamento, para Tiro e Sidom".

O dia seguinte sendo um sábado, Jesus reuniu à parte os setenta e disse a eles: "De fato eu me rejubilei convosco, quando voltastes com as boas-novas de que tantas pessoas, espalhadas pela Galiléia, Samaria e Judéia, acolheram bem o evangelho do Reino. Mas por que vos sentistes tão surpreendentemente exaltados? Acaso não esperáveis que a vossa mensagem se manifestasse com tal força? Com tão pouca fé neste evangelho saístes, que retornastes surpresos com tamanha eficácia? E agora, se bem que não queira arrefecer o vosso entusiasmo, eu gostaria de adverti-los severamente contra as ardilezas do orgulho, o orgulho espiritual. Caso pudésseis compreender a queda de Lúcifer, o iníquo, evitaríeis solenemente qualquer forma de orgulho espiritual.

"Vós entrastes nessa grande obra de ensinar ao homem mortal que ele é um filho de Deus. Eu mostrei-vos o caminho; ide em frente fazer o vosso dever e não vos canseis de fazê-lo bem. A vós e a todos que seguirão os vossos passos, através das idades, deixai que eu diga: Estarei sempre perto, e a minha convocação-convite é, e será sempre: Vinde a mim todos vós que lutais e que levais fardos pesados e eu vos darei o descanso. Tomai o meu jugo para vós, e aprendei de mim, pois sou verdadeiro e leal, e vós encontrareis o descanso espiritual para as vossas almas".

E, quando colocaram as promessas do Mestre à prova, eles comprovaram que as palavras do Mestre eram verdadeiras. E, desde aquele dia, milhares incontáveis de pessoas também testaram e comprovaram a certeza dessas mesmas promessas.

7. A PREPARAÇÃO PARA A ÚLTIMA MISSÃO

Os dias seguintes, no acampamento de Pela, foram repletos de atividades, pois os preparativos para a missão na Peréia estavam sendo ultimados. Jesus e os seus colaboradores estavam a ponto de iniciar a sua última viagem, aquele percurso, por toda a Peréia, feito em três meses e que culminou com a entrada do Mestre em Jerusalém para os seus trabalhos finais na Terra. Durante esse período, foi mantido um centro de apoio para Jesus e os doze apóstolos no acampamento de Pela.

Jesus já não tinha necessidade de sair para ensinar ao povo. Agora todos vinham até ele, em números crescentes a cada semana, e de todas as partes, não apenas da Palestina, mas de todo o mundo romano e do Oriente próximo. Embora haja participado, com os setenta, da viagem da Peréia, o Mestre passou uma grande parte do seu tempo no acampamento de Pela, ensinando à multidão e instruindo aos doze. Durante esse período de três meses ao menos dez dos apóstolos permaneciam com Jesus.

O corpo de mulheres também se preparou para sair, duas a duas, com os setenta, para fazer a sua obra nas grandes cidades da Peréia. Esse grupo original de doze mulheres havia, recentemente, treinado um grupo maior, de cinqüenta mulheres, no trabalho de visitar as casas e na arte de ministrar aos doentes e aflitos. Perpétua, a mulher de Simão Pedro, tornou-se membro dessa nova divisão do corpo de mulheres e lhe foi confiada a liderança do trabalho ampliado das mulheres, com Abner. Depois de Pentecostes ela permaneceu com o seu ilustre marido, acompanhando-o em todas as viagens missionárias; e, no dia em que Pedro foi crucificado em Roma, ela surgiu na arena, atirada às feras selvagens. Esse novo corpo de mulheres também teve como membros as esposas de Filipe e de Mateus, e a mãe de Tiago e João.

A obra do Reino agora se preparava para entrar na sua fase terminal sob a liderança pessoal de Jesus. E esta fase caracterizava-se pela profundidade espiritual, em contraste com aquela das multidões e voltadas para os milagres e buscadoras de prodígios, que seguiram o Mestre durante os primeiros tempos da sua popularidade na Galiléia. Contudo, havia um certo número, entre os seus seguidores, que possuía uma mente voltada para o lado material e que não conseguiu captar a verdade de que o Reino do céu é a irmandade espiritual dos homens, fundada sobre o fato eterno da paternidade universal de Deus.

DOCUMENTO 164

NA FESTA DA DEDICAÇÃO

ENQUANTO se instalava o acampamento de Pela, Jesus subiu secreta-mente até Jerusalém, levando Natanael e Tomé consigo, para compare-cer à Festa da Dedicação. Os dois apóstolos só tornaram-se conscientes de que o seu mestre estava indo para Jerusalém depois de haverem passado pelo rio Jordão e pelo vau de Betânia. Quando perceberam que ele realmente tinha a intenção de estar presente à Festa da Dedicação, objetaram seriamente e, usando de toda a sorte de argumentos, tentaram dissuadi-lo da idéia. Mas os seus esforços de nada valeram; Jesus estava determinado a visitar Jerusalém. A todas as súplicas e a todas as adver-tências deles, enfatizando a loucura e o perigo que o Mestre corria de colocar-se nas mãos do sinédrio, ele responderia apenas: "Eu gostaria de dar a esses instrutores de Israel uma nova oportunidade de verem a luz, antes de chegar a minha hora".

E prosseguiram até Jerusalém, enquanto os dois apóstolos continuavam a expres-sar os seus sentimentos de temor e manifestar suas dúvidas sobre a sabedoria de um empreendimento aparentemente tão presunçoso. Eles chegaram a Jericó por volta das quatro e meia da tarde e prepararam-se para alojar-se ali, naquela noite.

1. A HISTÓRIA DO BOM SAMARITANO

Naquela noite, um grupo considerável de pessoas reuniu-se em torno de Jesus e dos dois apóstolos fazendo perguntas, muitas das quais os apóstolos responderam, en-quanto, sobre outras, o Mestre discorria. Durante a noite, um certo jurista, buscando enredar Jesus em uma disputa comprometedora, disse: "Instrutor, eu gostaria de per-guntar-te exatamente o que devo fazer para herdar a vida eterna?" Jesus respondeu: "O que está escrito na lei e nos profetas; como interpretas as escrituras?" O jurista, co-nhecendo os ensinamentos de Jesus e dos fariseus, respondeu: "Amar ao Senhor Deus, com todo o teu coração, tua alma, tua mente e tua força; e ao teu próximo como a ti mesmo". Então disse Jesus: "Respondeste certo; se realmente fizeres assim, essa atitude conduzir-te-á à vida eterna".

O advogado, contudo, não havia sido totalmente sincero ao fazer esta pergunta e, desejando justificar-se e, ao mesmo tempo, esperando embaraçar Jesus, aventurou-se ainda a fazer uma outra pergunta. Chegando um pouco mais perto do Mestre, ele disse: "Mas, Instrutor, eu gostaria que me dissesses exatamente quem é o meu próximo". O advogado, ao fazer essa pergunta, esperava que, com ela, Jesus caísse na armadilha e fizesse alguma afirmação transgressora da lei judaica, a qual definia o próximo como "os filhos do seu próprio povo". Os judeus consideravam todos os outros povos como "cães gentios". Esse advogado estava um tanto familiarizado com os ensinamentos de Jesus e, portanto, sabia bem que o Mestre pensava de modo diferente; e, assim, esperava levá-lo a proferir alguma coisa que pudesse ser interpre-tada como um ataque à lei sagrada.

Contudo, percebendo a intenção do advogado e, em vez de prestar-se à arma-dilha, Jesus passou a contar aos seus ouvintes uma história, daquelas que seriam apreciadas plenamente por qualquer audiência de Jericó. Disse Jesus: "Um certo homem ia de Jerusalém a Jericó e caiu nas mãos de bandidos cruéis que roubaram dele, tomaram a sua roupa, bateram nele e partiram, deixando-o meio morto. Em breve, por acaso, um sacerdote passava por aquele caminho e, ao deparar-se com o homem ferido, percebendo a sua condição lastimável, passou para o outro lado da estrada. E, de um modo semelhante, também um levita, ao aproximar-se viu como estava o homem e passou para o outro lado. Pouco depois, um certo samari-tano, viajando para Jericó, deparou-se com esse homem ferido e viu que havia sido roubado e que bateram nele, então ficou tocado de compaixão e, indo até ele, colo-cou-lhe uma bandagem nas feridas junto com óleo e vinho e, ajeitando o homem na própria montaria, levou-o até um albergue, e cuidou dele. No dia seguinte, pegou algum dinheiro, entregou-o ao estalajadeiro e disse: 'Cuida bem do meu amigo e, caso as despesas sejam maiores, quando eu voltar aqui, te pagarei'. Agora eu te pergunto: Qual desses três demonstrou ser o próximo do homem que caiu nas mãos dos ladrões?" E, quando o jurista percebeu que tinha caído na própria cilada, ele respondeu: "Aquele que demonstrou misericórdia para com ele". E Jesus disse: "Vai e faze do mesmo modo".

O jurista havia respondido: "Aquele que demonstrou misericórdia", para abster-se mesmo de pronunciar aquela palavra odiosa: samaritano. O jurista foi forçado a dar, ele próprio, a resposta à pergunta: "Quem é o meu próximo?" Resposta esta que Jesus desejava fosse dada, mas que, se o próprio Jesus tivesse afirmado aquilo, ter-se-ia envolvido diretamente em uma acusação de heresia. Jesus não apenas con-seguiu confundir o jurista desonesto, como contou aos seus ouvintes uma história que, ao mesmo tempo significava uma bela advertência a todos os seus seguidores, e também, uma reprovação atordoante para todos os judeus, quanto à atitude deles para com os samaritanos. E essa história tem continuado a estimular o amor fra-terno entre todos aqueles que têm acreditado no evangelho de Jesus.

2. EM JERUSALÉM

Jesus havia comparecido à Festa de Tabernáculos para poder proclamar o evange-lho aos peregrinos de todas as partes do império; e, agora, ele ia à Festa da Dedicação com um único propósito: dar ao sinédrio e aos líderes judeus uma nova oportuni-dade de ver a luz. O evento principal, daqueles poucos dias em Jerusalém, ocorreu na sexta-feira à noite, na casa de Nicodemos. Lá, reuniram-se uns vinte e cinco líderes judeus que acreditavam nos ensinamentos de Jesus. Nesse grupo estavam quatorze homens que então eram membros do sinédrio, ou recentemente o haviam sido. A esse encontro compareceram Eber, Matadormus e José de Arimatéia.

Nessa ocasião, os ouvintes de Jesus eram todos homens instruídos e, tanto eles quanto os dois apóstolos, ficaram surpresos com a amplitude e a profundidade das observações que o Mestre fez a esse distinto grupo. Desde os tempos em que havia ensinado em Alexandria, em Roma e nas ilhas do Mediterrâneo, Jesus não havia demonstrado tanto saber, nem manifestara uma tal compreensão dos assuntos hu-manos, tanto seculares quanto religiosos.

Quando essa pequena reunião terminou, todos deixaram o ambiente imbuídos da forte personalidade do Mestre, encantados pelos seus modos graciosos e tomados de afeição e amor por aquele homem. Haviam tentado desaconselhar a Jesus quanto ao seu desejo de conquistar os membros restantes do sinédrio. O Mestre ouviu atenta-mente, mas em silêncio, a tudo o que foi proposto por eles. E Jesus sabia, muito bem, que nenhum dos planos daquelas pessoas funcionaria. Ele supunha que a maioria dos líderes judeus nunca iria aceitar o evangelho do Reino; contudo, ele proporcionaria ainda a todos uma oportunidade a mais de escolher. Todavia, quando saiu, naquela noite, com Natanael e Tomé, para alojar-se no monte das Oliveiras, Jesus ainda não havia decidido sobre o método que iria adotar a fim de atrair, de novo, a atenção do sinédrio para a sua obra.

Naquela noite, Natanael e Tomé mal dormiram; estavam demasiadamente impressionados com o que haviam ouvido na casa de Nicodemos. Estiveram pensando muito sobre o comentário final de Jesus, a respeito daquela oferta dos membros antigos e atuais do sinédrio, de comparecerem junto com ele, perante os setenta. O Mestre havia dito: "Não, meus irmãos, seria fora de propósito. Vós iríeis multiplicar a ira que recairia sobre as vossas cabeças, mas não iríeis mitigar, em nada, o ódio que eles têm por mim. Ide, todos vós, cuidar dos assuntos do Pai, segundo sois conduzidos pelo espírito, enquanto eu, uma vez mais, atrairei a atenção deles para o Reino, do modo que o meu Pai indicar-me".

3. CURANDO O MENDIGO CEGO

Na manhã seguinte, os três foram até a casa de Marta, em Betânia, tomar o desjejum e, então, seguiram imediatamente para Jerusalém. Nesse sábado, pela manhã, quando se aproximavam do templo, Jesus e os seus dois apóstolos depararam-se com um mendigo muito conhecido, um homem que havia nascido cego, assentado no seu lugar de costume. Embora tais mendigos não pedissem nem recebessem esmolas no dia de sábado, era permitido que ficassem sentados, assim, nos seus lugares de costume. Jesus deteve-se para olhar o mendigo. E, enquanto contemplava esse homem que nascera cego, veio-lhe à mente uma idéia de como, uma vez mais, faria a sua missão na Terra ser notada pelo sinédrio e pelos outros líderes e instrutores judeus.

Enquanto o Mestre permanecia lá, diante do cego, absorto em pensamentos profundos, Natanael, ponderando sobre a causa possível da cegueira desse homem, perguntou: "Mestre, quem cometeu um pecado, este homem ou os seus pais, para que ele nascesse cego?"

Os rabinos ensinavam que todos esses casos de cegueira de nascença eram causados pelo pecado. Não apenas os filhos eram concebidos e nascidos em pecado, mas uma criança podia nascer cega por punição de algum pecado específico cometido pelo seu pai. Eles até mesmo ensinavam que a própria criança poderia pecar antes de nascer para o mundo. Ensinavam também que tais defeitos podiam ser causados por algum pecado ou alguma outra fraqueza da mãe, enquanto trazia em si a criança.

Havia, em todas essas regiões, uma crença vaga na reencarnação. O mais antigo dos instrutores judeus, assim como Platão, Filo e muitos dos essênios toleravam a teoria de que os homens podem colher em uma encarnação o que eles semearam em uma existência anterior; e assim, em uma vida, acreditava-se que eles estivessem expiando os pecados cometidos em vidas precedentes. O Mestre, contudo, achou difícil fazer com que os homens acreditassem que as suas almas não tinham tido existências anteriores.

Entretanto, por mais inconsistente que pudesse parecer, conquanto se supusesse que esse tipo de cegueira fosse resultado do pecado, os judeus sustentavam que era altamente meritório dar esmolas a esses mendigos cegos. Era costume que esses cegos cantassem constantemente para os transeuntes: "Ó, ternos de coração, ganhai méritos ajudando os cegos".

Jesus empreendeu a discussão desse caso com Natanael e Tomé, não apenas porque já havia decidido usar esse homem cego como um meio para, naquele dia, colocar a sua missão, uma vez mais, de um modo proeminente, sob a atenção dos líderes judeus; mas, também porque ele sempre encorajara seus apóstolos a buscar as causas verdadeiras de todos os fenômenos, naturais ou espirituais. Por várias vezes, ele os havia advertido a evitar a tendência comum de atribuir a causas espirituais os acontecimentos físicos comuns.

Jesus decidiu utilizar esse mendigo nos seus planos para as obras daquele dia, contudo, antes de fazer qualquer coisa pelo homem cego, cujo nome era Josias, ele começou por responder à pergunta de Natanael. Disse o Mestre: "Nem esse homem, nem os seus progenitores cometeram pecado, para que a obra de Deus pudesse manifestar-se nele. Essa cegueira veio a ele pela seqüência natural dos acontecimentos, mas, agora, devemos fazer as obras d'Aquele que me enviou, enquanto ainda é dia, pois a noite certamente virá e será impossível fazer, então, o trabalho que estamos a ponto de realizar. Enquanto ainda estiver aqui, eu sou a luz do mundo, mas dentro de pouco tempo eu não mais estarei convosco".

Depois de afirmar isso, Jesus disse a Natanael e a Tomé: "Criemos uma visão para esse cego, neste dia de sábado, e assim os escribas e os fariseus poderão ter toda a oportunidade que buscam para poder acusar o Filho do Homem". E então, inclinando-se para frente, ele cuspiu no chão e misturou a argila com a saliva e, falando de tudo isso para que o cego pudesse ouvi-lo, levantou-se, foi até Josias e colocou a argila sobre os seus olhos sem visão, dizendo: "Vai, meu filho, lava essa argila na piscina de Siloé e receberás, imediatamente, a tua visão". E, quando Josias lavou-se na piscina de Siloé, ele enxergou e, assim, voltou para os seus amigos e a sua família.

Tendo sempre vivido pedindo esmolas, nada mais sabia fazer; assim, quando passou o primeiro entusiasmo pela criação da sua visão, ele voltou ao seu lugar de costume, onde havia sempre sido um esmoler. Quando os seus amigos, vizinhos e todos aqueles que o conheciam desde antes, perceberam que ele podia ver, disseram todos: "Este é mesmo Josias, o cego mendigo?" Alguns afirmaram que era ele mesmo, enquanto outros disseram: "Não, é alguém que se parece com ele, pois este homem pode ver". E, quando perguntaram ao próprio homem, ele respondeu: "Sou ele".

Quando todos passaram a indagar como se tornara capaz de enxergar, ele respondeu-lhes: "Um homem chamado Jesus passou por aqui e, enquanto falava de mim aos seus amigos, misturou argila com sua saliva, ungiu os meus olhos e orientou-me para que fosse lavar-me na piscina de Siloé. Eu fiz o que esse homem mandou e, imediatamente, recebi a minha visão. E isso só aconteceu há poucas horas. Eu não sei ainda o que significa grande parte do que vejo". E o povo, começando a ajuntar em volta dele, perguntou onde eles podiam encontrar o estranho homem que o tinha curado; e, então, Josias apenas pôde responder que não sabia.

Esse é um dos mais estranhos, entre todos os milagres do Mestre. O homem não pedira para ser curado. Ele não sabia que o Jesus que o havia mandado ir lavar-se em Siloé, prometendo-lhe a sua visão, era o profeta da Galiléia, o mesmo que pregara em Jerusalém durante a Festa de Tabernáculos. Esse homem possuía pouca fé de que receberia a visão; contudo, o povo daquela época tinha grande fé na eficácia da saliva de um homem santo ou de um grande homem; e, pela conversa de Jesus com Natanael e Tomé, Josias havia concluído que o seu possível benfeitor devia ser um grande homem, um instrutor sábio ou um profeta sagrado; e, por isso, ele procedeu como Jesus lhe havia ordenado.

Jesus utilizou a argila e a saliva e mandou-o lavar-se na piscina simbólica de Siloé por três razões:

1. Esse milagre não vinha em resposta à fé individual. Era um prodígio que Jesus escolhera realizar, com um propósito escolhido por ele próprio; mas havia preparado tudo de tal forma que esse homem pudesse receber dele um benefício duradouro.

2. Como o cego não havia solicitado a cura, e, posto que a sua fé era fraca, esses atos materiais foram sugeridos a ele com o propósito de encorajá-lo. Ele acreditaria na superstição da eficácia da saliva, e sabia que a piscina de Siloé era um local semi-sagrado. Mas, dificilmente, ele teria ido lá, caso não tivesse sido necessário lavar a argila para retirar a unção. Havia um cerimonial, em todo esse procedimento, suficiente para induzi-lo a agir.

3. Entretanto, Jesus tinha um terceiro motivo para recorrer a tais meios materiais para essa transação única. Tratava-se de um milagre feito puramente em obediência à sua própria decisão e, por meio de tal feito, ele desejava ensinar aos seus seguidores, daquela época e de todas as idades subseqüentes, que deixassem de desprezar e negligenciar os meios materiais para a cura dos doentes. E queria mostrar-lhes que deviam cessar de considerar os milagres como o único método de curar as doenças humanas.

Jesus deu a visão a esse homem, por meio de uma ação milagrosa, nessa manhã de sábado em Jerusalém, perto do templo, com o propósito primordial de fazer desse ato um desafio aberto ao sinédrio e a todos os instrutores e líderes religiosos judeus. Foi esse o seu modo de proclamar uma ruptura aberta com os fariseus. Em tudo o que fazia, Jesus era sempre positivo. E, com o propósito de apresentar essas questões perante o sinédrio, foi que Jesus trouxe os seus dois apóstolos até esse homem, nesse dia de sábado, pela manhã, provocando deliberadamente as discussões que obrigaram os fariseus a notar o milagre.

4. JOSIAS DIANTE DO SINÉDRIO

No meio da tarde, a cura de Josias havia levantado em torno do templo uma discussão tal que os líderes do sinédrio decidiram convocar o conselho, no mesmo lugar da reunião habitual no templo. E, ao fazerem isso, eles violavam uma regra estabelecida que proibia a reunião do sinédrio no dia de sábado. Jesus sabia que a violação do sábado seria uma das acusações principais contra ele, a ser feita no momento da prova final, e ele desejava ser levado diante do sinédrio, para o julgamento da incriminação de ter curado um homem cego no sábado, no exato momento em que a alta corte judaica, reunida para julgá-lo por esse ato de misericórdia, estivesse deliberando sobre essas questões, no mesmo sábado, e em violação direta da própria lei auto-imposta por eles.

Entretanto não chamaram Jesus para apresentar-se diante deles, temiam fazê-lo. Em vez disso, mandaram que trouxessem Josias, sem demora. Após algumas perguntas preliminares, o porta-voz do sinédrio (com a presença de cerca de cinqüenta membros) ordenou a Josias que contasse a eles o que lhe havia acontecido. Desde a sua cura, naquela manhã, Josias andara sabendo, por meio de Tomé, Natanael e outros, que os fariseus encontravam-se irritados com a sua cura no sábado e que, provavelmente, causariam dificuldades a todos os envolvidos; mas Josias ainda não havia percebido que Jesus era aquele a quem chamavam de Libertador. E assim, quando os fariseus o interrogaram, ele disse: "Esse homem aproximou-se, colocou argila sobre os meus olhos, disse-me para ir lavar-me em Siloé e, agora, eu enxergo".

Um dos fariseus mais velhos, depois de fazer um longo discurso, disse: "Esse homem não pode vir de Deus, porque ele não observa o dia de sábado, como podeis ver. Ele viola a lei, primeiro, ao preparar a argila e, depois, ao mandar esse mendigo lavar-se em Siloé, no sábado. Um homem assim não pode ser um instrutor enviado por Deus".

Então, um dos fariseus mais jovens, que secretamente cria em Jesus, disse: "Se esse homem não é enviado por Deus, como pode fazer essas coisas? Sabemos que alguém que é um pecador comum não é capaz de realizar tais milagres. Todos nós conhecemos esse mendigo e sabemos que nasceu cego; e agora ele vê. Acaso ainda ireis dizer que esse profeta faz todos esses prodígios com o poder do príncipe dos demônios?" E, para cada fariseu que ousava acusar e denunciar Jesus, outro se levantava com perguntas embaraçosas e desconcertantes; e de um modo tal que uma divisão séria surgiu entre eles. O presidente percebeu como se desviava a assembléia e, a fim de moderar a discussão, dispôs-se a fazer novas perguntas ao próprio homem. Voltando-se para Josias, ele indagou: "O que tens a dizer sobre esse homem, esse Jesus, que tu dizes ter aberto os teus olhos?" E Josias respondeu: "Eu penso que ele é um profeta".

Os líderes estavam bastante perturbados e, não sabendo mais o que fazer, decidiram buscar os pais de Josias, para saber deles se tinha de fato nascido cego. Relutavam em acreditar que o mendigo houvesse sido curado.

Era sabido, em toda a Jerusalém, não apenas que a Jesus havia sido negada a entrada em todas as sinagogas, mas também que todos aqueles que cressem nos seus ensinamentos seriam, do mesmo modo, expulsos da sinagoga e excomungados da congregação de Israel; e isso significava a privação dos direitos e privilégios, de toda espécie, em todo o mundo judeu, exceto o direito de comprar o necessário para viver.

E, sendo assim, os pais de Josias, almas pobres e sobrecarregadas pelo temor, apareceram diante do augusto sinédrio; e ficaram com medo de falar abertamente. Disse o porta-voz do tribunal: "É este o vosso filho? E estamos certos ao entender que ele nasceu cego? Se isso for verdade, como é que agora ele pode ver?" E, então, o pai de Josias, secundado pela sua mãe, respondeu: "Sabemos que este é o nosso filho e que ele nasceu cego, mas, como é que ele veio a enxergar ou quem foi que abriu os olhos dele, não sabemos. Perguntem a ele; pois ele é maior de idade. Deixem que ele fale por si".

E agora pela segunda vez eles convocavam Josias perante o conselho. E não estavam indo bem, no seu esquema de manter a formalidade do julgamento; alguns deles começavam a não se sentir confortáveis fazendo isso no sábado, e, desse modo, quando convocaram Josias novamente, tentaram enganá-lo com um tipo diferente de insinuação. O secretário do tribunal dirigiu-se ao ex-cego, dizendo: "Por que não atribuir a Deus a glória disso? Por que tu não nos dizes toda a verdade sobre o que aconteceu? Todos nós sabemos que esse homem é um pecador. Por que tu te negas a discernir a verdade? Bem sabes que tu e esse homem são culpados de violar o sábado. Por que tu não expias o teu pecado reconhecendo Deus como quem te curou, se é que ainda afirmas que os teus olhos foram abertos mesmo neste dia de hoje?"

Josias, todavia, não era estúpido e até possuía algum senso de humor; e, assim sendo, redargüiu ao secretário do tribunal: "Se esse homem é um pecador, eu não sei; mas, de uma coisa eu sei – é que, se antes eu era um cego, agora eu vejo". E já que eles não conseguiam enganar Josias, eles procuraram saber outras coisas mais, e perguntaram: "Como foi mesmo que ele abriu os teus olhos? O que ele fez de fato em ti? O que ele te disse? Ele te pediu para que cresses nele?"

DOCUMENTO 164: SEÇÃO 4

Josias, um tanto impaciente, respondeu: "Eu já vos disse exatamente como tudo aconteceu e, se os senhores não acreditaram no meu testemunho, por que ouviríeis tudo de novo? Acaso também estais querendo ser discípulos dele?" Quando Josias disse isso, o sinédrio irrompeu em confusão, quase em violência, pois os líderes avançaram sobre Josias, exclamando furiosamente: "Tu podes falar como sendo discípulo desse homem, mas nós somos discípulos de Moisés, somos instrutores das leis de Deus. Sabemos que Deus falou por intermédio de Moisés, mas, quanto a esse Jesus, não sabemos de onde ele vem".

E, então, Josias, colocando-se de pé em um tamborete e, para todos aqueles que puderam ouvir, berrou abertamente estas palavras: "Escutai com atenção, todos vós, que pretendeis ser instrutores de todo o Israel, enquanto eu vos declaro que estamos diante de uma verdadeira maravilha, pois confessais que não sabeis de onde vem esse homem e, ainda assim, sabeis, com toda segurança, pelo testemunho que acabastes de ouvir, que ele abriu os meus olhos. Todos nós sabemos que Deus não faz essas obras por meio dos ímpios; que Deus só faria uma coisa dessas a pedido de um verdadeiro adorador – aquele que é santo e correto. Vós sabeis, desde o princípio do mundo, que nunca ouviu-se falar de terem aberto os olhos de um homem que nasceu cego. E então, olhai, todos vós, para mim, e compreendei, pois, o que foi feito no dia de hoje, em Jerusalém! Eu digo a todos vós, caso esse homem não tivesse vindo de Deus, ele não poderia ter feito nada disso". E, enquanto saíam, os membros do sinédrio, cheios de raiva e em confusão, gritaram para ele: "Tu nasceste totalmente em pecado, e agora presumes ensinar a nós? Talvez nem cego realmente nasceste e, ainda que os teus olhos tenham sido abertos em um dia de sábado, isso foi feito com o poder do príncipe dos demônios". E dirigiram-se imediatamente à sinagoga para expulsar Josias.

No início do seu julgamento, Josias tinha poucas idéias sobre Jesus e a natureza da sua cura. A maior parte desse testemunho ousado, que, de um modo tão inteligente e corajoso, ele deu perante esse tribunal supremo de todo o Israel, surgiu na sua mente enquanto o julgamento tomava aquele sentido mais injusto e pouco equânime.

5. ENSINANDO SOB O PÓRTICO DE SALOMÃO

Acontecia essa sessão do sinédrio, que violava a comemoração do sabat, em uma das câmaras do templo; enquanto isso, bem ali perto, Jesus estava à mão ensinando ao povo, no Pórtico de Salomão, esperando que fosse convocado perante o sinédrio, quando poderia contar a todos as boas-novas da liberdade e do júbilo da filiação divina ao Reino de Deus. Mas eles continuavam temerosos de mandar chamá-lo. Sempre se sentiam desconcertados com essas súbitas aparições públicas de Jesus, em Jerusalém. A ocasião exata que eles próprios buscavam tão ardentemente, Jesus agora lhes proporcionava, mas temiam trazê-lo tendo o próprio sinédrio como testemunha e, muito mais ainda, temiam prendê-lo.

Jerusalém estava na metade do inverno e o povo buscava o abrigo parcial no Pórtico de Salomão; e, como Jesus permanecia ali, as multidões fizeram a ele muitas perguntas; e ele ensinou a todos, por mais de duas horas. Alguns dos instrutores judeus tentaram fazê-lo cair publicamente em uma cilada, perguntando-lhe: "Por quanto tempo nos manterá na incerteza? Se és o Messias, por que não nos comunicas claramente?" Jesus disse: "Eu já vos falei de mim e do meu Pai, muitas vezes, mas vós não quereis crer em mim. Será que não podeis ver que as obras que faço, em nome do meu Pai, dão um testemunho de mim? Mas muitos de vós não credes, porque não pertenceis ao meu rebanho. O instrutor da verdade atrai apenas aqueles que têm fome da verdade e que têm sede de retidão. As minhas ovelhas ouvem a minha voz e eu as conheço e elas me seguem. E a todos que seguem os meus ensinamentos, eu dou a vida eterna; eles nunca perecerão, e ninguém arrebatá-los-á das minhas mãos. Meu Pai, que me deu esses filhos, é O maior de todos e, pois, ninguém arrebatá-los-á da mão do meu Pai. O Pai e eu somos Um". Alguns dos judeus descrentes acorreram ao local onde ainda construíam o templo para apanharem pedras e atirá-las em Jesus, mas os crentes impediram-nos.

Jesus continuou o seu ensinamento: "Muitas obras eu vos mostrei, provenientes do amor do Pai; e agora eu queria perguntar-vos: Por qual dessas boas obras pensais apedrejar-me?" E, então, um dos fariseus respondeu: "Por nenhuma obra boa gostaríamos de apedrejar-te, mas por blasfêmia, porque tu, sendo um homem, ousas fazer-te igual a Deus". E Jesus respondeu: "Vós acusais o Filho do Homem de blasfêmia, porque vos negastes a crer em mim quando eu declarei que sou enviado por Deus. Se não faço as obras de Deus, não creiais em mim, mas, se eu faço as obras de Deus, ainda que não creiais em mim, penso que vós deveríeis crer nas obras. Mas, para que fiqueis seguros daquilo que proclamo, eu afirmo novamente que o Pai está em mim e que estou no Pai e que, assim como o Pai reside em mim, eu também irei residir em todos que crerem neste evangelho". E, quando o povo ouviu essas palavras, muitos deles correram para pegar pedras e atirar nele; mas Jesus saiu dos recintos do templo, e, encontrando Natanael e Tomé, que haviam assistido à sessão do sinédrio, esperou junto com eles, perto do templo, até que Josias viesse da câmara do conselho.

Jesus e os dois apóstolos só foram procurar Josias na casa dele quando souberam que ele havia sido expulso da sinagoga. Quando chegaram lá, Tomé chamou-o para o pátio e Jesus disse: "Josias, tu crês no Filho de Deus?" E Josias respondeu: "Dize-me quem ele é, para que eu possa crer nele". E Jesus disse: "Tu já o viste e já o ouviste, e ele é este que agora fala contigo". E Josias disse: "Senhor, eu creio"; e, caindo de joelhos, ele adorou-o.

Quando Josias caiu em si quanto a ter sido expulso da sinagoga, a princípio ficou bastante abatido, mas se animou muito ao ouvir o convite de Jesus para acompanhá-los imediatamente até o acampamento em Pela. Esse homem de mente simples, de Jerusalém, de fato havia sido expulso de uma sinagoga judaica; mas eis que o Criador de um universo, agora, levava-o para colocá-lo ao lado da nobreza espiritual daquela época e daquela geração.

E agora Jesus deixava Jerusalém, para não mais retornar, até pouco antes do momento em que se prepararia para deixar este mundo. O Mestre retornou a Pela, com Josias e com os dois apóstolos. E Josias demonstrou ser um daqueles que deram muitos frutos, depois de receber a ministração miraculosa do Mestre; pois ele converteu-se, pelo resto da sua vida, em um pregador do evangelho do Reino.

DOCUMENTO 165

A MISSÃO NA PERÉIA TEM INÍCIO

NA TERÇA-FEIRA, 3 de janeiro do ano 30 d.C., Abner, o dirigente nazareno dos doze apóstolos de João Batista, e antigo diretor da escola nazarena de Engedi, agora dirigente dos setenta mensageiros do Reino, reuniu os condiscípulos e deu-lhes a instrução final, antes de enviá-los em missão a todas as cidades e aldeias da Peréia. Essa missão pereiana continuou por quase três meses e foi a última ministração do Mestre. Depois desses trabalhos, Jesus foi diretamente a Jerusalém, para passar pelas suas experiências finais na carne. Os setenta trabalharam, suplementados pelas atuações periódicas de Jesus e dos doze apóstolos, nas seguintes cidades e vilas: Zafom, Gadara, Macad, Arbela, Ramath, Edrei, Bosora, Caspim, Mispeh, Gerasa, Ragaba, Sucot, Amatus, Adam, Penuel, Capitólias, Dion, Hatita, Gada, Filadélfia, Jogbeá, Gilead, Bete-Nimra, Tiro, Elealá, Lívias, Esbom, Caliroé, Bete-Peor, Chitim, Sibmá, Medeba, Bete-Meom, Areópolis e Aroer; e atuaram também em cerca de outras cinqüenta, ou mais, localidades.

Durante essa viagem à Peréia o corpo de mulheres, agora contando com sessenta e duas integrantes, tomou a si a maior parte do trabalho da ministração aos doentes. Esse foi o período final do desenvolvimento dos aspectos mais elevados do evangelho do Reino e, em conformidade com isso, nenhum milagre foi realizado. Nenhuma outra parte da Palestina foi trabalhada tão completamente pelos apóstolos e discípulos de Jesus, e, em nenhuma outra região, as classes mais altas de cidadãos aceitaram tão amplamente o ensinamento do Mestre.

Nessa época, a Peréia pertencia igualmente a gentios e judeus, e estes últimos haviam sido deslocados dessas regiões durante a época de Judas Macabeus. A Peréia era a mais bela e pitoresca província de toda a Palestina. Os judeus geralmente referiam-se a ela como "a terra de além Jordão".

Durante esse período Jesus dividiu o seu tempo entre o acampamento em Pela e as viagens, com os doze, para ajudar aos setenta nas várias cidades onde ensinavam e pregavam. Sob as instruções de Abner, os setenta batizaram todos crentes, embora Jesus não lhes houvesse entregue uma missão como essa.

1. NO ACAMPAMENTO EM PELA

Em meados de janeiro, mais de mil e duzentas pessoas estiveram reunidas em Pela e, enquanto esteve morando no acampamento, Jesus ensinava a essa multidão ao menos uma vez por dia; em geral ele falava às nove horas da manhã, se não fosse impedido pela chuva. Pedro e os outros apóstolos ensinavam sempre à tarde. Jesus reservava as noites para as habituais sessões de perguntas e respostas com os doze e outros discípulos mais adiantados. Os grupos da noite eram compostos de cinqüenta pessoas em média.

Por volta de meados de março, quando Jesus começou essa sua viagem a Jerusalém, mais de quatro mil pessoas compunham a grande audiência que ouvia Jesus ou Pedro pregando todas as manhãs. O Mestre escolheu terminar a sua obra na Terra quando o interesse pela sua mensagem tivesse alcançado um ponto alto, o apogeu mesmo, atingido nessa segunda fase de progresso do Reino, desprovida de milagres. Se bem que três quartos da multidão fossem de buscadores da verdade, havia também um grande número de fariseus de Jerusalém e de outros lugares, além de muitos incrédulos ou meros opositores.

Jesus e os doze apóstolos devotaram grande parte do seu tempo à multidão reunida no acampamento de Pela. Os doze davam pouca ou nenhuma atenção ao trabalho do acampamento; e saíam com Jesus apenas de tempos em tempos, para visitar Abner e os outros condiscípulos. Abner conhecia bem os distritos pereianos, pois esse era o setor em que o seu mestre anterior, João Batista, havia erigido a maior parte da sua obra. Depois de começar a missão na Peréia, Abner e os setenta nunca retornaram ao acampamento de Pela.

2. O SERMÃO SOBRE O BOM PASTOR

Um grupo de mais de trezentos habitantes de Jerusalém, de fariseus e outros, seguiu Jesus até o norte de Pela, quando ele tratou de sair da jurisdição dos governantes judeus, ao final da Festa da Dedicação; e foi na presença desses instrutores, de líderes judeus e dos doze apóstolos, que Jesus fez o sermão sobre o "Bom Pastor". Depois de meia hora de conversa informal, dirigindo-se a um grupo de cerca de cem pessoas, Jesus disse:

"Tenho muito para falar-vos nesta noite e, visto que muitos de vós sois meus discípulos, e outros, meus inimigos mordazes, irei apresentar o meu ensinamento por meio de uma parábola, de modo que cada um possa tirar, para si próprio, aquilo que for mais bem recebido pelo seu coração.

"Nesta noite e diante de todos nós, estão muitos daqueles que se disporiam a morrer por mim e por este evangelho do Reino e muitos deles oferecer-se-ão desse modo, nos anos que virão; em meio a vós, estão também alguns escravos da tradição, que me seguiram desde Jerusalém e que, junto com os seus líderes iludidos, estando nas trevas, tentam matar o Filho do Homem. A vida, que ora vivo na carne, julgar-vos-á a todos, os verdadeiros pastores e os pastores falsos. Se os pastores falsos fossem cegos, não teriam nenhum pecado; no entanto, como afirmais ver e professais ser instrutores em Israel, o vosso pecado, assim, recairá sobre vós.

"O verdadeiro pastor reúne seu rebanho no abrigo, à noite, em tempos de perigo. E, quando chega a manhã, ele entra no abrigo pela porta e chama as ovelhas e,assim, elas conhecem a sua voz. Todo pastor que tem entrada no curral por qualquer outro meio que não seja pela porta é um ladrão e um saqueador. O pastor verdadeiro só entra no abrigo depois que o porteiro lhe abriu a porta e suas ovelhas, conhecendo a sua voz, vêm, atendendo ao seu chamado; as ovelhas que lhe pertencem, assim, se adiantam, e o pastor verdadeiro vai à frente delas, mostrando-lhes o caminho e as ovelhas o seguem. As ovelhas seguem-no porque conhecem a sua voz; elas não seguiriam a um estranho. E fugirão do estranho porque não reconhecem sua voz. Essa multidão de pessoas, que se reúne em torno de nós, é como ovelhas sem um pastor, e, pois, quando lhes falamos, elas identificam a voz de pastor e nos seguem; aquelas que têm fome da verdade e que têm sede de retidão, ao menos, o fazem. Alguns de vós não sois do meu aprisco; não conheceis a minha voz; e não me seguis. E, porque sois falsos pastores, as ovelhas não conhecem a vossa voz nem vos seguirão".

E, quando Jesus acabou de narrar essa parábola, ninguém lhe fez nenhuma pergunta. Após um certo tempo ele retomou a palavra e continuou com a análise da parábola:

"Vós, que gostaríeis de ser os pastores auxiliares dos rebanhos do meu Pai, deveis, não apenas ser líderes condignos, mas deveis também *alimentar* o rebanho com um bom alimento; só sereis pastores verdadeiros se conduzirdes os vossos rebanhos a pastos verdejantes e à beira de águas tranqüilas.

"E, agora, para que alguns de vós não julgueis que essa parábola é muito fácil de compreender, eu vos declaro que sou as duas coisas, tanto sou a porta para o rebanho do Pai, quanto, ao mesmo tempo, sou o verdadeiro pastor dos rebanhos do meu Pai. Todo pastor que tentar entrar no abrigo sem mim irá fracassar e as ovelhas não ouvirão a voz dele. E, junto com aqueles que ministram comigo, eu estou à porta. Toda alma que entrar no caminho eterno, pelos meios que eu criei e ordenei, será salva e tornar-se-á capaz de continuar o caminho pelos pastos eternos até o Paraíso.

"Sou também o verdadeiro pastor que está disposto a dar a sua vida pelas ovelhas. O ladrão entra no abrigo apenas para roubar, para matar e destruir; mas eu vim para que todos vós possais ter a vida, e tê-la mais abundantemente. Aquele que é um mercenário, quando chega o perigo, fugirá e deixará as ovelhas serem dispersadas e destruídas; mas o verdadeiro pastor não fugirá quando o lobo vier; ele protegerá o seu rebanho e, se necessário, dará a própria vida pelas suas ovelhas. Em verdade, em verdade, vos digo, amigos e inimigos, eu sou o verdadeiro pastor; conheço os meus e os meus me conhecem. Não fugirei em face do perigo. Concluirei esta obra satisfazendo a vontade do meu Pai, e não abandonarei o rebanho que o Pai confiou à minha guarda.

"Todavia, possuo muitas outras ovelhas que não são deste aprisco; e essas palavras são verdadeiras não apenas para este mundo. Essas outras ovelhas também conhecem e ouvem a minha voz; assim, prometi ao Pai que todas seriam trazidas ao mesmo aprisco, que é a fraternidade dos filhos de Deus. E então todos vós conhecereis a voz do único pastor, o verdadeiro pastor, e todos reconhecereis a paternidade de Deus.

"E assim sabereis por que o Pai me ama e por que colocou todos os seus rebanhos desse domínio nas minhas mãos, para que eu os guarde; é porque o Pai sabe que não vacilarei na salvaguarda do aprisco, que não abandonarei as minhas ovelhas e, se for necessário, não hesitarei em colocar a minha própria vida a serviço dos seus múltiplos rebanhos. Mas, lembrai-vos, se der a minha vida, eu a terei de volta. Nenhum homem, ou qualquer outra criatura pode tirar a minha vida. Eu tenho o direito e o poder de dar a minha vida, e tenho o mesmo poder e direito de tê-la de novo. Vós não podeis compreender isso, mas eu recebi essa autoridade do meu Pai antes mesmo de que este mundo existisse".

Quando ouviram essas palavras, seus apóstolos ficaram confusos, seus discípulos, atônitos; enquanto os fariseus de Jerusalém e arredores partiram na noite dizendo: "Ele é louco ou está possuído por um demônio". Mas mesmo alguns dos instrutores de Jerusalém disseram: "Ele fala como quem tem autoridade; e, além disso, quem viu alguma vez um possuído pelo demônio abrir os olhos de um homem que nasceu cego e fazer todas as coisas maravilhosas que este homem tem feito?"

No dia seguinte, metade desses instrutores judeus professava a sua crença em Jesus, e a outra metade, consternada, retornou aos seus lares em Jerusalém.

3. O SERMÃO DE SÁBADO EM PELA

Ao fim de janeiro as multidões de sábado à tarde chegavam a quase três mil pessoas. No sábado, 28 de janeiro, Jesus pregou o seu sermão memorável sobre "A

Confiança e a Prontidão Espiritual". Depois das observações preliminares de Simão Pedro, o Mestre disse:

"O que eu tenho dito muitas vezes aos meus apóstolos e discípulos, eu declaro agora a esta multidão: Cuidado com o levedo dos fariseus, feito na hipocrisia, nascido do preconceito e nutrido na serventia à tradição, embora muitos dos fariseus sejam honestos de coração e alguns deles aqui permaneçam como discípulos meus. Em breve todos vós ireis compreender meu ensinamento, pois nada do que está encoberto agora deixará de ser revelado. O que agora está escondido para vós deverá ser conhecido quando o Filho do Homem houver completado sua missão na Terra e na carne.

"Muito em breve, as coisas que os nossos inimigos planejam agora, em segredo e na obscuridade, serão trazidas à luz e proclamadas de cima dos telhados. Meus amigos, todavia vos digo: não temais àqueles que buscam destruir o Filho do Homem. Não temais àqueles que, embora possam ser capazes de destruir o vosso corpo, nenhum poder têm sobre vós, além desse. Eu vos aconselho que não temais ninguém, nem no céu nem na Terra, mas que vos rejubileis com o conhecimento Dele, que tem o poder de libertar-vos de toda a injustiça e de apresentar sem culpa, a todos vós, diante do tribunal de um universo.

"Não se vendem cinco pardais por dois cêntimos? E ainda, quando esses pássaros adejam à procura do seu sustento, nenhum deles existe sem o reconhecimento do Pai, a fonte de toda vida. Para os guardiães seráficos, os próprios cabelos da vossa cabeça estão contados. E se tudo isso é verdade, por que deveis viver com medo de tantas pequenezas que surgem na vossa vida diária? Eu vos digo: Não temais; sois de um valor muito maior do que uma grande quantidade de pardais.

"Vós, que tivestes coragem diante dos homens, para confessar a fé no meu evangelho, eu vos reconhecerei, em breve, diante dos anjos do céu; mas aquele que negar conscientemente a verdade dos meus ensinamentos, diante dos homens, será negado pelo seu guardião do destino até mesmo perante os anjos do céu.

"Não importa o que disserdes sobre o Filho do Homem, isso vos será perdoado; mas aquele que presume blasfemar contra Deus dificilmente encontrará o perdão. Quando os homens chegam ao ponto extremo de atribuir deliberadamente os feitos de Deus às forças do mal, esses rebeldes conscientes dificilmente buscarão o perdão para seus pecados.

"E, quando os vossos inimigos vos levarem diante dos governantes das sinagogas e outras altas autoridades, não preocupeis com o que devereis dizer nem vos inquieteis quanto à maneira pela qual devereis responder às perguntas deles, pois o espírito que reside dentro de vós certamente vos ensinará, no exato momento, sobre o que devereis dizer em honra ao evangelho do Reino.

"Por quanto tempo vos detereis no vale da indecisão? Por que vacilais entre duas opiniões? Por que deveria um judeu ou um gentio hesitar em aceitar a boa-nova de que ele é um filho do Deus eterno? Quanto tempo demorará até que consigamos persuadir-vos de que deveis aceitar com júbilo a vossa herança espiritual? Eu vim a este mundo para revelar o Pai a vós e para conduzir-vos ao Pai. A primeira parte eu já fiz, mas a segunda não posso fazer sem o vosso consentimento; o Pai nunca obriga nenhum homem a entrar no Reino. O convite sempre tem sido e sempre será: Àquele que quiser, que venha e que participe livremente da água da vida".

Quando Jesus terminou de falar, muitos saíram para ser batizados pelos apóstolos no Jordão, enquanto Jesus ouvia às perguntas daqueles que ficaram com ele.

4. A PARTILHA DA HERANÇA

Enquanto os apóstolos batizavam os crentes, o Mestre falava àqueles que tinham ficado. E um certo jovem disse a ele: "Mestre, o meu pai morreu deixando muitas propriedades para mim e para o meu irmão, mas o meu irmão recusa-se a me dar o que é meu. Poderias, então, pedir ao meu irmão que divida essa herança comigo?" Jesus ficou compassivamente indignado por esse jovem de mente materialista ter trazido à discussão uma questão de negócios; mas continuou a usar a ocasião para ministrar outras instruções. Disse Jesus: "Homem, quem me encarregou de repartir as vossas coisas? De onde foi que tiraste a idéia de que eu dou atenção aos assuntos materiais deste mundo?" E então, voltando-se para todos que estavam em torno de si, ele disse: "Tende cuidado, mantendo-vos afastados da cobiça; a vida de um homem não consiste da abundância das coisas que ele possa possuir. A felicidade não vem do poder da fortuna, nem a alegria brota de riquezas. A fortuna, em si mesma, não é uma maldição; mas o amor pelas riquezas, muitas vezes, conduz a uma tal devoção às coisas deste mundo, que a alma se torna cega para as belas atrações das realidades espirituais do Reino de Deus na Terra, e para as alegrias da vida eterna no céu.

"Vou contar-lhes a história de um certo homem rico cuja terra produzia com abundância; assim, quando se tornou muito rico, começou a pensar com os seus botões, dizendo para si: 'O que farei com todas as minhas riquezas? Agora, possuo tanto que não tenho nem lugar onde colocar a minha fortuna'. E depois de meditar sobre esse problema, disse: 'Farei o seguinte: derrubarei meus silos e construirei outros maiores, e assim terei espaço suficiente para estocar os meus frutos e mercadorias. Então poderei dizer à minha alma: alma, tu tens bastante fortuna acumulada para muitos anos; descansa agora; come, bebe e regozija-te, pois és rica e os teus bens só aumentam'.

"Esse homem rico, entretanto, era também um tolo. De tanto prover os bens materiais para a sua mente e o seu corpo, ele deixara de acumular tesouros no céu para a satisfação do espírito e salvação da sua alma. E, assim, não chegaria a desfrutar do prazer de consumir as suas riquezas acumuladas, pois naquela mesma noite a sua alma lhe foi pedida. Naquela noite bandidos invadiram sua casa para matá-lo e, após saquear os seus armazéns, queimaram o que restou. E quanto às propriedades que escaparam dos ladrões, os seus herdeiros brigaram por elas. Esse homem armazenou tesouros para si próprio na Terra, mas não era rico perante Deus".

Jesus tratou desse modo àquele jovem e à sua herança, porque sabia que o seu problema era a cobiça. E, ainda que não tivesse sido esse o caso, o Mestre não teria interferido, pois nunca se intrometia com os assuntos temporais, nem mesmo com os dos seus apóstolos, e menos ainda com os dos seus discípulos.

Quando Jesus terminou a sua história, outro homem levantou-se e perguntou a ele: "Mestre, sei que os teus apóstolos venderam as suas posses terrenas para seguir-te, e que eles têm todas as coisas em comum como têm os essênios; e gostarias tu que todos nós, que somos os teus discípulos, fizéssemos o mesmo? É um pecado possuir bens honestos?" Assim respondeu Jesus a esta pergunta: "Meu amigo, não é um pecado ter riquezas honradamente; todavia é um pecado transformar as riquezas de posses materiais em *tesouros* capazes de absorver teu interesse desviando toda a tua afeição da devoção das buscas espirituais do Reino. Não há pecado em ter posses honestas na Terra, desde que teu *tesouro* esteja no céu, pois onde está o teu tesouro lá também estará o teu coração. Há uma grande diferença entre a riqueza que leva à cobiça e egoísmo, e aquela que é mantida e repartida, no espírito da camaradagem, por aqueles que têm, em abundância, bens deste mundo, e bondosamente contribuem para sustentar os que devotam todas as suas energias ao trabalho do Reino. Muitos dentre vós, que estais aqui sem dinheiro, pudestes ser alimentados e alojados, nesta cidade de tendas, porque homens e mulheres generosos e de posses deram fundos ao vosso anfitrião, Davi Zebedeu, com essa finalidade.

"Mas nunca esqueçais, além de tudo, de que a riqueza não é duradoura. O amor pela riqueza, muito freqüentemente, obscurece e até mesmo destrói a visão espiritual. Nunca deixeis de reconhecer o perigo de que a riqueza se converta na vossa dona, em vez de converter-se na vossa serva".

Jesus não ensinou nem apoiou a imprevidência, a ociosidade, a indiferença em cuidar das necessidades físicas da própria família, nem a dependência de esmolas. Mas ensinou que o material e o temporal devem estar subordinados ao bem-estar da alma e ao progresso de natureza espiritual no Reino do céu.

Então, enquanto o povo descia até o rio para presenciar os batismos, aquele jovem viera, em particular, até Jesus, para falar da sua herança, pois achava que Jesus o havia tratado duramente; e, depois de tê-lo ouvido de novo, Jesus respondeu: "Meu filho, porque perdes a oportunidade de alimentar-te do pão da vida em um dia como este, apenas para satisfazer a tua tendência à cobiça? Acaso não sabes que a lei judaica da herança será ministrada com justiça, se fores com a tua queixa ao tribunal da sinagoga? Não podes ver que o meu trabalho consiste em assegurar-me de que saibas sobre a tua herança celeste? Não leste as escrituras: 'Há aquele que fica rico por precaução e por muitas privações, e a parte da recompensa que lhe cabe é que ele possa dizer: encontrei descanso e agora poderei comer continuamente com os meus bens. Ainda assim, todavia, ele não sabe o que o tempo lhe reserva nem que, também, deve deixar todas essas coisas para outros quando morrer'. Não leste o mandamento: 'Não cobiçarás'. E ainda: 'Eles comeram e se fartaram e engordaram, e então se voltaram para outros deuses'. Acaso leste nos Salmos que 'o Senhor abomina aqueles que cobiçam', e que 'o pouco que um homem reto tem é melhor do que as riquezas de muitos malvados'. 'Se as riquezas aumentam, não ponhais o vosso coração nelas'. Leste o que Jeremias disse: 'Que o homem rico não se vanglorie das suas riquezas'; e Ezequiel falou a verdade quando disse: 'Das suas bocas eles fazem uma boa demonstração de amor, mas os seus corações estão centrados nos seus ganhos egoístas' ".

Jesus despediu o jovem, dizendo a ele: "Meu filho, de que te valerá ganhares todo o mundo, se perderes a tua própria alma?"

Outro ouvinte, que se encontrava por perto, perguntou a Jesus como seriam tratados os ricos no dia do julgamento, e ele respondeu: "Eu não vim para julgar os pobres nem os ricos, pois as vidas que os homens vivem os julgará a todos. Qualquer coisa, além de tudo, que possa eu dizer a respeito dos ricos, no julgamento, ao menos três perguntas devem ser respondidas por todos que adquirem grande fortuna, e estas perguntas são:

"1. Quanta riqueza acumulou?

"2. Como conseguiu esta riqueza?

"3. Como usou sua riqueza?"

Então Jesus foi até a sua tenda, para descansar por um momento antes da refeição da noite. Quando os apóstolos concluíram os batismos, também eles vieram; e teriam conversado com ele sobre a riqueza na Terra e o tesouro no céu, mas Jesus estava dormindo.

5. CONVERSAS COM OS APÓSTOLOS SOBRE A RIQUEZA

Naquela noite, depois da ceia, quando Jesus e os doze reuniram-se para a sua conversa diária, André perguntou: "Mestre, enquanto batizávamos os crentes, tu disseste muitas palavras à multidão que permaneceu ali contigo, palavras que não ouvimos. Estarias disposto a repetir essas palavras para que delas nos beneficiássemos?" E, em resposta ao pedido de André, Jesus disse:

"Sim, André, falarei a vós sobre as questões da riqueza e da automanutenção, mas as minhas palavras para vós, apóstolos, devem ser um tanto diferentes daquelas ditas aos discípulos e à multidão, pois vós abandonastes tudo, não apenas para seguir-me, mas para que fosseis ordenados embaixadores do Reino. Vós já tivestes uma experiência de vários anos e sabeis que o Pai, cujo Reino vós proclamais, não vos abandonará. Dedicastes as vossas vidas à ministração do Reino; portanto, não sejais ansiosos, nem deveis preocupar-vos com as coisas da vida temporal, com o que ireis comer, nem mesmo com o que vestir o corpo. O bem-estar da alma é mais do que comida e bebida; o progresso do espírito está muito acima da necessidade de vestimentas. Quando fordes tentados a duvidar da certeza do vosso pão, considerai os corvos; eles não semeiam nem colhem, eles não têm armazéns nem silos, e, mesmo assim, o Pai lhes proporciona comida a todos, quando eles estão buscando. E quão mais valiosos não sois do que um bando de pássaros! Além disso, toda a vossa ansiedade e as dúvidas que vos corroem nada podem fazer para suprir as vossas necessidades materiais. Quem de vós pode, com a vossa ansiedade, acrescentar um palmo à vossa estatura ou um dia à vossa vida? Já que essas questões não estão ao alcance das vossas mãos, por que pensar com ansiedade em qualquer desses problemas?

"Contemplai os lírios, vejam como crescem; eles não trabalham nem fiam; e eu ainda vos digo, mesmo Salomão em toda a sua glória não se vestiu como um deles. Se Deus veste, assim, a erva nos campos, que hoje está viva mas que amanhã será cortada e jogada ao fogo, quão melhor irá ele vestir-vos, embaixadores do Reino do céu. Ó vós, de pouca fé! Quando vos devotardes de todo o vosso coração à proclamação do evangelho do Reino, não devíeis ficar em dúvida quanto ao vosso próprio sustento ou o das famílias que abandonastes. Se entregardes as vossas vidas verdadeiramente ao evangelho, vivereis do evangelho. Se fordes apenas discípulos crentes, deveis ganhar o vosso próprio pão e contribuir para o sustento de todos os que ensinam, pregam e curam. Se ficardes ansiosos por causa do vosso pão e da vossa água, em que sereis diferentes das nações do mundo que buscam essas necessidades com uma diligência tão excessiva? Devotai-vos à vossa obra, acreditando que o Pai, tanto quanto eu, sabemos que tendes necessidade de todas essas coisas. Deixai-me assegurar-vos, de uma vez por todas, que, se dedicardes as vossas vidas ao trabalho do Reino, todas as vossas necessidades reais serão supridas. Buscai a coisa mais importante, e as menores serão encontradas nela; pedi pelo celeste, e o terrestre será incluído. É certo que a sombra seguirá a essência.

"Sois apenas um grupo pequeno, mas, se tiverdes fé, se não tropeçardes no medo, eu declaro que é um grande prazer para o meu Pai dar-vos o Reino. Vós colocastes os vossos tesouros onde as bolsas não envelhecem, onde nenhum ladrão pode apropriar-se deles e nenhuma traça pode destruí-los. E, como eu disse ao povo, onde estiver o vosso tesouro, lá também estará o vosso coração.

"E, na obra que está bem diante de vós e que ficará para vós, depois que eu for para o Pai, vós sereis submetidos penosamente a provações. Deveis estar bastante alertas contra o medo e as dúvidas. Que cada um de vós vos preparai mentalmente para a luta, e que as vossas lâmpadas fiquem bem acesas. Comportai-vos como os homens que aguardam a volta do senhor da festa de casamento e que, quando ele chegava e batia, lhe abriam bem rapidamente as portas. O vosso senhor, ao encontrar-vos, assim fiéis, em um momento tão importante, vos abençoará pelo vosso empenho. E então o senhor fará com que os seus servidores assentem-se, enquanto ele próprio servi-los-á. Em verdade, em verdade, vos digo: uma crise está bem diante de vós, nas vossas vidas, e convém que vigieis e que vos façais preparados.

"Podeis compreender bem que nenhum homem teria a sua casa arrombada, se soubesse a que horas viria o ladrão. Ficai também vigilantes quanto a vós próprios, pois, na hora em que menos suspeitardes e de uma maneira que não imaginareis, o Filho do Homem vos deixará".

Por alguns minutos os doze permaneceram em silêncio. Algumas dessas advertências eles já as haviam ouvido antes, mas não com a mesma colocação apresentada a eles desta vez.

6. A RESPOSTA À PERGUNTA DE PEDRO

Enquanto permaneciam sentados, pensando, Simão Pedro perguntou: "Essa parábola, tu a contas para nós, os teus apóstolos, ou a contas para todos os discípulos?" E Jesus respondeu:

"No momento das provações é que a alma de um homem se revela; a provação deixa a descoberto aquilo que realmente está no coração. Depois que um servidor é testado e provado, o dono pode entregar com segurança o controle da casa a esse servidor fiel, para que os filhos dele sejam nutridos e criados. Do mesmo modo, logo saberei em quem poderei confiar o bem-estar dos meus filhos, quando eu houver voltado para o Pai. Tal como o senhor da casa encarregará o servidor testado e provado dos assuntos da sua família, eu também exaltarei àqueles que resistirem às provações desta hora, nos afazeres do meu Reino.

"Mas se o servo for indolente e começar a dizer no seu coração: 'O meu senhor atrasa sua chegada', e começar a maltratar os outros criados e comer e beber com os bêbados, então o senhor desse servidor chegará quando menos estiver esperando e, encontrando-o em infidelidade, despedi-lo-á, deixando-o na desgraça. Por isso, fazeis bem em preparar-vos para o dia em que sereis visitados de súbito e inesperadamente. Lembrai-vos de que muito vos foi dado; e muito será exigido de vós. Algumas duras provações avizinham-se. Hei de submeter-me a um batismo, e estarei vigilante até que isso aconteça. Vós pregais a paz na Terra, mas minha missão não trará paz aos assuntos materiais dos homens – não, pelo menos por algum tempo. A divisão é o único resultado quando dois membros de uma família acreditam em mim e três membros rejeitam este novo evangelho. Os amigos, parentes e entes queridos estão fadados a ser lançados uns contra os outros, pelo evangelho que pregais. Bem verdade é que cada um desses crentes terá uma paz grande e duradoura no seu próprio coração, mas a paz na Terra não virá antes que todos estejam dispostos a crer e a entrar na gloriosa herança da filiação a Deus. Não obstante tudo isso, ide ao mundo proclamar esse evangelho a todas as nações, a todo homem, mulher e criança".

E esse foi o final de um sábado repleto e atarefado. No dia seguinte, Jesus e os doze foram às cidades ao norte da Peréia para conversar com os setenta, que estavam trabalhando nessa região sob a supervisão de Abner.

DOCUMENTO 166

A ÚLTIMA VISITA AO NORTE DA PEREIA

DE 11 A 20 de fevereiro, Jesus e os doze fizeram uma campanha em todas as cidades e aldeias do norte da Peréia, onde os companheiros de Abner e os membros do corpo de mulheres realizavam a sua obra. Eles verificaram que esses mensageiros do evangelho estavam obtendo êxito, e Jesus repetidamente chamou a atenção dos seus apóstolos para o fato de que o evangelho do Reino podia ser disseminado sem vir acompanhado de milagres e prodígios.

Toda essa missão de três meses na Peréia foi feita com êxito e com uma pequena ajuda dos doze apóstolos; e o evangelho, dessa época em diante, refletia mais os *ensinamentos* do que a personalidade de Jesus. Os seus seguidores, no entanto, não se ativeram por muito tempo às suas instruções, pois logo depois da morte e da ressurreição de Jesus eles desviaram-se dos seus ensinamentos iniciando a construção dos primórdios da igreja, com base nos conceitos miraculosos e nas memórias glorificadas da sua personalidade divina-humana.

1. OS FARISEUS EM RAGABA

No sábado, 18 de fevereiro, Jesus estava em Ragaba, onde vivia um fariseu abastado chamado Natanael; e, desde que um bom número dos seus companheiros fariseus estava seguindo Jesus e os doze pelo país, Natanael preparou, nessa manhã de sábado, um desjejum para todos eles, cerca de vinte pessoas; e chamou Jesus como convidado de honra.

No momento em que Jesus chegou para esse desjejum, a maior parte dos fariseus estava já assentada à mesa; e com eles encontravam-se dois ou três juristas. O Mestre tomou imediatamente o seu assento à esquerda de Natanael, sem ir aos jarros de água para lavar as suas mãos. Muitos dos fariseus, especialmente aqueles que eram a favor dos ensinamentos de Jesus, sabiam que ele lavava as suas mãos apenas com o propósito de limpá-las, que ele abominava os comportamentos meramente cerimoniais; e, desse modo, eles não ficaram surpresos com o fato de que ele se houvesse dirigido diretamente à mesa sem ter lavado as suas mãos duas vezes. E Natanael ficou chocado com o fato de que o Mestre não cumprisse as exigências estritas das práticas farisaicas. Além disso, Jesus não lavou as suas mãos, como o faziam os fariseus, após cada serviço nem ao final da refeição.

Após um intenso cochicho entre Natanael e um fariseu pouco amistoso, à sua direita; e depois de repetidos movimentos de sobrancelhas e de muito curvar de lábios em desprezo, da parte daqueles que se sentavam à frente do Mestre, Jesus finalmente disse: "Eu pensei que me havíeis convidado a esta casa para partir o pão convosco, e talvez para fazer-me perguntas sobre a proclamação do novo evangelho do Reino de Deus. No entanto, percebo que me trouxestes aqui para presenciar a uma exibição da devoção cerimonial à vossa própria presunção. Esse serviço vós já me prestastes; com o que me honrareis em seguida, sendo como sou o vosso convidado desta ocasião?"

Depois que o Mestre disse isso, eles aquietaram os olhos sobre a mesa e permaneceram em silêncio. E, posto que ninguém houvesse falado, Jesus continuou: "Muitos de vós, fariseus, estais aqui comigo, como amigos; alguns sois até mesmo discípulos meus, mas a maioria dos fariseus é persistente na sua recusa de ver a luz e reconhecer a verdade, mesmo quando a obra do evangelho é levada até eles por um grande poder. Com que cuidado limpais o exterior dos copos e dos pratos, ao passo que mantendes sujos e poluídos os recipientes do alimento espiritual! Vós cuidais de apresentar uma aparência pia e santa ao povo, mas as vossas almas interiores estão cheias de presunção, cobiça, extorsão e todos os tipos de maldade espiritual. Os vossos dirigentes ousam até mesmo conspirar e planejar o assassinato do Filho do Homem. Vós não compreendeis, homens tolos, que o Deus do céu vê os motivos internos da alma, tanto quanto vê os vossos fingimentos exteriores e as vossas ostentações de piedade? Não julgueis que dar esmolas e pagar os dízimos vos limpará da vossa injustiça e vos capacitará para que vos apresenteis puros perante o Juiz de todos os homens. Ai de vós, fariseus, que persisti em rejeitar a luz da vida! Sois meticulosos em pagar o dízimo e dar esmolas com ostentação, mas desdenhais conscientemente a visitação de Deus e rejeitais a revelação do amor Dele. Ainda que vos pareça ser bom dar atenção a esses deveres menores, não devíeis ter deixado de cumprir as exigências mais importantes. Ai de todos que evitam a justiça, que desprezam a misericórdia e que rejeitam a verdade! Ai de todos aqueles que desprezam a revelação do Pai e procuram os assentos principais na sinagoga e almejam lisonjas e saudações nas praças dos mercados!"

Quando Jesus levantou-se para ir embora, um dos juristas que estava à mesa, dirigindo-se a ele, disse: "Mas, Mestre, em algumas das suas declarações, tu também nos reprovas. Não há nada de bom nos escribas, nos fariseus ou nos juristas?" E Jesus, de pé, respondeu ao jurista: "Vós, como os fariseus, vos deliciais com os primeiros lugares nas festas e com o uso de longas túnicas, mas colocais cargas pesadas, difíceis de serem levadas, nos ombros dos homens. E, quando as almas dos homens cambalearem sob essas pesadas cargas, vós não levantareis nem mesmo um dos vossos dedos. Ai de vós, que encontrais grandes satisfações em construir tumbas para os profetas que os vossos pais mataram! E, pois, vós consentis naquilo que os vossos pais fizeram, e isso fica bem demonstrado quando agora planejais matar aqueles que vieram neste dia para realizar o que os profetas fizeram na sua época – proclamar a retidão de Deus e revelar a misericórdia do Pai celeste. Mas, dentre todas as gerações passadas, desta geração perversa e presunçosa é que será cobrado o sangue dos profetas e dos apóstolos. Ai de todos os juristas que tiraram da gente comum as chaves do conhecimento! Vós próprios vos recusais a entrar no caminho da verdade e, ao mesmo tempo, impedis todos os outros de buscar entrar nele. Contudo, não podeis fechar assim as portas do Reino do céu, pois nós as abrimos para que entrem todos aqueles que têm fé; e esses portais da misericórdia não serão fechados pelo preconceito e pela arrogância de falsos instrutores e de pastores insinceros, os quais são como aqueles sepulcros esbranquiçados que, mesmo parecendo belos por fora, no lado de dentro estão cheios de ossos de cadáveres e de todos os tipos de sujeira espiritual".

E, quando terminou de falar à mesa de Natanael, Jesus saiu daquela casa sem participar da refeição. E, dos fariseus que ouviram essas palavras, alguns se tornaram crentes nos seus ensinamentos e entraram para o Reino, mas a maioria continuou por caminhos obscuros, permanecendo ainda mais determinados a aguardar até que pudessem captar algumas das palavras dele e usarem-nas para acusá-lo e julgá-lo diante do sinédrio em Jerusalém.

Três coisas apenas havia, às quais os fariseus davam atenção especial:

1. À prática estrita de dar o dízimo.

2. À observação escrupulosa das regras da purificação.

3. A evitar a associação com todos os que não eram fariseus.

Nessa época Jesus buscou colocar a descoberto a esterilidade das duas primeiras práticas, reservando as suas observações, destinadas a repreender os fariseus pela sua recusa a manter qualquer relação social com os não-fariseus, para uma outra ocasião, quando ele estivesse novamente em um jantar com muitos desses mesmos homens.

2. OS DEZ LEPROSOS

No dia seguinte Jesus foi com os doze a Amatus, perto da fronteira de Samaria e, ao aproximarem-se da cidade, eles encontraram um grupo de dez leprosos que sempre ficava perto desse lugar. Desse grupo, nove eram judeus, e um era samaritano. Em geral, esses judeus ter-se-iam abstido de qualquer relacionamento ou contato com um samaritano, mas a doença em comum era mais do que suficiente para superar todo o preconceito religioso. Muito haviam ouvido falar de Jesus e dos seus milagres de cura; e, como era hábito dos setenta anunciar a hora esperada da chegada de Jesus quando o Mestre estava fora com os doze, nessas viagens, os dez leprosos ficaram sabendo que estava sendo esperado que ele aparecesse pela vizinhança, exatamente naquele momento; e, por isso, eles estavam ali, nos arredores da cidade, esperando atrair a atenção dele para pedir pela própria cura. Quando os leprosos viram Jesus aproximando-se deles, não ousando abordá-lo, eles permaneceram a uma certa distância e gritaram para ele: "Mestre, tem misericórdia de nós; limpa-nos da nossa aflição. Cura-nos, como tens curado os outros".

Jesus havia acabado de explicar aos doze por que os gentios da Peréia, junto com os judeus menos ortodoxos, estavam mais dispostos a crer no evangelho pregado pelos setenta do que os judeus mais ortodoxos e afeitos à tradição da Judéia. E havia chamado a atenção para o fato de que a mensagem deles havia sido também mais prontamente recebida pelos galileus e, mesmo, pelos samaritanos. Mas os doze apóstolos não estavam ainda dispostos a manter sentimentos amistosos pelos samaritanos, há tanto tempo desprezados.

E, assim, ao perceber que havia um samaritano entre os leprosos, Simão zelote tentou induzir o Mestre a ir para a cidade para que, sem hesitação, trocasse cumprimentos com eles. Disse Jesus a Simão: "E se o samaritano amar a Deus tanto quanto os judeus? Deveríamos julgar os nossos semelhantes? Quem poderá dizer? Se curarmos esses dez homens, talvez o samaritano demonstre mais gratidão até mesmo do que os judeus. Estás seguro das tuas opiniões, Simão?" E Simão rapidamente respondeu: "Se tu os limpares, logo ficarás sabendo". E Jesus respondeu: "Assim será, Simão; e tu saberás logo a verdade a respeito da gratidão dos homens e da misericórdia amorosa de Deus".

Jesus, aproximando-se dos leprosos, disse: "Se quiserdes ser curados, ide imediatamente e mostrai-vos aos sacerdotes, como é exigido pela lei de Moisés". E, quando estavam a caminho, eles foram curados. Mas, ao ver que estava sendo curado, o samaritano voltou e, procurando Jesus, começou a glorificar a Deus, em voz alta. E, quando encontrou o Mestre, ele caiu de joelhos a seus pés e deu-lhe graças pela sua cura. Os outros nove, os judeus, havendo também percebido a cura em si, embora também tivessem ficado gratos, continuaram no seu caminho para mostrar-se aos sacerdotes.

Enquanto o samaritano permanecia ajoelhado aos pés de Jesus, o Mestre colocou o seu olhar sobre os doze, especialmente sobre Simão zelote, e disse: "E os dez, não foram purificados? Onde, então, estão os outros nove, os judeus? Apenas um, este estrangeiro, voltou para dar glória ao Senhor". E então ele disse ao samaritano: "Levanta-te e segue o teu caminho; a tua fé te curou".

Jesus olhou novamente para os seus apóstolos, enquanto o estrangeiro ia embora. E os apóstolos todos olharam para Jesus, salvo Simão zelote, que mantinha os olhos abaixados. Os doze não disseram sequer uma palavra. Nem Jesus falou; não era necessário que ele o fizesse.

Embora todos esses dez homens realmente acreditassem que estivessem com lepra, apenas quatro deles estavam afligidos por ela. Os outros seis foram curados de uma doença de pele que havia sido confundida com a lepra. Mas o samaritano realmente estava com lepra.

Jesus ordenou aos doze que nada dissessem sobre a limpeza dos leprosos e, quando iam para Amatus, observou: "Vede, os filhos da casa, mesmo quando se insubordinam contra a vontade do seu Pai, têm como certas as suas bênçãos. Eles julgam não ser de importância maior esquecerem-se de dar graças, quando o Pai lhes concede a cura, mas os estrangeiros, quando recebem as dádivas do dono da casa, enchem-se de assombro e vêem-se obrigados a dar graças em reconhecimento às boas coisas a eles concedidas". E os apóstolos também nada disseram em resposta às palavras do Mestre.

3. O SERMÃO DE GERASA

Enquanto Jesus e os doze conversavam com os mensageiros do Reino, em Gerasa, um dos fariseus, que acreditava nele, fez a seguinte pergunta: "Senhor, serão poucos ou serão muitos os que realmente se salvarão?" E, em resposta, Jesus disse:

"Tem-vos sido ensinado que apenas os filhos de Abraão serão salvos, que apenas os gentios adotados podem esperar salvação. Pelo fato de que as escrituras registrem que, entre as hostes fugidas do Egito, apenas Caleb e Joshua viveram para entrar na terra prometida, alguns de vós achais que apenas relativamente poucos, dentre aqueles que buscam o Reino do céu, encontrarão a sua entrada nele.

"Mantendes também entre vós um outro ditado que contém muita verdade: o caminho que conduz à vida eterna é reto e estreito, e a porta que leva até lá é também estreita e, desse modo, entre aqueles que buscam a salvação, poucos podem encontrar a entrada por essa porta. Vós também tendes o ensinamento de que o caminho que leva à destruição é aberto e, a entrada que se abre para ele sendo ampla, muitos são os que escolhem ir por tal caminho. E esse provérbio não é desprovido de significado. Mas eu declaro que a salvação é uma questão decidida muito mais pela vossa própria escolha pessoal. Mesmo a porta do caminho da vida sendo estreita, ainda é suficientemente ampla para admitir todos os que buscam sinceramente entrar, pois sou eu esta porta. E o Filho nunca irá negar entrada a nenhum filho do universo que, por meio da sua fé, esteja buscando encontrar o Pai por intermédio do Filho.

"Todavia, o perigo para todos aqueles que adiam a sua entrada no Reino repousa aí; enquanto continuam a buscar os prazeres da imaturidade e a permitir-se satisfações egoístas: havendo recusado-se a entrar no Reino como uma experiência espiritual, eles podem posteriormente buscar a entrada nele, quando a glória do melhor caminho tornar-se revelada, na idade que virá. E, por essa razão, aqueles que tiverem desdenhado o Reino, quando eu estive aqui à semelhança da humanidade, quando buscarem encontrar uma entrada por ter sido ela revelada, à semelhança da divindade, então, eu direi a todos esses egoístas: eu não sei de onde sois. Vós tivestes a vossa oportunidade de vos preparar para essa cidadania celeste, mas renegastes todas as ofertas de misericórdia; vós rejeitastes todos os convites para entrar enquanto a porta estava aberta. Agora, para vós que recusastes a salvação, a porta está fechada. Essa porta não está aberta para aqueles que querem entrar no Reino pela glória egoísta. A salvação não é para quem não está disposto a pagar o preço da dedicação de todo o seu coração a fazer a vontade do meu Pai. Quando, no vosso espírito e na vossa alma, tiverdes dado as costas ao Reino do Pai, é inútil, com a mente e com o corpo, ficar diante dessa porta e bater, dizendo: 'Senhor, abre para nós; também nós gostaríamos de ser grandes no Reino'. Então, eu declararei que vós não sois do meu aprisco. E não vos receberei para estardes entre aqueles que lutaram a boa luta da fé e ganharam a recompensa do serviço não-egoísta ao Reino, ainda na Terra. E quando disserdes: 'Não bebemos e comemos contigo, e tu não ensinaste nas nossas ruas?', então, novamente, eu declararei que vós sois estrangeiros espirituais; que não fomos companheiros no serviço de ministração da misericórdia do Pai na Terra; que eu não vos conheço; e que então o Juiz de toda a Terra dirá a vós: 'Afastai-vos de nós, todos vós que desfrutastes das obras da iniqüidade'.

"Não temais, contudo; todo aquele que desejar sinceramente encontrar a vida eterna entrando no Reino de Deus, certamente encontrará a salvação eterna. Mas vós, que estais renegando essa salvação, algum dia ireis ver os profetas da semente de Abraão assentarem-se com os crentes das nações gentias, nesse Reino glorificado, para compartilhar do pão da vida e refrescar-se com a água desse Reino. E aqueles que assim tomarem o Reino por meio do assalto perseverante de uma fé viva e em poder espiritual virão do norte e do sul, do leste e do oeste. E atenção, muitos que são os primeiros serão os últimos, e aqueles que forem os últimos muitas vezes serão os primeiros".

Essa foi verdadeiramente uma versão nova e insólita do provérbio velho e familiar do caminho reto e estreito.

Lentamente os apóstolos, e muitos dos discípulos, estavam aprendendo o significado da declaração inicial de Jesus: "A menos que nasçais de novo, que nasçais do espírito, vós não podereis entrar no Reino de Deus". Entretanto, para todos aqueles que são honestos de coração e sinceros na fé, é eternamente verdadeiro que: "Vede, eu estou à porta dos corações dos homens e bato e, se algum homem abrir a porta para mim, eu entrarei e cearei com ele e alimentá-lo-ei com o pão da vida; seremos um em espírito e em propósito, e, assim, seremos irmãos, sempre irmãos, no serviço longo e frutuoso da busca pelo Pai do Paraíso". E, pois, se são poucos ou se são muitos a serem salvos, isso depende de serem poucos ou muitos os que dão atenção ao convite: "Eu sou a porta, sou o caminho novo e vivo, e quem quiser pode entrar para embarcar na busca interminável da verdade da vida eterna".

Até mesmo os apóstolos foram incapazes de entender plenamente esse ensinamento sobre a necessidade de usar a força espiritual com o propósito de romper todas as resistências materiais e vencer todos os obstáculos terrenos, que acaso possam estar no caminho da compreensão de todos os valores espirituais, sumamente importantes, da nova vida no espírito como filhos libertados de Deus.

4. ENSINANDO SOBRE OS ACIDENTES

Embora a maior parte dos palestinos tomasse apenas duas refeições por dia, era costume entre Jesus e os apóstolos, quando em uma viagem, parar ao meio-dia para descansar e tomar um refresco. E foi nessa parada do meio-dia, a caminho da Fila-délfia, que Tomé perguntou a Jesus: "Mestre, depois de ouvir as tuas observações, enquanto viajávamos esta manhã, eu gostaria de perguntar-te se os seres espirituais ocupam-se da produção de acontecimentos estranhos e extraordinários no mundo material e de perguntar, ainda, se os anjos e outros seres espirituais são capazes de impedir os acidentes".

Em resposta à indagação de Tomé, Jesus disse: "Mesmo havendo passado tanto tempo comigo, ainda continuais a fazer esse tipo de indagação? Não observastes que o Filho do Homem vive em unidade convosco e que, por coerência, ele se recusa a empregar as forças do céu para seu sustento pessoal? Não vivemos do mesmo modo que todos os homens? Acaso vês o poder do mundo espiritual manifestado na vida material deste mundo, salvo para a revelação do Pai e para algumas curas de filhos afligidos?

"Os vossos pais acreditaram, durante um tempo demasiado longo, que a prosperidade seria um sinal da aprovação divina; e que a adversidade constituiria uma evidência do descontentamento de Deus. Eu declaro que essas crenças são superstições. Não observastes que um número muito maior de pobres recebe o evangelho com alegria e imediatamente entra no Reino? Se a fortuna evidencia o favorecimento divino, por que os ricos tantas vezes se negam a crer nessas boas-novas do céu?

"O Pai faz a sua chuva cair sobre justos e injustos; o sol, do mesmo modo, brilha para justos e injustos. Vós sabeis sobre aquele galileu cujo sangue Pilatos juntou aos dos sacrifícios, mas eu digo que esses galileus não eram de nenhum modo mais pecadores do que os semelhantes deles, só porque lhes aconteceu isso. Também sabeis a respeito dos dezoito homens sobre os quais caiu a torre de Siloé, matando-os. Não penseis que os homens assim destruídos sejam mais culpados do que os seus irmãos de Jerusalém. Eles foram simplesmente vítimas inocentes de um acidente temporal.

"Há três grupos de acontecimentos que podem ocorrer nas vossas vidas:

"1. Podeis participar dos acontecimentos normais, que são parte da vida que vós e os vossos semelhantes levam na face da Terra.

"2. Pode acontecer-vos serdes vítimas de um dos acidentes da natureza, de um dos infortúnios humanos; mas saibais muito bem que esses acontecimentos, de nenhum modo, são arranjados de antemão, nem produzidos, de nenhum outro modo, pelas forças espirituais do Reino.

"3. Podeis fazer a colheita dos vossos esforços diretos para corresponder às leis naturais que governam o mundo.

"Havia um certo homem que plantou uma figueira no seu quintal e, depois de procurar muitas vezes pelos seus frutos e não achar nenhum, ele chamou os vinhateiros diante de si e disse: 'Eu tenho vindo aqui nas três estações à procura de frutos dessa figueira e não encontrei nenhum. Cortem esta árvore estéril; por que deveria ela obstruir o solo?' Mas o jardineiro-chefe respondeu ao seu senhor: 'Deixa-a ficar por mais um ano, para que eu possa cavar em torno dela e colocar fertilizante nela e, então, no próximo ano, se não der frutos, que seja cortada'. E, depois de submeterem-se assim às leis da fruticultura, pois a figueira estava viva e era boa, eles foram recompensados com uma colheita abundante.

"Para as questões de doença e saúde, devíeis saber que esses estados do corpo são resultado de causas materiais; a saúde não é o sorriso do céu, nem a aflição é o desagrado de Deus.

"Os filhos humanos do Pai têm capacidade igual para a recepção das bençãos materiais; e, por isso, Ele concede as coisas materiais aos filhos dos homens, sem discriminação. Quando se trata de conceder dádivas espirituais, o Pai fica limitado pela própria capacidade que o homem tem de receber esses dons divinos. Embora o Pai não faça acepção de pessoas, para o outorgamento de dons espirituais, Ele está limitado pela fé do homem e pela vontade que ele tem de agir conforme a vontade do Pai".

Enquanto seguiam para a Filadélfia, Jesus continuou a ensinar-lhes e a responder às suas perguntas sobre os acidentes, doenças e milagres, mas eles não foram capazes de compreender plenamente essa instrução. Uma hora de ensinamentos não mudará totalmente as crenças de uma vida, e assim Jesus achou necessário reiterar a sua mensagem, repetindo sempre aquilo que queria que eles compreendessem; e, ainda assim, eles só captaram o significado da sua missão terrena depois da sua morte e ressurreição.

5. A CONGREGAÇÃO NA FILADÉLFIA

Jesus e os doze estavam a caminho de visitar Abner e os condiscípulos dele que se encontravam pregando e ensinando na Filadélfia. De todas as cidades da Peréia, foi na Filadélfia que o maior grupo de judeus e gentios, ricos e pobres, instruídos e não instruídos, abraçou os ensinamentos dos setenta e assim entrou para o Reino do céu. A sinagoga da Filadélfia nunca esteve submetida à supervisão do sinédrio de Jerusalém e, portanto, nunca se havia fechado aos ensinamentos de Jesus e dos seus colaboradores. Nessa mesma época, Abner estava ensinando três vezes por dia na sinagoga da Filadélfia.

Essa sinagoga, mais tarde, tornou-se uma igreja cristã e foi o centro missionário da promulgação do evangelho para as regiões do Oriente. Durante muito tempo foi uma fortaleza para os ensinamentos do Mestre e, durante séculos, sozinha, permaneceu nessa região como um centro de ensino cristão.

Os judeus de Jerusalém sempre tiveram problemas com os judeus da Filadélfia. E a igreja de Jerusalém, da qual Tiago, o irmão do Mestre, foi o dirigente, após a morte e ressurreição de Jesus começou a ter sérias dificuldades com a congregação dos crentes da Filadélfia. Abner tornou-se o dirigente da igreja da Filadélfia, continuando como tal até a sua morte. E esse estremecimento com Jerusalém explica por que nos relatos evangélicos do Novo Testamento nada é dito sobre Abner e sua obra. A contenda entre Jerusalém e a Filadélfia perdurou durante a vida de Tiago e de Abner e continuou por algum tempo depois da destruição de Jerusalém. A Filadélfia foi realmente a sede-central da igreja no sul e no leste, nos seus primórdios, como a Antioquia foi o centro no norte e no oeste.

A aparente má sorte de Abner proveio de haver ele mantido-se em divergência com todos os líderes da igreja cristã inicial. Ele teve desavenças com Pedro e com Tiago (o irmão de Jesus) sobre as questões da administração e da jurisdição da igreja de Jerusalém; ele abandonou a companhia de Paulo por causa de diferenças filosóficas e teológicas. Abner tinha uma filosofia mais babilônica do que helênica, e resistiu obstinadamente a todas as tentativas empreendidas por Paulo para refazer os ensinamentos de Jesus de modo a produzir menos objeções, primeiro entre os judeus e, depois, entre os greco-romanos crentes dos mistérios.

E, assim, Abner viu-se obrigado a viver uma vida de isolamento. E foi o dirigente de uma igreja que não possuía o menor suporte de Jerusalém. Ele havia ousado desafiar Tiago, o irmão do Mestre, que posteriormente foi apoiado por Pedro. Essa conduta efetivamente o separou de todos os seus companheiros anteriores. Ele ainda ousou opor-se a Paulo. Conquanto fosse integralmente simpático à missão de Paulo junto aos gentios, e, embora o apoiasse nas suas contendas com a igreja de Jerusalém, opôs-se severamente à versão dos ensinamentos de Jesus, que Paulo escolheu pregar. Nos seus últimos anos, Abner denunciou Paulo como "hábil corruptor dos ensinamentos da vida de Jesus de Nazaré, o Filho do Deus".

Durante os últimos anos de Abner, e por algum tempo depois, os crentes da Filadélfia ativeram-se à religião de Jesus, como ele viveu e ensinou, mais estritamente do que qualquer outro grupo na Terra.

Abner viveu até os 89 anos de idade, morrendo na Filadélfia no dia 21 de novembro, do ano 74 d.C. Ele foi um fiel crente e instrutor do evangelho do Reino celeste, até o fim.

DOCUMENTO 167

A VISITA À FILADÉLFIA

DURANTE esse período de ministração pereiana, sempre que é feita uma menção a Jesus e aos apóstolos, em visita às várias localidades onde os setenta trabalhavam, deveria ser relembrado que, em geral, apenas dez deles estavam com Jesus, já que o hábito era deixar ao menos dois dos apóstolos em Pela instruindo a multidão. Enquanto Jesus preparava-se para ir à Filadélfia, Simão Pedro e o seu irmão André retornavam ao acampamento de Pela, para ensinar às multidões ali reunidas. Quando o Mestre deixava o acampamento em Pela, para ir à Peréia, não era de todo incomum que o acampamento, de trezentas a quinhentas pessoas, o seguisse. Ao chegar à Filadélfia, ele estava acompanhado por mais de seiscentos seguidores.

Nenhum milagre aconteceu na campanha recente de pregação pela Decápolis e, exceção feita à cura dos dez leprosos, até então nenhum milagre havia ocorrido nessa missão pereiana. Esse foi um período em que o evangelho teve proclamação vigorosa, desprovida de milagres e, na maior parte do tempo, sem a presença pessoal de Jesus e mesmo sem os seus apóstolos.

Jesus e os dez apóstolos chegaram à Filadélfia na quarta-feira, 22 de fevereiro, e passaram a quinta-feira e a sexta-feira descansando das suas viagens e dos trabalhos recentes. Naquela sexta-feira, à noite, Tiago falou na sinagoga; e foi convocado um conselho geral para a noite seguinte. Eles ficaram bastante jubilantes com o progresso do evangelho na Filadélfia e nas aldeias próximas. Os mensageiros de Davi também trouxeram informações sobre os outros avanços conseguidos pelo Reino em toda a Palestina, bem como as boas-novas da Alexandria e de Damasco.

1. DESJEJUM COM OS FARISEUS

Na Filadélfia vivia um fariseu muito abastado e influente, que havendo aceitado os ensinamentos de Abner, convidou Jesus para ir à sua casa, no sábado pela manhã, para o desjejum. Era sabido que Jesus estava sendo esperado na Filadélfia nessa época, e, assim, um grande número de visitantes, e entre eles muitos fariseus, viera de Jerusalém e de outros locais. E, desse modo, cerca de quarenta desses homens de liderança, e uns poucos juristas, foram convidados para esse desjejum organizado em honra ao Mestre.

Enquanto Jesus permanecia ainda à porta, falando com Abner, e depois de o anfitrião sentar-se, um dos principais fariseus de Jerusalém, membro do sinédrio, entrou na sala e, como era do seu hábito, foi diretamente ao assento de honra à esquerda do anfitrião. Mas esse lugar havia sido reservado para o Mestre, e, já que o assento da direita era de Abner, o anfitrião acenou para que o fariseu de Jerusalém fosse sentar-se quatro assentos para a esquerda e esse dignitário ficou bastante ofendido por não ter recebido o assento de honra.

Logo depois, todos estavam sentados desfrutando da conversa, pois a maioria dos presentes ou era de discípulos de Jesus ou de pessoas amigas do evangelho. Apenas os seus inimigos notaram o fato de que ele não havia observado o cerimonial de lavar as suas mãos, antes de sentar-se para comer. Abner lavou as suas mãos antes da refeição, mas não o fez durante o serviço.

Quase ao final da refeição, vindo da rua, chegou ali um homem há muito afligido por uma doença crônica e em uma condição hidrópica. Esse homem era crente, tendo sido batizado recentemente pelos condiscípulos de Abner. Ele não pediu a Jesus que o curasse, mas o Mestre sabia perfeitamente que esse homem afligido havia vindo até o desjejum para fugir das multidões que atropelavam o Mestre, conseguindo assim receber a sua atenção. Esse homem sabia que apenas uns poucos milagres estavam então sendo realizados, mas o seu próprio coração levou-o a pensar, entretanto, que o seu estado lamentável seria, possivelmente, um apelo à compaixão do Mestre. E não estava enganado, pois, quando entrou na sala, tanto Jesus quanto o presumido fariseu de Jerusalém notaram-no. O fariseu não demorou a expressar em voz alta o seu ressentimento por ter sido permitida a entrada de alguém assim no recinto. Mas Jesus olhou e sorriu de um modo tão bondoso para o homem doente, que este se aproximou e sentou-se no chão. Quando a refeição estava para terminar, o Mestre pousou o seu olhar nos convivas e então, depois de um olhar significativo para o homem com hidropisia, disse: "Meus amigos, instrutores de Israel e cultos juristas, eu gostaria de fazer-vos uma pergunta: é lícito curar os doentes e aflitos no sábado, ou não?" Mas todos aqueles que estavam presentes conheciam Jesus muito bem; mantiveram-se em paz e não responderam à sua pergunta.

Então Jesus foi até onde o homem doente se encontrava e, tomando-o pela mão, disse: "Levanta-te e toma o teu caminho. Não pediste para ser curado, mas eu conheço o desejo do fundo do teu coração e a fé da tua alma". Antes que o homem deixasse o recinto, Jesus voltou para o seu assento e, dirigindo-se aos que estavam na mesa, disse: "O meu Pai faz tais obras, não para tentar-vos a entrar no Reino, mas para revelar-Se àqueles que já estão no Reino. Vós podeis perceber que fazer tais coisas é agir como o Pai faria, pois quem dentre vós, tendo o vosso animal favorito caído em um poço, no dia de sábado, não sairia imediatamente para retirá-lo dali?" E desde que ninguém respondeu à pergunta de Jesus, e visto que o seu anfitrião evidentemente aprovava o que estava acontecendo, ele levantou-se e disse aos presentes: "Meus irmãos, quando fordes convidados para uma festa de casamento, não tomeis o assento principal, pois, se por acaso houver sido convidado um homem de maior honra do que vós, então o anfitrião terá de vir a vós para pedir que cedais vosso lugar para esse outro convidado de honra. E, nessa ocasião, envergonhadamente, será pedido que ocupeis um lugar menos importante à mesa. Quando fordes convidados para uma festa, seria sábio, ao chegardes à mesa, buscar um lugar de menos honra e sentar-vos nele, pois, desse modo, ao verificar os convivas, o anfitrião poderá dizer-vos: 'Meu amigo, por que estás em um assento tão sem honras? Suba um pouco mais'; e assim sereis glorificados em presença dos vossos semelhantes. Não vos esqueçais: aquele que se exalta será humilhado, enquanto aquele que se humilhar verdadeiramente será exaltado. Portanto, quando receberdes amigos para um jantar ou quando derdes uma ceia, convidai não apenas vossos amigos, vossos irmãos, vossa família ou vossos vizinhos ricos, para que eles, por sua vez, possam convidar-vos para as suas festas, e para que assim possais ser recompensados. Quando derdes um banquete, algumas vezes, convidai também os pobres, os doentes e os cegos. Desse modo vos sentireis ditosos nos vossos corações, pois, bem sabeis, os mancos e os coxos não poderão retribuir-vos pelo vosso ministério de amor".

2. A PARÁBOLA DA GRANDE CEIA

Quando Jesus terminou de falar à mesa de desjejum dos fariseus, um dos juristas presentes, desejando romper o silêncio, disse sem pensar: "Abençoado seja aquele que comer o pão do Reino de Deus" – este era um ditado corriqueiro daqueles dias. E então Jesus contou uma parábola, que até mesmo o seu anfitrião se viu levado a considerar com seriedade. Disse ele:

"Um certo dirigente promoveu uma grande ceia e, havendo convidado muitos hóspedes, na hora da ceia mandou que seus serviçais fossem àqueles que haviam sido convidados e dissessem: 'Vinde, pois tudo está pronto'. E todos começaram, unânimes, a dar desculpas. O primeiro disse: 'Acabo de comprar uma fazenda e é mister que a examine; rogo que me perdoe'. Um outro disse: 'Comprei cinco juntas de bois, e devo ir para recebê-las; rogo que me perdoe'. E outro disse: 'Acabo de me casar e, portanto, não posso ir'. E, sendo assim, os serviçais voltaram e informaram tudo ao senhor da casa. Quando o dono da casa ouviu isso, ficou muito zangado e, voltando-se aos seus servos, disse: 'Preparei essa festa de bodas; os animais cevados foram mortos e tudo está pronto para meus convidados, mas eles desdenharam o meu convite; cada qual foi para suas terras e suas mercadorias, e até mostram desrespeito para com os meus serviçais que foram convidá-los para a minha festa. Ide, pois, depressa, às ruas e ruelas da cidade, às estradas e às vielas, e trazei aqui os pobres e os desterrados, os cegos e os coxos, para que a festa de bodas possa ter convidados'. E os servos fizeram como mandou o seu senhor e, ainda assim, havia espaço para mais convidados. E, então, disse o senhor aos seus serviçais: 'Ide às estradas e aos campos, e convencei a vir aqueles que lá estão, para que a minha casa possa ficar cheia. Eu declaro que nenhum dos que foram convidados inicialmente provará da minha ceia'. E os serviçais fizeram como mandou o seu senhor, e a casa ficou repleta".

E, ao ouvirem essas palavras, os fariseus foram todos embora; cada um para a sua casa. Mas ao menos um dos sarcásticos fariseus ali presentes, naquela manhã, compreendeu o significado dessa parábola e por isso foi batizado no mesmo dia; e fez uma confissão pública da sua fé no evangelho do Reino. Abner pregou sobre essa parábola naquela noite, no conselho geral dos crentes.

No dia seguinte todos os apóstolos dedicaram-se ao exercício filosófico de tentar interpretar o significado dessa parábola da grande ceia. Embora Jesus houvesse ouvido, com interesse, a todas as diferentes interpretações, negou-se terminantemente a oferecer-lhes uma nova ajuda para compreender a parábola. Ele apenas diria: "Que cada homem encontre o significado por si próprio e em sua própria alma".

3. A MULHER DE ESPÍRITO ENFERMO

Abner havia preparado para que o Mestre ensinasse na sinagoga nesse dia de sábado, era a primeira vez que Jesus aparecia em uma sinagoga, desde que todas elas haviam sido fechadas para os seus ensinamentos, por ordem do sinédrio. Ao final do serviço Jesus viu diante de si uma mulher anciã, que estava com uma expressão abatida e o corpo recurvado. Essa mulher há muito tempo vinha sendo dominada pelo medo, e toda a alegria havia-se afastado da sua vida. Quando Jesus desceu do púlpito, foi até ela, e, tocando no ombro daquele corpo recurvado, disse: "Mulher, se apenas cresses, tu poderias ficar totalmente livre da tua enfermidade de espírito". E essa mulher, que estivera recurvada e tomada por depressões e pelo medo durante mais de dezoito anos, acreditou nas palavras do Mestre e, pela fé, endireitou-se imediatamente. Quando percebeu que havia sido endireitada, essa mulher elevou a sua voz e glorificou a Deus.

Não obstante a aflição da mulher haver sido totalmente mental, já que a sua forma recurvada fora resultado da sua mente deprimida, o povo julgou que Jesus a tivesse curado de uma desordem realmente física. Embora a congregação da sinagoga da Filadélfia fosse favorável aos ensinamentos de Jesus, o dirigente principal da sinagoga era um fariseu hostil. E como ele compartilhava da opinião da congregação, de que Jesus havia curado uma doença física, e tendo ficado indignado porque Jesus se tinha atrevido a fazer tal coisa em um sábado, ele levantou-se perante a congregação e disse: "Não existem seis dias nos quais os homens devem fazer todo seu trabalho? Nesses dias de trabalho, pois, vinde e sede curados, mas não no dia de sábado".

Quando o dirigente hostil terminou de dizer isso, Jesus voltou à tribuna dos oradores para dizer: "Por que sermos hipócritas? Cada um de vós, no sábado, não tira o seu boi do estábulo e o leva para tomar água? Se esse serviço é permissível no dia de sábado, por que essa mulher, filha de Abraão, que foi colhida pelo mal nesses dezoito anos, não deveria ser libertada dessa escravidão e ser levada a compartilhar das águas da liberdade e da vida, ainda neste dia de sábado?" E, como a mulher continuou a glorificar a Deus, aquela crítica caiu em vergonha e a congregação rejubilou-se junto por ela haver sido curada.

Em vista da sua crítica pública a Jesus, nesse sábado, o dirigente principal da sinagoga foi deposto e um seguidor de Jesus foi colocado em seu lugar.

Jesus freqüentemente libertava essas vítimas do temor causado pela debilidade de espírito, a depressão mental e a escravidão ao medo. Mas o povo pensava que todas essas aflições fossem doenças físicas ou possessão de espíritos malignos.

No domingo, Jesus ensinou novamente na sinagoga, e muitas pessoas foram batizadas por Abner ao meio-dia, no rio que corria ao sul daquela cidade. No dia seguinte, Jesus e os dez apóstolos iam partir de volta para o acampamento de Pela, mas um dos mensageiros de Davi chegou, trazendo, para Jesus, uma mensagem urgente dos seus amigos de Betânia, perto de Jerusalém.

4. A MENSAGEM DE BETÂNIA

Bem tarde na noite de domingo, dia 26 de fevereiro, o mensageiro vindo de Betânia chegou à Filadélfia, e era portador de uma mensagem de Marta e Maria que dizia: "Senhor, aquele a quem tu amas está muito doente". Essa mensagem chegou no final da conferência noturna, no instante exato em que Jesus se despedia dos apóstolos naquela noite. A princípio Jesus nada respondeu. Aconteceu-lhe um desses estranhos interlúdios, um intervalo em que parecia estar comunicando-se com algo externo e além de si próprio. E então, levantando os olhos, dirigiu-se ao mensageiro, de um modo que os apóstolos o ouviram dizendo: "Essa doença não o levará realmente à morte. Não duvideis de que poderá ser usada para glorificar a Deus e para exaltar o Filho".

Jesus gostava muito de Marta, de Maria e de Lázaro, o irmão delas; ele amava-os com um afeto fervoroso. O seu primeiro pensamento humano foi de acudi-los imediatamente, mas outra idéia veio à sua mente combinada, de homem e Deus.

Ele havia quase perdido a esperança de que os líderes judeus em Jerusalém, um dia, aceitassem o Reino, mas ainda amava o seu povo e ocorria-lhe agora um plano por meio do qual os escribas e os fariseus de Jerusalém poderiam ainda ter uma oportunidade de aceitar os seus ensinamentos; e então, dependendo da vontade do seu Pai, ele decidiu fazer esse último apelo a Jerusalém, por meio da mais profunda e estupenda obra exterior de toda a sua carreira terrena. Os judeus apegavam-se à idéia de um libertador que realizava prodígios. E, embora ele se recusasse a condescender na realização de milagres materiais e na realização de exibições temporais de poder político, agora ele pedia o consentimento do Pai para a manifestação desse poder, até então não demonstrado, sobre a vida e a morte.

Os judeus tinham o hábito de enterrar os seus mortos no dia do seu falecimento; essa prática fazia-se necessária em um clima tão quente. Acontecia freqüentemente que colocassem na tumba alguém que estava apenas em coma, de tal modo que, no segundo dia, ou mesmo no terceiro, esse alguém saía da tumba. A crença entre os judeus, todavia, era de que, ainda que se mantivesse perto do corpo por dois ou três dias, o espírito ou a alma, nunca permaneceria depois do terceiro dia, pois a putrefação estaria bem avançada lá pelo quarto dia; e que ninguém jamais retornaria da tumba depois de um lapso tal de tempo. E por essas razões é que Jesus ainda ficou por dois dias inteiros na Filadélfia, antes de estar pronto para partir em direção a Betânia.

Desse modo, na quarta-feira bem cedo pela manhã, ele disse aos seus apóstolos: "Preparemo-nos imediatamente para partir rumo à Judéia de novo". E quando os apóstolos ouviram o seu Mestre dizendo isso, eles retiraram-se a sós por um certo tempo para aconselharem-se uns com os outros. Tiago assumiu a direção da conferência e todos concordaram que era uma verdadeira loucura permitir que Jesus voltasse à Judéia; e retornaram com uma única decisão para informar-lhe. Disse Tiago: "Mestre, estiveste em Jerusalém há poucas semanas; e então os líderes buscavam a tua morte e o povo estava decidido a atirar pedras em ti. Naquele momento, deste a todos esses homens a oportunidade de acolher a verdade; e não permitiremos que voltes de novo à Judéia".

Então, Jesus disse: "Mas não compreendeis que há doze horas no dia, nas quais o trabalho pode ser feito sem perigo? Se um homem caminha durante o dia, ele não tropeça por causa da luz. Se um homem trabalha à noite, ele está sujeito a tropeçar, já que não há luz. Enquanto durar o meu dia, eu não temo entrar na Judéia. Eu gostaria de fazer mais uma obra poderosa para esses judeus; eu daria a eles mais uma oportunidade de crer, ainda que nos próprios termos deles – dentro das condições da glória exterior e da manifestação visível de poder do Pai e do amor do Filho. Além disso, não estais percebendo que o nosso amigo Lázaro encontra-se adormecido; e que eu quero despertá-lo desse sono!"

Então disse um dos apóstolos: "Mestre, se Lázaro está dormindo, então ele se restabelecerá com mais segurança". Era costume dos judeus, naquele tempo, falar da morte como sendo uma espécie de sono, mas como os apóstolos não compreendiam que Jesus queria referir-se ao fato de Lázaro haver partido deste mundo, ele agora falava com toda clareza: "Lázaro está morto. Para o vosso bem, e mesmo que isso não salve a outrem, eu alegro-me de que eu não estivesse lá, pois assim tereis um novo motivo para crer em mim; e, por causa de tudo o que ireis presenciar, devereis sentir-vos fortalecidos na preparação para o dia em que eu me despedir de vós a fim de ir para o Pai".

Vendo que não podiam persuadi-lo a deixar de ir à Judéia, e percebendo que alguns dos apóstolos eram contrários até a acompanhá-lo, Tomé dirigiu-se aos companheiros, dizendo: "Falamos dos nossos medos ao Mestre, mas ele está determinado a ir a Betânia. Estou convencido de que significa o fim; eles certamente irão matá-lo, mas se essa é a escolha do Mestre, então comportemo-nos como homens de coragem; vamos, também, para que possamos morrer junto com ele". E sempre foi assim; nas questões que requeriam uma coragem deliberada e firme, Tomé era sempre o sustentáculo dos doze apóstolos.

5. A CAMINHO DE BETÂNIA

A caminho da Judéia, Jesus foi seguido por um grupo de quase cinqüenta dos seus amigos e inimigos. Durante a hora do almoço, na quarta-feira, ele falou aos seus apóstolos e a esse grupo de seguidores sobre as "Condições para a Salvação", e, ao final dessa lição, ele contou a parábola do fariseu e do publicano (um coletor de impostos). Jesus disse: "Vede, pois, o Pai dá a salvação aos filhos dos homens e essa salvação é uma dádiva de graça a todos que têm fé para receber a filiação à família divina. Nada há que o homem possa fazer para ganhar essa salvação. As obras presunçosas não podem comprar o favorecimento de Deus, nem o excesso de orações em público compensará a falta de fé viva no coração. Aos homens, podeis enganar com as vossas obras externas, mas Deus vê dentro das vossas almas. O que lhes estou dizendo é bem ilustrado pelos dois homens que foram ao templo para orar; um era fariseu e o outro publicano. O fariseu permaneceu de pé e orou para si próprio: 'Ó Deus, agradeço-Te porque não sou como o resto dos homens: opressores, ignorantes, injustos, adúlteros ou até mesmo como esse publicano. Jejuo duas vezes por semana e dou dízimo por tudo o que ganho'. O publicano, no entanto, permaneceu distante, sem atrever-se sequer a levantar os olhos para o céu, batendo no peito e dizendo: 'Deus, seja misericordioso com um pecador como eu'. E eu vos digo que o publicano foi para a sua casa com a aprovação de Deus, ao contrário do fariseu, pois aquele que se exalta será humilhado, mas aquele que se humilha a si próprio será exaltado".

Naquela noite, em Jericó, os fariseus hostis arranjaram uma armadilha para pegar o Mestre, tentando levá-lo a discutir sobre o matrimônio e o divórcio, como já haviam feito certa vez na Galiléia, mas Jesus habilmente desviou-se daquela tentativa de colocá-lo em conflito com as leis deles a respeito do divórcio. Assim como o publicano e o fariseu ilustraram a boa e a má religião, as suas práticas de divórcio serviram como contraste entre as melhores leis matrimoniais do código judeu e o relaxamento vergonhoso das interpretações farisaicas desses estatutos mosaicos para o divórcio. O fariseu julgava-se pelos padrões menos elevados; o publicano enquadrava-se no ideal mais elevado. A devoção, para o fariseu, era um meio de induzir à inatividade pretensiosa e a certeza de uma segurança espiritual falsa; a devoção, para o publicano, era um meio de despertar a sua alma para a compreensão e para as necessidades de arrependimento, confissão e aceitação, pela fé, do perdão misericordioso. O fariseu buscava a justiça; o publicano buscava a misericórdia. A lei do universo é: Pedi e recebereis; buscai e encontrareis.

Embora Jesus tenha recusado a se deixar arrastar pela controvérsia, com os fariseus, a respeito do divórcio, ele proclamou um ensinamento positivo dos ideais mais elevados a respeito do matrimônio. Exaltou o matrimônio como a mais elevada e ideal de todas as relações humanas. Do mesmo modo, ele insinuou uma forte desaprovação das práticas lassas e injustas do divórcio entre os judeus de Jerusalém, que naquela época permitiam ao homem divorciar-se da sua esposa pelas razões mais insignificantes, tais como ser ela uma má cozinheira, uma dona de casa ineficiente, ou então por nenhuma razão mais relevante do que ele ter enamorado-se de uma mulher mais bonita.

Os fariseus haviam chegado ao extremo de ensinar que esse tipo fácil de divórcio seria uma dispensação especial concedida ao povo judeu, particularmente aos fariseus. E assim, quando Jesus negou-se a fazer pronunciamentos sobre o matrimônio e o divórcio, ele denunciou severamente essas fraudes vergonhosas da relação matrimonial e apontou a injustiça delas para com as mulheres e as crianças. Ele nunca aprovou nenhuma prática de divórcio que desse ao homem qualquer vantagem sobre a mulher; o Mestre apoiava os ensinamentos que tratavam as mulheres em igualdade com os homens.

Embora Jesus não tenha oferecido novos mandamentos regendo o matrimônio e o divórcio, ele concitou os judeus a viverem de acordo com suas próprias leis e ensinamentos mais elevados. Ele recorria constantemente ao registro das escrituras, nos seus esforços para aprimorar as práticas existentes desse comportamento social. Ao sustentar assim os conceitos elevados e ideais do matrimônio, Jesus evitou habilmente o conflito com os seus contendores sobre as práticas sociais, representadas tanto pelas leis escritas quanto pelos privilégios do divórcio que eles tanto apreciavam.

Foi muito difícil aos apóstolos compreenderem a relutância do Mestre em fazer pronunciamentos afirmativos sobre questões científicas, sociais, econômicas e políticas. Eles não entendiam que a sua missão terrena estava ligada exclusivamente a revelações de verdades espirituais e religiosas.

Depois de Jesus haver falado sobre o matrimônio e o divórcio, mais tarde naquela noite, os apóstolos fizeram outras perguntas mais em particular, e as respostas a essas indagações aliviaram as suas mentes quanto a conceitos equivocados. Quando da conclusão dessa conversa, Jesus disse: "O matrimônio é honorável e deve ser desejado por todos os homens. O fato de que o Filho do Homem procure ater-se apenas à sua missão terrena, não deve, de nenhum modo, refletir-se na conveniência do matrimônio; que eu deva continuar a minha obra assim é a vontade do Pai, mas esse mesmo Pai ordenou a criação do ser masculino e do ser feminino, e o desejo divino é o de que todos os homens e mulheres devam buscar servir da forma mais elevada, na conseqüente alegria do estabelecimento de lares para receber os filhos e educá-los. E, nessa criação, os pais tornam-se co-participantes com os Criadores do céu e da Terra. E é por isso que um homem deve abandonar o seu pai e a sua mãe para unir-se à sua esposa, para que os dois sejam como um".

E, desse modo, Jesus libertou as mentes dos apóstolos de muitas preocupações relacionadas ao matrimônio, e esclareceu vários mal-entendidos sobre o divórcio; ao mesmo tempo, contribuiu bastante no sentido de elevar os ideais, junto a eles, da união social e da intensificação do respeito pelas mulheres, as crianças e o lar.

6. ABENÇOANDO AS CRIANCINHAS

A mensagem vespertina de Jesus sobre o matrimônio e a bênção que as crianças representam, espalhou-se por toda a Jericó, de um modo tal que, na manhã seguinte, muito antes de Jesus e os apóstolos se verem preparados para sair, antes mesmo da hora do desjejum, dezenas de mães foram até onde Jesus estava alojado, com as suas crianças nos braços ou conduzindo-as pelas mãos, desejando que ele abençoasse os pequeninos. Quando os apóstolos saíram e presenciaram essa reunião de mães e filhos, tentaram mandá-las embora, mas essas mulheres negaram-se a sair dali até que o Mestre impusesse as suas mãos sobre as crianças abençoando-as. Quando os apóstolos repreenderam essas mães, Jesus, ouvindo o tumulto, saiu e com indignação reprovou-os, dizendo: "Deixai virem a mim as criancinhas; não as proibais, pois delas é o Reino do céu. Em verdade, em verdade eu vos digo, aquele que não receber o Reino de Deus como uma criança pequena, dificilmente irá entrar nele para crescer até alcançar a estatura plena da maturidade espiritual".

E quando o Mestre terminou de falar aos seus apóstolos, recebeu todas as crianças, fazendo a imposição das suas mãos sobre elas, enquanto dizia palavras de coragem e de esperança às suas mães.

Com freqüência, Jesus falou sobre as mansões celestes aos seus apóstolos e ensinou-lhes que os filhos de Deus, que progridem, deverão, nas mansões celestes, crescer espiritualmente, como as crianças crescem fisicamente neste mundo. E, assim, as coisas sagradas muitas vezes parecem ser coisas comuns e, pois, nesse dia aquelas crianças e as suas mães não se deram conta de que as inteligências de Nébadon contemplavam as crianças de Jericó brincando com o Criador de um universo.

A condição da mulher na Palestina foi melhorada em muito pelos ensinamentos de Jesus; e assim teria sido em todo o mundo se os seus seguidores não se houvessem afastado tanto daquilo que o Mestre tão cuidadosamente ensinara.

Foi também em Jericó, a propósito da discussão sobre a educação religiosa antecipada das crianças nos hábitos da adoração divina, que Jesus inculcou nos seus apóstolos o grande valor da beleza como uma influência que conduz ao anseio de adorar, especialmente nas crianças. Por meio dos seus preceitos e do seu exemplo, o Mestre ensinou o valor da adoração ao Criador em meio aos ambientes naturais da criação. Ele preferia comungar com o Pai celeste entre as árvores e junto às criaturas simples do mundo natural. E regozijava-se em contemplar o Pai por intermédio do espetáculo inspirador dos Reinos estrelados dos Filhos Criadores.

Quando não fosse possível adorar a Deus junto aos tabernáculos da natureza, os homens deveriam dar o melhor de si para prover as casas com a beleza, com santuários de simplicidade atraente e de beleza artística, de modo que as mais elevadas emoções humanas pudessem ser despertadas em uma estreita associação com a abordagem intelectual da comunhão espiritual com Deus. A verdade, a beleza e a santidade são ajudas poderosas e eficazes para a verdadeira adoração. No entanto a comunhão espiritual não é favorecida apenas por meio de adornos abundantes e de uma decoração feita com a arte excessivamente aprimorada e ostentatória do homem. A beleza é mais religiosa quando é mais simples e natural. É uma pena que as crianças devam ter o seu primeiro contato, com os conceitos da adoração pública, em salas frias e estéreis, tão desprovidas dos atrativos da beleza e tão vazias de sugestões estimuladoras e de uma santidade inspiradora! A criança deveria ser iniciada na adoração junto às paisagens da natureza para, mais tarde, acompanhar os seus pais a casas públicas de reunião religiosa, que fossem ao menos tão atraentes materialmente e belas artisticamente quanto as casas nas quais elas convivem todo dia.

7. A CONVERSA SOBRE OS ANJOS

Quando eles viajavam subindo as montanhas de Jericó até a Betânia, Natanael percorreu a maior parte do caminho ao lado de Jesus; e a conversa que tiveram sobre as crianças, em relação ao Reino do céu, indiretamente os levou a refletir sobre a ministração dos anjos. Natanael afinal fez a seguinte pergunta ao Mestre: "Vendo que o sumo sacerdote é um saduceu, e considerando que os saduceus não crêem em anjos, o que deveremos ensinar ao povo a respeito desses ministradores celestes?" Então, entre outras coisas, Jesus disse:

"As hostes angélicas são uma ordem em separado de seres criados; são inteiramente diferentes da ordem material das criaturas mortais, e funcionam como um grupo distinto de inteligências no universo. Os anjos não pertencem ao grupo de criaturas chamadas de 'Filhos de Deus' nas escrituras; e também não são os espíritos glorificados de homens mortais que já se encaminharam no progresso pelas mansões nas alturas. Os anjos são uma criação direta, e não se reproduzem. As hostes angélicas têm um parentesco apenas espiritual com a raça humana. À medida que o homem progride, na sua jornada até o Pai no Paraíso, num determinado momento, ele passa por um estado do ser que é análogo ao estado dos anjos, mas o homem mortal nunca se transforma em um anjo.

"Os anjos nunca morrem, como ocorre com o homem. Os anjos são imortais, a menos que venham a se envolver em pecado, como alguns deles que se envolveram nas fraudes de Lúcifer. Os anjos são servidores espirituais do céu, mas não são todo-sábios nem Todo-Poderosos. No entanto, todos anjos leais são verdadeiramente puros e santos.

"E não lembrais de que já vos disse, anteriormente, que, se tivésseis os vossos olhos espirituais ungidos, então veríeis os céus abertos e contemplaríeis os anjos de Deus ascendendo e descendo? É por meio da ministração dos anjos que um mundo pode se manter em contato com outros mundos; e, pois, não tenho repetidamente dito a vós que possuo outras ovelhas que não são deste aprisco? Esses anjos não são espiões do mundo espiritual a vos vigiarem, para depois irem até o Pai contar os pensamentos do vosso coração e descrever os feitos da carne. O Pai não tem necessidade desse serviço, pois Seu próprio espírito vive dentro de vós. Esses espíritos angélicos, contudo, atuam de modo a manter uma parte da criação celeste informada sobre os feitos de outras partes remotas do universo. E, muitos dos anjos, ainda que funcionando para o governo do Pai e nos universos dos Filhos, são designados para o serviço às raças humanas. Quando vos ensinei que muitos desses serafins são espíritos ministradores, eu não o disse em um sentido figurativo, nem poético. E tudo isso é verdadeiro, independentemente da dificuldade que possais ter para compreender tais questões.

"Muitos desses anjos estão empenhados no trabalho de salvar os homens, e, pois, eu não vos disse sobre a alegria dos serafins quando uma alma escolhe abandonar o pecado e começa a buscar a Deus? Eu vos disse, inclusive, do júbilo na *presença dos anjos* do céu por um pecador que se arrepende, indicando com isso a existência de outras ordens mais elevadas de seres celestes que, do mesmo modo, se ocupam com o bem-estar espiritual e o progresso divino do homem mortal.

"Esses anjos ocupam-se também bastante com os meios de liberar o espírito do homem dos tabernáculos da carne e escoltar a sua alma até as mansões dos céus. Os anjos são os guias seguros e celestes da alma do homem, durante o período, desconhecido e indefinido, de tempo que se interpõe entre a morte da carne e a nova vida nas moradas espirituais".

E Jesus teria falado ainda mais a Natanael a respeito da ministração dos anjos, mas foi interrompido pela aproximação de Marta; ela havia sido informada de que o Mestre aproximava-se de Betânia, por amigos que haviam visto o Mestre subindo as colinas a leste. E ela agora se apressava para dar-lhe as boas-vindas.

DOCUMENTO 168

A RESSURREIÇÃO DE LÁZARO

POUCO depois do meio-dia Marta saiu ao encontro de Jesus, quando ele apontava no cume da colina perto de Betânia. O seu irmão, Lázaro, estava morto há quatro dias e havia sido levado para o túmulo particular, na extremidade do jardim, ao final da tarde de domingo. A pedra à entrada do túmulo havia sido rolada até o seu devido lugar na manhã deste dia, uma quinta-feira.

Quando mandaram a Jesus a informação sobre a doença de Lázaro, Marta e Maria encontravam-se confiantes de que o Mestre tomaria alguma providência. Sabiam que o seu irmão estava desesperadamente doente e, ainda que não ousassem esperar que Jesus fosse deixar o seu trabalho de ensinar e de pregar para trazer a sua ajuda, elas mantinham tal confiança no seu poder de curar doenças a ponto de pensar que ele apenas diria as palavras de cura e Lázaro imediatamente restabelecer-se-ia. E, quando Lázaro morreu, umas poucas horas após o mensageiro haver deixado Betânia para ir à Filadélfia, elas concluíram que o Mestre não ficaria sabendo da doença do irmão delas a não ser tarde demais, depois de Lázaro estar morto por várias horas.

No entanto, junto com todos os seus amigos crentes, elas ficaram bastante desconcertadas com a mensagem que o corredor trouxera de volta na terça-feira, antes do meio-dia, ao chegar a Betânia. O mensageiro insistia que havia ouvido Jesus dizer: "Essa doença não o levará realmente à morte". E elas não podiam compreender por que ele não enviara uma só palavra a elas, nem oferecera a sua ajuda de um outro modo qualquer.

Muitos amigos dos vilarejos vizinhos, e alguns de Jerusalém, vieram para confortar as irmãs acometidas pela tristeza. Lázaro e as suas irmãs eram filhos de um judeu honrado e abastado, que havia sido um dos moradores mais notáveis da pequena aldeia de Betânia. E, não obstante todos os três há muito serem seguidores ardentes de Jesus, eram altamente respeitados por todos aqueles que os conheciam. Haviam herdado vinhedos extensos e grandes olivais nas vizinhanças e, que eles fossem abastados, era também atestado pelo fato de que puderam arcar com um túmulo privado dentro das suas propriedades. Os seus progenitores, ambos, haviam sido já colocados nesse mesmo túmulo.

Maria havia deixado de lado o pensamento de que Jesus viria e abandonou-se ao próprio pesar; Marta, contudo, apegava-se à esperança de que Jesus ainda viria, até mesmo durante aquele momento na manhã em que eles rolaram a pedra à frente do túmulo e selaram a sua entrada. Mesmo então ela instruiu um garoto vizinho para manter a vigia na estrada de Jericó, do alto da colina a leste de Betânia; e foi esse menino que trouxe a Marta as novas de que Jesus e os seus amigos se aproximavam.

Quando se encontrou com Jesus, Marta caiu aos seus pés; e exclamou: "Mestre, se tu estivesses aqui, o meu irmão não teria morrido!" Muitos temores passavam pela mente de Marta, no entanto, ela não dava força à dúvida, nem se aventurara a criticar ou questionar a conduta do Mestre quanto à morte de Lázaro. Depois que ela falou, Jesus abaixou-se para colocá-la de pé e disse: "Tenha fé simplesmente,

Marta, e o seu irmão ressuscitará". Então Marta respondeu: "Eu sei que ele vai ressuscitar, na ressurreição do último dia; mas, ainda agora, eu creio que tudo o que pedires a Deus, o nosso Pai te concederá".

Então Jesus disse, olhando diretamente nos olhos de Marta: "Eu sou a ressurreição e a vida; aquele que crer em mim, embora morra, ainda viverá. Em verdade, todo aquele que viver e acreditar em mim nunca morrerá. Marta, tu crês nisso?" E Marta respondeu ao Mestre: "Sim, eu tenho há muito acreditado que tu és o Libertador, o Filho do Deus vivo, aquele mesmo que deveria vir a este mundo".

Tendo Jesus perguntado por Maria, Marta foi imediatamente até a casa e disse à sua irmã, em voz baixa: "O Mestre está aqui e perguntou por você". Quando Maria ouviu isso, levantou-se rapidamente e apressou-se para encontrar Jesus, que ainda permanecia distante da casa, no mesmo local em que Marta o havia encontrado inicialmente. Quando os amigos que estavam com Maria, buscando confortá-la, viram que ela levantara-se rapidamente e saíra, seguiram-na, supondo que estava indo ao túmulo para chorar.

Muitos dos que estavam presentes eram inimigos implacáveis de Jesus, por isso é que Marta tinha ido encontrá-lo sozinha. Essa era também a razão por que ela havia ido secretamente informar Maria de que ele perguntara por ela. Marta, embora tivesse almejado ver Jesus, procurava evitar qualquer incidente desagradável que pudesse ser causado pela súbita chegada dele em meio a um grupo grande de inimigos seus de Jerusalém. A intenção de Marta era permanecer na casa com os amigos, enquanto Maria fosse saudar Jesus; mas nisso ela não foi bem-sucedida, pois todos seguiram Maria e, desse modo, viram-se inesperadamente em presença do Mestre.

Marta conduziu Maria até Jesus e, quando esta o viu, caiu também de joelhos aos pés dele, exclamando: "Se apenas estivesses estado aqui, o meu irmão não teria morrido!" E quando Jesus viu como todos estavam pesarosos por causa da morte de Lázaro, a sua alma encheu-se de compaixão.

Quando os amigos pesarosos viram que Maria havia ido saudar Jesus, colocaram-se a uma certa distância, enquanto Marta e Maria falavam, ambas, com o Mestre e recebiam novas palavras de conforto e de exortação para que mantivessem uma fé firme no Pai e uma completa resignação quanto à vontade divina.

A mente humana de Jesus estava envolvida fortemente por uma contenda entre o seu amor por Lázaro e a desolação das irmãs, e o seu desdém e desprezo pela demonstração exterior de afeto manifestada por alguns daqueles judeus descrentes e com intenções assassinas. Jesus ressentia-se, com indignação, da exibição externa forçada de luto por Lázaro, da parte de alguns daqueles que se declaravam amigos, porquanto esse falso sentimento estava vinculado nos corações deles à inimizade bastante amarga que mantinham para com o próprio Jesus. Alguns desses judeus, entretanto, pareciam sinceros no seu luto, pois eram realmente amigos da família.

1. NO TÚMULO DE LÁZARO

Depois de haver passado alguns momentos confortando Marta e Maria, a uma certa distância dos que velavam, Jesus perguntou-lhes: "Onde o colocaram?" Então Marta disse: "Vem e vê". E, enquanto em silêncio acompanhava as duas pesarosas irmãs, o Mestre chorou. Quando os judeus amistosos, que os seguiam, viram as suas lágrimas, um deles disse: "Vê como ele o amava. Será que ele, que abre os olhos dos cegos, não poderia ter impedido esse homem de morrer?" Nesse momento eles postaram-se de pé diante do túmulo da família, uma pequena caverna natural, num declive e sob uma saliência de rocha que aflorava até uns dez metros de altura na extremidade do jardim.

É difícil explicar, às mentes humanas, o porquê do pranto de Jesus. Ainda que tenhamos acesso ao registro das emoções humanas e aos pensamentos divinos combinados de Jesus, tais como registrados na mente do seu Ajustador Personalizado, não estamos de todo certos sobre a causa real dessas manifestações emocionais. Estamos inclinados a acreditar que o pranto de Jesus tenha ocorrido por causa de um certo número de pensamentos e de sentimentos que passaram pela sua mente naquele momento, tais como:

1. Ele sentia uma compaixão genuína e entristecida por Marta e Maria; e mantinha um afeto humano real e profundo pelas duas que haviam perdido o irmão.

2. Ele estava com a mente perturbada pela presença da multidão que lamentava, alguns com sinceridade e outros meramente por fingimento. E sempre se ressentira dessas manifestações exteriores de luto. Jesus sabia que as irmãs amavam o irmão e que tinham fé na sobrevivência dos crentes. Esses sentimentos conflitantes talvez expliquem as emoções dele ao se aproximar do túmulo.

3. Jesus hesitou verdadeiramente em trazer Lázaro de volta à vida mortal. As suas irmãs realmente necessitavam dele, mas Jesus lamentava ter de trazer o seu amigo de volta e levá-lo a experimentar a perseguição amarga, a qual, ele bem sabia, Lázaro teria de suportar em conseqüência de ter sido ele aquele que foi submetido à demonstração, a maior de todas, do poder divino do Filho do Homem.

E, agora, podemos relatar um fato interessante e instrutivo: embora esta narrativa desenrole-se como um acontecimento aparentemente natural, de assuntos humanos, paralelamente ele traz algumas luzes muito interessantes. Conquanto o mensageiro haja alcançado Jesus no domingo, contando-lhe sobre a doença de Lázaro e, ainda que Jesus tenha enviado a mensagem de que não "o levaria à morte", ao mesmo tempo ele encaminhou-se pessoalmente para Betânia e até mesmo perguntou às irmãs: "Onde o colocaram?" Embora tudo isso possa parecer indicar que o Mestre estivesse procedendo segundo a maneira desta vida e de acordo com o conhecimento limitado da mente humana, entretanto, os registros do universo revelam que o Ajustador Personalizado de Jesus havia emitido ordens para que o Ajustador do Pensamento de Lázaro permanecesse indefinidamente retido no planeta, depois da morte de Lázaro, e que o registro dessa ordem foi feito quinze minutos antes do último suspiro de Lázaro.

A mente divina de Jesus teria sabido, mesmo antes de Lázaro haver morrido, que ele o ressuscitaria dos mortos? Não sabemos. Apenas sabemos das coisas que estamos expondo aqui.

Muitos dos inimigos de Jesus estavam inclinados a escarnecer das suas manifestações de afeto, e diziam entre si: "Se ele preocupava-se tanto com esse homem, por que demorou assim para vir até Betânia? Se ele é o que dizem, por que não salvou o seu querido amigo? De que vale curar estrangeiros na Galiléia se não pode salvar àqueles a quem ele ama?" E de muitos outros modos escarneceram e fizeram pouco dos ensinamentos e das obras de Jesus.

E assim, nessa quinta-feira à tarde, por volta das duas e meia, tudo estava pronto, nesse pequeno vilarejo de Betânia, para que fosse realizada a maior de todas as obras ligadas à ministração terrena de Michael de Nébadon, a maior manifestação de poder divino durante a sua encarnação na carne, já que a sua própria ressurreição ocorreu depois que havia sido liberado dos laços da habitação na carne mortal.

O pequeno grupo reunido diante do túmulo de Lázaro jamais imaginaria a afluência próxima e a disponibilidade da presença de todas as ordens de seres celestes reunidas sob a liderança de Gabriel e à espera, sob a direção do Ajustador Personalizado de Jesus, todos vibrando de expectativa e prontos para executar o comando do seu amado Soberano.

Quando Jesus pronunciou estas palavras de comando: "Retirem a pedra", as hostes celestes reunidas estavam prontas para encenar o drama da ressureição de Lázaro, à semelhança da carne mortal. Essa forma de ressureição envolve dificuldades de execução que em muito transcendem a técnica usual da ressureição das criaturas mortais, na forma moroncial e requer um número grande de personalidades celestes e uma organização muito mais ampla de recursos do universo.

Quando ouviram aquele comando de Jesus para que a pedra em frente do túmulo fosse rolada para fora da entrada, Marta e Maria ficaram repletas de emoções contraditórias. Maria tinha a esperança de que Lázaro fosse ressurgir dos mortos, mas, se bem que em um certo grau compartilhasse da fé da irmã, Marta estava mais atormentada pelo medo de que Lázaro não estivesse apresentável, na sua aparência, para Jesus, os apóstolos e seus amigos. Marta disse: "Deveríamos remover a pedra? O meu irmão esteve morto por quatro dias e, assim, a decomposição do corpo já deve ter-se iniciado". Marta disse isso porque também não estava certa do motivo pelo qual o Mestre pedira que a pedra fosse removida; ela supunha que talvez Jesus quisesse apenas dar uma última olhada em Lázaro. E ela não estava sendo nem firme nem constante na sua atitude. E, porque hesitavam em rolar a pedra, Jesus falou: "Eu não vos disse inicialmente que essa doença não o levaria à morte? E não vim para cumprir a minha promessa? E quando vim até vós, eu não vos disse que, se apenas crêsseis, vós veríeis a glória de Deus? E por que duvidais? Quanto ainda falta para acreditardes e obedecerdes?"

Quando Jesus terminou de falar, os seus apóstolos, com a assistência de vizinhos dispostos, tomaram da pedra e rolaram-na, tirando-a da entrada do túmulo.

Era uma crença comum dos judeus a de que a gota de fel na ponta da espada do anjo da morte começasse a operar ao final do terceiro dia, de um modo tal que apresenta o efeito pleno no quarto dia. Eles admitiam que a alma do homem poderia permanecer no túmulo até o fim do terceiro dia, tentando reanimar o corpo morto; mas acreditavam firmemente que, na aurora do quarto dia, a alma iria para a morada dos espíritos que partiram.

Essas crenças e opiniões a respeito dos mortos, e sobre a partida dos espíritos dos mortos, serviram para assegurar, nas mentes de todos ali presentes no túmulo de Lázaro e posteriormente a todos que pudessem ouvir sobre o que iria acontecer, que esse, real e verdadeiramente, era um caso de ressureição de entre os mortos, causada pela obra pessoal daquele que declarara ser "a ressureição e a vida".

2. A RESSURREIÇÃO DE LÁZARO

Enquanto esse grupo de cerca de quarenta e cinco mortais permanecia diante do túmulo, apenas vagamente viam eles a sombra de Lázaro, enrolado em bandagens de linho, repousando no nicho inferior à direita da cova fúnebre. Durante o tempo em que essas criaturas terrenas permaneceram lá, em silêncio e com a respiração quase retida, uma hoste vasta de seres celestes havia-se colocado em posição, em preparação para responder ao sinal de ação que seria dado por Gabriel, o seu comandante.

Jesus levantou os olhos e disse: "Pai, dou-Te graças porque me ouviste concedendo-me o meu pedido. Eu sei que Tu sempre me escutas, mas, por causa destes que estão aqui comigo, eu falo assim Contigo, para que eles possam acreditar que Tu me enviaste ao mundo, e para que eles possam saber que Tu estás atuando comigo naquilo que iremos fazer". E depois de ter orado assim, ele falou em voz mais alta: "Lázaro, vem para fora!"

Embora os observadores humanos hajam permanecido imóveis, a vasta hoste celeste movia-se unificada toda em uma única ação, obedecendo à palavra do Criador. Em apenas doze segundos, do tempo da Terra, a forma até então sem vida de Lázaro começou a mover-se e, em breve, assentava-se na beira da plataforma de pedra onde estivera repousando. O seu corpo encontrava-se envolto nas mortalhas, e a sua face estava coberta com uma bandagem. E enquanto Lázaro – vivo – permanecia de pé diante deles, Jesus disse: "Desatai-o e deixai que ele se levante".

Todos, exceto os apóstolos, Marta e Maria, fugiram dali para a casa. Estavam pálidos de pavor e tomados de espanto. Enquanto alguns ficaram lá, muitos se apressaram a ir para as suas casas.

Lázaro saudou Jesus e os apóstolos e perguntou sobre o significado das mortalhas e por que havia ele despertado no jardim. Jesus e os apóstolos puseram-se de lado, enquanto Marta contava a Lázaro sobre a sua morte, o enterro e a ressurreição. Ela teve de explicar-lhe que havia morrido no domingo e que agora havia sido trazido de volta à vida, na quinta-feira; pois Lázaro estivera sem a consciência do tempo, desde que adormecera na morte.

Enquanto Lázaro saía do túmulo, o Ajustador Personalizado de Jesus, atual dirigente da sua ordem neste universo local, deu o comando para o Ajustador de Lázaro, agora à espera, para que reassumisse a residência na mente e na alma do homem ressuscitado.

Então, Lázaro aproximou-se de Jesus e, com as suas irmãs, ajoelhou aos pés do Mestre para dar graças e oferecer o seu louvor a Deus. Jesus, tomando Lázaro pela mão, levantou-o, dizendo: "Meu filho, o que aconteceu a ti será também experimentado por todos aqueles que acreditam nas boas-novas do evangelho, exceto pelo fato de que eles serão ressuscitados em uma forma ainda mais gloriosa. Tu serás uma testemunha viva da verdade daquilo que eu disse – eu sou a ressurreição e a vida. Mas agora entremos na casa e tomemos algum alimento para nossos corpos físicos".

E, enquanto caminhavam para a casa, Gabriel dissolveu os grupos adicionais de hostes ali reunidas, ao mesmo tempo em que registrava o primeiro e o último caso, sucedido em Urântia, no qual uma criatura mortal havia sido ressuscitada à semelhança do seu corpo físico mortal.

Lázaro mal podia compreender o que havia ocorrido. Ele sabia que tinha estado muito doente, mas podia lembrar-se apenas de que adormecera e de que fora despertado. E nunca se viu capaz de dizer nada sobre esses quatro dias no túmulo, porque tinha estado totalmente inconsciente. O tempo é inexistente para aqueles que dormem o sono da morte.

Embora muitos tivessem acreditado em Jesus por causa dessa obra poderosa, outros apenas endureceram o próprio coração, mais ainda, para rejeitá-lo. Por volta do meio-dia, no dia seguinte, essa história espalhou-se por toda a Jerusalém. Dezenas de homens e de mulheres foram a Betânia para contemplar Lázaro e falar com ele, e os fariseus alarmados e desconcertados convocaram uma reunião do sinédrio para que pudessem determinar o que deveria ser feito a respeito desses novos acontecimentos.

3. A REUNIÃO DO SINÉDRIO

Ainda que o testemunho desse homem ressuscitado de entre os mortos muito fizesse para consolidar a fé da massa de crentes no evangelho do Reino, pouco ou

nenhuma influência teve sobre a atitude dos líderes religiosos e dirigentes de Jerusalém, exceto no sentido de apressar a sua decisão de destruir Jesus e colocar um fim
na sua obra.

No dia seguinte, sexta-feira, por volta de uma hora da tarde o sinédrio reuniu-se
para deliberar novamente sobre a questão: "O que faremos com Jesus de Nazaré?"
Após mais de duas horas de discussão e de um debate acirrado, um certo fariseu
apresentou uma resolução que pedia a morte imediata de Jesus, proclamando que
ele era uma ameaça para todo o Israel e formalmente comprometendo o sinédrio a
decidir sobre a morte dele, sem julgamento, desafiando assim a todos os precedentes.

Por muitas vezes esse augusto grupo de líderes judeus havia decretado que Jesus
fosse apreendido e trazido a julgamento, sob a acusação de blasfêmia e numerosas
outras acusações de insulto à lei judaica sagrada. Uma vez, anteriormente, haviam
ido longe a ponto de declarar que ele devia morrer; esta, no entanto, era a primeira vez que o sinédrio indicava ter o desejo de decretar a sua morte, antes de um
julgamento. Essa resolução, porém, não foi colocada em votação, pois catorze membros do sinédrio demitiram-se, em massa, quando uma ação de tal modo inédita
foi proposta. Embora tais demissões não houvessem sido formalizadas por quase
duas semanas, esse grupo de catorze retirou-se do sinédrio naquele dia, para nunca
mais se assentar em conselho. Quando essas demissões foram oficializadas, posteriormente, cinco outros membros foram demitidos porque os demais participantes
acreditavam que eles alimentassem sentimentos amistosos para com Jesus. Com a
saída desses dezenove homens, o sinédrio ficou em posição de tentar condenar Jesus,
com uma solidariedade tal que beirava à unanimidade.

Na semana seguinte Lázaro e as suas irmãs foram convocados a comparecer perante o sinédrio. Quando o seu testemunho foi ouvido, nenhuma dúvida podia ser
sustentada de que Lázaro tinha ressuscitado de entre os mortos. Embora os anais do
sinédrio virtualmente admitissem a ressurreição de Lázaro, o registro comportava
uma resolução atribuindo este e todos os outros prodígios feitos por Jesus ao poder
do príncipe dos demônios, com quem, ficou declarado, Jesus estaria coligado.

Não importando qual fosse a fonte do seu poder de operar prodígios, esses líderes
judeus estavam persuadidos de que, se não fosse imediatamente impedido, todo o
povo comum logo acreditaria em Jesus; e, ademais, sérias complicações com as autoridades romanas adviriam, já que tantos dos seus crentes encaravam-no como o
Messias, o libertador de Israel.

Foi naquela mesma reunião do sinédrio que Caifás, o sumo sacerdote, pela primeira vez, deu expressão àquele velho adágio judeu, que ele tantas vezes repetiu:
"Melhor será morrer um só homem, do que perecer toda a comunidade".

Embora haja recebido um aviso dos feitos do sinédrio, nessa tarde sombria de
sexta-feira, Jesus não ficou nada perturbado e continuou repousando no sábado,
em casa de amigos em Betfagé, um povoado perto de Betânia. Bem cedo, na manhã
de domingo, Jesus e os apóstolos reuniram-se, como haviam combinado, na casa
de Lázaro e, despedindo-se da família de Betânia, partiram em viagem de volta ao
acampamento de Pela.

4. A RESPOSTA À PRECE

Na viagem de Betânia a Pela, os apóstolos perguntaram a Jesus sobre muitas
coisas; e a todas as perguntas o Mestre respondeu livremente, exceto àquelas que
envolviam os detalhes da ressurreição dos mortos. Essas questões estavam além

da capacidade de compreensão dos seus apóstolos; e, por isso, o Mestre eximiu-se de discutir sobre tais questões com eles. E, já que eles haviam partido de Betânia secretamente, ninguém os acompanhava. Por conseguinte, Jesus aproveitou a oportunidade para dizer aos dez muitas coisas que, na sua opinião, iriam prepará-los para os dias de provações que tinham pela frente.

Os apóstolos estavam com as suas mentes bastante agitadas e passaram um tempo considerável discutindo as suas experiências recentes naquilo que se relacionavam com a prece e a resposta à prece. Todos se relembraram da afirmação de Jesus, feita para o mensageiro de Betânia em Filadélfia, quando ele disse claramente: "Essa enfermidade não o levará à morte". E ainda, a despeito dessa promessa, Lázaro de fato morreu. Durante aquele dia inteiro, de novo e de novo, eles faziam a discussão voltar a essa questão da resposta à prece.

As respostas de Jesus às muitas perguntas de todos podem ser resumidas do seguinte modo:

1. A prece é uma expressão da mente finita, em um esforço de aproximar-se do Infinito. A formulação da prece deve, pois, ser limitada pelo conhecimento, sabedoria e atributos do finito; do mesmo modo, a resposta deve ser condicionada pela visão, objetivos, ideais e prerrogativas do Infinito. Nunca pode ser observada uma continuidade ininterrupta de fenômenos materiais entre o fazer a prece e a recepção da plena resposta espiritual a ela.

2. Quando uma prece não é aparentemente respondida, a demora, em geral, é presságio de uma resposta melhor, embora tal resposta, por alguma boa razão, demore bastante a vir. Quando Jesus disse que a doença de Lázaro não iria realmente levá-lo à morte, ele havia já estado morto por onze horas. A nenhuma prece sincera é negada uma resposta, exceto quando o ponto de vista superior do mundo espiritual já tenha divisado uma resposta melhor, uma resposta que satisfaça ao espírito do homem em contraposição à mera prece da mente humana.

3. As preces do tempo, quando ditadas pelo espírito e expressas pela fé, são freqüentemente tão amplas e todo-inclusivas que apenas podem ser respondidas na eternidade; o pedido finito algumas vezes é tão impregnado do desejo de alcançar o infinito, que a resposta deve ser adiada durante muito tempo para aguardar a criação da capacidade adequada para a receptividade; a prece da fé pode ser tão todo-inclusiva que pode acontecer que a resposta seja recebida apenas no Paraíso.

4. As respostas à prece da mente mortal são muitas vezes de uma natureza tal que apenas podem ser recebidas e reconhecidas depois que a mente, que a faz, houver alcançado o estado imortal. A prece do ser material muitas vezes apenas pode ser respondida quando o indivíduo tiver progredido até o nível espiritual.

5. A prece de uma pessoa sabedora de Deus pode estar tão distorcida pela ignorância, e tão deformada pela superstição, que a resposta a ela poderia ser altamente indesejável. Então os seres espirituais, que intervêm, têm de traduzir tal prece, e de um tal modo, que, quando a resposta chegar, o próprio suplicante muitas vezes acaba deixando de reconhecer a resposta como sendo a solicitada.

6. Todas as orações verdadeiras dirigem-se aos seres espirituais, e todas essas petições devem ser respondidas em termos espirituais, e todas essas respostas devem consistir em realidades espirituais. Os seres espirituais não podem conceder respostas materiais aos pedidos espirituais, ainda que provindos de seres materiais. Os seres materiais apenas fazem preces eficazes quando "oram em espírito".

7. Nenhuma prece deve esperar ser atendida, a menos que nasça do espírito e seja nutrida pela fé. A vossa fé sincera implica que, antecipada e virtualmente, tenhais concedido aos que ouvem a vossa prece o direito pleno de responder ao vosso pedido, de acordo com aquela sabedoria suprema e aquele amor divino o qual, segundo a descrição da vossa fé, sempre animam aqueles seres a quem dirigis as vossas preces.

8. A criança está sempre dentro do seu direito quando ela presume pedir ao pai; e o pai está sempre dentro das suas obrigações de pai para com a criança imatura, quando a sua sabedoria superior dita que a resposta ao pedido da criança deva ser retardada, modificada, filtrada, transcendida ou adiada até um outro estágio na ascensão espiritual.

9. Não hesiteis em fazer as preces de aspiração espiritual; não duvideis de que ireis receber uma resposta para os vossos pedidos. Essas respostas estarão em depósito, aguardando a vossa realização nos futuros níveis espirituais da verdadeira realização cósmica, neste mundo ou em outros, onde for possível a vós reconhecer e apropriar-vos da tão esperada resposta ao vosso pedido anterior, talvez ainda inoportuno então.

10. Todos os pedidos genuínos nascidos do espírito na certa serão atendidos. Pedi e recebereis. Deveríeis lembrar-vos, todavia, que sois criaturas que progredis no tempo e no espaço e que, portanto, necessitais contar constantemente com o fator tempo-espacial na experiência da vossa recepção pessoal das plenas respostas às vossas múltiplas preces e pedidos.

5. O QUE SUCEDEU A LÁZARO

Lázaro permaneceu em sua casa de Betânia, como foco de um grande interesse para muitos crentes sinceros e para inúmeros indivíduos curiosos, até a semana da crucificação de Jesus, quando, então, ele recebeu um aviso de que o sinédrio havia decretado a sua morte. Os dirigentes dos judeus estavam determinados a dar um fim a qualquer difusão posterior dos ensinamentos de Jesus, e não se enganaram ao julgar que seria inútil levar Jesus à morte e permitir que Lázaro, que representava o próprio apogeu da sua obra de prodígios, vivesse e testemunhasse o fato de que Jesus o havia ressuscitado de entre os mortos. As amargas perseguições deles, Lázaro já havia sofrido.

E, assim, Lázaro despediu-se apressadamente das suas irmãs em Betânia, fugindo para Jericó. Atravessando o Jordão, ele não se permitiu nenhum descanso longo, até que tivesse chegado à Filadélfia. Lázaro conhecia Abner muito bem; e lá se sentiu a salvo das intrigas assassinas do perverso sinédrio.

Logo depois disso, Marta e Maria venderam as suas terras de Betânia e juntaram-se ao seu irmão na Peréia. Nesse meio tempo, Lázaro havia-se tornado o tesoureiro da igreja na Filadélfia. Ele transformou-se em um forte apoio, para Abner, na contenda com Paulo e com a igreja de Jerusalém; por fim morreu, com 67 anos, da mesma enfermidade que já o havia levado, quando era um homem mais jovem em Betânia.

DOCUMENTO 169

O ÚLTIMO ENSINAMENTO EM PELA

N A NOITE de segunda-feira, 6 de março, Jesus e os dez apóstolos chegaram ao acampamento de Pela. Foi essa a última semana da permanência de Jesus ali, quando esteve muito ativo ensinando à multidão e instruindo os apóstolos. Todas as tardes ele pregava ao povo e às noites respondia às perguntas dos apóstolos e de alguns dos discípulos mais avançados que residiam no acampamento.

A notícia sobre a ressurreição de Lázaro havia chegado ao acampamento dois dias antes da vinda do Mestre e toda a gente mantinha-se estimulada. Desde o episódio da alimentação dos cinco mil, nada acontecera para estimular tanto a imaginação do povo. E assim, no apogeu mesmo da segunda fase da ministração pública do Reino, é que Jesus planejou ensinar durante essa curta semana em Pela e então começar a viagem ao sul da Peréia, que conduziu às experiências finais e trágicas da última semana em Jerusalém.

Os fariseus e os sacerdotes principais haviam começado a formular as suas incriminações consolidando a forma das acusações. Eles opunham-se aos ensinamentos do Mestre nos seguintes pontos:

1. Ele é amigo de publicanos e de pecadores; recebe os ímpios e até mesmo come com eles.

2. Ele é um blasfemo; fala de Deus como sendo o seu Pai e julga-se um igual a Deus.

3. Ele é um infrator da lei. Cura doenças no sábado, e de muitos outros modos burla a lei sagrada de Israel.

4. Ele está ligado a demônios. Realiza prodígios e faz aparentes milagres, pelo poder de Belzebu, o príncipe dos demônios.

1. A PARÁBOLA DO FILHO PERDIDO

Na quinta-feira à tarde Jesus falou à multidão sobre a "Graça da Salvação". No transcorrer desse sermão ele voltou a contar a história da ovelha e da moeda perdidas e então acrescentou a sua parábola favorita, a do filho pródigo. Disse Jesus:

"Fostes exortados por profetas, de Samuel a João, a buscar a Deus – a buscar a verdade. Sempre eles disseram: 'Buscai o Senhor, enquanto Ele pode ser encontrado'. E todos esses ensinamentos deveriam ser tomados de coração. Mas eu vim mostrar-vos que, ao mesmo tempo que estais tentando encontrar Deus, do mesmo modo Deus está buscando encontrar-vos. Muitas vezes eu vos contei a história do bom pastor que deixou as noventa e nove ovelhas do aprisco e saiu em busca daquela que estava perdida e, ao encontrar a ovelha desviada, colocou-a sobre os ombros e, com ternura, levou-a de volta para o abrigo. Quando a ovelha perdida foi devolvida ao aprisco, vos lembrais que o bom pastor convocou os seus amigos e convidou-os para que se rejubilassem com a volta da ovelha que tinha estado perdida. E, novamente, eu digo que há mais júbilo no céu pelo pecador que se arrepende do que pelas noventa e nove pessoas justas que não necessitam de arrependimento. O fato de que algumas almas estejam *perdidas* apenas aumenta o interesse do Pai celeste. Eu vim a este mundo para cumprir o mandado do meu Pai; mas, realmente tem sido dito do Filho do Homem, que é amigo de publicanos e de pecadores.

"Foi-vos ensinado que a aceitação divina vem após o vosso arrependimento e em conseqüência de todos vossos esforços de sacrifício e penitência, mas vos asseguro que o Pai vos aceita mesmo antes de vos haverdes arrependido e envia a vós o Filho e os colaboradores Dele para encontrar-vos e trazer-vos, com júbilo, de volta ao aprisco, o Reino da filiação e o progresso espiritual. Vós sois todos como ovelhas que se desviaram, e eu vim para vos encontrar e salvar aqueles que estiverem perdidos.

"E devíeis lembrar-vos também da história da mulher que, tendo feito um colar de adorno, com dez moedas de prata, perdeu uma peça; então, acendeu a lâmpada e varreu cuidadosamente a casa, e manteve a busca, até encontrar a peça de prata perdida. E, tão logo achou a peça perdida, reuniu amigos e vizinhos, dizendo: 'Rejubilai comigo, pois encontrei a peça que estava perdida'. E assim novamente vos digo, há sempre júbilo na presença dos anjos do céu, por causa de um pecador que se arrepende e retorna ao abraço do Pai. E vos conto essa história para incutir em vós a idéia de que o Pai e o Filho saem em *busca* daqueles que estão perdidos; e nessa busca nós empregamos todas as influências capazes de ajudar-nos em nossos esforços diligentes para encontrar aqueles que estão perdidos, aqueles que permanecem na necessidade de salvação. Assim, o Filho do Homem sai no deserto para buscar a ovelha que se desviou e, ao mesmo tempo, busca a moeda que foi perdida na casa. A ovelha extravia-se involuntariamente; a moeda cobre-se com o pó do tempo e esconde-se sob o acúmulo das coisas dos homens.

"E agora gostaria de contar-vos a história do filho imprudente de um fazendeiro abastado. Esse filho abandonou *deliberadamente* a casa do pai e saiu para uma terra estrangeira, onde passou por muitas atribulações. Vos lembrais de que a ovelha desviou-se involuntariamente, mas esse jovem abandonou a sua casa premeditadamente. Foi assim:

"Um certo homem tinha dois filhos; um, o mais jovem, era alegre e despreocupado, estava sempre atrás de um divertimento e esquivando-se da responsabilidade; ao passo que o seu irmão mais velho era sério, sóbrio, trabalhador e disposto a assumir as responsabilidades. Ora, esses dois irmãos não se davam muito bem um com o outro; e sempre se viam brigando e discutindo. O mais jovem era alegre e vivaz, mas indolente, e não era confiável; o mais velho era estável e industrioso mas, ao mesmo tempo, egocêntrico, mal-humorado e convencido. O mais jovem gostava de divertir-se e evitava o trabalho; o mais velho devotava-se ao trabalho e raramente divertia-se. A ligação entre eles tornou-se tão desagradável que o filho mais jovem chegou ao seu pai e disse: 'Pai, dá-me o terço que me caberia das vossas posses, permiti-me sair para o mundo e buscar a minha própria sorte'. E quando o pai ouviu esse pedido, sabendo quão infeliz estava o jovem na sua casa com o irmão mais velho, dividiu a sua propriedade, dando ao jovem a sua parte.

"Em poucas semanas o jovem reuniu todos seus fundos e saiu em viagem a um país distante; mas, não encontrando nada proveitoso a fazer, e que também fosse aprazível, gastou rapidamente toda a sua herança em uma vida desenfreada. Depois de gastar tudo, uma grande fome surgiu naquele país e ele viu-se na miséria. Assim, sofreu um grande infortúnio, mas quando começou a passar fome encontrou um emprego com um dos cidadãos daquele país, sendo enviado aos campos para alimentar os suínos. E o jovem ter-se-ia saciado com as sobras comidas pelos porcos, mas ninguém lhe dava nada.

"Um dia, quando estava muito faminto, caiu em si e disse: 'Os vários criados do meu pai têm abundância de pão, enquanto eu morro de fome aqui, alimentando porcos em um país estrangeiro! Vou levantar-me e irei ao meu pai dizer: Pai, eu pequei contra o céu e contra ti. Não sou mais digno de ser chamado de filho teu; apenas te disponha a fazer de mim um criado teu'. E, quando o jovem chegou a essa decisão, levantou-se e partiu em direção à casa de seu pai.

"Aquele pai, todavia, havia sofrido muito por causa do seu filho; havia sentido uma saudade imensa do jovem, alegre, ainda que irrefletido. O pai amava a esse filho e esteve aguardando constantemente o seu regresso, de modo que, no dia em que ele voltou para casa, o pai ainda de longe o viu e, sendo motivado pela compaixão do amor, correu para encontrá-lo e com muita afeição abraçou-o e beijou-o. E depois disso, o filho viu o rosto lacrimejante do pai e disse: 'Pai, eu pequei contra o céu e perante os vossos olhos; não sou digno de que me chames de filho' – o jovem, contudo, não teve oportunidade de completar sua confissão, porque o pai, rejubilante, disse aos criados, os quais nessa altura chegavam correndo: 'Trazei depressa a melhor roupa dele, aquela que eu reservei, ponde o anel de filho na sua mão e arrumai sandálias para os seus pés'.

"E então, depois de conduzir o jovem cansado e de pés doloridos até a casa, o feliz pai disse aos criados: 'Trazei o novilho gordo e matai-o, para que comamos e festejemos, pois esse filho meu esteve morto e agora está vivo novamente; esteve perdido e foi encontrado'. E reuniram-se com o pai para se rejubilar pelo retorno do filho.

"Nesse momento, enquanto celebravam, o filho mais velho chegou do seu dia de trabalho no campo e, ao se aproximar da casa, percebeu a música e a dança. Chegando à porta dos fundos, chamou um dos criados e perguntou sobre a causa de toda aquela festividade. O criado então lhe disse: 'Teu irmão, há tanto tempo perdido, voltou para casa; e o teu pai matou o novilho gordo para comemorar o retorno dele, são e salvo. Vem para que também tu possas saudar teu irmão e recebê-lo de volta à casa do teu pai'.

"Ao ouvir isso, contudo, o irmão mais velho ficou magoado e enraivecido a ponto de não querer entrar na casa. Quando o pai soube desse ressentimento quanto a dar boas-vindas ao seu irmão mais jovem, saiu para implorar que o filho entrasse. Mas o filho mais velho não se deixaria levar pela persuasão do pai. E respondeu, com estas palavras: 'Em todos esses anos eu tenho servido a ti, nunca transgredindo a menor das tuas ordens, ainda assim tu jamais me deste sequer um cabrito para me divertir com meus amigos. Permaneci aqui e cuidei de ti todos esses anos, mas nunca fizeste nenhuma festa por causa do meu serviço fiel; todavia, quando esse outro filho retorna, tendo esbanjado teus bens com as prostitutas e te apressas em matar o novilho gordo para festejá-lo'.

"Já que esse pai amava os seus dois filhos verdadeiramente, tentou raciocinar com o mais velho: 'Mas, meu filho, tu tens estado comigo todo esse tempo, e tudo o que eu tenho é teu. Tu poderias ter matado um cabrito a qualquer momento para compartilhar a tua felicidade com os teus amigos. E seria oportuno que tu te juntasses a mim nesta alegria e felicidade pela volta do teu irmão. Pense nisto, meu filho, o teu irmão tinha estado perdido, se encontrou e voltou vivo para nós!'"

DOCUMENTO 169: SEÇÃO 1

Essa foi, entre todas, uma das mais comoventes e eficientes entre todas as parábolas que Jesus já apresentou, para mostrar aos ouvintes a boa vontade do Pai em receber a todos que buscam a entrada no Reino do céu.

Jesus era muito afeiçoado a contar essas três histórias ao mesmo tempo. Apresentava a história da ovelha perdida para mostrar que, quando os homens afastam-se involuntariamente do caminho da vida, o Pai permanece atento a esses filhos *perdidos* e sai, com os seus Filhos, os verdadeiros pastores do rebanho, à procura da ovelha perdida. E então Jesus contou a história da moeda perdida na casa para ilustrar quão completa é a *busca* divina por todos que estão confusos, confundidos ou cegos espiritualmente, de um outro modo qualquer, por causa dos cuidados e preocupações da vida. E lançou-se a contar a parábola do filho perdido, da recepção dada na volta do filho pródigo, para mostrar quão completa é a *reintegração* do filho perdido na casa e no coração do Pai.

Muitas e muitas vezes durante os seus anos de ensinamento, Jesus contou e recontou a história do filho pródigo. Essa parábola e a história do bom samaritano eram os seus meios favoritos de ensinar sobre o amor do Pai e sobre a boa vizinhança entre os homens.

2. A PARÁBOLA DO ADMINISTRADOR SAGAZ

Certa tarde, Simão zelote, comentando uma das afirmações de Jesus, disse: "Mestre, o que tu quiseste dizer quando hoje mencionaste que muitos dos filhos do mundo são mais sábios para a sua geração do que os filhos do Reino, pois são hábeis em conseguir amigos com as riquezas feitas pelas injustiças?" Jesus respondeu:

"Alguns de vós, antes de entrardes no Reino, fostes muito astutos para lidar com os vossos amigos nos negócios. Se fostes injustos e muitas vezes desleais, não obstante prudentes e previdentes, é porque fizestes os vossos negócios com vistas apenas ao lucro imediato e a segurança futura. Do mesmo modo agora devereis levar as vossas vidas no Reino de maneira a proporcionar alegria no presente, ao mesmo tempo vos deveis assegurar do vosso júbilo futuro com os tesouros acumulados no céu. Se sois tão atentos ao efetuar os ganhos para vós próprios, quando a serviço do ego, por que, agora que sois servidores da irmandade dos homens e administradores de Deus, vos empenhar menos quando estais ganhando almas para o Reino?

"Podeis todos aprender uma lição com a história de um certo homem rico que tinha um administrador astuto, mas injusto. Esse servidor não somente havia pressionado os clientes do seu senhor para o seu próprio ganho egoísta, como havia gasto e dissipado diretamente os fundos do seu senhor. Quando tudo isso finalmente chegou aos ouvidos do seu senhor, ele chamou o administrador diante de si, e então perguntou-lhe o significado desses rumores, exigindo que prestasse imediatamente contas da sua administração e que se preparasse para entregar os negócios do seu senhor a uma outra pessoa.

"Ora, esse administrador infiel começou a dizer a si próprio: 'O que vai ser de mim, já que estou a ponto de perder esta administração? Eu não tenho forças para cavar a terra; e para pedir tenho vergonha. Sei o que farei para assegurar-me de que, quando for despedido desta administração, eu seja bem recebido nas casas de todos aqueles que têm negócios com o meu senhor'. E então, chamando cada um dos devedores do seu senhor, disse ao primeiro: 'Quanto deves ao meu senhor?' Ele respondeu: 'Cem medidas de óleo'. Então disse o administrador: 'Pega a tua conta na prancha de cera, senta-te rapidamente e muda-a para cinqüenta'. Em seguida indagou a um outro devedor: 'Quanto deves?' Ao que ele respondeu: 'Cem medidas de trigo'. Então o administrador disse: 'Toma a tua conta e escreve oitenta'. E o mesmo ele fez com vários outros devedores. Assim esse administrador desonesto procurou fazer amigos para si próprio com vistas a ajeitar-se depois de dispensado da sua administração. E mesmo o seu mestre e senhor, quando subseqüentemente descobriu isso, foi levado a admitir que o seu administrador infiel, ao menos, havia demonstrado sagacidade, pela maneira pela qual havia buscado prover-se para os dias futuros de carência e adversidade.

"E é nesse sentido que os filhos deste mundo algumas vezes demonstram mais sabedoria na sua prevenção para o futuro, do que os filhos da luz. E digo, a todos que professam estar adquirindo tesouros no céu: Tomai lições com aqueles que fazem amigos aproveitando as riquezas desonestas, conduzindo assim vossa vida, fazendo amizade eterna com as forças da retidão, para que, quando todas coisas terrenas lhes faltarem, sejais recebidos com júbilo nas habitações eternas.

"Eu afirmo que aquele que é fiel nas coisas pequenas também será fiel nas grandes, enquanto aquele que não é reto nas coisas pequenas também não será nas grandes. Se não houverdes demonstrado previsão e integridade nos afazeres deste mundo, como podereis esperar ser fiéis e prudentes quando lhes for confiada a administração das verdadeiras riquezas do Reino do céu? Se não fordes bons administradores e banqueiros fiéis, se não tiverdes sido fiéis naquilo que é dos outros, quem será tolo o bastante para colocar grandes tesouros no vosso nome?

"E novamente eu declaro que nenhum homem pode servir a dois senhores; ou bem ele odiará um deles e amará o outro, ou então ficará com um enquanto ao outro desprezará. Não podereis servir a Deus e às riquezas".

Quando os fariseus que estavam presentes ouviram isso, eles começaram a zombar e a escarnecer, pois eram muito dados a adquirir riquezas. Esses ouvintes pouco amistosos tentaram implicá-lo em uma discussão inútil, mas Jesus recusou-se a debater com os inimigos. Quando os fariseus caíram em altercações entre si, as suas vozes altas atraíram uma boa parte da multidão acampada nos arredores; e, quando começaram a disputar entre si, Jesus retirou-se, indo para a sua tenda passar a noite.

3. O HOMEM RICO E O MENDIGO

Quando a reunião tornou-se muito barulhenta, Simão Pedro, levantando-se, tomou o comando e disse: "Homens e irmãos, não é apropriado que discutais assim entre vós. O Mestre acabou de falar, e fazeis bem em ponderar as suas palavras. E o que ele proclamou a vós não é nenhuma nova doutrina. Não haveis ouvido sobre a alegoria dos nazaritas envolvendo o homem rico e o mendigo? Alguns de nós ouvimos João Batista bradar essa parábola de aviso àqueles que amam as riquezas e cobiçam os bens desonestos. E, ainda que essa antiga parábola não esteja de acordo com o evangelho que nós pregamos, todos vós faríeis bem em dar atenção às suas lições até a época em que puderdes compreender a nova luz do Reino do céu. A história como João a contou foi assim:

"Havia um certo homem rico de nome Dives que, vestido em púrpura e em linhos finos, vivia seus dias em luxo e esplendor. E havia um certo mendigo, chamado Lázaro, o qual permanecia no portão do rico homem, coberto de feridas e desejando ser alimentado com as migalhas que caíam da mesa do rico homem;

sim, até os cães vinham e lambiam suas feridas. E aconteceu que o mendigo morreu e foi levado pelos anjos para descansar no seio de Abraão. E então, em breve, esse homem rico também morreu, sendo enterrado com grande pompa e esplendor régio. Ao partir deste mundo o homem rico acordou no Hades e, encontrando-se em tormento, levantou os olhos e viu longe Abraão, e Lázaro no seu seio. E então Dives gritou alto: 'Pai Abraão, tem misericórdia de mim e envia Lázaro aqui para que ele possa molhar a ponta do seu dedo na água e refrescar a minha língua, pois estou em uma grande angústia com a minha punição'. E então Abraão respondeu: 'Meu filho, devias lembrar que durante tua vida desfrutaste sempre das boas coisas, enquanto Lázaro sofreu o pior. Mas agora tudo isso mudou, vejo que Lázaro está confortado enquanto tu estás atormentado. E, além disso, entre nós há um grande abismo, de modo que não podemos ir a ti, nem tu podes vir a nós'. Então Dives disse a Abraão: 'Eu oro para que envies Lázaro de volta à casa do meu pai, porquanto eu tenho cinco irmãos, para que ele possa testemunhar e impedir os meus irmãos de serem enviados para este local de tormentas'. Mas Abraão disse: 'Meu filho, eles têm Moisés e os profetas, que eles os ouçam'. E então Dives respondeu: 'Não, não, pai Abraão! Mas se alguém for até eles saindo dos mortos, eles arrepender-se-ão'. E então disse Abraão: 'Se não houverem ouvido a Moisés e os profetas, não serão persuadidos mesmo por alguém que ressuscite dos mortos'".

Depois que Pedro contou essa antiga parábola da irmandade nazarita, e posto que a multidão havia-se aquietado, André levantou-se e dispensou-os por aquela noite. Embora tanto os apóstolos quanto os seus discípulos freqüentemente fizessem perguntas a Jesus sobre a parábola de Dives e de Lázaro, ele nunca acedeu em comentar sobre ela.

4. O PAI E SEU REINO

Jesus sempre teve problemas ao tentar explicar aos apóstolos que, embora eles proclamassem o estabelecimento do Reino de Deus, o Pai nos céus *não era um rei*. Na época em que Jesus viveu na carne e ensinou na Terra, o povo de Urântia sabia que a maior parte dos reis e imperadores governavam as nações; e os judeus há muito contemplavam e contavam com a vinda do Reino de Deus. Por essas e por outras razões, o Mestre achou melhor designar a irmandade espiritual dos homens como o Reino do céu e o dirigente espiritual dessa irmandade como sendo o *Pai nos céus*. Nunca Jesus referiu-se ao seu Pai como um rei. Nas conversas pessoais com os apóstolos, sempre se referia a si próprio como o Filho do Homem e como o irmão mais velho. Ele qualificava todos os seus seguidores de servidores da humanidade e de mensageiros do evangelho do Reino.

Jesus nunca deu aos seus apóstolos uma lição sistemática a respeito da personalidade e atributos do Pai no céu. Ele nunca pediu aos homens que acreditassem no seu Pai; ele tinha como certo que eles acreditavam. Jesus nunca se rebaixou para oferecer argumentos como prova da realidade do Pai. O seu ensinamento a respeito do Pai centrava-se todo na declaração de que ele e o Pai eram Um; que aquele que havia visto o Filho, tinha visto o Pai; que o Pai, como o Filho, sabe de todas as coisas; que apenas o Filho e aqueles para quem o Filho revela o Pai, realmente, conhecem o Pai; que aquele que conhece o Filho, também conhece o Pai; e que o Pai o enviou ao mundo para revelar as Suas naturezas combinadas e para mostrar a sua obra conjunta. Jesus nunca fez outros pronunciamentos sobre o seu Pai, exceto para a mulher de Samaria no poço de Jacó, quando ele declarou: "Deus é espírito".

De Jesus, vós aprendeis sobre Deus, observando a divindade da sua vida, não vos baseando nos seus ensinamentos. Da vida do Mestre, cada um de vós podeis assimilar o conceito de Deus que representa a medida da vossa capacidade de perceber as realidades espirituais e divinas, verdades reais e eternas. O finito nunca pode esperar compreender o Infinito, exceto como o Infinito é focalizado na personalidade tempo-espacial da experiência finita na vida humana de Jesus de Nazaré.

Jesus sabia bem que Deus pode ser conhecido apenas pelas realidades na experiência; que Ele não pode nunca ser compreendido pelo mero ensinamento da mente. Jesus ensinou aos seus apóstolos que, embora eles nunca pudessem compreender Deus plenamente, eles poderiam *conhecê-Lo* com toda a certeza, do mesmo modo que haviam conhecido o Filho do Homem. Vós podeis conhecer a Deus, não pela compreensão do que Jesus disse, mas conhecendo o que Jesus foi. Jesus *foi* uma revelação de Deus.

Exceto quando citava as escrituras hebraicas, Jesus referia-se à Deidade por apenas dois nomes: Deus e Pai. E sempre que o Mestre fez referência ao seu Pai, como Deus, ele geralmente empregou a palavra do hebreu que significa o Deus plural (a Trindade) e não a palavra Yavé, que representa a concepção progressiva do Deus tribal dos judeus.

Jesus nunca chamou o Pai de rei; e lamentou muito que a esperança judaica de um reino restaurado e que a proclamação de um Reino vindouro feita por João tivessem tornado necessário a ele denominar a irmandade espiritual, por ele proposta, de Reino do céu. Com uma exceção – a declaração de que "Deus é espírito" –, Jesus nunca se referiu à Deidade de qualquer outra maneira além daquela cujos termos descrevem a sua relação própria pessoal com a Primeira Fonte e Centro do Paraíso.

Jesus empregou a palavra Deus para designar a *idéia* de Deidade e a palavra Pai para designar a *experiência* de conhecer a Deus. Quando a palavra Pai é empregada para denotar Deus, ela deveria ser entendida no seu significado mais amplo possível. A palavra Deus não pode ser definida e por isso representa o conceito infinito do Pai; ao passo que o termo Pai, sendo capaz de uma definição parcial, pode ser empregado para representar o conceito humano do Pai divino, como ligado ao homem, durante o curso da existência mortal.

Para os judeus, Eloim era o Deus dos deuses, enquanto Yavé era o Deus de Israel. Jesus aceitou o conceito de Eloim e chamava de Deus a esse grupo supremo de seres. No lugar do conceito de Yavé, a deidade racial, ele introduziu a idéia da paternidade de Deus e da fraternidade mundial dos homens. Jesus exaltou o conceito de Yavé, de um pai racial deificado, passando-o para a idéia de um Pai para todos os filhos dos homens, o pai divino do crente individual. E ele ainda ensinou que esse Deus dos universos e esse Pai de todos os homens eram uma única e a mesma Deidade do Paraíso.

Jesus nunca reivindicou ser a manifestação do Eloim (Deus) na carne. Ele nunca declarou que era a revelação de Eloim (Deus) aos mundos. Ele nunca ensinou que aquele que o havia visto tinha visto Eloim (Deus). Mas ele proclamou-se como sendo a revelação do Pai na carne, e disse que todo aquele que o tinha visto, havia visto o Pai. Como Filho divino Jesus afirmou representar apenas o Pai.

De fato ele era o Filho até mesmo do Deus Eloim; mas, à semelhança da carne mortal e para os filhos mortais de Deus, ele escolheu limitar a revelação da sua vida a retratar o caráter do seu Pai, no que essa revelação pudesse ser compreensível para o homem mortal. No que diz respeito ao caráter das outras pessoas da Trindade do Paraíso havemos de contentar-nos com o ensinamento de que são todas como o Pai, cujo retrato pessoal foi revelado na vida do seu Filho encarnado, Jesus de Nazaré.

Na sua vida terrena, embora Jesus haja revelado a verdadeira natureza do Pai celeste, pouco ensinou sobre Ele. Na verdade, ele ensinou apenas duas coisas: que Deus é, Ele próprio, espírito, e que, para todas as questões de relacionamento com as Suas criaturas, Ele é um Pai. Nessa tarde, Jesus fez o pronunciamento final da sua relação com Deus, quando declarou: "Eu vim do Pai, e eu vim ao mundo; e, novamente, eu deixarei o mundo e irei para o Pai".

Atenção, todavia! Nunca Jesus disse que "Aquele que tiver ouvido a mim terá ouvido a Deus". No entanto, ele disse: "Aquele que houver *visto* a mim, terá visto o Pai". Ouvir o ensinamento de Jesus não é equivalente a conhecer a Deus, mas *ver* Jesus é uma experiência que em si própria é uma revelação do Pai à alma. O Deus dos universos dirige a vasta criação, mas é o Pai nos céus que envia o Seu espírito para residir nas vossas mentes.

Na sua forma, à semelhança humana, Jesus é a lente que torna visível, para a criatura, a Ele, que é invisível. Jesus é o vosso irmão mais velho que, na carne, torna *conhecido* para vós um Ser de atributos infinitos a Quem nem mesmo as hostes celestes podem presumir compreender plenamente. Mas tudo isso deve consistir na experiência pessoal do *indivíduo que crê*. Deus, que é espírito, pode ser conhecido apenas como uma experiência espiritual. Deus pode ser revelado aos filhos finitos dos mundos materiais, pelo Filho divino dos Reinos espirituais, apenas como um *Pai*. Vós podeis conhecer o Eterno como um Pai; vós podeis adorá-Lo como o Deus dos universos, o Criador infinito de todas as existências.

DOCUMENTO 170

O REINO DO CÉU

SÁBADO à tarde, 11 de março, em Pela, Jesus pregou o seu último sermão o qual está entre os mais notáveis do seu ministério público e contém uma discussão plena e completa sobre o Reino do céu. Ele sabia da confusão que persistia nas mentes dos seus apóstolos e discípulos a respeito do sentido e do significado dos termos "Reino do céu" e "Reino de Deus", os quais ele usou indistintamente para esclarecer a sua missão de auto-outorga. Ainda que o próprio termo Reino do *céu* pudesse ter sido suficiente para diferençar o que o próprio termo representava, separando-o de quaisquer ligações a reinos *terrenos* e governos temporais, não o foi de fato. A idéia de um rei temporal estava muito profundamente enraizada na mente judaica, para ser assim desfeita em uma única geração. Por isso, a princípio, Jesus não se opôs abertamente a esse conceito há tanto alimentado de um reino.

Nessa tarde de sábado, o Mestre procurou esclarecer o ensinamento sobre o Reino do céu; discutiu a questão sob todos os pontos de vista e tentou tornar claros os sentidos muito diferentes com os quais o termo havia sido empregado. Nesta narrativa amplificaremos sua palestra, acrescentando numerosas afirmações feitas por Jesus em ocasiões anteriores e incluindo algumas observações feitas apenas aos apóstolos, durante as conversas vespertinas naquele mesmo dia. Iremos também expor alguns comentários que tratam de uma elaboração subseqüente, sobre a idéia de um reino, da forma como se relaciona posteriormente à igreja cristã.

1. OS CONCEITOS DO REINO DO CÉU

É preciso deixar claro, em qualquer ligação a ser estabelecida com a exposição do sermão de Jesus, que, nas escrituras hebraicas, havia um conceito duplo sobre o Reino do céu. Os profetas apresentaram o Reino de Deus como:

1. Uma realidade presente.

2. Uma esperança futura – quando então o Reino se apresentaria realizado na sua plenitude, quando do aparecimento do Messias. Esse é o conceito do Reino como João Batista ensinou.

Desde o princípio, Jesus e os apóstolos ensinaram ambos os conceitos. Havia duas outras idéias sobre o Reino que deveriam ser mantidas sempre em mente:

3. O conceito judeu posterior de um reino mundial e transcendental, de origem sobrenatural e cuja inauguração seria miraculosa.

4. Os ensinamentos persas retratando o estabelecimento de um reino divino, com a realização do triunfo do bem sobre o mal, no final do mundo.

Pouco antes da vinda de Jesus à Terra, os judeus combinaram e confundiram todas essas idéias sobre o Reino, com o seu conceito apocalíptico da vinda do Messias, para estabelecer a idade do triunfo dos judeus, a idade eterna do reinado supremo de

Deus na Terra, o novo mundo, a era na qual toda a humanidade iria adorar a Yavé. Ao escolher utilizar esse conceito para o Reino do céu, Jesus elegeu apropriar-se da herança mais vital e culminante, tanto da religião judaica quanto da persa.

O Reino do céu, como tem sido entendido, e mal entendido, durante os séculos da era cristã, abrange quatro grupos distintos de idéias:

1. O conceito dos judeus.

2. O conceito dos persas.

3. O conceito da experiência pessoal de Jesus – "o Reino do céu dentro de vós".

4. Os conceitos compostos e confundidos, que os fundadores e promulgadores da cristandade têm buscado inculcar ao mundo.

Em épocas diferentes e em circunstâncias variadas, parece que Jesus apresentou conceitos inúmeros do "Reino" nos seus ensinamentos públicos, mas para os seus apóstolos ele tratou o Reino como abrangendo a experiência pessoal do homem na relação com os seus semelhantes na Terra e com o Pai nos céus. A respeito do Reino, a sua última palavra foi: "o Reino está dentro de vós".

Três fatores têm sido as causas dos séculos de confusão a respeito do significado do termo "Reino do céu":

1. A confusão ocasionada pela observância da idéia do "Reino", da forma que foi passada, nas várias fases progressivas, do remanejamento dela, feito por Jesus e pelos seus apóstolos.

2. A confusão que adveio inevitavelmente associada ao transplante do cristianismo primitivo, do solo judeu para o solo gentio.

3. A confusão inerente ao fato de que o cristianismo tornou-se uma religião organizada em torno da idéia central da pessoa de Jesus; o evangelho sobre o Reino converteu-se cada vez mais numa religião *sobre* Jesus.

2. O CONCEITO DE JESUS SOBRE O REINO

O Mestre deixou bastante claro que o Reino do céu deve ter início com o conceito dual da verdade da paternidade de Deus e do fato correlato da irmandade dos homens; e deve centralizar-se nesses conceitos. Jesus declarou que a aceitação desse ensinamento libertaria o homem da sua longa escravidão ao medo animal, ao mesmo tempo em que enriqueceria o viver humano com os seguintes dons da nova vida de liberdade espiritual:

1. A posse de uma nova coragem e de um poder espiritual ampliado. A boa-nova do evangelho sobre o Reino deve liberar o homem e inspirá-lo a ter coragem de ansiar pela vida eterna.

2. Essa boa-nova carrega a mensagem de uma confiança nova e de uma consolação verdadeira para todos os homens, mesmo para os pobres.

3. Em si mesma, é um novo padrão de valores morais, uma nova medida de ética com a qual avaliar a conduta humana. Ela ilustra o ideal resultante de uma nova ordem na sociedade humana.

4. Ela ensina a primazia do espiritual sobre o material; ela glorifica as realidades espirituais e exalta os ideais supra-humanos.

5. Esse novo evangelho ressalta a realização espiritual como a verdadeira meta da vida. A vida humana recebendo um novo dom de valor moral e de dignidade divina.

6. Jesus ensinou que as realidades eternas são o resultado (a recompensa) do esforço terreno de retidão. A permanência mortal do homem na Terra adquire um novo significado, em conseqüência do reconhecimento de um destino nobre.

7. O novo evangelho afirma que a salvação humana é a revelação de um propósito divino de longo alcance a ser cumprido e realizado, em destino futuro, no serviço sem fim dos salvados filhos de Deus.

Esses ensinamentos cobrem a idéia ampliada do Reino, como foi ensinado por Jesus. Esse grande conceito não estava incluído nos ensinamentos elementares e confusos de João Batista sobre o Reino.

Os apóstolos viram-se incapazes de compreender o significado real das palavras do Mestre a respeito do Reino. A distorção posterior dos ensinamentos de Jesus, como registrados no Novo Testamento, acontece porque o conceito daqueles que escreveram os evangelhos encontrava-se matizado pela crença de que Jesus estaria ausente do mundo, então, apenas por um curto período de tempo; que ele retornaria logo para estabelecer o Reino em poder e glória – exatamente esta era a idéia que eles alimentavam enquanto Jesus estava junto deles na carne. Mas Jesus não ligava o estabelecimento do Reino à idéia do seu retorno a este mundo. Que se tenham passado os séculos sem nenhum sinal da vinda da "Nova Era", de nenhum modo contradiz o ensinamento de Jesus.

O grande esforço que esse sermão representou era uma tentativa de converter o conceito do Reino do céu no ideal que é a idéia de fazer a vontade de Deus. Há muito, o Mestre havia já ensinado os seus seguidores a orar: "Vinde a nós o Vosso Reino; a Vossa vontade seja feita"; e nessa época ele sinceramente buscava induzi-los a abandonar o uso do termo *Reino de Deus*, em favor do equivalente mais prático, *a vontade de Deus*. Mas ele não teve êxito.

Jesus desejava substituir uma idéia de reino, com rei e súditos, pelo conceito da família celeste, do Pai celeste e dos filhos libertados de Deus, e empenhados no serviço voluntário e cheio de júbilo ao semelhante, e na adoração sublime e inteligente de Deus, o Pai.

Até então os apóstolos haviam formado um ponto de vista duplo sobre o Reino; eles consideravam-no como sendo:

1. Uma questão de experiência pessoal, então presente nos corações dos verdadeiros crentes.

2. Uma questão de fenômeno racial ou mundial; pois o Reino seria para o futuro; algo por que se devia aguardar ansiosamente.

Eles consideravam a vinda do Reino, aos corações dos homens, um desenvolvimento gradativo, como o fermento na massa ou como o crescimento da semente de mostarda. E acreditavam que a vinda do Reino no sentido racial ou mundial seria súbita, tanto quanto espetacular. Jesus nunca se cansou de dizer a eles que o Reino do céu era a experiência pessoal de realizar as mais altas qualidades da vivência espiritual; que essas realidades da experiência espiritual traduzem-se progressivamente em níveis novos e mais elevados de certeza divina e de grandeza eterna.

Nessa tarde, o Mestre ensinou claramente sobre um novo conceito da natureza dupla do Reino, descrevendo as duas características seguintes:

"Primeira: o Reino de Deus neste mundo, o desejo supremo de fazer a vontade de Deus, o amor não-egoísta pelos homens, que dá os bons frutos de uma conduta mais ética e mais moral.

"Segunda: o Reino de Deus nos céus, a meta dos crentes mortais, o estado em que o amor por Deus é perfeccionado; e no qual a vontade de Deus é feita mais divinamente".

Jesus ensinou que aquele que acredita pela fé entra *imediatamente* no Reino. Nos seus vários discursos ensinou que duas coisas são essenciais à entrada no Reino por meio da fé:

1. *A fé e a sinceridade.* Vir como uma criancinha, receber o dom da filiação como uma dádiva; submeter-se a fazer a vontade de Deus sem questionar e em confiança plena e genuína na sabedoria do Pai; vir ao Reino, livre de preconceitos e prejulgamentos; estar de mente aberta para aprender, como um filho não estragado por mimos.

2. *A fome da verdade.* A sede de retidão, uma mudança na mente para a conquista de um motivo para ser como Deus e encontrar Deus.

Jesus ensinou que o pecado não é produto de uma natureza defeituosa, mas que é antes o fruto de uma mente conhecedora que se deixa dominar por uma vontade indômita. A respeito do pecado, ele ensinou que Deus já os *perdoou* e, pelo ato de perdoarmos ao nosso semelhante, tornamos o perdão de Deus disponível para nos favorecer pessoalmente. Ao perdoar ao vosso irmão na carne, estais criando uma capacidade na vossa própria alma de entrar na realidade do perdão de Deus para os vossos próprios erros.

Na época em que o apóstolo João começou a escrever a história da vida e dos ensinamentos de Jesus, os primeiros cristãos haviam tido tantos problemas com a idéia do Reino de Deus, e com as perseguições por ela geradas, que abdicaram quase por inteiro do uso desse termo. João fala muito sobre a "vida eterna". Jesus referia-se, muitas vezes, a um "Reino da vida". Ele referia-se também com freqüência ao "Reino de Deus, dentro de vós". Certa vez falou da experiência de uma "irmandade na família de Deus, o Pai". Jesus procurou substituir reino por muitos termos, mas sempre sem êxito. Entre outros, ele usou: família de Deus, vontade do Pai, amigos de Deus, comunidade dos crentes, irmandade dos homens, seio do Pai, crianças de Deus, comunidade dos fiéis, serviço do Pai e filhos liberados de Deus.

Todavia ele não pôde escapar do uso da idéia de um reino. Só mais de cinqüenta anos mais tarde, depois que os exércitos romanos destruíram Jerusalém, tal conceito de um reino começou a se transformar no culto da vida eterna, à medida que o seu aspecto social e institucional foi assumido pela igreja cristã, então, em vias de expansão e cristalização rápidas.

3. EM RELAÇÃO À RETIDÃO

Jesus sempre tentou inculcar nos seus apóstolos e discípulos que eles deviam buscar, pela fé, uma retidão que excedesse em muito a retidão do trabalho servil de que alguns dos escribas e fariseus tanto se vangloriavam perante o mundo.

Embora Jesus ensinasse que a fé, aquela simples credulidade infantil, fosse a chave para a porta do Reino, ele também ensinou que, tendo passado porta adentro, havia os degraus progressivos da retidão, que toda criança crédula devia galgar para crescer, para alcançar a estatura plena de um robusto filho de Deus.

É no que diz respeito à técnica de *receber* o perdão de Deus que a realização na retidão do Reino se apresenta como revelada. A fé é o preço que vós pagais para entrar na família de Deus; mas o perdão é o ato de Deus que acolhe a vossa fé como o preço da admissão. Para um crente do Reino receber o perdão de Deus, torna-se necessária uma experiência definitiva e real que consiste nos quatro passos seguintes, os passos da retidão interior do Reino:

1. O perdão de Deus fica de fato ao alcance do homem, que o experimenta pessoalmente tão logo ele perdoe os seus semelhantes.

2. O homem não perdoará verdadeiramente os seus semelhantes a menos que os ame como a si próprio.

3. Amar assim ao próximo, como a ti próprio, nisso *está* a mais elevada ética.

4. A conduta moral, a verdadeira retidão, torna-se assim o resultado natural desse amor.

Torna-se evidente, portanto, que a verdadeira religião interior do Reino tende a se manifestar, infalível e crescentemente, nas vias práticas do serviço ao próximo. Jesus ensinou uma religião viva que compelia os seus crentes a empenhar-se em fazer o serviço do amor. Jesus não colocou, entretanto, a ética no lugar da religião. Ele ensinou a religião como uma causa e a ética como um resultado.

A retidão em qualquer ato deve ser medida pela motivação; as mais elevadas formas do bem são, portanto, inconscientes. Jesus nunca mostrava interesse pela moral ou pela ética enquanto tais. Ele estava integralmente interessado por aquela amizade interior e espiritual com Deus, o Pai, que se manifesta exteriormente com tanta certeza e tão diretamente quanto um serviço amoroso ao homem. Ele ensinou que a religião do Reino é uma experiência pessoal genuína que nenhum homem consegue limitar dentro de si próprio; que a consciência de ser um membro da família de crentes leva inevitavelmente à prática dos preceitos da conduta familiar, do serviço aos próprios irmãos e irmãs, em um esforço de elevar e de expandir a irmandade.

A religião do Reino é pessoal, individual; os frutos, os resultados, são da família, são sociais. Jesus nunca deixou de exaltar o individual como sagrado, em contraste com a comunidade. Mas ele também reconheceu que o homem desenvolve o seu caráter por meio do serviço não-egoísta; que desdobra a sua natureza moral por meio da relação do amor aos semelhantes.

Ao ensinar que o Reino é interior, exaltando o individual, Jesus deu um golpe de misericórdia na velha sociedade, inaugurando uma nova dispensação de verdadeira retidão social. O mundo conheceu ainda pouquíssimo dessa nova ordem de sociedade, porque se recusou a praticar os princípios dos ensinamentos sobre o Reino do céu. Quando este Reino, de preponderância espiritual, vier à Terra, não se manifestará simplesmente na melhora das condições sociais e materiais, traduzir-se-á mais por meio da glória dos valores espirituais, elevados e enriquecidos, que são característicos de uma era, a qual se avizinha, de melhores relações humanas e de realizações espirituais mais avançadas.

4. OS ENSINAMENTOS DE JESUS SOBRE O REINO

Jesus nunca deu uma definição precisa do Reino. Em certo momento ele discorreria sobre uma característica do Reino e, em uma outra hora, ele falaria sobre um aspecto diferente da irmandade do Reino de Deus nos corações dos homens. No decurso do sermão dessa tarde de sábado, Jesus destacou nada mais do que cinco fases, ou épocas, do Reino, e que são:

1. A experiência pessoal interior da vida espiritual na amizade do crente individual com Deus, o Pai.

2. A irmandade crescente dos crentes, na palavra de Deus; os aspectos sociais da moral mais elevada e da ética viva, resultantes do Reino, da predominância do espírito de Deus nos corações dos crentes individuais.

3. A irmandade supramortal dos seres espirituais invisíveis que prevalece na Terra e nos céus, o Reino supra-humano de Deus.

4. A perspectiva de uma realização mais integral da vontade de Deus, o avanço para o alvorecer de uma nova ordem social em conseqüência de um vivenciar espiritual mais aperfeiçoado – a próxima era para o homem.

5. O Reino na sua plenitude, a idade espiritual futura de luz e vida na Terra.

E por isso devemos sempre examinar o ensinamento do Mestre, para nos certificar-mos a respeito de qual dessas cinco fases pode estar referindo-se quando faz uso do termo Reino do céu. Por meio desse processo de modificar gradativamente a vontade do homem e de influenciar desse modo as decisões humanas, Michael e os seus co-laboradores também estão gradativa, mas certamente, modificando todo o curso da evolução humana, sob vários aspectos, inclusive o social.

O Mestre, nessa ocasião, colocou ênfase nos cinco pontos seguintes, como repre-sentantes cardinais dos aspectos do evangelho do Reino:

1. A predominância do individuo.

2. A vontade como fator determinante na experiência humana.

3. A comunhão espiritual com Deus, o Pai.

4. As satisfações supremas do serviço amoroso do homem.

5. A transcendência do espiritual sobre o material na personalidade humana.

Este mundo nunca experimentou seriamente, nem sincera ou honestamente, essas idéias dinâmicas e esses ideais divinos da doutrina de Jesus sobre o Reino do céu. Mas não devíeis ficar desencorajados por causa do progresso aparentemente lento da idéia do Reino em Urântia. Lembrai-vos de que a ordem da evolução progressiva está sujeita a mudanças periódicas súbitas e inesperadas, tanto no mundo material quanto no espiritual. Assim, pois, a auto-outorga de Jesus, como um Filho encar-nado, foi um acontecimento estranho e inesperado na vida espiritual do mundo. E também não devíeis, ao procurardes pela manifestação do Reino, durante esta idade atual, cometer o erro fatal de deixar de efetivar o estabelecimento dele dentro das vossas próprias almas.

Conquanto Jesus haja feito referência a uma fase futura do Reino e tenha suge-rido, em inúmeras ocasiões, que esse acontecimento poderia surgir como uma parte de uma crise mundial; e embora ele tenha prometido, de um modo muito seguro, em várias ocasiões, retornar, em alguma época, a Urântia, deveria ficar registrado que ele nunca condicionou uma dessas idéias necessariamente à outra. Ele prome-teu uma nova revelação do Reino na Terra, para alguma época futura; e também prometeu voltar a este mundo pessoalmente em alguma época; mas não disse que esses dois acontecimentos eram sinônimos. De tudo o que sabemos, essas promessas podem, ou não, referir-se ao mesmo evento.

Os seus apóstolos e discípulos, com toda certeza, estabeleceram um vínculo entre esses dois ensinamentos. Quando o Reino não se materializou como eles espera-vam, e então ao relembrarem-se do ensinamento do Mestre a respeito de um Reino futuro e relembrando-se da sua promessa de vir novamente, eles precipitaram-se na conclusão de que essas promessas referiam-se a um evento idêntico; e, por isso, eles viveram na esperança de uma segunda vinda imediata dele, para estabelecer o Reino na sua plenitude em poder e glória. Assim, as gerações sucessivas de crentes viveram na Terra, alimentando também essa mesma esperança inspiradora, porém decepcionante.

5. AS IDÉIAS POSTERIORES SOBRE O REINO

Havendo resumido os ensinamentos de Jesus sobre o Reino do céu, estamos autorizados a narrar certas idéias que se tornaram vinculadas ao conceito do Reino, e a engajarmo-nos em uma previsão profética do Reino tal como poderia evoluir em idade que virá.

Durante os primeiros séculos da propaganda cristã, a idéia do Reino do céu foi fortemente influenciada pelas noções do idealismo grego, que se espalhavam rapidamente então, a idéia do natural enquanto sombra do espiritual – do temporal como a sombra do eterno no tempo.

Mas os grandes passos que marcaram o transplante dos ensinamentos de Jesus, de um solo judeu para um solo gentio, foram dados quando o Messias do Reino tornou-se o Redentor da igreja, uma organização religiosa e social que crescia por causa das atividades de Paulo e dos seus sucessores, baseada nos ensinamentos de Jesus, suplementadas pelas idéias de Filo e pelas doutrinas persas do bem e do mal.

As idéias e os ideais de Jesus, incorporados aos ensinamentos sobre o Reino, o evangelho, quase deixaram de ser realizados, pois os seus seguidores distorciam progressivamente os seus pronunciamentos. O conceito do Reino, do Mestre, foi notavelmente modificado por duas grandes tendências:

1. Os crentes judeus persistiam em considerá-lo como o *Messias*. Eles acreditavam que Jesus retornaria de fato, e muito em breve, para estabelecer um reino mundial e mais ou menos material.

2. Os cristãos gentios começaram muito cedo a aceitar as doutrinas de Paulo, que levavam cada vez mais à crença geral de que Jesus era o *Redentor* dos filhos da igreja, que seria a sucedânea institucional do conceito inicial da irmandade puramente espiritual no Reino.

A igreja, como uma conseqüência social do Reino, teria sido plenamente natural e até mesmo desejável. O mal da igreja não veio da sua existência, mas antes do fato de haver ela suplantado, quase completamente, o conceito do Reino trazido por Jesus. A igreja, institucionalizada, de Paulo tornou-se uma substituta virtual para o Reino do céu proclamado por Jesus.

Não duvideis, contudo: esse mesmo Reino do céu que o Mestre ensinou, como existindo dentro do coração do crente, ainda será proclamado a esta igreja cristã, e a todas as outras religiões, raças e nações na Terra – bem como a todos os indivíduos.

O Reino, como ensinado por Jesus, o ideal espiritual de retidão do indivíduo e o conceito da divina comunhão do homem com Deus, foi gradualmente engolido pela concepção mística da pessoa de Jesus como um Criador-Redentor e dirigente espiritual de uma comunidade religiosa socializada. Desse modo uma igreja formal e institucional tornou-se a substituta para a irmandade do Reino, conduzida individualmente pelo espírito.

A igreja foi um resultado, *social* inevitável e útil, da vida de Jesus e dos seus ensinamentos; a tragédia consistiu no fato de que essa reação social aos ensinamentos do Reino tivesse desalojado e suplantado tão completamente o conceito espiritual do verdadeiro Reino, como Jesus ensinou-o e viveu-o.

O reino, para os judeus, era a *comunidade* israelita; para os gentios, tornou-se a *igreja* cristã. Para Jesus o Reino era o conjunto daqueles *indivíduos* que haviam professado a sua fé na paternidade de Deus, proclamando assim a sua dedicação a fazer a vontade de Deus de coração, e, pois, tornando-se membros da irmandade espiritual dos homens.

O Mestre compreendeu integralmente que alguns resultados sociais apareceriam no mundo em conseqüência da disseminação do evangelho do Reino; contudo, a sua intenção era de que todas essas manifestações sociais desejáveis devessem aparecer como conseqüências inevitáveis inconscientes, ou frutos naturais, dessa experiência interior pessoal dos crentes individuais, em uma comunidade puramente espiritual e na comunhão com o espírito divino que reside em todos esses crentes e que os anima.

Jesus previu que uma organização social ou igreja sucederia ao progresso do Reino espiritual verdadeiro, e por isso é que ele nunca se opôs a que os apóstolos praticassem o rito do batismo de João. Ele ensinou que a alma verdadeiramente amante da verdade, aquela que tem fome e sede de retidão, e de Deus, é admitida no Reino espiritual pela fé; ao mesmo tempo os apóstolos ensinavam que esse crente é admitido dentro da organização social dos discípulos por intermédio do rito exterior do batismo.

Quando os seguidores mais próximos de Jesus reconheceram que haviam fracassado parcialmente na realização do ideal, de Jesus, do estabelecimento do Reino nos corações dos homens, por meio da orientação e do predomínio exercido pelo espírito do crente individual, eles trataram de impedir que o seu ensinamento ficasse totalmente perdido, substituindo o ideal do Mestre, sobre o Reino, pela criação gradativa de uma organização social visível, a igreja cristã. E ao concretizaram esse programa de substituição, com a finalidade de manter uma coerência e prover um reconhecimento do ensinamento do Mestre a respeito do fato do Reino, levaram adiante a idéia de estabelecer o Reino no futuro. A igreja, tão logo ficou bem estabelecida, começou a ensinar que na realidade o Reino iria surgir no apogeu da era cristã, com a segunda vinda de Cristo.

Desse modo o Reino transformou-se no conceito de uma era, na idéia de uma visitação futura e no ideal da redenção final dos santos do Altíssimo. Os primeiros cristãos (e a maioria dos cristãos posteriores), em geral, perderam de vista a idéia de Pai-e-filho, incorporada ao ensinamento de Jesus sobre o Reino, ao substituírem-na pela bem organizada comunidade social da igreja. Em suma, a igreja transformou-se principalmente em uma fraternidade *social* que, efetivamente, deslocou e substituiu o conceito e o ideal de Jesus de uma irmandade *espiritual*.

O conceito ideal de Jesus não teve nenhum êxito em impor-se; mas, sobre a fundação que são a vida e os ensinamentos pessoais do Mestre, Paulo fez a construção de uma sociedade que, suplementando-se pelos conceitos gregos e persas, da vida eterna, e acrescida da doutrina de Filo, sobre o temporal em contraste com o espiritual, se tornou uma das sociedades humanas mais progressivas, como jamais existiu em Urântia.

O conceito de Jesus ainda está vivo nas religiões avançadas do mundo. A igreja cristã de Paulo é a sombra socializada e humanizada daquilo que Jesus tinha a intenção de que o Reino do céu fosse – e do que ainda, muito certamente, será. Paulo e os seus sucessores, em parte, transferiram as questões da vida eterna do indivíduo para a igreja. Cristo, assim, transformou-se em um dirigente da igreja, mais do que o irmão mais velho de cada indivíduo crente na família do Pai no Reino. Paulo e os seus contemporâneos aplicaram todas as implicações espirituais da palavra de Jesus, a respeito de si próprio e do indivíduo crente, à *igreja* como um grupo de crentes; e, ao fazer isso, eles deram um golpe mortal no conceito elaborado por Jesus, de que o Reino divino estaria no coração do crente individual.

E assim, durante séculos, a igreja cristã trabalhou sob uma situação bastante embaraçosa; pois ousou trazer a si os poderes misteriosos e os privilégios do Reino; poderes e privilégios estes que podem ser exercidos e experimentados apenas entre Jesus e os seus irmãos espirituais de crença. E assim torna-se claro que ser um membro da igreja não significa necessariamente estar em comunhão com o Reino; este é espiritual, a igreja é principalmente social.

Mais cedo ou mais tarde um outro João Batista, maior ainda, deverá surgir e proclamar que "o Reino de Deus está à mão" – querendo com isso referir-se a um retorno ao conceito altamente espiritual de Jesus, o qual proclamou que o Reino é a vontade do seu Pai no céu, dominante e transcendente, no coração daquele que crê – e fazendo tudo isso sem referir-se, de nenhum modo, nem à igreja visível na Terra nem à antecipada segunda vinda do Cristo. É necessário que haja um renascimento dos ensinamentos *verdadeiros* de Jesus; uma reafirmação que desfaça o trabalho dos seus primeiros seguidores, que acabaram criando um sistema sociofilosófico de crença em torno do *fato* da permanência de Michael na Terra. Em pouco tempo o ensinamento dessa história *sobre* Jesus quase suplantou a pregação de Jesus sobre o Reino. Assim, uma religião histórica veio a substituir o ensinamento no qual Jesus tinha combinado as idéias morais e os ideais espirituais mais elevados do homem com a esperança mais sublime do homem quanto ao futuro – a vida eterna. E essa é a boa-nova da palavra sobre o Reino.

O ensinamento de Jesus possuía muitas facetas diferentes; por isso, em uns poucos séculos, os estudantes dos registros desses ensinamentos dividiram-se em tantos cultos e seitas. Essa subdivisão lastimável, dos crentes cristãos, resulta da incapacidade de distinguir, nos ensinamentos múltiplos do Mestre, a unidade divina da sua incomparável vida. Algum dia, entretanto, aqueles que acreditam, verdadeiramente, em Jesus não estarão assim divididos espiritualmente nas suas atitudes, perante aqueles que não crêem. Podemos sempre ter diferenças de compreensão intelectual e de interpretação, e até níveis variados de graus de socialização, mas a falta de fraternidade espiritual não apenas é indesculpável como é repreensível.

Não vos equivoqueis! Há, nos ensinamentos de Jesus, uma natureza eterna que não permitirá que eles permaneçam infrutíferos para sempre nos corações dos homens que pensam. O Reino, como Jesus o concebeu, fracassou amplamente na Terra; no momento presente, uma igreja exterior tomou o seu lugar; mas devíeis compreender que essa igreja é apenas um estágio larvar do Reino espiritual obstruído; e que tal igreja irá conduzir o Reino ao longo dessa era material e até uma dispensação mais espiritual, na qual os ensinamentos do Mestre podem desfrutar de uma oportunidade mais plena para desenvolver-se. Assim a chamada igreja cristã torna-se a crisálida dentro da qual o Reino, segundo o conceito de Jesus, está agora adormecido. O Reino da irmandade divina ainda está vivo e, com certeza, finalmente irá sair dessa longa submersão, tal uma borboleta que por fim emerge, de uma criatura menos atraente, como um desdobramento da beleza, e fruto de um desenvolvimento metamórfico.

DOCUMENTO 171

A CAMINHO DE JERUSALÉM

UM DIA após o memorável sermão sobre "O Reino do céu", Jesus anunciou que ele e os apóstolos partiriam para a Páscoa em Jerusalém no dia seguinte, visitando, no caminho, numerosas cidades no sul da Peréia.

A elocução sobre o Reino e o anúncio de que ele estava indo para a Páscoa deixaram todos os seus seguidores pensando que ele estava indo a Jerusalém para inaugurar o reino temporal da supremacia judaica. Não importa o que Jesus haja dito sobre o caráter não-material do Reino, ele não podia extrair das mentes dos seus ouvintes judeus a idéia de que o Messias estava a ponto de estabelecer alguma espécie de governo nacionalista com sede em Jerusalém.

O que Jesus disse no sermão desse sábado apenas teve o efeito de confundir a maioria dos seus seguidores, poucos ficaram esclarecidos com o discurso do Mestre. Os líderes entenderam alguma coisa dos seus ensinamentos a respeito do Reino interior, "o Reino do céu dentro de vós", mas eles também sabiam que ele havia falado sobre um outro reino futuro, e era para estabelecer este reino que eles acreditavam que ele agora ia a Jerusalém. E todos ficaram desapontados quanto às suas expectativas, quando Jesus foi rejeitado pelos judeus e, mais tarde, quando Jerusalém foi literalmente destruída, pois eles ainda apegavam-se às suas esperanças, acreditando sinceramente que o Mestre em breve retornaria ao mundo, com um grande poder e em uma glória majestosa, para estabelecer o reino prometido.

Nesse domingo à tarde, Salomé, a mãe de Tiago e de João Zebedeu, veio a Jesus com os seus dois filhos apóstolos e, do mesmo modo que alguém se aproxima de um potentado oriental, ela buscou ter, adiantadamente, a promessa de Jesus de conceder-lhe qualquer pedido que ela pudesse fazer. Mas o Mestre não queria prometer nada; em vez disso, perguntou a ela: "O que queres que eu faça por ti?" Então, Salomé respondeu: "Mestre, agora que tu estás indo a Jerusalém a fim de estabelecer o reino, eu pediria a ti, adiantadamente, que me prometesse, para estes meus dois filhos, dar-lhes honras contigo, fazendo deles, no teu reino, os que se sentarão um à tua mão direita e o outro à tua mão esquerda".

Depois de ouvir o pedido de Salomé, Jesus disse: "Mulher, tu não sabes o que pedes". E então, olhando profundamente nos olhos dos dois apóstolos que buscavam honrarias, disse: "Porque eu vos conheci e amei há muito tempo; porque eu vivi mesmo na casa da vossa mãe; porque André vos designou para estar comigo todo o tempo, por tudo isso, permitistes à vossa mãe vir a mim secretamente, fazendo esse pedido inconveniente? Deixai que eu vos pergunte, então: Sois capazes de beber da taça que eu estou a ponto de beber?" E, sem hesitar um instante para pensar, Tiago e João responderam: "Sim, Mestre, somos capazes". Disse Jesus: "Eu me entristeço, pois vós não sabeis por que vamos a Jerusalém; eu sofro porque não compreendeis a natureza do meu Reino, eu me desaponto porque trazeis a vossa mãe para fazer esse pedido a mim, eu sei, todavia, que me amais dentro dos vossos corações; assim, declaro, que ireis de fato beber da minha taça de amargura e que compartilhareis da minha humilhação, mas, quanto a se sentar à minha mão direita e à minha mão esquerda, não me cabe conceder. Tais honrarias são reservadas para aqueles que foram designados pelo meu Pai".

A essa altura alguém havia contado sobre tal conversa a Pedro e aos outros apóstolos, e eles ficaram bastante indignados de que Tiago e João houvessem buscado ser os preferidos, a eles, e que secretamente tivessem levado a própria mãe a fazer tal pedido. Quando eles começaram a discutir entre si, Jesus reuniu-os todos e disse: "Vós compreendeis bem com que prepotência os governantes dos gentios tratam os seus súditos, e como aqueles que são grandes exercem a autoridade. Mas não será assim no Reino do céu. Quem quiser ser grande dentre vós, que antes se torne o vosso servidor. Aquele que quiser ser o primeiro no Reino, que se torne o vosso ministrador. Eu declaro-vos que o Filho do Homem não veio para que lhe fosse ministrado, mas para ministrar; e eu vou a Jerusalém a fim de dar a minha vida, para cumprir a vontade do Pai e para servir aos meus irmãos". Ao ouvirem essas palavras, os apóstolos retiraram-se para orar a sós. Naquela tarde, em conseqüência dos esforços de Pedro, Tiago e João desculparam-se adequadamente perante os dez e voltaram às boas graças dos seus irmãos.

Ao pedir lugares à mão direita e à mão esquerda de Jesus, em Jerusalém, os filhos de Zebedeu mal imaginavam que, em menos de um mês, o seu querido e bem-amado Mestre, estaria dependurado numa cruz romana, com um ladrão moribundo, de um lado, e um outro transgressor ainda, do outro lado. E a mãe deles, que estava presente à crucificação, lembrava-se bem do pedido tolo que havia feito a Jesus em Pela a respeito das honras, que tão insensatamente buscara para os seus filhos apóstolos.

1. PARTINDO DE PELA

Na manhã de segunda-feira, 13 de março, Jesus e os seus doze apóstolos despediram-se finalmente do acampamento de Pela, partindo para a sua viagem pelas cidades do sul da Peréia, onde condiscípulos ligados a Abner estavam trabalhando. Eles passaram mais de duas semanas em conversas com os setenta e então foram diretamente até Jerusalém, para a Páscoa.

Quando o Mestre deixou Pela, os discípulos, acampados com os apóstolos, em um total de cerca de mil pessoas, seguiram-no. Quase a metade desse grupo deixou-o no vau do rio Jordão, na estrada para Jericó, quando souberam que ele estava dirigindo-se para Hesbom e, depois que ele havia pregado o sermão sobre "Avaliando o Custo", foram para Jerusalém. A outra metade seguiu-o durante duas semanas, visitando as cidades no sul da Peréia.

A maior parte dos seguidores imediatos de Jesus compreendeu, de um modo geral, que o acampamento em Pela havia sido abandonado, mas eles pensaram que isso indicava realmente que o seu Mestre afinal estava com a intenção de ir a Jerusalém e fazer valer as suas pretensões ao trono de Davi. Uma grande maioria dos seus seguidores nunca foi capaz de captar nenhum outro conceito do Reino do céu; não importava o que Jesus lhes ensinasse, eles não abandonariam essa idéia judaica de um reino.

Agindo sob as instruções do apóstolo André, Davi Zebedeu encerrou o acampamento dos visitantes em Pela, na quarta-feira, 15 de março. Nesse momento quase quatro mil visitantes residiam ali, e isso não incluía as mais de mil pessoas que permaneceram com os apóstolos, naquilo que era conhecido como o acampamento dos instrutores, e que foram para o sul com Jesus e os doze. Apesar do contragosto de fazê-lo, Davi vendeu todo o equipamento para numerosos compradores e seguiu com os fundos para Jerusalém, entregando o dinheiro subseqüentemente a Judas Iscariotes.

Davi esteve presente em Jerusalém durante a trágica última semana, levando a sua mãe consigo, de volta a Betsaida, depois da crucificação. Enquanto esperava por Jesus e pelos apóstolos, Davi hospedou-se na casa de Lázaro, em Betânia, e ficou profundamente perturbado pela maneira com que os fariseus haviam começado a perseguir Lázaro e a atormentá-lo, desde sua ressurreição. André tinha instruído Davi a parar com o serviço dos mensageiros; e isso foi interpretado por todos como uma indicação inicial de que o Reino iria logo ser estabelecido em Jerusalém. Davi viu-se sem um emprego; e havendo quase decidido a tornar-se o defensor voluntário de Lázaro, aconteceu que o objeto da sua solicitude indignada fugiu às pressas para a Filadélfia. Em conseqüência, algum tempo depois da ressurreição de Jesus e também depois da morte da sua mãe, Davi dirigiu-se para a Filadélfia, havendo primeiro ajudado Marta e Maria a vender as suas propriedades; e lá, em associação com Abner e Lázaro, Davi passou o restante da sua vida, tornando-se o supervisor financeiro de todos aqueles grandes interesses do Reino, que teve o seu centro na Filadélfia durante a vida de Abner.

Pouco tempo depois da destruição de Jerusalém, a Antioquia tornou-se a sede do *cristianismo paulino*, enquanto a Filadélfia permaneceu como o centro do *Reino do céu abneriano*. Da Antioquia, a versão paulina dos ensinamentos de Jesus e sobre Jesus expandiu-se para todo o mundo ocidental; da Filadélfia, os missionários da versão abneriana do Reino do céu expandiram-se pela Mesopotâmia e pela Arábia, até tempos posteriores, quando, sem fazer concessões a outras religiões, esses emissários dos ensinamentos de Jesus foram subjugados pelo crescimento súbito do islamismo.

2. SOBRE A AVALIAÇÃO DO CUSTO

Quando Jesus e o grupo de quase mil seguidores chegaram ao vau de Betânia, no rio Jordão, algumas vezes chamado de Betabara, os seus discípulos começaram a compreender que ele não estava indo diretamente a Jerusalém. Enquanto, hesitantes, debatiam entre si próprios, Jesus subiu em uma imensa pedra e pronunciou aquele discurso que se tornou conhecido como "Avaliando o Custo". O Mestre disse:

"De agora em diante, vós que quereis seguir-me, deveis aceitar pagar o preço da dedicação sincera a fazer a vontade do meu Pai. Se quiserdes ser meus discípulos deveis estar dispostos a abandonar pai, mãe, esposa, filhos, irmãos e irmãs. Se um de vós quiser agora ser meu discípulo, deverá estar disposto a abandonar até mesmo a sua vida, exatamente como o Filho do Homem está a ponto de oferecer a sua vida para completar a missão de cumprir a vontade do Pai na Terra e na carne.

"Se não estiverdes dispostos a pagar o preço integral, dificilmente podereis ser discípulos meus. Antes de continuardes, todos vós deveríeis assentar para avaliar o que pode custar ser meu discípulo. Qual de vós quererá assumir a construção de uma torre de vigia nas suas terras, sem antes avaliar o custo, para ver se possui dinheiro suficiente para completar a obra? Se errar ao calcular esse custo, depois que houver lançado a fundação, poderá descobrir que não é capaz de terminar aquilo que começou e, desse modo, todos os vizinhos irão debochar dele, dizendo: 'Vede, esse homem começou a construir, mas não foi capaz de terminar a sua obra'. E, então, qual rei se prepara para fazer uma guerra contra um outro rei e não se senta e pede conselho sobre se será capaz, com dez mil homens apenas, de fazer frente ao outro que tem vinte mil homens? Se o rei não tem recursos para enfrentar seu inimigo, estando despreparado, ele envia um embaixador a esse outro rei, mesmo estando a uma grande distância, para pedir os termos da paz.

"Agora, então, cada um de vós deve sentar e avaliar o custo de ser discípulo meu. De agora em diante, não podereis mais seguir-nos, ouvindo o ensinamento e presenciando os trabalhos; ser-vos-á exigido enfrentar perseguições amargas e prestar testemunho do evangelho mesmo sob desapontamentos arrasadores. Se não estiverdes dispostos a renunciar a tudo o que sois e dedicar tudo o que possuirdes, então não sois dignos de ser meus discípulos. Se já houverdes conquistado a vós mesmos, dentro dos próprios corações, não precisais ter nenhum medo de que deva ser necessária uma vitória aparente, quando o Filho do Homem for rejeitado pelos sacerdotes principais e saduceus, e acabar sendo entregue nas mãos de incrédulos zombeteiros.

"Agora, deveis examinar a vós próprios para saber os motivos que tendes para ser meus discípulos. Se buscais honras e glórias, se estiverdes voltados para as coisas terrenas, então sois como o sal quando ele perdeu o seu sabor. E, quando aquele cujo valor está no seu poder de salgar, perde o seu sabor, com o que então se deve temperar? Tal condimento tornou-se inútil; serve apenas para ser jogado no lixo. E, pois, eu já vos preveni que voltásseis para as vossas casas em paz, se não estiverdes dispostos a beber comigo da taça que está sendo preparada. De novo e de novo eu vos disse que o meu Reino não é deste mundo, mas vós não quereis acreditar em mim. Aquele que tem ouvidos que ouça o que eu digo".

Imediatamente depois de dizer essas palavras e fazendo os doze levantarem-se, Jesus partiu a caminho de Hesbon, seguido por cerca de quinhentas pessoas. Depois de uma breve demora, a outra metade da multidão tomou o caminho de Jerusalém. Os seus apóstolos, junto com os principais discípulos, pensaram muito sobre essas palavras, mas eles ainda se apegaram à crença de que, depois desse breve período de adversidade e de provação, o reino seria certamente estabelecido e, de um certo modo, de acordo com as esperanças acalentadas tão longamente por eles.

3. A CAMPANHA PEREIANA

Durante mais de duas semanas, Jesus e os doze, seguidos por uma multidão de várias centenas de discípulos, viajaram pelo sul da Peréia, visitando todas as cidades em que os setenta possuíam obras. Muitos gentios viviam nessa região e, posto que poucos iriam à festa de Páscoa em Jerusalém, os mensageiros do Reino continuaram imediatamente com a sua obra de ensinar e de pregar.

Jesus encontrou-se com Abner em Hesbon; e André ordenou que os trabalhos dos setenta não fossem interrompidos pela festa da Páscoa; Jesus aconselhou aos mensageiros que continuassem os seus trabalhos, a despeito do que estava para acontecer em Jerusalém. Ele também aconselhou Abner a permitir que o corpo de mulheres fosse até Jerusalém para a Páscoa, segundo a decisão individual de cada uma. E essa foi a última vez que Abner viu Jesus na carne. A sua despedida de Abner foi: "Meu filho, eu sei que tu te manterás fiel ao Reino; e oro ao Pai para conceder-te a sabedoria a fim de que tu possas amar e compreender os teus irmãos".

Enquanto viajavam de cidade em cidade, um grande número de seus seguidores desertou para ir a Jerusalém, de modo que, no momento em que Jesus partiu para a Páscoa, o número daqueles que seguiam junto com ele, dia a dia, havia minguado para menos de duzentas pessoas.

Os apóstolos compreenderam que Jesus estava indo a Jerusalém para a Páscoa. Sabiam que o sinédrio enviara uma mensagem a toda terra de Israel declarando que ele fora condenado a morrer e ordenando que qualquer pessoa que soubesse do seu paradeiro informasse ao sinédrio; e ainda, a despeito de tudo isso, eles não ficaram tão alarmados, como aconteceu quando ele anunciou-lhes na Filadélfia que estava indo a Betânia para ver Lázaro. Essa mudança de atitude, passando de um medo intenso para um estado de expectativa silenciosa, era, sobretudo, em vista da ressurreição de Lázaro. Eles haviam chegado à conclusão de que Jesus poderia, em uma emergência, afirmar o seu poder divino e levar os seus inimigos à vergonha. Essa esperança, combinada à fé mais profunda e madura na supremacia espiritual do seu Mestre, era responsável pela coragem exterior demonstrada pelos seus seguidores diretos, que agora se preparavam para ir com ele a Jerusalém a fim de enfrentar a declaração pública do sinédrio de que ele devia morrer.

A maioria dos apóstolos, e mesmo muitos dos seus discípulos mais próximos, não acreditava na possibilidade de que Jesus morresse; pensando que sendo ele "a ressurreição e a vida", eles consideravam-no imortal e já triunfante sobre a morte.

4. ENSINANDO EM LÍVIAS

Na quarta-feira, 29 de março, ao anoitecer, Jesus e os seus seguidores acamparam em Lívias, a caminho de Jerusalém, depois de ter completado a sua campanha nas cidades do sul da Peréia. Foi durante essa noite, em Lívias, que Simão zelote e Simão Pedro, havendo conspirado para que lhes fossem entregues em mãos, nesse local, mais de cem espadas, receberam e distribuíram essas armas a todos os que as aceitassem e que as usassem escondidas sob os mantos. Simão Pedro estava ainda portando a sua espada, na noite da traição ao Mestre no jardim.

Na quinta-feira pela manhã, bem cedo, antes dos outros despertarem, Jesus chamou André e disse: "Desperta os teus irmãos! Tenho algo a dizer a eles". Jesus sabia sobre as espadas e quais dos seus apóstolos as tinham recebido e estavam portando tais armas, mas nunca revelou ter conhecimento dessas coisas. Depois de André haver despertado os seus amigos e de estarem todos reunidos, Jesus disse: "Meus filhos, haveis estado comigo por um bom tempo; e eu ensinei-vos muito do que é necessário a estes tempos, mas eu gostaria agora de prevenir-vos para que não ponhais a vossa confiança nas incertezas da carne, nem nas fraquezas da defesa humana contra as provações e testes que temos diante de nós. Eu vos reuni aqui, apenas nós, para que possa dizer-lhes claramente uma vez mais que estamos indo a Jerusalém, onde, como sabeis, o Filho do Homem já foi condenado à morte. E, novamente, vos estou dizendo que o Filho do Homem será entregue às mãos dos sacerdotes principais e dirigentes religiosos; e que eles o condenarão e então o colocarão nas mãos dos gentios. E, assim, zombarão do Filho do Homem, até mesmo cuspirão nele e o açoitarão, e o levarão à morte. E quando matarem o Filho do Homem, não vos consterneis, pois eu vos declaro que ao terceiro dia ele ressuscitará. Cuidai de vós mesmos e lembrai-vos daquilo sobre o que eu vos preveni".

E novamente os apóstolos ficaram assombrados, atordoados; mas não chegaram a tomar as suas palavras literalmente; não puderam entender que o Mestre estivesse querendo dizer exatamente o que havia dito. Estavam tão cegos pela crença persistente em um reino temporal sobre a Terra, com quartéis centrais em Jerusalém, que simplesmente não podiam – não queriam – permitir a si próprios aceitar as palavras de Jesus como sendo literais. Naquele dia eles ponderaram sobre tudo o que o Mestre pudesse haver desejado expressar com pronunciamentos tão estranhos. Mas nenhum deles ousou fazer-lhe uma pergunta a respeito dessas afirmações. Só depois da sua morte, é que esses apóstolos desconcertados despertaram para a compreensão de que o Mestre lhes havia dito, clara e diretamente, em antecipação à sua crucificação.

Foi em Lívias, pouco depois do desjejum, que alguns fariseus amistosos chegaram até Jesus e disseram: "Foge depressa dessas paragens, pois Herodes, tal como fez a João, agora pretende matar-te. Ele teme um levante do povo e decidiu matar-te. Nós trazemos este aviso para que possas escapar".

E isso era parcialmente verdade. A ressurreição de Lázaro havia amedrontado e alarmado Herodes e, sabendo que o sinédrio ousara condenar Jesus, mesmo antes de um julgamento, Herodes decidiu matar Jesus ou expulsá-lo dos seus domínios. Ele preferia realmente a segunda opção, pois temia tanto a Jesus que esperava não ser obrigado a executá-lo.

Quando Jesus ouviu o que os fariseus tinham a dizer, ele respondeu: "Bem sei do medo que Herodes tem deste evangelho do Reino. Não vos enganeis, contudo, ele desejaria muito que o Filho do Homem fosse a Jerusalém para sofrer e morrer nas mãos dos sacerdotes principais; apenas que havendo manchado as suas mãos com o sangue de João, ele não sente nenhuma ansiedade de tornar-se responsável pela morte do Filho do Homem. Ide e dizei àquela raposa que o Filho do Homem prega na Peréia hoje, que amanhã irá para a Judéia e que, depois de alguns dias, terá concluído a sua missão na Terra, com perfeição, e estará preparado para ascender ao Pai".

Então, voltando-se aos seus apóstolos, Jesus disse: "Desde os tempos da antiguidade, os profetas têm perecido em Jerusalém, e será apenas conveniente que o Filho do Homem vá até a cidade da casa do Pai para ser oferecido como preço do fanatismo humano e como resultado do preconceito religioso e da cegueira espiritual. Ó Jerusalém, Jerusalém, tu que matas os profetas e apedrejas os instrutores da verdade! Por quantas vezes eu reuni os teus filhos do mesmo modo que uma galinha reúne a ninhada sob as suas asas, mas não queres que eu faça isso! Vê, a tua casa está a ponto de te deixar desolada! Tu desejarás muitas vezes ver-me, mas não verás. Tu, então, irás procurar-me, mas não me encontrarás". E, quando terminou de falar, ele voltou-se para aqueles que estavam ao seu lado e disse: "Vamos então, apesar de tudo, a Jerusalém, assistir à Páscoa e fazer o que nos convém, a fim de satisfazermos a vontade do Pai nos céus".

Era um grupo confuso e desnorteado de crentes aquele que seguiu Jesus até Jericó, nesse dia. Nas declarações de Jesus sobre o Reino, os apóstolos podiam discernir apenas aquela nota de triunfo final; eles não se dispunham a chegar a compreender os avisos de um revés iminente. Quando Jesus falou de "ressuscitar ao terceiro dia", eles interpretaram essa afirmação como significando um triunfo certo de um reino, que viria imediatamente depois de uma desagradável escaramuça preliminar com os líderes religiosos judeus. O "terceiro dia" era uma expressão judaica comum, que significava "em breve" ou "logo depois". Quando Jesus falou de "ressuscitar", eles pensaram que ele referia-se à "ressurreição do reino".

Jesus havia sido aceito por esses crentes como o Messias, e os judeus sabiam pouco ou nada sobre o sofrimento de um Messias. Eles não compreenderam que Jesus estava para realizar, com a sua morte, muitas coisas que nunca poderiam ter sido realizadas em sua vida. Do mesmo modo que a ressurreição de Lázaro animou os apóstolos a entrar em Jerusalém, a memória da perspectiva da transfiguração foi o que sustentou o Mestre nesse período de provações da sua auto-outorga.

5. O CEGO DE JERICÓ

No final da tarde de quinta-feira, 30 de março, Jesus e os seus apóstolos, à frente de um grupo de duzentos seguidores, se aproximaram dos muros de Jericó. Quando chegavam perto do portão da cidade, encontraram-se com uma multidão de mendigos, entre eles um certo Bartimeu, um ancião que era cego desde a sua juventude. Esse mendigo cego havia ouvido sobre Jesus e sabia tudo sobre a cura do cego Josias em Jerusalém. E nada sabia da última visita de Jesus a Jericó até que tivesse ido a Betânia. Bartimeu resolvera não permitir a passagem de Jesus por Jericó sem pedir-lhe pela restauração da sua visão.

As novas da aproximação de Jesus haviam sido anunciadas em Jericó, e centenas de habitantes afluíram para encontrá-lo. Quando a grande multidão retornou acompanhando o Mestre à cidade, Bartimeu, ouvindo o pesado tropel do povo, soube que algo inusitado estava ocorrendo e, assim, perguntou àqueles que estavam perto dele sobre o que estava acontecendo. E um dos mendigos respondeu: "Jesus de Nazaré está passando". Quando Bartimeu ouviu dizer que Jesus estava por perto, levantou a sua voz e começou a gritar bem alto: "Jesus, Jesus, tem misericórdia de mim!" E, como ele continuasse a gritar cada vez mais alto, alguns daqueles que estavam perto de Jesus foram até ele e o repreenderam, pedindo-lhe que mantivesse a tranqüilidade; mas foi inútil; ele apenas gritava mais e mais alto.

Ao ouvir o cego gritando, Jesus parou. E quando o viu, ele disse aos seus amigos: "Trazei o homem a mim". E então foram até Bartimeu e disseram: "Alegra-te; vem conosco, pois o Mestre te chama". Quando Bartimeu ouviu essas palavras, colocou de lado o seu manto e pulou para o centro da estrada; e aqueles que estavam por perto guiaram-no até Jesus. Dirigindo-se a Bartimeu, Jesus disse: "O que queres que eu faça por ti?" Então o cego respondeu: "Eu gostaria de recuperar a visão". E quando Jesus ouviu esse pedido e percebeu a sua fé, disse: "Recuperarás a tua visão; toma o teu caminho; a tua fé te curou". Imediatamente Bartimeu recuperou a sua visão, e permaneceu perto de Jesus, glorificando a Deus, até que o Mestre partisse, no dia seguinte, para Jerusalém; e então ele ficou diante da multidão declarando a todos como a sua visão foi recuperada em Jericó.

6. A VISITA A ZAQUEU

Quando a procissão do Mestre entrou em Jericó, o sol estava quase se pondo e ele demonstrava disposição de permanecer ali naquela noite. Enquanto Jesus passava diante da casa da alfândega, aconteceu que Zaqueu, o dirigente publicano e coletor dos impostos, encontrava-se ali e desejava muito ver Jesus. Esse dirigente publicano era bastante rico e com freqüência ouvira falar sobre o profeta da Galiléia. Havia decidido que verificaria que tipo de homem era Jesus, na próxima vez que ele tivesse a oportunidade de visitar Jericó; e, desse modo, Zaqueu tratou de abrir caminho na multidão, mas ela era muito numerosa, e, sendo de estatura baixa, ele não podia ver por sobre as cabeças. E assim o chefe publicano seguiu a multidão até que todos chegaram perto do centro da cidade, não muito longe de onde ele vivia. Quando percebeu que não seria capaz de penetrar na multidão, e pensando que Jesus pudesse atravessar a cidade sem parar, ele correu adiante e subiu em um plátano cujos galhos estendidos avançavam por cima da estrada. Sabia que dali teria uma boa visão do Mestre, quando ele passasse. E não se desapontou, pois enquanto passava, Jesus parou e, olhando para Zaqueu, disse: "Apressa-te, Zaqueu, e desce, pois esta noite eu devo hospedar-me na tua casa". E quando Zaqueu ouviu essas palavras surpreendentes, ele quase caiu da árvore na sua pressa de descer e, indo a Jesus, ele expressou o seu grande júbilo pelo fato de que o Mestre queria pernoitar na sua casa.

E foram imediatamente à casa de Zaqueu; e aqueles que viviam em Jericó ficaram muito surpresos de que Jesus consentisse em ficar na casa do dirigente publicano. E, enquanto o Mestre e os seus apóstolos estavam com Zaqueu diante da porta da casa, um dos fariseus de Jericó, que se encontrava ali por perto, disse: "Vede como este homem foi alojar-se com um pecador, um filho apóstata de Abraão, e que é um extorquidor e um ladrão do seu próprio povo". E quando Jesus ouviu isso, ele olhou para Zaqueu e sorriu. Então Zaqueu subiu em um tamborete e disse: "Homens de Jericó, ouvi-me! Eu posso ser um publicano e um pecador, mas o grande Instrutor veio hospedar-se na minha casa; e, antes que ele entre, eu digo-vos que eu vou dar a metade de todos os meus bens aos pobres e, a começar de amanhã, se eu tiver exigido algo injusto de qualquer homem, eu devolverei em quádruplo. Vou buscar a minha salvação com todo o meu coração e aprender a agir com retidão aos olhos de Deus".

Depois que Zaqueu terminou de falar, Jesus disse: "Hoje a salvação chegou a esta casa, e tu te tornaste verdadeiramente um filho de Abraão". Voltando-se para a multidão reunida em torno deles, Jesus disse: "E não vos espanteis pelo que vos digo, nem vos ofendais com o que fazemos, pois eu tenho sempre declarado que o Filho do Homem veio para buscar e para salvar aquilo que estava perdido".

Eles alojaram-se na casa de Zaqueu durante a noite. Na manhã seguinte levantaram-se, e dirigiram-se a Betânia, pela "estrada dos ladrões", a caminho da Páscoa em Jerusalém.

7. "ENQUANTO JESUS PASSAVA"

Jesus distribuía alegria em todos os lugares por onde passava. Estava cheio de graça e de verdade. Os seus seguidores nunca cessavam de admirar-se com as palavras agradáveis que vinham da sua boca. Podeis cultivar a gentileza, mas a amabilidade e a doçura são o aroma da amizade que emana de uma alma saturada de amor.

A bondade sempre leva ao respeito, mas, quando é desprovida da graça, muitas vezes repele o afeto. A bondade é universalmente atraente apenas quando é cheia de graça. A bondade torna-se eficaz apenas quando é atraente.

Jesus realmente compreendeu os homens; e assim pôde manifestar uma simpatia verdadeira e demonstrar uma compaixão sincera. Mas ele raramente permitia-se a piedade. Enquanto a sua compaixão era sem limites, a sua simpatia demonstrava ser prática, pessoal e construtiva. Nunca a sua familiaridade com o sofrimento gerou indiferença, e ele era capaz de ministrar às almas aflitas sem aumentar a sua piedade.

Jesus podia ajudar tanto os homens porque ele amava-os muito sinceramente. De fato ele amava a cada homem, cada mulher e cada criança. E podia ser um amigo tão verdadeiro por causa do seu notável discernimento interior – ele conhecia muito profundamente o que se passava no coração e na mente do homem. Era um observador interessado e penetrante; bastante hábil para compreender a necessidade dos homens, e sagaz para detectar as aspirações humanas.

Jesus nunca se deixava tomar pela pressa. Tinha tempo para confortar os seus semelhantes "enquanto passava". E sempre fez os seus amigos sentirem-se à vontade. Era um ouvinte encantador. E nunca tentava sondar de modo indiscreto as almas dos seus companheiros. Quando ele confortava as almas famintas e ministrava às almas sedentas, aqueles que recebiam a sua misericórdia não sentiam nem um pouco estar confessando-se a ele, mas sentiam que estavam conversando *com* ele. A confiança que nele era ilimitada, porque percebiam que também ele lhes dedicava uma profunda fé.

Nunca parecia estar curioso sobre as pessoas, e nunca manifestava o desejo de dirigi-las, administrá-las ou investigá-las. Ele inspirava uma confiança profunda e uma coragem robusta em todos que desfrutavam da sua companhia. Quando sorria diante de um homem, aquele mortal experimentava uma capacidade maior para resolver os seus múltiplos problemas.

Jesus amava tanto os homens, e tão sabiamente, que nunca hesitou em ser severo com eles, quando a ocasião demandava tal disciplina. E freqüentemente começava a ajudar uma pessoa pedindo a ajuda dela. Desse modo ele suscitava o seu interesse, recorrendo ao que de melhor existe na natureza humana.

O Mestre podia discernir a fé salvadora na grosseira superstição da mulher que buscava a cura tocando na barra do seu manto. Ele estava sempre pronto e disposto a interromper um sermão ou a deter uma multidão enquanto ministrava às necessidades de uma única pessoa, ainda que fosse uma criança pequena. Grandes coisas aconteciam, não apenas porque as pessoas tinham fé em Jesus, mas também porque Jesus tinha muita fé nelas.

A maior parte das coisas realmente importantes que Jesus disse ou fez parecia acontecer casualmente, "enquanto ele passava". Pouco houve do lado profissional, do bem-planejado, ou do premeditado na ministração terrena do Mestre. Ele dispensava e espalhava saúde e felicidade, natural e graciosamente, na sua jornada pela vida. Era literalmente certo que, "ele caminhava fazendo o bem".

E cabe aos seguidores do Mestre, em todas as idades, aprender a ministrar à medida que "passam" – para fazer o bem, sem egoísmo, enquanto vão cumprindo os seus deveres diários.

8. A PARÁBOLA DAS MINAS

Eles não saíram de Jericó senão perto do meio-dia, pois estiveram acordados até tarde na noite anterior, enquanto Jesus ensinava a Zaqueu e à sua família o evangelho do Reino. O grupo parou para almoçar quase a meio caminho da estrada ascendente para Betânia, enquanto a multidão passava para ir a Jerusalém, não sabendo que Jesus e os apóstolos iam permanecer essa noite no monte das Oliveiras.

À diferença da parábola dos talentos, que se destinava a todos os discípulos, a parábola das minas foi contada mais restritivamente aos apóstolos e foi amplamente baseada na experiência de Arquelau e na sua tentativa inútil de alcançar o governo do reino da Judéia. Esta é uma das poucas parábolas do Mestre que se baseia em um personagem real da história. Não era de se estranhar que eles tivessem pensado em Arquelau, porquanto a casa de Zaqueu em Jericó estava muito próxima do adornado palácio de Arquelau, e o seu aqueduto corria ao lado da estrada pela qual eles tinham saído de Jericó.

Disse Jesus: "Pensais que o Filho do Homem vai a Jerusalém para receber um reino, mas vos declaro que estais fadados ao desapontamento. Não vos lembrais de um certo príncipe que foi a um país distante a fim de receber para si um reino, mas, mesmo antes dele retornar, os cidadãos da sua província, que já o haviam rejeitado nos seus corações, enviaram um embaixador atrás dele, para dizer: 'Não queremos que este homem reine sobre nós'? Da mesma maneira que este rei foi rejeitado para o governo temporal, o Filho do Homem será rejeitado no governo espiritual. E novamente eu declaro que o meu Reino não é deste mundo; mas se ao Filho do Homem houvesse sido concedido o governo espiritual desse povo, ele teria aceitado tal Reino das almas dos homens e teria reinado sobre o domínio dos corações humanos. Não obstante haverem rejeitado o meu governo espiritual sobre eles, eu voltarei, para receber de outros, este Reino do espírito que agora me é negado. Vós vereis o Filho do Homem ser rejeitado hoje, mas, em uma outra idade, aquilo que agora os filhos de Abraão rejeitam, será recebido e exaltado.

"E, agora, como o nobre homem rejeitado dessa parábola, eu gostaria de chamar diante de mim meus doze servidores, administradores especiais, para entregar nas mãos de cada um a soma de uma mina, e seria bom admoestar-vos para que todos prestem bastante atenção às minhas instruções a fim de que possais negociar diligentemente com o capital que vos foi confiado durante a minha ausência, para que tenhais como justificar a vossa administração quando eu voltar, pois então será exigida de vós uma prestação de contas.

"E, mesmo se este Filho rejeitado não retornar, um outro Filho será enviado para receber este Reino, e esse Filho então chamará a todos vós para receber o vosso relatório de administração e para ficar alegre com os vossos ganhos.

"Quando esses administradores foram reunidos, subseqüentemente, para uma prestação de contas, o primeiro adiantou-se e disse: 'Amo, com vossa mina eu fiz mais dez minas'. E o seu senhor disse-lhe: 'Bem feito; sois um bom servidor. Por haverdes demonstrado fidelidade nessa questão eu dar-te-ei autoridade sobre dez cidades'. E o segundo veio, e disse: 'A vossa mina, deixada comigo, Amo, fez cinco minas'. E o senhor disse: 'Do mesmo modo eu fá-lo-ei dirigente de cinco cidades'. E assim foram os outros, até o último dos servidores o qual, ao ser chamado, reportou-se: 'Amo, veja, aqui está a tua mina, que mantive com segurança enrolada neste guardanapo. E fiz isso por temor; eu acreditava que fosses pouco razoável, vendo que recolhes de onde nada depositaste e que procuras colher onde não semeaste'. Então disse o senhor: 'Tu, servidor negligente e infiel, te julgarei segundo tua própria boca. Tu sabias que eu colho onde aparentemente não semeei e, portanto, tu sabias que essa conta seria exigida de ti. Sabendo disso, deverias ao menos ter dado o meu dinheiro a um banqueiro, para que no meu retorno pudesse eu tê-lo com os juros adequados'.

"E então o governante disse àqueles que aguardavam: 'Tirai o dinheiro deste preguiçoso e dai àquele que tem dez minas'. E quando eles lembraram ao senhor que o primeiro servidor já tinha dez minas, ele disse: 'A todo aquele que tem será dado mais, mas daqueles que não têm, mesmo aquilo que têm, ser-lhes-á tirado'".

E então os apóstolos buscaram saber a diferença entre o significado dessa parábola e o daquela parábola anterior dos talentos, mas Jesus apenas diria, em resposta às muitas perguntas: "Ponderai bem essas palavras nos vossos corações, para que cada um de vós encontre o seu verdadeiro significado".

Foi Natanael que tão bem ensinou o significado dessas duas parábolas nos anos seguintes, reunindo os seus ensinamentos nestas conclusões:

1. A aptidão é a medida prática das oportunidades da vida. Vós nunca sereis considerados responsáveis pela realização daquilo que está além da vossa aptidão.

2. A fidelidade é a medida infalível da confiabilidade humana. Aquele que é fiel nas coisas pequenas também deverá demonstrar fidelidade em tudo que seja compatível com os seus dons.

3. O Mestre concede uma recompensa menor pela fidelidade menor, quando há igualdade de oportunidades.

4. Ele concede uma recompensa igual por uma fidelidade igual, quando há menor oportunidade.

Quando terminaram o almoço, e depois que a multidão de seguidores havia ido para Jerusalém, Jesus, permanecendo diante dos apóstolos, à sombra de uma saliência de rocha ao lado da estrada, com dignidade jovial e com uma majestade plena de graça, apontou com o dedo para o oeste, dizendo: "Vinde, meus irmãos, entremos em Jerusalém, para receber ali o que espera por nós; assim cumpriremos a vontade do Pai celeste em todas as coisas".

E assim Jesus e os seus apóstolos retomaram essa viagem, a última que o Mestre faria a Jerusalém à semelhança da carne do homem mortal.

DOCUMENTO 172

A ENTRADA EM JERUSALÉM

JESUS e os apóstolos chegaram a Betânia pouco depois das quatro horas, na sexta-feira à tarde, 31 de março, do ano 30 d.C. Lázaro, as suas irmãs e os amigos deles aguardavam. E, já que tanta gente vinha durante todo o dia, para falar com Lázaro sobre a sua ressurreição, Jesus foi informado de que haviam sido feitos arranjos para que se alojasse com um crente da vizinhança, um certo Simão, o qual, desde a morte do pai de Lázaro, passou a ser o principal cidadão da pequena aldeia.

Naquela tarde, Jesus recebeu muitos visitantes, e a gente comum de Betânia e Betfagé deu o melhor de si para fazê-lo sentir-se bem-vindo. Embora muitos pensassem que agora Jesus estava indo para Jerusalém, em um total desafio ao decreto de morte do sinédrio, para proclamar-se rei dos judeus, a família de Betânia – Lázaro, Marta e Maria – compreendia mais profundamente que o Mestre não era aquela espécie de rei; e eles sentiram vagamente que esta poderia ser a sua última visita a Jerusalém e a Betânia.

Os sacerdotes principais estavam informados de que Jesus alojara-se em Betânia, mas julgaram que seria melhor não tentar apanhá-lo dentre os seus amigos; decidiram esperar a sua vinda a Jerusalém. Jesus sabia sobre tudo isso, mas se encontrava esplendidamente calmo; os seus amigos nunca o haviam visto mais tranqüilo e amável; mesmo os apóstolos estavam espantados de que ele estivesse tão despreocupado, sendo que o sinédrio havia convocado todo o mundo judeu a entregá-lo nas suas mãos. Enquanto o Mestre dormia, naquela noite, os apóstolos velavam por ele, dois a dois, e muitos deles estavam armados com espadas. Bem cedo, nessa manhã, eles foram acordados por centenas de peregrinos que vieram de Jerusalém, mesmo sendo um dia de sábado, para ver Jesus e Lázaro; o mesmo que Jesus havia ressuscitado dos mortos.

1. O SÁBADO EM BETÂNIA

Os peregrinos vindos de fora da Judéia, bem como as autoridades judaicas, se haviam perguntado: "O que acha? Jesus virá para a festa?" Portanto, quando o povo ouviu dizer que Jesus estava em Betânia, ficou contente, os sacerdotes principais e os fariseus, todavia, se revelaram um tanto perplexos. Estavam contentes de tê-lo sob a sua jurisdição, mas ficaram um pouco desconcertados com a ousadia dele; lembraram-se de que, na sua visita anterior a Betânia, Lázaro havia ressuscitado dos mortos, e Lázaro estava transformando-se em um grande problema para os inimigos de Jesus.

Depois da festa do sábado, à tarde, seis dias antes da Páscoa, toda Betânia e Betfagé juntaram-se para celebrar a chegada de Jesus, com um banquete público na casa de Simão. Essa ceia deu-se em honra de Jesus e de Lázaro, e foi oferecida em desafio ao sinédrio. Marta orientou o serviço da comida; a sua irmã Maria estava entre as mulheres espectadoras, pois era contra o costume dos judeus que uma mulher tivesse assento em um banquete público. Os agentes do sinédrio encontravam-se presentes, mas eles temiam apreender Jesus no meio dos seus amigos.

Jesus conversou com Simão sobre o Joshua de outrora, cujo nome era homônimo seu; e contou como Joshua e os israelitas haviam vindo a Jerusalém, passando por Jericó. Ao comentar sobre a lenda da queda das paredes de Jericó, Jesus disse: "Eu não me preocupo com paredes de tijolos e de pedra; mas gostaria que as paredes do preconceito, da presunção e do ódio desmoronassem diante desta pregação sobre o amor que o Pai tem por todos os homens".

O banquete continuou de um modo bastante alegre e normal, afora o fato de que todos os apóstolos estavam mais sérios do que de costume. Jesus encontrava-se excepcionalmente alegre e tinha estado brincando com as crianças até o momento de dirigir-se à mesa.

Nada de extraordinário aconteceu até perto do final do festim, quando Maria, a irmã de Lázaro, saiu do grupo das mulheres espectadoras e, indo até onde Jesus estava reclinado como hóspede de honra, pôs-se a abrir um grande frasco de alabastro de um ungüento muito raro e caro; e, depois de ungir a cabeça do Mestre, começou a ungir os seus pés e logo tomou os próprios cabelos para, com eles, enxugar-lhe os pés. Toda a casa começou a preencher-se com o odor do ungüento, e todos os presentes assombraram-se com o que Maria estava fazendo. Lázaro nada disse; mas quando algumas das pessoas murmuraram, mostrando indignação por um ungüento tão caro ser utilizado assim, Judas Iscariotes deu alguns passos até onde André estava reclinado e disse: "Por que não se teria vendido esse ungüento para dedicar o dinheiro a alimentar os pobres? Devias falar com o Mestre para que ele repreenda tal desperdício".

Jesus, sabendo o que eles pensavam e ouvindo o que diziam, colocou a sua mão sobre a cabeça de Maria, que estava ajoelhada a seu lado e, com uma expressão bondosa no rosto, ele disse: "Deixai-a em paz, todos vós. Por que a importunais por isso, vendo que ela fez uma coisa boa, segundo o seu coração? A vós, que murmurais e que dizeis que esse ungüento deveria ter sido vendido para que o dinheiro fosse dado aos pobres, deixai que eu diga que tendes os pobres sempre convosco, de modo que podeis ministrar a eles a qualquer momento que parecer conveniente para vós; mas eu não estarei sempre convosco, em breve irei para junto do meu Pai. Essa mulher há muito guarda esse ungüento para o meu corpo, quando for enterrado, e agora que lhe pareceu bom fazer esta unção, em antecipação à minha morte, a ela não lhe será negada essa satisfação. Com isso, Maria lança a sua reprovação a todos vós, pois com esse ato ela evidencia fé no que eu disse sobre a minha morte e ascensão até meu Pai no céu. Essa mulher não será reprovada pelo que faz esta noite; entretanto, antes, eu digo a vós que, nas idades que virão, em todos os lugares por onde esse evangelho for pregado, o que ela fez será comentado em memória dela".

Por causa dessa repreensão, que foi tomada como uma reprovação pessoal, Judas Iscariotes finalmente decidiu buscar vingança para as suas mágoas. Muitas vezes ele alimentou esse tipo de idéia subconscientemente, mas agora ousava ter esses pensamentos perversos na sua mente, de modo aberto e consciente. E muitos outros convivas encorajaram-no nessa atitude, pois o custo desse ungüento equivalia a uma soma igual aos ganhos de um homem durante um ano – o suficiente para dar pão a cinco mil pessoas. Maria, todavia, amava Jesus; e havia adquirido esse ungüento precioso, com o qual embalsamar o seu corpo na morte, pois acreditara nas palavras dele, quando Jesus avisou-lhes de antemão que iria morrer; e então não se lhe podia recusar nada por haver mudado de idéia e decidido fazer essa oferta ao Mestre enquanto estava vivo.

Tanto Lázaro quanto Marta sabiam que Maria vinha há muito tempo economizando o dinheiro com o qual comprar esse frasco de óleo de nardo, e eles aprovavam sinceramente que ela agisse, como o seu coração desejava, pois tinham posses e podiam facilmente arcar com uma tal oferta.

Quando os sacerdotes principais ouviram sobre esse jantar para Jesus e Lázaro, em Betânia, eles começaram a aconselhar-se entre si quanto ao que deveria ser feito com Lázaro. E decidiram imediatamente que Lázaro também devia morrer, concluindo, não sem acerto, que seria inútil levar Jesus à morte, caso permitissem que Lázaro, que havia sido ressuscitado dos mortos, vivesse.

2. NO DOMINGO DE MANHÃ COM OS APÓSTOLOS

Nesse domingo pela manhã, no magnífico jardim de Simão, o Mestre reuniu os doze apóstolos à volta de si para dar-lhes as instruções finais e preparatórias para entrarem em Jerusalém. Disse-lhes que provavelmente daria várias palestras e ensinaria muitas lições antes de voltar para o Pai, mas aconselhou aos apóstolos absterem-se de fazer qualquer trabalho público durante a permanência, em Jerusalém, nessa Páscoa. Ele instruiu-lhes para que ficassem perto dele e para que "vigiassem e orassem". Jesus sabia que muitos dos seus apóstolos e mesmo seguidores imediatos, então, portavam espadas escondidas consigo, mas ele não fez menção a esse fato.

As instruções dessa manhã abrangiam um breve resumo das suas ministrações, desde o dia da ordenação de todos, perto de Cafarnaum, até esse dia em que todos se preparavam para entrar em Jerusalém. Os apóstolos ouviram em silêncio; e não fizeram perguntas.

Cedo, naquela manhã, Davi Zebedeu havia passado a Judas os fundos obtidos com a venda dos petrechos do acampamento de Pela, e Judas, por sua vez, havia colocado a maior parte desse dinheiro nas mãos de Simão, o anfitrião deles, para que o guardasse, como antecipação às demandas da entrada deles em Jerusalém.

Depois da conferência com os apóstolos, Jesus manteve uma conversa com Lázaro e instruiu-lhe que evitasse sacrificar a sua vida ao espírito de vingança do sinédrio. Em obediência a essa admoestação, poucos dias depois Lázaro fugiu para a Filadélfia, antes que os oficiais do sinédrio enviassem homens para prendê-lo.

De um certo modo, todos os seguidores de Jesus perceberam a crise iminente, mas, em vista da alegria inusitada e do bom humor excepcional do Mestre foram impedidos de compreender a seriedade dessa crise.

3. A PARTIDA PARA JERUSALÉM

Betânia distava cerca de três quilômetros do templo e, meia hora depois da uma, naquela tarde de domingo, Jesus ficou pronto para partir rumo à Jerusalém. Tinha sentimentos de afeto profundo por Betânia e pelo seu povo simples. Nazaré, Cafarnaum e Jerusalém haviam-no rejeitado, mas Betânia o havia aceito e acreditado nele. E foi nessa pequena aldeia, onde quase todos os homens, mulheres e crianças eram crentes, que ele escolheu efetuar a obra mais poderosa da sua auto-outorga na Terra, a ressurreição de Lázaro. Jesus não ressuscitou Lázaro para que os aldeões pudessem crer, e sim porque eles já criam.

Durante toda a manhã, Jesus pensou sobre a sua entrada em Jerusalém. Até esse momento, ele havia sempre tentado impedir toda aclamação pública para si, como Messias, mas agora era diferente; aproximava-se o fim da sua carreira na carne, a sua morte havia sido decretada pelo sinédrio e nenhum mal poderia advir por ele permitir aos seus discípulos dar livre expressão aos próprios sentimentos, exatamente como poderia ocorrer se ele tivesse escolhido fazer uma entrada formal e pública na cidade.

Jesus não se decidiu por fazer essa entrada pública em Jerusalém como um último apelo ao favorecimento popular, nem como uma tentativa final de obter o poder. Nem o fez, de todo, para satisfazer às aspirações humanas dos seus discípulos e apóstolos. Jesus não abrigava nenhuma das ilusões de um sonhador fantasioso; ele sabia muito bem qual seria o desenlace dessa visita.

Tendo decidido fazer uma entrada pública em Jerusalém, o Mestre viu-se frente à necessidade de escolher um método adequado de executar essa resolução. Jesus pensou sobre todas as muitas chamadas profecias messiânicas, as mais e as menos contraditórias, mas parecia haver apenas uma que seria apropriada para ele seguir. A maior parte dessas declarações proféticas retratava o rei como um filho e sucessor de Davi, um audaz e enérgico libertador temporal de todo o Israel, do jugo do domínio estrangeiro. Mas havia uma passagem nas escrituras, algumas vezes associada ao Messias por aqueles que se atinham mais ao conceito espiritual da sua missão; e Jesus considerou que poderia utilizar coerentemente essa passagem como uma orientação para a entrada que projetava fazer em Jerusalém. Essa escritura encontra-se em Zacarias, e afirma: "Regozijai-vos grandemente, ó filha de Sion, dai gritos, ó filha de Jerusalém. Contemplai, o vosso rei vem a vós. Ele é justo e traz a salvação. Ele vem como alguém humilde, montado em um asno, em um jumento, filho de uma asna".

Um rei guerreiro sempre entraria em uma cidade montado em um cavalo; um rei, em uma missão de paz e de amizade, sempre entraria montado em um asno. Jesus não queria entrar em Jerusalém como um homem montado em um cavalo, mas queria entrar pacificamente e com boa vontade, montado em um jumento, como o Filho do Homem.

Durante muito tempo, Jesus havia tentado, por meio de ensinamentos diretos, inculcar nos seus apóstolos e discípulos a idéia de que o seu Reino não era deste mundo, que era uma questão puramente espiritual; mas não havia conseguido êxito no seu esforço. Agora, queria tentar realizar, mediante um gesto de apelo simbólico, o que não havia alcançado por meio de um ensinamento claro e pessoal. Em vista disso, imediatamente depois do almoço, Jesus chamou Pedro e João, e, depois de ordenar-lhes que fossem a Betfagé, uma aldeia vizinha, um pouco afastada da estrada principal e a uma pequena distância a nordeste de Betânia, disse-lhes: "Ide a Betfagé e, ao chegardes ao cruzamento dos caminhos, encontrareis o jumento de uma asna, amarrado ali. Soltai o jumento e trazei-no convosco. Se alguém vos perguntar por que fazeis isso, dizei meramente: 'O Mestre tem necessidade dele'". E, quando os dois apóstolos foram a Betfagé, como o Mestre lhes havia instruído, eles acharam o jumento atado perto da sua mãe, no caminho aberto e perto de uma casa, em uma esquina. Quando Pedro começou a desamarrar o jumento, o seu proprietário veio e perguntou por que faziam aquilo e, quando Pedro respondeu-lhe que Jesus havia mandado que o fizesse, o homem disse: "Se o vosso Mestre é Jesus da Galiléia, que ele tenha o jumento". E assim voltaram trazendo consigo o asno.

A essa altura, várias centenas de peregrinos haviam-se ajuntado em torno de Jesus e dos seus apóstolos. Desde o meio daquela manhã, os visitantes que passavam, a caminho da Páscoa, tinham ficado ali. Nesse meio tempo, Davi Zebedeu e alguns dos seus antigos companheiros mensageiros tomaram a si a incumbência de ir depressa a Jerusalém, onde eficazmente difundiram, entre as multidões de peregrinos visitantes nos templos, a notícia de que Jesus de Nazaré estava fazendo uma entrada triunfal na cidade. E, desse modo, vários milhares desses visitantes acudiram em massa para saudar esse profeta, autor de prodígios, de quem tanto se falava; e que alguns acreditavam ser o Messias. Essa multidão, saindo de Jerusalém, encontrou Jesus e a outra multidão que entrava na cidade, pouco depois de haver passado sobre o cume do monte das Oliveiras e começado a descida para a cidade.

Quando a procissão saiu de Betânia, havia um grande entusiasmo em meio à multidão festiva de discípulos, crentes e peregrinos visitantes; muitos procedentes da Galiléia e Peréia. Pouco antes de partirem, as doze integrantes do grupo original das mulheres, acompanhadas de alguns dos seus amigos, chegaram e juntaram-se a essa procissão única que se movia alegremente na direção da cidade.

Antes de partirem, os gêmeos Alfeus puseram os seus mantos no jumento e seguraram-no, enquanto o Mestre subia nele. À medida que a procissão movia-se para o topo do monte das Oliveiras, a multidão festiva jogava peças de roupa no chão e segurava os ramos das árvores próximas, para fazer um tapete de honra ao asno que trazia o Filho real, o Messias prometido. Enquanto a multidão feliz movia-se na direção de Jerusalém, todos começaram a cantar, ou a gritar em uníssono o salmo: "Hosana ao filho de Davi; abençoado é ele que vem em nome do Senhor. Hosana nas alturas. Abençoado seja o Reino que vem do céu".

Jesus mantinha-se alegre e jovial, durante o trajeto, até chegarem ao cume do monte das Oliveiras, de onde se tinha uma visão plena das torres do templo; e o Mestre deteve ali a procissão; e um grande silêncio apoderou-se de todos, quando o viram chorando. Baixando o olhar sobre a vasta multidão que vinha da cidade para saudá-lo, o Mestre, com muita emoção e com uma voz chorosa, disse: "Ó Jerusalém, se tivesses apenas sabido, tu também, ao menos neste teu dia, as coisas que pertencem à tua paz, e que tu poderias tão livremente ter tido! Mas agora essas glórias estão a ponto de serem ocultadas dos teus olhos. Tu estás a ponto de rejeitar o Filho da paz e dar as tuas costas ao evangelho da salvação. Em breve virão os dias em que os teus inimigos abrirão uma trincheira em torno de ti e te assediarão por todos os lados; e irão destruir-te por completo, de modo que não ficará pedra sobre pedra. Tudo isso acontecerá a ti porque tu não reconheceste o momento da tua visitação divina. Estás a ponto de rejeitar a dádiva de Deus; e todos os homens te rejeitarão".

Quando ele terminou de falar, eles começaram a descer o monte das Oliveiras e em breve a multidão de visitantes, que havia vindo de Jerusalém, juntou-se a eles, agitando no ar os ramos de palmas, gritando hosanas e expressando de outras maneiras o seu regozijo e a boa irmandade. O Mestre não havia planejado que essas multidões viessem de Jerusalém para encontrá-los; aquilo tinha sido obra de outras pessoas. Ele nunca premeditou nada que fosse ostensivo ou dramático.

Junto com a multidão, que afluía para dar as boas-vindas ao Mestre, vieram também vários dos fariseus e outros inimigos de Jesus. Estavam tão perturbados por essa súbita e inesperada explosão de aclamação popular que temeram prendê-lo, pois uma ação assim poderia precipitar uma revolta aberta da população. Eles temiam em muito a atitude do grande número de visitantes, que haviam ouvido falar bastante de Jesus e que, vários deles, acreditavam nele.

Ao aproximar-se de Jerusalém, a multidão tornou-se mais expressiva, tanto que alguns dos fariseus adiantaram-se, indo até Jesus, para dizer: "Instrutor, deverias repreender os teus discípulos e exortá-los a comportarem-se mais convenientemente". Jesus respondeu: "Conveniente é que esses filhos dêem as suas boas-vindas ao Filho da Paz, que foi rejeitado pelos principais sacerdotes. Inútil seria pará-los, pois, no seu lugar, essas pedras ao longo da estrada começariam a gritar".

Os fariseus apressaram-se para ir à frente da procissão e voltar ao sinédrio, que então estava reunido no templo; e eles relataram aos seus amigos: "Vede, tudo o que fazemos não serve de nada; estamos sendo confundidos por esse galileu. O povo ficou louco por causa dele; se não pararmos esses ignorantes, todo o mundo o seguirá".

Realmente não cabia atribuir um significado mais profundo a essa explosão superficial e espontânea de entusiasmo popular. Essas boas-vindas, embora tenham sido alegres e sinceras, não indicavam qualquer convicção verdadeira ou profunda nos corações dessa multidão festiva. Essas mesmas multidões ver-se-iam igualmente dispostas a rejeitar Jesus rapidamente, mais tarde, nessa mesma semana, quando o sinédrio tivesse tomado uma posição firme e decidida contra ele, e quando eles ficassem desiludidos – quando eles entendessem que Jesus não iria estabelecer o Reino de acordo com as expectativas nutridas durante tanto tempo por eles.

Toda a cidade, contudo, via-s fortemente agitada, a um ponto em que todos perguntavam: "Quem é este homem?" E a multidão respondia: "Este é o profeta da Galiléia, Jesus de Nazaré".

4. A VISITA AO TEMPLO

Enquanto os gêmeos Alfeus devolviam o jumento ao seu proprietário, Jesus e os dez apóstolos destacavam-se dos seus seguidores imediatos e davam uma volta pelo templo, vendo os preparativos para a Páscoa. Nenhuma tentativa foi feita para molestar Jesus, pois o sinédrio temia muito o povo; e essa era, afinal, uma das razões que Jesus tinha tido para permitir que a multidão o aclamasse assim. Os apóstolos pouco compreenderam que era essa a única forma humana de proceder, que poderia ter sido eficaz para impedir a prisão imediata de Jesus, ao entrar na cidade. O Mestre desejava dar aos habitantes de Jerusalém, aos notáveis bem como aos humildes e às dezenas de milhares de visitantes da Páscoa, mais essa última oportunidade de ouvir o evangelho e receber o Filho da paz, se assim o quisessem.

E agora, que a tarde caía e as multidões partiam em busca de alimentos, Jesus e os seus seguidores diretos foram deixados a sós. Que dia estranho havia sido aquele! Os apóstolos estavam pensativos, mas nada diziam. Nunca, em todos os anos da sua associação com Jesus, haviam presenciado um dia como aquele. Por um momento sentaram-se perto do tesouro do templo, observando o povo jogar ali as suas contribuições: os ricos pondo muito na caixa coletora e todos dando de acordo com as suas posses. Ao final chegou ali uma viúva pobre, miseravelmente vestida, e eles perceberam que ela jogara duas moedas (pequenas peças de cobre) na corneta. E então Jesus disse, chamando a atenção dos apóstolos para a viúva: "Guardai bem o que acabastes de ver. Esta pobre viúva jogou ali mais do que todos os outros, pois todos os outros puseram lá uma pequena fração do seu supérfluo, como dádiva, mas esta pobre mulher, mesmo estando em necessidade, deu tudo o que tinha, até mesmo aquilo de que necessitava".

Enquanto a tarde caía, eles caminharam pelas praças do templo em silêncio e, após Jesus haver observado essas cenas familiares, uma vez mais, relembrando as suas emoções de visitas passadas, não se esquecendo das primeiras, ele disse: "Vamos a Betânia para descansar". Jesus, junto com Pedro e João, foram para a casa de Simão, enquanto os outros apóstolos alojaram-se com os seus amigos em Betânia e Betfagé.

5. A ATITUDE DOS APÓSTOLOS

Nesse domingo à tarde, ao voltarem a Betânia, Jesus caminhou à frente dos apóstolos. Nenhuma palavra foi pronunciada até que eles separaram-se, depois de chegarem à casa de Simão. Jamais doze seres humanos experimentaram emoções tão diversas e inexplicáveis, como as que surgiam agora nas mentes e nas almas desses embaixadores do Reino. Esses robustos galileus encontravam-se confusos e desconcertados; não sabiam o que esperar, em seguida; estavam surpresos demais para sentir medo. Nada sabiam dos planos do Mestre para o dia seguinte, e não fizeram perguntas. Foram para os seus alojamentos, ainda que não dormissem muito, exceto os gêmeos. Contudo, não montaram uma guarda armada para Jesus na casa de Simão.

André estava profundamente desnorteado, quase confuso. Foi o único apóstolo que não tentou avaliar seriamente a explosão popular de aclamação. Seu pensamento estava por demais ocupado, com a responsabilidade de dirigente do corpo apostólico, para dar uma atenção mais séria ao sentido ou à significação dos altos hosanas da multidão. André estava ocupado dando atenção a alguns dos seus companheiros que, ele temia, se pudessem deixar levar pelas próprias emoções durante a agitação, particularmente Pedro, Tiago, João e Simão zelote. Durante esse dia e nos dias imediatamente seguintes, André foi dominado por sérias dúvidas, mas nunca transmitiu qualquer dessas apreensões aos seus colegas apóstolos. Encontrava-se preocupado com a atitude de alguns dentre os doze os quais ele sabia estarem armados com espadas; mas não sabia que o seu próprio irmão, Pedro, portava tal arma. E assim a procissão a Jerusalém causou uma impressão relativamente superficial sobre André; ele estava preocupado demais com as responsabilidades do seu cargo para ser afetado por outras coisas.

Simão Pedro inicialmente ficou muito impressionado com a manifestação popular de entusiasmo; no entanto ele estava consideravelmente equilibrado, no momento em que retornaram para Betânia, naquela noite. Pedro simplesmente não podia imaginar o que o Mestre pretendia fazer. Estava terrivelmente desapontado com o fato de Jesus não haver reforçado essa onda de favorecimento popular, com alguma espécie de pronunciamento. Pedro não conseguia compreender por que Jesus não falou à multidão quando eles chegaram ao templo, nem ao menos permitiu que um dos apóstolos se dirigisse à multidão. Pedro era um grande pregador, e ficava desgostoso por perder uma audiência tão grande, receptiva e entusiasta. Ele gostaria tanto de ter pregado o evangelho do Reino àquela multidão ali, na praça do templo; o Mestre, todavia, havia proibido especialmente que eles fizessem qualquer pregação ou dessem ensinamentos, enquanto estivessem em Jerusalém, nessa semana de Páscoa. A reação, à procissão espetacular, ao chegar à cidade foi desastrosa segundo Simão Pedro; à noite ele estava comportado, mas tomado por uma tristeza inexprimível.

Para Tiago Zebedeu, esse domingo foi um dia de perplexidade e de profundo embaraço; ele não podia captar o significado daquilo que estava acontecendo; não podia compreender o propósito do Mestre ao permitir as aclamações desvairadas e então se recusar a dizer sequer uma palavra ao povo, quando chegaram ao templo. Quando a procissão ia, monte das Oliveiras abaixo, em direção a Jerusalém, mais especificamente quando passou pelos milhares de peregrinos que afluíam para dar as boas-vindas ao Mestre, Tiago encontrava-se cruelmente dilacerado por emoções conflitantes de exaltação e de satisfação, pelo que ele viu e pelo profundo sentimento de medo quanto ao que aconteceria no momento em que chegassem ao templo. E, então, ficou abatido e dominado pelo desapontamento, quando Jesus desceu do jumento e caminhou comodamente pelas praças do templo. Tiago não podia compreender a razão para se jogar fora uma oportunidade tão magnífica de proclamar o Reino. À noite, a sua mente ficou fortemente presa nas garras de uma incerteza angustiante e horrível.

João Zebedeu chegou perto de compreender por que Jesus havia feito aquilo; ao menos em parte ele captava o significado espiritual dessa suposta entrada triunfal em Jerusalém. À medida que a multidão movia-se na direção do templo, e à medida que João contemplou o seu Mestre, assentado sobre o jumento, ele lembrou-se de ouvir uma certa vez Jesus citar a passagem da escritura, na declaração de Zacarias, que descrevia a vinda do Messias como um homem de paz que, montado em um asno, entrava em Jerusalém. E João, ao revirar essa escritura na sua mente, começou a compreender a significação simbólica desse cortejo de domingo à tarde. Ao menos ele captou, do significado dessa escritura, o suficiente para capacitá-lo a desfrutar do episódio de algum modo e para impedir que ficasse por demais deprimido ao final, aparentemente sem propósito, da procissão triunfal. João possuía um tipo de mente que de modo natural inclinava-se para sentir e pensar por meio de símbolos.

Filipe estava inteiramente transtornado pelo inesperado e pela espontaneidade daquela explosão. Ele não podia ordenar suficientemente os seus pensamentos, enquanto descia o monte das Oliveiras, a ponto de chegar a uma opinião determinada sobre o que aquela manifestação poderia significar. De um certo modo, ele desfrutou do espetáculo já que era em honra ao seu Mestre. No momento em que chegaram ao templo, ele ficou perturbado pelo pensamento de que Jesus pudesse possivelmente pedir-lhe que alimentasse a multidão, e tanto assim que a conduta de Jesus, ao afastar-se comodamente da multidão, e que desapontou tão sofridamente à maioria dos apóstolos, havia sido um grande alívio para Filipe. As multidões, algumas vezes, haviam sido uma grande provação para o administrador dos doze. Depois de aliviar-se desses medos pessoais, quanto às necessidades materiais das multidões, Filipe juntou-se a Pedro na expressão de desapontamento, por nada haver sido feito para dar ensinamentos à multidão. Naquela noite, Filipe pôs-se a refletir sobre essas experiências e foi tentado a duvidar de toda idéia do Reino; ele imaginou honestamente o que podiam significar todas essas coisas, mas não expressou as suas dúvidas a ninguém; ele amava demais a Jesus. E tinha uma grande fé pessoal no Mestre.

À parte os aspectos simbólicos e proféticos, Natanael chegou o mais próximo possível de compreender as razões que o Mestre tinha para angariar o apoio popular dos peregrinos da Páscoa. Ele estivera pensando, antes de chegarem ao templo, que, sem o aspecto convincente daquela entrada em Jerusalém, Jesus teria sido preso pelos oficiais do sinédrio e jogado na prisão, no momento em que se atrevesse a entrar na cidade. E, portanto, ele não estava nem um pouco surpreso de que o Mestre não fizera nenhum uso das multidões alegres, depois de penetrar paredes adentro da cidade e de ter assim impressionado tão poderosamente os líderes judeus a ponto de fazê-los absterem-se de colocá-lo imediatamente na prisão. Compreendendo a verdadeira razão pela qual o Mestre teria entrado na cidade dessa maneira, Natanael naturalmente seguiu adiante mais equilibrado e menos perturbado e desapontado, do que os outros apóstolos, pela conduta subseqüente de Jesus. Natanael depositava grande confiança no entendimento de Jesus a respeito dos homens, tanto quanto na sua sagacidade e habilidade para lidar com as situações difíceis.

Mateus, a princípio, esteve confuso por causa da manifestação espetacular. Ele não captou o significado daquilo que os seus olhos estavam vendo, até que também ele se lembrasse da escritura de Zacarias, em que o profeta havia aludido ao júbilo de Jerusalém, porque o seu rei viera trazer a salvação, montado em um jumento de asno. Enquanto a procissão rumava em direção à cidade, dirigindo-se logo para o templo, Mateus ficou extasiado; ele estava seguro de que algo extraordinário aconteceria, quando o Mestre chegasse ao templo, à frente dessa multidão aclamadora. Quando um dos fariseus zombou de Jesus, dizendo: "Olhai, todo mundo, vide quem vem lá; o rei dos judeus montado em um asno!", Mateus só conseguiu não lhe pôr as mãos em cima a custo de um grande esforço. Nenhum dos doze estava mais deprimido, no caminho de volta para Betânia, naquele entardecer. Junto com Simão Pedro e Simão zelote, Mateus experimentava uma tensão nervosa a mais alta e, à noite, estava em um estado de exaustão total. Mas pela manhã Mateus ficou mais animado; afinal, ele sabia ser um bom perdedor.

Tomé era o homem mais desnorteado e perplexo de todos os doze. Durante a maior parte do tempo apenas limitou-se a seguir os demais, contemplando o espetáculo e perguntando-se honestamente qual poderia ser o motivo do Mestre ao participar de uma manifestação tão peculiar. No fundo do seu coração ele considerava toda a representação um pouco infantil, se não absolutamente tola. Ele nunca havia visto Jesus fazer nada semelhante e não sabia como explicar a sua estranha conduta nessa tarde de domingo. No momento em que eles chegaram ao templo, Tomé havia deduzido que o propósito dessa manifestação popular era amedrontar o sinédrio de um tal modo que não ousasse prender imediatamente o Mestre. No caminho de volta para Betânia, Tomé pensou muito, mas nada disse. Na hora de deitarem-se, a habilidade do Mestre em organizar a entrada tumultuada em Jerusalém havia começado a exercer um apelo ao seu senso de humor, e ele estava contente e aliviado por tal reação.

Esse domingo começou por ser um grande dia para Simão zelote. Ele teve visões de feitos maravilhosos em Jerusalém, nos próximos poucos dias, e nisso ele tinha razão, mas Simão sonhara com o estabelecimento de um novo governo nacional dos judeus, com Jesus no trono de Davi. Simão via os nacionalistas entrando em ação tão logo esse reino fosse anunciado, e ele próprio no comando supremo das forças militares reunidas do novo reino. A caminho do monte das Oliveiras, visualizou mesmo o sinédrio e todos os seus simpatizantes mortos antes do entardecer daquele dia. Acreditara realmente que algo grandioso ia acontecer. Ele havia sido o homem mais barulhento de toda a multidão. Às cinco horas daquela tarde ele era um apóstolo silencioso, abatido e desiludido. E nunca se recuperou totalmente da depressão que se estabeleceu nele, como resultado do choque desse dia; ao menos não até muito depois da ressurreição do Mestre.

Para os gêmeos Alfeus esse foi um dia perfeito. Eles realmente desfrutaram desse dia todo o tempo, e, não estando presentes durante o tempo da visita tranqüila ao templo, se livraram bem do anticlímax que foi o alvoroço popular. Certamente não poderiam compreender o comportamento abatido dos apóstolos, quando regressaram a Betânia naquela noite. Na memória dos gêmeos este viria a ser sempre o dia, aqui na Terra, em que eles estiveram o mais perto do céu. Esse dia havia sido o ponto mais alto de toda a sua carreira como apóstolos. E a memória da euforia dessa tarde de domingo sustentou-os durante toda a tragédia dessa semana memorável, até a hora da crucificação. Foi uma entrada a mais digna de um rei, que podia ser imaginada pelos gêmeos; e eles desfrutaram de cada momento do espetáculo. E aprovaram absolutamente tudo o que viram, conservando tudo na memória por muito tempo.

De todos os apóstolos, Judas Iscariotes foi o mais adversamente afetado por essa procissão de entrada em Jerusalém. A sua mente estava desagradavelmente agitada por causa da repreensão feita pelo Mestre, no dia anterior, em relação à unção realizada por Maria, na festa na casa de Simão. Judas estava desgostoso com todo o espetáculo. Parecia-lhe infantil, se não de fato ridículo. E, à medida que esse apóstolo vingativo presenciava os acontecimentos dessa tarde de domingo, para ele Jesus parecia assemelhar-se mais a um palhaço do que a um rei. Ele ressentia-se sinceramente com todo o espetáculo. E compartilhava da visão dos gregos e dos romanos, que desprezavam qualquer um que consentisse em montar num asno ou no jumento de uma mula. No momento em que a procissão triunfal entrou na cidade, Judas decidiu abandonar a idéia de um tal reino; e quase resolveu desistir de todas as absurdas tentativas de estabelecer o Reino do céu. No entanto, logo se lembrou da ressurreição de Lázaro e de muitas outras coisas, decidindo-se a ficar com os doze, ao menos por mais um dia. Além disso, levava a bolsa, e não iria desertar com os fundos apostólicos no seu poder. No caminho de volta a Betânia, naquela noite, a sua conduta não parecia estranha, já que todos os apóstolos estavam igualmente abatidos e silenciosos.

Judas deixou-se influenciar tremendamente pela zombaria dos seus amigos saduceus. Nenhum outro fator isolado exerceu uma influência tão poderosa sobre ele, na sua determinação final de abandonar Jesus e os companheiros apóstolos, como um certo episódio que ocorreu exatamente no momento em que Jesus chegara ao portão da cidade: um saduceu proeminente (um amigo da família de Judas) apressou-se até ele, com um espírito zombeteiro e, batendo-lhe nas costas, dissera: "Por que um rosto tão preocupado, meu bom amigo? Te anima e te junte a todos nós enquanto aclamamos a esse Jesus de Nazaré, que entra pelos portões de Jerusalém montado em um asno, como o rei dos judeus". Judas nunca se havia retraído diante da perseguição, mas ele não podia suportar esse tipo de ridicularização. Ao seu sentimento de vingança, nutrido já há tanto tempo, somava-se agora esse medo fatal do ridículo, esse sentimento terrível e temível que é estar envergonhado do seu Mestre e dos seus companheiros apóstolos. No seu coração, esse embaixador ordenado do Reino era já um desertor; restava-lhe apenas encontrar alguma desculpa plausível para romper abertamente com o Mestre.

DOCUMENTO 173

A SEGUNDA-FEIRA EM JERUSALÉM

NESSA segunda-feira pela manhã, bem cedo, tal como havia sido combinado de antemão, Jesus e os apóstolos reuniram-se na casa de Simão, em Betânia e, após uma troca de idéias breve, partiram para Jerusalém. Os doze mantiveram-se estranhamente silenciosos enquanto caminhavam para o templo; não se haviam recuperado da experiência do dia anterior. Estavam expectantes, temerosos e profundamente afetados por um certo sentimento de distância que tinha a sua origem na mudança de tática adotada pelo Mestre, combinada com a sua instrução para que não se engajassem em nenhum ensinamento público durante essa semana de Páscoa.

Enquanto esse grupo descia o monte das Oliveiras, Jesus indo à frente e os apóstolos seguindo imediatamente atrás, em silêncio meditativo, um único pensamento preponderava nas mentes de todos, exceto de Judas Iscariotes, o qual era: o que o Mestre fará hoje? O único pensamento que absorvia Judas era: O que farei? Devo continuar com Jesus e os meus companheiros, ou devo retirar-me? E se eu resolver abandonar tudo, como vou fazer esse rompimento?

Por volta de nove horas dessa bela manhã, esses homens chegaram ao templo. Foram imediatamente para a ampla praça onde Jesus ensinara tão freqüentemente e, após saudar os crentes que o aguardavam, Jesus subiu em uma das plataformas para os instrutores e começou a falar à multidão que se reunia. Os apóstolos mantiveram-se a uma curta distância e esperaram os acontecimentos.

1. A PURIFICAÇÃO DO TEMPLO

Um imenso tráfico comercial havia surgido em função dos serviços, das cerimônias e do culto no templo. Era o comércio que provia os animais adequados aos vários sacrifícios. Embora fosse permitido que os fiéis trouxessem o próprio animal do sacrifício, persistia o fato de que esse animal devesse estar livre de toda "mancha" no sentido dado pela lei levítica e segundo a interpretação dos inspetores oficiais do templo. Muitos dos fiéis haviam passado pela humilhação de ter o seu animal supostamente perfeito rejeitado pelos examinadores do templo. Por isso tornou-se uma prática comum comprar, no templo, os animais para o sacrifício e, embora houvesse vários postos perto do monte das Oliveiras onde pudessem ser comprados, havia-se tornado moda comprar esses animais diretamente dos cercados do templo. Gradualmente cresceu o costume de se vender todas as espécies de animais de sacrifício nas praças do templo. E, assim, passou a existir um negócio extenso, no qual lucros enormes eram auferidos. Uma parte desses ganhos era reservada ao tesouro do templo; a maior parte, contudo, ia indiretamente para as mãos das famílias dos altos sacerdotes no poder.

Essa venda de animais no templo prosperou porque, quando o fiel comprava um tal animal, embora o preço fosse tão mais alto, nenhuma taxa mais tinha de ser paga; e o fiel podia estar seguro de que o sacrifício proposto não seria rejeitado sob o pretexto de que o animal possuiria defeitos técnicos ou imaginários. De quando em quando, um sistema de preços exorbitantes era praticado para com a gente comum, especialmente durante as grandes festas nacionais. Em outros momentos, os sacerdotes de maior cobiça chegavam a cobrar o equivalente a uma semana de trabalho por um par de pombas, o qual poderia bem ser vendido ao pobre por uns poucos centavos. Os "filhos de Anás" haviam começado já a estabelecer os seus bazares nos recintos do templo; aqueles mesmos mercados de gêneros que perduraram até o momento em que foram, afinal, destruídos pelos populares, três anos antes da destruição do próprio templo.

O tráfico de animais e de outras mercadorias para o sacrifício, entretanto, não era o único modo pelo qual se profanava as praças do templo. Nessa época havia se fomentado um sistema extenso de intercâmbio bancário e comercial, que foi levado até para dentro dos recintos do templo. E tudo isso acontecera do seguinte modo: durante a dinastia dos asmoneanos, os judeus cunhavam as suas próprias moedas de prata, e, havendo sido estabelecida a prática de exigir-se que os tributos no valor de meio siclo, ao templo, todas as outras taxas do templo eram pagas nessa moeda judaica. Tal regulamentação tornava necessário que se licenciassem cambistas para converter as muitas moedas em circulação, na Palestina e em outras províncias do império romano, por esse siclo ortodoxo de cunhagem judaica. A taxa do templo, por pessoa, pagável por todos, exceto pelas mulheres, escravos e menores, era de meio siclo, uma moeda de aproximadamente um centímetro de diâmetro e larga espessura. Na época de Jesus os sacerdotes estavam isentos também do pagamento das taxas do templo. E, desse modo, entre os dias 15 e 25 do mês anterior à Páscoa, os cambistas autorizados instalavam os seus postos nas principais cidades da Palestina, com o propósito de fornecer ao povo judeu a moeda adequada para pagar as taxas do templo quando estivesse em Jerusalém. Depois desse período de dez dias, os cambistas iam para Jerusalém e continuavam com as suas mesas de câmbio nas praças do templo. Era-lhes permitido cobrar uma comissão equivalente a três ou quatro cêntimos pela troca de uma moeda cujo valor era de cerca de dez cêntimos, e caso uma moeda de maior valor fosse oferecida para a troca, era-lhes permitido cobrar em dobro. Do mesmo modo esses banqueiros do templo recebiam com lucros pela troca de qualquer dinheiro destinado à compra de animais para sacrifício, ou destinado ao pagamento de votos e oferendas.

Esses cambistas do templo não apenas efetuavam os negócios bancários pelo lucro no câmbio, de mais de vinte moedas diferentes, que os peregrinos visitantes traziam periodicamente a Jerusalém, mas também participavam de todas as outras espécies de transações pertinentes ao negócio bancário. E, tanto o tesouro do templo quanto os seus dirigentes, lucravam tremendamente com essas atividades comerciais. Não era incomum que o tesouro do templo guardasse o equivalente a mais de dez milhões de dólares, enquanto a gente comum definhava na pobreza e continuava a pagar arrecadações injustas.

Nessa segunda-feira pela manhã, em meio à multidão barulhenta de cambistas, de mercadores e de vendedores de gado, Jesus tentou ensinar o evangelho do Reino do céu. E não era ele o único a ressentir-se dessa profanação do templo; a gente comum, especialmente de visitantes judeus de províncias estrangeiras, também se ressentia sinceramente dessa profanação especulativa da casa nacional do seu culto. Nessa época, o próprio sinédrio mantinha as suas reuniões regulares em uma sala cercada por todo esse murmúrio e confusão de comércio e de câmbio.

No momento em que Jesus estava para começar a falar, duas coisas aconteceram que prenderam a sua atenção. Na mesa de dinheiro de um cambista por perto, havia surgido uma discussão violenta e calorosa, sobre uma comissão excessivamente elevada, cobrada a um judeu de Alexandria, enquanto ao mesmo tempo a atmosfera ali foi rompida pelos mugidos de uma manada de uns cem bois os quais estavam sendo conduzidos de um setor dos currais para outro. Quando se deteve, contemplando, silenciosa e pensativamente, essa cena de comércio e confusão, Jesus observou, perto de si, um cândido galileu, um homem com quem ele certa vez havia falado em Irom, sendo ridicularizado e empurrado por uns judeus arrogantes e pretensiosamente metidos a superiores; e, tudo isso combinado, produziu um dos estranhos acessos periódicos de indignação emotiva na alma de Jesus.

Para assombro dos seus apóstolos, que estavam por perto, e que se abstiveram de participar naquilo que logo aconteceu, Jesus desceu da plataforma de instrutor e dirigiu-se ao garoto que estava conduzindo o gado pela praça, tomou dele o chicote de cordas e rapidamente tirou os animais do templo. Isso, todavia, não foi tudo; a passos largos, e majestosamente, diante do olhar assombrado dos milhares de pessoas reunidas na praça do templo, Jesus dirigiu-se ao curral mais distante e pôs-se a abrir as porteiras de todos os currais e a colocar para fora os animais aprisionados. Nesse momento os peregrinos ali reunidos ficaram exaltados e, em uma gritaria tumultuada, foram até os bazares e começaram a virar as mesas dos cambistas. Em menos de cinco minutos, todo o comércio foi varrido do templo. No instante em que os guardas romanos da vizinhança surgiram em cena, tudo já havia sido aquietado e a multidão já se encontrava comportada; e Jesus, voltando à plataforma do orador, disse à multidão: "Vós testemunhastes, neste dia, o que está escrito nas escrituras: 'A minha casa será chamada de uma casa de oração para todas as nações, mas fizestes dela um covil de ladrões'".

Antes, contudo, de Jesus poder dizer outras palavras mais, a grande multidão irrompeu em hosanas de louvação e, logo em seguida, um grande grupo de jovens, saindo da multidão, cantou hinos de gratidão, por os mercadores profanos e usurários haverem sido expulsos do templo sagrado. Nesse momento alguns dos sacerdotes tinham chegado ao local, e um deles disse a Jesus: "Não ouvis o que os filhos dos levitas dizem?" E o Mestre respondeu: "Nunca lestes: 'da boca das crianças e dos lactentes a louvação saiu perfeita?'" Durante todo o restante daquele dia, enquanto Jesus ensinava, os guardas colocados pelo povo vigiavam em cada arco de entrada, e não permitiriam que ninguém levasse sequer uma vasilha vazia pelas praças do templo.

Quando os principais sacerdotes e os escribas ouviram contar sobre esses acontecimentos, ficaram sem fala. Quanto mais temiam o Mestre, mais ficavam determinados a destruí-lo. Mas se sentiam confusos. Não sabiam como executar a sua sentença de morte, por temerem bastante as multidões, que agora expressavam abertamente a sua aprovação pela expulsão dos especuladores profanos. E, durante todo esse dia, um dia de paz e de tranquilidade nas praças do templo, o povo ouviu aquele ensinamento e manteve-se literalmente suspenso pelas palavras do Mestre.

Essa ação surpreendente de Jesus estava além da compreensão dos seus apóstolos. Eles ficaram tão desconcertados pela ação repentina e inesperada do seu Mestre, que permaneceram agrupados, durante todo o episódio, perto da plataforma do orador; e não levantaram sequer um dedo para ajudar nessa limpeza do templo. Se esse acontecimento espetacular tivesse ocorrido no dia anterior, no momento da chegada triunfal de Jesus ao templo, no término da sua tumultuada procissão pelos portões da cidade, todo o tempo aclamado em altos brados, a multidão teria estado pronta para tudo; mas, vindo como veio, ninguém se encontrava absolutamente preparado para participar.

Essa purificação do templo mostra a atitude do Mestre para com a comercialização das práticas da religião, bem como a sua abominação por todas as formas de injustiças e de extorsão dos pobres e dos ignorantes. O episódio demonstra também que Jesus não via com aprovação a renúncia de empregar a força para proteger a maioria de um certo grupo humano qualquer, contra as práticas desleais e escravizadoras de minorias injustas, as quais podem entrincheirar-se por detrás do poder político, financeiro ou eclesiástico. Não se deve permitir que homens astuciosos, perversos e artificiosos organizem-se para a exploração e opressão daqueles que, por causa do seu idealismo, não estão dispostos a recorrer à força para se autoproteger ou para a execução dos seus projetos dignos de louvor.

2. DESAFIANDO A AUTORIDADE DO MESTRE

A entrada triunfal em Jerusalém, no domingo, intimidara tanto os líderes judeus que eles se abstiveram de prender Jesus. Hoje, essa purificação espetacular do templo, do mesmo modo, adiou efetivamente a prisão do Mestre. Dia a dia, os dirigentes dos judeus tornavam-se cada vez mais determinados a destruí-lo, mas ficavam perturbados por dois medos, que conspiraram para retardar a hora de desferir o golpe. Os principais sacerdotes e os escribas não estavam dispostos a prender Jesus em público, por medo de que a multidão se voltasse contra eles na fúria do ressentimento; eles também temiam a possibilidade de terem de convocar os guardas romanos para sufocar uma revolta popular.

Na sessão do sinédrio, ao meio-dia, ficou decidido por unanimidade que Jesus devia ser rapidamente destruído, já que nenhum amigo do Mestre comparecera a essa reunião. Contudo, não conseguiram chegar a um consenso quanto ao momento e à maneira de prendê-lo. Finalmente concordaram em apontar cinco grupos para se misturarem ao povo e, então, buscar enredá-lo nos próprios ensinamentos ou, de algum outro modo, colocá-lo em descrédito perante aqueles que ouviam o seu ensinamento. E, assim, por volta das duas horas, quando Jesus mal havia iniciado a sua palestra sobre "A Liberdade da Filiação", um grupo desses anciães de Israel abriu caminho até perto de Jesus e, interrompendo-o da maneira costumeira, fizeram esta pergunta: "Com qual autoridade tu fazes essas coisas? Quem te deu essa autoridade?"

Era de todo próprio que os dirigentes do templo e os oficiais do sinédrio judeu devessem fazer essa pergunta a qualquer um que presumisse ensinar e atuar de modo extraordinário, como havia sido característico de Jesus, especialmente no que concernia à sua conduta recente de retirar todo o comércio do templo. Esses comerciantes e cambistas operavam todos com a licença direta dos dirigentes mais altos; e uma percentagem dos seus ganhos, supunha-se, ia diretamente para o tesouro do templo. Não vos esqueçais de que *autoridade* era a senha para todo o mundo judeu. Os profetas estavam sempre suscitando problemas posto que, tão ousadamente, presumiam ensinar, sem autoridade, sem terem sido devidamente instruídos nas academias rabínicas e sem serem ordenados regularmente pelo sinédrio. A falta dessa autoridade, em pregações públicas pretensiosas, era considerada como indicadora de atrevimento ignorante ou de rebelião aberta. Nessa época, apenas o sinédrio poderia ordenar um ancião ou um instrutor; e a cerimônia para tal havia de ter lugar na presença de pelo menos três pessoas que tivessem sido assim anteriormente ordenadas. Tal ordenação conferia o título de "rabino" ao instrutor e também o qualificava para atuar como juiz, "obrigando ou desobrigando as questões que poderiam ser levadas a ele para julgamento".

Nessa hora da tarde, os dirigentes do templo vieram perante Jesus, não apenas desafiando o seu ensinamento, mas também os seus atos. Jesus bem sabia que esses mesmos homens há muito vinham afirmando publicamente que a sua autoridade para ensinar era satânica, e que todas as suas obras poderosas haviam sido realizadas pelo poder do príncipe dos demônios. O Mestre, por conseguinte, começou a sua resposta à pergunta deles devolvendo-lhes uma contrapergunta. Disse Jesus: "Eu gostaria de fazer-lhes uma pergunta que, se me responderdes, eu da mesma forma dir-vos-ei por meio de qual autoridade eu faço essas obras. De quem provém o batismo de João? João obteve a sua autoridade dos céus ou dos homens?"

E quando os seus interrogadores ouviram isso, retiraram-se de lado para aconselharem-se entre si quanto à resposta que deveriam dar. Haviam pensado em embaraçar Jesus diante da multidão, mas agora se encontravam muito mais confundidos diante de todos que estavam reunidos naquele momento na praça do templo. E a derrota deles tornou-se ainda mais aparente quando voltaram dizendo a Jesus: "A respeito do batismo de João, não podemos responder; não sabemos". E assim responderam ao Mestre após haverem argumentado entre si: se dissermos que vinha do céu, então ele nos perguntará por que não acreditamos nele, e, talvez, ainda acrescente que recebeu a sua autoridade de João; e se dissermos que provinha dos homens, então a multidão poderia voltar-se contra nós, pois a maioria deles sustenta que João foi um profeta. Desse modo eles viram-se obrigados, perante Jesus e o povo, a confessar que, mesmo sendo instrutores e líderes religiosos de Israel, não podiam (ou não queriam) expressar uma opinião sobre a missão de João. E depois que eles falaram, Jesus, abaixando os olhos até eles, disse: "Eu, tampouco, dir-vos-ei por autoridade de quem eu faço essas coisas".

Jesus nunca teve a intenção de recorrer à autoridade de João; João nunca fora ordenado pelo sinédrio. A autoridade de Jesus estava nele próprio e na supremacia eterna do seu Pai.

Ao empregar esse método para lidar com os seus adversários, Jesus não teve a intenção de evadir-se da pergunta. A princípio poderia parecer que ele fosse culpado de uma evasiva magistral, mas isso não aconteceu. Jesus nunca se dispôs a tirar uma vantagem injusta, nem mesmo dos seus inimigos. Na sua evasiva aparente, ele realmente ofereceu a todos os seus ouvintes a resposta à pergunta dos fariseus sobre a autoridade que estava por trás da sua missão. Eles haviam afirmado que Jesus atuava pela autoridade do príncipe dos demônios. E ele havia repetidamente dito que todos os seus ensinamentos e obras vinham do poder e da autoridade do seu Pai nos céus. E a isso os líderes judeus recusaram-se aceitar; e buscavam acossá-lo, levando-o a admitir que era um instrutor irregular, já que nunca havia sido sancionado pelo sinédrio. Ao responder a eles como o fez, embora sem pretender que a sua autoridade viesse de João, ele satisfez ao povo com a conclusão de que o esforço dos seus inimigos, para pegá-lo em uma armadilha, efetivamente havia recaído sobre eles próprios e os desacreditava aos olhos de todos ali presentes.

E tal genialidade do Mestre, para lidar com os seus adversários, era o que os deixava com tanto medo dele. E não tentaram mais perguntar nada naquele dia; retiraram-se para aconselhar-se ainda mais entre si. O povo, contudo, não demorou em discernir a desonestidade e a insinceridade nessas perguntas feitas pelos dirigentes judeus. Mesmo a gente comum não podia deixar de diferençar entre a majestade moral do Mestre e a hipocrisia insidiosa dos seus inimigos. Contudo, a limpeza do templo havia levado os saduceus a unirem-se aos fariseus, no aperfeiçoamento do plano para destruir Jesus. E os saduceus agora representavam a maioria no sinédrio.

3. PARÁBOLA DOS DOIS FILHOS

Enquanto os capciosos fariseus permaneciam ali diante de Jesus, em silêncio, ele abaixou os olhos para encará-los e dizer: "Posto que tendes dúvidas sobre a missão de João e já que estais coligados, em inimizade, contra os ensinamentos e obras do Filho do Homem, prestai atenção à parábola que irei contar-vos: Um certo dono de terras, grande e respeitado, possuía dois filhos e, desejando a ajuda dos seus filhos na administração das suas extensas propriedades, veio até um deles e disse: 'Filho, vá trabalhar hoje no meu vinhedo'. E esse filho irrefletido respondeu ao pai dizendo: 'Eu não irei'; mas arrependeu-se depois e foi. Quando se encontrou com o filho mais velho, disse-lhe do mesmo modo: 'Filho, vá trabalhar no meu vinhedo'. E esse filho, hipócrita e infiel, respondeu: 'Sim, meu pai, eu irei'. Mas quando o seu pai distanciou-se, ele não foi. Deixe que eu vos pergunte, qual desses filhos realmente fez a vontade do seu pai?"

E o povo falou em uma só voz, dizendo: "O primeiro filho". E então Jesus disse: "Assim é; e agora eu declaro que publicanos e prostitutas, ainda que pareçam negar-se ao chamado de arrependimento, verão o erro do seu caminho e irão para o Reino de Deus, antes de vós, que têm grandes pretensões de servir ao Pai nos céus, mas que recusais a fazer as obras do Pai. Não fostes vós, fariseus e escribas, que crestes em João, mas foram, sim, os publicanos e os pecadores; e vós não acreditais nos meus ensinamentos, mas o povo comum ouve as minhas palavras com contentamento".

Jesus não desprezou os fariseus e os saduceus pessoalmente. Ele buscou desacreditar, na verdade, os seus sistemas de ensino e de prática. Ele não foi hostil a nenhum homem, mas, em tudo isso, ocorre um choque inevitável entre uma religião nova e viva, do espírito, e a religião velha, da cerimônia, da tradição e da autoridade.

Os doze apóstolos, durante todo esse tempo, permaneceram perto do Mestre; mas, de nenhum modo participaram desses atos. Cada um dos doze reagia, de uma maneira própria e peculiar, aos acontecimentos desses últimos dias na ministração de Jesus na carne; e cada um deles, igualmente, permaneceu obediente ao comando, do Mestre, para que se abstivesse de qualquer ensinamento e pregação públicos durante essa semana de Páscoa.

4. PARÁBOLA DO PROPRIETÁRIO AUSENTE

Quando os principais fariseus e escribas, que haviam procurado envolver Jesus com as suas perguntas, terminaram de ouvir a história dos dois filhos, retiraram-se para um novo aconselhamento; e o Mestre, voltando a sua atenção para a multidão atenta, contou uma outra parábola:

"Havia um homem bom que era dono de uma propriedade e que plantou um vinhedo. Colocou uma cerca em volta da plantação, cavou uma vala para prensar uva e construiu uma torre-de-vigia para os guardas. Então, deixou o vinhedo para uns arrendatários, enquanto saiu em uma longa viagem a um outro país. Quando a estação das frutas se aproximou, ele enviou serviçais aos arrendatários, para receber o aluguel. Todavia, eles consultaram entre si e recusaram-se a dar àqueles serviçais as frutas que deviam ao senhor deles; além disso, agredindo os serviçais, bateram em um deles, apedrejaram outro e mandaram os outros embora, de mãos vazias. Quando o proprietário soube de tudo isso, enviou outros serviçais, de maior confiança, para negociar com esses arrendatários perversos; a estes, eles feriram e trataram também de modo vergonhoso. E então o proprietário enviou o seu serviçal favorito, o seu administrador; e eles mataram-no. E ainda, com toda a paciência e indulgência, ele despachou muitos outros serviçais; mas a nenhum eles receberiam. Em alguns, eles bateram; a outros eles os mataram. E quando o proprietário se viu tratado dessa maneira, decidiu enviar o seu filho para lidar com esses arrendatários ingratos, dizendo a si próprio: 'Eles podem destratar os meus serviçais, mas certamente demonstrarão respeito pelo meu filho amado'. Mas, quando esses arren-datários perversos e sem arrependimento viram o filho, eles raciocinaram entre si: 'Este é o herdeiro; vinde, vamos matá-lo e então a herança será nossa'. E assim eles agarraram-no e, depois de jogá-lo para fora do vinhedo, eles o mataram. Quando o senhor daquele vinhedo souber como eles rejeitaram e mataram o seu filho, o que ele fará àqueles homens ingratos e perversos?"

Ao ouvirem essa parábola e a pergunta que Jesus havia feito, alguns em meio ao povo responderam: "Ele irá destruir esses homens miseráveis e arrendará o seu vi-nhedo a outros agricultores honestos, que lhe entregarão as frutas na estação certa". Quando alguns entre os que estavam ouvindo, perceberam que essa parábola referia-se à nação judaica, ao tratamento que ela havia dispensado aos profetas e à rejeição iminente de Jesus e do evangelho do Reino, eles disseram com tristeza: "Que Deus proíba que continuemos a fazer essas coisas".

Jesus viu um grupo de saduceus e fariseus abrindo caminho na multidão; e, então, parou um pouco, até que eles chegassem perto dele, quando então disse: "Vós sabeis como os vossos pais rejeitaram os profetas; e bem sabeis que, no vosso coração, já decidistes rejeitar o Filho do Homem". Na ocasião, olhando de modo perscrutador para esses sacerdotes e anciães que permaneciam na sua frente, Jesus disse: "Já lestes nas escrituras sobre a pedra que os construtores rejeitaram e que, quando o povo a descobriu, foi convertida na pedra angular? Assim, uma vez mais eu vos previno de que, se continuardes a rechaçar a esse evangelho, em breve o Reino de Deus será tirado de vós e dado a um povo disposto a receber as boas-novas e a conceber os frutos do espírito. E há um mistério a respeito dessa pedra, pois aquele que cai sobre ela, ainda que se rompa em pedaços, será salvo; mas aquele, sobre o qual essa pedra cair, será convertido em pó e as suas cinzas jogadas aos quatro ventos".

Ao ouvirem essas palavras, os fariseus compreenderam que Jesus referia-se a eles próprios e aos outros líderes judeus. Eles desejavam ardentemente prendê-lo ali e na-quele momento, mas temiam a multidão. Contudo, estavam tão enraivecidos com as palavras do Mestre que se retiraram e organizaram outro conselho, entre eles, para saber como poderiam levá-lo à morte. E, naquela noite, os saduceus e os fariseus uniram as mãos para planejar pegá-lo no dia seguinte.

5. PARÁBOLA DA FESTA DE CASAMENTO

Após haverem-se retirado, os escribas e os dirigentes, Jesus dirigiu-se uma vez mais à multidão reunida e contou a parábola da festa de casamento. Ele disse:

"O Reino do céu pode ser comparado a um certo rei que fez uma festa de casa-mento para o seu filho e despachou mensageiros para chamar todos aqueles que haviam sido previamente convidados para a festa, dizendo: 'Tudo está pronto para a ceia de casamento no palácio do rei'. Nisso, muitos daqueles que haviam prometido comparecer, desta vez negaram-se a ir. Quando o rei soube dessas recusas ao seu convite, enviou outros servos e mensageiros, dizendo-lhes: 'Comunicai a todos aque-les que foram convidados, para virem, pois, eis que o meu jantar está pronto. Os meus bois e os animais mais gordos foram mortos, e tudo está mais que pronto para a celebração do casamento vindouro do meu filho'. E novamente os convidados negligentes fizeram pouco desse chamado do seu rei, e tomaram os seus caminhos; um foi para a fazenda, outro para a cerâmica e outros para as suas mercadorias. Ou-tros, ainda, não contentes em menosprezar assim o convite do rei, em uma rebelião aberta, pegaram os seus mensageiros, maltratando-os vergonhosamente e matando mesmo alguns deles. Quando percebeu que os hóspedes selecionados, até mesmo aqueles que haviam aceitado o seu convite anterior e que haviam prometido comparecer às festas das bodas, por fim rejeitaram esse convite e em rebelião atacaram e mataram os mensageiros escolhidos, o rei ficou extremamente encolerizado. E, então, esse rei insultado instruiu os seus exércitos e os exércitos dos seus aliados para que destruíssem os assassinos rebeldes e incendiassem a sua cidade.

"Depois de haver punido os que haviam desdenhado seu convite, escolheu ainda um outro dia para a festa de casamento e disse aos seus mensageiros: 'Aqueles primeiros convidados para o casamento não são dignos; ide, pois, agora, às encruzilhadas das estradas e mesmo além das fronteiras da cidade e, a quantos encontrardes, convidai-os, ainda que sejam estrangeiros, para vir e comparecer a essa festa de bodas'. E, então, esses servidores foram às estradas e locais fora de rota, reunindo tantos quantos encontraram, bons e maus, ricos e pobres, de modo que, afinal, a sala de casamento ficasse repleta de convivas dispostos. Quando tudo se encontrava pronto, o rei veio estar com os convidados e, para sua surpresa, viu um homem sem a roupa nupcial. Havendo fornecido livremente as roupas das bodas a todos os convidados, o rei disse dirigindo-se a esse homem: 'Amigo, como podes vir à sala dos convidados, em tal ocasião, sem uma roupa de casamento?' E esse homem desprevenido ficou calado. Então, disse o rei aos serviçais: 'Expulsem da minha casa este convidado sem consideração. E que ele compartilhe da sorte de todos os outros que desprezaram a minha hospitalidade, rejeitando o meu chamado. Não terei aqui ninguém, a não ser aqueles que se regozijam de aceitar o meu convite, e que me honram ao vestir as roupas de convidados gratuitamente oferecidas a todos'".

Depois de contar essa parábola, Jesus estava a ponto de despedir a multidão, quando um crente comiserado, abrindo caminho por entre os grupos, até chegar a ele, perguntou: "Mas, Mestre, como saberemos sobre essas coisas? Como estaremos prontos para o convite do rei? Que sinal tu darás para que saibamos que és o Filho de Deus?" E quando o Mestre ouviu isso, ele disse: "Apenas um sinal vos será dado". E então, apontando para o próprio corpo, ele continuou: "Destruí este templo, e em três dias eu o levantarei". Mas eles não o compreenderam e, enquanto dispersavam-se conversaram entre si, dizendo: "Este templo está sendo construído há quase cinqüenta anos, e ele ainda diz que o destruirá e o reconstruirá em três dias". Mesmo os seus apóstolos não compreenderam o significado dessa afirmação, mas, posteriormente, depois da sua ressurreição, eles recordaram-se do que Jesus havia dito.

Por volta de quatro horas, nessa tarde, Jesus acenou para os seus apóstolos e indicou que desejava deixar o templo e ir a Betânia para a sua refeição e para descansar naquela noite. Na subida do monte das Oliveiras, Jesus indicou a André, a Filipe e a Tomé que, no dia seguinte, deveriam estabelecer um acampamento mais próximo da cidade, para poderem ocupá-lo durante o restante da semana da Páscoa. Em cumprimento a essa instrução, na manhã seguinte, colocaram as suas tendas em uma ravina inclinada que dominava o parque de acampamento público do Getsêmani, em um pequeno terreno que pertencia a Simão de Betânia.

E, novamente, era um grupo de judeus silenciosos, aquele que subiu a rampa oeste do monte das Oliveiras, nesse domingo à noite. Esses doze homens, como nunca antes, começavam a sentir que alguma coisa trágica estava para advir. Embora a dramática purificação do templo, durante aquela manhã, houvesse renovado as esperanças de ver o Mestre impor-se, manifestando os seus altos poderes, os acontecimentos de toda a tarde resultaram mais em um anticlímax apenas, pois indicavam todos uma rejeição certa dos ensinamentos de Jesus, da parte das autoridades judaicas. Os apóstolos, que estavam já tomados pela dúvida, se viram presos pela forte garra de uma incerteza terrível. Deram-se conta de que uns poucos e curtos dias, apenas, interpunham-se entre os acontecimentos do dia que passava e o colapso de uma fatalidade iminente. Todos sentiam alguma coisa terrível por acontecer, mas não sabiam o que esperar. E foram para os seus vários locais de descanso, mas pouco dormiram. Até mesmo os gêmeos Alfeus, afinal, foram despertados para a compreensão de que os acontecimentos da vida do Mestre estavam rapidamente atingindo a sua culminação final.

DOCUMENTO 174

TERÇA-FEIRA DE MANHÃ NO TEMPLO

POR VOLTA das sete horas, nessa terça-feira pela manhã, Jesus encontrou-se com os apóstolos, o corpo de mulheres e ainda uns vinte e quatro outros discípulos proeminentes, na casa de Simão. Nessa reunião ele despediu-se de Lázaro, passando-lhe a instrução que o levou a fugir logo para a Filadélfia, na Peréia, onde mais tarde ligou-se ao movimento missionário cuja sede situava-se naquela cidade. Jesus também disse adeus ao idoso Simão; e deu o seu conselho de despedida ao corpo de mulheres, nunca mais se dirigindo de novo a elas formalmente.

Nessa manhã, Jesus saudou cada um dos doze com palavras pessoais. A André ele disse: "Não te desanimes com os acontecimentos que temos pela frente. Mantém um controle firme dos teus irmãos e cuida para que não te vejam abatido". A Pedro, ele disse: "Não ponhas a tua confiança na força do teu braço, nem nas armas de aço. Estabelece-te nas fundações espirituais das rochas eternas". A Tiago, Jesus disse: "Não hesites por causa das aparências externas. Permanece firme na tua fé; e logo saberás da realidade daquilo em que crês". A João, ele disse: "Sê gentil; ama até mesmo os teus inimigos; sê tolerante. E lembra-te de que eu confiei muitas coisas a ti". A Natanael, Jesus disse: "Não julgues pelas aparências; permanece firme na tua fé, quando tudo parecer desabar; sê fiel à tua missão como embaixador do Reino". A Filipe, ele disse: "Permanece impassível diante dos acontecimentos que agora são iminentes. Mantém-te inabalado, mesmo quando não puderes ver o caminho. Sê leal ao teu juramento de consagração". A Mateus, ele disse: "Não te esqueças da misericórdia que te recebeu no Reino. Que nenhum homem te trapaceie quanto à tua recompensa eterna. Do mesmo modo que resististe às inclinações da natureza mortal, esteja disposto a ser imperturbável". A Tomé, ele disse: "Não importa quão difícil possa ser, agora deverás caminhar pela fé e não apenas pelo que os teus olhos vêem. Não duvides de que sou capaz de terminar a obra que iniciei; nem de que finalmente ainda verei todos os meus fiéis embaixadores, no futuro do Reino". Para os gêmeos Alfeus, ele disse: "Não vos deixeis subjugar pelas coisas que não podeis compreender. Sede fiéis ao afeto dos vossos corações e não depositeis a vossa confiança nos grandes homens, nem na atitude inconstante do povo. Permanecei junto aos vossos irmãos". A Simão zelote, ele disse: "Simão, tu podes estar despedaçado pelo desapontamento, mas o teu espírito elevar-se-á acima de tudo o que suceder. O que não conseguiste aprender de mim, o meu espírito te ensinará. Busca as realidades verdadeiras do espírito e cessa de atrair-te para as sombras do irreal e do material". E, para Judas Iscariotes, ele disse: "Judas, eu tenho te amado e tenho orado para que ames os teus irmãos. Não te canses de fazer o bem; e eu gostaria de prevenir-te para que tomes cuidado com os trajetos escorregadios da adulação e com os dardos envenenados do medo de ser ridicularizado".

E quando concluiu essas saudações, partiu para Jerusalém com André, Pedro, Tiago e João, enquanto os outros apóstolos ocupavam-se de estabelecer o acampamento do

Getsêmani, para onde dirigir-se-iam nessa noite e onde instalariam a sede-central para o restante da vida do Mestre na carne. Na metade da descida do monte das Oliveiras, Jesus parou e conversou por mais de uma hora com os quatro apóstolos.

1. O PERDÃO DIVINO

Pedro e Tiago haviam-se empenhado, durante vários dias, em discutir as suas diferenças de opinião sobre os ensinamentos do Mestre a respeito do perdão do pecado. Ambos concordaram em expor a questão a Jesus; e Pedro aproveitou essa ocasião como uma oportunidade apropriada para obter o conselho do Mestre. Assim, Simão Pedro interrompeu a conversa sobre as diferenças entre a louvação e a adoração, perguntando: "Mestre, Tiago e eu não temos a mesma idéia a respeito dos teus ensinamentos sobre o perdão do pecado. Conforme Tiago, tu ensinas que o Pai nos perdoa mesmo antes de lhe pedirmos; e eu sustento que o arrependimento e a confissão devem preceder o perdão. Qual de nós está certo? O que dizes?"

Depois de um breve silêncio, Jesus olhou de modo significativo para todos os quatro e respondeu: "Meus irmãos, vos equivocais nas vossas opiniões, porque não compreendeis a natureza das relações íntimas e amorosas entre a criatura e o Criador, entre homem e Deus. Não captastes a simpática compaixão que o sábio pai nutre pelo seu filho imaturo e, mesmo, algumas vezes equivocado. De fato, é questionável que pais inteligentes e afetuosos sejam algum dia chamados a perdoar a um filho normal comum. As relações de entendimento ligadas às atitudes de amor impedem eficazmente todos os distanciamentos que mais tarde requerem o reajuste pelo arrependimento da parte do filho, para ter o perdão do pai.

"Uma parte de todo pai vive no filho. O pai desfruta de prioridade e superioridade na compreensão, em todas questões ligadas à relação filho-pai. O pai é capaz de perceber a imaturidade do filho à luz da maturidade paterna mais elevada, da experiência amadurecida de companheiro com mais idade. No caso do filho terreno e do Pai celeste, o Pai divino possui a compaixão de um modo infinito e divino, bem como capacidade de entendimento por meio do amor. O perdão divino é inevitável, inerente e inalienável à compreensão infinita de Deus, no seu conhecimento perfeito de tudo que concerne ao julgamento equivocado e à escolha errônea do filho. A justiça divina é tão eternamente equânime, que infalivelmente vem junto com a misericórdia da compreensão.

"Quando um homem sábio compreende os impulsos interiores dos semelhantes, ele há de amá-los. E quando amais o vosso irmão, já o perdoastes. Essa capacidade de compreender a natureza do homem e de perdoar seus erros aparentes é divina. Sendo pais sábios, desse modo, ireis amar e compreender vossos filhos, e até perdoá-los, quando um desentendimento transitório aparentemente vos houver separado. O filho, por ser imaturo e por faltar-lhe um entendimento mais pleno, da profundidade da relação filho-pai, freqüentemente é possuído por um sentimento de culpa pelo seu distanciamento da aprovação completa do pai; mas o pai verdadeiro não toma consciência de tal separação. O pecado é uma experiência da consciência da criatura, não é parte da consciência de Deus.

"A vossa incapacidade ou falta de disposição de perdoar os vossos semelhantes é a medida da vossa imaturidade, do vosso insucesso em alcançar a compaixão amadurecida, a compreensão e o amor. Vós mantendes rancores e nutris idéias de vingança na proporção direta da vossa ignorância sobre a natureza interior e as verdadeiras aspirações dos vossos filhos e vossos semelhantes. O amor é uma realização do impulso divino interno da vida. Ele baseia-se na compreensão, nutre-se do serviço não-egoísta e aperfeiçoa-se na sabedoria".

2. PERGUNTAS DOS DIRIGENTES JUDEUS

Na segunda-feira à noitinha foi realizado um conselho do sinédrio com uns cinqüenta outros líderes selecionados entre escribas, fariseus e saduceus. Essa assembléia chegou ao consenso geral de que seria perigoso prender Jesus em público, por causa da sua influência sobre os sentimentos do povo comum. E também a opinião da maioria foi a de que um certo esforço deveria ser feito a fim de desacreditá-lo aos olhos da multidão, antes que fosse preso e trazido a julgamento. E, assim, vários grupos de homens eruditos foram designados para estarem disponíveis na manhã seguinte, no templo, a fim de preparar armadilhas para ele, com perguntas difíceis, e buscar embaraçá-lo de outros modos perante o povo. Finalmente, fariseus, saduceus e, mesmo, herodianos estavam todos unidos nesse esforço para desacreditar Jesus aos olhos das multidões da Páscoa.

Na terça-feira pela manhã, quando Jesus chegou à praça do templo e começou a ensinar, mal havia dito umas poucas palavras quando um grupo de estudantes mais jovens, das academias, o qual havia sido ensaiado com esse propósito, adiantou-se, e o seu porta-voz dirigiu-se a Jesus: "Mestre, sabemos que és um instrutor íntegro, como sabemos que tu proclamas os caminhos da verdade, e que serves apenas a Deus; que não temes a nenhum homem e não tens preferência por nenhuma pessoa. Somos apenas estudantes e gostaríamos de saber a verdade sobre uma questão que nos perturba; a nossa dificuldade é esta: é lícito que devamos pagar o tributo a César? Devemos pagar ou não devemos pagar?" Jesus, percebendo a hipocrisia e a artimanha deles, lhes disse: "Por que vindes assim para tentar-me? Mostrai-me o dinheiro do tributo e eu vos responderei". E quando eles lhe entregaram um denário, ele examinou-o e disse: "Esta moeda traz a imagem e a subscrição de quem?" E, então, lhe responderam: "De César". E Jesus disse: "Dai a César as coisas que são de César, e dai a Deus as coisas que são de Deus".

Depois de responder assim, a esses jovens escribas e aos seus cúmplices herodianos, eles retiraram-se da sua presença; e o povo, mesmo os saduceus, apreciou o desconforto em que ficaram. Mesmo os jovens que haviam participado dessa armadilha maravilharam-se bastante com a sagacidade inesperada da resposta do Mestre.

No dia anterior, os dirigentes haviam tentado uma armadilha para pegá-lo diante da multidão, em questões sobre a autoridade eclesiástica, e, havendo fracassado, agora buscavam envolvê-lo em uma discussão lesiva sobre a autoridade civil. Tanto Pilatos quanto Herodes estavam em Jerusalém nesse momento; assim, os inimigos de Jesus conjecturaram que, se ele ousasse prevenir contra o pagamento do tributo a César, poderiam ir imediatamente perante as autoridades romanas e acusá-lo de sedição. Se aconselhasse, com todas as letras, o pagamento do tributo, por outro lado, previu com acerto, um tal pronunciamento feriria em muito o orgulho nacional dos seus ouvintes judeus, afastando de si toda a boa-vontade e a simpatia da multidão.

Em tudo, os inimigos de Jesus foram derrotados, posto que um regulamento bem conhecido do sinédrio, feito para orientar os judeus dispersos entre as nações gentias, dizia que "o direito de cunhar moedas traz consigo o direito de coletar impostos". Desse modo Jesus escapou de cair na armadilha deles. Se tivesse respondido "não" à pergunta deles teria sido equivalente a incitar a rebelião; se tivesse respondido "sim", teria chocado o arraigado sentimento nacionalista daquela época. O Mestre não fugiu da pergunta; meramente empregou a sabedoria de uma resposta ambivalente. Jesus nunca se mostrava evasivo, era sempre sábio para lidar com aqueles cuja intenção fosse fustigá-lo e destruí-lo.

3. OS SADUCEUS E A RESSURREIÇÃO

Antes que Jesus pudesse começar o seu ensinamento, outro grupo se adiantou para fazer perguntas, desta vez eram os eruditos e astutos saduceus. O porta-voz deles, aproximando-se de Jesus, disse: "Mestre, Moisés disse que se um homem casado morresse, sem deixar filhos, o seu irmão deveria ficar com a viúva, engendrando assim uma descendência para o irmão morto. Pois bem, agora aconteceu um caso em que um certo homem que tinha seis irmãos morreu sem deixar filhos; o seu segundo irmão ficou com a sua esposa, mas logo também morreu, não deixando filhos. Do mesmo modo, o irmão seguinte tomou a mulher, mas também morreu, não deixando prole. E assim foi, até que todos os seis irmãos haviam ficado com a mulher, e todos os seis morreram sem deixar filhos. E então, depois de todos eles, a própria mulher morreu. Agora, o que gostaríamos de perguntar é o seguinte: Na ressurreição ela será esposa de quem, já que todos os sete irmãos a tiveram?"

Jesus sabia, e também o povo, que esses saduceus não estavam sendo sinceros ao fazer essa pergunta, porque não era provável que um tal caso realmente ocorresse; além do que, essa prática dos irmãos de um homem morto, na busca de dar-lhe filhos, era praticamente uma letra morta entre os judeus. Jesus, entretanto, condescendeu em responder à pergunta maliciosa deles. Ele disse: "Todos vós vos enganais ao fazer tal pergunta, porque não conheceis nem as escrituras, nem o poder vivo de Deus. Sabeis que os filhos deste mundo podem casar e ser dados em matrimônio; mas não pareceis compreender que aqueles que são considerados dignos de alcançar os mundos que estão por vir, depois de passarem pela ressurreição dos justos, nem se casam nem são dados em matrimônio. Aqueles que experimentam a ressurreição dos mortos são mais como os anjos do céu, e nunca morrem. Esses ressuscitados são eternamente filhos de Deus; eles são filhos da luz, ressuscitados, para progredirem na vida eterna. E, até mesmo o vosso pai Moisés compreendeu isso, pois, em relação à suas experiências com o ramo em chamas, ele ouviu o Pai dizer: 'Eu *sou* o Deus de Abraão, o Deus de Isaac, e o Deus de Jacó'. E assim, junto com Moisés, eu declaro que o meu Pai não é o Deus dos mortos, mas dos vivos. Nele todos vós viveis, reproduzis e possuis a vossa existência mortal".

Quando Jesus acabou de responder a essas questões, os saduceus retiraram-se e alguns dos fariseus tanto esqueceram de si que exclamaram: "É verdade, é verdade, Mestre, respondeste bem a esses saduceus descrentes". Os saduceus não ousaram fazer-lhe mais perguntas, e a gente comum ficou maravilhada com a sabedoria do ensinamento de Jesus.

No seu encontro com os saduceus, Jesus apenas recorreu a Moisés porque essa seita político-religiosa só reconhecia a validade de cinco dos chamados Livros de Moisés; eles não aceitavam que os ensinamentos dos profetas fossem admissíveis como base dos dogmas da doutrina. O Mestre, na sua resposta, embora afirmasse positivamente o fato da sobrevivência das criaturas mortais, por meio da técnica da ressurreição, não aprovou, em nenhum sentido, as crenças fariseicas na ressurreição literal do corpo humano. O ponto que Jesus desejou enfatizar foi o de o Pai haver dito: "*Eu Sou* o Deus de Abraão, de Isaac e de Jacó; e não *Eu fui* o Deus deles".

Os saduceus haviam pensado em sujeitar Jesus à influência desmoralizante do *ridículo*, sabendo muito bem que a perseguição em público, sem dúvida, acarretaria mais simpatia para ele, nas mentes da multidão.

4. O GRANDE MANDAMENTO

Outro grupo de saduceus havia sido instruído a fazer perguntas embaraçosas a Jesus, sobre os anjos, mas, quando viram a sorte dos camaradas que haviam tentado jogá-lo na armadilha, com as perguntas a respeito da ressurreição, decidiram sabiamente ficar em paz e retiraram-se sem nada perguntar. O plano pré-concebido dos fariseus, escribas, saduceus e herodianos, em aliança, consistia em preencher o dia inteiro com esse tipo de perguntas, esperando, com elas, desacreditar Jesus perante o povo e, ao mesmo tempo, impedir efetivamente que ele tivesse tempo para a proclamação dos seus ensinamentos perturbadores.

Então os grupos de fariseus adiantaram-se para fazer as tais perguntas embaraçosas e o porta-voz deles, sinalizando para Jesus, disse: "Mestre, eu sou um jurista, e gostaria de perguntar-te qual é o mandamento mais importante, na tua opinião?" Jesus respondeu: "Não há senão um mandamento, que é o maior de todos. E este mandamento é: 'Ouve, ó Israel, o Senhor, nosso Deus, o Senhor é um; e tu amarás o Senhor, teu Deus, de todo o teu coração e com toda a tua alma, toda a tua mente e toda a tua força'. Esse é o primeiro e o grande mandamento. E o segundo mandamento é como o primeiro; na verdade, brota diretamente dele, e é: 'Tu amarás ao teu próximo como a ti mesmo'. Não há nenhum outro mandamento maior do que esses; sobre esses dois mandamentos se apóiam toda a lei e os profetas".

Quando o jurista percebeu que Jesus havia respondido, não apenas de acordo com o mais elevado conceito da religião judaica, mas também com sabedoria à vista da multidão reunida, ele julgou que, como prova de coragem, valia mais que ele louvasse abertamente à resposta do Mestre. E então ele disse: "Na verdade, Mestre, tu disseste bem que Deus é um, e que não há nenhum além dele; e que amar a Deus no fundo do coração, com todo o entendimento e força, e também amar o semelhante, como a si próprio, é o primeiro grande mandamento; e nós concordamos que esse grande mandamento é muito mais importante do que todo holocausto e sacrifício". Quando o jurista respondeu assim prudentemente, Jesus, olhando-o de cima, disse: "Meu amigo, percebo que não estás longe do Reino de Deus".

Jesus dissera a verdade ao afirmar a esse jurista: "Não estás muito longe do Reino", pois, naquela mesma noite, indo ao acampamento do Mestre, perto do Getsêmani, ele professou a sua fé no evangelho do Reino e foi batizado por Josias, um dos discípulos de Abner.

Dois ou três outros grupos de escribas e fariseus presentes haviam tido a intenção de fazer perguntas, mas, ou foram desarmados pela resposta de Jesus ao jurista, ou foram intimidados pelo desapontamento de todos aqueles que haviam tentado enganá-lo com armadilhas. Depois disso, homem algum ousou fazer-lhe mais perguntas em público.

Quando percebeu que não mais lhe fariam perguntas e como o meio-dia estava próximo, Jesus não retomou o seu ensinamento, contentando-se em fazer aos fariseus, e aos aliados deles, meramente uma pergunta. Disse Jesus: "Posto que não apresentais mais questões, eu gostaria de propor uma: O que pensais do Libertador? Isto é, de quem ele é filho?" Após uma breve pausa, um dos escribas respondeu: "O Messias é filho de Davi". E posto que Jesus sabia que se havia discutido muito, mesmo entre os seus próprios discípulos, sobre ser ele ou não filho de Davi, ele fez mais uma pergunta: "Se o Libertador, de fato, é o filho de Davi, como é que, no Salmo que creditais a Davi, ele próprio, falando do espírito, diz: 'O Senhor disse ao meu senhor, assenta-te à minha mão direita até que eu ponha os teus inimigos como banqueta para os teus pés.' Se Davi chama a si próprio de Senhor, como ele pode ser o seu filho?". Embora os dirigentes, escribas e sacerdotes principais não dessem nenhuma resposta a essa pergunta, eles abstiveram-se também de propor outras perguntas que servissem como armadilhas. Nunca responderam a essa pergunta que Jesus lhes fez, mas, depois da morte do Mestre, tentaram escapar da dificuldade mudando a interpretação desse salmo, de modo a fazê-lo referir-se a Abraão em lugar do Messias. Outros procuraram escapar do dilema negando que Davi fosse o autor desse salmo, chamado de messiânico.

Um momento antes, os fariseus haviam desfrutado da maneira pela qual os saduceus tinham sido silenciados pelo Mestre; agora os saduceus deliciavam-se com o fracasso dos fariseus; mas essa rivalidade era apenas momentânea; eles esqueceram-se rapidamente dessas diferenças tradicionais, unindo-se no esforço de dar um fim aos ensinamentos e às obras de Jesus. Mas em todas essas experiências a gente comum ouviu Jesus com contentamento.

5. OS GREGOS INDAGADORES

Por volta do meio-dia, enquanto se ocupava comprando os suprimentos para o novo acampamento, o qual estava sendo instalado naquele dia, perto do Getsêmani, Filipe foi abordado por uma delegação de estrangeiros, um grupo de crentes gregos da Alexandria, Atenas e Roma, cujo porta-voz disse ao apóstolo: "Tu foste indicado a nós por aqueles que te conhecem e, assim sendo, viemos a ti, senhor, com o pedido de ver Jesus, o teu Mestre". Tomado de surpresa, por encontrar esses gentios gregos proeminentes e indagadores na praça do mercado e, posto que Jesus havia recomendado tão explicitamente a todos os doze que não se engajassem em qualquer ensinamento público durante a semana de Páscoa, Filipe ficou um pouco confuso quanto à forma certa de lidar com essa questão. Ele havia ficado desconcertado, também, porque esses homens eram gentios estrangeiros. Se fossem judeus, ou gentios da vizinhança, ele não teria hesitado tanto. E o que fez foi o seguinte: pediu a esses gregos que permanecessem exatamente onde estavam. E quando se apressou, saindo dali, eles supuseram que tivesse ido à procura de Jesus, mas, na realidade, ele correu para a casa de José, onde sabia que André e os outros apóstolos estavam almoçando, e, chamando André lá fora, explicou-lhe o propósito da sua vinda, e então, acompanhado de André, ele voltou até onde os gregos esperavam.

Já que Filipe havia quase que terminado a compra de suprimentos, ele e André retornaram, com os gregos, à casa de José, onde Jesus os recebeu; e eles assentaram-se perto dele, enquanto falava aos seus apóstolos e a um certo número de discípulos importantes, reunidos para esse almoço. Disse Jesus:

"Meu Pai enviou-me a este mundo para revelar a Sua bondade e o Seu amor aos filhos dos homens; mas aqueles, para quem eu vim antes, se recusaram a receber-me. Verdade é que muitos de vós crestes no meu evangelho por vós próprios, mas os filhos de Abraão e os seus líderes estão a ponto de rejeitar-me e, ao fazê-lo, irão rejeitar a Ele que me enviou. Eu tenho proclamado abertamente o evangelho da salvação a esse povo, disse-lhe sobre a filiação com alegria, com liberdade e uma vida mais abundante no espírito. E pois o meu Pai realizou várias obras maravilhosas para esses filhos dos homens tiranizados pelo medo. Mas o profeta Isaías referiu-se verdadeiramente a esse povo quando escreveu: 'Senhor, quem acreditou nos nossos ensinamentos? E a quem o Senhor foi revelado?' De fato, os líderes do meu povo cegaram deliberadamente os próprios olhos para não verem; e endureceram os próprios corações para não acreditarem e assim não puderam ser salvos. Em todos esses anos eu tenho buscado curá-los pelas suas descrenças, para que possam receber a salvação eterna do Pai. Sei que nem todos falharam para comigo; alguns de vós de fato crestes na minha mensagem. Nesta sala, agora, estão uns vinte homens que antes foram membros do sinédrio, ou altos membros nos conselhos da nação; mesmo que alguns de vós ainda evitais a confissão aberta da verdade, para que não vos expulsem da sinagoga. Alguns de vós sois tentados a amar a glória dos homens mais do que a glória de Deus. Mas me vejo obrigado a mostrar paciência para convosco, pois temo pela segurança e lealdade, até mesmo, de alguns daqueles que estiveram por tanto tempo perto de mim, e que viveram tão próximos e ao meu lado.

"Nesta sala de banquete percebo estarem reunidos judeus e gentios em números quase iguais, e eu gostaria de dirigir-me a vós como o primeiro e o último dos grupos aos quais eu posso instruir nos assuntos do Reino, antes de ir para o meu Pai".

Esses gregos haviam, fielmente, ouvido os ensinamentos de Jesus no templo. Na segunda-feira à noite eles tiveram uma conversa, na casa de Nicodemos, que perdurou até o amanhecer do dia, e levou trinta deles a escolherem entrar no Reino.

Enquanto encontrava-se diante deles, nesse exato momento, Jesus pôde perceber o fim de uma dispensação e o começo de outra. Voltando a sua atenção para os gregos, o Mestre disse:

"Aquele que crê neste evangelho, não crê meramente em mim mas Naquele que me enviou. Quando olhais para mim, vedes não apenas o Filho do Homem, mas também Aquele que me enviou. Eu sou a luz do mundo; e quem crer no meu ensinamento não mais permanecerá na escuridão. Se vós, gentios, ouvirdes a mim, recebereis as palavras da vida e entrareis imediatamente na liberdade jubilosa da verdade da filiação a Deus. Se os meus semelhantes e compatriotas judeus escolherem rejeitar-me e recusar os meus ensinamentos, eu não os julgarei, pois não vim para julgar o mundo, mas para oferecer-lhe a salvação. Aqueles que rejeitarem a mim e se recusarem a receber o meu ensinamento, entretanto, serão, na época devida, levados a julgamento pelo meu Pai e por aqueles que Ele houver apontado para julgar os que rejeitam a dádiva da misericórdia e as verdades da salvação. Lembrai-vos, todos vós, de que não falo por mim, mas declarei fielmente a vós o que o Pai mandou que eu revelasse aos filhos dos homens. E essas palavras que o Pai mandou que eu dissesse ao mundo são palavras de verdade divina, misericórdia perene e vida eterna.

"Tanto aos judeus quanto aos gentios declaro que é chegada a hora em que o Filho do Homem será glorificado. Bem sabeis que, a menos que um grão de trigo caia na terra e morra, ele permanecerá solitário; contudo, se morre em solo bom, brota de novo para a vida e gera muitos frutos. Aquele que ama egoisticamente sua própria vida corre o perigo de perdê-la, mas aquele que está disposto a dar a própria vida por minha causa e pela causa dessa nova palavra de Deus, desfrutará de uma existência mais abundante na Terra e, no céu, da vida eterna. Se me seguirdes verdadeiramente, mesmo depois que eu tiver ido para meu Pai, tornar-vos-eis meus discípulos e servidores sinceros dos vossos semelhantes mortais.

"Sei que se aproxima a minha hora, e estou inquieto. Percebo que o meu povo está determinado a desprezar o Reino, mas rejubilo-me de receber esses gentios buscadores da verdade que vieram aqui hoje perguntando sobre o caminho da luz. O meu coração dói, entretanto, pelo meu povo; e a minha alma está angustiada pelo que me espera. O que posso dizer, quando olho à frente e vejo o que está para suceder a mim? Devo dizer: Pai, salva-me dessa hora terrível? Não! Com esse mesmo propósito eu vim ao mundo, e, até mesmo, cheguei a esta hora. Devo antes falar, e orar, para que vos unais a mim: Pai, glorificado seja o vosso nome; seja feita a vossa vontade".

Quando Jesus disse isso, o Ajustador Personalizado, residente nele antes mesmo da época do seu batismo, apareceu à sua frente, e Jesus fez, bem perceptivelmente, uma pausa, enquanto esse espírito, agora mais poderoso, representando o Pai, dirigiu-se a Jesus de Nazaré, dizendo: "Por muitas vezes Eu glorifiquei o Meu nome nas tuas outorgas, e O glorificarei uma vez mais".

Conquanto os judeus e os gentios ali reunidos não ouvissem nenhuma voz, eles não puderam deixar de perceber que o Mestre havia feito uma pausa na sua fala enquanto uma mensagem vinha até ele, de alguma fonte supra-humana. Cada um dos homens disse àquele que estava ao seu lado: "Um anjo falou com ele".

Então, Jesus continuou a explicar: "Tudo isso aconteceu, não por minha causa, mas pela vossa. Eu sei, com toda certeza, que o Pai irá receber-me e aceitar a minha missão em vosso favor, mas é necessário que sejais encorajados e preparados para a prova de fogo que vos espera. Deixai-me assegurar-vos de que a vitória finalmente irá coroar os nossos esforços unidos de iluminar e liberar a humanidade. A velha ordem está levando-se a julgamento; eu derrubei o Príncipe deste mundo; e todos os homens tornar-se-ão livres pela luz do espírito que verterei sobre toda a carne, depois que eu tiver ascendido ao meu Pai no céu.

"E, agora, declaro-vos que, se eu for elevado na Terra e nas vossas vidas, atrairei todos os homens para mim e para a fraternidade do meu Pai. Haveis acreditado que o Libertador iria residir para sempre na Terra, mas eu declaro que o Filho do Homem será rejeitado pelos homens, e retornará para o Pai. Por pouco tempo mais permanecerei convosco; apenas por pouco tempo a luz da vida estará com essa geração cheia de trevas. Caminhai, enquanto ainda tendes essa luz, para que a escuridão e a confusão vindouras não vos colha de surpresa. Aquele que caminha na escuridão não sabe para onde vai; mas se vós escolherdes caminhar na luz, tornar-vos-eis de fato filhos libertados de Deus. E, agora, vinde todos vós comigo para irmos de volta ao templo e para que eu diga palavras de adeus aos principais sacerdotes, escribas, fariseus, saduceus, herodianos e aos dirigentes ignorantes de Israel".

Tendo assim falado, Jesus conduziu a todos pelas ruas estreitas de Jerusalém, de volta ao templo. Haviam acabado de ouvir o Mestre dizer que deveria ser esse o seu discurso de despedida no templo, e eles o seguiram em silêncio e meditando profundamente.

DOCUMENTO 175

O ÚLTIMO DISCURSO NO TEMPLO

POUCO depois das duas horas da tarde dessa terça-feira, Jesus, acompanhado de onze dos apóstolos, de José de Arimatéia, dos trinta gregos e de alguns outros discípulos, chegou ao templo e começou a pronunciar o seu último discurso nas praças do edifício sagrado. Esse discurso estava destinado a ser o seu último apelo ao povo judeu e a acusação final aos seus inimigos veementes e supostos destruidores – escribas, fariseus, saduceus e os principais sacerdotes de Israel. Durante a manhã os vários grupos haviam tido uma oportunidade de fazer perguntas a Jesus, nessa tarde ninguém fez a ele nenhuma pergunta.

Quando o Mestre começou a falar, a praça do templo estava calma e ordeira. Os cambistas e os mercadores não haviam ousado entrar novamente no templo, desde que os haviam expulsado Jesus e a multidão agitada, no dia anterior. Antes de dar início ao discurso, Jesus olhou com ternura para a audiência ali, que muito em breve ouviria a sua fala de despedida pública e de misericórdia à humanidade, combinada com a última das suas denúncias aos falsos instrutores e fanáticos dirigentes dos judeus.

1. O DISCURSO

"Durante esse longo tempo em que estive convosco, percorrendo o país de um lado a outro, de cima a baixo, proclamando o amor do Pai aos filhos dos homens, muitos têm visto a luz e, pela fé, têm entrado no Reino do céu. Em acréscimo a esse ensinamento e pregação, o Pai tem feito muitas obras maravilhosas, chegando mesmo a ressuscitar da morte. Muitos doentes e aflitos foram curados porque creram; mas toda essa proclamação da verdade e curas de doenças não abriram os olhos daqueles que se recusam a ver a luz e que estão determinados a rejeitar esse evangelho do Reino.

"De todos os modos compatíveis com a vontade do meu Pai, eu e meus apóstolos temos feito todo o possível para viver em paz com nossos irmãos, para estar em conformidade com os quesitos razoáveis das leis de Moisés e das tradições de Israel. Persistentemente temos buscado a paz, mas os líderes de Israel não a querem. Ao rejeitar a verdade de Deus e a luz do céu, eles alinham-se com o erro e as trevas. Não pode haver paz entre a luz e as trevas, a vida e a morte, a verdade e o erro.

"Muitos de vós tendes ousado crer nos meus ensinamentos e já entrastes no júbilo e na liberdade da consciência da filiação a Deus. E vós sereis testemunhas de que eu ofereci, a toda a nação judaica, essa mesma filiação a Deus, mesmo àqueles homens que agora buscam a minha destruição. E, ainda agora, o meu Pai gostaria de receber esses instrutores cegos e líderes hipócritas, se apenas eles se voltassem para Ele aceitando a Sua misericórdia. Mesmo agora, ainda não é tarde demais para esse povo receber a palavra do céu e dar as boas-vindas ao Filho do Homem.

"Por muito tempo meu Pai tem tratado esse povo com misericórdia. Temos enviado nossos profetas para ensinar e prevenir-vos, geração após geração, e tendes assassinado esses instrutores enviados do céu. E agora vossos voluntariosos altos sacerdotes e teimosos dirigentes continuam fazendo essa mesma coisa. Do mesmo modo que Herodes levou João à morte, agora vos preparais para destruir o Filho do Homem.

"Enquanto houver uma possibilidade de os judeus se voltarem para meu Pai e buscarem a salvação, o Deus de Abraão, de Isaac e de Jacó manterá suas mãos misericordiosas estendidas para vós; mas, quando tiverdes enchido a vossa taça de impenitência e rejeitado a misericórdia do meu Pai, de um modo definitivo, essa nação ficará abandonada aos próprios conselhos e, rapidamente, chegará a um fim inglório. Esse povo foi convocado para tornar-se a luz do mundo, para anunciar a glória espiritual de uma raça conhecedora de Deus, mas, até agora, vos distanciastes tanto do cumprimento de vossos privilégios divinos, que vossos líderes estão a ponto de cometer a loucura suprema de todos os tempos, pois estão à beira de rejeitar finalmente a dádiva de Deus a todos os homens e para todos os tempos – a revelação do amor, do Pai dos céus, a todas Suas criaturas na Terra.

"E, quando rejeitardes esta revelação de Deus para o homem, o Reino do céu será dado a outros povos, àqueles que o receberão com alegria e júbilo. Em nome do Pai que me enviou eu, solenemente, previno-vos sobre estardes a ponto de perder a vossa posição de portadores da verdade eterna e de custódios da lei divina em todo o mundo. Estou, exatamente agora, oferecendo-vos a última oportunidade de apresentar-vos para o arrependimento, de expressar a vossa intenção de buscar Deus, de todo o vosso coração, e de entrar como crianças pequenas, e com uma fé sincera, na segurança e na salvação do Reino do céu.

"O meu Pai tem trabalhado, durante muito tempo, para vossa salvação e eu desci para viver entre vós e mostrar-vos pessoalmente o caminho. Muitos dentre os judeus e samaritanos e, mesmo entre os gentios, creram no evangelho do Reino; todavia aqueles que deveriam ser os primeiros a apresentar-se para aceitar a luz do céu, sem se perturbar, recusaram-se a crer na revelação da verdade de Deus – Deus revelado ao homem e o homem elevado até Deus.

"Nesta tarde os meus apóstolos encontram-se aqui, em silêncio, diante de vós, e logo ouvireis as suas vozes fazendo soar o chamado da salvação e o desejo de todos unirem-se ao Reino do céu, como filhos do Deus vivo. E agora eu chamo os meus discípulos crentes no evangelho do Reino, bem como os mensageiros invisíveis que estão ao lado deles, para testemunhar que eu ofereci uma vez mais, a Israel e aos seus dirigentes, a libertação e a salvação. E todos vós podeis observar como a misericórdia do Pai foi desprezada e os mensageiros da verdade rejeitados. Eu advirto-vos, contudo, de que esses escribas e fariseus ainda se sentam no lugar de Moisés e, portanto, até que os Altíssimos, que governam no reino dos homens, não tenham demolido essa nação e destruído o lugar desses dirigentes, eu vos peço que cooperais com esses anciãos de Israel. Não vos está sendo pedido que vos unais a eles nos seus planos de destruir o Filho do Homem, mas para tudo que está relacionado à paz de Israel deveis submeter-vos a eles. Em todas essas questões, fazei o que quer que eles vos peçam e observai as partes essenciais da lei, mas não vos baseeis nas más ações deles. Lembrai-vos que o pecado desses dirigentes é que eles dizem o que é bom, mas não o realizam. Vós bem sabeis que esses líderes atam cargas pesadas aos vossos ombros, cargas sofridas de se levar, e sabeis que eles não levantarão sequer um dedo para ajudar-vos a arcar com essas pesadas cargas. Eles têm-vos oprimido com cerimônias e vos têm escravizado pelas tradições.

"Ademais, esses dirigentes centrados em si mesmos deliciam-se em fazer suas boas obras de modo a atrair sobre si a atenção dos homens. Eles alargam seus filactérios e dilatam as fronteiras da presença dos seus uniformes oficiais. Anseiam pelos lugares mais importantes nas festas e exigem os assentos principais nas sinagogas. Cobiçam saudações laudatórias nas praças dos mercados e desejam ser designados como rabi por todos os homens. E, mesmo buscando toda essa honraria dos homens, eles apoderam-se secretamente das casas das viúvas e tiram proveito dos serviços do templo sagrado. Por pretensão, esses hipócritas fazem longas orações em público e dão esmolas para chamar a atenção dos semelhantes.

"Embora devais honrar vossos dirigentes e reverenciar os instrutores, não deveríeis chamar a nenhum homem de Pai no sentido espiritual, pois há Aquele que é o vosso Pai, e que é o próprio Deus. Não deveríeis também tentar dominar vossos irmãos no Reino. Lembrai-vos, eu ensinei que aquele que quer ser o maior entre vós deveria tornar-se servidor de todos. Se presumirdes exaltar a vós próprios perante Deus, certamente sereis humilhados; mas aquele que se humilha, verdadeiramente, por certo será exaltado. Buscai na vossa vida cotidiana, não a autoglorificação, mas a glória de Deus. Subordinai inteligentemente vossas próprias vontades à vontade do Pai nos céus.

"Não interpreteis mal as minhas palavras. Eu não desejo o mal a esses sacerdotes principais e dirigentes que ainda agora buscam a minha destruição; não tenho nenhuma indisposição para com esses escribas e fariseus que rejeitam os meus ensinamentos. Sei que muitos de vós credes secretamente e sei que vós ireis professar abertamente a vossa sujeição ao Reino quando vier a minha hora. Mas como os vossos rabinos justificarão a si próprios, já que professam conversar com Deus e em seguida têm a presunção de rejeitar e de destruir aquele que vem para revelar o Pai aos mundos?

"Ai de vós, escribas e fariseus hipócritas! Fecharíeis as portas do Reino do céu no rosto de homens sinceros, porque os consideram iletrados segundo as manias da vossa educação. Recusais entrar no Reino e, ao mesmo tempo, fazeis tudo ao vosso alcance para impedir os outros de entrar. Dais as costas para as portas da salvação e lutais contra todos que querem entrar por elas.

"Ai de vós, escribas e fariseus, porque sois hipócritas! Na verdade, abraçais a terra e o mar para fazer um prosélito, mas, depois de serdes bem-sucedidos, não ficais contentes enquanto não conseguirdes que ele fique duas vezes pior do que era quando filho pagão.

"Ai de vós, sacerdotes principais e dirigentes, que tomais as propriedades dos pobres e exigis o pagamento de impostos pesados daqueles que gostariam de servir a Deus, como eles julgam que Moisés mandou! Vós que recusais mostrar misericórdia, podeis esperar misericórdia nos mundos que virão?

"Ai de vós, falsos instrutores, guias cegos! O que pode ser esperado de uma nação quando cegos guiam cegos? Ambos irão cair no fosso da destruição.

"Ai de vós que dissimulais, quando fazeis um juramento! Sois trapaceiros, pois ensinais que um homem pode jurar pelo templo e violar seu juramento; mas aquele que jurar pelo ouro do templo deve manter o seu juramento. Sois tolos e cegos. Nem mesmo coerentes sois na vossa desonestidade, pois é maior o ouro, ou o templo que supostamente santificou o ouro? Vós também ensinais que se um homem jura pelo altar, isso não vale nada; mas , se alguém jura pela oferenda que está sobre o altar, então é tido como um devedor. De novo sois cegos para a verdade, pois qual é maior: a oferenda ou o altar que santifica a doação? Como podeis justificar tal hipocrisia e desonestidade à vista do Deus do céu?

"Ai de vós, escribas e fariseus e outros hipócritas que asseguram o dízimo da menta, do anis e do cominho e, ao mesmo tempo, desconsiderais as questões de mais peso da lei – fé, misericórdia e juízo! Se fôsseis razoáveis, cuidaríeis de um, mas não teríeis abandonado os outros. Sois realmente guias cegos e educadores estúpidos; filtrais os mosquitos e engolis o camelo.

"Ai de vós, escribas, fariseus e hipócritas! Pois sois escrupulosos ao limpar o lado de fora da taça e do prato, quando lá dentro permanece a sujeira da extorsão, dos excessos e da tapeação. Sois espiritualmente cegos. Não reconheceis quão melhor seria primeiro limpar o lado de dentro da taça, pois, assim, aquilo que derrama limparia por si o lado de fora? Réprobos perversos! Executais os atos exteriores da vossa religião para estar em conformidade com a letra da vossa interpretação da lei de Moisés, enquanto vossas almas estão impregnadas de iniqüidade e repletas de assassinatos.

"Ai de todos vós que rejeitais a verdade e desprezais a misericórdia! Muitos de vós sois como os sepulcros esbranquiçados, que por fora parecem belos, mas por dentro estão cheios de ossos de homens mortos e de toda sorte de podridão. E ainda assim, vós, que rejeitais conscientemente o conselho de Deus, mostrais-vos externamente aos homens como santos e justos, mas por dentro vossos corações estão cheios de hipocrisia e de iniqüidade.

"Ai de vós, falsos guias de uma nação! Haveis construído um monumento para os profetas martirizados de outrora, enquanto fazeis complôs para destruir aquele de quem eles falaram. Ornais as tumbas dos justos e vos gabais de que, caso tivésseis vivido na época dos vossos pais, não teríeis matado os profetas; mas, então, apesar desse pensamento presunçoso, estais prontos a assassinar aquele de quem os profetas falaram, o Filho do Homem. Porquanto fazeis essas coisas, dais vós mesmos o testemunho de que sois filhos perversos daqueles que mataram os profetas. Ide, então, e preenchei até transbordar a taça da vossa condenação!

"Ai de vós, filhos do mal! João chamou-vos, com razão, de filhotes de víboras e eu pergunto: como podereis escapar do julgamento que João pronunciou sobre vós?

"Mesmo agora, porém, eu ainda vos ofereço misericórdia e perdão em nome do meu Pai; ainda agora ofereço a mão amorosa da fraternidade eterna. O meu Pai enviou homens sábios e profetas a vós e, a alguns, vós os perseguistes e a outros assassinastes. Então apareceu João, proclamando a vinda do Filho do Homem, e a ele destruístes após muitos haverem acreditado no seu ensinamento. E, agora, estais prestes a derramar mais sangue inocente. Não compreendeis que um dia terrível de prestação de contas virá, em que o Juiz de toda a Terra exigirá desse povo que explique por que rejeitou, perseguiu e destruiu todos esses mensageiros dos céus? Não compreendeis que devereis prestar contas desse sangue justo derramado, desde o primeiro profeta morto na época de Zacarias, assassinado entre o santuário e o altar? E se continuardes no vosso caminho de perversidades, essa prestação de contas pode ser exigida ainda dessa mesma geração.

"Ó Jerusalém, ó filhos de Abraão, que apedrejastes os profetas e assassinastes os instrutores que vos foram enviados, mesmo agora eu gostaria de reunir vossos filhos como uma galinha reúne seus pintos sob as asas, mas não quereis!

"E, agora, despeço-me de vós. Ouvistes a minha mensagem e tomastes a vossa decisão. Aqueles que creram no meu evangelho estão agora a salvo no Reino de Deus. A vós que escolhestes rejeitar a dádiva de Deus, eu digo que não mais me vereis ensinando no templo. A minha obra em vosso favor está feita. Vede, agora saio com os meus filhos, e a vossa casa é deixada para vós, em desolação!"

E, então, o Mestre sinalizou aos seus seguidores para que saíssem do templo.

2. A CONDIÇÃO INDIVIDUAL DOS JUDEUS

O fato de que, um dia, os líderes espirituais e educadores religiosos da nação judaica tivessem rejeitado os ensinamentos de Jesus e conspirado para provocar a sua morte cruel, de nenhum modo afeta a condição de qualquer indivíduo judeu perante Deus. E isso não deveria levar aqueles que se professam seguidores do Cristo a manter preconceitos contra o judeu como um semelhante mortal seu. Os judeus, como uma nação, como um grupo sociopolítico, pagaram plenamente o terrível preço de rejeitar o Príncipe da Paz. Há muito tempo eles deixaram de ser os portadores espirituais da verdade divina para as raças da humanidade, mas isso não se constitui em uma razão válida para que o indivíduo descendente desses antigos judeus deva ser levado a sofrer as perseguições que têm sido feitas a eles por professos seguidores, intolerantes, indignos e fanáticos, de Jesus de Nazaré, pois foi, ele próprio, um judeu por nascimento.

Muitas vezes, essa perseguição e esse ódio desmedidos aos judeus modernos, tão contrários ao modelo crístico, findaram no sofrimento e na morte de alguns indivíduos judeus inocentes e inofensivos, cujos antepassados, nos tempos de Jesus, aceitaram de coração o seu evangelho e morreram sem vacilar por aquela verdade em que acreditavam tão sinceramente. Que arrepio de horror passa pelos seres celestes quando eles observam os seguidores professos de Jesus dedicando-se a perseguir, a atormentar e mesmo a assassinar os descendentes mais recentes de Pedro, Filipe, Mateus e outros judeus palestinos que tão gloriosamente entregaram as suas vidas como os primeiros mártires do evangelho do Reino celeste!

Quão cruel e irracional é obrigar crianças inocentes a sofrer pelos pecados dos seus progenitores, por delitos que elas ignoram totalmente, e pelos quais elas não poderiam de nenhum modo ser responsabilizadas! E cometer tais atos perversos em nome de alguém que ensinou os seus discípulos a amar até mesmo aos próprios inimigos! Tornou-se necessário, nesta narrativa da vida de Jesus, retratar o modo com o qual alguns dos seus compatriotas judeus rejeitaram-no e conspiraram para provocar a sua morte ignominiosa; mas gostaríamos de advertir a todos que lêem esta narrativa, que a apresentação de um tal relato histórico, de nenhum modo, justifica o ódio injusto, nem perdoa a atitude mental sem eqüidade, que tantos cristãos professos têm mantido para com os indivíduos judeus, durante muitos séculos. Os crentes do Reino, aqueles que seguem os ensinamentos de Jesus, devem cessar de maltratar o indivíduo judeu como se ele fosse culpado pela rejeição e pela crucificação de Jesus. O Pai e o seu Filho Criador nunca deixaram de amar os judeus. Deus não tem preferências por pessoas, e a salvação existe para todos os judeus como também para os gentios.

3. A FATÍDICA REUNIÃO DO SINÉDRIO

A mais fatídica reunião do sinédrio foi convocada para as oito horas dessa noite de terça-feira. Em muitas ocasiões anteriores, essa corte suprema da nação judaica havia informalmente decretado a morte de Jesus. Muitas vezes esse augusto corpo dirigente havia determinado colocar um paradeiro na sua obra, mas nunca antes haviam eles resolvido colocá-lo na prisão e provocar a sua morte a todo e qualquer custo. Era um pouco antes da meia-noite dessa terça-feira, 4 de abril, do ano 30 a.C., quando o sinédrio, como estava então constituído, votou, *unânime* e oficialmente, decidindo impor a sentença de morte tanto a Jesus quanto a Lázaro. Essa foi a resposta ao último apelo do Mestre aos dirigentes dos judeus, e tal apelo havia sido feito no templo, por ele, apenas umas poucas horas antes, e representava a reação de ressentimento amargo, deles, para com a última acusação vigorosa de Jesus a esses mesmos sacerdotes principais, saduceus e fariseus impenitentes. A aprovação da sentença de morte (antes mesmo do julgamento), dada ao Filho de Deus, era a réplica dada pelo sinédrio à última oferta de misericórdia celeste jamais estendida à nação judaica, como tal.

Desse momento em diante os judeus foram deixados a sós, para que terminassem o seu breve e curto tempo de vida nacional, entre as nações de Urântia, plenamente de acordo com a sua condição puramente humana. Israel havia repudiado o Filho do mesmo Deus que fizera uma aliança com Abraão; e, assim, o plano de fazer dos filhos de Abraão os portadores da luz da verdade para o mundo havia sido abalado. A aliança divina havia sido anulada; e o fim da nação hebraica aproximava-se rapidamente.

Os oficiais do sinédrio receberam a ordem de prender Jesus, cedo, na manhã seguinte; no entanto, com instruções de que ele não deveria ser detido em público. Foi-lhes instruído que planejassem pegá-lo secretamente, de preferência à noite e de maneira repentina. Compreendendo que ele poderia não voltar naquele dia (quarta-feira) para ensinar no templo, eles instruíram a esses oficiais do sinédrio que "o trouxessem perante a alta corte judaica, um pouco antes da meia-noite da quinta-feira".

4. A SITUAÇÃO EM JERUSALÉM

Quando da conclusão do último discurso de Jesus no templo, uma vez mais, os apóstolos ficaram confusos e consternados. Antes de o Mestre iniciar a sua terrível denúncia aos dirigentes judeus, Judas havia voltado ao templo, de modo que todos os doze ouviram essa segunda metade do último discurso de Jesus no templo. É de se lamentar que Judas Iscariotes não tenha podido ouvir a primeira metade, a que oferecia a misericórdia, dessa fala de despedida. Ele não ouvira a última oferta de misericórdia aos dirigentes judeus, porque ainda estava em conferência com um certo grupo de parentes e amigos saduceus, com os quais havia almoçado e conversado sobre a maneira mais adequada de desligar-se de Jesus e dos seus companheiros apóstolos. E foi enquanto ouvia a acusação final feita pelo Mestre, aos líderes e dirigentes judeus, que Judas se decidiu, final e completamente, por abandonar o movimento do evangelho e lavar as suas mãos quanto ao empreendimento inteiro. Entretanto ele deixou o templo em companhia dos doze, foi com eles ao monte das Oliveiras, onde, com os companheiros apóstolos, ouviu àquele discurso fatídico sobre a destruição de Jerusalém e sobre o fim da nação judaica, e permaneceu com eles naquela noite de terça-feira, no novo acampamento perto do Getsêmani.

A multidão que ouviu Jesus, de um apelo misericordioso aos líderes judeus, passar àquela súbita e severa reprimenda, que beirava à denúncia implacável, estava atônita e desconcertada. Naquela noite, enquanto o sinédrio reunia-se para dar a Jesus a sentença de morte, e, enquanto o Mestre ficava sentado com os seus apóstolos e alguns dos seus discípulos no monte das Oliveiras, predizendo a morte da nação judaica, toda Jerusalém estava entregue à discussão séria e reprimida de uma única questão: "O que farão com Jesus?"

Na casa de Nicodemos, mais de trinta judeus proeminentes, crentes secretos do Reino, encontraram-se e debateram sobre o curso, que deveriam seguir, no caso de advir uma ruptura aberta com o sinédrio. Todos os presentes concordaram que fariam um reconhecimento público da sua fidelidade ao Mestre, exatamente no momento em que ficassem sabendo da sua prisão. E foi exatamente isso o que fizeram.

Os saduceus, que agora predominavam no sinédrio, controlando-o, estavam desejosos de livrar-se de Jesus pelas razões seguintes:

1. Eles temiam que a predileção popular crescente, dedicada pela multidão a Jesus, ameaçasse colocar em perigo a existência da nação judaica, por um possível envolvimento com as autoridades romanas.

2. O zelo de Jesus pelas reformas no templo afetou diretamente as suas rendas, a limpeza do templo prejudicou os seus bolsos.

3. Eles sentiam-se responsáveis pela preservação da ordem social, e temiam as conseqüências da expansão posterior da nova e estranha doutrina de Jesus sobre a irmandade dos homens.

Os fariseus tinham motivos diferentes para querer ver Jesus sendo levado à morte. Eles temiam-no porque:

1. Ele estava empenhado em fazer oposição ao domínio tradicional que eles mantinham sobre o povo. Os fariseus, sendo ultraconservadores, ressentiram-se amargamente dos ataques, supostamente radicais, ao seu prestígio consolidado de educadores religiosos.

2. Eles sustentavam que Jesus violava a lei; que ele demonstrou uma grande desconsideração pelo sábado e por inúmeras outras exigências legais e cerimoniais.

3. Eles acusavam-no de blasfêmia porque ele referia-se a Deus como ao seu Pai.

4. E agora eles estavam profundamente enraivecidos com ele, por causa da parte final da sua elocução de despedida, com amargas denúncias, pronunciada naquele mesmo dia no templo.

O sinédrio, havendo formalmente decretado a morte de Jesus, e havendo emitido ordens para a sua prisão, suspendeu a reunião nessa terça-feira, quase à meia-noite, após concordar em reunir-se às dez horas da manhã seguinte, na casa de Caifás, o sumo sacerdote, com o propósito de formular as acusações sob as quais Jesus deveria ser levado a julgamento.

Um grupo pequeno de saduceus havia proposto factualmente que eles se desfizessem de Jesus por meio de um assassinato, mas os fariseus negaram-se terminantemente a aprovar tal procedimento.

E essa era a situação em Jerusalém e entre os homens, nesse dia memorável, enquanto, ao mesmo tempo, um vasto concurso de seres celestes pairava sobre essa grave cena na Terra, ansiosos, todos, por fazerem algo para ajudar o seu amado Soberano. Todavia, estavam impotentes para agir, efetivamente, pois se viam refreados pelos seus superiores no comando.

DOCUMENTO 176

TERÇA-FEIRA À NOITE NO MONTE DAS OLIVEIRAS

NESSA terça-feira à tarde, quando Jesus e os apóstolos passaram diante do templo, a caminho do campo do Getsêmani, Mateus chamou a atenção para a construção do templo e disse: "Mestre, observa esta espécie de edifícios. Vês as pedras maciças e os belos adornos; é possível que estes edifícios sejam destruídos?" Enquanto caminhavam em direção às Oliveiras, Jesus disse: "Vês estas pedras e este templo maciço? Em verdade, em verdade, eu vos digo: nos dias que breve virão, não será deixada pedra sobre pedra. Elas serão todas derrubadas". Essas observações, descrevendo a destruição do templo sagrado, despertaram a curiosidade dos apóstolos à medida que caminhavam atrás do Mestre; eles não podiam conceber nenhum acontecimento, a não ser o fim do mundo, que ocasionasse a destruição do templo.

Para evitar as multidões, ao passar pelo vale do Cedrom a caminho do Getsêmani, Jesus e os seus colaboradores pensavam em escalar a ladeira do monte das Oliveiras até uma certa altura e depois seguir uma trilha até o seu campo particular perto do Getsêmani, localizado a uma pequena distância acima da área do campo público. Quando estavam para deixar a estrada que ia para Betânia, eles observaram o templo, glorificado pelos raios do sol que se punha; e, enquanto subiam o monte, iam vendo as luzes da cidade e contemplaram a beleza do templo iluminado; e lá, sob a luz suave da lua cheia, Jesus e os doze assentaram-se. O Mestre falou-lhes, e logo Natanael fez esta pergunta: "Dize-nos, Mestre, como saberemos que esses acontecimentos estão próximos?"

1. A DESTRUIÇÃO DE JERUSALÉM

Ao responder à pergunta de Natanael, Jesus disse: "Sim, eu falarei sobre o tempo em que esse povo haverá preenchido a sua taça de iniqüidade, quando a justiça descerá rapidamente sobre esta cidade de nossos pais. Eu devo deixar-vos em breve e irei para meu Pai. Depois que eu deixar-vos, cuidai para que nenhum homem vos engane, pois muitos virão como libertadores e arrastarão muitos outros ao erro. Quando escutardes das guerras e rumores de guerras, não vos perturbeis, pois, apesar de todas essas coisas estarem por acontecer, o fim de Jerusalém ainda não é iminente. Não deveríeis perturbar-vos por causa da fome ou terremotos; nem deveríeis preocupar-vos se fordes entregues às autoridades civis nem se fordes perseguidos por causa do evangelho. Sereis expulsos da sinagoga e colocados em prisões por minha causa; e a alguns de vós eles matarão. Quando fordes levados perante os governadores e legisladores, será para dar um testemunho da vossa fé e mostrar a vossa firmeza no evangelho do Reino. E, quando fordes colocados perante os juízes, não vos inquieteis de antemão sobre aquilo que deveríeis dizer, pois o espírito vos ensinará, exatamente naquela hora, sobre o que devereis responder aos vossos adversários.

Nesses dias de adversidade, até mesmo os vossos parentes, sob a liderança daqueles que houverem rejeitado o Filho do Homem, irão conduzi-los à prisão e à morte. Durante um certo tempo, podereis ser odiados por todos os homens por minha causa, mas mesmo nessas perseguições eu não vos abandonarei; o meu espírito não vos desertará. Sede pacientes! Não duvideis de que o evangelho do Reino triunfará sobre todos os inimigos e que, finalmente, será proclamado a todas as nações".

Jesus fez uma pausa enquanto olhava para a cidade abaixo. O Mestre compreendeu que a rejeição do conceito espiritual do Messias e a determinação de apegarem-se com persistência e cegueira a uma missão material para o Libertador esperado, em breve, iriam levar os judeus a um conflito direto com os poderosos exércitos romanos; e essa luta iria resultar apenas na derrocada final e completa da nação judaica. Quando rejeitou a sua outorga espiritual e se recusou receber a luz do céu, do modo como brilhou tão misericordiosamente sobre todos, o seu povo estava selando a condenação de si próprios como um povo independente e sem a sua missão espiritual especial na Terra. E os próprios líderes judeus posteriormente reconheceram que havia sido essa idéia terrena do Messias que, direta e finalmente, conduziu à turbulência a qual trouxe a destruição deles.

Já que Jerusalém estava para tornar-se o berço dos primeiros movimentos dos evangelhos, Jesus não quis que os seus educadores e pregadores perecessem na ruína terrível do povo judeu, junto com a destruição de Jerusalém; e por isso deu essas instruções aos seus seguidores. Jesus estava preocupado com a possibilidade de que alguns dos seus discípulos viessem a se envolver nas revoltas que logo aconteceriam e que assim perecessem durante a queda de Jerusalém.

E então André perguntou: "Mas, Mestre, se a cidade sagrada e o templo estão para ser destruídos, e se tu não estiveres aqui para orientar-nos, quando devemos abandonar Jerusalém?" Jesus disse: "Podeis permanecer na cidade depois que eu tiver partido e mesmo durante esses duros tempos de perseguição amarga, mas, quando finalmente virdes Jerusalém sendo ocupada pelos exércitos romanos, depois da revolta dos falsos profetas, então, sabereis que a desolação de Jerusalém é iminente; e, pois, deveis fugir para as montanhas. Que ninguém que esteja na cidade, nem em seus arredores, permaneça para salvar nada, nem aqueles que estiverem fora, que não ousem entrar lá. Haverá uma grande atribulação, pois esses serão os dias da vingança dos gentios. Depois que houverdes abandonado a cidade, esse povo desobediente irá cair no fio da espada e será levado à prisão em todas as nações, e assim Jerusalém será esmagada pelos gentios. Nesse meio tempo, eu previno-vos, não vos deixeis enganar. Se algum homem aproximar-se de vós dizendo: 'Olhai, aqui está o Libertador'; ou: 'Olhai, lá está ele'; não deveis acreditar, pois muitos educadores falsos surgirão e muitos homens serão levados de roldão, mas não deveis deixar-vos enganar, pois sobre tudo isso eu vos preveni de antemão".

Os apóstolos sentaram-se em silêncio sob a luz da lua durante um tempo considerável, enquanto essas predições surpreendentes do Mestre afundavam-se nas suas mentes confusas. E foi praticamente por causa desse aviso que o grupo inteiro de crentes e discípulos, quando apareceram as primeiras tropas dos romanos, abandonou Jerusalém, encontrando um abrigo seguro ao norte, em Pela.

Mesmo depois desse aviso explícito, muitos dos seguidores de Jesus interpretaram essas previsões como se elas se referissem às mudanças que obviamente ocorreriam em Jerusalém, quando do reaparecimento do Messias, resultando no estabelecimento da Nova Jerusalém e na ampliação da cidade, para que se transformasse na capital do mundo. Nas suas mentes, esses judeus estavam determinados a associar a destruição do templo com o "fim do mundo". Eles acreditavam que essa Nova Jerusalém abrangeria toda a Palestina; e que ao fim do mundo seguir-se-ia o surgimento imediato dos "novos céus e da nova Terra". E assim, então, não era estranho que Pedro dissesse: "Mestre, sabemos que todas as coisas passarão quando os novos céus e a nova Terra surgirem, mas como saberemos quando vós ireis retornar para que tudo isso se cumpra?"

Ao ouvir isso, Jesus ficou pensativo por algum tempo e então disse: "Vós errais sempre, pois estais sempre tentando ligar o novo ensinamento ao antigo; vós estais determinados a compreender de um modo errado todo o meu ensinamento; vós insistis em interpretar o evangelho de acordo com as vossas crenças já estabelecidas. Entretanto, vou tentar esclarecer-vos".

2. A SEGUNDA VINDA DO MESTRE

Em várias oportunidades, Jesus havia feito afirmações as quais levaram os seus ouvintes a inferir que, embora tivesse a intenção de deixar este mundo em breve, ele voltaria muito certamente para consumar o trabalho do Reino do céu. À medida que, nos seus seguidores, aumentou a convicção de que ele estava para deixá-los, elevou-se também a de que, depois que tivesse partido deste mundo, mais do que natural seria, para todos os crentes, manterem-se apegados às promessas de que ele retornaria. A doutrina da segunda vinda de Cristo tornou-se, assim, logo incorporada aos ensinamentos dos cristãos, e quase toda a geração posterior de discípulos tem acreditado devotamente nessa verdade e aguardado confiantemente essa vinda, em alguma época.

Já que deviam separar-se do seu Educador e Mestre, então, esses primeiros discípulos e apóstolos tinham mais motivos ainda para agarrarem-se àquela promessa de retorno; e eles não tardaram em ligar a destruição prevista de Jerusalém, atrelando-a à segunda vinda prometida. E continuaram a interpretar assim as suas palavras, apesar dos esforços especiais do Mestre, durante essa noite de instrução no monte das Oliveiras, para impedir exatamente esse erro.

Continuando a responder à pergunta de Pedro, Jesus disse: "Por que supondes ainda que o Filho do Homem deva sentar-se no trono de Davi; e por que esperais ver cumpridos os sonhos materiais dos judeus? Já não vos disse, todos esses anos, que o meu Reino não é deste mundo? As coisas que estais agora desprezando estão chegando a um fim; mas que isto seja um novo começo do qual o evangelho do Reino possa sair para todo o mundo; e que seja a salvação levada a todos os povos. E, quando o Reino houver chegado à plena fruição, podeis estar seguros de que o Pai no céu não deixará de contemplar-vos com uma revelação ainda maior da verdade e uma demonstração mais elevada de retidão, pois Ele já outorgou a este mundo aquele que se tornou o príncipe das trevas e em seguida deu-lhe Adão, que foi seguido por Melquisedeque e, agora, nestes dias, deu-lhe o Filho do Homem. E, assim, o Pai irá continuar a manifestar Sua misericórdia e demonstrar Seu amor, até mesmo a este mundo escuro e mau. E assim também eu, depois que meu Pai investir-me de todo o poder e autoridade, continuarei junto de vós na vossa sorte e prosseguirei guiando-vos nos assuntos do Reino, por intermédio da presença do meu espírito que em breve será vertido sobre toda a carne. Embora mesmo estando assim em espírito presente entre vós, eu prometo também que, algum dia, eu retornarei a este mundo onde vivi esta vida na carne e onde tive a experiência de simultaneamente revelar Deus ao homem e de conduzir o homem a Deus. Muito em breve devo deixar-vos e retomar o trabalho que o Pai confiou às minhas mãos; entretanto, tende bastante coragem, pois eu voltarei dentro de algum tempo. Nesse ínterim, o meu Espírito da Verdade, para um universo, irá confortar-vos e guiar-vos.

"Agora me vedes na fraqueza da carne, mas, quando eu voltar, será em poder e em espírito. O olho da carne contempla o Filho do Homem na carne, mas apenas o olho do espírito verá o Filho do Homem glorificado pelo Pai e surgindo na Terra, em seu próprio nome.

"A época da volta do Filho do Homem, todavia, é conhecida apenas nos conselhos do Paraíso, nem mesmo os anjos dos céus sabem quando isso ocorrerá. Contudo, vós deveríeis entender que, quando este evangelho do Reino houver sido proclamado a todo o mundo, para a salvação de todos povos, e, quando o tempo tiver alcançado sua plenitude, o Pai vos enviará uma outra outorga dispensacional, ou então o Filho do Homem retornará para julgar a idade.

"E agora a respeito das atribulações de Jerusalém, sobre as quais vos falei, mesmo esta geração não passará antes que minhas palavras se cumpram; mas a respeito da época do retorno do Filho do Homem, ninguém no céu ou na Terra pode presumir falar. Mas deveríeis ser sábios a respeito do amadurecimento de uma idade; deveríeis estar alerta para discernir os sinais dos tempos. Vós sabeis que, quando a figueira mostra seus tenros galhos e folhas, é porque o verão está próximo. Do mesmo modo, quando o mundo tiver passado pelo longo inverno de mentalidade materialista e já discernirdes a vinda da primavera espiritual de uma nova dispensação, deveríeis saber que se aproxima o verão de uma nova visitação.

"E, pois, qual é o significado do ensinamento que tem a ver com a vinda dos Filhos de Deus? Não percebeis que, quando cada um de vós for chamado a abandonar a sua vida de luta e passar pelo portal da morte, então estareis na presença imediata do julgamento e face a face com os fatos de uma nova dispensação de serviço, no plano eterno do Pai infinito? O que todo mundo deve encarar como um fato real, ao final de uma idade, vós, como indivíduos, deveis, cada um, com toda certeza encarar como uma experiência pessoal, quando alcançardes o fim da vossa vida natural e passardes a confrontar-vos com as condições e as demandas inerentes à próxima revelação na progressão eterna dentro do Reino do Pai".

Dentre todos os discursos que o Mestre fez para os seus apóstolos, nenhum se tornou tão confuso nas suas mentes como o pronunciado nessa terça-feira à noite, no monte das Oliveiras, a respeito das duas questões que consistiram na destruição de Jerusalém e na sua própria segunda vinda. E os escritos subseqüentes baseados nas memórias sobre o que havia sido dito pelo Mestre, nessa ocasião extraordinária, não concordam entre si. Conseqüentemente, como os registros foram deixados em branco, no que dizia respeito à grande parte do que havia sido dito naquela noite de terça-feira, muitas tradições surgiram; e, logo no alvorecer do segundo século, um apocalipse judeu sobre o Messias, escrito por um homem chamado Selta, que era ligado à corte do imperador Calígula, foi integrado ao evangelho de Mateus e, subseqüentemente, acrescentado (em parte) aos registros de Marcos e Lucas. Foi desses escritos de Selta que a parábola das dez virgens apareceu. Nenhuma parte do registro dos evangelhos jamais sofreu erros, na sua construção, geradores de tanta confusão como o do ensinamento dessa noite. Mas o apóstolo João nunca se deixou confundir desse modo.

Ao retomarem a sua marcha para o campo, esses treze homens mantiveram-se sem falar e sob uma grande tensão emocional. Judas havia finalmente confirmado a sua decisão de abandonar aquele grupo. Era tarde quando Davi Zebedeu, João Marcos e alguns dos discípulos principais acolheram Jesus, e os doze, no novo campo; os apóstolos, contudo, não quiseram dormir, queriam saber mais sobre a destruição de Jerusalém, sobre a partida do Mestre e sobre o fim do mundo.

3. A CONVERSA POSTERIOR NO CAMPO

Enquanto cerca de vinte deles se reuniam em torno da fogueira do campo, Tomé perguntou: "Já que irás retornar para completar o trabalho do Reino, qual deverá ser a nossa atitude enquanto estiveres ausente para ocupar-te dos assuntos do Pai?" Contemplando-os sob a luz do fogo, Jesus respondeu:

"E até mesmo tu, Tomé, não compreendeste o que eu venho dizendo. Não tenho eu ensinado a vós, todo esse tempo, que a vossa ligação com o Reino é espiritual e individual; uma questão totalmente de experiência pessoal com o espírito, por meio da compreensão e pela fé de que todos vós sois filhos de Deus? O que mais posso dizer? A queda de nações, o colapso de impérios, a destruição de judeus descrentes, o fim de uma idade e, mesmo, o fim do mundo; o que essas coisas têm a ver com aquele que crê neste evangelho, e com aquele que guardou sua vida na certeza do Reino eterno? Vós, que sois conhecedores de Deus e acreditais no evangelho, já recebestes a certeza da vida eterna. Desde que vossas vidas tenham sido vividas no espírito e para o Pai, nada pode causar preocupações sérias a vós. Construtores do Reino, cidadãos acreditados dos mundos celestes, não vos deveis deixar perturbar por altercações temporais ou cataclismos terrestres. Em que vos importa, a vós que credes nesse evangelho do Reino, se caírem as nações, se terminarem as idades ou se todas as coisas visíveis se colidirem, porquanto sabeis que a vossa vida é uma dádiva do Filho, e que é eternamente segura no Pai? Tendo vivido a vida temporal pela fé e tendo colhido os frutos do espírito pela retidão no serviço e no amor dos vossos semelhantes, vós podeis olhar confiantes para o futuro do vosso próximo passo, na carreira eterna, com a mesma fé na sobrevivência que vos levou ao fim da vossa aventura primeira e terrena de filiação a Deus.

"Cada geração de crentes deveria continuar seu trabalho, em vista do possível retorno do Filho do Homem, exatamente como todo indivíduo crente leva adiante o trabalho da sua vida, em vista da inevitável e sempre iminente morte natural. Uma vez que tiverdes estabelecido, pela fé, a vós próprios como filhos de Deus, nada mais importa no que diz respeito à certeza da sobrevivência. Mas não cometais erros! A fé na sobrevivência é uma fé viva e manifesta-se cada vez mais nos frutos do espírito divino que a inspirou, pela primeira vez, do fundo do coração humano. Já aceitastes a filiação ao Reino celeste, uma vez, mas isso não vos irá salvar, se houver rejeição consciente e persistente da verdade, pois esta tem a ver com a fecundidade espiritual progressiva dos filhos de Deus na carne. Vós, que estivestes comigo, cuidando dos assuntos do Pai na Terra, deveis, agora mesmo, desertar o Reino se achardes que não podeis amar o caminho de servir ao Pai, servindo à humanidade.

"Enquanto indivíduos e como uma geração de crentes, escutai-me, contar uma parábola: Havia um certo grande homem que, antes de sair para uma longa viagem a um outro país, chamou seus servos de confiança diante de si e passou às mãos deles todos os seus bens. A um ele deu cinco talentos, deu dois a outro e ainda a um outro deu um talento. E assim ele fez com o grupo inteiro de honrados servidores; a cada um confiando seus bens de acordo com as capacitações variadas deles; e então partiu de viagem. Depois que o senhor partiu, seus serviçais puseram-se a trabalhar para ganhar lucros sobre os bens confiados a eles. Imediatamente, aquele que tinha recebido cinco talentos começou a negociá-los e, em breve, fez um lucro de outros cinco talentos. Da mesma maneira, aquele que tinha recebido dois talentos, ganhou logo mais dois. E, assim, todos servidores proporcionaram ganhos ao seu senhor, exceto aquele que havia recebido apenas um talento. Este, por sua vez, cavou sozinho um buraco na terra, escondendo ali o dinheiro do seu senhor. Em breve o senhor daqueles serviçais retornou inesperadamente e chamou-os para um acerto de contas. Quando todos se encontravam diante do seu senhor, aquele que havia recebido cinco talentos adiantou-se com o dinheiro que lhe havia sido confiado e trouxe ainda cinco talentos mais, dizendo: 'Senhor, me destes cinco talentos para investir, e eu estou contente de apresentar cinco outros talentos como ganho meu'. E então o seu senhor lhe disse: 'Muito bem feito, meu bom e fiel servidor, tu foste fiel para algumas coisas; e agora eu vou colocar outras tantas sob os teus cuidados; entra e partilha da alegria do seu senhor'. E então aquele que havia recebido os dois talentos adiantou-se dizendo: 'Senhor, entregastes dois talentos nas minhas mãos; e, olhai, ganhei esses outros dois talentos'. E o senhor disse a ele: 'Tu fizeste bem, bom e fiel servidor; tu também foste fiel em umas tantas coisas, e agora te entrego muitas; entra na alegria do teu senhor'. E então veio para prestar contas o que tinha recebido um talento. Esse serviçal adiantou-se dizendo: 'Senhor, eu vos conheço e sei que sois um homem astucioso, e que esperais ganhos onde vós não trabalhastes pessoalmente; portanto, eu fiquei temeroso de arriscar aquilo que a mim foi confiado. Escondi com segurança o vosso talento debaixo da terra; aqui está ele; agora tendes o que vos pertence'. Mas o senhor respondeu-lhe: 'Tu és um serviçal indolente e folgado. Pelas tuas próprias palavras, confessas que sabias que eu iria exigir de ti uma prestação de contas com um lucro razoável, tal como os que os teus diligentes companheiros servidores me prestaram neste dia. Tendo conhecimento disso, deverias, portanto, ter ao menos colocado o meu dinheiro nas mãos dos banqueiros, para que no meu retorno eu pudesse recebê-lo de volta com alguns juros'. E então esse senhor disse ao administrador chefe: 'Tira o talento das mãos desse servidor, que não sabe extrair proveito de nada, e dá-o ao que tem dez talentos'.

"Àqueles que já possuem, mais será dado e terão em abundância; mas, até mesmo aquilo que tem, será tirado daquele que não possui. Não podeis permanecer passivos, nos assuntos do Reino eterno. Meu Pai exige que todos seus filhos cresçam na graça e no conhecimento da verdade. Vós, que sabeis dessas verdades, deveis fazer crescer os frutos do espírito e manifestar uma devoção crescente ao serviço desinteressado dos vossos semelhantes, que também são servidores. E lembrai-vos, de tudo o que ministrares ao menor dos meus irmãos, a mim é que esse serviço estará sendo prestado.

"E assim é que deveríeis cuidar dos negócios do Pai, agora e para sempre; e eternamente mesmo. Continuai até que eu venha. Cuidai com fidelidade daquilo que vos for confiado, e assim estareis prontos para a prestação de contas da morte. E tendo vivido assim, para glória do Pai e satisfação do Filho, entrareis com alegria e com um júbilo extremamente grande no serviço eterno do Reino perpétuo".

A verdade está viva; o Espírito da Verdade está sempre conduzindo os filhos da luz para novos Reinos de realidade espiritual e de serviço divino. A verdade não lhes foi dada para que vós a cristalizásseis em formas estabelecidas, seguras e honradas. Vós deveis elevar tanto a vossa revelação da verdade, quando ela passar pela vossa experiência pessoal, que aquela beleza nova e os reais ganhos espirituais se tornem abertos a todos aqueles que contemplam os vossos frutos espirituais e que, em conseqüência disso, sejam conduzidos a glorificar o Pai que está no céu. Apenas os que servem com fidelidade e que assim crescem no conhecimento da verdade, e que, por meio dela, desenvolvem a capacidade da apreciação divina das realidades espirituais, podem esperar "entrar completamente no júbilo do seu Senhor". Que triste visão, para as gerações sucessivas de seguidores professos de Jesus, ter de dizer, a respeito da administração que fizeram da verdade divina: "Aqui, Mestre, está a verdade que vós colocastes em nossas mãos há cem ou mil anos. Não perdemos nada; preservamos fielmente tudo o que nos destes; não permitimos que fossem feitas mudanças naquilo que nos ensinastes; aqui está a verdade que nos destes". Mas um tal pretexto para a indolência espiritual nunca irá justificar o servidor que não trouxe outras verdades perante o Mestre. De acordo com a verdade entregue nas vossas mãos é que o Mestre da verdade irá exigir uma prestação de contas.

No próximo mundo, ser-vos-á pedida uma prestação de contas sobre os dons recebidos e o que deles foi feito neste mundo. Sejam poucos ou muitos os talentos inerentes, deveis aguardar um acerto justo e misericordioso. Se os dons houverem sido usados apenas com propósitos e fins egoístas e nenhum pensamento houver sido concedido ao dever mais elevado de obter uma colheita maior dos frutos do espírito, como eles se manifestam no serviço sempre em expansão dos homens e na adoração de Deus, esses administradores egoístas devem aceitar as conseqüências da sua escolha deliberada.

Exatamente como todos mortais egoístas, foi aquele servidor infiel com o único talento, pois jogou a culpa da sua própria preguiça no seu senhor. E muito propenso a pôr a culpa nos outros, fica o homem quando se depara com os fracassos causados por si próprio, muitas vezes, colocando a culpa sobre quem menos a merecia!

Disse Jesus, naquela noite, quando iam repousar: "Gratuitamente vós recebestes a verdade do céu e, portanto, gratuitamente vós a deveis dar e, ao ser dada, essa verdade irá multiplicar-se e mostrar a luz que cresce da graça que salva, do modo mesmo como vós a ministrais".

4. O RETORNO DE MICHAEL

Dentre todos os ensinamentos do Mestre, nenhum deles tem sido tão mal compreendido como a sua promessa de voltar algum dia pessoalmente a este mundo. Não é estranho que Michael devesse estar interessado em retornar algum dia ao planeta em que experimentou a sua sétima e última auto-outorga, como um mortal deste reino. É simplesmente natural acreditar que Jesus de Nazaré, agora governante soberano de um vasto universo, esteja interessado em retornar, não apenas uma, mas muitas vezes mesmo, ao mundo onde viveu uma vida tão única e onde, finalmente, conquistou do Pai, para si próprio, o outorgamento ilimitado de poder e autoridade sobre o universo. Urântia será eternamente uma das sete esferas de natividade de Michael, no serviço de ganhar a soberania do universo.

Em numerosas ocasiões, e para muitos indivíduos, Jesus declarou a sua intenção de retornar a este mundo. Como os seus seguidores se despertaram para o fato de que o seu Mestre não iria atuar como um libertador temporal, e quando ouviram as suas previsões sobre a destruição de Jerusalém e a queda da nação judaica, muito naturalmente começaram a associar o seu retorno prometido a esses acontecimentos catastróficos. Mas, os exércitos romanos demoliram os muros de Jerusalém, destruindo o templo e dispersando os judeus da Judéia; e como, ainda então, o Mestre não se havia revelado em poder e glória, os seus seguidores começaram a formular aquela crença que finalmente associava a segunda vinda de Cristo com o fim dos tempos, e mesmo com o fim do mundo.

Jesus prometeu fazer duas coisas depois que ascendesse até o Pai, e depois que todo o poder no céu e na Terra tivesse sido colocado nas suas mãos. Prometeu, primeiro, enviar ao mundo, e no seu lugar, um outro instrutor, o Espírito da Verdade; e isso ele fez no Dia de Pentecostes. E, segundo, prometeu muito certamente, aos seus seguidores, que retornaria pessoalmente algum dia a este mundo. Mas ele não disse como, onde, nem quando iria re-visitar este planeta, que foi o da sua experiência de auto-outorga na carne. Numa ocasião ele deixou subentendido que, conquanto o olho da carne pudesse havê-lo contemplado, quando ele viveu aqui na carne, no seu retorno (pelo menos em uma das suas possíveis visitas), ele seria discernido apenas pelos olhos da fé espiritual.

Muitos de nós inclinamos-nos a crer que Jesus retornará a Urântia diversas vezes durante as eras que virão. Não temos a sua promessa específica de que fará todas essas visitas, mas parece muito provável que, trazendo entre os seus títulos do universo o de Príncipe Planetário de Urântia, por muitas vezes, ele visitará o mundo cuja conquista conferiu um título tão único a ele.

Nós acreditamos de um modo muito firme que Michael virá de novo pessoalmente a Urântia, mas não temos a menor idéia de quando ou de que maneira escolherá fazer isso. Será que o seu segundo advento na Terra está marcado para ocorrer junto com o julgamento final desta era presente, seja com ou sem o aparecimento interligado de um Filho Magisterial? Será que ele virá junto com o término de alguma era posterior de Urântia? Virá sem anúncio e como um acontecimento isolado? Não sabemos. De uma coisa apenas estamos seguros: de que, quando ele retornar, todo o mundo saberá disso, provavelmente, pois ele deverá vir como o governante supremo de um universo e não anonimamente como uma obscura criança em Belém. Mas se todos os olhos deverão contemplá-lo, e se apenas os olhos espirituais poderão discernir a sua presença, então, esse advento deverá ainda ser postergado em muito.

Portanto, vós faríeis muito bem em desassociar o retorno pessoal do Mestre, à Terra, de toda e qualquer época ou evento estabelecido. Estamos certos apenas de uma coisa: Ele prometeu voltar. Nenhuma idéia temos sobre quando ele irá cumprir essa promessa, nem em combinação com qual acontecimento isso dar-se-á. Até onde sabemos, ele poderá aparecer na Terra a qualquer dia, e poderá não vir até que tenham passado as eras, umas após outras, e que hajam sido devidamente julgadas pelo corpo dos seus irmãos, os Filhos do Paraíso.

O segundo advento de Michael na Terra é um acontecimento de um valor sentimental imenso, tanto para os seres intermediários quanto para os humanos; por outro lado, contudo, ele não seria de importância no momento presente para os intermediários, e não seria de importância prática maior para os seres humanos do que algo como o evento comum da morte natural, que precipita tão subitamente o homem mortal no abraço imediato daquela sucessão de eventos no universo, que o levam diretamente à presença desse mesmo Jesus, o governante soberano do nosso universo. Os filhos da luz estão todos destinados a vê-lo, e não tem a menor importância se nós formos até ele, ou se, por acaso, ele vier primeiro a nós. Estejais, portanto, sempre prontos para recebê-lo na Terra, como ele está pronto para acolher-vos no céu. Aguardamos a sua vinda gloriosa, ou as suas vindas repetidas mesmo, com muita confiança, mas ignoramos completamente o como, o quando, e em ligação a qual evento ele poderá surgir.

QUARTA-FEIRA, O DIA DE DESCANSO

QUANDO o trabalho de ensinar ao povo dava-lhes uma folga, o costume de Jesus e dos seus apóstolos era descansar das suas atividades às quartas-feiras. Em particular nessa quarta-feira eles tomaram o desjejum um pouco mais tarde do que de costume, e o acampamento encontrava-se invadido por um silêncio agourento; pouco foi dito durante a primeira parte da refeição matinal. Finalmente Jesus falou: "Desejo que descanseis por hoje. Tirai o tempo para pensar sobre tudo o que aconteceu, desde que viemos para Jerusalém, e para meditar sobre o que temos pela frente e sobre tudo o que eu já vos esclareci com clareza. Assegurai-vos de que a verdade esteja nas vossas vidas; e que diariamente ireis crescer em graça".

Após o desjejum o Mestre informou a André que tinha a intenção de ausentar-se durante aquele dia e sugeriu que fosse permitido aos apóstolos passar o tempo de acordo com a própria escolha, exceto que sob nenhuma circunstância deveriam passar pelos portões de Jerusalém.

Quando estava pronto para ir sozinho às colinas, Davi Zebedeu aproximou-se dele, dizendo: "Bem sabeis, Mestre, que os fariseus e os dirigentes buscam destruir-te, e ainda assim estás pronto para ir até as colinas sozinho. Fazer isso é loucura; e, portanto, eu vou enviar três homens bem preparados contigo, para cuidar de que nenhum mal te seja feito". Jesus olhou para os três galileus fortes e bem armados e disse a Davi: "A tua intenção é boa, mas tu te equivocas ao não compreender que o Filho do Homem não necessita de ninguém para defendê-lo. Nenhum homem colocará as mãos em mim até a hora em que eu estiver pronto para entregar a minha vida, em conformidade com a vontade do meu Pai. Esses homens não podem acompanhar-me. Eu desejo ir só, para poder comungar com o Pai".

Ao ouvir essas palavras, Davi e os seus guardas armados retiraram-se; mas, quando Jesus saiu só, João Marcos adiantou-se com uma pequena cesta contendo comida e água e sugeriu que, se a intenção dele era ficar fora o dia inteiro, ele poderia sentir fome. O Mestre sorriu para João e abaixou a mão para pegar a cesta.

1. UM DIA A SÓS COM DEUS

Jesus estava para pegar a cesta de lanche da mão de João, quando o jovem aventurou-se a dizer: "Mas, Mestre, é possível que abandones a cesta no chão, enquanto ficas de lado para orar, e que sigas sem ela. Além disso, se eu fosse junto para carregar o lanche, ficarias mais livre para adorar; e eu por certo me manterei em silêncio. Não farei perguntas e permanecerei perto da cesta quando tu te separares para orar a sós".

Enquanto dizia essas coisas, cuja temeridade surpreendeu alguns dos ouvintes por ali, João teve a audácia de segurar a cesta. E lá ficaram eles, João e Jesus, ambos segurando a cesta. Mas logo o Mestre soltou-a e, olhando para baixo até o rapaz, disse: "Já que desejas ir comigo de todo o teu coração, isso não te será negado. Iremos juntos e teremos uma boa conversa. Tu podes perguntar-me qualquer coisa que surja no teu coração, e nos confortaremos e nos consolaremos mutuamente. Podes começar levando o lanche e, quando cansares, eu te ajudarei. Então me segue".

Jesus só retornou ao acampamento naquela tarde depois do pôr-do-sol. O Mestre passou o último dia de tranqüilidade na Terra conversando com esse jovem faminto da verdade; e falando com o seu Pai do Paraíso. Esse acontecimento tornou-se conhecido no alto como "o dia que um jovem passou com Deus, nas colinas". Essa ocasião exemplifica para sempre a boa vontade do Criador de confraternizar-se com a criatura. Mesmo um adolescente, se o desejo do seu coração é realmente supremo, pode atrair a atenção, desfrutar da companhia plena de amor do Deus de um universo e experimentar verdadeiramente o inesquecível êxtase de estar a sós com Deus nas colinas; e durante um dia inteiro. E essa foi a experiência única de João Marcos, nessa quarta-feira nas colinas da Judéia.

Jesus conversou muito com João, falando livremente sobre os assuntos deste mundo e do próximo. João disse a Jesus sobre o quanto ele lamentara não ter tido idade suficiente para ser um dos apóstolos e expressou o seu grande reconhecimento por ter-lhe sido permitido seguir sempre com eles, exceto na viagem à Fenícia, desde a primeira pregação dos apóstolos no vau do Jordão, perto de Jericó. Jesus advertiu ao rapaz para não se desencorajar com os acontecimentos iminentes e assegurou-lhe de que ele viveria para tornar-se um mensageiro poderoso do Reino.

João Marcos ficaria sempre emocionado com a lembrança desse dia com Jesus nas colinas, e nunca se esqueceria da recomendação final do Mestre, feita quando eles estavam para voltar ao acampamento do Getsêmani, com o seguinte teor: "Bem, João, tivemos uma boa conversa, um dia de descanso verdadeiro, mas procura não contar a nenhum homem as coisas que eu disse". E João Marcos nunca revelou nada do que havia sucedido nesse dia que ele passou com Jesus nas colinas.

Durante as poucas horas que restavam da vida terrena de Jesus, João Marcos nunca permitiu que o Mestre saísse da sua vista por muito tempo. O garoto estava sempre escondido por perto; e só adormecia depois que Jesus dormia.

2. A INFÂNCIA NO LAR

No transcurso das conversas com João Marcos nesse dia, Jesus passou um tempo considerável comparando as experiências das infâncias e adolescências de ambos. Embora os pais de João possuíssem mais bens deste mundo do que os pais de Jesus, ambos haviam passado por muitas experiências bastante semelhantes na infância. Jesus disse muitas coisas que ajudaram João a entender melhor os seus pais e outros membros da sua família. Quando o jovem perguntou ao Mestre como podia saber que ele se tornaria um "mensageiro poderoso do Reino", Jesus disse:

"Sei que te mostrarás leal ao evangelho do Reino porque posso confiar na tua fé e no amor que tens atualmente, já que essas qualidades são baseadas em uma educação, vinda da tua casa, desde bem cedo. Tu és o produto de um lar em que os pais têm uma afeição mútua sincera e onde não te amaram em excesso, de modo a exaltar prejudicialmente a tua idéia da própria importância. Nem a tua personalidade sofreu deformação em conseqüência das manobras sem amor na luta dos teus pais, um contra o outro, para ganhar a tua confiança e lealdade. Tu desfrutaste daquele amor paternal que assegura uma autoconfiança louvável e que fomenta sentimentos normais de segurança. Mas foste também afortunado, porque os teus pais tinham de sabedoria tanto quanto de amor, e foi a sabedoria que os levou a negar-te a maior parte das satisfações e muitos dos luxos que a riqueza pode comprar, pois eles te enviaram para a escola da sinagoga junto com os teus amigos da vizinhança, e eles também te encorajaram a aprender como viver neste mundo permitindo-te que tivesses uma experiência original. Tu vieste, com o teu jovem amigo Amós, até o Jordão, onde pregávamos e os discípulos de João batizavam. Os dois quiseram acompanhar-nos. Quando voltaste para Jerusalém, os teus pais consentiram; os pais de Amós recusaram-se a dar o consentimento; eles amavam tanto o filho que negaram a ele a experiência abençoada que tu tiveste, e da qual ainda desfrutas hoje. Amós poderia ter fugido de casa, e poderia ter-se juntado a nós, mas se o fizesse ele teria ferido o amor e sacrificado a lealdade. Ainda que esse caminho tivesse sido sábio, teria sido um preço terrível a ser pago pela experiência, pela independência e pela liberdade. Pais sábios, como os teus, cuidam de que os seus filhos não tenham que ferir o amor, nem abafar a lealdade, para desenvolver uma independência e desfrutar de uma liberdade revigorantes, quando chegam à tua idade.

"O amor, João, é a realidade suprema do universo quando é dado por seres infinitamente sábios; mas, do modo como se manifesta na experiência de pais mortais, ele apresenta um traço perigoso muitas vezes semi-egoísta. Quando casares e tiveres que criar os próprios filhos, assegura-te de que teu amor seja aconselhado pela sabedoria e guiado pela inteligência.

"O teu jovem amigo Amós acredita neste evangelho do Reino tanto quanto tu, mas não posso confiar totalmente nele; não estou certo do que ele fará, nos anos que virão. A vida dele na infância não se deu de um modo tal a produzir uma pessoa totalmente confiável. Amós é muito semelhante a um dos apóstolos que não teve uma educação normal, afetuosa e sábia em casa. Toda a tua vida futura será mais feliz e confiável porque passaste os teus primeiros oito anos em um lar normal e bem regrado. Tu possuis um caráter forte e bem integrado porque cresceste em um lar onde predominava o amor e reinava a sabedoria. Uma educação assim na infância produz um tipo de lealdade que me assegura que tu irás continuar no caminho em que começaste".

Por mais de uma hora Jesus e João continuaram essa conversa sobre a vida no lar. O Mestre prosseguiu explicando a João como uma criança é totalmente dependente dos seus pais e da vida ligada ao lar, para todos os seus conceitos iniciais sobre todas as coisas intelectuais, sociais, morais e mesmo espirituais, pois a família representa para a criança pequena tudo o que ela pode conhecer primeiramente, tanto das relações humanas, quanto das divinas. A criança deve tirar dos cuidados da mãe as suas primeiras impressões sobre o universo; ela é totalmente dependente do pai terreno para formar as suas primeiras idéias do Pai celeste. A vida subseqüente da criança torna-se feliz ou infeliz, fácil ou difícil, segundo a sua vida mental e emocional inicial, e é condicionada por essas relações sociais e espirituais no lar. Toda a vida de um ser humano é influenciada enormemente por aquilo que acontece durante os primeiros anos de sua existência.

Acreditamos sinceramente que o evangelho contido nos ensinamentos de Jesus, baseados que são na relação pai-filho, dificilmente poderá desfrutar de uma aceitação mundial até o momento em que a vida familiar, dos povos civilizados modernos, abranja mais amor e mais sabedoria. Não obstante os pais deste século possuírem um grande conhecimento e uma verdade maior, para melhorar o lar e enobrecer a vida no lar, continua sendo uma verdade que, para educar os meninos e as meninas, poucos lares modernos são bons quanto o foram os lares de Jesus na Galiléia e de João Marcos na Judéia, se bem que a aceitação do evangelho de Jesus tenha como resultado um aperfeiçoamento imediato da vida no lar. A vida baseada no amor de um lar sábio e na devoção leal da verdadeira religião exercem uma profunda influência mútua e recíproca. A vida em um lar assim intensifica a religião, e a religião genuína sempre glorifica o lar.

É bem verdade que muitas influências, atrofiadas e repreensíveis, exatamente como outras tendências restritivas desses antigos lares judeus hajam já sido eliminadas virtualmente em muitos dos lares modernos mais bem regrados. Há, de fato, uma independência mais espontânea e mais liberdade pessoal; essa liberdade, todavia, não é contida pelo amor, nem motivada pela lealdade, nem orientada pela disciplina inteligente da sabedoria. Enquanto ensinamos as crianças a orar, "Pai nosso que estais no céu", uma grande responsabilidade recai sobre todos os pais terrenos, de viver e ordenar os seus lares para que a palavra *pai* fique conservada condignamente nas mentes e nos corações de todas as crianças em crescimento.

3. O DIA NO ACAMPAMENTO

Os apóstolos passaram a maior parte do dia caminhando pelo monte das Oliveiras e conversando com os discípulos que estavam acampados com eles, mas no início da tardinha ficaram muito desejosos de ver Jesus retornar. Com o decorrer do dia, inquietaram-se cada vez mais quanto à segurança dele; e, sem ele, sentiram-se inexprimivelmente sós. Houve muito debate durante o dia sobre se se deveria ter permitido ao Mestre sair sozinho pelas colinas, acompanhado apenas por um garoto de recados. Embora nenhum homem exprimisse abertamente os seus pensamentos, não havia nenhum entre eles, salvo Judas Iscariotes, que não preferisse estar no lugar de João Marcos.

Foi no meio da tarde que Natanael fez o seu discurso sobre "O Desejo Supremo", para cerca de meia dúzia de apóstolos e meia dúzia de discípulos; concluindo o discurso desta forma: "O que há de errado com a maioria de nós é que nos entregamos apenas com a metade do nosso coração. Não amamos ao Mestre como ele nos ama. Se quiséssemos todos, tanto quanto João Marcos, ir junto, ele certamente nos teria levado a todos. Ficamos quietos; já o rapaz aproximou-se do Mestre e ofereceu-lhe a cesta e, quando o Mestre pegou-a, o jovem não a soltou. E assim o Mestre nos deixou aqui, enquanto foi para as colinas com a cesta, o rapaz e tudo".

Por volta de quatro horas, alguns corredores chegaram até Davi Zebedeu, trazendo-lhe notícias da sua mãe em Betsaida e da mãe de Jesus. Vários dias antes, Davi havia concluído que os sacerdotes principais e os dirigentes iam matar Jesus. Davi sabia que eles estavam determinados a destruir o Mestre, e achava-se convencido de que Jesus não iria exercer o seu poder divino para salvar-se, nem permitir aos seus seguidores que empregassem força em sua defesa. Tendo chegado a essas conclusões, ele não perdeu tempo e despachou um mensageiro até a sua mãe, instando-lhe para que viesse imediatamente a Jerusalém e que trouxesse Maria, a mãe de Jesus, e todos os membros da família dele.

A mãe de Davi fez como o filho lhe havia pedido, e agora os corredores voltavam a Davi trazendo a notícia de que a sua mãe e toda a família de Jesus estavam a caminho de Jerusalém, e deveriam chegar no final do dia seguinte ou na manhã subseqüente. Já que Davi tinha feito isso por sua própria iniciativa, ele pensou que seria prudente guardar consigo essa informação. E não contou a ninguém, portanto, que a família de Jesus estava a caminho de Jerusalém.

Pouco depois do meio-dia, mais de vinte daqueles gregos que tinham estado com Jesus e os doze, na casa de José de Arimatéia, chegaram ao acampamento; e Pedro e João passaram várias horas em conversa com eles. Esses gregos, ou ao menos alguns deles, estavam bastante avançados nos conhecimentos do Reino, tendo sido instruídos por Rodam, em Alexandria.

Naquela noite, depois de retornar ao acampamento, Jesus conversou com os gregos, e ele teria ordenado esses vinte gregos, tal como havia feito com os setenta, não tivesse sido pelo fato de que uma ação assim teria deixado os seus apóstolos e muitos dos seus discípulos principais bastante perturbados.

Enquanto tudo isso acontecia no acampamento, em Jerusalém os sacerdotes principais e os anciães ficaram surpreendidos por Jesus não ter voltado para falar às multidões. Na verdade, no dia anterior, quando deixou o templo, ele disse: "Entregue a vós fica a vossa própria casa, em desolação". Mas eles não podiam entender por que ele estava disposto a renunciar à vantagem tão grande que tinha conseguido em vista da atitude amistosa da multidão. Embora eles temessem que ele fosse instigar na multidão um tumulto, as últimas palavras do Mestre diante dela tinham sido uma exortação para que ficasse, de todas as maneira razoáveis, em conformidade com a autoridade daqueles "que se colocavam no assento de Moisés". Era um dia movimentado na cidade, pois simultaneamente preparavam-se para a Páscoa e aperfeiçoavam os seus planos para destruir Jesus.

Não veio muita gente ao acampamento, pois o seu estabelecimento tinha sido mantido como um segredo bem guardado por todos aqueles que sabiam da importância de ficar lá, para Jesus, em vez de ir a Betânia todas as noites.

4. JUDAS E OS SACERDOTES PRINCIPAIS

Pouco depois de Jesus e João Marcos haverem deixado o acampamento, Judas Iscariotes desapareceu de perto dos seus irmãos, não retornando senão no final da tarde. Esse apóstolo confuso e descontente foi até Jerusalém, não obstante o pedido específico do seu Mestre para que se abstivessem todos de entrar nos seus portões. Ele foi até lá, às pressas, para comparecer ao encontro com os inimigos de Jesus, na casa de Caifás, o sumo sacerdote. Tratava-se de uma reunião informal do sinédrio e havia sido marcada para pouco depois das dez horas, naquela manhã. Essa reunião foi convocada para discutir-se a natureza das acusações que seriam apresentadas contra Jesus e para decidir-se sobre o procedimento a ser empregado para trazê-lo perante as autoridades romanas, com o propósito de assegurar a confirmação civil necessária para a sentença de morte já decretada por eles.

No dia anterior, Judas havia revelado a alguns dos seus parentes e amigos saduceus da família do seu pai, que chegara à conclusão de que, não obstante ser um sonhador bem-intencionado e idealista, Jesus não era o libertador esperado de Israel. Judas declarou que gostaria muito de encontrar o jeito de retirar-se de uma maneira honrosa do movimento. Os seus amigos asseguraram-lhe, de um modo lisonjeiro para ele, que a sua retirada seria saudada pelos dirigentes judeus como um grande acontecimento, e que nenhuma recompensa ficaria exagerada para ele. Eles levaram-no a acreditar que, incontinenti, iria receber altas honrarias do sinédrio e que, ao final, ele ficaria em uma posição de apagar o estigma da sua bem-intencionada, mas "infeliz ligação com os galileus incultos".

Judas não podia de fato crer que as poderosas obras do Mestre tivessem sido realizadas pelo poder do príncipe dos demônios, e agora estava plenamente convencido de que Jesus não exerceria nenhum poder para se auto-engrandecer; e, finalmente, se achava convicto de que Jesus permitir-se-ia ser destruído pelos dirigentes judeus. E que, quanto a ele próprio, não poderia ele resistir ao pensamento humilhante de ser identificado com um movimento derrotado. Judas recusava-se a alimentar a idéia de que aquele era um fracasso apenas aparente. Ele entendia profundamente o caráter firme do seu Mestre e a agudeza da sua mente majestosa e misericordiosa, e ainda assim ele recebia com prazer, se bem que parcialmente, a sugestão de um dos seus parentes, de que Jesus, conquanto fosse um fanático bem-intencionado, provavelmente não estivesse com a mente sã, pois que dera sempre a impressão de ser uma pessoa estranha e mal-compreendida.

E agora, mais do que nunca, Judas sentia-se estranhamente ressentido de que Jesus nunca o tivesse designado para uma posição de maior dignidade. Durante todo esse tempo ele havia apreciado a honra de ser o tesoureiro apostólico, agora, no entanto, ele começava a sentir que não tinha sido valorizado; e que não teve reconhecimento pelas suas capacidades. E, de súbito, ele estava tomado de indignação com o fato de que Pedro, Tiago e João tivessem sido honrados pela ligação estreita com Jesus e, nesse momento, quando se encontrava a caminho da casa do alto sacerdote, tinha a mente preocupada mais com uma revanche com Pedro, Tiago e João, do que com qualquer pensamento de trair Jesus. Mas, acima de tudo, exatamente então, um pensamento novo e dominante começou a ocupar o primeiro plano da sua mente consciente: ele tinha planejado conseguir honrarias para si próprio e, caso isso pudesse ser conseguido simultaneamente com uma revanche contra aqueles que tinham contribuído para o maior desapontamento da sua vida, tanto melhor. Ele estava tomado por uma conspiração terrível, formada de confusão, de orgulho, de desespero e de resolução. E, assim, pois, deve ficar claro que não foi por dinheiro que Judas pôs-se então a caminho da casa de Caifás, para preparar a traição a Jesus.

Quando Judas aproximou-se da casa de Caifás, ele chegou à decisão final de abandonar Jesus e os seus companheiros apóstolos; e, tendo assim decidido desertar a causa do Reino do céu, ele determinou-se a assegurar para si próprio a maior parte possível daquela honra e glória que, logo no início, ao identificar-se com Jesus e o novo evangelho do Reino, pensara que lhe caberia algum dia. Todos os apóstolos, alguma vez, compartilharam dessa ambição com Judas; no entanto, com o passar do tempo, eles aprenderam a admirar a verdade e a amar Jesus, pelo menos mais do que Judas amou.

O traidor foi apresentado a Caifás e aos dirigentes judeus pelo seu primo, o qual explicou que Judas, depois de descobrir o seu erro de se ter deixado desviar pelo ensinamento hábil de Jesus, havia chegado a ponto de desejar fazer uma renúncia pública e formal da sua ligação com o galileu e, ao mesmo tempo, pedir o seu restabelecimento na confiança e na fraternidade dos seus irmãos judeus. Esse porta-voz de Judas continuou a explicar que Judas reconhecia como melhor, para a paz de Israel, se Jesus fosse tomado em custódia, e por isso, e como evidência do seu arrependimento de ter participado de um tal movimento equivocado e como prova da sua sinceridade ao voltar aos ensinamentos de Moisés, ele vinha para oferecer-se ao sinédrio como alguém que podia arranjar, com o capitão que tinha as ordens de prender Jesus, para que ele fosse tomado em custódia tranqüilamente, evitando assim qualquer perigo de agitar as multidões ou a necessidade de adiar a sua prisão para depois da Páscoa.

Quando esse primo terminou de falar, ele apresentou Judas, que, aproximando-se do sumo sacerdote, disse: "Tudo o que o meu primo prometeu, eu farei, mas o que estais dispostos a dar-me por esse serviço?" Judas não parecia discernir o olhar de desdém e mesmo de repugnância que vinha à face do orgulhoso e desumano Caifás; o coração de Judas estava todo voltado para a própria glória, almejando satisfazer a exaltação de si próprio.

E Caifás abaixou então o seu olhar até o traidor, enquanto dizia: "Judas, vai ao capitão da guarda e arranja com aquele oficial para que tragam o teu Mestre a nós nesta noite ou na noite de amanhã e, quando ele houver sido entregue por ti nas nossas mãos, receberás tua recompensa por esse serviço". Quando Judas ouviu isso, saiu da presença dos sacerdotes principais e dos dirigentes para conferenciar, com o capitão da guarda do templo, sobre a maneira pela qual Jesus devia ser apreendido. Judas sabia que Jesus estava ausente do acampamento naquele momento e não fazia idéia da hora em que ele voltaria naquela noite e, pois, assim, eles concordaram entre si em prender Jesus na noite seguinte (de quinta-feira), depois que o povo de Jerusalém e todos os peregrinos visitantes estivessem recolhidos para dormir.

Judas retornou para os seus colegas no acampamento, intoxicado por pensamentos de grandeza e glória como há muito tempo não os tivera. Ele havia-se alistado junto a Jesus, esperando algum dia tornar-se um grande homem naquele novo Reino. Ao final entendeu que não existia nenhum reino tal como ele tinha antevisto. Mas rejubilava-se por ter sido tão sagaz em trocar o seu desencanto por não ter alcançado a glória antecipada em um novo reino, pela realização imediata de honra e de recompensa na velha ordem, que, agora, acreditava que sobreviveria; ele estava certo de que ela iria destruir Jesus e a tudo o que ele representava. Na sua última motivação de intenção consciente, a traição de Judas a Jesus foi um ato covarde de um desertor egoísta, cujo único pensamento era a sua própria segurança e glorificação, não importando quais resultados pudessem advir da sua conduta, para com o seu Mestre e os seus antigos companheiros.

Mas foi sempre exatamente assim. Judas tinha há muito tempo engajado-se nessa consciência deliberada, persistente, egoísta e vingativa de construir de forma progressiva na sua mente e colocar no seu coração esses desejos de ódio e de mal, de vingança e de deslealdade. Jesus amou e confiou em Judas, do mesmo modo que amou e confiou nos outros apóstolos, mas Judas não conseguiu desenvolver uma confiança leal, nem experimentou retribuir com um amor de todo o seu coração. E quão perigosa a ambição pode tornar-se, uma vez que esteja totalmente casada com o egoísmo e sob a motivação suprema de uma vingança sombria e longamente contida! Que coisa esmagadora é a decepção nas vidas daquelas pessoas tolas que, ao fixarem as suas vistas nos atrativos obscuros e evanescentes do tempo, se tornam cegas para as realizações superiores e mais reais, de alcance permanente, nos mundos eternos dos valores divinos e das realidades espirituais verdadeiras. Na sua mente Judas ansiava por honras terrenas, e chegou a amar esse desejo de todo o seu coração; os outros apóstolos, do mesmo modo, ansiaram por essa mesma honra mundana nas suas mentes, mas com os seus corações eles amaram Jesus e estavam dando o melhor de si para aprender a amar as verdades que ele lhes ensinou.

Naquele momento, Judas não se deu conta disso, mas tinha sido subconscientemente um crítico de Jesus, desde que João Batista fora decapitado por Herodes. No fundo do seu coração, Judas sempre se ressentiu do fato de Jesus não ter salvado João. Não vos deveis esquecer de que Judas havia sido discípulo de João, antes de tornar-se seguidor de Jesus. Todos esses acúmulos de ressentimentos humanos e de decepções amargas guardados por Judas na sua alma, sob as vestes do ódio, estavam agora bem organizados na sua mente subconsciente, e prontos para emergir e tragá-lo tão logo ele ousasse separar-se da influência protetora dos seus irmãos, expondo a si próprio, ao mesmo tempo, às insinuações espertas e aos escárnios agudos dos inimigos de Jesus. Todas as vezes que Judas permitiu que as suas esperanças soassem alto, e que Jesus realizava ou dizia algo para fazê-las despencarem-se, sempre, era deixada no coração de Judas uma cicatriz de ressentimento amargo; e, como essas cicatrizes multiplicaram-se rapidamente, o coração, tão freqüentemente ferido, perdeu toda a afeição real por aquele que havia infligido essa experiência desagradável a uma personalidade bem-intencionada, mas covarde e egocêntrica. Judas não deu por si, mas ele era um covarde. E, desse modo, ele estava sempre inclinado a considerar a covardia como sendo o que, freqüentemente, levava Jesus a recusar-se a agarrar o poder ou a glória quando eles aparentemente estavam a um fácil alcance. E todo homem mortal sabe plenamente bem que o amor, ainda que tendo sido genuíno, pode, por meio da decepção, do ciúme e de um contínuo ressentimento, ser transformado finalmente em ódio verdadeiro.

Afinal, os sacerdotes principais e os anciães puderam respirar tranqüilamente por umas poucas horas. Eles não teriam que prender Jesus em público, e a garantia de Judas, como um aliado traidor, assegurava que Jesus não escaparia da jurisdição deles, como o tinha conseguido tantas vezes no passado.

5. A ÚLTIMA HORA DE REUNIÃO SOCIAL

Pelo fato de ser quarta-feira, aquela noite no acampamento foi de reunião social. O Mestre empenhava-se em alegrar os seus apóstolos abatidos, embora isso fosse quase impossível. Todos começavam a compreender que acontecimentos desconcertantes e arrasadores estavam na iminência de acontecer. Eles não podiam estar alegres, mesmo quando o Mestre recordou os anos repletos de uma associação afetuosa e de acontecimentos. Jesus inquirira cuidadosamente sobre as famílias de todos os apóstolos e, olhando para Davi Zebedeu, perguntou se alguém tinha notícias recentes da mãe dele e da sua irmã mais jovem, ou de outros membros da família. Davi olhou para os próprios pés; teve medo de responder.

Essa foi a ocasião em que Jesus advertiu aos seus seguidores para que tomassem cuidado com o apoio das multidões. Recordou as suas experiências na Galiléia, quando, muitas vezes, grandes multidões de pessoas que os seguiram com entusiasmo mas, de súbito, ardentemente, voltavam-se contra eles e retornavam aos seus caminhos antigos de crença e de vida. E então ele disse: "E assim, não deveis permitir que fiqueis decepcionados com as grandes multidões, as quais já nos ouviram no templo e aparentemente demonstraram acreditar nos nossos ensinamentos. Essas multidões escutam a verdade e acreditam nela, superficialmente, com suas mentes, mas poucas pessoas dentre elas permitem que a palavra da verdade se lhes alcance, com raízes vivas, o coração. Aqueles que conhecem o evangelho apenas pela mente, não o havendo experimentado no coração, não podem ser confiáveis para dar apoio quando vierem os verdadeiros problemas. Quando os dirigentes dos judeus entrarem num acordo para destruir o Filho do Homem, e quando derem sua estocada uníssona, vereis a multidão fugir em desânimo ou então ficar atônita, em silêncio, enquanto esses dirigentes enlouquecidos e cegos conduzem à morte os instrutores da verdade do evangelho. E, então, quando a adversidade e a perseguição descerem sobre vós, outros existirão ainda, os quais julgais serem amantes da verdade, que se dispersarão e alguns renunciarão ao evangelho e desertar-vos-ão. Alguns que estiveram bem perto de nós já decidiram desertar. Vós descansastes hoje em preparação para os tempos que virão em breve. Vigiai, pois, e orai, para que amanhã possais estar fortalecidos para os dias que temos pela frente".

A atmosfera do acampamento estava carregada de uma tensão inexplicável. Mensageiros em silêncio iam e vinham, comunicando-se apenas com Davi Zebedeu. Antes de terminar a noitinha, alguns sabiam que Lázaro havia fugido, apressadamente, de Betânia. João Marcos permanecia sinistramente silencioso, após retornar ao acampamento, não obstante tivesse passado o dia inteiro na companhia do Mestre. Cada esforço para persuadi-lo a falar apenas indicava claramente que Jesus tinha dito a ele para nada contar.

Mesmo o bom humor do Mestre e a sua sociabilidade inusitada amedrontavam a todos. Todos sentiam a aproximação certa de um isolamento terrível que, eles compreendiam, cairia sobre eles com uma rapidez esmagadora e um terror inescapável. Vagamente pressentiam o que viria, e nenhum deles se achava preparado para enfrentar a prova. O Mestre tinha estado fora o dia inteiro; e eles haviam sentido a sua falta muito intensamente.

Essa quarta-feira à noite marcou o ponto mais baixo do status espiritual deles, até a hora real da morte do Mestre. Embora o dia seguinte estivesse um dia mais próximo da trágica sexta-feira; ainda assim, Jesus estava entre eles; e todos puderam passar por aquelas horas ansiosas um pouco mais condignamente.

Era um pouco antes da meia-noite quando Jesus, sabendo que esta seria a última noite que ele passaria dormindo junto à sua família escolhida na Terra, disse, ao dispersar a todos para dormir: "Ide, para o vosso sono, meus irmãos, e a paz esteja convosco até que nos levantemos amanhã, um dia a mais para fazer a vontade do Pai e experimentar a alegria de saber que somos filhos Seus".

DOCUMENTO 178

O ÚLTIMO DIA NO ACAMPAMENTO

JESUS havia planejado passar essa quinta-feira, o seu último dia livre, como um Filho divino encarnado, na Terra, com os seus apóstolos e uns poucos discípulos leais e devotados. Logo após a hora do desjejum, nessa bela manhã, o Mestre conduziu-os a um local retirado, a pouca distância acima do acampamento e, ali, lhes ensinou muitas novas verdades. Embora Jesus tenha feito outros discursos aos apóstolos durante as primeiras horas da tarde naquele dia, essa conversa de antes do meio-dia de quinta-feira foi a sua fala de despedida aos vários grupos do acampamento, de apóstolos e discípulos escolhidos, tanto judeus quanto gentios. Todos os doze estavam presentes, salvo Judas. Pedro e vários dos apóstolos notaram a ausência dele, e alguns até pensaram que Jesus o tinha enviado à cidade para cuidar de alguma questão, provavelmente para acertar os detalhes da celebração vindoura da Páscoa. Judas não retornou ao acampamento senão no meio da tarde, pouco antes de Jesus conduzir os doze a Jerusalém para compartilharem da Última Ceia.

1. DISCURSO SOBRE FILIAÇÃO E CIDADANIA

Jesus falou para cerca de cinqüenta dos seus seguidores de confiança, durante quase duas horas, e respondeu a umas tantas perguntas a respeito da relação entre o Reino do céu e os reinos deste mundo, a respeito da relação entre a filiação a Deus e a cidadania nos governos terrenos. Este discurso, junto com as suas respostas, pode ser resumido e reescrito, em linguagem moderna, da seguinte maneira:

Os reinos deste mundo, sendo materiais, podem freqüentemente considerar que seja necessário empregar a força física para a execução das suas leis e para a manutenção da ordem. No Reino do céu os verdadeiros crentes não recorrerão ao emprego da força física. O Reino do céu, sendo uma fraternidade espiritual dos filhos nascidos do espírito de Deus, pode apenas ser promulgado pelo poder do espírito. Essa distinção de procedimento refere-se às relações do Reino dos crentes com o reino do governo secular e não anula o direito que os grupos sociais de crentes têm de manter a ordem nas suas fileiras e de administrar a disciplina junto a membros rebeldes e indignos.

Nada há de incompatível entre a filiação ao Reino espiritual e a cidadania no governo secular ou civil. É dever do crente conferir a César as coisas que são de César e a Deus as coisas que são de Deus. Não pode haver qualquer desacordo entre esses dois quesitos, um sendo material e o outro espiritual, a menos que aconteça que algum César presuma usurpar as prerrogativas de Deus e exija que lhe sejam conferidas uma homenagem espiritual e a suprema adoração. Num tal caso vós adorareis apenas a Deus e, ao mesmo tempo, buscareis esclarecer a esses dirigentes terrenos mal orientados, para conduzi-los, desse modo, também ao reconhecimento do Pai no céu. Não deveríeis prestar culto espiritual a dirigentes terrenos nem empregar as forças físicas dos governos terrenos, cujos dirigentes possam em algum tempo tornar-se crentes, no trabalho de fazer progredir a missão do Reino espiritual.

A filiação ao Reino, do ponto de vista da civilização em avanço, deveria ajudar a fazer de vós cidadãos ideais dos reinos deste mundo, pois a fraternidade e o serviço são pedras fundamentais do evangelho do Reino. O chamado de amor do Reino espiritual deveria mostrar-se como sendo o destruidor eficiente do instinto de ódio dos cidadãos descrentes e belicosos dos reinos primitivos. Mas esses filhos de mentes materialistas, vivendo nas trevas, nunca saberão da vossa luz espiritual para a verdade, a menos que vos aproximeis bastante deles naquele serviço social generoso que vem naturalmente como o fruto do espírito o qual cresce na experiência de vida de todo indivíduo que crê.

Como homens mortais e materiais, vós sois de fato cidadãos dos reinos terrestres e devereis ser cidadãos bons, e tanto melhor que vos tenhais tornado filhos renascidos do espírito do Reino do céu. Como filhos esclarecidos pela fé e de espíritos liberados do Reino celeste, vós estais diante da responsabilidade dupla do dever para com o homem e do dever para com Deus e, ao mesmo tempo, voluntariamente, assumis uma terceira e sagrada obrigação: o serviço à irmandade dos crentes que conhecem a Deus.

Vós não podeis cultuar os vossos dirigentes temporais, e não deveríeis empregar o poder temporal para dar apoio ao progresso do Reino espiritual; mas deveríeis manifestar, do mesmo modo, a ministração justa de serviço de amor aos crentes e descrentes. No evangelho do Reino reside o poderoso Espírito da Verdade, e em breve eu verterei esse espírito sobre toda a carne. Os frutos do espírito, do vosso serviço dedicado e sincero, são uma poderosa alavanca social para elevar as raças, tirando-as das trevas, e esse Espírito da Verdade tornar-se-á o vosso ponto de apoio para a multiplicação do vosso poder.

Dai mostras de sabedoria e manifestai sagacidade no vosso trato com os dirigentes civis descrentes. Para melhor discernimento, mostrai-vos hábeis em remover as diferenças menores e em ajustar os pequenos mal-entendidos. De todos os modos possíveis – em tudo que não exija o sacrifício da vossa lealdade espiritual aos dirigentes do universo –, buscai viver pacificamente com todos os homens. Sede sempre sábios como as serpentes, e inofensivos como os pombos.

Deveríeis transformar-vos nos melhores cidadãos para o governo secular, como conseqüência de tornar-vos filhos esclarecidos do Reino; de um tal modo que os dirigentes dos governos terrenos tornem-se melhores nos assuntos civis por acreditarem neste evangelho do Reino celeste. A atitude do serviço desinteressado ao homem e a adoração inteligente a Deus deveriam fazer, de todos os crentes do Reino, melhores cidadãos deste mundo, enquanto a atitude de cidadania honesta e de devoção sincera ao próprio dever temporal deveriam ajudar a fazer desse cidadão um indivíduo mais facilmente alcançável pelo chamado do espírito à filiação ao Reino celeste.

Se os dirigentes do governo terreno buscarem exercer a autoridade de ditadores religiosos, vós que credes neste evangelho, não podereis esperar nada mais do que complicações, perseguição e mesmo a morte. Mas a própria luz que trouxerdes ao mundo e mesmo o modo pelo qual vós sofrereis e morrereis por este evangelho do Reino irão, por si próprios, finalmente iluminar todo o mundo e resultar em uma separação gradativa entre a política e a religião. A pregação persistente deste evangelho do Reino irá, algum dia, trazer uma libertação nova a todas as nações e, também, uma liberdade intelectual e religiosa inacreditável.

Sob as perseguições que logo virão, feitas por aqueles que odeiam este evangelho de alegria e liberdade, vós florescereis e o Reino prosperará. Contudo, estareis sob um grave perigo em épocas subseqüentes, quando a maior parte dos homens falará favoravelmente aos crentes do Reino, e muitos que ocupam altas posições nominalmente aceitarão o evangelho do Reino celeste. Aprendei a ser fiéis ao Reino, mesmo em tempos de paz e prosperidade. Não tenteis os anjos que vos supervisionam a conduzir-vos por caminhos de tribulações, como uma disciplina de amor designada a salvar as vossas almas que vagueiam despreocupadas.

Lembrai-vos que tendes a missão de pregar este evangelho do Reino – o desejo supremo de cumprir a vontade do Pai combinado à suprema alegria da realização pela fé da filiação a Deus – e não deveis permitir que nenhuma coisa distraia a vossa devoção a esse dever. Deixai que toda a humanidade se beneficie do transbordamento da vossa amorosa ministração espiritual, da comunhão intelectual esclarecedora e do serviço social que eleva; mas não deveria ser permitido a nenhum desses trabalhos humanitários, nem a todos eles, tomar o lugar da proclamação do evangelho. Essas ministrações poderosas são os subprodutos sociais das ministrações e transformações, ainda mais poderosas e sublimes, formadas no coração do crente do Reino, pelo Espírito da Verdade vivo, pela compreensão e a realização pessoal de que a fé, em um homem nascido do espírito, confere a garantia da fraternidade viva com o Deus eterno.

Não deveis buscar promulgar a verdade nem estabelecer a retidão pelo poder dos governos civis, ou pela aplicação das leis seculares. Vós podeis trabalhar sempre para persuadir às mentes dos homens, mas não deveis jamais ousar obrigá-los. Não vos deveis esquecer da grande lei da justiça humana que eu vos ensinei na forma positiva: fazei aos homens aquilo que gostaríeis que os homens fizessem a vós.

Quando um crente do Reino é convocado para servir ao governo civil, que ele preste esse serviço como um cidadão temporal de tal governo; esse crente, todavia, deveria mostrar no seu serviço civil todas as qualidades ordinárias da cidadania, tais como estas tiverem sido realçadas pelo esclarecimento espiritual resultante da ligação social enobrecedora da mente do homem mortal com o espírito residente do Deus eterno. Se os descrentes podem qualificar-se como servidores civis superiores, vós devíeis questionar seriamente se as raízes da verdade no vosso coração não morreram pela falta da água viva da comunhão espiritual combinada com o serviço social. A consciência da filiação a Deus deveria estimular toda a vida de serviço de cada homem, mulher e criança que se tiver tornado um possuidor de um estímulo assim poderoso para todos os poderes inerentes a uma personalidade humana.

Não deveis ser místicos passivos nem ascetas insípidos; não deveríeis transformar-vos em sonhadores, nem em andarilhos que, indolentemente, confiam em uma Providência fictícia que proporciona até as necessidades da vida. Em verdade, deveis ser doces no vosso trato com os mortais equivocados, pacientes no vosso intercâmbio com os homens ignorantes e indulgentes sob provocações; mas vós também deveis ser valentes na defesa da retidão, poderosos na promulgação da verdade e dinâmicos na pregação deste evangelho do Reino, até os confins da Terra.

Este evangelho do Reino é uma verdade viva. Eu vos disse que é como o fermento na massa, como o grão da semente de mostarda; e agora eu declaro que é como a semente do ser vivo, que, de geração para geração, ao mesmo tempo em que permanece sendo a mesma semente viva, se desdobra infalivelmente em novas manifestações e cresce aceitavelmente nos canais de uma nova adaptação às necessidades e condições peculiares de cada geração sucessiva. A revelação que fiz a vós é uma *revelação viva*, e eu desejo que produza frutos apropriados em cada indivíduo e em cada geração, de acordo com as leis do crescimento espiritual, do desenvolvimento e do aperfeiçoamento adaptado. De geração para geração, este evangelho deve mostrar uma vitalidade crescente e exibir maior profundidade de poder espiritual. Não se deve permitir que se torne meramente uma memória sagrada, uma mera tradição sobre mim e sobre os tempos que agora vivemos.

DOCUMENTO 178: SEÇÃO 1

E não vos esqueçais: Não fizemos nenhum ataque direto às pessoas, nem às autoridades daqueles que tomam o assento de Moisés; apenas oferecemos a eles a nova luz, que eles rejeitaram tão vigorosamente. Apenas os atacamos com a denúncia da sua deslealdade espiritual às mesmas verdades que eles professam ensinar e salvaguardar. Entramos em conflito com esses líderes estabelecidos e dirigentes reconhecidos, apenas quando eles se opuseram diretamente à pregação do evangelho do Reino aos filhos dos homens. E, mesmo agora, não somos nós que os atacamos, mas são eles que buscam a nossa destruição. Não vos esqueçais de que a vossa missão é apenas sair pregando as boas-novas. Não deveis atacar os caminhos antigos; vós sois hábeis para pôr o fermento da nova verdade no meio das velhas crenças. Deixai que o Espírito da Verdade faça o seu próprio trabalho. Deixai que a controvérsia venha apenas quando aqueles que desprezam a verdade forçarem-na entre vós. No entanto, quando o descrente disposto vos atacar, não hesiteis em permanecer na defesa vigorosa da verdade que vos salvou e santificou.

Ao longo das vicissitudes da vida, lembrai-vos sempre de amar-vos uns aos outros. Não luteis com os homens, nem mesmo com os descrentes. Mostrai misericórdia mesmo àqueles que abusam de vós com desprezo. Demonstrai ser cidadãos leais, artesãos probos, vizinhos dignos de louvor, membros devotados da família, pais compreensivos e crentes sinceros na fraternidade do Reino do Pai. E o meu espírito pairará sobre vós, agora e mesmo até o fim do mundo.

Quando Jesus concluiu o seu ensinamento, era quase uma hora, e eles foram imediatamente de volta para o acampamento, onde Davi e os seus amigos estavam com o almoço pronto à espera deles.

2. APÓS A REFEIÇÃO DO MEIO-DIA

Poucos dentre os ouvintes do Mestre foram capazes de entender sequer parte da sua alocução de antes do meio-dia. De todos os que o ouviram, os gregos foram os que mais compreenderam. Mesmo os onze apóstolos ficaram desorientados com as alusões aos reinos políticos do futuro e às sucessivas gerações de crentes do Reino. Os mais devotados seguidores de Jesus não conseguiram conciliar o fim iminente da sua ministração terrena com essas referências a um futuro expandido de atividades do evangelho. Alguns desses crentes judeus estavam começando a sentir que a grande tragédia da Terra estava para acontecer, mas eles não podiam reconciliar um desastre tão iminente com a atitude pessoal alegremente indiferente do Mestre, nem com o seu discurso de antes do meio-dia, no qual repetidamente ele aludia às transações futuras do Reino celeste, que se estenderiam a vastos intervalos de tempo e que abrangiam relações com muitos e sucessivos reinos temporais na Terra.

Nesse dia, por volta do meio-dia, todos os apóstolos e discípulos estavam sabendo da fuga apressada de Lázaro de Betânia. Eles começaram a sentir a inflexível determinação dos dirigentes judeus de exterminar Jesus e os seus ensinamentos.

Davi Zebedeu, por intermédio do trabalho dos seus agentes secretos em Jerusalém, estava plenamente avisado sobre o progresso do plano para prender e matar Jesus. E sabia de tudo sobre o papel de Judas nessa conspiração, mas não revelou esse conhecimento aos outros apóstolos, nem a qualquer dos discípulos. Pouco depois do almoço, Davi levou Jesus a um local isolado e ousou perguntar-lhe se ele sabia – mas não foi adiante com a sua pergunta. O Mestre, segurando a sua mão, refreou-o, dizendo: "Sim, Davi, eu sei de tudo e sei que tu sabes; no entanto, cuida de nada dizer a nenhum homem.

Apenas não duvides, no teu próprio coração, de que a vontade de Deus prevalecerá no fim".

Essa conversa com Davi foi interrompida com a chegada de um mensageiro da Filadélfia trazendo notícias de Abner, que sabendo da conspiração para matar Jesus, perguntava se devia partir para Jerusalém. Esse corredor apressou-se a voltar para a Filadélfia com esta mensagem para Abner: "Continuai com o vosso trabalho. Se eu me separar de vós na carne, é apenas para que eu possa voltar em espírito. Eu não vos abandonarei. Estarei convosco até o fim".

Nesse momento, Filipe veio ao Mestre e perguntou: "Mestre, vendo que a hora da Páscoa aproxima-se, onde desejarias que preparássemos o que há para comer?" E, quando ouviu a pergunta de Filipe, Jesus respondeu: "Vai e traze Pedro e João. E então eu darei a todos vós as instruções a respeito da ceia que faremos juntos nesta noite. Quanto à Páscoa, deverás considerá-la depois que tivermos feito isso".

Quando ouviu o Mestre falar com Filipe sobre esses assuntos, Judas aproximou-se para poder ouvir a conversa deles. Mas Davi Zebedeu, que estava por perto, aproximou-se de Judas e entabulou uma conversa com ele, enquanto Filipe, Pedro e João foram para um lado a fim de conversar com o Mestre.

Disse Jesus aos três: "Ide imediatamente a Jerusalém e, ao passardes pelo portão, ireis encontrar um homem que traz consigo um cântaro de água. Ele falará convosco, e então vós o seguireis. Ele os levará a uma certa casa, ide com ele e perguntai ao bom homem daquela casa: 'Onde é a sala de hóspedes em que o Mestre deve tomar a ceia com os seus apóstolos?' E, após perguntado isso, esse dono da casa vos mostrará uma ampla sala no andar de cima, toda mobiliada e pronta para nós".

Ao chegar à cidade os apóstolos encontraram o homem com o cântaro de água perto do portão e seguiram-no até a casa de João Marcos, onde o pai do rapaz os recebeu e mostrou-lhes a sala no andar de cima pronta para a ceia.

E tudo isso aconteceu em conseqüência de um entendimento ao qual chegaram o Mestre e João Marcos durante a tarde do dia anterior, quando estiveram a sós nas colinas. Jesus queria estar certo de ter essa última refeição sem ser perturbado, com os seus apóstolos. E, acreditando que Judas poderia armar com os seus inimigos para levá-lo, se soubesse de antemão do local de encontro deles, então, fez esse arranjo em segredo com João Marcos. Desse modo, Judas só ficou sabendo do local de encontro mais tarde, quando chegou lá, em companhia de Jesus e dos outros apóstolos.

Davi Zebedeu tinha muitos assuntos para tratar com Judas e, desse modo este foi facilmente impedido de seguir Pedro, João e Filipe, como tanto desejaria ter feito. Quando Judas entregou a Davi uma certa soma de dinheiro para as provisões, Davi disse a ele: "Judas, não seria oportuno, dadas as circunstâncias, proporcionares um pouco de dinheiro, em adiantamento, pelas minhas necessidades reais?" E, depois de haver refletido por um momento, Judas respondeu: "Sim, Davi, acho que seria sábio. De fato, por causa das condições inquietantes em Jerusalém, julgo que seria melhor entregar-te todo o dinheiro. Eles conspiram contra o Mestre e, em caso de qualquer coisa acontecer a mim, tu não ficarás em dificuldade".

E, assim, Davi recebeu todo o fundo do caixa apostólico e os recibos de todo dinheiro em depósito. Os apóstolos só souberam dessa transação na noite do dia seguinte.

Era por volta de quatro e meia da tarde quando os três apóstolos voltaram e informaram a Jesus que tudo estava pronto para a ceia. O Mestre imediatamente preparou-se para levar os seus doze apóstolos até a trilha para a estrada de Betânia e até Jerusalém. E essa foi a última caminhada que ele fez com todos os doze juntos.

3. A CAMINHO DA CEIA

Buscando novamente evitar as multidões, passando pelo vale do Cedrom, indo para frente e para trás, entre o parque do Getsêmani e Jerusalém, Jesus e os doze caminharam pelo lado oeste do monte das Oliveiras, para alcançar a estrada que, de Betânia, levava até a cidade. À medida que se aproximaram do local em que Jesus havia parado, na tarde anterior, para discursar sobre a destruição de Jerusalém, pararam inconscientemente e, em silêncio, olharam lá embaixo para a cidade. Sendo um pouco cedo e desde que não queria passar pela cidade antes do entardecer, Jesus disse aos seus seguidores:

"Assentai-vos e descansai, enquanto eu converso convosco sobre tudo que em breve irá acontecer. Por todos esses anos tenho vivido convosco como irmãos, ensinei-vos a verdade a respeito do Reino celeste e revelei-vos os mistérios dele. E o meu Pai realmente fez muitas obras maravilhosas relacionadas à minha missão na Terra. Tendes sido testemunhas de tudo e tomastes parte na experiência de trabalhar junto com Deus. E, agora, dareis o testemunho de que vos avisei há algum tempo, de que devo em breve voltar à obra que o Pai me consagrou para realizar; tenho-vos dito claramente que vos devo deixar no mundo para continuar o trabalho do Reino. Foi com esse propósito que me afastei convosco nas montanhas de Cafarnaum. A experiência que tivestes comigo, deveis agora estar prontos para compartilhá-la com outros. Como o Pai enviou-me a este mundo, e estou pronto para enviar-vos adiante para que me representeis e termineis a obra inicada por mim.

"Contemplai esta cidade com tristeza, pois ouvistes as minhas palavras contando sobre o fim de Jerusalém. E vos preveni de antemão, para que não pereçais na sua destruição, pois assim retardaríeis a proclamação do evangelho do Reino. Do mesmo modo eu vos previno para que tomeis o cuidado de não vos expor desnecessariamente ao perigo, quando vierem buscar o Filho do Homem. Eu preciso ir, mas vós devereis permanecer e dar testemunho deste evangelho quando eu tiver ido e, do mesmo modo, instruí que Lázaro fugisse da ira dos homens, para que pudesse viver e tornar conhecida a glória de Deus. Se a vontade do Pai for que eu parta, nada do que podeis fazer frustrará o plano divino. Tomai cuidado convosco, para que eles não vos matem também. Que as vossas almas sejam valentes na defesa do evangelho, pelo poder do espírito, mas não sejais levados a cometer tolices tentando defender o Filho do Homem. Não preciso de nenhuma defesa vinda da mão do homem; os exércitos celestes estão à disposição, neste mesmo instante, mas estou determinado a fazer a vontade do meu Pai no céu e, portanto, devemos submeter-nos àquilo que está para vir.

"Quando virdes esta cidade destruída, não vos esqueçais de que entrastes já na vida eterna a serviço eterno do Reino celeste sempre em avanço, e mesmo no céu dos céus. Deveis saber que, no universo do meu Pai e tanbém no meu, existem muitas moradas; e que uma revelação aguarda pelos filhos da luz, revelação de cidades cujo construtor é Deus, e mundos cujo hábito de vida é a retidão e alegria da verdade. Eu trouxe a vós, aqui na Terra, o Reino do céu; mas declaro que todos vós que entrardes nele e permanecerdes nele pela fé, certamente ascendereis aos mundos no alto, pelo serviço vivo à verdade, e assentar-vos-eis comigo no Reino espiritual do nosso Pai. Mas deveis primeiro criar coragem e completar a obra que iniciastes comigo. Deveis primeiro passar por muitas atribulações e resistir a muitas tristezas – e essas provações já estão caindo sobre nós – e, quando houverdes terminado a vossa obra na Terra, devereis vir para a minha alegria, do mesmo modo que eu já haverei terminado a obra do meu Pai na Terra e estarei na iminência de voltar para o Seu abraço".

Depois de haver dito isso, Jesus levantou-se, e todos seguiram-no, pelo monte das Oliveiras abaixo, rumo à cidade. Nenhum dos apóstolos, exceto três deles, sabiam para onde estavam indo, enquanto passavam pelas ruas estreitas sob a escuridão da noite. As multidões apertavam-nos, mas ninguém os reconheceu, nem sabia que o Filho de Deus estava passando por ali, a caminho do último encontro mortal com os seus embaixadores escolhidos do Reino. Nem os apóstolos sabiam que um dentre eles havia já abraçado uma conspiração para atraiçoar o Mestre, e que o entregaria nas mãos dos seus inimigos.

João Marcos os havia acompanhado por todo o caminho até a cidade e, após haverem seguido portão da cidade adentro, apressou-se por uma outra viela, de modo que já estava esperando para dar-lhes as boas-vindas à casa do seu pai, quando eles lá chegavam.

DOCUMENTO 179

A ÚLTIMA CEIA

DURANTE a tarde dessa quinta-feira, quando Filipe lembrou ao Mestre sobre a aproximação da Páscoa e perguntou a respeito dos seus planos para essa celebração, Jesus tinha em mente a ceia de Páscoa que se devia realizar na noite do dia seguinte, sexta-feira. O costume era começar as preparações para a celebração da Páscoa nunca depois do meio-dia do dia anterior. E, já que os judeus consideravam o dia como começando no entardecer, isso significava que a ceia do sábado de Páscoa seria celebrada na sexta-feira à noite, um pouco antes da meia-noite.

Os apóstolos ficaram, portanto, inteiramente sem entender o anúncio do Mestre de que eles iriam celebrar a Páscoa um dia antes. E pensaram, ao menos alguns deles, que ele sabia que seria preso antes do momento da ceia da Páscoa, na noite de sexta-feira, e que por isso estava convidando-os para uma ceia especial nessa quinta-feira à noite. Outros pensaram que essa seria meramente uma ocasião especial que devia preceder a celebração corriqueira da Páscoa.

Os apóstolos sabiam que Jesus havia celebrado outras Páscoas sem o cordeiro; eles sabiam que ele não participava pessoalmente de qualquer serviço de sacrifício do sistema judeu. Por várias vezes ele havia partilhado do cordeiro pascal como um convidado, mas sempre, quando ele era o anfitrião, nenhum cordeiro era servido. Não teria sido uma grande surpresa para os apóstolos verem o cordeiro suprimido mesmo na noite de Páscoa e, posto que essa ceia estava sendo celebrada um dia antes, a ausência de um cordeiro passou despercebida.

Após receber os cumprimentos de boas-vindas, dados pelo pai e pela mãe de João Marcos, os apóstolos foram imediatamente para a sala de cima, enquanto Jesus permanecia embaixo para falar com a família Marcos.

Combinou-se de antemão que o Mestre iria celebrar essa ocasião apenas com os seus doze apóstolos; e, portanto, nenhum serviçal foi chamado para servi-los.

1. O DESEJO DE TER PREFERÊNCIA

Quando os apóstolos foram conduzidos ao andar de cima, por João Marcos, eles viram uma sala ampla e confortável, completamente mobiliada para a ceia; e observaram que o pão, o vinho, a água e as ervas estavam todos prontos em uma extremidade da mesa. A não ser pela extremidade na qual foram colocados o pão e o vinho, essa longa mesa estava cercada de treze divãs para reclinar, exatamente como aconteceria em uma celebração da Páscoa na casa de uma família judaica de boa posição.

Ao entrarem nessa sala do andar de cima, todos os doze perceberam, perto da porta, os cântaros de água, as bacias e as toalhas para a lavação dos seus pés poeirentos; e, já que nenhum criado havia sido providenciado para prestar esse serviço, os apóstolos começaram a entreolhar-se logo que João Marcos os deixou, e cada qual passou a pensar com ele mesmo: quem lavará os nossos pés? E cada um do mesmo modo pensou que não seria ele próprio quem iria atuar como servo dos outros.

Enquanto estavam ali, com os seus corações agitados e debatendo em seus assentos, eles olharam o arranjo dos assentos junto à mesa e perceberam que o divã mais alto, do anfitrião, tinha um assento à direita e mais onze, dispostos em volta da mesa até o lado oposto a esse segundo assento de honra à direita do anfitrião.

Eles esperavam que o Mestre chegasse a qualquer momento, mas estavam em um dilema quanto a se assentar ou esperar a sua vinda e depender de que ele lhes designasse os lugares. Enquanto hesitavam, Judas avançou sobre o assento de honra, à esquerda do anfitrião, indicando que tinha a intenção de reclinar-se ali como o convidado preferido. Esse ato de Judas provocou imediatamente uma disputa acirrada entre os outros apóstolos. Mal havia Judas apossado-se do assento de honra e João Zebedeu pretendeu o próximo assento de distinção, aquele à direita do anfitrião. Simão Pedro ficou tão furioso com essa pretensão de escolha de posições de Judas e de João que, sob o olhar enraivecido dos outros apóstolos, dando a volta na mesa, encaminhou-se para tomar o assento no divã mais baixo, no final da ordem de assentos e exatamente em frente ao assento escolhido por João Zebedeu. Desde que os outros se tinham apoderado dos assentos altos, Pedro pensou em escolher o mais baixo, e ele o fez, não meramente em protesto contra o orgulho inconveniente dos seus irmãos, mas com a esperança de que Jesus, quando viesse e o visse no lugar de menos honra, o chamasse para um lugar de mais honra, desalojando assim um daqueles que haviam tido a presunção de dar a si próprio certa honra.

Com as posições mais altas e as mais baixas assim ocupadas, o restante dos apóstolos escolheu lugares, alguns perto de Judas e alguns perto de Pedro, até que todos estavam nos seus lugares. Eles estavam sentados à mesa em forma de U, nesses divãs reclinados, na seguinte ordem: à direita do Mestre, João; à esquerda, Judas, Simão zelote, Mateus, Tiago Zebedeu, André, os gêmeos Alfeus, Filipe, Natanael, Tomé e Simão Pedro.

Estavam juntos para celebrar ali, ao menos em espírito, uma instituição que antecedia mesmo a Moisés e que se referia aos tempos em que os seus pais eram escravos no Egito. Nessa ceia, que foi o último encontro com Jesus, apesar de um quadro tão solene, sob a liderança de Judas, os apóstolos foram levados uma vez mais a dar vazão à sua antiga predileção pelas honrarias, pela preferência e pela exaltação pessoal.

Quando o Mestre apareceu na porta, eles ainda empenhavam-se em lançar recriminações irritadas; e ali o Mestre permaneceu por um momento, enquanto uma expressão de desapontamento lentamente surgia no seu rosto. Sem comentários Jesus foi para o seu lugar e não perturbou a disposição dos assentos ocupados.

Estavam agora prontos para começar a ceia, exceto que os seus pés ainda estavam por lavar e que o humor deles era qualquer coisa de nada agradável. Quando o Mestre chegou, estavam ainda empenhados em fazer observações pouco elogiosas entre si, para não mencionar nada sobre os pensamentos de alguns que haviam tido o controle emocional suficiente para abster-se de expressar publicamente os seus sentimentos.

2. COMEÇANDO A CEIA

Por alguns instantes, após o Mestre haver ido para o seu lugar, nem uma palavra foi dita. Jesus olhou para todos e aliviou a tensão com um sorriso para dizer: "Eu desejei muito compartilhar esta Páscoa convosco. Uma vez mais gostaria de cear convosco, antes do meu sofrimento e, compreendendo que a minha hora chegou, eu organizei esta ceia convosco nesta noite, pois, no que concerne ao amanhã, estamos todos na mão do Pai, cuja vontade eu vim cumprir. Eu não comerei convosco novamente até que vos assenteis comigo no Reino que o meu Pai me dará quando eu tiver concluído o que Ele enviou-me para fazer neste mundo".

Após o vinho e a água haverem sido misturados, trouxeram o cálice a Jesus, que, ao recebê-lo da mão de Tadeu, segurou-o, enquanto oferecia agradecimentos. E, quando acabou de fazer o agradecimento, ele disse: "Tomai deste cálice e compartilhai-o entre vós e, quando beberdes dele, compreendereis que eu não beberei de novo convosco do fruto da vinha, pois esta é a nossa Última Ceia. Quando nos assentarmos novamente deste modo, será no Reino que virá".

Jesus começou assim a falar aos seus apóstolos, porque sabia que a sua hora havia chegado. Compreendeu que aquele era o momento em que devia voltar ao Pai; e que a sua obra na Terra estava quase concluída. O Mestre sabia que havia revelado o amor do Pai na Terra e proclamado a Sua misericórdia à humanidade; e que havia completado aquilo que tinha vindo fazer no mundo, até mesmo receber todo o poder e autoridade no céu e na Terra. Sabia também que Judas Iscariotes havia decidido finalmente que o entregaria, naquela noite, nas mãos dos seus inimigos. Jesus compreendia inteiramente que essa entrega traidora era o trabalho de Judas, mas que também agradava a Lúcifer, a Satã e a Caligástia, o príncipe das trevas. Jesus, todavia, não temia a nenhum dos que buscavam sua derrota espiritual, como não temia àqueles que iriam encarregar-se da sua morte física. O Mestre não tinha senão uma ansiedade, e esta era quanto à segurança e salvação dos seus seguidores escolhidos. E assim, com o pleno conhecimento de que o Pai havia colocado todas as coisas sob a Sua autoridade, o Mestre agora se preparava para colocar em prática a parábola do amor fraterno.

3. LAVANDO OS PÉS DOS APÓSTOLOS

Depois de beber o primeiro cálice da Páscoa, era do costume judeu que o anfitrião saísse da mesa e lavasse as próprias mãos. Mais tarde, durante a refeição e depois da segunda taça, todos os convidados também deviam levantar-se e lavar as próprias mãos. Já que os apóstolos sabiam que o seu Mestre nunca observava esses ritos do cerimonial de lavar as mãos, ficaram curiosos para saber qual a intenção tinha quando, após haverem eles compartilhado desse primeiro cálice, ele se levantou da mesa e silenciosamente foi até perto da porta, onde tinham sido colocados os cântaros de água, as bacias e as toalhas. E aquela curiosidade chegou ao assombro quando viram o Mestre retirar o seu manto externo, guarnecer-se com uma toalha, e começar a jogar água em uma das bacias para o lava-pés. Imaginai o assombro desses doze homens, que se haviam há pouco recusado a lavar os pés uns dos outros, e que haviam entrado naquelas disputas inconvenientes das posições de honra à mesa, quando eles viram-no tomar a direção da extremidade não ocupada da mesa, indo para o assento mais baixo da festa, onde Simão Pedro estava reclinado, e, ajoelhando-se na atitude de um servo, preparar-se para lavar os pés de Simão. Quando o Mestre ajoelhou-se, todos os doze se levantaram ao mesmo tempo como se fossem um só; até mesmo o traidor Judas esqueceu-se da sua infâmia, por um momento, enquanto levantava-se com os seus companheiros apóstolos nessa expressão de surpresa, de respeito e de total assombro.

Lá se encontrava Simão Pedro, olhando para baixo, vendo o rosto voltado para cima do seu Mestre. Jesus não disse nada; não era necessário que ele dissesse. A sua atitude revelava plenamente que estava disposto a lavar os pés de Simão Pedro. Não obstante a sua fragilidade da carne, Pedro amava o Mestre. Esse pescador galileu foi o primeiro ser humano a crer de todo o coração na divindade de Jesus *e* a fazer uma confissão pública dessa crença. E Pedro nunca havia duvidado realmente da natureza divina do Mestre. E, posto que Pedro reverenciava e honrava a Jesus no seu coração, não era estranho que a sua alma se ressentisse com o pensamento de Jesus ajoelhado lá diante dele, na humilde atitude de um servo e propondo-se a lavar os seus pés, como o faria um escravo. Logo que Pedro acalmou-se o suficiente para dirigir-se ao Mestre, ele expressou os sentimentos que passavam pelo coração de todos os seus companheiros apóstolos.

Após alguns momentos, nesse grande embaraço, Pedro perguntou: "Mestre, realmente pretendes lavar os meus pés?" E então, olhando no rosto de Pedro, Jesus respondeu: "Tu podes não compreender plenamente o que eu estou na iminência de fazer, mas no futuro tu saberás o significado de todas essas coisas". Então Simão Pedro, suspirando profundamente, disse: "Mestre, nunca lavarás os meus pés!" E cada um dos apóstolos acenou com a sua aprovação à firme declaração de Pedro, recusando-se a permitir que Jesus se humilhasse, assim, diante deles.

O apelo dramático dessa cena inusitada, a princípio, tocou até o coração de Judas Iscariotes; mas, quando o seu intelecto vaidoso fez um julgamento do espetáculo, ele concluiu que esse gesto de humildade era apenas mais um episódio para provar conclusivamente que Jesus nunca se qualificaria para ser o Libertador de Israel, e que ele não havia cometido nenhum erro com a decisão de desertar a causa do Mestre.

Enquanto, estupefatos, todos continham a respiração, Jesus disse: "Pedro, eu declaro que, se eu não lavar os teus pés, tu não terás nenhuma participação comigo na obra que eu estou na iminência de realizar". Quando Pedro ouviu essa declaração, combinada ao fato de que Jesus continuava ajoelhado, lá, aos seus pés, ele tomou uma dessas decisões de aquiescência cega, de submissão ao desejo de alguém a quem ele respeitava e amava. E como começou a surgir em Simão Pedro a compreensão de que, ligada a essa ação proposta de serviço, estava alguma significação que determinava a ligação futura com a obra do Mestre, ele não apenas reconciliou-se com o pensamento de permitir a Jesus lavar os seus pés, como, à sua maneira característica e impetuosa, ele disse: "Então, Mestre, lava não apenas os meus pés mas também as minhas mãos e a minha cabeça".

Ao começar a lavar os pés de Pedro, o Mestre disse: "Aquele que já está limpo necessita apenas que tenha os seus pés lavados. Vós que sentais comigo nesta noite estais limpos – não todos, contudo. Mas o pó dos vossos pés deveria ter sido lavado antes de vos sentardes para a refeição comigo. E, além disso, eu gostaria de prestar esse serviço a vós, tal como uma parábola para ilustrar o significado de um novo mandamento que eu em breve dar-vos-ei".

De um modo semelhante, o Mestre contornou a mesa, em silêncio, lavando os pés dos seus doze apóstolos, não fazendo exceção nem de Judas. Quando terminou de lavar os pés dos doze, Jesus recolocou a sua túnica, voltou ao seu lugar de anfitrião e, depois de olhar para os seus desnorteados apóstolos, disse:

"Realmente podeis compreender o que eu fiz para vós? Vós me chamais de Mestre, e estais certos, pois eu o sou. Se, então, o Mestre lavou os vossos pés, por que não estáveis dispostos a lavar os pés uns dos outros? Que lição deveríeis aprender dessa parábola na qual o Mestre, com tão boa disposição, faz o serviço que os seus irmãos não queriam fazer uns para os outros? Em verdade, em verdade, eu vos digo: Um servo não é maior do que o seu senhor; nem aquele que é enviado é maior do que aquele que o envia. Vós vistes o caminho do serviço pela minha vida entre vós, e abençoados sois vós que tereis a coragem graciosa de servir. Mas por que sois tão lentos para aprender que o segredo da grandeza no Reino espiritual não é como os métodos do poder no mundo material?

"Nesta noite, quando eu entrei nesta sala, não vos contentando em recusar por orgulho a lavar-vos os pés uns dos outros, também caístes na disputa de quem deveria ter os lugares de honra à minha mesa. Tais honras são buscadas pelos fariseus e pelos filhos deste mundo, e não devia ser assim, todavia, entre os embaixadores do Reino celeste. Não sabeis que não pode haver lugares preferenciais à minha mesa? Acaso não compreendeis que eu amo a cada um de vós como amo todos os outros? Não sabeis que o lugar mais perto de mim, como os homens encaram essas honras, pode não significar nada no que diz respeito à vossa posição no Reino do céu? Sabeis que os reis dos gentios têm a soberania sobre os seus súditos, enquanto aqueles que exercem essa autoridade, algumas vezes, são chamados de benfeitores. Mas não será assim no Reino do céu. Aquele que quer ser grande entre vós, que se torne como que o mais jovem; enquanto aquele que quer ser o dirigente, que se transforme em alguém que serve. Quem é o maior, aquele que se senta para comer, ou aquele que serve? Não é comumente considerado maior aquele que se senta para comer? Mas vós ireis observar que eu fico entre vós como aquele que serve. Se quiserdes tornar-vos os meus companheiros de serviço fazendo a vontade do Pai, no Reino que está por vir, sentar-vos-eis comigo no poder, fazendo também a vontade do Pai na glória futura".

Quando Jesus terminou de falar, os gêmeos Alfeus trouxeram o pão e o vinho com as ervas amargas e a pasta de frutas secas, como o próximo prato da Última Ceia.

4. ÚLTIMAS PALAVRAS AO TRAIDOR

Por alguns minutos os apóstolos comeram em silêncio, mas, sob a influência do comportamento jovial do Mestre, logo foram levados a conversar e a refeição passou a transcorrer como se nada de fora do comum houvesse acontecido que interferisse no bom humor e na harmonia social dessa ocasião extraordinária. Depois de algum tempo, mais ou menos na metade da segunda parte da refeição, Jesus, olhando-os a todos, disse: "Eu declarei a vós o quanto eu desejava realizar esta ceia convosco e, sabendo como as forças do mal e das trevas conspiraram para a morte do Filho do Homem, eu determinei compartilhar esta ceia convosco, nesta sala secreta, e um dia antes da Páscoa, pois eu não mais estarei convosco amanhã a esta hora. Eu já vos disse repetidamente que devo retornar ao Pai. Agora a minha hora chegou; e não se faria necessário que um de vós me traísse entregando-me nas mãos dos meus inimigos".

Quando os doze ouviram isso, tendo sido tirado deles muito da sua segurança e autoconfiança, com a parábola do lava-pés e com o discurso subseqüente do Mestre, eles começaram a olhar uns para os outros, enquanto em tom desconcertado perguntavam hesitantes: "Serei eu?" E então, quando eles todos se haviam perguntado isso, Jesus disse: "Já que é preciso que eu vá para o Pai, não havia a necessidade de que um de vós se tornasse um traidor, para que a vontade do Pai fosse cumprida. Isso é devido à maturação do fruto do mal, escondido no coração daquele que não conseguiu amar a verdade com toda a sua alma. Quão enganador é o orgulho intelectual que precede a queda espiritual! Um amigo meu de muitos anos, que ainda agora compartilha comigo do meu pão, está prestes a trair-me, este mesmo que agora coloca a sua mão junto comigo no prato".

E quando Jesus acabou de dizer isso, eles começaram novamente a perguntar: "Serei eu?" E Judas, assentado à esquerda do Mestre, de novo perguntou: "Serei eu?" Jesus, segurando o pão no prato das ervas, passou-o a Judas, dizendo: "Tu o disseste". Os outros, entretanto, não ouviram Jesus falar a Judas. João, que estava reclinado no divã à mão direita de Jesus, inclinou-se para perguntar ao Mestre: "Quem é? Deveríamos saber quem é que se mostrou infiel à confiança nele depositada". Jesus respondeu: "Eu já vos disse, o mesmo a quem eu dei o pão empastado". Era tão natural, entretanto, o anfitrião assim passar um pedaço de pão àquele que se assentava próximo a ele à esquerda, que nenhum deles notou isso, ainda que o Mestre tivesse dito tão claramente. Mas Judas estava dolorosamente consciente do significado das palavras do Mestre ligadas ao seu ato, tornando-se temeroso de que os seus irmãos estivessem agora também cientes de que era ele o traidor.

Pedro encontrava-se bastante agitado com aquilo que havia sido dito e, inclinando-se para a frente sobre a mesa, dirigiu-se a João: "Pergunte-lhe quem é; ou, se ele tiver dito a ti, dize-me quem é o traidor".

Jesus colocou um fim àqueles sussurros dizendo: "Entristeço-me de que esse mal tenha acontecido e até este momento eu esperei que o poder da verdade pudesse triunfar sobre o engano causado pelo mal, mas essas vitórias não são ganhas sem a fé do amor sincero à verdade. Eu gostaria de não ter de dizer essas coisas, nesta que é a nossa Última Ceia, mas desejei prevenir-vos sobre esses sofrimentos e, desse modo, preparar-vos para o que nos espera. Eu vos disse isso porque desejo que vos lembreis, depois que eu me for, de que eu sabia sobre todas essas conspirações maldosas, e que vos preveni sobre a traição feita contra mim. E tudo isso eu faço apenas para que sejais fortalecidos contra as tentações e provações que estão pela frente".

Depois de falar assim, Jesus, inclinando-se para o lado de Judas, disse: "O que decidiste fazer, faze-o rapidamente". E quando Judas ouviu essas palavras, ele levantou-se da mesa e apressadamente deixou a sala, saindo pela noite a fim de executar o que havia decidido cumprir. Quando os outros apóstolos viram Judas apressar-se e sair depois que Jesus falou com ele, pensaram que ele havia saído à procura de algo complementar para a ceia, ou para cuidar de alguma mensagem para o Mestre, pois supunham que ele ainda estivesse com a bolsa.

Jesus sabia agora que nada poderia ser feito para impedir que Judas se tornasse um traidor. Ele começara com doze – agora estava com onze. Escolhera seis dentre esses apóstolos, e ainda que Judas estivesse entre aqueles indicados pelos próprios apóstolos escolhidos inicialmente, mesmo assim o Mestre aceitara-o, e havia, até esta mesma hora, feito tudo o que era possível para santificá-lo e salvá-lo, do mesmo modo que havia trabalhado para a paz e a salvação dos outros.

Essa ceia, com os seus episódios de ternura e com os seus toques de brandura, foi o último apelo de Jesus ao desertor Judas; mas esse apelo resultou em vão. Uma vez que o amor esteja realmente morto, a advertência, mesmo quando ministrada da maneira mais cuidadosa e transmitida com o espírito mais bondoso, via de regra, apenas intensifica o ódio e acende a determinação maldosa de efetuar integralmente os próprios projetos egoístas.

5. INSTITUINDO A CEIA DA LEMBRANÇA

Quando lhe trouxeram o terceiro cálice de vinho, o "cálice da bênção", Jesus levantou-se do divã e, tomando o cálice nas suas mãos, abençoou-o, dizendo: "Tomai deste cálice, todos vós, e bebei dele. Este será o cálice da lembrança de mim. Este é o cálice da bênção de uma nova dispensação de graça e verdade. E será, para vós, o emblema do outorgamento e da ministração do divino Espírito da Verdade. E eu não beberei novamente deste cálice convosco até que, em uma nova forma, possa beber convosco no Reino eterno do Pai".

Os apóstolos todos sentiram que alguma coisa de fora do ordinário estava acontecendo, enquanto bebiam desse cálice da bênção em reverência profunda e em perfeito silêncio. A velha Páscoa comemorava a emergência dos seus pais, de um estado de escravidão racial para a liberdade individual; agora o Mestre estava instituindo uma nova ceia da lembrança como um símbolo da nova dispensação, na qual o indivíduo escravizado emerge do aprisionamento ao cerimonialismo e ao egoísmo, para a alegria espiritual da fraternidade e da irmandade dos filhos libertados do Deus vivo.

Quando terminaram de beber dessa nova taça da lembrança, o Mestre tomou do pão e, após dar as graças, partiu-o em pedaços e, mandando que o passassem adiante, disse: "Tomai este pão da lembrança e comei-o. Eu vos disse que sou o pão da vida. E este pão da vida é a vida unida do Pai e do Filho, em uma só dádiva. A palavra do Pai, como revelada no Filho, é de fato o pão da vida". Depois de haverem comido do pão da lembrança, o símbolo da palavra viva da verdade encarnada à semelhança da carne mortal, todos se sentaram.

Ao organizar esta ceia de lembrança, o Mestre, como era sempre do seu hábito, recorreu a parábolas e a símbolos. Ele empregou símbolos porque queria ensinar algumas grandes verdades espirituais, de uma tal maneira que tornasse difícil para os sucessores apegarem-se a interpretações precisas e significados definidos para as suas palavras. Desse modo ele buscou impedir gerações sucessivas de cristalizarem o seu ensinamento e de ligarem os seus significados espirituais às correntes mortas da tradição pelo dogma. Ao estabelecer a única cerimônia ou sacramento ligado à missão de toda a sua vida, Jesus tomou um grande cuidado em *sugerir* os seus significados mais do que em comprometer-se com *definições precisas*. Ele não queria destruir o conceito individual de comunhão divina, estabelecendo uma forma precisa; nem desejava limitar a imaginação espiritual do crente, paralisando-a formalmente. Ele buscava mais deixar livre a alma do homem renascido, nas asas jubilosas de uma liberdade espiritual nova e viva.

Não obstante o esforço do Mestre, de estabelecer assim esse novo sacramento da lembrança, aqueles que o seguiram, nos séculos seguintes se encarregaram de opor-se a que o seu desejo expresso fosse efetivamente satisfeito, naquilo em que o simbolismo espiritual simples daquela noite na carne teria sido reduzido a interpretações precisas e submetido à precisão quase matemática de uma fórmula estabelecida. De todos os ensinamentos de Jesus, nenhum se tornou mais padronizado pela tradição.

Essa ceia da lembrança, quando compartilhada por aqueles que são crentes dos Filhos e conhecedores de Deus, não precisa ter quaisquer das interpretações malfeitas e pueris dos homens ligadas ao seu simbolismo, a respeito do significado da divina presença, pois em todas essas ocasiões o Mestre está *presente realmente*. A ceia da lembrança é um encontro simbólico do crente com Michael. Quando vós vos tornais assim conscientes do espírito, o Filho está realmente presente, e o seu espírito confraterniza-se com o fragmento residente do seu Pai.

Após haverem entrado em meditação, por alguns momentos, Jesus continuou falando: "Quando fizerdes essas coisas, relembrai-vos da vida que eu vivi na Terra entre vós e rejubilai, pois eu devo continuar a viver na Terra convosco, servindo por vosso intermédio. Como indivíduos, não tenhais entre vós disputas sobre quem será o maior. Sede como irmãos. E, quando o Reino crescer e abranger grandes grupos de crentes, do mesmo modo deveríeis abster-vos de disputas pela grandeza e de buscar a preferência entre tais grupos".

DOCUMENTO 179: SEÇÃO 5

E essa ocasião grandiosa teve lugar na sala do andar superior da casa de um amigo. Nem a ceia nem a casa apresentavam qualquer forma sagrada de consagração cerimonial. A ceia da lembrança foi organizada sem a sanção eclesiástica.

Depois que Jesus estabeleceu assim a ceia da lembrança, ele disse aos apóstolos: "E, sempre que fizerdes isso, fazei em lembrança de mim. E quando vos lembrardes de mim, primeiro olhai para a minha vida na carne, lembrai-vos de que eu estive certa vez entre vós e, então, pela fé, podeis saber que todos vós ireis algum dia cear comigo no Reino eterno do Pai. Esta é a nova Páscoa, que eu deixo convosco; a da memória à minha vida de auto-outorga, a palavra da verdade eterna; e do meu amor por vós, da efusão do meu Espírito da Verdade sobre toda a carne".

E concluíram essa celebração da velha Páscoa, que, sem derramamento do sangue de sacrifício, estabelecia a inauguração da nova ceia da lembrança, cantando todos juntos o salmo cento e dezoito.

DOCUMENTO 180

O DISCURSO DE DESPEDIDA

NA CONCLUSÃO da Última Ceia, após cantarem o salmo, os apóstolos pensaram que Jesus tivesse a intenção de voltar imediatamente ao acampamento, mas ele indicou-lhes que deveriam sentar-se. Disse o Mestre:

"Lembrai-vos de quando vos enviei sem bolsa ou carteira e até mesmo avisei que não levásseis nenhuma roupa extra; e lembrareis bem que nada vos faltou. Mas agora estais em tempos turbulentos. Não podeis mais depender da boa vontade das multidões. De agora em diante, aquele que tiver uma bolsa, que a leve consigo. Quando sairdes para o mundo proclamando este evangelho, façais as provisões para o vosso sustento como achardes melhor. Eu vim para trazer a paz, mas ela não surgirá ainda por muito tempo.

"Chegou a hora do Filho do Homem ser glorificado, e o Pai será glorificado em mim. Meus amigos, devo ficar convosco apenas por pouco tempo mais. Em breve buscareis por mim, mas não me encontrareis, pois estou indo para um lugar onde vós não podeis ir, neste momento. Mas quando tiverdes acabado a vossa obra na Terra, como agora eu completei a minha, então vireis a mim do mesmo modo que agora eu me preparo com a finalidade de ir para o meu Pai. Muito em breve eu vou deixar-vos e não me vereis mais na Terra; todavia, todos vós me vereis na idade que virá, quando ascenderdes ao Reino que o meu Pai me deu".

1. O NOVO MANDAMENTO

Após alguns momentos de conversa informal, Jesus levantou-se e disse: "Quando interpretei para vós uma parábola, indicando como deveríeis estar dispostos a servir uns aos outros, disse que desejava prover-vos com um novo mandamento e, agora que estou para deixar-vos, gostaria de fazer isso. Conheceis bem o mandamento que indica que deveis amar-vos uns aos outros, que ameis vosso semelhante como a vós próprios. Mas não estou plenamente satisfeito, nem mesmo com tal devoção sincera da parte dos meus filhos. Gostaria de ver-vos praticando atos ainda maiores de amor no Reino da fraternidade crente. E assim vos dou este novo mandamento: Amai uns aos outros como eu vos amei. E amando, assim, uns aos outros, todos os homens saberão que sois meus discípulos.

"Ao dar-vos esse novo mandamento, não coloco nenhum peso novo sobre as vossas almas; trago, sim, a vós, uma nova alegria, tornando possível que experimenteis um novo prazer de conhecer a delícia de dar afeição do vosso coração aos vossos semelhantes. Estou na iminência de experimentar uma alegria suprema na dádiva da minha afeição a vós e aos vossos companheiros mortais, mesmo passando por um sofrimento exterior,.

"Quando vos convido a amar uns aos outros, como eu vos amei, apresento a medida suprema da afeição verdadeira, pois um amor maior do que este nenhum homem pode ter: o de dar a sua vida pelos seus amigos. Sois vós os meus amigos;

e continuareis sendo meus amigos se estiverdes dispostos a fazer o que vos ensinei. Me chamais de Mestre, mas não vos chamo de servos. Se apenas amardes uns aos outros, como eu vos estou amando, sereis meus amigos e sempre declararei o que o Pai revela a mim.

"Não fostes meramente vós que me escolhestes, eu também vos escolhi; e ordenei-vos que saísseis pelo mundo para colher o fruto do serviço de amor aos vossos semelhantes, do mesmo modo que eu vivi entre vós e vos revelei o Pai. O Pai e eu trabalharemos ambos convosco, e vós experimentareis a plenitude divina da alegria se apenas obedecerdes ao meu mandamento para que amai uns aos outros, do mesmo modo que eu vos amei".

Se quiserdes compartilhar a alegria do Mestre, deveis compartilhar o seu amor. E compartilhar o seu amor significa que compartilhastes o seu serviço. Essa experiência de amor não vos liberta das dificuldades deste mundo, não cria um novo mundo, mas muito certamente faz do velho um novo mundo.

Tende sempre em mente: É a lealdade, não o sacrifício, que Jesus pede. A consciência do sacrifício implica a ausência daquele afeto de todo o coração, que haveria feito desse serviço de amor uma alegria suprema. A idéia do *dever* significa que tendes a mente voltada para o servir e que, pois, falta a emoção poderosa de fazer o vosso serviço como um amigo e para um amigo. O impulso da amizade transcende todas as convicções do dever, e o serviço de um amigo para um amigo nunca pode ser chamado de sacrifício. O Mestre ensinou aos apóstolos que eles são filhos de Deus. Ele chamou-os de irmãos; e, agora, antes que ele parta, chama-os de seus amigos.

2. A VINHA E OS RAMOS

Então Jesus, levantando-se novamente, continuou ensinando aos seus apóstolos: "Eu sou a vinha verdadeira e o meu Pai é o cultivador. Sou a vinha, e vós sois os ramos. E o Pai exige de mim apenas que vós deis muitos frutos. A vinha é podada apenas para que aumente a frutificação dos seus ramos. Cada ramo que sai de mim, sem dar nenhum fruto, o Pai o cortará. Todo ramo que gera frutos, o Pai o limpará para que possa conceber mais frutos. Vós já estais limpos por intermédio da palavra que pronunciei, mas deveis continuar a ser limpos. Deveis habitar em mim, e eu em vós; o ramo morrerá se separar-se da vinha. Como o ramo não pode dar fruto a menos que habite na vinha, assim, também vós não podereis produzir os frutos do serviço do amor, a menos que habiteis em mim. Lembrai-vos: Sou a vinha verdadeira, e vós sois os ramos vivos. Aquele que vive em mim, e que nele eu vivo, dará muitos frutos do espírito e experimentará a alegria suprema de produzir essa colheita espiritual. Se mantiverdes comigo essa ligação espiritual viva, dareis frutos abundantes. Se habitardes em mim e se as minhas palavras viverem em vós, sereis capazes de comungar livremente comigo e, então, o meu espírito vivo pode infundir-se em vós para que possais pedir tudo o que o meu espírito quer, e cumprir tudo com a segurança de que o Pai nos concederá o nosso pedido. Nisto o Pai é glorificado: pois a vinha tem muitos ramos vivos, e cada ramo dá muitos frutos. E, quando o mundo vir esses ramos frutificando – os meus amigos que se amam uns aos outros, como eu os amei –, todos os homens saberão que vós sois verdadeiramente os meus discípulos.

"Como o Pai me amou, assim eu vos amei. Vivei no meu amor como eu vivo no amor do Pai. Se fizerdes como eu vos ensinei, vós residireis no meu amor como eu tenho mantido a palavra do Pai e eternamente moro no Seu amor".

Os judeus há muito ensinaram que o Messias seria "um talo que surgiria da videira" dos ancestrais de Davi e, em comemoração a esse velho ensinamento, um grande emblema da uva e da sua vinha decorava a entrada do templo de Herodes. Todos os apóstolos relembraram essas coisas enquanto o Mestre lhes falava, nessa noite, na sala do andar de cima.

Mas um grande pesar mais tarde acompanhou a interpretação errônea das conclusões do Mestre a respeito da prece. Teria havido pouca dificuldade sobre esses ensinamentos se as suas palavras exatas houvessem sido lembradas e, posteriormente, registradas com fidelidade. Mas, quando o registro foi efetuado, os crentes finalmente consideravam a prece, em nome de Jesus, como uma espécie de magia suprema, pensando que pudessem chegar a receber do Pai qualquer coisa que pedissem. Durante séculos, almas honestas continuaram a fazer naufragar a própria fé, lançando-a contra esse obstáculo. Quanto tempo demorará, ao mundo dos crentes, até que se compreenda a prece, não como um procedimento destinado a obter-se o que se quer, e sim como um programa para entrar no caminho de Deus, uma experiência para aprender como reconhecer e executar a vontade do Pai? É inteiramente verdadeiro que, quando a vossa vontade tiver sido verdadeiramente alinhada com a Dele, podereis pedir qualquer coisa concebida nessa união de vontades, e será concedida. E tal união de vontades é efetuada por meio de Jesus, como a vida da vinha flui por meio dos ramos vivos.

Quando existe essa conexão viva entre a divindade e a humanidade, ainda que a humanidade ore de modo impensado e ignorante pela despreocupação egoísta e por realizações vaidosas, só poderia haver uma resposta divina: que os talos dos ramos vivos dêem mais e maiores frutos do espírito. Quando o ramo da videira está vivo, só pode haver uma resposta a todos os pedidos: que se produzam mais uvas. De fato, o ramo existe apenas para produzir uvas, e nada pode fazer além de gerar frutos, de produzir uvas. E assim o verdadeiro crente existe apenas com o propósito de conceber os frutos do espírito: amar o homem como ele próprio tem sido amado por Deus – que nos amemos uns aos outros, como Jesus nos amou.

E, quando a mão da disciplina do Pai é colocada sobre a videira, isso é feito por amor, com a finalidade de que os ramos possam dar muitos frutos. E um cultivador sábio corta fora apenas os ramos mortos e que não dão frutos.

Jesus teve grande dificuldade em levar até mesmo os seus apóstolos a reconhecerem que a prece é função da força do crente nascido do espírito, no Reino dominado pelo espírito.

3. A INIMIZADE DO MUNDO

Os onze mal haviam cessado as suas discussões sobre o discurso da videira e os ramos, quando o Mestre, indicando que estava desejoso de falar mais a eles e sabendo que o seu tempo era curto, disse: "Quando eu vos houver deixado, não vos desencorajeis com a inimizade do mundo. Não vos deixeis abater mesmo quando contra vós se voltarem os crentes medrosos, dando as mãos aos inimigos do Reino. Se o mundo vos odiar, devereis lembrar de que ele me odiou antes mesmo de odiarvos. Se fôsseis deste mundo, então o mundo amaria o que é dele, mas porque não sois do mundo, este se recusa a vos amar. Estais neste mundo; contudo, vossas vidas não devem assumir os modos deste mundo. Escolhi-vos e tirei-vos do mundo para representardes o espírito de um outro mundo junto a este mesmo mundo no qual fostes escolhidos. Todavia lembrai-vos sempre das palavras que eu vos disse: O servo não é maior do que o mestre. Se ousarem perseguir-me, eles irão também vos perseguir. Se as minhas palavras ofendem os descrentes, as vossas palavras irão também ofender aqueles sem Deus. E tudo isso eles farão a vós porque não crêem em mim nem Nele que me enviou; e por isso sofrereis muitas coisas em nome do meu evangelho. Mas, quando estiverdes passando por essas tribulações, deveis lembrar-vos de que eu também sofri antes de vós por causa deste evangelho do Reino celeste.

"Muitos daqueles que vos atacarão são ignorantes da luz do céu, mas isso não é verdade sobre alguns dentre aqueles que nos perseguem. Se não tivéssemos ensinado a eles a verdade, eles poderiam fazer muitas coisas estranhas sem cair em condenação, mas agora, posto que eles conhecem a luz e presumem rejeitá-la, eles deixam de possuir desculpa para tal atitude. Aquele que odeia a mim odeia o meu Pai. Não pode ser de outro modo; a luz que, sendo aceita, vos salvaria, se for conscientemente rejeitada, apenas pode condenar-vos. E o que fiz eu a esses homens para que me odiassem com um ódio tão terrível? Nada, exceto oferecer-lhes a fraternidade na Terra e a salvação no céu. Mas não lestes na escritura onde está dito: 'E eles me odiaram sem um motivo'?

"Contudo, não vos deixarei abandonados no mundo. Muito em breve, depois que tiver ido daqui, enviar-vos-ei um espírito ajudante. E tereis convosco aquele que tomará o meu lugar entre vós e continuará a ensinar sobre o caminho da verdade e irá até mesmo vos confortar.

"Não deixeis vossos corações se perturbarem. Credes em Deus e continuai acreditando também em mim. Ainda que eu tenha que vos deixar, não estarei longe de vós. Já vos falei do universo do meu Pai, no qual há muitos locais de permanência. Se isso não fosse verdade, eu não teria repetidamente dito nada a vós sobre os mesmos. Vou voltar para esses mundos de luz, estações no céu do Pai, para as quais vós algum dia ireis ascender. Desses locais vim para este mundo, e a hora agora é aquela em que devo retornar à obra do meu Pai nas esferas do alto.

"Se então eu for antes de vós para o Reino celeste do Pai, certamente eu irei mandar buscar-vos para que vós possais estar comigo nos lugares que foram preparados para os filhos mortais de Deus, antes que este mundo existisse. Ainda que tenha de deixar-vos, eu estarei presente junto a vós em espírito, e, finalmente, vós estareis comigo pessoalmente quando tiverdes ascendido até a mim no meu universo, do mesmo modo que eu estou na iminência de ascender ao meu Pai no Seu universo maior. E o que eu vos disse é verdadeiro e eterno, ainda que possais não o compreender totalmente. Eu vou para o Pai e, embora vós não possais seguir-me agora, certamente me seguireis nas idades que estão para vir".

Quando Jesus sentou-se, Tomé levantou-se e disse: "Mestre, não sabemos para onde tu estás indo; e, desse modo, claro está que não sabemos o caminho. Mas nós te seguiremos assim mesmo, nesta noite, se nos ensinares o caminho".

Depois de ouvir Tomé, Jesus respondeu: "Tomé, eu sou o caminho, a verdade e a vida. Nenhum homem vai ao Pai a não ser por meu intermédio. Todos aqueles que encontram o Pai, primeiro encontraram a mim. Se me conhecerdes, vós conhecereis o caminho até o Pai. E vós me conheceis sem dúvida, pois vivestes comigo e ainda agora podeis ver-me".

Esse ensinamento, todavia, era profundo demais para muitos dos apóstolos, especialmente para Filipe, que, depois de trocar algumas palavras com Natanael, levantou-se e disse: "Mestre, mostra-nos o Pai, e tudo o que disseste ficará claro".

E depois de Filipe ter dito isso, Jesus perguntou: "Filipe, por tanto tempo eu estive contigo e ainda sequer me conheces? De novo eu declaro: Aquele que me viu, terá visto o Pai. Como podes então pedir: Mostra-nos o Pai? Não acreditas que eu estou no Pai e que o Pai está em mim? Acaso não vos ensinei que as palavras que falo não são minhas palavras, mas palavras do Pai? Eu falo pelo Pai e não por mim mesmo. Estou neste mundo para fazer a vontade do Pai, e foi o que eu fiz. O meu Pai reside em mim e trabalha por meu intermédio. Acreditai em mim quando eu digo que o Pai está em mim, e que eu estou no Pai; ou então acreditai em nome da própria vida que eu vivi – a obra".

Havendo o Mestre saído para refrescar-se e tomar água, os onze entraram em uma discussão animada sobre esses ensinamentos; e Pedro estava começando a entregar-se a um longo discurso quando Jesus retornou e chamou-os para sentarem-se.

4. O AJUDANTE PROMETIDO

Jesus continuou a ensinar, dizendo: "Quando eu tiver ido para o Pai, e depois que Ele houver aceitado plenamente a obra que fiz para vós na Terra, e após ter recebido a soberania final do meu próprio domínio, direi ao meu Pai: Tendo deixado os meus filhos sozinhos na Terra, a minha promessa é de enviar a eles um outro instrutor. E, quando o Pai aprová-lo, eu verterei o Espírito da Verdade sobre toda a carne. O espírito do meu Pai já está nos vossos corações e, quando chegar esse dia, vós ireis também me ter convosco, como agora tendes o Pai. Essa nova dádiva é o Espírito da Verdade viva. No início, os descrentes não ouvirão os ensinamentos desse espírito, mas todos os filhos da luz irão recebê-lo com alegria e no fundo do coração. E vós conhecereis esse espírito quando ele vier, como vós me conhecestes; e recebereis essa dádiva nos vossos corações, e ele residirá em vós. E, assim, percebereis que não hei de deixar-vos sem ajuda e sem guiamento. Eu não vos deixarei em desolação. Hoje posso estar convosco apenas pessoalmente. Nos tempos que virão eu estarei convosco, e com todos os outros homens que desejarem a minha presença, onde quer que estejais; e com cada um de vós ao mesmo tempo. Não conseguis discernir quão melhor é que eu vá embora; que eu vos deixe na carne para que eu possa estar convosco melhor e mais plenamente em espírito?

"Em poucas horas o mundo não me verá mais; porém, continuareis a conhecer-me em vossos corações, assim que eu enviar-vos este novo instrutor: o Espírito da Verdade. Do modo como vivi convosco pessoalmente, então viverei em vós; serei um com a vossa experiência pessoal no Reino do espírito. E quando isso vier a suceder vós sabereis certamente que estou no Pai e que, conquanto a vossa vida esteja oculta em mim como está o Pai, também eu estou em vós. Eu amei o Pai e mantive a Sua palavra; vós me amastes, e ireis manter a minha palavra. Como o meu Pai deu-me Seu espírito, também eu dar-vos-ei o meu espírito. E esse Espírito da Verdade, que vos outorgarei neste mundo, vos guiará e vos confortará e, finalmente, vos conduzirá a toda a verdade.

"Estou dizendo todas essas coisas a vós enquanto ainda estou convosco, a fim de que possais estar mais bem preparados para resistir às provações que, mesmo agora, já estão caindo sobre nós. E quando esse novo dia vier, vós estareis resididos pelo Filho tanto quanto pelo Pai. E essas dádivas do céu trabalharão sempre uma com a outra, como o Pai e eu temos trabalhado na Terra e diante dos vossos próprios olhos, como uma pessoa, o Filho do Homem. E esse espírito amigo trará à vossa lembrança tudo o que eu vos ensinei".

Como o Mestre parou por um momento, Judas Alfeus ousou fazer uma das poucas perguntas que tanto ele quanto o seu irmão fizeram a Jesus em público. Disse Judas: "Mestre, tu sempre viveste entre nós como um amigo; como te conheceremos quando tu não mais te manifestares a nós, exceto por esse espírito? Se o mundo não te vir, como poderemos nós estar certos de que és tu? Como tu te mostrarás a nós?"

Jesus olhou para todos, sorriu e disse: "Meus filhinhos, eu estou indo embora, de volta para o meu Pai. Dentro de pouco tempo não me vereis como agora, em carne e osso. Dentro de pouco tempo eu enviarei a vós o meu espírito, que é exatamente como eu, exceto por esse corpo material. Este novo instrutor é o Espírito da Verdade que viverá em cada um de vós, nos vossos corações, e assim todos os filhos da luz serão como um e serão atraídos uns aos outros. E, desse modo, o meu Pai e eu seremos capazes de viver nas almas de cada um de vós e também nos corações de todos os outros homens que nos amam e que fazem esse amor tornar-se real nas suas experiências, amando-se mutuamente como eu agora vos amo".

Judas Alfeus não compreendeu plenamente o que o Mestre disse, mas captou a promessa do novo instrutor e, pela expressão no rosto de André, ele percebeu que a sua pergunta tinha sido respondida satisfatoriamente.

5. O ESPÍRITO DA VERDADE

O novo ajudante que Jesus prometeu enviar aos corações dos crentes, o qual ele iria verter e efundir sobre toda a carne, é o *Espírito da Verdade*. Essa dotação divina não é a letra nem a lei da verdade, nem deve funcionar na forma nem na expressão da verdade. O novo instrutor é a *convicção da verdade*, a consciência e a certeza dos verdadeiros significados nos níveis espirituais verdadeiros. E esse novo instrutor é o Espírito da Verdade viva e crescente, da verdade em expansão, em desdobramento e em adaptação.

A verdade divina é uma realidade viva discernida pelo espírito. A verdade existe apenas nos elevados níveis espirituais de compreensão da divindade e de consciência da comunhão com Deus. Vós podeis conhecer a verdade, e podeis viver a verdade; vós podeis experimentar um crescimento da verdade, na alma, e gozar da liberdade do seu esclarecimento na mente, mas vós não podeis aprisionar a verdade em fórmulas, códigos, credos nem nos padrões intelectuais de conduta humana. Ao fazerdes a formulação humana da verdade divina, rapidamente ela se desfaz. A salvação depois da morte da verdade aprisionada, mesmo no melhor dela, torna-se apenas um fato na realização de uma forma peculiar de sabedoria intelectual glorificada. Verdade estática é verdade morta, e apenas a verdade morta pode ser mantida como uma teoria. A verdade viva é dinâmica e apenas pode gozar de uma existência experiencial na mente humana.

A inteligência nasce de uma existência material que é iluminada pela presença da mente cósmica. A sabedoria abrange a consciência do conhecimento, elevado a novos níveis de significados e ativado pela presença, no universo, da dotação do ajudante da sabedoria. A verdade é um valor de realidade espiritual, experimentado apenas pelos seres dotados de um espírito que age em níveis supramateriais da consciência do universo, os quais, após a compreensão-realização da verdade, permitem ao espírito da ativação da verdade viver e reinar dentro das suas almas.

O verdadeiro discernimento interior do filho do universo busca o Espírito da Verdade, vivo em toda palavra de sabedoria. O indivíduo conhecedor de Deus está elevando constantemente a sabedoria aos níveis da verdade viva, de alcance divino; a alma que não progride espiritualmente está constantemente reduzindo a verdade viva, trazendo-a para os níveis mortos da sabedoria e para os domínios do mero conhecimento engrandecido.

A regra de ouro, quando despojada do discernimento interior supra-humano do Espírito da Verdade, transforma-se em nada mais que uma regra de conduta numa ética elevada. A regra de ouro, quando interpretada literalmente, pode tornar-se um instrumento de grande ofensa ao semelhante. Sem o discernimento espiritual da regra de ouro da sabedoria, vós poderíeis raciocinar que, posto que sois desejosos de que todos os homens digam a vós a verdade plena e franca das suas mentes, vós deveríeis, pois, plena e francamente, revelar o pensamento total da vossa mente aos vossos semelhantes. Essa interpretação não-espiritual da regra de ouro poderia resultar em infelicidades incontáveis e em um sem-fim de sofrimentos.

Algumas pessoas discernem e interpretam a regra de ouro como uma afirmação puramente intelectual de fraternidade humana. Outras experimentam essa expressão de relacionamento humano como uma gratificação emocional dos sentimentos de ternura da personalidade humana. Outros mortais reconhecem essa mesma regra de ouro como a unidade de medida de todas as relações sociais, o padrão da conduta social. Outros, ainda, consideram-na como sendo a prescrição positiva de um grande instrutor moral que incorporou, nessa afirmação, o mais elevado conceito de obrigação moral, no que diz respeito a todas as relações fraternais. Nas vidas de tais seres morais, a regra de ouro torna-se o centro sábio e a circunferência de toda a sua filosofia.

No Reino da fraternidade crente de amantes da verdade e de sabedores de Deus, essa regra de ouro assume qualidades vivas, de compreensão espiritual, naqueles níveis mais elevados de interpretação, os quais levam os filhos mortais de Deus a ver essa injunção do Mestre como exigindo deles que se relacionem com os seus semelhantes de um modo tal que eles recebam o bem mais elevado possível, como resultado do contato do crente com eles. Esta é a essência da verdadeira religião: que ames ao teu próximo como a ti mesmo.

A compreensão mais elevada, contudo, a interpretação mais verdadeira da regra de ouro consiste na consciência do Espírito da Verdade, da realidade duradoura e viva de uma tal declaração divina. O verdadeiro significado cósmico desta regra de relacionamento universal é revelado apenas na sua compreensão espiritual, na interpretação da lei de conduta feita pelo espírito do Filho, para o espírito do Pai que reside na alma do homem mortal. Quando tais mortais, guiados pelo espírito, compreendem o significado verdadeiro desta regra de ouro, eles preenchem-se, ao transbordamento, com a certeza da cidadania em um universo amigável, e os seus ideais da realidade espiritual apenas se satisfazem quando eles amam os seus semelhantes como Jesus nos amou a todos, e é esta a realidade da compreensão do amor de Deus.

Essa mesma filosofia da flexibilidade viva e da adaptabilidade cósmica, da verdade divina, às exigências individuais e à capacidade de cada filho de Deus, deve ser percebida antes que possais esperar compreender adequadamente o ensinamento e a prática do Mestre, quanto à não-resistência ao mal. O ensinamento do Mestre é basicamente um pronunciamento espiritual. Mesmo as implicações materiais da sua filosofia não podem ser de ajuda se consideradas independentemente das suas correlações espirituais. A essência da injunção do Mestre consiste na não-resistência de toda a reação egoísta, ao universo, combinada à realização dinâmica e progressiva até níveis probos de valores espirituais verdadeiros: a beleza divina, a bondade infinita e a verdade eterna – de conhecer Deus e de tornar-se cada vez mais semelhante a Ele.

O amor e a ausência de egoísmo devem estar submetidos a uma interpretação constante e vivamente readaptadora dos relacionamentos, de acordo com o guiamento do Espírito da Verdade. O amor deve, assim, captar os conceitos, sempre mutantes e em ampliação, do bem cósmico mais elevado para o indivíduo que é amado. E, então, o amor continua a assumir essa mesma atitude no que concerne a todos os outros indivíduos que possivelmente venham a ser influenciados pelo relacionamento crescente e vivo do amor, de um mortal guiado pelo espírito, aos outros cidadãos do universo. E toda essa adaptação viva de amor deve ser efetuada tanto à luz ambiente do mal presente, quanto à luz da meta eterna da perfeição do destino divino.

E assim devemos claramente reconhecer que nem a regra de ouro, nem o ensinamento da não-resistência podem jamais ser apropriadamente compreendidos como dogmas ou preceitos. Eles podem ser compreendidos apenas ao serem vividos, ao terem os seus significados realizados na compreensão e interpretação viva do Espírito da Verdade, que dirige o contato, pleno de amor, de um ser humano com outro.

E tudo isso indica claramente a diferença entre a velha religião e a nova. A velha religião ensinava o auto-sacrifício; a nova religião ensina apenas o auto-esquecimento, uma auto-realização maior conjugada a um serviço social de compreensão do universo. A velha religião era motivada pela consciência-medo; o novo evangelho do Reino é dominado pela convicção da verdade, pelo Espírito da Verdade eterna e universal. E nenhuma quantidade de piedade, nem de fidelidade a um credo, pode compensar a ausência, na experiência de vida dos crentes do Reino, daquela amizade espontânea, generosa e sincera que caracteriza os filhos, nascidos pelo espírito, do Deus vivo. Nem a tradição, nem um sistema cerimonial de adoração formal podem reparar a falta da compaixão genuína pelos nossos semelhantes.

6. A NECESSIDADE DE PARTIR

Depois que Pedro, Tiago, João e Mateus haviam feito inúmeras perguntas ao Mestre, ele continuou o seu discurso de despedida dizendo: "E afirmo tudo isso diante de vós antes de deixar-vos, com a finalidade de que possais estar preparados para o que virá a vós e a fim de que não caiais em erro sério. As autoridades não ficarão contentes em colocar-vos meramente para fora das sinagogas; eu vos previno de que é chegada a hora em que aqueles que irão matar-vos pensarão estar prestando um serviço a Deus. E todas essas coisas eles farão a vós, e àqueles a quem vós conduzis ao Reino do céu, porque eles não conhecem o Pai. Eles recusaram-se a conhecer o Pai, ao recusarem-se a me receber; e eles recusam-se a me receber, quando eles vos rejeitam, porque tendes mantido o meu novo mandamento de amar-vos uns aos outros como eu próprio vos amei. Estou antecipando essas coisas a vós para que, quando a vossa hora vier, como a minha agora veio, possais estar fortalecidos no conhecimento de que tudo era sabido por mim; e de que o meu espírito estará convosco em todos os vossos sofrimentos pela minha causa e por causa do evangelho. Foi com esse propósito que eu estive falando tão claramente a vós desde o princípio. Eu vos preveni até mesmo de que os adversários de um homem podem estar dentre os da sua própria casa. Embora este evangelho do Reino nunca deixe de trazer uma grande paz à alma do indivíduo que crê, ele não trará paz à Terra até que o homem esteja disposto a crer de todo o coração no meu ensinamento, e a estabelecer a prática de fazer a vontade do Pai como o principal propósito, ao viver a vida mortal.

"Agora que vos estou deixando, vendo que é chegada a hora em que eu devo ir para o Pai, surpreendo-me com o fato de que nenhum de vós me haveis perguntado: Por que nos estás abandonando? Contudo, eu sei que fazeis essas perguntas nos vossos corações. E falarei a vós claramente, como um amigo a outro. É realmente proveitoso para vós que eu me vá. Se eu não for embora, o novo instrutor não poderá vir até os vossos corações. E eu devo despojar-me deste corpo mortal e ser restaurado no meu lugar no alto, antes de poder enviar o espírito instrutor para viver nas vossas almas e guiar os vossos espíritos à verdade. Quando o meu espírito vier residir em vós, ele iluminará a diferença, entre pecado e retidão, e capacitar-vos-á a discernir entre eles, com sabedoria, nos vossos corações.

"Eu ainda tenho muito a esclarecer, mas vós não podeis suportar nada mais, por agora. Todavia, quando vier, o Espírito da Verdade finalmente guiar-vos-á a toda a verdade, ao passardes pelas muitas moradas no universo do meu Pai.

"Esse espírito não falará por si próprio, mas irá declarar-vos aquilo que o Pai revelou ao Filho, mostrando-vos até mesmo as coisas que virão; ele glorificar-me-á como glorifiquei meu Pai. Esse espírito virá de mim e vos revelará a minha verdade. Tudo que o Pai tem sob o Seu domínio agora é meu; e é por isso que eu disse que esse novo instrutor tomaria aquilo que é meu para revelá-lo a vós.

"Muito em breve eu vos deixarei, mas por pouco tempo. E depois disso, quando me virdes novamente, eu estarei já a caminho do Pai e, pois, nem mesmo então me vereis por muito tempo".

Enquanto Jesus parou por um momento, os apóstolos começaram a conversar uns com os outros: "O que é isso que ele está dizendo a nós? 'Muito em breve eu vos deixarei', e 'Quando me virdes novamente não será por muito tempo, pois eu já estarei a caminho do Pai e, pois, nem mesmo então me vereis por muito tempo'. O que ele quer dizer com esse 'muito em breve' e 'por muito tempo'? Nós não conseguimos compreender o que ele nos está dizendo".

E, por que soubesse que eles faziam essas perguntas a si próprios, Jesus disse: "Estais perguntando lá dentro de vós sobre o que quis dizer quando afirmei que em breve eu não estaria mais convosco e que, quando me virdes novamente, eu já estarei a caminho do Pai? Eu vos disse claramente que o Filho do Homem deve morrer, mas ele ressuscitará. E, então, como não sabeis o significado das minhas palavras? Inicialmente ficareis tristes, porém, mais tarde, rejubilar-vos-eis junto com muitos dos que compreenderão tais coisas, depois que elas aconteceram. Uma mulher de fato sofre na hora do parto, mas, depois de dar à luz ao seu filho, imediatamente se esquece da angústia perante a alegria de saber que um ser humano nasceu para o mundo. E assim será com a vossa tristeza na hora da minha partida, mas eu vos verei de novo em breve e, então, a vossa tristeza transformar-se-á em júbilo; e, uma nova revelação virá a vós, a da salvação de Deus, que nenhum homem poderá tomar de vós. E todos os mundos serão abençoados com essa mesma revelação da vida de triunfo sobre a morte. Até então vós fizestes todos os vossos pedidos em nome do meu Pai. Quando me virdes novamente, vós podeis pedir em meu nome também, e eu vos ouvirei.

"Aqui na Terra eu vos ensinei por meio de provérbios e falei a vós por parábolas. E o fiz assim porque no espírito sois apenas como crianças, mas a época está chegando em que eu vos falarei claramente a respeito do Pai e do Seu Reino. E eu farei isso porque o próprio Pai vos ama e deseja ser revelado mais plenamente a vós. O homem mortal não pode ver o espírito do Pai; portanto eu vim ao mundo para mostrar o Pai aos vossos olhos de criaturas. Mas, quando tiverdes crescido para tornar-vos perfeitos em espírito, então vereis o Pai".

Quando os onze ouviram-no falar, eles disseram uns aos outros: "Vede, ele fala claramente a nós. Certamente o Mestre veio de Deus. Mas por que ele diz que deve voltar ao Pai?" E Jesus viu que nem assim eles o haviam compreendido ainda. Esses onze homens não conseguiam escapar das suas idéias, longamente alimentadas dentro do conceito judeu do Messias. Quanto mais eles criam em Jesus como sendo o Messias, mais complicadas tornavam-se essas noções arraigadas a respeito do triunfo material glorioso do Reino na Terra.

DOCUMENTO 181

EXORTAÇÕES E CONSELHOS FINAIS

APÓS a conclusão do discurso de despedida, feito aos onze, Jesus conversou informalmente com eles e relatou novamente muitas experiências que lhes diziam respeito como grupo e como indivíduos. Afinal, esses galileus estavam começando a perceber que o seu amigo e instrutor iria abandoná-los e, nas suas esperanças, se agarravam à promessa de que, após um curto período de tempo, ele estaria de novo com eles; no entanto, estavam propensos a esquecer que essa visita de volta era também por pouco tempo. Muitos dos apóstolos e principais discípulos realmente pensavam que essa promessa de voltar por um período curto (o curto intervalo entre a ressurreição e a ascensão) indicava que Jesus estava indo embora para uma breve visita ao seu Pai, após a qual, voltaria para estabelecer o Reino. E essa interpretação das palavras de Jesus estava de acordo com as suas crenças preconcebidas, bem como com as suas esperanças ardentes. Desse modo, já que aquelas crenças de toda uma vida e as esperanças de ver os desejos satisfeitos pareciam coincidir, não ficou difícil para eles encontrarem uma interpretação para as palavras do Mestre que justificasse as suas aspirações intensas.

Após haverem analisado o discurso de despedida e de terem começado a assimilá-lo nas suas mentes, Jesus chamou novamente os apóstolos à ordem. e começou a fazer-lhes exortações e dar-lhes os conselhos finais.

1. AS ÚLTIMAS PALAVRAS DE CONFORTO

Quando os onze tomaram seus assentos, Jesus permaneceu de pé e dirigiu-se a eles: "Permanecendo aqui convosco, na carne, não posso senão atuar apenas como um indivíduo em meio a vós ou no mundo inteiro. Mas, quando houver sido libertado dessa veste de natureza mortal, eu serei capaz de retornar como um espírito que residirá em cada um de vós e em todos os outros crentes deste evangelho do Reino. Desse modo o Filho do Homem tornar-se-á uma encarnação espiritual nas almas de todos os verdadeiros crentes.

"Quando houver voltado para viver em vós e trabalhar por vosso intermédio, poderei conduzir-vos melhor nesta vida e guiar-vos pelas várias moradas na vida futura, no céu dos céus. A vida, na criação eterna do Pai, não é um descanso sem fim, na indolência e sossego egoísta; mas é, antes, uma progressão incessante na graça, na verdade e na glória. Cada uma, entre as várias estações da casa do meu Pai, é um local de permanência para uma vida destinada a preparar-vos para a próxima, que está à frente. E assim os filhos da luz irão, de glória em glória, até alcançarem o estado divino no qual estarão espiritualmente perfeccionados, como o Pai é perfeito em todas as coisas.

"Se quiserdes seguir-me quando eu vos deixar, empreendei vossos esforços mais honestos para viver de acordo com o espírito dos meus ensinamentos e com o ideal da minha vida – fazer a vontade do meu Pai. Fazei isso, em vez de tentar imitar a minha vida natural na carne, como fui, por necessidade, solicitado a viver neste mundo.

"O Pai enviou-me a este mundo, no entanto apenas poucos de vós escolheram receber-me plenamente. Eu irei verter o meu espírito sobre toda a carne; mas nem todos os homens escolherão aceitar e receber esse novo instrutor como guia e conselheiro da alma. Todos que o receberem, entretanto, serão iluminados, purificados e confortados. E esse Espírito da Verdade tornar-se-á, neles, um poço de água viva, fazendo-os crescer para a vida eterna.

"E agora, estando para deixar-vos, eu gostaria de dizer-lhes palavras de conforto. Eu deixo a paz convosco; a minha paz eu dou-a a vós. Faço essas dádivas não como as daria o mundo – medindo-as –, eu dou a cada um de vós tudo o que podeis receber. Que os vossos corações não se perturbem, nem fiquem temerosos. Eu venci o mundo, e em mim todos vós ireis triunfar pela fé. Eu preveni-vos de que o Filho do Homem será morto, mas asseguro-vos de que eu retornarei antes de ir para o Pai, ainda que seja apenas por momentos. E, depois que tiver ascendido ao Pai, eu irei seguramente enviar o novo instrutor para estar convosco e residir nos vossos próprios corações. E, quando virdes tudo isso acontecer, não vos desanimeis, antes acreditai, porquanto de tudo isso sabíeis de antemão. Eu vos amei com um grande afeto, e não gostaria de abandonar-vos, mas é essa a vontade do Pai. A minha hora é chegada.

"Não duvideis de nenhuma dessas verdades, mesmo depois que estiverdes dispersos pelas perseguições e abatidos por causa de muitos sofrimentos. Quando sentirdes que estais sós no mundo, eu saberei do vosso isolamento, do mesmo modo que sabereis dos meus sofrimentos, quando estiverdes dispersos, todos vós, em caminhos diferentes, deixando o Filho do Homem nas mãos dos seus inimigos. Todavia eu nunca estou só; o Pai está sempre comigo. Mesmo em uma hora como esta, eu orarei por vós. E essas coisas todas eu as disse a vós para que possais ter paz e tê-la mais abundantemente. Neste mundo vós tereis tribulações, mas tendes coragem e alegria; eu triunfei no mundo e vos mostrei o caminho do júbilo e do serviço eterno".

Jesus dá a paz àqueles que junto com ele fazem a vontade de Deus; esta paz, porém, não é da ordem das alegrias e satisfações deste mundo material. Os materialistas descrentes e os fatalistas apenas podem esperar gozar de duas espécies de paz e de conforto de alma: ou eles devem ser estóicos, possuídos de uma determinação de enfrentar, com uma resolução inquebrantável, o inevitável, e de resistir ao pior; ou devem ser otimistas, abandonando-se sempre à esperança que brota eternamente do peito humano, aspirando em vão ter uma paz que nunca realmente virá.

Uma certa quantidade de estoicismo e de otimismo é útil para viver a vida na Terra, mas nenhum dos dois nada tem a ver com aquela paz esplêndida que o Filho de Deus confere aos seus irmãos na carne. A paz que Michael dá aos seus filhos na Terra é aquela mesma paz que preencheu a sua própria alma quando ele próprio viveu a vida mortal na carne e neste mesmo mundo. A paz de Jesus é o júbilo e a satisfação de um indivíduo, conhecedor de Deus, que alcançou o triunfo de aprender plenamente como fazer a vontade de Deus, enquanto vivia a sua vida mortal na carne. A paz da mente de Jesus funda-se em uma fé humana absoluta na realidade do cuidado sábio e compassivo do Pai divino. Jesus teve dificuldades na Terra, foi até mesmo chamado impropriamente de "homem dos sofrimentos", mas, em todas essas experiências, ele desfrutou do conforto daquela confiança que sempre lhe deu o poder de continuar com o seu propósito de vida, na certeza plena de que estava realizando a vontade do Pai.

Jesus foi determinado, persistente e profundamente devotado à realização da sua missão, mas não foi um estóico insensível e endurecido; ele sempre buscou os aspectos mais positivos das experiências da sua vida, contudo ele não foi um otimista cego que se enganava. O Mestre sabia de tudo o que o esperava, e era destemido. Após ter outorgado essa paz a cada um dos seus seguidores, ele podia dizer consistentemente: "Não deixe o teu coração perturbar-se, nem te deixe amedrontar".

A paz de Jesus é, então, a paz e a firmeza de um filho que crê plenamente que a sua carreira pelo tempo e pela eternidade está segura e inteiramente sob os cuidados e a guarda de um espírito-Pai Todo-sábio, Todo-amoroso e Todo-Poderoso. E esta é, de fato, uma paz que transcende à compreensão da mente mortal, mas que pode ser gozada plenamente pelo coração humano crente.

2. EXORTAÇÕES PESSOAIS DE DESPEDIDA

O Mestre havia terminado de dar as suas instruções de despedida e de fazer as suas exortações finais aos apóstolos como um grupo. E então ele tratou de despedir-se individualmente e de dar a cada um uma palavra de conselho pessoal, junto com a sua bênção de despedida. Os apóstolos estavam ainda sentados à mesa, como quando inicialmente eles sentaram-se para compartilhar a Última Ceia e, à medida que o Mestre ia contornando a mesa e falando com eles, cada um punha-se de pé quando Jesus dirigia-se a ele.

A João, Jesus disse: "Tu, João, és o mais jovem dos meus irmãos. Tens estado muito próximo de mim e te amo com o mesmo amor que um pai tem para com os filhos; além de tudo, foste designado por André para ser um dos três que deveriam sempre estar perto de mim. E tens atuado por mim e deves continuar a atuar assim, em muitas questões que concernem à minha família terrena. E vou para o Pai, João, tendo a confiança plena de que continuarás a velar por aqueles que são os meus na carne. Vela para que a confusão atual deles a respeito da minha missão não impeça de nenhum modo que lhes estendas toda a simpatia, conselho e ajuda, como sabes que eu faria se fosse permanecer na carne. E, quando todos eles chegarem a ver a luz e entrarem integralmente no Reino, ainda que todos vós dêem jubilosas boas-vindas a eles, eu dependo de ti, João, para dar-lhes as boas-vindas por mim.

"E agora, ao entrar nas horas finais da minha carreira terrena, que tu permaneças por perto e disponível para que eu possa deixar contigo qualquer mensagem para a minha família terrena. No que diz respeito à obra colocada nas minhas mãos pelo Pai, agora ela se dá por terminada, exceto pela minha morte na carne; mas estou pronto para beber desse último cálice. Porém, quanto às responsabilidades passadas a mim por José, meu pai terreno, eu as tenho cumprido durante a minha vida, no entanto, devo depender de ti para atuar em meu lugar nessas questões. E te escolhi para fazer isso por mim, João, porque és o mais jovem e, sendo assim, viverá mais do que os outros apóstolos.

"Certa vez nós chamamos a ti e ao teu irmão de filhos do trovão. Tu começaste conosco muito autoritário e intolerante, mas mudaste bastante desde que quiseste que eu fizesse descer o fogo sobre as cabeças de descrentes impensados e ignorantes. E tu deves mudar ainda mais. Deverias transformar-te no apóstolo do novo mandamento que eu vos dei esta noite. Dedica a tua vida a ensinar aos teus irmãos a amarem-se mutuamente, como eu os amei".

João Zebedeu permanecia na sala superior, com as lágrimas rolando pelo rosto e, olhando para o rosto do Mestre, então ele disse: "E assim eu farei, meu Mestre, mas como posso aprender a amar mais os meus irmãos?" E então Jesus respondeu: "Tu aprenderás a amar mais os teus irmãos quando conseguires aprender a amar mais o Pai no céu e após te haveres tornado realmente mais interessado no bem-estar deles, no tempo, assim como na eternidade. E todo esse interesse humano fica assegurado pela compaixão compreensiva, pelo serviço desinteressado e o perdão irrestrito. Nenhum homem deveria desdenhar-te pela tua juventude, e exorto-te a dar sempre a devida consideração ao fato de que a idade muitas vezes representa experiência, e que nada nos assuntos humanos pode tomar o lugar da experiência real. Esforça-te para conviver pacificamente junto com todos os homens, especialmente os teus amigos, na fraternidade do Reino celeste. E, João, lembra-te sempre, não lutes tanto com as almas que gostarias de ganhar para o Reino".

E então o Mestre, contornando o próprio assento, parou um momento ao lado do lugar de Judas Iscariotes. Os apóstolos ficaram muito surpresos de que Judas não tivesse voltado antes, e estavam bastante curiosos para descobrir o significado do semblante triste de Jesus, enquanto ele permaneceu diante do assento vago do traidor. Mas nenhum deles, exceto, possivelmente, André, tinha a mais leve idéia de que o tesoureiro deles havia saído para trair o seu Mestre, como mais cedo naquela tarde e durante a ceia Jesus sugerira-lhes. Tantas coisas estavam acontecendo que, naquele momento, eles haviam-se esquecido completamente do anúncio feito pelo Mestre de que um deles iria traí-lo.

Nesse momento, Jesus foi até onde estava Simão zelote, que se levantou para ouvir esta exortação: "Tu és um verdadeiro filho de Abraão, mas quanto tempo eu gastei tentando fazer de ti um filho deste Reino celeste. Eu amo a ti e a todos os teus irmãos também. Sei que tu me amas, Simão, e também que amas ao Reino, mas ainda estás determinado a fazer este Reino vir de acordo com o teu desejo. Sei muito bem que irás finalmente captar a natureza espiritual e o significado do meu evangelho, e que irás fazer um trabalho valente na proclamação dele, mas fico angustiado com o que pode acontecer a ti quando eu partir. Gostaria de me regozijar de saber que não irias hesitar; e ficaria feliz se pudesse saber que, depois que eu for para o Pai, tu não deixarias de ser meu apóstolo, e que irias comportar-te aceitavelmente como um embaixador do Reino celeste".

Mal Jesus acabou de falar a Simão zelote, quando o patriota ardente, secando os seus olhos, replicou: "Mestre, não tenhas nenhum temor pela minha lealdade. Eu dei as minhas costas a tudo aquilo a que eu pudesse dedicar na minha vida para o estabelecimento do teu Reino na Terra, e não hesitarei. Tenho sobrevivido a todos os desapontamentos até agora, e não te abandonarei".

E, então, colocando sua mão no ombro de Simão, Jesus disse: "De fato, é reanimador ouvir-te falar assim, especialmente em um momento como este; mas, meu bom amigo, tu ainda não sabes do que estás falando. Nem por um momento, eu duvidaria da tua lealdade e da tua devoção; sei que não hesitarias em continuar na batalha e morrer por mim, como todos os outros também (eles acenaram em uma aprovação vigorosa), mas isso não será exigido de vós. E, repetidamente, tenho-te dito que o meu Reino não é deste mundo e que os meus discípulos não terão de lutar para que ele seja estabelecido. Eu te disse isso muitas vezes, Simão, mas te recusas a enfrentar a verdade. Não me preocupo com a tua lealdade a mim e ao Reino; estou, sim, preocupado com o que irás fazer quando eu me for pois, afinal, te despertarás para a compreensão de que não captaste o significado dos meus ensinamentos e de que deves ajustar as tuas concepções erradas à realidade de uma ordem mais espiritual de assuntos do Reino?"

Simão queria falar ainda mais, mas Jesus levantou a sua mão e, refreando-o, continuou a dizer: "Nenhum dos meus apóstolos é mais sincero e honesto de coração do que tu, e nenhum deles ficará tão perturbado e desalentado como tu, após a minha partida. Durante todo o teu desencorajamento, o meu espírito residirá dentro de ti, e os teus irmãos não te abandonarão. Não te esqueças daquilo que te ensinei a respeito da relação entre a cidadania na Terra e a filiação ao Reino espiritual do Pai. Pondera bem sobre tudo o que eu te disse quanto a dar a César as coisas que são de César e a Deus aquilo que é de Deus. Dedica a tua vida, Simão, a mostrar quão aceitavelmente o homem mortal pode cumprir a minha injunção a respeito do reconhecimento simultâneo do dever temporal aos poderes civis e do serviço espiritual na irmandade do Reino. Se fores instruído pelo Espírito da Verdade, nunca haverá conflito entre as exigências da cidadania na Terra e a filiação ao céu, a menos que os dirigentes temporais presumam exigir de ti a homenagem e o culto que pertencem a Deus.

"E agora, Simão, quando finalmente vires tudo isso, e depois que te vires livre da tua depressão e tiveres saído para proclamar este evangelho, com um grande poder, nunca te esqueças de que eu estive contigo, mesmo durante os teus momentos de desencorajamento, e que eu irei contigo até o fim mesmo. Tu serás meu apóstolo para sempre; e depois que te tornares disposto a ver com os olhos do espírito e estiveres mais disposto a submeter a tua vontade à vontade do Pai no céu, então tu voltarás a trabalhar como meu embaixador e ninguém tirará de ti, por causa da tua lentidão em compreender as verdades que eu te ensinei, a autoridade que eu te conferi. E assim, Simão, uma vez mais eu te previno de que aqueles que lutam com a espada perecem pela espada, enquanto aqueles que trabalham com o espírito alcançam a vida eterna no Reino vindouro, com júbilo e paz no Reino em que estão agora. E quando o serviço, colocado nas tuas mãos, terminar na Terra, Simão, sentar-te-ás comigo no meu Reino. Realmente tu verás o Reino almejado, mas não nesta vida. Continua a crer em mim e naquilo que revelei a ti, e receberás a dádiva da vida eterna".

Depois que acabou de dizer isso a Simão zelote, Jesus encaminhou-se até Mateus Levi e falou: "Não mais recairá sobre ti a tarefa de prover o tesouro do grupo apostólico. Em breve, muito em breve, todos vós estareis dispersos; não vos será permitido desfrutar da ligação confortante e encorajadora com nenhum dos vossos irmãos. À medida que fordes pregando este evangelho do Reino, tereis de encontrar novos colaboradores para vós. Eu vos enviei dois a dois durante os tempos do vosso aperfeiçoamento, mas agora que vos estou deixando, após haverdes recuperado do choque, saireis sozinhos, e até os confins da Terra, proclamando as boas-novas que declaram: Os mortais vivificados pela fé são os filhos de Deus".

E então Mateus falou: "Mas, Mestre, quem nos enviará, e como saberemos aonde ir? Será que André nos mostrará o caminho?" E Jesus respondeu: "Não, Levi, André não mais vos dirigirá na proclamação do evangelho. Ele irá, na verdade, continuar como vosso amigo e conselheiro até aquele dia em que o novo instrutor vier e, então, o Espírito da Verdade conduzirá cada um de vós pelo mundo a fim de que trabalheis para a expansão do Reino. Passaste por muitas mudanças, desde aquele dia na aduana, em que tu primeiro decidiste seguir-me; mas muitas mais devem acontecer-te antes de te fazeres capaz de ter a visão de uma irmandade na qual os gentios assentam-se ao lado dos judeus em uma ligação fraternal. Mas sai e, com o teu ímpeto, vai ganhar os teus irmãos judeus até ficares satisfeito plenamente e, então, volta-te com força aos gentios. De uma coisa podes estar certo, Levi: Tu ganhaste a confiança e o afeto dos teus irmãos; eles todos te amam". (E todos os dez acenaram com a sua aquiescência às palavras do Mestre.)

"Levi, muito eu sei sobre tuas ansiedades, sacrifícios e lidas para manter o tesouro repleto, mas, de tudo isso os teus irmãos não sabem; e me rejubilo de que, embora aquele que leve a bolsa esteja ausente, o embaixador publicano está aqui, na minha reunião de despedida com os mensageiros do Reino. Oro para que possas discernir o significado do meu ensinamento, com os olhos do espírito. E, quando o novo instrutor chegar ao teu coração, faça como ele te indicar e deixa que os teus irmãos vejam – e todo o mundo mesmo – o que o Pai pode fazer por um coletor de impostos, odiado, que ousou seguir o Filho do Homem e acreditar no evangelho do Reino. Desde o princípio, Levi, te amei como estimei esses outros galileus. Sabendo, então, muito bem, que nem o Pai nem o Filho fazem acepção de pessoas, zela para que não faças nenhuma distinção entre aqueles que se tornam crentes no evangelho por intermédio da tua ministração. E assim, Mateus, dedica toda a tua vida de serviço futuro a mostrar a todos os homens que Deus não tem preferência por pessoas; que, aos olhos de Deus e na fraternidade do Reino, todos os homens são iguais, todos os crentes são filhos de Deus".

Então, andando até onde estava Tiago Zebedeu, o qual ficou de pé, em silêncio, Jesus disse: "Tiago, quando viestes, tu e o teu irmão mais jovem, até a mim, buscando a preferência nas honras do Reino, eu disse que tais honras eram para o Pai conceder e perguntei se seríeis capazes de beber do meu cálice, ambos responderam que o seriam. Ainda que não fôsseis capazes então, e se ainda não fordes capazes agora, em breve, estareis preparados para tal serviço, pela experiência que estais por passar. Com esse comportamento deixastes os vossos irmãos enraivecidos naquele momento. Se eles ainda não vos houverem perdoado plenamente, eles o farão quando virem que bebereis do meu cálice. Seja a tua ministração longa ou breve, mantém a tua alma paciente. Quando o novo instrutor vier, deixa que ele te ensine o equilíbrio da compaixão e a tolerância de simpatia que nasce da sublime confiança em mim e da submissão perfeita à vontade do Pai. Dedica a tua vida a demonstrar o afeto humano combinado à dignidade divina do discípulo conhecedor de Deus e crente no Filho. E todos que viverem assim revelarão o evangelho, até mesmo pela sua maneira de morrer. Tu e o teu irmão, João, tomareis caminhos diferentes, e um de vós pode assentar-se comigo no Reino eterno muito antes do outro. De muita ajuda seria para ti se tu aprendesses que a verdadeira sabedoria abrange a prudência do discernimento tanto quanto a coragem. Tu deverias aprender a ser sagaz para conviver bem com a tua agressividade. Aproximam-se aqueles momentos supremos nos quais os meus discípulos não hesitarão em dar as suas vidas por este evangelho, mas em todas as circunstâncias comuns seria muito melhor aplacar a ira dos descrentes, para que possais todos viver e continuar a pregar as boas-novas. À medida que estiver ao teu alcance, vive longamente na Terra para que essa vida de muitos anos possa ser cheia de frutos em almas conquistadas para o Reino do céu".

Depois que o Mestre terminou a sua fala a Tiago Zebedeu, ele contornou a mesa até o fim, onde André estava sentado e, olhando o seu fiel ajudante nos olhos, Jesus disse: "André, tu me tens representado fielmente como o dirigente atuante dos embaixadores do Reino do céu. Embora algumas vezes hajas duvidado e outras vezes manifestado uma timidez perigosa, ainda assim, tens sempre sido sinceramente justo e eminentemente equânime para com os teus companheiros. Desde a tua ordenação e a dos teus irmãos, como mensageiros do Reino, tu tens sido auto-suficiente e autônomo; todas as decisões administrativas para o grupo foram tuas, exceto a tua designação, como dirigente desses homens escolhidos, que foi feita por mim. Em nenhuma outra questão temporal eu atuei no sentido de dirigir ou de influenciar as tuas decisões. E essa escolha eu a fiz com a finalidade de prover a liderança em todas as deliberações grupais subseqüentes. No meu universo e no universo dos universos, do meu Pai, os nossos irmãos-filhos são tratados como indivíduos, em todas as suas relações espirituais, mas em todas as relações grupais nós provemos infalivelmente uma liderança definida. O nosso Reino é um domínio de ordem, e, onde duas ou mais criaturas de vontade atuam, em cooperação, há sempre que ser providenciada a autoridade da liderança.

"E agora, André, por seres o dirigente dos teus irmãos com a autoridade de uma designação feita por mim, porque tens servido assim, como o meu representante pessoal, e como me encontro na iminência de deixar-vos e voltar para o meu Pai, libero-te de toda responsabilidade que diga respeito a esses assuntos temporais e administrativos. De agora em diante só poderás exercer jurisdição sobre os teus irmãos naquilo que houver sido conquistado pela tua capacidade como líder espiritual, e que os teus irmãos reconheçam livremente. Desse momento em diante tu não podes exercer nenhuma autoridade sobre os teus irmãos, a menos que eles restaurem essa jurisdição, passando-a a ti, por meio de uma ação legislativa definida, depois que eu tiver ido para o Pai. Mas, essa liberação da responsabilidade, como dirigente administrativo desse grupo, não diminui de nenhum modo a tua responsabilidade moral de fazer tudo o que estiver ao teu alcance para manter os teus irmãos juntos, de pulso firme e amoroso, durante os tempos de provação que estão pela frente; aqueles dias que estarão entre a minha partida na carne e o envio do novo instrutor que irá viver nos vossos corações, e que afinal vos conduzirá a toda verdade. Enquanto me preparo para deixar-vos, eu gostaria de liberar-te de toda responsabilidade administrativa que teve o seu começo e autoridade na minha presença, como um entre todos. Doravante eu irei exercer a autoridade apenas espiritual sobre vós e entre vós.

"Se os teus irmãos desejarem manter-te como conselheiro deles, eu te instruo que deverias, em todas as questões temporais e espirituais, fazer o melhor para promover a paz e harmonia entre os vários grupos de crentes sinceros do evangelho. Dedica o restante da tua vida a promover os aspectos práticos do amor fraterno entre os teus irmãos. Sê bom para os meus irmãos na carne quando eles vierem a crer plenamente neste evangelho; manifesta devoção amorosa e imparcial aos gregos no oeste e a Abner no leste. Já que esses meus apóstolos logo irão, todos, estar espalhados por várias regiões da Terra, para proclamarem as boas-novas do evangelho da salvação pela filiação a Deus, tu deves mantê-los juntos, durante os tempos de provações que temos pela frente, durante aquele período de testes intensos no qual tu deves aprender a crer neste evangelho sem a minha presença pessoal, enquanto pacientemente esperas a chegada do novo instrutor, o Espírito da Verdade. E assim, André, embora possa não caber a ti fazer as grandes obras, como vistas pelos homens, fica contente de seres tu o instrutor e conselheiro daqueles que fazem tais coisas. Prossegue com a tua obra na Terra até o fim, e então irás continuar essa ministração no Reino eterno, pois não tenho eu dito muitas vezes a ti que possuo outras ovelhas que não são deste aprisco?"

Jesus então se dirigiu aos gêmeos Alfeus e, de pé entre eles, disse: "Meus filhinhos, sois um dos três grupos de irmãos que escolheram seguir-me. Todos os seis fizeram bem ao trabalharem em paz junto com os da mesma carne e sangue, mas ninguém o fez melhor do que vós. Tempos difíceis estão à nossa frente. Podeis não compreender tudo o que sobrevirá a vós e vossos irmãos, mas nunca duvideis de que fostes chamados, um dia, para a obra do Reino. Durante algum tempo não haverá multidões para administrar, mas não vos desencorajeis; quando o trabalho da vossa vida tiver acabado; eu vos receberei no alto, onde, na glória, contareis sobre a vossa salvação às hostes seráficas e ao grande número de altos Filhos de Deus. Dedicai as vossas vidas ao engrandecimento do trabalho pesado comum. Mostrai a todos os homens na Terra e aos anjos do céu quão alegre e corajosamente pode o homem mortal, após haver sido chamado por um bom tempo a trabalhar no serviço especial de Deus, retornar aos trabalhos dos dias anteriores. Caso, agora, o vosso trabalho com os assuntos exteriores do Reino tenha chegado ao fim, deveis voltar à vossa faina anterior com o esclarecimento novo da experiência da filiação a Deus e com a compreensão elevada de que, para aquele que conhece a Deus, não existem coisas tais como um trabalho banal e a faina secular. Para vós, que trabalhastes comigo, todas as coisas tornaram-se sagradas, e toda a lida terrena tornou-se um serviço mesmo a Deus, o Pai. E quando ouvirdes os novos feitos dos vossos antigos companheiros apostólicos, rejubilai com eles e continuai o vosso trabalho cotidiano como aqueles que aguardam a Deus e servem enquanto esperam. Vós tendes sido os meus apóstolos e sempre sereis; e eu me lembrarei de vós no Reino que virá".

E então Jesus encaminhou-se até Filipe, que levantou-se para ouvir esta mensagem do seu Mestre: "Filipe, tu me fizeste muitas perguntas tolas, mas eu empenhei-me em responder a todas elas, e agora eu gostaria de responder à última das indagações que surgiram na tua mente honestíssima, mas ainda não-espiritual. Em todo esse tempo que levei para contornar a mesa e chegar a ti, tu tens estado a perguntar a ti próprio: 'O que farei se o Mestre for embora e nos deixar sozinhos no mundo?' Oh, quão pouca fé tens! E tu tens ainda tanta fé quanto muitos dos teus irmãos. Foste um bom intendente, Filipe. As tuas falhas foram raras, e uma delas nós a utilizamos para manifestar a glória do Pai. A tua função de intendente está praticamente terminada. Deves, em breve, fazer mais plenamente o trabalho para o qual foste chamado a fazer – a pregação deste evangelho do Reino. Filipe, tu sempre quiseste que as coisas te fossem mostradas, e muito em breve tu verás grandes coisas. Muito melhor seria se tu tivesses visto tudo isso pela fé, mas por teres sido sincero, mesmo com a tua visão material, tu viverás para ver as minhas palavras serem cumpridas. E então, quando fores abençoado com a visão espiritual, vai adiante com o teu trabalho, dedicando a tua vida à causa de guiar a humanidade na busca de Deus e das realidades eternas, com o olho da fé espiritual e não com os olhos da mente material. Lembra-te, Filipe, tu tens uma grande missão na Terra, pois o mundo está cheio daqueles que olham para a vida exatamente como tu tinhas a tendência de olhar. Tens uma grande obra a fazer e, quando ela estiver completa na fé, tu virás a mim no meu Reino, e eu terei um grande prazer em mostrar-te aquilo que o olho não viu, nem escutou o ouvido, nem a mente mortal concebeu. Nesse meio tempo, seja como uma criança pequena no Reino do espírito e permite-me, por meio do espírito do novo instrutor, guiar-te para a frente no Reino espiritual. E, desse modo, eu serei capaz de fazer por ti muito daquilo que eu não fui capaz de realizar enquanto permaneci contigo como um mortal deste reino. E lembra-te sempre, Filipe, aquele que tiver visto a mim terá visto o Pai".

Então o Mestre foi a Natanael. Quando Natanael levantou-se, Jesus pediu-lhe que se sentasse e, sentando-se a seu lado, disse Jesus: "Natanael, tu aprendeste a viver acima do preconceito e praticar uma tolerância maior, desde que te tornaste meu apóstolo. Mas há muito mais que deves aprender. Tens sido uma bênção para os teus companheiros, pois eles sempre foram aconselhados pela tua sinceridade firme e coerente. Quando eu tiver ido, pode ser que a tua franqueza te impeça de ter um bom relacionamento com os teus irmãos, tanto os antigos quanto os novos. Deves aprender que, mesmo a expressão de um bom pensamento, deve ser modulada de acordo com o status intelectual e o desenvolvimento espiritual do ouvinte. A sinceridade é muito útil na obra do Reino, quando se faz aliada à prudência do discernimento.

"Se quiseres aprender a trabalhar com os teus irmãos, poderás realizar coisas mais permanentes, entretanto, se saíres à procura daqueles que pensam como tu, dedica a tua vida a provar que o discípulo que sabe de Deus pode tornar-se um edificador do Reino, ainda que esteja só no mundo e totalmente isolado dos seus companheiros crentes. Sei que tu serás fiel até o fim, e algum dia eu dar-te-ei as boas-vindas, ao serviço engrandecido do meu Reino, no alto".

Então Natanael falou, fazendo esta pergunta a Jesus: "Tenho ouvido ao teu ensinamento desde a primeira vez que me chamaste para o serviço deste Reino, todavia, honestamente eu não posso compreender o significado pleno de tudo o que nos dizes. Não sei o que esperar em seguida, e penso que a maior parte dos meus irmãos está também perplexa, mas eles hesitam em confessar a sua confusão. Podes ajudar-me?" Jesus, colocando a sua mão no ombro de Natanael, disse: "Meu amigo, não é estranho que fiques perplexo na tentativa de captar o significado dos meus ensinamentos espirituais, já que és tão limitado pelos teus preconcebimentos da tradição judaica, e tão confundido pela tua tendência persistente de interpretar o meu evangelho de acordo com os ensinamentos dos escribas e dos fariseus.

"E muito te ensinei por meio da palavra pessoal, e passei a minha vida entre vós. Fiz tudo o que pode ser feito para esclarecer as vossas mentes e liberar as vossas almas, e o que tu não fostes capaz de apreender dos meus ensinamentos e da minha vida deveis preparar-te para agora adquirir das mãos deste mestre de todos os instrutores – a experiência factual. E eu te precederei em toda essa nova experiência que te aguarda, e o Espírito da Verdade estará contigo. Não temas; o que não conseguires compreender, o novo instrutor, quando vier, revelará a ti durante o resto da tua vida na Terra e durante a tua reeducação nas idades eternas".

E então o Mestre, voltando-se para todos eles, disse: "Não vos desanimeis porque deixastes de captar o significado pleno do evangelho. Vós sois apenas homens finitos, mortais, e aquilo que eu vos ensinei é infinito, divino e eterno. Sede pacientes e tende coragem, pois tendes as idades eternas diante de vós, e nelas podereis continuar a vossa realização da experiência progressiva, de tornar-vos perfeitos, como o vosso Pai no Paraíso é perfeito".

E então Jesus dirigiu-se para junto de Tomé, que, levantando-se, ouviu-o dizer: "Tomé, a fé tem faltado-te com freqüência; contudo, quando tiveste os teus momentos de dúvida, nunca a coragem te faltou. Eu sei muito bem que os falsos profetas e os instrutores espúrios não te enganarão. Depois que eu tiver ido, os teus irmãos irão apreciar mais o teu modo crítico de ver os ensinamentos novos. E, quando estiverem todos espalhados até os confins da Terra, nos tempos que virão, lembra-te de que ainda és meu embaixador. Dedica a tua vida à grande obra de mostrar como a crítica da mente material do homem pode triunfar sobre a inércia da dúvida intelectual, frente à demonstração da manifestação da verdade viva. Essa mesma verdade viva que atua na experiência dos homens e mulheres nascidos do espírito, e que produz os frutos do espírito nas vidas deles, fazendo-os amarem-se mutuamente, como eu vos tenho amado. Tomé, estou contente de que te tenhas unido a nós e sei que, após um curto período de perplexidade, continuarás no serviço do Reino. As tuas dúvidas têm deixado os teus irmãos perplexos, mas elas nunca perturbaram a mim. Tenho confiança em ti e preceder-te-ei mesmo nos confins da Terra".

Então o Mestre prosseguiu até onde estava Simão Pedro, que se levantou enquanto Jesus dirigia-se a ele: "Pedro, sei que me amas, e que dedicarás a vida à proclamação pública deste evangelho do Reino, tanto a judeus quanto a gentios, no entanto, fico angustiado com o fato de que os teus anos de contato tão íntimo comigo não te ajudaram a pensar mais, antes de falar. Por qual experiência deves passar antes de aprenderes a colocar uma vigilância nos próprios lábios? Quantos problemas não nos trouxeste com as tuas palavras impensadas e com a tua autoconfiança presunçosa! E tu estás destinado a trazer muito mais complicações ainda para ti mesmo, se não dominares essa fragilidade. Sabes que os teus irmãos te amam a despeito dessa fraqueza. E deverias também compreender que esse defeito, de nenhum modo, prejudica a minha afeição por ti, mas ele diminui a tua utilidade e não deixa de trazer complicações para ti. Mas irás sem dúvida receber uma grande ajuda da experiência que terás a partir mesmo desta noite. E o que eu agora te digo, Simão Pedro, do mesmo modo eu digo a todos os teus irmãos aqui reunidos: Nesta noite todos vós correreis um grande perigo de tropeçar por minha causa. Sabeis que está escrito: 'O pastor será golpeado, e as ovelhas dispersadas'. Quando eu estiver ausente, haverá um grande perigo de que alguns de vós sucumbais às dúvidas e tropeceis em vista daquilo que sobrevirá a mim. Mas eu prometo-vos agora que voltarei a vós por um breve momento, e que então eu estarei diante de vós na Galiléia".

Então Pedro disse, colocando a sua mão no ombro de Jesus: "Não importa que todos os meus irmãos sucumbam às dúvidas por tua causa, eu prometo que não tropeçarei em qualquer coisa que possas fazer. Irei contigo e, se for necessário, morrerei por ti".

Enquanto Pedro permanecia diante do seu Mestre, todo trêmulo, com a emoção intensa e transbordante de amor verdadeiro por ele, Jesus olhou diretamente dentro dos seus olhos molhados e disse: "Pedro, em verdade, em verdade, te digo que nesta noite o galo não cantará antes que tu me tenhas negado três ou quatro vezes. E, assim, o que não conseguiste aprender de uma ligação pacífica comigo, tu irás aprender por meio de muita complicação e muitos sofrimentos. E, depois que houveres realmente aprendido essa lição imprescindível, deverias fortalecer os teus irmãos e continuar levando uma vida dedicada a pregar este evangelho, embora possas ir para a prisão, e, talvez, seguir-me e pagar o preço supremo pelo serviço de amor na edificação do Reino do Pai.

"Mas lembra-te da minha promessa: Quando eu ressuscitar, permanecerei convosco algum tempo antes de ir para o Pai. E, nessa mesma noite, eu farei uma súplica ao Pai para que fortaleça cada um de vós para aquilo por que devereis agora tão em breve passar. Eu vos amo a todos, com o amor com que o Pai me ama e, portanto, deveríeis doravante amar-vos uns aos outros como eu vos amei."

E por fim, depois de cantarem um hino, eles partiram para o acampamento no monte das Oliveiras.

DOCUMENTO 182

NO GETSÊMANE

ERAM por volta das dez horas dessa quinta-feira quando Jesus conduziu os onze apóstolos saindo da casa de Elias e Maria Marcos, pelo caminho de volta ao acampamento do Getsêmani. Desde aquele dia nas colinas, João Marcos tomara como seu o dever de manter Jesus sempre à vista. João, quando estava precisando dormir, havia conseguido várias horas de descanso durante o intervalo em que o Mestre esteve com os seus apóstolos na sala superior, mas, ao ouvi-los descendo para o andar debaixo, ele levantou-se e, jogando rapidamente sobre si um manto de linho, seguiu-os pela cidade, passando pelo riacho Cedrom, e prosseguindo até o seu acampamento particular, adjacente ao parque do Getsêmani. E João Marcos permaneceu tão perto do Mestre durante essa noite e no dia seguinte, que testemunhou tudo e ouviu grande parte do que o Mestre disse, desde esse momento até a hora da crucificação.

Enquanto Jesus e os onze encontravam-se no caminho de volta ao acampamento, os apóstolos começaram a perguntar-se sobre o significado da ausência prolongada de Judas, e falavam uns com os outros sobre a predição do Mestre de que um deles o trairia e, pela primeira vez, suspeitaram de que nem tudo estava bem com Judas Iscariotes. No entanto, não fizeram nenhum comentário aberto sobre Judas, até que chegaram ao acampamento e observaram que ele não estava lá, à espera para recebê-los. E então todos eles cercaram André para saber o que tinha acontecido a Judas; o dirigente deles apenas observou: "Eu não sei onde Judas está, mas temo que ele nos tenha desertado".

1. A ÚLTIMA PRECE DO GRUPO

Poucos momentos depois de chegarem ao acampamento, Jesus disse-lhes: "Meus amigos e irmãos, o tempo que me resta para passar convosco é muito curto, e o meu desejo é que nos isolemos enquanto oramos ao nosso Pai no céu pedindo força para sustentar-nos, nesta hora e daqui por diante, em todo o trabalho que devemos fazer em Seu nome".

Depois de falar assim, ele seguiu pelo caminho até uma curta distância, subindo o monte das Oliveiras, onde havia uma vista plena de Jerusalém, e pediu-lhes que se ajoelhassem sobre uma rocha grande e espalhada, em volta dele, em um círculo, como haviam feito no dia da ordenação; e, então, enquanto permanecia ali, glorificado no meio deles, sob a luz suave da lua, Jesus levantou os olhos aos céus e orou:

"Pai, é chegada a minha hora; glorifica agora o Teu Filho, para que o Filho possa glorificar-Te. Sei que me deste a autoridade plena sobre todas as criaturas vivas no meu Reino, e eu darei a vida eterna a todos que se tornarem filhos de Deus pela fé. E a vida eterna é que as minhas criaturas Te conheçam como o único Deus verdadeiro e Pai de todos, e que elas acreditem naquele a quem Tu enviaste ao mundo. Pai, eu exaltei-Te na Terra e realizei o trabalho que Tu me deste para fazer. Eu já quase terminei as minhas auto-outorgas junto aos filhos da nossa própria criação; resta-me apenas deixar a minha vida na carne. E agora, ó Pai, glorifica-me com a glória que eu possuía Contigo antes da existência deste mundo e recebe-me uma vez mais à Tua mão direita.

"Eu tenho Te manifestado, Pai, aos homens que escolheste no mundo e me deste. Eles são Teus – como toda vida está nas Tuas mãos – e Tu os deste a mim; e eu vivi entre eles ensinando-lhes o caminho da vida, e eles creram. Esses homens estão aprendendo que tudo o que tenho vem de Ti; e que a vida que vivo na carne é para tornar meu Pai conhecido aos mundos. A verdade que Tu me deste, eu a revelei a eles. E eles, amigos e embaixadores meus, sinceramente dispuseram-se a receber a Tua palavra. Eu disse-lhes que saí de Ti, que Tu me enviaste a este mundo, e que estou na iminência de voltar para Ti. Pai, oro por esses homens escolhidos. E oro para eles, não como oraria pelo mundo, mas como oro por aqueles a quem eu escolhi neste mundo para representar-me, depois que eu houver retornado à Tua obra, como eu mesmo representei-Te neste mundo durante a minha permanência na carne. Esses homens são meus; Tu os deste a mim; todas as coisas que são minhas, todavia, são sempre Tuas, e tudo que era Teu, Tu agora tornaste meu. Tu foste exaltado em mim, agora eu oro para que possa ser honrado nesses homens. Não mais posso ficar neste mundo; estou na iminência de voltar à obra que Tu me entregaste para eu fazer. E devo deixar esses homens aqui para representar-nos e ao nosso Reino entre os homens. Pai, mantém esses homens fiéis, enquanto eu me preparo para deixar esta vida na carne. Ajuda esses amigos meus a serem um em espírito, como somos Um. Enquanto pude estar com eles, cuidei deles e guiei-os, mas agora estou para ir embora. Fica junto a eles, Pai, até que possamos enviar o novo instrutor para confortá-los e fortalecê-los.

"Tu me deste doze homens e os mantive todos, menos um, o filho da vingança, que não quis mais permanecer na nossa fraternidade. Esses homens são fracos e frágeis, mas sei, podemos confiar neles; já os pus à prova, e eles me amam, tanto quanto Te reverenciam. Embora devam sofrer bastante por minha causa, desejo que fiquem cheios pelo júbilo da segurança da filiação ao Reino celeste. A esses homens passei a Tua palavra e ensinei-lhes a verdade. O mundo pode odiá-los, como me odiou, mas não Te peço que os tire do mundo; apenas que os proteja do mal no mundo. Santifica-os na verdade; a Tua palavra é a verdade. E, como me enviaste a este mundo, do mesmo modo estou enviando esses homens ao mundo. Com eles vivi, entre os homens, e consagrei minha vida ao Teu serviço, para que pudesse inspirá-los a ser purificados por meio da verdade que lhes ensinei e por meio do amor que lhes revelei. Bem sei, meu Pai, nem há necessidade de pedir-Te que cuide desses irmãos depois que eu for embora, sei que Tu os amas como eu; mas faço isso para que possam compreender melhor que o Pai ama os homens mortais tanto quanto o Filho os ama.

"E agora, meu Pai, gostaria de fazer uma prece não apenas por esses onze homens, mas também por todos os outros que agora crêem, ou que podem, de agora em diante, vir a crer no evangelho do Reino por meio da palavra futura da Tua ministração. Quero que sejam um, como Tu e eu somos Um. Estás em mim e estou em Ti, e desejo a esses crentes do mesmo modo que estejam em Nós; que os nossos Espíritos, ambos, residam neles. Se os meus filhos forem um, como nós somos Um, se eles se amarem uns aos outros como os tenho amado, então, todos os homens crerão que vim de Ti e ficarão dispostos a receber a revelação da verdade e glória que eu tive. A glória que Tu me deste, eu revelei a esses crentes. Como Tu viveste comigo em espírito, também vivi com eles na carne. Como Tu tens sido Um comigo, também eu tenho sido um com eles; e do mesmo modo o fará o novo instrutor que será sempre um com eles e neles. E tudo isso fiz para que meus irmãos na carne possam saber que o Pai os ama como o Filho os ama, e que Tu os amas como amas a mim. Pai, trabalha comigo para salvar esses crentes, para que eles possam, muito em breve, vir a estar comigo na glória e, então, continuarem até juntarem-se a Ti no abraço do Paraíso. Aqueles que servem comigo na humilhação, eu gostaria de tê-los comigo na glória, de modo que eles possam ver tudo o que Tu colocaste nas minhas mãos como colheita eterna da semente do tempo, à semelhança da carne mortal. Eu aspiro a mostrar aos meus irmãos terrenos a glória que eu tinha Contigo antes do começo deste mundo. Este mundo conhece pouquíssimo de Ti, Pai virtuoso, mas eu Te conheço, e eu tornei-Te conhecido para esses crentes, e eles farão o Teu nome conhecido para outras gerações. E agora eu prometo a eles que Tu estarás com eles no mundo, como Tu estiveste comigo – e que assim seja".

Os onze permaneceram ajoelhados nesse círculo em volta de Jesus por vários minutos antes de levantarem-se e, em silêncio, tomarem o caminho de volta para o acampamento próximo.

Jesus orou pela *unidade* entre os seus seguidores, mas ele não desejava a uniformidade. O pecado gera um nível morto de inércia maligna, mas a retidão nutre o espírito criativo da experiência individual nas realidades vivas da verdade eterna e na comunhão progressiva dos espíritos divinos do Pai e do Filho. Na fraternidade espiritual do filho crente com o Pai divino, nunca pode haver intenção com finalidade doutrinária nem consciência sectária de superioridade grupal.

O Mestre, durante o andamento dessa prece final com os seus apóstolos, aludiu ao fato de que ele tinha manifestado o *nome* do Pai para o mundo. E isso foi verdadeiramente o que ele fez para a revelação de Deus, por meio da sua vida perfeita na carne. O Pai no céu havia procurado revelar-Se a Moisés, mas Ele não pôde ir mais longe do que fazer com que fosse dito: "EU SOU". E, quando foi pedido que fizesse mais revelações de Si mesmo, ficou apenas revelado: "EU SOU AQUELE QUE SOU". Mas, quando Jesus terminou a sua vida na Terra, esse nome do Pai havia sido revelado de um modo tal que o Mestre, que era o Pai encarnado, podia dizer em verdade:

Eu sou o pão da vida.

Eu sou a água viva.

Eu sou a luz do mundo.

Eu sou o desejo de todos os tempos.

Eu sou a porta aberta para a salvação eterna.

Eu sou a realidade da vida perpétua.

Eu sou o bom pastor.

Eu sou o caminho da perfeição infinita.

Eu sou a ressurreição e a vida.

Eu sou o segredo da sobrevivência eterna.

Eu sou o caminho, a verdade e a vida.

Eu sou o Pai infinito dos meus filhos finitos.

Eu sou a verdadeira videira; vós sois os ramos.

Eu sou a esperança de todos que conhecem a verdade viva.

Eu sou a ponte viva de um mundo para outro.

Eu sou o elo vivo entre o tempo e a eternidade.

Assim, Jesus ampliou para todas as gerações a revelação viva do nome de Deus. Do mesmo modo que o amor divino revela a natureza de Deus, a verdade eterna desvela o seu nome em proporções sempre crescentes.

2. A ÚLTIMA HORA ANTES DA TRAIÇÃO

Os apóstolos ficaram muito chocados quando voltaram para o acampamento e perceberam a ausência de Judas. Enquanto os onze se encontravam empenhados em uma discussão calorosa sobre o companheiro deles, o apóstolo traidor, Davi Zebedeu e João Marcos levaram Jesus para um lado e revelaram que eles o haviam mantido sob observação por vários dias, e que eles sabiam que ele tinha a intenção de traí-lo, entregando-o nas mãos dos seus inimigos. Jesus ouviu-os e apenas disse: "Meus amigos, nada pode acontecer ao Filho do Homem a menos que seja a vontade do Pai no céu. Que os vossos corações não se perturbem; todas as coisas atuarão juntas para a glória de Deus e para a salvação dos homens".

A atitude cheia de ânimo de Jesus alterava-se. Com o passar das horas, ele foi ficando mais e mais circunspecto, triste mesmo. Os apóstolos encontravam-se bastante agitados e revelavam-se avessos a retornar para as suas tendas, ainda que o próprio Mestre pedisse-lhes que fizessem isso. Voltando da sua caminhada com Davi e João, ele dirigiu as suas últimas palavras a todos os onze, dizendo: "Meus amigos, ide descansar. Preparai-vos para o trabalho de amanhã. Lembrai-vos de que devemos todos submeter-nos à vontade do Pai no céu. Deixo a minha paz convosco". E, tendo dito isso, fez um gesto para que eles fossem para as suas tendas, mas, no momento em que estavam saindo, chamou Pedro, Tiago e João, e disse-lhes: "Desejo que fiqueis comigo um pouco mais".

E, porque estivessem literalmente exaustos, os apóstolos pegaram no sono; desde a chegada deles de Jerusalém, simplesmente não haviam dormido suficientemente. Antes que fossem para os seus alojamentos, Simão zelote levou-os até a sua tenda, onde estocava as espadas e outras armas, e proveu a cada um deles com o equipamento de luta. Exceto Natanael, todos receberam as armas e guarneceram-se com elas. Natanael, ao recusar-se a se armar, disse: "Meus irmãos, o Mestre nos disse repetidas vezes que o seu Reino não é deste mundo, e que os seus discípulos não deveriam lutar com espadas para estabelecê-lo. Eu acredito nisso; não penso que o Mestre necessite de que empreguemos espadas para defendê-lo. Todos vimos já a força do seu poder e sabemos que poderia defender-se contra os seus inimigos se ele assim o desejasse. Se ele não oferece resistência aos seus inimigos, deve ser porque esse procedimento representa a sua tentativa de cumprir a vontade do seu Pai. Eu farei preces, mas não brandirei uma espada". Quando André ouviu o que Natanael disse, entregou de volta a sua espada a Simão zelote. E assim nove dentre eles continuaram armados quando se separaram naquela noite.

O ressentimento pelo fato de Judas ser um traidor, naquele momento, eclipsou tudo o mais nas mentes dos apóstolos. O comentário do Mestre em relação a Judas, dito durante a última oração, havia-lhes aberto os olhos para a realidade de que ele já os havia abandonado.

Após oito dos apóstolos terem finalmente voltado para as suas tendas e, enquanto Pedro, Tiago e João esperavam para receber as ordens do Mestre, Jesus disse a Davi Zebedeu: "Envia-me o seu mensageiro mais veloz e confiável". Quando Davi trouxe ao Mestre um certo Jacó, que havia sido mensageiro no serviço noturno, entre Jerusalém e Betsaida, Jesus, dirigindo-se a ele, disse: "Vai a Abner na Filadélfia, com toda a tua rapidez, e diz-lhe: 'O Mestre envia-vos saudações de paz e diz que a hora é chegada em que ele será entregue nas mãos dos seus inimigos, que o levarão à morte, mas que ele ressuscitará dos mortos e aparecerá a vós, durante pouco tempo, antes de ir para o Pai; e então dará as orientações para a época em que o novo instrutor vier para residir nos vossos corações'". E, quando Jacó repetiu essa mensagem até que o Mestre se desse por satisfeito, Jesus colocou-o a caminho, dizendo: "Não temas o que algum homem possa fazer a ti, Jacó, pois nessa noite um mensageiro invisível correrá ao seu lado".

DOCUMENTO 182: SEÇÃO 2

Então Jesus voltou-se para o dirigente dos gregos visitantes, acampados com eles, e disse: "Meu irmão, não te perturbes com o que está para acontecer, pois disso eu já te preveni. O Filho do Homem será levado à morte, sob a instigação dos seus inimigos, o dirigente dos sacerdotes e os dirigentes dos judeus, mas eu ressuscitarei para estar convosco durante um curto espaço de tempo antes de ir para o Pai. E, quando tu tiveres visto tudo isso acontecer, glorifica a Deus e dá forças aos teus irmãos".

Em circunstâncias comuns os apóstolos teriam dado ao Mestre um boa-noite pessoal, mas nessa noite eles estavam tão preocupados com o acontecimento súbito da deserção de Judas e tão aturdidos com a natureza inusitada da oração de despedida do Mestre, que ouviram a sua saudação de despedida e foram embora em silêncio.

E, nessa noite, quando André saía de perto de Jesus, este lhe disse o seguinte: "André, faz o que puder para manter juntos os teus irmãos até que eu volte novamente para vós, depois que eu tiver bebido deste cálice. Dá força aos teus irmãos, considerando que a ti eu já disse tudo. A paz esteja contigo".

Nenhum dos apóstolos esperava que algo fora do ordinário acontecesse naquela noite, posto que já era muito tarde. Eles tentaram dormir a fim de levantarem cedo de manhã e ficarem preparados para o pior. Pensavam que o dirigente dos sacerdotes buscaria apreender o seu Mestre cedo pela manhã, já que nenhum trabalho secular jamais era feito após o meio do Dia da Preparação da Páscoa. Apenas Davi Zebedeu e João Marcos entenderam que os inimigos de Jesus viriam com Judas e naquela mesma noite.

Davi havia arranjado para montar a guarda, naquela noite, na trilha superior que levava à estrada Betânia-Jerusalém, enquanto João Marcos devia vigiar a estrada que seguia pelo Cedrom ao Getsêmani. Antes de Davi ir para cumprir a sua tarefa auto-imposta de sentinela avançada, ele despediu-se de Jesus, dizendo: "Mestre, eu tive um grande júbilo no meu serviço contigo. Os meus irmãos são teus apóstolos, mas eu tive prazer em cuidar das coisas menores que deveriam ser feitas, e sentirei a tua falta de todo o meu coração quando tu te fores". E então disse Jesus a Davi: "Davi, meu filho, outros fizeram aquilo que lhes foi mandado que fizessem, mas o teu serviço tu fizeste do teu próprio coração e eu não estive desatento à tua devoção. Tu, também, servirás comigo no Reino eterno".

E então, enquanto se preparava para ir vigiar na trilha de cima, Davi disse a Jesus: "Sabes, Mestre, eu mandei buscar a tua família, e recebi de um mensageiro a informação de que eles se encontram em Jericó esta noite. Eles estarão aqui amanhã antes do meio-dia, já que seria arriscado para eles virem à noite pela estrada perigosa". E Jesus, abaixando o olhar até Davi, apenas disse: "Que assim seja, Davi".

Enquanto Davi subia pelo monte das Oliveiras, João Marcos foi para o seu posto de vigia perto da estrada que ia pelo rio até Jerusalém. E João teria permanecido nesse posto, não fosse o seu grande desejo de manter-se perto de Jesus e saber o que acontecia. Pouco depois de Davi tê-lo deixado, e ao observar Jesus retirar-se com Pedro, Tiago e João, até uma ravina próxima, João Marcos esteve tão dominado por uma combinação de devoção e curiosidade que abandonou o seu posto de sentinela e seguiu-os, escondendo-se atrás dos arbustos, e. desse lugar, ele viu e ouviu tudo o que se passou durante esses últimos momentos no jardim e pouco antes de chegarem Judas e os guardas armados para prender Jesus.

No momento em que tudo isso acontecia no acampamento do Mestre, Judas Iscariotes estava conversando com o capitão dos guardas do templo, que tinha reunido os seus homens em preparação para partir, sob a liderança do traidor, a fim de prender Jesus.

3. A SÓS NO GETSÊMANE

Depois, quando tudo estava calmo e silencioso no acampamento, Jesus, levando Pedro, Tiago e João, andou um pouco até uma ravina próxima onde, antes, freqüentemente ele ia para orar e comungar. Os três apóstolos não puderam deixar de reconhecer que estavam dolorosamente oprimidos; nunca antes eles haviam visto o seu Mestre tão abatido e triste. Quando chegaram ao local das suas devoções, ele pediu aos três que se assentassem e que vigiassem com ele, enquanto retirava-se ali por perto para uma prece. E, jogando-se com o rosto contra o chão, ele orou: "Meu Pai, eu vim a este mundo para fazer a Tua vontade, e assim eu o fiz. Sei que a hora chegou de abandonar esta vida na carne, e eu não estou recuando perante isso; mas eu gostaria de saber se é da Tua vontade que eu beba deste cálice. Envia a mim a certeza de que eu Te contentarei com a minha morte, como eu assim fiz na minha vida".

O Mestre permaneceu em atitude de prece durante alguns momentos, e então, voltando para junto dos três apóstolos, ele os encontrou em profundo sono, pois, de olhos tão pesados, eles não conseguiram manter-se despertos. Ao acordá-los, Jesus disse: "O quê! Não podeis vigiar comigo nem mesmo por uma hora? Não conseguistes ver que a minha alma está excessivamente triste, até à morte, e que eu preciso da vossa companhia?" Depois que os três despertaram-se do seu sono, o Mestre novamente separou-se deles e, jogando-se ao chão, fez uma outra prece: "Pai, sei que é possível evitar este cálice – todas as coisas são possíveis para Ti –, mas eu vim para cumprir a Tua vontade e, embora este seja um cálice amargo, eu gostaria de beber dele se essa for a Tua vontade". E, assim, quando terminou a sua prece, um anjo poderoso desceu até o seu lado e, falando a ele, tocou nele transmitindo-lhe força.

Quando voltou para falar com os três apóstolos, novamente Jesus os encontrou em profundo sono. Despertando-os, Jesus disse: "Numa hora como esta eu preciso de que vós vigieis e oreis comigo – e vós necessitais muito das preces para não cairdes em tentação – e por que adormeceis quando eu vos deixo?"

E então, por uma terceira vez, o Mestre retirou-se e orou: "Pai, podes ver os meus apóstolos adormecidos; tem misericórdia deles. O espírito está realmente disposto, mas a carne é fraca. E agora, ó Pai, se este cálice não pode ser afastado, então eu gostaria de beber dele. Não a minha vontade, mas a Tua seja feita". E, ao concluir a sua prece, Jesus ficou prostrado por um momento no chão. Quando se levantou, foi de volta até os seus apóstolos e, uma vez mais, encontrou-os adormecidos. Ele observou-os e, com um gesto de piedade, disse ternamente: "Agora, podeis dormir e descansar; a hora da decisão já passou. O momento agora é chegado, em que o Filho do Homem será traído e colocado nas mãos dos seus inimigos". E, quando ele abaixou-se para sacudi-los a fim de acordá-los, disse: "Levantai, vamos de volta ao acampamento, pois eis que aquele que me trai está por perto; e a hora é chegada em que o meu rebanho será dispersado. Mas eu já vos preveni sobre essas coisas".

Durante os anos em que Jesus viveu entre os seus seguidores, eles obtiveram, verdadeiramente, muitas evidências da sua natureza divina, mas agora, exatamente, estão na iminência de testemunhar evidências novas da sua humanidade. Pouco antes da maior de todas as revelações da divindade de Jesus, a sua ressurreição, as grandes provas da sua natureza mortal deverão acontecer: a sua humilhação e crucificação.

A cada vez que ele fazia uma prece no jardim, a sua humanidade agarrava-se à sua divindade com a mão sempre mais forte da fé; a sua vontade humana tornava-se mais completamente una com a vontade divina do seu Pai. Entre outras palavras ditas a ele, pelo poderoso anjo, estava a mensagem de que o Pai desejava que o seu Filho terminasse a sua auto-outorga terrena, passando pela experiência que a criatura tem da morte, exatamente como todas as criaturas mortais devem experimentar a dissolução material passando da existência no tempo para a progressão da eternidade.

Mais cedo, naquela noite, não teria parecido tão difícil beber do cálice, mas à medida que o Jesus humano despedia-se dos seus apóstolos e enviava-os para o seu descanso, a provação ficava mais terrível. Jesus então experimentou o fluxo e o refluxo naturais de sentimentos comuns a todos os humanos experimentar, e exatamente agora quando se encontrava cansado do trabalho, exausto das longas horas de labor extenuante e dolorosa ansiedade pela segurança dos seus apóstolos. Se bem que nenhum mortal possa presumir compreender os pensamentos e os sentimentos do Filho de Deus encarnado, em um momento assim, sabemos que ele provou uma grande angústia e passou por tristezas inenarráveis, pois a transpiração rolava do seu rosto em grandes gotas. Afinal, ele estava convencido de que o Pai tinha a intenção de permitir que os acontecimentos tivessem um decorrer natural; ele estava plenamente determinado a não empregar nenhum dos seus poderes de soberano, como supremo dirigente de um universo, para salvar a si próprio.

As hostes reunidas, de uma imensa criação, pairavam sobre essa cena sob o comando transitório conjunto de Gabriel e do Ajustador Personalizado de Jesus. Os comandantes de divisão desses exércitos celestes haviam sido prevenidos reiteradamente para não interferir nessas transações na Terra, a menos que o próprio Jesus lhes ordenasse intervir.

A experiência da sua separação dos apóstolos exerceu uma grande tensão sobre o coração humano de Jesus; essa tristeza de amor abateu-o e tornou mais difícil enfrentar a morte, que o esperava, ele sabia. Compreendeu quão fracos e ignorantes eram os seus apóstolos, e temeu abandoná-los. Ele bem sabia que o momento da sua partida havia chegado, mas o seu coração humano aspirava saber se acaso não poderia haver alguma forma legítima de escapar dessa terrível situação de sofrimento e de tristeza. Quando o seu coração havia buscado escapar, sem conseguir, ele ficou disposto a beber do cálice. A mente divina de Michael sabia que ele tinha dado o melhor de si pelos doze apóstolos; mas o coração humano de Jesus desejava que fosse feito mais por eles antes que fossem abandonados no mundo. O coração de Jesus estava sendo destroçado; ele verdadeiramente amava os seus irmãos. Ele encontrava-se isolado da sua família na carne; um dos seus companheiros estava traindo-o. O povo do seu pai José havia rejeitado-o e, com isso, selava o seu próprio destino, de povo com uma missão especial na Terra. A sua alma estava torturada pelo amor baldado e pela misericórdia rejeitada. Era exatamente um desses momentos humanos terríveis em que tudo parecia desabar em uma crueldade esmagadora e em uma agonia aterradora.

A humanidade de Jesus não era insensível a essa situação de solidão pessoal, de vergonha pública e aparência de fracasso para a sua causa. Todos esses sentimentos pesavam sobre ele como uma carga de peso indescritível. Nessa grande tristeza, a sua mente voltou aos dias da sua infância em Nazaré e ao seu trabalho inicial na Galiléia. Nesse momento de grande provação, muitas daquelas cenas agradáveis do seu ministério terreno vieram à sua mente. E foi com essas velhas memórias de Nazaré, de Cafarnaum, do monte Hermom e do alvorecer e do pôr-do-sol no resplandecente mar da Galiléia, que ele conseguiu acalmar-se, fazendo o seu coração humano ficar mais fortalecido e pronto para ir ao encontro do traidor que dentro em pouco iria atraiçoá-lo.

Antes da chegada de Judas e dos soldados, o Mestre já havia recuperado o seu equilíbrio costumeiro; o espírito havia triunfado sobre a carne; e a fé havia-se afirmado acima de todas as tendências humanas de temer ou de nutrir dúvidas. A provação suprema da compreensão plena da natureza humana havia sido enfrentada e superada de modo aceitável. Uma vez mais o Filho do Homem encontrava-se preparado para enfrentar os seus inimigos com equanimidade e segurança plena da sua invencibilidade, como um homem mortal dedicado, sem reservas, a fazer a vontade do Pai.

DOCUMENTO 183

A TRAIÇÃO A JESUS E A SUA PRISÃO

DEPOIS de haver acordado Pedro, Tiago e João, definitivamente, Jesus sugeriu que eles fossem para as suas tendas e que tentassem dormir a fim de preparar-se para os deveres do dia seguinte. Contudo, desta vez os três apóstolos estavam bem acordados; ficaram renovados com aqueles cochilos curtos e, além disso, viam-se estimulados e despertados pela entrada em cena de dois mensageiros agitados a perguntarem por Davi Zebedeu e saírem rapidamente à procura dele, tão logo Pedro informou-lhes que ele estava de guarda.

Embora oito dos apóstolos estivessem profundamente adormecidos, os gregos que se encontravam acampados perto deles estavam bastante temerosos de que ocorressem encrencas, tanto assim que colocaram uma sentinela para dar-lhes alarme em caso de perigo. Quando os dois mensageiros apressados chegaram ao acampamento, a sentinela grega começou a acordar todos os seus amigos compatriotas, os quais saíram correndo para fora das suas tendas, já totalmente vestidos e armados. Todo o acampamento estava agora de pé, exceto os oito apóstolos. Pedro desejava chamar os seus companheiros, mas Jesus proibiu-o definitivamente. O Mestre exortou-os com brandura a voltarem para as suas tendas, mas eles mantinham-se relutantes em aquiescer à sua sugestão.

Não tendo conseguido dispersar os seus seguidores, o Mestre deixou-os e caminhou descendo até a prensa de azeite perto da entrada do parque do Getsêmani. Embora os três apóstolos, os gregos e os outros membros do acampamento hesitassem em segui-lo imediatamente, João Marcos apressou-se a contornar as oliveiras e ocultou-se em um pequeno abrigo perto da prensa. Jesus havia-se afastado do acampamento e dos seus amigos para que aqueles que o viessem buscar, ao chegarem, pudessem prendê-lo sem perturbar os seus apóstolos. O Mestre temia que, despertados, os apóstolos estivessem presentes no momento da sua prisão e que, assim, o espetáculo da traição de Judas pudesse provocar a animosidade deles, levando-os a oferecer resistência diante dos soldados e que então fossem levados em custódia junto com ele. Ele temia que, se fossem presos junto com ele, pudessem também perecer.

Embora Jesus soubesse que o plano para a sua morte tenha tido a sua origem nos conselhos dos governantes dos judeus, ele era também sabedor de que todos esses esquemas nefandos tinham a aprovação plena de Lúcifer, Satã e Caligástia. E ele bem sabia que esses rebeldes dos reinos também se comprazeriam de ver os apóstolos destruídos junto com ele.

Jesus sentou-se, solitário, na prensa de olivas, onde esperou a vinda do traidor e, nesse momento, apenas João Marcos e uma hoste inumerável de observadores celestes podiam vê-lo.

1. A VONTADE DO PAI

Existe um grande perigo de se interpretar mal os significados de numerosas coisas que hajam sido ditas e os acontecimentos relacionados com o término da carreira do Mestre na carne. O tratamento cruel dado a Jesus pelos servos ignorantes e pelos soldados insensíveis, a conduta injusta do seu julgamento e a atitude insensível dos professos líderes religiosos não devem ser confundidos com o fato de que Jesus, submetendo-se pacientemente a todo esse sofrimento e humilhação, estivesse verdadeiramente cumprindo o desejo do Pai, no Paraíso. De fato e de verdade, era a vontade do Pai que o seu Filho bebesse o cálice inteiro da experiência mortal, do nascimento à morte, mas o Pai no céu não teve absolutamente nenhuma contribuição em provocar o comportamento bárbaro dos seres humanos, supostamente civilizados, que tão brutalmente torturaram o Mestre e que tão horrivelmente acumularam indignidades sucessivas sobre a sua pessoa, a qual não opunha a menor resistência. Aquelas experiências desumanas e chocantes, que Jesus foi levado a suportar, nas horas finais da sua vida mortal, não eram, de modo algum, parte da vontade divina do Pai; vontade esta que a natureza humana de Jesus comprometera-se, de uma maneira tão triunfante, a cumprir, na época da rendição final do homem a Deus, como indicado nas três preces que ele formulou no jardim enquanto os seus apóstolos cansados entregavam-se ao sono da exaustão física.

O Pai no céu desejava que o Filho auto-outorgado terminasse a sua carreira na Terra *naturalmente*, da maneira exata que todos os mortais devem terminar as suas vidas na Terra e na carne. Os homens e mulheres comuns não podem esperar ter as suas últimas horas na Terra, bem como o acontecimento subseqüente da morte, facilitado por uma dispensação especial. Desse modo, Jesus escolheu abandonar a sua vida na carne da maneira que estivesse de acordo com o decorrer natural dos acontecimentos; e ele escolheu recusar terminantemente a livrar-se das garras cruéis de uma perversa conspiração de acontecimentos desumanos que o arrastaram, com uma certeza horrível, até uma humilhação inacreditável e uma morte ignominiosa. E cada detalhe de toda essa assombrosa manifestação de ódio e dessa demonstração sem precedentes de crueldade foi obra de homens maliciosos e de mortais perversos. A vontade de Deus no céu não era essa, nem os arquiinimigos de Jesus ditaram os acontecimentos, embora eles muito tivessem feito para assegurar que os mortais impensados e perversos rejeitassem, desse modo, o Filho na sua doação de auto-outorga. Até mesmo o pai do pecado desviou o rosto do horror do martírio da crucificação.

2. JUDAS NA CIDADE

Depois de abandonar tão abruptamente a mesa enquanto partilhava da Última Ceia, Judas dirigiu-se imediatamente à casa do seu primo e, então, os dois foram diretamente até o capitão da guarda do templo. Judas pediu ao capitão que reunisse os guardas e informou-lhe que estava pronto para levá-los a Jesus. Como Judas havia surgido em cena um pouco antes do esperado, houve alguma demora em partir para a casa de Marcos, onde Judas esperava encontrar Jesus ainda em reunião com os apóstolos. O Mestre e os onze deixaram a casa de Elias Marcos ao menos quinze minutos antes da chegada do traidor e dos guardas. No momento em que os captores chegaram à casa de Marcos, Jesus e os onze já estavam fora dos muros da cidade e a caminho do acampamento do monte das Oliveiras.

Judas ficou muito perturbado com o esse malogro, de não encontrar Jesus na residência de Marcos e em companhia dos onze homens, dos quais apenas dois estavam armados para resistir. Ele soube por casualidade que, na tarde em que eles haviam deixado o acampamento, apenas Simão Pedro e Simão zelote estavam guarnecidos pelas suas espadas; Judas esperava prender Jesus quando a cidade estivesse tranqüila, e quando então houvesse poucas possibilidades de resistência. O traidor temia que, caso esperasse que eles voltassem ao acampamento, mais de sessenta discípulos devotados teriam de ser enfrentados; ele sabia também que Simão zelote estava de posse de um estoque amplo de armas. Judas ficava cada vez mais nervoso ao imaginar como os onze apóstolos leais iriam detestá-lo, e temia que todos eles buscassem destruí-lo. Ele não apenas era desleal, mas possuía realmente um coração covarde.

Quando não logrou encontrar Jesus na sala superior, Judas pediu ao capitão da guarda para que retornassem ao templo. Enquanto isso os dirigentes tinham começado a reunir-se na casa do sumo sacerdote, em preparativos para receber Jesus, posto que a sua barganha com o traidor demandava a prisão de Jesus por volta da meia-noite daquele dia. Judas explicou aos seus cúmplices que, não havendo encontrado Jesus na casa de Marcos, seria necessário que fossem ao Getsêmani para prendê-lo. O traidor então afirmou que mais de sessenta seguidores devotados encontravam-se acampados com ele, e que estavam todos bem armados. Os dirigentes dos judeus lembraram a Judas que Jesus havia sempre pregado a não-resistência, mas Judas respondeu que eles não poderiam contar com todos os seguidores de Jesus para obedecer a esse ensinamento. Ele realmente temia por si próprio e por isso ousou pedir uma companhia de quarenta soldados armados. Posto que as autoridades judaicas não possuíam tal força de homens armados, sob a sua jurisdição, eles foram imediatamente à fortaleza de Antônia e solicitaram ao comandante romano que lhes fornecesse essa guarda; este, porém, quando soube que o objetivo era prender Jesus, recusou-se prontamente a aceder a tal pedido e remeteu-os ao seu oficial superior. Desse modo mais de uma hora foi gasta em ir de uma autoridade à outra, até que, finalmente, foram obrigados a ir ao próprio Pilatos a fim de obter a permissão para utilizar os guardas romanos armados. Era tarde quando chegaram à casa de Pilatos; e ele havia já se recolhido aos seus aposentos particulares com a esposa. Ele hesitava em ter qualquer coisa a ver com essa empreitada, e, mais ainda, por sua esposa haver pedido a ele que não atendesse a um tal pedido. Todavia, como o presidente do sinédrio judeu encontrava-se presente fazendo um pedido pessoal para ter essa ajuda, o governador julgou ser sábio conceder o que estava sendo pedido, pensando que fosse possível mais tarde emendar qualquer injustiça que eles pudessem estar dispostos a cometer.

E assim, quando Judas Iscariotes saiu do templo, por volta de onze e meia da noite, ele achava-se acompanhado por mais de sessenta pessoas – guardas do templo, soldados romanos e servos curiosos dos sacerdotes e dos dirigentes principais.

3. A PRISÃO DO MESTRE

Quando essa companhia de soldados e de guardas armados, levando tochas e lanternas, aproximou-se do jardim, Judas adiantou-se e colocou-se à frente de todos a fim de imediatamente identificar Jesus, de modo que os captores pudessem com facilidade colocar as mãos nele antes que os seus companheiros conseguissem acorrer em sua defesa. E havia ainda uma outra razão para que Judas escolhesse estar à frente dos inimigos do Mestre: pensou que poderia deixar transparecer que ele houvesse chegado ao local antes dos soldados, de modo que os apóstolos, e todos os outros que se reuniam em torno de Jesus, não fossem ligá-lo diretamente à presença dos guardas armados que seguiam tão de perto os seus passos. Judas chegara mesmo a pensar em posar como tendo apressado-se para avisá-los da aproximação dos captores; esse plano, contudo, foi frustrado pela saudação sombria de Jesus ao traidor. Embora o Mestre haja usado de amabilidade para falar a Judas, ele saudou-o como a um traidor.

Pedro, Tiago e João e, ainda, uns trinta dos seus companheiros de acampamento tão logo viram a companhia armada e com tochas contornando o topo das colinas, logo souberam que esses soldados vinham para prender Jesus; e todos eles correram para baixo até perto da prensa de olivas onde o Mestre estava sentado em solidão, sob a luz da lua. À medida que a companhia aproximava-se de um lado, os três apóstolos e os seus companheiros vinham do outro lado. E, enquanto Judas adiantava-se a passos largos para abordar o Mestre, os dois grupos lá ficaram, imóveis, com o Mestre entre eles e Judas preparando-se para estampar o beijo traidor na fronte de Jesus.

A esperança do traidor era de que pudesse, após conduzir os guardas ao Getsêmani, simplesmente apontar Jesus para os soldados, ou no máximo cumprir a promessa de saudá-lo com um beijo, e então rapidamente retirar-se da cena. Judas temia sobremodo que todos os apóstolos estivessem presentes e que concentrassem os seus ataques sobre ele, em castigo pelo seu atrevimento de trair ao seu amado instrutor. Mas, quando o Mestre saudou-o como a um traidor, ele ficou tão confuso que não fez nenhuma tentativa de fugir.

Jesus empreendeu um último esforço para poupar Judas de traí-lo de fato; e assim, antes que o traidor pudesse alcançá-lo, ele andou para o lado e, dirigindo-se ao soldado mais próximo à esquerda, o capitão dos romanos, disse: "A quem buscais?" O capitão respondeu: "Jesus de Nazaré". Então Jesus adiantou-se imediatamente à frente do oficial e permaneceu calmamente ali, na posição majestática de um Deus de toda a sua criação, e disse: "Sou eu". Muitos dessa companhia armada haviam ouvido Jesus ensinar no templo; outros haviam ouvido falar sobre as suas obras poderosas e, quando o escutaram assim corajosamente anunciar a sua identidade, aqueles que estavam nas fileiras da frente recuaram subitamente. Eles haviam sido tomados de surpresa com o anúncio calmo e majestático da sua própria identidade. E não havia, portanto, nenhuma necessidade de que Judas continuasse com o seu plano de traição. Com ousadia, o Mestre havia revelado-se aos seus inimigos, que o poderiam ter prendido sem a ajuda de Judas. Mas o traidor precisava fazer algo para justificar a sua presença junto a esses homens armados e, além disso, queria demonstrar que cumpria a sua parte na barganha da traição para com os dirigentes dos judeus, e se fazer merecedor da grande recompensa e das honras que se acumulariam, esperava ele, sobre si, em recompensa pela sua promessa de entregar Jesus nas mãos deles.

Enquanto os guardas refaziam-se da sua primeira vacilação ao verem Jesus, e com o som da voz inusitada dele, e enquanto os apóstolos e discípulos aproximavam-se, Judas foi até Jesus e, aplicando um beijo na sua fronte, disse: "Salve, Mestre e Instrutor". E quando Judas abraçou assim o seu Mestre, Jesus disse: "Amigo, não te bastava fazer isso! Tinhas, ainda, com um beijo, que trair o Filho do Homem?"

Os apóstolos e discípulos ficaram literalmente atônitos com o que viram. Por um momento ninguém se moveu. Então Jesus, desembaraçando-se do abraço traidor de Judas, caminhou até os guardas e soldados e de novo perguntou: "A quem procurais?" E de novo o capitão disse: "Jesus de Nazaré". E de novo Jesus respondeu: "Eu te disse que sou eu. Se, pois, buscas a mim, deixa os outros irem em paz. Estou pronto para ir contigo".

Jesus estava pronto para ir de volta a Jerusalém com os guardas, e o capitão dos soldados também estava disposto a permitir que os três apóstolos e os seus companheiros tomassem seu caminho em paz. Mas, antes que fossem capazes de sair do lugar, e como Jesus permanecia lá, aguardando as ordens do capitão, um tal de Malco, o guarda-costas sírio do sumo sacerdote, andou até Jesus e preparou-se para atar suas mãos nas costas, embora o capitão romano não tivesse ordenado que Jesus devesse ser amarrado assim. Quando Pedro e os seus amigos viram o seu Mestre sendo submetido a essa indignidade, não mais foram capazes de controlar-se. Pedro sacou da sua espada e, com os outros, avançou para golpear Malco. No entanto, antes que os soldados pudessem vir em defesa do serviçal do sumo sacerdote, Jesus levantou a mão da proibição para Pedro e, usando de firmeza, disse: "Pedro, guarda a tua espada. Aqueles que usam a espada perecerão pela espada. Não compreendes que é da vontade do Pai que eu beba deste cálice? E não sabes também que eu poderia agora mesmo comandar mais de doze legiões de anjos e colaboradores deles, que me libertariam das mãos desses poucos homens?"

Jesus assim efetivamente dava um fim a essa demonstração de resistência física da parte dos seus seguidores, o que foi suficiente para despertar o medo no capitão dos guardas, que agora, com a ajuda dos seus soldados, colocava pesadas mãos sobre Jesus e o atava rapidamente. E, enquanto eles amarravam as suas mãos com cordas grossas, Jesus disse-lhes: "Por que viestes contra mim com espadas e com bastões como se fossem capturar um ladrão? Eu estive diariamente convosco no templo, ensinando publicamente ao povo, e vós não fizestes nenhum esforço para levar-me".

Quando Jesus estava sendo atado, o capitão, temendo que os seguidores do Mestre pudessem tentar resgatá-lo, deu ordens para capturá-los; mas os soldados não foram suficientemente rápidos; e havendo ouvido as ordens do capitão para prendê-los, os seguidores de Jesus fugiram às pressas de volta para a ravina. Durante todo esse tempo João Marcos esteve escondido em um abrigo próximo. Quando os guardas partiram de volta para Jerusalém com Jesus, João Marcos tentou sair do abrigo para alcançar os apóstolos e os discípulos em fuga; mas, quando ele saiu, um dos últimos soldados, que esteve perseguindo os discípulos em fuga, passou por perto e, vendo esse jovem com o seu manto de linho, tentou pegá-lo e quase conseguiu isso. De fato, o soldado chegou perto o suficiente de João para agarrá-lo pelo manto, mas o jovem moço livrou-se do manto, escapando nu, enquanto o soldado segurava o manto vazio. João Marcos correu até Davi Zebedeu na trilha de cima. Quando o garoto contou a Davi o que havia acontecido, ambos apressaram-se de volta até as tendas dos apóstolos adormecidos e informaram aos oito sobre a traição ao Mestre e a sua prisão.

Quase no mesmo momento em que os oito apóstolos estavam sendo despertados, aqueles que haviam fugido pela ravina vinham retornando, e eles todos se reuniram perto da prensa de olivas para debater sobre o que deveriam fazer. Nesse meio tempo, Simão Pedro e João Zebedeu, escondidos entre as oliveiras, haviam já partido atrás da multidão de soldados, guardas e servos, que agora levavam Jesus de volta a Jerusalém, como se conduzissem um criminoso disposto a tudo. João acompanhou a multidão bem de perto; Pedro, todavia, seguiu-a de longe. Após escapar da garra do soldado, João Marcos cobriu-se com um manto que encontrou na tenda de Simão Pedro e João Zebedeu. Ele suspeitava que os guardas estivessem levando Jesus para a casa de Anás, o sumo sacerdote benemérito; e, assim, contornou por entre o pomar de oliveiras e chegou lá antes da multidão, escondendo-se perto do portão de entrada do palácio do sumo sacerdote.

4. A DISCUSSÃO NA PRENSA DE OLIVAS

Tiago Zebedeu viu-se separado de Simão Pedro e do seu irmão João e, assim, agora se unia aos outros apóstolos e aos seus companheiros de acampamento, na prensa de olivas, para deliberar sobre o que eles deveriam fazer em vista da prisão do Mestre.

André havia sido liberado de toda a responsabilidade na direção do grupo dos seus companheiros apóstolos; e assim, nesta que era a maior de todas as crises nas suas vidas, ele ficara em silêncio. Depois de uma discussão informal curta, Simão zelote subiu na mureta de pedra da prensa de olivas e, fazendo um apelo apaixonado de lealdade ao Mestre e à causa do Reino, exortou os seus companheiros apóstolos e os outros discípulos a se apressarem em seguir a multidão e efetuar o resgate de Jesus. A maioria do grupo estaria disposta a seguir a sua liderança atuante, não fosse o conselho de Natanael que se levantou no momento em que Simão havia acabado de falar e chamou a atenção de todos para os ensinamentos tantas vezes repetidos de Jesus a respeito da não-resistência. Ele ainda lembrou-lhes de que Jesus, naquela mesma noite, havia instruído a todos no sentido de que preservassem as suas vidas para a época em que deveriam sair para o mundo, proclamando as boas-novas do evangelho do Reino celeste. E Natanael foi encorajado nessa posição por Tiago Zebedeu, que agora contava a todos como Pedro e outros sacaram das suas espadas para defender o Mestre contra a prisão; e como Jesus pediu a Simão Pedro e aos seus companheiros, com espadas, que embainhassem as suas lâminas. Mateus e Filipe também fizeram discursos, mas nada de definitivo saiu dessa discussão, até que Tomé, chamando a atenção deles para o fato de que Jesus havia aconselhado a Lázaro que não se expusesse à morte, destacou que nada podiam fazer para salvar o seu Mestre, porquanto ele se recusara a permitir os seus amigos de defendê-lo e persistia em abster-se de lançar mão dos seus poderes divinos para frustrar os seus inimigos humanos. Tomé persuadiu-os a espalharem-se, cada homem por si e separadamente, com o acordo de que Davi Zebedeu permanecesse no acampamento, mantendo um centro de coordenação e uma sede-central de mensageiros para o grupo. Por volta de duas e meia naquela manhã, o campo estava deserto; apenas Davi permanecia à mão com três ou quatro mensageiros, os outros haviam sido despachados para assegurar a informação sobre o local para onde Jesus fora levado, e quanto ao que pretendiam fazer com ele.

Cinco dos apóstolos, Natanael, Mateus, Filipe e os gêmeos foram esconder-se em Betfage e em Betânia. Tomé, André, Tiago e Simão zelote estavam escondidos na cidade. Simão Pedro e João Zebedeu seguiram juntos para a casa de Anás.

Pouco depois do amanhecer, Simão Pedro perambulou de volta ao acampamento do Getsêmani: era o retrato desanimado de um profundo desespero. Davi enviou-o, acompanhado por um mensageiro, para juntar-se ao seu irmão, André, que estava na casa de Nicodemos, em Jerusalém.

Até o final da crucificação, João Zebedeu, como Jesus havia instruído que fizesse, permaneceu sempre por perto e à mão; e foi ele que supriu os mensageiros de Davi com as informações de hora em hora, que eles levavam a Davi no acampamento do jardim, e que então eram repassadas aos apóstolos escondidos e à família de Jesus.

Por certo, o pastor foi golpeado e as ovelhas ficaram dispersas! Conquanto todos vagamente constatassem que Jesus os tinha advertido, de antemão, exatamente sobre essa situação, estavam todos demasiadamente chocados com o desaparecimento súbito do Mestre, para serem capazes de usar as suas mentes de um modo normal.

Era pouco depois do nascer do dia e justamente depois de Pedro haver sido enviado para juntar-se ao seu irmão, quando Judá, o irmão de Jesus na carne, chegou ao campo, quase sem fôlego e, bem antes do resto da família de Jesus, para ficar sabendo apenas que o Mestre tinha sido já colocado na prisão; e ele apressou-se de volta, estrada de Jericó abaixo, para levar essa informação à sua mãe e aos seus irmãos e irmãs. Davi Zebedeu enviou um recado à família de Jesus, por meio de Judá, para que se reunissem na casa de Marta e Maria, em Betânia e para que lá esperassem pelas notícias que os seus mensageiros levariam regularmente a eles.

Essa era a situação durante a segunda metade da noite de quinta-feira e das primeiras horas da manhã da sexta-feira, no que concerne aos apóstolos, aos principais discípulos e à família terrena de Jesus. E o serviço de mensageiros de Davi Zebedeu, continuou operando; da sua sede no acampamento do Getsêmani, ele mantinha todos esses grupos e indivíduos em contato uns com os outros.

5. A CAMINHO DO PALÁCIO DO SUMO SACERDOTE

Antes de partirem do jardim, com Jesus, surgiu, entre o capitão judeu dos guardas do templo e o capitão romano da companhia de soldados, uma discussão sobre o local para onde deviam levar Jesus. O capitão dos guardas do templo deu ordens para que os soldados o levassem a Caifás, o sumo sacerdote em exercício. O capitão dos soldados romanos ordenou que Jesus fosse levado ao palácio de Anás, o antigo sumo sacerdote e sogro de Caifás. E assim foi feito porque os romanos estavam acostumados a lidar diretamente com Anás, e resolver com ele sobre todas as questões que tinham a ver com a aplicação, à força, das leis eclesiásticas judaicas. E as ordens do capitão romano foram obedecidas; eles levaram Jesus à casa de Anás para que este examinasse preliminarmente o caso.

Judas marchava perto dos capitães, escutando tudo o que estava sendo dito, mas não tomou parte na discussão, pois nem o capitão judeu nem tampouco o oficial romano queriam falar com o traidor – de tal modo o desprezavam.

Por volta desse momento João Zebedeu, lembrando-se das instruções do seu Mestre para permanecer sempre por perto e à mão, correu até perto de Jesus enquanto ele caminhava entre os dois capitães. O comandante dos guardas do templo, ao ver João vindo junto com eles, disse ao seu assistente: "Prende esse homem e amarra-o. Ele é um dos seguidores deste homem". Mas quando o capitão romano ouviu isso e, olhou em volta e viu João, ele deu ordens para que o apóstolo viesse até ele, e que não fosse molestado por ninguém. Então o capitão romano disse ao capitão judeu: "Este homem não é nem um traidor, nem um covarde. Vi-o no jardim, e ele não sacou de uma espada para resistir a nós. Ele teve a coragem de vir aqui para estar com o seu Mestre, e nenhum homem colocará as mãos nele. A lei romana permite que qualquer prisioneiro possa ter ao menos um amigo para acompanhá-lo à barra do tribunal, e este homem não será impedido de permanecer ao lado do seu Mestre, o prisioneiro". E quando Judas ouviu isso, ficou tão envergonhado e humilhado que retardou o passo e se pôs atrás do grupo, chegando ao palácio de Anás sozinho.

E essa situação explica por que se permitiu a João Zebedeu permanecer perto de Jesus, durante todo o seu caminho de experiências penosas, nessa noite e no dia seguinte. Os judeus ficaram com medo de falar qualquer coisa a João ou de molestá-lo, de qualquer maneira, pois ele havia conseguido algo como o status de um conselheiro romano indicado para atuar como observador das transações da corte eclesiástica dos judeus. A posição privilegiada de João tornou-se ainda mais segura quando, ao entregar Jesus ao capitão dos guardas do templo, na porta do palácio de Anás, o romano, dirigindo-se ao seu assistente, disse: "Vai junto com este prisioneiro e cuida para que esses judeus não o matem sem o consentimento de Pilatos. Vigia para que eles não o assassinem, e cuida para que ao seu amigo, este galileu, seja permitido ficar junto e observar tudo o que acontece". E assim João capacitou-se para estar perto de Jesus até o momento da sua morte na cruz, enquanto os outros dez apóstolos foram obrigados a permanecer escondidos. João estava agindo sob a proteção romana, e os judeus não ousaram molestá-lo até depois da morte do Mestre.

Em todo o trajeto até o palácio de Anás, Jesus não abriu a boca. Desde o momento da sua prisão até o de apresentar-se diante de Anás, o Filho do Homem não disse uma palavra sequer.

DOCUMENTO 184

PERANTE O TRIBUNAL DO SINÉDRIO

OS REPRESENTANTES de Anás haviam instruído secretamente ao capitão dos soldados romanos que trouxesse Jesus ao palácio dele, imediatamente depois de haver feito a sua prisão. O antigo sumo sacerdote desejava manter o seu prestígio de autoridade eclesiástica principal dos judeus. Ele também possuía um outro propósito em deter Jesus na sua casa por várias horas, e que era o de dar tempo para convocar legalmente uma reunião da corte do sinédrio. Não era legal convocar um tribunal do sinédrio antes da hora da oferenda do sacrifício matinal no templo, e esse sacrifício era oferecido por volta das três horas da manhã.

Anás sabia que uma corte de sinedristas estava aguardando no palácio do seu genro, Caifás. Uns trinta membros do sinédrio se achavam reunidos na casa do sumo sacerdote por volta da meia-noite, de modo a estarem prontos para julgar Jesus quando ele pudesse ser trazido diante deles. Estavam reunidos apenas os membros que se opunham forte e abertamente a Jesus e aos seus ensinamentos, posto que eram necessários apenas vinte e três deles para que um tribunal de julgamento fosse constituído.

Jesus passou cerca de três horas no palácio de Anás, no monte das Oliveiras, não longe do jardim do Getsêmani, onde o haviam capturado. João Zebedeu estava livre e a salvo no palácio de Anás, não apenas por causa da palavra do capitão romano, mas também porque ele e o seu irmão Tiago eram bem conhecidos dos serviçais mais antigos, havendo sido, muitas vezes, convidados do palácio, pois o antigo sumo sacerdote era um parente distante da mãe deles, Salomé.

1. O INTERROGATÓRIO DE ANÁS

Enriquecido com os impostos do templo, tendo o seu genro como sumo sacerdote em exercício e mantendo lá as suas relações com as autoridades romanas, Anás de fato era o indivíduo mais poderoso da comunidade judaica. Era um planejador e um manipulador político bem formado. Desejava ter o controle dessa questão ligada a Jesus; pois decisões muito importantes ele temia confiá-las integralmente ao seu genro, que era brusco e precipitado. Anás queria assegurar-se de que o julgamento do Mestre fosse mantido nas mãos dos saduceus; temia a possível simpatia de alguns dos fariseus, vendo que praticamente todos os membros do sinédrio, os que haviam esposado a causa de Jesus, eram fariseus.

Anás não via Jesus há vários anos, desde a época em que o Mestre, ao apresentar-se na sua casa, saiu imediatamente dali ao deparar com a frieza e a reserva com que fora recebido. Anás chegou a pensar em prevalecer-se dessa antiga relação e então intentou persuadir Jesus a abandonar as suas pretensões e deixar a Palestina. Ele estava relutante em participar do assassinato de um bom homem e supunha que Jesus chegasse a escolher deixar o país em lugar de ter de submeter-se à morte. Mas, quando Anás se pôs diante do valente e decidido galileu, ficou logo sabendo que seria inútil fazer tais propostas. Jesus estava ainda mais majestoso e bem equilibrado do que antes, segundo Anás conseguia recordar-se dele.

Quando Jesus era jovem, Anás tivera um grande interesse por ele, mas agora, as suas rendas sendo ameaçadas por aquilo que Jesus havia feito, muito recentemente, afastando os cambistas e outros comerciantes do templo. Esse ato de Jesus havia despertado a inimizade do antigo sumo sacerdote, muito mais do que os seus ensinamentos.

Anás entrou na sua espaçosa sala de audiências, sentou-se em uma grande cadeira e mandou que Jesus fosse trazido diante dele. Após observar silenciosamente o Mestre por uns momentos, ele disse: "Tu compreendes que algo deverá ser feito quanto aos teus ensinamentos, já que estás perturbando a paz e a ordem do nosso país". E quando Anás olhou inquisidoramente para Jesus, o Mestre examinou fundo nos olhos dele, mas sem dar nenhuma resposta. De novo Anás falou: "Quais são os nomes dos teus discípulos, além de Simão zelote, o agitador?" De novo Jesus olhou-o de cima para baixo, mas nada respondeu.

Anás ficou consideravelmente perturbado com a recusa de Jesus a responder às suas perguntas, tanto que lhe disse: "Tu te importas com o quanto estou sendo amigável contigo, ou não? Não tens nenhum respeito pelo poder que eu detenho para definir sobre as questões do teu futuro julgamento?" Depois de ouvir isso, Jesus disse: "Anás, sabes que poderias não ter nenhum poder sobre mim se assim não fosse permitido pelo meu Pai. Alguns gostariam de destruir o Filho do Homem porque são ignorantes, de nada sabem direito, mas tu, amigo, tu sabes o que estás fazendo. Como podes, pois, rejeitar a luz de Deus?"

A maneira amável com a qual Jesus falou a Anás quase o confundiu. Mas ele havia já determinado na sua mente que Jesus devia deixar a Palestina, ou morrer; e assim tomou coragem para perguntar: "O que exatamente estás tentando ensinar ao povo? O que tu alegas ser?" Jesus respondeu: "Tu sabes muito bem o que eu tenho falado abertamente ao mundo. Eu tenho ensinado nas sinagogas e muitas vezes no templo, onde todos os judeus e muitos dos gentios têm ouvido a mim. Nada eu disse secretamente; por que, então, me perguntas sobre os meus ensinamentos? Por que não convocas aqueles que me ouviram e não perguntas a eles? Sabes bem que toda Jerusalém ouviu aquilo que eu disse, ainda que não tenhas ouvido esses ensinamentos por ti mesmo". Antes, entretanto, que Anás pudesse replicar, o administrador dirigente do palácio, que estava bem perto, estapeou Jesus no rosto com a própria mão, dizendo: "Como ousas responder ao sumo sacerdote com tais palavras?" Anás nada fez para repreender o seu administrador, mas Jesus dirigiu-se a ele, dizendo: "Meu amigo, se o que eu tiver dito é o mal, então dá testemunho contra o mal; mas se eu tiver dito a verdade, por que deverias golpear-me?"

Embora lamentasse que o seu administrador tivesse batido em Jesus, Anás era orgulhoso demais para levar em conta essa questão. Na sua confusão ele retirou-se para uma outra sala, deixando Jesus sozinho com os criados da casa e os guardas do templo por quase uma hora.

Quando voltou, chegando até o lado do Mestre, ele disse: "Tu alegas ser o Messias, o Libertador de Israel?" Disse Jesus: "Anás, tu me conheces desde a época da minha juventude. Sabes que eu não pretendo ser nada, a não ser o que o meu Pai designou para mim; e que eu fui enviado a todos os homens gentios, tanto quanto aos judeus". Então Anás disse: "Foi dito para mim que tu pretendes ser o Messias; isso é verdade?" Jesus olhou para Anás; todavia, respondeu apenas: "Assim o disseste tu".

Por volta desse momento, chegavam mensageiros do palácio de Caifás para perguntar a que horas Jesus seria levado diante da corte do sinédrio e, já que estava próximo o alvorecer do dia, Anás julgou ser melhor enviar Jesus amarrado e sob a custódia dos guardas do templo, até Caifás. Ele próprio seguiu um pouco atrás deles.

2. PEDRO NO PÁTIO

Quando a companhia de guardas e de soldados aproximou-se da entrada do palácio de Anás, João Zebedeu estava caminhando ao lado do capitão dos soldados romanos. Judas havia ficado a uma certa distância para trás, e Simão Pedro estava ainda mais atrás. Depois de João entrar no jardim do palácio, junto com Jesus e os guardas, Judas veio ao portão, mas, vendo Jesus e João, tomou a direção da casa de Caifás, onde sabia que o verdadeiro julgamento do Mestre teria lugar mais tarde. Logo depois que Judas saiu, Simão Pedro chegou e, como ficou diante do portão, João o avistou exatamente quando iam levar Jesus ao palácio. A porteira que tomava conta da entrada conhecia João e, quando este falou com ela, pedindo que deixasse Pedro entrar, ela prontamente consentiu.

Pedro, ao entrar no pátio do jardim, foi até a lareira de carvão, buscando aquecer-se, pois a noite estava muito fria. Ele sentia-se deslocado ali entre os inimigos de Jesus e, de fato, não se sentia no seu lugar. O Mestre não instruíra a ele que ficasse perto e disponível como pedira a João. Pedro deveria estar com os outros apóstolos, que haviam sido especificamente avisados para não colocar as suas vidas em perigo durante os momentos do julgamento e da crucificação do seu Mestre.

Pedro jogou fora a sua espada pouco antes de chegar ao portão do palácio, de modo que entrou desarmado no jardim de Anás. A sua mente estava em um redemoinho de confusão; e ele mal podia conceber que Jesus havia realmente sido preso. Não captava a realidade da situação – que ele estava ali no jardim de Anás, aquecendo-se diante dos serviçais do sumo sacerdote. Ficava imaginando o que os outros apóstolos estariam fazendo e, ao revolver na sua mente como é que João havia sido admitido no palácio, concluiu que isso se devesse ao fato de João ser conhecido dos servos, já que havia pedido à porteira para deixá-lo entrar.

Pouco depois que a porteira deixou Pedro entrar e, enquanto ele estava aquecendo-se junto à lareira, ela chegou perto dele e disse maliciosamente: "Não és também tu um dos discípulos deste homem?" Ora, Pedro não devia ter-se surpreendido com esse reconhecimento, pois fora João que havia requisitado da moça que o deixasse passar pelo portão do palácio; mas Pedro estava em um estado tal de tensão nervosa que essa identificação como um discípulo deixou-o desequilibrado e, com um só pensamento dominando a sua mente – o de escapar com vida –, prontamente ele respondeu à pergunta da porteira dizendo: "Não, eu não sou".

Logo em seguida um outro serviçal veio a Pedro e perguntou: "Eu não te vi no jardim, quando eles prenderam este homem? Não és um dos seus seguidores?" Pedro estava agora profundamente alarmado; ele não via nenhum modo de escapar com segurança desses acusadores; e, assim, veementemente negou qualquer ligação com Jesus, dizendo: "Eu não conheço este homem, e não sou um dos seus seguidores".

Nesse momento a porteira chamou Pedro a um lado e disse: "Eu estou certa de que tu és um discípulo desse Jesus, não apenas porque um dos seus seguidores pediu-me que te deixasse entrar aqui no jardim, mas a minha irmã aqui tem te visto no templo com esse homem. Por que negas isso?" Quando Pedro ouviu a criada acusá-lo, ele negou qualquer ligação com Jesus, com muito praguejar e com juramentos, dizendo novamente: "Eu não sou um seguidor deste homem; eu sequer o conheço; eu nunca ouvi falar dele antes".

Pedro saiu de perto da lareira, por um momento, enquanto caminhava pelo jardim. Ele bem gostaria de ter fugido dali, mas temia atrair as atenções sobre si. Sentindo frio, voltou para perto da lareira, e um dos homens ali perto disse: "Certamente tu és um dos discípulos deste homem. Esse Jesus é galileu, e a tua fala te trai, pois também falas como um galileu". E novamente Pedro negou qualquer ligação com o seu Mestre.

Pedro estava tão perturbado que buscou escapar do contato com os seus acusadores, saindo de perto do fogo e permanecendo só próximo à entrada. Depois de uma hora nesse isolamento, a porteira e a sua irmã tiveram a oportunidade de passar por ele, e ambas de novo acusaram-no de modo provocador de ser um seguidor de Jesus. E de novo ele negou a acusação. E, exatamente depois de haver negado uma vez mais qualquer ligação com Jesus, o galo cantou; e Pedro lembrou-se das palavras de aviso faladas a ele pelo seu Mestre, mais cedo naquela mesma noite. Enquanto ele estava ali, de coração pesado e esmagado pelo sentimento de culpa, as portas do palácio abriram-se para que passassem os guardas que levavam Jesus até a casa de Caifás. Quando o Mestre passou por Pedro, viu, sob a luz dos tocheiros, a marca de desespero no rosto, anteriormente tão seguro de si mesmo e aparentemente valente, do apóstolo, e, voltando-se, Jesus olhou para Pedro. Pedro jamais se esqueceu daquele olhar enquanto viveu. Era um olhar de piedade misturada a um amor tal que nenhum homem mortal jamais contemplou na face do Mestre.

Depois que Jesus e os guardas passaram para fora dos portões do palácio, Pedro seguiu-os, mas só até uma certa distância. Ele não conseguia ir adiante. Sentou-se ao lado da estrada e chorou amargamente. E depois de ter derramado essas lágrimas de agonia, Pedro se pôs de pé a caminhar para o acampamento, esperando encontrar o seu irmão André. Ao chegar no acampamento, encontrou apenas Davi Zebedeu, que enviou um mensageiro para conduzi-lo até onde o seu irmão estava escondido em Jerusalém.

Toda a experiência de Pedro aconteceu no jardim do palácio de Anás, no monte das Oliveiras. Ele não seguiu Jesus ao palácio do sumo sacerdote Caifás. O fato de Pedro haver sido levado à constatação, pelo canto de um galo, de que havia negado repetidamente ao seu Mestre, indica que tudo isso ocorreu fora de Jerusalém, pois era contra a lei manter criações domésticas de aves dentro da cidade propriamente dita.

Antes que o cantar do galo encaminhasse Pedro de novo ao seu bom-senso, ele havia pensado apenas, enquanto andava, a fim de se aquecer, para cima e para baixo, da entrada do palácio à lareira, em quão espertamente se havia esquivado das acusações dos serviçais; e em como ele havia frustrado o propósito deles de identificá-lo com Jesus. Até então, Pedro havia considerado apenas que esses servos não possuíam nenhum direito moral ou legal de questioná-lo assim, e repetidamente havia congratulado-se a si próprio pela maneira com a qual julgava haver evitado ser identificado e, possivelmente, submeter-se a ser preso. E não ocorrera a Pedro, antes do galo cantar, que ele havia negado ao seu Mestre. E só quando Jesus olhou para ele é que deu por si, que tinha deixado de estar à altura dos seus privilégios de embaixador do Reino.

Havendo dado o primeiro passo, ao longo do caminho do compromisso e da menor resistência, não parecia a Pedro que houvesse outra saída a não ser continuar no curso da conduta pela qual havia optado. É necessário um caráter grande e nobre para, havendo começado errado, voltar e retomar o caminho certo. Com muita freqüência a própria mente tende a justificar a continuidade no caminho do erro, uma vez que se tenha entrado nele.

Pedro nunca acreditou plenamente que pudesse ser perdoado, até haver encontrado o seu Mestre, depois da ressurreição, e constatar que estava sendo recebido exatamente como antes das experiências dessa noite trágica das negações.

3. PERANTE O TRIBUNAL DOS SINEDRISTAS

Eram por volta de três e meia da madrugada, dessa sexta-feira, quando o sacerdote principal, Caifás, declarou constituído o tribunal dos sinedristas, para a investigação; em seguida pedindo que Jesus fosse trazido perante eles para ser julgado formalmente. Em três ocasiões prévias, o sinédrio havia decretado a morte de Jesus; com uma ampla maioria de votos, havia decidido que ele merecia a morte por acusações informais de usurpar a lei, de blasfêmia e de insultar as tradições dos pais de Israel.

Não se tratava de uma reunião do sinédrio convocada regularmente e não estava sendo realizada no local habitual, a sala de pedra lavrada no templo. Esse era um tribunal especial de uns trinta sinedristas e que haviam sido convocados ao palácio do sumo sacerdote. João Zebedeu estava presente junto com Jesus durante este assim chamado julgamento.

Como esses sacerdotes principais, escribas, saduceus e alguns dos fariseus gabavam-se de que Jesus, o perturbador da posição deles e desafiador da sua autoridade estava agora detido seguramente nas suas mãos! E estavam decididos a não o deixar escapar vivo das suas garras vingativas.

Normalmente, ao julgarem um homem sob uma acusação capital, os judeus procediam com uma grande prudência e providenciavam toda a garantia de eqüidade na seleção de testemunhas e em toda a conduta do tribunal. Mas, nessa ocasião, Caifás se fazia mais de promotor do que um juiz imparcial.

Jesus apareceu perante esse tribunal com as suas vestes habituais e com as suas mãos atadas juntas nas suas costas. Toda a corte encontrava-se espantada e um tanto confusa com aquele porte majestoso. Nunca em toda a sua vida haviam colocado os seus olhos sobre um prisioneiro como este, nem presenciado a uma tal compostura em um homem cuja vida estava sob julgamento.

A lei judaica exigia que ao menos duas testemunhas concordassem sobre qualquer ponto, antes que uma acusação pudesse ser feita contra o prisioneiro. Judas não podia ser usado como uma testemunha contra Jesus: pois a lei judaica proibia especificamente que a testemunha fosse um traidor. Mais de vinte testemunhas falsas estavam à mão para atestar contra Jesus, mas os seus testemunhos eram tão contraditórios e tão visivelmente fraudulentos que os próprios sinedristas muito se envergonhavam de toda aquela situação. Jesus permaneceu lá, olhando benignamente para esses perjuros; e, em si, a sua compostura deixava desconcertadas as testemunhas mentirosas. Durante todos esses testemunhos falsos, o Mestre, em nenhum momento, disse uma palavra que fosse; sequer respondeu às várias acusações falsas.

A primeira vez que dois dos testemunhos apresentaram algo como uma semelhança em estarem de acordo foi quando dois homens atestaram que haviam ouvido Jesus dizer durante um dos seus discursos no templo que ele "destruiria esse templo feito com as mãos do homem e em três dias faria um outro templo sem empregar mãos humanas". Isso não era exatamente o que Jesus dissera, independentemente do fato de que ele havia apontado para o próprio corpo ao fazer aquele comentário.

Embora o sumo sacerdote tivesse gritado para Jesus: "Não repondes a nenhuma dessas acusações?" Jesus não abriu a boca. Permaneceu ali em silêncio, enquanto todas essas testemunhas falsas faziam as suas declarações. O ódio, o fanatismo e o exagero inescrupuloso de tal modo caracterizaram as palavras desses perjuros, que os seus testemunhos desmoronavam nos próprios embaraços. O modo melhor para refutar as suas acusações falsas foi o silêncio calmo e majestoso do Mestre.

Pouco depois do início das declarações das testemunhas falsas, Anás chegou e tomou o seu assento ao lado de Caifás. Anás agora se levantava e argumentava que essa ameaça feita por Jesus de destruir o templo era suficiente para justificar três acusações contra ele:

1. Que era ele um perigoso desacreditador para o povo. Que ensinava coisas impossíveis a eles e que os enganava de outros modos.

2. Que era um revolucionário fanático, pois advogava que colocassem mãos violentas no templo sagrado, ou então como poderia destruí-lo?

3. Que ensinava magia, pois prometera construir um novo templo, e ainda sem a ajuda das mãos.

O sinédrio inteiro já tinha concordado que Jesus era culpado por transgressões das leis judaicas, as quais demandavam a sua morte, mas eles estavam agora mais preocupados em desenvolver acusações a respeito da sua conduta e dos ensinamentos, que servissem como justificativa para que Pilatos pronunciasse a sentença de morte ao prisioneiro. Eles sabiam que deviam assegurar o consentimento do governador romano, antes que Jesus pudesse legalmente ser levado à morte. E Anás estava decidido a continuar a fazer parecer que Jesus era um instrutor perigoso demais para ser deixado em liberdade junto ao povo.

Mas Caifás não podia mais suportar a visão do Mestre ali, com um perfeito domínio de si e em um silêncio inquebrantável. Ele pensava saber ao menos um modo pelo qual o prisioneiro pudesse ser induzido a falar. E assim, ele acorreu até o lado de Jesus e, sacudindo o seu dedo acusador no rosto do Mestre, disse: "Eu te conjuro, em nome do Deus vivo, a que nos diga se és o Libertador, o Filho de Deus". Jesus respondeu a Caifás: "Eu sou. Logo irei para o Pai, e em breve o Filho do Homem será investido com o poder e uma vez mais terá soberania sobre as hostes do céu".

O sumo sacerdote, ao ouvir Jesus dizendo essas palavras, ficou excessivamente enraivecido e, rasgando a sua veste externa, exclamou: "Que necessidade temos de mais testemunhos? Vede, agora todos vós ouvistes a blasfêmia deste homem. O que pensais agora que deve ser feito a esse blasfemo e usurpador da lei?" E eles todos responderam em uníssono: "Ele é digno de morte; que seja crucificado".

Jesus não manifestou nenhum interesse por qualquer pergunta feita a ele, quando diante de Anás ou dos sinedristas, exceto pela pergunta relativa à sua missão de auto-outorga. Quando perguntado: era ele o Filho de Deus; Jesus respondeu instantânea e inequivocamente de modo afirmativo.

Anás desejava que o julgamento continuasse ainda, e que as acusações de uma natureza definida a respeito da relação de Jesus com a lei e com as instituições romanas fossem formuladas para uma apresentação subseqüente a Pilatos. Os conselheiros estavam ansiosos para levar essas questões rapidamente a um fim, não apenas porque era o Dia da Preparação para a Páscoa, e nenhum trabalho secular devia ser feito depois do meio-dia, mas também porque eles temiam que Pilatos pudesse a qualquer momento voltar a Cesaréia, capital romana da Judéia, pois estava em Jerusalém apenas para a celebração da Páscoa.

Entretanto, Anás não teve êxito em manter o controle da corte. Depois que Jesus, de um modo inesperado, havia respondido a Caifás, o sumo sacerdote se adiantou e esbofeteou-o no rosto com a própria mão. Anás ficou verdadeiramente chocado quando viu os outros membros da corte, ao passarem por ele, antes de sair da sala, cuspindo no rosto de Jesus, e, muitos deles, de um modo zombeteiro, estapeando-o no rosto com a palma das suas mãos. E assim, em desordem e confusão inauditas, essa primeira sessão do julgamento sinedrista de Jesus terminou, depois das quatro e meia da manhã.

Trinta juízes falsos, cheios de preconceitos e cegos pelas tradições, com as suas testemunhas forjadas, têm a pretensão de julgar o justo Criador de um universo. E esses acusadores extremados ficam exasperados com o silêncio majestoso e com a presença magnífica desse Deus-homem. O seu silêncio é terrível de suportar; a sua palavra é destemidamente desafiante. Ele permanece inarredável diante das ameaças deles e não se intimida com os seus ataques. O homem julga a Deus, e ainda assim Ele os ama e, se pudesse, os salvaria.

4. A HORA DA HUMILHAÇÃO

A lei judaica então exigia que, na questão da declaração da sentença de morte, houvesse duas sessões do tribunal. Essa segunda sessão devia ser efetuada no dia seguinte ao da inicial; e, o tempo entre as duas, os membros do tribunal deveriam passá-lo em jejum e reclusão. Mas esses homens não podiam esperar até o dia seguinte para confirmarem a sua decisão de que Jesus devia morrer. E esperaram apenas uma hora. Nesse meio tempo, Jesus foi deixado na sala do tribunal sob a custódia dos guardas do templo, que, com os servos do sumo sacerdote, se divertiam em lançar todas as espécies de indignidades sobre o Filho do Homem. Zombaram dele, cuspiram nele e esbofetearam-no com crueldade. E batiam-lhe no rosto com um vergalhão e diziam: "Faze uma profecia, tu Libertador, sobre quem foi que bateu em ti". E assim eles continuaram por uma hora inteira, insultando e maltratando esse homem da Galiléia que não opunha resistência.

Durante essa trágica hora de sofrimento, de provações e de zombaria perante guardas e servos ignorantes e insensíveis, João Zebedeu esperou com um terror solitário em uma sala adjacente. Logo que esses abusos começaram, Jesus indicou a João, com um aceno de cabeça, que ele devia retirar-se. O Mestre bem sabia que, se permitisse ao seu apóstolo permanecer na sala e testemunhar essas indignidades, o ressentimento dentro de João seria tão forte a ponto de produzir uma explosão de indignação e protesto que, provavelmente, resultaria na sua morte.

Durante essa hora terrível, Jesus não murmurou uma palavra sequer. Para essa alma humana branda e sensível, unida, em uma relação de personalidade, ao Deus de todo esse universo, não houve nenhum momento mais amargo, no cálice da sua humilhação, do que essa hora terrível à mercê desses guardas e servos ignorantes e cruéis, que haviam sido estimulados a abusar dele pelo exemplo dos membros desse chamado tribunal sinedrista.

O coração humano, certamente, não pode conceber o estremecimento de indignação que varreu todo um vasto universo, quando as inteligências celestes puderam testemunhar seu amado soberano sendo submetido à vontade de algumas das suas criaturas, ignorantes e desviadas, na esfera desafortunada e obscurecida pelo pecado, de Urântia.

Qual então é esse vestígio do animal, no homem, que o leva a querer insultar e agredir fisicamente aquilo que não pode alcançar espiritualmente, nem conceber intelectualmente? No homem meio civilizado espreita ainda uma brutalidade maldosa, que busca liberar-se sobre aqueles que são superiores em sabedoria e em alcance espiritual. Vede a maldosa grosseria e a ferocidade brutal desses homens supostamente civilizados, que sentem uma certa forma de prazer animal com o ataque físico ao Filho do Homem, que não opunha resistência. Enquanto esses insultos, sarcasmos e golpes caíam sobre Jesus, ele não se defendia, mas ele não estava sem defesa. Jesus não foi vencido, ele meramente não lutou no sentido material.

E esses são os momentos das maiores vitórias do Mestre em toda a sua carreira longa e importante de criador, sustentador e salvador de um universo vasto e variegado. Tendo vivido, em sua plenitude, uma vida para revelar Deus ao homem, Jesus está agora engajado em fazer uma revelação, nova e sem precedentes, do homem para Deus. Jesus está agora revelando aos mundos o triunfo final sobre todos os medos do isolamento da personalidade da criatura. O Filho do Homem finalmente conseguiu a realização da identidade como Filho de Deus. Jesus não hesita em afirmar que ele e o Pai são Um; e, na base do fato e da verdade dessa experiência suprema e superna, ele exorta todos os crentes do Reino a tornarem-se um com ele, como ele e o seu Pai são Um. A experiência viva na religião de Jesus, assim, passa a ser a técnica segura e certa por meio da qual os mortais, espiritualmente isolados e cosmicamente solitários, da Terra, tornam-se capazes de escapar do isolamento da personalidade, com todas as suas seqüelas de medo e de sentimentos associados de desamparo. Nas realidades fraternas do Reino do céu, os filhos de Deus pela fé encontram a libertação final do isolamento do eu, tanto pessoal quanto planetariamente. O crente conhecedor de Deus experimenta crescentemente o êxtase e a grandeza da socialização espiritual em uma escala universal – a cidadania no alto, associada à realização eterna do destino divino de alcance da perfeição.

5. A SEGUNDA REUNIÃO DO TRIBUNAL

Às cinco horas e trinta minutos, o tribunal retomou os trabalhos, e Jesus foi levado para a sala adjacente, onde João esperava. Ali o soldado romano e os guardas do templo vigiaram Jesus, enquanto a corte começava a formulação das acusações que deviam ser apresentadas a Pilatos. Anás deixou claro para os seus companheiros que a acusação de blasfêmia não deveria ter nenhuma importância para Pilatos. Judas estava presente durante essa segunda reunião do tribunal, mas não testemunhou.

Essa sessão do tribunal durou apenas meia hora e, quando suspenderam-na, para irem diante de Pilatos, eles haviam delineado a acusação de Jesus, para fazê-lo merecedor da pena de morte, resumindo-a em três motivos:

1. Que era um pervertedor da nação judaica; que enganara o povo e incitara-o à rebelião.

2. Que ensinava o povo a recusar pagar o tributo a César.

3. Que, com a pretensão de ser um rei e fundador de uma nova espécie de reino, incitava à traição contra o imperador.

Todo esse procedimento era irregular e totalmente contrário às leis judaicas. Não havia duas testemunhas que tivessem concordado em qualquer questão, exceto aqueles que testemunharam a respeito da afirmação de Jesus sobre destruir o templo, edificando-o novamente em três dias. E mesmo a respeito desse ponto, nenhuma testemunha falou pela defesa, nem foi Jesus chamado a explicar sobre a intenção do que havia dito.

O único ponto baseado no qual o tribunal poderia tê-lo julgado com consistência teria sido o da blasfêmia, e o julgamento dela teria que repousar inteiramente no próprio testemunho dele. Mesmo no que concernia à blasfêmia, eles deixaram de proceder a uma votação formal sobre a pena de morte.

E, agora, presumiram formular três acusações, com as quais ir perante Pilatos, e sobre as quais nenhuma testemunha tinha sido ouvida, e que foram decididas quando da ausência do prisioneiro acusado. E quando isso foi feito, três dos fariseus deixaram o tribunal; queriam ver Jesus destruído, mas não formulariam acusações contra ele sem testemunhas e na sua ausência.

Jesus não apareceu novamente perante o tribunal sinedrista. Eles não queriam ter de olhar novamente para o seu rosto, enquanto julgavam a sua vida inocente. Jesus não sabia (como homem) das acusações formais deles, até tê-las ouvido de Pilatos.

Enquanto Jesus encontrava-se na sala com João e os guardas, e enquanto o tribunal estava na sua segunda sessão, algumas entre as mulheres do palácio do sumo sacerdote, junto com as suas amigas, vieram para ver o estranho prisioneiro, e uma delas perguntou-lhe: "Tu és o Messias, o Filho de Deus?" E Jesus respondeu: "Se eu te disser, tu não crerás em mim; e se eu te perguntar, tu não responderás".

Às seis horas naquela manhã Jesus foi levado, da casa de Caifás, para comparecer perante Pilatos, a fim de ver-se confirmada a sentença de morte que esse tribunal sinedrista havia, desse modo injusto e irregular, decretado.

DOCUMENTO 185

O JULGAMENTO DIANTE DE PILATOS

P OUCO depois das seis horas dessa manhã de sexta-feira, 7 de abril, do ano 30 d.C., Jesus foi levado perante Pilatos, então procurador romano do governo da Judéia, Samaria e Iduméia, sob a supervisão imediata do emissário da Síria. Amarrado, o Mestre foi levado à presença do governador romano pelos guardas do templo; e estava acompanhado de cerca de cinqüenta dos seus acusadores, incluindo o tribunal sinedrista (principalmente os saduceus), Judas Iscariotes, o sumo sacerdote, Caifás, e o apóstolo João. Anás não apareceu diante de Pilatos.

Pilatos estava de pé e pronto para receber esse grupo de visitantes madrugadores, pois havia sido informado, por aqueles que na noite anterior haviam assegurado o seu consentimento para empregar os soldados romanos na detenção do Filho do Homem, de que Jesus seria trazido perante ele bem cedo. Havia sido arranjado que esse julgamento tivesse lugar em frente ao pretório, uma construção feita em complemento à fortaleza de Antônia, onde Pilatos e a sua esposa possuíam o seu quartel-general, para quando permanecessem em Jerusalém.

Embora Pilatos tenha conduzido grande parte do interrogatório de Jesus, dentro das salas do pretório, o julgamento público foi realizado do lado de fora, nos degraus que levavam à entrada principal. Era uma concessão aos judeus, que se recusaram a entrar em qualquer edifício gentio onde o fermento pudesse ser usado nesse Dia da Preparação para a Páscoa. Essa conduta não apenas os tornava impuros para os cerimoniais, privando-os, portanto, de compartilhar da festa vespertina de ação de graças, como também faria com que fosse necessário que eles se sujeitassem às cerimônias de purificação depois do pôr-do-sol, antes de poderem participar da ceia de Páscoa.

Conquanto esses judeus não tivessem, de nenhum modo, tido a sua consciência perturbada ao fazerem intrigas para efetivar o assassinato judicial de Jesus, eles enchiam-se de escrúpulos no que dizia respeito a todas essas questões de limpeza cerimonial e de regularidade do cumprimento das tradições. E esses judeus não foram os únicos a deixar de reconhecer as obrigações elevadas e santas de natureza divina, ao darem uma atenção mais meticulosa a coisas de somenos importância para o bem-estar humano, tanto no tempo quanto na eternidade.

1. PÔNCIO PILATOS

Se Pôncio Pilatos não tivesse sido um governador razoavelmente bom das províncias menores, Tibério não o teria suportado como procurador da Judéia por dez anos. Embora fosse um administrador bastante bom, era moralmente covarde. Não era um homem de grandeza suficiente para compreender a natureza da sua tarefa como governador dos judeus. Ele nunca divisou o fato de que esses hebreus possuíam uma religião *verdadeira*, uma fé pela qual estavam dispostos a morrer; além de haverem milhões e milhões deles, espalhados aqui e ali por todo o império, que encaravam Jerusalém como o santuário da sua fé e tinham um respeito pelo sinédrio como sendo o mais alto tribunal na Terra.

Pilatos não gostava dos judeus, e esse ódio profundo cedo começou a manifestar-se. De todas as províncias romanas, não havia nenhuma mais difícil de governar do que a Judéia. Pilatos nunca compreendeu realmente os problemas que a administração dos judeus abrangia e, assim, muito cedo na sua experiência de governador, ele cometeu uma série de grandes erros quase fatais e praticamente suicidas. E foram tais erros que deram aos judeus um tal poder sobre ele. Quando eles queriam influenciar as suas decisões, tudo o que tinham a fazer era ameaçar com uma revolta, e Pilatos capitulava rapidamente. E essa aparente vacilação, ou falta de coragem moral do procurador, era devida principalmente à memória de um certo número de controvérsias que ele havia mantido com os judeus e porque em todos os casos, categoricamente, eles haviam levado a melhor. Os judeus sabiam que Pilatos sentia medo deles, que ele temia pela própria posição perante Tibério; e eles usaram a consciência disso como desvantagem, contra o governador, em inúmeras ocasiões.

O desagrado que os judeus mantinham para com Pilatos surgiu depois de muitos conflitos infelizes. Primeiro, ele não levou a sério o profundo preconceito deles contra todas as imagens, considerando-as símbolos de adoração idólatra. E, assim, permitiu que os soldados entrassem em Jerusalém sem remover as imagens de César das suas bandeiras, como havia sido a prática dos soldados romanos sob o comando do seu predecessor. Uma grande delegação de judeus aguardou por Pilatos durante cinco dias, implorando-lhe que tirasse essas imagens dos estandartes militares. Ele recusou-se completamente a aceder ao pedido deles e ameaçou-os com a morte imediata. Pilatos, sendo ele próprio um cético, não compreendia que homens com fortes sentimentos religiosos não hesitassem em morrer pelas próprias convicções religiosas; e, pois, ficou consternado quando esses judeus alinharam-se, desafiantes, diante do seu palácio, colocando as suas faces no chão, dizendo que estavam prontos para morrer. Pilatos, só então, compreendeu que havia feito uma ameaça que não estava disposto a cumprir. Ele recuou, ordenou que as imagens fossem removidas dos estandartes dos seus soldados em Jerusalém, e viu-se, daquele dia em diante, sujeito grandemente aos caprichos dos líderes judeus, que desse modo haviam descoberto a sua fraqueza ao fazer ameaças que temia cumprir.

Posteriormente Pilatos determinou reconquistar esse prestígio perdido e assim ele fez os escudos do imperador, tais como eram usados comumente para a adoração de César, serem colocados nas paredes do palácio de Herodes em Jerusalém. Quando os judeus protestaram, ele foi inflexível. Recusou-se a escutar os protestos, e eles, prontamente, apelaram para Roma, e o imperador também prontamente ordenou que os escudos ofensivos fossem removidos. E então Pilatos passou a ser tido com menos apreço ainda do que antes.

Uma outra coisa que o colocou em grande desprestígio, junto aos judeus, foi ele ter ousado retirar dinheiro do tesouro do templo para pagar a construção de um novo aqueduto que daria maior suprimento de água aos milhões de visitantes de Jerusalém na época das grandes festas religiosas. Os judeus sustentaram que apenas o sinédrio poderia desembolsar os fundos do templo, e nunca cessaram de censurar Pilatos por essa ordem abusiva. Nada menos do que vinte tumultos e muito derramamento de sangue resultaram dessa decisão. A última dessas revoltas sérias teve a ver com a matança de um grande grupo de galileus, quando estavam no seu culto no altar.

É significativo que, conquanto esse vacilante dirigente romano haja sacrificado Jesus por causa do seu medo dos judeus, para salvaguardar a sua posição pessoal, ele finalmente tenha sido deposto em conseqüência de um massacre desnecessário de samaritanos a propósito das pretensões de um falso Messias que liderou tropas até o monte Gerizim, onde pretendia predizer que os vasos do templo estivessem enterrados; e motins ferozes aconteceram quando ele não conseguiu revelar o local onde estava escondido o vasilhame sagrado, como havia prometido. Em conseqüência desse episódio, o embaixador da Síria mandou Pilatos de volta para Roma. Tibério morreu enquanto Pilatos estava a caminho de Roma, e não mais ele foi apontado como procurador da Judéia. Nunca de fato ele recuperou-se completamente da condenação ao pesar, por ter consentido na crucificação de Jesus. Não encontrando prestígio aos olhos do novo imperador, ele afastou-se, indo para a província de Lausane, onde posteriormente cometeu o suicídio.

Cláudia Prócula, esposa de Pilatos, havia ouvido falar de Jesus por meio de informações da sua camareira, que era uma crente fenícia do evangelho do Reino. Após a morte de Pilatos, Cláudia passou a identificar-se de modo proeminente com a difusão das boas-novas.

E tudo isso explica muito do que aconteceu nessa trágica sexta-feira pela manhã. É fácil compreender por que os judeus tiveram a presunção de dar ordens a Pilatos – fazendo-o levantar-se às seis horas para julgar Jesus – e também por que eles não hesitaram em ameaçar entregá-lo ao imperador, por traição, caso ele ousasse recusar-se a cumprir as exigências deles quanto à morte de Jesus.

Um governador romano condigno, que não se houvesse envolvido de modo desvantajoso com os dirigentes dos judeus, jamais teria permitido a esses fanáticos religiosos, sedentos de sangue, que causassem a morte de um homem que havia declarado, ele próprio, não haver cometido nenhuma falta e ser inocente de falsas acusações. Roma cometeu um erro grave, um erro de conseqüências profundas, nos assuntos da Terra, quando enviou a mediocridade de um Pilatos para governar a Palestina. Tibério teria feito melhor se tivesse enviado aos judeus o melhor administrador de províncias do império.

2. JESUS APRESENTA-SE DIANTE DE PILATOS

Quando Jesus e os seus acusadores haviam-se reunido na frente da sala de julgamento de Pilatos, o governador romano saiu e, dirigindo-se a todos ali reunidos, perguntou: "Que acusação trazeis contra este homem?" Os saduceus e os conselheiros, havendo tomado a si a tarefa de colocar Jesus fora do seu caminho, tinham decidido ir perante Pilatos e pedir a confirmação da sentença de morte pronunciada contra Jesus, evitando querer fazer acusações definidas. E por isso o porta-voz do tribunal sinedrista respondeu a Pilatos: "Se este homem não fosse um malfeitor, nós não o estaríamos entregando a ti".

Quando Pilatos observou que eles estavam relutantes em afirmar as suas acusações contra Jesus, embora ele soubesse que haviam estado toda a noite deliberando quanto à sua culpa, ele respondeu-lhes: "Já que decidistes por não fazer nenhuma acusação definida, por que não levais este homem para julgá-lo de acordo com as vossas próprias leis?"

O escriturário do tribunal do sinédrio, então, disse a Pilatos: "Não é legal que nós coloquemos qualquer homem sob a pena de morte, e esse perturbador da nossa nação é digno de morrer pelas coisas que ele disse e fez. E por isso viemos diante de ti buscar a confirmação desse decreto".

Comparecer perante o governador romano com essa tentativa de escapatória revelava, não apenas a malevolência e o mau humor dos sinedristas para com Jesus, mas também a sua falta de respeito pela eqüidade, a honra e a dignidade de Pilatos. Que afronta a desses cidadãos súditos, a de comparecer diante do seu governador provincial pedindo um decreto de execução contra um homem, antes de assegurar a ele um julgamento justo e sem apresentar sequer acusações criminais definidas contra ele!

Pilatos sabia alguma coisa do trabalho de Jesus entre os judeus, e conjecturava que as acusações possíveis contra ele tivessem a ver com violações das leis eclesiásticas dos judeus; e por isso ele tentou reenviar o caso de volta ao tribunal deles próprios. Novamente, Pilatos deleitou-se de fazer com que eles confessassem publicamente que eram impotentes para pronunciar e executar a sentença de morte, ainda que fosse a um da sua própria raça e a quem eles passaram a desprezar com ódio amargo e invejoso.

Há apenas algumas poucas horas, um pouco antes da meia-noite e após ele ter concedido a permissão de usarem os soldados romanos para efetuar a prisão secreta de Jesus, Pilatos havia ouvido, da sua mulher, Cláudia, mais coisas a respeito de Jesus e dos seus ensinamentos. Cláudia, então quase convertida ao judaísmo, tornou-se mais tarde uma crente convicta do evangelho de Jesus.

Pilatos gostaria de ter adiado essa audiência, mas percebeu que os líderes judeus se encontravam determinados a levar o caso até o fim. Ele sabia que essa manhã não apenas era a de preparação da Páscoa, mas que esse dia, sendo sexta-feira, era também o Dia da Preparação para o sábado judeu, dia de oração e de descanso.

Pilatos, sendo extremamente sensível ao modo desrespeitoso pelo qual esses judeus o haviam abordado, não estava inclinado a aceder às suas demandas para que Jesus fosse sentenciado à morte, sem um julgamento. Depois, portanto, de ter esperado uns momentos para que eles apresentassem as suas acusações contra o prisioneiro, voltou-se para eles e disse: "Eu não sentenciarei este homem à morte sem um julgamento; nem consentirei em interrogá-lo até terdes apresentado as vossas acusações contra ele, por escrito".

Quando o sumo sacerdote e os outros ouviram Pilatos dizer isso, eles deram um sinal para o escrivão do tribunal, que por sua vez passou às mãos de Pilatos as acusações escritas contra Jesus. E essas acusações eram:

"O tribunal sinedrista considera este homem um malfeitor e um perturbador da nossa nação, sendo, pois, culpado de:

"1. Subverter a nossa nação e incitar nosso povo à rebelião.

"2. Proibir o povo de pagar o tributo a César.

"3. Chamar a si próprio de rei dos judeus e de pregar a fundação de um novo reino".

Jesus não havia sido julgado de maneira regulamentar, nem fora legalmente considerado culpado por nenhuma dessas acusações. Ele nem pudera ouvir tais incriminações quando pela primeira vez foram feitas, mas Pilatos o havia trazido do pretório, onde estivera sob a custódia dos guardas, e insistia que essas acusações fossem repetidas diante de Jesus.

Ao ouvir essas acusações, Jesus bem sabia que não havia sido interrogado sobre tais questões perante o tribunal judaico. E tampouco João Zebedeu e os próprios acusadores nada sabiam de tudo isso. Mas Jesus não respondeu a essas denúncias falsas. Mesmo quando Pilatos ordenou que ele respondesse aos seus acusadores, ele não abriu a boca. Pilatos estava tão atônito com a injustiça de todo o procedimento, e tão impressionado com o comportamento silencioso e magistral de Jesus, que decidiu levar o prisioneiro para dentro da sala e interrogá-lo em privacidade.

Pilatos estava com a mente confundida, no seu coração estava receoso dos judeus e poderosamente incitado, no seu espírito, com o espetáculo da presença de Jesus ali, majestosamente de pé, perante os seus acusadores sedentos de sangue e contemplando-os de cima, não com desprezo silencioso, mas com uma expressão de piedade genuína e de afeição pesarosa.

3. O INTERROGATÓRIO PRIVADO FEITO POR PILATOS

Pilatos levou Jesus e João Zebedeu até uma sala privada, deixando os guardas do lado de fora, na ante-sala; e, uma vez ali, pediu ao prisioneiro para sentar-se e, sentando-se ao seu lado, fez várias perguntas. Começou a sua conversa com Jesus, assegurando-lhe que não acreditava na primeira acusação contra ele: a de ser um pervertedor da nação e um incitador de rebeliões. Então Pilatos perguntou: "Tu ensinaste, alguma vez, que se deveria recusar a pagar os tributos a César?" Jesus, apontando João, disse: "Pergunta a ele ou a qualquer homem que tenha ouvido aos meus ensinamentos". Então, Pilatos perguntou a João sobre essa questão do tributo; e João testificou a respeito do ensinamento do seu Mestre e explicou que Jesus e os seus apóstolos pagavam os impostos tanto a César quanto ao templo. Pilatos, após fazer a João aquela pergunta, disse: "Trata de não contar a nenhum homem que eu te dirigi a palavra". E João nunca revelou nada sobre essa questão.

Pilatos, então, voltou-se para fazer a Jesus outras perguntas: "E agora sobre a terceira acusação contra ti: de que és o rei dos judeus?" Já que havia um tom, na voz de Pilatos, de que essa fosse uma pergunta possivelmente sincera, Jesus sorriu para o procurador e disse: "Pilatos, perguntas isso por ti mesmo, ou trazes essa pergunta dos outros, dos meus acusadores?" Depois disso, em um tom meio indignado, o governador respondeu: "Acaso sou judeu? O teu próprio povo e os sacerdotes principais entregaram-te e me pediram para sentenciar-te à morte. Eu questiono a validade das acusações deles; e estou apenas tentando saber por mim mesmo o que fizeste. Dize-me, tu afirmaste que és o rei dos judeus e tentaste fundar um novo reino?"

Nisso disse Jesus a Pilatos: "Não percebes que o meu Reino não é deste mundo? Se o meu Reino fosse deste mundo, os meus discípulos certamente lutariam para que eu não fosse entregue nas mãos dos judeus. A minha presença aqui diante de ti, de mãos atadas, é suficiente para mostrar a todos os homens que o meu Reino é um domínio espiritual, como a fraternidade dos homens que se tornaram filhos de Deus, pela fé e pelo amor. E essa salvação é para os gentios, tanto quanto para os judeus".

"Então, afinal, és um rei?" Perguntou Pilatos. E Jesus respondeu: "Sim, eu sou tal rei, e o meu Reino é a família, pela fé, dos filhos do meu Pai que está no céu. Com esse propósito eu nasci neste mundo, para que pudesse mostrar o Pai a todos os homens e dar o testemunho da verdade de Deus. E, ainda agora, eu declaro a ti que todo aquele que ama a verdade ouve a minha voz".

Nesse momento Pilatos, como que meio ridicularizando e meio com sinceridade, disse: "Verdade? O que é a verdade – quem sabe?"

Pilatos não foi capaz de penetrar nas palavras de Jesus, nem foi capaz de compreender a natureza do seu Reino espiritual, mas agora ele estava certo de que o prisioneiro nada tinha feito para ser merecedor da sentença de morte. Um olhar sobre Jesus, face a face, era suficiente para convencer, até mesmo a um Pilatos, de que aquele homem brando e cansado, entretanto majestoso e justo, não era nenhum revolucionário indômito e perigoso, aspirando estabelecer-se no trono temporal de Israel. Pilatos pensou haver compreendido alguma coisa daquilo que Jesus quis dizer quando chamou a si próprio de rei, pois estava familiarizado com os ensinamentos dos estóicos, os quais afirmavam que "o homem sábio é um rei". Pilatos estava profundamente convencido de que, em vez de ser um perigoso instigador de sedições, Jesus era, nada mais e nada aquém de um visionário inofensivo, um inocente fanático.

Após interrogar o Mestre, Pilatos voltou até os sacerdotes principais e acusadores de Jesus e disse: "Já interroguei este homem, e não encontro nenhum erro nele. Não o julgo culpado das acusações que fizestes contra ele; penso que deveria ser liberado". E quando os judeus ouviram isso, eles encolerizaram-se enormemente, tanto que gritaram ferozmente que Jesus deveria morrer; e um dos sinedristas, em afronta, subiu ao lado de Pilatos, para dizer: "Este homem incita o povo; começou pela Galiléia e continuará por toda a Judéia. Ele é um promotor de desordens e um malfeitor. Tu lamentarás muito se deixares este homem perverso sair livre".

Pilatos viu-se em apuros, sem saber o que fazer com Jesus; por isso, quando os ouviu dizendo que ele começara a sua obra na Galiléia, pensou, para evitar a responsabilidade de decidir sobre o caso, ou ao menos para ganhar tempo e pensar, em enviar Jesus para comparecer perante Herodes, que então se encontrava na cidade para a Páscoa. Pilatos também pensou que esse gesto poderia ajudar, como um antídoto para o rancor que existia há algum tempo entre ele próprio e Herodes, devido aos numerosos mal-entendidos sobre questões de jurisdição.

Pilatos chamou os guardas e disse: "Este homem é galileu. Levai-o imediatamente a Herodes e, depois que ele o houver interrogado, informai-me sobre as suas conclusões". E eles levaram Jesus a Herodes.

4. JESUS DIANTE DE HERODES

Permanecendo em Jerusalém, Herodes Antipas ocupava o velho palácio Macabeu de Herodes, o Grande; e, para essa casa do antigo rei, Jesus estava agora sendo levado pelos guardas do templo. Ele foi seguido pelos seus acusadores e por uma multidão que crescia. Herodes há muito havia ouvido falar de Jesus, e estava bastante curioso a respeito dele. Quando o Filho do Homem foi posto diante dele, nessa sexta-feira pela manhã, o perverso idumeu não se lembrou, sequer por um instante, do jovem de anos anteriores que comparecera perante ele, em Séforis, pleiteando uma decisão justa a respeito do dinheiro devido ao seu pai, acidentalmente morto durante o trabalho em um dos prédios públicos. Ao que sabia, Herodes nunca havia visto Jesus, embora tivesse estado muito preocupado, por causa dele, quando a sua obra esteve centrada na Galiléia. Agora que se encontrava sob a custódia de Pilatos e dos judeianos, Herodes estava desejoso de vê-lo, sentindo-se seguro contra qualquer problema com ele, no futuro. Herodes tinha ouvido muita coisa sobre os milagres operados por Jesus, e realmente esperava vê-lo fazer alguma coisa prodigiosa.

Quando trouxeram Jesus diante de Herodes, o tetrarca ficou assombrado com a sua aparência imponente e com a serenidade do seu semblante. Durante uns quinze minutos Herodes fez perguntas a Jesus, mas o Mestre não respondeu. Herodes escarneceu dele, desafiando-o a fazer um milagre, mas Jesus nada responderia às suas muitas inquirições, nem reagiria aos seus sarcasmos.

Então, Herodes voltou-se para os sacerdotes principais e para os saduceus e, escutando as acusações deles, ouviu a tudo o que Pilatos havia escutado e mais, a respeito das supostas maldades feitas pelo Filho do Homem. Finalmente, estando convencido de que Jesus não iria falar com ele, nem operar nenhum prodígio, Herodes, após tentar ridicularizá-lo por um certo tempo, colocou sobre ele um antigo manto real de cor púrpura e enviou-o de volta a Pilatos. Herodes sabia que a jurisdição, sobre Jesus na Judéia, não era dele. Embora estivesse contente de crer que, finalmente, se veria livre de Jesus na Galiléia, estava grato pelo fato de que seria Pilatos quem teria a responsabilidade de enviá-lo à morte. Herodes nunca se tinha recuperado completamente do medo que o amaldiçoava, em conseqüência de haver matado João Batista. Algumas vezes, Herodes havia até mesmo temido que Jesus pudesse ser João ressuscitado dos mortos. Agora, ele sentia-se aliviado desse medo, pois pôde observar que Jesus era um tipo de pessoa bem diferente do profeta feroz e franco que ousou denunciar e expor a sua vida privada.

5. JESUS DE VOLTA DIANTE DE PILATOS

Quando os guardas trouxeram Jesus de volta a ele, Pilatos saiu para os degraus da frente do pretório, onde o seu assento de julgamento havia sido colocado e, reunindo os sacerdotes principais e sinedristas, disse-lhes: "Vós trouxestes este homem a mim sob acusações de que ele subverte o povo, proíbe o pagamento de impostos, e pretende ser o rei dos judeus. Eu interroguei-o e não o considerei culpado dessas acusações. De fato, não vejo transgressões nele. Depois, eu o enviei a Herodes, e o tetrarca deve haver chegado à mesma conclusão, pois o enviou de volta para nós. Certamente, nada merecedor da sentença de morte foi cometido por este homem. Se ainda pensais que ele necessita ser castigado, estou disposto a puni-lo antes de libertá-lo".

No exato momento em que os judeus estavam prontos para começar a gritar em protesto contra a libertação de Jesus, uma vasta multidão veio aproximando-se do pretório com o propósito de pedir a Pilatos a libertação de um prisioneiro, em honra da comemoração da Páscoa. Durante algum tempo fora costume do governador romano permitir aos populares escolher algum homem prisioneiro ou condenado para receber o perdão na ocasião da Páscoa. E agora que essa multidão tinha vindo diante dele para pedir-lhe a libertação de um prisioneiro, e já que Jesus havia estado tão recentemente nas boas graças das multidões, ocorreu a Pilatos que certamente poderia livrar-se da sua difícil situação, com Jesus, agora como prisioneiro diante do seu assento de julgamento, propondo a essa multidão libertar para eles este homem da Galiléia, em sinal de boa vontade Pascal.

Enquanto a multidão lançava-se para subir a escada do edifício, Pilatos ouvia-a chamando o nome de um tal de Barrabás. Notório agitador político, ladrão e assassino, Barrabás era filho de um sacerdote e, recentemente, havia sido preso em flagrante no ato de roubo e assassinato na estrada de Jericó. Esse homem estaria sob a sentença de morte, tão logo terminassem as festividades da Páscoa.

Pilatos levantou-se e explicou à multidão que Jesus havia sido trazido a ele pelos sacerdotes principais, que procuravam condena-lo à morte sob algumas acusações; mas que ele não achava que o homem merecia morrer. Disse Pilatos: "E, portanto, a quem preferiríeis que eu liberte para vós, esse Barrabás, o assassino, ou esse Jesus da Galiléia?" Depois de Pilatos haver dito isso, os sacerdotes principais e os conselheiros sinedristas, todos gritaram com o máximo das suas vozes: "Barrabás, Barrabás!" E, quando o povo viu que os sacerdotes principais estavam decididos a conseguir levar Jesus à morte, rapidamente uniu-se ao pedido da execução dele e todos gritaram bem alto pela libertação de Barrabás.

Há poucos dias, essa mesma multidão havia contemplado Jesus com um respeito temeroso; no entanto a multidão não via com respeito a alguém que, tendo alegado ser o Filho de Deus, se encontrava agora sob a custódia dos sacerdotes e dirigentes principais e, perante Pilatos, sendo julgado com risco de perder a vida. Jesus podia ser um herói aos olhos do povo quando estivera expulsando os cambistas e os comerciantes do templo, mas não ao ser um prisioneiro que não resistia nas mãos dos seus inimigos e em um julgamento sob sentença de morte.

Pilatos ficou indignado ao ver os sacerdotes principais clamando perdão para um assassino notório e ao mesmo tempo gritando para conseguir o sangue de Jesus. Ele viu a malícia e o ódio, percebendo o preconceito e a inveja deles. E por isso disse-lhes: "Como pudestes escolher a vida de um assassino em lugar da vida deste homem cujo pior crime é chamar-se a si próprio, em sentido simbólico, de rei dos judeus?" Essa afirmação de Pilatos, porém, não foi muito sábia. Os judeus eram um povo orgulhoso, por ora sujeito ao jugo político romano, mas esperando pela vinda de um Messias que os libertasse da escravidão gentia, por meio de uma grande demons-tração de poder e de glória. Eles ressentiram-se, mais do que Pilatos poderia avaliar, com a insinuação de que este instrutor de maneiras suaves e de estranhas doutrinas, ora sob prisão e acusado de crimes dignos de pena de morte, fosse mencionado como "o rei dos judeus". Consideravam essa observação como um insulto a tudo o que possuíam como sagrado e honrado na sua existência nacional, e, por isso, todos eles soltaram forte o grito pela libertação de Barrabás e pela morte de Jesus.

Pilatos sabia que Jesus era inocente das acusações apresentadas contra ele e, hou-vesse ele sido um juiz justo e corajoso, o teria absolvido e libertado. Mas ele estava com medo de desafiar esses judeus furiosos. Enquanto hesitava em cumprir o seu dever, um mensageiro chegou e apresentou a ele uma mensagem selada da sua esposa, Cláudia.

Aos que estavam reunidos diante dele, Pilatos indicou que gostaria de ler uma co-municação, recebida naquele momento, antes de continuar com a questão que tinha diante de si. Ao abrir a carta da sua esposa, Pilatos leu: "Oro para que nada tenhas a ver com este homem inocente e justo a quem eles chamam de Jesus. Eu sofri muito essa noite, em sonho, por causa dele". Essa nota de Cláudia não apenas perturbou bastante a Pilatos, que por causa disso retardou o julgamento dessa questão, mas, infelizmente, também proporcionou um tempo considerável aos dirigentes judeus para que circulassem livremente pela multidão, incitando o povo a pedir a libertação de Barrabás e clamar pela crucificação de Jesus.

Finalmente, Pilatos voltou a tratar da solução do problema que tinha pela frente, indagando à assembléia mista de dirigentes judeus e à multidão em busca do perdão: "O que devo fazer com aquele que é chamado de rei dos judeus?" E todos gritaram em um só acorde: "Crucifica-o! Crucifica-o!" A unanimidade desse pedido feito por uma multidão com gente de todo tipo espantou o alarmado Pilatos, um juiz injusto e assaltado pelo medo.

Então, uma vez mais Pilatos disse: "Por que crucificaríeis este homem? Que mal ele fez? Quem virá até aqui para testemunhar contra ele?" Mas quando ouviram Pi-latos falar em defesa de Jesus, apenas gritaram ainda mais e mais alto: "Crucifica-o! Crucifica-o!"

Então, Pilatos apelou ainda uma outra vez, perguntando sobre a libertação de um prisioneiro na Páscoa, dizendo: "Uma vez, eu ainda vos pergunto, qual desses prisio-neiros devo libertar para vós, nesta época da vossa Páscoa?" E de novo a multidão berrou: "Dá-nos Barrabás!"

Então Pilatos disse: "Se eu libertar Barrabás, o assassino, o que farei com Jesus?" E, uma vez mais, a multidão esgoelou em uníssono: "Crucifica-o! Crucifica-o!"

Pilatos estava aterrorizado com a insistência do clamor da multidão, agindo sob a liderança direta dos sacerdotes principais e dos conselheiros do sinédrio; e decidiu, contudo, uma vez mais, ao menos, tentar apaziguar a multidão e salvar Jesus.

6. O ÚLTIMO APELO DE PILATOS

Apenas os inimigos de Jesus participavam de tudo o que acontecia, nessa manhã de sexta-feira, diante de Pilatos. Os seus amigos, muitos, ainda não sabiam da sua prisão noturna e do julgamento bem cedo pela manhã, ou estavam escondidos para não serem também presos e julgados merecedores da morte por acreditarem nos ensinamentos de Jesus. Na multidão, que agora clamava pela morte do Mestre, estavam apenas os seus inimigos jurados e o povo que não pensa e se deixa levar facilmente.

Pilatos faria ainda um último apelo à piedade de todos. Estando temeroso de desafiar o clamor dessa multidão desguiada que gritava pelo sangue de Jesus, ele ordenou aos guardas judeus e aos soldados romanos que levassem Jesus e que o açoitassem. Esse foi, em si mesmo, um procedimento injusto e ilegal, pois a lei romana estipulava que apenas os condenados à morte por crucificação ficassem sujeitos a tal flagelo. Os guardas levaram Jesus ao pátio aberto do pretório para esse suplício. Ainda que os seus inimigos não houvessem testemunhado esse açoitamento, Pilatos o fez e, antes que houvessem terminado com esse abuso perverso, mandou aos açoitadores que parassem e indicou que Jesus deveria ser trazido a ele. Depois de atarem Jesus ao poste de flagelo e antes de golpearem-no com os seus chicotes cheios de nódulos, os açoitadores de novo colocaram nele o manto purpúreo e trançaram uma coroa de espinhos para colocá-la sobre a sua fronte. E, depois de pôr na sua mão um talo de cana, simulando um cetro, eles ajoelharam-se diante dele e zombaram, dizendo: "Salve, rei dos judeus!" E cuspiram nele e bateram-lhe no rosto com as próprias mãos. E um deles, antes de voltarem com ele a Pilatos, tomou da mão de Jesus o talo e com ele bateu-lhe na cabeça.

Então Pilatos conduziu para o lado de fora este prisioneiro sangrando e dilacerado e, apresentando-o perante a multidão variegada, disse: "Eis o homem! De novo eu declaro a vós que não vejo nenhum crime nele e, tendo açoitado-o, eu gostaria de libertá-lo".

E ali estava Jesus de Nazaré, vestido em um velho manto real purpúreo, com uma coroa de espinhos que feria a sua bondosa fronte. O seu rosto estava manchado de sangue e o seu corpo encontrava-se curvado pelo sofrimento e a tristeza. Mas nada pode comover os corações insensíveis daqueles que são vítimas de um ódio emocional intenso e que são escravos do preconceito religioso. A visão dessa cena causou um forte estremecimento nos reinos de um vasto universo, mas não tocou os corações daqueles que tinham as mentes fixas na destruição de Jesus.

Quando se recuperaram do primeiro choque de ver o estado do Mestre, apenas gritaram ainda mais alto e mais prolongadamente: "Crucifica-o! Crucifica-o! Crucifica-o!"

E agora Pilatos compreendeu que era inútil apelar para os supostos sentimentos de piedade deles. E, dando um passo adiante, disse: "Percebo que vós estais mesmo decididos que este homem deva morrer, mas o que foi que ele fez para merecer a morte? Quem irá declarar o seu crime?"

Então o próprio sumo sacerdote deu um passo adiante e, subindo até Pilatos, declarou irado: "Temos uma lei sagrada, e por essa lei este homem deve morrer, porque ele se fez passar pelo Filho de Deus". Quando Pilatos ouviu isso, ficou ainda mais amedrontado, não apenas com os judeus, mas, relembrando-se do bilhete da sua esposa e da mitologia grega, sobre os deuses descendo à Terra, ele temia agora com o pensamento de que Jesus talvez pudesse ser um personagem divino. Acenou para a multidão acalmar-se, enquanto tomava Jesus pelo braço e de novo conduzia-o para dentro do edifício a fim de interrogá-lo outra vez. Pilatos agora estava confundido pelo medo, desnorteado pela superstição e fustigado pela atitude obstinada do povaréu.

7. A ÚLTIMA ENTREVISTA COM PILATOS

Quando, tremendo de emoção atemorizada, assentou-se ao lado de Jesus, Pilatos inquiriu: "De onde vens? Realmente, quem és tu? O que é isso que estão dizendo, que tu és o Filho de Deus?"

Mas Jesus dificilmente podia responder a tais perguntas, pois elas eram feitas por um juiz hesitante, fraco, com medo dos homens e que era injusto a ponto de sujeitá-lo ao açoite, mesmo depois de declarar que ele era inocente de qualquer crime, e antes mesmo de que tivesse sido ele devidamente sentenciado à morte. Jesus olhou para Pilatos bem de frente, mas nada lhe respondeu. Então Pilatos disse: "Tu te recusas a falar comigo? Não consegues perceber que eu ainda tenho o poder de libertar-te ou de crucificar-te?" Então Jesus disse: "Tu não poderias ter nenhum poder sobre mim se isso não fosse permitido de cima. Nenhuma autoridade tu poderias exercer sobre o Filho do Homem, a menos que o Pai no céu o permitisse. Mas não tens tanta culpa, já que ignoras o evangelho. Aquele que me traiu e aquele que me entregou a ti, eles sim cometeram o maior pecado".

Essa última conversa com Jesus amedrontou profundamente a Pilatos. Esse covarde moral e esse juiz débil agora lidava com o duplo fardo do medo supersticioso de Jesus e do temor mortal dos líderes judeus.

De novo Pilatos apareceu diante da multidão, dizendo: "Estou certo de que esse homem é apenas um transgressor religioso. Devíeis levá-lo e julgá-lo segundo a vossa lei. Por que devíeis esperar que eu consentisse na sua morte por ter ele entrado em choque com as vossas tradições?"

Pilatos estava como que pronto para libertar Jesus quando Caifás, o sumo sacerdote, aproximou-se do covarde juiz romano e, agitando um dedo vingativo no rosto de Pilatos, disse, com palavras iradas, as quais toda a multidão pôde ouvir: "Se libertares esse homem, não és amigo de César; e eu farei com que o imperador saiba de tudo". Essa ameaça pública era demais para Pilatos. O medo pela sua situação pessoal agora eclipsava quaisquer outras considerações, e o covarde governador ordenou que Jesus fosse trazido diante do assento de julgamento. E enquanto o Mestre permanecia lá diante deles, Pilatos apontou para ele e disse em escárnio, "Aqui está o vosso rei". E os judeus responderam: "Fora com ele. Crucifica-o!" E então, com muita ironia e sarcasmo, Pilatos disse: "Devo crucificar o vosso rei?" E os judeus responderam: "Sim, crucifica-o! Não temos outro rei além de César". E foi então que Pilatos compreendeu que não havia esperança de salvar Jesus, já que ele não queria desafiar os judeus.

8. A TRÁGICA CAPITULAÇÃO DE PILATOS

Ali estava o Filho de Deus encarnado como o Filho do Homem. Ele fora preso sem acusação de culpa; acusado sem evidências; julgado sem testemunhas; punido sem um veredicto, e, agora, estava para ser, em breve, condenado a morrer por um juiz injusto que confessava não haver encontrado nenhum erro nele. Se Pilatos pensara em apelar para o patriotismo deles referindo-se a Jesus como o "rei dos judeus", equivocara-se redondamente. Os judeus não estavam esperando por nenhum rei como esse. A declaração dos sacerdotes principais e dos saduceus: "Não temos nenhum rei a não ser César", foi um choque até para o povo irrefletido; mas agora, ainda que a multidão ousasse abraçar a causa do Mestre, era tarde demais para salvar Jesus.

Pilatos temia um tumulto ou um motim. Ele não ousaria arriscar-se a ter uma tal perturbação durante a época da Páscoa em Jerusalém. Recentemente havia recebido uma reprimenda de César, e não se arriscaria a receber outra. A multidão aplaudiu quando ele ordenou a libertação de Barrabás. Então, ele ordenou que lhe trouxessem uma bacia e um pouco de água para que, ali mesmo, perante a multidão, ele lavasse as próprias mãos, dizendo: "Sou inocente do sangue deste homem. Estais decididos que ele deve morrer, mas eu não encontrei nenhuma culpa nele. E, pois, cuidai vós disso. Os soldados o levarão". E então a multidão aplaudiu e replicou: "Que o seu sangue caia sobre nós e sobre os nossos filhos".

DOCUMENTO 186

POUCO ANTES DA CRUCIFICAÇÃO

Q UANDO Jesus e os seus acusadores partiram para ver Herodes, o Mestre voltou-se para o apóstolo João e disse: "João, podes fazer mais por mim. Vai até a minha mãe e traze-a para ver-me, antes que eu morra". Quando João ouviu o pedido do seu Mestre, embora ficasse relutante em deixá-lo a sós com os seus inimigos, apressou-se a ir a Betânia, onde toda a família de Jesus estava reunida, à espera, na casa de Marta e Maria, irmãs de Lázaro a quem Jesus ressuscitou dos mortos.

Por várias vezes durante a manhã, os mensageiros haviam trazido notícias a respeito do progresso do julgamento de Jesus, para Marta e Maria. Mas a família de Jesus não alcançou Betânia senão uns poucos minutos antes de João haver chegado, trazendo o pedido de Jesus para ver a sua mãe antes de ser levado à morte. Depois que João Zebedeu contou a eles tudo que havia acontecido, desde a prisão de Jesus à meia-noite, Maria, a mãe dele, foi imediatamente, em companhia de João, ver o seu filho mais velho. No momento em que Maria e João chegaram à cidade, Jesus, acompanhado pelos soldados romanos que iam crucificá-lo, havia chegado já ao Gólgota.

Quando Maria, a mãe de Jesus, partiu com João para ver o seu filho, a sua irmã Rute negou-se a ficar para trás com o resto da família. E, já que ela estava decidida a acompanhar a sua mãe, o seu irmão Judá foi com elas. O restante da família do Mestre permaneceu em Betânia sob a liderança de Tiago, e a cada hora, quase, os mensageiros de Davi Zebedeu traziam a eles notícias sobre o andamento daquele assunto terrível que era a execução da sentença de morte do seu irmão mais velho, Jesus de Nazaré.

1. O FIM DE JUDAS ISCARIOTES

Foi por volta das oito e meia, dessa sexta-feira pela manhã, que a audiência de Jesus perante Pilatos deu-se por terminada; e só então o Mestre foi colocado sob a custódia dos soldados romanos que deviam crucificá-lo. Tão logo os romanos tomaram posse de Jesus, o capitão dos guardas judeus marchou com os seus homens de volta para a sua sede no templo. O sumo sacerdote e os seus parceiros sinedristas seguiram atrás dos guardas, bem de perto, indo diretamente para o seu local usual de encontro na sala de pedra lavrada no templo. Ali eles encontraram muitos outros membros do sinédrio, esperando para saber o que havia sido feito com Jesus. Enquanto Caifás ocupava-se fazendo o seu relatório para o sinédrio, a respeito do julgamento e da condenação de Jesus, Judas apareceu diante deles para reclamar a sua recompensa pelo papel que teve na prisão e na sentença de morte do seu Mestre.

Todos esses judeus detestavam Judas e olharam para o traidor apenas com sentimentos de total desprezo. Durante o julgamento de Jesus perante Caifás e durante o seu comparecimento diante de Pilatos, Judas esteve com a consciência afligida por causa da sua conduta de traidor. E estava também começando a ficar um tanto desiludido com a recompensa que ia receber como pagamento pelos seus serviços de trair Jesus.

Ele não gostou da frieza e da indiferença das autoridades judias; entretanto esperava ser amplamente recompensado pela sua conduta covarde. Ele antecipava que fosse chamado perante uma reunião completa do sinédrio e que ali ouviria os elogios, enquanto eles conferiram a ele as honrarias adequadas como prova do grande serviço que ele se vangloriava haver prestado à sua nação. Imaginai, pois, a grande surpresa desse traidor egoísta, quando um servo do sumo sacerdote, tocando em seu ombro, chamou-o para que saísse da sala e foi dizendo: "Judas, eu fui indicado para pagar-te pela traição de Jesus. Aqui está a tua recompensa". E, falando assim, o servo de Caifás entregou a Judas uma bolsa que continha trinta moedas de prata – o preço, em vigor, de um escravo bom e saudável.

Judas ficou atônito, aturdido. E correu para entrar na sala, mas foi barrado pelo porteiro. Queria apelar para o sinédrio, mas não quiseram recebê-lo. Judas não podia crer que esses dirigentes judeus tivessem esperado que ele traísse os seus amigos e o seu Mestre para depois oferecerem a ele trinta moedas de prata como recompensa. Estava humilhado, desiludido e totalmente oprimido. Ele saiu do templo, por assim dizer, em um transe. Automaticamente, deixou a bolsa de dinheiro cair no fundo do seu bolso, aquele mesmo bolso onde, por tanto tempo, ele havia levado a bolsa que continha os fundos apostólicos. E perambulou por toda a cidade, atrás das multidões que estavam a caminho de presenciar as crucificações.

À distância Judas viu que levantavam a cruz na qual Jesus estava pregado e, ao ver isso, correu de volta ao templo e, forçando a sua passagem junto ao porteiro, viu-se na presença do sinédrio, ainda reunido. O traidor achava-se quase sem respiração e altamente perturbado, mas conseguiu balbuciar estas palavras: "Eu pequei porque traí contra sangue inocente. Vós me insultastes. Oferecestes dinheiro a mim como recompensa pelo meu serviço – o preço de um escravo. Arrependo-me de ter feito isso; aqui está o vosso dinheiro. Eu quero escapar da culpa de ter cometido esse ato".

Ao ouvirem Judas, os dirigentes dos judeus escarneceram dele. Um deles, assentado perto de onde estava Judas, acenou para que ele saísse da sala, dizendo: "O teu Mestre já foi executado pelos romanos e, quanto à tua culpa, o que é isso para nós? Cuida tu dela – e fora daqui!"

Ao deixar a sala do sinédrio, ele retirou as trinta moedas de prata da bolsa e jogou-as, espalhando-as pelo assoalho do templo. Quando o traidor deixou o templo, ele encontrava-se quase fora de si. Judas estava agora passando pela experiência da compreensão da verdadeira natureza do pecado. Todo o encanto, o fascínio e a embriaguez da má ação haviam-se esvaído. Agora o pecador encontrava-se só e frente a frente com o veredicto do julgamento da sua alma desiludida e desapontada. O pecado é fascinante e aventuroso ao ser cometido; mas, agora, a colheita dos fatos nus e pouco românticos devia ser enfrentada.

Este que fora um embaixador do Reino do céu na Terra, caminhou então pelas ruas de Jerusalém, abandonado e só. O seu desespero era irremediável e quase absoluto. E ele continuou pela cidade e para fora dos seus muros, até a solidão terrível do vale do Hinom, onde subiu pelas rochas escarpadas e, tirando o cinturão do seu manto, atou uma das extremidades a uma árvore pequena, e a outra em volta do próprio pescoço e jogou-se no precipício. Antes de morrer, o nó feito pelas suas mãos nervosas desatou-se, e o corpo do traidor arremeteu-se, fazendo-se em pedaços ao cair por sobre as rochas pontiagudas embaixo.

2. A ATITUDE DO MESTRE

Quando foi preso, Jesus sabia que o seu trabalho na Terra, à semelhança da carne mortal, havia sido concluído. Ele compreendeu plenamente a espécie de morte que teria e pouco preocupado esteve com os detalhes do seu assim chamado julgamento.

Perante o tribunal sinedrista Jesus recusou-se a dar respostas aos depoimentos dos testemunhos perjuros. Havia apenas uma pergunta que esclareceria para sempre uma resposta, feita fosse por um amigo ou um inimigo, era a que dizia respeito à natureza e divindade da sua missão na Terra. Quando perguntado se ele era o Filho de Deus, infalivelmente responderia. E, imperturbável, ele recusou-se a falar quando em presença do estranho e perverso Herodes. Diante de Pilatos falou apenas quando achou que Pilatos, ou alguma outra pessoa sincera, poderia ainda ser ajudada a ter um conhecimento melhor da verdade, por meio do que ele dissesse. Jesus havia ensinado aos seus apóstolos a inutilidade de atirar as suas pérolas aos porcos e, agora, ele praticava, ousando, o que havia ensinado. A sua conduta nessa época exemplificava a submissão paciente da natureza humana, unida ao silêncio majestoso e à dignidade solene da natureza divina. Ele estava totalmente disposto a conversar com Pilatos sobre qualquer questão relacionada às acusações políticas levantadas contra ele – qualquer questão que ele reconhecesse como pertencendo à jurisdição do governador.

Jesus estava convencido de que a vontade do Pai era de que ele se submetesse à seqüência natural e comum dos acontecimentos humanos, exatamente como qualquer outra criatura mortal havia de fazer; e por isso recusou-se a empregar até mesmo os seus poderes puramente humanos de eloqüência persuasiva para influenciar a conseqüência das maquinações dos seus semelhantes mortais socialmente míopes e espiritualmente cegos. Embora Jesus tenha vivido e morrido em Urântia, toda a sua carreira humana, do princípio ao fim, foi um acontecimento destinado a influenciar e a instruir todo o universo da sua criação e da sua incessante sustentação.

Esses judeus de pouca visão clamavam sem decoro pela morte do Mestre, enquanto ele permanecia lá, em um silêncio terrível, olhando a cena de morte de uma nação – o próprio povo do seu pai.

Jesus havia adquirido aquele tipo de caráter humano que conseguiria manter a própria compostura e afirmar a sua dignidade, diante mesmo do insulto contínuo e gratuito. Ele não podia ser intimidado. Quando, pela primeira vez, foi atacado pelo servo de Anás, ele havia apenas sugerido que valeria a pena convocar as testemunhas que poderiam atestar devidamente contra ele.

Do princípio ao fim, no seu chamado julgamento diante de Pilatos, as hostes celestes, observando os acontecimentos, não puderam abster-se de transmitir ao universo uma descrição da cena como de "Pilatos, sendo julgado diante de Jesus".

Quando esteve diante de Caifás, e quando todos os testemunhos perjuros desmoronaram-se, Jesus não hesitou em responder à pergunta do sumo sacerdote, provendo assim com o seu próprio testemunho a base que desejavam para condená-lo por blasfêmia.

O Mestre nunca manifestou o menor interesse pelos esforços bem-intencionados, mas acanhados, de Pilatos, para efetivar a sua libertação. De fato, tinha pena de Pilatos e, sinceramente, tentou esclarecer a sua mente obscurecida. E totalmente passivo permaneceu diante de todos os apelos do governador aos judeus, para retirarem as suas acusações criminais contra si. Durante toda a triste provação, comportou-se com uma dignidade simples e com majestade sem ostentação. Ele não quis nem mesmo realçar a insinceridade daqueles que queriam assassiná-lo, quando perguntaram se ele era o "rei dos judeus". Aceitou essa designação com um mínimo de esforço para retificá-la, pois sabia que, conquanto houvessem escolhido rejeitá-lo, seria ele o último a representar para eles uma liderança nacional real, ainda que em um sentido espiritual.

Jesus disse pouca coisa durante esses julgamentos, mas falou o suficiente para mostrar a todos os mortais a qualidade do caráter humano que pode ser aperfeiçoado por um homem, quando em ligação com Deus; e para revelar a todo o universo o modo pelo qual Deus pode tornar-se manifesto, na vida da criatura, quando tal criatura escolhe verdadeiramente fazer a vontade do Pai, transformando-se assim em um filho ativo do Deus vivo.

O seu amor pelos mortais ignorantes é mostrado amplamente pela sua paciência e sua grande presença de espírito diante da zombaria, dos golpes e bofetadas dos soldados grosseiros e dos servos irrefletidos. Ele nem ficou com raiva quando eles vendaram os seus olhos e, ridicularizando-o, esbofetearam o seu rosto, exclamando: "Profetiza, então, quem de nós esbofeteou o teu rosto".

Pilatos falou mais verdadeiramente do que ele próprio podia supor quando, depois de Jesus ter sido açoitado, apresentou-o à multidão, exclamando: "Contemplai, eis o homem!" De fato, o governador romano, cheio de temores, mal sonhava que exatamente naquele momento o universo permanecia atento, presenciando essa cena única do seu amado Soberano, assim submetido à humilhação, aos escárnios e aos golpes dos seus súditos mortais pouco esclarecidos e degradados. E o que Pilatos disse ecoou em todo o Nébadon: "Contemplai, eis o Deus e o homem!" Em todo um universo, milhões incontáveis a partir daquele dia continuaram a contemplar aquele homem, enquanto o Deus em Havona, o dirigente supremo do universo dos universos, aceita o homem de Nazaré como sendo a satisfação do ideal para as criaturas mortais desse universo local do tempo e do espaço. Na sua vida sem par, ele nunca deixou de revelar Deus ao homem. Agora, nesses episódios finais da sua carreira mortal e da sua morte subseqüente, ele fazia uma revelação nova e tocante do homem para Deus.

3. A ALTA CONFIABILIDADE DE DAVI ZEBEDEU

Pouco depois de Jesus haver sido entregue aos soldados romanos, na conclusão da audiência perante Pilatos, um destacamento de guardas do templo apressou-se até o Getsêmani para dispersar ou prender os seguidores do Mestre. Mas, muito antes da chegada deles, esses seguidores já se haviam dispersado. Os apóstolos retiraram-se para os esconderijos designados; os gregos separaram-se e foram para várias casas em Jerusalém; os outros discípulos desapareceram do mesmo modo. Davi Zebedeu acreditava que os inimigos de Jesus voltariam; e, assim, logo ele retirou umas cinco ou seis tendas para a ravina, perto de onde o Mestre tão freqüentemente ia orar e adorar. Ali ele propunha esconder e ao mesmo tempo manter um centro, ou uma estação coordenadora, para o serviço dos seus mensageiros. Davi mal tinha deixado o campo quando os guardas do templo chegaram. Não encontrando ninguém ali, contentaram-se em queimar o acampamento e então voltaram apressados para o templo. Ao ouvir o relato deles, o sinédrio ficou satisfeito de que os seguidores de Jesus, tão profundamente amedrontados e subjugados, houvessem fugido, eliminando qualquer perigo de revolta ou tentativa para resgatar Jesus das mãos dos seus executores. Eles podiam afinal respirar com alívio, e assim terminaram a reunião, cada homem tomando o seu caminho a fim de preparar-se para a Páscoa.

Tão logo Jesus havia sido entregue aos soldados romanos por Pilatos, para a crucificação, um mensageiro apressou-se até o Getsêmani para informar a Davi e, em cinco minutos, os corredores estavam a caminho de Betsaida, Pela, Filadélfia, Sidom, Síquem, Hebrom, Damasco e Alexandria. E esses mensageiros levaram as notícias de que Jesus estava para ser crucificado pelos romanos diante da exigência insistente dos dirigentes judeus.

Durante esse dia trágico, até receber o aviso de que o Mestre havia sido colocado na tumba, Davi enviara os mensageiros a cada meia hora com relatórios aos apóstolos, aos gregos e à família terrena de Jesus, reunida na casa de Lázaro em Betânia. Quando os mensageiros partiram com a notícia de que Jesus havia sido sepultado, Davi dispensou o grupo de corredores locais para a celebração da Páscoa e para o sábado de descanso, e, em seguida, instruiu-lhes para que se reportassem a ele discretamente no domingo pela manhã, na casa de Nicodemos, onde ele se propunha permanecer escondido por alguns dias com André e Simão Pedro.

Esse Davi Zebedeu, com o seu modo de pensar peculiar, foi o único dos discípulos principais de Jesus que se achava inclinado a ter uma visão, ao pé da letra, sobre a afirmação positiva do Mestre de que ele iria morrer e "ressuscitar ao terceiro dia". Certa vez, Davi ouvira-o fazer essa predição e, tendo uma mente prática e que via as coisas literalmente, agora se propunha reunir os seus mensageiros no domingo, pela manhã bem cedo, na casa de Nicodemos, de modo tal que eles estivessem à mão para disseminar as novas, no caso de Jesus ressuscitar dos mortos. Davi logo descobriu que nenhum dos seguidores de Jesus estava esperando que ele retornasse tão cedo da sepultura; e por isso ele pouco disse sobre a sua crença e nada revelou sobre a mobilização, em sua força plena, dos mensageiros cedo no domingo, exceto para os corredores que haviam sido despachados na sexta-feira, à tarde, para as cidades distantes e para os centros de crentes.

E, assim, esses seguidores de Jesus, espalhados por toda a Jerusalém e pelos seus arredores, naquela noite, compartilharam da Páscoa e no dia seguinte permaneceram em reclusão.

4. A PREPARAÇÃO PARA A CRUCIFICAÇÃO

Pilatos lavou as suas mãos diante da multidão, buscando assim escapar da culpa por mandar um homem inocente para ser crucificado, apenas porque ele temia resistir ao clamor dos dirigentes judeus; e, em seguida, mandou que o Mestre fosse entregue aos soldados romanos e deu instruções ao capitão deles para que o crucificasse imediatamente. Ao tomarem Jesus ao seu encargo, os soldados conduziram-no de volta ao pátio do pretório e, depois de remover o manto que Herodes havia colocado sobre ele, eles vestiram-no com as suas próprias roupas. Esses soldados zombaram e escarneceram dele, mas não mais lhe infligiram nenhuma punição física. Jesus agora estava só com esses soldados romanos. Os seus amigos permaneciam escondidos; os seus inimigos haviam seguido o próprio caminho; até mesmo João Zebedeu não se encontrava mais a seu lado.

Pilatos entregou Jesus aos soldados, pouco depois das oito horas; e um pouco antes das nove, eles partiram para o local da crucificação. Durante esse período de mais de meia hora, Jesus não falou sequer uma palavra. Os assuntos executivos de um grande universo ficaram praticamente em compasso de espera. Gabriel e os seus principais dirigentes de Nébadon encontravam-se reunidos aqui em Urântia, ou então acompanhando de perto os relatórios espaciais dos arcanjos, em um esforço de mantê-los informados sobre o que estava acontecendo ao Filho do Homem em Urântia.

Quando os soldados ficaram prontos para partir com Jesus, em direção ao Gólgota, eles começaram a ficar impressionados com a compostura incomum, e a extraordinária dignidade e o seu silêncio sem queixas de Jesus.

Grande parte da demora em partir com ele para o local da crucificação foi devida à decisão, de última hora, tomada pelo capitão, de levar junto os dois ladrões que haviam sido condenados a morrer; já que Jesus devia ser crucificado naquela manhã, o capitão romano julgou que esses dois podiam muito bem morrer com ele, em vez de esperar pelo fim das festividades da Páscoa.

Tão logo os ladrões puderam ser aprontados, eles foram conduzidos ao pátio, onde, ao olharem para Jesus, um deles estava vendo-o pela primeira vez, mas o outro estivera, por várias vezes, ouvindo-o falar, não apenas no templo, mas, meses antes, no campo de Pela.

5. A MORTE DE JESUS EM RELAÇÃO À PÁSCOA

Não há nenhuma relação direta entre a morte de Jesus e a Páscoa judaica. Verdade é que o Mestre entregou a sua vida na carne nesse dia, o Dia da Preparação para a Páscoa judaica, e por volta da hora do sacrifício dos cordeiros da Páscoa no templo. Mas a coincidência desses acontecimentos de nenhuma maneira indica que a morte do Filho do Homem, na Terra, tenha qualquer ligação com o sistema de sacrifícios dos judeus. Jesus era um judeu, e, como Filho do Homem, era um mortal dos reinos. Os acontecimentos já narrados, que conduziram a esse momento da crucificação iminente do Mestre, são suficientes para indicar que a sua morte por volta desse momento foi uma questão natural e manipulada inteiramente pelos homens.

Foi o homem, e não Deus, que planejou e executou a morte de Jesus na cruz. Bem verdade é que o Pai recusou-se a interferir na marcha dos acontecimentos humanos em Urântia, mas o Pai no Paraíso não decretou, nem exigiu ou solicitou a morte do seu Filho, como foi executada na Terra. É um fato que, de alguma maneira, mais cedo ou mais tarde, Jesus teria tido que se despojar do corpo mortal, da sua encarnação nessa carne, mas ele poderia haver cumprido essa tarefa de inúmeros modos, sem que fosse necessário morrer em uma cruz entre dois ladrões. Tudo isso foi um feito do homem, não de Deus.

Na época do batismo do Mestre, já havia ele concluído a técnica da experiência exigida na Terra e na carne, necessária para completar a sua sétima e última auto-outorga no universo. Nessa mesma época o dever de Jesus na Terra estava já cumprido. Daí por diante, toda a vida que ele viveu e mesmo o modo da sua morte foram uma ministração puramente pessoal da sua parte para o bem-estar e para a elevação das suas criaturas mortais neste mundo e em outros mundos.

O evangelho das boas-novas, de que o homem mortal pode, pela fé, tornar-se consciente espiritualmente de que é um filho de Deus, não depende em nada da morte de Jesus. É bem verdade, de fato, que todo o evangelho do Reino haja sido imensamente iluminado pela morte do Mestre, no entanto foi ainda e muito mais iluminado pela sua vida.

Tudo que o Filho do Homem disse ou fez na Terra embelezou grandemente as doutrinas da filiação a Deus e da fraternidade dos homens, mas essas relações essenciais, entre Deus e os homens, são inerentes aos fatos universais do amor de Deus pelas suas criaturas e à misericórdia inata dos Filhos divinos. Essas relações tocantes e divinamente belas, entre o homem e o seu Criador, neste mundo e em todos os outros, em todo o universo dos universos, têm existido desde a eternidade; e elas não são, em nenhum sentido, dependentes das atuações, como tais, nas auto-outorgas periódicas que fazem os Filhos Criadores de Deus, assumindo assim a natureza e a semelhança das suas inteligências criadas, como uma parte do preço que devem pagar para a aquisição final da soberania ilimitada sobre os seus respectivos universos locais.

O Pai no céu amava os homens mortais na Terra antes da vida e da morte de Jesus, em Urântia, tanto quanto ele ama depois dessa demonstração transcendental de co-participação entre o homem e Deus. Essa transação poderosa da encarnação do Deus de Nébadon, como um homem, em Urântia, não poderia aumentar os atributos do Pai eterno, infinito e universal; no entanto, enriqueceu e iluminou a todos os outros administradores e criaturas do universo de Nébadon. Conquanto não haja de ser por isso que o Pai do céu em nada mais nos amaria, é, todavia, em vista dessa autodoação de Michael que todas as outras inteligências celestes nos amam mais. E isso é assim porque Jesus não apenas fez uma revelação de Deus para o homem, mas porque, do mesmo modo, fez uma nova revelação do homem aos Deuses e às inteligências celestes do universo dos universos.

Jesus não esteve na iminência de morrer em um sacrifício pelo pecado. Ele não iria expiar a culpa moral inata da raça humana. A humanidade não tem uma culpa racial perante Deus. A culpa é puramente uma questão do pecado pessoal e consciente, da rebelião deliberada contra a vontade do Pai e contra a administração dos seus Filhos.

O pecado e a rebelião nada têm a ver com o plano fundamental das auto-outorgas feito para os Filhos do Paraíso de Deus; embora pareça a nós que o plano de salvação seja um aspecto provisional do plano das auto-outorgas.

A salvação dada por Deus aos mortais de Urântia teria sido tão efetiva e inequivocamente segura se Jesus não tivesse sido levado à morte pelas mãos cruéis de mortais ignorantes. Se o Mestre tivesse sido favoravelmente recebido pelos mortais da Terra e se tivesse partido de Urântia por meio da renúncia voluntária da sua vida na carne, o fato do amor de Deus e da misericórdia do Filho – o fato da filiação a Deus – não teria, de nenhum modo, sido afetado. Vós, mortais, sois filhos de Deus, e apenas uma coisa é exigida para que essa verdade seja factual na vossa existência pessoal, e esta é a vossa fé, nascida do espírito.

DOCUMENTO 187

A CRUCIFICAÇÃO

APÓS os dois ladrões haverem sido preparados, sob o comando de um centurião, os soldados partiram para o local da crucificação. O centurião encarregado desses doze soldados era o mesmo capitão que havia conduzido os soldados romanos na noite anterior para prender Jesus no Getsêmani. Era costume dos romanos designar quatro soldados para cada pessoa a ser crucificada. Os dois ladrões foram devidamente açoitados antes de serem levados para a crucificação, mas a Jesus nenhuma punição física mais foi dada; o capitão sem dúvida julgou que ele havia já sido suficientemente açoitado, antes mesmo da sua condenação.

Os dois ladrões crucificados com Jesus eram comparsas de Barrabás e, mais tarde, seriam executados até a morte com o seu líder, se este não houvesse sido libertado pelo perdão de Pilatos na Páscoa. Assim, Jesus foi crucificado no lugar de Barrabás.

O que Jesus, agora, está na iminência de realizar, ao submeter-se à morte na cruz, ele o faz segundo a sua própria vontade. Ao predizer essa experiência, ele afirma: "O Pai me ama e me sustenta porque eu estou disposto a entregar a minha própria vida. Mas eu a recuperarei novamente. Ninguém tira a minha vida de mim – eu a entrego por mim mesmo. Tenho autoridade para entregá-la, como tenho autoridade para retomá-la. Recebi esse mandado do meu Pai".

Era um pouco antes das nove horas dessa manhã quando os soldados saíram do pretório com Jesus, a caminho do Gólgota. E foram seguidos por algumas pessoas que secretamente simpatizavam com Jesus, mas a maior parte desse grupo de duzentas ou mais pessoas era de inimigos seus ou de curiosos vadios que meramente desejavam desfrutar do horror de presenciar as crucificações. Apenas uns poucos líderes judeus foram ver Jesus morrer na cruz. Sabendo que ele havia sido entregue aos soldados romanos, por Pilatos, e que havia sido condenado a morrer, eles ocupavam-se com a sua reunião no templo, onde, por causa de tudo isso, discutiam o que deveria ser feito com os seus seguidores.

1. A CAMINHO DO GÓLGOTA

Antes de deixar o pátio do pretório, os soldados colocaram a viga nos ombros de Jesus. Era costume obrigar o homem condenado a carregar a viga horizontal da cruz até o local da crucificação. Um homem condenado não carregava a cruz inteira, apenas essa travessa menor. As peças mais longas e verticais de madeira das três cruzes haviam sido transportadas para o Gólgota e, quando da chegada dos soldados e dos seus prisioneiros, achavam-se já firmemente fincadas no chão.

De acordo com o costume, o capitão liderava a procissão, e devia carregar pequenas plaquetas brancas em que se encontravam escritos a carvão os nomes dos criminosos e a natureza dos crimes pelos quais eles haviam sido condenados. Para os dois ladrões, o centurião tinha letreiros que traziam os seus nomes, sob os quais estava escrita uma palavra: "Bandido". Era costume, depois que a vítima havia sido pregada com cravos, à viga horizonal da cruz, e levantada até o seu local na viga vertical, pregar essa tabuleta no alto da cruz, pouco acima da cabeça do criminoso, para que todos os presentes pudessem conhecer o crime pelo qual o homem condenado estava sendo crucificado. A inscrição que o centurião levava para colocar na cruz de Jesus tinha sido escrita pelo próprio Pilatos, em latim, grego e aramaico, e nela se lia: "Jesus de Nazaré – Rei dos Judeus".

Algumas das autoridades judaicas, que ainda estavam presentes quando Pilatos terminou essa inscrição, fizeram um protesto vigoroso contra chamar Jesus de "rei dos judeus". Mas Pilatos lembrou-lhes que tal acusação era uma parte da incriminação que causara a condenação dele. Quando os judeus perceberam que não conseguiam impor-se a Pilatos para fazê-lo mudar de idéia, eles demandaram que pelo menos fosse modificada a inscrição, para constar: "Ele disse: 'eu sou o rei dos judeus' ". Pilatos, contudo, manteve-se inflexível; não alteraria a inscrição. A todas as outras súplicas ele apenas respondeu: "O que escrevi, está escrito".

Normalmente, o costume era ir até o Gólgota pela estrada mais longa, para que um grande número de pessoas pudesse ver o criminoso condenado, mas, nesse dia, eles foram pela estrada mais direta, até o portão de Damasco que conduzia para fora da cidade pelo norte e, seguindo por essa estrada, eles chegaram logo ao Gólgota, o local oficial de crucificação de Jerusalém. Depois do Gólgota ficavam as vilas dos ricos e, do outro lado da estrada, encontravam-se os túmulos de muitos judeus abastados.

A crucificação não era uma forma judaica de punição. Tanto os gregos quanto os romanos aprenderam esse método de execução com os fenícios. Mesmo Herodes, e toda a sua crueldade, não recorreu à crucificação. Os romanos nunca crucificaram um cidadão romano; apenas os escravos e os povos subjugados eram submetidos a esse modo desonroso de morte. Durante o sitiamento de Jerusalém, exatamente quarenta anos depois da crucificação de Jesus, todo o Gólgota esteve coberto por milhares e milhares de cruzes nas quais, dia a dia, a flor da raça judaica pereceu. De fato foi uma colheita terrível pelo que se semeou neste dia.

Enquanto a procissão de morte passava ao longo das ruas estreitas de Jerusalém, muitas das mulheres judias, de coração enternecido, que haviam ouvido as palavras de encorajamento e de compaixão de Jesus, e que conheciam a sua vida de ministério de amor, não conseguiam deixar de chorar quando o viram sendo levado para uma morte tão ignóbil. Enquanto ele passava, muitas dessas mulheres deploravam e lamentavam. E, quando algumas delas ousaram aproximar-se e seguir junto ao seu lado, o Mestre voltou a sua cabeça para elas e disse: "Filhas de Jerusalém, não choreis por mim, choreis antes por vós próprias e pelos vossos filhos. A minha obra está praticamente finalizada – logo irei para o meu Pai –, mas os tempos de tribulações terríveis para Jerusalém estão apenas começando. Vede, estão chegando os dias nos quais vós devereis dizer: Abençoados sejam as mulheres estéreis e os seios que nunca alimentaram nenhuma criança. Nesses dias vós orareis para que as pedras das montanhas caiam sobre vós, para que possais ser libertadas dos terrores que serão as vossas tribulações".

Essas mulheres de Jerusalém foram verdadeiramente corajosas ao manifestar simpatia por Jesus, pois era estritamente contra a lei demonstrar sentimentos amistosos por alguém que estava sendo conduzido à crucificação. Ao povaréu era permitido escarnecer, ridicularizar e zombar dos condenados, mas não era permitido que fosse expressa nenhuma simpatia por eles. Embora apreciasse a manifestação de simpatia, nessa hora escura em que os seus amigos estavam escondidos, Jesus não queria que essas mulheres de corações bondosos caíssem no desagrado das autoridades por ousar demonstrar compaixão por ele. Mesmo em momentos como esses Jesus pensava pouco em si próprio, pensava mais nos dias terríveis de tragédia que viriam para Jerusalém e para toda a nação judaica.

O Mestre andava penosamente pelo caminho da crucificação, pois ele estava muito cansado, quase exausto. Não tinha ingerido nem alimento, nem água, desde a Última Ceia na casa de Elias Marcos; nem lhe tinha sido permitido gozar de um momento de sono. Além disso, havia sido realizado um interrogatório atrás do outro, até a hora da sua condenação, para não mencionar os açoites abusivos, o sofrimento físico e a perda de sangue conseqüente. A tudo isso ainda se sobrepunham uma extrema angústia mental, a sua aguda tensão espiritual e um sentimento terrível de solidão humana.

Pouco depois de passar pelo portão do caminho de saída da cidade, Jesus cambaleou, carregando a viga da cruz, a sua força física momentaneamente diminuiu e ele caiu sob o peso da sua pesada carga. Os soldados gritaram com ele e chutaram-no, mas ele não conseguia levantar-se. Quando o capitão viu isso, sabendo o que Jesus havia já suportado, comandou aos soldados que desistissem. E então ordenou a um transeunte, um tal de Simão de Cirene, que tirasse a viga da cruz dos ombros de Jesus e obrigou-o a carregá-la pelo resto do caminho ao Gólgota.

Esse homem, Simão, tinha vindo da longa estrada de Cirene, no norte da África, para assistir à Páscoa. Ele estava alojado junto com os outros cireneus, no lado de fora dos muros da cidade, e encontrava-se a caminho dos serviços do templo na cidade, quando o capitão romano ordenou que carregasse a viga da cruz de Jesus. Simão permaneceu, durante todas as horas da morte do Mestre na cruz, conversando com muitos dos amigos e inimigos dele. Depois da ressurreição e antes de deixar Jerusalém, ele tornou-se um crente destemido do evangelho do Reino e, quando retornou para o seu lar, ele conduziu a sua família ao Reino celeste. Os seus dois filhos, Alexandre e Rufus, transformaram-se em instrutores muito eficientes do novo evangelho na África. Mas Simão nunca soube que Jesus, cujo fardo ele havia transportado, e o preceptor judeu, que certa vez havia feito amizade com o seu filho ferido, eram a mesma pessoa.

Pouco depois das nove horas, essa procissão de morte chegou ao Gólgota e os soldados romanos puseram-se a pregar os cravos dos dois ladrões e do Filho do Homem nas suas respectivas cruzes.

2. A CRUCIFICAÇÃO

Inicialmente os soldados amarraram os braços do Mestre com cordas à viga da cruz e, então, pregaram-no, pelas mãos, à madeira. Depois de içarem essa viga até o poste, e após haverem-na pregado com segurança na viga vertical da cruz, eles ataram e pregaram os seus pés na madeira, usando de um grande cravo para penetrar ambos os pés. O braço vertical possuía um grande apoio, colocado na altura apropriada, que servia como uma espécie de selim para suportar o peso do corpo. A cruz não era alta, e os pés do Mestre ficaram a um metro apenas do solo. Ele estava possibilitado de ouvir, portanto, tudo o que era dito em menosprezo a ele, e podia ver claramente a expressão nos rostos de todos aqueles que tão impensadamente zombavam dele. E também todos os presentes puderam ouvir facilmente, e na íntegra, o que Jesus disse durante essas horas de prolongada tortura e de morte lenta.

Era costume tirar todas as roupas daqueles que deviam ser crucificados, mas, como os judeus faziam fortes objeções quanto à exposição pública da forma humana desnuda, os romanos sempre providenciavam uma tanga adequada para todas as pessoas crucificadas em Jerusalém. Por isso, depois que as roupas de Jesus foram tiradas, ele ficou vestido desse modo, antes de ter sido colocado na cruz.

Recorria-se à crucificação para infligir uma punição cruel e demorada, e a vítima algumas vezes ficava sem morrer durante vários dias. Em Jerusalém havia um sentimento considerável de oposição à crucificação, e existia uma sociedade de mulheres judias que sempre enviava uma representante às crucificações, com o propósito de oferecer vinho drogado à vítima para minorar o seu sofrimento. Mas, quando Jesus provou desse vinho narcotizado, mesmo sedento como estava, ele recusou-se a bebê-lo. O Mestre escolheu manter a sua consciência humana até o final. Ele desejava encontrar a morte, ainda que de uma forma cruel e desumana como essa, e conquistá-la pela submissão voluntária à experiência humana plena.

Antes de Jesus ser colocado na cruz os dois ladrões haviam sido já postos nas suas cruzes, maldizendo todo o tempo e cuspindo nos seus executores. As únicas palavras de Jesus, quando o pregavam na viga da cruz, foram: "Pai, perdoa-lhes, pois não sabem o que fazem". Ele não poderia haver intercedido com mais misericórdia e amor pelos seus executores, se tais pensamentos de devoção afetuosa não tivessem sido o motivo principal de toda a sua vida de serviço não-egoísta. As idéias, os motivos e as aspirações de uma vida são abertamente revelados em uma crise.

Depois de içarem o Mestre à cruz, o capitão pregou o título acima da sua cabeça, e lia-se em três línguas: "Jesus de Nazaré – Rei dos Judeus". Os judeus ficaram enfurecidos, supondo ser isso um insulto. Pilatos estava agastado com os modos desrespeitosos deles; sentia que havia sido intimidado e humilhado, e escolheu, pois, esse meio para obter uma pequena vingança. Ele poderia ter escrito: "Jesus, um rebelde". E sabia bem o quanto esses judeus de Jerusalém detestavam até o nome de Nazaré, e estava determinado a humilhá-los assim. Sabia também que se sentiriam feridos no mais fundo de si, ao verem esse galileu executado ser chamado de "Rei dos Judeus".

Muitos dos líderes judeus, quando souberam como Pilatos havia tentado escarnecer deles, colocando essa inscrição na cruz de Jesus, acorreram ao Gólgota, mas não ousaram tentar retirar a inscrição, pois os soldados romanos estavam de guarda. Não sendo capazes de remover o rótulo, esses líderes misturaram-se à multidão e fizeram o máximo para incitar a ridicularização e a zombaria, a fim de que ninguém levasse a sério a inscrição.

O apóstolo João junto com Maria, a mãe de Jesus, Rute e Judá chegaram ao local pouco depois de Jesus haver sido içado até a posição certa na cruz e exatamente quando o capitão estava pregando a inscrição por sobre a cabeça do Mestre. João foi o único dos onze apóstolos a testemunhar a crucificação e, mesmo assim, não esteve presente todo o tempo, pois logo depois de levar a mãe de Jesus até lá, correu de volta a Jerusalém a fim de buscar a sua própria mãe e as amigas dela.

Quando Jesus viu a sua mãe, com João e o seu irmão e a sua irmã, ele sorriu, mas não disse nada. Nesse meio tempo os quatro soldados designados para a crucificação do Mestre, como era de costume, haviam dividido entre si as roupas dele, um deles pegou as sandálias, um outro o turbante, outro ficou com o cinto e o quarto, com o manto. Restava a túnica, uma veste sem costuras que chegava até os joelhos, e que iria ser cortada em quatro pedaços, mas, quando os soldados perceberam quão inusitada era aquela peça de roupa, decidiram disputá-la na sorte. Jesus via-os de cima enquanto dividiam as suas roupas; e a multidão estúpida zombava dele.

Foi bom que os soldados romanos tivessem apropriado-se das roupas do Mestre. De outro modo, se os seus seguidores houvessem conseguido a posse dessas vestes, teriam sido tentados a recorrer à adoração supersticiosa de relíquias. O Mestre desejava que os seus seguidores nada tivessem de material que pudesse associar-se com a sua vida na Terra. Ele queria deixar à humanidade apenas a lembrança de uma vida humana dedicada ao ideal espiritual elevado de ter-se consagrado a fazer a vontade do Pai.

3. OS QUE VIRAM A CRUCIFICAÇÃO

Por volta de nove e meia dessa manhã de sexta-feira, Jesus foi pendurado na cruz. Antes das onze horas, mais de mil pessoas estavam reunidas para assistir ao espetáculo da crucificação do Filho do Homem. Durante essas horas terríveis, as hostes invisíveis de um universo permaneceram em silêncio diante da visão desse extraordinário fenômeno em que o Criador experienciava a morte da criatura; a mais ignóbil, todavia, das mortes de um condenado criminoso.

Perto da cruz, em um momento ou em outro, durante a crucificação, estavam Maria, Rute, Judá, João, Salomé (a mãe de João) e um grupo de mulheres, crentes sinceras, incluindo Maria, a mulher de Clopas e irmã da mãe de Jesus, Maria Madalena e Rebeca, a que vivera em Séforis. Esses e outros amigos de Jesus mantiveram-se em silêncio diante da sua grande paciência e fortaleza, contemplando os seus sofrimentos intensos.

Muitos dos que passavam por ali balançavam as suas cabeças e proferiam insultos: "Tu que querias destruir o templo e construí-lo novamente em três dias, salva a ti próprio. Se tu és o Filho de Deus, por que não desces da tua cruz?" De um modo semelhante, alguns dos dirigentes dos judeus zombavam dele, dizendo: "Ele salvou os outros, mas quanto a si próprio, não pôde salvar". Outros comentavam: "Se tu és o rei dos judeus, desce da cruz, e acreditaremos em ti". E, depois, eles escarneceriam dele mais ainda, dizendo: "Ele confiou em Deus para libertá-lo. Ele até alegava ser o Filho de Deus – olhem para ele, agora –, sendo crucificado entre dois ladrões". Até os dois ladrões zombavam dele e lançavam censuras sobre ele.

Como Jesus não dava respostas aos insultos, e porque, às onze horas e meia, aquele dia de preparativos especiais estava já quase pela metade, a maior parte da multidão galhofeira e sarcástica havia-se retirado dali; menos do que cinqüenta pessoas permaneciam no local. Os soldados agora se preparavam para almoçar e beber o seu vinho barato e acre, enquanto acomodavam-se para a longa vigília de morte. No momento em que partilhavam o vinho, fizeram ironicamente um brinde a Jesus, dizendo: "Saúde e boa sorte! Ao rei dos judeus". E ficaram surpreendidos com o olhar tolerante do Mestre diante da ridicularização e zombaria deles.

Quando Jesus os viu comer e beber, olhou para eles e disse: "Tenho sede". Ao ouvir Jesus dizendo: "tenho sede", o capitão da guarda tirou um pouco do vinho da sua garrafa e, com a tampa esponjosa saturada do líquido, na ponta de uma lança, levou-a a Jesus para que molhasse os seus lábios secos.

Jesus se propusera viver sem recorrer ao seu poder sobrenatural e, do mesmo modo, escolheu morrer como um mortal comum, na cruz. Ele vivera como um homem e queria morrer como um homem – fazendo a vontade do Pai.

4. O LADRÃO NA CRUZ

Um dos bandidos recriminou Jesus, dizendo: "Se tu és o Filho de Deus, por que não salva a ti e a nós?" Todavia, quando ele fez essa reprovação a Jesus, o outro ladrão, que muitas vezes havia ouvido o Mestre ensinando, disse: "Não tens nenhum medo, nem de Deus? Não vês que estamos sofrendo justamente pelas nossas ações; e que este homem sofre injustamente? Melhor seria buscarmos o perdão dos nossos pecados e salvação para as nossas almas". Quando ouviu o ladrão dizendo isso, Jesus voltou o rosto na direção dele e sorriu com aprovação. Quando o malfeitor viu a face de Jesus voltada para ele, tomou coragem e, assoprando sobre a chama vacilante da própria fé, disse: "Senhor, lembra-te de mim quando chegares no teu Reino". E então Jesus disse: "Em verdade, em verdade, hoje eu te digo que algum dia tu estarás comigo no Paraíso".

Em meio às dores da morte física, o Mestre ainda teve tempo para dar ouvidos à confissão de fé do bandido crente. Esse ladrão, ao tentar alcançar a salvação, encontrou a sua libertação. Várias vezes, anteriormente, ele havia sido levado a crer em Jesus, mas só nessas últimas horas de consciência ele voltava-se de todo o coração para o ensinamento do Mestre. Quando viu o modo como Jesus encarava a morte na cruz, esse ladrão não pôde mais opor resistência à convicção de que este Filho do Homem era de fato o Filho de Deus.

Durante esse episódio da conversão do ladrão, feita por Jesus, e da sua recepção ao Reino, o apóstolo João estava ausente, havendo ido à cidade para trazer a sua mãe e as amigas dela até a cena da crucificação. Lucas, posteriormente, ouviu essa história contada pelo capitão romano da guarda, depois de convertido.

O apóstolo João narrou sobre a crucificação, e como dela lembrava-se, dois terços de século depois de ocorrida. Os outros registros foram baseados na descrição feita pelo centurião romano em serviço, que, por causa do que viu e ouviu, posteriormente passou a crer em Jesus e veio a pertencer à irmandade plena do Reino do céu na Terra.

Esse homem, o ladrão arrependido, havia levado uma vida de violência e banditismo, conduzido que foi por aqueles que exaltam tal carreira de roubos como um protesto patriótico efetivo contra a opressão política e a injustiça social. E essa espécie de ensinamento, somada ao apelo da aventura, estimulou muitos jovens bem-intencionados a alistarem-se nessas ousadas expedições de saques. Esse jovem chegara a considerar Barrabás um herói. Agora, percebia que se havia equivocado. Ali, na cruz e ao seu lado, ele via realmente um grande homem, um verdadeiro herói. Ali estava um herói que inflamava o seu fervor e inspirava-o em suas idéias mais elevadas, de dignidade moral, e vivificava todos seus ideais de coragem, de virilidade e de bravura. Ao contemplar Jesus, brotou do seu coração um sentimento irresistível de amor, de lealdade e de verdadeira grandeza.

Qualquer outra pessoa, em meio à multidão zombeteira, que houvesse experimentado o nascimento da fé dentro da sua alma e tivesse feito um apelo à misericórdia de Jesus, teria sido recebida com a mesma consideração afetuosa demonstrada para com o ladrão crente.

Pouco depois da promessa do Mestre, de que se encontrariam algum dia no Paraíso, feita ao ladrão arrependido, João voltou da cidade, trazendo consigo a sua mãe e um grupo de cerca de doze mulheres crentes. João retomou o seu lugar perto de Maria, mãe de Jesus, dando-lhe apoio. Ao lado dela estava o seu filho Judá. Quando Jesus contemplou essa cena, já era meio-dia e então disse à sua mãe: "Mulher, eis o teu filho!" E falando a João, ele pronunciou: "Meu filho, eis a tua mãe!" E então ele dirigiu-se a ambos, dizendo: "Desejo que partam deste lugar". E assim João e Judá saíram do Gólgota levando Maria. João conduziu a mãe de Jesus até o local onde se hospedava em Jerusalém, e então se apressou a voltar até a cena da crucificação. Após a Páscoa, Maria voltou para Betsaida, onde viveu na casa de João pelo resto da sua vida natural. Maria não chegou a viver um ano mais, depois da morte de Jesus.

Após a saída de Maria, as outras mulheres afastaram-se até uma pequena distância e ficaram aguardando até que Jesus expirasse na cruz; e continuavam ainda lá quando o corpo do Mestre foi retirado para ser sepultado.

5. A ÚLTIMA HORA NA CRUZ

Embora fosse cedo para acontecer um tal fenômeno, nessa estação do ano, pouco depois das doze horas o céu escureceu em razão do aparecimento de fina areia no ar. O povo de Jerusalém sabia que isso significava a vinda de uma dessas tempestades de areia com vento quente, originária do deserto da Arábia. Antes da uma hora da tarde o céu estava tão escuro que escondia o sol; assim, o resto da multidão apressou-se de volta em direção à cidade. Quando o Mestre entregou a sua vida, pouco depois desse momento, menos do que trinta pessoas estavam presentes ali: apenas os três soldados romanos e um grupo de cerca de quinze crentes. Essas crentes eram todas mulheres, exceto dois deles, Judá, o irmão de Jesus, e João Zebedeu, que voltou à cena um pouco antes do Mestre expirar.

Pouco depois de uma hora da tarde, em meio à escuridão que aumentava e naquela tempestade furiosa de areia, Jesus começou a ter a sua consciência humana em desvanecimento. As suas últimas palavras de misericórdia, de perdão e de conselho tinham sido ditas. O seu último desejo – a respeito de cuidarem da sua mãe – havia sido expresso. Durante essa hora de proximidade da morte, a mente humana de Jesus recorreu à repetição de muitas passagens das escrituras hebraicas, particularmente os salmos. O último pensamento consciente do Jesus humano esteve ocupado com a repetição, na sua mente, de trechos do Livro dos Salmos, conhecidos agora como o vigésimo, o vigésimo primeiro e o vigésimo segundo salmos. Embora os seus lábios freqüentemente se movessem, ele estava muito fraco para proferir as palavras dessas passagens, que ele sabia de cor tão bem e que passavam pela sua mente. Umas poucas vezes apenas aqueles que permaneciam ali captaram alguma articulação, tal como: "Eu sei que o Senhor salvará seus ungidos"; "A tua mão encontrará todos os meus inimigos" e "Meu Deus, meu Deus, por que me abandonaste?" Jesus não teve nem por um momento a mais leve sombra de dúvida de que tinha vivido de acordo com a vontade do Pai; e jamais duvidou de que estava agora entregando a sua vida na carne de acordo com a vontade do Pai. Ele não sentia que o Pai o houvesse abandonado; estava meramente recitando, para a própria consciência em desvanecimento, muitas das escrituras e, entre elas, esse salmo, o vigésimo segundo, que começa por: "Meu Deus, meu Deus, por que me abandonaste?" E aconteceu que essa foi uma das três passagens ditas com clareza suficiente para ser ouvida por aqueles que permaneciam perto dele.

O último pedido que o Jesus mortal fez aos seus semelhantes aconteceu por volta de uma e meia da tarde, quando, por uma segunda vez, ele disse: "Tenho sede". E o mesmo capitão da guarda novamente umedeceu os lábios dele com a mesma tampa esponjosa umedecida com o vinho acre, comumente chamado de vinagre naqueles dias.

A tempestade de areia tornou-se mais intensa e os céus escureceram-se fortemente. Os soldados e o pequeno grupo de crentes ainda permaneciam ali. Os soldados acocoraram-se perto da cruz, apertando-se para proteger-se da areia cortante. De onde estavam, a mãe de João e os outros observavam à distância, de um certo modo abrigados sob uma rocha saliente. Quando o Mestre finalmente deu o seu último suspiro, ao pé da sua cruz estavam presentes João Zebedeu, o seu irmão Judá, a sua irmã Rute, Maria Madalena e Rebeca, que vivera em Séforis.

Era um pouco antes das três da tarde quando Jesus numa voz mais elevada gritou: "Está acabado! Pai, nas tuas mãos encomendo o meu espírito". E depois de dizer isso, inclinou a sua cabeça e abandonou a luta pela vida. Quando o centurião romano viu como Jesus morreu, ele bateu no peito e disse: "Este foi de fato um homem reto; verdadeiramente, deve ter sido um Filho de Deus". E desde aquele momento ele começou a crer em Jesus.

Jesus morreu com nobreza – como tinha vivido. Ele admitiu sem reservas a sua realeza e permaneceu senhor da situação durante todo esse trágico dia. Caminhou voluntariamente para um morte ignominiosa, após haver provido a segurança dos seus apóstolos escolhidos. Soube conter, com sabedoria, a violência encrenqueira de Pedro e providenciou para que João pudesse permanecer junto a ele até o fim da sua existência mortal. Revelou a sua verdadeira natureza ao sinédrio assassino e lembrou a Pilatos a fonte da sua autoridade soberana, como Filho de Deus. Ele partiu para o Gólgota carregando a viga da sua própria cruz e terminou a sua auto-outorga de amor entregando o seu espírito de aquisição mortal ao Pai do Paraíso. Depois de uma vida assim – e de uma tal morte – o Mestre poderia apenas dizer: "Está acabado".

Como esse era o Dia da Preparação, tanto para a Páscoa quanto para o sábado, os judeus não queriam esses corpos expostos no Gólgota. E, por isso, foram a Pilatos pedir que as pernas desses três homens fossem quebradas e que fossem despachados, sendo tirados das suas cruzes e jogados no fosso dos criminosos, antes do pôr-do-sol. Ao ouvir esse pedido, Pilatos imediatamente enviou três soldados para quebrar as pernas deles e despachar Jesus e os dois bandidos.

Quando esses soldados chegaram ao Gólgota, conseguiram fazer o que lhes havia sido pedido, porém apenas com os dois ladrões; para grande surpresa deles, Jesus já estava morto. Entretanto, para certificar-se da sua morte, um dos soldados cravou a sua lança do lado esquerdo. Embora fosse comum que as vítimas da crucificação permanecessem vivas na cruz por até dois ou três dias, a opressiva agonia emocional e a aguda angústia espiritual de Jesus levaram a sua vida mortal na carne ao fim em menos de cinco horas e meia.

6. APÓS A CRUCIFICAÇÃO

Em meio à escuridão da tempestade de areia, por volta de três e meia da tarde, Davi Zebedeu enviou o último dos mensageiros levando a notícia da morte do Mestre. O último dos seus corredores, ele o despachou para a casa de Marta e Maria, em Betânia, onde ele supunha que a mãe de Jesus estivesse hospedada com o resto da sua família.

Após a morte do Mestre, João mandou as mulheres, a cargo de Judá, para a casa de Elias Marcos, onde passaram o dia de sábado. O próprio João, que a essa altura era bem conhecido do centurião romano, permaneceu no Gólgota até que José e Nicodemos chegassem à cena com uma ordem de Pilatos autorizando-os a tomar posse do corpo de Jesus.

Assim terminou um dia de tragédia e sofrimento em um vasto universo cujas miríades de inteligências encontravam-se estremecidas com o espetáculo chocante da crucificação do seu amado Soberano em sua encarnação humana, todas elas aturdidas com tamanha exibição de insensibilidade mortal e perversidade humana.

DOCUMENTO 188

O PERÍODO DENTRO DA TUMBA

O CORPO mortal de Jesus permaneceu durante um dia e meio no sepulcro de José; o período entre a sua morte na cruz e a sua ressurreição é um capítulo pouco conhecido para nós, da carreira terrena de Michael. Podemos discorrer sobre a colocação do Filho do Homem no sepulcro e incluir nesse registro os acontecimentos associados à sua ressurreição, mas não nos é possível proporcionar muita informação de natureza autêntica a respeito do que realmente aconteceu durante esse tempo, de cerca de trinta e seis horas, desde as três horas da tarde da sexta-feira até as três horas da manhã de domingo. Esse intervalo de tempo, na carreira do Mestre, começou pouco antes de haver sido ele descido da cruz pelos soldados romanos. Jesus permaneceu suspenso na cruz por uma hora depois da sua morte. E teria sido retirado mais cedo, caso não houvessem protelado o golpe final nos dois ladrões.

Os dirigentes dos judeus haviam planejado atirar o corpo de Jesus nos fossos abertos de Gehena, ao sul da cidade; era costume desfazer-se assim das vítimas da crucificação. Se esse plano tivesse sido cumprido, o corpo do Mestre teria estado exposto às bestas selvagens.

Nesse meio tempo, José de Arimatéia, acompanhado de Nicodemos, foi até Pilatos para pedir que o corpo de Jesus lhes fosse entregue para um sepultamento adequado. Não era incomum que amigos das pessoas crucificadas oferecessem subornos às autoridades romanas, para conseguirem o privilégio de ter a posse de tais corpos. José foi diante de Pilatos levando uma grande quantia em dinheiro, caso viesse a ser necessário pagar pela permissão de transladar o corpo de Jesus a um sepulcro privativo. Pilatos, contudo, não quis aceitar dinheiro para isso. Quando ouviu o pedido, rapidamente assinou a ordem que autorizava José a ir ao Gólgota e imediatamente tomar posse plena e completa do corpo do Mestre. Nesse meio tempo, com a tempestade de areia consideravelmente diminuída, um grupo de judeus, representando o sinédrio, havia ido até o Gólgota a fim de certificar-se de que o corpo de Jesus, junto com os dos dois ladrões, havia sido lançado aos fossos públicos abertos.

1. O SEPULTAMENTO DE JESUS

Quando chegaram ao Gólgota, José e Nicodemos encontraram os soldados descendo Jesus da cruz; e os representantes do sinédrio estavam por perto para assegurarem-se de que nenhum dos seguidores de Jesus tentasse impedir que o seu corpo fosse para as covas comuns dos criminosos. Quando José apresentou ao centurião a ordem de Pilatos para que o corpo do Mestre lhe fosse entregue, os judeus criaram um tumulto e reclamaram a sua posse. No seu desvario, eles tentaram apossar-se do corpo de modo violento, mas, ao tentarem fazer isso, o centurião ordenou que quatro dos seus soldados, a seu lado, com as suas espadas desembainhadas, ficassem dois de cada lado rente ao corpo do Mestre que jazia no chão. O centurião ordenou aos outros soldados que deixassem de lado os dois ladrões e afastassem esse grupo de judeus enfurecidos. Quando a ordem foi restabelecida, o centurião leu a permissão de Pilatos para os judeus e, dando um passo para o lado, disse a José: "Este corpo é teu para que faças com ele o que achares conveniente. Eu e os meus soldados estaremos aqui para assegurar que nenhum homem interfira".

Uma pessoa crucificada não podia ser enterrada em um cemitério judeu; havia uma lei que proibia estritamente esse procedimento. José e Nicodemos conheciam essa lei e, no caminho de saída do Gólgota, decidiram sepultar Jesus no sepulcro novo pertencente à família de José, cavado em rocha maciça e localizado a uma pequena distância ao norte do Gólgota e do outro lado da estrada que conduzia a Samaria. Ninguém havia sido ainda sepultado nessa tumba e eles julgaram que seria apropriado que o Mestre descansasse ali. José realmente acreditava que Jesus ressuscitaria dos mortos; Nicodemos, entretanto, duvidava muito disso. Esses antigos membros do sinédrio haviam mantido mais ou menos em segredo a sua fé em Jesus, embora os seus companheiros sinedristas há muito suspeitassem deles, antes mesmo de haverem retirado-se do conselho. A partir de então eles foram os discípulos mais declarados de Jesus em toda a Jerusalém.

Por volta de quatro e meia da tarde a procissão do enterro de Jesus de Nazaré partiu do Gólgota, em direção ao túmulo de José, do outro lado da estrada. O corpo, envolto em um lençol de linho, foi levado por quatro homens, seguidos pelas mulheres da Galiléia, que se mantiveram fiéis na vigília. Os mortais a carregarem o corpo material de Jesus até o sepulcro foram: José, Nicodemos, João e o centurião romano.

Eles levaram o corpo até dentro da tumba, uma câmara quadrada com cerca de três metros de lado, que prepararam apressadamente para o sepultamento. Os judeus de fato não enterravam os seus mortos; eles os embalsamavam. José e Nicodemos haviam trazido consigo grandes quantidades de mirra e de babosa, e enrolaram o corpo com bandagens saturadas dessas soluções. Quando terminaram de embalsamá-lo, ataram um pano em volta do rosto, envolveram o corpo em um lençol de linho e, com reverência, colocaram-no em uma das plataformas da tumba.

Após colocarem o corpo na tumba, o centurião fez um sinal para que os seus soldados ajudassem a rolar a pedra de fechamento, diante da entrada da tumba. Então alguns dos soldados partiram para Gehena, levando os corpos dos ladrões; enquanto outros voltaram entristecidos para Jerusalém, a fim de observar a festa de Páscoa de acordo com as leis de Moisés.

O sepultamento de Jesus foi feito com uma pressa e uma precipitação incomuns, porque aquele era o Dia da Preparação e o sábado estava aproximando-se rapidamente. Os homens voltaram apressados para a cidade; as mulheres, entretanto, permaneceram perto da tumba até que a noite escura houvesse chegado.

Entretanto, enquanto tudo isso estava acontecendo, as mulheres permaneciam escondidas perto e à mão, de modo que viram todas as coisas; e observaram onde o Mestre havia sido sepultado. Escondiam-se assim por não lhes ser permitido participarem junto com os homens de momentos como esses. Essas mulheres achavam que Jesus não havia sido preparado apropriadamente para o sepultamento e, entre si, fizeram um acordo de voltar à casa de José, descansar no sábado, preparar especiarias e unções; e, então, de retornar no domingo pela manhã para preparar o corpo do Mestre de modo apropriado para o descanso da morte. As mulheres que ficaram assim perto da tumba nessa sexta-feira à tarde foram: Maria Madalena, Maria, a esposa de Clopas, Marta, uma outra irmã da mãe de Jesus, e Rebeca, de Séforis.

Com exceção de Davi Zebedeu e José de Arimatéia, poucos dos discípulos de Jesus realmente acreditaram ou compreenderam que ele iria ressuscitar da tumba ao terceiro dia.

2. GUARDANDO A TUMBA

Se os seguidores de Jesus ficaram desatentos à promessa que ele fizera de ressuscitar da cova, ao terceiro dia, os seus inimigos não o estavam. Os sacerdotes principais, os fariseus e os saduceus lembraram de haver recebido relatórios nos quais ele dizia que ressuscitaria dos mortos.

Nessa sexta-feira à noite, depois da ceia de Páscoa, por volta da meia-noite, um grupo de líderes judeus reuniu-se na casa de Caifás e lá discutiram sobre os seus temores a respeito da afirmação do Mestre, de que iria ressuscitar dos mortos ao terceiro dia. Essa reunião terminou com o compromisso de que um comitê de sinedristas visitaria Pilatos, bem cedo no dia seguinte, levando o pedido oficial do sinédrio para que uma guarda romana fosse postada diante da tumba de Jesus a fim de impedir que os seus amigos forçassem a entrada. O porta-voz desse comitê disse a Pilatos: "Senhor, lembramo-nos de que esse farsante, Jesus de Nazaré, disse, quando ainda estava vivo: 'Após três dias eu ressuscitarei'. E por isso estamos diante de ti a fim de pedir que emitas as ordens para que o sepulcro fique seguro contra os seus seguidores, ao menos até depois do terceiro dia. Tememos muito que os seus discípulos possam vir e levá-lo consigo à noite, e, então, proclamar ao povo que ele ressuscitou dos mortos. Se permitirmos que isso aconteça, terá sido um erro ainda muito pior do que deixar que ele vivesse".

Ao ouvir esse pedido dos sinedristas, Pilatos disse: "Dar-vos-ei uma guarda de dez soldados. Ide e fazei com que a tumba fique segura". Eles foram de volta ao templo, recrutaram dez dos próprios guardas, e, então, marcharam para a tumba de José com esses dez guardas judeus e os dez soldados romanos, ainda nesse sábado de manhã, para deixa-los de vigia diante da tumba. Esses homens rolaram uma outra pedra diante da tumba e colocaram o selo de Pilatos nas pedras e em torno delas, para que não fossem mexidas sem o seu conhecimento. E esses vinte homens permaneceram de vigia até a hora da ressurreição, com os judeus levando-lhes comida e bebida.

3. DURANTE O SÁBADO

Durante esse sábado, os discípulos e apóstolos permaneceram escondidos, enquanto toda Jerusalém falava da morte de Jesus na cruz. Aproximadamente um milhão e meio de judeus estavam presentes, então, em Jerusalém nessa ocasião, haviam vindo de todas as partes do império romano e da Mesopotâmia. Era o começo da semana da Páscoa; e todos esses peregrinos que se encontravam na cidade saberiam da ressurreição de Jesus e levariam essa notícia quando voltassem aos seus lares.

Na noite de sábado, bem tarde, João Marcos convocou os onze apóstolos secretamente para virem à casa do seu pai, onde, pouco antes da meia-noite, todos estavam reunidos na mesma sala de cima, em que haviam compartilhado da Última Ceia com o seu Mestre duas noites antes.

Maria, a mãe de Jesus, com Rute e Judá, voltou a Betânia para juntar-se à sua família, antes de escurecer, nessa tarde de sábado. Davi Zebedeu ficou na casa de Nicodemos, onde havia marcado de reunir-se com os seus mensageiros, no domingo pela manhã, bem cedo. As mulheres da Galiléia, que estiveram preparando especiarias, para de novo embalsamar o corpo de Jesus, permaneciam na casa de José de Arimatéia.

Não estamos plenamente habilitados para explicar exatamente o que sucedeu a Jesus de Nazaré durante esse período de um dia e meio, no qual se supõe que ele tenha estado descansando na tumba de José. Aparentemente ele teve, na cruz, a mesma morte natural que qualquer mortal teria tido em circunstâncias semelhantes. Ouvimo-lo dizendo: "Pai, nas tuas mãos encomendo o meu espírito". Contudo, não entendemos plenamente o significado de tal afirmação, pois o seu Ajustador do Pensamento há muito havendo sido personalizado mantinha, por esse fato, uma existência independente do ser mortal de Jesus. De nenhum modo, o Ajustador Personalizado do Mestre poderia ser afetado pela sua morte física na cruz. O que Jesus colocou nas mãos do Pai pode ter sido, ali, naquele momento, a contraparte espiritual do trabalho inicial do Ajustador na espiritualização da mente mortal, de modo a proporcionar uma transferência transcrita da experiência humana de Jesus para os mundos das mansões. Deve ter havido alguma realidade espiritual, na experiência de Jesus, que tenha sido análoga à natureza espiritual, ou alma, dos mortais das esferas, cuja fé é crescente. Entretanto essa é, meramente, a nossa opinião – pois realmente não sabemos o que Jesus encomendou ao seu Pai.

Sabemos que a forma física do Mestre descansou na tumba de José até cerca das três horas na manhã de domingo; não estamos plenamente seguros, todavia, a respeito de qual status teria tido a personalidade de Jesus, durante aquele período de trinta e seis horas. Algumas vezes, chegamos a ousar explicar essas coisas para nós próprios, do modo como a seguir está exposto:

1. A consciência de Criador de Michael deve ter estado ampla e totalmente livre e independente da sua mente mortal ligada à encarnação física.

2. Sabemos que o Ajustador do Pensamento que serviu a Jesus esteve presente na Terra durante esse período, pessoalmente encarregado do comando das hostes celestes reunidas.

3. A identidade espiritual, como adquirida pelo homem de Nazaré, e edificada durante a sua vida na carne, inicialmente por meio dos esforços diretos do seu Ajustador do Pensamento e, mais tarde, pelo perfeito ajustamento, feito por ele próprio, entre as necessidades físicas e os quesitos espirituais para a existência mortal ideal, como se tornou concretizada pela sua escolha incessante da vontade do Pai, deve ter sido consignada à custódia do Pai do Paraíso. Se essa realidade espiritual retornou ou não para tornar-se uma parte da personalidade ressuscitada, não sabemos, mas cremos que sim. Neste universo, existem aqueles que sustentam que essa identidade-alma de Jesus esteja agora repousando no "seio do Pai"; para ser, subseqüentemente, liberada para liderar o Corpo de Finalidade de Nébadon, no seu destino ainda não desvelado, ligado aos universos incriados, dos reinos ainda não organizados do cspaço exterior.

4. Julgamos que a consciência humana ou mortal de Jesus tenha estado adormecida durante essas trinta e seis horas. Temos motivos para crer que o Jesus humano nada soubesse sobre o que estava ocorrendo no universo, durante esse período. Para a consciência mortal, não há registro de lapso de tempo; a ressurreição da vida seguiu ao sono da morte como que no mesmo instante.

E isso parece ser tudo o que podemos colocar nestes registros a respeito do status de Jesus durante esse período na tumba. Há uma série de fatos correlatos, aos quais podemos fazer alusão, embora dificilmente sejamos competentes para intentar interpretá-los.

No vasto pátio das salas de ressurreição do primeiro mundo das mansões de Satânia, pode ser agora vista uma magnífica estrutura memorial material-moroncial conhecida como o "Memorial de Michael", agora com o selo de Gabriel. Esse memorial foi criado pouco depois de Michael haver partido deste mundo, e ele traz a inscrição: "Em comemoração à estada mortal de Jesus de Nazaré em Urântia".

Existem registros comprovando que, durante esse período, o conselho supremo de Sálvington, composto de cem membros, realizou uma reunião executiva em Urântia sob a presidência de Gabriel. Também há arquivos mostrando que os Anciães dos Dias de Uversa comunicaram-se com Michael a respeito do status do universo de Nébadon, durante esse tempo.

Sabemos que ao menos uma mensagem foi passada entre Michael e Emanuel, em Sálvington, enquanto o corpo do Mestre jazia na tumba.

Há bons motivos para acreditar que alguma personalidade assentou-se na posição de Caligástia, no conselho sistêmico dos Príncipes Planetários, em Jerusém, que se reuniu enquanto o corpo de Jesus permanecia na tumba.

Os arquivos de Edêntia indicam que o Pai da Constelação de Norlatiadeque esteve em Urântia; e de ter ele recebido instruções de Michael durante esse tempo na tumba.

E há outras evidências, muitas, a sugerir que nem toda a personalidade de Jesus tenha estado adormecida e inconsciente durante esse tempo de morte física aparente.

4. O SIGNIFICADO DA MORTE NA CRUZ

Embora não haja sido para expiar uma culpa racial, a qual o homem mortal de fato não tem, que Jesus passou pela morte na cruz; nem para providenciar nenhuma espécie de aproximação efetiva a um Deus de algum modo ofendido e implacável; e embora o Filho do Homem não tenha oferecido a si próprio em sacrifício para apaziguar a ira de Deus, e abrir o caminho para que o homem pecador obtivesse a salvação; não obstante essas idéias de expiação e de propiciação serem errôneas, no entanto, há significações ligadas a essa morte de Jesus na cruz que não deveriam ser negligenciadas. É um fato que Urântia tornou-se conhecida, em outros planetas habitados vizinhos, como o "Mundo da Cruz".

Jesus desejava viver uma vida mortal plena na carne, em Urântia. A morte é, comumente, uma parte da vida. A morte é o último ato no drama mortal. Nos vossos bem-intencionados esforços de escapar dos erros supersticiosos de uma interpretação falsa do significado da morte na cruz, deveríeis tratar de ter cuidados para não cometer o grande erro de deixar de perceber o verdadeiro significado e a importância autêntica da morte do Mestre.

O homem mortal nunca foi propriedade dos arquifarsantes. Jesus não morreu para resgatar o homem das garras dos governantes apóstatas e dos príncipes caídos das esferas. O Pai nos céus nunca idealizou uma injustiça tão crassa quanto condenar uma alma mortal pelas más ações dos seus ancestrais. Nem a morte do Mestre, na cruz, teria sido um sacrifício que representasse um esforço para pagar a Deus um débito contraído pela raça da humanidade.

Antes de Jesus haver vivido na Terra, talvez poderíeis justificar-vos por crerdes em um Deus assim; mas, não depois de o Mestre ter vivido e morrido entre os seus semelhantes mortais. Moisés ensinou sobre a dignidade e a justiça de um Deus Criador; mas Jesus retratou o amor e a misericórdia do Pai celeste.

A natureza animal – a tendência para as más ações – pode ser hereditária, mas o pecado não é transmitido de pai para filho. O pecado é o ato de rebelião consciente e deliberada, da parte da criatura individual volitiva, contra a vontade do Pai e contra as leis dos Filhos.

Jesus viveu e morreu por um universo inteiro, não apenas pelas raças deste mundo. Se bem que os mortais dos reinos obtivessem a salvação, mesmo antes de Jesus haver vivido e morrido em Urântia, é fato, contudo, que a sua auto-outorga neste mundo iluminou grandemente o caminho da salvação; a sua morte fez muito para deixar definitivamente clara a certeza da sobrevivência dos mortais depois da morte na carne.

Embora muito dificilmente seja adequado falar de Jesus como alguém que se tenha sacrificado, como o resgatador ou redentor, é totalmente correto referir-se a ele como um *salvador*. Para sempre ele deixou o caminho da salvação (da sobrevivência) mais claro e certo; ele mostrou, de um modo melhor e mais correto, o caminho da salvação a todos os mortais de todos os mundos do universo de Nébadon.

Uma vez que tenhais captado a idéia de Deus como um Pai verdadeiro e cheio de amor, conceito este que é o único que Jesus sempre ensinou, deveis imediatamente, e com toda a consistência, abandonar, em sua totalidade, todas aquelas noções primitivas sobre Deus como um monarca ofendido, um governante austero e Todo-Poderoso cujo deleite maior é descobrir a vós, súditos Seus, em más ações, e assegurar que sejais adequadamente punidos, a menos que um ser, quase igual a Ele próprio, voluntarie-se para sofrer por vós ou morrer como um substituto e no vosso lugar. Toda a idéia da redenção e da expiação é incompatível com o conceito de Deus, do modo como foi ensinado e exemplificado por Jesus de Nazaré. O amor infinito de Deus não é secundário a nada na natureza divina.

Todo esse conceito de expiação, e da salvação pelo sacrifício, tem as suas raízes e a sua base no egoísmo. Jesus ensinou que o *serviço* ao semelhante é o conceito mais elevado da fraternidade dos crentes do espírito. A salvação deveria ser tida como certa por aqueles que crêem na paternidade de Deus. A principal preocupação do crente não deveria ser o desejo egoísta da salvação pessoal, mas, sim, o impulso não-egoísta de amar ao semelhante e, conseqüentemente, de servir ao próximo como Jesus amou e serviu aos homens mortais.

Os crentes autênticos não se preocupam tanto com as punições futuras para o pecado. O crente real está preocupado apenas com o seu distanciamento momentâneo de Deus. Verdade é que pais sábios podem castigar os seus filhos, mas tudo isso eles fazem por amor e com o propósito de corrigir. Eles não punem com raiva, nem castigam por represália.

Ainda que Deus fosse um monarca austero e legalizador, de um universo no qual a justiça reinasse suprema, certamente Ele não estaria satisfeito com o esquema infantil de substituir um ofensor culpado por um sofredor inocente.

A grande coisa sobre a morte de Jesus, no que se relaciona ao enriquecimento da experiência humana e à ampliação do caminho da salvação, não é o *fato* da sua morte, mas antes a maneira magnífica e o espírito sem par com o qual ele enfrentou a morte.

Toda essa idéia da redenção na expiação coloca a salvação em um plano de irrealidade; tal conceito sendo puramente filosófico. A salvação humana é *real*; é baseada em duas realidades que podem ser captadas pela fé da criatura e daí tornam-se incorporadas à experiência individual humana: o fato da paternidade de Deus e a verdade correlata, da fraternidade dos homens. É verdade, afinal, que sereis "perdoados das vossas dívidas, assim como perdoardes aos vossos devedores".

5. AS LIÇÕES DA CRUZ

A cruz de Jesus representa a medida plena da devoção suprema do verdadeiro pastor, até mesmo pelos membros indignos do seu rebanho. Ela coloca, para sempre, todas as relações entre Deus e o homem na base da família. Deus é o Pai; o homem é o Seu filho. O amor, o amor de um pai pelo seu filho, torna-se a verdade central nas relações universais de Criador e criatura – não a justiça de um rei que busca a satisfação nos sofrimentos e nas punições do súdito que comete o mal.

A cruz mostra, para sempre, que a atitude de Jesus para com os pecadores não foi nem de condenação nem de indulgência, mas de salvação eterna por amor. Jesus é verdadeiramente um salvador, no sentido de que a sua vida e a sua morte conquistam os homens para a bondade e para a sobrevivência justa. Jesus tanto ama os homens, que o seu amor desperta uma resposta de amor no coração humano. O amor é verdadeiramente contagioso e eternamente criativo. A morte de Jesus na cruz exemplifica um amor suficientemente forte e divino para perdoar o pecado e para absorver toda a maldade. Jesus revelou a este mundo uma qualidade mais elevada de retidão do que a justiça – mais que a mera diferença técnica entre o certo e o errado. O amor divino não perdoa os erros meramente; ele absorve-os e, de fato, destrói-os. O perdão do amor transcende totalmente o perdão da misericórdia. A misericórdia põe de lado a culpabilidade do mal; o amor, todavia, destrói o pecado para sempre e toda a fraqueza resultante dele. Jesus trouxe um novo método de viver para Urântia. Ele nos ensinou, não a resistir ao mal, mas a encontrar, por intermédio dele, Jesus, uma bondade que destrói eficazmente o mal. O perdão de Jesus não é a condescendência da remissão; é a salvação da condenação. A salvação não menospreza os erros; *endireita-os*. O verdadeiro amor não faz concessões nem indulgências ao ódio; ele o aniquila. O amor de Jesus nunca está satisfeito apenas com o mero perdão. O amor do Mestre implica a reabilitação, na sobrevivência eterna. É perfeitamente correto falar de salvação como redenção, se com isso vos referirdes a essa eterna reabilitação.

Com o poder do seu amor pessoal pelos homens, Jesus pôde romper a influência do pecado e do mal. E, com isso, ele libertou os homens para escolher melhores modos de viver. Jesus retratou uma libertação do passado que, em si mesma, promete um triunfo para o futuro. O perdão dado assim provê a salvação. A beleza do amor divino, quando plenamente aceito no coração humano, destrói, para sempre, a fascinação do pecado e o poder do mal.

Os sofrimentos de Jesus não se limitaram à crucificação. Na realidade, Jesus de Nazaré passou mais de vinte e cinco anos na cruz de uma vida mortal intensa e real. O valor real da cruz consiste no fato de que essa foi a expressão suprema e final do seu amor, a completa revelação da sua misericórdia.

Em milhões de mundos habitados, dezenas de trilhões de criaturas em evolução, que podem ter sido tentadas a desistir da luta moral e abandonar a boa luta da fé, lançaram um novo olhar para Jesus na cruz e então continuaram no seu caminho, inspiradas pela visão de Deus entregando a sua vida encarnada em devoção ao serviço não-egoísta do homem.

O triunfo da morte na cruz está resumido no espírito da atitude de Jesus para com aqueles que o atacavam. Ele fez da cruz um símbolo eterno do triunfo do amor sobre o ódio, e da vitória da verdade sobre o mal, quando ele orou: "Pai, perdoa-os, pois eles não sabem o que fazem". Essa devoção do amor contagiou todo um vasto universo; e os discípulos contraíram-na do seu Mestre. O primeiro instrutor desse evangelho, que foi chamado a entregar a sua vida nesse serviço, disse, quando o apedrejavam até a morte: "Que esse pecado não recaia sobre eles".

A cruz exerce um apelo supremo sobre o que há de melhor no homem, porque revela alguém que estava disposto a entregar a sua vida no serviço dos seus semelhantes. Amor maior que esse nenhum homem pode ter: o de alguém que está disposto a entregar a sua vida pelos seus amigos – Jesus tinha o amor que o fazia disposto a entregar a própria vida pelos seus inimigos, um amor maior do que qualquer amor que até então havia sido conhecido na Terra.

Em outros mundos, tanto quanto em Urântia, esse espetáculo sublime da morte do Jesus humano numa cruz no Gólgota estimulou as emoções dos mortais, ao mesmo tempo em que despertou a mais elevada devoção dos anjos.

A cruz é aquele símbolo elevado do serviço sagrado, da devoção da vida de uma pessoa ao bem-estar e à salvação do semelhante. A cruz não é o símbolo do sacrifício do Filho de Deus inocente no lugar dos pecadores culpados, feito para apaziguar a ira de um Deus ofendido. A cruz, ao contrário, permanece para sempre, na Terra e em todo um vasto universo, como um símbolo sagrado dos bons doando a si próprios aos maus e com isso salvando-os por meio dessa mesma devoção de amor. A cruz vale verdadeiramente como insígnia da mais alta forma de serviço generoso, da devoção suprema na doação total de uma vida de retidão ao serviço sincero da ministração, até à morte, a morte na cruz. E a própria visão desse grande símbolo da vida de auto-outorga e de entrega de Jesus nos inspira verdadeiramente, a todos nós, a querer fazer a mesma coisa.

Quando os homens e as mulheres, que sabem pensar, contemplam a Jesus oferecendo a sua vida na cruz, dificilmente se permitirão queixar-se de novo, diante mesmo dos sofrimentos mais severos da vida, e, muito menos, diante de pequenos embaraços e mágoas puramente fictícias. A sua vida foi tão gloriosa e a sua morte tão triunfante que ficamos todos seduzidos e com a disposição de compartilhar de ambas. Toda a doação da auto-outorga de Michael exerce um verdadeiro poder de atração, desde os dias da sua juventude até o espetáculo opressivo da sua morte na cruz.

Então, assegurai-vos de que, ao contemplardes a cruz como uma revelação de Deus, não a enxergueis com os olhos do homem primitivo nem do ponto de vista do homem bárbaro mais recente, que consideravam Deus como sendo um Soberano implacável que exerce uma justiça severa e uma aplicação rígida da lei. Assegurai-vos, antes, de que vereis na cruz a manifestação final do amor e a devoção de Jesus à missão da sua vida de auto-outorga às raças mortais do seu vasto universo. Vede na morte do Filho do Homem o auge do desdobramento do amor divino do Pai pelos Seus filhos das esferas mortais. A cruz assim retrata a devoção da vontade afetuosa e a concessão da salvação voluntária àqueles que estão dispostos, por ato de vontade, a receber tais dádivas e tal devoção. Nada há na cruz que tivesse sido pedido pelo Pai – apenas tudo aquilo que Jesus deu, com toda a disposição da sua vontade, e aquilo que se recusou a evitar.

Se o homem não pode valorar Jesus de algum outro modo, nem compreender o significado da sua auto-outorga na Terra, ele pode, ao menos, compreender a irmandade companheira dos seus sofrimentos mortais. Nenhum homem jamais pode temer que o Criador desconheça a natureza ou a extensão das aflições temporais próprias dele.

Sabemos que a morte na cruz não existiu para efetivar a reconciliação do homem com Deus, mas sim para estimular o *entendimento* que o homem pode ter do amor eterno do Pai e da misericórdia sem fim do seu Filho; e para difundir essas verdades universais a um universo inteiro.

DOCUMENTO 189

A RESSURREIÇÃO

LOGO após o enterro de Jesus, na sexta-feira à tarde, o dirigente dos arcanjos de Nébadon, então presente em Urântia, convocou o seu conselho para a ressurreição das criaturas de vontade, adormecidas, e começou a fazer considerações sobre uma possível técnica de reconstituição de Jesus. Esses filhos reunidos do universo local, criaturas de Michael, realizaram isso sob a sua própria responsabilidade; Gabriel não os havia reunido. Por volta da meia-noite haviam chegado à conclusão de que a criatura nada poderia fazer para facilitar a ressurreição do Criador. Eles estavam dispostos a aceitar o conselho de Gabriel, que os instruíra para que, desde que Michael havia "dado a sua vida por seu livre-arbítrio, também teria o poder para retomá-la de novo de acordo com a sua própria determinação". Pouco depois da suspensão desse conselho de arcanjos, Portadores da Vida e seus vários colaboradores, no trabalho de reabilitação da criatura e da criação moroncial, o Ajustador Personalizado de Jesus, estando no comando pessoal das hostes celestes, então reunidas em Urântia, naquela vigília ansiosa, disse estas palavras a todos:

"Nenhum de vós nada pode fazer para ajudar vosso Criador-pai, no retorno à vida. Como um mortal deste reino, ele experimentou o falecimento dos mortais; como Soberano de um universo, ele ainda vive. O que vós estais preseniando é o trânsito mortal de Jesus de Nazaré, da vida na carne para a vida na morôncia. O trânsito espiritual de Jesus foi completado no momento em que me separei da sua personalidade e tornei-me o vosso diretor temporário. Vosso Criador-pai escolheu passar pela experiência inteira das suas criaturas mortais, desde o nascimento nos mundos materiais, da morte natural e da ressurreição da morôncia até o status de uma existência espiritual verdadeira. Estais observando uma determinada fase dessa experiência, mas não podeis participar dela. As coisas que normalmente fazeis pela criatura, não as podeis fazer pelo Criador. Um Filho Criador tem, dentro de si próprio, o poder de auto-outorgar-se, à semelhança de quaisquer dos seus filhos criados; tem dentro de si o poder de dispor da sua vida observável e para retomá-la novamente; e tem esse poder pela via do comando direto do Pai do Paraíso; e eu sei do que estou falando".

Quando ouviram o Ajustador Personalizado dizendo isso, todos eles assumiram uma atitude de expectativa ansiosa, desde Gabriel até o mais humilde querubim. Eles viram o corpo mortal de Jesus no sepulcro; detectaram evidências de atividades do seu amado Soberano, no universo; e, não compreendendo tais fenômenos, esperaram pacientemente pelo que sobreviria.

1. O TRÂNSITO MORONCIAL

Às duas e quarenta e cinco do domingo de manhã, a comissão de encarnação do Paraíso, formada por sete personalidades não identificadas do Paraíso, chegou ao local e imediatamente desmembrou-se em torno do sepulcro. Às duas horas e cinqüenta minutos, vibrações intensas de atividades materiais e moronciais combinadas começaram a emanar do novo sepulcro de José, e às três horas e dois minutos, nessa manhã de domingo, 9 de abril do ano 30 d.C., a forma moroncial ressuscitada e a personalidade de Jesus de Nazaré saíram do sepulcro.

Depois de ressuscitado, Jesus emergiu do sepulcro; o corpo de carne no qual ele tinha vivido e trabalhado na Terra por quase trinta e seis anos ainda jazia lá no nicho do sepulcro, envolto no lençol de linho, exatamente como havia sido colocado, para descansar, por José e pelos seus amigos, na sexta-feira à tarde. Nem a pedra diante da entrada do sepulcro havia sido movida para nada; o selo de Pilatos permanecia intacto ainda; os soldados ainda estavam de guarda. Os guardiães do templo tinham estado em vigia contínua; a guarda romana havia sido mudada à meia-noite. Nenhum desses vigias suspeitava de que o objeto da sua vigia havia levantado-se em uma nova forma mais elevada de existência; e de que o corpo que eles estavam guardando agora não era senão um envelope exterior descartado que não tinha mais nenhuma ligação com a personalidade moroncial liberada e ressuscitada de Jesus.

A humanidade é lenta para perceber que, em tudo o que é pessoal, a matéria é o esqueleto da morôncia, e que ambos são uma sombra refletida da realidade espiritual que perdura. Quanto tempo haverá de passar até que vós considereis o tempo como a imagem em movimento da eternidade e o espaço como uma sombra fugaz das realidades do Paraíso?

Até onde podemos julgar, nenhuma criatura deste universo, nem personalidade alguma de outro universo, nada teve a ver com essa ressurreição moroncial de Jesus de Nazaré. Na sexta-feira ele entregou a sua vida como um mortal deste reino; no domingo de manhã, ele retomou-a, de novo, como um ser moroncial do sistema de Satânia em Norlatiadeque. Há muito sobre a ressurreição de Jesus que nós não compreendemos. Mas sabemos que ocorreu como declaramos e por volta da hora indicada. Podemos também registrar que todos os fenômenos conhecidos, relacionados com esse trânsito mortal, ou ressurreição moroncial, aconteceram exatamente ali no novo sepulcro de José, onde o material mortal de Jesus permanecia envolto em trajes mortuários.

Sabemos que nenhuma criatura do universo local participou desse despertar moroncial. Percebemos as sete personalidades do Paraíso em torno do sepulcro, mas não as vimos fazer nada para o despertar do Mestre. Tão logo Jesus apareceu ao lado de Gabriel, bem acima do sepulcro, as sete personalidades do Paraíso indicaram sobre a sua intenção de partir imediatamente para Uversa.

Esclareçamos definitivamente o conceito da ressurreição de Jesus fazendo as seguintes afirmações:

1. O seu corpo material ou físico não é uma parte da personalidade ressuscitada. Quando Jesus saiu do sepulcro, o seu corpo de carne permaneceu intacto no sepulcro. Ele emergiu da tumba sem mover as pedras diante da entrada e sem romper os selos de Pilatos.

2. Ele não emergiu do sepulcro como um espírito, nem como Michael de Nébadon; ele não apareceu na forma do Soberano Criador, tal como fora antes da sua encarnação à semelhança da carne mortal em Urântia.

3. Ele saiu do sepulcro de José na forma semelhante das personalidades moronciais daqueles que, como os seres moronciais ascendentes ressuscitados, emergem nas salas de ressurreição do primeiro mundo das mansões deste sistema local de Satânia. E a presença do monumento em memória de Michael, no centro do imenso pátio das salas de ressurreição de mansônia número um, leva-nos a conjecturar que

a ressurreição do Mestre em Urântia foi de algum modo promovida a partir daquele que é o primeiro mundo das mansões do sistema.

O primeiro ato de Jesus, depois de levantar do sepulcro, foi o de saudar Gabriel e instruí-lo a continuar na função de executivo dos assuntos do universo entregue a Emanuel e, então, solicitou ao dirigente dos Melquisedeques que transmitisse a sua saudação fraternal a Emanuel. Pediu ao Altíssimo de Edêntia pela autorização dos Anciães dos Dias para o seu trânsito mortal; e, voltando-se para os grupos moronciais, dos sete mundos das mansões, aqui reunidos para saudar e dar as boas-vindas ao seu Criador, como criatura da sua própria ordem, Jesus disse as primeiras palavras da sua carreira pós-mortal. Disse o Jesus moroncial: "Tendo terminado a minha vida na carne, permanecerei aqui por um breve período na forma transitória para que eu possa conhecer melhor, e mais completamente, a vida das minhas criaturas ascendentes e para que em seguida eu revele a vontade do meu Pai no Paraíso".

Depois de haver falado, Jesus sinalizou para o Ajustador Personalizado, e para todas as inteligências do universo, reunidas em Urântia para presenciar a ressurreição, a fim de que fossem imediatamente despachadas para atender aos seus respectivos compromissos no universo.

Jesus começava agora os contatos de nível moroncial, sendo apresentado, como criatura, aos requisitos da vida que ele tinha escolhido viver por um curto tempo em Urântia. Essa iniciação ao mundo moroncial necessitou de um período de mais de uma hora do tempo terreno e foi por duas vezes interrompida pelo seu desejo de comunicar-se com as suas antigas companheiras na carne, quando elas vieram de Jerusalém para espiar com admiração dentro do sepulcro vazio e descobrir o que consideraram uma evidência da sua ressurreição.

E agora se completa o trânsito mortal de Jesus – a ressurreição moroncial do Filho do Homem. E tem início a experiência transitória do Mestre, como personalidade a meio caminho entre o material e o espiritual. E a tudo isso ele faz por meio do poder inerente a si próprio; nenhuma personalidade prestou-lhe qualquer assistência. Agora vive como Jesus moroncial e, à medida que começa essa vida moroncial, o corpo material da sua carne está lá, exatamente como antes, na tumba. Os soldados continuavam de guarda e o selo do governador nas pedras ainda não havia sido rompido.

2. O CORPO MATERIAL DE JESUS

Às três e dez, enquanto o Jesus ressuscitado se confraternizava com as personalidades moronciais reunidas, vindas dos sete mundos das mansões de Satânia, o dirigente dos arcanjos – anjos da ressurreição – aproximou-se de Gabriel e pediu-lhe o corpo mortal de Jesus. E o dirigente dos arcanjos disse: "Podemos não participar da ressurreição moroncial da experiência de auto-outorga de Michael, nosso soberano, mas gostaríamos de ter os seus restos mortais sob a nossa custódia para dissolução imediata. Não nos propomos empregar a nossa técnica de desmaterialização; meramente queremos invocar o processo do tempo acelerado. Suficiente para nós já é havermos visto o Soberano viver e morrer em Urântia; as hostes dos céus seriam poupadas da recordação de ter de suportar a visão da degradação lenta da forma humana do Criador e Sustentador de um universo. Em nome das inteligências celestes de todo o Nébadon, peço um mandado dando a mim a custódia do corpo mortal de Jesus de Nazaré e o poder de procedermos à sua dissolução imediata".

E após Gabriel e o decano Altíssimo de Edêntia conferenciarem, foi dada ao porta-voz dos arcanjos das hostes celestes a permissão para que ele dispusesse dos restos físicos de Jesus como julgasse conveniente.

Depois de ser-lhe concedido esse pedido, o dirigente dos arcanjos convocou para ajudá-lo muitos dos seus companheiros, junto com uma numerosa hoste de representantes de todas as ordens de personalidades celestes e então, com o auxílio das criaturas intermediárias de Urântia, eles deram prosseguimento à tomada de posse do corpo físico de Jesus. Esse corpo de morte era uma criação puramente material; era físico e real; não poderia ser removido do sepulcro, como havia sido removida a forma moroncial da ressurreição, escapando do selo sepulcral. Com a ajuda de algumas personalidades moronciais auxiliares, a forma moroncial, em um momento, pode se fazer como espírito, de um modo tal que se torne indiferente à matéria comum, enquanto em um outro momento ela pode tornar-se discernível e contatável para os seres materiais, como os mortais deste reino.

Enquanto eles se preparavam para remover o corpo de Jesus do sepulcro, antes de dispor dele de um modo preparatório de modo a dar-lhe uma dissolução quase instantânea condigna e de modo reverente, foi designado às criaturas secundárias de Urântia que rolassem as pedras afastando-as da entrada da tumba. A maior dessas duas pedras era circular e imensa, muito semelhante a uma roda de moinho que se movia em um sulco marcado na rocha, de um modo tal que podia ser rolada para a frente e para trás, a fim de abrir ou fechar a tumba. Quando os guardas judeus vigilantes e os soldados romanos viram, sob a luz escassa na madrugada, a imensa pedra começar a rolar saindo da entrada do sepulcro, aparentemente por si mesma – sem quaisquer meios visíveis a explicar esse movimento –, eles foram tomados pelo medo e pelo pânico e correram, abandonando depressa o local. Os judeus correram para as suas casas, voltando depois para reportar o acontecido ao seu capitão no templo. Os romanos correram para a fortaleza de Antônia e contaram o que haviam visto ao centurião, tão logo ele chegou ao seu posto.

Os líderes judeus começaram uma sórdida operação supostamente para livrarem-se de Jesus oferecendo subornos ao traidor Judas, e agora, ao defrontar-se com essa situação embaraçosa, em vez de pensar em punir os guardas por desertarem do seu posto, recorreram ao expediente de subornar esses guardas e os soldados romanos. Pagaram a cada um desses vinte homens uma quantia em dinheiro e instruíram-nos a dizer a todos: "Enquanto dormíamos durante a noite, os seus discípulos precipitaram-se sobre nós e levaram o corpo". E os líderes judeus fizeram promessas solenes aos soldados de defendê-los perante Pilatos, caso chegasse ao conhecimento do governador que eles haviam aceitado um suborno.

A crença cristã na ressurreição de Jesus tem sido baseada no fato do "sepulcro vazio". Foi real e verdadeiramente um *fato* que o sepulcro estivesse vazio, mas essa não é a *verdade* da ressurreição. A tumba estava real e verdadeiramente vazia quando os primeiros crentes chegaram, mas esse fato, associado ao da indubitável ressurreição do Mestre, levou à formulação de uma crença que não era verdadeira: o ensinamento de que o corpo material e mortal de Jesus levantou-se da cova. A verdade relacionada às realidades espirituais e aos valores eternos nem sempre pode ser deduzida de uma combinação de fatos aparentemente reais. Ainda que os fatos individualmente possam ser materialmente verdadeiros, não significa que a conjunção de um agrupamento de fatos deva necessariamente conduzir a conclusões espiritualmente verdadeiras.

O sepulcro de José estava vazio, não porque o corpo de Jesus haja se recuperado ou ressuscitado, mas porque as hostes celestes tiveram o seu pedido concedido, o pedido de dar a ele uma dissolução especial e única, um retorno do "pó ao pó", sem a intervenção das demoras do tempo e sem a operação dos processos ordinários e visíveis de decadência mortal e de decomposição material.

Os restos mortais de Jesus passaram pelo mesmo processo natural de desintegração dos seus elementos que é característica comum a todos os corpos humanos na Terra, exceto que, do ponto de vista do tempo, esse modo natural de dissolução foi violentamente acelerado, apressado, chegando até mesmo a ser quase instantâneo.

As verdadeiras evidências da ressurreição de Michael são espirituais, pela sua natureza, ainda que esse ensinamento seja corroborado pelo testemunho de muitos mortais do reino, que se encontraram, reconheceram e comungaram com o Mestre ressuscitado na forma moroncial. Ele tornou-se parte da experiência pessoal de quase mil seres humanos, antes de finalmente deixar Urântia.

3. A RESSURREIÇÃO DISPENSACIONAL

Pouco depois das quatro e meia na manhã desse domingo, Gabriel convocou os arcanjos até perto de si e preparou-se para inaugurar a ressurreição geral de terminação da dispensação Adâmica em Urântia. Quando a vasta hoste de serafins e de querubins, envolvida nesse grande acontecimento, encontrava-se organizada em formação apropriada, o Michael moroncial apareceu diante de Gabriel, dizendo: "Do mesmo modo que o meu Pai tem vida em Si próprio, ele a deu ao Filho para que tivesse vida em si próprio. Embora eu não tenha ainda reassumido plenamente o exercício da jurisdição do universo, essa limitação auto-imposta de nenhum modo restringe o outorgamento da vida aos meus filhos adormecidos, que tenha, pois, início o chamado da lista de ressurreição do planeta".

O circuito dos arcanjos, então, operou pela primeira vez a partir de Urântia. Gabriel e a hoste de arcanjos transportaram-se ao local da polaridade espiritual do planeta; e, quando Gabriel deu o sinal, foi transmitida ao primeiro mundo das mansões do sistema a voz de Gabriel, dizendo: "Por mandado de Michael, que levantem os mortos de uma dispensação de Urântia!" Então todos os sobreviventes das raças humanas de Urântia, que haviam estado adormecidos desde os dias de Adão, e que não tinham ainda ido a julgamento, apareceram nas salas de ressurreição de mansônia, prontos para a sua investidura moroncial. E em um instante de tempo os serafins e os seus colaboradores estavam prontos para partir em direção aos mundos das mansões. Normalmente esses guardiães seráficos, anteriormente designados à custódia grupal desses mortais sobreviventes, teriam estado presentes no momento do seu despertar nas salas de ressurreição de mansônia, mas eles estavam neste mundo, nesse momento, por causa da necessidade aqui, da presença de Gabriel, relacionada com a ressurreição moroncial de Jesus.

Não obstante haver inúmeros indivíduos que, tendo guardiães seráficos pessoais e tendo atingido o nível requerido de progresso da personalidade espiritual, foram para mansônia durante as idades posteriores ao tempo de Adão e Eva e, ainda que tenha havido muitas ressurreições especiais e milenares dos filhos de Urântia, esta era a terceira lista de chamada planetária, ou seja, a que completava a lista de ressurreições dispensacionais. A primeira ocorreu na época da chegada do Príncipe Planetário; a segunda, durante a época de Adão; e esta, a terceira, que assinalava a ressurreição moroncial, o trânsito mortal, de Jesus de Nazaré.

Quando o sinal da ressurreição planetária foi recebido pelo dirigente dos arcanjos, o Ajustador Personalizado do Filho do Homem renunciou à sua autoridade sobre as hostes celestes reunidas em Urântia, transferindo todos esses filhos do universo local, de volta para as jurisdições dos seus respectivos comandantes. E após fazer isso ele partiu para Sálvington a fim de registrar com Emanuel o fim completo do trânsito mortal de Michael. E foi seguido imediatamente por toda a hoste celeste que não estava requisitada para servir em Urântia. Mas Gabriel permaneceu em Urântia com o Jesus moroncial.

E é esse o relato dos acontecimentos da ressurreição de Jesus, segundo foram vistos por aqueles que os presenciaram, como realmente ocorreram, livres das limitações da visão humana, parcial e restrita.

4. A DESCOBERTA DA TUMBA VAZIA

Nesse domingo de madrugada, tendo em vista que nos aproximávamos da hora da ressurreição de Jesus, deve ser relembrado que os dez apóstolos encontravam-se hospedados na casa de Elias e Maria Marcos, onde dormiam na sala de cima, descansando nos mesmos leitos em que se reclinaram quando da Última Ceia com o seu Mestre. Nesse domingo, pela manhã, estavam todos reunidos lá, exceto Tomé. Tendo estado com eles por uns poucos minutos, quando se reuniram no sábado até tarde da noite, era demais para Tomé ver os apóstolos e, mais ainda, suportar o pensamento do que tinha acontecido a Jesus. Ele deu uma olhada nos seus companheiros e imediatamente deixou a sala, indo para a casa de Simão, em Betfagé, onde contava poder afundar-se no abismo da própria tristeza a sós. Todos os apóstolos sofriam, nem tanto pela dúvida e desespero quanto pelo temor, a pena e a vergonha.

Na casa de Nicodemos reuniram-se, com Davi Zebedeu e José de Arimatéia, entre doze e quinze dos discípulos de Jesus, dos mais proeminentes de Jerusalém. Na casa de José de Arimatéia achavam-se entre quinze e vinte das principais mulheres crentes. E essas mulheres encontravam-se na casa de José, sozinhas, e, como haviam estado juntas durante as horas do dia de sábado e na noite seguinte, permaneciam sem saber da guarda militar de vigia no sepulcro; e tampouco sabiam que uma segunda pedra havia sido rolada na frente da tumba; nem que ambas as pedras tinham sido colocadas sob o selo de Pilatos.

Um pouco antes das três horas, nesse domingo de manhã, quando os primeiros sinais do dia começaram a surgir no lado leste, cinco daquelas mulheres partiram para a tumba de Jesus. Elas haviam preparado uma boa quantidade de loções balsâmicas especiais, e levavam consigo muitas bandagens de linho. O seu propósito era preparar melhor o corpo de Jesus, com os ungüentos fúnebres, envolvendo-o cuidadosamente com novas bandagens.

As mulheres que saíram para a missão de ungir o corpo de Jesus foram as seguintes: Maria Madalena, Maria, a mãe dos gêmeos Alfeus, Salomé, a mãe dos irmãos Zebedeus, Joana, a mulher de Cuza, e Susana, a filha de Ezra de Alexandria.

Eram cerca de três e meia quando as cinco mulheres, carregadas com os seus ungüentos, chegaram diante da tumba vazia. Enquanto passavam pelo portão de Damasco, elas encontraram inúmeros soldados correndo para a cidade, relativamente tomados de pânico; e isso as levou a parar por uns poucos minutos; mas, vendo que nada mais acontecia, retomaram a sua caminhada.

E, especialmente surpresas ficaram, ao ver a pedra rolada para fora da entrada do sepulcro, pois, enquanto estavam vindo, entre si, chegaram até a dizer: "Quem nos ajudará a rolar a pedra?" Então elas puseram a sua carga no chão e começaram a olhar umas para as outras, temerosas e em grande espanto. Enquanto estavam ali de pé, atônitas, tremendo de medo, Maria Madalena aventurou-se a contornar a pedra menor e ousou entrar no sepulcro aberto. Essa tumba de José ficava no seu jardim, nas colinas, do lado leste da estrada, e também dava face para o lado leste. A essa hora, apenas a luz da madrugada de um novo dia permitiu a Maria ver o local onde o corpo do Mestre havia sido colocado e discernir que ele não mais estava ali. No recesso da pedra, onde haviam deitado Jesus, Maria viu apenas o pano dobrado, em que a sua cabeça estivera repousando e todas as bandagens, com as quais havia sido envolto, intactas e dispostas sobre a pedra, tal qual estiveram antes de as hostes celestes haverem levado o corpo. O lençol que o cobria encontrava-se aos pés do nicho fúnebre.

Depois de permanecer na entrada da tumba por uns poucos momentos (ela não havia visto nada claramente, tão logo entrara na tumba), Maria viu que o corpo de Jesus não se encontrava lá e que no seu lugar estavam apenas alguns tecidos fúnebres, e ela soltou um grito de alarme e angústia. Todas a mulheres ficaram extremamente nervosas; tinham estado nos seus limites de tensão desde que encontraram os soldados em pânico na entrada da cidade e, quando Maria soltou o grito de angústia, elas ficaram aterrorizadas e saíram dali mais do que depressa. E não paravam até que tivessem percorrido todo o caminho, até o portão de Damasco. Nesse momento Joana deu por si, de que elas tinham abandonado Maria; e reuniu as suas companheiras para voltarem ao sepulcro.

À medida que se aproximaram do sepulcro, a amedrontada Madalena, que ainda mais aterrorizada ficara quando não encontrou as suas irmãs esperando por ela, ao sair da tumba, agora corria para elas, exclamando agitadamente: "Ele não está lá – levaram-no embora!" E ela as conduziu de volta ao sepulcro; e todas entraram e viram que estava vazio.

Todas as cinco mulheres então se sentaram na pedra próxima da entrada para conversarem sobre a situação. Ainda não lhes havia ocorrido que Jesus havia ressuscitado. Haviam permanecido sozinhas e isoladas todo o sábado; e então conjecturaram que o corpo pudesse haver sido removido para outro local de descanso. Mas, quando elas refletiram sobre tal solução para o seu dilema, não conseguiram explicação para o fato de os tecidos funerais estarem tão arrumados; como poderia o corpo ter sido removido, já que as próprias bandagens, nas quais estivera envolto, tinham sido deixadas na mesma posição e aparentemente intactas na prateleira mortuária?

Enquanto essas mulheres estavam sentadas ali, durante aqueles momentos da madrugada desse novo dia, elas viram a um canto um vulto estranho, calado e imóvel. Por um momento ficaram de novo amedrontadas, mas Maria Madalena, correndo até lá e dirigindo-se a ele como se fosse o jardineiro, disse: "Para onde tu levaste o Mestre? Onde o puseram? Dize-nos para que possamos ir lá buscá-lo". Quando o estranho não respondeu a Maria, ela começou a chorar. Então Jesus falou a elas, dizendo: "A quem procurais?" Maria disse: "Procuramos por Jesus, que foi colocado para descansar na tumba de José, mas ele se foi. Sabes para onde o levaram?" Então Jesus disse: "E esse Jesus não vos disse, na Galiléia mesmo, que morreria, mas que se levantaria novamente?" Essas palavras assombraram as mulheres, mas o Mestre estava tão mudado que elas ainda não o reconheceram, de costas que estava para a escassa luz. E enquanto elas pesavam as suas palavras, ele dirigiu-se a Madalena com uma voz familiar, dizendo: "Maria". E quando então ouviu essa palavra, dita com uma compaixão tão bem conhecida e em saudação afetuosa, ela soube que era a voz do Mestre; e, correndo, ajoelhou-se aos seus pés, ao mesmo tempo em que exclamava: "Meu Senhor, e meu Mestre!" E todas as outras mulheres reconheceram que era o Mestre que estava diante delas na forma glorificada, e depressa se ajoelharam diante dele.

Esses olhos humanos tornaram-se capazes de ver a forma moroncial de Jesus mediante a ministração especial dos transformadores e das criaturas intermediárias em conjunção com algumas das personalidades moronciais que então acompanhavam Jesus.

Quando Maria tentou abraçar os seus pés, Jesus disse: "Não me toques, Maria, pois eu não sou mais como tu me conheceste na carne. Nesta forma eu permanecerei convosco, por uma temporada, antes de ascender ao Pai. Mas agora ide, todas vós, e dizei aos meus apóstolos – e a Pedro – que eu ressuscitei, e que vós já falastes comigo".

Após recuperarem-se do choque de um tal assombro, essas mulheres apressaram-se de volta à cidade, indo para a casa de Elias Marcos, onde contaram aos dez apóstolos tudo o que lhes havia acontecido; mas os apóstolos não ficaram inclinados a acreditar nelas. A princípio pensaram que as mulheres haviam tido uma visão, mas quando Maria Madalena repetiu as palavras com as quais Jesus tinha dirigido-se a elas, e, quando Pedro ouviu o seu nome ser pronunciado, ele correu para fora da sala de cima, seguido por João, em grande pressa para chegar ao sepulcro e ver essas coisas por si próprio.

As mulheres repetiram a história daquela conversa com Jesus para os outros apóstolos, mas eles não acreditariam, e não iriam ver por si próprios, como o haviam feito Pedro e João.

5. PEDRO E JOÃO NA TUMBA

Enquanto os dois apóstolos corriam para o Gólgota até a tumba de José, os pensamentos de Pedro alternavam-se entre medo e esperança; ele temia encontrar o Mestre, mas a sua esperança era estimulada pela história de que Jesus havia mandado uma palavra especial para ele. E ele achava-se quase persuadido de que Jesus estava realmente vivo; relembrou-se da sua promessa de que ressuscitaria no terceiro dia. Por mais estranho que pudesse parecer, essa promessa não havia sido lembrada por Pedro, desde a crucificação até este momento, em que ele corria para o norte, atravessando Jerusalém. À medida que João saía apressado da cidade, um estranho êxtase feito de júbilo e de esperança inundava a sua alma. Ele estava quase convencido de que aquelas mulheres realmente haviam visto o Mestre ressuscitado.

João sendo mais jovem do que Pedro ultrapassou-o e chegou primeiro à tumba. João permaneceu junto à entrada, olhando para dentro da tumba, que estava exatamente como Maria a havia descrito. Logo Simão Pedro chegou correndo e, entrando, viu a mesma tumba vazia com as mortalhas arrumadas de um modo peculiar. Quando Pedro saiu, João entrou e igualmente viu tudo por si próprio; e, então, ambos sentaram-se na pedra para refletir sobre o que significava tudo o que eles haviam visto e ouvido. E enquanto estavam sentados lá, reviraram por completo nas suas mentes o que havia sido dito a eles sobre Jesus, mas não conseguiam perceber claramente o que havia acontecido.

Inicialmente Pedro sugeriu que a tumba houvesse sido saqueada, que inimigos houvessem roubado o corpo, talvez subornando os guardas. Mas João ponderou que a tumba não teria sido deixada tão arrumada se o corpo tivesse sido roubado, e também levantou a questão de como as bandagens puderam ser deixadas para trás, e aparentemente tão intactas. E de novo ambos voltaram à tumba para examinar mais de perto as mortalhas. Quando saíam da tumba pela segunda vez, eles encontraram Maria Madalena que retornara e chorava diante da entrada. Maria tinha ido até os apóstolos acreditando que Jesus se havia levantado-se da cova, mas quando todos se recusaram a acreditar no que ela contava, ficou deprimida e em desespero. Queria voltar para junto da tumba, onde ela pensou haver ouvido a voz familiar de Jesus.

Enquanto Maria permanecia ali, depois de Pedro e João terem ido embora, de novo o Mestre apareceu para ela, dizendo: "Não fiques em dúvida; tem a coragem de crer no que viste e ouviste. Volta aos meus apóstolos e de novo dize a eles que eu ressuscitei, que eu aparecerei para eles e que logo irei ter com eles na Galiléia como prometi".

Maria apressou-se a voltar à casa de Marcos e disse aos apóstolos que, novamente, havia conversado com Jesus, mas eles não acreditariam nela. E quando Pedro e João voltaram, eles pararam de ridicularizá-la e ficaram cheios de temor e de apreensão.

DOCUMENTO 190

AS APARIÇÕES MORONCIAIS DE JESUS

O JESUS ressuscitado prepara-se agora para passar um curto período de tempo em Urântia, com o propósito de experienciar a carreira moroncial ascendente de um mortal dos reinos. Ainda que esse período de vida moroncial esteja para ser passado neste mundo da sua encarnação mortal, sob todos os pontos de vista, porém, será o equivalente à contraparte da experiência dos mortais do sistema de Satânia, os quais passam pela vida moroncial progressiva nos sete mundos das mansões de Jerusém.

Todo esse poder que é inerente a Jesus – o dom da vida –, e o capacitou a ressuscitar dos mortos; é a dádiva mesma da vida eterna que ele outorga aos crentes dos reinos e que assegura, ainda agora, a sua ressurreição dos vínculos da morte natural.

Os mortais dos reinos levantar-se-ão na manhã da ressurreição com o mesmo tipo de corpo de transição, ou moroncial, que Jesus teve quando se levantou da tumba naquela manhã de domingo. Esses corpos não têm sangue circulando, e tais seres não se servem de alimentos materiais comuns; contudo, essas formas moronciais são *reais*. Quando os vários crentes viram Jesus, depois da sua ressurreição, eles realmente o viram; não foram logrados por ilusões, visões ou alucinações.

Uma fé inquebrantável na ressurreição de Jesus foi a característica cardinal da fé em todas as ramificações do ensinamento inicial do evangelho. Em Jerusalém, na Alexandria, na Antioquia e na Filadélfia, todos os educadores do evangelho uniram-se nesta fé implícita na ressurreição do Mestre.

Ao examinarmos o papel proeminente de Maria Madalena, ao proclamar a ressurreição do Mestre, deveria ficar registrado que Maria era a porta-voz principal para o corpo de mulheres, como Pedro o foi para os apóstolos. Não era uma dirigente das mulheres que trabalhavam para o Reino, mas era a sua instrutora principal e sua porta-voz para o público. Maria tornou-se uma mulher muito circunspecta, de tal modo que a sua ousadia ao falar com um homem, a quem ela considerou como sendo o jardineiro de José, apenas indica o quão aterrorizada ficara por haver encontrado a tumba vazia. Foram a profundidade e a agonia do seu amor e a plenitude da sua devoção, que a levaram a esquecer, por um momento, a convenção que impunha a proibição à mulher judia de abordar um homem estranho.

1. OS ARAUTOS DA RESSURREIÇÃO

Os apóstolos não queriam que Jesus os deixasse; por isso não deram importância a todas as suas afirmações sobre a própria morte, nem às suas promessas de ressuscitar. Eles não estavam esperando a ressurreição do modo como ela veio e recusaram-se a acreditar nela até que se confrontassem compulsivamente com a evidência irrefutável e com a prova absoluta das suas próprias experiências.

Quando os apóstolos se recusaram a crer naquilo que as cinco mulheres relataram, quanto a terem visto e falado com Jesus, elas se retiraram: Maria Madalena voltou ao sepulcro e as outras foram de volta para a casa de José, onde estas últimas contaram a sua experiência para a filha dele e às outras mulheres. E as mulheres acreditavam naquilo que ouviam. Pouco depois das seis horas, a filha de José de Arimatéia e as quatro mulheres que haviam visto Jesus seguiram para a casa de Nicodemos, e ali relataram todos esses acontecimentos a José, a Nicodemos, a Davi Zebedeu e aos outros homens reunidos lá. Nicodemos e os outros duvidaram da sua história, duvidaram de que Jesus houvesse ressuscitado dos mortos; e conjecturavam se os judeus não teriam removido o corpo. José e Davi estavam dispostos a acreditar no que ouviram, tanto que se apressaram a sair e inspecionar a tumba; e encontraram tudo exatamente como as mulheres haviam descrito. E foram os últimos a ver o sepulcro assim, pois o sumo sacerdote enviou o capitão dos guardas do templo para a tumba, às sete horas e trinta minutos, a fim de retirar de lá as mortalhas. O capitão enrolou-as todas no lençol de linho e atirou-as dentro de um precipício próximo.

Do sepulcro, Davi e José foram imediatamente para a casa de Elias Marcos, onde se mantiveram em conferência com os dez apóstolos na sala de cima. Apenas João Zebedeu se achava disposto a acreditar, ainda que vagamente, que Jesus houvesse ressuscitado dos mortos. Pedro acreditou a princípio, mas, quando não encontrou o Mestre, caiu em dúvida profunda. Estavam todos dispostos a acreditar que os judeus haviam retirado o corpo de lá. Davi não argumentaria com eles, mas, quando saiu, ele disse: "Vós sois os apóstolos e devíeis compreender essas coisas. Não discutirei convosco; contudo, volto agora para a casa de Nicodemos, onde marquei de me reunir com os mensageiros esta manhã, e, quando eles estiverem reunidos, eu os enviarei para a sua última missão, como arautos da ressurreição do Mestre. Eu ouvi o Mestre dizer que, depois de morrer, ele iria ressuscitar ao terceiro dia, e eu creio nele". E assim falando aos deprimidos e abandonados embaixadores do Reino, esse chefe autoconvocado da comunicação e da informação despediu-se dos apóstolos. Quando saía da sala de cima, ele deixou a bolsa de Judas, contendo todos os fundos apostólicos, no colo de Mateus Levi.

Eram aproximadamente nove horas e trinta minutos quando o último dos vinte e seis mensageiros de Davi chegou à casa de Nicodemos. Davi prontamente os reuniu no espaçoso pátio e disse-lhes:

"Homens e irmãos, durante todo esse tempo, vós tendes servido a nós, de acordo com um juramento feito a mim e a vós próprios, uns aos outros; e eu vos conclamo a testemunhar que nunca antes coloquei informação falsa nas vossas mãos. Estou a ponto de enviar-vos para a vossa última missão, como mensageiros voluntários do Reino e, assim fazendo, eu vos libero dos vossos juramentos e dissolvo o corpo de mensageiros. Homens, eu declaro a vós que terminamos nosso trabalho. O Mestre não mais tem necessidade de mensageiros mortais; ele ressuscitou dos mortos. Ele nos disse, antes de o haverem prendido, que iria morrer e que levantaria de novo ao terceiro dia. Eu vi a tumba – está vazia. Conversei com Maria Madalena e quatro outras mulheres que falaram com Jesus. Agora eu desfaço este grupo, me despeço de vós e vos envio para as vossas respectivas tarefas; e a mensagem que devereis levar aos crentes é: 'Jesus ressuscitou dos mortos; a tumba está vazia'".

A maioria daqueles que estavam presentes trataram de persuadir Davi a não fazer isso. Mas não conseguiram influenciá-lo. Então procuraram dissuadir os mensageiros, mas estes não deram ouvidos às palavras de dúvida. E assim, pouco antes das dez horas da manhã desse domingo, esses vinte e seis corredores saíram como os primeiros arautos do poderoso fato verdadeiro do Jesus ressuscitado. E eles começaram essa missão como haviam iniciado tantas outras, cumprindo o seu juramento feito junto a Davi Zebedeu e entre eles próprios. Esses homens depositavam uma grande confiança em Davi. Partiram para essa tarefa sem ao menos parar para falar com aqueles que haviam visto Jesus; pois eles acreditaram o suficiente na palavra de Davi. A maioria deles confiava no que Davi lhes havia dito e, mesmo aqueles que duvidavam, de algum modo, levaram a mensagem com a mesma certeza e com a mesma rapidez.

Os apóstolos, do corpo espiritual do Reino, nesse dia, estavam reunidos na sala de cima, onde manifestavam temor e expressavam dúvidas, enquanto aqueles leigos, representando a primeira tentativa de socialização do evangelho do Mestre, pela irmandade dos homens, sob as ordens do seu destemido e eficiente líder, corriam para proclamar o Salvador, ressuscitado, de um mundo e de um universo. E eles engajaram-se nesse serviço memorável, antes mesmo que os seus representantes escolhidos se mostrassem dispostos a acreditar na sua palavra ou a aceitar as provas das testemunhas.

Esses vinte e seis mensageiros foram despachados para a casa de Lázaro, em Betânia, e para todos os centros dos crentes, de Berseba, no sul de Damasco, Sidom, ao norte, e de Filadélfia, no leste, até Alexandria, no oeste.

Quando Davi deixou os seus irmãos, foi até a casa de José em busca da sua mãe; os dois então seguiram até Betânia, para juntarem-se à família de Jesus, que os aguardava. Davi hospedou-se com Marta e Maria, em Betânia, até que elas se desfizessem das suas posses terrenas; e depois ele as acompanhou em sua viagem para unirem-se ao seu irmão, Lázaro, na Filadélfia.

Cerca de uma semana depois, João Zebedeu levou Maria, a mãe de Jesus, até a sua casa em Betsaida. Tiago, o irmão mais velho de Jesus, permaneceu com a sua família em Jerusalém. Rute ficou em Betânia com as irmãs de Lázaro. O restante da família de Jesus voltou para a Galiléia. Davi Zebedeu saiu de Betânia com Marta e Maria, indo para a Filadélfia, no princípio de junho, no dia seguinte ao do seu casamento com Rute, a irmã mais nova de Jesus.

2. AS APARIÇÕES DE JESUS EM BETÂNIA

Da época da ressurreição moroncial até a hora da sua ascensão espiritual às alturas, Jesus fez dezenove aparições isoladas, na forma visível, para os seus crentes na Terra. Ele não apareceu para os seus inimigos, nem para aqueles que não poderiam fazer um uso espiritual da sua manifestação na forma visível. A sua primeira aparição foi para as cinco mulheres no sepulcro; a sua segunda, para Maria Madalena, também no sepulcro.

A terceira aparição ocorreu por volta do meio-dia nesse domingo, em Betânia. Pouco depois do meio-dia, Tiago, o irmão mais velho de Jesus, estava no jardim de Lázaro, de pé, diante da tumba vazia do irmão ressuscitado de Marta e Maria, repassando na sua mente as novidades trazidas uma hora atrás, pelo mensageiro de Davi. Tiago inclinava-se a acreditar sempre na missão do seu irmão mais velho na Terra, mas havia muito tempo que perdera o contato com o trabalho de Jesus e, assim, tinha deixado dominar-se por graves incertezas sobre as últimas afirmações dos apóstolos, de que Jesus era o Messias. Toda a família estava estupefata e bastante confundida com as notícias trazidas pelo mensageiro. E, quando Tiago ainda encontrava-se diante da tumba vazia de Lázaro, Maria Madalena chegou sobressaltada, e relatou à família as suas experiências daquela madrugada no sepulcro de José. Antes que ela tivesse terminado, chegaram Davi Zebedeu e sua mãe. Rute acreditou, é claro, nesse relato, e também Judá, depois de conversar com Davi e Salomé.

Nesse meio tempo, quando procuraram por Tiago, e antes de encontrarem-no, enquanto permanecia ali no jardim próximo da tumba, Tiago apercebeu-se de uma presença próxima, como se alguém tivesse tocado no seu ombro; e, quando ele voltou-se para olhar, pôde ver a aparição gradual de uma estranha forma ao seu lado. Ele ficou por demais atônito para falar e amedrontado demais para fugir. E então a estranha forma expressou-se com estas palavras: "Tiago, vim com a finalidade de chamar-te para o serviço do Reino. Dá as tuas mãos sinceramente aos teus irmãos e segue os meus passos". Quando Tiago ouviu o seu nome sendo pronunciado, ele soube que era o seu irmão mais velho, Jesus, que se dirigia a ele. Todas as pessoas apresentavam dificuldades, maiores ou menores, para reconhecer a forma moroncial do Mestre, mas poucos encontravam dificuldade para reconhecer a sua voz e identificar, de algum outro modo, a sua encantadora personalidade, uma vez que ele houvesse começado a comunicar-se com eles.

Quando Tiago percebeu que Jesus estava dirigindo-se a ele, quase caiu de joelhos, exclamando: "Meu pai e meu irmão"; mas Jesus solicitou-lhe que ficasse de pé enquanto ele lhe falava. E caminharam pelo jardim conversando por quase três minutos; falaram sobre as experiências de tempos atrás e anteciparam os acontecimentos do futuro próximo. À medida que se aproximaram da casa, Jesus disse: "Adeus, Tiago, até quando eu os vir a todos juntos".

Tiago correu para a casa, enquanto eles o procuravam em Betfage, exclamando: "Acabo de ver Jesus e de falar com ele, até mesmo conversei com ele. Não está morto; ele ressuscitou! E desapareceu diante de mim, dizendo: 'Adeus, até quando eu os vir a todos juntos'". Mal acabou de falar e Judá chegou e, então, em consideração a este, Tiago contou novamente a experiência que teve com Jesus no jardim. E todos começaram a acreditar na ressurreição de Jesus. Tiago agora anunciava que não iria voltar para a Galiléia, e Davi exclamou: "Ele está sendo visto não apenas por mulheres exaltadas; mesmo os homens de corações fortes começaram a vê-lo. Espero, eu próprio, vê-lo também".

E Davi não teve de esperar muito, pois a quarta aparição de Jesus para o reconhecimento mortal ocorreu pouco antes das duas horas, nessa mesma casa de Marta e Maria, e Jesus surgiu, bem visivelmente, diante da sua família terrena e dos seus amigos, ao todo vinte pessoas. O Mestre apareceu na porta aberta, dos fundos, dizendo: "A paz esteja convosco. Saudações para aqueles que estiveram próximos de mim na carne e irmandade para os meus irmãos e irmãs no Reino do céu. Como pudestes duvidar? Por que titubeastes por tanto tempo, até seguir, do fundo do coração, a luz da verdade? Vinde, pois, todos vós à irmandade do Espírito da Verdade, no Reino do Pai". Quando começaram a recobrar-se do choque inicial e do próprio espanto, e iam aproximar-se dele como que para abraçá-lo, Jesus desapareceu das suas vistas.

Todos queriam correr para a cidade e contar aos apóstolos hesitantes sobre o que havia acontecido, mas Tiago os conteve. Apenas a Maria Madalena foi permitido voltar à casa de José. Tiago proibiu que eles colocassem abertamente de público que essa visita moroncial havia acontecido, por causa de algumas coisas que Jesus havia dito a ele enquanto conversavam no jardim. Mas Tiago nunca revelou mais nada sobre a conversa com o Mestre ressuscitado nesse dia na casa de Lázaro, em Betânia.

3. NA CASA DE JOSÉ

A quinta manifestação moroncial de Jesus, para que os olhos dos mortais o reconhecessem, aconteceu na presença de umas vinte e cinco mulheres crentes reunidas na casa de José de Arimatéia, por volta das quatro horas e quinze minutos, nessa mesma tarde de domingo. Maria Madalena havia retornado à casa de José, apenas alguns minutos antes dessa aparição. Tiago, o irmão de Jesus, havia solicitado que nada fosse dito aos apóstolos a respeito da aparição do Mestre em Betânia. Ele não havia pedido a Maria que se abstivesse de contar o ocorrido às suas irmãs crentes. Assim, depois de ter pedido segredo a todas as mulheres, Maria relatou o que havia acontecido enquanto ela esteve com a família de Jesus em Betânia. E, no meio mesmo desse relato emocionante, um silêncio súbito e solene caiu sobre elas; e todas contemplaram bem próximo de si a forma totalmente visível de Jesus ressuscitado. Ele saudou-as dizendo: "A paz esteja convosco. Na comunhão do Reino não haverá judeus nem gentios, nem ricos nem pobres, nem livres ou escravos, nem homem ou mulher. Vós também sois chamadas a tornar pública a boa-nova da liberdade da humanidade por meio do evangelho da filiação a Deus no Reino do céu. Ide a todo o mundo proclamar este evangelho e confirmá-lo para os crentes na fé. E, enquanto fazeis isso, não vos esqueçais de ministrar aos doentes e fortalecer os que estão fracos e cheios de temor. E eu estarei sempre convosco, até mesmo nos confins da Terra". E depois de falar assim, Jesus desapareceu da vista delas, enquanto as mulheres caíram com os seus rostos no chão e adorando-o em silêncio.

Das cinco aparições moronciais de Jesus ocorridas até esse momento, Maria Madalena havia testemunhado quatro.

Como resultado do envio dos mensageiros durante o meio da tarde e em conseqüência do vazamento inconsciente de indicações a respeito dessa aparição de Jesus na casa de José, um rumor chegou até os dirigentes judeus, durante o anoitecer, sobre o que estava sendo relatado em toda a cidade, de que Jesus havia ressuscitado e que muitas pessoas estavam declarando tê-lo visto. Os sinedristas encontravam-se profundamente perturbados com esses rumores. Após uma rápida conversa com Anás, Caifás convocou uma reunião do sinédrio para as oito horas, naquela noite. Foi nessa reunião que foi tomada a decisão de expulsar das sinagogas qualquer pessoa que fizesse menção à ressurreição de Jesus. Foi sugerido mesmo que qualquer pessoa que afirmasse tê-lo visto deveria ser condenada à morte; essa proposta, contudo, não chegou a ser votada, já que a reunião dispersou-se em uma confusão que beirava ao pânico. Eles haviam ousado pensar que haviam acabado com Jesus. Mas estavam a ponto de descobrir que as dificuldades reais que teriam com o homem de Nazaré estavam apenas começando.

4. APARIÇÃO AOS GREGOS

Por volta das quatro horas e trinta minutos, na casa de um certo Flávio, o Mestre fez a sua sexta aparição moroncial para cerca de quarenta gregos crentes reunidos lá. Enquanto estavam empenhados em discutir os relatos da sua ressurreição, o Mestre manifestou-se em meio a eles, a despeito das portas estarem fechadas com ferrolhos seguros, e dirigindo-se a eles, ele disse: "A paz esteja convosco. Embora haja aparecido na Terra e entre os judeus, o Filho do Homem veio para ministrar a todos os homens. No Reino do meu Pai não haverá nem judeus nem gentios; vós sereis todos irmãos – os filhos de Deus. Ide, portanto, a todo o mundo, proclamar este evangelho da salvação, como vós o recebestes dos embaixadores do Reino, e eu os aceitarei em comunhão, na irmandade dos filhos, pela fé na verdade do Pai". E, tendo falado-lhes assim, ele os deixou; e não mais o viram. Passaram toda a noite dentro da casa; achavam-se por demais tomados de um temor respeitoso e de um medo espantado e não se aventuraram a sair. E nenhum desses gregos dormiu naquela noite; permaneceram acordados, falando sobre essas coisas e esperando que o Mestre pudesse novamente vir a estar com eles. Nesse grupo achavam-se muitos dos gregos que haviam estado no Getsêmani, na ocasião em que Judas traiu Jesus com um beijo e os soldados o prenderam.

Os rumores da ressurreição de Jesus e os relatos a respeito das muitas aparições para os seus seguidores iam espalhando-se rapidamente, e toda a cidade encontrava-se tomada por uma forte emoção. O Mestre já havia aparecido para a sua família, para as mulheres e para os gregos e, dentro em pouco, manifestar-se-ia em meio aos apóstolos. O sinédrio logo irá começar a considerar os novos problemas que, de um modo tão repentino, se precipitaram sobre os governantes judeus. Jesus pensa muito nos seus apóstolos, mas deseja que sejam deixados a sós por algumas horas mais, em reflexão solene e em considerações profundas, antes de estar com eles.

5. A CAMINHADA COM OS DOIS IRMÃOS

Em Emaús, cerca de onze quilômetros a oeste de Jerusalém, viviam dois irmãos pastores, que haviam passado a semana da Páscoa em Jerusalém assistindo aos sacrifícios, aos cerimoniais e às festas. Cleofas, o mais velho, acreditava parcialmente em Jesus; ao menos, havia sido expulso da sinagoga. O seu irmão, Jacó, não era crente, se bem que tivesse ficado bastante perplexo com o que havia ouvido sobre os ensinamentos e trabalhos do Mestre.

Nesse domingo, à tarde, a uns cinco quilômetros para fora de Jerusalém e a uns poucos minutos antes das cinco horas, enquanto esses dois irmãos caminhavam na estrada para Emaús, eles falavam com grande convicção sobre Jesus, dos seus ensinamentos, do seu trabalho e, mais especialmente, a respeito dos rumores de que a sua tumba estava vazia e de que algumas das mulheres haviam conversado com ele. Cleofas estava a meio caminho de acreditar nesses relatos, mas Jacó insistia em que tudo era provavelmente uma fraude. Enquanto eles conversavam e debatiam desse modo, a caminho de casa, a manifestação moroncial de Jesus, a sua sétima aparição, veio junto a eles à medida que caminhavam. Cleofas muitas vezes ouvira Jesus ensinar e comera com ele nas casas dos crentes de Jerusalém em várias ocasiões. Mas não reconheceu o Mestre nem mesmo quando ele falou abertamente com eles.

Depois de andar um pequeno trecho da estrada junto com eles, Jesus perguntou: "Quais palavras estavam sendo trocadas entre vós, com tamanha convicção, quando eu cheguei?" E quando Jesus falou, eles pararam e olharam para ele com uma triste surpresa. Disse Cleofas: "Como pode ser que estejas em Jerusalém e não saibas das coisas que aconteceram recentemente?" Então o Mestre perguntou: "Que coisas?" Cleofas replicou: "Se não sabes dessas questões, és o único em Jerusalém que não ouviu os rumores a respeito de Jesus de Nazaré, profeta de palavra e feitos poderosos diante de Deus e todo o povo. Os sacerdotes principais e governantes entregaram-no aos romanos e exigiram que o crucificassem. E, assim, muitos de nós estivemos esperando que fosse ele quem iria libertar Israel do jugo dos gentios. Mas isso não é tudo. É já o terceiro dia, desde que foi crucificado, e algumas mulheres nos deixaram estupefatos ao declarar que, muito cedo nesta manhã, foram ao seu sepulcro e o encontraram vazio. E essas mesmas mulheres afirmam que conversaram com esse homem; sustentam mesmo que ele ressuscitou dos mortos. E quando as mulheres relataram isso aos homens, dois dos seus apóstolos correram à tumba e também encontraram-na vazia" – aqui Jacó interrompeu o seu irmão para dizer: "Mas eles não viram Jesus".

Enquanto caminhavam juntos Jesus disse a eles: "Quão vagarosos sois para compreender a verdade! Quando me dizeis que as vossas conversas são sobre os ensinamentos e o trabalho desse homem, então, posso eu esclarecer-vos já que estou mais do que familiarizado com tais ensinamentos. Não vos lembrais de que esse Jesus ensinou sempre que o seu Reino não é deste mundo; e que todos os homens, sendo filhos de Deus, deveriam encontrar libertação e liberdade no júbilo espiritual, na comunhão e na irmandade do serviço amoroso ao novo Reino da verdade do amor do Pai dos céus? Não lembrais que esse mesmo Filho do Homem proclamou que a salvação de Deus é para todos os homens; que ministrou aos doentes e aflitos e libertando quem que estava atado pelas correntes do medo e escravizados pelo mal? Não sabeis que esse homem de Nazaré disse aos seus discípulos, que deveria ir a Jerusalém, que seria entregue aos seus inimigos, e estes o levariam à morte; mas que ele se levantaria ao terceiro dia? Tudo isso não vos foi dito? E nunca lestes nas escrituras a respeito desse dia da salvação para os judeus e para os gentios, onde se diz que nele todas as famílias da Terra serão abençoadas; que ele ouvirá o apelo dos necessitados e salvará as almas dos pobres que o procuram; que todas as nações o chamarão de abençoado? Que esse Libertador será como a sombra de uma grande rocha em uma terra exaurida. Que ele alimentará o rebanho como um verdadeiro pastor, tomando as ovelhas nos seus braços e carregando-as ternamente no seu colo. Que ele abrirá os olhos dos cegos espirituais e trará os prisioneiros do desespero à liberdade plena e à luz; que todos aqueles que se encontram na escuridão verão a grande luz da salvação eterna. Que ele medicará os corações partidos, proclamará a liberdade aos aprisionados do pecado, e abrirá a prisão para aqueles que estão escravizados pelo medo e tolhidos pelo mal. Que confortará àqueles que estão de luto e outorgará a eles o júbilo da salvação em lugar da pena e do pesar. Que ele será o desejo de todas as nações e o júbilo eterno daqueles que buscam a retidão. Que esse Filho da verdade e da retidão se elevará sobre o mundo, com luz curativa e poder salvador; e até mesmo que salvará o seu povo dos pecados; que realmente buscará e salvará os que estão perdidos. Que não destruirá os fracos, e sim ministrará a salvação a todos os que têm fome e sede de retidão. Que aqueles que acreditam nele terão vida eterna. Que ele irá verter o seu espírito sobre toda a carne, e que esse Espírito da Verdade será para cada crente como uma fonte de água, fazendo jorrar a vida eterna. Não compreendestes quão grande foi o evangelho do Reino que esse homem entregou a vós? Não percebeis quão grande é a salvação que vem a vós?"

Nesta altura eles estavam chegando perto da cidade onde esses dois irmãos moravam. Nenhuma palavra esses dois homens disseram, desde que Jesus havia começado a ensinar a eles, enquanto caminhavam juntos pela estrada. Logo chegaram em frente à sua humilde morada e Jesus estava para deixá-los, indo estrada abaixo, mas eles solicitaram-lhe que entrasse e ficasse com eles. Eles insistiram, como era quase já o cair da noite, que ele permanecesse lá com eles. Finalmente Jesus consentiu e, logo que eles entraram na casa e se sentaram para comer. Deram a ele o pão para abençoar e, quando ele começou a parti-lo e a entregá-lo a eles, os olhos dos dois abriram-se, e Cleofas reconheceu que o convidado deles era o próprio Mestre. E quando ele disse: "É o Mestre" – o Jesus moroncial desapareceu da vista deles.

E então eles comentaram um com o outro: "Não é de espantar que os nossos corações estivessem queimando dentro de nós quando ele nos falou, enquanto caminhávamos pela estrada e enquanto ele abria ao nosso entendimento os ensinamentos das escrituras!"

Eles não se detiveram para comer. Haviam visto o Mestre moroncial e saíram correndo da casa, de volta a Jerusalém, para difundir a boa-nova do Salvador ressuscitado.

Por volta das nove horas, naquela noite, e pouco antes do Mestre aparecer aos dez apóstolos, esses dois irmãos emocionados irromperam na sala de cima, indo ao encontro dos apóstolos, declarando que haviam visto Jesus e conversado com ele. E contaram tudo o que Jesus tinha dito a eles e mesmo que não haviam reconhecido quem ele era, até o momento em que partiu o pão.

DOCUMENTO 191

AS APARIÇÕES AOS APÓSTOLOS E AOS OUTROS LÍDERES

O DOMINGO da Ressurreição foi um dia terrível na vida dos apóstolos; dez deles passaram a maior parte desse dia na sala de cima, com as portas fechadas. Eles poderiam ter saído de Jerusalém, mas receavam ser presos pelos agentes do sinédrio, caso fossem encontrados nas ruas. Tomé remoía-se, sozinho em Betfagé, com os seus problemas. Ele teria feito melhor se tivesse permanecido com os seus companheiros apóstolos, pois podia tê-los ajudado a dirigir as suas discussões por caminhos mais úteis.

Durante todo o dia, João alimentou a idéia de que Jesus havia realmente ressuscitado dos mortos. Ele lembrou que, em nada menos do que cinco vezes, diferentes, o Mestre afirmara que ressuscitaria e que, em pelo menos três vezes, fizera alusão ao terceiro dia. A atitude de João tinha uma influência considerável sobre todos, e especialmente sobre o seu irmão Tiago e sobre Natanael. João os teria influenciado mais, não fosse ele o membro mais jovem do grupo.

O isolamento deles tinha muito a ver com os seus problemas. João Marcos mantinha-os em contato com os acontecimentos no templo e informava-lhes sobre os muitos rumores que eram difundidos na cidade, mas não ocorreu a ele reunir notícias sobre os grupos diferentes de crentes, para os quais Jesus havia já se mostrado. Esse era o tipo de serviço que até então havia sido prestado pelos mensageiros de Davi, mas todos estavam fora, no seu último compromisso de arautos da ressureição junto àqueles grupos de crentes que moravam longe de Jerusalém. Pela primeira vez, em todos esses anos, os apóstolos compreenderam o quanto dependiam dos mensageiros de Davi para a informação diária, a respeito dos assuntos do Reino.

Como era já típico dele, durante todo o dia, Pedro vacilou emocionalmente, entre a fé e a dúvida, a respeito da ressurreição do Mestre. Pedro não podia esquecer a visão das mortalhas dispostas na tumba, como se o corpo de Jesus houvesse evaporado de dentro delas. "Mas", raciocinava Pedro, "se ele ressuscitou e se pôde mostrar-se às mulheres, por que não se mostra a nós, seus apóstolos?" Pedro ficava cada vez mais pesaroso, quando pensava que talvez Jesus não tivesse vindo a eles devido à sua presença entre os apóstolos, por ele haver negado a Jesus, naquela noite no pátio de Anás. E Pedro, então, reconfortava-se com as palavras trazidas pelas mulheres: "Ide contar aos meus apóstolos – e a Pedro". Contudo, encontrar encorajamento nessa mensagem implicava que ele tivesse de acreditar que as mulheres haviam realmente visto e ouvido o Mestre ressuscitado. Assim, Pedro alternou-se entre a fé e a dúvida, durante o dia inteiro, até um pouco depois das oito horas, quando se aventurou a ir até o pátio. Por haver negado ao Mestre, Pedro pensou até em separar-se dos apóstolos para não impedir que Jesus viesse até eles.

Tiago Zebedeu, a princípio, defendia que deviam todos ir até a tumba; era firmemente a favor de fazer algo para ir a fundo no mistério. Foi Natanael que os impediu de ir a público, como queria Tiago, e o fez relembrando-lhes da advertência de Jesus contra colocar em perigo indevidamente as próprias vidas nesses momentos. Por volta do meio-dia, Tiago havia deixado estabelecido, com os outros, que todos aguardariam mantendo-se vigilantes. Pouco falou, pois estava tremendamente desapontado por Jesus não se mostrar a eles, e não sabia das muitas aparições do Mestre aos outros grupos e indivíduos.

André prestou muita atenção a tudo nesse dia. Estava excessivamente perplexo com a situação e se, de dúvidas, ele as tinha mais do que as suas próprias, no entanto, ao menos desfrutava de um certo sentimento de liberdade em relação às responsabilidades de liderar os seus companheiros apóstolos. Ele estava de fato grato por haver sido liberado pelo Mestre do peso da liderança, antes de cair nesse período de desorientação.

Mais do que uma vez, durante as longas e estafantes horas desse dia trágico, a única influência que dava força ao grupo era a contribuição freqüente do conselho filosófico característico de Natanael. Ele fora realmente a influência controladora sobre os dez, durante todo o dia. Nem por uma vez se exprimiu a si próprio, a respeito de crer ou não crer na ressurreição do Mestre. Mas, à medida que o dia passava, ele ficava cada vez mais inclinado a acreditar que Jesus havia cumprido a sua promessa de ressurreição.

Simão zelote estava demasiadamente oprimido para participar das discussões. Passava a maior parte do tempo reclinado em um estofado, a um canto da sala, com o rosto voltado para a parede; e não havia falado mais do que meia dúzia de vezes durante todo o dia. O conceito que fazia do Reino tinha ido por terra, e ele não podia vislumbrar que a ressurreição do Mestre poderia mudar substancialmente a situação. O seu desapontamento era pessoal por demais e ao mesmo tempo demasiadamente agudo para conseguir recuperar-se logo, mesmo diante de um fato tão estupendo quanto a ressurreição.

Ainda que pareça estranho, Filipe, que geralmente expressava-se pouco, falou muito durante a tarde desse dia. Pouco disse pela manhã, mas durante toda a tarde fez perguntas aos outros apóstolos. Pedro sempre ficava irritado com as perguntas de Filipe, mas os outros as encaravam com bom humor. Filipe estava particularmente desejoso de saber, no caso de Jesus haver realmente saído da tumba, se o seu corpo traria as marcas físicas da crucificação.

Mateus estava bastante confuso; escutava as discussões dos seus companheiros, mas passava a maior parte do tempo repassando mentalmente o problema futuro das finanças deles. À parte a suposta ressurreição de Jesus, Judas fora embora; Davi, sem a menor cerimônia, havia passado a ele os fundos e todos permaneciam sem um líder com autoridade. E antes de chegar a considerar seriamente os argumentos dos demais sobre a ressurreição, Mateus havia já visto o Mestre face a face.

Os gêmeos Alfeus participavam pouco dessas discussões sérias; estavam bastante ocupados com as suas ministrações costumeiras. Um deles expressou a atitude de ambos quando disse, em resposta a uma pergunta feita por Filipe: "Nós não compreendemos a ressurreição, mas a nossa mãe nos diz que falou com o Mestre, e nós acreditamos nela".

Tomé estava em meio a um dos seus típicos ataques de depressão desesperada. Dormira uma parte do dia e caminhou pelas colinas no resto do tempo. Sentia uma grande necessidade de unir-se aos seus amigos apóstolos, mas o desejo de ficar só era mais forte.

O Mestre retardou a sua primeira aparição moroncial aos apóstolos por várias razões. Primeira: queria que eles tivessem tempo, depois de terem ouvido sobre a sua ressurreição, de pensar bem sobre o que ele lhes dissera sobre a sua morte e sobre a ressurreição quando ainda estava com eles na carne. O Mestre queria que Pedro vencesse algumas das dificuldades que lhe eram peculiares, antes de manifestar-se a todos eles. Em segundo lugar, desejava que Tomé estivesse com eles no momento da sua primeira aparição. João Marcos localizou Tomé na casa do irmão de Simão em Betfagé, nesse domingo pela manhã, trazendo uma informação sobre isso aos apóstolos, por volta das onze horas. A qualquer hora durante esse dia, Tomé teria voltado até eles, se Natanael ou quaisquer dois outros apóstolos tivessem ido buscá-lo. Ele realmente queria retornar, mas tendo saído como o fez, na noite anterior, era orgulhoso demais para voltar tão cedo por sua própria conta. No dia seguinte, tão deprimido ele encontrava-se que demoraria cerca de uma semana para tomar a decisão de retornar. Os apóstolos esperavam por ele, e ele desejava que os seus irmãos o procurassem e lhe pedissem para voltar. Tomé, assim, permaneceu longe dos seus companheiros até o próximo sábado à noite, quando, depois que caiu a noite, Pedro e João foram a Betfagé e o trouxeram de volta. E essa também era uma razão pela qual eles não foram imediatamente para a Galiléia, depois que Jesus apareceu pela primeira vez para eles; eles não iriam sem Tomé.

1. A APARIÇÃO A PEDRO

Eram quase oito e meia da noite desse domingo quando Jesus apareceu para Simão Pedro no jardim da casa de Marcos. Essa foi a sua oitava manifestação moroncial. Pedro estivera vivendo sob uma pesada carga de dúvida e de culpa, desde que havia negado o Mestre. Durante todo o dia de sábado e nesse domingo, ele lutou contra o medo de que talvez não fosse mais um apóstolo. Tremia de horror pela sorte de Judas e chegou mesmo a pensar que também ele próprio havia traído o seu Mestre. Durante toda essa tarde ele pensou que poderia ser a sua presença junto aos apóstolos que estivesse impedindo Jesus de aparecer para eles, desde, claro está, que ele tivesse ressuscitado dos mortos. E foi para Pedro, em tal estado mental e de alma, que Jesus apareceu enquanto o apóstolo deprimido perambulava entre as flores e os arbustos.

Pedro pensou no olhar amoroso do Mestre ao passar pelo portal de Anás, e enquanto remoía na sua mente aquela mensagem maravilhosa que foi trazida para ele logo cedo naquela manhã, pelas mulheres que vieram da tumba vazia: "Ide contar aos meus apóstolos – e a Pedro" –, assim, passando a contemplar essas demonstrações de misericórdia, a sua fé começou a superar as suas dúvidas, e ele permaneceu quieto, cerrando os punhos, e dizendo em voz alta: "Acredito que ele tenha ressuscitado dos mortos; irei dizer isto aos meus irmãos". E, ao dizer isso, subitamente apareceu em frente dele a forma de um homem, que se dirigiu a ele em um tom familiar, dizendo: "Pedro, o inimigo desejou levar-te, mas eu não desistiria de ti. Eu sabia que não era de coração que tu me havias negado; e, portanto, eu o perdoei antes mesmo de me pedires; mas agora tu deves parar de pensar em ti próprio e nas complicações do momento, enquanto te preparas para levar as boas-novas do evangelho para aqueles que estão na escuridão. Não deves mais ficar preocupado com o que possas obter do Reino, mas deves antes te empenhar naquilo que podes dar àqueles que vivem em extremada miséria espiritual. Prepara-te, Simão, portanto, para a batalha de um novo dia, para a luta contra as trevas espirituais e as dúvidas malignas das mentes naturais dos homens".

Pedro e o Jesus moroncial caminharam pelo jardim e conversaram sobre coisas do passado, do presente e do futuro, por quase cinco minutos. Então o Mestre desapareceu da vista dele, dizendo: "Adeus, Pedro; até que eu te veja junto com os teus irmãos".

Por um momento, Pedro foi vencido pela compreensão de que havia falado com o Mestre ressuscitado, e que poderia estar certo de que era ainda um embaixador do Reino. Havia acabado de ouvir o Mestre glorificado exortando-o a ir pregar o evangelho. E, com tudo isso dentro do seu coração, correu até a sala de cima e, ante a presença dos seus companheiros apóstolos, em uma excitação resfolegante, exclamou: "Eu vi o Mestre; ele esteve no jardim. Falei com ele e ele perdoou-me".

A declaração de Pedro, de que ele havia visto Jesus no jardim, causou uma profunda impressão nos seus companheiros apóstolos, e eles estavam já quase prontos para acabar com as suas dúvidas quando André levantou-se e os advertiu para que não se deixassem influenciar muito pelo relato do seu irmão. André sugeriu que Pedro já houvera antes visto coisas que não eram reais. E, ainda que André não tivesse feito alusão direta à visão da noite no mar da Galiléia, em que Pedro dizia ter visto o Mestre vindo para eles, caminhando sobre as águas, ainda assim disse o suficiente para fazer todos os presentes entenderem que tinha em mente esse incidente. Simão Pedro ficou muito magoado com a insinuação do seu irmão e imediatamente caiu em um silêncio ressentido. Os gêmeos ficaram condoídos por Pedro, e ambos aproximaram-se para expressar a sua compaixão, e dizer que acreditavam nele, e para reafirmar que a própria mãe deles também havia visto o Mestre.

2. A PRIMEIRA APARIÇÃO AOS APÓSTOLOS

Pouco depois das nove horas, naquela noite, depois da partida de Cleofas e Jacó, enquanto os gêmeos Alfeus confortavam Pedro, e Natanael queixava-se de André, e quando os dez apóstolos se encontravam ainda reunidos, na sala de cima, com todas as portas fechadas com o ferrolho, por medo de serem presos, o Mestre, na forma moroncial, subitamente apareceu em meio a eles, dizendo: "Que a paz esteja convosco. Por que tão amedrontados quando eu apareço, como se estivésseis vendo um espírito? Não vos disse sobre essas coisas quando estive presente entre vós, na carne? Não vos disse que os sumos sacerdotes e os governantes me entregariam para ser morto, que um de vós me trairia e que, ao terceiro dia, me ressuscitaria? De onde, pois, vêm todas as vossas dúvidas; e para que toda essa discussão sobre os relatos das mulheres, de Cleofas e Jacó, e mesmo de Pedro? Por quanto tempo ireis duvidar das minhas palavras e recusar a acreditar nas minhas promessas? Mas, agora, que me estais vendo de fato acreditareis? Mesmo agora, um de vós está ausente. Quando estiverdes juntos novamente e depois que todos souberem, com certeza, que o Filho do Homem ressuscitou da tumba, ide então até a Galiléia. Tenhais fé em Deus; tenhais fé uns nos outros e assim entrareis no novo serviço do Reino do céu. Eu permanecerei em Jerusalém convosco até que estejais prontos para ir à Galiléia. Deixo a minha paz convosco".

Depois de haver-lhes falado, o Jesus moroncial desapareceu, instantaneamente, da vista deles. E todos caíram com os rostos no chão, louvando a Deus e venerando o Mestre, que havia desaparecido. Essa foi a nona aparição moroncial do Mestre.

3. COM AS CRIATURAS MORONCIAIS

O dia seguinte, segunda-feira, foi passado totalmente com as criaturas moronciais, então presentes em Urântia. Como participantes da experiência de transição moroncial do Mestre, mais de um milhão de diretores moronciais e colaboradores haviam vindo para Urântia, junto com mortais de transição de várias ordens dos sete mundos das mansões de Satânia. O Jesus moroncial permaneceu com essas inteligências esplêndidas por quarenta dias. E deu-lhes ensinamentos e aprendeu dos seus diretores sobre a vida de transição moroncial, tal como é vivida pelos mortais dos mundos habitados de Satânia, enquanto passam pelas esferas moronciais do sistema.

Por volta da meia-noite, nessa segunda-feira, a forma moroncial do Mestre estava ajustada para a transição até o segundo estágio de progressão moroncial. Quando voltou a aparecer para os seus filhos mortais na Terra, o fez como um ser moroncial já do segundo estágio. Quanto mais o Mestre progredia na carreira moroncial, mais difícil ficava, tecnicamente, para as inteligências moronciais e os seus colaboradores transformadores, fazer com que o Mestre ficasse visível diante dos olhos mortais e materiais.

Jesus fez o trânsito para o terceiro estágio moroncial na sexta-feira, 14 de abril; para o quarto estágio na segunda, 17 de abril; para o quinto estágio no sábado, 22 de abril; para o sexto estágio na quinta-feira, 27 de abril; para o sétimo estágio na terça-feira, 2 de maio; para a cidadania de Jerusém no domingo, 7 de maio; e dirigiu-se para o abraço dos Altíssimos de Edêntia no domingo, 14 de maio.

Michael de Nébadon, desse modo, completou o seu serviço de experiência no universo, pois nas suas auto-outorgas anteriores, havia já experienciado plenamente a vida dos mortais ascendentes do tempo e do espaço, desde a permanência na sede-central da constelação mesma até o serviço do superuniverso. E foi por meio dessas mesmas experiências moronciais que o Filho Criador de Nébadon realmente completou e terminou, aceitavelmente, a sua sétima e final auto-outorga no universo.

4. A DÉCIMA APARIÇÃO (NA FILADÉLFIA)

A décima manifestação moroncial de Jesus, para o reconhecimento mortal, ocorreu um pouco depois das oito horas, na terça-feira, 11 de abril, na Filadélfia, onde ele se mostrou a Abner e a Lázaro e a uns cento e cinqüenta dos seus companheiros, incluindo mais de cinqüenta das setenta pessoas do corpo evangélico. Essa aparição ocorreu pouco depois da abertura de um encontro especial na sinagoga, convocado por Abner para discutir a crucificação de Jesus e os relatos mais recentes da ressurreição, que haviam sido trazidos pelos mensageiros de Davi. Posto que o Lázaro ressuscitado era agora um membro desse grupo de crentes, não se fazia difícil para eles acreditarem nos relatos de que Jesus havia ressuscitado dos mortos.

A reunião na sinagoga estava sendo aberta por Abner e Lázaro, que se encontravam, de pé, juntos no púlpito, quando toda a audiência de crentes viu a forma do Mestre aparecer subitamente. Avançando, de onde havia surgido, entre Abner e Lázaro, os quais não haviam observado a sua presença e, saudando a assembléia, Jesus disse:

"Que a paz esteja convosco. Sabeis que temos um Pai nos céus; e que não há senão um evangelho do Reino: das boas-novas da dádiva da vida eterna, que os homens recebem pela fé. Enquanto rejubilais na vossa lealdade ao evangelho, orai ao Pai da verdade para que dissemine nos vossos corações um amor maior pelos vossos irmãos. Deveis amar todos os homens como eu vos amei; devereis servir a todos os homens como vos servi; com compreensão, compaixão e afeição fraternal. Assim, recebei em comunhão a todos os vossos irmãos dedicados à proclamação das boas-novas, sejam eles judeus ou gentios, gregos ou romanos, persas ou etíopes. João proclamou o Reino com antecipação, vós tendes pregado o evangelho em poder; os gregos já pregam as boas-novas; e, em breve, irei enviar o Espírito da Verdade às almas de todos os nossos irmãos que, de uma maneira pouco egoísta, vêm dedicando suas vidas ao esclarecimento de seus companheiros nas trevas espirituais. Sois vós os filhos da luz; portanto, não caiais nos emaranhados do desentendimento da suspeita mortal e da intolerância humana. Se fordes enobrecidos, pela graça da fé, por amardes os que não crêem, não deveríeis também igualmente amar aqueles que são os vossos companheiros e que crêem na família da fé, que está crescendo? Lembrai-vos, na mesma medida em que amardes uns aos outros, todos os homens saberão que sois discípulos meus.

"Ide, então, ao mundo inteiro, proclamar este evangelho da paternidade de Deus e da irmandade dos homens a todas as nações e raças, e sejais sempre sábios na vossa escolha dos métodos para apresentar as boas-novas às raças e tribos diferentes da humanidade. Vós recebestes este evangelho do Reino de graça e do mesmo modo vós dareis as boas-novas a todas as nações. Não temais a resistência do mal, pois estou sempre convosco, até o fim mesmo dos tempos. E a minha paz eu a deixo convosco".

E ao dizer: "A minha paz eu a deixo convosco", desapareceu da vista de todos. Com exceção de uma das suas aparições na Galiléia, na qual mais de quinhentos crentes o viram de uma só vez, esse grupo na Filadéfia abrangia o maior número de mortais que o viram em uma única ocasião.

Cedo, na manhã seguinte, enquanto os apóstolos ainda permaneciam em Jerusalém aguardando a recuperação emocional de Tomé, esses crentes da Filadélfia saíram para proclamar que Jesus de Nazaré havia ressuscitado dentre os mortos.

O dia seguinte, quarta-feira, Jesus passou todo o tempo na companhia dos seus companheiros moronciais e, durante as horas do meio da tarde, ele recebeu os delegados moronciais, visitantes dos mundos das mansões de todos os sistemas locais de esferas habitadas, de toda a constelação de Norlatiadeque. E todos se rejubilaram de conhecer o seu Criador, como um da sua própria ordem de inteligências do universo.

5. A SEGUNDA APARIÇÃO AOS APÓSTOLOS

Tomé passou uma semana a sós, consigo próprio, nas colinas ao redor do monte das Oliveiras. Durante esse tempo ele viu apenas os que estavam na casa de Simão e João Marcos. Eram nove horas do sábado, 15 de abril, quando os dois apóstolos encontraram-no e o levaram de volta até o ponto de encontro deles, na casa de Marcos. No dia seguinte, Tomé ouviu a narrativa das histórias das várias aparições do Mestre, mas recusou-se firmemente a acreditar. Ele sustentava que Pedro, com o seu entusiasmo, os havia levado todos a pensar que haviam visto o Mestre. Natanael deu-lhe várias razões, mas isso de nada valeu. Havia uma teimosia emocional associada à sua habitual mania de duvidar, e, esse estado mental, combinado à sua tristeza por havê-los abandonado, conspirava para criar uma situação de isolamento que até mesmo o próprio Tomé não entendia totalmente. Ele havia-se separado dos seus companheiros, tomando o seu próprio caminho e, agora, ainda que estivesse de volta ao seio deles, inconscientemente tendia a assumir uma atitude de descontentamento. Ele era vagaroso demais para se render; e não gostava de ceder. Sem ter a intenção, ele realmente estava gostando da atenção que lhe estava sendo dedicada; e experimentava uma satisfação inconsciente pelos esforços que todos os seus companheiros faziam para convencê-lo e convertê-lo. Havia sentido saudades deles por uma semana inteira; e experimentava um prazer considerável com a persistência daquelas atenções.

Estavam todos fazendo a refeição da noite, pouco depois das seis horas, achando-se assentados Pedro, de um lado de Tomé, e Natanael, do outro, quando o apóstolo que duvidava disse: "Não acreditarei, a menos que eu veja o Mestre com os meus próprios olhos e ponha o meu dedo na marca dos pregos". Estavam sentados como estiveram para a ceia, as portas encontrando-se fechadas e travadas com segurança, quando o Mestre moroncial, de súbito, surgiu, aparecendo na parte interna da curvatura da mesa, de pé, diretamente em frente de Tomé, para dizer:

"A paz esteja convosco. Durante toda uma semana, permaneci aguardando poder aparecer novamente quando estivésseis todos presentes, para que pudésseis uma vez mais ouvir sobre a missão de ir ao mundo inteiro e pregar o evangelho do Reino. Agora, uma vez mais, eu vos digo: Como o Pai me enviou a este mundo, eu vos envio. Como revelei o Pai, vós revelareis o amor divino; não apenas por palavras, mas na vossa vida diária. Eu não vos envio para amar as almas dos homens, mas para *amar os homens*. Vós não ireis apenas proclamar as alegrias do céu, como também exibireis, na vossa experiência diária, as realidades espirituais da vida divina, pois, pela fé, já tendes a vida eterna, como uma dádiva de Deus. Se mantiverdes assim a vossa fé, quando vier sobre vós, o poder do alto, no Espírito da Verdade, não ireis mais esconder a vossa luz aqui detrás destas portas fechadas; ireis tornar conhecidos o amor e a misericórdia de Deus, a toda a humanidade. Por medo, agora fugis dos fatos de uma experiência desagradável, mas, quando houverdes sido batizados pelo Espírito da Verdade, brava e jubilosamente, saireis para encontrar as novas experiências de proclamar as boas-novas da vida eterna, no Reino de Deus. Podeis permanecer aqui na Galiléia, por um curto período, enquanto estiverdes recuperando-vos do choque da transição entre a falsa segurança da autoridade do tradicionalismo e a nova ordem da autoridade dos fatos, da verdade e da fé, nas realidades supremas da experiência de viver. A vossa missão para com o mundo está fundada no fato de que eu vivi, no vosso meio, uma vida de revelação de Deus, na verdade de que todos vós e todos os outros homens sois filhos de Deus, e consistirá na vida que vivereis entre os homens – a experiência factual e viva de amar os homens e de servir a eles, do mesmo modo que eu vos amei e servi a vós. Que a fé revele a vossa luz ao mundo; que a revelação da verdade abra os olhos cegos pela tradição; que o vosso serviço de amor destrua efetivamente o preconceito engendrado pela ignorância. Aproximando-vos assim dos vossos semelhantes, em compaixão compreensiva e com uma devoção sem egoísmo, ireis conduzi-los ao conhecimento salvador do amor do Pai. Os judeus têm enaltecido a bondade; os gregos têm exaltado a beleza; os hindus têm pregado a devoção; os antigos ascetas têm ensinado a reverência; os romanos têm exigido a lealdade; mas, quanto a mim, quero a vida dos meus discípulos, uma vida mesma a serviço do amor pelos vossos irmãos na carne".

Depois dessas palavras, o Mestre olhou bem no rosto de Tomé e disse: "E tu, Tomé, que disseste que não acreditarias a menos que pudesses ver-me e colocar o teu dedo nas marcas dos cravos em minhas mãos, agora tu me contemplas e ouves as minhas palavras; e embora não vejas nenhuma marca de cravos nas minhas mãos, pois eu ressuscitei na forma que vós também ireis ter quando partirdes deste mundo, o que irás dizer aos teus irmãos? Irás reconhecer a verdade, pois no teu coração tu já começaste a crer, mesmo quando tão resolutamente afirmaste que não acreditarias. As tuas dúvidas, Tomé, do mesmo modo obstinado que se afirmam, elas também desaparecem. Tomé, peço-te que não te falte a fé, mas que acredites – e sei que tu acreditarás; e ainda de todo o coração".

Quando ouviu essas palavras, Tomé caiu de joelhos diante do Mestre moroncial e exclamou: "Eu creio! Meu Senhor e meu Mestre!" E então Jesus disse a Tomé: "Tu creste, Tomé, porque me viste e me ouviste realmente. Abençoados sejam aqueles, nas idades que virão, que acreditarão mesmo não havendo visto com os olhos da carne e escutado com os ouvidos mortais".

E então, enquanto a sua forma movia-se para mais perto da cabeceira da mesa, o Mestre dirigiu-se a todos, dizendo: "E agora ide todos para a Galiléia, onde irei em breve aparecer para vós". E depois de ter dito isso ele desapareceu da vista deles.

Agora os onze apóstolos ficaram totalmente convencidos de que Jesus havia ressuscitado dos mortos e, muito cedo na manhã seguinte, antes do nascer do dia, eles partiram para a Galiléia.

6. AS APARIÇÕES EM ALEXANDRIA

Enquanto os onze apóstolos estavam a caminho da Galiléia, chegando ao fim da sua viagem, na terça-feira, 18 de abril, por volta das oito e meia da noite, Jesus apareceu para Rodam e oitenta outros crentes, em Alexandria. Essa foi a décima segunda aparição do Mestre, na forma moroncial. Jesus apareceu diante desses gregos e judeus no exato momento em que o relato sobre a crucificação estava sendo concluído por um dos mensageiros de Davi. Esse mensageiro, sendo o quinto da série de corredores de Jerusalém a Alexandria, havia chegado em Alexandria mais tarde e, imediatamente depois de ter a sua mensagem entregue a Rodam, ficou decidida uma convocação dos crentes para receberem, do próprio mensageiro, essa palavra trágica. Por volta das oito horas, o mensageiro, Natam, de Busiris, veio diante desse grupo e contou com detalhes tudo o que havia sido dito a ele pelo corredor anterior. Natam terminou a sua narrativa tocante com estas palavras: "Mas Davi, que nos envia estas palavras, relata que o Mestre, ao prever a sua morte, declarou que iria ressuscitar". E mal Natam falou, o Mestre moroncial apareceu ali, para ser visto plenamente por todos. E quando Natam sentou-se, Jesus disse:

"A paz esteja convosco. Aquilo para o que o meu Pai enviou-me a este mundo, para que ficasse estabelecido, não se refere apenas a uma raça, a uma nação, nem a um grupo especial de instrutores ou de pregadores. Este evangelho do Reino pertence aos judeus tanto quanto aos gentios, aos ricos tanto quanto aos pobres, aos livres e aos prisioneiros, aos homens e mulheres e até mesmo às crianças pequenas. E todos vós deveis proclamar este evangelho de amor e de verdade, por meio da vida que viveis na carne. Deveis amar uns aos outros com um afeto novo e surpreendente, assim como eu vos tenho amado. Vós servireis à humanidade com uma devoção estupenda, assim como tenho servido a vós. E, quando os homens vos virem amando-os assim, e quando eles contemplarem o modo fervoroso com o qual servis a eles, perceberão que vós vos tornastes companheiros de fé do Reino do céu, e seguirão o Espírito da Verdade que vêem nas vossas vidas, para encontrarem a salvação eterna.

"Assim como o Pai enviou-me a este mundo, assim agora eu vos envio. Sois chamados a levar essas boas-novas até aqueles que se encontram nas trevas. Esse evangelho do Reino pertence a todos que acreditam nele; e não será entregue apenas à custódia dos sacerdotes. Logo, o Espírito da Verdade virá sobre vós, e vos conduzirá a toda a verdade. Ide, portanto, em pregação deste evangelho por todo o mundo, e considerai sempre que eu estou convosco, até o fim mesmo dos tempos".

Depois de haver falado assim, o Mestre desapareceu da vista de todos. Toda noite aqueles crentes permaneceram juntos ali, rememorando as próprias experiências, como crentes do Reino, e escutando as muitas palavras de Rodam e dos seus colaboradores. E todos eles acreditaram que Jesus havia ressuscitado dos mortos. E podeis imaginar a surpresa do arauto de Davi, com a nova da ressurreição, que chegou dois dias depois de tudo isso, quando eles responderam ao seu anúncio dizendo: "Sim, sabemos, pois nós o vimos. Ele surgiu aqui, aparecendo para nós anteontem".

DOCUMENTO 192

APARIÇÕES NA GALILÉIA

Q UANDO os apóstolos saíram de Jerusalém indo à Galiléia, os líderes judeus haviam-se acalmado consideravelmente. Posto que Jesus aparecia apenas para a sua família de crentes no Reino, e já que os apóstolos estavam escondidos e não faziam nenhuma pregação pública, os governantes dos judeus concluíram que o movimento do evangelho afinal havia sido efetivamente derrotado. É claro, estavam desconcertados por causa dos rumores que cada vez mais se disseminavam de que Jesus tinha ressuscitado dos mortos e, de fato, eles dependiam dos guardas subornados para contradizer essas notícias mediante o relato inventado de que um bando dos seus seguidores havia levado o corpo.

Desse momento em diante, até que os apóstolos fossem dispersados, na maré montante da perseguição, Pedro foi reconhecido de maneira geral como o líder do corpo apostólico. Jesus jamais deu a ele tal autoridade, e os seus companheiros apóstolos nunca o elegeram formalmente para essa posição de responsabilidade; ele assumiu-a naturalmente e a mantinha pelo consentimento comum e também porque era o principal pregador dentre eles. Desse momento em diante a pregação pública tornou-se a função principal dos apóstolos. Após o seu retorno da Galiléia, Matias, a quem eles escolheram para tomar o lugar de Judas, tornou-se o tesoureiro.

Durante a semana, eles permaneceram em Jerusalém; Maria, a mãe de Jesus, passou boa parte do tempo com as mulheres crentes que estavam alojadas na casa de José de Arimatéia.

Nessa segunda-feira pela manhã, quando os apóstolos partiram para a Galiléia, João Marcos foi atrás deles. Continuou seguindo-os até fora da cidade e, quando haviam já passado por Betânia, atrevidamente ele aproximou-se, confiando que eles não o mandariam de volta.

Os apóstolos pararam diversas vezes no caminho da Galiléia para contar a história do seu Mestre ressuscitado e, conseqüentemente, não chegaram em Betsaida senão muito tarde na noite da quarta-feira. E já era meio-dia da quinta-feira quando eles acordaram e aprontaram-se para compartilhar o desjejum.

1. A APARIÇÃO JUNTO AO LAGO

Sexta-feira, 21 de abril, por volta das seis da manhã, o Mestre moroncial fez a sua décima terceira aparição, a primeira para os dez apóstolos na Galiléia, no momento em que o barco deles aproximou-se da margem, perto do local em que em geral se aportava em Betsaida.

Depois de os apóstolos haverem passado a tardinha e as primeiras horas da noite de quinta-feira na casa de Zebedeu, à espera, Simão Pedro sugeriu que fossem pescar. Quando Pedro propôs a pescaria, todos os apóstolos decidiram ir junto. Durante a noite inteira jogaram as redes, mas não pegaram nenhum peixe. Não se importavam muito de não haverem pescado nada, pois tinham muitas experiências interessantes sobre as quais falar; coisas que lhes haviam acontecido muito recentemente em Jerusalém. Todavia, quando veio a luz do dia, eles decidiram voltar a Betsaida. E quando se aproximavam da margem, viram alguém de pé na praia, perto da amarração dos barcos, junto a uma fogueira. Inicialmente eles pensaram que fosse João Marcos que estivesse ali para dar as boas-vindas a eles e à sua pesca, mas, ao chegarem mais perto da margem, viram que estavam enganados – o homem era alto demais para ser João. Não ocorreu a nenhum deles que a pessoa na margem fosse o Mestre. Não compreendiam de todo por que Jesus queria encontrar-se com eles nos locais abertos das suas atividades anteriores e em contato com a natureza, longe dos ambientes fechados de Jerusalém e das suas ligações trágicas ao temor, traição e morte. Jesus havia dito a eles que, se fossem à Galiléia, os encontraria lá e estava para ali cumprir aquela promessa.

Quando jogaram a âncora e se preparavam para entrar no pequeno barco, a fim de irem até a margem, o homem na praia interpelou-os: "Rapazes, pegaram alguma coisa?" E quando eles responderam: "Não", ele falou de novo: "Jogai a rede do lado direito do barco, e encontrareis os peixes". Ainda que não soubessem que era Jesus que se tinha dirigido a eles, em uma decisão unânime jogaram a rede como lhes tinha sido instruído e imediatamente ela ficou cheia, e tanto que quase não foram capazes de içá-la. Ora, João Zebedeu era de percepção rápida e, quando viu a rede tão pesada e carregada, ele percebeu que era o Mestre quem havia falado a eles. Quando esse pensamento veio à sua mente, ele inclinou-se e sussurrou a Pedro: "É o Mestre". Pedro sempre fora um homem de agir sem indecisão e de devoção impetuosa; assim, quando João sussurrou aquilo no seu ouvido, rapidamente ele levantou-se e de um pulo jogou-se na água para chegar mais rápido ao lado do Mestre. Os seus irmãos chegaram pouco depois, dentro do barco pequeno, arrastando a rede de peixes atrás de si.

Nessa altura, João Marcos já estava de pé e, vendo os apóstolos acercando-se da margem com a rede carregada, correu até a praia para saudá-los; e, quando viu onze homens em vez de dez, supôs que aquele a quem não reconhecia seria o Jesus ressuscitado e, diante dos dez, que permaneciam atônitos e em silêncio, o jovem correu até junto ao Mestre e, ajoelhando-se aos seus pés, disse: "Meu Senhor e meu Mestre". E então Jesus falou, não como o havia feito em Jerusalém, quando os saudou dizendo: "A paz esteja convosco"; mas, com um tom familiar ele dirigiu-se a João Marcos: "Bem, João, estou contente de ver-te novamente e nesta alegre Galiléia, onde podemos reunir-nos com tranqüilidade. Fica conosco, João, e toma a tua refeição matinal".

Enquanto Jesus falava ao jovem, os dez apóstolos estavam tão surpresos e atônitos que se esqueceram de puxar a rede de peixes para a praia. E então Jesus disse: "Trazei o vosso peixe e preparai uns poucos para comermos. Já temos a fogueira e muito pão".

No momento em que João Marcos homenageava o Mestre, Pedro, por um momento, chocou-se com a visão dos carvões de fogo reluzentes ali na praia; a cena relembrava tão vividamente o fogo da meia-noite no pátio de Anás, onde ele havia negado ao Mestre, que ele sacudiu-se e, ajoelhando-se aos pés do Mestre, exclamou: "Meu Senhor e meu Mestre!"

Então Pedro juntou-se aos camaradas que traziam a rede. Quando colocaram a pesca em terra firme, contaram os peixes, e havia 153 dos grandes. E então novamente foi cometido o erro de chamar a esse acontecimento de uma outra pescaria milagrosa. Não havia nenhum milagre ligado a esse episódio. Tinha sido meramente um exercício de presciência do Mestre. Ele sabia que os peixes estavam lá e desse modo indicou aos apóstolos onde jogar a rede.

Jesus dirigiu-se a eles, dizendo: "Vinde agora, todos vós, para comer. Até mesmo os gêmeos devem sentar-se enquanto eu converso convosco; João Marcos preparará o peixe". João Marcos trouxe sete peixes de bom tamanho, os quais o Mestre colocou no fogo e quando ficaram cozidos o rapaz serviu-os a cada um dos dez. Então Jesus partiu o pão e passou-o a João, que, por sua vez, o serviu aos apóstolos famintos. Quando todos eles estavam servidos, Jesus chamou João Marcos para sentar-se enquanto ele próprio servia o peixe e o pão ao rapaz. E, enquanto comiam, Jesus conversou com eles e rememorou as suas muitas experiências na Galiléia e nesse mesmo lago.

Essa foi a terceira vez que Jesus manifestou-se aos apóstolos como um grupo. Inicialmente quando Jesus dirigiu-se a eles, perguntando se haviam pescado algum peixe, eles nem suspeitavam de quem fosse, porque era um fato comum a esses pescadores no mar da Galiléia, ao aproximarem-se da margem, ouvir uma pergunta assim, feita pelos mercadores de peixe de Tariquéia, que normalmente estavam ali para comprar o pescado fresco destinado aos estabelecimentos de secagem do peixe.

Jesus conversou com os dez apóstolos e João Marcos por mais de uma hora, e então ele caminhou pela praia, falando com dois a dois deles – mas não eram os mesmos dois que antes ele havia enviado para pregar juntos. Os onze apóstolos haviam vindo de Jerusalém juntos, mas, quando se aproximavam da Galiléia, Simão zelote ficou mais deprimido ainda, de tal modo que, ao chegarem a Betsaida, ele deixou os irmãos e retornou para a sua casa.

Antes de deixá-los nessa manhã, Jesus indicou que dois dos apóstolos deviam oferecer-se para ir até Simão zelote e trazê-lo de volta naquele mesmo dia. Pedro e André cuidaram disso.

2. CONVERSANDO COM OS APÓSTOLOS DOIS A DOIS

Quando acabaram de comer, e enquanto os outros permaneciam sentados em volta da fogueira, Jesus chamou Pedro e João para que fossem com ele dar uma caminhada pela praia. Enquanto caminhavam, Jesus perguntou a João: "João, tu me amas?" E quando João respondeu: "Sim, Mestre, de todo o meu coração", o Mestre disse: "Então, João, deixa de lado a tua intolerância e aprende a amar os homens como eu te amei. Devota a tua vida a provar que o amor é a maior coisa neste mundo. É o amor de Deus que compele os homens a buscar a salvação. O amor é o ancestral de toda a bondade espiritual, a essência do que é verdadeiro e belo".

Jesus então se voltou para Pedro e perguntou: "Pedro, tu me amas?" Pedro respondeu: "Senhor, sabes que eu te amo com toda a minha alma". Então Jesus disse: "Se me amas, Pedro, alimenta as minhas ovelhas. Não negligencies a ministração aos fracos, aos pobres e aos jovens. Prega o evangelho sem medo e sem preferências; lembra-te sempre de que Deus não tem preferência por ninguém. Serve aos teus semelhantes como eu tenho servido a ti; perdoa os teus companheiros mortais como eu te perdoei. Que a experiência te ensine o valor da meditação e o poder da reflexão inteligente".

Após haverem andado até um pouco mais adiante, o Mestre voltou-se para Pedro e perguntou: "Pedro, realmente me amas?" Nesse momento Simão disse: "Sim, Senhor, sabes que te amo, Mestre". E novamente disse Jesus: "Então cuida bem do meu rebanho. Sê um pastor bom e verdadeiro para as ovelhas. Não traias a confiança que depositarem em ti. Não te deixes tomar de surpresa na mão do inimigo. Fica de guarda a todo instante – vigia e ora".

Quando haviam dado uns poucos passos mais, Jesus voltou-se para Pedro e, pela terceira vez, perguntou: "Pedro, tu me amas verdadeiramente?" E Pedro então, levemente ferido pela desconfiança aparente que o Mestre teria tido dele, disse, com muita emoção: "Senhor, sabes de todas as coisas e, portanto, sabes que real e verdadeiramente eu te amo". Então Jesus disse: "Alimenta as minhas ovelhas. Não te esqueças do rebanho. Sê um exemplo e uma inspiração para todos os teus irmãos pastores. Ama o rebanho como eu te amei e te devota ao bem-estar dele, como eu devotei a minha vida ao teu bem-estar. E segue os meus passos até o fim".

Pedro interpretou essa última convocação ao pé da letra – como se devesse continuar seguindo atrás dele – e, dirigindo-se a Jesus, apontou para João, perguntando: "Se eu seguir a ti, o que fará esse homem?" E então, percebendo que Pedro não havia compreendido as suas palavras, Jesus disse: "Pedro, não te preocupes com o que os teus irmãos farão. Se eu quiser que João permaneça aqui, até quando eu voltar, depois que tu fores embora, em que isso te importa? Apenas estejas seguro de seguir os meus passos".

Essa observação difundiu-se entre os irmãos e foi recebida como uma declaração feita por Jesus de que João não morreria antes que o Mestre retornasse, como muitos pensavam e esperavam, para estabelecer o Reino em poder e glória. E essa interpretação das palavras de Jesus teve um papel importante para trazer Simão zelote de volta ao serviço e mantê-lo servindo.

Quando eles voltaram para junto dos outros, Jesus saiu para caminhar e conversar com André e Tiago. Eles estavam a uma curta distância, quando Jesus disse a André: "André, tu confias em mim?" E quando o antigo dirigente dos apóstolos ouviu Jesus fazer uma tal pergunta, ele parou e respondeu: "Sim, Mestre, confio em ti com toda a certeza, e tu sabes que confio". Então Jesus disse: "André, se confias em mim, confia ainda mais nos teus irmãos – até mesmo em Pedro. Eu confiei a liderança dos teus irmãos a ti, certa vez. Agora, que te deixo para ir ao meu Pai, deves confiar nos outros. Quando os teus irmãos começarem a dispersar-se por aí, em virtude de amargas perseguições, sê um conselheiro sábio e de muita consideração para com Tiago, o meu irmão na carne, quando colocarem nos ombros dele cargas tão pesadas que ele não terá experiência suficiente para suportar. E então continua confiando, pois não te faltarei. Quando tiveres terminado a tua tarefa aqui na Terra, tu virás até a mim".

Nesse momento Jesus voltou-se para Tiago, perguntando: "Tiago, tu confias em mim?" E é claro que Tiago respondeu: "Sim, Mestre, eu confio em ti do fundo do meu coração". Então disse Jesus: "Tiago, se confiares mais em mim, tu serás menos impaciente com os teus irmãos. Se confiares em mim, isso te ajudará a ser compassivo com a irmandade dos crentes. Aprende a pesar as conseqüências das tuas palavras e atos. Lembra-te de que a colheita é feita segundo o que se planta. Ora pela tranqüilidade de espírito e cultiva a paciência. Essas graças, com a fé viva, sustentar-te-ão quando vier a hora de beber da taça do sacrifício. Mas nunca te desanimes; quando terminares aqui na Terra, também tu virás ter comigo".

Em seguida Jesus conversou com Tomé e Natanael. A Tomé ele disse: "Tomé, tu serves a mim?" Tomé respondeu: "Sim, Senhor, sirvo a ti agora e para sempre". Então Jesus disse: "Se quiseres servir a mim, serve aos meus irmãos na carne como eu servi a ti. E não te canses desse bem-servir, mas persevera como quem foi ordenado por Deus para esse serviço de amor. Quando tiveres acabado o teu serviço comigo na Terra, servirás a mim na glória. Tomé, tu deves parar de duvidar; tu deves crescer na fé e no conhecimento da verdade. Acredita em Deus, como uma criança, e pára de agir tão infantilmente. Tem coragem; sê forte na fé e poderoso no Reino de Deus".

Nisso, dirigindo-se a Natanael, o Mestre indagou: "Natanael, é a mim que serves?" E o apóstolo respondeu: "Sim, Mestre, e com toda minha afeição". Então disse Jesus: "Se serves, pois, a mim, com todo o coração, assegura-te de te consagrares ao bem-estar dos meus irmãos na Terra, com uma afeição incansável. Põe amizade no teu conselho e amor na tua filosofia. Serve ao teu semelhante como eu servi a ti. Sê fiel aos homens como eu vigiei por ti. Sê menos crítico; espera menos de alguns homens, e assim diminuirás a extensão da tua decepção. E quando o trabalho cá embaixo terminar, irás servir a mim no alto".

Depois disso, o Mestre conversou com Mateus e Filipe. A Filipe ele disse: "Filipe, tu obedeces a mim?" Filipe respondeu: "Sim, Senhor, obedecerei a ti ainda que me custe a vida". Então disse Jesus: "Se queres obedecer-me, então vai às terras dos gentios e proclama este evangelho. Os profetas disseram-te que obedecer é melhor do que sacrificar. Pela fé te tornaste um filho do Reino, conhecedor de Deus. Não há senão uma lei a ser obedecida – que é o comando de seguir proclamando o evangelho do Reino. Pára de temer os homens; sê destemido ao pregar as boas-novas da vida eterna aos teus semelhantes, os quais permanecem languidamente nas trevas e que têm fome da luz da verdade. Filipe, não mais terás de ocupar-te com o dinheiro e com os bens. Agora estas livre para pregar as boas-novas, como os teus irmãos. E irei antes de ti e estarei contigo até o fim".

Já, falando a Mateus, o Mestre perguntou: "Mateus, está no teu coração obedecer a mim?" Mateus respondeu: "Sim, Senhor, estou plenamente dedicado a fazer a tua vontade". Então disse o Mestre: "Mateus, se quiseres obedecer-me, vai ensinar a todos os povos este evangelho do Reino. Não mais proporcionarás aos teus irmãos as coisas materiais da vida; de agora em diante tu também irás proclamar as boas-novas da salvação espiritual. Doravante não tenhas em vista senão obedecer à missão de pregar este evangelho do Reino do Pai. Como eu fiz a vontade do Pai na Terra, do mesmo modo irás cumprir a missão divina. Lembra-te, tanto o judeu quanto o gentio são irmãos teus. Não temas a nenhum homem quando estiveres proclamando as verdades salvadoras do evangelho do Reino do céu. E para onde eu for, irás também em breve".

E então Jesus caminhou e conversou com os gêmeos Alfeus, Tiago e Judas, e, falando a ambos, perguntou: "Tiago e Judas, vós acreditais em mim?" E ambos responderam: "Sim, Mestre, nós acreditamos". Em seguida, disse: "Vou deixar-vos em breve. Vedes que já vos deixei na carne. Permanecerei apenas um curto tempo nesta forma, antes de ir para o meu Pai. Vós acreditais em mim – sois meus apóstolos, e sempre o sereis. Continuai acreditando e lembrando da vossa ligação comigo quando eu não estiver mais aqui, e, quando, por acaso, voltardes ao trabalho que fazíeis antes de virdes viver comigo, não permitais nunca que uma mudança das vossas tarefas exteriores influencie a vossa lealdade. Tende fé em Deus, até o fim dos vossos dias na Terra. Nunca esqueçais de que, sendo filhos de Deus pela fé, todo o trabalho honesto do Reino é sagrado. Nada que um filho de Deus faça, pode ser comum. Trabalhai, portanto, de agora em diante, para Deus. E, quando terminardes esse trabalho, eu tenho outros mundos melhores onde, do mesmo modo, trabalhareis para mim. E em todos esses trabalhos, neste mundo e noutros mundos, eu trabalharei convosco, e o meu espírito residirá em vós".

Eram quase dez horas quando Jesus voltou da sua conversa com os gêmeos Alfeus e, ao deixar os apóstolos, ainda disse: "Adeus, até que os encontre todos no monte da vossa ordenação, amanhã ao meio-dia". Depois de assim falar, ele desapareceu da vista deles.

3. NO MONTE DA ORDENAÇÃO

Ao meio-dia do sábado, 22 de abril, os onze apóstolos reuniram-se como indicado, no monte perto de Cafarnaum, e Jesus apareceu entre eles. Essa reunião ocorreu no mesmo monte em que o Mestre os havia designado como seus apóstolos e como embaixadores do Reino do Pai na Terra. E essa foi a décima quarta manifestação moroncial do Mestre.

Naquela ocasião os onze apóstolos ajoelharam-se em um círculo em volta do Mestre e ouviram-no repetir as missões deles, viram-no reproduzir a cena da ordenação, e do mesmo modo como eles foram selecionados para o trabalho especial do Reino. E, para eles, tudo isso foi como uma memória da sua primeira consagração ao serviço do Pai, exceto pela oração do Mestre. Quando o Mestre – o Jesus moroncial – orou, nesse momento, foi em um tom de majestade e com palavras tais de poder que os apóstolos nunca tinham antes ouvido. O Mestre agora falava com os governantes dos universos, como quem, no seu próprio universo, tivesse recebido nas suas mãos todo o poder e autoridade. E esses onze homens nunca esqueceram a experiência de re-consagração moroncial à promessa anterior, como embaixadores. O Mestre passou apenas uma hora nesse monte com os seus embaixadores e, depois de fazer uma despedida afetuosa a todos, desapareceu das suas vistas.

E ninguém durante toda uma semana viu Jesus. Os apóstolos realmente não tinham a menor idéia do que fazer, não sabendo se o Mestre tinha ido para o Pai. Nesse estado de incerteza permaneceram em Betsaida. Tinham medo de ir pescar, e de que então ele viesse falar com eles, e que deixassem de vê-lo. Durante toda essa semana, Jesus esteve ocupado com as criaturas moronciais na Terra e com os assuntos da transição moroncial que ele experienciava neste mundo.

4. A REUNIÃO À BEIRA DO LAGO

A notícia das aparições de Jesus espalhava-se pela Galiléia, e a cada dia um número maior de crentes chegava à casa de Zebedeu para perguntar sobre a ressurreição do Mestre e para saber a verdade sobre essas tão comentadas aparições. Pedro, no início da semana, comunicou que uma reunião pública aconteceria junto ao lago no próximo sábado, às três da tarde.

E assim, no sábado, 29 de abril, às três horas, mais de quinhentos crentes dos arredores de Cafarnaum estavam reunidos em Betsaida para ouvir Pedro pregando o seu primeiro sermão público desde a ressurreição. O apóstolo conseguiu o melhor de si e, quando acabou o seu eloqüente discurso, poucos dos seus ouvintes duvidavam de que o Mestre tivesse ressuscitado dos mortos.

Pedro terminou o seu sermão dizendo: "Nós afirmamos que Jesus de Nazaré não está morto; declaramos que ele levantou-se da tumba; proclamamos que o vimos e falamos com ele". No momento em que acabara de fazer essa declaração de fé, lá ao seu lado, em plena vista de toda aquela gente, o Mestre apareceu na forma moroncial e, dirigindo-se a eles em um tom familiar, disse: "A paz esteja convosco, e a minha paz eu a deixo convosco". Depois de aparecer e de assim falar a eles, ele desapareceu da vista de todos. Essa foi a décima quinta manifestação moroncial do Jesus ressuscitado.

Devido a certas coisas ditas aos onze apóstolos, enquanto estavam em conferência com o Mestre, no monte da ordenação, os apóstolos tiveram a impressão de que o seu Mestre iria em breve fazer uma aparição pública diante de um grupo de crentes da Galiléia, e que, depois que o tivesse feito, eles deveriam voltar para Jerusalém. Em conseqüência disso, logo cedo no dia seguinte, domingo, 30 de abril, os onze deixaram Betsaida indo para Jerusalém. Ensinaram e pregaram bastante no caminho, Jordão abaixo e, desse modo, não chegaram na casa dos Marcos em Jerusalém a não ser na quarta-feira, 3 de maio, bem tarde.

Esse foi um triste retorno ao lar para João Marcos. Poucas horas antes de chegar em casa, o seu pai, Elias Marcos, morreu repentinamente de uma hemorragia no cérebro. Se bem que o pensamento na certeza da ressurreição dos mortos tivesse confortado em muito os apóstolos na sua tristeza, ao mesmo tempo lamentaram verdadeiramente a perda do seu bom amigo, que os havia apoiado fortemente mesmo nas horas de grandes problemas e decepções. João Marcos fez o que pôde para confortar a sua mãe e, falando por ela, convidou os apóstolos a continuarem fazendo da sua casa o seu lar. E os onze fizeram dessa sala de cima o seu centro de apoio até depois do Dia de Pentecostes.

Os apóstolos propositalmente haviam chegado em Jerusalém depois do cair da noite para não serem vistos pelas autoridades judaicas. Nem apareceram publicamente no funeral de Elias Marcos. Durante todo o dia seguinte permaneceram silenciosamente reclusos nessa memorável sala de cima.

Na quinta-feira à noite, os apóstolos tiveram um encontro maravilhoso nessa sala de cima e todos se comprometeram a sair na pregação pública do novo evangelho do Senhor ressuscitado, exceto Tomé, Simão zelote e os gêmeos Alfeus. Tinham já sido dados os primeiros passos no sentido da troca do evangelho do Reino – a filiação a Deus e a irmandade dos homens –, pela proclamação da ressurreição de Jesus. Natanael fez oposição a essa mudança no contexto da mensagem pública, mas ele não podia contrariar a eloqüência de Pedro, nem deter o entusiasmo dos discípulos, especialmente o das mulheres crentes.

E assim, sob a vigorosa liderança de Pedro e antes que o Mestre ascendesse ao Pai, os seus bem-intencionados representantes começaram aquele processo sutil de substituir, gradual e seguramente, a religião *de* Jesus por uma forma nova e alterada de religião *sobre* Jesus.

DOCUMENTO 193

ÚLTIMAS APARIÇÕES E ASCENSÃO

A DÉCIMA sexta manifestação moroncial de Jesus ocorreu na sexta-feira, 5 de maio à noite, no jardim de Nicodemos, por volta das nove horas. Nessa noite os crentes de Jerusalém haviam feito a primeira tentativa de congregarem-se, desde a ressurreição. Reunidos ali, naquele momento, encontravam-se os onze apóstolos, o grupo das mulheres e amigos e ainda cerca de cinqüenta outros discípulos importantes do Mestre, incluindo alguns gregos. Esses crentes estiveram conversando informalmente, por mais de meia hora; nisso, subitamente, o Mestre moroncial surgiu, plenamente visível, e começou imediatamente a instruí-los. Disse Jesus:

"Que a paz esteja convosco. O grupo mais representativo de crentes – apóstolos e discípulos, homens e mulheres – para o qual eu apareci, desde o tempo da minha libertação da carne, é este. Agora, vos conclamo a testemunhar o que eu vos dissera de antemão, que a minha permanência em vosso meio deveria ter um fim; eu vos disse que, em breve, deveria voltar para o Pai. E, naquele momento, vos disse claramente que os principais sacerdotes e governantes dos judeus me entregariam, para que eu fosse levado à morte, e disse que ressuscitaria do túmulo. E por que, então, vos permitis assim ficar desconcertados, quando tudo isso de fato vem a acontecer? E por que ficar tão surpresos quando me levantei do túmulo ao terceiro dia? Não acreditastes em mim, porque ouvistes as minhas palavras sem compreender o significado delas.

"Agora, todavia, deveis dar ouvidos às minhas palavras, para que não cometais novamente o erro de escutar os meus ensinamentos com a mente, enquanto, dentro de vossos corações, deixais de compreender os significados. Desde o começo da minha passagem, como um de vós, vos transmiti que o meu único propósito era revelar o Pai do céu para os filhos Dele, na Terra. Eu vivi a auto-outorga da revelação de Deus, para que vós pudésseis experienciar a carreira de conhecimento de Deus. Revelei Deus como vosso Pai no céu, e revelei a vós como filhos de Deus na Terra. É um fato que Deus ama os Seus filhos. Pela fé, na minha palavra, esse fato torna-se uma verdade eterna e viva nos vossos corações. Quando, pela fé viva, vos tornais divinamente conscientes de Deus, nasceis do espírito tal como filhos da luz e da vida, e da mesma vida eterna, por meio da qual ascendereis, no universo dos universos, e atingireis a experiência de encontrar Deus, o Pai, no Paraíso.

"Eu exorto-vos a lembrar sempre de que a vossa missão, entre os homens, é de proclamar o evangelho do Reino – a realidade da paternidade de Deus e a verdade da filiação do homem. Proclamai toda a verdade das boas-novas, não uma parte apenas do evangelho da salvação. A vossa mensagem não mudou com a experiência da minha ressurreição. A filiação a Deus, pela fé, é ainda a verdade salvadora do evangelho do Reino. Deveis sair e pregar o amor de Deus e o serviço aos homens. O que o mundo mais necessita saber é: que os homens são filhos de Deus e que, pela fé, eles podem de fato compreender e experimentar, diariamente, essa verdade enobrecedora. A minha auto-outorga deveria ajudar todos os homens a saber que são filhos de Deus, mas esse conhecimento não será suficiente se eles não conseguirem captar pessoalmente, por meio da fé, a verdade salvadora de que eles são filhos espirituais vivos do Pai eterno. O evangelho do Reino interessa-se pelo amor do Pai e pelo serviço aos seus filhos na Terra.

"Aqui, entre vós, compartilhais o conhecimento de que ressuscitei dos mortos, e isso não é estranho. Tenho o poder de sacrificar a minha vida e retomá-la; o Pai dá esse poder aos Seus Filhos do Paraíso. Deveríeis animar-vos, nos vossos corações, pelo conhecimento de que os mortos de uma idade entraram na ascensão eterna logo após haver eu deixado o novo túmulo de José. Vivi a minha vida na carne para mostrar como podeis, por meio do serviço do amor, tornar-vos reveladores de Deus aos vossos semelhantes, do mesmo modo que, amando-vos e servindo a vós, me tornei o revelador de Deus para vós. Entre vós eu vivi como o Filho do Homem, para que vós, e todos os outros homens, soubésseis que todos são de fato filhos de Deus. E, pois, ide agora a todo o mundo pregar este evangelho do Reino do céu a todos os homens: Amar os homens como eu vos tenho amado; servir aos semelhantes mortais, como vos servi. De graça recebestes e de graça deveis dar. Devereis permanecer em Jerusalém apenas até que eu vá para o Pai, e até que vos envie o Espírito da Verdade. Ele irá conduzir-vos até a verdade mais ampla, e eu irei convosco a todo o mundo. Estarei sempre convosco, e a minha paz eu a deixo convosco".

Quando acabou de falar-lhes, o Mestre desapareceu da sua vista. E já era quase o romper do dia quando esses crentes dispersaram-se; havendo permanecido juntos durante toda a noite, falando com seriedade sobre as exortações do Mestre e refletindo sobre tudo o que havia acontecido. Tiago Zebedeu e outros dos apóstolos expuseram-lhes sobre a experiência deles com o Mestre moroncial na Galiléia e explicaram como ele havia, por três vezes, aparecido a eles.

1. A APARIÇÃO EM SICHAR

Por volta das quatro horas da tarde de sábado, 13 de maio, o Mestre apareceu para Nalda e cerca de vinte e cinco crentes samaritanos perto do poço de Jacó, em Sichar. Os crentes tinham o hábito de encontrar-se nesse lugar, perto de onde Jesus havia falado a Nalda a respeito da água da vida. Nesse dia, exatamente quando haviam acabado as suas discussões sobre a descrição da ressurreição, Jesus apareceu de súbito diante deles e então disse:

"A paz esteja convosco. Vós vos rejubilais de saber que eu sou a ressurreição e a vida, mas isso de nada vos valerá, a menos que nasçais primeiro do espírito eterno, chegando, por meio disso, a possuir pela fé o dom da vida eterna. Se fordes os filhos, pela fé, do meu Pai, vós nunca morrereis; vós nunca ireis perecer. O evangelho do Reino vos ensinou que todos os homens são filhos de Deus. E essas boas-novas, a respeito do amor do Pai celeste pelos seus filhos na Terra, devem ser levadas a todo o mundo. É chegada a hora em que não ireis adorar a Deus apenas em Gerizim ou em Jerusalém, mas sim onde estiverdes e como estiverdes, em espírito e em verdade. É a vossa fé que salva as vossas almas. A salvação é dádiva de Deus a todos os que são filhos Dele. E não vos deixeis enganar; ao mesmo tempo em que a salvação é uma dádiva livre de Deus e é concedida a todos aqueles que a aceitam pela fé, em seguida virá a experiência de conceber os frutos dessa vida espiritual, tal como é vivida na carne. A aceitação da doutrina da paternidade de Deus implica que vós aceitais também, graciosamente, a verdade conseqüente que é a irmandade dos homens. E se o homem é vosso irmão, ele é mais do que o vosso semelhante, a quem o Pai exige que ameis como a vós próprios. Sendo da vossa própria família, não só amareis ao vosso próprio irmão com uma afeição familiar, mas também servireis a ele como serviríeis a vós próprios. E assim amareis e servireis ao vosso irmão porque, sendo meus irmãos, vós fostes amados e servidos por mim. Ide, então, a todo o mundo falar dessas boas-novas a todas as criaturas de todas raças, tribos e nações. O meu espírito preceder-vos-á, e eu estarei para sempre convosco".

Esses samaritanos ficaram bastante atônitos com a aparição do Mestre e partiram apressados para as cidades e aldeias vizinhas, divulgando as novas de que haviam visto Jesus e que ele lhes havia falado. E essa foi a décima sétima aparição moroncial do Mestre.

2. A APARIÇÃO NA FENÍCIA

A décima oitava aparição moroncial do Mestre aconteceu em Tiro, na terça-feira, 16 de maio, um pouco antes das nove horas da noite. De novo aparecia ele, ao final de uma reunião de crentes, pouco antes de se dispersarem, dizendo:

"A paz esteja convosco. Vos rejubilais de saber que o Filho do Homem ressuscitou dos mortos, pois, por meio disso sabeis que vós, e os vossos irmãos, também sobre-viveis ao falecimento mortal. Mas tal sobrevivência depende de que tenhais nascido previamente para o espírito da busca da verdade e do encontro com Deus. O pão e a água da vida são dados apenas àqueles que têm fome da verdade e sede de retidão – de Deus. O fato de que os mortos ressuscitam, não é em si o evangelho do Reino. Essas grandes verdades e fatos do universo relacionam-se, todos, a este evangelho, pois são uma parte do resultado da crença nas boas-novas e porque se incluem na experiência subseqüente daqueles que se tornam, pela fé, de fato e de verdade, filhos perenes do Deus eterno. Meu Pai enviou-me ao mundo para proclamar a todos os homens a salvação dessa filiação. E assim eu vos envio ao mundo para pregardes a salvação da filiação. A salvação é uma dádiva livre de Deus; e aqueles que nascem do espírito, imediatamente, começarão a mostrar os frutos do espírito no serviço pleno de amor às criaturas semelhantes. E os frutos do espírito divino, gerados nas vidas dos mortais nascidos do espírito e sabedores de Deus, são: serviço pleno de amor, devoção não-egoísta, lealdade corajosa, eqüidade sincera, honestidade esclarecida, esperança imorredoura, confiança segura, ministração misericordiosa, bondade in-falível, tolerância plena no perdão e paz duradoura. Se os crentes declarados não conceberem esses frutos do espírito divino nas suas vidas, eles estão mortos; o Es-pírito da Verdade não está neles; eles são ramos infrutíferos da videira viva, e logo serão podados. O meu Pai exige dos filhos da fé que dêem muitos frutos do espírito. Contudo, se vós não derdes frutos, Ele cavará em volta das vossas raízes e podará os vossos ramos infrutíferos. Cada vez mais deveis dar frutos do espírito no vosso pro-gresso para dentro do Reino de Deus, na direção do céu. Vós podeis entrar no Reino como crianças, mas o Pai exige que cresçais, por meio da graça, até a estatura plena da maturidade espiritual. E quando fordes longe, dar a todas as nações a boa-nova deste evangelho, eu vos precederei e o meu Espírito da Verdade habitará nos vossos corações. A minha paz eu a deixo convosco".

E então o Mestre desapareceu da vista deles. No dia seguinte, aqueles que levariam essa história a Sidom, e mesmo até Antioquia e Damasco, saíram de Tiro. Jesus tinha estado com esses crentes quando estivera na carne, e eles o reconheceram, muito rapida-mente, quando Jesus começou a dar-lhes ensinamentos. Ainda que os seus amigos não conseguissem reconhecer a sua forma moroncial prontamente, assim que ela se tornava

ver crescido
s um ponto
)sicológicos,
e com quem

ias mentais
guiu vencer
necessaria-
: Tomé e de
esconfiança
esmo André
ises homens
da vez mais
inhecimento
aos poucos,
isou-se com
do acúmulo
a expressão
Io o consolo
1 eram indi-
spirituais do
a Terra.
ausa da fra-
s:

ialista, esco-
ti-social.

tia-se amar-
; ele era um
a decepção.
:istência hu-
r, ou os seus
pessoais.

tando idéias

iesto na sua

companhei-
seus amigos
sua relação,
)essoal.

m nobreza,
durante essa

as suas má-
am e o seu

tido muitos
ades foram:

lentificar a sua personalidade, tão logo ele começava

APARIÇÃO EM JERUSALÉM

eira, 18 de maio, Jesus fez a sua última aparição na
de moroncial. No momento em que os onze após-
m, na sala de cima da casa de Maria Marcos, Jesus

i-vos que permanecêsseis aqui em Jerusalém até que
nviasse a vós o Espírito da Verdade, que em breve
que vos irá dotar com o poder do alto". Simão ze-
do: "Então, Mestre, tu irás restaurar o Reino; e nós
tada na Terra?" Quando Jesus ouviu a pergunta de
da te atéñs às idéias antigas sobre o Messias judeu
um poder espiritual, quando o espírito houver des-
mundo pregar este evangelho do Reino. Do mesmo
undo, eu vos envio. E desejo que todos vós ameis
outros. Judas não mais está conosco, porque o seu
se a confiar em vós, os leais irmãos dele. Não lestes
Não é bom para o homem ficar sozinho. Nenhum
mbém onde é dito: 'Aquele que gostaria de ter ami-
u não vos enviei até longe para ensinar, dois a dois,
rios e para que não caísseis nos erros e tristezas do
quando eu estava na carne, não me permiti per-
Desde o princípio da nossa associação sempre vim
stantemente ao meu lado ou muito perto e à mão,
com o Pai. Entregai-vos, portanto, confiando uns
is necessário, pois, neste dia, vou deixar-vos sós no
a iminência de ir para o Pai".

n sinal para que saíssem com ele e os conduziu ao
a despedida preparatória antes de partir de Urân-
ne ao monte das Oliveiras. Nenhuma palavra foi
, desde o momento em deixaram a sala superior,
s no monte das Oliveiras.

S DA QUEDA DE JUDAS

agem de adeus do Mestre aos seus apóstolos que
nostrou o destino trágico do companheiro de tra-
cia solene contra os perigos do isolamento social
la aos crentes, neste e nos tempos futuros, que um
de Judas seja feito, à luz das observações do Mes-
entos acumulados dos séculos seguintes.
do retrospectivo, concebemos que, primariamente,
i porque era muito marcadamente uma personali-
chada em si e distante dos contatos sociais comuns.
onfiar nos amigos apóstolos ou a confraternizar-se
ipo isolado de personalidade não teria, em si e por

si só, forjado tal erro de Judas, não fosse pelo fato de ele também não h
em amor e em graça espiritual. E então, como se para agravar ainda m
fraco, ele deu abrigo persistente a ressentimentos e deu forças a inimigos
tais como a vingança e a aspiração generalizada de "tirar a diferença", fos
fosse, por todas as suas decepções.

Essa combinação infeliz de peculiaridades individuais e de tendên
conspirou para destruir um homem bem-intencionado, que não cons
esses males por meio do amor, fé e confiança. Que Judas não tivess
mente de seguir esse caminho do erro é bem comprovado pelos casos (
Natanael: ambos foram também amaldiçoados pela mesma espécie de
e por um desenvolvimento exagerado das tendências individualistas. N
e Mateus apresentavam muitas tendências nessa direção; mas todos (
cresceram no seu amor por Jesus e pelos companheiros apóstolos, ca
e não menos, com o passar do tempo. Eles cresceram em graça e no c
da verdade. E tornaram-se cada vez mais confiantes nos seus irmãos e.
desenvolveram a capacidade de confiar nos companheiros. Judas rec
persistência a confiar nos seus irmãos. Quando se sentia, por causa
dos seus conflitos emocionais, compelido a buscar o alívio em algun
própria, ele invariavelmente buscava um conselho pouco sábio, receben
dos seus parentes não espiritualizados ou de conhecidos casuais que, (
ferentes, ou mesmo hostis ao bem-estar e ao progresso das realidades (
Reino do céu, do qual ele era um dos doze embaixadores consagrados

Judas encontrou a derrota nas suas batalhas de lutas terrenas por (
queza do seu caráter e dos seguintes fatores, nas suas tendências pessoa

1. Era um ser humano do tipo isolado. E, sendo altamente individ
lheu tornar-se uma espécie de pessoa definitivamente fechada em si e a

2. Quando era criança, a vida se fez fácil demais para ele. Ele resse
gamente ao ser contrariado. A sua expectativa era a de ganhar sempr
péssimo perdedor.

3. Nunca adquiriu uma técnica filosófica para defrontar-se com
Em vez de aceitar os malogros como um aspecto regular e comum da e
mana, ele recorria infalivelmente à prática de culpar alguém em particul
companheiros, como um grupo, por todas as dificuldades e frustrações

4. Era dado a conservar os ressentimentos; e estava sempre alimer
de vingança.

5. Não gostava de enfrentar os fatos com sinceridade; e era deso
atitude para com as situações da vida.

6. Não gostava de discutir os seus problemas pessoais com os seus
ros próximos; recusava-se a falar sobre as suas dificuldades com os
verdadeiros e com aqueles que o amavam de fato. Em todos os anos da
nem por uma vez ele recorreu ao Mestre com um problema puramente

7. Nunca aprendeu que as recompensas verdadeiras, pelo viver c
são, afinal, prêmios espirituais, os quais nem sempre são distribuídos
curta vida na carne.

O resultado do isolamento persistente da sua personalidade foi que
goas multiplicaram-se, as tristezas cresceram, as ansiedades aumenta
desespero aprofundou-se a um ponto quase intolerável.

Conquanto esse apóstolo autocentrado e ultra-individualista haja
problemas psíquicos, emocionais e espirituais, as suas principais dificul

na personalidade, ele ser isolado; na mente, ele ser vingativo e cheio de suspeição; no temperamento, ele ser áspero e dado à desforra; emocionalmente, ele ser sem amor e incapaz de perdoar; socialmente, ele não confiar e permanecer fechado em si próprio; no espírito, ele tornar-se arrogante e egoisticamente ambicioso; na vida, ele ignorar aqueles que o amavam; e, na morte, ficar sem amigos.

Esses, pois, são os fatores mentais e as más influências que, juntas, explicam por que um crente de Jesus, outrora bem-intencionado e também sincero, mesmo depois de vários anos de ligação íntima com a personalidade transformadora de Jesus, abandonou os seus companheiros, repudiou uma causa santa, renunciou à sua sagrada convocação e traiu o seu Mestre divino.

5. A ASCENSÃO DO MESTRE

Eram quase sete horas e meia da manhã, dessa quinta-feira 18 de maio, quando Jesus chegou à rampa oeste do monte das Oliveiras, com os seus onze apóstolos silenciosos e um tanto desorientados. Desse local, a dois terços da subida até o alto da montanha, podiam contemplar Jerusalém e o Getsêmani. Jesus agora se preparava para dar o seu último adeus aos apóstolos, antes de deixar Urântia. Enquanto Jesus permanecia ali diante deles, todos se ajoelharam em volta dele em um círculo, sem que fossem mandados, e o Mestre disse:

"Eu vos pedi que ficassem em Jerusalém até que fôsseis dotados com o poder do alto. E, agora, estou a ponto de deixar-vos e de ascender ao meu Pai; e, muito em breve, nós enviaremos o Espírito da Verdade a este mundo onde estive; e, quando ele houver chegado, vós ireis começar a nova proclamação do evangelho do Reino, inicialmente em Jerusalém e depois nas partes mais distantes do mundo. Amai aos homens com o amor com o qual eu vos amei, e servi aos semelhantes mortais como eu servi a vós. Pelos frutos do espírito nas vossas vidas, levai as almas a acreditar na verdade de que o homem é um filho de Deus, e de que os homens são irmãos. Lembrai-vos de tudo o que eu vos ensinei e da vida que eu vivi entre vós. O meu amor vos abriga, o meu espírito residirá convosco e a minha paz habitará em vós. Adeus".

Depois que o Mestre moroncial assim falou, ele desapareceu da vista de todos. Essa assim chamada ascensão de Jesus não foi de nenhum modo diferente dos seus outros desaparecimentos da vista mortal, durante os quarenta dias da sua carreira moroncial em Urântia.

O Mestre foi para Edêntia, passando por Jerusém, onde os Altíssimos, sob a observação do Filho Eterno do Paraíso, liberaram Jesus de Nazaré do seu estado moroncial e, por meio dos canais espirituais da ascensão, devolveram-lhe o status de filiação do Paraíso e a soberania suprema em Sálvington.

Eram cerca de sete horas e quarenta e cinco minutos, dessa manhã, quando o Jesus moroncial desapareceu da vista dos seus onze apóstolos, para iniciar a ascensão à mão direita do seu Pai, a fim de receber a confirmação formal da sua soberania completa do universo de Nébadon.

6. PEDRO CONVOCA UMA REUNIÃO

Atuando sob as instruções de Pedro, João Marcos e os outros foram reunir os principais discípulos na casa de Maria Marcos. Lá pelas dez horas e trinta minutos, cento e vinte dentre os mais notáveis discípulos de Jesus, que viviam em Jerusalém, haviam-se reunido para ouvir o relato da mensagem de despedida do Mestre e para saber da sua ascensão. Entre esses estava Maria, a mãe de Jesus. Ela havia retornado a Jerusalém com João Zebedeu, quando os apóstolos vieram de volta da sua recente viagem à Galiléia. Logo depois de Pentecostes, ela retornaria à casa de Salomé, na Betsaida. Tiago, o irmão de Jesus, também esteve presente a esse encontro, a primeira conferência dos discípulos do Mestre a ser convocada depois do fim da sua carreira planetária.

Simão Pedro tomou a si a incumbência de falar pelos seus amigos apóstolos e fez um relato apaixonado do último encontro dos onze, com o seu Mestre e, de modo bastante tocante, retratou o adeus final do Mestre e o seu desaparecimento para a ascensão. Foi um encontro como não houvera nenhum igual antes neste mundo. Essa parte do encontro durou quase uma hora. Pedro então explicou que eles haviam decidido escolher um sucessor para Judas Iscariotes; e que um recesaso seria concedido para que os apóstolos pudessem decidir entre os dois homens que haviam sido sugeridos para essa posição: Matias e Justo.

Os onze apóstolos então desceram e, lá embaixo, concordaram em tirar a sorte para determinar qual desses dois homens deveria tornar-se um apóstolo e servir no lugar de Judas. A sorte escolheu Matias e ele foi declarado como o novo apóstolo. Foi devidamente instalado no seu posto e então apontado como tesoureiro. Mas Matias teve pouca participação nas atividades subseqüentes dos apóstolos.

Logo depois de Pentecostes, os gêmeos voltaram para as suas casas na Galiléia. Simão zelote esteve afastado por algum tempo, antes de sair pregando o evangelho. Tomé distanciou-se por um período menor e então reassumiu os seus ensinamentos. Natanael divergia cada vez mais de Pedro, a respeito de uma pregação sobre Jesus, em lugar de proclamar o evangelho anterior do Reino. Esse desacordo tornou-se tão intenso, por volta de meados do mês seguinte, que Natanael retirou-se, indo para a Filadélfia visitar Abner e Lázaro; e, depois de permanecer lá, por mais de um ano, ele foi para as terras além da Mesopotâmia pregar o evangelho, como ele entendia que devia ser.

Isso deixou apenas seis dos doze apóstolos originais, participando da cena da proclamação inicial do evangelho em Jerusalém: Pedro, André, Tiago, João, Filipe e Mateus.

Por volta do meio-dia, os apóstolos voltaram para os seus irmãos na sala de cima e anunciaram que Matias havia sido escolhido como o novo apóstolo. E então Pedro convocou os crentes para que orassem, a fim de ficarem preparados para receber a dádiva do espírito que o Mestre havia prometido enviar.

DOCUMENTO 194

O OUTORGAMENTO DO ESPÍRITO DA VERDADE

POR VOLTA de uma hora, no início da tarde e no momento em que cerca de cento e vinte crentes estavam empenhados na oração, todos se aperceberam de uma estranha presença na sala. Ao mesmo tempo os discípulos tornaram-se todos conscientes de uma sensação nova e profunda de alegria espiritual, de segurança e de confiança. Essa consciência nova de força espiritual foi imediatamente seguida por um vigoroso impulso de sair e de proclamar publicamente a palavra do Reino de Deus e as boas-novas de que Jesus havia ressuscitado de entre os mortos.

Pedro levantou-se e declarou que aquilo devia ser a vinda do Espírito da Verdade, que o Mestre lhes havia prometido; e propôs que fossem ao templo e iniciassem a proclamação das boas-novas confiadas às mãos deles. E todos fizeram aquilo que Pedro havia sugerido.

Esses homens haviam sido instruídos e treinados no sentido de que a palavra de Deus, que iriam pregar, devesse ser a paternidade de Deus e a filiação do homem, mas, exatamente nesse momento de êxtase espiritual e de triunfo pessoal, tudo o que esses homens conseguiam pensar, como sendo a melhor informação, como a grande nova, foi no *fato* de o Mestre haver ressuscitado. E assim eles saíram, dotados de um poder vindo do alto, pregando as boas-novas ao povo – e mesmo a salvação por meio de Jesus –, contudo, não intencionalmente, caíram no erro de substituir a mensagem em si do próprio evangelho, por alguns dos fatos ligados ao evangelho. Sem assim o querer, Pedro caiu nesse erro; os outros o seguiram; e até mesmo Paulo, o qual criou uma religião recente baseada numa nova versão das boas-novas.

O evangelho do Reino de Deus é: o fato da paternidade de Deus, combinado com a verdade resultante da filiação-irmandade dos homens. O cristianismo, como se desenvolveu a partir desse dia, é: o fato de Deus, enquanto Pai do Senhor Jesus Cristo, em associação com a experiência da crença-comunhão com o Cristo ressuscitado e glorificado.

Não é de se estranhar que esses homens, impregnados pelo espírito, se houvessem agarrado à oportunidade de expressar os seus sentimentos de triunfo sobre as forças que tinham tentado destruir o seu Mestre, deixando de lado, desse modo, a influência dos ensinamentos dele. Em momentos como esses mais fácil era lembrarem-se da sua ligação pessoal com Jesus e enlevarem-se com a segurança de que o Mestre ainda estava vivo, de que a sua amizade com ele não havia chegado ao fim; e de que o espírito tinha realmente vindo sobre eles tal como ele havia prometido.

Esses crentes sentiram-se subitamente transladados para um outro mundo, em uma nova existência na alegria, poder e glória. O Mestre havia dito a eles que o Reino viria em poder; e alguns deles pensaram que estavam começando a vislumbrar o que ele havia desejado expressar.

E quando tudo isso é levado em consideração, não fica difícil entender o modo como esses homens puseram-se a pregar um *novo evangelho sobre Jesus*, em lugar da sua mensagem anterior da paternidade de Deus e da irmandade entre os homens.

1. O SERMÃO DE PENTECOSTES

Os apóstolos haviam permanecido escondidos por quarenta dias. Ocorreu que era o dia do festival de Pentecostes, e milhares de visitantes de todas as partes do mundo estavam em Jerusalém. Muitos vieram para essa festa, mas a maioria havia permanecido na cidade desde a Páscoa. E, agora, os amedrontados apóstolos saíam de uma reclusão de semanas, para aparecer ousadamente no templo, onde começavam a pregar a nova mensagem de um Messias ressuscitado. E todos os discípulos estavam igualmente conscientes de que haviam recebido algum novo dom espiritual de visão interior e de poder.

Eram aproximadamente duas horas quando Pedro postou-se exatamente naquele mesmo lugar em que o seu Mestre havia ensinado da última vez nesse templo, onde havia pronunciado o chamamento, cheio de paixão, que resultou na conquista de mais de duas mil almas. O Mestre havia ido embora, mas eles descobriram subitamente que esse relato sobre Jesus exercia um grande poder junto ao povo. E não era de se admirar que eles estivessem sendo levados agora, a continuar proclamando aquilo que justificava a sua devoção anterior a Jesus, e que, ao mesmo tempo, era o que compelia todos a acreditarem nele. Seis dos apóstolos participaram desse encontro: Pedro, André, Tiago, João, Filipe e Mateus. Eles conversaram por mais de uma hora e meia e pronunciaram mensagens em grego, hebreu e aramaico, bem como umas poucas palavras noutras línguas das quais tinham algum conhecimento.

Os líderes dos judeus estavam estupefatos diante da audácia dos apóstolos, mas, por causa do grande número dos que acreditavam no seu relato, temiam incomodá-los.

Lá pelas quatro e meia, mais de dois mil novos crentes seguiram os apóstolos até as águas de Siloé, onde Pedro, André, Tiago e João batizaram-nos em nome do Mestre. E estava escuro quando eles acabaram de batizar essa multidão.

Pentecostes era a grande festa do batismo, o tempo de dar as boas-vindas aos prosélitos convertidos de fora, os gentios que desejavam servir a Yavé. Era, portanto, mais fácil que um grande número, tanto de judeus quanto de gentios crentes, se submetesse ao batismo nesse dia. Ao fazer isso, eles não estavam de nenhum modo desligando-se da fé judaica. Mesmo algum tempo depois, esses crentes em Jesus, continuaram sendo uma seita separada dentro do judaísmo. Todos eles, incluindo os apóstolos, permaneciam leais aos requisitos essenciais do sistema cerimonial judaico.

2. O SIGNIFICADO DE PENTECOSTES

Jesus viveu na Terra e ensinou um evangelho que redimiu a humanidade da superstição de que o homem era um filho do mal; e elevou-o à dignidade de filho de Deus pela fé. A sua mensagem, tal como Jesus a pregou e viveu-a nos seus dias, foi uma solução eficaz para as dificuldades do homem, na época em que foi proposta. E agora, que ele deixou pessoalmente o mundo, ele enviou no seu lugar o Espírito da Verdade, que está destinado a viver no homem e, para cada nova geração, a restabelecer a mensagem de Jesus, de um modo tal que cada grupo novo de mortais, a surgir na face da Terra, tenha uma versão nova e atualizada da palavra de Deus, como um esclarecimento pessoal e um guiamento grupal, que se constituirá em uma solução efetiva para as dificuldades espirituais variadas e sempre novas.

A primeira missão desse espírito é, está claro, fomentar e personalizar a verdade, pois é a compreensão da verdade que constitui a mais elevada forma de liberdade humana. Em seguida, o propósito desse espírito é destruir o sentimento de orfandade do crente. Tendo Jesus estado entre os homens, todos os crentes iriam experienciar uma sensação de solidão, não houvesse o Espírito da Verdade vindo para residir nos corações dos homens.

Esse outorgamento, do espírito do Filho, preparou efetivamente todas as mentes dos homens comuns para a dádiva posterior do espírito do Pai (o Ajustador) a toda a humanidade. Num certo sentido, esse Espírito da Verdade é o espírito, tanto do Pai Universal como do Filho Criador.

Não cometais o erro de esperar ter uma consciência intelectualmente forte e nítida do Espírito da Verdade efundido. O espírito nunca gera uma consciência de si mesmo, mas cria uma consciência de Michael, o Filho. Desde o princípio, Jesus ensinou que o espírito não falaria de si mesmo. A prova, entretanto, do vosso envolvimento com o Espírito da Verdade, não há de ser encontrada na vossa consciência desse espírito, mas, muito mais intensamente, na vossa experiência de uma irmandade mais elevada com Michael.

O espírito veio também para ajudar os homens a relembrarem-se das palavras do Mestre e compreenderem-nas; bem como para iluminá-los, na re-interpretação da vida dele na Terra.

Em seguida o Espírito da Verdade veio para ajudar aos que acreditam a testemunhar sobre as realidades dos ensinamentos de Jesus e sua vida, como ele a viveu na carne e como novamente a vive, de modo renovado e pujante, no indivíduo que crê, em cada nova geração de filhos de Deus plenificados pelo espírito.

Assim, torna-se, pois, evidente que o Espírito da Verdade vem, realmente, para conduzir todos os que crêem, a toda a verdade, ao conhecimento expansivo da experiência da consciência espiritual viva e crescente, na realidade da filiação ascendente e eterna a Deus.

Jesus viveu uma vida que é uma revelação do homem submetido à vontade do Pai, e não um exemplo que todo homem deva literalmente tentar seguir. Essa vida na carne, junto com a sua morte na cruz e a ressurreição subseqüente, tornou-se atualmente um novo evangelho para o resgate, que é pago, assim, com o fim de retomar o homem, de volta, das garras do mal – da condenação de um Deus ofendido. Entretanto, mesmo havendo a palavra de Deus sido grandemente distorcida, permanece o fato de que essa nova mensagem sobre Jesus traz em si muitas verdades e os ensinamentos fundamentais das suas primeiras palavras ao Reino. E, mais cedo ou mais tarde, essas verdades ocultas, da paternidade de Deus e da irmandade dos homens, emergirão para transformar efetivamente a civilização de toda a humanidade.

Mas esses erros do intelecto não interferem, de modo algum, no grande progresso de crescimento, em espírito, dos que crêem. Menos de um mês depois da outorga do Espírito da Verdade, os apóstolos fizeram um progresso espiritual maior do que durante os quatro anos, quase, de convívio amoroso pessoal com o Mestre. Nem a substituição da *verdade* do evangelho salvador, que é a filiação a Deus, pelo *fato* da ressurreição de Jesus, tampouco, interferiu na rápida difusão dos seus ensinamentos; ao contrário, os novos ensinamentos sobre a sua pessoa e sobre a sua ressurreição, mesmo ofuscando a mensagem de Jesus, parece haverem também facilitado grandemente a pregação das boas-novas.

O termo "batismo do espírito", que veio a ter um uso tão geral nessa época, significou meramente a recepção consciente dessa dádiva do Espírito da Verdade e a tomada de consciência desse novo poder espiritual, como uma ampliação de todas as influências espirituais experienciadas até então pelas almas conscientes de Deus.

Desde a outorga do Espírito da Verdade, está o homem sujeito ao ensinamento e ao guiamento de um dom espiritual tríplice: o espírito do Pai, o Ajustador do Pensamento; o espírito do Filho, o Espírito da Verdade; o espírito do Espírito, o Espírito Santo.

De um certo modo, a humanidade está sujeita à influência dupla, de apelo sétuplo, das influências espirituais do universo. As raças evolucionárias primitivas, de mortais, estão submetidas ao contato progressivo com os sete espíritos ajudantes da mente do Espírito Materno do universo local. À medida que o homem progride, escala acima, em inteligência e em percepção espiritual, vão chegando até ele e residindo nele as sete influências dos espíritos superiores. E esses sete espíritos, dos mundos em avanço, são:

1. O espírito outorgado, do Pai Universal – o Ajustador do Pensamento.

2. A presença espiritual do Filho Eterno – a gravidade espiritual do universo dos universos; e o canal certo para a comunhão de todos os espíritos.

3. A presença espiritual do Espírito Infinito – o espírito-mente de toda a criação, a fonte espiritual da semelhança intelectual de todas as inteligências progressivas.

4. O espírito do Pai Universal e do Filho Criador – o Espírito da Verdade, geralmente visto como o espírito do Filho do Universo.

5. O espírito do Espírito Infinito e do Espírito Materno do Universo – o Espírito Santo, geralmente considerado o espírito do Espírito do Universo.

6. O espírito-mente do Espírito Materno do Universo – os sete espíritos ajudantes da mente do universo local.

7. O espírito do Pai, dos Filhos e dos Espíritos – o espírito, com um nome novo, dos mortais ascendentes dos reinos, depois da fusão da sua alma mortal, nascida do espírito, com o Ajustador do Pensamento; e após haverem-se elevado, subseqüentemente, até a divindade e atingido a glorificação, por meio do status que atingem no Corpo de Finalidade do Paraíso.

E assim a dádiva do Espírito da Verdade trouxe ao mundo e aos seus povos o último dom do espírito, destinado a ajudar na busca ascendente de Deus.

3. O QUE OCORREU EM PENTECOSTES

Muitos ensinamentos estranhos e raros estão ligados às primeiras narrativas do Dia de Pentecostes. Os acontecimentos deste dia, em que o novo mestre, o Espírito da Verdade, veio para residir com a humanidade, tornaram-se confusos, em épocas posteriores, por causa das explosões tolas de uma emoção exagerada. A missão principal dessa efusão do espírito do Pai e do Filho é a de ensinar aos homens sobre as verdades do amor do Pai e da misericórdia do Filho. Essas são as verdades da divindade que o homem pode compreender muito melhor que todos os outros traços do caráter divino. O Espírito da Verdade ocupa-se, principalmente, da revelação da natureza do espírito do Pai e do caráter moral do Filho. O Filho Criador, quando esteve encarnado, revelou Deus aos homens; o Espírito da Verdade, no coração, revela o Filho Criador aos homens. Quando o homem colhe, na sua vida, "os frutos do espírito", ele está simplesmente comprovando as características que o Mestre manifestou na sua própria vida terrena. Quando Jesus esteve na Terra, ele viveu a sua vida como uma personalidade – Jesus de Nazaré. Como espírito residente do "novo instrutor", desde Pentecostes, o Mestre tem sido capaz, novamente, de viver a sua vida na experiência de todos os crentes que aprenderam e assimilaram a verdade.

Muitas das coisas que acontecem no decurso de uma vida humana são duras para serem compreendidas, difíceis de serem reconciliadas com a idéia de que este é um universo no qual prevalece a verdade e onde a retidão triunfa. Muito freqüentemente parece que o insulto, as mentiras, a desonestidade e a falta de retidão – o pecado – prevaleçam. E a fé, afinal, triunfa sobre o mal, o pecado e a iniqüidade? Sim, triunfa. E a vida e a morte de Jesus são a prova eterna de que a verdade da bondade e da fé, na criatura conduzida pelo espírito, será sempre justificada. Quando crucificado, chegaram a zombar de Jesus na cruz dizendo: "Vamos ver se Deus virá para libertá-lo". E o dia da crucificação ficou escuro, mas, na manhã da ressurreição, estava gloriosamente luminoso; e ainda mais brilhante e mais cheio de júbilo esteve o Dia de Pentecostes. As religiões do desespero pessimista buscam obter a liberação das cargas da vida, elas almejam a extinção em um repouso e em um sonho sem fim. Essas religiões são as do medo e pavor primitivos. A religião de Jesus é uma palavra nova de fé, que há de ser proclamada à humanidade, em meio à sua luta. Essa nova religião está fundada na fé, na esperança e no amor.

A vida mortal deu os mais duros, cruéis e amargos golpes em Jesus; e este homem recebeu todos os golpes desesperados, com fé, coragem e com a determinação inarredável de cumprir a vontade do Pai. Jesus aceitou a vida, em toda a sua realidade terrível, com mestria – até mesmo na morte. Ele não usou a religião como uma liberação para a vida. A religião de Jesus não procura escapar desta vida, com o fito de desfrutar da felicidade de uma outra existência. A religião de Jesus proporciona a felicidade e a paz de uma outra existência espiritual que eleva e enobrece a vida que os homens vivem agora na carne.

Se a religião é um ópio para o povo, assim não é a religião de Jesus. Na cruz ele recusou-se a beber a droga mortal, e o seu espírito, efusionado em toda a carne, é uma influência mundial poderosa que conduz o homem à elevação, levando-o a progredir. O impulso espiritual para o progresso é a força mais poderosa presente neste mundo; aquele que é o verdadeiro crente no aprendizado da verdade possui a alma que progride ativa e dinamicamente sobre a Terra.

No Dia de Pentecostes, a religião de Jesus quebrou todas as restrições das nações e das prisões raciais. Para sempre será verdade que "onde está o espírito do Senhor, há liberdade". Nesse dia, o Espírito da Verdade tornou-se a dádiva pessoal do Mestre a cada mortal. Esse espírito foi concedido com o propósito de qualificar os crentes mais eficazmente, para que preguem a palavra do Reino de Deus, mas eles confundiram a experiência, de receber o espírito efusionado, com uma parte do novo evangelho que eles estavam formulando inconscientemente.

Não desconsidereis o fato de que o Espírito da Verdade foi outorgado a todos aqueles que têm uma crença sincera; essa dádiva do espírito não veio apenas para os apóstolos. Todos os cento e vinte homens e mulheres reunidos na sala superior receberam o novo mestre, como o receberam todos os homens honestos de coração em todo o mundo. Esse novo mestre foi concedido à humanidade e cada alma o recebeu na proporção do seu amor pela verdade e da sua capacidade de aprender e compreender as realidades espirituais. Afinal, a verdadeira religião libera-se da custódia dos sacerdotes e de todas as castas sagradas e encontra sua manifestação real nas almas individuais dos homens.

A religião de Jesus desenvolve o tipo mais elevado de civilização humana, pois cria o tipo mais elevado de personalidade espiritual e proclama a condição sagrada da pessoa.

A vinda do Espírito da Verdade, em Pentecostes, tornou possível uma religião que não é nem radical nem conservadora; não é nem a velha nem a nova, que não irá ser dominada nem pelos velhos nem pelos jovens. A existência da vida terrena de Jesus proporciona um ponto fixo para a ancoragem do tempo, enquanto o outorgamento do Espírito da Verdade proporciona a expansão eterna e o crescimento interminável da religião que ele viveu e da palavra de Deus por ele proclamada. O espírito conduz para dentro de *toda* a verdade; ele é o mestre de uma religião que se expande e cresce sempre, de progresso sem fim e de revelação do divino. Esse novo mestre desvelará, para sempre, ao crente em busca da verdade, tudo aquilo que esteve tão divinamente velado e contido na pessoa e na natureza do Filho do Homem.

As manifestações ligadas à outorga do "novo mestre", e o modo como os homens de várias raças e nações, reunidas em Jerusalém, receberam a pregação dos apóstolos, indicam a universalidade da religião de Jesus. O evangelho do Reino de Deus não devia ser identificado com nenhuma raça, cultura ou língua em particular. Esse Dia de Pentecostes testemunhou um grande esforço do espírito, no sentido de liberar a religião de Jesus dos seus elos herdados dos judeus. Mesmo após essa demonstração da efusão do espírito sobre toda a carne, os apóstolos, no princípio, ainda tentaram impor os quesitos do judaísmo aos convertidos. E até mesmo Paulo teve problemas com os seus irmãos de Jerusalém, porque ele se recusou a submeter os gentios às práticas judaicas. Nenhuma religião revelada pode difundir-se pelo mundo inteiro se comete o grave erro de se deixar permear por uma cultura nacional ou de se ligar a práticas raciais, sociais ou econômicas.

A outorga do Espírito da Verdade foi independente de todas as formas, cerimônias, lugares sagrados e comportamentos especiais da parte daqueles que receberam, em plenitude, a sua manifestação. Quando o espírito veio sobre as pessoas reunidas no salão superior, elas estavam simplesmente sentadas lá, tendo acabado de orar em silêncio. O espírito foi concedido tanto no campo como na cidade. Não foi necessário que os apóstolos se dirigissem a um local isolado, durante anos de meditação solitária, para que recebessem o espírito. Para todo o sempre, Pentecostes desligou a experiência espiritual da noção de que houvesse locais especialmente favorecidos.

Pentecostes, com o seu dom espiritual, estava destinado a desligar a religião do Mestre de qualquer dependência de força física; os mestres dessa nova religião estão agora equipados com armas espirituais. Devem sair para conquistar o mundo com o perdão infalível, com uma boa vontade incomparável e amor abundante. Eles estão equipados para sobrepor o bem ao mal, para vencer o ódio pelo amor, para destruir o temor com uma fé corajosa na verdade. Jesus já havia ensinado aos seus seguidores que a sua religião nunca era passiva; e que os seus discípulos deviam ser sempre ativos e positivos nas suas ministrações de misericórdia e nas suas manifestações de amor. Esses crentes já não consideravam Yavé como o "Senhor das Hostes". Eles agora consideravam a Deidade eterna como o "Deus, e Pai do Senhor Jesus Cristo". Pelo menos esse progresso eles fizeram, ainda que não tenham apreendido, inteiramente, a verdade de que Deus é também o Pai de todos os indivíduos.

Pentecostes dotou o homem mortal com o poder de perdoar as agressões pessoais, de manter-se doce em meio à injustiça mais grave, de permanecer firme em face do perigo mais tremendo, e de desafiar os males do ódio e da ira, por meio de atos audazes de amor e de paciência. Urântia passou, na sua história, pela destruição de guerras grandes e arrasadoras. Todos os participantes dessas lutas terríveis encontraram a derrota. Houve apenas um vitorioso; houve apenas um, que saiu dessas lutas amargas com a sua reputação mais elevada – e este foi Jesus de Nazaré e a sua palavra divina, de sobrepujar o mal com o bem. O segredo de uma civilização melhor está contido nos ensinamentos do Mestre, sobre a irmandade dos homens, a boa vontade do amor e confiança mútuos.

Até Pentecostes, a religião havia revelado apenas o homem à procura de Deus; desde Pentecostes, permanece o homem na busca de Deus, mas brilha sobre o mundo o espetáculo de Deus, que também busca o homem e que, tão logo o tenha achado, envia o Seu espírito para residir dentro dele.

Antes dos ensinamentos de Jesus, que culminaram em Pentecostes, as mulheres tinham pouca ou nenhuma posição espiritual, segundo os pequenos dogmas das religiões mais antigas. Depois de Pentecostes, na irmandade do Reino, as mulheres colocaram-se perante Deus em igualdade com os homens. Entre os cento e vinte seres humanos que receberam essa visitação especial do espírito, estavam muitas das mulheres discípulas e elas compartilharam dessas bênçãos igualmente com os crentes masculinos. O homem não mais pode presumir monopolizar o ministério dos serviços religiosos. O fariseu poderia continuar a agradecer a Deus por não "haver nascido mulher, nem leproso, nem gentio", mas, entre os seguidores de Jesus, a mulher foi para sempre libertada de todas as discriminações baseadas no sexo. Pentecostes pôs fim a todas as discriminações religiosas fundadas em distinções raciais, diferenças culturais, castas sociais, ou preconceito de sexo. Não é de se estranhar que os crentes da nova religião clamassem aos brados: "Onde está o espírito do Senhor, lá está a liberdade".

Tanto a mãe quanto um irmão de Jesus estavam presentes entre os cento e vinte crentes e, como membros desse grupo comum de discípulos, eles também receberam o espírito efundido. Eles não receberam, de tal dom do bem, nada mais do que os seus semelhantes. Nenhuma dádiva especial foi conferida aos membros da família terrena de Jesus. Pentecostes marcou o fim dos sacerdócios especiais e de toda a crença em famílias sagradas.

Antes de Pentecostes os apóstolos haviam renunciado a muitas coisas por Jesus. Tinham sacrificado os seus lares, famílias, amigos, bens mundanos e posição. Em Pentecostes eles entregaram-se a Deus; e o Pai e o Filho responderam, dando-se ao homem – enviando os Seus espíritos para residir dentro do homem. Essa experiência de perder o eu, e de encontrar o espírito, não foi apenas a da emoção; foi um ato de auto-rendimento inteligente e de consagração sem reservas.

Pentecostes foi o chamado à unidade espiritual, entre os que acreditam na palavra sagrada. Quando o espírito desceu sobre os discípulos, em Jerusalém, a mesma coisa aconteceu na Filadélfia, Alexandria e em todos os outros lugares onde estavam os crentes verdadeiros. Era verdade, literalmente, que "havia uma só alma e só um coração, na multidão dos crentes". A religião de Jesus é a mais poderosa influência unificadora que o mundo jamais conheceu.

Pentecostes teve o propósito de minimizar a presunção dos indivíduos, grupos, nações e raças. A tensão desse sentimento de presunção aumenta tanto que, periodicamente, desemboca em guerras destrutivas. A humanidade pode ser unificada apenas pelo enfoque espiritual; e o Espírito da Verdade é, neste mundo, uma influência universal.

A vinda do Espírito da Verdade purifica o coração humano e conduz a pessoa, que o recebe, a formular um único propósito de vida, na vontade de Deus e para o bem-estar dos homens. O espírito material do egoísmo foi engolfado por essa nova outorga de altruísmo. Pentecostes, então e agora, significa que o Jesus da história tornou-se o Filho divino da experiência vivente. A exultação, que esse espírito traz ao ser efundido, e, quando é experimentado conscientemente na vida humana, é um tônico para a saúde, um estímulo para a mente e uma energia infalível para a alma.

A prece não trouxe o espírito no Dia de Pentecostes; mas teve muito a ver com a determinação da capacidade de receptividade que caracterizou cada indivíduo crente. A prece não conduz o coração divino à generosidade da dádiva da graça, mas, muito freqüentemente, forma canais mais largos e mais profundos pelos quais a graça e os outorgamentos divinos podem fluir até os corações e as almas daqueles que se lembram assim de manter uma comunhão ininterrupta com o seu Criador, por meio da prece sincera e da adoração verdadeira.

4. OS PRIMÓRDIOS DA IGREJA CRISTÃ

Quando Jesus foi subitamente aprisionado pelos seus inimigos e tão rapidamente crucificado, entre os dois ladrões, os seus apóstolos e discípulos ficaram inteiramente desmoralizados. O pensamento de que o Mestre houvesse sido preso, amarrado, açoitado e crucificado, era demais, até mesmo para os apóstolos. Eles esqueceram-se dos seus ensinamentos e das suas advertências. Ele podia, de fato, ter sido "um profeta poderoso nos feitos e nas palavras, perante Deus e todo o povo", mas dificilmente seria o Messias que restauraria o reino de Israel, e disso é que eles tinham esperança.

Então veio a ressurreição, que os livra do desespero e que os leva de volta à sua fé na divindade do Mestre. De novo e de novo eles falam com ele; e ele os leva ao monte das Oliveiras, onde se despede e lhes diz que está indo de volta ao Pai. Ele lhes havia dito para permanecer em Jerusalém, até serem dotados com o poder – até que o Espírito da Verdade viesse. E, no Dia de Pentecostes, este novo mestre vem; e eles saem imediatamente para pregar o seu evangelho, com um novo poder. São os seguidores audazes e valentes de um Senhor vivo, não de um líder morto e derrotado. O Mestre vive nos corações desses evangelistas; Deus não é uma doutrina nas suas mentes; tornou-Se uma presença viva nas suas almas.

"Dia a dia eles continuaram perseverando unânimes no templo e repartindo o pão nas suas casas. Comiam juntos com alegria e simplicidade de coração, louvando a Deus e em favores com todo o povo. Estavam todos preenchidos pelo espírito e falavam da palavra de Deus com ousadia. E as multidões dos que acreditavam estavam com um único coração e uma só alma; e nenhum deles dizia que as suas coisas pertenciam apenas a ele; e possuíam todas as coisas dividindo-as."

O que aconteceu àqueles homens a quem Jesus havia ordenado que saíssem para pregar a palavra do Reino de Deus, a paternidade de Deus e a irmandade entre os homens? Eles têm um novo evangelho; estão ardentes pelo fogo de uma nova experiência; estão repletos de uma energia espiritual nova. A sua mensagem transformou-se subitamente na proclamação do Cristo que ressuscitou: "Jesus de Nazaré, um homem que Deus aprovou por meio de obras poderosas e prodigiosas; a ele, que foi enviado com conhecimento prévio e com o conselho determinado de Deus, vós o crucificastes e matastes. As coisas que Deus havia prenunciado pela boca de todos os profetas, Ele as cumpriu. A esse Jesus, Deus o ressuscitou. Deus o fez tanto Senhor quanto Cristo. Tendo sido, pela mão direita de Deus, exaltado e havendo recebido do Pai a promessa do espírito, ele derrama sobre vós isso que vedes e ouvis. Arrependei-vos, para que sejam apagados os vossos pecados; para que o Pai, pois, possa enviar o Cristo, antes anunciado a vós, o mesmo Jesus; a quem os céus devem receber até os tempos da restauração de todas as coisas".

O evangelho do Reino, a mensagem de Jesus, havia, subitamente, sido transformado no evangelho do Senhor Jesus Cristo. Eles agora proclamavam os fatos da sua vida, morte e ressurreição e pregavam a esperança de um pronto retorno dele a este mundo, para concluir o trabalho que começara. Assim, a mensagem dos primeiros crentes tinha a ver com a pregação sobre os fatos da sua primeira vinda e com o ensinamento da esperança da sua segunda vinda, um evento que eles consideravam estar muito próximo.

Cristo estava a ponto de se transformar no credo da igreja que rapidamente se formava. Jesus vive; ele morreu pelos homens; ele trouxe o espírito; e ele virá de novo. Jesus preencheu todos os pensamentos dos homens e determinou todo o conceito novo sobre Deus e sobre tudo o mais. Eles estavam por demais entusiasmados com a nova doutrina de que "Deus é Pai do Senhor Jesus", para preocuparem-se com a velha mensagem de que "Deus é o Pai amantíssimo de todos os homens", e mesmo de cada indivíduo. É bem verdade que uma manifestação maravilhosa de amor fraternal e de uma boa vontade inigualável surgiu nas primeiras comunidades de crentes. Mas era uma irmandade de crentes em Jesus, não uma comunidade de irmãos na família do Reino do Pai nos céus. A boa vontade deles cresceu do amor nascido do conceito da autodoação de Jesus e não do reconhecimento da irmandade do homem mortal. Contudo, estavam repletos de alegria e viveram vidas tão novas e únicas que todos os homens foram atraídos para os seus ensinamentos sobre Jesus. Cometeram o grande erro de tomar os comentários vivos e ilustrativos a respeito do evangelho do Reino de Deus pelo evangelho em si, mas ainda assim aquela era a maior religião que a humanidade havia conhecido até então.

Inequivocamente, uma nova comunidade estava surgindo no mundo. "A multidão de crentes continuava perseverante nos ensinamentos e na comunhão com os apóstolos, na partilha do pão e nas orações. Entre si, chamavam-se de irmão e irmã, saudavam-se com um beijo sagrado e dedicavam-se a ministrações aos pobres. Sendo uma comunidade de vida, bem como de adoração, não eram comunitários por obrigação, mas pelo desejo de compartilhar seus bens com os irmãos de crença. Eles esperavam, confiantes, que Jesus retornasse, para completar o estabelecimento do Reino do Pai, ainda naquela geração. Essa espontaneidade ao compartilhar as posses terrenas não era um aspecto direto do ensinamento de Jesus, ela surgiu porque esses homens e mulheres confiavam sinceramente que ele retornaria a qualquer dia, para completar o seu trabalho e consumar o Reino. Mas os resultados finais, desse experimento bem-intencionado de amor fraternal irrefletido, foram desastrosos e trouxeram sofrimentos. Milhares de crentes honestos venderam suas propriedades e dispuseram de todos os bens de capitais e outros bens produtivos. Com o passar do tempo, os recursos minguantes daquele sistema cristão de "compartilhar por igual" chegaram ao *fim* – mas o mundo não. Muito cedo os crentes em Antioquia estavam fazendo uma coleta para que os demais crentes, em Jerusalém, não morressem de fome.

Naqueles dias eles celebraram a Ceia do Senhor, do modo como foi estabelecida; quer dizer, reuniram-se para uma refeição social de bom companheirismo e compartilharam do sacramento ao final da refeição.

Inicialmente eles batizavam em nome de Jesus; passaram quase vinte anos antes que começassem a batizar em "nome do Pai, do Filho e do Espírito Santo". O batismo era o único quesito para admissão à comunidade de crentes. Não tinham ainda nenhuma organização; era simplesmente a irmandade de Jesus.

Essa seita de Jesus estava crescendo rapidamente e uma vez mais os saduceus preocupavam-se com ela. Os fariseus pouco se incomodavam com a situação, vendo que nenhum dos ensinamentos, de nenhum modo, interferia com a observância das leis judaicas. Mas os saduceus começaram a encarcerar os líderes da seita de Jesus, até que fossem convencidos a aceitar os conselhos de Gamaliel, um dos rabinos líderes que lhes disse: "Afastai-vos desses homens e deixai-os em paz, pois se esse conselho ou essa obra for dos homens, derrubar-se-á por si; mas, se for de Deus, não sereis capaz de derrubá-la, e que não sejais apanhados lutando contra Deus". Eles decidiram seguir o conselho de Gamaliel e sobreveio um período de paz e calma em Jerusalém, durante o qual o novo evangelho sobre Jesus espalhou-se rapidamente.

E assim tudo andava bem em Jerusalém, até à época da chegada dos gregos, em grande número, vindos de Alexandria. Dois dos alunos de Rodam chegaram em Jerusalém e converteram muitos entre os helenistas. Entre os seus primeiros convertidos, estiveram Estevão e Barnabé. Esses hábeis gregos não tinham o ponto de vista dos judeus e não se adequaram tão bem ao seu modo de adoração e a outras práticas cerimoniais. E foram os feitos desses crentes gregos que acabaram com as relações pacíficas entre a irmandade de Jesus e os fariseus e saduceus. Estevão e o seu companheiro grego começaram a pregar mais conforme o que Jesus ensinara, e isso os colocou em conflito imediato com os potentados judeus. Num dos sermões públicos de Estevão, quando ele chegou ao ponto objetável do discurso, eles dispensaram todas as formalidades do julgamento e começaram a apedrejá-lo ali mesmo, até a morte.

Estevão, o líder da colônia grega dos crentes de Jesus em Jerusalém, assim, tornou-se o primeiro mártir da nova fé e a causa específica para que acontecesse a organização formal da igreja cristã inicial. Essa nova crise levou ao reconhecimento de que os crentes não podiam continuar como uma seita dentro da fé judaica. Todos eles concordaram que deviam separar-se dos não-crentes; e um mês depois da morte de Estevão a igreja em Jerusalém foi organizada, sob a liderança de Pedro; e Tiago, o irmão de Jesus, passou a ser o seu dirigente titular.

E então irromperam as novas e incansáveis perseguições feitas pelos judeus, de modo que os instrutores ativos da nova religião sobre Jesus, que subseqüentemente em Antioquia foi denominada de cristianismo, saíram até os confins do império proclamando Jesus. Para levar essa mensagem, antes do tempo de Paulo, a liderança estava nas mãos dos gregos; e esses primeiros missionários, como também os posteriores, seguiram a rota antiga dos passos de Alexandre, indo até a Antioquia, por Gaza e Tiro e, depois, até a Macedônia, pela Ásia Menor; e então para Roma e na direção de todos os confins do império.

DOCUMENTO 195

DEPOIS DE PENTECOSTES

OS RESULTADOS da pregação de Pedro, no Dia de Pentecostes, foram tais que decidiram sobre as políticas futuras e determinaram os planos da maioria dos apóstolos, nos seus esforços para proclamar o evangelho do Reino. Pedro foi o verdadeiro fundador da igreja cristã; Paulo levou a mensagem cristã aos gentios, e os crentes gregos difundiram-na por todo o império romano.

Embora o povo hebreu, limitado às tradições e dominado pelos sacerdotes, enquanto povo, se recusasse a aceitar que o evangelho de Jesus, da paternidade de Deus e da irmandade dos homens, fosse a proclamação de Pedro e de Paulo, da ressurreição e da ascensão de Cristo (o cristianismo subseqüente), todo o restante do império romano acabou sendo receptivo aos ensinamentos cristãos que evoluíam. Nesse momento a civilização ocidental estava intelectualmente cansada da guerra e encontrava-se também profundamente cética a respeito de todas as religiões e filosofias existentes sobre o universo. Os povos do mundo ocidental, beneficiários da cultura grega, tinham uma respeitável tradição de um passado grandioso. Eles podiam contemplar a herança de grandes realizações na filosofia, na arte, na literatura e nos progressos políticos. Mas, ao lado de todas essas realizações, não tinham tido nenhuma religião que satisfizesse à alma. Os seus anseios espirituais permaneciam insatisfeitos.

E subitamente, sobre tal cenário da sociedade humana, foram lançados os ensinamentos de Jesus, adotados na mensagem cristã. Uma nova ordem de vida, assim, foi apresentada aos corações insaciados desses povos do Ocidente. Essa situação significava um conflito imediato entre as práticas religiosas mais antigas e a nova versão cristianizada da mensagem de Jesus ao mundo. Um tal conflito resultaria em uma vitória definida, fosse da nova crença, ou da mais antiga, ou fosse em algum grau de *concessões* feitas por alguma dessas partes. A história mostra que a luta levou a um comprometimento sob a forma de concessões. O cristianismo presumiu abranger coisas demasiadamente maiores do que qualquer povo pudesse assimilar em uma ou duas gerações. Não se tratava de uma chamada espiritual simples, como a que Jesus havia apresentado à alma dos homens; abrangia, desde muito cedo, uma atitude sobre os rituais religiosos, a educação, a magia, a medicina, a arte, a literatura, a legislação, o governo, a moral, a regulamentação do sexo, a poligamia e, em um grau limitado, até mesmo a escravidão. O cristianismo não veio meramente como uma nova religião – como algo pelo qual todo o império romano e todo o Oriente estivessem esperando – mas como uma *nova ordem de sociedade humana*. E, com uma tal pretensão, precipitou rapidamente o colapso moral-social das idades. Os ideais de Jesus, tal como foram reinterpretados pela filosofia grega e socializados pela cristandade, desafiavam agora, com ousadia, as tradições da raça humana incorporadas à ética, à moralidade e à religião da civilização ocidental.

De início, o cristianismo conseguiu convertidos apenas nos estratos sociais e econômicos mais baixos. Mas, por volta do segundo século, o melhor da elite da cultura greco-romana voltava-se cada vez mais para essa nova ordem de crença cristã, para esse novo conceito de propósito de vida e meta de existência.

Como é que essa nova mensagem, de origem judaica, que quase fracassara na sua terra de nascimento, capturou tão rápida e eficazmente o melhor mesmo das mentes do império romano? O triunfo do cristianismo sobre as religiões filosóficas e os cultos dos mistérios deveu-se aos fatores:

1. A organização. Paulo era um grande organizador e os seus sucessores mantiveram o ritmo que ele estabeleceu.

2. O cristianismo estava profundamente helenizado. Abrangia o melhor da filosofia grega, bem como a nata da teologia hebraica.

3. Mas, melhor do que tudo, trazia em si um ideal novo e grande, o eco da vida auto-outorgada de Jesus e o reflexo da sua mensagem de salvação, para toda a humanidade.

4. Os líderes cristãos estavam dispostos a fazer concessões ao mitraísmo, pois a melhor metade dos que haviam aderido ao cristianismo fora conquistada do culto da Antioquia.

5. Do mesmo modo, a próxima e mais recente das gerações de líderes da cristandade fez outras concessões mais ao paganismo, tanto que até Constantino, o imperador romano, foi conquistado para a nova religião.

E os cristãos fizeram uma barganha astuta com os pagãos, pois adotaram a pompa ritualística dos pagãos obrigando-os a aceitar a versão helenizada do cristianismo paulino. O acordo que fizeram com os pagãos foi melhor do que aquele que concluíram com o culto mitráico, mas, mesmo naquele compromisso inicial de concessão, eles saíram mais do que vencedores, pois tiveram êxito em eliminar as imoralidades grosseiras e também numerosas outras práticas repreensíveis do mistério persa.

Esses líderes iniciais da cristandade, sabiamente ou não, comprometeram deliberadamente os *ideais* de Jesus, em um esforço para salvar e promover muitas das suas *idéias*, e nisso eles tiveram um êxito iminente. Mas não vos enganeis! Esses ideais do Mestre, ainda que comprometidos, estão latentes no seu evangelho e terminarão por fazer valer todo o seu poder diante do mundo.

Por meio dessa paganização do cristianismo, a velha ordem teve muitas vitórias menores, de natureza ritualista, mas os cristãos ganharam a ascendência, pois:

1. Foi tocada uma nota da moral humana, uma nota nova e de conotação enormemente mais elevada.

2. Um conceito novo e ampliado de Deus foi passado ao mundo.

3. A esperança de imortalidade tornou-se um ponto de reafirmação, dentro de uma religião reconhecida.

4. Jesus de Nazaré foi dado à alma sedenta do homem.

Muitas das grandes verdades, ensinadas por Jesus, foram quase perdidas nesses comprometimentos e concessões iniciais, mas elas ainda permanecem como que adormecidas nessa religião de cristianismo paganizado, que é, por sua vez, a versão paulina da vida e dos ensinamentos do Filho do Homem. E o cristianismo, mesmo antes de ser paganizado, foi profundamente helenizado. O cristianismo deve muito aos gregos, bastante mesmo. Em Nicéia, um grego vindo do Egito, levantou-se corajosamente para desafiar a assembléia, e tão destemidamente o fez que o concílio não ousou obscurecer o conceito da natureza de Jesus; pois a verdade mesma da auto-outorga havia estado em perigo de ser perdida para o mundo. O nome desse grego era Atanásio e, não fossem a eloqüência e a lógica desse crente, a força persuasiva de Ários teria triunfado.

1. A INFLUÊNCIA DOS GREGOS

A helenização da cristandade, na realidade, começou naquele dia memorável em que o apóstolo Paulo, diante do conselho de Areópagos, em Atenas, falou aos atenienses sobre "o Deus Desconhecido". Lá, à sombra da Acrópolis, esse cidadão romano proclamou aos gregos a sua versão da nova religião, que havia tido origem na terra judaica da Galiléia. E havia coisas estranhamente semelhantes na filosofia grega e em muitos ensinamentos de Jesus. Tinham uma meta em comum – ambos visavam o *soerguimento do indivíduo*. Os gregos, por meio da emergência social e política do indivíduo; e Jesus, por meio da emergência moral e espiritual do homem. Os gregos ensinavam o liberalismo intelectual que conduzia à liberdade política; Jesus ensinava o liberalismo espiritual que conduzia à liberdade religiosa. Essas duas idéias, colocadas juntas, constituíam um novo e poderoso código para a liberdade humana, e prognosticavam, para o homem, a sua liberdade social, política e espiritual.

O cristianismo veio à existência e triunfou sobre todas a religiões, então em contenda, principalmente por causa de duas coisas:

1. A mente grega estava disposta a tomar emprestadas idéias novas e boas, ainda que fosse dos judeus.

2. Paulo e os seus sucessores estavam dispostos a comprometerem-se, mas fazendo concessões astuciosas e sagazes; eles eram negociantes teológicos perspicazes.

Na época, Paulo dirigiu-se a Atenas pregando "Cristo e o Cristo Crucificado", os gregos, espiritualmente sedentos, encontravam-se em uma busca inquiridora, interessada e, na realidade, de busca da verdade espiritual. Nunca vos esqueçais de que a princípio os romanos combateram o cristianismo, enquanto os gregos adotaram-no; e de que foram os gregos que literalmente forçaram os romanos, subseqüentemente, a aceitar essa nova religião, já então modificada como uma parte da cultura grega.

Os gregos veneravam a beleza, os judeus a santidade; mas ambos os povos amavam a verdade. Durante séculos os gregos pensaram e debateram seriamente sobre todos os problemas humanos – sociais, econômicos, políticos e filosóficos –, exceto sobre a religião. Poucos entre os gregos haviam dado atenção maior à religião; eles não levavam muito a sério nem a própria religião. Durante séculos os judeus haviam negligenciado esses outros campos do pensamento ao devotar suas mentes à religião. Eles levavam a própria religião bastante a sério, talvez até em demasia. Iluminado pelo conteúdo da mensagem de Jesus, o produto de séculos de pensamento desses dois povos, agora unidos, transformava-se na força motriz de uma nova ordem de sociedade humana e, em uma certa medida, de uma nova ordem de crença e de prática humana religiosa.

A influência da cultura grega havia já penetrado as terras do Mediterrâneo Oriental, quando Alexandre expandiu a civilização helênica no mundo do Oriente próximo. Os gregos saíam-se muito bem com a sua religião e a sua política, enquanto estiveram organizados em pequenas cidades-Estado, mas, quando o rei macedônio ousou expandir a Grécia, como um império, que se estendia do Adriático ao rio Indus, os problemas começaram. A arte e a filosofia da Grécia estavam perfeitamente à altura da expansão imperial, mas não era bem assim com a administração política grega, nem com a religião. Depois que as cidades-Estado da Grécia conseguiram expandir-se como império, os seus deuses paroquiais pareciam um pouco esquisitos. Os gregos realmente estavam procurando um *Deus único*, um Deus maior e melhor, quando a versão cristianizada da antiga religião judaica chegou a eles.

O império helenista, enquanto tal, não podia durar. A sua influência cultural continuou, mas só durou até assegurar para si o gênio político romano do Ocidente, para a administração do império, e depois que obteve do Oriente uma religião cujo Deus único possuía a dignidade imperial.

No primeiro século depois de Cristo, a cultura helênica havia já atingido os seus níveis mais elevados; o seu retrocesso havia começado; o aprendizado avançava, mas a genialidade declinava. Foi nessa mesma época que as idéias e os ideais de Jesus, parcialmente incorporados ao cristianismo, concorreram para salvar a cultura e o conhecimento gregos.

Alexandre havia atacado o Oriente com a dádiva cultural da civilização da Grécia; Paulo assaltou o Ocidente com a versão cristã do evangelho de Jesus. E, em todos os lugares em que a cultura grega prevaleceu, em todo o Ocidente, também o cristianismo helenizado criou raiz.

A versão oriental da mensagem de Jesus, não obstante haver permanecido mais fiel aos ensinamentos dele, continuou seguindo a atitude de Abner de não fazer comprometimentos sob forma de concessões. E nunca progrediu como o fez a versão helenizada, permanecendo enfim perdida no movimento islâmico.

2. A INFLUÊNCIA ROMANA

Os romanos incorporaram a cultura grega na totalidade, colocando governos representativos em lugar de governos por áreas. E em breve essa mudança favoreceu o cristianismo, pois Roma trouxe a todo o mundo ocidental uma nova tolerância para línguas, povos e mesmo religiões estrangeiras.

Grande parte da perseguição inicial aos cristãos, em Roma, deveu-se apenas ao uso infeliz que faziam do termo "reino" nas suas pregações. Os romanos eram tolerantes com toda e qualquer religião, mas ressentiam-se muito de qualquer coisa que tivesse o sabor de rivalidade política. E, assim, quando essas perseguições iniciais, devidas tão somente a mal-entendidos, tiveram fim, o campo para a propagação religiosa encontrava-se bem aberto. Os romanos estavam interessados na administração política; eles não se importavam muito com a arte nem com a religião, eram tolerantes com ambas de um modo extraordinário.

A lei oriental era severa e arbitrária; a lei grega era fluida e artística; a lei romana era dignificada e inspiradora de respeito. A educação romana induzia uma lealdade inédita e impassível. Os romanos do período inicial eram indivíduos politicamente devotados e consagrados de um modo sublime. Eram honestos, zelosos e dedicados aos seus ideais, mas não possuíam uma religião digna de ser chamada como tal. Não é de se admirar que os instrutores gregos tivessem sido capazes de persuadi-los a aceitar o cristianismo de Paulo.

E esses romanos eram um grande povo. Eles puderam governar o Ocidente porque se governavam bem a si próprios. Uma honestidade sem par, uma tal devoção e um autocontrole tão decidido formavam o solo ideal para receber e fazer crescer a cristandade.

Foi fácil para esses greco-romanos tornarem-se tão espiritualmente devotados a uma igreja institucionalizada, quanto o eram politicamente ao Estado. Os romanos combateram a igreja apenas quando temeram que ela estivesse competindo com o Estado. Roma, tendo uma filosofia nacional tímida e pouca cultura nativa, tomou a cultura grega como sua própria e fez de Cristo, com valentia, a sua própria filosofia moral. O cristianismo converteu-se na cultura moral de Roma, mas dificilmente tornou-se a sua religião, no sentido de ser, para aqueles que abraçaram a nova religião, uma experiência individual de crescimento espiritual, a religião de um modo pleno. É verdade, de fato, que muitos indivíduos a penetraram com mais profundidade, saindo da superfície de toda essa religião estatal, e encontraram alimento para as suas almas nos valores reais dos significados, mascarados por trás das verdades latentes do cristianismo helenizado e paganizado.

Os estóicos e o seu apelo inflexível à "natureza e à consciência" haviam preparado bem toda a Roma para receber Cristo, pelo menos em um sentido intelectual. O romano era, por natureza e por educação, um legislador; ele venerava até mesmo as leis da natureza. E agora, no cristianismo, ele divisava as leis de Deus nas leis da natureza. Um povo que pôde produzir Cícero e Virgílio estava amadurecido para o cristianismo helenizado de Paulo.

E, pois, esses gregos romanizados forçaram tanto os judeus quanto os cristãos a filosofarem sobre a própria religião, a coordenarem as idéias dessa religião, a sistematizarem os seus ideais e a adaptarem as práticas religiosas às correntes predominantes de vida. E tudo isso foi enormemente ajudado pela tradução das escrituras hebraicas para o grego e pela redação do Novo Testamento, na língua grega.

Contrariamente aos judeus e a muitos outros povos, os gregos vinham, há muito tempo, crendo provisoriamente na imortalidade, em alguma espécie de sobrevivência após a morte e, já que esse era o núcleo mesmo do ensinamento de Jesus, era certo que o cristianismo significasse um forte apelo para eles.

Uma sucessão de vitórias da cultura grega e da política romana havia consolidado as terras do Mediterrâneo como um império, com uma língua e uma cultura, e preparou o mundo ocidental para um só Deus. O judaísmo contribuiu com esse Deus, mas o judaísmo não era aceitável como uma religião para esses gregos romanizados. Filo ajudou alguns a mitigarem as suas objeções, mas o cristianismo revelou a eles um conceito melhor de um Deus único e, prontamente, eles o abraçaram.

3. SOB O IMPÉRIO ROMANO

Após a consolidação do governo político romano, e depois da disseminação do cristianismo, os cristãos se viram com um Deus, um grande conceito religioso, mas sem um império. Os greco-romanos se viram com um grande império, mas sem um Deus para servir de conceito religioso adequado à adoração do império e à sua unificação espiritual. Os cristãos aceitaram o império; o império adotou o cristianismo. Os romanos forneceram uma unidade de governo político; os gregos, uma unidade de cultura e de instrução; o cristianismo, uma unidade de prática e de pensamento religioso.

Roma suplantou a tradição do nacionalismo por meio do universalismo imperial e, pela primeira vez na história, tornou possível que raças e nações diferentes, pelo menos nominalmente, aceitassem uma religião única.

O cristianismo ganhou a preferência de Roma, em uma época na qual havia uma grande luta entre os ensinamentos enérgicos dos estóicos e as promessas de salvação dos cultos dos mistérios. O cristianismo trouxe o conforto repousante e o poder libertador para um povo espiritualmente sedento, cuja língua não possuía nenhuma palavra para "ausência de egoísmo".

O que deu maior poder à cristandade foi o modo pelo qual os seus crentes viveram vidas de serviço e, mesmo, o modo pelo qual morreram pela própria fé, durante os tempos iniciais de perseguições drásticas.

O ensinamento a respeito do amor de Cristo pelas crianças logo colocou um fim à prática disseminada de expor as crianças à morte, quando não eram desejadas, particularmente as meninas.

O plano inicial do culto cristão foi tomado, em sua quase totalidade, ao das sinagogas judaicas, e modificado pelo ritual mitraico; posteriormente, muito do fausto pagão foi acrescentado a ele. A espinha dorsal da igreja cristã inicial consistia de prosélitos gregos do judaísmo, que se cristianizaram.

O segundo século depois de Cristo foi o melhor período, em toda a história do mundo, para uma boa religião fazer progressos no mundo ocidental. Durante o primeiro século, a cristandade havia-se preparado, por meio de lutas e de concessões, para criar raízes e espalhar-se rapidamente. A cristandade adotou o imperador; mais tarde, o imperador adotou o cristianismo. Essa foi uma grande época para uma nova religião ser disseminada. Existia liberdade religiosa; as viagens se haviam generalizado e inexistiam entraves para o livre pensamento.

O ímpeto espiritual de aceitar nominalmente o cristianismo helenizado chegou a Roma tarde demais para impedir o declínio moral já bem avançado, ou para compensar a deterioração racial já bem estabelecida e crescente. Essa nova religião era uma necessidade cultural para a Roma imperial, e é uma grande infelicidade que não se haja tornado um meio de salvação espiritual em um sentido mais amplo.

Mesmo uma boa religião não podia salvar um grande império dos resultados óbvios da falta de participação do indivíduo nos assuntos do governo, do excesso de paternalismo, do exagero e da grosseria dos abusos na coleta dos impostos, do comércio desequilibrado com o Levante, que acabou com o ouro, da loucura dos prazeres, do clichê da padronização romana, da degradação da mulher, da escravidão e da decadência racial, das epidemias físicas, e de uma igreja estatal que se tornou institucionalizada quase até o ponto da esterilidade espiritual.

Em Alexandria, contudo, as condições não eram assim tão desfavoráveis. As primeiras escolas continuavam mantendo muitos dos ensinamentos de Jesus sem comprometimentos e concessões. Pantaenos ensinou a Clemente, e passou a colaborar com Natanael, proclamando Cristo na Índia. Embora alguns dos ideais de Jesus hajam sido sacrificados na edificação do cristianismo, deveria aqui, com toda a justiça, ficar registrado que, ao final do segundo século, praticamente todas as grandes mentes do mundo greco-romano, passaram a ser cristãs. O triunfo estava próximo de ser completo.

E esse império romano perdurou tempo suficiente para assegurar a sobrevivência do cristianismo, mesmo depois do império entrar em colapso. Mas nós temos conjecturado, freqüentemente, sobre o que teria acontecido a Roma e ao mundo, caso tivesse sido aceito o evangelho do Reino em lugar do cristianismo grego.

4. A IDADE DAS TREVAS NA EUROPA

A igreja, estando subordinada à sociedade e aliada à política, ficava condenada a compartilhar do declínio intelectual e espiritual na chamada "idade das trevas" européia. Nessa época, a religião tornou-se mais e mais monástica, ascética e regulamentada. Num sentido espiritual, o cristianismo estava hibernando. Durante esse período, existiu, junto com essa religião adormecida e secularizada, uma corrente contínua de misticismo, uma experiência espiritual fantástica que beirou à irrealidade e que, filosoficamente, foi semelhante ao panteísmo.

Nesses séculos de trevas e de desespero, de novo a religião passou a ser algo de segunda mão. O indivíduo se encontrava quase perdido diante da autoridade superofuscante da tradição e do ditatorialismo da igreja. Uma nova ameaça espiritual surgiu na criação de uma galáxia de "santos", os quais, se presumia, exerciam especial influência nas cortes divinas, e que, por isso, se se apelasse eficazmente para eles, seriam capazes de interceder pelo homem perante os Deuses.

Mas a cristandade estava tão suficientemente socializada e paganizada que, conquanto fosse impotente para frustrar a vinda da idade das trevas, se encontrava mais bem preparada para sobreviver a esse período prolongado de trevas morais e de estagnação espiritual. E o cristianismo perdurou durante a longa noite da civilização ocidental e funcionou ainda como uma influência moral no mundo, quando do alvorecer da renascença. A reabilitação do cristianismo, depois de passar pela idade das trevas, resultou na vinda à existência de numerosas seitas de ensinamentos cristãos, as crenças adequando-se aos tipos especiais – o intelectual, o emocional e o espiritual – de personalidades humanas. E muitos desses grupos especiais de cristãos, ou de famílias religiosas, ainda persistiam à época em que se fazia a apresentação deste documento.

O cristianismo traz em si a história de ter-se originado numa transformação, não intencional, da religião de Jesus, em uma religião sobre Jesus. E ainda apresenta a história de haver experimentado a helenização, a paganização, a secularização, a institucionalização, a deterioração intelectual, a decadência espiritual, a hibernação moral, a ameaça de extinção, o rejuvenescimento posterior, a fragmentação e, mais recentemente, uma relativa reabilitação. Essa genealogia indica a vitalidade inerente e a posse de vastos recursos de recuperação. E esse mesmo cristianismo está agora presente no mundo civilizado de povos do mundo ocidental e tem à frente uma luta pela existência que é ainda menos auspiciosa do que aquelas crises acidentadas que caracterizaram as suas batalhas passadas para alcançar o predomínio.

A religião confronta-se agora com o desafio de um novo tempo de mentes científicas e de tendências materialistas. Nessa luta gigantesca entre o secular e o espiritual, a religião de Jesus finalmente irá triunfar.

5. OS PROBLEMAS MODERNOS

O século vinte trouxe ao cristianismo, e a todas as outras religiões, novos problemas a serem resolvidos. Quanto mais alto ascende uma civilização, mais premente torna-se o dever de "primeiro buscar as realidades do céu", em todos os esforços do homem, para estabilizar a sociedade e facilitar a solução dos seus problemas materiais.

A verdade, muitas vezes, torna-se confusa e até enganosa, quando é desmembrada, fracionada, isolada e demasiadamente analisada. A verdade viva ensina, ao buscador da verdade, corretamente, apenas quando ela é abraçada em plenitude e como uma realidade espiritual viva, não como um fato dentro de uma ciência material, nem como uma inspiração de uma arte intermediária.

A religião é a revelação ao homem do seu destino eterno e divino. A religião é uma experiência puramente pessoal e espiritual e deve ser, sempre, diferenciada de outras formas elevadas de pensamento, tais como:

1. A atitude lógica do homem para com as coisas da realidade material.

2. A apreciação estética que o homem tem da beleza, em contraste com a fealdade.

3. O reconhecimento ético que o homem tem das obrigações sociais e do dever político.

4. Mesmo o senso de moralidade humana, em si e por si próprio, não é religioso.

A religião está destinada a encontrar aqueles valores no universo que exigem fé, confiança e certeza; a religião culmina na adoração. A religião descobre, para a alma, os valores supremos que estão em contraposição aos valores relativos descobertos pela mente. Um tal discernimento interior supra-humano só pode ser alcançado por meio da experiência religiosa verdadeira.

Não se pode sustentar um sistema social duradouro, sem uma moralidade baseada em realidades espirituais, assim como não se poderia sustentar o sistema solar sem a gravidade.

Não tenteis satisfazer a curiosidade, nem gratificar todos os desejos latentes de aventura que surgem na alma, em uma curta vida na carne. Sede pacientes! Não vos deixeis ceder à tentação de lançar-vos em um mergulho desregrado em aventuras baratas e sórdidas. Domai as vossas energias e refreai as vossas paixões; sede calmos enquanto aguardais o desdobrar majestático de uma carreira interminável de aventuras progressivas e de descobertas emocionantes.

Na confusão sobre a origem do homem, não percais de vista o seu destino eterno. Não vos esqueçais de que Jesus amou até mesmo às crianças pequenas, e de que, para sempre, ele deixou claro o grande valor da personalidade humana.

Ao observardes o mundo, lembrai-vos de que as manchas negras do mal, que podeis ver, se destacam sobre o fundo branco do bem último. Vós não vedes meramente manchas brancas do bem, mostrando-se miseravelmente sobre o fundo negro do mal.

Quando há tantas verdades, e tão boas, a se fazerem públicas e proclamadas, por que deveriam os homens insistir tanto no mal do mundo, só porque ele parece ser um fato? As belezas dos valores espirituais da verdade geram mais prazer e são mais enaltecedoras do que o fenômeno do mal.

Na religião, Jesus defendeu e seguiu o método da experiência, do mesmo modo que a ciência moderna busca a técnica pela experimentação. Nós encontramos Deus por meio dos guiamentos do discernimento espiritual interior, mas nós nos aproximamos desse discernimento da alma por meio do amor pelo belo, da busca da verdade, da lealdade ao dever e da adoração à bondade divina. Mas de todos esses valores, o amor é o guia verdadeiro para o discernimento autêntico.

6. O MATERIALISMO

Involuntariamente, os cientistas fizeram a humanidade precipitar-se em um pânico materialista; eles deram início a uma corrida irrefletida ao banco moral dos tempos, mas esse banco de experiência humana tem vastos recursos espirituais; e pode suportar as demandas que lhe estão sendo feitas. Apenas os homens impensados entram em pânico com os ativos espirituais da raça humana. Quando o pânico materialista-secular houver chegado ao fim, a religião de Jesus não terá ido à bancarrota. O banco espiritual do Reino do céu estará pagando, com fé, esperança e certeza moral, a todos aqueles que recorrerem a ele "em Seu nome".

Não importando quais possam ser os conflitos aparentes entre o materialismo e os ensinamentos de Jesus, podeis permanecer seguros de que, nas idades que virão, os ensinamentos do Mestre triunfarão completamente. Na realidade, a verdadeira religião não irá envolver-se em nenhuma controvérsia com a ciência, pois não se ocupa em absoluto com as coisas materiais. Para a religião a ciência é simplesmente indiferente, apesar de ter uma simpatia por ela, enquanto se preocupa supremamente com o *cientista*.

A busca do conhecimento meramente, sem a interpretação da sabedoria que o acompanha e sem o discernimento interior espiritual da experiência religiosa, finalmente leva ao pessimismo e ao desespero humano. Uma dose de conhecimento, se pequena, pode ser algo verdadeiramente desconcertante.

Na época em que estes documentos foram escritos, o pior da era materialista já havia chegado ao fim; o dia de uma melhor compreensão já está no seu alvorecer. As mentes mais elevadas do mundo científico não são mais totalmente materialistas na sua filosofia, e o grosso e comum do povo ainda inclina-se nessa direção em conseqüência de ensinamentos anteriores. Mas essa idade de realismo físico é apenas um episódio passageiro na vida do homem sobre a Terra. A ciência moderna deixou a verdadeira religião – os ensinamentos de Jesus, como traduzidos nas vidas dos seus crentes – intocada. Tudo o que a ciência fez foi destruir as ilusões infantis das falsas interpretações da vida.

A ciência é uma experiência quantitativa, a religião é uma experiência qualitativa, no que concerne à vida do homem na Terra. A ciência lida com os fenômenos; a religião, com as origens, os valores e as metas. Designar *causas* como explicação de fenômenos físicos é confessar ignorância das ultimas coisas e, ao fim, apenas leva o cientista diretamente de volta à primeira grande causa – o Pai Universal do Paraíso.

A passagem violenta, de uma era de milagres para uma idade de máquinas, revelou-se como sendo de todo desconcertante para o homem. A engenhosidade e a habilidade das falsas filosofias do mecanismo desmentem as pretensões puramente mecanicistas. A agilidade fatalista da mente de um materialista contradiz, para sempre, as suas afirmações de que o universo é um fenômeno energético cego e sem propósito.

O naturalismo mecanicista de alguns homens, supostamente instruídos, e o secularismo impensado, do homem nas ruas, estão ambos ocupados exclusivamente com as *coisas*; eles estão desprovidos de todos os valores reais, das recompensas e das satisfações de uma natureza espiritual, assim como estão despojados de fé, esperança e certezas eternas. Um dos grandes problemas da vida moderna é que o homem pensa que ele é ocupado demais para encontrar tempo para a meditação espiritual e para a devoção religiosa.

O materialismo reduz o homem a um autômato sem alma e faz dele um mero símbolo aritmético, incluído, sem ter poder, na fórmula matemática de um universo pouco romântico e muito mecânico. Mas de onde provém todo esse vasto universo de matemáticas, sem um Mestre Matemático? A ciência pode discorrer sobre a conservação da matéria, mas a religião torna válida a conservação das almas humanas – e preocupa-se com a experiência delas ligada às realidades espirituais e valores eternos.

O sociólogo materialista de hoje observa uma comunidade, faz um relatório sobre ela e deixa o povo como ele o encontrou. Há dezenove séculos, alguns galileus pouco instruídos observaram Jesus dando a sua vida, como uma contribuição espiritual para a experiência interior do homem, e então eles saíram da Galiléia e viraram todo o império romano de cabeça para baixo.

Os líderes religiosos, contudo, estão cometendo um grande erro ao tentar convocar o homem moderno para a batalha espiritual, com um soar medieval de trombetas. A religião deve prover se de lemas novos e atuais. Nem a democracia, nem qualquer outra panacéia política, tomará o lugar do progresso espiritual. As religiões falsas podem representar uma fuga da realidade, mas, com o seu evangelho, Jesus conduziu o homem mortal à entrada de uma realidade eterna de progresso espiritual.

Dizer que a mente "surgiu" da matéria nada explica. Se o universo fosse apenas um mecanismo e a mente uma parte da matéria, nós nunca teríamos duas interpretações diferentes de qualquer fenômeno observado. Os conceitos da verdade, da beleza e da bondade não são inerentes, seja à física seja à química. Uma máquina não pode *conhecer*, e muito menos conhecer a verdade, ter fome de retidão ou valorizar a bondade.

A ciência pode ser física, mas a mente do cientista que discerne a verdade é de todo supramaterial. A matéria não conhece a verdade, nem pode amar a misericórdia nem se comprazer com as verdades espirituais. As convicções morais baseadas no esclarecimento espiritual, e com raízes na experiência humana, são tão reais e certas quanto as deduções matemáticas baseadas nas observações físicas, mas em um nível diferente, mais elevado.

Se os homens não passassem de máquinas, eles reagiriam mais ou menos uniformemente a um universo material. Não existiria a individualidade, e a personalidade menos ainda.

A existência do mecanismo absoluto do Paraíso, no centro do universo dos universos, na presença da volição inqualificável da Segunda Fonte e Centro, torna para sempre certo que as causas determinantes não sejam a lei exclusiva do cosmo. O materialismo existe, mas ele não é exclusivo; o mecanismo existe, mas ele não é inqualificável nem irrestrito; o determinismo existe, mas ele não está só.

O universo finito da matéria tornar-se-ia finalmente uniforme e determinista, não fosse a presença combinada da mente e do espírito. A influência da mente cósmica injeta constantemente a própria espontaneidade nos mundos materiais.

A liberdade, ou a iniciativa, em qualquer reino da existência, é diretamente proporcional ao grau de influência espiritual e de controle da mente-cósmica; e isto é, na experiência humana, o grau de realidade com que vós fazeis a "vontade do Pai". E assim, uma vez que vós começais a encontrar Deus, esta é a prova conclusiva de que Deus já vos encontrou.

A busca sincera da bondade, da beleza e da verdade conduz a Deus. E cada descoberta científica demonstra a existência tanto da liberdade, quanto da uniformidade no universo. O descobridor estava livre para fazer a descoberta. A coisa descoberta é real e aparentemente uniforme, ou então não poderia ter-se tornado conhecida como uma *coisa*.

7. A VULNERABILIDADE DO MATERIALISMO

Quão tolo é, para o homem de mente material, permitir que teorias vulneráveis, como as de um universo mecanicista, privem-no dos recursos espirituais vastos da experiência pessoal da verdadeira religião. Os fatos nunca contradizem a fé espiritual real; as teorias, sim, podem contradizer. Melhor seria se a ciência ficasse devotada à destruição da superstição, em vez de ficar tentando arruinar a fé religiosa – a crença humana nas realidades espirituais e nos valores divinos.

A ciência deveria fazer materialmente, pelo homem, o que a religião faz por ele, espiritualmente: ampliar o horizonte da vida e tornar a sua personalidade mais abrangente. A verdadeira ciência não pode manter uma disputa duradoura com a religião verdadeira. O "método científico" é meramente um padrão intelectual de avaliação, com o qual se medem as aventuras materiais e as realizações físicas. Mas, como é material e totalmente intelectual, ele passa a ser inteiramente inútil na avaliação das realidades espirituais e das experiências religiosas.

A incoerência do mecanicista moderno é tal que: se o universo fosse meramente material e o homem apenas uma máquina, o homem seria completamente incapaz de se reconhecer como tal e, do mesmo modo, esse homem-máquina seria totalmente inconsciente do fato da existência de um tal universo material. O desalento e desespero materialista da ciência mecanicista fracassou por não reconhecer o fato de que a mente do cientista é residida por um espírito, e este é o discernimento supramaterial, mesmo, dessa mente, que está a formular tal *conceito* errôneo e autocontraditório de um universo materialista.

Os valores do Paraíso, de eternidade e de infinitude, de verdade, de beleza e bondade, estão ocultos dentro dos fatos dos fenômenos dos universos do tempo e do espaço. Mas é necessário o olho da fé, ao mortal nascido do espírito, para detectar e discernir esses valores espirituais.

As realidades e os valores do progresso espiritual não são uma "projeção psicológica" – um mero sonho diurno glorificado da mente material. Tais coisas são antecipações espirituais do Ajustador residente, o espírito de Deus vivendo na mente do homem. E que as vossas incursões, fraca e confusamente visualizadas adentro da teoria da "relatividade", não perturbem os vossos conceitos da eternidade e da infinitude de Deus. E, todas as vezes que fordes solicitados a respeito da necessidade da vossa *auto-expressão*, não cometais o erro de omitir a *expressão do Ajustador*, a manifestação do vosso eu melhor e mais real.

Se esse fosse um universo apenas material, o homem material nunca seria capaz de alcançar o conceito do caráter mecanicista de uma existência, assim tão exclusivamente material. Esse *conceito mecanicista* do universo é, em si mesmo, um fenômeno não-material da mente, e toda a mente é de origem não-material; não importando quão radicalmente ela possa parecer ser condicionada materialmente e controlada mecanicamente.

O mecanismo mental parcialmente evoluído, do homem mortal, não é superdotado de consistência e sabedoria. A vaidade do homem freqüentemente ultrapassa a sua razão e ilude a sua lógica.

O próprio pessimismo do materialista mais pessimista é, em si e por si próprio, prova suficiente de que o universo do pessimista não é totalmente material. O otimismo e o pessimismo são, ambos, reações conceituais em uma mente consciente dos *valores*, tanto quanto dos *fatos*. Se o universo fosse verdadeiramente o que o materialista considera que ele seja, o homem, como máquina humana, seria então desprovido de todo o reconhecimento consciente daquele *fato* mesmo. Sem a consciência do conceito de *valor*, dentro da mente nascida do espírito, o homem não poderia reconhecer, de nenhum modo, o fato do materialismo do universo, e os fenômenos mecanicistas da operação do universo. Uma máquina não pode ser consciente da natureza ou do valor de uma outra máquina.

Uma filosofia mecanicista da vida e do universo não pode ser científica, porque a ciência reconhece apenas as coisas materiais e os fatos, lidando apenas com eles. A filosofia é, inevitavelmente, supracientífica. O homem é um fato material da natureza, mas a sua *vida* é um fenômeno que transcende os níveis materiais da natureza, pois ela tem os atributos de controle da mente e as qualidades criativas do espírito.

O esforço sincero do homem, para transformar-se em um mecanicista, representa o fenômeno trágico do esforço fútil daquele homem para cometer o suicídio intelectual e moral. Mas ele não o pode fazer.

Se o universo fosse apenas material e se o homem fosse apenas uma máquina, não haveria a ciência para encorajar o cientista a postular essa mecanização do universo. Máquinas não podem medir, classificar, nem avaliar a si próprias. Uma tal obra do trabalho da ciência poderia apenas ser executada por alguma entidade que tenha um status supramaquinal.

Se a realidade do universo é ser apenas uma imensa máquina, então o homem deve estar do lado de fora do universo e separado dele, pois só assim o homem pode reconhecer tal *fato* e tornar-se consciente e dono de um *discernimento* de uma tal *avaliação*.

Se o homem é apenas uma máquina, por meio de qual técnica é que ele chega a *acreditar* ou a proclamar *saber* que ele próprio é apenas uma máquina? A experiência de uma avaliação autoconsciente, do próprio eu, nunca é um atributo de uma mera máquina. Um mecanicista autoconsciente e reconhecido é a melhor resposta possível ao mecanicismo. Se o materialismo fosse um fato, não poderia haver nenhum mecanicista autoconsciente. E também é verdade que, para cometer atos imorais, alguém tem antes de ser uma pessoa moral.

A própria pretensão do materialismo implica uma consciência supramaterial da mente, e que presuma afirmar tais dogmas. Um mecanismo poderia deteriorar-se, mas nunca progredir. Máquinas não pensam, criam, sonham, aspiram a algo nem idealizam, nem anseiam pela verdade, nem têm sede de retidão. Elas não motivam as suas vidas com a paixão de servir a outras máquinas, nem de escolher como meta própria de progresso eterno a tarefa sublime de encontrar Deus e de esforçar-se para ser igual a Ele. Máquinas nunca tomam posições intelectuais, emocionais, estéticas, éticas, morais ou espirituais.

A arte prova que o homem não é mecanicista, mas não prova que ele é espiritualmente imortal. A arte é a morôncia do mortal, o domínio intermediário entre o homem, o ser material, e o homem, o ser espiritual. A poesia é o esforço de escape das realidades materiais e aproximação dos valores espirituais.

Numa civilização evoluída, a arte humaniza a ciência, enquanto, por sua vez, ela é espiritualizada pela religião verdadeira – o discernimento dos valores espirituais e eternos. A arte representa a avaliação humana e tempo-espacial da realidade. A religião é o abraço divino dos valores cósmicos e denota progresso eterno na ascensão e na expansão espiritual. A arte do tempo é perigosa apenas quando se torna cega para os padrões espirituais dos arquétipos divinos que a eternidade reflete como sombras da realidade do tempo. A arte verdadeira é a manipulação eficiente das coisas materiais da vida; a religião é a transformação enobrecedora dos fatos materiais da vida, e nunca cessa na sua avaliação espiritual da arte.

Quão tolo é presumir que um autômato poderia conceber uma filosofia do automatismo, e quão ridículo seria supor que pudesse presumir formar o conceito de outros autômatos companheiros e irmãos!

Qualquer interpretação científica do universo material torna-se sem valor, a menos que venha do devido reconhecimento ao *cientista*. Nenhuma apreciação da arte será genuína a menos que seja acompanhada do reconhecimento do *artista*. Nenhuma avaliação da moral vale a pena, a menos que inclua o *moralista*. Nenhum reconhecimento da filosofia será edificante, se ignorar o *filósofo*, e a religião não pode existir sem a experiência real do *religioso* que, nessa e por meio dessa mesma experiência, está buscando encontrar Deus e conhecê-lo. Do mesmo modo, o universo dos universos fica sem significado se separado do EU SOU, o Deus infinito que o fez e que continuamente o administra.

Os mecanicistas – humanistas – tendem a se alienar, junto com as correntes materiais. Os idealistas e os espiritualistas *ousam* usar os seus remos com inteligência e vigor para, aparentemente, modificar o curso puramente material das correntes da energia.

A ciência vive por meio das matemáticas da mente; a música expressa o bater do tempo das emoções. A religião é o ritmo espiritual da alma, em harmonia tempo-espacial com as medidas melódicas mais elevadas e eternas da Infinitude. A experiência religiosa é algo na vida humana que é verdadeiramente supramatemático.

Para a linguagem, um alfabeto representa o mecanismo do materialismo, enquanto as palavras que exprimem os significados de mil pensamentos, grandes idéias e ideais nobres – de amor e ódio, de covardia e coragem – representam as atuações da mente, dentro do escopo definido tanto pela lei material, quanto pela espiritual, dirigido pela afirmação da vontade da personalidade e limitado pelo dom inerente à situação.

O universo não é como as leis, mecanismos e constantes de uniformidades que o cientista descobre e que acaba por considerar como sendo ciência. O universo é mais como um *cientista* curioso, pensador, que escolhe, que é criativo e que combina e discrimina e que, assim, observa os fenômenos do universo e classifica os fatos matemáticos inerentes às fases mecanicistas do lado material da criação. O universo não é, também, como a arte do artista; mas é mais como o *artista* que pesquisa, sonha, aspira a algo e avança, e que busca transcender o mundo das coisas materiais, em um esforço para alcançar uma meta espiritual.

O cientista, não a ciência, percebe a realidade de um universo de energia e de matéria, que evolui e que avança. O artista, não a arte, demonstra a existência do mundo transitório moroncial, que se interpõe entre a existência material e a liberdade espiritual. O religioso, não a religião, comprova a existência das realidades do espírito e os valores divinos que devem ser encontrados ao longo do progresso para a eternidade.

8. O TOTALITARISMO SECULAR

Mesmo depois de estarem, o materialismo e o mecanicismo, mais ou menos superados, a influência devastadora do secularismo, do século vinte, contudo, ainda estará frustrando a experiência espiritual de milhões de almas desprecavidas.

O secularismo moderno tem sido fomentado por duas influências mundiais. O pai do secularismo foi a estreiteza e o afastamento de Deus, da chamada ciência do século dezenove e do século vinte – a ciência ateísta. A mãe do secularismo moderno foi a igreja cristã medieval totalitarista. O secularismo teve o seu início num protesto que surgiu contra o domínio quase completo da igreja cristã institucionalizada, sobre a civilização ocidental.

Na época desta revelação, o clima intelectual e filosófico predominante, tanto na vida européia como na vida americana, é decididamente secular – humanista. Durante trezentos anos, o pensamento ocidental vem se mostrando progressivamente mais secularizado e leigo. A religião tornou-se uma influência cada vez mais apenas só de nome, um exercício muito mais de ritual. A maioria daqueles que se professam cristãos, na civilização ocidental, na verdade são inconscientemente leigos ou secularizados.

Foi necessária uma grande força, uma influência poderosa, para libertar o pensamento e o viver, dos povos ocidentais, da garra paralisadora de uma dominação totalitária eclesiástica. O secularismo rompeu com os grilhões do controle da igreja e, agora, por sua vez, ele ameaça estabelecer um tipo novo e sem Deus de domínio sobre os corações e mentes do homem moderno. Um estado político tirânico e ditatorial é a herança direta do materialismo científico e do secularismo filosófico. Assim que o secularismo liberta o homem da dominação da igreja institucionalizada, ele vende o homem para a servidão escrava do estado totalitarista. O secularismo liberta o homem da escravidão eclesiástica apenas para traí-lo, entregando-o à tirania da escravidão política e econômica.

O materialismo nega a Deus, o secularismo simplesmente O ignora; ao menos essa foi a atitude inicial. Mais recentemente, o secularismo comprometeu-se numa atitude mais militante, assumindo tomar o lugar da religião de cuja servidão totalitarista ele fugiu certa vez. O secularismo do século vinte tende a afirmar que o homem não precisa de Deus. Mas tomai cuidado! Essa filosofia, sem Deus, da sociedade humana levará apenas à intranqüilidade, à animosidade, à infelicidade, à guerra e a um desastre mundial.

O secularismo nunca poderá trazer a paz à humanidade. Nada pode tomar o lugar de Deus na sociedade humana. Mas prestai bastante atenção! Não vos apresseis em abandonar os benefícios da revolta secular contra o totalitarismo eclesiástico. A civilização ocidental desfruta hoje de muitas liberdades e satisfações, resultantes da revolta secular. O grande erro do secularismo foi que, ao revoltar-se contra o controle, quase total, da autoridade religiosa sobre a vida, e depois de alcançar a libertação dessa tirania eclesiástica, os secularistas passaram a instituir uma revolta contra o próprio Deus, algumas vezes tacitamente, abertamente em outras.

À revolta secularista vós deveis a criatividade espantosa do industrialismo norte--americano e o progresso material sem precedentes da civilização ocidental. E, porque a revolta secularista foi muito longe e perdeu de vista a *verdadeira* religião e a Deus, seguiram-se também uma colheita inesperada de guerras mundiais e uma falta de estabilidade internacional.

Não é necessário que se sacrifique a fé em Deus para que se possa desfrutar das bênçãos da revolta secularista moderna: a tolerância, o serviço social, o governo democrático e as liberdades civis. Não foi necessário aos secularistas antagonizarem a verdadeira religião para promover a ciência e para avançar com a educação.

Contudo, o secularismo não é o único progenitor de todos esses ganhos recentes na ampliação da vida. Por detrás dos ganhos do século vinte não estão apenas a ciência e o secularismo, mas também os trabalhos espirituais, não reconhecidos nem considerados, da vida e dos ensinamentos de Jesus de Nazaré.

Sem Deus, sem religião, o secularismo científico não pode nunca coordenar suas forças, harmonizar os seus interesses, as suas raças e os seus nacionalismos, divergentes e competitivos. Essa sociedade humana secularista, não obstante os seus feitos materialistas sem paralelos, está desintegrando-se vagarosamente. A força coesiva principal a resistir a essa desintegração, de antagonismos, é o nacionalismo. E o nacionalismo é a maior barreira para a paz mundial.

A fraqueza inerente ao secularismo é que ele se descarta da ética e da religião, a troco de política e de poder. Vós simplesmente não podeis estabelecer a irmandade dos homens se ignorardes ou se negardes a paternidade de Deus.

O otimismo secular social e político é uma ilusão. Sem Deus, nem a independência, nem a liberdade, nem a propriedade, nem a riqueza conduzirão à paz.

A secularização completa da ciência, da educação, da indústria e da sociedade pode conduzir apenas ao desastre. No primeiro terço do século vinte, os urantianos mataram mais seres humanos do que os que foram mortos durante toda a dispensação cristã até aquela época. E isso é apenas o começo da pavorosa ceifa do materialismo e do secularismo; destruições ainda mais terríveis ainda estão para vir.

9. O PROBLEMA DO CRISTIANISMO

Não negligencieis o valor da vossa herança espiritual, o rio da verdade correndo pelos séculos, mesmo pelos tempos estéreis de uma idade materialista e secular. Em todos os vossos esforços condignos para livrar-vos das crenças supersticiosas das idades passadas, certificai-vos de que conservais a verdade eterna. Mas sede pacientes! Quando a revolta atual, da superstição, estiver terminada, as verdades do evangelho de Jesus persistirão gloriosamente, iluminando um caminho novo e melhor.

Mas o cristianismo paganizado e socializado permanece na necessidade de um novo contato com os ensinamentos reais de Jesus, não comprometidos por concessões; pois ele definha na falta de uma nova visão da vida do Mestre na Terra. Uma revelação nova e mais plena da religião de Jesus está destinada a vencer num império de secularismo materialista e a derrotar uma corrente mundial de naturalismo mecanicista. Urântia está agora agitada e à beira de uma das suas épocas mais assombrosas e encantadoras de reajustamento social, de estimulação moral e de iluminação espiritual.

Os ensinamentos de Jesus, ainda que grandemente modificados, sobreviveram aos cultos dos mistérios da sua época natal, à ignorância e à superstição da idade medieval das trevas, e estão, ainda agora, triunfando lentamente sobre o materialismo, o mecanicismo e o secularismo do século vinte. E esses tempos de grandes provações, e de ameaças de derrotas, são sempre tempos de grandes revelações.

A religião necessita de novos líderes, de homens e mulheres espirituais, que ousarão depender apenas de Jesus e dos seus ensinamentos incomparáveis. Se o cristianismo persistir em negligenciar a sua missão espiritual e continuar a ocupar-se de problemas sociais e materiais, o renascimento espiritual deve esperar a vinda desses novos instrutores da religião de Jesus, que irão devotar-se exclusivamente à regeneração espiritual dos homens. E, então, essas almas nascidas do espírito irão rapidamente preencher os quesitos de liderança e de inspiração, para a reorganização social, moral, econômica e política do mundo.

A idade moderna recusar-se-á a aceitar uma religião que seja inconsistente com os fatos e fora de harmonia com as suas concepções mais elevadas da verdade, da beleza e da bondade. É chegada a hora de uma redescoberta dos fundamentos verdadeiros e originais do cristianismo atual, distorcido por concessões – a vida verdadeira e os ensinamentos de Jesus.

O homem primitivo viveu uma vida de servidão supersticiosa ao medo religioso. O homem moderno, civilizado, tem pavor do pensamento de cair no domínio de fortes convicções religiosas. O homem pensante tem sempre temido estar *aprisionado* a uma religião. Quando uma religião forte e atuante ameaça dominá-lo, ele invariavelmente tenta racionalizá-la, tradicionalizá-la e institucionalizá-la, esperando com isso ter o controle dela. Com esse procedimento, até mesmo uma religião revelada torna-se feita pelo homem e dominada pelo homem. As mulheres e os homens modernos, de inteligência, fogem da religião de Jesus, por causa do medo que têm do que ela fará *a* eles – e *com* eles. E todos esses medos são bem fundados. A religião de Jesus de fato domina e transforma os seus crentes, exigindo que os homens dediquem as suas vidas a buscar um conhecimento do que é a vontade do Pai no céu, exigindo que as energias da vida sejam consagradas ao serviço altruísta da irmandade dos homens.

Os homens e as mulheres egoístas simplesmente não pagarão esse preço, nem mesmo pelo maior tesouro espiritual jamais oferecido ao homem mortal. Só quando se houver tornado desiludido o bastante, por desapontamentos tristes que acompanham as buscas tolas e decepcionantes do egoísmo, e depois da descoberta da esterilidade da religião formalizada, é que o homem dispor-se-á a voltar-se, de todo o coração, para o evangelho do Reino, a religião de Jesus de Nazaré.

O mundo necessita mais de uma religião de primeira mão. Mesmo o cristianismo – a melhor das religiões do século vinte – não é apenas uma religião *sobre* Jesus, mas é amplamente uma religião na qual os homens experimentam coisas por intermédio de outras pessoas. Eles tomam a sua religião totalmente como é passada pelos instrutores religiosos consagrados. Que despertar experimentaria o mundo, se pudesse tão somente ver Jesus como ele realmente viveu na Terra, e conhecer, de primeira mão, os ensinamentos dados pela sua própria vida! As palavras que descrevem as coisas belas não conseguem emocionar como as próprias coisas, nem podem as palavras de um credo inspirar as almas dos homens, como o pode a experiência de conhecer a presença de Deus. Mas a fé atenta sempre manterá a porta da esperança da alma do homem aberta para a entrada das realidades espirituais eternas dos valores divinos dos mundos além deste.

A cristandade tem ousado rebaixar o nível dos seus ideais diante do desafio da usura humana, da loucura das guerras e do desejo ardente de poder; mas a religião de Jesus permanece sendo a convocação espiritual imaculada e transcendente, apelando para o que há de melhor no homem, para que ele se eleve acima de todos esses legados de evolução animal e, por meio da graça, para que alcance as alturas morais do verdadeiro destino humano.

O cristianismo está ameaçado de morte lenta, pelo formalismo, pela superorganização, pelo intelectualismo e por outras tendências não espirituais. A moderna igreja cristã não é aquela irmandade de crentes dinâmicos à qual Jesus encarregou continuamente com a missão de efetuar a transformação espiritual das gerações sucessivas da humanidade.

O chamado cristianismo tornou-se um movimento social e cultural, tanto quanto uma crença e uma prática religiosa. As correntes do cristianismo moderno drenam muitos antigos pântanos pagãos e muitos marasmos bárbaros; muitas bacias culturais antigas vertem as suas águas nessa corrente cultural de hoje, bem como os mananciais dos altos platôs galileus os quais se supõe serem a sua fonte exclusiva.

10. O FUTURO

O cristianismo de fato prestou um grande serviço a este mundo, mas agora é Jesus que se faz mais necessário. O mundo necessita ver Jesus vivendo novamente na Terra, na experiência de mortais nascidos do espírito e que efetivamente revelem o Mestre a todos os homens. É inútil falar de um renascimento da primitiva cristandade; vós deveis seguir para frente, partindo de onde estais. A cultura moderna deve tornar-se espiritualmente batizada com uma nova revelação da vida de Jesus e iluminada por um novo entendimento do seu evangelho de salvação eterna. E quando Jesus tornar-se elevado assim, ele atrairá todos os homens para si. Os discípulos de Jesus, mais do que conquistadores, deveriam ser fontes transbordantes de inspiração e de vida elevada para todos os homens. A religião é apenas um humanismo elevado, até que seja tornado divino pela descoberta da realidade da presença de Deus, na experiência pessoal.

A beleza e a sublimidade, a humanidade e a divindade, a simplicidade, a singularidade e a unicidade da vida de Jesus na Terra apresentam um quadro tão impressionante e tão atraente de salvação do homem e de revelação de Deus, que os teólogos e os filósofos de todos os tempos deveriam ficar efetivamente impedidos de ousar formar credos ou de criar sistemas teológicos de servidão espiritual a partir dessa auto-outorga transcendental de Deus, na forma do homem. Em Jesus, o universo produziu um homem mortal em quem o espírito do amor triunfou sobre as limitações materiais do tempo e suplantou o fato da origem física.

Tende sempre em mente que Deus e os homens necessitam uns dos outros. Eles são mutuamente necessários para a realização plena e final da experiência eterna da personalidade, no destino divino da finalidade do universo.

"O Reino de Deus está dentro de vós" foi provavelmente a maior afirmação que Jesus fez, junto com a declaração de que o seu Pai é um espírito vivo cheio de amor.

Ao conquistar almas para o Mestre, não é a primeira légua, a da obrigação, do dever ou da convenção, que irá transformar o homem e o seu mundo, mas é mais a *segunda* légua, a de serviço livre, de devoção e amor à liberdade, a que representa o esforço semelhante ao de Jesus, para alcançar o irmão no amor e para colocá-lo sob a guia espiritual, na direção da meta divina mais elevada da existência mortal. O cristianismo, ainda hoje, percorre, com disposição, a *primeira* légua; mas a humanidade definha e tropeça nas trevas morais, porque há tão poucos homens fazendo a segunda légua – tão poucos seguidores professos de Jesus e que realmente vivem e amam, como ele ensinou os seus discípulos a viver, a amar e a servir.

O chamamento à aventura de edificar uma sociedade humana nova e transformada por meio do renascimento espiritual da irmandade, no Reino de Jesus, deveria comover e apaixonar a todos aqueles que crêem nele, de um modo como os homens não se comovem desde os dias em que eles perambulavam pela Terra como companheiros dele na carne.

Nenhum sistema social ou regime político que nega a realidade de Deus pode contribuir de uma forma construtiva e duradoura para o avanço da civilização humana. A cristandade, tal como está hoje subdividida e secularizada, representa o maior de todos os obstáculos ao avanço da humanidade; e isso é verdade, especialmente no que concerne ao Oriente.

O domínio eclesiástico é, agora e sempre, incompatível com aquela fé viva, com o crescimento do espírito e com a experiência original, e de primeira mão, dos camaradas de fé de Jesus, na irmandade dos homens, na associação espiritual do Reino do céu. O desejo louvável de conservar as tradições das realizações passadas, muitas vezes, leva à defesa de sistemas obsoletos de adoração. O desejo bem-intencionado, de realimentar sistemas antigos de pensamento, efetivamente, impede a promoção eficaz de meios e métodos novos e adequados que satisfaçam os anseios espirituais das mentes que se expandem, e avançam, dos homens modernos. Do mesmo modo, as igrejas cristãs do século vinte permanecem como grandes obstáculos, ainda que totalmente inconscientes, ao avanço imediato do evangelho verdadeiro – os ensinamentos de Jesus de Nazaré.

Muitas pessoas sinceras, que de bom grado ofereceriam a sua lealdade ao Cristo do evangelho, acham bastante difícil sustentar, com entusiasmo, uma igreja que demonstra tão pouco do espírito da vida e dos ensinamentos dele, mesmo lhes havendo sido ensinado, erroneamente, que ele a teria fundado. Jesus não fundou a chamada igreja cristã, mas, de todos os modos coerentes com a sua natureza, ele *fomentou-a* como sendo o melhor expoente existente do trabalho da sua vida na Terra.

Se a igreja cristã ousasse tão-só esposar o programa do Mestre, milhares de jovens, aparentemente indiferentes, apressar-se-iam a alistar-se em um tal empreendimento espiritual, e eles não hesitariam em ir até o fim nessa grande aventura.

A cristandade se defronta seriamente com a condenação que está incorporada em um dos seus próprios slogans: "Uma casa dividida, contra si própria, não poderá sobreviver". O mundo não cristão dificilmente render-se-á a uma cristandade dividida em seitas. O Jesus vivo é a única esperança de uma unificação possível da cristandade. A verdadeira igreja – a fraternidade de Jesus – é invisível, é espiritual e é caracterizada pela *unidade*, não necessariamente pela *uniformidade*. A uniformidade seria uma marca, para o mundo físico, de natureza mecanicista. A unidade espiritual é fruto da união de fé com o Jesus vivo. A igreja visível deveria recusar-se a continuar impedindo o progresso da irmandade invisível e espiritual do Reino de Deus. E essa fraternidade está destinada a tornar-se um *organismo vivo*, ao contrário de uma organização social institucionalizada. Ela pode, muito bem, servir-se dessas organizações sociais, mas não deve ser suplantada por elas.

Apesar de tudo, mesmo o cristianismo do século vinte não deve ser menosprezado. Ele é o produto do gênio moral dos homens sabedores de Deus, de muitas raças, durante muitos séculos, e tem sido verdadeiramente um dos grandes poderes para o bem na Terra e, portanto, nenhum homem deveria considerá-lo superficialmente e sem o devido apreço, não obstante os seus defeitos inerentes e adquiridos. O cristianismo ainda consegue movimentar as mentes dos homens de reflexão, por meio de emoções morais poderosas.

E não há uma desculpa para o envolvimento da igreja no comércio e na política; alianças ímpias como essas são traições flagrantes ao Mestre. E os amantes genuínos da verdade tardarão em esquecer que essa poderosa igreja institucionalizada tem, freqüentemente, ousado sufocar as fés recém-nascidas e perseguir àqueles que conceberam a verdade e que, na oportunidade, apareceram em vestimentas não ortodoxas.

Infelizmente, é bem verdade que essa igreja não teria sobrevivido, caso não tivesse havido homens no mundo que preferissem o seu estilo de adoração. Muitas almas, espiritualmente indolentes, têm a necessidade ardente de uma religião antiga e autoritária, de tradição sagrada nos rituais. A evolução humana e o progresso espiritual dificilmente são suficientes para capacitar todos os homens a prescindirem de uma autoridade religiosa. E a fraternidade invisível do Reino pode muito bem incluir esses grupos familiares de várias classes e temperamentos sociais caso eles estejam dispostos apenas a tornarem-se filhos de Deus, guiados pelo espírito. Mas, nessa fraternidade de Jesus, não há lugar para a rivalidade sectária, para amargas rixas grupais, nem para afirmações de superioridade moral e de infalibilidade espiritual.

Esses vários agrupamentos de cristãos podem servir para acomodar numerosos tipos diferentes de possíveis crentes, entre os vários povos da civilização ocidental, mas essa divisão da cristandade representa uma grande fraqueza, quando ela intenta levar o evangelho de Jesus aos povos orientais. Aquelas raças ainda não compreendem que possa haver uma *religião de Jesus* separadamente, e de algum modo à parte, do cristianismo, que cada vez mais está tornando-se uma *religião a respeito de Jesus*.

A grande esperança para Urântia está na possibilidade de uma nova revelação de Jesus, com uma apresentação nova e ampliada da sua mensagem de salvação, que espiritualmente una, no serviço amoroso, as numerosas famílias daqueles que atualmente são os seus professos seguidores.

Mesmo a educação secular poderia ajudar, nesse grande renascimento espiritual, caso desse mais atenção ao trabalho de ensinar aos jovens como efetuar um planejamento de vida e realizar progressos de caráter. O propósito de toda a educação deveria ser fomentar e realizar o propósito supremo da vida, o desenvolvimento de uma personalidade na grandeza e no equilíbrio. Há uma grande necessidade do ensino da disciplina da moral, em lugar de tanta autogratificação. Com essa base, e por meio do seu incentivo espiritual, a religião pode contribuir para a ampliação e o enriquecimento da vida mortal, e mesmo para a segurança e o engrandecimento da vida eterna.

O cristianismo é uma religião gerada por adequações extemporâneas, e por isso deve operar em baixa velocidade. As atuações em alta velocidade espiritual devem esperar a nova revelação e uma aceitação mais geral da verdadeira religião de Jesus. O cristianismo, contudo, é uma religião poderosa, visto que os discípulos comuns de um carpinteiro crucificado lançaram os ensinamentos que conquistaram o mundo romano, em trezentos anos, e então triunfaram sobre os bárbaros, que arruinaram Roma. Esse mesmo cristianismo predominou – absorvendo e engrandecendo – sobre todas as correntes da teologia hebraica e da filosofia grega. E então, quando essa religião cristã entrou em coma, durante mais de mil anos, em resultado de uma dose excessiva de mistérios e paganismo, ela ressuscitou e virtualmente reconquistou todo o mundo ocidental. O cristianismo contém o suficiente dos ensinamentos de Jesus para imortalizar-se.

Se o cristianismo pudesse abranger mais dos ensinamentos de Jesus, daria uma ajuda bem maior ao homem moderno para resolver os seus problemas novos e cada vez mais complexos.

O cristianismo sofre de uma grande limitação, porque se tornou identificado, nas mentes de todo o mundo, com uma parte do sistema social, da vida industrial e dos padrões morais da civilização ocidental; e assim o cristianismo parece haver patrocinado, involuntariamente, uma sociedade que titubeia sob a culpa de tolerar uma ciência sem idealismo, uma política sem princípios, uma riqueza sem trabalho, um prazer sem restrições, um conhecimento sem caráter, um poder sem consciência e uma indústria sem moralidade.

A esperança, para o cristianismo moderno, é a de que ele possa cessar de apadrinhar os sistemas sociais e as políticas industriais da civilização ocidental e, ao mesmo tempo, a de que ele humildemente se curve diante dessa cruz que ele louva com tanta valentia, e que passe a aprender de novo, de Jesus de Nazaré, sobre as maiores verdades que o homem mortal pôde jamais escutar – o evangelho vivo da paternidade de Deus e da irmandade dos homens.

DOCUMENTO 196

A FÉ DE JESUS

JESUS possuía uma fé sublime, e de todo o coração, em Deus. Ele experimentou os altos e baixos comuns da existência mortal, mas religiosamente nunca duvidou da certeza da vigilância e do guiamento de Deus. A sua fé era fruto do discernimento nascido da atividade da presença divina do seu Ajustador residente. A sua fé não era nem tradicional nem meramente intelectual; era totalmente pessoal e puramente espiritual.

O Jesus humano via Deus como sendo santo, justo e grande, assim como verdadeiro, belo e bom. Todos esses atributos da divindade, ele os focalizava na sua mente como a "vontade do Pai no céu". O Deus de Jesus era, ao mesmo tempo, "O Santo de Israel" e "O Pai vivo e amoroso do céu". O conceito de Deus, como um Pai, não foi original de Jesus, mas ele exaltou e elevou essa idéia como uma experiência sublime, realizando uma nova revelação de Deus e proclamando que todo ser mortal é um filho desse Pai de amor, um filho de Deus.

Jesus não se apegou à fé em Deus como o faria uma alma que se debate em luta contra o universo, ou que se agarra à luta de morte contra um mundo hostil e pecaminoso; ele não recorreu à fé meramente como uma consolação em meio a dificuldades, ou como um conforto em meio à ameaça do desespero; a fé não era apenas uma compensação ilusória para as realidades desagradáveis e os sofrimentos da vida. Ao enfrentar todas as dificuldades naturais e as contradições temporais da existência mortal, ele experimentou a tranqüilidade da confiança suprema e inquestionável em Deus e desfrutou a imensa emoção de viver, pela fé, na própria presença do Pai celeste. E essa fé triunfante foi uma experiência viva de realização real do espírito. A grande contribuição de Jesus para os valores da experiência humana não foi de haver revelado tantas idéias novas sobre o Pai no céu, mas foi mais por ele haver, tão magnífica e humanamente, demonstrado um tipo novo e mais elevado de *fé viva em Deus*. Nunca, em todos os mundos deste universo, na vida de qualquer mortal, Deus tornou-se uma tão *viva realidade* como na experiência humana de Jesus de Nazaré.

Na vida do Mestre, em Urântia, este e todos os outros mundos da criação local descobriram um tipo novo e mais elevado de religião, baseada em relações espirituais pessoais com o Pai Universal e totalmente validada pela autoridade suprema da experiência pessoal genuína. Essa fé viva de Jesus era mais do que uma reflexão intelectual, e não era uma meditação mística.

A teologia pode fixar, formular, definir e dogmatizar a fé, mas, na vida humana de Jesus, a fé era pessoal, viva, original, espontânea e puramente espiritual. Essa fé não era uma reverência à tradição, nem uma mera crença intelectual que ele mantinha como um credo sagrado, era mais uma experiência sublime e uma convicção profunda *mantendo-o em segurança*. A sua fé era tão real e todo-inclusiva que varreu para longe, absolutamente, quaisquer dúvidas espirituais e destruiu efetivamente todos os desejos conflitantes. Nada foi capaz de afastá-lo de ancorar-se espiritualmente nessa fé fervorosa, sublime e destemida. Mesmo na derrota aparente ou nas fortes dores do desapontamento e do desespero ameaçador, ele permaneceu calmamente na presença divina, livre de medo e totalmente consciente da invencibilidade espiritual. Jesus desfrutou da certeza revigorante da posse de uma fé inflexível e, em cada uma das situações de provação, demonstrou infalivelmente uma lealdade inquestionável à vontade do Pai. E essa fé magnífica não se intimidou, mesmo diante da ameaça cruel e esmagadora de uma morte ignominiosa.

Em um gênio religioso, uma fé espiritual muito forte, com freqüência, leva diretamente ao fanatismo desastroso, ao exagero do ego religioso, mas não aconteceu assim com Jesus. Ele não foi afetado desfavoravelmente, na sua vida prática, pela sua extraordinária fé e pela realização espiritual, porque essa exaltação espiritual era uma expressão totalmente inconsciente e espontânea, na sua alma, da sua experiência pessoal com Deus.

A fé espiritual ardente e indomável de Jesus nunca se tornou fanática, pois nunca chegou a afetar os seus julgamentos intelectuais equilibrados a respeito dos valores correspondentes das situações sociais, econômicas e morais, práticas e comuns da vida. O Filho do Homem foi uma personalidade humana esplendidamente unificada; foi um ser divino perfeitamente dotado; e era também magnificamente coordenado, como combinação de ser humano e divino, funcionando na Terra como uma personalidade única. O Mestre sempre coordenava a fé da alma com o juízo da sabedoria da experiência amadurecida. A fé pessoal, a esperança espiritual e a devoção moral foram sempre correlacionadas em uma unidade religiosa, sem par, de associação harmoniosa com a compreensão profunda da realidade e da sacralidade de todas as lealdades humanas – a honra pessoal, o amor familiar, a obrigação religiosa, o dever social e a necessidade econômica.

A fé de Jesus visualizou todos os valores do espírito como sendo encontrados no Reino de Deus; e por isso ele disse: "Buscai primeiro o Reino do céu". Jesus viu, na fraternidade avançada e ideal do Reino, a realização e o cumprimento da "vontade de Deus". A essência mesma da oração que ele ensinou aos seus discípulos foi: "Que venha a nós o vosso Reino; que a vossa vontade seja feita". E assim, tendo concebido o Reino como consistindo na vontade de Deus, ele devotou-se à causa da sua realização com um auto-esquecimento espantoso e um entusiasmo incontido. Mas, durante toda a sua intensa missão e na sua vida extraordinária, a fúria do fanático nunca esteve presente, nem a insignificância, de fachada, do egotista religioso.

A vida inteira do Mestre foi condicionada, consistentemente, por essa fé viva, por essa experiência religiosa sublime. Essa atitude espiritual dominou totalmente o seu pensamento e o seu sentimento, a sua crença e a sua oração, o seu ensinamento e a sua pregação. Essa fé pessoal de um filho, na certeza e na segurança do guiamento e da proteção do Pai celeste, conferiu à sua vida única um dom profundo de realidade espiritual. E ainda, a despeito dessa profunda consciência de relação íntima com a divindade, esse galileu, esse Galileu de Deus, quando era chamado de Bom Mestre, imediatamente dizia: "Por que me chamais de bom?" Quando nós nos defrontamos com um auto-esquecimento tão esplêndido, começamos a compreender como o Pai Universal achou possível manifestar, tão plenamente, a Si próprio, nele e revelar-Se por meio dele aos mortais dos reinos.

Jesus levou a Deus, como homem deste reino, a maior de todas as oferendas: a consagração e a dedicação da sua própria vontade ao serviço majestoso de fazer a vontade divina. Jesus sempre interpretou, e de um modo consistente, a religião, nos termos totais da vontade do Pai. Quando estudardes a carreira do Mestre, no que diz respeito à prece ou a qualquer outro aspecto da vida religiosa, não procureis tanto o que ele ensinou, mas deveis procurar o que ele fez. Jesus nunca orou por dever religioso. Para ele, a prece foi uma expressão sincera da atitude espiritual, uma declaração de lealdade da alma, uma demonstração da devoção pessoal, uma expressão da gratidão, um modo de evitar a tensão emocional, uma prevenção para os conflitos, uma exaltação intelectiva, um enobrecimento do desejo, uma demonstração da decisão moral, um enriquecimento do pensamento, um revigoramento das inclinações mais elevadas, uma consagração do impulso, um esclarecimento de pontos de vista, uma declaração de fé, uma rendição transcendental da vontade, uma afirmação sublime de confiança, uma revelação de coragem, uma proclamação da descoberta, uma confissão de devoção suprema, uma validação da consagração, uma técnica de ajustamento das dificuldades e uma mobilização poderosa, dos poderes combinados da alma, para suportar todas as tendências humanas de egoísmo, mal e pecado. Ele viveu exatamente uma vida na prece e na consagração devotada a fazer a vontade do seu Pai e terminou a sua vida de modo triunfante, exatamente com uma dessas orações. O segredo da sua vida religiosa sem par foi essa consciência da presença de Deus; e ele a alcançou por meio da oração inteligente e da adoração sincera – de comunhão ininterrupta com Deus – e não por indicações, vozes, visões, nem por práticas religiosas extraordinárias.

Na vida terrena de Jesus, a religião foi uma experiência viva, um movimento direto e pessoal da reverência espiritual à prática da retidão. A fé de Jesus deu frutos transcendentais do espírito divino. A sua fé não era imatura e crédula como a de uma criança, mas, sob muitos pontos de vista, ela assemelhou-se à confiança, sem suspeitas, da mente infantil. Jesus confiou em Deus, do mesmo modo que uma criança confia em um pai. Ele tinha uma profunda confiança no universo – exatamente a confiança que uma criança tem no ambiente dos seus pais. A fé de Jesus, uma fé de todo o coração, na bondade fundamental do universo, em muito se assemelhou à confiança que a criança tem na segurança no seu meio ambiente terreno. Ele dependeu do Pai celeste, tal uma criança se apóia no seu pai terreno, e a sua fé fervorosa nunca, nem por um momento, duvidou da certeza de que o Pai celeste velava por ele. Ele não se perturbava seriamente com temores, dúvidas e ceticismos. A descrença não inibiu a expressão livre e original da sua vida. Ele combinou a coragem sólida e inteligente de um homem amadurecido, com o otimismo sincero e crente de uma criança confiante. A sua fé cresceu, alcançando um nível tão elevado de confiança que era desprovida de temores.

A fé de Jesus atingiu a pureza da confiança de uma criança. A sua fé foi tão absoluta e desprovida de dúvidas que se fez sensível ao encanto do contato com os companheiros e às maravilhas do universo. O seu senso de dependência do divino foi tão completo e tão confiante, que trouxe a alegria e a certeza de uma segurança pessoal absoluta. Não houve nada de hesitante e simulado na sua experiência religiosa. Nessa inteligência gigantesca de um homem adulto, a fé da criança reinou, suprema, em todas as questões relacionadas à consciência religiosa. Não é estranho que uma vez ele haja dito: "Se não vos tornardes como crianças pequenas, não entrareis no Reino". Não obstante a fé de Jesus ser como a *de uma criança*, não era *infantil* em nenhum sentido.

Jesus não exige que os seus discípulos acreditem nele, mas que eles acreditem *junto com* ele, que acreditem na realidade do amor de Deus e, com toda a confiança, que aceitem a certeza da segurança da filiação ao Pai celeste. O Mestre deseja que todos os seus seguidores compartilhem totalmente da sua fé transcendente. Jesus, de um modo muito tocante, desafiou os seus seguidores, não apenas a acreditarem *naquilo em que* ele acreditava, mas também a acreditarem *como* ele acreditava. Esta é a significação plena da sua única e suprema exigência: "Siga-me".

A vida terrena de Jesus foi devotada a um grande propósito – fazer a vontade do Pai, viver a vida humana, religiosamente e pela fé. A fé de Jesus foi confiante como a de uma criança, mas sem a menor presunção. Ele tomou decisões firmes e viris, enfrentou corajosamente múltiplas decepções, com resolução suplantou dificuldades extraordinárias e cumpriu de modo inabalável os rudes requisitos do dever. Foi necessária uma vontade forte e uma confiança firme para acreditar no que Jesus acreditava, e como ele acreditava.

1. JESUS — O HOMEM

A devoção de Jesus à vontade do Pai, e ao serviço do homem, representou mais do que a decisão mortal e a determinação humana; foi uma consagração, de todo o seu coração, à outorga de um amor sem reservas. Não importa quão grande seja o fato da soberania de Michael, vós não deveis privar os homens do Jesus humano. O Mestre ascendeu ao alto como um homem, tanto quanto um Deus; ele pertence aos homens; e os homens pertencem a ele. Que pena que a própria religião fosse ser tão mal interpretada a ponto de esconder dos mortais atribulados o Jesus humano! Que as discussões sobre a humanidade ou sobre a divindade do Cristo não obscureçam a verdade salvadora de que Jesus de Nazaré foi um homem religioso que, pela fé, chegou a conhecer e a fazer a vontade de Deus; ele foi o homem mais religioso que já viveu em Urântia.

Os tempos amadureceram o suficiente, a ponto de se poder constatar a ressurreição simbólica do Jesus humano, saindo do seu túmulo, dentre as tradições teológicas e os dogmas religiosos de dezenove séculos. Jesus de Nazaré não deve mais ser sacrificado, nem mesmo ao conceito esplêndido do Cristo glorificado. Que serviço transcendente seria prestado se, por intermédio dessa revelação, o Filho do Homem fosse retirado do túmulo da teologia tradicional para ser apresentado como o Jesus vivo, à igreja que leva o seu nome, e para todas as outras religiões! Seguramente a irmandade cristã de crentes não hesitaria em fazer os ajustes de fé, e de práticas de vida, que a capacitassem a poder "seguir o" Mestre na demonstração da sua vida verdadeira de devoção religiosa, a fazer a vontade do seu Pai, e à consagração ao serviço desinteressado dos homens. Será que aqueles que chamam a si de cristãos professos temem criar uma irmandade auto-suficiente e de respeitabilidade social não consagrada, será que temem o desajuste econômico egoísta? Acaso a cristandade institucionalizada teme que a autoridade eclesiástica tradicional esteja em perigo, ou mesmo que seja arruinada, se o Jesus da Galiléia for restabelecido nas mentes e nas almas dos homens mortais, como o ideal de vida religiosa pessoal? Em verdade, os reajustes sociais, as transformações econômicas, o rejuvenescimento moral e as revisões religiosas da civilização cristã seriam drásticas e revolucionárias se a religião viva de Jesus pudesse subitamente suplantar a religião teológica sobre Jesus.

"Seguir Jesus" significa compartilhar pessoalmente a fé religiosa dele e entrar no espírito da vida do Mestre, consagrada ao serviço desinteressado dos homens. Uma das coisas mais importantes, na vida humana, é encontrar aquilo em que Jesus acreditava, é descobrir seus ideais e lutar para a realização do seu propósito elevado de vida. De todo o conhecimento humano, o que é de maior valor é poder conhecer a vida religiosa de Jesus e como ele viveu-a.

O povo comum ouviu Jesus com alegria, e será de novo sensível à apresentação da sua vida humana sincera de motivação religiosa consagrada, se essas verdades forem novamente proclamadas ao mundo. O povo ouvia-o com alegria porque ele era um deles, um leigo despretensioso; o maior de todos os instrutores religiosos foi, em verdade, um leigo.

Não deveria ser a meta dos crentes do Reino imitar literalmente os aspectos exteriores da vida de Jesus na carne, mas sim compartilhar a sua fé; confiar em Deus como ele confiou em Deus e acreditar nos homens como ele acreditou nos homens. Jesus nunca discutiu, fosse sobre a paternidade de Deus, fosse sobre a irmandade dos homens; ele foi uma ilustração viva da primeira, e uma comprovação profunda da segunda.

Exatamente como os homens devem progredir, da consciência do humano à compreensão e realização do divino, assim Jesus ascendeu, desde a natureza de homem à consciência da natureza de Deus. E o Mestre fez essa grande ascensão, do humano ao divino, por meio da realização conjunta da fé do seu intelecto mortal e dos atos do seu Ajustador residente. A compreensão factual do alcançar da totalidade da divindade (ao mesmo tempo plenamente consciente da realidade da sua humanidade) foi acompanhada de sete estágios de consciência da fé de divinização progressiva. Esses estágios de auto-realização progressiva ficaram marcados pelos acontecimentos extraordinários seguintes, na experiência de auto-outorga do Mestre:

1. A chegada do Ajustador do Pensamento.

2. O mensageiro de Emanuel, que apareceu para ele em Jerusalém quando ele tinha cerca de doze anos de idade.

3. As manifestações que acompanharam o seu batismo.

4. As experiências no monte da Transfiguração.

5. A ressurreição moroncial.

6. A ascensão espiritual.

7. O abraço final do Pai do Paraíso, conferindo-lhe a soberania ilimitada do seu universo.

2. A RELIGIÃO DE JESUS

Algum dia, uma reforma na igreja cristã poderá causar um impacto suficientemente profundo de retomada dos ensinamentos religiosos inalterados de Jesus, o autor, a fonte e a realização da nossa fé. Vós podeis *pregar* uma religião *sobre* Jesus, mas, por força, vós deveis *viver* a religião *de* Jesus. No entusiasmo de Pentecostes, Pedro inaugurou involuntariamente uma nova religião, a religião do Cristo ressuscitado e glorificado. Mais tarde, o apóstolo Paulo transformou esse novo evangelho no cristianismo, uma religião que incorporava as suas próprias visões teológicas e que retratava a sua própria experiência pessoal com o Jesus da estrada de Damasco. A boa-nova do evangelho do Reino fundamenta-se na experiência religiosa pessoal do Jesus da Galiléia; o cristianismo baseia-se quase que exclusivamente na experiência religiosa pessoal do apóstolo Paulo. A quase totalidade do Novo Testamento é devotada, não a retratar a vida religiosa, significativa e inspiradora, de Jesus, mas a uma discussão da experiência religiosa de Paulo e a um retrato das suas convicções religiosas pessoais. As únicas exceções notáveis, dentro dessa afirmação, afora certas partes de Mateus, de Marcos e de Lucas, são o Livro dos Hebreus e a Epístola de Tiago. Mesmo Pedro, nos seus escritos, apenas uma vez reflete a vida pessoal religiosa do seu Mestre. O Novo Testamento pode ser um documento cristão esplêndido, mas é um documento que pouco tem de Jesus.

A vida de Jesus na carne retrata um crescimento religioso transcendente, desde as idéias iniciais do pavor primitivo e da reverência humana, passando por anos de comunhão espiritual pessoal, até que ele finalmente chegue àquele estado avançado e elevado de consciência da sua unidade com o Pai. E assim, em uma curta vida, Jesus passou por aquela experiência religiosa de progresso espiritual que o homem começa, na Terra, e que comumente completa apenas ao concluir a sua longa permanência nas escolas de aprendizado espiritual, nos níveis sucessivos da sua carreira pré-paradisíaca. Jesus progrediu, partindo de uma consciência puramente humana, das certezas da fé da experiência religiosa pessoal, até as alturas espirituais sublimes da realização efetiva da sua natureza divina e, daí, para a consciência da sua associação íntima com o Pai Universal, a fim de dirigir um universo. Ele progrediu do status humilde, de dependência mortal, que o levou espontaneamente a dizer àquele que o chamou de Bom Mestre: "Por que me chamais de bom? Ninguém é bom a não ser Deus", até aquele estado sublime de consciência, da divindade realizada que o levou a exclamar: "Qual dentre vós me sentencia de haver pecado?" E essa ascensão progressiva, do humano ao divino, foi uma realização exclusivamente mortal. E quando havia alcançado a divindade, assim, ele era ainda o mesmo Jesus humano, o Filho do Homem, tanto quanto o Filho de Deus.

Marcos, Mateus e Lucas guardam alguma coisa do quadro do Jesus humano lançando-se na luta magnífica para determinar a vontade divina e para cumprir essa vontade. João apresenta um quadro do Jesus triunfante, caminhando na Terra, na consciência plena da divindade. O grande erro, cometido por aqueles que estudaram a vida do Mestre, é que alguns o conceberam como inteiramente humano, enquanto outros o consideraram apenas como divino. Durante toda a sua experiência ele foi, em verdade, tanto humano quanto divino; como ainda agora o é.

Mas o maior erro cometido consta de que, enquanto ficou reconhecido que o Jesus humano *possuía* uma religião, o Jesus divino (Cristo) transformou-se em uma religião, quase que da noite para o dia. O cristianismo, de Paulo, assegurou a adoração do Cristo divino, mas quase totalmente perdeu de vista o valente Jesus da Galiléia, humano, que lutou pelo valor da sua fé religiosa pessoal, e o heroísmo do seu Ajustador residente, que ascendeu do nível inferior da humanidade para tornar-se um com a divindade, transformando-se, assim, no novo caminho vivo pelo qual todos os mortais podem ascender, dessa forma, da humanidade à divindade. Os mortais, em todos os estágios de espiritualidade e em todos os mundos, podem encontrar, na vida pessoal de Jesus, tudo que os fortalecerá e inspirará, no seu progresso do nível espiritual mais baixo, até os valores divinos mais elevados, do começo ao fim de toda a experiência religiosa pessoal.

Na época em que foi escrito o Novo Testamento, os autores não apenas acreditavam muito profundamente na divindade do Cristo ressuscitado, como também acreditavam, devota e sinceramente, no seu retorno imediato à Terra, para consumar o Reino celeste. Esta fé fortalecida, no retorno imediato do Senhor, teve muito a ver com a tendência de omitir, nos registros, aquelas referências que retratavam as experiências e os atributos puramente humanos do Mestre. Todo o movimento cristão teve a tendência de afastar-se do retrato humano de Jesus de Nazaré, orientando-se para a exaltação do Cristo ressuscitado, o Senhor Jesus Cristo glorificado, e que em breve retornaria.

Jesus fundou a religião da experiência pessoal, ao fazer a vontade de Deus e ao servir à irmandade humana; Paulo fundou uma religião na qual o Jesus glorificado tornou-se o objeto da adoração, e a irmandade consistiu nos irmãos que eram crentes do Cristo divino. Na dádiva outorgada por Jesus, esses dois conceitos eram potenciais na sua vida divino-humana e, em verdade, é uma pena que os seus seguidores não houvessem conseguido criar uma religião unificada, que poderia ter dado um reconhecimento próprio a ambas, à natureza humana e à natureza divina do Mestre, tal como estavam inseparavelmente ligadas na sua vida terrena e tão gloriosamente expostas no evangelho original do Reino.

DOCUMENTO 196: SEÇÃO 2

Vós não ficaríeis, nem chocados, nem perturbados pelos fortes pronunciamentos de Jesus; e para isso basta que vos lembreis de que ele foi o religioso mais devotado, e de todo o seu coração, em todo o mundo. Ele era um mortal totalmente consagrado e dedicado, sem reservas, a fazer a vontade do seu Pai. Muitas das suas afirmações, aparentemente duras, eram mais como uma confissão pessoal de fé e uma promessa de devoção, do que comandos dados para os seus seguidores. E foi essa mesma singularidade de propósito, e de devoção não-egoísta, que o capacitou a efetivar um progresso, tão extraordinário, na conquista da mente humana, em uma vida tão curta. Muitas das suas declarações deveriam ser consideradas como confissões do que ele exigia de si próprio, em vez de uma exigência para todos os seus seguidores. Na sua devoção à causa do Reino, Jesus queimou todas as pontes atrás de si; ele sacrificou tudo o que pudesse ser um obstáculo para a realização da vontade do seu Pai.

Jesus abençoava os pobres, porque em geral eles eram sinceros e pios; ele condenava os ricos, porque em geral eram devassos e irreligiosos. Ele condenaria igualmente os pobres irreligiosos e louvaria os ricos consagrados e pios.

Jesus fez os homens sentirem-se, no mundo, como se estivessem em casa; ele os libertou do tabu escravizador e ensinou a eles que o mundo não é fundamentalmente mau. Ele não almejou escapar da sua vida terrestre; ele dominou uma técnica de fazer a vontade do Pai de um modo aceitável, enquanto na carne. Ele atingiu uma vida religiosa idealista, em meio, mesmo, a um mundo realista. Jesus não partilhou da visão pessimista que Paulo tinha da humanidade. O Mestre via os homens como filhos de Deus e anteviu um futuro magnífico e eterno para aqueles que escolhiam sobreviver. Ele não foi um cético moral; ele via o homem positivamente, não negativamente. Ele via a maioria dos homens como fracos, mais do que como perversos, mais como perturbados do que depravados. Mas, não importando o status deles, eram todos filhos de Deus e irmãos seus.

Ele ensinou os homens a dar um elevado valor a si próprios, no tempo e na eternidade. Por causa da estima elevada, que tinha pelos homens, Jesus estava disposto a dedicar-se ao serviço ininterrupto da humanidade. E foi esse infinito apreço ao finito, o que fez da regra de ouro um fator vital na sua religião. Que mortal deixaria de se elevar pela fé extraordinária que Jesus tinha nele?

Jesus não propôs regras para o avanço social; a sua missão era religiosa; e a religião é uma experiência exclusivamente individual. A última meta, e de realização mais avançada da sociedade, não pode esperar nunca transcender a fraternidade que Jesus ofereceu aos homens: baseando-a no reconhecimento da paternidade de Deus. O ideal de toda a realização social apenas pode ser cumprido com a vinda deste Reino divino.

3. A SUPREMACIA DA RELIGIÃO

A experiência espiritual religiosa pessoal é uma solução eficiente para a maior parte das dificuldades mortais; ela seleciona, avalia e ajusta eficazmente todos os problemas humanos. A religião não remove, nem destrói os problemas humanos, mas dissolve-os, absorve-os, ilumina-os e transcende-os. A verdadeira religião unifica a personalidade, preparando-a para ajustar efetivamente todas as exigências mortais. A fé religiosa – o guiamento efetivo da presença divina residente – capacita, infalivelmente, o homem sabedor de Deus a lançar uma ponte sobre o abismo existente entre a lógica intelectual que reconhece a Primeira Causa Universal como sendo um *Isso*, de um lado, e aquelas afirmações efetivas da alma que declaram que essa Primeira Causa é *Ele*, o Pai Universal do evangelho de Jesus, o Deus pessoal da salvação humana.

Há apenas três elementos na realidade universal: o fato, a idéia e a relação. A consciência religiosa identifica essas realidades como ciência, filosofia e verdade. A consciência filosófica estaria inclinada a ver essas atividades como razão, sabedoria e fé – a realidade física, a realidade intelectual e a realidade espiritual. O nosso hábito é designar essas realidades como coisa, significado e valor.

A compreensão progressiva da realidade é equivalente a uma aproximação de Deus. A descoberta de Deus, a consciência da identidade com a realidade, é equivalente à experiência do eu completo, da inteireza do eu, da totalidade do eu. Experienciar a realidade total é a compreensão-realização plena de Deus, a finalidade da experiência de conhecer a Deus.

A somatória total da vida humana é o conhecimento de que o homem é educado pelo fato, enobrecido pela sabedoria e salvo – justificado – pela fé religiosa.

A certeza física consiste na lógica da ciência; a certeza moral, na sabedoria da filosofia; a certeza espiritual, na verdade da experiência religiosa autêntica.

A mente do homem pode alcançar altos níveis de discernimento espiritual, e esferas correspondentes de divindade de valores, porque ela não é totalmente material. Há um núcleo espiritual na mente do homem – o Ajustador, de presença divina. Há três evidências distintas de que esse espírito reside na mente humana:

1. A comunhão humanitária – o amor. A mente puramente animal pode ser gregária por autoproteção, mas apenas o intelecto residido pelo espírito é altruísta, de um modo não-egoísta, e ama incondicionalmente.

2. A interpretação do universo – a sabedoria. Apenas a mente residida pelo espírito pode compreender que o universo é amigável para com o indivíduo.

3. A avaliação espiritual da vida – a adoração. Apenas o homem residido pelo espírito pode compreender-realizar a presença divina e buscar atingir uma experiência mais plena a partir desse gosto antecipado de divindade.

A mente humana não cria valores reais; a experiência humana não gera o discernimento universal. Quanto a esse discernimento, o reconhecimento dos valores morais e o discernimento dos significados espirituais, tudo o que a mente humana pode fazer é descobrir, reconhecer, interpretar e *escolher*.

Os valores morais do universo tornam-se uma posse intelectual, pelo exercício dos três julgamentos básicos, ou escolhas, da mente mortal:

1. O autojulgamento – a escolha moral.

2. O julgamento social – a escolha ética.

3. O julgamento de Deus – a escolha religiosa.

Assim, parece que todo o progresso é efetuado por uma técnica conjunta de *evolução revelacional*.

Se um amante divino não vivesse no homem, ele não poderia amar generosa e espiritualmente. Se um intérprete não vivesse na mente do homem, ele não poderia verdadeiramente compenetrar-se da unidade do universo. Se um bom avaliador não residisse dentro do homem, ele possivelmente não poderia apreciar os valores morais e reconhecer os significados espirituais. E esse amante provém da fonte mesma do amor infinito; aquele intérprete é uma parte da Unidade Universal; e o avaliador é filho do Centro e Fonte de todos os valores absolutos da realidade divina e eterna.

A avaliação moral, daquilo que tem um significado religioso – o discernimento espiritual –, denota a escolha do indivíduo entre o bem e o mal, a verdade e o erro, o material e o espiritual, o humano e o divino, o tempo e a eternidade. A sobrevivência humana é, em uma grande medida, dependente da consagração da vontade humana à escolha daqueles valores destacados por esse selecionador-de-valores-espirituais – o intérprete e unificador residente. A experiência religiosa pessoal consiste de duas fases: a descoberta, na mente humana, e a revelação do espírito divino residente. Por meio de uma supersofisticação ou como resultado da conduta irreligiosa de pretensos religiosos, um homem, ou mesmo uma geração de homens, pode escolher suspender os seus esforços para descobrir o Deus que reside neles; eles podem deixar de progredir e de alcançar a revelação divina. Mas tais atitudes, de não-progressão espiritual, não podem perdurar por muito tempo, por causa da presença e da influência do Ajustador do Pensamento residente.

Essa experiência profunda, com a realidade do residente divino, transcende, para sempre, a rude técnica materialista das ciências físicas. Vós não podeis colocar a alegria espiritual sob a observação de um microscópio; vós não podeis pesar o amor em uma balança; vós não podeis medir os valores morais; nem podeis estimar a qualidade da adoração espiritual.

Os hebreus possuíam uma religião de sublimidade moral; os gregos fizeram evoluir uma religião da beleza; Paulo e os seus confrades fundaram uma religião de fé, de esperança e de caridade. Jesus revelou e exemplificou uma religião de amor: a segurança no amor do Pai, com alegria e satisfação conseqüentes de compartilhar esse amor no serviço da fraternidade humana.

Toda vez que faz uma escolha moral de reflexão, o homem experiencia imediatamente uma nova invasão divina na sua alma. A escolha moral é parte da religião, como motivo de resposta interna às condições externas. E essa religião real não é uma experiência puramente subjetiva. Ela significa o conjunto da subjetividade do indivíduo, empenhado em uma resposta significativa e inteligente à objetividade total – o universo e o seu Criador.

A experiência extraordinária e transcendente de amar e de ser amado não é apenas uma ilusão psíquica, porque é tão puramente subjetiva. A única realidade verdadeiramente divina e objetiva, que é associada aos seres mortais, o Ajustador do Pensamento, funciona para a observação humana, aparentemente, como um fenômeno exclusivamente subjetivo. O contato do homem com a realidade objetiva mais elevada, de Deus, dá-se apenas por intermédio da experiência puramente subjetiva de conhecê-Lo, de adorá-Lo, de realizar a filiação a Ele.

A verdadeira adoração religiosa não é um monólogo fútil de auto-enganação. A adoração é uma comunicação pessoal com o que é divinamente real, com aquilo que é a fonte mesma da realidade. Por intermédio da adoração, o homem aspira a ser melhor e por meio dela finalmente ele alcança o *melhor*.

A idealização da verdade, da beleza, da bondade, e o serviço prestado a estas, não são substitutos para a experiência religiosa genuína – a realidade espiritual. A psicologia e o idealismo não equivalem à realidade religiosa. As projeções feitas pelo intelecto humano podem de fato originar deuses falsos – deuses à imagem do homem –, mas a verdadeira consciência de Deus não tem tal origem. A consciência de Deus habita em nós, na presença do espírito residente. Muitos dos sistemas religiosos do homem vêm de formulações do intelecto humano, mas a consciência de Deus não vem necessariamente como uma parte de sistemas grotescos de escravidão religiosa.

Deus não é uma mera invenção do idealismo do homem; Ele é a fonte mesma de todos os discernimentos e valores supra-animais. Deus não é uma hipótese formulada para unificar os conceitos humanos da verdade, da beleza e da bondade; Ele é a personalidade de amor, de Quem se derivam todas essas manifestações do universo. A verdade, a beleza e a bondade no mundo do homem são unificadas pela espiritualidade crescente da experiência dos mortais que ascendem às realidades do Paraíso. A unidade na verdade, na beleza e na bondade só pode ser realizada na experiência espiritual da personalidade conhecedora de Deus.

A moralidade é o solo preexistente essencial, da consciência pessoal de Deus; é a realização pessoal da presença interna do Ajustador, mas essa moralidade não é, nem a fonte da experiência religiosa, nem o discernimento espiritual resultante. A natureza moral é supra-animal, mas é subespiritual. A moralidade é equivalente ao reconhecimento do dever, à compreensão-realização da existência do certo e do errado. A zona moral que se interpõe entre o tipo de mente animal e os tipos humanos de mente, como a moroncial, funciona entre a esfera material e a espiritual de realização da personalidade.

A mente evolucionária é capaz de descobrir a lei, a moral e a ética; mas o espírito outorgado, o Ajustador residente, revela, à mente humana em evolução, o provedor da lei, o Pai-fonte de tudo o que é verdadeiro, belo e bom; e um homem, assim iluminado, tem uma religião e está espiritualmente equipado para começar a longa e aventurosa busca de Deus.

A moralidade não é necessariamente espiritual; ela pode ser pura e integralmente humana; se bem que a verdadeira religião acentue todos os valores morais, tornando-os mais significativos. A moralidade sem religião não consegue revelar a bondade última, e também não consegue assegurar a sobrevivência; nem a dos seus próprios valores morais. A religião assegura a elevação, a glorificação e a sobrevivência de tudo o que a moralidade reconhece e aprova.

A religião está acima da ciência, da arte, da filosofia, da ética e da moral, mas sem ser independente delas. E estão, todas estas, indissoluvelmente inter-relacionadas na experiência humana, pessoal e social. A religião é a suprema experiência do homem, enquanto ele permanece na sua natureza mortal; mas a linguagem finita torna, para sempre, impossível à teologia retratar adequadamente a experiência religiosa verdadeira.

O discernimento religioso possui o poder de transformar a derrota em desejos mais elevados e em novas determinações. O amor é a mais elevada motivação que o homem pode utilizar na sua ascensão no universo. Mas o amor, despojado da verdade, da beleza e da bondade, é um sentimento apenas, uma distorção filosófica, uma ilusão psíquica, um engano espiritual. O amor deve ser sempre redefinido em níveis sucessivos de progressão moroncial e de progressão espiritual.

A arte resulta da tentativa do homem de escapar da falta de beleza no seu meio ambiente material; é um gesto na direção do nível moroncial. A ciência é o esforço do homem para resolver os enigmas aparentes do universo material. A filosofia é uma tentativa do homem de unificar a experiência humana. A religião é o gesto supremo do homem, o seu magnífico movimento, na tentativa de alcançar a realidade final, na sua determinação de encontrar Deus e de ser como Ele.

No domínio da experiência religiosa, a possibilidade espiritual é uma realidade potencial. O impulso espiritual que leva o homem a avançar não é uma ilusão psíquica. Pode ser que nem toda a fantasia do homem sobre o universo seja um fato, mas muito nela é verdadeiro.

A vida de alguns homens é grande e demasiadamente nobre para se abaixar ao nível de um sucesso conquistado. O animal deve adaptar-se ao meio ambiente, mas o homem religioso transcende o seu ambiente e, desse modo, escapa das limitações do mundo material presente, por meio desse discernimento do amor divino. Esse conceito de amor gera, na alma do homem, aquele esforço supra-animal para encontrar a verdade, a beleza e a bondade; e quando as encontra, ele é glorificado no abraço delas; e é consumido pelo desejo de vivê-las e cumpri-las segundo a retidão.

Não vos desencorajeis; a evolução humana ainda está em progresso, e a revelação de Deus ao mundo, em Jesus e através de Jesus, não deixará de acontecer.

O grande desafio ao homem moderno é realizar uma comunicação melhor com o Monitor divino que reside dentro da mente humana. A maior aventura do homem na carne consiste no esforço, bem equilibrado e sadio, de ultrapassar as fronteiras da autoconsciência penetrando nos domínios imprecisos da consciência embrionária da alma, em um esforço, de todo o seu coração, para alcançar a região fronteiriça da consciência do espírito – esse, o contato com a divina presença. Essa experiência constitui a consciência de Deus, uma experiência que confirma, de um modo poderoso, a verdade preexistente da experiência religiosa de conhecer a Deus. Uma consciência tal, do espírito, é equivalente ao conhecimento da factualidade da filiação a Deus. De qualquer outro modo, a certeza da filiação é uma experiência de fé.

E a consciência de Deus é equivalente à integração do eu com o universo, nos seus níveis mais elevados de realidade espiritual. Apenas o conteúdo espiritual, de qualquer valor, é imperecível. Aquilo que é mesmo verdadeiro, belo e bom não pode perecer, pois, na experiência humana. Se o homem escolher a não-sobrevivência, então o Ajustador sobrevivente conservará, consigo, aquelas realidades nascidas do amor e nutridas pelo serviço. E todas essas coisas são uma parte do Pai Universal. O Pai é amor vivo, e a vida do Pai está nos seus Filhos. E o espírito do Pai está nos filhos dos seus Filhos – os homens mortais. Quando tudo estiver dito e feito, a idéia de um Pai será ainda o conceito humano mais elevado de Deus.